PONS

Globalwörterbuch

Italienisch-Deutsch

von
a cura di

Birgit Klausmann-Molter

Mitarbeiter
Hanno collaborato

Patrizia de Bernardo Stempel
Waldemar Eistermeier
Siegfried Glas
Jeannette Neumann
Claudia Poglayen
Lucio Sacher
Reinhard Stempel
Margherita Zander

Ernst Klett Verlag
Stuttgart · München · Düsseldorf · Leipzig

PONS Globalwörterbuch Italienisch-Deutsch / Italiano-Tedesco

von/a cura di
Birgit Klausmann-Molter
unter Mitwirkung und Leitung der Verlagsredaktion Wörterbücher /
con la collaborazione e la direzione della redazione lessicografica
Phonetik/fonetica: Arthur Wagner
Grammatischer Anhang/appendice grammaticale: Wolfgang Rettig

Die Deutsche Bibliothek - CIP-Einheitsaufnahme

PONS-Globalwörterbuch. -Stuttgart ; München ; Düsseldorf ; Leipzig : Klett.
NE: Globalwörterbuch
Italienisch-deutsch = Teil 1 / von Birgit Klausmann-Molter.
Mitarb. Patrizia de Bernardo Stempel ... - 1. Aufl., 8. Nachdr. - 1997
ISBN 3-12-517310-8
NE: Klausmann-Molter, Birgit

Gedruckt auf Papier, das aus chlorfrei gebleichtem Zellstoff hergestellt wurde.

1. Auflage 1986 - Nachdruck 1997

Einbandgestaltung: Erwin Poell, Heidelberg
Fotosatz: ERNST KLETT DRUCK H.S. GmbH, Korb
Druck: C.H. Beck'sche Buchdruckerei, Nördlingen
Printed in Germany
ISBN 3-12-517310-8

Napoli N wie Nordpol.
r).

ıetten *f pl.*

; *m;* (*di negozio*) Markise *f;*
ssigeno Sauerstoffzelt *n;* **-e**

, schützend, Schutz-; **2.** *jur*
hafts-; **II.** *tr* schützen; (*a.*
ützen.

nnofen *m;* **2.** (*stabilimento*)
ackofen *m fam.*

Eifersucht *f;* ...
ıe *f,* Rolladen *m.*

⟩ *m* Ananas *f.*

Biologe *m,* Biologin *f.*

ınzel *f.*
cce⟩ *a* rötlich.

re come un ~ singen wie ein

)⟩ **I.** *tr* haben; ...

cio, agganci⟩ *tr* **1.** (*vagoni*)
iti) zuhaken; (*cintura*) zu-
gen; **3.** *fig* (*per parlare*) ab-

(*da tennis*) Schläger *m;* (*da*
n *m.*

.

fam klauen *fam.*

Contenuto e strutturazione

(per informazioni più dettagliate, si veda a pagina IV)

Tutti i **lemmi** sono ordinati alfabeticamente e messi in evidenza in carattere nero.

Vengono riportate le **diverse grafie** di una parola.

Negli esempi per l'uso e nelle espressioni idiomatiche, la **tilde** ~ sostituisce la voce precedente, il **trattino** - sostituisce una parte della stessa.

Le **cifre romane** contrassegnano le diverse parti del discorso.

Le **cifre arabiche** contrassegnano significati diversi.

Un **esponente in cifre arabiche** distingue diversi omografi (parole diverse con la stessa grafia).

La pronuncia e l'accentuazione vengono riportate dopo il lemma in parentesi quadre, secondo **l'alfabeto fonetico internazionale**.

Vengono registrate le **forme femminili** dei sostantivi e degli aggettivi.

Per i sostantivi e gli aggettivi italiani, la **forma del plurale** viene data in parentesi uncinate dopo il lemma o la sua trascrizione fonetica.

Le **forme irregolari** vengono registrate al lemma della forma originaria e di regola come lemma nella posizione corrispondente dell'ordine alfabetico, con un rimando alla forma originaria.

Vengono date numerose indicazioni per l'uso, p.e.

- **aggiunte** per definizioni e sinonimi, soggetti ed oggetti tipici e per altre spiegazioni integrative,
- indicazioni sui **linguaggi specifici**,
- indicazioni sulla **diffusione regionale**,
- indicazioni di **stile** nei casi in cui non si tratti di un livello di stile neutrale.

INHALT

INDICE

Anhang

Appendice

Hinweise zur Benutzung des Wörterbuchs

Guida all'uso del dizionario

1. Schriftarten

1. Caratteri usati

Fettdruck	für Stichwörter und direkte Verweise auf ein anderes Stichwort	**nero**	per il lemma e per rimandi diretti ad un altro lemma
Halbfettdruck	für italienische Anwendungsbeispiele und Redewendungen und für Ziffern	**neretto**	per esempi per l'uso in italiano, per i modi di dire e per le cifre
Grundschrift	für die deutschen Übersetzungen	tondo	per le traduzioni in tedesco
Kursivschrift	für grammatische Angaben wie Wortart, Genus, etc. für Erklärungen und Definitionen, Markierungen, Synonyme und andere Zusätze für indirekte Verweise am Ende eines Eintrags	*corsivo*	per indicazioni come categoria grammaticale, genere ecc. per spiegazioni e definizioni, marcature, sinonimi ed altre aggiunte alla fine della voce per rimandi indiretti

Beispiele: *Esempi:*

sette ['sɛtte] **I.** *a numerale* sieben; **stivali delle ~ leghe** Siebenmeilenstiefel *m pl;* **chiudere a ~ chiavi** *fig* hermetisch verriegeln (*o.* verschließen); **II.** ⟨-⟩ *m* **1.** *(numero)* Sieben *f;* **2.** *(nelle date)* Siebte(r) *m;* **3.** *(voto scolastico)* ≃ befriedigend, drei; **4.** *fam* Triangel *f,* Winkelriß *m;* **III.** *f pl* sieben Uhr; *v.a. cinque.*

risoluto, -a [-so'lu:to] **I.** *pp di* **risolvere; II.** *a* resolut.

2. Satzzeichen und Symbole

2. Interpunzione e simboli

trennt gleichwertige, alphabetisch aufeinanderfolgende Stichwortvarianten	divide diverse varianti di ugual valore, alfabeticamente ordinate
trennt maskuline und feminine Form eines Wortes	divide la forma maschile di una parola da quella femminile
trennt gleichwertige Übersetzungen	divide diverse traduzioni di ugual valore

;	zwischen Übersetzungen zeigt einen Bedeutungsunterschied an, der in der Regel durch einen erklärenden Zusatz erläutert ist	;	tra diverse traduzioni, evidenzia una differenza di significato, che, di regola, viene ulteriormente commentata da un'aggiunta esplicativa
.	steht am Ende eines Artikels	.	sta alla fine di un articolo
:	vor einer Wendung zeigt an, daß das Stichwort in der Regel nur in dieser Wendung gebraucht wird	:	quando precede una locuzione, segnala che la voce, di regola, viene usata solo in quella locuzione
/	zeigt analoge Strukturen an	/	indica strutture analoghe
~	ersetzt in Anwendungsbeispielen und Redewendungen das vorhergehende Stichwort. Beim Wechsel von Groß- und Kleinschreibung wird zusätzlich der Anfangsbuchstabe wiederholt.	~	sostituisce, negli esempi per l'uso ed in espressioni idiomatiche, la voce che precede. Nel caso che ci siano dei cambiamenti dalla grafia maiuscola a quella minuscola, la lettera iniziale viene ulteriormente ripetuta.
-	ersetzt einen Teil des Stichworts	-	sostituisce una parte del lemma
–	unterscheidet in Anwendungsbeispielen zwischen zwei Sprechern	–	negli esempi per l'uso, distingue tra due parlanti
≃	steht bei einer ungefähren Entsprechung aufgrund kultureller Unterschiede	≃	segnala una traduzione approssimativa, nel caso di mancanza di una perfetta equivalenza culturale
( )	in runden Klammern stehen – Elemente, durch deren Weglassen sich die Bedeutung nicht ändert. Dabei sind	( )	in parentesi tonde vengono posti – elementi la cui omissione non cambia il significato. In questi casi si legga

(Fahr)rad *n*: Fahrrad *n,* Rad *n*
Wirsing(kohl) *m*: Wirsingkohl *m,* Wirsing *m*
Abend(stunde *f*) *m*: Abendstunde *f,* Abend *m*
(ab-, ver)kürzen: abkürzen, verkürzen, kürzen

	zu lesen. In Verbindung mit *o.* zeigen runde Klammern den Ersatz eines oder mehrerer Elemente durch andere an. – kursive Zusätze und Erklärungen		In concomitanza con *o.* le parentesi tonde indicano la sostituzione di uno o più elementi mediante altri. – aggiunte e chiarificazioni in corsivo
⟨ ⟩	in spitzen Klammern stehen grammatische und morphologische Angaben	⟨ ⟩	le parentesi uncinate racchiudono indicazioni grammaticali e morfologiche
[ ]	in eckigen Klammern stehen phonetische Angaben	[ ]	le parentesi quadre vengono usate per le indicazioni fonetiche

3. Stichwortanordnung – Makrostruktur

Alle Stichwörter sind **alphabetisch angeordnet.** Wortzwischenräume bei mehrgliedrigen Stichwörtern bleiben dabei unberücksichtigt.

Stichwörter, bei denen nach dem Komma eine zweite Endung angegeben ist, folgen denen mit nur einer Endung:

3. Ordine dei lemmi – Macrostruttura

Tutti i lemmi sono **ordinati alfabeticamente.** Nell'ordine alfabetico, per i lemmi a più elementi, non si è tenuto conto degli spazi tra gli elementi stessi.

Lemmi nei quali alla virgola segue una seconda desinenza, vengono ordinati dopo quelli con una desinenza sola:

vano *m* vor/prima di
vano, -a *a*

Wo zwei **orthographische Varianten** eines Wortes alphabetisch nicht unmittelbar aufeinanderfolgen, wird jede als eigenes Stichwort behandelt. Es erfolgt in der Regel ein **Verweis** zu der ausführlich dargestellten Variante.

Komposita und **mehrgliedrige Stichwörter** wie *post scriptum* und *mass media* stehen an ihrer Stelle im Alphabet. **Feste Syntagmen** und **mehrgliedrige Ausdrücke** wie *cavallo vapore, divano letto, freno a mano* oder *crema da scarpe* sind im allgemeinen unter dem ersten wichtigen bedeutungstragenden Element in der Phraseologie des entsprechenden Stichworts eingeordnet.

Bei Personenbezeichnungen ist die **feminine Form** in der Regel bei der maskulinen abgehandelt und an alphabetischer Stelle dann noch einmal als eigenes Stichwort mit **Verweis** aufgenommen, wenn sie alphabetisch nicht unmittelbar neben der maskulinen Form stehen würde:

Se due **varianti ortografiche** di una stessa parola non si susseguono in ordine alfabetico, ciascuna viene presentata come lemma a sé. Di regola segue un **rimando** alla variante trattata con maggiore ampiezza.

I sostantivi composti ed i **lemmi a più elementi,** come *post scriptum* e *mass media* mantengono la loro posizione in ordine alfabetico. **Sintagmi fissi** ed **espressioni a più elementi,** come *cavallo vapore, divano letto, freno a mano* o *crema da scarpe* vengono in genere registrati alla voce del primo elemento fraseologico più significativo.

Nelle determinazioni di persona **la forma femminile** viene trattata di regola sotto quella maschile e viene poi ripresa, seguendo l'ordine alfabetico, come lemma a sé e con un **rimando,** nel caso in cui non si trovi in posizione immediatamente vicina alla forma maschile:

autore, -trice *m, f . . .*
autorete *f . . .*
:
autorità *f . . .*
:
autoscuola *f . . .*
:
autostrada *f . . .*
:
autrice *f* v. **autore.**

Unregelmäßige Formen (unregelmäßige Plurale der Substantive, Steigerungsformen der Adjektive und Adverbien, unregelmäßige Verbformen, Zusammenziehungen von Präposition und Artikel und andere Unregelmäßigkeiten), die in voller Form in der spitzen Klammer angegeben sind, werden in der Regel dann noch einmal an entsprechender Stelle als Stichwort mit einem **Verweis** auf ihre Grundform aufgenommen, wenn sie alphabetisch nicht unmittelbar neben dieser Form stehen würden:

Forme irregolari (forme irregolari del plurale del sostantivo, forme di comparazione dell'aggettivo e dell'avverbio, forme irregolari del verbo, contrazioni di preposizione più articolo ed altre irregolarità) che vengono riportate per esteso nelle parentesi uncinate, vengono riprese di regola ancora una volta, secondo l'ordine alfabetico, come lemma a sé, con un **rimando** alla forma di base, nel caso in cui non si trovino in posizione immediatamente vicina alla forma di base stessa:

buoi ['bu̯ɔːi] *pl di* **bue.**
esco ['ɛsko] *1. pers sing pr di* **uscire.**
del [del] *prp* **di** *con articolo il.*

Kurzwörter, Abkürzungen, Eigennamen und **geographische Bezeichnungen** sind an alphabetischer Stelle als Stichwörter im Wörterverzeichnis zu finden.
Bei den **geographischen Bezeichnungen** sind Städtebewohner nicht gesondert aufgeführt, es sei denn, es handelt sich um bestimmte Besonderheiten, wie z. B. bei *veneziana, napoletana* oder *pavese.*

Forme abbreviate, abbreviazioni, nomi propri e **denominazioni geografiche** vengono riportati come lemmi nel corpus del dizionario in ordine alfabetico.
Nelle **denominazioni geografiche** non vengono esplicitamente riportate le indicazioni degli abitanti delle singole città, a meno che non si tratti di certe particolarità, come p.e. nel caso di *veneziana, napoletana* o *pavese.*

Sprachen sind in der Regel nicht gesondert aufgeführt, da sie sich vom entsprechenden Adjektiv ableiten lassen. Ausnahmen sind bestimmte Besonderheiten wie z. B. *arabo* oder *cinese.* Sprachen sind mit ausführlicheren Anwendungsbeispielen exemplarisch bei **italiano** und **tedesco** dargestellt.

Le **lingue** di regola non vengono registrate separatamente, poiché esse sono derivabili dall'aggettivo corrispondente. Fanno eccezione certe particolarità come p.e. *arabo* o *cinese.* Alla voci **italiano** e **tedesco** vengono riportati esempi per l'uso generale delle determinazioni di lingue.

Ausführlichere Anwendungsbeispiele von **Monaten, Wochentagen** und **Zahlen** sind exemplarisch bei **settembre, lunedì** und **cinque, cinquanta, quinto** dargestellt, worauf in den entsprechenden analogen Einträgen verwiesen wird.

Alle voci **settembre, lunedì** e **cinque, cinquanta, quinto** vengono riportati esempi per l'uso generale di determinazioni di **mesi, giorni della settimana** e **numeri.** Nelle altre voci analoghe è poi introdotto un rinvio.

Substantivierte Adjektive und Verben, sowie Adjektive, die sich leicht aus einer Partizipform des Verbs oder mit einem Suffix wie *-bile* ableiten lassen, und leicht abzuleitende Adverbien auf *-mente* sind oft nicht als eigenes Stichwort aufgeführt. Wo der Wörterbuchbenutzer ein solches Wort nicht als selbständigen Eintrag findet, sollte er auf die beim jeweiligen Adjektiv- oder Verbeintrag angegebene Übersetzung zurückgreifen.

Aggettivi e verbi sostantivati ed aggettivi facilmente derivabili da una forma del participio del verbo o per mezzo di un suffisso come *-bile* spesso non vengono riportati come voci a sé stanti. Lo stesso avviene in genere per gli avverbi in *-mente.* In questi casi si dovrebbe risalire alla traduzione sotto la voce dell'aggettivo o verbo corrispondenti.

Homographen (verschiedene Wörter gleicher Schreibung) werden durch hochgestellte arabische Ziffern unterschieden:

Omografi (parole diverse con la stessa grafia) vengono contrassegnati da un esponente in cifre arabiche:

merlo[1] ['mɛrlo] *m arch* Zinne *f*.
merlo[2] ['mɛrlo] *m* **1.** *zoo* Amsel *f*, Schwarzdrossel *f*; **2.** *fig fam* Gimpel *m*.

ancora[1] [aŋ'ko:ra] *adv* ... noch ...
ancora[2] ['aŋkora] *f* Anker *m* ...

4. Aufbau der Wörterbuchartikel – Mikrostruktur

4. Sviluppo delle voci – Microstruttura

Die einzelnen Artikel können durch Zahlen weiter untergliedert sein.
Dabei kennzeichnen **römische Ziffern** verschiedene Wortarten, verschiedene grammatische Kategorien und verschiedene Konstruktionsmöglichkeiten eines Verbs (*tr, itr, rfl*):

Le singole voci possono esser ulteriormente suddivise in capitoli, contrassegnati da numeri.
Le **cifre romane** contrassegnano diverse parti del discorso, diverse categorie grammaticali e diverse possibilità di costruzione di un verbo (*tr, itr, rfl*):

radicale [radi'ka:le] **I.** *a* **1.** *fig* radikal, tiefgreifend; **2.** *pol* radikal; **3.** *ling* Wurzel-, Stamm-; **4.** *bot* Wurzel-; **II.** *mf* Radikale(r) *mf*; **III.** *m* **1.** *ling* Wurzel *f*, Stamm *m*; **2.** *mat* Wurzel *f*; **3.** *chem* Radikal *n*.

schermire [sker'mi:re] ⟨schermisco⟩ **I.** *tr* schützen; **II.** *itr* fechten; **III.** *rfl*: **-rsi** **1.** *fig* abwehren (*da qc* etw.); **2.** *(ripararsi)* sich schützen (*da* vor).

Arabische Ziffern kennzeichnen verschiedene Bedeutungen des Stichworts:

Le **cifre arabiche** contrassegnano significati diversi del lemma:

fornace [for'na:tʃe] *f* **1.** *tec* Brennofen *m*; **2.** *(stabilimento)* Ziegelei *f*; **3.** *fig (luogo caldo)* Backofen *m fam*.

Der grammatischen und semantischen Beschreibung jeder durch römische Ziffern gegliederten grammatischen Kategorie folgt ihre phraseologische Beschreibung. Hier sind die für die Kategorie relevanten **festen Syntagmen** und **mehrgliedrigen Ausdrücke, Anwendungsbeispiele, Redewendungen** und **Sprichwörter** aufgeführt.
In der Regel sind sie unter dem als erstes wichtiges bedeutungstragendes Element fungierenden Stichwort eingeordnet, im Zweifelsfall sollte der Benutzer aber auch unter den anderen möglichen Suchwörtern nachschlagen.

Alla descrizione grammaticale e semantica di ogni categoria grammaticale, suddivisa in parti contrassegnate da cifre romane, segue la rispettiva descrizione fraseologica. Qui vengono riportati i **sintagmi fissi,** le **espressioni a più elementi,** gli **esempi per l'uso,** i **modi di dire** ed i **proverbi** rilevanti per la categoria.
Di regola essi vengono registrati alla voce del primo elemento fraseologico più significativo. In casi dubbi si dovrebbe comunque cercare sotto le altre voci in questione.

5. Erklärende Zusätze – Kommentierungen

Sowohl in Ausgangs- als auch in Zielsprache können erklärende Zusätze Bedeutung und Anwendung eines Wortes näher bestimmen:

in Klammern stehende Zusätze für Synonyme und Definitionen, für typische Subjekte und Objekte und andere Erklärungen

Fachgebietsangaben, wenn verschiedene Bedeutungen unterschieden werden

Angaben zur regionalen Verbreitung zur Markierung aller Wörter, Bedeutungen und Wendungen, die einem regionalen Gebrauch unterliegen. Läßt sich dieser nicht genau abgrenzen (z.B. *mer, tosc, A, CH,* etc.), steht die allgemeine Markierung *dial.* Die Angaben stehen in Ausgangs- und Zielsprache.

Stilangaben zur Markierung aller Wörter, Bedeutungen und Wendungen, die keiner neutralen Stilebene angehören: *fam, sl, vulg, geh, adm, poet, obs.* Die Angaben stehen in Ausgangs- und Zielsprache. Stilangaben zu Beginn eines Eintrags oder einer Kategorie beziehen sich auf alle Bedeutungen und Wendungen innerhalb dieses Eintrags oder dieser Kategorie.

rhetorische Angaben, wenn eine besondere Sprechhaltung markiert wird: *iron, pej, scherz.* Die Angaben stehen nur auf der Ausgangssprachenseite, beziehen sich aber auch auf die Übersetzung.

Die vollständige Liste der Markierungen ist dem Abkürzungsverzeichnis zu entnehmen.

5. Aggiunte esplicative – Commenti

Sia nella lingua di partenza che in quella d'arrivo, il significato e l'uso di una parola possono venir ulteriormente chiariti da aggiunte esplicative:

aggiunte in parentesi per sinonimi e definizioni, per soggetti ed oggetti tipici e per altre spiegazioni integrative

indicazioni sui linguaggi specifici quando si voglia distinguere tra diversi significati

indicazioni sulla diffusione regionale per evidenziare tutte le parole, significati e locuzioni caratterizzati da un uso regionale. Se tale uso non può essere esattamente circoscritto, (p.e. *mer, tosc, A, CH* ecc.) viene riportata l'indicazione più generale *dial.* Tali indicazioni sono presenti sia nella lingua di partenza che in quella d'arrivo.

indicazioni di stile per evidenziare tutte le parole, tutti i significati e le locuzioni che non appartengono ad un livello di stile neutrale: *fam, sl, vulg, geh, adm, poet, obs.* Le indicazioni sono presenti sia nella lingua di partenza che in quella d'arrivo. Le indicazioni di stile all'inizio di ogni registrazione o categoria si riferiscono a tutti i significati e locuzioni all'interno di esse.

indicazioni retoriche se viene marcato un particolare atteggiamento linguistico: *iron, pej, scherz.* Le indicazioni sono riportate solamente per la lingua di partenza, ma si riferiscono anche alla traduzione.

Nella lista delle abbreviazioni sono ampiamente riportate tutte le marcature.

6. Morphologische Angaben

6. Indicazioni morfologiche

Substantive

Sostantivi

Alle Substantive sind mit einer **Genusangabe** versehen. Die Bezeichnung des grammatischen Geschlechts als *m* (Maskulinum), *f* (Femininum) oder *n* (Neutrum) bzw. deren Kombination kennzeichnet ein Wort als Substantiv.

Per tutti i sostantivi viene fornita un'**indicazione di genere.** L'attribuzione del genere grammaticale con *m* (maschile), *f* (femminile) o *n* (neutro) e mediante la loro combinazione, è caratteristica per il sostantivo.

Unmittelbar nach dem italienischen Substantivstichwort wird in spitzen Klammern die **Pluralendung** angegeben, wenn sie nicht diesem Schema folgt:

Subito dopo la voce del sostantivo italiano, in parentesi uncinate vengono riportate le **desinenze del plurale,** nel caso che non rientrino nello schema:

	sing	*pl*
m	tren**o**	tren**i**
f	strad**a**	strad**e**
m/f	padr**e**/madr**e**	padr**i**/madr**i**

Auch bei den Substantiven auf *-co, -ca, -go, -ga, -io, -ia* steht die Pluralangabe. Fehlen bei zusammengesetzten und präfigierten Substantiven diese Angaben, so gelten auch hier die des Grundworts:

Anche per i sostantivi in *-co, -ca, -go, -ga, -io, -ia* si riportano indicazioni sul plurale. Nel caso che per i sostantivi composti e quelli con prefisso tali indicazioni manchino, valgono anche qui le indicazioni grammaticali della voce semplice:

bue ⟨buoi⟩ *m*
cassaforte ⟨casseforti⟩ *f*
programma ⟨-i⟩ *m*
banco ⟨-chi⟩ *m*
bocca ⟨-cche⟩ *f*
famiglia ⟨-glie⟩ *f*
ciliegia ⟨-ge *o.* -gie⟩ *f*
lancio ⟨-ci⟩ *m*
slancio *m*
gioco ⟨-chi⟩ *m*
videogioco *m*

Ein ⟨-⟩ bedeutet, daß das Substantiv einen unveränderlichen, mit der Grundform identischen Plural hat:

Un ⟨-⟩ significa che il sostantivo ha una forma plurale invariata, identica alla forma singolare:

film ⟨-⟩ *m*
città ⟨-⟩ *f*
specie ⟨-⟩ *f*

Substantive oder einzelne Bedeutungen eines Substantivs mit der Angabe ⟨*sing*⟩ werden nur im Singular gebraucht:

Sostantivi o singoli significati di un sostantivo con l'indicazione ⟨*sing*⟩ vengono usati solo al singolare:

frutta ⟨*sing*⟩

Einzelne Bedeutungen eines Substantivs mit der Angabe ⟨*pl*⟩ werden nur im Plural gebraucht:

Singoli significati di un sostantivo con l'indicazione ⟨*pl*⟩ vengono usati solo al plurale:

faccenda [fat'tʃɛnda] *f* **1.** *(questione, cosa da fare)* Angelegenheit *f,* Sache *f;* **2.** ⟨*pl*⟩ *(lavori domestici)* Hausarbeit *f.*

Für alle italienischen Substantive, die ein natürliches Geschlecht haben und Personen bezeichnen, wird die **feminine** neben der **maskulinen Form** angegeben:

Per tutti i sostantivi italiani che abbiano un genere naturale e che designino persone, la **forma femminile** viene registrata accanto a quella **maschile:**

amico, -a ⟨-ci, -che⟩ *m, f*
autore, -trice *m, f*
conte, -essa *m, f*
agente *mf*
artista ⟨-i *m,* -e *f*⟩ *mf*

In der Regel sind beide Formen unter der maskulinen Form abgehandelt. Wo die feminine Form in der alphabetischen Reihenfolge nicht unmittelbar neben der maskulinen stehen würde, wird sie zusätzlich als eigenes Stichwort mit einem Verweis auf die maskuline Form angegeben.

Di regola ambedue le forme vengono trattate sotto quella maschile. Nel caso in cui la forma femminile non si trovi immediatamente vicina a quella maschile nell'ordine alfabetico, essa viene registrata come lemma a sé con un rimando alla forma maschile.

Bei italienischen Substantiven, die in der maskulinen Form auch das natürliche feminine Geschlecht bezeichnen, wird in der Übersetzung auch die feminine Form berücksichtigt:

Per i sostantivi italiani di genere grammaticale maschile che designano anche il genere naturale femminile, nella traduzione viene considerata anche la forma femminile:

ministro [mi'nistro] *m* **1.** *pol* Minister(in) *m(f);* **2.** *fig* Diener(in) *m(f);* (*divulgatore*) Verbreiter(in) *m(f);* **3.** (*dirigente di comunità*) Obere(r) *m(f);* ...

Deutsche Substantive in der Übersetzung, die wie Adjektive dekliniert werden, werden so dargestellt:

Sostantivi tedeschi che appaiono come traduzione di un lemma e vengono declinati come aggettivi, sono registrati come segue:

Gute(s) *n* (das Gute, ein Gutes)
Beamte(r) *m* (der Beamte, ein Beamter)
Angestellte(r) *mf* (der Angestellte, ein Angestellter, die/eine Angestellte)

Bei Substantiven, die mit bestimmten **Präpositionen** verbunden werden, sind die zugehörige präpositionale Ergänzung und ihre Entsprechung nach der deutschen Übersetzung angegeben:

Per i sostantivi che reggono determinate **preposizioni,** la preposizione in questione ed il suo corrispondente vengono riportati dopo la traduzione tedesca:

odore ... Geruch *m* (*di* nach, von) ...

Adjektive und Adverbien

Bei den italienischen Adjektiven auf *-o* werden **maskuline und feminine Form** angegeben und alphabetisch unter der maskulinen Form eingeordnet und abgehandelt.

Die **Pluralangabe** in spitzen Klammern erfolgt nach denselben Regeln wie die der Substantive:

Aggettivi ed avverbi

Per gli aggettivi italiani in *-o* vengono date la **forma maschile e femminile,** ambedue alfabeticamente ordinate sotto la forma maschile.

Le indicazioni del **plurale** vengono date in parentesi uncinate, secondo le stesse regole usate per i sostantivi:

ricco, -a ⟨-cchi, -cche⟩
lungo, -a ⟨-ghi, -ghe⟩
proprio, -a ⟨-i, -ie⟩
logico, -a ⟨-ci, -che⟩
biologico, -a

Unveränderliche Adjektive werden mit ⟨*inv*⟩ gekennzeichnet:

Gli aggettivi invariati vengono registrati con ⟨*inv*⟩:

blu ⟨*inv*⟩

Unregelmäßige Steigerungsformen werden in spitzen Klammern angegeben, wobei die erste der Formen den Komparativ, die zweite den Superlativ bezeichnet:

Le **forme irregolari del comparativo e del superlativo** sono riportate in parentesi uncinate. Precede la forma del comparativo e segue poi quella del superlativo:

cattivo ⟨più cattivo *o.* peggiore, cattivissimo *o.* pessimo⟩

bene ⟨meglio, benissimo *o.* ottimamente⟩

Deutsche Adjektive in der Übersetzung werden in ihrer unflektierten Form angegeben. Adjektive, die keine unflektierte Form haben, werden nach dem Muster *erste(r,s)* aufgeführt.

Aggettivi tedeschi che appaiono come traduzione di un lemma vengono dati nella forma indeclinata. Quelli che non presentano una forma indeclinata, vengono registrati secondo il modello *erste(r,s)*.

Bei Adjektiven, die mit bestimmten **Präpositionen** verbunden werden, sind die zugehörige präpositionale Ergänzung und ihre Entsprechung nach der deutschen Übersetzung angegeben:

Per gli aggettivi che reggono determinate **preposizioni,** la preposizione in questione ed il suo corrispondente vengono riportati dopo la traduzione tedesca:

addetto, -a [ad'detto] **I.** *a* zuständig (*a* für); *(occupato)* tätig (*o.* beschäftigt) (*a* bei); ...

Verben

Die grammatische Angabe *tr, itr* oder *rfl* kennzeichnet ein Stichwort als Verb. Wird ein Verb in mehreren dieser Konstruktionsmöglichkeiten gebraucht, ist der Eintrag entsprechend gegliedert:

Verbi

L'indicazione grammaticale *tr, itr* o *rfl* è caratteristica per il verbo. Se un verbo presenta diverse possibilità di costruzione, la voce risulta articolata in modo corrispondente:

rompere ... **I.** *tr* **1.** *(vetro, etc.)* brechen; ... **II.** *itr* **1.** *(scoppiare)* ausbrechen (*in* in); **2.** *(troncare)* brechen (*con* mit); ... **III.** *rfl:* **-rsi** (zer)brechen, kaputtgehen; ...

Unmittelbar auf das Stichwort folgen in spitzen Klammern die Angaben zu **unregelmäßigen Verbformen** und zu solchen mit morphologischen Besonderheiten.
Bei den unregelmäßigen Verben werden die 1. Person Singular Präsens und Passato Remoto und das Partizip Perfekt angegeben:

Immediatamente dopo il lemma seguono in parentesi uncinate le indicazioni sulle **forme irregolari del verbo** e su quelle con particolarità morfologiche.
Per le forme irregolari vengono date la prima persona singolare del presente e del passato remoto e la forma del participio passato:

andare ⟨vado, andai, andato⟩
chiedere ⟨chiedo, chiesi, chiesto⟩
essere ⟨sono, fui, stato⟩
fare ⟨faccio, feci, fatto⟩

In der Regel werden diese Formen noch einmal an alphabetischer Stelle als **Verweis** auf den Infinitiv aufgenommen, wenn sie alphabetisch nicht unmittelbar neben dieser Form stehen würden. Das gilt auch für andere, nicht ohne weiteres aus diesen zu erschließende unregelmäßige Formen wie *sarà, muoio, possa,* etc.
Semantische Informationen zu diesen Formen sind beim verwiesenen Stichwort, grammatische in der italienischen Formenlehre bzw. der Liste unregelmäßiger Verben im Anhang zu finden.

Di regola queste forme vengono nuovamente riportate nell'ordine alfabetico, come **rimando** alla forma dell'infinito, nel caso in cui non si trovino immediatamente vicine alla forma stessa dell'infinito. Alla stessa stregua vengono trattate altre forme irregolari, non automaticamente deducibili, come p.e. *sarà, muoio, possa* ecc.
Informazioni semantiche su queste forme vengono date nel lemma di rimando. Quelle grammaticali si trovano invece nella morfologia italiana e nella lista dei verbi irregolari, tutte e due in appendice al vocabolario.

Bei den Verben auf *-iare, -care, -cere, -gare, -gere,* die morphologische Besonderheiten in der Bildung der Stammformen aufweisen, werden 1. und 2. Person Singular Präsens angegeben; bei den Verben auf *-ire* wird die 1. Person Singular Präsens angegeben. Sind diese Verben auch unregelmäßig, so werden zusätzlich Passato Remoto und Partizip Perfekt angegeben:

Per i verbi in *-iare, -care, -cere, -gare, -gere* che presentano particolarità morfologiche nella formazione delle forme fondamentali, vengono date la prima e la seconda persona singolare del presente. Per i verbi in *-ire* viene data la prima persona singolare del presente. Se questi verbi poi sono anche irregolari, vengono aggiunte anche le forme del passato remoto e del participio passato:

inviare ⟨invio, invii⟩
cercare ⟨cerco, cerchi⟩
finire ⟨finisco⟩
uscire ⟨esco, esci, uscii, uscito⟩
fingere ⟨fingo, fingi, finsi, finto⟩

Wenn es sich um unpersönlich gebrauchte Verben handelt, ersetzt die Angabe der 3. die der 1. und 2. Person:

Se si tratta di verbi usati impersonalmente è la terza persona singolare che sostituisce la prima e la seconda:

albeggiare ⟨albeggia⟩
piovere ⟨piove, piovve, piovuto⟩

Die Angabe der Stammformen fehlt bei zusammengesetzten und präfigierten Verben, die in ihrer einfachen Form als selbständiger Eintrag erscheinen. Unregelmäßige Verben werden dann mit ⟨*irr*⟩ gekennzeichnet:

L'indicazione delle forme fondamentali manca nei verbi composti e in quelli con prefisso che già compaiano nel dizionario nella loro forma semplice. I verbi irregolari vengono segnalati con ⟨*irr*⟩:

rinviare ...
ricercare ...
riuscire ⟨*irr*⟩ ...
richiedere ⟨*irr*⟩ ...
soddisfare ⟨soddisfo *o.* soddisfaccio, *irr*⟩

Eine Liste der häufigsten unregelmäßigen italienischen Verben befindet sich im Anhang des Wörterbuchs, Konjugationstabellen zu Verben ebenfalls dort in der italienischen Formenlehre.

In appendice al dizionario si trova una lista dei verbi irregolari italiani più frequenti. Le tabelle di coniugazione dei verbi possono esser consultate, sempre in appendice, nella parte dedicata alla morfologia italiana.

Alle italienischen Verben, die die **zusammengesetzten Zeiten** nicht ausschließlich mit *avere* bilden, haben nach der Wortartangabe den Zusatz ⟨*essere*⟩ oder ⟨*essere o. avere*⟩. Gelegentlich ist die Bildung mit *essere* oder *avere* mit einem Unterschied in der Konstruktionsweise oder der Bedeutung verbunden. In diesem Fall steht die Angabe jeweils nach der entsprechenden Einteilung im Eintrag. Fehlt die Angabe, so erfolgt die Bildung mit *avere.* Reflexive Verben bilden die zusammengesetzten Zeiten regelmäßig mit *essere;* deshalb wird hier auf die Angabe verzichtet:

Tutti i verbi italiani che non formino tutti i **tempi composti** esclusivamente con *avere,* presentano, dopo l'indicazione della voce, l'aggiunta ⟨*essere*⟩o ⟨*essere o. avere*⟩. Talvolta la scelta tra *essere* o *avere* è legata a una differenza nella costruzione o nel significato. In questo caso l'indicazione viene di volta in volta riportata nell'articolo, secondo la suddivisione corrispondente. Se tale indicazione manca, la formazione dei tempi composti avviene con *avere.* I verbi riflessivi formano di regola i tempi composti con *essere.* Per questa ragione nel lemma tale informazione non compare:

scolorare [skolo'ra:re] **I.** *tr* ⟨*avere*⟩ entfärben; **II.** *itr* ⟨*essere*⟩ abfärben; **III.** *rfl:* **-rsi** die Farbe verlieren, verbleichen.

appartenere [... 'ne:re] ⟨*irr*⟩ *itr* ⟨*essere o. avere*⟩ **1.** *(essere di proprietà)* gehören; **2.** *(far parte)* angehören, zugehören; **3.** *(spettare)* zustehen.

In der Übersetzung steht das deutsche **Reflexivpronomen** «sich» ohne Bezeichnung im Akkusativ, im Dativ wird es als *(dat)* gekennzeichnet.

Il **pronome riflessivo** tedesco «sich» che appaia come traduzione si intende in accusativo quando non venga ulteriormente caratterizzato; nel dativo esso viene segnalato con *(dat).*

Die **Präpositionen,** mit denen Verben verbunden sein können, und ihre **Rektion** sind mit ihrer deutschen Entsprechung nach der Übersetzung dann angegeben, wenn der Gebrauch beider Sprachen voneinander abweicht:

Le **preposizioni** rette da verbi e la loro **reggenza** vengono registrate con i corrispondenti tedeschi dopo la traduzione, nel caso che l'uso nelle due lingue sia divergente:

tifare [ti'fa:re] *itr fam* schwärmen (*per* für), Fan sein (*per* von).

applaudire ... *tr, itr* applaudieren (*qu* jdm), Beifall spenden (*qu* jdm).

Präpositionen

Die Formen der Präpositionen, die mit dem bestimmten Artikel zu einem Wort verschmelzen, werden in spitzen Klammern angegeben:

Preposizioni

Le forme delle prepositioni articolate vengono date in parentesi uncinate:

in [in] ⟨nel, nello, nell', nella, nei, negli, nelle⟩ *prp* ...

Ist eine italienische Präposition Stichwort, wird bei der Übersetzung der von der deutschen Präposition regierte Kasus angegeben:

Se una preposizione italiana viene trattata come lemma a sé, nella traduzione viene anche registrato il caso retto dalla preposizione tedesca corrispondente:

sopra ['so:pra] **I.** *prp* **1.** *(con contatto: stato)* auf *dat; (moto)* auf *acc;* **2.** *(senza contatto: stato)* über *dat; (moto)* über *acc;* **3.** *(oltre)* über *dat,* oberhalb *gen;* **4.** *(dopo)* über *dat,* nach *dat;* **5.** *(addosso)* auf *acc;* **6.** *(intorno a, più di)* über *acc; . . .*

Rechtschreibung — Ortografia

Grundlage für die italienische Rechtschreibung in diesem Wörterbuch ist die Schreibweise der gebräuchlichsten italienischen Wörterbücher, für die deutsche Rechtschreibung die Schreibweise des *Duden*.

Per l'ortografia italiana in questo dizionario ci si è attenuti ai principi seguiti dai dizionari italiani più usati; per l'ortografia tedesca, si è seguito il *Duden*.

Italienische Silbentrennung

1. Einfache Konsonanten gehören zur Silbe des folgenden Vokals: *re-go-la, a-to-mo, ca-ri-tà*
2. Doppelkonsonanten werden dem vorhergehenden und dem folgenden Vokal zugeordnet: *pez-zet-tino, ot-timo*
   Die Verbindung *-cqu-* wird gleichfalls aufgeteilt: *ac-qua*
3. Gruppen von zwei oder drei Konsonanten gehören zur Silbe des nachfolgenden Vokals, wenn sie am Anfang eines Wortes stehen können. Dabei handelt es sich vor allem um Verbindungen von *s + Konsonant, Konsonant + l / + r, s + Konsonant + l / + r: po-stulato, mi-cro-scopio, arterio-sclerosi, na-stro*
4. Bei Gruppen von Konsonanten, die nicht am Wortanfang stehen können, wird ein Konsonant dem vorhergehenden Vokal zugeordnet: *dol-ce, con-tratto, raf-frescare, ag-glomerare*
5. Zwei (als Diphthong) zusammen gesprochene Vokale werden nicht getrennt: *pau-sa* ['pa:uza]
   Zwei (als Hiat) getrennt gesprochene Vokale können getrennt werden: *pa-u-ra* [pa'u:ra]
6. Der Apostroph kann am Zeilenende stehen: *sull'/albero;* es kann aber auch Trennung erfolgen: *sul-l'albero*

Anmerkungen zur italienischen Aussprache

Grundlage für die Umschrift ist die Norm der italienischen Aussprache, wie sie in folgenden Wörterbüchern angegeben wird: *Bruno Migliorini, Carlo Tagliavini, Piero Fiorelli. Dizionario d'ortografia e di pronunzia. Torino 1981* und *Il nuovo Zingarelli. Vocabolario della lingua italiana di Nicola Zingarelli. 11. Aufl. Bologna 1983.* Bei Fremdwörtern, für die keine italienische Aussprache belegt ist, wird die phonetische Umschrift der Sprache angegeben, aus der das Wort übernommen wurde. Es werden die Zeichen der Internationalen Lautschrift *(API)* verwendet (s. **Liste der Lautschriftzeichen**).

Alle Stichwörter, mit Ausnahme der mit Verweis versehenen Feminin- und Pluralformen, sind mit Lautschrift versehen. Abkürzungen werden nur dann umschrieben, wenn sie als Wörter gesprochen werden.
Stichwörter, die in Gruppen zusammengefaßt sind und deren Lautung teilweise übereinstimmt, können auch partielle Umschrift erhalten: wenn das ganze Wort zu ergänzen ist, wird es durch [-] ersetzt, z. B. **mille** [ˈmille], **millecento** [-ˈtʃɛnto]; ist nur ein Teil des vorausgehenden voll umschriebenen Wortes zu ergänzen, wird er durch [...] ersetzt, z. B. **pittore** [pitˈtoːre], **pittoresco** [...toˈresko].
In der Regel wird bei der partiellen Umschrift die betonte Silbe angegeben. Eine Ausnahme bilden die Wörter, bei denen sich lediglich der Vokal im Auslaut verändert, z. B. **pirotecnica** [piroˈtɛknika], **pirotecnico** [...ko].
Bei Wörtern mit häufigen Vorsilben oder bei Wortzusammensetzungen, von denen für das erste Element bereits die Umschrift gegeben wurde, wird dieses erste Element in den nachfolgenden Wörtern durch [-] ersetzt, z. B. **policlinico** [-ˈkliːniko], **lanciafiamme** [-ˈfi̯amme].

Feminin- und Pluralformen werden nur dann umschrieben, wenn sich eine wichtige Laut- oder Betonungsänderung ergibt, z. B. **oste, -essa** [ˈɔste, osˈtessa]. Auf die Umschrift der Femininendung **-trice, -drice** [-ˈtriːtʃe, -ˈdriːtʃe] und der mit einem Lautwechsel verbundenen Pluralendungen, z. B. **monaco** ⟨-ci⟩ [ˈmɔːnako, ˈmɔːnatʃi], wurde verzichtet, da sie keine Betonungsverschiebung und keine anderen phonetischen Veränderungen im Stamm bedingen.

Bei **Varianten,** die beim Stichwort durch runde Klammern gekennzeichnet sind, wird auch in der Umschrift eine runde Klammer verwendet, z. B. **petro(l)chimica** [petro(l)ˈkiːmika], **pur(e)** [pur (ˈpuːre)].
Aussprachevarianten werden mit *o.* gekennzeichnet, z. B. **onagro** [ˈɔːnagro *o.* oˈnaːgro].

Für die Angabe der **Betonung** wird das Zeichen [ˈ] verwendet. Es steht unmittelbar vor der betonten Silbe.

Die **Akzente in der Orthographie,** der Gravis (accento grave : *à, è, ì, ò, ù*) und der Akut (accento acuto: *é*), stehen bei mehrsilbigen Wörtern, wenn diese auf betonten Vokal enden. Bei *è* und *é* wird auch die Vokalqualität (offen – geschlossen) durch den Akzent unterschieden. *Beispiele:* **università** [universiˈta], **caffè** [kafˈfɛ], **perché** [perˈke], **tassì** [tasˈsi], **però** [peˈrɔ], **virtù** [virˈtu].
Einsilbige Wörter werden mit Akzent geschrieben, wenn *i* und *u* Halbvokale sind, z. B. **più** [pi̯u], **può** [pu̯ɔ]. Außerdem wird auch eine Reihe anderer einsilbiger Wörter mit Akzent geschrieben: **là, tè, dì, sì, ciò** u. a. Dadurch unterscheiden sie sich zum Teil von anderen gleichlautenden Wörtern. Der Akzent ist gleichzeitig ein Hinweis dafür, daß bei dem im Satz unmittelbar nachfolgenden Wort die syntaktische Verdoppelung (raddoppiamento sintattico) eintritt.

Liste der Lautschriftzeichen

Segni usati per la trascrizione fonetica

Vokale/Vocali

[a]	f**a**tto
[a:]	s**a**no
[e]	st**e**sso
[e:]	v**e**ro
[ɛ]	**e**cco
[ɛ:]	g**e**lo
[i]	z**i**tto
[i:]	l**i**bro
[i̯]	p**i**atto
[o]	m**o**nd**o**
[o:]	**o**ra
[ɔ]	**o**tto
[ɔ:]	p**o**co
[u]	b**u**rro
[u:]	n**u**do
[u̯]	q**u**esto

In Fremdwörtern vorkommende nicht-italienische Vokale und Diphtonge/Vocali e dittonghi non italiani presenti nelle parole di origine straniera

[ã]	p**en**d**an**t
[ã:]	nu**an**ce
[ɑ:]	m**ar**ket
[ɐ]	pir**a**nha
[æ]	m**a**tch
[ʌ]	pick-**u**p
[aɪ]	n**igh**t-club
[aʊ]	r**ou**nd
[ɛ̃]	mannequ**in**
[ə]	mist**er**
[ə:]	n**ur**se
[eɪ]	pl**ay**-back
[ɪ]	l**i**ft
[õ]	pard**on**
[ø:]	f**ö**hn
[œ]	**Ö**tztal
[œ:]	chauff**eu**r
[oʊ]	m**o**torscooter
[ɔɪ]	playb**oy**
[ɔʏ]	Bair**eu**t
[y]	parven**u**
[y:]	ouvert**u**re
[ʏ]	k**ü**mmel

Konsonanten/Consonanti

[b]	**b**ello
[bb]	la**bb**ro
[d]	**d**are
[dd]	a**dd**io
[dz]	**z**ero
[ddz]	a**zz**urro, peri**z**oma
[dʒ]	**g**ente, **gi**oco
[ddʒ]	le**gg**e, ma**ggi**o
[f]	**f**ermo
[ff]	ca**ff**è
[g]	**g**atto, lun**gh**ezza
[gg]	le**gg**o, mu**ggh**iare
[k]	fuo**c**o, **ch**iaro
[kk]	sa**cc**o, o**cch**iali
[l]	**l**ana
[ll]	pa**ll**a
[ʎ]	**gli**
[ʎʎ]	fo**gli**a, fo**gl**ifero
[m]	**m**agro
[mm]	ne**mm**eno
[n]	ca**n**e
[nn]	ca**nn**a
[ŋ]	ra**n**go
[ɲ]	**gn**occhi
[ɲɲ]	o**gn**i
[p]	**p**oco
[pp]	ca**pp**ello
[r]	to**r**o
[rr]	to**rr**e
[s]	ca**s**a
[ss]	ca**ss**a
[ʃ]	**sc**endere, **sci**enza
[ʃʃ]	pe**sc**e, la**sci**are
[t]	fo**t**o
[tt]	re**tt**o
[ts]	ter**z**o
[tts]	pe**zz**o, a**z**ione
[tʃ]	pa**c**e, **ci**elo
[ttʃ]	fa**cc**etta, fa**cci**a
[v]	**v**ia
[vv]	a**vv**iare
[z]	vi**s**o

In Fremdwörtern vorkommende nicht-italienische Konsonanten/Consonanti non italiane presenti nelle parole di origine straniera

[ç]	Lie**ch**tenstein
[h]	**h**obby
[j]	maqui**ll**age
[θ]	**th**rilling
[w]	**w**alkman
[x]	kol**ch**oz
[ʒ]	**j**abot
[ɥ]	n**u**ance

Sonstige Zeichen/Altri segni

[:]	Längezeichen/segno della lunghezza vocale
[ˈ]	Betonungszeichen/accento tonico

A

A, a [a] ⟨-⟩ *f* A, a *n;* **dall' ~ alla zeta** von A bis Z; **~ come Ancona** A wie Anton.

a 1. *ab di* **anno** J. (*ab di* Jahr); **2.** *ab di* **ara** a (*ab di* Ar).

a [a] ⟨al, allo, all', alla, ai, agli, alle⟩ *prp* **1.** *(stato in luogo)* in *dat,* auf *dat; (vicino a)* an *dat,* bei *dat,* zu *dat;* **2.** *(moto a luogo)* in *acc,* auf *acc,* an *acc,* nach *dat,* zu *dat;* **3.** *(tempo)* in *dat,* zu *dat; (con riferimento all'ora)* um *acc;* **4.** *(con prezzo)* zu *dat;* **5.** *(complemento di termine) si traduce col dativo;* **sono ~ casa** ich bin zu Hause; **al mercato** auf dem/den Markt; **al mare** am/ans Meer; **~ Trieste** in/nach Triest; **~ 20 chilometri da Torino** 20 Kilometer von Turin entfernt; **~ domani** bis morgen; **dall'oggi al domani** von heute auf morgen; **~ marzo** im März; **~ mezzogiorno** am Mittag; **alle 7** um 7 (Uhr); **al venerdì** freitags; **~ vent'anni** mit zwanzig Jahren; **esco ~ mangiare** ich gehe zum Essen aus; **cotoletta alla milanese** Schnitzel nach Mailänder Art; **lavorare ~ macchina** mit der Maschine arbeiten; **correre ~ 120 chilometri l'ora** (mit) 120 Stundenkilometer(n) fahren; **~ cavallo/piedi** zu Pferd/zu Fuß; **2 al quadrato** 2 im (*o.* zum) Quadrat, 2 hoch 2; **lo regalo ~ Giuseppe** ich schenke es Giuseppe *(dat);* **~ pagina 5** auf Seite 5; **automobile ~ due posti** zweisitziges Auto; **~ uno ~ uno** einzeln; **~ due ~ due** paarweise, zu zweit.

A 1. *ab di* **Austria** A; **2.** *ab di* **autostrada** A (*ab di* Autobahn); **3.** *ab di* **ampère** A (*ab di* Ampere).

Aarau ['a:raʊ] *f* Aarau *n.*

A.A.S.T. *ab di* **Azienda Autonoma di Soggiorno e Turismo** *italienischer Fremdenverkehrsverein.*

AA.VV. *ab di* **Autori Vari** verschiedene Autoren.

abaco ['a:bako] ⟨-chi⟩ *m* **1.** *hist, arch* Abakus *m,* Rechenbrett *n;* **2.** *(libretto)* Rechenfibel *f;* **3.** *(tavola pitagorica)* Nomogramm *n.*

abate [a'ba:te] *m* Abt *m.*

abat-jour [aba'ʒu:r] ⟨-⟩ *m* Lampenschirm *m; (lampada)* Lampe *f* mit Schirm.

abbacchiare [abbak'ki̯a:re] **I.** *tr* entmutigen; **II.** *rfl:* **-rsi** niedergeschlagen (*o.* betrübt) werden.

abbacchio [ab'bakki̯o] ⟨-cchi⟩ *m* Lamm(fleisch) *n.*

abbacinamento [abbatʃina'mento] *m* **1.** *(abbagliamento)* Blendung *f,* Blenden *n;* **2.** *fig (inganno, illusione)* Verblendung *f,* Täuschung *f.* **abbacinare** [...'na:re] *tr* **1.** *(abbagliare)* blenden; **2.** *fig (illudere)* verblenden, täuschen.

abbaco ['abbako] *v.* **abaco.**

abbagliamento [abbaʎʎa'mento] *m* **1.** *(abbacinamento)* Blendung *f;* **2.** *fig (sbaglio)* Verwirrung *f.* **abbagliante** [...'ʎante] **I.** *a* **1.** *(abbacinante)* blendend; **2.** *fig (illusorio)* verwirrend; **II.** *m pl* Fernlicht *n.*

abbagliare [abbaʎ'ʎa:re] ⟨abbaglio, abbagli⟩ *tr* ⟨*avere*⟩, *itr* ⟨*essere*⟩ **1.** blenden; **2.** *fig* verwirren, täuschen. **abbaglio** [ab'baʎʎo] ⟨-gli⟩ *m* Versehen *n,* Fehler *m;* **prendere un ~** einen Fehler machen.

abbaiare [abba'i̯a:re] ⟨abbaio, abbai⟩ *itr* bellen; **~ alla luna** den Mond anbellen.

abbaino [abba'i:no] *m* Dachfenster *n; (soffitta)* Mansarde *f.*

abbaio [abba:i̯o] ⟨-ai⟩ *m* Gebell *n,* Bellen *n.*

abbandonare [abbando'na:re] **I.** *tr* **1.** *(lasciare)* verlassen; *(non aiutare)* im Stich lassen; **2.** *(per trascuratezza)* vernachlässigen; **3.** *(rinunciare a)* aufgeben; **4.** *(reclinare)* sinken lassen; **5.** *(allentare)* lockern, loslassen; **II.** *rfl:* **-rsi** *(a. fig)* sich hingeben; *(a un vizio)* sich ergeben (*a qc* einer S.). **abbandonato, -a** [...'na:to] **I.** *a* verlassen; *(trascurato)* vernachlässigt; **~ a se stesso** sich *(dat)* selbst überlassen; **a briglie -e** ungezügelt; **II.** *m, f* Findel-, Waisenkind *n.* **abbandono** [...'do:no] *m* **1.** *(l'abbandonare)* Verlassen *n;* **2.** *(trascuratezza)* Vernachlässigung *f;* **3.** *(rinuncia)* Aufgabe *f;* **4.** *(rilassamento)* Hingabe *f;* **in un momento di ~** in einem schwachen Augenblick; **cadere in ~** vernachlässigt werden; *(casa, etc. a.)* verfallen; *(giardino a.)* verwildern.

abbarbagliamento [abbarbaʎʎa'mento] *m* Blendung *f.* **abbarbaglia-**

re [...ˈʎaːre] ‹abbarbaglio, abbarbagli› *tr* blenden.

abbarbicare [abbarbiˈkaːre] ‹abbarbico, abbarbichi› **I.** *itr* Wurzeln schlagen; **II.** *rfl:* **-rsi 1.** *bot* Wurzeln schlagen; **2.** *fig (radicarsi)* Wurzeln schlagen, sich festsetzen, Fuß fassen.

abbassalingua [abbassaˈliŋgu̯a] ‹-› *m* (Zungen)spachtel *m.*

abbassamento [abbassaˈmento] *m* **1.** *(il portare più in basso)* Heruntersetzen *n; (a. fig)* Senken *n,* Herabsetzung *f; (di quadro)* Tieferhängen *n;* **2.** *(di prezzi)* Senkung *f; (di temperatura)* Sinken *n; (di voce)* Senken *n; (d'intensità)* Abschwächen *n.* **abbassare** [...ˈsaːre] **I.** *tr* **1.** senken, herunterlassen; *(muro, etc.)* niedriger machen; *(quadro, etc.)* tiefer hängen; **2.** *(prezzo, voce, temperatura)* senken; *(radio)* leiser stellen; *(tasto)* drücken; *(bandiera)* einholen; *(primato)* einstellen, brechen; **~ le armi** *fig* die Waffen strecken; **~ la cresta** *fig* sich beugen; **~ i fari** abblenden; **II.** *rfl:* **-rsi 1.** *(chinarsi)* sich bücken; **2.** *fig (umiliarsi)* sich erniedrigen, sich demütigen; **3.** *(calare)* sinken; *(barometro, temperatura)* fallen; *(sole)* sich neigen. **abbasso** [abˈbasso] *adv (stato)* unten; *(moto)* herunter, hinunter; **~ ...!** nieder mit ...!

abbastanza [abbasˈtantsa] **I.** *adv* genug; **averne ~ di qu/qc** von jdm/etw. genug haben; **II.** ‹*inv*› *a (a sufficienza)* genug, genügend; *(alquanto)* ziemlich.

abbattere [abˈbattere] **I.** *tr* **1.** *(atterrare)* niederschlagen; *(alberi)* fällen; *(muri)* einreißen; **2.** *(uccidere)* töten; *(bestie al macello)* schlachten; *(selvaggina)* erlegen; **3.** *(aerei)* abschießen; **4.** *fig (prostrare)* niederschlagen; *(malattia)* niederwerfen, schwächen; **5.** *fig (rovesciare)* stürzen; **II.** *rfl:* **-rsi 1.** *(cadere di schianto)* (auf)prallen; **2.** *(piombare addosso)* prallen, prasseln; **3.** *fig (accasciarsi)* niedergeschlagen sein. **abbattimento** [...tiˈmento] *m* **1.** *(atterramento)* Niederschlagen *n; (di alberi)* Fällen *n; (di case)* Einreißen *n;* **2.** *(di bestie al macello)* Schlachten *n; (di selvaggina)* Erlegen *n;* **3.** *(di aerei)* Abschuß *m;* **4.** *fig (prostrazione)* Niedergeschlagenheit *f; (da malattia)* Schwächung *f;* **5.** *fig (rovesciamento)* Umsturz *m;* **~ alla base** Steuerfreibetrag *m.* **abbattitore, -trice** [...tiˈtoːre] *m, f* Holzfäller(in) *m(f).*

abbazia [abbatˈtsiːa] ‹-ie› *f* Abtei *f.* **abbaziale** [...ˈtsi̯aːle] *a* Abtei-, Abt-.

abbecedario [abbetʃeˈdaːri̯o] ‹-i› *m* Fibel *f,* Abc-Buch *n.*

abbellimento [abbelliˈmento] *m* **1.** *(il rendere più bello)* Verschönerung *f;* **2.** *(ornamento)* Verzierung *f;* **3.** *mus* Koloratur *f.* **abbellire** [...ˈliːre] ‹abbellisco› **I.** *tr* **1.** *(rendere più bello)* verschönern; **2.** *(ornare)* verzieren, schmücken; **3.** *fig (persona)* aufwerten; **4.** *fig (racconto, etc.)* ausschmücken; **II.** *rfl:* **-rsi** sich verschönern, sich schön machen.

abbeveraggio [abbeveˈraddʒo] ‹-ggi› *m* Tränken *n.* **abbeverare** [...ˈraːre] **I.** *tr* tränken; **II.** *rfl:* **-rsi** seinen Durst stillen, trinken; **-rsi alle fonti del sapere** seinen Wissensdurst stillen. **abbeveratoio** [...raˈtoːi̯o] ‹-oi› *m* Tränke *f.*

abbi, abbia [ˈabbi, ˈabbi̯a] *etc. v.* **avere.**

abbiccì [abbitˈtʃi] ‹-› *m* **1.** *(alfabeto)* Abc *n;* **2.** *(sillabario)* Fibel *f;* **3.** *fig (primi elementi)* Abc *n,* Anfangsgründe *m pl.*

abbiente [abˈbi̯ɛnte] **I.** *a* wohlhabend, begütert, betucht *fam;* **II.** *mf* Begüterte(r) *mf;* **i non -i** die Mittellosen.

abbietto [abˈbi̯ɛtto] *v.* **abietto.**

abbigliamento [abbiʎʎaˈmento] *m* (Be)kleidung *f; (indumenti)* Kleidungsstücke *n pl.* **abbigliare** [...ˈʎaːre] ‹abbiglio, abbigli› **I.** *tr* kleiden; **II.** *rfl:* **-rsi** sich kleiden.

abbinamento [abbinaˈmento] *m* Kopp(e)lung *f,* Verbindung *f.* **abbinare** [...ˈnaːre] *tr* koppeln, verbinden.

abbindolamento [abbindolaˈmento] *m* Umgarnung *f,* Täuschung *f,* Betrug *m.* **abbindolare** [...ˈlaːre] *tr* umgarnen, einwickeln, betrügen. **abbindolatore, -trice** [...laˈtoːre] *m, f* Schwindler(in) *m(f),* Betrüger(in) *m(f).*

abbisognare [abbizoɲˈɲaːre] *itr* **1.** *(aver bisogno)* brauchen (*di qc* etw.); **2.** *(essere necessario)* nötig sein; **mi abbisogna di ..., abbisogno di ...** ich brauche ...

abboccamento [abbokkaˈmento] *m* Unterredung *f.* **abboccare** [...ˈkaːre] ‹abbocco, abbocchi› **I.** *tr tec* zusammenstecken, -fügen; **II.** *itr* **1.** *(pesce, a. fig)* anbeißen; **2.** *tec (combaciare)* zusammengesteckt sein, ineinanderpassen; **III.** *rfl:* **-rsi** eine Unterredung haben.

abboccato, -a [abbokˈkaːto] *a* **1.** *(vino)* vollmundig; **2.** *(persona)* beim Essen nicht wählerisch.

abboccatura [abbokka'tu:ra] *f* **1.** *(di tubi)* Anschluß *m;* **2.** *(di recipienti)* Öffnung *f.*
abbonamento [abbona'mento] *m* **1.** *(a un giornale, theat, etc.)* Abonnement *n;* **2.** *(ferroviario, tranviario)* Dauerkarte *f,* Zeitkarte *f;* **3.** *(prezzo)* Bezugspreis *m;* **fare l'~ a qc** etw. abonnieren.
abbonare¹ [abbo'na:re] *tr* **1.** *(defalcare)* nachlassen, erlassen; **2.** *fig (perdonare)* vergeben (*qu* jdm).
abbonare² [abbo'na:re] **I.** *tr* abonnieren; **~ qu a una rivista** für jdn eine Zeitschrift abonnieren; **II.** *rfl:* **-rsi** abonnieren; **-rsi a un giornale** eine Zeitung abonnieren; **-rsi al tram** eine Dauerkarte kaufen; **-rsi al teatro** ein Theaterabonnement abschließen. **abbonato, -a** [...'na:to] **I.** *a* abonniert; **essere ~ a un giornale** eine Zeitung abonniert haben; **II.** *m, f* Abonnent(in) *m(f);* **~ al teatro** Theaterabonnent *m;* **~ al telefono/alla TV** Fernsprech-/Fernsehteilnehmer *m.*
abbondante [abbon'dante] *a* reichlich, üppig; *(vestito)* weit; **tre metri -i** gut drei Meter. **abbondanza** [...'dantsa] *f* Überfluß *m,* Fülle *f;* **in ~** im Überfluß. **abbondare** [...'da:re] *itr* **1.** *(essere in grande quantità)* im Überfluß (*o.* reichlich) vorhanden sein; **2.** *(eccedere)* übertreiben (*in* mit); **~ di** reichlich enthalten (*o.* aufweisen).
abbonire [abbo'ni:re] ‹abbonisco› **I.** *tr* **1.** *(persona)* besänftigen; **2.** *(terreno)* verbessern, aufbereiten; **II.** *rfl:* **-rsi** sich beruhigen.
abbono [ab'bɔ:no] *v.* **abbuono.**
abbordabile [abbor'da:bile] *a* **1.** *(spesa)* tragbar, möglich; **2.** *(persona)* zugänglich.
abbordaggio [abbor'daddʒo] ‹-ggi› *m* **1.** *naut* Enterung *f,* Entern *n;* **2.** *fig (approccio)* Annäherung(sversuch *m*) *f.* **abbordare** [...'da:re] *tr* **1.** *naut* entern; **2.** *(persona)* ansprechen, anmachen *sl;* **3.** *fig* angehen, in Angriff nehmen. **abbordo** [ab'bordo] *m* Annäherung *f;* **di facile ~** zugänglich.
abborracciamento [abborrattʃa'mento] *m* Schludrigkeit *f.* **abborracciare** [...'tʃa:re] ‹abborraccio, abborracci› *tr* pfuschen, schludern. **abborracciatore, -trice** [...tʃa'to:re] *m, f* Pfuscher(in) *m(f).* **abborracciatura** [...tʃa'tu:ra] *f* Pfusch *m,* Schluderarbeit *f.* **abborraccione, -a** [...'tʃo:ne] *m, f* Schludrian *m,* Schlampe *f.*
abbottonare [abbotto'na:re] **I.** *tr* zuknöpfen; **II.** *rfl fig fam:* **-rsi** sich verschließen. **abbottonato, -a** [...'na:to] *a (a. fig)* zugeknöpft. **abbottonatura** [...na'tu:ra] *f* **1.** *(chiusura)* Zuknöpfen *n;* **2.** *(serie di bottoni)* Knopfreihe *f.*
abbozzare¹ [abbot'tsa:re] *tr* **1.** *(disegno, romanzo, etc.)* skizzieren, entwerfen; **2.** *fig (accennare)* andeuten.
abbozzare² [abbot'tsa:re] *tr mer fam* ertragen.
abbozzo [ab'bɔttso] *m* Skizze *f,* Entwurf *m.*
abbracciare [abbrat'tʃa:re] ‹abbraccio, abbracci› **I.** *tr* **1.** *(con le braccia)* umarmen; **2.** *fig (contenere)* umfassen; **3.** *fig (causa)* vertreten; *(professione)* ergreifen; *(fede)* sich bekennen zu; *(opinione, partito)* sich anschließen (*qc* einer S.); **II.** *rfl:* **-rsi** sich umarmen. **abbraccio** [ab'brattʃo] ‹-cci› *m* Umarmung *f.*
abbrancare [abbraŋ'ka:re] ‹abbranco, abbranchi› **I.** *tr* fest anpacken; **II.** *rfl:* **-rsi** sich (an)klammern (*a* an).
abbreviamento [abbrevi̯a'mento] *m* (Ab)kürzung *f.* **abbreviare** [...'vi̯a:re] ‹abbrevio, abbrevi› *tr* (ab-, ver)kürzen. **abbreviativo, -a** [...vi̯a'ti:vo] *a* kürzend, Kürzungs-. **abbreviatura** [...vi̯a'tu:ra] *f* (Ab)kürzung *f.* **abbreviazione** [...vi̯at'tsi̯o:ne] *f* **1.** *(riduzione)* (Ab)kürzung *f;* **2.** *mus* Abbreviatur *f;* **3.** *ling* Abkürzung *f; (in fonetica)* Verkürzung *f.*
abbrivare [abbri'va:re] *naut* **I.** *tr* beschleunigen; **II.** *itr* Fahrt aufnehmen. **abbrivo** [ab'bri:vo] *m* **1.** *naut* Fahrt *f;* **2.** *fig* Anstoß *m;* **dare l'~** den Anstoß geben; **prendere l'~** in Fahrt (*o.* Schwung) kommen.
abbronzante [abbron'dzante] **I.** *a* bräunend; **II.** *m* Bräunungsmittel *n.* **abbronzare** [...'dza:re] **I.** *tr* **1.** *(metalli)* bronzieren; **2.** *(epidermide)* bräunen; **II.** *rfl:* **-rsi** braun werden. **abbronzatura** [...dza'tu:ra] *f* **1.** *(atto)* Bräunen *n;* **2.** *(effetto)* Bräune *f,* Bräunung *f.*
abbruciacchiare [abbrutʃak'ki̯a:re] *tr* an-, versengen.
abbrunare [abbru'na:re] *tr* mit (einem) Trauerflor (*o.* Trauerrand) versehen.
abbrustolimento [abbrustoli'mento] *m* Rösten *n,* Röstung *f.* **abbrustolire** [...'li:re] ‹abbrustolisco› **I.** *tr* rösten; **II.** *rfl:* **-rsi** *scherz (al sole)* sich rösten.
abbrutimento [abbruti'mento] *m* Verrohung *f.* **abbrutire** [...'ti:re] ‹abbrutisco› *tr, rfl:* **-rsi** verrohen.
abbruttire [abbrut'ti:re] ‹abbruttisco›

I. *tr* ⟨*avere*⟩ häßlich machen; **II.** *itr* ⟨*essere*⟩ häßlich werden.
abbuffarsi [abbufˈfarsi] *rfl fam* reinhauen *fam.*
abbuiare [abbuˈi̯aːre] ⟨abbuio, abbui⟩ **I.** *tr* **1.** *(oscurare)* ab-, verdunkeln; **2.** *fig (mettere a tacere)* verschleiern, vertuschen; **II.** *itr* dunkel werden; **III.** *rfl:* **-rsi 1.** *(oscurarsi)* sich verdunkeln; **2.** *fig (incupirsi)* sich verdüstern.
abbuonare [abbu̯oˈnaːre] *v.* **abbonare¹.**
abbuono [abˈbu̯ɔːno] *m* **1.** *(di prezzo)* Nachlaß *m,* Rabatt *m;* **2.** *sport (vantaggio)* Vorgabe *f; (nell'ippica)* Handikap *n.*
abburattare [abburatˈtaːre] *tr* beuteln.
abdicare [abdiˈkaːre] ⟨abdico, abdichi⟩ *itr* abdanken, zurücktreten. **abdicazione** [...katˈtsi̯oːne] *f* Abdankung *f,* Rücktritt *m* (*a* von); ~ **al trono** Thronverzicht *m.*
aberrazione [abberratˈtsi̯oːne] *f* **1.** *gener.* Abweichung *f;* **2.** *astr, phys* Aberration *f;* **3.** *(~ morale)* Fehltritt *m;* ~ **mentale** geistige Verwirrung.
abetaia [abeˈtaːi̯a] ⟨-aie⟩ *f* Tannenwald *m.* **abete** [aˈbeːte] *m* Tanne *f;* **moria degli -i** Waldsterben *n.*
abiettezza [abi̯etˈtettsa] *f* Gemeinheit *f,* Verworfenheit *f.* **abietto, -a** [aˈbi̯ɛtto] *a* gemein, niederträchtig. **abiezione** [abi̯etˈtsi̯oːne] *f* Gemeinheit *f,* Niederträchtigkeit *f.*
abile [ˈaːbile] *a (idoneo, a. mil)* tauglich (*a* für, zu); *(esperto)* fähig, tüchtig; *(accorto)* gewandt, geschickt, fähig; ~ **negli affari** geschäftstüchtig. **abilità** [abiliˈta] ⟨-⟩ *f* Geschicklichkeit *f,* Gewandtheit *f,* Fähigkeit *f.*
abilitare [abiliˈtaːre] **I.** *tr* befähigen; **II.** *rfl:* **-rsi** sich qualifizieren. **abilitato, -a** [...ˈtaːto] **I.** *a* geprüft, zugelassen; **II.** *m, f* (Lehr)berechtigte(r) *mf.* **abilitazione** [...tatˈtsi̯oːne] *f* Befähigung *f,* Befugnis *f,* Qualifizierung *f;* ~ **all'insegnamento** Lehrbefähigung *f.*
abissale [abisˈsaːle] *a* **1.** Tiefsee-; **2.** *fig* abgrundtief.
abisso [aˈbisso] *m* **1.** *(baratro)* Abgrund *m;* **2.** *fig (inferno)* Abgrund *m,* Unterwelt *f;* **3.** *fig (grande differenza)* Abgrund *m;* **4.** *fig (rovina finanziaria)* Zusammenbruch *m,* Ruin *m;* **tra l'educazione di quei due ci corre un** ~ in der Erziehung dieser beiden liegt ein Unterschied wie Tag und Nacht.
abitabile [abiˈtaːbile] *a* bewohnbar.
abitacolo [abiˈtaːkolo] *m mot* Kabine *f; aero* Kanzel *f.*
abitante [abiˈtante] **I.** *a* (be)wohnend, wohnhaft (*in* in); **II.** *mf* Einwohner(in) *m(f); (di casa, appartamento)* Bewohner(in) *m(f).*
abitare [abiˈtaːre] **I.** *tr* bewohnen, wohnen in; **II.** *itr* wohnen; ~ **in campagna/a Firenze** auf dem Land/in Florenz wohnen. **abitato, -a** [...ˈtaːto] **I.** *a* bewohnt; *(popolato)* bevölkert; **II.** *m* bewohntes Gebiet; *(villaggio)* Ortschaft *f.* **abitatore, -trice** [...taˈtoːre] *m, f* Bewohner(in) *m(f).* **abitazione** [...tatˈtsi̯oːne] *f* Wohnung *f; (casa)* Wohnhaus *n.*
abito [ˈaːbito] *m* **1.** *(vestito)* Kleidung *f; (da cerimonia)* Gewand *n; (da donna)* Kleid *n; (da uomo)* Anzug *m;* **2.** *med, biol* Habitus *m;* **3.** *(abitudine)* Gewohnheit *f,* Gewöhnung *f; psych, scient* Habitation *f;* **4.** *(disposizione)* Veranlagung *f,* Anlage *f;* **5.** *rel* Habit *m o. n,* Ordenstracht *f;* ~ **borghese** Zivil *n;* ~ **talare** Talar *m;* **prender l'**~ ins Kloster gehen; **l'**~ **non fa il monaco** *prov* der (äußere) Schein trügt oft.
abituale [abituˈaːle] *a* gewohnt, üblich; **cliente** ~ Stammkunde *m;* **delinquente** ~ Gewohnheitsverbrecher *m.* **abitualmente** [...ualˈmente] *adv* gewöhnlich.
abituare [abituˈaːre] **I.** *tr* gewöhnen (*a* an); **II.** *rfl:* **-rsi** sich gewöhnen (*a* an). **abituato, -a** [...ˈaːto] *a* gewöhnt (*a* an), vertraut (*a* mit); **una ragazza male -a** ein Mädchen mit schlechten Gewohnheiten. **abitudinario, -a** [...udiˈnaːri̯o] ⟨-i, -ie⟩ **I.** *a* Gewohnheits-; **II.** *m, f* Gewohnheitsmensch *m; (cliente)* Stammkunde *m,* -kundin *f.* **abitudine** [...ˈtuːdine] *f* **1.** *(consuetudine)* Gewohnheit *f;* **2.** *(assuefazione)* Gewöhnung *f;* **d'**~ gewöhnlich.
abituro [abiˈtuːro] *m* armselige Behausung.
abiura [aˈbi̯uːra] *f* **1.** *(rinunzia)* Abschwörung *f;* **2.** *(ritrattazione)* Zurücknahme *f.* **abiurare** [abi̯uˈraːre] *tr* abschwören (*qc* einer S.).
ablativo [ablaˈtiːvo] *m* Ablativ *m.*
ablazione [ablatˈtsi̯oːne] *f* **1.** *med* Entfernen *n,* Amputation *f;* **2.** *geol* Ablation *f.*
abluzione [ablutˈtsi̯oːne] *f* Waschung *f.*
abnegazione [abnegatˈtsi̯oːne] *f* Entsagung *f,* Verzicht *m.*
abnorme [abˈnɔrme] *a* abnorm.
abolire [aboˈliːre] ⟨abolisco⟩ *tr* abschaffen, beseitigen. **abolizione** [...litˈtsi̯oːne] *f* Abschaffung *f,* Beseiti-

gung *f,* Aufhebung *f.* **abolizionismo** [...littsio'nizmo] *m* Abolitionismus *m.*

abominare [abomi'na:re] *tr* verabscheuen. **abominazione** [...nat'tsio:ne] *v.* **abominio. abominevole** [...'ne:vole] *a* verabscheuenswert, abscheulich. **abominio** [...'mi:nio] ‹-i› *m* **1.** *(disprezzo)* Abscheu *m o. f,* Verabscheuung *f;* **2.** *(cosa, atto)* Scheußlichkeit *f.*

aborigeno, -a [abo'ri:dʒeno] **I.** *a* eingeboren; **II.** *m* Ureinwohner(in) *m(f).*

aborrimento [aborri'mento] *m* Abscheu *m o. f.* **aborrire** [...'ri:re] ‹aborrisco *o.* aborro› **I.** *tr* verabscheuen, hassen; **II.** *itr* sich ekeln (*da* vor).

abortire [abor'ti:re] ‹abortisco› *itr* **1.** ‹*avere*› *med* abtreiben; **2.** ‹*essere*› *fig* scheitern. **aborto** [a'bɔrto] *m* **1.** *(spontaneo)* Fehlgeburt *f,* Abort *m obs, scient;* **2.** *(procurato)* Abtreibung *f;* **3.** *(feto)* Fehlgeburt *f;* **4.** *fig (persona)* Mißgeburt *f.*

abracadabra [abraka'da:bra] ‹-› *m* Abrakadabra *n.*

Abramo [a'bra:mo] *(nome proprio maschile)* Abraham.

abrasione [abra'zio:ne] *f* **1.** Abschaben *n,* Abkratzen *n; tec* Schmirgeln *n,* Abschleifen *n;* **2.** *(cancellatura)* Radieren *n; (traccia)* Radierspur *f;* **3.** *geol* Abrasion *f;* **4.** *(lesione)* Schürfwunde *f,* Hautabschürfung *f.* **abrasivo, -a** [...'zi:vo] **I.** *a* Schleif-; **II.** *m* Schleifmittel *n.*

abrogare [abro'ga:re] *tr* aufheben, abschaffen. **abrogazione** [...gat'tsio:ne] *f* Aufhebung *f,* Abschaffung *f.*

Abruzzo [a'bruttso] *m,* **Abruzzi** [...tsi] *m pl* Abruzzen *pl.*

abside ['abside] *f* Apsis *f.*

abusare [abu'za:re] *itr:* **~ di** mißbrauchen; *(approfittare)* ausnützen; **~ di un cibo** von etw. zuviel essen. **abusivo, -a** [...'zi:vo] **I.** *a* rechtswidrig, illegal; **II.** *m, f* ohne Genehmigung handelnde Person. **abuso** [a'bu:zo] *m* Mißbrauch *m;* **~ di autorità** Machtmißbrauch *m;* **fare ~ di un cibo** von etw. zuviel essen.

a.C. *ab di* **avanti Cristo** v. Chr. (*ab di* vor Christus).

acacia [a'ka:tʃa] ‹-cie› *f* Akazie *f.*

acagiù [aka'dʒu] ‹-› *m* Mahagoni *n.*

acanto [a'kanto] *m* Akanthus *m.*

acaro ['a:karo] *m* Milbe *f.*

acattolico, -a [akat'tɔ:liko] **I.** *a* nicht katholisch; **II.** *m, f* Nichtkatholik(in) *m(f).*

acaule [a'ka:ule] *a* stengellos.

acca ['akka] ‹-› *f* **1.** *(lettera)* H, h *n;* **2.** *fig fam:* **non . . . un'~** kein bißchen, keine Spur, nicht die Bohne *fam.*

accademia [akka'dɛ:mia] ‹-ie› *f* Akademie *f;* **~ di Belle Arti/musicale** Kunst-/Musikakademie *f;* **fare dell'~** *fig* akademisieren. **accademico, -a** [...'dɛ:miko] ‹-ci, -che› **I.** *a* **1.** *(di accademia)* akademisch; **2.** *fig* akademisch, lebensfern; **II.** *m, f* Akademiker(in) *m(f).* **accademismo** [...de'mizmo] *m* Akademismus *m,* Formalismus *m.* **accademista** [...de'mista] ‹-i› *m* Kadett *m.*

accadere [akka'de:re] ‹*irr*› *itr* ‹*essere*› geschehen, passieren; **che accade?** was ist los? **accaduto** [akka'du:to] *m* Ereignis *n,* Vorfall *m.*

accagliare [akkaʎ'ʎa:re] **I.** *tr* gerinnen lassen; **II.** *rfl:* **-rsi** gerinnen. **accagliatura** [...ʎa'tu:ra] *f* Gerinnung *f.*

accalappiacani [akkalappia'ka:ni] ‹-› *m* Hundefänger(in) *m(f).*

accalappiamento [akkalappia'mento] *m* **1.** *(cattura)* Einfangen *n;* **2.** *fig (lusinga)* Umgarnen *n; (inganno)* Hereinlegen *n.* **accalappiare** [...'pia:re] ‹accalappio, accalappi› *tr* **1.** *(catturare)* einfangen; **2.** *fig (circuire)* umgarnen; *(ingannare)* hereinlegen. **accalappiatore, -trice** [...ia'to:re] *m, f* **1.** *(accalappiacani)* Hundefänger(in) *m(f);* **2.** *fig (ingannatore)* Bauernfänger(in) *m(f),* Betrüger(in) *m(f).*

accalcare [akkal'ka:re] **I.** *tr* zusammendrängen; **II.** *rfl:* **-rsi** sich (eng) zusammendrängen.

accaldarsi [akkal'darsi] *rfl* **1.** *(riscaldarsi)* sich erhitzen; **2.** *fig (eccitarsi)* sich erhitzen, sich ereifern.

accaloramento [akkalora'mento] *m* Erhitzen *n.* **accalorarsi** [...'rarsi] *rfl* sich erhitzen, sich ereifern.

accampamento [akkampa'mento] *m* Lager *n; mil* Feldlager *n.* **accampare** [...'pa:re] **I.** *tr* **1.** *(sotto tende)* lagern; **2.** *fig (scuse, ragioni, etc.)* anführen, vorbringen; *(diritti)* erheben (*su* auf); **II.** *rfl:* **-rsi** (sich) lagern.

accanimento [akkani'mento] *m* Verbissenheit *f; (odio)* Erbitterung *f.* **accanirsi** [...'nirsi] ‹mi accanisco› *rfl* **1.** *(infierire)* sich erbittern (*contro* gegen), sich erbosen (*contro* über); **2.** *(ostinarsi)* sich verbohren (*in* in), sich verbeißen (*in* in). **accanito, -a** [...'ni:to] *a* **1.** *(discussione)* verbissen; **2.** *(fumatore)* stark; *(lavoratore)* eifrig; **3.** *(gelosia)* krankhaft, wild; *(odio)* blind.

accanto [ak'kanto] **I.** *adv* daneben;

(casa, etc.) nebenan; **II.** *prp:* ~ **a** neben *dat;* **III.** ‹*inv*› *a* (von) nebenan.

accantonamento [akkantona'mento] *m* **1.** *(di merci)* Einlagerung *f;* **2.** *com (di utili)* Zurücklegen *n;* **3.** *mil* Einquartierung *f;* **4.** *fig (il rimandare)* Aufschub *m.* **accantonare** [...'na:re] *tr* **1.** *(merci)* einlagern; **2.** *com (utili)* zurücklegen; **3.** *mil (truppe)* einquartieren; **4.** *fig (rimandare)* zurückstellen, aufschieben.

accaparramento [akkaparra'mento] *m* Aufkaufen *n; (di generi razionati)* Hamstern *n.* **accaparrare** [...'ra:re] **I.** *tr* aufkaufen; *(generi razionati)* hamstern; **II.** *rfl:* **-rsi** sich *(dat)* sichern, einheimsen; **-rsi il favore di qu** sich *(dat)* jds Gunst sichern. **accaparratore, -trice** [...ra'to:re] *m, f* Aufkäufer(in) *m(f); (di generi razionati)* Hamsterer *m,* Hamsterin *f.*

accapigliarsi [akkapiʎ'ʎarsi] *rfl* sich *(dat)* in die Haare geraten.

accapo [ak'ka:po] **I.** *adv:* **andare** ~ eine neue Zeile beginnen; **II.** ‹-› *m* Absatz *m.*

accappatoio [akkappa'to:i̯o] ‹-oi› *m* Bademantel *m.*

accapponare [akkappo'na:re] *tr* schaudern lassen; **mi si accappona la pelle** ich bekomme eine Gänsehaut.

accarezzamento [akkarettsa'mento] *m* Zärtlichkeit *f; (con la mano)* Streicheln *n,* Liebkosung *f.* **accarezzare** [...'tsa:re] *tr* **1.** *(con la mano)* streicheln; *(vezzeggiare)* liebkosen; **2.** *fig (lusingare)* schmeicheln (*qc/qu* einer S./jdm); **3.** *fig (vagheggiare)* liebäugeln mit; *(speranza)* hegen; ~ **qu con lo sguardo** jdn zärtlich ansehen.

accartocciare [akkartot'tʃa:re] ‹accartoccio, accartocci› **I.** *tr* zusammenrollen; **II.** *rfl:* **-rsi** sich zusammenrollen, schrumpeln.

accasare [akka'sa:re] **I.** *tr* verheiraten; **II.** *rfl:* **-rsi** heiraten, einen Hausstand gründen. **accasato, -a** [...'sa:to] *a* **1.** *(sposato)* verheiratet; **2.** *sport* gesponsert.

accasciamento [akkaʃʃa'mento] *m* Niedergeschlagenheit *f,* Bedrückung *f.* **accasciare** [...'ʃa:re] ‹accascio, accasci› **I.** *tr* bedrücken, niederschlagen; **II.** *rfl:* **-rsi 1.** *(lasciarsi cadere)* zusammensinken, zusammenbrechen; **2.** *fig (avvilirsi)* verzagen, den Mut verlieren. **accasciato, -a** [...'ʃa:to] *a* **1.** *(spossato)* entkräftet; **2.** *fig (demoralizzato)* entmutigt, niedergeschlagen.

accasermare [akkaser'ma:re *o.* akkaze...] *tr* kasernieren.

accastellare [akkastel'la:re] *tr* aufhäufen, aufschichten.

accatastamento [akkatasta'mento] *m (atto)* Stapeln *n; (effetto)* Stapel *m,* Haufen *m.*

accatastare¹ [akkatas'ta:re] *tr* stapeln, aufschichten; *fig* anhäufen, ansammeln.

accatastare² [akkatas'ta:re] *tr (registrare al catasto)* ins (*o.* in den) Kataster eintragen.

accattabrighe [akkatta'bri:ge] ‹-› *mf* Zankapfel *m.*

accattare [akkat'ta:re] *tr* erbetteln, betteln um; *fig* zusammensuchen.

accattivare [akkatti'va:re] *tr, rfl:* **-rsi** erwerben, gewinnen.

accatto [ak'katto] *m* Schnorren *n fam,* Betteln *n;* **campare d'**~ von Almosen leben. **accattona** *f v.* **accattone.** **accattonaggio** [-'naddʒo] ‹-ggi› *m* Schnorrerei *f fam,* Bettelei *f.* **accattone, -a** [...'to:ne] *m, f* Schnorrer(in) *m(f) fam,* Bettler(in) *m(f).*

accavallamento [akkavalla'mento] *m* Verschränkung *f.* **accavallare** [...'la:re] **I.** *tr* übereinanderlegen, -schichten; *(gambe)* übereinanderschlagen, kreuzen; *(maglie)* verschränken; **II.** *rfl:* **-rsi** sich aufhäufen, sich auftürmen; *fig* sich überstürzen.

accecamento [attʃeka'mento] *m* **1.** *(di persone)* Erblinden *n;* **2.** *(di tubi)* Verschluß *m; (di finestre, etc.)* Zumauern *n;* **3.** *fig (offuscamento)* Verblendung *f.* **accecare** [...'ka:re] ‹acceco, accechi› **I.** *tr* ‹*avere*› **1.** *(persone)* blenden, blind machen; **2.** *(tubi)* verschließen, vermauern; *(finestre, etc.)* zumauern; **3.** *(abbagliare)* blenden; **4.** *fig (offuscare)* verblenden; **II.** *itr* ‹*essere*› erblinden, blind werden.

accedere [at'tʃɛ:dere] *itr* **1.** ‹*essere*› *(entrare)* eintreten (*a* in), betreten (*a qc* etw.), kommen (*a* in); **2.** ‹*avere*› *fig (entrare a far parte)* beitreten, eintreten (*a* in); *(aderire)* zustimmen, einwilligen (*a* in).

acceleramento [attʃelera'mento] *m* Beschleunigung *f.* **accelerare** [...'ra:re] *tr, itr* beschleunigen; *(andatura)* höher schalten. **accelerata** [...'ra:ta] *f* Gasgeben *n.* **accelerato, -a** [...'ra:to] **I.** *a* beschleunigt; **II.** *m* Personenzug *m.* **acceleratore** [...ra'to:re] *m* **1.** *mot* Gaspedal *n;* **2.** *phys* Beschleuniger *m.* **accelerazione** [...rat'tsi̯o:ne] *f* Beschleunigung *f.*

accendere [at'tʃɛndere] ‹accendo, accesi, acceso› **I.** *tr* **1.** *(fuoco, sigaretta)* anzünden; **2.** *(conto)* eröffnen, einrichten; *(ipoteca)* aufnehmen; **3.** *(mettere in funzione)* einschalten, anmachen *fam; (motore a.)* anlassen; **4.** *fig (animo, cuore)* entflammen; *(sentimenti)* entfachen; **II.** *rfl:* **-rsi** **1.** *(prender fuoco)* Feuer fangen, sich entzünden; **2.** *(luce, stufa, etc.)* angehen; **3.** *fig (passione)* entbrennen, entflammen; **-rsi d'amore per qu** in Liebe zu jdm entbrennen. **accendigas** [attʃendi'gas] ‹-› *m* Gasanzünder *m.* **accendino, accendisigaro** [...'di:no, ...di'si:garo] ‹-› *m* Feuerzeug *n.* **accenditoio** [...di'to:i̯o] ‹-oi› *m* Anzünder *m.* **accenditore** [...di'to:re] *m* Zünder *m.* **accendo** [at'tʃɛndo] *1. pers sing pr di* **accendere.**

accennare [attʃen'na:re] **I.** *tr* andeuten, skizzieren; **II.** *itr* **1.** *(fare un cenno)* ein Zeichen geben; **2.** *(far atto di)* ankündigen (*a qc* etw.); *(minacciare)* drohen (*a* mit), androhen (*a qc* etw.); **3.** *(alludere)* anspielen (*a* auf); ~ **di sì** ein zustimmendes Zeichen geben; **il tempo accenna a piovere** es droht zu regnen. **accenno** [at'tʃenno] *m* **1.** *(cenno)* Wink *m;* **2.** *(indizio)* Hinweis *m* (*a* auf), Anzeichen *n* (*a* für); **3.** *(allusione)* Anspielung *f* (*a* auf).

accensione [attʃen'si̯o:ne] *f* **1.** *(atto dell'accendere)* Anzünden *n; tec* Einschalten *n;* **2.** *(di motore)* Zündung *f;* **3.** *(di conto)* Eröffnung *f; (di ipoteca)* Aufnahme *f.*

accentare [attʃen'ta:re] *tr* akzentuieren; *(a. mus)* betonen; *(a. fig)* hervorheben. **accentazione** [...tat'tsi̯o:ne] *f* Akzentuierung *f,* Akzentsetzung *f.* **accento** [at'tʃɛnto] *m* **1.** *ling* Akzent *m,* Betonung *f;* **2.** *(intonazione)* Akzent *m,* Tonfall *m; (tono)* Ton *m;* **3.** *mus* Akzent *m;* **4.** *(enfasi)* Nachdruck *m,* Gewicht *n;* **5.** *fig* Note *f,* Spur *f;* ~ **acuto/circonflesso/grave** Akut *m*/Zirkumflex *m*/Gravis *m;* **porre l'~ su qc** etw. hervorheben.

accentramento [attʃentra'mento] *m* Zentralisierung *f,* Konzentration *f.* **accentrare** [...'tra:re] *tr* **1.** *(riunire)* konzentrieren, zusammenziehen; *pol* zentralisieren; **2.** *fig (accumulare)* konzentrieren, vereinen; **3.** *fig (attirare)* auf sich ziehen (*o.* lenken), anziehen. **accentratore, -trice** [...tra'to:re] **I.** *a* zentralisierend, konzentrierend; **II.** *m, f* Person, die alle Macht an sich reißt.

accentuare [attʃentu'a:re] **I.** *tr* **1.** *(pronunciare con enfasi)* akzentuieren, betonen; **2.** *fig (rendere evidente)* betonen, hervorheben, deutlich machen; **II.** *rfl:* **-rsi** sich verstärken, sich ausweiten; *pej* sich verschlimmern. **accentuazione** [...uat'tsi̯o:ne] *f* **1.** *(messa in rilievo)* Betonung *f;* **2.** *(recrudescenza)* Steigerung *f.*

accerchiamento [attʃerki̯a'mento] *m* Umzingeln *n; (a. fig)* Einkreisen *n.* **accerchiare** [...'ki̯a:re] *tr* umzingeln; *(a. fig)* einkreisen.

accertabilità [attʃertabili'ta] ‹-› *f* Nachprüfbarkeit *f.*

accertamento [attʃerta'mento] *m* Ermittlung *f,* Feststellung *f;* ~ **fiscale** Steuerermittlung *f.* **accertare** [...'ta:re] **I.** *tr* feststellen, ermitteln; **II.** *rfl:* **-rsi** sich vergewissern.

accesi [at'tʃe:si] *1. pers sing del passato remoto di* **accendere.**

acceso, -a [at'tʃe:so] **I.** *pp di* **accendere; II.** *a* **1.** *(che brucia)* brennend; **2.** *(in funzione)* eingeschaltet; *(motore a.)* laufend; **3.** *(colore)* lebhaft; **4.** *fig* erhitzt; *(d'ira, d'amore)* entbrannt; **rosso ~** feuerrot.

accessibile [attʃes'si:bile] *a* **1.** *(raggiungibile)* erreichbar, zugänglich; **2.** *(comprensibile)* (leicht) verständlich; **3.** *(modico)* annehmbar; **4.** *(affabile, alla mano)* zugänglich. **accessibilità** [...sibili'ta] ‹-› *f* **1.** *(l'essere accessibile)* Erreichbarkeit *f,* Zugänglichkeit *f;* **2.** *(comprensibilità)* Verständlichkeit *f;* **3.** *fig (di persone)* Zugänglichkeit *f.*

accessione [attʃes'si̯o:ne] *f* **1.** *pol* Beitritt *m;* **2.** *(in biblioteca)* Zugang *m;* **recenti -i** Neuzugänge *m pl;* ~ **di proprietà** Eigentumszuwachs *m.* **accesso** [at'tʃɛsso] *m* **1.** *(a un luogo)* Zugang *m,* Zutritt *m; (di veicoli)* Zufahrt *f;* **2.** *(a una professione)* Zugang *m,* Beitritt *m;* **3.** *med* Anfall *m;* **4.** *inform* Zugriff *m;* **5.** *fig (impulso improvviso)* Anfall *m,* Ausbruch *m;* **divieto di ~** Betreten verboten; ~ **di tosse/d'ira** Husten-/Wutanfall *m.*

accessorio, -a [attʃes'sɔ:ri̯o] ‹-i, -ie› **I.** *a* **1.** *(complementare)* zusätzlich; Begleit-, Neben-; **2.** *fig (secondario)* nebensächlich; **II.** *m pl* Zubehör *n; (dell'abbigliamento a.)* Accessoires *n pl.* **accessorista** [...so'rista] ‹-i *m,* -e *f*› *mf* **1.** *(fabbricante)* Hersteller(in) *m(f)* von Zubehör(teilen); **2.** *(venditore)* Verkäufer(in) *m(f)* von Zubehör(teilen).

accetta [at'tʃetta] *f* Beil *n;* **darsi l'~ sui piedi** *fig* sich ins eigene Fleisch

schneiden; **tagliato con l'~** grobschlächtig.
accettabile [attʃet'ta:bile] *a* akzeptabel, annehmbar. **accettabilità** [...tabili'ta] ⟨-⟩ *f* Annehmbarkeit *f*, Akzeptabilität *f*. **accettante** [...'tante] *m* Akzeptant *m*, Bezogene(r) *mf*.
accettare [attʃet'ta:re] *tr* annehmen; *(persona)* aufnehmen; *fig, com* akzeptieren. **accettazione** [...tat'tsi̯o:ne] *f* **1.** *(in consegna)* Annahme *f*; **2.** *(in una comunità)* Aufnahme *f*; **3.** *jur, com* Akzept *n*; **4.** *(ufficio)* Empfang *m*, Rezeption *f*; ~ **bagagli/merci** Gepäck-/Warenannahme *f*; **per mancata** ~ mangels Annahme. **accetto, -a** [at'tʃɛtto] *a* willkommen; *(persona a.)* gerngesehen.
accezione [attʃet'tsi̯o:ne] *f* Bedeutung *f*, Sinn *m*.

acchetare [akke'ta:re] *poet* **I.** *tr* beruhigen; **II.** *rfl*: **-rsi** sich beruhigen.
acchiappafarfalle [akki̯appafar'falle] ⟨-⟩ *m* Schmetterlingsnetz *n*. **acchiappamosche** [-'moske] ⟨-⟩ *m* **1.** *(per catturare mosche)* Fliegenfänger *m*; *(schiacciamosche)* Fliegenpatsche *f*; **2.** *fig (fannullone)* Tagedieb *m*.
acchiappare [akki̯ap'pa:re] *tr* fangen, erwischen.
acchiocciolarsi [akki̯ottʃo'larsi] *rfl* sich kauern.
acchito [ak'ki:to] *m* **1.** *(nel biliardo)* Aussetzen *n*, Ausgangslage *f*; **2.** *fig*: **di primo** ~ auf Anhieb.
acciaccare [attʃak'ka:re] ⟨acciacco, acciacchi⟩ *tr* **1.** *(ammaccare)* verbeulen; **2.** *(pestare)* zerquetschen. **acciaccato, -a** [...'ka:to] *a* **1.** *(ammaccato)* verbeult; **2.** *fam (indebolito)* zerschlagen, kaputt *fam*. **acciaccatura** [...ka'tu:ra] *f* **1.** *med* Beule *f*; *(contusione)* Quetschung *f*; **2.** *mus* Vorschlag *m*. **acciacco** [at'tʃakko] ⟨-cchi⟩ *m* Beschwerden *pl*, Gebrechen *n pl*.
acciaiare [attʃa'i̯a:re] ⟨acciaio, acciai⟩ *tr* verstählen. **acciaiatura** [...i̯a'tu:ra] *f* Verstählung *f*. **acciaieria** [...i̯e'ri:a] ⟨-ie⟩ *f* Stahlwerk *n*.
acciaio [at'tʃa:i̯o] ⟨-ai⟩ *m* Stahl *m*; **avere nervi d'~** Nerven wie Drahtseile haben; **occhi d'~** eiskalter Blick; *(penetranti)* durchdringender Blick; **una tempra d'~** *fig* eine eiserne Konstitution. **acciaiolo** [attʃa'i̯ɔ:lo] *m* Wetzstahl *m*.
acciarino [attʃa'ri:no] *m* Feuerstein *m*; **battere l'~** Feuer schlagen.
accidempoli [attʃi'dɛmpoli] *interj fam* zum Teufel *fam*, Donnerwetter *fam*.
accidentale [attʃiden'ta:le] *a* **1.** *(casuale)* zufällig; *philos* akzidentell; **2.** *(accessorio)* nebensächlich. **accidentalità** [...tali'ta] ⟨-⟩ *f* **1.** *(casualità)* Zufälligkeit *f*; **2.** *(del terreno)* Unebenheit *f*, Ungleichmäßigkeit *f*.
accidentato, -a [attʃiden'ta:to] *a* **1.** *med* gelähmt; **2.** *(terreno)* uneben.
accidente [attʃi'dɛnte] *m* **1.** *(evento fortuito)* Zufall *m*; **2.** *(disgrazia)* Unglücksfall *m*; **3.** *med* Schlag(anfall) *m*; **4.** *philos* Zufälligkeit *f*, Akzidens *n*; **5.** *mus* Versetzungszeichen *n*, Akzidens *n*; **6.** *fig fam (persona fastidiosa)* Quälgeist *m fam*, Plagegeist *m fam*; **non ... un** ~ *fam* nicht die Spur (*o.* die Bohne) *fam*; **non m'importa un** ~ *fam* ich scher' mich einen Teufel drum *fam*; **mandare un ~ a qu** *fam* jdm die Pest an den Hals wünschen; **gli venisse un ~!** *fam* der Schlag soll ihn treffen!; **-i!** *fam* Donnerwetter! *fam*, zum Teufel! *fam*.
acciderba [attʃi'dɛrba] *interj fam* zum Teufel *fam*, Donnerwetter *fam*.
accidia [at'tʃi:di̯a] ⟨-ie⟩ *f* Trägheit *f*, Unlust *f*. **accidioso, -a** [attʃi'di̯o:so] *a* unlustig.
accigliarsi [attʃiʎ'ʎarsi] ⟨mi acciglio, ti accigli⟩ *rfl* finster blicken, die Stirn runzeln.
accingersi [at'tʃindʒersi] ⟨*irr*⟩ *rfl* sich anschicken.
acciocché [attʃok'ke] *con conj* damit, auf daß.
acciottolare [attʃotto'la:re] *tr* **1.** *(strada)* pflastern; **2.** *(stoviglie)* scheppern mit, klappern mit. **acciottolato** [...'la:to] *m* Steinpflaster *n*. **acciottolio** [...'li:o] ⟨-ii⟩ *m* Scheppern *n*, (Teller)klappern *n*.
accipicchia [attʃi'pikki̯a] *interj fam* zum Teufel *fam*, Donnerwetter *fam*.
acciuffare [attʃuf'fa:re] **I.** *tr* erwischen; **II.** *rfl*: **-rsi** sich *(dat)* in die Haare geraten.
acciuga [at'tʃu:ga] ⟨-ghe⟩ *f* **1.** *(alice)* Sardelle *f*; **2.** *fig (persona magra)* Hering *m*; **stare pigiati come -ghe** zusammengedrängt sein wie die Sardinen.
acclamare [akkla'ma:re] **I.** *tr* **1.** *(applaudire)* applaudieren (*qu* jdm), Beifall spenden (*qu* jdm); **2.** *(eleggere)* durch Zuruf (*o.* Akklamation) wählen; **II.** *itr* (zu)jubeln. **acclamazione** [...mat'tsi̯o:ne] *f* Zuruf *m*; **per** ~ durch Zuruf.
acclimatare [akklima'ta:re] **I.** *tr* akklimatisieren; **II.** *rfl*: **-rsi** sich akklimati-

sieren. **acclimatazione, acclimazione** [...tat'tsi̯o:ne, ...mat'tsi̯o:ne] *f* Akklimatisierung *f.*
accludere [ak'klu:dere] ‹accludo, acclusi, accluso› *tr* beifügen, beilegen.
accluso, -a [ak'klu:zo] *a* beigefügt, beiliegend, anbei; ~ **alla lettera invio ...** beiliegend übersende ich ...
accoccolarsi [akkokko'larsi] *rfl* sich zusammenkauern.
accodare [akko'da:re] **I.** *tr* hintereinanderstellen; **II.** *rfl:* **-rsi 1.** *(disporsi in fila)* sich in einer Reihe aufstellen; **2.** *fig (seguire passivamente)* sich anschließen.
accogliente [akkoʎ'ʎɛnte] *a (casa, gesto)* einladend; *(persona)* gastfreundlich. **accoglienza** [...'ʎɛntsa] *f* Empfang *m,* Aufnahme *f.*
accogliere [ak'kɔʎʎere] ‹*irr*› **I.** *tr* **1.** *(persone)* aufnehmen, empfangen; **2.** *(consiglio)* annehmen; *(domanda)* aufnehmen; **3.** *(contenere)* fassen, aufnehmen; **II.** *rfl:* **-rsi** sich versammeln. **accoglimento** [akkoʎʎi'mento] *m* Aufnahme *f.*
accollacciato, -a [akkollat'tʃa:to] *a* hochgeschlossen.
accollare [akkol'la:re] **I.** *tr* **1.** *(mettere sul collo)* ins Joch spannen; **2.** *fig (caricare di impegni)* aufhalsen, aufbürden; **II.** *itr* am Hals geschlossen sein; **III.** *rfl:* **-rsi** auf sich nehmen. **accollato, -a** [...'la:to] *a* hochgeschlossen. **accollatura** [...la'tu:ra] *f* Halsausschnitt *m.*
accollo [ak'kɔllo] *m* **1.** *arch* Vorsprung *m;* **2.** *jur* Schuldübernahme *f.*
accolta [ak'kɔlta] *f* Versammlung *f.*
accoltellare [akkoltel'la:re] *tr* erstechen; *(ferire)* niederstechen, mit Messerstichen verletzen. **accoltellatore, -trice** [...la'to:re] *m, f* Messerstecher(in) *m(f).*
accomandante [akkoman'dante] *m* Kommanditist *m.* **accomandatario** [...da'ta:ri̯o] ‹-i› *m* Komplementär *m.* **accomandita** [...'mandita] *f* Kommanditgesellschaft *f.*
accomiatare [akkomi̯a'ta:re] **I.** *tr* verabschieden; **II.** *rfl:* **-rsi** sich verabschieden.
accomodamento [akkomoda'mento] *m jur* Vergleich *m.*
accomodante [akkomo'dante] *a* anpassungswillig; *(accondiscente)* entgegenkommend.
accomodare [akkomo'da:re] **I.** *tr* **1.** *(aggiustare)* reparieren, ausbessern; *(guasto)* beheben; **2.** *(riordinare)* (her)richten, in Ordnung bringen, aufräumen; **3.** *fig (sistemare)* in Ordnung bringen, erledigen; *(debito)* begleichen; *(lite)* beilegen; **II.** *itr* passen, auskommen; **III.** *rfl:* **-rsi 1.** *(adattarsi)* sich behelfen; **2.** *(mettersi a proprio agio)* es sich *(dat)* bequem machen; *(sedersi)* Platz nehmen; **3.** *(accordarsi)* sich einigen. **accomodatura** [...da'tu:ra] *f* Ausbesserung *f.* **accomodazione** [...dat'tsi̯o:ne] *f* Akkomodation *f.*
accompagnamento [akkompaɲɲa'mento] *m* Begleitung *f;* **lettera di ~** Begleitbrief *m;* **ordine di ~** *jur* Vorführungsbefehl *m;* **~ funebre** Totengeleit *n.* **accompagnare** [...'ɲa:re] **I.** *tr* **1.** *(andare insieme)* begleiten; **2.** *(unire)* beifügen; **3.** *jur* vorführen; **~ un morto** einem Verstorbenen das letzte Geleit geben; **~ qu al** (*o.* **con il**) **violino** jdn auf der Violine begleiten; **II.** *rfl:* **-rsi 1.** *mus* sich begleiten; **2.** *(prendere come compagno)* sich gesellen (*a* zu). **accompagnatore, -trice** [...ɲa'to:re] *m, f* Begleiter(in) *m(f).* **accompagnatoria** [...ɲa'tɔ:ri̯a] ‹-ie› *f adm* Begleitbrief *m.* **accompagnatorio, -a** [...ɲa'tɔ:ri̯o] ‹-i, -ie› *a* Begleit-. **accompagnatrice** *f v.* **accompagnatore.**
accomunare [akkomu'na:re] **I.** *tr* vereinen, verbinden; **II.** *rfl:* **-rsi** sich angleichen (*con* an), sich anpassen (*con* an).
acconciamento [akkontʃa'mento] *m* Aufmachung *f.* **acconciare** [...'tʃa:re] **I.** *tr* **1.** *(accomodare)* herrichten; *(letto)* machen; **2.** *(sistemare)* erledigen, regeln; **3.** *(persone)* ankleiden, zurechtmachen; **II.** *rfl:* **-rsi 1.** *(disporsi, adattarsi)* sich vorbereiten; **2.** *(pettinarsi)* sich frisieren. **acconciatura** [...tʃa'tu:ra] *f* **1.** *(pettinatura)* Frisur *f;* **2.** *(ornamento)* Haarschmuck *m.*
acconcio, -a [ak'kontʃo] *a (idoneo)* geeignet; *(opportuno)* angebracht.
accondiscendere [akkondiʃ'ʃendere] ‹*irr*› *itr* eingehen (*a* auf), einwilligen (*a* in).
acconsentimento [akkonsenti'mento] *m* Zustimmung *f.* **acconsentire** [...'ti:re] *itr* zustimmen, einwilligen (*a* in); *(a richiesta, etc.)* eingehen (*a* auf); **acconsento che lui parta** ich erlaube ihm zu gehen. **acconsenziente** [...sen'tsi̯ɛnte] *a* zustimmend.
accontentamento [akkontenta'mento] *m* Befriedigung *f,* Zufriedenstellen *n.* **accontentare** [...'ta:re] **I.** *tr* zufriedenstellen; **II.** *rfl:* **-rsi** sich begnügen (*di* mit), sich zufriedengeben (*di* mit).

acconto [ak'konto] *m* Anzahlung *f;* **in ~** als Anzahlung.
accoppare [akkop'pa:re] **I.** *tr* erschlagen; *fig* übel zurichten; **II.** *rfl:* **-rsi** *fam* draufgehen *fam.*
accoppiamento [akkoppi̯a'mento] *m* **1.** *(accostamento)* Zusammenstellung *f,* Verbindung *f;* **2.** *tec* Kopp(e)lung *f;* **3.** *(tra persone)* Beischlaf *m; (tra animali)* Paarung *f.* **accoppiare** [...'pi̯a:re] ‹accoppio, accoppi› **I.** *tr* **1.** *(accostare)* zusammenstellen; *(a. fig)* verbinden; **2.** *tec, fig* koppeln; **3.** *(animali)* paaren; **II.** *rfl:* **-rsi** *(persone)* sich (körperlich) vereinigen; *(animali)* sich paaren. **accoppiata** [...'pi̯a:ta] *f* Doppelwette *f.* **accoppiato, -a** [...'pi̯a:to] *a* verbunden; *tec* gekoppelt; **quei due sono bene -i** die beiden passen gut zusammen.
accoramento [akkora'mento] *m* Beklommenheit *f; (dolore profondo)* tiefer Kummer. **accorare** [...'ra:re] **I.** *tr* zutiefst betrüben (*o.* bekümmern); **II.** *rfl:* **-rsi** betrübt werden; **-rsi per qc** sich *(dat)* etw. zu Herzen nehmen.
accorciamento [akkortʃa'mento] *m* Kürzung *f.* **accorciare** [...'tʃa:re] ‹accorcio, accorci› **I.** *tr* **1.** *(abbreviare)* ab-, verkürzen; *(percorso)* abkürzen; *(distanza)* verringern; **2.** *(abito)* kürzen, kürzer machen; **II.** *rfl:* **-rsi** kürzer werden; *(distanza)* sich verringern. **accorciativo, -a** [...tʃa'ti:vo] **I.** *a* verkürzend; **II.** *m* Kurzform *f.* **accorciatura** [...tʃa'tu:ra] *f* Kürzung *f.*
accordare [akkor'da:re] **I.** *tr* **1.** *(concedere)* gewähren, zugestehen; *adm* bewilligen; **2.** *(conciliare)* versöhnen; **3.** *fig* (miteinander) in Einklang bringen; *(colori)* (aufeinander) abstimmen; **4.** *mus* stimmen; **5.** *gram* übereinstimmen lassen, in Übereinstimmung bringen; **II.** *rfl:* **-rsi 1.** *(persone)* sich einigen; **2.** *fig (colori, etc.)* zusammenpassen. **accordatore, -trice** [...da'to:re] *m, f* Stimmer(in) *m(f).* **accordatura** [...da'tu:ra] *f* Stimmen *n* (von Instrumenten). **accordo** [ak'kɔrdo] *m* **1.** *(concordia)* Einigkeit *f; (in vertenze)* Übereinkunft *f,* Einigung *f;* **2.** *fig* Einklang *m,* Einverständnis *n;* **3.** *(patto)* Abkommen *n; jur* Vertrag *m;* **4.** *(di colori)* Abstimmung *f;* **5.** *mus* Akkord *m;* **6.** *gram* Übereinstimmung *f;* **trovarsi d'~** sich *(dat)* einig sein; **d'~!** einverstanden!; **come d'~** wie vereinbart; **di comune ~** im Einvernehmen.
accorgersi [ak'kɔrdʒersi] ‹mi accorgo, ti accorgi, mi accorsi, mi sono accorto› *rfl:* **~ di** merken, bemerken, wahrnehmen. **accorgimento** [akkordʒi'mento] *m* **1.** *(avvedutezza)* Umsicht *f,* Aufmerksamkeit *f;* **2.** *(espediente)* Trick *m,* Kniff *m.* **accorgo** [ak'kɔrgo] *v.* **accorgersi.**
accorrere [ak'korrere] ‹*irr*› *itr* ‹*essere*› herbeieilen.
accorsi [ak'kɔrsi] *v.* **accorgersi.**
accortezza [akkor'tettsa] *f* Umsicht *f,* Sorgfalt *f.*
accorto, -a [ak'kɔrto] **I.** *v.* **accorgersi; II.** *a* aufmerksam, vorsichtig, umsichtig; *(astuto)* klug, schlau; **fare ~ qu di qc** jdn auf etw. aufmerksam machen; **stare ~** vorsichtig sein.
accosciarsi [akkoʃ'ʃarsi] ‹mi accoscio, ti accosci› *rfl* in die Hocke gehen.
accostabile [akkos'ta:bile] *a* erreichbar; *(persona)* zugänglich.
accostamento [akkosta'mento] *m* **1.** *(avvicinamento)* Annäherung *f;* **2.** *fig (adesione)* Anschluß *m.* **accostare** [...'ta:re] **I.** *tr* näher stellen (*o.* legen, *etc.*); *(porta, imposte)* anlehnen; *(avvicinare)* nähern; **~ qu** jdm näher kommen; **~ la sedia alla parete** den Stuhl an die Wand rücken; **II.** *itr* den Kurs wechseln; **III.** *rfl:* **-rsi 1.** *(avvicinarsi)* sich nähern *(a dat);* **2.** *fig* sich annähern (*a* an); **-rsi ai Sacramenti** die Sakramente empfangen. **accostata** [...'ta:ta] *f* Kursänderung *f.*
accosto [ak'kɔsto] *adv* daneben, dabei; **~ a** neben *dat; (moto)* neben *acc.*
accostumare [akkostu'ma:re] **I.** *tr* gewöhnen (*a* an); **II.** *rfl:* **-rsi** sich gewöhnen (*a* an).
accotonare [akkoto'na:re] *tr* toupieren.
accovacciarsi [akkovat'tʃarsi] ‹mi accovaccio, ti accovacci› *rfl* sich kauern.
accozzaglia [akkot'tsaʎʎa] ‹-glie› *f pej* Haufen *m; (di cose a.)* Mischmasch *m fam.* **accozzamento** [...tsa'mento] *m* bunte Mischung. **accozzare** [...'tsa:re] *tr* zusammenwürfeln.
accreditamento [akkredita'mento] *m* **1.** *(avvaloramento)* Bestätigung *f;* **2.** *com* Gutschrift *f;* **3.** *(di un diplomatico)* Akkreditierung *f;* **~ in conto** Verrechnung *f.* **accreditante** [...'tante] *mf* Kreditgeber(in) *m(f).* **accreditare** [...'ta:re] *tr* **1.** *(avvalorare)* glaubhaft machen; **2.** *com* gutschreiben; **3.** *(diplomatico)* akkreditieren. **accreditario, -a** [...'ta:ri̯o] ‹-i,

-ie⟩ *m, f* Kreditnehmer(in) *m(f).* **accreditato, -a** [...ˈtaːto] *a* angesehen, renommiert. **accredito** [akˈkreːdito] *m* Gutschrift *f.*

accrescere [akˈkreʃʃere] ⟨*irr*⟩ **I.** *tr* ⟨*avere*⟩ vermehren, anwachsen lassen; **II.** *itr* ⟨*essere*⟩ *obs, rfl:* **-rsi** zunehmen, (an)wachsen; **la sua famiglia si accresce** seine Familie bekommt Zuwachs. **accrescimento** [...ʃiˈmento] *m* **1.** *(aumento)* Anwachsen *n,* Zunahme *f,* Erhöhung *f;* **2.** *biol (crescita, sviluppo)* Wachstum *n.* **accrescitivo, -a** [...ʃiˈtiːvo] **I.** *a* steigernd, wachstumsfördernd; **II.** *m gram* Vergrößerungsform *f.*

accucciarsi [akkutˈtʃarsi] ⟨mi accuccio, ti accucci⟩ *rfl (cane)* sich hinlegen, kuschen; **stare accucciato** „Platz" machen.

accudire [akkuˈdiːre] ⟨accudisco⟩ **I.** *tr* pflegen, versorgen; *(bambino a.)* beaufsichtigen; **II.** *itr* sich widmen, besorgen (*a qc* etw.).

accumulare [akkumuˈlaːre] **I.** *tr* anhäufen; **II.** *rfl:* **-rsi** sich häufen. **accumulatore, -trice** [...laˈtoːre] **I.** *m, f* Sammler(in) *m(f);* **II.** *m* Akkumulator *m.* **accumulazione** [...latˈtsi̯oːne] *f* Anhäufung *f,* Akkumulation *f geh.* **accumulo** [akˈkuːmulo] *m* **1.** *(accumulazione)* Anhäufung *f;* **2.** *geol* Akkumulation *f.*

accuratezza [akkuraˈtettsa] *f* Sorgfalt *f.* **accurato, -a** [...ˈraːto] *a* akkurat, genau, sorgfältig.

accusa [akˈkuːza] *f* **1.** *(attribuzione di colpa)* Be-, Anschuldigung *f;* **2.** *jur* Anklage *f;* **3.** *(in giochi di carte)* Meldung *f;* **pubblica ~** Staatsanwaltschaft *f.* **accusare** [...ˈzaːre] *tr* **1.** *(incolpare)* beschuldigen; **2.** *jur* anklagen; **3.** *(palesare)* äußern, vorbringen; *(lasciar scorgere)* erkennen lassen, zeigen; **4.** *(confessare)* bekennen; **5.** *adm* bestätigen; **6.** *(in giochi di carte)* melden, ansagen; **~ qu di qc** jdm etw. vorwerfen, jdn einer S. *(gen)* beschuldigen; **~ il colpo** seine Betroffenheit nicht verbergen können. **accusata** *f v.* **accusato.**

accusativo [akkuzaˈtiːvo] *m* Akkusativ *m,* Wenfall *m.*

accusato, -a [akkuˈzaːto] **I.** *a* angeklagt; **II.** *m, f* Angeklagte(r) *mf.* **accusatore, -trice** [...zaˈtoːre] *m, f* **1.** *gener.* Ankläger(in) *m(f);* **2.** *jur* Kläger(in) *m(f); (magistrato)* Staatsanwalt *m,* -anwältin *f.* **accusatorio, -a** [...zaˈtɔːri̯o] ⟨-i, -ie⟩ *a* anklagend, Anklage-. **accusatrice** *f v.* **accusatore.**

acefalia [atʃefaˈliːa] ⟨-ie⟩ *f* Kopflosigkeit *f,* Azephalie *f scient.*

acellulare [atʃelluˈlaːre] *a* zellenlos.

acerbità [atʃerbiˈta] ⟨-⟩ *f* **1.** *(asprezza)* Schärfe *f,* Herbheit *f;* **2.** *(immaturità)* Unreife *f.* **acerbo, -a** [aˈtʃɛrbo] *a* **1.** *(immaturo)* unreif; **2.** *(aspro)* sauer; **3.** *fig (dolore)* bitter, herb; *(punizione)* hart.

acero [ˈaːtʃero] *m* Ahorn *m.*

acerrimo, -a [aˈtʃɛrrimo] *a* erbittert.

acescenza [atʃeʃˈʃɛntsa] *f* Sauerwerden *n.*

acetabolo [atʃeˈtaːbolo] *m* (Hüft)gelenkpfanne *f.*

acetato [atʃeˈtaːto] *m* Acetat *n.*

acetico, -a [aˈtʃɛːtiko] ⟨-ci, -che⟩ *a* essigsauer.

acetile [atʃeˈtiːle] *m* Acetyl *n.* **acetilene** [...tiˈlɛːne] *m* Acetylen *n.*

acetire [atʃeˈtiːre] ⟨acetisco⟩ *itr* ⟨*essere*⟩ zu Essig werden. **aceto** [aˈtʃeːto] *m* **1.** *(di liquidi alcolici)* Essig *m;* **2.** *fig poet (mordacità)* Bissigkeit *f;* **cetriolini sott'~** Essiggurken *f pl;* **mettere sott'~** in Essig einlegen.

acetone [atʃeˈtoːne] *m* Aceton *n.*

acetosa [atʃeˈtoːsa] *f* (großer) Sauerampfer *m.* **acetosella** [...toˈsɛlla] *f* (kleiner) Sauerampfer *m;* **sale di ~** Kleesalz *n.*

acetoso, -a [atʃeˈtoːso] *a* sauer.

achillea [akilˈlɛːa] *f* Schafgarbe *f.*

A.C.I. [ˈaːtʃi] *m* **1.** *ab di* **Automobile Club d'Italia** ≃ ADAC *m* (*ab di* Allgemeiner Deutscher Automobil-Club); **2.** *ab di* **Azione Cattolica Italiana** *italienischer Katholikenverband.*

aciclico, -a [aˈtʃiːkliko] *a* azyklisch.

acidificare [atʃidifiˈkaːre] ⟨acidifico, acidifichi⟩ **I.** *tr* säuern; **II.** *itr* sauer werden. **acidificazione** [...katˈtsi̯oːne] *f* Säurebildung *f.* **acidità** [...diˈta] ⟨-⟩ *f* **1.** *(asprezza)* Säure *f;* **2.** *fig (mordacità)* Bissigkeit *f;* **3.** *chem* Säuregrad *m,* Acidität *f;* **~ di stomaco** Sodbrennen *n.* **acido, -a** [ˈaːtʃido] **I.** *a* **1.** *(aspro)* sauer; **2.** *fig* bissig; *(critica a.)* beißend; **II.** *m* Säure *f;* **resistente agli -i** säurebeständig. **acidulo, -a** [aˈtʃiːdulo] *a* säuerlich.

acino [ˈaːtʃino] *m* **1.** *(chicco d'uva)* (Wein)beere *f;* **2.** *anat* (Lungen-, Drüsen)bläschen *n.*

acme [ˈakme] *f med, fig* Höhepunkt *m.*

acne [ˈakne] *f* Akne *f.*

aconfessionale [akonfessi̯oˈnaːle] *a* konfessionslos. **aconfessionalità** [...naliˈta] *f* Konfessionslosigkeit *f.*

acqua [ˈakku̯a] *f* **1.** *gener.* Wasser *n;*

2. ⟨*pl*⟩ Gewässer *n pl; med* Thermalquellen *f pl*, (Thermal)bad *n;* ~ **da bere** Trinkwasser *n;* ~ **di Colonia** Kölnischwasser *n;* ~ **dolce/salata** Süß-/Salzwasser *n;* ~ **alta** Hochwasser *n;* ~ **benedetta** Weihwasser *n;* ~ **cheta** *fig* stilles Wasser; ~ **corrente/morta** fließendes Wasser/stehendes Gewässer; ~ **potabile/minerale** Trink-/Mineralwasser *n;* ~ **ossigenata** Wasserstoffsuperoxyd *n;* ~ **ragia** Terpentin *n;* ~ **regia** Königswasser *n;* ~ **tonica** Tonic(wasser) *n;* **cura delle -e** Trinkkur *f* (mit Heilwasser); **-e bianche/nere** Regenwasser *n*/Abwässer *n pl;* **-e territoriali** Hoheitsgewässer *n pl;* **è ormai** ~ **passata** das ist Schnee von gestern; **marinaio d'**~ **dolce** Süßwassermatrose *m;* **fare** ~ **da tutte le parti** *fig* überall undicht sein; *(argomento, etc.)* hinken; **un buco nell'**~ *fig* ein Schlag *m* ins Wasser; **frigger con l'**~ *fig* Wasser mit einem Sieb schöpfen; **intorbidare le -e** absichtlich Verwirrung stiften; **lavorare sott'**~ im trüben fischen; **navigare in cattive -e** in der Klemme (*o.* auf dem trockenen) sitzen *fam;* **sentirsi come un pesce fuor d'**~ sich wie ein Fisch auf dem Trockenen fühlen; **tirare l'**~ **al proprio mulino** nur an den eigenen Vorteil denken; ~ **in bocca!** still!, kein Wort darüber!; ~ **passata non macina più** *prov* was vorbei ist, ist vorbei; ~ **cheta rovina i ponti** *prov* stille Wasser sind tief *prov.*

acquaforte [-ˈfɔrte] ⟨acqueforti⟩ *f* Radierung *f.* **acquafortista** [-forˈtista] ⟨-i *m,* -e *f*⟩ *mf* Kupferstecher(in) *m(f).*

acquaio [akˈku̯a:i̯o] ⟨-quai⟩ *m* Ausguß *m,* Spülstein *m.*

acquaiolo, -a [akku̯aˈi̯ɔ:lo] **I.** *a* Wasser-; **II.** *m, f* Wasserträger(in) *m(f).*

acquamarina [-maˈri:na] ⟨acquemarine⟩ *f* Aquamarin *m.*

acquaplano [-ˈpla:no] *m* Surfbrett *n.*

acquaragia [-ˈra:dʒa] ⟨-ge⟩ *f* Terpentin *n.*

acquarellare, acquarello [akku̯arelˈla:re, ...ˈrɛllo] *v.* **acquerellare, acquerello.**

acquario [akˈku̯a:ri̯o] ⟨-i⟩ *m* **1.** *(edificio)* Aquarium *n;* **2.** *astr:* **A**~ Wassermann *m;* **sono (dell'** *o.* **un) A**~ ich bin (ein) Wassermann.

acquartieramento [akku̯arti̯eraˈmento] *m* Einquartierung *f.* **acquartierare** [...ˈra:re] **I.** *tr* einquartieren; **II.** *rfl:* **-rsi** sich einquartieren.

acquasanta [-ˈsanta] *f* Weihwasser *n;* **essere come il diavolo e l'**~ wie Hund und Katze sein. **acquasantiera** [...ˈti̯ɛ:ra] *f* Weihwasserbecken *n.*

acquata [akˈku̯a:ta] *f* **1.** *(acquazzone)* (Regen)schauer *m;* **2.** *naut:* **far l'**~ den Trinkwasservorrat auffüllen.

acquatico, -a [akˈku̯a:tiko] ⟨-ci, -che⟩ *a* Wasser-.

acquattarsi [akku̯atˈtarsi] *rfl* sich verbergen, sich ducken.

acquavite [akku̯aˈvi:te] *f* Schnaps *m,* Branntwein *m;* ~ **di vino** ≃ Weinbrand *m;* ~ **di lamponi** Himbeergeist *m.*

acquazzone [akku̯atˈtso:ne] *m* Wolkenbruch *m.*

acquedotto [akku̯eˈdotto] *m* Wasserleitung *f; hist* Aquädukt *n.*

acqueforti *pl di* **acquaforte.**

acquemarine *pl di* **acquamarina.**

acqueo, -a [ˈakku̯eo] *a* Wasser-; **vapore** ~ Wasserdampf *m.*

acquerellare [akku̯erelˈla:re] *tr* aquarellieren. **acquerellista** [...ˈlista] ⟨-i *m,* -e *f*⟩ *mf* Aquarellmaler(in) *m(f).* **acquerello** [...ˈrɛllo] *m* **1.** *(tecnica)* Aquarellmalerei *f,* Aquarelltechnik *f;* **2.** *(quadro)* Aquarell *n;* **3.** *(vinello)* Tresterwein *m.*

acquerugiola [akku̯eˈru:dʒola] *f* Nieselregen *m,* Sprühregen *m.*

acquiescente [akku̯i̯eʃˈʃɛnte] *a* gefügig. **acquiescenza** [...ˈʃɛntsa] *f* Gefügigkeit *f.*

acquietare [akku̯i̯eˈta:re] **I.** *tr* beruhigen; *(desiderio)* befriedigen; *(ira)* besänftigen; **II.** *rfl:* **-rsi** sich beruhigen.

acquifero, -a [akˈku̯i:fero] *a* wasserführend; **falda -a** Wasserader *f.*

acquirente [akku̯iˈrɛnte] *mf* Käufer(in) *m(f).*

acquisire [akku̯iˈzi:re] ⟨acquisisco⟩ *tr* erwerben; *(abitudine)* annehmen. **acquisito, -a** [...ˈzi:to] *a* erworben, angenommen; *(parente)* angeheiratet; **innato e** ~ angeboren und erworben. **acquisizione** [...zitˈtsi̯o:ne] *f* Erwerb *m,* Erwerbung *f.*

acquistabile [akku̯isˈta:bile] *a* käuflich.

acquistare [akku̯isˈta:re] **I.** *tr* **1.** *com* erwerben, kaufen; **2.** *fig (meriti)* erwerben; *(tempo)* gewinnen; ~ **terreno** *fig* an Boden gewinnen; **II.** *itr* zunehmen (*in, di* an), gewinnen (*in, di* an). **acquistato, -a** [...ˈta:to] *a* erworben; *(parente)* angeheiratet. **acquisto** [akˈku̯isto] *m* **1.** *com* Erwerb *m,* Kauf *m;* **2.** *fig (persona)* Neuzugang *m;* ~ **a contanti/rate** Bar-/Ratenkauf *m;* **potere d'**~ Kaufkraft *f;* **bell'**~ **hai fatto!** *iron* da hast du dir ja was eingehandelt!

acquitrino [akkui̯'tri:no] *m* Sumpf *m.* **acquitrinoso, -a** [...tri'no:so] *a* sumpfig.
acquolina [akkuo̯'li:na] *f:* **far venire a qu l'~ in bocca** jdm den Mund wäßrig machen; **mi viene l'~ in bocca** mir läuft das Wasser im Mund zusammen.
acquosità [akkuo̯si'ta] ‹-› *f* Wäßrigkeit *f.* **acquoso, -a** [ak'kuo̯:so] *a* wäßrig.
acre ['a:kre] *a* **1.** *(sapore, odore)* herb, beißend, scharf; *(fumo)* beißend; **2.** *fig* bissig; *(critica a.)* scharf. **acredine** [a'krɛ:dine] *f* **1.** *(asprezza)* Schärfe *f;* **2.** *fig (mordacità)* Bissigkeit *f.*
acrilico, -a [a'kri:liko] ‹-ci, -che› *a* Acryl-.
acrimonia [akri'mɔ:ni̯a] ‹-ie› *f* Schärfe *f; (rancore)* Bitterkeit *f.* **acrimonioso, -a** [...mo'ni̯o:so] *a* bissig.
acrisia [akri'zi:a] ‹-ie› *f* Kritiklosigkeit *f,* mangelndes Unterscheidungsvermögen. **acritico, -a** [a'kri:tiko] *a* unkritisch.
acro ['a:kro] *m* Morgen *m.*
acrobata [a'krɔ:bata] ‹-i *m,* -e *f*› *mf* (Luft)akrobat(in) *m(f); (funambolo)* Seiltänzer(in) *m(f).* **acrobatica** [akro'ba:tika] ‹-che› *f* Akrobatik *f.* **acrobatico, -a** [...ko] ‹-ci, -che› *a* akrobatisch; **volo ~** Kunstflug *m.* **acrobatismo** [...ba'tizmo] *m* Akrobatik *f; (rappresentazione)* Artistik *f.* **acrobazia** [...bat'tsi:a] ‹-ie› *f* akrobatische Übung, Kunststück *n.*
acufene [aku'fɛ:ne] *m* Ohrensausen *n.*
acuire [aku'i:re] ‹acuisco› **I.** *tr* zuspitzen; *(a. fig: ingegno)* schärfen; **II.** *rfl:* **-rsi** sich verschärfen; *(situazione a.)* sich zuspitzen.
aculeato, -a [akule'a:to] *a* Stech-. **aculeo** [a'ku:leo] *m* **1.** *zoo* Stachel *m;* **2.** *bot* Dorn *m,* Stachel *m.*
acume [a'ku:me] *m* Scharfsinn *m; (dell'intelletto)* Schärfe *f.*
acuminare [akumi'na:re] *tr* spitzen, schärfen.
acustica [a'kustika] ‹-che› *f* Akustik *f.* **acustico, -a** [...ko] ‹-ci, -che› *a* **1.** *phys* akustisch; **2.** *anat* Gehör-, Hör-; **vibrazione -a** Schallschwingung *f.*
acutangolo [aku'taŋgolo] *a* spitzwink(e)lig.
acutezza [aku'tettsa] *f* **1.** Schärfe *f; (del suono)* schriller Klang; **2.** *fig (perspicacia)* Scharfsinnigkeit *f;* **~ visiva** Sehschärfe *f;* **~ di mente** Scharfsinn *m.*
acutizzare [akutid'dza:re] *v.* **acuire.**
acutizzazione [akutidzat'tsi̯o:ne] *f* Zuspitzung *f.*
acuto, -a [a'ku:to] **I.** *a* **1.** *(aguzzo, a. mat)* spitz; **2.** *(vista)* scharf; *(suono)* schrill; **3.** *med, ling, fig* akut; **4.** *(penetrante)* heftig, stark; *(freddo)* beißend; *(odore a.)* scharf; **5.** *(vivo, struggente)* brennend, heftig; **arco a sesto ~** Spitzbogen *m;* **II.** *m* hoher Ton.
ad [ad] *prp* **a** *davanti a vocale.*
Ada ['a:da] *nome proprio femminile.*
adagiare [ada'dʒa:re] ‹adagio, adagi› **I.** *tr* betten, legen; **II.** *rfl:* **-rsi 1.** *(distendersi)* sich betten, sich (hin)legen; **2.** *fig* sich hingeben, sich überlassen.
adagino [ada'dʒi:no] *adv* behutsam.
adagio[1] [a'da:dʒo] **I.** *adv* **1.** *(lentamente)* langsam; **2.** *(con cautela)* behutsam; **3.** *mus* adagio; **II.** ‹-gi› *m mus* Adagio *n.*
adagio[2] [a'da:dʒo] ‹-gi› *m (proverbio)* Sprichwort *n,* Sinnspruch *m.*
adamantino, -a [adaman'ti:no] *a* **1.** diamanten, Diamant(en)-; **2.** *fig (splendente)* leuchtend, glänzend, strahlend; **3.** *fig (saldo)* hart, fest.
adamitico, -a [ada'mi:tiko] ‹-ci, -che› *a:* **in costume ~** im Adamskostüm.
Adamo [a'da:mo] *(nome proprio maschile)* Adam *m;* **figli d'~** Menschenkinder *n pl;* **pomo d'~** Adamsapfel *m;* **parente per parte di ~** weitläufige(r) Verwandte(r); **da ~ in qua** seit Adam und Eva.
adattabile [adat'ta:bile] *a* anpassungsfähig. **adattabilità** [...tabili'ta] ‹-› *f* Anpassungsfähigkeit *f.*
adattamento [adatta'mento] *m* **1.** *(accomodamento, a. biol)* Anpassung *f* (*a* an); *tec* Anpassen *n; (di un immobile)* Umbau *m* (*a* zu); **2.** *(di un'opera)* Bearbeitung *f;* **3.** *fig (adeguamento)* Nachgiebigkeit *f;* **l'~ televisivo di un romanzo** die Fernsehbearbeitung eines Romans. **adattare** [...'ta:re] **I.** *tr* **1.** *(conformare)* anpassen; **2.** *(cambiare)* umwandeln, herrichten; *(edificio)* umbauen; **3.** *(opera)* bearbeiten; **II.** *rfl:* **-rsi** passen (*a* zu); *(adeguarsi)* sich anpassen (*a* an), sich richten (*a* nach). **adatto, -a** [a'datto] *a* geeignet; *(momento a.)* passend.
addebitamento [addebita'mento] *m* Belastung *f.* **addebitare** [...'ta:re] *tr* **1.** *com* belasten (*qc a qu* jdn mit etw.); **2.** *fig (incolpare)* zuschreiben, zur Last legen. **addebito** [ad'de:bito] *m* **1.** *com* Belastung *f;* **2.** *fig (accusa)* Beschuldigung *f* (*a* gegen); **nota di ~** Lastschrift *f.*

addenda [ad'dɛnda] *m pl* Addenda *pl.*
addendo [ad'dɛndo] *m* Summand *m.*
addensamento [addensa'mento] *m* Verdichtung *f; (di eventi)* Anhäufung *f.* **addensare** [...'sa:re] **I.** *tr* **1.** *(rendere denso)* verdichten; *(liquido)* eindicken (lassen); **2.** *(accumulare)* häufen; **II.** *rfl:* **-rsi** sich verdichten; *(folla)* zusammenströmen, dichter werden; *(nubi)* sich zusammenballen.
addentare [adden'ta:re] **I.** *tr* **1.** *(con i denti)* mit den Zähnen packen; **2.** *(con tenaglie)* mit der Zange pakken; **II.** *rfl:* **-rsi** ineinandergreifen.
addentellare [addentel'la:re] *tr* mit einer Zahnung versehen. **addentellato** [...'la:to] *m* **1.** *(in muri)* Zahnung *f;* **2.** *fig (appiglio)* Anknüpfungspunkt *m.*
addentrarsi [adden'trarsi] *rfl* **1.** *(inoltrarsi)* eindringen; **2.** *fig* sich vertiefen, sich hineinknien *fam.* **addentro** [ad'dentro] *adv* im Inneren; ~ **nella boscaglia** mitten im Dickicht; **essere ~ in qc** *fig* sich in etw. gut auskennen.
addestramento [addestra'mento] *m* **1.** *(di persone)* Ausbildung *f;* **2.** *(di animali)* Dressur *f; (di cani)* Abrichtung *f.* **addestrare** [...'tra:re] **I.** *tr* **1.** *(persone)* ausbilden; **2.** *(animali)* dressieren; *(cani)* abrichten; **II.** *rfl:* **-rsi** sich üben, sich schulen. **addestratore, -trice** [...tra'to:re] *m, f* **1.** *(di persone)* Ausbilder(in) *m(f);* **2.** *(di animali)* Dresseur(in) *m(f).*
addetto, -a [ad'detto] **I.** *a* zuständig (*a* für); *(occupato)* tätig (*o.* beschäftigt) (*a* bei); **II.** *m, f* Zuständige(r) *mf; (impiegato)* Angehörige(r) *mf,* Angestellte(r) *mf; pol* Attaché *m;* ~ **stampa** Pressesprecher *m;* **vietato l'ingresso ai non -i ai lavori** Zutritt für Unbefugte verboten.
addì [ad'di] *adv adm* den, am; **Torino, ~ 31 ottobre 1983** Turin, den 31. Oktober 1983.
addiaccio [ad'di̯attʃo] ⟨-cci⟩ *m* **1.** *(recinto per bestiame)* Pferch *m;* **2.** *(bivacco)* Lager *n;* **dormire all'~** im Freien übernachten.
addietro [ad'di̯ɛ:tro] *adv* **1.** *(luogo)* zurück; **2.** *(tempo)* früher; **anni ~** vor Jahren; **tempo ~** früher; **per l'~** in der Vergangenheit; **lasciare ~** *fig* vernachlässigen; **restare ~** zurückbleiben; **tirarsi ~** einen Rückzieher machen.
addio [ad'di:o] **I.** *interj* ade, adieu, leb wohl; *fig* aus (mit), dahin; **dire ~ al mondo** der Welt den Rücken kehren; **sono stato bocciato e ~ regalo!** ich habe nicht bestanden, und jetzt kann ich das Geschenk vergessen; **II.** ⟨-ii⟩ *m* Abschied *m;* **l'ultimo ~** das letzte Geleit.
addirittura [addirit'tu:ra] *adv* **1.** *(perfino)* sogar; **2.** *(veramente)* geradezu.
addirsi [ad'dirsi] ⟨*irr*⟩ *rfl (impersonale)* geeignet sein (*a* für), passen (*a* zu).
additare [addi'ta:re] *tr* **1.** *(mostrare con il dito)* (mit dem Finger) zeigen (auf); **2.** *fig (indicare)* aufzeigen, herausstellen.
additivo, -a [addi'ti:vo] **I.** *a* additiv, Zusatz-; **II.** *m* Additiv *n,* Zusatz *m.*
addivenire [addive'ni:re] ⟨*irr*⟩ *itr* ⟨*essere*⟩ gelangen (*a* zu), erreichen (*a qc* etw.).
addizionale [addittsi̯o'na:le] **I.** *a* zusätzlich, Zusatz-; **II.** *f* Zusatzsteuer *f.* **addizionare** [...'na:re] *tr* addieren, zusammenzählen. **addizionatrice** [...na'tri:tʃe] *f* Addiermaschine *f.* **addizione** [...'tsi̯o:ne] *f* Addition *f.*
addobbare [addob'ba:re] **I.** *tr* dekorieren, schmücken; **II.** *rfl:* **-rsi** sich schmücken. **addobbatore, -trice** [...ba'to:re] *m, f* Dekorateur(in) *m(f).* **addobbo** [ad'dɔbo] *m* **1.** *(atto)* Dekorieren *n,* Schmücken *n;* **2.** *(ornamenti)* Dekoration *f,* Schmuck *m.*
addocilire [addotʃi'li:re] ⟨addocilo *o.* addocilisco⟩ *tr* **1.** *(pelle)* geschmeidig machen; **2.** *fig (persona)* erweichen.
addolcimento [addoltʃi'mento] *m* Süßen *n; fig* Milderung *f.* **addolcire** [...'tʃi:re] ⟨addolcisco⟩ **I.** *tr* **1.** *(caffè)* süßen; **2.** *(acciaio, acqua)* enthärten; **3.** *fig* verfeinern; *(mitigare)* mildern; **II.** *rfl:* **-rsi** **1.** *(carattere, etc.)* sanfter werden; **2.** *(tempo)* milder werden.
addolorare [addolo'ra:re] **I.** *tr* betrüben, Schmerz zufügen (*qu* jdm); **II.** *rfl:* **-rsi** sich grämen (*per* über).
addome [ad'dɔ:me] *m* **1.** *(ventre)* Unterleib *m;* **2.** *zoo* Hinterleib *m,* Abdomen *n.*
addomesticamento [addomestika'mento] *m,* Zähmung *f,* Domestizierung *f.* **addomesticare** [...'ka:re] ⟨addomestico, addomestichi⟩ *tr* zähmen; *fig* bändigen, zähmen. **addomesticato, -a** [...'ka:to] *a* **1.** domestiziert, gezähmt; **2.** *fig (manipolato)* manipuliert; *(bilancio)* frisiert.
addominale [addomi'na:le] *a* Unterleib(s)-, Bauch-.
addormentare [addormen'ta:re] **I.** *tr* **1.** *(far dormire)* zum Schlafen bringen; *(medicina, musica, etc.)* einschläfern; **2.** *med (con narcotico)* betäuben, narkotisieren; **3.** *fig (intorpidire)* einschläfern; **II.** *rfl:* **-rsi** einschlafen; **-rsi sugli allori** sich auf sei-

nen Lorbeeren ausruhen; **-rsi nel Signore** entschlafen. **addormentato, -a** [...'ta:to] *a* **1.** *(immerso nel sonno)* schlafend; **2.** *med* *(con narcotico)* narkotisiert, betäubt; **3.** *fig* *(sonnacchioso)* schläfrig, verschlafen; **4.** *fig* *(fiacco)* lahm, schlaff.

addossamento [addossa'mento] *m* Aufbürden *n.* **addossare** [...'sa:re] **I.** *tr* **1.** *(porre addosso)* aufbürden, auflasten; **2.** *(accostare)* anrücken, heranschieben; *(appoggiare)* anlehnen; **3.** *fig* *(imputare)* aufbürden; *(colpa)* anlasten; **II.** *rfl:* **-rsi** **1.** *(appoggiarsi)* sich anlehnen; *(accalcarsi)* sich drängen; **2.** *fig* *(accollarsi)* sich *(dat)* aufbürden, auf sich nehmen.

addosso [ad'dɔsso] **I.** *adv* am Leib; *fig* bei sich *(dat);* **avere ~** *(vestito)* anhaben; *(denaro, libro, etc.)* bei sich *(dat)* haben; **mettere ~** anziehen; **avere il diavolo ~** den Teufel im Leib haben; **avere una famiglia ~** eine Familie zu versorgen haben; **avere la rabbia ~** eine Wut im Bauch haben; **farsela ~** *vulg* sich *(dat)* ins Hemd machen *fam,* (sich *dat*) in die Hosen scheißen *vulg;* **levarsi qu d'~** *fig* sich *(dat)* jdn vom Halse schaffen; **II.** *prp:* **~ a** *(stato)* neben *dat;* *(moto)* neben *acc;* **andare ~ a due pedoni** zwei Fußgänger anfahren; **dare ~ a qu** *fig* jdm widersprechen, gegen jdn sein; **mettere le mani ~ a qu** Hand an jdn legen; **stare ~ a qu** jdm keine Ruhe lassen; **tagliare i panni ~ a qu** jdm am Zeug flicken; **vivere ~ a qu** auf jds Kosten leben.

addotto [ad'dotto] *pp di* **addurre.**

addottorare [addotto'ra:re] **I.** *tr* promovieren; **II.** *rfl:* **-rsi** promovieren.

addottrinare [addottri'na:re] **I.** *tr* unterweisen, ausbilden; **II.** *rfl:* **-rsi** sich bilden.

addurre [ad'durre] ‹adduco, addussi, addotto› *tr* anführen, vorbringen. **adduzione** [...ut'tsi̯o:ne] *f* **1.** *anat* Adduktion *f;* **2.** *tec* Zuleitung *f,* Zufuhr *f.*

adeguamento [adegu̯a'mento] *m* Angleichung *f,* Angleichen *n.* **adeguare** [...'gu̯a:re] **I.** *tr* angleichen (*a* an); **II.** *rfl:* **-rsi** sich anpassen (*a* an). **adeguato, -a** [...'gu̯a:to] *a* angemessen, passend.

adempiere [a'dempi̯ere] ‹adempio *o.* adempisco, adempii, adempiuto *o.* adempito› **I.** *tr* *(dovere, desiderio)* erfüllen; *(promessa)* halten; **II.** *rfl:* **-rsi** sich erfüllen, in Erfüllung gehen. **adempimento** [...pi'mento] *m* Erfüllung *f.*

adempire [adem'pi:re] ‹*forme come adempiere*› *v.* **adempiere.**

adempisco [adem'pisko] *1. pers sing pr di* **adempi(e)re.**

adempi(u)to [adem'pi:to (...'pi̯u:to)] *pp di* **adempi(e)re.**

adenotomia [adenoto'mi:a] ‹-ie› *f* Mandeloperation *f.*

adepto, -a [a'dɛpto] *m, f* Anhänger(in) *m(f),* Mitglied *n.*

aderente [ade'rɛnte] **I.** *a* haftend, klebend; *(vestito)* enganliegend; **II.** *mf* Mitglied *n* (*a* bei, in), Anhänger(in) *m(f)* (*a gen*). **aderenza** [...'rɛntsa] *f* **1.** *(qualità di ciò che è aderente)* Haftung *f,* Haftfähigkeit *f;* **2.** *phys* Reibung *f;* **3.** ‹*di solito al pl*› *fig* *(conoscenza)* Beziehungen *f pl.*

adergere [a'dɛrdʒere] ‹adergo, adergi, adersi, aderto› *poet* **I.** *tr* erheben; **II.** *rfl:* **-rsi** sich erheben.

aderire [ade'ri:re] ‹aderisco› *itr* **1.** *(rimanere a contatto)* haften, kleben; *(vestito, scarpa)* anliegen; **2.** *fig* *(a una proposta)* zustimmen; *(a una richiesta)* nachkommen; **3.** *fig* *(entrare a far parte)* beitreten.

adersi [a'dɛrsi] *1. pers sing del passato remoto di* **adergere.**

aderto [a'dɛrto] *pp di* **adergere.**

adescamento [adeska'mento] *m* **1.** *(allettamento)* Ködern *n;* **2.** *jur* Schlepperei *f;* **3.** *(in idraulica)* Auffüllen *n.* **adescare** [...'ka:re] ‹adesco, adeschi› *tr* **1.** *(pesci, uccelli, a. fig)* ködern; **2.** *jur* verführen; **3.** *(in idraulica)* auffüllen.

adesione [ade'zi̯o:ne] *f* **1.** *(aderenza)* Haftung *f;* *phys* Adhäsion *f;* **2.** *fig* *(consenso)* Zustimmung *f,* Einwilligung *f;* *(a una richiesta)* Nachkommen *n;* **3.** *(a un partito, etc.)* Beitritt *m.*

adesività [adezivi'ta] ‹-› *f* Klebrigkeit *f.* **adesivo, -a** [...'zi:vo] **I.** *a* klebend, Kleb(e)-; **nastro ~** Klebeband *n;* **II.** *m* Klebstoff *m.*

adespoto, -a [a'dɛspoto] *a* anonym, namenlos.

adesso [a'dɛsso] *adv* **1.** *(in questo momento, ora)* jetzt, nun; **2.** *(poco fa)* gerade (eben); **3.** *(tra poco)* (jetzt) gleich.

ad honorem [ad o'nɔ:rem] *adv* honoris causa, ehrenhalber; **laurea ~** Ehrendoktorwürde *f.*

adiacente [adi̯a'tʃɛnte] *a* anliegend, angrenzend. **adiacenza** [...'tʃɛntsa] *f* Umgebung *f,* Nähe *f.*

adibire [adi'bi:re] ‹adibisco› *tr* **1.** *(usare)* benutzen (*a* als); **2.** *(destinare)* vorsehen (*a* für), bestimmen (*a* für, zu).

Adige ['a:didʒe] *m* Etsch *f.*

adipe ['a:dipe] *m* Fett(gewebe) *n.* **adiposità** [adiposi'ta] ⟨-⟩ *f* Fettleibigkeit *f.* **adiposo, -a** [...'po:so] *a* Fett-, fetthaltig.

adirarsi [adi'rarsi] *rfl* zürnen (*con qu* jdm). **adirato, -a** [...'ra:to] *a* erzürnt; **far l'~** schmollen.

adire [a'di:re] ⟨adisco⟩ *tr (tribunale)* anrufen; *(eredità)* antreten; **~ il tribunale** vor Gericht gehen; **~ le vie legali** den Rechtsweg beschreiten.

adito ['a:dito] *m* **1.** *(accesso)* Eingang *m,* Zugang *m,* Zutritt *m;* **2.** *fig* Veranlassung *f,* Anlaß *m;* **dare ~ a qc** Anlaß zu (*o.* für) etw. geben.

adocchiare [addok'ki̯a:re] ⟨adocchio, adocchi⟩ *tr* erblicken; *(con compiacenza, desiderio)* liebäugeln mit.

adolescente [adoleʃ'ʃɛnte] **I.** *a* jung, jugendlich, halbwüchsig; *pej (immaturo)* unreif; **II.** *mf* Jugendliche(r) *mf,* junger Mann, junges Mädchen. **adolescenza** [...'ʃɛntsa] *f* Jugend(alter *n*) *f.*

adombrabile [adom'bra:bile] *a* **1.** *(suscettibile)* empfindlich, verletzbar; **2.** *(ombroso)* scheu.

adombramento [adombra'mento] *m* **1.** *(oscuramento)* Beschattung *f,* Verdunklung *f;* **2.** *fig* Argwohn *m;* **3.** *(di cavallo)* Scheuen *n;* **4.** *(ombreggiamento)* Schattierung *f.* **adombrare** [...'bra:re] **I.** *tr* **1.** *(oscurare)* beschatten, Schatten werfen auf; **2.** *(nascondere)* verdunkeln, verbergen, verschleiern; **3.** *fig (simboleggiare)* versinnbildlichen; **4.** *(ombreggiare)* schattieren; **II.** *rfl:* **-rsi** **1.** *(cavalli)* scheuen; **2.** *fig (persone)* gekränkt sein; *(insospettirsi)* argwöhnisch (*o.* stutzig) werden.

adone [a'do:ne] *m* Adonis *m.*

adontarsi [adon'tarsi] *rfl* beleidigt sein.

adop(e)rabile [ado'pra:bile (...pe'ra:bile)] *a* brauchbar.

adop(e)rare [ado'pra:re (...pe'ra:re)] **I.** *tr* benutzen, (ge)brauchen; *(tempo)* nutzen; **II.** *rfl:* **-rsi** sich einsetzen (*per* für).

adorabile [ado'ra:bile] *a* anbetungswürdig, bezaubernd.

adorare [ado'ra:re] *tr* **1.** *(divinità, persona)* anbeten, verehren; **2.** *(arte, cibo)* lieben, mögen. **adoratore, -trice** [...ra'to:re] *m, f* **1.** *rel* Anbeter(in) *m(f);* **2.** *(ammiratore)* Verehrer(in) *m(f),* Bewunderer *m,* Bewund(r)erin *f.* **adorazione** [...rat'tsi̯o:ne] *f* Anbetung *f,* Verehrung *f.*

adornare [ador'na:re] **I.** *tr* schmücken, verzieren; **II.** *rfl:* **-rsi** sich schmücken. **adorno, -a** [a'dorno] *a* geschmückt.

adottare [adot'ta:re] *tr* **1.** *(figlio)* adoptieren; **2.** *(libro)* verwenden; *(metodo)* anwenden; *(provvedimenti)* ergreifen, treffen; *(vita)* annehmen. **adottivo, -a** [...'ti:vo] *a* **1.** *(figlio, padre)* Adoptiv-; **2.** *fig (patria)* Wahl-. **adozione** [...t'tsi̯o:ne] *f* **1.** *jur* Adoption *f;* **2.** *fig (scelta)* Wahl *f;* *(di provvedimento, etc.)* Ergreifen *n;* *(di metodo)* Anwendung *f;* **patria di ~** Wahlheimat *f.*

adrenalina [adrena'li:na] *f* Adrenalin *n.*

Adriana [adri'a:na] *(nome proprio femminile)* Adriane.

Adriano [adri'a:no] *(nome proprio maschile)* Adrian.

adriano, -a [adri'a:no] *a* Hadrians-; **mole -a** Engelsburg *f.*

adriatico, -a [adri'a:tiko] ⟨-ci, -che⟩ **I.** *a* adriatisch, Adria-; **il Mare A~** das Adriatische Meer, die Adria; **II.** *m* Adria *f.*

aduggiare [adud'dʒa:re] ⟨aduggio, aduggi⟩ *poet* **I.** *tr* **1.** *(coprire d'ombra)* beschatten; **2.** *fig (inaridire)* unterdrücken, bedrängen; **II.** *rfl:* **-rsi** *poet* verdorren.

adulare [adu'la:re] *tr* schmeicheln (*qu* jdm). **adulatore, -trice** [...la'to:re] *m, f* Schmeichler(in) *m(f).* **adulatorio, -a** [...la'tɔ:ri̯o] ⟨-i, -ie⟩ *a* schmeichlerisch. **adulatrice** *f v.* **adulatore. adulazione** [...lat'tsi̯o:ne] *f* Schmeichelei *f.*

adulta *f v.* **adulto.**

adultera *f v.* **adultero.**

adulterare [adulte'ra:re] *tr* **1.** *(sofisticare)* verfälschen; *(vino)* panschen; **2.** *fig (corrompere)* verderben. **adulterazione** [...rat'tsi̯o:ne] *f* **1.** *(sofisticazione)* Verfälschung *f;* **2.** *(del vino)* Panschen *n.* **adulterino, -a** [...'ri:no] *a* **1.** *jur* unehelich; **2.** *obs (falso)* gefälscht.

adulterio [adul'tɛ:ri̯o] ⟨-i⟩ *m* Ehebruch *m.* **adultero, -a** [a'dultero] **I.** *a* ehebrecherisch; **II.** *m, f* Ehebrecher(in) *m(f).*

adulto, -a [a'dulto] **I.** *a* **1.** *(persona)* erwachsen; **2.** *(animale)* ausgewachsen; **3.** *fig (maturo)* ausgereift, reif; **II.** *m, f* Erwachsene(r) *mf.*

adunanza [adu'nantsa] *f* Versammlung *f.* **adunare** [...'na:re] **I.** *tr* versammeln, zusammenfassen; **II.** *rfl:* **-rsi** sich versammeln. **adunata**

[...ˈna:ta] *f* **1.** *mil* Appell *m;* **2.** *(persone riunite)* Versammlung *f,* Zusammenkunft *f.*
adunco, -a [aˈduŋko] ‹-chi, -che› *a* gekrümmt, krumm; *(naso)* Haken-.
adunghiare [aduŋˈgi̯a:re] ‹adunghio, adunghi› *tr* krallen, mit den Krallen packen.
adunque [aˈduŋku̯e] *con poet* also.
adusare [aduˈza:re] *tr poet* gewöhnen (*a* an).
adusto, -a [aˈdusto] *a poet* **1.** *(pianta)* ausgedorrt; **2.** *(persona)* mager, dürr; *(faccia)* hager.
aedo [aˈɛ:do] *m* **1.** *hist* Aöde *m;* **2.** *fig (poeta)* Dichter *m,* Sänger *m.*
aerare [aeˈra:re] *tr* lüften. **aerazione** [aeratˈtsi̯o:ne] *f* Lüftung *f.*
aere [ˈa:ere] *m poet* Luft *f.*
aereo [aˈɛ:reo] *m* **1.** *(aeroplano)* Flugzeug *n;* **2.** *(antenna)* Antenne *f.*
aereo, -a [aˈɛ:reo] *a* **1.** *(relativo all'aria)* Luft-; **2.** *fig (leggero)* luftig, duftig; **3.** *fig (discorso)* vage, leer; **linea -a** *aero* Luftverkehrslinie *f; (compagnia)* Fluggesellschaft *f; el, tel* Freiluftleitung *f;* **spazio ~** Luftraum *m.* **aeriforme** [aeriˈforme] *a* gasförmig.
aerobico [aeˈrɔ:biko] ‹-ci, -che› *a* Aerobic-; **ginnastica -a** Aerobic *n.*
aerobrigata [aerobriˈga:ta] *f* Luftbrigade *f.* **aerobus** [ˈa:erobus] ‹-› *m* Airbus *m.* **aerocentro** [aeroˈtʃɛntro] *m* Kleinflugbereich *m,* GAT *n.* **aerocisterna** [-tʃisˈtɛrna] *f* Tankflugzeug *n.* **aeroclub** [-ˈklub] *m* Flugverein *m.*
aerodinamica [-diˈna:mika] *f* Aerodynamik *f.* **aerodinamico, -a** [...ko] *a* aerodynamisch; *(carrozzeria)* stromlinienförmig; **linea -a** Stromlinienform *f;* **resistenza -a** Luftwiderstand *m.*
aerodromo [aeˈrɔ:dromo] *m* Flugplatz *m.* **aerofaro** [aeroˈfa:ro] *m* (Flughafen)befeuerung *f.* **aerofotografia** [-fotograˈfi:a] *f* Luftaufnahme *f.* **aerografo** [aeˈrɔ:grafo] *m* Spritzpistole *f.* **aerogramma** [aeroˈgramma] ‹-i› *m* Luftpostbrief *m.* **aerolinea** [-ˈli:nea] *f* Luftlinie *f.*
aerolito [aeˈrɔ:lito] *m* Meteorstein *m.*
aeromarittimo, -a [aeromaˈrittimo] *a* See- und Luft-. **aerometro** [aeˈrɔ:metro] *m* Aerometer *n.* **aeromobile** [aeroˈmɔ:bile] *m* Luftfahrzeug *n.* **aeromodello** [-moˈdɛllo] *m* Modellflugzeug *n.* **aeromoto** [-ˈmɔ:to] *m* Druckwelle *f,* Luftbeben *n.* **aeronautica** [-ˈna:utika] *f* Luftfahrt *f;* **~ civile** zivile Luftfahrt; **~ militare** Luftwaffe *f.* **aeronautico, -a** [...ko] *a* Luftfahrt-.
aeronave [-ˈna:ve] *f* Luftschiff *n.*
aeronavigazione [-navigatˈtsi̯o:ne] *f* Luftschiffahrt *f.*
aeroplano [-ˈpla:no] *m* Flugzeug *n;* **~ da caccia/ricognizione/turismo** Jagd-/ Aufklärungs-/ Charterflugzeug *n.* **aeroporto** [-ˈpɔrto] *m* Flughafen *m.* **aeropostale** [-posˈta:le] **I.** *a* Luftpost-; **II.** *m* Postflugzeug *n.* **aerorifornimento** [-riforniˈmento] *m* Versorgung *f* aus der Luft. **aerosilurante** [-siluˈrante] *m* Torpedoflugzeug *n.*
aerosol [-ˈsɔl] ‹-› *m* **1.** *(dispersione)* Aerosol *n;* **2.** *(contenitore)* Sprühdose *f.*
aerospaziale [-spatˈtsi̯ale] *a* Raumfahrt-.
aerostatica [-sˈta:tika] *f* Aerostatik *f.* **aerostatico, -a** [...ko] *a* aerostatisch; **pallone ~** Fessel-, Heißluftballon *m.* **aerostato** [aeˈrɔstato] *m* Heißluftballon *m; (fisso)* Fesselballon *m; (dirigibile)* Luftschiff *n.*
aerostazione [aerostatˈtsi̯o:ne] *f* Terminal *n o. m.*
aerostiere [aerosˈti̯ɛ:re] *m* Ballonfahrer *m.*
aerotassì, aero-taxi [-tasˈsi, -ˈtaksi] *m* Lufttaxi *n.* **aerotecnica** [-ˈtɛknika] *f* Luftfahrttechnik *f.* **aerotecnico, -a** [...ko] **I.** *a* luftfahrttechnisch; **II.** *m, f* Luftfahrttechniker(in) *m(f).*
aerotermo [-ˈtɛrmo] *m* Heißluftheizung *f.*
aerotrasporto [-trasˈpɔrto] *m* Lufttransport *m.* **aerovia** [-ˈvi:a] *f* Luftstraße *f.*
afa [ˈa:fa] *f* Schwüle *f.*
afasia [afaˈzi:a] ‹-ie› *f* Aphasie *f.*
affabile [afˈfa:bile] *a* liebenswürdig, freundlich. **affabilità** [affabiliˈta] ‹-› *f* Liebenswürdigkeit *f.*
affaccendamento [affattʃendaˈmento] *m* Geschäftigkeit *f.* **affaccendarsi** [...ˈdarsi] *rfl* sich *(dat)* zu schaffen machen (*intorno a* an), hantieren (*intorno a* mit, an). **affaccendato, -a** [...ˈda:to] *a* sehr beschäftigt; **essere in tutt'altre faccende ~** *scherz* andere Sorgen haben.
affacciare [affatˈtʃa:re] ‹affaccio, affacci› **I.** *tr* **1.** *(mostrare)* (in der Tür *o.* am Fenster) zeigen; **2.** *fig* vorbringen; *(dubbi)* aufwerfen; **II.** *rfl:* **-rsi** sich (in der Tür *o.* am Fenster) zeigen; **-rsi alla mente** durch den Kopf gehen, (auf)kommen.
affamare [affaˈma:re] *tr* hungern lassen, aushungern. **affamato, -a** [...ˈma:to] **I.** *a* **1.** *(chi ha fame)* hung-

rig, ausgehungert; **2.** *fig (avido)* gierig (*di* nach); **II.** *m, f* Hungernde(r) *mf.*

affannare [affan'na:re] **I.** *tr* **1.** *(dare affanno)* keuchen lassen, Atemnot bereiten (*qu* jdm); **2.** *fig* beunruhigen, ängstigen; **II.** *rfl:* **-rsi 1.** *(provare affanno)* keuchen; **2.** *fig* sich abmühen. **affannato, -a** [...'na:to] *a* atemlos. **affanno** [af'fanno] *m* **1.** *(difficoltà di respiro)* Atemnot *f,* Keuchen *n;* **2.** *fig (preoccupazione)* Sorge *f,* Angst *f.* **affannoso, -a** [...'no:so] *a* **1.** *(oppresso da affanno)* keuchend; **2.** *fig* mühselig.

affardellare [affardel'la:re] *tr* bündeln; *(zaino)* packen.

affare [af'fa:re] *m* **1.** *(faccenda)* Angelegenheit *f,* Sache *f;* **2.** *com* Geschäft *n;* **3.** *jur* Prozeß *m,* Sache *f;* **4.** *fam (cosa, utensile)* Ding *n,* Dings(da) *n fam;* **5.** ‹*pl*› Angelegenheiten *f pl;* **-i di stato** Staatsangelegenheiten *f pl;* ~ **giudiziario** Rechtsangelegenheit *f,* Rechtssache *f;* ~ **da nulla** Kleinigkeit *f;* **casa/donna di mal** ~ Freudenhaus *n*/-mädchen *n;* **uomo d'-i** Geschäftsmann *m;* **Ministero degli Affari esteri** (*ab* **Aff. Est.**) Auswärtiges Amt; **non è** ~ **tuo!** das geht dich nichts an!; **bell'**~ **hai combinato!** da hast du was Schönes angerichtet!; **fare un** ~ **d'oro** ein Bombengeschäft machen. **affarismo** [affa'rizmo] *m* Geschäftstüchtigkeit *f.* **affarista** [...'rista] ‹-i *m,* -e *f*› *mf pej* Geschäftemacher(in) *m(f).* **affaristico, -a** [...'ristiko] ‹-ci, -che› *a* Geschäfts-. **affarone** [...'ro:ne] *m fam* Bombengeschäft *n fam,* Bombensache *f fam.*

affascinante [affaʃʃi'nante] *a* faszinierend, bezaubernd.

affascinare[1] [affaʃʃi'na:re] *tr (attrarre, sedurre)* faszinieren, bezaubern.

affascinare[2] [affaʃʃi'na:re] *tr (raccogliere in fascine)* bündeln.

affascinatore, -trice [affaʃʃina'to:re] *m, f* Verführer(in) *m(f).*

affastellamento [affastella'mento] *m* **1.** *(raccolta in fastelli)* Bündelung *f;* **2.** *fig (ammasso confuso)* Anhäufung *f,* Haufen *m.* **affastellare** [...'la:re] *tr* **1.** *(raccogliere in fastelli)* bündeln; **2.** *fig (ammassare confusamente)* anhäufen.

affaticamento [affatika'mento] *m* Ermüdung *f.* **affaticare** [...'ka:re] **I.** *tr* anstrengen, ermüden; **II.** *rfl:* **-rsi** sich anstrengen, sich ab-, bemühen.

affatto [af'fatto] *adv* ganz und gar, gänzlich, durchaus; **niente** (*o.* **non**) ~ (ganz und) gar nicht, überhaupt nicht.

affatturare [affattu'ra:re] *tr* **1.** *(stregare)* verhexen; **2.** *(vino)* panschen; *(alimenti)* verfälschen.

affermare [affer'ma:re] **I.** *tr* **1.** *(dire di sì)* bejahen; **2.** *(confermare)* bestätigen; **3.** *(attestare)* bezeugen, bekräftigen; **4.** *(sostenere)* behaupten; **5.** *jur (innocenza)* beteuern; *(verità)* behaupten; **II.** *rfl:* **-rsi** sich behaupten, sich durchsetzen. **affermativo, -a** [...ma'ti:vo] *a* zustimmend, bejahend; *(risposta a.)* positiv. **affermazione** [...mat'tsi̯o:ne] *f* **1.** *(asserzione)* Bejahung *f;* *(confermazione)* Bestätigung *f;* **2.** *(successo)* Bestätigung *f,* Erfolg *m.*

afferrare [affer'ra:re] **I.** *tr* **1.** *(prendere)* (er)greifen, fassen; **2.** *fig (occasione)* ergreifen; *(senso, idea)* begreifen, erfassen; **II.** *rfl:* **-rsi** *(a. fig)* sich klammern (*a* an).

Aff. Est. *ab di* (**Ministero degli**) **Affari Esteri** ≃ AA (*ab di* Auswärtiges Amt).

affettare[1] [affet'ta:re] *tr (tagliare a fette)* in Scheiben schneiden.

affettare[2] [affet'ta:re] *tr* **1.** *(ostentare)* demonstrativ zeigen, zur Schau stellen; **2.** *(pretendere)* vorgeben.

affettato [affet'ta:to] *m* Aufschnitt *m.*

affettato, -a [affet'ta:to] *a* affektiert, gekünstelt.

affettatrice [affetta'tri:tʃe] *f* Wurstschneidemaschine *f.*

affettazione [affettat'tsi̯o:ne] *f* Affektiertheit *f.*

affettività [affettivi'ta] ‹-› *f* **1.** *(capacità affettiva)* Warmherzigkeit *f;* **2.** *psych* Emotionalität *f,* Affektivität *f.* **affettivo, -a** [...'ti:vo] *a* **1.** *(affettuoso)* warmherzig, gefühlsbetont; **2.** *psych* emotional, affektiv, Gefühls-.

affetto [af'fɛtto] *m* Zuneigung *f,* Liebe *f;* **avere** ~ **per qu** jdn gern haben; **ti saluto con** ~ ich grüße dich herzlich.

affetto, -a [af'fɛtto] *a* betroffen, befallen; *(da ipoteca)* belastet.

affettuosità [affettuosi'ta] ‹-› *f* Herzlichkeit *f.* **affettuoso, -a** [...u'o:so] *a* liebevoll; *(cordiale)* herzlich; *(tenero)* zärtlich.

affezionare [affettsi̯o'na:re] **I.** *tr* Interesse wecken bei (*a* für), Zuneigung (er)wecken bei (*a* für); **II.** *rfl:* **-rsi** Zuneigung fassen (*a* zu), liebgewinnen (*a qc/qu* etw./jdn). **affezionato, -a** [...'na:to] *a (fedele)* anhänglich; *(legato)* zugetan; *(appassionato)* ergeben. **affezione** [...'tsi̯o:ne] *f* **1.** *(sentimento)* Zuneigung *f,* Wohlwollen *n;*

2. *med* Leiden *n;* **prezzo d'~** Liebhaberpreis *m.*

affiancare [affiaŋ'ka:re] ⟨affianco, affianchi⟩ **I.** *tr* **1.** *(mettere a lato)* zur Seite stellen; **2.** *mil* flankieren; **3.** *fig (sostenere)* (unter)stützen; **~ qc a qc** etw. neben etw. stellen; **II.** *rfl:* **-rsi a qu** sich an jds Seite begeben.

affiatamento [affiata'mento] *m* Einvernehmen *n,* Übereinstimmung *f; mus, sport* Einklang *m,* Harmonie *f.* **affiatare** [...'ta:re] **I.** *tr (creare accordo)* vertraut machen; *sport* zu einem guten Zusammenspiel bringen; *mus* aufeinander einspielen lassen; **II.** *rfl:* **-rsi** sich vertraut machen; *mus, sport* sich aufeinander einspielen.

affibbiare [affib'bia:re] ⟨affibbio, affibbi⟩ *tr* **1.** *(cintura)* zuschnallen, schnüren; **2.** *fig* anhängen, andrehen *fam,* unterjubeln *fam; (colpa)* in die Schuhe schieben; *(multa, nomignolo)* geben, verpassen *fam; (colpo)* versetzen.

affidamento [affida'mento] *m* **1.** *(l'affidare)* Anvertrauen *n;* **2.** *(assicurazione)* Versicherung *f;* **3.** *(fiducia)* Vertrauen *n,* Zuversicht *f;* **4.** *(garanzia)* Gewähr *f,* Sicherheit *f;* **dare ~** Vertrauen erwecken; **fare ~ su qu** sich auf jdn verlassen. **affidare** [...'da:re] **I.** *tr* anvertrauen (*qc a qu* jdm etw.); *(incarico)* betrauen (*qc a qu* jdn mit etw.); **II.** *rfl:* **-rsi** sich anvertrauen; *(fidarsi)* sich verlassen (*a* auf); *(abbandonarsi)* sich überlassen.

affievolimento [affievoli'mento] *m* (Ab)schwächung *f.* **affievolire** [...'li:re] ⟨affievolisco⟩ **I.** *tr* (ab)schwächen; **II.** *rfl:* **-rsi** schwächer werden.

affiggere [af'fiddʒere] ⟨affiggo, affiggi, affissi, affisso⟩ *tr* **1.** *(attaccare)* anschlagen, anheften; **2.** *fig (sguardo)* heften (*su* auf).

affilamento [affila'mento] *m* Schärfung *f.* **affilare** [...'la:re] **I.** *tr* **1.** *(coltello)* schleifen, schärfen, wetzen; **2.** *(matita)* (an)spitzen; **3.** *fig (malattia)* auszehren, schmal (*o.* dünn) werden lassen; **~ le armi** rüsten; **II.** *rfl:* **-rsi** *(dimagrire)* schmal werden. **affilato, -a** [...'la:to] *a* **1.** *(lama)* geschärft; **2.** *(matita)* gespitzt; **3.** *fig (lingua)* spitz; *(naso)* fein, dünn; *(volto)* schmal. **affilatrice** [...la'tri:tʃe] *f* Schleifmaschine *f.* **affilatura** [...latu:ra] *f* Schliff *m.*

affiliare [affi'lia:re] ⟨affilio, affili⟩ **I.** *tr* **1.** *jur* (an Kindes Statt) annehmen; **2.** *(iscrivere, associare)* aufnehmen (*a* in); **II.** *rfl:* **-rsi** beitreten. **affiliazione** [...iat'tsio:ne] *f* **1.** *(a una società, etc.)* Aufnahme *f;* **2.** *jur* Annahme *f* an Kindes Statt.

affinaggio [affi'naddʒo] ⟨-ggi⟩ *m* Raffination *f.* **affinamento** [...a'mento] *m* Verfeinerung *f.* **affinare** [...'na:re] **I.** *tr* **1.** *(render sottile)* dünn machen, verdünnen; *(aguzzare)* (an)spitzen; **2.** *(metalli)* affinieren; **3.** *fig* verfeinern; *(vista, etc.)* schärfen; **II.** *rfl:* **-rsi** **1.** *(assottigliarsi)* dünn(er) werden, sich verdünnen; **2.** *fig (perfezionarsi)* sich verbessern, sich verfeinern. **affinazione** [...nat'tsio:ne] *f* Affination *f.*

affinché [affiŋ'ke] *con conj* damit.

affine [af'fi:ne] **I.** *a* ähnlich, verwandt; **II.** *mf* angeheiratete(r) Verwandte(r) *mf;* **III.** *m pl* ähnliche Produkte *n pl;* **vendita di corde e -i** Verkauf *m* von Seilen und Seilwaren. **affinità** [affini'ta] ⟨-⟩ *f* **1.** *(parentela)* Verschwägerung *f,* Verwandtschaft *f;* **2.** *(somiglianza)* Ähnlichkeit *f,* (Wesens)verwandtschaft *f,* Affinität *f geh;* **3.** *chem* Affinität *f;* **~ elettiva** Wahlverwandtschaft *f.*

affiochimento [affioki'mento] *m* Dämpfung *f,* Abschwächung *f.* **affiochire** [...'ki:re] ⟨affiochisco⟩ **I.** *tr* dämpfen, abschwächen; **II.** *rfl:* **-rsi** schwächer werden.

affioramento [affiora'mento] *m* Auftauchen *n; geol* Zutagekommen *n.* **affiorare** [...'ra:re] *itr* ⟨*essere*⟩ **1.** *(spuntare, emergere)* auftauchen, an die Oberfläche kommen; **2.** *geol* zutage treten (*o.* kommen); **3.** *fig* sich zeigen, auftauchen.

affissi [af'fissi] *1. pers sing del passato remoto di* **affiggere.**

affissione [affis'sio:ne] *f* Anschlag *m;* **divieto d'~** Plakatankleben verboten. **affisso, -a** [af'fisso] **I.** *pp di* **affiggere;** **II.** *m* **1.** *(manifesto)* Aushang *m,* Anschlag *m,* Plakat *n;* **2.** *arch* Trennwand *f;* **3.** *ling* Affix *n.*

affittabile [affit'ta:bile] *a* mietbar, zu vermieten(d).

affittacamere [affitta'ka:mere] ⟨-⟩ *mf* Zimmervermieter(in) *m(f).*

affittare [affit'ta:re] *tr* **1.** *(dare in affitto)* vermieten; *(terreno)* verpachten; **2.** *(prendere in affitto)* mieten; *(terreno)* pachten; **affittasi alloggio ammobiliato** möblierte Wohnung zu vermieten. **affitto** [af'fitto] *m (di immobile)* Miete *f; (di terreno)* Pacht *f;* **dare/prendere in ~** vermieten/mieten; *(terreno)* verpachten/pachten. **affittuario, -a** [...tu'a:rio] ⟨-i, -ie⟩ *m, f (di immobile)* Mieter(in) *m(f); (di terreno)* Pächter(in) *m(f).*

afflato [afˈfla:to] *m poet* Odem *m poet.*

affliggere [afˈfliddʒere] ⟨affliggo, affliggi, afflissi, afflitto⟩ **I.** *tr* quälen, belasten; **II.** *rfl:* **-rsi** sich quälen, betrübt sein. **afflizione** [...itˈtsi̯o:ne] *f* **1.** *(abbattimento, tristezza)* Betrübnis *f,* Kummer *m,* Kümmernis *f geh;* **2.** *(causa del tormento)* Plage *f,* Kreuz *n.*

afflosciare [afflo∫ˈ∫a:re] ⟨affloscio, afflosci⟩ **I.** *tr* **1.** *(render floscio)* erschlaffen lassen; **2.** *fig (togliere vigore)* entkräften, ermatten; **II.** *rfl:* **-rsi** **1.** *(sgonfiarsi)* erschlaffen, zusammensinken; **2.** *fig (svenire)* zusammensinken.

affluente [affluˈɛnte] *m* Nebenfluß *m.* **affluenza** [...ˈɛntsa] *f* **1.** *(di liquidi)* Zufluß *m,* Zustrom *m; (a. di sangue, etc.)* Andrang *m;* **2.** *(di merci)* Schwemme *f;* **3.** *(di persone)* Andrang *m,* Zulauf *m;* ~ **alle urne** Wahlbeteiligung *f.*

affluire [affluˈi:re] *itr ⟨essere⟩* **1.** *(liquidi)* zufließen, zuströmen; **2.** *com (merci)* den Markt überschwemmen; **3.** *(persone)* zuströmen (*a* auf), zusammenströmen. **afflusso** [afˈflusso] *m* **1.** *(di liquidi)* Zufluß *m,* Zustrom *m; med (di sangue, etc.)* Andrang *m;* **2.** *(di persone)* Zustrom *m;* **l'~ di capitali all'estero** Devisenabfluß *m.*

affocare [affoˈka:re] ⟨affoco, affochi⟩ **I.** *tr poet* **1.** *(incendiare)* entzünden, entfachen; **2.** *fig (arroventare)* versengen; **II.** *rfl:* **-rsi** **1.** *(infiammarsi)* entflammen; **2.** *fig (avvampare)* erglühen.

affogamento [affogaˈmento] *m* **1.** *(l'affogare)* Ertränken *n;* **2.** *(l'affogarsi)* Ertrinken *n.* **affogare** [...ˈga:re] ⟨affogo, affoghi⟩ **I.** *tr ⟨avere⟩* ertränken; ~ **le uova** verlorene Eier zubereiten; **II.** *itr ⟨essere⟩* ertrinken; **bere o ~** Vogel, friß oder stirb!; **~ in un bicchier d'acqua** über einen Strohhalm stolpern; **~ nei debiti** bis zum Hals in Schulden stecken; ~ **nell'oro** im Geld schwimmen; **III.** *rfl:* **-rsi** ertrinken; *(deliberatamente)* sich ertränken. **affogato, -a** [...ˈga:to] **I.** *a* ertrunken; **morire ~** ertrinken; **gelato ~** *Eisbecher mit Likör;* **uova -e** verlorene Eier *n pl;* **II.** *m, f* Ertrunkene(r) *mf.*

affollamento [affollaˈmento] *m* Gedränge *n,* Andrang *m.* **affollare** [...ˈla:re] **I.** *tr* **1.** *(gremire)* (mit Menschen) füllen, bevölkern; **2.** *fig (opprimere)* bedrängen; **II.** *rfl:* **-rsi** **1.** *(accalcarsi)* zusammenströmen; **2.** *fig* einstürzen (*in* auf), einstürmen (*in* auf).

affondamento [affondaˈmento] *m* Versenken *n.* **affondare** [...ˈda:re] **I.** *tr* ver-, einsenken; *(nella terra a.)* ver-, eingraben; *(nave)* versenken; **II.** *itr* ver-, einsinken; *(nave)* untergehen.

affondo [afˈfondo] **I.** *adv* gründlich; **II.** *m* Ausfall *m.*

affossamento [affossaˈmento] *m* **1.** *(di fosse)* Ausheben *n;* **2.** *(avvallamento)* Vertiefung *f;* **3.** *fig (accantonamento)* Begraben *n.* **affossare** [...ˈsa:re] **I.** *tr* **1.** *(scavare con fosse)* mit Gräben umgeben (*o.* durchziehen); **2.** *(incavare, avvallare)* vertiefen, aushöhlen; **3.** *fig (accantonare)* begraben; **II.** *rfl:* **-rsi** hohl (*o.* ausgehöhlt) sein. **affossato, -a** [...ˈsa:to] *a* ausgehöhlt; *(guance)* eingefallen; *(occhi)* tiefliegend. **affossatura** [...saˈtu:ra] *f* **1.** *(di fossa)* Aushebung *f;* **2.** *fig (incavatura)* Aushöhlung *f; (del volto)* Eingefallensein *n.*

affrancamento [affraŋkaˈmento] *m* Befreiung *f; (della lettera)* Frankierung *f.* **affrancare** [...ˈka:re] ⟨affranco, affranchi⟩ **I.** *tr* **1.** *(liberare)* befreien; **2.** *(posta)* frankieren, freimachen; **II.** *rfl:* **-rsi** sich freimachen, sich befreien; *(fig a.)* sich lösen. **affrancatrice** [...kaˈtri:t∫e] *f* Frankiermaschine *f.* **affrancatura** [...kaˈtu:ra] *f* Frankierung *f; (tassa a.)* Porto *n.*

affranto, -a [afˈfranto] *a* **1.** *(spossato, logorato)* abgekämpft, erschöpft; **2.** *(prostrato dal dolore)* gebrochen.

affratellamento [affratellaˈmento] *m* Verbrüderung *f.* **affratellare** [...ˈla:re] **I.** *tr* verbrüdern; **II.** *rfl:* **-rsi** sich verbrüdern.

affrescare [affresˈka:re] ⟨affresco, affreschi⟩ *tr* mit Fresken bemalen. **affreschista** [...ˈkista] ⟨-i *m,* -e *f*⟩ *mf* Freskenmaler(in) *m(f).* **affresco** [afˈfresko] ⟨-schi⟩ *m* Fresko *n.*

affrettare [affretˈta:re] **I.** *tr* beschleunigen; **II.** *rfl:* **-rsi** sich beeilen. **affrettato, -a** [...ˈta:to] *a* hastig, eilig; *pej* flüchtig; *(decisione)* voreilig.

affricata [affriˈka:ta] *f* Affrikata *f.*

affrontare [affronˈta:re] **I.** *tr* entgegentreten (*qu/qc* jdm/einer S.), gegenübertreten (*qu/qc* jdm/einer S.); ~ **un pericolo** der Gefahr ins Auge blicken; **~ un problema** ein Problem in Angriff nehmen; **~ il pubblico** sich der Öffentlichkeit stellen; **~ le spese** die Kosten auf sich nehmen; **II.** *rfl:*

-rsi aneinandergeraten, zusammenstoßen.

affronto [af'fronto] *m* Beleidigung *f*, Affront *m geh.*

affumicare [affumi'ka:re] ⟨affumico, affumichi⟩ *tr* **1.** *(riempire, annerire di fumo)* verräuchern; **2.** *(alimenti)* räuchern. **affumicato, -a** [...'ka:to] *a* **1.** *(pieno, annerito di fumo)* verräuchert; **2.** *(alimenti)* geräuchert; **3.** *(colorato di bruno)* nachgedunkelt; *(occhiali)* getönt. **affumicatura** [...ka'tu:ra] *f* Räucherung *f*, Räuchern *n*.

affusolato, -a [affuso'la:to *o.* affuzo...] *a* schmal, schlank; *(a forma di fuso)* spindelförmig.

affusto [af'fusto] *m* Lafette *f*.

Afganistan [afganis'tan] *m*: **l'~** Afghanistan *n*. **afgano, -a** [af'ga:no] **I.** *a* afghanisch; **II.** *m, f* Afghane *m*, Afghanin *f*.

afide ['a:fide] *m* Blattlaus *f*.

a.f.m. *ab di* **a fine mese** ult. (*ab di* ultimo, am Ende des Monats).

afonia [afo'ni:a] ⟨-ie⟩ *f* Stimmlosigkeit *f*, Aphonie *f scient.* **afono, -a** ['a:fono] *a* stimmlos.

aforisma [afo'rizma] ⟨-i⟩ *m* Aphorismus *m*.

afosità [afosi'ta] ⟨-⟩ *f* Schwüle *f*. **afoso, -a** [a'fo:so] *a* schwül, drückend.

Africa ['a:frika] *f* Afrika *n*. **africano, -a** [afri'ka:no] **I.** *a* afrikanisch; **II.** *m, f* Afrikaner(in) *m(f)*.

afrodisiaco, -a [afrodi'zi:ako] ⟨-ci, -che⟩ **I.** *a* aphrodisisch; **II.** *m* Aphrodisiakum *n*.

afta ['afta] *f* Aphthe *f*; **~ epizootica** Maul- und Klauenseuche *f*.

agape ['a:gape] *f rel* Agape *f*.

agata ['a:gata] *f* Achat *m*.

agave ['a:gave] *f* Agave *f*.

agenda [a'dʒɛnda] *f* **1.** *(libretto)* Notizbuch *n*; **2.** *(elenco di argomenti)* Agenda *f*.

agente [a'dʒɛnte] **I.** *a* wirkend, wirksam; **II.** *mf* **1.** *gener.* Agent(in) *m(f)*; **2.** *(guardia)* Polizist(in) *m(f)*, Polizeibeamte(r) *m*, -beamtin *f*; **3.** *com* Agent(in) *m(f)*, Vertreter(in) *m(f)*, Makler(in) *m(f)*; **~ di pubblica sicurezza** Polizeibeamte(r) *m*, -beamtin *f*; **~ di assicurazione** Versicherungsagent(in) *m(f)*; **~ di cambio** Börsenmakler(in) *m(f)*; **~ di commercio** Handelsvertreter(in) *m(f)*; **~ immobiliare** Immobilienmakler(in) *m(f)*; **~ investigativo** Detektiv *m*, Geheimpolizist *m*; **~ provocatore** Agent provocateur *m*, Lockspitzel *m*; **~ segreto** Geheimagent *m*; **III.** *m* **1.** *med, gram, chem* Agens *n*; **2.** ⟨*pl*⟩ *meteo* Einflüsse *m pl*; *chem* Wirkstoffe *m pl*; **-i chimici** Chemikalien *f pl*; **-i fisici** Naturkräfte *f pl.*

agenzia [adʒen'tsi:a] ⟨-ie⟩ *f* Agentur *f*; *(filiale)* Vertretung *f*, Filiale *f*; **~ di cambio** Wechselstube *f*; **~ teatrale** Theateragentur *f*; **~ d'investigazione** Detektei *f*, Detektivbüro *n*; **~ stampa/viaggi** Presseagentur *f*/Reisebüro *n*.

agevolare [adʒevo'la:re] *tr* **1.** *(render facile)* erleichtern; **2.** *(aiutare, favorire)* unterstützen. **agevolazione** [...lat'tsi̯o:ne] *f* Erleichterung *f*.

agevole [a'dʒe:vole] *a* **1.** *(comodo)* angenehm; **2.** *(facile)* leicht; **3.** *(docile)* umgänglich. **agevolezza** [adʒevo'lettsa] *f* Annehmlichkeit *f*, Bequemlichkeit *f*.

agganciamento [aggantʃa'mento] *m* Kopp(e)lung *f*, Anschluß *m*. **agganciare** [...'tʃa:re] ⟨aggancio, agganci⟩ *tr* **1.** *(vagoni)* anhängen, ankuppeln; **2.** *(vestiti)* zuhaken; *(cintura)* zuschnallen; *(appendere)* aufhängen; **3.** *fig (per parlare)* abfangen. **aggancio** [ag'gantʃo] ⟨-ci⟩ *m* **1.** *(collegamento)* Kopp(e)lung *f*; **2.** *fig (appiglio)* Ansatzpunkt *m*.

aggeggio [ad'dʒeddʒo] ⟨-ggi⟩ *m* Ding *n*, Gerät *n*.

aggettivo [addʒet'ti:vo] *m* Adjektiv *n*, Eigenschaftswort *n*.

aggetto [ad'dʒɛtto] *m* Vorbau *m*, Vorsprung *m*; **fare ~** (her)vorragen, -springen.

agghiacciare [aggi̯at'tʃa:re] **I.** *tr* ⟨*avere*⟩ **1.** *(far diventare ghiacciato)* gefrieren (lassen); **2.** *fig* erstarren lassen; **II.** *itr* ⟨*essere*⟩, *rfl*: **-rsi 1.** vereisen; *(divenir ghiaccio)* gefrieren; **2.** *fig (inorridire)* erstarren.

agghindare [aggin'da:re] **I.** *tr* herausputzen, zurechtmachen; **II.** *rfl*: **-rsi** sich herausputzen, sich zurechtmachen.

aggio ['addʒo] ⟨-ggi⟩ *m* **1.** *com, fin* Agio *n*, Aufgeld *n*; **2.** *(di esattori)* Provision *f*.

aggiogare [addʒo'ga:re] ⟨aggiogo, aggioghi⟩ *tr* **1.** *(tori)* ins Joch spannen; **2.** *fig* einspannen; *(soggiogare)* unterjochen.

aggiornamento [addʒorna'mento] *m* **1.** *(perfezionamento)* Fortbildung *f*; **2.** *(rinvio)* Vertagung *f*, Aufschub *m*. **aggiornare** [...'na:re] **I.** *tr* ⟨*avere*⟩ **1.** *(mettere a giorno)* auf den neuesten Stand bringen, (neu) bearbeiten; **2.** *(rinviare)* vertagen; **II.** *itr (impersonale)* ⟨*essere*⟩ tagen, Tag wer-

den, dämmern; **III.** *rfl:* **-rsi** auf dem laufenden bleiben, sich fortbilden.
aggiramento [addʒira'mento] *m* **1.** *(accerchiamento)* Einkreisen *n; mil* Umzingelung *f;* **2.** *fig (raggiro)* Betrug *m,* Hinterlist *f.* **aggirare** [...'ra:re] **I.** *tr* **1.** *(circondare)* einkreisen; *mil* umzingeln; **2.** *fig (evitare)* umgehen; **3.** *fig (ingannare)* betrügen, hintergehen; **II.** *rfl:* **-rsi 1.** *(andare attorno)* sich herumtreiben; *fig* kreisen (*intorno a* um); **2.** *(approssimarsi)* in etwa betragen (*su qc* etw.), sich bewegen (*su* um).
aggiudicare [addʒudi'ka:re] **I.** *tr* vergeben (*a* an); *jur* zuerkennen (*a qu* jdm); **II.** *rfl:* **-rsi** erlangen. **aggiudicazione** [...kat'tsi̯o:ne] *f* Zuschlag *m.*
aggiungere [ad'dʒundʒere] ⟨*irr*⟩ **I.** *tr* hinzufügen, beifügen; **II.** *rfl:* **-rsi** hinzukommen. **aggiunta** [ad'dʒunta] **I.** *f* Zusatz *m,* Zugabe *f; (in libri)* Ergänzung *f;* **II.** *f v.* **aggiunto.**
aggiuntare [addʒun'ta:re] *tr* zusammenfügen, zusammenpassen. **aggiuntatura** [...ta'tu:ra] *f* Nahtstelle *f.*
aggiuntivo, -a [addʒun'ti:vo] *a* Zusatz-, Ergänzungs-, zusätzlich.
aggiunto, -a [ad'dʒunto] **I.** *a* Hilfs-, beigeordnet; *(medico)* Assistenz-; **II.** *m, f* Assistent(in) *m(f),* Stellvertreter(in) *m(f);* ~ **giudiziario** Gerichtsassessor *m.*
aggiustamento [addʒusta'mento] *m* **1.** *mil* Zielen *n,* Richten *n;* **2.** *fig (accomodamento)* Beilegung *f,* Vergleich *m;* **3.** *fig (pareggio)* Begleichen *n,* Ausgleich *m;* ~ **di conti** Abrechnung *f.* **aggiustare** [...'ta:re] **I.** *tr* **1.** *(riparare)* reparieren; *(vestito, etc.)* ausbessern; *(mettere in ordine)* in Ordnung bringen; **2.** *mil (regolare bene)* richten; **3.** *(diverbio, etc.)* beilegen; **4.** *fin* be-, ausgleichen; ~ **qu per le feste** *fig* jdn böse zurichten; **II.** *rfl:* **-rsi 1.** *(venire ad un accomodamento)* sich einigen; **2.** *fam (adattarsi)* sich einrichten, sich behelfen. **aggiustatore, -trice** [...ta'to:re] *m, f* Reparateur(in) *m(f).* **aggiustatura** [...ta'tu:ra] *f* Reparatur *f.*
agglomeramento [agglomera'mento] *m* Zusammenballung *f.*
agglomerante [agglome'rante] *m* Bindemittel *n.*
agglomerare [agglome'ra:re] **I.** *tr* zusammenballen, häufen; **II.** *rfl:* **-rsi** sich zusammenballen, sich (an)sammeln. **agglomerato** [...'ra:to] *m* **1.** *(centro abitato)* Siedlung *f;* **2.** *geol* Agglomerat *n;* **-i di carbone/legno** Preßkohle *f*/-holz *n.*
agglutinazione [agglutinat'tsi̯o:ne] *f* Agglutination *f.*
aggomitolare [aggomito'la:re] **I.** *tr* aufwickeln; **II.** *rfl:* **-rsi** sich zusammenrollen.
aggradare [aggra'da:re] *itr* belieben, gefallen; **questo vino non mi aggrada** dieser Wein ist nicht nach meinem Geschmack.
aggrappare [aggrap'pa:re] **I.** *tr* anklammern; **II.** *rfl:* **-rsi** *(a. fig)* sich klammern (*a* an).
aggravamento [aggrava'mento] *m* Verschärfung *f,* Verschlimmerung *f.* **aggravante** [...'vante] **I.** *a* erschwerend; **II.** *f* erschwerender Umstand. **aggravare** [...'va:re] **I.** *tr* verschärfen, verschlimmern; **II.** *rfl:* **-rsi** sich verschlimmern.
aggravio [ag'gra:vi̯o] ⟨-i⟩ *m* Belastung *f;* **essere d'~ a qu** jdm zur Last fallen; ~ **fiscale** Steuerlast *f.*
aggraziare [aggrat'tsi̯a:re] **I.** *tr* verfeinern; **II.** *rfl:* **-rsi qu** jds Gunst erlangen. **aggraziato, -a** [...'tsi̯a:to] *a* graziös, anmutig.
aggredire [aggre'di:re] ⟨aggredisco⟩ *tr* **1.** *(assalire)* angreifen; überfallen; **2.** *fig (problema)* angehen, in Angriff nehmen; *(persona)* anherrschen, anfahren.
aggreditrice *f v.* **aggressore.**
aggregare [aggre'ga:re] ⟨aggrego, aggreghi⟩ **I.** *tr* angliedern; **II.** *rfl:* **-rsi** sich angliedern, sich anschließen. **aggregato, -a** [...'ga:to] **I.** *a* **1.** *(aggiunto)* zusätzlich; **2.** *(distaccato provvisoriamente)* abgestellt, abgeordnet; **II.** *m* **1.** *(complesso di persone)* Ansammlung *f; (di cose)* Komplex *m;* **2.** *mat, el, chem, geol, biol* Aggregat *n.* **aggregazione** [...gat'tsi̯o:ne] *f* Aggregation *f;* **stato di** ~ Aggregatzustand *m.*
aggressione [aggres'si̯o:ne] *f* Überfall *m;* **patto di non** ~ Nichtangriffspakt *m.*
aggressività [aggressivi'ta] ⟨-⟩ *f* Aggressivität *f.* **aggressivo, -a** [...'si:vo] **I.** *a* aggressiv; **II.** *m:* ~ **chimico** chemischer Kampfstoff.
aggressore, aggreditrice [aggres'so:re, ...edi'tri:tʃe] **I.** *a* angreifend; **stato** ~ Aggressor *m;* **II.** *m, f* Angreifer(in) *m(f).*
aggrinzire [aggrin'tsi:re] ⟨aggrinzisco⟩ **I.** *tr* runzeln, in Falten ziehen; **II.** *rfl:* **-rsi** sich runzeln.
aggrottare [aggrot'ta:re] *tr* runzeln.
aggrovigliamento [aggroviʎʎa'mento] *m* Verwicklung *f.* **aggrovigliare** [...'ʎa:re] ⟨aggroviglio, aggrovigli⟩

I. *tr* verwickeln, verwirren; **II.** *rfl:* **-rsi** sich verwickeln, sich verwirren; **la situazione si è aggrovigliata** die Situation ist verworren.

aggrumarsi [aggru'marsi] *rfl* gerinnen.

agguantare [agguan'ta:re] **I.** *tr* fassen, festhalten, ergreifen; **II.** *rfl:* **-rsi** sich festhalten.

agguato [ag'gua:to] *m* Hinterhalt *m,* Falle *f;* **tendere un ~ a qu** jdm eine Falle stellen.

agguerrire [agguer'ri:re] ‹agguerrisco› **I.** *tr* **1.** *mil* drillen; **2.** *fig (temprare)* abhärten (*a* gegen); **II.** *rfl:* **-rsi** sich stählen, sich abhärten (*a* gegen).

aghifoglia [agi'fɔʎʎa] *f* Nadelbaum *m.*

aghiforme [agi'forme] *a* nadelförmig.

agiatezza [adʒa'tettsa] *f* Wohlstand *m.* **agiato, -a** [a'dʒa:to] *a* **1.** *(benestante)* wohlhabend; **2.** *(comodo)* bequem.

agibile [a'dʒi:bile] *a* benutzbar. **agibilità** [adʒibili'ta] ‹-› *f* Benutzbarkeit *f.*

agile ['a:dʒile] *a* **1.** *(di movimento)* gewandt, behende, flink; **2.** *fig* wendig; *(ingegno a.)* wach; *(libro, etc.)* handlich. **agilità** [adʒili'ta] ‹-› *f* **1.** *(facilità di movimento)* Gelenkigkeit *f,* Gewandtheit *f,* Flinkheit *f;* **2.** *fig* Wendigkeit *f; (di ingegno a.)* Wachheit *f.*

agio ['a:dʒo] ‹-gi› *m* **1.** *(comodo)* Behaglichkeit *f,* Bequemlichkeit *f;* **2.** *(opportunità)* Möglichkeit *f,* Spielraum *m;* **3.** ‹*pl*› *(comodità del vivere)* Annehmlichkeiten *f pl;* **trovarsi a proprio ~** sich wohl fühlen; **mettiti a tuo ~!** mach es dir bequem!

agiografia [adʒogra'fi:a] *f* Hagiographie *f.*

A.G.I.P. ['a:dʒip] *f ab di* **Azienda Generale Italiana Petroli** *italienische Mineralölverwaltung.*

agire [a'dʒi:re] ‹agisco› *itr* **1.** *(operare)* handeln, tun; **2.** *(veleno)* wirken; *tec* funktionieren; **3.** *(di comportamento)* sich verhalten; **4.** *jur* gerichtlich vorgehen (*contro* gegen).

agitabile [adʒi'ta:bile] *a fig* erregbar.

agitare [adʒi'ta:re] **I.** *tr* **1.** *(scuotere)* schütteln; *(fazzoletto)* schwenken; **2.** *fig* erregen, in Aufruhr versetzen; **~ prima dell'uso** vor Gebrauch schütteln; **II.** *rfl:* **-rsi 1.** *(rigirarsi)* sich hin- und herwerfen, sich wälzen; **2.** *fig* unruhig werden; *(mare)* aufgewühlt sein; *pol* sich erheben. **agitato, -a** [...'ta:to] **I.** *a* **1.** *(mosso)* unruhig; *(a. mare, discussione)* bewegt; **2.** *fig (eccitato, turbato)* aufgeregt; **II.** *m mus* Agitato *n;* **III.** *m, f* Tobsüchtige(r) *mf.* **agitatore, -trice** [...ta'to:re] *m, f* Agitator(in) *m(f).* **agitazione** [...tat'tsio:ne] *f* **1.** *(turbamento)* Unruhe *f,* Aufregung *f;* **2.** *(disturbo)* Reizung *f; (di stomaco)* Verstimmung *f;* **3.** *pol* Unruhe *f,* Aufruhr *m.*

agit-prop ['a:dʒit 'prɔp] ‹-› *m* Agitprop *f.*

agli ['aʎʎi] *prp* **a** *con articolo gli.*

aglio ['aʎʎo] ‹-› *m* Knoblauch *m.*

agnello [aɲ'ɲɛllo] *m* Lamm *n;* **~ arrosto** Lammbraten *m.*

Agnese [aɲ'ɲɛ:ze] *(nome proprio femminile)* Agnes.

agnolotti [aɲɲo'lɔtti] *m pl mit Fleisch gefüllte Nudeltaschen.*

agnostico, -a [aɲ'ɲɔstiko] ‹-ci, -che› **I.** *a* agnostizistisch; **II.** *m, f* Agnostiker(in) *m(f).*

ago ['a:go] ‹-ghi› *m* Nadel *f; (di bilancia, etc.)* Zeiger *m;* **~ torto** Häkelnadel *f.*

agognare [agoɲ'ɲa:re] *tr* schmachten nach.

agonia [ago'ni:a] ‹-ie› *f* **1.** *med* Todeskampf *m,* Agonie *f;* **2.** *fig (angoscia)* Todesängste *f pl.*

agonismo [ago'nizmo] *m* Wetteifer *m.* **agonistico, -a** [...'nistiko] ‹-ci, -che› *a* kämpferisch; **spirito ~** Kampfgeist *m.*

agonizzare [agonid'dza:re] *itr* **1.** *(essere in agonia)* im Sterben liegen; **2.** *fig (languire)* dahinsiechen; *(commerci)* sich schleppen.

agopuntura [agopun'tu:ra] *f* Akupunktur *f.*

agorafobia [agorafo'bi:a] *f* Platzangst *f,* Agoraphobie *f.*

agoraio [ago'ra:io] ‹-ai› *m* Nadelbüchse *f.*

agostiniano, -a [agosti'nia:no] **I.** *a* Augustiner-; **II.** *m, f* Augustiner(in) *m(f).* **Agostino** [agos'ti:no] *v.* **Augusto.**

agosto [a'gosto] *m* August *m; v. a. settembre.*

agraria [a'gra:ria] ‹-ie› *f* Agrarwissenschaft *f.* **agrario, -a** [...io] ‹-i, -ie› **I.** *a* landwirtschaftlich, Agrar-; **II.** *m* Gutsbesitzer *m.*

agretto, -a [a'gretto] **I.** *a* säuerlich, herb; **II.** *m* **1.** *(sapore)* Säuerlichkeit *f,* Herbheit *f;* **2.** *bot* Gartenkresse *f.*

agricolo, -a [a'gri:kolo] *a* landwirtschaftlich, Land-.

agricoltore [agrikol'to:re] *m* **1.** *(coltivatore)* Bauer *m;* **2.** *(imprenditore)* Landwirt *m.* **agricoltura** [...'tu:ra] *f* Landwirtschaft *f.*

agrifoglio [agri'fɔʎʎo] *m* Stechpalme *f.*
agrimensore [agrimen'so:re] *m* Vermessungsingenieur *m*, Landvermesser *m.* **agrimensura** [...'su:ra] *f* Vermessung *f.*
agriturismo [agritu'rizmo] *m* Ferien *pl* auf dem Bauernhof.
agro ['a:gro] *m* ländliche Umgebung.
agro, -a ['a:gro] **I.** *a* **1.** *(sapore)* sauer; **2.** *fig (pungente)* herb; **II.** *m* **1.** *(agrezza):* **all'~** sauer eingelegt; **2.** *fig (acrimonia)* Verbitterung *f;* **avere dell'~ con qu** über jdn verbittert sein. **agrodolce** [agro'doltʃe] *a* süß-sauer.
agronoma *f v.* **agronomo.**
agronomia [agrono'mi:a] ⟨-ie⟩ *f* Agronomie *f.* **agronomo, -a** [a'grɔ:nomo] *m, f* Agronom(in) *m(f),* Diplomlandwirt(in) *m(f).*
agrume [a'gru:me] *m* **1.** *(frutto)* Zitrusfrucht *f;* **2.** *(pianta)* Zitruspflanze *f.*
agucchiare [aguk'ki̯a:re] ⟨agucchio, agucchi⟩ *itr* sticheln.
aguzzare [agut'tsa:re] *tr* **1.** *(rendere appuntito)* (zu)spitzen; **2.** *fig (appetito)* wecken, anregen; *(ingegno, vista, etc.)* schärfen; *(orecchie)* spitzen.
aguzzino [agud'dzi:no] *m* **1.** *(sulle galere)* Galeerenaufseher *m;* **2.** *(carceriere)* Kerkermeister *m;* **3.** *fig (tormentatore)* Folterknecht *m.*
aguzzo, -a [a'guttso] *a* **1.** *(acuminato)* spitz; **2.** *fig (intenso, penetrante)* scharf, stechend.
ah [a] *interj* ah, ach.
ahi ['a:i] *interj* au(a).
ahimè [ai'mɛ] *interj* oje, ojemine.
ai[1] ['a:i] *prp* **a** *con articolo i.*
ai[2] *pl di* **aio.**
aia ['a:i̯a] ⟨aie⟩ *f* Tenne *f;* **menare il can per l'~** etw. auf die lange Bank schieben.
Aidelberga [aidel'bɛrga] *f* Heidelberg *n.*
aie *pl di* **aia.**
A.I.G. ['a:ig] *f ab di* **Associazione Italiana Alberghi per la Gioventù** ≃ DJH *n* (*ab di* Deutsches Jugendherbergswerk).
aio, -a ['a:i̯o] ⟨ai, aie⟩ *m, f* Erzieher(in) *m(f).*
aiola [a'i̯ɔ:la] *f* Beet *n.*
aire [a'i:re] *m* Anstoß *m,* Antrieb *m;* **dare l'~ a qc** etw. in Gang setzen.
airone [ai'ro:ne] *m* Reiher *m.*
aitante [ai'tante] *a* mannhaft, stattlich.
aiuola [a'i̯uɔ:la] *v.* **aiola.**
aiutante [ai̯u'tante] *mf* **1.** *(collaboratore)* Gehilfe *m,* Gehilfin *f,* Helfer(in) *m(f);* **2.** *mil* Adjutant *m,* Stabsoffizier *m;* **~ di bandiera/di campo** Fahnenjunker *m*/Feldadjutant *m.*
aiutare [ai̯u'ta:re] **I.** *tr* helfen (*qu* jdm); **~ la fuga di qu** jdm zur Flucht verhelfen; **II.** *rfl:* **-rsi** sich helfen; **chi s'aiuta, Dio l'aiuta** *prov* hilf dir selbst, so hilft dir Gott *prov.* **aiuto** [a'i̯u:to] *m* **1.** *(assistenza, soccorso)* Hilfe *f,* Beistand *m;* **2.** *(collaboratore)* Assistent *m,* Helfer *m;* **3.** ⟨*pl*⟩ Hilfsgüter *n pl;* **~ medico** Assistenzarzt *m;* **~ regista** Regieassistent *m;* **~ allo sviluppo** Entwicklungshilfe *f;* **correre in ~** zu Hilfe eilen (*o.* kommen); **invocare ~** um Hilfe rufen; **~!** Hilfe!
aizzare [ait'tsa:re] *tr* aufhetzen, aufwiegeln.
al [al] *prp* **a** *con articolo il.*
ala ['a:la] ⟨-i⟩ *f* Flügel *m; aero* Tragfläche *f; (di cappello)* Krempe *f;* **abbassare le -i** *fig* die Flügel hängen lassen; **essere sotto le -i di qu** unter jds Fittichen sein; **fare ~** Spalier stehen (*a* für); **mettere le -i ai piedi** die Beine in die Hand nehmen; **tarpare le -i a qu** jdm die Flügel stutzen; **~ destra/sinistra** *sport* rechter/linker Flügel; *(persona)* Rechts-/Linksaußen *m;* **in un batter d'-i** im Nu.
alabarda [ala'barda] *f* Hellebarde *f.*
alabastro [ala'bastro] *m* Alabaster *m.*
à la coque [a la 'kɔk] ⟨*inv*⟩ *a:* **uovo ~** weich(gekocht)es Ei.
alacre ['a:lakre] *a* **1.** *(sollecito)* munter, eifrig; **2.** *fig (fervido)* lebhaft, wach. **alacrità** [alakri'ta] ⟨-⟩ *f* Lebhaftigkeit *f,* Munterkeit *f.*
alamaro [ala'ma:ro] *m* Schnürverschluß *m,* Schnurbesatz *m.*
alambicco [alam'bikko] ⟨-cchi⟩ *m* Destillierkolben *m.*
alano [a'la:no] *m* Dogge *f.*
alare[1] [a'la:re] *a (relativo alle ali)* Flügel-; **apertura ~** Spannweite *f.*
alare[2] [a'la:re] *m (arnese per il focolare)* Feuerbock *m.*
Alasca [a'laska] *f* Alaska *n.*
alato, -a [a'la:to] *a* **1.** *(fornito di ali)* geflügelt, beflügelt; **2.** *fig (sublime, elevato)* gehoben, erhaben.
alba ['alba] *f* Morgengrauen *n,* Morgendämmerung *f;* **spunta l'~** es dämmert.
albagia [alba'dʒi:a] ⟨-gie⟩ *f* Hochmut *m,* Überheblichkeit *f.*
albanese [alba'ne:se] **I.** *a* albanisch, Albaner; **II.** *mf* Albaner(in) *m(f).* **Albania** [...'ni:a] *f* Albanien *n.*
albatro ['albatro] *m* Albatros *m.*
albeggiamento [albeddʒa'mento] *m* Tagesanbruch *m.* **albeggiare**

[...'dʒa:re] ⟨albeggia⟩ *itr* ⟨*essere*⟩ dämmern, tagen.
alberare [albe'ra:re] *tr* **1.** *(viale)* mit Bäumen bepflanzen; **2.** *(nave)* mit Masten versehen. **alberata** [...'ra:ta] *f* Baumreihe *f.*
alberatura [albera'tu:ra] *f* Takellage *f.*
albergare [alber'ga:re] ⟨albergo, alberghi⟩ **I.** *tr* **1.** *(alloggiare)* beherbergen, aufnehmen; **2.** *fig (sentimenti)* hegen; **II.** *itr* wohnen, unterkommen. **albergatore, -trice** [...ga'to:re] *m, f* Hotelier *m,* Hotelbesitzer(in) *m(f).* **alberghiero, -a** [...'gi̯ɛ:ro] *a* Hotel-. **albergo** [al'bɛrgo] ⟨-ghi⟩ *m* Hotel *n,* Gasthof *m;* ~ **per la gioventù** Jugendherberge *f;* ~ **diurno** Tageshotel *n;* **dare ~ a qu** jdn beherbergen.
albero ['albero] *m* **1.** *bot* Baum *m;* **2.** *naut* Mast *m;* **3.** *anat (di arteria)* Ast *m;* **4.** *tec* Welle *f;* Baum *m;* ~ **motore** Antriebswelle *f;* ~ **di Natale** Weihnachtsbaum *m;* ~ **della cuccagna** Maibaum *m;* ~ **genealogico** Stammbaum *m.*
Albertina [alber'ti:na] *(nome proprio femminile)* Albertine.
Alberto [al'bɛrto] *(nome proprio maschile)* Albert.
albicocca [albi'kɔkka] ⟨-cche⟩ *f* Aprikose *f.* **albicocco** [...ko] ⟨-cchi⟩ *m* Aprikosenbaum *m.*
albina *f v.* **albino.**
albinismo [albi'nizmo] *m* Albinismus *m.* **albino, -a** [al'bi:no] **I.** *a* albinotisch, Albino-; **II.** *m, f* Albino *m.*
albo ['albo] *m* **1.** *(tavola)* Anschlagbrett *n,* Schwarzes Brett; **2.** *(registro)* Register *n;* **3.** *(album)* Album *n;* **4.** *(libro illustrato)* Bilderbuch *n;* ~ **dei medici** Ärzteregister *n;* **l'~ d'oro** das Goldene Buch.
albore [al'bo:re] *m* **1.** *(bianchezza)* (heller) Schimmer *m;* **2.** ⟨*pl*⟩ *(inizio)* Anfang *m,* Anfänge *m pl.*
album ['album] ⟨-⟩ *m* Album *n.*
albume [al'bu:me] *m* Albumen *n,* Eiweiß *n.* **albumina** [albu'mi:na] *f* Albumin *n.*
alburno [al'burno] *m* Splint *m.*
alcali ['alkali] ⟨-⟩ *m* Alkali *n.* **alcalino, -a** [...'li:no] *a* alkalisch.
alce ['altʃe] *f* Elch *m.*
alchimia [al'ki:mi̯a *o.* alki'mi:a] ⟨-ie⟩ *f* Alchimie *f.* **alchimista** [alki'mista] ⟨-i *m,* -e *f*⟩ *mf* Alchimist(in) *m(f).* **alchimistico, -a** [...'mistiko] ⟨-ci, -che⟩ *a* alchimistisch.
alcol(e) ['alkol(e)] *v.* **alcool.**
alcolico, -a [al'kɔ:liko] ⟨-ci, -che⟩ **I.** *a* alkoholisch; **II.** *m* Spirituose *f,* alkoholisches Getränk. **alcolismo** [alko'lizmo] *m* Alkoholismus *m.* **alcolista** [...lista] ⟨-i *m,* -e *f*⟩ *mf* Alkoholiker(in) *m(f).* **alcolizzare** [...lid'dza:re] **I.** *tr* alkoholisieren; **II.** *rfl:* **-rsi** sich betrinken. **alcolizzato, -a** [...lid'dza:to] **I.** *a* alkoholisiert; **II.** *m, f* Alkoholiker(in) *m(f).* **alcool** ['alkool] ⟨-⟩ *m* Alkohol *m.* **alcoolico** [alko'ɔ:liko] *etc. v.* **alcolico** *etc.*
alcova [al'kɔ:va] *f* Alkoven *m;* **segreti d'~** Bettgeheimnisse *n pl.*
alcun, alcun' [al'kun] *v.* **alcuno.**
alcunché [alkuŋ'ke] *pron poet* **1.** *(qualche cosa)* etwas; **2.** *(nulla)* gar nichts.
alcuno, -a [al'ku:no] **I.** *a* einige, etwas; **non ~** kein; **senza alcun riguardo** ohne jede Rücksicht; **II.** *pron* (manch) eine(r, s); **non ~** niemand, keiner; **senza che ~ mi udisse** ohne daß mich jemand gehört hätte.
Alda ['alda] *nome proprio femminile.*
aldilà [aldi'la] ⟨-⟩ *m* Jenseits *n.*
Aldo ['aldo] *nome proprio maschile.*
alé [a'le] *interj* vorwärts, los.
alea ['a:lea] *f* Wagnis *n.* **aleatorio, -a** [alea'tɔ:ri̯o] ⟨-i, -ie⟩ *a* Zufalls-; **contratti -i** Risikoverträge *m pl.*
aleggiare [aled'dʒa:re] ⟨aleggio, aleggi⟩ *itr* die Flügel bewegen.
alemanno, -a [ale'manno] *a* alemannisch.
Alessandra [ales'sandra] *(nome proprio femminile)* Alexandra.
Alessandro [ales'sandro] *(nome proprio maschile)* Alexander.
aletta [a'letta] *f* Flügel *m,* Klappe *f;* **-e di una bomba** Stabilisierungsflossen *f pl;* **-e di compensazione** Ausgleichsruder *n;* **-e di raffreddamento** Kühlrippe *f;* **-e di rollio** Schlingerkiel *m.* **alettone** [...'to:ne] *m* Querruder *n.*
alfa[1] ['alfa] ⟨-⟩ *f (lettera)* Alpha *n;* **dall'~ all'omega** von A bis Z; **particelle ~** Alphateilchen *n pl.*
alfa[2] ['alfa] *f bot* Alfagras *n,* Esparto *m.*
alfabetico, -a [alfa'bɛ:tiko] ⟨-ci, -che⟩ *a* alphabetisch. **alfabeto** [...'bɛ:to] *m* Alphabet *n.*
alfiere [al'fi̯ɛ:re] *m* **1.** *(portabandiera)* Fahnen-, Bannerträger *m;* **2.** *mil* Fähnrich *m;* **3.** *(negli scacchi)* Läufer *m;* **4.** *fig (promotore di un'idea)* Vorkämpfer *m.*
alfine [al'fi:ne] *adv* schließlich, endlich.
Alfonso [al'fɔnso] *(nome proprio maschile)* Alfons, Alphons.
alga ['alga] ⟨-ghe⟩ *f* Alge *f.*
algebra ['aldʒebra] *f* Algebra *f;* **per**

me questo è ~ *fam* für mich ist das Chinesisch. **algebrico, -a** [al'dʒɛ:briko] ‹-ci, -che› *a* algebraisch.

Algerìa [aldʒe'ri:a] *f* Algerien *n.* **algerino, -a** [...'ri:no] **I.** *a* algerisch; **II.** *m, f* Algerier(in) *m(f).*

Algovia [al'gɔ:vi̯a] *f* Allgäu *n.*

A.L.I. ['a:li] *m ab di* **Atlante Linguistico Italiano** *italienischer Sprachatlas.*

aliante [a'li̯ante] *m* Segelflugzeug *n.*

alibi ['a:libi] ‹-› *m* Alibi *n.*

alice [a'li:tʃe] *f* Sardelle *f.*

alienamento [ali̯ena'mento] *m* Veräußerung *f.* **alienare** [...'na:re] **I.** *tr* **1.** *jur (vendere)* veräußern; **2.** *(rendere ostile)* entfremden; **3.** *(distogliere):* **~ qu da qc** jdn um etw. bringen; **II.** *rfl:* **-rsi** sich entfremden; **-rsi qu** sich jdm entfremden; **-rsi qc** sich *(dat)* etw. verscherzen. **alienato, -a** [...'na:to] **I.** *a* **1.** *jur* veräußert; **2.** *med* geistesgestört; **II.** *m, f* Geistesgestörte(r) *mf.* **alienazione** [...nat'tsi̯o:ne] *f* **1.** *jur* Veräußerung *f;* **2.** *philos* Entfremdung *f;* **3.** *psych:* **~ mentale** Geistesgestörtheit *f.* **alienista** [...'nista] ‹-i *m,* -e *f*› *mf* Nervenarzt *m,* -ärztin *f.*

alieno, -a [a'li̯ɛ:no] *a* abgeneigt (*da qc* einer S.).

alimentare¹ [alimen'ta:re] **I.** *a* Lebensmittel-, Nahrungs(mittel)-; **generi -i** Lebensmittel *n pl,* Nahrungsmittel *n pl;* **II.** *m pl* Lebensmittel *n pl,* Nahrungsmittel *n pl.*

alimentare² [alimen'ta:re] **I.** *tr* **1.** *(nutrire persone)* ernähren; *(animali)* füttern; **2.** *(rifornire di viveri)* versorgen; **3.** *(caldaia, fuoco)* speisen; *(altiforni)* beschicken; **4.** *fig (mantenere vivo)* nähren; **II.** *rfl:* **-rsi** sich ernähren. **alimentarista** [...ta'rista] ‹-i *m,* -e *f*› *mf* **1.** *(commerciante)* Lebensmittelhändler(in) *m(f);* **2.** *(lavoratore)* in der Lebensmittelindustrie Beschäftigte(r) *mf;* **3.** *(studioso)* Ernährungswissenschaftler(in) *m(f).* **alimentazione** [...tat'tsi̯o:ne] *f* **1.** *(con cibo)* Ernährung *f;* **2.** *tec* Beschickung *f.* **alimento** [...'mento] *m* **1.** *(cibo)* Ernährung *f,* Nahrung *f;* **2.** *tec* Speisung *f,* Zufuhr *f;* **3.** ‹*pl*› *jur* Alimente *pl,* Unterhalt *m.*

alinea [a'li:nea] ‹-› *m* Absatz *m,* Abschnitt *m.*

aliquota [a'li:ku̯ota] *f* **1.** *(quota)* Anteil *m;* **2.** *(d'imposta)* Steuersatz *m.*

aliscafo [alis'ka:fo] *m* Tragflächenboot *n.*

aliseo [ali'zɛ:o] **I.** *a* Passat-; **II.** *m* Passat(wind) *m.*

alitare [ali'ta:re] *itr* **1.** *(respirare)* (aus)atmen, hauchen; **2.** *(soffiare) fig* leise wehen. **alito** ['a:lito] *m* **1.** *(fiato)* Atem *m;* **2.** *fig (lieve soffio)* Hauch *m;* **aver l'~ cattivo** Mundgeruch haben. **alitosi** [ali'tɔ:zi] ‹-› *f* Mundgeruch *m.*

all. *ab di* **allegato, -i** Anl. (*ab di* Anlage).

all', alla [all, 'alla] *prp* **a** *con articolo l', la.*

allacciamento [allattʃa'mento] *m* **1.** *tec* Anschluß *m;* **2.** *ferr* Anschluß *m,* Verbindung *f;* **3.** *med* Abbinden *n;* **4.** *fig* (An)knüpfen *n.* **allacciare** [...'tʃa:re] ‹allaccio, allacci› *tr* **1.** *gener.* zuschnüren, zubinden; *(cintura)* zuschnallen; **2.** *(collegare)* verknüpfen; *(località)* verbinden; *(amicizia)* (an)knüpfen; **3.** *tec* anschließen; **4.** *med* abbinden.

allagamento [allaga'mento] *m* Überschwemmung *f.* **allagare** [...'ga:re] ‹allago, allaghi› *tr* überschwemmen.

allampanato, -a [allampa'na:to] *a* hager.

allargamento [allarga'mento] *m* Erweiterung *f.* **allargare** [...'ga:re] ‹allargo, allarghi› **I.** *tr* **1.** *(rendere più largo)* erweitern; *(strade)* verbreitern; *(vestiti)* weiten, weiter machen; **2.** *(braccia)* ausbreiten; *(dita)* spreizen; **3.** *fig (estendere)* ausdehnen, erweitern; **~ il cuore** *fig* das Herz erleichtern; **~ il freno** *fig* die Zügel lokkern; **II.** *itr sport:* **~ in curva** in der Kurve ausbrechen; **~ sulla destra** *sport* über die rechte Flanke spielen; **III.** *rfl:* **-rsi** sich erweitern; **-rsi con qu** *fig* sich bei jdm aussprechen; **-rsi nelle spese** *fig* sich mit den Ausgaben übernehmen.

allarmare [allar'ma:re] **I.** *tr* **1.** *(dare l'allarme)* alarmieren; **2.** *fig* beunruhigen; **II.** *rfl:* **-rsi** sich beunruhigen. **allarme** [al'larme] *m* Alarm *m,* Warnung *f;* **mettersi in ~** in Besorgnis geraten; **dare l'~** Alarm schlagen. **allarmismo** [...'mizmo] *m* Panikmache *f;* *(stato di allarme)* Panikstimmung *f.* **allarmista** [...'mista] ‹-i *m,* -e *f*› *mf* Panikmacher(in) *m(f).* **allarmistico, -a** [...'mistiko] ‹-ci, -che› *a* alarmierend, beunruhigend.

allattamento [allatta'mento] *m (di bambini)* Stillen *n;* *(di animali)* Säugen *n.* **allattare** [...'ta:re] *tr (bambini)* stillen; *(animali)* säugen.

alle ['alle] *prp* **a** *con articolo le.*

alleanza [alle'antsa] *f* Allianz *f,* Bündnis *n.* **allearsi** [...'arsi] *rfl:* **~ a** (*o.* **con**) **qu** sich mit jdm verbünden. **al-**

leato, -a [...ˈa:to] **I.** *a* verbündet; *hist* alliiert, Alliierten-; **II.** *m, f* Verbündete(r) *mf;* **-i** *hist* Alliierte(n) *pl.*
allegare [alleˈga:re] **I.** *tr* **1.** *(accludere)* beifügen, beilegen; **2.** *(addurre)* anführen, beibringen; **3.** *(denti)* stumpf machen; **II.** *itr* Frucht ansetzen. **allegato, -a** [...ˈga:to] **I.** *a* beigefügt; **qui ~** anbei, in der (*o.* als) Anlage; **II.** *m* (*ab* **all.**) Anlage *f;* **in ~** anbei, beiliegend.
alleggerimento [alleddʒeriˈmento] *m* **1.** *(di peso)* Entlastung *f;* **2.** *fig (sollievo)* Erleichterung *f.* **alleggerire** [...ˈri:re] ‹alleggerisco› **I.** *tr* **1.** *(di peso)* leichter machen; **2.** *fig* erleichtern; *(pena)* mildern; *(dolore)* lindern; **3.** *scherz (derubare)* erleichtern (*di* um); **II.** *rfl:* **-rsi** ablegen; *(indossare indumenti più leggeri)* sich leichter kleiden. **alleggio** [alˈleddʒo] ‹-ggi› *m* **1.** *(sbarco del carico)* Leichtern *n,* Löschen *n;* **2.** *(maona)* Leichter *m.*
allegoria [allegoˈri:a] ‹-ie› *f* Allegorie *f.* **allegorico, -a** [...ˈgɔ:riko] ‹-ci, -che› *a* allegorisch.
allegrezza [alleˈgrettsa] *f* Fröhlichkeit *f,* Heiterkeit *f.* **allegria** [...ˈgri:a] ‹-ie› *f* Lustigkeit *f;* **vivere in ~** herrlich und in Freuden leben. **allegro, -a** [alˈle:gro] **I.** *a* lustig, ausgelassen; *(colore)* lebhaft; **essere un po' ~** *fam* etwas angeheitert sein; **far vita -a** ein unbekümmertes Leben führen; **c'è poco da stare -i** da gibt es nichts zu spaßen; **gente -a il ciel l'aiuta** *prov* dem Fröhlichen hilft Gott *prov;* **II.** *m* Allegro *n.*
alleluia [alleˈlu:i̯a] ‹-› *m* Halleluja *n.*
allenamento [allenaˈmento] *m* Übung *f,* Training *n;* **esser fuori ~** aus der Übung sein; **tenersi in ~** im Training bleiben. **allenare** [...ˈna:re] **I.** *tr* trainieren; **II.** *rfl:* **-rsi** trainieren (*per, a* auf). **allenatore, -trice** [...naˈto:re] *m, f (tecnico)* Trainer(in) *m(f); (nel pugile)* Sparringspartner *m; (motociclista)* Schrittmacher(in) *m(f); (di cavalli)* Dresseur(in) *m(f).*
allentamento [allentaˈmento] *m* Lokkerung *f,* Nachlassen *n.* **allentare** [...ˈta:re] **I.** *tr* lockern, lösen; **~ un ceffone** *fam* eine Ohrfeige verpassen *fam;* **~ i cordoni della borsa** *fig* spendabel sein; **II.** *rfl:* **-rsi 1.** locker werden, sich lockern, sich lösen; **2.** *fig* nachlassen.
allergia [allerˈdʒi:a] ‹-gie› *f* Allergie *f* (*a* gegen). **allergico, -a** [alˈlɛrdʒiko] ‹-ci, -che› *a* allergisch (*a* gegen).
allerta [alˈlerta] *f* Achtung *f,* Alarm *m.*
allestimento [allestiˈmento] *m* **1.** *(approntamento)* Herrichten *n,* Ausstatten *n;* **2.** *naut* Ausrüstung *f;* **3.** *theat* Bühnenausstattung *f; film* Szenerie *f.* **allestire** [...ˈti:re] ‹allestisco› **1.** *gener.* herrichten, ausstatten; **2.** *(pranzo)* zubereiten; *(festa)* organisieren; **3.** *theat* inszenieren; **4.** *mil, naut* ausrüsten.
allettamento [allettaˈmento] *m* Verlockung *f,* Verführung *f.* **allettare** [...ˈta:re] *tr* (ver)locken, verführen, anziehen. **allettatore, -trice** [...taˈto:re] *m, f* Verführer(in) *m(f).*
allevamento [allevaˈmento] *m* **1.** *(di animali, piante)* Zucht *f,* Züchtung *f;* **2.** *(luogo)* Farm *f,* Zucht(stätte) *f;* **3.** *(di bambini)* Aufziehen *n.* **allevare** [...ˈva:re] *tr* **1.** *(animali)* züchten; *(piante)* ziehen; **2.** *(bambini)* aufziehen, großziehen; **~ una serpe in seno** eine Schlange am Busen nähren. **allevatore, -trice** [...vaˈto:re] *m, f* Züchter(in) *m(f).*
alleviare [alleˈvi̯a:re] ‹allevio, allevii› *tr* erleichtern; *(dolore)* lindern.
allibire [alliˈbi:re] ‹allibisco› *itr* ‹*essere*› (vor Schreck) erstarren.
allibramento [allibraˈmento] *m* Buchung *f,* Eintragung *f.* **allibrare** [...ˈbra:re] *tr* buchen, registrieren. **allibratore** [...braˈto:re] *m* Buchmacher *m.*
allietare [alli̯eˈta:re] *tr* erfreuen, erheitern.
allievo, -a [alˈli̯ɛ:vo] *m, f* Schüler(in) *m(f);* **~ ufficiale** Offiziersanwärter *m.*
alligatore [alligaˈto:re] *m* Alligator *m.*
allignare [alliɲˈɲa:re] *itr* **1.** *(attecchire)* anwachsen; **2.** *fig* verwurzelt sein.
allineamento [allineaˈmento] *m* **1.** *(disposizione in linea)* Aufreihen *n;* **2.** *naut* (Flotten)verband *m;* **3.** *(in economia)* Angleichung *f;* **4.** *fig* Anpassung *f,* Angleichung *f.* **allineare** [...ˈa:re] **I.** *tr* aufreihen, in einer Reihe aufstellen; *mil* formieren; **II.** *rfl:* **-rsi 1.** *(mettersi in linea)* sich in einer Reihe aufstellen; **2.** *fig (conformarsi)* sich anpassen, sich angleichen.
allitterazione [allitteratˈtsi̯o:ne] *f* Alliteration *f.*
allo [ˈallo] *prp* **a** *con articolo lo.*
allocco [alˈlɔkko] ‹-cchi› *m* **1.** *zoo* Waldkauz *m;* **2.** *fig (balordo)* Tölpel *m.*
allocutivo, allocutorio [allokuˈti:vo, ...ˈtɔ:ri̯o] ‹-i, -ie› *a* Anrede-. **allocuzione** [...tˈtsi̯o:ne] *f* **1.** *(discorso)* Ansprache *f;* **2.** *rel* Allokution *f.*
allodola [alˈlɔ:dola] *f* Lerche *f.*

allogare [allo'ga:re] ⟨allogo, alloghi⟩ **I.** *tr* unterbringen; **II.** *rfl:* **-rsi** unterkommen.

allogeno, -a [al'lɔ:dʒeno] **I.** *a* fremdstämmig; **II.** *m, f* Fremde(r) *mf.*

alloggiamento [alloddʒa'mento] *m* **1.** *gener.* Beherbergung *f,* Unterkunft *f;* **2.** *mil* Quartier *n,* Unterkunft *f;* **3.** *tec* Sitz *m; (dell'orologio)* Gehäuse *n.* **alloggiare** [...'dʒa:re] ⟨alloggio, alloggi⟩ **I.** *tr* ⟨*avere*⟩ **1.** *(dare ospitalità)* beherbergen, unterbringen; **2.** *mil* einquartieren; **II.** *itr* ⟨*essere*⟩ **1.** *(dimorare)* wohnen, untergebracht sein; **2.** *mil* einquartiert sein. **alloggio** [al'lɔddʒo] ⟨-ggi⟩ *m* **1.** *(dimora)* Unterkunft *f;* **2.** *(appartamento)* Wohnung *f;* **3.** *naut* Kabine *f;* **4.** *mil* Quartier *n;* **vitto e ~** Kost und Logis.

allontanamento [allontana'mento] *m* **1.** *(distacco, espulsione)* Entfernung *f;* **2.** *fig* Entfremdung *f.* **allontanare** [...'na:re] **I.** *tr* **1.** *(collocare lontano)* entfernen; **2.** *(licenziare)* entfernen; **3.** *(suscitare avversione)* abstoßen; **4.** *fig (pericolo)* abwenden; *(sospetto)* von sich *(dat)* weisen; **II.** *rfl:* **-rsi** sich entfernen; **-rsi dalla retta via** (*o.* **dal retto cammino)** *fig* vom rechten Wege abkommen.

allora [al'lo:ra] **I.** *adv* da, damals; **da ~ in poi** von da an; **fino ~** bis dahin; **II.** *con* **1.** *(in questo caso)* (al)so, dann; **2.** *(ebbene)* nun.

allorché [allor'ke] *con* als.

alloro [al'lɔ:ro] *m* Lorbeer *m;* **conquistare l'~, cogliere -i** Lorbeeren ernten; **dormire** (*o.* **riposare) sugli -i** sich auf seinen Lorbeeren ausruhen.

alluce ['allutʃe] *m* großer Zeh.

allucinante [allutʃi'nante] *a* blendend, betörend. **allucinazione** [...nat'tsi̯o:ne] *f* Halluzination *f.*

alludere [al'lu:dere] ⟨alludo, allusi, alluso⟩ *itr* anspielen (*a* auf).

allume [al'lu:me] *m* Alaun *n.*

alluminio [allu'mi:ni̯o] *m* Aluminium *n.*

allunaggio [allu'naddʒo] ⟨-ggi⟩ *m* Mondlandung *f.* **allunare** [...'na:re] *itr* auf dem Mond landen.

allungamento [allunga'mento] *m* **1.** Verlängerung *f; (di abito, brodo)* Verlängern *n; (di vino, brodo)* Verdünnen *n,* Verwässern *n;* **2.** *ling, tec* Dehnung *f.* **allungare** [...'ga:re] ⟨allungo, allunghi⟩ **I.** *tr* **1.** *(accrescere di lunghezza)* verlängern, länger machen; *(distendere)* (aus)strecken; *(tavolo)* ausziehen; **2.** *(accrescere di durata)* verlängern, ausdehnen; **3.** *(diluire)* verdünnen; *(brodo a.)* verlängern; *(vino a.)* verwässern; **4.** *ling, tec* dehnen; **~ un ceffone** *fam* eine Ohrfeige verpassen *fam;* **~ le mani** *fig* lange Finger machen; **~ le orecchie** *fig* die Ohren spitzen; **~ la strada** einen Umweg machen; **II.** *rfl:* **-rsi** **1.** *(farsi più lungo)* länger werden; **2.** *(sdraiarsi)* sich ausstrecken; **3.** *(crescere)* in die Länge wachsen.

allungo [al'luŋgo] ⟨-ghi⟩ *m (nella scherma)* Ausfall *m; (nel calcio)* Vorlage *f; (nel ciclismo)* Spurt *m; (nel pugilato)* Gerade *f.*

allusi [al'lu:zi] *1. pers sing del passato remoto di* **alludere.**

allusione [allu'zi̯o:ne] *f* Anspielung *f,* Andeutung *f.* **allusivo, -a** [...'zi:vo] *a* anspielend, zweideutig.

alluso [al'lu:zo] *pp di* **alludere.**

alluvionale [alluvi̯o'na:le] *a* alluvial, angeschwemmt; **deposito ~** Anschwemmung *f;* **pianura ~** Schwemmlandebene *f.* **alluvionato, -a** [...'na:to] **I.** *a* überschwemmt; **II.** *m, f* Überschwemmungsopfer *n.* **alluvione** [...'vi̯o:ne] *f* Überschwemmung *f.*

almanacco [alma'nakko] ⟨-cchi⟩ *m* Almanach *m.*

almeno [al'me:no] **I.** *adv* wenigstens, zumindest; **II.** *con conj* wenn nur (*o.* wenigstens).

aloe ['a:loe] ⟨-⟩ *f o. m* Aloe *f.*

alogeno [a'lɔ:dʒeno] *m* halogen, salzbildend.

alone [a'lo:ne] *m* **1.** *(attorno agli astri)* Aureole *f,* Hof *m; fot* Lichthof *m;* **2.** *fig (aureola)* Nimbus *m.*

alopecia [alope'tʃi:a] ⟨-cie⟩ *f* Haarausfall *m.*

alpaca ['alpaka *o.* al'pa:ka] ⟨-⟩ *m* **1.** *(animale)* Alpaka *n;* **2.** *(tessuto)* Alpaka *m.*

alpacca [al'pakka] *f* Alpaka *n,* Neusilber *n.*

alpe ['alpe] *f* Alm *f,* Hochweide *f.* **alpeggio** [al'peddʒo] ⟨-ggi⟩ *m* Weiden *n* auf der Alm.

alpestre [al'pɛstre] *a* Gebirgs-.

Alpi ['alpi] *f pl* Alpen *pl.* **alpigiano, -a** [alpi'dʒa:no] **I.** *a* Berg-, Alpen-; **II.** *m, f* Bergbewohner(in) *m(f).* **alpinismo** [alpi'nizmo] *m* Bergsteigen *n,* Alpinismus *m.* **alpinista** [...'nista] ⟨-i *m,* -e *f*⟩ *mf* Bergsteiger(in) *m(f),* Alpinist(in) *m(f).* **alpinistico, -a** [...'nistiko] ⟨-ci, -che⟩ *a* alpinistisch. **alpino, -a** [al'pi:no] **I.** *a* alpin, Hochgebirgs-; **II.** *m* Gebirgsjäger *m.*

alquanto [al'ku̯anto] **I.** *a* einige(r, s); **II.** *pron* einiges, manches; **III.** *adv* ziemlich, beträchtlich.

Alsazia [al'sattsia] *f* Elsaß *n;* **~-Lorena** Elsaß-Lothringen *n.*
alt [alt] **I.** *interj* halt; **II.** ⟨-⟩ *m* Halt *m,* Unterbrechung *f;* **dare l'~** Halt gebieten.
altalena [alta'le:na] *f* **1.** *(in bilico)* Wippe *f;* **2.** *(a funi)* Schaukel *f;* **3.** *fig* Hin und Her *n,* Schwanken *n.*
altamente [alta'mente] *adv* äußerst, erheblich.
altare [al'ta:re] *m* Altar *m;* **mettere qu sugli -i** *fig* jdn in den Himmel heben. **altarino** [alta'ri:no] *m* (Haus-, Neben)altar *m;* **scoprire gli -i** *scherz* aus der Schule plaudern.
alterabile [alte'ra:bile] *a* **1.** *(cibo)* verderblich; *(colore)* nicht beständig; **2.** *fig* reizbar.
alterare [alte'ra:re] **I.** *tr* **1.** *(modificare)* (ver)ändern; *(verità)* verdrehen; **2.** *(adulterare)* verfälschen; *(falsificare)* fälschen; **3.** *(irritare)* reizen; **II.** *rfl:* **-rsi 1.** *(modificarsi)* sich verändern; **2.** *fig (turbarsi)* sich erregen, reizbar sein; **3.** *(guastarsi)* schlecht werden, verderben. **alterazione** [...rat'tsio:ne] *f* **1.** *(modificazione)* Veränderung *f;* **2.** *(falsificazione)* Fälschung *f;* **3.** *med, mus* Alteration *f;* **4.** *(turbamento)* Erregung *f.*
altercare [alter'ka:re] ⟨alterco, alterchi⟩ *itr* streiten. **alterco** [al'tɛrko] ⟨-chi⟩ *m* Auseinandersetzung *f,* Wortwechsel *m.*
alterezza [alte'rettsa] *f* Ehrgefühl *n.*
alterigia [alte'ri:dʒa] ⟨-gie⟩ *f* Hochmut *m.*
alternanza [alter'nantsa] *f* Wechsel *m; ling* Alternation *f.* **alternare** [...'na:re] **I.** *tr* alternieren, wechseln; **II.** *rfl:* **-rsi** sich abwechseln. **alternativa** [...na'ti:va] *f* Wechsel *m; (scelta)* Alternative *f.* **alternativo, -a** [...na'ti:vo] *a* alternativ. **alternato, -a** [...'na:to] *a* alternierend, wechselnd; **corrente -a** (*ab* **c.a.**)Wechselstrom *m.* **alternatore** [...na'to:re] *m* (Wechselstrom)generator *m.* **alterno, -a** [al'tɛrno] *a* abwechselnd; **a settimane -e** jede zweite Woche.
altero, -a [al'tɛ:ro] *a* würdevoll, selbstbewußt; *(fiero)* stolz; *(superbo)* hochmütig.
altezza [al'tettsa] *f* **1.** *gener., mus* Höhe *f;* **2.** *(statura)* Größe *f;* **3.** *(livello)* Stand *m;* **4.** *(profondità)* Tiefe *f;* **5.** *(larghezza di tessuti)* Breite *f;* **6.** *(titolo nobiliare)* Hoheit *f;* **~ d'animo** moralische Größe; **all'~ di Trieste** auf der Höhe von Triest; **essere all'~ di fare qc** in der Lage sein, etw. zu tun.
altezzosità [altettsosi'ta] ⟨-⟩ *f* Hochmut *m.* **altezzoso, -a** [...'tso:so] *a* hochmütig.
alticcio, -a [al'tittʃo] ⟨-cci, -cce⟩ *a* angeheitert.
altiforni *pl di* **altoforno.**
altimetria [altime'tri:a] ⟨-ie⟩ *f* Höhenmessung *f.* **altimetro** [al'ti:metro] *m* Höhenmesser *m.*
altipiano [alti'pia:no] *v.* **altopiano.**
altisonante [altiso'nante] *a* **1.** *(sonoro)* wohlklingend; **2.** *(tronfio)* hochtrabend.
altitudine [alti'tu:dine] *f* Höhe *f.*
alto, -a ['alto] ⟨più alto *o.* superiore, altissimo *o.* supremo *o.* sommo⟩ **I.** *a* **1.** *(sviluppato in altezza)* hoch; **2.** *(statura)* groß; **3.** *(in luogo elevato)* hoch(gelegen); *geog* Ober-; **4.** *(acqua, mare)* hoch; **5.** *(tessuti)* breit; **6.** *(suono)* hoch; *(voce)* laut; **7.** *fig (eminente, eccellente)* hervorragend; *(nobile)* edel; **giorno ~** hellichter Tag; **notte -a** tiefe Nacht; **-a stagione** Hochsaison *f;* **-a moda** Haute Couture *f;* **-a società** High Society *f;* **-a finanza** Hochfinanz *f;* **~ comando** Oberbefehl *m;* **avere un ~ concetto di sé** eine hohe Meinung von sich *(dat)* haben; **navigare in ~ mare** *fig* schwimmen *fam;* **mirare ~** ein hohes Ziel anstreben; **II.** *m* **1.** *(altezza)* Höhe *f;* **2.** *(parte più elevata)* oberer Teil; **guardare dall'~ in basso** von oben herabschauen; **guardare qu dall'~ in basso** jdn von oben herab ansehen; **in ~ i cuori!** nur Mut!; **mani in ~!** Hände hoch!
Alto Adige ['alto 'a:didʒe] *m* Südtirol *n,* Tiroler Etschland *n.* **altoatesino, -a** [altoate'zi:no] **I.** *a* Südtiroler-, südtirolerisch; **II.** *m, f* Südtiroler(in) *m(f).*
altoforno [-'forno] ⟨altiforni⟩ *m* Hochofen *m.*
altolocato, -a [-lo'ka:to] *a* hochgestellt.
altoparlante [-par'lante] *m* Lautsprecher *m.*
altopiano [-'pia:no] *m* Hochebene *f.*
altorilievo [-ri'liɛ:vo] *m* Relief *n.*
altresì [altre'si] *adv geh* ebenso, gleichfalls.
altrettanto, -a [altret'tanto] **I.** *a* ebensoviel; **II.** *pron* dasselbe; **III.** *adv* genauso, gleich.
altri ['altri] ⟨*inv, solo al sing*⟩ *pron* **1.** *(qualcuno)* ein anderer, man; **2.** *(altra persona)* andere(r, s).
altrimenti [altri'menti] *adv* **1.** *(in caso contrario)* anderenfalls, sonst; **2.** *(in modo diverso)* anders.
altro, -a ['altro] **I.** *a* andere(r, s); *(nuo-*

vo, aggiunto a.) weitere(r, s), noch ein(e); **quest'~ mese** kommenden Monat; **l'~ giorno** neulich, kürzlich; **l'-a settimana** letzte Woche; **l'~ ieri** vorgestern; **domani l'~** übermorgen; **II.** *pron* andere(r, s); **un giorno o l'~** eines Tages; **non avere ~ da fare** nichts anderes zu tun haben; **non far ~ che studiare** nichts (anderes) tun als lernen; **noi -i/voi -i** wir (unsererseits)/ihr (eurerseits); **III.** *m* (etwas) anderes; **non aggiungere ~** nichts hinzufügen; **~ è dire, ~ è fare** Reden ist das eine, Handeln das andere; **ci mancherebbe ~!** das würde noch fehlen; **che ~ vuoi?** was willst du noch?; **ci vuol ben ~!** da ist etwas ganz anderes nötig, es gehört viel mehr dazu; **dell'~** noch etwas; **per ~** im übrigen; **più che ~** vor allem; **se non ~** zumindest; **senz'~** ohne weiteres, ganz sicher; **tra l'~** unter anderem; **tutt'~** ganz im Gegenteil, durchaus nicht; **l'un l'~** einander, gegenseitig. **altroché** [altro'ke] *interj* und wie, und ob. **altronde** [al'tronde] *adv:* **d'~** im übrigen. **altrove** [al'tro:ve] *adv* anderswo, woanders.

altrui [al'tru:i] **I.** *a* von anderen, anderer; **II.** *pron* andere, die anderen; **III.** ‹-› *m* fremdes Eigentum.

altruismo [altru'izmo] *m* Altruismus *m.* **altruista** [...'ista] ‹-i *m,* -e *f*› *mf* Altruist *m.* **altruistico, -a** [...'istiko] ‹-ci, -che› *a* altruistisch.

altura [al'tu:ra] *f* **1.** *(luogo elevato)* Anhöhe *f;* **2.** *(alto mare)* hohe See.

alunno, -a [a'lunno] *m, f* **1.** *(scolaro)* Schüler(in) *m(f);* **2.** *(impiegato)* Anlernling *m.*

alveare [alve'a:re] *m* **1.** *(arnia)* Bienenstock *m;* **2.** *fig* Wohnsilo *n.*

alveo ['alveo] *m* (Fluß-, Bach)bett *n.*

alveolare [alveo'la:re] *a* alveolar. **alveolo** [al'vɛ:olo] *m* Alveole *f.*

alzabandiera [altsaban'di̯ɛ:ra] ‹-› *m* Fahnenappell *m.*

alzare [al'tsa:re] **I.** *tr* heben, aufrichten; *(bandiera)* hissen; *(carte)* abheben; *(prezzi)* anheben; *(spalle)* zucken mit; *(voce)* (er)heben; **~ una casa** *(edificarla)* ein Haus errichten; *(sopraelevarla)* ein Haus aufstocken; **~ la cresta** *fig* hochmütig sein; **non ~ un dito** *fig* keinen Finger rühren; **~ il gomito** *fig* einen heben *fam;* **~ le mani** (*o.* **le braccia)** *fig* die Hände hochnehmen; **~ le mani su qu** *fig* Hand an jdn legen; **~ i tacchi** *fig* Fersengeld geben; **stare alzato fino a tarda notte** noch bis spät in die Nacht (hinein) aufsein; **II.** *rfl:* **-rsi** **1.** *(levarsi)* aufstehen; **2.** *(sorgere)* aufkommen; *(sole, luna)* aufgehen; **-rsi in volo** auffliegen, aufsteigen. **alzata** [al'tsa:ta] *f* Hebung *f,* Anhebung *f;* **~ d'ingegno** Geistesblitz *m;* **~ di spalle** Achselzucken *n;* **~ di testa** Laune *f;* **votare per ~ di mano** durch Handzeichen abstimmen.

alzo ['altso] *m* *(su fucili)* Visier *n;* *(su cannoni)* Aufsatz *m.*

a.m. *ab di* **antimeridiano** vormittags, Vormittags-.

A.M. **1.** *ab di* **Aeronautica Militare** italienische Luftwaffe; **2.** *ab di* **Modulazione d'Ampiezza** AM (*ab di* Amplitudenmodulation).

amabile [a'ma:bile] *a* **1.** *(persona)* liebenswert; **2.** *(vino)* lieblich; **3.** *mus* amabile. **amabilità** [amabili'ta] ‹-› *f* Liebenswürdigkeit *f.*

amaca [a'ma:ka] ‹-che› *f* Hängematte *f.*

amalgama [a'malgama] ‹-i› *m* **1.** *(lega)* Amalgam *n;* **2.** *fig (mescolanza)* Gemisch *n.* **amalgamare** [...'ma:re] **I.** *tr* **1.** *(unire in lega)* amalgamieren; **2.** *(per impasto)* vermengen; **II.** *rfl:* **-rsi** sich verbinden.

amante [a'mante] **I.** *a* liebend; **II.** *mf* Liebhaber *m,* Geliebte *f; fig* Liebhaber(in) *m(f);* **~ della buona tavola** Feinschmecker(in) *m(f).*

amanuense [amanu'ɛnse] *m* Schreiber *m;* *(impiegato)* Schreibgehilfe *m.*

amare [a'ma:re] **I.** *tr* lieben, mögen, gern haben; *(a. persone)* liebhaben; **farsi ~ da qu** jds Liebe gewinnen; **II.** *rfl:* **-rsi** sich lieben.

amareggiare [amared'dʒa:re] ‹amareggio, amareggi› **I.** *tr* verbittern; **II.** *rfl:* **-rsi** sich erbittern.

amarena [ama'rɛ:na] *f* Sauerkirsche *f,* Amarelle *f.*

amaretto [ama'retto] *m* **1.** *(biscottino)* Mandelmakrone *f;* **2.** *(liquore)* Mandellikör *m.*

amarezza [ama'rettsa] *f* **1.** *(sapore)* Bitterkeit *f;* **2.** *fig* Verbitterung *f.* **amaro, -a** [a'ma:ro] **I.** *a (a. fig)* bitter; **mandare giù bocconi -i** *fig* viel schlucken; **restar con la bocca -a** *fig* einen bitteren Nachgeschmack haben; **II.** *m* **1.** *(sapore)* Bitterkeit *f;* **2.** *(liquore)* Bitter *m;* **3.** *fig (rancore)* Verbitterung *f.*

amarone [ama'ro:ne] *m* Amarone *m* *(dunkelroter Wein aus Venetien).*

amatore, -trice [ama'to:re] *m, f* Liebhaber(in) *m(f).*

amazzone [a'maddzone] *f* Amazone *f.*

ambage [am'ba:dʒe] *f pl* Umschweife *pl.*

ambasceria [ambaʃʃe'ri:a] ‹-ie› *f* **1.** *(delegazione)* Abordnung *f,* Gesandtschaft *f;* **2.** *(incarico)* Botschaft *f.*

ambascia [am'baʃʃa] ‹-sce› *f* **1.** *(affanno)* Atemnot *f;* **2.** *fig (angoscia)* Sorge *f,* Kummer *m.*

ambasciata [ambaʃ'ʃa:ta] *f* Botschaft *f;* **fare un'~** etw. ausrichten. **ambasciatore** [...ʃa'to:re] *m* **1.** *(diplomatico)* Botschafter(in) *m(f);* **2.** *(messaggero)* Bote *m,* Botin *f;* **ambasciator non porta pena** *prov* den Boten trifft keine Schuld.

ambedue [ambe'du:e] **I.** ‹*inv*› *a* beide; **~ gli amici** beide Freunde, alle beiden Freunde; **II.** *pron* (alle) beide.

ambidestro, -a [ambi'dɛstro] *a* beidhändig.

ambientale [ambi̯en'ta:le] *a* umweltbedingt; **tutela ~** Umweltschutz *m.*

ambientamento [ambi̯enta'mento] *m* Eingewöhnung *f,* Akklimatisierung *f.* **ambientare** [...'ta:re] **I.** *tr* **1.** *(adattare)* eingewöhnen, akklimatisieren; **2.** *lit, film, theat* spielen lassen; **II.** *rfl:* **-rsi** sich eingewöhnen, sich akklimatisieren. **ambientazione** [...tat'tsi̯o:ne] *f* (Bühnen)ausstattung *f,* Bühneneinrichtung *f.*

ambiente [am'bi̯ɛnte] *m* **1.** *(spazio)* Raum *m,* Umgebung *f;* **2.** *biol* Lebensraum *m,* Umwelt *f;* **3.** *soc, fig* Milieu *n;* **4.** *(stanza)* Raum *m,* Zimmer *n;* **~ atmosferico** Atmosphäre *f;* **temperatura ~** Raumtemperatur *f;* **tutela dell'~** Umweltschutz *m.*

ambiguità [ambigui'ta] ‹-› *f* **1.** *(equivocità)* Zweideutigkeit *f,* Doppeldeutigkeit *f;* **2.** *pej (falsità)* Scheinheiligkeit *f.* **ambiguo, -a** [am'bi:guo] *a* **1.** *(equivoco)* zweideutig, doppeldeutig; **2.** *pej (falso)* scheinheilig.

ambio ['ambi̯o] ‹-i› *m* Paßgang *m.*

ambire [am'bi:re] ‹ambisco› **I.** *tr* an-, erstreben, streben nach; **II.** *itr* streben (*a* nach).

ambito ['ambito] *m* Bereich *m.*

ambivalente [ambiva'lɛnte] *a* ambivalent. **ambivalenza** [...'lɛntsa] *f* Ambivalenz *f.*

ambizione [ambit'tsi̯o:ne] *f* Ehrgeiz *m; (aspirazione)* Ambition *f,* Bestreben *n.* **ambizioso, -a** [...'tsi̯o:so] *a* ehrgeizig.

ambo, -a ['ambo] **I.** *a* ‹*inv o.* -i, -e› beide; **~** (*o.* **-i**) **i lati** beide Seiten *f pl;* **II.** *m* Ambo *m A,* Doppeltreffer *m.*

ambosessi [ambo'sɛssi] ‹*inv*› *a* beiderlei Geschlechts.

ambra ['ambra] *f* Bernstein *m;* **~ grigia** Amber *m,* Ambra *f.* **ambrato, -a** [am'bra:to] *a* **1.** *(colore)* bernsteinfarben; **2.** *(profumo)* nach Amber duftend.

ambrosia [am'brɔ:zi̯a] ‹-ie› *f* Ambrosia *f.*

ambrosiano, -a [ambro'zi̯a:no] **I.** *a* mailändisch, Mailänder *attr;* **II.** *m, f* Mailänder(in) *m(f).*

ambulacro [ambu'la:kro] *m* Wandelgang *m.*

ambulante [ambu'lante] **I.** *a* fahrend, wandernd, Wander-; **II.** *mf* Straßenhändler(in) *m(f).*

ambulanza [ambu'lantsa] *f* Ambulanz *f.*

ambulatorio, -a [ambula'tɔ:ri̯o] ‹-i, -ie› **I.** *a* **1.** *anat* Geh-; **2.** *med* ambulant; **II.** *m* **1.** *(per consultazione)* Sprechzimmer *n;* **2.** *(per cura)* Ambulanz *f.*

Amburgo [am'burgo] *f* Hamburg *n.*

ameba [a'mɛ:ba] *f* Amöbe *f.*

amen ['a:men] **I.** *m* Amen *n;* **in un ~** im Nu; **giungere all'~** zum Abschluß kommen; **II.** *interj* amen.

amenità [ameni'ta] ‹-› *f* **1.** *(attrattiva)* Lieblichkeit *f,* Anmut *f;* **2.** *(facezia)* Bonmot *n,* witzige Bemerkung; **3.** *(bizzarria)* Sonderbarkeit *f.* **ameno, -a** [a'mɛ:no] *a* lieblich, anmutig; *(piacevole)* angenehm, wohltuend; *(strano)* sonderbar; *(spiritoso)* witzig; **letteratura -a** Unterhaltungsliteratur *f;* **un tipo ~** ein angenehmer Typ.

America *f* Amerika *n;* **~ Latina** Lateinamerika *n;* **~ Centrale** Mittelamerika *n;* **~ del Nord/Sud** Nord-/Südamerika *n.* **americano, -a** [ameri'ka:no] **I.** *a* amerikanisch; **II.** *m, f* Amerikaner(in) *m(f).*

ametista [ame'tista] *f* Amethyst *m.*

amianto [a'mi̯anto] *m* Asbest *m.*

amica *f v.* **amico.**

amichevole [ami'ke:vole] *a* freundschaftlich; **incontro ~** *sport* Freundschaftsspiel *n.*

amicizia [ami'tʃittsi̯a] ‹-ie› *f* **1.** *(affetto)* Freundschaft *f;* **2.** *(relazione amorosa)* Verhältnis *n;* **3.** ‹*pl*› *fig* Beziehungen *f pl.* **amico, -a** [a'mi:ko] ‹-ci, -che› **I.** *m, f* **1.** *(legato da sentimenti di amicizia)* Freund(in) *m(f);* **2.** *(amante)* Freund(in) *m(f),* Geliebte(r) *mf;* **~ intimo** (*o.* **del cuore**) Busenfreund *m;* **~ di famiglia** Freund *m* des Hauses; **essere -ci per la pelle** miteinander durch dick und dünn gehen; **II.** *a* freundschaftlich; *(benevolo)* freundlich, gut.

amidaceo, -a [ami'da:tʃeo] *a* stärkehaltig. **amido** ['a:mido] *m* (Wäsche)stärke *f.*

ammaccare [ammak'ka:re] ‹ammacco, ammacchi› *tr* verbeulen; *(parti del corpo)* quetschen. **ammaccatura** [...ka'tu:ra] *f (deformazione)* Beule *f; (contusione)* Quetschung *f; (di frutta)* Druckstelle *f.*

ammaestramento [ammaestra'mento] *m* Belehrung *f,* Unterweisung *f; (di animali)* Dressur *f.* **ammaestrare** [...'tra:re] *tr* belehren, unterweisen; *(animali)* dressieren, abrichten.

ammainabandiera [ammainaban'di̯ɛ:ra] ‹-› *m* Flaggeneinholung *f.*

ammainare [ammai'na:re] *tr* einholen, einziehen; ~ **la vela** *(a. fig)* die Segel streichen.

ammalare [amma'la:re] , *itr* ‹*essere*› *rfl:* **-rsi** krank werden, erkranken (*di* an). **ammalato, -a** [...'la:to] **I.** *a* krank; **II.** *m, f* Kranke(r) *mf.*

ammaliamento [ammali̯a'mento] *m* Bezauberung *f.* **ammaliare** [...'li̯a:re] ‹ammalio, ammalii› *tr* be-, verzaubern.

ammanco [am'maŋko] ‹-chi› *m* Fehlbetrag *m.*

ammanettare [ammanet'ta:re] *tr* Handschellen anlegen (*qu* jdm).

ammanierato, -a [ammani̯e'ra:to] *a* manieriert, gekünstelt.

ammanigliato, -a [ammaniʎ'ʎa:to] *a* **1.** *(unito con maniglie)* verklammert; **2.** *fig* verbunden, liiert.

ammannire [amman'ni:re] ‹ammannisco› *tr* vorbereiten.

ammansire [amman'si:re] ‹ammansisco› *tr* beschwichtigen, besänftigen.

ammantare [amman'ta:re] **I.** *tr poet* **1.** *(avvolgere con manto)* ummanteln, umhüllen; **2.** *fig* bemänteln; *(coprire)* umhüllen, verhüllen; **II.** *rfl:* **-rsi 1.** *(vestirsi)* sich verhüllen, sich bedecken; **2.** *fig* vorgeben (*di qc* etw.), vortäuschen (*di qc* etw.).

ammaraggio [amma'raddʒo] ‹-ggi› *m* Wasserung *f,* Wassern *n.* **ammarare** [...'ra:re] *itr* ‹*essere*› wassern.

ammarrare [ammar'ra:re] *tr* verankern.

ammassamento [ammassa'mento] *m* Aufhäufung *f.* **ammassare** [...'sa:re] **I.** *tr* aufhäufen, -schichten; *(raccogliere)* anhäufen, sammeln; **II.** *rfl:* **-rsi** sich häufen. **ammasso** [am'masso] *m* **1.** *(mucchio)* Haufen *m; (congerie)* Anhäufung *f;* **2.** *(di prodotti agricoli)* Ablieferung *f; (deposito)* Sammelstelle *f;* **3.** *geol* Ablagerung *f.*

ammattire [ammat'ti:re] ‹ammattisco› *itr* ‹*essere*› verrückt (*o.* wahnsinnig) werden.

ammattonare [ammatto'na:re] *tr* pflastern. **ammattonato, -a** [...'na:to] **I.** *a* gepflastert; **II.** *m* (Backstein)pflaster *n.*

ammazzamento [ammattsa'mento] *m* **1.** *(strage)* Blutbad *n;* **2.** *fig (lavoro)* Schufterei *f fam.* **ammazzare** [...'tsa:re] **I.** *tr* **1.** *(uccidere)* töten, umbringen; *(a colpi)* erschlagen; *(macellare)* schlachten; **2.** *(botte)* anstechen; **3.** *fig* umbringen; *(tempo)* totschlagen; *(noia)* vertreiben; **II.** *rfl:* **-rsi 1.** *(darsi la morte)* sich umbringen; **2.** *(perdere la vita)* umkommen; **3.** *fig (affaticarsi)* sich umbringen, sich kaputtmachen *fam.*

ammazzasette [ammattsa'sɛtte] ‹-› *m* Aufschneider *m,* Prahlhans *m.*

ammenda [am'mɛnda] *f* **1.** *(risarcimento)* Entschädigung *f;* **2.** *(multa)* Geldstrafe *f;* **3.** *fig* Wiedergutmachung *f.*

ammennicolo [ammen'ni:kolo] *m* **1.** *(pretesto)* Vorwand *m,* Ausflucht *f;* **2.** *(bazzecola)* Kleinigkeit *f.*

ammesso, -a [am'messo] **I.** *a* vorausgesetzt; **II.** *m, f* Zugelassene(r) *mf.*

ammettere [am'mettere] ‹*irr*› *tr* **1.** *(accettare, ricevere)* zulassen, annehmen; **2.** *(supporre)* voraussetzen, annehmen; **3.** *(consentire)* zulassen; **4.** *(riconoscere)* zugeben; **5.** *(accogliere)* zulassen, dulden; **ammettiamo che io fugga** vorausgesetzt, ich fliehe.

ammezzato [ammed'dza:to] *m* Halbgeschoß *n.*

ammiccare [ammik'ka:re] ‹ammicco, ammicchi› *itr* zwinkern, blinzeln; ~ **a qu** jdm zuzwinkern (*o.* zublinzeln).

amministrare [amminis'tra:re] *tr* **1.** *adm* verwalten; **2.** *fig (tempo)* einteilen; *(sacramenti)* spenden; ~ **la giustizia** Recht sprechen. **amministrativo, -a** [...tra'ti:vo] *a* administrativ, Verwaltungs-. **amministratore, -trice** [...tra'to:re] *m, f* Verwalter(in) *m(f);* ~ **delegato** Geschäftsführer *m.* **amministrazione** [...trat'tsi̯o:ne] *f* Verwaltung *f;* ~ **della giustizia** Rechtspflege *f;* **cose di ordinaria** ~ *fig* alltägliche Angelegenheiten *f pl.*

ammirabile [ammi'ra:bile] *a* bewundernswert.

ammiraglia [ammi'raʎʎa] ‹-glie› *f* **1.** *naut* Flaggschiff *n;* **2.** *mot* Begleitwagen *m.* **ammiraglio** [...ʎo] ‹-gli› *m* Admiral *m.*

ammirare [ammiˈra:re] *tr* bewundern. **ammiratore, -trice** [...raˈto:re] *m, f* Bewunderer *m,* Bewund(r)erin *f.* **ammirazione** [...ratˈtsi̯o:ne] *f* Bewunderung *f.* **ammirevole** [...ˈre:vole] *a* bewundernswert.

ammissibile [ammisˈsi:bile] *a* annehmbar, akzeptabel.

ammissione [ammisˈsi̯o:ne] *f* Annahme *f,* Zulassung *f; (approvazione)* Zustimmung *f.*

ammobiliamento [ammobili̯aˈmento] *m* Möblierung *f.* **ammobiliare** [...ˈli̯a:re] ‹ammobilio, ammobili› *tr* möblieren, einrichten.

ammodernamento [ammodernaˈmento] *m* Modernisierung *f.* **ammodernare** [...ˈna:re] *tr* modernisieren.

ammodo [amˈmɔ:do] ‹*inv*› *a, adv* anständig.

ammogliare [ammoʎˈʎa:re] ‹ammoglio, ammogli› **I.** *tr* (mit einer Frau) verheiraten; **II.** *rfl:* **-rsi** sich (mit einer Frau) verheiraten.

ammollare [amolˈla:re] **I.** *tr* einweichen; **II.** *rfl:* **-rsi** weich (*o. a. fig* durchweicht) werden.

ammollire [ammolˈli:re] ‹ammollisco› **I.** *tr* **1.** *(ammorbidire)* aufweichen, erweichen; **2.** *geh (mitigare, lenire)* lindern; **3.** *fig (infiacchire)* verweichlichen; **II.** *rfl:* **-rsi** **1.** *(ammorbidirsi)* weich werden; **2.** *fig (infiacchirsi)* verweichlicht werden.

ammoniaca [ammoˈni:aka] *f* Ammoniak *n.*

ammonimento [ammoniˈmento] *m (avvertimento)* Ermahnung *f; (per rimprovero)* Verweis *m,* Rüge *f; (per ammaestramento, a. jur)* Belehrung *f; jur, adm (di polizia)* Verwarnung *f.*

ammonio [amˈmɔ:ni̯o] *m* Ammonium *n.*

ammonire [ammoˈni:re] ‹ammonisco› *tr (per avvertimento)* ermahnen; *(per rimprovero)* verweisen, rügen; *(per ammaestramento, a. jur)* belehren; *jur, adm (polizia)* verwarnen. **ammonitore, -trice** [...niˈto:re] **I.** *a* mahnend; **II.** *m, f* Mahner(in) *m(f).* **ammonizione** [...nitˈtsi̯o:ne] *f* **1.** *(avvertimento)* Mahnung *f;* **2.** *(rimprovero)* Verweis *m,* Rüge *f;* **3.** *jur* Belehrung *f;* **4.** *(di polizia)* Verwarnung *f;* **5.** *sport* Verweis *m.*

ammontare [ammonˈta:re] **I.** *tr* ‹*avere*› aufhäufen; **II.** *itr* ‹*essere*› betragen (*a qc* etw.), sich belaufen (*a* auf); **III.** *m* (Gesamt)betrag *m,* Summe *f.*

ammonticchiare [ammontikˈki̯a:re] ‹ammonticchio, ammonticchi› *tr* (auf)stapeln.

ammorbare [ammorˈba:re] *tr* **1.** *(appestare)* verpesten; **2.** *fig (corrompere)* verderben.

ammorbidire [ammorbiˈdi:re] ‹ammorbidisco› **I.** *tr* ‹*avere*› **1.** *(render morbido)* weich(er) machen, erweichen; **2.** *fig (sfumare)* abtönen; **II.** *itr* ‹*essere*› weich(er) werden; **III.** *rfl:* **-rsi** weich (*o. fig* sanft) werden.

ammortamento [ammortaˈmento] *m* **1.** *(ammortizzazione)* Amortisierung *f;* **2.** *jur (estinzione)* Abschreibung *f,* Tilgung *f.* **ammortare** [...ˈta:re] *tr* amortisieren; *(debito)* tilgen.

ammortire [ammorˈti:re] ‹ammortisco› *tr* dämpfen.

ammortizzare [amortidˈdza:re] *tr* **1.** *(ammortare)* amortisieren; *(debito)* tilgen; **2.** *tec (attutire)* abschwächen, dämpfen. **ammortizzatore** [...dzaˈto:re] *m* Stoßdämpfer *m.*

ammostatura [ammostaˈtu:ra] *f* Mostbereitung *f.*

ammucchiamento [ammukki̯aˈmento] *m* Anhäufung *f.* **ammucchiare** [...ˈki̯a:re] ‹ammucchio, ammucchi› **I.** *tr* anhäufen; **II.** *rfl:* **-rsi** sich anhäufen.

ammuffire [ammufˈfi:re] ‹ammuffisco› *itr* **1.** *(prender la muffa)* (ver)schimmeln; **2.** *fig* versauern, verkümmern.

ammutinamento [ammutinaˈmento] *m* Meuterei *f.* **ammutinarsi** [...ˈnarsi] *rfl* meutern.

ammutolire [ammutoˈli:re] ‹ammutolisco› *itr* ‹*essere*› verstummen.

amnesia [amneˈzi:a] ‹-ie› *f* Amnesie *f,* Gedächtnisschwund *m.*

amnistia [amnisˈti:a] ‹-ie› *f* Amnestie *f,* Straferlaß *m.* **amnistiare** [...ˈti̯a:re] ‹amnistio, amnistii› *tr* amnestieren, begnadigen.

amo [ˈa:mo] *m* Angelhaken *m;* **abboccare all'~** *fig* anbeißen.

amorale [amoˈra:le] *a* unmoralisch. **amoralità** [...raliˈta] *f* Unmoral *f.*

amore [aˈmo:re] *m* Liebe *f; (persona a.)* Liebste(r) *mf; fig* Schatz *m,* Engel *m;* **~ del prossimo** Nächstenliebe *f;* **~ materno** Mutterliebe *f;* **amor patrio/ proprio** Vaterlands-/Eigenliebe *f;* **~ per lo studio** Freude *f* am Lernen; **quella ragazza è un ~** dieses Mädchen ist ein Schatz; **far l'~** (*o.* **all'~**) **con qu** jdn lieben, mit jdm schlafen; **lavorare con ~** mit Hingabe arbeiten; **vivere d'~ e d'accordo** ein Herz und eine Seele sein; **per ~ di qu** aus

Liebe zu jdm; *(favore)* jdm zuliebe; **per amor tuo** dir zuliebe; **per ~ o per forza** im Guten oder im Bösen; **per amor di Dio!** um Gottes willen!; **l'~ è cieco** *prov* Liebe macht blind *prov;* **il primo ~ non si scorda mai** *prov* alte Liebe rostet nicht *prov.* **amoreggiamento** [amoreddʒa'mento] *m* Liebelei *f.* **amoreggiare** [...dʒa:re] ‹amoreggio, amoreggi› *itr* flirten. **amorevole** [...'re:vole] *a* liebevoll. **amorevolezza** [...revo'lettsa] *f* liebevolle Art; *(benevolenza)* Liebenswürdigkeit *f.*

amorfo, -a [a'mɔrfo] *a* amorph, form-, gestaltlos.

amorino [amo'ri:no] *m* Putte *f.*

amoroso, -a [amo'ro:so] **I.** *a* Liebes-; *(persona)* liebevoll; **II.** *m, f* Geliebte(r) *mf.*

amovibile [amo'vi:bile] *a* **1.** *(oggetto)* beweglich, zu bewegen(d); **2.** *(persona)* versetzbar; absetzbar.

amperaggio [ampe'raddʒo] ‹-ggi› *m* Amperestärke *f.* **ampère** [ã'pɛ:r] ‹-› *m* (*ab* A) Ampere *n.* **amperometro** [ampe'rɔ:metro] *m* Amperemeter *n.* **amperora** [...'ro:ra] *f* Amperestunde *f.*

ampiezza [am'pi̯ettsa] *f* **1.** *(larghezza)* Weite *f;* **2.** *(estensione)* Ausdehnung *f; (spaziosità)* Geräumigkeit *f;* **3.** *fig (abbondanza)* Fülle *f,* Reichtum *m; (di spiegazione, etc.)* Ausführlichkeit *f;* **4.** *phys* Amplitude *f;* **~ di vedute** Sichtweite *f.* **ampio, -a** ['ampi̯o] ‹-i, -ie› *a* weit; *(spazioso)* geräumig; *(spiegazione, etc.)* ausführlich; *(garanzia, etc.)* weitreichend.

amplesso [am'plɛsso] *m* **1.** *(abbraccio)* Umarmung *f;* **2.** *(coito)* Beischlaf *m.*

ampliamento [amplia'mento] *m* Erweiterung *f.* **ampliare** [...i'a:re] ‹amplio, amplii› **I.** *tr* erweitern, ausdehnen; **II.** *rfl:* **-rsi** sich ausdehnen.

amplificare [amplifi'ka:re] ‹amplifico, amplifichi› *tr* erweitern; *tec (suono)* verstärken. **amplificatore, -trice** [...ka'to:re] **I.** *a* verstärkend, Verstärker-; **II.** *m* Verstärker *m.* **amplificazione** [...kat'tsi̯o:ne] *f* Ausdehnung *f; tec* Verstärkung *f.*

amplio ['ampli̯o] *v.* **ampio.**

ampolla [am'polla] *f* Fläschchen *n; med* Ampulle *f.* **ampolliera** [...'li̯ɛ:ra] *f* Öl- und Essigständer *m.*

ampolloso, -a [ampol'lo:so] *a* geschwollen, schwülstig.

amputare [ampu'ta:re] *tr* **1.** *med* amputieren; **2.** *fig* beschneiden. **amputazione** [...tat'tsi̯o:ne] *f* **1.** *med* Amputation *f;* **2.** *fig* Beschneidung *f.*

amuleto [amu'lɛ:to *o.* ...'le:to] *m* Amulett *n.*

anabattista [anabat'tista] ‹-i *m,* -e *f*› *mf* Wiedertäufer(in) *m(f).*

anabbagliante [anabbaʎ'ʎante] **I.** *a* blendfrei; **II.** *m pl* Abblendlicht *n.*

anacronismo [anakro'nizmo] *m* Anachronismus *m.* **anacronistico, -a** [...'nistiko] ‹-ci, -che› *a* anachronistisch.

anagrafe [a'na:grafe] *f* **1.** *(registro)* Einwohnerverzeichnis *n; (di stato civile)* Personenstandsregister *n;* **2.** *(ufficio)* Einwohnermeldeamt *n; (di stato civile)* Standesamt *n.* **anagrafico, -a** [ana'gra:fiko] *a* Einwohner-, Personenstands-.

anagramma [ana'gramma] ‹-i› *m* Anagramm *n.*

analcolico, -a [anal'kɔ:liko] **I.** *a* alkoholfrei, antialkoholisch; **II.** *m* alkoholfreies Getränk.

anale [a'na:le] *a* anal.

analfabeta [analfa'bɛ:ta] ‹-i *m,* -e *f*› **I.** *mf* Analphabet(in) *m(f);* **II.** *a* analphabetisch. **analfabetismo** [...be'tizmo] *m* Analphabetismus *m.*

analgesico, -a [anal'dʒɛ:ziko] ‹-ci, -che› **I.** *a* analgetisch, schmerzstillend; **II.** *m* schmerzstillendes Mittel, Analgetikum *n.*

analisi [a'na:lizi] ‹-› *f* Analyse *f,* Untersuchung *f;* **fare l'~ della situazione** die Situation analysieren; **in ultima ~** letztendlich. **analista** [ana'lista] ‹-i *m,* -e *f*› *mf* Analytiker(in) *m(f).* **analitico, -a** [...'li:tiko] ‹-ci, -che› *a* analytisch. **analizzare** [...lid'dza:re] *tr* analysieren. **analizzatore** [...liddza'to:re] *m* Analysegerät *n.*

analogia [analo'dʒi:a] ‹-gie› *f* Analogie *f.* **analogico, -a** [...'lɔ:dʒiko] *a,* **analogo, -a** [a'na:logo] ‹-ghi, -ghe› *a* analog.

anamnesi [anam'nɛ:zi] ‹-› *f* Anamnese *f.*

ananas ['a:nanas *o.* ana'nas] ‹-› *m* Ananas *f.*

anarchia [anar'ki:a] ‹-chie› *f* Anarchie *f.* **anarchico, -a** [a'narkiko] ‹-ci, -che› **I.** *a* anarchisch, anarchistisch; **II.** *m, f* Anarchist(in) *m(f).* **anarchismo** [...'kizmo] *m* Anarchismus *m.* **anarcoide** [...'kɔ:ide] **I.** *a* Anarcho-; **II.** *mf* Anarcho *m sl.*

A.N.A.S. ['a:nas] *f ab di* **Azienda Nazionale Autonoma delle Strade** *italienische Straßenaufsichtsbehörde.*

anatema [ana'tɛ:ma] ‹-i› *m* **1.** *(maledi-*

zione) Fluch *m;* **2.** *(scomunica)* Kirchenbann *m,* Anathema *n.*

anatomia [anato'mi:a] ‹-ie› *f* **1.** *(scienza, a. fig: struttura)* Anatomie *f;* **2.** *(dissezione)* Sektion *f,* Sezieren *n;* **3.** *fig (analisi minuziosa)* Detailanalyse *f;* **4.** *scherz (aspetto fisico)* Körperbau *m.* **anatomico, -a** [...'tɔ:miko] ‹-ci, -che› *a* anatomisch. **anatomizzare** [...tomid'dza:re] *tr* **1.** *(dissecare)* sezieren; **2.** *fig (esaminare)* analysieren.

anatra ['a:natra] *f* Ente *f.*

anca ['aŋka] ‹-che› *f* Hüfte *f.*

ancella [an'tʃɛlla] *f poet* Magd *f.*

anche ['aŋke] *con* **1.** *(pure)* auch; **2.** *(inoltre)* dazu, außerdem; **3.** *(perfino)* noch, sogar; **quand'~ ...** *conj,* **~ se ...** *conj* auch (*o.* selbst) wenn ... *conj;* **~ a pregarlo non accetterebbe** selbst wenn man ihn bitten würde, würde er nicht einwilligen.

ancheggiare [aŋked'dʒa:re] ‹ancheggio, ancheggi› *itr* sich in den Hüften wiegen.

ancia ['antʃa] ‹-ce› *f* Rohrblatt *n.*

ancipite [an'tʃi:pite] *a* **1.** *(a due tagli)* zweischneidig; **2.** *fig (ambiguo)* zweideutig; **3.** *(in metrica)* anzeps.

ancona [aŋ'ko:na] *f* Altarbild *n.*

Ancona [aŋ'ko:na] *f* Ancona *n.*

ancora[1] [aŋ'ko:ra] *adv* **1.** *(continuità di un'azione)* noch; **2.** *(fino ad ora)* bisher, noch; **3.** *(un'altra volta)* noch einmal; **4.** *(aggiunta)* noch; **non ~** noch nicht.

ancora[2] ['aŋkora] *f* Anker *m;* **~ di salvezza** *fig* Rettungsanker *m;* **essere all'~** vor Anker liegen; **gettare/levare** (*o.* **salpare) l'~** den Anker auswerfen/lichten. **ancoraggio** [...'raddʒo] ‹-ggi› *m* **1.** *(azione)* Ankern *n;* **2.** *(luogo)* Ankerplatz *m;* **3.** *(specchio d'acqua)* Ankergrund *m;* **4.** *(collegamento di strutture)* Verankerung *f;* **tassa d'~** Ankergeld *n.* **ancorare** [...'ra:re] **I.** *tr* **1.** *naut, fig* verankern; **2.** *fig (monete)* koppeln, binden; **II.** *rfl:* **-rsi 1.** *naut* ankern; **2.** *fig* sich anklammern.

ancorché [aŋkor'ke] *con poet* **1.** *(sebbene) conj* obwohl; **2.** *(anche se)* wenn auch.

andai [an'da:i] *1. pers sing del passato remoto di* **andare.**

andamento [anda'mento] *m* **1.** *(svolgimento)* (Fort)gang *m; (a. di malattia)* Verlauf *m;* **2.** *mus* Tempo *n;* **3.** *(portamento)* Gang *m,* Haltung *f.*

andante [an'dante] **I.** *a* **1.** *(ordinario)* gängig; *(di poco pregio)* von geringem Wert; **2.** *(corrente)* laufend; **3.** *mus* andante; **II.** *m* Andante *n.*

andare [an'da:re] ‹vado, andai, andato› **I.** *itr* ‹*essere*› **1.** *(a piedi)* gehen, laufen; **2.** *(in macchina, tram, treno, etc.)* fahren; *(in aereo)* fliegen; **3.** *(strade)* führen; **4.** *(vestiario)* passen; **5.** *(essere di moda)* getragen werden; **6.** *(di comportamento)* vorgehen; **7.** *(funzionare)* gehen, laufen; **8.** *fig (svolgersi)* ablaufen, entwickeln; **9.** *(di gradimento)* passen, gefallen; **~ a zonzo** bummeln; **~ di corsa** schnell laufen; **~ via** fortgehen; **~ a cavallo** reiten; **~ pazzo per qc** von etw. begeistert sein; **~ all'aria** auffliegen; **~ a male** verderben; **~ a monte** sich in Wohlgefallen auflösen; **~ di mezzo** dazwischenkommen; **~ in fumo** sich in Rauch auflösen; **~ a mangiare** essen gehen; **un giovane che andrà lontano** ein junger Mann, der es weit bringen wird; **questo libro andrà molto** dieses Buch wird sich gut verkaufen; **andiamo!** los!; **come va? — bene grazie!** wie geht es? — danke, gut!; **II.** *rfl:* **andarsene** weggehen, (fort)gehen; *(sparire)* verschwinden; **andarsene all'altro mondo** das Zeitliche segnen; **se ne sono andati tre milioni di lire** drei Millionen Lire sind dabei draufgegangen *fam;* **me ne vado subito** ich gehe sofort; **III.** *m* Gang *m;* **a lungo ~** auf die Dauer. **andata** [an'da:ta] *f* **1.** *(atto dell'andare)* Gehen *n;* **2.** *(con mezzo di locomozione)* Hinreise *f,* -fahrt *f;* **3.** *(partenza)* Abfahrt *f;* **biglietto di (sola) andata/ di ~ e ritorno** einfache Fahrkarte/Rückfahrkarte *f;* **viaggio di ~ e ritorno** Hin- und Rückreise *f;* **girone di ~** Hinrunde *f.* **andato** [an'da:to] *pp di* **andare. andatura** [anda'tu:ra] *f* **1.** *(modo dell'andare)* Gang *m,* Gangart *f;* **2.** *(portamento)* Haltung *f;* **3.** *sport* Lauf *m,* Gangart *f;* **rompere l'~** *sport* die Gangart ändern.

andazzo [an'dattso] *m* Unsitte *f.*

Ande ['ande] *f pl* Anden *pl.*

andirivieni [andiri'vi̯ɛ:ni] ‹-› *m* **1.** *(viavai)* Hin und Her *n,* Kommen und Gehen *n;* **2.** *fig* Umschweife *pl.*

andito ['andito] *m* Flur *m,* Korridor *m,* Gang *m.*

Andorra [an'dɔrra] *f* Andorra *n.*

Andrea [an'drɛ:a] *(nome proprio maschile)* Andreas.

Andreina [andre'i:na] *(nome proprio femminile)* Andrea.

androgino, -a [an'drɔ:dʒino] *a* androgyn.

androne [an'dro:ne] *m* Hausflur *m,* Eingangshalle *f.*
aneddotico, -a [anned'dɔ:tiko] ‹-ci, -che› *a* anekdotisch, anekdotenhaft. **aneddoto** [an'nɛ:doto] *m* Anekdote *f.*
anelare [ane'la:re] *itr poet* **1.** *(respirare)* ächzen, keuchen; **2.** *fig:* ~ **a qc** etw. herbeisehnen, sich nach etw. sehnen. **anelito** [a'nɛ:lito] *m* **1.** *(respiro)* Keuchen *n;* **2.** *fig (brama)* Sehnsucht *f.*
anello [a'nɛllo] *m* **1.** ‹-i *m*› *gener., anat, sport, fig* Ring *m; (di catena)* Glied *n;* **2.** ‹-a *f*› *(ricciolo)* Locke *f;* **prendere l'~** die Ringe tauschen; ~ **matrimoniale** Ehering *m;* ~ **stradale** Ring(straße *f*) *m,* Umgehungsstraße *f.*
anemia [ane'mi:a] ‹-ie› *f* Blutarmut *f,* Anämie *f.* **anemico, -a** [a'nɛ:miko] ‹-ci, -che› **I.** *a* **1.** *med* blutarm, anämisch; **2.** *fig (fiacco)* blutleer, ohne Leben; **II.** *m, f* anämischer Mensch.
anemometro [ane'mɔ:metro] *m* Windmesser *n,* Anemometer *n.*
anemone [a'nɛ:mone] *m* Anemone *f.*
anestesia [aneste'zi:a] ‹-ie› *f* Narkose *f,* Anästhesie *f;* ~ **generale/locale** Vollnarkose *f*/örtliche Betäubung. **anestesista** [...'zista] ‹-i *m,* -e *f*› *mf* Anästhesist(in) *m(f),* Narkosearzt *m,* -ärztin *f.* **anestetico, -a** [...'tɛ:tiko] ‹-ci, -che› **I.** *a* anästhetisch, betäubend; **II.** *m* Betäubungsmittel *n,* Anästhetikum *n.* **anestetizzare** [...tetid'dza:re] *tr* betäuben, anästhetisieren.
aneto [a'nɛ:to *o.* a'ne:to] *m* Dill *m.*
anfibio, -a [an'fi:bi̯o] ‹-i, -ie› **I.** *a* amphibisch, Amphibien-; **II.** *m* **1.** *mot* Amphibienfahrzeug *n;* **2.** *aero* Amphibienflugzeug *n;* **III.** ‹*pl*› Amphibien *f pl.*
anfiteatro [anfite'a:tro] *m* **1.** *(edificio)* Amphitheater *n;* **2.** *(aula)* Hörsaal *m;* **3.** *geol:* ~ **morenico** Moränenkessel *m.*
anfitrione [anfitri'o:ne] *m* großzügiger Gastgeber.
anfora ['anfora] *f* Amphore *f.*
anfratto [an'fratto] *m* Kluft *f,* Schlucht *f.* **anfrattuoso, -a** [...tu'o:so] *a* zerklüftet.
angariare [aŋga'ri̯a:re] ‹angario, angarii› *tr* unterdrücken, schinden.
Angela ['andʒela] *(nome proprio femminile)* Angela.
angelico, -a [an'dʒɛ:liko] ‹-ci, -che› *a* engelsgleich, Engels-; **la salutazione -a** das Ave Maria. **angelo** ['andʒelo] *m* Engel *m;* **discutere sul sesso degli -i** sich um des Kaisers Bart streiten; ~ **custode** *rel* Schutzengel *m; scherz (guardia)* Schutzmann *m.*
Angelo ['andʒelo] *nome proprio maschile.*
angheria [aŋge'ri:a] ‹-ie› *f* Unterdrükkung *f,* Schikane *f.*
angina [an'dʒi:na] *f* Angina *f.*
anglicano, -a [aŋgli'ka:no] **I.** *a* anglikanisch; **II.** *m, f* Anglikaner(in) *m(f).*
angli(ci)smo [aŋ'glizmo (...i'tʃizmo)] *m,* Anglizismus *m.* **anglista** [aŋ'glista] ‹-i *m,* -e *f*› *mf* Anglist(in) *m(f).* **anglistica** [aŋ'glistika] ‹-che› *f* Anglistik *f.*
anglosassone [aŋglo'sassone] **I.** *a* angelsächsisch; **II.** *mf* Angelsachse *m,* -sächsin *f.*
angolare [aŋgo'la:re] **I.** *a* Eck-, eckig; **pietra** ~ *arch* Eckstein *m; fig* Grundstein *m;* **II.** *tr* **1.** *gener.* im Winkel ausrichten; **2.** *film* unter einem bestimmten Winkel drehen; **3.** *sport* in die Ekke schießen. **angolazione** [...lat'tsi̯o:ne] *f* **1.** *film, fig* Blickwinkel *m;* **2.** *sport* Eckschuß *m.*
angolo ['aŋgolo] *m* **1.** *gener., sport* Ekke *f;* **2.** *(in geometria)* Winkel *m;* **3.** *(di mobile, etc.)* Kante *f; (di fazzoletto)* Zipfel *m;* **4.** *(della bocca)* Winkel *m;* **d'~** Eck-; **calcio d'~** Eckball *m;* **-i della bocca** Mundwinkel *m pl.* **angoloso, -a** [...'lo:so] *a* **1.** *(che ha angoli)* eckig; **2.** *fig* eckig, spröde.
angora ['aŋgora] *f:* **d'~** Angora-.
angoscia [aŋ'gɔʃʃa] ‹-sce› *f* **1.** *(stato di ansia)* Angst *f,* Beklemmung *f;* **2.** *med* Angstzustand *m;* **passare ore d'~** bange Stunden verbringen. **angosciare** [aŋgoʃ'ʃa:re] ‹angoscio, angosci› **I.** *tr* ängstigen, Angst machen (*qu* jdm); **II.** *rfl:* **-rsi** sich fürchten, sich bekümmern. **angoscioso, -a** [...'ʃo:so] *a* beklemmend; *(attesa a.)* quälend; *(grido, etc.)* angstvoll, angsterfüllt.
anguilla [aŋ'gu̯illa] *f* Aal *m;* **scivoloso come un'~** *fig* aalglatt. **anguillesco, -a** [...'lesko] ‹-schi, -sche› *a* aalglatt.
anguria [aŋ'gu:ri̯a] ‹-ie› *f sett* Wassermelone *f.*
angustia [aŋ'gusti̯a] ‹-ie› *f* **1.** *(penuria)* Knappheit *f,* Enge *f;* **2.** *(preoccupazione)* Beklemmung *f,* Sorge *f;* **3.** *fig (grettezza)* Beschränktheit *f.* **angustiare** [...'ti̯a:re] ‹angustio, angusti› **I.** *tr* beängstigen; **II.** *rfl:* **-rsi** sich ängstigen (*per* um), bangen (*per* um).
angusto, -a [aŋ'gusto] *a* **1.** *(stretto)* knapp, eng; **2.** *fig (meschino)* beschränkt.
anice ['a:nitʃe] *m* Anis *m.*

anilina [ani'li:na] *f* Anilin *n.*
anima ['a:nima] *f (a. fig)* Seele *f; (nucleo centrale a.)* Innere(s) *n; tec* Kern *m;* **non c'era ~ viva** es war keine Menschenseele da; **cercar qc come un'~ dannata** etw. verzweifelt suchen; **dedicarsi ~ e corpo a qc** sich einer S. mit Leib und Seele hingeben (*o.* verschreiben); **render l'~** seinen Geist aushauchen; **romper l'~ a qu** jdm auf die Nerven gehen; **la buon'~ di mia madre** (*o.* **mia madre, buon'~**) meine selige Mutter, meine Mutter selig.
animale [ani'ma:le] **I.** *m* **1.** *(essere animato)* Lebewesen *n;* **2.** *(bestia)* Tier *n,* Vieh *n;* **3.** *fig* Bestie *f; (a. persona stupida)* Vieh *n;* **~ domestico** Haustier *n;* **II.** *a* **1.** *(relativo a corpo animato)* Tier-, Lebend-; **2.** *fig (corporeo)* tierisch, tierhaft; **calore ~** Körperwärme *f.* **animalesco, -a** [...ma'lesko] ‹-schi, -sche› *a* animalisch. **animalità** [...mali'ta] ‹-› *f* Animalität *f,* Tierhaftigkeit *f.*
animare [ani'ma:re] **I.** *tr* **1.** *(infondere l'anima)* beleben; **2.** *fig (render più vivo)* beleben, in Schwung bringen; **3.** *fig (spingere)* bewegen, animieren; **II.** *rfl:* **-rsi 1.** *(acquistare vita)* sich beleben; **2.** *fig (accalorarsi)* sich erhitzen. **animato, -a** [...'ma:to] *a* belebt; *fig* lebhaft; **disegni** (*o.* **cartoni**) **-i** Zeichentrickfilm *m.* **animatore, -trice** [...ma'to:re] **I.** *a* belebend; **II.** *m, f* **1.** *gener.* Initiator(in) *m(f);* **2.** *(di gruppo)* Animateur(in) *m(f);* **3.** *(di cartoni animati)* Trickfilmzeichner(in) *m(f).* **animazione** [...mat'tsi̯o:ne] *f* **1.** *(vivacità)* Lebhaftigkeit *f,* Leben *n;* **2.** *(folla)* Betrieb *m.*
animella [ani'mɛlla] *f* Bries *n.*
animo ['a:nimo] *m* **1.** *(sede dei sentimenti)* Gemüt *n;* **2.** *(spirito)* Geist *m;* **3.** *(anima)* Seele *f;* **4.** *(pensieri)* Gedanken *m pl,* Sinn *m;* **5.** *(coraggio)* Mut *m;* **6.** *(disposizione)* Wesen *n;* **7.** *(intendimento)* Absicht *f,* Wille *m;* **stato d'~** Gemütsverfassung *f;* **di buon/mal ~** gern/ungern; **leggere nell'~ di qu** jds Gedanken lesen können; **farsi ~** sich *(dat)* Mut machen, Mut fassen; **aver l'~ di far qc** vorhaben, etw. zu tun; **mettersi l'~ in pace** der lieben Seele Ruhe gönnen; **star con l'~ in sospeso** bangen.
animosità [animosi'ta] ‹-› *f* Feindseligkeit *f.* **animoso, -a** [...'mo:so] *a* **1.** *(ostile)* feindselig; **2.** *(coraggioso)* beherzt, mutig.
anisetta [ani'zetta] *f* Anislikör *m.*
Anita [a'ni:ta] *(nome proprio femminile)* Anita.
anitra ['a:nitra] *v.* **anatra.**
Anna ['anna] *(nome proprio femminile)* Anna, Anne.
annacquare [annak'ku̯a:re] *tr* **1.** *(diluire)* verwässern; **2.** *fig (mitigare)* (ab)mildern. **annacquata** [...'ku̯a:ta] *f* **1.** *(di vino, etc.)* leichtes Verdünnen mit Wasser; **2.** *(pioggerella)* leichter Regen.
annaffiare [annaf'fi̯a:re] ‹annaffio, annaffi› *tr* **1.** *(orti, fiori)* (be)wässern, (be)gießen; **2.** *(strade)* sprengen; **3.** *scherz (pasti)* begießen; *(annacquare)* verdünnen. **annaffiatoio** [...i̯a'to:i̯o] ‹-oi› *m* Gießkanne *f.* **annaffiatura** [...i̯a'tu:ra] *f* Begießen *n.*
annali [an'na:li] *m pl* Annalen *pl,* Jahrbuch *n.*
annaspare [annas'pa:re] **I.** *itr* **1.** wanken, torkeln; **2.** *fig (nel parlare)* sich verhaspeln; **~ nel buio** im dunkeln tappen; **II.** *tr* aufspulen.
annata [an'na:ta] *f* **1.** *(durata di un anno)* Jahr *n,* Jahrgang *m;* **2.** *(produzione)* Jahrgang *m;* **3.** *(importo)* Jahresbeitrag *m;* **4.** *(di giornale)* Jahrgang *m.*
annebbiamento [annebbi̯a'mento] *m* **1.** *(formazione di nebbia)* Nebelbildung *f;* **2.** *(banco di nebbia)* Nebelbank *f;* **3.** *(offuscamento)* Umnebelung *f,* Trübung *f.* **annebbiare** [...'bi̯a:re] ‹annebbio, annebbi› **I.** *tr* **1.** *(velare di nebbia)* umnebeln; **2.** *fig (ottundere)* trüben; *(alcool)* trüben; **II.** *rfl:* **-rsi 1.** *(riempirsi di nebbia)* neb(e)lig werden; **2.** *fig (offuscarsi)* sich trüben, unklar werden.
annegamento [annega'mento] *m* **1.** *(l'annegarsi)* Ertrinken *n;* **2.** *(l'annegare)* Ertränken *n,* Ersäufen *n.* **annegare** [...'ga:re] ‹annego, anneghi› **I.** *tr* ‹*avere*› ertränken, ersäufen; **II.** *itr* ‹*essere*› ertrinken; **III.** *rfl:* **-rsi** ertrinken; *(uccidersi)* sich ertränken.
annerimento [anneri'mento] *m* Schwärzen *n.* **annerire** [...'ri:re] ‹annerisco› **I.** *tr* ‹*avere*› schwärzen, schwarz machen; **II.** *itr* ‹*essere*› sich schwärzen, schwarz werden.
annessi [an'nɛssi] *1. pers sing del passato remoto di* **annettere.**
annessione [annes'si̯o:ne] *f* Annexion *f.* **annesso, -a** [an'nɛsso] **I.** *a* **1.** *(adiacente, congiunto)* anliegend, verbunden; **2.** *(allegato)* beigefügt, beiliegend; **3.** *pol* annektiert; **II.** *m pl* **1.** *arch* Anbauten *m pl,* Nebengebäude *n pl;* **2.** *anat* Nebenorgane *n pl;* **3.** *(cose)* Zubehör *n;* **gli -i e connessi**

alles Drum und Dran *fam,* alles, was dazugehört.
annettere [an'nɛttere] ⟨annetto, annettei *o.* annessi, annesso⟩ *tr* **1.** *(unire)* anbauen, anfügen; **2.** *pol* annektieren; **3.** *(allegare)* beifügen; **4.** *fig (attribuire)* beimessen.
Annibale [an'ni:bale] *(nome proprio maschile)* Hannibal.
annichilamento [annikila'mento] *m* Vernichtung *f.* **annichilare** [...'la:re] **I.** *tr* **1.** *(nullificare)* vernichten; **2.** *fig* niederschlagen; *(persona a.)* am Boden zerstören; **II.** *rfl:* **-rsi 1.** *(annullarsi)* sich (selbst) vernichten; **2.** *fig (umiliarsi)* sich erniedrigen. **annichilazione** [...lat'tsi̯o:ne] *f* **1.** *(annichilamento)* Vernichtung *f;* **2.** *phys* Zerstrahlung *f.*
annichilimento, annichilire [annikili'mento, ...'li:re] ⟨annichilisco⟩ *v.* **annichilamento, annichilare.**
annidare [anni'da:re] **I.** *tr* **1.** *zoo* ins Nest setzen; **2.** *fig (celare)* verborgen halten; **II.** *rfl:* **-rsi 1.** *(fare il nido)* nisten; **2.** *fig (nascondersi)* sich verbergen; **3.** *fig (albergare)* sich einnisten.
annientamento [anni̯enta'mento] *m* **1.** *(distruzione)* (völlige) Vernichtung *f,* Zerstörung *f;* **2.** *fig* Vernichtung *f.* **annientare** [...'ta:re] *tr* **1.** *(distruggere)* (völlig) vernichten, zerstören; **2.** *fig* vernichten.
anniversario, -a [anniver'sa:ri̯o] ⟨-i, -ie⟩ **I.** *a* Jahres-; **II.** *m* Jahrestag *m; (compleanno)* Geburtstag *m.*
anno ['anno] *m* Jahr *n;* ~ **accademico/bisestile/civile/commerciale/fiscale/scolastico/** Studien-/Schalt-/Kalender-/Geschäfts-/Steuer-/Schuljahr *n;* ~ **nuovo/santo** Neues/Heiliges Jahr; ~**-luce** Lichtjahr *n;* **compiere gli -i** Geburtstag haben; **frequentare il terzo ~ di liceo** in der dritten Klasse des Lyzeums sein; **nel fior degli -i** in der Blüte des Lebens; **quanti -i hai? — ho vent'-i** wie alt bist du? — ich bin zwanzig Jahre (alt).
annodare [anno'da:re] *tr* **1.** *(stringere)* verknoten; *(cravatta)* binden; **2.** *fig* (an)knüpfen; *(amicizia)* schließen. **annodatura** [...da'tu:ra] *f* **1.** *(azione)* Knoten *n;* **2.** *(risultato)* Knoten *m.*
annoiare [anno'i̯a:re] ⟨annoio, annoi⟩ **I.** *tr* langweilen; **II.** *rfl:* **-rsi** sich langweilen.
annonario, -a [anno'na:ri̯o] ⟨-i, -ie⟩ *a* Versorgungs-, Lebensmittel-; **tessera** (*o.* **carta**) **-a** Lebensmittelkarte *f.*
annoso, -a [an'no:so] *a* alt; *(questione, etc. a.)* langjährig.
annotare [anno'ta:re] *tr* **1.** *(data, etc.)* notieren, aufschreiben; **2.** *(testo, etc.)* mit Anmerkungen versehen. **annotatore, -trice** [...ta'to:re] *m, f* Kommentator(in) *m(f).* **annotazione** [...tat'tsi̯o:ne] *f* **1.** *(registrazione)* Notiz *f,* Vermerk *m;* **2.** *(postilla)* Anmerkung *f.*
annottare [annot'ta:re] *itr (impersonale)* ⟨*essere*⟩ Nacht werden.
Annover [an'no:ver] *f* Hannover *n.*
annoverare [annove'ra:re] *tr* **1.** *(enumerare)* zählen, auflisten; **2.** *(includere nel numero)* zählen (*tra* zu).
annuale [annu'a:le] **I.** *a* **1.** *(di un anno)* Jahres-; *(che dura un anno)* (Ein)jahres-, einjährig; **2.** *(di ogni anno)* jährlich; **II.** *m* Jahresfeier *f.* **annualità** [...uali'ta] ⟨-⟩ *f* **1.** *(somma)* Jahresbeitrag *m;* **2.** *(quota)* jährliche Tilgungsquote.
annuario [annu'a:ri̯o] ⟨-i⟩ *m* Jahrbuch *n;* ~ **commerciale** Handelsadreßbuch *n.*
annuire [annu'i:re] ⟨annuisco⟩ *itr* (zustimmend) nicken, zustimmen.
annullamento [annulla'mento] *m* **1.** *(l'annullare)* Annullierung *f,* Aufhebung *f;* **2.** *(annullo)* Entwertung *f;* **3.** *(revoca)* Zurücknahme *f,* Widerrufung *f;* **4.** *(disdetta)* Aufhebung *f;* **5.** *(distruzione)* Vernichtung *f;* **6.** *mat* Annullierung *f;* ~ **di un'ordinazione** Abbestellung *f.* **annullare** [...'la:re] **I.** *tr* annullieren, für nichtig erklären; *(francobolli, etc.)* entwerten; *(revocare)* widerrufen, zurücknehmen; *(disdire)* aufheben; *(distruggere)* zerstören; **II.** *rfl:* **-rsi** sich verflüchtigen. **annullo** [an'nullo] *m* Entwertung *f.*
annunciare [annun'tʃa:re] ⟨annuncio, annunci⟩ **I.** *tr* **1.** *(notizia)* bekanntgeben; **2.** *(persona in visita)* melden; **3.** *radio, TV* ansagen; **4.** *(predire)* voraussagen; **5.** *(far prevedere)* ankündigen; **II.** *rfl:* **-rsi** sich ankündigen. **annunciatore, -trice** [...tʃa'to:re] *m, f* **1.** *gener.* Melder(in) *m(f);* **2.** *TV, radio* Sprecher(in) *m(f),* Ansager(in) *m(f).* **Annunciazione** [...tʃat'tsi̯o:ne] *f* Mariä Verkündigung *f.* **annuncio** [an'nuntʃo] ⟨-ci⟩ *m* Mitteilung *f,* Meldung *f; (nel giornale)* Anzeige *f;* **mettere un ~ sul giornale** eine Anzeige in die Zeitung setzen; **-ci economici/mortuari** Klein-/Todesanzeigen *f pl.*
annunziare [annun'tsi̯a:re] *etc. v.* **annunciare** *etc.*
annuo, -a ['annuo] *a* Jahres-; *(pianta)* einjährig; *(che ricorre una volta all'anno)* jährlich.
annusare [annu'sa:re] *tr* **1.** *(fiutare)*

schnuppern (an); *(a. animali)* beschnuppern; **2.** *(tabacco)* schnupfen; **3.** *fig* wittern.

annuvolamento [annuvola'mento] *m* Bewölkung *f.* **annuvolare** [...'la:re] **I.** *tr* **1.** *(coprire di nuvole)* bewölken; **2.** *fig (offuscare)* trüben; **II.** *rfl:* **-rsi** **1.** *(coprirsi di nuvole)* sich bewölken; **2.** *fig (oscurarsi in volto)* sich verdüstern.

ano ['a:no] *m* After *m,* Anus *m scient.*

anodino, -a [ano'di:no] *a* **1.** *(calmante)* schmerzstillend; **2.** *fig* harmlos, unwirksam, unbedeutend.

anodo ['a:nodo] *m* Anode *f.*

anomalia [anoma'li:a] ‹-ie› *f* **1.** *med* Anomalie *f;* **2.** *(irregolarità)* Abweichung *f,* Unregelmäßigkeit *f.* **anomalo, -a** [a'nɔ:malo] *a* **1.** *med* anomal; **2.** *(irregolare)* unregelmäßig, abweichend.

anonimato [anoni'ma:to] *m,* **anonimia** [...'mi:a] ‹-ie› *f* Anonymität *f.* **anonimo, -a** [a'nɔ:nimo] **I.** *a* anonym; **società -a** Aktiengesellschaft *f;* **II.** *m* Anonymus *m,* Unbekannte(r) *m;* **conservare l'~** anonym bleiben.

anoressia [anores'si:a] ‹-ie› *f* Appetitlosigkeit *f,* Anorexie *f scient.*

anormale [anor'ma:le] **I.** *a* **1.** *(irregolare)* abnorm, anormal, unnormal; **2.** *med* anomal, krankhaft; **II.** *mf* **1.** *med* Anormale(r) *mf;* **2.** *fig (omosessuale)* Homosexuelle(r) *mf.* **anormalità** [...mali'ta] *f* Normabweichung *f,* Abnormität *f.*

ansa ['ansa] *f* **1.** *(di vaso)* Henkel *m,* Griff *m;* **2.** *(di fiume)* Flußschleife *f;* **3.** *anat* Krümmung *f.*

A.N.S.A. ['ansa] *f ab di* **Agenzia Nazionale Stampa Associata** *italienische Presseagentur.*

ansare [an'sa:re] *itr* keuchen, ächzen.

ansia ['ansi̯a] ‹-ie› *f* Beklemmung *f,* Furcht *f.*

ansietà [ansi̯e'ta] ‹-› *f* Bangigkeit *f.*

ansimare [ansi'ma:re] *itr* keuchen, ächzen.

ansioso, -a [an'si̯o:so] *a* begierig, ungeduldig.

anta ['anta] *f* **1.** *(pilastro)* Ante *f;* **2.** *(sportello)* Flügel *m,* Tür *f;* **3.** *(battente di finestra)* (Fenster)laden *m.*

antagonismo [antago'nizmo] *m* Antagonismus *m.* **antagonista** [...'nista] ‹-i *m,* -e *f*› **I.** *mf (rivale)* Antagonist(in) *m(f),* Gegner(in) *m(f);* **II.** *m (muscolo)* Antagonist *m.* **antagonistico, -a** [...'nistiko] ‹-ci, -che› *a* antagonistisch.

antalgico, -a [an'taldʒiko] ‹-ci, -che› **I.** *a* schmerzstillend, analgetisch; **II.** *m* schmerzstillendes Mittel, Analgetikum *n.*

antartico, -a [an'tartiko] **I.** *a* antarktisch; **II.** *m* Antarktis *f.* **Antartide** [an'tartide] *f* Antarktis *f.*

antecedente [antetʃe'dɛnte] **I.** *a* vorig, vorhergehend; **II.** *m* Vorhergehende(s) *n;* **-i** *fig* Vorleben *n.* **antecedenza** [...'dɛntsa] *f* Vortritt *m;* **in ~** im voraus.

antefatto [ante'fatto] *m* Vorgeschichte *f.*

anteguerra [-'gu̯ɛrra] **I.** ‹*inv*› *a* Vorkriegs-; **II.** *m* Vorkriegszeit *f.*

antelucano, -a [-lu'ka:no] *a* vor dem Morgengrauen.

antenato, -a [-'na:to] *m, f* Vorfahr(in) *m(f),* Ahn *m,* Ahne *mf.*

antenna [an'tenna] *f* **1.** *radio* Antenne *f;* **2.** *zoo* Fühler *m;* **3.** *naut* Rahe *f.*

anteporre [-'porre] ‹*irr*› *tr* **1.** *gener.* vor(aus)stellen; *(fig a.)* voranstellen; **2.** *(preferire)* vorziehen.

anteprima [-'pri:ma] *f* Voraufführung *f.*

antera [an'tɛ:ra] *f* Staubbeutel *m.*

anteriore [ante'ri̯o:re] *a* **1.** *(davanti)* vordere(r, s), Vorder-; **2.** *(precedente)* vorhergehend.

antesignano, -a [-siɲ'ɲa:no] *m, f* Vorkämpfer(in) *m(f).*

anti- [anti-] *(in parole composte)* anti-, Anti-, gegen-, Gegen-; *(non ...)* nicht(-), Nicht-. **antiabbagliante** [-abbaʎ'ʎante] **I.** *a* nicht blendend; **II.** *m pl* Abblendlicht *n.* **antiaereo, -a** [-a'ɛ:reo] *a* Flugabwehr-. **antiappanante** [-appa'nante] **I.** *a* Antibeschlag(s)-; **II.** *m* Antibeschlag(s)tuch *n.* **antiatomico, -a** [-a'tɔ:miko] *a* atombombensicher; **rifugio ~** Atombunker *m.* **antibatterico, -a** [-bat'tɛ:riko] ‹-ci, -che› *a* antibakteriell. **antibiotico, -a** [-bi'ɔ:tiko] ‹-ci, -che› **I.** *a* antibiotisch; **II.** *m* Antibiotikum *n.* **antibloccante** [-blok'kante] *a:* **sistema ~** Anti-Blokkier-System *n.*

anticaglia [anti'kaʎʎa] ‹-glie› *f* Gerümpel *n.*

anticamera [-'ka:mera] *f* Vorzimmer *n;* **fare (di) ~** (im Vorzimmer) warten, antichambrieren *geh;* **non mi passa neppure per l'~ del cervello** *fam* daran denke ich nicht mal im Traum.

anticarie [-'ka:ri̯e] ‹*inv*› *a* karieshemmend. **anticarro** [-'karro] ‹*inv*› *a* Panzerabwehr-.

antichità [antiki'ta] ‹-› *f* **1.** *(qualità)* Altertümlichkeit *f;* **2.** *(età)* Altertum *n,* Antike *f;* **3.** *(oggetto)* Antiquität *f.*

anticiclone [-tʃiˈklɔːne] *m* Antizyklone *f*, Hochdruckgebiet *n*.

anticipare [antitʃiˈpaːre] *tr* **1.** *(azione)* vorziehen, vorverlegen; **2.** *(notizia)* im voraus bekanntgeben, vorwegnehmen; **3.** *(somma)* vorstrecken; **4.** *(fare in anticipo)* vorwegnehmen. **anticipazione** [...patˈtsi̯oːne] *f* Vorwegnahme *f*; *(di azione)* Vorverlegung *f*; *fin* Voraus(be)zahlung *f*; ~ **bancaria** Bankvorausdarlehen *n*. **anticipo** [anˈtiːtʃipo] *m* **1.** *(somma)* Vorschuß *m*; **2.** *(caparra)* Vorauszahlung *f*, Anzahlung *f*; **in** ~ im voraus; *(troppo presto)* zu früh.

antico, -a [anˈtiːko] ‹-chi, -che› **I.** *a* alt; *hist* antik; *(tipico)* nach alter Art; **storia -a** Geschichte *f* des Altertums; **II.** *m* Alte(s) *n*, Antike(s) *n*; ~ **d'epoca** Stilmöbel *n*; **III.** *m pl*: **gli -chi** die Alten *pl*, die Vorfahren *m pl*.

anticoncezionale [-kontʃettsi̯oˈnaːle] **I.** *a* empfängnisverhütend, antikonzeptionell *scient*; **II.** *m* empfängnisverhütendes Mittel. **anticonformismo** [-konforˈmizmo] *m* Nonkonformismus *m*. **anticonformista** [...ˈmista] **I.** *a* nonkonformistisch; **II.** *mf* Nonkonformist(in) *m(f)*. **anticonformistico, -a** [...ˈmistiko] *a* nonkonformistisch. **anticongelante** [-kondʒeˈlante] **I.** *a* Gefrierschutz-; **II.** *m* Gefrierschutzmittel *n*. **anticorpo** [-ˈkɔrpo] *m* Antikörper *m*, Abwehrstoff *m*. **anticostituzionale** [-kostituttsi̯oˈnaːle] *a* verfassungswidrig. **anticristo** [-ˈkristo] *m* Antichrist *m*. **anticrittogamico, -a** [-krittoˈgaːmiko] ‹-ci, -che› **I.** *a* Pflanzenschutz-; **II.** *m* Pflanzenschutzmittel *n*.

antidatare [-daˈtaːre] *tr* vordatieren.

antiderapante [-deraˈpante] **I.** *a* rutschfest; **II.** *m* rutschfester Reifen.

antidetonante [-detoˈnante] **I.** *a* klopffest; **II.** *m* Antiklopfmittel *n*.

antidiluviano, -a [-diluˈvi̯aːno] *a* vorsintflutlich.

antidoto [anˈtiːdoto] *m* Gegengift *n*; *(a. fig)* Gegenmittel *n*.

antifona [anˈtiːfona] *f* Wechselgesang *m*, Antiphon *f*; **capir l'~** *fam* den Hinweis verstehen; **è sempre la solita** ~ *fam* es ist immer die alte Leier *fam*.

antifurto [-ˈfurto] **I.** ‹*inv*› *a* diebstahlsicher; **II.** ‹-› *m* Diebstahlsicherung *f*. **antigas** [-ˈgas] ‹*inv*› *a* gegen Gas (schützend), Gas-; **maschera** ~ Gasmaske *f*. **antigelo** [-ˈdʒɛːlo] **I.** ‹*inv*› *a* Frostschutz-; **II.** ‹-› *m* Frostschutzmittel *n*.

Antille [anˈtille] *f pl* Antillen *pl*.

antilope [anˈtiːlope] *f* Antilope *f*.

antimeridiano, -a [-meriˈdi̯aːno] *a* (*ab* **a. m.**) Vormittags-.

antimissile [-ˈmissile] *a* Raketenabwehr-; **difesa** ~ Raketenabwehr *f*. **antincendio** [antinˈtʃɛndi̯o] **I.** ‹*inv*› *a* Feuerschutz-; **II.** ‹-› *m* Löschschaum *m*. **antinebbia** [-ˈnebbi̯a] **I.** ‹*inv*› *a* gegen den Nebel, Nebel-; **II.** ‹-› *m* Nebelscheinwerfer *m*. **antinomia** [-noˈmiːa] ‹-ie› *f* Antinomie *f*. **antiorario, -a** [-oˈraːri̯o] *a* gegen den Uhrzeigersinn. **antipapa** [-ˈpaːpa] *m* Gegenpapst *m*. **antiparassitario, -a** [-parassiˈtaːri̯o] **I.** *a* schädlingsbekämpfend; **II.** *m* Schädlingsbekämpfungsmittel *n*.

antipasto [-ˈpasto] *m* Vorspeise *f*; ~ **misto** gemischte Vorspeisen *f pl* *(Aufschnitt, Oliven, Schinken, etc.)*.

antipatia [-paˈtiːa] ‹-ie› *f* Antipathie *f*, Abneigung *f*. **antipatico, -a** [-ˈpaːtiko] ‹-ci, -che› **I.** *a* unsympathisch; **II.** *m, f* unsympathischer Mensch.

antipiega [-ˈpi̯ɛːga] ‹*inv*› *a* knitterfrei.

antipodi [anˈtiːpodi] *m pl* Antipoden *m pl*.

antiporta [-ˈpɔrta] *f* Vortür *f*.

antiquaria¹ [antiˈku̯aːri̯a] ‹-ie› *f* **1.** *(scienza)* Altertumswissenschaft *f*; **2.** *(commercio)* Antiquitätenhandel *m*.

antiquaria² *f v.* **antiquario.**

antiquariato [antiku̯aˈri̯aːto] *m* **1.** *(commercio)* Antiquitätenhandel *m*; **2.** *(raccolta)* Antiquitätensammlung *f*. **antiquario, -a** [...ˈku̯aːri̯o] ‹-i, -ie› **I.** *a* antiquarisch, Antiquitäten-; *(libreria, etc.)* Antiquariats-; **II.** *m, f* Antiquitätenhändler(in) *m(f)*.

antiquato, -a [antiˈku̯aːto] *a* antiquiert, veraltet.

antiruggine [-ˈruddʒine] **I.** ‹*inv*› *a* Rostschutz-; **II.** ‹-› *m* Rostschutzmittel *n*.

antisala [-ˈsaːla] *f* Vorraum *m*.

antisettico, -a [-ˈsɛttiko] **I.** *a* antiseptisch; **II.** *m* Antiseptikum *n*. **antisociale** [-soˈtʃaːle] *a* unsozial. **antisolare** [-soˈlaːre] *a* Sonnenschutz-. **antisportivo, -a** [-sporˈtiːvo] *a* unsportlich. **antistaminico, -a** [antistaˈmiːniko] ‹-ci, -che› **I.** *a* antihistaminisch; **II.** *m* Antihistamin(ikum) *n*. **antistatico, -a** [-sˈtaːtiko] *a* antistatisch. **antisudorifero** [-sudoˈriːfero] *m* Antitranspirant *n*. **antitesi** [anˈtiːtezi] *f* **1.** *philos* Antithese *f*; **2.** *(contrasto)* Gegensatz *m*. **antiurto** [-ˈurto] ‹*inv*› *a* stoßfest.

antivigilia [-vi'dʒi:li̯a] *f* Tag *m* vor dem Vorabend.

antologia [antolo'dʒi:a] ‹-gie› *f* Anthologie *f.*

Antonia [an'tɔ:ni̯a] *(nome proprio femminile)* Antonia, Antonie.

antonimo, -a [an'tɔ:nimo] **I.** *a* antonym; **II.** *m* Antonym *n.*

Antonino, Antonio [anto'ni:no, an'tɔ:ni̯o] *(nome proprio maschile)* Anton, Antonius.

antracite [antra'tʃi:te] **I.** ‹*inv*› *a* anthrazit(farben); **II.** *f* Anthrazit *m.*

antro ['antro] *m* **1.** *(caverna)* Höhle *f;* **2.** *fig pej* Loch *n.*

antropofago, -a [antro'pɔ:fago] ‹-gi, -ghe› **I.** *a* menschenfressend; **II.** *m, f* Menschenfresser(in) *m(f).* **antropogenesi** [...po'dʒɛ:nezi] *f* Anthropogenese *f.* **antropoide** [...'pɔ:ide] *m* Menschenaffe *m.* **antropologia** [...polo'dʒi:a] ‹-gie› *f* Anthropologie *f.* **antropologo, -a** [...'pɔ:logo] ‹-gi, -ghe› *m, f* Anthropologe *m,* -login *f.* **antropomorfismo** [...pomor'fizmo] *m* Anthropomorphismus *m.* **antropomorfo, -a** [...po'mɔrfo] *a* anthropomorph, menschenähnlich; **scimmie -e** Menschenaffen *m pl.*

anulare [anu'la:re] **I.** *a* ringförmig, Ring-; **II.** *m* Ringfinger *m.*

anuria [anu'ri:a] ‹-ie› *f* Anurie *f.*

anuro, -a [a'nu:ro] **I.** *a* schwanzlos; **II.** *m pl* Anuren *pl.*

Anversa [an'vɛrsa] *f* Antwerpen *n.*

anzi ['antsi] *adv* **1.** *(invece)* im Gegenteil, sogar; **2.** *(ancor di più)* sogar, ja; **3.** *(o meglio)* besser noch.

anziana *f v.* **anziano.**

anzianità [antsi̯ani'ta] ‹-› *f* Alter *n; adm* Dienstalter *n.* **anziano, -a** [an'tsi̯a:no] **I.** *a* alt; *adm* dienstalt; **II.** *m, f* **1.** *(persona attempata)* Alte(r) *mf;* **2.** *(studente universitario)* Student(in) *m(f)* ab dem dritten Studienjahr; **Consiglio degli -i** Ältestenrat *m.*

anziché, anzi che [antsi'ke] *con* **1.** *(invece di)* statt zu; **2.** *(piuttosto che)* eher als, besser als, lieber als.

anzidetto, -a [-'detto] *a* vorgenannt, obengenannt.

anzitempo [-'tɛmpo] *adv* vorzeitig.

anzitutto [-'tutto] *adv* vor allem, zunächst.

aorta [a'ɔrta] *f* Aorta *f,* Hauptschlagader *f.*

apartheid [a'parthɛit] ‹-› *f* Apartheid *f,* Rassentrennung *f.*

apatia [apa'ti:a] ‹-ie› *f* Apathie *f.* **apatico, -a** [a'pa:tiko] ‹-ci, -che› *a* apathisch.

a.p.c. *ab di* **a pronta cassa** gegen Barzahlung.

ape ['a:pe] *f* Biene *f;* ~ **maschio** Drohne *f;* ~ **operaia/domestica** Arbeits-/Honigbiene *f;* ~ **regina** Bienenkönigin *f.*

aperitivo [aperi'ti:vo] *m* Aperitif *m.*

apersi [a'pɛrsi] *1. pers sing del passato remoto di* **aprire.**

aperto, -a [a'pɛrto] **I.** *pp di* **aprire; II.** *a* **1.** *(comunicante con l'esterno)* offen, geöffnet; *fig (lettera, conto, città, etc.)* offen; **2.** *(libero, accessibile)* offen, zugänglich; **3.** *(non concluso)* offen; **4.** *(evidente)* offen, klar; **5.** *(mentalità)* offen, aufgeschlossen; *(anticonformista)* unkonventionell; **all'aria -a** an der frischen Luft; **in -a campagna** auf freiem Feld; **in mare** ~ auf offenem Meer; **III.** *m* Freie(s) *n;* **all'~** im Freien; **teatro all'~** Freilufttheater *n.* **apertura** [aper'tu:ra] *f* **1.** *(azione)* Öffnen *n,* Öffnung *f; fig (di un conto, etc.)* Eröffnung *f;* **2.** *(inizio)* Eröffnung *f,* Beginn *m;* **3.** *(foro)* Öffnung *f;* **4.** *fig* Offenheit *f,* Aufgeschlossenheit *f;* **articolo di** ~ Leitartikel *m;* **discorso di** ~ Eröffnungsrede *f;* ~ **delle scuole** Schulbeginn *m;* ~ **d'ali** (*o.* **alare**) Flügelspannweite *f.*

A.P.I. ['a:pi] *f ab di* **Anonima Petroli Italiana** *italienische Mineralölverwaltung.*

apiario [a'pi̯a:rio] ‹-i› *m* Bienenhaus *n; (alveare)* Bienenstock *m.*

apice ['a:pitʃe] *m* **1.** *(culmine)* Gipfel *m;* **2.** *anat, bot* Spitze *f;* **3.** *ling, astr* Apex *m.*

apicoltore, -trice [apikol'to:re] *m, f* Imker(in) *m(f).* **apicoltura** [...'tu:ra] *f* Bienenzucht *f.*

apocalisse [apoka'lisse] *f* Apokalypse *f; (fig a.)* Katastrophe *f.* **apocalittico, -a** [...'littiko] ‹-ci, -che› *a* apokalyptisch; *(fig a.)* katastrophal.

apodittico, -a [apo'dittiko] ‹-ci, -che› *a* apodiktisch.

apogeo, -a [apo'dʒɛ:o] **I.** *a* erdfern; **II.** *m* **1.** *astr* Erdferne *f,* Apogäum *n;* **2.** *fig* Gipfel *m.*

apolide [a'pɔ:lide] **I.** *a* staatenlos; **II.** *mf* Staatenlose(r) *mf.*

apolitico, -a [apo'li:tiko] *a* unpolitisch.

apollo [a'pɔllo] *m* Apoll *m.*

apologeta [apolo'dʒɛ:ta] ‹-i *m,* -e *f*› *mf* Apologet(in) *m(f).* **apologetica** [...'dʒɛ:tika] ‹-che› *f* Apologetik *f.* **apologetico, -a** [...'dʒɛ:tiko] ‹-ci, -che› *a* apologetisch. **apologia** [...'dʒi:a] ‹-gie› *f* Verteidigungsrede *f,* Apologie *f.* **apologista** [...'dʒista] ‹-i *m*, -e *f*) *mf* Apologet(in) *m(f)*; *(difensore)* Verteidiger(in) *m(f)*.

apoplessia [apoples'si:a] ⟨-ie⟩ *f* Schlaganfall *m*, Apoplexie *f*. **apoplettico, -a** [...'plεttiko] ⟨-ci, -che⟩ **I.** *a* apoplektisch; **colpo ~** Schlaganfall *m*; **II.** *m*, *f* Apoplektiker(in) *m(f)*.

apostasia [aposta'zi:a] ⟨-ie⟩ *f* Lossagung *f*, Apostasie *f*.

apostolico, -a [apos'tɔ:liko] ⟨-ci, -che⟩ *a* apostolisch. **apostolo** [a'pɔstolo] *m* Apostel *m*.

apostrofare[1] [apostro'fa:re] **I.** *tr* anreden; *(con rigore)* anfahren, anherrschen; **II.** *itr* wettern.

apostrofare[2] [apostro'fa:re] *tr gram* apostrophieren.

apostrofe [a'pɔstrofe] *f* Apostrophe *f*, Anrede *f*.

apostrofo [a'pɔstrofo] *m* Apostroph *m*.

apoteosi [apote'ɔ:zi] ⟨-⟩ *f* Apotheose *f*, Verherrlichung *f*.

app. 1. *ab di* **appendice** Anh. (*ab di* Anhang); **2.** *ab di* **appartamento** Whg. (*ab di* Wohnung).

appagamento [appaga'mento] *m* Befriedigung *f*. **appagare** [...'ga:re] **I.** *tr* befriedigen; **II.** *rfl*: **-rsi** sich begnügen (*di* mit), sich zufriedengeben (*di* mit).

appaiamento [appaia'mento] *m* Paarung *f*. **appaiare** [...'ia:re] ⟨appaio, appai⟩ **I.** *tr* paaren; **II.** *rfl*: **-rsi** sich paaren.

appaio [ap'pa:io] *1. pers sing pr di* **apparire, appaiare.**

appallottolare [appallotto'la:re] **I.** *tr* zusammenballen; **II.** *rfl*: **-rsi** sich zusammenballen.

appaltare [appal'ta:re] *tr* **1.** *(dare in appalto)* als Auftrag vergeben, eine Konzession geben für; **2.** *(prendere in appalto)* als Auftrag annehmen. **appalto** [ap'palto] *m* Auftragserteilung *f*, Konzession *f*; **dare/prendere in ~** als Auftrag vergeben/annehmen.

appannaggio [appan'naddʒo] ⟨-ggi⟩ *m* **1.** *pol* Apanage *f*; **2.** *fig (prerogativa)* Vorzug *m*, Vergünstigung *f*.

appannamento [appanna'mento] *m* Trübung *f*. **appannare** [...'na:re] **I.** *tr* **1.** *(offuscare)* trüben, beschlagen lassen; **2.** *fig* trüben; **II.** *rfl*: **-rsi** sich trüben, beschlagen.

apparato [appa'ra:to] *m* **1.** *(per manifestazioni)* Aufmachung *f*, Ausstaffierung *f*, Schmuck *m*; **2.** *fig, mil* Aufwand *m*; **3.** *tec, anat, lit, adm* Apparat *m*; **~ circolatorio** Gefäßsystem *n*; **l'~ scenico** Inszenierung *f*.

apparecchiare [apparek'kia:re] ⟨apparecchio, apparecchi⟩ **I.** *tr* (vor)bereiten, herrichten; *(tavola)* decken; **II.** *rfl*: **-rsi** sich vorbereiten. **apparecchiatura** [...ia'tu:ra] *f* **1.** *tec* Apparatur *f*, Vorrichtung *f*; *(strumento)* Einrichtung *f*; **2.** *(di tessuti)* Ausrüstung *f*; **3.** *(preparazione)* Rüstung *f*.

apparecchio [appa'rekkio] ⟨-cchi⟩ *m* **1.** *tec* Apparat *m*, Gerät *n*; **2.** *aero* Flugzeug *n*.

apparentamento [apparenta'mento] *m* Koalition *f*. **apparentare** [...'ta:re] **I.** *tr* verschwägern; **II.** *rfl*: **-rsi 1.** *(imparentarsi)* sich verschwägern, ein Verwandtschaftsverhältnis eingehen; **2.** *pol* koalieren.

apparente [appa'rεnte] *a* scheinbar, anscheinend. **apparenza** [...'rεntsa] *f* (An)schein *m*; *(aspetto)* Äußere(s) *n*, Aussehen *n*, Erscheinung *f*; **salvare le -e** den Schein wahren; **l'~ inganna** der Schein trügt; **in ~** dem Anschein nach.

apparire [appa'ri:re] ⟨appaio *o.* apparisco, apparvi *o.* apparii *o.* apparsi, apparso⟩ *itr* ⟨*essere*⟩ **1.** *(presentarsi)* erscheinen; **2.** *(risultare)* offenbar werden, erscheinen; **3.** *(sembrare)* scheinen. **appariscente** [apparif'ʃεnte] *a* auffallend, auffällig.

apparisco [appa'risko] *1. pers sing pr di* **apparire.**

apparizione [apparit'tsio:ne] *f* Erscheinen *n*; *(visione)* Erscheinung *f*.

apparsi [ap'parsi] *1. pers sing del passato remoto di* **apparire.**

apparso [ap'parso] *pp di* **apparire.**

appartamento [apparta'mento] *m* (*ab* **app.**) Wohnung *f*.

appartarsi [appar'tarsi] *rfl* sich zurückziehen, sich absondern.

appartenenza [apparte'nεntsa] *f* Zugehörigkeit *f*. **appartenere** [...'ne:re] ⟨*irr*⟩ *itr* ⟨*essere o. avere*⟩ **1.** *(essere di proprietà)* gehören; **2.** *(far parte)* angehören, zugehören; **3.** *(spettare)* zustehen.

apparvi [ap'parvi] *1. pers sing del passato remoto di* **apparire.**

appassimento [appassi'mento] *m* Welken *n*.

appassionare [appassio'na:re] **I.** *tr* begeistern; *(commuovere)* rühren; **II.** *rfl*: **-rsi** sich begeistern (*a* für); *(commuovere)* gerührt sein (*a* von). **appassionato, -a** [...'na:to] **I.** *a* leidenschaftlich, begeistert; **II.** *m*, *f* Fan *m*, Begeisterte(r) *mf*.

appassire [appas'si:re] ⟨appassisco⟩ *itr* ⟨*essere*⟩ (ver)welken.

appellante [appel'lante] **I.** *a* anfech-

tend, berufend; **II.** *mf* Appellant *m,* Berufungskläger(in) *m(f).*
appellare [appel'la:re] **I.** *tr* anreden; *jur* anfechten, Berufung einlegen gegen; **II.** *rfl:* **-rsi** appellieren (*a* an); *jur* in (die) Berufung gehen, Berufung einlegen (*contro* gegen). **appellativo** [...la'ti:vo] *m* **1.** *ling* Appellativ *n;* **2.** *(soprannome)* Name *m,* Anrede *f.*
appello [ap'pɛllo] *m* **1.** *(chiamata)* Appell *m; (per nome)* Aufruf *m;* **2.** *(invocazione)* Appell *m,* Aufruf *m;* **3.** *(di esami universitari)* Examenstermin *m;* **4.** *jur* Appellation *f,* Berufung *f;* **corte d'~** Berufungsgericht *n;* **ricorrere in ~** in (die) Berufung gehen; **fare ~ a qc** an etw. appellieren.
appena [ap'pe:na] **I.** *adv* **1.** *(a stento)* gerade noch, kaum; **2.** *(soltanto, da poco)* gerade erst, kaum; **sono ~ le dieci** es ist gerade erst zehn Uhr; **II.** *con* sobald, sowie.
appendere [ap'pɛndere] ‹appendo, appesi, appeso› **I.** *tr* aufhängen; **II.** *rfl:* **-rsi** sich festhalten; *(al braccio)* sich einhängen.
appendice [appen'di:tʃe] *f* **1.** *(aggiunta, ab* **app.**) Anhang *m,* Zusatz *m;* **2.** *(nei giornali)* Feuilleton *n;* **3.** *anat* Blinddarm *m.* **appendicite** [...di'tʃi:te] *f* Blinddarmentzündung *f.*
appendo [ap'pɛndo] *1. pers sing pr di* **appendere.**
Appennino [appen'ni:no] *m* Appennin *m;* **gli -i** die Appenninen.
Appenzell [apən'tsɛl *o.* 'ap...] **I.** *m (cantone)* Appenzell *n;* **II.** *f (città)* Appenzell *n.*
appesantire [appesan'ti:re] ‹appesantisco› **I.** *tr* beschweren, schwer machen; *fig* belasten; **II.** *rfl:* **-rsi** sich schwer machen, schwer werden.
appesi [ap'pe:si] *1. pers sing del passato remoto di* **appendere.**
appeso [ap'pe:so] *pp di* **appendere.**
appestare [appes'ta:re] *tr* **1.** *(contagiare)* anstecken; **2.** *(ammorbare)* verpesten. **appestato, -a** [...'ta:to] *m, f* Pestkranke(r) *mf.*
appetibile [appe'ti:bile] *a* verlockend, attraktiv.
appetire [appe'ti:re] ‹appetisco› **I.** *tr* anstreben, den Wunsch haben nach; **II.** *itr* verlocken, Appetit machen. **appetito** [...'ti:to] *m* **1.** *(di cibo)* Appetit *m;* **2.** *fig* Verlangen *n,* Durst *m,* Hunger *m;* **buon ~!** guten Appetit!; **l'~ vien mangiando** *prov* der Appetit kommt beim Essen *prov.* **appetitoso, -a** [...ti'to:so] *a* appetitanregend; *(a. fig)* appetitlich.
appezzamento [appettsa'mento] *m* Grundstück *n.*
appezzare [appet'tsa:re] *tr* in Stücke zerteilen.
appianamento [appi̯ana'mento] *m* **1.** *(spianamento)* (Ein)ebnung *f;* **2.** *fig (accomodamento)* Ausgleich *m; (di lite)* Beilegung *f.* **appianare** [...'na:re] *tr* **1.** *(terreno)* (ein)ebnen; **2.** *fig* ausgleichen; *(lite)* beilegen.
appiattarsi [appi̯at'tarsi] *rfl* sich verstecken.
appiattimento [appi̯atti'mento] *m* Abflachung *f; fig* Angleichung *f,* Nivellierung *f; (spirituale)* Verflachung *f.* **appiattire** [...'ti:re] ‹appiattisco› **I.** *tr* abflachen; **II.** *rfl:* **-rsi 1.** *(divenire piatto)* flach werden; **2.** *(farsi piatto)* sich ducken, sich flach machen.
appiccare [appik'ka:re] ‹appicco, appicchi› befestigen, anheften; *(fuoco)* legen; *(persona, quadro)* aufhängen.
appiccicare [appittʃi'ka:re] ‹appiccico, appiccichi› **I.** *tr* **1.** *(attaccare)* anheften, ankleben; **2.** *(attribuire)* anhängen; **II.** *rfl:* **-rsi** kleben; *(fig a.)* sich (an)hängen. **appiccicaticcio, -a** [...ka'tittʃo] ‹-cci, -cce› **I.** *a* **1.** *(attaccaticcio)* klebrig; **2.** *fig (persona)* lästig, aufdringlich; **II.** *m* klebriger Haufen. **appiccicoso, -a** [...'ko:so] *a* **1.** *(vischioso)* klebrig; **2.** *fig (persona)* lästig, aufdringlich.
appicco [ap'pikko] ‹-cchi› *m* Steilwand *f.*
appiedato, -a [appi̯e'da:to] *a* zu Fuß.
appieno [ap'pi̯ɛ:no] *adv* völlig, vollkommen.
appigionare [appidʒo'na:re] *tr* vermieten.
appigliarsi [appiʎ'ʎarsi] *rfl* **1.** *(afferrarsi)* sich festhalten; **2.** *fig* sich halten (*a* an), sich klammern (*a* an); **l'incendio s'appigliò al fienile** der Brand griff auf die Scheune über. **appiglio** [ap'piʎʎo] ‹-gli› *m* **1.** Halt *m,* Stützpunkt *m;* **2.** *fig (pretesto)* Vorwand *m,* Aufhänger *m.*
appiombo [ap'pi̯ombo] **I.** *m* Lot *n,* lotrechter Fall; **II.** *adv* lotrecht.
appioppare [appi̯op'pa:re] *tr* anhängen, aufbürden, andrehen *fam; (schiaffo)* versetzen, verpassen *fam;* **~ una multa a qu** jdn zu einer Geldstrafe verdonnern *fam.*
appisolarsi [appizo'larsi] *rfl* einnikken.
applaudire [applau'di:re] ‹applaudo *o.* applaudisco› *tr, itr* applaudieren (*qu* jdm), Beifall spenden (*qu* jdm). **applauso** [ap'pla:uzo] *m* Applaus *m,* Beifall *m; (consenso a.)* Zustimmung *f.*

applicare [appli'ka:re] ‹applico, applichi› **I.** *tr* **1.** *(attaccare)* applizieren, anbringen; *(con colla)* aufkleben; **2.** *(far pagare)* auferlegen; **3.** *(mettere in atto, utilizzare)* anwenden; **4.** *(concentrare)* richten (*a* auf); **II.** *rfl:* **-rsi** sich widmen. **applicato, -a** [...'ka:to] **I.** *a* angewandt; **II.** *m, f* Angestellte(r) *mf.* **applicazione** [...kat'tsi̯o:ne] *f* **1.** *(l'applicare)* Anbringung *f; (l'utilizzare)* Anwendung *f;* **2.** *(cura)* Eifer *m;* **scuola di ~** *mil* Fortbildungsschule *f;* **-i tecniche** Werkunterricht *m.*
applique [a'plik] ‹-› *f* Wandleuchter *m.*

appoderare [appode'ra:re] *tr* in Landgüter aufteilen.
appoggiacapo [appoddʒa'ka:po] ‹-› *m* Kopfstütze *f.*
appoggiare [appod'dʒa:re] ‹appoggio, appoggi› **I.** *tr* **1.** *(posare)* (ab)stellen, (ab)legen; **2.** *(accostare)* anlehnen; **3.** *fig (sostenere)* unterstützen; **II.** *rfl:* **-rsi 1.** *(sostenersi, reggersi)* sich anlehnen (*a* an), sich stützen (*a* auf); **2.** *fig (ricorrere)* sich stützen (*a* auf). **appoggiatesta** [...dʒa'tɛsta] ‹-› *m* Kopfstütze *f.* **appoggiatura** [...dʒa'tu:ra] *f* Vorschlag *m.* **appoggio** [ap'pɔddʒo] ‹-ggi› *m* **1.** *(sostegno)* Stütze *f,* Halt *m;* **2.** *fig (aiuto)* Stütze *f,* Unterstützung *f;* **3.** *mil* Rükkendeckung *f,* Verstärkung *f;* **4.** *arch* Stütze *f,* Konsole *f;* **5.** *sport* Stützhantel *f.*
appollaiarsi [appolla'i̯arsi] ‹mi appollaio, ti appollai› *rfl* (nieder)kauern, hocken.
apporre [ap'porre] ‹*irr*› *tr* anbringen, hinzufügen.
apportare [appor'ta:re] *tr* **1.** *(portare)* beitragen, hinzufügen, bringen; **2.** *fig (causare)* mit sich *(dat)* bringen, verursachen. **apporto** [ap'pɔrto] *m* **1.** *(conferimento)* Zufuhr *f; (di persona)* Einführung *f;* **2.** *(contributo)* Beitrag *m.*
appositamente [appozita'mente] *adv* eigens. **apposito, -a** [ap'pɔ:zito] *a* eigen, geeignet, besonders bestimmt.
apposizione [appozit'tsi̯o:ne] *f* **1.** *gram* Apposition *f;* **2.** *(collocazione)* Anbringung *f.*
apposta [ap'pɔsta] **I.** *adv* mit Absicht, absichtlich; **II.** ‹*inv*› *a* extra, eigen.
appostamento [apposta'mento] *m* **1.** *(agguato)* Hinterhalt *m;* **2.** *mil* Stellung *f,* Postierung *f;* **3.** *(a caccia)* Anstand *m,* Ansitz *m.* **appostare** [...'ta:re] **I.** *tr* auflauern (*qu/qc* jdm/einer S.); **II.** *rfl:* **-rsi** Stellung beziehen, sich auf die Lauer legen.
apprendere [ap'prɛndere] ‹*irr*› *tr* **1.** *(imparare)* (er)lernen; **2.** *(venire a sapere)* erfahren.
apprendista [appren'dista] ‹-i *m,* -e *f*› *mf* Lehrling *m,* Auszubildende(r) *mf.* **apprendistato** [...'ta:to] *m* **1.** *(condizione)* Lehre *f;* **2.** *(periodo)* Lehrzeit *f.*
apprensione [appren'si̯o:ne] *f* Furcht *f,* Besorgnis *f.* **apprensivo, -a** [...'si:vo] *a* ängstlich, furchtsam.
appressarsi [appres'sarsi] *rfl* sich nähern. **appresso** [ap'prɛsso] **I.** *adv* **1.** *(vicino)* daneben, nahe bei; **2.** *(più tardi)* nachfolgend; **come ~** wie folgt; **II.** *prp (stato)* neben *dat,* bei *dat; (moto)* neben *acc;* **III.** ‹*inv*› *a* folgend.
apprestamento [appresta'mento] *m* **1.** *(preparativo)* Bereitstellung *f,* Vorbereitung *f;* **2.** *mil* Befestigung *f.* **apprestare** [...'ta:re] *tr* bereitstellen, vorbereiten.
apprettare [appret'ta:re] *tr* appretieren. **apprettatura** [...ta'tu:ra] *f* Appretur *f.* **appretto** [ap'prɛtto] *m* Appretur *f;* **dare l'~ a qc** etw. appretieren.
apprezzabile [appret'tsa:bile] *a* bemerkenswert; *(somma, etc. a.)* nennenswert, beträchtlich.
apprezzamento [apprettsa'mento] *m* Wertschätzung *f,* Ansehen *n.* **apprezzare** [...'tsa:re] *tr* würdigen, zu schätzen wissen.

approccio [ap'prɔttʃo] ‹-cci› *m* Annäherung(sversuch *m*) *f.*
approdare [appro'da:re] *itr* ‹*essere o. avere*› anlegen, landen; **non ~ a nulla** zu nichts kommen. **approdo** [ap'prɔ:do] *m* **1.** *(manovra)* Landung *f;* **2.** *(luogo)* Landungsplatz *m.*
approfittare [approfit'ta:re] *itr, rfl:* **-rsi** (aus)nutzen (*di qc* etw.).
approfondimento [approfondi'mento] *m* Vertiefung *f.* **approfondire** [...'di:re] ‹approfondisco› **I.** *tr* **1.** vertiefen, tiefer machen; **2.** *fig* genau prüfen, eingehend untersuchen; **II.** *rfl:* **-rsi** sich vertiefen.
approntamento [appronta'mento] *m* Bereitstellung *f; mil* Rüstung *f.* **approntare** [...'ta:re] *tr* bereitstellen; *mil* rüsten.
appropriarsi [appro'pri̯arsi] ‹mi approprio, ti appropri› *rfl:* **~ (di) qc** sich *(dat)* etw. aneignen.
appropriato, -a [appro'pri̯a:to] *a* geeignet; *(termine a.)* treffend.

appropriazione [appropriat'tsio:ne] *f* Aneignung *f.*
approssimarsi [approssi'marsi] *rfl* sich (an)nähern (*a* an). **approssimativo, -a** [...ma'ti:vo] *a* annähernd, ungefähr. **approssimazione** [...mat'tsio:ne] *f* Annäherung *f; mat* Näherungswert *m;* **per ~** annähernd.
approvare [appro'va:re] *tr* **1.** *(giudicare buono)* billigen, gutheißen; **2.** *(candidato, etc.)* bestehen lassen, annehmen; **3.** *(ratificare)* annehmen. **approvazione** [...vat'tsio:ne] *f* Billigung *f,* Anerkennung *f.*
approvvigionamento [approvvidʒona'mento] *m* Versorgung *f,* Verpflegung *f,* Proviant *m; (provvista)* Vorrat *m;* **-i** *mil* Verproviantierung *f.* **approvvigionare** [...'na:re] *tr* versorgen; *mil* verproviantieren.
appuntamento [appunta'mento] *m* Verabredung *f,* Treffen *n; (d'affari, dal medico)* Termin *m;* **~ amoroso** Rendezvous *n;* **darsi un ~** sich verabreden.
appuntare [appun'ta:re] *tr* **1.** *(lapis)* (an)spitzen; **2.** *(decorazione)* anheften; **3.** *(appunti)* notieren; **4.** *fig (orecchie)* spitzen; *(sguardo)* richten; **~ l'indice su qc** mit dem Finger auf etw. zeigen; **~ lo sguardo su qu** jdn fixieren.
appuntato [appun'ta:to] *m* Obergefreite(r) *m.*
appuntino [appun'ti:no] *adv* sorgfältig, genau.
appuntire [appun'ti:re] ‹appuntisco› *tr* (an)spitzen. **appuntito, -a** [...'ti:to] *a* spitz.
appunto¹ [ap'punto] *adv* **1.** *(esattamente)* genau; **2.** *(proprio)* gerade, genau; **per l'~** ganz genau.
appunto² [ap'punto] *m* **1.** *(nota)* Notiz *f;* **2.** *(rimprovero)* Vorwurf *m,* Verweis *m.*
appuramento [appura'mento] *m* Nachprüfung *f,* Überprüfung *f.* **appurare** [...'ra:re] *tr* nachprüfen, überprüfen.
apribile [a'pri:bile] *a* zu öffnen(d), aufklappbar.
apribottiglie [apribot'tiʎʎe] ‹-› *m* Flaschenöffner *m.*
aprii [a'pri:i] *1. pers sing del passato remoto di* **aprire.**
aprile [a'pri:le] *m* April *m; v. a. settembre.*
apripista [apri'pista] ‹-› *m* **1.** *(trattore)* Planierraupe *f;* **2.** *(sciatore)* erster Läufer auf einer Skipiste.
aprire [a'pri:re] ‹apro, apersi *o.* aprii, aperto› **I.** *tr* **1.** *(finestre, porte)* öffnen, aufmachen; *(ombrello)* aufspannen; *(libri)* aufschlagen; *(con chiave)* aufschließen; **2.** *fig (iniziare)* einleiten; *(essere in prima fila)* anführen; *(fuoco, trattative, conto)* eröffnen; *(negozio)* aufmachen, eröffnen; **3.** *fam (luce)* anmachen; *fam (radio, etc.)* anstellen, anmachen; *(rubinetto)* aufdrehen, anmachen; **non ~ bocca** den Mund nicht aufmachen; *(mantenere un segreto)* den Mund halten; **~ il cuore a qu** jdm sein Herz ausschütten; **II.** *itr* öffnen; **III.** *rfl:* **-rsi** sich öffnen; *(fiori)* aufbrechen; *(mostra, etc.)* eröffnet werden; **-rsi con qu** *fig* sich jdm anvertrauen; **la finestra si apre sul giardino** das Fenster weist (*o.* geht) auf den Garten. **apriscatole** [apris'ka:tole] ‹-› *m* Dosenöffner *m,* Büchsenöffner *m.* **apro** ['a:pro] *1. pers sing pr di* **aprire.**
aquario [a'kua:rio] *v.* **acquario.**
aquila ['a:kuila] *f* Adler *m;* **~ selvaggia** *fig* wilder Streik der Piloten; **essere un'~** *fig* ein Genie sein; **non essere un'~** *fig* keine große Leuchte sein. **aquilino, -a** [akui'li:no] *a* Adler-. **aquilone** [...'lo:ne] *m* Drachen *m.*
Aquisgrana [akuiz'gra:na] *f* Aachen *n.*
ara¹ ['a:ra] *f rel* Altar *m.*
ara² ['a:ra] *f (misura, ab* **a***)* Ar *n.*
ara³ ['a:ra] *m zoo* Ara *m.*
araba *f v.* **arabo.**
arabesco, -a [ara'besko] ‹-schi, -sche› **I.** *a* arabesk; *(arabo)* arabisch; **II.** *m* Arabeske *f.*
Arabia [a'ra:bia] *f* Arabien *n;* **~ Saudita** Saudiarabien *n.* **arabo, -a** ['a:rabo] **I.** *a* arabisch; **cavallo ~** Araber *m;* **II.** *m* Arabisch(e) *n;* **questo è ~ per me** *fig* das ist Chinesisch für mich, das sind für mich böhmische Dörfer; **parlare ~** *fig* Chinesisch sprechen; **III.** *m, f* Araber(in) *m(f).*
arachide [a'ra:kide] *f* Erdnuß *f.*
aragosta [ara'gosta] *f* Languste *f.*
araldica [a'raldika] ‹-che› *f* Heraldik *f,* Wappenkunde *f.* **araldico, -a** [...ko] ‹-ci, -che› *a* heraldisch.
araldo [a'raldo] *m* **1.** *hist* Herold *m;* **2.** *(messaggero)* Bote *m.*
aranceto [aran'tʃe:to] *m* Orangenhain *m.* **arancia** [a'rantʃa] ‹-ce› *f* Orange *f,* Apfelsine *f.* **aranciata** [...'tʃa:ta] *f* Orangenlimonade *f,* Orangeade *f.* **aranciera** [...'tʃɛ:ra] *f* Orangerie *f.* **arancino** [...'tʃi:no] *m gastr* Reiskrokette *f.* **arancio** [a'rantʃo] **I.** ‹*inv*› *a* orange(farben); **II.** ‹-ci› *m* **1.** *(albero)* Apfelsinen-, Orangenbaum *m;* **2.** *(frutto)* Orange *f,* Apfelsine *f;* **3.** *(colore)* Orange *n;* **~ sanguinello**

Blutorange *f.* **arancione** [...'tʃo:ne] **I.** ⟨*inv*⟩ *a* dunkelorange; **II.** *m* Dunkelorange *n.*
arare [a'ra:re] *tr, itr* pflügen; ~ **il mare** *fig* Wasser in ein Sieb gießen. **aratore, -trice** [ara'to:re] *m, f* Pflüger(in) *m(f).* **aratro** [a'ra:tro] *m* Pflug *m.*
arazzo [a'rattso] *m* Gobelin *m,* Wandteppich *m.*
arbitraggio [arbi'traddʒo] ⟨-ggi⟩ *m* **1.** *jur, com* Arbitrage *f;* **2.** *sport* Schiedsspruch *m.* **arbitrale** [...'tra:le] *a* schiedsrichterlich, Schieds-. **arbitrare** [...'tra:re] *tr* Schiedsrichter sein bei, schiedsrichterlich entscheiden.
arbitrarietà [arbitrarie'ta] ⟨-⟩ *f* Willkür *f.* **arbitrario, -a** [...'tra:rio] ⟨-i, -ie⟩ *a* willkürlich.
arbitrato [arbi'tra:to] *m* **1.** *(procedimento)* Schiedsspruchverfahren *n;* **2.** *(commissione)* Schiedsgericht *n;* **3.** *(sentenza)* Schiedsspruch *m.*
arbitrio [ar'bi:trio] ⟨-i⟩ *m* **1.** *(facoltà di scelta)* Gutdünken *n,* Ermessen *n;* **2.** *(abuso)* Willkür *f;* **lasciare qc all'~ di qu** etw. dem Ermessen von jdm überlassen; **prendersi l'~ di fare qc** sich *(dat)* die Freiheit nehmen, etw. zu tun.
arbitro ['arbitro] *m* **1.** *(chi dispone a sua discrezione)* (sein eigener) Herr *m; (padrone)* Herr *m,* Gebieter *m;* **2.** *sport* Schiedsrichter *m; (nel pugilato)* Ringrichter *m;* **3.** *jur* Schiedsmann *m;* ~ **della moda** Modemacher *m;* **lasciare ~ il destino** dem Schicksal seinen Lauf lassen.
arboreo, -a [ar'bɔ:reo] *a* baumartig, Baum-.
arboscello [arboʃ'ʃɛllo] *m* Bäumchen *n.*
arbusto [ar'busto] *m* Strauch *m,* Staude *f.*

arca ['arka] ⟨-che⟩ *f* **1.** *(mobile)* Truhe *f;* **2.** *(sepolcro)* Sarkophag *m;* **3.** *(nella Bibbia)* Arche *f;* ~ **dell'Alleanza** Bundeslade *f;* **l'~ di Noè** die Arche Noah.
arcade ['arkade] **I.** *a* arkadisch; **II.** *mf* Arkadier(in) *m(f).* **arcadico, -a** [ar'ka:diko] ⟨-ci, -che⟩ *a* arkadisch.
arcaico, -a [ar'ka:iko] ⟨-ci, -che⟩ *a* archaisch, altertümlich.
arcangelo [ar'kandʒelo] *m* Erzengel *m.*
arcano, -a [ar'ka:no] **I.** *a* geheimnisvoll, mysteriös, unerklärlich; **II.** *m* Mysterium *n,* Geheimnis *n.*
arcata [ar'ka:ta] *f* **1.** *arch* Arkade *f,* Bogen *m;* **2.** *anat* Bogen *m;* **3.** *mus* Bogenstrich *m.*
archeggio [ar'keddʒo] ⟨-ggi⟩ *m* Bogenstrich *m.*
archeologa *f v.* **archeologo.**
archeologia [arkeolo'dʒi:a] ⟨-ie⟩ *f* Archäologie *f.* **acheologico, -a** [...'lɔ:dʒiko] ⟨-ci, -che⟩ *a* archäologisch. **archeologo, -a** [...'ɔ:logo] ⟨-gi, -ghe⟩ *m, f* Archäologe *m,* -login *f.*
archetipo [ar'kɛ:tipo] *m* Archetyp(us) *m.*
archetto [ar'ketto] *m* Bogen *m.*
archiatra [ar'kia:tra] ⟨-i⟩ *m* Leibarzt *m.*
archibugio [arki'bu:dʒo] ⟨-gi⟩ *m* Arkebuse *f,* Hakenbüchse *f.*
architetta *f v.* **architetto.**
architettare [arkitet'ta:re] *tr* ausdenken, aushecken *fam.* **architetto, -a** [arki'tetto] *m, f* Architekt(in) *m(f).* **architettonico, -a** [...'tɔ:niko] ⟨-ci, -che⟩ *a* architektonisch. **architettura** [...'tu:ra] *f* **1.** *(arte, tecnica, opera)* Architektur *f;* **2.** *(struttura)* Architektur *f,* Architektonik *f.*
architrave [arki'tra:ve] *m* Stützbalken *m,* Träger *m.*
archiviare [arki'via:re] ⟨archivio, archivi⟩ *tr* **1.** *adm* archivieren, ablegen; **2.** *fig* ad acta legen. **archiviazione** [...iat'tsio:ne] *f* Archivierung *f.* **archivio** [ar'ki:vio] ⟨-i⟩ *m* Archiv *n.* **archivista** [arki'vista] ⟨-i *m,* -e *f*⟩ *mf* Archivar(in) *m(f).*
A.R.C.I. ['artʃi] *m ab di* **Associazione Ricreativa Culturale Italiana** *italienischer Freizeit- und Kulturverband.*
arci- [artʃi-] *(in parole composte)* Erz-. **arcidiacono** [-di'a:kono] *m* Archidiakon *m.* **arciduca, -duchessa** [-'du:ka, -du'kessa] *m, f* Erzherzog *m,* -herzogin *f.*
arciere [ar'tʃɛ:re] *m* Bogenschütze *m.*
arcigno, -a [ar'tʃiɲɲo] *a* mürrisch, finster.
arcione [ar'tʃo:ne] *m* Sattelbogen *m.*
arcipelago [artʃi'pɛ:lago] ⟨-ghi⟩ *m* Archipel *m.*
arciprete [-'prɛ:te] *m* Erzpriester *m.* **arcivescovo** [-'veskovo] *m* Erzbischof *m.*
arco ['arko] ⟨-chi⟩ *m* Bogen *m;* **strumenti ad ~** Streichinstrumente *n pl;* ~ **acuto** Spitzbogen *m;* ~ **di tempo** Zeitspanne *f.*
arcobaleno [arkoba'le:no] *m* Regenbogen *m.*
arcolaio [arko'la:io] ⟨-ai⟩ *m* Haspel *f,* Garnwinde *f.*
arcuare [arku'a:re] *tr* krümmen, biegen.
ardente [ar'dɛnte] *a* glühend, bren-

nend; *(colore)* leuchtend; **camera ~** Totenzimmer *n.*

ardere ['ardere] ⟨ardo, arsi, arso⟩ **I.** *tr* ⟨*avere*⟩ verbrennen; **II.** *itr* ⟨*essere o. avere*⟩ brennen, glühen; **~ d'amore** in Liebe entbrannt sein; **~ dal desiderio di fare qc** den brennenden Wunsch haben, etw. zu tun; darauf brennen, etw. zu tun.

ardesia [ar'dɛ:zia] **I.** ⟨*inv*⟩ *a* schiefergrau; **II.** ⟨-ie⟩ *f* Schiefer *m.*

ardimento [ardi'mento] *m* Kühnheit *f,* Wagemut *m.* **ardire** [ar'di:re] **I.** *itr* ⟨ardisco⟩ wagen; **II.** *m* **1.** *(audacia)* Kühnheit *f,* Verwegenheit *f;* **2.** *(impudenza)* Dreistigkeit *f.* **arditezza** [ardi'tettsa] *f (coraggio)* Mut *m,* Tapferkeit *f; (temerarietà)* Wagemut *m,* Kühnheit *f.* **ardito, -a** [ar'di:to] **I.** *a* kühn, mutig; *(insolente)* dreist; *(complimento, idea, etc.)* gewagt; **farsi ~** sich erkühnen; **II.** *m* Einzelkämpfer *m.*

ardo ['ardo] *1. pers sing pr di* **ardere.**

ardore [ar'do:re] *m* Hitze *f,* Glut *f;* **lavorare con ~** mit Eifer arbeiten; **nell'~ della discussione** im Eifer des Gefechts.

arduo, -a ['arduo] *a* steil; *(difficile)* schwierig.

area ['a:rea] *f* **1.** *(superficie)* Fläche *f;* **2.** *(zona)* Raum *m,* Zone *f;* **3.** *fig pol* Gruppierung *f;* **~ ciclonica/sismica** Tiefdruck-/Erdbebengebiet *n;* **~ fabbricabile** Bauland *n;* **~ linguistica** Sprachraum *m;* **~ di porta/rigore** *sport* Tor-/Strafraum *m;* **~ di servizio** Raststätte *f.*

arena[1] [a're:na] *f (sabbia)* Sand *m.*

arena[2] [a'rɛ:na] *f (stadio)* Arena *f;* **~ politica** politische Arena; **scendere nell'~** *fig* in den Ring steigen.

arenarsi [are'narsi] *rfl* **1.** *naut* stranden; **2.** *fig* versanden, im Sande verlaufen. **arenile** [...'ni:le] *m* Sandstrand *m.* **arenoso, -a** [...'no:so] *a* sandig.

areo- [areo-] *etc. v.* **aereo-** *etc.*

areola [a'rɛ:ola] *f* Warzenvorhof *m.*

argano ['argano] *m* Winde *f.*

argentare [ardʒen'ta:re] *tr* versilbern. **argenteo, -a** [ar'dʒɛnteo] *a* silbrig, silbern. **argenteria** [ardʒente'ri:a] ⟨-ie⟩ *f* Silber(geschirr) *n;* **~ da tavola** Tafelsilber *n.* **argentiere** [...'tiɛ:re] *m* **1.** *(lavorante)* Silberschmied(in) *m(f);* **2.** *(venditore)* Silberhändler(in) *m(f).* **argentifero, -a** [...'ti:fero] *a* silberhaltig.

Argentina [ardʒen'ti:na] *f* Argentinien *n.*

argentino, -a[1] [ardʒen'ti:no] *a* **1.** *(suono)* silberhell; **2.** *(colore)* silbern, silbrig.

argentino, -a[2] [ardʒen'ti:no] **I.** *a* argentinisch; **II.** *m, f* Argentinier(in) *m(f).*

argento [ar'dʒɛnto] *m* Silber *n;* **~ vivo** Quecksilber *n;* **-i** Silberwaren *f pl;* **carta d'~** *ferr* Seniorenpaß *m;* **nozze d'~** Silberhochzeit *f;* **quel ragazzo ha l'~ vivo addosso** dieser Junge hat Quecksilber im Leib. **argentone** [ardʒen'to:ne] *m* Neusilber *n,* Alpaka *n.*

argilla [ar'dʒilla] *f* Ton *m;* **esser fatto della stessa ~** *fig* aus dem gleichen Holz geschnitzt sein. **argilloso, -a** [...'lo:so] *a* tonhaltig.

arginamento [ardʒina'mento] *m* Eindämmung *f.* **arginare** [...'na:re] *tr* eindämmen; *(fig a.)* Einhalt gebieten (*qc* einer S.). **arginatura** [...na'tu:ra] *f* Eindämmung *f.*

argine ['ardʒine] *m* **1.** *(terrapieno)* Damm *m,* Wall *m;* **2.** *fig (freno)* Einhalt *m;* **porre un ~ a qc** einer S. Einhalt gebieten, einer S. einen Riegel vorschieben.

argomentare [argomen'ta:re] **I.** *tr* folgern, schließen; **II.** *itr* argumentieren. **argomentazione** [...tat'tsio:ne] *f* Argumentation *f.* **argomento** [...'mento] *m* **1.** *(tema)* Thema *n,* Gegenstand *m;* **2.** *(pretesto)* Vorwand *m,* Anlaß *m;* **3.** *(prova)* Argument *n,* Beweisgrund *m.*

argonauta [argo'na:uta] ⟨-i⟩ *m* Argonaut *m.*

arguire [argu'i:re] ⟨arguisco⟩ *tr* entnehmen, schließen.

argutezza [argu'tettsa] *f* Scharfsinn *m,* Geist *m; (a. parola, etc.)* Witz *m.* **arguto, -a** [ar'gu:to] *a* scharfsinnig; *(spiritoso)* geistvoll, witzig. **arguzia** [ar'guttsia] ⟨-ie⟩ *f* Geist *m,* Scharfsinn *m; (facezia)* Witz *m,* Findigkeit *f.*

aria ['a:ria] ⟨-ie⟩ *f* **1.** *(atmosfera, clima)* Luft *f;* **2.** *(aspetto)* (An)schein *m; (espressione)* Ausdruck *m,* Miene *f;* **3.** *mus* Arie *f; (canzone)* Weise *f,* Lied *n;* **~ condizionata** Klimaanlage *f;* **corrente d'~** Durchzug *m;* **filo d'~** Luftzug *m;* **all'~ aperta** im Freien; **a mezz'~** unvollendet; *(parole, etc.)* in Andeutungen; **campato in ~** aus der Luft gegriffen; **cambiare ~** lüften; *fig* für Luftveränderung sorgen; **andare all'~** ins Wasser fallen, nicht stattfinden; **buttare all'~** durcheinanderwerfen; **mandare qc all'~** ins Wasser fallen lassen, über den Haufen werfen; **saltare in ~** in die Luft fliegen; **avere paura dell'~** vor allem Angst haben;

darsi delle -e sich aufspielen; **prendere una boccata d'~** (frische) Luft schnappen; **prendere un colpo d'~** sich erkälten; **c'è qc nell'~** es liegt etw. in der Luft; **non tira ~ buona qui** hier ist dicke Luft; **~!** Platz da!, weg (da)!

ariano, -a [a'ri̯a:no] **I.** *a* arisch; **II.** *m, f* Arier(in) *m(f).*

aridità [aridi'ta] ‹-› *f* **1.** *(siccità)* Dürre *f,* Trockenheit *f;* **2.** *fig* Leere *f,* Gefühllosigkeit *f.* **arido, -a** ['a:rido] **I.** *a* **1.** *(secco)* dürr, trocken; **2.** *fig* gefühllos; *(sterile)* karg, trocken; **II.** *m pl* feinkörnige, pulverartige Körper *m pl.*

arieggiare [ari̯ed'dʒa:re] ‹arieggio, arieggi› **I.** *tr* **1.** *(cambiare aria)* lüften; **2.** *(imitare)* nachahmen; **II.** *itr* sich aufführen (*a* als).

ariete [a'ri̯ɛ:te] *m* **1.** *zoo* Widder *m;* **2.** *mil* Sturmbock *m;* **3.** *astr:* **A~** Widder *m;* **sono (dell'** *o.* **un) A~** ich bin (ein) Widder.

aringa [a'riŋga] ‹-ghe› *f* Hering *m.*

arioso, -a [a'ri̯o:so] **I.** *a* **1.** *(ampio)* luftig, weit; **2.** *fig* großzügig, weitläufig; **3.** *mus* arioso, liedhaft; **II.** *m* Arioso *n.*

arista[1] [a'rista] *f bot* Granne *f.*

arista[2] ['a:rista] *f gastr* Schweinerükken *m.*

aristocratico, -a [aristo'kra:tiko] ‹-ci, -che› **I.** *a* **1.** *(nobile)* aristokratisch, ad(e)lig; **2.** *fig* vornehm, edel, fein; **II.** *m, f* Aristokrat(in) *m(f).* **aristocrazia** [...rat'tsi:a] ‹-ie› *f* **1.** *(nobiltà)* Aristokratie *f,* Adel *m;* **2.** *fig* Vornehmheit *f,* Feinheit *f.*

aritmetica [arit'mɛ:tika] ‹-che› *f* Arithmetik *f,* Rechnen *n.* **aritmetico, -a** [...ko] ‹-ci, -che› *a* arithmetisch.

aritmico, -a [a'ritmiko] *a* unrhythmisch.

arlecchinata [arlekki'na:ta] *f* Harlekinade *f,* Hanswurstiade *f.* **arlecchinesco, -a** [...'nesko] ‹-schi, -sche› *a* harlekinisch. **arlecchino** [...'ki:no] **I.** *m* Harlekin *m,* Hanswurst *m;* **II.** ‹*inv*› *a* (bunt)gefleckt.

arma ['arma] ‹-i› *f* Waffe *f;* **-i a medio raggio** Mittelstreckenraketen *f pl;* **-i a corto raggio** Kurzstreckenraketen *f pl;* **~ da fuoco** Feuerwaffe *f;* **~ di fanteria** Infanterie *f;* **~ automatica** Schnellfeuerwaffe *f;* **~ azzurra** Luftwaffe *f;* **fatto d'-i** Gefecht *n;* **andare sotto le -i** einberufen werden; **chiamare alle -i** einberufen; **deporre le -i** die Waffen strecken; **all'-i!** zu den Waffen!; **~ a doppio taglio** *fig* zweischneidiges Schwert; **essere alle prime -i** *fig* ein (blutiger) Anfänger sein; **partire con -i e bagagli** *fig* mit Sack und Pack aufbrechen.

armacollo [arma'kɔllo] *m:* **ad ~** (quer über Brust und Rücken) umgehängt.

armadillo [arma'dillo] *m* Gürteltier *n.*

armadio [ar'ma:di̯o] ‹-i› *m* Schrank *m;* **~ blindato** Panzerschrank *m;* **~ guardaroba** Kleiderschrank *m;* **~ a muro** Wandschrank *m.*

armaiolo [arma'i̯ɔ:lo] *m* **1.** *(fabbricante)* Waffenschmied *m;* **2.** *(venditore)* Waffenhändler *m.*

armamentario [armamen'ta:ri̯o] ‹-i› *m* Rüstzeug *n.*

armamento [arma'mento] *m* **1.** *mil* Bewaffnung *f;* **2.** *naut (attrezzatura)* Ausrüstung *f;* *(equipaggio)* Besatzung *f;* **3.** *min* Gerüst *n,* Stütze *f;* **4.** *ferr* Oberbau *m;* **5.** ‹*pl*› Rüsten *n;* **corsa agli -i** Wettrüsten *n.* **armare** [ar'ma:re] **I.** *tr* **1.** *arch* armieren, stützen; *ferr* befestigen; **2.** *mil* bewaffnen; **3.** *naut* armieren, ausrüsten; **4.** *(pistola)* laden; **5.** *(remi)* auslegen; **II.** *rfl:* **-rsi 1.** *(munirsi di armi)* sich bewaffnen (*di* mit); **2.** *fig* sich wappnen (*di* mit). **armata** [ar'ma:ta] *f* Armee *f,* Heer *n.* **armato, -a** [...to] **I.** *a* bewaffnet; **carro ~** Panzer *m;* **cemento ~** Stahlbeton *m;* **a mano -a** mit Waffengewalt; **II.** *m* Bewaffnete(r) *m.*

armatore, -trice [arma'to:re] **I.** *a* Reederei-; **II.** *m, f* Reeder(in) *m(f).*

armatura [arma'tu:ra] *f* **1.** *hist* Rüstung *f;* **2.** *(struttura)* Gerüst *n;* **3.** *(nel cemento armato)* Armierung *f;* **~ del tetto** Dachstuhl *m.*

arme ['arme] *f* Wappen *n.*

armeggiare [armed'dʒa:re] ‹armeggio, armeggi› *itr* (herum)fuchteln; **~ intorno a qc** sich an etw. zu schaffen machen. **armeggio** [armed'dʒi:o] ‹-ggii› *m* Herumwirtschaften *n,* -fuchteln *n.*

armento [ar'mento] *m* Herde *f.*

armeria [arme'ri:a] ‹-ie› *f* **1.** *(magazzino)* Waffenkammer *f,* Zeughaus *n;* **2.** *(negozio)* Waffengeschäft *n;* **3.** *(collezione)* Waffensammlung *f.*

armiere [ar'mi̯ɛ:re] *m* Waffenmeister *m.* **armigero** [ar'mi:dʒero] *m* Knappe *m.*

armistizio [armis'tittsi̯o] ‹-i› *m* Waffenstillstand *m.*

armo ['armo] *m* Besatzung *f,* Mannschaft *f.*

armonia [armo'ni:a] ‹-ie› *f* **1.** *mus* Harmonie *f,* Zusammenklang *m;* **2.** *fig* Harmonie *f,* Einklang *m;* **agire in ~ con le leggi** im Einklang mit dem

Gesetz handeln; **essere in buona ~ con qu** mit jdm in gutem Einvernehmen sein.

armonica [ar'mɔ:nika] ‹-che› *f* Harmonika *f;* **~ a bocca/a mantice** Mund-/Ziehharmonika *f.*

armonico, -a [ar'mɔ:niko] ‹-ci, -che› *a* harmonisch.

armonio [ar'mɔ:nio] ‹-i› *v.* **armonium.**

armonioso, -a [armo'nio:so] *a* harmonisch.

armonium [ar'mɔ:nium] ‹-› *m* Harmonium *n.*

armonizzare [armonid'dza:re] **I.** *tr* harmonisieren, harmonieren lassen, in Einklang bringen; **II.** *itr* harmonieren. **armonizzazione** [...dzat'tsio:ne] *f* Harmonisierung *f;* **~ fiscale** Steuerharmonisierung *f.*

arnese [ar'ne:se] *m* **1.** *(attrezzo)* Werkzeug *n,* Gerät *n;* **2.** *(oggetto)* Ding *n,* Gerät *n;* **3.** *(modo di vestire)* Aufzug *m;* **4.** *fam (individuo)* Typ *m,* Kerl *m;* **~ da galera** *fam* Galgenstrick *m;* **-i del mestiere** Handwerkszeug *n;* **essere male in ~** in einem schlechten Zustand sein, heruntergekommen sein.

arnia ['arnia] ‹-ie› *f* Bienenstock *m,* Bienenhaus *n.*

arnica ['arnika] ‹-che› *f* Arnika *f.*

aroma [a'rɔ:ma] ‹-i› *m* Aroma *n.* **aromatico, -a** [aro'ma:tiko] ‹-ci, -che› *a* aromatisch, würzig; **piante -che** Gewürzpflanzen *f pl.* **aromatizzare** [...matid'dza:re] *tr* aromatisieren, würzen.

arpa ['arpa] *f* Harfe *f.*

arpeggio [ar'peddʒo] ‹-ggi› *m* Arpeggio *n.*

arpia [ar'pi:a] ‹-ie› *f* **1.** *(in mitologia)* Harpyie *f;* **2.** *fig (persona avida)* raffgieriger Mensch; *(donna sgradevole)* Krähe *f.*

arpicordo [arpi'kɔrdo] *m* Clavicembalo *n,* Spinett *n.*

arpionare [arpio'na:re] *tr* harpunieren. **arpione** [ar'pio:ne] *m* **1.** *(cardine)* (Tür-, Fenster)angel *f,* Zapfen *m;* **2.** *(nottolino)* Haken *m;* **3.** *(arpone)* Harpune *f.*

arpista [ar'pista] ‹-i *m,* -e *f*› *mf* Harfenspieler(in) *m(f).*

arpone [ar'po:ne] *m* Harpune *f.*

arra ['arra] *f poet* Unterpfand *n.*

arrabattarsi [arrabat'tarsi] *rfl* sich abrackern, sich abmühen.

arrabbiare [arrab'bia:re] ‹arrabbio, arrabbi› **I.** *itr* ‹*essere*› tollwütig werden; **II.** *rfl:* **-rsi** wütend werden (*con* auf). **arrabbiato, -a** [...'bia:to] *a* **1.** *(idrofobo)* tollwütig; **2.** *fig* wütend, zornig; *(accanito)* verbissen; **all'-a** *gastr* sehr pikant. **arrabbiatura** [...ia'tu:ra] *f* Wutanfall *m.*

arraffare [arraf'fa:re] *tr* **1.** *(afferrare)* ergreifen; *(oggetto)* an sich reißen; **2.** *(rubare)* klauen *fam.*

arrampicarsi [arrampi'karsi] ‹mi arrampico, ti arrampichi› *rfl* klettern; **~ sugli specchi** *fig* sich aufs Glatteis begeben. **arrampicata** [...'ka:ta] *f (scalata)* Klettertour *f; (in bicicletta)* (Bewältigung *f* einer) Steigung *f.* **arrampicatore, -trice** [...ka'to:re] *m, f* **1.** *(alpinista)* Kletterer *m,* Klett(r)erin *f;* **2.** *fig* Aufsteiger(in) *m(f).*

arrancare [arraŋ'ka:re] ‹arranco, arranchi› *itr* **1.** *(camminare dimenandosi)* humpeln, hinken; **2.** *(avanzare a fatica)* sich hinschleppen; **3.** *(vogare di forza)* kraftvoll rudern.

arrangiamento [arrandʒa'mento] *m* **1.** *(accomodamento)* Übereinkommen *n,* Vereinbarung *f;* **2.** *mus* Arrangement *n.* **arrangiare** [...'dʒa:re] ‹arrangio, arrangi› **I.** *tr* **1.** *(aggiustare)* bewerkstelligen, herrichten; **2.** *fam (rimediare alla meglio)* zurechtmachen; **3.** *fam (malmenare)* übel zurichten; **4.** *mus* arrangieren; **II.** *rfl:* **-rsi 1.** *(togliersi d'impaccio)* zurechtkommen; **2.** *(industriarsi)* sich *(dat)* zu helfen wissen, sich behelfen, sich arrangieren; **3.** *(mettersi d'accordo)* sich einigen. **arrangiatore** [...dʒa'to:re] *m* Arrangeur *m.*

arrecare [arre'ka:re] *tr* bringen; *(causare)* verursachen; *(dolore, etc.)* bereiten; **~ disturbo** stören.

arredamento [arreda'mento] *m* Einrichtung *f.* **arredare** [...'da:re] *tr* einrichten. **arredatore, -trice** [...da'to:re] *m, f* Innenarchitekt(in) *m(f).* **arredo** [ar'rɛ:do] *m* Einrichtungsgegenstand *m;* ‹*pl*› Ausstattung *f;* **-i sacri** Kirchengerät *n.*

arrembaggio [arrem'baddʒo] ‹-ggi› *m* Entern *n;* **buttarsi all'~ di qc** *fig* etw. erobern.

arrendersi [ar'rɛndersi] ‹*irr*› *rfl* **1.** *(darsi vinto)* sich ergeben; **2.** *fig (desistere)* sich fügen (*a* in), sich beugen, nachgeben.

arrendevole [arren'de:vole] *a* nachgiebig; *(cosa a.)* geschmeidig. **arrendevolezza** [...devo'lettsa] *f* Nachgiebigkeit *f; (di cosa a.)* Geschmeidigkeit *f.*

arrestare [arres'ta:re] **I.** *tr* **1.** *(catturare)* verhaften, festnehmen; **2.** *(fermare)* zum Stillstand bringen, anhalten; **II.** *rfl:* **-rsi** stehenbleiben. **arresto**

[ar'rɛsto] *m* **1.** *(cattura)* Verhaftung *f*, Festnahme *f;* **2.** *(interruzione)* Stillstand *m;* **3.** *tec* Sperrung *f;* **4.** ‹*pl*› *mil* Arrest *m;* ~ **cardiaco** Herzstillstand *m;* ~ **del gioco** Spielunterbrechung *f;* **battuta d'**~ Unterbrechung *f.*

arretramento [arretra'mento] *m* Rückzug *m.* **arretrare** [...'tra:re] **I.** *itr* ‹*essere*› sich zurückziehen; **II.** *tr* ‹*avere*› zurückziehen. **arretratezza** [...tra'tettsa] *f* Rückständigkeit *f*, Unterentwicklung *f.* **arretrato, -a** [...'tra:to] **I.** *a* alt, veraltet; *(paese)* rückständig; *(lavoro)* überfällig; *(pagamento)* nachträglich; **essere ~ con il lavoro** mit der Arbeit im Rückstand sein; **II.** *m pl* **1.** *(somme)* Rückstände *m pl;* **2.** *fig* noch zu regelnde Angelegenheiten *f pl.*

arricchimento [arrikki'mento] *m* Bereicherung *f; tec, fig* Anreicherung *f.* **arricchire** [...'ki:re] ‹arricchisco› **I.** *tr* ‹*avere*› **1.** *(rendere ricco)* bereichern; *tec, fig* anreichern; **2.** *fig (incrementare)* aufstocken, erweitern; **II.** *itr* ‹*essere*›, *rfl:* **-rsi** sich bereichern, reich werden. **arricchito, -a** [...'ki:to] *m, f pej* Neureiche(r) *mf.*

arricciacapelli [arrittʃaka'pelli] ‹-› *m* Lockenstab *m*, -schere *f.*

arricciamento [arrittʃa'mento] *m* Kräuseln *n.* **arricciare** [...'tʃa:re] ‹arriccio, arricci› *tr* **1.** *gener.* kräuseln; *(capelli a.)* locken; **2.** *(muro)* verputzen; ~ **il naso** die Nase rümpfen. **arricciato, -a** [...'tʃa:to] **I.** *a* gekräuselt; **II.** *m* Rauhputz *m.* **arricciolare** [...tʃo'la:re] *tr* locken, kräuseln.

arridere [ar'ri:dere] ‹*irr*› *itr* zulächeln; **la fortuna ci arride** das Glück ist uns hold *geh.*

arringa [ar'riŋga] ‹-ghe› *f* **1.** *jur* Plädoyer *n;* **2.** *(discorso)* Rede *f*, Ansprache *f.* **arringare** [...'ga:re] ‹arringo, arringhi› *tr* eine Ansprache halten an.

arrischiare [arris'ki̯a:re] **I.** *tr* riskieren, wagen; **II.** *rfl:* **-rsi** sich (ge)trauen, wagen. **arrischiato, -a** [...'ki̯a:to] *a* wagemutig.

arrivare [arri'va:re] **I.** *itr* ‹*essere*› **1.** *(giungere)* ankommen; **2.** *fig* gelangen, kommen; *(raggiungere un limite)* erreichen (*a qc* etw.); *(somme)* sich belaufen (*a* auf); **3.** *(riuscire)* (es) schaffen; **non ci arrivo** ich komme nicht dahin; *(non riesco)* ich schaffe es nicht; *(non capisco)* ich komme nicht dahinter; **l'acqua gli arriva al ginocchio** das Wasser reicht ihm bis zum Knie; ~ **secondo** *sport* Zweiter sein; **II.** *tr* ‹*avere*› *fam* erwischen *fam.* **arrivato, -a** [...'va:to] **I.** *a (socialmente)* arriviert; **II.** *m, f (socialmente)* Arrivierte(r) *mf.*

arrivederci [arrive'dertʃi] *interj* auf Wiedersehen; ~ **(a) presto** bis bald. **arrivederla** [...'derla] *interj* auf Wiedersehen.

arrivismo [arri'vizmo] *m* Ehrgeiz *m*, Strebertum *n.* **arrivista** [...'vista] ‹-i *m*, -e *f*› *mf* Streber(in) *m(f).*

arrivo [ar'ri:vo] *m* **1.** *(l'arrivare)* Ankunft *f*, Eintreffen *n; (di merce)* Eingang *m;* **2.** *(persona)* Ankömmling *m;* **3.** *(punto d'~)* Ziel *n;* **punto d'**~ Zielpunkt *m;* **lettere in** ~ eingehende Post; ~ **in volata** *sport* Endspurt *m;* **il treno è in ~ sul quarto binario** der Zug fährt auf Gleis vier ein.

arrocco [ar'rɔkko] ‹-cchi› *m* Rochade *f.*

arrochire [arrok'ki:re] ‹arrochisco› *itr* ‹*essere*› heiser werden.

arrogante [arro'gante] *a* arrogant. **arroganza** [...'gantsa] *f* Arroganz *f.*

arrogarsi [arro'garsi] *rfl* sich *(dat)* anmaßen.

arrossamento [arrossa'mento] *m* Rötung *f.* **arrossare** [...'sa:re] **I.** *tr* ‹*avere*› röten; **II.** *itr* ‹*essere*› sich röten, rot werden. **arrossire** [...'si:re] ‹arrossisco› *itr* ‹*essere*› erröten, rot werden.

arrostire [arros'ti:re] ‹arrostisco› **I.** *tr* braten; *(pane, castagne)* rösten; *(ai ferri)* grillen; **II.** *itr, rfl:* **-rsi** *fig (al sole)* braten, rösten. **arrosto** [ar'rɔsto] *m* Braten *m.*

arrotare [arro'ta:re] *tr* **1.** *(affilare)* schleifen, wetzen; **2.** *(levigare)* abschleifen; **3.** *(investire)* an-, überfahren; ~ **i denti** *fig* mit den Zähnen knirschen; ~ **la lingua** *fig* mit spitzer Zunge reden. **arrotatrice** [...ta'tri:tʃe] *f* Schleifmaschine *f.* **arrotino** [...'ti:no] *m* Scherenschleifer(in) *m(f).*

arrotolare [arroto'la:re] *tr* aufrollen, zusammenrollen.

arrotondare [arroton'da:re] **I.** *tr* **1.** rund formen, abrunden; **2.** *fig (numero, etc.)* aufrunden; *(stipendio, etc.)* aufbessern; **II.** *rfl:* **-rsi** rund werden.

arrovellarsi [arrovel'larsi] *rfl* **1.** *(affannarsi)* sich abmühen; **2.** *(arrabbiarsi)* sich ärgern (*per* wegen, über).

arroventare [arroven'ta:re] **I.** *tr* zum Glühen bringen; **II.** *rfl:* **-rsi** glühend werden.

arruffapopoli [arruffa'pɔ:poli] ‹-› *mf* Volksaufwiegler(in) *m(f).*

arruffare [arruf'fa:re] *tr* **1.** *(scompigliare)* verwirren; *(capelli)* zerzau-

sen; **2.** *fig* verwirren; ~ **la matassa** *fig* für Wirrwarr sorgen.
arruffianare [arruffja'na:re] **I.** *tr vulg* (ver)kuppeln; **II.** *rfl:* **-rsi** *fam* einen Klüngel aushandeln *fam* (*con* mit).
arruffio [arruf'fi:o] ‹-ii› *m* Wirrwarr *m.*
arruffone, -a [arruf'fo:ne] *m, f* **1.** *(disordinato)* Wirrkopf *m;* **2.** *(imbroglione)* Schwindler(in) *m(f).*
arrugginire [arruddʒi'ni:re] ‹arrugginisco› **I.** *tr* ‹*avere*› **1.** *(rendere rugginoso)* rosten lassen, rostig machen; **2.** *fig (indebolire)* einrosten lassen; **II.** *itr* ‹*essere*›, *rfl:* **-rsi 1.** *(ricoprirsi di ruggine)* (ver)rosten; **2.** *fig* einrosten.
arruolamento [arruola'mento] *m* **1.** *mil* Einberufung *f;* **2.** *naut* Anheuern *n.* **arruolare** [...'la:re] **I.** *tr* **1.** *mil* einberufen, einziehen; **2.** *naut* anwerben, anheuern; **II.** *rfl:* **-rsi 1.** *mil* sich freiwillig melden; **2.** *naut* sich anwerben lassen.
arsenale [arse'na:le] *m* **1.** *naut* Werft *f;* **2.** *mil (fabbrica)* Waffenschmiede *f; (deposito)* Arsenal *n;* **3.** *scherz (ammasso disordinato)* Rumpelkammer *f.*
arsenico [ar'sɛ:niko] *m* Arsen *n,* Arsenik *n.*
arsi ['arsi] *1. pers sing del passato remoto di* **ardere.**
arso, -a ['arso] **I.** *pp di* **ardere; II.** *a* **1.** *(bruciato)* verbrannt; **2.** *(disseccato, inaridito)* ausgedorrt, verdörrt.
arsura [ar'su:ra] *f* **1.** *(calore)* (Glut)hitze *f;* **2.** *(aridità, siccità)* Dürre *f,* Trockenheit *f;* **3.** *(per sete)* Brand *m fam; (per febbre)* Hitze *f,* Glut *f.*
art. *ab di* **articolo** Art. (*ab di* Artikel).
arte ['arte] *f* **1.** *(nel campo estetico)* Kunst *f;* **2.** *(mestiere)* Kunst *f,* Handwerk *n;* **3.** *(abilità)* Kunstfertigkeit *f,* Geschicklichkeit *f;* **4.** *(artificio)* Kunstgriff *m,* Kniff *m;* **5.** *hist* Zunft *f;* **opera d'~** Kunstwerk *n;* **nome d'~** Künstlername *m;* ~ **poetica** Dichtkunst *f;* ~ **del cuoco** Kochkunst *f;* **le belle -i** die schönen Künste *f pl;* **le -i figurative** die darstellenden Künste *f pl;* **-i grafiche/meccaniche** Graphik *f*/Mechanik *f;* **ad** ~ absichtlich; *(con artificio)* mit List (und Tücke); **a regola d'~** kunstgerecht, nach allen Regeln der Kunst; **non avere né ~ né parte** *fig* nichts gelernt haben; **impara l'~ e mettila da parte** *prov* gelernt ist gelernt. **artefatto, -a** [-'fatto] *a* gefälscht, künstlich. **artefice** [ar'te:fitʃe] *m* **1.** *(creatore)* Schöpfer(in) *m(f);* **2.** *(artista)* Künstler(in) *m(f);* **3.** *(artigiano)* Handwerker(in) *m(f);* **4.** *(macchinatore)* Urheber(in) *m(f).*
arteria [ar'tɛ:rja] ‹-ie› *f* **1.** *anat* Arterie *f,* Schlagader *f;* **2.** *fig* Verkehrsader *f.* **arteriosclerosi** [arterjoskle'rɔ:zi] ‹-› *f* Arterienverkalkung *f,* Arteriosklerose *f.* **arterioso, -a** [...'rjo:so] *a* Arterien-.
artico, -a ['artiko] ‹-ci, -che› *a* arktisch.
articolare [artiko'la:re] **I.** *a* Gelenk-, Glieder-; **II.** *tr* **1.** *(muovere)* beugen, bewegen; **2.** *(pronunciare)* artikulieren, aussprechen; **3.** *(suddividere)* gliedern, unterteilen. **articolazione** [...lat'tsjo:ne] *f* **1.** *anat, tec* Gelenk *n;* **2.** *ling* Artikulation *f;* **3.** *(suddivisione)* Gliederung *f.*
articolista [artiko'lista] ‹-i *m,* -e *f*› *mf* Artikelschreiber(in) *m(f).* **articolo** [ar'ti:kolo] *m* (*ab* **art.**) **1.** *(gram, jur, com, di giornale)* Artikel *m;* **2.** *(di bilancio)* Posten *m;* **3.** *fam* Typ *m fam;* ~ **di fondo** Leitartikel *m.*
Artide ['artide] *f* Arktis *f.*
artiere [ar'tjɛ:re] *m* Pionier *m.*
artificiale [artifi'tʃa:le] *a* künstlich, Kunst-. **artificio** [...'fi:tʃo] ‹-ci› *m (espediente)* Kniff *m; (stratagemma)* Kunstgriff *m; (ricercatezza)* Finesse *f,* Feinheit *f;* ~ **scenico** Trick *m;* **fuochi d'~** Feuerwerk *n.* **artificiosità** [...fitʃosi'ta] ‹-› *f* Künstlichkeit *f; (affettazione)* Geschraubtheit *f.* **artificioso, -a** [...fi'tʃo:so] *a* künstlich, gesucht; *(non spontaneo)* gekünstelt.
artigiana *f v.* **artigiano.**
artigianale [artidʒa'na:le] *a* handwerklich. **artigianato** [...'na:to] *m* Handwerk *n;* ~ **artistico** Kunsthandwerk *n.* **artigiano, -a** [...'dʒa:no] **I.** *m, f* Handwerker(in) *m(f);* **II.** *a* handwerklich.
artigliere [artiʎ'ʎɛ:re] *m* Artillerist *m.* **artiglieria** [...ʎe'ri:a] ‹-ie› *f* Artillerie *f.*
artiglio [ar'tiʎʎo] ‹-gli› *m* Kralle *f; (a. fig)* Klaue *f.*
artista [ar'tista] ‹-i *m,* -e *f*› *mf* **1.** *(nel campo dell'arte, a. fig)* Künstler(in) *m(f);* **2.** *(di circo, etc.)* Artist(in) *m(f);* ~ **cinematografico** Filmschauspieler *m;* ~ **lirico** Opernsänger *m.* **artistico, -a** [ar'tistiko] ‹-ci, -che› *a* künstlerisch; *(da artista di circo)* artistisch.
arto ['arto] *m* Glied *n.*
artrite [ar'tri:te] *f* Arthritis *f.* **artritico, -a** [ar'tri:tiko] ‹-ci, -che› **I.** *a* arthritisch; **II.** *m, f* Gichtkranke(r) *mf,* Arthritiker(in) *m(f).*
artrosi [ar'trɔ:zi] ‹-› *f* Arthrose *f.*
arvicola [ar'vi:kola] *f* Feldmaus *f.*

arzigogolare [ardzigogoˈla:re] *itr* **1.** *(fantasticare)* grübeln, tüfteln; **2.** *(cavillare)* Haare spalten. **arzigogolo** [...iˈgɔ:golo] *m* **1.** *(trovata fantasiosa)* Grübelei *f;* **2.** *(giro di parole)* Wortspiel *n;* **3.** *(cavillo)* Spitzfindigkeit *f.* **arzigogolone, -a** [...igogoˈlo:ne] *m, f* Spinner(in) *m(f) fam,* Phantast(in) *m(f).*

arzillo, -a [arˈdzillo] *a* **1.** *(vispo)* lebhaft, munter; *(vecchio)* rüstig; **2.** *scherz* angeheitert.

asbesto [azˈbɛsto] *m* Asbest *m.*

asce [ˈaʃʃe] *pl di* **ascia.**

ascella [aʃˈʃɛlla] *f* **1.** *anat* Achselhöhle *f;* **2.** *bot* Blattachsel *f.*

ascendentale [aʃʃendenˈta:le] *a* aszendental.

ascendente [aʃʃenˈdɛnte] **I.** *a* aufstrebend, aufsteigend; *mus* ansteigend; **in linea ~** *(parente)* in aufsteigender Linie; **II.** *m* **1.** *(parente)* direkter Vorfahr; **2.** *fig* Einfluß *m.* **ascendenza** [...ˈdɛntsa] *f* Herkunft *f.*

ascendere [aʃˈʃendere] ‹*irr*› *itr* ‹*essere*› **1.** *(salire)* (auf)steigen; **2.** *(ammontare)* sich belaufen (*a* auf). **ascensionale** [aʃʃensi̯oˈna:le] *a* aufsteigend. **ascensione** [...ˈsi̯o:ne] *f* Aufstieg *m;* **l'A~** (Christi) Himmelfahrt *f.* **ascensore** [...ˈso:re] *m* Aufzug *m,* Fahrstuhl *m.* **ascensorista** [...soˈrista] ‹-i *m,* -e *f*› *mf* Fahrstuhlführer(in) *m(f).* **ascesa** [aʃˈʃe:sa] *f* Aufstieg *m.*

ascesi [aʃˈʃɛ:zi] ‹-› *f* Askese *f.*

ascesso [aʃˈʃɛsso] *m* Abszeß *m.*

asceta [aʃˈʃɛ:ta] ‹-i *m,* -e *f*› *mf* Asket(in) *m(f).* **ascetismo** [aʃʃeˈtizmo] *m* Askese *f.*

ascia [ˈaʃʃa] ‹asce› *f* Axt *f;* **fatto con l'~** *fig* grob zurechtgezimmert.

ascissa [aʃˈʃissa] *f* Abszisse *f.*

asciugacapelli [aʃʃugakaˈpelli] ‹-› *m* Haartrockner *m.*

asciugamano [-ˈma:no] *m* Handtuch *n;* **~ di spugna** Frottiertuch *n.*

asciugare [aʃʃuˈga:re] ‹asciugo, asciughi› **I.** *tr* **1.** *(rendere asciutto)* trocknen; *(stoviglie, mani)* abtrocknen; **2.** *(seccare)* austrocknen; **~ le tasche a qu** jdn ausnehmen; **II.** *rfl:* **-rsi** trocknen; **-rsi una bottiglia** *scherz* eine Flasche killen *fam.* **asciugatoio** [...gaˈto:i̯o] ‹-oi› *m* **1.** *(panno)* Trokkentuch *n;* *(da bagno)* Badetuch *n;* **2.** *(apparecchio)* Trockner *m.* **asciugatrice** [...gaˈtri:tʃe] *f* (Wäsche)trockner *m.* **asciugatura** [...gaˈtu:ra] *f* (Ab)trocknen *n.* **asciutezza** [aʃʃutˈtettsa] *f* Trockenheit *f.* **asciutto, -a** [aʃˈʃutto] **I.** *a* **1.** *(secco)* trocken; *(asciugato)* getrocknet; *(arido)* ausgedorrt; **2.** *fig* *(magro)* hager, mager; **3.** *fig* *(brusco)* brüsk, kurz angebunden, trocken; **balia -a** Kinderfrau *f;* **pasta -a** Nudelgericht *n;* **a piedi -i** trockenen Fußes; **restare a bocca -a** *fig* das Nachsehen haben, leer ausgehen; **II.** *m* Trockene(s) *n;* **ritrovarsi all'~** *fig* abgebrannt (*o.* blank) sein *fam;* **III.** *adv* barsch, kurz angebunden.

ascoltare [askolˈta:re] **I.** *tr* **1.** *(udire)* hören; **2.** *(esaudire)* erhören; **3.** *(dar retta)* folgen (*qu/qc* jdm/einer S.), hören auf; **4.** *med* *(auscultare)* abhorchen; **II.** *itr* zuhören; *(origliare)* horchen, lauschen. **ascoltatore, -trice** [...taˈto:re] *m, f* (Zu)hörer(in) *m(f).* **ascolto** [asˈkolto] *m* Zuhören *n;* *(attenzione)* Gehör *n;* **indice di ~** Einschaltquote *f;* **dare ~ a qu** auf jdn hören; **prestare ~ a qu** jdm Gehör schenken; **stare in ~** *(ascoltare)* zuhören; *(origliare)* lauschen.

ascrivere [asˈkri:vere] ‹*irr*› **I.** *tr* **1.** *(annoverare)* zuordnen, zuzählen; **2.** *(imputare)* zuschreiben, anrechnen (*a* als); **II.** *rfl:* **-rsi** sich *(dat)* anrechnen.

asepsi [aˈsɛpsi] ‹-› *f* Keimfreiheit *f,* Asepsis *f.*

asessuale [asessuˈa:le] *a* ungeschlechtlich. **asessuato, -a** [...ˈa:to] *a* **1.** *biol* geschlechtslos; **2.** *fig* undifferenziert.

asettico, -a [asˈsɛttiko] *a* **1.** *med* keimfrei, aseptisch; **2.** *fig* leidenschaftslos, steril.

asfaltare [asfalˈta:re] *tr* asphaltieren. **asfaltatura** [...taˈtu:ra] *f* Asphaltdecke *f.* **asfalto** [asˈfalto] *m* Asphalt *m.*

asfissia [asfisˈsi:a] ‹-ie *f*› Erstickung *f.* **asfissiare** [...ˈsi̯a:re] ‹asfissio, asfissi› **I.** *tr* ‹*avere*› **1.** *med* ersticken; **2.** *fig fam* anöden *fam;* **II.** *itr* ‹*essere*› ersticken.

Asia [ˈa:zi̯a] *f* Asien *n;* **~ Minore** Kleinasien *n.* **asiatico, -a** [aˈzi̯a:tiko] ‹-ci, -che› **I.** *a* asiatisch; **II.** *f med* asiatische Grippe; **III.** *m, f* Asiat(in) *m(f).*

asilo [aˈzi:lo] *m* **1.** *(rifugio)* Asyl *n,* Zuflucht *f;* **2.** *pol* Asyl *n;* **3.** *(ospizio)* Asyl *n,* Heim *n;* **~ d'infanzia** Kindergarten *m.*

asimmetria [asimmeˈtri:a] *f* Asymmetrie *f.* **asimmetrico, -a** [...ˈmɛ:triko] *a* asymmetrisch.

asina [ˈa:sina] *f* Eselin *f.* **asinaio** [asiˈna:i̯o] ‹-ai› *m* Eselsführer *m,* -treiber *m.* **asinata** [...ˈna:ta] *f* Eselei *f.* **asineria** [...neˈri:a] ‹-ie› *f* Eselei *f.*

asinesco, -a [...'nesko] ‹-schi, -sche› *a* ungehobelt. **asinino, -a** [...'ni:no] *a:* **tosse -a** Keuchhusten *m.* **asinità** [...ni'ta] ‹-› *f* Eselei *f,* Dummheit *f.* **asino** ['a:sino] *m* Esel *m;* **a schiena d'~** *fig* gekrümmt; **far come l'~ di Buridano** sich nicht entscheiden können; **essere un ~ calzato e vestito** *fig* ein vollkommener Esel sein; **legare l'~ dove vuole il padrone** *fig* sein Mäntelchen nach dem Wind hängen; **qui casca l'~!** *fig* da liegt der Hund begraben; **meglio un ~ vivo che un dottore morto** *prov* lieber dumm leben als gescheit sterben.

asma ['azma] *f* Asthma *n.* **asmatico, -a** [az'ma:tiko] ‹-ci, -che› **I.** *a* asthmatisch; **II.** *m, f* Asthmatiker(in) *m(f).*

asociale [aso'tʃa:le] *a* unsozial.

asola ['a:zola] *f* Knopfloch *n; (occhiello)* Öse *f.*

asparago [as'pa:rago] ‹-gi› *m* Spargel *m.*

aspecifico, -a [aspe'tʃi:fiko] *a* unspezifisch.

asperità [asperi'ta] ‹-› *f* Rauheit *f; (di terreno)* Unebenheit *f; (di carattere)* Schroffheit *f; (della vita, etc.)* Widrigkeit *f.*

aspersorio [asper'sɔ:rio] ‹-i *o.* -ii› *m* Weihwasserwedel *m.*

aspettare [aspet'ta:re] **I.** *tr* warten auf, erwarten; *(bambino)* erwarten; **chi la fa l'aspetti** *prov* wie du mir, so ich dir *prov;* **II.** *rfl:* **-rsi** rechnen mit, erwarten; **c'era da aspettarselo!** das war zu erwarten! **aspettativa** [...ta'ti:va] *f* **1.** *(attesa)* Erwartung *f;* **2.** *adm* Wartestand *m,* Sonderurlaub *m.*

aspetto[1] [as'pɛtto] *m (l'aspettare)* Warten *n;* **sala d'~** Wartesaal *m.*

aspetto[2] [as'pɛtto] *m* **1.** *(vista)* Sicht *f,* Betrachtungsweise *f;* **2.** *(apparenza)* Aussehen *n;* **3.** *(punto di vista)* Aspekt *m,* Blickwinkel *m;* **avere un bell'~** gut aussehen; **all'~** dem Aussehen nach.

aspirante [aspi'rante] **I.** *a* saugend, Saug-; **II.** *mf* Anwärter(in) *m(f)* (*a* auf), Aspirant(in) *m(f).*

aspirapolvere [aspira'polvere] ‹-› *m* Staubsauger *m.*

aspirare [aspi'ra:re] **I.** *tr* **1.** *(respirare)* einatmen; **2.** *tec* (auf-, ein)saugen; **3.** *ling* aspirieren; **II.** *itr* streben (*a* nach), trachten (*a* nach). **aspiratore** [...ra'to:re] *m* Sauggerät *n; med* Aspirator *m.* **aspirazione** [...rat'tsio:ne] *f* **1.** *(inspirazione)* Einatmen *n;* **2.** *fig (desiderio)* Streben *n,* Bestrebung *f;* **3.** *ling (espirazione)* Aspiration *f,* Behauchung *f;* **4.** *tec* (An-, Ab)saugen *n.*

aspirina® [aspi'ri:na] *f* Aspirin® *n.*

asportabile [aspor'ta:bile] *a* tragbar, beweglich.

asportare [aspor'ta:re] *tr* **1.** *(portar via)* forttragen, entfernen; **2.** *(estirpare)* entfernen. **asportazione** [...tat'tsio:ne] *f* Entfernung *f,* Entfernen *n.*

asprezza [as'prettsa] *f* **1.** *(al gusto)* Herbheit *f; (al tatto)* Rauheit *f; (all'udito)* Schrillheit *f;* **2.** *(di terreno)* Schroffheit *f;* **3.** *(rigore)* Rauheit *f;* **4.** *fig* Herbheit *f,* Härte *f; (severità)* Strenge *f.* **asprigno, -a** [as'priɲɲo] **I.** *a* leicht herb; **II.** *m* Herbheit *f.* **aspro, -a** ['aspro] *a* **1.** *(sapore, odore)* herb, scharf; *(suono)* schrill; *(vino)* herb; **2.** *(ruvido)* rauh; **3.** *(paesaggio)* schroff, rauh; *(clima)* rauh; **4.** *ling* scharf; **5.** *fig* rauh; *(duro)* hart; *(severo)* streng.

Ass. 1. *ab di* **assicurazione** Vers. (*ab di* Versicherung); **2.** *ab di* **assicurata** Wertbrief; **3.** *ab di* **assegno** Scheck.

assaggiare [assad'dʒa:re] ‹assaggio, assaggi› *tr* **1.** *(provare)* kosten, versuchen, probieren; **2.** *(mangiare pochissimo)* knabbern; *(bevande)* nippen; **3.** *fig* prüfen; **~ il bastone** (*o.* **le botte**) Schläge bekommen. **assaggiatore, -trice** [...dʒa'to:re] *m, f* Verkoster(in) *m(f).* **assaggio** [as'saddʒo] ‹-ggi› *m* Probe *f,* Kostprobe *f.*

assai [as'sa:i] **I.** *adv* **1.** *(abbastanza)* genug; **2.** *(molto)* sehr, viel, reichlich; **m'importa ~ di lui!** *iron* auf ihn lege ich gerade Wert!; **II.** ‹*inv*› *a* viel.

assale [as'sa:le] *m* Achse *f.*

assalire [assa'li:re] ‹assalgo *o.* assalisco, assalii *o.* assalsi, assalito› *tr* **1.** *(aggredire)* angreifen, anfallen; **2.** *fig* befallen, überfallen, überkommen; **~ qu alle spalle** jdn von hinten anfallen. **assalitore, -trice** [...li'to:re] *m, f* Angreifer(in) *m(f).*

assaltare [assal'ta:re] *tr* überfallen. **assalto** [as'salto] *m* **1.** *mil* Angriff *m,* Überfall *m;* **2.** *sport* Gang *m;* **prendere d'~ qc** sich auf etw. stürzen.

assaporare [assapo'ra:re] *tr* genießen, auskosten.

assassina *f v.* **assassino.**

assassinare [assassi'na:re] *tr* **1.** *(uccidere)* ermorden; **2.** *fig (rovinare)* ruinieren; **3.** *fig (sciupare)* verschandeln, verhunzen. **assassinio** [...'si:nio] ‹-ii› *m* **1.** *(omicidio)* Mord *m;* **2.** *fig* Verschandelung *f.* **assassino, -a** [...'si:no] **I.** *a* mordend; *(a. fig)* mörderisch; **II.** *m, f* **1.** *(omicida)* Mörder(in) *m(f);* **2.** *fig* Frevler(in) *m(f).*

asse¹ ['asse] *f (tavola di legno)* Brett *n;* ~ **di equilibrio** Schwebebalken *m;* ~ **da stiro** Bügelbrett *n.*

asse² ['asse] *m* **1.** *hist* As *m;* **2.** *jur:* ~ **ereditario** Erbmasse *f.*

asse³ ['asse] *m tec* Achse *f;* ~ **stradale** Verkehrsachse *f.*

assecondare [assekon'da:re] *tr* **1.** *(favorire)* unterstützen; **2.** *(soddisfare)* nachkommen (*qc* einer S.).

assediare [asse'di̯a:re] ⟨assedio, assedi⟩ *tr mil, fig* belagern; *(persona)* bedrängen, bestürmen. **assedio** [as'sɛ:di̯o] ⟨-i⟩ *m* **1.** *mil* Belagerung *f;* **2.** *com* Blockade *f;* **cingere d'~** belagern.

assegnamento [asseɲɲa'mento] *m* Vertrauen *n,* Zuversicht *f;* **fare ~ su qu** auf jdn zählen *(o.* bauen). **assegnare** [...'ɲa:re] *tr* **1.** *(dare)* zuweisen, zuteilen; **2.** *(compiti a scuola)* aufgeben; *(incarico)* erteilen; *(ufficio)* zuweisen; **3.** *(premio, rendita)* zuerkennen; **4.** *(termine)* festsetzen. **assegnatario, -a** [...ɲa'ta:ri̯o] ⟨-i, -ie⟩ *m, f* Assignatar(in) *m(f).* **assegnato, -a** [...'ɲa:to] *a* unfrei. **assegnazione** [...ɲat'tsi̯o:ne] *f* **1.** Zuweisung *f,* Vergabe *f;* **2.** *fig* Zuerkennung *f; (di termine)* Festsetzung *f.* **assegno** [as'seɲɲo] *m* **1.** *com, fin* (*ab* **Ass.**) Scheck *m;* **2.** *(attribuzione)* Zuwendung *f,* Zulage *f;* **3.** *(rendita)* Rente *f;* ~ **in bianco/postale/sbarrato** Blanko-/Post-/Verrechnungsscheck *m;* ~ **scoperto** (*o.* **a vuoto**) ungedeckter Scheck; **pagamento contro ~** Zahlung *f* per Nachnahme; **gravare di ~** per Nachnahme versenden.

assemblaggio [assem'bladdʒo] ⟨-ggi⟩ *m* Zusammensetzen *n,* Montage *f.* **assemblare** [...'bla:re] *tr* zusammensetzen, montieren.

assemblea [assem'blɛ:a] *f* Versammlung *f;* ~ **plenaria** Plenum *n.*

assembramento [assembra'mento] *m* Zusammenkunft *f,* Ansammlung *f.*

assennatezza [assenna'tettsa] *f* Besonnenheit *f,* Vernunft *f.* **assennato, -a** [...'na:to] *a* besonnen, vernünftig.

assenso [as'sɛnso] *m* Zustimmung *f.*

assentarsi [assen'tarsi] *rfl* sich entfernen. **assente** [as'sɛnte] **I.** *a (a. fig)* abwesend; **II.** *mf* Abwesende(r) *mf.* **assenteismo** [assente'izmo] *m* Fehlen *n,* Fernbleiben *n; hist (dei proprietari terrieri)* Absentismus *m.* **assenteista** [...'ista] ⟨-i *m,* -e *f*⟩ *mf* Drückeberger(in) *m(f) fam.*

assentire [assen'ti:re] *itr* zustimmen.

assenza [as'sɛntsa] *f* **1.** *(da un luogo)* Abwesenheit *f,* Fehlen *n;* **2.** *(mancanza)* Mangel *m* (*di* an).

assenziente [assen'tsi̯ɛnte] *a* zustimmend; ~ **tua madre** wenn deine Mutter zustimmt.

assenzio [as'sɛntsi̯o] ⟨-i⟩ *m* **1.** *bot* Wermut *m;* **2.** *(liquore)* Absinth *m;* **3.** *fig poet* Bitterkeit *f.*

asserire [asse'ri:re] ⟨asserisco⟩ *tr* behaupten, versichern.

asserragliarsi [asserraʎ'ʎarsi] ⟨mi asserraglio, ti asserragli⟩ *rfl* sich verbarrikadieren.

assertivo, -a [asser'ti:vo] *a* behauptend, bejahend. **asserto** [as'sɛrto] *m* Behauptung *f,* Beteuerung *f.*

assertore, -trice [asser'to:re] *m, f* Befürworter(in) *m(f),* Verfechter(in) *m(f).*

asservimento [asservi'mento] *m* Unterwerfung *f; (servitù)* Knechtschaft *f.* **asservire** [...'vi:re] ⟨asservisco⟩ **I.** *tr* unterwerfen; **II.** *rfl:* **-rsi** sich unterwerfen.

asserzione [asser'tsi̯o:ne] *f* Behauptung *f,* Beteuerung *f.*

assessorato [assesso'ra:to] *m* Assessoramt *n.* **assessore** [...'so:re] *m* Assessor *m,* Beisitzer *m.*

assestamento [assesta'mento] *m* **1.** *arch* Setzung *f;* **2.** *(sistemazione)* Konsolidierung *f,* Regelung *f,* Ordnung *f.* **assestare** [...'ta:re] **I.** *tr* **1.** *(mettere in ordine)* in Ordnung bringen, regeln; **2.** *(regolare)* einstellen; **3.** *(ceffone, etc.)* versetzen; **II.** *rfl:* **-rsi** **1.** *(sistemarsi)* sich einrichten, sich konsolidieren; **2.** *(su poltrona, etc.)* es sich *(dat)* bequem machen. **assestato, -a** [...'ta:to] *a* **1.** *(ordinato)* geordnet, konsolidiert; **2.** *fig* besonnen.

assetare [asse'ta:re] *tr* durstig machen. **assetato, -a** [...'ta:to] **I.** *a (a. fig)* durstig; *(terreno a.)* ausgetrocknet; **II.** *m, f* Durstige(r) *mf,* Dürstende(r) *mf geh.*

assettare [asset'ta:re] **I.** *tr* herrichten, in Ordnung bringen; **II.** *rfl:* **-rsi** sich zurechtmachen. **assetto** [as'sɛtto] *m* **1.** *(sistemazione)* Ordnung *f;* **2.** *(equipaggiamento)* Ausrüstung *f; (tenuta)* Ausstattung *f;* **3.** *naut* Trimm *m.*

asseverare [asseve'ra:re] *tr* beteuern, versichern.

Assia ['assi̯a] *f* Hessen *n.*

assiale [as'si̯a:le] *a* axial.

assiano, -a [as'si̯a:no] **I.** *a* hessisch; **II.** *m, f* Hesse *m,* Hessin *f.*

assicurare [assiku'ra:re] **I.** *tr* **1.** *(ga-*

rantire) sicherstellen; **2.** *(affermare)* versichern; **3.** *(fissare)* befestigen, sichern; **4.** *jur (con contratto di assicurazione)* versichern (*contro* gegen); **5.** *(lettera)* als Wertsendung schikken; ~ **qu alla giustizia** jdn verhaften lassen; **II.** *rfl:* **-rsi 1.** *(accertarsi)* sich versichern, sich überzeugen (*di* von); **2.** *jur (con contratto)* sich versichern (*contro* gegen). **assicurata** [...'ra:ta] *f* (*ab* **Ass.**) Wertsendung *f; (lettera)* Wertbrief *m.* **assicurato, -a** [...'ra:to] *m, f* Versicherte(r) *mf,* Versicherungsnehmer(in) *m(f).* **assicuratore, -trice** [...ra'to:re] **I.** *a* versichernd, Versicherungs-; **II.** *m, f* Versicherer *m,* Versicherin *f.* **assicurazione** [...rat'tsi̯o:ne] *f* (*ab* **Ass.**) Versicherung *f;* ~ **contro i danni** Schadensversicherung *f;* ~ **contro la responsabilità civile** Haftpflichtversicherung *f;* ~ **sulla vita** Lebensversicherung *f.*

assideramento [assidera'mento] *m* Erfrierung *f.* **assiderare** [...'ra:re] **I.** *tr* ‹*avere*› erfrieren lassen; **II.** *itr* ‹*essere*›, *rfl:* **-rsi** erfrieren.

assiduità [assidui'ta] ‹-› *f* **1.** *(perseveranza)* Ausdauer *f,* Beharrlichkeit *f;* **2.** *(frequenza abituale)* regelmäßiger Besuch. **assiduo, -a** [as'si:duo] *a* **1.** *(costante)* ausdauernd, beharrlich; **2.** *(regolare)* ständig, dauernd; *(cliente)* Stamm-; **3.** *(diligente)* beständig, fleißig.

assieme [as'si̯ɛ:me] **I.** *adv* zusammen; **II.** *prp:* ~ **a** (zusammen) mit *dat;* **III.** ‹-› *m* Gesamtheit *f; mus, theat* Ensemble *n;* **gioco d'~** Zusammenspiel *n.*

assiepare [assi̯e'pa:re] **I.** *tr* **1.** *(cingere)* mit einer Hecke umschließen; **2.** *(affollare)* überfüllen; **II.** *rfl:* **-rsi** sich drängen; **-rsi intorno a qu** jdn umzingeln.

assillare [assil'la:re] *tr* bedrängen, quälen. **assillo** [as'sillo] *m* **1.** *zoo* Bremse *f,* Stechfliege *f;* **2.** *fig* Druck *m,* Last *f,* Sorge *f;* ~ **del lavoro** Arbeitswut *f.*

assimilabile [assimi'la:bile] *a* **1.** *(assorbibile)* assimilierbar; **2.** *(paragonabile)* vergleichbar.

assimilare [assimi'la:re] *tr* **1.** *biol, ling* assimilieren; **2.** *(considerare simile)* gleichstellen; **3.** *fig* annehmen, sich *(dat)* aneignen. **assimilativo, -a** [...la'ti:vo] *a* assimilierbar, Assimilations-. **assimilazione** [...lat'tsi̯o:ne] *f* **1.** *biol, ling* Assimilierung *f;* **2.** *fig* Gleichstellung *f; (apprendimento)* Annahme *f,* Aneignung *f.*

assioma [as'si̯ɔ:ma] ‹-i› *m* Axiom *n.* **assiomatico, -a** [...i̯o'ma:tiko] ‹-ci, -che› *a* axiomatisch, unanfechtbar.

assise [as'si:ze] *f pl* **1.** *jur (Corte d'A~)* Schwurgericht *n;* **2.** *fig* (Voll)versammlung *f.*

assistei [assis'te:i] *1. pers sing del passato remoto di* **assistere.**

assistentato [assisten'ta:to] *m* **1.** *(ufficio)* Assistentenstelle *f;* **2.** *(durata)* Assistenzzeit *f.* **assistente** [...'tɛnte] **I.** *a* Assistenz-; **II.** *mf* Assistent(in) *m(f);* ~ **di bordo** Steward(eß) *m(f);* ~ **alla regia** Regieassistent(in) *m(f);* ~ **sociale** Sozialarbeiter(in) *m(f);* ~ **universitario** Universitätsassistent(in) *m(f).* **assistenza** [...'tɛntsa] *f* **1.** *(presenza)* Anwesenheit *f;* **2.** *(aiuto, soccorso)* Hilfe *f,* Beistand *m;* **3.** *(beneficenza, a. fig, med)* Fürsorge *f,* Pflege *f,* Betreuung *f;* **4.** *(sorveglianza)* Aufsicht *f;* ~ **legale** Rechtsbeistand *m;* ~ **sociale** Sozialhilfe *f;* ~ **tecnica** Kundendienst *m;* ~ **alla clientela** Dienst *m* am Kunden; **prestare ~ a qu** jdm Beistand leisten. **assistenziale** [...ten'tsi̯a:le] *a* Hilfs-, Fürsorge-. **assistenziario** [...ten'tsi̯a:ri̯o] ‹-i› *m* Wohlfahrtsamt *n,* Fürsorgeamt *n.*

assistere [as'sistere] ‹assisto, assistei *o.* assistetti, assistito› **I.** *itr* teilnehmen (*a* an), anwesend sein (*a* bei); **II.** *tr* **1.** *(soccorrere)* beistehen (*qu* jdm), helfen (*qu* jdm); **2.** *(curare)* pflegen, betreuen; **3.** *com (clientela)* betreuen; **4.** *(coadiuvare)* assistieren (*qu* jdm); ~ **legalmente qu** jdm Rechtsbeistand leisten; **che Dio t'assista!** Gott steh dir bei!

assito [as'si:to] *m (parete)* Bretterwand *f; (pavimento)* Dielenboden *m.*

asso ['asso] *m (a. fig)* As *n; (di dado)* Eins *f;* **un ~ dello sport/del volante** ein Sportas *n*/ein Könner *m* am Lenkrad; **avere l'~ nella manica** *fig* einen Trumpf im Ärmel haben; **piantare qu in ~** jdn im Stich lassen.

associare [asso'tʃa:re] ‹associo, associ› **I.** *tr* **1.** *(rendere partecipe)* als Mitglied (*o.* Teilhaber) aufnehmen; **2.** *(mettere insieme)* vereinigen; **3.** *fig (idee, etc.)* assoziieren; **II.** *rfl:* **-rsi 1.** *(unirsi)* sich vereinigen, sich verbinden; **2.** *(farsi socio)* Mitglied werden (*a* in, bei); **3.** *(aderire)* sich anschließen; **4.** *fig (a sentimenti)* teilhaben (*a* an), teilen (*a qc* etw.). **associativo, -a** [...tʃa'ti:vo] *a* assoziativ, verbindend. **associazione**

[...tʃat'tsi̯o:ne] *f* **1.** *(unione)* Assoziation *f*, Bund *m*, Vereinigung *f*; *com* Gesellschaft *f*; **2.** *psych, bot, mat* Assoziation *f*; ~ **di categoria** Berufsverband *m*; ~ **a** (*o.* **per**) **delinquere** verbrecherische Vereinigung.

assodamento [assoda'mento] *m* Verfestigung *f*. **assodare** [...'da:re] **I.** *tr* **1.** *(rendere sodo, duro)* härten, hart machen; *(uova)* hart kochen; **2.** *fig (accertare)* feststellen; **II.** *rfl*: **-rsi 1.** *(divenir sodo)* hart werden; **2.** *fig (rafforzarsi)* sich stärken.

assoggettamento [assoddʒetta'mento] *m* Unterwerfung *f*. **assoggettare** [...'ta:re] **I.** *tr* **1.** *(sottomettere)* unterwerfen; **2.** *(domare)* bezwingen; **II.** *rfl*: **-rsi 1.** *(sottomettersi)* sich unterwerfen; **2.** *(sottoporsi)* sich unterziehen; **3.** *(adattarsi)* sich fügen (*a* in).

assolato, -a [asso'la:to] *a* sonnig.

assoldare [assol'da:re] *tr* anwerben; *(mil, pej a.)* dingen; *mil* in Sold nehmen.

assolo [as'so:lo] ⟨-⟩ *m* Solo *n*.

assolsi [as'sɔlsi] *1. pers sing del passato remoto di* **assolvere.**

assolto [as'sɔlto] *pp di* **assolvere.**

assolutamente [assoluta'mente] *adv* **1.** *(senz'altro)* unbedingt; **2.** *(del tutto)* absolut, völlig.

assolutismo [assolu'tizmo] *m* Absolutismus *m*. **assolutista** [...'tista] ⟨-i *m*, -e *f*⟩ **I.** *a* absolutistisch; **II.** *mf* Absolutist(in) *m(f)*. **assolutistico, -a** [...'tistiko] ⟨-ci, -che⟩ *a* absolutistisch.

assoluto, -a [asso'lu:to] *a* absolut; *(urgente)* unbedingt.

assolutorio, -a [assolu'tɔ:ri̯o] ⟨-i, -ie⟩ *a* frei-, lossprechend. **assoluzione** [...lut'tsi̯o:ne] *f* **1.** *jur* Freispruch *m*; **2.** *rel* Absolution *f*.

assolvere [as'sɔlvere] ⟨assolvo, assolsi, assolto⟩ *tr* **1.** *jur* freisprechen; **2.** *rel* die Absolution erteilen (*qu* jdm); **3.** *(compiere)* erfüllen; *(promessa)* einlösen; **4.** *(liberare)* entbinden (*da* von); **5.** *(pagare)* begleichen.

assomigliare [assomiʎ'ʎa:re] **I.** *tr* **1.** *(paragonare)* vergleichen; **2.** *(render simile)* ähnlich machen, angleichen; **II.** *itr* ähneln, gleichen.

assommare [assom'ma:re] **I.** *tr* ⟨*avere*⟩ vereinigen; **II.** *itr* ⟨*essere*⟩ sich belaufen (*a* auf), betragen (*a qc* etw.).

assonanza [asso'nantsa] *f* Assonanz *f*, Gleichklang *m*; *fig* Übereinstimmung *f*.

assonnato, -a [asso'na:to] *a (a. fig)* verschlafen, schläfrig.

assopirsi [asso'pirsi] *rfl* **1.** *(addormentarsi)* einnicken; **2.** *fig (calmarsi)* sich legen, sich beruhigen.

assorbente [assor'bɛnte] **I.** *a* absorbierend, (auf)saugend; **carta** ~ Löschpapier *n*; **II.** *m*: ~ **igienico** Monatsbinde *f*; ~ **interno** Tampon *m*.

assorbimento [assorbi'mento] *m* **1.** *(impregnamento, phys, biol)* Absorption *f*, Aufnahme *f*; **2.** *com* Fusion *f*. **assorbire** [...'bi:re] ⟨assorbo⟩ *tr* **1.** *(impregnare)* aufsaugen; *phys* absorbieren; **2.** *fig (incorporare)* vereinnahmen; *(consumare, assimilare)* aufnehmen; *(impegnare)* beanspruchen, in Anspruch nehmen.

assordante [assor'dante] *a* ohrenbetäubend.

assordare [assor'da:re] **I.** *tr* ⟨*avere*⟩ **1.** *(render sordo)* taub machen; **2.** *(stordire)* betäuben; **3.** *(attutire)* dämpfen; **II.** *itr* ⟨*essere*⟩ taub werden.

assortimento [assorti'mento] *m* Sortiment *n*, Auswahl *f*. **assortire** [...'ti:re] ⟨assortisco⟩ *tr* **1.** *(disporre)* sortieren, zusammenstellen; **2.** *com (rifornire)* mit einem Sortiment versehen. **assortito, -a** [...'ti:to] *a* sortiert, zusammengestellt; *(misto)* gemischt; *(adatto)* passend (*con* zu).

assorto, -a [as'sɔrto] *a* versunken, vertieft.

assottigliamento [assottiʎʎa'mento] *m* **1.** Verdünnen *n*, Verdünnung *f*; *(riduzione)* Verminderung *f*; **2.** *fig* Verfeinerung *f*. **assottigliare** [...'ʎa:re] ⟨assottiglio, assottigli⟩ **I.** *tr* **1.** *(render sottile)* dünner machen, feiner machen; **2.** *(ridurre)* verringern, mindern; **3.** *fig* verfeinern; *(mente)* schärfen; **II.** *rfl*: **-rsi 1.** *(diventar sottile)* dünn (*o.* fein) werden; **2.** *(ridursi)* abnehmen, sich verringern; **3.** *(dimagrire)* abnehmen, abmagern.

assuefare [assue'fa:re] ⟨*irr*⟩ **I.** *tr* gewöhnen (*a* an); **II.** *rfl*: **-rsi** sich gewöhnen (*a* an). **assuefazione** [...fat'tsi̯o:ne] *f* Gewöhnung *f* (*a* an).

assumere [as'su:mere] ⟨assumo, assunsi, assunto⟩ **I.** *tr* **1.** *(prendere, prendere su di sé, fare proprio, ammettere)* annehmen; *(responsibilità)* übernehmen; **2.** *(procurarsi)* einholen; **3.** *(impiegato, etc.)* an-, einstellen; **4.** *(elevare)* erheben, ernennen; *rel (al cielo)* aufnehmen; **II.** *rfl*: **-rsi 1.** *(attribuirsi)* übernehmen, sich *(dat)* zuschreiben; **2.** *(addossarsi)* auf sich nehmen.

Assunta [as'sunta] *f* **1.** *(Maria Vergine)* Heilige Jungfrau; **2.** *(festa)* Mariä Himmelfahrt.

assunto [as'sunto] **I.** *pp di* **assumere; II.** *m* **1.** *(tesi)* Annahme *f,* These *f;* **2.** *(incarico)* Verpflichtung *f,* Aufgabe *f.* **assunzione** [...n'tsi̯o:ne] *f* **1.** *(l'assumere)* An-, Übernahme *f; (di impiegato)* Einstellung *f;* **2.** *(elevazione)* Erhebung *f;* **l'A~ della Vergine** Mariä Himmelfahrt.

assurdità [assurdi'ta] ⟨-⟩ *f* Absurdität *f.* **assurdo, -a** [as'surdo] **I.** *a* absurd; **II.** *m* Absurde(s) *n.*

asta ['asta] *f* **1.** *(bastone)* Stab *m,* Stange *f; (del compasso)* Schenkel *m; (degli occhiali)* Bügel *m;* **2.** *sport* Stab *m;* **3.** *(lancia)* Speer *m,* Lanze *f;* **4.** *(nella scrittura)* Grundstrich *m;* **5.** *(vendita all'incanto)* Versteigerung *f,* Auktion *f;* **a mezz'~** auf Halbmast; **mettere all'~** versteigern; **salto con l'~** Stabhochsprung *m.*

astante [as'tante] **I.** *a* anwesend; **II.** *mf* Anwesende(r) *mf.* **astanteria** [...'ri:a] ⟨-ie⟩ *f* Aufnahmeraum *m.*

astemio, -a [as'tɛ:mi̯o] ⟨-i, -ie⟩ **I.** *a* abstinent; **II.** *m, f* Abstinenzler(in) *m(f).*

astenersi [aste'nersi] ⟨*irr*⟩ *rfl* sich enthalten (*da qc* einer S.). **astensione** [...n'si̯o:ne] *f* Enthaltung *f,* Verzicht *m.* **astenuto, -a** [...'nu:to] *m, f* Stimmenthaltung *f,* sich der Stimme Enthaltende(r) *mf.*

astergere [as'tɛrdʒere] ⟨*irr*⟩ *tr* abwischen.

asterisco [aste'risko] ⟨-schi⟩ *m* **1.** *typ* Sternchen *n,* Asteriskus *m;* **2.** *(stelloncino)* kurzer Artikel.

asteroide [aste'rɔ:ide] *m* Asteroid *m.*

asticciola [astit'tʃɔ:la] *f* **1.** *(della freccia)* kleiner Stiel; **2.** *(penna per scrivere)* Federhalter *m.*

astice ['astitʃe] *m* Hummer *m.*

asticella [asti'tʃɛlla] *f* Sprunglatte *f.*

astigmatico, -a [astig'ma:tiko] ⟨-ci, -che⟩ **I.** *a* astigmatisch; **II.** *m, f* Astigmatiker(in) *m(f).* **astigmatismo** [...ma'tizmo] *m* Astigmatismus *m.*

astinente [asti'nɛnte] *a* abstinent, enthaltsam. **astinenza** [...'nɛntsa] *f* Abstinenz *f,* Enthaltsamkeit *f.*

astio ['asti̯o] ⟨-i⟩ *m* Groll *m.* **astiosità** [-si'ta] ⟨-⟩ *f* Feindseligkeit *f,* Groll *m.* **astioso, -a** [as'ti̯o:so] *a* grollend, feindselig.

astore [as'to:re] *m* Habicht *m.*

astrale [as'tra:le] *a* astral, die Gestirne betreffend.

astrarre [as'trarre] ⟨*irr*⟩ **I.** *tr* **1.** *(distogliere)* entfernen, ablenken; **2.** *philos* abstrahieren; **II.** *itr* absehen (*da* von); **III.** *rfl:* **-rsi** sich vertiefen. **astrattezza** [astrat'tettsa] *f* Abstraktheit *f.* **astrattismo** [...'tizmo] *m* abstrakte Kunst. **astrattista** [...'tista] ⟨-i *m,* -e *f*⟩ *mf* abstrakte(r) Künstler(in) *mf.* **astratto, -a** [as'tratto] **I.** *a* abstrakt; **II.** *m* Abstrakte(s) *n.* **astrazione** [...t'tsi̯o:ne] *f* Abstraktion *f;* **fare ~ da qc** von etw. absehen.

astringente [astrin'dʒɛnte] **I.** *a* adstringierend; **II.** *m* Adstringens *n.*

astro ['astro] *m* **1.** *astr* Stern *m,* Gestirn *n;* **2.** *fig* Star *m,* Stern *m.* **astrofisica** [-'fi:zika] *f* Astrophysik *f.* **astrologia** [-lo'dʒi:a] ⟨-gie⟩ *f* Astrologie *f.* **astrologico, -a** [-'lɔ:dʒiko] ⟨-ci, -che⟩ *a* astrologisch. **astrologo, -a** [as'trɔ:logo] ⟨-gi, -ghe⟩ *m, f* **1.** *astr* Astrologe *m,* -login *f;* **2.** *scherz* Schwarzseher(in) *m(f).* **astronauta** [-'na:uta] ⟨-i *m,* -e *f*⟩ *mf* Astronaut(in) *m(f).* **astronautica** [-'na:utika] *f* Raumfahrt *f.* **astronautico, -a** [...ko] *a* astronautisch. **astronave** [-'na:ve] *f* Raumschiff *n.* **astronoma** *f v.* **astronomo. astronomia** [-no'mi:a] ⟨-ie⟩ *f* Astronomie *f.* **astronomico, -a** [-'nɔ:miko] ⟨-ci, -che⟩ *a (a. fig)* astronomisch. **astronomo, -a** [as'trɔ:nomo] *m, f* Astronom(in) *m(f).*

astruseria [astruze'ri:a] ⟨-ie⟩ *f* Verworrenheit *f; (cosa, parola a.)* verworrenes Zeug. **astruso, -a** [as'tru:zo] *a* abstrus, verworren.

astuccio [as'tuttʃo] ⟨-cci⟩ *m* Etui *n.*

astuto, -a [as'tu:to] *a* schlau, listig. **astuzia** [as'tuttsi̯a] ⟨-ie⟩ *f* Schlauheit *f,* List *f.*

A.T. 1. *ab di* **Antico Testamento** A.T. (*ab di* Altes Testament); **2.** *ab di* **Alta Tensione** Hochspannung.

atea *f v.* **ateo.**

ateismo [ate'izmo] *m* Atheismus *m.* **ateistico, -a** [...'istiko] ⟨-ci, -che⟩ *a* atheistisch.

atelier [atə'lje] ⟨-⟩ *m* Atelier *n.*

Atene [a'tɛ:ne] *f* Athen *n.*

ateo, -a ['a:teo] **I.** *a* atheistisch; **II.** *m, f* Atheist(in) *m(f).*

atesino, -a [ate'zi:no] *a* aus dem Etschtal.

A.T.I. ['a:ti] *f ab di* **Aereo Trasporti Italiani** *italienische Fluggesellschaft.*

atipico, -a [a'ti:piko] *a* atypisch, unregelmäßig.

atlante [a'tlante] *m* Atlas *m;* **~ linguistico** Sprachatlas *m.*

atlantico, -a [a'tlantiko] ⟨-ci, -che⟩ *a* atlantisch, Atlantik-; **l'A~** der Atlantik; **l'Oceano A~** der Atlantische Ozean.

atleta [a'tlɛ:ta] ⟨-i *m,* -e *f*⟩ *mf* Athlet(in) *m(f).* **atletica** [a'tlɛ:tika] ⟨-che⟩ *f* Athletik *f;* **~ leggera/pesante**

Leicht-/Schwerathletik *f.* **atletico, -a** [...ko] ‹-ci, -che› **I.** *a* athletisch.
atletismo [atle'tizmo] *m* Athletik *f.*
atmosfera [atmos'fɛ:ra] *f (a. fig)* Atmosphäre *f.* **atmosferico, -a** [...'fɛ:riko] ‹-ci, -che› *a* atmosphärisch; **condizioni -che** Wetterlage *f.*
atollo [a'tɔllo] *m* Atoll *n.*
atomico, -a [a'tɔ:miko] ‹-ci, -che› *a* **1.** *chem* Atom-, atomar; **2.** *fig* phantastisch.
atomizzare [atomid'dza:re] *tr* zerstäuben. **atomizzatore** [...dza'to:re] *m* Zerstäuber *m,* Atomiseur *m.*
atomo ['a:tomo] *m (a. fig)* Atom *n.*
atonale [ato'na:le] *a* atonal.
atonia [ato'ni:a] ‹-ie› *f* **1.** *ling* Unbetontheit *f;* **2.** *med* Schlaffheit *f,* Atonie *f.* **atono, -a** ['a:tono] *a* unbetont.
atrio ['a:trio] ‹-ii› *m* (Vor)halle *f,* Vorraum *m.*
atro, -a ['a:tro] *a poet* **1.** *(tenebroso)* finster, düster; **2.** *fig (crudele, funesto)* unheilvoll.
atroce [a'tro:tʃe] *a (crudele)* grausam; *(raccapricciante)* grauenhaft; *(angoscioso)* furchtbar, entsetzlich. **atrocità** [atrotʃi'ta] ‹-› *f* Grausamkeit *f.*
atrofia [atro'fi:a] ‹-ie› *f* Atrophie *f.* **atrofizzare** [...fid'dza:re] **I.** *tr* schrumpfen lassen; **II.** *rfl:* **-rsi** atrophieren, schrumpfen.
attaccabottoni [attakkabot'to:ni] ‹-› *mf fam* lästige(r) Schwätzer(in) *m(f).*
attaccabrighe [-'bri:ge] ‹-› *mf fam* Streithammel *m fam.*
attaccamento [attakka'mento] *m* Anhänglichkeit *f.*
attaccante [attak'kante] *a* angreifend.
attaccapanni [-'panni] ‹-› *m* Kleiderhaken *m; (a stelo)* Kleiderständer *m.*
attaccare [attak'ka:re] ‹attacco, attacchi› **I.** *tr* **1.** *(fissare)* befestigen; *(manifesto)* anschlagen; *(collando)* ankleben; *(cucendo)* annähen; *(saldare)* zusammenheften; *(appendere)* aufhängen; *(animali ad un veicolo)* anspannen; **2.** *(iniziare)* anfangen, beginnen; *(discorso a.)* anknüpfen; **3.** *(assalire)* angreifen; **4.** *chem* angreifen; **5.** *med (contagiare)* anstekken (*qc a qu* jdn mit etw.); **6.** *fig (osteggiare)* angreifen, bekämpfen; ~ **al chiodo i guantoni/la bicicletta** *fig* das Boxen/Fahrradfahren an den Nagel hängen; **II.** *itr* **1.** *(avere azione adesiva)* kleben, haften; **2.** *(muovere all'assalto)* angreifen; **3.** *fig (attecchire)* Wurzeln schlagen; **4.** *(impersonale)* anfangen; **attacca a piovere** es fängt an zu regnen; **con me non attacca!** *fam* bei mir läuft da nichts! *fam;* **III.** *rfl:* **-rsi 1.** *(restare aderente)* haften, kleben; **2.** *gastr* ansetzen, anbrennen; **3.** *med* übertragen werden; **4.** *fig (afferrarsi)* sich anklammern; **-rsi alla bottiglia** *fig* an der Flasche hängen; **-rsi a qu** *fig (affezionarsi)* an jdm hängen, Zuneigung zu jdm fassen. **attaccaticcio, -a** [...ka'tittʃo] ‹-cci, -cce› **I.** *a* **1.** *(appiccicoso)* klebrig; **2.** *fig pej* lästig, aufdringlich; **3.** *med, fig* ansteckend; **II.** *m:* **sapere di** ~ angebrannt schmecken. **attaccato, -a** [...'ka:to] *a* **1.** *(affezionato)* anhänglich;; **2.** *(ligio)* treu; **essere** ~ **ai soldi/alla famiglia** am Geld/an der Familie hängen. **attaccatutto** [...ka'tutto] *m* Alleskleber *m.* **attaccatura** [...ka'tu:ra] *f* Ansatz *m.* **attacchino** [...'ki:no] *m* Plakatankleber(in) *m(f).*
attacco [at'takko] ‹-cchi› *m* **1.** *(giunzione)* Ansatz *m,* Verbindungsstelle *f; (per sci)* Bindung *f;* **2.** *el, tel* Anschluß *m;* **3.** *(servizio da tiro)* Gespann *n;* **4.** *mil, fig* Angriff *m;* **5.** *sport* Sturmspitze *f;* **6.** *med* Anfall *m;* **7.** *(avvio, inizio)* Einsatz *m,* Anfang *m.*
attagliarsi [attaʎ'ʎarsi] *rfl* genau passen (*a* zu), zugeschnitten sein (*a* auf, für).
attanagliare [attanaʎ'ʎa:re] ‹attanaglio, attanagli› *tr* **1.** *(stringere forte)* fest ergreifen; *(con le tenaglie)* mit Zangen greifen; **2.** *fig (assillare)* peinigen.
attardarsi [attar'darsi] *rfl* sich aufhalten.
attecchimento [attekki'mento] *m* Verwurz(e)lung *f.* **attecchire** [...'ki:re] ‹attecchisco› *itr* **1.** *bot* Wurzel fassen; **2.** *fig* sich festsetzen, Wurzel fassen, gedeihen.
atteggiamento [atteddʒa'mento] *m* Auftreten *n,* Verhalten *n.* **atteggiare** [...'dʒa:re] ‹atteggio, atteggi› **I.** *tr* Ausdruck geben (*qc* einer S.); ~ **il volto a sofferenza** ein leidendes Gesicht machen; **II.** *rfl:* **-rsi** sich gebärden (*a* als), sich verhalten (*a* als).
attempato, -a [attem'pa:to] *a* bejahrt, alt.
attendamento [attenda'mento] *m* Zeltlager *n.* **attendarsi** [...'darsi] *rfl* die Zelte aufschlagen.
attendente [atten'dɛnte] *m* Offiziersbursche *m.*
attendere [at'tɛndere] ‹irr› **I.** *tr* erwarten, warten auf; **II.** *itr* ver-, besorgen (*a qc* etw.), sich kümmern (*a* um).
attendibile [atten'di:bile] *a* zuverlässig; *(notizia)* glaubwürdig.

attenere [atte'ne:re] ‹*irr*› **I.** *itr* ‹*essere*› betreffen; **II.** *rfl:* **-rsi** sich halten (*a* an).

attentare [atten'ta:re] **I.** *itr* einen Anschlag (*o.* ein Attentat) verüben (*a* auf); **II.** *rfl:* **-rsi** wagen. **attentato** [...'ta:to] *m* Attentat *n,* Anschlag *m.* **attentatore, -trice** [...ta'to:re] *m, f* Attentäter(in) *m(f).*

attenti [at'tɛnti] **I.** *interj* **1.** *(attenzione)* Achtung; **2.** *mil* habt acht, stillgestanden; ~ **al cane!** Vorsicht, bissiger Hund!; **II.** ‹-› *m* Stillgestanden *n,* Grundstellung *f;* **mettere qu sull'~** *fig* jdn auf Trab bringen.

attento, -a [at'tɛnto] **I.** *a* aufmerksam; *(diligente a.)* gewissenhaft; *(accurato a.)* sorgfältig; **II.** *interj* paß(t) auf, Achtung.

attenuante [attenu'ante] **I.** *a* abschwächend, mildernd; **II.** *f* mildernder Umstand. **attenuare** [...u'a:re] **I.** *tr* abschwächen; *(rumore)* dämpfen; *(colpa)* mildern; **II.** *rfl:* **-rsi** schwächer werden. **attenuazione** [...uat'tsi̯o:ne] *f* Abschwächung *f,* Milderung *f.*

attenzione [atten'tsi̯o:ne] *f* **1.** *(concentrazione)* Aufmerksamkeit *f;* **2.** *com* Beachtung *f;* **3.** ‹*pl*› Aufmerksamkeiten *f pl,* Liebenswürdigkeiten *f pl;* **4.** *interj* Achtung; **alla cortese ~ di ...** zu Händen von ...

atterraggio [atter'raddʒo] ‹-ggi› *m* Landung *f; (sport a.)* Aufsprung *m;* **campo d'~** Landeplatz *m.*

atterramento [atterra'mento] *m* **1.** *(di muro)* Niederreißen *n; (di albero)* Fällen *n;* **2.** *sport* Niederwerfen *n.* **atterrare** [...'ra:re] **I.** *tr* **1.** *(muro)* niederreißen; *(albero)* fällen; **2.** *sport* niederwerfen, zu Boden gehen lassen; **3.** *fig (prostrare)* niederschlagen; **II.** *itr* landen; *(sport a.)* aufspringen.

atterrire [atter'ri:re] ‹atterrisco› **I.** *tr* erschrecken, Angst einjagen (*qu* jdm); **II.** *rfl:* **-rsi** sich erschrecken.

attesa [at'te:sa] *f* **1.** *(atto)* Warten *n;* **2.** *(periodo)* Wartezeit *f;* **3.** *(stato d'animo)* Erwartung *f;* **sala d'~** Wartesaal *m;* **stare in ~ di qc** auf jdn warten; **nell'~ della Sua risposta** in Erwartung Ihrer Antwort. **atteso, -a** [...so] **I.** *a (aspettato)* erwartet; *(desiderato)* erwünscht; **-e le circostanze, ...** in Anbetracht der Umstände ...; **II.** *con:* ~ **che ...** in Anbetracht dessen (*o.* der Tatsache), daß ...

attestabile [attes'ta:bile] *a* bezeugbar.

attestare[1] [attes'ta:re] *tr* **1.** *(asserire)* behaupten; **2.** *(testimoniare)* bezeugen; **3.** *(certificare)* bescheinigen, bestätigen; **4.** *fig (dimostrare)* beweisen, zeugen von.

attestare[2] [attes'ta:re] **I.** *tr* **1.** *(collocare)* (an den Stirnseiten) zusammenfügen; **2.** *mil* konzentrieren; **II.** *rfl:* **-rsi** sich formieren.

attestato [attes'ta:to] *m* Attest *n,* Bescheinigung *f;* ~ **di morte** Totenschein *m;* **rilasciare un ~** ein Attest ausstellen. **attestazione** [...tat'tsi̯o:ne] *f* **1.** *(testimonianza)* Bezeugung *f;* **2.** *(certificato)* Attest *n;* **3.** *fig* Bezeugung *f,* Bekundung *f.*

attico ['attiko] ‹-ci› *m* **1.** *arch* Attika *f;* **2.** *(appartamento)* Mansarde *f,* Dachwohnung *f.*

attico, -a ['attiko] ‹-ci, -che› *a (dell'Attica)* attisch.

attiguità [attigui'ta] ‹-› *f* Nähe *f,* Nachbarschaft *f.* **attiguo, -a** [at'ti:guo] *a* benachbart, angrenzend; *(stanza)* Neben-.

attillato, -a [attil'la:to] *a* **1.** *(abito)* enganliegend; **2.** *(persona)* elegant.

attimo ['attimo] *m* Augenblick *m;* **di ~ in ~** von einem Augenblick zum anderen; **in un ~** im Nu.

attinente [atti'nɛnte] *a:* ~ **a qc** zu etw. gehörend, etw. betreffend. **attinenza** [...'nɛntsa] *f* **1.** *(connessione)* Zusammenhang *m,* Beziehung *f,* Bezug *m;* **2.** *(legame)* Verbundenheit *f;* **3.** ‹*pl*› *(annessi, accessori)* Beiwerk *n,* Zubehör *n.*

attingere [at'tindʒere] ‹*irr*› *tr* **1.** *(acqua)* schöpfen; **2.** *fig (ricavare)* entnehmen, (be)ziehen; *fin* abschöpfen; **3.** *fig (conseguire)* erlangen.

attinia [at'ti:ni̯a] ‹-ie› *f* Aktinie *f,* Seeanemone *f.*

attirare [atti'ra:re] **I.** *tr* **1.** *(attrarre)* anziehen; *(attenzione)* auf sich ziehen (*o.* lenken); **2.** *fig* (ver)locken; **II.** *rfl:* **-rsi** sich *(dat)* zuziehen, gewinnen, erwerben.

attitudinale [attitudi'na:le] *a* Eignungs-, Begabungs-, Befähigungs-. **attitudine** [...'tu:dine] *f* **1.** *(capacità)* Eignung *f* (*a* zu), Begabung *f* (*per* für); **2.** *(atteggiamento)* Haltung *f,* Stellung *f.*

attivare [atti'va:re] *tr* **1.** *(mettere in azione)* betätigen, in Gang setzen; **2.** *(riportare in efficienza, a. chem, phys)* aktivieren. **attivazione** [...vat'tsi̯o:ne] *f* **1.** *(messa in azione)* Betätigung *f;* **2.** *(il riportare in efficienza, a. chem, phys)* Aktivierung *f.* **attivismo** [...'vizmo] *m* Aktivismus *m.* **attivista** [...'vista] ‹-i *m,* -e *f*› *mf*

Aktivist(in) *m(f).* **attivistico, -a** [...'vistiko] ⟨-ci, -che⟩ *a* aktivistisch.

attività [attivi'ta] ⟨-⟩ *f* **1.** *(operosità)* Aktivität *f; fig (di vulcano)* Tätigkeit *f;* **2.** *(lavoro, occupazione)* Beschäftigung *f,* Tätigkeit *f;* **3.** ⟨*pl*⟩ *com* Aktiva *pl;* **4.** *(funzionamento, azione)* Betrieb *m;* **5.** *(med, chem, etc.)* Wirkung *f;* ~ **primaria/secondaria/terziaria** landwirtschaftlicher Bereich/Industrie-/Dienstleistungsbereich *m;* **in ~ di servizio** *adm* im aktiven Dienst.

attivo, -a [at'ti:vo] **I.** *a* **1.** *(operoso)* aktiv, tätig, geschäftig; *(lavoratore, etc.)* arbeitend, werktätig; **2.** *(determinante)* entscheidend; **3.** *(in funzione, in azione)* tätig; *tec* in Betrieb; **4.** *gram, chem, phys, com* aktiv; **le partite -e di un bilancio** die Aktivposten *m pl* einer Bilanz; **II.** *m* **1.** *com* Aktivum *n,* Aktivposten *m;* **2.** *gram* Aktiv *n;* **3.** *pol* Aktivisten *m pl;* **portare all'~ un'azienda** ein Unternehmen sanieren; **segnare una partita all'~** einen Posten gutschreiben; **segnare qc all'~ di qu** *fig* jdm etw. zugute halten.

attizzare [attit'tsa:re] *tr* **1.** *(fiamma)* schüren, anfachen; **2.** *fig (eccitare)* schüren. **attizzatoio** [...tsa'to:i̯o] ⟨-oi⟩ *m* Schüreisen *n,* -haken *m.* **attizzatore, -trice** [...tsa'to:re] *m, f* Aufwiegler(in) *m(f).*

atto ['atto] *m* **1.** *(gesto, moto)* Geste *f,* Gebärde *f; (azione)* Handlung *f;* **2.** *(atteggiamento)* Haltung *f;* **3.** *(manifestazione, philos, theat)* Akt *m;* **4.** *(documento)* Urkunde *f,* Dokument *n;* **5.** ⟨*pl*⟩ *(documentazione)* Akten *f pl;* **6.** ⟨*pl*⟩ *(resoconti collegiali)* Berichte *m pl;* ~ **giuridico** Rechtshandlung *f;* ~ **di dolore/fede** Sünden-/Glaubensbekenntnis *n;* ~ **unico** Einakter *m;* ~ **di accusa** Anklageschrift *f;* ~ **di matrimonio/morte/nascita** Heiratsurkunde *f*/Totenschein *m*/Geburtsurkunde *f;* **Atti degli Apostoli** Apostelgeschichte *f;* **cogliere qu sull'~** jdn auf frischer Tat ertappen; **dare ~ di qc** etw. bestätigen; **fare ~ di presenza** seine Aufwartung machen; **essere in ~** stattfinden; **prendere ~ di qc** etw. zur Kenntnis nehmen; **mettere in ~ qc** etw. in Gang setzen; **passare agli -i** zu den Akten legen; *fig* ad acta legen; **all'~ pratico** in der Praxis; **all'~ di** *inf* im Augenblick, als ...; **nell'~ di** *inf* gerade bei(m).

atto, -a ['atto] *a* **1.** *(idoneo)* fähig (*a* zu), tauglich (*a* für), geeignet (*a* für); **2.** *(adatto)* geeignet (*a* zu), passend (*a* zu, für).

attonito, -a [at'tɔ:nito] *a* bestürzt, erschüttert; *(sorpreso)* erstaunt.

attorcigliamento [attortʃiʎʎa'mento] *m* Aufwickeln *n,* Verwicklung *f.* **attorcigliare** [...'ʎa:re] ⟨attorciglio, attorcigli⟩ **I.** *tr* (auf)wickeln; **II.** *rfl:* **-rsi** sich (auf)wickeln.

attore, attrice [at'to:re] *m, f* **1.** *(in spettacoli)* Schauspieler(in) *m(f);* **2.** *fig* Protagonist(in) *m(f);* **3.** *jur* Kläger(in) *m(f);* ~ **cinematografico** Filmschauspieler *m;* ~ **comico** Komiker *m.*

attorniare [attor'ni̯a:re] ⟨attornio, attorni⟩ **I.** *tr* **1.** *(circondare)* umgeben; **2.** *fig (circuire)* umgarnen; **II.** *rfl:* **-rsi** sich umgeben (*di* mit), um sich scharen (*di qu* jdn).

attorno [at'torno] **I.** *adv* (rund)herum; **darsi d'~** sich *(dat)* zu schaffen machen, sich *(dat)* Mühe geben; **levarsi qu d'~** sich *(dat)* jdn vom Halse schaffen; **II.** *prp:* ~ **a** um *acc* (herum); **stare ~ a qu** *fig* hinter jdm her sein, jdm auf der Pelle liegen.

attraccare [attrak'ka:re] ⟨attracco, attracchi⟩ *tr* ⟨*avere*⟩, *itr* ⟨*essere o. avere*⟩ anlegen. **attracco** [at'trakko] ⟨-cchi⟩ *m* **1.** *(manovra)* Anlegen *n;* **2.** *(luogo)* Anlegestelle *f.*

attraente [attra'ɛnte] *a* anziehend; *(persona a.)* attraktiv; *(proposta a.)* verlockend.

attrarre [at'trarre] ⟨*irr*⟩ **1.** *(tirare a sé)* anziehen; **2.** *fig (allettare)* verlocken. **attrattiva** [...at'ti:va] *f* **1.** *(fascino)* Reiz *m,* Anziehungskraft *f;* **2.** ⟨*pl*⟩ Attraktionen *f pl.*

attraversamento [attraversa'mento] *m* Übergang *m; (l'attraversare)* Über-, Durchquerung *f;* ~ **pedonale** Fußgängerüberweg *m.* **attraversare** [...'sa:re] *tr* **1.** *(passare attraverso)* durchqueren; *(mare, strada)* überqueren; *(confine)* überschreiten; **2.** *fig (trascorrere)* durchmachen; **3.** *fig geh (ostacolare)* durchkreuzen; **una brillante idea gli attraversò la mente** eine glänzende Idee schoß ihm durch den Kopf.

attraverso [attra'vɛrso] **I.** *adv* **1.** *(trasversalmente)* quer über (*o.* durch); **2.** *fig (di traverso)* schief, schlecht; **il boccone gli rimase ~** der Bissen blieb ihm im Halse stecken; **II.** *prp* durch *acc* (hindurch); *(mediante)* mittels *gen,* durch *acc.*

attrazione [attrat'tsi̯o:ne] *f* **1.** *phys, fig* Anziehung *f,* Anziehungskraft *f;* **2.** *(numero sensazionale)* Attraktion *f;* **provare ~ per qu** von jdm angezogen sein.

attrezzare [attret'tsa:re] **I.** *tr* einrichten, ausstatten (*di* mit); *tec* ausrüsten (*di* mit); *naut* auftakeln; **II.** *rfl:* **-rsi** sich ausrüsten. **attrezzatura** [...tsa'tu:ra] *f* Ausstattung *f,* Einrichtung *f; tec* Ausrüstung *f; naut* Takelage *f,* Takelwerk *n.* **attrezzista** [...'tsista] ‹-i *m,* -e *f*› *mf* **1.** *sport* Geräteturner(in) *m(f);* **2.** *theat, film* Requisiteur(in) *m(f);* **3.** *(operaio)* Ausrüster(in) *m(f).* **attrezzistica** [...'tsistika] ‹-che› *f* Geräteturnen *n.* **attrezzo** [at'trettso] *m* Gerät *n,* Werkzeug *n;* **-i da** (*o.* **di) ginnastica** Turngeräte *n pl;* **-i teatrali** Requisiten *n pl.*

attribuire [attribu'i:re] ‹attribuisco› **I.** *tr* **1.** *(assegnare)* zuerkennen; **2.** *(rilevare)* zuschreiben; *(importanza)* beimessen; **3.** *(ascrivere)* zuschreiben, zurückführen (*a* auf); **~ a biasimo** zum Vorwurf machen; **II.** *rfl:* **-rsi** sich *(dat)* zuerkennen, für sich in Anspruch nehmen. **attributivo, -a** [...u'ti:vo] *a* attributiv; **negozio giuridico ~** *Rechtsgeschäft, bei dem Vermögensrechte umverteilt werden.* **attributo** [...'bu:to] *m* **1.** *gram* Attribut *n;* **2.** *(qualità caratteristica)* Merkmal *n,* Attribut *n;* **3.** *(simbolo)* Symbol *n.* **attribuzione** [...but'tsi̯o:ne] *f* **1.** *(assegnazione)* Zuerkennung *f;* **2.** ‹*pl*› *(mansioni, funzioni)* Kompetenz-, Aufgabenbereich *m.*

attrice *f v.* **attore.**

attrito [at'tri:to] *m* **1.** *phys* Reibung *f;* **2.** *fig (contrasto)* Reiberei *f;* **~ radente** Reibung(swiderstand *m*) *f.*

attuabilità [attuabili'ta] ‹-› *f* Durchführbarkeit *f.*

attuale [attu'a:le] *a* **1.** *(odierno)* aktuell, zeitgemäß; *(presente)* derzeitig, jetzig, gegenwärtig; *(tuttora valido)* aktuell; **2.** *philos, rel* aktual; **peccato ~** tätige Sünde. **attualismo** [attua'lizmo] *m* Akutalismus *m.* **attualità** [...li'ta] ‹-› *f* Aktualität *f;* **film di ~** Wochenschau *f;* **tornare di ~** wieder aktuell werden. **attualizzare** [...lid'dza:re] *tr* aktualisieren.

attuare [attu'a:re] **I.** *tr* **1.** *(realizzare)* verwirklichen; **2.** *(eseguire)* durchführen; **II.** *rfl:* **-rsi** sich verwirklichen. **attuazione** [...uat'tsi̯o:ne] *f* **1.** *(realizzazione)* Verwirklichung *f;* **2.** *(esecuzione)* Durchführung *f.*

attutire [attu'ti:re] ‹attutisco› *tr* abmildern, abschwächen; *(suono, urto)* dämpfen.

a.u.c. *ab di* **ab urbe condita** seit der Gründung Roms.

audace [au'da:tʃe] *a* **1.** *(coraggioso)* mutig; **2.** *(arrischiato)* riskant; **3.** *(difficilmente accettabile, provocante)* gewagt; **4.** *(insolente)* unverschämt. **audacia** [au'da:tʃa] ‹-cie› *f* **1.** *(coraggio)* Mut *m;* **2.** *(atto arrischiato)* Kühnheit *f;* **3.** *(originalità che incontra opposizione)* Gewagtheit *f; (provocazione)* Provokation *f;* **4.** *(insolenza)* Unverschämtheit *f.*

audio ['a:udi̯o] ‹-› *m* Audion *n.* **audiofrequenza** [audi̯ofre'ku̯ɛntsa] *f* Hörfrequenz *f.* **audiovisivo, -a** [-vi'zi:vo] *a* audiovisuell.

auditivo, -a [audi'ti:vo] *a* auditiv. **auditorio** [...'tɔ:ri̯o] ‹-i› *m* Auditorium *n.* **audizione** [...t'tsi̯o:ne] *f* **1.** *gener.* Hören *n;* **2.** *jur (di testimoni)* Anhörung *f;* **3.** *radio* Empfang *m.*

auge ['a:udʒe] *f* **1.** *astr* Apogäum *n;* **2.** *fig* Gipfel *m,* Höhepunkt *m;* **venire in ~** *fig* Ruhm erlangen.

augurale [augu'ra:le] *a* Glück(wunsch)-. **augurare** [...'ra:re] **I.** *tr* wünschen; **~ buon viaggio** eine gute Reise wünschen; **II.** *itr* wahrsagen; **III.** *rfl:* **-rsi** (sich *dat)* wünschen, (sich *dat*) erhoffen.

augure ['a:ugure] *m* Augur *m.*

augurio [au'gu:ri̯o] ‹-i› *m* **1.** *(voto di felicità, benessere)* Glückwunsch *m;* **2.** *(desiderio)* Wunsch *m;* **3.** *(presagio)* Vorzeichen *n,* Omen *n;* **4.** *(responso divinatorio)* Wahrsagung *f;* **fare** (*o.* **porgere) gli -i a qu** jdm Glück wünschen; **tanti -i!** herzlichen Glückwunsch!

Augusta[1] [au'gusta] *(nome proprio femminile)* Auguste.

Augusta[2] [au'gusta] *f* Augsburg *n.*

Augusto [au'gusto] *(nome proprio maschile)* August.

augusto, -a [au'gusto] *a* erlaucht, erhaben.

aula ['a:ula] *f* Saal *n; (di scuola)* Klasse *f,* Klassenzimmer *n; (di università)* Hörsaal *m;* **~ magna** Auditorium maximum *n.*

aulico, -a ['a:uliko] ‹-ci, -che› *a* **1.** *(solenne)* gehoben, erhaben; **2.** *(di corte)* höfisch, Hof-.

aumentare [aumen'ta:re] **I.** *tr* ‹*avere*› **1.** vermehren, steigern; *(punti di maglia)* zunehmen; *(prezzo, salario)* erhöhen; **2.** *fig* verstärken; **II.** *itr* ‹*essere*› zunehmen; *(prezzi, salari)* steigen. **aumento** [au'mento] *m* Erhöhung *f; (a. fig)* Zunahme *f;* **~ di lunghezza** Längenwachstum *n;* **~ di peso** Gewichtszunahme *f;* **~ salariale**

Gehaltserhöhung *f;* **essere in ~** zunehmen.
aura ['a:ura] *f* **1.** *(aria)* Lufthauch *m;* **2.** *fig (atmosfera)* Aura *f.*
aureo, -a ['a:ureo] *a* **1.** *(d'oro)* golden, Gold-; **2.** *fig (prezioso)* kostbar; *(eccellente)* hervorragend; **secolo ~** goldenes Zeitalter; **l'-a mediocrità** die goldene Mitte.
aureola [au'rɛ:ola] *f* Aureole *f,* Heiligenschein *m; (fig a.)* Nimbus *m.*
auricolare [auriko'la:re] **I.** *a* Ohr(en)-; **II.** *m* Kopfhörer *m.*
aurifero, -a [au'ri:fero] *a* goldhaltig.
auriga [au'ri:ga] ‹-ghi› *m poet* Kutscher *m.*
aurora [au'rɔ:ra] *f* **1.** Morgenrot *n,* Morgenröte *f;* **2.** *fig (inizio)* Anbruch *m,* Dämmerung *f;* **~ australe/boreale/polare** Süd-/Nord-/Polarlicht *n.*
auscultare [auskul'ta:re] *tr* auskultieren, abhorchen. **auscultazione** [...tat'tsi̯o:ne] *f* Auskultation *f.*
ausiliare [auzi'li̯a:re] **I.** *a* Hilfs-; **II.** *m gram* Hilfsverb *n;* **III.** *mf* Aushilfe *f,* Helfer(in) *m(f).* **ausiliario, -a** [...'li̯a:ri̯o] ‹-i, -ie› **I.** *a* (Aus)hilfs-; *mil* Reserve-; **spese -ie** Nebenkosten *pl;* **posizione -a** Reserve *f;* **II.** *m, f* Helfer(in) *m(f).* **ausilio** [au'zi:li̯o] ‹-i› *m poet* Hilfe *f.*
auspicare [auspi'ka:re] ‹auspico, auspichi› *tr* ‹*avere*› wünschen, erhoffen. **auspicio** [...'pi:tʃo] ‹-ci› *m* **1.** *hist* Auspizium *n;* **2.** *(pronostico)* Vorzeichen *n;* **3.** *(desiderio)* Wunsch *m;* **4.** *fig (protezione)* Schutz *m; (patronato)* Schirmherrschaft *f.*
austerità [austeri'ta] ‹-› *f* Strenge *f,* Härte *f;* **misure di ~** *com* Sparmaßnahmen *f pl.* **austero, -a** [...'tɛ:ro] *a* **1.** *(rigido, intransigente)* streng, hart; **2.** *(senza superfluità)* karg; **3.** *(duro, difficile)* hart, rauh.
australe [aus'tra:le] *a* Süd-, südlich.
Australia [aus'tra:li̯a] *f* Australien *n.* **australiano, -a** [...ra'li̯a:no] **I.** *a* australisch; **II.** *m, f* Australier(in) *m(f).*
Austria ['a:ustri̯a] *f* (*ab* **A**) Österreich *n;* **~ Alta/Bassa** Ober-/Niederösterreich *n.* **austriaco, -a** [aus'tri:ako] ‹-ci, -che› **I.** *a* österreichisch; **II.** *m, f* Österreicher(in) *m(f).*
austro ['a:ustro] ‹-› *m* **1.** *(sud)* Süden *m;* **2.** *(vento)* Südwind *m.*
autarchia [autar'ki:a] ‹-chie› *f* Autarkie *f.* **autarchico, -a** [au'tarkiko] ‹-ci, -che› *a* **1.** *pol* autark; **2.** *jur* autonom, unabhängig.
aut aut ['a:ut 'a:ut] ‹-› *m* Entweder-Oder *n.*
autentica [au'tɛntika] ‹-che› *f* Beglaubigung *f.* **autenticare** [autenti'ka:re] ‹autentico, autentichi› *tr* bestätigen; *jur, adm* beglaubigen. **autenticazione** [...kat'tsi̯o:ne] *f* Beglaubigung *f.* **autenticità** [...titʃi'ta] ‹-› *f* Echtheit *f;* *(veridicità)* Glaubwürdigkeit *f.* **autentico, -a** [au'tɛntiko] ‹-ci, -che› *a (vero)* wahr; *(regolare)* authentisch; *(non falsificato)* echt; *(reale)* wirklich; *(originale)* echt, original; *(genuino, puro)* rein, wahr, echt; *iron* ausgemacht, ausgesprochen.
autista [au'tista] ‹-i *m,* -e *f*› *mf* Fahrer(in) *m(f),* Chauffeur(in) *m(f).*
auto ['a:uto] ‹-› *f* Auto *n;* **~ civetta** Zivilstreifenwagen *m;* **~ da corsa** Rennwagen *m;* **~ pubblica** Taxi *n.*
autoaccensione [autoattʃen'si̯o:ne] *f* Selbstzündung *f.*
autoadesivo, -a [-ade'zi:vo] *a* selbsthaftend, -klebend.
autoambulanza [-ambu'lantsa] *f* Unfall-, Krankenwagen *m.* **autoarticolato** [-artiko'la:to] *m* Sattelschlepper *m.*
autobiografia [-biogra'fi:a] *f* Autobiographie *f.* **autobiografico, -a** [...'gra:fiko] *a* autobiographisch.
autoblinda, autoblindata [-'blinda, ...'da:ta] *f* Panzerwagen *m.* **autoblindato, -a** [...'da:to] *a* gepanzert, Panzer-. **autobotte** [-'botte] *f* **1.** *(per trasporto liquidi)* Tank-, Kesselwagen *m;* **2.** *(innaffiatrice)* Sprengwagen *m.* **autobus** ['a:utobus] ‹-› *m* Autobus *m,* Omnibus *m;* **ha perduto l'~** *fig scherz* für ihn (*o.* sie) ist der Zug abgefahren *fam.* **autocarro** [auto'karro] *m* Last(kraft)wagen *m.* **autocisterna** [-tʃis'tɛrna] *f* Tank-, Kesselwagen *m.* **autocivetta** [-tʃi'vetta] *f* Zivilstreifenwagen *m.*
autoclave [-'kla:ve] *f* Druckkessel *m.*
autocolonna [-ko'lonna] *f* Autokolonne *f.*
autocontrollo [-kon'trɔllo] *m* Selbstbeherrschung *f.*
autoconvoglio [-kon'vɔʎʎo] *m* Autokonvoi *m.* **autocorriera** [-kor'ri̯ɛ:ra] *f* Omnibus *m,* Linienbus *m.*
autocoscienza [-koʃ'ʃɛntsa] *f* Selbstbewußtsein *n.*
autocrate [au'tɔ:krate] *m* Autokrat *m,* Alleinherrscher *m.* **autocrazia** [autokrat'tsi:a] ‹-ie› *f* Autokratie *f.*
autocritica [-'kri:tika] *f* Selbstkritik *f.* **autocritico, -a** [...ko] *a* selbstkritisch.
autoctono, -a [au'tɔktono] **I.** *a* autochthon; **II.** *m, f* Alteingesessene(r) *mf.*

autodecisione, autodeterminazione [autodetʃiˈzi̯o:ne, -determinatˈtsi̯o:ne] *f* Selbstbestimmung *f.*
autodidatta [-diˈdatta] ‹-i *m*, -e *f*› *mf* Autodidakt(in) *m(f).* **autodidattico, -a** [...ˈdattiko] *a* autodidaktisch.
autodifesa [-diˈfe:sa] *f* Selbstverteidigung *f.*
autodisciplina [-diʃʃiˈpli:na] *f* Selbstdisziplin *f.*
autodromo [auˈtɔ:dromo] *m* Autorennbahn *f.* **autoferrotranviario, -a** [autoferrotranˈvi̯a:ri̯o] *a* die öffentlichen Verkehrsbetriebe betreffend. **autofficina** [-offiˈtʃi:na] *f* Auto(reparatur)werkstatt *f.* **autofurgone** [-furˈgo:ne] *m* Lieferwagen *m.*
autogeno, -a [auˈtɔ:dʒeno] *a* autogen.
autogestione [autodʒesˈti̯o:ne] *f* Selbstverwaltung *f.*
autogol [-ˈgɔl] *m* Eigentor *n.*
autografo, -a [auˈtɔ:grafo] **I.** *a* eigenhändig geschrieben; **II.** *m* **1.** *(manoscritto)* Autograph *n;* **2.** *(firma)* Autogramm *n.*
autogrill® [autoˈgril] *m* Autobahnrestaurant *n,* Raststätte *f.* **autogru** [-ˈgru] *m o. f* Abschleppwagen *m.*
autoguida [-ˈgu̯i:da] *f* automatische Steuerung.
autolettiga [-letˈti:ga] ‹-ghe› *f* Krankenwagen *m.* **autolinea** [-ˈli:nea] *f* Buslinie *f.*
automa [auˈtɔ:ma] ‹-i› *m* Roboter *m.* **automatico, -a** [autoˈma:tiko] ‹-ci, -che› **I.** *a* automatisch; **pilota ~** Autopilot *m;* **II.** *m* **1.** *(bottone)* Druckknopf *m;* **2.** *(fucile)* Repetiergewehr *n.* **automatismo** [...maˈtizmo] *m* Automatik *f; (a. fig)* Automatismus *m.* **automatizzare** [...matidˈdza:re] *tr* automatisieren. **automazione** [...matˈtsi̯o:ne] *f* Automation *f.*
automezzo [-ˈmɛddzo] *m* Kraftfahrzeug *n.*
automobile [-ˈmɔ:bile] *f* Auto *n,* Automobil *n;* **~ da corsa** Rennauto *n;* **~ da piazza** Taxi *n;* **~ decappottabile** Kabriolett *n;* **~ utilitaria** Kleinwagen *m.* **automobilismo** [-mobiˈlizmo] *m* Kraftfahrwesen *n; sport* Motorsport *m.* **automobilista** [...ˈlista] ‹-i *m*, -e *f*› *mf* Autofahrer(in) *m(f).* **automobilistico, -a** [...ˈlistiko] ‹-ci, -che› *a* Auto(mobil)-; **patente -a** Führerschein *m.*
automontato, -a [-monˈta:to] *a* motorisiert.
automotrice [-moˈtri:tʃe] *f* Triebwagen *m.*
automutilazione [-mutilatˈtsi̯o:ne] *f* Selbstverstümmelung *f.*
autonoleggio [-noˈleddʒo] *m* Autovermietung *f,* -verleih *m.*
autonomia [autonoˈmi:a] ‹-ie› *f* **1.** *gener., pol* Autonomie *f,* Unabhängigkeit *f;* **2.** *tec* Reichweite *f,* Aktionsradius *m.* **autonomismo** [...ˈmismo] *m* Autonomiebestrebungen *f pl.* **autonomo, -a** [auˈtɔ:nomo] *a* autonom, unabhängig; *(lavoro)* selbständig.
autoparco [-ˈparko] *m* Fahrzeugpark *m.*
autopiano [-ˈpi̯a:no] *m* elektrisches Klavier.
autopilota [-piˈlɔ:ta] *m* Autopilot *m.*
autopista [-ˈpista] *f* Piste *f; (nei parchi di divertimento)* Autoskooter *m.*
autopompa [-ˈpompa] *f* Feuerwehrauto *n,* Spritzenwagen *m.*
autopsia [autopˈsi:a] ‹-ie› *f* Autopsie *f.*
autopubblica [-ˈpubblika] ‹-che› *f* Taxi *n.* **autopullman** [-ˈpulman] *m* Reisebus *m.* **autoradio** [-ˈra:di̯o] *f* **1.** *(radio)* Autoradio *n;* **2.** *(auto)* Funk(streifen)wagen *m.* **autoraduno** [-raˈdu:no] *m* Autofahrertreffen *n.*
autore, -trice [auˈto:re] *m, f* **1.** *(esecutore)* Urheber(in) *m(f); (di crimine)* Täter(in) *m(f);* **2.** *lit* Autor(in) *m(f),* Verfasser(in) *m(f); (compositore)* Komponist(in) *m(f);* **3.** *(artista)* Künstler(in) *m(f),* Meister(in) *m(f).*
autorete [autoˈre:te] *f* Eigentor *n.*
autorevole [autoˈre:vole] *a* gebieterisch, einflußreich; *(a. consiglio, etc.)* maßgebend.
autorimessa [-riˈmessa] *f* Garage *f,* Autowerkstatt *f.*
autorità [autoriˈta] ‹-› *f* **1.** *jur* (Macht)befugnis *f,* Recht *n;* **2.** *(persona, potere)* Autorität *f;* **3.** *adm* Behörde *f;* **4.** ‹*pl*› *(titolari)* Würdenträger *m pl;* **5.** *(stima, credito)* Einfluß *m,* Ansehen *n;* **l'~ dello Stato** die Staatsgewalt. **autoritario, -a** [...ˈta:ri̯o] ‹-i, -ie› *a* autoritär.
autoritratto [-riˈtratto] *m* Selbstbildnis *n.*
autorizzare [autoridˈdza:re] *tr* **1.** *(permettere)* genehmigen, bewilligen; *(persona)* ermächtigen, autorisieren; **2.** *(giustificare)* rechtfertigen, berechtigen. **autorizzazione** [...dzatˈtsi̯o:ne] *f* Genehmigung *f,* Bewilligung *f; (di persona)* Ermächtigung *f.*
autoscala [-sˈka:la] *f* Feuerwehrleiter *f.*
autoscatto [-sˈkatto] *m* Selbstauslöser *m.*
autoscontro [-sˈkontro] *m* Autoskooter *m.* **autoscuola** [-sˈku̯ɔ:la] *f* Fahrschule *f.*

autoservizio [-ser'vittsi̯o] *m* Selbstbedienung *f*.
autosilo [-'si:lo] *m* Parkhaus *n*. **autosnodato** [-zno'da:to] *m* Gelenkfahrzeug *n*.
autosoccorso [-sok'korso] *m* Selbsthilfe *f*.
autostazione [-stat'tsi̯o:ne] *f* **1.** *(stazione di servizio)* Tankstelle *f*; **2.** *(di autolinee)* Busbahnhof *m*.
autostello [autos'tɛllo] *m* Motel *n*.
autostop [-s'tɔp] *m* Trampen *n*, Autostop(p) *m*; **fare l'~** (*o.* **~**), **viaggiare in ~** per Anhalter fahren, trampen. **autostoppista** [-stop'pista] ‹-i *m*, -e *f*› *mf* Anhalter(in) *m(f)*.
autostrada [-s'tra:da] *f* (*ab* **A**) Autobahn *f*; **~ a pedaggio** gebührenpflichtige Autobahn. **autostradale** [-stra'da:le] *a* Autobahn-; **raccordo/ svincolo ~** Autobahnzubringer *m* / -dreieck *n*; **casello ~** *(per il pedaggio)* Autobahnposten *m*, Mautstelle *f A*.
autosufficiente [-suffi'tʃɛnte] *a* selbstgenügsam.
autosuggestionarsi [-suddʒesti̯o'narsi] *rfl* Autosuggestion betreiben. **autosuggestione** [...'ti̯o:ne] *f* Autosuggestion *f*.
autotelaio [-te'la:i̯o] *m* Fahrgestell *n*. **autotrasporto** [-tras'pɔrto] *m* Autotransport *m*. **autotreno** [-'trɛ:no] *m* Lastzug *m*. **autoveicolo** [-ve'i:kolo] *m* Kraftfahrzeug *n*. **autovettura** [-vet'tu:ra] *f* Personenkraftwagen *m*.
autrice *f v.* **autore.**
autunnale [autun'na:le] *a* herbstlich. **autunno** [au'tunno] *m* Herbst *m*; **d'~** im Herbst.

a v *ab di* **a vista** bei (*o.* nach) Sicht; **pagabile ~** nach Sicht zahlbar.
ava *f v.* **avo.**
avallante [aval'lante] *m* Wechselbürge *m*. **avallare** [...'la:re] *tr* **1.** *com* avalieren; **2.** *fig (confermare)* bestätigen. **avallo** [a'vallo] *m* **1.** *com* Aval *m*, Bürgschaft *f*; **2.** *fig (conferma, garanzia)* Bestätigung *f*; **per ~** als Wechselbürge.
avambraccio [avam'brattʃo] ‹-cci› *m* Unterarm *m*. **avamposto** [...m'posto] *m* Vorposten *m*. **avancarica** [avaŋ'ka:rika] *f*: **ad ~** Vorderlader-. **avancorpo** [...ŋ'kɔrpo] *m* Vorbau *m*.
avanguardia [avaŋ'gu̯ardi̯a] *f* **1.** *mil* Vorhut *f*; **2.** *fig* Avantgarde *f*; **essere all'~** zur Avantgarde gehören. **avanguardismo** [...'dizmo] *m* Avantgardismus *m*. **avanguardista** [...'dista] ‹-i *m*, -e *f*› *mf* Avantgardist(in) *m(f)*.
avannotto [avan'nɔtto] *m* Setzling *m*, Jungfisch *m*.
avanscoperta [avansko'pɛrta] *f* Vorposten *m*. **avanspettacolo** [-spet'ta:kolo] *m* Vorprogramm *n*.
avanti [a'vanti] **I.** *adv* **1.** *(stato in luogo)* vorn; **2.** *(avvicinamento)* näher, nach vorn; **3.** *(allontanamento)* voraus; **4.** *(tempo)* künftig; *(prima)* vorher; **d'ora in ~** ab jetzt; **farsi ~** vortreten; **l'orologio va ~** die Uhr geht vor; **essere ~ negli anni** betagt sein; **essere ~ negli studi** im Studium fortgeschritten sein; **mettere le mani ~** sich absichern; **mettere ~ scuse** Entschuldigungen vorbringen; **tirare ~** sich durchschlagen; **tirare ~ la famiglia** die Familie durchbringen; **II.** *prp* **1.** *(di luogo: stato)* vor *dat*; *(moto)* vor *acc*; **2.** *(di tempo)* vor *dat*; **lo vidi ~ che partisse** ich sah ihn, bevor er abfuhr; **III.** ‹*inv*› *a* **1.** *(di luogo)* Vorder-; **2.** *(di tempo)* vorhergehend, vorige(r, s); **il giorno ~** am Vortag, tags zuvor; **IV.** ‹-› *m sport* Stürmer *m*; **V.** *interj* **1.** *(avvicinamento)* bitte; *(entrate)* herein; **2.** *(allontanamento)* los; *mil* vorwärts; **3.** *(esortazione)* los; **~ il primo!** der Erste, bitte!; **~ tutta!** *naut* alle Kraft voraus! **avantieri, avant'ieri** [avan'ti̯ɛ:ri] *adv* vorgestern.
avantreno [avan'trɛ:no] *m* Vorderachse *f*, -gestell *n*.
avanzamento [avantsa'mento] *m* **1.** *(promozione)* Beförderung *f*; **2.** *(progresso)* Fortschritt *m*; *(dei lavori, etc.)* Fortschreiten *n*.
avanzare¹ [avan'tsa:re] **I.** *itr* ‹*essere*› **1.** *(andare)* vorausgehen, sich fortbewegen; **2.** *fig (progredire)* vorwärts-, vorankommen, Fortschritte machen; *(lavoro, etc.)* fortschreiten; **3.** *(essere promosso)* befördert werden; **4.** *(sporgere in fuori)* vorspringen, herausragen; **5.** ‹*avere*› *mil* vorrücken; **~ negli anni** in den Jahren fortschreiten; **II.** *tr* ‹*avere*› **1.** *(spostare in avanti)* vorrücken; *(sorpassare)* überholen; **2.** *(promuovere)* befördern; **3.** *(presentare)* vorlegen; *(domanda)* einreichen; *(proposta)* unterbreiten; **4.** *(superare)* übertreffen (*in* an); **III.** *rfl*: **-rsi** sich nähern; *(a. fig)* näher rücken, näher kommen.
avanzare² [avan'tsa:re] **I.** *itr* ‹*essere*› **1.** *(rimanere come resto)* übrigbleiben; **2.** *(essere sovrabbondante)* reichlich vorhanden sein; **II.** *tr* ‹*avere*› **1.** *(essere creditore)* guthaben (*qc da*

qu etw. bei jdm); **2.** *fig (guadagnare)* (ein)sparen.

avanzata [avan'tsa:ta] *f* Vorrücken *n;* *(a. fig, mil)* Vormarsch *m.*

avanzato, -a[1] [avan'tsa:to] *a* **1.** *(spostato in avanti)* vorgeschoben; **2.** *(inoltrato)* vorgeschritten, fortgeschritten; **3.** *(innovatore, audace)* fortschrittlich.

avanzato, -a[2] [avan'tsa:to] *a (residuo)* übriggeblieben; *(ancora, disponibile)* verblieben.

avanzo [a'vantso] *m* **1.** *(resto, a. mat)* Rest *m;* **2.** *(eccedenza, a. com)* Überschuß *m;* **3.** ‹*pl*› Überreste *m pl;* ~ **di galera** Verbrecher *m;* **il 4 nel 9 sta 2 volte con l'~ di 1** neun durch vier ist zwei, Rest eins.

avara *f v.* **avaro.**

avaria [ava'ri:a] ‹-ie› *f* Schaden *m;* *naut* Havarie *f.* **avariare** [...'ri̯a:re] **I.** *tr* beschädigen; **II.** *rfl:* **-rsi** verderben.

avarizia [ava'rittsi̯a] ‹-ie› *f* Geiz *m.* **avaro, -a** [a'va:ro] **I.** *a* **1.** *(persona)* geizig; **2.** *fig (terreno, etc.)* karg; ~ **di elogi** sparsam mit Lob; ~ **di parole** wortkarg; **II.** *m, f* Geizige(r) *mf.*

avellana [avel'la:na] *f* Haselnuß *f.*

avello [a'vɛllo] *m poet* Grab *n,* Gruft *f.*

avem(m)aria [avem(m)a'ri:a] ‹-ie› *f* Ave-Maria *n;* **sapere qc come l'~** etw. auswendig kennen.

avena [a've:na] *f* Hafer *m.*

avente causa [a'vɛnte 'ka:uza] ‹-i› *mf* Rechtsnachfolger(in) *m(f).* **avente diritto** [a'vɛnte di'ritto] ‹-i› *mf* Berechtigte(r) *mf.*

avere [a've:re] ‹ho, ebbi, avuto› **I.** *tr* haben; ~ **vent'anni** zwanzig Jahre alt sein; ~ **da lavorare** zu arbeiten haben; ~ **a che dire con qu** jdm etw. zu sagen haben; ~ **a che fare** (*o.* **vedere**) **con qu** mit jdm zu tun haben; **avercela con qu** sich mit jdm überworfen haben; *(prenderlo di mira)* jdn auf dem Kieker haben *fam;* ~ **molto di qu** *fig (assomigliargli)* viel von jdm haben; **chi ha avuto, ha avuto** wer hat, der hat; **II.** *itr (impersonale)* vorhanden sein, geben; **non v'ha dubbio/motivo** es gibt keinen Zweifel/Grund; **III.** *m* **1.** *(patrimonio)* Vermögen *n;* **2.** *(credito)* Guthaben *n;* **3.** *com* Haben *n;* **il dare e l'~** Soll und Haben *n.*

averno [a'vɛrno] *m poet* Avernus *m,* Unterwelt *f.*

aviario, -a [a'vi̯a:ri̯o] **I.** *a* Vogel-; **II.** *m* Voliere *f.*

aviatore, -trice [avi̯a'to:re] *m, f* Flieger(in) *m(f).* **aviatorio, -a** [...'tɔ:ri̯o] ‹-i, -ie› *a* Flugzeug-, Flug-, Flieger-. **aviatrice** *f v.* **aviatore. aviazione** [...t'tsi̯o:ne] *f* Luftfahrt *f,* Fliegerei *f;* *mil* Luftwaffe *f.*

avicoltura [avikol'tu:ra] *f* Geflügelzucht *f.*

avicunicolo, -a [aviku'ni:kolo] *a* Geflügel- und Kaninchen-.

avidità [avidi'ta] ‹-› *f* Gier *f;* ~ **di sapere** Wissensdurst *m.* **avido, -a** ['a:vido] *a* gierig; ~ **di conoscere** wissensdurstig; ~ **di guadagno/vendetta** profit-/rachsüchtig; ~ **di denaro** habgierig.

aviere [a'vi̯ɛ:re] *m* Flieger *m.*

avifauna [avi'fa:una] *f* Vogelwelt *f.*

aviogetto [avi̯o'dʒɛtto] *m* Düsenflugzeug *n.* **aviolinea** [-'li:nea] *f* Fluglinie *f.* **aviorimessa** [-ri'messa] *f* Flugzeughalle *f.*

A.V.I.S. ['a:vis] *f ab di* **Associazione Volontari Italiani del Sangue** *Verein der freiwilligen Blutspender Italiens.*

avito, -a [a'vi:to] *a* Ahnen-. **avo, -a** ['a:vo] *m, f poet* **1.** *(nonno, nonna)* Ahn(frau) *m(f) obs;* **2.** ‹*pl*› *(antenati)* Ahnen *pl,* Vorfahren *pl.*

avocado [avo'ka:do] *m* Avocado *f.*

avocare [avo'ka:re] ‹avoco, avochi› *tr* **1.** *(assumere)* abberufen, übernehmen; **2.** *(confiscare)* konfiszieren, beschlagnahmen. **avocazione** [...kat'tsi̯o:ne] *f* **1.** *(assunzione)* Abberufung *f,* Übernahme *f;* **2.** *(confisca)* Beschlagnahmung *f.*

avorio [a'vɔ:ri̯o] ‹-i› *m* **1.** *(sostanza)* Elfenbein *n;* **2.** *(lavoro)* Elfenbeinarbeit *f;* **3.** *(colore)* Elfenbeinfarbe *f;* **Costa d'A~** Elfenbeinküste *f;* **pelle d'~** *fig* Alabasterhaut *f.*

avulso, -a [a'vulso] *a* herausgerissen.

avuto [a'vu:to] *pp di* **avere.**

avvalersi [avva'lersi] ‹*irr*› *rfl* sich bedienen *(di gen),* Gebrauch machen (*di* von).

avvallamento [avvalla'mento] *m* Senkung *f,* Niederung *f.*

avvalorare [avvalo'ra:re] *tr* bekräftigen, bestätigen.

avvampare [avvam'pa:re] *itr* ‹*essere*› **1.** *(ardere divampando)* lodern; **2.** *(arrossire)* erröten; **3.** *fig (di rabbia)* aufbrausen.

avvantaggiare [avvantad'dʒa:re] ‹avvantaggio, avvantaggi› **I.** *tr* **1.** *(favorire)* bevorteilen, begünstigen; **2.** *(far progredire)* fördern; **II.** *rfl:* **-rsi** **1.** *(avvalersi con profitto)* nutzen; **2.** *(guadagnar tempo)* einen Vorsprung gewinnen; **3.** *(prevalere)* voraus sein (*su qu* jdm), im Vorteil sein (*su qu* jdm gegenüber).

avvedersi [avve'dersi] ⟨*irr*⟩ *rfl* bemerken (*di qc* etw.).

avvedutezza [avvedu'tettsa] *f* Umsicht *f*, Schlauheit *f*. **avveduto, -a** [...'du:to] *a* umsichtig, schlau.

avvelenamento [avvelena'mento] *m* Vergiftung *f*. **avvelenare** [...'na:re] **I.** *tr* **1.** *(con veleno)* vergiften; **2.** *(ammorbare)* verpesten; **3.** *fig (amareggiare)* vergällen; **4.** *fig (corrompere)* verderben; **II.** *rfl:* **-rsi** sich vergiften.

avvenente [avve'nεnte] *a* anmutig, gefällig. **avvenenza** [...'nεntsa] *f* Anmut *f*.

avvenimento [avveni'mento] *m* Ereignis *n*.

avvenire[1] [avve'ni:re] **I.** ⟨*inv*⟩ *a* künftig; **II.** *m* Zukunft *f*.

avvenire[2] [avve'ni:re] ⟨*irr*⟩ *itr* ⟨*essere*⟩ geschehen, passieren, sich ereignen; **che è avvenuto di lui?** was ist aus ihm geworden?

avvenirismo [avveni'rizmo] *m* Zukunftsglaube *m*.

avventare [avven'ta:re] **I.** *tr* **1.** *(scagliare)* schleudern; **2.** *fig (dire senza ponderare)* fallenlassen, riskieren; **II.** *rfl:* **-rsi** sich stürzen (*su* auf). **avventatezza** [...ta'tettsa] *f* Unbesonnenheit *f*. **avventato, -a** [...'ta:to] *a (giudizio, atto)* überstürzt, voreilig; *(persona)* unbesonnen, leichtsinnig.

avventizio, -a [avven'tittsi̯o] ⟨-i, -ie⟩ **I.** *a* **1.** *(provvisorio)* (Aus)hilfs-; **2.** *(occasionale)* Gelegenheits-; **radici -ie** Nebenwurzeln *f pl;* **II.** *m, f* Aushilfe *f*.

avvento [av'vεnto] *m* **1.** *(venuta)* Anbruch *m*, Anbrechen *n*, Eintreten *n;* **2.** *rel* Advent *m;* ~ **al potere** Machtergreifung *f;* ~ **al trono** Thronbesteigung *f*.

avventore, -a [avven'to:re] *m, f (di negozio)* Stammkunde *m*, -kundin *f; (di locale pubblico)* Stammgast *m*.

avventura [avven'tu:ra] *f* Abenteuer *n;* **per** ~ zufällig. **avventurare** [...tu'ra:re] **I.** *tr* wagen, aufs Spiel setzen; **II.** *rfl:* **-rsi 1.** *(esporsi a rischi)* sich wagen, sich trauen; **2.** *fig (azzardarsi)* wagen. **avventuriero, -a** [...tu'ri̯ε:ro] *m, f* Abenteurer *m*, Abenteu(r)erin *f*. **avventuroso, -a** [...tu'ro:so] *a* **1.** *(ricco di avventure)* abenteuerlich; **2.** *(attratto dall'avventura)* abenteuerlustig; **3.** *fig (rischioso)* abenteuerlich, gewagt.

avveramento [avvera'mento] *m* Realisierung *f*, Verwirklichung *f*. **avverare** [...'ra:re] **I.** *tr* verwirklichen; **II.** *rfl:* **-rsi** eintreffen, sich bewahrheiten.

avverbiale [avver'bi̯a:le] *a* adverbial.

avverbio [av'vεrbi̯o] ⟨-i⟩ *m* Adverb *n*, Umstandswort *n*.

avversare [avver'sa:re] *tr* anfechten, bekämpfen. **avversario, -a** [...'sa:ri̯o] ⟨-i, -ie⟩ **I.** *a* gegnerisch; **II.** *m, f* Gegner(in) *m(f); mil (nemico)* Feind *m*. **avversativo, -a** [...sa'ti:vo] *a* adversativ. **avversatore, -trice** [...sa'to:re] *m, f* Gegner(in) *m(f); (a. fig)* Gegenspieler(in) *m(f)*.

avversione [...'si̯o:ne] *f* **1.** *(ostilità, antipatia)* Aversion *f* (*per* gegen), Abneigung *f* (*per* gegen); **2.** *(ripugnanza)* Aversion *f* (*a* gegen), Widerwille *m* (*a* gegen).

avversità [avversi'ta] ⟨-⟩ *f* **1.** *(ostilità)* Widrigkeit *f*, Unbill *f;* **2.** *(disgrazia)* Unglücksfall *m*. **avverso** [av'vεrso] *prp* gegen *acc*. **avverso, -a** [av'vεrso] *a* widrig, feindlich; *(fig, jur a.)* gegnerisch.

avvertenza [avver'tεntsa] *f* **1.** *(cautela)* Umsicht *f*, Besonnenheit *f;* **2.** *(avviso)* Hinweis *m; (ammonimento)* Ermahnung *f;* **3.** *lit* Vorwort *n;* **4.** ⟨*pl*⟩ *(istruzioni per l'uso)* (Gebrauchs)anweisung *f*.

avvertimento [avverti'mento] *m* Benachrichtigung *f*, Hinweis *m; (diffida)* Warnung *f*. **avvertire** [...'ti:re] ⟨avverto⟩ *tr* **1.** *(avvisare)* aufmerksam machen (*di* auf), hinweisen (*di* auf); **2.** *(ammonire, minacciare)* warnen; **3.** *(percepire)* empfinden, wahrnehmen.

avvezzare [avvet'tsa:re] **I.** *tr* **1.** *(abituare)* gewöhnen (*a* an); **2.** *fam (educare)* erziehen; **II.** *rfl:* **-rsi** sich gewöhnen (*a* an). **avvezzo, -a** [av'vettso] *a* gewöhnt, gewohnt; **male** ~ verzogen, verwöhnt.

avviamento [avvia'mento] *m* **1.** *(inizio)* Einführung *f* (*a* in), Einleitung *f;* **2.** *com* Eingeführtsein *n;* **3.** *tec (messa in moto)* Anlassen *n; (il mettersi in moto)* Anspringen *n;* **scuola d'**~ berufsvorbereitende Schule; **motorino d'**~ Anlasser *m*. **avviare** [...i'a:re] ⟨avvio, avvii⟩ **I.** *tr* **1.** *(mettere sul cammino)* lenken, leiten; **2.** *fig (indirizzare)* hinführen (*a* auf, zu); **3.** *tec (mettere in moto)* anlassen; **4.** *(dare inizio)* einleiten, in Gang bringen; **II.** *rfl:* **-rsi 1.** *(dirigersi, incamminarsi)* sich auf den Weg machen (*o.* begeben); **2.** *fig (stare per)* im Begriff sein (*a* zu).

avvicendamento [avvit∫enda'mento] *m* Abwechseln *n*, Wechsel *m;* ~ **delle colture** Fruchtwechsel *m*. **avvicendare** [...'da:re] **I.** *tr* abwechseln; **II.** *rfl:* **-rsi** sich abwechseln.

avvicinamento [avvit∫ina'mento] *m*

Annäherung *f.* **avvicinare** [...ˈnaːre] **I.** *tr* **1.** *(mettere vicino)* nähern, heranrücken; **2.** *(entrare in rapporti con qu)* nahekommen (*qu* jdm), herantreten (*qu* an jdn); **II.** *rfl:* **-rsi 1.** *(farsi vicino)* sich nähern, herankommen, nahen; **2.** *fig (essere simile)* nahekommen, gleichen; **3.** *(ricevere)* aufnehmen; **-rsi ai sacramenti** die Sakramente empfangen.

avvilente [avviˈlɛnte] *a (degradante)* demütigend, erniedrigend; *(disprezzabile)* schmählich; *(scoraggiante)* entmutigend.

avvilimento [avviliˈmento] *m (degradazione morale)* Erniedrigung *f,* Demütigung *f; (abbattimento)* Entmutigung *f.* **avvilire** [...ˈliːre] ‹avvilisco› **I.** *tr (degradare)* erniedrigen; *(umiliare)* demütigen; *(scoraggiare)* entmutigen; **II.** *rfl:* **-rsi** *(umiliarsi)* sich demütigen; *(perdersi d'animo)* verzagen, den Mut verlieren.

avviluppare [avvilupˈpaːre] **I.** *tr* **1.** *(avvolgere)* einwickeln; **2.** *(aggrovigliare)* aufwickeln; **II.** *rfl:* **-rsi 1.** *(avvolgersi)* sich einwickeln; **2.** *(aggrovigliarsi)* sich verwickeln.

avvinazzarsi [avvinatˈtsarsi] *rfl* sich (mit Wein) betrinken. **avvinazzato, -a** [...ˈtsaːto] **I.** *a* beschwipst, angeheitert; **II.** *m, f* Angetrunkene(r) *mf.*

avvincente [avvinˈtʃɛnte] *a* fesselnd, anziehend. **avvincere** [avˈvintʃere] ‹*irr*› *tr (a. fig)* fesseln.

avvinghiare [avviŋˈgi̯aːre] ‹avvinghio, avvinghi› **I.** *tr* umschlingen, umklammern; **II.** *rfl:* **-rsi** sich klammern (*a* an).

avvio [avˈviːo] ‹-ii› *m* Beginn *m,* Einleitung *f;* **dare l'~ a qc** etw. in Gang bringen.

avvisaglia [avviˈzaʎʎa] ‹-glie› *f* **1.** *mil* Scharmützel *n;* **2.** ‹*pl*› *(primi sintomi)* Vorzeichen *n pl.*

avvisare [avviˈzaːre] *tr* **1.** *(informare)* benachrichtigen; **2.** *(ammonire, mettere in guardia)* warnen. **avvisatore, -trice** [...zaˈtoːre] **I.** *m, f* Warner(in) *m(f);* **II.** *m* Warnanlage *f;* **~ d'incendio** Feuermelder *m;* **~ acustico** Hupe *f.* **avviso** [avˈviːzo] *m* **1.** *(informazione, notizia)* Meldung *f,* Nachricht *f; (comunicato)* Bekanntmachung *f;* **2.** *(sul giornale)* Anzeige *f;* **3.** *(consiglio, ammonimento)* Warnung *f,* Hinweis *m;* **4.** *jur (notificazione)* Mitteilung *f,* Anzeige *f;* **5.** *(parere, opinione)* Meinung *f;* **~ economico** Kleinanzeige *f;* **~ di sfratto** Räumungsbefehl *m;* **dare ~** Nachricht geben; **metter qu sull'~** jdn warnen; **star sull'~** auf der Hut sein; **essere d'~** der Meinung sein; **a mio ~** meiner Meinung nach.

avvistamento [avvistaˈmento] *m* Sichtung *f.* **avvistare** [...ˈtaːre] *tr* sichten.

avvitamento [avvitaˈmento] *m* **1.** *(di vite)* Anschrauben *n;* **2.** *aero* Schraube *f,* Rolle *f; sport* Schraube *f.* **avvitare** [...ˈtaːre] **I.** *tr* (an-, ein)schrauben; **II.** *rfl:* **-rsi** *aero* eine Rolle machen. **avvitato, -a** [...ˈtaːto] *a* **1.** *(vestito)* tailliert; **2.** *(tuffo)* mit Drehung.

avviticchiare [avvitikˈki̯aːre] ‹avviticchio, avviticchi› **I.** *tr* umschlingen, umranken; **II.** *rfl:* **-rsi** emporranken.

avvivare [avviˈvaːre] **I.** *tr* beleben; *(conversazione)* anregen; *(fuoco)* anfachen; *(tinte)* auffrischen; **II.** *rfl:* **-rsi** sich beleben.

avvizzimento [avvittsiˈmento] *m* Welken *n.* **avvizzire** [...ˈtsiːre] ‹avvizzisco› **I.** *itr* ‹*essere*› (ver)welken; **II.** *tr* ‹*avere*› welken lassen.

avvocata [avvoˈkaːta] *f* **1.** *(protettrice)* Schutzpatronin *f;* **2.** *(interceditrice)* Fürsprecherin *f.* **avvocatesco, -a** [...kaˈtesko] ‹-schi, -sche› *a pej* (Winkel)advokaten-. **avvocatessa** [...kaˈtessa] *f* **1.** *(esercitante l'avvocatura)* Anwältin *f;* **2.** *fam scherz* Klatschtante *f fam.* **avvocato** [...ˈkaːto] *m* **1.** *(professionista)* Anwalt *m,* Anwältin *f;* **2.** *fig* Fürsprecher(in) *m(f);* **~ difensore** Verteidiger(in) *m(f);* **~ penale** Strafverteidiger(in) *m;* **~ dello Stato** Staatsanwalt *m,* -anwältin *f;* **~ delle cause perse** *scherz* Winkeladvokat *m;* **~ del diavolo** Advocatus Diaboli *m;* **parlare come un ~** *fig fam* wie ein Vertreter reden. **avvocatura** [...kaˈtuːra] *f* **1.** *(professione)* Anwaltsberuf *m;* **2.** *(complesso di avvocati)* Anwaltschaft *f.*

avvolgere [avˈvɔldʒere] ‹*irr*› **I.** *tr* **1.** wickeln; *(volgere intorno)* umwickeln; *(arrotolare)* aufwickeln; **2.** *(avviluppare)* (ein)wickeln; **3.** *fig* einhüllen; **~ qu in un intrigo** jdn in eine Intrige verwickeln; **II.** *rfl:* **-rsi** sich wikkeln. **avvolgibile** [avvolˈdʒiːbile] **I.** *m* Rolladen *m;* **II.** *a* Roll-. **avvolgimento** [...dʒiˈmento] *m* **1.** *(arrotolamento)* Um-, Aufwicklung *f;* **2.** *mil* Aufrollen *n;* **3.** *el* Wicklung *f.*

avvoltoio [avvolˈtoːi̯o] ‹-oi› *m* **1.** *zoo* Geier *m;* **2.** *fig* Halsabschneider *m.*

Az. *ab di* **azioni** Aktien.

AZ *ab di* **Alitalia** Alitalia *f (italienische Fluggesellschaft).*

azalea [addzaˈlɛːa] *f* Azalee *f.*

azienda [ad'dzi̯ɛnda] *f* Betrieb *m*, Firma *f*, Unternehmen *n*. **aziendale** [...i̯en'da:le] *a* Betriebs-.
azionamento [attsi̯ona'mento] *m* Betätigung *f*. **azionare** [...'na:re] *tr* betätigen, in Gang setzen.
azionario, -a [attsi̯o'na:ri̯o] ‹-i, -ie› *a* Aktien-.
azione [at'tsi̯o:ne] *f* **1.** *(l'agire)* Tat *f*, Aktion *f*; **2.** *(attività)* Tätigkeit *f*; *(tec a.)* Betrieb *m*; **3.** *(funzionamento)* Wirkung *f*, Aktion *f*; **4.** *(insieme di iniziative)* Aktion *f*, Unternehmung *f*; **5.** *(intreccio)* Handlung *f*; **6.** *jur* Klage *f*, Verfahren *n*; **7.** *mil* Kampfhandlung *f*, Gefecht *n*; **8.** *com* Aktie *f*; ~ **dimostrativa** Scheinangriff *m*; **uomo d'~** Mann *m* der Tat; **essere in ~** in Betrieb sein; **entrare in ~** in Aktion treten; **passare all'~** zur Tat schreiten; **~!** *film* Aufnahme! **azionista** [...i̯o'nista] ‹-i *m*, -e *f*› *mf* Aktionär(in) *m(f)*.
azotato, -a [addzo'ta:to] *a* stickstoffhaltig. **azoto** [ad'dzɔ:to] *m* Stickstoff *m*.

azzannare [attsan'na:re] *tr* mit den Zähnen packen.
azzardare [addzar'da:re] **I.** *tr* wagen; *(arrischiare a.)* riskieren; **II.** *rfl:* **-rsi** sich erkühnen, wagen. **azzardo** [ad'dzardo] *m* **1.** *(rischio)* Risiko *n*; **2.** *(atto sconsiderato, temerario)* Wagnis *n*; **giocatore d'~** Glücksspieler *m*, Hasardeur *m*. **azzardoso, -a** [...'do:so] *a* **1.** *(persona)* wagemutig; **2.** *(cosa)* gewagt.
azzeccagarbugli [attsekkagar'buʎʎi] ‹-› *m pej* Rechtsverdreher *m*, Winkeladvokat *m*.
azzeccare [attsek'ka:re] ‹azzecco, azzecchi› *tr* **1.** *(colpire nel segno)* treffen; **2.** *fig (indovinare)* erraten. **azzeccato, -a** [...'ka:to] *a* gut getroffen; *(risposta, etc.)* passend.
azzeramento [addzera'mento] *m* Nulleinstellung *f*.
azzimare [addzi'ma:re] **I.** *tr* schmükken, putzen; **II.** *rfl:* **-rsi** sich (auf)putzen.
azzimo, -a ['addzimo] **I.** *a* ungesäuert; **II.** *m:* **festa degli -i** Passahfest *n*.
azzittire [attsit'ti:re] ‹azzittisco› **I.** *tr* ‹*avere*› zum Schweigen bringen; **II.** *itr* ‹*essere*›, *rfl:* **-rsi** verstummen.
azzoppare, azzoppire [attsop'pa:re, ...'pi:re] ‹azzoppisco› **I.** *tr* ‹*avere*› lahm machen; **II.** *itr* ‹*essere*›, *rfl:* **-rsi** lahm werden.
Azzorre [ad'dzɔrre] *f pl* Azoren *pl*.
azzuffarsi [attsuf'farsi] *rfl* sich raufen, aneinandergeraten.
azzurrino, -a [addzur'ri:no] **I.** *a* bläulich; **II.** *m* Zartblau *n*.
azzurro [ad'dzurro] **I.** *a* (himmel)blau, azurblau; **principe ~** Märchenprinz *m*; **arma -a** Luftwaffe *f*; **squadra -a** *italienische Nationalmannschaft;* **II.** *m* **1.** *(colore)* (Himmel)blau *n*, Azurblau *n*; **2.** *sport italienischer Nationalspieler;* **~ di cobalto** Kobaltblau *n*. **azzurrognolo, -a** [...'roɲɲolo] *a* bläulich.

B

B, b [bi] ‹-› *f* B, b *n;* ~ **come Bologna** B wie Berta.
babà [ba'ba] ‹-› *m Hefeteilchen mit Rum (und Rosinen).*
babau [ba'ba:u] ‹-› *m fam* schwarzer Mann, Buhmann *m fam.*
babbeo, -a [bab'bɛ:o] **I.** *a* dumm, dusselig *fam;* **II.** *m, f* Dussel *m fam,* Pfeife *f fam.*
babbo ['babbo] *m fam* Papa *m,* Papi *m;* ~ **Natale** Weihnachtsmann *m.*
babbuccia [bab'buttʃa] ‹-cce› *f* Pantoffel *m.*
babbuino, -a [babbu'i:no] *m, f* **1.** *zoo* Pavian *m;* **2.** *fam pej* Affe *m fam,* Kamel *n fam.*
babele [ba'bɛ:le] *f* Durcheinander *n,* Trubel *m,* Chaos *n.* **Babele** [ba'bɛ:le] *f* Babel *n.* **babelico, -a** [ba'bɛ:liko] ‹-ci, -che› *a* chaotisch, wirr.
babilonese [babilo'ne:se] *a* babylonisch. **Babilonia** [...'lɔ:nia] ‹-ie› *f* **1.** *(provincia)* Babylonien *n;* **2.** *(città)* Babel *n,* Babylon *n;* **3.** *fig:* **b~** heilloses Durcheinander.
babordo [ba'bordo] *m* Backbord *n;* **a** ~ backbord(s).
baby ['beıbı] **I.** ‹-› *m* Baby *n;* **II.** ‹*inv*› *a* Baby-. **baby-doll** [-dɔl] ‹-› *m* Baby-Doll *n.* **baby-sitter** [-sıtə] ‹-› *mf* Babysitter *m.*
bacarsi [ba'karsi] ‹mi baco, ti bachi› *rfl* wurmstichig werden. **bacato, -a** [ba'ka:to] *a* **1.** *(frutta)* wurmstichig; **2.** *fig pej* verdorben; *(moralmente)* verderbt.
bacca ['bakka] ‹-cche› *f* Beere *f.*
baccalà [bakka'la] ‹-› *m* **1.** *gastr* Klipp-, Stockfisch *m;* **2.** *fig pej (persona stupida)* Stockfisch *m,* Trottel *m; (persona allampanata)* Hering *m,* Streichholz *n.*
baccanale [bakka'na:le] *m* **1.** *fig pej* Gelage *n,* Orgie *f;* **2.** *hist* Bacchanal *n,* Bacchusfest *n.*
baccano [bak'ka:no] *m* Heidenlärm *m fam.*
baccante [bak'kante] *f* **1.** *hist* Bacchantin *f;* **2.** *fig pej* liederliches Frauenzimmer.
baccarà [bakka'ra] ‹-› *m* **1.** *(gioco)* Bakkarat *n;* **2.** *(cristallo)* Baccarat-Kristall *n.*
baccelliere [battʃel'liɛ:re] *m* **1.** *(grado accademico)* Bakkalaureus *m;* **2.** *hist* Knappe *m.*
baccello [bat'tʃɛllo] *m* Hülse *f.*
bacchetta [bak'ketta] *f* **1.** *gener.* Stab *m; (per battere)* Stock *m;* **2.** *(del direttore d'orchestra)* Taktstock *m; (per il tamburo)* Trommelschlegel *m;* **3.** *mil* Ladestock *m;* ~ **magica** Zauberstab *m;* ~ **da rabdomante** Wünschelrute *f;* **comandare qu a** ~ jdn herumkommandieren. **bacchettata** [...'ta:ta] *f* Stockschlag *m,* -hieb *m.* **bacchetto** [...'ketto] *m* Stöckchen *n,* kleiner Stock.
bacchettone, -a [bakket'to:ne] *m, f* Frömmler(in) *m(f).*
bacchiare [bak'kia:re] ‹bacchio, bacchi› *tr (noci, castagne, etc.)* mit der Stange herunterschlagen. **bacchiatura** [...ia'tu:ra] *f* Herunterschlagen *n (von Nüssen, Kastanien, etc. mit einer Stange).*
bacchico, -a ['bakkiko] ‹-ci, -che› *a* bacchisch.
bacheca [ba'kɛ:ka] ‹-che› *f* **1.** *(per affissione)* Schwarzes Brett; **2.** *(di negozio, museo)* Schaukasten *m,* Vitrine *f.*
bachelite [bake'li:te] *f* Bakelit® *n.*
bacherozzo [bake'rɔttso] *m fam* Käfer *m.*
bachicoltore, -trice [bakikol'to:re] *m, f* Seidenraupenzüchter(in) *m(f).* **bachicoltura** [...'tu:ra] *f* Seidenraupenzucht *f.*
baciamano [batʃa'ma:no] *m* Handkuß *m;* **fare il** ~ **a qu** jdm einen Handkuß geben.
baciapile [batʃa'pi:le] ‹-› *mf* Frömmler(in) *m(f).*
baciare [ba'tʃa:re] ‹bacio, baci› **I.** *tr* küssen; **bacio le mani** *geh, obs* küß die Hand; **II.** *rfl:* **-rsi** sich küssen.
bacile [ba'tʃi:le] *m* Becken *n.*
bacillare [batʃil'la:re] *a* Bazillen-, bazillär. **bacillo** [ba'tʃillo] *m* Bazillus *m.*
bacinella [batʃi'nɛlla] *f* Becken *n,* Schüssel *f.*
bacino [ba'tʃi:no] *m gener., anat, geog, min, geol, naut* Becken *n; (min a.)* Revier *n; (recipiente a.)* Bottich *m,* Kübel *m;* ~ **idrografico/idroelettrico** Wassereinzugsgebiet *n*/Staubecken

n; ~ **di carenaggio** Dock *n,* Dockbekken *n.*

bacio ['ba:tʃo] ‹-ci› *m* Kuß *m;* ~ **di Giuda** Judaskuß *m.*

background ['bækgraʊnd] ‹-› *m* Hintergrund *m,* Background *m.*

baco ['ba:ko] ‹-chi› *m* **1.** *zoo* Raupe *f; (verme)* Wurm *m; (di generi alimentari)* Made *f;* **2.** *fig* Fehler *m;* ~ **da seta** Seidenraupe *f;* **lo rode il** ~ **della gelosia** die Eifersucht verzehrt ihn (*o.* frißt ihn auf *fam*).

bacon ['beɪkən] ‹-› *m* Frühstücksspeck *m,* Bacon *m.*

bacucco, -a [ba'kukko] ‹-cchi, -cche› *a fam* vertrottelt, trottelig.

bada ['ba:da] *f:* **tenere a** ~ **qu** jdn hinhalten; *(bambino)* jdn hüten. **badare** [ba'da:re] *itr* **1.** *(accudire)* aufpassen (*a* auf), sich kümmern (*a* um); **2.** *(stare attento)* aufpassen (*a* auf), achtgeben (*a* auf); **3.** *(dedicarsi)* sich kümmern (*a* um); ~ **alla casa/ai bambini** das Haus/die Kinder hüten; ~ **solo a divertirsi** nur ans Vergnügen denken; **non** ~ **a spese** keine Kosten scheuen; **bada a quello che fai!** paß auf, was du tust!, sei vorsichtig!; **bada a come parli!** paß auf (*o.* überleg dir), was du sagst!; **bada ai fatti tuoi!** kümm(e)re dich um deine eigenen Angelegenheiten!

badessa [ba'dessa] *f* Äbtissin *f;* **sembrare** (*o.* **parere**) **una** ~ *fig* üppig aussehen; **fare la** ~ *fig* sich aufspielen, angeben.

badia [ba'di:a] ‹-ie› *f* Abtei *f.*

badile [ba'di:le] *m* Schaufel *f.*

baedeker® ['bɛ:dəkɐ] ‹-› *m* Baedeker® *m.*

baffo ['baffo] *m* **1.** *anat* Schnurr-, Schnauzbart *m;* **2.** *fig (macchia)* Fleck *m,* Klecks *m;* **ridere sotto i -i** sich *(dat)* ins Fäustchen lachen; **una cosa da leccarsi i -i** etw., nach dem man sich *(dat)* die (*o.* alle zehn) Finger lecken kann; **mi fa un** ~ *vulg* das kümmert mich einen Scheiß *vulg.* **baffone** [...'fo:ne] *m fam scherz* Schnauzer *m fam,* Schnauzbart *m fam.* **baffuto, -a** [...'fu:to] *a* schnurrbärtig, mit Schnurrbart.

bagagliaio [bagaʎ'ʎa:i̯o] ‹-ai› *m* **1.** *mot* Kofferraum *m;* **2.** *ferr* Gepäckwagen *m.* **bagaglio** [ba'gaʎʎo] ‹-gli› *m* **1.** *gener.* Gepäck *n;* **2.** *fig* Ausrüstung *f,* Ausstattung *f;* ~ **culturale** Bildungsgut *n;* **assicurazione (dei) -gli** Reisegepäckversicherung *f;* **deposito -gli** Gepäckaufbewahrung *f;* **disfare i -gli** auspacken; **spedire come** ~ **appresso** als Reisegepäck aufgeben; **con armi e -gli** mit Sack und Pack.

bagascia [ba'gaʃʃa] ‹-sce› *f* Nutte *f,* Dirne *f.* **bagascio** [...ʃo] ‹-sci› , **bagascione** ['ʃo:ne] *m* **1.** *(omosessuale)* Schwule(r) *m;* **2.** *vulg* Hurenbock *m vulg.*

bagattella [bagat'tɛlla] *f* **1.** *(bazzecola)* Bagatelle *f,* Lappalie *f;* **2.** *mus* Bagatelle *f.*

baggianata [baddʒa'na:ta] *f fam pej* Quatsch *m fam* , Gefasel *n fam.*

bagliore [baʎ'ʎo:re] *m* **1.** *(di lampo, faro)* Schein *m,* Schimmer *m;* **2.** *fig* Schimmer *m.*

bagnacauda [baɲɲa'ka:uda] *f* Bagnacauda *f (Piemonteser Soße aus Öl, Knoblauch, Sardellen und Trüffeln).*

bagnante [baɲ'ɲante] *mf* Badende(r) *mf,* Badegast *m.*

bagnare [baɲ'ɲa:re] **I.** *tr* **1.** *gener.* naß machen, an-, befeuchten; benetzen *geh;* **2.** *(fiume)* fließen durch; **3.** *(laurea, vittoria)* begießen; **II.** *rfl:* **-rsi** **1.** *(fare il bagno)* baden; **2.** *(di pioggia, acqua)* naß werden. **bagnarola** [...ɲa'rɔ:la] *f fam* (Bade)zuber *m.* **bagnasciuga** [...ɲaʃ'ʃu:ga] ‹-› *m* **1.** *(battigia)* Strandlinie *f;* **2.** *naut* Wasserlinie *f.* **bagnata** [...'ɲa:ta] *f* Bad *n,* Guß *m.* **bagnato, -a** [...'ɲa:to] **I.** *a* naß, durchnäßt; **II.** *m* nasser (*o.* feuchter) Boden; **piove sul** ~ *fig* ein Unglück kommt selten allein *prov.* **bagnatura** [...ɲa'tu:ra] *f* **1.** *med* Heilbad *n,* Badekur *f;* **2.** *(il bagnare)* Baden *n;* **fare le -e** eine Badekur machen.

bagnino, -a [baɲ'ɲi:no] *m, f* Bademeister(in) *m(f).* **bagno** ['baɲɲo] *m* **1.** *gener., fot, chem* Bad *n;* **2.** *(stanza)* Bad *n,* Badezimmer *n;* **3.** ‹*pl*› *(stabilimento balneare e termale)* Heil-, Thermalbad *n; (stazione balneare)* Badeort *m;* ~ **di sole/mare/fango** Sonnen-/Meer-/Fangobad *n;* ~ **di sviluppo** Entwicklerbad *n;* ~ **penale** Zuchthaus *n;* **-i pubblici** öffentliche Badeanstalten *f pl;* **costume da** ~ Badeanzug *m;* **fare il** ~ baden; **fare la cura dei -i** eine (Bade)kur machen; **essere in un** ~ **di sudore** schweißgebadet (*o.* in Schweiß gebadet) sein; **andare in** ~ *fig* auf die Toilette gehen; **mettere qc a** ~ etw. einweichen. **bagnomaria** [-ma'ri:a] ‹-› *m:* **a** ~ im Wasserbad, im Bain-marie.

bagordo [ba'gordo] *m pej* Völlerei *f;* **fare -i** in Saus und Braus leben.

bah [ba] *interj fam* hm, wer weiß, Gott . . .

baia ['ba:i̯a] ‹-aie› *f* **1.** *geog* Bucht *f,*

Golf *m*, Meerbusen *m;* **2.** *(burla)* Ulk *m*, Streich *m;* **dare la ~ a qu** jdn verulken, jdm einen Streich spielen.
baicolo [ba'i:kolo] *m venez feines Gebäck mit Orangenliköraroma.*
bailamme [bai'lamme] ‹-› *m* Getümmel *n.*
baio, -a ['ba:io] ‹-ai, -aie› **I.** *a (cavallo)* rot; **cavallo ~** (Rot)fuchs *m*, Braune(r) *m;* **II.** *m (cavallo)* (Rot)fuchs *m*, Braune(r) *m.*
baiocco [ba'iɔkko] ‹-cchi› *m* **1.** *pl fam* Pfennige *m pl fam*, Geld *n;* **2.** *hist päpstliche Kupfermünze;* **non valere un ~** *fig* keinen Pfennig (*o.* roten Heller) wert sein.
baionetta [baio'netta] *f* Bajonett *n.*
Baireut [baɪ'rɔʏt] *f* Bayreuth *n.*
baita ['ba:ita] *f* Berg-, Almhütte *f.*
bakelite [bake'li:te] *v.* **bachelite.**

balaustra, balaustrata [bala'ustra, ...'tra:ta] *f* Balustrade *f*, Brüstung *f.*
balbettamento [balbetta'mento] *m* Stottern *n*, Gestammel *n.* **balbettare** [...'ta:re] **I.** *itr* stottern, stammeln; *(bambino)* lallen; **II.** *tr (scusa)* stammeln; *(lingua straniera)* radebrechen. **balbettio** [...'ti:o] ‹-ii› *m* Gestotter *n*, Gestammel *n.*
balbuzie [bal'buttsie] ‹-› *f* Stottern *n;* **essere affetto da ~** stottern. **balbuziente** [...'tsiɛnte] **I.** *a* stotternd; **II.** *mf* Stotterer *m*, Stott(r)erin *f.*
Balcani [bal'ka:ni] *m pl* Balkan *m.* **balcanico, -a** [...'ka:niko] ‹-ci, -che› *a* balkanisch, Balkan-; **la penisola -a** die Balkanhalbinsel.
balconata [balko'na:ta] *f* **1.** *arch* umlaufender Balkon; **2.** *theat* Rang *m.* **balcone** [...'ko:ne] *m* Balkon *m.*
baldacchino [baldak'ki:no] *m* **1.** *(del letto)* Baldachin *m*, (Bett)himmel *m;* **2.** *rel* Baldachin *m*, Traghimmel *m.*
baldanza [bal'dantsa] *f* Kühnheit *f*, Unverfrorenheit *f.* **baldanzoso, -a** [...'tso:so] *a* unverfroren, keck, übertrieben selbstsicher.
baldo, -a ['baldo] *a* kühn, selbstsicher.
baldoria [bal'dɔ:ria] ‹-ie› *f* Rummel *m*, Remmidemmi *m fam;* **fare ~** lustig sein, Remmidemmi machen *fam.*
baldracca [bal'drakka] ‹-cche› *f* Dirne *f.*
balena [ba'le:na] *f* **1.** *zoo* Wal(fisch) *m;* **2.** *fig* Walroß *n*, Tonne *f.*
balenare [bale'na:re] *itr* ‹*essere*› **1.** *meteo* blitzen; **2.** *(splendere improvvisamente)* aufblitzen; **mi è balenata un'eccellente idea** mir ist eine glänzende Idee gekommen.
baleniera [bale'niɛ:ra] *f* **1.** *naut* Walfangboot *n*, Walfänger *m;* **2.** *naut mil* Beiboot *n.*
baleno [ba'le:no] *m* Blitz *m;* *(di luce)* Lichtstrahl *m;* **in un ~** *fig* blitzschnell, im Nu.
balenottera [bale'nɔttera] *f* Furchenwal *m.*
balera [ba'lɛ:ra] *f* Tanzlokal *n (in Vorstadtvierteln).*
balestra [ba'lɛstra] *f* **1.** *mot* Blattfeder *f;* **2.** *mil* Armbrust *f.*
balia[1] ['ba:lia] ‹-ie› *f (donna)* Amme *f;* **~ asciutta** Kindermädchen *n;* **avere bisogno della ~** *fig* ein Kindermädchen brauchen.
balia[2] [ba'li:a] *f (potere)* Gewalt *f*, Macht *f*, Willkür *f;* **in ~ di** in der Gewalt *gen*, ausgeliefert *dat*, preisgegeben *dat;* **essere in ~ della sorte** ein Spielball des Schicksals sein.
balistica [ba'listika] ‹-che› *f* Ballistik *f.* **balistico, -a** [...ko] ‹-ci, -che› *a* ballistisch.
balla ['balla] *f* **1.** *com* Ballen *m;* **2.** *fig fam* (Lügen)märchen *n*, Stuß *m fam;* **non raccontare -e!** erzähl keine Märchen! *fam.*
ballabile [bal'la:bile] **I.** *a* tanzbar; **II.** *m* Tanzstück *n.*
ballare [bal'la:re] **I.** *tr* tanzen; **II.** *itr* **1.** *mus* tanzen; **2.** *naut* schlingern; **3.** *(abiti)* schlottern; *(oggetti)* wakkeln; **~ dalla** (*o.* **per la) gioia** vor Freude tanzen; **il cappotto mi balla addosso** der Mantel schlottert mir am Leib. **ballata** [...'la:ta] *f* Ballade *f.* **ballerina** [...le'ri:na] *f* **1.** *(scarpa)* Ballerina(schuh *m*) *f;* **2.** *zoo* Bachstelze *f.* **ballerino, -a** [...le'ri:no] **I.** *m, f* Ballettänzer(in) *m(f);* *(donna a.)* Ballerina *f;* *(danzatore)* Tänzer(in) *m(f);* **prima -a** Primaballerina *f;* **II.** *a* tanzend; **terre -e** Erdbebengebiete *n pl.* **balletto** [...'letto] *m* Ballett *n.* **ballo** ['ballo] *m* **1.** *(atto, arte di ballare)* Tanzen *n;* **2.** *(danza)* Tanz *m;* **3.** *(festa da ~)* Ball *m*, Tanzfest *n;* **corpo di ~** Ballett(gruppe *f*) *n*, Corps de ballet *n;* **essere in ~** auf dem Spiel stehen; **mettere in ~ qc** *(rischiare)* etw. aufs Spiel setzen; **mettere** (*o.* **tirare) in ~ qu/qc** jdn/etw. ins Spiel bringen; **avere il ~ di San Vito** Quecksilber im Leib haben; **mi permette questo ~?** darf ich um diesen Tanz bitten?; **quando si è in ~, bisogna ballare** *prov* wer A sagt, muß auch B sagen *prov.* **ballonzolare** [...ontso'la:re] *itr* **1.** *(saltellare)* herumhüpfen; **2.** *(ballare goffamente)* tapsen, wie ein Trampel(tier) tanzen; **3.** *(scuotere)* umherschwingen.

ballotta [bal'lɔtta] *f* gesottene Kastanie.

ballottaggio [ballot'taddʒo] ‹-ggi› *m* Stichwahl *f; sport* Titelentscheidungskampf *m.*

balneare [balne'a:re] *a* Bade-; **stagione ~** Badesaison *f;* **stazione ~** Badeort *m.*

baloccare [balok'ka:re] ‹balocco, balocchi› **I.** *tr* beschäftigen, unterhalten; **II.** *rfl:* **-rsi** *fam* (herum)spielen; *(gingillarsi)* herumtrödeln. **balocco** [ba'lɔkko] ‹-cchi› *m* **1.** *(per bambini)* Spielzeug *n;* **2.** *fig* Zeitvertreib *m.*

balorda *f v.* **balordo.**

balordaggine [balor'daddʒine] *f* Blödsinn *m,* Hirnrissigkeit *f.* **balordo, -a** [ba'lordo] **I.** *a* blöde, blöd(sinnig), dämlich, hirnrissig; **cavallo ~** Schindmähre *f;* **II.** *m, f* Dumm-, Schafskopf *m.*

balsamico, -a [bal'sa:miko] ‹-ci, -che› *a* **1.** *med* balsamisch, Balsam-; **2.** *fig* gesund, sauber; **pomata -a** Balsam *m,* Heilsalbe *f;* **aria -a** (wohltuend) gesunde Luft. **balsamo** ['balsamo] *m* **1.** *(a. fig)* Balsam *m.*

baltico, -a ['baltiko] ‹-ci, -che› *a* baltisch; **il (Mar) B~** die Ostsee.

baluardo [balu'ardo] *m* Schutzwall *m; (a. fig)* Bollwerk *n.*

baluginare [baludʒi'na:re] *itr* **1.** *(apparire e sparire)* blitzartig auftauchen und wieder verschwinden; *(luce)* aufflackern; **2.** *fig* aufkommen; **mi baluginò un sospetto** mir kam ein Verdacht, in mir stieg ein Verdacht auf.

balza ['baltsa] *f* **1.** *(di vestito, etc.)* Volant *m;* **2.** *geog* Steilhang *m;* **3.** *arch* Sockel *m,* Borte *f.*

balzano, -a [bal'tsa:no] *a* **1.** *(cavallo)* (über den Hufen) weißgestreift; **2.** *fig (persona)* eigentümlich.

balzare [bal'tsa:re] *itr* ‹*essere*› **1.** *(saltare di scatto)* (hoch)springen, hüpfen, (empor)schnellen; **2.** *fig* springen; **~ in piedi** aufspringen, auf die Beine springen; **~ agli occhi** in die Augen springen; **le balzò il cuore in gola** das Herz klopfte ihr bis zum Hals. **balzellare** [...tsel'la:re] *itr* hüpfen. **balzelloni** [...tel'lo:ni] *adv* (*a.* **a ~**) sprungweise, in Sprüngen. **balzo** ['baltso] *m* Sprung *m,* Satz *m fam;* **prendere** (*o.* **cogliere) la palla al ~** die Gelegenheit beim Schopfe pakken (*o.* ergreifen); **fare un ~ in avanti nella carriera** in der beruflichen Laufbahn einen (großen) Sprung nach vorne machen.

bambagia [bam'ba:dʒa] ‹-gie› *f* Baumwollabfall *m,* -ausschuß *m; fig* Watte *f;* **allevare** (*o.* **tenere) qu nella ~** jdn in Watte packen; **stare** (*o.* **vivere) nella ~** wohlbehütet leben.

bamberottolo, -a [bambe'rɔttolo] *m, f fam* Pummelchen *n,* Dickerchen *n.*

bambina *f v.* **bambino.**

bambinaia [bambi'na:ja] ‹-aie› *f* Kindermädchen *n.* **bambinata** [...'na:ta] *f* Kinderstreich *m,* Kinderei *f.* **bambinesco, -a** [...'nesko] ‹-schi, -sche› *a* kindisch, albern.

bambino, -a [bam'bi:no] **I.** *m, f* Kind *n;* Junge *m,* Mädchen *n; fig scherz* Kindskopf *m,* kleines Kind; **non fare il ~!** sei nicht kindisch, sei kein Kindskopf!; **II.** *a* **1.** *(persona)* naiv, kindlich; **2.** *fig (disciplina, etc.)* jung. **bambinone, -a** [...bi'no:ne] *m, f fam* **1.** *(bambino robusto)* kräftiges Kind; **2.** *scherz* Kindskopf *m.*

bamboccio [bam'bɔttʃo] ‹-cci› *m fam* **1.** *(bambino)* Pummelchen *n,* Dickerchen *n;* **2.** *(fantoccio)* Puppe *f;* **3.** *fig* Tolpatsch *m.*

bambola ['bambola] *f* **1.** *(per bambini)* Puppe *f;* **2.** *fig (donna bella)* (süße) Puppe *f.* **bamboleggiare** [...led'dʒa:re] ‹bamboleggio, bamboleggi› *itr* sich affektiert benehmen, geziert tun. **bambolotto** [...'lɔtto] *m* Püppchen *n,* Puppe *f.*

bambù [bam'bu] ‹-› *m* Bambus *m; (canna)* Bambusrohr *n.*

banale [ba'na:le] *a* banal. **banalità** [banali'ta] ‹-› *f* Banalität *f.* **banalizzare** [...lid'dza:re] *tr* banalisieren.

banana [ba'na:na] *f* **1.** *bot* Banane *f;* **2.** *(di capelli)* Haartolle *f.* **bananeto** [bana'ne:to] *m* Bananenplantage *f.* **banano** [ba'na:no] *m* Bananenstaude *f.*

banca ['baŋka] ‹-che› *f* Bank *f;* **biglietto di ~** Banknote *f;* **~ dei dati** *inform* Datenbank *f;* **~ degli occhi/del sangue** Augen-/Blutbank *f;* **andare in** (*o.* **alla) ~** auf die (*o.* zur) Bank gehen.

bancarella [baŋka'rɛlla] *f* Markt-, Verkaufsstand *m.*

bancario, -a [baŋ'ka:rjo] ‹-i, -ie› **I.** *a* Bank-; **II.** *m, f* Bankangestellte(r) *mf.*

bancarotta [baŋka'rotta] *f* Bankrott *m.*

banchettare [baŋket'ta:re] *itr* **1.** *(partecipare ad un banchetto)* an einem Bankett teilnehmen; **2.** *(mangiare e bere)* schlemmen, tafeln. **banchetto** [...'ketto] *m* **1.** *(piccolo banco)* Bänkchen *n; (bancarella)* Verkaufsstand *m;* **2.** *(pranzo)* Bankett *n,* Festmahl *n.*

banchiere [baŋ'kjɛ:re] *m* **1.** *fin* Bankier *m;* **2.** *(nei giochi d'azzardo)* Bankhalter *m.*

banchina [baŋ'ki:na] *f* **1.** *naut* Kai *m,* Mole *f;* **2.** *ferr* Bahnsteig *m;* **3.** *(per ciclisti)* Radweg *m; (per pedoni)* Fußgängerweg *m;* ~ **spartitraffico** Mittelstreifen *m;* ~ **di carico/di scarico** Laderampe *f.*

banchisa [baŋ'ki:za] *f* Packeis *n.*

banco ['baŋko] ‹-chi› *m* **1.** *(sedile)* (Sitz)bank *f;* **2.** *(di bar)* Theke *f; (di negozio)* Ladentisch *m,* Theke *f;* **3.** *com* Stand *m;* **4.** *fin* Bank *f,* Geldinstitut *n;* **5.** *geog* Bank *f,* Schicht *f;* **6.** *(ammasso di nebbia)* Nebelbank *f; (di corallo)* Riff *n; (di ghiaccio)* Bank *f; (di pesci)* Schwarm *m;* **7.** *tec* Werkbank *f;* ~ **degli imputati** (*o.* **accusati)/della giuria** Anklage-/Geschworenenbank *f;* ~ **dei rematori/della chiesa** Ruder-/Kirchenbank *f;* ~ **del lotto** Lottoannahmestelle *f;* ~ **di prova** *tec* Prüfstand *m; fig* Bewährungsprobe *f;* **compagno di** ~ Banknachbar *m;* **scaldare i -chi** *fig* die Schulbank drücken; **passare/vendere qc sotto** ~ etw. unterderhand weitergeben/verkaufen; **tenere** ~ **contro tutti** allen widerstehen (*o.* standhalten).

bancogiro [-'dʒi:ro] *m* Giroverkehr *m.*

bancone [baŋ'ko:ne] *m (di banca, biglietteria)* Schalter *m; (di bar)* Theke *f,* Bar *f,* Tresen *m.* **banconota** [...ko'nɔ:ta] *f* Banknote *f.*

band [bænd] ‹-› *f* Band *f.*

banda ['banda] *f* **1.** *mus* (Musik)kapelle *f;* **2.** *(striscia)* Band *n;* **3.** *inform* Band *n;* **4.** *fam* Clique *f; (di malviventi)* Bande *f;* **5.** *mil* Truppe *f;* **6.** *phys* Band(breite *f*) *n;* ~ **perforata** Lochstreifen *m.*

banderuola [bande'ru̯ɔ:la] *f* Wetterfahne *f; (piccola bandiera)* Wimpel *m,* Fähnchen *n;* **essere una** ~ *pej* wetterwendisch (*o.* flatterhaft) sein.

bandiera [ban'di̯ɛ:ra] *f* Fahne *f,* Flagge *f;* **gol** (*o.* **punto) della** ~ Ehrentor *n,* Ehrentreffer *m;* **battere** ~ **italiana** unter italienischer Flagge fahren; **voltare/cambiare** (*o.* **mutare)** ~ *fig* in ein anderes Lager/ins andere Lager überwechseln.

bandire [ban'di:re] ‹bandisco› *tr* **1.** *(concorso)* ausschreiben; **2.** *(esiliare)* verbannen, verstoßen.

bandita [ban'di:ta] *f (di caccia)* Schongehege *n; (di pesca)* Schongewässer *n.*

banditismo [bandi'tizmo] *m* Banditentum *n.* **bandito, -a** [...'di:to] **I.** *a* verbannt, ausgestoßen, geächtet; **II.** *m* **1.** *(fuorilegge)* Kriminelle(r) *m,* Bandit *m;* **2.** *(messo al bando)* Verbannte(r) *m,* Geächtete(r) *m.*

banditore, -trice [bandi'to:re] *m, f* **1.** *(all'asta)* Versteigerer *m,* Versteig(r)erin *f,* Auktionator *m;* **2.** *hist* (öffentlicher) Ausrufer *m.* **bando** ['bando] *m* **1.** *adm* (öffentliche) Bekanntmachung *f; (di concorso, etc.)* Ausschreibung *f; mil* Verordnung *f;* **2.** *(esilio)* Verbannung *f,* Exil *n;* ~ **militare** Einberufung(sbescheid *m*) *f; (ordinamento)* Militärverordnung *f;* ~ **giudiziario** gerichtliches Aufgebot; **mettere al** ~ *(a. fig)* verbannen; ~ **a . . .** Schluß (*o.* fort *o.* weg) mit . . ., . . . beiseite.

bandolo ['bandolo] *m* Stranganfang *m;* **perdere/trovare il** ~ **della matassa** *fig* den Faden verlieren/des Rätsels Lösung finden.

bandone [ban'do:ne] *m* **1.** *(saracinesca)* Rolladen *m;* **2.** *(lastra metallica)* Eisenblech *n.*

bang [baŋg] **I.** *interj* peng; **II.** ‹-› *m:* ~ **sonico** Überschallknall *m.*

banjo ['bændʒou] ‹-› *m* Banjo *n.*

baobab [bao'bab] ‹-› *m* Affenbrotbaum *m.*

bar[1] [bar] ‹-› *m* **1.** *(locale)* (Steh)café *n,* Lokal *n;* **2.** *(mobile)* (Haus)bar *f.*

bar[2] [bar] ‹-› *m phys* Bar *n.*

B.A.R. *ab di* **Battaglione d'Addestramento Reclute** *Ausbildungsbataillon für Rekruten.*

bara[1] ['ba:ra] *f* Bahre *f,* Sarg *m;* **avere un piede nella** ~ *fig* mit einem Fuß (*o.* Bein) im Grabe stehen; **fino alla** ~ bis zum Tod; **fino alla** ~ **sempre si impara** *prov* man lernt nie aus.

bara[2] *f v.* **baro.**

barabba [ba'rabba] ‹-› *m* Gauner *m.*

baracca [ba'rakka] ‹-cche› *f* **1.** *(catapecchia)* Baracke *f,* Schuppen *m;* **2.** *(nelle fiere)* Bude *f,* Stand *m;* **3.** *fig fam* Laden *m,* Schuppen *m fam;* **4.** *(baldoria)* Rummel *m,* Budenzauber *m;* **far** ~ Rummel (*o.* Remmidemmi *fam*) machen; **mandare avanti la** ~ *fam* den Laden schmeißen *fam;* **piantare** ~ **e burattini** den Bettel hinwerfen. **baracchino** [...'ki:no] *m* **1.** *fam* Bude *f,* Kiosk *m;* **2.** *mil, sport* Hütte *f.* **baraccone** [...'ko:ne] *m* große Baracke; *(nelle fiere)* Jahrmarkt-, Kirmesbude *f.*

baraonda [bara'onda] *f* (großes) Durcheinander *n,* Zirkus *m fam.*

barare [ba'ra:re] *itr* **1.** *(al gioco)* falschspielen; **2.** *(imbrogliare)* betrügen.

baratro ['ba:ratro] *m* Abgrund *m.*

barattare [barat'ta:re] *tr* (ein)tauschen (*con* gegen), umtauschen (*con* gegen). **baratto** [ba'ratto] *m* Tausch(handel) *m.*
barattolo [ba'rattolo] *m* Büchse *f,* Dose *f,* Glas *n.*
barba ['barba] *f* **1.** *anat* Bart *m;* **2.** *fam* Langeweile *f;* **3.** *bot* Wurzel *f;* **4.** *(uomo con la barba)* Bärtige(r) *m; fig (uomo che ha autorità)* wichtige Persönlichkeit, großes Tier *fam;* **una ~ d'uomo** ein wichtiger Mann; *(noioso)* ein Langweiler *m;* **farsi la ~** sich rasieren; **farla in ~ a qu** jdn hinters Licht führen; **far venire la ~** langweilig sein; **avere la ~ di qc** *fam* etw. bis obenhin satt haben; **mettere le -e** Wurzeln schlagen; **in ~ a qu/qc** jdm/ einer S. zum Trotz; **che ~!** *fam* so was Ödes! *fam.*
barbabietola [-'bi̯ɛ:tola] *f* rote Rübe, rote Bete; **~ da zucchero** Zuckerrübe *f.*
barbablù [-'blu] ‹-› *m* Blaubart *m.*
barbagianni [-'dʒanni] ‹-› *m* **1.** *zoo* Schleiereule *f;* **2.** *fig pej* Trottel *m,* Tölpel *m.*
barbaglio [bar'baʎʎo] ‹-gli› *m* Blendung *f; (luce)* grelles Licht.
Barbara ['barbara] *(nome proprio femminile)* Barbara.
barbaresco [barba'resko] ‹-schi› *m* Barbaresco *m (Rotwein aus Piemont).*
barbarico, -a [bar'ba:riko] ‹-ci, -che› *a* barbarisch. **barbarie** [...'ba:ri̯e] ‹-› *f* Barbarei *f.* **barbarismo** [...ba'rizmo] *m* Barbarismus *m.* **barbaro, -a** ['barbaro] **I.** *a (a. fig)* barbarisch; **II.** *m (a. fig)* Barbar *m.*
barbecue ['bɑ:bıkju:] ‹-› *f* (Garten)grill *m.*
barbera [bar'bɛ:ra] *m* Barbera *m (trockener Rotwein).*
barbero ['barbero] *m (cavallo)* Berber(pferd *n*) *m; gener.* schnelles Pferd *n.*
barbetta [bar'betta] *f* **1.** *anat* Bärtchen *n;* **2.** *naut* Schleppseil *n.*
barbiere [bar'bi̯ɛ:re] *m* (Herren)friseur *m.*
barbino, -a [bar'bi:no] *a fam* jämmerlich, mies *fam.*
barbitonsore [barbiton'so:re] *m scherz* Barbier *m obs, scherz.*
barbiturico [barbi'tu:riko] ‹-ci› *m* Barbiturat *n.*
barbogio, -a [bar'bɔ:dʒo] ‹-gi, -gie *o.* -ge› *a* tatt(e)rig; **un vecchio ~** *pej* ein Tattergreis *m.*
barbone [bar'bo:ne] *m* **1.** *(lunga barba)* langer Bart, Vollbart *m;* **2.** *(persona con barba)* Bärtige(r) *m;* **3.** *pej (vagabondo)* Landstreicher *m,* Penner *m fam;* **4.** *zoo* Pudel *m.* **barboso, -a** [...'bo:so] *a* **1.** *(persona)* bärtig; **2.** *fig (spettacolo, conferenza, etc.)* langweilig. **barbuto, -a** [...'bu:to] *a* bärtig.
barca[1] ['barka] ‹-che› *f* **1.** *naut* Boot *n,* Kahn *m;* **2.** *fam* Laden *m fam;* **~ a vela/a remi** Segel-/Ruderboot *n;* **andare in ~** mit dem Boot fahren; *fig* völlig durcheinander sein; **la ~ fa acqua da tutte le parti** der Kahn leckt an allen Enden; *fig fam* da ist überall der Wurm drin *fam.*
barca[2] ['barka] *f fig fam* Haufen *m fam,* Menge *f.*
barcaiolo [barka'i̯ɔ:lo] *m* Bootsführer *m; (traghettatore)* Fährmann *m; (chi noleggia barche)* Bootsverleiher *m.*
barcamenarsi [barkame'narsi] *rfl* sich durchschlängeln.
barcarola [barka'rɔ:la] *f* Barkarole *f.*
barcata [bar'ka:ta] *f* **1.** *fig fam* Haufen *m fam,* Menge *f;* **2.** *naut* Boots-, Schiffsladung *f.*
barcollamento [barkolla'mento] *m* Wanken *n,* Taumeln *n.* **barcollare** [...'la:re] *itr* **1.** *(vacillare)* wanken, taumeln; **2.** *fig* schwanken, hin- und hergerissen sein. **barcollio** [...'li:o] ‹-ii› *m* fortgesetztes Schwanken. **barcolloni** [...'lo:ni] *adv* wankend, taumelnd; **avanzare/andare ~** vorwärtstaumeln/taumeln.
barcone [bar'ko:ne] *m* großer Kahn; *(ponte di barche)* Ponton *m.*
bardare [bar'da:re] **I.** *tr* **1.** *(cavallo)* anschirren; **2.** *gastr* bardieren, mit Speckstreifen umwickeln; **II.** *rfl:* **-rsi** *scherz* sich auftakeln. **bardatura** [...da'tu:ra] *f* **1.** *(del cavallo)* Geschirr *n,* Sattelzeug *n;* **2.** *scherz* Takelage *f,* Putz *m.*
bardo ['bardo] *m* Barde *m.*
bardolino [bardo'li:no] *m* Bardolino *m (trockener Rotwein aus Venetien).*
barella [ba'rɛlla] *f* Tragbahre *f.*
bargiglio [bar'dʒiʎʎo] ‹-gli› *m zoo* (Hals)lappen *m.*
baricentro [bari'tʃɛntro] *m* Baryzentrum *n,* Schwerpunkt *m.*
barile [ba'ri:le] *m* Faß *n.* **barilotto** [bari'lɔtto] *m* **1.** *(per vino, olio)* Fäßchen *n;* **2.** *fam pej* Tonne *f fam,* (fetter) Mops *m fam.*
bario ['ba:ri̯o] *m* Barium *n.*
barista [ba'rista] ‹-i *m,* -e *f*› *mf* **1.** *(chi lavora in un bar)* Barkeeper *m,* Barfrau *f;* **2.** *(proprietario)* Wirt(in) *m(f),* Lokalbesitzer(in) *m(f).*
baritonale [barito'na:le] *a* baritonal,

Bariton-. **baritono, -a** [ba'ri:tono] **I.** *a ling* baryton; **II.** *m mus* Bariton *m.*

barlume [bar'lu:me] *m* fahler Lichtschein; *(a. fig)* Schimmer *m;* ~ **di speranza** Hoffnungsschimmer *m.*

barman ['ba:mən] ⟨-⟩ *m* Barkeeper *m,* Barmixer *m.*

baro, -a ['ba:ro] *m, f* **1.** *(al gioco)* Falschspieler(in) *m(f),* Mogler(in) *m(f),* Schummler(in) *m(f);* **2.** *(truffatore)* Betrüger(in) *m(f).*

barocchetto [barok'ketto] *m* Spätbarock *n o. m.* **barocchismo** [...'kizmo] *m* barocker Stil; *pej* Schwulst *m.* **barocco, -a** [ba'rɔkko] ⟨-cchi, -cche⟩ **I.** *a* **1.** barock, Barock-; **2.** *fig pej* schwülstig; **II.** *m* Barock *n o. m.*

barolo [ba'rɔ:lo] *m* Barolo *m (Rotwein aus Piemont).*

barometrico, -a [baro'mɛ:triko] *a* barometrisch. **barometro** [ba'rɔ:metro] *m* Barometer *n.*

baronaggio [baro'naddʒo] ⟨-ggi⟩ *m* Baronie *f.* **baronale** [...'na:le] *a* des Barons, die Baronie betreffend. **barone, -essa** [ba'ro:ne, baro'nessa] *m, f* **1.** *(titolo)* Baron(in) *m(f);* **2.** *fig* Boß *m,* Magnat *m;* **i -i dell'industria/della finanza** die Industrie-/Finanzbosse *m pl.* **baronia** [baro'ni:a] ⟨-ie⟩ *f* **1.** *(titolo, dominio)* Baronie *f;* **2.** *fig* Magnatentum *n.*

barra ['barra] *f* **1.** *gener.* Stab *m; (tec, mot a.)* Stange *f;* **2.** *naut* (Ruder)pinne *f;* **3.** *jur* Schranke *f* (im Gerichtssaal); **4.** *zoo* Kandare *f,* Gebißstange *f;* **5.** *(segno grafico)* (Schräg)strich *m;* **6.** *(di metalli)* Barren *m;* **essere alla** ~ bei Gericht verteidigen.

barricare [barri'ka:re] ⟨barrico, barrichi⟩ **I.** *tr* verbarrikadieren; **II.** *rfl:* **-rsi** sich verbarrikadieren, sich einschließen; **-rsi in casa** *fig* sich zu Hause verkriechen. **barricata** [...'ka:ta] *f* **1.** *(riparo)* Barrikade *f;* **2.** *fig* Barrikade *f,* Schranke *f;* **andare sulle -e** auf die Barrikaden gehen; **essere dall'altra parte della** ~ *fig* auf der anderen Seite stehen, zu der anderen Partei gehören.

barriera [bar'ri̯ɛ:ra] *f* **1.** *(sbarramento)* Barriere *f,* Schranke *f,* Sperre *f; ferr* (Bahn)schranke *f;* **2.** *fig* Hindernis *n,* Barriere *f;* **3.** *geog* Riff *n,* Bank *f;* **4.** *sport (nel calcio)* Mauer *f;* ~ **corallina** Korallenriff *n;* ~ **doganale** Zollschranke *f;* ~ **del suono** Schallmauer *f.*

barrire [bar'ri:re] ⟨barrisco⟩ *itr (elefante)* trompeten. **barrito** [...'ri:to] *m* Ruf *m* (*o.* Trompeten *n*) des Elefanten.

barrocciaio [barrot'tʃa:i̯o] ⟨-ai⟩ *m* Fuhrmann *m,* Wagenführer *m.* **barroccino** [...'tʃi:no] *m* Handwagen *m.* **barroccio** [...'rɔttʃo] ⟨-cci⟩ *m* Karren *m.*

Bartolomeo [bartolo'mɛ:o] *(nome proprio maschile)* Bartholomäus.

baruffa [ba'ruffa] *f* (heftiger) Streit *m,* Zank *m; (zuffa)* Rauferei *f;* **far** ~ (heftig) streiten, zanken; *(in modo violento)* raufen.

barzelletta [bardzel'letta] *f* Witz *m;* **raccontare -e** Witze erzählen; *fig* schwindeln, Märchen erzählen; **pigliare in** ~ ins Lächerliche ziehen.

basale [ba'za:le] *a* Basal-; *fig (essenziale)* Basis-.

basalto [ba'zalto] *m* Basalt *m.*

basamento [baza'mento] *m* **1.** *arch* Fundament *n,* Grundmauern *f pl;* **2.** *mot* Motorlagerung *f;* **3.** *(di monumento, mobile, etc.)* Sockel *m.* **basare** [ba'za:re] **I.** *tr* **1.** *fig* (be)gründen (*su* auf), stützen (*su* auf); **2.** *(statua)* stellen (*su* auf); *(edificio)* bauen (*su* auf) **II.** *rfl:* **-rsi** *(a. fig)* sich stützen (*su* auf).

basco, -a ['basko] ⟨-schi, -sche⟩ **I.** *a* baskisch; **II.** *m, f* Baske *m,* Baskin *f;* **III.** *m* Baskenmütze *f.*

basculla [bas'kulla] *f* Brückenwaage *f.*

base ['ba:ze] *f* **1.** *gener., fig* Fundament *n,* Basis *f,* Grundlage *f;* **2.** *mil* Basis *f,* Stützpunkt *m;* **3.** *astr* Station *f;* **4.** *mat* Basis *f,* Grundzahl *f;* **5.** *chem* Base *f;* **6.** *sport (baseball)* Base *n;* **7.** *pol* Basis *f;* ~ **navale/aerea** Flotten-/Luftwaffenstützpunkt *m;* ~ **spaziale** Raumstation *f;* **stipendio** ~ Grundgehalt *n;* **a** ~ **di** auf der Grundlage von; **in** ~ **a** auf Grund (*o.* aufgrund) *gen (o.* von *dat),* nach *dat,* gemäß *gen;* **essere privo di** ~ ohne Grundlage sein; **gettare** (*o.* **porre**) **le -i di qc** zu etw. das Fundament legen; **mancare di -i** jeder Grundlage entbehren; **non far ritorno alla** ~ *fig scherz* verschollen sein.

baseball ['beɪsbɔ:l] ⟨-⟩ *m* Baseball *m.*

basetta [ba'zetta] *f (parte della barba)* Koteletten *n pl.*

basicità [bazitʃi'ta] ⟨-⟩ *f* Basizität *f.* **basico, -a** ['ba:ziko] ⟨-ci, -che⟩ *a* basisch.

basilare [bazi'la:re] *a* grundlegend.

Basilea [bazi'lɛ:a] **I.** *m (cantone)* Basel *n;* **II.** *f (città)* Basel *n.*

basilica [ba'zi:lika] ⟨-che⟩ *f* Basilika *f.*

basilico [ba'zi:liko] ⟨-chi⟩ *m* Basilikum *n.*

basilisco [bazi'lisko] ⟨-schi⟩ *m* Basilisk *m;* **fissare qu come un ~** jdn mit Basiliskenblick ansehen; jdn ansehen, als ob man ihn (mit Blicken) töten könnte.

basire [ba'zi:re] ⟨basisco⟩ *itr* ⟨*essere*⟩ in Ohnmacht fallen.

basista [ba'zista] ⟨-i *m*, -e *f*⟩ *mf* Basispolitiker(in) *m(f).*

basito, -a [ba'zi:to] *a* benommen; **rimaner ~** benommen sein.

basketball ['bɑ:skɪtbɔ:l] ⟨-⟩ *m* Basketball *m.*

bassa ['bassa] *f* Tiefebene *f;* **la ~ padana** die Poebene.

bassezza [bas'settsa] *f* **1.** *fig (viltà)* Niederträchtigkeit *f,* Niedrigkeit *f; (pochezza)* Armseligkeit *f; (azione vile)* Gemeinheit *f;* **2.** *(di statura)* Kleinwuchs *m;* **~ d'animo** Verworfenheit *f.*

bassifondi *pl di* **bassofondo.**

bassipiani *pl di* **bassopiano.**

basso, -a ['basso] ⟨più basso *o.* inferiore, bassissimo *o.* infimo⟩ **I.** *a* **1.** *(di statura)* klein(gewachsen); *(muro, etc.)* niedrig, tief(gelegen), tief(liegend); *(tacco)* flach; *(acqua)* seicht, nicht tief, niedrig; **2.** *(prezzi)* niedrig; **3.** *(voce)* leise; *mus* tief; **4.** *hist* spät, Spät-; **5.** *(ricorrenza)* früh; **6.** *soc (ceti, classi)* untere(r, s), niedrig; **7.** *fig* niedrig, niederträchtig; **B-a Italia** Unteritalien *n;* **i Paesi B-i** die Niederlande; **il ~ Medioevo** das späte Mittelalter; **gli istinti -i** die niederen Instinkte *m pl;* **-a stagione** *(inizio dell'anno)* Vorsaison *f; (fine dell'anno)* Nachsaison *f;* **avere il morale ~** ein seelisches Tief haben; **fare man -a di qc** etw. mitgehen lassen; **tenere gli occhi -i** die Augen niederschlagen; **quest'anno la Pasqua è -a** dieses Jahr ist Ostern früh; **II.** *adv* **1.** *(in basso)* (nach) unten, zu Boden, tief; **2.** *(a bassa voce)* leise; **III.** *m* **1.** *(parte inferiore)* unterer Teil, tief gelegener Teil; *(di casa)* Untergeschoß *n;* **2.** *mus* Baß *m;* **chiave di ~** Baßschlüssel *m;* **cadere in ~** *fig* tief sinken. **bassofondo** [-'fondo] ⟨bassifondi⟩ *m* **1.** ⟨*pl*⟩ *soc* Elendsviertel *n pl;* **2.** *naut* Untiefe *f.* **bassopiano** [-'pi̯a:no] ⟨-i *o.* bassipiani⟩ *m* Tiefebene *f.* **bassorilievo** [-ri'li̯ɛ:vo] *m* Basrelief *n.*

bassotto, -a [bas'sɔtto] **I.** *a fam* klein und untersetzt; **II.** *m zoo* Dackel *m.*

basta ['basta] *interj* Schluß, genug, es reicht; *v. a.* *bastare.* **bastante** [...'tante] *a* genügend, ausreichend.

bastarda *f v.* **bastardo.**

bastardaggine [bastar'daddʒine] *f* Charakterlosigkeit *f.* **bastardo, -a** [...'tardo] **I.** *a* **1.** *zoo* nicht reinrassig; **2.** *bot* gekreuzt, hybrid; **3.** *(persona)* unehelich; **4.** *fig* falsch, unecht; *(corrotto)* schlecht, gemein; **II.** *m, f fam pej* Bastard *m.*

bastare [bas'ta:re] *itr* ⟨*essere*⟩ **1.** *(essere sufficiente)* genügen, (aus)reichen; **2.** *(durare)* (aus)reichen; **~ a se stesso** sich *(dat)* selbst genügen; **basta poco per essere felici** man braucht wenig, um glücklich zu sein; froh zu sein bedarf es wenig; **mi basta l'animo (*o.* il cuore) di ...** *inf* ich habe den Mut (*o.* das Herz) zu ...; **come se non bastasse** als reichte das nicht; **basta che ...** *conj* wenn nur ..., es reicht, wenn (*o.* daß) ...; **basta con (*o.* di) ...** Schluß mit *dat*, genug *gen;* **basta così** das reicht, so ist es gut; **punto e basta!** Punktum!, Schluß, aus!

bastian contrario [bas'ti̯aŋ kon'tra:ri̯o] ⟨- -i⟩ *m fam* ewiger Besserwisser, Nörgler *m;* **fare il ~** ein ewiger Besserwisser sein, immer widersprechen müssen.

bastimento [basti'mento] *m* **1.** *(nave)* Schiff *n;* **2.** *(carico)* Schiffsladung *f.*

bastione [bas'ti̯o:ne] *m* Bastion *f,* Bollwerk *n.*

basto ['basto] *m* **1.** *(per muli e asini)* Packsattel *m;* **2.** *fig* Bürde *f,* Last *f;* **mettere/portare il ~ a qu** jdn einspannen/sich von jdm einspannen lassen.

bastonare [basto'na:re] **I.** *tr* (ver)prügeln, mit dem Stock schlagen; **~ il pianoforte** *fig pej* auf dem Klavier (herum)hämmern; **II.** *rfl:* **-rsi** sich (ver)prügeln, sich (ver)hauen. **bastonata** [...'na:ta] *f* Stockschlag *m,* -hieb *m;* **gli dette un fracco di -e** *fam* er (*o.* sie) hat ihm die Hucke vollgeschlagen *fam,* er (*o.* sie) hat ihn windelweich geschlagen *fam.* **bastoncino** [...n'tʃi:no] *m* **1.** *(piccolo bastone)* kleiner Stock, Stecken *m,* Stöckchen *n;* **2.** *sport (di sci)* Skistock *m; (di corsa)* (Stafetten)stab *m.* **bastone** [...'to:ne] *m* **1.** *gener.* Stock *m;* **2.** *fig, mil* (Befehls)gewalt *f,* Kommando *n;* **3.** *sport* Schläger *m,* Stock *m;* **4.** ⟨*pl*⟩ *(di carte da gioco) italienische Spielkartenfarbe;* **5.** *fig* Stütze *f;* **~ da passeggio/montagna** Spazier-/Bergstock *m;* **carattere a ~** Blockschrift *f;* **avere il ~ del comando** das Kommando führen; **essere il ~ della vecchiaia di qu** jds Stütze im Alter sein; **mettere il ~ tra le ruote a qu** jdm (einen) Knüppel zwischen die Beine werfen.

batacchio [ba'takkio] ‹-cchi› *m* **1.** *(di campana)* Glockenschwengel *m;* **2.** *(di porta)* Türklopfer *m;* **3.** *agr* Schlagstange *f.*

batata [ba'ta:ta] *f* Batate *f,* Süßkartoffel *f.*

batic [ba'tik] ‹-› *m* Batik *m.*

batista [ba'tista] ‹-› *f* Batist *m.*

batosta [ba'tɔsta] *f* **1.** *fig* Schlappe *f,* (schwerer) Schlag *m;* **2.** *(colpo)* Schlag *m.*

battaglia [ba'taʎʎa] ‹-glie› *f* **1.** *mil* Schlacht *f,* Feldzug *m;* **2.** *fig* Kampf *m,* Schlacht *f; (campagna)* Kampagne *f* (*per* für); **campo di ~** *(a. fig)* Schlachtfeld *n;* **cavallo di ~** *fig* Stärke *f; (di artista, etc.)* Glanznummer *f;* **~ campale** Feldschlacht *f;* **~ elettorale** Wahlkampf *m;* **dare ~ a qc/qu** einer S./jdm eine Schlacht liefern.

battagliero, -a [...'ʎɛ:ro] *a* kämpferisch.

battaglio [bat'taʎʎo] ‹-gli› *m* **1.** *(di campana)* Glockenschwengel *m;* **2.** *(di porta)* Türklopfer *m.*

battaglione [battaʎ'ʎo:ne] *m* *(ab* **btg.**) Bataillon *n.*

battei [bat'te:i] *1. pers sing del passato remoto di* **battere.**

battelliere [battel'liɛ:re] *m* Bootsführer *m,* Fährmann *m.* **battello** [...'tɛllo] *m* Boot *n,* Kahn *m.*

battente [bat'tɛnte] *m* **1.** *(di porta e finestra)* Flügel *m; (di mobile)* Tür *f;* **2.** *(battaglio)* Schwengel *m; (di porta)* (Tür)klopfer *m; (di orologio)* Uhrhammer *m,* Gong *m;* **3.** *(di telaio)* (Web)lade *f;* **4.** *(in idraulica)* Gefälle *n.*

battere ['battere] ‹**batto, battei** *o.* **battetti, battuto**› **I.** *tr* **1.** *gener.* schlagen, klopfen, ausklopfen; **2.** *(grano)* dreschen; *(carne)* klopfen; **3.** *mus (tempo)* (an)geben, schlagen; *(tamburo)* schlagen; **4.** *sport* schlagen; *(primato)* brechen; **5.** *fin (moneta)* prägen; **6.** *(metallo, ferro)* hämmern, treiben, schlagen; **~ le ali** mit den Flügeln schlagen; **~ un colpo** einen Schlag geben (*o.* tun); **~ i denti** mit den Zähnen klappern (*da* vor); **~ le mani** (in die Hände) klatschen; **~ il marciapiede** *fam* auf den Strich gehen; **~ le ore** die Stunden schlagen; **~ i piedi** mit den Füßen stampfen; *fig* (vor Wut) aufstampfen; **~ una lettera a macchina** einen Brief mit der Maschine tippen; **~ il capo** (*o.* **la testa) nel muro** *fig* mit dem Kopf durch die Wand wollen; **far ~ il cuore a qu** jds Herz höher schlagen lassen; **non so dove ~ il capo** (*o.* **la testa**) ich weiß nicht mehr ein noch aus; ich weiß nicht mehr, wo mir der Kopf steht; **in un ~ d'occhio** im Nu, in Null Komma nichts *fam;* **II.** *itr* **1.** *(pioggia)* prasseln; *(orologio, cuore)* schlagen; *(sole)* knallen; **2.** *(bussare)* klopfen, pochen; **3.** *mot, tec* klopfen; **~ alla porta** an die Tür klopfen; **~ sempre sullo stesso tasto** *fig* darauf herumhacken, immer dieselbe (*o.* die alte) Leier vorbringen; **all'orologio della torre battono le tre** die Turmuhr schlägt drei; **il motore batte in testa** der Motor klopft; **III.** *rfl:* **-rsi 1.** *mil* sich schlagen, kämpfen; **2.** *fig* sich schlagen, sich auseinandersetzen, kämpfen (*per* um, für); **-rsi il petto** *fig* sich *(dat)* an die Brust schlagen; **battersela** *fam* sich verdrücken *fam.*

batteria [batte'ri:a] ‹-ie› *f* **1.** *(insieme di cose)* Satz *m,* Serie *f,* Batterie *f; (di rubinetti)* Armaturen *f pl;* **2.** *mot, el, mil* Batterie *f; (di orologio)* Schlagwerk *n;* **3.** *mus* Schlagzeug *n;* **4.** *sport* Qualifikationsrunde *f;* **5.** *(per l'allevamento di polli)* (Lege)batterie *f;* **~ da cucina** Küchengerät(e) *(pl) n.*

battericida [batteri'tʃi:da] ‹-i, -e› **I.** *a* bakterizid, keimtötend; **II.** *m* Bakterizid *n,* keimtötendes Mittel. **batterico, -a** [...'tɛ:riko] ‹-ci, -che› *a* bakteriell, Bakterien-. **batterio** [...'tɛ:rio] ‹-i› *m* Bakterie *f.*

batteriologa *f v.* **batteriologo.**

batteriologia [batteriolo'dʒi:a] ‹-gie› *f* Bakteriologie *f.* **batteriologico, -a** [...'lɔ:dʒiko] *a* bakteriologisch. **batteriologo, -a** [...'riɔ:logo] ‹-gi, -ghe› *m, f* Bakteriologe *m,* -login *f.*

batterista [batte'rista] ‹-i *m,* -e *f*› *mf* **1.** *mus* Schlagzeuger(in) *m(f);* **2.** *el* Batteriehersteller(in) *m(f).*

battesimale [battezi'ma:le] *a* Tauf-; **fonte ~** Taufbecken *n.* **battesimo** [...'te:zimo] *m* Taufe *f;* **nome di ~** Taufname *m;* **~ del fuoco/dell'aria/di una nave** Feuertaufe *f*/Jungfernflug *m*/Schiffstaufe *f;* **tenere a ~ qu** jdn über die Taufe halten, jds Pate (*o.* Patin) sein.

battetti [bat'tɛtti] *1. pers sing del passato remoto di* **battere.**

battezzando, -a [batted'dzando] *m, f* Täufling *m.* **battezzare** [...'dza:re] **I.** *tr* **1.** *rel, fig* taufen; **2.** *scherz (vino)* verdünnen; **l'hanno battezzata Silvia** sie wurde auf den Namen Silvia getauft; **II.** *rfl:* **-rsi** sich taufen lassen.

battibaleno [battiba'le:no] *m:* **in un ~** *adv* im Nu.

battibeccarsi [-bek'karsi] *rfl* sich zanken. **battibecco** [-'bekko] *m* Gezänk *n*.

batticarne [-'karne] ⟨-⟩ *m* Fleischklopfer *m*. **batticuore** [-'ku̯ɔ:re] *m* Herzklopfen *n*.

battigia [bat'ti:dʒa] ⟨-gie⟩ *f* Strandlinie *f*.

battimano [batti'ma:no] *m*, **battimani** [-'ma:ni] *m pl* Beifall *m*. **battipanni** [-'panni] ⟨-⟩ *m* Klopfer *m*; *(per tappeti)* Teppichklopfer *m*. **battipista** [-'pista] ⟨-⟩ *m* **1.** *sport* Vorläufer *m*; **2.** *tec* Planierraupe *f*; *(per la neve)* Schneeraupe *f*. **battiscopa** [-s'ko:pa] ⟨-⟩ *m* Fuß(boden)leiste *f*.

battista[1] [bat'tista] ⟨-i *m*, -e *f*⟩ **I.** *mf* Baptist(in) *m(f)*; **San Giovanni B~** Johannes der Täufer; **II.** *a* Tauf-; **chiesa ~** Baptistenkirche *f*.

battista[2] [bat'tista] *v.* **batista.**

battistero [battis'tɛ:ro] *m* Taufkapelle *f*, Baptisterium *n*.

battistrada [battis'tra:da] ⟨-⟩ *m* **1.** *mot* (Reifen)profil *n*; **2.** *sport* Schrittmacher *m*; **3.** *hist* Vorreiter *m*, Kundschafter *m*; **4.** *fig* Vorreiter *m*, Wegbereiter *m*; **fare da ~ a qu** jdm den Weg bereiten, jdn einführen.

battito ['battito] *m (del cuore, dell'orologio)* Schlag *m*, Schlagen *n*; *(della pioggia)* Prasseln *n*.

battitore, -trice [batti'to:re] *m, f* **1.** *sport* Schläger(in) *m(f)*; *(tennis)* Aufschläger(in) *m(f)*; **2.** *(a caccia)* Treiber(in) *m(f)*; **3.** *agr* Drescher(in) *m(f)*. **battitrice** [...'tri:tʃe] *f* Dreschmaschine *f*. **battitura** [...'tu:ra] *f* Dreschen *n*.

batto ['batto] *1. pers sing pr di* **battere.**

battona [bat'to:na] *f dial vulg* Nutte *f vulg*.

battuta [bat'tu:ta] *f* **1.** *gener.* Schlag *m*, Stoß *m*; **2.** *scherz* Witz *m*; **3.** *mus* Takt *m*; **4.** *(di macchina da scrivere)* Anschlag *m*; **5.** *theat* Einsatz *m*; **6.** *sport* Abspiel *n*; **7.** *(caccia)* Treibjagd *f*; **8.** *(di polizia)* Razzia *f*, Einsatz *m*; **~ d'arresto** Taktpause *f*; **~ di spirito** geistreiche Bemerkung; **avere la ~ pronta** schlagfertig sein; **non perdere una ~** keine Nuance überhören; **alle prime -e** am Anfang.

battuto, -a [bat'tu:to] **I.** *pp di* **battere; II.** *a* **1.** *(rame, ferro)* gehämmert, geschmiedet; **2.** *(strada)* begangen; *(con veicolo)* befahren; **3.** *gastr (carne)* geklopft; **4.** *(sconfitto)* geschlagen; **a spron ~** Hals über Kopf, in Windeseile; **di ferro ~** schmiedeeisern; **III.** *m* **1.** *gastr feingehackte Gemüse, Kräuter, Schinken oder Speck für Füllungen, Soßen, etc.*; **2.** *(pavimento)* Estrich *m*.

batuffolo [ba'tuffolo] *m* **1.** *(di cotone)* Bausch *m*; **2.** *fig (bambino)* Pummelchen *n*; *(cane)* Mops *m*.

bau bau ['ba:u 'ba:u] *interj* wauwau.

baule [ba'u:le] *m* **1.** *(da viaggio)* Überseekoffer *m*; **2.** *mot* Kofferraum *m*. **bauletto** [bau'letto] *m* **1.** *(per oggetti femminili)* Schmuck-, Kosmetikköfferchen *n*; **2.** *(borsetta)* Handköfferchen *n*. **bauliera** [...'li̯ɛ:ra] *f* Kofferraum *m*.

bauxite [bauk'si:te] *f* Bauxit *m*.

bava ['ba:va] *f* **1.** *anat, zoo* Schaum *m*, Schleim *m*; **2.** *(del baco da seta)* Spinnfaden *m*; *(seta fiacca)* Flockseide *f*; **3.** *(di trapanatura)* Bart *m*; *(metalli)* Grat *m*; **~ di vento** Windhauch *m*; **avere la ~ alla bocca** Schaum vor dem Mund haben; *fig* (vor Wut) schäumen; **fare la ~** *(a. fig)* geifern.

bavaglino [bavaʎ'ʎi:no] *m* Lätzchen *n*.

bavaglio [ba'vaʎʎo] ⟨-gli⟩ *m* Knebel *m*; **mettere il ~ a qu** *fig* jdn nicht frei reden lassen, jdn knebeln.

bavagliolo [bavaʎ'ʎɔ:lo] *m* Lätzchen *n*.

bavarese [bava're:se] **I.** *a* bay(e)risch; **II.** *mf* Bayer(in) *m(f)*; **III.** *f gastr* **1.** *(bevanda) heißes Getränk aus Schokolade, Eiern, Milch, Zucker und Likör*; **2.** *(semifreddo)* bay(e)rische Creme, Bavaroise *f*; **3.** *(salsa) Soße aus Butter, Eigelb und Essig.*

bavero ['ba:vero] *m* Kragen *m*; **prendere qu per il ~** jdn beim Kragen packen; *fig* jdn auf den Arm nehmen.

Baviera [ba'vi̯ɛ:ra] *f* Bayern *n*.

bazar [bad'dzar] ⟨-⟩ *m* **1.** Bazar *m*; *fig com* Warenhaus *n*; **2.** *fig* Durcheinander *n*.

bazza[1] ['baddza] *f* (vorspringendes) Kinn *n*.

bazza[2] ['baddza] *f (fortuna)* Glück *n*, Dusel *m fam*; *(successo)* Erfolg *m*; **che ~!** so ein Glück!

bazzecola [bad'dzɛ:kola] *f* Lappalie *f*, Kleinigkeit *f*.

bazzicare [battsi'ka:re] ⟨bazzico, bazzichi⟩ **I.** *itr* verkehren (*con* mit); *(in luoghi)* verkehren (*in* in), ein- und ausgehen (*in* in); **II.** *tr* regelmäßig besuchen, verkehren in (*o.* bei).

bazzotto, -a [bad'dzɔtto] *a* **1.** *(uovo)* weich(gekocht); **2.** *fig* schwach, kränklich; *(ubriaco)* angetrunken.

be' [bɛ] *v.* **beh.**

bè [bɛ] *interj (della pecora)* bäh.

beare [be'a:re] **I.** *tr* beglücken; **II.** *rfl:*

-rsi di qc an etw. Wohlgefallen (*o.* Vergnügen) finden.

beat [bi:t] **I.** ‹-› *mf* Beatnik *n; (lit a.)* Angehörige(r) *mf* der Beatgeneration; **II.** ‹*inv*› *a* Beat-.

beata *f v.* **beato.**

beatificare [beatifiˈka:re] ‹beatifico, beatifichi› *tr* seligsprechen. **beatificazione** [...katˈtsi̯o:ne] *f* Seligsprechung *f.*

beatitudine [beatiˈtu:dine] *f* **1.** *rel* Seligkeit *f;* **2.** *(felicità)* (Glück)seligkeit *f.* **beato, -a** [beˈa:to] **I.** *a* **1.** *fig* glücklich, glückselig; **2.** *rel* selig; **il Beatissimo Padre** der Heilige Vater; **~ te!** *fam* du Glücklicher!, du hast es gut!; **II.** *mf* Selige(r) *mf.*

Beatrice [beaˈtri:tʃe] *(nome proprio femminile)* Beatrix.

beauty-case [ˈbju:tɪkeɪs] ‹-› *m* Kosmetikkoffer *m.*

bebè [beˈbɛ] ‹-› *m* Baby *n.*

beccaccia [bekˈkattʃa] ‹-cce› *f* Waldschnepfe *f.*

beccare [bekˈka:re] ‹becco, becchi› **I.** *tr* **1.** *zoo* (auf)picken; *(colpire con il becco)* picken (nach); **2.** *(mangiare)* essen; **3.** *fig fam* kriegen *fam,* schnappen *fam,* erwischen; **4.** *theat* ausbuhen, auspfeifen; **~ qu sul fatto** jdn auf frischer Tat ertappen; **-rsi un raffreddore** *fam* sich *(dat)* einen Schnupfen holen; **beccati questa!** *fam* da hast (*o.* siehst) du's! *fam;* **II.** *rfl:* **-rsi 1.** *zoo* schnäbeln; **2.** *fig fam* sich zanken. **beccata** [...ˈka:ta] *f* **1.** *(colpo)* Schnabelhieb *m;* **2.** *(quantità)* (Schnabel)voll *m;* **3.** *fig theat* Buhruf *m.* **beccatura** [...kaˈtu:ra] *f* Picken *n.*

beccheggiare [bekkedˈdʒa:re] ‹beccheggio, beccheggi› *itr naut, aero* (heftig) schaukeln. **beccheggio** [...ˈkeddʒo] ‹-ggi› *m naut, aero* (heftiges) Schaukeln *n.*

becchettare [bekketˈta:re] *tr* picken. **becchettio** [...ˈti:o] ‹-ii› *m* Picken *n.*

becchime [bekˈki:me] *m* (Hühner-, Vogel)futter *n.*

becchino [bekˈki:no] *m* Totengräber *m.*

becco[1] [ˈbekko] ‹-cchi› *m* **1.** *zoo, fig fam* Schnabel *m;* **2.** *(di bricchi)* Tülle *f,* Schnabel *m;* **3.** *chem* Brenner *m;* **~ di Bunsen** Bunsenbrenner *m;* **non avere il ~ d'un quattrino** *fam* keine müde Mark besitzen *fam;* **mettere il ~ dappertutto** *fam* überall seine Nase hineinstecken; *(immischiarsi)* zu allem seinen Senf dazugeben *fam;* **restare a ~ asciutto** *fam* leer ausgehen; **chiudi il ~!** *fam* halt den Schnabel (*o.* die Klappe)! *fam.*

becco[2] [ˈbekko] ‹-cchi› *m* **1.** *zoo* (Ziegen)bock *m;* **2.** *fam* Hirsch *m scherz,* betrogener Ehemann.

beccuccio [bekˈkuttʃo] ‹-cci› *m* **1.** *(di bricco)* Tülle *f,* Schnabel *m;* **2.** *(per capelli)* Haarklammer *f.*

becero, -a [ˈbe:tʃero] **I.** *a tosc pej* primitiv, ordinär; **II.** *m, f pej* Primitivling *m fam,* ordinäre Person.

bee [bɛ] *v.* **bè.**

befana [beˈfa:na] *f* **1.** *(festa)* Dreikönig(sfest) *n;* **2.** *(vecchia)* Befana *f (Fee, die in der Dreikönigsnacht den braven Kindern Geschenke und den bösen Kohle bringt);* **3.** *fig fam* Schreckschraube *f,* Vettel *f.*

beffa [ˈbɛffa] *f* Spott *m;* **farsi -e di qu** über jdn spotten, jdn verspotten; **restare col danno e con le -e** zum Schaden auch noch den Spott haben. **beffardo, -a** [befˈfardo] *a* spöttisch, höhnisch. **beffare** [...ˈfa:re] **I.** *tr* verspotten, verhöhnen; **II.** *rfl:* **-rsi di qu/qc** sich über jdn/etw. lustig machen, über jdn/etw. spotten; **-rsi della legge** die Gesetze mißachten. **beffeggiare** [...fedˈdʒa:re] ‹beffeggio, beffeggi› *tr* auslachen, verhöhnen, verspotten.

bega [ˈbɛ:ga] ‹-ghe› *f fam* Scherereien *f pl,* Ärger *m,* Zoff *m sl; (litigio)* Streit *m,* Zoff *m sl.*

beghina [beˈgi:na] *f* **1.** *fam pej* Betschwester *f,* Frömmlerin *f;* **2.** *rel* Begine *f.*

begli [ˈbɛʎʎi] *v.* **bello.**

begonia [beˈgɔ:ni̯a] ‹-ie› *f* Begonie *f.*

beh [bɛ] *interj fam* nun, also, (also) gut.

behaviorismo [beavi̯oˈrizmo] *m* Behaviorismus *m.*

bei [ˈbɛ:i] *v.* **bello.**

beige [bɛ:ʒ] **I.** ‹*inv*› *a* beige(farben); **II.** ‹-› *m* Beige *n.*

bel [bɛl] *v.* **bello.**

belare [beˈla:re] *itr* **1.** *zoo* blöken, meckern; **2.** *fig fam (piangere)* plärren; *(lamentarsi)* jammern. **belato** [beˈla:to] *m* Blöken *n,* Meckern *n.*

belga [ˈbɛlga] ‹-gi *m,* -ghe *f*› **I.** *a* belgisch; **II.** *mf* Belgier(in) *m(f).* **Belgio** [ˈbɛldʒo] *m:* **il ~** Belgien *n.*

Belgrado [belˈgra:do] *f* Belgrad *n.*

bell' [bɛll] *v.* **bello.**

bella [ˈbɛlla] *f* **1.** *(donna bella)* Schöne *f,* Schönheit *f;* **2.** *(innamorata)* Freundin *f;* **3.** *(copia)* Reinschrift *f;* **4.** *sport* Entscheidungsspiel *n;* **la ~ addormentata nel bosco** Dornröschen *n;* **ricopiare in ~** ins reine schreiben; *v. a. bello.*

belladonna [bella'dɔnna] *f* Tollkirsche *f.*

bellamente [bella'mente] *adv* schön, hübsch *fam; (con precauzione)* vorsichtig, schonend; **dire qc a qu ~** jdm etw. durch die Blume sagen.

belletto [bel'letto] *m* **1.** *(cosmetico)* Schminke *f;* **2.** *fig* Schminke *f,* Lack *m;* **darsi il ~** sich schminken.

bellezza [bel'lettsa] *f* **1.** *(qualità)* Schönheit *f; (splendore)* Pracht *f;* **2.** *(persona)* Schönheit *f; (cosa)* Prachtstück *n;* **prodotti/istituto di ~** Kosmetika *n pl*/Kosmetiksalon *m;* **concorso di ~** Schönheitswettbewerb *m;* **la ~ di tre millioni** *fam* die Kleinigkeit von drei Millionen; **per ~** zur Verzierung; **che ~!** wie (wunder)schön!, klasse! *fam;* **che ~ di bambino!** was für ein Prachtkind!

bellicismo [belli'tʃizmo] *m* Kriegshetze *f.*

bellico ['bɛlliko] ‹-chi› *m fam* Nabel *m.*

bellico, -a ['bɛlliko] ‹-ci, -che› *a* kriegerisch, Kriegs-; **industria -a** Rüstungsindustrie *f.* **bellicoso, -a** [belli'ko:so] *a (popolo)* kriegerisch; *(carattere)* kampflustig.

belligerante [bellidʒe'rante] **I.** *a* kriegführend; **II.** *mf* Kriegführende(r) *mf.* **belligeranza** [...'rantsa] *f* Kriegszustand *m.*

bellimbusto [bellim'busto] *m* Stutzer *m,* Lackaffe *m fam.*

bello, -a ['bɛllo] **I.** *a* schön; *(carino)* hübsch; *(persona a.)* gutaussehend; *(buono)* gut; *(occasione)* günstig; **il bel mondo** die elegante (*o.* mondäne) Welt; **le -e arti** die schönen Künste; **fare la -a vita** ein liederliches Leben (*o.* Lotterleben) führen; **darsi alla -a vita** das süße Leben genießen; **usare -e maniere** gute Manieren haben; **fare una -a figura** *(a. iron)* einen guten Eindruck machen; **non valere un bel nulla** *fam* keinen Pfifferling wert sein *fam;* **avere un bel dire** *fam* gut reden haben; **mi sono preso una -a paura** *fam* ich habe ganz schön Angst bekommen *fam;* **un bel giorno te lo dirò** *fam* eines schönen Tages werde ich es dir sagen; **l'ho fatta/detta -a!** *fam* da habe ich was angestellt/gesagt; **sei un bel cretino** *fam* du bist vielleicht ein Idiot *fam;* **una -a somma** *fam* ein hübsches Sümmchen; **nel bel mezzo** *fam* mitten, mittendrin; **bell'e fatto** *fam* schon erledigt (*o.* fertig); **bell'e buono** *fam* echt, durch und durch; **alla bell'e meglio** *fam* so gut es eben geht, mehr schlecht als recht; **ne hai fatte delle -e** *fam* du hast dir allerhand geleistet *fam;* **dirne delle -e** *fam* Schauermärchen erzählen; **sentirne delle -e sul conto di qu** *fam* tolle Geschichten über jdn hören; **bel ~** *adv fam* in aller (Gemüts)ruhe; **oh -a!** *iron* na wunderbar! *fam,* wie schön! *fam;* **questa è -a!** *fam* das ist ein Ding! *fam,* das gibt's ja nicht! *fam;* **-a figura!** *fam iron* schöne Blamage!; **II.** *m* **1.** *gener.* Schöne(s) *n,* Schönheit *f;* **2.** *meteo* schönes Wetter; **il tempo s'è rimesso al ~** das Wetter ist wieder schön geworden; **ci volle del ~ e del buono per convincerlo** *fam* es hat einige Mühe gekostet, ihn zu überzeugen; **che c'è di ~ alla televisione?** *fam* was gibt's Schönes im Fernsehen? *fam;* **ora viene il ~** *fam* nun kommt das Schöne; **il ~ è che ...** *fam iron* komisch daran ist, daß ...; **questo è il ~** *fam* das ist es ja gerade!; **sul più ~** *fam* im schönsten Augenblick, als es gerade am schönsten war; **III.** *m, f* Schöne(r) *mf.* **belloccio, -a** [bel'lɔttʃo] ‹-cci, -cce› *a fam* hübsch, von einer natürlichen Schönheit. **bel paese**® ['bɛl pa'e:ze] ‹-› *m* Bel-Paese *m (milder Butterkäse aus der Lombardei).* **beltà** [bel'ta] ‹-› *f poet* Schönheit *f.*

belva ['belva] *f* **1.** *(animale)* wildes Tier; **2.** *fig (persona)* Bestie *f.*

belvedere [belve'de:re] ‹-› *m* **1.** *(luogo)* Aussichtspunkt *m;* **2.** *naut* Besanmast *m.*

benaccetto, -a [benat'tʃɛtto] *a poet* willkommen. **benamato, -a** [-a'ma:to] *a poet, iron* heißgeliebt. **benarrivato, -a** [-arri'va:to] **I.** *a* willkommen; **II.** *m* Willkommensgruß *m;* **dare il ~ a qu** jdn (bei seiner Ankunft) willkommen heißen.

benché [beŋ'ke] *con conj* obwohl.

benda ['bɛnda] *f* **1.** *med* Binde *f,* Verband *m;* **2.** *(ornamento)* (Stirn)band *n;* **avere la ~ agli occhi** *fig* mit Blindheit geschlagen sein. **bendaggio** [ben'daddʒo] ‹-ggi› *m* Verband *m; (sport a.)* Bandage *f.* **bendare** [...'da:re] *tr* **1.** *(gli occhi)* zubinden; **2.** *med* verbinden. **bendatura** [...da'tu:ra] *f* **1.** *(atto)* Verbinden *n;* **2.** *(bendaggio)* Verband *m.*

bendisposto, -a [bendis'posto] *a* wohlgesinnt, wohlwollend; *(pronto ad aiutare)* hilfsbereit.

bene ['bɛ:ne] ‹meglio, benissimo *o.* ottimamente› **I.** *adv* gut, wohl; *(giusto, esatto)* genau, richtig; **essere ve-**

stito (per) ~ gut (*o.* ordentlich) gekleidet sein; **di ~ in meglio** *(a. iron)* immer besser; **~ o male** gut oder schlecht; *(comunque sia)* wohl oder übel; **ben ~** *fam* richtig, (ganz) genau; *(a fondo)* gründlich, ordentlich; **non mi sento ~ oggi** ich fühle mich heute nicht wohl; **lo credo ~** *fam* das glaube ich gern; **ben tre milioni m'è costato!** *fam* das hat mich gut drei Millionen gekostet; **ben gli sta!** *fam*, **gli sta ~** *fam* das geschieht ihm recht!; **ben detto!** *fam* richtig!, gut gesagt!; **va ~!** *fam* gut!, in Ordnung!, einverstanden!; **tutto è ~ quel che finisce ~** *prov* Ende gut, alles gut *prov;* **II.** ‹*inv*› *a* wohlhabend, reich; **III.** *interj* gut; **~, basta così** gut, das reicht; **~! bravo! bis!** wunderbar!, bravo!, Zugabe!; **IV.** *m* **1.** *(buono)* Gute(s) *n; (benessere)* Wohl *n;* **2.** ‹-i› *com, jur* Güter *n pl*, Vermögen *n;* **3.** ‹-i› *(persona amata)* Schatz *m;* **opere di ~** gute Werke *n pl;* **-i di consumo** Konsumgüter *n pl*, Verbrauchsgüter *n pl;* **-i mobili/immobili** bewegliche/unbewegliche Güter *n pl*, Mobilien *f pl*/ Immobilien *f pl;* **gente per ~** anständige (*o.* ehrbare) Leute; **avere dei -i al sole** Immobilien besitzen; **fare qc a fin di ~** etw. in guter Absicht tun, etw. gut meinen; *(a scopo caritativo)* etw. für einen guten Zweck tun; **voler ~ a qu** jdn gern(e) haben, jdn lieben; **lo dico per il tuo ~** ich sage es zu deinem Wohl (*o.* Besten); **ti auguro ogni ~** ich wünsche dir alles Gute.

benedettino, -a [benedet'ti:no] **I.** *a* benediktinisch, Benediktiner-; **II.** *m, f rel* Benediktiner(in) *m(f);* **III.** *m gastr* Benediktiner(likör) *m.*

Benedetto [bene'detto] *(nome proprio maschile)* Benedikt.

benedetto, -a [bene'detto] *a* **1.** *rel* gesegnet; *(terra, oggetto)* geweiht; **2.** *fig (persona)* begnadet; **3.** *(fausto)* glücklich; **acqua -a** Weihwasser *n;* **questa terra è -a** *fig (fertilissima)* auf dem Boden ruht (*o.* liegt) der Segen; **Dio sia ~** gelobt sei der Herr. **benedire** [...'di:re] ‹benedico, benedici *o.* benedii, benedetto› *tr* segnen; **Dio ti benedica!** Gott segne dich!; **mandare qu a farsi ~** *fam* jdn zum Teufel schicken *fam;* **la frutta è andata a farsi ~** *fam* das Obst ist verdorben; **la gita è andata a farsi ~** *fam* der Ausflug ist ins Wasser gefallen. **benedizione** [...dit'tsi̯o:ne] *f* **1.** *rel (atto)* Segnung *f; (effetto)* Segen *m;* **2.** *fig* Segen *m*, Wohltat *f.*

beneducato, -a [benedu'ka:to] *a*, **ben educato, -a** *a* wohlerzogen.

benefattore, -trice [benefat'to:re] *m, f* Wohltäter(in) *m(f).* **beneficare** [...fi'ka:re] ‹benefico, benefichi› *tr* beschenken; *(dare aiuti finanziari)* unterstützen. **beneficenza** [...fi'tʃɛntsa] *f* Wohltätigkeit *f;* **fiera di ~** Wohltätigkeitsbasar *m.*

beneficiare [benefi'tʃa:re] ‹beneficio, benefici› *itr:* **~ di qc** in den Genuß einer S. *(gen)* kommen; *(trarre vantaggi)* Vorteil aus etw. ziehen. **beneficiario, -a** [...'tʃa:ri̯o] ‹-i, -ie› *m, f* **1.** *jur* Begünstigte(r) *mf*, Bezugsberechtigte(r) *mf;* **2.** *com* Empfänger *m*, Wechselnehmer *m;* **3.** *hist, rel* Benefiziat *m.* **beneficio** [...'fi:tʃo] ‹-ci› *m* **1.** *(bene)* Wohltat *f;* **2.** *(giovamento)* Nutzen *m*, Gewinn *m;* **3.** *jur* Rechtswohltat *f*, Vorteil *m;* **4.** *hist, rel* Pfründe *f*, Benefizium *n;* **con ~ d'inventario** *fig* unter Vorbehalt(en).

benefico, -a [be'nɛ:fiko] ‹-ci, -che› *a* wohltuend, heilsam; *(persona)* wohltätig.

benemerenza [beneme'rɛntsa] *f* Verdienst *n.* **benemerita** [...'mɛ:rita] *f* Karabinieri *m pl.* **benemerito, -a** [...'mɛ:rito] *a* verdienstvoll, verdient.

beneplacito [bene'pla:tʃito] *m* **1.** Zustimmung *f*, Einwilligung *f*, Genehmigung *f;* **2.** *(arbitrio)* Belieben *n*, Gutdünken *n.*

benessere [be'nɛssere] *m* Wohlbefinden *n*, Wohlsein *n; com* Wohlstand *m.*

benestante [benes'tante] **I.** *a* wohlhabend; **II.** *mf* wohlhabender Mensch.

benestare [benes'ta:re] ‹-› *m adm* Zustimmung *f*, Genehmigung *f.*

benevolenza [benevo'lɛntsa] *f* Wohlwollen *n.* **benevolo, -a** [be'nɛ:volo] *a* wohlwollend (*con, verso* gegenüber), gütig (*con, verso* zu), nachsichtig (*con, verso* mit).

benfatto, -a [ben'fatto] *a*, **ben fatto, -a** *a* **1.** *(persona)* gut gewachsen (*o.* gebaut); **2.** *(lavoro, cosa)* gut (gemacht), ordentlich, sauber.

bengala [beŋ'ga:la] ‹-› *m* **1.** *(fuoco d'artificio)* bengalisches Feuer; **2.** *(per segnalazioni)* Leuchtkugel *f*, -rakete *f.*

bengodi [beŋ'gɔ:di] ‹-› *m* Schlaraffenland *n;* **il paese di ~** das Schlaraffenland.

beniamino, -a [beni̯a'mi:no] *m, f* **1.** *(in famiglia)* Liebling *m*, Lieblingskind *n;* **2.** *(di pubblico)* Publikumsliebling *m.*

benignità [beniɲɲi'ta] ‹-› *f* Güte *f,* Milde *f.* **benigno, -a** [be'niɲɲo] *a* **1.** *(benevolo)* wohlwollend; *(giudice, critico)* gütig, mild; *(cortese)* liebenswürdig; **2.** *fig (sorte, etc.)* gütig; **3.** *meteo (clima)* mild; **4.** *med (tumore)* gutartig.

benintenzionato, -a [benintentsi̯o'na:to] *a* wohlmeinend, wohlgesonnen (*verso qu* jdm), mit guten Absichten.

beninteso [benin'te:so] *adv* natürlich, selbstverständlich; ~ **sei invitato anche tu** natürlich bist auch du eingeladen; ~ **che t'aspetto** es versteht sich (von selbst), daß ich auf dich warte, natürlich warte ich auf dich.

benissimo [be'nissimo] *superlativo di* **bene.**

benpensante, ben pensante [bempen'sante] **I.** *mf* rechtschaffener Mensch; *pej, iron* Biedermann *m,* Spießer(in) *m(f) fam;* **II.** *a* rechtschaffen; *pej* bieder, spießig *fam.*

benservito [benser'vi:to] *m* (Dienst)führungszeugnis *n,* Abgangszeugnis *n;* **dare il** ~ **a qu** *iron* jdm den Laufpaß geben.

bensì [ben'si] *con* sondern.

bentornato, -a, ben tornato, -a [bentor'na:to] **I.** *a, interj* willkommen (zu Hause); **II.** *m* Willkommensgruß *m,* Willkommen *n;* **dare il** ~ **a qu** jdn (wieder zu Hause) willkommen heißen. **benvenuto, -a, ben venuto, -a** [benve'nu:to] **I.** *a, interj* willkommen; **II.** *m, f* Willkommene(r) *mf;* **essere il** ~ **in un luogo** an einem Ort willkommen sein; **III.** *m* Willkommen *n,* Willkommensgruß *m;* **dare** (*o.* **porgere) il** ~ **a qu** jdn willkommen heißen. **benvisto, -a** *a,* **ben visto, -a** [ben'visto] *a* gern gesehen, geschätzt.

benvolere, ben volere [benvo'le:re] **I.** ‹*irr, solo inf e pp*› *tr* schätzen, gern(e) mögen; **farsi** ~ **da qu** jds Zuneigung zu gewinnen suchen; **prendere a** ~ **qu** jdm zugeneigt sein, jdn liebgewinnen; **II.** *m* Zuneigung *f.* **benvoluto, -a** *a,* **ben voluto, -a** [benvo'lu:to] *a* geschätzt, beliebt.

benzina [ben'dzi:na] *f* Benzin *n;* ~ **normale/super** Normal-/Superbenzin *n;* **serbatoio della** ~ Benzintank *m;* **fare** ~ tanken. **benzinaio, -a** [...dzi'na:i̯o] ‹-ai, -aie›, **benzinaro, -a** [...'na:ro] *m, f* Tankwart(in) *m(f).*

beone, -a [be'o:ne] *m, f fam* Säufer(in) *m(f) fam.*

beota [be'ɔ:ta] ‹-i *m,* -e *f*› **I.** *mf* **1.** *pej* Holzkopf *m,* Idiot *m;* **2.** *(abitante)* Böotier(in) *m(f);* **II.** *a pej* blöd(e).

berbero, -a ['bɛrbero] **I.** *a* Berber-; **II.** *m, f* Berber(in) *m(f).*

berciare [ber'tʃa:re] ‹bercio, berci› *itr fam* schreien, brüllen, grölen. **bercio** ['bɛrtʃo] ‹-ci› *m fam* Gebrüll *n,* Geschrei *n,* Gegröle *n.*

bere ['be:re] ‹bevo, bevvi *o.* bevei *o.* bevetti, bevuto› **I.** *tr, itr* trinken; ~ **alla bottiglia** aus der Flasche trinken; ~ **alla salute di qu** auf jds Gesundheit (*o.* Wohl) trinken; ~ **le parole di qu** an jds Lippen hängen; **darla a** ~ **a qu** *fam* jdm etw. weismachen; **questa pianta beve molto** diese Pflanze braucht viel Wasser; **la mia macchina beve benzina/olio** mein Auto schluckt viel Benzin/frißt viel Öl; **II.** *m* Trinken *n; (vizio a.)* Trunksucht *f;* **darsi al** ~ sich dem Trunk ergeben, (gewohnheitsmäßig) trinken.

bergamotto [berga'mɔtto] *m* Bergamotte *f.*

berillio [be'rilli̯o] *m* Beryllium *n.*

berlina[1] [ber'li:na] *f hist* Pranger *m;* **mettere alla** (*o.* **in)** ~ zum Gespött machen.

berlina[2] [ber'li:na] *f mot* Limousine *f.*

Berlino [ber'li:no] *f* Berlin *n;* ~ **Est/Ovest** Ost-/Westberlin *n.*

bermuda [ber'mu:da] *m pl* Bermudas *pl,* Bermudashorts *pl.*

Berna ['bɛrna] **I.** *f (città)* Bern *n;* **II.** *m (cantone)* Bern *n.*

bernoccolo [ber'nɔkkolo] *m* **1.** *(in testa)* Beule *f;* **2.** *fig* Veranlagung *f* (*di* für), Neigung *f* (*di* zu).

berretta [ber'retta] *f* Mütze *f,* Kappe *f;* ~ **da notte** *(per uomo)* Schlafmütze *f; (per donna)* Nachthaube *f.* **berretto** [...to] *m* Mütze *f,* Barett *f.*

bersagliare [bersaʎ'ʎa:re] ‹bersaglio, bersagli› *tr* **1.** *fig* überhäufen (*di* mit), bombardieren (*di* mit); *(perseguitare)* verfolgen, plagen; **2.** *mil* beschießen, unter Beschuß nehmen; **è bersagliato dalla sfortuna** er ist vom Unglück (*o.* Pech) verfolgt.

bersagliera [bersaʎ'ʎɛ:ra] *f:* **alla** ~ frisch und munter, schwungvoll. **bersagliere, -a** [...re] **I.** *m mil* Bersagliere *m (Scharfschütze der italienischen Infanterie);* **II.** *m, f fig* energische, schlagfertige Person.

bersaglio [ber'saʎʎo] ‹-gli› *m* Ziel *n; (a. fig)* Zielscheibe *f;* **tiro al** ~ Zielscheibenschießen *n;* **colpire il** ~ **in pieno** *(a. fig)* ins Schwarze treffen; **essere il** ~ **della sfortuna** vom Pech verfolgt sein.

Berta ['bɛrta] *(nome proprio femminile)* Bert(h)a.

bertuccia [ber'tuttʃa] ‹-cce› *f* **1.** *zoo* Magot *m,* Berberaffe *m;* **2.** *fam pej* (alte) Schachtel *f fam.*

besciamella [beʃʃa'mɛlla] *f* Béchamelsoße *f.*

bestemmia [bes'temmi̯a] ‹-ie› *f* Fluch *m,* Gotteslästerung *f.* **bestemmiare** [...'mi̯a:re] ‹bestemmio, bestemmi› **I.** *itr* fluchen; *(ingiuriare)* schimpfen; **II.** *tr* lästern; *(maledire)* verfluchen; *(lingua)* radebrechen (in). **bestemmiatore, -trice** [...mi̯a'to:re] *m, f* Lästermaul *n fam,* Flucher(in) *m(f).*

bestia ['besti̯a] ‹-ie› *f* Tier *n;* ~ **nera** *fig* Schreckgespenst *n;* **una ~ rara** *fig* ein seltenes Exemplar; **brutta ~** *fig* schlimme Sache; *(persona)* schrecklicher Mensch; **andare in ~** *fam* wütend werden, aus der Haut fahren; **lavorare come una ~** *fam* arbeiten wie ein Tier; **sudare come una ~** *fam* schwitzen wie ein Bär. **bestiale** [...'ti̯a:le] *a* **1.** *fig* bestialisch; *(caldo)* mörderisch, tierisch *fam;* **2.** *zoo* tierisch. **bestialità** [...i̯ali'ta] ‹-› *f* **1.** *fig* grober Schnitzer; **2.** *(brutalità)* Bestialität *f;* **ha detto una ~** *fam* er (*o.* sie) hat etwas ganz Dummes gesagt. **bestiame** [...'ti̯a:me] *m* Vieh(bestand *m*) *n.*

best seller ['bestselə] ‹-› *m* Bestseller *m.*

beta ['bɛ:ta] **I.** ‹-› *f* Beta *n;* **II.** ‹*inv*› *a* beta-, Beta-; **raggi ~** Betastrahlen *m pl.* **betabloccante** [betablok'kante] *m* Betablocker *m.*

Betlemme [be'tlɛmme] *f* Bethlehem *n.*

bettola ['bettola] *f fam pej* Kaschemme *f.*

betulla [be'tulla] *f* Birke *f.*

bevanda [be'vanda] *f* Getränk *n.* **beveraggio** [beve'raddʒo] ‹-ggi› *m* **1.** *scherz* Trinkbare(s) *n;* **2.** *(per le bestie)* Viehtrank *m;* **3.** *(pozione)* Gebräu *n.* **beverone** [...'ro:ne] *m* **1.** *(per le bestie)* Kleiewasser *n;* **2.** *scherz pej* Gesöff *n fam.*

bevei, bevetti [be've:i, be'vɛtti] *1. pers sing del passato remoto di* **bere.**

bevibile [be'vi:bile] *a* trinkbar. **bevicchiare** [bevik'ki̯a:re] ‹bevicchio, bevicchi› **I.** *tr* in kleinen Schlucken trinken, (lustlos) nippen; **II.** *itr fam* bechern *fam,* picheln *fam.* **bevitore, -trice** [bevi'to:re] *m, f* Trinker(in) *m(f).*

bevo ['be:vo] *1. pers sing pr di* **bere.**

bevuta [be'vu:ta] *f* Trinken *n,* Umtrunk *m.*

bevuto [be'vu:to] *pp di* **bere.**

bevvi ['bevvi] *1. pers sing del passato remoto di* **bere.**

bezzi ['bɛttsi] *m pl venez (soldi)* Mäuse *f pl sl,* Kröten *f pl sl.*

B.F. *ab di* **Bassa Frequenza** NF (*ab di* Niederfrequenz).

B.I. *ab di* **Banca d'Italia** *staatliches Bankinstitut Italiens.*

biacca ['bi̯akka] ‹-cche› *f* Bleiweiß *n.*

biada ['bi̯a:da] *f* Futtergetreide *n.*

bianca *f v.* **bianco.**

biancastro, -a [bi̯aŋ'kastro] *a* weißlich. **biancheggiare** [bi̯aŋked'dʒa:re] ‹biancheggio, biancheggi› *itr* ‹*essere*› **1.** *(essere bianco)* weiß sein (*o.* leuchten); **2.** *(mare)* weiß(lich) schäumen; **3.** *(cielo)* sich aufklären. **biancheria** [bi̯aŋke'ri:a] ‹-ie› *f* Wäsche *f;* ~ **intima** Unterwäsche *f;* ~ **da tavola/da letto** Tisch-/Bettwäsche *f.* **bianchezza** [bi̯aŋ'kettsa] *f* Weiß *n.* **bianchiccio, -a** [bi̯aŋ'kittʃo] ‹-cci, -cce› *a* schmutzigweiß.

bianco, -a ['bi̯aŋko] ‹-chi, -che› **I.** *a* weiß; **carbone ~** Wasserkraft *f;* **carni -che** helles (*o.* weißes) Fleisch; **matrimonio ~** nicht vollzogene Ehe; **notte -a** (*o.* **in ~**) schlaflose (*o.* durchwachte) Nacht; **pane/vino ~** Weißbrot *n*/-wein *m;* **uva -a** weiße (*o.* grüne) Trauben *m pl;* **voce -a** Knabenstimme *f;* *(falsetto)* Falsett *n,* Fistelstimme *f;* **essere ~ come un cencio lavato** kreidebleich sein; **essere ~ e rosso** kerngesund aussehen; **II.** *m* **1.** *(colore)* Weiß *n;* **2.** *(parte bianca)* Weiße(s) *n;* **3.** *com:* **in ~** blanko, Blanko-; ~ **dell'uovo** Eiweiß *n;* **foglio in ~** unbeschriebenes Blatt; **vestirsi di ~** sich weiß kleiden, Weiß tragen; **sposarsi in ~** in Weiß heiraten; **in ~** *gastr nur in Öl o. Butter zubereitet;* **in ~ e nero** schwarzweiß; **film in ~ e nero** Schwarzweißfilm *m;* **mettere nero su ~** schwarz auf weiß niederschreiben; **dare il ~ a** weißen, tünchen; **dare ad intendere a qu ~ per nero** jdm ein X für ein U vormachen (wollen); **di punto in ~** plötzlich; **III.** *m, f* Weiße(r) *mf.* **bianco e nero** ['bi̯aŋko e n'ne:ro] ‹-› *m* **1.** *(disegno)* Schwarzweißzeichnung *f,* Schwarzweißbild *n;* **2.** *film* Schwarzweißfilm *m.* **biancospino** [-s'pi:no] *m* Weißdorn *m.*

biascicamento [bi̯aʃʃika'mento] *m* Schmatzen *n,* schmatzendes Kauen. **biascicare** [...'ka:re] ‹biascico, biascichi› **I.** *itr pej* schmatzen, schmat-

zend kauen; **II.** *tr fig pej* nuscheln; *(lingua)* gebrochen sprechen. **biascichio** [...'ki:o] ‹-chii› *m* Nuscheln *n*.
biasimare [biazi'ma:re] *tr* tadeln, rügen. **biasimevole** [...'me:vole] *a* tadelnswert. **biasimo** ['bia:zimo] *m* Tadel *m*, Rüge *f*; **incorrere nel ~ di qu** von jdm getadelt (*o.* gerügt) werden.
Bibbia ['bibbia] ‹-ie› *f* Bibel *f*.
biberon [bibe'rɔn] ‹-› *m* (Milch)-fläschchen *n*; **avere ancora bisogno del ~** *fig* ein Kindermädchen brauchen.
bibita ['bi:bita] *f* Getränk *n*.
biblico, -a ['bi:bliko] ‹-ci, -che› *a* **1.** *rel* biblisch, Bibel-; **2.** *fig (grandioso)* aufwendig; *(solenne)* feierlich; **un'impresa -a** ein Mammutunternehmen *n*, ein Unternehmen *n* biblischen Ausmaßes.
bibliobus ['bi:bliobus] ‹-› *m* Fahrbücherei *f*, Bücherbus *m*.
bibliografa *f v.* **bibliografo.**
bibliografia [bibliogra'fi:a] *f* Bibliographie *f*. **bibliografico, -a** [...'gra:fiko] *a* bibliographisch. **bibliografo, -a** [bi'bliɔ:grafo] *m, f* Bibliograph(in) *m(f)*.
biblioteca [biblio'tɛ:ka] *f* **1.** *(luogo)* Bibliothek *f*; **2.** *(mobile) (armadio)* Bücherregal *n*; Bücherschrank *m*; **~ di programmi** *inform* Software(bibliothek) *f*; **essere una ~ ambulante** ein wandelndes Wörterbuch sein. **bibliotecario, -a** [...te'ka:rio] ‹-i, -ie› *m, f* Bibliothekar(in) *m(f)*.

bicamerale [bikame'ra:le] *a pol* Zweikammer-.
bicarbonato [bikarbo'na:to] *m* Bikarbonat *n*; **~ di sodio** doppelkohlensaures Natrium.
bicchierata [bikkie'ra:ta] *f* Umtrunk *m*. **bicchiere** [...'kiɛ:re] *m* (Trink)glas *n*; **~ da vino/acqua** Wein-/Wasserglas *n*; **un ~ di vino/d'acqua** ein Glas Wein/Wasser; **fondo di ~** falscher Schmuckstein; **alzare il ~ (a)** das Glas erheben (auf), prosten (auf). **bicchierino** [...kie'ri:no] *m* Gläschen *n*.
bicentenario [bitʃente'na:rio] *m* zweihundertster Jahrestag.
bichini [bi'ki:ni] ‹-› *m* Bikini *m*.
bici ['bi:tʃi] ‹-› *f fam* (Fahr)rad *n*. **bicicletta** [bitʃi'kletta] *f* (Fahr)rad *n*, Velo *n CH*; **~ da corsa** Rennrad *n*; **andare in ~** radfahren, mit dem Fahrrad fahren. **biciclo** [bi'tʃi:klo] *m* Hochrad *n*.
bicilindrico, -a [bitʃi'lindriko] *a* zweizylindrisch, Zweizylinder-.
bicipite [bi'tʃi:pite] **I.** *m* Bizeps *m*; **II.** *a* zweiköpfig; **aquila ~** Doppeladler *m*.
bicocca [bi'kɔkka] ‹-cche› *f* Bruchbude *f fam*.
bicolore [biko'lo:re] **I.** *a* **1.** *gener* zweifarbig; **2.** *fig pol* Zweiparteien-; **II.** *f* Zweifarbendruckmaschine *f*.
bicromia [bikro'mi:a] ‹-ie› *f* Zweifarbendruck *f*.
bidè [bi'dɛ] ‹-› *m* Bidet *n*.
bidello, -a [bi'dɛllo] *m, f* Schuldiener(in) *m(f)*.
bidimensionale [bidimensio'na:le] *a* zweidimensional.
bidonare [bido'na:re] *tr fam* beschummeln *fam*, anschmieren *fam*. **bidonata** [...'na:ta] *f fam* Beschiß *m fam*, Schwindel *m fam*; **questo film è una ~** der Film ist ein Reinfall *fam*. **bidone** [bi'do:ne] *m* **1.** *(recipiente)* Kanister *m*; **2.** *sl* Beschiß *m fam*, Verarschung *f vulg*; **3.** *fam pej (veicolo)* Rostlaube *f sl*; **mi ha fatto il ~** *sl* er (*o.* sie) hat mich beschissen (*o.* verarscht) *vulg*.
bidonville [bidɔ̃'vil] ‹-› *f* Barackenviertel *n*.
bieco, -a ['biɛ:ko] ‹-chi, -che› *a* **1.** *(sguardo)* scheel, schräg, schief; **2.** *(proposito)* hinterlistig, faul.
biella ['biɛlla] *f* Pleuelstange *f*.
biennale [bien'na:le] **I.** *a* zweijährig, Zweijahres-; **II.** *f* Biennale *f*.
Bienne [bjɛn] *f* Biel *n*.
biennio [bi'ɛnnio] ‹-i› *m* **1.** *(periodo)* Zeitraum *m* von zwei Jahren, zwei Jahre *n pl*, Biennium *n*; **2.** *(corso universitario)* Zweijahreskurs *m*.
bietola ['biɛ:tola] *f* Mangold *m*.
bietolone, -a [bieto'lo:ne] *m, f fam* Holzkopf *m*, Doofmann *m fam*.
bifase [bi'fa:ze] *a* zweiphasig, Zweiphasen-.
bifido, -a ['bi:fido] *a* zweispitzig; *fig* gespalten.
bifocale [bifo'ka:le] *a* bifokal, Bifokal-.
bifolco, -a [bi'folko] ‹-chi, -che› *m, f* **1.** *pej* Prolet(in) *m(f) fam*; **2.** *agr* Viehhüter *m*; *(per buoi)* Ochsentreiber *m*.
bifora ['bi:fora] *f* zweibogiges Fenster.
biforcare [bifor'ka:re] ‹biforco, biforchi› **I.** *tr* zweiteilen; **II.** *rfl*: **-rsi** sich gabeln. **biforcazione** [...kat'tsio:ne] *f* Gabelung *f*, Abzweigung *f*. **biforcuto, -a** [...'ku:to] *a* zweispitzig; *(lingua)* gespalten; **avere una lingua -a** *pej* eine spitze (*o.* böse) Zunge haben; *(traditrice)* mit gespaltener Zunge reden.
biforme [bi'forme] *a* doppelgestaltig, zweiförmig.

big [bɪg] ‹-› *m* Größe *f*, großes (*o.* hohes) Tier *fam.*
bigama *f v.* **bigamo.**
bigamia [biga'mi:a] ‹-ie› *f* Bigamie *f.*
bigamo, -a ['bi:gamo] **I.** *a* bigamisch; **II.** *m, f* Bigamist(in) *m(f).*
bigatto [bi'gatto] *m dial* Seidenraupe *f.*
bigemino, -a [bi'dʒɛ:mino] *a* Zwillings-; **parto ~** Zwillingsgeburt *f.*
bighellona *f v.* **bighellone.**
bighellonare [bigello'na:re] *itr* bummeln, umherschlendern. **bighellone, -a** [...'lo:ne] *m, f fam* Herumtreiber(in) *m(f)*, Nichtstuer(in) *m(f).*
bigiare [bi'dʒa:re] ‹bigio, bigi› *tr dial fam (la scuola)* schwänzen.
bigio, -a ['bi:dʒo] ‹-gi, -ge *o.* -gie› *a* **1.** *(colore)* (asch)grau; **2.** *fig pol* unentschlossen; **pane ~** Graubrot *n.*
bigiotteria [bidʒotte'ri:a] ‹-ie› *f* **1.** *(articoli)* Modeschmuck *m;* **2.** *(negozio)* Geschäft *n* für Modeschmuck.
bigiù [bi'dʒu] ‹-› *m* **1.** *(gioiello)* Schmuck *m;* **2.** *fig (persona)* Juwel *n*, Perle *f;* **3.** *fam (oggetto)* Schmuckstück *n.*
biglia ['biʎʎa] *v.* **bilia.**
bigliardino [biʎʎar'di:no] *etc. v.* **biliardino** *etc.*
bigliettaio, -a [biʎʎet'ta:i̯o] ‹-ai, -aie› *m, f* (Fahr)kartenverkäufer(in) *m(f).*
biglietteria [...te'ri:a] ‹-ie› *f ferr* Fahrkartenschalter *m; theat, film* Kasse *f.*
biglietto [biʎ'ʎetto] *m* **1.** *gener.* Karte *f;* **2.** *(di treno, tram, autobus)* Fahrkarte *f;* **3.** *theat, film* (Eintritts)karte *f;* **4.** *fin* Schein *m*, Note *f;* **5.** *(foglietto)* Zettel *m*, (schriftliche) Mitteilung *f;* **~ da visita/d'auguri** Visiten-/Glückwunschkarte *f;* **~ di banca** Banknote *f;* **~ della lotteria** Lotterielos *n;* **un ~ da diecimila** ein Zehntausendlireschein *m;* **lasciare/trovare un ~** eine Nachricht hinterlassen/vorfinden.
bignè [biɲ'ɲɛ] ‹-› *m* Beignet *m.*
bigodino [bigo'di:no] *m* Lockenwickler *m.*
bigoncia [bi'gontʃa] ‹-ce› *f* Bütte *f.*
bigotta *f v.* **bigotto.**
bigotteria [bigotte'ri:a] *f* Bigotterie *f*, Frömmelei *f; (ipocrisia)* Scheinheiligkeit *f.* **bigotto, -a** [bi'gɔtto] **I.** *a* bigott, frömmelnd; *(ipocrita)* scheinheilig; **II.** *m, f* Frömmler(in) *m(f)*, bigotte Person.
bijou [bi'ʒu] *v.* **bigiù.**
bikini [bi'ki:ni] *v.* **bichini.**
bilabiale [bila'bi̯a:le] *a* bilabial.
bilancia [bi'lantʃa] ‹-ce› *f* **1.** *tec, fig* Waage *f;* **2.** *astr:* **B~** Waage *f;* **3.** *com* Bilanz *f;* **~ automatica/romana** Schnellwaage *f*/Laufgewichtswaage *f;* **~ commerciale/dei pagamenti** Handels-/Zahlungsbilanz *f;* **sono (della *o.* una) B~** ich bin (eine) Waage; **porre sul piatto della ~** *fig* in die Waagschale werfen; *(parole)* auf die Goldwaage legen; **pesare (*o.* mettere) sulla ~ dell'orafo** *fig* auf die Goldwaage legen; **essere l'ago della ~** *fig* das Zünglein an der Waage sein. **bilanciare** [...'tʃa:re] ‹bilancio, bilanci› **I.** *tr* **1.** *(tenere in equilibrio)* balancieren mit; *(carico, fig)* ausgleichen, im Gleichgewicht halten; **2.** *fig* abwägen; **3.** *com* bilanzieren; **4.** *(pesare)* (ab)wiegen; **II.** *rfl:* **-rsi 1.** *(equilibrarsi)* sich im Gleichgewicht halten; **2.** *fig* sich ausgleichen, sich *(dat)* die Waage halten. **bilanciere** [...'tʃɛ:re] *m* **1.** *(di orologio)* Unruh *f;* **2.** *naut* Ausleger *m;* **3.** *tec* Bügel *m*, Schwinghebel *m.* **bilancio** [bi'lantʃo] ‹-ci› *m com, fig* Bilanz *f; com* Haushalt *m*, Etat *m;* **~ preventivo/consuntivo** Haushaltsplan *m*/Schlußrechnung *f;* **fare il ~ della propria vita/delle vittime** die Bilanz seines Lebens/der Opfer ziehen.
bilaterale [bilate'ra:le] *a* bilateral, beiderseitig.
bile ['bi:le] *f* **1.** *anat* Galle *f;* **2.** *fig* Wut *f*, Ärger *f;* **essere verde di ~** sich grün und blau (*o.* gelb) ärgern; **crepare dalla ~** *fam* vor Wut platzen *fam*, eine Wut im Bauch haben *fam.*
bilia ['bi:li̯a] ‹-ie› *f* **1.** *(gioco)* Murmel *f*, Kugel *f;* **2.** *(del biliardo)* Billardkugel *f.*
biliardino [bili̯ar'di:no] *m* kleines Billardspiel; **~ elettrico** Flipper *m.* **biliardo** [bi'li̯ardo] *m* **1.** *(gioco)* Billard(spiel) *n;* **2.** *(tavolo)* Billardtisch *m;* **liscio come una palla da ~** *fig* spiegelglatt.
biliare [bi'li̯a:re] *a* gallig, Gallen-.
bilico ['bi:liko] *m* (labiles) Gleichgewicht *n*, Balance *f;* **essere (*o.* stare) in ~** sich im labilen Gleichgewicht befinden; *fig* auf der Kippe stehen; **essere in ~ tra la vita e la morta** zwischen Leben und Tod schweben.
bilingue [bi'liŋgu̯e] **I.** *a* zweisprachig; **II.** *mf* zweisprachige Person. **bilinguismo** [...'gu̯izmo] *m* Zweisprachigkeit *f*, Bilinguismus *m.*
bilione [bi'li̯o:ne] *m* Billion *f; (secondo l'uso italiano)* Milliarde *f.*
bilioso, -a [bi'li̯o:so] *a* reizbar.
bilocale [bilo'ka:le] *m* Zweizimmerwohnung *f.*

bimbo, -a ['bimbo] *m, f fam* (kleines) Kind *n.*
bimensile [bimen'si:le] *a* zweimal monatlich, halbmonatlich, Halbmonats-. **bimestrale** [bimes'tra:le] *a* zweimonatlich, Zweimonats-. **bimestre** [bi'mɛstre] *m* **1.** *(periodo)* Zeitraum *m* von zwei Monaten, zwei Monate *m pl;* **2.** *com* Zweimonatsrate *f.* **bimetallismo** [bimetal'lizmo] *m* Bimetallismus *m,* Doppelwährung *f.* **bimotore** [bimo'to:re] **I.** *a* zweimotorig, Zweimotoren-; **II.** *m* zweimotoriges Flugzeug.
binario, -a [bi'na:rio] ‹-i, -ie› **I.** *a* zweiteilig; *mat* binär, Binär-; **II.** *m* Gleis *n,* Schiene *f;* ~ **morto** Abstellgleis *n;* **essere su un ~ morto** *fig* in einer Sackgasse stecken; **uscire dai -i** *fig (eccedere)* die Grenzen überschreiten; *(nella vita)* aus dem Gleis kommen; **il treno per Monaco parte dal ~ 16** der Zug nach München fährt auf Bahnsteig 16 ab.
binocolo [bi'nɔ:kolo] *m* Fernglas *n,* Feldstecher *m.* **binoculare** [binoku'la:re] *a* binokular.
binomio, -a [bi'nɔ:mio] ‹-i, -ie› **I.** *a* **1.** *(nomenclatura)* Doppel-, aus zwei Namen bestehend; **2.** *mat* binomisch; **II.** *m* **1.** *mat* Binom *n;* **2.** *fig (coppia)* Paar *n; (parole, concetti)* Wortpaar *n,* Doppelbegriff *m.*
bioccolo ['biɔkkolo] *m* Baumwollflokke *f.*
biochimica [bio'ki:mika] *f* Biochemie *f.* **biochimico, -a** [...ko] **I.** *a* biochemisch; **II.** *m, f* Biochemiker(in) *m(f).*
biodegradabile [-degra'da:bile] *a* Bio-, umweltfreundlich, biologisch abbaubar.
biodinamico, -a [-di'na:miko] *a* biodynamisch.
biofisica [-'fi:zika] *f* Biophysik *f.* **biofisico, -a** [...ko] **I.** *a* biophysikalisch; **II.** *m, f* Biophysiker(in) *m(f).*
biogenesi [-'dʒɛ:nezi] *f* Biogenese *f.* **biogenetico, -a** [-dʒen'ɛ:tiko] *a* biogenetisch.
biografa *f v.* **biografo.**
biografia [-gra'fi:a] *f* Biographie *f.* **biografico, -a** [-'gra:fiko] *a* biographisch. **biografo, -a** [bi'ɔ:grafo] *m, f* Biograph(in) *m(f).*
biologa *f v.* **biologo.**
biologia [-lo'dʒi:a] ‹-ie› *f* Biologie *f.* **biologico, -a** [-'lɔ:dʒiko] *a* biologisch. **biologo, -a** [bi'ɔ:logo] ‹-gi, -ghe› *m, f* Biologe *m,* Biologin *f.*
bionda *f v.* **biondo.**
biondeggiare [biondeddʒa:re] ‹biondeggio, biondeggi› *itr* gelb werden; *(persona)* blond sein. **biondezza** [...'dettsa] *f* Blondsein *n,* Blondheit *f.* **biondiccio, -a** [...'dittʃo] ‹-cci, -cce› *a* ins Blonde gehend. **biondo, -a** ['biondo] **I.** *a* blond; ~ **cenere** aschblond; ~ **come l'oro** goldblond; **II.** *m, f* Blonde(r) *mf,* Blondine *f; (bambino)* Blondschopf *m;* **III.** *m (colore)* Blond *n.*
biopsia [bio'psi:a] ‹-ie› *f* Biopsie *f.*
bioritmo [-'ritmo] *m* Biorhythmus *m.*
biosfera [-s'fɛ:ra] *f* Biosphäre *f.*
biossido [bi'ɔssido] *m* Dioxyd *n,* Dioxid *n.*
biotecnica [bio'tɛknika] *f* Biotechnik *f.*
biotopo [bi'ɔ:topo] *m* Biotop *n.*
bipartire [bipar'ti:re] ‹bipartisco› **I.** *tr* zweiteilen; **II.** *rfl:* **-rsi** sich zweiteilen. **bipartitico, -a** [...'ti:tiko] *a* Zweiparteien-. **bipartitismo** [...ti'tizmo] *m* Zweiparteiensystem *n.* **bipartito, -a** [...'ti:to] **I.** *a* Zweiparteien-; **governo ~** Zweiparteienregierung *f;* **II.** *m* Zweiparteienkoalition *f.* **bipartizione** [...tit'tsio:ne] *f* Zweiteilung *f.*
bipede ['bi:pede] **I.** *m* **1.** *zoo* Zweifüßer *m;* **2.** *scherz* Zweibeiner *m;* **II.** *a* zweifüßig.
biplano [bi'pla:no] *m* Doppeldecker *m.*
bipolare [bipo'la:re] *a* zweipolig. **bipolarità** [...lari'ta] *f* Zweipoligkeit *f,* Bipolarität *f.*
biposto [bi'posto] ‹*inv*› *a* zweisitzig; **automobile/aereo ~** Zweisitzer *m.*
birba ['birba] *f fam scherz* Spitzbube *m,* Schelm *m.* **birbante** [bir'bante] *mf* **1.** *fam scherz* Schlingel *m,* Gauner *m;* **2.** *pej* Schurke *m.* **birbanteria** [-'ri:a] ‹-ie› *f* **1.** *fam scherz* Schelmenstreich *m,* Gaunerstück *n;* **2.** *pej* Schuftigkeit *f.* **birbona** *f v.* **birbone.** **birbonata** [...bo'na:ta] *f fam scherz* Schelmenstreich *m,* Gaunerstück *n.* **birbone, -a** [...'bo:ne] **I.** *m, f* **1.** *fam scherz (uomo e donna)* Schelm *m; (uomo)* Spitzbube *m; (donna)* (kleines) Luder *n fam;* **2.** *pej (uomo)* Halunke *m,* Lump *m; (donna)* Aas *n fam,* Weib *n,* übles Frauenzimmer; **II.** *a* **1.** *fam scherz (persona)* spitzbübisch; *(fame, sete, etc.)* schrecklich, entsetzlich; **2.** *pej* listig, böse; **avere una fame/sete -a** *fam scherz* einen Bärenhunger/Riesendurst haben; **fare un tiro ~ a qu** *pej* jdm einen bösen Streich spielen; **fa un freddo ~** *fam scherz* es ist lausig kalt *fam.* **birboneria** [...bone'ri:a] ‹-ie› *f* **1.** *fam scherz* Schelmenstreich *m,* Gaunerstück *n;* **2.** *pej* Schuftigkeit *f.*

bireattore [bireat'to:re] *m* zweistrahliges Flugzeug.

birichina *f v.* **birichino.**

birichinata [biriki'na:ta] *f fam* Schelmen-, Jungenstreich *m.* **birichino, -a** [...'ki:no] *fam* **I.** *a* schelmisch, spitzbübisch; **II.** *m, f* Schelm *m,* Schlingel *m.*

birillo [bi'rillo] *m* Kegel *m.*

biro® ['bi:ro] ‹-› *f* Kuli *m fam,* Kugelschreiber *m.*

birra ['birra] *f* Bier *n;* **lievito di ~** Bierhefe *f;* **a tutta ~** *fam* volle Pulle *fam;* **dare la ~ a qu** *fam* jdn in die Tasche stecken; **farci la ~ con qc** *fam* mit etw. nichts anfangen können; **con i tuoi consigli ci faccio la ~** *fam* deine Ratschläge kann ich mir an den Hut stecken *fam.* **birraio** [...'ra:i̯o] ‹-ai› *m (fabbricante)* Bierbrauer *m; (venditore)* Bierhändler *m.* **birreria** [...re'ri:a] ‹-ie› *f* **1.** *(locale)* Bierstube *f,* Bierkeller *m; (tenda)* Bierzelt *n;* **2.** *(fabbrica)* Brauerei *f.*

bis [bis] **I.** *interj* Wiederholung, Zugabe, nochmal; **II.** ‹-› *m* Zugabe *f;* **concedere il ~** eine Zugabe geben; **fare il ~ di qc** etw. wiederholen; *(nel mangiare)* von etw. noch einmal nehmen; **III.** ‹*inv*› *a:* **treno ~** Sonderzug *m.*

bisavolo, -a [bi'za:volo] *m, f* Urgroßvater *m,* -mutter *f.*

bisbetico, -a [biz'bɛ:tiko] ‹-ci, -che› **I.** *a* launisch, launenhaft; **II.** *m, f pej* launischer Mensch; **"La Bisbetica domata"** „Der Widerspenstigen Zähmung".

bisbigliare [bizbiʎ'ʎa:re] ‹bisbiglio, bisbigli› **I.** *tr* **1.** *(orazione, parole)* (zu)flüstern, wispern; **2.** *(sparlare)* tuscheln über, klatschen über; **~ qc nell'orecchio a qu** jdm etw. ins Ohr flüstern; **II.** *itr* flüstern, tuscheln.

bisbiglio[1] [biz'biʎʎo] ‹-gli› *m* **1.** *(parlottare)* Tuscheln *n,* Getuschel *n; (diceria)* Gemunkel *n;* **2.** *(sussurare)* Flüstern *n.*

bisbiglio[2] [bizbiʎ'ʎi:o] ‹-glii› *m* Flüstern *n,* Geflüster *n.*

bisboccia [biz'bɔttʃa] *f fam* Fest, Mordsfete *f fam.* **bisbocciare** [...bot'tʃa:re] *itr fam* ordentlich feiern *fam,* eine Mordsfete machen *fam.*

bisca ['biska] ‹-sche› *f* Spielkasino *n; pej* Spielhölle *f.*

bischero, -a ['biskero] **I.** *a tosc vulg* blöd, dämlich; **II.** *m, f tosc vulg* Blödmann *m fam;* **III.** *m* **1.** *tosc vulg (membro virile)* Pimmel *m fam,* Schwanz *m vulg;* **2.** *mus* Wirbel *m.*

biscia ['biʃʃa] ‹-sce› *f* Natter *f.*

biscottato, -a [biskot'ta:to] *a* zweimal gebacken; *(tostato)* geröstet; **fette -e** Zwieback *m.*

biscotteria [biskotte'ri:a] ‹-ie› *f* **1.** *(fabbrica)* Keksfabrik *f;* **2.** *(negozio)* Feingebäckladen *m;* **3.** *(assortimento)* Gebäck *n,* Backwerk *n.* **biscottiera** [...'ti̯ɛ:ra] *f* Keksdose *f; (da presentazione)* Gebäckschale *f.* **biscottificio** [...ti'fi:tʃo] ‹-ci› *m* Keksfabrik *f.* **biscotto** [...'kɔtto] *m* **1.** *gastr* Keks *m,* Plätzchen *n;* **2.** *(ceramica)* Biskuitporzellan *n.*

biscugino, -a [bisku'dʒi:no] *m, f* Cousin *m,* Cousine *f* zweiten Grades.

biscuit [bis'kɥi] ‹-› *m* **1.** *(porcellana)* Biskuitporzellan *n;* **2.** *gastr* Halbgefrorene(s) *n.*

bisecare [bise'ka:re] ‹biseco, bisechi› *tr* halbieren.

bisessuale [bisessu'a:le] *a* bisexuell; *(pianta, animale)* doppelgeschlechtig. **bisessualità** [...uali'ta] *f* Bisexualität *f; (di pianta, animale)* Doppelgeschlechtigkeit *f.* **bisessuato, -a** [...u'a:to] *a* bisexuell, doppelgeschlechtig, Zwitter-.

bisestile [bizes'ti:le] *a:* **anno ~** Schaltjahr *n.* **bisesto** [bi'zɛsto] *m* Schalttag *m.*

bisettimanale [bisettima'na:le] **I.** *a* zweimal wöchentlich; **II.** *m* Zeitschrift, die zweimal die Woche erscheint.

bisettrice [biset'tri:tʃe] *f* Winkelhalbierende *f.* **bisezione** [...t'tsi̯o:ne] *f* Winkelhalbierung *f.*

bisillabo, -a [bi'sillabo] **I.** *a* zweisilbig; **II.** *m* zweisilbiges Wort.

bislacco, -a [bi'zlakko] ‹-cchi, -cche› *a fam* komisch, sonderbar; verschroben.

bislungo, -a [bi'zluŋgo] *a* länglich, lang; *(più lungo del normale)* überlang.

bismuto [biz'mu:to] *m* Wismut *n.*

bisnipote [bizni'po:te] *mf (di nonno)* Urenkel(in) *m(f); (di zio)* Großneffe *m,* -nichte *f.* **bisnonno, -a** [-'nɔnno] *m, f* Urgroßvater *m,* -mutter *f.*

bisognare [bizoɲ'ɲa:re] ‹*solo 3. pers sing e pl*› *itr* ‹*essere*› *(avere bisogno di)* brauchen, benötigen; *(dovere)* müssen; *(essere necessario)* nötig sein; **bisogna che ...** *conj,* **bisogna ...** *inf* man muß (*o.* braucht *o.* benötigt) ...; **bisogna che tu lo faccia** du mußt es tun; **mi bisognano quei numeri** *fam* ich brauche diese Nummern; **non bisogna crederci** das muß man nicht glauben. **bisogno**

[biˈzoɲɲo] *m* **1.** *(necessità)* Bedarf *m*, Notwendigkeit *f;* **2.** *(mancanza di mezzi)* Not *f*, Bedürftigkeit *f;* **3.** *(desiderio)* Bedürfnis *n;* **4.** ‹*pl*› *fam (corporali)* Notdurft *f*, Bedürfnis *n;* **avere ~ di qc/qu** etw./jdn brauchen; **sentire il ~ di fare qc** das Bedürfnis (*o.* Verlangen) haben (*o.* verspüren), etw. zu tun; **essere nel ~** in Not sein, Not leiden; **fare i propri -i** *fam* seine Notdurft verrichten, aufs Klo gehen *fam;* **in caso di ~** im Bedarfsfall, nötigenfalls; **secondo il ~** (je) nach Bedarf; **al ~** wenn nötig, nötigenfalls; **nel ~** in der Not; **non c'è ~ di ...** *inf* es ist nicht notwendig, zu ..., man braucht (*o.* muß) nicht ...; **al ~ si conosce l'amico** *prov* Freunde in der Not gehen tausend auf ein Lot *prov.* **bisognoso, -a** [...ˈɲo:so] **I.** *a* bedürftig; **~ di aiuto/cura** hilfe-/pflegebedürftig; **II.** *m, f* Bedürftige(r) *mf.*

bisolfato [bisolˈfa:to] *m* Bisulfat *n.* **bisolfito** [...ˈfi:to] *m* Bisulfit *n.*

bisonte [biˈzonte] *m (europeo)* Wisent *m; (americano)* Bison *m.*

bisso [ˈbisso] *m* (feines) Leinengewebe *n.*

bistecca [bisˈtekka] ‹-cche› *f* Steak *n*, Schnitzel *n;* **~ alla fiorentina** T-Bone-Steak *n (vom Holzkohlenfeuer).* **bistecchiera** [...ˈki̯ɛ:ra] *f* Grillpfanne *f.*

bisticciare [bistitˈtʃa:re] ‹bisticcio, bisticci› *fam* **I.** *itr* zanken, streiten; **II.** *rfl:* **-rsi** sich zanken, sich streiten. **bisticcio** [...ˈtittʃo] ‹-cci› *m fam* Zank *m*, Gezänk *n*, Streit *m.*

bistrattare [bistratˈta:re] *tr* mißhandeln, schlecht behandeln.

bistrò, bistrot [bisˈtrɔ, ...ˈtro] ‹-› *m* Bistro *n.*

bisturi [ˈbisturi] ‹-› *m* Skalpell *n.*

bisunto, -a [biˈzunto] *a fam* schmierig; *(sporco di grasso)* fettig; **unto e ~** *fam* in Dreck und Speck *fam.*

bit [bɪt] ‹-› *m* Bit *n.*

bitonale [bitoˈna:le] *a* bitonal.

bitorzolo [biˈtortsolo] *m* Pickel *m; (varicie)* Warze *f; (prominenza)* Beule *f.*

bitter [ˈbitter] ‹-› *m* Bitter *m.*

bitume [biˈtu:me] *m* Bitumen *n.*

bivaccare [bivakˈka:re] ‹bivacco, bivacchi› *itr* im Freien übernachten; *(spesso mil)* biwakieren. **bivacco** [biˈvakko] ‹-cchi› *m* Biwak *n.*

bivalente [bivaˈlɛnte] *a* **1.** *chem* zweiwertig, bivalent; **2.** *fig* zweideutig.

bivio [ˈbi:vi̯o] ‹-i› *m* Gabelung *f*, Abzweigung *f;* **essere (giunto) a un ~** *fig* an einem (*o.* am) Scheideweg angelangt sein.

bizantinismo [biddzantiˈnizmo] *m* **1.** *fig pej* Haarspalterei *f*, Spitzfindigkeit *f*, Pedanterie *f;* **2.** *fig pej (arte)* überladene Pracht; **3.** *(cerimoniale esagerato)* übertriebener Aufwand. **bizantino, -a** [...ˈti:no] *a* **1.** *hist* byzantinisch; **2.** *fig pej* pedantisch, spitzfindig.

bizza [ˈbiddza] *f* Eigensinn *m; (stizza)* Koller *m fam;* **fare le -e** ungezogen (*o.* bockig) sein; seinen Koller kriegen *fam.*

bizzarria [biddzarˈri:a] ‹-ie› *f* Absonderlichkeit *f*, Wunderlichkeit *f*, Launenhaftigkeit *f.* **bizzarro, -a** [...ˈdzarro] *a* **1.** *(persona, idea)* absonderlich, wunderlich, launenhaft; **2.** *(cavallo)* temperamentvoll, eigenwillig.

bizzeffe [bidˈdzɛffe]: **a ~** *adv* in Hülle und Fülle, haufenweise *fam;* **avere denaro a ~** Geld wie Heu haben.

bizzoso, -a [bidˈdzo:so] *a* **1.** *(bambino)* launenhaft, eigensinnig; **2.** *(cavallo)* störrisch.

black-out [ˈblækaut] ‹-› *m* Blackout *m o. n.*

blando, -a [ˈblando] *a* **1.** *(parole)* sanft; **2.** *(medicinale)* leicht.

blasfemo, -a [blasˈfɛ:mo] **I.** *a* blasphemisch, gotteslästerlich; **II.** *m, f* Gotteslästerer *m*, -lästerin *f.*

blasonato, -a [blazoˈna:to] **I.** *a* ad(e)lig; **II.** *m, f* Ad(e)lige(r) *mf.* **blasone** [...ˈzo:ne] *m* Wappen(schild) *n.*

blaterare [blateˈra:re] *fam* **I.** *itr* schwatzen; **II.** *tr* ausposaunen, lautstark verkünden.

blazer [ˈbleɪzə] ‹-› *m* Blazer *m.*

bleso, -a [ˈblɛ:zo] *a* lispelnd; **essere ~** lispeln.

blindare [blinˈda:re] *tr* panzern. **blindato, -a** [...ˈda:to] *a* Panzer-, gepanzert; **carro ~** Panzer *m;* **auto ~** Panzerwagen *m.*

blitz [blɪts] ‹-› *m* Blitzaktion *f.*

bloccaggio [blokˈkaddʒo] ‹-ggi› *m* **1.** *tec* Blockierung *f*, Verriegelung *f;* **2.** *sport* Abfangen *n*, Halten *n;* **3.** *com* Sperren *n*, Stopp *m.* **bloccare** [...ˈka:re] ‹blocco, blocchi› **I.** *tr* **1.** *tec* (ab)sperren, verriegeln; *(sterzo)* sperren, blockieren; **2.** *(comunicazione)* unterbrechen; *(città)* abschneiden; *(strada, passo)* blockieren; *(polizia)* (ab)sperren; **3.** *(fissare)* festsetzen; *(fermare)* anhalten; **4.** *sport* abfangen, halten; **5.** *(prezzi, salari)* einfrieren; *(licenziamento)* stoppen, aufhalten, *jur* abbrechen, stoppen; **6.** *fin* *(assegno, conto, etc.)* sperren; **II.** *rfl:* **-rsi** blockieren; *fig* sich sperren. **bloccasterzo** [...kas'tɛrtso] *m* Lenkradschloß *n.*

blocco[1] ['blɔkko] ‹-cchi› *m* **1.** *min, com, pol, fig* Block *m;* **2.** *(per appunti)* (Notiz-, Schreib)block *m;* **~ di partenza** Startblock *m;* **vendere/comprare in ~** en bloc (*o.* im ganzen) verkaufen/kaufen.

blocco[2] ['blɔkko] ‹-cchi› *m* **1.** *tec* (Ab)sperrung *f,* Verriegelung *f; (di sterzo)* Sperrung *f,* Blockierung *f;* **2.** *naut, mil* Blockade *f; (a. di strada)* Sperre *f;* **3.** *jur (dei fitti, etc.)* Stopp *m; fin* Sperrung *f;* **4.** *(arresto)* Unterbrechung *f; (di congegno)* Stockung *f;* **5.** *med* Versagen *n;* **6.** *psych (di personalità, coscienza)* Hemmung *f,* Störung *f; (di memoria)* Gedächtnislücke *f;* **~ navale** Seeblockade *f,* -sperre *f;* **~ stradale** Straßensperre *f;* **~ renale/cardiaco** Nieren-/Herzversagen *n;* **posto di ~** Absperrung *f.*

bloc-notes [blɔk'nɔt] ‹-› *m* Notizblock *m.*

blu [blu] **I.** ‹*inv*› *a* blau; **avere il sangue ~** blaues Blut haben; **fare a qu un occhio ~** jdm ein blaues Auge schlagen; **II.** ‹-› *m* Blau *n;* **~ di Prussia** Preußischblau *n.* **bluastro, -a** [-'astro] *a* bläulich.

blue-jeans ['blu: 'dʒi:nz] *m pl* Blue jeans *pl.*

bluff [bluf] ‹-› *m* Bluff *m.* **bluffare** [-'fa:re] *tr* bluffen. **bluffatore, -trice** [...fa'to:re] *m, f* Bluffer(in) *m(f).*

blusa ['blu:za] *f* **1.** *(camicetta)* (Hemd)bluse *f;* **2.** *(da lavoro)* Kittel *m.* **blusotto** [blu'zɔtto] *m* Kittel *m; (camicia da uomo)* (leichtes) Hemd *n.*

boa[1] ['bɔ:a] ‹-› *m* **1.** *zoo* Boa *f;* **2.** *(sciarpa)* (Feder)boa *f.*

boa[2] ['bɔ:a] *f naut* Boje *f.*

boato [bo'a:to] *m* Dröhnen *n,* Donnern *n,* Getöse *n.*

bob [bɔb] ‹-› *m* Bob *m; (sport)* Bobsport *m.* **bobbista** [bob'bista] ‹-i *m,* -e *f*› *mf* Bobfahrer(in) *m(f).*

bobina [bo'bi:na] *f* Spule *f; (rotolo)* Rolle *f.*

bocca ['bokka] ‹-cche› *f* **1.** *anat* Mund *m; (di animale)* Maul *n;* **2.** *fig (apertura)* Öffnung *f,* Mund *m,* Loch *n; (di cannone)* Mündung *f; (di forno)* Tür *f;* **3.** *geog (di fiume)* Mündung *f; (di mare)* Straße *f;* **~ di leone** *bot* Löwenmaul *n,* Löwenmäulchen *n;* **a ~** mündlich; **a ~ piena** mit vollem Mund; **restare a ~ aperta** *(a. fig)* mit offenem Mund dastehen; **restare a ~ asciutta** leer ausgehen, das Nachsehen haben; **essere di ~ buona** nicht wählerisch sein; **essere la ~ della verità** die Wahrheit in Person sein; **essere sulla ~ di tutti** in aller Munde sein; **passare di ~ in ~** von Mund zu Mund gehen, die Runde machen; **mettere ~ in qc** sich in etw. einmischen; **rifarsi la ~** *(a. fig)* einen schlechten Nachgeschmack vertreiben; **avere tre -cche da sfamare** drei Mäuler zu stopfen haben; **in ~ al lupo!** *fam* Hals- und Beinbruch!, toi, toi, toi! **boccaccia** [...'kattʃa] ‹-cce› *f* **1.** *(smorfia)* Grimasse *f,* Schnute *f;* **2.** *fig pej* Lästermaul *n;* **3.** *pej* Schnauze *f,* häßlicher Mund; **fare le -cce** das Gesicht (*o.* den Mund) verziehen, Grimassen schneiden (*o.* ziehen). **boccaglio** [...'kaʎʎo] ‹-gli› *m tec* Düse *f; (di maschera)* Mundstück *n.*

boccale[1] [bok'ka:le] *m (di birra, etc.)* Krug *m.*

boccale[2] [bok'ka:le] *a anat* Mund-.

boccaporto [bokka'pɔrto] *m* (Schiffs)luke *f.*

boccascena [bokkaʃ'ʃɛ:na] *m* Bühnenöffnung *f.*

boccata [bok'ka:ta] *f* Mundvoll *m; (di sigaretta)* Zug *m; (d'acqua)* Schluck *m;* **andare a prendere una ~ d'aria** frische Luft schnappen (gehen).

boccetta [bot'tʃetta] *f* **1.** *(per inchiostro, medicinali)* Fläschchen *n;* **2.** *(al biliardo)* Stoßkugel *f.*

mare) Straße *f;* **~ di leone** *bot* Löwen-

boccheggiante [bokked'dʒante] *a* **1.** *(per il caldo, la fatica)* nach Luft ringend; **2.** *fig* sterbend, im Niedergang befindlich.

boccheggiare [bokked'dʒa:re] ‹boccheggio, boccheggi› *itr* nach Luft ringen; **~ come un pesce fuor d'acqua** nach Luft schnappen wie ein Fisch auf dem Trockenen.

bocchino [bok'ki:no] *m* **1.** *(per sigaretta)* Zigarettenspitze *f;* **2.** *mus* Mundstück *n.*

boccia ['bɔttʃa] ‹-cce› *f* **1.** *(per gioco)* Bocciakugel *f;* **2.** *(recipiente)* Karaffe *f;* **3.** *fam scherz* Birne *f fam,* Rübe *f fam;* **gioco delle -cce** Boccia(spiel) *n;* **giocare alle -cce** Boccia spielen.

bocciare [bot'tʃa:re] ‹boccio, bocci› *tr* **1.** *fam* durchfallen (*o.* durchrasseln *fam*) lassen; **2.** *(proposta, idea)* ablehnen; **3.** *(alle bocce)* treffen. **bocciatura** [...tʃa'tu:ra] *f* Durchfallen *n; (a scuola a.)* Sitzenbleiben *n.*

boccino [bot'tʃi:no] *m* Malkugel *f.*

boccio ['bɔttʃo] ‹-cci› *m* Knospe *f;* **in**

~ noch nicht erblüht; *fig* noch nicht reif.

bocciodromo [bot'tʃɔ:dromo] *m* Bocciaanlage *f.*

bocciolo [bot'tʃɔ:lo] *m* Knospe *f.*

boccola ['bokkola] *f* **1.** *tec* Büchse *f,* Hülse *f;* **2.** *el* Buchse *f;* **3.** *(anello)* Ring *m; (orecchino)* Ohrring *m.*

boccolo ['bokkolo] *m* Locke *f.*

bocconcino [bokkon'tʃi:no] *m* Häppchen *n,* Leckerbissen *m.* **boccone** [...'ko:ne] *m* Bissen *m,* Happen *m; (cibo prelibato, fig)* Leckerbissen *m;* **contare i -i in bocca a qu** jdm die Bissen im Mund zählen; **inghiottire un ~ amaro** *fig* eine bittere Pille schlucken; **fra un ~ e l'altro** *fam* während des Essens, zwischendurch; **col ~ in gola** *fam* gleich nach dem Essen, ohne sich *(dat)* den Mund abgewischt zu haben. **bocconi** [...'ko:ni] *adv* auf dem Bauch, bäuchlings; **cadere ~** der Länge nach hinfallen.

boero, -a [bo'ɛ:ro] **I.** *a* Buren-; **II.** *m, f* Bure *m,* Burin *f;* **III.** *m Praline mit einer Likörkirsche.*

bofonchiare [bofoŋ'ki̯a:re] ‹bofonchio, bofonchi› *itr fam* murren, mekkern *fam.*

bohème [bo'ɛm] ‹-› *f* Bohèmeleben *n.* **bohémien** [boe'mjɛ̃] ‹-› *m* Bohemien *m.*

boia ['bɔ:i̯a] **I.** ‹-› *m* Henker *m,* Scharfrichter *m;* **~ d'un mondo!** *vulg* beschissene (*o.* verfluchte) Welt! *vulg;* **II.** ‹*inv*› *a vulg* beschissen *vulg,* verdammt *fam.* **boiata** [bo'i̯a:ta] *f vulg* Scheiß *m vulg,* Scheiße *f vulg; (spettacoli, libri, etc.)* Schund *m.*

boicottaggio [boikot'taddʒo] ‹-ggi› *m* Boykott *m,* Boykottieren *n.* **boicottare** [...'ta:re] *tr* **1.** *com* boykottieren; **2.** *(ostacolare)* behindern.

boiler ['bɔılə] ‹-› *m* Boiler *m.*

boîte [bwat] ‹-› *f* **1.** *(locale notturno)* kleines Nachtlokal, Bar *f;* **2.** *(scatola)* Dose *f,* Schatulle *f.*

bolero [bo'lɛ:ro] *m* **1.** *mus* Bolero *m;* **2.** *(corpetto)* Bolero(jäckchen) *n.*

bolgia ['bɔldʒa] ‹-ge› *f* **1.** *fig pej* Höllenspektakel *n;* **2.** *poet* Höllengraben *m.*

bolide ['bɔ:lide] *m* **1.** *astr* Bolid *m;* **2.** *mot* schneller Flitzer *fam,* Rennwagen *m;* **3.** *fam scherz* Koloß *m;* **è passato come un ~** er ist wie der Blitz vorbeigeschossen.

bolla[1] ['bolla] *f (med, di sapone)* Blase *f; (nel vetro, metallo)* (Luft)blase *f;* **finire in una ~ di sapone** wie eine Seifenblase zerplatzen.

bolla[2] ['bolla] *f* **1.** *rel* Bulle *f;* **2.** *com* Schein *m; (sigillo)* Siegel *n;* **~ di accompagnamento** Warenbegleitschein *m;* **~ di consegna** Lieferschein *m.* **bollare** [bol'la:re] *tr* **1.** *adm* (ab)stempeln; **2.** *fig* brandmarken; *(d'infamia, etc.)* überhäufen; **3.** *fam (dare una contravvenzione)* eine Geldstrafe verpassen *fam* (*qu* jdm). **bollato, -a** [...'la:to] *a* **1.** *adm* (ab)gestempelt; **2.** *fig* gebrandmarkt; **carta -a** Stempelpapier *n.* **bollatura** [...la'tu:ra] *f* (Ab)stemp(e)lung *f.*

bollente [bol'lɛnte] *a* **1.** *(acqua, caffè)* kochend, siedend, heiß; **2.** *fig* erhitzt; **-i spiriti** *poet* erhitzte Gemüter *pl.*

bolletta [bol'letta] *f* (Ab)rechnung *f; (polizza)* Schein *m;* **essere in ~** *fam* blank (*o.* abgebrannt) sein *fam.*

bollettino [bollet'ti:no] *m* **1.** *gener.* Bericht *m,* Bulletin *n;* **2.** *meteo* (Wetter)bericht *m;* **3.** *(modulo)* Schein *m,* Formular *n;* **B~ Ufficiale** (*ab* **B.U.**) Amtsbericht *m;* **~ medico** Krankenbericht *m;* **~ dei prezzi** Preisliste *f.*

bollilatte [bolli'latte] ‹-› *m* Milchkochtopf *m.*

bollino [bol'li:no] *m* Marke *f; (tagliando)* Abschnitt *m.*

bollire [bol'li:re] ‹bollo› **I.** *itr phys, gastr, fig* kochen, sieden; **~ di rabbia** vor Wut kochen; **in questa macchina si bolle** *fam* in diesem Auto brät man ja; **chissà cosa bolle in pentola!** *fig* wer weiß, was da dahintersteckt!; **II.** *tr* (auf)kochen (lassen); *(per sterilizzare)* (ab)kochen. **bollito, -a** [...'li:to] **I.** *a* (ab)gekocht; **II.** *m (da bollire)* Suppenfleisch *n; (pronto)* gekochtes Rind- (*o.* Kalb)fleisch. **bollitore** [...li'to:re] *m (pentola)* Kochtopf *m; (attrezzo)* Kocher *m.* **bollitura** [...li'tu:ra] *f* Kochen *n,* Sieden *n.*

bollo ['bollo] *m* **1.** *(strumento, marchio)* Stempel *m,* Siegel *n;* **2.** *fam (francobollo)* Briefmarke *f;* **~ di circolazione** Kraftfahrzeugsteuermarke *f.*

bollore [bol'lo:re] *m* **1.** *gastr, phys* Sieden *n,* Aufkochen *n,* Aufwallen *n;* **2.** *fig* Hitze *f,* Ungestüm *n;* **a ~** kochend(heiß); **il latte è a ~** die Milch kocht; **far passare i -i a qu** jdn beschwichtigen.

bolo ['bɔ:lo] *m* große Pille.

bolognese [boloɲ'ɲe:se] **I.** *a* aus Bologna, bolognesisch, Bologneser-; **alla ~** *mit Fleischsoße (aus Hackfleisch, Tomaten u. Gewürzen);* **II.** *mf* Bologneser(in) *m(f).*

bolsaggine [bol'saddʒine] *f* **1.** *fig* Schlaffheit *f,* Trägheit *f; (di stile)*

Schwülstigkeit *f;* **2.** *zoo* Pferdestaupe *f.*

Bolzano [bol'tsa:no] *f* Bozen *n.*

bomba ['bomba] *f* **1.** *mil* Bombe *f;* **2.** *gastr mit Marmelade o. Creme gefüllter Krapfen;* **3.** *fam (bugia)* Märchen *n,* Schmu *m fam;* **4.** *sport* Aufputsch-, Dopingmittel *n;* **~ a idrogeno/orologeria** Wasserstoff-/Zeitbombe *f;* **~ al cobalto** *med* Kobaltkanone *f;* **~ a mano** Handgranate *f;* **~ atomica** Atombombe *f;* **~ Molotov** Molotowcocktail *m;* **~ vulcanica** (*o.* **lavica**) (Lava)bombe *f;* **una notizia ~** *fig* eine Bombennachricht *fam;* **fare scoppiare la ~** *fig* die Bombe platzen lassen; **tornare a ~** wieder zum Kern (des Themas) zurückkommen; **a prova di ~** bombensicher; *(amicizia)* felsenfest. **bombardamento** [bombarda'mento] *m* **1.** *mil (di bombe aeree)* Bombardierung *f; (di artiglieria pesante)* schwerer Beschuß, schweres Feuer; **2.** *fig (di domande, etc.)* Bombardierung *f;* **3.** *phys* Beschuß *m;* **~ a tappeto** Flächenbombardierung *f,* Bombenteppich *m; (di artiglieria)* Sperrfeuer *n.* **bombardare** [...'da:re] *tr* **1.** *mil* bombardieren, beschießen; **2.** *fig (di domande, etc.)* bombardieren (*di* mit); **3.** *phys* beschießen. **bombardiere** [...'di̯ɛ:re] *m* **1.** *(pilota)* Bombenflieger *m,* Bomberpilot *m; (aereo)* Bomber *m;* **2.** *(di artiglieria pesante)* Artillerist m.

bombetta [bom'betta] *f (cappello)* Melone *f.*

bombola ['bombola] *f* Gasflasche *f; (per nebulizzazione)* Sprühdose *f.*

bombolo, -a ['bombolo] *m, f fam scherz* Dickerchen *n scherz.*

bombolone [bombo'lo:ne] *m mit Creme oder Marmelade gefüllter Krapfen.*

bomboniera [bombo'ni̯ɛ:ra] *f* Bonbonniere *f.*

bonaccia [bo'nattʃa] ‹-cce› *f* **1.** *naut* Flaute *f,* Windstille *f; (mare)* Meeresstille *f,* ruhige (*o.* glatte) See; **2.** *fig* Stille *f,* Ruhe *f.*

bonaccione, -a [bonat'tʃo:ne] *fam* **I.** *a* gutmütig; **II.** *m, f* gutmütiger Mensch.

bonarietà [bonari̯e'ta] ‹-› *f* Gutmütigkeit *f.* **bonario, -a** [bo'na:ri̯o] ‹-i, -ie› *a* gutmütig.

bonifica [bo'ni:fika] ‹-che› *f agr* **1.** *(di terreno)* Urbarmachung *f; (di palude)* Trockenlegung *f;* **2.** *mil* Entminung *f.* **bonificare** [bonifi'ka:re] ‹bonifico, bonifichi› *tr* **1.** *(terreno)* urbar machen; *(palude)* trockenlegen; **2.** *mil* entminen; **3.** *fin* gutschreiben. **bonifico** [bo'ni:fiko] ‹-ci› *m* **1.** *fin* Gutschrift *f;* **2.** *com* Preisnachlaß *m.*

bonomia [bono'mi:a] ‹-ie› *f* Gutmütigkeit *f.*

bontà [bon'ta] ‹-› *f* **1.** *(di persona)* Güte *f;* **2.** *(di cosa)* Güte *f,* Qualität *f;* **abbia la ~ di dirmelo** haben Sie die Güte, es mir zu sagen; **che ~ questa torta!** diese Torte ist ein Gedicht!

bonzo ['bondzo] *m* Bonze *m.*

boom [bu:m] ‹-› *m* Aufschwung *m,* Boom *m.*

boomerang ['bu:mæræŋ] ‹-› *m* Bumerang *m.*

bora ['bɔ:ra] *f* Bora *f.*

boracifero, -a [bora'tʃi:fero] *a* borhaltig, Borax-; **soffione ~** Borquelle *f.*

borato [bo'ra:to] *m* Borat *n.*

borbottamento [borbotta'mento] *m fam* Murmeln *n,* Gemurmel *n.* **borbottare** [...'ta:re] *tr, itr fam (parlare in modo indistinto)* murmeln; *(brontolare)* brummen; **ma che stai borbottando?** *fam* was brummst du da in deinen Bart (hinein)? *fam.* **borbottio** [...'ti:o] ‹-ii› *m fam* Gemurmel *n,* Gestammel *n.*

borchia ['bɔrki̯a] ‹-chie› *f gener* Metallverzierung *f,* Beschlag *m; (su allacciamenti)* Niete *f; (a poltrone)* Ziernagel *m.*

bordare [bor'da:re] *tr* **1.** *(sottana, vestito)* (ein)säumen, (um)säumen; *(per ornamento)* mit einer Borte verzieren; **2.** *naut (vela)* straffen; **3.** *tec* bördeln. **bordatura** [...da'tu:ra] *f* **1.** *(di vestito, etc.)* Einfassung *f,* Bordüre *f,* Borte *f;* **2.** *(di lamiera)* Bördelarbeit *f,* Kümpelung *f.*

bordello [bor'dɛllo] *m* **1.** *fig fam (ambiente corrotto)* Lasterhöhle *f; (disordine)* Tohuwabohu *n,* Durcheinander *n; (fracasso)* Radau *m,* Spektakel *m;* **2.** *(postribolo)* Bordell *n,* Freudenhaus *n;* **smettetela di far ~!** *fam* hört mal auf mit dem Radau! *fam.*

bordino [bor'di:no] *m* **1.** *(di tessuto)* feiner Saum, Einfassung *f; (per ornamento)* kleine Borte; **2.** *ferr* (Spur)kranz *m.*

bordo ['bordo] *m* **1.** *(di vestito, etc.)* Saum *m; (per ornamento)* Borte *f;* **2.** *naut, aero, mot* Bord *m;* **3.** *(di strada)* Rand *m; (di aiuola)* Einfassung *f,* Rand(streifen) *m;* **4.** *(di tavolo, sedia, etc.)* Kante *f;* **gente d'alto ~** hochgestellte (*o.* bessere) Leute *pl;* **salire a ~** an Bord gehen, einsteigen; **prendere qu a ~** jdn an Bord nehmen; **a ~** an Bord; **a ~ della macchina** im Wagen;

sul ~ **della strada** am Straßenrand.

bordura [...'du:ra] *f* **1.** *(di aiuola)* Einfassung *f*, Rand(streifen) *m;* **2.** *(di abito)* Bordüre *f;* **3.** *gastr* Garnierung *f.*

boreale [bore'a:le] *a* boreal; **aurora** ~ Nordlicht *n.*

borgata [bor'ga:ta] *f* **1.** *(piccolo centro)* Ortschaft *f;* **2.** *(di periferia)* Vorort *m.*

borghese [bor'ge:se] **I.** *a* **1.** *soc* bürgerlich, Bürger-; **2.** *adm* zivil, Zivil-; **3.** *fig pej* (klein)bürgerlich; **abito** ~ Zivilkleidung *f;* **in** ~ in Zivil; **II.** *mf* Bürger(in) *m(f)*, Bourgeois *m;* **piccolo** ~ Kleinbürger *m; pej* Spießbürger *m*, Spießer *m;* **III.** *m* Zivilist *m.* **borghesia** [...ge'zi:a] ‹-ie› *f* Bürgertum *n*, Bourgeoisie *f;* **alta/piccola** ~ Groß-/Kleinbürgertum *n;* **media** ~ Mittelstand *m.*

borgo ['borgo] ‹-ghi› *m* **1.** *(centro abitato)* Ortschaft *f*, Dorf *n;* **2.** *(quartiere cittadino)* (Vorstadt)viertel *n.*

borgomastro [borgo'mastro] *m* Bürgermeister *m.*

boria ['bɔ:ri̯a] ‹-ie› *f* Aufgeblasenheit *f*, Hochmut *m.*

borico, -a ['bɔ:riko] ‹-ci, -che› *a* Bor-; **acido** ~ Borsäure *f.*

borioso, -a [bo'ri̯o:so] *a* aufgeblasen, hochmütig.

borotalco® [boro'talko] *m* Körperpuder *m.*

borraccia [bor'rattʃa] ‹-cce› *f* Wasserflasche *f; mil* Feldflasche *f.*

borsa¹ ['borsa] *f* **1.** *gener.* Tasche *f*, Beutel *m; (di donna)* Handtasche *f; (per denaro)* Geldbeutel *m;* **2.** *fig (denaro)* Geld *n;* **3.** *anat* Beutel *m*, Sack *m; (del canguro)* Beutel *m;* ~ **da viaggio** Reisetasche *f;* ~ **dell'acqua calda** Wärmflasche *f;* ~ **della spesa/del tabacco** Einkaufstasche *f*/Tabakbeutel *m;* ~ **del ghiaccio** Eisbeutel *m;* ~ **di studio** Stipendium *n;* **avere le -e sotto gli occhi** (Tränen)säcke (unter den Augen) haben; **mettere mano alla** ~ (tief) in die Tasche greifen, etwas springen lassen *fam;* **pagare di** ~ **propria** aus eigener Tasche bezahlen; **o la** ~ **o la vita!** Geld oder Leben!

borsa² ['borsa] *f fin* Börse *f;* ~ **merci/valori** Produkten-, Warenbörse *f*/Effekten-, Wertpapierbörse *f;* ~ **dei calciatori** Transfermarkt *m;* **giocare in** ~ an der Börse spekulieren.

borsaiolo, -a [borsa'i̯ɔ:lo] *m, f* Taschendieb(in) *m(f).*

borsanera [borsa'ne:ra] ‹borsenere› *f* Schwarzmarkt *m.*

borseggiare [borsed'dʒa:re] ‹borseggio, borseggi› *tr* bestehlen, aus der Handtasche stehlen (*qu* jdm). **borseggiatore, -trice** [...dʒa'to:re] *m, f* Taschendieb(in) *m(f).* **borseggio** [...'seddʒo] ‹-ggi› *m* Taschendiebstahl *m.*

borsellino [borsel'li:no] *m* Geldbeutel *m*, Portemonnaie *n.*

borsello [bor'sɛllo] *m (da uomo)* Tasche *f*, Täschchen *n.*

borsenere *pl di* **borsanera.**

borsetta [bor'setta] *f (da donna)* (Hand)tasche *f*, Täschchen *n.*

borsista [bor'sista] ‹-i *m*, -e *f*› *mf* **1.** *(chi ha una borsa di studio)* Stipendiat(in) *m(f);* **2.** *fin* Börsenspekulant(in) *m(f).*

boscaglia [bos'kaʎʎa] ‹-glie› *f (bosco non ancora alto)* Niederwald *m; (bosco incolto)* Gehölz *n.*

boscaiolo [boska'i̯ɔ:lo] *m* Holzfäller *m*, -hacker *m.*

boschereccio, -a [boske'rettʃo] ‹-cci, -cce› *a* **1.** *(ninfe, fungo)* Wald-; **2.** *fig* ländlich. **boschivo, -a** [...'ki:vo] *a* waldig, Wald-.

bosco ['bɔsko] ‹-schi› *m (a. fig)* Wald *m;* ~ **da taglio** Nutzwald *m.* **boscosità** [boskosi'ta] ‹-› *f* Bewaldung *f*, Waldbestand *m.* **boscoso, -a** [...'ko:so] *a* waldig.

Bosforo ['bɔsforo] *m* Bosporus *m.*

boss [bɔs] ‹-› *m* Boß *m.*

bosso ['bɔsso] *m* **1.** *bot* Buchsbaum *m;* **2.** *(legno)* Buchsbaumholz *n.*

bossolo ['bɔssolo] *m* **1.** *mil* Patronenhülse *f;* **2.** *(per votazioni)* Wahlurne *f; (per elemosine)* Sammelbüchse *f; (per dadi)* Würfelbecher *m;* **3.** *tec* Büchse *f.*

botanica [bo'ta:nika] ‹-che› *f* Botanik *f.* **botanico, -a** [...ko] ‹-ci, -che› **I.** *a* botanisch; **orto** (*o.* **giardino**) ~ botanischer Garten; **II.** *m, f* Botaniker(in) *m(f).*

botola ['bɔ:tola] *f* Kellerluke *f; (trabocchetto)* Falltür *f.*

botolo ['bɔ:tolo] *m pej* **1.** *(cane)* Köter *m;* **2.** *fig (persona)* Giftzwerg *m.*

botta ['bɔtta] *f* **1.** *(colpo)* Schlag *m*, Hieb *m; (percossa)* Stoß *m;* **2.** *(rumore)* Knall *m;* **3.** *fig (battuta pungente)* scharfe Bemerkung, Hieb *m;* **un sacco di -e** eine Tracht Prügel; **fare a -e** raufen, sich prügeln; **fare a** ~ **e risposta** sich *(dat)* ein Wortgefecht (*o.* einen Schlagabtausch) liefern; **dar -e da orbi** blindlings drauflosschlagen; *(punire)* eine gehörige Tracht Prügel verpassen; **a** ~ **calda** auf der Stelle; **è**

stata una bella ~ per lui das war ein schwerer Schlag für ihn.
botte ['botte] *f* **1.** *(di vino, etc.)* Faß *n;* **2.** *fig fam* Tonne *f,* Faß *n;* **3.** *arch* Tonne *f;* **volta a ~** Tonnendach *n;* **essere in una ~ di ferro** ganz sicher sein, von allen Seiten abgesichert sein; **non si può avere la ~ piena e la moglie ubriaca** *prov* man kann nicht alles haben.
bottega [bot'te:ga] ‹-ghe› *f* Geschäft *n,* Laden *m;* **fondi/scarti di ~** Restbestände *m pl*/Ladenhüter *m pl,* Ramsch *m;* **andare/stare a ~ da qu** bei jdm in die Lehre gehen/in der Lehre sein; **lavorare a ~ da qu** bei jdm im Laden arbeiten; **avere la ~ aperta** *fig fam* den Hosenladen offen haben *fam.* **bottegaio, -a** [...te'ga:io] ‹-ai, -aie› *m, f* Händler(in) *m(f),* Kaufmann *m.* **botteghino** [...te'gi:no] *m* Kartenschalter *m; theat* Theaterkasse *f; film* Kinokasse *f; (sport a.)* Wettbüro *n; (del lotto)* Lottoannahmestelle *f.*
bottiglia [bot'tiʎʎa] ‹-glie› *f* Flasche *f;* **~ Molotov** Molotowcocktail *m.* **bottiglione** [...'ʎo:ne] *m* große Flasche.
bottino[1] [bot'ti:no] *m mil* Kriegsbeute *f; (di furto)* (Diebes)beute *f.*
bottino[2] [bot'ti:no] *m* **1.** *(pozzo nero)* Senkgrube *f,* Jauchegrube *f;* **2.** *agr* Jauche *f;* **spargere il ~** jauchen.
botto ['bɔtto] *m* **1.** *(colpo)* Schlag *m; (dello sparo)* Knall *m;* **2.** *(fuochi d'artificio)* Feuerwerk *n;* **di ~** schlagartig, mit einem Schlag; **in un ~** mit einem Schlag, im Handumdrehen.
bottone [bot'to:ne] *m* **1.** *gener.* Knopf *m;* **2.** *tec* (Druck)knopf *m,* Taste *f;* **~ automatico** Druckknopf *m;* **~ d'oro** Troll-, Dotterblume *f;* **stanza dei -i** *fig* Schalt-, Kommandostelle *f;* **attaccare un ~ (a qu)** (jdm) einen Knopf annähen; *fig fam* jdn in ein endloses Gespräch verwickeln. **bottoniera** [...to'niɛ:ra] *f* **1.** *(di vestito)* Knopfreihe *f;* **2.** *el* Schalttafel *f.*
bouclé [bu'kle] ‹*inv*› *a* Bouclé-.
bouquet [bu'kɛ] ‹-› *m* **1.** *(di fiori)* Blumenstrauß *m;* **2.** *(di vino)* Bukett *n,* Blume *f.*
boutade [bu'tad] ‹-› *f* witzige (*o.* geistreiche) Pointe (*o.* Bemerkung).
boutique [bu'tik] ‹-› *f* Boutique *f.*

bovaro [bo'va:ro] *m* Kuhhirte *m.*
bove ['bɔ:ve] *m* Ochse *m.* **bovino, -a** [bo'vi:no] **I.** *a* Ochsen-, Rind(er)-; **occhi -i** *pej* Kuh-, Glotzaugen *n pl;* **II.** *m* Rind *n.*
bowling ['boulıŋ] ‹-› *m* **1.** *(gioco)* Bowling *n;* **2.** *(luogo)* Bowlingcenter *n; (pista)* Bowlingbahn *f.*
box [bɔks] ‹-› *m* **1.** *(per bambini)* Laufstall *m;* **2.** *mot, zoo* Box *f.*
boxare [bok'sa:re] *itr* boxen. **boxe** [bɔks] ‹-› *f* Boxen *n,* Boxsport *m.*
boxer ['bɔksə] ‹-› *m zoo* Boxer *m.*
boxeur [bɔk'sœ:r] ‹-› *m sport* Boxer *m.*
boy [bɔı] ‹-› *m* **1.** *(d'albergo)* Boy *m,* Hoteldiener *m;* **2.** *theat* Revuetänzer *m.*
boy-scout ['bɔıskaʊt] *m* Pfadfinder *m.*
bozza[1] ['bɔttsa] *f* **1.** *arch* Steinvorsprung *m; (bugna)* Kragstein m; **2.** *anat* Höcker *m; (bernoccolo)* Beule *f.*
bozza[2] ['bɔttsa] *f* **1.** *typ* Fahne *f,* (Korrektur)abzug *m;* **2.** *lit* Entwurf *m;* **correzione di -e** Fahnenkorrektur *f;* **-e di stampa** Druckfahnen *f pl.*
bozzettista [bottset'tista] ‹-i *m,* -e *f*› *mf* **1.** *lit* Skizzenschreiber(in) *m(f);* **2.** *(di pubblicità)* Entwurfzeichner(in) *m(f).* **bozzetto** [...'tsetto] *m* **1.** *lit* Skizze *f,* Kurzgeschichte *f;* **2.** *(modello)* Entwurf *m.*
bozzo ['bɔttso] *m dial* Beule *f.*
bozzolo ['bɔttsolo] *m* **1.** *zoo* Kokon *m;* **2.** *(protuberanza)* Beule *f,* Höcker *m;* **uscire dal ~** *zoo* ausschlüpfen; *fig* wieder unter die Menschen gehen.

B.P.L. *ab di* **Buono Per Lire** *Abkürzung vor der zahlbaren Summe auf Wechseln.*
BR, Br *f pl ab di* **Brigate Rosse** Rote Brigaden *(italienische Terroristenorganisation).*
braca ['bra:ka] ‹-che› *f* **1.** *pl (calzoni)* Hose *f; (mutande)* Unterhose *f;* **2.** *(allacciatura per operai)* Sicherheitsgurt *m;* **calare** *(o.* **calarsi) le -che** *vulg (per paura)* sich *(dat)* in die Hosen machen *sl.*
bracalone, -a [braka'lo:ne] *m, f fam* Schlamper(in) *m(f) fam.*
braccare [brak'ka:re] ‹bracco, bracchi› *tr* hetzen, aufspüren; *(fig a.)* verfolgen.
braccetto [brat'tʃetto] *m:* **a ~** Arm in Arm, eingehakt; **prendere qu a ~** sich bei jdm einhaken.
braccia *f pl di* **braccio.**
bracciale [brat'tʃa:le] *m* **1.** *(ornamento)* Armband *n;* **2.** *(fascia distintiva)* Armbinde *f.* **braccialetto** [...tʃa'letto] *m* Armband *n; (cerchio)* Armreif *m.*
bracciantato [brattʃan'ta:to] *m* Hilfsarbeiter *m pl,* Tagelöhner *m pl.* **bracciante** [...'tʃante] *mf* Tagelöh-

ner(in) *m(f);* ~ **agricolo** landwirtschaftlicher Hilfsarbeiter.

bracciata [brat'tʃa:ta] *f* **1.** *sport* (Arm)stoß *m* (beim Schwimmen); **2.** *(quantità)* Armvoll *m;* **a -e** haufenweise, in Mengen. **braccio** ['brattʃo] *m* **1.** ‹*pl:* braccia *f*› *anat* Arm *m;* **2.** *fig:* **braccia** *f pl* Arbeitskräfte *f pl;* **3.** ‹*pl:* braccia *f*› *(misura)* Elle *f;* **4.** ‹*pl:* -cci *m*› *geog:* ~ **di mare/terra/fiume** Meerenge *f*/Landzunge *f*/Flußarm *m;* **5.** ‹*pl:* -cci *m*› *(tec, di lampada)* Arm *m; (di gru)* Arm *m,* Ausleger *m; (di bilancia)* Balken *m;* **6.** ‹*pl:* -cci *m*› *phys* (Hebel)arm *m;* **7.** ‹*pl:* -cci *m*› *arch* Flügel *m;* **accogliere qu a braccia aperte** jdn mit offenen Armen empfangen (*o.* aufnehmen); **agitare le braccia** mit den Armen fuchteln; *(in segno di saluto)* winken; *(per fare segni)* gestikulieren; **avere buone braccia** eine gute Arbeitskraft sein, tüchtig sein; **darsi in ~ a qu/ad un vizio** sich jdm voll und ganz in die Hände geben/einem Laster verfallen; **gettare le braccia al collo di qu** jdm um den Hals fallen; **incrociare le braccia** *fig* die Arbeit niederlegen, streiken; **stare a braccia conserte** mit verschränkten Armen dastehen; *fig* nichts tun, Däumchen drehen *fam;* **portare un bambino in ~** ein Kind auf dem Arm tragen; **prendere qu per un ~** jdn am (*o.* beim) Arm nehmen; **offrire il ~ a qu** jdm den Arm anbieten; **mi fai cadere le braccia** du enttäuschst mich. **bracciolo** [...'tʃɔ:lo] *m* Armlehne *f.*

bracco ['brakko] ‹-cchi› *m* Bracke *m,* Spürhund *m.*

bracconiere [brakko'ni̯ɛ:re] *m* Wilderer *m,* Wilddieb *m.*

brace ['bra:tʃe] *f* Glut *f,* Feuer *n; (carbone)* Holzkohle *f;* **una bistecca alla ~** ein Steak vom (Holzkohlen)grill; **farsi di ~** feuerrot werden; **essere sulle -i** *fig* wie auf (glühenden) Kohlen sitzen; **soffiare nella ~** *fig* das Feuer noch schüren, Öl ins Feuer gießen.

brachetta [bra'ketta] *f* **1.** ‹*pl*› *(per bambini)* Höschen *n;* **2.** *typ* Fälzel *n.*

brachiale [bra'ki̯a:le] *a* (Ober)arm-.

braciere [bra'tʃɛ:re] *m* Kohlenbecken *n,* -pfanne *f.*

braciola [bra'tʃɔ:la] *f* Schnitzel *n;* ~ **di maiale** Schweinekotelett *n.*

bradisismo [bradi'sizmo] *m* bradyseismische Bewegung.

brado, -a ['bra:do] *a* ungezähmt, wild.

braille [braj] ‹-› *m f* Blindenschrift, Brailleschrift *f.*

brama ['bra:ma] *f poet* Begierde *f,* Sehnsucht *f;* ~ **di sapere** Wißbegierde *f.*

bramano [bra'ma:no] *m* Brahmane *m.*

bramare [bra'ma:re] *tr geh* heiß begehren, schmachten nach *geh.*

bramino [bra'mi:no] *v.* **bramano.**

bramire [bra'mi:re] ‹bramisco› *itr (orso)* brüllen; *(cervo)* röhren. **bramito** [...'mi:to] *m (dell'orso)* Brüllen *n; (del cervo)* Röhren *n.*

bramosia [bramo'si:a] ‹-ie› *f* Begierde *f,* Sehnsucht *f.* **bramoso, -a** [...'mo:so] *a* sehnsüchtig (*di* nach), (be)gierig (*di* auf).

branca ['braŋka] ‹-che› *f* **1.** *zoo* Klaue *f; (dell'orso, etc.)* Pranke *f; (di uccelli, etc.)* Kralle *f;* **2.** *tec (di pinza)* Backe *f,* Maul *n;* **3.** *bot* Ast *m;* **4.** *fig* Gebiet *n,* Zweig *m;* **5.** *arch* (Treppen)absatz *m;* **6.** ‹*pl*› *fig (grinfie)* Klauen *f pl,* Krallen *f pl.*

branchiale [braŋ'ki̯a:le] *a* Kiemen-. **branchiato, -a** [...'ki̯a:to] **I.** *a* mit Kiemen versehen, Kiemen-; **II.** *m* Kiemenatmer *m.* **branchie** ['braŋki̯e] *f pl* Kiemen *f pl.*

brancicare [brantʃi'ka:re] ‹brancico, brancichi› **I.** *itr* tappen; **II.** *tr fam* betatschen *fam,* begrapschen *fam.*

branco ['braŋko] ‹-chi› *m* **1.** *zoo* Rudel *n; (gregge)* Herde *f; (di uccelli)* Schwarm *m;* **2.** *fig pej* Meute *f,* Haufen *m.*

brancolamento [braŋkola'mento] *m (a. fig)* (Herum)tappen *n.* **brancolare** [...'la:re] *itr* herumirren; ~ **nell'incertezza** in völliger Ungewißheit sein.

branda ['branda] *f* Feldbett *n.*

brandello [bran'dɛllo] *m* Fetzen *m,* Stück *n;* **fare a -i** zerfetzen, in Stücke reißen; **non ha un ~ di pazienza** er (*o.* sie) hat kein bißchen Geduld.

brandire [bran'di:re] ‹brandisco› *tr* schwingen.

brano ['bra:no] *m* **1.** *mus* (Musik)stück *n;* **2.** *lit* Stelle *f,* Ausschnitt *m;* **3.** *(pezzo)* Stück *n,* Fetzen *m;* **fare a -i** auseinandernehmen, zerfetzen, in Stücke reißen.

branzino [bran'tsi:no] *m* Seebarsch *m.*

brasare [bra'za:re] *tr* **1.** *gastr* schmoren; **2.** *tec* (hart) löten. **brasato, -a** [...'za:to] **I.** *a* geschmort; **II.** *m* (Rinder)schmorbraten *m.*

Brasile [bra'zi:le] *m:* **il ~** Brasilien *n.* **brasiliano, -a** [...zi'li̯a:no] **I.** *a* brasilianisch; **II.** *m, f* Brasilianer(in) *m(f).*

bravaccio [bra'vattʃo] ‹-cci› *m* Aufschneider *m.*

bravamente [brava'mente] *adv* beherzt.

bravata [bra'va:ta] *f* **1.** *(azione rischiosa)* Bravourstück *n; (a. iron)* Glanzleistung *f,* Glanznummer *f;* **2.** *(millanteria)* Aufschneiderei *f,* Prahlerei *f.*

bravo, -a ['bra:vo] **I.** *a* **1.** *(abile)* tüchtig, fähig; **2.** *(onesto)* ehrlich, anständig, rechtschaffen; **3.** *(buono)* gut; *(bambino)* brav, artig; **4.** *(coraggioso)* mutig; **5.** *fam* (heiß)geliebt; **essere ~ in qc** (*o.* **a fare qc**) etw. gut (machen) können; **fare il ~** *(esortazione)* lieb (*o.* artig) sein; *(ostentazione)* den Mund vollnehmen; **su su, da ~, vieni qua** *fam* sei schön artig und komm her; **II.** *interj* bravo, gut, toll; **III.** *m hist* Meuchelmörder *m.* **bravura** [bra'vu:ra] *f* Geschicklichkeit *f,* Können *n; (virtuosismo)* Bravour *f;* **pezzo di ~** *tec* Meisterstück *n; fig* Glanz-, Meisterleistung *f;* **con ~** mit Bravour, bravourös.

breccia[1] ['brettʃa] ‹-cce› *f (sassi)* Schotter *m,* Splitt *m.*

breccia[2] ['brettʃa] ‹-cce› *f mil* Bresche *f;* **fare una ~** *(a. fig)* eine Bresche schlagen; **essere sulla ~** in vorderster Linie stehen; **far ~ nell'animo di qu** jdm für sich einnehmen; **saltare nella ~** in die Bresche springen.

brefotrofio [brefo'trɔ:fi̯o] ‹-i› *m* (Kinder)heim *n; hist* Findelhaus *n.*

Bregenz ['bre:gɛnts] *f* Bregenz *n.*

Brema ['brɛ:ma] *f* Bremen *n.*

Brennero ['brɛnnero] *m* Brenner *m;* **Passo del ~** Brennerpaß *m.*

bresaola [bre'za:ola] *f luftgetrocknetes, gesalzenes Rindfleisch.*

Breslavia [bre'zla:vi̯a] *f* Breslau *n.*

Bressanone [bressa'no:ne] *f* Brixen *n.*

bretella [bre'tɛlla] *f* **1.** ‹*di solito al pl*› *(per pantaloni, gonne)* Hosenträger *m;* **2.** *fig* Zubringerstraße *f,* Querspange *f.*

brev. *ab di* **brevetto** Patent.

breve ['brɛ:ve] **I.** *a* kurz; **-i parole** knappe Worte, ein paar Worte; **essere ~** *fig* sich kurz fassen; *pej* kurz angebunden sein; **a farla ~** um es kurz zu machen, kurzum; **a ~ termine** kurzfristig; **in ~** kurz, knapp; **fra ~** in Kürze, demnächst; **II.** *f mus* Doppelganze *f.*

brevettare [brevet'ta:re] *tr* patentieren. **brevetto** [...'vetto] *m (ab* **brev.**) Patent *n;* **~ di pilota** (*o.* **pilotaggio)** Flug-, Pilotenschein *m.*

breviario [bre'vi̯a:ri̯o] ‹-i› *m* Brevier *n.*

brevità [brevi'ta] ‹-› *f* Kürze *f.*

brezza ['breddza] *f* Brise *f,* Wind *m.*

bricco ['brikko] ‹-cchi› *m* Kanne *f.*

briccona *f v.* **briccone.**

bricconata [brikko'na:ta] *f fam* böser Streich; *scherz* Kinderstreich *m.*

briccone, -a [...'ko:ne] *m, f fam* Schelm *m,* Gauner(in) *m(f).* **bricconeria** [...kone'ri:a] ‹-ie› *f fam* (Schelmen)streich *m,* Gaunerei *f.*

briciola ['bri:tʃola] *f* **1.** *(di pane, etc.)* Krümel *m;* **2.** *fig* Spur *f,* Funke *m;* **andare in -e** *fig* zerbröckeln, zusammenbrechen, völlig kaputtgehen *fam;* **ridurre in -e** *fig* zertrümmern. **briciolo** [...lo] *m* **1.** *fig* Funke *m,* Spur *f;* **2.** *(di pane, etc.)* Krümel *m;* **non avere un ~ di cervello** keinen Funken Verstand haben.

briga ['bri:ga] ‹-ghe› *f* **1.** *(noia)* Mühe *f,* Unannehmlichkeit *f;* **2.** *(lite)* Streit *m,* Händel *m pl;* **attaccar ~ con qu** mit jdm Streit anfangen.

brigadiere [briga'di̯ɛ:re] *m* Unteroffizier *m (der Karabinieri).*

brigantaggio [brigan'taddʒo] ‹-ggi› *m* Räuberwesen *n.* **brigante, -essa** [...'gante, ...'tessa] *m, f* **1.** *pej* (Straßen)räuber(in) *m(f),* Bandit(in) *m(f);* **2.** *scherz* Gauner *m,* Schurke *m.*

brigantino [brigan'ti:no] *m* Brigg *f.*

brigare [bri'ga:re] ‹brigo, brighi› *itr fam* sich eifrig bemühen, eifrig bemüht sein; *pej* intrigieren; **~ per ottenere qc** alle Hebel in Bewegung setzen, um etw. zu erreichen.

brigata [bri'ga:ta] *f* **1.** *fam* Schar *f;* **2.** *mil* Brigade *f;* **~ aerea** Geschwader *n;* **poca ~ vita beata** *prov* je kleiner die Runde, desto vergnügter die Stimmung.

brighella [bri'gɛlla] *m* **1.** *theat:* **B~** Brighella *m (Figur der Commedia dell'arte);* **2.** *fig pej* schlauer Fuchs, Intrigant *m.*

briglia ['briʎʎa] ‹-glie› *f* **1.** *(del cavallo)* Zügel *m,* Zaum *m;* **2.** *(per bambini)* Laufgurt *m;* **3.** *(di torrente)* Wehr *n;* **lasciare correre a ~ sciolta** *(a. fig)* freien Lauf lassen; **a ~ sciolta** *fig* zügellos.

brillamento [brilla'mento] *m* Sprengung *f.*

brillante [bril'lante] **I.** *a* **1.** *fig* brillant, glänzend, hervorragend; **2.** *(che brilla)* glänzend, strahlend; **II.** *m* Brillant *m.*

brillantina [brillan'ti:na] *f* Pomade *f,* Brillantine *f.*

brillare [bril'la:re] **I.** *itr* **1.** *(stella, sole, occhi, etc.)* glänzen, leuchten, strahlen; **2.** *fig* glänzen (*per* mit, durch), sich auszeichnen (*per* durch); **3.** *(mi-*

na) explodieren; ~ **per la propria assenza** *scherz* durch Abwesenheit glänzen; **II.** *tr* **1.** *(mina)* sprengen; **2.** *(riso)* schälen, polieren.

brillatura [brilla'tu:ra] *f* Polieren *n*, Schälen *n*.

brillio [bril'li:o] ‹-ii› *m* Schimmern *n*.

brillo, -a ['brillo] *a* beschwipst.

brina, brinata ['bri:na, bri'na:ta] *f* (Rauh)reif *m*.

brindare [brin'da:re] *itr* anstoßen (*a* auf), prosten (*a* auf).

brindello [brin'dɛllo] *m (di stoffa)* Stück *n*, Fetzen *m*.

brindellone, -a [brindel'lo:ne] *m, f fam* Schlamper *m fam*, Schlampe *f fam*.

brindisi ['brindizi] ‹-› *m* Trinkspruch *m*, Toast *m*; **fare un ~ a qu** auf jdn einen Trinkspruch ausbringen.

brio ['bri:o] *m* Schwung *m*, Lebhaftigkeit *f*.

brioche [bri'ɔʃ] ‹-› *f* Brioche *f (Hefegebäck)*.

briosità [briosi'ta] ‹-› *f* Schwung *m*, Begeisterung *f*; *(ingegno)* Geist *m*. **brioso, -a** [bri'o:so] *a* schwungvoll, lebhaft; *(ingegnoso)* spritzig, geistvoll.

briscola ['briskola] *f* **1.** *(gioco) ein Kartenspiel*; **2.** *fam* Haue *f fam*; **contare quanto il due di ~** soviel wie gar nichts zählen, ganz unwichtig sein.

Brisgovia [briz'gɔ:vi̯a] *f* Breisgau *m*.

bristol ['bristol] ‹-› *m* Bristolkarton *m*.

brivido ['bri:vido] *m* **1.** *(di freddo)* Frösteln *n*; *(di febbre, fig)* Schüttelfrost *m*; **2.** *fig (gradevole)* Schau(d)er *m*, Prickeln *n*; *(di spavento)* Schau(d)er *m*, Grau(s)en *n*; ~ **della velocità** Geschwindigkeitsrausch *m*; **avere i -i (di freddo)** frösteln; *(di febbre)* Schüttelfrost haben; **mi vengono i -i** es überläuft mich eiskalt, mir läuft es kalt den Rücken runter *fam*; **sentire un ~ di piacere** ein prickelndes Vergnügen empfinden.

brizzolato, -a [brittso'la:to] *a* **1.** *(cavallo)* gescheckt; **2.** *(marmo)* gefleckt, gesprenkelt; **3.** *(barba, capelli)* graumeliert.

brocca ['brɔkka] ‹-cche› *f* Kanne *f*, Krug *m*.

broccato [brok'ka:to] *m* Brokat *m*.

broccolo ['brɔkkolo] *m* **1.** ‹*pl*› *gastr* Brokkoli *pl*, Spargelkohl *m*; **2.** *fig fam* Dummkopf *m*, Kohlkopf *m fam*.

broche [brɔʃ] ‹-› *f* Brosche *f*.

brochure [brɔ'ʃy:r] ‹-› *f* Broschüre *f*.

broda, brodaglia ['brɔ:da, bro'daʎʎa] ‹-glie› *f* **1.** *gastr* Brühe *f*, Kochwasser *n*; **2.** *fig pej* (dünne) Brühe *f*, Abwaschwasser; *(discorso, etc.)* Gewäsch *n fam*; **3.** *(acqua sporca)* dreckige Brühe *fam*. **brodetto** [bro'detto] *m* Sauce *f*, Tunke *f*; ~ **di pesce** Fischsuppe *f*. **brodo** ['brɔ:do] *m* (klare) Brühe *f*; ~ **ristretto** Kraftbrühe *f*; ~ **di verdura** Gemüsesuppe *f*; **lasciar cuocere** (*o.* **bollire) qu nel suo ~** jdn im eigenen Saft schmoren lassen; **andare in ~ di giuggiole** überglücklich sein; **tutto fa ~** Kleinvieh macht auch Mist *prov*. **brodolone, -a** [brodo'lo:ne] *m, f pej* Ferkel *n fam*, Kleckerfritze *m fam*, Kleckerliese *f fam*. **brodoso, -a** [...'do:so] *a* dünn(flüssig); *(noioso)* langatmig.

brogliaccio [broʎ'ʎattʃo] ‹-cci› *m* **1.** *(scartafaccio)* Schmierkladde *f*; **2.** *com* Journal *n*.

broglio ['brɔʎʎo] ‹-gli› *m* Machenschaft *f*; ~ **elettorale** Wahlmanipulation *f*.

bromo ['brɔ:mo] *m* Brom *n*.

bromuro [bro'mu:ro] *m* Bromid *n*.

bronchiale [broŋ'ki̯a:le] *a* bronchial, Bronchial-. **bronchite** [...'ki:te] *f* Bronchitis *f*. **bronchitico, -a** [...'ki:tiko] ‹-ci, -che› **I.** *a* bronchitisch; **II.** *m, f* Bronchitiskranke(r) *mf*.

broncio ['brontʃo] ‹-ci› *m fam* Schnute *f fam*, Schmollmund *m*; **fare** (*o.* **tenere) il ~** schmollen, eingeschnappt sein *fam*; **portare il ~ a qu** (mit) jdm schmollen.

bronco ['broŋko] ‹-chi› *m* Bronchie *f*.

brontolamento [brontola'mento] *m* Murren *n*, Brummen *n*. **brontolare** [...'la:re] **I.** *itr (persona)* murren, brummen; *(tuono)* grollen, rollen; *(stomaco)* knurren; *(intestino)* kollern, rumoren; **II.** *tr* brummen. **brontolio** [....'li:o] ‹-ii› *m (di persona)* Murren *n*, Brummen *n*; *(di tuono)* Grollen *n*, Rollen *n*; *(di stomaco)* Knurren *n*; *(di intestino)* Rumoren *n*. **brontolone, -a** [...'lo:ne] **I.** *a* brummig, knurrig, mürrisch; **II.** *m, f* Brummbär *m*.

bronzeo, -a ['brondzeo] *a* bronzen, bronzefarben; *(pelle)* gebräunt. **bronzetto** [...'dzetto] *m* Bronzefigur *f*. **bronzista** [...'dzista] ‹-i *m*, -e *f*› *mf* **1.** *(artefice)* Bronzekünstler(in) *m(f)*; **2.** *(venditore)* Bronze(kunst)händler(in) *m(f)*.

bronzo ['brondzo] *m* Bronze *f*; **età del ~** Bronzezeit *f*; **faccia di ~** *fig* unverschämter Lümmel.

brossura [bros'su:ra] *f* Broschüre *f*.

brrr [br] *interj* brr.

brucare [bru'ka:re] ‹bruco, bruchi› *tr* abweiden, abfressen.
bruciacchiare [brutʃak'kia:re] ‹bruciacchio, bruciacchi› *tr* abbrennen; *(capelli)* versengen. **bruciacchiatura** [...ia'tu:ra] *f* Abbrennen *n; (di capelli)* Versengen *n.*
bruciapelo [brutʃa'pe:lo]: **a** ~ *adv* **1.** *(vicino)* aus nächster Nähe; **2.** *fig* unvermittelt, plötzlich.
bruciare [bru'tʃa:re] ‹brucio, bruci› **I.** *tr* ‹*avere*› *gener.* verbrennen; *gastr* anbrennen lassen, verbrennen (lassen); *med* ausbrennen; *(stirando a.)* ver-, ansengen; *(sole)* verbrennen, versengen; *(gelo)* erfrieren lassen; **-rsi le cervella** sich *(dat)* eine Kugel durch den Kopf jagen; ~ **gli avversari** die Gegner abhängen; **II.** *itr* ‹*essere*› **1.** *(fuoco)* brennen; **2.** *(sole)* brennen, glühen; **3.** *(cibi)* heiß sein; **4.** *fig* brennen; *(della febbre, etc.)* glühen; ~ **dal desiderio di fare qc** den brennenden Wunsch haben, etw. zu tun; **III.** *rfl:* **-rsi** sich verbrennen. **bruciata** [...'tʃa:ta] *f* geröstete Kastanie. **bruciaticcio, -a** [...tʃa'tittʃo] ‹-cci, -cce› **I.** *a* angebrannt; **II.** *m* **1.** *(odore)* Geruch *m* von Angebranntem; **2.** *(sapore)* Geschmack *m* von Angebranntem; **sa di** ~ das schmeckt/riecht angebrannt. **bruciato, -a** [...'tʃa:to] **I.** *a* **1.** *(dal fuoco)* verbrannt; **2.** *(dal sole)* verbrannt, versengt; *(persona)* tiefbraun, sonnenverbrannt; **gioventù -a** Halbstarke(n) *pl;* **II.** *m* **1.** *gastr* Angebrannte(s) *n;* **2.** *(odore)* Brandgeruch *m.* **bruciatore** [...tʃa'to:re] *m* Brenner *m.* **bruciatura** [...tʃa'tu:ra] *f* Verbrennung *f; (scottatura)* Brandwunde *f.* **bruciore** [...'tʃo:re] *m* **1.** *med* Brennen *n;* **2.** *fig* Brennen *n,* brennender Schmerz; ~ **di stomaco** Sodbrennen.
bruco ['bru:ko] ‹-chi› *m* Raupe *f.*
bruf(f)olo ['bru:folo ('bruffolo)] *m* Pickel *m.*
brughiera [bru'giɛ:ra] *f* Heide(land *n*) *f.*
brûlé [bry'le] ‹*inv*› *a:* **vino** ~ Glühwein *m.*
brulicame [bruli'ka:me] *m* **1.** *zoo* Gewimmel *n;* **2.** *fig pej* Auflauf *m,* Menschengewimmel *n.* **brulicare** [...'ka:re] ‹brulico, brulichi› *itr* wimmeln (*di* von, vor). **brulichio** [...'ki:o] ‹-chii› *m* Gewimmel *n.*
brullo, -a ['brullo] *a* kahl, öde.
bruma ['bru:ma] *f* Nebel *m.*
bruna *f v.* **bruno.**
brunastro, -a [bru'nastro] *a* bräunlich.
Brunico [bru'ni:ko] *f* Bruneck *n.*
bruno, -a ['bru:no] **I.** *a* braun; *(di capelli a.)* brünett, braunhaarig; **II.** *m, f (persona)* Braunhaarige(r) *mf,* Brünette *f;* **III.** *m (colore)* Braun *n.*
brusca ['bruska] ‹-sche› *f* Striegel *m.* **bruschino** [...'ki:no] *m* Striegel *m,* Bürste *f.*
brusco, -a ['brusko] ‹-schi, -sche› *a (maniere, modi, movimento)* schroff, brüsk; *(sapore)* säuerlich, herb; **rispondere con le -sche** schroff antworten.
bruscolo ['bruskolo] *m* Körnchen *n,* Stäubchen *n;* **essere un** ~ **in un occhio a qu** jdm ein Dorn im Auge sein.
Brusselle [brus'sɛlle] *f* Brüssel *n.*
brusio [bru'zi:o] ‹-ii› *m* Geräusch *n; (di voci)* Stimmengewirr *n.*
bruta *f v.* **bruto.**
brutale [bru'ta:le] *a* brutal. **brutalità** [...tali'ta] ‹-› *f* Brutalität *f; (fig a.)* Härte *f,* Erbarmungslosigkeit *f.*
bruto, -a ['bru:to] **I.** *a* roh, tierisch; **forza -a** rohe Gewalt; **II.** *m, f* Unmensch *m,* Bestie *f.*
brutta *f v.* **brutto.**
bruttezza [brut'tettsa] *f* Häßlichkeit *f.* **brutto, -a** ['brutto] **I.** *a* **1.** *(non bello)* häßlich; **2.** *fig* schlecht, schlimm, unerfreulich; *meteo* schlecht; **-a abitudine** schlechte Angewohnheit; **-a copia** Konzept *n;* **giungere in un** ~ **momento** in einem unpassenden Augenblick kommen; **essere** ~ **come il peccato** häßlich wie die Nacht sein; **fare una -a figura** eine schlechte Figur machen (*o.* abgeben); **vedersela -a** schlimm dran sein *fam,* in Schwierigkeiten sein; **vederne/passarne delle -e** Schlimmes sehen/durchmachen; **con le -e** im bösen, mit Gewalt; **alle -e, alla -a** schlimmstenfalls; ~ **ignorante!** *fam pej* blöder Heini! *fam;* **il diavolo non è così** ~ **come si dipinge** *prov* es wird nichts so heiß gegessen, wie es gekocht wird *prov;* **II.** *m* **1.** *(cosa)* Häßliche(s) *n,* Schlechte(s) *n;* **2.** *meteo* schlechtes Wetter; **il** ~ **è che ...** das Schlimme (daran) ist, daß ...; **ha di** ~ **che ...** *(di una persona)* sein (*o.* ihr) Fehler (*o.* Nachteil) ist, daß ...; *(di una cosa)* der Nachteil daran ist, daß ...; **il tempo si mette al** ~ das Wetter wird schlechter (*o.* verschlechtert sich); **III.** *m, f* häßlicher Mensch; **IV.** *f* Konzept *n;* **scrivere qc in -a** etw. ins unreine schreiben; **V.** *adv* böse, feindlich. **bruttura** [...'tu:ra] *f* **1.** *(cosa)* Häßlichkeit *f,* Scheußlichkeit *f;* **2.** *(azione)* Schandtat *f,* Scheußlichkeit *f;* **3.** *(sudiciume)*

Schmutz *m,* Widerlichkeit *f;* **commettere -e** Schandtaten begehen.

B.T. *ab di* **Bassa Tensione** Niederspannung.

btg. *ab di* **battaglione** Bat., Btl. (*ab di* Bataillon).

B.U. *ab di* **Bollettino Ufficiale** Amtsbericht.

bua ['bu:a] *f (linguaggio infantile)* Aua *n,* Wehweh *n;* **farsi la ~** *fam* sich *(dat) weh tun;* **hai la ~ al pancino?** *fam* tut (dir) das Bäuchlein weh? *fam.*

bubbola ['bubbola] *f* Flausen *f pl.*

bubbolare [bubbo'la:re] *itr* **1.** *(mare)* tosen, brausen; *(tuono)* grollen, rollen; **2.** *fam* bibbern *fam.*

bubbolo ['bubbolo] *m* Schelle *f,* Glöckchen *n.*

bubbone [bub'bo:ne] *m* Schwellung *f,* Beule *f.* **bubbonico, -a** [...'bɔ:niko] ‹-ci, -che› *a* Beulen-, Bubonen-; **la peste -a** Beulenpest *f.*

buca ['bu:ka] ‹-che› *f* **1.** *gener.* Loch *n,* Grube *f;* **2.** *(delle guance)* (Wangen)grübchen *n;* **3.** *geog* Talsenke *f,* Talniederung *f;* **4.** *(ristorante)* Kellerlokal *n;* **~ delle lettere/del suggeritore** Brief-/Souffleurkasten *m.*

bucaneve [buka'ne:ve] ‹-› *m* Schneeglöckchen *n.*

bucare [bu'ka:re] ‹buco, buchi› **I.** *tr* **1.** *(forare)* durchlöchern, ein Loch machen in; *(biglietto)* lochen; *(lamiera)* lochen, anbohren, durchschlagen; **2.** *(pungere)* zer-, durchstechen; **3.** *sport (palla)* verfehlen; **~ una gomma** eine Reifenpanne haben, einen Platten fahren *fam;* **II.** *rfl:* **-rsi 1.** *(pungersi)* sich stechen; **2.** *(pneumatico)* ein Loch bekommen; **3.** *sl (drogati)* fixen *sl.*

Bucarest [buka'rɛst *o.* 'bu:karest] *f* Bukarest *n.*

bucatini [buka'ti:ni] *m pl* Bucatini *m pl (etwas dickere Spaghettiart).*

bucato [bu'ka:to] *m* Wäsche *f;* **fare il ~** (die Wäsche) waschen; **mettere in ~** in die Wäsche geben; **fresco di ~** frisch gewaschen; **fate il ~ in famiglia** *fig* wascht eure schmutzige Wäsche zu Hause.

bucato, -a [bu'ka:to] *a* durchlöchert; **avere le mani -e** das Geld mit vollen Händen ausgeben. **bucatura** [buka'tu:ra] *f* **1.** *mot* Reifenpanne *f,* Plattfuß *m fam;* **2.** *(puntura)* Loch *n,* (Ein)stich *m.*

buccia ['buttʃa] ‹-cce› *f* **1.** *(di frutta)* Schale *f; (baccello)* Hülse *f;* **2.** *(di salume)* Pelle *f,* Haut *f,* Darm *m;* **3.** *(di animale)* Haut *f,* Fell *n;* **4.** *scherz* Fell *n;* **avere la ~ dura** *scherz* ein dickes Fell haben.

buccola ['bukkola] *f* Ohrring *m.*

bucefalo [bu'tʃɛ:falo] *m scherz* Schindmähre *f,* Klepper *m.*

bucherellare [bukerel'la:re] *tr* durchlöchern.

buco ['bu:ko] ‹-chi› *m* **1.** *gener.* Loch *n; (apertura)* Öffnung *f;* **2.** *fam pej* Loch *n;* **3.** *(intervallo)* Loch *n,* Leerlauf *m;* **4.** *sl (di eroina)* Schuß *m sl;* **~ della chiave** Schlüsselloch *n;* **-i del naso** Nasenlöcher *n pl; (di cavallo)* Nüstern *f pl;* **tappare un ~** *(a. fig)* ein Loch stopfen.

bucolica [bu'kɔ:lika] ‹-che› *f* Bukolik *f,* Hirtendichtung *f.* **bucolico, -a** [...ko] ‹-ci, -che› *a* **1.** *lit* bukolisch, Hirten-; **2.** *(paesaggio, atmosfera)* ländlich.

Budapest ['bu:dapest *o.* buda'pɛst] *f* Budapest *n.*

buddismo [bud'dizmo] *m* Buddhismus *m.* **buddista** [...'dista] ‹-i *m,* -e *f*› **I.** *a* buddhistisch; **II.** *mf* Buddhist(in) *m(f).* **buddistico, -a** [...'distiko] ‹-ci, -che› *a* buddhistisch.

budello [bu'dɛllo] *m* **1.** ‹*pl:* -a *f*› *anat* Darm *m;* ‹*pl*› Gedärm *n,* Eingeweide *n pl;* **2.** ‹*pl:* -i *m*› *fig (tubo)* Schlauch *m;* **3.** ‹*pl:* -i *m*› *(viuzza)* (übelriechende) enge Gasse; **empirsi le -a** *vulg* sich *(dat)* den Bauch vollschlagen *fam.*

budget ['bʌdʒɪt *o.* byd'ʒɛ] ‹-› *m* Budget *n.* **budgetario, -a** [budʒe'ta:rio] ‹-i, -ie› *a* Budget-, Haushalts-.

budino [bu'di:no] *m* Pudding *m.*

bue ['bu:e] ‹buoi› *m* **1.** *zoo* Ochse *m;* **2.** *fam pej* Ochse *m,* Schafskopf *m;* **lavorare come un ~** schuften wie ein Pferd (*o.* Tier); **~ muschiato** Moschusochse *m;* **chiudere la stalla quando i buoi sono scappati** *prov* den Brunnen abdecken, wenn das Kind schon hineingefallen ist *prov.*

bufala ['bu:fala] *f* Büffelkuh *f.* **bufalo** [...lo] *m* Büffel *m;* **fatiche da -i** Schwerstarbeit *f;* **mangiare come un ~** (fr)essen wie ein Scheunendrescher *fam.*

bufera [bu'fɛ:ra] *f* Unwetter *n; (a. fig)* Sturm *m.*

buffet [by'fɛ] ‹-› *m* Büfett *n; (mobile a.)* Anrichte *f;* **~ freddo** kaltes Büffet.

buffetto [buf'fetto] *m* Klaps *m* (auf die Wange).

buffo, -a ['buffo] **I.** *a* **1.** *(cosa, persona)* witzig, drollig, komisch; **2.** *theat* Buffo-; **opera -a** komische Oper, Opera Buffa *f;* **II.** *m* **1.** *theat* Buffo *m;* **2.** *(cosa)* Komische(s) *n,* Witzige(s) *n.*

buffona *f v.* **buffone. buffonata** [-'na:ta] *f* Narretei *f,* Posse *f; (cosa poca seria)* Dummheit *f,* Blödsinn *m.* **buffone, -a** [...'fo:ne] *m, f* **1.** *fam* Clown *m,* Hanswurst *m,* Narr *m;* **2.** *hist (di corte)* (Hof)narr *m.* **buffoneria** [...fone'ri:a] ‹-ie› *f* Narretei *f,* Clownerie *f.* **buffonesco, -a** [...fo'nesko] ‹-schi, -sche› *a* komisch, witzig.

buggerare [buddʒe'ra:re] *tr fam* beschummeln *fam,* reinlegen *fam.*

bugia[1] [bu'dʒi:a] ‹-gie› *f (menzogna)* Lüge *f;* ~ **pietosa** Notlüge *f;* **dire le -gie** lügen; **le -gie hanno le gambe corte** *prov* Lügen haben kurze Beine *prov.*

bugia[2] [bu'dʒi:a] ‹-gie› *f (candeliere)* Handleuchter *m.*

bugiarda *f v.* **bugiardo.**

bugiardaggine [budʒar'daddʒine] *f* Verlogenheit *f.* **bugiarderia** [...de'ri:a] ‹-ie› *f* Verlogenheit *f; (cumulo di bugie)* lauter Lügen *f pl,* ein Haufen *m* Lügen. **bugiardo, -a** [bu'dʒardo] **I.** *a (persona)* verlogen; *(promessa)* falsch, trügerisch; **II.** *m, f* Lügner(in) *m(f).*

bugigattolo [budʒi'gattolo] *m* **1.** *(locale piccolo)* Loch *n;* **2.** *(ripostiglio)* Rumpelkammer *f.*

bugliolo [buʎ'ʎɔ:lo] *m naut* Pütz *f.*

bugna ['buɲɲa] *f* Kragstein *m.* **bugnato, -a** [...'ɲa:to] **I.** *a* mit Kragsteinen versehen; **II.** *m* Bosse *f,* Rustika *f.*

buio, -a ['bu:i̯o] ‹bui, buie› **I.** *a* dunkel, finster; *(fig a.)* ungewiß; **essere ~ in viso** ein finsteres Gesicht haben (*o.* machen); ~ **pesto** stockdunkel, schwarz wie die Nacht; **II.** *m* Dunkel *n,* Dunkelheit *f,* Finsternis *f;* **farsi ~** dunkel werden; **brancolare** (*o.* **brancicare) nel ~** *fig* im dunkeln tappen; **tenere al ~ qu** jdn über etw. im ungewissen (*o.* im dunklen) lassen; **fare un salto nel ~** einen Sprung (*o.* Schritt) ins Ungewisse tun; **finire al ~** *scherz* hinter Gittern landen; **prima di ~** vor Einbruch der Dunkelheit.

bulbo ['bulbo] *m* **1.** *bot* (Pflanzen)knolle *f,* Zwiebel *f;* **2.** *(di lampada)* Kolben *m; (di termometro)* Kugel *f;* **3.** *arch* Zwiebel *f;* ~ **oculare** (*o.* **dell'occhio)** Augapfel *m;* ~ **pilifero** Haarwurzel *f;* **cupola a ~** Zwiebelkuppel *f.*

Bulgaria [bulga'ri:a] *f* Bulgarien *n.* **bulgaro, -a** ['bulgaro] **I.** *a* bulgarisch; **II.** *m, f* Bulgare *m,* Bulgarin *f;* **III.** *m (profumo)* Juchten(leder) *n.*

bulinare [buli'na:re] *tr (metallo)* gravieren, radieren, kupferstechen; *(cuoio, pelle)* stechen. **bulinatura** [...na'tu:ra] *f* Gravur *f.* **bulino** [bu'li:no] *m* (Gravier)nadel *f.*

bulldog ['buldɔg] ‹-› *m* Bulldogge *f.*

bulldozer ['buldoʊzə] ‹-› *m* Bulldozer *m.*

bulletta [bul'letta] *f* (Reiß)zwecke *f; (per tapezzeria)* Polsternagel *m.*

bullo ['bullo] *m* **1.** *pej* Prahlhans *m;* **2.** *fam* Halbstarke(r) *m.*

bullonare [bullo'na:re] *tr* verbolzen. **bullonatura** [...na'tu:ra] *f* Verbolzen *n,* Verbolzung *f.* **bullone** [...'lo:ne] *m* Bolzen *m;* **dado del ~** Bolzenmutter *f.*

bumerang ['bu:meraŋg] *v.* **boomerang.**

bungalow ['bʌŋgəloʊ] ‹-› *m* Bungalow *m.*

bunker ['buŋker] ‹-› *m* Bunker *m.*

buoi ['bu̯ɔ:i] *pl di* **bue.**

buon, buon' [bu̯ɔn] *v.* **buono.**

buona *f v.* **buono.**

buonafede, buona fede [bu̯ona'fe:de] *f:* **in ~** in gutem Glauben. **buonanima, buon'anima** [bu̯o'na:nima] **I.** ‹*inv*› *a geh, scherz* selig; **la mia zia ~** meine Tante selig, meine selige Tante; **II.** *f* Selige(r) *mf;* **la ~ del nonno** der Großvater selig. **buonanotte, buona notte** [-'nɔtte] **I.** *interj* gute Nacht; **... e ~!** *fam* ... na, das wär's dann ja wohl! *fam;* **II.** ‹-› *f* gute Nacht; **dare** (*o.* **augurare) la ~ a qu** jdm gute Nacht sagen, jdm (eine) gute Nacht wünschen. **buonasera, buona sera** [-'se:ra] **I.** *interj* guten Abend; **II.** ‹-› *f* guter Abend; **dare** (*o.* **augurare) la ~ a qu** jdm guten Abend sagen, jdm einen guten Abend wünschen. **buoncostume, buon costume** [bu̯oŋkos'tu:me] ‹-› *m* gute Sitte, Sittlichkeit *f;* **squadra del ~** Sittenpolizei *f,* Sitte *f fam.*

buondì [bu̯on'di] *interj* guten Tag, guten Morgen. **buongiorno, buon giorno** [-'dʒorno] **I.** *interj* guten Tag, guten Morgen; **II.** ‹-› *m* guter Tag, guter Morgen; **dare** (*o.* **augurare) il ~ a qu** jdm guten Tag (*o.* guten Morgen) sagen, jdm einen guten Tag wünschen; **il ~ si vede** (*o.* **si conosce) dal mattino** *prov* was ein Häkchen werden will, krümmt sich beizeiten.

buongoverno, buon governo [bu̯oŋgo'vɛrno] ‹-› *m* gute (*o.* ideale) Regierung. **buongrado** [-'gra:do]: **di ~** *adv* gern(e), mit Freude. **buongustaio, -a** [-gus'ta:i̯o] ‹-ai, -aie› *m, f* **1.** *gastr* Feinschmecker(in) *m(f),* Gourmet *m;* **2.** *fig* Kenner(in) *m(f),*

Connaisseur *m geh.* **buongusto, buon gusto** [-'gusto] *m* (guter) Geschmack *m; (tatto)* Takt *m,* Feingefühl *n;* **con ~** geschmackvoll.

buono ['bu̯ɔ:no] *m* Abschnitt *m,* Schein *m;* **~ di consegna** Lieferabschnitt *m;* **~ di cassa** Kassenanweisung *f; (in negozio)* Kassenzettel *m,* -bon *m;* **~ del Tesoro** Staatsanleihe *f.*

buono, -a ['bu̯ɔ:no] **I.** ‹più buono *o.* migliore, buonissimo *o.* ottimo› *a* **1.** gut; *(persona a.)* anständig; *(indulgente)* gütig; *(bambino)* brav, artig, lieb; *(ragione a.)* triftig; *(tempo a.)* schön; *(gastr a.)* genießbar, eßbar; **2.** *(adatto a.)* gut, tauglich, passend, geeignet; **3.** *com (moneta)* gültig; *(oro, etc.)* echt; **buon senso** gesunder Menschenverstand; **un'anima -a** eine Seele von Mensch *fam;* **è -a gente** das sind gute (*o.* anständige) Leute; **essere ~ con qu** gut zu jdm sein; **essere ~ come il pane** herzensgut sein; **essere in -a** *fam* gut aufgelegt sein; **usare le -e maniere** sich manierlich betragen; *fig* es im guten versuchen; **~ a nulla** zu nichts nütze, zu nichts zu gebrauchen; **a buon mercato** billig, preiswert; **di buon grado/occhio** gern(e)/wohlwollend; **di buon'ora** früh(zeitig); **alla -a** schlicht, einfach; **colle -e** auf gütlichem Wege; **o con le -e o con le cattive** wenn nicht im Guten, dann im Bösen; **questa moneta è ancora -a** diese Münze ist noch im Kurs; **ti ho aspettato un'ora -a** ich habe eine volle (*o.* geschlagene) Stunde auf dich gewartet; **buon giorno!** guten Tag!, guten Morgen!; **-a notte/sera!** gute Nacht/guten Abend!; **-a fortuna!** viel Glück!; **buon divertimento/riposo!** viel Vergnügen/angenehme Ruhe!; **buon appetito/viaggio!** guten Appetit/gute Reise!; **Dio ~!** lieber (*o.* guter *o.* gütiger) Gott!; **II.** *m, f (persona)* Gute(r) *mf;* **un ~ a nulla** ein Nichtsnutz *m;* **essere un poco di ~** nicht viel taugen, ein Taugenichts (*o.* Tunichtgut) sein; **fare il ~** *(a. zoo)* brav (*o.* artig *o.* lieb) sein; **III.** *m (cosa)* Gute(s) *n;* **sapere di ~** gut riechen/schmecken; **ha questo di ~ che ...** das Gute an ihm (*o.* ihr) ist, daß ...; **c'è questo di ~** das ist das Gute daran. **buonomini** *pl di* **buonuomo. buonora, buon'ora** [bu̯o'no:ra] *f:* **di ~** früh(zeitig), zeitig; **alla ~!** endlich (einmal)! **buonsenso, buon senso** [-'sɛnso] *m* gesunder Menschenverstand. **buontempone, -a** [-tem'po:ne] *m, f fam* stets gutgelaunter Mensch, sonniger Charakter; Optimist(in) *m(f).* **buonumore, buon umore** [-u'mo:re] *m* gute Laune; **essere di ~** in Laune sein, gut aufgelegt sein. **buonuomo, buon uomo** [bu̯o'nu̯ɔ:mo] ‹buon(u)omini› *m* **1.** *fam* guter Mann; **2.** *hist* Ehrenmann *m.* **buonuscita, buona uscita** [-uʃ'ʃi:ta, 'bu̯ɔ:na uʃ'ʃi:ta] *f (per un appartamento)* Mietablösung *f,* Ablösesumme *f; (per un impiego)* Abfindung *f.*

burattinaio [buratti'na:i̯o] ‹-ai› *m* Puppenspieler *m.* **burattino** [...'ti:no] *m* **1.** *theat* Handpuppe *f; (a fili)* Marionette *f;* **2.** *fig* Marionette *f,* Kasperlefigur *f;* **teatro dei -i** Puppentheater *n;* **piantare baracca e -i** den Bettel hinwerfen.

burbanza [bur'bantsa] *f* Arroganz *f,* Hochmut *m.* **burbanzoso, -a** [...'tso:so] *a* aufgeblasen, arrogant.

burbero, -a ['burbero] **I.** *a* mürrisch, barsch; **II.** *m, f* Brummbär *m,* Griesgram *m.*

bureau [by'ro] ‹-› *m* **1.** *(scrivania)* Schreibtisch *m;* **2.** *(di albergo)* Direktion *f;* **3.** *(ufficio)* Büro *n.*

buriana [bu'ri̯a:na] *f* **1.** *fam (chiasso)* Rummel *m;* **2.** *(temporale)* Gewitterschauer *m.*

burino, -a [bu'ri:no] **I.** *a* primitiv, ungeschlacht; **II.** *m, f* Bauer *m,* Grobian *m.*

burla ['burla] *f* Spaß *m,* Scherz *m;* **prendere/mettere in ~ qc** etw. auf die leichte Schulter nehmen/etw. ins Lächerliche ziehen; **per ~** zum Spaß, spaßeshalber. **burlare** [...'la:re] **I.** *tr* verspotten, aufziehen; **II.** *rfl:* **-rsi** spotten (*di* über), sich lustig machen (*di* über). **burlesco, -a** [...'lesko] ‹-schi, -sche› **I.** *a (tono, modi)* scherzhaft, spaßhaft; *lit* burlesk; **II.** *m* Spaßige(s) *n; lit* Burleske(s) *n.* **burletta** [...'letta] *f fam* Spaß *m,* Witz *m,* Scherz *m;* **mettere qc in ~** etw. ins Lächerliche ziehen; **prendere tutto in ~** *fam* alles ins Lächerliche ziehen. **burlone, -a** [...'lo:ne] **I.** *m, f fam* Witzbold *m,* Spaßvogel *m;* **II.** *a fam* spaßig, witzig.

burocrate [bu'rɔ:krate] *mf* **1.** *adm* Bürokrat(in) *m(f);* **2.** *fig pej* Paragraphenreiter(in) *m(f);* Kleinigkeitskrämer(in) *m(f).* **burocratico, -a** [buro'kra:tiko] ‹-ci, -che› *a* Beamten-; *(a. pej)* bürokratisch; **linguaggio ~** Beamtensprache *f;* **riforma -a** Verwaltungsreform *f.* **burocratismo** [burokra'tizmo] *m* Bürokratismus *m.* **burocratizzare** [...tid'dza:re] *tr* bürokratisieren. **burocratizzazione**

[...tiddzat'tsi̯o:ne] *f* Bürokratisierung *f.* **burocrazia** [...t'tsi:a] ‹-ie› *f* **1.** *adm* Bürokratie *f;* **2.** *pej* Amtsschimmel *m.*
burrasca [bur'raska] ‹-sche› *f (a. fig)* Sturm *m;* **tempo di ~** stürmisches Wetter; *fig* stürmische Zeiten *f pl;* **il mare è in ~** die See ist stürmisch (*o.* aufgewühlt). **burrascoso, -a** [...'ko:so] *a (a. fig)* stürmisch.
burrificare [burrifi'ka:re] ‹burrifico, burrifichi› *tr* zu Butter machen (*o.* schlagen). **burrificazione** [...kat-'tsi̯o:ne] *f* Butterherstellung *f.* **burrificio** [...'fi:tʃo] ‹-ci› *m* Molkerei *f.*
burro ['burro] *m* Butter *f;* **al ~** mit Butter zubereitet (*o.* angerichtet); **avere le mani di ~** *fam* alles fallen lassen, nichts festhalten können; **non sei mica fatto di ~** *fam* du bist doch nicht aus Zucker (*o.* Watte)!
burrone [bur'ro:ne] *m* Schlucht *f; fig* Abgrund *m.*
burroso, -a [bur'ro:so] *a* butt(e)rig, Butter-; *fig* butterweich.

bus [bus] ‹-› *m* Bus *m.*
buscare [bus'ka:re] ‹busco, buschi› *fam tr, rfl:* **-rsi** kriegen *fam;* **~** (*o.* **-rsi) l'influenza** (die) Grippe kriegen; **buscarne, buscarle** Prügel kriegen *fam.*
busillis [bu'zillis] ‹-› *m* Schwierigkeit *f,* Problem *n,* Hindernis *n;* **qui sta il ~** da liegt der Hase im Pfeffer (*o.* der Hund begraben *fam).*
business ['bɪznɪs] ‹-› *m* Geschäft *n,* Busineß *n.* **businessman** [-mæn] ‹-› *m* Geschäftsmann *m.*
bussare [bus'sa:re] *itr* klopfen, pochen; **~ alla porta** an die Tür klopfen; **~ a quattrini** (um Geld) anpumpen *fam.* **bussata** [...'sa:ta] *f* (An)klopfen *n.*
busse ['busse] *f pl fam* Prügel *pl;* **prendere le ~** Prügel kriegen *fam.*
busso ['busso] *m* Schlag *m.*
bussola ['bussola] *f* **1.** *naut* Kompaß *m;* **2.** *tec* Buchse *f,* Hülse *f;* **perdere la ~** aus dem Konzept kommen; *(perdere il controllo)* die Fassung verlieren.
bussolotto ['busso'lɔtto] *m* Würfelbecher *m.*
busta ['busta] *f* **1.** *(per lettera)* Briefumschlag *m,* Kuvert *n;* **2.** *(custodia)* Tasche *f; (per documenti)* Mappe *f; (per occhiali, etc.)* Etui *n; (per generi alimentari)* Packung *f;* **~ paga** Lohntüte *f.*
bustaia [bus'ta:i̯a] ‹-aie› *f* Korsettmacherin *f.*
bustarella [busta'rɛlla] *f* Schmiergeld *n.*
bustina [bus'ti:na] *f* **1.** *(berretto)* Schiffchen *n;* **2.** *(per farmaci, erbe aromatiche)* Tütchen *n.*
bustino [bus'ti:no] *m* Mieder *n,* Leibchen *n.*
busto ['busto] *m* **1.** *anat* Oberkörper *m;* **2.** *(nell'arte)* Büste *f; (nella pittura)* Brustbild *n;* **3.** *med* Stützkorsett *n;* **4.** *(da donna)* Korsett *n,* Mieder *n.*
butano [bu'ta:no] *m* Butan *n.*
butirrico, -a [bu'tirriko] ‹-ci, -che› *a* Butter-; **acido ~** Buttersäure *f.*
buttare [but'ta:re] **I.** *tr (gettare)* werfen; *(con forza, rabbia)* schmeißen; *(palla, etc.)* zuwerfen (*a qu* jdm); **~ pus** eitern; **~ sangue** bluten; **~ tutto all'aria** alles durcheinanderschmeißen, alles auf den Kopf stellen; *(piano, progetto)* alles zunichte machen; **~ via** wegwerfen; *fig* vergeuden; **~ giù** *(edificio)* abbrechen, abreißen; *(lettera)* hinschmieren *fam; (persona)* fertigmachen *fam; (pasta, etc.)* ins kochende Wasser werfen; *(boccone)* hinunterschlingen; *(bevanda)* hinunterschütten *fam;* **II.** *itr bot* ausschlagen, sprießen; *(semi)* keimen; **III.** *rfl:* **-rsi** sich werfen, sich stürzen; **-rsi nelle braccia di qu** sich in jds Arme werfen; **-rsi in mare/dalla finestra** sich ins Meer/aus dem Fenster stürzen; **-rsi nel fuoco per qu** *fig* für jdn durchs Feuer gehen; **-rsi a destra/sinistra** *fig* ins rechte/linke Lager überwechseln; **-rsi giù** *fig* den Kopf hängen lassen, den Mut verlieren. **buttata** [...'ta:ta] *f* **1.** *(alle carte)* ausgespielte Karte; **2.** *bot (effetto)* Trieb *m,* Sproß *m; (atto)* Sprießen *n,* Ausschlagen *n.*
butterato, -a [butte'ra:to] *a* pockennarbig.
buttero[1] ['buttero] *m (cicatrice)* Pokkennarbe *f.*
buttero[2] ['buttero] *m (guardiano)* berittener Herdenwächter.
buvette [by'vɛt] *f* Bar *f,* Ausschank *m,* Theke *f.*
buzzo ['buddzo] *m fam* Ranzen *m fam,* dicker Bauch; **di ~ buono** *fam* sehr eifrig, tüchtig, mächtig *fam.*
buzzone, -a [bud'dzo:ne] *m, f fam* Dickwanst *m,* Freßsack *m fam.*
buzzurro, -a [bud'dzurro] *m, f* **1.** *fam pej* Grobian *m,* Tölpel *m;* **2.** *Straßenverkäufer(in) von Süßigkeiten, Kastanien, etc.*
byte [baɪt] ‹-› *m* Byte *n.*

C

C, c [tʃi] ‹-› *f* C, c *n;* ~ **come Catania** C wie Cäsar.
c. *ab di* **circa** ca.
C *ab di* **Celsius** C.
c.a. 1. *ab di* **corrente alternata** Wechselstrom; **2.** *ab di* **corrente anno** d. J. (*ab di* dieses Jahres).
ca' [ka] ‹-› *f venez (casa)* Haus *n.*
cabala ['ka:bala] *f* **1.** *rel* Kabbala *f,* Zahlenmystik *f;* **2.** *fig pej* Betrug *m,* Intrige *f,* Kabale *f obs;* **3.** *(arte divinatoria)* Hellseherei *f.* **cabalista** [kaba'lista] ‹-i *m,* -e *f*› *mf* Hellseher(in) *m(f).* **cabalistico, -a** [...'listiko] ‹-ci, -che› *a* kabbalistisch, okkult.
cabaret [kaba'rɛ] ‹-› *m* Varieté *n.*
cabina [ka'bi:na] *f* **1.** *gener.* Kabine *f,* Zelle *f,* Raum *m; naut* Kabine *f; tel* Zelle *f; (di funicolare, etc.)* Kabine *f,* Gondel *f;* **2.** *(al mare)* Bade-, Umkleidekabine *f;* ~ **di guida** Führerhaus *n;* ~ **di pilotaggio** Pilotenkanzel *f;* ~ **di proiezione/di registrazione** Vorführraum *m*/Aufnahmestudio *n;* ~ **elettrica** Transformatorenhäuschen *n;* ~ **passeggeri** *aero* Passagierraum *m.* **cabinato, -a** [kabi'na:to] **I.** *a* mit Kabinen versehen; **II.** *m* Kabinenboot *n.*
cablaggio [ka'bladdʒo] ‹-ggi› *m* Kabelwerk *n,* Verkabelung *f; (collegamento a cavo)* Kabelverbindung *f.* **cablare** [ka'bla:re] *itr* kabeln, nach Übersee telegraphieren. **cablo, cablogramma** ['ka:blo, kablo'gramma] ‹-i› *m* Kabel *n,* Überseetelegramm *n.*
cabotaggio [kabo'taddʒo] ‹-ggi› *m* Küstenschiffahrt *f.*
cabrare [ka'bra:re] *itr* das Höhensteuer ziehen. **cabrata** [ka'bra:ta] *f* Steilflug *m.*
cabriolé, cabriolet [kabrio'lɛ] ‹-› *m* Kabrio(lett) *n,* Cabrio(let) *n.*
cacadubbi [kaka'dubbi] ‹-› *mf vulg* Hosenscheißer(in) *m(f) vulg,* Angsthase *m fam.*
cacao [ka'ka:o] *m* Kakao *m.*
cacare [ka'ka:re] ‹caco, cachi› *tr, itr vulg* kacken *vulg,* scheißen *vulg;* **ma va a** ~! verpiß dich! *vulg.* **cacarella** [kaka'rɛlla] *f vulg* Dünnschiß *m vulg.* **cacasenno** [...a'senno] ‹-› *mf pej* Klugscheißer(in) *m(f) fam.* **cacata** [ka'ka:ta] *f vulg* **1.** *(atto)* Scheißen *n vulg;* **2.** *(escrementi)* Haufen *m fam.*
cacatua [kaka'tu:a] ‹-›, **cacatoa** [...'tɔ:a] ‹-› *m* Kakadu *m.*
cacca ['kakka] ‹-cche› *f* **1.** *fam* Kacke *f vulg; (dei bambini)* Aa *n fam;* **2.** *fig pej* Aufgeblasenheit *f;* **fare la** ~ *fam* kacken *vulg,* scheißen *vulg,* Aa machen *fam;* **non toccare, è** ~! *fam (rivolgendosi a bambini)* nicht anfassen, das ist ba(ba) *fam.*
cacchio ['kakki̯o] ‹-cchi› *m vulg* Scheißdreck *m vulg.*
caccia[1] ['kattʃa] ‹-cce› *f* Jagd *f; gastr* Wild *n;* ~ **alla lepre** Hasenjagd *f;* ~ **grossa** Großwildjagd *f;* **aereo da** ~ Jagdflugzeug *n;* **cane da** ~ Jagdhund *m;* **andare a** ~ auf die Jagd gehen; **andare a** ~ **di qc** auf etw. Jagd machen; *fig* auf der Suche nach etw. sein; **dare la** ~ **a qu** jdn jagen (*o.* verfolgen); **essere a** ~ **di qc** auf der Jagd nach etw. sein.
caccia[2] ['kattʃa] ‹-› *m aero* Jagdflugzeug *n; naut* Zerstörer *m.* **cacciabombardiere** [-bombar'di̯ɛ:re] *m* Jagdbomber *m.*
cacciagione [kattʃa'dʒo:ne] *f* **1.** *zoo* Wild *n;* **2.** *gastr* Wild(bret) *n;* **3.** *(bottino)* Jagdbeute *f,* Strecke *f.* **cacciare** [...'tʃa:re] ‹caccio, cacci› **I.** *tr* **1.** *sport* jagen; *(fig a.)* verjagen, vertreiben; **2.** *fig (in prigione, etc.)* werfen, stekken; **3.** *(con violenza)* stoßen; **4.** *(cavare fuori)* herausholen, -ziehen; *(urlo)* ausstoßen; ~ **fuori i soldi/il coltello/la lingua** das Geld herausrükken/das Messer ziehen/die Zunge herausstrecken; **dove ho cacciato l'orologio?** *fam* wo habe ich nur die Uhr hingesteckt?; **-rsi in testa qc** sich *(dat)* etw. in den Kopf setzen; **II.** *itr sport* jagen; **III.** *rfl:* **-rsi 1.** *fam (andare a finire)* stecken *fam; (nascondersi)* sich verstecken; **2.** *(introdursi)* sich hineindrängen, -zwängen; **-rsi nella folla** sich unter die Menge mischen; **dove si è cacciato?** *fam* wo hat er gesteckt? *fam;* **-rsi in un mare di guai** sich in die Nesseln setzen. **cacciata** [...'tʃa:ta] *f* Vertreibung *f.* **cacciatora** [kattʃa'to:ra] *f* **1.** *(giacca)* Jagdrock *m;* **2.** *gastr:* **alla** ~ nach

Jägerart *(mit Knoblauch, Kräutern und Wein).* **cacciatore, -trice** [...'to:re] **I.** *m, f* Jäger(in) *m(f);* ~ **di dote** Mitgiftjäger *m;* ~ **di frodo** Wilderer *m;* **II.** *m (pilota)* Jagdflieger *m; (aero)* Jagdflugzeug *n,* Abfangjäger *m.* **cacciatorino** [...to'ri:no] *m gastr* ≃ Landjäger *m.* **cacciatorpediniere** [...torpedi'niɛ:re] *m naut* Zerstörer *m.* **cacciatrice** *f v.* **cacciatore.**

cacciavite [kattʃa'vi:te] ‹-› *m* Schraubenzieher *m.*

caccola ['kakkola] *m* **1.** *fam (di naso)* Nasenschleim *m,* Rotz *m fam; (di occhi)* Augenschleim *m,* Rotz *m fam;* **2.** *zoo* Kot *m.*

cachemire [kaʃ'mi:r] ‹-› *m* **1.** *(lana)* Kaschmirwolle *f;* **2.** *(tessuto)* Kaschmir *m.*

cachet [ka'ʃɛ] ‹-› *m* **1.** *med* Kapsel *f;* **2.** *(per capelli)* Haarfärbemittel *n;* **3.** *theat, film (comparsa)* Statist(in) *m(f); (compenso)* Gage *f;* **4.** *(stile, impronta)* persönliche Note, Gepräge *n.*

cachi[1] ['ka:ki] *(colore)* **I.** ‹*inv*› *a* khakifarben; **II.** ‹-› *m* Khaki *n.*

cachi[2] ['ka:ki] ‹-› *m bot* **1.** *(albero)* Kakibaum *m;* **2.** *(frutto)* Kakifrucht *f,* -pflaume *f.*

caciara [ka'tʃa:ra] *f dial fam* Lärm *m,* Krach *m fam.*

cacicavalli *pl di* **caciocavallo.**

cacio ['ka:tʃo] ‹-ci› *m* Käse *m;* **forma di** ~ Käselaib *m;* **essere alto quanto un soldo di** ~ ein Dreikäsehoch sein; **come il** ~ **sui maccheroni** wie gerufen, gerade recht. **caciocavallo** [katʃoka'vallo] ‹caci(o)cavalli› *m birnenförmiger Hartkäse aus Kuhmilch.* **caciotta** [ka'tʃotta] *f Weichkäse aus Kuh- oder Schafmilch.*

cacofonia [kakofo'ni:a] ‹-ie› *f* Mißklang *m,* Kakophonie *f geh.*

cactus ['kaktus] ‹-› *m* Kaktus *m.*

cadauno, -a [kada'u:no] **I.** *a* das (*o.* pro) Stück; **II.** *pron* jedwede(r, s), ein(e) jede(r, s).

cadavere [ka'da:vere] *m* Leiche *f,* Leichnam *m.* **cadaverico, -a** [kada'vɛ:riko] ‹-ci, -che› *a* leichenhaft, leichenähnlich; *fig* leichenblaß, totenbleich; **rigidità -a** Totenstarre *f.*

caddi ['kaddi] *1. pers sing del passato remoto di* **cadere.**

cadente [ka'dɛnte] *a* **1.** *(sole, etc.)* untergehend; **2.** *(edificio)* baufällig; *fig (persona)* gebrechlich, hinfällig; **stella** ~ Sternschnuppe *f; (meteora)* Meteor *m.*

cadenza [ka'dɛntsa] *f* **1.** *ling* Tonfall *m,* Akzent *m;* **2.** *mus* Kadenz *f; (andamento ritmico)* Takt *m,* Rhythmus *m.* **cadenzare** [kaden'tsa:re] **I.** *tr* **1.** *(passo)* anpassen; **2.** *lit* skandieren; ~ **il passo** Schritt halten; **II.** *itr mus* kadenzieren. **cadenzato, -a** [...'tsa:to] *a* kadenziert, rhythmisch.

cadere [ka'de:re] ‹cado, caddi, caduto› *itr* ‹*essere*› **1.** *gener.* (hin-, um)fallen, (hin-, um)stürzen; *(dall'alto)* herab-, hinunterfallen, herab-, hinunterstürzen; *(aereo, alpinista)* abstürzen; *(foglie)* fallen; *(frutta)* abfallen; *(capelli)* ausfallen; **2.** *fig* geraten, (ver)fallen; **3.** *fig (in battaglia)* fallen; **4.** *pol (governo, etc.)* stürzen; **5.** *(pioggia)* fallen; *(vento)* nachlassen, sich legen; **6.** *(accento, etc.)* liegen (*su* auf); **7.** *(far fiasco)* scheitern (*a* an); *(candidato, rappresentazione)* durchfallen; **8.** *gram (sostantivi, etc.)* auslauten (*in* auf, in); **9.** *(crollare)* ein-, zusammenstürzen; ~ **ammalato** krank werden; ~ **lungo e disteso** der Länge nach hinfallen; ~ **morto** tot umfallen; ~ **dalla stanchezza** (*o.* **dal sonno**) vor Müdigkeit umfallen; ~ **dalle nuvole** *fig* aus allen Wolken fallen; ~ **in piedi** *(a. fig)* auf die Füße fallen; ~ **in miseria/oblio** ins Elend kommen/in Vergessenheit geraten; ~ **in disgrazia** in Ungnade fallen; ~ **a proposito** gerade recht (*o.* wie gerufen) kommen; ~ **nel volgare/trito/banale** ins Vulgäre/in Banalitäten abgleiten; **far** ~ **qc dall'alto a qu** jdm etw. nach langem Hinhalten gewähren; **lasciar** ~ **una parola/una frase** ein Wort/einen Satz fallenlassen; **il discorso cadde su ...** man kam auf ... zu sprechen; **al** ~ **del sole** bei Sonnenuntergang; **quest'abito cade bene** dieses Kleid fällt (*o.* sitzt) gut.

cadetto, -a [ka'detto] **I.** *a* jüngere(r, s); *sport* Nachwuchs-, B-; **II.** *m* jüngerer Sohn; *mil* Kadett *m; sport* Nachwuchssportler *m,* Mitglied *n* einer B-Mannschaft.

cadì [ka'di] ‹-› *m* Kadi *m.*

cadmio ['kadmio] *m* Kadmium *n.*

cado ['ka:do] *1. pers sing pr di* **cadere.**

caducità [kadutʃi'ta] ‹-› *f* Vergänglichkeit *f,* Hinfälligkeit *f.* **caduco, -a** [ka'du:ko] ‹-chi, -che› *a* von kurzer Lebensdauer; *fig* flüchtig, vergänglich; **mal** ~ *fam* Fallsucht *f;* **foglie -che** (fallendes) Laub *n.*

caduta [ka'du:ta] *f* **1.** *gener.* Fall *m,* Sturz *m; (dall'alto a.)* Absturz *m;* **2.** *fig* Untergang *m;* **3.** *pol (del governo)* Sturz *m;* **4.** *com, fin (dei prezzi, corsi)* Verfall *m;* ~ **di un fulmine**

Blitzschlag *m;* ~ **della temperatura** Temperatursturz *m;* ~ **di tensione** Spannungsabfall *m;* ~ **massi** Steinschlag *m.* **caduto, -a** [...to] **I.** *pp di* **cadere; II.** *a* gefallen, gestürzt; *(albero)* umgestürzt; *(sasso) herabgefallen;* **III.** *m mil* Gefallene(r) *m.*

caffè [kaf'fɛ] ‹-› *m* **1.** *gastr* Kaffee *m;* **2.** *(locale)* Café *n;* **3.** *bot* Kaffee(pflanze *f) m;* ~ **concerto** Tanzcafé *n;* ~ **espresso** Espresso *m;* ~ **macchiato/corretto** Kaffee *m* mit etw. Milch/mit Schuß; ~ **in chicchi** Bohnenkaffee *m;* ~ **in polvere** Pulverkaffee *m;* **macchina del** ~ Kaffeemaschine *f;* **chiacchiere da** ~ *(di donne)* Kaffeeklatschgespräche *n pl; (di uomini)* Biertischgespräche *n pl;* **politica da** ~ Stammtischpolitik *f.* **caffeario, -a** [...fe'a:rio] ‹-i, -ie› *a* Kaffee-. **caffeina** [...fe'i:na] *f* Koffein *n;* **caffè senza** ~ koffeinfreier Kaffee. **caffel(l)atte** [...fe'latte (...fel'latte)] **I.** ‹-› *m* Milchkaffee *m;* **II.** ‹*inv*› *a (colore)* milchkaffeebraun.

caffet(t)ano [kaffe'ta:no (...et'ta:no)] *m* Kaftan *m.*

caffetteria [kaffette'ri:a] ‹-ie› *f* **1.** *(articoli)* Getränke u. Eßwaren, die man im Café bekommt; **2.** *(di albergo)* Frühstücksbar *f; (bar)* Cafeteria *f.* **caffettiera** [...'tiɛ:ra] *f* **1.** *(bricco)* Kaffeekanne *f; (macchina)* Kaffeemaschine *f;* **2.** *fig scherz (macchina)* Mühle *f fam.*

cafona *f v.* **cafone.**

cafonaggine [kafo'naddʒine] *f* Rüpelhaftigkeit *f.* **cafonata** [...'na:ta] *f* Flegelei *f,* Rüpelei *f.* **cafone, -a** [ka'fo:ne] **I.** *a* ungehobelt, rüde; **II.** *m, f* Rüpel *m.*

cagare [ka'ga:re] *v.* **cacare.**

cagionare [kadʒo'na:re] *tr* verursachen, bewirken. **cagione** [ka'dʒo:ne] *f (causa)* Ursache *f; (motivo)* Grund *m,* Anlaß *m.*

cagionevole [kadʒo'ne:vole] *a* kränklich, anfällig; **essere di salute** ~ sehr anfällig sein.

cagliare [kaʎ'ʎa:re] ‹caglio, cagli› **I.** *itr* gerinnen, stocken; **II.** *rfl:* **-rsi** gerinnen, dick werden. **caglio** ['kaʎʎo] ‹-gli› *m* **1.** *(per il latte)* Lab *n;* **2.** *bot* Labkraut *n.*

cagna ['kaɲɲa] *f* **1.** *zoo* Hündin *f;* **2.** *fam pej* Flittchen *n.*

cagnara [kaɲ'ɲa:ra] *f fam pej* Krach *m,* Gezänk *n.*

cagnesco, -a [kaɲ'ɲesko] ‹-schi, -sche› *a* hündisch; **guardare qu in** ~ jdn feindselig ansehen.

C.A.I. ['ka:i] *m* **1.** *ab di* **Club Alpino Italiano** Italienischer Alpenverein; **2.** *ab di* **Corriere Accelerato Internazionale** ≃ Datapost-Eilzustellungsdienst.

caimano [kai'ma:no] *m* Kaiman *m.*

Cairo ['ka:iro] *m:* **Il** ~ Kairo *n.*

cal *ab di* **(piccola) caloria** cal. (*ab di* Kalorie).

cala ['ka:la] *f* **1.** *(insenatura)* Bucht *f;* **2.** *naut* Kielraum *m,* Hellegat(t) *n.*

calabrache [kala'bra:ke] ‹-› **I.** *mf vulg* Schlappschwanz *m fam,* Waschlappen *m fam;* **II.** *m ein Kartenspiel für zwei Personen.*

calabrese [kala'bre:se] **I.** *a* kalabrisch; **II.** *mf* Kalabrier(in) *m(f),* Kalabrese *m,* Kalabresin *f.* **Calabria** [ka'la:bria] *f* Kalabrien *n.*

calabrone [kala'bro:ne] *f* **1.** *zoo* Hornisse *f;* **2.** *fig fam* aufdringlicher Verehrer, Klette *f fam.*

calafatare [kalafa'ta:re] *tr* kalfatern, abdichten.

calamaio [kala'ma:io] ‹-ai› *m* Tintenfaß *n.*

calamaro [kala'ma:ro] *m* **1.** *zoo* Tintenfisch *m;* **2.** ‹*pl*› Ringe *m pl* (*o.* Schatten *m pl*) unter den Augen.

calamita [kala'mi:ta] *f* Magnet *m.*

calamità [kalami'ta] ‹-› *f* Unheil *n,* Plage *f.*

calamitare [kalami'ta:re] *tr* **1.** *(ferro, acciaio)* magnetisieren; **2.** *fig* magnetisch anziehen, anlocken. **calamitato, -a** [...'ta:to] *a* magnetisiert, Magnet-.

calamo ['ka:lamo] *m* **1.** *bot* Rohr *n,* Schilf *n;* **2.** *zoo* (Feder)kiel *m;* **3.** *hist* Schreibfeder *f,* Federkiel *m.*

calanco [ka'laŋko] ‹-chi› *m* Furche *f,* Graben *m.*

calandra [ka'landra] *f* **1.** *mot* Kühlergrill *m;* **2.** *tec* Kalander *m;* **3.** *zoo (uccello)* Kalanderlerche *f; (coleottero)* Kornkäfer *m.*

calante [ka'lante] *a* **1.** *(luna)* abnehmend; *(temperatura)* sinkend; **2.** *(moneta, peso)* fehlgewichtig; **essere in fase** ~ *fig* auf dem absteigenden Ast sein *fam.*

calare [ka'la:re] **I.** *tr* ‹*avere*› senken, herab-, herunterlassen; *(reti)* auswerfen; *(vele)* einholen, streichen; *(maglie)* abnehmen; *(prezzo, sipario)* senken; *(nei giochi a carte)* ausspielen, herauskommen mit; **II.** *itr* ‹*essere*› **1.** *(scendere)* hinabgehen, -steigen, hinuntergehen, (hin)absteigen; *fig (notte)* hereinbrechen; *(sipario)* fallen; **2.** *(invadere)* einfallen, einbrechen; **3.** *(vento)* abflauen, nachlassen, sich legen; *(acqua)* sinken, zurückgehen; *(prezzo)* sinken; *mus* tiefer werden; *(di peso)* abnehmen; ~ **di tono** leiser werden; **III.** *rfl:* **-rsi** sich herab-, hinab-, hinunterlassen; *sport* sich abseilen. **calata** [ka'la:ta] *f* **1.** *(del sole)* Untergang *m; (del sipario)* Fallen *n; (dei prezzi)* Sinken *n; (delle reti)* Auswerfen *n;* **2.** *mil* Einfall *m.*

calca ['kalka] ‹-che› *f* Gedränge *n.*

calcagno [kal'kaɲɲo] ‹*pl:* -i *m o. fig* -a *f*› *m* Ferse *f;* **avere qu alle -a** jdn auf den Fersen haben; **voltare le -a** Fersengeld geben.

calcare[1] [kal'ka:re] ‹calco, calchi› *tr* **1.** *(coi piedi)* treten, stampfen; **2.** *(con la voce)* betonen; **3.** *(disegno)* durchpausen; **4.** *(premere)* drücken, zwängen; ~ **le scene** auf der Bühne stehen; ~ **la mano** *fig* übertreiben; *(essere severo)* zu streng bestrafen.

calcare[2] [kal'ka:re] *m min* Kalkstein *m.*

calcareo, -a [kal'ka:reo] *a* kalkhaltig.

calce[1] ['kaltʃe] *f* Kalk *m;* **bianco di** ~ weiße Tünche, weißer Anstrich.

calce[2] ['kaltʃe] *m:* **in** ~ *adm* unten, am unteren Ende eines Schriftstücks; **in** ~ **alla pagina** am Ende der Seite.

calcestruzzo [kaltʃes'truttso] *m* Beton *m.*

calciare [kal'tʃa:re] ‹calcio, calci› **I.** *itr* **1.** *(tirar calci)* Fußtritte austeilen, treten; *(animale)* ausschlagen; **2.** *sport* schießen, treten; **II.** *tr* schießen, treten. **calciatore, -trice** [...tʃa'to:re] *m, f* Fußballspieler(in) *m(f).*

calcico, -a ['kaltʃiko] ‹-ci, -che› *a* kalziumhaltig, Kalzium-.

calcificare [kaltʃifi'ka:re] ‹calcifico, calcifichi› *tr, rfl:* **-rsi** *biol* verkalken. **calcificazione** [...kat'tsi̯o:ne] *f* Verkalkung *f.*

calcina [kal'tʃi:na] *f* Mörtel *m.* **calcinaccio** [...tʃi'nattʃo] ‹-cci› *m* Putz-, Mörtelstück *n;* ‹*pl*› Schutt *m.*

calcio[1] ['kaltʃo] ‹-ci› *m* **1.** *gener.* (Fuß)tritt *m; (di animale)* Huftritt *m;* **2.** *sport* Fußball *m;* ~ **di punizione/di rigore/d'angolo** Strafstoß *m*/Elfmeter *m*/Eckstoß *m;* ~ **d'inizio/di rinvio** An-/Abstoß *m;* ~ **dell'asino** *fig* Eselstritt *m;* **dare un** ~ **alla fortuna** das Glück mit Füßen treten; **giocare al** ~ Fußball spielen; **prendere qu a -ci** jdn treten; **tirare -ci** treten, Fußtritte austeilen; *(animale)* ausschlagen.

calcio[2] ['kaltʃo] ‹-ci› *m mil* (Gewehr)kolben *m.*

calcio[3] ['kaltʃo] *m chem* Kalzium *n.*

calciobalilla [-ba'lilla] ‹-› *m* Tischfußball(spiel *n*) *m.*

calciocianammide [-tʃanam'mi:de] *f* Kalkstickstoff(dünger) *m.*

calciomercato [-mer'ka:to] *m* Fußballmarkt *m.*

calco ['kalko] ‹-chi› *m* **1.** *(copia)* Abdruck *m; typ* Abzug *m;* **2.** *ling* Entlehnung *f.*

calcolabile [kalko'la:bile] *a* berechenbar; *(valutabile)* schätzbar.

calcolare [kalko'la:re] *tr* **1.** *mat* berechnen, ermitteln; **2.** *fig* abwägen, abschätzen; *(tenere conto)* berücksichtigen. **calcolatore, -trice** [...la'to:re] **I.** *a* **1.** *(regolo, macchina)* Rechen-; **2.** *(persona, mente)* berechnend; **II.** *m, f (persona)* Rechner(in) *m(f) fig; (mente fredda)* kühler Kopf; **III.** *m:* ~ **elettronico** *inform* Elektronenrechner *m,* Computer *m;* ~ **personale** Personalcomputer *m;* **IV.** *f tec* Rechenmaschine *f,* Rechner *m; (regolo)* Rechenschieber *m;* ~ **tascabile** Taschenrechner *m.*

calcolo[1] ['kalkolo] *m mat* Rechnung *f,* Berechnung *f;* ~ **preventivo** Vorausberechnung *f,* Kostenvoranschlag *m;* ~ **delle probabilità** Wahrscheinlichkeitsrechnung *f;* **agire per** ~ berechnend sein; **fare i -i** rechnen.

calcolo[2] ['kalkolo] *m med* Stein *m;* ~ **renale** Nierenstein *m.*

caldaia [kal'da:i̯a] ‹-aie› *f* Kessel *m; tec (a vapore)* Dampfkessel *m; (per riscaldamento)* Heizkessel *m.*

caldamente [kalda'mente] *adv* warm, wärmstens *fam; (cordialmente)* herzlich.

caldana [kal'da:na] *f* Hitzewelle *f.*

caldarrosta [kaldar'rɔsta] *f* geröstete Kastanie.

caldeggiare [kalded'dʒa:re] ‹caldeggio, caldeggi› *tr* befürworten; *(sostenere)* unterstützen; *(favorire)* begünstigen.

calderone [kalde'ro:ne] *m* Kessel *m,* Topf *m;* **mettere tutto nello stesso** ~ *fig* alles in einen Topf werfen.

caldo, -a ['kaldo] **I.** *a* warm; *(molto* ~*)* heiß; *(colore, voce)* warm; *(amicizia, etc.)* innig, herzlich; *(notizia, etc.)* neueste(r, s); **pane** ~ warmes (= frisches) Brot; **testa -a** Hitzkopf *m;* **avere il sangue** ~ *fig* heißblütig sein; **a sangue** ~ im Affekt; **II.** *m* Wärme *f;* (~ *intenso)* Hitze *f; (fregola)* Brunst *f; (fervore)* Eifer *m;* **essere in** ~ *(animale)* heiß (*o.* läufig) sein; **tenersi in** ~ **qu/qc** sich *(dat)* jdn/etw. warmhalten; **mettere (***o.* **tenere) le vivande in** ~ die Speisen warm halten; **ho (***o.*

sento) ~ mir ist heiß (*o.* warm); **non mi fa né ~ né freddo** das läßt mich kalt.

caleidoscopio [kaleidos'kɔ:pi̯o] ‹-i› *m* **1.** *opt* Kaleidoskop *n;* **2.** *fig* buntes Allerlei.

calendario [kalen'da:ri̯o] ‹-i› *m* Kalender *m;* ~ **di lavoro** Arbeitsplan *m.* **calende** [ka'lɛnde] *f pl:* **rimandare qc alle ~ greche** etw. auf den Sankt-Nimmerleins-Tag verschieben. **calendimaggio** [kalendi'maddʒo] ‹-› *m* Maifeiertag *m,* Maifeier *f.*

calendola, calendula [ka'lɛndola, ...dula] *f* Ringelblume *f.*

calesse [ka'lɛsse] *m* Kalesche *f.*

calettamento [kaletta'mento] *m* Verkeilung *f.* **calettare** [...'ta:re] *tr* verbinden; *tec* verkeilen, verzahnen.

calibrare [kali'bra:re] *tr* kalibrieren; *fig* genau messen. **calibro** ['ka:libro] *m (a. fig)* Kaliber *n.*

calice ['ka:litʃe] *m (bicchiere)* Kelch *m; rel* (Meß)kelch *m; anat* (Nierenbecken)kelch *m; bot* (Blüten)kelch *m.*

califfo [ka'liffo] *m* Kalif *m.*

caligine [ka'li:dʒine] *f* **1.** *(nebbia)* Dunst *m,* Nebel *m; (in zone industriali)* Smog *m;* **2.** *fig* Trübung *f,* Umnachtung *f.* **caliginoso, -a** [kalidʒi'no:so] *a* trüb, dunstig.

calla ['kalla] *f* Calla *f.*

calle ['kalle] **I.** *f (a Venezia)* Gasse *f,* Straße *f;* **II.** *m poet* Pfad *m poet.*

call girl ['kɔ:lgə:l] ‹-› *f* Callgirl *n.*

callifugo [kal'li:fugo] ‹-ghi› *m* hornhauterweichendes Mittel.

calligrafia [kalligra'fi:a] *f* Handschrift *f; (arte)* Schönschreibkunst *f,* Kalligraphie *f.* **calligrafico, -a** [...'gra:fiko] *a* **1.** *(esame, perito)* graphologisch; **2.** *fig* kalligraphisch.

callista [kal'lista] ‹-i *m,* -e *f*› *mf* Fußpfleger(in) *m(f).* **callo** ['kallo] *m* Hornhaut *f; (dei piedi)* Hühnerauge *n; (della mano)* Schwiele *f;* ~ **osseo** Kallus *m;* **farci il ~** sich an etw. gewöhnen, gegen etw. unempfindlich werden; **pestare i -i a qu** *fig fam* jdm auf die Füße treten *fam.* **callosità** [kallosi'ta] ‹-› *f* Verhornung *f.* **calloso, -a** [...'lo:so] *a* schwielig, verhornt; **corpo ~** *anat* Balken *m.*

calma ['kalma] *f* Ruhe *f; (silenzio)* Stille *f; (tranquillità)* Gelassenheit *f; meteo (vento)* Windstille *f; (mare)* Flaute *f,* Meeresstille *f;* **periodo di ~** ruhige Zeit; *com* Flaute *f;* **prendersela con ~** es in aller Ruhe angehen; ~ **e sangue freddo!** (nur) ruhig Blut!, immer mit der Ruhe! **calmante** [...'mante] **I.** *a* beruhigend; *(che allevia)* lindernd; *(che elimina dolore)* schmerzstillend; **II.** *m* Beruhigungsmittel *n.* **calmare** [...'ma:re] **I.** *tr* **1.** *(persona)* beruhigen; *(placare)* besänftigen; **2.** *(dolore)* lindern; **II.** *rfl:* **-rsi 1.** *(persona)* sich beruhigen; **2.** *(vento)* abflauen, sich legen; *(dolore)* nachlassen.

calmierare [kalmi̯e'ra:re] *tr* den Höchstpreis *gen* amtlich festsetzen. **calmiere** [...'mi̯ɛ:re] *m* obere Preisgrenze, Preisbindung *f;* **prezzo di ~** Höchstpreis *m.*

calmo, -a ['kalmo] *a* ruhig; *(tranquillo)* gelassen; *(equilibrato)* ausgeglichen.

calo ['ka:lo] *m* Verminderung *f,* Rückgang *m; (di volume, peso)* Abnahme *f,* Sinken *n;* Einbuße *f; (di qualità)* Verschlechterung *f; (di prezzo)* (Preis)senkung *f;* ~ **di potenza** *tec* Spannungsabfall *m;* **la sua popolarità ha subito un ~** er (*o.* sie) hat an Beliebtheit (empfindlich) eingebüßt.

calore [ka'lo:re] *m* Wärme *f; (calore intenso)* Hitze *f;* ~ **familiare** Nestwärme *f;* **avere un po' di ~** etw. (*o.* erhöhte) Temperatur haben; **essere/andare in ~** läufig sein/werden; **nel ~ della discussione** im Eifer des Gefechts. **caloria** [kalo'ri:a] ‹-ie› *f* (*ab* **cal**) Kalorie *f;* **grande ~** Kilokalorie *f.* **calorico, -a** [ka'lɔ:riko] ‹-ci, -che› *a* **1.** *phys* Wärme-, kalorisch; **2.** *biol* Kalorien-; **apporto ~** Kalorienzufuhr *f.* **calorifero** [kalo'ri:fero] *m* Heizkörper *m.* **calorifico, -a** [...'ri:fiko] ‹-ci, -che› *a* Heiz-, wärmeerzeugend. **calorimetro** [...'ri:metro] *m* Wärmemesser *m,* Kalorimeter *n.* **calorosamente** [...rosa'mente] *adv* herzlich, warmherzig. **caloroso, -a** [...'ro:so] *a* **1.** *(cibo, bevanda, spezie)* wärmend; **2.** *(persona)* kälteunempfindlich; **3.** *fig* herzlich; *(discussione, etc.)* angeregt.

caloscia [ka'lɔʃʃa] ‹-sce› *f* Überschuh *m.*

calotta [ka'lɔtta] *f* **1.** *geog* (Eis)kappe *f;* **2.** *mat, arch, rel* Kalotte *f;* ~ **artica/antartica** arktische/antarktische Polarkappe; ~ **sferica** Kugelkappe *f;* ~ **cranica** Schädeldecke *f,* -dach *n.*

calpestamento [kalpesta'mento] *m* **1.** *(coi piedi)* Treten *n;* **2.** *fig* Mißachtung *f.* **calpestare** [...'ta:re] *tr* **1.** *(coi piedi)* (zer)treten; **2.** *fig* mißachten, mit Füßen treten; **è vietato ~ l'erba** (das) Betreten des Rasens (ist) verboten. **calpestio** [...'ti:o] ‹-ii› *m (scalpiccio)* Getrappel *n; (calpestare)* Getrampel *n.*

calumet [kaly'mɛ] ‹-› *m* Friedenspfeife *f;* **fumare il ~ della pace** die Friedenspfeife rauchen.

calunnia [ka'lunnia] ‹-ie› *f* Verleumdung *f.* **calunniare** [...'nia:re] ‹calunnio, calunni› *tr* verleumden. **calunniatore, -trice** [...nia'to:re] *m, f* Verleumder(in) *m(f).* **calunnioso, -a** [...'nio:so] *a* verleumderisch.

calura [ka'lu:ra] *f poet, dial* Hitze *f.*

calva *f v.* **calvo.**

calvario [kal'va:rio] ‹-i› *m* Kreuz-, Leidensweg *m; fig* unsagbares Leid.

calvinismo [kalvi'nizmo] *m* Kalvinismus *m.* **calvinista** [...'nista] ‹-i *m,* -e *f*› *mf* Kalvinist(in) *m(f).* **calvinistico, -a** [...'nistiko] ‹-ci, -che› *a* kalvinistisch.

calvizie [kal'vittsie] ‹-› *f* Kahlheit *f; (di persone a.)* Kahlköpfigkeit *f.* **calvo, -a** ['kalvo] **I.** *a* kahl; *(persona a.)* kahl-, glatzköpfig; **II.** *m, f* Kahlkopf *m,* Glatzkopf *m fam.*

calza ['kaltsa] *f* Strumpf *m;* **~ elastica** Gummistrumpf *m;* **ferri da ~** Stricknadeln *f pl;* **fare la ~** stricken; **fare le -e a qu** *fig* jdn schlechtmachen. **calzamaglia** [-'maʎʎa] *f* Strumpfhose *f.*

calzante [kal'tsante] **I.** *a* passend; **II.** *m* Schuhanzieher *m,* -löffel *m.*

calzare[1] [kal'tsa:re] **I.** *tr* ‹*avere*› **1.** *(scarpe, guanti)* anziehen; *(portare)* tragen; **2.** *com* mit Schuhen versorgen; **3.** *(puntellare: mobili, etc.)* abstützen, unterlegen; **II.** *itr* **1.** ‹*avere*› *(scarpe)* passen; **2.** ‹*essere*› *fig* passen, passend sein.

calzare[2] [kal'tsa:re] *m poet* Schuh *m.*

calzascarpe [kaltsas'karpe] ‹-›, **calzatoio** [...a'to:io] ‹-oi› *m* Schuhanzieher *m,* -löffel *m.*

calzatura [kaltsa'tu:ra] *f* Schuhe *m pl;* **industria delle -e** Schuhindustrie *f.* **calzaturificio** [...turi'fi:tʃo] ‹-ci› *m* Schuhfabrik *f.*

calzerotto [kaltse'rɔtto] *m* Söckchen *n; (di lana)* Wollsocke *f.* **calzetta** [...'tsetta] *f* **1.** *(calzino)* Söckchen *n;* **2.** *(di seta)* Seidenstrumpf *m;* **mezza ~** *fig* mittelmäßiger Mensch, kleine Nummer *fam.* **calzettone** [...tset'to:ne] *m* Kniestrumpf *m.* **calzificio** [...tsi'fi:tʃo] ‹-ci› *m* Strumpffabrik *f.* **calzino** [...'tsi:no] *m* Söckchen *n;* **tirare il ~** *fig fam* den Löffel aus der Hand legen *sl.*

calzolaio, -a [kaltso'la:io] ‹-ai, -aie› *m, f* Schuster *m,* Schuhmacher(in) *m(f).* **calzoleria** [...le'ri:a] ‹-ie› *f* **1.** *(negozio)* Schuhgeschäft *n;* **2.** *(bottega del calzolaio)* Schusterwerkstatt *f.*

calzoncini [kaltson'tʃi:ni] *m pl* Höschen *n; (da spiaggia, bagno)* Strand-, Badehöschen *n.* **calzone** [...'tso:ne] *m* **1.** ‹*pl*› *(indumento)* Hose *f;* **2.** *(parte)* Hosenbein *n;* **3.** *gastr gefüllte Teigtasche;* **portare i -i** *fig fam* die Hosen anhaben *fam.*

camaleonte [kamale'onte] *m (a. fig)* Chamäleon *n.* **camaleontismo** [...'tizmo] *m* Opportunismus *m.*

camarilla [kama'rilla] *f* **1.** *pol pej* Kamarilla *f,* Höflingspartei *f;* **2.** *pej* Klüngel *m,* Clique *f.*

cambiadischi [kambia'diski] ‹-› *m* Plattenwechsler *m.*

cambiale [kam'bia:le] *f* Wechsel *m;* **~ a vista** Sichtwechsel *m;* **~ di favore** Gefälligkeitswechsel *m,* Gefälligkeitsakzept *n;* **spiccare una ~ su qc** einen Wechsel auf etw. ziehen.

cambiamento [kambia'mento] *m* Wechsel *m,* Veränderung *f;* **~ d'aria/di stagione** Luftveränderung *f*/Wechsel *m* der Jahreszeit; **ha fatto un grande ~** er (*o.* sie) hat sich sehr verändert. **cambiare** [...'bia:re] ‹cambio, cambi› **I.** *tr* ‹*avere*› **1.** (ver)tauschen; *(vestito)* wechseln; **2.** *(trasformare)* (ver)ändern, umändern; *(pezzi di ricambio)* auswechseln; **3.** *fin* wechseln, tauschen; **~ casa** umziehen; **~ idea** seine Meinung ändern, es sich *(dat)* anders überlegen; **~ marcia** in einen anderen Gang schalten; **~ treno** umsteigen; **~ le lire in marchi** Lire in DM tauschen; **mi cambia centomila lire?** können Sie mir hunderttausend Lire wechseln?; **II.** *itr* ‹*essere*› sich (ver)ändern; *mot* schalten; **III.** *rfl:* **-rsi 1.** *(d'indumento)* sich umziehen; **2.** *(diventare diverso)* sich (ver)ändern; *(trasformarsi)* sich verwandeln.

cambiario, -a [kam'bia:rio] ‹-i, -ie› *a* Wechsel-; **effetto ~** Wechsel *m.*

cambiatensione [kambiaten'sio:ne] *m* Transformator *m,* Umspanner *m.*

cambiavalute [-va'lu:te] ‹-› *mf* Geldwechsler(in) *m(f).*

cambio ['kambio] ‹-i› *m* **1.** *(sostituzione)* Tausch *m,* Wechsel *m; (modifica)* Änderung *f;* **2.** *(soldi)* (Geld)wechsel *m; fin* (Wechsel)kurs *m;* **3.** *mot* Getriebe *n; (azione)* Schaltung *f;* **~ a cloche/al volante** Knüppel-/Lenkradschaltung *f;* **~ di velocità** Gangschaltung *f;* **~ automatico** Automatikgetriebe *n;* **agente di ~** Börsenmakler(in) *m(f);* **fare a ~** tauschen; **dare il ~ a qu** jdn ablösen; **accettare qc in ~ di qc** etw. für etw. (anderes) in Tausch nehmen.

cambusa [kam'bu:za] *f* Kombüse *f.* **cambusiere** [...bu'zi̯ɛ:re] *m* Schiffskoch *m.*

camelia [ka'mɛ:li̯a] ⟨-ie⟩ *f* Kamelie *f.*

camembert [kamã'bɛ:r] ⟨-⟩ *m* Camembert *m.*

camera ['ka:mera] *f* **1.** *gener.* Zimmer *n,* Raum *m;* **2.** *(da letto)* (Schlaf)zimmer *n;* **3.** *(mobilia)* Zimmereinrichtung *f,* Möbel *n pl;* **4.** *pol, adm* Kammer *f; (pol a.)* Haus *n;* ~ **blindata** Tresorraum *m,* Stahlkammer *f;* ~ **mortuaria** Leichenhalle *f;* ~ **oscura** Dunkelkammer *f; hist* Camera obscura *f;* ~ **a gas** Gaskammer *f;* ~ **d'aria** *mot* Luftschlauch *m;* ~ **da letto/pranzo/degli ospiti** Schlaf-/Eß-/Gästezimmer *n;* ~ **singola/doppia/matrimoniale** Einzel-/Doppel-/Doppelbettzimmer *n;* ~ **ad un letto/a due letti** ein Einbett-/Zweibettzimmer *n;* **appartamento di quattro -e** Vierzimmerwohnung *f;* **musica da** ~ Kammermusik *f;* **veste da** ~ *(di donna)* Morgenrock *m; (di uomo)* Hausrock *m.*

camerale [kame'ra:le] *a* Kammer-, Staats-.

cameraman ['kæmərəmæn] ⟨-⟩ *m* Kameramann *m.*

camerata[1] [kame'ra:ta] *f* **1.** *(di collegio, caserma)* Schlafsaal *m;* **2.** *(gruppo di persone)* Stubenkameradschaft *f,* Stube *f fam.*

camerata[2] [kame'ra:ta] ⟨-i *m,* -e *f*⟩ *mf (persona)* Kamerad(in) *m(f).* **cameratesco, -a** [...ra'tesko] ⟨-schi, -sche⟩ *a* kameradschaftlich. **cameratismo** [...ra'tizmo] *m* Kameradschaft(lichkeit) *f;* **spirito di** ~ Kameradschaftsgeist *m.*

cameriera [kame'ri̯ɛ:ra] *f (di casa privata)* Dienstmädchen *n; (di locale)* Kellnerin *f; (di albergo)* Zimmermädchen *n.* **cameriere** [...re] *m (di casa privata)* Hausdiener *m; (di locale)* Kellner *m,* Ober *m; (di albergo)* Hoteldiener *m;* ~, **mi porti il conto, per favore!** Herr Ober, bitte zahlen!

camerino [kame'ri:no] *m* **1.** *theat* Garderobe *f,* Umkleideraum *m;* **2.** *naut* Offizierskabine *f.*

camice ['ka:mitʃe] *m* **1.** *med* Kittel *m;* **2.** *rel* Meß-, Chorhemd *n; (di sacerdote)* Albe *f.*

camiceria [kamitʃe'ri:a] ⟨-ie⟩ *f* Wäschegeschäft *n.*

camicetta [kami'tʃetta] *f* Bluse *f.*

camicia [ka'mi:tʃa] ⟨-cie *o.* -ce⟩ *f* **1.** *gener.* Hemd *n;* **2.** *(custodia)* Hülle *f,* Umschlag *m;* **3.** *mot, tec* Mantel *m;* ~ **da donna/uomo** Hemdbluse *f*/Herrenhemd *n;* ~ **da notte** Nachthemd *n;* ~ **di forza** Zwangsjacke *f;* ~ **dei cilindri** Zylindermantel *m;* **le -cie rosse/nere/brune** die Rothemden (*o.* Garibaldianer)/Schwarzhemden/Braunhemden; **in maniche di** ~ in Hemdsärmeln; **essere nato con la** ~ ein Glückskind sein; **giocarsi anche la** ~ sein letztes Hemd verspielen; **ridursi in** ~ kein Hemd mehr am Leibe haben; **sudare sette -cie** Herkulesarbeit verrichten; **si leverebbe** (*o.* **caverebbe**) **anche la** ~ er würde sein letztes Hemd hergeben. **camiciaio, -a** [kami'tʃa:i̯o] ⟨-ai, -aie⟩ *m, f (fabbricante)* Hemdenfabrikant(in) *m(f); (chi fa camicie)* Hemdennäher(in) *m(f); (chi vende camicie)* Hemdenverkäufer(in) *m(f).* **camiciola** [...'tʃɔ:la] *f* **1.** *(sulla pelle)* Unterhemd *n;* **2.** *(per l'estate)* Sommerhemd *n.* **camiciotto** [...'tʃɔtto] *m* Arbeitskittel *m.*

Camillo [ka'millo] *nome proprio maschile.*

caminetto [kami'netto] *m* (offener) Kamin *m.*

camino [ka'mi:no] *m* **1.** *(per riscaldamento)* Kamin *m;* **2.** *(comignolo)* Kamin *m,* Schornstein *m;* ~ **vulcanico** Schlot *m;* ~ **di roccia** *(in alpinismo)* Kamin *m.*

camion ['ka:mi̯on] ⟨-⟩ *m* Last(kraft)wagen *m.* **camionabile, camionale** [kami̯o'na:bile, ...'na:le] **I.** *a* für Lastkraftwagen befahrbar; **II.** *f* für Lastkraftwagen befahrbare Straße. **camioncino** [...n'tʃi:no] *m* Lieferwagen *m.* **camionetta** [...'netta] *f* Jeep® *m.* **camionista** [...'nista] ⟨-i *m,* -e *f*⟩ *mf* Lastwagenfahrer(in) *m(f).*

camma ['kamma] *f* Nocken *m;* **albero a -e** Nockenwelle *f.*

cammelliere [kammel'li̯ɛ:re] *m* Kameltreiber *m.* **cammello** [...'mɛllo] **I.** *m* **1.** *zoo* Kamel *n;* **2.** *(tessuto)* Kamelhaar *n;* **II.** ⟨*inv*⟩ *a* kamelhaarfarben.

cammeo [kam'mɛ:o] *m* Kamee *f;* **avere un profilo da** ~ feingeschnittene Züge haben.

camminare [kammi'na:re] *itr* gehen; *(velocemente) laufen; (veicoli)* fahren; *tec* laufen, gehen; *(fig a.)* fortschreiten; ~ **a quattro zampe** auf allen vieren gehen; **l'orologio ha smesso di** ~ die Uhr ist stehengeblieben; **questo periodo non cammina** dieser Satz ist nicht flüssig; **cammina!** *(affrettati)* beeil dich!; *(vattene)* hau ab! *fam.* **camminata** [...'na:ta] *f* **1.** *(pas-*

seggiata) Spaziergang *m;* **2.** *(modo di camminare)* Gang *m,* Gangart *f.* **camminatore, -trice** [...na'to:re] *m, f* Läufer(in) *m(f),* Geher(in) *m(f);* **è un buon ~** er ist gut zu Fuß. **cammino** [...'mi:no] *m* **1.** *(viaggio)* Weg *m,* Reise *f;* **2.** *(strada)* Weg *m,* Wegstrecke *f;* **3.** *(di sole, luna, fiume, etc.)* Lauf *m;* **4.** *(progresso)* Fortschritt *m;* **il ~ della virtù** der Pfad der Tugend; **aprirsi il ~** sich *(dat)* einen Weg bahnen; **essere a metà ~** auf halbem Wege sein; **mettersi in ~** sich auf den Weg machen; **ci sono tre ore di ~** es ist eine Strecke von drei Stunden; *(a piedi)* zu Fuß sind es drei Stunden; **~ facendo** unterwegs.

camomilla [kamo'milla] *f* **1.** *(pianta)* Kamille *f;* **2.** *(infuso)* Kamillentee *m.*

camorra [ka'mɔrra] *f* **1.** *(società)* Kamorra *f; fig* Verbrecherring *m,* Syndikat *n;* **2.** *fig (azione)* Betrug *m,* Schiebung *f;* **3.** *(chiasso)* Krawall *m.* **camorrista** [kamor'rista] ⟨-i *m,* -e *f*⟩ *mf* **1.** Mitglied *n* der Kamorra; **2.** *fig* Schieber(in) *m(f),* Betrüger(in) *m(f); (persona rumorosa e litigiosa)* Krawallmacher *m.*

camoscio [ka'mɔʃʃo] ⟨-sci⟩ *m* **1.** *zoo* Gemse *f;* **2.** *(pelle)* Wildleder *n.*

campagna [kam'paɲɲa] *f* **1.** *agr, geog* Land *n;* **2.** *(podere)* Landgut *n,* Ländereien *f pl;* **3.** *mil* Feldzug *m;* **4.** *fig* Kampagne *f;* **frutti della ~** landwirtschaftliche Produkte *n pl;* **~ elettorale/pubblicitaria** Wahlkampf *m*/Werbefeldzug *m,* -kampagne *f.* **campagnola** [...'ɲɔ:la] *f* Geländewagen *m.* **campagnolo, -a** [...'ɲɔ:lo] **I.** *a* ländlich, Land-; **II.** *m, f* Landbewohner(in) *m(f).*

campale [kam'pa:le] *a* Feld-; **scontro** (*o.* **battaglia**) **~** Feldschlacht *f;* **giornata ~** *(a. fig)* Großkampftag *m.*

campana [kam'pa:na] *f* Glocke *f;* **-e a morto** Totenglocken *f pl;* **~ pneumatica** Luftkammer *f;* **a ~** glockenförmig; **pantaloni a ~** Hose mit weitem Schlag; **fare la testa come una ~ a qu** jdm in den Ohren liegen; **sentire tutte e due le -e** beide Meinungen (*o.* Parteien) hören; **vivere/tenere sotto una ~ di vetro** *fig* unter einer Glasglocke leben/halten; **sordo come una ~** stocktaub. **campanaccio** [kampa'nattʃo] ⟨-cci⟩ *m* Kuhglocke *f.* **campanario, -a** [...'na:ri̯o] ⟨-i, -ie⟩ *a* Glocken-. **campanaro** [...'na:ro] *m* Glöckner *m.* **campanella** [...'nɛlla] *f* **1.** *(a scuola, etc.)* Klingel *f;* **2.** *bot fam* Glockenblume *f;* **3.** *(orecchino)* Ohrring *m.* **campanello** [...'nɛllo] *m* Klingel *f; (piccola campana)* Glöckchen *n;* **~ d'allarme** Alarmglocke *f; (a. fig)* Alarmsignal *n.*

Campania [kam'pa:ni̯a] *f* Kampanien *n.*

campanile [kampa'ni:le] *m* **1.** *arch* Kirch-, Glockenturm *m;* **2.** *fig* Geburts-, Heimatort *m;* **partita di ~** Lokalderby *n.* **campanilismo** [kampani'lizmo] *m* Lokalpatriotismus *m,* Kirchturmpolitik *f.* **campanilista** [...'lista] ⟨-i *m,* -e *f*⟩ *mf* Lokalpatriot(in) *m(f).* **campanilistico, -a** [...'listiko] ⟨-ci, -che⟩ *a* lokalpatriotisch.

campanula [kam'pa:nula] *f* Glockenblume *f.*

campare [kam'pa:re] *fam* **I.** *itr* ⟨*essere*⟩ leben (*di* von), sich durchbringen (*di* mit), sich durchschlagen (*di* mit) *fam;* **~ alla giornata** von der Hand in den Mund leben; **tirare a ~** sich durchschlagen; *(prender la vita come è)* das Leben nehmen, wie es ist; **~ di aria** nur von Luft leben; **campa, cavallo (, che l'erba cresce)** *prov* da kann man warten, bis man schwarz ist; **II.** *tr* ⟨*avere*⟩ *(figli)* großziehen, durchbringen *fam.*

campata [kam'pa:ta] *f* Spannweite *f.*

campato, -a [kam'pa:to] *a:* **~ in aria** aus der Luft gegriffen.

campeggiare [kamped'dʒa:re] ⟨campeggio, campeggi⟩ *itr* **1.** *(far campeggio)* campen, zelten; **2.** *(spiccare)* hervorstechen, sich abheben. **campeggiatore, -trice** [...dʒa'to:re] *m, f* Camper(in) *m(f),* Zelter(in) *m(f).* **campeggio** [...'peddʒo] ⟨-ggi⟩ *m* **1.** *(terreno)* Zelt-, Campingplatz *m;* **2.** *(turismo)* Camping *n,* Zelten *n;* **fare ~** campen, zelten.

camper ['kæmpə] ⟨-⟩ *m* Wohnmobil *n.*

campestre [kam'pɛstre] *a* Feld-; **corsa ~** Querfeldeinlauf *m.*

campicchiare [kampik'ki̯a:re] ⟨campicchio, campicchi⟩ *itr* ⟨*essere*⟩ *fam* sich über Wasser halten.

campiello [kam'pi̯ɛllo] *m (a Venezia)* kleiner Platz.

camping ['kæmpɪŋ] ⟨-⟩ *m v.* **campeggio.**

campionamento [kampi̯ona'mento] *m* Stichproben-, Musterentnahme *f.* **campionare** [...'na:re] *tr* eine Stichprobe machen bei. **campionario, -a** [...'na:ri̯o] ⟨-i, -ie⟩ **I.** *a* Muster-; **fiera -a** Mustermesse *f;* **II.** *m* Musterkollektion *f.*

campionato [kampi̯o'na:to] *m* Meisterschaft *f.*

campionatura [kampi̯ona'tu:ra] *f* Probeentnahme *f.*
campione, -essa [kam'pi̯o:ne, ...i̯o'nessa] **I.** *m, f* **1.** *sport* Meister(in) *m(f),* Champion *m;* **2.** *fig* Muster *n* (*di* an), Weltmeister *m* (*di* im) *fam;* **II.** *m* **1.** *com, tec* Muster *n,* Probe *f;* **2.** *phys* Normalmaß *n;* ~ **senza valore** Muster *n* ohne Wert, Warensendung *f;* **III.** ⟨*inv*⟩ *a* **1.** *sport* Meister-; **2.** *(per indagini, test)* Stichproben-; **analisi** ~ Stichprobenuntersuchung *f.* **campionissimo, -a** [...i̯o'nissimo] *m, f* Supermeister(in) *m(f); (del mondo)* Weltbeste(r) *mf.*
campisanti *pl di* **camposanto.**
campo ['kampo] *m* **1.** *agr* Feld *n,* Acker *m;* **2.** *mil* Feld *n;* **3.** *sport* Platz *m,* Feld *n;* **4.** *phys, ling, geol* Feld *n;* **5.** *(nell'arte)* Hintergrund *m;* **6.** *fig* Bereich *m,* Feld *n,* Gebiet *n;* ~ **semantico** Wortfeld *n;* ~ **petrolifero/diamantifero/aurifero** Erdöl-/Diamanten-/Goldfeld *n;* ~ **visivo** Gesichtsfeld *n;* ~ **sportivo** Sportplatz *m;* ~ **da tennis/golf/gioco** Tennis-/Golfplatz *m*/Spielfeld *n;* ~ **di concentramento/sterminio** Konzentrations-/Vernichtungslager *n;* ~ **d'azione** Aktionsradius *m,* Wirkungsbereich *m;* ~ **d'aviazione** Flugplatz *m;* ~ **di forze** Kraftfeld *n;* ~ **d'immagine** Bildfläche *f;* **avere** ~ **libero** freie Bahn haben; **mettere in** ~ *(a. fig)* ins Feld führen; **scendere in** ~ **contro qu** gegen jdn zu Felde ziehen; **ciò non rientra nel** ~ **delle mie competenze** das gehört nicht in meinen Kompetenzbereich. **camposanto** [-'santo] ⟨campisanti⟩ *m* Friedhof *m.*
campus ['kæmpəs] ⟨-⟩ *m* Campus *m.*
camuffamento [kamuffa'mento] *m* Vermummung *f,* Verkleidung *f.* **camuffare** [...'fa:re] **I.** *tr* **1.** vermummen; *(travestire)* verkleiden (*da* als); **2.** *fig* verbergen, tarnen; **II.** *rfl:* **-rsi** sich vermummen; *(travestirsi)* sich verkleiden (*da* als).
camuso, -a [ka'mu:zo] *a* **1.** *(persona)* plattnasig; **2.** *(naso)* platt.
can [kan] ⟨-⟩ *m* Khan *m.*
Canada ['ka:nada] *m:* **il** ~ Kanada *n.* **canadese** [kana'de:se] **I.** *a* kanadisch; **II.** *mf* Kanadier(in) *m(f).*
canaglia [ka'naʎʎa] ⟨-glie⟩ *f* **1.** *pej* Kanaille *f,* Hund *m fam;* **2.** *scherz* Spitzbube *m,* Racker *m.* **canagliata** [...'ʎa:ta] *f* Schuftigkeit *f.*
canale [ka'na:le] *m* **1.** *(artificiale)* Kanal *m;* **2.** *geog* Kanal *m,* Meerenge *f;* **3.** *anat* Gang *m; (condotto)* Kanal *m,* Leiter *m;* **4.** *el, tel* Leitung *f;* **5.** *TV, radio* Kanal *m,* Programm *n;* **6.** *fig* Kanal *m,* Weg *m;* ~ **di scolo** Ablaufrinne *f.* **canalizzare** [kanalid'dza:re] *tr* **1.** *agr, naut* kanalisieren; **2.** *med* ableiten, kanalisieren. **canalizzazione** [...dzat'tsi̯o:ne] *f* **1.** *(per acque)* Kanalisation *f; (per gas, elettricità, etc.)* Leitungssystem *n;* **2.** *(operazione)* Kanalisierung *f.*
canapa ['ka:napa] *f* Hanf *m.*
canapè [kana'pɛ] ⟨-⟩ *m* Kanapee *n.*
canapiero, -a [kana'pi̯ɛ:ro] *a* Hanf-. **canapificio** [...pi'fi:tʃo] ⟨-ci⟩ *m* Hanfspinnerei *f.* **canapo** ['ka:napo] *m* Hanfseil *n; naut* Tau *n.*
Canarie [ka'na:ri̯e] *f pl:* **le** ~ die Kanarischen Inseln *f pl.*
canarino [kana'ri:no] **I.** *m* Kanarienvogel *m;* **II.** ⟨*inv*⟩ *a* kanariengelb.
canasta [ka'nasta] *f* Canasta *n.*
cancan [kaŋ'kan] ⟨-⟩ *m* Cancan *m.*
cancellare [kantʃel'la:re] *tr* **1.** *gener.* auslöschen, (aus)streichen; *(con la gomma)* ausradieren; *(con la penna)* durchstreichen; *(sulla lavagna)* auswischen, -löschen; **2.** *fig (debito)* tilgen; *(appuntamento)* absagen; *(volo, prenotazione)* stornieren; *(ricordo, etc.)* auslöschen; **un ricordo che non si cancellerà mai** eine bleibende Erinnerung; ~ **qc della memoria** etw. aus dem Gedächtnis streichen.
cancellata [kantʃel'la:ta] *f* Gitterwerk *n; (cancello)* Gitter *n.*
cancellatura [kantʃella'tu:ra] *f* Streichung *f,* Löschung *f.* **cancellazione** [...lat'tsi̯o:ne] *f* Löschung *f,* Tilgung *f.*
cancelleria [kantʃelle'ri:a] ⟨-ie⟩ *f* **1.** *pol, jur, adm* Kanzlei *f; (del tribunale)* Geschäftsstelle *f;* **2.** *(materiale)* Bürobedarf *m.* **cancelliere** [...'li̯ɛ:re] *m* **1.** *pol* Kanzler *m;* **2.** *jur* Urkundenbeamte(r) *m* (der Geschäftsstelle).
cancello [kan'tʃɛllo] *m* Gittertor *n.*
cancerogeno, -a [kantʃe'rɔ:dʒeno] **I.** *a* krebserregend, karzinogen; **II.** *m* Krebserreger *m.*
cancerologa *f v.* **cancerologo.**
cancerologia [kantʃerolo'dʒi:a] ⟨-gie⟩ *f* Krebsforschung *f.* **cancerologo, -a** [...'rɔ:logo] ⟨-gi, -ghe⟩ *m, f* Krebsforscher(in) *m(f).*
canceroso, -a [kantʃe'ro:so] **I.** *a* krebsartig, Krebs-; **II.** *m, f* Krebskranke(r) *mf.*
cancrena [kaŋ'krɛ:na] *f* **1.** *med* Brand *m;* Gangräne *f scient;* **2.** *fig pej* Plage *f,* Übel *n;* **andare in** ~ brandig werden.
cancro ['kaŋkro] *m* **1.** *med* Krebs *m;* **2.** *astr:* **C~** Krebs *m;* **3.** *fig pej* Unheil

n, Krebsgeschwür *n;* **sono (del** *o.* **un) C~** ich bin (ein) Krebs.
candeggiante [kanded'dʒante] **I.** *a* bleichend; **II.** *m* Weißmacher *m*, Aufheller *m.* **candeggiare** [...'dʒa:re] ‹candeggio, candeggi› *tr* bleichen. **candeggina®** [...'dʒi:na] *f* Bleichmittel *n.* **candeggio** [...'deddʒo] ‹-ggi› *m* Bleichen *n.*
candela [kan'de:la] *f* **1.** *gener.* Kerze *f;* **2.** *mot* (Zünd)kerze *f;* **3.** *el* Kerze *f; (potenza)* Kerzenstärke *f,* Wattangabe *f;* **a ~** kerzengerade; **discesa a ~** Sturzflug *m;* **una lampadina da 60 -e** eine 60-Watt-Birne; **struggersi come una ~** *fig (dimagrire)* vom Fleische fallen; *(per dolore, passione)* sich verzehren; **tenere (***o.* **reggere) la ~ a qu** *fig* bei jdm die Anstandsdame (*o.* den Anstandswauwau *fam*) spielen; **a lume di ~** bei Kerzenschein; **il gioco non vale la ~** das ist nicht der Mühe wert; **né donna né tela a lume di ~** *prov* bei Nacht sind alle Katzen grau *prov.* **candelabro** [kande'la:bro] *m* Kandelaber *m,* (mehrarmiger) Kerzenleuchter *m.* **candeliere** [...'li̯ɛ:re] *m* **1.** *(per candele)* Kerzenhalter *m;* **2.** *tec* Stütze *f.*
Candelora [kande'lɔ:ra] *f* Mariä Lichtmeß.
candelotto [kande'lɔtto] *m* (Stumpen)kerze *f;* **~ fumogeno/lacrimogeno** Nebel-/Tränengaspatrone *f.*
candidamente [kandida'mente] *adv (con schiettezza)* treuherzig; *(ingenuamente)* leichtgläubig, naiv.
candidato, -a [kandi'da:to] *m, f* Kandidat(in) *m(f); (a esame)* Prüfungskandidat(in) *m(f),* Prüfling *m.* **candidatura** [...da'tu:ra] *f* Kandidatur *f;* **presentare la propria ~** sich bewerben; *pol, adm* kandidieren.
candidezza [kandi'dettsa] *f* **1.** *(candore)* Reinheit *f;* **2.** *fig* Naivität *f; (schiettezza)* Arglosigkeit *f,* Treuherzigkeit *f.* **candido, -a** ['kandido] *a* **1.** *(pulito)* rein; *(colore)* schneeweiß; **2.** *fig* naiv; *(schietto)* arglos, treuherzig.
candire [kan'di:re] ‹candisco› *tr* kandieren. **candito, -a** [...'di:to] **I.** *a* kandiert; *(zucchero)* Kandis-; **II.** *m* ‹*di solito al pl*› kandierte Früchte *f pl.*
candore [kan'do:re] *m* **1.** Reinheit *f;* **2.** *fig* Naivität *f,* Arglosigkeit *f; (innocenza)* Unschuld *f.*
cane ['ka:ne] *m zoo, fig, astr* Hund *m; (nelle armi da fuoco)* Hahn *m;* **~ maggiore/minore** *astr* der Große/Kleine Hund; **figlio d'un ~** *fam* Hundesohn *m;* **vita da -i** Hundeleben *n;* **lavoro fatto da -i** hundsmiserable Arbeit; **mondo ~!** *fam* Scheißwelt *f vulg;* **cantare come un ~** *fam* hundsmiserabel singen *fam;* **essere solo come un ~** einsam und verlassen sein; **tempo da -i** Hundewetter *n;* **essere come ~ e gatto** wie Hund und Katze sein (*o.* leben); **menare il can per l'aia** nicht zur Sache kommen; **sentirsi come un ~ bastonato** sich wie ein geprügelter Hund fühlen; **fa un freddo ~** *fam* es ist hundekalt *fam;* **ho una fame ~** *fam* ich habe einen Bärenhunger *fam;* **non c'era un ~** *fig fam* es war kein Schwein da *vulg;* **~ non mangia ~** *prov* eine Krähe hackt der anderen kein Auge aus *prov;* **can che abbaia non morde** *prov* Hunde, die bellen, beißen nicht *prov;* **non destare il can che dorme** *prov* schlafende Hunde soll man nicht wecken *prov;* **una volta corre il ~ ed una volta la lepre** *prov* mal hat der eine Glück, mal der andere.
canea [ka'nɛ:a] *f* **1.** *zoo (muta)* Meute *f; (urlo)* Gebell *n* der Meute; **2.** *fig* Meute *f.*
canestro [ka'nɛstro] *m* Korb *m.*
canfora ['kanfora] *f* Kampfer *m.* **canforato, -a** [...'ra:to] *a* Kampfer-; **olio ~** Kampferöl *n.*
cangiante [kan'dʒante] *a* changierend.
canguro [kaŋ'gu:ro] *m* Känguruh *n.*
canicola [ka'ni:kola] *f* Hundsstern *m,* Sirius *m;* **i giorni della ~** die Hundstage *m pl.* **canicolare** [kaniko'la:re] *a* schwül, drückend heiß; **caldo ~** Gluthitze *f.*
canile [ka'ni:le] *m* **1.** *(cuccia)* Hundehütte *f;* **2.** *(allevamento)* Hundezucht *f;* **3.** *fig pej (giaciglio)* schmutziges Lager; *(stanza)* elendes Loch.
canino, -a [ka'ni:no] **I.** *a* Hunde-, Hunds-; **tosse -a** Keuchhusten *m;* **dente ~** Eckzahn *m;* **rosa -a** Hecken-, Hundsrose *f;* **II.** *m* Eckzahn *m.*
canizie [ka'nittsi̯e] ‹-› *f* **1.** *(dei capelli)* Ergrauen *n; (capelli)* weißes Haar; **2.** *fig* Alter *n.*
canna ['kanna] *f* **1.** *bot* Rohr *n;* **2.** (Rohr)stock *m; (da pesca)* Angelrute *f;* **3.** *(dell'organo)* Pfeife *f;* **4.** *(del fucile)* Lauf *m; (della bicicletta)* Stange *f;* **~ fumaria** Rauchfang *m;* **~ da zucchero** Zuckerrohr *n;* **essere povero in ~** bettelarm sein, arm wie eine Kirchenmaus sein; **tremare come una ~** wie Espenlaub zittern.
cannella¹ [kan'nɛlla] *f gastr* Zimt *m.*
cannella² [kan'nɛlla] *f (dell'acqua)* Hahn *m; (della botte)* Zapfen *m.*

cannello [kan'nɛllo] *m* **1.** *bot, tec* Röhrchen *n;* **2.** *chem, med* Kanüle *f;* **3.** *zoo, gastr* Messer-, Scheidenmuschel *f;* ~ **per saldare** Schweißbrenner *m;* ~ **della pipa** Pfeifenrohr *n;* ~ **della penna** Federhalter *m;* ~ **di carbone** Kohlestift *m.*

cannelloni [kannel'lo:ni] *m pl* **1.** *(pasta)* Cannelloni *pl (große Rohrnudeln zum Füllen);* **2.** *(piatto)* Cannelloni *pl (Rohrnudeln mit Hackfleischfüllung).*

canneto [kan'ne:to] *m* Röhricht *n.*

cannibale [kan'ni:bale] *mf* Kannibale *m,* Kannibalin *f.* **cannibalesco, -a** [kanniba'lesko] ‹-schi, -sche› *a* kannibalisch. **cannibalismo** [...'lizmo] *m* Kannibalismus *m.*

cannocchiale [kannok'ki̯a:le] *m* Fernrohr *n.*

cannolo [kan'nɔ:lo] *m süße gefüllte Teigröhrchen.*

cannonata [kanno'na:ta] *f* **1.** *mil* Kanonenschuß *m,* -schlag *m;* **2.** *fig fam* Wucht *f,* Bombensache *f fam.* **cannoncino** [...n'tʃi:no] *m* **1.** *mil* Feldhaubitze *f;* **2.** *(piega)* Biese *f;* **3.** *gastr mit Sahne oder Creme gefüllte Teigröhrchen.* **cannone** [...'no:ne] *m* **1.** *mil* Kanone *f;* **2.** *fig fam* As *n,* Kanone *f fam;* **3.** *(piega)* Quetschfalte *f;* **donna** ~ *(sulla fiera)* Riesendame *f.* **cannoniera** [kanno'ni̯ɛ:ra] *f* **1.** *mil* Schießscharte *f;* **2.** *naut* Kanonenboot *n.* **cannoniere** [...re] *m* Kanonier *m.*

cannuccia [kan'nuttʃa] ‹-cce› *f* **1.** *(per bibite)* Strohhalm *m;* **2.** *(della pipa)* Pfeifenrohr *n;* **3.** *(della penna)* Federhalter *m.*

canoa [ka'nɔ:a] *f* Kanu *n; sport* Kajak *m o. n; (piccola imbarcazione a pagaia)* Paddelboot *n.*

canocchia [ka'nɔkki̯a] ‹-cchie› *f* Heuschreckenkrebs *m.*

canoismo [kano'izmo] *m* Kanusport *m.* **canoista** [...'ista] ‹-i *m,* -e *f*› *mf* Kanute *m,* Kanutin *f.*

canone [ka'no:ne] *m* **1.** *(norma)* Regel *f; (schema di riferimento)* Maßstab *m,* Kanon *m;* **2.** *com, fin* Abgabe *f; (radio, TV, abbonamento)* Gebühr *f;* **3.** *rel, mus* Kanon *m;* ~ **d'affitto** Miete *f,* Mietzins *m;* **i -i della morale** die moralischen Grundsätze *m pl.*

canonica [ka'nɔ:nika] ‹-che› *f* Pfarrhaus *n.* **canonico, -a** [...ko] ‹-ci, -che› **I.** *a* kanonisch; *(valido)* vorschriftsmäßig; **II.** *m* Kanoniker *m,* Kanonikus *m.*

canonizzare [kanonid'dza:re] *tr* **1.** *rel* heiligsprechen; **2.** *fig* institutionalisieren; *(approvare)* sanktionieren. **canonizzazione** [...dzat'tsi̯o:ne] *f* Kanonisation *f.*

canoro, -a [ka'nɔ:ro] *a* Sing-; **uccelli -i** Singvögel *m pl.*

canottaggio [kanot'taddʒo] ‹-ggi› *m* Rudersport *m.* **canottiera** [...'ti̯ɛ:ra] *f* Unterhemd *n.* **canottiere** [...'ti̯ɛ:re] *m* Ruderer *m.* **canotto** [ka'nɔtto] *m* kleines Boot *n; (di gomma)* Schlauchboot *n.*

canovaccio [kano'vattʃo] ‹-cci› *m* **1.** *(tessuto)* Kanevas *m;* **2.** *(da cucina)* Putztuch *n; (per stoviglie)* Geschirrtuch *n;* **3.** *(per ricamo)* Stramin *m;* **4.** *theat (della commedia dell'arte)* Canovaccio *n,* Kanevas *m;* **5.** *lit* Handlung(sablauf *m*) *f;* **commedia a** ~ Stegreifkomödie *f.*

cantabile [kan'ta:bile] **I.** *a* singbar; **II.** *m* Kantabile *n.*

cantante [kan'tante] *mf* Sänger(in) *m(f);* ~ **lirico** Opernsänger *m;* ~ **di musica leggera** Schlagersänger(in) *m(f).*

cantare [kan'ta:re] **I.** *itr* **1.** *mus* singen; **2.** *zoo (gallina)* gackern; *(gallo)* krähen; *(uccello)* zwitschern, singen; *(grilli)* zirpen; **3.** *fig (fare la spia)* reden, plaudern; *sl (davanti alla polizia)* singen *sl;* ~ **da tenore** Tenor singen; **canta che ti passa** *prov* nimm's nicht so schwer, es wird schon wieder gut; **II.** *tr* **1.** *(canzoni)* singen; **2.** *(persone, fatti, etc.)* besingen; ~ **le lodi di qu** ein Loblied auf jdn singen; ~ **vittoria** frohlocken, triumphieren; **cantarla chiara** *fig* kein Blatt vor den Mund nehmen; **cantarne quattro a qu** *fam* jdm deutlich die Meinung sagen. **cantastorie** [...tas'tɔ:ri̯e] ‹-› *mf* Bänkelsänger(in) *m(f).* **cantata** [...'ta:ta] *f* **1.** *mus* Kantate *f;* **2.** *fam* Singen *n,* Gesang *m.* **cantautore, -trice** [...tau'to:re] *m, f* Liedermacher(in) *m(f).* **canterellare** [...terel'la:re] *tr* trällern. **canterino, -a** [...te'ri:no] **I.** *a (uccello)* sing-, sangesfreudig; *(grillo)* zirpend; **II.** *m, f* eifrige(r) Sänger(in) *m(f).* **cantica** ['kantika] ‹-che› *f lit* Gesang *m.* **canticchiare** [...k'ki̯a:re] ‹canticchio, canticchi› *tr, itr fam* trällern. **cantico** ['kantiko] ‹-ci› *m* Lobgesang *m,* Hymne *f;* **il** ~ **dei -ci** das Hohelied (Salomos).

cantiere [kan'ti̯ɛ:re] *m naut, aero* Werft *f;* (~ *edile)* Baustelle *f;* **mettere qc in** ~ *fig* etw. vorbereiten, etw. anfangen. **cantieristico, -a** [...i̯e'ristiko] ‹-ci, -che› *a* Werft-.

cantilena [kanti'lɛ:na] *f* **1.** *(il cantare)*

Singsang *m; (ninnananna)* Wiegenlied *n; fig (lamentela)* Gejammer *n;* **2.** *mus* Kantilene *f;* **sempre la stessa ~** immer die alte Leier *fam,* immer das gleiche Gejammer.

cantina [kan'ti:na] *f* **1.** *arch* Keller *m; (per il vino)* Weinkeller *m;* **2.** *fig* (Keller)loch *n;* **3.** *(bottega)* Weinschenke *f;* **4.** *(produzione e vendita di vino)* Kellerei *f;* **andare in ~** in den Keller gehen; *(fig: voce, etc.)* absacken; *theat (abbassare la voce)* die Stimme senken; **~ sociale** Genossenschaftskellerei *f,* Winzergenossenschaft *f.* **cantiniere** [...ti'ni̯ɛ:re] *m* Kellermeister *m.*

canto¹ ['kanto] *m* **1.** *mus* Gesang *m; (canzone)* Lied *n;* **2.** *zoo (del gallo)* Schrei *m; (degli uccelli)* Gesang *m; (dell'usignolo)* Schlag *m;* **3.** *poet* Gedicht *n,* Gesang *m;* **~ popolare** Volkslied *n;* **~ del cigno** *(a. fig)* Schwanengesang *m.*

canto² ['kanto] *m* **1.** *(angolo)* Winkel *m,* Ecke *f;* **2.** *(parte)* Seite *f;* **3.** *(spigolo)* Kante *f;* **mettere da ~** *fig* sparen; **mettere qc in un ~** *fig* etw. beiseite schieben; **d'altro ~** andererseits, auf der anderen Seite; **dal ~ mio/suo/loro** was mich/ihn (*o.* sie)/sie betrifft.

cantonale¹ [kanto'na:le] *m* **1.** *(mobile)* Eckschrank *m;* **2.** *tec (angolo di ferro)* Winkeleisen *n.*

cantonale² [kanto'na:le] *a (della Svizzera)* kantonal, Kantonal-.

cantonata [kanto'na:ta] *f* **1.** *fig* Fehlschlag *m;* **2.** *(angolo)* (Straßen)ecke *f;* **prendere una ~** einen Reinfall erleben.

cantone¹ [kan'to:ne] *m (angolo)* Ecke *f;* **il gioco dei quattro -i ~** ≃ Bäumchen, wechsle dich; **in un ~** abseits.

cantone² [kan'to:ne] *m (della Svizzera)* Kanton *m;* **Lago dei Quattro C~i** Vierwaldstättersee *m.*

cantoniera [kanto'ni̯ɛ:ra] *f* **1.** *(di ferrovia e strade)* Bahn-, Straßenwärterhäuschen *n;* **2.** *(mobile)* Eckschrank *m.* **cantoniere** [...re] *m* Bahn-, Straßenwärter *m.*

cantore [kan'to:re] *m* **1.** *rel* Kantor *m;* **2.** *lit* Sänger *m,* Dichter *m;* **i maestri -i** die Meistersinger *m pl.* **cantoria** [...to'ri:a] ‹-ie› *f* **1.** *rel* Chor *m;* **2.** *mus* Kantorei *f.*

cantuccio [kan'tuttʃo] ‹-cci› *m fam* Winkel *m;* **stare in un ~** beiseite (*o.* abseits) stehen; **un ~ di pane** ein Kanten *m* Brot.

canuto, -a [ka'nu:to] *a* **1.** *(capelli)* weiß; *(grigio)* grau; **2.** *(persona)* weißhaarig, ergraut.

canvassing ['kænvəsıŋ] ‹-› *m* Canvassing *n,* Werbefeldzug *m.*

canzonare [kantso'na:re] *tr* verspotten, hänseln; **farsi ~** zum Gespött werden. **canzonatorio, -a** [...na'tɔ:ri̯o] ‹-i, -ie› *a* spöttisch. **canzonatura** [...na'tu:ra] *f* Spott *m.*

canzone [kan'tso:ne] *f* **1.** *mus* Lied *n;* **2.** *lit* Kanzone *f;* **festival della ~** Schlagerfestival *n;* **~ popolare** Volkslied *n;* *(molto nota)* (bekannter) Schlager *m;* **è sempre la solita ~** es ist immer das alte Lied (*o.* die alte Leier *fam*). **canzonetta** [kantso'netta] *f* **1.** *mus* Liedchen *n;* **2.** *lit* Kanzonette *f.* **canzonettista** [...'tista] ‹-i *m,* -e *f*› *mf* Chansonnier *m,* Chansonnette *f.* **canzoniere** [...'ni̯ɛ:re] *m lit, mus* Liedersammlung *f.*

caos ['ka:os] ‹-› *m* Chaos *n.* **caotico, -a** [ka'ɔ:tiko] ‹-ci, -che› *a* chaotisch.

cap. *ab di* **capitolo** Kap. (*ab di* Kapitel).

C.A.P. [kap] ‹-› *m ab di* **Codice di Avviamento Postale** PLZ (*ab di* Postleitzahl).

capa ['ka:pa] *f scherz* Chefin *f,* Kopf *m.*

capace [ka'pa:tʃe] **1.** *(atto)* fähig; *(abile)* geschickt; **2.** *jur* rechtsfähig; **3.** *(spazioso)* weit, geräumig; *(borsa, etc.)* groß; **~ di contrarre un'obbligazione** geschäftsfähig; **~ d'intendere e di volere** im Vollbesitz seiner geistigen Kräfte (*o.* zurechnungsfähig) sein; **essere ~ di fare qc** fähig (*o.* imstande) sein, etw. zu tun; **lo credo ~ di farlo** ich traue ihm zu, daß er es tut; **è ~ che piova** es kann sein, daß es bald regnet. **capacità** [kapatʃi'ta] ‹-› *f* **1.** *(di contenere)* Fassungsvermögen *n,* Kapazität *f;* **2.** *(abilità)* Fähigkeit *f,* Tüchtigkeit *f;* **il teatro ha una ~ di 2000 persone** das Theater kann 2000 Personen aufnehmen; **~ giuridica** Rechtsfähigkeit *f;* **~ di agire** Handlungsfähigkeit *f.*

capacitarsi [kapatʃi'tarsi] *rfl* begreifen; *(persuadersi)* sich überzeugen; **non poter ~ di qc** sich *(dat)* etw. nicht erklären können.

capanna [ka'panna] *f* Hütte *f.*

capannello [kapan'nɛllo] *m* kleine Menschenansammlung.

capanno [ka'panno] *m* Unterstand *m,* Laube *f; (cabina)* Umkleide-, Badekabine *f.*

capannone [kapan'no:ne] *m* **1.** *agr* Scheune *f,* Schuppen *m;* **2.** *(deposito)* Lagerhalle *f; (di fabbrica)* Werkshalle *f.*

caparbietà [kaparbie'ta] ‹-› *f* Dickköpfigkeit *f*, Hartnäckigkeit *f*. **caparbio, -a** [ka'parbio] ‹-i, -ie› *a* dickköpfig, hartnäckig; ~ **come un mulo** störrisch wie ein Esel.

caparra [ka'parra] *f (parte del pagamento)* Anzahlung *f*; *(pegno)* Pfand *n*; *(cauzione)* Kaution *f*; **dare una ~ a qu** jdm eine Anzahlung leisten, jdm eine Kaution zahlen.

capata [ka'pa:ta] *f fam* Kopfstoß *m*; **fare una ~ in un luogo** irgendwo kurz auftauchen.

capatina [kapa'ti:na] *f* Stippvisite *f*; **fare una ~** auf einen Sprung vorbeikommen.

capeggiare [kaped'dʒa:re] ‹capeggio, capeggi› *tr* anführen. **capeggiatore, -trice** [...dʒa'to:re] *m, f* Anführer(in) *m(f)*.

capellini [kapel'li:ni] *m pl lange Fadennudeln.*

capello [ka'pello] *m* Haar *n*; **-i d'angelo** *lange Fadennudeln*; **cose da far rizzare i -i** haarsträubende Dinge *n pl*; **avere più debiti che -i** mehr Schulden haben als Haare auf dem Kopf; **averne fin sopra i -i** die Nase gestrichen voll haben *fam*; **cacciarsi** (*o.* **ficcarsi**) **le mani nei -i** *fig* sich *(dat)* die Haare raufen; **mi fai venire i -i bianchi** deinetwegen bekomme ich noch graue Haare; **portare i -i lunghi/corti** lange/kurze Haare haben; **prendersi per i -i** sich *(dat)* in die Haare geraten; **spaccare un ~ in quattro** Haarspalterei betreiben; **tirare qu per i -i a far qc** jdn zwingen, etw. zu tun; **non torcere neppure un ~ a qu** jdm kein Haar krümmen; **al ~** haargenau; **per un ~** um ein Haar. **capellone, -a** [...'lo:ne] *fam* **I.** *m, f* Langhaarige(r) *mf*; *fig pej* Gammler(in) *m(f)*; **II.** *a* langhaarig; *fig pej* Gammel-, gammelig *fam*. **capelluto, -a** [...'lu:to] *a* behaart; **cuoio ~** Kopfhaut *f*.

capestro [ka'pɛstro] *m* Strick *m*, Strang *m*; **tipo da ~** *fig pej* Galgenvogel *m*; **condannare al ~** zum Tode durch den Strang verurteilen.

capezzale [kapet'tsa:le] *m* **1.** *fig* Kopfende *n* (vom Bett); **2.** *(di letto)* Kopfkeil *m*; *(guanciale)* Kopfkissen *n*; **accorrere al ~ di qu** zu jds Krankenbett eilen.

capezzolo [ka'pettsolo] *m* Brustwarze *f*.

capi- [kapi-] *(in Zusammensetzungen) v. a.* **capo-**.

capibanda *pl di* **capobanda**.

capiclasse *pl di* **capoclasse**.

capicorda *pl di* **capocorda**.

capicronisti *pl di* **capocronista**.

capidivisione *pl di* **capodivisione**.

capidoglio *v.* **capodoglio**.

capiente [ka'piɛnte] *a* geräumig; *(recipiente)* groß. **capienza** [ka'piɛntsa] *f* Fassungsvermögen *n*.

capifabbricca *pl di* **capofabbrica**.

capifamiglia *pl di* **capofamiglia**.

capifila *pl di* **capofila**.

capigliatura [kapiʎʎa'tu:ra] *f* Haare *n pl*; *(~ folta)* (Haar)schopf *m*, Mähne *f fam*.

capigruppo *pl di* **capogruppo**.

capilinea *pl di* **capolinea**.

capilista *pl di* **capolista**.

capillare [kapil'la:re] **I.** *a* **1.** *anat* kapillar, haarförmig; **2.** *fig* detailliert; *(organizzazione, etc.)* engmaschig; **vasi -i** Kapillargefäße *n pl*; **II.** *m* Kapillargefäß *n*. **capillarità** [...lari'ta] ‹-› *f* **1.** *phys* Kapillarität *f*; **2.** *fig* Genauigkeit *f*; *(di organizzazione, etc.)* Engmaschigkeit *f*.

capimafia *pl di* **capomafia**.

capimastri *pl di* **capomastro**.

capinera [kapi'ne:ra] *f* Mönchsgrasmücke *f*.

capiofficina *pl di* **capoofficina**.

capire [ka'pi:re] ‹capisco› **I.** *tr ‹avere›* verstehen, begreifen, erfassen; *fam* hören; **far ~ qc a qu** jdm etw. zu verstehen geben; *(far comprendere)* jdm etw. begreiflich machen; **~ fischi per fiaschi** falsch verstehen; **chi ti capisce è bravo!** *fam* dich soll einer verstehen! *fam*; **II.** *itr ‹essere›* klar (*o.* selbstverständlich) sein; **farsi ~** sich verständlich machen; **si capisce** das versteht sich von selbst, das ist selbstverständlich; **si capisce che ti telefono** selbstverständlich rufe ich dich an; **III.** *rfl*: **-rsi** sich verstehen; **ci siamo capiti?** haben wir uns verstanden?

capiredattori *pl di* **caporedattore**.

capireparto *pl di* **caporeparto**.

capirosso [kapi'rosso] *m* Stieglitz *m*.

capisala *pl di* **caposala**.

capisaldi *pl di* **caposaldo**.

capiscuola *pl di* **caposcuola**.

capiservizio *pl di* **caposervizio**.

capisezione *pl di* **caposezione**.

capisquadra *pl di* **caposquadra**.

capistazione *pl di* **capostazione**.

capitale [kapi'ta:le] **I.** *a (principale)* wesentlich, Haupt-; kapital; *(jur, rel a.)* Tod(es)-; **sentenza ~** Todesurteil *n*; **condannare alla pena ~** zur Todesstrafe verurteilen; **i peccati -i** die Todsünden *f pl*; **II.** *f* Hauptstadt *f*; **III.** *m* Kapital *n*; *(patrimonio a.)* Vermögen *n*; **~ sociale** Stammkapital *n*;

fare ~ di qc *(a. fig)* Kapital aus etw. schlagen. **capitalismo** [kapita'lizmo] *m* Kapitalismus *m.* **capitalista** [...'lista] ‹-i *m,* -e *f*› **I.** *mf* Kapitalist(in) *m(f);* **II.** *a* kapitalistisch, Kapitalisten-. **capitalistico, -a** [...'listiko] ‹-ci, -che› *a* kapitalistisch. **capitalizzare** [...lid'dza:re] *tr* kapitalisieren.

capitana [kapi'ta:na] *f* **1.** *scherz* Kapitänsfrau *f; fig* Anführerin *f;* **2.** *naut* Flaggschiff *n.* **capitanare** [kapita'na:re] *tr* anführen, leiten; **~ una squadra di calcio** *sport* Kapitän einer Fußballmannschaft sein, Mannschaftskapitän sein. **capitaneria** [...ne'ri:a] ‹-ie› *f (di porto)* Hafenbehörde *f.* **capitanessa** [...'nessa] *f scherz* Kapitänsfrau *f; fig* Anführerin *f.* **capitano** [...'ta:no] *m* **1.** *mil* Hauptmann *m;* **2.** *naut* Kapitän *m; aero* (Flug)kapitän *m;* **3.** *sport* (Mannschafts)kapitän *m;* **4.** *fig* Anführer *m;* **~ di giustizia** Polizeihauptmann *m;* **~ del popolo** Volkstribun *m;* **~ d'industria** Industrieboß *m.*

capitare [kapi'ta:re] *itr* ‹essere› *(giungere)* (zufällig) kommen, geraten; *(occasione)* sich bieten; *(succedere)* passieren, vorkommen; **~ bene/male** gelegen/ungelegen kommen; *(avere fortuna/sfortuna)* Glück/Pech haben; **~ nelle mani di qu** jdm in die Hände fallen; **capita a tutti** das passiert jedem einmal; **capita anche nelle migliori famiglie** das kommt in den besten Familien vor; **mi è capitato di incontrarla in centro** ich habe sie zufällig in der Stadt getroffen; **capiti proprio a proposito!** du kommst gerade recht!

capitavola *pl di* **capotavola.**

capitello [kapi'tɛllo] *m* Kapitell *n.*

capitolare[1] [kapito'la:re] *itr (a. fig)* kapitulieren.

capitolare[2] [kapito'la:re] *a rel* kapitular, Kapitel-; **riunione/sala/archivio ~** Kapitularversammlung *f*/-saal *m*/-archiv *n.*

capitolato [kapito'la:to] *m* (Vertrags)modalitäten *f pl (bes. für Verträge mit Behörden);* **~ d'appalto** Submissionsbedingungen *f pl; (prestazioni previste da un contratto)* Leistungsverzeichnis *n.*

capitolazione [kapitolat'tsi̯o:ne] *f (a. fig)* Kapitulation *f.*

capitolino, -a [kapito'li:no] *a* kapitolinisch.

capitolo [ka'pi:tolo] *m* **1.** *(di libro, ab* **cap***)* Kapitel *n;* **2.** *com* Posten *m;* **3.** *rel* Kapitel *n;* **avere voce in ~** etw. zu sagen haben.

capitombolare [kapitombo'la:re] *itr* ‹*essere*› kopfüber fallen, purzeln. **capitombolo** [...'tombolo] *m* **1.** *(caduta)* Purzelbaum *m;* **2.** *fig* Umsturz *m,* Zusammenbruch *m.*

capitone [kapi'to:ne] *m* fetter weiblicher Aal.

capitreno *pl di* **capotreno.**

capitribù *pl di* **capotribù.**

capi ufficio *pl di* **capo ufficio.**

capivoga *pl di* **capovoga.**

capo ['ka:po] *m* **1.** *anat* Kopf *m,* Haupt *n geh;* **2.** *fig* Haupt *n,* Kopf *m,* Führer *m; pol* Oberhaupt *n; (in ufficio, etc.)* Chef *m; (in tribù)* Häuptling *m;* **3.** *geog* Kap *n;* **4.** *(singolo oggetto)* Stück *n;* **5.** *(estremità)* Ende *n; (di spillo)* (Stecknadel)kopf *m; (parte alta)* oberes Ende, oberer Teil; **~ ufficio/officina/operaio** Bürovorsteher *m*/Meister *m*/Vorarbeiter *m;* **redattore/ispettore/segretario ~** Chefredakteur *m*/Hauptinspektor *m*/Hauptsekretär *m;* **comandante in ~** Oberbefehlshaber *m;* **lavata di ~** *fig fam* Standpauke *f fam;* **~ d'accusa** Anklagepunkt *m;* **~ d'aglio** Knoblauchzwiebel *f;* **per sommi -i** in groben Zügen; **alzare il ~** *fig* sich auflehnen; **chinare (***o.* **abbassare** *o.* **piegare) il ~** *fig* sich beugen; **andare a ~** eine neue Zeile beginnen; **andare in ~ al mondo** bis zum Ende der Welt gehen; **cominciare da ~** von vorne anfangen; **in ~ ad un mese/una settimana** nach Ablauf eines Monats/einer Woche; **a ~ del letto** am Kopfende des Bettes; **essere a ~ di qu/qc** jdn/etw. anführen; **venire a ~ di qc** etw. herausbekommen; *(concludere)* etw. abschließen, mit etw. fertig werden; **mettersi in ~ qc** sich *(dat)* etw. in den Kopf setzen; **togliersi qc dal ~** sich *(dat)* etw. aus dem Kopf schlagen; **togliere qc dal ~ a qu** jdm etw. ausreden; **rompersi il ~** sich *(dat)* den Kopf zerbrechen; **avere altro per il ~** anderes im Kopf haben; **non sapere dove (s)battere il ~** weder aus noch ein wissen; **non avere né ~ né coda** weder Hand noch Fuß haben; **cosa ti frulla (***o.* **passa) per il ~?** *fam* was geht dir durch den Kopf?; **arrivare fra (***o.* **capitare fra) ~ e collo** völlig unerwartet eintreffen; *(inopportuno)* ungelegen kommen; **punto e a ~** Punkt und neue Zeile; *fig* nochmal von vorn(e); **cosa fatta ~ ha** *prov* was geschehen ist, ist geschehen. **capobanda** [kapo'banda] ‹capibanda› *m* **1.** *mus* Kapellmeister *m;* **2.** *pej* Bandenführer *m; scherz* Anführer *m.* **capocchia** [ka'pɔkki̯a] ⟨-cchie⟩ *f (di spillo, fiammifero, chiodo, etc.)* Kopf *m.*

capoccia [ka'pɔttʃa] **I.** ⟨-⟩ *m (in famiglia)* Familienoberhaupt *n; scherz* Boß *m fam,* Chef *m; pej* Anführer *m;* **II.** ⟨-cce⟩ *f dial, fam (testa)* Kopf *m,* Rübe *f fam,* Birne *f fam.* **capocciata** [kapot'tʃa:ta] *f dial, fam* Kopfstoß *m.* **capoccione, -a** [...'tʃo:ne] *m, f* **1.** *fam pej* Dickkopf *m;* **2.** *dial* Boß *m; (persona con alta carica)* hohes Tier *n fam.*

capoclasse [kapo'klasse] ⟨capiclasse *m, - f*⟩ *mf* Klassensprecher(in) *m(f).* **capocomico, -a** [-'kɔ:miko] *m, f* Leiter(in) *m(f)* einer Schauspieltruppe. **capocorda** [-'kɔrda] ⟨capicorda⟩ *m* Kabelschuh *m.* **capocordata** [-kor'da:ta] ⟨capicordata *m, - f*⟩ *mf sport* Seilschaftsführer(in) *m(f).* **capocronista** [-kro'nista] ⟨capicronisti *m, -e f*⟩ *mf* leitende(r) Nachrichtenredakteur(in) *m (f).* **capocuoco, -a** [-'ku̯ɔ:ko] *m, f* Chefkoch *m,* -köchin *f.*

capodanno, capo d'anno [-'danno] *m* Neujahr *n.*

capodivisione [-divi'zi̯o:ne] ⟨capidivisione⟩ *m* **1.** *mil* Divisionskommandeur *m;* **2.** *(adm, industria, etc.)* Abteilungsleiter(in) *m(f).*

capodoglio [-'dɔʎʎo] ⟨-gli⟩ *m* Pottwal *m.*

capofabbrica [-'fabbrika] ⟨capifabbrica *m, - f*⟩ *mf* Werkmeister(in) *m(f).* **capofamiglia** [-fa'miʎʎa] ⟨capifamiglia *m, - f*⟩ *mf* Familienoberhaupt *n.* **capofila** [-'fi:la] ⟨capifila *m, - f*⟩ *mf* Spitze *f* (eines Zuges *o.* einer Kolonne); *pol* Führer(in) *m(f).*

capofitto [-'fitto]: **a ~** *adv* kopfüber; **buttarsi a ~ in qc** *fig* sich in etw. stürzen.

capogiro [-'dʒi:ro] *m* Schwindel *m;* **cifre/prezzi da ~** schwindelerregende (*o.* sehr hohe) Zahlen *f pl*/Preise *m pl.*

capogruppo [-'gruppo] ⟨capigruppo *m, - f*⟩ *mf* Gruppenleiter(in) *m(f);* **~ parlamentare** Fraktionsvorsitzende(r) *mf.*

capolavoro [-la'vo:ro] *m* Meisterwerk *n.*

capolinea [-'li:nea] ⟨capilinea⟩ *m* Endstation *f.*

capolino [kapo'li:no] *m:* **far ~** hervorkommen, -vorgucken.

capolista [-'lista] ⟨capilista *m, - f*⟩ **I.** *mf* Listenführer(in) *m(f); pol* Spitzenkandidat(in) *m(f);* **II.** *m:* **essere a** (*o.* **in**) **~** an der Spitze der Liste stehen; **III.** ⟨*inv*⟩ *a* listenführend.

capoluogo [-'lu̯ɔ:go] *m adm* Hauptstadt *f.*

capomacchinista [-makki'nista] *m* Maschinenmeister *m; naut* Obermaschinist *m.* **capomafia** [-'ma:fi̯a] ⟨capimafia⟩ *m* Mafiaboß *m.*

capomastro [-'mastro] ⟨-i *o.* capimastri⟩ *m (capocantiere)* Polier *m,* Bauführer *m; (imprenditore)* Bauunternehmer *m.*

caponaggine [kapo'naddʒine] *f* Hartnäckigkeit *f.*

capoofficina [-offi'tʃi:na] ⟨capiofficina⟩ *m* Werkstattleiter *m.*

caporale [kapo'ra:le] *m* Korporal *m,* Obergefreite(r) *m.* **caporalesco, -a** [...ra'lesko] ⟨-schi, -sche⟩ *a fig* schroff, barsch, feldwebelhaft. **caporalmaggiore, caporal maggiore** [kaporalmad'dʒo:re] *m* Hauptgefreite(r) *m.*

caporedattore, -trice [-redat'to:re] ⟨capiredattori *m*⟩ *m, f* Chefredakteur(in) *m(f).* **caporeparto** [-re'parto] ⟨capireparto *m, - f*⟩ *mf* Abteilungsleiter(in) *m(f).*

caporione [-'ri̯o:ne] *m* Rädelsführer *m,* Anführer *m.*

caposala [-'sa:la] ⟨capisala *m, - f*⟩ *mf* Saalaufsicht *f; (in ospedale)* Stationsschwester *f.*

caposaldo [-'saldo] ⟨capisaldi⟩ *m* **1.** *fig* Kern-, Angelpunkt *m;* **2.** *mil* Bollwerk *n;* **3.** *(topografia)* Fixpunkt *m.*

caposcuola [-s'ku̯ɔ:la] ⟨capiscuola *m, - f*⟩ *mf (lit, scient, etc.)* Begründer(in) *m(f)* einer Schule. **caposervizio** [-ser'vittsi̯o] ⟨capiservizio *m, - f*⟩ *mf* Ressortleiter(in) *m(f).* **caposezione** [-set'tsi̯o:ne] ⟨capisezione *m, - f*⟩ *mf* Abteilungsleiter(in) *m(f).* **caposquadra** [-s'ku̯a:dra] ⟨capisquadra *m, - f*⟩ **I.** *mf sport* Mannschaftsführer(in) *m(f);* **II.** *m (mil, di operai)* Kolonnen-, Gruppenführer *m.* **capostazione** [-stat'tsi̯o:ne] ⟨capistazione *m, - f*⟩ *mf* Bahnhofs-, Stationsvorsteher(in) *m(f).*

capostipite [-s'ti:pite] *m* Stammvater *m.*

capotamento [kapota'mento] *m mot* Überschlag *m,* Überschlagen *n.* **capotare** [...'ta:re] *itr* sich überschlagen; *naut* kentern.

capotasto [-'tasto] *m (parte di strumento)* Sattel *m; (attrezzo)* Kapodaster *m.*

capotavola [-'ta:vola] ⟨capitavola *m, - f*⟩ **I.** *mf* am Tischende Sitzende(r)

mf; **essere il ~** am Kopf der Tafel sitzen; **II.** *m* Tischende *n;* **sedere a ~** am Kopf der Tafel sitzen.
capote [ka'pɔt] ‹-› *f* Verdeck *n.*
capotreno [-'trɛ:no] ‹-i *o.* capitreno› *m* Zugführer *m.* **capotribù** [-tri'bu] ‹capitribù *m,* - *f*› *mf* Stammeshäuptling *m.* **cap(o)ufficio, capo ufficio** [-uf'fi:tʃo] ‹capi ufficio *m,* - *f*› *mf* Bürovorsteher(in) *m(f).*
capoverso [-'vɛrso] *m* Absatz *m.*
capovoga [-'vo:ga] ‹capivoga› *m* Schlagmann *m (der Ruderer).*
capovolgere [-'vɔldʒere] ‹*irr*› **I.** *tr* **1.** *(voltare)* umdrehen, auf den Kopf stellen, umstülpen; **2.** *fig* umkehren, auf den Kopf stellen; **II.** *rfl:* **-rsi 1.** *(barca)* kentern; *(macchina)* sich überschlagen; **2.** *fig* sich wenden. **capovolgimento** [-voldʒi'mento] *m* **1.** Umkehr *f;* **2.** *fig* Umwälzung *f; pol* Umsturz *m.*
cappa[1] ['kappa] *f* **1.** *(indumento)* Umhang *m,* Mantel *m;* **2.** *tec* Abzugshaube *f; (del camino)* Rauchfang *m;* **~ di piombo** *fig* bleierne Schwere; **romanzo di ~ e spada** Mantel- und Degenroman *m.*
cappa[2] ['kappa] ‹-› *m o. f v.* **K, k.**
cappella[1] [kap'pɛlla] *f* **1.** *rel* Kapelle *f;* **2.** *mus* Kapelle *f.*
cappella[2] [kap'pɛlla] *f (del fungo)* Hut *m,* Kopf *m.*
cappellaio, -a [kappel'la:i̯o] ‹-ai, -aie› *m, f* **1.** *(fabbricante)* Hutmacher(in) *m(f);* **2.** *(venditore)* Hutverkäufer(in) *m(f).*
cappellano [kappel'la:no] *m* Kaplan *m.*
cappellata [kappel'la:ta] *f:* **a -e** in Hülle und Fülle.
cappelletto [kappel'letto] *m* **1.** ‹*pl*› *gastr kleine gefüllte Nudeln;* **2.** *hist mil* Eisenhut *m,* Helm *m;* **3.** *(della calza)* verstärkter Zehenteil.
cappelliera [kappel'li̯ɛ:ra] *f* Hutschachtel *f.* **cappellificio** [...li'fi:tʃo] ‹-ci› *m* Hutfabrik *f.* **cappellino** [...'li:no] *m* (Damen)hütchen *n.*
cappello [kap'pɛllo] *m* **1.** *gener.* Hut *m; (copertura, protezione)* (Schutz)haube *f;* **2.** *(di scritto, discorso)* Vorspann *m;* **~ a cilindro** (*o.* **a tuba**) Zylinder *m;* **avere il ~ in testa** den Hut auf dem Kopf haben; **cavarsi il ~** den Hut ziehen; **tanto di ~!** Hut ab!
cappero ['kappero] **I.** *m* **1.** *gastr* Kaper *f;* **2.** *bot* Kapernstrauch *m;* **-i!** *fam* Donnerwetter! *fam.*
cappio ['kappi̯o] ‹-i› *m* Schlinge *f;* **avere il ~ al collo** *fig* die Schlinge um den Hals haben.
cappone [kap'po:ne] *m* Kapaun *m.*
cappotto [kap'pɔtto] *m* Mantel *m;* **fare ~** *fig* keinen Punkt verschenken.
cappuccina [kapput'tʃi:na] *f* Kapuzinerkresse *f.*
cappuccino [kapput'tʃi:no] **I.** *m* **1.** *gastr* Cappuccino *m;* **2.** *rel* Kapuziner *m;* **3.** *zoo* Kapuzineraffe *m;* **II.** *a* Kapuziner-.
cappuccio[1] [kap'puttʃo] ‹-cci› *m* **1.** *(copricapo)* Kapuze *f;* **2.** *(di penna, biro)* Kappe *f; (copertura)* Haube *f.*
cappuccio[2] [kap'puttʃo] ‹-cci› *a:* **cavolo ~** Weißkohl *m.*
cappuccio[3] [kap'puttʃo] ‹-cci› *m fam gastr* Cappuccino *m.*
capra ['ka:pra] *f* **1.** *zoo* Ziege *f;* **2.** *tec* Bock *m,* Winde *f;* **arrampicarsi come una ~** klettern wie eine Gemse; **salvare ~ e cavoli** es mit keinem verderben wollen. **capraio, -a** [ka'pra:i̯o] ‹-ai, -aie› *m, f* Ziegenhirt(in) *m(f).* **capretto** [ka'pretto] *m* **1.** *zoo, gastr* Zicklein *n;* **2.** *(pelle)* Ziegenleder *n.*
capriata [ka'pri̯a:ta] *f* Dachstuhl *m.*
capriccio [ka'prittʃo] ‹-cci› *m* **1.** *gener.* Laune *f; (di artista, donna)* Kaprice *f geh; (amoroso)* Liebelei *f;* **2.** *mus* Capriccio *n;* **fare i -cci** bockig sein. **capriccioso, -a** [...'tʃo:so] *a* **1.** *(bambino)* bockig; *(ragazza)* launisch, zickig *fam,* kapriziös *geh;* **2.** *(cappellino, vestito)* extravagant; **3.** *(tempo)* launenhaft, wechselhaft.
capricorno [kapri'kɔrno] *m* **1.** *zoo* Steinbock *m;* **2.** *astr:* **C~** Steinbock *m;* **sono (del** *o.* **un) C~** ich bin (ein) Steinbock.
caprifoglio [-'fɔʎʎo] *m* Geißblatt *n.*
caprino, -a [ka'pri:no] **I.** *a* Ziegen-; **II.** *m* **1.** *(puzza)* Ziegengestank *m;* **2.** *(concime)* Ziegenmist *m;* **3.** *gastr* Ziegenkäse *m;* **puzzar di ~** stinken wie ein Bock.
capriola [kapri'ɔ:la] *f* **1.** *(salto)* Purzelbaum *m; (nella danza)* Luftsprung *m; sport* Kapriole *f;* **2.** *zoo* Ricke *f;* **fare le -e** Purzelbäume schlagen.
capriolo [kapri'ɔ:lo] *m* Reh *n.*
capro ['ka:pro] *m* Ziegenbock *m;* **~ espiatorio** Sündenbock *m.* **caprone** [ka'pro:ne] *m* **1.** *zoo* Ziegenbock *m;* **2.** *fig pej* ungepflegter (*o.* schlampiger) Mensch.
capsula ['kapsula] *f* **1.** *med, aero* Kapsel *f;* **2.** *chem* Tiegel *m,* Schale *f;* **3.** *anat* Kapsel *f,* Umhüllung *f;* **4.** *bot* Hülse *f;* **~ orbitale** (*o.* **spaziale)** Raumkapsel *f.*
captare [kap'ta:re] *tr* **1.** *tel, radio*

empfangen; **2.** *(appoggio, benevolenza)* zu erlangen suchen, buhlen um; **3.** *fig* auf-, wahrnehmen, empfangen.

capufficio [kapufˈfiːtʃo] *v.* **cap(o)ufficio.**

capziosità [kaptsi̯osiˈta] ‹-› *f pej (di persona)* Hinterhältigkeit *f,* Hinterlistigkeit *f; (di situazione)* Verfänglichkeit *f; (di ragionamento)* Spitzfindigkeit *f.* **capzioso, -a** [...ˈtsi̯oːso] *a (persona)* hinterhältig, hinterlistig; *(situazione)* verfänglich; *(ragionamento)* spitzfindig.

cara *v.* **caro.**

carabattola [karaˈbattola] *f fam pej* Kram *m fam,* Plunder *m fam,* Krempel *m fam.*

carabina [karaˈbiːna] *f* Karabiner *m.*

carabiniere [karabiˈni̯ɛːre] *m* Karabiniere *m.*

carachiri [karaˈkiːri] ‹-› *m* Harakiri *n.*

caracollare [karakolˈlaːre] *itr* voltigieren, Volten reiten; *fig* sich tummeln, tollen. **caracollo** [...ˈkɔllo] *m* Volte *f.*

caraffa [kaˈraffa] *f* Karaffe *f.*

carambola [kaˈrambola] *f* **1.** *(gioco a biliardo)* Karambole *f; (nel biliardo)* Karambolage *f;* **2.** *fig* Zusammenstoß *m.*

caramella [karaˈmɛlla] *f* **1.** *gastr* Bonbon *n o. m;* **2.** *fig fam* Monokel *n.* **caramellare** [...melˈlaːre] *tr* karamelisieren. **caramello** [...ˈmɛllo] *m* Karamel *m.* **caramelloso, -a** [...melˈloːso] *a* süßlich; *fig pej* honigsüß, süßlich; *(lezioso)* geziert.

caratello [karaˈtɛllo] *m* (Holz)fäßchen *n.*

carato [kaˈraːto] *m* Karat *n; naut* Schiffsanteil *m.*

carattere [kaˈrattere] *m* **1.** *(indole)* Charakter *m; (natura)* Natur *f,* Wesen(sart *f*) *n; (caratteristica)* Merkmal *n,* Kennzeichen *n,* Eigenheit *f;* **2.** *typ* Type *f,* Letter *f;* **3.** *(di scrittura)* Schriftzeichen *n,* Buchstabe *m;* **4.** *biol* (Erb)faktor *m;* ~ **corsivo/mobile/tondo/grassetto** Kursivschrift *f*/bewegliche Lettern *f pl*/Antiqua *f*/halbfette Schrift; **-i a stampatello** Druckbuchstaben *m pl;* **un uomo di ~** ein Mann mit Charakter; **essere in ~ con qc** mit etw. im Einklang sein, zu etw. passen; **mancare di ~** charakterlos sein; **a ~** von der Art, vom Typ. **caratteriale** [...ˈri̯aːle] **I.** *a* Charakter-; **II.** *mf* Verhaltensgestörte(r) *mf.* **caratterino** [...ˈriːno] *m* schwieriger Charakter. **caratterista** [...ˈrista] ‹-i *m,* -e *f*› *mf* Charakterdarsteller(in) *m(f).* **caratteristica** [...ˈristika] ‹-che› *f* Eigenheit *f,* Eigenart *f.* **caratteristico, -a** [...ˈristiko] ‹-ci, -che› *a* charakteristisch. **caratterizzare** [...ridˈdzaːre] *tr* charakterisieren. **caratterizzazione** [...riddzatˈtsi̯oːne] *f* Charakterisierung *f.* **caratterologico, -a** [...roˈlɔːdʒiko] *a* charakterologisch.

caratura [karaˈtuːra] *f* **1.** *(dell'oro, etc.)* Karatmessung *f;* **2.** *com* Anteil *m;* **3.** *naut* Schiffsanteil *m.*

caravan [ˈkærəvæn] ‹-› *m* Wohnwagen *m,* Caravan *m.* **caravanning** [-ɪŋ] ‹-› *m* Wohnwagentourismus *m,* Caravaning *n.*

caravanserraglio [karavanserˈraʎʎo] *m* **1.** Karawanserei *f;* **2.** *fig pej* Wirrwarr *m,* wüstes Durcheinander.

caravella [karaˈvɛlla] *f* Karavelle *f.*

carboidrato [karboiˈdraːto] *m* Kohle(n)hydrat *n.*

carbonaio, -a [karboˈnaːi̯o] ‹-ai, -aie› *m, f* **1.** *(lavoratore)* Köhler(in) *m(f);* **2.** *com* Kohlenhändler(in) *m(f).*

carbonaro, -a [karboˈnaːro] **I.** *a hist* Karbonaro-; **i moti -i** die Aufstände *m pl* der Karbonari; **alla -a** mit Speck und Eiern; **II.** *m* Karbonaro *m.*

carbonchio [karˈboŋki̯o] ‹-chi› *m* **1.** *med* Karbunkel *m,* Geschwür *n;* **2.** *bot* Getreidebrand *m.*

carboncino [karbonˈtʃiːno] *m* **1.** *(per disegnare)* Zeichenkohle *f,* Kohlestift *m;* **2.** *(disegno)* Kohlezeichnung *f.*

carbone [karˈboːne] *m* **1.** *min* Kohle *f;* **2.** *bot* Getreidebrand *m;* **nero come il ~** kohl(raben)schwarz; **essere** (*o.* **stare) sui -i accesi** (wie) auf glühenden Kohlen sitzen. **carbonella** [...boˈnɛlla] *f* Holzkohle *f.*

carboneria [karboneˈriːa] ‹-ie› *f Geheimbund der Karbonari.*

carbonico, -a [karˈbɔːniko] ‹-ci, -che› **I.** *a* kohlensauer; **acido ~** Kohlensäure *f;* **anidride -a** Kohlendioxyd *n;* **II.** *m* Karbon *n.* **carbonifero, -a** [...boˈniːfero] **I.** *a* kohlehaltig, mit Kohlevorkommen; Kohlen-; **bacino ~** Kohlenbecken *n; (regione)* Kohlenrevier *n; (in Germania)* Ruhrgebiet *n;* **periodo ~** Karbon *n;* **II.** *m* Karbon *n.* **carbonio** [...ˈbɔːni̯o] *m* Kohlenstoff *m;* **ossido di ~** Kohlenmonoxyd *n,* Kohlenoxyd *n.* **carbonizzare** [karbonidˈdzaːre] **I.** *tr* ankohlen, verschmoren (lassen); **II.** *rfl:* **-rsi** verkohlen; *(automobile, etc.)* völlig ausbrennen. **carbonizzazione** [...dzatˈtsi̯oːne] *f* Verkohlung *f.*

carburante [karbuˈrante] *m* Treibstoff *m.*

carburare [karbuˈraːre] *tr* vergasen; **oggi proprio non carburo** *sl* heute bin ich wirklich nicht fit *fam* (*o.* gut drauf *fam*). **carburatore** [...ra'to:re] *m* Vergaser *m.* **carburazione** [...rat'tsi̯o:ne] *f* Vergasung *f.*

carburo [kar'bu:ro] *m* Karbid *n.*

carcassa [kar'kassa] *f* **1.** *zoo* Gerippe *n;* **2.** *tec* Gerüst *n; (di turbine, etc.)* Gehäuse *n; naut* Wrack *n; (ossatura)* (Schiffs)gerippe *n;* **3.** *fig pej (macchina)* Klapperkiste *f fam; (persona magra)* Rippengestell *n fam,* Gerippe *n; (persona che si è sfinita)* Wrack *n.*

carcerare [kartʃe'ra:re] *tr* inhaftieren. **carcerato, -a** [...'ra:to] *m, f* Häftling *m.* **carcerazione** [...rat'tsi̯o:ne] *f* **1.** *(provvedimento)* Inhaftierung *f;* **2.** *(periodo)* Haft *f.* **carcere** ['kartʃere] ‹*pl:* -i *f*› *m* **1.** *(luogo)* Gefängnis *n;* **2.** *(pena)* Gefängnis(strafe *f*) *n;* ~ **preventivo** Untersuchungshaft *f.* **carceriere, -a** [...'ri̯ɛ:re] *m, f* **1.** *(secondino)* Gefängniswärter(in) *m(f);* **2.** *fig pej* Kerkermeister *m.*

carcinoma [kartʃi'nɔ:ma] ‹-i› *m* Karzinom *n.*

carciofino [kartʃo'fi:no] *m* Artischokkenherz *n.* **carciofo** [...'tʃɔ:fo] *m* **1.** *bot* Artischocke *f;* **2.** *fig pej* Dummkopf *m,* Tölpel *m.*

cardanico, -a [kar'da:niko] ‹-ci, -che› *a* Kardan-; **albero** ~ Kardanwelle *f.*

cardare [kar'da:re] *tr (lana, canapa)* kämmen, karden; *(lino)* hecheln. **cardatore, -trice** [...da'to:re] *m, f* Hechler(in) *m(f),* Wollkämmer(in) *m(f).* **cardatura** [...da'tu:ra] *f* Kämmen *n.*

cardellino [kardel'li:no] *m* Stieglitz *m.*

cardiaco, -a [kar'di:ako] ‹-ci, -che› **I.** *a* Herz-; **II.** *m, f* Herzkrank(e) *mf.*

cardinale [kardi'na:le] **I.** *a (fondamentale)* Grund-, hauptsächlich; *(a. geog)* Haupt-; *(virtù, numero)* Kardinal-; **punti -i** (Haupt)himmelsrichtungen *f pl;* **II.** *m* Kardinal *m.* **cardinalizio, -a** [...na'littsi̯o] ‹-i, -ie› *a* Kardinals-.

cardine ['kardine] *m* **1.** *(di porta, finestra)* Angel *f;* **2.** *fig* Angelpunkt *m.*

cardiogramma [kardi̯o'gramma] ‹-i› *m* Kardiogramm *n.*

cardiologa *f v.* **cardiologo.**

cardiologia [kardi̯olo'dʒi:a] ‹-gie› *f* Kardiologie *f.* **cardiologo, -a** [...'di̯ɔ:logo] ‹-gi, ghe› *m, f* Kardiologe *m,* -login *f.* **cardiopatico, -a** [...di̯o'pa:tiko] ‹-ci, -che› **I.** *a* herzkrank; **II.** *m, f* Herzkranke(r) *mf.*

cardo ['kardo] *m* Kardone *f.*

carena [ka'rɛ:na] *f* **1.** *naut* Kiel *m; aero* Rumpf *m;* **2.** *zoo* Brustbeinplatte *f.* **carenaggio** [kare'naddʒo] ‹-ggi› *m* Kielholung *f;* **bacino di** ~ (Trokken)dock *n.* **carenare** [...'na:re] *tr* kielholen.

carenza [ka'rɛntsa] *f* Mangel *m (di* an); **per** ~ **di prove** *jur* mangels Beweisen.

carestia [kares'ti:a] ‹-ie› *f* Mangel *m; (mancanza di alimenti)* (Hungers)not *f.*

carezza [ka'rettsa] *f* Streicheln *n,* Liebkosung *f;* **fare una** ~ **a qu** jdn streicheln (*o.* liebkosen). **carezzare** [...'tsa:re] *tr* streicheln; ~ **un'idea** mit einem Gedanken spielen (*o.* liebäugeln). **carezzevole** [...'tse:vole] *a* **1.** *(voce, maniere)* zärtlich, (ein)schmeichelnd; **2.** *fig* zart.

cargo ['kargo] ‹- *o.* -ghi› *m* **1.** *naut* Frachtschiff *n,* Frachter *m;* **2.** *aero* Transportflugzeug *n.*

cariare [ka'ri̯a:re] ‹cario, cari› **I.** *tr (intaccare)* angreifen; *(corrodere)* zerfressen; *(provocare carie)* Karies verursachen bei (*o.* an); **la cioccolata caria i denti** Schokolade greift die Zähne an; **II.** *rfl:* **-rsi** von Karies befallen werden, kariös werden.

cariatide [ka'ri̯a:tide] *f* **1.** *arch* Karyatide *f;* **2.** *fig pej* Säulenheilige(r) *m.*

caribico, -a [ka'ri:biko] ‹-ci, -che› *a* karibisch.

carica ['ka:rika] ‹-che› *f* **1.** *adm* Amt *n;* **2.** *phys, el* Ladung *f;* **3.** *mil* Attacke *f; (a. sport)* Angriff *m;* **4.** *fig* Ausstrahlung *f; (slancio)* Elan *m,* Schwung *m;* **essere in** ~ ein Amt innehaben (*o.* ausüben); **dare la** ~ **a qu** *fig* jdn aufbauen, jdm Mut machen; **tornare alla** ~ erneut angreifen; *fig* es noch einmal versuchen.

caricare [kari'ka:re] ‹carico, carichi› **I.** *tr* **1.** *(macchina, camion, bastimento)* (be)laden; *(riempire)* aufladen; **2.** *(fucile, pistola)* laden; **3.** *(orologio)* aufziehen; **4.** *fot* einen Film einlegen in; **5.** *sport* behindern; **6.** *fig* belasten (*di* mit), aufbürden, -lasten (*qu di qc* jdm etw.); ~ **la dose** das Maß steigern; ~ **le tinte** *fig* in grellen Farben schildern, zu dick auftragen *fam;* ~ **il prezzo di qc** den Grundpreis von etw. erhöhen; **II.** *rfl:* **-rsi 1.** *(di peso, cibo)* sich belasten (*di* mit); **2.** *fig:* **-rsi per una gara** sich für einen Wettkampf fit machen. **caricato, -a** [...'ka:to] *a pej* affektiert; **modi -i** affektiertes Getue. **caricatore** [...ka'to:re] *m* **1.** *mil, fot, film* Magazin *n;* **2.** *(operaio)* Ladearbeiter *m,* Auf-, Verlader *m;* **piano/ponte** ~ Laderampe *f*/-brücke *f.*

caricatura [karika'tu:ra] *f* Karikatur *f;* **mettere in ~** karikieren; *(rendere ridicolo a.)* lächerlich machen. **caricaturale** [...tu'ra:le] *a* karikaturistisch. **caricaturista** [...tu'rista] ‹-i *m,* -e *f*› *mf* Karikaturist(in) *m(f).*

carico, -a ['ka:riko] ‹-chi, -che› **I.** *a* **1.** *(carro, camion, nave)* beladen (*di* mit); **2.** *(persona)* bepackt (*di* mit); **3.** *fig* überhäuft (*di* mit, von); *pej* belastet (*di* mit); **4.** *(colore)* kräftig, intensiv; *pej* grell; **5.** *(tè, caffè)* stark; **6.** *(pistola, batteria)* geladen; *(orologio, sveglia)* aufgezogen; **II.** *m* **1.** *(di merce)* Verladung *f;* **2.** *(quantità)* Ladung *f;* **3.** *naut* Fracht *f;* **4.** *(peso)* Last *f;* **5.** *el* Leistung *f,* Ladung *f;* **6.** *fig* Verantwortung *f,* Belastung *f;* **persone a ~** unterhaltsberechtigte Personen *f pl;* **testimoni a ~** Belastungszeugen *m pl;* **~ fiscale** (*o.* **tributario**) Steuerlast *f;* **avere la famiglia a ~** die Familie ernähren müssen; **vivere a ~ di qu** auf jds Kosten leben; **deporre a ~ di qu** jdn belasten, eine belastende Aussage gegen jdn machen; **a ~ di** zu Lasten von.

carie ['ka:rie] ‹-› *f* Karies *f.*

carillon [kari'jõ] ‹-› *m* Glockenspiel *n;* *(scatola armonica)* Spieldose *f.*

carino, -a [ka'ri:no] *a* lieb; *(grazioso)* hübsch, nett.

Carinzia [ka'rintsia] *f* Kärnten *n.*

carisma [ka'rizma] ‹-i› *m* Charisma *n.* **carismatico, -a** [...'ma:tiko] ‹-ci, -che› *a* charismatisch.

carità [kari'ta] ‹-› *f* **1.** *(compassione)* Erbarmen *n,* Mitleid *n,* Mitgefühl *n;* *(misericordia)* Barmherzigkeit *f;* *(rel a.)* Nächstenliebe *f;* **2.** *(elemosina)* Almosen *n;* **3.** *fam* Gefallen *m;* **~ pelosa** eigennützige Wohltätigkeit; **chiedere/fare la ~** um Almosen bitten/Almosen gewähren; **fammi la ~ di spegnere la radio** *fam* tu mir den Gefallen und mach das Radio aus; **per ~!** *fam* um Himmels Willen! **caritatevole** [-'te:vole] *a* barmherzig; *(benefico)* mild-, wohltätig.

Carla ['karla] *(nome proprio femminile)* Karla.

Carlo ['karlo] *(nome proprio maschile)* Karl.

carlona [kar'lo:na] *f:* **alla ~** *fam* schlampig *fam,* schlud(e)rig *fam;* **fare le cose alla ~** *fam* schlampen, schludern *fam;* **prendere tutto alla ~** alles auf die leichte Schulter nehmen.

carmelitano, -a [karmeli'ta:no] **I.** *a* Karmeliter-; **II.** *m, f* Karmeliter(in) *m(f).*

carminio [kar'mi:nio] ‹-i› *m* Karmesin *n,* Karmin(rot) *n.*

carnagione [karna'dʒo:ne] *f* Teint *m,* Hautfarbe *f.*

carnaio [kar'na:io] ‹-ai› *m* **1.** *fig pej* Gedränge *n;* *(spiaggia, etc.)* Fleischmassen *f pl;* **2.** *(di macello)* Fleischlager *n.*

carnale [kar'na:le] *a* **1.** *(sensuale)* sinnlich; *(piaceri, peccato)* Fleisches-, fleischlich; **2.** *(fratello, cugino)* blutsverwandt; **violenza ~** Notzucht *f.* **carnalità** [...nali'ta] ‹-› *f* Sinnlichkeit *f.*

carnato [kar'na:to] *m* frische Hautfarbe.

carne ['karne] *f* Fleisch *n;* *(di frutta)* Fruchtfleisch *n;* **~ in scatola** Dosenfleisch *n;* **~ bianca/rossa** helles/dunkles Fleisch; **~ tritata/salata** Hack-/Pökelfleisch *n;* **~ viva** rohes Fleisch; **peccati della ~** Fleischessünden *f pl;* **avere molta/poca ~ addosso** viel/wenig Fett auf den Rippen haben; **essere bene in ~** gut im Fleisch (*o.* im Futter) stehen *fam;* **non essere né ~ né pesce** weder Fisch noch Fleisch sein; **mettere troppa ~ al fuoco** zuviel auf einmal unternehmen; **mortificare la ~** sich kasteien; **in ~ ed ossa** leibhaftig; **essere di ~ e d'ossa** *fig* auch nur ein Mensch sein.

carnefice [kar'ne:fitʃe] *m* **1.** *(boia)* Henker *m;* **2.** *fig* Tyrann *m;* *(tormentatore)* Menschenschinder *m.* **carneficina** [...nefi'tʃi:na] *f* Blutbad *n;* *(tortura)* Marter *f,* Folter(ung) *f.*

carnet [kar'nɛ] ‹-› *m* Notizbuch *n;* **~ di ballo** Tanzkarte *f;* **~ di assegni** Scheckheft *n.*

carnevalata [karneva'la:ta] *f* **1.** *(nel carnevale)* Karnevalstreiben *n,* -trubel *m;* **2.** *(baldoria)* Remmidemmi *n fam;* *(gazzarra)* Spektakel *m fam;* **3.** *(buffonata)* Hanswursterei *f.* **carnevale** [...'va:le] *m* **1.** Karneval *m,* Fastnacht *f,* Fasching *m;* **2.** *fig* Freudenfest *n;* **veglione di ~** Faschingsball *m;* **a** (*o.* **di**) **~ ogni scherzo vale** *prov* im Karneval herrscht Narrenfreiheit. **carnevalesco, -a** [...va'lesko] ‹-schi, -sche› *a* Karnevals-, karnevalistisch.

carniere [kar'niɛ:re] *m* Jagdtasche *f.*

carnivoro, -a [kar'ni:voro] **I.** *a* fleischfressend; **II.** *m pl* Fleischfresser *m pl.*

carnosità [karnosi'ta] ‹-› *f* **1.** *med* wildes Fleisch; **2.** *fig* Fleischigkeit *f;* **3.** *fig* *(morbidezza)* Weichheit *f,* Zartheit *f.* **carnoso, -a** [...'no:so] *a* fleischig.

caro, -a ['ka:ro] **I.** *a* **1.** *gener.* lieb, nett, teuer *obs, geh; (amabile)* liebenswert; **2.** *(costoso)* teuer; **(tanti) -i saluti** (viele) liebe Grüße; **pagare qc a ~ prezzo** *(a. fig)* etw. teuer bezahlen; **tenere ~ qc** etw. in Ehren halten; **tenersi ~ qu** eine Freundschaft mit jdm pflegen; **sono stati molto -i con me** sie waren sehr nett zu mir; **questo quadro mi è molto ~** ich hänge sehr an diesem Bild; **II.** *adv* teuer; **pagare ~ qc** etw. teuer bezahlen; **devi pagarla -a** *fam* das wird dich teuer zu stehen kommen; **III.** *m, f* Liebe(r) *mf,* Liebste(r) *mf.*

carogna [ka'roɲɲa] *f* **1.** *zoo* Aas *n;* **2.** *fig pej* Aas *n fam,* Ekel *n.* **carognata** [...'ɲa:ta] *f fam* Niederträchtigkeit *f,* Gemeinheit *f.*

carola [ka'rɔ:la] *f* Reigen *m.*

carosello [karo'zɛllo] *m* **1.** *(per bambini)* Karussell *n;* **2.** *TV abendliche Werbesendung;* **3.** *fig* Wirbel *m,* Gewirr *n;* **4.** *hist* Ritterspiel *n,* Turnier *n.*

carota [ka'rɔ:ta] *f* **1.** *bot* Karotte *f,* Möhre *f,* Mohrrübe *f;* **2.** *fig fam* Schwindel *m,* Lüge *f;* **pel di ~** *fam* Rotschopf *m;* **piantar** (*o.* **vendere) -e** *fam* Märchen erzählen, Lügen auftischen.

carotene [karo'tɛ:ne] *m* Karotin *n.*

carotide [ka'rɔ:tide] *f* Halsschlagader *f.*

carovana [karo'va:na] *f* Karawane *f.* **carovaniere** [karova'ni̯ɛ:re] *m* Karawanenführer *m.* **carovaniero, -a** [...ro] *a* Karawanen-.

carovita [karo'vi:ta] ‹-› *m* Teuerung *f;* **indennità di ~** Teuerungszulage *f.*

carpa ['karpa] *f* Karpfen *m.*

carpenteria [karpente'ri:a] ‹-ie› *f* **1.** *(tecnica)* Zimmermannsarbeit *f,* -handwerk *n;* **2.** *(reparto)* (Bau)tischlerei *f.* **carpentiere** [...'ti̯ɛ:re] *m* Zimmermann *m.*

carpire [kar'pi:re] ‹carpisco› *tr (con frode)* ergaunern; *(con violenza)* entreißen; *(segreto, etc.)* entlocken; **~ di mano** aus der Hand reißen.

carpo ['karpo] *m* Handwurzel *f.*

carponi [kar'po:ni] *adv* auf allen vieren.

carrabile [kar'ra:bile] *a* befahrbar; **passo ~** Auf-/Einfahrt *f.* **carraio, -a** [...'ra:i̯o] ‹-ai, -aie› *a* Fahr-; **porta ~** Einfahrtstor *n.*

carré [ka're] ‹-› *m* **1.** *(di abito)* Passe *f;* **2.** *gastr* Rippenstück *n;* **pan ~** Toastbrot *n.*

carreggiata [karred'dʒa:ta] *f* **1.** *mot* (Fahr)bahn *f;* **2.** *mot (di veicolo)* Spurweite *f;* **3.** *fig* Bahn *f;* **uscir di ~** *fig* aus der Bahn kommen; **rimettere qu in ~** jdn wieder auf die richtige Bahn lenken.

carrellata [karrel'la:ta] *f* Fahraufnahme *f,* Kamerafahrt *f.*

carrello [kar'rɛllo] *m* **1.** *(per trasporto)* Wagen *m;* **2.** *tec* Schlitten *m,* Rollgestell *n,* Gleitvorrichtung *f; aero* Fahrwerk *n; (della macchina da scrivere)* Schlitten *m,* Wagen *m; film* Kamerawagen *m;* **3.** *(per cibi e bevande)* Tee-, Servierwagen *m;* **4.** *min* Hund *m,* Förderwagen *m;* **porta a ~** Schiebetür *f.*

carretta [kar'retta] *f (a. fig pej)* Karre *f,* Karren *m;* **tirare la ~** *fig* sich abplagen, sich abrackern *fam.* **carrettata** [...'ta:ta] *f* (Wagen)ladung *f,* Fuhre *f.* **carrettiere** [...'ti̯ɛ:re] *m* **1.** *(addetto al trasporto)* Fuhrmann *m;* **2.** *fig pej* Fuhrknecht *m,* Bauer *m.* **carretto** [...'retto] *m* Karren *m; (a mano)* Handwagen *m,* -karren *m.*

carriera [kar'ri̯ɛ:ra] *f* **1.** *gener.* Karriere *f,* Laufbahn *f;* **2.** *(corsa)* Lauf *m; (del cavallo)* gestreckter Galopp, Karriere *f;* **far ~** Karriere machen; **sbagliare ~** den falschen Beruf ergreifen. **carrierismo** [karri̯e'rizmo] *m* Karrierismus *m.* **carrierista** [...'rista] ‹-i *m,* -e *f*› *mf* Karrieremacher(in) *m(f),* Karrierist(in) *m(f); (donna a.)* Karrierefrau *f.*

carriola [karri'ɔ:la] *f* Schubkarren *m; (carretto a mano)* Handwagen *m.*

carrista [kar'rista] ‹-i› *m* Panzergrenadier *m.*

carro ['karro] *m* Wagen *m; (ferr a.)* Waggon *m;* **~ armato** Panzer *m;* **~ attrezzi** Abschleppwagen *m;* **~ merci/bestiame** Güterwagen *m*/Viehwaggon *m;* **~ funebre** Leichenwagen *m;* **il Gran/Piccolo C~** *astr* der Große/Kleine Wagen; **mettere il ~ davanti** (*o.* **innanzi) ai buoi** das Pferd am (*o.* beim) Schwanz aufzäumen. **carroccio** [...'rɔtʃo] ‹-cci› *m* Fahnenwagen *m.*

carrozza [kar'rɔttsa] *f* **1.** *(vettura)* Kutsche *f;* **2.** *ferr* Eisenbahnwagen *m;* **~ ristorante** Speisewagen *m;* **signori, in ~!** alles einsteigen! **carrozzabile** [...rot'tsa:bile] **I.** *a* befahrbar; **II.** *f* befahrbare Straße. **carrozzella** [...rot'tsɛlla] *f* **1.** *(a Roma, Napoli)* Pferdedroschke *f;* **2.** *(per bambini)* Kinderwagen *m;* **3.** *med* Rollstuhl *m.*

carrozzeria [karrottse'ri:a] ‹-ie› *f* **1.** *mot* Karosserie *f;* **2.** *(officina)* (Karosserie)werkstatt *f.* **carrozziere** [...'tsi̯ɛ:re] *m* Autoschlosser *m.*

carrozzina [karrot'tsi:na] *f* Kinderwagen *m.* **carrozzino** [karrot'tsi:no] *m*

1. *(piccola carrozza) eleganter zweirädriger, zweisitziger Einspänner;* 2. *(side-car)* Beiwagen *m.* **carrozzone** [karrot'tso:ne] *m* Zirkuswagen *m.*
carruba [kar'ru:ba] *f* Johannisbrot *n.* **carrubo** [...bo] *m* Johannisbrotbaum *m.*
carrucola [kar'ru:kola] *f* Flaschenzug *m.*
carsico, -a ['karsiko] ‹-ci, -che› *a* karstig.
carta ['karta] *f* 1. *gener.* Papier *n;* 2. ‹*pl*› *jur, adm* Papiere *n pl;* 3. *geog* (Land)karte *f,* *(pianta)* Plan *m; gastr* (Speise)karte *f;* 4. *(da gioco)* Spielkarte *f;* ~ **assorbente** (*o.* **asciugante**) Löschpapier *n;* ~ **carbone/vetrata** Kohle-/Schmirgelpapier *n;* ~ **oleata/igienica** Butterbrot-/Toilettenpapier *n;* ~ **bollata** (*o.* **da bollo**) Stempelpapier *n;* ~ **millimetrata** Millimeterpapier *n;* ~ **moneta** Papiergeld *n;* ~ **costituzionale** Verfassung(surkunde) *f;* ~ **da parati** Tapete *f;* ~ **d'identità** Personalausweis *m;* **la** ~ **delle Nazioni Unite** die Charta der Vereinten Nationen; **avere le -e in regola** seine Papiere in Ordnung haben; *fig* qualifiziert sein; **cambiare le -e in tavola** *fig* die Situation zu seinen Gunsten verdrehen; **dare** ~ **bianca a qu** jdm freie Hand lassen; **farsi fare le -e** sich *(dat)* die Karten legen lassen; **giocare a -e** Karten spielen; **giocare a -e scoperte** mit offenen Karten spielen; **giocare l'ultima** ~ den letzten Trumpf ausspielen; **leggere le -e** aus den Karten lesen, (die) Karten legen; **mandare qc a -e quarantotto** etw. hinschmeißen; **mangiare alla** ~ à la carte essen; **chi è fortunato in amor non giochi a -e** *prov* Pech im Spiel, Glück in der Liebe *prov.* **cartacarbone** [-kar'bo:ne] ‹cartecarbone› *f* Kohlepapier *n.* **cartaceo, -a** [kar'ta:tʃeo] *a fin* Papier-; **circolazione -a** Notenumlauf *m;* **moneta -a** Papiergeld *n.* **cartamodello** [kartamo'dɛllo] *m* Schnittmusterbogen *m.* **cartamoneta** [-mo'ne:ta] *f* Papiergeld *n.* **cartapecora** [-'pɛ:kora] *f* Pergament *n.* **cartapesta** [-'pesta] *f* Pappmaché *n;* **eroe di** ~ *fig pej* Maulheld *m.* **cartario, -a** [kar'ta:ri̯o] ‹-i, -ie› *a* Papier-. **cartastraccia** [kartas'trattʃa] ‹cartestracce› *f* Altpapier *n.* **cartata** [...'ta:ta] *f* Tüte(voll); *(di prosciutto, etc.)* Lage *f.*
cartecarbone *pl di* **cartacarbone.**
carteggio [...'teddʒo] ‹-ggi› *m* Briefsammlung *f; (corrispondenza)* Briefwechsel *m.*
cartella [kar'tɛlla] *f* 1. *(foglio)* Blatt *n; (scheda)* Schein *m; typ* Manuskriptseite *f; fin* Schatzanweisung *f;* 2. *(custodia)* Mappe *f; (per la scuola)* Schultasche *f;* ~ **delle tasse** Steuerbescheid *m;* ~ **clinica** Krankenblatt *n;* ~ **fondiaria** Hypothekenpfandbrief *m.*
cartellino [kartel'li:no] *m com* Schild(chen) *n,* Etikett *n; (targhetta)* Namensschild *n;* ~ **dei prezzi** Preisschild *n;* ~ **segnaletico** Fingerabdruckkarte *f;* ~ **orologio** Stechkarte *f.*
cartello[1] [kar'tɛllo] *m (~ pubblicitario, etc.)* Plakat *n; (avviso)* Anschlag *m; (~ stradale, di negozio, etc.)* Schild *n;* ~ **stradale** (Straßen)verkehrsschild *n;* ~ **pubblicitario** Werbeplakat *n;* **di** ~ von Rang und Namen, berühmt.
cartello[2] [kar'tɛllo] *m com* Kartell *n.*
cartellone [kartel'lo:ne] *m* 1. *(per pubblicità)* Plakat *n;* 2. *(della tombola)* Lottotafel *f;* 3. *(programma)* Programm *n; theat* Spielplan *m;* **tenere il** ~ ein Publikumserfolg sein, lange auf dem Spielplan bleiben. **cartellonista** [...lo'nista] ‹-i *m,* -e *f*› *mf* Plakatmaler(in) *m(f).*
carter ['karter] ‹-› *m* Motorgehäuse *n; (di bicicletta)* Kettenschutz(blech *n*) *m; (dell'olio)* Ölschützer *m.*
cartestracce *pl di* **cartastraccia.**
cartevalori, carte-valori [karteva'lo:ri] *f pl* Wertpapiere *n pl.*
cartiera [kar'ti̯ɛ:ra] *f* Papierfabrik *f.*
cartilagine [karti'la:dʒine] *f* Knorpel *m.* **cartilagineo, -a** [...la'dʒi:neo] *a,* **cartilaginoso, -a** [...ladʒi'no:so] *a* knorp(e)lig.
cartina [kar'ti:na] *f* 1. *(per sigarette)* Zigarettenpapier *n;* 2. *(chem, di aghi, etc.)* Briefchen *n;* 3. *geog* (Land)karte *f; (della città)* Stadtplan *m.*
cartocciata [kartot'tʃa:ta] *f* Tüte(voll) *f.* **cartoccio** [...'tɔttʃo] ‹-cci› *m* 1. *(involucro di carta)* Tüte *f;* 2. *(contenuto)* Tüte(voll) *f;* 3. *gastr* Folie *f;* **pesce/pollo al** ~ Fisch/Hähnchen in Folie (gebacken).
cartografa *f v.* **cartografo.**
cartografia [kartogra'fi:a] *f* Kartographie *f.* **cartografico, -a** [...'gra:fiko] *a* kartographisch. **cartografo, -a** [...'tɔ:grafo] *m, f* Kartograph(in) *m(f).*
cartolaio, -a [karto'la:i̯o] ‹-ai, -aie› *m, f* Schreibwarenhändler(in) *m (f).* **cartoleria** [...le'ri:a] ‹-ie› *f* Schreibwarenhandlung *f.* **cartolibrario, -a** [...li'bra:ri̯o] *a* Buch- und Schreibwaren-. **cartolibreria** [...libre'ri:a] *f* Buch- und Schreibwarenhandlung *f.*

cartolina [karto'li:na] *f* Karte *f;* ~ **postale** (*ab* **C.P.**)/**illustrata** Post-/Ansichtskarte *f;* ~ **precetto** (*o.* **rosa** *fam*) Einberufungsbefehl *m.*

cartomante [karto'mante] *mf* Kartenleger(in) *m(f).* **cartomanzia** [...n'tsi:a] ‹-ie› *f* Kartenlegen *n.*

cartoncino [karton'tʃi:no] *m* **1.** *(cartone leggero)* leichter Karton, Steifpapier *n;* **2.** *(biglietto)* Kärtchen *n;* ~ **d'auguri** Glückwunschkarte *f.*

cartone [kar'to:ne] *m* **1.** *(carta consistente)* Pappe *f,* Karton *m;* **2.** *(disegno)* Karton *m;* **i -i animati** (Zeichen)trickfilm *m;* **uomo di** ~ *pej* Schlappschwanz *m fam.* **cartonista** [...to'nista] ‹-i *m,* e- *f*› *mf* Trickfilmzeichner(in) *m(f).*

cartotecnica [karto'tɛknika] *f (tecnica)* Papierverarbeitung *f; (produzione)* Papierherstellung *f.* **cartotecnico, -a** [...ko] *a* papierverarbeitend.

cartuccia [kar'tuttʃa] ‹-cce› *f* **1.** *mil* Patrone *f; (artiglieria pesante)* Kartusche *f;* **2.** *(di penna)* Patrone *f;* **essere una mezza** ~ *(di statura)* eine halbe Portion sein; *(valere poco)* nicht viel taugen; **sparare l'ultima** ~ *fig* einen letzten Versuch machen. **cartucciera** [...'tʃɛ:ra] *f* Patronengurt *m.*

casa ['ka:sa] *f* **1.** *gener.* Haus *n;* **2.** *(istituto)* Heim *n,* Anstalt *f;* **3.** *com* Firma *f; (di vendita a.)* Handelshaus *n;* **4.** *pol* (Herrscher)haus *n;* **5.** *astr* Haus *n;* **6.** *(di scacchiera)* Feld *n;* ~ **di cura** Sanatorium *n; (privata)* Privatkrankenhaus *n,* -klinik *f;* ~ **di correzione/pena** Besserungs-/Strafanstalt *f;* ~ **di ricovero** Pflegeheim *n; (per anziani)* Altersheim *n;* ~ **dello studente** Studentenwohnheim *n;* ~ **chiusa** (*o.* **di tolleranza**) Freudenhaus *n;* ~ **da gioco** Spielkasino *n;* ~ **editrice** Verlag(shaus *n*) *m;* ~ **di Dio** Gotteshaus *n;* ~ **popolare** Siedlungshaus *n; (abitazione sociale)* Sozialwohnung *f;* **la C~ Bianca** das Weiße Haus; ~ **base** Schlagmal *n;* **spese di** (*o.* **per la**) ~ Haushaltskosten *pl;* **essere in** ~ zu Hause sein; **essere fuori (di)** ~ außer Haus sein; **essere di** ~ **da qualche parte** irgendwo zu Hause sein; **andare a** ~ nach Hause gehen; **mandare avanti la** ~ den Haushalt führen; **metter su** ~ *fam* einen eigenen Hausstand gründen; **fare gli onori di** ~ die Gäste empfangen und betreuen, die Honneurs machen; **passare di** ~ **in** ~ von Haus zu Haus gehen; **giocare in/fuori** ~ *sport* zu Hause/auswärts spielen; **fatto in** ~ *gastr* hausgemacht; **a** ~ **mia** bei mir zu Hause; ~ **mia,** ~ **mia, benché piccola tu sia, tu mi sembri una badia** *prov,* **in** ~ **sua ciascuno è re** *prov* eigener Herd ist Goldes wert *prov;* **dalla** ~ **si riconosce il padrone** *prov* wie der Herr so's Gescherr *prov.*

casacca [ka'zakka] ‹-cche› *f* Kasack *m;* **voltar** ~ sein Mäntelchen nach dem Wind hängen.

casaccio [ka'zattʃo] *m:* **a** ~ *pej* unüberlegt; aufs Geratewohl.

casalingo, -a [kasa'liŋgo] ‹-ghi, -ghe› **I.** *a* **1.** *(vita, persona)* häuslich; **2.** *gastr* hausgemacht; **3.** *sport* Heim-; **pane** ~ selbstgebackenes Brot; **incontro** ~ Heimspiel *n;* **alla -a** nach Hausfrauenart; **II.** *m pl* Haushaltswaren *f pl;* **III.** *m, f* Hausmann *m,* -frau *f.*

casamatta [kasa'matta] ‹casematte› *f* Kasematte *f.*

casamento [kasa'mento] *m* **1.** *(edificio)* (Wohn)block *m;* **2.** *(persone)* Hausgemeinschaft *f.*

casato [ka'sa:to] *m* **1.** *(cognome)* Familienname *m;* **2.** *(stirpe)* Familie *f,* Geschlecht *n.*

cascamorto [kaska'mɔrto] *m fam* Verehrer *m,* Schmachtlappen *m fam;* **fare il** ~ **a qu** *fam* jdn anschmachten *fam.*

cascante [kas'kante] *a* schlaff; *(debole)* schwach, kraftlos; *(guance, seno)* Hänge-.

cascare [kas'ka:re] ‹casco, caschi› *itr* ‹*essere*› *fam* fallen; ~ **dalla fame/dal sonno** vor Hunger/Müdigkeit umfallen; ~ **bene/male** *(di persona)* an den Richtigen/Falschen geraten; *(di cosa)* das Richtige/Falsche treffen; **far** ~ **qc dall'alto a qu** *fig* jdm etw. nach langem Hinhalten gewähren; **cascarci** darauf hereinfallen; **caschi pure il mondo, io ci vado!** und wenn der Himmel einstürzt, ich gehe hin! **cascata** [...'ka:ta] *f* **1.** *fam* Sturz *m,* Fall *m;* **2.** *geog* Wasserfall *m;* **3.** *phys, mat, el* Kaskade *f;*

cascina [kaʃ'ʃi:na] *f (fattoria)* Bauernhof *m; (caseificio)* Meierei *f; (in montagna)* Sennerei *f.*

cascinale [kaʃʃi'na:le] *m* Ansiedlung *f,* Weiler *m; (casolare)* Landhaus *n; (in montagna)* Chalet *n.*

casco¹ ['kasko] ‹-schi› *m* **1.** *(per il capo)* Helm *m;* **2.** *(per capelli)* (Trokken)haube *f;* **-schi blu** *mil* Blauhelme *m pl;* ~ **coloniale** Tropenhelm *m.*

casco², casko ['kasko] ‹*inv*› *a:* **assicurazione** ~ Kaskoversicherung *f.*

caseario, -a [kaze'a:ri̯o] ‹-i, -ie› *a* Käse-, Molkerei-.
caseggiato [kased'dʒa:to] *m (gruppo di case)* Siedlung *f; (singolo edificio)* Wohn-, Mietshaus *n.*
caseificazione [kazeifikat'tsi̯o:ne] *f* Verkäsung *f.* **caseificio** [...'fi:tʃo] ‹-ci› *m* Käserei, Molkerei *f.* **caseina** [...e'i:na] *f* Kasein *n.*
casella [ka'sɛlla] *f* **1.** *(di mobile)* Fach *n;* **2.** *(di scacchiera)* Feld *n;* **3.** *(di foglio)* Kästchen *n; (di registro)* Rubrik *f;* ~ **postale** (*ab* **C.P.**) Postfach *n.*
casellante [kasel'lante] *mf* **1.** *ferr.* Bahnwärter(in) *m(f);* **2.** *mot* Mautner(in) *m(f) A,* Straßenwärter(in) *m(f).*
casellario [kasel'la:ri̯o] ‹-i› *m* **1.** *(per documenti)* Aktenschrank *m;* **2.** *jur:* ~ **giudiziale** Strafregister *n.*
casello [ka'sɛllo] *m* **1.** *mot* Autobahnzahlstelle *f,* -häuschen *n,* Mautstelle *f A;* **2.** *ferr* Bahnwärterhäuschen *n.*
casematte *pl di* **casamatta.**
casentino [kazen'ti:no] *m* schwerer Wollstoff.
casereccio, -a [kase'rettʃo] ‹-cci, -cce› *a* hausgemacht.
caserma [ka'sɛrma *o.* ka'zɛ...] *f* Kaserne *f.* **casermone** [...'mo:ne] *m* (Miets)kaserne *f.*
casiere, -a [ka'si̯ɛ:re] *m, f tosc* Hausmeister(in) *m(f).*
casino [ka'si:no] *m* **1.** *fam* Durcheinander *n,* Tohuwabohu *n,* Drunter und Drüber *n fam; (chiasso)* Lärm *m,* Krach *m;* **2.** *fam (casa di prostituzione)* Puff *m fam;* **3.** *(da caccia)* Jagdhütte *f,* -haus *n;* **4.** *(circolo)* Kasino *n.*
casinò [kazi'nɔ] ‹-› *m* (Spiel)kasino *n.*
casistica [ka'zistika] ‹-che› *f* **1.** *gener.* Statistik *f;* **2.** *jur, med, philos* Kasuistik *f.*
casko *v.* **casco²**.
caso ['ka:zo] *m* **1.** *(avvenimento fortuito)* Zufall *m,* Fügung *f;* **2.** *(ipotesi)* Fall *m,* Annahme *f;* **3.** *(fatto)* Fall *m,* Ereignis *n;* **4.** *gram* Fall *m,* Kasus *m;* ~ **fortuito** Zufall *m;* ~ **limite** Grenzfall *m;* ~ **di coscienza** Gewissensfrage *f;* **il** ~ **Dreyfus** die Affäre Dreyfus; **un** ~ **disperato** ein aussichtsloser Fall; **i -i altrui/propri** die Angelegenheiten der ander(e)n/die eigenen Angelegenheiten; **in** ~ **di morte/malattia** im Todes-/Krankheitsfall; **per** ~ durch Zufall, zufällig; **per puro** ~ rein zufällig; **a** ~ auf gut Glück, aufs Geratewohl; **in** ~ **affermativo** im positiven Fall, bejahendenfalls *adm, geh;* **in** (*o.* **nel**) ~ **contrario** ander(e)nfalls; **in qualunque** ~ in jedem Fall; **in tal** ~ in diesem Fall; **in tutti i -i, in ogni** ~ *(comunque)* auf jeden Fall, jedenfalls; *(sempre)* in jedem Fall; **in nessun** ~ keinesfalls; **nel peggiore dei -i** schlimmstenfalls; **nel** ~ **che** (*o.* **in cui**) . . . *conj* für den Fall, daß . . .; ~ **mai** . . . *conj* für den Fall, falls . . .; **mettiamo** (*o.* **poniamo**) **il** ~ **che** . . . *conj* gesetzt den Fall, daß . . .; **si dà (il)** ~ **che** . . . *conj (accadere)* es kommt vor, daß . . .; *(cosa sicura)* Tatsache ist, daß . . .; **la colpa è del** ~ der Zufall hat es so gewollt; **i ~i sono due** es gibt zwei Möglichkeiten; **questo non fa al** ~ **nostro** das ist nichts für uns, das ist nicht unser Fall *fam;* **non mi sembra che sia il** ~ **di prendersela** *fam* ich glaube nicht, daß man sich darüber aufregen sollte; **non è il** ~ *(conveniente)* es lohnt sich nicht; *(opportuno)* es ist nicht angebracht.
casolare [kaso'la:re] *m* abgelegenes Haus.
casomai, caso mai [kazo'ma:i, 'ka:zo 'ma:i] *con conj* für den Fall, falls; *(eventualmente)* eventuell.
casotto [ka'sɔtto] *m* **1.** *fam* Puff *m fam;* **2.** *vulg* Chaos *n,* Kraut und Rüben *fam,* Drunter und Drüber *n fam;* **3.** *(piccola casa)* Häuschen *n; (di fiera, mercati)* Bude *f.*
caspita ['kaspita] *interj fam* Donnerwetter; **ma che** ~ **vuoi!** *fam* zum Donnerwetter, was willst du (denn)?
cassa ['kassa] *f* **1.** *gener.* Kiste *f,* Kasten *m;* **2.** *tec (dell'orologio)* Gehäuse *n;* **3.** *com, fin* Kasse *f;* ~ **da morto** Sarg *m;* ~ **di risparmio** Sparkasse *f;* ~ **di risonanza** Resonanzkörper *m;* ~ **malattia** Krankenkasse *f;* ~ **toracica** Brustkasten *m;* **la gran** ~ die große Trommel; **registratore di** ~ Registrierkasse *f;* **batter** ~ *fam* Geld verlangen; **pagare (a) pronta** ~ (*ab* **a.p.c.**) bar zahlen.
cassaforte [-'fɔrte] ‹casseforti› *f* Safe *m o. n,* Geldschrank *m.*
Cassandra [kas'sandra] *f* Kassandra *f;* **fare la** ~ unken *fam.*
cassapanca [-'paŋka] ‹-che *o.* cassepanche› *f* Sitztruhe *f,* Truhenbank *f.*
cassata [kas'sa:ta] *f* Cassata *f (Eis mit kandierten Früchten; sicil Quarktorte mit Schokolade und kandierten Früchten).*
cassazione [kassat'tsi̯o:ne] *f* Berufung *f; (annullamento)* Aufhebung *f;* **Corte di C~** (*ab* **C.C.**) (Bundes)gerichtshof *m.*
casseforti *pl di* **cassaforte.**
cassepanche *pl di* **cassapanca.**

cassero ['kassero] *m* Aufbaudeck *n.* **casseruola** [kasse'ruɔ:la] *f* Kasserolle *f.*
cassetta [kas'setta] *f* **1.** *gener., tec* Kasten *m;* **2.** *(di registratore, video)* Kassette *f;* **3.** *(di carrozza)* (Kutsch)bock *m;* **~ delle lettere** Briefkasten *m;* **~ di sicurezza** Schließfach *n;* **~ di distribuzione/delle valvole** Verteiler-/Sicherungskasten *m;* **film di ~** kommerzieller Film; **pane a ~** Kastenbrot *n.*
cassetto [kas'setto] *m* Schublade *f.*
cassettone [kasset'to:ne] *m* **1.** *(mobile)* Kommode *f;* **2.** *arch* Kassette *f;* **soffitto a -i** Kassettendecke *f.*
cassiere, -a [kas'siɛ:re] *m, f* Kassierer(in) *m(f).*
cassone [kas'so:ne] *m* **1.** *(grande cassa)* große Kiste; **2.** *(mobile)* große Truhe; **3.** *(per lavori sotto acqua)* Senkkasten *m,* Caisson *m; (serbatoio)* Wassertank *m,* Reservoir *n;* **4. (di autocarro)** Laderaum *m,* Pritsche *f.*
cast [kɑ:st] ‹-› *m* Besetzung *f.*
casta ['kasta] *f* Kaste *f.*
castagna [kas'taɲɲa] *f* Kastanie *f;* **prendere qu in ~** jdn auf frischer Tat ertappen; **cavare** (*o.* **togliere) le -e dal fuoco (per qu)** *fig* (für jdn) die Kastanien aus dem Feuer holen. **castagnaccio** [...'ɲattʃo] ‹-cci› *m Kuchen aus Maronenmehl.* **castagneto** [...'ɲe:to] *m* Kastanienwald *m.*
castagnetta [kastaɲ'ɲetta] *f* **1.** *(petardo)* Knallkörper *m;* **2.** ‹*pl*› *mus* Kastagnetten *f pl.*
castagno [kas'taɲɲo] *m* Kastanie *f,* Kastanienbaum *m.*
castagnola [kastaɲ'ɲɔ:la] *f* **1.** *(petardo)* Knallkörper *m;* **2.** *gastr* kleiner Krapfen.
castaldo [kas'taldo] *m* **1.** *agr* Gutsverwalter *m;* **2.** *hist* Statthalter *m.*
castano, -a [kas'ta:no] *a* kastanienbraun.
castellano, -a [kastel'la:no] **I.** *a* Burg-; **II.** *m* Kastellan *m.*
castelletto [kastel'letto] *m* **1.** *(piccolo castello)* kleine Burg; **2.** *(edilizia)* Gerüst *n;* **3.** *fin* (Überziehungs)kredit *m.*
castello [kas'tɛllo] *m* **1.** *gener.* Burg *f,* Schloß *n;* **2.** *(impalcatura)* Gerüst *n; naut* Aufbauten *m pl;* **letti a ~** Etagenbett *n;* **fare -i in aria** Luftschlösser bauen.
castigamatti [kastiga'matti] ‹-› *m* **1.** *fig scherz* Zuchtmeister *m;* **2.** *(bastone)* (Zucht)rute *f.*
castigare [kasti'ga:re] ‹castigo, castighi› *tr* **1.** *(punire)* bestrafen; **2.** *(correggere)* korrigieren, verbessern. **castigatezza** [...ga'tettsa] *f* Untadeligkeit *f,* Korrektheit *f; (purezza)* Reinheit *f.* **castigato, -a** [...'ga:to] *a (costumi, vita)* untadelig, korrekt; *(lingua)* rein; *(stile)* gepflegt. **castigo** [...'ti:go] ‹-ghi› *m* Strafe *f;* **mettere/essere in ~** *fam* in die Ecke stellen/in der Ecke stehen; **è un vero ~!** *fig* das ist eine echte Strafe (*o.* Plage)!
castità [kasti'ta] ‹-› *f* Keuschheit *f;* **cintura di ~** Keuschheitsgürtel *m;* **fare voto di ~** das Keuschheitsgelübde ablegen. **casto, -a** ['kasto] *a* keusch.
castone [kas'to:ne] *m* Fassung *f.*
castorino [kasto'ri:no] *m* **1.** *(pelliccia)* Nutria(fell *n)* *m;* **2.** *zoo* Nutria *f,* Biberratte *f.*
castoro [kas'tɔ:ro] *m* **1.** *zoo* Biber *m;* **2.** *(pelliccia)* Biberpelz *m.*
castrare [kas'tra:re] *tr* **1.** *(animale, uomo)* kastrieren; **2.** *(scritto, etc.)* (scharf) zensieren; *fig* verstümmeln; **~ le castagne** die Kastanien vor dem Rösten einschneiden. **castrato, -a** [...'tra:to] **I.** *a* kastriert; **II.** *m* **1.** *zoo* kastriertes Tier; **2.** *gastr* Hammelfleisch *n;* **3.** *(cantante evirato)* Kastrat *m.* **castratore** [...tra'to:re] *m* **1.** *(chi castra)* Kastrierer *m;* **2.** *fig pej* strenger Zensor. **castrazione** [...trat'tsio:ne] *f* Kastration *f.*
castronaggine [kastro'naddʒine] *f vulg* Blödsinn *m.* **castroneria** [...ne'ri:a] ‹-ie› *f vulg* Riesendummheit *f.*
casuale [kazu'a:le] *a* zufällig. **casualità** [...uali'ta] ‹-› *f* Zufälligkeit *f.*
casupola [ka'su:pola] *f pej* Hütte *f,* Bruchbude *f,* Loch *n fam.*
cataclisma [kata'klizma] ‹-i› *m* **1.** Naturkatastrophe *f;* **2.** *fig (sovvertimento)* Umwälzung *f,* Umbruch *m.*
catacomba [kata'komba] *f* Katakombe *f.*
catafalco [kata'falko] ‹-chi› *m* Katafalk *m.*
catafascio [kata'faʃʃo] *m:* **a ~** durcheinander; **andare/mandare a ~** durcheinandergeraten/-bringen; *(in rovina)* verfallen/dem Verfall preisgeben; *(rapporto)* in die Brüche gehen.
catalisi [ka'ta:lizi] ‹-› *f* Katalyse *f.* **catalizzare** [katalid'dza:re] *tr* **1.** *chem* katalysieren; **2.** *fig (accelerare)* beschleunigen; *(attirare)* anziehen. **catalizzatore** [...dza'to:re] *m* Katalysator *m.*
catalogare [katalo'ga:re] ‹catalogo, cataloghi› *tr* katalogisieren. **catalo-**

go [ka'ta:logo] ‹-ghi› *m* **1.** *(di libri, oggetti)* Katalog *m*, Verzeichnis *n;* **2.** *fig* Katalog *m*, Aufzählung *f.*
catapecchia [kata'pekkia] ‹-cchie› *f* Bruchbude *f fam.*
cataplasma [kata'plazma] *m* Wickel *m*, Packung *f.*
catapulta [kata'pulta] *f* Katapult *n o. m.* **catapultare** [...'ta:re] *tr* schleudern, katapultieren.
cataratta [kata'ratta] *v.* **cateratta.**
catarifrangente [katarifran'dʒɛnte] *m* Rückstrahler *m*, Katzenauge *n fam.*
catarro [ka'tarro] *m* Katarrh *m.*
catasta [ka'tasta] *f* Stapel *m*, Stoß *m; (mucchio, a. fig)* Haufen *m.*
catasto [ka'tasto] *m* **1.** *(registro)* Kataster *m o. n;* **2.** *(ufficio)* Katasteramt *n.*
catastrofe [ka'tastrofe] *f* Katastrophe *f;* ~ **ecologica** Umweltkatastrophe *f.* **catastrofico, -a** [...'trɔ:fiko] ‹-ci, -che› *a* katastrophal.
catechesi [kate'kɛ:zi] ‹-› *f* Religionsunterricht *m*, Katechese *f.* **catechismo** [...'kizmo] *m* Katechismus *m.* **catechizzare** [...kid'dza:re] *tr* in Religion unterrichten; *fig* indoktrinieren.
categoria [katego'ri:a] ‹-ie› *f* Kategorie *f.*
categorico, -a [kate'gɔ:riko] ‹-ci, -che› *a* kategorisch.
catena [ka'te:na] *f* **1.** *gener., fig, com, geog, tec* Kette *f;* **2.** *arch* Anker *m;* ~ **di negozi/alberghi** Laden-/Hotelkette *f;* ~ **di montaggio** (*o.* **di lavorazione**) Fließband *n;* ~ **di trasmissione** Antriebskette *f;* **una** ~ **di avvenimenti** eine Kette von Ereignissen; **reazione a** ~ Kettenreaktion *f;* **trasmissione a** ~ Kettenantrieb *m.* **catenaccio** [kate'nattʃo] **I.** ‹-cci› *m* **1.** *(per chiudere)* Riegel *m;* **2.** *sport* Mauer *f;* **3.** *fam scherz (macchina)* Rostlaube *f fam*, Kiste *f fam;* **II.** ‹*inv*› *a jur* Sperr-; **decreto** ~ *adm, com* Vorlegeverordnung *f.* **catenella** [...'nɛlla] *f* Kettchen *n;* **punto** ~ Kettenstich *m.*
cateratta [kate'ratta] *f* **1.** *med* grauer Star; **2.** *geog* Stromschnelle *f*, Katarakt *m;* **3.** *(chiusa)* Schleuse *f;* **piove a -e** es regnet in Strömen.
Caterina [kate'ri:na] *(nome proprio femminile)* Katharina.
caterpillar® [kater'pillar] ‹-› *m* Raupenschlepper *m*, Caterpillar *m.*
caterva [ka'tɛrva] *f* Menge *f*, Haufen *m*, Herde *f.*
catetere [kate'tɛ:re] *m* Katheter *m.*
cateto [ka'tɛ:to] *m* Kathete *f.*
catinella [kati'nɛlla] *f* Waschschüssel *f;* **piove a -e** es schüttet, es gießt.
catino [ka'ti:no] *m* **1.** *(recipiente)* Schüssel *f; (quantità)* Schüssel(voll) *f;* **2.** *arch* Halbkuppel *f.*
catodico, -a [ka'tɔ:diko] ‹-ci, -che› *a* Kathoden-. **catodo** ['ka:todo] *m* Kathode *f.*
catorcio [ka'tɔrtʃo] ‹-ci› *m fam pej (oggetto)* Schrott *m fam; (veicolo)* Schrottkiste *f fam; (persona)* welkes Pflänzchen *fam*, Jammerlappen *m fam.*
catramare [katra'ma:re] *tr* teeren. **catrame** [ka'tra:me] *m* Teer *m.*
cattedra ['kattedra] *f* **1.** *(di scuola)* Katheder *n*, Pult *n;* **2.** *(all'università)* Lehrstuhl *m;* **3.** *rel* Stuhl *m;* **stare in** ~ *fig scherz* dozieren.
cattedrale [katte'dra:le] **I.** *f* Kathedrale *f;* **II.** *a* Kathedral-.
cattedratico, -a [katte'dra:tiko] ‹-ci, -che› **I.** *a* professoral; **II.** *m, f* Lehrstuhlinhaber(in) *m(f).*
cattiva *f v.* **cattivo.**
cattivarsi [katti'varsi] *rfl* sich *(dat)* sichern, gewinnen.
cattiveria [katti'vɛ:ria] ‹-ie› *f* Bosheit *f*, Boshaftigkeit *f.*
cattività [kattivi'ta] ‹-› *f poet* Gefangenschaft *f.*
cattivo, -a [kat'ti:vo] **I.** ‹più cattivo *o.* peggiore, cattivissimo *o.* pessimo› *a* **1.** *(persona)* böse, schlecht; **2.** *(cosa, tempo, aria, etc.)* schlecht; **essere di** ~ **umore** schlechte Laune haben; **essere in** ~ **stato** in einem schlechten Zustand sein; **essere** (*o.* **navigare) in -e acque** sich in einer üblen Lage befinden; **II.** *m, f* **1.** *(persona)* Böse(r) *mf*, Bösewicht *m*, böser Mensch; **III.** *m (parte cattiva)* Schlechte(s) *n; (immangiabile, imbevibile)* Ungenießbare(s) *n;* **1.** *meteo* schlechtes Wetter.
cattolica *f v.* **cattolico.**
cattolicesimo [kattoli'tʃe:zimo] *m* Katholizismus *m.* **cattolicità** [...tʃi'ta] *f* Katholizität *f.* **cattolico, -a** [...'tɔ:liko] ‹-ci, -che› **I.** *a* katholisch; **II.** *m, f* Katholik(in) *m(f).*
cattura [kat'tu:ra] *f* **1.** *jur* Festnahme *f*, Ergreifung *f; (come prigioniero)* Festnahme *f;* **2.** *(di animale)* Fang *m;* **mandato** (*o.* **ordine) di** ~ Haftbefehl *m.* **catturare** [...tu'ra:re] *tr* **1.** *(persona)* fangen, ergreifen; *(fare prigioniero)* gefangennehmen; **2.** *(animale)* fangen.
caucciù [kaut'tʃu] ‹-› *m* Kautschuk *n.*
caudale [kau'da:le] *a* Schwanz-; **pinna**

~ Schwanzflosse *f.* **caudato, -a** [...'da:to] *a* mit (einem) Schwanz (versehen); **stella -a** Komet *m,* Schweifstern *m.*

caudino, -a [kau'di:no] *a:* **passare le forche -e** Spießruten laufen.

caule ['ka:ule] *m* Stiel *m,* Stengel *m.*

causa ['ka:uza] *f* **1.** *(origine)* Ursache *f,* Grund *m;* **2.** *jur* Klage *f; (processo)* Prozeß *m;* **3.** *fig, pol, com, soc, rel* Sache *f;* **4.** *(motivo)* Anlaß *m,* Veranlassung *f;* **~ ed effetto** Ursache und Wirkung; **~ civile/penale** Zivilklage *f*/Strafverfahren *n;* **essere ~ di qc** die Ursache für etw. sein; **far ~ a qu** jdn gerichtlich belangen, gegen jdn einen Prozeß anstrengen; **fare** (*o.* **muovere**) **~** klagen; **fare ~ comune** gemeinsame Sache machen; **dare ~ vinta** aufgeben; **parlare con cognizione di ~** wissen, wovon man spricht; **perorare una ~** *(a. fig)* für etw. eintreten; **a** (*o.* **per**) **~ di** auf Grund von; **per ~ tua** deinetwegen; **chi è ~ del suo mal, pianga se stesso** *prov* die Suppe, die man sich eingebrockt hat, soll man auch selbst wieder auslöffeln *prov.* **causale** [kau'za:le] **I.** *a* kausal; **II.** *f* **1.** *gram* Kausalsatz *m;* **2.** *jur (di un delitto)* (Beweg)grund *m,* Ursache *f;* **3.** *com (di un pagamento, etc.)* Verwendungszweck *m.* **causalità** [...zali'ta:] ‹-› *f* Kausalität *f,* Ursächlichkeit *f.* **causare** [...'za:re] *tr* verursachen. **causativo, -a** [...za'ti:vo] *a* kausativ; **verbo ~** Kausativ *n.*

caustico, -a ['ka:ustiko] ‹-ci, -che› *a* **1.** *chem* ätzend, kaustisch; **2.** *fig* beißend, scharf.

cautela [kau'tɛ:la] *f* Vorsicht *f,* Umsicht *f.*

cautelare¹ [kaute'la:re] *a* Vorsichts-, Sicherheits-.

cautelare² [kaute'la:re] **I.** *tr* (ab)sichern, sicherstellen; **II.** *rfl:* **-rsi** sich absichern (*contro, da* gegen); *(proteggersi)* sich schützen (*da* vor).

cauterizzare [kauterid'dza:re] *tr* ätzen, kauterisieren. **cauterizzazione** [...dzat'tsi̯o:ne] *f* Ätzung *f,* Kauterisation *f.*

cauto, -a ['ka:uto] *a* vorsichtig, umsichtig.

cauzionale [kauttsi̯o'na:le] *a* Kautions-. **cauzione** [...'tsi̯o:ne] *f* Kaution *f.*

Cav. *ab di* **Cavaliere** *Träger eines Verdienstordens.*

cava ['ka:va] *f* Grube *f; (di pietre)* Steinbruch *m; fig* Fundgrube *f.*

cavadenti [kava'dɛnti] ‹-› *mf scherz pej* Zahnklempner(in) *m(f) fam.*

cavalcare [kaval'ka:re] ‹cavalco, cavalchi› **I.** *tr* **1.** *(cavallo, asino)* reiten (auf); *(montare)* aufsteigen auf; **2.** *(muretto, etc.)* besteigen; **il ponte cavalca il fiume** die Brücke überspannt den Fluß; **II.** *itr* reiten. **cavalcata** [...'ka:ta] *f* Ritt *m.* **cavalcatore, -trice** [...ka'to:re] *m, f* Reiter(in) *m(f).*

cavalcavia [kavalka'vi:a] ‹-› *m* Überführung *f.*

cavalcioni [kaval'tʃo:ni]: **a ~** *adv* rittlings.

cavaliere [kava'li̯ɛ:re] *m* **1.** *hist* Ritter *m;* **2.** *sport* Reiter *m;* **3.** *hist* Kavallerist *m,* Soldat *m* der Kavallerie; **4.** *(persona cortese)* Kavalier *m;* **5.** *(chi accompagna una donna)* Begleiter *m,* Kavalier *m; (al ballo)* Tanzpartner *m,* Herr *m;* **6.** *(onorificenza, ab* **Cav.***)* Ordensträger *m;* **i -i della tavola rotonda** König Artus' Tafelrunde *f;* **~ del lavoro** Ritter *m* des Ordens der Arbeit *(Art Verdienstkreuz);* **~ di Malta** Malteserritter *m.*

cavalla [ka'valla] *f* Stute *f.*

cavalleggero [kavalled'dʒɛ:ro] *m* Soldat *m* der leichten Kavallerie.

cavalleresco, -a [kavalle'resko] ‹-schi, -sche› *a* **1.** *lit* höfisch; **2.** *hist* Ritter-, ritterlich; **3.** *fig* vornehm, edel; **letteratura -a** höfische Literatur; **animo ~** edle Gesinnung; **codice ~** Ehrenkodex *m.* **cavalleria** [...'ri:a] ‹-ie› *f* **1.** *mil* Kavallerie *f;* **2.** *hist* Rittertum *n;* **3.** *fig* Ritterlichkeit *f;* **usare ~ verso le signore** ritterlich zu den Damen sein.

cavallerizzo, -a [kavalle'rittso] *m, f* **1.** *(maestro d'equitazione)* Reitlehrer(in) *m(f);* **2.** *(chi cavalca)* Reiter(in) *m(f); (acrobata)* Kunstreiter(in) *m(f);* **pantaloni alla -a** Reithose *f.*

cavalletta [kaval'letta] *f* **1.** *zoo* Heuschrecke *f;* **2.** *fig pej* gieriger, gefräßiger Mensch; **3.** *(beffa)* Streich *m;* **fare la ~ a qu** jdm einen Streich spielen; *pej* jdn hereinlegen; **sei peggio di una ~** *fam* du bist eine richtige Plage!

cavalletto [kaval'letto] *m* **1.** *tec* Bock *m,* Gestell *n; (da pittore)* Staffelei *f; fot, film* Stativ *n; mil* Dreifuß *m;* **2.** *(di teleferica)* Pfeiler *m;* **3.** *hist* Folterbank *f.*

cavallina [kaval'li:na] *f* **1.** *zoo* junge Stute; **2.** *sport* Bock *m;* **correre la ~** über die Stränge schlagen. **cavallino, -a** [...no] *a* Pferde-; **mosca -a**

Stechfliege *f*, Bremse *f*; **tosse -a** Keuchhusten *m*.

cavallo [ka'vallo] *m* **1.** *zoo, sport* Pferd *n;* **2.** *(di scacchi)* Pferd *n*, Springer *m; (di carte) italienische Spielkartenfigur;* ≃ Dame *f (beim französischen Blatt);* **3.** *(di calzoni, mutande)* Schritt *m;* ~ **da corsa/sella/tiro** Renn-/Reit-/Zugpferd *n;* ~ **bianco/baio/sauro** Schimmel *m*/Brauner *m*/ Fuchs *m;* ~ **a dondolo** Schaukelpferd *n;* ~ **di battaglia** *fig* Stärke *f; (di artista, etc.)* Glanznummer *f;* ~ **di Frisia** spanischer Reiter; **coda di** ~ Pferdeschwanz *m;* **ferro di** ~ Hufeisen *n;* **da** ~ *fam* sehr hoch (*o.* stark); **dose/febbre da** ~ *fam* starke Dosis/hohes Fieber; **medicina da** ~ Roßkur *f;* **andare a** ~ reiten; **montare** (*o.* **salire) a** ~ aufsitzen; **scendere da** ~ absitzen; **essere a** ~ *fig* über den Berg sein; **andare col** ~ **di San Francesco** auf Schusters Rappen reiten; **a** ~ **di** rittlings auf; **a caval donato non si guarda in bocca** *prov* einem geschenkten Gaul schaut man nicht ins Maul *prov.* **cavallone, -a** [...'lo:ne] **I.** *m, f fam pej* Pferd *n fam*, grobschlächtiger Mensch; **II.** *m* **1.** *(onda)* Brecher *m*, große Welle; **2.** *zoo* großes Pferd. **cavalluccio** [...'luttʃo] ‹-cci› *m* **1.** *(cavallo)* Pferdchen *n; pej* Klepper *m;* **2.** *gastr Honiggebäck aus Siena mit Nüssen und Früchten;* ~ **marino** Seepferdchen *n;* **a** ~ auf den Schultern (sitzend).

cavapietre [kava'pi̯ɛ:tre] ‹-› *m* Steinbrucharbeiter *m*.

cavare [ka'va:re] *tr* **1.** *(estrarre, tirare fuori)* herausholen; *(dente)* ziehen; *(marmo, etc.)* (heraus)brechen; *(liquidi)* ablassen, abzapfen; **2.** *(levare)* weg-, ab-, fortnehmen; *(macchia)* entfernen; *(vestiti)* ausziehen, ablegen; ~ **sangue da una rapa** *fig* Unmögliches wollen; **non saper** ~ **un ragno dal buco** nichts erreichen; **-rsi la fame/sete** den Hunger stillen/ Durst löschen; **-rsi gli occhi** sich *(dat)* die Augen verderben; **-rsi la voglia di far qc** das Bedürfnis befriedigen, etw. zu tun; **-rsi il cappello** den Hut abnehmen; **cavarsela** *fam* davonkommen; **come te la cavi?** *fam* wie kommst du zurecht?; **cavati di torno!** *fam* mach, daß du fortkommst! **cavastivali** [kavasti'va:li] ‹-› *m* Stiefelknecht *m*. **cavatappi** [-'tappi] ‹-› *m* Korkenzieher *m*. **cavaturaccioli** [-tu'rattʃoli] ‹-› *m* Korkenzieher *m*.

caverna [ka'vɛrna] *f* **1.** *gener.* Höhle *f*, Grotte *f;* **2.** *med* Kaverne *f*. **cavernicolo, -a** [kaver'ni:kolo] **I.** *a* Höhlen-; **II.** *m, f* Höhlenbewohner(in) *m(f)*. **cavernoso, -a** [...'no:so] *a* **1.** *fig* hohl; *(voce)* tief; **2.** *(luogo)* reich an Höhlen; **3.** *med* kavernös.

cavezza [ka'vettsa] *f* **1.** *(di cavallo, etc.)* Halfter *m o. n;* **2.** *(furfante)* Schlingel *m*, Strick *m;* **tenere a** ~ **qu** jdn (fest) an der Kandare halten.

cavia ['ka:vi̯a] ‹-ie› *f* **1.** *zoo* Meerschweinchen *n;* **2.** *fig* Versuchskaninchen *n;* **uomo** ~ Versuchsperson *f*.

caviale [ka'vi̯a:le] *m* Kaviar *m*.

cavicchio [ka'vikki̯o] ‹-cchi› *m* **1.** *agr* Pflanz-, Setzholz *n;* **2.** *(di scale)* (Leiter)sprosse *f; (piolo)* Pflock *m; (gancio)* Haken *m*.

caviglia [ka'viʎʎa] ‹-glie› *f* **1.** *anat* Fußgelenk *n; (di animale)* Fessel *f; (malleolo)* Fußknöchel *m;* **2.** *naut* Griff *m* am Steuerrad; **3.** *ferr* (Schwellen)schraube *f*. **cavigliera** [...'ʎɛ:ra] *f* Fußgelenk-, Fesselbandage *f*.

cavillare [kavil'la:re] *itr* Haarspaltereien treiben, Haare spalten *fam*. **cavillo** [ka'villo] *m* Haarspalterei *f*, Spitzfindigkeit *f; (pretesto)* Vorwand *m*. **cavillosità** [-si'ta] ‹-› *f* Spitzfindigkeit *f*. **cavilloso, -a** [...'lo:so] *a* spitzfindig.

cavità [kavi'ta] ‹-› *f* Höhle *f*.

cavo ['ka:vo] *m* **1.** *(cavità)* Höhle *f*, Höhlung *f;* **2.** *el* Kabel *n;* **3.** *(corda)* Tau *n*, Seil *n;* ~ **orale** Mundhöhle *f;* **trasmissione via** ~ Kabelfernsehen *n;* **nel** ~ **della mano** in der hohlen Hand. **cavo, -a** ['ka:vo] *a* hohl.

cavolaia [kavo'la:i̯a] ‹-aie› *f* **1.** *(farfalla)* Kohlweißling *m;* **2.** *(campo)* Kohlacker *m*. **cavolfiore** [...l'fi̯o:re] *m* Blumenkohl *m*. **cavolo** ['ka:volo] *m* Kohl *m;* ~ **cappuccio/rapa/verzotto/di Bruxelles** Weißkohl *m*/ Kohlrabi *m*/Wirsing(kohl) *m*/Rosenkohl *m;* **testa di** ~ *fig fam* Hohlkopf *m fam;* **non capire/fare un** ~ *fam* nicht die Bohne verstehen/keinen Strich tun *fam;* **non me ne importa un** ~ *fam* das kümmert mich einen Dreck *vulg;* **col** ~ *fam* von wegen! *fam*, erst recht nicht!; **sono -i tuoi** *fam* das ist dein Bier *fam;* **entrarci** (*o.* **starci) come il** ~ **a merenda** passen wie die Faust aufs Auge; **che** ~ **vuoi?** *fam* was zum Kuckuck willst du? *fam*.

cazzo ['kattso] *m vulg* Schwanz *m vulg;* **testa di** ~ Arschloch *n vulg;* **non me ne importa un** ~ das kümmert mich einen Scheißdreck *vulg;*

non capisce un ~ er (*o.* sie) versteht nur Bahnhof *fam.*

cazzottare [kattsot'ta:re] *fam* **I.** *tr* boxen, mit Fäusten schlagen; **II.** *rfl:* **-rsi (con qu)** sich (mit jdm) schlagen. **cazzottata, cazzottatura** [...'ta:ta, ...ta'tu:ra] *f fam* Keilerei *f,* Prügelei *f.* **cazzotto** [...'tsɔtto] *m fam* Faustschlag *m,* Boxhieb *m;* **fare a -i (con qu)** sich (mit jdm) schlagen.

cazzuola [kat'tsu̯ɔ:la] *f* (Maurer)kelle *f.*

c/c *ab di* **conto corrente** Girokonto.

c.c. *ab di* **corrente continua** Gleichstrom.

CC *ab di* **Carabinieri** Karabinieri.

C.C. 1. *ab di* **Codice Civile** ≃ BGB *n (ab di* Bürgerliches Gesetzbuch) **2.** *ab di* **Corte Costituzionale** ≃ (Bundes)verfassungsgericht; **3.** *ab di* **Corte di Cassazione** ≃ (Bundes)gerichtshof; **4.** *ab di* **Corte dei Conti** ≃ (Bundes)rechnungshof.

c.d.d. *ab di* **come dovevasi dimostrare** q.e.d. (*ab di* quod erat demonstrandum, was zu beweisen war).

C.d.S. *ab di* **Codice della Strada** StVO (*ab di* Straßenverkehrsordnung).

ce [tʃe] *pron davanti a lo, la, li, le, ne v.* **ci.**

ceca *f v.* **ceco.**

cecchino [tʃek'ki:no] *m* Scharfschütze *m.*

cece ['tʃe:tʃe] *m* Kichererbse *f.*

Cecilia [tʃe'tʃi:li̯a] *(nome proprio femminile)* Cäcilie.

cecità [tʃetʃi'ta] ‹-› *f* Blindheit *f.*

ceco, -a ['tʃɛ:ko] ‹-chi, -che› **I.** *a* tschechisch; **II.** *m, f* Tscheche *m,* Tschechin *f.* **Cecoslovacchia** [tʃekozlo'vakki̯a] *f:* **(la) ~** die Tschechoslowakei. **cecoslovacco, -a** [...'vakko] ‹-chi, -che› **I.** *a* tschechoslowakisch; **II.** *m, f* Tschechoslowake *m,* -slowakin *f.*

ced. *ab di* **cedola** Coupon *m,* Zinsschein *m.*

cedere ['tʃɛ:dere] ‹cedo, cedetti *o.* cedei, ceduto› **I.** *itr* **1.** *mil, fig (ritirarsi)* zurückweichen (*a* vor); *(arrendersi)* sich ergeben; *(darsi per vinto)* sich beugen, nachgeben; **2.** *(pilastri, fondazioni)* nachgeben, einstürzen; *(abbassarsi)* absacken; **~ all'attacco del nemico** dem Angriff des Feindes nicht standhalten; **~ alle preghiere di qu** jds Bitten nachgeben; **II.** *tr* überlassen; *(com, jur a.)* abtreten; **~ il passo a qu** jdm den Vortritt lassen; **~ le armi** *(a. fig)* sich ergeben, die Waffen strecken; **~ terreno** an Boden verlieren. **cedevole** [tʃe'de:vole] *a* **1.** nachgiebig, weich; **2.** *fig* gefügig. **cedevolezza** [...devo'lettsa] *f* **1.** Nachgiebigkeit *f;* **2.** *fig* Gefügigkeit *f.* **cedibile** [...'di:bile] *a* übertragbar.

cediglia [tʃe'diʎʎa] ‹-glie› *f* Cedille *f.*

cedimento [tʃedi'mento] *m (di terreno, strada)* Absinken *n,* Absacken *n; (di ponte)* Einsturz *m; fig med* Schwächeanfall *m.*

cedo ['tʃɛ:do] *1. pers sing pr di* **cedere.**

cedola ['tʃɛ:dola] *f* (*ab* **ced.**) Schein *m; com* Coupon *m; fin* Coupon *m,* Dividendenschein *m; (di interessi)* Zinsschein *m;* **~ di consegna** Lieferschein *m.* **cedolare** [tʃedo'la:re] *a* Dividenden-.

cedrata [tʃe'dra:ta] *f* **1.** *(bevanda) erfrischendes Getränk aus dem Sirup der Zedratzitrone;* **2.** *(dolce) sizilianischer Zitronatkuchen.*

cedro ['tʃe:dro] *m* **1.** *(conifera)* Zeder *f; (albero da frutto)* Zedratbaum *m;* **2.** *(frutto)* Zedratzitrone *f;* **3.** *(legno)* Zedernholz *n;* **4.** *(candito)* Zitronat *n.*

ceduo, -a ['tʃɛ:duo] *a* fällbar, schlagbar; **bosco ~** Nutzwald *m,* Forst *m.*

ceduto [tʃe'du:to] *pp di* **cedere.**

C.E.E. ['tʃɛ:e] *f ab di* **Comunità Economica Europea** E(W)G *f* (*ab di* Europäische Wirtschaftsgemeinschaft).

cefalea [tʃefa'lɛ:a] *f* Kopfschmerz *m.*

cefalo ['tʃɛ:falo] *m* Meeräsche *f.*

cefalopode [tʃefa'lɔ:pode] *m* Kopffüßer *m,* Zephalopode *m scient.*

ceffo ['tʃɛffo] *m* **1.** *(muso)* Schnauze *f,* Maul *n;* **2.** *fig pej (faccia)* Visage *f fam; (persona)* Halunke *m.*

ceffone [tʃef'fo:ne] *m* Ohrfeige *f;* **ti tiro un ~** *fam* ich verpaß' dir eine Ohrfeige *fam.*

Ceilano [tʃei'la:no] *m:* **il ~** Ceylon *n.*

celare [tʃe'la:re] *geh* **I.** *tr* verbergen; *(verità)* verheimlichen; **II.** *rfl:* **-rsi** sich verbergen (*a* vor).

celata [tʃe'la:ta] *f hist* Sturmhaube *f.*

celeberrimo, -a [tʃele'bɛrrimo] ‹*superlativo di* celebre› *a* hochberühmt, hochgefeiert.

celebrante [tʃele'brante] *m* Zelebrant *m.*

celebrare [tʃele'bra:re] *tr* **1.** *(vittoria, festa)* feiern; *(messa)* lesen, zelebrieren; *(nozze)* vollziehen; *(processo)* (durch)führen; **2.** *poet* lobpreisen. **celebrativo, -a** [...ra'ti:vo] *a (solenne)* festlich, Fest-; *(glorificatore)* preisend, Lob(es)-. **celebrazione** [...rat'tsi̯o:ne] *f* Feier *f; (di messa)* Zelebrieren *n; (di matrimonio)* Voll-

ziehung *f; (di processo)* (Durch)führung *f.*
celebre ['tʃɛ:lebre] ‹più celebre, celeberrimo› *a* berühmt. **celebrità** [tʃelebri'ta] ‹-› *f* **1.** *(fama)* Ruhm *m,* Berühmtheit *f;* **2.** *(persona)* Berühmtheit *f,* Größe *f.*
celere ['tʃɛ:lere] **I.** *a* **1.** *(nave, servizio, spedizione)* Eil-; **2.** *(corso)* schnell, rasch; **II.** *f* Überfallkommando *n.* **celerità** [tʃeleri'ta] ‹-› *f* Geschwindigkeit *f.*
celeste [tʃe'lɛste] **I.** *a* **1.** *astr* Himmels-; **2.** *rel, fig* himmlisch; **3.** *(colore)* himmelblau; **corpi/fenomeni -i** Himmelskörper *m pl*/-erscheinungen *f pl;* **II.** *m* Himmelblau *n.* **celestiale** [...les'ti̯a:le] *a* himmlisch. **celestino, -a** [...les'ti:no] **I.** *a* hellblau; **II.** *m* Hellblau *n.*
celia ['tʃɛ:li̯a] ‹-ie› *f* Spaß *m,* Scherz *m;*
celibato [tʃeli'ba:to] *m* Ledigsein *n; rel* Zölibat *n o. m.* **celibe** ['tʃɛ:libe] **I.** *a (uomo)* unverheiratet, ledig; **II.** *m* Junggeselle *m.*
cella ['tʃɛlla] *f* **1.** *gener.* Zelle *f;* **2.** *arch (vano)* Kammer *f,* Raum *m;* **3.** *(delle api)* (Honig)wabe *f;* **4.** *inform* Speicher *m;* ~ **frigorifera** Kühlraum *m;* ~ **campanaria** Glockenstube *f;* **essere messo in ~ di rigore** in Einzelhaft kommen.
cello ['tʃɛllo] *m* Cello *n.*
cellophane® [selo'fan] ‹-› *m* Zellophan *n.*
cellula ['tʃɛllula] *f* Zelle *f;* ~ **fotoelettrica** Photozelle *f.* **cellulare** [tʃellu'la:re] **I.** *a* **1.** *biol* zellular, zellulär, Zell-; **2.** *(carcere, furgone)* Zellen-; **divisione ~** Zellteilung *f;* **II.** *m* **1.** *(furgone)* Grüne Minna *fam;* **2.** *(carcere)* Zellengefängnis *n.*
cellulite [tʃellu'li:te] *f* Zellulitis *f.*
celluloide [tʃellu'lɔ:ide] *f* Zelluloid *n;* **mondo/divi della ~** Welt *f* des Films/Leinwandhelden *m pl.*
cellulosa [tʃellu'lo:sa] *f* Zellulose *f.*
celtico, -a ['tʃɛltiko] ‹-ci, -che› *a* keltisch; **malattie -che** Geschlechtskrankheiten *f pl.*
cembalista [tʃemba'lista] ‹-i *m,* -e *f*› *mf* Cembalist(in) *m(f).* **cembalo** ['tʃembalo] *m* Cembalo *n.*
cementare [tʃemen'ta:re] *tr* **1.** *(edilizia)* zementieren; *(strada)* betonieren; **2.** *fig (affermazione, etc.)* bekräftigen; *(amicizia)* festigen. **cemento** [...'mento] *m* Zement *m; (calcestruzzo)* Beton *m;* ~ **armato** Stahlbeton *m.*
cena ['tʃe:na] *f* Abendessen *n;* **l'ultima ~** das (Letzte) Abendmahl.
cenacolo [tʃe'na:kolo] *m* **1.** *(nell'arte)* Abendmahl *n;* **2.** *fig* Zirkel *m,* Künstlertreff *m.*
cenare [tʃe'na:re] *itr* zu Abend essen.
cenciaio, -a [tʃen'tʃa:i̯o] ‹-ai, -aie› *m, f,* **cenciaiolo, -a** [...tʃa'i̯ɔ:lo] *m, f* Lumpenhändler(in) *m(f),* -sammler(in) *m(f).* **cencio** ['tʃentʃo] ‹-ci› *m* **1.** *(brandello)* Lumpen *m;* **2.** *(per pulire)* (Putz)lappen *m,* -lumpen *m;* **3.** *pej (di abiti)* Fetzen *m,* Lumpen *m;* **4.** *fig* geschwächter Mensch, Schatten *m* seiner/ihrer selbst; **5.** ‹*pl*› *Fettgebäck aus der Toskana;* ~ **da dare in terra** *fam* Scheuerlappen *m,* Aufnehmer *m;* ~ **della polvere** Staubtuch *n;* **pallido come un ~** totenbleich, leichenblaß. **cencioso, -a** [...'tʃo:so] *a* zerlumpt.
cenere ['tʃe:nere] **I.** *f* **1.** *gener.* Asche *f;* **2.** ‹*pl*› *(resti mortali)* Asche *f,* Staub *m;* **(mercoledì del)le -i** Aschermittwoch *m;* **ridursi in ~** ausbrennen; *fig* sich ruinieren, sich zugrunde richten; **covare sotto la ~** *(a. fig)* schwelen; **II.** ‹*inv*› *a* aschgrau.
cenerentola [tʃene'rɛntola] *f* **1.** *(persona)* Aschenbrödel *n;* **2.** *(scarpa)* Ballerina(schuh *m) f;* **C~** Aschenbrödel *n,* Aschenputtel *n.*
cenerino, -a [tʃene'ri:no] *a* aschgrau.
cenno ['tʃenno] *m* **1.** *(gesto)* Wink *m,* Zeichen *n;* **2.** *(indizio)* Anzeichen *n;* **3.** *(spiegazione)* Andeutung *f,* Hinweis *m;* ~ **di riscontro** kurze Empfangsbestätigung; **sull'argomento darò solo qualche ~** das Thema werde ich nur streifen; **salutare qu con un ~ della mano** jdm zuwinken; **fare ~ di sì/no** durch ein Zeichen bejahen/verneinen.
cenone [tʃe'no:ne] *m* großes Abendessen *n.*
cenotafio [tʃeno'ta:fi̯o] ‹-i› *m* Kenotaph *n,* Zenotaph *n.*
censimento [tʃensi'mento] *m* Bestandsaufnahme *f;* ~ **della popolazione** Volkszählung *f.* **censire** [...'si:re] ‹censisco› *tr* zählen; *(registrare)* registrieren.
censore [tʃen'so:re] *m* **1.** *(hist, addetto alla censura)* Zensor *m;* **2.** *(di convitto)* Aufsichtsführende(r) *m;* **3.** *fig* Sittenrichter *m.*
censura [tʃen'su:ra] *f* **1.** *(controllo)* Zensur *f;* **2.** *(ufficio)* Zensurbehörde *f*/-stelle *f;* **3.** *fig* Rüge *f,* Verweis *m.* **censurabile** [...su'ra:bile] *a* zu beanstanden; *(biasimevole)* tadelnswert. **censurare** [...su'ra:re] *tr* **1.** *(film, opera, libro)* zensieren; **2.** *fig* beanstanden.

centauro [tʃen'ta:uro] *m* **1.** *(nella mitologia, astr)* Zentaur *m;* **2.** *sport* Fahrer *m* von Motorradrennen.
centellinare [tʃentelli'na:re] *tr* **1.** *(bevanda)* genußvoll trinken; **2.** *fig* auskosten.
centenario, -a [tʃente'na:rio] ‹-i, -ie› **I.** *a* **1.** *(che ha cent'anni)* hundertjährig; **2.** *(che ricorre ogni cento anni)* Hundertjahr(es)-; **II.** *m, f* Hundertjährige(r) *mf;* **III.** *m* Hundertjahrfeier *f.* **centennale** [...n'na:le] *a* hundertjährig. **centennio** [...'tɛnnio] ‹-i› *m* Zeitraum *m* von hundert Jahren, hundert Jahre *n pl.*
centerbe [tʃen'tɛrbe] ‹-› *m Kräuterlikör (aus den Abruzzen).*
centesima *f v.* **centesimo.**
centesimale [tʃentezi'ma:le] *a* zentesimal.
centesimo, -a [tʃen'tɛ:zimo] **I.** *a* hundertste(r, s); **II.** *m, f* Hundertste(r, s) *mfn;* **III.** *m* **1.** *(frazione)* Hundertstel *n,* hundertster Teil; **2.** *fin* Centesimo *m;* **3.** *fig fam* Heller *m,* Pfennig *m;* **non avere un ~ in tasca** *fam* keinen Pfennig in der Tasche haben; **non valere un ~** *fam* keinen roten Heller wert sein; **essere senza un ~** *fam* ohne einen Pfennig sein.
centigrado, -a [tʃen'ti:grado] *a* hundertgradig; Celsius-; **grado ~** Grad Celsius; **termometro ~** Thermometer *n* mit Celsiusskala. **centigrammo** [...ti'grammo] *m* (*ab* **cg**) Zentigramm *n,* Hundertstel Gramm *n.* **centilitro** [...'ti:litro] *m* Zentiliter *m o. n,* Hundertstel Liter *m.* **centimetro** [...'ti:metro] *m* (*ab* **cm**) Zentimeter *m o. n.*
centina ['tʃɛntina] *f* **1.** *arch* Lehrbogen *m;* **2.** *aero* Rippe *f.*
centinaio [tʃenti'na:io] ‹*pl:* -aia *f*› *m* Hundert *n;* **un ~ (di. . .)** etwa hundert (. . .); **-aia** hundert, Hunderte *pl;* **a -aia** zu Hunderten.
centista [tʃen'tista] ‹-i *m,* -e *f*› *mf* Hundertmeterläufer(in) *m(f).*
cento ['tʃɛnto] **I.** *a numerale* (ein)hundert; *(fig a.)* viel; **~ di questi giorni!** noch viele solche Tage!; **II.** ‹-› *m* Hundert *f;* **per ~** Prozent, vom Hundert *obs; v. a. cinque.* **centometrista** [tʃentome'trista] ‹-i *m,* -e *f*› *mf* Hundertmeterläufer(in) *m(f).* **centomila** [-'mi:la] **I.** *a numerale* hunderttausend; **II.** ‹-› *m* Hunderttausend *f.* **centomillesimo, -a** [-mil'lɛ:zimo] *a* hunderttausendste(r, s).
centopiedi [tʃento'piɛ:di] ‹-› *m* Tausendfüßler *m.*
centrale [tʃen'tra:le] **I.** *a* **1.** *gener.* zentral, Zentral-, Haupt-; **2.** *adm* Haupt-; **II.** *f* Zentrale *f;* **~ elettrica** Elektrizitätswerk *n;* **~ telefonica** Telefonzentrale *f;* **1.** *geog* Zentral-, Mittel-; **~ nucleare** (*o.* **atomica**) Kern-, Atomkraftwerk *n.* **centralinista** [...rali'nista] ‹-i *m,* -e *f*› *mf* Telefonist(in) *m(f).* **centralino** [...ra'li:no] *m* Telefonvermittlung *f.*
centralismo [tʃentra'lizmo] *m* Zentralismus *m.* **centralità** [...li'ta] ‹-› *f* **1.** *(posizione)* zentrale Lage, Zentralität *f;* **2.** *pol* Zentralismus *m.* **centralizzare** [...lid'dza:re] *tr* zentralisieren. **centralizzazione** [...liddzat'tsio:ne] *f* Zentralisierung *f.*
centrare [tʃen'tra:re] *tr* **1.** *(bersaglio)* treffen; *(inquadrare)* visieren; *(mirare)* zielen auf; **2.** *fig* den Kern erfassen (*qc* einer S. *gen*); **3.** *tec* zentrieren; *mot* auswuchten; *(nel calcio)* einwerfen, in die Feldmitte werfen; **~ un personaggio** *theat* eine Rolle gut treffen (*o.* spielen). **centrattacco** [...rat'takko] ‹-cchi› *mf* Mittelstürmer(in) *m(f).* **centratura** [...ra'tu:ra] *f* Zentrierung *f.* **centravanti** [...ra'vanti] ‹-› *mf* Mittelstürmer(in) *m(f).*
centrifuga [tʃen'tri:fuga] *f* Schleuder *f,* Zentrifuge *f; (per frutta)* Entsafter *m.* **centrifugare** [...rifu'ga:re] ‹centrifugo, centrifughi› *tr* schleudern, zentrifugieren. **centrifugo, -a** [...'tri:fugo] ‹-ghi, -ghe› *a* zentrifugal; **forza -a** Flieh-, Zentrifugalkraft *f.*
centrino [tʃen'tri:no] *m* (Häkel-, Spitzen)deckchen *n.*
centritavola *pl di* **centrotavola.**
centro ['tʃɛntro] *m* **1.** *gener., mat, geog* Mittelpunkt *m; pol, anat* Zentrum *n;* **2.** *(di città)* (Stadt)zentrum *n,* Stadtmitte *f;* **3.** *(sede di attività, istituto)* Zentrum *n; (di studi, ricerca)* Institut *n;* **4.** *fig* Kern-, Mittelpunkt *m;* **~ abitato** (geschlossene) Ortschaft *f;* **~ balneare** Badeort *m;* **~ meccanografico** (*o.* **elettronico**) *inform* Rechenzentrum *n;* **~ profughi** Flüchtlingslager *n;* **far ~** *(a. fig)* treffen; **~ di gravità/d'attrazione** Schwer-/Anziehungspunkt *m;* **essere nel proprio ~** in seinem Element sein, sich wohl fühlen. **Centroamerica** [tʃentroa'mɛ:rika] *f* Mittelamerika *n.* **centrocampista** [-kam'pista] ‹-i *m,* -e *f*› *mf* Mittelfeldspieler(in) *m(f).* **centrocampo** [-'kampo] *m* Mittelfeld *n.* **centrodestra** [-'dɛstra] ‹-› *m* Mitte-Rechts-Koalition *f.* **centromediano, -a** [-me'dia:no] *m, f* Mittelläufer(in) *m(f).* **centrosinistra**

[-si'nistra] ‹-› *m* Mitte-Links-Koalition *f*. **centrotavola** [-'ta:vola] ‹centritavola› *m* Tafelaufsatz *m*.
centuplicare [tʃentupli'ka:re] ‹centuplico, centuplichi› *tr* **1.** *com* verhundertfachen; *mat* mit hundert multiplizieren; **2.** *fig* vervielfachen, stark vermehren. **centuplo, -a** ['tʃɛntuplo] **I.** *a* hundertfach; **II.** *m* Hundertfache(s) *n*.
ceppo ['tʃeppo] *m* **1.** *bot* Wurzelstock *m*; *(di albero tagliato)* (Baum)stumpf *m*; **2.** *(da ardere)* Holzklotz *m*; *(pezzo lungo)* Scheit *m*; **3.** *(stirpe)* Stamm *m*; **4.** ‹*pl*› Fesseln *f pl*; *(catene)* Ketten *f pl*; **5.** *(persona)* Klotz *m*, Ölgötze *m*; ~ **di Natale** *großer Holzklotz, der traditionell zu Weihnachten verbrannt wird*; **-i dei freni** Bremsklötze *m pl*; ~ **dell'ancora** Ankerstock *m*; ~ **dell'aratro** Pflugsterz *m*; **spezzare i -i** *fig* die Fesseln sprengen.
cera[1] ['tʃe:ra] *f* **1.** *gener.* Wachs *n*; *(per lucidare a.)* Wichse *f*; **2.** *(modello)* Wachsfigur *f*; ~ **da scarpe** Schuhwichse *f*, -creme *f*; ~ **da pavimenti** Bohnerwachs *n*; ~ **per mobili** Möbelpolitur *f*; **volto di** ~ kreide-, wachsbleiches Gesicht; **museo delle -e** Wachsfigurenkabinett *n*; **dare la** ~ wachsen, bohnern; **struggersi come la** ~ sich verzehren.
cera[2] ['tʃe:ra *o.* 'tʃɛ:ra] *f (del viso)* Gesichtsfarbe *f*; *(espressione)* Miene *f*; **avere una bella/brutta** ~ gut/schlecht aussehen; *(umore)* gut/schlecht gelaunt sein.
ceralacca [tʃera'lakka] *f* Siegellack *m*.
ceramica [tʃe'ra:mika] ‹-che› *f* **1.** *(oggetto)* Keramik *f*, Töpferware *f*; **2.** *(arte)* Keramik(kunst) *f*; **3.** *(impasto)* Steingut *n*, Ton *m*. **ceramista** [...ra'mista] ‹-i *m*, -e *f*› *mf* Keramiker(in) *m(f)*, Töpfer(in) *m(f)*.
cerato, -a [tʃe'ra:to] *a* gewachst, Wachs-; **tela -a** Wachstuch *n*.
cerbero ['tʃɛrbero] *m* **1.** *(nella mitologia)* Zerberus *m*; **2.** *fig pej* Höllenhund *m*; *(persona intrattabile)* unzugänglicher Mensch.
cerbiatto, -a [tʃer'bi̯atto] *m, f* Hirschkalb *n*.
cerbottana [tʃerbot'ta:na] *f* Blasrohr *n*.
cerca ['tʃerka] ‹-che› *f* Suche *f*; *(questura)* Sammlung *f*; *(di cane)* Aufspürung *f*; **in** ~ **di** auf der Suche nach.
cercamine [tʃerka'mi:ne] ‹-› *m* Minensuchgerät *n*.
cercare [tʃer'ka:re] ‹cerco, cerchi› **I.** *tr* suchen; *(in un libro)* nachschlagen; *(desiderare)* wünschen; *(aspirare)* streben nach; ~ **marito/moglie** sich *(dat)* einen Mann/eine Frau (zum Heiraten) suchen; ~ **il proprio utile** auf den eigenen Vorteil aussein; ~ **guai** Streit suchen; **cercasi** ...... gesucht; **II.** *itr* versuchen, sich bemühen; **cercherò di sbrigarmi** ich werde versuchen, mich zu beeilen; **chi cerca trova** *prov* wer sucht, der findet *prov.*
cercatore, -trice [...ka'to:re] **I.** *a* Such-; **II.** *m, f* Sucher(in) *m(f)*; **III.** *m* **1.** *rel* Bettelmönch *m*; **2.** *opt* Sucher *m*.
cerchia ['tʃerki̯a] ‹-chie› *f* **1.** *geog* Ring *m*; *(di mura)* Ringmauer *f*; **2.** *fig* Kreis *m*, Runde *f*; **avere una bella** ~ **di amici** einen netten Freundeskreis haben. **cerchiare** [...'ki̯a:re] ‹cerchio, cerchi› *tr* **1.** *(ruota, botte)* bereifen; **2.** *(circondare)* umgeben. **cerchiato, -a** [...'ki̯a:to] *a* **1.** *(ruota, botte)* bereift; **2.** *(occhi)* umschattet, gerändert.
cerchietto [tʃer'ki̯etto] *m* **1.** *(piccolo cerchio)* kleiner Kreis; **2.** *(anello)* Ring *m*; *(braccialetto)* Reif *m*. **cerchio** ['tʃerki̯o] ‹-chi› *m* **1.** *mat* Kreis *m*; **2.** *(di botte)* Reifen *m*; **3.** *(di ruota)* Felge *f*; **4.** *(di persone)* Ring *m*, Kreis *m*; **5.** *(anello)* Ring *m*; *(bracciale)* Armreif *m*; *(per capelli)* Stirnreif *m*; **fare** ~ **attorno a qu** einen Kreis um jdn bilden, jdn umringen; **disporsi in** (*o.* **a)** ~ sich im Kreis aufstellen; **dare un colpo al** ~ **ed uno alla botte** sich nicht festlegen, keine klare Stellung beziehen. **cerchione** [...'ki̯o:ne] *m* Felge *f*.
cercopiteco [tʃerkopi'tɛ:ko] ‹-chi› *m* Meerkatze *f*.
cereale [tʃere'a:le] **I.** *a* Getreide-; **II.** *m* ‹*di solito al pl*› Getreide *n*. **cerealicolo, -a** [...ea'li:kolo] *a* Getreide-. **cerealicoltura** [...ealikol'tu:ra] *f* Getreideanbau *m*.
cerebrale [tʃere'bra:le] *a* **1.** *anat* Gehirn-, -zerebral; **2.** *fig* kopflastig, intellektualistisch. **cerebralismo** [...ra'lizmo] *m* Kopflastigkeit *f*, Intellektualismus *m*. **cerebralità** [...rali'ta] ‹-› *f* Kopflastigkeit *f*.
cereo, -a ['tʃɛ:reo] *a* **1.** *(di cera)* wächsern; **2.** *(aspetto, volto)* wachs-, kreidebleich.
ceretta [tʃe'retta] *f* Enthaarungswachs *n*.
cerimonia [tʃeri'mɔ:ni̯a] ‹-ie› *f* **1.** *(rito)* Zeremonie *f*; *(festeggiamento)* Feier *f*; **2.** ‹*pl*› *(complimenti)* Förmlichkeiten *f pl*; **abito da** ~ *(da donna)* Festkleid *n*; *(da uomo)* dunkler Anzug; **maestro delle -e** Zeremonienmeister

m. **cerimoniale** [...mo'ni̯a:le] *m* **1.** *(regole)* Zeremoniell *n;* **2.** *(libro)* Zeremonienbuch *n.* **cerimoniosità** [...moni̯osi'ta] ‹-› *f* Förmlichkeit *f.* **cerimonioso, -a** [...mo'ni̯o:so] *a* förmlich.

cerino [tʃe'ri:no] *m* Wachsstreichholz *n.*

cerniera [tʃer'ni̯ɛ:ra] *f* **1.** *(di borsa)* Verschluß *m,* Schloß *n;* **2.** *(a cardine)* Scharnier *n;* ~ **lampo** Reißverschluß *m.*

cernita [tʃer'ni:ta] *f* Auslese *f,* Auswahl *f.*

cero ['tʃe:ro] *m* große Kerze; ~ **pasquale** Osterkerze *f.*

cerone [tʃe'ro:ne] *m* Schminke *f.*

ceroso, -a [tʃe'ro:so] *a (simile a cera)* wachsartig; *(di cera)* Wachs-; *(contenente cera)* wachshaltig.

cerotto [tʃe'rɔtto] *m* **1.** *med* Pflaster *n;* **2.** *fam pej* Quälgeist *m; (di salute cagionevole)* kränklicher Mensch, Jammerlappen *m fam pej.*

certamente [tʃerta'mente] *adv* sicherlich, gewiß.

certezza [tʃer'tettsa] *f* Sicherheit *f,* Gewißheit *f.*

certificare [tʃertifi'ka:re] ‹certifico, certifichi› *tr* bescheinigen, bestätigen. **certificato** [...'ka:to] *m* Zeugnis *n; adm* Bescheinigung *f,* Nachweis *m; (documento)* Urkunde f; *(attesto)* Attest *n;* ~ **di nascita/morte** Geburts-/Todesurkunde *f;* ~ **penale** (polizeiliches) Führungszeugnis *n;* ~ **di garanzia** Garantieschein *m;* ~ **di residenza** Anmeldebestätigung *f.*

certo, -a ['tʃɛrto] **I.** *a* **1.** *(sicuro)* sicher, gewiß; *(indubbio)* zweifellos; *(vero)* wahr; *(convinto)* überzeugt; **2.** *(qualche)* manche(r, s); **3.** *(alquanto)* einige(r, s); **4.** *(tale)* gewiß; **dare qc per** ~ etw. als Tatsache hinstellen; **tenere qc per** ~ etw. für sicher halten; **in -i giorni** an manchen Tagen; **quel** ~ **non so che** das gewisse Etwas; **hai -e occhiaie oggi!** du hast heute solche Ringe unter den Augen!; **ha telefonato una -a Gianna** eine gewisse Gianna hat angerufen; **II.** *adv* sicher(lich), natürlich, gewiß; **ma** ~**!** aber sicher!; **sì/no** ~**!,** ~ **che sì/no!** ja sicher/sicher (*o.* bestimmt) nicht!; **ormai sarà** ~ **arrivato** jetzt ist er sicher (*o.* wohl) angekommen; **lei,** ~**, lo nega** sie bestreitet es natürlich; **III.** ‹-› *m (sicuro)* Sichere(s) *n; (certezza)* Gewißheit *f; com* Sicherheit *f.*

certosa [tʃer'tɔ:za] *f* **1.** *rel, arch* Kartause *f;* **2.** *fig* ruhiger Ort; **3.** *(liquore)* Kräuterlikör *n.* **certosino, -a** [...to'zi:no] **I.** *a* **1.** *rel* Kartäuser-; **2.** *fig* genügsam, anspruchslos; *(eremita)* zurückgezogen lebend; **II.** *m* **1.** *rel* Kartäuser *m;* **2.** *fig* Einsiedler *m;* **3.** *gastr Honigkuchen mit Gewürzen und kandierten Früchten; (liquore)* Kräuterlikör *m,* Chartreuse® *m;* **pazienza da** (*o.* **di un)** ~ Engelsgeduld *f;* **lavoro da** ~ Geduldsarbeit *f.*

certuno [tʃer'tu:no] *pron* manch eine(r, s), manche(r, s).

cerume [tʃe'ru:me] *m* Ohrenschmalz *n.*

cervelletto [tʃervel'letto] *m* Kleinhirn *n.*

cervello [tʃer'vɛllo] *m* **1.** ‹*pl a.:* cervella *f*› *anat* Gehirn *n;* **2.** *inform* Rechner *m* **3.** *fig* Verstand *m; (senno)* Vernunft *f; (intelligenza)* Intelligenz *f; (spirito)* Geist *m; (testa)* Kopf *m;* ~ **elettronico** Elektronenhirn *n,* -rechner *m;* **lavaggio del** ~ Gehirnwäsche *f;* **è un** ~ er (*o.* sie) ist ein kluger Kopf; **è il** ~ **dell'organizzazione** er (*o.* sie) ist der Kopf der Organisation; **agire senza** ~ kopflos handeln; **avere un** ~ **di gallina** (*o.* **di grillo)** ein Spatzenhirn haben *fam;* **uscire di** ~ den Verstand verlieren; **dare di volta il** ~ durchdrehen *fam;* **bruciarsi** (*o.* **farsi saltare) le cervella** sich *(dat)* eine Kugel durch den Kopf jagen; **arrovellarsi** (*o.* **lambiccarsi) il** ~ sich *(dat)* den Kopf zerbrechen; **mi si spacca il** ~ mir platzt der Kopf. **cervellone, -a** [...vel'lo:ne] *m, f* kluger Kopf, kluges Köpfchen *fam; pej* begriffsstutziger Mensch, Schnellmerker *m fam iron.* **cervellotico, -a** [...'lɔ:tiko] ‹-ci, -che› *a* wunderlich, (ab)sonderlich.

cervicale [tʃervi'ka:le] *a* zervikal.

Cervino [tʃer'vi:no] *m* Matterhorn *n.*

cervo ['tʃɛrvo] *m* Hirsch *m;* ~ **volante** *zoo* Hirschkäfer *m; (giocattolo)* (Papier)drachen *m.*

Cesare ['tʃe:zare] *(nome proprio maschile)* Cäsar.

cesareo [tʃe'za:reo] *a:* kaiserlich; **taglio** ~ Kaiserschnitt *m.*

cesellare [tʃezel'la:re] *tr* ziselieren. **cesellatore, -trice** [...la'to:re] *m, f* Ziseleur *m,* Ziselierer(in) *m(f).* **cesellatura** [...la'tu:ra] *f* Ziselierung *f.* **cesello** [...'zɛllo] *m* **1.** *(arte)* Ziselierkunst *f;* **2.** *(utensile)* Grabstichel *m; (a più punte)* Punze *f;* **lavorare di** ~ *(a. fig)* ziselieren.

cesoia [tʃe'zo:i̯a] ‹-oie› *f (per lamiere)* Draht-, Blechschere *f;* ‹*pl*› *(da giardino)* Gartenschere *f.*

cespite ['tʃɛspite] *m* Einnahmequelle

f; ~ **di reddito** Ertragsquelle *f; (di guadagno)* Verdienstquelle *f.*
cespo [ˈtʃespo] *m* (Salat-, Kohl)kopf *m;* ~ **d'insalata** Salatkopf *m.*
cespuglio [tʃesˈpuʎʎo] ‹-gli› *m* Busch *m,* Strauch *m;* ‹*pl*› Gebüsch *n.* **cespuglioso, -a** [...ˈʎoːso] *a* **1.** *bot* strauchig; **2.** *fig (sopracciglia, etc.)* buschig.
cessare [tʃesˈsaːre] **I.** *itr* ‹*essere o. avere*› aufhören (*di* zu); **II.** *tr* ‹*avere*› einstellen, beenden, aufhören mit. **cessazione** [...satˈtsi̯oːne] *f* Beendigung *f,* Aufgabe *f.*
cessione [tʃesˈsi̯oːne] *f* Abtretung *f,* Übertragung *f.*
cesso [ˈtʃɛsso] *m fam* Klo *n fam,* Lokus *m fam.*
cesta [ˈtʃesta] *f* **1.** *(recipiente)* Korb *m;* **2.** *(contenuto)* Korb(voll) *m.* **cestello** [...ˈtɛllo] *m* **1.** *(piccola cesta)* Körbchen *n; (per bottiglie)* Flaschenkorb *m;* **2.** *(di lavatrice)* Trommel *f; (di lavastoviglie)* (Geschirr)korb *m.* **cestinare** [...tiˈnaːre] *tr* in den Papierkorb werfen. **cestino** [...ˈtiːno] *m* Körbchen *n;* ~ **da lavoro** Nähkästchen *n;* ~ **da viaggio** Lunchpaket *n;* ~ **della carta** Papierkorb *m.* **cesto** [ˈtʃesto] *m* Korb *m;* ~ **regalo** Präsent-, Geschenkkorb *m.*
cesura [tʃeˈzuːra] *f* Zäsur *f.*
cetaceo [tʃeˈtaːtʃeo] *m* Walfisch *m.*
ceto [ˈtʃɛːto] *m* Stand *m; (strato)* Schicht *f.*
cetra [ˈtʃeːtra *o.* ˈtʃɛːtra] *f* **1.** *mus* Zither *f,* Lyra *f;* **2.** *fig* dichterische Inspiration.
cetriolo [tʃetriˈɔːlo] *m* Gurke *f.*
cf., cfr. *ab di* **confronta** vgl. (*ab di* vergleiche).
cg *ab di* **centigrammo** cg (*ab di* Zentigramm).
C.G.I.L. *f ab di* **Confederazione Generale Italiana del Lavoro** *Allgemeiner italienischer Gewerkschaftsbund.*
CH *ab di* **Confoederatio Helvetica** CH.
cha cha cha [tʃa tʃa ˈtʃa] ‹-› *m* Cha-Cha(-Cha) *m.*
chance [ʃãːs] ‹-› *f* Chance *f.*
chanteuse [ʃãˈtøːz] ‹-› *f* Kabarett-, Nachtclubsängerin *f.*
chantilly [ʃãtiˈji] ‹-› *f* **1.** *gastr* geschlagene Sahne; *(crema)* Creme *f* für Tortenfüllungen; **2.** *(pizzo)* Chantilly-Spitze *f;* **crema** ~ Schlagsahne *f.*
charme [ʃarm] ‹-› *m* Charme *m.*
châssis [ʃaˈsi] ‹-› *m* Chassis *n,* Fahrgestell *n.*
chauffeur [ʃoˈfœːr] ‹-› *m* Chauffeur *m.*
che¹ [ke] **I.** *pron relativo* **1.** *(soggetto)* der *m,* die *f,* das *n,* die *pl;* welche(r, s) *geh,* welche *pl geh;* **2.** *(complemento)* den *m,* die *f,* das *n,* die *pl;* welche(n, s) *geh,* welche *pl geh;* **3.** *(la qual cosa)* was; **4.** *(temporale)* als, an dem; *(luogo a.)* wo; **II.** *pron interrogativo* was; ~ **(cosa) pensi?** was denkst du?; ~ **ne dici?** was hältst du davon?; **di** ~ **(cosa) ti lamenti?** (worüber) beklagst du dich?; **III.** *pron esclamativo* was; ~ **vedo!** was sehe ich!; ~**, sei già in piedi!** was, du bist schon auf(gestanden)?; **IV.** *pron indefinito* etwas; **c'è in lui un** ~ **di insincero** er hat etwas Unaufrichtiges; **ha un certo non so** ~ **di curioso** er hat etwas Sonderbares an sich, *(dat);* **V.** *a interrogativo* welche(r, s), was für ein(e); **a** ~ **pagina siamo arrivati?** auf welcher Seite sind wir?; **con** ~ **diritto?** mit welchem Recht?; ~ **uomo sei?** was bist du für ein Mann?; **VI.** *a esclamativo* welch (*o.* was für) ein(e); ~ **stupido sono stato!** wie dumm ich doch gewesen bin!
che² [ke] *con conj* **1.** daß; *(affinché a.)* damit; **2.** *(temporale, eccettuativo, in comparazioni)* als; **3.** *(limitativo)* soweit; **è ora** ~ **tu scriva** es ist Zeit, daß du schreibst; **c'era un'afa** ~ **non si respirava** es war so schwül, daß man nicht atmen konnte; ~ **vada!** möge er nur gehen!; **è andata meglio** ~ **non credessi** es ging besser, als ich gedacht hatte; ~ **io sappia non è ancora arrivato** soviel ich weiß, ist er noch nicht angekommen; **non fa altro** ~ **brontolare** er (*o.* sie) meckert andauernd; ~ **tu lo voglia o no, è lo stesso** ob du es willst oder nicht, das ist gleich; **sia** ~ **…, sia** ~ **…** ob … oder …, sei es, daß … oder …; ~ **mi sia sbagliato?** sollte ich mich getäuscht haben?; ~ **nessuno osi entrare!** daß mir keiner hereinkommt!; **in modo** ~ so, daß; **sempre** ~ vorausgesetzt, daß; **nonostante** ~ obwohl; **prima** ~ bevor; **una volta** ~ wenn schon; **ogni volta** ~ jedesmal, wenn.
ché [ke] *con poet* weil, da.
checca [ˈkekka] ‹-cche› *f sl* Tunte *f sl.*
checché [kekˈke] *pron conj* was auch immer.
check-up [ˈtʃekʌp] ‹-› *m med* gründliche Untersuchung, Generalkontrolle *f.*
chef [ʃɛf] ‹-› *m* Chefkoch *m.*
chela [ˈkɛːla] *f* Schere *f* (von Schalentieren).
chemisier [ʃəmiˈzje] ‹-› *m* Hemdblusenkleid *n.*

chepì [ke'pi] ‹-› *m* Käppi *n*, Schiffchen *n*.
chèque [ʃɛk] ‹-› *m* Scheck *m*.
cheratina [kera'ti:na] *f* Keratin *n*.
cherosene [kero'zɛ:ne] *m* Kerosin *n*.
cherubino [keru'bi:no] *m* **1.** *rel* Cherub(im) *m*; **2.** *fig* zarte Schönheit; **sembrare un ~** wie ein Engel aussehen.
chetare [ke'ta:re] **I.** *tr* beruhigen; **II.** *rfl:* **-rsi** sich beruhigen. **chetichella** [keti'kɛlla] *f:* **alla ~** heimlich, in aller Stille. **cheto, -a** ['ke:to] *a* still, ruhig; **acqua -a** *fig* stilles Wasser; **acqua -a rompe i ponti** *prov* stille Wasser sind tief *prov*.
chewing gum ['tʃu:ɪŋgʌm] ‹-› *m* Kaugummi *n o. m*.
chi [ki] **I.** *pron relativo* **1.** *(soggetto)* wer; der-/die-/dasjenige, welche(r, s); **2.** *(accusativo)* den-/die-/dasjenige(n), welche(n, s); **parlane a ~ vuoi** sag es, wem du willst; **si salvi ~ può** rette sich, wer kann; **II.** *pron indefinito* jemand, einer; **III.** *pron interrogativo* **1.** *(soggetto)* wer; **2.** *(accusativo)* wen; *(dativo)* wem; **~ c'è?** wer ist da?; **di ~ hai paura?** vor wem hast du Angst?; **di ~ è questo giornale?** wem gehört diese Zeitung?; **a ~ telefoni?** wen rufst du an?; **con ~ esci?** mit wem gehst du aus?; **IV.** *pron esclamativo* **1.** *(soggetto)* wer; **2.** *(oggetto)* wen; **~ si vede!** wen sieht man da!
chiacchiera ['ki̯akki̯era] *f* **1.** ‹*pl*› *(conversazione)* Plauderei *f*, Schwätzchen *n*; *pej* Geschwätz *n*; **2.** *(loquacità)* Geschwätzigkeit *f*; **3.** *(notizia infondata)* Gerede *n*, Klatsch *m*; **4.** ‹*pl*› *gastr* Baiser *n*; **fare quattro -e** *fam* ein Schwätzchen halten; **tutte -e!** alles Geschwätz! **chiacchierare** [...'ra:re] *tr* **1.** *(parlare)* plaudern, schwatzen; **2.** *pej* klatschen, tratschen *fam*. **chiacchierata** [...'ra:ta] *f* Plausch *m*, Plauderei *f*. **chiacchierino, -a** [...'ri:no] **I.** *a* redselig, geschwätzig; **II.** *m, f* Plappermaul *n fam*. **chiacchierio** [...'ri:o] ‹-ii› *m (diceria)* Gerede *n*; *(rumore)* Gemurmel *n*. **chiacchierone, -a** [...'ro:ne] **I.** *a* geschwätzig; **II.** *m, f* Schwätzer(in) *m(f)*, Klatschmaul *n fam*.
chiama ['ki̯a:ma] *f* (Namens)aufruf *m*.
chiamare [ki̯a'ma:re] **I.** *tr* **1.** *gener.* rufen; **2.** *tel* anrufen; **3.** *(dare nome)* (be)nennen (*qc* eine S.), einen Namen geben (*qc* einer S.); **4.** *(a una carica)* ernennen, berufen; **mandare a ~ qu** jdn rufen lassen; **~ le cose col loro (vero) nome** die Dinge beim Namen nennen; **~ qu per nome** jdn mit seinem Namen ansprechen; **~ a raccolta** zusammenrufen; **~ in giudizio** *jur* vor Gericht laden; **~ in causa** in etw. hineinziehen; **~ alle armi** zu den Waffen rufen; *(servizio di leva)* einberufen; **~ aiuto** um Hilfe rufen; **II.** *rfl:* **-rsi 1.** *(aver nome)* heißen, sich nennen; **2.** *(considerarsi)* sich nennen, sich halten für. **chiamata** [...'ma:ta] *f* **1.** *tel* Anruf *m*, Telefongespräch *n*; **2.** *mil* Einberufung *f*; **3.** *jur* Vorladung *f*; **4.** *typ* Verweis *m*; **~ interurbana** Ferngespräch *n*.
chianti ['ki̯anti] ‹-› *m* Chianti *m (Rotwein aus der Toskana)*.
chiappa ['ki̯appa] *f vulg* Arschbacke *f vulg*.
chiappare [ki̯ap'pa:re] *tr fam* schnappen *fam*, packen; *(sorprendere)* erwischen.
chiara ['ki̯a:ra] *f fam* Eiweiß *n*.
Chiara ['ki̯a:ra] *(nome proprio femminile)* Klara.
chiaretto [ki̯a'retto] *m* heller Wein; *(claretto)* Rosé(wein) *m*.
chiarezza [ki̯a'rettsa] *f* **1.** *fig* Klarheit *f*, Deutlichkeit *f*; **2.** *(di cielo)* Klarheit *f*; *(d'acqua)* Reinheit *f*.
chiarificare [ki̯arifi'ka:re] ‹chiarifico, chiarifichi› *tr* **1.** *(liquido)* klären; **2.** *fig* klarstellen; *(spiegare)* erläutern, erklären. **chiarificatore, -trice** [...ka'to:re] **I.** *a* klärend; **II.** *m* Klärmittel *n*; *(recipiente)* Klärgefäß *n*. **chiarificazione** [...kat'tsi̯o:ne] *f* **1.** *fig* Klärung *f*, Klarstellung *f*; **2.** *(di liquido)* Klärung *f*.
chiarimento [ki̯ari'mento] *m* Erklärung *f*, Erläuterung *f*. **chiarire** [...'ri:re] ‹chiarisco› **I.** *tr* **1.** *(situazione, etc.)* klären, klarstellen; *(dubbio)* aus der Welt schaffen; *(faccenda a.)* bereinigen; **2.** *(oro, argento)* putzen; *(lucidare)* polieren; **II.** *rfl:* **-rsi 1.** *(diventare chiaro, a. fig)* sich aufklären; **2.** *(procurarsi chiarezza)* sich *(dat)* Klarheit verschaffen (*di* über).
chiarissimo, -a [ki̯a'rissimo] *a Anrede für eine(n) Professor(in)*.
chiaro, -a ['ki̯a:ro] **I.** *a* **1.** *(giorno, cielo, acqua)* klar; *(colore, suoni, voce)* hell; **2.** *fig* klar; **un no ~ e tondo** *fam* ein klares Nein; **~ come la luce del sole** sonnenklar; **blu/verde ~** hellblau/-grün; **II.** *m* Helle(s) *n*; *(luce)* Licht *n*, Helligkeit *f*; **al ~ di luna** bei Mondschein; **vestire di ~** hell gekleidet sein; **mettere in ~ una questione** eine Angelegenheit klarstellen; **III.** *adv* offen; **parlar ~** offen reden; **vederci ~ in qc** etw. durchschauen; **~**

e tondo *fam* klipp und klar *fam*.
chiarore [ki̯a'ro:re] *m* Schein *m*; ~ **dell'alba** Morgengrauen *n*; ~ **di una candela** Kerzenschein *m*. **chiaroscuro** [...ros'ku:ro] *m* **1.** *(tecnica)* Helldunkelmalerei *f*; **2.** *fig (della vita)* Wechselfälle *m pl*; *(contrasto)* Kontrast *m*. **chiaroveggente** [ki̯aroved'dʒɛnte] **I.** *a* hellseherisch; **II.** *mf* Hellseher(in) *m(f)*. **chiaroveggenza** [...'dʒɛntsa] *f* Hellsehen *n*; *fig* Scharfblick *m*.
chiassata [ki̯as'sa:ta] *f* Theater *n fam*; *(rumore)* Lärm *m*; *(lite)* Krach *m fam*.
chiasso[1] ['ki̯asso] *m (rumore)* Krach *m*, Lärm *m*; **fare un ~ del diavolo** *fam* einen Höllenlärm machen *fam*; **l'articolo ha fatto ~** der Artikel hat Aufsehen erregt.
chiasso[2] ['ki̯asso] *m (viuzza)* Gäßchen *n f*.
chiassoso, -a [ki̯as'so:so] *a* **1.** *(persone, luoghi)* laut; **2.** *(colore)* grell.
chiatta ['ki̯atta] *f (traghetto)* Fähre *f*; *(per trasporto merci)* Lastkahn *m*.
chiavarda [ki̯a'varda] *f* Bolzen *m*.
chiavare [ki̯a'va:re] *tr vulg* vögeln *vulg*, ficken *vulg*.
chiave ['ki̯a:ve] **I.** *f (a. fig)* Schlüssel *m*; *(punto strategico)* Schlüsselpunkt *m*; ~ **inglese** *tec* Engländer *m*; ~ **di volta** *arch* Schluß-, Scheitelstein *m*; *fig* Grundlage *f*, Basis *f*; **la ~ di un enigma** der Schlüssel zu einem Rätsel; **buco della ~** Schlüsselloch *n*; **chiudere a ~** abschließen; **mettere sotto ~** unter Verschluß halten; **-i in mano** bei Schlüsselübergabe; *(casa)* schlüsselfertig; **II.** ‹*inv*› *a* Schlüssel-. **chiavetta** [ki̯a'vetta] *f (di giocattolo)* (Aufzieh)schlüssel *m*; *(per condutture)* (Gas-, Wasser)hahn *m*; ~ **d'accensione** Zündschlüssel *m*.
chiavica ['ki̯a:vika] ‹-che› *f (fogna)* Abzugskanal *m*; *(in idraulica)* Schleuse *f*; **topo di ~** Kanalratte *f*.
chiavistello [ki̯avis'tɛllo] *m* Riegel *m*.
chiazza ['ki̯attsa] *f* Fleck *m*; *(di liquidi a.)* Klecks *m*. **chiazzare** [...'tsa:re] *tr* beflecken; *(con liquidi a.)* beklecksen.
chic [ʃik] **I.** ‹*inv*› *a* schick, elegant; **II.** ‹-› *m* Schick *m*, Eleganz *f*.
chicca ['kikka] ‹-cche› *f* **1.** *(linguaggio infantile)* Süßigkeit *f*, Bonbon *m o. n*; **2.** *fig* Schmuckstück *n*.
chicchera ['kikkera] *f* Tasse *f*.
chicchessia [kikkes'si:a] ‹*inv*› *pron* wer auch immer.
chicchirichì [kikkiri'ki] **I.** *interj* kikeriki; **II.** *m* **1.** *zoo* Kikeriki *n*; **2.** *(crestina)* Häubchen *n*.
chicco ['kikko] ‹-cchi› *m* **1.** *bot (di grano, riso)* Korn *n*; *(di caffè)* Bohne *f*; **2.** *(di grandine, etc.)* Korn *n*; *(di un vezzo, etc.)* Perle *f*; **3.** *fig tosc fam* Schmuckstück *n*.
chiedere ['ki̯ɛ:dere] ‹chiedo, chiesi, chiesto› **I.** *tr* **1.** *(per sapere)* fragen nach; **2.** *(per avere)* bitten um, erbitten; ~ **qc a qu** jdn etw. fragen; ~ **il prezzo di qc** nach dem Preis von etw. fragen; ~ **un favore a qu** jdn um einen Gefallen bitten; ~ **notizie di qu** sich nach jdm erkundigen; ~ **la mano di una ragazza** um die Hand eines Mädchens anhalten; **II.** *itr* fragen (*a qu di qc* jdn nach etw.), sich erkundigen (*a qu di qc* bei jdm nach etw.).
chierica ['ki̯e:rika] ‹-che› *f* Tonsur *f*. **chierichetto** [ki̯eri'ketto] *m* Meßdiener *m*, Ministrant *m*. **chierico** ['ki̯e:riko] ‹-ci› *m* Geistliche(r) *m*.
chiesa ['ki̯ɛ:za] *f* Kirche *f*.
chiesi ['kiɛ:si *o.* 'ki̯ɛ:zi] *1. pers sing del passato remoto di* **chiedere.**
chiesto ['ki̯ɛsto] *pp di* **chiedere.**
chifel ['ki:fel] ‹-› *m* Hörnchen *n*, Kipferl *n*.
chiffon [ʃi'fõ] ‹-› *m* Chiffon *m*.
chiglia ['kiʎʎa] ‹-glie› *f* Kiel *m*.
chignon [ʃi'njɔ̃] ‹-› *m* (Haar)knoten *m*.

chilo[1] ['ki:lo] *m* (*ab di* **chilogrammo**) Kilo *n*.
chilo[2] ['ki:lo] *m med* Milchsaft *m*; **fare il ~** *fam* ein Verdauungsschläfchen halten.
chilocaloria [kilokalo'ri:a] *f* (*ab* **kcal**) Kilokalorie *f*. **chilociclo** [-'tʃi:klo] *m* Kilohertz *n*. **chilogrammo** [-'grammo] *m* (*ab* **kg**) Kilogramm *n*. **chilohertz** [-'ɛrts] *m* Kilohertz *n*.
chilometraggio [-me'traddʒo] ‹-ggi› *m* zurückgelegte Kilometerzahl; *(tasso di rimborso)* Kilometergeld *n*. **chilometrico, -a** [-'mɛ:triko] *a* **1.** Kilometer-; *(percorso)* kilometrisch; **2.** *fig* ellenlang *fam*. **chilometro** [ki'lɔ:metro] *m* (*ab* **km**) Kilometer *m*.
chilowatt [kilo'vat *o.* 'ki:lovat] *m* (*ab* **kW**) Kilowatt *n*. **chilowattora** [-vat'to:ra] *m* (*ab* **kWh**) Kilowattstunde *f*.
chimera [ki'mɛ:ra] *f* **1.** *fig* Hirngespinst *n*, Schimäre *f geh*; **2.** *(in mitologia)* Chimäre *f*. **chimerico, -a** [ki'mɛ:riko] ‹-ci, -che› *a* phantastisch, unwirklich.
chimica ['ki:mika] ‹-che› *f* Chemie *f*. **chimico, -a** [...ko] ‹-ci, -che› **I.** *a*

chemisch; **concime ~** Kunstdünger *m;* **II.** *m, f* Chemiker(in) *m(f).*
chimo ['ki:mo] *m* Speisebrei *m,* Chymus *m scient.*
chimono [ki'mɔ:no] ‹-› *m* Kimono *m.*
china[1] ['ki:na] ‹-› *f (inchiostro)* Tusche *f.*
china[2] ['ki:na] *f (pendio)* Abhang *m;* **mettersi su una brutta ~** *fig* auf die schiefe Bahn geraten.
china[3] ['ki:na] *f* **1.** *gastr Magenbitter aus Chinarinde;* **2.** *bot* Chinarinde *f.*
chinare [ki'na:re] **I.** *tr (capo, volto)* neigen, beugen; *(sguardo, occhi)* senken; **~ il capo** *fig* sich beugen; **II.** *rfl:* **-rsi** sich bücken.
chinato, -a[1] [ki'na:to] *a (piegato)* gebeugt.
chinato, -a[2] [ki'na:to] *a gastr* mit Chinarinde aromatisiert.
chincaglieria [kiŋkaʎʎe'ri:a] ‹-ie› *f* **1.** ‹*pl*› *(oggetti)* Trödel *m,* Kleinkram *m; (soprammobile)* Zierat *m;* **2.** *(negozio)* Trödelladen *m.*
chinino [ki'ni:no] *m* Chinin *n.*
chino, -a ['ki:no] *a* gebeugt.
chinotto [ki'nɔtto] *m* **1.** *gastr Limonade aus Bitterorangen;* **2.** *bot* Bitterorange *f,* Bittermandarine *f.*
chintz [tʃınts] ‹-› *m* Chintz *m.*
chioccia ['ki̯ɔttʃa] ‹-cce› *f* Glucke *f.* **chiocciare** [ki̯ot'tʃa:re] ‹chioccio, chiocci› *itr* glucken; *fig (stare rannicchiato)* kauern. **chiocciata** [...'tʃa:ta] *f* Brut *f.*
chioccio, -a ['ki̯ɔttʃo] ‹-cci, -cce› *a (voce)* rauh, knarrend.
chiocciola ['ki̯ɔttʃola] *f zoo, anat* Schnecke *f;* **scala a ~** Wendeltreppe *f.*
chiodato, -a [ki̯o'da:to] *a* ge-, vernagelt; *(scarpe)* Nagel-. **chiodo** ['ki̯ɔ:do] *m* **1.** *tec* Nagel *m;* **2.** *fig* Tick *m,* fixe Idee; **3.** *fam* Schulden *pl;* **~ fisso** fixe Idee; **-i di garofano** Gewürznelken *f pl;* **roba da -i** Unsinn *m;* **~ da roccia** Felshaken *m;* **attaccare la bicicletta/i guantoni al ~** *sport fig* den Radsport/die Boxhandschuhe an den Nagel hängen; **mettere** (*o.* **piantare) un ~** einen Nagel einschlagen; **magro come un ~** spindeldürr; **~ scaccia ~** *prov* ein Keil treibt den ander(e)n *prov.*
chioma ['ki̯ɔ:ma] *f* **1.** *(capigliatura)* Haar *n; fam* Mähne *f;* **2.** *zoo* Mähne *f;* **3.** *bot* (Baum)krone *f,* Wipfel *m;* **4.** *astr* Koma *f;* **~ folta** dichtes Haar; **fluenti -e** wallendes Haar.
chiosa ['ki̯ɔ:za] *f* Glosse *f.* **chiosare** [ki̯o'za:re] *tr* glossieren.
chiosco ['ki̯ɔsko] ‹-schi› *m* **1.** *(di giornalaio, gelataio)* Kiosk *m;* **2.** *(di parco)* Laube *f.*
chiostro ['ki̯ɔstro] *m* Kreuzgang *m; (convento)* Kloster *n.*
chiromante [kiro'mante] *mf* Handliniendeuter(in) *m(f),* Chiromant(in) *m(f).* **chiromanzia** [...n'tsi:a] ‹-ie› *f* Handlesekunst *f,* Chiromantie *f.*
chirurga *f v.* **chirurgo.**
chirurgia [kirur'dʒi:a] ‹-gie› *f* Chirurgie *f;* **~ plastica** plastische Chirurgie, Schönheitschirurgie *f.* **chirurgico, -a** [ki'rurdʒiko] ‹-ci, -che› *a* chirurgisch; **intervento ~** operativer Eingriff. **chirurgo, -a** [ki'rurgo] ‹-gi *o.* -ghi, -ghe› *m, f* Chirurg(in) *m(f).*

chissà [kis'sa] *adv* wer weiß; **~ chi verrà** wer weiß, wer kommen wird; **~ quando/dove/mai** wer weiß wann/wo/ob.
chitarra [ki'tarra] *f* Gitarre *f;* **suonare la ~** Gitarre spielen. **chitarrista** [...'rista] ‹-i *m,* -e *f*› *mf* Gitarrist(in) *m(f).*
chitina [ki'ti:na] *f* Chitin *n.*
chiudere ['ki̯u:dere] ‹chiudo, chiusi, chiuso› **I.** *tr* **1.** *(finestra, porta, valigia)* schließen, zumachen; *(libro, ombrello)* zuklappen, -machen; *(acqua, gas)* abdrehen; *(mano)* ballen; *(strada, passaggio)* (ver)sperren; *(radio, etc.)* abstellen; *(buco, falla)* zumachen; **2.** *fig (lettera, scuole, etc.)* schließen, beenden; *(fabbrica)* stillegen; **3.** *(rinchiudere)* einsperren, -schließen; **~ qc sotto chiave** etw. unter Verschluß nehmen; **~ le scuole** den Unterricht beenden; **~ il corteo** den Schluß eines Zuges bilden; **~ la bocca** den Mund zumachen; *fig* den Mund halten; **~ la bocca a qu** *fig* jdm den Mund stopfen; **~ un occhio** *fig* ein Auge zudrücken; **~ gli occhi** *(a. fig: morire)* die Augen schließen; **non ~ occhio tutta la notte** die ganze Nacht kein Auge zutun (können); **II.** *itr* **1.** *gener.* schließen; **2.** *com* abschließen; **il negozio chiude alle sei** das Geschäft schließt um sechs; **~ in avanzo/perdita** mit Gewinn/Verlust abschließen; **III.** *rfl:* **-rsi 1.** *(porta, finestra)* (sich) schließen, zugehen; **2.** *(scuole, locale)* schließen; **3.** *fig* sich verschließen; **-rsi nel silenzio** sich in Schweigen hüllen; **-rsi in sé stesso** sich in sich selbst zurückziehen; **il cielo si sta chiudendo** der Himmel bewölkt sich (*o.* zieht sich zu).
chiunque [ki'uŋku̯e] ‹*inv, solo al sing*› *pron* **1.** *(relativo)* wer auch immer;

2. *(indefinito)* jede(r, s); ~ **sia** egal wer, wer auch immer.
chiurlo ['ki̯urlo] *m* Brachschnepfe *f; fig* Dummkopf *m.*
chiusa ['ki̯u:sa] *f* **1.** *(di fiume, canale)* Schleuse *f;* **2.** *(di lettera, discorso)* Schluß *m;* **3.** *geog* Talenge *f.*
chiusi ['ki̯u:si] *1. pers sing del passato remoto di* **chiudere.**
chiuso, -a ['ki̯u:so] **I.** *pp di* **chiudere; II.** *a gener., fig* verschlossen; *ling* geschlossen; *(naso)* zu, verstopft; **casa -a** Freudenhaus *n;* **circolo** ~ geschlossene Gesellschaft; **persona -a** verschlossene Person; **tempo/cielo** ~ trübes Wetter/bedeckter Himmel; **tenere la bocca -a** *fig* den Mund halten; **III.** *m* **1.** *gener.* geschlossener Raum; **2.** *(per animali)* Gehege *n; (per ovini)* Pferch *m;* **puzzo di** ~ stikkige (*o.* schlechte) Luft. **chiusura** [ki̯u'su:ra] *f* **1.** *(fine)* Schluß *m,* Ende *n; (di attività)* Beendigung *f,* (Ab)schluß *m;* **2.** *(di strada, etc.)* Absperrung *f;* **3.** *(serratura)* Verschluß *m;* **l'ora di** ~ **dei negozi** die Ladenschlußzeit; ~ **automatica** (*o.* **a scatto**) Schnappverschluß *m;* ~ **lampo** Reißverschluß *m;* ~ **a strappo** Klett(en)verschluß *m;* ~ **centralizzata** Zentralverriegelung *f.*
ci [tʃi] **I.** *pron pers 1. pers pl* uns; **II.** *pron rfl 1. pers pl* uns; **III.** *pron dimostrativo* davon, daran; **IV.** *pron impersonale* man; ~ **si diverte** man amüsiert sich; **V.** *adv* **1.** *(qui)* hier; *(moto)* hierhin; **2.** *(lì)* dort; *(moto)* dorthin; **3.** *(per quel luogo)* hier durch; **c'è/ci sono . . .** es gibt . . .
C.ia *ab di* **compagnia** Co. (*ab di* Kompanie).
ciabatta [tʃa'batta] *f* **1.** *(pantofola)* Pantoffel *m,* Hausschuh *m; (scarpa malandata)* Latsche *f fam;* **2.** *fig pej (cosa)* Lumpen *m; (persona)* heruntergekommene Person; **trattare qu come una** ~ jdn wie den letzten Dreck behandeln *fam.* **ciabattare** [...'ta:re] *itr* schlurfen, latschen *fam.* **ciabattino, -a** [...'ti:no] *m, f* Flickschuster(in) *m(f); fig* Stümper(in) *m(f).* **ciabattone, -a** [...'to:ne] *m, f* Schludrian *m,* Schlamper(in) *m(f) fam.*
ciac [tʃak] ‹-› *m film* Klappe *f.*
cialda ['tʃalda] *f* Waffel *f.* **cialdone** [...'do:ne] *m mit Sahne gefüllte Waffelrolle.*
cialtrona *f v.* **cialtrone.**
cialtronata [tʃaltro'na:ta] *f* Schlamperei *f; (bricconata)* Spitzbubenstreich *m.* **cialtrone, -a** [...'tro:ne] *m, f (persona incapace)* Stümper(in) *m(f); (persona trasandata)* ungepflegter, schlampiger Mensch, Schlampe *f; (briccone)* Strolch *m.* **cialtroneria** [...trone'ri:a] ‹-ie› *f* Schlamperei *f; (bricconaggine)* Gaunerei *f.*
ciambella [tʃam'bɛlla] *f* **1.** *gastr* Kringel *m;* **2.** *(salvagente)* Rettungsring *m;* **non tutte le -e riescono col buco** *prov* es geht nicht immer alles nach Wunsch.
ciambellano [tʃambel'la:no] *m* Kammerherr *m,* Kämmerer *m.*
ciancia ['tʃantʃa] ‹-ce› *f fam (discorso vuoto)* Geschwätz *n,* Unsinn *m; (pettegolezzo)* Tratsch *m fam; (fandonia)* Flause *f.* **cianciare** [...'tʃa:re] ‹ciancio, cianci› *itr fam* schwafeln *fam.*
ciancicare [tʃantʃi'ka:re] ‹ciancico, ciancichi› **I.** *tr* zerknittern, verknautschen; **II.** *itr fam* **1.** *(biascicare)* stammeln; **2.** *(mangiare)* mühsam kauen.
cianfrusaglia [tʃanfru'zaʎʎa] ‹-glie› *f fam* Firlefanz *m,* Krimskrams *m.*
cianidrico, -a [tʃa'ni:driko] ‹-ci, -che› *a* Zyan-; **acido** ~ Zyanwasserstoffsäure *f,* Blausäure *f.*
cianuro [tʃa'nu:ro] *m* Zyanid *n.*
ciao ['tʃa:o] *interj* **1.** *(nell'incontrarsi)* hallo, grüß' dich; **2.** *(nel lasciarsi)* tschüs, ade *dial.*
ciaramella [tʃara'mɛlla] *f* Schalmei *f.*
ciarda ['tʃarda] *f* Csárdás *m.*
ciarla ['tʃarla] *f (loquacità)* Geschwätzigkeit *f; (notizia falsa)* Gerücht *n; (chiacchiere)* Geschwätz *n.* **ciarlare** [...'la:re] *itr fam* tratschen *fam.*
ciarlataneria [tʃarlatane'ri:a] ‹-ie› *f* Scharlatanerie *f.* **ciarlatano** [...'ta:no] *m* Scharlatan *m.*
ciarliero, -a [tʃar'li̯ɛ:ro] *a* geschwätzig, redselig.
ciarpame [tʃar'pa:me] *m* Kram *m fam,* Gerümpel *n.*
ciascuno, -a [tʃas'ku:no] *a, pron* jede(r, s); **a** ~ **il suo** jedem das Seine.
cibare [tʃi'ba:re] **I.** *tr* ernähren, füttern; **II.** *rfl:* **-rsi** sich ernähren (*di* von); **-rsi di illusioni** sich Illusionen hingeben. **cibarie** [...'ba:ri̯e] *f pl* Lebensmittel *n pl.*
cibernetica [tʃiber'nɛ:tika] ‹-che› *f* Kybernetik *f.*
cibo ['tʃi:bo] *m* Nahrung *f,* Speise *f; (per animali)* Futter *n;* **il** ~ **dell'anima** Seelennahrung *f.*
ciborio [tʃi'bɔ:ri̯o] ‹-i› *m* Ziborium *n; (ostensorio)* Monstranz *f.*
cicala [tʃi'ka:la] *f* **1.** *zoo* Zikade *f;* **2.** *el* Summton *m; (apparecchio)* Summer

m. **cicalare** [...ka'la:re] *itr fam* palavern *fam.* **cicaleccio** [...ka'lettʃo] ‹-cci› *m* Palaver *n fam.*

cicatrice [tʃika'tri:tʃe] *f* Narbe *f.* **cicatriziale** [...rit'tsi̯a:le] *a* Narben-. **cicatrizzare** [tʃikatrid'dza:re] **I.** *tr* vernarben lassen; **II.** *itr* vernarben; **III.** *rfl:* **-rsi** vernarben, verheilen. **cicatrizzazione** [...dzat'tsi̯o:ne] *f* Vernarbung *f,* Narbenbildung *f.*

cicca ['tʃikka] ‹-cche› *f* **1.** *(di sigaretta)* Kippe *f;* **2.** *(da masticare)* Priem *m;* **non valere una ~** keinen Pfifferling wert sein. **ciccare** [...'ka:re] ‹cicco, cicchi› *itr* priemen.

cicchetto [tʃik'ketto] *m* **1.** *(di vino, liquore)* Gläschen *n;* **2.** *(ramanzina)* Anpfiff *m,* Rüge *f;* **farsi un ~** einen kippen *fam.*

ciccia ['tʃittʃa] ‹-cce› *f fam* Fleisch *n; (fig a.)* Speck *m scherz;* **avere troppa ~** zuviel Speck auf den Rippen haben. **cicciolo** ['tʃittʃolo] *m* **1.** *gastr* Griebe *f;* **2.** *med* Wucherung *f.* **ciccione, -a** [...'tʃo:ne] *m, f fam* Fettkloß *m.*

cicerone [tʃitʃe'ro:ne] *m* Fremdenführer *m;* **fare il ~** *fam scherz* große Reden halten; *(fare il saccente)* den Neunmalklugen spielen.

cicisbeo [tʃitʃiz'bɛ:o] *m* Galan *m; pej* Frauenheld *m.*

ciclabile [tʃi'kla:bile] *a* mit dem Fahrrad befahrbar; **pista ~** Rad(fahr)weg *m.*

ciclamino [tʃikla'mi:no] **I.** *m* Alpenveilchen *n;* **II.** ‹*inv*› *a* zyklamfarben.

ciclicità [tʃiklitʃi'ta] ‹-› *f* zyklischer Ablauf. **ciclico, -a** ['tʃi:kliko] ‹-ci, -che› *a* zyklisch; *(lit a.)* Zyklus-, Zyklen-.

ciclismo [tʃi'klizmo] *m* Radsport *m.* **ciclista** [...'klista] ‹-i *m,* -e *f*› *mf* (Fahr)radfahrer(in) *m(f); sport* Radrennfahrer(in) *m(f),* Radsportler(in) *m(f);* **pista riservata ai -i** (Fahr)radweg *m.* **ciclistico, -a** [...'klistiko] ‹-ci, -che› *a* Rad-.

ciclo ['tʃi:klo] *m* **1.** *gener.* Zyklus *m; (decorso)* Verlauf *m;* **2.** *(serie)* Reihe *f;* **3.** *lit* Zyklus *m;* **4.** *phys* Zyklus *m,* Kreislauf *m;* **~ biologico** biologischer Kreislauf; **~ storico** Epoche *f;* **~ di trasmissioni/conferenze** Sende-/Vortragsreihe *f.*

ciclocampestre [tʃiklokam'pɛstre] *a* Geländerad-. **ciclocross** [-'krɔs] ‹-› *m* Geländeradrennen *n.* **ciclomotore** [-mo'to:re] *m* Kleinkraftrad *n.*

ciclone [tʃi'klo:ne] *m* **1.** *meteo* Zyklon *m; (tempesta)* Wirbelsturm *m;* **2.** *fig* Wirbelwind *m.* **ciclonico, -a** [...'klɔ:niko] ‹-ci, -che› *a* **1.** *meteo* Tiefdruck-; **2.** *fig* stürmisch.

ciclope [tʃi'klɔ:pe] *m* Zyklop *m.* **ciclopico, -a** [...'klɔ:piko] ‹-ci, -che› *a* riesig, gewaltig.

ciclopista [tʃiklo'pista] *f* Radrennbahn *f.*

ciclostilare [tʃiklosti'la:re] *tr* hektographieren. **ciclostile** [...'ti:le] *m* Hektograph *m.*

cicogna [tʃi'koɲɲa] *f* Storch *m.*

cicoria [tʃi'kɔ:ri̯a] ‹-ie› *f* **1.** *bot* Wegwarte *f;* **2.** *gastr (insalata)* Chicorée *f o. m; (surrogato del caffè)* Zichorie *f.*

cicuta [tʃi'ku:ta] *f* **1.** *(veleno)* Schierlingsgift *n;* **2.** *bot* Schierling *m.*

cieco, -a ['tʃɛ:ko] ‹-chi, -che› **I.** *a (a. fig)* blind; **ubbidienza/passione -a** blinder Gehorsam/blinde Leidenschaft; **intestino ~** Blinddarm *m;* **vicolo ~** Sackgasse *f;* **diventare ~** erblinden; **essere ~ da un occhio** auf einem Auge blind sein; **alla -a** blindlings; **II.** *m, f* Blinde(r) *mf;* **nel regno dei -chi (anche) un guercio è re** *prov* unter den Blinden ist der Einäugige König *prov;* **III.** *m* Blinddarm *m.*

cielo ['tʃɛ:lo] **I.** *m* **1.** *meteo, fig, rel* Himmel *m; (mil, adm a.)* Luftraum *m;* **2.** *astr* Sphäre *f;* **3.** *arch* Decke *f,* Himmel *m;* **essere al settimo ~** im siebten Himmel sein; **toccare il ~ con un dito** überglücklich sein, den Himmel offen sehen *geh;* **muovere ~ e terra per ottenere qc** Himmel und Erde (*o.* Hölle) in Bewegung setzen, um etw. zu erreichen; **non sta né in ~ né in terra** das hat die Welt noch nicht gesehen *fam;* **sotto altri -i** unter anderen Sternen; **salire al ~** in den Himmel kommen; **per l'amore del ~!** um Himmels Willen!; **~ a pecorelle, acqua a catinelle** *prov* Schäfchenwolken kündigen Regen an, Schöppkes gewwen Dröppkes *prov dial;* **II.** *interj fam* (du lieber) Himmel.

cifra ['tʃi:fra] *f* **1.** *mat* Ziffer *f,* Zahl *f;* **2.** *com* Summe *f;* **3.** *(monogramma)* Monogramm *n;* **4.** *(scrittura segreta)* Chiffre *f,* Geheimschrift *f;* **~ d'affari** Umsatz *m;* **numero di tre -e** dreistellige Zahl. **cifrare** [tʃi'fra:re] *tr* **1.** *(fazzoletti, etc.)* mit einem Monogramm versehen, ein Monogramm sticken in; **2.** *(messaggio, etc.)* chiffrieren, kodieren. **cifrario** [...'fra:ri̯o] ‹-i› *m* Kode *m,* Code *m.*

C.I.G.A. ['tʃi:ga] *f ab di* **Compagnia Italiana dei Grandi Alberghi** *italienischer Verband von Hotels erster Klasse.*

ciglio ['tʃiʎʎo] *m* **1.** ‹*pl:* -glia *f*› *anat, zoo* Wimper *f; (sopracciglio)* (Augen)braue *f;* **2.** ⟨*pl:* -gli *m*⟩ *(orlo)* Rand *m;* **abbassare le -glia** die Lider senken; **aggrottare/alzare le -glia** die Brauen zusammenziehen/heben; **non batter ~** nicht mit der Wimper zukken; **in un batter di ~** im Nu, im Handumdrehen.

ciglione [tʃiʎ'ʎo:ne] *m (di precipizio)* Rand *m.*

cigno ['tʃiɲɲo] *m* Schwan *m.*

cigolare [tʃigo'la:re] *itr* quietschen. **cigolio** [...'li:o] ⟨-ii⟩ *m* Quietschen *n.*

Cile ['tʃi:le] *m:* **il ~** Chile *n.*

cilecca [tʃi'lekka] *f:* **far ~** *fam mil* vorbeischießen, daneben treffen; *fig* versagen.

cileno, -a [tʃi'lɛ:no] **I.** *a* chilenisch; **II.** *mf* Chilene *m,* Chilenin *f.*

ciliare [tʃi'li̯a:re] *a* Wimpern-.

cilicio [tʃi'li:tʃo] ⟨-ci⟩ *m* Bußgürtel *m; fig* Qual *f.*

ciliegia [tʃi'li̯ɛ:dʒa] ⟨-ge *o.* -gie⟩ *f* Kirsche *f.* **ciliegio** [...dʒo] ⟨-gi⟩ *m* Kirschbaum *m; (legno)* Kirschbaum(holz *n*) *m.*

cilindrata [tʃilin'dra:ta] *f* Hubraum *m;* **macchina di piccola/media/grossa ~** Kleinwagen *m*/Wagen *m* der Mittelklasse/Wagen *m* der gehobenen Klasse.

cilindrico, -a [tʃi'lindriko] ⟨-ci, -che⟩ *a* zylindrisch. **cilindro** [...'lindro] *m* **1.** *mat, mot* Zylinder *m;* **2.** *tec* Walze *f;* **3.** *(cappello)* Zylinder(hut) *m.*

cima ['tʃi:ma] *f gener.* **1.** Spitze *f; (di montagna a.)* Gipfel *m; (di albero)* Wipfel *m,* Krone *f;* **2.** *fam* As *n fam;* **3.** *naut (capo)* Seilende *n; (gomena)* Seil *n,* Tau *n;* **4.** *bot* Dolde *f;* **-e di rapa** Rübengrün *n;* **da ~ a fondo** von Anfang bis Ende, von oben bis unten; *fig* durch und durch; **raggiungere la ~** *(a. fig)* den Gipfel erreichen; **a ~** doldenartig.

cimasa [tʃi'ma:za] *f* Sims *m o. n.*

cimelio [tʃi'mɛ:li̯o] ⟨-i⟩ *m* Reliquie *f; (ricordo)* Andenken *n.*

cimentare [tʃimen'ta:re] **I.** *tr (rischiare)* aufs Spiel setzen; *(mettere alla prova)* auf die Probe stellen; **II.** *rfl:* **-rsi** es versuchen, ein Wagnis eingehen; **-rsi con qu** jdn herausfordern; **-rsi in qc** etw. wagen. **cimento** [...'mento] *m (rischio)* Wagnis *n; (prova)* Probe *f;* **mettere** (*o.* **sottoporre) a (duro) ~** auf die (*o.* auf eine harte) Probe stellen.

cimice ['tʃi:mitʃe] *f* **1.** *zoo* Wanze *f;* **2.** *(puntina da disegno)* Reißzwecke *f.*

cimiero [tʃi'mi̯ɛ:ro] *m* Helmschmuck *m,* -busch *m.*

ciminiera [tʃimi'ni̯ɛ:ra] *f* Schornstein *m.*

cimiteriale [tʃimite'ri̯a:le] *a* Friedhofs-. **cimitero** [...'tɛ:ro] *m* Friedhof *m;* **~ delle automobili** Autofriedhof *m.*

cimosa [tʃi'mo:sa] *f* **1.** *(per lavagna)* Tafellappen *m;* **2.** *(di stoffa)* Webkante *f.*

cimurro [tʃi'murro] *m* **1.** *zoo* Staupe *f;* **2.** *scherz* starker Schnupfen.

Cina ['tʃi:na] *f* China *n.*

cinabro [tʃi'na:bro] *m* **1.** *min* Zinnober *m;* **2.** *(colore)* Zinnoberrot *n;* **3.** *(rossetto)* Lippenstift *m.*

cinciallegra [tʃintʃal'le:gra] *f* Kohlmeise *f.*

cincilla, cincillà [tʃin'tʃilla, ...'la] ⟨-⟩ *m* **1.** *zoo* Chinchilla *f o. n;* **2.** *(pelliccia)* Chinchilla *m.*

cincin, cin cin [tʃin'tʃin] *interj fam* prost.

cincischiare [tʃintʃis'ki̯a:re] ⟨cincischio, cincischi⟩ **I.** *tr* **1.** *(spiegazzare)* zerknittern; **2.** *(tagliuzzare)* schnipseln, schnippeln *fam;* **3.** *fig (smozzicare le parole)* stammeln; **II.** *itr fam* trödeln, bummeln.

cine ['tʃi:ne] ⟨-⟩ *m fam* Kino *n.* **cineamatore, -trice** [tʃineama'to:re] *m, f* Amateurfilmer(in) *m(f).* **cineasta** [tʃine'asta] ⟨-i *m,* -e *f*⟩ *mf* Filmemacher(in) *m(f).* **cinecittà** [-tʃit'ta] *f* Filmstadt *f,* Filmstudios *n pl.* **cineclub** [-'klub] *m* Filmklub *m.* **cinedilettante** [-dilet'tante] *mf* Filmamateur(in) *m(f).* **cineforum** [-'fɔ:rum] ⟨-⟩ *m* Filmforum *n.* **cinegiornale** [-dʒor'na:le] *m* Wochenschau *f.*

cinema ['tʃi:nema] ⟨-⟩ *m* **1.** *(locale)* Kino *n;* **2.** *(arte)* Kino *n,* Film(kunst *f*) *m.* **cinemascope®** ['sɪnəməskoʊp] ⟨-⟩ *m* Cinemascope® *n.*

cinematica [tʃine'ma:tika] *f* Kinematik *f.*

cinematografare [tʃinematogra'fa:re] *tr* filmen. **cinematografia** [...'fi:a] *f* **1.** *(arte)* Film(kunst *f*) *m,* Kino *n;* **2.** *(industria)* Filmindustrie *f.* **cinematografico, -a** [...'gra:fiko] *a* Film-, Kino-. **cinematografo** [...'tɔ:grafo] *m* **1.** *(locale)* Kino *n,* Lichtspielhaus *n;* **2.** *(arte)* Film(kunst *f*) *m,* Kino *n;* **3.** *fig* Schauspiel *n.*

cinepresa [tʃine'pre:sa] *f* Filmkamera *f.*

cinerama® [tʃine'ra:ma] ⟨-⟩ *m* Cinerama® *n.*

cinerario, -a [tʃine'ra:ri̯o] ⟨-i, -ie⟩ *a* Aschen-.

cineromanzo [tʃinero'mandzo] *m* Fotoroman *m.*

cinese [tʃi'ne:ze] **I.** *a* chinesisch; **II.** *mf* Chinese *m*, Chinesin *f;* **III.** *m* Chinesisch(e) *n;* **per me è ~** *fig* für mich ist das Chinesisch.

cinesiterapia [tʃinezitera'pi:a] *f* Bewegungs-, Kinesiotherapie *f.*

cineteca [tʃine'tɛ:ka] *f* Filmarchiv *n.*

cinetica [tʃi'nɛ:tika] *f* Kinetik *f.* **cinetico, -a** [...ko] ‹-ci, -che› *a* kinetisch.

cingere ['tʃindʒere] ‹cingo, cingi, cinsi, cinto› **I.** *tr* **1.** *(circondare)* umschließen, umgeben; **2.** *(avvolgere)* umhüllen; **3.** *(con le braccia)* umarmen; **~ d'assedio** *mil* belagern; **~ le armi** zu den Waffen greifen; **~ la corona** die Krone aufsetzen; **II.** *rfl:* **-rsi** sich umgürten mit; **-rsi una fascia intorno alla vita** sich *(dat)* eine Schärpe um die Taille legen (*o.* binden).

cinghia ['tʃiŋgi̯a] ‹-ghie› *f* Riemen *m; (cintura)* Gürtel *m*, Gurt *m;* **~ trapezoidale** Keilriemen *m;* **tirare** (*o.* **stringere) la ~** *fig* den Gürtel enger schnallen.

cinghiale [tʃiŋ'gi̯a:le] *m* **1.** *zoo* Wildschwein *n;* **2.** *(pelle)* Schweinsleder *n.*

cingi, cingo ['tʃindʒi, 'tʃiŋgo] *2., 1. pers sing pr di* **cingere.**

cingolato, -a [tʃiŋgo'la:to] *a* Raupen-, Ketten-. **cingolo** ['tʃiŋgolo] *m* **1.** *mot* Raupenkette *f;* **2.** *rel* Zingulum *n.*

cinguettare [tʃiŋgu̯et'ta:re] *itr* zwitschern. **cinguettio** [...'ti:o] ‹-ii› *m* Gezwitscher *n.*

cinico, -a ['tʃi:niko] ‹-ci, -che› **I.** *a* zynisch; **II.** *m, f* Zyniker(in) *m(f).*

ciniglia [tʃi'niʎʎa] ‹-glie› *f* Chenille *f.*

cinismo [tʃi'nizmo] *m* Zynismus *m.*

cinofila *f v.* **cinofilo.**

cinofilia [tʃinofi'li:a] ‹-ie› *f* Hundeliebhaberei *f.* **cinofilo, -a** [...'nɔ:filo] **I.** *a* hundefreundlich; **II.** *m, f* Hundefreund(in) *m(f).*

cinquanta [tʃiŋ'ku̯anta] **I.** *a numerale* fünfzig; **II.** ‹-› *m* Fünfzig *f;* **gli anni ~** die fünfziger Jahre; **essere sui ~** um die Fünfzig sein; **avere passato i ~** die Fünfzig überschritten haben, über fünfzig sein. **cinquantenario** [...te'na:ri̯o] ‹-i› *m* Fünfzigjahrfeier *f*, fünfzigjähriges Jubiläum. **cinquantenne** [...'tɛnne] **I.** *a* fünfzigjährig; **II.** *mf* Fünfzigjährige(r) *mf.* **cinquantennio** [...'tɛnni̯o] ‹-i› *m* Zeitraum *m* von fünfzig Jahren, fünfzig Jahre *n pl.* **cinquantesimo, -a** [...'tɛ:zimo] **I.** *a* fünfzigste(r, s); **II.** *m, f* Fünfzigste(r, s) *mfn;* **III.** *m (frazione)* Fünfzigstel *n*, fünfzigster Teil; *v. a. quinto.* **cinquantina** [...'ti:na] *f:* **una ~ (di . . .)** (etwa) fünfzig (. . .); **essere sulla ~** an (*o.* um) die Fünfzig sein.

cinque ['tʃiŋku̯e] **I.** *a numerale* fünf; **capitolo/pagina ~** Kapitel/Seite fünf; **siamo in ~** wir sind zu fünft; **a ~ a ~** in Fünferreihen, zu (jeweils) fünfen; **ho ~ anni** ich bin fünf Jahre (alt); **di ~ anni** fünfjährig; **ogni ~ anni** alle fünf Jahre; **oggi è il ~ agosto** heute ist der fünfte August; **arriverò il ~ maggio** ich komme am fünften Mai; **Roma, (il) ~ dicembre 1987** Rom, den fünften Dezember 1987; **~ volte** fünfmal; **II.** ‹-› *m* **1.** *(numero)* Fünf *f;* **2.** *(nelle date)* Fünfte(r) *m;* **3.** *(voto scolastico)* **~** mangelhaft, Fünf; **abita al ~** er (*o.* sie) wohnt in Nummer fünf; **il (tram numero) ~** die (Straßenbahnlinie) Fünf; **prendere un ~** eine Fünf bekommen; **il ~ di cuori** die Herzfünf; **tre più due fa ~** drei plus zwei macht (*o.* ist) fünf; **oggi è il ~** heute ist der Fünfte; **arriverò il ~** ich komme am Fünften; **III.** *f pl* fünf Uhr; **alle ~** um fünf (Uhr); **sono le ~ (del mattino/pomeriggio)** es ist fünf Uhr (morgens/mittags); **sono le ~ in punto** es ist genau (*o.* Punkt) fünf Uhr; **sono le quattro meno ~** es ist fünf (Minuten) vor vier (Uhr); **sono le ~ e mezzo** es ist halb sechs.

cinquecentesco, -a [-tʃen'tesko] ‹-schi, -sche› *a* das sechzehnte Jahrhundert betreffend. **cinquecentista** [...'tista] ‹-i *m*, -e *f*› *mf* Künstler(in) *m(f)* des Cinquecento. **cinquecento** [-'tʃɛnto] **I.** *a numerale* fünfhundert; **II.** ‹-› *m* Fünfhundert *f;* **il C~** das sechzehnte Jahrhundert; *(nell'arte italiana)* das Cinquecento.

cinquemila [-'mi:la] **I.** *a numerale* fünftausend; **II.** ‹-› *m* Fünftausend *f.*

cinquenne [tʃiŋ'ku̯ɛnne] *a* **I.** *a* fünfjährig; **II.** *mf* Fünfjährige(r) *mf.*

cinquina [tʃiŋ'ku̯i:na] *f* **1.** *(al lotto, alla tombola)* Quinterne *f;* **2.** *mil* Fünftagesold *m; theat* Fünftagelohn *m.*

cinsi ['tʃinsi] *1. pers sing del passato remoto di* **cingere.**

cinta ['tʃinta] *f* **1.** *gener.* Umgrenzung *f; (recinto)* Einfriedung *f;* **2.** *fam* Gürtel *m;* **~ di mura** Mauerring *m;* **muro di ~** Ringmauer *f;* **~ daziaria** Zollgebiet *n*, -grenze *f.* **cintare** [...'ta:re] *tr* einfrieden.

cinto ['tʃinto] **I.** *pp di* **cingere; II.** *m med:* **~ erniario** Bruchband *n.*

cintola ['tʃintola] *f* **1.** *anat* Taille *f;* **2.** *fam* Gürtel *m;* **dalla ~ in su** von der Taille aufwärts; **sopra/sotto la ~** oberhalb/unterhalb der Gürtellinie.

cintura [tʃin'tu:ra] *f* Gürtel *m;* **~ di salvataggio** Rettungsring *m;* **~ di sicurezza** Sicherheitsgurt *m;* **~ verde**

(di una città) Grüngürtel *m.* **cinturato, -a** [tʃintuˈraːto] **I.** *a* Gürtel-; **II.** *m* Gürtelreifen *m.* **cinturino** [...ˈriːno] *m (dell'orologio)* Band *n.* **cinturone** [...ˈroːne] *m* Koppel *n.*

C.I.O. [ˈtʃiːo] *f ab di* **Comitato Internazionale Olimpico** IOK *n* (*ab di* Internationales Olympisches Komitee).

ciò [tʃɔ] *pron* das, dies; ~ **che ...** (das) was ...; ~ **nonostante** dessen ungeachtet, dennoch; ~ **non di meno** trotz alledem; **con tutto** ~ bei all dem.

ciocca [ˈtʃɔkka] ‹-cche› *f* Strähne *f; (ciuffo)* Büschel *n.*

ciocco [ˈtʃɔkko] ‹-cchi› *m* **1.** *(pezzo di legno)* Baumstumpf *m; (da ardere)* (Brenn)klotz *m;* **2.** *fig* Dummkopf *m.*

cioccolata [tʃokkoˈlaːta] *f* **1.** *(liquida)* Kakao *m,* Schokolade *f;* **2.** *(solida)* Schokolade *f;* **una tavoletta di** ~ eine Tafel Schokolade. **cioccolatino** [...laˈtiːno] *m* Praline *f.* **cioccolato** [...ˈlaːto] *m* Schokolade *f.*

cioè [tʃoˈɛ] *adv* das heißt, nämlich.

ciondolare [tʃondoˈlaːre] **I.** *itr* **1.** *(dondolare)* baumeln; *(pendere)* hängen; **2.** *fig fam* herumhängen *fam,* -lungern; **II.** *tr* hängen (*o.* baumeln) lassen. **ciondolo** [ˈtʃondolo] *m* Anhänger *m;* **stare a** ~ *fig* herumlungern; *(oziare)* faulenzen. **ciondolone, -a** [...ˈloːne] *m, f* Faulenzer(in) *m(f).* **ciondoloni** [...ˈloːni] *adv* baumelnd; **avere i calzini** ~ heruntergerutschte Strümpfe haben; **andare** ~ *fig* herumbummeln.

ciononostante, ciò nonostante [tʃonosˈtante, ˈtʃɔ nnonosˈtante] *adv* dessenungeachtet, dennoch.

ciotola [ˈtʃɔːtola] *f* Schälchen *n,* Napf *m.*

ciottolo [ˈtʃɔttolo] *m* Kieselstein *m.*

cip [tʃip] ‹-› *m* Chip *m.*

C.I.P. [tʃip] *m ab di* **Comitato Interministeriale dei Prezzi** *italienische Preiskommission.*

cipiglio [tʃiˈpiʎʎo] *m* Stirnrunzeln *n;* **guardare qu con** ~ jdn finster ansehen.

cipolla [tʃiˈpolla] *f* **1.** *bot* Zwiebel *f;* **2.** *scherz (orologio)* Zwiebel *f,* Taschenuhr *f;* **3.** *(dell'annaffiatoio)* Brause *f.*

cippo [ˈtʃippo] *m (funerario)* Grabstein *m; (di confine)* Grenzstein *m.*

cipresseto [tʃipresˈseːto] *m* Zypressenhain *m.* **cipresso** [...ˈprɛsso] *m* **1.** *bot* Zypresse *f;* **2.** *(legno)* Zypressenholz *n.*

cipria [ˈtʃiːpri̯a] ‹-ie› *f* Puder *m.*

Cipro [ˈtʃiːpro] *f* Zypern *n.*

circ. *ab di* **circolare** Rundschreiben.

circa [ˈtʃirka] **I.** *adv* (*ab* **c.**) etwa, circa; *(temporale)* gegen; **II.** *prp* bezüglich *gen,* in bezug auf *acc,* über *acc.*

circo [ˈtʃirko] ‹-chi› *m* **1.** *(equestre)* Zirkus *m;* **2.** *hist* Arena *f,* Zirkus *m;* ~ **glaciale** Gletschermühle *f.*

circolante [tʃirkoˈlante] **I.** *a* umlaufend, zirkulierend, kursierend; **biblioteca** ~ Leihbücherei *f;* **II.** *m* Geldumlauf *m.*

circolare[1] [tʃirkoˈlaːre] *itr* ‹*essere o. avere*› **1.** *(veicoli)* fahren; *(traffico)* fließen; *(muoversi)* sich bewegen; *(proseguire)* weitergehen; **2.** *(sangue)* zirkulieren, kreisen; **3.** *fin* kursieren, zirkulieren; **4.** *(voce, etc.)* kursieren, umgehen; ~**!** weitergehen!

circolare[2] [tʃirkoˈlaːre] **I.** *a* **1.** *gener. mat* Kreis-; **2.** *(stadio, tracciato)* kreisförmig, Kreis-, Rund-; **lettera** ~ Rundschreiben *n;* **assegno** ~ Orderscheck *m;* **II.** *f* **1.** *adm* (*ab* **circ.**) Rundschreiben *n;* **2.** *(linea di autobus)* Ringbahn *f.*

circolatorio, -a [...laˈtɔːri̯o] ‹-i, -ie› *a* Kreislauf-; **apparato** ~ Blutkreislauf *m;* **disturbi -i** Kreislaufstörungen *f pl.* **circolazione** [...latˈtsi̯oːne] *f* **1.** *gener.* Umlauf *m;* **2.** *anat* Blutzirkulation *f,* -kreislauf *m;* **3.** *mot* Verkehr *m;* **4.** *fin* Umlauf *m;* **di** ~ Kreislaufstörungen *f pl;* **carta/libretto di** ~ (Kraft)fahrzeugschein *m*/-brief *m;* **mettere in** ~ *(a. fig)* in Umlauf bringen; **togliere dalla** ~ *(a. fig)* aus dem Verkehr ziehen.

circolo [ˈtʃirkolo] *m* **1.** *mat* Kreis *m;* **2.** *geog* (Breiten)kreis *m;* **3.** *(associazione)* Klub *m,* Zirkel *m,* Verein *m;* **4.** *adm* Kollegium *n;* ~ **equatoriale** Äquator *m;* ~ **vizioso** Teufelskreis *m,* Circulus vitiosus *m geh.*

circoncidere [tʃirkonˈtʃiːdere] ‹circoncido, circoncisi, circonciso› *tr* beschneiden. **circoncisione** [...tʃiˈzi̯oːne] *f* Beschneidung *f.* **circonciso** [...ˈtʃiːzo] *pp di* **circoncidere.**

circondare [tʃirkonˈdaːre] **I.** *tr* **1.** *mil* umzingeln, umstellen; *(attorniare)* umringen; *(accerchiare)* einkreisen; **2.** *fig* umgeben (*di* mit); **II.** *rfl:* **-rsi** sich umgeben (*di* mit). **circondario** [...ˈdaːri̯o] ‹-i› *m* **1.** *jur, adm* Bezirk *m;* **2.** *(dintorni)* Umkreis *m,* Umgebung *f.*

circonduzione [tʃirkondutˈtsi̯oːne] *f sport* Kreisen *n;* ~ **delle braccia** Armkreisen *n.*

circonferenza [tʃirkonfeˈrɛntsa] *f* (Kreis)umfang *m;* ~ **vita** Taillenweite *f.*

circonflesso, -a [tʃirkon'flɛsso] *a*: **accento** ~ Zirkumflex *m*.
circonlocuzione [tʃirkonlokut'tsio:ne] *f* Umschreibung *f*, Periphrase *f*.
circonvallazione [tʃirkonvallat'tsio:ne] *f* Umgehungsstraße.
circoscrivere [tʃirkos'kri:vere] ‹*irr*› *tr* **1.** *mat* umschreiben; **2.** *fig* ein-, begrenzen.
circoscrizione [tʃirkoskrit'tsio:ne] *f* *adm* Bezirk *m*; ~ **elettorale** Wahlbezirk *m*.
circospetto, -a [tʃirkos'pɛtto] *a* vorsichtig, behutsam; *(cauto)* vorsichtig, umsichtig. **circospezione** [...pet'tsio:ne] *f* Umsicht *f*, Vorsicht *f*.
circostante [tʃirkos'tante] **I.** *a* umgebend, umliegend; *(persone)* umstehend; **II.** *m pl* Umstehende(n) *pl*.
circostanza [tʃirkos'tantsa] *f* Umstand *m*, Gegebenheit *f*; *(occasione)* Gelegenheit *f*; **atteggiamento di** ~ angemessenes Verhalten; **-e attenuanti/aggravanti** *jur* mildernde/erschwerende Umstände *m pl*; ~ **del reato** *jur* Tatumstand *m*.
circostanziare [tʃirkostan'tsia:re] *tr* ausführlich beschreiben; *(riferire)* ausführlich berichten.
circuire [tʃirku'i:re] ‹circuisco› *tr* umgarnen.
circuito [tʃir'ku:ito] *m* **1.** *sport* Rennstrecke *f*; *(chiuso)* Ring *m*; *(gara)* Rundrennen *n*; **2.** (~ *elettrico)* Stromkreis *m*; ~ **base** Grundschaltung *f*; **corto** ~ Kurzschluß *m*.
circumnavigare [tʃirkumnavi'ga:re] *tr* umschiffen; *(a vela)* umsegeln. **circumnavigatore, -trice** [...ga'to:re] *m, f* Umsegler(in) *m(f)*. **circumnavigazione** [...gat'tsio:ne] *f* Umschiffung *f*; *(a vela)* Umseg(e)lung *f*.
ciré [si're] ‹-› *m* Wachstuch *n*.
cirillico, a [tʃi'rilliko] ‹-ci, -che› *a* kyrillisch.
cirro ['tʃirro] *m* **1.** *meteo* Feder-, Zirruswolke *f*; **2.** *bot* Ranke *f*; **3.** *zoo* Zirrus *m*.
cirrosi [tʃir'rɔ:zi] ‹-› *f* Zirrhose *f*.
cisalpino, -a [tʃizal'pi:no] *a* zisalpin(isch), diesseits der Alpen *(von Rom aus gesehen)*.
C.I.S.L. [tʃizl] *f ab di* **Confederazione Italiana Sindacati Lavoratori** *italienischer Arbeitergewerkschaftsbund*.
C.I.S.N.A.L. ['tʃiznal] *f ab di* **Confederazione Italiana Sindacati Nazionali dei Lavoratori** *Verband der nationalen italienischen Arbeitergewerkschaften*.
cispa ['tʃispa] *f* Augenschleim *m*.
cispadano, -a [tʃispa'da:no] *a* diesseits des Po *(von Rom aus gesehen)*.
cisposo, -a [tʃis'po:so] *a* verschleimt.
ciste ['tʃiste] *v.* **cisti.**
cistercense [tʃister'tʃɛnse] **I.** *a* Zisterzienser-, zisterziensisch; **II.** *m* Zisterzienser *m*.
cisterna [tʃis'tɛrna] **I.** *f* Zisterne *f*; *(serbatoio)* Tank *m*; **II.** ‹*inv*› *a* Tank-.
cisti ['tʃisti] ‹-› *f* Zyste *f*.
cistifellea [tʃisti'fɛllea] *f* Gallenblase *f*.
cistite [tʃis'ti:te] *f* Blasenentzündung *f*.
cit. *ab di* **citato, -a** zit. (*ab di* zitiert).
C.I.T. [tʃit] *f ab di* **Compagnia Italiana Turismo** *italienische Reiseverkehrsgesellschaft*.
citare [tʃi'ta:re] *tr* **1.** *(riferire)* zitieren, anführen; *(nominare)* erwähnen; **2.** *(testo, discorso)* zitieren; ~ **qu in tribunale/giudizio** jdn (bei Gericht) vorladen; ~ **ad esempio** als Beispiel anführen. **citazione** [...tat'tsio:ne] *f* **1.** *jur* Vorladung *f*; **2.** *lit* Zitat *n*; **3.** *(menzione)* Erwähnung *f*, Nennung *f*; **una** ~ **al merito** eine lobende Erwähnung.
citofonare [tʃitofo'na:re] *itr* durch die (Haus)sprechanlage sprechen. **citofono** [tʃi'tɔ:fono] *m* (Haus)sprechanlage *f*.
citologia [tʃitolo'dʒi:a] ‹-gie› *f* Zytologie *f*; *(ricerca)* Zellforschung *f*. **citologico, -a** [...'lɔ:dʒiko] *a* zytologisch.
citoplasma [tʃito'plazma] *m* Zytoplasma *n*.
citrico, -a ['tʃi:triko] ‹-ci, -che› *a* zitronensauer; **acido** ~ Zitronensäure *f*.
citrulla *f v.* **citrullo.**
citrullaggine [tʃitrul'laddʒine] *f fam* Dämlichkeit *f fam*, Doofheit *f fam*. **citrullo, -a** [...'trullo] *fam* **I.** *a* dämlich *fam*, doof *fam*; **II.** *m, f* Trottel *m*, Doofmann *m fam*.
città [tʃit'ta] ‹-› *f* Stadt *f*; ~ **nuova** Neubaugebiet *n*; ~ **vecchia** Altstadt *f*; ~ **satellite** Satellitenstadt *f*; ~ **universitaria** (*o.* **degli studi**) Universitätsgelände *n*, Campus *m*; ~ **dei ragazzi** Kinderdorf *n*; **C~ del Vaticano** Vatikanstadt *f*; **C~ del Capo** Kapstadt *n*; **abitare in** ~ in der Stadt wohnen.
cittadella [-'dɛlla] *f* **1.** *mil* Zitadelle *f*; **2.** *fig* Hochburg *f*.
cittadina *f v.* **cittadino.**
cittadinanza [-di'nantsa] *f* **1.** *jur* Staatsbürgerschaft *f*; **2.** *(insieme di cittadini)* Bürgerschaft *f*, Einwohnerschaft *f*; **diritto di** ~ Bürgerrecht *n*; ~ **onoraria** Ehrenbürgerschaft *f*. **cittadino, -a** [-'di:no] **I.** *a* städtisch,

Stadt-; **II.** *m, f* **1.** *jur* Staatsangehörige(r) *mf;* **2.** *(di città)* Bürger(in) *m(f);* **primo ~** Bürgermeister *m;* **~ onorario** Ehrenbürger *m;* **~ del mondo** Weltbürger *m.*

city ['sɪtɪ] ‹-› *f* City *f.*

ciuca *f v.* **ciuco.**

ciucca ['tʃukka] ‹-cche› *f fam* Rausch *m,* Schwips *m;* **s'è preso una bella ~** er hat sich *(dat)* einen ordentlichen Rausch angetrunken.

ciucciare [tʃut'tʃa:re] ‹ciuccio, ciucci› *tr fam* saugen; *(poppare)* trinken; **~ il dito** (am) Daumen lutschen. **ciuccio** ['tʃuttʃo] ‹-cci› *m* **1.** *fam* Schnuller *m fam; (per biberon a.)* Sauger *m;* **2.** *dial* Esel *m.*

ciuco, -a ['tʃu:ko] ‹-chi, -che› *m, f fam* **1.** *zoo* Esel(in) *m(f);* **2.** *fig pej* Esel *m.*

ciuffo ['tʃuffo] *m* Büschel *n.*

ciuffolotto [tʃuffo'lɔtto] *m* Dompfaff *m,* Gimpel *m.*

ciurma ['tʃurma] *f* **1.** *naut* Mannschaft *f,* Besatzung *f;* **2.** *fig pej* Pack *n,* Gesindel *n.*

civaie [tʃi'va:i̯e] *f pl* Hülsenfrüchte *f pl.*

civetta [tʃi'vetta] *f* **1.** *zoo* Kauz *m;* **2.** *fig pej* kokette Frau; **3.** *film* Kinoprogramm *n;* **4.** *(manifesto)* Schlagzeilen-, Zeitungsseite *f (als Werbung am Zeitungskiosk).* **civettare** [...'ta:re] *itr* kokettieren. **civetteria** [...te'ri:a] ‹-ie› *f* Koketterie *f.* **civettuolo, -a** [...'tu̯ɔ:lo] *a* kokett.

civico, -a ['tʃi:viko] ‹-ci, -che› *a* **1.** *(di città)* städtisch, Stadt-; **2.** *jur* staatsbürgerlich; **3.** *(dovere, etc.)* Bürger-; **senso ~** Gemeinschaftssinn *m;* **educazione -a** Staatsbürger-, Gemeinschaftskunde *f.*

civile [tʃi'vi:le] **I.** *a* **1.** *(del cittadino)* bürgerlich, Bürger; **2.** *(non militare, ecclesiastico)* zivil; **3.** *(nazione, popolo)* zivilisiert; *(persona, maniere)* gesittet; *(colto)* kultiviert; *(letteratura, poesia)* gepflegt, stilvoll; *(abito)* anständig, gepflegt; **diritti -i** Bürgerrechte *n pl;* **stato ~** Personenstand *m;* **guerra ~** Bürgerkrieg *m;* **matrimonio ~** standesamtliche Trauung; **II.** *m* Zivil *n;* **essere vestito in ~** Zivil tragen. **civilista** [...vi'lista] ‹-i *m,* -e *f*› *mf* Zivilist(in) *m(f).*

civilizzare [tʃivilid'dza:re] **I.** *tr* zivilisieren; **II.** *rfl:* **-rsi 1.** *(popolo)* zivilisiert werden; **2.** *(persona)* kultiviert werden. **civilizzatore, -trice** [...dza'to:re] **I.** *a* zivilisierend; **II.** *m, f* Überbringer(in) *m(f)* der Zivilisation. **civilizzazione** [...dzat'tsi̯o:ne] *f* Zivilisierung *f.*

civilmente [tʃivil'mente] *adv* **1.** *(educatamente)* anständig, höflich, gesittet; **2.** *adm* zivilrechtlich; **sposarsi ~** standesamtlich heiraten.

civiltà [tʃivil'ta] ‹-› *f* **1.** *(cultura)* Kultur *f;* **2.** *(progresso)* Zivilisation *f;* **3.** *(cortesia)* Anstand *m,* Höflichkeit *f.*

civismo [tʃi'vizmo] *m* Gemeinschaftssinn *m.*

CL *ab di* **Comunione e Liberazione** *kirchliche Laienbewegung in Italien.*

clacson ['klakson] ‹-› *m* Hupe *f;* **suonare il ~** hupen.

clamore [kla'mo:re] *m (chiasso)* Lärm *m; fig* Aufsehen *n,* Wirbel *m.* **clamoroso, -a** [...mo'ro:so] *a* aufsehenerregend.

clan [klan] ‹-› *m* Clan *m.*

clandestina *f v.* **clandestino.**

clandestinità [klandestini'ta] ‹-› *f* Verborgenheit *f,* Heimlichkeit *f; (illegalità)* Illegalität *f; pol* Untergrund *m.* **clandestino, -a** [...'ti:no] **I.** *a* heimlich; *(illegale)* illegal, gesetzwidrig; *(lavoro, vendita, viaggio)* schwarz; **II.** *m, f* blinder Passagier.

claque [klak] ‹-› *f* Claque *f.*

Clara ['kla:ra] *(nome proprio femminile)* Klara.

clarinettista [klarinet'tista] ‹-i *m,* -e *f*› *mf* Klarinettist(in) *m(f).* **clarinetto** [...'netto] *m* Klarinette *f.*

clarino [kla'ri:no] *m* Clarino *n,* Bach-Trompete *f.*

classe ['klasse] *f* **1.** *(soc, pol, ferr., aero, naut, biol, a scuola)* Klasse *f;* **2.** *(aula)* Klassenzimmer *n;* **3.** *mil* Jahrgang *m;* **4.** *fig* Klasse *f,* Rang *m;* **lotta di ~** Klassenkampf *m;* **un uomo di ~** ein Mann von Welt; **~ di leva** Einberufungsjahrgang *m;* **avere ~** Klasse (*o.* Stil) haben; **viaggiare in prima ~** erster Klasse reisen; **fuori ~** Spitzenklasse *f.*

classicismo [klassi'tʃizmo] *m (epoca)* Klassik *f; (stile)* Klassizismus *m; (qualità)* Klassische(s) *n.* **classicista** [...'tʃista] ‹-i *m,* -e *f*› *mf* **1.** *(nell'arte)* Klassiker(in) *m(f),* Klassizist(in) *m(f);* **2.** *(studioso)* Kenner(in) *m(f)* der Klassik. **classicistico, -a** [...'tʃistiko] ‹-ci, -che› *a* klassizistisch. **classicità** [...tʃi'ta] ‹-› *f obs* **1.** *(greca, romana)* Klassik *f;* **2.** *(nell'arte)* Klassizismus *m.*

classico, -a ['klassiko] ‹-ci, -che› **I.** *a* **1.** *(lit, mus, etc.)* klassisch; **2.** *(liceo, studi)* altsprachlich, humanistisch; **3.** *(linea, moda, colori)* klassisch; *(esempio, etc.)* klassisch; *(esemplare)* beispielhaft; **danza -a** Ballett *n;* **II.** *m* Klassiker *m.*

classifica [klas'si:fika] ‹-che› *f* **1.** *sport*

Tabelle *f*, Rangliste *f*; **2.** *adm* Wertung *f*, Einstufung *f*; **arrivare ultimo in ~** am Tabellenende stehen; **essere in testa alla ~** Tabellenführer sein. **classificare** [klassifiˈka:re] ⟨classifico, classifichi⟩ **I.** *tr* **1.** *(scolaro, compito)* bewerten; **2.** *(materiale, libri)* klassifizieren, einordnen; **II.** *rfl:* **-rsi** sich plazieren; **-rsi bene** gut abschneiden; **-rsi terzo** Dritter werden. **classificatore, -trice** [...kaˈto:re] **I.** *m, f* Wertungs-, Preisrichter(in) *m(f)*; **II.** *m* **1.** *(raccoglitore)* (Akten)ordner *m*; Album *n*; *(cartella)* Schnellhefter *m*; **2.** *(mobile)* Büroschrank *m*; **~ di francobolli** Briefmarkenalbum *n*. **classificazione** [...katˈtsi̯o:ne] *f* Klassifizierung *f*, Klassifikation *f*; *(ripartizione)* Einteilung *f*; *(voto)* Bewertung *f*; *sport* Wertung *f*; *(a scuola)* Zensur *f*, Note *f*.

classismo [klasˈsizmo] *m* Klassenkampftheorie *f*. **classista** [...ˈsista] ⟨-i *m*, -e *f*⟩ **I.** *mf* Vertreter(in) *m(f)* der Klassenkampftheorie; **II.** *a* Klassen(kampf)-; **lotta ~** Klassenkampf *m*.

Claudia [ˈkla:udi̯a] *(nome proprio femminile)* Claudia.

claudicante [klaudiˈkante] *geh* **I.** *a* hinkend; *(fig a.)* holp(e)rig; **II.** *mf* Hinkende(r) *mf*.

Claudio [ˈkla:udi̯o] *(nome proprio maschile)* Claudius.

claunesco, -a [klauˈnesko] ⟨-schi, -sche⟩ *a* possenhaft, spaßig, clownesk.

clausola [ˈkla:uzola] *f* Klausel *f*.

claustrale [klausˈtra:le] *a* Kloster-, klösterlich.

claustrofobia [klaustrofoˈbi:a] *f* Klaustrophobie *f*, Platzangst *f fam*.

clausura [klauˈzu:ra] *f* **1.** *rel* Klausur *f*; **2.** *fig* Abgeschiedenheit *f*.

clava [ˈkla:va] *f* Keule *f*.

clavicembalo [klaviˈtʃembalo] *m* (Clavi)cembalo *n*.

clavicola [klaˈvi:kola] *f* Schlüsselbein *n*.

clavicordo [klaviˈkɔrdo] *m* Clavichord *n*.

clearing [ˈklıərıŋ] ⟨-⟩ *m* Clearing *n*.

clemente [kleˈmɛnte] *a (clima)* mild; *(persona a.)* gütig; *(tollerante)* nachsichtig. **clemenza** [...ˈmɛntsa] *f* Milde *f*.

cleptomane [klepˈtɔ:mane] **I.** *a* kleptomanisch; **II.** *mf* Kleptomane *m*, -manin *f*. **cleptomania** [...tomaˈni:a] *f* Kleptomanie *f*.

clericale [kleriˈka:le] **I.** *a* klerikal; **II.** *mf* Klerikale(r) *mf*. **clericalismo** [...kaˈlizmo] *m* Klerikalismus *m*. **clero** [ˈklɛ:ro] *m* Klerus *m*, Geistlichkeit *f*; **~ regolare/secolare** Ordens-/Weltgeistlichkeit *f*.

clessidra [klesˈsi:dra] *f (a sabbia)* Sanduhr *f*; *(ad acqua)* Wasseruhr *f*.

cliché [kliˈʃe] ⟨-⟩ *m* Klischee *n*.

cliente [kliˈɛnte] *mf* **1.** *(di un negozio)* Kunde *m*, Kundin *f*; *(di un albergo, ristorante, etc.)* Gast *m*; *med* Patient(in) *m(f)*; *jur (di un avvocato)* Klient(in) *m(f)*; **2.** *pej* Anhänger(in) *m(f)*; *(pol a.)* Mitläufer(in) *m(f)*. **clientela** [klienˈtɛ:la] *f* **1.** *(di un negozio)* Kundschaft *f*; *(di un albergo, ristorante, etc.)* Gäste *m pl*; *med* Patienten *m pl*; *jur (di un avvocato)* Klienten *m pl*, Klientel *f*; **2.** *pej* Anhängerschaft *f*; *(pol a.)* Mitläufer *m pl*.

clima [ˈkli:ma] ⟨-i⟩ *m* **1.** *meteo* Klima *n*; **2.** *fig* Klima *n*, Atmosphäre *f*.

climaterico, -a [klimaˈtɛ:riko] ⟨-ci, -che⟩ *a* klimakterisch. **climaterio** [...ˈtɛ:ri̯o] ⟨-i⟩ *m* Wechseljahre *n pl*, Klimakterium *n scient*.

climatico, -a [kliˈma:tiko] ⟨-ci, -che⟩ *a* klimatisch, Klima-; **stazione -a** Luftkurort *m*. **climatizzare** [klimatidˈdza:re] *tr* klimatisieren. **climatizzazione** [...dzatˈtsi̯o:ne] *f* Klimatisierung *f*; **impianto di ~** Klimaanlage *f*.

clinica [ˈkli:nika] ⟨-che⟩ *f* Klinik *f*. **clinico, a** [...ko] ⟨-ci, -che⟩ **I.** *a* klinisch; **cartella -a** Krankenblatt *n*; **avere l'occhio ~** *fig* einen scharfen Blick haben; **II.** *m* Krankenhausarzt *m*; *(docente)* Kliniker *m*.

clip [klıp] ⟨-⟩ *f* **1.** *(orecchino)* (Ohr)clip *m*; **2.** *(per la carta)* Büroklammer *f*.

clistere [klisˈtɛ:re] *m* Klistier *n*.

clitoride [kliˈtɔ:ride] *m o. f* Klitoris *f*.

C.L.N. *m ab di* **Comitato di Liberazione Nazionale** *Gemeinschaftsregierung aller Parteien während der Resistenza.*

cloaca [kloˈa:ka] ⟨-che⟩ *f* **1.** *(canale, fogna)* Kloake *f*; **2.** *fig* Sumpf *m*.

cloche [klɔʃ] ⟨-⟩ *f* **1.** *mot* Schaltknüppel *m*; *aero* Steuerknüppel *m*; **2.** *(cappello)* Glocke *f*; **cambio a ~** Knüppelschaltung *f*.

clorato, -a [kloˈra:to] **I.** *a* gechlort; **II.** *m* Chlorat *n*. **cloridrico, -a** [...ˈri:driko] ⟨-ci, -che⟩ *a* Chlorwasserstoff-; **acido ~** Salzsäure *f*. **cloro** [ˈklɔ:ro] *m* Chlor *n*.

clorofilla [kloroˈfilla] *f* Chlorophyll *n*. **clorofilliano, -a** [...ˈli̯a:no] *a* Chlorophyll-; **sintesi -a** Photosynthese *f*.

cloroformio [kloro'fɔrmi̯o] ‹-i› *m* Chloroform *n.*
cloruro [klo'ru:ro] *m* Chlorid *n.*
clou [klu] ‹-› *m* Clou *m.*
clown [klaʊn] ‹-› *m* Clown *m.*
club [klub] ‹-› *m* Klub *m.*
cm *ab di* **centimetro** cm (*ab di* Zentimeter).
c.m. *ab di* **corrente mese** d. M. (*ab di* dieses Monats).
C.M. *ab di* **Circolare Ministeriale** ministerieller Runderlaß.
C.N.R. *m ab di* **Consiglio Nazionale delle Ricerche** *staatliche italienische Forschungsgesellschaft.*
c/o *ab di* **care of** *(presso)* c/o, bei.
coabitare [koabi'ta:re] *itr* zusammen wohnen. **coabitazione** [...tat'tsi̯o:ne] *f* Zusammenwohnen *n.*
coadiutore, -trice [koadi̯u'to:re] *f* **1.** *(aiutante)* Gehilfe *m,* Gehilfin *f;* **2.** *rel* Vikar(in) *m(f); (di un vescovo)* Koadjutor *m.* **coadiuvante** [...u'vante] **I.** *a* Hilfs-; **farmaco ~** Hilfsmedikament *n;* **II.** *m* Hilfsmedikament *n.* **coadiuvare** [...u'va:re] *tr* mitwirken; *(collaborare a.)* mitarbeiten.
coagulante [koagu'lante] **I.** *a* gerinnungsfördernd; **II.** *m* Gerinnungsmittel *n,* Koagulans *n scient.*
coagulare [koagu'la:re] **I.** *tr* gerinnen lassen, zur Gerinnung bringen; *(med a.)* koagulieren *scient;* **II.** *rfl:* **-rsi** gerinnen; *(med a.)* koagulieren *scient.* **coagulazione** [...lat'tsi̯o:ne] *f* Gerinnen *n; (med a.)* Gerinnung *f,* Koagulation *f scient;* **la ~ del sangue** Blutgerinnung *f.* **coagulo** [ko'a:gulo] *m* **1.** *med* Blutgerinnsel *n;* **2.** *(caglio)* Lab *n.*
coalizione [koalit'tsi̯o:ne] *f* Koalition *f; (di enti)* Zusammenschluß *m.* **coalizzare** [...lid'dza:re] **I.** *tr* koalisieren; *(unire)* verbinden; **II.** *rfl:* **-rsi** koalieren, koalisieren, sich verbünden.
coartare [koar'ta:re] *tr* zwingen.
coattivo, -a [koat'ti:vo] *a* **1.** *(mezzo)* zwingend; **2.** *jur* Zwangs-; **misure -e** Zwangsmaßnahmen *f pl.*
coatto, -a [ko'atto] *a* Zwangs-, gezwungen.
coautore, -trice [koau'to:re] *m, f* Ko-, Mitautor(in) *m(f).*
cobalto [ko'balto] *m* **1.** *chem* Kobalt *n;* **2.** *(colore)* Kobaltblau *n.* **cobaltoterapia** [-tera'pi:a] *f* Kobalttherapie *f,* -bestrahlung *f.*
Coblenza [ko'blɛntsa] *f* Koblenz *n.*
coboldo [ko'bɔldo] *m* Kobold *m.*
cobra ['kɔ:bra] ‹-› *m* Kobra *f.*
coca ['kɔ:ka] ‹-che› *f* Kokastrauch *m.*
cocaina [koka'i:na] *f* Kokain *n.* **cocainomane** [...ai'nɔ:mane] *mf* Kokainsüchtige(r) *mf.*
cocca¹ ['kɔkka] ‹-cche› *f* **1.** *(di fazzoletto, grembiule)* Zipfel *m;* **2.** *(di freccia)* (Pfeil)kerbe *f.*
cocca² *f v.* **cocco, -a.**
coccarda [kok'karda] *f* Rosette *f,* Kokarde *f.*
cocchiere [kok'ki̯ɛ:re] *m* Kutscher *m.* **cocchio** ['kɔkki̯o] ‹-cchi› *m* Kutsche *f.*
coccige [kot'tʃi:ge] *m* Steißbein *n.*
coccinella [kottʃi'nɛlla] *f* Marienkäfer *m.*
cocciniglia [kottʃi'niʎʎa] ‹-glie› *f* **1.** *zoo* Koschenillelaus *f,* Scharlachschildlaus *f;* **2.** *(colore)* Koschenille *f.*
coccio ['kɔttʃo] ‹-cci› *m* **1.** *(terracotta)* Steingut *n;* **2.** ‹*pl*› *fam* Geschirr *n;* **3.** *(frammento)* Scherbe *f;* **4.** *fig* kränklicher Mensch.
cocciuta *f v.* **cocciuto.**
cocciutaggine [kottʃu'taddʒine] *f* Dickköpfigkeit *f.* **cocciuto, -a** [...'tʃu:to] **I.** *a* dickköpfig; **II.** *m, f* Dickkopf *m.*
cocco¹ ['kɔkko] ‹-cchi› *m bot* Kokospalme *f;* **noce di ~** Kokosnuß *f.*
cocco² ['kɔkko] ‹-cchi› *m biol* Kokkus *m,* Kokke *f.*
cocco³ ['kɔkko] ‹-cchi› *m fam gastr* Ei *n.*
cocco, -a ['kɔkko] ‹-cchi, -cche› *m, f fam* Liebling *m,* Schätzchen *n fam;* **essere il ~ di mamma** Mamas Liebling sein; **povero ~!** armes Häschen (*o.* Herzchen)!
coccodè [kokko'dɛ] *interj* gack, gack; **fare ~** gackern.
coccodrillo [kokko'drillo] *m* **1.** *zoo* Krokodil *n;* **2.** *(pelle)* Kroko(dil)leder *n;* **lacrime di ~** Krokodilstränen *f pl.*
coccoina® [kokko'i:na] *f* Papierleim *m.*
coccola *f v.* **coccolo.**
coccolare [kokko'la:re] *tr fam* liebkosen, schmusen mit *fam; (vezzeggiare)* (ver)hätscheln. **coccolo, -a** ['kɔkkolo] *m, f fam* Hätschelkind *n,* Liebling *m* der Eltern. **coccolone, -a** [kokko'lo:ne] *m, f fam* Schmusekatze *f fam.*
coccoloni [kokko'lo:ni] *adv* in der Hocke, niedergekauert.
cocente [ko'tʃɛnte] *a* **1.** *(ardente)* glühendheiß; **2.** *fig (dolore)* heftig, brennend, stechend; *(offesa)* schmerzend, verletzend.
cocker ['kɔkə] ‹-› *m* Cockerspaniel *m.*
cocktail ['kɔkteɪl] ‹-› *m* **1.** *gastr* Cocktail *m;* **2.** *(trattenimento)* Cocktail-

party *f;* ~ **di scampi** Krabbencocktail *m;* **abito da** ~ Cocktailkleid *n.*
coclea ['kɔ:klea] *f* **1.** *anat* (Ohr)schnecke *f;* **2.** *tec* Schnecke *f.*
cocomero [ko'ko:mero] *m* Wassermelone *f.*
cocuzza [ko'kuttsa] *f mer scherz* Birne *f fam,* Rübe *f fam.*
cocuzzolo [ko'kuttsolo] *m* **1.** *(di montagna)* Gipfel *m,* Kuppe *f;* **2.** *(di testa, cappello)* Spitze *f.*
cod. *ab di* **codice** Gesetzbuch.
coda ['ko:da] *f* **1.** *zoo* Schwanz *m;* **2.** *astr* Schweif *m;* **3.** *(di un abito femminile)* Schleppe *f;* *(di un abito maschile)* Rockschoß *m;* **4.** *(di un aereo)* Heck *n;* **5.** *(fila)* Reihe *f,* Schlange *f;* **6.** *lit, mus* Koda *f;* *(appendice)* Anhang *m;* ~ **in umido/lessa** geschmorter/gekochter Ochsenschwanz; ~ **di cavallo** *(acconciatura)* Pferdeschwanz *m;* ~ **di rospo** *fam* Seeteufel *m;* **vettura di** ~ *ferr* Schlußwagen *m;* **andarsene con la** ~ **fra le gambe** *fig* mit eingezogenem Schwanz (*o.* wie ein begossener Pudel) abziehen; **avere la** ~ **di paglia** *(non avere la coscienza tranquilla)* ein schlechtes Gewissen haben; *(essere più che prudente)* übervorsichtig sein; *(offendersi)* schnell beleidigt sein; **fare la** ~ Schlange stehen; **guardare con la** ~ **dell'occhio** aus den Augenwinkeln betrachten; **mettersi in** ~ sich anstellen; **a** ~ **di rondine** Schwalbenschwanz-; **il diavolo ci ha messo** (*o.* **ficcato) la** ~ der Teufel hat seine Hand im Spiel gehabt; **nella** ~ **sta il veleno** *prov* das dicke Ende kommt nach.
codarda *f v.* **codardo.**
codardia [kodar'di:a] ‹-ie› *f geh* Feigheit *f.* **codardo, -a** [ko'dardo] **I.** *a* feige; **II.** *m, f* Feigling *m.*
codazzo [ko'dattso] *m pej* Schwarm *m,* Gefolgschaft *f.*
codesto, -a [ko'desto] *pron tosc, poet* diese(r, s).
codice ['kɔ:ditʃe] *m* **1.** *jur, lit* Kodex *m;* (*jur a., ab* **cod.**) Gesetzbuch *n;* **2.** *(cifrario, inform)* Kode *m,* Code *m;* *(sistema a.)* Schlüssel *m;* ~ **civile/penale** (*ab* **C.C./C.P.**) Bürgerliches Gesetzbuch/Strafgesetzbuch *n;* ~ **di procedura civile/penale** (*ab* **C.P.C./C.P.P.**) Zivil-/Strafprozeßordnung *f;* ~ **della strada** (*ab* **C.d.S.**) Straßenverkehrsordnung *f;* ~ **di avviamento postale** (*ab* **C.A.P.**) Postleitzahl *f.*
codicillo [kodi'tʃillo] *m* Kodizill *n.*
codificare [kodifi'ka:re] ‹codifico, codifichi› *tr* **1.** *lit* einen Kommentar erstellen zu; **2.** *inform* codieren, kodieren; *(tradurre)* verschlüsseln; **3.** *jur* kodifizieren. **codificatore, -trice** [...ka'to:re] **I.** *m inform* Codierer *m,* Encoder *m;* **II.** *m, f jur* Abfasser(in) *m(f)* eines Gesetzbuches. **codificazione** [...kat'tsi̯o:ne] *f* **1.** *(atto)* Kodifizierung *f;* **2.** *(effetto)* Kodifikation *f.*
codino [ko'di:no] *m* **1.** *(di capelli)* Zopf *m,* Zöpfchen *n;* **2.** *fig pej* Reaktionär *m.*
coeditore, -trice [koedi'to:re] *m, f* Mitherausgeber(in) *m(f).*
coefficiente [koeffi'tʃɛnte] *m* **1.** *mat, phys* Koeffizient *m;* **2.** *fig* Faktor *m.*
coercibile [koer'tʃi:bile] *a* **1.** *(domabile)* lenkbar, zähmbar; **2.** *phys* komprimierbar.
coercitivo, -a [koertʃi'ti:vo] *a* Zwangs-, Druck-; **mezzi -i** Druckmittel *n pl.* **coercizione** [...t'tsi̯o:ne] *f* Druck *m,* Zwang *m.*
coerede [koe'rɛ:de] *mf* Miterbe *m,* -erbin *f.*
coerente [koe'rɛnte] *a* **1.** *fig (argomento, discorso, etc.)* folgerichtig, schlüssig, logisch, kohärent *geh;* *(persona)* zielstrebig, konsequent; **2.** *phys* kohärent. **coerenza** [...'rɛntsa] *f* Folgerichtigkeit *f,* Schlüssigkeit *f,* Kohärenz *f geh;* *(di persona)* Zielstrebigkeit *f.*
coesione [koe'zi̯o:ne] *f* **1.** *fig* Zusammenhang *m;* **2.** *phys* Kohäsion *f.*
coesistente [koezis'tɛnte] *a* nebeneinander bestehend, koexistent. **coesistenza** [...'tɛntsa] *f* Koexistenz *f.*
coesistere [koe'zistere] ‹*irr*› *itr* ‹*essere*› nebeneinander bestehen, koexistieren.
coetaneo, -a [koe'ta:neo] **I.** *a* gleichaltrig; *(coevo)* zeitgenössisch; **II.** *m, f* Gleichaltrige(r) *mf,* Altersgenosse *m,* -genossin *f;* *(coevo)* Zeitgenosse *m,* -genossin *f.*
coevo, -a [ko'ɛ:vo] *a* zeitgenössisch.
cofanetto [kofa'netto] *m* **1.** *gener.* Kästchen *n;* *(per gioielli)* Schmuckkästchen *n;* **2.** *(per libri)* Schuber *m,* Kassette *f.*
cofano ['kɔ:fano] *m* **1.** *mot* Motorhaube *f;* **2.** *(cassa)* Truhe *f,* Kasten *m.*
coffa ['kɔffa] *f* Mastkorb *m.*
cogerente [kodʒe'rɛnte] *mf* Mitverwalter(in) *m(f).* **cogestione** [...es'ti̯o:ne] *f* Mitverwaltung *f.*
cogitabondo, -a [kogita'bondo] *a poet* grüblerisch, sinnend *geh.*
cogli ['koʎʎi] *prp* **con** *con articolo gli.*
cogliere ['kɔʎʎere] ‹colgo, cogli, colsi, colto› *tr* **1.** *(fiore, frutto)* pflücken; *(frutto a.)* ernten; *(bacche)* lesen;

2. *fig (occasione)* ergreifen; *(colpo)* treffen; *(significato, etc.)* erfassen; 3. *(sorprendere)* erwischen, ertappen; ~ **nel segno** genau treffen; ~ **qu in fallo/in flagrante** jdn auf frischer Tat/in flagranti erwischen.

coglione, -a [koʎ'ʎo:ne] **I.** *m, f vulg* Eierarsch *m vulg,* dumme Sau *vulg;* **II.** *m pl vulg* Eier *n pl vulg.* **coglioneria** [...ʎone'ri:a] ‹-ie› *f vulg* (Bock)mist *m fam.*

cognato, -a [koɲ'ɲa:to] *m, f* Schwager *m,* Schwägerin *f.*

cognizione [koɲɲit'tsi̯o:ne] *f* **1.** *(nozione)* Kenntnis *f;* **2.** *jur* Zuständigkeit *f,* Kompetenz *f;* **con ~ di causa** kompetent, mit Sachverstand.

cognome [koɲ'ɲo:me] *m* Nach-, Familienname *m;* **nome e ~** Vor- und Nachname; ~ **da nubile** Mädchenname *m.*

coi ['ko:i] *prp* **con** *con articolo i.*

coibente [koi'bɛnte] **I.** *a* isolierend, Isolier-, nicht leitend; **II.** *m* Isoliermaterial *n.* **coibenza** [...'bɛntsa] *f* Isolierung *f.*

coincidenza [kointʃi'dɛntsa] *f* **1.** *(avvenimento simultaneo)* Zusammentreffen *n; (avvenimento casuale)* Zufall *m;* **2.** *(ferr, etc.)* Anschluß *m,* Verbindung *f;* **3.** *fig* Übereinstimmung *f.* **coincidere** [...'tʃi:dere] ‹*irr*› *itr (accadere insieme)* zusammenfallen; *(corrispondere)* sich *(dat)* entsprechen, übereinstimmen; *(essere la stessa cosa)* sich decken.

coinquilino, -a [koiŋku̯i'li:no] *m, f* Mitbewohner(in) *m(f).*

cointeressare [kointeres'sa:re] *tr* beteiligen, teilhaben lassen. **cointeressato, -a** [...'sa:to] **I.** *a* teilhabend; **II.** *m, f* Teilhaber(in) *m(f).* **cointeressenza** [...'sɛntsa] *f* Teilhaberschaft *f.*

coinvolgere [koin'vɔldʒere] ‹*irr*› *tr* hineinziehen (*in* in), verwickeln (*in* in).

coiote [ko'i̯ɔ:te] ‹-› *m* Kojote *m.*

Coira ['kɔ:ira] *f* Chur *n.*

coito ['kɔ:ito] *m* Koitus *m,* Beischlaf *m.*

coke [koʊk] ‹-› *m* Koks *m.*

col [kol] *prp* **con** *con articolo il.*

colà [ko'la] *adv poet* dort, dorthin.

colabrodo [kola'brɔ:do] ‹-› *m* Durchschlag *m,* Sieb *n;* **essere un ~** *fig* durchsiebt (*o.* durchlöchert) sein. **colapasta** [-'pasta] ‹-› *m* Nudelsieb *n,* Seiher *m.*

colare [ko'la:re] **I.** *tr* ‹*avere*› **1.** *(liquido)* abgießen, filtern; *(brodo)* durchseihen, durch ein Sieb schütten; *(pasta)* abgießen, -schütten; **2.** *(metallo)* gießen; ~ **a picco** (*o.* **a fondo**) *(nave)* versenken; **II.** *itr* ‹*essere o. avere*› *(gocciolare)* tropfen, rinnen; *(naso)* laufen; *(recipiente)* lecken; ~ **a picco** (*o.* **a fondo**) (auf den Grund) sinken; **mi cola il naso** mir läuft die Nase. **colata** [ko'la:ta] *f* **1.** *geol* Strom *m;* **2.** *(di metallo)* Guß *m;* ~ **lavica** Lavastrom *m.*

colato, -a [ko'la:to] *a* rein, pur; **prendere qc per oro ~** *fig* etw. für bare Münze nehmen.

colazione [kolat'tsi̯o:ne] *f* **1.** *(prima ~)* Frühstück *n;* **2.** *(seconda ~)* Mittagessen *n;* ~ **di lavoro** Arbeitsessen *n;* **fare ~** frühstücken.

COLDIRETTI [koldi'rɛtti] *f ab di* **Confederazione Nazionale Coltivatori Diretti** *Verband (selbständiger) Landwirte.*

colei *f v.* **colui.**

coleottero [kole'ɔttero] *m* Käfer *m.*

colera [ko'lɛ:ra] ‹-› *m* Cholera *f.* **colerico, -a** [ko'lɛ:riko] ‹-ci, -che› *a* Cholera-.

colesterina [koleste'ri:na] *f,* **colesterolo** [...'rɔ:lo] *m* Cholesterin *n.*

colf [kɔlf] ‹-› *mf* Haushaltshilfe *f.*

colgo ['kɔlgo] *1. pers sing pr di* **cogliere.**

colibrì [koli'bri] ‹-› *m* Kolibri *m.*

colica ['kɔ:lika] ‹-che› *f* Kolik *f.*

colino [ko'li:no] *m* kleines Sieb; *(per tè)* Teesieb *n.*

colla[1] ['kɔlla] *f* Leim *m,* Klebstoff *m.*

colla[2] ['kolla] *prp* **con** *con articolo la.*

collaborare [kollabo'ra:re] *itr* mitarbeiten (*a* an), zusammenarbeiten (*con* mit); *(pej a.)* kollaborieren (*con* mit). **collaboratore, -trice** [...ra'to:re] *m, f* Mitarbeiter(in) *m(f).* **collaborazione** [...rat'tsi̯o:ne] *f* Mitarbeit *f* (*a* an). **collaborazionismo** [...rattsi̯o'nizmo] *m* Kollaboration *f.* **collaborazionista** [...rattsi̯o'nista] ‹-i *m,* -e *f*› *mf* Kollaborateur(in) *m(f).*

collage [ko'la:ʒ] ‹-› *m* Collage *f.*

collageno [kol'la:dʒeno] *m* Kollagen *n.*

collana [kol'la:na] *f* **1.** *(di perle, etc.)* (Hals)kette *f;* **2.** *(di libri)* Reihe *f.*

collant [kɔ'lã] ‹-› *m* Strumpfhose *f.*

collare [kol'la:re] *m* **1.** *(per cani)* Halsband *n;* **2.** *(ornamento)* Halskrause *f;* **3.** *rel* Beffchen *n,* Kollar *n.*

collasso [kol'lasso] *m* Kollaps *m.*

collaterale [kollate'ra:le] **I.** *a (a lato)* seitlich, Seiten; *(vicino)* Neben-; **effetti -i** Nebenwirkungen *f pl;* **II.** *mf* Verwandte(r) *mf* der Seitenlinie.

collaudare [kollau'da:re] *tr* prüfen,

testen. **collaudatore, -trice** [...da'to:re] *m, f* Prüfer(in) *m(f)*. **collaudo** [...'la:udo] *m* Kontrolle *f*, Prüfung *f*; *(di macchina, etc. a.)* Probelauf *m*; **volo di ~** Probeflug *m*.

collazione [kollat'tsi̯o:ne] *f* Kollation *f*.

colle¹ ['kɔlle] *m* **1.** *(rilievo)* Hügel *m*; **2.** *(passo)* Paß *m*.

colle² ['kolle] *prp* **con** *con articolo le*.

collega [kol'lɛ:ga] ‹-ghi *m*, -ghe *f*› *mf* Kollege *m*, Kollegin *f*.

collegamento [kollega'mento] *m* **1.** *gener.* Verbindung *f*; **2.** *el* Schaltung *f*; **3.** *mil, TV, radio* Verbindung *f*; **~ ferroviario/telefonico/radiofonico** Eisenbahn-/Telefon/Funkverbindung *f*; **~ in serie/parallelo** Serien-/Parallelschaltung *f*; **ufficiale di ~** Verbindungsoffizier *m*; **in ~ con Madrid, vi trasmettiamo ...** *TV, radio* wir sind mit Madrid verbunden und senden ... **collegare** [...'ga:re] **I.** *tr* verbinden; *(fig a.)* in Verbindung setzen; **II.** *rfl*: **-rsi** sich in Verbindung setzen (*con* mit); *(unirsi)* sich vereinen.

collegiale [kolle'dʒa:le] **I.** *a* **1.** *(collettivo)* kollegial, Kollegial-; **2.** *(da collegio)* Internats-; **II.** *mf* **1.** *(allievo)* Internatsschüler(in) *m(f)*; **2.** *fig* Schuljunge *m*, -mädchen *n*. **collegialità** [...dʒali'ta] ‹-› *f* Kollegialität *f*. **collegialmente** [...dʒal'mente] *adv* **1.** *(da collega)* kollegial; **2.** *(collettivamente)* kollektiv, gemeinschaftlich.

collegio [kol'lɛ:dʒo] ‹-gi› *m* **1.** *(istituto)* Internat *n*, Internatsschule *f*; **2.** *(professionale)* Kollegium *n*; **~ elettorale** Wahlbezirk *m*.

collera ['kɔllera] *f* Wut *f*; **andare/essere in ~** wütend werden/sein; **essere in ~ con qu** auf jdn wütend sein. **collerico, -a** [kol'lɛ:riko] ‹-ci, -che› **I.** *a* cholerisch, jähzornig; **II.** *m, f* Choleriker(in) *m(f)*.

colletta [kol'lɛtta] *f* (Geld)sammlung *f*; *rel* Kollekte *f*.

collettivismo [kolletti'vizmo] *m* Kollektivismus *m*. **collettività** [...i'ta] ‹-› *f* Kollektivität *f*, Gemeinschaftlichkeit *f*. **collettivizzare** [...vid'dza:re] *tr* kollektivieren. **collettivo, -a** [...'ti:vo] **I.** *a* kollektiv, gemeinschaftlich, Gemeinschafts-; **nome ~** Sammelname *m*, Kollektivbezeichnung *f*; **II.** *m* Kollektiv *n*.

colletto [kol'letto] *m* **1.** *(di camicia, abito)* Kragen *m*; **2.** *med* Zahnhals *m*; *bot* Wurzelhals *m*; **~ bianco** *fig* Angestellte(r) *m*.

collettore, -trice [kollet'to:re] **I.** *a* Sammel-; **canale/bacino ~** Sammelkanal *m*/-becken *n*; **II.** *m* **1.** *tec* Sammelleitung *f*; **III.** *2. el* Kollektor *m*.

collezionare [kollettsi̯o'na:re] *tr* sammeln. **collezione** [...'tsi̯o:ne] *f* **1.** *(raccolta)* Sammlung *f*; **2.** *(nella moda)* Kollektion *f*; **3.** *(di libri)* Reihe *f*; **fare ~ di qc** etw. sammeln. **collezionista** [...i̯o'nista] ‹-i *m*, -e *f*› *mf* Sammler(in) *m(f)*.

collie ['kɔlı] ‹-› *m* Collie *m*.

collier [kɔ'lje] ‹-› *m* Kollier *n*.

collimare [kolli'ma:re] *itr* übereinstimmen, sich *(dat)* entsprechen.

collina [kol'li:na] *f* Hügel *m*, Anhöhe *f*. **collinoso, -a** [...li'no:so] *a* hüg(e)lig.

collirio [kol'li:ri̯o] ‹-i› *m* Augentropfen *m pl*.

collisione [kolli'zi̯o:ne] *f* Zusammenstoß *m*, Kollision *f*; **entrare in ~** zusammenstoßen, kollidieren.

collo¹ ['kɔllo] *m* **1.** *(anat)* Hals *m*; *(del piede)* Spann *m*, Rist *m*; **2.** *(di bottiglia, etc.)* Hals *m*; **3.** *(di abito)* Kragen *m*; **~ d'oca** Kurbelwelle *f*; *(di tubi)* Schwanenhals *m*; **avere/portare al ~** um den Hals haben/tragen; **avere/tenere in ~** im (*o.* auf dem) Arm haben/halten; **allungare il ~** *(per vedere qc)* einen langen Hals machen; *(per avere qc)* sich *(dat)* den Hals verrenken (*verso* nach) **prendere qu per il ~** jdn am Kragen packen; *fig* jdn nötigen; **tirare il ~ ad un pollo** einem Huhn den Hals umdrehen; **essere nei debiti fino al ~** bis zum Hals in Schulden stecken; **rompersi il** (*o.* **l'osso del**) **~** *fig* sich *(dat)* den Hals (*o.* das Genick) brechen; **ci l'ho rimesso l'osso del ~** das hat mir das Genick gebrochen.

collo² ['kɔllo] *m com* Frachtstück *n*, Kollo *n*.

collo³ ['kollo] *prp* **con** *con articolo lo*.

collocamento [kolloka'mento] *m* **1.** *(impiego)* Stellung *f*; **2.** *(disposizione)* Anordnung *f*, Stellung *fr*; **3.** *tec* Einbau *m*; **~ a riposo** Versetzung *f* in den Ruhestand; **~ in aspettativa** Wartestellung *f*; **agenzia** (*o.* **ufficio**) **di ~** Stellenvermittlung *f*. **collocare** [...ka:re] **I.** *tr* **1.** *(mettere)* setzen, stellen, legen; **2.** *(trovare un lavoro per)* unterbringen; **3.** *com* absetzen, an den Mann bringen; **~ qu a riposo/in aspettativa** jdn in den Ruhe-/Wartestand versetzen; **II.** *rfl*: **-rsi** *(avere una posizione)* sich *(dat)* eine Position verschaffen. **collocazione** [...kat'tsi̯o:ne] *f* Stellung *f*; *(di libro, fig)* Standort *m*; *(sistemazione)* Anordnung *f*.

colloquiale [kollo'kui̯a:le] *a* umgangssprachlich.
colloquiare [kollo'kui̯a:re] ‹colloquio, colloqui› *itr* reden, plaudern; ~ **con qu** sich mit jdm unterhalten. **colloquio** [...'lɔ:kui̯o] ‹-qui› *m* **1.** *(conversazione)* Gespräch *n*, Unterredung *f;* **2.** *(esame)* Kolloquium *n.*
colloso, -a [kol'lo:so] *a* klebrig, schleimig.
collottola [kol'lɔttola] *f* Nacken *m.*
collusione [kollu'zi̯o:ne] *f* Kollusion *f.*
collut(t)orio [kollu'tɔ:ri̯o (...t'tɔ:ri̯o)] ‹-i› *m* (medizinisches) Mundwasser *n*, Gurgelmittel *n.*
colmare [kol'ma:re] *tr* **1.** *(recipiente)* füllen (*di* mit); *(lacuna)* schließen, ausfüllen; **2.** *fig* überschütten (*di* mit), überhäufen (*di* mit); *(riempire l'animo)* erfüllen (*di* mit). **colmata** [...'ma:ta] *f* Auflandung *f*, Aufspülung *f.*
colmo ['kolmo] *m* **1.** *(di cima, colle)* Gipfel *m;* **2.** *fig* Gipfel *m*, Höhe *f;* **è il ~!** *fam* das ist die Höhe!
colmo, -a ['kolmo] *a* **1.** *(bicchiere)* voll, (voll)gefüllt; *(cucchiaio)* gehäuft; *(fino all'orlo)* randvoll; **2.** *fig* voll (*di* von), erfüllt (*di* von, mit); **la misura è -a** das Maß ist voll.
colomba [ko'lomba] *f* Taube *f;* **la ~ pasquale** *typischer Osterkuchen in Form einer Taube.* **colombaccio** [...'battʃo] ‹-cci› *m* Ringeltaube *f.* **colombaia** [...'ba:i̯a] ‹-aie› *f* Taubenschlag *m.* **colombicoltura** [...bikol'tu:ra] *f* Taubenzucht *f.* **colombo** [ko'lombo] *m* Täuberich *m*, Taube *f;* **tubano come due -i** *fam* sie sind wie die Turteltauben.
colon ['kɔ:lon] ‹-› *m* Grimmdarm *m*, Kolon *n.*
colonia¹ [ko'lɔ:ni̯a] ‹-ie› *f* **1.** *pol, biol* Kolonie *f;* **2.** *(per le vacanze)* Ferienlager *n*, -kolonie *f;* **3.** *(gruppo di stranieri)* (Ausländer)kolonie *f.*
colonia² [ko'lɔ:ni̯a] ‹-ie› *f (acqua di Colonia)* Kölnischwasser *n.*
colonia³ [kolo'ni:a] ‹-ie› *f agr* Pacht *f.*
Colonia [ko'lɔ:ni̯a] *f* Köln *n;* **acqua di ~** Kölnischwasser *n.*
coloniale [kolo'ni̯a:le] **I.** *a* **1.** *gener., pol, com* kolonial, Kolonial-; **2.** *biol* Kolonien bildend; **II.** *m pl* Kolonialwaren *f pl.* **colonialismo** [koloni̯a'lizmo] *m* Kolonialismus *m.* **colonialista** [...'lista] ‹-i *m*, -e *f*› **I.** *mf* Kolonialist(in) *m(f);* **II.** *a* Kolonial-. **colonialistico, -a** [...'listiko] ‹-ci, -che› *a* kolonialistisch. **colonico, -a** [ko'lɔ:niko] ‹-ci, -che› *a* (Land)pächter-; *(rurale)* Bauern-.
colonizzare [kolonid'dza:re] *tr* **1.** *hist, pol* kolonisieren; **2.** *agr* besiedeln. **colonizzatore, -trice** [...dza'to:re] **I.** *a* kolonisatorisch; **II.** *m* Kolonisator *m.* **colonizzazione** [...dzat'tsi̯o:ne] *f* **1.** *pol* Kolonisierung *f;* **2.** *agr* Besied(e)lung *f.*
colonna [ko'lonna] *f* **1.** *arch* Säule *f;* **2.** *(di automobili)* Kolonne *f; (di numeri)* Reihe *f*, Kolonne *f;* **3.** *typ* Spalte *f*, Kolumne *f;* **4.** *film, mus* Spur *f;* **5.** *mil* Kolonne *f;* **6.** *fig* Stütze *f;* **7.** *(d'acqua, di fuoco)* (Wasser-, Feuer)wand *f;* **~ vertebrale** Wirbelsäule *f;* **bozza in ~** (Druck)fahne *f;* **è la ~ della famiglia** er (*o.* sie) ist die Stütze der Familie. **colonnare** [...'na:re] *a* Säulen-. **colonnato** [...'na:to] *m* Säulenreihe *f; (portico)* Arkade *f.*
colonnello [kolon'nɛllo] *m* Oberst *m.*
colono [ko'lɔ:no] *m* **1.** *agr* Pächter *m;* **2.** *hist* Kolone *m.*
colorante [kolo'rante] **I.** *a* färbend, Färbe-, Farb-; **II.** *m* Farbstoff *m;* **-i alimentari** Lebensmittelfarben *f pl.*
colorare [kolo'ra:re] **I.** *tr* **1.** *(capelli, tessuti, etc.)* färben; *(disegno)* kolorieren, bemalen; **2.** *fig* färben, einen anderen Anstrich geben (*qc* einer S.), vertuschen; **II.** *rfl:* **-rsi** sich färben. **colorazione** [...'rat'tsi̯o:ne] *f* Färbung *f.*
colore [ko'lo:re] *m* Farbe *f; (pol a.)* Couleur *f;* **~ locale** Lokalkolorit *n;* **scatola di -i** Farbkasten *m;* **uomo di ~** Farbige(r) *m;* **uomini politici di ogni ~** Politiker *m pl* jeder Couleur; **-i a olio/tempera** Öl-/Temperafarben *f pl;* **dirne di tutti i -i** kein Blatt vor den Mund nehmen; **farne di tutti i -i** alles mögliche anstellen, es bunt treiben; **diventare di mille** (*o.* **di tutti i**) **-i** abwechselnd blaß und rot werden; *(in seguito alle botte)* grün und blau (*o.* gelb) (geschlagen) werden; **dare una mano di ~ a qc** etw. anstreichen; **a -i** farbig, Farb-, bunt, Bunt-; **senza -i** farblos. **colorificio** [kolori'fi:tʃo] ‹-ci› *m* Färberei *f.* **colorire** [...'ri:re] ‹colorisco› *tr* **1.** kolorieren; **2.** *fig (racconto)* ausschmücken. **colorismo** [...'rizmo] *m* Kolorismus *m.* **colorista** [...'rista] ‹-i *m*, -e *f*› *mf* Kolorist(in) *m(f).* **colorito, -a** [...'ri:to] **I.** *a* **1.** *(viso)* rosig; *(abito, etc.)* farbig; **2.** *fig* lebhaft, farbig; *(linguaggio a.)* ausdrucksvoll; **II.** *m* **1.** *(tinta)* Farbe *f*, Färbung *f; (della pelle)* Gesichtsfarbe *f*, Teint *m;* **2.** *(nell'arte)* Farbgebung *f;* **3.** *fig* Lebhaftigkeit *f.*

coloro [ko'lo:ro] *v.* **colui.**
colossale [kolos'sa:le] *a* **1.** kolossal, riesig; **2.** *fig* enorm, großartig, kolossal. **colosso** [ko'lɔsso] *m* **1.** *(statua)* Koloß *m;* **2.** *fig* Größe *f;* **un ~ dello schermo** eine Bildschirmgröße.
colostro [ko'lɔstro] *m* Kolostrum *n.*
colpa ['kolpa] *f* Schuld *f;* **dare la ~ a qu** jdm die Schuld geben; **essere/sentirsi in ~** schuldig sein/sich schuldig fühlen; **per ~ di qu/qc** durch jds Schuld/wegen etw.; **non è ~ mia** das ist nicht meine Schuld, ich kann nichts dafür; **la ~ è tua** es ist deine Schuld, du bist schuld. **colpevole** [...'pe:vole] **I.** *a* **1.** *(persona)* schuldig; **2.** *(azione)* schuldhaft; **~ di furto** des Diebstahls schuldig; **II.** *mf* Schuldige(r) *mf.* **colpevolezza** [...'pevo'lettsa] *f* Schuld *f,* Schuldhaftigkeit *f.*
colpire [kol'pi:re] ⟨colpisco⟩ *tr* **1.** *gener.* treffen; *(ferire a.)* schlagen; **2.** *fig* beeindrucken, treffen; **~ qu con un pugno** jdm einen Faustschlag versetzen.
colpo ['kolpo] *m* **1.** *gener.* Schlag *m; (urto a.)* Stoß *m;* **2.** *fig pej* Coup *m,* Streich *m;* **3.** *(sparo)* Schuß *m; (detonazione)* Knall *m;* **~ di vento/d'aria** Windstoß *m*/Luftzug *m;* **~ di fulmine** Blitzschlag *m;* **~ di sole** Sonnenstich *m;* **~ di testa** *fig* Kurzschlußhandlung *f;* **~ di fortuna** Glücksfall *m;* **~ di mano** Handstreich *m;* **~ di Stato** Staatsstreich *m;* **~ apoplettico** Schlaganfall *m,* Gehirnschlag *m;* **~ basso** *(a. fig)* Schlag *m* unter die Gürtellinie; **un ~ d'occhio** ein (kurzer) Blick; **a ~ d'occhio** auf den ersten Blick; **ti do un ~ di telefono** *fam* ich rufe dich kurz an; **dare un ~ di spugna a qc** *fig* eine (unangenehme) Sache vergessen; **andare a ~ sicuro** sichergehen; **battere un ~ a qu** jdm einen Stoß versetzen; **battere un ~ su qc** vor etw. treten; **fare ~** beeindrucken; **fare un ~** einen Coup landen; **la notizia ha fatto ~** die Nachricht hat (sofort) eingeschlagen; **gli è venuto un ~** ihn hat der Schlag getroffen; **senza ~ ferire** ohne Blutvergießen; **di ~** plötzlich; **sul ~** auf der Stelle.
colposo, -a [kol'po:so] *a jur* vorsätzlich.
colsi ['kɔlsi] *1. pers sing del passato remoto di* **cogliere.**
coltella [kol'tɛlla] *f* Fleischermesser *n.*
coltellame [...tel'la:me] *m* Messersatz *m.* **coltellata** [...tel'la:ta] *f* **1.** *(colpo)* Messerstich *m;* **2.** *fig* Stich *m.* **coltelleria** [...telle'ri:a] ⟨-ie⟩ *f* **1.** *(fabbrica)* Messerfabrik *f; (negozio)* Messerhandlung *f;* **2.** *(assortimento)* Messerwaren *f pl.*
coltello [kol'tɛllo] *m* **1.** *gener.* Messer *n;* **2.** *agr (dell'aratro)* Pflugmesser *n,* Sech *n;* **3.** *tec (della bilancia)* Zunge *f,* Zünglein *n;* **~ anatomico** Seziermesser *n;* **~ chirurgico** Skalpell *n;* **lotta a ~** Kampf *m* bis aufs Messer; **avere il ~ dalla parte del manico** *fig* das Heft in der Hand haben.
coltivabile [kolti'va:bile] *a* landwirtschaftlich nutzbar, urbar.
coltivare [kolti'va:re] *tr* **1.** *(campo, terreno)* bestellen, bebauen; **2.** *(patate, rape, etc.)* anbauen; **3.** *min* abbauen; **4.** *fig (amicizia, etc.)* pflegen; *(mente)* kultivieren, bilden; *(scienze, arti)* pflegen, betreiben. **coltivato, -a** [...'va:to] *a* **1.** *agr (terreno)* bestellt, bebaut; **2.** *(rape, patate, etc.)* angebaut; **3.** *(funghi, perle)* Zucht-. **coltivatore, -trice** [...va'to:re] *m, f* Erzeuger(in) *m(f),* Produzent(in) *m(f);* **~ diretto** Direkterzeuger *m.* **coltivazione** [...vat'tsi̯o:ne] *f (di un prodotto)* Anbau *m; (di un campo)* Bestellen *n.* **coltivo, -a** [...'ti:vo] *a* bestellbar; *(coltivato)* bestellt.
colto ['kɔlto] *pp di* **cogliere.**
colto, -a ['kolto] *a* gebildet.
coltre ['koltre] *f* **1.** *(coperta)* Decke *f; (da letto)* Bettdecke *f;* **2.** *fig* Hülle *f; (di neve)* Decke *f.*
coltura [kol'tu:ra] *f* **1.** *agr* Anbau *m,* Kultur *f;* **2.** *biol* Kultur *f;* **3.** *zoo* Zucht *f.*
colui, colei [ko'lu:i, ko'lɛ:i] ⟨coloro⟩ *pron* diese(r, s) (dort), jene(r, s); **~ che ...** der(jenige), der ... *etc.*
columnist ['kɔləmnɪst] ⟨-⟩ *mf* Kolumnist(in) *m(f).*
colza ['kɔltsa] *f* Raps *m.*
coma ['kɔ:ma] ⟨-⟩ *m* Koma *n;* **essere in ~** im Koma liegen.
comandamento [komanda'mento] *m* Gebot *n.*
comandante [koman'dante] *m* Kommandant *m; naut* Kapitän *m;* **~ in capo** Oberbefehlshaber *m;* **~ in seconda** erster Offizier.
comandare [koman'da:re] **I.** *tr* **1.** *mil (reggimento, nave, etc.)* kommandieren, befehligen, (an)führen; **2.** *tec* bedienen; **3.** *adm* versetzen; **4.** *(ordinare)* befehlen, anordnen; **5.** *(nel ristorante)* bestellen; **comandi!** zu Befehl!; **II.** *itr* kommandieren, befehlen (*a qu di fare qc* jdm, etw. zu tun).
comandato, -a [...'da:to] *a* **1.** *adm* berufen; **2.** *mil* beordert (*di* zu), abgestellt (*di* zu); **3.** *rel (feste)* geboten;

professore ~ presso il ministero Professor *m* im Ministerialdienst.
comando [ko'mando] *m* **1.** *mil* Kommando *n*, Führung *f; adm, gener.* Leitung *f;* **2.** *(ordine)* Befehl *m;* **3.** *tec* Schaltung *f;* **4.** *sport* Führung *f;* **~ della classifica** Tabellenführung *f;* **leva di ~** Schalthebel *m;* **essere al ~ di un esercito** ein Heer befehligen.
comare [ko'ma:re] *f* **1.** *(di battesimo)* (Tauf)patin *f;* **2.** *(vicina)* Gevatterin *f obs,* Weib *n obs;* **3.** *pej* Klatschbase *f;* **"le allegre -i di Windsor"** *lit* „die lustigen Weiber von Windsor".
combaciare [komba'tʃa:re] *itr* **1.** *(aderire)* (zusammen)passen; **2.** *fig* übereinstimmen.
combattente [kombat'tɛnte] **I.** *a* kämpfend, Kampf-; **II.** *mf* Kämpfer(in) *m(f).*
combattere [kom'battere] **I.** *itr* **1.** *mil* kämpfen (*contro* gegen); **2.** *fig* sich einsetzen, kämpfen (*contro* gegen, *per* für); **II.** *tr mil, fig* bekämpfen, kämpfen gegen; **III.** *rfl:* **-rsi** sich bekämpfen, miteinander (*o.* gegeneinander) kämpfen. **combattimento** [...ti'mento] *m* **1.** *mil* Kampf *m,* Gefecht *n;* **2.** *sport* (Wett-, Ring)kampf *m;* **restare ucciso in ~** (im Kampf) fallen; **mettere fuori ~** *(a. fig)* außer Gefecht setzen. **combattività** [...tivi'ta] ‹-› *f* Kampfgeist *m.* **combattivo, -a** [...'ti:vo] *a* kämpferisch. **combattuto, -a** [...'tu:to] *a* unschlüssig; *(da dubbi, etc.)* gequält, geplagt; **essere ~ fra opposti pareri** zwischen gegensätzlichen Meinungen schwanken; **avere l'animo ~** sich in einem Konflikt befinden.
combinare [kombi'na:re] **I.** *tr* **1.** *(colori, etc.)* kombinieren, zusammenstellen; *(gita, cena, riunione)* arrangieren, in die Wege leiten; *(affare)* zustande bringen; **2.** *chem, tec* verbinden; **3.** *(unire)* vereinen; **4.** *fam* zustande bringen, bewerkstelligen; **~ un guaio** *fam* was anstellen (*o.* anrichten) *fam;* **ne ha combinata un'altra delle sue** *fam* er (*o.* sie) hat wieder was angestellt *fam;* **II.** *itr* (zusammen)passen, passen (*con* zu); **essere ben/mal combinato** *fam* in einem guten/schlechten Zustand sein; **III.** *rfl:* **-rsi 1.** *chem* sich verbinden; **2.** *fam* sich herrichten, sich zurechtmachen; **3.** *(mettersi d'accordo)* sich einigen (*su* über). **combinata** [...'na:ta] *f sport* Kombination *f.* **combinatore, -trice** [...na'to:re] **I.** *a* Vermittlungs-; **disco ~** Wählscheibe *f;* **II.** *m, f* Arrangeur(in) *m(f).* **combinazione** [...nat'tsi̯o:ne] *f* **1.** *(caso fortuito)* Zufall *m;* **2.** *(di colori, etc.)* Zusammenstellung *f; (di idee)* Verbindung *f; (di cassaforte)* Kombination *f;* **3.** *chem* Verbindung *f;* **4.** *(tuta)* Overall *m; (sottoveste)* (Wäsche)garnitur *f;* **per (pura) ~** (rein) zufällig.
combriccola [kom'brikkola] *f* Clique *f,* Bande *f.*
combustibile [kombus'ti:bile] **I.** *a* brennbar, Brenn-; **II.** *m* Brennstoff *m.* **combustibilità** [...tibili'ta] ‹-› *f* Brennbarkeit *f.*
combustione [kombus'ti̯o:ne] *f* Verbrennung *f;* **camera di ~** Brennraum *m;* **motore a ~ interna** Verbrennungsmotor *m.*
combutta [kom'butta] *f pej* Bande *f;* **essere in ~ con qu** *pej* mit jdm unter einer Decke stecken.
come ['ko:me] **I.** *adv* **1.** *(interrogativo, esclamativo, nei paragoni)* wie; **2.** *(correlativo)* so wie; **3.** *(in qualità di)* als; **~ me/te,** *etc.* wie ich/du, *etc.;* **io ~ io** ich für mein Teil; **ora ~ ora** hier und jetzt; **~ viene viene** *fam* wie es kommt, so kommt es; **~ dire** will sagen; **~ è caro!** wie lieb er (*o.* sie *o.* es) ist!; **ma ~!** wie bitte?; **~ stai?** wie geht's (dir)?; **~ mai?** wieso?; **II.** *con* **1.** *(dichiarativo)* wie; **2.** *(condizionale) conj* als *conj;* **3.** *(temporale)* als; **4.** *(comparativo)* wie; **~ se** *conj* als ob *conj;* **III.** ‹-› *m* Wie *n.*
COMECON ['kɔ:mekon] *m* Comecon *m o. n,* COMECON *m o. n.*
comedone [kome'do:ne] *m* Mitesser *m.*
cometa [ko'me:ta] *f* Komet *m.*
comfort ['kʌmfət] ‹-› *m* Komfort *m.*
comica[1] ['kɔ:mika] ‹-che› *f film* Stummfilmsketch *m.*
comica[2] *f v.* **comico.**
comicità [komitʃi'ta] ‹-› *f* Komik *f.* **comico, -a** ['kɔ:miko] ‹-ci, -che› **I.** *a* **1.** *(della commedia)* Lustspiel-; **2.** *(buffo)* komisch; **II.** *m, f (attore, a. fig)* Komiker(in) *m(f); (scrittore)* Komödienautor(in) *m(f);* **III.** *m* Komik *f,* Komische(s) *n;* **gusto del ~** Sinn *m* für Komik.
comignolo [ko'miɲɲolo] *m* **1.** *(fumaiolo)* Schornstein *m;* **2.** *(sommità del tetto)* (Dach)first *m,* Firstbalken *m.*
cominciare [komin'tʃa:re] ‹comincio, cominci› *tr ‹avere›, itr ‹essere o. avere›* anfangen (mit), beginnen; **comincia a piovere** es beginnt (*o.* fängt an)

zu regnen; ~ **col dire ...** damit anfangen, daß man sagt ...; **a ~ da oggi** ab heute; **una parola che comincia per elle** ein Wort, das mit L anfängt; **si comincia bene!** *iron* das fängt ja gut an!; **chi ben comincia è a metà dell'opera** *prov* guter Anfang ist halbe Arbeit *prov.*

comino [ko'mi:no] *v.* **cumino.**

comitato [komi'ta:to] *m* Komitee *n.*

comitiva [komi'ti:va] *f* (Reise)gruppe *f*, -gesellschaft *f.*

comiziante [komit'tsiante] *mf* Kundgebungsteilnehmer(in) *m(f).* **comizio** [ko'mittsio] ‹-i› *m* Kundgebung *f.*

Comm. *ab di* **Commendatore** Komtur, Kommandeur.

comma ['komma] ‹-i› *m* **1.** *jur* Absatz *m*, Paragraph *m;* **2.** *mus* Komma *n.*

commando [kom'mando] ‹-› *m* Kommando *n.*

commedia [kom'mɛ:dia] ‹-ie› *f* Komödie *f;* ~ **musicale** Musical *n;* ~ **a soggetto** Stegreifkomödie *f;* ~ **dell'arte** Commedia dell'arte *f;* ~ **d'intreccio/di carattere** Verwicklungs-/Charakterkomödie *f;* **personaggio da** ~ Hanswurst *m;* **fare la** ~ *fig* Komödie spielen. **commediante** [...me'diante] *mf* **1.** *theat* Komödiant(in) *m(f);* **2.** *fig pej* Heuchler(in) *m(f)*, Komödiant(in) *m(f).* **commediografo, -a** [...me'diɔ:grafo] *m, f* Lustspiel-, Komödienautor(in) *m(f).*

commemorare [kommemo'ra:re] *tr* gedenken (*qu* jds); *(celebrare)* feiern. **commemorativo, -a** [...ra'ti:vo] *a* Gedenk-, Gedächtnis-. **commemorazione** [...rat'tsio:ne] *f* Gedenken *n* (*di* an); *(cerimonia)* Gedächtnisfeier *f.*

commenda [kom'mɛnda] *f* **1.** *rel* Komturei *f*, Kommende *f;* **2.** *(titolo di commendatore)* Komturwürde *f.* **commendatore** [...menda'to:re] *m* (*ab* **Comm.**) Komtur *m*, Kommandeur *m.*

commensale [kommen'sa:le] *mf* Tischgenosse *m*, -genossin *f.*

commensurabile [kommensu'ra:bile] *a* kommensurabel.

commentare [kommen'ta:re] *tr* **1.** *(passo, poesia)* interpretieren, erläutern; **2.** *(spiegare con commento)* kommentieren; **3.** *(esprimere giudizi)* seine Meinung äußern über. **commentatore, -trice** [...ta'to:re] *m, f* **1.** *radio, TV* Kommentator(in) *m(f);* **2.** *lit* Interpret(in) *m(f).* **commento** [...'mento] *m* **1.** *(nota illustrativa)* Kommentar *m*, Erläuterung *f; lit, radio, TV* Besprechung *f;* **2.** *(giudizio)* Kommentar *m*, Beurteilung *f; (opinione)* Meinung *f; (osservazione)* Bemerkung *f;* ~ **musicale** *film* (Film)musik *f.*

commerciabile [kommer'tʃa:bile] *a* verkäuflich, marktgängig. **commerciabilità** [...tʃabili'ta] ‹-› *f* Verkäuflichkeit *f.*

commerciale [kommer'tʃa:le] *a* **1.** *(lettera, valore, scuola)* Handels-; **2.** *(prodotto, film, etc.)* kommerziell. **commercialista** [...tʃa'lista] ‹-i *m*, -e *f*› *mf* Handelsrechtsexperte *m*, -expertin *f.* **commercializzare** [...tʃalid'dza:re] *tr* **1.** *com* vermarkten; **2.** *fig pej* kommerzialisieren.

commerciante [kommer'tʃante] *mf* Händler(in) *m(f);* ~ **all'ingrosso** Großhändler(in) *m(f);* ~ **in pellami** Lederwarenhändler(in) *m(f).*

commerciare [kommer'tʃa:re] ‹commercio, commerci› *itr* handeln (*in* in, mit). **commercio** [...'mɛrtʃo] ‹-ci› *m* Handel *m;* ~ **all'ingrosso/al minuto** Groß-/Einzelhandel *m;* **essere in** ~ im Handel sein; **essere nel** ~ im Handel tätig sein; **far** ~ **di qc** *pej* etw. zu Geld machen, etw. verkaufen.

commessa[1] [kom'messa] *f (in un negozio)* Verkäuferin *f.*

commessa[2] [kom'messa] *f (ordinazione)* Auftrag *m*, Bestellung *f.*

commesso [kom'messo] *m* **1.** *(in un negozio)* Verkäufer *m;* **2.** *(impiegato subalterno)* Bote *m;* ~ **viaggiatore** Handlungsreisende(r) *m*, Handelsvertreter *m.*

commestibile [kommes'ti:bile] **I.** *a* eßbar, genießbar; **II.** *m pl* Lebensmittel *n pl.*

commettere [kom'mettere] ‹*irr*› **I.** *tr* **1.** *(delitto, imprudenza)* begehen; *(errore a.)* machen; **2.** *com* bestellen; **II.** *itr* (sich) zusammenfügen, (zusammen)passen; **III.** *rfl:* **-rsi** *poet* sich hingeben.

commettitura [kommetti'tu:ra] *f* Verbindungsstelle *f.*

commiato [kom'mia:to] *m* **1.** *(congedo)* Abschied *m;* **2.** *lit (nelle canzoni)* Geleit *n;* **prendere ~ da qu** von jdm Abschied nehmen; **dare ~ a qu** jdn verabschieden.

commilitone [kommili'to:ne] *m* Kamerad *m.*

comminare [kommi'na:re] *tr jur* vorsehen.

commiserare [kommize'ra:re] *tr* bemitleiden, bedauern. **commiserazione** [...rat'tsio:ne] *f* Mitleid *n*, Bemitleidung *f.*

commissaria *f v.* **commissario.**

commissariale [kommissa'ri̯a:le] *a* Kommissariats-. **commissariato** [...'ri̯a:to] *m* Kommissariat *n*.
commissario, -a [kommis'sa:ri̯o] ‹-i, -ie› *m, f* **1.** *adm* Kommissar(in) *m(f)*, Beauftragte(r) *mf;* **2.** *(membro di commissione)* Mitglied *n* einer Kommission; **3.** *sport* Funktionär(in) *m(f);* ~ **di pubblica sicurezza** Polizeikommissar *m;* ~ **d'esame** Mitglied *n* einer Prüfungskommission; ~ **tecnico** (*ab* **C.T.**) (Fußball)nationaltrainer *m*.
commissionare [kommissi̯o'na:re] *tr* bestellen, ordern. **commissionario** [...'na:ri̯o] *m* Kommissionär *m*. **commissione** [...'si̯o:ne] *f* **1.** *(incarico)* Auftrag *m;* **2.** *com (ordinazione)* Bestellung *f*, Auftrag *m; (somma)* Kommission *f;* **3.** *(comitato)* Kommission *f*, Ausschuß *m;* ~ **esaminatrice** Prüfungskommission *f;* ~ **d'esami/inchiesta** Prüfungs-/Untersuchungsausschuß *m;* ~ **interna** Betriebsrat *m;* **mandare qu a fare una** ~ jdn (weg)schicken, um eine Besorgung zu machen; **ho da fare delle -i in città** ich habe in der Stadt Besorgungen zu machen; **su** ~ auf Bestellung.
commisurare [kommizu'ra:re] *tr* bemessen (*a* nach), angleichen (*a* an).
committente [kommit'tɛnte] *mf* Auftraggeber(in) *m(f)*.
commodoro [kommo'dɔ:ro] *m* Kommodore *m*.
commovente [kommo'vɛnte] *a* rührend, ergreifend. **commozione** [...mot'tsi̯o:ne] *f* Rührung *f*, Bewegung *f;* ~ **cerebrale** Gehirnerschütterung *f*.
commuovere [kom'mu̯ɔ:vere] ‹*irr*› **I.** *tr* rühren, ergreifen, bewegen; **non è il tipo da lasciarsi** ~ so jemand kennt kein Mitleid; ~ **qu fino alle lacrime** jdn zu Tränen rühren; **II.** *rfl:* **-rsi** gerührt sein.
commutare [kommu'ta:re] *tr* **1.** *(scambiare)* austauschen; *(pena)* umwandeln; **2.** *el* umschalten. **commutativo, -a** [...ta'ti:vo] *a* kommutativ, Kommutativ-. **commutatore** [...ta'to:re] *m* **1.** *el* Kollektor *m*, Stromwender *m;* **2.** *tel* (Um)schaltung *f*. **commutatrice** [...ta'tri:tʃe] *f* Umformer *m*. **commutazione** [...tat'tsi̯o:ne] *f* **1.** *gener.* Austausch *m*, Auswechseln *n;* **2.** *mat* Kommutation *f;* **3.** *jur* Umwandlung *f;* **4.** *el, tel* Schaltung *f*.
Como ['kɔ:mo] *f* Como *n;* **Lago di** ~ Comer See *m*.
comò [ko'mɔ] ‹-› *m* Kommode *f*.
comodare [komo'da:re] *itr* ‹*essere*› *fam* passen *fam;* **fai come ti comoda** mach wie's dir paßt.
comodino [komo'di:no] *m* Nachttisch *m*, -schränkchen *n*.
comodità [komodi'ta] ‹-› *f* Bequemlichkeit *f*. **comodo** ['kɔ:modo] *m* Bequemlichkeit *f;* **con** ~ in Ruhe, ohne Eile (*o.* Hast); **fare** (*o.* **tornare**) ~ **a qu** jdm gelegen kommen; **fare il proprio** ~ nur das tun, wozu man Lust hat.
comodo, -a ['kɔ:modo] *a* bequem; **state -i!** bleibt sitzen!
compaesano, -a [kompae'za:no] *m, f* Landsmann *m*, -männin *f*.
compagine [kom'pa:dʒine] *f* **1.** *gener.* Gefüge *n;* **2.** *sport* Mannschaft *f*.
compagna *f v.* **compagno.**
compagnia [kompaɲ'ɲi:a] ‹-ie› *f* **1.** *(lo stare insieme)* Gesellschaft *f;* **2.** *(gruppo)* Gesellschaft *f*, Gruppe *f;* **3.** *theat* (Schauspiel)truppe *f;* **4.** *rel* Orden *m; (confraternità)* Bruderschaft *f;* **5.** *mil* Kompanie *f;* **6.** *com* (*ab* **C.ia**) Gesellschaft *f;* ~ **di assicurazione** Versicherungsgesellschaft *f;* ~ **di ventura** *hist* Söldnertruppe *f;* **dama di** ~ Gesellschaftsdame *f;* **essere di buona** ~ gesellig sein; **fare** (*o.* **tenere**) ~ **a qu** jdm Gesellschaft leisten; **e** ~ **bella** *fam* et cetera pp. *fam*.
compagno, -a [...'paɲɲo] **I.** *m, f* Gefährte *m*, Gefährtin *f; (di classe, gioco, sport)* Kamerad(in) *m(f); pol* Genosse *m*, Genossin *f; com* Teilhaber(in) *m(f)*, Partner(in) *m(f); (persona con cui si vive)* Lebensgefährte *m*, -gefährtin *f*, Partner(in) *m(f);* **il mio** ~ **di banco/di scuola** mein Banknachbar *m*/Klassenkamerad *m;* ~ **di stanza/sventura** Zimmer-/Leidensgenosse *m;* **ditta Rossi e -i** Firma *f* Rossi und Teilhaber; **II.** *a fam* entsprechend, passend. **compagnone, -a** [...'ɲo:ne] *m, f fam* lustiger Geselle, munteres Mädchen.
compaio [kom'pa:i̯o] *1. pers sing pr di* **comparire.**
companatico [kompa'na:tiko] ‹-ci› *m* Beilage *f* zum Brot, Brotbelag *m*.
comparare [kompa'ra:re] *tr* vergleichen. **comparativo, -a** [...ra'ti:vo] **I.** *a* **1.** *(studio, metodo)* vergleichend; **2.** *gram* Komparativ-, Steigerungs-; **grado** ~ Steigerungsstufe *f;* **II.** *m* Komparativ *m*. **comparato, -a** [...'ra:to] *a* vergleichend. **comparazione** [...rat'tsi̯o:ne] *f* **1.** *(paragone)* Vergleich *m;* **2.** *gram* Steigerung *f*, Komparation *f*.
compare [kom'pa:re] *m* **1.** *(di battesimo)* (Tauf)pate *m;* **2.** *(amico)* Gevatter *m obs*, Genosse *m;* **3.** *pej* Kumpan

m, Helfershelfer *m*; ~ **di matrimonio** (*o.* **d'anello**) Trauzeuge *m*.

comparire [kompa'ri:re] ⟨comparisco *o.* compaio, comparvi *o.* comparii, comparso⟩ *itr* ⟨*essere*⟩ **1.** *(presentarsi)* erscheinen; **2.** *(risultare)* auftreten, in Erscheinung treten; **3.** *(far mostra)* sich in Szene setzen; **non comparirmi più davanti!** komm mir nicht mehr unter die Augen! **comparizione** [...rit'tsio:ne] *f* Erscheinen *n*; **mandato** (*o.* **ordine**) **di** ~ Vorladung *f*.

comparsa [kom'parsa] *f* **1.** *theat, film* Statist(in) *m(f)*, Komparse *m*, Komparsin *f*; **2.** *(il comparire)* Erscheinen *n*, Auftreten *n*; *theat* Auftritt *m*; **3.** *jur* Schriftsatz *m*; **fare la** ~ als Komparse auftreten; **fare da** ~ *fig fam* (nur) Statist sein.

comparso [kom'parso] *pp di* **comparire.**

compartecipare [kompartetʃi'pa:re] *itr* sich beteiligen (*a* an), teilhaben (*a* an). **compartecipazione** [...pat'tsio:ne] *f* Beteiligung *f*. **compartecipe** [...'te:tʃipe] *mf* Mensch, der Anteil nimmt.

compartimentale [kompartimen'ta:le] *a* Bezirks-.

compartimento [komparti'mento] *m* **1.** *(suddivisione)* Abteilung *f*; *(di scaffale)* Fach *n*; **2.** *ferr* Abteil *n*; **3.** *adm* Bezirk *m*.

comparvi [kom'parvi] *1. pers sing del passato remoto di* **comparire.**

compassato, -a [kompas'sa:to] *a* beherrscht, distanziert.

compassionare [kompassio'na:re] *tr* bemitleiden, bedauern. **compassione** [...'sio:ne] *f* Mitleid *n* (*di, per, verso* mit); *(pietà)* Erbarmen *n*; **far** ~ **a qu** jdm leid tun; **muovere a** ~ **qu** bei jdm Mitleid erwecken. **compassionevole** [...io'ne:vole] *a* **1.** *(commovente)* bedauernswert; **2.** *(pietoso)* mitleidig; *(a. rel)* barmherzig.

compasso [kom'passo] *m* Zirkel *m*; *naut (bussola)* Kompaß *m*.

compatibile [kompa'ti:bile] *a* **1.** *(conciliabile)* vereinbar (*con* mit); *inform* kompatibel; **2.** *(scusabile)* verzeihlich. **compatibilità** [...tibili'ta] ⟨-⟩ *f* Vereinbarkeit *f*, Verträglichkeit *f*; *inform* Kompatibilität *f*. **compatibilmente** [...tibil'mente] *adv*: ~ **con ...** soweit es mit ... vereinbar ist.

compatimento [kompati'mento] *m* **1.** *(compassione)* Mitleid *n*, Mitgefühl *n*; **2.** *(indulgenza)* Nachsicht *f*. **compatire** [...'ti:re] ⟨compatisco⟩ *tr* **1.** *(avere compassione di)* Mitleid haben mit; **2.** *(commiserare)* bedauern, bemitleiden; **3.** *(scusare)* verzeihen.

compatriota [kompatri'ɔ:ta] ⟨-i *m*, -e *f*⟩ *mf* Landsmann *m*, -männin *f*.

compattezza [kompat'tettsa] *f* **1.** Kompaktheit *f*, Dichte *f*; **2.** *fig* Geschlossenheit *f*. **compatto, -a** [...'patto] *a* **1.** *(solido, denso)* kompakt, dicht; **2.** *fig* geschlossen; *(idee, etc.)* übereinstimmend.

compendiare [kompen'dia:re] ⟨compendio, compendi⟩ *tr* zusammenfassen. **compendio** [...'pɛndio] ⟨-i⟩ *m* Kompendium *n*, Abriß *m*; **in** ~ zusammengefaßt.

compenetrare [kompene'tra:re] **I.** *tr* **1.** *(penetrare)* durchdringen; **2.** *fig* erfüllen, durchdringen; **II.** *rfl*: **-rsi 1.** *fig* sich hineinversetzen; **2.** *(sostanze)* sich (gegenseitig) durchdringen. **compenetrazione** [...rat'tsio:ne] *f* Durchdringung *f*.

compensare [kompen'sa:re] *tr* **1.** *(somma)* begleichen, bezahlen; *(persona)* bezahlen (*in* mit); *(risarcire)* entschädigen (*di* für); **2.** *(differenza)* ausgleichen, wettmachen, kompensieren. **compensato, -a** [...'sa:to] **I.** *a* vergütet, entlohnt, bezahlt; **II.** *m* Sperrholz *n*. **compensatore, -trice** [...sa'to:re] **I.** *a* ausgleichend, kompensierend; **bagno** ~ Kompensationsbad *n*; **II.** *m* Kompensator *m*. **compensazione** [...sat'tsio:ne] *f* **1.** *gener.* Ausgleich *m*; **2.** *com* Verrechnung *f*; **3.** *(ricompensa)* Belohnung *f*; **4.** *psych* Kompensation *f*, Kompensierung *f*. **compenso** [...'pɛnso] *m* **1.** *com (retribuzione)* Vergütung *f*; *(risarcimento)* Entschädigung *f*; **2.** *fig* Ausgleich *m*; **in** (*o.* **per**) ~ als (*o.* zum) Ausgleich, dafür.

compera ['kompera] *etc. v.* **compra** *etc.*

competei [kompe'te:i] *1. pers sing del passato remoto di* **competere.**

competente [kompe'tɛnte] **I.** *a* **1.** *(esperto)* kompetent, sachkundig; **2.** *adm* zuständig; **II.** *mf* Sachverständige(r) *mf*, Fachmann *m*. **competenza** [...'tɛntsa] *f* **1.** *(perizia)* Kompetenz *f*, Sachverstand *m*; **2.** *adm* Zuständigkeit *f*; **3.** ⟨*pl*⟩ *com* Honorar *n*; **ciò non è di sua** ~ das liegt nicht in seiner (*o.* ihrer) Kompetenz.

competere [kom'pɛ:tere] ⟨competo, competei *o.* competetti, *manca il pp*⟩ *itr* **1.** *(gareggiare)* konkurrieren (*con* mit, *per* um), wetteifern (*con* mit, *per* um); **2.** *adm* zustehen, zukommen; **3.** *(riguardare)* betreffen (*a qu* jdn); **non compete al pretore giudicare questo reato** der Amtsrichter ist für die Beurteilung dieser Straftat nicht zuständig. **competitività** [kompetitivi'ta] ⟨-⟩ *f* Konkurrenz-, Wettbewerbsfähigkeit *f; fig* Konkurrenzdenken *n.* **competitivo, -a** [...'ti:vo] *a* **1.** *com* konkurrenzfähig, wettbewerbsfähig; **2.** *fig* streitbar. **competitore, -trice** [...'to:re] *m, f* Konkurrent(in) *m(f).* **competizione** [...tit'tsi̯o:ne] *f* Wettkampf *m.* **competo** [...'pɛ:to] *1. pers sing pr di* **competere.**

compiacente [kompi̯a'tʃɛnte] *a* gefällig; *(cortese)* entgegenkommend. **compiacenza** [...'tʃɛntsa] *f* **1.** *(cortesia)* Gefälligkeit *f,* Entgegenkommen *n;* **2.** *(soddisfazione)* Befriedigung *f,* Zufriedenheit *f;* **avere la ~ di fare qc** so liebenswürdig sein, etw. zu tun.

compiacere [kompi̯a'tʃe:re] ⟨*irr*⟩ **I.** *itr* gefällig sein, entgegenkommen; *(assecondare)* zufriedenstellen (*a qu* jdn); **~ ai desideri di qu** jds Wünsche erfüllen; **II.** *rfl:* **-rsi** sich freuen (*di, per* über). **compiacimento** [...tʃi'mento] *m* Befriedigung *f,* Genugtuung *f.*

compiangere [kom'pi̯andʒere] ⟨*irr*⟩ *tr* bedauern (*qc* etw.); **lo compiango** er tut mir leid. **compianto, -a** [...'pi̯anto] **I.** *a fig* verstorben; **II.** *m* Trauer *f.*

compiere ['kompi̯ere] ⟨compio, compii *o.* compiei, compiuto⟩ **I.** *tr* **1.** *(concludere)* beenden; *(età)* vollenden; **2.** *(adempiere)* ausführen, tun; *(dovere)* erfüllen; **~ gli anni** Geburtstag haben; **ha compiuto 10 anni giovedì** er (*o.* sie) ist am Donnerstag zehn Jahre (alt) geworden; **II.** *rfl:* **-rsi** **1.** *(concludere)* zu Ende gehen, zum Abschluß kommen; **2.** *(avverarsi)* eintreffen, sich erfüllen.

compilare [kompi'la:re] *tr* verfassen, zusammenstellen; *(lista)* aufstellen; *(modulo)* ausfüllen; *(vocabolario)* kompilieren. **compilatore, -trice** [...la'to:re] **I.** *m, f* Verfasser(in) *m(f); (di vocabolario)* Kompilator(in) *m(f);* **II.** *m inform* Compiler *m.* **compilazione** [...lat'tsi̯o:ne] *f* Zusammenstellung *f,* Verfassung *f; (di modulo)* Ausfüllen *n; (di vocabolario)* Kompilierung *f,* Kompilation *f.*

compimento [kompi'mento] *m* Abschluß *m;* **portare a ~ qc** etw. zum Abschluß bringen.

compio ['kompi̯o] *1. pers sing pr di* **compiere.**

compire [kom'pi:re] ⟨compisco⟩ *v.* **compiere.**

compitare [kompi'ta:re] *tr* buchstabieren. **compitazione** [...tat'tsi̯o:ne] *f* Buchstabieren *n.*

compitezza [kompi'tettsa] *f* Höflichkeit *f,* Korrektheit *f.*

compito ['kompito] *m* **1.** *(a scuola)* (Haus)aufgabe *f;* **2.** *(incarico)* Aufgabe *f,* Pflicht *f;* **~ in classe (d'italiano)** Klassenarbeit *f* (in Italienisch).

compito, -a [kom'pi:to] *a* korrekt, höflich.

compiutamente [kompi̯uta'mente] *adv* vollständig. **compiuto, -a** [...'pi̯u:to] **I.** *pp di* **compiere; II.** *a* vollendet, abgeschlossen.

compleanno [komple'anno] *m* Geburtstag *m;* **tanti auguri di buon ~** herzliche Glückwünsche zum Geburtstag.

complementare [komplemen'ta:re] **I.** *a* komplementär, (sich) ergänzend; *(accessorio)* zusätzlich, Zusatz-; *(secondario)* Neben-; **imposta ~** Ergänzungsabgabe *f;* **colori -i** Komplementärfarben *f pl;* **II.** *f* Ergänzungsabgabe *f.* **complemento** [...'mento] *m* **1.** *gram* Ergänzung *f,* Angabe *f;* **2.** *mil* Reserve *f;* **~ di causa/specificazione/tempo** (adverbiale) Bestimmung des Grundes/der Art und Weise/der Zeit; **~ di termine** Dativobjekt *n;* **~ di un angolo** Komplementwinkel *m.*

complessare [komples'sa:re] *tr* Komplexe hervorrufen bei. **complessato, -a** [...'sa:to] **I.** *a* komplexbeladen, voller Komplexe; **II.** *m, f* Mensch, der Komplexe hat.

complessione [komples'si̯o:ne] *f* Statur *f.*

complessità [komplessi'ta] ⟨-⟩ *f* Komplexität *f; (fig a.)* Vielschichtigkeit *f; (difficoltà)* Schwierigkeit *f.*

complessivamente [komplessiva'mente] *adv* insgesamt, im ganzen. **complessivo, -a** [...'si:vo] *a* umfassend, gesamt, Gesamt-.

complesso [kom'plɛsso] *m* **1.** *psych* Komplex *m;* **2.** *(industriale)* (Gebäude)komplex *m;* **3.** *mus* Gruppe *f,* Band *f;* **4.** *(insieme)* Komplex *m,* Gesamtheit *f;* **~ balneare** Badeanlagen *f pl;* **~ di colpa/d'inferiorità** Schuld-/Minderwertigkeitskomplex *m;* **in** (*o.* **nel**) **~** insgesamt, im großen und ganzen.

complesso, -a [kom'plɛsso] *a* komplex; *(fig a.)* vielschichtig; *(difficile)* kompliziert, schwierig; **numero ~** komplexe Zahl.

completamente [kompleta'mente] *adv* völlig.

completamento [kompleta'mento] *m* Vervollständigung *f; (a. parte)* Ergänzung *f.* **completare** [...'ta:re] *tr* vervollständigen, ergänzen. **completezza** [...'tettsa] *f* Vollständigkeit *f.* **completo, -a** [...'plɛ:to] **I.** *a* **1.** *(assortimento, elenco)* vollständig; **2.** *(autobus, albergo, etc.)* besetzt, voll(besetzt); *(teatro)* ausverkauft; **3.** *fig (fiducia, etc.)* völlig, voll; **II.** *m* **1.** *(abito)* Anzug *m;* **2.** *(accessori)* Satz *m,* Set *n;* **al (gran) ~** *(riunione)* vollzählig.

complicanza [kompli'kantsa] *f* Komplikation *f.* **complicare** [...'ka:re] ‹complico, complichi› **I.** *tr* komplizieren, schwierig(er) machen; **II.** *rfl:* **-rsi** **1.** *(situazione, trama)* sich komplizieren, sich verwickeln; **2.** *med* Komplikationen ergeben. **complicato, -a** [...'ka:to] *a* **1.** *(caso, ragionamento, situazione)* kompliziert, verwickelt; **2.** *(persona)* kompliziert, schwierig. **complicazione** [...kat'tsi̯o:ne] *f* **1.** *med* Komplikation *f;* **2.** *(difficoltà)* Schwierigkeit *f;* **senza ~** ohne Komplikationen; *(persona)* unkompliziert.

complice ['kɔmplitʃe *o.* 'kom...] *mf* Komplize *m,* Komplizin *f; jur* Mittäter(in) *m(f).* **complicità** [komplitʃi'ta] ‹-› *f* Mittäterschaft *f.*

complimentare [komplimen'ta:re] **I.** *tr (far complimenti)* ein Kompliment machen (*qu per qc* jdm für etw.); *(riverire)* seine Reverenz erweisen (*qu* jdm) *obs;* **II.** *rfl:* **-rsi** beglückwünschen (*con qu* jdn), gratulieren (*con qu* jdm). **complimento** [...'mento] *m* Kompliment *n;* **-i** Empfehlungen *f pl;* **-i!** (mein) Kompliment!; *(per la laurea, etc.)* (ich) gratuliere!; **senza -i** ohne Umstände; **non fare -i!** nur keine Umstände! **complimentoso, -a** [...'to:so] *a* umständlich.

complottare [komplot'ta:re] *itr* ein Komplott schmieden, sich verschwören; **ma che state complottando?** *scherz* was heckt ihr denn aus? **complotto** [...'plɔtto] *m* Komplott *n;* **fare un ~ contro qu** ein Komplott gegen jdn anzetteln.

componente [kompo'nɛnte] **I.** *a* formend, bildend; **membri -i (di) una squadra** eine Mannschaft bildende Mitglieder; **II.** *mf* Mitglied *n;* **III.** *m* Bestandteil *m,* Komponente *f.*

componibile [kompo'ni:bile] *a* Anbau-; *(cucina a.)* Einbau-.

componimento [komponi'mento] *m* **1.** *(scolastico)* Aufsatz *m;* **2.** *lit* Werk *n;* **3.** *mus* Komposition *f;* **4.** *jur (di una lite)* Schlichtung *f,* Beilegung *f; (accordo)* Einigung *f.*

comporre [kom'porre] ‹*irr*› *tr* **1.** *(mettere insieme)* zusammensetzen; *(gruppo, pranzo)* zusammenstellen; *tel (numero)* wählen; *(formare)* bilden; **2.** *(mettere in ordine)* zurechtmachen; **3.** *lit* verfassen, schreiben; *(a scuola)* schreiben; **4.** *mus* komponieren; **5.** *typ* setzen; **6.** *jur (lite)* beilegen, schlichten.

comportamentale [komportamen'ta:le] *a* Verhaltens-. **comportamentismo** [...'tizmo] *m* Verhaltensforschung *f.* **comportamento** [...'mento] *m* Verhalten *n; (di persona a.)* Benehmen *n.*

comportare [kompor'tare] **I.** *tr* **1.** *(richiedere)* bedingen, voraussetzen; *(implicare)* mit sich *(dat)* bringen; **2.** *(permettere)* zulassen; **II.** *rfl:* **-rsi** sich verhalten; *(persone a.)* sich benehmen.

composito, -a [kom'pɔ:zito] *a* gemischt, zusammengesetzt.

compositore, -trice [kompozi'to:re] *m, f* **1.** *mus* Komponist(in) *m(f);* **2.** *typ* Setzer(in) *m(f).* **compositrice** [...'tri:tʃe] *f* Setzmaschine *f.* **composizione** [...zit'tsi̯o:ne] *f* **1.** *(il comporre)* Zusammensetzung *f,* Zusammenstellung *f; (formazione)* Bildung *f;* **2.** *(mus, testo)* Komposition *f;* **3.** *(a scuola)* Aufsatz *m;* **4.** *typ* Satz *m;* **5.** *jur (di una lite)* Schlichtung *f,* Beilegung *f; (di persone)* Einigung *f.*

composta [kom'posta] *f* **1.** *gastr* Kompott *m;* **2.** *agr* Kompost *m.*

compostezza [kompos'tettsa] *f* Anstand *m.* **composto, -a** [...'posto] **I.** *a* **1.** *(formato di più elementi)* zusammengesetzt; **2.** *(posizione)* gesittet; *(capelli)* geordnet; **cerca di star ~** benimm dich bitte; **II.** *m* **1.** *gener.* Zusammensetzung *f;* **2.** *ling* Kompositum *n,* Zusammensetzung *f;* **3.** *chem* Verbindung *f;* **4.** *(misto)* Mischung *f.*

compra ['kompra] *f* Kauf *m.* **comprare** [...'pra:re] *tr* **1.** *com* kaufen; **2.** *pej* kaufen, bestechen. **compratore, -trice** [...pra'to:re] *m, f* Käufer(in) *m(f).* **compravendita** [-'vendita] *f* Kaufvertrag *m.*

comprendere [kom'prɛndere] ‹*irr*› **I.** *tr* **1.** *(capire)* verstehen, begreifen; **2.** *(contenere)* umfassen, enthalten; **II.** *rfl:* **-rsi** sich verstehen. **comprendonio** [...ren'dɔ:ni̯o] ‹-i› *m fam scherz* Grips *m fam;* **essere duro di ~** schwer von Begriff (*o.* Kapee *fam*) sein. **comprensibile** [kompren'si:bile] *a* verständlich. **comprensione** [...'sio:ne] *f* Verständnis *n.* **comprensivo, -a** [...'si:vo] *a* **1.** *(indulgente)* verständnisvoll; **2.** *com* einschließlich (*di gen*), inbegriffen (*di qc* etw.); **prezzo ~ di I.V.A.** Preis einschließlich Mehrwertsteuer. **compreso, -a** [...'pre:so] *a* **1.** *(persona)* aufgenommen, eingeschlossen; **2.** *(incluso)* einschließlich, inbegriffen; **fino al 3 ottobre ~** bis einschließlich 3. Oktober; **tutto ~** alles in allem; *com* alles inklusive; **I.V.A. -a** einschließlich Mehrwertsteuer.

compressa [kom'prɛssa] *f* **1.** *(pastiglia)* Tablette *f;* **2.** *(garza)* Kompresse *f.*

compressi [kom'prɛssi] *1. pers sing del passato remoto di* **comprimere.**

compressione [kompres'sio:ne] *f* **1.** *(il comprimere)* Zusammendrükken *n*, -pressen *n;* **2.** *mot* Verdichtung *f*, Kompression *f.* **compresso, -a** [...'prɛsso] **I.** *pp di* **comprimere; II.** *a* **1.** *gener.* zusammengedrückt, -gepreßt; **2.** *mot* verdichtet, komprimiert; **3.** *fig (ira, etc.)* unterdrückt; **freno ad aria -a** Druckluftbremse *f.* **compressore** [...pres'so:re] **I.** *a* komprimierend, Druck-; **II.** *m* Kompressor *m;* **~ stradale** *(rullo)* Straßenwalze *f.*

comprimario [kompri'ma:rio] *m* **1.** *med* einer von mehreren Chefärzten; **2.** *theat* Nebenrolle *f.*

comprimere [kom'pri:mere] ⟨comprimo, compressi, compresso⟩ *tr* zusammendrücken; *phys* komprimieren, verdichten; *med* abbinden; *fig* unterdrücken.

compromesso, -a [kompro'messo] **I.** *a pej (persona)* kompromittiert; *(reputazione)* geschädigt; **II.** *m* **1.** *fig* Kompromiß *m;* **2.** *jur (di contratto)* Vorvertrag *m; (accordo)* Vergleich *m.* **compromettente** [...met'tɛnte] *a* kompromittierend. **compromettere** [...'mettere] ⟨*irr*⟩ **I.** *tr* **1.** *(impresa, reputazione)* gefährden; *(persona)* kompromittieren; **2.** *jur* einem Schiedsgericht übergeben; **II.** *rfl:* **-rsi** **1.** *(mettersi in cattiva luce)* sich kompromittieren; **2.** *(impegnarsi)* sich einlassen (*con* mit). **compromissorio, -a** [...mis'sɔ:rio] ⟨-i, -ie⟩ *a* Kompromiß-; **clausola -a** Vergleichsklausel *f.*

comproprietà [komproprie'ta] *f* Miteigentum *n.* **comproprietario, -a** [...'ta:rio] *m, f* Miteigentümer(in) *m(f).*

comprovare [kompro'va:re] *tr* nachweisen, beweisen.

compunto, -a [kom'punto] *a* reumütig, reuig, zerknirscht. **compunzione** [...n'tsio:ne] *f* Reue *f*, Reumütigkeit *f*, Zerknirschung *f.*

computare [kompu'ta:re] *tr* **1.** *(contare)* berechnen; *(calcolare)* ausrechnen; **2.** *com* berechnen.

computer [kəm'pju:tə] ⟨-⟩ *m* Computer *m.* **computerizzare** [komputerid'dza:re] *tr* computerisieren.

computista [kompu'tista] ⟨-i *m*, -e *f*⟩ *mf* Buchhalter(in) *m(f).* **computisteria** [...te'ri:a] ⟨-ie⟩ *f* Buchhaltung *f*, Buchführung *f.* **computo** ['kɔmputo] *m* (Be)rechnung *f.*

comunale [komu'na:le] *a* **1.** *adm* kommunal, Gemeinde-; **2.** *hist:* **l'età ~** *die Zeit der Stadtstaaten;* **palazzo ~** *hist* Rathaus *n.*

comunanza [komu'nantsa] *f* Gemeinschaft *f*, Gemeinsamkeit *f.*

comunardo, -a [komu'nardo] **I.** *a* die Pariser Kommune betreffend; **II.** *m, f* Kommunarde *m*, Kommunardin *f.*

comune[1] [ko'mu:ne] **I.** *a* **1.** *(di tutti)* gemeinsam, Gemeinschafts-; **2.** *(opinione, uso)* allgemein, üblich; **3.** *(medio, normale)* durchschnittlich, mittelmäßig; *(ordinario)* gewöhnlich; **4.** *pej* gewöhnlich; **bene ~** Gemeinwohl *n;* **luogo ~** Gemeinplatz *m;* **nome ~** Gattungsname *m;* **il Mercato C~** der Gemeinsame Markt; **II.** *m* Übliche(s) *n*, Gewohnte(s) *n*, Gewöhnliche(s) *n;* **uscire dal ~** vom Üblichen abweichen; **essere fuori del ~** ungewöhnlich sein; **in ~** zusammen, gemeinsam; **mettersi in ~** sich zusammentun; **avere qc in ~** etw. gemeinsam haben; **III.** *f theat* Mitteltür *f;* **uscir dalla ~** *fig* von der Szene verschwinden.

comune[2] [ko'mu:ne] *m* **1.** *adm* Gemeinde *f; (sede)* Gemeindeverwaltung *f;* **2.** *hist* Stadtstaat *m;* **Camera dei -i** Unterhaus *n;* **sposarsi in ~** standesamtlich heiraten.

comune[3] [ko'mu:ne] *f hist pol* Kommune *f.*

comunella [komu'nɛlla] *f* **1.** *(accordo)* Abmachung *f*, Absprache *f;* **2.** *(chiave)* Hauptschlüssel *m;* **fare ~** gemeinsame Sache machen.

comunemente [komune'mente] *adv* allgemein, gewöhnlich.

comunicabile [komuni'ka:bile] *a* mitteilbar; *(sentimento a.)* ansteckend.

comunicando, -a [komuni'kando] *m, f* Kommunikant(in) *m(f).*

comunicante [komuni'kante] **I.** *a*

miteinander verbunden, in Verbindung stehend; *(vasi)* kommunizierend; **II.** *mf* Kommunikant(in) *m(f);* **III.** *m* die Kommunion spendender Priester.

comunicare [komuni'ka:re] ‹comunico, comunichi› **I.** *tr* **1.** *(notizia)* mitteilen; *(pubblicamente)* bekanntgeben; **2.** *(coraggio)* übertragen; *(speranza)* vermitteln; **3.** *med, phys* übertragen; **4.** *rel* die Kommunion spenden (*qu* jdm), das Abendmahl erteilen (*qu* jdm); **II.** *itr* **1.** *(luoghi)* verbunden sein (*con* mit); **2.** *(persone)* sich verständigen; *fig* sich verstehen; **III.** *rfl:* **-rsi 1.** *rel* kommunizieren; **2.** *(diffondersi)* sich verbreiten, bekannt werden; **3.** *med, phys* übertragen werden. **comunicativa** [...ka'ti:va] *f* Mitteilsamkeit *f,* Extrovertiertheit *f.* **comunicativo, -a** [...ka'ti:vo] *a* **1.** *(persona)* mitteilsam; extrovertiert; **2.** *(sentimento, allegria, risata)* ansteckend. **comunicato, -a** [...'ka:to] **I.** *a* bekanntgegeben, mitgeteilt; **II.** *m* Meldung *f,* Bericht *m;* ~ **commerciale** Werbespot *m;* ~ **stampa** Pressemeldung *f;* ~ **di guerra** Kriegsbericht *m.* **comunicazione** [...kat'tsi̯o:ne] *f* Kommunikation *f; (collegamento)* Verbindung *f; (notizia)* Mitteilung *f;* **mezzi di** ~ Kommunikationsmittel *n pl,* Medien *pl;* **-i ferroviarie/marittime/stradali** Eisenbahn-/Schiffs-/Straßenverbindungen *f pl;* ~ **telefonica/interurbana** Telefon-/Fernverbindung *f;* **essere in** ~ verbunden sein.

comunione [komu'ni̯o:ne] *f* **1.** *rel* Kommunion *f,* Abendmahl *n;* **2.** *jur* Gemeinschaft *f;* **3.** *fig* Gemeinsamkeit *f;* **prima** ~ Erstkommunion *f;* ~ **dei beni** Gütergemeinschaft *f.*

comunismo [komu'nizmo] *m* Kommunismus *m.* **comunista** [...'nista] ‹-i *m,* -e *f*› **I.** *mf* Kommunist(in) *m(f);* **II.** *a* kommunistisch.

comunità [komuni'ta] ‹-› *f* Gemeinschaft *f;* **la C~ Economica Europea** (*ab* **C.E.E.**) die Europäische Wirtschaftsgemeinschaft. **comunitario, -a** [...'ta:ri̯o] ‹-i, -ie› *a* gemeinschaftlich, Gemeinschafts-.

comunque [ko'muŋku̯e] **I.** *adv (in ogni modo)* jedenfalls; *(tuttavia)* immerhin; **II.** *con conj* wie auch immer.

con [kon] ‹col, collo, colla, coi, cogli, colle› *prp* **1.** *(compagnia, unione)* mit *dat;* **2.** *(mezzo, strumento, modo, maniera)* mit *dat;* **3.** *(tempo, causa)* mit *dat,* bei *dat;* **4.** *(verso)* zu *dat;* **5.** *(avversativo)* trotz *dat o. gen;* **caffè col latte** Kaffee mit Milch; **un uomo coi capelli bianchi** ein Mann mit weißen Haaren; **viaggiare col treno/colla macchina** mit dem Zug/Auto reisen; **essere gentile** ~ **qu** nett zu jdm sein; ~ **tutto il cuore** mit (*o.* von) ganzem Herzen; ~ **la tua venuta** bei deiner Ankunft; ~ **mio sommo stupore** zu meinem größten Erstaunen; ~ **questo** damit; ~ **questo caldo non si può uscire** bei dieser Hitze kann man nicht aus dem Haus gehen; ~ **tutti i suoi difetti, mi piace** trotz all seiner Fehler gefällt er (*o.* sie) mir; ~ **tutto che . . .** obwohl . . .

conato [ko'na:to] *m* Ringen *n,* krampfhaftes Bemühen; **avere -i di vomito** Brechreiz haben, würgen.

conca ['koŋka] ‹-che› *f* **1.** *(recipiente)* (Wasch)schüssel *f;* **2.** *geog* Becken *n,* Mulde *f;* ~ **di navigazione** Schleusenkammer *f.*

concatenamento [koŋkatena'mento] *m* Verkettung *f.* **concatenare** [...'na:re] *tr* verketten, verbinden. **concatenazione** [...nat'tsi̯o:ne] *f* Verkettung *f,* Verbindung *f.*

concavità [koŋkavi'ta] *f* Aushöhlung *f.* **concavo, -a** ['kɔŋkavo] *a* konkav.

concedere [kon'tʃɛ:dere] ‹concedo, concessi *o.* concedei *o.* concedetti, concesso› **I.** *tr* gewähren, zugestehen; *(a. prestito)* einräumen; **II.** *rfl:* **-rsi 1.** *(donna)* sich hingeben; **2.** *(permettersi)* sich *(dat)* gönnen, sich *(dat)* erlauben.

concentramento [kontʃentra'mento] *m* Konzentration *f;* **campo di** ~ Konzentrationslager *n.* **concentrare** [...'tra:re] **I.** *tr* **1.** *mil* konzentrieren, zusammenziehen; **2.** *fig* konzentrieren (*su* auf), richten (*su* auf); **3.** *chem* konzentrieren; **II.** *rfl:* **-rsi** sich konzentrieren (*su* auf), sich vertiefen (*in* in). **concentrato, -a** [...'tra:to] **I.** *a* konzentriert; **estratto** ~ **di carne/pomodoro** Fleischextrakt/Tomatenmark *n;* **II.** *m* **1.** *gastr* Konzentrat *n,* Extrakt *m;* **2.** *fig* Häufung *f;* **3.** *chem* Konzentrat *n;* ~ **di pomodoro** Tomatenmark *n;* **è un** ~ **di stupidità** er (*o.* sie) ist ein Ausbund an Dummheit. **concentrazione** [...trat'tsi̯o:ne] *f* Konzentration *f.*

concentricità [kontʃentritʃi'ta] ‹-› *f* Konzentrizität *f.* **concentrico, -a** [...'tʃɛntriko] ‹-ci, -che› *a* konzentrisch.

concepibile [kontʃe'pi:bile] *a* vorstellbar, faßbar; **non è** ~ **che . . .** *conj* es ist nicht zu fassen, daß . . .

concepimento [kontʃepi'mento] *m*

1. *biol* Empfängnis *f;* 2. *fig* Erfassen *n.* **concepire** [...'pi:re] ‹concepisco› *tr* 1. *biol* empfangen; 2. *fig (stima, affetto, odio)* empfinden; *(desiderio)* verspüren; *(sospetto)* hegen; *(comprendere)* begreifen; 3. *(ideare)* ausdenken, ersinnen.

conceria [kontʃe'ri:a] ‹-ie› *f* Gerberei *f.*

concernere [kon'tʃɛrnere] ‹*senza passato remoto e pp*› *tr* betreffen, angehen.

concertare [kontʃer'ta:re] *tr* 1. *pej (truffa, rapina, etc.)* planen, aushekken; 2. *mus* (ein)stimmen. **concertato, -a** [...'ta:to] I. *a (azione)* konzertiert; II. *m* Concertato *n.* **concertatore, -trice** [...ta'to:re] I. *a* Konzert-, Kapell-; II. *m* Kapellmeister *m.* **concertazione** [...tat'tsi̯o:ne] *f* (Ein)-stimmen *n.* **concertista** [...'tista] ‹-i *m,* -e *f*› *mf* Solist(in) *m(f).* **concertistico, -a** [...'tistiko] ‹-ci, -che› *a* Konzert-. **concerto** [...'tʃɛrto] *m* 1. *mus* Konzert *n;* 2. *fig* Einvernehmen *n;* **di ~** einig; **di ~ con** im Einvernehmen mit.

concessi [kon'tʃɛssi] *1. pers sing del passato remoto di* **concedere.**

concessionaria [kontʃessi̯o'na:ri̯a] ‹-ie› *f* Vertretung *f.* **concessionario, -a** [...i̯o] ‹-i, -ie› I. *a* Konzessions-; **ditta -a** Niederlassung *f,* Vertretung *f;* II. *m* Konzessionär *m; (ditta)* Vertretung *f.*

concessione [kontʃes'si̯o:ne] *f* Zugeständnis *n; com* Konzession *f; fin* Bewilligung *f; (permesso)* Genehmigung *f.* **concessiva** [...'si:va] *f* Konzessivsatz *m.* **concessivo, -a** [...'si:vo] *a* konzessiv. **concesso** [...'tʃɛsso] *pp di* **concedere.**

concetto [kon'tʃɛtto] *m* Vorstellung *f,* Begriff *m;* **impiegato di ~** Beamte(r) *m* (*o.* Angestellte(r) *m*) des gehobenen Dienstes; **lavoro di ~** Schreibtischarbeit *f,* -tätigkeit *f;* **farsi un ~ di qc** sich *(dat)* eine Vorstellung von etw. machen. **concettoso, -a** [kontʃet'to:so] *a* verschlüsselt, voller Symbole. **concettuale** [...tu'a:le] *a* begrifflich, Begriffs-.

concezione [kontʃet'tsi̯o:ne] *f* 1. *fig* Konzeption *f,* Auffassung *f; (di piano)* Entwurf *m;* 2. *obs biol* Empfängnis *f;* **l'Immacolata C~** die Unbefleckte Empfängnis.

conchiglia [koŋ'kiʎʎa] ‹-glie› *f* 1. *zoo* Muschel *f;* 2. ‹*pl*› *gastr muschelförmige Nudeln;* 3. *arch* Muschelwerk *n;* 4. *(stampo)* Gießform *f.*

concia ['kontʃa] ‹-ce› *f* 1. *(delle pelli)* Gerbung *f; (del tabacco, delle olive)* Fermentation *f;* 2. *(sostanza)* Gerbmittel *n.* **conciante** [...'tʃante] I. *a* gerbend; II. *m* Gerbmittel *n.*

conciare [kon'tʃa:re] ‹concio, conci› I. *tr* 1. *(pelli)* gerben; 2. *(lino, canapa)* rösten; 3. *(tabacco, olive)* fermentieren; 4. *(pietre)* bearbeiten; 5. *fig fam* (übel) zurichten; *(cose a.)* versauen *sl;* **~ qu per le feste** *fam* jdn übel zurichten; II. *rfl:* **-rsi** *pej* 1. *(vestirsi male)* sich geschmacklos anziehen; 2. *(sporcarsi, etc.)* sich zurichten; **guarda come ti sei conciato!** wie siehst du denn aus! **conciatore, -trice** [...tʃa'to:re] *m, f* Gerber(in) *m(f).* **conciatura** [...tʃa'tu:ra] *f* Gerbung *f.*

conciliabile [kontʃi'li̯a:bile] *a* vereinbar. **conciliabilità** [...i̯abili'ta] ‹-› *f* Vereinbarkeit *f.*

conciliabolo [kontʃi'li̯a:bolo] *m pej* heimliche Zusammenkunft.

conciliante [kontʃi'li̯ante] *a* versöhnlich, konziliant *geh.*

conciliare[1] [kontʃi'li̯a:re] ‹concilio, concili› I. *tr* 1. *adm (multa)* sofort (*o.* freiwillig) bezahlen; 2. *(sonno)* fördern, herbeiführen; *(appetito)* anregen; *(benevolenza, stima)* eintragen; 3. *(litiganti, avversari)* versöhnen; 4. *fig (tesi, etc.)* vereinbaren; **questo film concilia il sonno** dieser Film ist einschläfernd; II. *rfl:* **-rsi** 1. *(mettersi d'accordo)* sich einigen (*con* mit); 2. *(trovarsi d'accordo)* übereinstimmen; 3. *(conquistarsi)* gewinnen, sich *(dat)* verschaffen.

conciliare[2] [kontʃi'li̯a:re] I. *a* Konzil(s)-; II. *m* Teilnehmer *m* an einem Konzil.

conciliativo, -a [kontʃili̯a'ti:vo] *a* versöhnlich, *geh* konziliant.

conciliatore, -trice [kontʃili̯a'to:re] I. *a* schlichtend, vermittelnd; *fig* begünstigend; **giudice ~** Schiedsmann *m;* II. *m, f* Vermittler(in) *m(f); jur* Schiedsmann *m.* **conciliazione** [...t'tsi̯o:ne] *f* 1. *(di due avversari)* Versöhnung *f;* 2. *jur* Vergleich *m;* **la C~** die Lateranverträge *m pl.*

concilio [kon'tʃi:li̯o] ‹-i› *m* 1. *rel* Konzil *n;* 2. *scherz* Versammlung *f.*

concimaia [kontʃi'ma:i̯a] ‹-aie› *f* Dunggrube *f.* **concimare** [...'ma:re] *tr* düngen. **concimazione** [...mat'tsi̯o:ne] *f* Düngung *f.* **concime** [...'tʃi:me] *m* Dünger *m,* Düngemittel *n.*

concio, -a ['kontʃo] ‹-ci, -ce› *a* 1. *(pelle)* gegerbt; 2. *tosc fam* zugerichtet.

concionare [kontʃo'na:re] *itr* 1. *lit* ei-

ne Rede halten; **2.** *iron* predigen.
concione [...ˈtʃo:ne] *f (a. iron)* Sermon *m.*
concisione [kontʃiˈzi̯o:ne] *f* Bündigkeit *f,* Kürze *f,* Gedrängtheit *f.* **conciso, -a** [...ˈtʃi:zo] *a* bündig, kurz, konzis.
concistoro [kontʃisˈtɔ:ro] *m* Konsistorium *n.*
concitato, -a [kontʃiˈta:to] *a* erregt, aufgeregt. **concitazione** [...tatˈtsi̯o:ne] *f* Aufregung *f,* Erregung *f.*
concittadino, -a [kontʃittaˈdi:no] *m, f* Mitbürger(in) *m(f).*
conclave [koŋˈkla:ve] *m* Konklave *n.*
concludente [koŋkluˈdɛnte] *a* schlüssig.
concludere [koŋˈklu:dere] ‹concludo, conclusi, concluso› **I.** *tr* **1.** *(condurre a termine)* beenden, abschließen; **2.** *(trattato, vertenza)* (ab)schließen; *(patto, pace)* schließen; *(affare)* abschließen; **3.** *(di conseguenza)* schließen, folgern; **4.** *(fare)* zustande bringen; **stamattina non ho concluso nulla** heute morgen habe ich nichts zustande gebracht; **sono tutti discorsi che non concludono niente** das sind alles Reden, die nicht überzeugen; **da ciò si conclude che ...** daraus ist zu schließen, daß ...; **II.** *rfl:* **-rsi** ausgehen, enden, schließen. **conclusione** [koŋkluˈzi̯o:ne] *f* **1.** *(fine)* (Ab)schluß *m,* Ende *n; (di partita)* Ausgang *m;* **2.** *(deduzione)* Folgerung *f,* Schluß *m; (di accordo)* Ergebnis *n;* **giungere alla ~ che ...** zu dem Ergebnis kommen, daß ...; **in ~** abschließend. **conclusivo, -a** [...ˈzi:vo] *a* abschließend, End-, Schluß-. **concluso, -a** [...ˈklu:zo] **I.** *pp di* **concludere; II.** *a* (ab)geschlossen, vollendet; *(affare)* abgeschlossen; *(pace)* geschlossen; **non c'è nulla di ~** es steht noch nichts fest, man kann noch nichts Definitives sagen.
concomitante [koŋkomiˈtante] *a* begleitend, Begleit-. **concomitanza** [...ˈtantsa] *f* gemeinsames Vorkommen.
concordanza [koŋkorˈdantsa] *f* **1.** *gram* Kongruenz *f;* **2.** *(di opinioni, idee, fatti)* Übereinstimmung *f,* Einklang *m;* **3.** *lit* Konkordanz *f.* **concordare** [...ˈda:re] **I.** *tr* **1.** *gram* in Kongruenz bringen; **2.** *(prezzo, tregua)* vereinbaren, abmachen; **3.** *adm* durch einen Vergleich beilegen; **II.** *itr* **1.** *(essere d'accordo)* übereinstimmen (*con* mit); *(con persone)* einig sein (*con* mit); **2.** *gram* kongruent sein; **tutti concordano nel lodarlo** alle loben ihn übereinstimmend.
concordatario, -a [koŋkordaˈta:ri̯o] ‹-i, -ie› *a* **1.** *jur* Vergleichs-; **2.** *rel* Konkordats-. **concordato** [...ˈda:to] *m* **1.** *jur* Vergleich *m;* **2.** *rel* Konkordat *n.*
concorde [koŋˈkɔrde] *a* einvernehmlich. **concordia** [...ˈkɔrdi̯a] ‹-ie› *f* Einvernehmen *n; (armonia)* Eintracht *f.*
concorrente [koŋkorˈrɛnte] **I.** *a* **1.** *com* konkurrierend, Konkurrenz-; **2.** *mat* konvergent; **II.** *mf* **1.** *sport, com* Konkurrent(in) *m(f);* **2.** *(di concorso)* (Mit)bewerber(in) *m(f),* Kandidat(in) *m(f).* **concorrenza** [...ˈrɛntsa] *f* Konkurrenz *f; (com a.)* Wettbewerb *m;* **~ libera/sleale** freier/unlauterer Wettbewerb; **i nostri prezzi non temono la ~** unsere Preise sind konkurrenzlos; **fare ~ a qu** jdm Konkurrenz machen. **concorrenziale** [...renˈtsi̯a:le] *a* Konkurrenz-, Wettbewerbs-; *(prezzo a.)* konkurrenzfähig.
concorrere [koŋˈkorrere] ‹*irr*› *itr* **1.** *(partecipare)* teilnehmen (*in* an); **2.** *(competere)* sich bewerben (*a* um); *(in un concorso)* mitmachen (*a* an, bei), teilnehmen (*a* an, bei), mitspielen (*a* bei); **3.** *(contribuire)* sich beteiligen (*a* an), beitragen (*a* zu), mitwirken (*a* an). **concorso** [...ˈkorso] *m* **1.** *gener.* Wettbewerb *m;* **2.** *sport* Wettkampf *m;* **3.** *(partecipazione)* Beitrag *m; (collaborazione)* Mitwirkung *f; (in un reato)* Beteiligung *f;* **4.** *fig (di cause, etc.)* Zusammentreffen *n; (di persone)* Auflauf *m,* Zusammenströmen *n;* **~ ippico** Reitturnier *n; (corsa di cavalli)* Pferderennen *n;* **~ di bellezza** Schönheitswettbewerb *m;* **~ di colpa** Mitschuld *f;* **~ a premi** Preisausschreiben *n;* **fuori ~** außer Konkurrenz.
concretare [koŋkreˈta:re] **I.** *tr* konkretisieren; *(realizzare)* realisieren, verwirklichen; **II.** *rfl:* **-rsi** sich verwirklichen, Gestalt annehmen. **concretezza** [...ˈtettsa] *f* Konkretheit *f.* **concreto, -a** [...ˈkrɛ:to] **I.** *a* konkret; **nome ~** Konkretum *n;* **II.** *m* Konkrete(s) *n;* **venire al ~** zur Sache kommen; **in ~** konkret (betrachtet).
concrezione [koŋkretˈtsi̯o:ne] *f* **1.** *geol* Konkretion *f;* **2.** *med* Konkrement *n.*
concubina *f v.* **concubino.**
concubinato [koŋkubiˈna:to] *m* wilde Ehe, Konkubinat *n jur, obs.* **concubino, -a** [...ˈbi:no] *m, f* in wilder Ehe lebender Mann, lebende Frau.

concupiscenza [koŋkupiʃ'ʃɛntsa] *f* Wollust *f.*

concussionario, -a [koŋkussi̯o'na:ri̯o] ‹-i, -ie› *m, f* Mensch, der Amtsmißbrauch betreibt. **concussione** [...'si̯o:ne] *f* Amtsmißbrauch *m.*

condanna [kon'danna] *f* **1.** *jur* Verurteilung *f,* Urteil *n;* **2.** *fig* Mißbilligung *f.* **condannabile** [...'na:bile] *a* tadelnswert, verwerflich.

condannare [kondan'na:re] *tr* **1.** *jur* verurteilen (*a* zu, *per* wegen); **2.** *fig* verurteilen, mißbilligen; **è condannato** *med* er ist unheilbar krank. **condannato, -a** [...'na:to] *m, f* Verurteilte(r) *m.*

condebitore, -trice [kondebi'to:re] *m, f* Mitschuldner(in) *m(f).*

condensa [kon'dɛnsa] *f* Kondenswasser *n.*

condensamento [kondensa'mento] *m* Kondensation *f.* **condensare** [...'sa:re] **I.** *tr* **1.** *phys* kondensieren, verdichten; **2.** *fig* zusammenfassen, resümieren; **II.** *rfl:* **-rsi** kondensieren, sich verdichten. **condensato, -a** [...'sa:to] **I.** *a* **1.** *(latte)* Kondens-; **2.** *phys* kondensiert; **3.** *(libro)* zusammengefaßt; **II.** *m* **1.** *phys* Kondensat *n;* **2.** *(di libro)* Zusammenfassung *f.* **condensatore** [...sa'to:re] *m* Kondensator *m;* ~ **ottico** Kondensor *m.* **condensazione** [...sat'tsi̯o:ne] *f* Kondensation *f.*

condimento [kondi'mento] *m* **1.** *gastr* Zutat *f;* **2.** *fig* Würze *f.* **condire** [...'di:re] ‹condisco› *tr* **1.** *gastr (con frutta, prezzemolo, etc.)* anrichten; *(con pepe, sale, etc.)* abschmecken; *(insalata)* anmachen; **2.** *fig* würzen, bereichern.

condirettore, -trice [kondiret'to:re] *m, f* Kodirektor(in) *m(f).*

condiscendente [kondiʃʃen'dɛnte] *a* entgegenkommend; *(cedevole)* nachgiebig. **condiscendenza** [...'dɛntsa] *f* Entgegenkommen *n; (cedevolezza)* Nachgiebigkeit *f.*

condiscendere [kondiʃ'ʃendere] ‹*irr*› *itr* **1.** *(consentire)* einwilligen (*a* in). eingehen (*a* auf); **2.** *(cedere)* nachgeben *(a dat).*

condividere [kondi'vi:dere] ‹*irr*› *tr (opinioni, idee, etc.)* teilen.

condizionale [kondittsi̯o'na:le] **I.** *a* **1.** *gram* Konditional-, konditional; **2.** *jur* zur (*o.* mit) Bewährung; **sospensione ~ della pena** Aussetzung *f* der Strafe zur Bewährung; **II.** *m gram* Konditional *m;* **III.** *f* **1.** *gram* Konditionalsatz *m;* **2.** *jur* Bewährung *f.*

condizionamento [kondittsi̯ona'mento] *m* **1.** *(dell'aria)* Klimatisierung *f;* **2.** *psych* Konditionierung *f;* **impianto di ~** Klimaanlage *f.* **condizionare** [...'na:re] *tr* **1.** *(aria)* klimatisieren; **2.** *psych* konditionieren; **3.** *(subordinare)* abhängig machen (*a* von); **4.** *(merci)* behandeln, aufmachen. **condizionatore** [...na'to:re] *m* Klimaanlage *f.*

condizione [kondit'tsi̯o:ne] *f* **1.** *(presupposto)* Bedingung *f,* Voraussetzung *f; (requisito)* Voraussetzung *f; jur* Kondition *f;* **2.** ‹*pl*› *com* Konditionen *f pl,* Modalitäten *f pl;* **3.** ‹*pl*› *(stato)* Zustand *m; (finanziarie)* Lage *f;* **4.** *(limite)* Bedingung *f;* **-i di salute** Gesundheitszustand *m;* **resa senza -i** bedingungslose Kapitulation; **porre delle -i** Bedingungen stellen; **a ~ che ...** *conj* unter der Bedingung, daß ...

condoglianze [kondoʎ'ʎantse] *f pl* Beileid *n;* **fare le ~ a qu** jdm sein Beileid aussprechen, jdm kondolieren *geh.*

condom ['kɔndom] ‹-› *m* Kondom *n.*

condominio [kondo'mi:ni̯o] ‹-i› *m* **1.** *jur* Miteigentum *n;* **2.** *(casa)* Haus *n* mit Eigentumswohnungen. **condomino** [...'dɔ:mino] *m* Miteigentümer *m.*

condonabile [kondo'na:bile] *a (debito)* erläßlich; *(errore)* verzeihlich.

condonare [kondo'na:re] *tr* erlassen. **condono** [...'do:no] *m* Erlaß *m,* Erlassung *f.*

condor ['kɔndor] ‹-› *m* Kondor *m.*

condotta [kon'dotta] *f* **1.** *(comportamento)* Betragen *n,* Verhalten *n;* **2.** *med* Bezirksarztstelle *f; (zona)* Arztbezirk *m;* **3.** *(di gioco, impresa)* Führung *f,* Leitung *f;* **4.** *tec (tubazione)* Rohrleitung *f;* **linea di ~** Richtschnur *f,* Linie *f;* **medico di ~** Bezirksarzt *m;* **voto di ~** Note *f* in Führung; ~ **forzata** Druckleitung *f.*

condottiero, -a [kondot'ti̯ɛ:ro] **I.** *m, f fig* Führer(in) *m(f);* **II.** *m hist mil* Söldnerführer *m.*

condotto, -a [kon'dotto] **I.** *pp di* **condurre; II.** *a (medico)* Bezirks-; **III.** *m* **1.** *anat (~ uditivo, ~ epatico)* Gang *m; (~ lacrimale)* Kanal *m; (~ spermatico, ~ ovario)* Leiter *m;* **2.** *tec* Rohr *n,* Leitung *f.*

conducente [kondu'tʃɛnte] **I.** *mf (di veicolo)* Fahrer(in) *m(f),* Chauffeur(in) *m(f);* **II.** *mil* Rittmeister *m.*

condurre [kon'durre] ‹conduco, condussi, condotto› **I.** *tr* **1.** *mot, ferr, naut* fahren, führen; **2.** *(accompagnare)* führen, begleiten; **3.** *(azienda)* leiten; **4.** *fig (trattative, vita, etc.)* führen; **5.** *sport* anführen; **6.** *fig (portare a)* treiben (*a* zu); **~ qu al suicidio/alla rovina** jdn zum Selbstmord/in den Ruin treiben; **~ a termine** (*o.* **compimento) qc** etw. zum Abschluß bringen; **II.** *itr* **1.** *sport* führen (*per* mit), in Führung liegen (*per* mit); **2.** *(strada, etc.)* führen (*a* nach); **III.** *rfl:* **-rsi** sich verhalten (*da* wie), sich benehmen (*da* wie). **conduttanza** [kondut'tantsa] *f* Leitwert *m.* **conduttività** [...tivi'ta] ‹-› *f* Leitfähigkeit *f.* **conduttivo, -a** [...'ti:vo] *a* leitfähig. **conduttore, -trice** [...'to:re] **I.** *a* führend, Führungs-; **filo ~** *fig* roter Faden; **II.** *m* **1.** *ferr* Zugführer *m,* -schaffner *m; mot* (Renn)fahrer *m;* **2.** *(di azienda)* Leiter *m,* Betreiber *m; (di un appartamento)* Halter *m adm,* Mieter *m;* **3.** *phys* Leiter *m; el* Leitung *f.* **conduttura** [...'tu:ra] *f* Leitungsnetz *n.* **conduzione** [...t'tsi̯o:ne] *f* **1.** *phys* Übertragung *f,* Leitung *f;* **2.** *(di caldaie)* Überwachung *f;* **3.** *jur* Miete *f.*

confabulare [konfabu'la:re] *itr scherz* flüstern. **confabulazione** [...lat'tsi̯o:ne] *f scherz* Geflüster *n.*

confacente [konfa'tʃɛnte] *a* geeignet, passend.

CONFAGRICOLTURA [konfagrikol'tu:ra] *f ab di* **Confederazione Generale dell'Agricoltura Italiana** *Verband der italienischen Landwirtschaft.*

confarsi [kon'farsi] ‹*irr, usato solo nella 3. pers sing e pl; raro il pp ed i tempi composti*› *rfl* **1.** *(addirsi)* entsprechen (*a dat*), passen (*a* zu); **2.** *(giovare)* sich eignen (*a* für, zu), (gut) bekommen (*a dat*).

CONFARTIGIANATO [konfartidʒa'na:to] *f ab di* **Confederazione Generale dell'Artigianato Italiano** *Verband der italienischen Handwerker.*

CONFCOMMERCIO [konfkom'mɛrtʃo] *ab di* **Confederazione Generale del Commercio** *Verband des italienischen Handels und Tourismus.*

confederale [konfede'ra:le] *a* Bündnis-, Bundes-.

confederare [konfede'ra:re] **I.** *tr* zusammenschließen, vereinigen; **II.** *rfl:* **-rsi** sich zusammenschließen, sich vereinigen.

confederata *f v.* **confederato.**

confederativo, -a [konfedera'ti:vo] *a* Bündnis-. **confederato, -a** [...'ra:to] **I.** *a* verbündet; **II.** *m, f* Verbündete(r) *mf.* **confederazione** [...rat'tsi̯o:ne] *f* **1.** *pol* Konföderation *f;* **2.** *gener.* Verband *m,* Bund *m;* **la C~ Elvetica** die Schweizerische Eidgenossenschaft.

CONFEDILIZIA [konfedi'littsi̯a] *f ab di* **Confederazione Italiana della Proprietà Edilizia** *Verband des italienischen Bauwesens.*

conferenza [konfe'rɛntsa] *f* **1.** *(discorso)* Vortrag *m;* **2.** *(riunione)* Konferenz *f;* **~ stampa** Pressekonferenz *f;* **~ al vertice** Spitzentreffen *n; (pol a.)* Gipfeltreffen *n,* -konferenz *f;* **tenere una ~ su qc** einen Vortrag über etw. halten.

conferenziere, -a [konferen'tsi̯ɛ:re] *m, f* Sprecher(in) *m(f),* Redner(in) *m(f).*

conferimento [konferi'mento] *m* Verleihung *f.* **conferire** [...'ri:re] ‹conferisco› **I.** *tr* **1.** *(incarico)* vergeben; *(ricompensa, etc.)* geben; *(titolo)* verleihen; **2.** *fig (aggiungere)* geben, verleihen; **3.** *(portare)* abliefern; *(merci, etc.)* liefern; **II.** *itr* **1.** *(colloquiare)* eine Besprechung haben; **2.** *(giovare)* guttun, gut bekommen.

conferma [kon'ferma] *f* Bestätigung *f;* **trovare** (*o.* **avere) ~** bestätigt werden. **confermare** [...'ma:re] **I.** *tr* **1.** *(convalidare)* bestätigen; *(rafforzare)* bekräftigen; **2.** *rel* firmen; *(nella chiesa luterana)* konfirmieren; **II.** *rfl:* **-rsi 1.** *(rafforzarsi)* sich festigen; **2.** *(acquistare credito)* sich bestätigen. **confermazione** [...mat'tsi̯o:ne] *f* Firmung *f; (nella chiesa luterana)* Konfirmation *f.*

CONFESERCENTI [konfezer'tʃɛnti] *f ab di* **Confederazione degli Esercenti Attività Commerciali e Turistiche** *Verband des italienischen Handels und Tourismus.*

confessare [konfes'sa:re] **I.** *tr* **1.** *rel* beichten; *fig (a persona amica)* anvertrauen, beichten *fam;* **2.** *(colpa, errori)* gestehen; **II.** *rfl:* **-rsi 1.** *rel* zur Beichte gehen, beichten; **2.** *(rivelarsi)* sich bekennen; **-rsi colpevole** sich schuldig bekennen. **confessionale** [...si̯o'na:le] **I.** *m* Beichtstuhl *m;* **II.** *a (di confessione sacramentale)* Beicht-; *(di confessione religiosa)* konfessionell; **segreto ~** Beichtgeheimnis *n;* **stato ~** Konfessionsstaat *m.* **confessione** [...'si̯o:ne] *f* **1.** *rel* Bekenntnis *n,* Konfession *f; (sacramento)* Beichte *f;* **2.** *jur* Geständnis *n.* **confesso, -a** [...'fɛsso] *a* **1.** *rel* bußfertig; **2.** *jur* geständig. **confessore** [...fes'so:re] *m* Beichtvater *m.*

confetteria [konfette'ri:a] ‹-ie› *f* 1. *(bottega)* Süßwarenladen *m*, Confiserie *f geh;* 2. *(assortimento)* Süßwaren *f pl.* **confetto** [...'fɛtto] *m* 1. *gastr* Pariser Mandel *f;* ‹*pl*› *geh* Konfekt *n;* 2. *med* Dragée *n;* **mangiare i -i di qu** *fig* jds Hochzeit feiern.

confettura [konfet'tu:ra] *f* Konfitüre *f.*

confezionare [konfettsi̯o'na:re] *tr* 1. *(vestito)* anfertigen; 2. *(merci)* ein-, verpacken; *(pacco)* machen. **confezionatore, -trice** [...na'to:re] I. *m, f* 1. *(per vendita, trasporto)* Packer(in) *m(f);* 2. *(di biancheria)* Näher(in) *m(f),* Konfektionsschneider(in) *m(f);* II. *f* Packmaschine *f.* **confezione** [...'tsi̯o:ne] *f* 1. *(imballaggio)* (Ver)packung *f; (presentazione)* Aufmachung *f;* 2. ‹*pl*› *(vestiti)* Konfektion *f;* ~ **di cioccolatini** Pralinenschachtel *f;* ~ **regalo** Geschenkpakkung *f;* **negozio di -i** Konfektionsgeschäft *n.* **confezionista** [...i̯o'nista] ‹-i *m*, -e *f*› *mf* Konfektionär *m*, Konfektioneuse *f.*

conficcare [konfik'ka:re] I. *tr* 1. *(ficcare)* einschlagen; 2. *fig (nella mente)* einprägen; II. *rfl:* **-rsi** 1. *(penetrare)* eindringen; 2. *fig (nella mente)* sich einprägen, sich festsetzen.

confidare [konfi'da:re] I. *tr* anvertrauen; II. *itr* 1. *(aver fiducia)* vertrauen (*in* auf), bauen (*in* auf); 2. *(sperare)* zuversichtlich sein; III. *rfl:* **-rsi** sich anvertrauen (*con qu* jdm). **confidente** [...'dɛnte] *mf* 1. *(persona amica)* Vertraute(r) *mf,* Vertrauensperson *f;* 2. *(della polizia)* Spitzel *m.* **confidenza** [...'dɛntsa] *f (fiducia)* Vertrauen *n; (familiarità)* Vertrautheit *f; (segreto)* Vertraulichkeit; **in** ~ im Vertrauen; **essere in** ~ **con qu** mit jdm vertraut sein; **ti voglio fare una** ~ ich will dir etw. anvertrauen. **confidenziale** [...den'tsi̯a:le] *a* vertraulich.

configurarsi [konfigu'rarsi] *rfl* sich gestalten. **configurazione** [...rat'tsi̯o:ne] *f* 1. *gener., geog* Erscheinungsbild *n;* 2. *astr* Konfiguration *f;* 3. *fig* Aspekt *m.*

confinante [konfi'nante] I. *a* angrenzend; II. *m* Anrainer *m.*

confinare [konfi'na:re] I. *itr* (an)grenzen (*con* an); II. *tr* 1. *jur* verbannen; 2. *fig* isolieren, verbannen; III. *rfl:* **-rsi** sich zurückziehen. **confinato, -a** [...na:to] I. *a* (an einen Zwangswohnort) verbannt; II. *m, f* (an einen Zwangswohnort) Verbannte(r) *mf.*

CONFINDUSTRIA [konfin'dustri̯a] *f ab di* **Confederazione Generale dell'Industria Italiana** *Verband der italienischen Industrieunternehmen.*

confine [kon'fi:ne] *m* Grenze *f;* **ai -i del mondo** *fig* am Ende der Welt.

confino [kon'fi:no] *m* Verbannung *f* (an einen Zwangswohnort), Wohnortbeschränkung *f.*

confisca [kon'fiska] ‹-sche› *f* Beschlagnahmung *f.* **confiscare** [...'ka:re] *tr* konfiszieren, beschlagnahmen.

confiteor [kon'fi:teor] ‹-› *m* Sündenbekenntnis *n*, Confiteor *n;* **dire** (*o.* **recitare) il** ~ *fig* sich schuldig bekennen.

conflagrazione [konflagrat'tsi̯o:ne] *f* Aufflammen *n.*

conflitto [kon'flitto] *m (contrasto)* Zusammenstoß *m*, Streit *m; (psych, fig, jur, guerra)* Konflikt *m;* ~ **di competenza** Kompetenzstreit *m;* ~ **di interessi** Interessenkonflikt *m;* ~ **mondiale** Weltkrieg *m;* **essere in** ~ in einem Konflikt sein. **conflittuale** [...tu'a:le] *a* Konflikt-. **conflittualità** [...tuali'ta] ‹-› *f* Konflikt(situation *f) m.*

confluenza [konflu'ɛntsa] *f* Zusammenfluß *m.* **confluire** [...u'i:re] *itr* 1. *geog* zusammenfließen; 2. *fig* zusammentreffen.

confondere [kon'fondere] ‹*irr*› I. *tr* 1. *(scambiare)* verwechseln, durcheinanderbringen; 2. *(turbare, imbarazzare)* verwirren, durcheinanderbringen; 3. *(mescolare)* vermischen, vermengen; II. *rfl:* **-rsi** 1. *(mescolarsi)* sich mischen (*tra* unter); 2. *fig (smarrirsi)* sich verwischen, sich verlieren; *(colori)* verschwimmen; 3. *(turbarsi)* in Verwirrung geraten, durcheinandergeraten.

conformare [konfor'ma:re] I. *tr* 1. *(adeguare)* anpassen (*a* an); 2. *(formare)* formen; **un corpo ben conformato** ein wohlgeformter Körper; II. *rfl:* **-rsi** sich anpassen (*a* an). **conformazione** [...mat'tsi̯o:ne] *f* Beschaffenheit *f; (figura)* Formgebung *f,* Form *f.*

conforme [kon'forme] I. *a* konform, übereinstimmend, entsprechend; **essere** ~ **alle norme** normgerecht sein, den Normen entsprechen; II. *adv* gemäß, entsprechend. **conformismo** [...'mizmo] *m* Konformismus *m.* **conformista** [...'mista] ‹-i *m*, -e *f*› *mf* Konformist(in) *m(f).* **conformistico, -a** [...'mistiko] ‹-ci, -che› *a* konformistisch. **conformità** [...mi'ta] ‹-›

f Übereinstimmung *f;* **in ~ a** (*o.* **con**) in Übereinstimmung mit.

confortante [konfor'tante] *a* tröstend.

confortare [konfor'ta:re] **I.** *tr* **1.** *(consolare)* trösten; **2.** *fig (tesi)* stärken, bekräftigen; **II.** *rfl:* **-rsi 1.** *(farsi animo)* sich *(dat)* Mut machen; **2.** *(consolarsi)* sich trösten. **confortevole** [...'te:vole] *a* **1.** *(consolante)* tröstend; **2.** *(comodo)* komfortabel. **conforto** [...'fɔrto] *m* **1.** *(consolazione)* Trost *m;* **2.** *(agio)* Komfort *m;* **portare ~ a qu** jdm Trost bringen.

confratello [konfra'tɛllo] *m* Ordensbruder *m.*

confraternita [konfraterni'ta] *f* Bruderschaft *f.*

confrontare [konfron'ta:re] *tr* vergleichen. **confronto** [...'fronto] *m* Vergleich *m; (a. jur)* Gegenüberstellung *f;* **fare un ~ (fra)** einen Vergleich anstellen (zwischen); **mettere a ~** gegenüberstellen; **reggere al ~ con qu/qc** einem Vergleich mit etw./jdm standhalten; **in ~ a, a ~ di** verglichen mit, im Vergleich zu; **nei -i di** gegen, gegenüber; **senza -i** beispiellos; **non c'è ~!** das ist unvergleichlich!

confusionario, -a [konfuzi̯o'na:ri̯o] ‹-i, -ie› **I.** *a* wirr, durcheinander; **II.** *m, f* Wirrkopf *m,* Chaot(in) *m(f) fam.* **confusione** [...'zi̯o:ne] *f* **1.** *(disordine)* Durcheinander *n;* **2.** *(agitazione, imbarazzo)* Verwirrung *f;* **~ mentale** geistige Verwirrung. **confuso, -a** [...'fu:zo] *a* **1.** *(discorso, situazione)* unklar, verworren; **2.** *(persona)* verwirrt.

confutare [konfu'ta:re] *tr* widerlegen. **confutazione** [...tat'tsi̯o:ne] *f* Widerlegung *f.*

congedare [kondʒe'da:re] **I.** *tr* verabschieden; *mil* entlassen; **II.** *rfl:* **-rsi** sich verabschieden. **congedo** [...'dʒɛ:do] *m* **1.** *gener.* Abschied *m;* **2.** *mil* Abschied *m,* Entlassung *f;* **3.** *(di impiegato)* Beurlaubung *f;* **4.** *poet* Schlußstrophe *f;* **~ assoluto** Abschied *m;* **essere in ~** beurlaubt sein.

congegnare [kondʒeɲ'ɲa:re] *tr* **1.** *tec* konstruieren; **2.** *fig* austüfteln, ausdenken. **congegno** [...'dʒeɲɲo] *m* Mechanismus *m,* Werk *n.*

congelamento [kondʒela'mento] *m* **1.** *phys, fin, com, pol* Einfrieren *n;* **2.** *med* Erfrierung *f;* **morire di ~** erfrieren. **congelare** [...'la:re] **I.** *tr* **1.** *(agghiacciare)* gefrieren lassen; **2.** *fin, com, pol* einfrieren; **3.** *(alimenti)* einfrieren, tiefkühlen; **II.** *rfl:* **-rsi** **1.** *phys* (ge)frieren; **2.** *med* erfrieren; **3.** *fig fam* (ab)frieren; **mi si congela il naso** *fam* meine Nase friert ab. **congelatore** [...la'to:re] *m* Tiefkühltruhe *f; (nel frigorifero)* Gefrier-, Tiefkühlfach *n.* **congelazione** [...lat'tsi̯o:ne] *f* Erfrierung *f.*

congeniale [kondʒe'ni̯a:le] *a* wesensgleich; *(persona a.)* geistesverwandt.

congenito, -a [kon'dʒɛ:nito] *a* angeboren.

congerie [kon'dʒɛ:ri̯e] ‹-› *f* Aufhäufung *f.*

congestionare [kondʒesti̯o'na:re] *tr* **1.** *med* einen Blutandrang bewirken in; **2.** *fig* stauen, verstopfen. **congestione** [...'ti̯o:ne] *f* **1.** *med* Blutandrang *m;* **2.** *fig (del traffico)* Stau *m.*

congettura [kondʒet'tu:ra] *f* Vermutung *f,* Annahme *f.* **congetturare** [...tu'ra:re] *tr* vermuten.

congiungere [kon'dʒundʒere] ‹*irr*› **I.** *tr* verbinden; *(mani)* falten; **~ in matrimonio** vermählen; **II.** *rfl:* **-rsi** sich verbinden; **-rsi in matrimonio** sich vermählen. **congiungimento** [...dʒi'mento] *m* Verbindung *f; (di mani)* Falten *n.*

congiunta *f v.* **congiunto.**

congiuntamente [kondʒunta'mente] *adv* verbunden, in Verbindung.

congiuntiva [kondʒun'ti:va] *f* Bindehaut *f.* **congiuntivite** [...ti'vi:te] *f* Bindehautentzündung *f,* Konjunktivitis *f.*

congiuntivo, -a [kondʒun'ti:vo] **I.** *a* konjunktivisch; **modo ~** Konjunktiv *m;* **II.** *m* Konjunktiv *m.*

congiunto, -a [kon'dʒunto] **I.** *a* vereint, verbunden; **II.** *m, f* Verwandte(r) *mf.*

congiuntura [kondʒun'tu:ra] *f* **1.** *com* Konjunktur *f;* **2.** *(circostanza)* Gelegenheit *f;* **3.** *anat* Gelenk *n;* **4.** *(di travi, pezzi)* Verbindungsstelle *f.* **congiunturale** [...tu'ra:le] *a* konjunkturell.

congiunzione [kondʒun'tsi̯o:ne] *f* **1.** *astr, gram* Konjunktion *f;* **2.** *(carnale)* Vereinigung *f.*

congiura [kon'dʒu:ra] *f* Verschwörung *f.* **congiurare** [...dʒu'ra:re] *itr* sich verschwören (*contro* gegen); **~ ai danni di qu/qc** sich gegen jdn/etw. verschwören. **congiurato, -a** [...dʒu'ra:to] *m, f* Verschwörer(in) *m(f).*

conglomerare [koŋglome'ra:re] *tr* zusammenballen. **conglomerato** [...'ra:to] *m* Konglomerat *n,* Gemisch *n.* **conglomerazione** [...rat'tsi̯o:ne] *f* Zusammenballung *f.*

congratularsi [koŋgratu'larsi] *rfl* gratulieren; ~ **con qu per qc** jdm zu etw. gratulieren. **congratulazione** [...lat'tsi̯o:ne] *f* Glückwunsch *m,* Gratulation *f;* **fare le -i a qu per qc** jdm zu etw. seinen Glückwunsch aussprechen; **-i!** herzlichen Glückwunsch!

congrega [koŋ'grɛ:ga] ‹-ghe› *f* **1.** *pej* Bande *f,* Clique *f;* **2.** *rel* Bruderschaft *f.* **congregare** [koŋgre'ga:re] ‹congrego, congreghi› **I.** *tr* versammeln; **II.** *rfl:* **-rsi** sich versammeln. **congregazione** [...gat'tsi̯o:ne] *f* **1.** *rel* Kongregation *f;* **2.** *(comunità)* Versammlung *f.*

congressista [koŋgres'sista] ‹-i *m,* -e *f*› *mf* Kongreßteilnehmer(in) *m(f).* **congresso** [...'grɛsso] *m* Kongreß *m,* Tagung *f.*

congruente [koŋgru'ɛnte] *a* entsprechend, übereinstimmend; *mat* kongruent. **congruenza** [...'ɛntsa] *f* Entsprechung *f; mat* Kongruenz *f.*

congruo, -a ['kɔŋgruo] *a* passend, angemessen; *mat* kongruent.

conguagliare [koŋgu̯aʎ'ʎa:re] ‹conguaglio, conguagli› *tr* ausgleichen. **conguaglio** [...'gu̯aʎʎo] ‹-gli› *m* Ausgleich *m;* ~ **salariale** Lohnausgleich *m.*

C.O.N.I. ['kɔ:ni] *m ab di* **Comitato Olimpico Nazionale Italiano** *Gesellschaft zur Förderung des Sports in Italien.*

coniare [ko'ni̯a:re] ‹conio, coni› **1.** *fin, ling* prägen; **2.** *fig* schöpfen, kreieren. **coniatore, -trice** [koni̯a'to:re] *m, f* **1.** *(di monete, medaglie)* Präger(in) *m(f);* **2.** *fig, ling (di neologismi)* Schöpfer(in) *m(f).* **coniazione** [...t'tsi̯o:ne] *f* **1.** *fin, ling* Prägung *f;* **2.** *fig* Schöpfung *f.*

conica ['kɔ:nika] ‹-che› *f* Kegelschnitt *m.* **conico, -a** [...ko] ‹-ci, -che› *a* konisch, kegelförmig.

conifera [ko'ni:fera] *f* Nadelgewächs *n,* Konifere *f.*

conigliera [koniʎ'ʎɛ:ra] *f* Kaninchenstall *m.* **coniglio** [ko'niʎʎo] ‹-gli› *m* **1.** *zoo* Kaninchen *n;* **2.** *fig* Angsthase *m,* Hasenfuß *m.*

conio ['kɔ:ni̯o] ‹-i› *m* **1.** *tec (arnese)* Prägeisen *n;* **2.** *(il coniare)* Prägen *n;* **3.** *(effetto)* Prägung *f;* **4.** *fig* Art *f,* Schlag *m;* **moneta di nuovo** ~ Münze *f* neuer Prägung; **vocaboli di nuovo** ~ sprachliche Neuschöpfungen *f pl;* **gente di basso** ~ Leute *pl* aus der Unterschicht.

coniugale [koni̯u'ga:le] *a* ehelich, Ehe-.

coniugare [koni̯u'ga:re] ‹coniugo, coniughi› **I.** *tr* **1.** *gram* konjugieren; **2.** *(unire in matrimonio)* verheiraten; **II.** *rfl:* **-rsi** heiraten, sich verheiraten. **coniugazione** [...gat'tsi̯o:ne] *f* Konjugation *f.*

coniuge ['kɔni̯udʒe] *mf* Ehemann *m,* -frau *f,* Gatte *m,* Gattin *f geh.*

connaturale [konnatu'ra:le] *a* wie angeboren, natürlich; *(congeniale)* wesensgleich.

connaturare [konnatu'ra:re] **I.** *tr* (sich *dat*) zur eigenen Natur machen; **II.** *rfl:* **-rsi** in Fleisch und Blut übergehen. **connaturato, -a** [...'ra:to] *a* wie angeboren, natürlich.

connazionale [konnattsi̯o'na:le] **I.** *a* aus dem gleichen Land; **II.** *mf* Landsmann *m,* -männin *f.*

connessione [konnes'si̯o:ne] *f* **1.** *(fra due fatti)* Verbindung *f;* **2.** *el* Anschluß *m;* **3.** *tec* Verbindung *f.* **connesso, -a** [...'nɛsso] **I.** *a* **1.** *el* angeschlossen; **2.** *tec* verbunden; **3.** *fig* verbunden, zusammenhängend; **II.** *m pl:* **gli annessi e -i** alles Drum und Dran; alles, was dazugehört.

connettere [kon'nɛttere] ‹connetto, connettei, connesso› **I.** *tr* **1.** *(fili, pezzi)* verbinden, zusammenfügen; **2.** *fig* in Zusammenhang bringen; **non riesco a** ~ ich bin ganz außer mir; **II.** *rfl:* **-rsi** zusammenhängen. **connettivale** [konnetti'va:le] *a* Bindegewebs-. **connettivo, -a** [...'ti:vo] **I.** *a:* **tessuto** ~ Bindegewebe *n;* **II.** *m* Bindegewebe *n.*

connetto [kon'nɛtto] *1. pers sing pr di* **connettere.**

connivente [konni'vɛnte] **I.** *a* stillschweigend einverstanden; **II.** *mf* Mitwisser(in) *m(f).* **connivenza** [...'vɛntsa] *f* stilles Einverständnis; *jur* Mitwisserschaft *f.*

connotato [konno'ta:to] *m* Kennzeichen *n,* Merkmal *n;* **cambiare i -i a qu** *fam scherz* jdn windelweich schlagen *fam.* **connotazione** [...tat'tsi̯o:ne] *f* Konnotation *f.*

connubio [kon'nu:bi̯o] ‹-i› *m* **1.** *(matrimonio)* Heirat *f;* **2.** *fig* Verbindung *f,* Zusammenschluß *m.*

cono ['kɔ:no] *m* **1.** *gener.* Kegel *m; (mat a.)* Konus *m;* **2.** *bot* Zapfen *m;* **3.** *zoo* Kegelschnecke *f;* ~ **gelato** Eistüte *f;* **a** ~ kegelförmig.

conobbi [ko'nobbi] *1. pers sing del passato remoto di* **conoscere.**

conocchia [ko'nɔkki̯a] ‹-cchie› *f* (Spinn)rocken *m.*

conoide [ko'nɔ:ide] *m* Konoid *n.*

conoscente [konoʃ'ʃɛnte] *mf* Bekannte(r) *mf.* **conoscenza** [...'ʃɛntsa] *f* **1.** *(apprendimento)* Kenntnis *f* (*di* von), Wissen *n* (*di* von); **2.** *med* Bewußtsein *n;* **3.** *(persona)* Bekannte(r) *mf,* Bekanntschaft *f;* **fare la ~ di qu/qc** jds/mit etw. Bekanntschaft machen, jdn/etw. kennenlernen; **essere a ~ di qc** über etw. Bescheid wissen (*o.* unterrichtet sein); **per ~** (*ab* **p.c.**) zur Kenntnisnahme; **prendere ~ di qc** *adm* etw. zur Kenntnis nehmen; **venire a ~ di qc** etw. erfahren; **avere ampie -e in campo filologico** umfangreiche Kenntnisse im philologischen Bereich haben; **perdere la ~** das Bewußtsein verlieren; **essere privo di ~** bewußtlos sein; **avere molte -e** viele Bekannte haben; **lieto di fare la sua ~** (sehr) angenehm; ich freue mich, Ihre Bekanntschaft zu machen; **una vecchia ~** ein alter Bekannter, eine alte Bekannte.

conoscere [ko'noʃʃere] ⟨conosco, conobbi, conosciuto⟩ *tr* **1.** *(persona)* kennen; **2.** *(cosa)* sich auskennen in (*o.* bei), kennen; *(lingue)* beherrschen, können; **~ qu di vista/personalmente** jdn vom Sehen/persönlich kennen; **desideravo conoscerla** ich hätte sie gerne kennengelernt; **ti faccio ~ mio fratello** ich mache dich mit meinem Bruder bekannt. **conoscibile** [...'ʃi:bile] *a* erkennbar. **conoscitivo, -a** [...ʃi'ti:vo] *a* Erkenntnis-; **facoltà -e** Erkenntnisfähigkeit *f.* **conoscitore, -trice** [...ʃi'to:re] *m, f* Kenner(in) *m(f).*

conosciuto, -a [kono'ʃu:to] **I.** *pp di* **conoscere; II.** *a* bekannt.

conosco [ko'nosko] *1. pers sing pr di* **conoscere.**

conquibus [koŋ'ku̯i:bus] ⟨-⟩ *m scherz* Nervus rerum *m geh.*

conquista [koŋ'ku̯ista] *f* **1.** *gener.* Erreichen *n,* Erwerbung *f; (a. della libertà, etc.)* Erringung *f,* Erlangung *f; (del potere)* Ergreifung *f;* **2.** *(mil, a. fig fam)* Eroberung *f;* **3.** *(progresso)* Errungenschaft *f.* **conquistare** [...'ta:re] *tr* erreichen, erwerben; *(a. libertà)* erlangen, erringen; *(potere)* ergreifen; *mil, fig* erobern. **conquistatore, -trice** [...ta'to:re] *m, f* **1.** *mil* Eroberer(in) *m(f);* **2.** *fig fam* Herzensbrecher(in) *m(f).*

Conrado [kon'ra:do] *(nome proprio maschile)* Konrad.

consacrare [konsa'kra:re] **I.** *tr* **1.** *rel* weihen; **2.** *(re, imperatore)* salben; **3.** *(dedicare)* widmen; **4.** *(convalidare)* bestätigen; **II.** *rfl:* **-rsi** sich widmen; *(a Dio, completamente)* sich weihen. **consacrazione** [...rat'tsi̯o:ne] *f* Weihe *f; (durante la messa)* Wandlung *f.*

consanguinea *f v.* **consanguineo.**

consanguineità [konsaŋgu̯inei'ta] ⟨-⟩ *f* Blutsverwandtschaft *f.* **consanguineo, -a** [...'gu̯i:neo] **I.** *a* blutsverwandt; **II.** *m, f* Blutsverwandte(r) *mf.*

consapevole [konsa'pe:vole] *a* bewußt; **essere ~ delle proprie responsabilità** sich *(dat)* seiner Verantwortung bewußt sein; **rendere ~ qu di qc** jdm etw. bewußt machen. **consapevolezza** [...pevo'lettsa] *f* Bewußtsein *n.*

conscio, -a ['kɔnʃo] ⟨-sci, -sce⟩ *a* bewußt; **essere ~ dei propri doveri** sich *(dat)* seiner Pflichten bewußt sein.

consecutiva [konseku'ti:va] *f* Konsekutivsatz *m.* **consecutivo, -a** [...vo] *a* **1.** *(giorno, ora)* aufeinanderfolgend, hintereinander; **2.** *gram* Konsekutiv-, konsekutiv; **ha diluviato per tre ore -e** es hat drei Stunden an einem Stück geregnet.

consegna [kon'seɲɲa] *f* **1.** *(di merci)* (Aus)lieferung *f,* Zustellung *f;* **2.** *adm* (Amts)übergabe *f;* **3.** *(custodia)* Aufbewahrung *f;* **4.** *mil* Dienstvorschrift *f; (punizione)* Ausgangssperre *f;* **pagamento alla ~** Zahlung *f* bei Lieferung; **~ a domicilio** Lieferung *f* frei Haus; **ricevere in ~** zur Aufbewahrung erhalten. **consegnare** [...'ɲa:re] *tr* **1.** *gener.* übergeben, abliefern; *com* (aus)liefern; *(affidare)* anvertrauen; **2.** *mil* Ausgangssperre verhängen (*qu* über jdn); **~ qu alla polizia** jdn der Polizei übergeben. **consegnatario, -a** [...ɲa'ta:ri̯o] ⟨-i, -ie⟩ *m, f* Empfänger(in) *m(f).*

conseguente [konse'gu̯ɛnte] **I.** *a* **1.** *(danno, disturbi)* Folge-; **2.** *(persona)* konsequent, unbeirrbar; **3.** *(ragionamento, deduzione)* konsequent, folgerichtig; **II.** *m* Folgerung *f.* **conseguentemente** [...u̯ente'mente] *adv* folglich. **conseguenza** [...'gu̯ɛntsa] *f* Konsequenz *f,* Folge *f; (conclusione logica)* (Schluß)folgerung *f;* **agire di ~** entsprechend handeln; **in ~ di** als Folge von, infolge *gen;* **per ~** folglich.

conseguimento [konsegu̯i'mento] *m* Erlangung *f.* **conseguire** [...'gu̯i:re] **I.** *tr* erreichen, erlangen; **II.** *itr* folgen, hervorgehen.

consenso [kon'sɛnso] *m* Zustimmung *f* (*a zu), Einverständnis n* (*a* mit); **tacito ~** stillschweigendes Einverständnis. **consensuale** [...sensu'a:le] *a* einvernehmlich.

consentire [konsen'ti:re] **I.** *itr* **1.** *(essere d'accordo)* zustimmen, beipflichten; **2.** *(acconsentire)* zustimmen; ~ **con qu su qc** jdm in etw. zustimmen (*o.* beipflichten); **II.** *tr* zulassen. **consenziente** [...n'tsi̯ɛnte] *a* zustimmend.

consequenziale [konseku̯en'tsi̯a:le] *a* Folge-.

conserto, -a [kon'sɛrto] **I.** *a (braccia)* verschränkt; **II.** *m:* **di** ~ einmütig.

conserva [kon'sɛrva] *f* **1.** *(cibo)* Konserve *f; (in vasi)* Eingemachte(s) *n;* **2.** *(metodo)* Einmachen *n;* **mettere in** ~ einmachen. **conservabile** [...ser'va:bile] *a* konservierbar, haltbar.

conservare [konser'va:re] **I.** *tr* **1.** *gastr* konservieren, haltbar machen; *(in vasi)* einmachen; *(tenere)* aufbewahren; *(nel congelatore)* eingefroren haben; **2.** *(custodire)* aufbewahren; **3.** *fig.* erhalten, bewahren; **II.** *rfl:* **-rsi 1.** *gastr* sich halten; **2.** *(mantenersi)* sich erhalten; gesund bleiben. **conservativo, -a** [...va'ti:vo] **I.** *a* **1.** *gastr* konservierend, Konservierungs-; **2.** *jur* Schutz-; **II.** *m* Konservierungsstoff *m.* **conservatore, -trice** [...va'to:re] **I.** *a* konservativ; **II.** *m, f* Konservative(r) *mf.*

conservatorio [konserva'tɔ:ri̯o] ‹-i› *m* **1.** *mus* Konservatorium *n;* **2.** *(per ragazze)* (Mädchen)stift *n.*

conservatorismo [konservato'rizmo] *m* Konservativismus *m.* **conservatrice** *f v.* **conservatore.**

conservazione [konservat'tsi̯o:ne] *f* **1.** *gener.* Erhaltung *f;* **2.** *gastr* Konservierung *f,* Haltbarmachung *f;* **3.** *biol* Selbsterhaltung *f;* **4.** *phys* Speicherung *f;* **istinto di** ~ Selbsterhaltungstrieb *m.* **conserviero, -a** [...'vi̯ɛ:ro] *a* Konserven-. **conservificio** [...vi'fi:tʃo] ‹-ci› *m* Konservenfabrik *f.*

consesso [kon'sɛsso] *m geh* Versammlung *f,* Vereinigung *f;* ~ **di popoli** Völkervereinigung *f.*

considerabile [konside'ra:bile] *a* beachtlich.

considerare [konside'ra:re] **I.** *tr* **1.** *(tenere conto)* berücksichtigen, bedenken; **2.** *(soppesare)* abwägen, abschätzen; *(esaminare)* erwägen; **3.** *(ritenere)* betrachten (*come* als); **4.** *(stimare)* achten, schätzen; **tutto considerato** alles in allem; **considerata la sua età** wenn man sein (*o.* ihr) Alter bedenkt, für sein (*o.* ihr) Alter; ~ **che è assente** in Anbetracht seiner (*o.* ihrer) Abwesenheit. **considerazione** [...rat'tsi̯o:ne] *f* **1.** *(osservazione)* Betrachtung *f; (riflessione)* Überlegung *f;* **2.** *(esame)* Erwägung *f;* **3.** *(stima)* Ansehen *n,* Wertschätzung *f;* **agire senza** ~ unüberlegt handeln; **essere tenuto in gran** ~ hoch angesehen sein; **prendere in** ~ beachten; **in** ~ **di** in Anbetracht *gen,* unter Berücksichtigung *gen.* **considerevole** [...'re:vole] *a* beachtlich.

consigliabile [konsiʎ'ʎa:bile] *a* ratsam.

consigliare [konsiʎ'ʎa:re] ‹consiglio, consigli› **I.** *tr* raten, empfehlen; *(persone a.)* beraten; ~ **a qu di fare qc** jdm raten, etw. zu tun; **II.** *rfl:* **-rsi** sich beraten. **consigliere, -a** [...'ʎɛ:re] *m, f* **1.** *gener.* Ratgeber(in) *m(f),* Berater(in) *m(f);* **2.** *adm* Rat *m,* Rätin *f;* ~ **di stato/d'amministrazione** Staatsrat *m*/Aufsichtsrat *m;* ~ **delegato** Geschäftsführer *m;* **la fame è cattiva -a** *prov* Hunger ist ein schlechter Koch *prov.* **consiglio** [...'siʎʎo] ‹-gli› *m* **1.** *(suggerimento)* Rat(schlag) *m,* Empfehlung *f;* **2.** *adm* Rat *m;* **3.** *(riunione)* Beratung *f;* **4.** *(senno)* Vernunft *f;* **il** ~ **d'amministrazione/dei ministri/di stato** Aufsichts-/Minister-/Staatsrat *m;* ~ **di fabbrica** Betriebsrat *m;* **sala del** ~ Ratssaal *m;* **dare/chiedere un** ~ **a qu** jdm einen Rat geben/jdn um Rat fragen; **ridurre a miglior** ~ zur Vernunft bringen; **venire a più miti -gli** leisere Töne anschlagen; **la notte porta** ~ *prov* man soll die Sache überschlafen.

consiliare [konsi'li̯a:re] *a* Rats-.

consistei [konsis'te:i] *1. pers sing del passato remoto di* **consistere.**

consistente [konsis'tɛnte] *a* **1.** *(materiale)* fest, solide; **2.** *fig (notevole)* beträchtlich, beachtlich; *(fondato)* fundiert, solide. **consistenza** [...'tɛntsa] *f* **1.** *(di materiale)* Festigkeit *f;* **2.** *com* Bestand *m;* **3.** *fig* Gehalt *m;* ~ **patrimoniale** Vermögensbestand *m;* ~ **di cassa** Kassenbestand *m;* **prendere** ~ Form (*o.* Gestalt) annehmen.

consistere [kon'sistere] ‹consisto, consistei *o.* consistetti, consistito› *itr* ‹*essere*› bestehen (*in* aus, in).

consocia *f v.* **consocio.**

consociare [konso'tʃa:re] ‹consocio, consoci› **I.** *tr* zusammenschließen; **II.** *rfl:* **-rsi** sich zusammenschließen. **consociato, -a** [...'tʃa:to] **I.** *a* angeschlossen; **II.** *m, f* Schwesterfirma *f.* **consociazione** [...tʃat'tsi̯o:ne] *f* Zusammenschluß *m.* **consocio, -a**

[...'sɔ:tʃo] *m, f* Teilhaber(in) *m(f);* ~ **in affari** Geschäftspartner *m.*
consolante [konso'lante] *a* tröstlich, tröstend.
consolare[1] [konso'la:re] **I.** *tr* trösten; **II.** *rfl:* **-rsi** sich trösten (*di* über, *con* mit).
consolare[2] [konso'la:re] *a* konsularisch, Konsulats-. **consolato** [...'la:to] *m* Konsulat *n.*
consolatore, -trice [konsola'to:re] **I.** *a* tröstend; **II.** *m, f* Tröster(in) *m(f).* **consolazione** [...lat'tsi̯o:ne] *f* Trost *m;* **premio di** ~ Trostpreis *m.*
console ['kɔnsole] *m* Konsul *m.*
consolidamento [konsolida'mento] *m* **1.** *(di struttura, terreno)* (Be)festigung *f;* **2.** *fig* Konsolidierung *f,* Festigung *f; (di amicizia, conoscenza)* Vertiefung *f.* **consolidare** [...'da:re] **I.** *tr* **1.** *(rendere solido)* festigen; **2.** *fig* konsolidieren; *(posizione)* ausbauen; *(migliorare)* verbessern; *(amicizia, conoscenza)* vertiefen, festigen; **II.** *rfl:* **-rsi 1.** *(diventare solido)* fest werden; **2.** *fig* sich konsolidieren; *(amicizia, etc.)* sich festigen, sich vertiefen. **consolidato, -a** [...'da:to] **I.** *a* **1.** *com* konsolidiert; **2.** *fig* gesichert, gefestigt; **II.** *m* konsolidierte Schuld. **consolidazione** [...dat'tsi̯o:ne] *f* Konsolidation *f,* Konsolidierung *f.*
consolle [kon'sɔlle] ‹-› *f* Konsole *f.*
consommé [kõsɔ'me] ‹-› *m* Kraftbrühe *f,* Consommé *f o. n.*
consonante [konso'nante] *f* Konsonant *m,* Mitlaut *m.* **consonantico, -a** [...'nantiko] ‹-ci, -che› *a* konsonantisch.
consonanza [konso'nantsa] *f* Konsonanz *f,* Gleichklang *m.*
consono, -a ['kɔnsono] *a* entsprechend, angemessen.
consorella [konso'rɛlla] **I.** *f* (Mit)-schwester *f;* **II.** *a* Schwester-.
consorte [kon'sɔrte] **I.** *mf* Gemahl(in) *m(f),* Gatte *m,* Gattin *f;* **II.** *m jur:* ~ **di lite** (*o.* **causa**) Prozeßbeteiligte(r) *mf.*
consorteria [konsorte'ri:a] ‹-ie› *f* **1.** *pol pej* (Partei)klüngel *m,* Clique *f;* **2.** *hist* Sippenbündnis *n.*
consorziare [konsor'tsi̯a:re] ‹consorzio, consorzi› **I.** *tr* zusammenschließen; **II.** *rfl:* **-rsi** sich zusammenschließen. **consorzio** [...'sɔrtsi̯o] ‹-i› *m jur, fin* Konsortium *n; agr* Genossenschaft *f.*
constare [kons'ta:re] *itr* ‹*essere*› **1.** *(essere costituito)* bestehen (*di* aus); **2.** *(risultare)* sich ergeben; *(essere noto)* bekannt sein; **mi consta che ...** *conj* es ist mir bekannt, daß ...; **a quanto mi consta** soweit mir bekannt ist.
constatare [konsta'ta:re] *tr* feststellen. **constatazione** [...tat'tsi̯o:ne] *f* Feststellung *f.*
consueto, -a [konsu̯'ɛ:to] **I.** *a* gewohnt, üblich; **II.** *m* Übliche(s) *n;* **di** ~ üblicherweise. **consuetudinario, -a** [...uetudi'na:ri̯o] ‹-i, -ie› **I.** *a jur* Gewohnheits-; **II.** *m, f* Gewohnheitsmensch *m.* **consuetudine** [...ue'tu:dine] *f* **1.** *(abitudine)* Gewohnheit *f;* **2.** *(costume)* Brauch *m;* **avere la** ~ **di fare qc** gewöhnt sein, etw. zu tun; **com'è nostra** ~ wie wir es gewöhnlich tun, wie es bei uns Brauch ist; **per** ~ aus Gewohnheit.
consulente [konsu'lɛnte] *mf* Berater(in) *m(f);* ~ **legale/tributario** Rechts-/Steuerberater(in) *m(f).* **consulenza** [...'lɛntsa] *f* Beratung *f.*
consulta [kon'sulta] *f* **1.** *(riunione)* Beratung *f,* Besprechung *f;* **2.** *adm, pol* beratende Versammlung. **consultare** [...'ta:re] **I.** *tr (medico, avvocato)* zu Rate ziehen, konsultieren; *(libro)* nachschlagen in; *(orologio)* sehen auf; **II.** *rfl:* **-rsi** sich beraten. **consultazione** [...tat'tsi̯o:ne] *f* **1.** *gener.* Beratung *f;* **2.** *(ricerca)* Konsultation *f;* **3.** ‹*pl*› *pol* Beratungen *f pl* zum Zwecke einer Regierungsneubildung; **4.** *med* Untersuchung *f;* ~ **popolare** Volksbefragung *f;* **opere di** ~ Nachschlagewerke *n pl;* **orario di** ~ Sprechstunde *f.* **consultivo, -a** [...'ti:vo] *a* beratend. **consulto** [...'sulto] *m* Konsilium *n.* **consultore, -trice** [...'to:re] *m, f* Berater(in) *m(f).* **consultorio** [...'tɔ:ri̯o] ‹-i› *m* Beratungsstelle *f;* ~ **familiare** Familienberatung(sstelle) *f.*
consultrice *f v.* **consultore.**
consumare [konsu'ma:re] **I.** *tr* **1.** *(usare)* verbrauchen; *(scarpe, etc.)* abnutzen; **2.** *(pasti)* verzehren, zu sich *(dat)* nehmen; **3.** *(matrimonio)* vollziehen; *(delitto)* begehen; **II.** *rfl:* **-rsi 1.** *(logorarsi)* sich abnutzen; **2.** *fig* sich verzehren (*da* vor). **consumato, -a** [...'ma:to] *a* **1.** verbraucht; *(vestiti, scarpe)* abgenutzt; **2.** *(persona)* erfahren; *(imbroglione, etc.)* abgefeimt, ausgefuchst; *(bevitore, etc. a.)* alt; **3.** *(matrimonio)* vollzogen. **consumatore, -trice** [...ma'to:re] *m, f* Verbraucher(in) *m(f).* **consumazione** [...mat'tsi̯o:ne] *f* **1.** *(il consumare)* Verbrauch *m;* **2.** *gastr* Verzehr *m;* **3.** *jur* Vollzug *m;*

vendere fino a ~ verkaufen, solange der Vorrat reicht; **fino alla ~ dei secoli** *poet* bis zum Welt(en)ende *poet.* **consumismo** [...'mizmo] *m* Konsumdenken *n.* **consumistico, -a** [...'mistiko] ‹-ci, -che› *a* konsumorientiert. **consumo** [...'su:mo] *m* Konsum *m; (uso, a. di luce, benzina, gas, etc.)* Verbrauch *m;* **civiltà dei -i** Konsumgesellschaft *f;* **beni di ~** Konsumgüter *n pl.*

consuntivo, -a [konsun'ti:vo] **I.** *a* Schluß-; **II.** *m* Bilanz *f; (a. fig)* Abrechnung *f;* Bilanz *f;* **fare il ~ della propria vita** (die) Bilanz (seines Lebens) ziehen.

consunto, -a [kon'sunto] *a* **1.** verbraucht; *(scarpe, indumenti)* abgenutzt; **2.** *(persona)* verbraucht; *(volto)* ausgezehrt. **consunzione** [...n'tsi̯o:ne] *f* Auszehrung *f.*

consuocero, -a [kon'su̯ɔ:tʃero] *m, f* Vater *m,* Mutter *f* des Schwiegersohns (*o.* der Schwiegertochter).

consustanziale [konsustan'tsi̯a:le] *a* Dreifaltigkeits-. **consustanzialità** [...i̯ali'ta] ‹-› *f* Dreifaltigkeit *f.*

conta ['konta] *f:* **fare la ~** *(nei giochi)* abzählen.

contabile [kon'ta:bile] **I.** *a* Rechnungs-, Buchungs-; **II.** *mf* Buchhalter(in) *m(f).* **contabilità** [kontabili'ta] ‹-› *f* Buchführung *f,* -haltung *f;* **ufficio ~** Buchhaltung *f;* **tenere la ~** die Bücher führen. **contabilizzare** [...lid'dza:re] *tr* buchen.

contachilometri [kontaki'lɔ:metri] ‹-› *m* Kilometerzähler *m.*

contadina *f v.* **contadino.**

contadinesco, -a [kontadi'nesko] ‹-schi, -sche› *a* bäuerlich, Bauern-. **contadino, -a** [...'di:no] **I.** *m, f* **1.** *agr* Bauer *m,* Bäu(e)rin *f;* **2.** *pej* Bauer *m;* **~, scarpe grosse e cervello fino** *prov* der Schein trügt oft, man darf nicht nur nach dem Äußeren urteilen; **II.** *a* bäuerlich.

contado [kon'ta:do] *m* **1.** *(campagna)* Umland *n;* **2.** *(popolazione)* Bevölkerung *f* des Umlandes.

contagiare [konta'dʒa:re] ‹contagio, contagi› *tr* anstecken, infizieren. **contagio** [...'ta:dʒo] ‹-gi› *m* Ansteckung *f,* Infizierung *f.* **contagioso, -a** [...ta'dʒo:so] *a* ansteckend.

contagiri [konta'dʒi:ri] ‹-› *m* Drehzahlmesser *m,* Tourenzähler *m.*

contagocce [-'gottʃe] ‹-› *m* Pipette *f;* **bottiglietta a ~** Tropfflasche *f;* **col ~** *scherz* tröpfchenweise.

container [kən'teınə] ‹-› *m* Container *m.*

contaminare [kontami'na:re] **I.** *tr* **1.** *(acque, aria)* verunreinigen, verseuchen; **2.** *fig* verderben, beeinträchtigen; *(reputazione, nome)* beschmutzen. **contaminazione** [...nat'tsi̯o:ne] *f* **1.** *(dell'acqua, aria)* Verunreinigung *f,* Verseuchung *f,* Kontamination *f scient;* **2.** *fig* Beeinträchtigung *f,* Schädigung *f;* **3.** *ling* Kontamination *f.*

contante [kon'tante] **I.** *a* bar; **denaro** (*o.* **moneta) ~** Bargeld *n;* **II.** *m* Bargeld *n;* **pagare in -i** bar bezahlen.

contare [kon'ta:re] **I.** *tr (numerare)* zählen; *(calcolare)* zusammenzählen; *(limitare)* abzählen; *(mettere in conto)* mitzählen; **II.** *itr* **1.** *(numeri)* zählen; **2.** *(valere)* zählen, gelten; **3.** *(fare assegnamento)* zählen (*su* auf); **4.** *(proporsi)* rechnen (*di inf* damit, daß . . .), ausgehen (*di inf* davon, daß . . .); **~ fino a trenta** bis dreißig zählen; **questo non conta** das zählt nicht. **contasecondi** [kontase'kondi] ‹-› *m* Sekundenzähler *m.* **contata** [...'ta:ta] *f* Überschlagsrechnung *f;* **dare una a qc** etw. schnell (nach)zählen. **contato, -a** [...'ta:to] *a (denaro, etc.)* abgezählt; *(fig a.)* wenig, gezählt; **avere i minuti -i** wenig Zeit haben. **contatore** [...ta'to:re] *m* Zähler *m; (orologio)* Stoppuhr *f.*

contattare [kontat'ta:re] *tr* sich in Verbindung setzen mit, kontaktieren *geh.* **contatto** [...'tatto] *m* **1.** *(accostamento)* Kontakt *m,* Berührung *f;* **2.** *fig* Kontakt *m,* Verbindung *f;* **3.** *el* Kontakt *m;* **4.** *mot* Zündung *f;* **5.** *tel, radio* Verbindung *f;* **lenti a ~** Kontaktlinsen *f pl;* **~ difettoso** Wackelkontakt *m;* **essere/porre** (*o.* **mettere) a ~** Kontakt haben/herstellen; **mantenere i -i con qu** den Kontakt zu jdm aufrechterhalten; **prendere ~ con qu** mit jdm Kontakt aufnehmen; **stare in ~ con qu** mit jdm in Verbindung stehen; **venire a ~ con** in Kontakt kommen mit.

conte, -essa ['konte, ...'tessa] *m, f* Graf *m,* Gräfin *f.* **contea** [...'tɛ:a] *f* **1.** *adm* Grafschaft *f;* **2.** *(titolo)* Grafentitel *m.*

conteggiare [konted'dʒa:re] ‹conteggio, conteggi› **I.** *tr* ausrechnen; **II.** *itr* rechnen. **conteggio** [...'teddʒo] ‹-ggi› *m* (Be)rechnung *f;* **~ alla rovescia** Countdown *m o. n.*

contegno [kon'teɲɲo] *m* Haltung *f;* **darsi un ~** Haltung annehmen. **contegnoso, -a** [...'ɲo:so] *a* zurückhaltend; *(altero)* hochmütig.

contemperare [kontempe'ra:re] *tr*

1. *(adattare)* angleichen, anpassen; 2. *(mitigare)* ausgleichen, mildern.
contemplare [kontem'pla:re] **1.** *tr gener.* betrachten; *(ammirare)* bewundern; **2.** *jur* berücksichtigen, vorsehen; **3.** *(meditare)* sich vertiefen in. **contemplativo, -a** [...la'ti:vo] *a* besinnlich; *(a. rel)* kontemplativ. **contemplazione** [...lat'tsi̯o:ne] *f* Betrachtung *f; (a. rel)* Kontemplation *f.*
contempo [kon'tɛmpo] *m:* **nel ~** gleichzeitig.
contemporanea *f v.* **contemporaneo.**
contemporaneamente [kontemporanea'mente] *adv* gleichzeitig. **contemporaneità** [...ei'ta] ‹-› *f* Gleichzeitigkeit *f.* **contemporaneo, -a** [...'ra:neo] **I.** *a* gleichzeitig; *hist* zeitgenössisch; **storia -a** Zeitgeschichte *f;* **II.** *m, f* Zeitgenosse *m,* -genossin *f.*
contendente [konten'dɛnte] **I.** *a* rivalisierend; **II.** *mf* Rivale *m,* Rivalin *f.*
contendere [kon'tɛndere] ‹*irr*› **I.** *tr* streitig machen (wollen), rivalisieren um; **II.** *itr* streiten (*per* um), kämpfen (*per* um); **III.** *rfl:* **-rsi** streitig machen (wollen).
contenere [konte'ne:re] ‹*irr*› **I.** *tr* **1.** *(persone, cose)* enthalten, fassen; **2.** *fig (lacrime, sdegno, etc.)* zurückhalten; **3.** *(piena)* eindämmen; **II.** *rfl:* **-rsi 1.** *(moderarsi)* sich beherrschen; **2.** *(comportarsi)* sich verhalten. **contenitore** [...ni'to:re] *m* Behälter *m.*
contentare [konten'ta:re] **I.** *tr* zufriedenstellen; **II.** *rfl:* **-rsi** sich zufriedengeben (*di* mit), sich begnügen (*di* mit); **chi si contenta gode** *prov* Zufriedenheit macht glücklich. **contentezza** [...'tettsa] *f* Zufriedenheit *f; (letizia)* Freude *f; (felicità)* Glücklichkeit *f.* **contentino** [...'ti:no] *m fam* Extra *n fam,* Zugabe *f.* **contento, -a** [...'tɛnto] *a (soddisfatto)* zufrieden (*di* mit); *(lieto)* froh (*di* über), fröhlich; *(felice)* glücklich (*di* mit, über); **fare ~ qu** jdn zufriedenstellen.
contenutistico, -a [kontenu'tistiko] ‹-ci, -che› *a lit* inhaltlich. **contenuto, -a** [...'nu:to] **I.** *m* Inhalt *m;* **II.** *a (gioia, carattere, stile)* verhalten.
contenzione [konten'tsi̯o:ne] *f* Ruhigstellung *f;* **camicia di ~** Zwangsjacke *f.*
contenzioso, -a [konten'tsi̯o:so] **I.** *a* Streit-; **II.** *m* Gerichtsbarkeit *f.*
conterraneo, -a [konter'ra:neo] **I.** *a* aus dem gleichen Land (*o.* Ort) kommend; **II.** *m, f* Landsmann *m,* -männin *f.*
contesa [kon'te:sa] *f* Streit *m,* Auseinandersetzung *f.*
contessa *f v.* **conte.**
contestabile [kontes'ta:bile] *a* anfechtbar.
contestare [kontes'ta:re] *tr* protestieren gegen; *(negare)* bestreiten, abstreiten; *(a. jur)* anfechten. **contestatore, -trice** [...ta'to:re] *m, f* Anfechter(in) *m(f); pol, soc* Protestler(in) *m(f) fam.* **contestazione** [...tat'tsi̯o:ne] *f* **1.** *pol, soc* Protest *m;* **2.** *jur* Anfechtung *f;* **3.** *(contrasto)* Widerspruch *m.*
conteste [kon'tɛste] *mf* Mitzeuge *m,* -zeugin *f.*
contesto [kon'tɛsto] *m* **1.** *(di scritto, discorso)* Kontext *m,* Zusammenhang *m;* **2.** *fig (ambiente)* Umfeld *n,* Hintergrund *m.* **contestuale** [...testu'a:le] *a* kontextuell; *(lit a.)* Kontext-.
contiguità [kontigui'ta] ‹-› *f* Angrenzung *f.* **contiguo, -a** [...'ti:guo] *a* angrenzend.
continentale [kontinen'ta:le] **I.** *a* kontinental, Festland(s)-; **II.** *mf* Festland(s)bewohner(in) *m(f).*
continente[1] [konti'nɛnte] *m* Kontinent *m,* Erdteil *m; (terraferma)* Festland *n;* **~ antico/nuovo** Alte/Neue Welt.
continente[2] [konti'nɛnte] *a* enthaltsam, zurückhaltend (*in* bei). **continenza** [...'nɛntsa] *f* Enthaltsamkeit *f,* Zurückhaltung *f.*
contingentamento [kontindʒenta'mento] *m* Kontingentierung *f.* **contingentare** [...'ta:re] *tr* kontingentieren. **contingente** [...'dʒɛnte] **I.** *a* zufällig; *(philos a.)* kontingent; **II.** *m* **1.** *gener. com* Kontingent *n* (*di* an); **2.** *philos* Zufällige(s) *n.* **contingenza** [...'dʒɛntsa] *f* **1.** *(della vita)* Umstand *m,* Zufälligkeit *f;* **2.** *philos* Kontingenz *f,* Zufälligkeit *f;* **indennità di ~** Teuerungszulage *f.*
continuare [kontinu'a:re] **I.** *tr* fortsetzen; **II.** *itr* fortfahren (*a* mit), weitermachen (*a* mit); *(durare)* weitergehen, andauern, anhalten; **~ a vivere/dormire** weiterleben/weiterschlafen. **continuativo, -a** [...ua'ti:vo] *a* Dauer-, dauerhaft. **continuatore, -trice** [...ua'to:re] *m, f* Fortsetzer(in) *m(f).* **continuazione** [...uat'tsi̯o:ne] *f* Fortsetzung *f;* **in ~** dauernd, ununterbrochen. **continuità** [...ui'ta] ‹-› *f* Kontinuität *f,* Fortdauer *f; (fig a.)* Zusammenhang *m;* **soluzione di ~** Unterbrechung *f;* **impiego a carattere di ~** Dauerbeschäftigung *f.* **conti-**

nuo, -a [...ˈti:nuo] *a* dauernd, ständig; **corrente -a** (*ab* **c.c**) Gleichstrom *m;* **di ~** dauernd, fortwährend.

contitolare [kontitoˈla:re] **I.** *a* Mit(inhaber)-; **II.** *mf* Mitinhaber(in) *m(f).*

conto [ˈkonto] *m* **1.** *mat, com* Rechnung *f;* **2.** *fin* Konto *n;* **3.** *(stima)* Ansehen *n;* **far di ~** *fam* rechnen; **far ~ di fare qc** planen, etw. zu tun; **non fare alcun ~ di qc/qu** etw./jdn nicht beachten; **far ~ su qu/qc** auf jdn/etw. bauen; **fare i -i con qu** mit jdm abrechnen; **chiedere ~ a qu di qc** von jdm Rechenschaft über etw. verlangen; **dar** (*o.* **render) ~ a qu di qc** jdm über etw. Rechenschaft ablegen; **dire qc sul ~ di qu** etw. über jdn sagen; **liquidare i -i** abrechnen; **mettere in ~ qc a qu** jdm etw. in Rechnung stellen; **rendersi ~ di qc** sich *(dat)* einer Sache bewußt werden, sich über etw. klar sein; **tenere ~ di qc/qu** etw./jdn berücksichtigen (*o.* in Betracht ziehen); **tenere da ~ qc** etw. in Ehren halten; **tenere in gran ~ qc/qu** eine hohe Meinung von etw./jdm haben; **per ~** (*ab* **p/c**) für; **per ~ di qu** in jds Auftrag (*o.* Namen); **per ~ mio/tuo/suo** was mich/dich/ihn betrifft; **a -i fatti** alles in allem; **alla fine dei -i** schließlich, letztlich; **in fin dei -i** letztendlich; **a(d ogni) buon ~** jedenfalls, immerhin; **per un ~ o per l'altro** so oder so; **è un altro ~** das ist ein anderes Kapitel; **fare i -i senza l'oste** die Rechnung ohne den Wirt machen.

contorcere [konˈtɔrtʃere] ‹*irr*› **I.** *tr* verdrehen; **II.** *rfl:* **-rsi** sich krümmen, sich winden; *(divincolarsi)* sich entwinden. **contorcimento** [...tortʃiˈmento] *m* Winden *n,* Krümmen *n.*

contornare [kontorˈna:re] **I.** *tr* **1.** *(disegno, occhi)* umranden; **2.** *fig* umgeben; **II.** *rfl:* **-rsi** sich umgeben (*di* mit). **contorno** [...ˈtorno] *m* **1.** *gastr* Beilage *f;* **2.** *(di disegno, volto)* Kontur *f,* Umriß *m;* **3.** *(ornamento)* Umrandung *f,* Einfassung *f.*

contorsione [kontorˈsi̯o:ne] *f* **1.** (Ver)drehung *f,* Verrenkung *f;* **2.** *fig* Schnörkel *m.* **contorsionista** [...i̯oˈnista] ‹-i *m,* -e *f*› *mf* Schlangenmensch *m,* Kontorsionist(in) *m(f).* **contorto, -a** [...ˈtɔrto] *a* **1.** *(storto)* gewunden; **2.** *fig* verdreht, verschlungen.

contrabbandare [kontrabbanˈda:re] *tr* schmuggeln. **contrabbandiere, -a** [...ˈdi̯ɛ:re] **I.** *m, f* Schmuggler(in) *m(f);* **II.** *a* Schmuggler-. **contrabbando** [...ˈbando] *m* Schmuggel *m;* **esportare/importare qc di ~** etw. illegal aus-/einführen; **di ~** *fig* heimlich.

contrabbasso [-bˈbasso] *m* Kontrabaß *m.*

contraccambiare [-kkamˈbi̯a:re] *tr* erwidern. **contraccambio** [-kˈkambi̯o] *m* Erwiderung *f.*

contraccettivo, -a [-ttʃetˈti:vo] **I.** *a* empfängnisverhütend, Verhütungs-; **II.** *m* Verhütungsmittel *n.*

contraccolpo [-kˈkolpo] *m* **1.** *(urto)* Gegen-, Rückschlag *m;* **2.** *fig* Rückwirkung *f;* **di ~** prompt.

contraccusa [kontrakˈku:za] *f* Gegenklage *f.*

contrada [konˈtra:da] *f* Straße *f,* Gasse *f;* **le -e di Siena** die Stadtbezirke *m pl* von Siena.

contraddire [kontradˈdi:re] ‹*irr*› **I.** *tr* widersprechen (*qu* jdm); **II.** *rfl:* **-rsi** sich widersprechen.

contraddistinguere [-ddisˈtiŋgu̯ere] ‹*irr*› **I.** *tr (distinguere)* unterscheiden, kennzeichnen; **II.** *rfl:* **-rsi** sich abheben (*per* durch), hervorstechen (*per* mit).

contraddittorio, -a [-dditˈtɔ:ri̯o] ‹-i, -ie› **I.** *a* widersprüchlich; **II.** *m* Streitgespräch *n,* Disput *m.* **contraddizione** [-dditˈtsi̯o:ne] *f* Widerspruch *m;* **spirito di ~** Widerspruchsgeist *m;* **cadere in ~** sich in Widersprüche verwickeln.

contraente [kontraˈɛnte] **I.** *a* vertragsabschließend, Vertrags-; **parte ~** Vertragspartei *f;* **II.** *mf* Vertragspartner(in) *m(f).*

contraereo, -a [kontraˈɛ:reo] **I.** *a* Flugabwehr-; **II.** *f* Flak *f.*

contraffare [-fˈfa:re] ‹*irr*› **I.** *tr* nachmachen, imitieren; *(falsificare)* fälschen; **II.** *rfl:* **-rsi** sich verkleiden (*da* als). **contraffattore, -trice** [-ffatˈto:re] *m, f* Nachahmer(in) *m(f); (falsificatore)* Fälscher(in) *m(f).* **contraffazione** [...tˈtsi̯o:ne] *f* Nachahmung *f; (falsificazione)* Fälschung *f.*

contrafforte [-fˈfɔrte] *m* **1.** *arch* Stütze *f,* Verstärkung *f;* **2.** *geog* (Gebirgs)ausläufer *m.*

contralto [konˈtralto] **I.** *m* **1.** *(voce)* Alt *m,* Altstimme *f;* **2.** *(persona)* Alt *m,* Altistin *f;* **II.** ‹*inv*› *a mus* Alt-; **sassofono ~** Altsaxophon *n.*

contrammiraglio [kontrammiˈraʎʎo] *m* Konteradmiral *m.*

contrappasso [-pˈpasso] *m* Vergeltung *f.*

contrappello [kontrapˈpɛllo] *m* zweiter Appell.

contrappesare [-ppeˈsa:re] **I.** *tr*

1. *(bilanciare)* (ab-, aus)wiegen; **2.** *fig* abwägen; **II.** *rfl:* **-rsi** sich ausgleichen. **contrappeso** [-p'pe:so] *m* **1.** *tec* Gegengewicht *n;* **2.** *fig* Ausgleich *m;* **fare da ~** einen Ausgleich bilden.

contrapporre [-p'porre] ‹*irr*› **I.** *tr* **1.** *(ostacolo, sbarramento)* entgegensetzen; **2.** *fig* gegenüberstellen, entgegenstellen; **II.** *rfl:* **-rsi 1.** *(opporsi)* sich widersetzen; **2.** *fig* gegensätzlich sein. **contrapposizione** [-ppozit'tsi̯o:ne] *f* Gegenüberstellung *f; philos* Kontraposition *f.* **contrapposto, -a** [-p'posto] **I.** *a* gegensätzlich; **II.** *m* Gegensatz *m* (*di* zu), Gegenteil *n* (*di* von).

contrappuntistico, -a [-ppun'tistiko] ‹-ci, -che› *a* kontrapunktisch. **contrappunto** [-p'punto] *m* Kontrapunkt *m.*

contrariamente [kontrari̯a'mente] *adv* im Gegensatz (*a* zu).

contrariare [kontra'ri̯a:re] ‹contrario, contrari› *tr* **1.** *(infastidire)* verärgern; **2.** *(contrastare)* durchkreuzen, behindern; **3.** *(contraddire)* widersprechen (*qu/qc* jdm/einer S.). **contrarietà** [...i̯e'ta] ‹-› *f* Widerwärtigkeit *f,* Ärgernis *n; (fastidio)* Verärgerung *f.* **contrario, -a** [...'tra:ri̯o] ‹-i, -ie› **I.** *a* gegenteilig, entgegengesetzt; *fig* widrig; **II.** *m* Gegenteil *n;* **al ~** im Gegenteil; **non avere nulla in ~** nichts dagegen haben.

contrarre [kon'trarre] ‹*irr*› **I.** *tr* **1.** *(patto)* (ab)schließen; *(matrimonio)* schließen; *(obbligo)* übernehmen; **2.** *(malattia)* bekommen, sich *(dat)* zuziehen; *(abitudine)* sich *(dat)* zulegen; *(debito)* machen; **3.** *(labbra, muscolo, sopracciglia)* zusammenziehen; **II.** *rfl:* **-rsi 1.** *(muscolo)* sich zusammenziehen, kontrahieren; **2.** *(materiale)* sich zusammenziehen, schrumpfen; **3.** *ling* kontrahiert (*o.* zusammengezogen) werden.

contrassegnare [-sseɲ'ɲa:re] *tr* kennzeichnen. **contrassegno** [-s'seɲɲo] *m* **1.** *(distintivo)* Kennzeichen *n;* **2.** *fig* Zeichen *n.*

contrastare [kontras'ta:re] **I.** *tr* **1.** *(impedire)* behindern, entgegenwirken *dat;* **2.** *(negare)* streitig machen; **II.** *itr* **1.** *(essere in disaccordo)* in Widerspruch stehen (*con* zu), einen Gegensatz bilden (*con* zu); **2.** *(discutere)* streiten. **contrasto** [...'trasto] *m* **1.** *gener.* Gegensatz *m; (diverbio)* Streit *m; (conflitto)* Auseinandersetzung *f;* **2.** *fot, TV* Kontrast *m;* **mezzo di ~** Kontrastmittel *n;* **senza ~** ohne Widerstand; **venire a** (*o.* **in**) **~ con qu** mit jdm in Streit geraten.

contrattaccare [kontrattak'ka:re] *tr* einen Gegenangriff starten auf. **contrattacco** [...'takko] *m* Gegenangriff *m.*

contrattare [kontrat'ta:re] **I.** *tr* verhandeln (um *o.* über); *com* handeln (um *o.* über), feilschen um; **II.** *itr* handeln, feilschen. **contrattazione** [...tat'tsi̯o:ne] *f* Verhandlung *f.*

contrattempo [-t'tɛmpo] *m* **1.** *gener.* Verzögerung *f,* Zwischenfall *m;* **2.** *mus* Zwischentakt *m.*

contrattista [kontrat'tista] ‹-i *m,* -e *f*› *mf* Vertragsangestellte(r) *mf.* **contratto** [...'tratto] *m* Vertrag *m;* **~ (collettivo) di lavoro** Tarifvertrag *m;* **~ a termine** Zeitvertrag *m;* **~ di noleggio** Mietvertrag *m.* **contrattuale** [...tu'a:le] *a* Vertrags-, vertraglich; **clausola ~** Vertragsklausel *f.*

contravveleno [-vve'le:no] *m* Gegengift *n.*

contravvenire [-vve'ni:re] ‹*irr*› *itr* zuwiderhandeln *(a dat), verstoßen (a* gegen). **contravventore, -trice** [...n'to:re] *m, f* Gesetzesbrecher(in) *m(f).* **contravvenzione** [...n'tsi̯o:ne] *f* **1.** *(violazione)* (Gesetzes)übertretung *f;* **2.** *(contestazione)* Strafmandat *n,* gebührenpflichtige Verwarnung; **cadere in ~** sich strafbar machen.

contrazione [kontrat'tsi̯o:ne] *f* **1.** *gener.* Zusammenziehung *f;* **2.** *anat, ling* Kontraktion *f;* **3.** *com* Verringerung *f,* Rückgang *m.*

contribuente [kontribu'ɛnte] *mf* Steuerzahler(in) *m(f).*

contribuire [kontribu'i:re] ‹contribuisco› *itr* beitragen (*a* zu), sich beteiligen (*a* an). **contributo** [...'bu:to] *m* **1.** *com* Beitrag *m,* Anteil *m;* **2.** *jur, adm* Gebühr *f;* **3.** *fig* Beitrag *m* (*a* zu); **~ previdenziale** Versicherungsbeitrag *m;* **-i sociali** Sozialabgaben *f pl;* **dare un ~ a qc** einen Beitrag zu etw. leisten. **contribuzione** [...but'tsi̯o:ne] *f* **1.** *com* Beitragszahlung *f,* -leistung *f;* **2.** *(contributo)* Beitrag *m.*

contristare [kontris'ta:re] **I.** *tr* betrüben; **II.** *rfl:* **-rsi** betrübt sein.

contrito, -a [kon'tri:to] *a* zerknirscht; *(a. rel)* reuig. **contrizione** [...rit'tsi̯o:ne] *f* Zerknirschung *f; (a. rel)* Reue *f.*

contro ['kontro] **I.** *prp* gegen *acc,* entgegen *dat;* **marciare ~ qu** gegen jdn zu Felde ziehen; **navigare ~ vento** gegen den Wind segeln; **sparare ~**

qu auf jdn schießen; **voltarsi ~ il muro** sich zur Wand drehen; **votare/essere ~** dagegen stimmen/sein; **dare ~** Kontra *n* geben; **di ~** gegenüber; **per ~** dagegen; **~ assegno/ricevuta/pagamento** gegen Scheck/Quittung/Zahlung; **II.** *adv* dagegen; **~ di me/te/lei** gegen mich/dich/sie; **III.** ‹-› *m*: **il pro ed il ~** das Pro und das Kontra.

contro- [kontro] *(in parole composte)* Gegen-, Wider-. **controaccusa** [-ak'ku:za] *f* Gegenklage *f.* **controbattere** [-'battere] *tr* **1.** *fig* erwidern, zurückgeben; **2.** *mil* mit einem Gegenfeuer beantworten. **controbatteria** [...'ri:a] *f* Gegenfeuer *n.* **controbilanciare** [-bilan'tʃa:re] *tr* **1.** *(carico, pesi)* ausbalancieren; **2.** *fig* ausgleichen, aufwiegen; **I.** *rfl:* **-rsi 1.** *(pesi)* sich aufwiegen; **2.** *fig* sich ausgleichen. **controcampo** [-'kampo] *m* Gegenfeldaufnahme *f.* **controcorrente** [-kor'rɛnte] **I.** *f* Gegenstrom *m,* Gegenströmung *f;* **II.** *adv* gegen den Strom; **andare ~** *fig* gegen den Strom schwimmen. **controdado** [-'da:do] *m* Konter-, Gegenmutter *f.* **controdata** [-'da:ta] *f* **1.** *(data aggiunta)* Neudatierung *f;* **2.** *(data di registrazione)* Eingangsdatum *n.* **controdatare** [-da'ta:re] *tr* neu datieren. **controdomanda** [-do'manda] *f* Gegenfrage *f.* **controffensiva** [kontroffen'si:va] *f* Gegenangriff *m; (fig a.)* Gegenoffensive *f;* **passare alla ~** *(a. fig)* zum Gegenangriff übergehen. **controfigura** [-fi'gu:ra] *f* Double *n.* **controfiletto** [-fi'letto] *m* Lendenstück *n.* **'controfinestra** [-fi'nɛstra] *f* Innenfenster *n.* **controfirma** [-'firma] *f* Gegenzeichnung *f.* **controfirmare** [...'ma:re] *tr* gegenzeichnen. **controindicare** [-indi'ka:re] *tr* **1.** *med* als gegenangezeigt erklären; **2.** *(su pagina, testo)* am Rande vermerken. **controindicazione** [...kat'tsi̯o:ne] *f* **1.** *med* Gegenanzeige *f,* Kontraindikation *f;* **2.** *(su pagina, testo)* Randbemerkung *f.*

controllare [kontrol'la:re] **I.** *tr* **1.** *gener.* kontrollieren, überprüfen; *(attività, etc.)* beaufsichtigen; *(sorvegliare)* überwachen; **2.** *(situazione, mercato, avversario)* beherrschen, unter Kontrolle haben; **3.** *fig (gesti, emozioni, etc.)* beherrschen, kontrollieren; **II.** *rfl:* **-rsi** sich beherrschen; **non sapere** (*o.* **riuscire a) -rsi** sich nicht beherrschen können; **-rsi nelle spese/nel fumo/nel bere** sich bei den Ausgaben/im Rauchen/im Trinken einschränken. **controllo** [...'trɔllo] *m* **1.** *(verifica)* Kontrolle *f,* Überprüfung *f; (sorveglianza)* Aufsicht *f,* Überwachung *f;* **2.** *fig* Beherrschung *f,* Kontrolle *f;* **3.** *tec* Steuerung *f,* Regulierung *f;* **~ dei bagagli/biglietti** Gepäck-/Fahrkartenkontrolle *f;* **~ delle nascite** Geburtenkontrolle *f;* **visita di ~** Kontrolluntersuchung *f.* **controllore** [...trol'lo:re] *m* Kontrolleur *m.*

controluce [-'lu:tʃe] **I.** ‹-› *f* Gegenlicht *n;* **II.** *adv* Gegenlicht-; **fotografia in ~** Gegenlichtaufnahme *f;* **guardare qc ~** etw. im Gegenlicht betrachten. **contromano** [-'ma:no] *adv* in Gegenrichtung. **contromarca** [-'marka] *f* Kontrollmarke *f.* **contromisura** [-mi'zu:ra] *f* Gegenmaßnahme *f.* **controparte** [-'parte] *f* Gegenpartei *f.* **contropartita** [-par'ti:ta] *f* Gegenleistung *f.* **contropelo** [-'pe:lo] **I.** *adv* gegen den Strich; **prendere qu ~** *fam scherz* jdn auf dem falschen Fuß erwischen; **II.** *m* Richtung *f* gegen den Strich; **radere in ~** gegen den Strich rasieren; **fare (il pelo ed) il ~ a qu** *fig* jdn zerpflücken. **contropiede** [-'piɛ:de] *m* Überraschungsangriff *m;* **prendere** (*o.* **cogliere) qu in ~** jdn auf dem falschen Fuß erwischen, jdn überrumpeln. **controproducente** [-produ'tʃɛnte] *a* kontraproduktiv. **controproposta** [-pro'posta] *f* Gegenvorschlag *m.* **controprova** [-'prɔ:va] *f* Gegenbeweis *m.* **controquerela** [-ku̯e'rɛ:la] *f* Gegenklage *f.* **controrrdine** [kon'trordine] *m* Gegenbefehl *m; com* Rückrufaktion *f.* **controriforma** [-ri'forma] *f* Gegenreformation *f.* **controrivoluzionario, -a** [-rivoluttsi̯o'na:ri̯o] **I.** *a* konterrevolutionär; **II.** *m, f* Konterrevolutionär(in) *m(f).* **controrivoluzione** [...'tsi̯o:ne] *f* Konterrevolution *f.* **controsenso** [-'sɛnso] *m* Widersinn *m.* **controspionaggio** [-spio'naddʒo] *m* Gegenspionage *f.* **controstomaco** [-s'tɔ:mako] **I.** *adv* angewidert; *(malvolentieri)* widerwillig; **II.** *m* Übelkeit *f.* **controvalore** [-va'lo:re] *m* Gegenwert *m.* **controvento** [-'vɛnto] **I.** *adv* gegen den Wind; **andare ~** *(a. fig)* gegen den Wind segeln; **II.** *m* Gegenwind *m.*

controversia [kontro'vɛrsi̯a] ‹-ie› *f* **1.** *jur* Streitpunkt *m,* Streitgegenstand *m;* **2.** *(polemica)* Kontroverse *f,* Meinungsverschiedenheit *f.* **controverso, -a** [...'vɛrso] *a* kontrovers, strittig.

controvoglia [-ˈvɔʎʎa] *adv* ungern, widerwillig.

contumace [kontuˈmaːtʃe] *adm* **I.** *a* nicht erscheinend, abwesend; **II.** *mf* Abwesende(r) *mf.* **contumacia** [...tʃa] ‹-cie› *f* **1.** *jur* Abwesenheit *f,* Nichterscheinen *n;* **2.** *med* Quarantäne *f;* **condannare qu in ~** jdn in Abwesenheit verurteilen.

contundente [kontunˈdɛnte] *a* schlagend, Schlag-.

conturbante [konturˈbante] *a* verwirrend.

contusione [kontuˈzi̯oːne] *f* Prellung *f,* Quetschung *f.* **contuso, -a** [...ˈtuːzo] *a* geprellt; **è rimasto ~ ad una gamba** er hat Prellungen an einem Bein erlitten.

contuttoché [kontuttoˈke] *con conj* obwohl, trotz der Tatsache, daß . .

contuttociò, con tutto ciò [kontuttoˈtʃɔ] *con* dennoch, trotzdem.

conurbazione [konurbatˈtsi̯oːne] *f* Ballungsgebiet *n.*

convalescente [konvaleʃˈʃɛnte] **I.** *a* genesend, rekonvaleszent; **II.** *mf* Rekonvaleszent(in) *m(f),* Genesende(r) *mf.* **convalescenza** [...ˈʃɛntsa] *f* Erholung *f,* Rekonvaleszenz *f.* **convalescenziario** [...ʃenˈtsi̯aːri̯o] ‹-i› *m* Genesungsheim *n.*

convalida [konˈvaːlida] *f* Beglaubigung *f; (riprova)* Bestätigung *f.* **convalidare** [...valiˈdaːre] *tr* **1.** *jur* bestätigen, beglaubigen; **2.** *fig* bestätigen, bekräftigen.

convegnista [konveɲˈɲista] ‹-i *m,* -e *f*› *mf* Tagungsteilnehmer(in) *m(f).* **convegno** [...ˈveɲɲo] *m* **1.** *(incontro)* Treffen *n; (di studi, etc. a.)* Tagung *f;* **2.** *(luogo)* Treffpunkt *m;* **~ amoroso** *poet* Stelldichein *n poet;* **darsi ~** sich verabreden.

convenevoli [konveˈneːvoli] *m pl* Förmlichkeiten *f pl.*

conveniente [konveˈni̯ɛnte] *a* angemessen; *(vantaggioso)* lohnend, günstig. **convenienza** [...ˈni̯ɛntsa] *f* **1.** ‹*pl*› *(regole)* Form *f,* (Anstands)regeln *f pl;* **2.** *(vantaggio)* Form *f;* **matrimonio di ~** Vernunftehe *f;* **prezzi di ~** Sonderpreise *m pl;* **rispettare le -e** die Form wahren.

convenire [konveˈniːre] ‹*irr*› **I.** *itr* ‹*essere o. avere*› **1.** *(riunirsi)* zusammenkommen, sich versammeln; **2.** *(concordare)* sich einigen (*su* über, *con* mit), übereinkommen (*con* mit); **3.** *(adattarsi)* schicklich sein (*a* für), sich schicken (*a* für), sich gehören (*a* für); *(a cose)* angemessen sein (*a* einer S.); *passen (a* zu) **4.** *(tornare utile)* sich lohnen; **5.** *(impersonale: essere opportuno)* besser sein; *(essere necessario)* nötig sein; **ci conviene tentare** das ist einen Versuch wert; **II.** *tr* ‹*avere*› **1.** *(stabilire)* übereinkommen (*qc* über etw.), sich einigen (*qc* über etw.); **2.** *jur (in giudizio)* vorladen; **III.** *rfl:* **-rsi** sich gehören (*a* für), sich schicken (*a* für).

convento [konˈvɛnto] *m* Kloster *n;* **contentarsi di quello che passa il ~** *fig scherz* sich mit dem Vorhandenen zufriedengeben. **conventuale** [...ventuˈaːle] *a* klösterlich, Kloster-.

convenuto, -a [konveˈnuːto] **I.** *a* vereinbart; **come ~** wie vereinbart; **II.** *m* Übereinkunft *f;* **III.** *m, f jur* Angeklagte(r) *m, f;* ‹*pl*› *(a riunione)* Anwesende *pl.*

convenzionale [konventsi̯oˈnaːle] *a* **1.** *(per accordo)* Konventional-; **2.** *(comune)* konventionell; **3.** *pej* banal; **metodi/criteri/armi -i** konventionelle Methoden *f pl*/Kriterien *n pl*/Waffen *f pl.* **convenzionalismo** [...naˈlizmo] *m* Konventionalismus *m.* **convenzionalità** [...naliˈta] ‹-› *f* Konventionalität *f.*

convenzionare [konventsi̯oˈnaːre] **I.** *tr* absprechen, abmachen; **II.** *rfl:* **-rsi** übereinkommen, Abmachungen treffen. **convenzione** [...ˈtsi̯oːne] *f* **1.** *jur, adm* Abkommen *n;* **2.** *pol* Konvent *m,* Versammlung *f;* **3.** *(intesa)* Konvention *f;* **4.** ‹*pl*› *pej* Formeln *f pl,* Konventionen *f pl;* **~ mutualistica/commerciale/doganale** Versicherungs-/Handels-/Zollabkommen *n;* **la ~ dell'Aia** die Haager Konvention; **le -i sociali** die gesellschaftlichen Konventionen *f pl.*

convergente [konverˈdʒɛnte] *a* konvergierend, zusammenlaufend; *mat, phys* konvergent. **convergenza** [...ˈdʒɛntsa] *f* **1.** *gener.* Konvergenz *f,* Annäherung *f;* **2.** *mat* Konvergenz *f;* **3.** *mot* (Achs)sturz *m.*

convergere [konˈvɛrdʒere] ‹convergo, convergi, conversi, converso› **I.** *itr* ‹*essere*› **1.** *(strade)* zusammenlaufen; **2.** *fig* das gleiche Ziel anstreben; *(concordare)* übereinstimmen; **3.** *mat* konvergieren; **II.** *tr* ‹*avere*› **1.** *phys* konvergieren lassen; **2.** *fig* richten (*su* auf).

conversa *f v.* **converso.**

conversare [konverˈsaːre] *itr* sich unterhalten. **conversatore, -trice** [...saˈtoːre] *m, f* Gesellschafter(in) *m(f).* **conversazione** [...satˈtsi̯oːne] *f* Unterhaltung *f;* Konversation *f;* Gespräch *n.*

conversi [kon'vɛrsi] *1. pers sing del passato remoto di* **convergere, convertire.**

conversione [konver'si̯o:ne] *f* **1.** *(trasformazione)* Umwandlung *f,* Umformung *f; el, tec* Konversion *f,* Umformung *f;* **2.** *rel* Bekehrung *f;* **3.** *(movimento)* (Kehrt)wendung *f;* **4.** *naut* Kursberechnung *f.*

converso, -a [kon'vɛrso] **I.** *pp di* **convergere; II.** *m, f* Laienbruder *m,* -schwester *f.*

convertibile [konver'ti:bile] **I.** *a* **1.** *(auto)* mit aufklappbarem Verdeck; **2.** *(moneta)* konvertierbar; **II.** *f* Kabrio(lett) *n.* **convertibilità** [...tibili'ta] ‹-› *f* Konvertierbarkeit *f.*

convertire [konver'ti:re] ‹converto, convertii *o.* conversi, convertito› **I.** *tr* **1.** *(trasformare)* umwandeln; **2.** *rel, pol* bekehren (*a* zu); **3.** *fin* konvertieren; **4.** *fig* verwandeln (*in* in); **II.** *rfl:* **-rsi 1.** *rel* konvertieren (*a* zu); **2.** *fig* sich (ver)wandeln (*in* in). **convertito, -a** [...'ti:to] **I.** *a* bekehrt; **II.** *m, f* Bekehrte(r) *mf.* **convertitore** [...ti'to:re] *m* Umformer *m,* Konverter *m;* ~ **di coppia** *mot* Wandler *m.* **converto** [...'vɛrto] *1. pers sing pr di* **convertire.**

convessità [konvessi'ta] ‹-› *f* Konvexität *f.* **convesso, -a** [...'vɛsso] *a* konvex; *(angolo)* stumpf.

convettore [konvet'to:re] *m* Konvektor *m.*

convincere [kon'vintʃere] ‹*irr*› **I.** *tr* überzeugen (*qu di qc* jdn von etw.); **II.** *rfl:* **-rsi** sich überzeugen (*di* von). **convinto, -a** [...'vinto] *a* überführt. **convinzione** [...n'tsi̯o:ne] *f* Überzeugung *f,* Meinung *f.*

convitato, -a [konvi'ta:to] *m, f* Gast *m.*

convitto [kon'vitto] *m* Internat *n.* **convittore, -trice** [...'to:re] *m, f* Internatsschüler(in) *m(f),* Internatszögling *m.*

convivenza [konvi'vɛntsa] *f* Zusammenleben *n.* **convivere** [...'vi:vere] ‹*irr*› *itr* ‹*essere o. avere*› zusammenleben.

conviviale [konvi'vi̯a:le] *a poet* Tafel-.

convocare [konvo'ka:re] ‹convoco, convochi› *tr* zusammenrufen; *(pol, adm a.)* einberufen. **convocazione** [...kat'tsi̯o:ne] *f* Einberufung *f.*

convogliare [konvoʎ'ʎa:re] ‹convoglio, convogli› *tr* **1.** *(traffico, soccorsi)* leiten, führen; **2.** *(acqua, fiumi: trasportare)* mitführen. **convoglio** [...'vɔʎʎo] ‹-gli› *m* Konvoi *m,* Kolonne *f; ferr* Zug *m.*

convolare [konvo'la:re] *itr* ‹*essere*› *poet:* ~ **a (giuste) nozze** heiraten.

convolvolo [kon'vɔlvolo] *m bot* Winde *f.*

convulsione [konvul'si̯o:ne] *f* Krampf(anfall) *m,* Konvulsion *f;* ~ **di pianto/riso** Wein-/Lachkrampf *m;* ~ **epilettica** epileptischer Anfall. **convulsivo, -a** [...'si:vo] *a* Krampf-, konvulsiv *scient;* **tosse -a** Keuchhusten *m.* **convulso, -a** [...'vulso] **I.** *a* **1.** *med* krampfhaft, Krampf-; **2.** *(pianto, riso)* krampfhaft; **3.** *fig* hektisch, fieberhaft; **tosse -a** Keuchhusten *m;* **II.** *m* Krampf(anfall) *m.*

cooperare [koope'ra:re] *itr* zusammenarbeiten, kooperieren; *(contribuire)* mitwirken (*a, in* an), beitragen (*a* zu). **cooperativa** [...ra'ti:va] *f* Genossenschaft *f;* **vado a fare la spesa alla** ~ ich gehe im Co op einkaufen. **cooperatore, -trice** [...ra'to:re] *m, f* **1.** *(di impresa)* Mitarbeiter(in) *m(f);* **2.** *com* Genossenschaftler(in) *m(f).* **cooperazione** [...rat'tsi̯o:ne] *f* **1.** *(ad un'impresa)* Mitarbeit *f;* **2.** *com* Genossenschaftswesen *n.*

coordinamento [koordina'mento] *m* Koordination *f,* Koordinierung *f.* **coordinare** [...'na:re] *tr* koordinieren; *gram* nebenordnen, beiordnen. **coordinata** [...'na:ta] *f* Koordinate *f;* **sistema di -e** Koordinatensystem *n.* **coordinato, -a** [...'na:to] **I.** *a* koordiniert, abgestimmt; *gram* nebengeordnet, beigeordnet; **II.** *m* Kombination *f.* **coordinatore, -trice** [...na'to:re] *m, f* Koordinator(in) *m(f).* **coordinazione** [...nat'tsi̯o:ne] *f* *(di movimenti, idee)* Koordination *f,* Abstimmung *f; gram* Nebenordnung *f,* Beiordnung *f.*

Copenaghen [kope'na:gen] *f* Kopenhagen *n.*

coperchio [ko'pɛrki̯o] ‹-chi› *m* Deckel *m.*

copernicano, -a [koperni'ka:no] *a* kopernikanisch.

copersi [ko'pɛrsi] *1. pers sing del passato remoto di* **coprire.**

coperta [ko'pɛrta] *f* **1.** *(panno)* Decke *f;* **2.** *naut* Deck *n;* **in/sotto** ~ an/unter Deck; **ficcarsi sotto le -e** unter die Decke kriechen.

copertina [koper'ti:na] *f* Einband *m,* Umschlag *m;* **ragazza-**~ Covergirl *n.*

coperto [ko'pɛrto] *m* Gedeck *n.*

coperto, -a [ko'pɛrto] **I.** *pp di* **coprire; II.** *a* **1.** *(palestra, piscina)* überdacht; **2.** *(persona)* bekleidet, angezogen; **3.** *fin fig (rischio)* gedeckt; **4.** *meteo (cielo, tempo)* bedeckt; **5.** *fig* verborgen; **6.** *(cosparso)* bedeckt (*di* mit), übersät (*di* mit); **essere ben ~** dick angezogen sein; **III.** *m* überdachter Ort; **stare/mettersi al ~** sich unterstellen.

copertone [koper'to:ne] *m* **1.** *mot* (Reifen)mantel *m*, Reifen *m;* **2.** *(per riparo)* Plane *f.*

copertura [koper'tu:ra] *f* **1.** *(del tetto, etc.)* Bedeckung *f; arch* Abdeckung *f;* **2.** *com, fin, sport* Deckung *f;* **gioco di ~** Deckungsspiel *n.*

copia ['kɔ:pi̯a] ‹-ie› *f* **1.** *(trascrizione)* Kopie *f*, Abschrift *f;* **2.** *(di opere d'arte)* Kopie *f;* **3.** *typ* Exemplar *n*, Stück *n;* **4.** *film* Kopie *f; fot* Abzug *m;* **bella/brutta ~** Reinschrift *f*/Konzept *n;* **per ~ conforme** (*ab* **p.c.c.**) *adm* für die Richtigkeit der Abschrift. **copiare** [ko'pi̯a:re] ‹copio, copi› *tr* **1.** *(trascrivere)* abschreiben; *film* kopieren; **2.** *(a scuola)* abschreiben; **3.** *(imitare)* kopieren. **copiativo, -a** [...i̯a'ti:vo] *a* Kopier-; **carta -a** Kohlepapier *n.* **copiatore, -trice** [...i̯a'to:re] *m, f* **1.** *(di opere d'arte)* Fälscher(in) *m(f);* **2.** *fig* Nachahmer(in) *m(f).* **copiatrice** [...i̯a'tri:tʃe] **I.** *f* Kopiergerät *n*, Kopierer *m;* **II.** *a* Kopier-. **copiatura** [...i̯a'tu:ra] *f* **1.** *(operazione)* Kopieren *n; (trascrizione)* Abschreiben *n;* **2.** *pej* Nachahmung *f*, Abklatsch *m.*

copiglia *v.* **coppiglia.**

copione [ko'pi̯o:ne] *m theat* Regiebuch *n; film* Drehbuch *n.*

copioso, -a [ko'pi̯o:so] *a poet* zahlreich, reichlich.

copista [ko'pista] ‹-i *m*, -e *f*› *mf* Kopist(in) *m(f).* **copisteria** [...te'ri:a] ‹-ie› *f* Kopieranstalt *f.*

coppa[1] ['kɔppa *o.* 'koppa] *f* **1.** *(recipiente, contenuto)* Becher *m*, Kelch *m;* **2.** *sport* Pokal *m;* **3.** *(del reggiseno)* Körbchen *n;* **4.** ‹*pl*› *(di carte da gioco) italienische Spielkartenfarbe;* **~ da spumante/gelato** Sektschale *f*/Eisbecher *m;* **~ Davis** Davispokal *m;* **~ dell'olio** *mot* Ölwanne *f;* **~ della bilancia** Waagschale *f.*

coppa[2] ['kɔppa *o.* 'koppa] *f gastr (taglio di carne)* Nackenstück *n; (salume) Wurst aus Schweinefleisch.*

coppetta [kop'petta] *f* Schröpfkopf *m.*

coppia ['kɔppi̯a] ‹-ie› *f* **1.** *(di sposi, animali)* Paar *n;* **2.** *(uomo e donna)* (Ehe)paar *n;* **3.** *sport* Doppel *n;* **a -ie, in ~** paarweise; **~ di forze** Kräftepaar *n;* **gara a -ie** Paarlauf *m;* **due/quattro di ~** Doppelzweier *m*/-vierer *m.*

cop(p)iglia [ko'piʎʎa (kop'p...)] ‹-glie› *f* Splint *m.*

copra ['kɔ:pra] *f* Kopra *f.*

copricapo [kopri'ka:po] *m* Kopfbedeckung *f.* **copricostume** [-kos'tu:me] ‹-› *m* Strandkleid *n.* **coprifuoco** [-'fu̯ɔ:ko] *m* Ausgangssperre *f.*

coprii [ko'pri:i] *1. pers sing del passato remoto di* **coprire.**

copriletto [kopri'lɛtto] ‹-› *m* Tagesdecke *f.* **copriradiatore** [-radi̯a'to:re] ‹-› *m* Kühlerschutz *m.*

coprire [ko'pri:re] ‹copro, coprii *o.* copersi, coperto› **I.** *tr* **1.** *gener.* bedekken, zudecken; *(muro)* verkleiden; **2.** *(persona)* bedecken, einhüllen; **3.** *fig (impiego)* bekleiden; **4.** *(distanza)* zurücklegen; **5.** *(parole)* übertönen; **6.** *fin, com (debito, rischio)* (ab)decken; **7.** *sport, mil* decken; **8.** *(casa)* decken; **9.** *zoo* decken; **~ la pentola col coperchio** einen Deckel auf den Topf tun, den Topf schließen; **~ una casa col tetto** ein Haus überdachen; **~ qu di baci/onori** jdn mit Küssen bedecken/mit Ehrungen überhäufen; **copri bene il bambino!** pack' das Kind gut ein! *fam;* **II.** *rfl:* **-rsi 1.** *(il corpo)* sich bedecken, sich einhüllen; **2.** *fig* sich bedecken, sich überziehen (*di* mit); **3.** *fin* sich absichern; **-rsi bene** sich warm einpacken *fam;* **-rsi di pustole** sich mit Pickeln überziehen.

coproduzione [koprodut'tsi̯o:ne] *f* Koproduktion *f.*

copto, -a ['kɔpto] *a* **I.** *a* koptisch; **II.** *m, f* Kopte *m*, Koptin *f.*

copula ['kɔ:pula] *f* **1.** *gram* Kopula *f;* **2.** *biol* Begattung *f*, Kopulation *f.*

copyright ['kɔpɪraɪt] ‹-› *m* Copyright *n.* **copywriter** ['kɔpɪraɪtə] ‹-› *mf* Werbetexter(in) *m (f).*

coque [kɔk] *f:* **uovo alla ~** weichgekochtes Ei.

coraggio [ko'raddʒo] *m* Mut *m;* **fare ~ a qu** jdm Mut machen; **mancare/perdersi di ~** keinen Mut haben/den Mut verlieren; **avere il ~ delle proprie azioni** zu seinen Handlungen stehen; **~!** nur Mut! **coraggioso, -a** [...'dʒo:so] *a* mutig.

corale [ko'ra:le] **I.** *a* **1.** *mus* Chor-; **2.** *(approvazione)* einhellig; **musica/canto ~** Chormusik *f*/-gesang *m;* **II.** *m* **1.** *mus* Choral *m;* **2.** *rel* Chorbuch *n.*

corallifero, -a [koral'li:fero] *a* Korallen-, korallenreich. **corallino, -a** [...'li:no] *a* **1.** *geog* Korallen-; **2.** *(colo-*

re) korallenrot. **corallo** [koˈrallo] *m* Koralle *f.*
coram populo [ˈkɔːram ˈpɔːpulo] *adv* coram publico *geh,* öffentlich.
corano [koˈraːno] *m* Koran *m.*
coratella [koraˈtɛlla] *f* Innereien *pl.*
corazza [koˈrattsa] *f* **1.** *mil* Rüstung *f,* Harnisch *m;* **2.** *zoo* Panzer *m;* **si nasconde dietro la ~ dell'indifferenza** er (*o.* sie) verbirgt sich hinter einem Panzer aus Gleichgültigkeit. **corazzare** [...ˈtsaːre] **I.** *tr* **1.** *mil* panzern; **2.** *fig* abschirmen; **II.** *rfl:* **-rsi 1.** *mil* sich panzern; **2.** *fig* sich panzern, sich wappnen. **corazzata** [...ˈtsaːta] *f* Panzerkreuzer *m.* **corazzato, -a** [...ˈtsaːto] *a* gepanzert, Panzer-.
corazziere [koratˈtsi̯ɛːre] *m* **1.** *mil* Kürassier *m;* **2.** *fig* Hüne *m.*
corbellare [korbelˈlaːre] *tr fam* hänseln. **corbelleria** [...leˈriːa] ‹-ie› *f fam* Unsinn *m,* Blödsinn *m fam.*
corbezzolo [korˈbettsolo] *m* Erdbeerbaum *m.*
corcontento [korkonˈtɛnto] *m fam* Sonnenkind *n fam.*
corda [ˈkɔrda] *f* **1.** *gener* Seil *n,* Schnur *f; sport* Seil *n;* **2.** *mus* Saite *f;* **3.** *mat* Sehne *f;* **4.** *(di arco)* Sehne *f;* **5.** *(di tessuto)* Gewebe *n;* **6.** *hist* Folterstrick *m;* **~ dorsale** Chorda *f;* **-e vocali** *anat* Stimmbänder *n pl;* **salto della ~** Seilspringen *n;* **strumenti a ~** Saiteninstrumente *n pl;* **ballare** (*o.* **camminare) sulla ~** seiltanzen; **essere con la ~ al collo** *fig* den Kopf in der Schlinge haben; **essere teso come le -e di un violino** gespannt sein wie ein Flitzebogen *fam;* **dare ~ a qu** *fig* jdn an der langen Leine führen; **tagliare la ~** *fig* Reißaus nehmen, sich aus dem Staub machen; **tenere qu sulla ~** *fig* jdn auf die Folter spannen; **tirar troppo la ~** *fig* den Bogen überspannen; **la ~ troppo tesa si spezza** *prov* man soll den Bogen nicht überspannen; **non si parla di ~ in casa dell'impiccato** *prov* im Hause des Gehenkten spricht man nicht vom Strick *prov.* **cordame** [korˈdaːme] *m* Tauwerk *n.* **cordata** [...ˈdaːta] *f* Seilschaft *f.*
cordati [korˈdaːti] *m pl* Chordaten *pl.*
cordiale [korˈdi̯aːle] **I.** *a* herzlich; **II.** *m* **1.** *(bevanda)* Stärkung(strunk *m*) *f;* *(brodo)* Fleischbrühe mit Ei und Zitronensaft. **cordialità** [...i̯aliˈta] ‹-› *f* Herzlichkeit *f;* ‹*pl*› *(saluti)* herzliche Grüße *m pl;* **accogliere qu con ~** jdn höflich empfangen; **tante ~ alla Sua famiglia** viele herzliche Grüße an Ihre Familie. **cordialmente** [...i̯alˈmente] *adv* herzlich.
cordoglio [korˈdɔʎʎo] ‹-gli› *m* Schmerz *m,* (tiefe) Trauer *f.*
cordone [korˈdoːne] *m* **1.** *gener.* Schnur *f,* Kordel *f;* **2.** *el* Kabel *n;* **3.** *arch* Gesims *n;* *(del marciapiede)* Bordsteinkante *f;* **4.** *mil* Sperrgürtel *m,* Kordon *m;* **~ ombelicale** Nabelschnur *f;* **~ sanitario** Cordon sanitaire *m.*
coreografa *f v.* **coreografo.**
coreografia [koreograˈfiːa] *f* Choreographie *f.* **coreografico, -a** [...ˈgraːfiko] *a* **1.** *theat* choreographisch; **2.** *fig* spektakulär. **coreografo, -a** [...eˈɔːgrafo] *m, f* Choreograph(in) *m(f).*
coriaceo, -a [koˈri̯aːtʃeo] *a* **1.** *(come il cuoio)* ledern, lederartig; **2.** *fig* dickfellig.
coriandolo [koˈri̯andolo] *m* **1.** *bot* Koriander *m;* **2.** ‹*pl*› Konfetti *n.*
coricare [koriˈkaːre] ‹corico, corichi› **I.** *tr* (hin)legen; **II.** *rfl:* **-rsi** sich hinlegen.
corifeo, -a [koriˈfɛːo] *m, f (a. fig)* Koryphäe *f.*
corinzio, -a [koˈrintsi̯o] ‹-i, -ie)› *a* korinthisch.
corista [koˈrista] ‹-i *m,* -e *f*› *mf* Chorsänger(in) *m(f).*
cormorano [kormoˈraːno] *m* Kormoran *m.*
cornacchia [korˈnakki̯a] ‹-cchie› *f* Krähe *f.*
cornamusa [kornaˈmuːza] *f* Dudelsack *m.*
cornata [korˈnaːta] *f* Stoß *m* mit den Hörnern.
cornea [ˈkɔrnea] *f* Hornhaut *f.* **corneale** [korneˈaːle] *a* Hornhaut-. **corneo, -a** [ˈkɔrneo] *a* Horn-; **sostanza -a** Keratin *n;* **strato ~** Hornschicht *f.*
corner [ˈkɔrner] ‹-› *m* Eckball *m;* **salvarsi in ~** *fig* sich im letzten Augenblick retten.
cornetta [korˈnetta] *f* Kornett *n.* **cornettista** [...ˈtista] ‹-i *m,* -e *f*› *mf* Kornettist(in) *m(f).*
cornetto [korˈnetto] *m* **1.** *(amuleto)* hornförmiges Amulett; **2.** *gastr* Hörnchen *n,* Croissant *n;* **3.** *bot* Schößling *m;* **4.** *mus* Krummhorn *n;* **5.** ‹*pl*› *sett* grüne Bohnen *f pl;* **~ acustico** Hörrohr *n.*
cornice [korˈniːtʃe] *f* **1.** *(di quadro, specchio)* Rahmen *m;* **2.** *arch* Gesims *n;* **legge ~** Rahmengesetz *n;* **i riccioli le facevano da ~ al viso** die Locken umrahmten ihr Gesicht. **corniciaio** [...niˈtʃaːi̯o] ‹-ai› *m* Rahmenhersteller

m. **cornicione** [...ni'tʃo:ne] *m* Kranzgesims *n.*
cornificare [kornifi'ka:re] ‹cornifico, cornifichi› *tr scherz* Hörner aufsetzen (*qu* jdm).
cornista [kor'nista] ‹-i *m*, -e *f*› *mf* Hornist(in) *m(f).*
corno ['kɔrno] *m* **1.** ‹*pl:* -a *f*› *zoo* Horn *n; (del cervo, etc.)* Geweih *n;* **2.** ‹-i *m*› *(sostanza)* Horn *n;* **3.** ‹*pl:* -i *m*› *(da scarpe)* Schuhlöffel *m;* **4.** ‹*pl:* -i *m*› *mus* Horn *n;* **5.** ‹*pl:* -i *m*› *(di oggetto)* Horn *n*, Spitze *f;* **avere qu/qc sulle -a** *fam* jdn/etw. bis oben (satt) haben *fam;* **fare le -a alla moglie/al marito** *fam* seine Frau betrügen/seinem Mann Hörner aufsetzen; **portare le -a** *fig fam* gehörnt sein; **rompersi** (*o.* **spezzarsi) le -a** *fig* sich *(dat)* den Kopf einrennen; **rompere** (*o.* **spezzare) le -a a qu** *fam* jdn verprügeln; **non me ne importa un ~** *vulg* es kümmert mich einen Dreck *fam (o.* Scheiß vulg)!; **un ~!** *vulg* einen Scheiß (werde ich tun, *etc.*)! *vulg.*
cornucopia [kornu'kɔ:pi̯a] ‹-ie› *f* Füllhorn *n.* **cornuto, -a** [...'nu:to] **I.** *a* **1.** *zoo* Horn-, hörnertragend; **2.** *fig fam* gehörnt, betrogen; **II.** *m, f* **1.** *fig fam* Gehörnte(r) *m*, Hahnrei *m obs;* **2.** *vulg (insulto)* Blödmann *m fam.*
coro ['kɔ:ro] *m* Chor *m;* **rispondere in ~** im Chor (*o.* einstimmig) antworten.
corografia [korogra'fi:a] *f* Chorographie *f.*
corolla [ko'rɔlla] *f* Korolla *f.*
corollario [korol'la:ri̯o] ‹-i› *m* Korollar(ium) *n.*
corona [ko'ro:na] *f* **1.** *gener.* Krone *f;* **2.** *(di fiori)* Kranz *m;* **3.** *fig (potere)* Krone *f*, Herrschaft *f;* **4.** *(~ dentaria, di un albero)* Krone *f;* **5.** *astr* Strahlenkranz *m;* **6.** *mat* Korollar *n;* **7.** *fin* Krone *f;* **8.** *mus* Fermate *f;* **9.** *(cerchio)* Kreis *m*, Ring *m;* **~ di alloro** Lorbeerkranz *m;* **usurpare la ~** die Macht an sich reißen; **~ di spine** Dornenkrone *f;* **~ dei santi/del rosario** Heiligenschein *m*/Rosenkranz *m;* **~ dentata** Zahnkranz *m;* **~ mortuaria** (*o.* **funebre)** (Grab)kranz *m;* **~ solare** Korona *f;* **disporsi a ~** sich im Kreis aufstellen; **far ~ intorno a qu/qc** jdn/etw. umringen.
coronale [koro'na:le] *a* **1.** *anat:* **osso ~** Stirnbein *n;* **2.** *astr* die Korona betreffend.
coronamento [korona'mento] *m* **1.** *fig* Krönung *f;* **2.** *arch* krönender Abschluß, Bekrönung *f;* **3.** *naut* Heckreling *f.* **coronare** [...'na:re] *tr* **1.** *fig* krönen; **2.** *(cingere)* kränzen; *fig* umkränzen, umgeben; **~ d'alloro il capo di qu** jds Haupt mit Lorbeer bekränzen; **-rsi vincitore** sich zum Sieger kränzen.
coronaria [koro'na:ri̯a] ‹-ie› *f* Kranzgefäß *n.* **coronario, -a** [...i̯o] ‹-i, -ie› *a* **1.** *anat* koronar, Kranz-; **2.** *lit* den Dichterkranz betreffend; **certame ~** Dichterwettstreit *m* (um den silbernen Lorbeerkranz).
corpetto [kor'petto] *m* Leibchen *n; (panciotto)* Weste *f; (corpino)* Mieder *n.* **corpino** [...'pi:no] *m* Mieder *n.*
corpo ['kɔrpo] *m* **1.** *gener., biol, anat* Körper *m;* **2.** *(parte sostanziale)* Hauptteil *m;* **3.** *(insieme di persone)* Körper(schaft *f*) *m; mil, pol* Korps *n;* **4.** *lit* Korpus *n*, Sammlung *f;* **5.** *typ* Schriftgrad *m;* **6.** *mus* Klangkörper *m*, Korpus *n;* **7.** *(salma)* Leiche *f;* **~ calloso** *anat* Balken *m;* **~ cavernoso** *anat* Schwellkörper *m;* **-i celesti** Himmelskörper *m pl;* **~ semplice/composto** *chem* Element *n*, Grundstoff *m*/Verbindung *f;* **~ insegnante** *adm* Lehrkörper *m;* **~ di ballo** Corps de ballet *n* Ballett(gruppe *f*) *n;* **~ del reato** *jur* Corpus delicti *n;* **guardia del ~** Leibwache *f;* **dolori di ~** *fam* Leibschmerzen *m pl;* **andare di ~** *fam* Stuhlgang haben; **avere qc in ~** *fig* etw. im Magen (liegen) haben; **avere il diavolo in ~** den Teufel im Leib haben; **dar/prendere ~** Form geben/annehmen; **mettere qc in ~** etw. zu sich *(dat)* nehmen; **anima e ~** (mit) Leib und Seele; **a ~ morto** *fig* mit vollem Einsatz; **combattere ~ a ~** Mann gegen Mann kämpfen; **~ di Bacco!** *fam*, **~ di mille bombe!** *fam* Donnerwetter *fam!;* **~ sazio non crede a digiuno** *prov* ein voller Bauch glaubt nicht an den Hunger.
corporale[1] [korpo'ra:le] *a (del corpo)* körperlich, Körper-.
corporale[2] [korpo'ra:le] *m rel* Korporale *n.*
corporativismo [korporati'vizmo] *m* Korporativismus *m.* **corporativo, -a** [...'ti:vo] *a* körperschaftlich, korporativ.
corporatura [korpora'tu:ra] *f* Körperbau *m.*
corporazione [korporat'tsi̯o:ne] *f* **1.** *com, adm* Körperschaft *f;* **2.** *hist* Zunft *f*, Innung *f.*
corporeità [korporei'ta] ‹-› *f* Körperlichkeit *f.* **corporeo, -a** [...'pɔ:reo] *a* körperlich; *(a. peso)* Körper-; **1.** *(sostanza)* materiell.
corposo, -a [kor'po:so] *a* **1.** *(denso)*

dicht, kompakt; **2.** *(pittura, etc.)* körperbetont; **3.** *(vino)* vollmundig.

corpulento, -a [korpu'lɛnto] *a* korpulent, beleibt. **corpulenza** [...'lɛntsa] *f* Korpulenz *f*, Beleibtheit *f*.

corpus ['kɔrpus] ‹-› *m lit, ling, jur* Korpus *n*.

corpuscolare [korpusko'la:re] *a* korpuskular. **corpuscolo** [...'puskolo] *m* **1.** *scient, phys* Korpuskel *n;* **2.** *anat* (Blut)körperchen *n*.

Corpus Domini ['kɔrpus 'dɔ:mini] ‹-› *m* Fronleichnam *m*.

correa *f v.* **correo.**

corredare [korre'da:re] *tr* ausstatten (*di* mit), versehen (*di* mit). **corredo** [...'rɛ:do] *m* **1.** *(di sposa)* Aussteuer *f;* **2.** *(di laboratorio, casa, etc.)* Ausstattung *f;* **3.** *fig* Fundus *m* (*di* an), Grundstock *m* (*di* von); ~ **cromosomico** Chromosomensatz *m*.

correggere [kor'rɛddʒere] ‹*irr*› **I.** *tr* **1.** *(compito, scritto, traduzione)* korrigieren, verbessern; **2.** *med* beheben, bessern; **3.** *(figlio, persona)* zurechtweisen; **4.** *gastr (bevande)* beimischen (*qc con qc* etw. einer S.); ~ **le bozze di stampa** Korrektur lesen; ~ **il caffè** dem Kaffee etwas Likör (o. ä.) hinzufügen; **II.** *rfl:* **-rsi** sich *(dat)* abgewöhnen (*di qc* etw.).

correggia [kor'reddʒa] ‹-gge› *f* Riemen *m*.

correità [korrei'ta] ‹-› *f* Mitschuld *f*.

correlare [korre'la:re] *tr* in (Wechsel)beziehung stellen. **correlativo, -a** [...la'ti:vo] *a* korrelativ. **correlazione** [...lat'tsio:ne] *f* Wechselbeziehung *f; (a. ling)* Korrelation *f*.

corrente[1] [kor'rɛnte] **I.** *a* **1.** *(acqua)* fließend; **2.** *(mese, anno)* laufend; **3.** *(stile, linguaggio, uso)* geläufig, gängig; **camera con acqua** ~ Zimmer *n* mit fließendem Wasser; **conto** ~ (*ab* **c/c**) Girokonto *n;* **moneta** ~ im Umlauf befindliches Geld; ~ **anno** (*ab* **c.a.**) dieses Jahres; ~ **mese** (*ab* **c.m.**) dieses Monats; **II.** *m:* **essere/mettere al** ~ auf dem laufenden sein/halten; **mettersi al** ~ sich auf dem laufenden halten.

corrente[2] [kor'rɛnte] *f* **1.** *(di fiume, etc.)* Strömung *f*, Strom *m;* **2.** *(di lava)* (Lava)strom *m;* **3.** *el* Strom *m;* **4.** *pol, fig* Strömung *f*, Richtung *f; (movimento)* Bewegung *f;* **presa di** ~ Steckdose *f;* **seguire la** ~ *fig* mit dem Strom schwimmen; **andare contro (la)** ~ *fig* gegen den Strom schwimmen.

correntemente [korrente'mente] *adv* **1.** *(speditamente)* fließend; **2.** *(comunemente)* üblicherweise.

correntista [korren'tista] ‹-i *m*, -e *f*› *mf* Girokontoinhaber(in) *m(f)*.

correo, -a ['kɔrreo *o.* kor'rɛ:o] *m, f* Mitschuldige(r) *mf*.

correre ['korrere] ‹corro, corsi, corso› **I.** *itr* ‹*essere o. avere*› **1.** *(persone)* laufen, rennen; *(mot, sport a.)* fahren; *(acqua)* fließen; **2.** *fig (strade, etc.)* verlaufen; **3.** *(voci)* im Umlauf sein; **4.** *(tempo)* schnell vergehen; **5.** *com (interessi, etc.)* laufen; ~ **dietro a qu** hinter jdm herlaufen; ~ **dietro alle donne** *fig* hinter den Frauen hersein; **lasciar** ~ nicht eingreifen; **questo periodo corre male** dieser Satz ist holprig (*o.* nicht flüssig); **un fremito di paura corse tra la folla** ein Angstschauer lief durch die Menge; **fra noi due ci corrono dieci mesi** zwischen uns ist ein Unterschied von zehn Monaten, wir sind zehn Monate auseinander *fam;* **ci corre!** da ist ein (großer) Unterschied; **ci corre quanto fra il giorno e la notte** das ist ein Unterschied wie Tag und Nacht; **II.** *tr* ‹*avere*› **1.** *sport (distanza)* laufen (über); *(gara)* teilnehmen an; **2.** *(rischio)* eingehen; *(pericolo)* laufen.

corresponsabile [korrespon'sa:bile] *a* mitverantwortlich.

corresponsione [korrespon'sio:ne] *f* Gegenleistung *f*.

correttezza [korret'tettsa] *f* Korrektheit *f*.

correttivo, -a [korret'ti:vo] **I.** *a* bessernd, Heil-; **ginnastica -a** Krankengymnastik *f;* **II.** *m* Geschmacksverstärker *m*.

corretto, -a [kor'rɛtto] *a* **1.** *(esatto)* korrekt; *(giusto)* richtig; *(dopo correzione)* verbessert, korrigiert; **2.** *(persona, comportamento)* korrekt, tadellos; **3.** *(caffè)* mit Schuß.

correttore, -trice [korret'to:re] *m, f* Korrektor(in) *m(f)*. **correzione** [...t'tsio:ne] *f* **1.** *(miglioramento)* Verbesserung *f;* **2.** *(dei compiti, etc.)* Korrektur *f; (a. dal scolaro)* Verbesserung *f; (delle bozze)* Korrektur *f;* **3.** *(di rotta)* (Kurs)korrektur *f;* **4.** *(di indumento)* Änderung *f;* **casa di** ~ Besserungs-, Erziehungsanstalt *f*.

corrida [kor'ri:da] *f* Stierkampf *m*.

corridoio [korri'do:io] ‹-oi› *m* **1.** *(di casa)* Korridor *m*, Flur *m;* **2.** *ferr* Gang *m;* **3.** *pol, sport* Korridor *m; (nel tennis)* Doppelfeld *n;* ~ **aereo** Luftkorridor *m;* **voci di** ~ Flüsterpropaganda *f*.

corridore, -trice [korri'do:re] *m, f*

Läufer(in) *m(f); mot* Rennfahrer(in) *m(f).*
corriera [kor'ri̯ɛ:ra] *f* Überlandbus *m.*
corriere [kor'ri̯ɛ:re] *m* **1.** *(per trasporto)* (Eil)bote *m; mil, pol* Kurier *m;* **2.** *adm* Post *f,* Korrespondenz *f.*
corrigendo, -a [korri'dʒɛndo] *m, f* Zögling *m* (einer Besserungsanstalt).
corrimano [korri'ma:no] *m* Griffstange *f; (di scala)* Geländer *n,* Handlauf *m.*
corrispettivo, -a [korrispet'ti:vo] **I.** *a* entsprechend; **II.** *m* Gegenleistung *f.*
corrispondente [korrispon'dɛnte] **I.** *a* entsprechend, angemessen; **II.** *mf* **1.** *(epistolare)* Briefpartner(in) *m(f);* **2.** *(di giornale)* Korrespondent(in) *m(f),* Berichterstatter(in) *m(f);* ~ **di guerra** Kriegsberichterstatter(in) *m(f);* ~ **dall'estero** Auslandskorrespondent(in) *m(f).* **corrispondenza** [...'dɛntsa] *f* **1.** *(di lettere)* Korrespondenz *f,* Schriftverkehr *m adm;* **2.** *(armonia)* Entsprechung *f* (*a* zu), Übereinstimmung *f* (*a* mit, *fra* zwischen); **3.** *(di affetti)* Gegenseitigkeit *f,* Erwiderung *f;* **4.** *(di giornale)* Korrespondentenbericht *m;* ~ **commerciale** Handelskorrespondenz *f;* ~ **epistolare** Briefwechsel *m;* ~ **in arrivo/partenza** ankommende/ausgehende Post; **corso per** ~ Fernkurs(us) *m;* **essere in** ~ **con qu** mit jdm korrespondieren, mit jdm in Korrespondenz stehen.
corrispondere [korris'pondere] ‹*irr*› **I.** *itr* **1.** *(equivalere, avere somiglianza)* entsprechen, übereinstimmen (*a.* mit); **2.** *(sentimenti)* erwidern (*a qc* etw.); **3.** *(per lettera)* korrespondieren, sich *(dat)* schreiben; **4.** *(edificio, etc.)* gegenüberliegen (*con qc* einer S.), weisen (*con* auf); **II.** *tr* bezahlen.
corro ['korro] *1. pers sing pr di* **correre.**
corroborante [korrobo'rante] **I.** *a* stärkend; **II.** *m* Tonikum *n,* Stärkungsmittel *n.* **corroborare** [...'ra:re] *tr* **1.** *(rinvigorire)* kräftigen, stärken; **2.** *fig* bekräftigen; *(tesi, etc.)* bestärken, untermauern.
corrodere [kor'ro:dere] ‹*irr*› **I.** *tr* **1.** *(metalli, etc.)* zersetzen, zerfressen; *(acidi, etc.)* ätzen; *(denti)* angreifen; **2.** *fig* nagen an, zehren an; **II.** *rfl:* **-rsi 1.** *(metalli, etc.)* sich zersetzen; **2.** *fig (di rabbia, etc.)* zerfressen werden, sich verzehren (*da* vor).
corrompere [kor'rompere] ‹*irr*› **I.** *tr* **1.** *fig* korrumpieren, bestechen; *(con denaro) (moralmente)* verderben; **2.** *(acqua, aria, etc.)* verderben; **II.** *rfl:* **-rsi 1.** *fig* verderben; **2.** *(putrefarsi)* sich zersetzen. **corrompibile** [...'pi:bile] *a (merci)* verderblich.
corrosione [korro'zi̯o:ne] *f* Korrosion *f; tec, chem* Ätzung *f.* **corrosivo, -a** [...'zi:vo] **I.** *a* **1.** *chem* korrosiv; **2.** *(azione, fenomeno)* Korrosions-, Zersetzungs-; **3.** *fig (critica, etc.)* scharf, beißend; **II.** *m* Ätzmittel *n.*
corrucciare [korrut'tʃa:re] ‹corruccio, corrucci› **I.** *tr* verdrießen; **II.** *rfl:* **-rsi** sich ärgern. **corruccio** [...'ruttʃo] ‹-cci› *m* Verdruß *m,* Mißmut *m.*
corrugamento [korruga'mento] *m* **1.** *geol* Faltung *f;* **2.** *(di fronte)* Runzeln *n; (di sopracciglia)* Zusammenziehen *n.* **corrugare** [...'ga:re] ‹corrugo, corrughi› **I.** *tr (fronte)* runzeln; *(sopracciglia)* zusammenziehen; **II.** *rfl:* **-rsi** sich runzeln.

corruttela [korrut'tɛ:la] *f* Verderbtheit *f.* **corruttibile** [...'ti:bile] *a* **1.** *(persona)* korrupt, bestechlich; **2.** *(cibi)* verderblich. **corruttibilità** [...tibili'ta] ‹-› *f* Korruptheit *f; (con denaro)* Bestechlichkeit *f.*
corruttore, -trice [korrut'to:re] **I.** *a* verderblich, verderbenbringend; **II.** *m, f* Verderber(in) *m(f); (seduttore)* Verführer(in) *m(f).* **corruzione** [...t'tsi̯o:ne] *f* Korruption *f; (con denaro)* Bestechung *f; (seduzione)* Verführung *f;* ~ **di minorenni** Verführung *f* Minderjähriger.
corsa[1] *f v.* **corso, -a.**
corsa[2] ['korsa] *f* **1.** *gener.* Lauf *m,* Laufen *n;* **2.** *sport* Lauf *m,* Rennen *n;* **3.** *(di automezzo)* Fahrt *f,* Tour *f;* **4.** *tec* Hub *m;* **automobile/cavallo da** ~ Rennwagen *m*/-pferd *n;* **guerra di** ~ Freibeuterei *f;* ~ **nei sacchi** Sackhüpfen *n;* **andare alle -e** zum Pferderennen gehen; **fare una** ~ **in qualche luogo** auf einen Sprung irgendwo hingehen; **prendere/rallentare la** ~ schneller/langsamer werden; **perdere l'ultima** ~ den letzten Bus *(o.* Zug) verpassen; **quand'è la prossima** ~? wann fährt der nächste Bus *(o.* Zug)?; **di** ~ eilends, schnell; **è proibito scendere dal veicolo in** ~ es ist verboten, während der Fahrt abzuspringen.
corsaro, -a [kor'sa:ro] **I.** *m* Korsar *m,* Freibeuter *m;* **fare il** ~ Freibeuter sein; **II.** *a* Kaper-.
corsetteria [korsette'ri:a] ‹-ie› *f* **1.** *(assortimento)* Miederwaren *f pl;* **2.** *(negozio)* Miederwarengeschäft *n.* **corsetto** [...'setto] *m* **1.** *(da donna)* Korsett *n;* **2.** *med* Stützkorsett *n.*

corsi ['korsi] *1. pers sing del passato remoto di* **correre.**

corsia [kor'si:a] ‹-ie› *f* **1.** *med* Krankensaal *m;* **2.** *(di strada)* (Fahr)spur *f;* **3.** *sport* Bahn *f;* **4.** *(guida)* Läufer *m;* **~ di marcia/sorpasso/emergenza** Fahr-/Überhol-/Standspur *f.*

Corsica ['kɔrsika] *f* Korsika *n.*

corsivo, -a [kor'si:vo] **I.** *a* (*ab* **c.vo**) kursiv; **II.** *m* Kursive *f,* Kursivschrift *f.*

corso[1] ['korso] *pp di* **correre.**

corso[2] ['korso] *m* **1.** *(procedere, andamento)* Verlauf *m,* Lauf *m; (d'acqua, etc.)* Lauf *m;* **2.** *(insegnamento)* Kurs(us) *m;* **3.** *fin* Umlauf *m; (prezzo)* Kurs *m;* **4.** *com* (Ab)lauf *m,* Gang *m;* **5.** *(strada)* Prachtstraße *f,* Korso *m;* **6.** *(sfilata)* (Um)zug *m,* Korso *m;* **7.** *astr* Lauf *m,* Bahn *f;* **capitano di lungo ~** Kapitän auf großer Fahrt; **studenti del primo ~** Studienanfänger *m pl;* **il ~ della vita** der Lauf des Lebens; **moneta fuori ~** nicht mehr im Umlauf befindliche Münze; **gli affari in ~** die laufenden Geschäfte *n pl;* **dare ~ a qc** etw. einleiten, etw. in Gang setzen; **~ mascherato** Masken(um)zug *m;* **nel ~ dei secoli** im Laufe der Jahrhunderte; **seguire** (*o.* **fare) il suo ~** seinen Lauf nehmen; **in ~ di stampa** im Druck (befindlich); **aver ~** ablaufen; **mettere in ~** in Umlauf setzen; **andare/essere fuori ~** die Regelstudienzeit überschreiten/überschritten haben; **fare** (*o.* **frequentare) il secondo ~ di lettere** im zweiten Jahr Philologie studieren.

corso, -a ['kɔrso] **I.** *a* korsisch; **II.** *m, f* Korse *m,* Korsin *f.*

corte ['korte] *f* **1.** *(reggia)* Hof *m;* **2.** *arch* Hof *m;* **3.** *jur* Gericht *n,* (Gerichts)hof *m;* **~ d'appello** Berufungsgericht *n;* **C~ di Cassazione/dei Conti/Costituzionale** (*ab* **C.C.**) ≃ (Bundes)gerichtshof *m*/(Bundes)rechnungshof *m*/(Bundes)verfassungsgericht *n;* **~ marziale** Kriegsgericht *n;* **fare la ~ a qu** jdm den Hof machen.

corteccia [kor'tettʃa] ‹-cce› *f* Rinde *f;* **~ cerebrale** Hirnrinde *f;* **sotto una ruvida ~ si cela un cuor d'oro** rauhe Schale, weicher Kern.

corteggiamento [korteddʒa'mento] *m* **1.** *(di donna)* (Um)werben *n;* **2.** *zoo* Balz *f.* **corteggiare** [...'dʒa:re] ‹corteggio, corteggi› *tr* den Hof machen (*qu* jdm), umwerben; *(a. principe, etc.)* hofieren. **corteggiatore, -trice** [...dʒa'to:re] *m, f* Verehrer(in) *m(f).*

corteo [kor'tɛ:o] *m* (Um)zug *m.*

cortese [kor'te:ze] *a* **1.** *(garbato)* höflich; *(gentile)* freundlich; **2.** *hist* höfisch. **cortesia** [...te'zi:a] ‹-ie› *f* Höflichkeit *f; (gentilezza)* Freundlichkeit *f;* **per ~** bitte; **fammi la ~ di uscire** geh bitte hinaus.

cortigiano, -a [korti'dʒa:no] **I.** *m, f* **1.** *hist* Höfling *m,* Hofdame *f;* **2.** *pej* Hofschranze *m o. f;* **II.** *f (prostituta)* Kurtisane *f.*

cortile [kor'ti:le] *m* Hof *m;* **animali da ~** Hoftiere *n pl.*

cortina [kor'ti:na] *f* **1.** *(tenda)* Vorhang *m;* **2.** *fig (di nebbia, fumo)* Wand *f;* **~ di ferro** Eiserner Vorhang.

cortisone [korti'zo:ne] *m* Kortison *n.*

corto, -a ['korto] **I.** *a* kurz; **settimana -a** Fünftagewoche *f;* **~ di vista** kurzsichtig; **~ di mente** (geistig) beschränkt; **essere a ~ di soldi/argomenti** knapp bei Kasse sein/wenig Argumente haben; **per farla -a** um es kurz zu machen; **alle -e!** (nun aber) zur Sache!; **andare per le -e** sich nicht lange aufhalten; **II.** *adv:* **tagliar ~** es kurz machen. **cortocircuito** [-tʃir'ku:ito] *m* Kurzschluß *m.* **cortometraggio** [-me'traddʒo] *m* Kurzfilm *m.*

corvé [kor've] ‹-› *f* **1.** *mil* Sonderkommando *n;* **2.** *fig* Schinderei *f;* **3.** *hist* Fron *f;* **essere di ~** zu einem Sonderkommando abgestellt sein.

corvetta [kor'vetta] *f* **1.** *naut, hist* Korvette *f;* **2.** *sport* Kurbette *f.*

corvino, -a [kor'vi:no] *a* raben-, pechschwarz. **corvo** ['kɔrvo] *m* Rabe *m;* **nero come un ~** rabenschwarz; **~ del malaugurio** Unglücksbringer *m.*

cosa ['kɔ:sa] *f* Sache *f,* Ding *n; fam* Dings(da) *n fam;* **la ~ pubblica** der Staat; **arrivare a -e fatte** sich vollendeten Tatsachen gegenüber sehen; **avere le proprie -e** *fam* seine Tage haben *fam;* **credersi chissà che ~** sich für Gott weiß wen halten *fam;* **dire una ~ per un'altra** etw. anderes sagen; **è ~ fatta** es ist erledigt; **non è ~ di mia competenza** das fällt nicht in meine Kompetenz; **non è una gran ~** das ist nichts besonderes; **è la stessa ~** das ist das gleiche; **è tutt'altra ~** das ist etwas völlig anderes; **sono -e da principianti** das ist etwas für Anfänger; **le -e si mettono male** die Lage verschlimmert sich; **una ~ tira l'altra, ~ nasce ~** eins zieht das andere nach (sich); **raccontami come sono andate le -e** erzähl mir, wie die Sache (*o.* wie's) gelaufen ist; **dimmi una ~** sag' mal; **sai una ~, . . .** weißt du was?; *. . .;* **~ vuoi, sono bambini!**

was willst du, so sind Kinder eben!; **per prima ~** als erstes, vor allem; **sopra ogni ~** mehr als alles; **fra le altre -e** unter anderem; **tante (belle) -e!** alles Gute!; *(salutando)* viele Grüße!, *etc.;* **qualche ~** etwas; **qualsiasi ~ succeda** was auch immer geschieht; **(che) ~** was?; **a/di che ~?** wozu/wovon?; **a (che) ~ pensi?** woran denkst du?

cosca ['kɔska] ‹-sche› *f* Mafia-Klan *m.*

coscia ['kɔʃʃa] ‹-sce› *f* **1.** *anat* Schenkel *m;* **2.** *gastr* Keule *f,* Schlegel *m.*

cosciente [koʃ'ʃɛnte] *a* bewußt. **coscienza** [...'ʃɛntsa] *f* Gewissen *n; (consapevolezza)* Bewußtsein *n; (impegno, senso del dovere)* Gewissenhaftigkeit *f; (onestà)* Ehrlichkeit *f;* **caso di ~** Gewissensfrage *f;* **obiettore di ~** Wehrdienstverweigerer *m;* **esame di ~** Gewissensprüfung *f;* **avere la ~ pulita/sporca** ein gutes/schlechtes Gewissen haben; **avere qc sulla ~** etw. auf dem Gewissen haben; **avere la ~ dei propri limiti** sich *(dat)* seiner Grenzen bewußt sein; **agire con ~** gewissenhaft handeln; **mettersi una mano sulla ~** mit sich *(dat)* ins Gericht gehen; **perdere/riacquistare la ~** das Bewußtsein verlieren/wiedererlangen; **in ~** Hand aufs Herz! **coscienziosità** [koʃʃentsi̯osi'ta] ‹-› *f* Gewissenhaftigkeit *f.* **coscienzioso, -a** [...'tsi̯o:so] *a* **1.** *(persona)* gewissenhaft; **2.** *(opera, lavoro)* gewissenhaft, sorgfältig.

coscio ['kɔʃʃo] ‹-sci› *m* Keule *f.* **cosciotto** [koʃ'ʃɔtto] *m* Schlegel *m,* kleine Keule.

coscritto [kos'kritto] *m* Rekrut *m.* **coscrivere** [...'kri:vere] ‹*irr*› *tr* einberufen. **coscrizione** [...krit'tsi̯o:ne] *f* Einberufung *f.*

coseno [ko'se:no] *m* Kosinus *m.*

così [ko'si] **I.** *adv* **1.** *(in questo modo)* so; **2.** *(tanto)* so; **3.** *(correlativo di come)* (so) wie; **una donna ~ attiva** eine so aktive Frau; **per ~ dire** sozusagen; **e ~ via** und so weiter; **come va? — ~ ~** wie geht es? — so lala; **~ pare** so scheint es; **non devi fare ~** so darfst du das nicht machen; **è proprio ~** es ist wirklich so; **II.** ‹*inv*› *a* solche(r, s), so ein(e, r, s); **III.** *con* so; **~ sia** amen. **cosicché** [kosik'ke] *con* so daß.

cosiddetto, -a [-d'detto] *a* sogenannt. **cosiffatto, -a** [-f'fatto] *a* solcherart, so beschaffen.

cosmesi [koz'mɛ:zi] ‹-› *f,* **cosmetica** [...'mɛ:tika] ‹-che› *f* Kosmetik *f.* **cosmetico, -a** [...'mɛ:tiko] ‹-ci, -che› **I.** *a* kosmetisch; **II.** *m* Kosmetikprodukt *n;* **industria dei -ci** Kosmetikindustrie *f.*

cosmico, -a ['kɔzmiko] ‹-ci, -che› *a* **1.** *astr* kosmisch; **2.** *fig* universal; **dolore ~** Weltschmerz *m.* **cosmo** ['kɔzmo] *m* Kosmos *m,* Weltall *n.* **cosmografia** [kozmogra'fi:a] *f* Kosmographie *f.* **cosmologia** [-lo'dʒi:a] ‹-gie› *f* Kosmologie *f.* **cosmonauta** [-'na:uta] ‹-i *m,* -e *f*› *mf* Kosmonaut(in) *m(f).* **cosmonautica** [-'na:utika] *f* Kosmonautik *f.* **cosmonautico, -a** [...ko] *a* kosmonautisch. **cosmonave** [-'na:ve] *f* Raumschiff *n.*

cosmopolita [kozmopo'li:ta] ‹-i *m,* -e *f*› **I.** *mf* Kosmopolit(in) *m(f);* **II.** *a* kosmopolitisch.

coso ['kɔ:so] *m fam* Dingsda *n fam,* Dingsbums *n fam.*

cospargere [kos'pardʒere] ‹*irr*› *tr* bestreuen (*di* mit); *(disseminare)* übersäen (*di* mit); *(coprire)* bedecken (*di* mit).

cospetto [kos'pɛtto] *m:* **al ~ di** in Gegenwart *gen,* gegenüber *dat.*

cospicuità [kospikui'ta] ‹-› *f* Ansehnlichkeit *f,* Beträchtlichkeit *f; (evidenza)* Augenfälligkeit *f.* **cospicuo, -a** [...'pi:kuo] *a* ansehnlich, beträchtlich; *(evidente)* augenfällig.

cospirare [kospi'ra:re] *itr* sich verschwören, konspirieren *geh;* **tutto sembra ~ contro di me** alles scheint sich gegen mich verschworen zu haben. **cospirativo, -a** [...ra'ti:vo] *a* konspirativ. **cospiratore, -trice** [...ra'to:re] *m, f* Verschwörer(in) *m(f).* **cospirazione** [...rat'tsi̯o:ne] *f* Verschwörung *f,* Konspiration *f geh.*

cossi ['kɔssi] *1. pers sing del passato remoto di* **cuocere.**

Cost. *ab di* **Costituzione** Verf. (*ab di* Verfassung).

costa ['kɔsta] *f* **1.** *geog* Küste *f;* **2.** *anat, bot* Rippe *f;* **3.** *(di libro, coltello)* Rücken *m;* **4.** *(di tessuto)* Rippe *f;* **velluto a -e** Kordsamt *m.*

costà [kos'ta] *adv (stato)* dort; *(moto)* dorthin.

costale [kos'ta:le] *a* Rippen-.

costante [kos'tante] **I.** *a* **1.** *(persona)* beharrlich, ausdauernd; *(fermo)* beständig; **2.** *(desiderio, etc.)* anhaltend; *(tempo)* beständig; **3.** *mat, phys* konstant; **II.** *f* Konstante *f.* **costanza** [...'tantsa] *f* **1.** *(di persona)* Beharrlichkeit *f,* Ausdauer *f; (fermezza)* Beständigkeit *f;* **2.** *tec, scient* Stetigkeit *f,* Konstanz *f.*

Costanza [kos'tantsa] *f* Konstanz *n;* **Lago di ~** Bodensee *m.*
costare [kos'ta:re] *itr* ‹*essere*›, *tr* ‹*avere*› kosten; ~ **caro/poco** viel kosten, teuer sein/wenig kosten, nicht teuer sein; **quanto costa?** wieviel kostet das?; **costi quel che costi** koste es, was es wolle; **la vita oggi costa** heutzutage ist das Leben teuer.
costata [kos'ta:ta] *f* Rumpsteak *n.*
costato [kos'ta:to] *m* Brustkorb *m.*
costeggiare [kosted'dʒa:re] ‹costeggio, costeggi› *tr* **1.** *naut* entlangfahren an; **2.** *(strada, sentiero)* vorbeiführen an, entlanglaufen an; **3.** *fig* säumen.
costei *v.* **costui.**
costellare [kostel'la:re] *tr* sprenkeln (*di* mit), übersäen (*di* mit).
costellazione [kostellat'tsi̯o:ne] *f* **1.** *astr* Konstellation *f; (dello zodiaco)* Sternbild *n;* **2.** *fig* illustrer Kreis.
costernare [koster'na:re] *tr* bestürzen. **costernazione** [...nat'tsi̯o:ne] *f* Bestürzung *f.*
costì [kos'ti] *adv (stato)* dort; *(moto)* dorthin.
costiera [kos'ti̯ɛ:ra] *f* Küste *f,* Küstenregion *f.* **costiero, -a** [...ro] *a* Küsten-.
costipare [kosti'pa:re] *tr* **1.** *gener.* (hinein)stopfen; **2.** *med* verstopfen; **essere costipato** *(d'intestino)* Verstopfung haben; *(avere il raffreddore)* stark erkältet sein. **costipazione** [...pat'tsi̯o:ne] *f* **1.** *med (d'intestino)* Verstopfung *f; (raffreddore)* starke Erkältung; **2.** *agr* Bodenverdichtung *f.*
costituente [kostitu'ɛnte] **I.** *a* konstituierend; **II.** *f* konstituierende (*o.* verfassungsgebende) Versammlung; **III.** *m* **1.** *(persona)* Mitglied *n* der verfassungsgebenden Versammlung; **2.** *chem* Bestandteil *m.*
costituire [kostitu'i:re] ‹costituisco› **I.** *tr* **1.** *(fondare, creare)* gründen; **2.** *(rappresentare)* darstellen, sein; **3.** *(formare)* bilden; **4.** *(eleggere)* ernennen (*a* zu), erklären (*a* zu); *(nominare)* einsetzen; **essere costituito da** bestehen aus, zusammengesetzt sein aus; **II.** *rfl:* **-rsi 1.** *jur* sich stellen; **2.** *(formarsi)* sich bilden; **-rsi parte civile** Nebenklage *f* erheben; **-rsi in giudizio** vor Gericht erscheinen. **costituito, -a** [...'i:to] *a* gesetzlich, gesetzmäßig. **costitutivo, -a** [...u'ti:vo] *a* konstitutiv.
costituzionale [kostituttsi̯o'na:le] *a* **1.** *pol* konstitutionell, verfassungsmäßig; **2.** *jur* Verfassungs-; **3.** *med* konstitutionell; **governo/monarchia ~** konstitutionelle Regierung/Monarchie; **Corte C~** (*ab* **C.C.**) (Bundes)verfassungsgericht *n.* **costituzionalità** [...nali'ta] ‹-› *f* Verfassungsmäßigkeit *f.*
costituzione [kostitut'tsi̯o:ne] *f* **1.** *jur* (*ab* **Cost.**) Verfassung *f;* **2.** *(di società, giuria)* Bildung *f,* Gründung *f;* **3.** *geol* Formation *f;* **4.** *med* Konstitution *f;* **5.** *(struttura)* Struktur *f,* Gefüge *n.*
costo ['kɔsto] *m* **1.** *(somma)* Preis *m; com (sacrificio)* Kosten *pl,* Unkosten *pl;* **2.** *fig* Preis *m,* Einsatz *m;* ~ **della vita** Lebenshaltungskosten *pl;* **indice del ~ della vita** Lebenshaltungsindex *m;* **sotto ~** unter Preis; **a prezzo di ~** zum Selbstkostenpreis; **a qualunque** (*o.* **ogni) ~, a tutti i -i** um jeden Preis; **a nessun ~** um keinen Preis; **a ~ della vita** unter Einsatz des Lebens.
costola ['kɔstola] *f* **1.** *anat, bot* Rippe *f;* **2.** *gastr* Rippchen *n;* **3.** *(di libro, lama)* Rücken *m;* **rompere le -e a qu** jdm die Knochen brechen; **stare alle -e di qu** jdm auf der Pelle liegen *fam;* **gli si contano le -e** bei ihm kann man die Rippen zählen *fam.* **costoletta** [kosto'letta] *f* Kotelett *n.* **costolone** [...'lo:ne] *m* Rippe *f.*
costone [kos'to:ne] *m* Gebirgskamm *m,* Grat *m.*
costoro [kos'to:ro] *v.* **costui.**
costoso, -a [kos'to:so] *a* teuer; *(dispendioso)* kostspielig.
costringere [kos'trindʒere] ‹*irr*› *tr* zwingen; ~ **qu a fare qc** jdn zwingen, etw. zu tun; **la febbre lo costringe a letto** das Fieber fesselt ihn ans Bett. **costrittivo, -a** [kostrit'ti:vo] *a* **1.** *jur* zwingend, Zwangs-; **2.** *ling:* **consonanti -e** Reibelaute *m pl.* **costrittore** [...'to:re] *a* Schließ-; **muscolo ~** Schließmuskel *m.* **costrizione** [...t'tsi̯o:ne] *f* Zwang *m.*
costruire [kostru'i:re] ‹costruisco› *tr* **1.** *arch* (er-, auf)bauen; *tec* (zusammen)bauen; **2.** *tec, ling (periodo)* konstruieren; **3.** *fig* bilden, errichten, aufbauen; ~ **sulla sabbia** auf Sand bauen. **costruttivo, -a** [...ut'ti:vo] *a* **1.** *(tecnica, processo)* baulich, Bau-; **2.** *fig* konstruktiv. **costrutto** [kos'trutto] *m* **1.** *ling* Konstruktion *f,* (Satz)bau *m;* **2.** *fig* Sinn *m,* Zusammenhang *m.* **costruttore, -trice** [...'to:re] *m, f* (Er)bauer(in) *m(f);* ~ **navale/aeronautico** Schiffs-/Flugzeugbauer *m;* ~ **edile** Bauunternehmer *m.* **costruzione** [...t'tsi̯o:ne] *f* **1.** *arch* Bau *m; (fabbricazione)* (Auf)bau *m,* Konstruktion *f;* **2.** *tec*

Bauart *f,* Bauweise *f;* **3.** *ling* Konstruktion *f,* (Satz)bau *m; lit* Aufbau *m;* **essere in ~** im Bau (befindlich) sein.

costui, costei [kos'tu:i, ...'tɛ:i] ‹costoro› *pron* diese(r, s), der/die/das da.

costume [kos'tu:me] *m* **1.** *theat* Kostüm *n; (foggia di vestire)* Tracht *f;* **2.** *(usanze)* Sitte *f,* Brauch *m; (abitudine)* Gewohnheit *f;* **3.** *(condotta morale)* Sitte *f,* Anstand *m;* **~ da bagno** *(da donna)* Badeanzug *m; (da uomo)* Badehose *f;* **il buon ~** die guten Sitten *f pl;* **squadra del buon ~** Sittenpolizei *f;* **una donna di facili -i** eine Frau mit lockerem Lebenswandel. **costumista** [...tu'mista] ‹-i *m,* -e *f*› *mf* Kostümbildner(in) *m(f).*

costura [kos'tu:ra] *f* Naht *f.*

cotangente [kotan'dʒɛnte] *f* Kotangens *m.*

cotechino [kote'ki:no] *m Brühwurst aus Schweinefleisch.*

cotenna [ko'tenna] *f* Schwarte *f;* **avere la ~ dura** *fig* ein dickes Fell haben.

cotica ['ko:tika] ‹-che› *f dial* Schwarte *f.*

cotiledone [koti'lɛ:done] *m* Keimblatt *n.*

cotogna [ko'toɲɲa] *f* Quitte *f.* **cotognata** [...'ɲa:ta] *f* Quittengelee *m o. n; (confitura)* Quittenmarmelade *f.* **cotogno** [ko'toɲɲo] *m* Quitte(nbaum *m*) *f.*

cotoletta [koto'letta] *f* Kotelett *n; (senza osso)* Schnitzel *n.*

cotonare [koto'na:re] **I.** *tr* toupieren; **II.** *rfl:* **-rsi** sich *(dat)* die Haare toupieren. **cotonatura** [...na'tu:ra] *f* Toupieren *n.*

cotone [ko'to:ne] *m* **1.** *(tessuto)* Baumwollstoff *m,* Baumwolle *f;* **2.** *bot* Baumwolle *f;* **~ da ricamo** Stickgarn *n;* **~ (idrofilo)** Watte *f.* **cotoniero, -a** [koto'ni̯ɛ:ro] *a* Baumwoll-. **cotonificio** [...ni'fi:tʃo] ‹-ci› *m* Baumwollspinnerei *f.*

cotta[1] ['kɔtta] *f fam* Vernarrtheit *f;* **prendersi una ~ per qu** sich in jdn verknallen *fam;* **avere una ~ per qu** in jdn verknallt sein *fam;* **un furfante di tre -e** ein ausgekochter (*o.* durchtriebener) Schurke.

cotta[2] ['kɔtta] *f rel* Chorhemd *n.*

cottage ['kɔtɪdʒ] ‹-› *m* Landhaus *n.*

cottimista [kotti'mista] ‹-i *m,* -e *f*› *mf* Akkordarbeiter(in) *m(f).* **cottimo** ['kɔttimo] *m* Akkord *m;* **lavorare a ~** im Akkord arbeiten.

cotto, -a ['kɔtto] **I.** *pp di* **cuocere; II.** *a* **1.** *gastr (pronto)* gar; *(carne, verdura, etc.)* gekocht; *(in forno)* gebacken; *(in padella)* gebraten; *(in umido)* gedünstet, geschmort; **2.** *fam* verknallt (*di* in) *fam;* **3.** *fig (sfinito)* geschafft; **viso ~ dal sole** sonnenverbranntes Gesicht; **ben ~** durch(gebraten); **~ e stracotto** zerkocht; **farne di -e e di crude** allerlei anstellen; **né ~ né crudo** *fig* weder Fisch noch Fleisch; **III.** *m* Tonfliese *f.* **cottura** [kot'tu:ra] *f* **1.** *gastr gener.* Garen *n; (nell'acqua)* Kochen *n; (in padella)* Braten *n; (in umido)* Dünsten *n,* Schmoren *n; (in forno)* Backen *n;* **2.** *(di mattoni, etc.)* Brennen *n;* **punto di ~** Garpunkt *m.*

count down ['kauntdaʊn] ‹--› *m* Countdown *m o. n.*

coupé [ku'pe] ‹-› *f* Coupé *n.*

coupon [ku'pɔ̃] ‹-› *m* Coupon *m,* Abschnitt *m;* **~ per la benzina** Benzingutschein *m.*

cova ['ko:va] *f* Brut *f; (tempo)* Brutzeit *f.* **covare** [ko'va:re] **I.** *tr* **1.** *zoo* ausbrüten; **2.** *fig (malattia)* ausbrüten *fam; (odio, sospetto, speranza)* hegen; **~ qu con gli occhi** jdn anschmachten *fam;* **II.** *itr* **1.** *zoo* brüten; **2.** *fig* verborgen sein. **covata** [ko'va:ta] *f* Brut *f.*

cover girl ['kʌvəgə:l] ‹--› *f* Covergirl *n.*

covo ['ko:vo] *m* **1.** *zoo* Höhle *f,* Bau *m;* **2.** *fig* Schlupfwinkel *m,* Versteck *n;* **~ di ladri** Diebesnest *n.*

covone [ko'vo:ne] *m* Garbe *f.*

cow-boy ['kaʊbɔɪ] ‹-› *m* Cowboy *m.*

coyote [ko'jote] *v.* **coiote.**

cozza ['kɔttsa] *f mer* Miesmuschel *f.*

cozzare [kot'tsa:re] **I.** *itr* **1.** *(sbattere)* anstoßen (*contro* an), stoßen (*contro* gegen), anrennen (*contro* gegen); **2.** *zoo* mit den Hörnern stoßen; **3.** *fig* stoßen (*contro* auf); **II.** *tr* rammen; **~ la macchina contro un albero** das Auto gegen einen Baum fahren, mit dem Auto einen Baum rammen; **~ il capo contro il muro** *fig* mit dem Kopf durch die Wand wollen; **III.** *rfl:* **-rsi 1.** *(urtarsi)* zusammenstoßen; **2.** *zoo* sich *(dat)* in die Hörner geraten; **3.** *fig* aneinandergeraten. **cozzo** ['kɔttso] *m* **1.** *(urto)* Stoß *m;* **2.** *fig* Kollision *f.*

C.P. 1. *ab di* **Codice Penale** StGB (*ab di* Strafgesetzbuch); **2.** *ab di* **Cartolina Postale** Postkarte; **3.** *ab di* **Casella Postale** Postf. (*ab di* Postfach).

C.P.C. *ab di* **Codice di Procedura Civile** Zivilprozeßordnung.

C.P.P. *ab di* **Codice di Procedura Penale** Strafprozeßordnung.

C.p.r. *ab di* **con preghiera di restitu-**

zione mit der Bitte um Rückerstattung.

crac [krak] ‹-› *m* **1.** *(rumore)* Knacken *n*, Krachen *n;* **2.** *fig com* Zusammenbruch *m.*

cracker ['krækə] ‹-› *m* Cracker *m.*

cracking ['krækıŋ] ‹-› *m* Krackverfahren *n.*

C.R.A.L. [kral] *m ab di* **Circolo Ricreativo Assistenziale Lavoratori** *Freizeitverband für italienische Arbeiter.*

crampo ['krampo] *m* Krampf *m.*

cranico, -a ['kra:niko] ‹-ci, -che› *a* Schädel-. **cranio** ['kra:nio] ‹-i› *m* Schädel *m.*

crapula ['kra:pula] *f* Völlerei *f.* **crapulone, -a** [krapu'lo:ne] *m, f* Vielfraß *m.*

crasso, -a ['krasso] *a* grob, kraß; **intestino ~** Dickdarm *m.*

cratere [kra'tɛ:re] *m* Krater *m;* **~ lunare** Mondkrater *m.* **craterico, -a** [...'tɛ:riko] ‹-ci, -che› *a* Krater-.

crauti ['kra:uti] *m pl* Sauerkraut *n.*

cravatta [kra'vatta] *f* **1.** *(indumento)* Krawatte *f;* **2.** *sport* Krawatte *f,* Würgegriff *m;* **3.** *med* (Gips)krawatte *f.* **cravattino** [...'ti:no] *m* Fliege *f.*

crawl [krɔ:l] ‹-› *m* Kraul(schwimmen) *n,* Kraulen *n;* **battere il ~** kraulen. **crawlista** [kro'lista] ‹-i *m,* -e *f*› *mf* Kraulschwimmer(in) *m(f).*

creanza [kre'antsa] *f* **1.** *(educazione)* Erziehung *f;* **2.** *(buone maniere)* Anstand *m,* Benehmen *n.*

creare [kre'a:re] *tr* **1.** *(produrre)* (er)schaffen; *com (società, etc.)* gründen; *(nella moda)* kreieren; *tec* konstruieren; *(teoria)* aufstellen; **2.** *fig (scandalo, etc.)* verursachen; *(difficoltà)* machen, bereiten; **3.** *(nominare)* ernennen.

creatina [krea'ti:na] *f* Kreatin *n.*

creativa *f v.* **creativo.**

creatività [kreativi'ta] ‹-› *f* Kreativität *f.* **creativo, -a** [...'ti:vo] **I.** *a* kreativ, schöpferisch; **II.** *m, f* Mensch *m* mit einem kreativen Beruf.

creato, -a [kre'a:to] **I.** *a* geschaffen; **II.** *m* Schöpfung *f.* **creatore, -trice** [krea'to:re] **I.** *a* schöpferisch; **II.** *m, f* Schöpfer(in) *m(f);* **il C~** *rel* der Herr; **andare al C~** das Zeitliche segnen. **creatura** [...'tu:ra] *f* **1.** *rel* Kreatur *f,* Geschöpf *n;* **2.** *(bambino)* kleines Wesen, Kind *n;* **3.** *(essere umano)* Geschöpf *n,* Wesen *n;* **4.** *(protetto)* Schützling *m.* **creazione** [...t'tsio:ne] *f* **1.** *gener.* (Er)schaffung *f; rel* Schöpfung *f;* **2.** *(fondazione)* Gründung *f;* **3.** *(nella moda)* Kreation *f;* **4.** *tec* Konstruktion *f;* **5.** *(invenzione)* Erfindung *f.*

crebbi ['krebbi] *1. pers sing del passato remoto di* **crescere.**

credei [kre'de:i] *1. pers sing del passato remoto di* **credere.**

credente [kre'dɛnte] **I.** *a* gläubig; **II.** *mf* Gläubige(r) *mf.*

credenza[1] [kre'dɛntsa] *f (mobile)* Anrichte *f.*

credenza[2] [kre'dɛntsa] *f (leggenda)* Glaube *m;* **-e popolari** Volksglaube *m.*

credenziale [kreden'tsia:le] **I.** *a (lettera)* Beglaubigungs-; **II.** *f* **1.** *(nella diplomazia)* Beglaubigungsschreiben *n,* Akkreditiv *n;* **2.** *fin* Akkreditiv *n.*

credere ['kre:dere] ‹credo, credetti *o.* credei, creduto› **I.** *tr* glauben; *(ritenere)* halten für; **lo credo bene!** *fam* das glaube ich gern! *fam;* **lo credo capace di tutto** ich glaube, er ist zu allem fähig; **~ qu onesto** jdn für ehrlich halten; **credo che ...** *conj* ich glaube, daß ...; **II.** *itr* glauben (*in* an, *a qu* jdm); **~ alle parole di qu** jds Worten glauben; **non potevo ~ ai miei occhi** ich glaubte meinen Augen nicht zu trauen; **fa come credi** mach so, wie du es für richtig hältst; **III.** *rfl:* **-rsi** sich halten für; **-rsi furbo/intelligente** sich für schlau/intelligent halten; **ma chi ti credi di essere?** für wen hältst du dich eigentlich?; **IV.** *m* Meinung *f,* Vorstellung *f;* **a mio ~** nach meiner Meinung; **oltre ogni ~** über alle Maßen. **credibile** [kre'di:bile] *a* glaubhaft, glaubwürdig. **credibilità** [...dibili'ta] ‹-› *f* Glaubhaftigkeit *f,* Glaubwürdigkeit *f.*

creditizio, -a [kredi'tittsio] ‹-i, -ie› *a* Kredit-. **credito** ['kre:dito] *m* **1.** *com, fin* Kredit *m;* **2.** *fig (stima)* Ansehen *n; (attendibilità)* Glauben *m,* Beachtung *f;* **comprare/vendere a ~** auf Kredit kaufen/verkaufen; **essere in ~** Kredit haben; **godere di molto ~** sehr angesehen sein. **creditore, -trice** [kredi'to:re] **I.** *a* Gläubiger-, kreditgebend; **II.** *m, f* Gläubiger(in) *m(f).*

credo[1] ['kre:do] *pers sing pr di* **credere.**

credo[2] ['krɛ:do] *m* Kredo *n; (a. fig)* Glaubensbekenntnis *n.*

credulità [kreduli'ta] ‹-› *f* Leichtgläubigkeit *f.* **credulo, -a** ['kre:dulo] *a* leichtgläubig. **credulone, -a** [kredu'lo:ne] *fam* **I.** *a* einfältig, naiv; **II.** *m, f* Einfaltspinsel *m,* Naivling *m fam.* **creduto** [kre'du:to] *pp di* **credere.**

crema ['krɛ:ma] **I.** *f* Creme *f;* **~ di po-**

modoro/piselli Tomaten-/Erbsencremesuppe *f;* ~ **cacao** Kakaocreme *f,* Kakaolikör *m;* ~ **da giorno/notte** Tages-/Nachtcreme *f;* ~ **per il sole** Sonnencreme *f;* ~ **da scarpe** Schuhcreme *f;* **la** ~ **della società** die Crème de la crème; **II.** ‹*inv*› *a:* **(color)** ~ cremefarben.

cremagliera [kremaʎ'ʎɛ:ra] *f* Zahnstange *f;* **ferrovia a** ~ Zahnradbahn *f.*

cremare [kre'ma:re] *tr* einäschern.

crematorio, -a [...ma'tɔ:rio] ‹-i, -ie› **I.** *a* Einäscherungs-; **II.** *m* Krematorium *n.* **cremazione** [...mat'tsio:ne] *f* Einäscherung *f.*

crème [krɛm] ‹-› *f fig* Crème *f;* **la** ~ **della società** die Crème de la crème.

cremeria [kreme'ri:a] ‹-ie› *f dial* Milchwarenladen *m.*

cremisi ['krɛ:mizi] **I.** ‹*inv*› *a* karmesinrot, karminrot; **II.** ‹-› *m* Karmesin *n,* Karmin *n.*

Cremlino [krem'li:no] *m* Kreml *m.*

cremore [kre'mo:re] *m:* ~ **di tartaro** Weinstein *m.*

cren [krɛn] ‹-› *m* Meerrettich *m,* Kren *m A.*

crepa ['krɛ:pa] *f* Riß *m,* Sprung *m.*

crepaccio [kre'pattʃo] ‹-cci› *m* Spalte *f;* ~ **di un ghiacciaio** Gletscherspalte *f.*

crepacuore [krepa'kuɔ:re] *m* Herzeleid *n obs;* **morire di** ~ an gebrochenem Herzen sterben.

crepapelle [-'pɛlle] *adv:* **a** ~ *fam* zum Platzen; **ridere a** ~ *fam* sich kaputtlachen *fam.*

crepare [kre'pa:re] **I.** *itr* ‹*essere*› **II.** *(muro, terra)* bersten, aufbrechen; **1.** *(pelle)* aufspringen, aufplatzen; **2.** *fig fam (di salute)* strotzen (*di* vor, von); *pej (da rabbia, invidia)* platzen (*da* vor); **3.** *pej* krepieren *vulg,* verrecken *vulg,* eingehen *fam;* ~ **dal caldo/dalla sete/fame** *fam* vor Hitze/Durst/Hunger eingehen; ~ **dalle risa** *fam* vor Lachen platzen; **crepi l'astrologo!** *fam pej* scheiß auf die Vorhersagen! *vulg;* **III.** *rfl:* **-rsi** aufbrechen, rissig werden.

crêpe[1] [krɛp] ‹-› *f gastr* Crêpe *f.*

crêpe[2] [krɛp] ‹-› *m (tessuto)* Krepp *m.*

crepitare [krepi'ta:re] *itr (fuoco)* knistern; *(pioggia)* prasseln. **crepitio** [...'ti:o] ‹-ii› *m (del fuoco)* Knistern *n; (della pioggia)* Prasseln *n.*

crepuscolare [krepusko'la:re] **I.** *a* **1.** *(luce, cielo)* dämm(e)rig, Dämmer-; **2.** *fig (sentimenti, etc.)* vage, unbestimmt; **3.** *lit* den Crepuscolarismo betreffend; **II.** *mf* Dichter(in) *m(f)* des Crepuscolarismo. **crepuscolarismo** [...la'rizmo] *m* Crepuscolarismo *m (Richtung der italienischen Lyrik zu Beginn des 20. Jh.).*

crepuscolo [kre'puskolo] *m* **1.** *(ora)* Dämmerung *f; (luce a.)* Dämmerlicht *n;* **2.** *fig* Untergang *m;* ~ **degli dei** Götterdämmerung *f;* ~ **della vita** Lebensabend *m.*

crescendo [kreʃ'ʃɛndo] *m* **1.** *mus* Crescendo *n;* **2.** *fig* Anschwellen *n.*

crescente [...'ʃɛnte] **I.** *a astr* zunehmend; **II.** *f Schmalzfladen aus der Emilia.* **crescenza** [...'ʃɛntsa] *f* **1.** *(di bambini)* Wachstum *n;* **2.** *gastr sahniger Weichkäse aus der Lombardei.*

crescere ['kreʃʃere] ‹cresco, crebbi, cresciuto› **I.** *itr* ‹*essere*› **1.** *(piante, bambini, etc.)* wachsen; **2.** *(aumentare)* wachsen, zunehmen; ~ **di peso/volume** an Gewicht/Volumen zunehmen; ~ **in bellezza/virtù** an Schönheit/Tugend zunehmen; ~ **nella stima di qu** in jds Achtung steigen; **farsi** ~ **i capelli** sich *(dat)* die Haare wachsen lassen; **come sei cresciuto!** du bist aber gewachsen!; **II.** *tr* ‹*avere*› **1.** *(figli)* aufziehen, großziehen; **2.** *bot* ziehen, züchten; **3.** *com (prezzi)* erhöhen; **4.** *(a maglia)* zunehmen.

crescione [kreʃ'ʃo:ne] *m* (Brunnen)kresse *f.*

crescita ['kreʃʃita] *f* Wachstum *n;* ~ **zero** Nullwachstum *n.*

cresciuto [kre'ʃu:to] *pp di* **crescere.**

cresco ['kresko] *1. pers sing pr di* **crescere.**

cresima ['krɛ:zima] *f* Firmung *f; (nella chiesa luterana)* Konfirmation *f.* **cresimando, -a** [krezi'mando] *m, f* Firmling *m; (nella chiesa luterana)* Konfirmand(in) *m(f).* **cresimare** [...'ma:re] **I.** *tr* firmen; *(nella chiesa luterana)* konfirmieren; **II.** *rfl:* **-rsi** gefirmt/konfirmiert werden.

crespo, -a ['krespo] **I.** *a (capelli)* kraus; *(tessuto)* gekräuselt; **II.** *m* Krepp *m.*

cresta ['kresta] *f* **1.** *zoo* (Hahnen)kamm *m;* **2.** *geog* (Gebirgs)kamm *m,* Grat *m;* **3.** *(dell'onda)* (Wellen)kamm *m;* **4.** *(di cameriera)* Häubchen *n;* **alzare/abbassare la** ~ *fig* den Kopf hoch tragen/einziehen; **essere sulla** ~ **dell'onda** *fig* auf dem Gipfel des Erfolgs sein.

creta ['kre:ta] *f* **1.** *min* Ton *m;* **2.** *geol* Kreide *f;* **3.** *(oggetto)* Tongefäß *n; (statuetta)* Tonfigur *f.* **cretaceo, -a** [kre'ta:tʃeo] **I.** *a* Kreide-; **periodo** ~ Kreidezeit *f;* **II.** *m* Kreidezeit *f.*

cretina *f v.* **cretino.**

cretinata [kreti'na:ta] *f fam* Blödsinn *m fam.* **cretineria** [...ne'ri:a] ‹-ie› *f fam* Dummheit *f.* **cretinismo** [...'nizmo] *m* Kretinismus *m.* **cretino, -a** [...'ti:no] **I.** *a fam* blöd(e), blödsinnig; **II.** *m, f* **1.** *fam* Idiot(in) *m(f);* **2.** *med* Schwachsinnige(r) *mf,* Kretin *m.*

C.R.I. *f ab di* **Croce Rossa Italiana** ≃ DRK *n* (*ab di* Deutsches Rotes Kreuz).

cric [krik] ‹-› *m fam* Wagenheber *m.*

cricca ['krikka] ‹-cche› *f* Clique *f; (pej a.)* Bande *f.*

cricchiare [krik'kia:re] ‹cricchio, cricchi› *itr* knirschen. **cricchio** ['krikkio] ‹-cchi› *m* Knirschen *n.*

cricco ['krikko] ‹-cchi› *m fam* Wagenheber *m.*

criceto [kri'tʃɛ:to] *m* Hamster *m.*

cricket ['krɪkɪt] ‹-› *m* Kricket *n.*

Crimea [kri'mɛ:a] *f* Krim *f.*

criminale [krimi'na:le] **I.** *a* Kriminal-; *(criminoso)* kriminell; **II.** *mf* Kriminelle(r) *mf,* Verbrecher(in) *m(f).* **criminalista** [...na'lista] ‹-i *m,* -e *f*› *mf* Kriminalist(in) *m(f),* Strafrechtler(in) *m(f).* **criminalità** [...nali'ta] ‹-› *f* Kriminalität *f.* **Criminalpol.** ['kri:minalpol] ‹-› *f* Kriminalpolizei *f.*

crimine ['kri:mine] *m* Verbrechen *n;* **-i di guerra** Kriegsverbrechen *n pl.*

criminologa *f v.* **criminologo.**

criminologia [kriminolo'dʒi:a] ‹-gie› *f* Kriminologie *f.* **criminologo, -a** [...'nɔ:logo] ‹-gi, -ghe› *m,f* Kriminologe *m,* -login *f.* **criminoso, -a** [...'no:so] *a* kriminell.

crinale [kri'na:le] *m* (Gebirgs)kamm *m,* Grat *m.*

crine ['kri:ne] *m* **1.** *zoo* (Roß)haar *n;* **2.** *bot* Faser *f;* **materasso di ~** Roßhaar-, Seegrasmatratze *f.*

criniera [kri'niɛ:ra] *f (a. scherz)* Mähne *f.*

crinolina [krino'li:na] *f* Krinoline *f.*

cripta ['kripta] *f* Krypta *f.*

crisalide [kri'za:lide] *f zoo* Puppe *f.*

crisantemo [krizan'tɛ:mo] *m* Chrysantheme *f.*

crisi ['kri:zi] ‹-› *f* Krise *f; med* Anfall *m;* **essere in ~** sich in einer Krise befinden; **~ economica** Wirtschaftskrise *f;* **~ epilettica** epileptischer Anfall; **~ di nervi** Nervenzusammenbruch *m;* **~ di pianto** Weinkrampf *m.*

crisma ['krizma] ‹-i› *m* Chrisma *n,* Salböl *n;* **con tutti i -i** *fig* ganz ordnungsgemäß.

cristalleria [kristalle'ri:a] ‹-ie› *f* **1.** *(da tavola)* Tafelkristall *n;* **2.** *(fabbrica)* Kristallwarenfabrik *f.*

cristalliera [kristal'liɛ:ra] *f* (Glas)vitrine *f.*

cristallino, -a [kristal'li:no] **I.** *a* **1.** *fig (voce, acqua)* kristallklar; **2.** *min* kristallin; **II.** *m anat* Linse *f.*

cristallizzare [kristallid'dza:re] **I.** *tr* **1.** *chem* kristallisieren; **2.** *fig* erstarren lassen; **II.** *itr rfl:* **-rsi** **1.** *chem* sich kristallisieren; **2.** *fig* erstarren. **cristallizzazione** [...dzat'tsio:ne] *f* **1.** *chem* Kristallisierung *f,* Kristallisation *f;* **2.** *fig* Erstarrung *f.*

cristallo [kris'tallo] *m* **1.** *min* Kristall *m;* **2.** *(vetro)* Kristall(glas) *n; (lastra)* (Fenster)scheibe *f;* **~ di rocca** Bergkristall *m.*

cristiana *f v.* **cristiano.**

cristianesimo [kristia'ne:zimo] *m* Christentum *n.* **cristianità** [...ni'ta] ‹-› *f* **1.** *(qualità)* Christlichkeit *f;* **2.** *(tutti i cristiani)* Christenheit *f.* **cristianizzare** [...nid'dza:re] *tr* zum Christentum bekehren, christianisieren.

Cristiano [kris'tia:no] *(nome proprio maschile)* Christian.

cristiano, -a [kris'tia:no] **I.** *a* christlich, Christen-; **II.** *m, f* **1.** *rel* Christ(in) *m(f);* **2.** *fig fam* Mensch *m;* **da ~** *fam* anständig, vernünftig; **essere un buon ~** *fam* ein guter Mensch sein; **non c'era un ~** *fam* es war kein Mensch da.

Cristina [kris'ti:na] *(nome proprio femminile)* Christine.

cristo ['kristo] *m* **1.** *rel:* **C~** Christus *m;* **2.** *fam* Mensch *m,* Kerl *m fam;* **avanti/dopo C~** (*ab* **a.C./d.C.**) vor/nach Christus; **addormentarsi in C~** entschlafen; **un povero ~** ein armer Teufel *fam.*

criterio [kri'tɛ:rio] ‹-i› *m* **1.** *(norma)* Kriterium *n;* **2.** *(senno)* Vernunft *f,* Verstand *m;* **una persona di ~** eine vernünftige Person; **fare qc con ~** etw. mit Vernunft tun; **a mio ~** meiner Ansicht nach.

critica[1] *f v.* **critico.**

critica[2] ['kri:tika] ‹-che› *f* Kritik *f;* **~ storica/letteraria** Geschichts-/Literaturkritik *f;* **un gran successo di ~** ein großer Erfolg bei der Kritik; **rivolgere -che a qu** jdn bemängeln. **criticabile** [kriti'ka:bile] *a* tadelnswert. **criticare** [...'ka:re] ‹critico, critichi› *tr* kritisieren; *(lit, film, theat, mus, etc.)* besprechen. **critico, -a** ['kri:tiko] ‹-ci, -che› **I.** *a* kritisch; *(difficile a.)* schwierig; *(pej a.)* nörglerisch; **edizione -a** kritische Ausgabe; **età -a** kritisches (*o.* schwieriges) Alter; **II.** *m, f* Kritiker(in) *m(f);* **~ lette-**

rario/teatrale/musicale Literatur-/Theater-/Musikkritiker *m.* **criticone, -a** [kriti'ko:ne] *m, f fam* Nörgler(in) *m(f).*

crivellare [krivel'la:re] *tr* durchsieben; ~ **qu di pallottole** jdn mit Kugeln durchlöchern.

croccante [krok'kante] **I.** *a* knusp(e)rig; **II.** *m* Krokant *m.*

crocchetta [krok'ketta] *f* Krokette *f.*

crocchia ['krɔkkia] ‹-cchie› *f (di capelli)* Knoten *m.*

crocchio ['krɔkkio] ‹-cchi› *m* Grüppchen *n.*

croce ['kro:tʃe] *f* Kreuz *n; (onorificenza)* (Verdienst)kreuz *n; (segno)* Kreuz(zeichen) *n;* **C~ Rossa/Verde** Rotes/Grünes Kreuz; **~ al merito** Verdienstkreuz *n;* **~ di Malta** Malteserkreuz *n;* **punto ~** Kreuzstich *m;* **farsi il segno della ~** sich bekreuzigen; **fare una ~ su qc** *fig* etw. abhaken; **abbracciare la ~** sich zum christlichen Glauben bekehren; **gridare la ~ addosso a qu** jdn beschuldigen; **mettere qu in ~** jdn quälen; **in ~** gekreuzt; *(braccia)* verschränkt; **star con le braccia in ~** mit verschränkten Armen dastehen; *fig* keinen Finger rühren; **testa o ~?** Kopf oder Zahl?; **ciascuno ha la sua ~** jeder hat sein Kreuz zu tragen. **crocerossina** [krotʃeros'si:na] *f* Rotkreuzschwester *f.* **crocevia** [krotʃe'vi:a] ‹-› *m* (Weg)kreuzung *f.* **crociata** [kro'tʃa:ta] *f* **1.** *hist* Kreuzzug *m;* **2.** *fig* Kreuzzug *m,* Kampagne *f.* **crociato, -a** [...to] **I.** *a* gekreuzt; **parole -e** Kreuzworträtsel *n;* **scudo ~** Kreuzwappen *n (Emblem der Democrazia Cristiana);* **II.** *m* Kreuzritter *m.* **crocicchio** [...'tʃikkio] ‹-cchi)› *m* (Weg)kreuzung *f.*

crociera[1] [kro'tʃɛ:ra] *f* **1.** *naut* Kreuzfahrt *f;* **2.** *aero* Reiseflug *m;* **velocità di ~** Reisegeschwindigkeit *f.*

crociera[2] [kro'tʃɛ:ra] *f arch* (Gewölbe)kreuz *n;* **volta a ~** Kreuzgewölbe *n.*

crocifiggere [krotʃi'fiddʒere] ‹crocifiggo, crocifiggi, crocifissi, crocifisso› *tr* **1.** *rel* kreuzigen; **2.** *fig* quälen. **crocifissione** [...fis'sio:ne] *f* Kreuzigung *f.* **crocifisso** [...'fisso] **I.** *pp di* **crocifiggere; II.** *m* **1.** *(persona)* Gekreuzigte(r) *m* **2.** *rel (immagine di Gesù)* Kruzifix *n.*

croco ['krɔ:ko] ‹-chi› *m* Krokus *m.*

crogiolare [krodʒo'la:re] **I.** *tr* **1.** *(cuocere)* köcheln (lassen); **2.** *(oggetti di vetro)* langsam abkühlen lassen; **II.** *rfl:* **-rsi** sich aalen.

crogiolo [kro'dʒɔ:lo] *m (a. fig)* Schmelztiegel *m.*

crollare [krol'la:re] **I.** *itr ‹essere›* **1.** *(costruzione)* einstürzen, zusammenbrechen; **2.** *(persone)* zusammenbrechen; *(prezzi)* fallen; **II.** *tr ‹avere›* schütteln, zucken mit. **crollo** ['krɔllo] *m* **1.** *(di casa, ponte)* Einsturz *m,* Zusammenbruch *m;* **2.** *com* Zusammenbruch *m; (dei prezzi)* Sturz *m;* **3.** *fig* Zusammenbruch *m,* Ende *n.*

croma ['krɔ:ma] *f* Achtelnote *f.*

cromare [kro'ma:re] *tr* verchromen.

cromatico, -a [kro'ma:tiko] ‹-ci, -che› *a* chromatisch. **cromatismo** [...ma'tizmo] *m* Chromatik *f.*

cromato, -a [kro'ma:to] *a* verchromt. **cromatura** [...ma'tu:ra] *f* Verchromung *f.* **cromo** ['krɔ:mo] *m* Chrom *n.*

cromosoma [kromo'sɔ:ma] ‹-i› *m* Chromosom *n.* **cromosomico, -a** [...'sɔ:miko] ‹-ci, -che› *a* Chromosomen-.

cronaca ['krɔ:naka] ‹-che› *f* **1.** *hist* Chronik *f;* **2.** *(di giornale)* Chronik *f,* Reportage *f;* **fatti di ~** Tagesereignisse *n pl;* **~ politica** politische Meldungen *f pl;* **~ bianca/nera/rosa** (*o.* **mondana)** allgemeiner Nachrichtenteil/Verbrechens- und Unfallmeldungen *f pl*/Klatschspalte *f.*

cronica *f v.* **cronico.**

cronicità [kronitʃi'ta] ‹-› *f* chronischer Charakter. **cronico, -a** ['krɔ:niko] ‹-ci, -che› **I.** *a* chronisch; **II.** *m, f* chronisch Kranke(r) *mf.*

cronista [kro'nista] ‹-i *m,* -e *f*› *mf* **1.** *hist* Chronist(in) *m(f);* **2.** *(giornalista)* Berichterstatter(in) *m(f),* Reporter(in) *m(f);* **~ mondano** Klatschreporter(in) *m(f).*

cronistoria [kronis'tɔ:ria] *f* Chronik *f.*

cronologia [kronolo'dʒi:a] ‹-gie› *f* Chronologie *f,* zeitliche Abfolge. **cronologico, -a** [...'lɔ:dʒiko] *a* chronologisch.

cronometraggio [kronome'traddʒo] *m* Zeitmessung *f,* Zeitnahme *f.* **cronometrare** [...'tra:re] *tr* (ab)stoppen. **cronometrista** [...'trista] ‹-i *m,* -e *f*› *mf* Zeitnehmer(in) *m(f).* **cronometro** [...'nɔ:metro] *m* Chronometer *m.*

cross [krɔs] ‹-› *m* **1.** *(nel calcio)* Flanke *f;* **2.** *(nel pugilato)* Gerade *f.* **crossare** [kros'sa:re] *itr* flanken.

crosta ['krɔsta] *f* **1.** *(del pane)* Kruste *f; (del formaggio a.)* Rinde *f;* **2.** *med* Schorf *m,* Kruste *f;* **3.** *geog* Kruste *f;* **4.** *fig pej (dipinto)* Schinken *m;* **~ lattea** Milchschorf *m;* **~ terrestre** Erdkruste *f.*

crostacei [kros'ta:tʃei] *m pl* Krustentiere *n pl.*
crostata [kros'ta:ta] *f Mürbteigkuchen, meist mit Obst oder Marmelade.*
crostino [kros'ti:no] *m* (geröstete) Brotschnitte *f; (dadino)* Croûton *m,* (gerösteter) Brotwürfel *m.*
crotalo ['krɔ:talo] *m* Klapperschlange *f.*
crucca *f v.* **crucco.**
crucciare [krut'tʃa:re] ⟨cruccio, crucci⟩ **I.** *tr* betrüben; **II.** *rfl:* **-rsi** sich grämen. **cruccio** ['kruttʃo] ⟨-cci⟩ *m* Kummer *m,* Gram *m.*
crucco, -a ['krukko] ⟨-cchi, -cche⟩ *m, f fam pej* Teutone *m,* Teutonin *f.*
cruciale [kru'tʃa:le] *a* entscheidend, kritisch.
cruciforme [krutʃi'forme] *a* kreuzförmig.
cruciverba [-'vɛrba] ⟨-⟩ *m* Kreuzworträtsel *n.*
crudele [kru'de:le] *a* grausam. **crudeltà** [...del'ta] ⟨-⟩ *f* Grausamkeit *f.*
crudo, -a ['kru:do] *a* **1.** *(carne, verdura)* roh; **2.** *(inverno, clima)* rauh; **3.** *(seta, ferro)* roh, unbearbeitet; **4.** *fig (verità)* nackt.
cruento, -a [kru'ɛnto] *a* blutig.
crumira *f v.* **crumiro.**
crumiraggio [krumi'raddʒo] ⟨-ggi⟩ *m* Streikbruch *m.* **crumiro, -a** [...'mi:ro] *m, f* Streikbrecher(in) *m(f).*
cruna ['kru:na] *f* Nadelöhr *n.*
crusca ['kruska] ⟨-sche⟩ *f* Kleie *f;* **l'Accademia della C~** *Gesellschaft zur Pflege der italienischen Sprache.*
cruscotto [krus'kɔtto] *m* Armaturenbrett *n.*
c.s. *ab di* **come sopra** w.o. (*ab di* wie oben).
C.T. ⟨-⟩ *m ab di* **Commissario Tecnico** ≃ Fußballbundestrainer.
cubatura [kuba'tu:ra] *f* Kubatur *f.*
cubetto [ku'betto] *m* Würfel *m.*
cubicità [kubitʃi'ta] ⟨-⟩ *f* Würfelform *f.* **cubico, -a** ['ku:biko] ⟨-ci, -che⟩ *a* **1.** *(forma)* kubisch, würfelförmig; **2.** *mat* kubisch, Kubik-; **radice -a** Kubikwurzel *f.*
cubismo [ku'bizmo] *m* Kubismus *m.* **cubista** [ku'bista] ⟨-i *m,* -e *f*⟩ **I.** *mf* Kubist(in) *m(f);* **II.** *a* kubistisch.
cubito ['ku:bito] *m* Elle *f.*
cubo ['ku:bo] **I.** *m* **1.** *mat* Kubus *m,* Würfel *m; (terza potenza)* dritte Potenz; **2.** *(oggetto)* Würfel *m;* **II.** *a* kubisch, Kubik-; **metro ~** Kubikmeter *m o. n.*
cuccagna [kuk'kaɲɲa] *f* Schlaraffenland *n;* **il paese della ~** das Schlaraffenland *n;* **l'albero della ~** *Klettermast, an dessen oberem Ende Preise hängen;* **finita la ~!** (jetzt ist) Schluß mit dem (lauen) Lenz! *fam.*
cuccetta [kut'tʃetta] *f naut* Koje *f; ferr* Platz *m* im Liegewagen.
cucchiaiata [kukki̯a'i̯a:ta] *f* Löffel(voll) *m.* **cucchiaino** [...i̯a'i:no] *m* kleiner Löffel, Teelöffel *m;* **sono da raccattare col ~** *fam* ich gehe auf dem Zahnfleisch *fam.* **cucchiaio** [...'ki̯a:i̯o] ⟨-ai⟩ *m* **1.** *(da tavola)* (Eß)löffel *m;* **2.** *tec* Schaufel *f.* **cucchiaione** [...i̯a'i̯o:ne] *m* Kelle *f,* Schöpflöffel *m.*
cuccia ['kuttʃa] ⟨-cce⟩ *f* **1.** *(del cane)* Hundehütte *f; (giaciglio)* Körbchen *n;* **2.** *fig fam* Falle *f fam,* Kiste *f fam;* **~!** Platz!; *fig fam* kusch! *fam.*
cucciola *f v.* **cucciolo.**
cucciolata [kuttʃo'la:ta] *f* Wurf *m.* **cucciolo, -a** ['kuttʃolo] *m, f* (Hunde)junge(s) *n,* Welpe *m.*
cucco¹ ['kukko] ⟨-cchi⟩ *m (cuculo)* Kuckuck *m;* **vecchio come il ~** *fam* uralt.
cucco² ['kukko] ⟨-cchi⟩ *m (cocco)* Liebling *m,* Nesthäkchen *n.*
cuccuma ['kukkuma] *f* Kanne *f.*
cucina [ku'tʃi:na] *f* **1.** *(luogo)* Küche *f;* **2.** *(arte, modo)* Küche *f,* Kochkunst *f;* **3.** *(apparecchio)* Herd *m;* **~ all'americana** Einbauküche *f;* **~ a gas** Gasherd *m;* **~ elettrica** Elektroherd *m;* **essere appassionato di ~** leidenschaftlich gerne kochen; **fare la** (*o.* **da**) **~** kochen. **cucinare** [kutʃi'na:re] **I.** *tr* kochen, zubereiten; **II.** *itr* kochen. **cuciniere, -a** [...'ni̯ɛ:re] *m, f* Küchenmeister *m.* **cucinino, cucinotto** [...'ni:no, ...'nɔtto] *m* Kochnische *f.*
cucire [ku'tʃi:re] ⟨cucio, cuci⟩ *tr* nähen; **macchina da ~** Nähmaschine *f;* **~ citazioni/discorsi** Zitate/Reden zusammenflicken; **~ la bocca a qu** jdm den Mund stopfen; **cucirsi la bocca** seinen Mund halten. **cucito, -a** [ku'tʃi:to] **I.** *a* genäht; **avere le labbra -e** *fig* beharrlich schweigen; **II.** *m* Näherei *f,* Näharbeit *f.* **cucitrice** [kutʃi'tri:tʃe] *f* **1.** *tec* Nähmaschine *f;* **2.** *typ* Heftmaschine *f; (per carta)* Hefter *m.* **cucitura** [...'tu:ra] *f* **1.** *(di tessuto)* Naht *f;* **2.** *typ* Heftung *f.*
cucù [ku'ku] **I.** ⟨-⟩ *m* **1.** *zoo* Kuckuck *m;* **2.** *(orologio)* Kuckucksuhr *f;* **II.** *interj* kuckuck. **cuculo** [ku'ku:lo] *m* Kuckuck *m.*
cuffia ['kuffi̯a] ⟨-ie⟩ *f* **1.** *(per la testa)* Haube *f;* **2.** *tel, radio* Kopfhörer *m;* **3.** *mot* Haube *f;* **~ da bagno** Bade-

haube *f*, -kappe *f*; ~ **del suggeritore** Souffleurkasten *m*; ~ **del radiatore** Kühlerhaube *f*.

cugino, -a [ku'dʒi:no] *m*, *f* Cousin *m*, Cousine *f*, Vetter *m*, Base *f obs*.

cui ['ku:i] *pron* **1.** *(con preposizioni)*: **con** ~ mit dem, der; **di** ~ von dem, der; **in** ~ in (*o.* an) dem, der **per** ~ für den, die, das; **2.** *(a cui)* dem, der, denen *pl*; **3.** *(di cui)* dessen, deren.

culatello [kula'tɛllo] *m emilianische Schinkenart*.

culinaria [kuli'na:ri̯a] ‹-ie› *f* Kochkunst *f*. **culinario, -a** [...i̯o] ‹-i, -ie› *a* kulinarisch, Koch-; **arte -a** Kochkunst *f*.

culla ['kulla] *f* Wiege *f*; **fin dalla** ~ von Geburt an. **cullare** [...'la:re] **I.** *tr* wiegen; **II.** *rfl*: **-rsi** sich wiegen.

culminante [kulmi'nante] *a* Haupt-, Gipfel-; **punto/scena** ~ Höhepunkt *m*/Gipfelszene *f*.

culminare [kulmi'na:re] *itr* ‹*essere*› **1.** *fig* gipfeln, kulminieren (*in, con* in); **2.** *astr* kulminieren. **culminazione** [...nat'tsi̯o:ne] *f* Kulmination *f*. **culmine** ['kulmine] *m* **1.** *fig* Gipfel *m*, Höhepunkt *m*; **2.** *(di monte)* Gipfel *m*, Spitze *f*.

culo ['ku:lo] *m* **1.** *vulg* Arsch *m vulg*; **2.** *(di bicchiere, bottiglia)* Boden *m*; **prendere qu per il** ~ *vulg* jdn verarschen *fam*; **non me ne importa un** ~ *vulg* das kümmert mich einen Scheiß *vulg*; **va a fare un** ~ *vulg* leck mich am Arsch *vulg*.

culto ['kulto] *m* **1.** *rel* Kult(us) *m*; *(religione)* Religion *f*; **2.** *fig* Kult *m*; **libertà di** ~ Religionsfreiheit *f*; ~ **della bellezza** Schönheitskult *m*; **avere il** ~ **della propria persona** Persönlichkeitskult betreiben. **cultore, -trice** [...'to:re] *m*, *f* Liebhaber(in) *m(f)*, Förderer *m*, Förderin *f*.

cultura [kul'tu:ra] *f* **1.** *gener.* Kultur *f*, Bildung *f*; **2.** *agr* Kultur *f*, Pflanzung *f*, Anbau *m*; **un uomo di** ~ ein kultivierter Mann; **farsi una** ~ sich bilden. **culturale** [...tu'ra:le] *a* **1.** *(preparazione, prova)* kulturell; **2.** *(associazione, scambi)* Kultur-.

culturismo [kultu'rizmo] *m* Bodybuilding *n*. **culturista** [...'rista] ‹-i *m*, -e *f*› *mf* Bodybuilder(in) *m(f)*.

cumino [ku'mi:no] *m* Kümmel *m*.

cumulare [kumu'la:re] *tr* anhäufen, kumulieren. **cumulativo, -a** [...la'ti:vo] *a* Sammel-; *(prezzo)* Gesamt-. **cumulo** ['ku:mulo] *m* **1.** *(di cose)* Haufen *m*; **2.** *meteo* Kumulus *m*, Haufenwolke *f*; **3.** *fig* Anhäufung *f*.

cuneiforme [kunei'forme] **I.** *a* keilförmig; **caratteri -i** Keilschriftzeichen *n pl*; **II.** *m* Keilschrift *f*. **cuneo** ['ku:neo] *m* Keil *m*.

cunetta [ku'netta] *f* Querrinne *f*.

cunicolo [ku'ni:kolo] *m* Stollen *m*, unterirdischer Gang.

cuoca *f v.* **cuoco.**

cuocere ['ku̯ɔ:tʃere] ‹cuocio, cuoci, cossi, cotto› **I.** *tr* ‹*avere*› **1.** *gastr* garen; *(nell'acqua)* kochen; *(in padella)* braten; *(in forno)* backen; *(in umido)* dünsten, schmoren; **2.** *(ceramiche, mattoni, calcina)* brennen; **3.** *(sole)* verbrennen, austrocknen; **4.** *fam* den Kopf verdrehen (*qu* jdm); ~ **alla griglia** grillen; ~ **sulla brace** rösten; **II.** *itr* ‹*essere*› **1.** *gastr* kochen; **2.** *fig (offesa, etc.)* weh tun, brennen; **il riso sta cuocendo** der Reis kocht; **III.** *rfl*: **-rsi 1.** *gastr* kochen; **2.** *(scottarsi)* sich verbrennen; *fig (dal caldo)* vor Hitze eingehen *fam*; **3.** *fig* getroffen sein; **il pranzo si sta cuocendo** das Essen kocht.

cuoco, -a ['ku̯ɔ:ko] ‹-chi, -che› *m*, *f* Koch *m*, Köchin *f*; **troppi -chi guastano la cucina** *prov* viele Köche verderben den Brei *prov*.

cuoio ['ku̯ɔ:i̯o] *m* **1.** ‹*pl*: -oi *m*› *anat*, *zoo* Leder *n*; **2.** ‹*pl*: -oia *f*› *fig* Fell *n*; ~ **capelluto** Kopfhaut *f*; **tirare** (*o.* **lasciarci) le -a** *fam* sterben, abkratzen *sl*.

cuore ['ku̯ɔ:re] *m* **1.** *anat* Herz *n*; **2.** ‹*pl*› *(carte da gioco)* Herz *n*; **3.** *fig (punto centrale)* Herz *n*; **affari di** ~ Herzensangelegenheiten *f pl*; **gente di** ~ herzliche Leute *pl*; **amico del** ~ Busenfreund *m*; ~ **del carciofo** Artischockenherz *n*; ~ **di coniglio** *fig* Angsthase *m*, Hasenfuß *m*, -herz *n obs*; **cuor contento** *fam* Sonnenkind *n fam*; **avere buon** ~ ein gutes Herz haben; **avere il** ~ **sulle labbra** das Herz auf der Zunge haben; **non avere il** ~ **di fare qc** nicht den Mut haben, etw. zu tun; **accettare qc di** ~ etw. von Herzen gern annehmen; **essere** (*o.* **stare) a** ~ am Herzen liegen; **prendersi a** ~ **qc** sich *(dat)* etw. zu Herzen nehmen; **parlare col** ~ **in mano** offen reden, aus seinem Herzen keine Mördergrube machen; **ragionare col** ~ nach dem Herzen handeln; **ridere di** ~ herzlich lachen; **spezzare il** ~ **a qu** jdm das Herz brechen; **nel** ~ **della città** im Herzen der Stadt; **nel** ~ **della notte** mitten in der Nacht; **senza** ~ herzlos; **con tutto il** ~ von ganzem Herzen; **a (forma di)** ~ herzförmig; **mi si stringe il** ~ mir blutet das Herz; **un** ~ **ed una capan-**

na Raum ist in der kleinsten Hütte (für ein glücklich liebend Paar); ~ **contento il ciel l'aiuta** *prov* dem Glücklichen schlägt keine Stunde *prov.*

cupezza [ku'pettsa] *f* Düsterkeit *f,* Finsternis *f.*

cupidigia [kupi'di:dʒa] ‹-gie› *f* Gier *f* (*di* nach).

cupo, -a ['ku:po] *a* **1.** *(colore)* dunkel; **2.** *(notte, foresta)* finster; **3.** *(voce)* tief; *(brontolio)* dumpf; **4.** *fig (volto, etc.)* düster, finster.

cupola ['ku:pola] *f* **1.** *arch* Kuppel *f,* Wölbung *f;* **2.** *astr* Kuppel *f,* Gewölbe *n;* **3.** *(di cappello)* Wölbung *f;* **4.** *bot* Fruchtbecher *m,* Cupula *f.*

cura ['ku:ra] *f* **1.** *(premura)* Aufmerksamkeit *f; (impegno)* Pflege *f,* Sorge *f; (oggetto di interessamento)* Sorge *f;* **2.** *(accuratezza)* Sorgfalt *f;* **3.** *med* Kur *f; (terapia)* Behandlung *f;* **casa di ~** Kurheim *n;* **luogo di ~ termale** Thermalbad *n;* **~ d'anime** Seelsorge *f;* **avere qu in ~** jdn in Behandlung haben; **essere in ~ da qu** bei jdm in Behandlung sein; **avere ~ della propria salute** auf seine Gesundheit achten; **a ~ di ...** *lit* besorgt von ... **curabile** [ku'ra:bile] *a* heilbar. **curante** [ku'rante] *a* behandelnd.

curare [ku'ra:re] **I.** *tr* **1.** *(malato, malattia)* behandeln; **2.** *(badare)* achten auf, pflegen; *(interessi)* wahrnehmen; *(affari)* verfolgen, nachgehen (*qc* einer S.); **3.** *rel* sorgen für, betreuen; **4.** *(edizione)* betreuen; *(traduzione)* besorgen; **~ le anime** Seelsorge betreiben; **II.** *rfl:* **-rsi 1.** *(prendersi cura)* sich pflegen; *med* sich behandeln lassen; **2.** *(preoccuparsi)* sich kümmern (*di* um); **curati dei fatti tuoi!** kümmere dich um deine Angelegenheiten!

curatela [kura'tɛ:la] *f* Vormundschaft *f,* Kuratel *f.*

curativo, -a [kura'ti:vo] *a* Pflege-, Behandlungs-.

curato [ku'ra:to] *m* Pfarrer *m.*

curatore, -trice [kura'to:re] *m, f* **1.** *(di antologia, edizione)* Herausgeber(in) *m(f);* **2.** *jur* Verwalter(in) *m(f).*

curia ['ku:ri̯a] ‹-ie› *f* Kurie *f.* **curiale** [ku'ri̯a:le] *a* **1.** *rel* Kurien-; **2.** *lit (stile)* erhaben.

curiosa *f v.* **curioso.**

curiosare [kuri̯o'sa:re] *itr* herumschnüffeln. **curiosità** [...si'ta] ‹-› *f* **1.** *(desiderio)* Neugier *f;* **2.** *(rarità)* Kuriosität *f;* **mostrare ~ per qc** neugierig auf etw. sein. **curioso, -a** [ku'ri̯o:so] **I.** *a* **1.** *(indiscreto)* neugierig; **2.** *(bizzarro)* kurios, sonderbar; **essere ~ di sapere qc** etw. gerne wissen wollen; **II.** *m, f* Neugierige(r) *mf.*

curriculum (vitae) [kur'ri:kulum ('vi:te)] ‹-› *m* Lebenslauf *m.*

curry ['kʌrɪ] ‹-› *m* Curry *m o. n.*

curva ['kurva] *f* Kurve *f;* **doppia ~** S-Kurve *f;* **~ di livello** Isohypse *f.* **curvare** [...'va:re] **I.** *tr* **1.** *(sbarra, ramo)* biegen; **2.** *(capo, fronte)* beugen; *(schiena a.)* krümmen; **II.** *rfl:* **-rsi** sich krümmen; *(persona a.)* sich beugen; **III.** *itr* abbiegen. **curvatura** [...va'tu:ra] *f* Rundung *f; (piegatura)* Krümmung, Biegung *f.* **curvilineo, -a** [...vi'li:neo] **I.** *a* **1.** gekrümmt; *mat* krummlinig; **II.** *m* Kurvenlineal *n.* **curvo, -a** ['kurvo] *a* gebogen, gekrümmt; *(spalle, persona)* gebeugt.

C.U.S. [kus] *m ab di* **Centro Universitario Sportivo** *Sportausschuß italienischer Universitäten.*

cuscinetto [kuʃʃi'netto] *m* **1.** *tec* Lager *n;* **2.** *(per spilli, timbri)* Kissen *n;* **~ a sfere** Kugellager *n;* **stato ~** Pufferstaat *m.*

cuscino [kuʃ'ʃi:no] *m* Kissen *n.*

cuspide ['kuspide] *f* Spitze *f; arch* Giebel *m.*

custode [kus'tɔ:de] **I.** *mf* **1.** Aufseher(in) *m(f); (di museo, etc. a.)* Wärter(in) *m(f);* **2.** *fig* (Be)wahrer(in) *m(f);* **II.** *a:* **angelo ~** Schutzengel *m.* **custodia** [...'tɔ:di̯a] ‹-ie› *f* **1.** *(cura)* Bewachung *f,* Beaufsichtigung *f; (conservazione)* Aufbewahrung *f;* **2.** *(astuccio)* Kasten *m; (degli occhiali, etc.)* Etui *n;* **agente di ~** Vollzugsbeamte(r) *m,* -beamtin *f;* **dare qc in ~ a qu** jdm etw. zur Aufbewahrung geben. **custodire** [...to'di:re] ‹custodisco› **I.** *tr* bewachen; *(casa, bambini, mandria, segreto)* hüten; **II.** *rfl:* **-rsi** auf seine Gesundheit achten.

cutaneo, -a [ku'ta:neo] *a* Haut-. **cute** ['ku:te] *f* Haut *f.* **cuticola** [ku'ti:kola] *f* **1.** *anat* Häutchen *n;* **2.** *bot, zoo* Kutikula *f;* **~ delle unghie** Nagelhaut *f.*

cutrettola [ku'trettola *o.* ku'trɛt...] *f* Bachstelze *f.*

C.V. *ab di* **Cavallo Vapore** PS (*ab di* Pferdestärke).

c.v.d. *ab di* **come volevasi dimostrare** q.e.d. (*ab di* quod erat demonstrandum, was zu beweisen war).

c.vo *ab di* **corsivo** kurs. (*ab di* kursiv).

cyclette [si'klɛt] ‹-› *f* Hometrainer *m.*

czarda *v.* **ciarda.**

D

D, d [di] ‹-› *f* D, d *n;* ~ **come Domodossola** D wie Dora.

d' *prp v.* **di.**

D 1. *ab di* **Diretto** ≃ E (*ab di* Eilzug); **2.** *ab di* **Deutschland** D.

da [da] ‹dal, dallo, dall', dalla, dai, dagli, dalle› *prp* **1.** *(stato in luogo)* bei *dat; (moto da luogo)* von *dat,* aus *dat; (moto a luogo: con persone)* zu *dat; (attraverso)* durch *acc,* über *acc; (distanza)* von *dat; (fuori di)* aus *dat;* **2.** *(agente)* von *dat,* durch *acc;* **3.** *(causa)* vor *dat/acc;* **4.** *(tempo)* seit *dat,* von *dat ... an;* **5.** *(fine, scopo)* als, zu; **6.** *(origine, provenienza)* von *dat,* aus *dat;* **7.** *(modo)* wie; *(età)* als; **8.** *(qualità)* mit *dat;* **9.** *(valore)* zu *dat,* im Wert von *dat;* **10.** *(con inf)* zu(m); **abito ~ mio zio** ich wohne bei meinem Onkel; **andare ~ Torino a Stoccarda** von Turin nach Stuttgart fahren; **vado ~ un amico** ich gehe zu einem Freund; **vengo ~ casa** ich komme von daheim; **verrò ~ Firenze** ich werde aus (*o.* von) Florenz kommen; **tremare dal freddo** vor Kälte zittern; **~ cinque anni** seit fünf Jahren; **~ oggi in poi** von heute an, seit heute; **auto ~ corsa** Rennauto *n,* Rennwagen *m;* **cane ~ caccia** Jagdhund *m;* **~ solo** (von) selbst, allein; **comportarsi ~ vero amico** sich wie ein wahrer Freund verhalten; **riconoscere qu dal passo** jdn am Schritt erkennen; **una ragazza dai capelli rossi** ein Mädchen mit roten Haaren; **(fin) ~ bambino** (schon) als Kind; **trattoria "~ Giovanni"** Gasthof „Bei Giovanni"; **cieco ~ un occhio** auf einem Auge blind; **essere così stanchi ~ non poter stare in piedi** sich vor Müdigkeit nicht mehr auf den Beinen halten können; **qc ~ bere** etw. zum Trinken, etw. zu trinken; **~ allora** seither, seit damals; **~ dove** woher, von wo; **~ molto/poco** seit langer/kurzer Zeit, seit langem/ kurzem; **~ principio** anfangs, am Anfang.

dabbasso [dab'basso] *adv* **1.** *(stato)* unten; **2.** *(allontanamento)* hinunter; *(avvicinamento)* herunter.

dabbenaggine [dabbe'naddʒine] *f* **1.** *(semplicità)* Einfältigkeit *f;* **2.** *(ingenuità)* Vertrauensseligkeit *f,* Leichtgläubigkeit *f.*

dabbene [dab'bɛ:ne] ‹*inv*› *a* rechtschaffen, redlich.

daccapo [dak'ka:po] *adv* noch einmal (von Anfang an), von vorn; **punto e ~** Punkt und neue Zeile.

dacché [dak'ke] *con* **1.** *(poiché)* weil; **2.** *(da quando)* seit, seitdem.

dadaismo [dada'izmo] *m* Dadaismus *m.*

dado ['da:do] *m* **1.** *(cubetto)* Würfel *m;* **2.** *arch* würfelförmiger Steinblock; **3.** *gastr* Brüh-, Suppenwürfel *m;* **4.** *(per bulloni)* (Schrauben)mutter *f;* **giocare ai -i** Würfel spielen, würfeln; **il ~ è tratto** die Würfel sind gefallen.

daffare [daf'fa:re] ‹-› *m* viel(e) Arbeit *f,* viel(e) Mühe *f,* dringende Aufgabe; **avere un gran ~** sehr viel Arbeit (*o.* sehr viel zu tun) haben; **darsi un gran ~** sich rastlos einsetzen.

daga ['da:ga] ‹-ghe› *f* großer Dolch, kurzes Schwert.

dagli[1] ['daʎʎi] *prp* **da** *con articolo gli.*

dagli[2] ['daʎʎi] *interj* gib (es) ihm!; **~ al ladro!** haltet den Dieb!; **~ oggi, ~ domani, alla fine lo convinse a partire** da er (*o.* sie) keine Ruhe gab, ließ er sich am Ende zur Abreise überreden.

dai ['da:i] *prp* **da** *con articolo i.*

daino ['da:ino] *m* Damhirsch *m.*

dal [dal] *prp* **da** *con articolo il.*

dalia ['da:li̯a] ‹-ie› *f* Dahlie *f.*

dall', dalla, dallo, dalle [dall, 'dalla, ...lo, ...le] *prp* **da** *con articolo l', la, lo, le.*

daltonico, -a [dal'tɔ:niko] ‹-ci, -che› **I.** *a* farbenblind; **II.** *m, f* Farbenblinde(r) *mf.* **daltonismo** [...to'nizmo] *m* Farbenblindheit *f,* Daltonismus *m scient.*

dama ['da:ma] *f* **1.** *(persona)* Dame *f;* **2.** *(gioco)* Dame(spiel *n*) *f; (scacchiera)* Damebrett *n;* **~ di compagnia** Gesellschafterin *f,* Gesellschaftsdame *f;* **~ di corte** Hofdame *f;* **giocare a ~** Dame spielen.

damascare [damas'ka:re] ‹damasco, damaschi› *tr* **1.** *(panno)* damastartig weben; **2.** *(armi)* damaszieren. **damasco** [da'masko] ‹-schi› *m* Damast *m.*

damerino [dame'ri:no] *m* **1.** *(giovane

galante) Galan *m geh;* **2.** *pej (bellimbusto)* Geck *m,* Stutzer *m obs.*

damigella [dami'dʒɛlla] *f:* ~ **d'onore** Brautjungfer *f.*

damigiana [dami'dʒa:na] *f* große Korbflasche.

dammeno [dam'me:no] ‹*inv*› *a* weniger wert (*di* als), unterlegen (*di qu* jdm).

DAMS [dams] *m ab di* **Discipline delle Arti, della Musica, dello Spettacolo** *Hochschule für darstellende Kunst.*

danaro [da'na:ro] *v.* **denaro. danaroso, -a** [dana'ro:so] *a* vermögend, wohlhabend, zahlungskräftig *fam.*

dancing ['dɑ:nsɪŋ] ‹-› *m* Tanzlokal *n.*

danese [da'ne:se] **I.** *a* dänisch; **II.** *mf* Däne *m,* Dänin *f.*

Daniela [da'ni̯ɛ:la] *(nome proprio femminile)* Daniela, Daniele.

Daniele [da'ni̯ɛ:le] *(nome proprio maschile)* Daniel.

Danimarca [dani'marka] *f* Dänemark *n.*

dannare [dan'na:re] **I.** *tr* verdammen, verfluchen; **far ~ qu** jdn zur Verzweiflung treiben; **II.** *rfl:* **-rsi 1.** *rel* verdammt werden; **2.** *fig* sich abplagen, sich abquälen; **-rsi l'anima per qc** sich wegen etw. aufzehren, hinter etw. hersein wie der Teufel hinter der armen Seele *fam.* **dannato, -a** [...'na:to] **I.** *a* verdammt; **II.** *m, f,* Verdammte(r) *mf.* **dannazione** [...nat'tsi̯o:ne] *f* **1.** *(perdizione)* Verdammnis *f,* Verdammung *f;* **2.** *fig (tormento)* Plage *f,* Strafe *f;* **~!** verdammt (nochmal)! *fam.*

danneggiamento [danneddʒa'mento] *m* Beschädigung *f.* **danneggiare** [...'dʒa:re] ‹danneggio, danneggi› *tr* **1.** *(rovinare)* beschädigen; **2.** *(nuocere)* schädigen, schaden (*qc/qu* einer S./jdm).

danno ['danno] *m* Schaden *m;* **far -i** Schaden anrichten; **recare ~** Schaden zufügen; **pagare i -i** für den Schaden aufkommen, den Schaden ersetzen; **soffrire un ~** einen Schaden erleiden; **a ~ (***o.* **ai -i) di qu** zu jds Schaden; **rimanere (***o.* **restare) col ~ e con le beffe** wer den Schaden hat, braucht für den Spott nicht zu sorgen *prov.* **dannoso, -a** [...'no:so] *a* schädlich (*per, a* für).

dantesco, -a [dan'tesko] ‹-schi, -sche› *a (di Dante)* dantisch, von Dante; *(come Dante)* dantesk; **letture -che** *Lesungen über Dantes Werke.* **dantista** [...'tista] ‹-i *m,* -e *f*› *mf* Danteforscher(in) *m(f).*

Danubio [da'nu:bi̯o] *m* Donau *f.*

danza ['dantsa] *f* Tanz *m;* **~ classica** Ballett *n;* **~ macabra/popolare** Toten-/Volkstanz *m.* **danzante** [...'tsante] *a* tanzend, Tanz-; **trattenimento ~** Tanzvergnügen *n.*

danzare [dan'tsa:re] *itr, tr* tanzen; **~ al suono di qu** nach jds Pfeife tanzen. **danzatore, -trice** [...tsa'to:re] *m, f* Tänzer(in) *m(f).*

Danzica ['dantsika] *f* Danzig *n.*

dappertutto [dapper'tutto] *adv* **1.** *(stato)* überall; **2.** *(moto)* überallhin.

dappiè, dappiede, dappiedi [dap'pi̯ɛ, dap'pi̯ɛ:de, ...di] *adv* am Fuß(e), zu Füßen.

dappiù [dap'pi̯u] ‹*inv*› *a* mehr wert, besser.

dappocaggine [dappo'kaddʒine] *f* Unfähigkeit *f,* Beschränktheit *f.* **dappoco** [...'pɔ:ko] ‹*inv*› *a* **1.** *(inetto)* unfähig, beschränkt, einfältig; **2.** *(di poca importanza)* unbedeutend, bedeutungslos.

dappresso [dap'prɛsso] *adv (moto)* von nahem, aus der Nähe; *(stato)* in der Nähe (*a* von).

dapprima [dap'pri:ma] *adv* im ersten Moment, anfangs.

dapprincipio [dapprin'tʃi:pi̯o] *adv* anfangs, am Anfang.

dardeggiare [darded'dʒa:re] ‹dardeggio, dardeggi› **I.** *tr geh* **1.** *(sole)* versengen, verbrennen; **2.** *(occhi)* durchbohren; **II.** *itr fig* brennen, stechen.

dardo ['dardo] *m* **1.** *(freccia)* Pfeil *m;* **2.** *(di fiamma)* Spitze *f;* **3.** *poet (di sguardo, parola, emozione)* Pfeil *m geh;* **4.** ‹*pl*› *(di sole)* Strahlen *m pl.*

dare ['da:re] ‹do, diedi *o.* detti, dato› **I.** *tr* **1.** *gener.* geben, überreichen; hergeben, hingeben, mitgeben; *(medicina)* eingeben, einflößen; *(disposizioni, etc.)* treffen, geben; *(esame)* ablegen; *(coraggio)* machen; *(fuoco)* legen; *(sguardo)* werfen; **2.** *(affidare)* übertragen, anvertrauen; **3.** *(assegnare)* verleihen, zuteilen, geben; **4.** *(procurare)* besorgen, verschaffen; **5.** *(infliggere)* verurteilen (*qc a qu* jdn zu etw.), auferlegen (*qc a qu* jdm etw.); **6.** *(produrre)* hervorbringen, erzeugen; **7.** *(causare)* verursachen; *(dispiacere, preoccupazioni, etc.)* machen; **8.** *(offrire)* anbieten; **9.** *(festa)* veranstalten; *(ricevimento a.)* geben; **10.** *(augurare)* wünschen; **11.** *mat* ergeben, geben; **~ il buongiorno a qu** jdm einen guten Tag wünschen; **~ del Lei/tu a qu** jdn siezen/duzen; **~ la**

mano a qu jdm die Hand geben; ~ **una multa a qu** jdm ein Bußgeld auferlegen; ~ **peso a qc** Wert auf etw. legen; ~ **scandalo** einen Skandal verursachen; ~ **una notizia** Nachricht geben; ~ **un tema in classe** in der Klasse ein Thema aufgeben; **II.** *itr* **1.** *(guardare)* gehen (*su* auf, nach); **2.** *(prorompere)* ausbrechen (*in* in); **3.** *(battere)* schlagen (*con* mit); ~ **in lacrime** in Tränen ausbrechen; ~ **nell'occhio** ins Auge springen; ~ **sul rosso** ins Rot gehen; ~ **nel segno** ins Schwarze treffen; ~ **alla testa** zu Kopf steigen; **III.** *rfl:* **-rsi 1.** *(dedicarsi)* sich widmen, sich hingeben; **2.** *(sottomettersi)* sich ergeben; **3.** *(incominciare)* anfangen, beginnen; **si dà il caso che ...** *conj* es ist ein Zufall, daß ...; **può -rsi che ...** *conj* es mag sein, daß ..., es kann sein, daß ...; **darsela a gambe** die Beine in die Hand nehmen *fam;* **non -rsi pace** keine Ruhe finden; **-rsi per ...** sich ausgeben für ...; **-rsi alla pittura** sich der Malerei widmen; **IV.** ‹-› *m* Soll *n;* **il ~ e l'avere** Soll und Haben.

Dario ['da:rio] *nome proprio maschile.*

darsena ['darsena] *f* Dock *n.*

darvinismo [darvi'nizmo] *m* Darwinismus *m.*

data ['da:ta] *f* Datum *n,* Zeitpunkt *m;* **rimandare qc a ~ da destinarsi** etw. auf einen noch zu bestimmenden Zeitpunkt verschieben; **di vecchia ~** älteren Datums. **datare** [da'ta:re] **I.** *tr* ‹*avere*› datieren; **II.** *itr* ‹*essere*› datieren (*da* von, seit); **a ~ da domani** vom morgigen Datum an. **datario** [da'ta:rio] ‹-i› *m (timbro)* Datumsstempel *m; (in orologi)* Datumsangabe *f.* **datazione** [datat'tsio:ne] *f* Datierung *f.*

dativo [da'ti:vo] *m* Dativ *m,* Wemfall *m.*

dato, -a ['da:to] **I.** *pp di* **dare; II.** *a* **1.** *(determinato)* gewiß, bestimmt; **2.** *(dedito)* ergeben; **3.** *(supposto)* gegeben; **~ che** angenommen, daß; **-e le circostanze** unter diesen Umständen; **-i i nostri ottimi rapporti** im Hinblick auf unsere hervorragenden Beziehungen; **in -i casi** in bestimmten Fällen; **III.** *m* Anhaltspunkt *m; (a. mat)* (bekannte) Größe *f;* ‹*pl*› Daten *pl.* **~ di fatto** Tatsache *f,* Gegebenheit *f;* **-i segnaletici** Personenbeschreibung *f;* **elaborazione elettronica dei -i** elektronische Datenverarbeitung.

datore, -trice [da'to:re] *m, f* Geber(in) *m(f);* **~ di lavoro** Arbeitgeber *m.*

dattero ['dattero] *m* **1.** *(frutto)* Dattel *f;* **2.** *(pianta)* Dattelpalme *f;* **3.** *zoo:* **~ di mare** Stein-, Meerdattel *f.*

dattilo ['dattilo] *m* Daktylus *m.*

dattilografa *f v.* **dattilografo.**

dattilografare [dattilogra'fa:re] *tr* maschineschreiben, mit der (Schreib)maschine schreiben. **dattilografia** [...'fi:a] *f* Maschinenschreiben *n.* **dattilografico, -a** [...'gra:fiko] *a* (Schreib)maschine(n)-; **nastro ~** Farbband *n.* **dattilografo, -a** [...'lɔ:grafo] *m, f* Maschinenschreiber(in) *m(f),* Stenotypist(in) *m(f).*

dattiloscopia [-sko'pi:a] ‹-ie› *f* Daktyloskopie *f.*

dattiloscritto, -a [-s'kritto] **I.** *a* maschine(n)geschrieben, maschinenschriftlich; **II.** *m* maschine(n)geschriebener Text.

dattorno [dat'torno] **I.** *adv* **1.** *(intorno)* umher, herum; **2.** *(vicino)* in der Nähe; **darsi ~** sich umtun; **stare ~ a qu** *fig* jdm auf der Pelle liegen *fam,* (dauernd) in jds Nähe sein; **II.** *prp:* **~ a 1.** *(intorno a)* um ... *acc* herum; **2.** *(vicino a)* in der Nähe von *dat;* **III.** ‹*inv*› *a* umliegend.

davanti [da'vanti] **I.** *adv davor; (di fronte)* gegenüber; *(nella parte anteriore)* vorn(e); **II.** *prp:* **~ a** *(stato)* vor *dat; (moto)* vor *acc;* **III.** ‹*inv*› *a* Vorder-, vordere(r, s); **IV.** *m* Vorderteil *n,* Vorderseite *f.*

davanzale [davan'tsa:le] *m* Fensterbank *f.*

davanzo, d'avanzo [da'vantso] *adv* mehr als genug, im Überfluß.

Davide ['da:vide] *(nome proprio maschile)* David.

davvero [dav've:ro] *adv* wirklich, tatsächlich; **per ~** tatsächlich, im Ernst.

daziare [dat'tsia:re] ‹dazio, dazi› *tr* Zoll erheben auf. **daziario, -a** [...'tsia:rio] ‹-i, -ie› *a* Zoll-. **daziere** [...'tsiɛ:re] *mf* Zollbeamte(r) *m,* -beamtin *f,* Zöllner(in) *m(f).* **dazio** ['dattsio] ‹-i› *m* Zoll *m;* **~ antidumping** *com* Antidumpingzoll *m.*

d.C. *ab di* **dopo Cristo** n. Chr. (*ab di* nach Christus).

D.C. *f ab di* **Democrazia Cristiana** *christdemokratische Partei Italiens.*

D.D.L. *ab di* **Disegno Di Legge** Gesetzesvorlage, Gesetzentwurf.

dea ['dɛ:a] *f* Göttin *f.*

deambulare [deambu'la:re] *itr poet* sich ergehen *geh,* lustwandeln *geh obs.* **deambulatorio, -a** [...la'tɔ:rio] ‹-i, -ie› **I.** *a:* **funzione -a** Fortbewegung *f,* Lokomotion *f;* **II.** *m arch* Umgang *m,* Rundgang *m.* **deambu-**

lazione [...lat'tsi̯o:ne] *f* Fortbewegung *f*, Lokomotion *f*.
debbo ['dɛbbo] *1. pers sing pr di* **dovere.**
debellare [debel'la:re] *tr poet* bezwingen, besiegen; *(male, etc.)* ausrotten.
debilitare [debili'ta:re] *tr* schwächen, entkräften. **debilitazione** [...tat'tsi̯o:ne] *f* Schwächung *f*, Entkräftung *f*.
debitamente [debita'mente] *adv* in der vorschriftsgemäßen Form, ordnungsgemäß.
debito, -a ['de:bito] **I.** *a* **1.** *(doveroso)* schuldig, gebührend; **2.** *(imposto)* notwendig, geboten; **3.** *(opportuno)* passend; **a tempo ~** im passenden Augenblick, zur rechten Zeit; **II.** *m* **1.** *com* Schuld *f*, Verbindlichkeit *f*; **2.** *(obbligo morale)* Pflicht *f*, Schuldigkeit *f*; **~ coniugale** eheliche Pflichten *f pl*; **avere un ~ con qu** jdm etw. schulden; **sentirsi in ~ verso qu** in jds Schuld stehen *geh*; **segnare un importo a ~** einen Betrag anschreiben. **debitore, -trice** [debi'to:re] *m, f* **1.** *(a. fig)* Schuldner(in) *m(f)*; **2.** *(com)* Debitor *m*. **debitorio, -a** [...'tɔ:ri̯o] ‹-i, -ie› *a* Schuld(en)-, Schuldner-. **debitrice** *f v.* **debitore.**
debole ['de:bole] **I.** *a* schwach, kraftlos; **II.** *m* Schwäche *f*, schwache Seite; **avere il ~ del gioco** eine Schwäche für das Glücksspiel haben. **debolezza** [debo'lettsa] *f* Schwäche *f*.
debordare [debor'da:re] *itr* überlaufen, überfließen.
debosciato, -a [deboʃ'ʃa:to] **I.** *a* ausschweifend, lasterhaft, zügellos; **II.** *m, f* Wüstling *m*, zügelloser Mensch.
debraiata [debra'i̯a:ta] *f sl* Schalten *n* mit Zwischengas.
debuttante [debut'tante] **I.** *a* debütierend; **II.** *mf* Debütant(in) *m(f)*. **debuttare** [...'ta:re] *itr* debütieren, erstmals (öffentlich) auftreten. **debutto** [de'butto] *m* Debüt *n*, erstes (öffentliches) Auftreten.
decade ['dɛ:kade] *f* **1.** *(dieci giorni)* Dekade *f*; **2.** *mil Sold, der für 10 Tage gezahlt wird.*
decadente [deka'dɛnte] *a* dekadent. **decadentismo** [...den'tizmo] *m lit* Dekadenz *f*. **decadenza** [...'dɛntsa] *f* **1.** *(declino)* Dekadenz *f geh*, Niedergang *m*, Verfall *m*; **2.** *lit, fig* Dekadenz *f*; **3.** *jur* Verwirkung *f*, Verfallen *n*.
decadere [deka'de:re] ‹*irr*› *itr* ‹*essere*› **1.** *gener.* verfallen; **2.** *fin* verarmen; **3.** *(usanza)* überholt werden; **4.** *jur* verwirken (*da qc* etw.). **decadimento** [...di'mento] *m* **1.** *(declino)* Verfall *m*, Dekadenz *f*; **2.** *phys* Zerfall *m*; **~ beta** Zerfall *m* der Betateilchen.
decaedro [deka'ɛ:dro] *m* Dekaeder *n*, Zehnflächner *m*.
decaffeinare, decaffeinizzare [dekaffei'na:re, ...nid'dza:re] *tr* koffeinfrei machen, entkoffeinieren. **decaffeinato, -a** [...'na:to] **I.** *a* koffeinfrei; **II.** *m* koffeinfreier Kaffee (*o.* Tee).
decagono [de'ka:gono] *m* Dekagon *n*, Zehneck *n*.
decalcare [dekal'ka:re] *tr* (ab-, durch)pausen.
decalcomania [dekalkoma'ni:a] ‹-ie› *f* Abziehbild *n*.
decalitro [de'ka:litro] *m* Dekaliter *m o. n*.
decalogo [de'ka:logo] ‹-ghi› *m* **1.** *rel (di Mosè)* die Zehn Gebote *n pl*, Dekalog *m scient*; **2.** *(norme)* Verhaltensregeln *f pl*, Gebote *n pl*, Vorschriften *f pl*.
decametro [de'ka:metro] *m* Dekameter *m o. n*.
decampare [dekam'pa:re] *itr* **1.** *rar mil* das Lager abbrechen; **2.** *fig* verzichten (*da* auf), aufgeben (*da qc* etw.).
decano [de'ka:no] *m* Älteste(r) *m*, Doyen *m*; *(titolo)* Dekan *m*.
decantare¹ [dekan'ta:re] *tr geh* preisen *geh*, lobpreisen *poet*.
decantare² [dekan'ta:re] **I.** *tr* **1.** *chem* dekantieren, vom Bodensatz abgießen; **2.** *fig* läutern *geh*, reinigen; **II.** *itr* **1.** *chem* sich klären, geklärt werden; **2.** *fig* sich läutern *geh*, geläutert werden *geh*. **decantazione** [...tat'tsi̯o:ne] *f* Klärung *f*.
decapitare [dekapi'ta:re] *tr* enthaupten. **decapitazione** [...tat'tsi̯o:ne] *f* Enthauptung *f*.
decappotabile [dekappo'ta:bile] **I.** *a*: **auto ~** Kabrio(lett) *n*; **II.** *f* Kabrio(lett) *n*. **decappotare** [...'ta:re] *tr* das Verdeck aufklappen von.
decasillabo [deka'sillabo] **I.** *a*: **verso ~** zehnsilbiger Vers, Dekasyllabus *m*; **II.** *m* Zehnsilb(l)er *m*, Dekasyllabus *m*.
decathlon ['dɛ:katlon] ‹-› *m* Zehnkampf *m*. **decatleta** [dekat'lɛ:ta] *mf* Zehnkämpfer(in) *m(f)*. **decatlon** *v.* **decathlon.**
decedere [de'tʃɛ:dere] ‹decedo, decessi *o.* decedetti, deceduto› *itr* ‹*essere*› *geh* entschlafen, versterben *geh*.
decelerare [detʃele'ra:re] *tr* die Geschwindigkeit vermindern von (*o.* bei), das Tempo drosseln von (*o.* bei).

decelerazione [...ratˈtsi̯oːne] *f* Verminderung *f* der Geschwindigkeit, Drosselung *f* des Tempos.
decemvirato [detʃemviˈraːto] *m* Dezemvirat *n.*
decennale [detʃenˈnaːle] **I.** *a* **1.** *(che dura 10 anni)* zehnjährig; **2.** *(ogni 10 anni)* zehnjährlich; **celebrazione ~** Zehnjahrfeier *f;* **piano ~** Zehnjahresplan *m;* **II.** *m* zehnter Jahrestag; *(celebrazione)* Zehnjahresfeier *f.*
decenne [deˈtʃɛnne] *a* zehnjährig. **decennio** [deˈtʃɛnni̯o] ‹-i› *m* Jahrzehnt *n,* Dezennium *n.*
decente [deˈtʃɛnte] *a* **1.** *(di pudore)* schicklich, anständig; *(di tatto)* taktvoll; **2.** *fig (adeguato)* annehmbar, angemessen, anständig *fam.*
decentramento [detʃentraˈmento] *m* Dezentralisierung *f,* Dezentralisation *f; (in urbanistica a.)* Verlagerung *f* (vom Zentrum weg). **decentrare** [...ˈtraːre] *tr* dezentralisieren; *(in urbanistica a.)* (vom Zentrum weg) verlagern.
decenvirato [detʃenviˈraːto] *v.* **decemvirato.**
decenza [deˈtʃɛntsa] *f* **1.** *(pudore, dignità)* Schicklichkeit *f,* Anstand *m; (tatto)* Takt *m;* **2.** *(convenienza)* Angemessenheit *f;* **gabinetto di ~** Bedürfnisanstalt *f adm.*
decessi [deˈtʃɛssi] *1. pers sing del passato remoto di* **decedere.**
decesso [deˈtʃɛsso] *m adm* Todes-, Sterbefall *m adm,* Ableben *n geh,* Tod *m.*
decidere [deˈtʃiːdere] ‹decido, decisi, deciso› **I.** *tr* **1.** *(di giudizio definitivo)* beschließen (*qc* etw., über etw.), entscheiden (*qc* etw., über etw.); **2.** *jur* befinden (*qc* über etw.), entscheiden (*qc* über etw.); **3.** *(fissare)* festlegen, festsetzen, bestimmen; **II.** *itr* entscheiden; **III.** *rfl:* **-rsi** sich entscheiden, sich entschließen; **-rsi a fare qc** sich entscheiden, etw. zu tun; **-rsi di fare qc** beschließen, etw. zu tun.
decifrabile [detʃiˈfraːbile] *a* entzifferbar.
decifrare [detʃiˈfraːre] *tr (scrittura)* entziffern; *(codice, etc.)* entschlüsseln; *(enigma)* (auf)lösen. **decifrazione** [...ratˈtsi̯oːne] *f* Entzifferung *f,* Entschlüsselung *f.*
decigrammo, decigramma [detʃiˈgrammo, ...ma] ‹-i› *m* Dezigramm *n.*
decilitro [deˈtʃiːlitro] *m* (*ab* **dl**) Deziliter *m o. n.*
decima[1] *f v.* **decimo.**
decima[2] [ˈdɛːtʃima] *f* **1.** *hist* Zehnte *m;* **2.** *mus* Dezime *f;* **3.** *mat* zehnte Potenz; **7 alla ~** sieben hoch zehn.
decimale [detʃiˈmaːle] *a* dezimal, Dezimal-.
decimare [detʃiˈmaːre] *tr* dezimieren. **decimazione** [...matˈtsi̯oːne] *f* Dezimierung *f.*
decimetro [deˈtʃiːmetro] *m* (*ab* **dm**) Dezimeter *m o. n.*
decimillimetro [detʃimilˈliːmetro] *m* Dezimillimeter *m o. n.*
decimo, -a [ˈdɛːtʃimo] **I.** *a* zehnte(r, s); **II.** *m, f* Zehnte(r, s) *mfn;* **III.** *m (frazione)* Zehntel *n,* zehnter Teil; *v. a. quinto.* **decimoprimo, decimosecondo** [detʃimoˈpriːmo, -seˈkondo] *etc. v.* **undicesimo, dodicesimo** *etc.*
decina [deˈtʃiːna] *v.* **diecina.**
decisamente [detʃizaˈmente] *adv* **1.** *(con risolutezza)* mit Entschiedenheit, (fest) entschlossen; **2.** *(veramente)* ausgesprochen, unzweifelhaft.
decisi [deˈtʃiːzi] *1. pers sing del passato remoto di* **decidere.**
decisionale [detʃizi̯oˈnaːle] *a* Entscheidungs-; **centri ~i** Entscheidungszentren *n pl.*
decisione [detʃiˈzi̯oːne] *f* **1.** *(risolutezza)* Entschlossenheit *f;* **2.** *(deliberazione)* Entscheidung *f,* Beschluß *m,* Entschluß *m;* **3.** *jur (sentenza)* Entscheid *m,* Beschluß *m;* **~ preliminare** Vorentscheidung *f;* **prendere una ~** eine Entscheidung treffen, einen Entschluß fassen. **decisivo, -a** [...ˈziːvo] *a* ausschlaggebend, entscheidend; *(sport, etc.)* Entscheidungs-. **deciso, -a** [deˈtʃiːzo] **I.** *pp di* **decidere; II.** *a (risoluto)* entschlossen, entschieden, energisch.
declamare [deklaˈmaːre] **I.** *tr* vortragen, deklamieren; **II.** *itr* deklamieren. **declamatore, -trice** [...maˈtoːre] *m, f* Vortragskünstler(in) *m(f).* **declamatorio, -a** [...maˈtɔːri̯o] ‹-i, -ie› *a* deklamatorisch. **declamatrice** *f v.* **declamatore. declamazione** [...matˈtsi̯oːne] *f* Deklamation *f.*
declaratorio, -a [deklaraˈtɔːri̯o] ‹-i, -ie› **I.** *a* deklaratorisch, Feststellungs-, feststellend; **II.** *f* Feststellung *f.*
declassare [deklasˈsaːre] *tr* deklassieren, herabsetzen, herunterstufen.
declinare [dekliˈnaːre] **I.** *tr* **1.** *gram* deklinieren, beugen; **2.** *(porre un rifiuto)* zurückweisen, ablehnen; **3.** *(fare una dichiarazione)* angeben, aufzählen; **II.** *itr* **1.** *(diminuire)* sinken, nachlassen, abnehmen; **2.** *(volgere alla fine)* zu Ende gehen, zur Neige gehen *geh;* **3.** *(sole, astro)* untergehen. **de-**

clinatoria [...na'tɔ:ria] ‹-ie› *f* Einrede *f* der Unzuständigkeit, Einwand *m* des Rechtsmangels. **declinazione** [...nat'tsio:ne] *f* **1.** *gram* Deklination *f,* Beugung *f;* **2.** *astr* Deklination *f,* Abweichung *f;* ~ **magnetica** Deklination *f,* Mißweisung *f* (der Kompaßnadel). **declino** [de'kli:no] *m* **1.** *(decadenza)* Niedergang *m,* Untergang *m,* Verfall *m;* **2.** *fig (di bellezza, etc.)* Schwinden *n,* Verblühen *n;* **3.** *poet (declivio)* Berglehne *f geh,* Halde *f.*

declivio [de'kli:vio] ‹-i› *m* Hang *m,* Berghang *m;* **in** ~ geneigt, abfallend.

decodificare [dekodifi'ka:re] *tr* dekodieren, entschlüsseln; *inform* decodieren, dekodieren.

decollare [dekol'la:re] *itr* abheben.

décolleté [dekɔl'te] **I.** ‹*inv*› *a (abito)* ausgeschnitten, dekolletiert; *(scarpe)* ausgeschnitten; **II.** ‹-› *m (di abito)* Ausschnitt *m,* Dekolleté *n; (di scarpe)* Ausschnitt *m.*

decollo [de'kɔllo] *m* **1.** *aero* Start *m,* Abheben *n;* **2.** *fig* Aufschwung *m.*

decolonizzazione [dekoloniddzat'tsio:ne] *f* Dekolonisation *f,* Entkolon(ial)isierung *f.*

decolorante [dekolo'rante] **I.** *a* bleichend, Bleich-; **II.** *m* Bleichmittel *n,* Entfärbungsmittel *n.*

decolorare [dekolo'ra:re] *tr* bleichen, entfärben.

decomponibile [dekompo'ni:bile] *a* zerlegbar, auflösbar.

decomporre [dekom'porre] ‹*irr*› **I.** *tr* zerlegen, (in seine Einzelteile) auflösen; **II.** *rfl:* **-rsi** sich zersetzen, verwesen. **decomposizione** [...pozit'tsio:ne] *f* **1.** *(scomposizione)* Zerlegung *f,* Auflösung *f;* **2.** *(putrefazione)* Zersetzung *f,* Verwesung *f.*

decompressione [dekompres'sio:ne] *f* Druckentlastung *f,* Dekompression *f.*

decongelare [dekondʒe'la:re] *tr* auftauen.

decongestionamento [dekondʒestiona'mento] *m* **1.** *med* Stillung *f* einer inneren Blutung, Auflösung *f* einer Blutstauung; **2.** *(del traffico)* Entlastung *f.* **decongestionare** [...'na:re] *tr* **1.** *med* eine innere Blutung stillen in, eine Blutstauung auflösen in; **2.** *(traffico)* entlasten.

decorare [deko'ra:re] *tr* **1.** *(con ornamenti)* (aus)schmücken, verzieren, dekorieren; **2.** *(con decorazioni)* auszeichnen, einen Orden verleihen (*qu* jdm), dekorieren *geh.* **decorativo, -a** [...ra'ti:vo] *a* schmückend, dekorativ; *(arte)* Dekorations-. **decoratore, -trice** [...ra'to:re] *m, f* Dekorateur(in) *m(f).* **decorazione** [...rat'tsio:ne] *f* **1.** *(ornamento)* Dekoration *f,* Ausschmückung *f,* Ausstattung *f;* **2.** *(onorificenza)* Dekoration *f,* Ehrenzeichen *n.*

decoro [de'kɔ:ro] *m* **1.** *(dignità)* Anstand *m;* **2.** *fig (vanto)* Zierde *f,* Glanz *m;* **3.** *(onore, prestigio)* Ansehen *n,* Prestige *n.* **decoroso, -a** [deko'ro:so] *a* **1.** *(dignitoso)* anständig; *(comportamento a.)* schicklich; **2.** *(di lustro)* glanzvoll, glänzend; **3.** *(di prestigio)* angesehen, geachtet.

decorrenza [dekor'rɛntsa] *f* **1.** *(data)* Fristbeginn *m,* Beginn *m* einer Laufzeit; **2.** *(periodo)* Laufzeit *f;* **con ~ dal 10 maggio** (mit Wirkung) vom 10. Mai an.

decorrere [de'korrere] ‹*irr*› *itr* ‹*essere*› **1.** *(passare)* vergehen, verstreichen, ablaufen; **2.** *fin, com* laufen (*da* von ... an); **a ~ da domani** von morgen an. **decorso** [de'korso] *m* **1.** *(del tempo)* Ablauf *m,* Verlauf *m;* **2.** *(della malattia)* Verlauf *m.*

decotto [de'kɔtto] **I.** *a* **1.** *(insolvente)* insolvent, illiquid; **2.** *(non riscuotibile)* eingefroren, nicht beitreibbar; **II.** *m* Aufguß *m.*

decremento [dekre'mento] *m* Abnahme *f,* Minderung *f.*

decrepitezza [dekrepi'tettsa] *f* Hinfälligkeit *f,* Gebrechlichkeit *f.* **decrepito, -a** [de'krɛ:pito] *a* **1.** *(di estrema vecchiaia)* hinfällig, altersschwach, gebrechlich; **2.** *fig* überaltert, überholt.

decrescere [de'kreʃʃere] ‹*irr*› *itr* ‹*essere*› abnehmen, zurückgehen; *(prezzi)* fallen.

decretare [dekre'ta:re] *tr* anordnen, verordnen. **decreto** [de'krɛ:to] *m* Verordnung *f,* Verfügung *f,* Dekret *n;* ~ **di citazione** (Vor)ladung *f;* ~ **ingiuntivo** Mahnbescheid *m,* Zahlungsbefehl *m;* ~ **legge** (*ab* **D. L.**) Ermächtigungsgesetz *n;* ~ **legislativo** Rechtsverordnung *f;* ~ **ministeriale** (*ab* **D. M.**) *Ermächtigungsgesetz eines Ministeriums.*

decubito [de'ku:bito] *m med:* **piaghe da** ~ Wundliegen *n.*

decuplicare [dekupli'ka:re] ‹decuplico, decuplichi› *tr* verzehnfachen. **decuplo, -a** ['dɛ:kuplo] **I.** *a* zehnfach; **II.** *m* Zehnfache(s) *n.*

decurtare [dekur'ta:re] *tr* abziehen, (ver)kürzen, dekortieren.

decussato, -a [dekus'sa:to] *a:* **croce -a** Andreaskreuz *n.*

dedalo ['dɛ:dalo] *m* Labyrinth *n.*

dedica [ˈdɛːdika] ‹-che› *f* Widmung *f*. **dedicare** [dediˈkaːre] ‹dedico, dedichi› **I.** *tr* widmen; *rel* weihen; **II.** *rfl:* **-rsi** sich widmen. **dedicatoria** [...kaˈtɔːri̯a] ‹-ie› *f* Widmung *f*. **dedicazione** [...katˈtsi̯oːne] *f* **1.** *(cerimonia)* Weihe *f;* **2.** *(dedica)* Widmung *f*.

dedito, -a [ˈdɛːdito] *a* gewidmet; *(ai vizi)* ergeben.

dedizione [deditˈtsi̯oːne] *f* Hingabe *f* (*per* an).

dedotto [deˈdotto] *pp di* **dedurre.**

deducibile [deduˈtʃiːbile] *a* **1.** *(conclusione)* ableitbar; **2.** *com (spese)* abziehbar, abzugsfähig.

dedurre [deˈdurre] ‹deduco, dedussi, dedotto› *tr* **1.** *(conclusioni)* folgern (*da* aus), schließen (*da* aus), den Schluß ziehen (*da* aus); **2.** *philos* ableiten, deduzieren; **3.** *com (spese)* abziehen (*da* von), absetzen (*da* von). **deduttivo, -a** [...utˈtiːvo] *a* ableitend, deduktiv. **deduzione** [...utˈtsi̯oːne] *f* **1.** *(conclusione)* (Schluß)folgerung *f*, Schluß *m;* **2.** *philos* Ableitung *f*, Deduktion *f;* **3.** *rar (defalco)* Abzug *m*, Absetzung *f*.

défaillance [defaˈjãːs] ‹-› *f* Schwäche(anfall *m*) *f*.

defalcare [defalˈkaːre] ‹defalco, defalchi› *tr* absetzen (*da* von), abziehen (*da* von). **defalco** [deˈfalko] *m* Absetzung *f*, Abzug *m*.

defaticarsi [defatiˈkarsi] *rfl* auslaufen.

defatigatorio, -a [defatigaˈtɔːri̯o] ‹-i, -ie› *a jur* schleppend, Verschleppungs-.

defecare [defeˈkaːre] ‹defeco, defechi› **I.** *tr* klären; **II.** *itr* Kot ausscheiden, defäkieren. **defecazione** [...katˈtsi̯oːne] *f* **1.** *chem* Klärung *f;* **2.** *(espulsione di feci)* Stuhlentleerung *f*, Defäkation *f*.

defenestrare [defenesˈtraːre] *tr* **1.** *(buttare dalla finestra)* aus dem Fenster werfen (*o.* stürzen); **2.** *fig* hinauswerfen; *pol* stürzen. **defenestrazione** [...ratˈtsi̯oːne] *f* **1.** *(lancio dalla finestra)* Fenstersturz *m;* **2.** *fig* Hinauswurf *m; pol* Sturz *m*.

defensionale [defensi̯oˈnaːle] *a* Verteidigungs-.

deferente [defeˈrɛnte] *a* **1.** *(rispettoso)* ehrerbietig; **2.** *anat:* **canale ~** Samenleiter *m*. **deferenza** [...ˈrɛntsa] *f* Ehrerbietung *f*, Hochachtung *f*.

deferimento [deferiˈmento] *m* **1.** *(denuncia)* Anzeige *f;* **2.** *(assegnazione)* Vorlage *f*, Unterbreitung *f*. **deferire** [...ˈriːre] *tr* **1.** *(denunciare)* anzeigen, belangen; **2.** *(sottoporre)* überweisen, unterbreiten; **3.** *(giuramento)* auferlegen; **~ qu all'autorità giudiziaria** jdn gerichtlich (*o.* vor Gericht) belangen.

defezionare [defettsi̯oˈnaːre] *itr* abfallen (*da* von), abtrünnig werden. **defezione** [...ˈtsi̯oːne] *f* Wortbruch *m*, Treulosigkeit *f; pol* Abfall *m*, Abtrünnigkeit *f; mil* Desertion *f*.

deficiente [defiˈtʃɛnte] **I.** *a* **1.** *(scarso)* schwach, nicht ausreichend, mangelhaft; **2.** *(persona)* geistesschwach, schwachsinnig; *(scolaro)* lernbehindert; **II.** *mf* Geistesgestörte(r) *mf*, Schwachsinnige(r) *mf; pej* Schwachsinnige(r) *mf*, Idiot *m*. **deficienza** [...ˈtʃɛntsa] *f* **1.** *(scarsità)* Mangel *m*, Unzulänglichkeit *f;* **2.** *pej, med* Schwachsinn *m*, Idiotie *f*.

deficit [ˈdɛːfitʃit] ‹-› *m* Verlust *m*, Fehlbetrag *m*, Defizit *n*. **deficitario, -a** [defitʃiˈtaːri̯o] ‹-i, -ie› *a gener., med* mangelhaft, Mangel-; *fin* defizitär.

défilé [defiˈle] ‹-› *m* Modenschau *f*.

definibile [defiˈniːbile] *a* **1.** *(precisabile)* bestimmbar, definierbar; **2.** *(risolvibile)* lösbar.

definire [defiˈniːre] ‹definisco› *tr* **1.** *(descrivere)* beschreiben; *(spiegare)* definieren, erklären; **2.** *(limiti)* bestimmen, festlegen, definieren; **3.** *(risolvere)* (auf)lösen, beenden. **definitivo, -a** [...niˈtiːvo] *a* endgültig, definitiv; **in -a** *(in conclusione)* zum Schluß, schließlich; *(tutto sommato)* alles in allem. **definito, -a** [...ˈniːto] *a* **1.** *(determinato)* bestimmt, festgelegt, definit; **2.** *(nitido, chiaro)* klar, scharf; **immagine fotografica poco -a** unscharfe Fotografie; **limiti ben -i** genau festgelegte Grenzen *f pl*. **definitore, -trice** [...niˈtoːre] *m, f* **1.** *gener.* Person *f*, die definiert; **2.** *rel* Definitor *m*. **definizione** [...nitˈtsi̯oːne] *f* **1.** *(determinazione)* Definition *f*, (genaue) Bestimmung *f*, Erklärung *f;* **2.** *(decisione)* Entscheidung *f*, Beendigung *f;* **per ~** zwangsläufig, notwendigerweise.

deflagrare [deflaˈgraːre] *itr* **1.** *chem* verpuffen, (schwach) explodieren; **2.** *fig* auflodern, aufflammen; *(mischia, etc.)* ausbrechen. **deflagrazione** [...ratˈtsi̯oːne] *f* **1.** *chem* Verpuffung *f; geol* Deflagration *f;* **2.** *fig* Explosion *f*, Ausbruch *m*.

deflazione [deflatˈtsi̯oːne] *f* Deflation *f*. **deflazionistico, -a** [...i̯oˈnistiko] ‹-ci, -che› *a* deflationistisch, deflationär.

deflettere [deˈflɛttere] ‹irr› *itr* abweichen.

deflettore [deflet'to:re] *m* Deflektor *m*, Klappe *f; mot* Ausstellfenster *n*.

deflorare [deflo'ra:re] *tr* entjungfern, deflorieren. **deflorazione** [...rat'tsio:ne] *f* Entjungferung *f*, Defloration *f*.

defluire [deflu'i:re] *itr* ‹*essere*› **1.** *(liquidi)* (her)abfließen, herunterfließen; **2.** *(gas)* entweichen, ausströmen; **3.** *fig (capitale, etc.)* abfließen; *(folla, etc.)* hinausströmen. **deflusso** [de'flusso] *m* **1.** *(di liquidi)* Abfluß *m*, Ablaufen *n*, Ablauf *m;* **2.** *(di gas)* Abzug *m*, Entweichen *n;* **3.** *fig* Auszug *m; (di capitale, etc.)* Abfluß *m*.

defogliazione [defoʎʎat'tsio:ne] *f* Entlaubung *f*.

deformare [defor'ma:re] *tr* **1.** *gener., tec* verformen; *pej* verunstalten, entstellen, deformieren; **2.** *fig (verità, etc.)* verzerren, entstellen. **deformazione** [...mat'tsio:ne] *f* **1.** *gener., tec* Verformung *f; pej* Verunstaltung *f*, Entstellung *f*, Deformation *f;* **2.** *fig* Verzerrung *f*, Entstellung *f;* ~ **professionale** Betriebsblindheit *f*. **deforme** [de'forme] *a* entstellt; *(troppo grosso)* unförmig. **deformità** [...mi'ta] ‹-› *f* Verunstaltung *f;* Unförmigkeit *f; med* Mißbildung *f*.

defraudare [defrau'da:re] *tr* betrügen (*qu di qc* jdn um etw.); *fig* vorenthalten (*qu di qc* jdm etw.). **defraudatore, -trice** [...da'to:re] *m, f* Betrüger(in) *m(f)*.

defunto, -a [de'funto] **I.** *a* **1.** *(morto)* verstorben, tot; **2.** *fig (amore, etc.)* erloschen; **II.** *m, f* Verstorbene(r) *mf*, Tote(r) *mf*.

degenerare [dedʒene'ra:re] *itr* **1.** *(dirizzare)* entarten, degenerieren; *med, biol* verkümmern, degenerieren; **2.** *fig (cambiare in peggio)* ausarten (*in* in). **degenerata** *f v.* **degenerato. degenerativo, -a** [...ra'ti:vo] *a* degenerativ, Degenerations-. **degenerato, -a** [...'ra:to] **I.** *a* **1.** *(dirizzato)* entartet, degeneriert; *med, biol* verkümmert, degeneriert; **2.** *fig (di morale)* verkommen, heruntergekommen; **II.** *m, f* verkommene Person. **degenerazione** [...rat'tsio:ne] *f* Entartung *f*, Degeneration *f; med, biol* Rückbildung *f*, Degeneration *f*.

degenere [de'dʒɛ:nere] *a* mißraten, ungeraten.

degente [de'dʒɛnte] **I.** *a* bettlägerig; **II.** *mf* Krankenhauspatient(in) *m(f)*. **degenza** [de'dʒɛntsa] *f* Bettlägerigkeit *f;* ~ **ospedaliera** Krankenhausaufenthalt *m*.

degli ['deʎʎi] *prp* **di** *con articolo gli*.

deglutire [deglu'ti:re] ‹deglutisco› *tr* schlucken, aufnehmen. **deglutizione** [...tit'tsio:ne] *f* Schlucken *n*, Aufnahme *f*.

degnare [deɲ'ɲa:re] **I.** *tr* würdigen, für würdig halten; **non ~ qu di uno sguardo** jdn keines Blickes würdigen; **II.** *rfl:* **-rsi** sich herablassen, sich bequemen.

degnazione [deɲɲat'tsio:ne] *f* Liebenswürdigkeit *f*, Güte *f*.

degno, -a ['deɲɲo] *a* würdig, wert; ~ **di biasimo** tadelnswert; ~ **di fede** glaubwürdig; *(a. racconto, etc.)* glaubhaft; ~ **di nota** beachtenswert, bemerkenswert; **una -a ricompensa** eine angemessene Belohnung.

degradare [degra'da:re] **I.** *tr* degradieren; **II.** *rfl:* **-rsi** sich erniedrigen, sich entwürdigen. **degradazione** [...dat'tsio:ne] *f* **1.** *mil* Degradierung *f;* **2.** *rel, phys* Degradation *f;* **3.** *geol:* ~ **meteorica** Degradierung *f*, Degradation *f;* **4.** *chem* Abbau *m*, Zerlegung *f;* **5.** *fig* Abbau *m*, Niedergang *m; (avvilimento morale)* Herabwürdigung *f*, Erniedrigung *f*. **degrado** [de'gra:do] *m* Zerfall *m*, Verfall *m*.

degustare [degus'ta:re] *tr* probieren, kosten. **degustazione** [...tat'tsio:ne] *f* **1.** *(assaggio)* Probieren *n*, Kosten *n;* **2.** *(locale)* Probierstube *f;* ~ **del vino** Weinprobe *f*.

deh [dɛ] *interj poet* oh, ach.

dei[1] ['dɛ:i] *pl di* **dio**.

dei[2] ['de:i] *prp* **di** *con articolo i*.

deiezione [deiet'tsio:ne] *f* **1.** *geol (deposito di detriti)* Schutthalde *f;* **2.** *geog (da cratere vulcanico)* Auswurf *m*, Ausstoßung *f;* **3.** *med (di feci)* Entleerung *f;* **4.** ‹*pl*› *(escrementi)* Exkremente *n pl*.

deificare [deifi'ka:re] ‹deifico, deifichi› *tr* **1.** *(divinizzare)* vergöttlichen; **2.** *fig (glorificare)* vergöttern, verherrlichen. **deificazione** [...kat'tsio:ne] *f* **1.** Vergöttlichung *f;* **2.** *fig* Vergötterung *f*, Verherrlichung *f*.

deismo [de'izmo] *m* Deismus *m*. **deista** [de'ista] ‹-i *m*, -e *f*› *mf* Deist(in) *m(f)*.

deità [dei'ta] ‹-› *f poet* Gottheit *f*.

del [del] *prp* **di** *con articolo il*.

delatore, -trice [dela'to:re] *m, f* Denunziant(in) *m(f)*, Spitzel *m*. **delazione** [...t'tsio:ne] *f* Denunziation *f*, denunzierende Anzeige.

delega ['dɛ:lega] ‹-ghe› *f* Vollmacht *f*, Ermächtigung *f;* **legge** ~ *Gesetz, das die Regierung aufgrund einer Ermächtigung des Parlaments erläßt.* **delegare** [dele'ga:re] ‹delego, deleghi› *tr* beauftragen (*qc a qu* jdn mit etw.), delegieren (*qc a qu* etw. an jdn); *jur* ermächtigen (*qc a qu* jdn zu etw.), bevollmächtigen (*qc a qu* jdn zu etw.), die Vollmacht erteilen (*qc a qu* jdm zu etw.). **delegato, -a** [...'ga:to] **I.** *a* beauftragt (*a* mit), bevollmächtigt (*a* zu), delegiert (*a* zu); **consigliere ~ di una società** bevollmächtigtes (*o.* geschäftsführendes) Vorstandsmitglied einer Gesellschaft, vertretungsberechtigter Geschäftsführer einer Gesellschaft; **II.** *m, f* Delegierte(r) *mf,* Beauftragte(r) *mf,* Bevollmächtigte(r) *mf.* **delegazione** [...gat'tsi̯o:ne] *f* **1.** *pol* Delegation *f,* Ermächtigung *f,* Bevollmächtigung *f;* **2.** *(rappresentanza)* Delegation *f,* Abordnung *f;* **3.** *(sede, circoscrizione territoriale)* Amtsbereich *m; rel* Delegatur *f.*

deleterio, -a [dele'tɛ:ri̯o] ‹-i, -ie› *a* verderblich, schädlich.

delfino[1] [del'fi:no] *m zoo* Delphin *m;* **nuoto a ~** Delphinschwimmen *n.*

delfino[2] [del'fi:no] *m* **1.** *hist (in Francia)* Dauphin *m;* **2.** *fig* Nachfolger *m.*

delibare [deli'ba:re] *tr* **1.** *poet (cibi, bevande)* kosten; **2.** *jur:* **~ una sentenza** ein ausländisches Urteil anerkennen. **delibazione** [...bat'tsi̯o:ne] *f* **1.** *poet (assaggio)* Kosten *n;* **2.** *jur:* **giudizio di ~** *gerichtliches Verfahren, in dem über die Anerkennung eines ausländischen Urteils entschieden wird.*

delibera [de'li:bera] *f* Beschluß *m,* Entscheidung *f.* **deliberare** [delibe'ra:re] **I.** *tr* **1.** *(decidere)* entscheiden, beschließen; **2.** *(nelle aste)* zuschlagen; **II.** *itr* beraten (*su* über), beratschlagen (*su* über).

deliberatamente [deliberata'mente] *adv* mit (voller) Absicht, mit Vorbedacht.

deliberato, -a [delibe'ra:to] **I.** *a* entschieden, beschlossen; *(risoluto)* entschlossen, entschieden; **II.** *m* Entscheidung *f,* Beschluß *m.* **deliberazione** [...rat'tsi̯o:ne] *f* **1.** *(decisione)* Entscheidung *f,* Beschluß *m;* **2.** *(discussione preliminare)* Beratung *f* (*di* über), Beratschlagung *f* (*di* über); **3.** *poet (considerazione)* Bedenken *n;* **4.** *(aggiudicazione)* Zuschlag *m.*

delicatezza [delika'tettsa] *f* **1.** *(finezza)* Zartheit *f;* **2.** *(di sentimenti)* Zartgefühl *n,* Feingefühl *n;* **3.** *(tatto)* Takt(gefühl *n*) *m,* Delikatesse *f geh;* **4.** *(cibo, bevanda)* Leckerbissen *m,* Delikatesse *f;* **5.** ‹*pl*› *(mollezze)* Annehmlichkeiten *f pl;* **avere delle -e verso qu** zärtliche Gefühle für jdn empfinden. **delicato, -a** [...'ka:to] *a* **1.** *(per finezza)* fein, zart; **2.** *(sentimento)* zart; *(gusto)* delikat; **3.** *(facile a guastarsi)* empfindlich, anfällig; *(debole)* empfindlich; *(salute)* zart; **4.** *(che richiede attenzione, tatto)* heikel, delikat, schwierig; **5.** *(cibo, bevanda)* delikat, köstlich.

delimitare [delimi'ta:re] *tr* **1.** *(circoscrivere)* abgrenzen, begrenzen; **2.** *fig* abstecken, abgrenzen; *(definire)* definieren, festlegen. **delimitazione** [...tat'tsi̯o:ne] *f* **1.** *(di confini)* Abgrenzung *f,* Begrenzung *f;* **2.** *fig (di attribuzioni)* Abgrenzung *f,* Definition *f,* Festlegung *f.*

delineare [deline'a:re] **I.** *tr* **1.** *(abbozzare)* umreißen, skizzieren; **2.** *fig* (kurz) umreißen, skizzieren; **II.** *rfl:* **-rsi** sich abzeichnen, sichtbar werden.

delinquente [deliŋ'ku̯ɛnte] *mf* **1.** *jur* Verbrecher(in) *m(f),* Straftäter(in) *m(f) adm;* **2.** *fig scherz* Gauner *m;* **~ abituale** Gewohnheitsverbrecher(in) *m(f).* **delinquenza** [...'ku̯ɛntsa] *f* Kriminalität *f,* Straffälligkeit *f adm;* **~ minorile** Jugendkriminalität *f.* **delinquenziale** [...u̯en'tsi̯a:le] *a* Verbrecher-, Verbrechens-, kriminell.

delinquere [de'liŋku̯ere] *itr* Straftaten (*o.* eine Straftat) begehen; **associazione per** (*o.* **a**) **~** kriminelle Vereinigung; **istigazione a ~** Anstiftung *f* zum Verbrechen.

deliquescenza [delikueʃ'ʃɛntsa] *f* Löslichkeit *f,* Auflösbarkeit *f.*

deliquio [de'li:kui̯o] ‹-qui› *m* Ohnmacht *f;* **cadere in ~** in Ohnmacht fallen.

delirante [deli'rante] *a* **1.** *(irragionevole)* irrsinnig, absurd; **2.** *(frenetico)* irrsinnig; *(applauso)* rasend.

delirare [deli'ra:re] *itr* **1.** *med* irrereden, delirieren; **2.** *fig* phantasieren; **~ di passione** außer sich sein vor Leidenschaft; **le ragazze delirano per lui** die Mädchen verlieren den Kopf seinetwegen. **delirio** [de'li:ri̯o] ‹-i› *m* **1.** *med* Wahn(vorstellung *f*) *m,* Delirium *n;* **2.** *fig (esaltazione)* Rausch *m,* Taumel *m;* **~ di grandezza** Größenwahn *m;* **~ febbrile** Fieberwahn *m,* Fieberphantasie *f.* **delirium tremens** [de'li:ri̯um 'trɛ:mens] ‹--› *m* Delirium tremens *n.*

delitto [de'litto] *m* **1.** *jur* Verbrechen *n,* Delikt *n adm,* Straftat *f adm,* strafbare Handlung; **2.** *(errore)* Unrecht *n;* **-i contro il patrimonio** Eigentumsdelikte *n pl;* **~ colposo/doloso** fahrlässig/vorsätzlich begangene Straftat;

corpo del ~ Beweisstück *n.* **delittuoso, -a** [...tu'o:so] *a* ungesetzlich, verbrecherisch.

delizia [de'littsi̯a] ‹-ie› *f* **1.** *(piacere)* Genuß *m,* Vergnügen *n* (*di* an), Wonne *f;* **2.** *(predilezione)* Genuß *m,* Freude *f;* **-e della mensa** Gaumenfreuden *f pl.* **deliziare** [...'tsi̯a:re] ‹delizio, delizi› **I.** *tr* Freude bereiten (*qu* jdm), erfreuen, ergötzen; **II.** *rfl:* **-rsi** sich erfreuen (*di* an), sich ergötzen (*di* an). **delizioso, -a** [...'tsi̯o:so] *a* **1.** *(cibo, bevanda)* köstlich; **2.** *(persona, cosa)* entzückend, reizend.

dell', della, delle, dello [dell, 'della, ...le, ...lo] *prp* **di** *con articolo l', la, le, lo.*

delta[1] ['dɛlta] ‹-› *f (lettera greca)* Delta *n.*

delta[2] ['dɛlta] ‹-› *m (di fiume)* Delta *n.*

deltaplano [delta'pla:no] *m* Flugdrachen *m;* **fare il** ~ drachenfliegen.

delucidare [delutʃi'da:re] *tr* erklären, verständlich machen. **delucidazione** [...dat'tsi̯o:ne] *f* Erklärung *f,* Aufklärung *f.*

deludere [de'lu:dere] ‹deludo, delusi, deluso› *tr* enttäuschen. **delusione** [delu'zi̯o:ne] *f* Enttäuschung *f.* **deluso** [de'lu:zo] *pp di* **deludere.**

demagogia [demago'dʒi:a] ‹-gie› *f* Demagogie *f.* **demagogico, -a** [...'gɔ:dʒiko] ‹-ci, -che› *a* demagogisch. **demagogo** [...'gɔ:go] ‹-ghi› *m* Demagoge *m.*

demandare [deman'da:re] *tr* ver-, überweisen; *(affidare)* anvertrauen.

demanio [de'ma:ni̯o] ‹-i› *m* Staatsgut *n,* Domäne *f.*

demarcare [demar'ka:re] *tr* abgrenzen. **demarcazione** [...kat'tsi̯o:ne] *f* Abgrenzung *f,* Demarkation *f geh;* **linea di** ~ Demarkationslinie *f.*

demente [de'mɛnte] **I.** *a* **1.** *med* schwachsinnig; **2.** *pej (stolto)* blöd(e); **II.** *mf* **1.** *med* Schwachsinnige(r) *mf;* **2.** *pej (stolto)* Blödian *m fam,* Dummkopf *m.* **demenza** [de'mɛntsa] *f* **1.** *med* Schwachsinn *m;* **2.** *pej (stoltezza)* Blödheit *f,* Dummheit *f.*

demeritare [demeri'ta:re] **I.** *tr* unwürdig sein (*qc* einer S.), nicht verdienen (*qc* etw.); **II.** *itr rar* sich unwürdig erweisen (*di qc* einer S.).

demerito [de'mɛ:rito] *m* Vergehen *n,* Schuld *f.*

demilitarizzazione [demilitariddzat'tsi̯o:ne] *f* Entmilitarisierung *f.*

demmo ['demmo] *v.* **dare.**

democratica *f v.* **democratico.**

democraticità [demokratitʃi'ta] ‹-› *f* demokratische Art, demokratisches Wesen. **democratico, -a** [...'kra:tiko] ‹-ci, -che› **I.** *a* **1.** *pol* demokratisch; **2.** *(alla mano)* leutselig; **II.** *m, f* Demokrat(in) *m(f).* **democratizzare** [...ratid'dza:re] *tr* demokratisieren. **democrazia** [...rat'tsi:a] ‹-ie› *f* Demokratie *f;* **D~ Cristiana** (*ab* **D.C.**) *christdemokratische Partei Italiens;* **D~ Proletaria** (*ab* **D.P.**) *italienische Linkspartei.*

democristiano, -a [demokris'ti̯a:no] **I.** *a* christdemokratisch; **II.** *m, f* Christdemokrat(in) *m(f).*

démodé [demo'de] ‹*inv*› *a* aus der Mode, unmodern.

demodossologia [demodossolo'dʒi:a] ‹-gie› *f* Meinungsforschung *f.*

demografia [demogra'fi:a] *f* Demographie *f,* Bevölkerungswissenschaft *f.* **demografico, -a** [...'gra:fiko] *a* demographisch, Bevölkerungs-; *(eccedenza, etc. a.)* Geburten-.

demolire [demo'li:re] ‹demolisco› *tr* **1.** *(distruggere)* zerstören; *(appartamento)* demolieren; *(muri)* abreißen, niederreißen; *(auto)* verschrotten; *(navi)* abwracken; **2.** *fig* vernichten; *(reputazione)* ruinieren; *(scritto, film, etc.)* verreißen. **demolitore, -trice** [...li'to:re] **I.** *a* zerstörerisch; *(fig a.)* vernichtend; **II.** *m, f* Abbrucharbeiter(in) *m(f).* **demolizione** [...lit'tsi̯o:ne] *f* **1.** *(distruzione)* Zerstörung *f; (di muri, etc.)* Abriß *m,* Abbruch *m; (di appartamento)* Verwüstung *f; (di macchinari)* Verschrottung *f;* **2.** *fig* Vernichtung *f; (della critica)* Verriß *m.*

demologia [demolo'dʒi:a] ‹-gie› *f* Volkskunde *f.*

demoltiplica [demol'ti:plika] ‹-che› *f* Untersetzungsgetriebe *n.* **demoltiplicare** [...tipli'ka:re] *tr* untersetzen.

demone ['dɛ:mone] *m* Dämon *m;* ~ **del gioco** Spielteufel *m.* **demoniaco, -a** [demo'ni:ako] ‹-ci, -che› *a* teuflisch, dämonisch. **demonico, -a** [de'mɔ:niko] ‹-ci, -che› *a poet* übernatürlich, dämonisch. **demonio** [de'mɔ:ni̯o] ‹-i› *m* Teufel *m; (fig a.)* Teufelskerl *m;* **fare il** ~ den Teufel im Leib haben *fam.*

demoralizzare [demoralid'dza:re] **I.** *tr* entmutigen, demoralisieren; **II.** *rfl:* **-rsi** den Mut verlieren. **demoralizzazione** [...dzat'tsi̯o:ne] *f* Entmutigung *f,* Demoralisierung *f,* Niedergeschlagenheit *f.*

demordere [de'mɔrdere] ‹*irr*› *itr* lokkerlassen.

demoscopia [demosko'pi:a] ‹-ie› *f* Demoskopie *f,* Meinungsforschung *f.*

denaro [deˈnaːro] *m* **1.** *fin* Geld *n;* **2.** ‹*pl*› *(di carte da gioco)* *italienische Spielkartenfarbe;* ~ **contante/spicciolo** Bar-/Kleingeld *n;* **avere il ~ contato** knapp bei Kasse sein; **buttare il ~** sein Geld auf die Straße (*o.* zum Fenster hinaus) werfen; **far -i a palate** Geld scheffeln.

denatalità [denataliˈta] *f* Geburtenrückgang *m.*

denaturare [denatuˈraːre] *tr* denaturieren, vergällen.

denazificazione [denattsifikatˈtsi̯oːne] *f* Entnazifizierung *f.*

denazionalizzare [denattsi̯onalidˈdzaːre] *tr* reprivatisieren.

denegare [deneˈgaːre] *tr* nicht zugestehen.

denicotinizzare [denikotinidˈdzaːre] *tr* Nikotin entziehen (*qc* einer S.).

denigrare [deniˈgraːre] *tr* verleumden, diffamieren; *(reputazione)* ruinieren. **denigratore, -trice** [...raˈtoːre] *m, f* Verleumder(in) *m(f).* **denigrazione** [...ratˈtsi̯oːne] *f* Verleumdung *f,* Diffamierung *f.*

denominare [denomiˈnaːre] **I.** *tr* (be)nennen (*qc* etw.), bezeichnen (*qc* als etw.); **II.** *rfl:* **-rsi** sich nennen, genannt werden, heißen. **denominativo, -a** [...naˈtiːvo] *a* bezeichnend, benennend. **denominatore, -trice** [...naˈtoːre] **I.** *m, f poet* Namen(s)geber(in) *m(f);* **II.** *m mat* Nenner *m.* **denominazione** [...natˈtsi̯oːne] *f* Bezeichnung *f,* Benennung *f; (nome)* Name *m;* ~ **di origine controllata** (*ab* **D.O.C.**) Qualitätswein *m* aus bestimmten Anbaugebieten.

denotare [denoˈtaːre] *tr* bedeuten, ausdrücken.

densimetro [denˈsiːmetro] *m* Dichtemesser *m,* Densimeter *n.*

densità [densiˈta] ‹-› *f* **1.** *(fittezza)* Dichte *f,* Dichtigkeit *f;* **2.** *(fluidità ridotta)* Dicke *f,* Dickflüssigkeit *f;* **3.** *fig* Dichte *f;* ~ **della popolazione** Bevölkerungsdichte *f;* ~ **assoluta** *phys* Dichte *f;* ~ **relativa** *phys* relative Dichte. **denso, -a** [ˈdɛnso] *a* **1.** *(fluido)* dick(flüssig); **2.** *(fitto)* dicht; **3.** *fig* dicht, reich; **una settimana -a di avvenimenti** eine ereignisreiche Woche.

dentale [denˈtaːle] **I.** *a* dental, Zahn-; **II.** *f* Zahnlaut *m,* Dental(laut) *m.* **dentario, -a** [denˈtaːri̯o] ‹-i, -ie› *a* Zahn-; **carie -a** Karies *f.*

dentata [denˈtaːta] *f* Biß(wunde *f*) *m.*

dentato, -a [denˈtaːto] *a* gezahnt, gezackt; *(tec a.)* Zahn-; **ruota -a** Zahnrad *n.* **dentatrice** [...taˈtriːtʃe] *f* Fräsmaschine *f (für Zahnräder).* **dentatura** [...taˈtuːra] *f* **1.** *anat* Gebiß *n;* **2.** *tec* Zahnung *f;* ~ **di latte** Milchgebiß *n,* Milchzähne *m pl.*

dente [ˈdɛnte] *m* **1.** *anat* Zahn *m;* **2.** *(di monte)* Spitze *f,* Zacke *f;* **3.** *tec* Zacke *f,* Zahn *m; (del pettine, della sega)* Zahn *m;* ~ **canino/incisivo/molare** Eck-/Schneide-/Backenzahn *m;* ~ **del giudizio** Weisheitszahn *m;* ~ **di latte** Milchzahn *m;* ~ **di leone** *bot* Löwenzahn *m;* **avere il ~ avvelenato contro qu** jdn gefressen haben *fam;* **avere mal di -i** Zahnschmerzen haben; **battere i -i** mit den Zähnen klappern; **essere armato fino ai -i** bis an die Zähne bewaffnet sein; **mettere qc sotto i -i** *fig* etw. zwischen die Zähne schieben; **mostrare i -i a qu** *fig* jdm die Zähne zeigen; **restare a -i asciutti** *fig* leer ausgehen; **stringere i -i** *fig* die Zähne zusammenbeißen; **al ~** *gastr* beißfest; *(riso a.)* körnig.

dentellato, -a [dentelˈlaːto] *a* gezahnt, gezackt. **dentellatura** [...laˈtuːra] *f* Zahnung *f,* Auszackung *f; arch* Zackenornament *n.* **dentello** [...ˈtɛllo] *m* **1.** *(di francobollo)* Zahn *m,* Zähnchen *n;* **2.** *arch* Zacke *f;* **3.** *(d'ingranaggio)* Zahn *m.*

dentice [ˈdɛntitʃe] *m* Zahnbrasse *f.*

dentiera [denˈti̯ɛːra] *f* **1.** *(protesi)* Zahnersatz *m,* Gebiß *n;* **2.** *(cremagliera)* Zahnstange *f,* Zahnrad *n;* **tranvia a ~** Zahnradbahn *f.*

dentifricio, -a [dentiˈfriːtʃo] ‹-ci, -cie› **I.** *a:* **pasta -a** Zahnpasta *f;* **II.** *m* Zahnputzmittel *n; (pasta)* Zahnpasta *f.*

dentista [denˈtista] ‹-i *m,* -e *f*› *mf* Zahnarzt *m,* -ärztin *f.* **dentistico, -a** [...ˈtistiko] ‹-ci, -che› *a* zahnärztlich, Zahnarzt-.

dentizione [dentitˈtsi̯oːne] *f* Zahndurchbruch *m,* Zahnen *n.*

dentro [ˈdentro] **I.** *adv* **1.** *(stato)* darin, drinnen; *(moto)* hinein, herein; **2.** *fig* im Inner(e)n; **essere ~** *fam* drin sein; *(in carcere)* sitzen *sl;* **mettere ~** *fam* einlochen *sl,* einbuchten *sl;* **II.** *prp (stato)* in *dat; (moto)* in *acc;* ~ **casa** im Haus; ~ **di me** in meinem Inner(e)n, bei mir; **dare ~ a qc** *fam* sich in etw. hineinknien *fam;* **essere ~ a qc** *fam* in etw. drinstecken *fam;* **III.** *m* Innere(s) *n;* **il ~ lo rimordeva** ihn plagten Gewissensbisse.

denudamento [denudaˈmento] *m* Entblößung *f,* Entkleidung *f.* **denudare** [...ˈdaːre] **I.** *tr* entblößen; *(a. fig)* entkleiden; **II.** *rfl:* **-rsi** sich entblößen, sich entkleiden. **denudazione**

[...dat'tsi̯o:ne] *f* **1.** Entblößung *f,* Entkleidung *f;* **2.** *geol* Abtragung *f,* Denudation *f.*

denuncia [de'nuntʃa] ‹-ce *o.* -cie›, **denunzia** [de'nuntsi̯a] ‹-ie› *f* **1.** *jur* Anzeige *f;* **2.** *adm* Anmeldung *f,* Meldung *f;* **3.** *(dichiarazione)* Erklärung *f;* **4.** *(disdetta)* Kündigung *f;* ~ **dei redditi** Steuererklärung *f;* **sporgere** ~ Anzeige erstatten. **denunciare** [...'tʃa:re] ‹denuncio, denunci›, **denunziare** [...'tsi̯a:re] ‹denunzio, denunzi› *tr* **1.** *jur* anzeigen; *fig (accusare)* brandmarken; **2.** *adm* (an)melden; **3.** *fig (dimostrare)* zeigen; **4.** *(dichiarare)* erklären; **5.** *(disdire)* kündigen.

denutrito, -a [denu'tri:to] *a* unterernährt. **denutrizione** [...rit'tsi̯o:ne] *f* Unterernährung *f.*

deodorante [deodo'rante] **I.** *a* de(s)odorierend; **II.** *m* De(s)odorant *n.* **deodorare** [...'ra:re] *tr* de(s)odorieren.

deossiribonucleico [deossiribonu'klɛ:iko] *a:* **acido** ~ (*ab* **D.N.A.**) Desoxyribonukleinsäure *f.*

depauperamento [depaupera'mento] *m* Erschöpfung *f,* Auslaugung *f.* **depauperare** [...'ra:re] *tr* erschöpfen, auslaugen.

dépendance [depã'dã:s] ‹-› *f* Nebengebäude *n,* Dependance *f.*

depennare [depen'na:re] *tr* (aus-, durch)streichen.

deperibile [depe'ri:bile] *a* (leicht) verderblich.

deperimento [deperi'mento] *m* **1.** *med* Kräfteverfall *m,* Auszehrung *f;* **2.** *(deterioramento)* Verfall *m; (danno)* Schaden *m,* Schädigung *f; (di alimenti)* Verderben *n.* **deperire** [...'ri:re] *itr* ‹*essere*› **1.** *(di salute)* verkümmern, dahinsiechen *geh;* **2.** *(deteriorarsi)* verderben, verkommen; *(consumarsi)* verfallen.

depilare [depi'la:re] *tr* **1.** *(gambe, etc.)* enthaaren; **2.** *(pelli)* entfernen; *(sopracciglia)* zupfen. **depilatorio, -a** [...la'tɔ:ri̯o] ‹-i, -ie› **I.** *a* enthaarend, Enthaarungs-; **II.** *m* Enthaarungsmittel *n.* **depilazione** [...lat'tsi̯o:ne] *f* Enthaarung *f.*

depistare [depis'ta:re] *tr* auf die falsche Fährte locken, auf die falsche Spur bringen.

dépliant [depli'jã] ‹-› *m* Faltblatt *n,* Prospekt *m.*

deplorabile [deplo'ra:bile] *a* **1.** *(da biasimare)* tadelnswert; **2.** *(miserevole)* bedauernswert, beklagenswert.

deplorare [deplo'ra:re] *tr* **1.** *(biasimare)* mißbilligen, tadeln; **2.** *(compiangere)* beklagen, bedauern. **deplorazione** [...rat'tsi̯o:ne] *f* Mißbilligung *f,* Tadel *m.* **deplorevole** [...'re:vole] *a* **1.** *(da biasimare)* tadelnswert; **2.** *(miserevole)* beklagenswert, bedauernswert; *(fatto, etc.)* bedauerlich.

deponente [depo'nɛnte] **I.** *a:* **verbo** ~ Deponens *n;* **II.** *m* **1.** *ling* Deponens *n;* **2.** *typ, mat, chem* Index(zahl *f*) *m.*

deporre [de'porre] ‹*irr*› **I.** *tr* **1.** *(oggetto)* absetzen, ablegen; *(uova)* legen; *fig (armi)* niederlegen; **2.** *(vestiti)* ablegen, ausziehen; *(cappello)* abnehmen; **3.** *(in giudizio)* ablegen; *(da testimone)* aussagen; **4.** *(da una carica)* absetzen, entheben (*qu da qc* jdn einer S.); **5.** *fig (pensiero)* fallenlassen; *(odio, etc.)* ablassen (*qc* von etw.); **II.** *itr* **1.** *(in tribunale)* aussagen; **2.** *fig* sprechen (*a qu* für jdn); **ciò depone a suo favore** das spricht für ihn.

deportare [depor'ta:re] *tr* deportieren. **deportato, -a** [...'ta:to] *m, f* Deportierte(r) *mf.* **deportazione** [...tat'tsi̯o:ne] *f* Deportation *f.*

depositante [depozi'tante] *mf* Deponent(in) *m(f).*

depositare [depozi'ta:re] **I.** *tr* **1.** *(porre giù)* absetzen, -stellen, -legen; **2.** *(in banca)* deponieren, hinterlegen; **3.** *(in custodia)* zur Aufbewahrung geben; *(documenti)* deponieren, hinterlegen; **4.** *(in magazzino)* (ein)lagern; **5.** *(liquidi, etc.)* ablagern, absetzen; **marchio depositato** eingetragenes Warenzeichen; ~ **un ricorso** Einspruch einlegen; **II.** *itr* einen Bodensatz bilden. **depositario, -a** [...'ta:ri̯o] ‹-i, -ie› *m, f* **1.** Verwahrer(in) *m(f),* Aufbewahrer(in) *m(f);* **2.** *fin* Depositar *m;* **3.** *fig* Bewahrer(in) *m(f),* Wächter(in) *m(f),* Hüter(in) *m(f).* **deposito** [de'pɔ:zito] *m* **1.** *(in banca)* Hinterlegung *f; (somma)* Depot *n,* Einlage *f;* **2.** *(di valigie, etc.)* Aufbewahrung *f; (di documenti)* Hinterlegung *f;* **3.** *(in magazzino)* (Ein)lagerung *f; (luogo)* Depot *n,* (Sammel)lager *n;* **4.** *(di liquidi)* (Boden)satz *m,* Depot *n; geol* Ablagerung *f;* **5.** *(cauzione)* Kaution *f;* **6.** *(di bestiame)* Pferdezuchtanstalt *f,* Gestüt *n;* **7.** *mil* Rekrutendepot *n;* **8.** *(negli ospedali)* Aufnahme *f;* **9.** *(nei cimiteri)* Leichenhalle *f;* ~ **bagagli** Gepäckaufbewahrung *f;* ~ **a cassette** Schließfächer *n pl.*

deposizione [depozit'tsi̯o:ne] *f* **1.** *(sedimento)* Ablagerung *f;* **2.** *(da una carica)* Absetzung *f;* **3.** *(in tribunale)*

Zeugenaussage *f;* **4.** *rel* Kreuzabnahme *f.*

depravare [depra'va:re] *tr* **1.** *(volgere al male)* verderben; **2.** *fig* pervertieren, korrumpieren. **depravazione** [...vat'tsi̯o:ne] *f* Verderbtheit *f,* Verkommenheit *f.*

deprecabile [depre'ka:bile] *a* unwillkommen, unliebsam.

deprecare [depre'ka:re] ‹depreco, deprechi› *tr* **1.** *(disapprovare)* mißbilligen; **2.** *poet* beschwören, abwenden wollen. **deprecazione** [...kat'tsi̯o:ne] *f* **1.** *(riprovazione)* Mißbilligung *f,* Beanstandung *f;* **2.** *poet* Beschwörung *f,* Bitte *f* um Verschonung.

depredare [depre'da:re] *tr* **1.** *(saccheggiare)* plündern; **2.** *(derubare)* aus-, berauben; ~ **qu di qc** jdm etw. rauben, jdn einer S. berauben. **depredatore, -trice** [...da'to:re] *m, f poet* Plünderer *m,* Plünd(r)erin *f.*

depressa *f v.* **depresso.**

depressi [de'prɛssi] *1. pers sing del passato remoto di* **deprimere.**

depressionario, -a [depressi̯o'na:ri̯o] ‹-i, -ie› *a meteo:* **area -a** Tiefdruckgebiet *n.*

depressione [depres'si̯o:ne] *f* **1.** *(avvallamento)* (Ab)senkung *f,* Vertiefung *f; geog* Landsenke *f;* **2.** *meteo* Tief(druckgebiet) *n;* **3.** *med* Depression *f;* **4.** *(recessione)* Depression *f,* Niedergangsphase *f.* **depressivo, -a** [...'si:vo] *a* depressiv.

depresso, -a [de'prɛsso] **I.** *pp di* **deprimere; II.** *a* **1.** *(abbassato)* abgesenkt, vertieft; **2.** *(arretrato)* zurückgeblieben; **3.** *(avvilito)* deprimiert, niedergeschlagen; **III.** *m, f* deprimierte Person; *med* Depressive(r) *mf.*

depressore [depres'so:re] **I.** *a* depressorisch; **II.** *m* Depressor *m.*

deprezzamento [deprettsa'mento] *m* Wertminderung *f; (della moneta)* Entwertung *f.* **deprezzare** [...'tsa:re] *tr* **1.** den Preis senken *gen; (svalutare)* den Wert (ver)mindern *gen; (moneta)* entwerten; **2.** *fig* abwerten, herabsetzen.

deprimente [depri'mɛnte] **I.** *a (caldo, etc.)* drückend; *fig* deprimierend, bedrückend; **II.** *m* Sedativum *n.*

deprimere [de'pri:mere] ‹deprimo, depressi, depresso› *tr* **1.** *(verso il basso)* niederdrücken, nach unten drücken; **2.** *fig* deprimieren, bedrükken.

depurare [depu'ra:re] **I.** *tr* reinigen; *chem* klären; *(a. fig)* läutern *geh;* **II.** *rfl:* ~**rsi** sich reinigen; *fig* sich läutern *geh.* **depurativo, -a** [...ra'ti:vo] **I.** *a* reinigend; **II.** *m* Entschlackungsmittel *n;* ≃ Blutreinigungstee *m.* **depuratore, -trice** [...ra'to:re] **I.** *a* Klär-, Reinigungs-, Filter-; **II.** *m* **1.** *(operaio)* Klärwärter *m,* Klärfacharbeiter *m;* **2.** *(apparecchio)* Reinigungsapparat *m,* Aufbereitungsgerät *n,* Filtrierapparat *m;* **3.** *(impianto)* Kläranlage *f,* Klärwerk *n.* **depurazione** [...rat'tsi̯o:ne] *f* Reinigung *f,* Klärung *f.*

deputare [depu'ta:re] *tr* beauftragen, abordnen. **deputato, -a** [...'ta:to] *m, f* **1.** *(delegato)* Beauftragte(r) *mf;* **2.** *pol* Abgeordnete(r) *mf.* **deputazione** [...tat'tsi̯o:ne] *f* Abordnung *f.*

deragliamento [deraʎʎa'mento] *m* Entgleisen *n.* **deragliare** [...'ʎa:re] ‹deraglio, deragli› *itr* ‹*essere*› entgleisen.

dérapage [dera'pa:ʒ] ‹-› *m mot* Schleudern *n,* Ausbrechen *n; aero* Abrutschen *n,* Abkippen *n.* **derapare** [...'pa:re] *itr mot* schleudern, ausbrechen; *aero* abrutschen, abkippen. **derapata** [...'pa:ta] *v.* **dérapage.**

derattizzazione [derattiddzat'tsi̯o:ne] *f* Rattenbekämpfung *f.*

derby ['dɛrbi] ‹-› *m* Derby *n.*

derelitto, -a [dere'litto] **I.** *a* vereinsamt, verlassen; **II.** *m, f* vereinsamter (*o.* verlassener) Mensch.

derequisire [derekui̯'zi:re] *tr adm* freigeben. **derequisizione** [...zit'tsi̯o:ne] *f* Freigabe *f.*

deretano [dere'ta:no] *m* Gesäß *n.*

deridere [de'ri:dere] ‹*irr*› *tr* auslachen (*per* wegen), verspotten (*per* wegen). **derisione** [deri'zi̯o:ne] *f* Verspottung *f,* Spott *m.* **derisore** [...'zo:re] *m* Spötter *m.* **derisorio, -a** [...'zɔ:ri̯o] ‹-i, -ie› *a* **1.** *(che deride)* Spott-, spöttisch; **2.** *(di derisione)* lächerlich.

deriva [de'ri:va] *f* **1.** *naut (trascinamento)* Abtrift *f,* Drift *f;* **2.** *(di natante)* (Kiel)schwert *n;* **3.** *(di aereo)* Seitenruder *n;* **4.** *geol:* ~ **dei continenti** Kontinentaldrift *f,* Kontinentalverschiebung *f;* **andare alla** ~ abgetrieben werden; *fig* sich treiben lassen.

derivare [deri'va:re] **I.** *itr* ‹*essere*› **1.** *(aver origine)* herkommen (*da* von), herrühren (*da* von), seinen Ursprung haben (*da* in), beruhen (*da* auf); *(a. ling)* abstammen (*da* von); *(fiumi)* entspringen (*da* in); **2.** *fig (discendere)* (ab)stammen (*da* aus, von); **3.** *(essere prodotto)* gewonnen werden (*da* aus); **II.** *tr* ‹*avere*› **1.** *(canale, etc.)* ableiten; **2.** *fig (per dedu-*

zione) ableiten, herleiten. **derivata** [...'va:ta] *f* Ableitung *f.* **derivato** [...'va:to] *m* Derivat *n; ling* Derivativ(um) *n,* Ableitung *f.* **derivazione** [...vat'tsi̯o:ne] *f* **1.** *tec* Abzweigung *f,* Ableitung *f; el* Abzweigung *f,* Abzweig *m; tel* Nebenanschluß *m;* **2.** *mat* Differentialrechnung *f;* **3.** *ling* Derivation *f,* Ableitung *f;* **in ~** parallelgeschaltet.

dermatite [derma'ti:te] *f* Hautentzündung *f,* Dermatitis *f.* **dermatologa** *f v.* **dermatologo. dermatologia** [...tolo'dʒi:a] ‹-gie› *f* Dermatologie *f.* **dermatologo, -a** [...'tɔ:logo] ‹-gi, -ghe› *m, f* Hautarzt *m,* -ärztin *f,* Dermatologe *m,* -login *f.* **dermatosi** [...'tɔ:zi] ‹-› *f* Hautkrankheit *f,* Dermatose *f.*

dermoide [der'mɔ:ide] *f* Kunstleder *n.*

dermosifilopatico, -a [dermosifilo'pa:tiko] ‹-ci, -che› *a* Haut- und Geschlechtskrankheiten betreffend.

deroga ['dɛ:roga] ‹-ghe› *f* Abweichung *f,* (teilweise) Außerkraftsetzung *f;* **in ~ a** abweichend von, in Abweichung von. **derogabile** [dero'ga:bile] *a* abdingbar. **derogare** [...'ga:re] *itr* **1.** *jur* teilweise außer Kraft setzen (*a qc* etw.), derogieren (*a qc* etw.); **2.** *fig* abweichen (*a* von), verletzen (*a qc* etw.), Abbruch tun (*a qc* einer S.).

derrata [der'ra:ta] *f* (Eß)ware *f;* **-e alimentari** Lebens-, Nahrungsmittel *n pl.*

derubare [deru'ba:re] *tr* bestehlen, berauben.

derviscio [der'viʃʃo] ‹-sci› *m* Derwisch *m.*

desalinizzazione [desaliniddzat'tsi̯o:ne] *f* Entsalzung *f.*

deschetto [des'ketto] *m* Arbeitstisch *m* (des Schuhmachers), Werkbank *f.*

desco ['desko] ‹-schi› *m poet* Tafel *f geh,* Tisch *m.*

descrittivo, -a [deskrit'ti:vo] *a* beschreibend, deskriptiv. **descrittore, -trice** [...'to:re] *m, f* Beschreiber(in) *m(f).*

descrivere [des'kri:vere] ‹*irr*› *tr* **1.** *(rappresentare)* beschreiben; *(avvenimento a.)* schildern; **2.** *(lasciare una traccia)* beschreiben; **l'aereo descrisse nel cielo un ampio arco** das Flugzeug beschrieb einen großen Bogen am Himmel. **descrivibile** [...ri'vi:bile] *a* beschreibbar. **descrizione** [...rit'tsi̯o:ne] *f* Schilderung *f,* Beschreibung *f.*

desensibilizzare [desensibilid'dza:re] *tr* desensibilisieren.

desertico, -a [de'zɛrtiko] ‹-ci, -che› *a* Wüsten-.

deserto, -a [de'zɛrto] **I.** *a* unbewohnt, menschenleer; *fig* ausgestorben; **asta -a** Versteigerung *f* ohne Gebote; **II.** *m* **1.** *geog* Wüste *f;* **2.** *fig* Einöde *f;* **predicare al ~** in den Wind reden, tauben Ohren predigen.

déshabillé [dezabi'je] ‹-› *m* Hauskleid *n,* Morgenrock *m.*

desiderabile [deside'ra:bile] *a* wünschenswert; *(sessualmente)* begehrenswert.

desiderare [deside'ra:re] *tr* wünschen; *(sessualmente)* begehren; **~ un figlio** sich *(dat)* einen Sohn wünschen; **~ di rivedere qu** den Wunsch haben, jdn wiederzusehen; **desiderei mangiare** ich möchte essen; **farsi ~** sich rar machen, sich selten blicken lassen; **lasciare a ~** zu wünschen übriglassen; **ti desiderano al telefono** du wirst am Telefon verlangt. **desiderata** [...'ra:ta] *m pl* Wünsche *m pl,* Anliegen *n pl.* **desiderativo, -a** [...ra'ti:vo] *a* **1.** *gener.* Wunsch-; **2.** *ling* optativ, Wunsch-. **desiderio** [...'dɛ:ri̯o] ‹-i› *m* **1.** *(aspirazione)* Wunsch *m* (*di* nach); *pej* Begierde *f* (*di* nach); **2.** *(brama sensuale)* Begierde *f* (*di* nach), Verlangen *n* (*di* nach); **3.** *(bisogno)* Bedürfnis *n* (*di* nach), Verlangen *n* (*di* nach); **4.** *(rimpianto)* Sehnsucht *f (di* nach). **desideroso, -a** [...de'ro:so] *a* verlangend, sehnsüchtig; **essere ~ di qc** etw. wünschen (*o.* begehren).

design [dɪ'zaɪn] ‹-› *m* Design *n.*

designare [desiɲ'ɲa:re] *tr* **1.** *(persona)* bestimmen, bestellen, ernennen, designieren; **2.** *(stabilire con precisione)* bestimmen, bezeichnen; **3.** *(significare)* bedeuten, bezeichnen. **designazione** [...ɲat'tsi̯o:ne] *f* **1.** *(di incarico)* Ernennung *f,* Bestellung *f;* **2.** *(indicazione)* Bestimmung *f.*

designer [dɪ'zaɪnə] ‹-› *mf* Designer(in) *m(f).*

desinare [dezi'na:re] **I.** *itr* (zu) Mittag essen; **II.** *m* Mittagessen *n;* **dopo ~** nachmittags.

desinenza [dezi'nɛntsa] *f* Endung *f.*

desistere [de'sistere] ‹desisto, desistei *o.* desistetti, desistito› *itr* **1.** *jur* zurücknehmen (*da qc* etw.), absehen (*da* von); **2.** *(da attuare qc)* verzichten (*da* auf), Abstand nehmen *geh* (*da* von).

desolante [dezo'lante] *a* trostlos, desolat.

desolare [dezo'la:re] *tr* **1.** *(devastare)* verheeren, verwüsten; **2.** *(addolora-*

re) (tief) betrüben, bekümmern. **desolato, -a** [...'la:to] *a* **1.** *(luogo)* verlassen, ausgestorben; *(per squallore)* öd(e), trostlos; **2.** *(persona)* tiefbetrübt, bekümmert; **sono veramente ~ di non poterti favorire** es tut mir wirklich sehr leid, daß ich dir nicht helfen kann. **desolazione** [...lat'tsi̯o:ne] *f* **1.** *(rovina)* Verheerung *f*, Verwüstung *f;* **2.** *(squallore)* Öde *f*, Trostlosigkeit *f;* **3.** *(dolore)* (tiefe) Betrübnis *f.*

despota ['dɛspota] ‹-i *m*, -e *f*› *mf* Despot(in) *m(f).*

dessert [de'sɛ:r] ‹-› *m* Nachspeise *f*, Dessert *n;* **vini da ~** Dessertweine *m pl.*

dessi ['dessi] *v.* **dare.**

destare [des'ta:re] **I.** *tr* **1.** *geh (svegliare)* (auf)wecken, erwecken *geh;* **2.** *fig* wachrufen, erwecken; *(meraviglia, sospetti)* erregen; **II.** *rfl:* **-rsi** *geh* aufwachen, erwachen *geh.*

deste, desti ['deste, ...ti] *v.* **dare.**

destinare [desti'na:re] *tr* **1.** *(irrevocabilmente)* weihen, verurteilen; **2.** *(a una sede)* bestimmen (*a* für), zuteilen; **3.** *(a un'attività)* bestimmen (*a* für), vorsehen (*a* für); **4.** *(somma)* widmen, zueignen; **5.** *(ad uso particolare)* bestimmen (*a* zu); **6.** *(lettere, pacchi)* adressieren (*a* an); **destinato al fallimento** zum Scheitern verurteilt; **destinato a morire** dem Tod geweiht; **la stoccata era destinata a te** der Hieb galt dir. **destinatario, -a** [...na'ta:ri̯o] ‹-i, -ie› *m, f* Adressat(in) *m(f)*, Empfänger(in) *m(f).* **destinazione** [...nat'tsi̯o:ne] *f* **1.** *gener.* Bestimmung *f*, (End)zweck *m*, Ziel *n;* **2.** *(luogo)* Bestimmungsort *m*, Ziel(ort *m*) *n;* **partire per ~ ignota** mit unbekanntem Ziel abreisen; **giungere a ~** am Ziel ankommen; **raggiungere la propria ~** sein Ziel erreichen.

destino [des'ti:no] *m* Schicksal *n.*

destituire [destitu'i:re] ‹destituisco› *tr* absetzen (*qu da qc* jdn von etw.), entheben (*qu da qc* jdn einer S.); **destituito di fondamento** unbegründet. **destituzione** [...ut'tsi̯o:ne] *f* Absetzung *f*, (Amts)enthebung *f.*

desto, -a ['desto] *a* **1.** *(sveglio)* wach; **2.** *(vigilante)* wachsam.

destra ['dɛstra] *f* **1.** *(mano)* Rechte *f*, rechte Hand; **2.** *(lato)* rechte Seite; **3.** *pol* Rechte *f;* **dare la ~ a qu** jdn rechts (*o.* auf der rechten Seite) gehen lassen; **a ~** rechts, rechter Hand; **alla mia ~** zu meiner Rechten.

destreggiarsi [destred'dʒarsi] ‹mi destreggio, ti destreggi› *rfl* zurechtkommen (*con* mit), sich zurechtfinden (*in* in).

destrezza [des'trettsa] *f* Geschick *n*, Geschicklichkeit *f*, Gewandtheit *f;* **~ di mano** Fingerfertigkeit *f;* **gioco di ~** Geschicklichkeitsspiel *n.*

destriero [des'tri̯ɛ:ro] *m poet* (Schlacht)roß *n obs.*

destrismo [des'trizmo] *m* **1.** *pol* Rechtsorientierung *f;* **2.** *med* Rechtshändigkeit *f.*

destro, -a ['dɛstro] **I.** *a* **1.** rechte(r, s); **2.** *fig* tüchtig, geschickt; **il braccio ~ di qu** jds rechte Hand; **II.** *m* **1.** *(opportunità)* Gelegenheit *f*, rechter Zeitpunkt; **2.** *sport* Rechte *f;* **cogliere il ~** die Gelegenheit nutzen (*o.* wahrnehmen).

destrorso, -a [des'trɔrso] *a* **1.** *(movimento)* rechtsdrehend; **2.** *(elica, vite)* rechtsläufig, rechtsgängig; **3.** *fig pol scherz* rechtslastig *sl.*

desueto, -a [desu'ɛ:to] *a poet* ungebräuchlich; *(disusato)* ungewohnt. **desuetudine** [...ue'tu:dine] *f* **1.** *poet* Ungebräuchlichkeit *f*, Ungewohntheit *f;* **2.** *jur* Nichtbeachtung *f.*

desumere [de'su:mere] ‹desumo, desunsi, desunto› *tr* **1.** *(informazioni)* entnehmen (*da qc* einer S.); **2.** *(far deduzioni)* folgern (*da* aus), schließen (*da* aus). **desumibile** [desu'mi:bile] *a:* **è ~ che ...** es ist zu schließen, daß ...

desumo [de'su:mo] *1. pers sing pr di* **desumere.**

desunsi [de'sunsi] *1. pers sing del passato remoto di* **desumere.**

desunto [de'sunto] *pp di* **desumere.**

detective [dɪ'tektɪv] ‹-› *m* **1.** *(agente di polizia)* Geheimpolizist *m;* **2.** *(investigatore privato)* (Privat)detektiv *m.*

detector [dɪ'tektə] ‹-› *m* Detektor *m.*

detenere [dete'ne:re] ‹*irr*› *tr* **1.** *(possedere)* besitzen, bei sich *(dat)* führen; *(primato)* halten; *(incarico)* innehaben; **2.** *jur* widerrechtlich besitzen, unerlaubt bei sich *(dat)* führen; **3.** *(in prigione)* gefangenhalten, in Haft (be)halten.

detentivo, -a [deten'ti:vo] *a:* **pena -a** Freiheitsstrafe *f.*

detentore, -trice [deten'to:re] **I.** *a* haltend, verteidigend; **II.** *m, f* Inhaber(in) *m(f)*, Besitzer(in) *m(f);* **~ di un titolo** *sport* Titelverteidiger(in) *m(f).*

detenuto, -a [dete'nu:to] *m, f* Häftling *m*, Inhaftierte(r) *mf.* **detenzione** [...n'tsi̯o:ne] *f* **1.** *(possesso)* Besitz *m; fig* Innehaben *n; jur* Verfügungsgewalt *f;* **2.** *jur* widerrechtlicher Besitz, unerlaubtes Führen *(z. B. von Waffen);* **3.** *(pena)* Haft *f,* Gewahrsam *m;* ~ **di armi e munizioni** unerlaubter Waffenbesitz; ~ **preventiva** Untersuchungshaft *f.*

detergente [deter'dʒɛnte] **I.** *a* reinigend, Reinigungs-; **latte** ~ Reinigungsmilch *f;* **II.** *m* Reinigungsmittel *n.*

detergere [de'tɛrdʒere] ‹*irr*› *tr* **1.** *(pulire)* reinigen, säubern; *(biancheria)* waschen; **2.** *(togliere)* abwischen.

deteriorabile [deterio'ra:bile] *a* verderblich.

deterioramento [deteriora'mento] *m* Abnutzung *f,* Verschleiß *m; (di cibi)* Verderb *m,* Verderben *n; (di oggetti)* Beschädigung *f.* **deteriorare** [...'ra:re] **I.** *tr* **1.** *(danneggiare)* beschädigen; *(cibi)* verderben; **2.** *(logorare)* abnutzen, verschleißen; **II.** *rfl:* **-rsi 1.** *(cibi)* verderben, schlecht werden; *(oggetti)* beschädigt werden; *(edifici)* verfallen; **2.** *fig* sich verschlechtern; **3.** *(logorarsi)* verschleißen.

deteriore [dete'rio:re] *a* minderwertig, miserabel.

determinante [determi'nante] **I.** *a* bestimmend, ausschlaggebend, entscheidend; **dolo** ~ *jur* arglistige Täuschung; **elemento** ~ entscheidender Faktor; **II.** *m mat* Determinante *f;* **III.** *f jur* Beweggrund *m,* Motiv *n.*

determinare [determi'na:re] **I.** *tr* **1.** *(precisare)* festlegen, bestimmen; **2.** *(stabilire)* festsetzen, festlegen, bestimmen; **3.** *(causare)* verursachen, bewirken, herbeiführen; **4.** *(deliberare)* entscheiden, beschließen; **II.** *rfl:* **-rsi** sich entscheiden, sich entschließen. **determinatezza** [...na'tettsa] *f* **1.** *(precisione)* Genauigkeit *f,* Exaktheit *f;* **2.** *(fermezza)* Entschlossenheit *f,* Entschiedenheit *f,* Bestimmtheit *f.* **determinativo, -a** [...na'ti:vo] *a* bestimmt. **determinato, -a** [...'na:to] *a* **1.** *(stabilito, fissato)* bestimmt, festgelegt; **2.** *(risoluto)* entschlossen, entschieden, bestimmt; *(volontà)* fest; **in -i casi** in bestimmten Fällen. **determinazione** [...nat'tsio:ne] *f* **1.** *(stabilizzazione)* Festsetzung *f,* Festlegung *f,* Bestimmung *f;* **2.** *(decisione)* Beschluß *m* (*di* über), Entscheidung *f* (*di* über); **3.** *(risoluzione)* Entschiedenheit *f,* Entschlossenheit *f,* Bestimmtheit *f;* **prendere una** ~ eine Entscheidung treffen. **determinismo** [...'nizmo] *m* Determinismus *m.*

deterrente [deter'rɛnte] **I.** *a* abschreckend, Abschreckungs-; **II.** *m* Abschreckungswaffe *f,* Abschreckungsmittel *n.*

detersivo, -a [deter'si:vo] **I.** *a* reinigend, Reinigungs-; **acqua -a** Gesichtswasser *n;* **II.** *m gener.* Reinigungsmittel *n; (per biancheria)* Waschmittel *n; (per stoviglie)* Spülmittel *n; (per pavimenti, etc.)* Putzmittel *n.*

detestabile [detes'ta:bile] *a* verabscheuungswürdig, hassenswert; *(insopportabile)* unausstehlich, scheußlich.

detestare [detes'ta:re] *tr* verabscheuen, hassen.

detonante [deto'nante] **I.** *a* explosiv, Spreng-, Zünd-; **II.** *m* Sprengstoff *m.*

detonare [deto'na:re] *itr* detonieren. **detonatore** [...na'to:re] *m* Zünd-, Sprengkapsel *f,* Detonator *m.* **detonazione** [...nat'tsio:ne] *f* **1.** *(scoppio)* Explosion *f,* Detonation *f;* **2.** *(in motori)* Klopfen *n,* Klingeln *n.*

detrarre [de'trarre] ‹*irr*› *tr* **1.** *(sottrarre)* abziehen (*da* von), abrechnen (*da* von); **2.** *fig* herabmindern, schmälern; **detraendo le spese** unter Abzug (*o.* abzüglich) der Spesen. **detrattore, -trice** [...at'to:re] *m, f* Verleumder(in) *m(f),* Ehrabschneider *m obs.* **detrazione** [...at'tsio:ne] *f* **1.** *(sottrazione)* Abzug *m,* Abrechnung *f;* **2.** *fig (denigrazione)* Verleumdung *f.*

detrimento [detri'mento] *m* Nachteil *m* (*di* für), Schaden *m* (*di* an); **a** ~ **di qu** zu jds Nachteil, zum Nachteil für jdn.

detritico, -a [de'tri:tiko] ‹-ci, -che› *a* Geröll-; **depositi -i** Geröllhalde *f.*

detrito [de'tri:to] *m* **1.** *(frammento)* Bruchstück *n;* **2.** *(rifiuto)* Schutt *m,* Abfall *m;* **3.** *geol* Geröll *n,* (Gesteins)schutt *m.*

detronizzare [detronid'dza:re] *tr* **1.** *pol* entthronen, stürzen; **2.** *fig* entmachten, absetzen.

detta ['detta] *f:* **a** ~ **di ...** nach Aussage von ..., wie von ... gesagt wird; **a** ~ **mia/tua/sua,** *etc.* meiner/deiner/seiner (*o.* ihrer), *etc.* Aussage nach.

dettagliante [dettaʎ'ʎante] *mf* Einzelhändler(in) *m(f).*

dettagliare [dettaʎ'ʎa:re] *tr* im einzelnen darlegen, detaillieren. **dettagliato, -a** [...'ʎa:to] *a* eingehend, detailliert. **dettaglio** [...'taʎʎo] ‹-gli› *m* Detail *n,* Einzelheit *f;* **vendita al** ~ Einzelhandel *m,* Einzelverkauf *m;* **in** ~ eingehend, en détail.

dettame [det'ta:me] *m* ‹*di solito al pl*› **1.** *(principio)* Gebot *n,* Grundsatz *m;*

fig pej Diktat *n;* **2.** *(suggerimento)* Impuls *m,* Anregung *f.*
dettare [det'ta:re] *tr* **1.** *(lettera, etc.)* diktieren; **2.** *(condizioni)* auferlegen, aufzwingen, diktieren; *(legge)* vorschreiben; **3.** *(suggerire)* bestimmen, diktieren; ~ **legge** *fig* das Regiment führen; ~ **sentenze** *fig* befehlen, kommandieren. **dettato** [...'ta:to] *m* **1.** *(testo)* Diktat *n;* **2.** *(norma)* Vorschrift *f,* Bestimmungen *f pl.* **dettatura** [...ta'tu:ra] *f* Diktat *n,* Diktieren *n;* **scrivere sotto** ~ nach Diktat schreiben.
detti ['dɛtti] *1. pers sing del passato remoto di* **dare.**
detto, -a ['detto] **I.** *pp di* **dire; II.** *a* **1.** *(con soprannome)* genannt; **2.** *(suddetto)* obengenannt, obenerwähnt, vorgenannt *adm;* **è presto** ~ das ist leichter gesagt als getan; **III.** *m* **1.** *(discorso)* Worte *n pl,* Rede *f;* **2.** *(motto)* (Aus)spruch *m,* Wort *n; (sentenza)* Lebensregel *f,* Sinnspruch *m;* ~ **popolare** Volksweisheit *f;* **stando al suo** ~ nach seinen (*o.* ihren) Worten.
deturpare [detur'pa:re] *tr* entstellen, verunstalten. **deturpatore, -trice** [...pa'to:re] *a* entstellend, verunstaltend. **deturpazione** [...pat'tsi̯o:ne] *f* Entstellung *f,* Verunstaltung *f.*
devastare [devas'ta:re] *tr* **1.** *(guastare, rovinare)* verwüsten, verheeren; **2.** *(distruggere)* vernichten, zerstören; **3.** *(deturpare)* entstellen. **devastatore, -trice** [...ta'to:re] **I.** *a* verwüstend, verheerend; *(che distrugge)* vernichtend, zerstörend; **II.** *m, f* Zerstörer(in) *m(f).* **devastazione** [...tat'tsi̯o:ne] *f* Verwüstung *f,* Verheerung *f; (distruzione)* Vernichtung *f,* Zerstörung *f.*
deviamento [devia'mento] *m* **1.** *(del traffico, etc.)* Umleitung *f;* **2.** *fig* Abweichung *f.* **deviare** [...i'a:re] ‹devio, devii› **I.** *itr* **1.** *(di direzione)* abkommen; *(strada)* abzweigen; **2.** *fig* abweichen, abkommen; **II.** *tr* **1.** *(traffico, etc.)* umleiten; **2.** *fig* lenken. **deviatore** [...ia'to:re] *m* **1.** *el* Verteiler(kasten) *m;* **2.** *ferr* Weichensteller *m,* Weichenwärter *m.* **deviazione** [deviat'tsi̯o:ne] *f* **1.** *gener.* Abweichung *f; (spostamento)* Verschiebung *f;* **2.** *(via diversa)* Umweg *m; (stradale)* Umleitung *f;* **3.** *phys (dell'ago, del pendolo)* Ausschlag *m; (della bussola)* Deviation *f;* (~ *magnetica)* Abweichung *f; (della luce)* Ablenkung *f;* **4.** *fig* Abweichung *f.* **deviazionismo** [...i̯o'nizmo] *m* Abweichlertum *n.* **deviazionista** [...i̯o'nista] ‹-i *m,* -e *f*› *mf* Abweichler(in) *m(f).*
devitalizzare [devitalid'dza:re] *tr* abtöten.
devo ['dɛ:vo] *1. pers sing pr di* **dovere.**
devoluto [devo'lu:to] *pp di* **devolvere.**
devoluzione [devolut'tsi̯o:ne] *f* **1.** *jur* Übergabe *f,* Übertragung *f;* **2.** *fin* Zuweisung *f,* Zuwendung *f.* **devolvere** [de'vɔlvere] ‹devolvo, devolvei *o.* devolvetti, devoluto› *tr* **1.** *jur* übergeben; *(diritto)* übertragen; **2.** *fin* zuweisen, zuwenden; ~ **la controversia al tribunale** die Streitsache an das Gericht verweisen.
devoto, -a [de'vɔ:to] **I.** *a* **1.** *(religioso)* gläubig, fromm; *pej* devot; **2.** *(affezionato)* ergeben, treu; **3.** *(a un ideale)* ergeben; **-i ossequi** *(nelle lettere)* ergebene Hochachtung; **Suo** ~ ... *(nelle lettere)* Ihr ergebener ...; **II.** *m, f* **1.** *rel* Gläubige(r) *mf,* Fromme(r) *mf,* frommer Mensch; **2.** *fig* Ergebene(r) *mf,* Getreue(r) *mf.* **devozione** [devot'tsi̯o:ne] *f* **1.** *(spirituale)* Andacht *f; (religiosità)* Frömmigkeit *f,* Gläubigkeit *f;* **2.** *(deferenza)* Ergebenheit *f,* Hochachtung *f;* **3.** *(affetto)* Ergebenheit *f,* Treue *f;* **4.** *(dedizione)* Hingabe *f* (*a* an); **-i** Gebete *n pl.*
di [di] ‹d', del, dello, dell', della, dei, degli, delle› *prp* **1.** *(specificazione)* von *dat,* für *acc,* zu *dat; (riferito a materia)* aus *dat; (possessivo)* von *dat;* **2.** *(causa)* vor *dat;* **3.** *(modo, mezzo)* mit *dat;* **4.** *(fine, scopo)* zu *dat,* für *acc;* **5.** *(origine)* aus *dat,* von *dat;* **6.** *(moto da luogo)* von *dat,* aus *dat; (moto per luogo)* durch *acc;* **7.** *(tempo)* bei *dat,* in *dat,* an *dat;* **8.** *(paragone)* als; **amor** ~ **patria** Vaterlandsliebe *f;* **cittadino** ~ **Torino** Einwohner *m* von Turin; **essere** ~ **Trieste** aus Triest sein; **una donna** ~ **trent'anni** eine Frau von dreißig Jahren, eine dreißigjährige Frau; **un litro** ~ **latte** ein Liter *m* Milch; **vorrei del pane** ich möchte (etwas) Brot; **la città** ~ **Torino** (die Stadt) Turin; **il mese** ~ **gennaio** der Monat Januar; **non c'è** ~ **meglio** es gibt nichts besseres; **mi sembra** ~ **capire** mir scheint, (daß) ich verstehe; **gridare** ~ **gioia** schreien vor Freude; **alzarsi** ~ **mattina** morgens aufstehen; **venire** ~ **corsa** schnell kommen, angerannt kommen; **tentare** ~ **fuggire** versuchen zu fliehen, zu fliehen versuchen; **d'estate** im Sommer; ~ **giorno** tagsüber, bei Tag(e); ~ **sera** abends, am Abend; **do-**

po/prima ~ me nach/vor mir; **invece ~ lui** an seiner Stelle; **~ qua/là** (von) hier/dort.

dì [di] ‹-› *m poet* Tag *m.*

dia ['di:a] *etc. v.* **dare.**

diabete [dia'bɛ:te] *m* Zuckerkrankheit *f,* Diabetes *m.* **diabetico, -a** [...'bɛ:tiko] ‹-ci, -che› **I.** *a* diabetisch, zuckerkrank; **II.** *m, f* Diabetiker(in) *m(f).*

diabolico, -a [di̯a'bɔ:liko] ‹-ci, -che› *a* teuflisch, diabolisch.

diaconia [diako'ni:a] ‹-ie› *f* Diakonie *f.* **diacono** [di'a:kono] *m* Diakon *m.*

diacritico, -a [dia'kri:tiko] *a* diakritisch.

diacronia [diakro'ni:a] ‹-ie› *f* Diachronie *f.* **diacronico, -a** [...'krɔ:niko] *a* diachron(isch).

diadema [dia'dɛ:ma] ‹-i› *m* Diadem *n.*

diafano, -a [di'a:fano] *a* **1.** *(trasparente)* durchscheinend, durchsichtig; **2.** *fig (delicato)* durchscheinend.

diafonia [diafo'ni:a] ‹-ie› *f* **1.** *mus* Diaphonie *f;* **2.** *el, tel* Störgeräusch *n.*

diaframma [dia'framma] ‹-i› *m* **1.** *(elemento divisorio)* (Trenn)wand *f,* Barriere *f;* **2.** *anat* Zwerchfell *n;* **3.** *fot, opt* Blende *f;* **4.** *tel* Membran(e) *f;* **5.** *(anticoncezionale)* Diaphragma *n,* (Intrauterin)pessar *n.* **diaframmare** [...'ma:re] *itr* abblenden, die Blende einstellen; **~ sul 16** Blende 16 einstellen.

diagnosi [di'aɲɲozi] ‹-› *f* Diagnose *f;* **fare la ~** eine Diagnose stellen. **diagnostica** [...'ɲɔstika] ‹-che› *f* Diagnostik *f.* **diagnosticare** [...ɲosti'ka:re] ‹diagnostico, diagnostichi› *tr* diagnostizieren. **diagnostico, -a** [...'ɲɔstiko] ‹-ci, -che› **I.** *a* diagnostisch; **II.** *m, f* Diagnostiker(in) *m(f).*

diagonale [diago'na:le] **I.** *a* diagonal; **II.** *m* **1.** *(stoffa)* Diagonal *m;* **2.** *sport (calcio)* Diagonalpaß *m; (tennis)* Cross *m;* **III.** *f* Diagonale *f.*

diagramma [dia'gramma] ‹-i› *m* Diagramm *n.*

dialettale [dialet'ta:le] *a* Dialekt-, dialektal. **dialettalismo** [...ta'lizmo] *m* Dialektausdruck *m,* Mundartwort *n.*

dialettica [dia'lɛttika] ‹-che› *f* Dialektik *f.* **dialettico, -a** [...ko] ‹-ci, -che› **I.** *a* dialektisch; **II.** *m* Dialektiker *m.*

dialettismo [dialet'tizmo] *v.* **dialettalismo.**

dialetto [dia'lɛtto] *m* Mundart *f,* Dialekt *m.*

dialisi [di'a:lizi] ‹-› *f* Dialyse *f.*

dialogare [dialo'ga:re] ‹dialogo, dialoghi› **I.** *itr* einen Dialog führen; **II.** *tr* dialogisieren, in Dialogform setzen. **dialogico, -a** [...'lɔ:dʒiko] *a* dialogisch, in Dialogform. **dialogo** [di'a:logo] ‹-ghi› *m* Dialog *m.*

diamante [dia'mante] *m* Diamant *m;* **di ~** diamanten; **un cuore di ~** *fig* ein Herz aus Stein; **nozze di ~** diamantene Hochzeit. **diamantifero, -a** [...'ti:fero] *a* Diamanten enthaltend, Diamant(en)-.

diametrale [diame'tra:le] *a* diametral. **diametralmente** [...ral'mente] *adv* in gegensätzlicher Art, diametral; **~ opposto** diametral entgegengesetzt.

diametro [di'a:metro] *m* Durchmesser *m.*

diamine ['di̯a:mine] *interj fam* (zum) Teufel! *fam;* **~ se lo voglio!** Teufel auch (*o.* freilich) will ich!

diana ['di̯a:na] *f mil* Wecken *n;* **suonare la ~** zum Wecken blasen; *fig* das Zeichen zum Aufstand geben.

dianzi ['di̯antsi] *adv poet* vor kurzem.

diapason [di'a:pazon] ‹-› *m* **1.** *(strumento)* Stimmgabel *f;* **2.** *(registro di strumento)* Register *n; (registro di voce)* Stimmumfang *m,* Register *n;* **3.** *fig* Höhepunkt *m;* **dare il ~** den Ton angeben.

diapositiva [diapozi'ti:va] *f* Dia *n.*

diaria [di'a:ri̯a] ‹-ie› *f* Tagegeld *n,* Aufwandsentschädigung *f;* **~ parlamentare** Diäten *pl.*

diario [di'a:ri̯o] ‹-i› *m* Tagebuch *n;* **~ di bordo** Schiffstagebuch *n,* Logbuch *n;* **~ di classe** Klassenbuch *n;* **~ scolastico** Aufgabenheft *n.*

diarrea [diar'rɛ:a] *f* Durchfall *m,* Diarrhö(e) *f.*

diaspora [di'aspora] *f* Diaspora *f.*

diaspro [di'aspro] *m* Jaspis *m.*

diatonia [diato'ni:a] ‹-ie› *f* Diatonik *f.*

diatriba [di'a:triba] *f* Diatribe *f; (discorso)* Moralpredigt *f; (scritto)* Streitschrift *f.*

diavola ['di̯a:vola] *f* Teufelin *f;* **pollo alla ~** *pikant gewürztes Hähnchen vom Rost;* **fare un lavoro alla ~** miserable Arbeit leisten; *v. a. diavolessa.* **diavoleria** [di̯avole'ri:a] ‹-ie› *f* **1.** *(perfidia)* Teufelei *f;* **2.** *fam (stravaganza)* Verrücktheit *f.* **diavolerio** [...'lɛ:ri̯o] ‹-i› *m* Höllenlärm *m.* **diavolessa** [...'lessa] *f* Teufelin *f; (fig. a.)* Teufel *m; (persona vivace)* Teufel(sweib *n*) *m.* **diavoletto, -a** [...'letto] **I.** *m, f scherz* kleiner Teufel *fam;* **II.** *m dial (bigodino)* Lockenwickler *m.* **diavolio** [...'li:o] ‹-ii› *m* Höllenlärm *m fam,* höllisches Durcheinander.

diavolo ['di̯a:volo] *m* Teufel *m; (perso-*

na vivace) Teufel(skerl) *m;* **un ~ d'uomo** ein Teufelskerl *m;* **avvocato del ~** Advocatus Diaboli *m;* **un buon ~** *fam* ein guter Kerl; **un povero ~** *fam* ein armer Teufel; **avere il ~ addosso** den Teufel im Leib haben; **quel ragazzo è un ~ scatenato** dieser Junge hat den Teufel im Leib; **avere un ~ per capello** fuchsteufelswild sein; **mandare qu al ~** (*o.* **a casa del ~**) jdn zum Teufel schicken; **mandare tutto al ~** alles zur Hölle wünschen; **saperne una più del ~** mit allen Wassern gewaschen sein; **stare a casa del ~** am Ende der Welt wohnen *scherz;* **per mille -i!** Teufel nochmal!; **~ se l'ho fatto!** und ob ich es getan habe!; **che ~ vuoi adesso?** was zum Teufel willst du jetzt?; **come/dove,** *etc.* **~?** wie/wo, *etc.* zum Teufel?; **il ~ insegna a fare le pentole, ma non i coperchi** *prov* es ist nichts so fein gesponnen, es kommt doch ans Licht der Sonnen *prov.*

dibattere [di'battere] **I.** *tr* **1.** *(agitare)* (schnell) bewegen; **2.** *fig (discutere)* erörtern, debattieren; **II.** *rfl:* **-rsi 1.** *(agitarsi)* um sich schlagen; *(divincolarsi)* sich winden; **2.** *fig* mit sich *(dat)* ringen (*in* wegen), mit sich *(dat)* kämpfen (*in* wegen). **dibattimento** [...ti'mento] *m* Hauptverhandlung *f,* Gerichtsverhandlung *f.* **dibattito** [di'battito] *m* (lebhafte) Diskussion *f* (*su* über), Debatte *f* (*su* über). **dibattuto, -a** [...'tu:to] *a* umstritten.

diboscamento [diboska'mento] *m* Abholzung *f,* Entwaldung *f.*

dicembre [di'tʃɛmbre] *m* Dezember *m; v. a. settembre.*

diceria [ditʃe'ri:a] ‹-ie› *f* Gerede *n,* Klatsch *m.*

dichiarare [dikja'ra:re] **I.** *tr* **1.** *(manifestare)* kundtun, erklären; *adm (generalità, etc.)* angeben; **2.** *(affermare)* behaupten, erklären; **3.** *fin, com (notificare)* deklarieren, angeben; **4.** *(annunziare, proclamare)* erklären (*qc* etw. für, *qu* jdn für, zu); *(decisione)* erklären, (offiziell) mitteilen; **~ la guerra** den Krieg erklären; **~ aperta la seduta** die Sitzung für eröffnet erklären; **~ qu in arresto** jdn für verhaftet erklären; **~ colpevole qu** jdn für schuldig erklären; **~ marito e moglie** zu Mann und Frau erklären; **II.** *rfl:* **-rsi 1.** *(confessare il proprio amore)* seine Liebe gestehen, sich erklären *obs;* **2.** *(proclamarsi)* sich erklären, sich aussprechen; **-rsi favorevole** sich dafür aussprechen; **-rsi innocente** sich für unschuldig erklären.

dichiaratamente [...rata'mente] *adv* erklärtermaßen, ausdrücklich. **dichiarativo, -a** [...ra'ti:vo] *a* erklärend, erläuternd. **dichiarazione** [...rat'tsjo:ne] *f* Erklärung *f,* Deklaration *f;* **~ dei redditi** Einkommensteuererklärung *f;* **~ d'amore** Liebeserklärung *f.*

diciannove [ditʃan'nɔ:ve] **I.** *a numerale* neunzehn; **II.** ‹-› *m* **1.** *(numero)* Neunzehn *f;* **2.** *(nelle date)* Neunzehnte(r) *m;* **III.** *f pl* neunzehn Uhr; *v. a. cinque.* **diciannovenne** [...no'vɛnne] **I.** *a* neunzehnjährig; **II.** *mf* Neunzehnjährige(r) *mf.* **diciannovesimo, -a** [...no'vɛ:zimo] **I.** *a* neunzehnte(r, s); **II.** *m, f* Neunzehnte(r) *mfn;* **III.** *m (frazione)* Neunzehntel *n,* neunzehnter Teil; *v. a. quinto.*

diciassette [ditʃas'sɛtte] **I.** *a numerale* siebzehn; **II.** ‹-› *m* **1.** *(numero)* Siebzehn *f;* **2.** *(nelle date)* Siebzehnte(r) *m;* **III.** *f pl* siebzehn Uhr; *v. a. cinque.* **diciassettenne** [...set'tɛnne] **I.** *a* siebzehnjährig; **II.** *mf* Siebzehnjährige(r) *mf.* **diciassettesimo, -a** [...set'tɛ:zimo] **I.** *a* siebzehnte(r, s); **II.** *m, f* Siebzehnte(r) *mfn;* **III.** *m (frazione)* Siebzehntel *n,* siebzehnter Teil; *v. a. quinto.*

diciottenne [ditʃot'tɛnne] **I.** *a* achtzehnjährig; **II.** *mf* Achtzehnjährige(r) *mf.* **diciottesimo, -a** [...'tɛ:zimo] **I.** *a* achtzehnte(r, s); **II.** *m, f* Achtzehnte(r) *mfn;* **III.** *m (frazione)* Achtzehntel *n,* achtzehnter Teil; *v. a. quinto.* **diciotto** [di'tʃɔtto] **I.** *a numerale* achtzehn; **II.** ‹-› *m* **1.** *(numero)* Achtzehn *f;* **2.** *(nelle date)* Achtzehnte(r) *m;* **III.** *f pl* achtzehn Uhr; *v. a. cinque.*

dicitore, -trice [ditʃi'to:re] *m, f* Vortragskünstler(in) *m(f),* Diseur *m,* Diseuse *f;* **fine ~** *iron* Phrasendrescher *m pej.*

dicitura [ditʃi'tu:ra] *f* Ausdruck *m,* Redeweise *f; (didascalia)* Aufschrift *f,* Beschriftung *f.*

dico ['di:ko] *1. pers sing pr di* **dire.**

didascalia [didaska'li:a] ‹-ie› *f* **1.** *lit* Bildunterschrift *f,* Legende *f;* **2.** *film* Untertitel *m;* **3.** *theat* Regieanweisung *f.* **didascalico, -a** [...'ka:liko] ‹-ci, -che› *a* Lehr-, didaktisch.

didatta [di'datta] ‹-i *m,* -e *f*› *mf* Didaktiker(in) *m(f).* **didattica** [di'dattika] ‹-che› *f* Didaktik *f.* **didattico, -a** [...ko] ‹-ci, -che› *a* didaktisch.

didentro [di'dentro] ‹-› *m fam* Innere(s) *n.*

didietro [di'djɛ:tro] **I.** ‹*inv*› *a* hintere(r,

s), Hinter-; **II.** ‹-› *m* **1.** *fam* Hinterseite *f;* **2.** *scherz (deretano)* Hinterteil *n.*
dieci ['di̯ɛ:tʃi] **I.** *a numerale* zehn; **II.** ‹-› *m* **1.** *(numero)* Zehn *f; (nelle date)* Zehnte(r) *m;* **2.** *(voto scolastico)* hervorragend; **III.** *f pl* zehn Uhr; *v. a. cinque.* **diecimila** [di̯etʃi'mi:la] **I.** *a numerale* zehntausend; **II.** ‹-› *m* Zehntausend *f.* **diecina** [...'tʃi:na] *f mat* Zehner *m pl;* **una ~ (di ...)** (etwa) zehn (...); **a -e** zu (*o.* in) Dutzenden.
diedi ['di̯ɛ:di] *1. pers sing del passato remoto di* **dare.**
dieresi [di'ɛ:rezi] ‹-› *f* Diärese *f,* Diäresis *f; (segno diacritico)* Trema *n.*
diesis [di'ɛ:zis] ‹-› *m* Diesis *f.*
dieta[1] ['di̯ɛ:ta] *f pol* Versammlung *f.*
dieta[2] ['di̯ɛ:ta] *f (alimentare)* Diät *f;* **stare a ~** Diät halten. **dietetica** [di̯e'tɛ:tika] ‹-che› *f* Diätetik *f.* **dietetico, -a** [...ko] ‹-ci, -che› *a* diätetisch, Diät-. **dietista** [...'tista] ‹-i *m,* -e *f*› *mf* Diätassistent(in) *m(f).* **dietologia** [...tolo'dʒi:a] ‹-gie› *f* Diätetik *f.*
dietro ['di̯ɛ:tro] **I.** *prp* **1.** *(locale) (stato)* hinter *dat; (moto)* hinter *acc;* **2.** *(temporale)* nach *dat;* **3.** *(dopo, mediante)* gegen *acc;* **~ di me** hinter mir; **un guaio ~ l'altro** ein Unglück nach dem andern; **~ ricevuta** gegen Quittung; **~ domanda** auf Wunsch; **~ consegna** bei Lieferung; **portarsi ~ qu** jdn mitnehmen; **tutti gli ridono ~** alle lachen hinter ihm her; **II.** *adv (stato)* hinten; *(moto)* nach hinten. **dietrofront, dietro-front** ['di̯ɛ:tro 'front] **I.** ‹-› *m (a. fig)* Kehrtwendung *f;* **II.** *interj* kehrt.
difatti [di'fatti] *con* in der Tat, tatsächlich.
difendere [di'fɛndere] ‹difendo, difesi, difeso› **I.** *tr* **1.** *gener., mil, sport, fig* verteidigen; **2.** *jur* verteidigen; *(diritto, interessi)* vertreten; **3.** *(dare riparo)* schützen; **II.** *rfl:* **-rsi** sich verteidigen (*da* gegen); *(proteggersi)* sich schützen (*da* vor); **agli esami mi sono difeso** in der Prüfung habe ich mich gut geschlagen. **difendibile** [difen'di:bile] *a* gut zu verteidigen.
difenditrice *f v.* **difensore.**
difendo [di'fɛndo] *1. pers sing pr di* **difendere.**
difensiva [difen'si:va] *f* Defensive *f,* Verteidigung *f;* **stare sulla ~** in der Defensive sein. **difensivo, -a** [...vo] *a* Verteidigungs-, Defensiv-, defensiv, Abwehr-. **difensore, difenditrice** [...so:re, ...ndi'tri:tʃe] *m, f* **1.** *gener. (protettore)* Verteidiger(in) *m(f),* Beschützer(in) *m(f);* **2.** *sport* Verteidiger(in) *m(f);* **3.** *(avvocato)* (Straf)verteidiger(in) *m(f);* **~ d'ufficio** Pflichtverteidiger *m.* **difesa** [di'fe:sa] *f* **1.** *gener., mil, jur, fig, sport* Verteidigung *f* (*da, contro* gegen); *(mil a.)* Abwehr *f;* **2.** *(riparo)* Schutz *m* (*di* vor); **legittima ~** Notwehr *f;* **~ antiaerea** Flugabwehr *f;* **-e** *(fortificazioni)* Verteidigungsanlage *f.*
difesi [di'fe:si] *1. pers sing del passato remoto di* **difendere.**
difeso [dife:so] *pp di* **difendere.**
difettare [difet'ta:re] *itr geh* **1.** *(mancare, scarseggiare)* mangeln (*di* an), fehlen (*di* an); **2.** *(essere difettoso)* Mängel haben, mangelhaft sein. **difettivo, -a** [...'ti:vo] *a* **1.** *poet (incompleto)* unvollkommen, unvollständig; **2.** *gram* defektiv.
difetto [di'fɛtto] *m* **1.** *(mancanza)* Mangel *m* (*di* an), Fehlen *n* (*di* von); **2.** *(imperfezione)* Fehler *m,* Defekt *m;* **3.** *(vizio)* Fehler *m,* schlechte Angewohnheit; **4.** *(colpa)* Fehler *m,* Schuld *f;* **~ di fabbricazione** Fabrikationsfehler *m;* **far ~** fehlen. **difettoso, -a** [difet'to:so] *a* fehlerhaft, mangelhaft; *(meccanismo, etc.)* defekt; *(fisico)* angegriffen, mitgenommen.

diffamare [diffa'ma:re] *tr* verleumden, diffamieren. **diffamatore, -trice** [...ma'to:re] *m, f* Verleumder(in) *m(f).* **diffamatorio, -a** [...ma'tɔ:ri̯o] ‹-i, -ie› *a* verleumderisch; **campagna -a** Hetzkampagne *f.* **diffamatrice** *f v.* **diffamatore. diffamazione** [...mat'tsi̯o:ne] *f* Verleumdung *f; (jur a.)* üble Nachrede.
differente [diffe'rɛnte] *a* unterschiedlich; **è una cosa ~** das ist etwas anderes. **differentemente** [...rente'mente] *adv* anders.
differenza [diffe'rɛntsa] *f* **1.** *(diversità)* Verschiedenheit *f; (divario)* Unterschied *m,* Differenz *f geh;* **2.** *mat* Differenz *f;* **~ di opinioni** Meinungsunterschiede *m pl;* **~ di prezzo** Preisdifferenz *f;* **a ~ di** im Unterschied zu; **per me non fa ~** das ist für mich dasselbe. **differenziabile** [differen'tsi̯a:bile] *a* unterscheidbar, differenzierbar. **differenziale** [...'tsi̯a:le] **I.** *a* Differential-; **calcolo ~** Differentialrechnung *f;* **classi -i** *obs* Klassen *f pl* für Sonderschüler; **II.** *m* Differential(getriebe) *n.* **differenziare** [...'tsi̯a:re] ‹differenzio, differenzi› **I.** *tr* unterscheiden, differenzieren *geh;* **II.** *rfl:* **-rsi** sich unterscheiden (*da* von). **differenziazione** [...tsi̯at'tsi̯o:ne] *f* Unterscheidung *f,* Differenzierung *f.*

differibile [diffeˈriːbile] *a* verschiebbar, aufschiebbar.

differimento [differiˈmento] *m* Verschiebung *f*, Aufschub *m*. **differire** [...ˈriːre] ⟨differisco⟩ **I.** *tr* ⟨*avere*⟩ verschieben (*di* um, *a* auf), aufschieben; **II.** *itr* ⟨*essere o. avere*⟩ unterschiedlich sein, differieren *geh* (*da* von), sich unterscheiden (*da* von).

difficile [difˈfiːtʃile] **I.** *a* **1.** *(complicato, astruso)* schwer, schwierig, diffizil *geh;* **2.** *(faticoso)* mühsam; **3.** *(persona)* schwierig; **4.** *(improbabile):* **è ~ che sia ...** er (*o.* sie) wird kaum (*o.* schwerlich) ... (können); **essere di gusti -i** wählerisch sein; **II.** *m* Schwierigkeit *f;* **fare il ~** ein schwieriger Mensch sein. **difficilmente** [...fitʃilˈmente] *adv* kaum, schwerlich.

difficoltà [diffikolˈta] ⟨-⟩ *f* Schwierigkeit *f;* **incontrare ~** auf Schwierigkeiten stoßen; **sollevare ~** Schwierigkeiten machen; **con ~** unter Schwierigkeiten. **difficoltoso, -a** [...ˈtoːso] *a* schwer, schwierig.

diffida [difˈfiːda] *f* Warnung *f*, Verwarnung *f*. **diffidare** [diffiˈdaːre] **I.** *itr* mißtrauen *(di dat);* **II.** *tr* warnen (*da* vor), verwarnen; **~ qu dal fare qc** jdn warnen, etw. zu tun. **diffidente** [...ˈdɛnte] *a* mißtrauisch. **diffidenza** [...ˈdɛntsa] *f* Mißtrauen *n*.

diffondere [difˈfondere] ⟨*irr*⟩ **I.** *tr* aus-, verbreiten; *(notizia)* verbreiten; **II.** *rfl:* **-rsi** sich verbreiten, sich ausbreiten; **-rsi troppo su una questione** sich zu sehr über eine Frage auslassen. **diffonditrice** *f v.* **diffusore²**.

difforme [difˈforme] *a* andersförmig; *fig* abweichend, nicht übereinstimmend. **difformità** [...miˈta] ⟨-⟩ *f* Abweichung *f*, Verschiedenheit *f*.

diffrazione [diffratˈtsi̯oːne] *f* Diffraktion *f*.

diffusione [diffuˈzi̯oːne] *f* **1.** *gener.* Verbreitung *f*, Ausbreitung *f; (di notizia)* Verbreitung *f;* **2.** *phys* Diffusion *f*, Streuung *f*. **diffuso, -a** [...ˈfuːzo] *a* **1.** *(sparso largamente)* verbreitet; **2.** *phys, fig (dolore)* diffus; **3.** *(scritto, discorso)* weitschweifig, ausführlich.

diffusore¹ [diffuˈzoːre] *m (apparecchio)* Diffusor *m;* **~ di luce** Streuscheibe *f;* **~ sonoro** Lautsprecher *m*.

diffusore², diffonditrice [diffuˈzoːre, ...fondiˈtriːtʃe] *m, f (propagatore)* Aus-, Verbreiter(in) *m(f)*.

difilato, -a [difiˈlaːto] *a, adv* geradewegs, direkt.

difronte [diˈfronte] ⟨*inv*⟩ **I.** *a* gegenüberliegend; **II.** *adv* gegenüber.

difterite [difteˈriːte] *f* Diphtherie *f*.

diga [ˈdiːga] ⟨-ghe⟩ *f* **1.** Damm *m*, Deich *m;* (Stau)wehr *n;* **2.** *fig* Damm *m*, Schranke *f;* **~ di ritenuta** Staudamm *m;* **~ di sbarramento** Talsperre *f;* **~ marittima** Schutzdamm *m*, Hafenmole *f;* **rompere le -ghe** *fig* die Schranken niederreißen; **opporre una ~ a qc** *fig* einer S. einen Riegel vorschieben.

digerente [didʒeˈrɛnte] *a* Verdauungs-.

digeribile [didʒeˈriːbile] *a* verdaulich. **digeribilità** [...ribiliˈta] ⟨-⟩ *f* Verdaulichkeit *f*.

digerire [didʒeˈriːre] ⟨digerisco⟩ *tr* **1.** *med* verdauen; **2.** *fig (capire bene)* fressen *fam*, bewältigen; **3.** *fig (sopportare)* ertragen; **~ la rabbia** seinen Ärger hinunterschlucken. **digestione** [didʒesˈti̯oːne] *f* Verdauung *f*. **digestivo, -a** [...ˈtiːvo] **I.** *a* Verdauungs-; **II.** *m* **1.** *(farmaco)* verdauungsförderndes Mittel; **2.** *(bevanda)* Digestif *m*.

digesto [diˈdʒɛsto] *m hist* Digesten *pl*.

digitale [didʒiˈtaːle] **I.** *a* **1.** *anat* Finger-; **2.** *inform* digital, Digital-; **II.** *f bot* Fingerhut *m*, Digitalis *f*. **digitalina** [...taˈliːna] *f* Digitalis *n*. **digitazione** [...tatˈtsi̯oːne] *f* Fingersatz *m*.

digiunare [didʒuˈnaːre] *itr* fasten, hungern. **digiunatore, -trice** [...naˈtoːre] *m, f* Fastende(r) *mf*, Hungerkünstler(in) *m(f)*. **digiuno, -a** [diˈdʒuːno] **I.** *a* **1.** *(senza cibo)* nüchtern; **2.** *fig:* **essere (a) ~ di qc** *(essere privo)* ohne etw. sein; *(non avere cognizioni)* von etw. nichts verstehen (*o.* keine Ahnung haben); **II.** *m* **1.** *anat (intestino)* Leerdarm *m;* **2.** *(astensione da alimenti)* Fasten *n*, Hungern *n;* **3.** *fig (privazione)* Entbehrung *f*, (empfindlicher) Mangel *m;* **a ~** auf nüchternen Magen.

dignità [diɲɲiˈta] ⟨-⟩ *f* **1.** *(rispetto)* Würde *f*, Dignität *f geh;* **2.** *(decoro)* Anstand *m*, Schicklichkeit *f;* **3.** *(alta carica)* (Amts)würde *f;* **4.** ⟨*pl*⟩ *(dignitari)* Würdenträger *m pl*. **dignitario** [...ˈtaːri̯o] ⟨-i⟩ *m* Würdenträger *m*. **dignitoso, -a** [...ˈtoːso] *a* würdevoll, würdig.

DIGOS [ˈdiːgos] *f ab di* **Divisione Investigazioni Generali e Operazioni Speciali** *italienische Antiterrorgruppe;* ≃ GSG 9.

digradare [digraˈdaːre] **I.** *itr* **1.** *(abbassarsi)* abfallen, sich senken; **2.** *(luci, colori)* an Stärke abnehmen; *(suoni, sentimenti)* schwächer werden, verebben *geh;* **II.** *tr* dämpfen, abschwächen. **digradazione** [...dat'tsi̯o:ne] *f* Dämpfung *f,* Abschwächung *f.*

digredire [digre'di:re] ‹digredisco› *itr* abkommen, abschweifen. **digressione** [...es'si̯o:ne] *f* **1.** *(deviazione)* Abweichung *f,* Umweg *m;* **2.** *(divagazione)* Abschweifung *f,* Exkurs *m.* **digressivo, -a** [...es'si:vo] *a* abschweifend.

digrignare [digriɲ'ɲa:re] *tr* blecken, fletschen.

digrossare [digros'sa:re] *tr* **1.** *(sgrossare)* behauen, (grob) bearbeiten; **2.** *fig* einführen (*in* in).

dilagare [dila'ga:re] ‹dilago, dilaghi› *itr* ‹*essere*› **1.** *(espandersi)* über die Ufer steigen, überfluten (*per qc* etw.); **2.** *fig* um sich greifen, sich ausbreiten.

dilaniare [dila'ni̯a:re] ‹dilanio, dilani› *tr* **1.** *(lacerare)* zerreißen, zerfetzen; **2.** *fig* zerfleischen.

dilapidare [dilapi'da:re] *tr* verschwenden. **dilapidatore, -trice** [...da'to:re] *m, f* Verschwender(in) *m(f).* **dilapidazione** [...dat'tsi̯o:ne] *f* Verschwendung *f,* Vergeudung *f.*

dilatabile [dila'ta:bile] *a* ausdehnbar.

dilatare [dila'ta:re] **I.** *tr* (aus)dehnen, erweitern; *(bocca)* aufreißen, aufsperren; **II.** *rfl:* **-rsi 1.** *(ampliarsi)* sich (aus)dehnen, sich erweitern; **2.** *fig* sich ausbreiten. **dilatatorio, -a** [...ta'tɔ:ri̯o] ‹-i, -ie› *a* dilatativ, Erweiterungs-. **dilatazione** [...tat'tsi̯o:ne] *f* Ausdehnung *f,* Erweiterung *f.*

dilatorio, -a [dila'tɔ:ri̯o] ‹-i, -ie› *a* aufschiebend, dilatorisch *geh; (tattica, manovra)* Verzögerungs-.

dilavamento [dilava'mento] *m* Auswaschung *f.*

dilazionare [dilattsi̯o'na:re] *tr* hinaus-, aufschieben; *fin* stunden. **dilazione** [...'tsi̯o:ne] *f* Aufschub *m; fin* Stundung *f; jur* Dilation *f.*

dileggiare [diled'dʒa:re] ‹dileggio, dileggi› *tr* verspotten, verhöhnen, spotten über. **dileggiatore, -trice** [...dʒa'to:re] *m, f* Spötter(in) *m(f).* **dileggio** [di'leddʒo] ‹-ggi› *m* Verspottung *f,* Verhöhnung *f.*

dileguare [dile'gu̯a:re] **I.** *tr* ‹*avere*› zerstreuen, vertreiben; **II.** *itr* ‹*essere*› schwinden *geh,* verschwinden; *fig* verfliegen; **III.** *rfl:* **-rsi** schwinden *geh,* verschwinden.

dilemma [di'lɛmma] ‹-i› *m* Dilemma *n.*

diletta *f v.* **diletto.**

dilettante [dilet'tante] **I.** *a* Amateur-, Laien-; *pej* dilettantisch; **fotografo ~** Amateurfotograf *m;* **pittore ~** Sonntagsmaler *m;* **II.** *mf* **1.** *(non professionista)* Nichtfachmann *m,* Laie *m;* **2.** *pej* Nichtskönner(in) *m(f),* Dilettant(in) *m(f);* **compagnia di -i** *theat* Laienspielgruppe *f.* **dilettantesco, -a** [...'tesko] ‹-schi, -sche› *a pej* stümperhaft, dilettantisch. **dilettantismo** [...'tismo] *m* Dilettantismus *m; pej* Stümperhaftigkeit *f; sport* Amateurismus *m.* **dilettantistico, -a** [...'tistiko] ‹-ci, -che› *a* **1.** *sport* amateurhaft, Amateur-; **2.** *pej (superficiale)* laienhaft, dilettantisch.

dilettare [dilet'ta:re] **I.** *tr* erfreuen, ergötzen; **II.** *rfl:* **-rsi** sich (er)freuen (*a, di* an), Gefallen finden (*a, di* an), Freude haben (*a, di* an); *(per diletto)* zu seinem Vergnügen (*o.* aus Liebhaberei) tun (*di qc* etw.). **dilettevole** [...'te:vole] **I.** *a* erfreulich, angenehm; **II.** *m* Erfreuliche(s) *n,* Angenehme(s) *n.* **diletto** [di'lɛtto] *m* Vergnügen *n,* Ergötzen *n;* **far qc per ~** etw. zum Vergnügen tun. **diletto, -a** [di'lɛtto] *geh* **I.** *a* teuer *geh,* (zärtlich) geliebt; **II.** *m, f* Liebste(r) *mf geh,* Geliebte(r) *mf.* **dilettoso, -a** [dilet'to:so] *a poet* delektabel *geh,* delektierlich *geh.*

diligente [dili'dʒɛnte] *a* fleißig; *(accurato)* sorgfältig.

diligenza[1] [dili'dʒɛntsa] *f (cura)* Fleiß *m; (accuratezza)* Sorgfalt *f.*

diligenza[2] [dili'dʒɛntsa] *f hist (carrozza)* Postwagen *m.*

diliscare [dilis'ka:re] ‹dilisco, dilischi› *tr* entgräten.

dilucidare, dilucidazione [dilutʃi'da:re, ...dat'tsi̯o:ne] *v.* **delucidare, delucidazione.**

diluente [dilu'ɛnte] *m* Verdünnung *f.*

diluire [dilu'i:re] ‹diluisco› *tr* **1.** *(sostanze)* verdünnen; *(sciogliere)* auflösen; **2.** *fig* verwässern. **diluizione** [...uit'tsi̯o:ne] *f* Verdünnung *f.*

dilungare [dilun'ga:re] ‹dilungo, dilunghi› **I.** *rfl:* **-rsi 1.** *fig* sich verlieren (*in* in), sich verbreiten (*su* über); **2.** *sport (ippica)* sich um Längen absetzen (*da* von); **II.** *tr poet* hinausschieben; *(rimuovere)* fernhalten.

diluviare [dilu'vi̯a:re] ‹diluvio, diluvi› *itr* ‹*essere o. avere*› **1.** *meteo* in Strömen regnen, gießen *fam;* **2.** *fig* herabregnen (*su* auf), (herab)hageln (*su* auf), niedergehen (*su* auf). **diluvio** [di'lu:vi̯o] ‹-i› *m* **1.** *meteo* Wolkenbruch *m,* sintflutartiger Regen; **2.** *fig* Flut *f,* Regen *m,* Hagel *m;* **~ universale** Sintflut *f.*

dimagramento [dimagra'mento] *m* **1.** *med* Abmagerung *f;* **2.** *agr* Auslaugung *f.* **dimagrante** [...'grante] *a:* **cura ~** Schlankheits-, Abmagerungskur *f.* **dimagrare** [...'gra:re] **I.** *itr* ‹*essere*› abmagern, mager werden; **II.** *tr* ‹*avere*› **1.** *(rendere magro)* abmagern (lassen); **2.** *agr* auslaugen. **dimagrimento** [...gri'mento] *v.* **dimagramento. dimagrire** [...'gri:re] ‹dimagrisco› *itr* ‹*essere*› abmagern, mager werden.

dimenare [dime'na:re] **I.** *tr* schütteln (*qc* (mit) etw.), schlenkern (*qc* (mit) etw.); *(la coda)* wedeln (*qc* mit etw.); **II.** *rfl:* **-rsi** zappeln, sich schütteln; *(nel letto)* sich wälzen. **dimenio** [...'ni:o] ‹-ii› *m* Geschüttel *n,* Gezappel *n.*

dimensione [dimen'si̯o:ne] *f* Dimension *f.*

dimenticanza [dimenti'kantsa] *f* **1.** *(mancanza di memoria)* Vergeßlichkeit *f;* **2.** *(effetto del dimenticare)* Vergessenheit *f.* **dimenticare** [...'ka:re] ‹dimentico, dimentichi› **I.** *tr* vergessen; *(trascurare)* vernachlässigen; **II.** *rfl:* **-rsi (di)** vergessen. **dimenticatoio** [...ka'to:i̯o] ‹-oi› *m scherz* Vergessenheit *f;* **andare a finire nel ~** in Vergessenheit geraten. **dimentico, -a** [di'mentiko] ‹-chi, -che› *a geh* vergessend, uneingedenk *geh.*

dimesso, -a [di'messo] *a* **1.** *(modesto)* bescheiden, schlicht; **2.** *pej (trascurato)* nachlässig.

dimestichezza [dimesti'kettsa] *f* **1.** *(familiarità)* Vertraulichkeit *f,* Vertrautheit *f;* **2.** *fig (pratica)* Vertrautheit *f;* **entrare in ~ con qu** mit jdm vertraut werden; **aver ~ con qc** mit etw. vertraut sein.

dimettere [di'mettere] ‹*irr*› **I.** *tr* entlassen; **II.** *rfl:* **-rsi** zurücktreten.

dimezzare [dimed'dza:re] *tr* **1.** *(in due)* halbieren, teilen; **2.** *(ridurre)* drosseln, herabdrücken.

diminuendo [diminu'ɛndo] *m* Diminuendo *n.*

diminuire [diminu'i:re] ‹diminuisco› **I.** *tr* ‹*avere*› vermindern, verringern; **II.** *itr* ‹*essere*› geringer werden (*di* um), abnehmen (*di* an); **~ di prezzo** billiger werden. **diminutivo, -a** [...u'ti:vo] **I.** *a* verkleinernd, diminutiv; **II.** *m* Diminutiv(um) *n,* Verkleinerungsform *f.* **diminuzione** [...ut'tsi̯o:ne] *f* (Ver)minderung *f,* Verringerung *f,* Abnahme *f,* Rückgang *m;* **~ dei costi** Kostensenkung *f;* **~ delle esportazioni** Exportrückgang *m;* **~ di pena** Strafmilderung *f;* **~ del personale** Personalkürzung *f,* Personalabbau *m;* **~ di peso** Gewichtsabnahme *f;* **~ di temperatura** Temperaturrückgang *m;* **~ del valore** Wertminderung *f.*

dimissionare [dimissi̯o'na:re] *tr* entlassen. **dimissione** [...'si̯o:ne] *f* ‹*di solito al pl*› Rücktritt *m,* Demission *f;* **lettera di -i** Rücktrittsgesuch *n.*

dimora [di'mɔ:ra] *f* **1.** *geh, jur (permanenza)* Wohnsitz *m,* Aufenthalt *m geh,* Aufenthaltsort *m;* **2.** *geh (abitazione)* Wohnung *f,* Heim *n;* **ultima ~** letzte Ruhestätte; **senza fissa ~** ohne festen Wohnsitz; **mettere a ~** *(pianta)* ein-, anpflanzen. **dimorare** [dimo'ra:re] *itr geh, jur* Aufenthalt nehmen *geh,* wohnen.

dimostrante [dimos'trante] *mf* Demonstrant(in) *m(f).*

dimostrare [dimos'tra:re] **I.** *tr* **1.** *(palesare)* zeigen, demonstrieren, erkennen lassen, bekunden *geh;* **2.** *(provare)* beweisen; **non dimostra affatto i suoi sessant'anni** man sieht ihm (*o.* ihr) seine (*o.* ihre) 60 Jahre überhaupt nicht an; **II.** *itr* demonstrieren; **III.** *rfl:* **-rsi** sich erweisen (*qc* als etw.), sich herausstellen (*qc* als etw.). **dimostrativo, -a** [...ra'ti:vo] *a* **1.** *(che serve a provare)* beweisend, Beweis-; **2.** *(che serve a manifestare)* demonstrativ; **3.** *gram* hinweisend, Demonstrativ-. **dimostrazione** [...rat'tsi̯o:ne] *f* **1.** *(manifestazione)* Beweis *m,* Bekundung *f geh;* **2.** *(argomentazione)* Beweis(führung *f*) *m;* **3.** *(protesta)* Demonstration *f,* (Protest)kundgebung *f;* **4.** *(illustrazione)* Vorführung *f,* Demonstration *f.*

Dina ['di:na] *nome proprio femminile.*

dinamica [di'na:mika] ‹-che› *f (a. fig)* Dynamik *f.* **dinamicità** [dinamitʃi'ta] ‹-› *f* Dynamik *f.* **dinamico, -a** [di'na:miko] ‹-ci, -che› *a* dynamisch. **dinamismo** [dina'mizmo] *m* Dynamismus *m.*

dinamitardo, -a [dinami'tardo] **I.** *a* Sprengstoff-, Dynamit-; **II.** *m, f* Sprengstoffattentäter(in) *m(f).* **dinamite** [dina'mi:te] *f* Dynamit *n.*

dinamo ['di:namo] ‹-› *f* Dynamo *m,* Generator *m.* **dinamoelettrico, -a** [dinamoe'lɛttriko] *a:* **macchina -a** Dynamomaschine *f.*

dinanzi [di'nantsi] **I.** *adv (stato)* vorn(e); *(moto)* voraus, nach vorne; **II.** *prp:* **~ a** *(stato)* vor *dat; (moto)* vor *acc;* **III.** ‹*inv*› *a* **1.** *(anteriore)* gegenüberliegend; **2.** *(precedente)* vorhergehend, vorige(r, s).

dinastia [dinas'ti:a] ‹-ie› *f* Dynastie *f.* **dinastico, -a** [di'nastiko] ‹-ci, -che› *a* dynastisch.

dindin, din din [din'din] **I.** ‹-› *m* Klingeln *n,* Bimmeln *n;* **II.** *interj* kling(e)ling.

dindon, din don [din'dɔn] **I.** ‹-› *m* Bimbam *n;* **II.** *interj* bim, bam.

diniego [di'nie:go] ‹-ghi› *m* Verneinung *f; (rifiuto)* Weigerung *f.*

Dino ['di:no] *nome proprio maschile.*

dinoccolato, -a [dinokko'la:to] *a* schlenkernd, gelockert, schlaksig *fam.*

dinosauro [dino'sa:uro] *m* Dinosaurier *m,* Dinosaurus *m.*

dintorno [din'torno] **I.** *adv* herum, ringsherum, im Umkreis; **II.** *prp:* **~ a** um *acc* ... herum; **III.** *m pl* Umgebung *f.*

dio ['di:o] ‹dei› *m* Gott *m;* **cantare come un ~** singen wie ein junger Gott.

Dio ['di:o] *m* Gott *m;* **andarsene con ~** seines Weges (*o.* seiner Wege) gehen *geh;* **viene giù che ~ la manda** der Himmel öffnet seine Schleusen; **come ~ volle** *(finalmente)* mit Gottes Hilfe; **come ~ vuole** *(alla meglio)* wie es Gott gefällt; **grazie a ~** Gott sei Dank; **senza ~** gottlos; **~ l'abbia in gloria!** Gott hab ihn (*o.* sie) selig!; **~ m'assista!** Himmel steh mir bei!; **~ me ne guardi!** Gott behüte!; **~ ce la mandi buona!** Gott sei uns gnädig!; **~ sa quando** Gott weiß, wann; **~ sia lodato** Gott sei gelobt; **~ ci scampi e liberi!** Gott bewahre!; **~ lo voglia!** Gott gebe es!; **~ non voglia!** da sei Gott vor!; **per l'amor di ~!** um Gottes Willen!

diocesano, -a [diotʃe'za:no] *a* diözesan. **diocesi** [di'ɔ:tʃezi] ‹-› *f* Diözese *f,* Bistum *n.*

diodo ['di:odo] *m* Diode *f.*

dionisiaco, -a [dioni'zi:ako] ‹-ci, -che› *a* dionysisch.

diossina [dios'si:na] *f* Dioxin *n.*

diottria [diot'tri:a] ‹-ie› *f* Dioptrie *f.* **diottrica** [di'ɔttrika] ‹-che› *f* Dioptrik *f.* **diottrico, -a** [...ko] ‹-ci, -che› *a* dioptrisch.

dipanamento [dipana'mento] *m* Aufwick(e)lung *f.* **dipanare** [...'na:re] *tr* **1.** *(lana, etc.)* aufwickeln, aufspulen; **2.** *fig* entwirren, auflösen.

dipartimento [diparti'mento] *m* **1.** *(circoscrizione territoriale)* Verwaltungsbezirk *m; CH* Departement *n;* **2.** *(ministero)* Ministerium *n; CH* Departement *n;* **3.** *(di università)* Fachbereich *m;* **4.** *mil Küstengebiet, das einem Kommando der Seestreitkräfte untersteht.*

dipartita [dipar'ti:ta] *f poet (morte)* Hingang *m geh,* Hinscheiden *n poet.*

dipendente [dipen'dɛnte] **I.** *a* abhängig; *(a. gram)* untergeordnet; *(operaio)* (abhängig) beschäftigt; **II.** *mf* Beschäftigte(r) *mf,* Angestellte(r) *mf.*

dipendenza [...'dɛntsa] *f* **1.** *(subordinazione)* Abhängigkeit *f;* **2.** *arch* Nebengebäude *n,* Dependance *f;* **3.** *com* Filiale *f,* Zweigstelle *f;* **in ~ di ciò** infolgedessen, folglich.

dipendere [di'pɛndere] ‹dipendo, dipesi, dipeso› *itr* ‹*essere*› **1.** *(derivare)* abhängen (*da* von), bedingt sein (*da* durch), beruhen (*da* auf); **2.** *(da volontà, autorità di altri)* abhängen (*da* von), abhängig sein (*da* von); **3.** *gram* abhängig sein (*da* von); **vieni anche tu? — dipende** kommst du auch? — das kommt (ganz) darauf an.

dipingere [di'pindʒere] ‹dipingo, dipingi, dipinsi, dipinto› **I.** *tr* **1.** *(con colori)* malen (*a* mit, in, *su* auf); *(per adornare)* aus-, bemalen; **2.** *fig (descrivere)* ausmalen, zeichnen, beschreiben; **~ ad acquerello/ad olio** mit Wasserfarben/in Öl malen; **~ un soggetto dal vero** einen Gegenstand nach der Natur malen; **II.** *rfl:* **-rsi** sich schminken. **dipinto, -a** [di'pinto] **I.** *a* gemalt; *(ornato)* bemalt; *(truccato)* geschminkt; **non voler vedere qu neanche ~** jdn nicht einmal im Traum sehen wollen; **non volerci stare neppure ~** nicht einmal dort begraben sein wollen; **II.** *m* Gemälde *n.*

dipl. *ab di* **diploma** Dipl. (*ab di* Diplom).

diploma [di'plɔ:ma] ‹-i› *m* (*ab* **dipl.**) Diplom *n;* (Abschluß)zeugnis *n;* **~ di benemerenza** Ehrenurkunde *f,* Diplom *n.* **diplomare** [...lo'ma:re] **I.** *tr* ein (Abschluß)zeugnis (*o.* Diplom) ausstellen (*qu* jdm), diplomieren *geh;* **II.** *rfl:* **-rsi** ein (Abschluß)zeugnis erhalten, ein Diplom erwerben.

diplomata *f v.* **diplomato.**

diplomatico, -a [diplo'ma:tiko] ‹-ci, -che› **I.** *a* **1.** *pol* diplomatisch; **2.** *scient* die Diplomatik betreffend, diplomatisch, urkundlich; **3.** *fig* diplomatisch, taktisch geschickt; **II.** *m* **1.** *pol* Diplomat(in) *m(f);* **2.** *(dolce) Gebäck aus Blätterteig mit einer Füllung aus Creme und Gewürzlikör.*

diplomato, -a [diplo'ma:to] **I.** *a* diplomiert, (staatlich) geprüft, Diplom-; **II.** *m, f* Diplominhaber(in) *m(f);* **~ in agraria** Diplomlandwirt *m.*

diplomazia [diplomat'tsi:a] ‹-ie› *f (a. fig)* Diplomatie *f;* **entrare nella ~** die Diplomatenlaufbahn einschlagen.

dipoi, di poi [di'pɔ:i] **I.** *adv* danach, nachher; **II.** ‹*inv*› *a* (darauf)folgend, nächste(r, s).

dipolo [di'pɔ:lo] *m* Dipol *m.*
diporto [di'pɔrto] *m* **1.** *(divertimento)* Vergnügen *n,* Zerstreuung *f;* **2.** *sport:* **imbarcazione da ~** Sportboot *n.*
dipresso [di'prɛsso]: **a un ~** *adv* ungefähr, annähernd.
diradamento [dirada'mento] *m* **1.** *bot* Ausdünnung *f,* Lichten *n;* **2.** *fig (diminuzione)* Abnahme *f,* Verringerung *f.* **diradare** [...'da:re] **I.** *tr* **1.** dünner (*o.* weniger) werden lassen; *(piante, capelli)* lichten, ausdünnen; **2.** *fig (visite, etc.)* einschränken, verringern; **II.** *rfl:* **-rsi** seltener werden; *(piante, capelli)* sich lichten; *(nebbia, folla)* sich auflösen.
diramare [dira'ma:re] **I.** *tr* **1.** *(diffondere)* in Umlauf bringen, verbreiten; **2.** *(piante)* entästen, ausputzen; **II.** *rfl:* **-rsi** sich verzweigen; *(strada a.)* abzweigen, sich gabeln. **diramazione** [...mat'tsi̯o:ne] *f* **1.** *(ramificazione)* Verzweigung *f;* **2.** *(diffusione)* Verbreitung *f;* **3.** *fig (filiale)* Filiale *f,* Zweigstelle *f;* **~ di un fiume** Flußarm *m,* Seitenarm *m.*
dire ['di:re] ‹dico, dissi, detto› **I.** *tr* **1.** *gener.* sagen; *(raccontare)* erzählen; *(parlare)* sprechen, reden; **2.** *(recitare)* vortragen; *(poesia)* aufsagen; *(preghiera)* sprechen; *(messa)* lesen; **3.** *(significare)* heißen, bedeuten; **4.** *(pensare)* meinen; **5.** *(chiamare)* nennen; **~ bugie** lügen; **~ la sua** seine Meinung sagen; **dirle grosse** *fam* den Mund voll nehmen *fam;* **~ pane al pane** das Kind beim Namen nennen; **dir male di qu** jdm Übles nachsagen; **avere da ~ su qu** über jdn etw. zu sagen haben; **far ~ qc a qu** jdm etw. in den Mund legen; **lasciar ~** sprechen lassen; **a ~ il vero** um die Wahrheit zu sagen; **lo dicevo io!** das habe ich ja (gleich) gesagt!; **dico bene?** nicht wahr?; **mi lasci ~** lassen Sie mich ausreden; **dico sul serio** im Ernst; **vale a ~** will sagen, das heißt; **sarebbe a ~?** wie meinen Sie?; **come sarebbe a ~?** was soll das?, wie ist das gemeint?; **voler ~** bedeuten; **un film che non dice nulla** ein nichtssagender Film; **che ne dici del mio abito nuovo?** was sagst du zu meinem neuen Kleid?; **così dicendo** mit diesen Worten; **diciamo, ...** sagen wir mal ...; **da non dirsi** unsagbar; **dice di essere ammalato** er sagt, er sei krank; **si dice che sia molto ricco** man sagt, er sei sehr reich; **come si dice in tedesco?** wie heißt das auf deutsch?; **si direbbe che ...** man könnte (*o.* sollte) meinen, daß ...; **~ di sì/no** ja/nein sagen; **dica, signora?** Sie wünschen (, gnädige Frau)?, was darf es sein?; *v. a.* *detto;* **II.** *m* Sagen *n,* Reden *n,* Worte *n pl;* **il ~ è più facile del fare** das ist leichter gesagt als getan; **hai un bel ~** du hast gut reden; **stando al tuo ~** nach deinen Worten; **tra il ~ e il fare c'è di mezzo il mare** *prov* zwischen Tun und Sagen geht ein breiter Wagen *prov.*
diressi [di'rɛssi] *1. pers sing del passato remoto di* **dirigere.**
direttamente [diretta'mente] *adv* **1.** *(per via diretta)* geradewegs; **2.** *(senza interposizione)* unmittelbar.
direttissima [diret'tissima] *f* **1.** *(via più breve)* Schnellverbindung *f;* **2.** *(in alpinismo)* Direttissima *f;* **per ~** *jur* im Schnellverfahren.
direttiva [diret'ti:va] *f* Direktive *f,* Verhaltensregel *f.* **direttivo, -a** [...vo] **I.** *a* leitend, Leitungs-, Führungs-; **norme -e** Direktiven *f pl;* **II.** *m* Leitung *f,* Führung *f,* Vorstand *m.*
diretto, -a [di'rɛtto] **I.** *pp di* **dirigere; II.** *a* **1.** *gener.* direkt, unmittelbar; **2.** *(indirizzato)* (direkt) auf dem Weg (*a* in), gerichtet (*a* an); **3.** *(guidato)* geleitet, geführt; **complemento ~** Akkusativobjekt *n,* direktes Objekt; **discorso ~** direkte Rede; **raggio ~** *phys* ungebrochener Lichtstrahl; **trasmissione in -a** Direktübertragung *f,* Live-Sendung *f;* **III.** *m* **1.** (*ab* **D**) *(treno)* Eilzug *m;* **2.** *sport (pugilato)* Gerade *f.*
direttore, -trice [diret'to:re] **I.** *a* Leit-, Richt-; **principio ~** Leitsatz *m;* **II.** *m, f* Direktor(in) *m(f),* Leiter(in) *m(f);* **~ di banda** Kapellmeister *m;* **~ del coro** Chorleiter *m;* **~ d'orchestra** Orchesterleiter *m,* Dirigent *m;* **~ artistico** künstlerischer Leiter, Regisseur *m;* **~ didattico** Rektor *m (an Grund- u. Hauptschulen);* **~ responsabile** Herausgeber *m;* **~ spirituale** Oberhaupt *n;* **~ sportivo** Manager *m.* **direttoriale** [...to'ri̯a:le] *a* direktorial, Direktor-. **direttorio** [...'tɔ:ri̯o] ‹-ii› *m* Direktorium *n.*
direttrice[1] *f v.* **direttore.**
direttrice[2] [diret'tri:tʃe] *f* Leitlinie *f,* Richtung *f.*
direzionale [direttsi̯o'na:le] *a* **1.** *(relativo alla direzione)* Direktoren-, Direktions-; **2.** *(di direzione)* Richt-, Richtungs-; **centro ~** Geschäftszentrum *n,* City *f;* **microfono ~** Richtmikrophon *n.*
direzione [diret'tsi̯o:ne] *f* **1.** *(organo dirigente)* Leitung *f,* Direktion *f;*

2. *(senso)* Richtung *f;* ~ **amministrativa** Geschäftsleitung *f;* ~ **vietata** verbotene Fahrtrichtung; **in** ~ **di** in Richtung (auf *o.* zu); **sotto la** ~ **di** unter (der) Leitung von.

dirigente [diri'dʒɛnte] **I.** *a* führend, Führungs-, leitend; **classe** ~ Führungsschicht *f;* **II.** *mf* leitende(r) Angestellte(r) *mf;* ~ **sindacale** Gewerkschaftsführer(in) *m(f).* **dirigenza** [...'dʒɛntsa] *f* Führung *f,* Leitung *f.*

dirigere [di'ri:dʒere] ‹dirigo, dirigi, diressi, diretto› **I.** *tr* **1.** *(essere a capo)* leiten, führen; *mot, naut, fig* lenken; *mus* dirigieren; **2.** *(indirizzare)* richten (*verso* auf), lenken (*verso* auf); **II.** *rfl:* **-rsi** zugehen (*a, verso* auf), die Richtung einschlagen (*verso* zu); *(a. fig)* sich wenden (*a, verso* nach, zu).

dirigibile [diri'dʒi:bile] *m* Luftschiff *n.*

dirigismo [diri'dʒizmo] *m* Dirigismus *m.*

dirigo [di'ri:go] *1. pers sing pr di* **dirigere.**

dirimei [diri'me:i] *1. pers sing del passato remoto di* **dirimere.**

dirimente [diri'mɛnte] *a jur:* **impedimento matrimoniale** ~ Ehehindernis *n.*

dirimere [di'ri:mere] ‹dirimo, dirimei *o.* dirimetti, dirimuto› *tr poet* beilegen, schlichten.

dirimpettaio, -a [dirimpet'ta:i̯o] ‹-ai, -aie› *m, f fam* Gegenüber *n,* Visavis *n.* **dirimpetto** [...'pɛtto] **I.** *adv* gegenüber, vis-à-vis; **II.** *prp:* ~ **a** gegenüber (von) *dat,* vis-à-vis (von) *dat;* **III.** ‹*inv*› *a* gegenüberliegend.

dirimuto [diri'mu:to] *pp di* **dirimere.**

diritto [di'ritto] *m* **1.** *(complesso di norme)* Recht *n;* **2.** *(scienza)* Jura *f,* Rechtswissenschaft *f,* Rechte *n pl obs;* **3.** *(facoltà, pretesa)* Recht *n* (*di* auf), (Rechts)anspruch *m* (*di* auf), Berechtigung *f* (*di* zu); **4.** ‹*pl*› Gebühren *f pl,* Abgaben *f pl;* ~ **civile** Zivilrecht *n,* bürgerliches Recht; ~ **pubblico** öffentliches Recht; ~ **penale/privato** Straf-/Privatrecht *n;* ~ **di proprietà/sciopero/voto** Eigentums-/Streik-/Wahl-, Stimmrecht *n;* **-i d'autore** Urheberrechte *n pl;* **-i doganali** Zollsätze *m pl,* Zölle *m pl;* **il** ~ **del più forte** das Recht des Stärkeren; **i -i della ragione** Gerichtsgebühren *f pl;* ~ **di soggiorno** Aufenthaltsberechtigung *f;* **-i dell'uomo** (*o.* **degli umani**) Menschenrechte *n pl;* ~ **alla pensione** Rentenanspruch *m;* **rivendicare un** ~ einen Anspruch geltend machen; **avanzare dei -i** Gebühren erheben; **a** ~ mit Recht; **a buon** ~ mit gutem Recht; **di** ~ von Rechts wegen.

diritto, -a [di'ritto] **I.** *a* **1.** *gener.* gerade, aufrecht; **2.** *fig* geradlinig; *(onesto)* rechtschaffen, redlich; **3.** *rar* rechte(r, s); **rigar** ~ spuren *fam;* **tirar** ~ ohne Halt durchfahren; *fig* unbeirrt seinen Weg machen; **II.** *m* **1.** *(parte principale)* Vorderseite *f;* **2.** *sport* Vorhand *f.* **dirittura** [...'tu:ra] *f* **1.** *(linea retta)* Gerade *f;* **2.** *sport:* ~ **d'arrivo** Zielgerade *f;* **3.** *fig (rettitudine)* Geradlinigkeit *f;* *(onestà)* Rechtschaffenheit *f,* Redlichkeit *f;* **procedere in** ~ geradlinig vorgehen.

diroccare [dirok'ka:re] ‹dirocco, dirocchi› *tr* niederreißen. **diroccato, -a** [...'ka:to] *a* baufällig.

dirompente [dirom'pɛnte] *a:* **bomba** ~ Spreng-, Splitterbombe *f.*

dirottamente [dirotta'mente] *adv* in hohem Maß(e), heftig.

dirottamento [dirotta'mento] *m* Kursänderung *f,* -abweichung *f;* *(di un dirottatore)* Flugzeugentführung *f.* **dirottare** [...'ta:re] **I.** *tr* **1.** *(far deviare)* zur Kursänderung zwingen; **2.** *(deviare)* umleiten; **II.** *itr* vom Kurs abweichen, den Kurs ändern. **dirottatore, -trice** [...ta'to:re] *m, f* Luftpirat(in) *m(f),* Flugzeugentführer(in) *m(f).*

dirotto, -a [di'rotto] *a* heftig, stark; **a** ~ in hohem Maß(e), heftig.

dirozzare [dirod'dza:re] *tr* **1.** *(legno, marmo, etc.)* roh behauen (*o.* bearbeiten); **2.** *fig* formen; *(costumi, etc.)* verfeinern; *(popolo)* zivilisieren.

dirupo [di'ru:po] *m* abschüssiges Gelände.

disabilitare [dizabili'ta:re] *tr* abqualifizieren, für unfähig erklären.

disabitato, -a [dizabi'ta:to] *a* unbewohnt.

disabituare [dizabitu'a:re] **I.** *tr* abgewöhnen (*qu a qc* jdm etw.), entwöhnen (*qu a qc* jdn einer S. *gen*); **II.** *rfl:* **-rsi** sich *(dat)* abgewöhnen (*a qc* etw.), aufgeben (*a qc* etw.).

disaccordo [dizak'kɔrdo] *m* **1.** *mus* Mißklang *m,* Dissonanz *f;* **2.** *(contrasto)* Uneinigkeit *f.*

disadattamento [dizadatta'mento] *m* Unangepaßtheit *f,* fehlendes Anpassungsvermögen. **disadattato, -a** [...'ta:to] **I.** *a* unangepaßt, nicht anpassungsfähig; **II.** *m, f* unangepaßte (*o.* nicht anpassungsfähige) Person.

disadatto, -a [...a'datto] *a* ungeeignet (*per* für); *(persona a.)* unfähig (*a* zu).

disadorno, -a [diza'dorno] *a* schmucklos, schlicht.

disaffezionare [dizaffettsi̯o'na:re] **I.** *tr* entfremden (*da qc* einer S.), abgeneigt machen (*da qc* einer S.); **II.** *rfl:* **-rsi a** (*o.* **da) qu/qc** die Zuneigung zu jdm verlieren; das Interesse an jdm/etw. verlieren. **disaffezione** [...'tsi̯o:ne] *f (mancanza d'affetto)* Lieblosigkeit *f* (*da* gegenüber); *(mancanza d'interesse)* Abneigung *f* (*a, per* gegen).

disagevole [diza'dʒe:vole] *a* beschwerlich, mühselig.

disagiato, -a [diza'dʒa:to] *a* **1.** *(senza agio)* unbehaglich, unbequem; **2.** *(povero)* mittellos, ärmlich. **disagio** [di'za:dʒo] *m* Unbehagen *n* (*di* an); *(mancanza di comodità)* Unbequemlichkeit *f; (imbarazzo)* Verlegenheit *f;* **sentirsi a ~** sich unbehaglich fühlen.

disambientato, -a [dizambi̯en'ta:to] *a* unvertraut, fremd.

disamina [di'za:mina] *f* (gründliche) Prüfung *f.*

disamorare [dizamo'ra:re] **I.** *tr* verleiden (*qu da qc* jdm etw.), die Freude verderben (*qu da qc* jdm an etw.); **II.** *rfl:* **-rsi** die Lust (*o.* Freude *o.* Liebe) verlieren (*da* an). **disamorato, -a** [...'ra:to] *a* gleichgültig (*da, di* gegen, gegenüber), teilnahmslos. **disamore** [diza'mo:re] *m* Gleichgültigkeit *f* (*per, a* gegenüber), Teilnahmslosigkeit *f; (avversione)* Abneigung *f* (*per* gegen).

disappetenza [dizappe'tɛntsa] *f* Appetitlosigkeit *f.*

disapprovare [dizappro'va:re] *tr* mißbilligen, ablehnen. **disapprovazione** [...vat'tsi̯o:ne] *f* Mißbilligung *f,* Ablehnung *f.*

disappunto [dizap'punto] *m* Mißmut *m,* Unmut *m.*

disarcionare [dizartʃo'na:re] *tr* aus dem Sattel werfen.

disarmante [dizar'mante] *a* entwaffnend.

disarmare [dizar'ma:re] **I.** *tr* **1.** *(persone)* entwaffnen; *(fortezze)* wehrlos machen; **2.** *(edifici)* abrüsten; **3.** *(navi)* abtakeln; **4.** *fig* entwaffnen; **~ i remi** die Ruder einziehen; **II.** *itr* **1.** *pol* abrüsten; **2.** *fig (cedere)* nachgeben, aufgeben, die Waffen strecken *geh.* **disarmato, -a** [...'ma:to] *a* **1.** *(senza armi)* waffenlos, entwaffnet; **2.** *fig* wehrlos (*contro* gegen, gegenüber). **disarmo** [di'zarmo] *m* **1.** *(di forze militari)* Abrüstung *f;* **2.** *(di persone)* Entwaffnung *f;* **3.** *(di navi)* Abtakelung *f.*

disarmonia [dizarmo'ni:a] *f* Disharmonie *f,* Dissonanz *f.* **disarmonico, -a** [...'mɔ:niko] *a* **1.** *(non armonico)* disharmonisch, unharmonisch; **2.** *(privo di senso musicale)* unmusikalisch.

disarticolato, -a [dizartiko'la:to] *a* **1.** *med* abgetrennt; **2.** *fig* unartikuliert.

disastrare [dizas'tra:re] *tr* verwüsten, eine Katastrophe anrichten in (*o.* bei, *etc.*). **disastro** [di'zastro] *m* **1.** *(calamità)* (schweres) Unglück *n,* Katastrophe *f; mil* Niederlage *f;* **2.** *fig* Katastrophe *f; (disordine)* Chaos *n.* **disastroso, -a** [...'tro:so] *a* katastrophal, fürchterlich.

disattendere [dizat'tɛndere] ⟨*irr*⟩ *tr* mißachten, nicht beachten.

disattento, -a [dizat'tɛnto] *a* unaufmerksam. **disattenzione** [...ten'tsi̯o:ne] *f* **1.** *(mancanza d'impegno, di riguardo)* Unaufmerksamkeit *f;* **2.** *(svista)* Unachtsamkeit *f,* Versehen *n; (errore)* Versehen *n,* Irrtum *m.*

disattivare [dizatti'va:re] *tr* entschärfen.

disavanzo [diza'vantso] *m* Verlust *m,* Fehlbetrag *m,* Defizit *n.*

disavvedutezza [dizavvedu'tettsa] *f* Unvorsichtigkeit *f,* Unbedachtheit *f.* **disavveduto, -a** [...'du:to] *a* unvorsichtig, unbedacht.

disavventura [dizavven'tu:ra] *f* Unglück *n,* Mißgeschick *n.*

disavvertenza [dizavver'tɛntsa] *f* Unachtsamkeit *f,* Versehen *n.*

disavvezzare [dizavvet'tsa:re] *tr* abgewöhnen (*qu a qc* jdm etw.), entwöhnen (*qu a qc* jdn einer S.).

disbrigo [diz'bri:go] ⟨-ghi⟩ *m* (rasche) Erledigung *f.*

discanto [dis'kanto] *m* Diskant *m.*

discapito [dis'ka:pito] *m geh* Nachteil *m,* Schaden *m.*

discarica [dis'ka:rika] *f* **1.** *(per rifiuti)* (Schutt)abladeplatz *m,* (Müll)deponie *f;* **2.** *(da nave)* Ausladung *f,* Löschung *f.*

discarico [dis'ka:riko] *m fig* Entlastung *f;* **testimone a ~** Entlastungszeuge *m.*

discendente [diʃʃen'dɛnte] **I.** *a* absteigend, fallend, Abwärts-; **II.** *mf* Nachkomme *m.* **discendenza** [...'dɛntsa] *f* **1.** *(origine)* Abstammung *f;* **2.** *(discendenti)* Nachkommenschaft *f.*

discendere [diʃ'ʃendere] ⟨*irr*⟩ **I.** *itr* **1.** *(provenire)* abstammen (*da* von); **2.** *(venire giù, scendere)* hinunter-, hinabsteigen (*in* in); herunter-, herabsteigen (*da* von); *(da veicolo)* aussteigen; *(da cavallo, bicicletta)* absteigen; **3.** *fig (abbassarsi)* abfallen, sich senken; *(prezzi, temperatura)* sinken, fallen; **II.** *tr* hinabsteigen, hinuntergehen. **discensionale** [...nsi̯o'na:le] *a* nach unten gerichtet.

discepolo, -a [diʃ'ʃe:polo] *m, f* **1.** *geh (alunno)* Schüler(in) *m(f)*, Jünger *m geh;* **2.** *(seguace)* Anhänger(in) *m(f)*, Jünger *m geh;* **3.** *rel* Jünger *m.*

discernere [diʃ'ʃɛrnere] ⟨discerno, discernei, *senza pp*⟩ *tr* **1.** *(distinguere)* auseinanderhalten, unterscheiden; **2.** *(scorgere)* (klar) erkennen. **discernimento** [...ʃerni'mento] *m* Unterscheidungsvermögen *n; (giudizio)* Urteilsvermögen *n*, Vernunft *f.*

discesa [diʃ'ʃe:sa] *f* **1.** *(il venire giù)* Absteigen *n*, Abstieg *m; (da cavallo)* Absitzen *n; (da veicolo)* Aussteigen *n;* **2.** *(pendenza)* Gefälle *n*, Abhang *m;* **3.** *(invasione)* Einfall *m;* **4.** *sport* Abfahrt *f;* **5.** *(in ascensore)* Abwärtsfahrt *f;* **6.** *(abbassamento)* Sinken *n*, Fallen *n;* ~ **libera** Abfahrtslauf *m.* **discesismo** [...ʃe'sizmo] *m* Abfahrtslauf *m.* **discesista** [...ʃe'sista] ⟨-i *m*, -e *f*⟩ *mf* Abfahrtsläufer(in) *m(f).*

dischiudere [dis'ki̯u:dere] ⟨*irr*⟩ *tr* **1.** *(schiudere)* aufmachen; *(occhi a.)* aufschlagen; **2.** *fig* öffnen, erschließen.

discinto, -a [diʃ'ʃinto] *a poet* nachlässig gekleidet.

disciogliere [diʃ'ʃɔʎʎere] ⟨*irr*⟩ **I.** *tr* **1.** *(liquefare, stemperare)* auflösen; *(neve)* schmelzen; **2.** *(liberare)* befreien; **II.** *rfl:* **-rsi** sich auflösen.

disciplina [diʃʃi'pli:na] *f* **1.** *(ordine)* Disziplin *f;* **2.** *(materia di studio)* Disziplin *f*, (Unterrichts)fach *n.*

disciplinare[1] [diʃʃipli'na:re] **I.** *a* disziplinarisch, Disziplinar-; **sanzioni -i** Disziplinarmaßnahmen *f pl;* **II.** *m* Ordnung *f*, Bestimmungen *f pl.*

disciplinare[2] [diʃʃipli'na:re] *tr* **1.** *(regolare)* regeln, ordnen; **2.** *fig* disziplinieren *geh*, bezwingen. **disciplinato, -a** [...'na:to] *a* diszipliniert.

disc-jockey ['dıskdʒɔki] ⟨-⟩ *mf* Diskjockey *m.*

disco ['disko] ⟨-schi⟩ *m* **1.** *gener.* Scheibe *f;* **2.** *(di fonografo)* (Schall)platte *f;* **3.** *sport* Diskus *m;* **4.** *ferr* Signalscheibe *f;* **5.** *tel:* ~ **combinatore** Wählscheibe *f*, Nummernscheibe *f;* ~ **magnetico** *inform* Magnetplatte *f;* ~ **microsolco** Langspielplatte *f;* ~ **orario** Parkscheibe *f;* ~ **rosso/verde** rotes/grünes Licht(signal); ~ **volante** fliegende Untertasse; ~ **sul ghiaccio** Eishockeyscheibe *f*, Puck *m;* **zona** ~ blaue Zone *(in der mit Parkscheibe geparkt werden darf);* **lancio del** ~ Diskuswurf *m*, Diskuswerfen *n;* **ernia del** ~ Bandscheibenvorfall *m;* **cambiare** ~ *fig* eine neue (*o.* andere) Platte auflegen *fam.* **discobolo** [...'kɔ:bolo] *m* Diskuswerfer(in) *m(f).* **discografia** [...kogra'fi:a] *f* **1.** *(tecnica)* Schallplattenproduktion *f;* **2.** *(elenco)* Diskographie *f.* **discografico, -a** [...ko'gra:fiko] **I.** *a* Schallplatten-; **II.** *m, f* Beschäftigte(r) *mf* in der Schallplattenindustrie.

discoide [dis'kɔ:ide] **I.** *a* scheibenförmig; **II.** *m* Dragée *n.*

discolo, -a ['diskolo] **I.** *a* ungezogen, frech; **età -a** Flegeljahre *n pl;* **II.** *m, f* Bengel *m*, Lausejunge *m.*

discolpa [dis'kolpa] *f* Entlastung *f;* Rechtfertigung *f;* **a mia** ~ zu meiner Entlastung (*o.* Rechtfertigung). **discolpare** [...'pa:re] **I.** *tr* entschuldigen; *jur* entlasten; *(dall'accusa)* befreien; **II.** *rfl:* **-rsi** sich rechtfertigen, sich entschuldigen.

disconoscere [disko'noʃʃere] ⟨*irr*⟩ *tr* nicht anerkennen. **disconoscimento** [...ʃi'mento] *m* Nichtanerkennung *f*, Nichtanerkennen *n.*

discontinuità [diskontinui'ta] *f* **1.** *(mancanza di continuità)* Diskontinuität *f; (interruzione)* Unterbrechung *f;* **2.** *fig* Unbeständigkeit *f*, Unstetigkeit *f.* **discontinuo, -a** [...'ti:nuo] *a* **1.** *(non continuo)* unterbrochen, mit Unterbrechungen, diskontinuierlich *geh;* **2.** *(non costante)* unbeständig, unstet.

discordante [diskor'dante] *a* nicht zusammenstimmend, disharmonisch; *(opposto)* gegensätzlich. **discordanza** [...'dantsa] *f* Diskordanz *f*, Mißklang *m.*

discordare [diskor'da:re] *itr* disharmonieren, nicht zusammenstimmen; *(persone, opinioni)* nicht übereinstimmen (*su qc da qu* mit jdm in etw.). **discorde** [...'kɔrde] *a* gegensätzlich, widersprüchlich. **discordia** [...'kɔrdi̯a] ⟨-ie⟩ *f* Zwietracht *f*, Uneinigkeit *f;* **pomo della** ~ Zankapfel *m.*

discorrere [dis'korrere] ⟨*irr*⟩ *itr* sich unterhalten (*di* über), reden (*di* über). **discorsivo, -a** [...kor'si:vo] *a* **1.** *(relativo al discorso)* Rede-, Gesprächs-; **2.** *(loquace)* gesprächig. **discorso** [...'korso] *m* Unterhaltung *f*, Gespräch *n; (a. gram)* Rede *f; (esposizione orale)* Ansprache *f*, Rede *f; (conferenza)* Diskussion *f;* ~ **inaugurale** Eröffnungsansprache *f;* **attaccar** ~ eine Unterhaltung anfangen; **pronunciare un** ~ eine Rede halten; **il ~ cadde su di te** dann war die Rede von dir; **questo è un altro ~** das ist etw. (ganz) anderes.

discostare [diskos'ta:re] **I.** *tr* ab-, wegrücken; **II.** *rfl:* **-rsi** sich entfernen (*da* von), abweichen (*da* von). **discosto, -a** [...'kɔsto] **I.** *a* abgelegen (*da* von), entfernt liegend; **II.** *adv* weit, abseits.

discoteca [disko'tɛ:ka] *f* **1.** *(locale)* Diskothek *f;* **2.** *(collezione)* Schallplattensammlung *f.*

discreditare [diskredi'ta:re] **I.** *tr* in Verruf bringen, diskreditieren; **II.** *rfl:* **-rsi** in Verruf kommen, sich diskreditieren. **discredito** [...'kre:dito] *m* Mißkredit *m;* **gettare il ~ su qu** jdn in Verruf (*o.* Mißkredit) bringen.

discrepanza [diskre'pantsa] *f* Widersprüchlichkeit *f,* Diskrepanz *f.*

discretamente [diskreta'mente] *adv* ziemlich.

discreto, -a [dis'kre:to] *a* **1.** *(sufficiente)* ausreichend, genügend; **2.** *(moderato)* mäßig, bescheiden; **3.** *(abbastanza buono)* ziemlich gut, ganz gut; **4.** *(di tatto)* taktvoll, diskret.

discrezionale [diskrettsi̯o'na:le] *a jur* Ermessens-; **potere ~** Ermessensfreiheit *f.* **discrezionalità** [...nali'ta] ⟨-⟩ *f* Ermessensfreiheit *f,* Ermessen *n.*

discrezione [diskret'tsi̯o:ne] *f* **1.** *(fatto)* Diskretion *f; (senso della misura)* Maß *n;* **2.** *(libertà di agire)* Ermessen *n,* Gutdünken *n;* **3.** *(facoltà di discernere)* Urteilsfähigkeit *f;* **l'età della ~** das Alter der Vernunft; **essere alla ~ di qu** von jds Ermessen (*o.* Willen) abhängig sein; **senza ~** taktlos, indiskret; **a ~** nach Belieben; **resa a ~** bedingungslose Kapitulation.

discriminante [diskrimi'nante] **I.** *a jur:* **circostanza ~** Strafmilderungsgrund *m,* mildernder Umstand; **II.** *m mat* Diskriminante *f;* **III.** *f jur* Strafmilderungsgrund *m,* mildernder Umstand.

discriminare [diskrimi'na:re] *tr* **1.** *gener.* unterschiedlich behandeln, unterscheiden; **2.** *jur (crimine)* entkriminalisieren; *(persone)* entlasten. **discriminatorio, -a** [...na'tɔ:ri̯o] ⟨-i, -ie⟩ *a* unterscheidend; *pol* diskriminierend. **discriminazione** [...nat'tsi̯o:ne] *f* Unterscheidung *f; pol, pej* Diskriminierung *f;* **~ razziale** Rassendiskriminierung *f.*

discussi [dis'kussi] *1. pers sing del passato remoto di* **discutere.**

discussione [diskus'si̯o:ne] *f* Diskussion *f,* Erörterung *f,* Aussprache *f; pol* Debatte *f; (litigio)* Auseinandersetzung *f,* Streit *m,* Streiterei *f.*

discusso, -a [dis'kusso] *a* umstritten.

discutere [dis'ku:tere] ⟨discuto, discussi, discusso⟩ **I.** *tr* **1.** *(col fine di prendere una decisione)* diskutieren, besprechen, erörtern; **2.** *(contestare)* bestreiten, bezweifeln; **II.** *itr* **1.** *(conversare)* diskutieren (*di, su* über), debattieren (*su* über); **2.** *(litigare)* heftig diskutieren (*di* über), (sich) streiten (*di* über). **discutibile** [...ku'ti:bile] *a* **1.** *(da discutere)* diskutabel, strittig; **2.** *(incerto)* umstritten, zweifelhaft, fragwürdig. **discuto** [...'ku:to] *1. pers sing pr di* **discutere.**

disdegnare [dizdeɲ'ɲa:re] *tr* verschmähen. **disdegno** [...'deɲɲo] *m* Geringschätzung *f,* Verachtung *f.* **disdegnoso, -a** [...'ɲo:so] *a poet* **1.** *(sprezzante)* geringschätzig, verächtlich; **2.** *(fiero)* hochmütig.

disdetta [diz'detta] *f* **1.** *(sfortuna)* Pech *n,* Mißgeschick *n;* **2.** *(di contratto)* Kündigung *f.* **disdettare** [...'ta:re] *tr* kündigen.

disdicevole [dizdi'tʃe:vole] *a poet* unziemlich *geh,* unschicklich *geh.*

disdire [diz'di:re] ⟨*irr*⟩ **I.** *tr* **1.** *jur* kündigen; **2.** *(ritrattare)* zurücknehmen, widerrufen; **3.** *(non rispettare)* absagen; **4.** *(annullare)* rückgängig machen, stornieren; **II.** *rfl:* **-rsi** sich *(dat)* widersprechen.

disdoro [diz'dɔ:ro] *m poet* Schmach *f geh,* Schande *f.*

diseducativo, -a [dizeduka'ti:vo] *a* unpädagogisch.

disegnare [diseɲ'ɲa:re] *tr* **1.** *(tracciando linee)* zeichnen; **2.** *(descrivere)* beschreiben, skizzieren; **3.** *(progettare)* konzipieren, planen; *(col disegno)* entwerfen; **4.** *fig (avere in animo)* planen, vorhaben, sich *(dat)* vornehmen. **disegnatore, -trice** [...ɲa'to:re] *m, f* Zeichner(in) *m(f).*

disegno [di'seɲɲo] *m* **1.** *(rappresentazione grafica)* Zeichnung *f,* Bild *n;* **2.** *fig (abbozzo)* Entwurf *m,* Skizze *f;* **3.** *(motivo ornamentale)* Muster *n;* **4.** *(arte)* Zeichnen *n,* Zeichenkunst *f;* **5.** *fig (intenzione)* Plan *m;* **~ di legge** (*ab* **D.D.L.**) Gesetzesvorlage *f,* Gesetzentwurf *m;* **~ animato** Zeichentrickfilm *m;* **tessuto a -i** gemusterter Stoff; **fare -i** Pläne schmieden.

diseguale [dize'gu̯a:le] *v.* **disuguale.**

diserbante [dizer'bante] *m* Unkrautbekämpfungsmittel *n.*

diserbare [dizer'ba:re] *tr* Unkraut jäten auf, Unkraut entfernen von.

diseredare [dizere'da:re] *tr* enterben.

diseredazione [...dat'tsio:ne] *f* Enterbung *f.*

disertare [dizer'ta:re] **I.** *itr* **1.** *mil* Fahnenflucht begehen, desertieren; **2.** *fig* abfallen (*da* von), abtrünnig werden; **II.** *tr* verlassen. **disertore** [...'to:re] *m* **1.** *mil* Fahnenflüchtige(r) *m,* Deserteur *m;* **2.** *fig* Abtrünnige(r) *m.* **diserzione** [...r'tsio:ne] *f* **1.** *mil* Fahnenflucht *f,* Desertion *f;* **2.** *fig* Abtrünnigkeit *f,* Abfall *m.*

disfacimento [disfatʃi'mento] *m* **1.** *(decomposizione)* Auflösung *f; (di cadavere)* Verwesung *f;* **2.** *fig (sfacelo)* Auflösung *f,* Zerrüttung *f.* **disfare** [...'fa:re] ‹*irr*› **I.** *tr* **1.** *(scomporre)* auflösen; *(distruggere)* zerstören; *(letto)* auf-, abdecken; *(smontare)* auseinandernehmen, zerlegen; **2.** *(sciogliere)* zergehen lassen, schmelzen: **3.** *fig (casa)* auflösen; **II.** *rfl:* **-rsi 1.** *(andare in pezzi)* zerstört werden, kaputtgehen; *fig* aufgelöst werden; *(sciogliersi)* schmelzen; **2.** *(liberarsi)* sich entledigen; **~rsi in pianto** in Tränen ausbrechen.

disfatta [dis'fatta] *f* Niederlage *f.*

disfattismo [...'tizmo] *m* Defätismus *m.* **disfattista** [...'tista] ‹-i *m,* -e *f*› **I.** *a* defätistisch; **II.** *mf* Defätist(in) *m(f).*

disfavore [disfa'vo:re] *m:* **a ~ di** zu Ungunsten (*o.* zum Nachteil) von.

disfida [dis'fi:da] *f poet* Herausforderung *f.*

disfunzione [disfun'tsio:ne] *f* **1.** *med* Funktionsstörung *f;* **2.** *gener., tec* schlechtes Funktionieren.

disgelare [dizdʒe'la:re] **I.** *tr* ‹*avere*› erwärmen; *(liberare dal ghiaccio)* auftauen; **II.** *itr* ‹*essere o. avere*› , *rfl:* **-rsi** (auf)tauen. **disgelo** [...'dʒɛ:lo] *m* **1.** *meteo* (Auf)tauen *n;* **2.** *fig pol* Tauwetter *n.*

disgiungere [dis'dʒundʒere] ‹*irr*› *tr poet* trennen, scheiden *poet.* **disgiuntivo, -a** [...n'ti:vo] *a* trennend, Trenn-; *gram* disjunktiv. **disgiunzione** [...n'tsio:ne] *f* Trennung *f.*

disgrazia [diz'grattsia] *f* **1.** *(sventura)* Unglück *n,* Pech *n;* **2.** *(sfavore)* Ungnade *f;* **3.** *(incidente)* Unglücksfall *m,* Unglück *n;* **4.** *(scalogna)* unglücklicher Zufall; **essere perseguitato dalla ~** vom Pech verfolgt sein; **per ~** unglücklicherweise; **le -ie non vengono mai sole, le disgrazie vengono a 3 per volta** *prov* ein Unglück kommt selten allein *prov.* **disgraziata** *f v.* **disgraziato. disgraziatamente** [-ta'mente] *adv* unglücklicherweise, unglückseligerweise. **disgraziato, -a** [...'tsia:to] **I.** *a* unglücklich, unglückselig; **essere ~ al gioco** Pech im Spiel haben; **II.** *m, f* **1.** *(persona sfortunata)* Pechvogel *m,* Unglücksrabe *m; (persona deplorevole)* Unglückselige(r) *mf;* **2.** *fam (persona minorata)* Unglückliche(r) *mf.*

disgregabile [dizgre'ga:bile] *a* auflösbar.

disgregamento [dizgrega'mento] *m* Zerfall *m,* Auflösung *f.* **disgregare** [...'ga:re] ‹disgrego, disgreghi› **I.** *tr* **1.** *(frantumare)* auseinanderbrechen (lassen), zersplittern; **2.** *fig* auflösen, zersetzen; **II.** *rfl:* **-rsi 1.** *(andare in pezzi)* auseinandergehen, zersplittern; **2.** *fig* sich auflösen, zerbröckeln, sich zersetzen. **disgregatore, -trice** [...ga'to:re] **I.** *a* auflösend, zersetzend; **II.** *m, f* zersetzender Faktor. **disgregazione** [...gat'tsio:ne] *f* Zersetzung *f,* Auflösung *f; (~ meteorica)* Verwitterung *f.*

disguido [diz'gui:do] *m* **1.** *(postale)* Fehlleitung *f,* Fehlzustellung *f;* **2.** *(svista)* Versehen *n.*

disgustare [dizgus'ta:re] **I.** *tr* **1.** *(dare disgusto)* anwidern, zuwider sein (*qu* jdm); **2.** *fig* abstoßen; **II.** *rfl:* **-rsi** Widerwillen empfinden (*di* bei), angeekelt (*o.* angewidert) sein (*di* von); **-rsi con qu** sich mit jdm überwerfen. **disgusto** [...'gusto] *m* Widerwille *m* (*per* gegen), Abscheu *m* (*per* vor), Ekel *m* (*per* vor). **disgustoso, -a** [...'to:so] *a* **1.** *(nauseante)* ekelerregend; *(cibo a.)* unappetitlich; **2.** *fig* abstoßend, ekelhaft, widerlich.

disidratare [dizidra'ta:re] *tr* **1.** *gener.* Wasser entziehen (*qc* einer S. *gen*), dehydratisieren *scient;* **2.** *(alimenti)* trocknen, dörren. **disidratato, -a** [...'ta:to] *a* **1.** *(alimenti)* getrocknet, Trocken-, Dörr-; **2.** *(organismo)* ausgetrocknet. **disidratazione** [...tat'tsio:ne] *f* **1.** *gener.* Wasserentzug *m,* Dehydratation *f scient;* **2.** *(alimentare)* Trocknen *n,* Dörren *n.*

disilludere [dizil'lu:dere] ‹*irr*› **I.** *tr* ernüchtern, enttäuschen; **II.** *rfl:* **-rsi** ernüchtert (*o.* enttäuscht) werden. **disillusione** [...lu'zio:ne] *f* Ernüchterung *f,* Enttäuschung *f.*

disimballare [dizımbal'la:re] *tr* auspacken.

disimparare [dizimpa'ra:re] *tr* verlernen.

disimpegnare [dizimpeɲ'ɲa:re] **I.** *tr* **1.** *(liberare)* befreien; *fig (da impegno, promessa)* entbinden; **2.** *(adempiere)* erledigen, erfüllen; *(ufficio)* ausüben; **3.** *(pegno)* ein-, auslösen;

4. *mil* entsetzen, befreien; ~ **le stanze con un corridoio** die Zimmer über einen Flur zugänglich machen; **II.** *rfl:* **-rsi 1.** *(liberarsi)* sich befreien, sich losmachen; **2.** *(cavarsela)* fertig werden (*in* mit). **disimpegnato, -a** [...'ɲa:to] *a* **1.** *(locale)* frei zugänglich; **2.** *fig, pol* nicht engagiert. **disimpegno** [...'peɲɲo] *m* **1.** *(di mansioni)* Erledigung *f,* (Aufgaben)erfüllung *f;* **2.** *(di pegno)* Ein-, Auslösung *f;* **3.** *mil* Entsetzung *f,* Befreiung *f;* **4.** *pol* fehlendes Engagement.

disimpiego [dizim'pi̯ɛ:go] *m* Arbeitslosigkeit *f; (lavoro ridotto)* Unterbeschäftigung *f.*

disincagliare [diziŋkaʎ'ʎa:re] **I.** *tr* **1.** *naut* flottschleppen, flottmachen; **2.** *fig* wiederbeleben, wieder in Gang kommen; **II.** *rfl:* **-rsi 1.** *naut* flottkommen; **2.** *fig* freikommen, herauskommen. **disincaglio** [...'kaʎʎo] *m* Flottmachen *n.*

disincantato, -a [diziŋkan'ta:to] *a* **1.** *(disilluso)* nicht mehr verzaubert; **2.** *fig (smaliziato)* ernüchtert. **disincanto** [...'kanto] *m* **1.** *(da influsso magico)* Entzauberung *f;* **2.** *fig* Ernüchterung *f.*

disincentivo [dizintʃen'ti:vo] *m* Beschränkung *f,* Einschränkung *f.*

disinfestare [dizinfes'ta:re] *tr* entwesen, von Ungeziefer befreien. **disinfestazione** [...tat'tsi̯o:ne] *f* Entwesung *f.*

disinfettante [dizinfet'tante] **I.** *a* desinfizierend; **II.** *m* Desinfektionsmittel *n.* **disinfettare** [...'ta:re] *tr* desinfizieren. **disinfezione** [...t'tsi̯o:ne] *f* Desinfektion *f.*

disingannare [diziŋgan'na:re] **I.** *tr* die Augen öffnen (*qu* jdm); *(deludere)* enttäuschen, ernüchtern; **II.** *rfl:* **-rsi** seine Illusionen aufgeben. **disinganno** [...'ganno] *m* Enttäuschung *f.*

disinibito, -a [dizini'bi:to] **I.** *a* unbefangen, ungehemmt; **II.** *m, f* unbefangener Mensch.

disinnescare [dizinnes'ka:re] *tr (a. fig)* entschärfen. **disinnesco** [...'nesko] *m (a. fig)* Entschärfung *f.*

disinnestare [dizınnes'ta:re] *tr tec (frizione)* auskuppeln; *(marcia)* herausnehmen; *el (spina)* herausziehen.

disinserire [dizinse'ri:re] *tr* ab-, ausschalten.

disintegrare [dizinte'gra:re] **I.** *tr* **1.** *(ridurre in frammenti)* zertrümmern, zerkleinern; **2.** *phys* spalten; **II.** *rfl:* **-rsi 1.** *(ridursi in frammenti)* zertrümmert (*o.* zerkleinert) werden; **2.** *phys* sich spalten, zerfallen. **disintegratore** [...ra'to:re] *m* Desintegrator *m.* **disintegrazione** [...rat'tsi̯o:ne] *f* **1.** *gener.* Zertrümmerung *f,* Zerkleinerung *f;* **2.** *phys* Spaltung *f,* Zerfall *m.*

disinteressamento [dizinteressa'mento] *m* Interesselosigkeit *f,* Desinteresse *n* (*per* an). **disinteressare** [...'sa:re] **I.** *tr* das Interesse nehmen (*qu a qc* jdm an etw.); **II.** *rfl:* **-rsi** kein Interesse haben (*di* an), sich nicht interessieren (*di* für); *(smettere di interessarsi)* das Interesse verlieren (*di* an). **disinteressato, -a** [...'sa:to] *a* **1.** *(senza interesse)* uninteressiert, desinteressiert; **2.** *(senza interesse personale)* uneigennützig. **disinteresse** [...'rɛsse] *m* **1.** *(imparzialità)* Unvoreingenommenheit *f;* **2.** *(noncuranza)* Desinteresse *n* (*per* an), Gleichgültigkeit *f* (*per* gegenüber), Interesselosigkeit *f;* **3.** *(generosità)* Uneigennützigkeit *f.*

disintossicare [dizintossi'ka:re] **I.** *tr* entgiften; **II.** *rfl:* **-rsi** den Körper entschlacken. **disintossicazione** [...kat'tsi̯o:ne] *f* Entgiftung *f.*

disinvolto, -a [dizin'vɔlto] *a* **1.** *(privo di timidezza)* unbefangen, ungezwungen; **2.** *pej (sfacciato)* frech, unverfroren. **disinvoltura** [...vol'tu:ra] *f* **1.** *(franchezza)* Unbefangenheit *f,* Ungezwungenheit *f;* **2.** *pej (sfacciataggine)* Frechheit *f,* Unverfrorenheit *f.*

disistima [dizis'ti:ma] *f* Geringschätzung *f,* Mißachtung *f.*

dislivello [dizli'vɛllo] *m* **1.** *(differenza di livello)* Höhenunterschied *m;* **2.** *fig* Unterschied *m;* ~ **tra classi sociali** Klassenunterschied *m.*

dislocamento [dizloka'mento] *m* **1.** *mil* Dislozieren *n;* **2.** *naut* Wasserverdrängung *f.* **dislocare** [...'ka:re] *tr* **1.** *mil* dislozieren; **2.** *naut* verdrängen. **dislocazione** [...kat'tsi̯o:ne] *f* **1.** *mil* Dislozierung *f;* **2.** *(collocazione)* Umsetzung *f,* Verlegung *f; (posizione)* Aufstellung *f;* **3.** *geol* Dislokation *f.*

dismisura [dizmi'zu:ra] *f:* **a** ~ maßlos, übermäßig.

disobbediente [dizobbe'di̯ɛnte] *etc. v.* **disubbidiente** *etc.*

disobbligare [dizobbli'ga:re] **I.** *tr* entbinden; **II.** *rfl:* **-rsi** sich revanchieren (*con* bei, *per* für), sich erkenntlich zeigen (*con* bei, *per* für).

disoccupato, -a [dizokku'pa:to] **I.** *a* **1.** *(senza lavoro)* arbeitslos; **2.** *geh (ozioso)* müßig *geh;* **II.** *m, f* Arbeitslose(r) *mf.* **disoccupazione** [...pat'tsi̯o:ne] *f* Arbeitslosigkeit *f.*

disonestà [dizones'ta] *f* Unehrlichkeit *f,* Unredlichkeit *f.* **disonesto, -a** [...'nɛsto] *a* **1.** *(privo di onestà)* unehrlich, unredlich; **2.** *(immorale)* unanständig.

disonorare [dizono'ra:re] **I.** *tr* entehren; **II.** *rfl:* **-rsi** seine Ehre verlieren. **disonore** [...'no:re] *m* **1.** *(perdita dell'onore)* Verlust *m* der Ehre; **2.** *(vergogna)* Schande *f; (fig a.)* Schandfleck *m.* **disonorevole** [...no're:vole] *a* unehrenhaft, entehrend.

disopra, di sopra [di'so:pra] **I.** *adv* oben, darauf; *(moto)* nach oben; *(nella parte superiore)* darüber; **II.** ‹*inv*› *a* obere(r, s), darüberliegend; **III.** ‹-› *m* Oberseite *f,* Außenseite *f; (parte)* oberer Teil; **essere al ~ di ogni cosa** über den Dingen stehen; **essere al ~ di ogni sospetto** über jeden Verdacht erhaben sein.

disordinare [dizordi'na:re] *tr* in Unordnung bringen; *(fig a.)* durcheinanderbringen. **disordinato, -a** [...'na:to] **I.** *a* **1.** *(scompigliato)* ungeordnet; **2.** *(privo di modo)* unordentlich, ungeregelt; **3.** *(privo di misura)* unmäßig; **II.** *m, f* unordentliche Person.

disordine [di'zordine] *m* **1.** *(scompiglio)* Unordnung *f,* Durcheinander *n;* **2.** *(situazione confusa)* Durcheinander *n;* **3.** *(sregolatezza)* Unmäßigkeit *f;* **4.** ‹*pl*› *(tumulti)* Unruhen *f pl;* **in ~** ungeordnet, in Unordnung.

disorganico, -a [dizor'ga:niko] *a* unorganisch.

disorganizzare [dizorganid'dza:re] **I.** *tr* desorganisieren, zerrütten; **II.** *rfl:* **-rsi** sich auflösen. **disorganizzazione** [...dzat'tsi̯o:ne] *f* Organisationsmangel *m.*

disorientamento [dizori̯enta'mento] *m* Verwirrung *f,* Desorientierung *f.* **disorientare** [...'ta:re] **I.** *tr* **1.** *(nella direzione)* in die Irre führen; **2.** *fig* verwirren; **II.** *rfl:* **-rsi 1.** *(nella direzione)* sich verirren, die Orientierung verlieren; **2.** *fig* die Orientierung verlieren, in Verwirrung geraten.

disormeggiare [dizormed'dza:re] *tr* die Leinen losmachen.

disossare [dizos'sa:re] *tr* entbeinen.

disossidante [dizossi'dante] **I.** *a* desoxidierend; **II.** *m* Reduktionsmittel *n.*

disossidare [dizossi'da:re] *tr* desoxidieren. **disossidazione** [...dat'tsi̯o:ne] *f* Desoxidation *f.*

disotto, di sotto [di'sotto] **I.** *adv* unten; *(moto)* nach unten; *(nella parte inferiore)* darunter; **II.** ‹*inv*› *a* untere(r, s), darunterliegend; **III.** ‹-› *m* Unterseite *f,* Innenseite *f; (parte)* unterer Teil; **al ~ del livello del mare** unter dem Meeresspiegel; **rimanere al ~ di qu** *fig* jdm unterlegen sein.

dispaccio [dis'pattʃo] ‹-cci› *m* Botschaft *f,* Bericht *m;* **~ telegrafico** Telegramm *n.*

disparato, -a [dispa'ra:to] *a* ungleichartig, verschieden.

disparere [dispa're:re] *m* Meinungsunterschied *m.*

dispari ['dispari] ‹*inv*› *a* ungleich; *mat* ungerade. **disparità** [-'ta] *f* Ungleichheit *f,* Verschiedenheit *f.*

disparte [dis'parte] *adv:* **in ~** beiseite, abseits; **lasciare qc in ~** etw. beiseite lassen; **tenersi** (*o.* **starsene) in ~** abseits stehen.

dispendio [dis'pɛndi̯o] ‹-i› *m* großer Aufwand; *pej* Verschwendung *f;* **~ di energie** Energieverschwendung *f.* **dispendioso, -a** [...pen'di̯o:so] *a* aufwendig, kostspielig.

dispensa [dis'pɛnsa] *f* **1.** *(fascicolo)* (Einzel)ausgabe *f,* Lieferung *f;* **2.** *(esonero)* Freistellung *f,* Befreiung *f;* **3.** *(mobile)* Anrichte *f;* **4.** *(stanzino)* Vorrats-, Speisekammer *f;* **~ universitaria** Skript *n;* **~ matrimoniale** Ehedispens *f;* **~ di bordo** Pantry *f.* **dispensare** [dispen'sa:re] *tr* **1.** *(distribuire)* aus-, verteilen; **2.** *(esonerare)* befreien, freistellen; *adm* suspendieren. **dispensatore, -trice** [...sa'to:re] *m, f* Spender(in) *m(f).* **dispenser** [dɪ'spensə] ‹-› *m* Spender *m.* **dispensiere, -a** [dispen'si̯ɛ:re] *m, f* Verwalter(in) *m(f)* (eines Lebensmittelvorrats); *naut* Proviantmeister *m.*

disperare [dispe'ra:re] **I.** *itr* verzweifeln (*di* an), die Hoffnung verlieren (*o.* aufgeben) (*di* auf); **far ~ qu** jdn zur Verzweiflung bringen; **II.** *rfl:* **-rsi** verzweifeln (*per* an), in Verzweiflung geraten (*per* über). **disperato, -a** [...'ra:to] **I.** *a* **1.** *(senza speranza)* verzweifelt, hoffnungslos; **2.** *(rischioso)* verzweifelt, Verzweiflungs-; **caso ~** hoffnungsloser Fall; **impresa -a** Verzweiflungstat *f;* **II.** *m, f* Verzweifelte(r) *mf,* Hoffnungslose(r) *mf;* **è un povero ~** *fam* er ist ein armer Schlucker *fam;* **lavorare come un ~** *fam* wie ein Wilder arbeiten *fam.* **disperazione** [...rat'tsi̯o:ne] *f* **1.** *(mancanza di speranza)* Verzweiflung *f,* Hoffnungslosigkeit *f;* **2.** *(che fa disperare)* Elend *n,* Unglück *n;* **il coraggio della ~** der Mut der Verzweiflung.

disperdere [dis'pɛrdere] ‹*irr*› **I.** *tr* **1.** *(dissipare)* ver-, zerstreuen; **2.** *(consumare)* ver-, aufbrauchen, aufzehren; **II.** *rfl:* **-rsi 1.** *(dissiparsi)* sich zerstreuen, sich verlaufen; **2.** *fig* sich verlieren (*in* in). **dispersa** *f v.* **disperso. dispersione** [...per'si̯o:ne] *f* **1.** *(dissipazione)* Ver-, Zerstreuung *f; fig* Verschwendung *f;* **2.** *phys* Dispersion *f;* **3.** *fig* Zersplitterung *f;* **~ di calore** Wärmeverlust *m.* **dispersivo, -a** [...per'si:vo] **I.** *a* zerstreut, zerfahren; **II.** *m, f* zerstreute Person. **disperso, -a** [...'pɛrso] **I.** *a* **1.** *gener.* zerstreut, versprengt; **2.** *(perso)* verloren(gegangen); **3.** *(irreperibile)* vermißt; **4.** *fig* zersplittert; **dare qu per ~** jdn als vermißt melden; **II.** *m, f* Vermißte(r) *mf.*

dispetto [dis'petto] *m* **1.** *(atto spiacevole)* Bosheit *f;* **2.** *(irritazione)* Ärger *m* (*per* über); **fare un ~ a qu** jdm einen Streich spielen; **a ~ di qu** jdm zum Trotz. **dispettoso, -a** [...'to:so] *a* boshaft; *(fastidioso)* lästig, ärgerlich.

dispiacere¹ [dispi̯a'tʃe:re] *m* **1.** *(afflizione)* Kummer *m,* Gram *m geh;* **2.** *(rammarico)* Bedauern *n.*

dispiacere² [dispi̯a'tʃe:re] ‹*irr*› *itr* ‹*essere*› mißfallen, nicht gefallen, nicht zusagen; **non ~** (ganz) gut gefallen, nicht schlecht gefallen; **mi dispiace (che ...)** es tut mir leid (, daß ...); **ti dispiace posare il libro sul tavolo?** macht es dir was aus, das Buch auf den Tisch zu legen?; **se non ti dispiace ...** wenn du nichts dagegen hast ..., wenn es dir recht ist ... **dispiaciuto, -a** [...'tʃu:to] *a* bekümmert (*di* über), traurig (*di* über).

dispiegare [dispi̯e'ga:re] *tr poet* ausbreiten, auseinanderfalten.

display [dɪs'pleɪ] ‹-› *m inform* Display *n.*

displuvio [dis'plu:vi̯o] ‹-i› *m* **1.** *geog (spartiacque)* Wasserscheide *f;* **2.** *(del tetto)* Dachgrat *m.*

disponibile [dispo'ni:bile] *a* verfügbar; *(merce, libro)* vorrätig; *(persone)* disponibel, frei; **non c'è più un posto ~** es ist kein Platz mehr frei; **questo pomeriggio sono ~** heute nachmittag stehe ich zur Verfügung. **disponibilità** [...nibili'ta] ‹-› *f* **1.** *gener.* Verfügbarkeit *f; (di merce, libro)* Vorrätigkeit *f;* **2.** ‹*pl*› *(elementi patrimoniali)* flüssiges Kapital; **3.** *adm (sospensione da pubblico servizio)* Disposition *f.*

disporre [dis'porre] ‹*irr*› **I.** *tr* **1.** *(collocare)* aufstellen, anordnen; **2.** *(sistemare)* (an)ordnen; **3.** *(preparare)* vorbereiten, einstimmen; **4.** *(prescrivere)* veranlassen, anordnen; **II.** *itr* **1.** *(avere a disposizione)* verfügen *(di* über); **2.** *(stabilire)* bestimmen, verfügen; **3.** *(decidere)* entscheiden; **III.** *rfl:* **-rsi 1.** *(sistemarsi)* sich aufstellen; **2.** *(prepararsi)* sich vorbereiten (*a* auf), sich einstimmen (*a* auf). **dispositivo, -a** [...pozi'ti:vo] **I.** *a* verfügend; *adm, jur* dispositiv; **II.** *m* **1.** *jur* Tenor *m;* **2.** *(congegno)* Vorrichtung *f; fig (di sicurezza, etc.)* Vorkehrung *f.* **disposizione** [...pozit'tsi̯o:ne] *f* **1.** *(collocazione)* Aufstellung *f,* Anordnung *f;* **2.** *(sistemazione)* (An)ordnung *f;* **3.** *(inclinazione)* Veranlagung *f* (*a, per* zu), Begabung *f* (*a, per* für); **4.** *(condizione di spirito)* Verfassung *f;* **5.** *(ordine)* Bestimmung *f; (decisione)* Verfügung *f,* Anordnung *f;* **6.** *(facoltà di servirsi)* Verfügung *f,* Disposition *f;* **la ~ degli invitati a tavola** die Tischordnung für die Gäste; **mettere qc a ~ di qu** jdm etw. zur Verfügung stellen; **tenersi a ~** sich zur Verfügung halten. **disposto, -a** [...'posto] **I.** *a* **1.** *(collocato)* aufgestellt, angeordnet; *(casa, etc.)* eingerichtet; *(sistemato)* (an)geordnet; **2.** *(pronto)* bereit; **3.** *(condizione d'animo)* bereit, geneigt; **ben/mal ~** gut/schlecht aufgelegt; **II.** *m* Bestimmung *f.*

dispotico, -a [dis'pɔ:tiko] ‹-ci, -che› *a* **1.** *pol* despotisch; **2.** *fig* despotisch, herrschsüchtig. **dispotismo** [...po'tizmo] *m* **1.** *pol* Despotismus *m;* **2.** *fig* Tyrannei *f,* Herrschsucht *f.*

dispregiativo, -a [dispredʒa'ti:vo] *a geh* verächtlich, despektierlich *geh.* **dispregio** [...'prɛ:dʒo] *m geh* Verachtung *f,* Mißachtung *f.*

disprezzabile [dispret'tsa:bile] *a* verachtenswert, zu verachten(d).

disprezzare [dispret'tsa:re] *tr* **1.** *(ritenere indegno)* verachten; *(disdegnare)* verschmähen; **2.** *(non osservare)* mißachten, unterschätzen. **disprezzo** [...'prɛttso] *m* **1.** *(sdegnoso rifiuto)* Verachtung *f; (di cose, etc.)* Verschmähung *f;* **2.** *(noncuranza)* Mißachtung *f,* Unterschätzung *f.*

disputa ['disputa] *f* **1.** *(discussione)* Disput *m,* Streitgespräch *n;* **2.** *(alterco)* Auseinandersetzung *f.* **disputare** [...'ta:re] **I.** *itr* **1.** *(discutere)* disputieren *geh* (*di, su* über), diskutieren (*di, su* über); **2.** *(litigare)* heftig diskutieren (*di* über), (sich) streiten (*di* über);

II. *tr* **1.** *(contendere)* streitig machen; **2.** *sport (partita)* austragen; **III.** *rfl:* **-rsi** kämpfen (*qc* um etw.), wetteifern (*qc* um etw.).
disquisizione [diskuizit'tsio:ne] *f* (eingehende) Darlegung *f.*
dissacrare [dissa'kra:re] *tr* **1.** *rel* entweihen; **2.** *fig (demitizzare)* entmythisieren, nicht gelten lassen. **dissacrazione** [...rat'tsio:ne] *f* **1.** *rel* Entweihung *f;* **2.** *fig* Entmythisierung *f.*
dissalare [dissa'la:re] *tr* entsalzen.
dissanguamento [dissaŋgua'mento] *m* **1.** *med* Verbluten *n;* **2.** *fig* Ausbluten *n,* Aderlaß *m geh.* **dissanguare** [...'gua:re] **I.** *tr* **1.** *med* verbluten lassen; *(animali)* ausbluten lassen; **2.** *fig* schröpfen, ausnehmen, (bis aufs Blut) aussaugen; **II.** *rfl:* **-rsi 1.** *med* verbluten (*per* an); **2.** *fig* sich aufopfern.
dissapore [dissa'po:re] *m* Unstimmigkeit *f.*
disseccare [disse'ka:re] *tr, rfl:* **-rsi** austrocknen.
disselciare [dissel'tʃa:re] *tr* aufreißen, das Pflaster aufreißen von.
disseminare [dissemi'na:re] *tr* **1.** *(spargere)* ver-, ausstreuen; **2.** *fig* kolportieren *geh,* verbreiten. **disseminatore, -trice** [...na'to:re] *m, f* Kolporteur(in) *m(f).* **disseminazione** [...nat'tsio:ne] *f* Aussaat *f.*
dissennatezza [dissenna'tettsa] *f* Unverstand *m,* Unvernunft *f.* **dissennato, -a** [...'na:to] *a* unvernünftig, töricht.
dissenso [dis'sɛnso] *m* **1.** *(divergenza di opinioni)* Meinungsverschiedenheit *f;* **2.** *(disapprovazione)* Mißbilligung *f,* Ablehnung *f;* **3.** *pol, rel* Abweichlertum *n,* Dissidententum *n.*
dissenteria [dissente'ri:a] ‹-ie› *f* Ruhr *f.*
dissentire [dissen'ti:re] *itr* nicht übereinstimmen (*da* mit), anderer Meinung sein (*da* als). **dissenziente** [...n'tsiɛnte] **I.** *a* andersdenkend; **II.** *mf* Andersdenkende(r) *mf.*
disseppellire [disseppel'li:re] *tr* ausgraben, freilegen.
dissequestrare [dissekues'tra:re] *tr* freigeben. **dissequestro** [...'kuɛstro] *m* Freigabe *f.*
dissertare [disser'ta:re] *itr* (gründlich) abhandeln (*su, di qc* etw.). **dissertazione** [...tat'tsio:ne] *f* (wissenschaftliche) Abhandlung *f;* ~ **di laurea** Dissertation *f,* Doktorarbeit *f.*
disservizio [disser'vittsio] *m* Mißwirtschaft *f; (cattivo funzionamento)* schlechtes Funktionieren.
dissestare [disses'ta:re] *tr* **1.** *(mettere in disordine)* aus den Fugen gehen lassen; **2.** *fig* das Gefüge zerstören *gen; (famiglia, etc.)* zerrütten. **dissesto** [...'sɛsto] *m* Zerrüttung *f.*
dissetante [disse'tante] **I.** *a* durstlöschend, durststillend; **II.** *m* Durstlöscher *m.*
dissetare [disse'ta:re] **I.** *tr* den Durst löschen (*o.* stillen) *gen;* **II.** *rfl:* **-rsi** seinen Durst löschen (*o.* stillen).
dissezione [disset'tsio:ne] *f* Sezierung *f.*
dissi ['dissi] *1. pers sing del passato remoto di* **dire.**
dissidente [dissi'dɛnte] **I.** *a* abgefallen, abtrünnig; **II.** *mf* Dissident(in) *m(f),* Abtrünnige(r) *mf.* **dissidenza** [...'dɛntsa] *f* Interessenkollision *f.*
dissidio [dis'si:dio] ‹-i› *m* Zwist *m,* Meinungsverschiedenheit *f.*
dissigillare [dissidʒil'la:re] *tr* das Siegel aufbrechen *gen,* entsiegeln.
dissimile [dis'si:mile] *a* nicht ähnlich, verschieden.
dissimmetria [dissimme'tri:a] *f* Asymmetrie *f.* **dissimmetrico, -a** [...'mɛ:triko] *a* asymmetrisch.
dissimulare [dissimu'la:re] *tr* **1.** *(nascondere)* verheimlichen, verbergen; *(sentimento)* verhehlen; **2.** *(fingere)* vorspiegeln, vortäuschen, (vor)heucheln. **dissimulatore, -trice** [...la'to:re] *m, f* Heuchler(in) *m(f).* **dissimulazione** [...lat'tsio:ne] *f* Verstellung *f,* Vortäuschung *f,* Heuchelei *f.*
dissipare [dissi'pa:re] **I.** *tr* **1.** *(dissolvere)* auflösen, zerstreuen; **2.** *fig (dubbi, etc.)* zerstreuen; **3.** *(sperperare)* vergeuden, verschwenden; **II.** *rfl:* **-rsi** *(a. fig)* sich auflösen.
dissipata *f v.* **dissipato.**
dissipatezza [dissipa'tettsa] *f* **1.** *(sperpero)* Verschwendungssucht *f;* **2.** *(modo vizioso)* Zügellosigkeit *f,* Liederlichkeit *f.* **dissipato, -a** [...'pa:to] **I.** *a* **1.** *(di sperpero)* verschwenderisch; **2.** *(sfrenato)* ausschweifend, liederlich; **II.** *m, f* ausschweifender (*o.* liederlicher) Mensch. **dissipatore, -trice** [...pa'to:re] *m, f* Verschwender(in) *m(f).* **dissipazione** [...pat'tsio:ne] *f* **1.** *(condotta sregolata)* Hemmungslosigkeit *f,* Maßlosigkeit *f;* **2.** *(sperpero)* Verschwendung *f,* Vergeudung *f.*
dissociabile [disso'tʃa:bile] *a* trennbar.
dissociare [disso'tʃa:re] ‹dissocio, dissoci› *tr* **1.** *(separare)* trennen, dissoziieren *geh;* **2.** *chem* dissoziieren. **dissociato, -a** [...'tʃa:to] *m, f*

1. *psych* an Dissoziation Leidende(r) *mf;* 2. *pol* Genosse *m,* der/Genossin *f,* die sich losgesagt hat *(z. B. in Terroristenprozessen).* **dissociazione** [...tʃat'tsi̯o:ne] *f* 1. *(disgiunzione)* Trennung *f;* 2. *chem, psych* Dissoziation *f.*

dissodamento [dissoda'mento] *m* Urbarmachung *f.* **dissodare** [...'da:re] *tr* urbar machen.

dissolsi [dis'sɔlsi] *1. pers sing del passato remoto di* **dissolvere.**

dissolto [dis'sɔlto] *pp di* **dissolvere.**

dissolubile [disso'lu:bile] *a* (auf)lösbar.

dissoluta *f v.* **dissoluto.**

dissolutezza [dissolu'tettsa] *f* Ausschweifung *f,* Zügellosigkeit *f,* Sittenlosigkeit *f.* **dissoluto, -a** [...'lu:to] I. *a* ausschweifend, zügellos, sittenlos; II. *m, f* zügelloser Mensch.

dissoluzione [dissolut'tsi̯o:ne] *f* 1. *(disfacimento)* Auflösung *f,* Zersetzung *f;* 2. *fig* Auflösung *f,* Zerfall *m.*

dissolvenza [dissol'vɛntsa] *f (~ in apertura)* Einblendung *f; (~ in chiusura)* Ausblendung *f;* ~ **incrociata** Überblendung *f.*

dissolvere [dis'sɔlvere] ⟨dissolvo, dissolsi, dissolto⟩ I. *tr* 1. *(sciogliere)* auflösen; 2. *(disperdere)* zerstreuen; 3. *(dissipare)* vertreiben; II. *rfl:* **-rsi** sich auflösen, (ent)schwinden.

dissomigliare [dissomiʎ'ʎa:re] I. *itr* keine Ähnlichkeit haben (*da* mit), unähnlich sein (*da qu* jdm); II. *rfl:* **-rsi** sich *(dat)* nicht ähnlich sein.

dissonante [disso'nante] *a* 1. *mus* dissonant, mißtönend; 2. *fig* nicht übereinstimmend, verschieden; **sala** ~ Raum *m* mit schlechter Akustik. **dissonanza** [...'nantsa] *f* 1. *mus* Dissonanz *f;* 2. *fig* Unstimmigkeit *f,* Disharmonie *f.*

dissotterrare [dissotter'ra:re] *tr* ausgraben, exhumieren.

dissuadere [dissua'de:re] ⟨dissuado, dissuasi, dissuaso⟩ *tr* abbringen (*qu da qc* jdn von etw.), ausreden (*qu da qc* jdm etw.). **dissuasione** [...a'zi̯o:ne] *f* Abraten *n.* **dissuaso** [...u'a:zo] *pp di* **dissuadere.**

dissuggellare [dissuddʒel'la:re] *tr* 1. *(lettera)* entsiegeln; 2. *poet fig (segreto)* enthüllen, offenbaren; *(occhi, labbra)* öffnen.

distaccare [distak'ka:re] I. *tr* 1. *(separare)* abnehmen, ablösen, trennen; *bot* abpflücken; *ferr* abkoppeln; 2. *(allontanare)* wegbringen, entfernen; *(da famiglia, etc.)* trennen; 3. *mil* abkommandieren; *adm* abordnen; 4. *sport* zurücklassen, abhängen, mit Abstand besiegen; II. *rfl:* **-rsi** 1. *fig (allontanarsi)* sich abkehren, sich abwenden; 2. *(distinguersi)* sich abheben. **distaccato, -a** [...'ka:to] *a* distanziert. **distacco** [...'takko] *m* 1. *gener.* Abnahme *f,* Ablösung *f; bot* Abpflücken *n; ferr* Abkuppeln *n;* 2. *aero (decollo)* Abheben *n;* 3. *fig (allontanamento)* Abkehr *f,* Abwendung *f;* 4. *(distanza)* Abstand *m,* Distanz *f;* 5. *fig (rifiuto)* Abstand *m,* Distanz *f;* **vincere con** ~ mit Abstand gewinnen.

distante [dis'tante] I. *a* 1. *(lontano)* fern, weit; 2. *fig (di riserbo)* unnahbar; II. *adv* (weit) entfernt; **venire da** ~ von weit her kommen. **distanza** [...'tantsa] *f* 1. *(spazio)* Abstand *m,* Entfernung *f; (a. sport: percorso)* Distanz *f;* 2. *(tempo)* Abstand *m;* 3. *fig (differenza)* Unterschied *m;* ~ **di sicurezza** Sicherheitsabstand *m;* **comando a** ~ Fernsteuerung *f;* **venir fuori alla** ~ *sport* mit Abstand gewinnen.

distanziamento [distantsi̯a'mento] *m* Distanzierung *f.* **distanziare** [...'tsi̯a:re] ⟨distanzio, distanzi⟩ *tr* 1. *(disporre a distanza)* in einem bestimmten Abstand aufstellen; 2. *sport, fig* abhängen, hinter sich *(dat)* lassen.

distare [dis'ta:re] ⟨*senza tempi composti*⟩ *itr* entfernt sein (*o.* liegen).

distendere [dis'tɛndere] ⟨*irr*⟩ I. *tr* 1. *(estendere)* ausbreiten; *(braccia, mani)* ausstrecken; *(vele)* aufziehen; *(biancheria)* aufhängen; 2. *(mettere a giacere)* (hin)legen; 3. *(gambe)* ausstrecken; *(nervi, muscoli)* entspannen; 4. *(spalmare)* streichen (*su* auf); 5. *(abbattere)* niederstrecken; II. *rfl:* **-rsi** 1. *(rilassarsi)* sich entspannen; 2. *(sdraiarsi)* sich hinlegen, sich ausstrecken; 3. *(stirarsi)* sich strecken, sich dehnen. **distensione** [...ten'si̯o:ne] *f* 1. *(allungamento, estensione)* Dehnung *f,* Streckung *f;* 2. *(rilassamento)* Entspannung *f;* 3. *sport* Drücken *n;* 4. *pol* Entspannung *f.* **distensivo, -a** [...ten'si:vo] *a* entspannend; *(a. pol)* Entspannungs-; **politica -a** Entspannungspolitik *f.*

distesa [...'te:sa] *f* 1. *(quantità)* (ganze) Reihe *f;* 2. *(estensione)* Ausdehnung *f,* Weite *f.*

distesamente [distesa'mente] *adv* in allen Einzelheiten. **disteso, -a** [...'te:so] I. *a* 1. *(sdraiato, allungato)* ausgestreckt; *(vele)* gestrafft; 2. *(pa-*

cato) gedämpft; **3.** *(rilassato)* entspannt; **voce -a** erhobene Stimme; **II.** *adv:* **a -a** ohne Unterbrechung; *(cantare)* aus vollem Hals(e); **per ~** in allen Einzelheiten, ausführlich.

distico ['distiko] ‹-ci› *m* Distichon *n.*

distillare [distil'la:re] **I.** *tr* ‹*avere*› **1.** *chem* destillieren; *(acquavite)* brennen; **2.** *(mandar fuori)* (tropfenweise) absondern *(o.* ausscheiden); **II.** *itr* ‹*essere*› tropfen, sich absondern. **distillato, -a** [...'la:to] **I.** *a (alcol)* gebrannt; *chem* destilliert; **II.** *m* **1.** *chem* Destillat *n;* **2.** *(bevanda)* Branntwein *m;* **3.** *fig* Konzentrat *n.* **distillatore, -trice** [...la'to:re] **I.** *m, f* **1.** *chem* Destillateur *m;* **2.** *(di liquori)* Branntweinbrenner(in) *m(f);* **II.** *m* Destillator *m.* **distillazione** [...lat'tsi̯o:ne] *f* Destillation *f.* **distilleria** [...le'ri:a] ‹-ie› *f* (Branntwein)brennerei *f.*

distinguere [dis'tiŋgu̯ere] ‹distinguo, distinsi, distinto› **I.** *tr* **1.** *(discernere)* auseinanderhalten, unterscheiden; **2.** *(percepire)* unterscheiden, wahrnehmen; **3.** *(vedere)* erkennen; **4.** *(contrassegnare)* kennzeichnen, unterscheiden; **II.** *rfl:* **-rsi** sich unterscheiden (*per* in, *da* von).

distinta [dis'tinta] *f* Aufstellung *f,* Liste *f,* Verzeichnis *n.*

distintivo, -a [distin'ti:vo] **I.** *a* Unterscheidungs-, unterscheidend, distinktiv *geh, scient;* **caratteri -i** Unterscheidungsmerkmale *n pl;* **II.** *m* Erkennungsmarke *f,* Abzeichen *n.*

distinto, -a [dis'tinto] **I.** *pp di* **distinguere; II.** *a* **1.** *(differente)* verschieden(artig), getrennt; **2.** *(chiaro)* deutlich; **3.** *(fine)* vornehm, distinguiert *geh;* **-i saluti** hochachtungsvoll. **distinzione** [...n'tsi̯o:ne] *f* **1.** *(considerazione separata)* Unterschied *m;* **2.** *(discriminazione)* Unterscheidung *f,* Unterschied *m;* **3.** *(riguardo)* Hochachtung *f;* **4.** *(segnalazione)* Auszeichnung *f;* **5.** *(signorilità)* Vornehmheit *f,* Distinguiertheit *f geh;* **senza ~** ohne Unterschied.

distogliere [dis'tɔʎʎere] ‹*irr*› *tr* abbringen; *(attenzione)* ablenken; *(sguardo)* abwenden.

distonia [disto'ni:a] ‹-ie› *f* Dystonie *f.*

distorcere [dis'tɔrtʃere] ‹*irr*› **I.** *tr* **1.** *(torcere, contorcere)* verziehen, verzerren; **2.** *fig (verità, etc.)* entstellen, verzerren; **3.** *el, phys* verzerren; **II.** *rfl:* **-rsi** sich winden; **-rsi il polso** sich *(dat)* die Hand verstauchen. **distorsione** [...tor'si̯o:ne] *f* **1.** *med* Verstauchung *f;* **2.** *el, phys* Verzerrung *f;* **3.** *fig* Entstellung *f,* Verzerrung *f.*

distrarre [dis'trarre] ‹*irr*› **I.** *tr* **1.** *(dallo studio, etc.)* ablenken; *(divertire)* zerstreuen; **2.** *(sguardo)* abwenden; *(somma)* abzweigen; *(truppe)* abziehen; **II.** *rfl:* **-rsi 1.** *(volgere la mente)* sich ablenken (lassen); **2.** *(divertirsi)* sich zerstreuen. **distratto, -a** [...'tratto] **I.** *a* unaufmerksam, zerstreut; **II.** *m, f* zerstreute Person. **distrazione** [...t'tsi̯o:ne] *f* **1.** *(disattenzione)* Unaufmerksamkeit *f,* Zerstreutheit *f;* **2.** *(diversivo)* Zerstreuung *f,* Ablenkung *f;* **3.** *med* Distraktion *f;* **4.** *(di denaro)* Abzweigung *f,* Abzug *m.*

distretto [dis'tretto] *m* Bezirk *m,* Distrikt *m;* **~ carbonifero** Kohlenrevier *n;* **~ postale** Post-, Zustellbezirk *m.*

distribuire [distribu'i:re] ‹distribuisco› *tr* verteilen, austeilen; *(fornire)* versorgen mit; *(onoreficenze)* vergeben; *(posta)* austragen, zustellen. **distributivo, -a** [...u'ti:vo] *a* distributiv; **giustizia -a** ausgleichende Gerechtigkeit. **distributore, -trice** [...u'to:re] **I.** *m, f* Verteiler(in) *m(f); (della posta, di giornali, etc.)* Austräger(in) *m(f);* **II.** *m el* Verteiler *m;* **~ di benzina** Tankstelle *f;* **~ di sigarette** Zigarettenautomat *m;* **~ automatico** Automat *m.* **distribuzione** [...ut'tsi̯o:ne] *f* **1.** *(assegnazione)* Zuteilung *f,* Verteilung *f;* **2.** *(consegna)* Austeilung *f,* Zustellung *f;* **3.** *(fornitura)* Versorgung *f* (*di* mit); **4.** *(meccanismo)* Steuerung *f;* **5.** *com* Vertrieb *m,* Distribution *f;* **6.** *(posizione)* Verteilung *f,* Distribution *f.*

districare [distri'ka:re] ‹districo, districhi› **I.** *tr* entwirren; **II.** *rfl:* **-rsi 1.** *(capelli, etc.)* entwirren; **2.** *fig (trarsi d'impaccio)* sich herauswinden.

distruggere [dis'truddʒere] ‹distruggo, distruggi, distrussi, distrutto› *tr* **1.** *(annientare)* zerstören, vernichten; *(specie)* ausrotten; **2.** *(vanificare)* zunichte machen, vereiteln; **3.** *fig* zerstören, zugrunde richten. **distruttivo, -a** [...ut'ti:vo] *a* zerstörerisch; *(fig a.)* destruktiv; *(critica)* vernichtend. **distrutto** [dis'trutto] *pp di* **distruggere. distruttore, -trice** [...'to:re] **I.** *a* Zerstörungs-; **II.** *m, f* Zerstörer(in) *m(f);* **III.** *m:* **~ di documenti** Aktenwolf *m.* **distruzione** [...t'tsi̯o:ne] *f* Zerstörung *f,* Vernichtung *f; (di specie)* Ausrottung *f.*

disturbare [distur'ba:re] **I.** *tr* **1.** *(ostacolare)* stören; **2.** *(infastidire)* belästigen, stören; **3.** *(far male)* weh tun (*qu* jdm); **una pietanza che disturba lo stomaco** ein Gericht, das eine Magenverstimmung verursacht; **II.** *rfl:* **-rsi** sich stören lassen, sich bemühen, (sich *dat*) Umstände machen; **non si disturbi** machen Sie sich keine Umstände, lassen Sie sich nicht stören; **grazie, ma non doveva -rsi** vielen Dank, bemühen Sie sich nicht. **disturbatore, -trice** [...ba'to:re] *m, f* Störer(in) *m(f),* Störenfried *m.* **disturbo** [...'turbo] *m* **1.** *gener., tec* Störung *f;* **2.** *med* Verstimmung *f,* Beschwerden *pl;* **3.** *(incomodo)* Bemühung *f,* Mühe *f;* ~ **di stomaco** Magenverstimmung *f,* Magenbeschwerden *pl;* **togliere il** ~ sich empfehlen *geh,* nicht länger stören wollen.

disubbidiente [dizubbi'di̯ɛnte] *a* ungehorsam (*a* gegenüber), nicht gehorsam (*a* gegenüber). **disubbidienza** [...'di̯ɛntsa] *f* Ungehorsam *m.*

disubbidire [dizubbi'di:re] *itr* nicht gehorchen (*a qu* jdm); *(a un ordine, etc.)* nicht befolgen (*a qc* etw.).

disuguaglianza [dizugu̯aʎ'ʎantsa] *f* **1.** *(divario)* Unterschied *m;* **2.** *mat* Ungleichung *f.* **disuguale** [...'gu̯a:le] *a* **1.** *(diverso)* ungleich, unterschiedlich; **2.** *(irregolare)* ungleichmäßig, unregelmäßig; *(terreno)* uneben.

disumano, -a [dizu'ma:no] *a* unmenschlich, inhuman *geh.*

disunione [dizu'ni̯o:ne] *f* **1.** *(mancanza di coesione)* Uneinigkeit *f;* **2.** *(discordia)* Zwietracht *f.* **disunire** [...'ni:re] *tr* **1.** *(separare)* scheiden, trennen; **2.** *fig* entzweien.

disusato, -a [dizu'za:to] *a* ungebräuchlich; *(antiquato)* veraltet. **disuso** [di'zu:zo] *m:* **in** ~ veraltet; **cadere in** ~ außer Gebrauch kommen, veralten.

disutile [di'zu:tile] **I.** *a* **1.** *(cose)* unnütz, nutzlos; **2.** *pej (persone)* nichtsnutzig; **II.** *m* Verlust *m.*

ditale [di'ta:le] *m* Fingerhut *m.*

ditata [di'ta:ta] *f* **1.** *(colpo)* Stoß *m* mit dem Finger; **2.** *(impronta)* Fingerabdruck *m.*

diteggiatura [diteddʒa'tu:ra] *f* Fingersatz *m.*

dito ['di:to] ‹*nel loro insieme:* -a *f, specificando ciascuno:* -i *m*› *m* **1.** *anat (della mano)* Finger *m; (del piede)* Zeh *m,* Zehe *f;* **2.** *(del guanto)* Fingerling *m,* Finger *m;* **3.** *(misura)* Fingerbreit *m; (di liquidi a.)* Schluck *m;* **avere qc sulla punta delle -a** *fig* etw. aus dem Effeff beherrschen *fam;* **si contano sulle** (*o.* **sulla punta delle**) **-a** man kann sie an zehn Fingern abzählen; **leccarsi le -a** *fig* sich *(dat)* alle zehn Finger lecken *fam;* **mettere il** ~ **sulla piaga** *fig* den wunden Punkt treffen; **mordersi le -a** *fig* vor Wut mit den Zähnen knirschen; **non muovere un** ~ **in favore di qu** für jdn keinen Finger rühren; **segnare a** ~ **qu** *fig* mit Fingern auf jdn zeigen; **toccare il cielo con un** ~ den Himmel offen sehen *geh;* **questo me lo lego al** ~ *fig* das werde ich mir hinter die Ohren schreiben.

ditta ['ditta] *f* Firma *f.*

dittafono [dit'ta:fono] *m* **1.** *(per la dettatura)* Diktiergerät *n,* Diktaphon *n;* **2.** *(per la conversazione)* Sprechanlage *f.*

dittatore [ditta'to:re] *m* Diktator *m.* **dittatoriale** [...to'ri̯a:le] *a* diktatorisch. **dittatura** [...'tu:ra] *f* Diktatur *f.*

dittongo [dit'tɔŋgo] ‹-ghi› *m* Doppelvokal *m,* Diphthong *m.*

diuresi [diu'rɛ:zi] ‹-› *f* Harnausscheidung *f,* Diurese *f.* **diuretico, -a** [...'rɛ:tiko] ‹-ci, -che› *a* harntreibend, diuretisch.

diurna [di'urna] *f* Nachmittagsvorstellung *f,* -veranstaltung *f.*

diurnista [diur'nista] ‹-i *m,* -e *f*› *mf* Aushilfskraft *f (mit täglicher Entlohnung).*

diurno, -a [di'urno] *a* Tag(es)-; **albergo** ~ Tageshotel *n;* **servizio** ~ **e notturno** Tag und Nacht geöffnet.

diuturno, -a [diu'turno] *a poet* fortdauernd, fortwährend.

diva ['di:va] *f* Diva *f.*

divagare [diva'ga:re] **I.** *itr* abschweifen, abkommen; **II.** *tr* zerstreuen, ablenken (*da* von); **III.** *rfl:* **-rsi** sich zerstreuen. **divagazione** [...gat'tsi̯o:ne] *f* Abschweifung *f,* Exkurs *m.*

divampare [divam'pa:re] *itr* ‹*essere*› **1.** auflodern; **2.** *fig (emozione, guerra, etc.)* auflodern; *(persone)* glühen (*di* vor).

divano [di'va:no] *m* Diwan *m obs,* Sofa *n,* Couch *f;* ~ **letto** Bettcouch *f.*

divaricare [divari'ka:re] ‹divarico, divarichi› *tr* **1.** *(in ginnastica)* (auseinander)spreizen; **2.** *(allargare)* verbreitern, öffnen. **divaricatore** [...ka'to:re] *m* Wundhaken *m.*

divario [di'va:ri̯o] *m* Unterschied *m;* ~ **nord-sud** Nord-Süd-Gefälle *n.*

divellere [di'vɛllere] ‹divello, divelsi, divelto› *tr poet* ausreißen, entwurzeln.

divenire [dive'ni:re] ‹*irr*› *itr* ‹*essere*›, **diventare** [diven'ta:re] *itr* ‹*essere*› werden (*qc* (zu) etw.).

diverbio [di'vɛrbi̯o] ⟨-i⟩ *m* Wortgefecht *n*, Wortwechsel *m*.

divergente [diver'dʒɛnte] *a* **1.** auseinanderlaufend; **2.** *mat* divergent; **3.** *fig* divergierend *geh*; **lente ~** Zerstreuungslinse *f*. **divergenza** [...'dʒɛntsa] *f* **1.** Auseinanderlaufen *n*, Auseinanderstreben *n*; **2.** *mat* Divergenz *f*; **3.** *fig* (Meinungs)verschiedenheit *f*, Divergenz *f*.

divergere [di'vɛrdʒere] ⟨divergo, divergi, *senza passato remoto e pp*⟩ *itr* **1.** auseinanderlaufen, abzweigen; **2.** *mat*, *scient* divergieren; *fig* abweichen, divergieren *geh*.

diversamente [diversa'mente] *adv* **1.** *(in maniera diversa)* anders, auf andere Weise; **2.** *(altrimenti)* sonst, andernfalls.

diversificare [diversifi'ka:re] **I.** *tr* unterscheiden; **II.** *rfl*: **-rsi** sich unterscheiden. **diversificazione** [...kat'tsi̯o:ne] *f* **1.** *(atto)* Unterscheidung *f*; **2.** *(effetto)* Unterschiedlichkeit *f*.

diversione [diver'si̯o:ne] *f* **1.** *(deviazione)* Um-, Ableitung *f*; **2.** *mil* Ablenkungsmanöver *n*.

diversità [diversi'ta] ⟨-⟩ *f* **1.** *(differenza)* Verschiedenheit *f*; *(divario)* Unterschied *m*; *(di prezzo a.)* Differenz *f*; **2.** *(varietà)* Vielfalt *f*. **diversivo, -a** [...'si:vo] **I.** *a*: **manovra -a** Ablenkungsmanöver *n*; **II.** *m* Abwechslung *f*, Ablenkung *f*. **diverso, -a** [di'vɛrso] **I.** *a* **1.** *(differente)* verschieden, andere(r, s), anders; **2.** ⟨*pl*⟩ *(vari)* mehrere, diverse, einige; **II.** ⟨*pl*⟩ *pron* etliche, mehrere.

divertente [diver'tɛnte] *a* unterhaltsam, vergnüglich, amüsant.

divertimento [diverti'mento] *m* **1.** *(passatempo)* Unterhaltung *f*, Vergnügen *n*; **2.** *(godimento)* Vergnügen *n*; **3.** *(persona)* Unterhalter(in) *m(f)*; **4.** *mus* Divertimento *n*, Divertissement *n*; **buon ~!** viel Vergnügen! **divertire** [...'ti:re] ⟨diverto⟩ **I.** *tr* unterhalten, amüsieren, vergnügen; **II.** *rfl*: **-rsi** sich vergnügen (*con* mit), sich amüsieren (*con* mit), seinen Spaß haben (*a* an, *con* bei, mit); **-rsi alle spalle di qu** sich über jdn lustig machen. **divertito, -a** [...'ti:to] *a* vergnügt, belustigt, amüsiert.

divezzare [divet'tsa:re] **I.** *tr* **1.** *(disabituare)* entwöhnen; **2.** *(slattare)* abstillen; **II.** *rfl*: **-rsi** sich *(dat)* abgewöhnen (*da qc* etw.).

dividendo [divi'dɛndo] *m* **1.** *mat* Dividend *m*; **2.** *fin* Dividende *f*.

dividere [di'vi:dere] ⟨divido, divisi, diviso⟩ **I.** *tr* **1.** *(separare)* (auf)teilen, (in Stücke) teilen; **2.** *(suddividere)* ein-, aufteilen; **3.** *(distribuire)* (ver-, auf)teilen; **4.** *fig (condividere)* teilen; **5.** *fig (disunire)* trennen, entzweien; **6.** *mat* teilen (*per* durch), dividieren (*per* durch); **~ in quattro** vierteln, in vier (Stücke, *etc.*) teilen; **~ 9 per** 3 9 durch 3 teilen; **II.** *rfl*: **-rsi** sich teilen; *(separarsi)* sich trennen; **-rsi tra casa e ufficio** Haushalt und Büro(arbeit) gleichzeitig machen.

divieto [di'vi̯ɛ:to] *m* Verbot *n*.

divinare [divi'na:re] *tr* hellsehen, weissagen. **divinatore, -trice** [...na'to:re] **I.** *a* hellseherisch; **II.** *m, f* Hellseher(in) *m(f)*, Wahrsager(in) *m(f)*. **divinatorio, -a** [...na'tɔ:ri̯o] ⟨-i, -ie⟩ *a* hellseherisch. **divinatrice** *f v.* **divinatore. divinazione** [...nat'tsi̯o:ne] *f* Wahrsagung *f*.

divincolamento [diviŋkola'mento] *m* Krümmen *n*, Winden *n*. **divincolarsi** [...'larsi] *rfl* sich krümmen, sich winden.

divinità [divini'ta] ⟨-⟩ *f* **1.** *(natura)* Göttlichkeit *f*; **2.** *(dio)* Gottheit *f*.

divinizzare [divinid'dza:re] *tr* **1.** *(considerare divino)* vergöttlichen; **2.** *fig* vergöttern. **divinizzazione** [...dzat'tsi̯o:ne] *f* **1.** *(deificazione)* Vergöttlichung *f*, Vergottung *f*; **2.** *fig* Vergötterung *f*.

divino, -a [di'vi:no] **I.** *a* **1.** *(appartenente alla divinità)* göttlich, Gottes-; **2.** *fig* himmlisch, göttlich; **II.** *m* Göttliche(s) *n*.

divisa[1] [di'vi:za] *f* **1.** *(uniforme)* Uniform *f*; **2.** *(frase araldica)* Devise *f*, Wahlspruch *m*; **3.** *fin* Devisen *pl*; **~ sportiva** Sportdreß *m*.

divisa[2] [di'vi:za] *f fin* ausländisches Zahlungsmittel, Devisen *pl*.

divisamento [diviza'mento] *m* Vorhaben *n*, Absicht *f*. **divisare** [...'za:re] *tr* vorhaben, beabsichtigen.

divisi [di'vi:zi] *1. pers sing del passato remoto di* **dividere.**

divisibile [divi'zi:bile] *a* teilbar. **divisibilità** [...zibili'ta] ⟨-⟩ *f* Teilbarkeit *f*.

divisionale [divizi̯o'na:le] *a* **1.** *mil* Divisions-; **2.** *fin*: **moneta ~** Scheidemünze *f*, Scheidegeld *n*.

divisione [divi'zi̯o:ne] *f* **1.** *(ripartizione)* (Auf)teilung *f*; **2.** *(separazione)* Teilung *f*, Trennung *f*; *(scomposizione)* Trennung *f*; **3.** *(suddivisione)* Auf-, Einteilung *f*; **4.** *mat* Teilung *f*, Division *f*; **5.** *fig (disunione)* Kluft *f*, Gegensatz *m*; **6.** *(reparto)* Abteilung *f*; **7.** *mil* Division *f*; **8.** *sport* Spielklasse *f*, Division *f*; **~ in sillabe** Silbentrennung *f;* ~ **dei poteri** Gewaltenteilung *f;* ~ **ospedaliera** Krankenhausabteilung *f,* -station *f;* ~ **corazzata** Panzerdivision *f;* **massima** ~ erste Division, ≃ Bundesliga *f.*

divismo [di'vizmo] *m* **1.** *(ammirazione)* Starkult *m;* **2.** *(comportamento)* Starallüren *pl.*

diviso, -a [di'vi:zo] **I.** *pp di* **dividere; II.** *a* **1.** *(separato)* getrennt, abgesondert; **2.** *fig* uneinig, getrennt.

divisore [divi'zo:re] *m* **1.** *mat* Divisor *m,* Teiler *m;* **2.** *tec* Trennscheibe *f;* ~ **comune** gemeinsamer Teiler. **divisorio, -a** [...'zɔ:rio] ‹-i, -ie› **I.** *a* Trenn-; **II.** *m* Trennwand *f;* ~ **di vetro** Trennscheibe *f.*

divo, -a ['di:vo] *m, f* Star *m.*

divorare [divo'ra:re] *tr* **1.** *(mangiare avidamente, a. fig: libro, etc.)* verschlingen; **2.** *fig (distruggere)* fressen, verzehren; ~ **la strada** Kilometer fressen. **divoratore, -trice** [...ra'to:re] *m, f* Vielfraß *m;* ~ **di dolciumi** Schleckermaul *n fam;* ~ **di libri** Leseratte *f.*

divorziare [divor'tsia:re] ‹divorzio, divorzi› *itr* **1.** *jur* sich scheiden lassen (*da* von); **2.** *fig* sich trennen. **divorzio** [di'vɔrtsio] ‹-i› *m* **1.** *jur* (Ehe)scheidung *f;* **2.** *fig* Trennung *f;* **chiedere il** ~ die Scheidung einreichen. **divorzismo** [divor'tsizmo] *m Befürwortung der Ehescheidung.*

divulgare [divul'ga:re] ‹divulgo, divulghi› **I.** *tr* **1.** *(diffondere)* verbreiten, bekanntmachen; **2.** *(rendere comprensibile)* (allgemein)verständlich darstellen; **II.** *rfl:* **-rsi** sich verbreiten, bekanntwerden. **divulgativo, -a** [...ga'ti:vo] *a* allgemeinverständlich, populär(wissenschaftlich). **divulgatore, -trice** [...ga'to:re] *m, f* Verbreiter(in) *m(f); (di dottrina)* Propagandist(in) *m(f).* **divulgazione** [...gat'tsio:ne] *f* **1.** *gener.* Verbreitung *f,* Bekanntmachung *f;* **2.** *(di comprensione)* Popularisierung *f;* **opera di** ~ **scientifica** populärwissenschaftliches Werk.

dizionario [dittsio'na:rio] ‹-i› *m* Wörterbuch *n;* ~ **monolingue/bilingue** einsprachiges/zweisprachiges Wörterbuch; **consultare il** ~ im Wörterbuch nachschlagen. **dizionarista** [...na'rista] ‹-i *m,* -e *f*› *mf* Wörterbuchschreiber(in) *m(f),* Lexikograph(in) *m(f).*

dizione [dit'tsio:ne] *f* **1.** *(modo)* Ausdrucksweise *f,* Diktion *f geh;* **2.** *(recitazione)* Vortrag *m,* Deklamation *f.*

dl *ab di* **decilitro** dl (*ab di* Deziliter).

D.L. *ab di* **Decreto legge** Ermächtigungsgesetz.

dm *ab di* **decimetro** dm (*ab di* Dezimeter).

D.M. *ab di* **Decreto Ministeriale** *Ermächtigungsgesetz eines Ministeriums.*

D.N.A. *m ab di* **acido deossiribonucleico** DNS *f* (*ab di* Desoxyribonukleinsäure).

do¹ [dɔ] ‹-› *m mus* c, C *n.*

do² [dɔ] *1. pers sing pr di* **dare.**

dobbiamo [dob'bia:mo] *v.* **dovere.**

D.O.C. [dɔk] *ab di* **Denominazione di Origine Controllata** QbA (*ab di* Qualitätswein aus bestimmten Anbaugebieten).

doccia ['dottʃa] ‹-cce› *f* **1.** *(nel bagno)* Dusche *f;* **2.** *(grondaia)* Dachrinne *f;* **3.** *med* Bein-, Armschiene *f;* **fare la** ~ (sich) duschen; **una** ~ **fredda** eine kalte Dusche. **doccione** [...'tʃo:ne] *m* (Regen)abflußrohr *n; (di costruzioni antiche)* Wasserspeier *m.*

docente [do'tʃɛnte] **I.** *a* Lehr(er)-; **personale** ~ Lehrkörper *m adm;* **II.** *mf* Lehrkraft *f,* Lehrer(in) *m(f);* ~ **universitario** Dozent *m,* Hochschullehrer *m;* **libero** ~ Privatdozent *m.* **docenza** [do'tʃɛntsa] *f* Dozentur *f;* **libera** ~ Privatdozentur *f.*

docile ['dɔ:tʃile] *a* **1.** *(persone)* gefügig, fügsam; *(di apprensione)* gelehrig; **2.** *(animale)* zahm; **3.** *(strumento)* handlich; *(materiale)* geschmeidig, weich. **docilità** [dotʃili'ta] ‹-› *f* **1.** *(sottomissione)* Gefügigkeit *f,* Fügsamkeit *f; (apprensione)* Gelehrigkeit *f;* **2.** *(di animali)* Zahmheit *f;* **3.** *(di strumenti)* Handlichkeit *f; (di materiali)* Geschmeidigkeit *f.*

documentale [dokumen'ta:le] *a* urkundlich, dokumentarisch; **prova** ~ Urkundenbeweis *m.*

documentare [dokumen'ta:re] **I.** *tr* dokumentieren; *(comprovare)* beweisen; *(con documenti)* belegen, nachweisen; **II.** *rfl:* **-rsi** sich informieren (*su* über). **documentario, -a** [...'ta:rio] ‹-i, -ie› **I.** *a* dokumentarisch, Dokumentar-; **materiale** ~ Dokumentations-, Belegmaterial *n;* **II.** *m* Dokumentarfilm *m.* **documentatore, -trice** [...ta'to:re] *m, f* Dokumentator(in) *m(f).* **documentazione** [...tat'tsio:ne] *f* **1.** *(raccolta di materiale)* Dokumentation *f;* **2.** *(appendice di documenti)* Dokumentations-, Belegmaterial *n;* **3.** *(insieme di documenti)* Unterlagen *f pl,* Akte *f.*

documento [doku'mento] *m* **1.** *adm* Dokument *n,* Beleg *m,* Papiere *n pl;*

2. ‹*pl*› *(di identità)* Papiere *n pl*, (Personal)ausweis *m;* 3. *fig (testimonianza storica)* Dokument *n*, Zeugnis *n*.

dodecaedro [dodeka'ɛ:dro] *m* Zwölfflächner *m*. **dodecafonia** [...afo'ni:a] *f* Zwölftonmusik *f*. **dodecagono** [...'ka:gono] *m* Zwölfeck *n*. **dodecasillabo, -a** [...ka'sillabo] **I.** *a* zwölfsilbig; **II.** *m* Zwölfsilb(l)er *m*.

dodicenne [dodi'tʃɛnne] **I.** *a* zwölfjährig; **II.** *mf* Zwölfjährige(r) *mf*. **dodicennio** [...'tʃɛnni̯o] ‹-i› *m* Zeitraum *m* von 12 Jahren, 12 Jahre. **dodicesimo, -a** [...'tʃɛ:zimo] **I.** *a* zwölfte(r, s); **II.** *m, f* Zwölfte(r, s) *mfn;* **III.** *(frazionario)* Zwölftel *n*, zwölfter Teil; *v. a. quinto*. **dodici** ['do:ditʃi] **I.** *a numerale* zwölf; **II.** ‹-› *m* **1.** *(numero)* Zwölf *f;* **2.** *(nelle date)* Zwölfte(r) *m;* **III.** *f pl* zwölf Uhr; *v. a. cinque*.

doga ['do:ga] ‹-ghe› *f* Daube *f*.

dogana [do'ga:na] *f* **1.** *(imposta)* Zoll *m;* **2.** *(ufficio)* Zoll *m*, Zollbehörde *f*, Zollamt *n;* **3.** *(impiegati)* Zollbeamte(n) *m pl;* **operazioni di ~** Zollabfertigung *f;* **passare la ~** den Zoll passieren. **doganale** [doga'na:le] *a* Zoll-. **doganiere** [...'ni̯ɛ:re] *m* Zollbeamte(r) *m*, -beamtin *f*.

dogaressa [doga'ressa] *f* Frau *f* eines Dogen.

doge ['dɔ:dʒe] *m* Doge *m*.

doglia ['dɔʎʎa] ‹-glie› *f* **1.** *poet* Weh *n geh*, Schmerz *m;* **2.** ‹*pl*› *(del parto)* (Geburts)wehen *f pl*.

dogma ['dɔgma] ‹-i› *m* Dogma *n*. **dogmatica** [dog'ma:tika] ‹-che› *f* Dogmatik *f*. **dogmatico, -a** [...ko] ‹-ci, -che› **I.** *a* dogmatisch; **II.** *m* Dogmatiker *m*. **dogmatismo** [dogma'tizmo] *m* Dogmatismus *m*. **dogmatizzare** [...tid'dza:re] *itr* dogmatische Ansichten vortragen, dogmatisch reden.

dolce ['doltʃe] **I.** *a* **1.** *(sapore, fig)* süß; **2.** *(lieve, tenero)* leicht, sanft; **3.** *(delicato, mite)* mild; **carbone ~** Holzkohle *f;* **consonante ~** weicher Konsonant; **piedi -i** *scherz* Plattfüße *m pl;* **II.** *m* Süßspeise *f*, Süßigkeit *f*. **dolceamaro, -a** [-a'ma:ro] *a* bittersüß. **dolcetto** [...'tʃetto] *m* Dolcetto *m (Rotweinsorte aus dem Piemont)*. **dolcezza** [...'tʃettsa] *f* **1.** *(sapore dolce, a. fig)* Süße *f;* **2.** *(mitezza)* Milde *f;* **3.** *(bontà)* Sanftheit *f*, Güte *f;* **le -e della vita** die Freuden *f pl* des Lebens. **dolciario, -a** [...'tʃa:ri̯o] ‹-i, -ie› *a:* **industria -a** Süßwarenindustrie *f*. **dolciastro, -a** [...'tʃastro] *a* **1.** *(sapore)* widerlich süß; **2.** *fig pej (persona, maniera)* honigsüß, süßlich.

dolcificante [doltʃifi'kante] **I.** *a* süßend, Süß-; **II.** *m* Süßstoff *m*.

dolcificare [doltʃifi'ka:re] ‹dolcifico, dolcifichi› *tr* **1.** *(rendere dolce)* süßen; **2.** *(acqua)* enthärten.

dolciume [dol'tʃu:me] *m* **1.** *(sapore troppo dolce)* widerliche Süße; **2.** ‹*pl*› *(prodotti)* Süßwaren *f pl*.

dolente [do'lɛnte] *a* schmerzend, schmerzhaft; *fig* schmerzlich; **sono ~ per quanto è successo** was geschehen ist, schmerzt mich.

dolere [do'le:re] ‹dolgo, dolsi, doluto› **I.** *itr* ‹*essere o. avere*› schmerzen, weh tun; **mi dolgono i denti** die Zähne tun mir weh; **mi duole di non potervi aiutare** es schmerzt mich, euch nicht helfen zu können; **II.** *rfl:* **-rsi 1.** *(rattristarsi)* Schmerz empfinden (*di* über), betrübt sein (*di* über); **2.** *(lamentarsi)* sich beklagen (*con qu di qc* bei jdm über etw.).

dolina [do'li:na] *f* Doline *f*.

dollaro ['dɔllaro] *m* Dollar *m*.

dolmen ['dɔlmen] ‹-› *m* Dolmen *m*.

dolo ['dɔ:lo] *m (nel diritto penale)* Vorsatz *m*, Dolus *m; (nel diritto privato)* arglistige Täuschung.

dolomite [dolo'mi:te] *f* Dolomit *m;* **le Dolomiti** die Dolomiten.

dolorante [dolo'rante] *a* schmerzend, schmerzhaft.

dolorare [dolo'ra:re] *itr poet* leiden, Schmerzen erleiden.

dolore [do'lo:re] *m* **1.** *med* Schmerz *m;* **2.** *fig (afflizione)* Kummer *m*, Leid *n*, Schmerz *m;* **~ di testa** Kopfschmerz *m;* **atto di ~** *rel* Bußgebet *n;* **con mio grande ~** zu meinem großen Leidwesen. **dolorifico, -a** [dolo'ri:fiko] ‹-ci, -che› *a* Schmerz-. **doloroso, -a** [...'ro:so] *a* **1.** *med* schmerzhaft; **2.** *(afflitto)* schmerzlich, traurig.

dolosità [dolosi'ta] ‹-› *f* vorsätzliches Verhalten.

doloso, -a [do'lo:so] *a* vorsätzlich.

dolsi ['dɔlsi] *1. pers sing del passato remoto di* **dolere.**

doluto [do'lu:to] *pp di* **dolere.**

domabile [do'ma:bile] *a* zähmbar; *fig* bezähmbar.

domanda [do'manda] *f* **1.** *(interrogazione, quesito)* Frage *f;* **2.** *(richiesta)* Anfrage *f*, Antrag *m; adm* Antrag *m*, Gesuch *n;* **3.** *com* Nachfrage *f;* **~ di matrimonio** Heiratsantrag *m;* **fare una ~** eine Frage stellen. **domandare** [...'da:re] **I.** *tr* **1.** *(per sapere qc)* fragen (*qc a qu* jdn etw.), erfragen (*qc* etw.), fragen nach; **2.** *(per ottenere qc)* bitten (*qc a qu* jdn um etw.); **~ un consiglio a qu** jdn um Rat fragen;

~ **notizie di qu** um Auskunft über jdn bitten; ~ **la parola** um das Wort bitten; ~ **il prezzo** nach dem Preis fragen; ~ **scusa** um Entschuldigung bitten; **II.** *rfl:* **-rsi** sich fragen.

domani [do'ma:ni] **I.** *adv* morgen; **II.** ‹-› *m* **1.** darauffolgender Tag, nächster Tag; **2.** *fig* Morgen *n,* Zukunft *f.*

domare [do'ma:re] *tr* **1.** *(animali)* zähmen, bändigen; **2.** *fig* bändigen; *(passioni, etc.)* bezähmen; *(popolo)* unterwerfen; *(rivolta)* niederwerfen. **domatore, -trice** [doma'to:re] *m, f* **1.** *(di cavalli)* Zureiter(in) *m(f);* **2.** *(di belve)* Tierbändiger(in) *m(f),* Dompteur *m,* Dompteuse *f.*

domattina [domat'ti:na] *adv* morgen früh.

domatura [doma'tu:ra] *f* Zähmung *f,* Bändigung *f.*

domenica [do'me:nika] ‹-che› *f* Sonntag *m; v. a. lunedì.* **domenicale** [domeni'ka:le] *a* Sonntags-, sonntäglich; **orazione** ~ Vaterunser *n,* Gebet *n* des Herrn.

Domenico [do'me:niko] *nome proprio maschile.*

domestica *f v.* **domestico.**

domesticità [domestitʃi'ta] ‹-› *f* Domestikation *f.*

domestico, -a [do'mɛstiko] ‹-ci, -che› **I.** *a* Haus-, häuslich; *(animale)* Haus-; *(pianta)* Kultur-; **lavori -ci** Hausarbeit *f;* **vita -a** Privatleben *n;* **per uso** ~ für den Hausgebrauch; **II.** *m, f* Hausangestellte(r) *mf;* Hausdiener *m,* Dienstmädchen *n.*

domiciliare[1] [domitʃi'li̯a:re] *a* Haus-; **arresto** ~ Hausarrest *m;* **perquisizione** ~ Haussuchung *f.*

domiciliare[2] [domitʃi'li̯a:re] ‹domicilio, domicili› **I.** *tr com* domizilieren; **II.** *rfl:* **-rsi** *(prendere domicilio)* seinen Wohnsitz nehmen, sich niederlassen. **domiciliato, -a** [...'li̯a:to] *a* **1.** *adm* wohnhaft; **2.** *com:* **cambiale -a** Domizilwechsel *m.* **domicilio** [...'tʃi:li̯o] ‹-i› *m* Wohnung *f,* Haus *n,* Wohnsitz *m adm;* **consegna a** ~ Lieferung frei Haus; **lavoro a** ~ Heimarbeit *f;* **violazione di** ~ Hausfriedensbruch *m.*

dominante [domi'nante] **I.** *a* vorherrschend, dominierend; **II.** *f* Dominante *f.*

dominare [domi'na:re] **I.** *itr* **1.** *(essere padrone assoluto)* herrschen; **2.** *fig (primeggiare)* überlegen sein (*su qu* jdm); **3.** *fig (prevalere)* (vor)herrschen, dominieren; **II.** *tr (a. fig)* beherrschen; **III.** *rfl:* **-rsi** sich beherrschen. **dominatore, -trice** [...na'to:re] *m, f* (Be)herrscher(in) *m(f).* **dominazione** [...nat'tsi̯o:ne] *f* Herrschaft *f.*

dominicale [domini'ka:le] *a:* **reddito** ~ Einkünfte *f pl* aus Verpachtung.

dominio [do'mi:ni̯o] ‹-i› *m* **1.** *(padronanza)* Herrschaft *f* (*di* über); **2.** *(controllo)* Beherrschung *f;* **3.** *jur (proprietà)* Eigentum *n,* Besitz *m;* **4.** *(territorio)* Herrschaftsgebiet *n;* **5.** *fig (campo)* (Spezial)gebiet *n,* Domäne *f;* ~ **di sé** Selbstbeherrschung *f;* **sete di** ~ Machthunger *m;* **beni di** ~ **pubblico** Allgemeingut *n.*

domino ['dɔ:mino] ‹-› *m* **1.** *(costume)* Domino *m;* **2.** *(persona mascherata)* Domino *m;* **3.** *(gioco)* Domino(spiel) *n.*

domma ['dɔmma] *etc. v.* **dogma** *etc.*

donare [do'na:re] **I.** *tr* **1.** *(regalare)* verschenken, geben; **2.** *fig* hingeben; **3.** *(sangue, organi)* spenden; **II.** *itr fig* stehen, schmeicheln; **III.** *rfl:* **-rsi** sich hingeben, sich (ganz) widmen. **donatario, -a** [dona'ta:ri̯o] ‹-i, -ie› *m, f jur* Donatar *m jur,* Beschenkte(r) *mf.* **donativo** [...'ti:vo] *m geh* Gabe *f,* Belohnung *f.* **donatore, -trice** [...'to:re] *m, f* Spender(in) *m(f).* **donazione** [...t'tsi̯o:ne] *f* Spende *f,* Geschenk *n; jur* Schenkung *f.*

donchisciotte [doŋkiʃ'ʃɔtte] ‹-› *m* Don Quichotte *m.*

donde ['donde] *adv* **1.** *(da dove)* woher, von wo; **2.** *(da che)* woraus; **3.** *(di che)* wovon; **4.** *(per quale motivo)* warum, weshalb; **non avere** ~ **vivere** nichts zum Leben haben.

dondolamento [dondola'mento] *m* Schaukeln *n.* **dondolare** [...'la:re] **I.** *tr* schaukeln; **II.** *itr, rfl:* **-rsi 1.** *(muoversi oscillando)* schaukeln; **2.** *fig (oziare)* herumtrödeln *fam,* nichts tun. **dondolio** [...'li:o] ‹-ii› *m* Schaukeln *n.* **dondolo** ['dondolo] *m* Hollywoodschaukel *f;* **a** ~ Schaukel-; **cavallo/sedia a** ~ Schaukelpferd *n*/-stuhl *m.* **dondoloni** [...'lo:ni] *adv* schaukelnd; **camminare** ~ *fig* nichts tun, müßiggehen.

dongiovanni [dondʒo'vanni] ‹-› *m* Don Juan *m,* Frauenheld *m.*

donna ['dɔnna] *f* **1.** *gener.* Frau *f;* **2.** *(titolo)* Donna *f;* **3.** *(in carte da gioco)* Dame *f;* **4.** *(domestica)* (Haus)mädchen *n;* ~ **di casa** Hausfrau *f;* ~ **di mondo/vita** Dame *f* von Welt/Halbwelt-, Lebedame *f;* ~ **di strada** Strichmädchen *n fam;* ~ **di fatica** Hausmagd *f;* ~ **di giornata** Zugehfrau *f;* ~ **di servizio** Dienstmädchen *n;* ~ **a ore** Haushaltshilfe *f;* ~

fissa Hausangestellte *f;* ~ **galante** Liebesdienerin *f;* **bicicletta da** ~ Damen(fahr)rad *n.* **donnaccia** [don'nattʃa] ‹-cce› *f pej* (liederliches) Weibsstück *n.* **donnaiolo** [...a'i̯ɔ:lo] *m* Schürzenjäger *m fam,* Frauenheld *m.* **donnesco, -a** [...'nesko] ‹-schi, -sche› *a* Frauen-; **lavori -schi** Frauenarbeit *f.* **donnicciola** [...nit'tʃɔ:la] *f* **1.** *(donna pettegola)* Waschweib *n fam,* Klatschbase *f fam;* **2.** *pej (uomo pauroso)* Memme *f geh,* Waschlappen *m fam.* **donnina** [...'ni:na] *f* kleine Frau; ~ **allegra** leichtes Mädchen.

donnola ['dɔnnola] *f* Wiesel *n.*

dono ['do:no] *m* **1.** *(regalo)* Geschenk *n;* **2.** *fig (dote)* Gabe *f,* Begabung *f.*

donzella [don'dzɛlla] *f poet* Jungfrau *f obs,* Maid *f poet.*

doping ['doʊpɪŋ] ‹-› *m* Doping *n.*

dopo ['do:po] **I.** *adv* **1.** *(tempo)* nachher, danach, später, dann; **2.** *(luogo)* danach; **poco** ~ kurz danach; **a** ~ bis später, bis dann *fam;* ~ **di che** darauf, schließlich; **II.** *prp* **1.** *(tempo)* nach *dat;* **2.** *(luogo)* hinter *dat;* **due anni** ~ nach zwei Jahren, zwei Jahre danach; **III.** *con* nachdem; **IV.** ‹*inv*› *a* (darauf)folgend, nächste(r, s); **il giorno** ~ am nächsten Tag. **dopobarba** [dopo'barba] ‹-› *m* Rasierwasser *n,* After-shave-Lotion *f.* **dopoborsa** [-'borsa] ‹-› *m* Nachbörse *f.* **dopocena** [-'tʃe:na] ‹-› *m* Zeit *f* nach dem Abendessen; *(trattenimento)* Empfang *m* nach dem Abendessen. **dopodiché, dopo di che** [-di'ke, 'do:po di 'ke] *adv* darauf, schließlich. **dopodomani** [-do'ma:ni] *adv* übermorgen. **dopoguerra** [-'gu̯ɛrra] ‹-› *m* Nachkriegszeit *f,* Nachkriegsjahre *n pl.* **dopolavoro** [-la'vo:ro] ‹-› *m öffentliche Einrichtung für die Freizeitgestaltung des Arbeitnehmers.* **dopopranzo** [-'prandzo] ‹-› **I.** *m* (früher) Nachmittag *m;* **II.** *adv* am (frühen) Nachmittag, nachmittag(s). **doposci** [-ʃ'ʃi] *m* Après-Ski(-Kleidung *f*) *n.* **doposcuola** [-s'ku̯ɔ:la] ‹-› *m* Kinderhort *m.* **dopotutto, dopo tutto** [-'tutto, 'do:po 'tutto] *adv* schließlich, letzten Endes, alles in allem.

doppiaggio [dop'pi̯addʒo] ‹-ggi› *m* Synchronisation *f.* **doppiare** [...'pi̯a:re] ‹doppio, doppi› *tr* **1.** *naut* umschiffen; **2.** *sport* überrunden; **3.** *film* synchronisieren. **doppiatore, -trice** [...i̯a'to:re] *m, f* Synchronsprecher(in) *m(f).*

doppietta [dop'pi̯etta] *f* **1.** *(fucile)* Doppelflinte *f,* -büchse *f;* **2.** *(coppiola)* Dublette *f;* **3.** *sport (nel pugilato)* Dublette *f; (nel calcio)* doppelter Treffer; *(due vittorie)* Doppelerfolg *m;* **4.** *mot:* **fare la** ~ mit Zwischengas schalten.

doppiezza [dop'pi̯ettsa] *f* Doppelzüngigkeit *f.*

doppifondi *pl di* **doppiofondo.**

doppio, -a ['doppi̯o] ‹-i, -ie› **I.** *a* **1.** doppelt, doppel-, Doppel-; **2.** *fig* zweideutig; *(ipocrita)* doppelzüngig; **filo** ~ Zwirn *m;* **chiudere a -a mandata** den Schlüssel zweimal umdrehen; **fare il** ~ **gioco** ein doppeltes Spiel treiben; **II.** *adv* doppelt, zweifach; **vederci** ~ doppelt sehen *fam;* **in** ~ in doppelter Ausfertigung; **III.** *m* **1.** *(di quantità, numero, misura)* Doppelte(s) *n;* **2.** *sport* Doppel *n;* ~ **femminile/maschile** Damen-/Herrendoppel *n;* ~ **misto** gemischtes Doppel. **doppiofondo** [-'fondo] ‹doppifondi› *m* doppelter Boden; *naut* Doppelboden *m.* **doppione** [...'pi̯o:ne] *m* Duplikat *n.* **doppiopetto** [...pi̯o'pɛtto] ‹-› *m* Zweireiher *m,* Doppelreiher *m.* **doppista** [...'pista] ‹-i *m,* -e *f*› *mf* (Tennis)doppelspieler(in) *m(f).*

dorare [do'ra:re] *tr* **1.** *(con oro)* vergolden; **2.** *gastr mit geschlagenem Ei bestreichen (und goldbraun bakken);* ~ **la pillola** *fig* die (*o.* eine) bittere Pille versüßen. **dorato, -a** [do'ra:to] *a* **1.** *(rivestito d'oro)* vergoldet, Gold-; **2.** *fig* golden; **3.** *gastr* goldbraun gebacken; **bruno** ~ goldbraun. **doratore, -trice** [dora'to:re] *m, f* Vergolder(in) *m(f).* **doratura** [...'tu:ra] *f* **1.** *(rivestimento)* Vergoldung *f;* **2.** *(ornamento)* goldene Verzierung.

dorico, -a ['dɔ:riko] ‹-ci, -che› *a* dorisch.

dormicchiare [dormik'ki̯a:re] ‹dormicchio, dormicchi› *itr* nicken, dösen *fam.*

dormiglione, -a [dormiʎ'ʎo:ne] *m, f* Langschläfer(in) *m(f),* Schlafmütze *f fam.*

dormire [dor'mi:re] ‹dormo› **I.** *itr* **1.** *(persone, animali)* schlafen; **2.** *fig (città, etc.)* schlafen, ruhen; **3.** *fig pej* schlafen; **4.** *(pratica, domanda, etc.)* ruhen; **qui dorme in pace ...** *(su sepolcri)* hier ruht (in Frieden) ...; **dormirci sopra** etw. überschlafen; ~ **come un ghiro** schlafen wie ein Murmeltier; ~ **sugli allori** sich auf seinen Lorbeeren ausruhen *fam;* **II.** *tr* schlafen; ~ **sonni tranquilli** einen ruhigen

Schlaf haben; ~ **il sonno del giusto** den Schlaf des Gerechten schlafen; ~ **il sonno dei giusti** *(sonno eterno)* die ewige Ruhe gefunden haben. **dormita** [...'mi:ta] *f* langer, tiefer Schlaf. **dormitina** [...mi'ti:na] *f* Schläfchen *n.* **dormitorio** [...mi'tɔ:ri̯o] ‹-i› *m* **1.** *(stanzone)* Schlafsaal *m;* **2.** *(città)* Schlafstadt *f;* ~ **pubblico** Nachtasyl *n.* **dormiveglia** [...mi'veʎʎa] ‹-› *m* Dämmerzustand *m,* Halbschlaf *m.*

dorsale [dor'sa:le] **I.** *a* Rücken-, dorsal *med;* **spina** ~ Rückgrat *n,* Wirbelsäule *f;* **II.** *m* **1.** *(di letto)* Kopfende *n;* **2.** *(di poltrona)* Rück(en)lehne *f;* **III.** *f* (Berg)rücken *m; (catena)* Bergkette *f.*

dorsista [dor'sista] ‹-i *m,* -e *f*› *mf* Rükkenschwimmer(in) *m(f).*

dorso ['dɔrso] *m* **1.** *(schiena)* Rücken *m;* **2.** *(faccia esterna)* Rücken *m;* **3.** *aero* Oberseite *f* (der Tragfläche); ~ **di un libro/della mano** Buch-/Handrücken *m;* **a** ~ **nudo** mit nacktem Oberkörper.

dosaggio [do'zaddʒo] ‹-ggi› *m* Dosierung *f.* **dosare** [do'za:re] *tr* **1.** dosieren; **2.** *fig* dosieren, bemessen. **dosatura** [doza'tu:ra] *f* Dosierung *f.*

dose ['dɔ:ze] *f* **1.** *gener.* Menge *f,* Ration *f,* Quantum *n;* **2.** *med* Dosis *f;* **3.** *fig scherz* Portion *f fam;* **una buona** ~ **di legnate** eine gehörige Tracht Prügel; **rincarare la** ~ *fig* die Dosis erhöhen.

dossier [do'sje] ‹-› *m* Dossier *n.*

dosso ['dɔsso] *m* **1.** *(dorso)* Rücken *m;* **2.** *(~ stradale)* Unebenheit *f,* Kuppe *f;* **levarsi di** ~ sich *(dat)* ausziehen, ablegen; *fig* sich *(dat)* vom Halse schaffen.

dotale [do'ta:le] *a* Mitgift-; **beni -i** Mitgift *f,* Aussteuer *f.*

dotare [do'ta:re] *tr* **1.** *(dare la dote)* als Mitgift geben (*qu di qc* jdm etw.); **2.** *(corredare)* ausstatten (*di* mit). **dotato, -a** [do'ta:to] *a* **1.** *(di talento)* begabt (*per* für), talentiert (*per* für); **2.** *(di fisico)* kraftvoll, kräftig. **dotazione** [dotat'tsi̯o:ne] *f* **1.** *(rendita)* Zuwendung *f,* Dotation *f geh;* **2.** *(mezzi e materiali)* Ausstattung *f,* Ausrüstung *f.*

dote ['dɔ:te] *f* **1.** *(della sposa)* Mitgift *f,* Aussteuer *f;* **2.** *fig (pregio)* Mitgift *f,* Gabe *f;* **cacciatore di** ~ Mitgiftjäger *m;* **portare in** ~ als Aussteuer mitbringen; **sposare la** ~ Geld heiraten *fam.*

Dott. *ab di* **Dottore** Dr. (*ab di* Doktor).

dotto, -a ['dɔtto] **I.** *a* (sehr) gebildet, gelehrt; **II.** *m, f* Gelehrte(r) *mf,* Wissenschaftler(in) *m(f).*

dottorale [dotto'ra:le] *a* **1.** *gener.* Doktor-; **2.** *iron, pej* besserwisserisch, neunmalklug.

dottorato [dotto'ra:to] *m* Doktorwürde *f,* Doktorat *n.* **dottore, -essa** [...'to:re, ...to'ressa] *m, f* (*ab* **Dr., Dott., Dott.ssa**) **1.** *(laureato)* Doktor *m; (con diploma)* Diplominhaber(in) *m(f);* **2.** *fam (medico)* Doktor(in) *m(f) fam;* ~ **honoris causa** Ehrendoktor *m,* Doctor honoris causa *m;* ~ **in legge/lettere** Doktor der Rechte/der Philologie; **i -i della Chiesa** die Kirchenlehrer *m pl.*

dottrina [dot'tri:na] *f* **1.** *(cognizioni)* Wissen *n,* Bildung *f;* **2.** *(principi teorici)* Lehre *f,* Doktrin *f,* Theorie *f;* **3.** *rel (principi di fede cristiana)* Glaubenslehre *f; (catechismo)* Katechismus *m;* **4.** *jur* Rechtslehre *f,* Rechtstheorie *f;* ~ **della relatività** Relativitätstheorie *f;* ~ **di Monroe** Monroe-Doktrin *f.* **dottrinario** [...ri'na:ri̯o] ‹-i› *m* Doktrinär *m.*

Dott.ssa *ab di* **Dottoressa** Dr. (*ab di* Doktor).

dove ['do:ve] **I.** *adv* **1.** *(stato)* wo; **2.** *(moto)* wohin; **da** (*o.* **di**) ~ woher; ~ **vai?** wohin gehst du?; **per** ~ **transiti?** wo fährst du hinüber?; **II.** *con* **1.** *conj (nel caso che)* falls, wenn; **2.** *(mentre)* während; **III.** *m* Wo *n;* **per ogni** ~ *(stato)* überall; *(moto)* überallhin.

dovere [do've:re] ‹devo *o.* debbo, dovei *o.* dovetti, dovuto› **I.** *itr* **1.** *(avere l'obbligo, la necessità)* müssen, sollen; **2.** *(essere possibile)* müssen; **3.** *(stare per)* müssen; **sono dovuto andare** ich mußte gehen; **ho dovuto mangiare** ich mußte essen; **come si deve** wie es sich gehört; **deve essere successo qc** es muß etw. passiert sein; **strano, dovrebbe già nevicare** seltsam, es müßte (eigentlich) schon schneien; **II.** *tr (essere debitore)* schulden; *(fig a.)* verdanken; **come dovevasi dimostrare** was zu beweisen war; **III.** *m* Pflicht *f;* ~ **coniugale** eheliche Pflichten; **farsi un** ~ **di qc** sich *(dat)* etw. zur Pflicht machen; **sentirsi in** ~ **di . . .** es als seine Pflicht empfinden zu . . ., sich verpflichtet fühlen zu . . .; **a** ~ pflichtgemäß; *(come si deve)* wie es sich gehört. **doveroso, -a** [dove'ro:so] *a* geboten, gebührend. **dovetti** [do'vɛtti] *1. pers sing del passato remoto di* **dovere.**

dovizia [do'vittsi̯a] ‹-ie› *f poet* **1.** *(ab-*

bondanza) Fülle *f;* **2.** *(ricchezza)* unermeßlicher Reichtum.
dovunque [do'vuŋkue] *adv conj* **1.** *(stato)* wo (auch) immer; *(moto)* wohin (auch) immer; **2.** *(dappertutto: stato)* überall; *(moto)* überallhin.
dovuto [do'vu:to] **I.** *pp di* **dovere; II.** *m* Schuld *f,* Verpflichtungen *f pl;* **III.** *a* gebührend, geboten; ~ **a** verursacht durch (*o.* von).
dozzina [dod'dzi:na] *f* Dutzend *n;* **una ~ (di . . .)** (etwa) zwölf (. . .), ein Dutzend (. . .); **a -e** in (*o.* zu) Dutzenden, dutzendweise; **roba di** (*o.* **da**) ~ *pej* Dutzendware *f.* **dozzinale** [...dzi'na:le] *a pej* gewöhnlich, alltäglich; **gusto** ~ Allerweltsgeschmack *m;* **merce** ~ Dutzendware *f;* **persona** ~ Allerweltstyp *m fam.*
D.P. 1. *ab di* **Decreto Presidenziale** *Ermächtigungsgesetz des italienischen Staatspräsidenten;* **2.** *ab di* **Democrazia Proletaria** *italienische Linkspartei.*
D.P.C. *ab di* **Decreto del Presidente del Consiglio** *Ermächtigungsgesetz des Ministerpräsidenten.*
D.P.R. *ab di* **Decreto del Presidente della Repubblica** *v.* **D.P. 1.**
Dr. *ab di* **Dottore, Dottoressa** Dr. (*ab di* Doktor).
dracma ['drakma] *f* Drachme *f.*
draconiano, -a [drako'nia:no] *a* drakonisch.
draga ['dra:ga] ‹-ghe› *f* (Schwimm)-bagger *m.* **dragaggio** [dra'gaddʒo] ‹-ggi› *m* Ausbaggerung *f.* **dragamine** [...a'mi:ne] ‹-› *m* Minensuchboot *n.* **dragare** [...'ga:re] ‹drago, draghi› *tr* **1.** *(scavare sottacqua)* ausbaggern; **2.** *(mine)* räumen.
drago ['dra:go] ‹-ghi› *m* Drache *m.*
dragona [dra'go:na] *f* Portepee *n.*
dragone[1] [dra'go:ne] *m mil* Dragoner *m.*
dragone[2] [dra'go:ne] *m (mostro)* (großer) Drache *m.*
dramma[1] ['dramma] ‹-i› *m* **1.** *theat* Drama *n,* Schauspiel *n;* **2.** *fig* Drama *n; (esagerazione a.)* Theater *n;* ~ **pastorale** Schäferspiel *n.*
dramma[2] ['dramma] *f (moneta) v.* **dracma.**
drammatica [dram'ma:tika] ‹-che› *f* Dramatik *f,* dramatische Kunst. **drammaticità** [...matitʃi'ta] ‹-› *f* Dramatik *f.* **drammatico, -a** [...'ma:tiko] ‹-ci, -che› *a* dramatisch.
drammatizzare [drammatid'dza:re] *tr* **1.** *(ridurre in forma di dramma)* für die Bühne bearbeiten; **2.** *fig (esagerare)* dramatisieren.
drammaturga *f v.* **drammaturgo.**
drammaturgia [drammatur'dʒi:a] ‹-gie› *f* Dramaturgie *f.* **drammaturgo, -a** [...'turgo] ‹-ghi, -ghe› *m, f* Dramatiker(in) *m(f),* Bühnendichter(in) *m(f).*
drappeggiare [drapped'dʒa:re] ‹drappeggio, drappeggi› **I.** *tr* drapieren; *(avvolgere)* einhüllen; **II.** *rfl:* **-rsi** sich (ein)hüllen (*in* in). **drappeggio** [...'peddʒo] ‹-ggi› *m* Drapierung *f.*
drappella [drap'pɛlla] *f* Fanfarenflagge *f.*
drappello [drap'pɛllo] *m* Schar *f,* Trupp *m.*
drapperia [drappe'ri:a] ‹-ie› *f* **1.** *(assortimento)* Stoffsortiment *n;* **2.** *(magazzino)* Tuchfabrik *f.* **drappo** ['drappo] *m* Tuch *n.*
drastico, -a ['drastiko] ‹-ci, -che› *a* drastisch; **purgante** ~ Drastikum *n.*
drawback ['drɔ:bæk] ‹-› *m* Drawback *n.*
drenaggio [dre'naddʒo] ‹-ggi› *m* **1.** *(sistema per lo scolo delle acque)* Bewässerungsanlage *f,* Drainage *f;* **2.** *(bonifica)* Dränung *f,* Dränierung *f;* **3.** *med* Drainage *f.* **drenare** [dre'na:re] *tr* drainieren.
Dresda ['drɛzda] *f* Dresden *n.*
driade ['dri:ade] *f* Dryade *f,* Waldnymphe *f.*
dribblare [drib'bla:re] *itr* dribbeln.
drindrin, drin drin [drin'drin] **I.** ‹-› *m* Klingeln *n;* **II.** *interj* kling(e)ling.
drink [drıŋk] ‹-› *m* Drink *m.*
dritto, -a ['dritto] *m, f fam* Schlauberger *m fam,* Schlaukopf *m fam.*
drive-in ['draıvın] **I.** ‹*inv*› *a* Drive-in-, Auto-; **cinema** ~ Autokino *n;* **II.** ‹-› *m* Autokino *n.*
drizzare [drit'tsa:re] **I.** *tr* **1.** *(raddrizzare)* gerademachen, geraderichten, geradebiegen; **2.** *(innalzare)* aufrichten; **3.** *(dirigere)* richten (*verso* auf); ~ **le orecchie** die Ohren spitzen; **II.** *rfl:* **-rsi** sich aufrichten.
droga ['drɔ:ga] ‹-ghe› *f* **1.** *(sostanza aromatica)* Gewürz *n;* **2.** *med* Arzneimittel *n,* Droge *f obs;* **3.** *(stupefacente)* Rauschgift *n,* Droge *f.* **drogare** [dro'ga:re] ‹drogo, droghi› **I.** *tr* **1.** *gastr* würzen; **2.** *gener.* unter Drogen setzen, Rauschgift geben (*qu* jdm); *sport* dopen; **II.** *rfl:* **-rsi 1.** *gener.* Rauschgift nehmen; **2.** *sport* sich dopen. **drogato, -a** [...'ga:to] *m, f* Drogenabhängige(r) *mf,* Rauschgiftsüchtige(r) *mf.*
drogheria [droge'ri:a] ‹-ie› *f* Kolonialwarengeschäft *n.* **droghiere, -a**

[...'gi̯ɛ:re] *m, f* Kolonialwarenhändler(in) *m(f) obs.*

dromedario [drome'da:ri̯o] ‹-i› *m* Dromedar *n.*

drudo, -a ['dru:do] *m, f poet* Buhle *mf obs.*

duale [du'a:le] *m* Dual(is) *m.* **dualismo** [dua'lizmo] *m* Dualismus *m.* **dualità** [...i'ta] ‹-› *f* Dualität *f,* Zweiheit *f.*

dubbio, -a ['dubbi̯o] ‹-i, -ie› **I.** *a* zweifelhaft, fragwürdig; **II.** *m* Zweifel *m* (*su* an); **avere dei -i su qu** an jdm zweifeln; **essere in ~ su qc** über etw. im Zweifel sein; **senza ~** zweifellos, ohne Zweifel. **dubbiosità** [-si'ta] ‹-› *f* Zweifel *m,* Ungewißheit *f.* **dubbioso, -a** [...'bi̯o:so] *a* **1.** *(che è in dubbio)* zweifelnd, unsicher; **2.** *(che dà motivo di dubbio)* zweifelhaft, dubios.

dubitare [dubi'ta:re] *itr* **1.** *(esitare)* zweifeln (*di* an), im Zweifel sein (*di* über); **2.** *(ritenere poco probabile)* bezweifeln (*di qc* etw.); **3.** *(temere)* befürchten; **4.** *(sospettare)* anzweifeln (*di qc* etw.); **5.** *(diffidare)* mißtrauen (*di qc* einer S.); **dubito assai che tu venga** ich bezweifle sehr, daß du kommst; **dubito che la malattia sia ben più grave** ich befürchte, daß die Krankheit wesentlich schlimmer ist. **dubitativo, -a** [...ta'ti:vo] *a* unbestimmt, zweifelnd; **assolvere con formula -a** *jur* aus Mangel an Beweisen freisprechen.

Dublino [du'bli:no] *f* Dublin *n.*

duca ['du:ka] ‹-chi› *m* Herzog *m.* **ducale** [du'ka:le] *a* herzoglich, Herzogs-.

ducato[1] [du'ka:to] *m pol* Herzogtum *n.*

ducato[2] [du'ka:to] *m fin* Dukaten *m.*

duce ['du:tʃe] ‹-ci› *m* Führer *m;* **il D~** *(Benito Mussolini)* der Duce.

duchessa [du'kessa] *f* Herzogin *f.* **duchessina** [...'si:na] *f* Herzogstochter *f.* **duchino** [du'ki:no] *m* Herzogssohn *m.*

due ['du:e] **I.** *a numerale* zwei; *fig fam* ein paar; **non poter dividersi in ~** *fig* sich nicht zweiteilen können; **fare ~ passi** *fam* ein paar Schritte gehen *fam;* **scambiare ~ chiacchiere** *fam* einen (kleinen) Schwatz halten *fam;* **a ~ a ~** zu zweien (nebeneinander), paarweise; **su ~ piedi** stehenden Fußes; **II.** ‹-› *m* **1.** *(numero)* Zwei *f;* **2.** *(nelle date)* Zweite(r) *m;* **3.** *(voto scolastico)* ≃ mangelhaft, ungenügend; **~ alberi** Zweimaster *m;* **~ pezzi** *v.* **duepezzi; lavorare/mangiare per ~** für zwei arbeiten/essen; **III.** *f pl* zwei Uhr; *v. a. cinque.*

duecentesco, -a [duetʃen'tesko] ‹-schi, -sche› *a* das dreizehnte Jahrhundert betreffend. **duecentista** [...'tista] ‹-i *m,* -e *f*› *mf* **1.** *(nell'arte)* Künstler(in) *m(f)* des Duecento; **2.** *sport* Zweihundertmeterläufer(in) *m(f).* **duecento** [...'tʃɛnto] **I.** *a numerale* zweihundert; **II.** ‹-› *m* Zweihundert *f;* **il D~** das dreizehnte Jahrhundert; *(nell'arte italiana)* das Duecento.

duellante [duel'lante] *m* Duellant *m.* **duellare** [...'la:re] *itr* sich duellieren (*con* mit). **duello** [du'ɛllo] *m* **1.** *hist, fig* Duell *n;* **2.** *sport* Zweikampf *m,* Duell *n;* **battersi a ~** ein Duell austragen; **sfidare a ~** zum Duell (heraus)fordern.

duemila [due'mi:la] **I.** *a numerale* zweitausend; **II.** ‹-› *m* Zweitausend *f;* **il ~** das Jahr 2000.

duepezzi, due pezzi [due'pɛttsi, 'du:e 'pɛttsi] ‹-› *m (giacca e gonna)* Kostüm *n,* Zweiteiler *m; (costume da bagno)* Zweiteiler *m fam,* Bikini *m.*

duetto [du'etto] *m* **1.** *mus* Duett *n;* **2.** *scherz* Duo *n.*

dulcamara [dulka'ma:ra] ‹-› *m* Quacksalber *m.*

dulia [du'li:a] ‹-ie› *f* Heiligenverehrung *f.*

dumping ['dʌmpɪŋ] ‹-› *m* Dumping *n.*

duna ['du:na] *f* Düne *f.*

dunque ['duŋku̯e] *con* **1.** *(perciò)* folglich, also; **2.** *(allora)* also; **3.** *(esortativo)* nun, also; **I.** *m:* **essere al ~** sich im entscheidenden Augenblick befinden; **veniamo al ~** kommen wir zum entscheidenden Punkt.

duo ['du:o] ‹-› *m* Duo *n.*

duodecimale [duodetʃi'ma:le] *a* duodezimal. **duodecimo, -a** [...'dɛ:tʃimo] *a obs* zwölfte(r, s); **papa Pio ~** Papst Pius der Zwölfte.

duodeno [duo'dɛ:no] *m* Zwölffingerdarm *m.*

duolo ['du̯ɔ:lo] *m poet* Pein *f geh.*

duomo ['du̯ɔ:mo] *m* Dom *m.*

duplicare [dupli'ka:re] ‹duplico, duplichi› *tr* eine Zweitschrift (*o.* Kopie) anfertigen von. **duplicato** [...'ka:to] *m* Duplikat *n,* Zweitschrift *f,* Kopie *f.* **duplicatore** [...ka'to:re] *m* Kopiergerät *n,* Kopierer *m fam.* **duplicazione** [...kat'tsi̯o:ne] *f* Kopieren *n,* Vervielfältigung *f.*

duplice ['du:plitʃe] *a* zweifach, doppelt. **duplicità** [duplitʃi'ta] ‹-› *f* Duplizität *f.*

dura *f v.* **duro.**

durame [du'ra:me] *m* Kern(holz *n*) *m*. **durante** [du'rante] *prp* während *gen;* **vita natural** ~ zeitlebens.

durare [du'ra:re] **I.** *itr* ‹*essere o. avere*› **1.** *(continuare)* (an)dauern, weitergehen; **2.** *(mantenersi)* halten, sich halten; **così non può** ~ so kann das nicht weitergehen; **II.** *tr* ‹*avere*›: ~ **fatica** sich abmühen, Mühe haben; **chi la dura la vince** *prov* Beharrlichkeit führt zum Ziel. **durata** [du'ra:ta] *f* Dauer *f; (di oggetti)* Lebensdauer *f,* Haltbarkeit *f;* **di** ~ *(cibi, etc.)* haltbar; **di lunga** ~ von langer Lebensdauer. **duraturo, -a** [dura'tu:ro] *a* bleibend, dauerhaft. **durevole** [du're:vole] *a* dauerhaft, langlebig.

durezza [du'rettsa] *f* **1.** Härte *f;* **2.** *fig (severità)* Härte *f; (a. del clima)* Strenge *f; (ostinazione)* Hartnäckigkeit *f;* ~ **di cuore** Hartherzigkeit *f.*

duro, -a ['du:ro] **I.** *a* **1.** *gener., fig* hart; **2.** *(tiglioso, a. fig)* zäh; **3.** *(severo)* hart, streng; *(ostinato)* hartnäckig; **4.** *(difficile)* schwer, schwierig; ~ **di cuore** hartherzig; ~ **di comprendonio** schwer von Begriff; ~ **d'orecchi** schwerhörig; **cappello** ~ steifer Hut, Melone *f;* **grano** ~ Hartweizen *m;* **tempi -i** harte Zeiten *f pl;* **un testo** ~ **da capire** ein schwer verständlicher Text; **è un osso** ~ *fig* das ist eine harte Nuß *fam; (persona)* er (*o.* sie) ist ein zäher Knochen *fam;* **più** ~ **di un mulo** störrischer als ein Esel; **II.** *adv* hart; **tener** ~ hart bleiben; **III.** *m* **1.** Harte(s) *n;* **2.** *fig* Schwierigkeit *f;* **IV.** *m, f* harter (*o.* strenger) Mensch. **durone** [du'ro:ne] *m* Hornhaut *f.*

duttile ['duttile] *a* **1.** dehnbar, geschmeidig; *(metallo)* duktil; **2.** *fig (carattere)* flexibel. **duttilità** [...li'ta] ‹-› *f* **1.** Dehnbarkeit *f,* Geschmeidigkeit *f; (di metallo)* Duktilität *f;* **2.** *fig* Flexibilität *f.*

E

E, e [e] ‹-› *f* E, e *n;* ~ **come Empoli** E wie Emil; **vitamina** ~ Vitamin E.
e [e] *con* **1.** *(correlativa)* und, sowie; **2.** *(ma, invece)* aber; doch; **3.** *(ebbene)* gut, nun; **4.** *mat* und, plus; ~ ... ~ ... sowohl ... als auch ...; **tutti** ~ **tre** alle drei.
E *ab di* **itinerario europeo** E (*ab di* Europastraße).
E. *ab di* **est** O (*ab di* Ost).
è [ɛ] *v.* **essere.**
E.A. *ab di* **Ente Autonomo** autonome Einrichtung, autonomer Verein.
ebanista [eba'nista] ‹-i *m,* -e *f*› *mf* Kunsttischler(in) *m(f).* **ebanisteria** [...te'ri:a] ‹-ie› *f* Kunsttischlerei *f.*
ebanite [eba'ni:te] *f* Ebonit *n.*
ebano ['ɛ:bano] *m* **1.** *bot* Ebenholzbaum *m;* **2.** *(legno)* Ebenholz *n;* **capelli d'**~ pechschwarze Haare *n pl.*
ebbe ['ɛbbe] *etc. v.* **avere.**
ebbene [eb'bɛ:ne] *con* **1.** *(dunque)* also, nun, (nun *o.* also) gut; **2.** *(interrogativo)* nun, also, na *fam.*
ebbi ['ɛbbi] *1. pers sing del passato remoto di* **avere.**
ebbrezza [eb'brettsa] *f (a. fig)* Rausch *m,* Trunkenheit *f;*~ **della velocità** Geschwindigkeitsrausch *m.* **ebbro, -a** ['ɛbbro] *a* betrunken; *fig* trunken, berauscht; ~ **di gioia/felicità/d'amore** freudetrunken/glückstrahlend/liebestrunken.
ebete ['ɛ:bete] **I.** *a* schwachsinnig; *(viso, sguardo a.)* stumpfsinnig, blöd(e); **II.** *mf* Schwachsinnige(r) *mf; fig pej* Schwachkopf *m.* **ebetismo** [ebe'tizmo] *m* Stumpf-, Schwachsinn *m.*
ebollizione [ebollit'tsio:ne] *f* **1.** *phys* Sieden *n,* Kochen *n;* **2.** *fig* Aufruhr *m;* **punto di** ~ Siedepunkt *m.*
ebraico, -a [e'bra:iko] ‹-ci, -che› *a* hebräisch.
ebraismo [ebra'izmo] *m* **1.** *rel* Judentum *n;* **2.** *ling* Hebraismus *m.* **ebraista** [...'ista] ‹-i *m,* -e *f*› *mf* Hebraist(in) *m(f).*
ebreo, -a [e'brɛ:o] **I.** *a* jüdisch; **II.** *m, f* Jude *m,* Jüdin *f.*
ecatombe [eka'tombe] *f* **1.** *fig* Gemetzel *n,* Blutbad *n;* **2.** *hist.* Tierbrandopfer *n,* Hekatombe *f.*
ecc. *ab di* **eccetera** etc. (*ab di* et cetera).
eccedente [ettʃe'dɛnte] **I.** *a* überschüssig, darüberhinausgehend; **II.** *m* Überschuß *m.* **eccedenza** [...'dɛntsa] *f* Überschuß *m (di* an); ~ **di cassa** Kassenüberschuß *m;* **in** ~ im Überschuß, überzählig.
eccedere [et'tʃɛ:dere] **I.** *tr* **1.** *(superare)* übersteigen, übertreffen; **2.** *fig (limiti, etc.)* überschreiten; **II.** *itr* übertreiben, sich übernehmen (*in* in, bei).
eccellente [ettʃel'lɛnte] *a* ausgezeichnet, hervorragend, exzellent *geh,* Spitzen-. **eccellenza** [...'lɛntsa] *f* **1.** *(titolo)* Exzellenz *f;* **2.** *(qualità)* Unübertrefflichkeit *f,* Vorzüglichkeit *f; (perfezione)* Vollkommenheit *f;* **per** ~ par excellence *geh,* schlechthin.
eccellere [et'tʃɛllere] ‹eccello, eccelsi, eccelso› *itr* ‹*essere o. avere*› sich auszeichnen (*in* durch); sich hervortun, sich hervortun (*in* mit, durch); *(essere superiore)* überlegen sein (*su qu* jdm).
eccelso, -a [et'tʃɛlso] *a* **1.** *fig* erhaben, glänzend, vortrefflich; **2.** *(altissimo)* höchste(r, s); **l'E**~ der Allmächtige.
eccentrica *f v.* **eccentrico.**
eccentricità [ettʃentritʃi'ta] ‹-› *f* **1.** *fig* Überspanntheit *f,* Exzentrizität *f;* **2.** *mat* Exzentrizität *f.* **eccentrico, -a** [et'tʃɛntriko] ‹-ci, -che› **I.** *a* **1.** *fig* exzentrisch, bizarr, überspannt; **2.** *mat* exzentrisch, abweichend; **II.** *m* Exzenter *m;* **III.** *m, f* Exzentriker(in) *m(f),* überspannte Person.
eccepibile [ettʃi'pi:bile] *a (argomento)* nicht schlüssig, fraglich; *(contegno)* tadelnswert, nicht einwandfrei.
eccepire [ettʃe'pi:re] ‹eccepisco› *tr* einwenden.
eccessivo, -a [ettʃes'si:vo] *a* **1.** übertrieben; *(prezzo, temperatura, etc.)* übermäßig hoch, zu hoch; **2.** *(persona)* überzogen, übertrieben. **eccesso** [et'tʃɛsso] *m* **1.** Übermaß *n* (*di* an); *pej* Exzeß *m;* **2.** ‹*pl*› Ausschreitungen *f pl;* ~ **nel bere** Sauferei *f fam;* ~ **di zelo** Übereifer *m;* **dare in -i** Wutanfälle bekommen, sich vergessen; **all'**~ übermäßig; **fino all'**~ bis zum Exzeß, bis zum äußersten; **in** ~ zuviel.

eccetera [et'tʃɛ:tera] *adv* (*ab* **ecc. etc.**) etcetera, und so weiter.
eccetto [et'tʃɛtto] **I.** *prp* außer *dat*, bis auf *acc;* **II.** *con:* ~ **che ...** es sei denn, ...; außer (wenn) ... **eccettuare** [ettʃettu'a:re] *tr* ausnehmen, ausschließen, absehen von; **eccettuati i presenti** Anwesende ausgenommen.
eccezionale [ettʃettsi̯o'na:le] *a* außergewöhnlich, Sonder-; *(singolare)* einmalig, ungewöhnlich; **in via (del tutto)** ~ (ganz) ausnahmsweise. **eccezione** [...'tsi̯o:ne] *f* **1.** *gener.* Ausnahme *f;* **2.** *jur* Einspruch *m*, Einrede *f;* **fare** ~ eine Ausnahme darstellen; **senza** ~ ausnahmslos; **d'**~ Ausnahme-; **ad** ~ **di** mit Ausnahme von; **l'**~ **conferma la regola** *prov* Ausnahmen bestätigen die Regel *prov;* **non c'è regola senza -i** *prov* keine Regel ohne Ausnahme *prov.*
ecchimosi [ek'ki:mozi] ‹-› *f* Bluterguß *m.*
eccì [et'tʃi] *interj* hatschi.
eccidio [et'tʃi:di̯o] ‹-i› *m* Massaker *n*, Gemetzel *n.*
eccipiente [ettʃi'pi̯ɛnte] *m* Arzneimittelträger *m*, Trägerstoff *m.*
eccitabile [ettʃi'ta:bile] *a* erregbar, reizbar. **eccitabilità** [...tabili'ta] ‹-› *f* Erregbarkeit *f*, Reizbarkeit *f.*
eccitamento [ettʃita'mento] *m* Ansporn *m*, Anreiz *m; (atto)* Auf-, Anreizen *n.*
eccitante [ettʃi'tante] **I.** *a* aufregend; **II.** *m* Aufputschmittel *n.*
eccitare [ettʃi'ta:re] **I.** *tr* **1.** *gener.* erregen, aufregen; *(masse, etc.)* aufheizen, aufhetzen; **2.** *fig (collera)* erregen; *(curiosità a.)* erwecken; *(riso)* entlokken; *(fantasia)* anregen; **II.** *rfl:* **-rsi** sich aufregen, sich erregen. **eccitazione** [...tat'tsi̯o:ne] *f* **1.** *(fisica)* Erregung *f*, Aufregung *f;* **2.** *(psichica)* Erregtheit *f;* **3.** *el, phys* Erregung *f.*
ecclesiastico, -a [ekkle'zi̯astiko] ‹-ci, -che› **I.** *a* kirchlich, Kirchen-, geistlich; **II.** *m* Geistliche(r) *m.*
ecco ['ɛkko] **I.** *adv* da (ist *o.* sind), hier (ist *o.* sind), da kommt (*o.* kommen) *etc.;* **~mi** da bin ich; **~ti il libro** da hast du das Buch; ~ **il libro** da ist das Buch; ~ **perché ...** deswegen, das ist der Grund, warum ...; ~ **tutto** das ist alles; ~ **come sono andate le cose** so hat es sich abgespielt, so war es; ~ **fatto** fertig, das wär's, das hätten wir; **II.** *interj* (ja) eben, genau.
eccome [ek'ko:me] *adv* und wie, und ob.
echeggiare [eked'dʒa:re] ‹echeggio, echeggi› *itr* ‹*avere o. essere*› widerhallen, (er)tönen.
echi *pl di* **eco.**
echinococco [ekino'kɔkko] ‹-cchi› *m* Blasenwurm *m*, Echinokokkus *m scient.*
echinodermi [ekino'dɛrmi] *m pl* Stachelhäuter *m pl.*
eclettico, -a [e'klɛttiko] ‹-ci, -che› **I.** *a* **1.** *(persona, studioso)* vielseitig; **2.** *philos* eklektisch; **II.** *m, f* **1.** *(studioso)* vielseitig beschäftigter Mensch; **2.** *philos* Eklektiker(in) *m(f).* **eclettismo** [eklet'tizmo] *m* Eklektizismus *m.*
eclissare [eklis'sa:re] **I.** *tr* **1.** *astr* verdunkeln, verfinstern; **2.** *fig* in den Schatten stellen; **II.** *rfl:* **-rsi 1.** *astr* sich verdunkeln, sich verfinstern; **2.** *fig* untertauchen, verschwinden; **da quando ha conosciuto Luisa, Mario si è eclissato** seit Mario Luisa kennengelernt hat, hört man nichts mehr von ihm. **eclisse** [e'klisse] *f*, **eclissi** [...si] ‹-› *f* Finsternis *f*, Eklipse *f;* ~ **di sole/luna** Sonnen-/Mondfinsternis *f.*
eclittico, -a [e'klittiko] ‹-ci, -che› *a* ekliptisch.
ecloga ['ɛ:kloga] *v.* **egloga.**
eco ['ɛ:ko] ‹echi *m*› *m o. f* **1.** *phys* Echo *n*, Widerhall *m;* **2.** *fig* Echo *n*, Resonanz *f;* **fare** ~ **alle parole di qu** jds Worten (*o.* jdm) beipflichten.
ecologa *f v.* **ecologo.**
ecologia [ekolo'dʒi:a] ‹-gie› *f* Ökologie *f; (protezione dell'ambiente)* Umweltschutz *m.* **ecologico, -a** [...'lɔdʒiko] *a* ökologisch, Umwelt-. **ecologista** [...lo'dʒista] ‹-i *m*, -e *f*› *mf* Umweltschützer(in) *m(f).* **ecologo, -a** [e'kɔ:logo] ‹-gi, -ghe› *m, f* Ökologe *m*, -login *f.*
ecometro [e'kɔ:metro] *m* Echolot *n.*
economa *f v.* **economo.**
economato [ekono'ma:to] *m* Verwaltung *f.*
economia [ekono'mi:a] ‹-ie› *f* **1.** *gener.* Wirtschaft *f; (scienza)* Wirtschaftswissenschaft *f; (sistema)* Wirtschaftssystem *n; (situazione)* Wirtschaftslage *f;* **2.** *(risparmio)* Sparsamkeit *f*, Wirtschaftlichkeit *f;* **3.** ‹*pl*› *(somma)* Ersparnisse *f pl*, Ersparte(s) *n;* **4.** *(attività)* Sparen *n;* **5.** *fig* Einteilung *f*, Aufbau *m; (di un poema, etc.)* Ökonomie *f;* ~ **domestica** Hauswirtschafts-, *f*, Haushaltungslehre *f;* ~ **politica** Volkswirtschaftslehre *f;* ~ **sommersa** Schattenwirtschaft *f;* **fare** ~ (*o.* **-ie**) sparen; **in** ~ sparsam. **economico, -a** [...'nɔ:miko] ‹-ci, -che› *a* **1.** *(condizioni, criterio)* wirtschaft-

lich; **2.** *(poco costoso)* preiswert, billig; **3.** *scient* ökonomisch, Ökonomie-, Wirtschafts-. **economista** [ekono'mista] ‹-i *m*, -e *f*› *mf* Wirtschaftswissenschaftler(in) *m(f)*. **economizzare** [...mid'dza:re] **I.** *tr* sparen, einsparen; **II.** *itr* haushalten, sparen. **economizzatore** [...middza'to:re] *m tec* Ekonomiser *m; (per lavatrici, etc.)* Spartaste *f*, Sparvorrichtung *f*. **economo, -a** [e'kɔ:nomo] **I.** *m, f* Verwalter(in) *m(f)*; **II.** *a* sparsam.

ecosistema [ekosis'tɛ:ma] *m* Ökosystem *n*.

ecru [e'kry] ‹*inv*› *a* **1.** *(tessuto)* roh, ungebleicht; **2.** *(colore)* ekrü, naturfarben.

ecumenico, -a [eku'mɛ:niko] ‹-ci, -che› *a* ökumenisch.

eczema [ek'dzɛ:ma] ‹-i› *m* Ekzem *n*.

ed. *ab di* **edizione** Ed. (*ab di* Edition).

ed *con* **e** *davanti a vocale.*

Ed. *ab di* **editore** Hg., Hrsg. (*ab di* Herausgeber).

edelweiss ['e:dəlvaɪs] ‹-› *f* Edelweiß *n*.

edema [e'dɛ:ma] ‹-i› *m* Ödem *n*.

eden ['ɛ:den] ‹-› *m* Eden *n; fig* Paradies *n;* **il giardino dell'~** der Garten Eden.

edera ['e:dera] *f* Efeu *m*.

edicola [e'di:kola] *f* **1.** *(del giornalaio)* Zeitungsstand *m*, -kiosk *m;* **2.** *arch* Ädikula *f*. **edicolante** [ediko'lante] *mf* Zeitungsverkäufer(in) *m(f) (am Zeitungsstand)*.

edificabile [edifi'ka:bile] *a* bebaubar, Bau-.

edificante [edifi'kante] *a* erbaulich, erhebend.

edificare [edifi'ka:re] ‹edifico, edifichi› *tr* **1.** *arch* (er)bauen, errichten; **2.** *fig* bauen; *(stato, azienda)* aufbauen, gründen; *(dottrina)* begründen; *(teoria)* aufstellen; *(moralmente)* erbauen; **~ sulla sabbia/roccia** *fig* auf Sand/Fels bauen. **edificatore, -trice** [...ka'to:re] **I.** *a* (er)bauend; **II.** *m, f* Erbauer(in) *m(f)*. **edificazione** [...kat'tsi̯o:ne] *f* **1.** *arch* Bau *m*, Errichtung *f*, Erbauung *f;* **2.** *fig* (Be)gründung *f; (moralmente)* Erbauung *f*. **edificio** [...'fi:tʃo] ‹-ci› *m* **1.** *arch* Gebäude *n*, Bau *m;* **2.** *fig* Aufbau *m*, Gefüge *n*.

edile [e'di:le] **I.** *a* baulich, bautechnisch, Bau-; **II.** *m* Bauarbeiter *m*. **edilizia** [edi'littsi̯a] ‹-ie› *f* Bauwesen *n*, Baugewerbe *n*. **edilizio, -a** [...i̯o] ‹-i, -ie› *a* baulich, Bau-.

edipico, -a [e'di:piko] ‹-ci, -che› *a* ödipal, Ödipus-; **complesso ~** Ödipuskomplex *m*.

edito, -a ['ɛ:dito] *a* verlegt, veröffentlicht, aufgelegt; *(a cura di)* herausgegeben.

editore, -trice [edi'to:re] **I.** *a* Verlags-; *(dell'editore)* Verleger-, verlegerisch; **casa -trice** Verlag *m*, Verlagshaus *n;* **II.** *m, f* (*ab* **Ed.**) **1.** Verleger(in) *m(f);* **2.** *(curatore)* Herausgeber(in) *m(f)*. **editoria** [...to'ri:a] ‹-ie› *f* Verlagswesen *n*. **editoriale** [edito'ri̯a:le] **I.** *a* Verlags-; *(dell'editore)* Verleger-, verlegerisch; **II.** *m* Leitartikel *m*. **editorialista** [...i̯a'lista] ‹-i *m*, -e *f*› *mf* Leitartikler(in) *m(f)*, Leitartikelschreiber(in) *m(f)*. **editrice** *f v.* **editore.**

editto [e'ditto] *m* Edikt *n*, Erlaß *m*.

edizione [edit'tsi̯o:ne] *f* **1.** (*ab* **ed.**) *typ* Auflage *f; (a. esemplare)* Ausgabe *f;* **2.** *TV, radio* Ausgabe *f;* **3.** *(di manifestazione)* Veranstaltung *f;* **~ economica** Taschenbuch-, Billigausgabe *f;* **~ straordinaria** Sonderausgabe *f*.

edonismo [edo'nizmo] *m* Hedonismus *m*. **edonista** [...'nista] ‹-i *m*, -e *f*› *mf* Genußmensch *m*, Hedonist(in) *m(f)*. **edonistico, -a** [...'nistiko] ‹-ci, -che› *a* genießerisch, hedonistisch.

E.D.P. *f ab di* **Electronic Data Processing** EDV *f* (*ab di* Elektronische Datenverarbeitung).

educanda [edu'kanda] *f* Internats-, Pensionatsschülerin *f; fig* schamhaftes (*o.* schüchternes) Mädchen. **educandato** [...'da:to] *m* Mädchenpensionat *n*, -internat *n*.

educare [edu'ka:re] ‹educo, educhi› *tr* **1.** *(giovani)* erziehen; **2.** *fig* gewöhnen (*a* an); *(allenare)* trainieren, stärken. **educativo, -a** [...ka'ti:vo] *a* Erziehungs-; *(metodo)* erzieherisch; *(romanzo)* Erziehungs-, Bildungs-. **educato, -a** [...'ka:to] *a* (wohl)erzogen, höflich, artig; **non mi è sembrato molto ~ da parte sua** das erschien mir nicht besonders anständig von ihm (*o.* ihr). **educatore, -trice** [...ka'to:re] **I.** *a* erzieherisch; **II.** *m, f* Erzieher(in) *m(f)*. **educazione** [...kat'tsi̯o:ne] *f* **1.** *(dei giovani)* Erziehung *f;* **2.** *(buone maniere)* (gutes) Benehmen *n*, Erziehung *f;* **~ fisica** Leibeserziehung *f obs*, Turnen *n;* **gente senza ~** Leute ohne Benehmen (*o.* Kinderstube).

E.E.D. *f ab di* **Elaborazione Elettronica dei Dati** EDV *f* (*ab di* Elektronische Datenverarbeitung).

efelide [e'fɛ:lide] *f* Sommersprosse *f*.

effem(m)inata *f v.* **effem(m)inato.**

effem(m)inatezza [effem(m)ina'tettsa] *f* **1.** Effeminiertheit *f,* Verweiblichung *f;* **2.** *pej* Verweichlichung *f.* **effem(m)inato, -a** [...'na:to] **I.** *a* **1.** effeminiert, verweiblicht; **2.** *pej* verweichlicht, weibisch; **II.** *m pej* Weichling *m.*

efferatezza [effera'tettsa] *f* Grausamkeit *f,* Abscheulichkeit *f,* Roheit *f.* **efferato, -a** [...'ra:to] *a* grausam, abscheulich, roh.

efferente [effe'rɛnte] *a (condotto)* Ableitungs-, ableitend, abführend.

effervescente [effervеʃ'ʃɛnte] *a* **1.** sprudelnd, (auf)brausend; *(pasticca)* Brause-; **2.** *fig* lebhaft, sprudelnd; **avere un ingegno ~** Esprit haben, geistreich sein. **effervescenza** [...'ʃɛntsa] *f* **1.** *(di pasticca, acqua)* Sprudeln *n; (di vino)* Gärung *f;* **2.** *fig (agitazione)* Erregung *f,* Aufregung *f.*

effettivamente [effettiva'mente] *adv* tatsächlich, wirklich, in Wirklichkeit.

effettività [effettivi'ta] ‹-› *f* Wirklichkeit *f,* Tatsächlichkeit *f.* **effettivo, -a** [...'ti:vo] **I.** *a* **1.** *(reale)* wirklich; *(valore, danno)* effektiv, tatsächlich; **2.** *(socio, membro, professore)* ordentlich; *(operaio)* festangestellt; **3.** *mil* aktiv, Berufs-; **ufficiale ~** Berufsoffizier *m;* **personale ~** Personalbestand *m;* **II.** *m* **1.** *adm, com* (Effektiv)bestand *m;* **2.** *mil* (Effektiv)stärke *f.*

effetto [ef'fɛtto] *m* **1.** *gener., jur, phys* Wirkung *f, Auswirkung f,* Effekt *m; fig* Ergebnis *n; (scopo)* Zweck *m;* **2.** *sport* Effet *m;* **3.** ‹*pl*› persönliche Sachen *f pl* (*o.* Gegenstände *m pl*); **4.** *fin* Schuldverschreibung *f,* Wechsel *m;* **~ cambiario** Wechsel *m;* **-i personali** persönliche Habe; **causa ed ~** Ursache und Wirkung; **fare l'~ di** aussehen wie, den Eindruck machen als ob; **ottenere l'~ voluto** die gewünschte Wirkung erzielen; **a tale ~** zu diesem Zweck; **fare ~** Eindruck machen; **in -i** wirklich, in der Tat, tatsächlich; **d'~** effektvoll.

effettuare [effettu'a:re] *tr* aus-, durchführen. **effettuazione** [...uat'tsi̯o:ne] *f* Aus-, Durchführung *f.*

efficace [effi'ka:tʃe] *a* wirksam, wirkungsvoll. **efficacia** [...'ka:tʃa] ‹-cie› *f* Wirksamkeit *f,* Wirkung *f.*

efficiente [effi'tʃɛnte] *a* **1.** *(organizzazione, persona)* leistungsfähig, effizient; *(che funziona)* wirksam, wirkungsvoll; **2.** *philos* effizient; **3.** *gram* effiziert. **efficienza** [...'tʃɛntsa] *f* Wirksamkeit *f,* Effizienz *f; (di persona)* Leistungsfähigkeit *f; (di motore, etc.)* Leistung *f.*

effigiare [effi'dʒa:re] ‹effigio, effigi› *tr geh* darstellen, abbilden; *(modellare con effigi)* mit Bildern versehen (*o.* schmücken). **effigie** [ef'fi:dʒe] ‹- *o.* -gi› *f geh* Bildnis *n,* Bild *n.*

effimero, -a [ef'fi:mero] *a* **1.** *(fugace)* flüchtig, vergänglich; *(di breve durata)* kurzlebig; **2.** *zoo* eintägig, Eintags-.

efflusso [ef'flusso] *m* Ausströmen *n,* -treten *n.*

effluvio [ef'flu:vi̯o] ‹-i› *m* Duft *m.*

effondere [ef'fondere] ‹*irr*› *tr* ergießen.

effrazione [effrat'tsi̯o:ne] *f* Aufbrechen *n,* Aufbruch *m; fig* Verletzung *f.*

effusione [effu'zi̯o:ne] *f* **1.** *(versamento)* Ver-, Ausgießen *n; (di gas)* Ausströmen *n; (di lava)* Erguß *m,* Effusion *f;* **2.** *fig* Überschwenglichkeit *f; (cordialità)* Herzlichkeit *f;* **~ di sangue** Blutvergießen *n;* **con ~** überschwenglich.

egalitario [egali'ta:ri̯o] *v.* **egualitario.**

egemone [e'dʒɛ:mone] *a* hegemonial; *(a. fig)* (vor)herrschend. **egemonia** [edʒemo'ni:a] ‹-ie› *f* Hegemonie *f; (a. fig)* (Vor)herrschaft *f.* **egemonico, -a** [...'mɔ:niko] ‹-ci, -che› *a* hegemonial, Hegemonial-, Hegemonie-.

Egeo [e'dʒɛ:o] *m* Ägäis *f.*

egida ['ɛ:dʒida] *f* **1.** *fig* Schutz *m,* Obhut *f,* Ägide *f geh;* **2.** *(nella mitologia)* Ägide *f.*

Egitto [e'dʒitto] *m:* **l'~** Ägypten *n.* **egittologa** *f v.* **egittologo. egittologia** [-lo'dʒi:a] ‹-ie› *f* Ägyptologie *f.* **egittologo, -a** [...'tɔ:logo] ‹-gi, -ghe› *m, f* Ägyptologe *m,* -login *f.*

egizia *f v.* **egizio.**

egiziano, -a [edʒit'tsi̯a:no] **I.** *a* ägyptisch; **II.** *m, f* Ägypter(in) *m(f).* **egizio, -a** [e'dʒittsi̯o] ‹-i, -ie› **I.** *a* altägyptisch; **II.** *m, f* (Alt)ägypter(in) *m(f).*

egli ['eʎʎi] *pron pers m sing* er.

egloga ['ɛ:gloga] ‹-ghe› *f* Ekloge *f.*

ego ['ɛ:go] ‹-› *m* Ego n, Ich *n.*

egocentrica *f v.* **egocentrico.**

egocentricità [egotʃentritʃi'ta] ‹-› *f* Egozentrik *f.* **egocentrico, -a** [...'tʃɛntriko] ‹-ci, -che› **I.** *a* egozentrisch; **II.** *m, f* Egozentriker(in) *m(f).* **egocentrismo** [...tʃen'trizmo] *m* Egozentrik *f.*

egoismo [ego'izmo] *m* Egoismus *m,* Selbstsucht *f.* **egoista** [...'ista] ‹-i *m,* -e *f*› **I.** *mf* Egoist(in) *m(f);* **II.** *a* egoistisch, selbstsüchtig. **egoistico, -a**

[...'istiko] ‹-ci, -che› *a* egoistisch, selbstsüchtig.

egotismo [ego'tizmo] *m* Egotismus *m.*

Egr. *ab di* **egregio** sehr geehrter ...

egregio, -a [e'grɛ:dʒo] ‹-gi, -gie› *a* ausgezeichnet, vortrefflich; *(nelle lettere, ab* **Egr.***)* sehr geehrte(r).

eguaglianza [egu̯aʎ'ʎantsa] *etc. v.* **uguaglianza** *etc.*

egualitario, -a [egu̯ali'ta:ri̯o] ‹-i, -ie› **I.** *a* egalitär, gleichmacherisch; **II.** *m, f* Gleichmacher(in) *m(f).* **egualitarismo** [...ta'rizmo] *m* Egalitarismus *m.*

eh [ɛ *o.* e] *interj fam* he *fam; (sorpresa, compatimento)* oh; *(con questione)* was *fam;* **niente male, ~?** nicht übel, was? **~! dove corri?** *fam* he!, wo läufst du hin?

ehi ['e:i] *interj fam* hallo, he(da) *fam.*

ehm [m] *interj fam* hm.

E.I. *ab di* **Esercito Italiano** italienisches Heer.

eiaculare [ei̯aku'la:re] *itr* ejakulieren. **eiaculazione** [...lat'tsi̯o:ne] *f* Ejakulation *f,* Samenerguß *m.*

eiettabile [ei̯et'ta:bile] *a:* **sedile ~** Schleudersitz *m.*

elaborare [elabo'ra:re] *tr* **1.** *(tesi, piano)* ausarbeiten, erarbeiten; **2.** *inform (dati)* verarbeiten; **3.** *biol (digerire)* verdauen; *(secernere)* absondern, produzieren. **elaboratezza** [...ra'tettsa] *f* Ausgefeiltheit *f,* Geschliffenheit *f.* **elaborato, -a** [...'ra:to] **I.** *a* ausgefeilt, geschliffen; **II.** *m* **1.** *(a scuola)* Arbeit *f,* Aufgabe *f;* **2.** *inform* Ausdruck *m;* **3.** *biol (digestione)* Verdauung *f; (secrezione)* Produktion *f,* Absonderung *f.* **elaboratore, -trice** [...ra'to:re] **I.** *a* aus-, verarbeitend; **II.** *m* Datenverarbeitungsanlage *f,* -system *n;* **~ elettronico** EDV-Anlage *f.* **elaborazione** [...rat'tsi̯o:ne] *f* **1.** *inform* Verarbeitung *f;* **2.** *(di progetto, piano, teoria)* Erstellung *f,* Ausarbeitung *f;* **3.** *biol* Verdauung *f;* **~ (elettronica) dei dati** (*ab* **E.E.D.**) (elektronische) Datenverarbeitung *f.*

elargire [elar'dʒi:re] ‹elargisco› *tr* spenden. **elargizione** [...dʒit'tsi̯o:ne] *f* Spende *f.*

elasticità [elastitʃi'ta] ‹-› *f* **1.** *(di molle, gomma)* Elastizität *f,* Dehnbarkeit *f;* **2.** *(agilità)* Beweglichkeit *f,* Gelenkigkeit *f;* **3.** *fig* Flexibilität *f,* Beweglichkeit *f;* **~ mentale** geistige Beweglichkeit. **elasticizzato, -a** [...tʃid'dza:to] *a* Stretch-. **elastico, -a** [e'lastiko] ‹-ci, -che› **I.** *a* **1.** *(molla, tessuto)* elastisch, dehnbar; **2.** *(persona)* gelenkig, beweglich; *(carattere)* beweglich, flexibel; *(cedevole)* nachgiebig; **morale -a** dehnbare Prinzipien *n pl;* **II.** *m* **1.** *(tessuto)* elastisches Gewebe; **2.** *(per fissare)* Gummi(band) *n.*

Elba¹ ['elba] *f (isola)* Elba *n.*

Elba² ['ɛlba] *m (fiume)* Elbe *f.*

eldorado [eldo'ra:do] *m* (El)dorado *n.*

elefante [ele'fante] *m* Elefant *m;* **~ marino** See-Elefant *m.* **elefantesco, -a** [...'tesko] ‹-schi, -sche› *a* Elefanten-; *fig* gigantisch, Mammut-; **con grazia -a** *scherz* mit der Grazie eines Nilpferds. **elefantessa** [...'tessa] *f* Elefantenkuh *f.* **elefantiasi** [...'ti:azi] ‹-› *f* **1.** *med* Elefantiasis *f;* **2.** *fig* Aufgeblähtheit *f.*

elegante [ele'gante] *a* elegant. **eleganza** [...'gantsa] *f* Eleganz *f.*

eleggere [e'lɛddʒere] ‹*irr*› *tr* wählen.

elegia [ele'dʒi:a] ‹-gie› *f* Elegie *f.* **elegiaco, -a** [...'dʒi:ako] ‹-ci, -che› *a* elegisch, klagend, Klage-.

elementare [elemen'ta:re] **I.** *a (semplice)* elementar, einfach; *(di base)* elementar, Grund-, grundlegend; *(scuola)* Grund-; **II.** ‹*pl*› *f* Grundschule *f.*

elemento [ele'mento] *m* **1.** *gener., chem, philos, fig* Element *n;* **2.** *fig (parte costitutiva)* Bestandteil *m,* Element *n; (di studio, arte)* Grundlage *f;* **3.** *fig pej (individuo)* Person *f,* Subjekt *n,* Element *n;* **essere nel proprio ~** in seinem Element sein.

elemosina [ele'mɔ:zina] *f* Almosen *n,* Spende *f;* **fare l'~** betteln (gehen). **elemosinare** [...mozi'na:re] **I.** *tr* erbetteln, betteln um; **II.** *itr* betteln.

Elena ['ɛ:lena] *(nome proprio femminile)* Helene.

elencare [eleŋ'ka:re] ‹elenco, elenchi› *tr* verzeichnen, auflisten; *(enumerare)* aufzählen, aufführen. **elencazione** [...kat'tsi̯o:ne] *f* Auflistung *f; (enumerazione)* Aufzählung *f,* Aufführung *f.*

elenco [e'lɛŋko] ‹-chi› *m* Verzeichnis *n,* Liste *f;* **~ telefonico** Telefonbuch *n.*

Eleonora [eleo'nɔ:ra] *(nome proprio femminile)* Eleonore.

eletta *f v.* **eletto.**

elettivo, -a [elet'ti:vo] *a* Wahl-.

eletto, -a [e'lɛtto] **I.** *a* **1.** *gener., pol* gewählt; **2.** *rel* auserwählt; **3.** *fig* erlesen; **II.** *m, f* Gewählte(r) *mf;* **molti sono i chiamati, pochi gli -i** viele sind berufen, aber wenige (sind) auserwählt.

elettorale [eletto'ra:le] *a* Wahl-; **sche-**

da ~ Wahlschein *m.* **elettoralismo** [...ra'lizmo] *m* Stimmenfang *m.*
elettorato [eletto'ra:to] *m* Wählerschaft *f,* Wähler *m pl;* **diritto di ~** Wahlrecht *n.* **elettore, -trice** [...'to:re] *m, f* **1.** *(chi vota)* Wähler(in) *m(f);* **2.** *hist* Kurfürst *m.*
elettrauto [elet'tra:uto] ‹-› *m* **1.** *(officina)* Auto-, Kraftfahrzeugelektrodienst *m;* **2.** *(operaio)* Auto-, Kraftfahrzeugelektriker *m.*
elettrica *f v.* **elettrico.**
elettrice *f v.* **elettore.**
elettricista [elettri'tʃista] ‹-i *m,* -e *f*› *mf* Elektriker(in) *m(f).* **elettricità** [...tʃi'ta] ‹-› *f* **1.** *phys* Elektrizität *f;* **2.** *fig* Spannung *f.* **elettrico, -a** [e'lɛttriko] ‹-ci, -che› **I.** *a* **1.** *phys* elektrisch, Elektrizitäts-; **2.** *fig* gereizt, gespannt; **blu ~** lichtblau; **II.** *m,f* Elektriker(in) *m(f).* **elettrificare** [elettrifi'ka:re] ‹elettrifico, elettrifichi› *tr* elektrifizieren, auf Elektrobetrieb umstellen. **elettrificazione** [...kat'tsi̯o:ne] *f* Elektrifizierung *f,* Umstellung *f* auf Elektrobetrieb.
elettrizzare [elettrid'dza:re] **I.** *tr* **1.** *phys* elektrisieren; **2.** *fig* aufrütteln, unter die Haut gehen (*qu* jdm); *(entusiasmare)* begeistern; **II.** *rfl:* **-rsi 1.** *phys* elektrisiert werden; **2.** *fig* in Aufregung geraten. **elettrizzazione** [...dzat'tsi̯o:ne] *f* Elektrisierung *f,* Elektrisieren *n.*
elettro [e'lɛttro] *m* **1.** *(lega)* Gold- und Silberlegierung *f;* **2.** *(ambra)* (gelber) Bernstein *m.*
elettro- [elettro-] *(in parole composte)* Elektro-, elektrisch. **elettrocalamita** [-kala'mi:ta] *f* Elektromagnet *m.* **elettrocardiogramma** [-kardi̯o'gramma] *m* Elektrokardiogramm *n.* **elettrochimica** [-'ki:mika] *f* Elektrochemie *f.* **elettrochimico, -a** [...ko] **I.** *a* elektrochemisch; **II.** *m, f* Elektrochemiker(in) *m(f).* **elettrochoc** [-ʃʃɔk] *v.* **elettroshock.**
elettrodo [e'lɛttrodo] *m* Elektrode *f.*
elettrodomestico [-do'mɛstiko] *m* Elektrogerät *n;* **negozio di -ci** Elektrogeschäft *n.* **elettroencefalogramma** [-entʃefalo'gramma] *m* Elektroenzephalogramm *n.* **elettrofisica** [-'fi:zika] *f* Elektrophysik *f.*
elettrolisi [elet'trɔ:lizi] ‹-› *f* Elektrolyse *f.* **elettrolita** [...'trɔ:lita] ‹-i›, **elettrolito** [...'trɔ:lito] *m* Elektrolyt *m.* **elettrolitico, -a** [...ro'li:tiko] ‹-ci, -che› *a* elektrolytisch.
elettromagnete [-maɲ'ɲɛ:te] *m* Elektromagnet *m.* **elettromagnetico, -a** [...'ɲɛ:tiko] *a* elektromagnetisch.
elettromeccanica [-mek'ka:nika] *f* Elektromechanik *f.* **elettromeccanico, -a** [...ko] **I.** *a* elektromechanisch; **II.** *m, f* Elektromechaniker(in) *m(f).*
elettromotrice [-mo'tri:tʃe] *f* E-Lok *f.*
elettrone [elet'tro:ne] *m* Elektron *n.* **elettronica** [...'trɔ:nika] ‹-che› *f* Elektronik *f.* **elettronico, -a** [...'trɔ:niko] ‹-ci, -che› *a* elektronisch, Elektronik-.
elettroscopio [-s'kɔ:pi̯o] ‹-i› *m* Elektroskop *n.*
elettroshock [-ʃ'ʃɔk] ‹-› *m* Elektroschock *m.* **elettrotecnica** [-'tɛknika] *f* Elektrotechnik *f.* **elettrotecnico, -a** [...ko] **I.** *a* elektrotechnisch; **II.** *m, f* Elektrotechniker(in) *m(f).* **elettroterapia** [-tera'pi:a] *f* Elektrotherapie *f.*
elevamento [eleva'mento] *m* (Boden)erhebung *f.* **elevare** [...'va:re] **I.** *tr* **1.** *(edificio)* aufstocken (*di* um); **2.** *fig* anheben, erhöhen; **3.** *(alzare)* er-, anheben; *(carica, dignità)* erheben (*a* zu); **4.** *(protesto)* erheben, einlegen; *adm (multa, etc.)* auferlegen; **~ un numero al quadrato** eine Zahl zum Quadrat erheben; **II.** *rfl:* **-rsi** sich erheben, emporragen.
elevatezza [eleva'tettsa] *f* **1.** *(di monte)* Höhe *f;* **2.** *fig* Erhabenheit *f.* **elevato, -a** [...va:to] *a* **1.** *(monte, prezzo)* hoch; **2.** *fig* erhaben.
elevatore, -trice [eleva'to:re] **I.** *a* Hebe-; *(a. tec)* Hub-; **carrello ~** Gabelstapler *m;* **II.** *m* **1.** *tec* Hebewerk *n,* Elevator *m;* **2.** *(nelle armi)* Zubringer *m.* **elevazione** [...vat'tsi̯o:ne] *f* **1.** *gener.* Erhebung *f,* Erhöhung *f;* **2.** *mil, astr* Elevation *f;* **~ a potenza** Erhebung *f* zur (*o.* in die) Potenz; **~ del terreno** Bodenerhebung *f.*
elezione [elet'tsi̯o:ne] *f* Wahl *f;* **patria d'~** Wahlheimat *f.*
Elia [e'li:a] *(nome proprio maschile)* Elias.
elica ['ɛ:lika] ‹-che› *f* **1.** *naut* Schiffsschraube *f;* **2.** *aero* Propeller *m;* **3.** *mat* Spirale *f,* Schraubenlinie *f;* **4.** *biol* Helix *f;* **doppia ~** Doppelhelix *f.* **elicoidale** [elikoi'da:le] *a* **1.** *mat* Spiral-, Schrauben-; **2.** *tec* Spiral-.
elicottero [eli'kɔttero] *m* Hubschrauber *m,* Helikopter *m.*
elidere [e'li:dere] ‹elido, elisi, eliso› **I.** *tr* **1.** *ling* elidieren; **2.** *(annullare)* aufheben; **II.** *rfl:* **-rsi** sich aufheben.
eliminare [elimi'na:re] *tr* **1.** *gener.* beseitigen, entfernen; **2.** *sport* ausschalten; **3.** *fig (ipotesi, etc.)* ausschließen; *(espellere)* ausscheiden; **4.** *sl* aus dem

Weg räumen, umlegen *fam;* **5.** *biol* ausscheiden, absondern. **eliminatoria** [...na'tɔ:ri̯a] ‹-ie› *f* Vorrunde *f,* Ausscheidungskämpfe *m pl.* **eliminazione** [...nat'tsi̯o:ne] *f* **1.** *sport* Ausscheiden *n; (squalifica)* (Platz)verweis *m;* **2.** *gener.* Entfernen *n,* Beseitigung *f;* **3.** *biol* Ausscheidung *f.*

elio ['ɛ:li̯o] *m* Helium *n.*

Elio ['ɛ:li̯o] *(nome proprio maschile)* Elias.

eliocentrico, -a [eli̯o'tʃɛntriko] *a* heliozentrisch.

eliografia [eli̯ogra'fi:a] *f* Heliographie *f,* Lichtdruckverfahren *n.*

eliporto [eli'pɔrto] *m* Hubschrauberlandeplatz *m.*

Elisa [e'li:za] *(nome proprio femminile)* Elisa, El(i)se.

Elisabetta [eliza'bɛtta] *(nome proprio femminile)* Elisabeth.

elisi [e'li:zi] *1. pers sing del passato remoto di* **elidere.**

elisio, -a [e'li:zi̯o] ‹-i, -ie› **I.** *a* elysisch; **II.** *m* Elysium *n.*

elisione [eli'zi̯o:ne] *f* Elision *f.*

elisir [eli'zir] ‹-› *m* Elixier *n;* ~ **di lunga vita** Lebenselixier *n.*

eliso [e'li:zo] *pp di* **elidere.**

elitario, -a [eli'ta:ri̯o] ‹-i, -ie› *a* elitär.

ella ['ella] *pron pers f sing* sie.

ellenico, -a [el'lɛ:niko] ‹-ci, -che› *a* hellenisch, (alt)griechisch. **ellenismo** [elle'nizmo] *m* **1.** *hist, lit* Hellenismus *m;* **2.** *ling* Gräzismus *m.* **ellenista** [...'nista] ‹-i *m,* -e *f*› *mf* Hellenist(in) *m(f),* Gräzist(in) *m(f).* **ellenistico, -a** [...'nistiko] ‹-ci, -che› *a* hellenistisch.

ellisse [el'lisse] *f mat* Ellipse *f.*

ellissi [el'lissi] ‹-› *f ling* Ellipse *f.*

ellittico, -a [el'littiko] ‹-ci, -che› *a* elliptisch.

elmetto [el'metto] *m* Helm *m.*

elmo ['elmo] *m* Helm *m.*

elogiare [elo'dʒa:re] ‹elogio, elogi› *tr* loben. **elogiativo, -a** [...dʒa'ti:vo] *a* lobend, Lob-, Lobes-. **elogio** [e'lɔ:dʒo] ‹-gi› *m* Lob *n,* Lobrede *f;* ~ **funebre** Trauerrede *f.*

eloquente [elo'ku̯ɛnte] *a* **1.** *(oratore, discorso)* redegewandt, wortgewandt, eloquent *geh;* **2.** *(sguardo, silenzio)* vielsagend, sprechend, beredt. **eloquenza** [...'ku̯ɛntsa] *f* **1.** Redegewandtheit *f,* Wortgewandtheit *f,* Eloquenz *f geh;* **2.** *fig (di gesto, sguardo)* Beredtheit *f.*

elsa ['elsa] *f* Degenglocke *f.*

elucubrare [eluku'bra:re] *tr* ausklügeln, austüfteln. **elucubrazione** [...rat'tsi̯o:ne] *f* Tüftelei *f.*

eludere [e'lu:dere] ‹eludo, elusi, eluso› *tr* ausweichen (*qc* einer S.), umgehen. **elusivo, -a** [elu'zi:vo] *a* ausweichend. **eluso** [e'luzo] *pp di* **eludere.**

elvetico, -a [el'vɛ:tiko] ‹-ci, -che› *a* helvetisch, schweizerisch.

elzevirista [eldzevi'rista] ‹-i *m,* -e *f*› *mf* Feuilletonist(in) *m(f).* **elzeviro** [...'vi:ro] *m* **1.** *(di giornale)* Feuilletonartikel *m;* **2.** *typ* Elzevir *f.*

emaciamento [ematʃa'mento] *m* starke Abmagerung, Auszehrung *f.* **emaciare** [...'tʃa:re] ‹emacio, emaci› **I.** *tr* auszehren, ausmergeln; **II.** *rfl:* **-rsi** stark abmagern. **emaciato, -a** [...'tʃa:to] *a* stark abgemagert, ausgemergelt.

emanare [ema'na:re] **I.** *tr* ‹*avere*› **1.** *(luce, calore)* ausstrahlen, -strömen; *(liquidi, gas)* ausströmen; **2.** *jur (leggi)* erlassen; **3.** *fig (simpatia)* ausstrahlen; **II.** *itr* ‹*essere*› (her)kommen (*da* von), ausgehen (*da* von). **emanazione** [...nat'tsi̯o:ne] *f* **1.** *(di luce, calore)* Ausstrahlung *f,* Ausströmen *n; (di liquidi, gas)* Ausströmen *n;* **2.** *jur* Verkündung *f,* Erlaß *m;* **3.** *geol, chem* Emanation *f.*

emancipare [emantʃi'pa:re] **I.** *tr* emanzipieren, befreien; *jur* mündigsprechen; **II.** *rfl:* **-rsi** sich emanzipieren. **emancipato, -a** [...'pa:to] *a* emanzipiert. **emancipazione** [...pat'tsi̯o:ne] *f* Emanzipation *f.*

emarginare [emardʒi'na:re] *tr* **1.** *adm* anmerken, am Rande vermerken; **2.** *fig* ins Abseits stellen, ausgrenzen. **emarginato, -a** [...'na:to] **I.** *a* **1.** *adm* angemerkt, am Rande vermerkt; **2.** *(persona)* abseits stehend; **II.** *m pl* Randgruppen *f pl,* Minderheiten *f pl;* **III.** *m* Randbemerkung *f.*

ematico, -a [e'ma:tiko] ‹-ci, -che› *a* hämato-, Hämato-, Blut-.

ematologo, -a [ema'tɔ:logo] ‹-gi, -ghe› *m, f* Hämatologe *m,* -login *f.*

ematoma [ema'tɔ:ma] ‹-i› *m* Hämatom *n; (livido a.)* Bluterguß *m.*

embargo [em'bargo] ‹-ghi› *m* Embargo *n.*

emblema [em'blɛ:ma] ‹-i› *m* Emblem *n,* Sinnbild *n,* Symbol *n.* **emblematico, -a** [...le'ma:tiko] ‹-ci, -che› *a* emblematisch, sinnbildlich.

embolia [embo'li:a] ‹-ie› *f* Embolie *f.* **embolo** ['ɛmbolo] *m* **1.** *med* Gefäßpfropf *m,* Embolus *m scient;* **2.** *tec, mot* Luftblase *f.*

embrice ['embritʃe] *m* Dachziegel *m.*

embrionale [embrio'na:le] *a* **1.** *biol* embryonal, Embryo-; **2.** *fig* im Keim vorhanden; **un progetto** ~ ein unausgereifter Plan, ein Vorhaben im Anfangsstadium. **embrione** [...'io:ne] *m* **1.** *biol* Embryo *m; bot* Keimling *m;* **2.** *fig* Keim *m,* Ansatz *m;* **essere in ~** im Keim (*o.* im Ansatz) vorhanden sein.

emendamento [emenda'mento] *m* **1.** *(correzione)* Verbesserung *f,* Berichtigung *f;* **2.** *jur* Abänderung *f;* **3.** *lit* Emendation *f.* **emendare** [...'da:re] **I.** *tr* **1.** *(testo)* emendieren; *(stile)* verbessern; *(correggere)* berichtigen; **2.** *jur* (ab)ändern; **II.** *rfl:* **-rsi** sich bessern.

emergente [emer'dʒɛnte] *a* aufstrebend, emporkommend; **paesi -i** Schwellenländer *n pl.*

emergenza [emer'dʒɛntsa] *f* unvorhergesehener Umstand; *(situazione critica)* Notfall *m;* **stato di ~** Ausnahmezustand *m;* **in caso di ~** im Notfall.

emergere [e'mɛrdʒere] ‹emergo, emergi, emersi, emerso› *itr* ‹*essere*› **1.** *(apparire in alto)* emporragen; **2.** *(venir fuori)* auftauchen; **3.** *fig (eccellere)* hervorragen, sich hervortun; *(risultare)* deutlich werden, herauskommen; **emerge su tutti per la sua preparazione** er (*o.* sie) ragt unter allen durch sein (*o.* ihr) Wissen hervor.

emerito, -a [e'mɛ:rito] *a* **1.** im Ruhestand; *(professore)* emeritiert; **2.** *(insigne)* hervorragend, bedeutend; **3.** *(fig, a. scherz)* notorisch, bekannt; **sei un ~ stupido** du bist ein ausgesprochener (*o.* ausgemachter) Dummkopf.

emersi [e'mɛrsi] *1. pers sing del passato remoto di* **emergere.**

emersione [emer'si̯o:ne] *f geog, naut* Auftauchen *n; geog, astr* Emersion *f.*

emerso [e'mɛrso] *pp di* **emergere.**

emetico, -a [e'mɛ:tiko] ‹-ci, -che› **I.** *a* Brechreiz erregend, Brech-; **II.** *m* Brechmittel *n.*

emettere [e'mettere] ‹*irr*› *tr* **1.** *gener.* hervor-, herausbringen; *(calore)* ausströmen, ausstrahlen; **2.** *(grido, sibilo)* ausstoßen, von sich *(dat)* geben; **3.** *fin* emittieren; *(assegno)* ausstellen; **4.** *jur (sentenza)* aussprechen; *(mandato)* erlassen; **5.** *fig (opinione, etc.)* aussprechen, zum Ausdruck bringen. **emettitore** [...ti'to:re] *m* Emitter *m.*

emiciclo [emi'tʃi:klo] *m* Halbkreis *m.*

emicrania [emi'kra:ni̯a] ‹-ie› *f* Migräne *f.*

emigrante [emi'grante] **I.** *a* auswandernd, emigrierend; **II.** *mf* Auswanderer *m,* Auswand(r)erin *f,* Emigrant(in) *m(f).*

emigrare [emi'gra:re] *itr* ‹*essere o. avere*› **1.** *gener.* auswandern, emigrieren; **2.** *zoo* ziehen. **emigrato, -a** [...'gra:to] **I.** *a* ausgewandert, emigriert; **II.** *m, f* Auswanderer *m,* Auswand(r)erin *f,* Emigrant(in) *m(f).* **emigratorio, -a** [...ra'tɔ:ri̯o] ‹-i, -ie› *a* Auswanderungs-, Emigrations-. **emigrazione** [...rat'tsi̯o:ne] *f* **1.** *(spostamento)* Auswanderung *f,* Emigration *f;* **2.** *zoo* Wanderung *f,* Zug *m,* Migration *f;* **3.** *fin* Abwanderung *f,* Flucht *f;* **l'~ di capitali** die Kapitalflucht.

emiliano, -a [emi'li̯a:no] **I.** *a* emilianisch; **II.** *m, f* Emilianer(in) *m(f).*

Emilia-Romagna [e'mi:li̯a ro'maɲɲa] *f* Emilia-Romagna *f.*

Emilio [e'mi:li̯o] *(nome proprio maschile)* Emil.

eminente [emi'nɛnte] *a* **1.** *(alzato)* erhöht; **2.** *fig* hervor-, herausragend, vortrefflich. **eminentemente** [eminente'mente] *adv* ausgesprochen; *(soprattutto)* über-, vorwiegend. **eminentissimo, -a** [...'tissimo] *a* hochwürdigste(r, s).

eminenza [emi'nɛntsa] *f* **1.** *rel* Eminenz *f;* **2.** *fig* Vorzüglichkeit *f,* Vortrefflichkeit *f;* **3.** *(luogo)* Erhebung *f,* Anhöhe *f.*

emirato [emi'ra:to] *m* Emirat *n.* **emiro** [e'mi:ro] *m* Emir *m.*

emisferico, -a [emis'fɛ:riko] ‹-ci, -che› *a* hemisphärisch. **emisfero** [...'fɛ:ro] *m* **1.** *geog* Hemisphäre *f,* Erdhalbkugel *f;* **2.** *anat* Hemisphäre *f,* Gehirnhälfte *f;* **3.** *mat* Hemisphäre *f,* Halbkugel *f;* **~ australe/boreale** südliche/nördliche Hemisphäre.

emissario [emis'sa:ri̯o] ‹-i› *m* **1.** *geog* Abfluß *m;* **2.** *(agente segreto)* geheimer Abgesandter, (Geheim)agent *m.*

emissione [emis'si̯o:ne] *f* **1.** *gener.* Aussenden *n,* -stoßen *n;* **2.** *com, fin* Emission *f,* Ausgabe *f;* **3.** *phys* Emission *f; (a. radio)* Ausstrahlung *f;* **banca d'~** Emissions-, Notenbank *f.*

emistichio [emis'ti:ki̯o] ‹-chi› *m* Halbvers *m,* Halbzeile *f.*

emittente [emit'tɛnte] **I.** *a* **1.** *radio* sendend, Sende-; **2.** *fin* Emissions-; **II.** *f* Sender *m;* **~ clandestina** Piratensender *m.*

Emma ['ɛmma] *(nome proprio femminile)* Emma.

emofilia [emofi'li:a] ‹-ie› *f* Bluterkrankheit *f,* Hämophilie *f.* **emofiliaco** [...'li:ako] ‹-ci› *m* Bluter *m.*

emoglobina [emoglo'bi:na] *f* Hämoglobin *n.*
emolliente [emol'liɛnte] **I.** *a* weichmachend; **II.** *m* **1.** *med* schleimlösendes Mittel; *(crema)* entzündungshemmendes Mittel; **2.** *tec* Weichmacher *m.*
emolumento [emolu'mento] *m geh* Bezüge *m pl,* Entgelt *n.*
emorragia [emorra'dʒi:a] ‹-gie› *f* Blutung *f,* Hämorrhagie *f scient.*
emorroidi [emor'rɔ:idi] *f pl* Hämorrhoiden *f pl.*
emostatico, -a [emos'ta:tiko] ‹-ci, -che› **I.** *a* blutstillend; **matita -a** Alaun-, Blutstillstift *m;* **II.** *m* blutstillendes Mittel.
emoteca [emo'tɛ:ka] *f* Blutbank *f.*
emotiva *f v.* **emotivo.**
emotività [emotivi'ta] ‹-› *f* Gefühlsbetontheit *f.* **emotivo, -a** [...'ti:vo] **I.** *a* Gefühls-, emotional, gefühlsmäßig; *(persona)* gefühlsbetont, emotional; **II.** *m, f* Gefühlsmensch *m.*
emozionale [emottsio'na:le] *a* emotional, emotionell, Gefühls-.
emozionante [emottsio'nante] *a* aufregend, mitreißend, spannend.
emozionare [emottsio'na:re] **I.** *tr* bewegen, erschüttern, aufregen; **II.** *rfl:* **-rsi** sich aufregen, sich erregen. **emozione** [...'tsio:ne] *f* Gefühl *n; (agitazione)* Aufregung *f,* Erregung *f;* **provare una forte ~** stark bewegt (*o.* erschüttert) sein.
empietà [empie'ta] ‹-› *f* Schändlichkeit *f; rel* Gottlosigkeit *f.*
empii [em'pi:i] *1. pers sing del passato remoto di* **empire.**
empio, -a ['empio] ‹-i, -ie› *a* schändlich, ruchlos; *rel* gottlos.
empire [em'pi:re] ‹empio, empii, empito› **I.** *tr* **1.** füllen (*di* mit), auffüllen (*di* mit); **2.** *fig* erfüllen (*di* mit); **II.** *rfl:* **-rsi 1.** *(saziarsi)* sich vollessen (*di* mit); **2.** *(diventar pieno)* sich füllen (*di* mit); **3.** *fig* sich erfüllen (*di* mit).
empireo [em'pi:reo] *m* Empyreum *n.*
empirico, -a [em'pi:riko] ‹-ci, -che› **I.** *a* **1.** *(rimedi, metodo)* empirisch; **2.** *pej* unwissenschaftlich, laienhaft; **II.** *m, f* **1.** Empiriker(in) *m(f); philos* Empirist *m;* **2.** *med* Heilpraktiker(in) *m(f).* **empirismo** [empi'rizmo] *m* **1.** *philos* Empirismus *m;* **2.** *med* Naturheilverfahren *n.* **empiristico, -a** [...'ristiko] ‹-ci, -che› *a* empiristisch.
empito [em'pi:to] *pp di* **empire.**
emporio [em'pɔ:rio] ‹-i› *m* **1.** *com* Handelszentrum *n; (negozio)* Kaufhaus *n;* **2.** *fig* Höchstmaß *n* (*di* an).
emù [e'mu] ‹-› *m* Emu *m.*
emula *f v.* **emulo.**
emulare [emu'la:re] *tr* nacheifern (*qu* jdm). **emulazione** [...lat'tsio:ne] *f* Nacheifern *n.* **emulo, -a** ['ɛ:mulo] **I.** *a* nacheifernd; **II.** *m, f* Nacheiferer *m* Nacheif(r)erin *f,* Schüler(in) *m (f).*
emulsionare [emulsio'na:re] *tr* emulgieren. **emulsione** [...'sio:ne] *f* Emulsion *f.*
ENALOTTO [ena'lɔtto] *m Glücksspiel, bei dem verschiedene Zahlenkombinationen des Lotto geraten werden.*
encefalico, -a [entʃe'fa:liko] ‹-ci, -che› *a* Enzephalo-, (Ge)hirn-. **encefalo** [en'tʃɛ:falo] *m* (Groß)hirn *n.*
enciclica [en'tʃi:klika] ‹-che› *f* Enzyklika *f.*
enciclopedia [entʃiklope'di:a] ‹-ie› *f* Enzyklopädie *f,* (Konversations)lexikon *n; (a. fig)* **è un'~ ambulante** er (*o.* sie) ist ein wandelndes Lexikon.
enciclopedico, -a [...'pɛ:diko] ‹-ci, -che› *a* enzyklopädisch; *(fig a.)* umfassend; **una cultura -a** eine umfassende Bildung.
enclave [ã'kla:v] ‹-› *f* Enklave *f.*
enclitico, -a [eŋ'kli:tiko] ‹-ci, -che› *a* enklitisch.
encomiabile [eŋko'mia:bile] *a geh* lobens-, rühmenswert.
encomiare [eŋko'mia:re] ‹encomio, encomi› *tr geh* rühmen, (lob)preisen. **encomiastico, -a** [...'miastiko] ‹-ci, -che› *a geh* rühmend, (lob)preisend, Lob(es)-. **encomio** [eŋ'kɔ:mio] ‹-i› *m* Lob *n,* Lobrede *f;* **degno di ~** lobens-, rühmenswert.
endecasillabo, -a [endeka'sillabo] **I.** *a* elfsilbig, elffüßig; **II.** *m* Elfsilb(l)er *m.*
endemico, -a [en'dɛ:miko] ‹-ci, -che› *a* endemisch.
endocardio [endo'kardio] ‹-i› *m* Endokard *n.*
endocrino, -a [en'dɔ:krino] *a* endokrin.
endogeno, -a [en'dɔ:dʒeno] *a* endogen.
endoscopio [endos'kɔ:pio] ‹-i› *m* Endoskop *n.*
endovenoso, -a [endove'no:so] *a* intravenös.
E.N.E.L. ['ɛ:nel] *m ab di* **Ente Nazionale per l'Energia Elettrica** *Nationale Elektrizitätsgesellschaft.*
energetico, -a [ener'dʒɛ:tiko] ‹-ci, -che› *a* **1.** *phys* energetisch, energieerzeugend, Energie-; **2.** *med* kräftigend, aufbauend; **fonti -che** Energiequellen *f pl.*
energia [ener'dʒi:a] ‹-gie› *f* Energie *f;*

(fig a.) Tatkraft *f;* ~ **elettrica/cinetica** elektrische/kinetische Energie; ~ **atomica** (*o.* **nucleare)/solare** Atom-, Kern-/Sonnenenergie *f;* **con** ~ kraftvoll. **energico, -a** [e'nɛrdʒiko] ‹-ci, -che› *a* kraftvoll.

energumeno, -a [ener'gu:meno] *m, f* Besessene(r) *mf,* Rasende(r) *mf.*

enfant prodige [ã'fã prɔ'di:ʒ] ‹-› *m* Wunderkind *n.* **enfant terrible** [ã'fã te'ribl] ‹-› *m* Enfant terrible *n.*

enfasi ['ɛnfazi] ‹-› *f* Nachdruck *m,* Emphase *f geh.* **enfatico, -a** [en'fa:tiko] ‹-ci, -che› *a* nachdrücklich, emphatisch *geh.*

enfiteusi [enfi'tɛ:uzi] ‹-› *f jur* Erbpacht *f.*

Engadina [eŋga'di:na] *f* Engadin *n.*

engagé [ãga'ʒe] ‹*inv*› *a* engagiert.

engagement [ãgaʒ'mã] ‹-› *m* Engagement *n.*

E.N.I. ['ɛ:ni] *m ab di* **Ente Nazionale Idracarburi** *Nationale Gesellschaft für die Energiepolitik.*

enigma [e'nigma] ‹-i› *m* Rätsel *n.* **enigmatico, -a** [...'ma:tiko] ‹-ci, -che› *a* rätselhaft. **enigmista** [...'mista] ‹-i *m,* -e *f*› *mf* Rätsellöser(in) *m(f).* **enigmistico, -a** [...'mistiko] ‹-ci, -che› *a* Rätsel-.

ennesimo, -a [en'nɛ:zimo] *a* **1.** *fam* x-te(r, s) *fam,* hundertste(r, s); **2.** *mat* n-te(r, s).

Eno ['ɛ:no] *m* Inn *m.*

enologa *f v.* **enologo.**

enologia [enolo'dʒi:a] ‹-gie› *f* Weinkunde *f,* Önologie *f.* **enologico, -a** [...'lɔ:dʒiko] *a* weinkundlich, Weinkunde-, önologisch. **enologo, -a** [e'nɔ:logo] ‹-gi, -ghe› *m, f* Weinkundler(in) *m(f),* Önologe *m,* -login *f.*

enorme [e'norme] *a* enorm, riesig, ungeheuer. **enormità** [...mi'ta] ‹-› *f* **1.** *(grandezza)* Riesengröße *f;* ungeheures Ausmaß; **2.** *fig* Ungeheuerlichkeit *f; pej* Abscheulichkeit *f;* **costa un'**~! *fam* das kostet ein Schweinegeld! *fam.*

enoteca [eno'tɛ:ka] *f* **1.** *(raccolta)* Weinsammlung *f,* Weinlager *n;* **2.** *(locale)* Weinhandlung *f.*

en passant [ã pa'sã] *adv* en passant, im Vorübergehen.

en plein [ã 'plɛ̃] ‹-› *m* **1.** *(alla roulette)* voller Gewinn; **2.** *fig* Volltreffer *m;* **fare un** ~ einen Volltreffer erzielen.

Enrico [en'ri:ko] *(nome proprio maschile)* Heinrich.

ente ['ɛnte] *m* **1.** *(istituzione)* Anstalt *f,* Einrichtung *f,* Institut *n,* Gesellschaft *f;* **2.** *philos* Wesen *n.*

entità [enti'ta] ‹-› *f* **1.** *(valore)* Wert *m; (importanza)* Bedeutung *f;* **2.** *philos* Entität *f.*

entomologa *f v.* **entomologo.**

entomologia [entomolo'dʒi:a] ‹-gie› *f* Insektenkunde *f,* Entomologie *f.* **entomologo, -a** [...'mɔ:logo] ‹-gi, -ghe› *m, f* Insektenforscher(in) *m(f),* Entomologe *m,* -login *f.*

entourage [ãtu'ra:ʒ] ‹-› *m* Gefolge *n,* Gefolgschaft *f.*

entraîneuse [ãtrɛ'nø:z] ‹-› *f* Animierdame *f.*

entrambi, -e [en'trambi] *a, pron pl* (alle) beide.

entrante [en'trante] *a* kommend, nächste(r, s).

entrare [en'tra:re] *itr* ‹*essere*› **1.** *gener.* eintreten, hineingehen; **2.** *fig, mil* eintreten, aufgenommen werden; *(essere ammesso)* beitreten (*in qc* einer S.); **3.** *(vestito)* passen; **4.** *fig* enthalten sein; ~ **in casa** ins Haus gehen; ~ **dalla porta/finestra** zur Tür/zum Fenster hereinkommen; ~ **in area** *sport* in den Strafraum eindringen; ~ **in società** in die Gesellschaft aufgenommen werden; ~ **in ballo** (*o.* **gioco** *o.* **campo)** *fig* eingreifen; ~ **in contatto con qu** mit jdm Verbindung (*o.* Kontakt) aufnehmen; ~ **in carica** ein Amt antreten; ~ **in vigore** in Kraft treten; ~ **in possesso di qc** in den Besitz einer S. *(gen)* kommen; **tutto questo non può** ~ **nel pacco** all das paßt nicht in das Paket; **la gonna non mi entra più** der Rock paßt mir nicht mehr; **qui non c'entra più nessuno** *fam* hier paßt (*o. fam* geht) niemand mehr rein; **questo non c'entra** *fam* das hat damit nichts zu tun, das gehört nicht hierher. **entrata** [en'tra:ta] *f* **1.** *(ingresso)* Eingang *m; (per veicoli)* Einfahrt *f;* **2.** *(l'entrare)* Eintritt *m;* **3.** *theat* Auftritt *m;* **4.** *mus* Einsatz *m;* **5.** *inform* Eingabe *f;* **6.** *sport* Eingreifen *n;* **7.** ‹*pl*› *com* Einnahmen *f pl;* **8.** *(in guerra)* Eintritt *m; (in carica)* Antritt *m;* ~ **principale** Haupteingang *m;* ~ **di servizio** Dienstboten-, Lieferanteneingang *m;* ~ **del porto** Hafeneinfahrt *f;* **dazio** (*o.* **diritto) d'**~ Einfuhrzoll *m.* **entratura** [...ra'tu:ra] *f* **1.** *(ingresso)* Eingang *m,* Flur *m,* Diele *f;* **2.** *fig* Zugang *m.*

entrecôte [ãtrə'ko:t] ‹-› *f* Entrecote *n,* Zwischenrippenstück *n.*

entro ['entro] *prp* innerhalb *gen o. dat,* binnen *gen o. dat;* ~ **e non oltre il 30 ottobre** *adm* bis spätestens (zum) 30. Oktober; **si sposa** ~ **l'anno** er (*o.* sie) heiratet noch in diesem Jahr.

entroterra [entro'tɛrra] ‹-› *m* Hinterland *n.*
entusiasmare [entuziaz'ma:re] **I.** *tr* begeistern, mitreißen; **II.** *rfl:* **-rsi** sich begeistern (*per* für). **entusiasmo** [...'ziazmo] *m* Begeisterung *f,* Enthusiasmus *m geh;* **essere facile all'~** leicht zu begeistern sein, sich leicht mitreißen lassen; **essere pieno di ~ per qc/qu** von etw./jdm hell(auf) begeistert sein. **entusiasta** [...'ziasta] ‹-i *m,* -e *f*› **I.** *a* begeistert (*di* von), enthusiastisch *geh* (*di* über); **II.** *mf* Enthusiast(in) *m(f) geh,* Begeisterte(r) *mf.* **entusiastico, -a** [...'ziastiko] ‹-ci, -che› *a* begeistert; *(applauso)* stürmisch.
enucleare [enukle'a:re] *tr* **1.** *geh* herausarbeiten, herausschälen; **2.** *med* ausschälen, enuklieren *scient.* **enucleazione** [...eat'tsio:ne] *f* Ausschälung *f,* Enukleation *f scient.*
enumerare [enume'ra:re] *tr* aufzählen. **enumerazione** [...rat'tsio:ne] *f* Aufzählung *f.*
enunciare [enun'tʃa:re] ‹enuncio, enunci› *tr* darlegen, formulieren. **enunciativo, -a** [...tʃa'ti:vo] *a* aussagend, Aussage-. **enunciato** [...'tʃa:to] *m* Formulierung *f,* Wortlaut *m.* **enunciazione** [...tʃat'tsio:ne] *f* Formulierung *f,* Darlegung *f.*
enuresi [enu'rɛ:zi] ‹-› *f* Bettnässen *n.*
enzima [en'dzi:ma] ‹-i› *m* Enzym *n.*
Enzo ['ɛntso] *(nome proprio maschile)* Heinz.
eolico, -a [e'ɔ:liko] ‹-ci, -che› *a* Wind-; **energia -a** Windenergie *f;* **depositi -ci** Flugsand *m;* **motore ~** Windmotor *m.*
Eolie [e'ɔ:lie] *f pl* Liparische Inseln *f pl.*
epatico, -a [e'pa:tiko] ‹-ci, -che› *a* Leber-; **cirrosi -a** Leberzirrhose *f.* **epatite** [epa'ti:te] *f* Hepatitis *f.*
epica ['ɛ:pika] ‹-che› *f* Epik *f.*
epicentro [epi'tʃɛntro] *m* **1.** *geol* Epizentrum *n;* **2.** *fig* Herd *m,* Schwerpunkt *m;* **~ di un'epidemia** Seuchenherd *m.*
epico, -a ['ɛ:piko] ‹-ci, -che› *a* episch, erzählend; **poema ~** Epos *n;* **gesta -che** (epische) Heldentaten *f pl.*
epicurea *f v.* **epicureo.**
epicureismo [epikure'izmo] *m* Epikureismus *m.* **epicureo, -a** [...'rɛ:o] **I.** *a* epikureisch; **II.** *m, f* **1.** *philos* Epikureer(in) *m(f);* **2.** *fig* Genußmensch *m.*
epidemia [epide'mi:a] ‹-ie› *f* **1.** *med* Epidemie *f,* Seuche *f;* **2.** *fig* Plage *f;* **~ di insetti** Insektenplage *f.* **epidemico, -a** [...'dɛ:miko] ‹-ci, -che› *a* **1.** *med* epidemisch, seuchenartig; **2.** *fig* (weit) um sich greifend; **febbri -che** Seuchenfieber *n.*
epidermico, -a [epi'dɛrmiko] *a* **1.** *anat* Oberhaut-, epidermal *scient;* **2.** *fig* oberflächlich. **epidermide** [...'dɛrmide] *f* **1.** *anat* Oberhaut *f,* Epidermis *f scient;* **2.** *bot* Epidermis *f.*
epifania [epifa'ni:a] ‹-ie› *f* Epiphanie *f;* **E~** *(festa)* Dreikönigsfest *n,* Epiphanie *f.*
epigono [e'pi:gono] *m* Epigone *m.*
epigrafe [e'pi:grafe] *f* Aufschrift *f,* Inschrift *f.* **epigrafia** [epigra'fi:a] *f* Epigraphik *f,* Inschriftenkunde *f.* **epigrafico, -a** [...'gra:fiko] *a* **1.** *(di epigrafe)* epigraphisch, Epigraphik-; **2.** *fig* gedrängt, bündig. **epigrafista** [...ra'fista] ‹-i *m,* -e *f*› *mf* Epigraphiker(in) *m(f),* Inschriftenforscher(in) *m(f).*
epigramma [epi'gramma] ‹-i› *m* Epigramm *n.* **epigrammatico, -a** [...'ma:tiko] ‹-ci, -che› *a* **1.** *lit* epigrammatisch; **2.** *fig* beißend, treffend.
epilessia [epiles'si:a] ‹-ie› *f* Epilepsie *f.* **epilettico, -a** [...'lɛttiko] ‹-ci, -che› **I.** *a* epileptisch; **II.** *m, f* Epileptiker(in) *m(f).*
epilogo [e'pi:logo] ‹-ghi› *m* **1.** *lit* Epilog *m,* Nachwort *n;* **2.** *fig* Nachspiel *n.*
episcopale [episko'pa:le] *a* bischöflich, Bischofs-. **episcopato** [...'pa:to] *m* Episkopat *n,* Bischofswürde *f,* -amt *n.*
episodico, -a [epi'zɔ:diko] ‹-ci, -che› *a* **1.** *lit* episodisch, episodenartig; **2.** *fig* episodisch, vereinzelt; *(di importanza secondaria)* beiläufig, nebensächlich. **episodio** [...'zɔ:dio] ‹-i› *m* Episode *f.*
epistassi [epis'tassi] ‹-› *f* Nasenbluten *n.*
epistola [e'pistola] *f* **1.** *poet* Brief *m;* **2.** *rel* Epistel *f,* Brief *m; (alla messa)* Lesung *f.* **epistolare** [...'la:re] *a* brieflich, Brief-; **stile/romanzo ~** Briefstil *m*/-roman *m.* **epistolario** [...'la:rio] ‹-i› *m* **1.** *lit* Briefsammlung *f;* **2.** *rel* Epistolarium *n.*
epitaffio [epi'taffio] ‹-i› *m* Epitaph *n,* Grabinschrift *f.*
epitelio [epi'tɛ:lio] ‹-i› *m* Epithel *n.*
epiteto [e'pi:teto] *m* **1.** *pej* Schimpfname *m;* **2.** *gram* Epitheton *n,* Beiname *m.*
epoca ['ɛ:poka] ‹-che› *f* Zeit *f; (a. hist)* Epoche *f;* **~ glaciale** Eiszeit *f;* **l'~ che stiamo vivendo** die Zeit, in der wir leben; **auto d'~** Oldtimer *m;* **fare ~**

Epoche machen; **a quell'~** zu jener Zeit, damals.

epodo [e'pɔ:do] *m* Epode *f*, Abgesang *m*.

eponimo, -a [e'pɔ:nimo] **I.** *a* namengebend; **II.** *m* Namengeber *m*.

epopea [epo'pɛ:a] *f* **1.** *lit* (Helden)epos *n; (genere letterario)* Epik *f;* **2.** *hist* Heldentaten *f pl.* **epos** ['ɛ:pos] ‹-› *m* Epos *n*.

eppure [ep'pu:re] *con* und doch, dennoch, trotzdem.

epulone [epu'lo:ne] *m* Schlemmer *m*, Prasser *m*.

epurare [epu'ra:re] *tr pol* säubern. **epurazione** [...rat'tsi̯o:ne] *f pol* Säuberung *f*.

equalizzare [eku̯alid'dza:re] *tr* nivellieren, gleichmachen.

equanime [e'ku̯a:nime] *a (giudizio)* sachlich, gerecht; *(giudice)* unparteiisch, unvoreingenommen. **equanimità** [eku̯animi'ta] ‹-› *f (di giudizio)* Sachlichkeit *f; (di giudice)* Unparteilichkeit *f*, Unvoreingenommenheit *f*.

equatore [eku̯a'to:re] *m* Äquator *m*. **equatoriale** [...to'ri̯a:le] *a* äquatorial, Äquator-.

equazione [eku̯at'tsi̯o:ne] *f* Gleichung *f*.

equestre [e'ku̯ɛstre] *a* Reiter-; *hist* Ritter-.

equiangolo, -a [eku̯i'aŋgolo] *a* gleichwink(e)lig.

equidistante [eku̯idis'tante] *a* gleichweit entfernt, äquidistant *scient.* **equidistanza** [...'tantsa] *f* gleichgroße Entfernung, Äquidistanz *f scient.*

equilatero, -a [eku̯i'la:tero] *a* gleichseitig.

equilibrare [eku̯ili'bra:re] **I.** *tr* ausgleichen; *(pesi)* ins Gleichgewicht bringen; *(spese)* im Gleichgewicht halten; *(scafo)* trimmen; *mot* auswuchten; **II.** *rfl:* **-rsi** sich ausgleichen. **equilibrato, -a** [...'bra:to] *a* **1.** *fig* ausgeglichen; **2.** *mot* ausgewuchtet; *naut* getrimmt. **equilibratura** [...ra'tu:ra] *f* Auswuchten *n*.

equilibrio [eku̯i'li:bri̯o] ‹-i› *m* **1.** *phys* Gleichgewicht *n;* **2.** *fig* Gleichgewicht *n; (di persona)* Ausgeglichenheit *f;* **perdere/mantenere l'~** das Gleichgewicht verlieren/halten; **stare** (*o.* **essere) in ~** *fig* ausgeglichen sein. **equilibrismo** [...li'brizmo] *m* **1.** *(arte)* Äquilibristik *f*, Gleichgewichtskunst *f;* **2.** *fig* Schaukelpolitik *f*. **equilibrista** [...li'brista] ‹-i *m*, -e *f*› *mf* Äquilibrist(in) *m(f)*, Gleichgewichtskünstler(in) *m(f)*.

equino, -a [e'ku̯i:no] **I.** *a* Pferde-; **II.** *m* Pferd *n*.

equinozio [eku̯i'nɔttsi̯o] ‹-i› *m* Tagundnachtgleiche *f*, Äquinoktium *n*.

equipaggiamento [eku̯ipaddʒa'mento] *m* Ausrüstung *f*. **equipaggiare** [...'dʒa:re] ‹equipaggio, equipaggi› **I.** *tr* **1.** *(di mezzi)* ausrüsten; *naut, aero (di persone)* bemannen; **II.** *rfl:* **-rsi** sich ausrüsten.

equipaggio [eku̯i'paddʒo] ‹-ggi› *m* **1.** *naut, aero* Besatzung *f*, Crew *f;* **2.** *(carrozza)* Equipage *f*.

equiparare [eku̯ipa'ra:re] *tr* **1.** *(uguagliare)* gleichstellen, aus-, angleichen; **2.** *(comparare)* vergleichen. **equiparazione** [...rat'tsi̯o:ne] *f* Gleichstellung *f*, Angleichung *f*.

équipe [e'kip] ‹-› *f tec* Team *n; (sport a.)* Mannschaft *f; (ippica)* Equipe *f*.

equipollente [eku̯ipol'lɛnte] *a* gleichwertig. **equipollenza** [...'lɛntsa] *f* Gleichwertigkeit *f*.

equità [eku̯i'ta] ‹-› *f* Unparteilichkeit *f*, Unvoreingenommenheit *f*.

equitazione [eku̯itat'tsi̯o:ne] *f* Reiten *n*, Reitsport *m*.

equivalente [eku̯iva'lɛnte] **I.** *a* gleichwertig; *(dello stesso significato)* gleichbedeutend; *mat* äquivalent; *(in geometria)* deckungsgleich; **II.** *m* Gegenwert *m*. **equivalenza** [...'lɛntsa] *f* **1.** *mat* Äquivalenz *f; (in geometria)* Deckungsgleichheit *f;* **2.** *fig* Gleichwertigkeit *f*.

equivalere [eku̯iva'le:re] ‹*irr*› **I.** *itr* ‹*essere o. avere*› entsprechen, gleichkommen; **II.** *rfl:* **-rsi** gleichwertig sein, sich decken.

equivocare [eku̯ivo'ka:re] ‹equivoco, equivochi› *itr* sich täuschen, sich irren. **equivocità** [...otʃi'ta] ‹-› *f* Zweideutigkeit *f*. **equivoco, -a** [e'ku̯i:voko] ‹-ci, -che› **I.** *a* **1.** *(risposta, modo)* zweideutig; **2.** *fig (persona, comportamento)* zwielichtig, undurchsichtig; **II.** *m* Zweideutigkeit *f; (malinteso)* Mißverständnis *n;* **a scanso di -ci** um Mißverständnisse zu vermeiden; **cadere in un ~** einem Mißverständnis zum Opfer fallen.

equo, -a ['ɛ:ku̯o] *a* **1.** *(persona, giudice)* gerecht, unvoreingenommen; **2.** *com* angemessen.

era[1] ['ɛ:ra] *f gener., geol* Ära *f*, Zeitalter *n; hist* Zeitrechnung *f;* **l'~ atomica** das Atomzeitalter; **l'~ cristiana/maomettana** die christliche/mohammedanische Zeitrechnung; **~ geologica** Erdzeitalter *n*.

era[2] ['ɛ:ra] *etc. v.* **essere.**

erariale [era'ri̯a:le] *a* Staatsfinanz-,

Staatskassen-. **erario** [e'ra:rio] ‹-i› *m* Staatskasse *f*, Staatsfinanzen *f pl.*
erba ['ɛrba] **1.** *bot* Gras *n;* **2.** *gastr* Gewürz(kraut) *n;* **3.** *sl (marijuana)* Gras *n;* **un filo d'~** ein Grashalm *m;* **~ medica** Luzerne *f;* **punto ~** Stielstich *m;* **verde ~** grasgrün; **in ~** *fig* unerfahren; **fare l'~** Gras mähen; **fare d'ogni ~ un fascio** alles in einen Topf werfen, alles über einen Kamm scheren; **la mala ~ non muore mai** *prov* Unkraut vergeht nicht *prov.* **erbaceo, -a** [er'ba:tʃeo] *a* grasartig, Gras-. **erbaggio** [er'baddʒo] ‹-ggi› *m* Gemüse *n.* **erbario** [er'ba:rio] ‹-i› *m* **1.** *(libro)* Kräuterbuch *n;* **2.** *(collezione)* Herbarium *n,* Kräutersammlung *f.* **erbicida** [erbi'tʃi:da] ‹-i, -e› **I.** *a* unkrautvertilgend, herbizid *scient;* **sostanza ~** Unkrautvertilgungsmittel *n;* **II.** *m* Unkrautvertilgungsmittel *n,* Herbizid *n.* **erbivendolo, -a** [erbi'vendolo] *m, f* Gemüsehändler(in) *m(f).* **erbivoro, -a** [er'bi:voro] **I.** *a* pflanzenfressend; **II.** *m* Pflanzenfresser *m.* **erborista** [erbo'rista] ‹-i *m,* -e *f*› *mf (esperto)* Kräuterspezialist(in) *m(f),* -sammler(in) *m(f); com* Heilpflanzenverkäufer(in) *m(f).* **erboso, -a** [er'bo:so] *a* grasbewachsen, Gras-.
Ercolano [erko'la:no] *f* Herculaneum *n.*
ercole ['ɛrkole] *m fig scherz* Muskelprotz *m,* Herkules *m.*
erculeo, -a [er'ku:leo] *a* baumstark.
erede [e'rɛ:de] *mf* **1.** *jur* Erbe *m,* Erbin *f;* **2.** *fig* Stammhalter *m.* **eredità** [eredi'ta] ‹-› *f* **1.** *jur* Erbschaft *f,* Erbe *n;* **2.** *biol* Vererbung *f;* **3.** *fig* Erbe *n;* **~ spirituale** geistiges Erbe; **lasciare/ricevere in ~** vererben/erben. **ereditare** [...'ta:re] *tr* erben. **ereditarietà** [...tarie'ta] ‹-› *f (possibilità)* Vererblichkeit *f; (fatto)* Vererbung *f.* **ereditario, -a** [...'ta:rio] ‹-i, -ie› *a* **1.** *(principe)* Erb-, Kron-; **2.** *biol* (ver)erblich, Erb-; **3.** *jur* Erb-, Erbschafts-, Nachlaß-. **ereditiera** [...'tiɛ:ra] *f* (reiche) Erbin *f.*
eremita [ere'mi:ta] ‹-i› *m* Eremit *m,* Einsiedler *m.* **eremitaggio** [...mi'taddʒo] ‹-ggi› *m* Einsiedelei *f.*
eremitico, -a [ere'mi:tiko] ‹-ci, -che› *a* Einsiedler-, eremitisch.
eremo ['ɛ:remo] *m* Einsiedelei *f; fig* Stille *f,* Abgeschiedenheit *f.*
eresia [ere'zi:a] ‹-ie› *f* Ketzerei *f,* Häresie *f; (dottrina)* Irrlehre *f.* **eresiarca** [...zi'arka] ‹-chi› *m* Häresiarch *m.*
eressi [e'rɛssi] *1. pers sing del passato remoto di* **erigere.**
eretica *f v.* **eretico.**
ereticale [ereti'ka:le] *a* ketzerisch, Ketzer-. **eretico, -a** [e'rɛ:tiko] ‹-ci, -che› **I.** *a* ketzerisch, Ketzer-; **II.** *m, f* **1.** *rel* Ketzer(in) *m(f);* **2.** *fam* Gottlose(r) *mf.*
eretto, -a [e'rɛtto] **I.** *pp di* **erigere; II.** *a* gerade, aufrecht.
erezione [eret'tsio:ne] *f* **1.** *arch* Errichtung *f,* Bau *m;* **2.** *biol* Erektion *f.*
erg [ɛrg] ‹-› *m* Erg *n.*
ergastolano, -a [ergasto'la:no] *m, f* zu „lebenslänglich" Verurteilte(r) *mf,* Lebenslängliche(r) *mf fam.* **ergastolo** [er'gastolo] *m* **1.** *(pena)* lebenslängliche Freiheitsstrafe; **2.** *(luogo)* Zuchthaus *n.*
ergere ['ɛrdʒere] ‹ergo, ergi, ersi, erto› **I.** *tr* erheben, emporrichten; **II.** *rfl:* **-rsi** aufragen.
ergo ['ɛrgo] *con scherz* ergo, also.
eri ['ɛ:ri] *v.* **essere.**
erica ['ɛ:rika] ‹-che› *f bot* Erika *f,* Heidekraut *n.*
erigere [e'ri:dʒere] ‹erigo, erigi, eressi, eretto› **I.** *tr* **1.** *arch* errichten, erbauen; **2.** *fig* gründen; **~ il proprio criterio di giudizio a norma generale** das eigene Urteil zur allgemeinen Norm erheben; **II.** *rfl:* **-rsi** sich aufwerfen (*a* zu), sich aufspielen (*a* als).
erinni [e'rinni] *f pl* Erinnyen *f pl,* Rachegöttinnen *f pl.*
eritema [eri'tɛ:ma] ‹-i› *m* Hautrötung *f,* Erythem(a) *n scient;* **~ solare** Sonnenallergie *f.*
ermafroditismo [ermafrodi'tizmo] *m* Hermaphrodismus *m,* Zweigeschlechtigkeit *f.* **ermafrodito, -a** [...'di:to] **I.** *a* Zwitter-, hermaphroditisch; **II.** *m* Zwitter *m,* Hermaphrodit *m.*
ermellino [erme'li:no] *m* **1.** *zoo* Hermelin *n;* **2.** *(pelliccia)* Hermelin *m.*
ermeneutica [erme'ne:utika] ‹-che› *f* Hermeneutik *f.*
ermetico, -a [er'mɛ:tiko] ‹-ci, -che› **I.** *a* **1.** *tec, lit* hermetisch; **2.** *fig* unverständlich, dunkel; **II.** *m* Hermetiker *m.*
ermetismo [erme'tizmo] *m* **1.** *lit* Hermetismus *m;* **2.** *(di testo, frase, discorso)* Verschlüsseltheit *f.*
ernia ['ɛrnia] ‹-ie› *f* (Eingeweide)bruch *m,* Hernie *f scient;* **~ del disco** Bandscheibenvorfall *m.* **erniario, -a** [er'nia:rio] ‹-i, -ie› *a* Bruch-; **cinto ~** Bruchband *n.*
ero ['ɛ:ro] *v.* **essere.**
erodere [e'ro:dere] ‹*irr*› *tr* erodieren *scient,* auswaschen.
eroe, eroina [e'rɔ:e, ero'i:na] *m, f*

(nella mitologia) Heros *m*, Heroin *f; lit, fig* Held(in) *m(f)*.
erogare [ero'ga:re] ‹erogo, eroghi› *tr* **1.** *(gas, luce, acqua)* liefern; **2.** *(denaro, etc.)* spenden. **erogatore, -trice** [...ga'to:re] **I.** *a* versorgend, Versorgungs-; **società -trice del gas** Gas(versorgungs)gesellschaft *f;* **II.** *m* Verteiler *m*. **erogazione** [...ga'tsi̯o:ne] *f* **1.** *(di gas, luce, acqua)* Lieferung *f*, Versorgung *f;* **2.** *(di denaro, etc.)* Spende *f*.
eroicità [eroitʃi'ta] ‹-› *f* Heldenhaftigkeit *f*. **eroicizzare** [...id'dza:re] *tr* heroisieren; *(a. fig)* verherrlichen. **eroico, -a** [e'rɔ:iko] ‹-ci, -che› *a* heldenhaft, Helden-, heroisch.
eroina¹ *f v.* **eroe.**
eroina² [ero'i:na] *f (droga)* Heroin *n*.
eroismo [ero'izmo] *m* Heldenhaftigkeit *f*.
erompere [e'rompere] ‹*irr*› *itr* hervorbrechen, ausbrechen (*in* in, *da* aus); ~ **in un grido** einen Schrei ausstoßen.
eros ['ɛ:ros] ‹-› *m* Eros *m*.
erosione [ero'zi̯o:ne] *f* Erosion *f*. **erosivo, -a** [...'zi:vo] *a* erosiv.
erotico, -a [e'rɔ:tiko] ‹-ci, -che› *a* erotisch. **erotismo** [ero'tizmo] *m* Erotik *f; (tendenza)* Eroti(zi)smus *m*. **erotizzare** [erotid'dza:re] *tr* erotisieren.
erpete ['ɛrpete] *m* Herpes *m;* ~ **zoster** Gürtelrose *f*.
erpice ['erpitʃe] *m* Egge *f*.
errabondo, -a [erra'bondo] *a poet* umherirrend, ziellos. **errante** [er'rante] *a* umherirrend; **cavaliere** ~ fahrender Ritter. **errare** [er'ra:re] *itr* **1.** *(vagare)* umherirren; *(fig a.)* umherschweifen; **2.** *(sbagliare)* (sich) irren; **dove stanno errando i tuoi pensieri?** wo bist du mit deinen Gedanken?
errata corrige [er'ra:ta 'kɔrridʒe] ‹-› *m* Errata *n pl*, Korrigenda *pl*. **errato, -a** [er'ra:to] *a* irrig, verfehlt; **se non vado** ~ wenn ich nicht irre.
erroneità [erronei'ta] ‹-› *f* Irrigkeit *f*, Abwegigkeit *f*. **erroneo, -a** [er'rɔ:neo] *a* irrig, falsch, abwegig.
errore [er'ro:re] *m* Irrtum *m*, Fehler *m;* ~ **d'ortografia/di battitura/di calcolo/di stampa** Rechtschreib-/Tipp-/Rechen-/Druckfehler *m;* **fare** (*o.* **commettere) un** ~ einen Fehler machen; **per** ~ irrtümlich, versehentlich, aus Versehen; **cadere in** ~ einem Irrtum verfallen.
ersi ['ɛrsi] *1. pers sing del passato remoto di* **ergere.**
erta ['erta] *f* Steigung *f;* **stare all'~** auf der Hut sein; **all'~!** aufgepaßt!
erto ['erto] *pp di* **ergere.**
erudire [eru'di:re] ‹erudisco› **I.** *tr* bilden, lehren; **II.** *rfl:* **-rsi** sich bilden (*in* in). **erudito, -a** [...'di:to] **I.** *a* gelehrt; **II.** *m, f* Gelehrte(r) *mf*. **erudizione** [...dit'tsi̯o:ne] *f* Gelehrtheit *f*, Wissen *n*.
eruttare [erut'ta:re] **I.** *tr* **1.** *geol (lava, etc.)* ausstoßen, ausspeien; **2.** *fig (improperi)* ausstoßen; **II.** *itr* aufstoßen, rülpsen *fam*. **eruttazione** [...tat'tsi̯o:ne] *f* Aufstoßen *n*, Rülpser *m fam*. **eruttivo, -a** [...'ti:vo] *a* eruptiv, Eruptions-; **rocce -e** Lavagestein *n*.
eruzione [erut'tsi̯o:ne] *f* **1.** *geol* Ausbruch *m*, Eruption *f;* **2.** *med* (Haut)ausschlag *m*.
es. *ab di* **esempio** Bsp. (*ab di* Beispiel).
esacerbare [ezatʃer'ba:re] **I.** *tr geh* verschärfen, verschlimmern; **II.** *rfl:* **-rsi** verbittern, verbittert sein. **esacerbazione** [...bat'tsi̯o:ne] *f* Verschärfung *f*, Verschlimmerung *f*.
esaedro [eza'ɛ:dro] *m* Hexaeder *m*, Sechsflächner *m*.
esagerare [ezadʒe'ra:re] **I.** *tr* übertreiben; **II.** *itr* übertreiben (*in* mit); **senza** ~ ohne Übertreibung; **non esageriamo!** wir wollen doch nicht übertreiben! **esagerato, -a** [...'ra:to] **I.** *a* übertrieben, überzogen; *(persona)* überspannt; **II.** *m, f* Übertreiber(in) *m(f)*. **esagerazione** [...rat'tsi̯o:ne] *f* Übertreibung *f;* **costa un'~** das kostet wahnsinnig (*o.* viel zu) viel.
esagitato, -a [ezadʒi'ta:to] *a* aufgewühlt, stark erregt.
esagonale [ezago'na:le] *a* sechseckig, hexagonal. **esagono** [e'za:gono] *m* Sechseck *n*, Hexagon *n*.
esalare [eza'la:re] **I.** *tr* ‹*avere*› *(respiro, etc.)* aushauchen; *(profumo)* ausströmen; ~ **l'ultimo respiro** sein Leben aushauchen *geh;* **II.** *itr* ‹*essere*› *(odore, profumo)* aufsteigen. **esalazione** [...lat'tsi̯o:ne] *f* Ausströmen *n*, Ausbreitung *f*.
esaltare [ezal'ta:re] **I.** *tr* **1.** *(virtù, bellezza)* (lob)preisen, rühmen; **2.** *(entusiasmare)* begeistern; **3.** *(elevare)* erheben; **II.** *rfl:* **-rsi** sich rühmen; *(entusiasmarsi)* sich begeistern. **esaltato, -a** [...'ta:to] **I.** *a* überschwenglich, überspannt, exaltiert; **II.** *m, f* überspannte (*o.* exaltierte) Person. **esaltazione** [...tat'tsi̯o:ne] *f* **1.** *(lode)* Verherrlichung *f*, Lobpreisung *f;* **2.** *fig* Enthusiasmus *m*, Überschwang *m*, Begeisterung *f*.
esame [e'za:me] *m* **1.** *(nell'insegnamento)* Prüfung *f*, Examen *n;* **2.** *med*

Untersuchung *f;* **3.** *(considerazione)* Erwägung *f,* Prüfung *f;* **dare/passare un ~** eine Prüfung ablegen/bestehen; **-i di maturità** Reifeprüfung *f;* **prendere in ~** überprüfen, genau prüfen; **sottoporre ad ~ qc** etw. einer Prüfung unterziehen; **fare l'~ di coscienza** sein Gewissen prüfen.

esametro [e'za:metro] *m* Hexameter *m.*

esaminando, -a [ezami'nando] *m, f* Prüfling *m,* Examenskandidat(in) *m(f).*

esaminare [ezami'na:re] *tr* prüfen; *med* untersuchen; *jur (testimoni)* vernehmen, verhören. **esaminatore, -trice** [...na'to:re] **I.** *a* Prüfungs-; **commissione -trice** Prüfungskommission *f;* **II.** *m, f* Prüfer(in) *m(f).*

esangue [e'zaŋgu̯e] *a* **1.** *(volto)* bleich; *(stile, etc.)* blutleer; **2.** *med* blutarm, anämisch.

esanime [e'za:nime] *a* leblos.

esasperante [ezaspe'rante] *a* (nerven)aufreibend; *(voce)* schrill.

esasperare [ezaspe'ra:re] **I.** *tr* **1.** *(persona)* empören, aufbringen; **2.** *(pena, sofferenza)* verschärfen, verschlimmern; **II.** *rfl:* **-rsi** wütend werden, in Zorn geraten. **esasperazione** [...rat'tsi̯o:ne] *f* Verschlimmerung *f,* Verschärfung *f; (irritazione)* Gereiztheit *f,* Verbitterung *f,* Zorn *m;* **portare qu all'~** jdn zur Weißglut bringen.

esattezza [ezat'tettsa] *f* Genauigkeit *f,* Exaktheit *f; (correttezza)* Richtigkeit *f;* **con ~** genau, exakt.

esatto [e'zatto] *pp di* **esigere.**

esatto, -a [e'zatto] *a* genau, exakt; *(corretto)* richtig.

esattore, -trice [ezat'to:re] *m, f* Geldeinnehmer(in) *m(f);* **~ del gas** Gasmann *m fam;* **~ delle imposte** Steuereinzieher *m,* Erhebungsbeamte(r) *m.* **esattoria** [...to'ri:a] ‹-ie› *f* Zahlstelle *f.* **esattrice** *f v.* **esattore.**

esaudire [ezau'di:re] ‹esaudisco› *tr (persona)* erhören; *(desiderio)* erfüllen (*qc* etw.), nachkommen (*qc* einer S.).

esauriente [ezau'ri̯ente] *a* erschöpfend, befriedigend.

esaurimento [ezauri'mento] *m* Erschöpfung *f; (delle risorse, scorte)* Versiegen *n;* **~ nervoso** nervliche Abgespanntheit, psychische Erschöpfung; **fino ad ~ della merce** solange der Vorrat reicht. **esaurire** [...'ri:re] ‹esaurisco› **I.** *tr* **1.** *(provviste, scorte)* aufbrauchen, verbrauchen; **2.** *(pratica)* abschließen, zum Abschluß bringen; *(questione)* erschöpfend behandeln; **II.** *rfl:* **-rsi 1.** *(sorgente, vena fig)* versiegen; *(forze)* zu Ende gehen; **2.** *com* ausverkauft werden, ausgehen; *(libri)* vergriffen sein; **3.** *med* sich schwächen, sich verbrauchen, geschwächt werden. **esaurito, -a** [...'ri:to] *a* **1.** *(miniera)* ausgebeutet; *(sorgente)* versiegt; **2.** *(posti)* ausverkauft; *(edizione)* vergriffen; **3.** *med* erschöpft, einem Zusammenbruch nahe.

esausto, -a [e'za:usto] *a* **1.** *(persona)* erschöpft; **2.** *(casse)* leer; *(forze)* verbraucht, erschöpft.

esautorare [ezauto'ra:re] *tr* absetzen, entmachten. **esautorazione** [...rat'tsi̯o:ne] *f* Entmachtung *f,* Absetzung *f.*

esazione [ezat'tsi̯o:ne] *f adm* Eintreibung *f.*

esborso [ez'borso] *m adm* Ausgabe *f,* Auslage *f.*

esca ['eska] ‹esche› *f* **1.** *(a. fig)* Köder *m;* **2.** *fig (sostanza infiammabile)* Zunder *m;* **gettare l'~** den Köder auswerfen; **dare ~ a qc** etw. anfeuern, etw. anfachen; **prendere all'~** *fig* ködern; **pigliar fuoco come l'~** *fig* leicht Feuer fangen, leicht Feuer und Flamme sein.

escalation [eskə'leɪʃn] ‹-› *f* Eskalation *f.*

escandescenza [eskandeʃ'ʃɛntsa] *f* Jähzorn *m;* **dare in -e** Tobsuchtsanfälle bekommen.

escatologia [eskatolo'dʒi:a] ‹-gie› *f* Eschatologie *f.* **escatologico, -a** [...'lɔ:dʒiko] *a* eschatologisch.

escavatore, -trice [eskava'to:re] **I.** *a* Bagger-; **macchina -trice** Bagger *m;* **II.** *m o. f* Bagger *m.*

escavazione [eskavat'tsi̯o:ne] *f* Ausgrabung *f; min* Abbau *m;* **~ a giorno/in sotterraneo** Tage-/Untertagebau *m.*

esche *pl di* **esca.**

eschimese [eski'me:se] **I.** *a* Eskimo-; **II.** *mf* Eskimo *m,* Eskimofrau *f.*

eschimo ['ɛskimo] *v.* **eskimo.**

esci ['ɛʃʃi] *2. pers sing pr di* **uscire.**

esclamare [eskla'ma:re] *tr* ausrufen. **esclamativo, -a** [...ma'ti:vo] *a* Ausrufe-; **punto ~** Ausrufezeichen *n.* **esclamazione** [...mat'tsi̯o:ne] *f* Ausruf *m.*

escludere [es'klu:dere] ‹escludo, esclusi, escluso› *tr* ausschließen.

esclusa *f v.* **escluso.**

esclusi [es'klu:zi] *1. pers sing del passato remoto di* **escludere.**

esclusione [esklu'zi̯o:ne] *f* Ausschluß *m;* **a ~ di** mit Ausnahme von; **senza**

alcuna ~ ohne jede Ausnahme, ausnahmslos; **andare per** ~ ausschlußweise vorgehen, ausschließen.
esclusiva [esklu'zi:va] *f* **1.** *com* Alleinverkaufsrecht *n,* Monopol *n;* **2.** *jur* Alleinrecht *n.* **esclusivamente** [...ziva'mente] *adv* ausschließlich, allein. **esclusivista** [...zi'vista] ⟨-i *m,* -e *f*⟩ *mf* **1.** *gener.* unduldsamer Mensch; **2.** *com* Alleinverkäufer(in) *m(f),* Alleinvertreter(in) *m(f).* **esclusività** [...zivi'ta] ⟨-⟩ *f* Exklusivität *f; jur* Alleinrecht *n;* ~ **della vendita** Alleinverkaufsrecht *n.* **esclusivo, -a** [...'zi:vo] *a* **1.** *gener.* exklusiv, Exklusiv-; **2.** *jur* ausschließlich, Ausschließlichkeits-, Allein-.
escluso, -a [es'klu:zo] **I.** *pp di* **escludere; II.** *a* ausgeschlossen; *(eccetto)* außer; **non è** ~ **che ...** *conj* es ist nicht ausgeschlossen, daß ...; **fino al 3 novembre** ~ bis ausschließlich 3. November; **III.** *m, f* Ausgeschlossene(r) *mf.*
esco ['ɛsko] *1. pers sing pr di* **uscire.**
escogitare [eskodʒi'ta:re] *tr* ausdenken, austüfteln.
escoriare [esko'ri̯a:re] ⟨escorio, escori⟩ *tr (pelle)* abschürfen; *(ginocchio, etc.)* aufschürfen. **escoriazione** [...i̯at'tsi̯o:ne] *f* (Haut)abschürfung *f.*
escremento [eskre'mento] *m* Exkrement *n.*
escrescenza [eskreʃ'ʃɛntsa] *f* Auswuchs *m,* Wucherung *f.*
escrezione [eskret'tsi̯o:ne] *f* Ausscheidung *f,* Absonderung *f.*
escursione [eskur'si̯o:ne] *f* **1.** *(gita)* Ausflug *m; (per studi)* Exkursion *f;* **2.** *meteo* Schwankung *f;* **3.** *tec* Ausschlag *m;* ~ **termica** Temperaturschwankung *f;* **fare un'**~ einen Ausflug machen; **andare in** ~ **a ...** einen Ausflug nach ... machen. **escursionista** [...i̯o'nista] ⟨-i *m,* -e *f*⟩ *mf* Ausflügler(in) *m(f).*
escussi [es'kussi] *1. pers sing del passato remoto di* **escutere.**
escussione [eskus'si̯o:ne] *f* Vernehmung *f,* Anhörung *f.* **escutere** [es'ku:tere] ⟨escuto, escussi, escusso⟩ *tr* vernehmen, anhören; *(debitore)* auf Zahlung verklagen.
esecrabile [eze'kra:bile] *a* verdammenswert, verabscheuungswürdig. **esecrando, -a** [...'krando] *a poet* verdammenswert.
esecrare [eze'kra:re] *tr* verdammen, verurteilen.
esecutivo, -a [ezeku'ti:vo] **I.** *a* **1.** *jur* exekutiv, Exekutiv-, vollstreckend; **2.** *(progetto, fase)* ausführend, Ausführungs-; **II.** *m* Exekutive *f.* **esecutore, -trice** [...'to:re] *m, f* **1.** *jur* Vollstrecker(in) *m(f),* Vollzieher(in) *m(f);* **2.** *mus* Vortragende(r) *mf* ~ **testamentario** Testamentsvollstrecker *m.* **esecuzione** [...t'tsi̯o:ne] *f* **1.** *jur* Vollstreckung *f,* Vollzug *m;* **2.** *mus* Vortrag *m,* Spiel *n;* **3.** *(attuazione)* Aus-, Durchführung *f;* ~ **capitale** Hinrichtung *f;* **mettere in** ~ **qc, dare** ~ **a qc** etw. zur Ausführung bringen.
eseguire [eze'gu̯i:re] ⟨eseguo, esegui⟩ *tr* **1.** *gener.* aus-, durchführen; **2.** *jur (sentenza)* vollstrecken; **3.** *mus* vortragen, spielen.
esempio [e'zɛmpi̯o] ⟨-i⟩ *m* (*ab* **es.**) Beispiel *n;* **essere un** ~ **di bontà** ein Musterbeispiel an Güte sein; **dare il buon/cattivo** ~ mit gutem/schlechtem Beispiel vorangehen; **fare un** ~ ein Beispiel anführen; **seguire l'**~ **di qu** jds Beispiel folgen, sich *(dat)* an jdm ein Beispiel nehmen; **per** ~ (*ab* **p. es.**) zum Beispiel; **senza** ~ beispiellos; **che ti serva d'**~**!** das soll dir eine Lehre sein! **esemplare** [ezem'pla:re] **I.** *a* beispielhaft, exemplarisch, mustergültig; **II.** *m* **1.** *(unità)* Exemplar *n,* Stück *n; (~ tipico)* Musterstück *n;* **2.** *fig (modello)* Musterbeispiel *n.* **esemplificare** [...lifi'ka:re] ⟨esemplifico, esemplifichi⟩ *tr* durch Beispiele erläutern, am Beispiel erklären.
esentare [ezen'ta:re] **I.** *tr* befreien (*da* von), entbinden (*da* von); **II.** *rfl:* **-rsi** sich entziehen (*da qc* einer S.). **esentasse** [...'tasse] ⟨*inv*⟩ *a* steuerfrei. **esente** [e'zɛnte] *a* befreit, (-)frei (*da* von), ohne (*da qc* etw.); ~ **da tasse/difetti** steuer-/fehlerfrei.
esequie [e'zɛ:ku̯ie] *f pl* Begräbnisfeier *f,* Exequien *pl.*
esercente [ezer'tʃɛnte] *mf* Gewerbetreibende(r) *mf.*
esercitare [ezertʃi'ta:re] **I.** *tr* **1.** *(professione)* ausüben; **2.** *(corpo, memoria)* üben, trainieren; **3.** *(potere, diritto)* ausüben, wahrnehmen; *(influenza, pressione)* ausüben; ~ **la medicina/l'insegnamento/l'avvocatura** den Arzt-/Lehrer-/Anwaltsberuf ausüben; ~ **la virtù/la carità** Tugend/Barmherzigkeit üben; **II.** *rfl:* **-rsi** sich üben (*in, a* in). **esercitazione** [...tat'tsi̯o:ne] *f* **1.** *(allenamento)* Übung *f,* Training *n;* **2.** *(lezione)* Übungskurs *m.*
esercito [e'zɛrtʃito] *m* **1.** *mil* Armee *f,* Militär *n; (forze terrestri)* Heer *n;* **2.** *fig* Heer *n.*
esercizio [ezer'tʃittsi̯o] ⟨-i⟩ *m* **1.** *gener., sport* Übung *f;* **2.** *com (gestione)* Be-

trieb *m; (anno)* Geschäfts-, Rechnungsjahr *n;* **3.** *(pratica)* Ausübung *f;* **4.** *fig* Übung *f;* **-i spirituali** *rel* Exerzitien *pl;* **essere fuori ~** außer Übung sein; **non essere in ~** nicht in Übung sein; **costi d'~** Betriebskosten *pl;* **aprire un ~** einen Betrieb eröffnen (*o.* gründen).

esibire [ezi'bi:re] ‹esibisco› **I.** *tr* **1.** *(passaporto, documento)* vorzeigen, vorlegen; **2.** *(bravura, nudità)* zeigen, zur Schau stellen; **II.** *rfl:* **-rsi 1.** *(offrirsi)* sich an-, erbieten; **2.** *(in pubblico, etc.)* auftreten. **esibizione** [...bit'tsi̯o:ne] *f* **1.** *theat* Auftritt *m,* Darbietung *f,* Vorführung *f; sport* Darbietung *f;* **2.** *(di documenti)* Vorlage *f,* Vorzeigen *n;* **3.** *(mostra)* Vorführung *f,* Schau *f;* **fare ~ di qc** etw. zur Schau stellen. **esibizionismo** [ezibittsi̯o'nizmo] *m* **1.** *(ostentazione)* Protzsucht *f,* Prahlerei *f;* **2.** *med (ossessione)* Exhibitionismus *m.* **esibizionista** [...'nista] ‹-i *m,* -e *f*› *mf* Exhibitionist(in) *m(f).*

esigei [ezi'dʒe:i] *1. pers sing del passato remoto di* **esigere.**

esigente [ezi'dʒɛnte] *a* anspruchsvoll, fordernd. **esigenza** [...'dʒɛntsa] *f* Anspruch *m; (bisogno)* Bedürfnis *n;* **avere molte -e** viele Ansprüche stellen; **secondo le -e del caso** je nach Bedarf.

esigere [e'zi:dʒere] ‹esigo, esigi, esigei *o.* esigetti, esatto› *tr* **1.** *(richiedere)* verlangen, fordern; **2.** *(riscuotere)* einziehen; **3.** *fig* erfordern, verlangen.

esiguo, -a [e'zi:guo] *a* gering, geringfügig.

esilarante [ezila'rante] *a* erheiternd; **gas ~** Lachgas *n.*

esile ['ɛ:zile] *a* **1.** schmächtig, dünn; *(tenue, gracile)* zart; **2.** *fig* spärlich, dünn.

esiliare [ezi'li̯a:re] ‹esilio, esili› **I.** *tr* verbannen, ins Exil schicken; **II.** *rfl:* **-rsi 1.** *pol* in die Verbannung (*o.* ins Exil) gehen; **2.** *fig* sich zurückziehen (*da* von). **esiliato, -a** [...li̯a:to] **I.** *a* verbannt, im Exil; **II.** *m, f* Verbannte(r) *mf.* **esilio** [e'zi:li̯o] ‹-i› *m* **1.** *pol* Exil *n,* Verbannung *f;* **2.** *fig* Abkehr *f.*

esimere [e'zi:mere] ‹esimo, *passato remoto e pp come esentare*› *tr* befreien.

esimio, -a [e'zi:mi̯o] ‹-i, -ie› *a* hervorragend; *(nelle lettere, etc.)* hochverehrt.

esistei [ezis'te:i] *1. pers sing del passato remoto di* **esistere.**

esistente [ezis'tɛnte] *a* vorhanden, bestehend, existent. **esistenza** [...'tɛntsa] *f* Existenz *f; (di cose)* Vorhandensein *n; (vita)* Leben *n,* Existenz *f,* Dasein *n.* **esistenziale** [...ten'tsi̯a:le] *a* daseinsmäßig, existentiell, Existenz-; **avere problemi -i** Existenzprobleme haben.

esistere [e'zistere] ‹esisto, esistei *o.* esistetti, esistito› *itr* ‹*essere*› existieren, bestehen; *(esserci)* dasein, vorhanden sein; *(vivere)* leben, existieren; **non esistono elefanti blu** es gibt keine blauen Elefanten.

esitare [ezi'ta:re] *itr* zögern, zaudern. **esitazione** [...tat'tsi̯o:ne] *f* Zögern *n,* Zaudern *n.*

esito ['ɛ:zito] *m* **1.** *(risultato)* Ergebnis *n,* Resultat *n,* Ausgang *m;* **2.** *adm* Bearbeitung *f,* Erledigung *f.*

eskimo ['ɛskimo] ‹-› *m* Parka *m o. f.*

esodo ['ɛ:zodo] *m* Auswanderung *f; rel, lit* Exodus *m.*

esofago [e'zɔ:fago] ‹-gi› *m* Speiseröhre *f.*

esogeno, -a [e'zɔ:dʒeno] *a* exogen.

esonerare [ezone'ra:re] **I.** *tr* freistellen, befreien, entbinden; **II.** *rfl:* **-rsi** sich befreien. **esonero** [e'zɔ:nero] *m* Freistellung *f,* Befreiung *f.*

esorbitante [ezorbi'tante] *a* übertrieben, gewaltig.

esorcismo [ezor'tʃizmo] *m* Exorzismus *m.* **esorcista** [...'tʃista] ‹-i *m,* -e *f*› *mf* Exorzist(in) *m(f).* **esorcizzare** [...id'dza:re] *tr* **1.** *(demonio)* austreiben; **2.** *(indemoniato)* den Teufel austreiben (*qu* jdm).

esordiente [ezor'di̯ɛnte] **I.** *a* angehend; **II.** *mf* Debütant(in) *m(f),* Anfänger(in) *m(f).* **esordio** [e'zɔrdi̯o] ‹-i› *m* **1.** *(inizio)* Anfang *m,* Beginn *m; theat* Debüt *n;* **2.** *lit* Einleitung *f.*

esordire [ezor'di:re] ‹esordisco› *itr* anfangen, beginnen; *theat* debütieren.

esortare [ezor'ta:re] *tr* ermahnen (*a* zu). **esortazione** [...tat'tsi̯o:ne] *f* Ermahnung *f.*

esoso, -a [e'zɔ:zo] *a* **1.** *(persona)* habgierig, geizig; *(prezzo)* überzogen, Wucher-; **2.** *(odioso)* widerwärtig; *(antipatico)* unsympathisch.

esoterico, -a [ezo'tɛ:riko] ‹-ci, -che› *a* esoterisch.

esotico, -a [e'zɔ:tiko] ‹-ci, -che› *a* exotisch.

espandere [es'pandere] ‹espando, espansi *o.* espandetti, espanso› **I.** *tr* ausdehnen, erweitern; **II.** *rfl:* **-rsi** sich ausdehnen, sich ausbreiten; *com* expandieren. **espansione** [...n'si̯o:ne] *f* **1.** *gener., phys* Ausdehnung *f,* Erweiterung *f; astr* Ausdehnung *f,* Weite *f; com* Expansion *f;* **2.** *fig* Überschwenglichkeit *f,* Herzlichkeit *f.* **espansivo, -a** [...n'si:vo] *a* **1.** *(affettuoso)* überschwenglich, offenherzig; **2.** *phys* expansiv, Expansions-. **espanso, -a** [es'panso] **I.** *pp di* **espandere; II.** *a* Schaumstoff-; **polistirolo ~** Styropor® *n.*

espatriare [espa'tri̯a:re] ‹espatrio, espatri› *itr* ‹*essere*› auswandern. **espatrio** [es'pa:tri̯o] ‹-i› *m* Auswanderung *f.*

espediente [espe'di̯ɛnte] *m* Notbehelf *m,* Ausweg *m.*

espellere [es'pɛllere] ‹espello, espulsi, espulso› *tr* **1.** *(allievi, giocatore)* aus-, verweisen; *(persona)* ausstoßen, ausschließen; **2.** *med* ausscheiden.

esperanto [espe'ranto] *m* Esperanto *n.*

esperienza [espe'ri̯ɛntsa] *f* **1.** *gener.* Erfahrung *f;* **2.** *scient* Versuch *m;* **avere ~ della vita** Lebenserfahrung haben; **fare ~** Erfahrungen machen; **per ~** aus Erfahrung.

esperimento [esperi'mento] *m* Experiment *n,* Versuch *m.*

esperto, -a [es'pɛrto] **I.** *a* sachkundig, erfahren; *(abile)* gewandt, geschickt; **II.** *m, f* Fachmann *m,* Experte *m,* Expertin *f.*

espiare [espi'a:re] ‹espio, espii› *tr* (ab-, ver)büßen; *rel* sühnen. **espiatorio, -a** [...ia'tɔ:ri̯o] ‹-i, -ie› *a* Sühne-; **capro ~** Sündenbock *m.* **espiazione** [...iat'tsi̯o:ne] *f* Buße *f; rel* Sühne *f.*

espirare [espi'ra:re] *tr* ausatmen. **espirazione** [...rat'tsi̯o:ne] *f* Ausatmen *n.*

espletare [esple'ta:re] *tr* bearbeiten, erledigen.

esplicare [espli'ka:re] ‹esplico, esplichi› *tr* **1.** *(esercitare)* ausüben; *(attività)* entfalten; **2.** *geh (spiegare)* erklären. **esplicazione** [...kat'tsi̯o:ne] *f* **1.** *(esercizio)* Ausübung *f; (di attività)* Entfaltung *f; (di dovere)* Erfüllung *f;* **2.** *(spiegazione)* Erklärung *f.*

esplicito, -a [es'pli:tʃito] *a* explizit; *(ordine)* ausdrücklich; *(risposta)* deutlich, klar.

esplodere [es'plɔ:dere] ‹esplodo, esplosi, esploso› **I.** *itr* ‹*essere o. avere*› **1.** *(bomba, dinamite)* explodieren; *(fucile)* losgehen; **2.** *fig* ausbrechen; **II.** *tr* ‹*avere*› abfeuern.

esplorare [esplo'ra:re] *tr* **1.** erforschen; *med* untersuchen; **2.** *fig* auskundschaften. **esploratore, -trice** [...ra'to:re] **I.** *m, f* **1.** *gener.* Forscher(in) *m(f),* Entdecker(in) *m(f);* **2.** *mil* Aufklärer *m;* **3.** *(scout)* Kundschafter(in) *m(f),* Späher(in) *m(f);* **giovani -i** Pfadfinder *m pl;* **II.** *m* Aufklärungsschiff *n.* **esplorazione** [...rat'tsi̯o:ne] *f* Erforschung *f; med* Untersuchung *f.*

esplosi [es'plɔ:zi] *1. pers sing del passato remoto di* **esplodere.**

esplosione [esplo'zi̯o:ne] *f* **1.** *(di mina, bomba)* Explosion *f;* **2.** *fig* Ausbruch *m;* **~ nucleare** Kernexplosion *f;* **~ d'ira/di rabbia** Zorn-/Wutausbruch *m.* **esplosivo, -a** [...'zi:vo] **I.** *a* **1.** *(sostanza)* Spreng-, explosiv, Explosiv-; **2.** *fig* explosiv, heftig; *(critico)* kritisch, (spannungs)geladen; **II.** *m* Sprengstoff *m.* **esploso** [es'plɔ:zo] *pp di* **esplodere.**

esponente [espo'nɛnte] **I.** *mf* **1.** *(rappresentante)* Vertreter(in) *m(f);* **2.** *(persona autorevole)* Wortführer(in) *m(f)* **II.** *m* Exponent *m,* Hochzahl *f.* **esponenziale** [...nen'tsi̯a:le] **I.** *a* Exponential-; **II.** *f* Exponentialgleichung *f.*

esporre [es'porre] ‹*irr*› **I.** *tr* **1.** *(porre fuori)* aussetzen, ausstellen; *(merce, arte))* ausstellen; **2.** *fot* belichten; **3.** *(narrare)* darlegen; *(spiegare)* erläutern; **~ qu ad un rischio/pericolo** jdn einem Risiko/einer Gefahr aussetzen; **~ la propria vita** sein Leben riskieren (*o.* aufs Spiel setzen); **II.** *rfl:* **-rsi** sich aussetzen; **-rsi alle critiche/ alle correnti d'aria** sich der Kritik/Zugluft aussetzen.

esportare [espor'ta:re] *tr* **1.** *com* exportieren, ausführen; **2.** *(fig a.)* herausbringen. **esportatore, -trice** [...ta'to:re] **I.** *m, f* Exporteur(in) *m(f);* **II.** *a* Export-, Ausfuhr-, exportierend. **esportazione** [...tat'tsi̯o:ne] *f* Export *m,* Ausfuhr *f.*

esposimetro [espo'zi:metro] *m* Belichtungsmesser *m.*

esposizione [espozit'tsi̯o:ne] *f* **1.** *(di merci, opere d'arte)* Ausstellung *f;* **2.** *fot* Belichtung *f;* **3.** *geog* Lage *f;* **4.** *(di fatto, brano)* Darstellung *f,* Ausführung *f;* **5.** *mus* Exposition *f;* **~ a mezzogiorno** Südlage *f;* **~ debitoria** Verschuldung *f.*

esposto, -a [es'posto] **I.** *a* **1.** *(mostra)* ausgestellt; *geog* liegend, gelegen; *meteo* ausgesetzt; **2.** *(motivo, ragione)* dargelegt, vorgetragen; **3.** *com* verschuldet; **II.** *m* Denkschrift *f; (petizione)* Bittschrift *f,* Petition *f;* **III.** *m, f (trovatello)* Findelkind *n.*

espressamente [espressa'mente] *adv* ausdrücklich.

espressi [es'prɛssi] *1. pers sing del passato remoto di* **esprimere.**

espressione [espres'si̯o:ne] *f* Ausdruck *m;* **con ~** ausdrucksvoll. **espressivo, -a** [...'si:vo] *a* ausdrucksvoll.

espresso, -a [es'prɛsso] **I.** *a* **1.** *(ordine, dovere, etc.)* ausdrücklich; **2.** *(lettera, raccomandata, ferrovia)* Expreß-, Eil-; **treno ~** Eilzug *m,* Expreß(zug) *m;* **caffè ~** Espresso *m;* **piatto ~** Schnellgericht *n;* **II.** *m* **1.** *(caffè ~)* Espresso *m;* **2.** *ferr* Eilzug *m,* Expreß(zug) *m;* **3.** *(lettera)* Eil-, Expreßbrief *m.*

esprimere [es'pri:mere] ‹esprimo, espressi, espresso› **I.** *tr* ausdrücken, zum Ausdruck bringen; **II.** *rfl:* **-rsi** sich ausdrücken, sprechen.

espropriare [espro'pri̯a:re] ‹esproprio, espropri› *tr* enteignen. **espropriazione** [...i̯at'tsi̯o:ne] *f* Enteignung *f.* **esproprio** [es'prɔ:pi̯o] ‹-i› *m* Enteignung *f.*

espugnare [espuɲ'ɲa:re] *tr* **1.** *mil* erstürmen, einnehmen; **2.** *fig* bezwingen. **espugnazione** [...ɲat'tsi̯o:ne] *f* Erstürmung *f,* Einnahme *f.*

espulsi [es'pulsi] *1. pers sing del passato remoto di* **espellere.**

espulsione [espul'si̯o:ne] *f* **1.** *(di socio, membro)* Ausschluß *m; (di allievo)* Verweis *m;* **2.** *med* Absonderung *f; (delle feci)* Ausscheidung *f;* **3.** *(di un bossolo)* Auswurf *m.*

espulso [es'pulso] *pp di* **espellere.**

esquimese [esku̯i'me:se] *v.* **eschimese.**

essa ['essa] *pron pers f sing* sie; *(riferito a cose, animali a.)* es.

esse ['esse] *pron pers f pl* sie.

essenza [es'sɛntsa] *f* **1.** *(di discorso, problema)* Wesen *n,* Wesentliche(s) *n,* Essenz *f;* **2.** *chem* Essenz *f;* **~ di rose** Rosenöl *n.* **essenziale** [essen'tsi̯a:le] **I.** *a* **1.** *(sostanziale)* wesentlich, essentiell; *(principale)* Haupt-; **2.** *chem* ätherisch; **oli -i** ätherische Öle; **II.** *m* Wesentliche(s) *n,* Hauptsache *f.*

essere ['ɛssere] ‹sono, fui, stato› **I.** *itr* ‹*essere*› **1.** *gener.* sein; *(esistere)* (da)sein, existieren; **2.** *(trovarsi)* sich befinden; **3.** *(succedere)* geschehen; **4.** *fam (costare)* kosten; **5.** *(provenire)* stammen (*di* aus), sein (*di* aus, von); **~ per qu** für jdn sein, für jdn Partei ergreifen; **~ di** *(appartenere)* gehören *dat;* **è di mio padre** das gehört (*o.* ist von) meinem Vater; **c'è . . ., ci sono . . .** es gibt . . .; **c'era una volta . . .** es war einmal . . .; **c'è da piangere** es ist zum Weinen; **ci siamo!** *(luogo)* da wären wir!, wir sind gleich da!; *fig* das hätten wir!; *(momento)* jetzt ist es soweit!; **è freddo/bello/Natale** es ist kalt/schön/Weihnachten; **è come diceva lui** es ist so, wie er sagte; **sono loro** sie sind es; **sono ore che t'aspetto** ich warte (schon) seit Stunden auf dich; **i tappeti sono venduti in questo negozio** die Teppiche werden in diesem Geschäft verkauft; **Silvia Rossi del fu Giovanni** Silvia Rossi, Tochter des verstorbenen Giovanni; **cosa c'è?** was gibt es?, was ist los?; **chi è?** wer ist es?; *(alla porta)* wer ist da?; **che ora è?, che ore sono?** wie spät ist es?; **quant'è?** *fam* was kostet das?, wie teuer kommt das? *fam;* **che sarà di noi?** was wird aus uns (werden)?; **come sarebbe a dire?** was soll das heißen?, wie soll ich das verstehen?; **penso, dunque sono** ich denke, also bin ich; **II.** *m* **1.** *(esistenza)* Sein *n,* Dasein *n;* **2.** *(essenza)* Wesen *n;* **3.** *fam (persona)* Mensch *m,* (Lebe)wesen *n;* **l'E~ supremo** das höchste Wesen, Gott *m;* **gli -i viventi** die Lebewesen *n pl.*

essi ['essi] *pron pers m pl* sie.

essiccare [essik'ka:re] ‹essicco, essicchi› **I.** *tr (palude)* trockenlegen, austrocknen; *(frutta)* dörren; **II.** *rfl:* **-rsi** **1.** *(frutta, materiali)* dörren, trocknen; **2.** *fig* versiegen.

esso ['esso] *pron pers m sing* er; *(riferito a cose, animali a.)* es.

est [ɛst] ‹-› *m* (*ab* **E.**) Ost(en) *m.*

estasi ['ɛstazi] ‹-› *f* Verzückung *f,* Ekstase *f;* **andare in ~** in Verzückung (*o.* Ekstase) geraten. **estasiare** [esta'zi̯a:re] ‹estasio, estasi› **I.** *tr* hinreißen, in Ekstase bringen; **II.** *rfl:* **-rsi** in Ekstase geraten.

estate [es'ta:te] *f* Sommer *m;* **in ~, d'~** im Sommer; **tempo d'~** Sommer(s)zeit *f;* **~ di San Martino** Spätsommer *m,* Altweibersommer *m.*

estatico, -a [es'ta:tiko] ‹-ci, -che› *a* ekstatisch, verzückt.

estemporaneo, -a [estempo'ra:neo] *a* improvisiert, aus dem Stegreif, Stegreif-.

estendere [es'tɛndere] ‹*irr*› **I.** *tr* erweitern, vergrößern; *(a. fig)* ausdehnen; **II.** *rfl:* **-rsi** sich erstrecken, sich ausdehnen; *(a. fig)* sich ausbreiten. **estensione** [esten'si̯o:ne] *f* **1.** *(di territorio, superficie, etc.)* Ausdehnung *f,* Weite *f,* Größe *f;* **2.** *(di vocabolo)* erweiterte Bedeutung; **3.** *(di arto)* Streckung *f,* Strecken *n;* **4.** *mus* Umfang *m.* **estensivo, -a** [...'si:vo] *a* großflächig, extensiv.

estenuante [estenu'ante] *a (caldo)*

ermüdend, ermattend; *(attesa)* ermüdend, zermürbend.

estenuare [estenu'a:re] **I.** *tr* ermatten, erschöpfen, schwächen; **II.** *rfl:* **-rsi** ermatten, ermüden, geschwächt werden. **estenuazione** [...uat'tsi̯o:ne] *f* Kräfteverlust *m,* Ermattung *f.*

estere ['ɛstere] *m* Ester *m.*

esteriore [este'ri̯o:re] **I.** *a* äußere(r, s), äußerlich, Außen-; **II.** *m* Äußere(s) *n,* Äußerliche(s) *n.*

esterna *f v.* **esterno.**

esternare [ester'na:re] *tr* äußern.

esterno, -a [es'tɛrno] **I.** *a* äußere(r, s), extern, Außen-; **per uso** ~ zur äußerlichen Anwendung; **alunni -i** Externe *pl;* **II.** *m, f (di collegio)* Externe(r) *mf;* **III.** *m* **1.** *gener.* Äußere(s) *n; (di edificio)* Außenseite *f;* **2.** ‹*pl*› *film* Außenaufnahmen *f pl;* **all'**~ außen.

estero, -a ['ɛstero] **I.** *a* ausländisch, Auslands-; **ministero degli affari -i** Außenministerium *n;* **commercio** ~ Außenhandel *m;* **II.** *m* Ausland *n;* **ministero degli -i** Außenministerium *n.*

esterrefatto, -a [esterre'fatto] *a* bestürzt, entsetzt.

esteso, -a [es'te:so] *a* ausgedehnt; *fig* umfassend, umfangreich; **per** ~ vollständig, ungekürzt; *(dettagliatamente)* ausführlich; **scrivere per** ~ ausschreiben; **firmare per** ~ mit vollem Namen unterschreiben.

esteta [es'tɛ:ta] ‹-i *m,* -e *f*› *mf* Ästhet(in) *m(f).* **estetica** [es'tɛ:tika] ‹-che› *f* Ästhetik *f; (bellezza)* Schönheit *f.* **estetico, -a** [...ko] ‹-ci, -che› *a* ästhetisch.

estetista [este'tista] ‹-i *m,* -e *f*› *mf* Kosmetiker(in) *m(f).*

estimo ['ɛstimo] *m* (Ab)schätzung *f.*

estinguere [es'tiŋgu̯ere] ‹estinguo, estinsi, estinto› **I.** *tr* **1.** *(incendio)* löschen; **2.** *com* tilgen, löschen; **II.** *rfl:* **-rsi** **1.** *(incendio)* erlöschen; **2.** *fig* aussterben, erlöschen *geh.* **estinto, -a** [es'tinto] **I.** *a* ausgestorben; **II.** *m, f* Verstorbene(r) *mf.* **estintore** [...'to:re] *m* Feuerlöscher *m.* **estinzione** [...n'tsi̯o:ne] *f* **1.** *(di stirpe, famiglia)* Aussterben *n,* Erlöschen *n geh; biol (di specie)* Aussterben *n;* **2.** *(di incendio)* Löschen *n,* Löschung *f;* **3.** *(di vulcano)* Erlöschen *n;* **4.** *com (di debito)* Tilgung *f.*

estirpare [estir'pa:re] *tr* **1.** *(sradicare)* (her)ausreißen; *med (dente)* ziehen; *(tumore)* entfernen, herausoperieren, -schneiden; **2.** *agr (erbacce)* ausrotten, vertilgen; **3.** *fig* ausmerzen, ausrotten.

estivo, -a [es'ti:vo] *a* sommerlich, Sommer-.

estone ['ɛstone] **I.** *a* estländisch, estisch; **II.** *mf* Este *m,* Estin *f.* **Estonia** [es'tɔ:ni̯a] *f* Estland *n.*

estorcere [es'tɔrtʃere] ‹*irr*› *tr* **1.** *(denaro)* abpressen (*qc a qu* jdm etw.), erpressen (*qc a qu* etw. von jdm); **2.** *fig* abnötigen (qc a qu jdm etw.). **estorsione** [estor'si̯o:ne] *f* Erpressung *f.*

estradizione [estradit'tsi̯o:ne] *f* Auslieferung *f.*

estraneo, -a [es'tra:neo] **I.** *a* fremd, außenstehend; *adm* unbefugt; **corpo** ~ Fremdkörper *m;* **essere** ~ **a qc** einer S. fernstehen; **rimanere** ~ unbeteiligt sein (*o.* bleiben); **II.** *m, f* Fremde(r) *mf,* Außenstehende(r) *mf; adm* Unbefugte(r) *mf;* **vietato l'ingresso agli -i** Zutritt für Unbefugte verboten. **estraniarsi** [...ra'ni̯arsi] ‹mi estranio, ti estrani› *rfl* sich entfremden.

estrapolazione [estrapolat'tsi̯o:ne] *f* Extrapolation *f.*

estrarre [es'trarre] ‹*irr*› *tr* **1.** *(tirare fuori)* aus-, herausziehen; *(dente)* ziehen; **2.** *(numeri)* ziehen; **3.** *min* fördern, abbauen, gewinnen; **4.** *mat (radice)* ziehen; ~ **a sorte** auslosen.

estrattivo, -a [...at'ti:vo] *a* Förder-; **industria -a** Bergbau *m.* **estratto, -a** [es'tratto] **I.** *a (alcaloide)* extrahiert; *(premio)* ausgelost; **II.** *m* **1.** *gastr (di carne, pomodori, etc.)* Extrakt *m;* **2.** *com, adm* Auszug *m;* **3.** *(opuscolo)* Auszug *m;* ~ **di nascita** Auszug *m* aus dem Geburtsregister; ~ **conto** Kontoauszug *m.* **estrazione** [...t'tsi̯o:ne] *f* **1.** *gener.* (Aus-, Heraus)ziehen *n; (di dente)* Ziehen *n,* Extraktion *f scient;* **2.** *min* Förderung *f,* Gewinnung *f;* **3.** *chem* Extraktion *f;* **4.** *mat (di radice)* Ziehen *n;* **5.** *(di numeri)* Ziehung *f;* **6.** *fig* Abstammung *f,* Herkunft *f.*

estremismo [estre'mizmo] *m* Extremismus *m.* **estremista** [...'mista] ‹-i *m,* -e *f*› *mf* Extremist(in) *m(f).*

estremità [estremi'ta] ‹-› *f* **1.** *(parte)* Ende *n;* **2.** *fig* Extrem *n;* **3.** ‹*pl*› *(mani e piedi)* Extremitäten *f pl;* **passare da un'**~ **all'altra** von einem Extrem ins andere fallen. **estremo, -a** [es'trɛ:mo] **I.** *a* **1.** *gener.* äußerste(r, s), höchste(r, s), letzte(r, s); **2.** *pol* extrem; **3.** *fig* äußerste(r, s), höchste(r, s); **l'-a unzione** die Letzte Ölung; **l'E**~ **Oriente** *geog* der Ferne Osten; **l'-a destra/sinistra** die extreme Linke/Rechte; **a mali -i, -i rimedi** *prov* auf einen groben Klotz gehört ein grober Keil *prov;* **II.** *m* **1.** *(punto estremo)* Ende *n,* äußerster Punkt; **2.** *fig* Extrem *n;* **3.** ⟨*pl*⟩ *mat* äußere Glieder *n pl;* **4.** ⟨*pl*⟩ *jur* Tatbestand *m;* **5.** ⟨*pl*⟩ *adm* Hauptdaten *pl;* **essere ridotto agli -i** *fig* völlig heruntergekommen sein; **passare da un ~ all'altro** von einem Extrem ins andere fallen.

estrinsecare [estrinse'ka:re] ⟨estrinseco, estrinsechi⟩ **I.** *tr* äußern; **II.** *rfl:* **-rsi** sich äußern.

estro ['ɛstro] *m* **1.** *fig (ispirazione)* Eingebung *f; (incitamento)* Schwung *m; (capriccio)* Anwandlung *f,* Laune *f;* **2.** *zoo* Stechfliege *f.*

estrogeno [es'trɔ:dʒeno] *m* Östrogen *n.*

estroso, -a [es'tro:so] *a* **1.** *(fantasioso)* phantasievoll, originell; **2.** *(capriccioso)* launisch, extravagant.

estroverso, -a [estro'vɛrso] **I.** *a* extrovertiert, extravertiert; **II.** *m, f* Extrovertierte(r) *mf,* Extravertierte(r) *mf.*

estuario [estu'a:ri̯o] ⟨-i⟩ *m* Trichtermündung *f.*

esuberante [ezube'rante] *a* **1.** *(sovrabbondante)* übermäßig; **2.** *(persona)* temperamentvoll; *(temperamento)* überschäumend; **3.** *(vegetazione)* üppig. **esuberanza** [...'rantsa] *f* **1.** *(sovrabbondanza)* Übermaß *n,* Überfluß *m;* **2.** *(di persona)* Temperament *n; (di temperamento)* Überschäumen *n;* **3.** *(di vegetazione)* Üppigkeit *f.*

esulare [ezu'la:re] *itr* hinausgehen (*da* über), fernstehen *(da dat).*

esule ['ɛ:zule] **I.** *a* verbannt, im Exil (lebend); **II.** *mf* Verbannte(r) *mf,* im Exil Lebende(r) *mf.*

esultare [ezul'ta:re] *itr* überglücklich sein, sich sehr freuen (*per* über).

età [e'ta] ⟨-⟩ *f* Alter *n; geol* Zeitalter *f,* Zeit *f; hist* Ära, Zeitalter *f;* **limite d'~** Altersgrenze *f;* **l'~ del bronzo/ferro** die Bronze-/Eisenzeit *f;* **maggiore/ minore ~** Voll-/Minderjährigkeit *f;* **raggiungere la maggiore ~** volljährig werden; **di mezza ~** mittleren Alters; **all'~ di dodici anni** im Alter von zwölf Jahren; **che ~ hai?** wie alt bist du?

etc. *ab di* **eccetera** etc. (*ab di* et cetera).

etere ['ɛ:tere] *m poet, chem* Äther *m.*

eternit® [eter'nit *o.* 'ɛ:ternit] *m* ⟨-⟩ Eternit® *n o. m.*

eternità [eterni'ta] ⟨-⟩ *f* Ewigkeit *f.*

eterno, -a [e'tɛrno] **I.** *a* ewig; **queste scarpe sono -e** diese Schuhe halten ewig; **II.** *m* Ewigkeit *f;* **l'E~** der Ewige, Gott *m;* **in ~** in Ewigkeit.

eterogeneo, -a [etero'dʒɛ:neo] *a* heterogen.

eterosessuale [eterosessu'a:le] *a* heterosexuell. **eterosessualità** [...uali'ta] *f* Heterosexualität *f.*

etica ['ɛ:tika] ⟨-che⟩ *f* Ethik *f.*

etichetta [eti'ketta] *f* **1.** *com* Etikett *n; (del prezzo)* (Preis)etikett *n,* Preisschild *n;* **2.** *(cerimoniale)* Etikette *f;* **3.** *fig* Begriff *m,* Etikett *n.*

etico, -a ['ɛ:tiko] ⟨-ci, -che⟩ *a* ethisch.

etilico, -a [e'ti:liko] ⟨-ci, -che⟩ *a* Äthyl-; **alcool ~** Äthylalkohol *m.*

etilismo [eti'lizmo] *m* Alkoholismus *m; (intossicazione)* Alkoholvergiftung *f.*

etimologia [etimolo'dʒi:a] ⟨-gie⟩ *f* Etymologie *f.* **etimologico, -a** [...'lɔ:dʒiko] *a* etymologisch.

Etna ['ɛtna] *m* Ätna *m.*

etnico, -a ['ɛtniko] ⟨-ci, -che⟩ *a* ethnisch, Volks-. **etnologia** [etnolo'dʒi:a] ⟨-gie⟩ *f* Ethnologie *f,* Völkerkunde *f.*

etologia [etolo'dʒi:a] ⟨-gie⟩ *f* Ethologie *f.*

etrusco, -a [e'trusko] ⟨-schi, -sche⟩ **I.** *a* etruskisch; **II.** *m, f* Etrusker(in) *m(f).*

ettaedro [etta'ɛ:dro] *m* Siebenflächner *m.*

ettaro ['ɛttaro] *m* (*ab* **ha**) Hektar *m o. n.*

etto ['ɛtto] *m* (*ab* **h**), **ettogrammo** [etto'grammo] *m* (*ab* **hg**), hundert Gramm, Hektogramm *n.*

ettolitro [et'tɔ:litro] *m* (*ab* **hl**) Hektoliter *m o. n.*

Ettore ['ɛttore] *(nome proprio maschile)* Hektor.

eucalipto [euka'lipto] *m* Eukalyptus *m.*

eucaristia [eukaris'ti:a], **eucarestia** [eukares'ti:a] ⟨-ie⟩ *f* Eucharistie *f.*

eufemismo [eufe'mizmo] *m* Euphemismus *m.*

euforia [eufo'ri:a] ⟨-ie⟩ *f* Euphorie *f,* Hochgefühl *n.* **euforico, -a** [eu'fɔ:riko] ⟨-ci, -che⟩ *a* euphorisch.

Eugenio [eu'dʒɛ:ni̯o] *(nome proprio maschile)* Eugen.

eunuco [eu'nu:ko] ⟨-chi⟩ *m* Eunuch *m.*

eurocheque [eurɔʃ'ʃɛk] ⟨-⟩ *m* Euroscheck *m.* **eurocomunismo** [eurokomu'nizmo] *m* Eurokommunismus *m.* **eurodollaro** [-'dɔllaro] *m* Eurodollar *m.* **euromissile** [-'missile] *m* Mittelstreckenrakete *f.*

Europa [eu'rɔ:pa] *f* Europa *n.*

europea *f v.* **europeo.**

europeismo [europe'izmo] *m* Europagedanke *m.* **europeizzare** [...id'dza:re] *tr* europäisieren. **europeo, -a** [...'pɛ:o] **I.** *a* europäisch; **il mercato comune** ~ der Gemeinsame Markt; **II.** *m, f* Europäer(in) *m(f).*

eurovisione [eurovi'zio:ne] *f* Eurovision *f;* **collegamento in** ~ Eurovisionsübertragung *f.*

eutanasia [eutana'zi:a] ‹-ie› *f* Sterbehilfe *f,* Euthanasie *f.*

E.V. *ab di* **Vostra Eccelenza** E. Exz. (*ab di* Eure Exzellenz).

Eva ['ɛ:va] *(nome proprio femminile)* Eva.

evacuare [evaku'a:re] **I.** *tr* **1.** *(città, territorio)* evakuieren, räumen; **2.** *(feci)* ausscheiden; **II.** *itr* **1.** *(da città, etc.)* verlassen (*da qc* etw.); **2.** *(defecare)* Stuhlgang haben. **evacuazione** [...uat'tsio:ne] *f* **1.** *(di territorio, piazza)* Evakuierung *f,* Räumung *f;* **2.** *(di feci)* Ausscheidung *f.*

evadere [e'va:dere] ‹evado, evasi, evaso› **I.** *itr* ‹*essere*› **1.** *(da prigione)* ausbrechen (*da* aus); **2.** *fig* sich befreien (*da* von), fliehen (*da* vor); ~ **al fisco** steuerflüchtig sein; **II.** *tr* ‹*avere*› **1.** *adm (pratica, corrispondenza)* bearbeiten, erledigen; **2.** *jur (tasse)* sich entziehen *(qc dat).*

evanescente [evaneʃ'ʃɛnte] *a* verschwommen; *(suono)* undeutlich. **evanescenza** [...'ʃɛntsa] *f* **1.** Verschwommenheit *f;* *(di suono)* Undeutlichkeit *f;* **2.** *radio, TV* Schwund(effekt) *m,* Fading(effekt *m*) *n.*

evangelico, -a [evan'dʒɛ:liko] ‹-ci, -che› **I.** *a* evangelisch; **gli insegnamenti -ci** die Lehren des Evangeliums; **II.** *m, f* Evangelische(r) *mf.*

evangelista [evandʒe'lista] ‹-i› *m* Evangelist *m.*

evangelizzare [evandʒelid'dza:re] *tr* **1.** *(Vangelo)* verkünden; **2.** *(convertire)* bekehren, evangelisieren; **3.** *fig* überreden. **evangelizzazione** [...dzat'tsio:ne] *f* Evangelisation *f.*

Evangelo [evan'dʒɛ:lo] *v.* **Vangelo.**

evaporare [evapo'ra:re] **I.** *itr* ‹*essere o. avere*› verdunsten; **II.** *tr* ‹*avere*› verdunsten (lassen), verdampfen. **evaporazione** [...rat'tsio:ne] *f* Verdunstung *f,* Evaporation *f.*

evasa *f v.* **evaso.**

evasi [e'va:zi] *1. pers sing del passato remoto di* **evadere.**

evasione [eva'zio:ne] *f* **1.** *(fuga)* Flucht *f;* *(da carcere)* Ausbruch *m;* **2.** *adm* Erledigung *f,* Bearbeitung *f;* **romanzo d'** ~ Unterhaltungs-, Trivialroman *m;* ~ **fiscale** Steuerflucht *f;* **avere bisogno di un po' d'**~ etwas Abwechslung brauchen; **dare** ~ **ad una pratica/ad un ordine** einen Vorgang/Auftrag bearbeiten.

evasivo, -a [eva'zi:vo] *a* ausweichend.

evaso, -a [e'va:zo] **I.** *pp di* **evadere; II.** *m, f* Flüchtling *m.*

evasore [eva'zo:re] *m* Steuerflüchtige(r) *m.*

evenienza [eve'niɛntsa] *f* Fall *m,* Gelegenheit *f;* **nell'**~ **che ...** *conj* für den Fall, daß ...; falls ...; **all'**~ bei Gelegenheit.

evento [e'vɛnto] *m* Ereignis *n,* Vorfall *m;* **lieto** ~ freudiges Ereignis; **ad ogni** ~ für alle Fälle.

eventuale [eventu'a:le] *a* eventuell, möglich; **varie ed -i** Verschiedene(s) *n,* Sonstige(s) *n.* **eventualità** [...uali'ta] ‹-› *f* Möglichkeit *f,* Eventualität *f,* Fall *m;* **nell'**~ **che ...** *conj* für den Fall, daß ...; falls ...; **per ogni** ~ für alle Fälle. **eventualmente** [...ual'mente] *adv* möglicherweise, eventuell, unter Umständen.

eversione [ever'sio:ne] *f* (Gesellschafts)zersetzung *f.* **eversivo, -a** [...'si:vo] *a* (gesellschafts)zersetzend.

evidente [evi'dɛnte] *a* evident *geh;* *(visibile)* augenfällig, sichtlich; *(manifesto)* offensichtlich; *(chiaro)* klar, deutlich. **evidenza** [...'dɛntsa] *f* Evidenz *f geh,* Augenfälligkeit *f,* Offensichtlichkeit *f,* Deutlichkeit *f;* **mettere qc/mettersi in** ~ etw. hervorheben/sich hervortun.

evirare [evi'ra:re] *tr* **1.** *med* entmannen, kastrieren; **2.** *fig* verweichlichen. **evirazione** [...rat'tsio:ne] *f* Entmannung *f,* Kastration *f.*

evitare [evi'ta:re] *tr* vermeiden; *(scansare)* meiden; *(pericolo a.)* umgehen, ausweichen *dat.*

evo ['ɛ:vo] *m* Zeit(alter *n*) *f;* ~ **antico** Altertum *n,* Antike *f;* **medio** ~ Mittelalter *n;* ~ **moderno** Neuzeit *f.*

evocare [evo'ka:re] ‹evoco, evochi› *tr* **1.** *(spiriti)* beschwören; **2.** *fig (richiamare)* heraufbeschwören.

evolutivo, -a [evolu'ti:vo] *a* Entwicklungs-, Evolutions-.

evoluto, -a [evo'lu:to] **I.** *pp di* **evolvere; II.** *a* entwickelt, reif.

evoluzione [evolut'tsio:ne] *f* **1.** *gener.* Entwicklung *f;* *biol, soc* Evolution *f;* **2.** *aero, naut* ‹*di solito al pl*› Manöver *n;* **3.** *sport* Übung *f,* Bewegung *f.* **evoluzionismo** [...io'nizmo] *m* Evolutionstheorie *f.*

evolvere [e'vɔlvere] ‹evolvo, evolvei

o. evolvetti, evoluto› **I.** *tr* entwickeln; **II.** *rfl:* **-rsi** sich entwickeln.

evviva [ev'vi:va] **I.** *interj fam* es lebe ..., hoch lebe ..., hurra; ~ **gli sposi!** hoch lebe das Brautpaar!, sie leben hoch!; ~ **il re!** hoch (*o.* es) lebe der König!; **II.** ‹-› *m* Hochruf *m*, Hurra *n.*

ex [ɛks] *prp* ehemalig, Ex-, ex-; *(presidente, etc.)* Alt-.

extra ['ɛkstra] **I.** ‹*inv*› *a* **1.** *gener.* besondere(r, s), extra, Extra-; **2.** *com (spese)* Sonder-; **burro ~ fino** extrafeine Butter; **II.** ‹-› *m* Extra *n*, Sonderausgabe *f*; **III.** *prp* außerhalb *gen.* **extraconiugale** [ekstrakoni̯u'ga:le] *a* außerehelich. **extraparlamentare** [-parlamen'ta:re] **I.** *a* außerparlamentarisch; **II.** *mf* Mitglied *n* einer außerparlamentarischen Organisation. **extrasensoriale** [-senso'ri̯a:le] *a* außersinnlich, übersinnlich. **extrasistole** [-'sistole] *f* Extrasystole *f.* **extraterrestre** [-ter'rɛstre] **I.** *a* außerirdisch; **II.** *mf* Außerirdische(r) *mf.* **extraterritoriale** [-territo'ri̯a:le] *a* extraterritorial, außerstaatlich. **extraurbano, -a** [-ur'ba:no] *a* außerhalb der Stadt, außerstädtisch.

ex voto [ɛks 'vɔ:to] ‹-› *m* Exvoto *n.*

eye-liner ['aılaınə] ‹-› *m* Lidstrich *m*, Eyeliner *m.*

Ezio ['ɛttsi̯o] *nome proprio maschile.*

F

F, f ['ɛffe] ‹-› *f* F, f *n;* ~ **come Firenze** F wie Friedrich.

F *ab di* **Fahrenheit** F.

fa[1] [fa] ‹-› *m mus* f, F *n.*

fa[2] [fa] *adv (addietro)* vor; **tre anni ~** vor drei Jahren.

fabbisogno [fabbi'zoɲɲo] *m* Bedarf *m* (*di* an).

fabbrica ['fabbrika] ‹-che› *f* **1.** *(stabilimento)* Fabrik *f,* Werk *n;* **2.** *(costruzione)* Bau *m,* Bauwerk *n.* **fabbricante** [...'kante] *mf* Fabrikant(in) *m(f).* **fabbricare** [...'ka:re] ‹fabbrico, fabbrichi› *tr* **1.** *(costruire)* (er-, auf)bauen; **2.** *(produrre)* herstellen, fertigen; **3.** *fig (inventare)* erfinden, ersinnen. **fabbricato** [...'ka:to] *m* Bau *m,* Gebäude *n.* **fabbricazione** [...kat'tsio:ne] *f* Herstellung *f,* Fabrikation *f,* Produktion *f;* ~ **in serie** Serienproduktion *f.*

fabbriceria [fabbritʃe'ri:a] ‹-ie› *f* Kirchenverwaltung *f,* Kirchenpflege *f.*

fabbro ['fabbro] *m* **1.** *(~ ferraio)* Schmied *m;* **2.** *(di serrature)* Schlosser *m;* **3.** *fig (artefice)* Künstler *m,* Schöpfer *m.*

Fabio ['fa:bio] *nome proprio maschile.*

Fabrizia [fa'brittsia] *nome proprio femminile.*

Fabrizio [fa'brittsio] *(nome proprio maschile)* Fabritius.

faccenda [fat'tʃɛnda] *f* **1.** *(questione, cosa da fare)* Angelegenheit *f,* Sache *f;* **2.** ‹*pl*› *(lavori domestici)* Hausarbeit *f.*

faccendone, -a [fattʃen'do:ne] *m, f* Hansdampf *m* in allen Gassen *scherz.*

facchinaggio [fakki'naddʒo] ‹-ggi› *m* **1.** *(lavoro)* Trägerarbeit *f; fig* Plackerei *f;* **2.** *(paga)* Trägerlohn *m.* **facchino** [...'ki:no] *m* **1.** *(portabagagli)* Träger *m,* Gepäckträger *m;* **2.** *(d'albergo)* Hoteldiener *m;* **3.** *(scaricatore)* Verladearbeiter *m;* **4.** *fig pej* Rüpel *m,* Grobian *m;* **lavorare come un ~** wie ein Pferd arbeiten.

faccia ['fattʃa] ‹-cce› *f* **1.** *(volto)* Gesicht *n;* **2.** *(espressione)* Miene *f,* Ausdruck *m;* **3.** *(aspetto)* Aussehen *n;* **4.** *(parte)* Seite *f; (di case)* Fassade *f;* **5.** *(superficie)* Oberfläche *f;* ~ **tosta** (*o.* **di bronzo**) *fig* dreiste (*o.* unverfrorene) Art; *(persona)* unverschämte (*o.* dreiste) Person; **a ~ a ~** Auge in Auge, von Angesicht zu Angesicht; **di** (*o.* **in**) **~ a** gegenüber *dat;* **avere la ~ di farlo** die Stirn haben, es zu tun; **cambiare ~** blaß werden; **la cosa cambia ~** die Sache ändert sich; **non guardare in ~ a nessuno** auf niemanden Rücksicht nehmen; **perdere/salvare la ~** sein Gesicht verlieren/wahren; **fare una ~** ein Gesicht ziehen (*o.* schneiden). **facciale** [...'tʃa:le] *a* **1.** *(della faccia)* Gesichts-; **2.** *(nominale)* Nominal-.

facciata [fat'tʃa:ta] *f* **1.** *arch* Fassade *f;* **2.** *(di pagina)* Seite *f.*

faccio ['fattʃo] *1. pers sing pr di* **fare.**

faceto, -a [fa'tʃɛ:to] *a* witzig, lustig.

facezia [fa'tʃɛttsia] ‹-ie› *f* Witz *m,* Scherz *m.*

fachiro [fa'ki:ro] *m* Fakir *m.*

facile ['fa:tʃile] *a* **1.** *(agevole)* leicht; *(testo)* verständlich; **2.** *(affabile)* umgänglich, nett; **3.** *(probabile)* wahrscheinlich; **4.** *(poco serio)* leichtfertig; **avere il bicchiere ~** gern ein Glas trinken; **avere la pistola ~** schnell mit der Pistole bei der Hand sein. **facilità** [fatʃili'ta] ‹-› *f* **1.** *(agevolezza)* Leichtigkeit *f,* Mühelosigkeit *f;* **2.** *(comprensibilità)* Verständlichkeit *f;* **3.** *(predisposizione)* Gewandtheit *f;* **4.** *(leggerezza)* Leichtfertigkeit *f.* **facilitare** [...'ta:re] *tr* **1.** *(agevolare)* erleichtern; **2.** *(nei crediti)* entgegenkommen (*qu* jdm); **3.** *(essere utile)* helfen (*qu* jdm), nützen (*qu* jdm). **facilitazione** [...tat'tsio:ne] *f* Erleichterung *f; fin* Vergünstigung *f.* **facilone, -a** [...'lo:ne] *m, f* leichtsinniger Mensch, Leichtfuß *m.* **faciloneria** [...lone'ri:a] ‹-ie› *f* Leichtfertigkeit *f.*

facinoroso, -a [fatʃino'ro:so] **I.** *a* gewalttätig; **II.** *m, f* Gewalttäter(in) *m(f).*

facocero [fako'tʃɛ:ro] *m* Warzenschwein *n.*

facoltà [fakol'ta] ‹-› *f* **1.** *(capacità)* Fähigkeit *f,* Gabe *f;* **2.** *(potere)* Befugnis *f,* Macht *f;* **3.** *(permesso)* Erlaubnis *f;* **4.** *(~ universitaria)* Fakultät *f.*

facoltativo, -a [fakolta'ti:vo] *a* **1.** *(a discrezione)* beliebig; **2.** *(di libera scelta)* wahlfrei, fakultativ; **3.** *(non* *obbligatorio)* unverbindlich; **fermata -a** Bedarfshaltestelle *f.*

facoltoso, -a [fakol'to:so] *a* vermögend, wohlhabend.

facondo, -a [fa'kondo] *a* redegewandt.

facsimile [fak'si:mile] ‹-› *m* Faksimile *n.*

factotum [fak'tɔ:tum] ‹-› *mf* Faktotum *n.*

faenza [fa'ɛntsa] *f* Fayence *f.*

faggio ['faddʒo] ‹-ggi› *m* Buche *f.*

fagiano [fa'dʒa:no] *m* Fasan *m.*

fagiolino [fadʒo'li:no] *m* Brechbohne *f,* grüne Bohne. **fagiolo** [fa'dʒɔ:lo] *m* (weiße) Bohne *f;* **andare a ~** *fam* passen, behagen; **capitare a ~** *fam* wie gerufen kommen.

fagocitare [fagotʃi'ta:re] *tr* **1.** *biol* phagozytieren; **2.** *fig (assorbire)* einverleiben.

fagocito [fago'tʃi:to] *m* Phagozyte *f,* Freßzelle *f.*

fagotto¹ [fa'gɔtto] *m (involto)* Bündel *n;* **far ~** *fig* sein Bündel schnüren, auf und davongehen.

fagotto² [fa'gɔtto] *m mus* Fagott *n.*

faida ['fa:ida] *f* Fehde *f; (vendetta)* Blutrache *f.*

faina [fa'i:na] *f* Steinmarder *m.*

falange [fa'landʒe] *f* **1.** *mil* Phalanx *f;* **2.** *fig (moltitudine)* Menge *f;* **3.** *anat* (Finger-, Zehen)glied *n.* **falangista** [...'dʒista] ‹-i *m,* -e *f*› *mf* Falangist(in) *m(f).*

falcata [fal'ka:ta] *f* **1.** *(del cavallo)* Sprung *m;* **2.** *(del podista)* Schritt *m.*

falce ['faltʃe] *f* Sichel *f; (~ fienaia)* Sense *f;* **~ e martello** Hammer und Sichel. **falciare** [...'tʃa:re] ‹falcio, falci› *tr* **1.** *(erba, grano)* mähen; **2.** *fig (mietere vittime)* dahinraffen; *mil* niedermähen. **falciatrice** [...tʃa'tri:tʃe] *f* Mähmaschine *f;* **~ a mano** Rasenmäher *m.*

falcidia [fal'tʃi:di̯a] ‹-ie› *f* **1.** *(riduzione)* Kürzung *f;* **2.** *(strage)* Blutbad *n.*

falco ['falko] ‹-chi› *m* Falke *m.* **falconiere** [-'ni̯ɛ:re] *m* Falkner *m.*

falda ['falda] *f* **1.** *geol* Schicht *f;* **2.** *(di monte)* Hang *m;* **3.** *(di neve)* Schneeflocke *f;* **4.** *(di abito)* Schoß *m; (di cappello)* Krempe *f;* **~ freatica** Grundwasser *n;* **a larghe -e** breitkrempig.

falegname [faleɲ'ɲa:me] *m* Tischler *m.* **falegnameria** [...ɲame'ri:a] ‹-ie› *f* Tischlerei *f.*

falena [fa'lɛ:na] *f* **1.** *zoo* Nachtfalter *m;* **2.** *fig (prostituta)* Schöne *f* der Nacht.

falesia [fa'lɛ:zi̯a] ‹-ie› *f* Kliff *n.*

falla ['falla] *f* **1.** *naut* Leck n; **2.** *mil (nello schieramento)* Lücke *f.*

fallace [fal'la:tʃe] *a* trügerisch. **fallacia** [...tʃa] ‹-cie› *f* Unzuverlässigkeit *f,* Falschheit *f.*

fallico, -a ['falliko] ‹-ci, -che› *a* phallisch.

fallimentare [fallimen'ta:re] *a* **1.** *jur* Konkurs-; **2.** *fig (situazione)* katastrophal. **fallimento** [...'mento] *m* **1.** *jur* Konkurs *m;* **2.** *fig (insuccesso)* Schiffbruch *m,* Bankrott *m,* Scheitern *n.*

fallire [fal'li:re] ‹fallisco› **I.** *itr ‹essere›* **1.** *jur* Konkurs machen; **2.** *fig* mißlingen, scheitern; *(tentativo a.)* fehlschlagen; **II.** *tr ‹avere›* verfehlen. **fallito, -a** [...'li:to] **I.** *a* **1.** *jur* bankrott; **2.** *fig* gescheitert, mißlungen, fehlgeschlagen; **II.** *m,f* **1.** *(bancarottiere)* Bankrotteur(in) *m(f);* **2.** *fig* Gescheiterte(r) *m(f).*

fallo¹ ['fallo] *m* **1.** *(errore)* Fehler *m,* Irrtum *m;* **2.** *(difetto)* Fehler *m,* Mangel *m;* **3.** *sport* Fehler *m; (~ intenzionale)* Foul *n;* **4.** *fig (peccato)* Sünde *f;* **cogliere qu in ~** jdn auf frischer Tat ertappen, jdn erwischen; **essere in ~** Schuld haben; **mettere un piede in ~** ausrutschen; *fig* einen Fehltritt tun; **~ di mano** *sport* Handspiel *n;* **~ doppio/di piede** *sport* Doppel-/Fußfehler *m;* **~ laterale** *sport* Seitenaus *n;* **senza ~** ohne Zweifel, gewiß, unfehlbar.

fallo² ['fallo] *m anat* Phallus *m.*

falloso, -a [fal'lo:so] *a* regelwidrig.

falò [fa'lɔ] ‹-› *m* (Freuden)feuer *n.*

falsare [fal'sa:re] *tr* verdrehen, falsch auslegen; *(riportare alterando)* entstellen, verfälschen.

falsariga [falsa'ri:ga] ‹-ghe› *f* **1.** *(foglio)* Linienblatt *n;* **2.** *fig (esempio, modello)* Beispiel *n,* Vorbild *n;* **sulla ~ di qu** nach jds Beispiel.

falsario [fal'sa:ri̯o] ‹-i› *m* Fälscher *m; (di monete a.)* Falschmünzer *m.*

falsetto [fal'setto] *m* Falsett *n.*

falsificare [falsifi'ka:re] ‹falsifico, falsifichi› *tr* fälschen. **falsificazione** [...kat'tsi̯o:ne] *f* Fälschung *f.*

falsità [falsi'ta] ‹-› *f* Unwahrheit *f; (a. ipocrisia)* Falschheit *f.* **falso, -a** ['falso] **I.** *a* falsch; *(falsificato a.)* gefälscht; **II.** *m* Falsche(s) *n; jur* Fälschung *f.*

fama ['fa:ma] *f* **1.** *(reputazione)* (guter) Ruf *m;* **2.** *(celebrità)* Ruhm *m;* **3.** *(notizia)* Nachricht *f,* Kunde *f geh;* **di dubbia ~** von zweifelhaftem Ruf; **arrivare alla ~** Ruhm erlangen; **corre ~** es geht das Gerücht; **per la ~**

scherz nur um der lieben Ehre willen; **avere ~ di ...** im Ruf ... *gen* stehen.
fame ['fa:me] *f* **1.** Hunger *m;* **2.** *fig (bramosia)* Gier *f,* Sucht *f; (di sapere)* Durst *m;* **avere ~** Hunger haben; **~ da lupi** (*o.* **cani**) Bärenhunger *m fam;* **essere brutto come la ~** *fam* häßlich wie die Sünde sein; **morire di ~** *fig fam* vor Hunger sterben *fam;* **la ~ caccia il lupo dal bosco** *prov* in der Not frißt der Teufel Fliegen *prov.*
famelico, -a [fa'mɛ:liko] ‹-ci, -che› *a* **1.** *(affamato)* ausgehungert; **2.** *fig* gierig.
famigerato, -a [famidʒe'ra:to] *a* berüchtigt.
famiglia [fa'miʎʎa] ‹-glie› *f* Familie *f; (gruppo a.)* Gruppe *f;* **~ umana** Menschengeschlecht *n;* **~ reale** Königshaus *n;* **essere di ~** zur Familie gehören; **essere di buona ~** aus gutem Hause sein; **metter su ~** eine Familie gründen; **con tutta la sacra ~** *fam* mit Kind und Kegel *fam.* **familiare** [fami'li̯a:re] **I.** *a* **1.** *(della famiglia)* familiär, Familien-; **2.** *(consueto, noto)* vertraut; **3.** *(semplice)* einfach; *(cucina)* gutbürgerlich; **4.** *ling* umgangssprachlich, familiär; **linguaggio ~** Umgangssprache *f;* **II.** *mf* (Familien)angehörige(r) *mf;* **III.** *f* Familienwagen *m.* **familiarità** [...i̯ari'ta] ‹-› *f* **1.** *(confidenza)* Vertraulichkeit *f;* **2.** *(pratica)* Vertrautheit *f.* **familiarizzarsi** [...i̯arid'dzarsi] *rfl* vertraut werden; *(impratichirsi)* sich vertraut machen.
famoso, -a [fa'mo:so] *a* berühmt.
fan [fæn] ‹-› *m* Fan *m.*
fanale [fa'na:le] *m* Licht *n,* Lampe *f;* **~ di coda** *fig* Schlußlicht *n.* **fanalino** [fana'li:no] *m* kleine Lampe, Leuchte *f;* **~ di coda** *mot* Rücklicht *n; fig* Schlußlicht *n.*
fanatico, -a [fa'na:tiko] ‹-ci, -che› **I.** *a* fanatisch; **essere ~ di qc** von etw. begeistert sein; **II.** *m, f* Fanatiker(in) *m(f).* **fanatismo** [fana'tizmo] *m* Fanatismus *m.*
fanciulla [fan'tʃulla] *f* (junges) Mädchen *n.* **fanciullezza** [...'lettsa] *f* Kindheit *f,* Kindesalter *n.* **fanciullo** [...'tʃullo] *m* Knabe *m,* Kind *n;* **essere un eterno ~** ein ewiges Kind sein.
fandonia [fan'dɔ:ni̯a] ‹-ie› *f* Märchen *n.*
fanfaluca [fanfa'lu:ka] ‹-che› *f* Geschwätz *n.*
fanfara [fan'fa:ra] *f* **1.** *(banda)* Blechmusikkapelle *f;* **2.** *(musica)* Fanfare *f.*
fanfarona *f v.* **fanfarone.**
fanfaronata [fanfaro'na:ta] *f* Prahlerei *f.* **fanfarone, -a** [...'ro:ne] *m, f* Prahler(in) *m(f),* Prahlhans *m.*
fanghiglia [faŋ'giʎʎa] ‹-glie› *f* Schlamm(schicht *f*) *m.*
fango ['faŋgo] ‹-ghi› *m* **1.** *(limo)* Schlamm *m;* **2.** *geol* Schlick *m;* **3.** *med* Fango *m;* **4.** ‹*pl*› *(termali)* Moorbäder *n pl;* **gettare ~ su qu** *fig* jdn mit Schmutz bewerfen, jdn durch den Dreck ziehen. **fangoso, -a** [...'go:so] *a* **1.** *(pieno di fango)* schlammig; **2.** *(coperto di fango)* dreckig, schmutzig. **fangoterapia** [...gotera'pi:a] *f* Fangotherapie *f.*
fannullone, -a [fannul'lo:ne] *m, f* Nichtstuer(in) *m(f),* Faulenzer(in) *m(f).*
fanone [fa'no:ne] *m* Barte *f.*
fantascienza [fantaʃ'ʃɛntsa] *f* Science-fiction *f.*
fantasia [fanta'zi:a] ‹-ie› *f* **1.** *(immaginazione)* Phantasie *f,* Vorstellungsvermögen *n;* **2.** *(capriccio)* Laune *f;* **3.** *(tessuto)* bunt gemusterter Stoff; **4.** *mus* Fantasie *f.* **fantasioso, -a** [...'zi̯o:so] *a* phantasievoll.
fantasista [fanta'zista] ‹-i *m,* -e *f*› *mf* Kabarettkünstler(in) *m(f).*
fantasma [fan'tazma] **I.** ‹-i› *m* **1.** *(spettro)* Gespenst *n,* Geist *m;* **2.** *(illusione)* Gespenst *n geh,* Illusion *f;* **II.** ‹*inv*› *a (governo)* Schein-; *(nave)* Geister-. **fantasmagoria** [-go'ri:a] ‹-ie› *f* Trugbild *n.*
fantasticare [fantasti'ka:re] ‹fantastico, fantastichi› **I.** *tr* träumen von, phantasieren von; **II.** *itr* träumen, phantasieren. **fantasticheria** [...ke'ri:a] ‹-ie› *f* Phantasterei *f,* Träumerei *f.*
fantastico, -a [fan'tastiko] ‹-ci, -che› *a* phantastisch; *(della fantasia)* Einbildungs-.
fante ['fante] *m* **1.** *mil* Infanterist *m;* **2.** *(nelle carte francesi)* Bube *m; (nelle carte tedesche)* Unter *m.* **fanteria** [-'ri:a] ‹-ie› *f* Infanterie *f.*
fantino [fan'ti:no] *m* Jockey *m,* Jockei *m.*
fantoccio [fan'tɔttʃo] ‹-cci› *m* **1.** *(pupazzo)* Puppe *f;* **2.** *fig (succubo)* Hampelmann *m,* Marionette *f;* **governo ~** Marionettenregierung *f.*
fantomatico, -a [fanto'ma:tiko] ‹-ci, -che› *a* unwirklich, unfaßbar.
farabutto, -a [fara'butto] *m, f* Schurke *m,* Schurkin *f.*
faraglione [faraʎ'ʎo:ne] *m* Klippe *f.*
faraona [fara'o:na] *f* Perlhuhn *n.*
faraone [fara'o:ne] *m* Pharao *m.*
farcire [far'tʃi:re] ‹farcisco› *tr* füllen, farcieren.

fardello [far'dɛllo] *m* **1.** *(involto)* Bündel *n;* **2.** *fig (peso)* Bürde *f,* Last *f.*
fare ['fa:re] ⟨faccio, feci, fatto⟩ **I.** *tr* **1.** *gener.* machen; *fig (amicizia)* schließen; *(opera, etc.)* verfassen; **2.** *(attività)* tun; *(mestiere)* ausüben; **3.** *(sport)* treiben; *(tennis, calcio, etc.)* spielen; **4.** *(comportamento)* spielen; **5.** *(rappresentazione)* spielen; *(al teatro, cinema)* geben; **~ il medico** Arzt sein; **non ~ la sciocca** spiel nicht die Dumme; **~ sapere qc a qu** jdn etw. wissen lassen; **~ tacere qu** jdn zum Schweigen bringen; **~ vedere** zeigen; **fammi vedere** zeig' mal, laß mich (mal) sehen; **fece per andarsene, quando ...** er (*o.* sie) wollte gerade weggehen, als ...; **~ a meno di qc** ohne etw. auskommen; **farla a qu** *fam* jdn hereinlegen, jdn übers Ohr hauen; **~ tardi** zu spät kommen; **non fa niente** das macht nichts; **5 più 3 fa 8** 5 und 3 macht (*o.* ist) 8; **farcela** es schaffen; **farla finita con qu** mit jdm Schluß machen; **chi la fa l'aspetti** *prov* wie du mir, so ich dir *prov;* **II.** *itr* **1.** *(lavorare)* tun; *(agire)* handeln; **2.** *(essere efficace)* wirken; **3.** *(essere adatto)* geeignet sein; **~ da** sein wie, wirken als; *(persone)* ersetzen; *(lavorare come)* arbeiten als; **far piangere/ridere qu** jdn zum Weinen/Lachen bringen; **fa bello/caldo/freddo** es ist schön/warm/kalt; **faccia pure!** bitte sehr!; **non mi fa né caldo né freddo** das läßt mich kalt; **questo lavoro non fa per me** diese Arbeit ist nichts für mich; **III.** *rfl:* **-rsi** *(rendersi)* werden; **-rsi pregare** sich bitten lassen; **-rsi fare una copia** sich *(dat)* eine Kopie machen lassen; **-rsi notare** sich bemerkbar machen; **-rsi avanti/da parte** vortreten/zur Seite treten; **farsela addosso** *fam* (sich *dat*) in die Hosen (*o.* ins Hemd) machen *fam;* **-rsi in quattro** *fig* sich zerreißen, sich vierteilen; **~ strada** *fig* seinen Weg machen; **si è fatto tardi** es ist spät geworden; **IV.** *m* **1.** *(comportamento)* Benehmen *n; (portamento)* Art *f;* **2.** *(modo di fare)* Tun *n,* Handlungsweise *f;* **ha un bel ~ a pregarlo, ma è tutto inutile** er (*o.* sie) kann ihn (noch so) viel bitten, es nützt doch nichts; **sul far del giorno** bei Tagesanbruch.

faretra [fa'rɛ:tra] *f* Köcher *m.*
farfalla [far'falla] *f* Schmetterling *m;* **valvola a ~** Drosselklappe *f.* **farfallina** [...'li:na] *f* leichtes Mädchen. **farfallone** [...'lo:ne] *m fig* Frauenheld *m.*
farfugliare [farfuʎ'ʎa:re] ⟨farfuglio, farfugli⟩ *itr* murmeln.
farina [fa'ri:na] *f* Mehl *n;* **non è ~ del tuo sacco** *fig* das ist nicht auf deinem Mist gewachsen; **la farina del diavolo se ne va in crusca** *prov* unrecht' Gut gedeiht nicht gut *prov.* **farinaceo, -a** [fari'na:tʃeo] **I.** *a* mehlig; **II.** *m pl* (Stärke)mehlprodukte *n pl.*
faringe [fa'rindʒe] *f* Rachen *m.* **faringite** [...'dʒi:te] *f* Rachenkatarrh *m.*
farinoso, -a [fari'no:so] *a* **1.** *(contenente farina)* mehlhaltig, mehlig; **2.** *(cosparso di farina)* mehlig; **3.** *(simile a farina)* mehlartig, mehlig; **neve -a** Pulverschnee *m.*
fariseo, -a [fari'zɛ:o] *m, f (a. fig)* Pharisäer *m.*
farmaceutico, -a [farma'tʃɛ:utiko] ⟨-ci, -che⟩ *a* pharmazeutisch; *(industria)* Pharma-, Arzneimittel-.
farmacia [farma'tʃi:a] ⟨-cie⟩ *f* **1.** *(arte)* Pharmazie *f,* Arznei(mittel)kunde *f;* **2.** *(locale)* Apotheke *f.* **farmacista** [...'tʃista] ⟨-i *m,* -e *f*⟩ *mf* Apotheker(in) *m(f).*
farmaco ['farmako] ⟨-ci *o.* -chi⟩ *m* Arznei *f,* Heilmittel *n.* **farmacologia** [-lo'dʒi:a] ⟨-gie⟩ *f* Pharmakologie *f,* Arzneimittellehre *f.* **farmacopea** [-'pɛ:a] *f* Arzneibuch *n.*
farneticare [farneti'ka:re] ⟨farnetico, farnetichi⟩ *itr* **1.** *(delirare)* phantasieren; **2.** *(dire assurdità)* faseln, wirr reden.
faro ['fa:ro] *m* **1.** *(torre)* Leuchtturm *m;* **2.** *(di veicolo)* Scheinwerfer *m;* **3.** *fig poet* Leuchte *f geh;* **-i abbaglianti/anabbaglianti** Fern-/Abblendlicht *n.*
farragine [far'ra:dʒine] *f* Durcheinander *n.* **farraginoso, -a** [...radʒi'no:so] *a* verworren.
farsa ['farsa] *f* **1.** *lit* Farce *f,* Posse *f;* **2.** *fig (buffonata)* Posse *f geh,* (Narren)streich *m.* **farsesco, -a** [...'sesko] ⟨-schi, -sche⟩ *a* grotesk.
farsetto [far'setto] *m* Wams *n; (maglione)* Unterjacke *f.*
fasc. *ab di* **fascicolo** Fasz. (*ab di* Faszikel).
fascetta [faʃ'ʃetta] *f* Banderole *f,* Streifband *n.*
fascia ['faʃʃa] ⟨-sce⟩ *f* **1.** *(striscia di tessuto)* Band *n; (a. med)* Binde *f;* **2.** ⟨*pl*⟩ *(per bambini)* Windel *f;* **3.** *(di territorio)* Strich *m,* Streifen *m,* Gürtel *m;* **4.** *(di carta)* Banderole *f,* Streifband *n;* **5.** *fig (settore)* Ausschnitt *m,* Teil *m;* **~ elastica** *med* elastische Binde; *(ventriera)* elastisches Mieder; *(nei motori)* Kolbenring *m;* **bambino in -sce** Wickelkind *n.*

fasciame [faʃ'ʃa:me] *m* Schiffsumhüllung *f.*

fasciare [faʃ'ʃa:re] ⟨fascio, fasci⟩ *tr* **1.** *(ferita)* verbinden; **2.** *(bambino)* wickeln; **3.** *(aderire)* (eng) anliegen an, umschließen. **fasciatoio** [...ʃa'to:io] ⟨-oi⟩ *m* Wickelkommode *f.* **fasciatura** [...ʃa'tu:ra] *f* Verband *m.*

fascicolo [faʃ'ʃi:kolo] *m* (*ab* **fasc.**) **1.** *(di riviste, dispensa)* Heft *n,* Lieferung *f,* Faszikel *m;* **2.** *(di documenti)* Aktenbündel *n;* ~ **d'ufficio** Prozeßakte *f.*

fascina [faʃ'ʃi:na] *f* Reisigbündel *n.*

fascino ['faʃʃino] *m* **1.** *(attrattiva)* Charme *m,* Zauber *m;* **2.** *(allettamento)* Reiz *m,* Faszination *f.*

fascio ['faʃʃo] ⟨-sci⟩ *m* **1.** *(di legna)* Bund *m,* Stoß *m;* **2.** *(di fiori)* Strauß *m;* **3.** *(di nervi, raggi, erba)* Bündel *n;* **4.** *pol* Verband *m,* Bund *m; hist (partito fascista)* faschistische Partei; **5.** *hist (emblema)* Liktoren-, Rutenbündel *n,* Faszes *pl;* **far d'ogni erba un** ~ alles über einen Kamm scheren, alles in einen Topf werfen.

fascismo [faʃ'ʃizmo] *m* Faschismus *m.* **fascista** [...'ʃista] ⟨-i *m,* -e *f*⟩ **I.** *a* faschistisch; **II.** *mf* Faschist(in) *m(f).*

fase ['fa:ze] *f* **1.** *gener., astr, phys, el, tec* Phase *f; (stadio a.)* Stadium *n,* Stufe *f,* Abschnitt *m;* **2.** *mot* Takt *m;* **motore a tre -i** Dreitaktmotor *m;* **essere fuori** ~ *fig* nicht in Form sein.

fastello [fas'tɛllo] *m* Bündel *n,* Bund *m.*

fasti ['fasti] *m pl* Heldentaten *f pl; (fatti memorabili)* Ruhmesblätter *n pl.*

fastidio [fas'ti:dio] ⟨-i⟩ *m* **1.** *(molestia)* Belästigung *f,* Störung *f;* **2.** *(noia)* Überdruß *m,* Verdruß *m;* **3.** *(disgusto)* Ekel *m;* **4.** *(dispiacere)* Unannehmlichkeit *f;* **dare** ~ **a qu** jdn belästigen; **Le dà** ~ **il fumo?** stört Sie der Rauch? **fastidioso, -a** [...ti'dio:so] *a* **1.** *(seccante)* lästig, unangenehm; *(noioso)* langweilig; **2.** *(irritabile)* reizbar.

fasto ['fasto] *m* Prunk *m.* **fastoso, -a** [...'to:so] *a* prunkvoll.

fasullo, -a [fa'zullo] *a* **1.** *(moneta, oro)* falsch; **2.** *fig (persona)* unfähig, schlecht.

fata ['fa:ta] *f* Fee *f.*

fatale [fa'ta:le] *a* fatal; *(di morte)* tödlich, todbringend; *(di disastro)* verhängnisvoll, unselig; *(di fascino)* unwiderstehlich.

fatalismo [fata'lizmo] *m* Fatalismus *m.* **fatalista** [...'lista] ⟨-i *m,* -e *f*⟩ *mf* Fatalist(in) *m(f).*

fatalità [fatali'ta] ⟨-⟩ *f* **1.** *(destino)* Schicksalhaftigkeit *f,* Fatalität *f;* **2.** *(disgrazia)* Unglück *n;* **per** ~ zum Unglück.

fatamorgana [fatamor'ga:na] *f* Fata Morgana *f.*

fatica [fa'ti:ka] ⟨-che⟩ *f* **1.** *(sforzo, difficoltà)* Mühe *f,* Anstrengung *f;* **2.** *(stanchezza)* Müdigkeit *f;* **3.** *(lavori pesanti)* Schwerarbeit *f;* **animale da** ~ Arbeitspferd *n;* **uomo di** ~ Schwerarbeiter *m;* **a/senza** ~ mit/ohne Mühe. **faticare** [fati'ka:re] ⟨fatico, fatichi⟩ *itr* **1.** *(sottoporsi a sforzo)* hart arbeiten; **2.** *(incontrare difficoltà)* sich abmühen, Mühe haben. **faticoso, -a** [...'ko:so] *a* mühsam, anstrengend; *(stile)* bemüht.

fatiscente [fatiʃ'ʃɛnte] *a* verfallend.

fato ['fa:to] *m* Schicksal *n.*

Fatt. *ab di* **fattura** Rechn(g). (*ab di* Rechnung).

fattezze [fat'tettse] *f pl* (Gesichts)züge *m pl.*

fattibile [fat'ti:bile] *a* möglich, machbar.

fattispecie [fattis'pɛ:tʃe] *f* Tatbestand *m;* **nella** ~ im vorliegenden Fall.

fattivo, -a [fat'ti:vo] *a* tatkräftig.

fatto, -a ['fatto] **I.** *pp di* **fare; II.** *a* **1.** *(compiuto)* gemacht, getan; *(abito)* fertig, von der Stange; *tec* gefertigt, hergestellt; **2.** *(maturo, a. fig)* reif; **3.** *(conformato fisicamente)* gebaut; **4.** *(inoltrato)* voll(endet); ~ **a macchina/mano** maschinell gefertigt/handgemacht; **giorno** ~ hell(icht)er Tag; **notte -a** tiefe Nacht; **III.** *m* **1.** *(azione)* Tat *f;* **2.** *(avvenimento)* Ereignis *n;* **3.** *(affare)* Angelegenheit *f,* Sache *f;* ~ **di sangue** Bluttat *f;* **cogliere qu sul** ~ jdn auf frischer Tat ertappen; **venire al** ~ zur Sache kommen; **a** ~ **compiuto** vor vollendeter Tatsache; **in** ~ **di** mit Bezug auf, in bezug auf ~ **sta che ...** Tatsache ist, daß ...

fattora *f fam v.* **fattore.**

fattore [fat'to:re] *m* Faktor *m.*

fattore, -essa (*o. fam* **-a)** [fat'to:re, ...to'ressa] *m, f* Gutsverwalter(in) *m(f).* **fattoria** [...to'ri:a] ⟨-ie⟩ *f* Gutshof *m,* (Land)gut *n.*

fattorino, -a [fatto'ri:no] *m, f* **1.** *(commesso)* Bote *m,* Botin *f; (di negozio)* Laufbursche *m,* -mädchen *n;* **2.** *(bigliettaio)* Schaffner(in) *m(f).*

fattrice [fat'tri:tʃe] *f* weibliches Zuchttier.

fattucchiera [fattuk'kiɛ:ra] *f* Zauberin *f.*

fattura [fat'tu:ra] *f* **1.** *(lavorazione)* Anfertigung *f,* Herstellung *f;* **2.** *(con-*

fezione) Fasson *f;* **3.** (*ab* **Fatt.**) *com* Rechnung *f;* **4.** *(maleficio)* Zauberei *f,* Hexerei *f.* **fatturare** [fattu'ra:re] *tr* **1.** *com* fakturieren; **2.** *(vino)* panschen. **fatturato** [...'ra:to] *m* Umsatz *m.* **fatturazione** [...rat'tsio:ne] *f* Verrechnung *f.* **fatturista** [...'rista] ‹-i *m,* -e *f*› *mf* Fakturist(in) *m(f).*

fatuo, -a ['fa:tuo] *a* oberflächlich.

fauci ['fa:utʃi] *f pl* Rachen *m,* Schlund *m.*

fauna ['fa:una] *f* Fauna *f,* Tierreich *n.*

fauno ['fa:uno] *m* Faun *m.*

Fausta ['fa:usta] *nome proprio femminile.*

Fausto ['fa:usto] *nome proprio maschile.*

fausto, -a ['fa:usto] *a* glücklich.

fautore, -trice [fau'to:re] *m, f* Förderer *m,* Förderin *f; (sostenitore)* Befürworter(in) *m(f).*

fava ['fa:va] *f* dicke Bohne, Saubohne *f;* **prendere due piccioni con una ~** zwei Fliegen mit einer Klappe schlagen.

favella [fa'vɛlla] *f* Sprache *f.* **favellare** [favel'la:re] *tr, itr* reden, sprechen.

favilla [fa'villa] *f* **1.** *(scintilla)* Funke(n) *m;* **2.** *fig (causa)* Anlaß *m,* Anstoß *m;* **far -e** *fam* Erfolg haben, groß rauskommen *fam.*

favo ['fa:vo] *m* (Bienen)wabe *f.*

favola ['fa:vola] *f* **1.** *(fiaba)* Fabel *f; (fandonia)* Märchen *n;* **2.** *fig (diceria)* Gerede *n;* **essere la ~ della città** Stadtgespräch sein. **favolistica** [favo'listika] ‹-che› *f* Märchenschatz *m.* **favoloso, -a** [...'lo:so] *a* fabelhaft; *(enorme)* großartig, außergewöhnlich.

favonio [fa'vɔ:nio] ‹-› *m poet* Zephir *m.*

favore [fa'vo:re] *m* **1.** *(benevolenza)* Wohlwollen *n;* **2.** *(servizio)* Gefallen *m,* Gefälligkeit *f;* **3.** *(protezione)* Gunst *f,* Schutz *m;* **biglietto di ~** Freikarte *f;* **prezzo di ~** Vorzugspreis *m;* **per ~** bitte; **fare un ~ a qu** jdm einen Gefallen tun; **parlare in ~ di qu** zu jds. Gunsten sprechen; **con il ~ dell'oscurità** im Schutze der Dunkelheit. **favoreggiare** [favored'dʒa:re] ‹favoreggio, favoreggi› *tr* begünstigen. **favoreggiatore, -trice** [...dʒa'to:re] *m, f* Förderer *m,* Förderin *f; (protettore)* Beschützer(in) *m(f).*

favorevole [favo're:vole] *a* **1.** *(vantaggioso)* günstig; **2.** *(benevolo)* wohlwollend; **3.** *(consenziente)* zustimmend; **essere ~** dafür sein; **essere ~ a qc/qu** für etw./jdn sein.

favorire [favo'ri:re] ‹favorisco› **I.** *tr* **1.** *(assecondare)* begünstigen; **2.** *(agevolare)* unterstützen, fördern; **favorisca il biglietto** die Fahrkarte, bitte; **II.** *itr* die Güte (*o.* Freundlichkeit) haben zu gehen *(o.* anzunehmen, *etc.*) *geh;* **favorisca alla cassa** bemühen Sie sich bitte an die Kasse *geh;* **favorisca in salotto** nehmen Sie bitte im Wohnzimmer Platz *geh;* **vuole ~?** geben Sie mir (*o.* uns) die Ehre? *geh; (Glielo posso offrire)* darf ich Ihnen das anbieten? **favorita** *f v.* **favorito.**

favoritismo [...ri'tizmo] *m* Begünstigung *f.* **favorito, -a** [...'ri:to] **I.** *a* **1.** *(prediletto)* Lieblings-, bevorzugt; **2.** *(probabile vincitore)* favorisiert; **II.** *m, f* **1.** *(beniamino)* Liebling *m;* **2.** *(in gare, elezioni)* Favorit(in) *m(f);* **III.** *f (amante)* Geliebte *f; (negli harem)* Favoritin *f,* Lieblingsfrau *f;* **IV.** *m pl* Backenbart *m,* Favoris *pl.*

fazione [fat'tsio:ne] *f* Faktion *f.* **fazioso, -a** [...'tsio:so] **I.** *a* faktiös, aufwieglerisch; **II.** *m, f* Aufrührer(in) *m(f),* Aufwiegler(in) *m(f).*

fazzoletto [fattso'letto] *m* Tuch *n; (da naso)* Taschentuch *n.*

F.C. *ab di* **fuoricorso; uno studente ~** ein Student, der die Regelstudienzeit überschritten hat.

febbraio [feb'bra:io] *m* Februar *m; v. a. settembre.*

febbre ['fɛbbre] *f (a. fig)* Fieber *n;* **~ da fieno** Heuschnupfen *m;* **~ dell'oro** Goldfieber *n.* **febbricitante** [febbritʃi'tante] *a* fiebernd; **essere ~** Fieber haben. **febbrifugo, -a** [...'bri:fugo] ‹-ghi, -ghe› **I.** *a* fiebersenkend; **II.** *m* Fiebermittel *n.* **febbrile** [...'bri:le] *a* **1.** *med* fiebrig, Fieber-; **2.** *fig* fieberhaft.

fecale [fe'ka:le] *a* Fäkal-.

feccia ['fɛttʃa] ‹-cce› *f* **1.** *(di vino)* (Boden)satz *m;* **2.** *fig pej* Abschaum *m.*

feci[1] ['fɛ:tʃi] *f pl* Fäkalien *pl.*

feci[2] ['fe:tʃi] *1. pers sing del passato remoto di* **fare.**

fecola ['fɛ:kola] *f* Stärkemehl *n.*

fecondare [fekon'da:re] *tr* **1.** *biol* befruchten; **2.** *(rendere fertile)* fruchtbar machen. **fecondazione** [...dat'tsio:ne] *f* Befruchtung *f;* **~ in vitro** In-vitro-Fertilisation *f.*

fecondità [fekondi'ta] ‹-› *f* Fruchtbarkeit *f.* **fecondo, -a** [fe'kondo] *a* fruchtbar; *(nozze)* kinderreich.

fede ['fe:de] *f* **1.** *(credo)* Glaube(n) *m;* **2.** *(fiducia)* Vertrauen *n;* **3.** *(onestà, fedeltà)* Treue *f;* **4.** *(anello)* Trau-, Ehering *m;* **5.** *(attestato)* Schein *m,* Bescheinigung *f;* **~ di battesimo/credito/deposito** Tauf-/Schuld-/Lagerschein *m;* **far ~** Zeugnis ablegen; **in ~** *adm* für die Richtigkeit; **in buona/ mala ~** in gutem Glauben/in böser Absicht.

fedele [fe'de:le] **I.** *a* **1.** *(devoto)* treu; **2.** *(esatto)* genau; *(traduzione, riproduzione)* (original)getreu; **II.** *mf* **1.** *(credente)* Gläubige(r) *mf;* **2.** *(seguace)* Anhänger(in) *m(f),* Getreue(r) *mf.* **fedeltà** [fedel'ta] ‹-› *f* **1.** *(devozione)* Treue *f;* **2.** *(esattezza)* Zuverlässigkeit *f,* Treue *f; (in acustica)* Wiedergabetreue *f,* -genauigkeit *f;* **ad alta ~** Hi(gh)-Fi(delity)-.

federa ['fɛ:dera] *f* (Kopf)kissenbezug *m.*

federale [fede'ra:le] *a* **1.** *pol* föderativ, Bundes-; **2.** *(di società)* Verbands-, Vereins-. **federalismo** [...ra'lizmo] *m* Föderalismus *m.* **federativo, -a** [...ra'ti:vo] *a* föderativ, föderalistisch. **federato, -a** [...'ra:to] *a* verbündet.

federazione [federat'tsi̯o:ne] *f* **1.** *(di stati)* Föderation *f;* **2.** *(di società)* Verband *m.*

FEDERCALCIO [feder'kaltʃo] *f ab di* **Federazione Italiana Gioco Calcio** ≃ DFB *m (ab di* Deutscher Fußball-Bund).

Federica [fede'ri:ka] *(nome proprio femminile)* Friederike.

Federico [fede'ri:ko] *(nome proprio maschile)* Friedrich.

FEDERMECCANICA [federmek'ka:nika] *f ab di* **Federazione Sindacale dell'Industria Metalmeccanica Italiana** *italienischer Gewerkschaftsbund der metallverarbeitenden Industrie.*

fedifrago, -a [fe'di:frago] ‹-ghi, -ghe› *a* wortbrüchig.

fedina [fe'di:na] *f* Strafregisterauszug *m.*

fedine [fe'di:ne] *f pl (favoriti)* Koteletten *pl.*

fegataccio [fega'tattʃo] ‹-cci› *m* Draufgänger *m.*

fegatello [fega'tɛllo] *m* gebackene Schweinsleberscheibe. **fegatini** [...'ti:ni] *m pl* gebackene Geflügelleber.

fegato ['fe:gato] *m* **1.** *anat* Leber *f;* **2.** *fig (audacia)* Mut *m;* **si mangia il ~** *fig* es wurmt ihn (*o.* sie).

felce ['feltʃe] *f* Farn *m.*

feldspato [felds'pa:to] *m* Feldspat *m.*

felice [fe'li:tʃe] *a* glücklich. **felicità** [felitʃi'ta] ‹-› *f* Glück *n.*

felicitarsi [felitʃi'tarsi] *rfl* sich freuen (*di* über); **~ con qu per qc** jdn zu etw. beglückwünschen. **felicitazione** [...tat'tsi̯o:ne] *f* Glückwunsch *m.*

felino, -a [fe'li:no] **I.** *a* katzenartig, Katzen-; **II.** *m* Katze *f.*

fellonia [fello'ni:a] ‹-ie› *f* Verrat *m,* Felonie *f geh.*

felpa ['felpa] *f* Plüsch *m.* **felpato, -a** [...'pa:to] *a* Plüsch-; **con passo ~** auf leisen Sohlen, mit Samtpfötchen *scherz.*

feltro ['feltro] *m* **1.** *(tessuto)* Filz *m;* **2.** *(cappello)* Filzhut *m.*

feluca [fe'lu:ka] ‹-che› *f* **1.** *naut* Feluke *f;* **2.** *(cappello)* Zweispitz *m.*

femmina ['femmina] *f* **1.** *(spesso pej: donna)* Weib *n;* **2.** *zoo* Weibchen *n;* **3.** *tec* Mutter *f.* **femminile** [...'ni:le] **I.** *a* weiblich; *(abito, sport)* Damen-; *(lavoro)* Frauen-; *(scuola)* Mädchen-; **genere ~** *gram* Femininum *n;* **II.** *m* **1.** *gram* Femininum *n;* **2.** *sport* Damenwettbewerb *m.* **femminismo** [...'nizmo] *m* Feminismus *m.* **femminista** [...'nista] ‹-i *m,* -e *f*› *mf* Feminist(in) *m(f).* **femminuccia** [...'nuttʃa] ‹-cce› *f* **1.** *(bambina)* Mädchen *n;* **2.** *fig (uomo pavido)* Waschlappen *m fam.*

femore ['fɛ:more] *m* Oberschenkel *m.*

fendei [fen'de:i] *1. pers sing del passato remoto di* **fendere.**

fendente [fen'dɛnte] *m* Säbelhieb *m.*

fendere ['fɛndere] ‹fendo, fendei *o.* fendetti, fenduto *o. obs* fesso› *tr* **1.** *(tagliare)* spalten; **2.** *(folla)* sich *(dat)* einen Weg bahnen durch; *(onde)* durchpflügen. **fendinebbia** [fendi'nebbi̯a] *m pl* Nebelscheinwerfer *m pl.* **fenditura** [...i'tu:ra] *f* **1.** *(taglio)* Spaltung *f;* **2.** *(apertura)* Spalt *m,* Riß *m.*

fendo ['fɛndo] *1. pers sing pr di* **fendere.**

fenduto [fen'du:to] *pp di* **fendere.**

fenice [fe'ni:tʃe] *f* Phönix *m;* **raro come l'araba ~** selten wie ein weißer Rabe.

fenicottero [feni'kɔttero] *m* Flamingo *m.*

fenolo [fe'nɔ:lo] *m* Phenol *n.*

fenomenale [fenome'na:le] *a* phänomenal, außergewöhnlich, unglaublich. **fenomeno** [fe'nɔ:meno] *m* Phänomen *n.*

ferale [fe'ra:le] *a* **1.** *(di lutto)* traurig; **2.** *(di morte)* todbringend.

Ferdinanda [ferdi'nanda] *nome proprio femminile.*

Ferdinando [ferdi'nando] *(nome proprio maschile)* Ferdinand.

feretro ['fɛ:retro] *m* Bahre *f.*

feriale [fe'ri̯a:le] *a* Wochen-, Werk-.

ferie ['fɛ:ri̯e] *f pl* Ferien *pl,* Urlaub *m.*

ferimento [feri'mento] *m* Verletzung

f, Verwundung *f*. **ferire** [fe'ri:re] ‹ferisco› *tr* **1.** verletzen; *(colpendo)* verwunden; **2.** *fig (offendere)* verletzen; **3.** *fig (causare fastidio)* weh tun (*qu* jdm); *(occhi)* blenden; **senza colpo** ~ ohne Blutvergießen. **ferita** [fe'ri:ta] *f* Verletzung *f*, Wunde *f*; ~ **di striscio/da taglio** Streif-/Schnittwunde *f*; **riaprire una** ~ *fig* alte Wunden wieder aufreißen. **ferito, -a** [fe'ri:to] **I.** *a* verletzt, verwundet; **II.** *m, f* Verletzte(r) *mf*, Verwundete(r) *mf*.

feritoia [feri'to:ia] ‹-oie› *f* **1.** *mil* Schießscharte *f*; **2.** *(in ambienti)* Schlitz *m*.

feritore, -trice [feri'to:re] *m, f* Verletzende(r) *mf*; *jur* Täter(in) *m(f)*.

ferma ['ferma] *f* **1.** *mil* Militärzeit *f*, Wehrdienstzeit *f*; **2.** *(nella caccia)* Vorstehen *n*; **cane da** ~ Vorstehhund *m*.

fermacarte [ferma'karte] ‹-› *m* Briefbeschwerer *m*.

fermaglio [fer'maʎʎo] ‹-gli› *m* **1.** *(borchia, fibbia)* Schnalle *f*, Spange *f*; **2.** *(per fogli)* Heftklammer *f*.

fermare [fer'ma:re] **I.** *tr* **1.** *(arrestare il movimento)* anhalten; *(emorragia, etc.)* stoppen; *(motore)* abstellen; *(lavoro)* aufhören mit; **2.** *(persone)* aufhalten, zurückhalten; *(fuggitivo)* fassen; *(di polizia)* festnehmen; **3.** *(fissare)* befestigen; *(bottone, etc.)* annähen; *(con chiodi)* annageln; *(con viti)* anschrauben; *fig (sguardo)* heften; **4.** *(chiudere)* schließen; **5.** *(riservare)* reservieren; **II.** *itr* (an)halten, stehenbleiben; **III.** *rfl*: **-rsi** **1.** *(arrestarsi)* (an)halten; *(a. orologio)* stehenbleiben; **2.** *(trattenersi)* sich aufhalten; **senza -rsi** ununterbrochen. **fermata** [...'ma:ta] *f* **1.** *(sosta)* Halt *m*, Aufenthalt *m*; **2.** *(luogo)* Haltestelle *f*; **3.** *mus* Fermate *f*; ~ **facoltativa** (*o.* **a richiesta)/obbligatoria** Bedarfshaltestelle *f*/planmäßige Haltestelle.

fermentare [fermen'ta:re] **I.** *itr (a. fig)* gären; **II.** *tr* fermentieren. **fermentazione** [...tat'tsio:ne] *f* Gärung *f*. **fermento** [...'mento] *m* **1.** *(enzima)* Ferment *n*; **2.** *(lievito)* Hefe *f*; **3.** *fig (agitazione)* Gärung *f geh*, Unruhe *f*.

fermezza [fer'mettsa] *f* Entschlossenheit *f*, Festigkeit *f*, Bestimmtheit *f*; *(costanza)* Beständigkeit *f*; ~ **di propositi** Standhaftigkeit *f*. **fermo, -a** ['fermo] **I.** *a* **1.** *(non in moto)* still, unbeweglich; *(sguardo)* starr; *(veicolo)* (an)haltend; **2.** *(non in funzione)* stillstehend; *(orologio)* stehengeblieben; *com* stilliegend, stockend; **3.** *fig (risoluto)* entschlossen, bestimmt, fest; *(costante)* beständig; **essere** ~ *(in piedi)* (still)stehen; *(seduto)* (still)sitzen; *(sdraiato)* (still)liegen; **star** ~ **con le mani** die Hände stillhalten; **è** ~ **nel suo rifiuto** er beharrt auf seiner Weigerung; **resta** ~ **quanto convenuto** es bleibt bei dem, was vereinbart wurde; **da** ~ *sport* aus dem Stand; **II.** *interj* halt; **III.** *m* **1.** *(chiusura)* Haltevorrichtung *f*; **2.** *jur* Festnahme *f*.

fermoposta [fermo'posta] **I.** ‹*inv*› *a, adv* postlagernd; **II.** ‹-› *m* Schalter *m* für postlagernde Sendungen.

Fernando [fer'nando] *(nome proprio maschile)* Ferdinand.

feroce [fe'ro:tʃe] *a* **1.** *(bestia)* wild; **2.** *(persona)* grausam; **3.** *fig* furchtbar, schrecklich. **ferocia** [fe'rɔ:tʃa] ‹-cie› *f* **1.** *(di bestie)* Wildheit *f*; **2.** *(di persone)* Grausamkeit *f*.

ferodo [fe'rɔ:do] *m*: ~ **per freni** Bremsbelag *m*.

Ferr. *ab di* **ferrovia** Eisenbahn.

ferraglia [fer'raʎʎa] ‹-glie› *f* Schrott *m*, Alteisen *n*.

ferragosto [ferra'gosto] *m* **1.** *(festa)* Mariä Himmelfahrt; **2.** *(periodo)* Mitte *f* August; **le vacanze di** ~ die Augustferien.

ferramenta [ferra'menta] *f pl* Eisenwaren *f pl*.

ferrare [fer'ra:re] *tr* beschlagen. **ferrato, -a** [...'ra:to] *a (a. fig)* beschlagen; **strada -a** Schienenstrang *m*.

ferravecchio [ferra'vɛkkio] *m* Schrotthändler *m*.

ferreo, -a ['fɛrreo] *a* eisern.

ferriera [fer'riɛ:ra] *f* Eisenhütte *f*.

ferrifero, -a [fer'ri:fero] *a* eisenhaltig, Eisen-.

ferro ['fɛrro] *m* **1.** *(metallo, oggetto)* Eisen *n*; **2.** *(da calza)* Stricknadel *f*; **3.** ‹*pl*› *(strumenti di lavoro)* Handwerkszeug *n*, Werkzeug *n*; **4.** ‹*pl*› *gastr* Rost *m*, Grill *m*; ~ **da cavallo/stiro** Huf-/Bügeleisen *n*; ~ **battuto** Schmiedeeisen *n*; **bistecca ai -i** gegrilltes Beefsteak, Beefsteak *n* vom Grill; **salsicce ai -i** Grillwürstchen *n pl*; **di** ~ *(a. fig)* eisern; **battere il** ~ **finché è caldo** *fig* das Eisen schmieden, solange es heiß ist; **essere ai -i corti con qu** zu jdm ein gespanntes Verhältnis haben; **toccare** ~ *fig* auf Holz klopfen. **ferroso, -a** [fer'ro:so] *a* eisenhaltig.

ferrotranvieri [ferrotran'viɛ:ri] *m pl* Eisen- und Straßenbahner *m pl*.

FERROTRANVIERI [ferrotran'viɛ:ri]

m pl ab di **Federazione Nazionale Lavoratori Autoferrotranvieri e Internavigatori** *italienischer Gewerkschaftsbund der Angestellten des öffentlichen Verkehrs und der Binnenschiffahrt* ≃ ÖTV *f.*

ferrovia [ferro'vi:a] *f* (*ab* **Ferr.**) Eisenbahn *f;* ~ **a cremagliera** Zahnradbahn *f.* **ferroviario, -a** [...'vi̯a:ri̯o] *a* Eisenbahn-. **ferroviere** [...'vi̯ɛ:re] *m* Eisenbahner *m.*

ferruginoso, -a [ferrudʒi'no:so] *a* eisenhaltig.

fertile ['fɛrtile] *a* fruchtbar.

fertilizzante [fertilid'dzante] *m* Dünger *m.* **fertilizzare** [...'dza:re] *tr* düngen.

ferula ['fɛ:rula] *f* Schiene *f.*

fervei [fer've:i] *1. pers sing del passato remoto di* **fervere.**

fervente [fer'vɛnte] *a* **1.** *(di passione)* leidenschaftlich; *(amore a.)* glühend; *(odio a.)* blind; **2.** *(di zelo)* eifrig.

fervere ['fɛrvere] ‹**fervo, fervei** *o.* **fervetti,** *senza pp*› *itr* **1.** *(ribollire)* kochen; **2.** *fig* mit Volldampf vorangehen (*o.* getan werden). **fervido, -a** ['fɛrvido] *a (preghiera)* inbrünstig; *(auguri)* herzlich; *(fantasia)* blühend; *(attività)* eifrig.

fervo ['fɛrvo] *1. pers sing pr di* **fervere.**

fervore [fer'vo:re] *m* **1.** *(passione)* Leidenschaft *f;* **2.** *(zelo)* Inbrunst *f,* (Feuer)eifer *m;* **3.** *fig (momento culminante)* Höhepunkt *m;* **nel ~ della mischia** in der Hitze des Gefechts. **fervorino** [...vo'ri:no] *m* Moralpredigt *f.*

fesseria [fesse'ri:a] ‹-ie› *f fam* Dummheit *f,* Blödsinn *m.*

fesso, -a ['fesso] **I.** *pp di* **fendere; II.** *a* **1.** *(incrinato)* gesprungen, rissig; **2.** *(stridulo)* schrill; **3.** *vulg (tonto)* bescheuert *sl,* beknackt *sl;* **fare ~ qu** *vulg* jdn bescheißen *vulg.*

fessura [fes'su:ra] *f* Spalt *m.*

festa ['fɛsta] *f* **1.** *(solennità)* Feiertag *m; (cerimonia)* Fest *n,* Feier *f; rel* Fest *n;* **2.** *(dimostrazione gioiosa)* Fest(tag *m*) *n;* **3.** *(vacanza)* freier Tag; **~ della mamma** Muttertag *m;* **~ nazionale** Nationalfeiertag *m;* **~ danzante** Tanzveranstaltung *f;* **~ fissa/mobile** unbeweglicher/beweglicher Feiertag; **far ~ a qu** jdn herzlich begrüßen (*o.* empfangen); **far la ~ a qu** *fig* jdm den Prozeß machen, jdn töten; **aver/far ~** frei haben/nehmen. **festeggiamenti** [festeddʒa'menti] *m pl* Feierlichkeiten *f pl.* **festeggiare** [...'dʒa:re] ‹**festeggio, festeggi**› *tr* **1.** *(anniversario, etc.)* feiern; **2.** *(persona)* festlich empfangen. **festino** [...'ti:no] *m* Fest *n; (serata a.)* Party *f,* Fete *f; (banchetto)* Festessen *n.*

festival [festi'val *o.* 'fɛs...] ‹-› *m* **1.** *(festa popolare)* Fest *n;* **2.** *(rassegna artistica)* Festival *n;* **il ~ di Salisburgo** die Salzburger Festspiele *n pl;* **~ musicale** Musikfestspiele *n pl.*

festività [festivi'ta] ‹-› *f* Feiertag *m.* **festivo, -a** [...'ti:vo] *a* **1.** *(giorno)* Feier-, Fest-; *(orario)* Feiertags-, Festtags-; **2.** *(banchetto)* Fest-; *(abito)* festlich; **riposo ~** Sonntagsruhe *f.*

festone [fes'to:ne] *m* Girlande *f; (di fiori)* Gewinde *n.*

festoso, -a [fes'to:so] *a* freudig.

festuca [fes'tu:ka] ‹-che› *f* Strohhalm *m.*

feticcio [fe'tittʃo] ‹-cci› *m* Fetisch *m.* **feticismo** [feti'tʃizmo] *m* Fetischismus *m.* **feticista** [...'tʃista] ‹-i *m,* -e *f*› **I.** *mf* Fetischist(in) *m(f);* **II.** *a* fetischistisch.

fetido, -a ['fɛ:tido] *a* stinkend.

feto ['fɛ:to] *m* Fötus *m.*

fetore [fe'to:re] *m* Gestank *m.*

fetta ['fetta] *f* **1.** *(di cibo)* Scheibe *f;* **2.** *fig (di luna)* Sichel *f; (di terra)* Streifen *m;* **tagliare a -e** in Scheiben schneiden. **fettina** [...'ti:na] *f* (kleines) Kalbs- oder Rinderschnitzel *n.*

fettuccine [fettut'tʃi:ne] *f pl* Bandnudeln *f pl.*

feudale [feu'da:le] *a* feudal, Feudal-.

feudatario [feuda'ta:ri̯o] ‹-i› *m* **1.** *hist* Lehnsherr *m;* **2.** *fig (proprietario terriero)* Großgrundbesitzer *m.* **feudo** ['fɛ:udo] *m* **1.** *hist* Lehen *n;* **2.** *fig (proprietà terriera)* Großgrundbesitz *m.*

FF.AA. *f pl ab di* **Forze Armate** *italienische Streitkräfte.*

FF.SS. *f pl ab di* **Ferrovie dello Stato** ≃ DB *f* (*ab di* Deutsche Bundesbahn).

F.G.C.I. *f ab di* **Federazione Giovanile Comunista Italiana** *Verband der italienischen Jungkommunisten.*

fiaba ['fi̯a:ba] *f* Märchen *n.* **fiabesco, -a** [fi̯a'besko] ‹-schi, -sche› *a* märchenhaft, Märchen-.

fiacca ['fi̯akka] *f* **1.** *(stanchezza)* Müdigkeit *f;* **2.** *(svogliatezza)* Trägheit *f;* **battere la ~** trödeln. **fiaccare** [...'ka:re] ‹**fiacco, fiacchi**› *tr* schwächen. **fiacco, -a** ['fi̯akko] ‹-cchi, -cche› *a* **1.** *(persona)* müde, matt; **2.** *fig* schwach; *com* flau.

fiaccola ['fi̯akkola] *f* Fackel *f.* **fiaccolata** [...'la:ta] *f* Fackelzug *m.*

fiala ['fi̯a:la] *f* Ampulle *f,* Phiole *f.*

fiamma ['fi̯amma] *f* **1.** *(lingua di fuo-*

co) Flamme *f;* **2.** *fig (ardore)* Feuer *n,* Flamme *f;* **3.** *scherz (donna del cuore)* Flamme *f scherz;* **4.** *(colore)* Feuerrot *n;* **andare in -e** in Flammen aufgehen. **fiammante** [...'mante] *a (colore)* leuchtend, knall- *fam;* **rosso ~** feuerrot, knallrot *fam;* **nuovo ~** nagelneu. **fiammata** [...'ma:ta] *f* Stichflamme *f; fig* Strohfeuer *n.* **fiammeggiare** [...med'dʒa:re] ‹fiammeggio, fiammeggi› *itr* aufflammen.

fiammifero [fi̯am'mi:fero] *m* Streichholz *n;* **accendersi come un ~** leicht reizbar sein.

fiancata [fi̯aŋ'ka:ta] *f* **1.** *(parte laterale)* Seitenteil *n,* Seitenwand *f;* **2.** *(urto)* Seitenstoß *m.*

fiancheggiare [fi̯aŋked'dʒa:re] ‹fiancheggio, fiancheggi› *tr* **1.** *(stare a lato)* säumen; **2.** *mil* flankieren; **3.** *fig (sostenere)* unterstützen, zur Seite stehen (*qu* jdm). **fiancheggiatore, -trice** [...dʒa'to:re] *m, f* Sympathisant(in) *m(f),* Anhänger(in) *m(f).*

fianco ['fi̯aŋko] ‹-chi› *m* **1.** *anat* Hüfte *f;* **2.** *(lato)* Seite *f; (di monte)* Abhang *m;* **3.** *fig* schwache (*o.* verwundbare) Seite; **~ a ~** Seite an Seite; **di ~** *(laterale)* seitlich; *(accanto)* nebenan; **di ~ a** neben, bei.

Fiandra ['fi̯andra] *f* Flandern *n.*

fiasco ['fi̯asko] ‹-schi› *m* **1.** *(recipiente)* Korbflasche *f,* (strohumflochtene) Flasche *f;* **2.** *fig (insuccesso)* Fiasko *n;* **fare ~** Schiffbruch erleiden; *(all'esame)* durchfallen.

fiat ['fi:at] *m:* **in un ~** im Nu.

fiatare [fi̯a'ta:re] *itr fig* den Mund aufmachen, sprechen; **non ~!** halt' den Mund! **fiato** ['fi̯a:to] *m* **1.** *(aria espirata)* Atem *m;* **2.** *poet (di vento)* (Luft)hauch *m;* **3.** *sport, fig (energia)* Ausdauer *f;* **4.** ‹*pl*› *(strumenti a ~)* Blasinstrumente *n pl;* **avere il ~ grosso/corto** außer Atem/kurzatmig sein; **prendere ~** Luft holen; **il suo ~ puzza** er riecht aus dem Mund; **trattenere il ~** den Atem anhalten; **non tira un ~ di vento** es weht kein Lüftchen; **fare il ~** *sport* trainieren; **dar ~ alle trombe** *fig* etw. ausposaunen *fam;* **è ~ sprecato** *fig* das ist vergebliche Liebesmüh' (*o.* in den Wind geredet); **in un** (*o.* **d'un**) **~** in einem Zug; **rimanere senza ~** *fig* sprachlos sein.

fibbia ['fibbi̯a] ‹-ie› *f* Schnalle *f.*

fibra ['fi:bra] *f* **1.** *bot, biol* Faser *f;* **2.** *tec* Fiber *f; (cartone)* Vulkanfiber *f;* **3.** *fig (costituzione fisica)* Konstitution *f.* **fibroso, -a** [fi'bro:so] *a* faserig, Faser-.

fica ['fi:ka] ‹-che› *f vulg* Feige *f vulg.*

ficcanaso [fikka'na:so] ‹-i *o.* - *m,* - *f*› *mf fam* Topfgucker *m scherz.*

ficcare [fik'ka:re] ‹ficco, ficchi› **I.** *tr* stecken; **II.** *rfl:* **-rsi** sich legen (*o.* stekken); *(cacciarsi)* sich verstecken; **dimmi dove ti sei ficcato** sag mir, wo du gesteckt hast; **-rsi nei guai** sich in die Nesseln setzen; **-rsi qc in testa** sich *(dat)* etw. in den Kopf setzen.

fichidindia *pl di* **ficodindia.**

fico ['fi:ko] ‹-chi› *m* Feige *f;* **non me n'importa un ~** *fam* das ist mir wurscht *fam,* ich schere mich den Teufel darum; **non valere un ~ secco** keinen Pfifferling (*o.* Schuß Pulver) wert sein *fam.* **ficodindia** [fiko'dindi̯a] ‹fichidindia› *m* **1.** *(pianta)* Feigenkaktus *m;* **2.** *(frutto)* Kaktusfeige *f.*

fidanzamento [fidantsa'mento] *m* Verlobung *f.* **fidanzarsi** [...'tsarsi] *rfl* sich verloben. **fidanzato, -a** [...'tsa:to] *m, f* Verlobte(r) *mf,* Braut *f,* Bräutigam *m.*

fidare [fi'da:re] **I.** *itr* vertrauen; **II.** *rfl:* **-rsi** vertrauen (*di* auf), sich verlassen (*di* auf); **non -rsi uscire da soli** sich nicht trauen, allein auszugehen; **-rsi è bene, non -rsi è meglio** *prov* Vertrauen ist gut, Kontrolle ist besser *prov.* **fidato, -a** [fi'da:to] *a* zuverlässig.

fideiussione [fidei̯us'si̯o:ne] *f* Bürgschaft *f.* **fideiussore** [...'so:re] *m* Bürge *m.*

fido ['fi:do] *m* Kredit *m.*

fido, -a ['fi:do] **I.** *a* treu; **II.** *m* Getreue(r) *m.*

fiducia [fi'du:tʃa] ‹-cie› *f* Vertrauen *n* (*in* zu); **di ~** Vertrauens-. **fiduciario, -a** [fidu'tʃa:ri̯o] ‹-i, -ie› **I.** *a* Treuhand-, treuhänderisch; **moneta -a** Papierwährung *f;* **II.** *m, f* Treuhänder(in) *m(f).* **fiducioso, -a** [...'tʃo:so] *a* vertrauensvoll, vertrauend (*in* auf).

fiele ['fi̯ɛ:le] *m* **1.** *(bile)* Galle *f;* **2.** *fig (astio)* Bitterkeit *f,* Groll *m.*

fienagione [fi̯ena'dʒo:ne] *f* Heuernte *f.*

fienile [fi̯e'ni:le] *m* Heuschober *m.*

fieno ['fi̯ɛ:no] *m* Heu *n;* **febbre** (*o.* **raffreddore**) **da ~** Heuschnupfen *m.*

fiera[1] ['fi̯ɛ:ra] *f* **1.** *(di paese)* Jahrmarkt *m;* **2.** *(del bestiame)* (Vieh)markt *m;* **3.** *com (esposizione)* Messe *f,* Ausstellung *f;* **~ di beneficenza** Wohltätigkeitsbasar *m.*

fiera[2] ['fi̯ɛ:ra] *f poet* wildes Tier, Bestie *f.*

fierezza [fi̯e'rettsa] *f* Stolz *m.* **fiero, -a** ['fi̯ɛ:ro] *a* **1.** *(orgoglioso)* stolz;

2. *(feroce, crudele)* grausam; 3. *(violento)* heftig; 4. *(energico)* hart.
fievole ['fje:vole] *a* schwach.
fifa ['fi:fa] *f fam* Bammel *m fam*, Schiß *m fam*. **fifone, -a** [fi'fo:ne] *m, f fam* Angsthase *m fam*.
fig. *ab di* **figura** Abb. (*ab di* Abbildung).
figlia ['fiʎʎa] ‹-glie› *f* 1. *(prole)* Tochter *f;* 2. *(ragazza)* Mädchen *n;* 3. *(tagliando)* Abschnitt *m*.
figliare [fiʎ'ʎa:re] ‹figlio, figli› *tr* werfen; *(bovini a.)* kalben.
figliastro, -a [fiʎ'ʎastro] *m, f* Stiefsohn *m*, -tochter *f*.
figliata [fiʎ'ʎa:ta] *f* Wurf *m*.
figlio ['fiʎʎo] ‹-gli› *m* 1. *(prole)* Kind *n; (di sesso maschile)* Sohn *m;* 2. *(ragazzo)* Junge *m;* 3. *zoo* Junge(s) *n;* 4. ‹*pl*› *(prole)* Kinder *n pl;* ~ **unico** Einzelkind *n;* ~ **di nessuno** Findelkind *n;* ~ **di mamma/papà** *fam* Mutter-/Vatersöhnchen *n fam;* **essere il ~ della serva** *fam* nichts zu sagen haben; **senza -gli** kinderlos. **figlioccio, -a** [...'ʎɔttʃo] ‹-cci, -cce› *m, f* Patenkind *n*. **figliolanza** [...ʎo'lantsa] *f* Nachwuchs *m*, Kinder *n pl*.
figura [fi'gu:ra] *f* 1. *(corporatura)* Figur *f;* 2. *(aspetto esteriore)* Form *f*, Gestalt *f; (apparenza)* Aussehen *n*, Erscheinung *f;* 3. *(persona)* Figur *f*, Person *f;* 4. *ling, mat, fig* Figur *f;* 5. *(illustrazione, ab* **fig**) Abbildung *f*, Bild *n;* **far ~** gut aussehen; *(abiti)* gut stehen, kleiden; **fare (una) bella/brutta ~** einen guten/schlechten Eindruck machen; **per ~** zum Schein; **che ~!** *iron* so eine Blamage! **figurare** [figu'ra:re] I. *tr* 1. *(ritrarre)* darstellen; 2. *(simboleggiare)* symbolisieren, versinnbildlichen; 3. *(plasmare)* bearbeiten; II. *itr* 1. *(apparire)* (dabei) sein, sich befinden, erscheinen; *(in registri)* verzeichnet sein; 2. *(far bella figura)* im Vordergrund stehen, hervortreten; III. *rfl:* **-rsi** sich *(dat)* vorstellen; **me lo figuravo più giovane** ich habe ihn mir jünger vorgestellt; **figurati!** stell dir vor!, denk nur!; **ma figurati se proprio tu mi disturbi!** aber ich bitte dich, als ob gerade du mich störtest! **figurativo, -a** [...ra'ti:vo] *a* bildlich, darstellend; *(arti)* bildend. **figurato, -a** [...'ra:to] *a* 1. *gener.* bildlich; *(significato)* übertragen, figurativ; 2. *(libro)* bebildert; **danza -a** Figurentanz *m*. **figurina** [...'ri:na] *f* 1. *(statuina)* Figurine *f;* 2. *(su cartoncino)* Bildchen *n*. **figurino** [...'ri:no] *m* 1. *(disegno)* Modeskizze *f*, -zeichnung *f;* 2. *(rivista)* Modezeitschrift *f*. **figuro** [fi'gu:ro] *m* (verdächtiges) Individuum *n*.
fila ['fi:la] *f* 1. *(serie)* Reihe *f;* 2. *(successione nel tempo)* Serie *f*, Folge *f;* 3. *fig* Reihe *f*, Serie *f;* 4. *(coda)* Schlange *f;* **far la ~** Schlange stehen; **in ~** in Reih' und Glied; **in ~ indiana** im Gänsemarsch; **di ~** hintereinander, ununterbrochen; **fuoco di ~** *mil, fig* Lauffeuer *n*.
filamento [fila'mento] *m* 1. *bot* Staubfaden *m;* 2. *(di lampadina)* Glühfaden *m;* 3. *anat* Faser *f*.
filanca® [fi'laŋka] *f* Helanca® *n*.
filanda [fi'landa] *f* Spinnerei *f*.
filantropa *f v.* **filantropo.**
filantropia [filantro'pi:a] *f* Menschenliebe *f*, Philantropie *f*. **filantropo, -a** [fi'lantropo] *m, f* Menschenfreund *m*, Philantrop *m*.
filare[1] [fi'la:re] *m (di piante)* Reihe *f*.
filare[2] [fi'la:re] I. *tr* ‹*avere*› 1. *(fibre tessili)* spinnen; 2. *(ridurre in fili)* Fäden ziehen lassen; 3. *naut* (ab)fieren; 4. *mus* (aus)halten; II. *itr* ‹*essere o. avere*› 1. *(fare la tela)* spinnen; 2. *(assumere forma di filo)* Fäden ziehen; 3. *fig (candela)* rauchen; *(discorso)* fließen; 4. *(avere un filo logico)* schlüssig (*o.* logisch) sein; 5. *(procedere velocemente)* rasen, brausen; 6. *fam (andarsene)* verschwinden *fam; (svignarsela)* sich verdrücken, sich aus dem Staub machen *fam;* 7. *scherz (amoreggiare)* etw. miteinander haben; **filarsela all'inglese** sich auf französisch verabschieden; ~ **diritto** *fam* spuren *fam*.
filarmonico, -a [filar'mɔ:niko] I. *a* philharmonisch; II. *m, f* Philharmoniker(in) *m(f);* III. *f* Philharmonie(orchester *n*) *f*.
filastrocca [filas'trɔkka] ‹-cche› *f* 1. *(per bambini)* Kinderreim *m;* 2. *fig (tiritera)* Litanei *f*.
filatelia [filate'li:a] *f* Philatelie *f*, Briefmarkenkunde *f*. **filatelico, -a** [...'tɛ:liko] ‹-ci, -che› I. *a* philatelistisch, Briefmarken-; II. *m, f* Philatelist(in) *m(f)*. **filatelista** [...te'lista] ‹-i *m*, -e *f*› *mf* Philatelist(in) *m(f)*.
filato, -a [fi'la:to] I. *a* 1. *(ridotto in filo)* gesponnen; 2. *fig (ininterrotto)* schlüssig; II. *m* Garn *n*. **filatore, -trice** [fila'to:re] *m, f* Spinner(in) *m(f)*. **filatura** [...'tu:ra] *f* 1. *(lavorazione)* Spinnen *n;* 2. *(opificio)* Spinnerei *f*.
filettatura [filetta'tu:ra] *f* 1. *(insieme dei filetti)* Besatz *m*, Bänder *n pl;* 2. *tec* Gewinde *n*. **filetto** [fi'letto] *m* 1. *(nastrino)* Band *n;* 2. *(gallone)*

Tresse *f*, Litze *f*; *(su uniforme)* Vorstoß *m*, Besatz *m*; **3.** *(su cornice)* Leiste *f*; **4.** *(in calligrafia)* Haarstrich *m*; **5.** *gastr* Filet *n*; **6.** *anat* (Zungen)bändchen *n*; **7.** *(di vite)* Gewinde *n*; **8.** *(gioco)* Mühle(spiel *n*) *f*.

filiale [fi'li̯a:le] **I.** *a* kindlich, Kinder-, Kindes-; **II.** *f* Filiale *f*, Zweigstelle *f*.

filiazione [fili̯at'tsi̯o:ne] *f* **1.** *jur* Abstammung *f*; *fig* Herleitung *f*, Herkunft *f*; **2.** *com* Tochtergesellschaft *f*.

filibustiere [filibus'ti̯ɛ:re] *m* Freibeuter *m*.

filiforme [fili'forme] *a* fadenförmig.

filigrana [fili'gra:na] *f* **1.** *(in oreficeria)* Filigran *n*; **2.** *(sulla carta)* Wasserzeichen *n*.

filippica [fi'lippika] ‹-che› *f* Philippika *f* *geh*, Strafrede *f*.

Filippo [fi'lippo] *(nome proprio maschile)* Philipp.

filisteo, -a [filis'tɛ:o] **I.** *a* **1.** *hist* Philister-; **2.** *fig (gretto)* spießbürgerlich; **II.** *m*, *f* **1.** *hist* Philister *m*; **2.** *fig (conformista)* Spießbürger(in) *m(f)*.

fillossera [fi'lɔssera] *f* Reblaus *f*.

film [film] ‹-› *m* **1.** *fot*, *film* Film *m*; **2.** *(per alimenti)* Folie *f*; ~ **d'animazione** Zeichentrickfilm *m*; ~ **giallo** Kriminalfilm *m*. **filmare** [...'ma:re] *tr* **1.** *(girare)* aufnehmen, filmen; **2.** *(romanzo, etc.)* verfilmen. **filmina** [...'mi:na] *f* Diafilm(streifen) *m*.

filo ['fi:lo] *m* **1.** ‹*pl*: -i *m*› *gener.* Faden *m*; *(prodotto)* Garn *n*; *(a. di perle, etc.)* Schnur *f*; *(metallico)* Draht *m*; **2.** ‹*pl*: -i *m*› *(di lama)* Schneide *f*; **3.** ‹*pl*: -a *f*› *fig (membro di una congiura)* Drahtzieher *m*; *(elemento essenziale)* Faden *m*; ~ **a piombo** Lot *n*; ~ **spinato** Stacheldraht *m*; ~ **d'erba** Grashalm *m*; **un** ~ **d'acqua** ein dünner Wasserstrahl; ~ **della schiena** Rückgrat *n*; **un** ~ **di speranza** ein Hoffnungsschimmer *m*; **un** ~ **di voce** eine dünne Stimme; **non c'è un** ~ **d'acqua** es ist kein Tropfen Wasser da; **dar del** ~ **da torcere a qu** eine harte Nuß für jdn sein, jdm zu schaffen machen; **essere legato a** ~ **doppio con qu** mit jdm wie Pech und Schwefel zusammenkleben; **essere attaccato a un** ~ an einem seidenen Faden hängen; **fare il** ~ **a qu** jdm den Hof machen; **perdere il** ~ **del discorso** den Faden verlieren; **per** ~ **e per segno** des langen und des breiten, haarklein.

filobus ['fi:lobus] *m* O(berleitungs)bus *m*.

filodendro [filo'dɛndro] *m* Philodendron *m*.

filodiffusione [filodiffu'zi̯o:ne] *f* Drahtfunk *m*.

filodrammatica [filodram'ma:tika] *f* Laienbühne *f*; *(compagnia)* Laienspielergruppe *f*. **filodrammatico, -a** [...ko] **I.** *a* Laienspiel(er)-; **II.** *m*, *f* Laien(schau)spieler(in) *m(f)*.

filogenesi [filo'dʒɛ:nezi] *f* Stammesgeschichte *f*.

filologa *f* *v.* **filologo.**

filologia [filolo'dʒi:a] ‹-gie› *f* Philologie *f*. **filologico, -a** [...'lɔ:dʒiko] *a* philologisch. **filologo, -a** [fi'lɔ:logo] ‹-gi, -ghe› *m*, *f* Philologe *m*, -login *f*.

filone [fi'lo:ne] *m* **1.** *(di giacimento)* Ader *f*; **2.** *(pane)* längliches Brot; **3.** *fig (di cultura)* Bewegung *f*, Strömung *f*.

filoso, -a [fi'lo:so] *a* **1.** *(pieno di fili)* faserig; **2.** *(tiglioso)* zäh.

filosofa *f* *v.* **filosofo.**

filosofale [filozo'fa:le] *a scherz* philosophenhaft; **pietra** ~ Stein *m* der Weisen.

filosofessa *f* *v.* **filosofo.**

filosofia [filozo'fi:a] ‹-ie› *f* **1.** *(dottrina)* Philosophie *f*; **2.** *fig (serenità)* Gelassenheit *f*, Gleichmut *m*. **filosofico, -a** [...'zɔ:fiko] ‹-ci, -che› *a* philosophisch. **filosofo, -a** (*o.* **-essa**) [fi'lɔ:zofo, filozo'fessa] *m*, *f* Philosoph(in) *m(f)*.

filossera [fi'lɔssera] *v.* **fillossera.**

filovia [filo'vi:a] *f* Autobuslinie *f* mit Oberleitung.

filtrare [fil'tra:re] **I.** *tr* ‹*avere*› *filtern*; **II.** *itr* ‹*essere*› **1.** *(liquidi)* durchsickern; **2.** *(luce)* durchdringen, -scheinen; **3.** *fig (notizie)* durchsickern.

filtro¹ ['filtro] *m (apparecchio)* Filter *m*.

filtro² ['filtro] *m (bevanda)* Zaubertrank *m*.

filugello [filu'dʒɛllo] *m* Seidenraupe *f*.

filza ['filtsa] *f* **1.** *(serie di elementi)* Kette *f*; **2.** *fig (sequela)* Reihe *f*.

fimosi [fi'mɔ:zi] ‹-› *f* Phimose *f*, Vorhautverengung *f*.

fin [fin] *v.* **fine², fino.**

finale [fi'na:le] **I.** *a* **1.** *(conclusivo)* letzte(r, s), End-, Schluß-; **2.** *(definitivo)* endgültig; *gram* final, Final-; **II.** *m* **1.** *(conclusione)* Schluß *m*, Ende *n*; **2.** *mus* Finale *n*; **III.** *f* **1.** *gram* Finalsatz *m*; **2.** *sport* Endrunde *f*; *(calcio, tennis, etc.)* Finale *n*, Endspiel *n*; *(pugilato, etc.)* Endkampf *m*. **finalissima** [fina'lissima] *f* Endausscheidung *f*. **finalista** [...'lista] ‹-i *m*, -e *f*› *mf* Endspielteilnehmer(in) *m(f)*.

finalità [finali'ta] ‹-› *f* Zweck *m*.

finalmente [final'mente] *adv* endlich, schließlich.

finanza [fi'nantsa] *f* **1.** *gener.* Finanz *f,* Geldwesen *n;* **2.** ⟨*pl*⟩ *(mezzi di enti pubblici)* Gelder *n pl,* Finanzen *f pl;* **3.** ⟨*pl*⟩ *(disponibilità private)* Finanzen *f pl;* **4.** *(banche)* Bankwelt *f,* Finanz *f;* **l'alta ~** die Hochfinanz; **ministero delle -e** Finanzministerium *n.* **finanziare** [...'tsi̯a:re] ⟨finanzio, finanzi⟩ *tr* finanzieren. **finanziario, -a** [...'tsi̯a:ri̯o] ⟨-i, -ie⟩ **I.** *a* finanziell, Finanz-; **legge -a** Haushaltsgesetz *n;* **II.** *f* Finanzgesellschaft *f.* **finanziatore, -trice** [...tsi̯a'to:re] *m, f* Finanzier *m,* Geldgeber(in) *m(f).* **finanziere** [...'tsi̯ɛ:re] *m* **1.** *(banchiere)* Finanz(fach)mann *m;* **2.** *(della guardia di finanza doganale)* Zollbeamte(r) *m;* *(... tributaria)* Steuerfahnder *m.*

finca ['fiŋka] ⟨-che⟩ *f* (Tabellen)spalte *f.*

finché [fiŋ'ke] *con* **1.** *(per tutto il tempo che)* solange; **2.** *(fino al momento in cui)* (solange) bis.

fine[1] ['fi:ne] *a* **1.** fein; *(sottile a.)* dünn; **2.** *(puro)* rein; **3.** *fig (eccellente)* fein, gut; **4.** *fig (elegante)* fein; **5.** *fig (vista, etc.)* scharf, fein.

fine[2] ['fi:ne] **I.** *f (conclusione)* Ende *n,* Schluß *m;* **alla ~** schließlich, endlich; **alla fin ~** alles in allem; im Endeffekt; **in ~** zum Schluß; **II.** *m* **1.** *(scopo)* Ziel *n,* Zweck *m;* **2.** *(esito)* Ende *n,* Ausgang *m;* **secondo ~** Hintergedanke *m;* **lieto ~** Happy End *n;* **a fin di bene** in bester Absicht; **a ~ mese** (*ab* **a.f.m.**) am (*o.* zum) Monatsende; **salvo buon ~** *com* unter üblichem Vorbehalt; **il ~ giustifica i mezzi** der Zweck heiligt die Mittel.

fine(-)settimana ['fi:ne setti'ma:na] ⟨-⟩ *m o. f* Wochenende *n.*

finestra [fi'nɛstra] *f* Fenster *n.* **finestrino** [fines'tri:no] *m (di veicolo)* Fenster *n.*

finezza [fi'nettsa] *f* Feinheit *f;* *(acutezza)* Schärfe *f.*

fingere ['findʒere] ⟨fingo, fingi, finsi, finto⟩ **I.** *tr* vortäuschen; **II.** *itr* sich verstellen, so tun (*di inf* als ob); **non dormire, ma solo ~** nicht schlafen, sondern nur so tun; **~ di essere un altro** so tun, als ob man ein anderer sei; **III.** *rfl:* **-rsi** sich stellen; **-rsi pazzo** sich dumm stellen.

finimento [fini'mento] *m* **1.** *(rifinitura)* Feinbearbeitung *f;* **2.** *(ornamento)* Verzierung *f;* **3.** ⟨*pl*⟩ *(bardatura)* Geschirr *n.*

finimondo [fini'mondo] *m fam* Heidenlärm *m fam,* Mordskrach *m fam.*

finire [fi'ni:re] ⟨finisco⟩ **I.** *tr* ⟨*avere*⟩ **1.** *(portare a compimento)* beenden; *(lavoro a.)* abschließen, fertig werden mit, fertig machen; **2.** *(cessare)* aufhören; **3.** *(estinguere)* auf-, verbrauchen; **~ di mangiare/bere/parlare** fertigessen/austrinken/ausreden; **II.** *itr* ⟨*essere*⟩ **1.** *(giungere alla fine)* zu Ende gehen; **2.** *(cessare)* aufhören; **3.** *(per consumo)* aufgebraucht werden, zur Neige gehen, ausgehen; **4.** *(morire)* sterben; **~ male** böse enden; **ho finito** ich bin fertig; **dov'è andato a ~ il giornale?** wo ist die Zeitung hingekommen?; **dove vuoi ~ con il tuo comportamento?** was bezweckst du mit deinem Verhalten?

finitimo, -a [fi'ni:timo] *a* angrenzend.

finito, -a [fi'ni:to] *a* **1.** *(compiuto)* beendet; *(lavoro a.)* abgeschlossen; **2.** *gram* finit; **3.** *(abile)* ausgelernt, perfekt; **4.** *fig (rovinato)* gebrochen, gescheitert, erledigt *fam;* **5.** *(prodotto)* fertig, Fertig-; **farla -a con qu** mit jdm Schluß machen; **(tutto) è ~** es ist (alles) aus.

finlandese [finlan'de:se] **I.** *a* finnisch; **II.** *mf* Finne *m,* Finnin *f.* **Finlandia** [...'landi̯a] *f* Finnland *n.*

fino ['fi:no] ⟨*davanti a consonante:* fin⟩ **I.** *prp* bis; **~ a** bis; *(luogo)* bis (zu *o.* nach); **~ a casa** bis nach Hause; **fin all'America** bis nach Amerika; **~ a domani** bis morgen; **~ a nuovo ordine** bis auf weiteres; **~ da ...** schon seit ..., von ... an; **fin da bambino** von Kind an; **fin da ieri/domani** seit gestern/von morgen an, ab morgen; **fin dove/quando** bis wo/wann; **II.** *adv (perfino)* sogar, selbst.

fino, -a ['fi:no] *a* **1.** *(sottile)* dünn, fein; *(oro)* fein; **2.** *(purissimo)* fein; **3.** *(acuto)* scharf, fein.

finocchio [fi'nɔkki̯o] ⟨-cchi⟩ *m* **1.** *bot* Fenchel *m;* **2.** *fam (pederasta)* Schwule(r) *m fam.*

finora [fi'no:ra] *adv* bis jetzt.

finsi ['finsi] *1. pers sing del passato remoto di* **fingere.**

finta ['finta] *f* **1.** *(simulazione)* Verstellung *f;* **2.** *sport* Finte *f;* **fare ~** sich verstellen; **far ~ di niente** tun, als ob nichts geschehen sei; **far ~ di non sentire** so tun, als ob man nichts hörte.

fintantoché [fintanto'ke] *v.* **finché.**

finto, -a ['finto] **I.** *pp di* **fingere; II.** *a* **1.** *(non vero)* falsch; **2.** *(artificiale)* künstlich, Kunst-; **3.** *(simulato)* vorgetäuscht, Schein-; **fare il ~ tonto** sich dumm stellen; **~ attacco** Scheinangriff *m.*

finzione [fin'tsi̯o:ne] *f* **1.** *(simulazione)* (Vor)täuschung *f;* **2.** *(doppiezza)* Heuchelei *f,* Verstellung *f.*
fioccare [fi̯ok'ka:re] ‹fiocco, fiocchi› *itr ‹essere›* **1.** *(cadere a fiocchi)* (in Flocken) schneien; **2.** *fig* regnen, hageln.
fiocco ['fi̯ɔkko] ‹-cchi› *m* **1.** *(bioccolo)* Flocke *f; (di stoffa)* Bausch *m;* **2.** *(di nastro)* Schleife *f;* **3.** *naut* Klüver *m;* **-cchi d'avena** Haferflocken *f pl;* **coi -cchi** *fig* ausgezeichnet, vorzüglich; **mettersi in -cchi** sich fein machen.
fiocina ['fi̯ɔ:tʃina] *f* Harpune *f.*
fioco, -a ['fi̯ɔ:ko] ‹-chi, -che› *a* schwach.
fionda ['fi̯onda] *f* Schleuder *f.*
fioraio, -a [fi̯o'ra:i̯o] ‹-ai, -aie› *m, f* Blumenhändler(in) *m(f).*
fiorami [fi̯o'ra:mi] *m pl:* **a** ~ geblümt.
fiordaliso [fi̯orda'li:zo] *m* **1.** *bot* Kornblume *f;* **2.** *hist (giglio)* (französische) Lilie *f.*
fiordo ['fi̯ɔrdo] *m* Fjord *m.*
fiore ['fi̯o:re] *m* **1.** *bot* Blume *f;* **2.** *(di albero, etc.)* Blüte *f;* **3.** *(del vino)* Kahmhaut *f;* **4.** *(sulla fronte dei cavalli)* Blesse *f;* **5.** *fig* Blüte *f;* **6.** *(parte eletta)* Auslese *f; (della società)* Elite *f; (misura eccelsa)* Inbegriff *m;* **7.** ‹*pl*› *(di carte da gioco)* Kreuz *n,* Eichel *f;* **essere in** ~ blühen; *(a. fig)* in voller Blüte stehen; **fior di farina/latte** Auszugsmehl *n*/Rahm *m;* **un fior di quattrini** eine Menge Geld; **a fior di** ... an der Oberfläche von ..., oben an ...; **ho i nervi a fior di pelle** meine Nerven sind bis zum Zerreißen gespannt; **a fior d'acqua** an der Wasseroberfläche; **parlare a fior di labbra** leise (*o.* tonlos) sprechen.
fioretto[1] [fi̯o'retto] *m sport* Florett *n.*
fioretto[2] [fi̯o'retto] *m (offerta devota)* kleines Opfer.
fiorino [fi̯o'ri:no] *m* Gulden *m,* Florin *m.*
fiorire [fi̯o'ri:re] ‹fiorisco› **I.** *itr ‹essere›* **1.** *(piante)* blühen; **2.** *fig (coprirsi di muffa)* schimmeln; *(vino)* kahmen; *(rame)* fleckig werden; **3.** *fig (prosperare)* blühen; *(speranza)* keimen; **II.** *tr ‹avere›* verzieren, schmücken. **fiorista** [...'rista] ‹-i *m,* -e *f*› *mf* Florist(in) *m(f).* **fiorito, -a** [...'ri:to] *a* **1.** *(coperto di fiori)* blumenbedeckt; *(adorno di fiori)* blumengeschmückt; **2.** *fig (stile)* blumig. **fioritura** [...ri'tu:ra] *f* **1.** *(processo, a. fig: sviluppo)* Blüte *f;* **2.** *(epoca)* Blüte(zeit) *f;* **3.** *(di muffa)* Schimmel(fleck) *m.*
Firenze [fi'rɛntse] *f* Florenz *n.*
firma ['firma] *f* **1.** *(sottoscrizione)* Unterschrift *f;* **2.** *fig (persona rinomata)* Name *m;* **3.** *com* Zeichnungsbefugnis *f,* Prokura *f;* **avere la** ~ zeichnungsbefugt sein, Prokura haben.
firmamento [firma'mento] *m* **1.** *(volta celeste)* Firmament *n;* **2.** *fig (ambiente)* Welt *f.*
firmare [fir'ma:re] *tr* unterschreiben. **firmatario, -a** [...ma'ta:ri̯o] ‹-i, -ie› **I.** *a* unterzeichnend; **II.** *m, f* Unterzeichner(in) *m(f).*
F.I.S.A.F.S. ['fi:zafs] *f ab di* **Federazione Italiana Sindacati Autonomi Ferrovie dello Stato** *autonomer Gewerkschaftsbund für die Angestellten der FF.SS.*
fisarmonica [fizar'mɔ:nika] *f* Ziehharmonika *f,* Akkordeon *n.*
fiscale [fis'ka:le] *a* **1.** *(di tributi)* fiskalisch, steuerlich, Steuer-; **2.** *(per controllo)* Kontroll-; **3.** *(medico)* Amts-; **4.** *fig (rigoroso, vessatorio)* rigoros, streng, hart.
fischiare [fis'ki̯a:re] ‹fischio, fischi› **I.** *itr (emettere un fischio)* pfeifen; *(serpente)* zischen; **mi fischiano gli orecchi** *fig* mir klingen die Ohren; **II.** *tr* **1.** *(zufolare)* pfeifen; **2.** *sport (partita)* anpfeifen; *(fine della partita)* abpfeifen; **3.** *(per disapprovare)* auspfeifen. **fischietto** [...'ki̯etto] *m* Trillerpfeife *f.* **fischio** ['fiski̯o] ‹-schi› *m* **1.** *(suono)* Pfiff *m; (a. fig)* Pfeifen *n; (di serpenti)* Zischen *n;* **2.** *(strumento)* Pfeife *f;* **prendere -schi per fiaschi** *fig* sich grob täuschen (*o.* schwer irren).
fisco ['fisko] *m* **1.** *(erario)* Staatskasse *f;* **2.** *(ufficio)* Steuerbehörde *f.*
fisica ['fi:zika] ‹-che› *f* Physik *f;* ~ **nucleare** Kernphysik *f.* **fisico, -a** [...ko] ‹-ci, -che› **I.** *a* **1.** *scient, phys* physikalisch; **2.** *(della natura)* physisch; *(del corpo umano)* physisch, körperlich, Körper-; **educazione -a** Leibeserziehung *f;* **II.** *m (corporatura)* Körperbau *m;* **III.** *m, f* Physiker(in) *m(f).*
fisima ['fi:zima] *f* Laune *f,* fixe Idee.
fisiognom(on)ia [fizi̯oɲɲo'mi:a (...ɲomo'ni:a)] ‹-ie› *f* Physiognomik *f.*
fisiologia [fizi̯olo'dʒi:a] *f* Physiologie *f.* **fisiologico, -a** [...'lɔ:dʒiko] *a* physiologisch.
fisionomia [fizi̯ono'mi:a] ‹-ie› *f* **1.** *(di persona)* Physiognomie *f,* Gestalt *f; (del viso)* Physiognomie *f,* Gesicht *n,* Gesichtszüge *m pl;* **2.** *fig* Aussehen *n,* Charakter *m,* Gesicht *n geh.*
fisioterapia [fizi̯otera'pi:a] *f* Krankengymnastik *f.*
fissaggio [fis'saddʒo] ‹-ggi› *m* Fixie-

rung *f.* **fissare** [...'sa:re] **I.** *tr* **1.** *(applicare)* befestigen, festmachen; *(chiodo)* einschlagen; **2.** *fig (sguardo, attenzione)* richten auf; **3.** *(guardare)* den Blick richten auf, fixieren; **4.** *(stabilire)* festsetzen; *(prezzo, etc.)* vereinbaren; *(domicilio)* legen, aufschlagen; **5.** *(prenotare)* reservieren; *(viaggio, etc.)* buchen; **6.** *fot* fixieren; **II.** *rfl:* **-rsi** **1.** *(tenersi fermo)* sich richten (*su* auf); **2.** *(stabilirsi in un luogo)* sich niederlassen; **3.** *fig (intestarsi)* sich *(dat)* in den Kopf setzen (*su qc* etw.), sich versteifen (*di* auf). **fissata** [...'sa:ta] *f v.* **fissato. fissativo** [...sa'ti:vo] *m* Fixiermittel *n; (nella pittura)* Fixativ *n.* **fissato, -a** [...'sa:to] *m, f* Besessene(r) *mf.* **fissazione** [...sat'tsi̯o:ne] *f* **1.** *(determinazione)* Festsetzung *f;* **2.** *(idea ossessiva)* fixe Idee; *psych* Zwangsvorstellung *f.*

fissile ['fissile] *a* spaltbar.

fissione [fis'si̯o:ne] *f* Kernspaltung *f.*

fissità [fissi'ta] ‹-› *f* Unbeweglichkeit *f.*

fisso, -a ['fisso] **I.** *a* **1.** *(fissato saldamente)* fest(sitzend); **2.** *(sguardo)* starr; **3.** *(invariabile)* fest; *(prezzo a.)* Fix-; *(domicilio, impiego, etc.)* fest; *(idea)* fix; **avere un chiodo ~** eine fixe Idee haben; **II.** *m* festes Gehalt.

fistola ['fistola] *f* Fistel *f.*

fitoterapia [fitotera'pi:a] *f* **1.** *(med)* Pflanzenheilkunde *f;* **2.** *agr* Schädlingsbekämpfung *f.*

fitta ['fitta] *f* stechender Schmerz; *(a. fig)* Stich *m.*

fittavolo, -a [fit'ta:volo] *m, f* (Land)pächter(in) *m(f).*

fittile ['fittile] *a* tönern, Ton-.

fittizio, -a [fit'tittsi̯o] ‹-i, -ie› *a* falsch, Schein-.

fitto[1] ['fitto] *m fig* Tiefe *f; (del bosco)* Dickicht *n.*

fitto[2] ['fitto] *m (pigione)* Miete *f.*

fitto, -a ['fitto] *a* **1.** dicht; *(tessuto)* engmaschig; **2.** *(chiodo)* eingeschlagen; **3.** *fig (mistero)* tief; **un tema ~ di errori** ein Aufsatz voller Fehler; **a capo ~** kopfüber.

fittone [fit'to:ne] *m* Pfahlwurzel *f.*

fiumana [fi̯u'ma:na] *f* **1.** *(corrente)* Flut *f;* **2.** *fig (massa)* Strom *m,* Menge *f.*

fiume ['fi̯u:me] **I.** *m* **1.** *(corso d'acqua)* Fluß *m; (~ grande)* Strom *m;* **2.** *fig (grande quantità)* Strom *m; (di parole)* Schwall *m;* **a -i** in Strömen; **II.** ‹*inv*› *a fig* endlos; **un romanzo ~** Romanzyklus *m.*

fiutare [fi̯u'ta:re] *tr* **1.** *(annusare)* beschnuppern; **2.** *(aspirare col naso)* schnupfen; **3.** *fig (intuire)* wittern. **fiuto** ['fi̯u:to] *m* **1.** *(il fiutare)* Schnuppern *n; (odorato)* Witterung *f;* **2.** *(aspirazione)* Schnupfen *n;* **3.** *fig (intuizione)* Spürsinn *m,* Riecher *m fam;* **tabacco da ~** Schnupftabak *m;* **riconoscere al ~** *fig* auf Anhieb erkennen.

flabello [fla'bɛllo] *m* Wedel *m.*

flaccido, -a ['flattʃido] *a* schlaff.

flacone [fla'ko:ne] *m* Flakon *n o. m,* Fläschchen *n.*

flagellare [fladʒel'la:re] *tr* **1.** *(col flagello)* geißeln; *fig (grandine, etc.)* peitschen; **2.** *fig (censurare)* geißeln. **flagello** [...'dʒɛllo] *m (a. fig)* Geißel *f;* **un ~ di gente/di soldi** *fam* ein Haufen *m* Leute/Geld *fam.*

flagrante [fla'grante] *a* offensichtlich, offenkundig; **cogliere qu in ~** jdn auf frischer Tat ertappen.

flanella [fla'nɛlla] *f* Flanell *m.*

flash [flæʃ] ‹-› *m* **1.** *fot* Blitzlicht *n;* **2.** *(notizia)* Kurznachricht *f.*

flatulenza [flatu'lɛntsa] *f* Blähung *f.*

flautista [flau'tista] ‹-i *m,* -e *f*› *mf* Flötist(in) *m(f),* Flötenspieler(in) *m(f).* **flauto** ['fla:uto] *m* Flöte *f;* **~ dolce/traverso** Block-/Querflöte *f;* **~ magico** Zauberflöte *f.*

Flavia ['fla:vi̯a] *nome proprio femminile.*

Flavio ['fla:vi̯o] *nome proprio maschile.*

flebile ['flɛ:bile] *a* weinerlich.

flebite [fle'bi:te] *f* Venenentzündung *f.*

flebotomia [fleboto'mi:a] ‹-ie› *f* Aderlaß *m.*

flemma ['flɛmma] *f* Phlegma *n,* Trägheit *f,* Schwerfälligkeit *f.* **flemmatico, -a** [flem'ma:tiko] ‹-ci, -che› *a* phlegmatisch, träge, schwerfällig.

flessibile [fles'si:bile] *a* biegsam; *(a. fig)* flexibel; *(carattere)* nachgiebig.

flessione [fles'si̯o:ne] *f* **1.** *(azione)* Krümmen *n,* Biegen *n;* **2.** *(piegatura, curvatura)* Krümmung *f,* Biegung *f;* **3.** *(in ginnastica)* Beuge *f;* **4.** *gram* Flexion *f,* Beugung *f;* **5.** *com (calo)* Rückgang *m;* **~ del busto/sulle ginocchia** Rumpf-/Kniebeuge *f;* **~ nominale/verbale** Deklination *f*/Konjugation *f.* **flessivo, -a** [...'si:vo] *a* beugbar, flexivisch.

flesso ['flɛsso] *pp di* **flettere.**

flessore [fles'so:re] *m* Beugemuskel *m.*

flessuoso, -a [flessu'o:so] *a* **1.** *(corpo)* geschmeidig; **2.** *(fiume, strada)* gewunden.

flettere ['flɛttere] ‹**fletto, flettei, fles-**

so› **I.** *tr* **1.** biegen; *(membra)* beugen; **2.** *gram* beugen; **II.** *rfl:* **-rsi** sich biegen, sich beugen; **-rsi sulle ginocchia** in die Knie gehen.

flipper ['flipper] ‹-› *m* Flipper *m;* **giocare a ~** flippern.

flirt [flə:t] ‹-› *m* Flirt *m.* **flirtare** [flir'ta:re] *itr* flirten.

F.lli *ab di* **fratelli** Gebr. (*ab di* Gebrüder).

F.L.M. *f ab di* **Federazione Lavoratori Metalmeccanici** *Verband der Arbeitnehmer in der metallverarbeitenden Industrie.*

flogistico, -a [flo'dʒistiko] ‹-ci, -che› *a* entzündlich.

floppy disk ['flɔpɪ dɪsk] ‹--› *m* Diskette *f.*

flora ['flɔ:ra] *f* Flora *f,* Pflanzenwelt *n.*

Flora ['flɔ:ra] *(nome proprio femminile)* Flora.

floreale [flore'a:le] *a* Blumen-.

floricoltore, -trice [florikol'to:re] *m, f* Blumenzüchter(in) *m(f).* **floricoltura** [...'tu:ra] *f* Blumenzucht *f.*

floridezza [flori'dettsa] *f* Blüte *f,* Gedeihen *n.* **florido, -a** ['flɔ:rido] *a* blühend.

floscio, -a ['flɔʃʃo] ‹-sci, -sce› *a* **1.** *(non rigido)* weich; **2.** *(moscio)* schlaff; **3.** *fig (molle)* weichlich.

flotta ['flɔtta] *f* Flotte *f.*

fluente [flu'ɛnte] *a* **1.** *(liquidi)* fließend; **2.** *fig (capelli, vesti)* wallend; *(tessuti)* fließend.

fluido, -a ['flu:ido] **I.** *a* **1.** *phys, fig (stile)* flüssig; **2.** *fig (mutevole)* wandelbar, unbeständig; **II.** *m* **1.** *phys* Flüssigkeit *f;* **2.** *fig* Fluidum *n.*

fluire [flu'i:re] ‹fluisco› *itr* ‹*essere*› **1.** *(liquidi)* fließen; *(a. gas)* strömen; **2.** *fig (discorso, tessuti)* fließen; *(capelli)* wallen.

fluitazione [fluitat'tsi̯o:ne] *f* Flößen *n.*

fluorescente [fluoreʃ'ʃɛnte] *a* fluoreszierend; **lampada ~** Neonlampe *f.* **fluorescenza** [...'ʃɛntsa] *f* Fluoreszenz *f.*

fluorite [fluo'ri:te] *f* Flußspat *m.*

fluoro [flu'ɔ:ro] *m* Fluor *n.* **fluoruro** [fluo'ru:ro] *m* Fluorid *n.*

flusso ['flusso] *m* **1.** *(scorrimento, a. phys)* Strom *m,* Fluß *m; (a. del gas)* Strömen *n; (dell'acqua)* Fließen *n;* **2.** *fig (della storia)* Lauf *m,* Gang *m;* **3.** *fig (di persone)* Strom *m; (di cose)* Fluß *m;* **4.** *(alta marea)* Flut *f;* **~ mestruale** Monatsblutung *f;* **~ e riflusso** *naut* Ebbe und Flut *f; fig* Auf und Ab *n.*

fluttuare [fluttu'a:re] *itr* **1.** *(ondeggiare)* wogen, schaukeln; *fig (abito)* wallen, fließen; **2.** *(variare)* schwanken.

fluttuazione [...uat'tsi̯o:ne] *f* Schwankung *f;* **~ dei cambi** Kursschwankung *f.*

fluviale [flu'vi̯a:le] *a* Fluß-.

f.m. *ab di* **fine mese** ult. (*ab di* ultimo, am Ende des Monats).

F.M. *ab di* **Modulazione di frequenza** FM (*ab di* Frequenzmodulation).

fobia [fo'bi:a] ‹-ie› *f* **1.** (krankhafte) Angst *f; psych* Phobie *f;* **2.** *fig (antipatia)* Abneigung *f.*

foca ['fɔ:ka] ‹-che› *f* Seehund *m.*

focaccia [fo'kattʃa] ‹-cce› *f* **1.** *(pane)* Fladen *m;* **2.** *(dolce)* runder Hefekuchen; **rendere pan per ~** Gleiches mit Gleichem vergelten.

focale [fo'ka:le] *a* Brenn(punkt)-, Fokus-, fokal; **distanza ~** Brennweite *f.* **focalizzare** [fokalid'dza:re] *tr* **1.** *fot* scharf stellen; **2.** *fig* scharf umreißen.

foce ['fo:tʃe] *f* Mündung *f.*

fochista [fo'kista] ‹-i *m,* -e *f*› *m(f)* Heizer(in) *m(f).*

focolaio [foko'la:i̯o] ‹-ai› *m* Herd *m.* **focolare** [...'la:re] *m* **1.** *(per cucinare)* Herd *m; hist* Feuerstelle *f;* **2.** *tec* Feuerraum *m; (di caldaia)* Feuerung *f.*

focoso, -a [fo'ko:so] *a* feurig.

fodera ['fɔ:dera] *f* Hülle *f,* Bezug *m; (di vestito, etc.)* Futter *n; (di libro)* Schutzhülle *f;* **~ del cuscino** Kissenbezug *m.* **foderare** [fode'ra:re] *tr* *(vestiti)* füttern; *(libri)* einbinden; *(cassetti)* ausschlagen.

fodero ['fɔ:dero] *m* Scheide *f.*

foga ['fo:ga] *f* Hitze *f,* Ungestüm *n,* Eifer *m;* **nella ~ del discorso** im Eifer des Gesprächs.

foggia ['fɔddʒa] ‹-gge› *f* **1.** *(forma)* Form *f; (di abito)* Schnitt *m;* **2.** *(modo di abbigliarsi)* Tracht *f,* Mode *f.*

foglia ['fɔʎʎa] ‹-glie› *f* Blatt *n;* **~ d'oro** Blattgold *n;* **ho mangiato la ~** jetzt ist bei mir der Groschen gefallen *fam;* **tremare come una ~** wie Espenlaub zittern. **fogliame** [foʎ'ʎa:me] *m* Laub *n.*

foglio ['fɔʎʎo] ‹-gli› *m* **1.** *(pezzo di carta)* Bogen *m,* Blatt *n;* **2.** *(documento, banconota)* Schein *m;* **~ rosa** *mot* provisorische Fahrerlaubnis; **~ volante** Flugblatt *n;* **un ~ da 10 000** ein Zehntausendlireschein *m.*

fogna ['foɲɲa] *f* **1.** *(canale)* Abwasserkanal *m;* **2.** *fig pej (ambiente corrotto)* Sumpf *m.* **fognatura** [-'tu:ra] *f* Kanalisation *f,* Entwässerung *f.*

foia ['fɔ:i̯a] ‹-oie› *f* **1.** *zoo* Brunst *f;* **2.** *fig* Begierde *f.*

fola ['fɔ:la] *f* **1.** *(favola)* Märchen *n;* **2.** *(frottola)* Lüge *f.*
folaga ['fɔ:laga] ‹-ghe› *f* Bläßhuhn *n.*
folata [fo'la:ta] *f* Windstoß *m.*
folclore [folk'lo:re] *m* Folklore *f.* **folcloristico, -a** [...lo'ristiko] ‹-ci, -che› *a* folkloristisch.
folgorante [folgo'rante] *a* **1.** *(luce)* blendend; **2.** *fig* *(sguardo)* (durch)bohrend; *(bellezza)* strahlend, blendend.
folgorare [folgo'ra:re] **I.** *tr* **1.** *(fulmine)* treffen, erschlagen; **2.** *(scarica elettrica)* mit einem elektrischen Schlag treffen; **3.** *(con arma da fuoco)* niederschießen; **II.** *itr* blitzen. **folgorazione** [...rat'tsi̯o:ne] *f* **1.** *(fulminazione)* Blitzschlag *m; (di corrente)* Stromschlag *m,* elektrischer Schlag; **2.** *fig (della mente)* Geistesblitz *m.*
folgore ['folgore] *f poet* Blitz(strahl) *m.*
folla ['folla *o.* 'fɔlla] *f* Menge *f.*
folle ['fɔlle] **I.** *a* verrückt, närrisch; *(progetto, spesa a.)* sinnlos, unsinnig; **in** ~ *mot* im Leerlauf; **II.** *mf* Narr *m,* Närrin *f.* **folleggiare** [folled'dʒa:re] ‹folleggio, folleggi› *itr* es toll treiben.
folletto [fol'letto] *m* **1.** *(nelle fiabe)* Kobold *m;* **2.** *fig (ragazzo vivace)* Wildfang *m,* Kobold *m.*
follia [fol'li:a] ‹-ie› *f* Wahnsinn *m,* Torheit *f;* **fare -ie per qu** die verrücktesten Dinge für jdn tun.
follicolo [fol'li:kolo] *m* **1.** *anat* Follikel *m;* **2.** *bot* Fruchthülse *f,* Samenkapsel *f.*
folto, -a ['folto] **I.** *a* dicht; **II.** *m* **1.** *(del bosco)* Dickicht *n;* **2.** *fig (della mischia)* Getümmel *n,* Gewühl *n.*
fomentare [fomen'ta:re] *tr* schüren. **fomentatore, -trice** [...ta'to:re] *m, f* Schürer(in) *m(f).*
fomite ['fɔ:mite] *m* Keim *m,* Nährboden *m.*
fonda ['fonda] *f* Ankerplatz *m;* **essere alla** ~ vor Anker liegen.
fondaco ['fondako] ‹-chi› *m* Faktorei *f.*
fondale [fon'da:le] *m* **1.** *naut* Wassertiefe *f;* **2.** *theat* Bühnenhintergrund *m.*
fondamentale [fondamen'ta:le] *a* wesentlich, Grund-. **fondamento** [...'mento] *m* **1.** ‹*pl:* -a *f*› *arch* Fundament *n;* **2.** ‹*pl:* -i *m*› *fig* Fundament *n,* Grundlage *f;* **notizie senza** ~ Berichte, die jeder Grundlage entbehren; **fare** ~ **su qu/qc** *fig* auf jdn/ etw. bauen.
fondare [fon'da:re] **I.** *tr* **1.** *(costruire)* das Fundament legen für; **2.** *fig (istituire)* gründen; *(teoria)* aufstellen; *(accusa)* stützen; **II.** *rfl:* **-rsi** sich stützen (*su* auf); *(su persone)* sich verlassen (*su* auf). **fondatezza** [...da'tettsa] *f* Stichhaltigkeit *f,* Glaubwürdigkeit *f.* **fondazione** [...dat'tsi̯o:ne] *f* **1.** *(istituzione)* Gründung *f;* **2.** *jur* Stiftung *f.*
fondello [fon'dɛllo] *m (di bossolo)* Unterseite *f; (di calzoni)* Hosenboden *m;* **prendere qu per i -i** sich über jdn lustig machen.
fondente [fon'dɛnte] *m* **1.** *tec* Schmelz-, Flußmittel *n;* **2.** *gastr* Fondant *m o. n.*
fondere ['fondere] ‹fondo, fusi, fuso› **I.** *tr* **1.** *(neve, ghiaccio, etc.)* schmelzen; **2.** *(statua)* gießen; **3.** *fig (colori, società, etc.)* verschmelzen; **II.** *itr* schmelzen; **III.** *rfl:* **-rsi 1.** *(sciogliersi)* schmelzen; **2.** *el (valvola)* durchbrennen; **3.** *fig* sich zusammenschließen (*con* mit). **fonderia** [...'ri:a] ‹-ie› *f* Gießerei *f.*
fondiario, -a [fon'di̯a:ri̯o] ‹-i, -ie› *a* Boden-, Grund-.
fondista [fon'dista] ‹-i *m,* -e *f*› *mf* **1.** *sport* Langstreckenläufer(in) *m(f);* **2.** *(di giornale)* Leitartikler(in) *m(f).*
fondivalle *pl di* **fondovalle.**
fondo[1] ['fondo] *1. pers sing pr di* **fondere.**
fondo[2] ['fondo] *m* **1.** *(di recipiente)* Boden *m; (di pozzo)* Grund *m; (di valle)* Sohle *f;* **2.** *(limite estremo)* Ende *n; (parte inferiore)* unterer Rand; **3.** *(sfondo)* Hintergrund *m;* **4.** *(parte più interna, a. fig)* Innerste(s) *n;* **5.** *sport* Langstreckenlauf *m;* **6.** *(in cosmesi)* Grundierung *f;* **7.** *(deposito)* Bodensatz *m;* **8.** *(di liquido)* Rest *m;* **articolo di** ~ Leitartikel *m;* **-i di caffè** Kaffeesatz *m;* **-i di magazzino** Restbestände *m pl;* **in** ~ **alla stanza** hinten im Zimmer; **andare a** ~ *(nave)* untergehen; **andare fino in** ~ **a qc** *fig* einer S. auf den Grund gehen; **avere uno stomaco senza** ~ unersättlich sein; **conoscere/esaminare a** ~ gründlich kennen/untersuchen; **dar** ~ **alle sostanze** das Vermögen durchbringen; **da cima a** ~ von Kopf bis Fuß, von oben bis unten; *fig* durch und durch; **in** ~ *fig* im Grunde (genommen); **ha un** ~ **buono** in ihm (*o.* ihr) steckt ein guter Kern.
fondo[3] ['fondo] *m* **1.** *(bene immobile)* Grundstück *n; (terreno)* (Land)gut *n;* **2.** *com (voce di bilancio)* Fonds *m;* **3.** *(mezzi monetari)* Kapital *n,* Geld(bestand *m*) *n;* ~ **di cassa** Kassenbestand *m;* ~ **d'esercizio** Betriebskapital *n;* **-i** Geldmittel *n pl,*

Gelder *n pl;* **-i d'investimento** Investitionsfonds *m;* **a ~ perduto** nicht rückzahlbar, ohne Aussicht auf Gegenleistung.
fondo, -a ['fondo] *a* **1.** *(profondo)* tief; **2.** *(folto, fitto)* dicht; *(notte, foresta)* tief.
fondovalle [fondo'valle] ‹fondivalle› *m* Talsohle *f.*
fonduta [fon'du:ta] *f* Fondue *n.*
fonema [fo'nɛ:ma] ‹-i› *m* Phonem *n.*
fonetica [fo'nɛ:tika] ‹-che› *f* Phonetik *f.* **fonetico, -a** [...ko] ‹-ci, -che› *a* phonetisch.
fonico, -a ['fɔ:niko] ‹-ci, -che› **I.** *a* Laut-, phonisch; **II.** *m* Tonmeister *m.*
fonoassorbente [fonoassor'bɛnte] *a* schalldämmend, lärmschluckend.
fonografo [fo'nɔ:grafo] *m obs* Plattenspieler *m.*
fonologia [fonolo'dʒi:a] ‹-gie› *f* Phonologie *f.*
fonometro [fo'nɔ:metro] *m* Phonometer *n.*
fonoriproduttore [fonoriprodut'to:re] *m* Tonwiedergabegerät *n.*
fontana [fon'ta:na] *f* Brunnen *m;* **~ a getto** Springbrunnen *m.* **fontanella** [...ta'nɛlla] *f anat* Fontanelle *f.* **fontaniere** [...ta'njɛ:re] *m* Wassermeister *m.* **fontanile** [...ta'ni:le] *m* **1.** *(presa d'acqua)* Steigbrunnen *m;* **2.** *(abbeveratoio)* Tränke *f.*
fonte ['fonte] **I.** *f (a. fig)* Quelle *f;* **II.** *m:* **~ battesimale** Taufbecken *n.*
foracchiare [forak'kja:re] ‹foracchio, foracchi› *tr* durchlöchern.
foraggero, -a [forad'dʒɛ:ro] *a* Futter-. **foraggiare** [...'dʒa:re] ‹foraggio, foraggi› *tr* **1.** *(cavalli)* füttern; **2.** *fig (mantenere)* durchfüttern *fam.* **foraggio** [fo'raddʒo] ‹-ggi› *m* (Vieh)futter *n.*
forare [fo'ra:re] **I.** *tr* **1.** *(parete, lamiera)* durchlöchern, durchbohren; **2.** *(biglietti)* lochen; **~ una gomma** eine Reifenpanne haben; **II.** *itr (pneumatico)* platzen, ein Loch bekommen. **foratura** [fora'tu:ra] *f* Reifenpanne *f.*
forbici ['fɔrbitʃi] *f pl* **1.** *(strumento da taglio)* Schere *f;* **2.** *fam (chele)* Scheren *f pl;* **un paio di ~** eine Schere; **lavorar di ~** *fig* zensieren.
forbitezza [forbi'tettsa] *f* **1.** *(nettezza)* Sauberkeit *f,* Reinheit *f;* **2.** *(eleganza)* Geschliffenheit *f.*
forca ['forka] ‹-che› *f* **1.** *agr* Gabel *f;* **2.** *(patibolo)* Galgen *m;* **3.** *(valico)* enger Bergpaß; **condannare alla ~** jdn zum Tode durch den Strang verurteilen; **fare la ~ a qu** jdn hinters Licht führen; **passare le -che caudine** Spießruten laufen.
forcella [for'tʃɛlla] *f* **1.** *tec, bot* Gabel *f; (per alberi)* Stütze *f;* **2.** *(di montagna)* Felsspalte *f;* **3.** *(per capelli)* Haarnadel *f.*
forchetta [for'ketta] *f* Gabel *f;* **essere una buona ~** *fig* ein guter Esser sein; **parlare in punta di ~** hochgestochen reden.
forcina [for'tʃi:na] *f* Haarnadel *f.*
forcipe ['fɔrtʃipe] *m* (Geburts)zange *f.*
forcone [for'ko:ne] *m* Mistgabel *f.*
forense [fo'rɛnse] *a* Gerichts-, gerichtlich.
foresta [fo'rɛsta] *f* Wald *m;* **~ vergine** Urwald *m.* **forestale** [fores'ta:le] *a* Wald-, Forst-.
foresteria [foreste'ri:a] ‹-ie› *f* Fremdenherberge *f.* **forestiero, -a** [...'tjɛ:ro] **I.** *a* fremd; **II.** *m, f* Fremde(r) *mf,* Ausländer(in) *m(f).*
forfait[1] [fɔr'fɛ] ‹-› *m* Pauschalbetrag *m,* Pauschale *f;* **a ~** pauschal, Pauschal-; **lavoro a ~** Akkordarbeit *f.*
forfait[2] [fɔr'fɛ] ‹-› *m sport* Aufgabe *f;* **dichiarare ~** aufgeben.
forfetario, -a [forfe'ta:rjo] ‹-i, -ie› *a* Pauschal-.
forfora ['forfora] *f* Schuppen *f pl.*
forgia ['fɔrdʒa] ‹-ge› *f* Schmiede *f.* **forgiare** [for'dʒa:re] ‹forgio, forgi› *tr* **1.** *(modellare)* schmieden; **2.** *fig (plasmare)* formen.
forma ['forma] *f* **1.** *(aspetto)* Form *f; (del corpo)* Gestalt *f;* **2.** *(per calzature)* Leisten *m; (per dolci)* Form *f; (del sarto)* Schneiderpuppe *f;* **3.** *fig (struttura)* Form *f; pol* Regierungsform *f; (stile, modo)* Form *f;* **badare alla ~, rispettare (***o.* **salvare) le -e** die Form wahren; **essere in ~** in Form sein; **essere giù di ~** nicht in Form sein; **prendere ~** Gestalt annehmen; **a ~ di** ......-förmig.
formaggiera [formad'dʒɛ:ra] *f* Käsedose *f.* **formaggino** [...'dʒi:no] *m* Käseecke *f.* **formaggio** [...'maddʒo] ‹-ggi› *m* Käse *m;* **~ alla crema** Rahmkäse *m;* **~ da spalmare** Schmier-, Streichkäse *m.*
formaldeide [formal'dɛ:ide] *f* Formaldehyd *n.*
formale [for'ma:le] *a* **1.** *(attinente alla forma)* formal, Form-; **2.** *(osservante la forma)* förmlich, formal; **3.** *(esplicito, ufficiale)* formell.
formalina [forma'li:na] *f* Formalin *n.*
formalismo [forma'lizmo] *m* Formalismus *m.* **formalista** [...'lista] ‹-i *m,* -e *f*› *mf* Formalist(in) *m(f).*
formalità [formali'ta] ‹-› *f* Formalität

f; **per** ~ der Form halber. **formalizzare** [...lid'dza:re] **I.** *tr* formalisieren; **II.** *rfl:* **-rsi** Anstoß nehmen (*per* an).

formare [for'ma:re] **I.** *tr* **1.** *(modellare)* formen; **2.** *(creare, costituire)* bilden; **3.** *(disporsi)* sich formieren zu; **4.** *tel (numero)* wählen; **5.** *(idea, proposizione, etc.)* machen; **6.** *(addestrare, educare)* aus-, heranbilden, heranziehen; **II.** *rfl:* **-rsi 1.** *(prodursi)* sich bilden; **2.** *(svilupparsi)* sich entwikkeln. **formato** [...'ma:to] *m* Format *n;* **fotografia ~ tessera** Paßbild *n;* **pellicola ~ ridotto** Schmalfilm *m.*

formazione [...mat'tsi̯o:ne] *f* **1.** *(creazione)* Entstehung *f,* Bildung *f; (sviluppo)* Entwicklung *f;* **2.** *(cognizioni)* Bildung *f;* **3.** *(addestramento)* Ausbildung *f;* **4.** *geol* Formation *f;* **5.** *mil* Formation *f; (a. sport)* Aufstellung *f;* **contratto di ~ (professionale)** Ausbildungsvertrag *m.*

formella [for'mɛlla] *f* **1.** *arch* Kassette *f; (riquadro)* Tafel *f; (per pavimentazione)* Fliese *f;* **2.** *(combustibile)* Brikett *n.*

formica [for'mi:ka] ‹-che› *f* Ameise *f;* **~ operaia** Arbeiterin *f;* **avere un cervello di ~** *fam* ein Spatzenhirn haben *fam.* **formicaio** [...mi'ka:i̯o] ‹-ai› *m* **1.** *zoo* Ameisenhaufen *m;* **2.** *fig* Gewimmel *n.* **formichiere** [...mi'ki̯ɛ:re] *m* Ameisenbär *m.* **formico, -a** ['fɔrmiko] ‹-ci, -che› *a* Ameisen-.

formicolare [formiko'la:re] *itr* **1.** ‹*avere*› *(brulicare)* wimmeln (*di* vor, von); **2.** ‹*essere*› *(essere intorpidito)* kribbeln. **formicolio** [...'li:o] ‹-ii› *m* **1.** *(brulichio)* Gewimmel *n;* **2.** *(di arti)* Kribbeln *n.*

formidabile [formi'da:bile] *a* furchtbar, schrecklich; *fig* gewaltig, riesig, außerordentlich.

formoso, -a [for'mo:so] *a* üppig; *(ben fatto)* wohlgeformt.

formula ['fɔrmula] *f* Formel *f.*

formulare [formu'la:re] *tr* formulieren.

formulario [formu'la:ri̯o] ‹-i› *m* **1.** *(raccolta di formule)* Formularsammlung *f;* **2.** *(modulo)* Formular *n,* Vordruck *m.*

formulazione [formulat'tsi̯o:ne] *f* Formulierung *f; (testo)* Wortlaut *m.*

fornace [for'na:tʃe] *f* **1.** *tec* Brennofen *m;* **2.** *(stabilimento)* Ziegelei *f;* **3.** *fig (luogo caldo)* Backofen *m fam.*

fornaio, -a [for'na:i̯o] ‹-ai, -aie› *m, f* Bäcker(in) *m(f).*

fornello [for'nɛllo] *m* **1.** *(per cucinare)* (kleiner) Herd *m,* Kocher *m;* **2.** *(di caldaia)* Feuerung *f;* **3.** *(di miniera)* Blindschacht *m;* **4.** *(della pipa)* Pfeifenkopf *m;* **~ elettrico/a gas** Elektro-/Gasherd *m* (*o.* -kocher *m*).

fornicare [forni'ka:re] ‹fornico, fornichi› *itr* Unzucht treiben. **fornicazione** [...kat'tsi̯o:ne] *f* Unzucht *f; (adulterio)* Ehebruch *m.*

fornire [for'ni:re] ‹fornisco› **I.** *tr* **1.** *(somministrare, provvedere)* versorgen (*qc a qu* jdn mit etw.), beliefern (*qc a qu, qu di qc* jdn mit etw.), liefern *(qc a qu* jdm etw.); **2.** *(arredare)* ausstatten (*di* mit), ausrüsten (*di* mit); **3.** *(informazioni)* geben, erteilen; *(alibi)* beibringen; *(prova)* erbringen; **II.** *rfl:* **-rsi** sich versorgen (*di* mit). **fornitore, -trice** [...ni'to:re] *m, f* Lieferant(in) *m(f).* **fornitura** [...ni'tu:ra] *f* **1.** *(azione)* (Be)lieferung *f;* **2.** *(merce)* Lieferung *f;* **3.** *(arredamento)* Ausstattung *f;* **-e per ufficio** Bürobedarf *m.*

forno ['forno] *m* **1.** *(costruzione)* Ofen *m; (per pane, etc.)* Backofen *m;* **2.** *tec* Schmelzofen *m;* **3.** *(panetteria)* Bäckerei *f;* **pasta al ~** überbackenes Nudelgericht; **patate al ~** Ofenkartoffeln *f pl.*

foro[1] ['fo:ro] *m (buco)* Loch *n.*

foro[2] ['fɔ:ro] *m* **1.** *hist* Forum *n;* **2.** *jur* Gerichtsstand *m;* **principe del ~** Staranwalt *m.*

forra ['forra] *f* Schlucht *f.*

forse ['forse] **I.** *adv* vielleicht; **II.** *m* Zweifel *m;* **essere in ~** im Zweifel sein; **mettere in ~** in Frage stellen.

forsennato, -a [forsen'na:to] **I.** *a* rasend, wahnsinnig; **II.** *m, f* Rasende(r) *mf,* Wahnsinnige(r) *mf.*

forte[1] ['fɔrte] **I.** *a* **1.** *(robusto)* stark, kräftig; *(carattere)* fest; **2.** *(somma)* groß, hoch; **3.** *(intenso)* stark; *(colore)* kräftig; *(che non sbiadisce)* waschecht; *(sapore, odore)* scharf; **4.** *(abile)* gut, stark; **5.** *gram* stark; **consonante ~** *ling* Fortis *f;* **dare man ~ a qu** jdm zur Hand gehen; **farsi ~ di qc** sich auf etw. stützen; **II.** *adv* **1.** *(a voce alta)* laut; **2.** *(velocemente)* schnell; **3.** *(assai)* stark; *(mangiare)* gut, tüchtig; **III.** *m* **1.** *(persona)* Starke(r) *m; fig* Mächtige(r) *m;* **2.** *(specialità)* Stärke *f.*

forte[2] ['fɔrte] *m mil* Fort *n.*

fortezza [for'tettsa] *f* **1.** *mil* Festung *f;* **2.** *(robustezza, fermezza)* Stärke *f; (d'animo, di carattere)* Festigkeit *f;* **3.** *(virtù)* Tapferkeit *f.*

fortificare [fortifi'ka:re] ‹fortifico, fortifichi› *tr* **1.** *mil* befestigen; **2.** *(corpo)* kräftigen, stärken. **fortificazione** [...kat'tsi̯o:ne] *f* Befestigung *f.*

fortilizio [forti'littsio] ‹-i› *m* kleine Festung, Fort *n.*
fortino [for'ti:no] *m* Bunker *m.*
fortuito, -a [for'tu:ito] *a* zufällig; **per un caso** ~ per (*o.* durch) Zufall.
fortuna [for'tu:na] *f* **1.** *(destino)* Schicksal *n;* **2.** *(buona sorte)* Glück *n;* **3.** *(patrimonio)* Vermögen *n;* **un colpo di** ~ ein Glücksfall *m;* **avere** ~ **in qc** bei etw. Glück haben; **fare** ~ sein Glück machen; **per** ~ zum Glück; **di** ~ Not-, Behelfs-, provisorisch; **atterraggio di** ~ Notlandung *f.* **fortunato, -a** [...tu'na:to] *a* glücklich; **essere** ~ Glück haben. **fortunoso, -a** [...tu'no:so] *a* bewegt, wechselvoll.
foruncolo [fo'ruŋkolo] *m* Furunkel *m o. n.*
forviare [forvi'a:re] ‹forvio, forvii› **I.** *tr* **1.** *(sviare)* irreleiten; **2.** *fig (traviare)* auf Abwege führen, verführen; **II.** *itr* auf Abwege geraten; *(bes. fig)* vom rechten Weg abkommen.
forza ['fɔrtsa] *f* **1.** *(robustezza)* Kraft *f,* Stärke *f; (vigoria)* Kraft *f;* **2.** *fig (intensità, potenza)* Kräftigkeit *f,* Kraft *f; (di sentimenti)* Heftigkeit *f;* **3.** *(efficacia)* Macht *f,* Stärke *f;* **4.** *phys* Kraft *f;* **5.** *(violenza)* Gewalt *f;* **6.** ‹*pl*› *mil:* **-e (armate)** Streitkräfte *f pl;* ~ **bruta/maggiore** rohe/höhere Gewalt; ~ **pubblica** Staatsgewalt *f;* **essere in -e** bei Kräften sein; **farsi** ~ *fig* sich Mut machen, sich zwingen (*di* zu); **in** ~ **di** kraft *gen;* **a** ~ **di ...** vom vielen ..., nach langem ...; **a** ~ **di gridare** vom vielen Schreien; **con** ~ mit Kraft; **con la** ~ mit Gewalt; **con tutte le -e** mit aller Kraft; **per** ~ *(controvoglia)* notgedrungen; *(naturalmente)* natürlich; **per amore o per** ~ wohl oder übel; **a viva** ~ heftig, kräftig; *(gridare)* aus (*o.* nach) Leibeskräften; ~! vorwärts!, Tempo!, los!; **contro la** ~ **la ragion non vale** *prov* wo Gewalt herrscht, schweigen die Rechte *prov.*
forzare [for'tsa:re] **I.** *tr* **1.** *(scassinare)* aufbrechen; *(penetrare)* durchbrechen; **2.** *(accelerare)* beschleunigen; **3.** *(sottoporre a sforzo)* beanspruchen; **4.** *(costringere)* zwingen; **II.** *itr* drücken; *(porta, cassetto, etc.)* klemmen. **forzato, -a** [...'tsa:to] **I.** *a* **1.** *(privo di naturalezza)* gezwungen; **2.** *jur* Zwangs-; **3.** *tec* Druck-; **II.** *m, f* Zuchthäusler(in) *m(f).*
forziere [for'tsiɛ:re] *m* Geldschrank *m.*
forzoso, -a [for'tso:so] *a* Zwangs-.
forzuto, -a [for'tsu:to] *a* bärenstark.
foschia [fos'ki:a] ‹-schie› *f* Dunst *m.*
fosco, -a ['fosko] ‹-schi, -sche› *a* **1.** *(colore)* dunkel; **2.** *fig (sguardo)* finster, düster.
fosfato [fos'fa:to] *m* Phosphat *n.*
fosforescente [fosforeʃ'ʃɛnte] *a* phosphoreszierend; *fig (occhi)* leuchtend. **fosforescenza** [...'ʃɛntsa] *f* Phosphoreszenz *f.*
fosforo ['fɔsforo] *m* **1.** *chem* Phosphor *m;* **2.** *fam fig (intelligenza)* Grips *m fam.*
fossa ['fɔssa] *f* **1.** *(scavo)* Graben *m;* **2.** *(buca)* Grube *f,* Loch *n;* **3.** *(tomba)* Grab *n;* **4.** *anat* Höhle *f;* **5.** *geol* Graben *m;* ~ **biologica** Faulkammer *f;* ~ **comune** Massengrab *n.*
fossato [fos'sa:to] *m* Wassergraben *m.*
fosse ['fosse] *etc. v.* **essere.**
fossetta [fos'setta] *f* Grübchen *n.*
fossi ['fossi] *etc. v.* **essere.**
fossile ['fɔssile] **I.** *a* **1.** *(di epoca remota)* versteinert, fossil; **2.** *fig* vorsintflutlich *scherz;* **II.** *m* Fossil *n.*
fosso ['fɔsso] *m* **1.** *mil* Festungsgraben *m;* **2.** *(per acqua)* Bewässerungsgraben *m;* ~ **di scolo** Abflußrinne *f;* **saltare il** ~ *fig* sich *(dat)* einen Ruck geben.
foste, fosti ['foste, ...ti] *v.* **essere.**
foto ['fɔ:to] ‹-› *f* Foto *n.*
foto- [foto-] *(in parole composte)* Foto-, Photo-. **fotocellula** [-'tʃɛllula] *f* Photozelle *f.* **fotocomposizione** [-kompozit'tsio:ne] *f* Lichtsatz *m.* **fotocopia** [-'kɔ:pia] *f* Fotokopie *f.* **fotocopiare** [-ko'pia:re] *tr* fotokopieren. **fotocronaca** [-'krɔ:naka] *f* Bildbericht *m.* **fotocronista** [-kro'nista] *mf* Fotoreporter(in) *m(f).* **fotogenico, -a** [-'dʒɛ:niko] ‹-ci, -che› *a* fotogen. **fotogiornale** [-dʒor'na:le] *m* Illustrierte *f.*
fotografa *f v.* **fotografo.**
fotografare [fotogra'fa:re] *tr* **1.** *fot* fotografieren, aufnehmen; **2.** *fig* sich *(dat)* einprägen. **fotografia** [...'fi:a] *f* **1.** *(tecnica)* Fotografie *f;* **2.** *(immagine, copia)* Fotografie *f,* Foto *n,* Aufnahme *f;* ~ **a colori** Farbfoto *n,* Farbbild *n;* ~ **in bianco e nero** Schwarzweißaufnahme *f;* ~ **formato tessera** Paßbild *n;* ~ **aerea** Luftbild *n;* ~ **istantanea** Momentaufnahme *f,* Schnappschuß *m fam.* **fotografico, -a** [...'gra:fiko] *a* **1.** *fot* Foto-, fotografisch; **2.** *fig (fedele al modello)* wirklichkeitsgetreu, genau; **macchina -a** Kamera *f,* Fotoapparat *m;* **studio** ~ Fotostudio *n,* Fotoatelier *n.* **fotografo, -a** [fo'tɔ:grafo] *m,f* Fotograf(in) *m(f).*
fotogramma [-'gramma] ‹-i› *m* **1.** *tec,*

scient Photogramm *n;* **2.** *fot, film* Einzelbild *n.* **fotoincisione** [-intʃi'zio:ne] *f* Fototiefdruckverfahren *n,* Heliogravüre *f.* **fotoincisore** [...'zo:re] *m* Fotograveur *m.* **fotomeccanico, -a** [-mek'ka:niko] *a* photomechanisch. **fotometria** [-me'tri:a] ‹-ie› *f* Photometrie *f.* **fotomodella** [-mo'dɛlla] *f* Fotomodell *n.* **fotomontaggio** [-mon'taddʒo] *m* Fotomontage *f.* **fotoreportage** [-rəpɔr'ta:ʒ] *m* Bildbericht *m.* **fotoromanzo** [-ro'mandzo] *m* Bildroman *m,* Fotostory *f.* **fotosintesi** [-'sintezi] *f* Photosynthese *f.* **fototipia** [-ti'pi:a] ‹-ie› *f* Lichtdruck *m.*

fottere ['fottere] ‹fotto, fottei, fottuto› **I.** *tr* **1.** *vulg* ficken *vulg,* bumsen *vulg;* **2.** *fam (imbrogliare)* leimen *sl,* linken *sl;* **va a farti ~!** *vulg* leck mich am Arsch! *vulg;* **II.** *rfl:* **-rsi** *vulg* scheißen (*di* auf) *vulg.*

fra[1] [fra] *prp v.* **tra.**

fra[2] [fra] *v.* **frate.**

frac [frak] ‹-› *m* Frack *m.*

fracassare [frakas'sa:re] **I.** *tr* zerbrechen, zerschlagen, zertrümmern; **II.** *rfl:* **-rsi** zerbrechen; *(su scogli, etc.)* zerschellen; *(legno)* zersplittern.

fracasso [fra'kasso] *m* **1.** *(chiasso)* Krach *m,* Lärm *m;* **2.** *(gran rumore)* Krach *m,* Getöse *n;* *(di vetri)* Geklirr *n,* Klirren *n;* **3.** *fam (forte quantità)* Haufen *m fam,* Masse *f fam;* **far ~** Lärm machen; *fig* Staub aufwirbeln, Furore machen.

fradicio, -a ['fra:ditʃo] ‹-ci, -ce› **I.** *a* **1.** *(marcio)* verdorben; *(uova)* faul; *(legno)* morsch; **2.** *(bagnato)* durchnäßt; *(di sudore)* schweißgebadet; **3.** *fig (corrotto)* verdorben; **bagnato ~** klatschnaß; **ubriaco ~** stockbetrunken; **II.** *m* Korruption *f,* Korruptheit *f.* **fradiciume** [fradi'tʃu:me] *m* **1.** *(putridume)* faules Zeug; **2.** *fig* Verderbtheit *f,* Korruptheit *f.*

fragile ['fra:dʒile] *a* **1.** *(facile a rompersi)* zerbrechlich; *(capelli)* spröde; **2.** *fig (gracile)* zart, schwach; *(salute, speranza)* schwach; **~!** *(su pacchi)* Vorsicht, Glas! **fragilità** [fradʒili'ta] ‹-› *f* **1.** *(di vetro, etc.)* Zerbrechlichkeit *f;* **2.** *(gracilità)* Zartheit *f,* Schwäche *f,* Schwachheit *f.*

fragola ['fra:gola] *f* Erdbeere *f.*

fragore [fra'go:re] *m* Getöse *n;* *(del tuono)* Grollen *n;* *(di motori)* Dröhnen *n.* **fragoroso, -a** [...go'ro:so] *a* tosend, dröhnend; *(applauso)* brausend; *(risata)* schallend.

fragrante [fra'grante] *a* duftend, wohlriechend. **fragranza** [...'grantsa] *f* Duft *m,* Wohlgeruch *m.*

fraintendere [frain'tɛndere] ‹*irr*› *tr* mißverstehen; **ti prego di non fraintendermi** bitte versteh mich recht.

frammentario, -a [frammen'ta:rio] ‹-i, -ie› *a* fragmentarisch; *(fig a.)* bruchstückhaft.

frammentazione [frammentat'tsio:ne] *f* Zersplitterung *f;* *(a. com)* Aufteilung *f.*

frammento [fram'mento] *m* **1.** Bruchstück *n;* *(coccio)* Scherbe *f;* *(di osso)* Splitter *m;* **2.** *fig, lit* Fragment *n.*

frammettere [fram'mettere] ‹*irr*› **I.** *tr* dazwischenstellen, -setzen, -legen; **II.** *rfl:* **-rsi** **1.** sich dazwischenstellen, -setzen, -legen; **2.** *fig* sich einmischen.

frammezzo [fram'mɛddzo] **I.** *adv* dazwischen; **II.** *prp:* **~ a** *(stato)* zwischen *dat;* *(moto)* zwischen *acc.*

frammischiare [frammis'kia:re] *tr* vermischen.

frana ['fra:na] *f* **1.** *(di terreno)* Erdrutsch *m,* Steinlawine *f;* **2.** *fig (rovina)* Mißerfolg *m,* Erdrutsch *m;* **3.** *fam scherz* Trampel(tier *n*) *m o. n fam scherz.* **franare** [fra'na:re] *itr* ‹*essere*› **1.** *(terreno)* abrutschen; **2.** *fig* zusammenbrechen, scheitern.

Franca ['fraŋka] *nome proprio femminile.*

francamente [fraŋka'mente] *adv* ehrlich, offen (heraus).

Francesca [fran'tʃeska] *(nome proprio femminile)* Franziska.

francescano, -a [frantʃes'ka:no] **I.** *a* franziskanisch, Franziskaner-; **II.** *m* Franziskaner *m.*

Francesco [fran'tʃesko] *(nome proprio maschile)* Franz, Franziskus.

francese [fran'tʃe:ze] **I.** *a* französisch; **II.** *mf* Franzose *m,* Französin *f.* **francesismo** [...tʃe'zizmo] *m* Gallizismus *m.*

franchezza [fraŋ'kettsa] *f* **1.** *(schiettezza)* Aufrichtigkeit *f,* Freimut *m;* **2.** *(disinvoltura)* Unbefangenheit *f;* *pej* Unverfrorenheit *f.*

franchigia [fraŋ'ki:dʒa] ‹-gie› *f* **1.** *fin* (Gebühren)freiheit *f;* *(nelle assicurazioni)* (teilweiser) Risikoausschluß *m;* **2.** *naut* Landgang *m;* **~ fiscale** Steuerfreiheit *f;* **in ~** (abgaben-, gebühren)frei; **in ~ doganale/postale** zoll-/portofrei.

Francia ['frantʃa] *f* Frankreich *n.*

franco ['fraŋko] ‹-chi› *m* (*~ belga, francese*) Franc *m;* (*~ svizzero*) Franken *m.*

Franco ['fraŋko] *(nome proprio maschile)* Frank.

franco, -a ['fraŋko] ‹-chi, -che› *a* **1.** *com* franko, frei; **2.** *(sicuro di sé)* unbefangen; **3.** *(sincero)* offen, aufrichtig; ~ **domicilio/magazzino** frei Haus/Lager; ~ **fabbrica** ab Fabrik; ~ **tiratore** Freischärler *m;* **farla -a** *fig* ungeschoren (*o.* mit heiler Haut) davonkommen.

francobollo [fraŋko'bollo] *m* Briefmarke *f.*

francofilo, -a [fraŋ'kɔ:filo] *a* frankophil.

Francoforte [fraŋko'fɔrte] *f* Frankfurt *n.*

francone ['fraŋkone] **I.** *a* fränkisch; **II.** *mf* Franke *m,* Fränkin *f.* **Franconia** [...'kɔ:ni̯a] *f* Franken *n.*

frangente [fran'dʒɛnte] *m* **1.** *(onda)* Sturzwelle *f,* Brecher *m;* **2.** *(punto d'urto)* Klippe *f,* Riff *n;* **3.** *fig (momento grave)* Not *f.*

frangere ['frandʒere] ‹frango, frangi, fransi, franto› **I.** *tr* **1.** *(rompere)* brechen; *(olive)* (aus)pressen; **2.** *fig (resistenza)* brechen; **II.** *rfl:* **-rsi** sich brechen.

frangetta [fran'dʒetta] *f* Pony(fransen *f pl*) *m.*

frangi ['frandʒi] *2. pers sing pr di* **frangere.**

frangia ['frandʒa] ‹-ge› *f* **1.** *(di stoffa)* Franse *f;* **2.** *(fascia costiera)* Küstenstreifen *m,* -saum *m;* **3.** *fig pol* Flügel *m;* **4.** *fig (aggiunta)* Schnörkel *m,* Ausschmückung *f.*

frangibile [fran'dʒi:bile] *a* zerbrechlich.

frangiflutti [frandʒi'flutti] ‹-› *m* Wellenbrecher *m.*

frangitura [frandʒi'tu:ra] *f* (Aus)pressen *n.*

frangivento [frandʒi'vɛnto] ‹-› *m* Windschutz *m.*

frango ['fraŋgo] *1. pers sing pr di* **frangere.**

fransi ['fransi] *1. pers sing del passato remoto di* **frangere.**

franto ['franto] *pp di* **frangere.**

frantoio [fran'to:i̯o] ‹-oi› *m (per olive)* Ölmühle *f; (per pietre)* Steinmühle *f.*

frantumare [frantu'ma:re] **I.** *tr* zertrümmern; **II.** *rfl:* **-rsi** zerbrechen, in Stücke gehen; *(legno)* zersplittern. **frantumi** [...'tu:mi] *m pl* (Bruch)stükke *n pl,* Trümmer *pl;* **andare in** ~ in die Brüche gehen.

frapporre [frap'porre] ‹*irr*› **I.** *tr* **1.** *(cose)* dazwischenlegen, -stellen, -setzen; **2.** *fig (ostacoli)* in den Weg legen; ~ **indugi a qc** etw. verzögern, etw. verschleppen; **II.** *rfl:* **-rsi** sich dazwischenlegen, -stellen, -setzen.

frasario [fra'za:ri̯o] ‹-i› *m (di persona)* Redeweise *f,* Ausdrucksweise *f; (di categoria a.)* Sprache *f.*

frasca ['fraska] ‹-sche› *f* **1.** *(fronda)* Zweig *m;* **2.** *(d'osteria)* Schild *n,* Laubgebinde *n;* **3.** ‹*pl*› *fig (capricci)* Flausen *f pl fam;* **saltare di palo in** ~ *fig* vom Hundertsten ins Tausendste kommen.

frascati [fras'ka:ti] ‹-› *m* Frascati *m (Weißwein aus dem Latium).*

frase ['fra:ze] *f* **1.** *ling* Satz *m;* **2.** *(espressione)* Ausdruck *m; (locuzione)* Redewendung *f;* **3.** *pej (modo di dire convenzionale)* Phrase *f;* ~ **fatta** Gemeinplatz *m.* **fraseggiare** [frazed'dʒa:re] ‹fraseggio, fraseggi› *itr* **1.** *ling* Sätze bilden; **2.** *mus* phrasieren. **fraseggio** [...'zeddʒo] ‹-ggi› *m* **1.** *ling* Satzbildung *f;* **2.** *mus* Phrasierung *f.* **fraseologia** [...eolo'dʒi:a] ‹-gie› *f* Phraseologie *f.*

frassino ['frassino] *m* Esche *f.*

frastagliare [frastaʎ'ʎa:re] *tr* zerschneiden; *(ai margini)* ausschneiden. **frastagliato, -a** [...'ʎa:to] *a (terreno, costa, etc.)* zerklüftet.

frastornato, -a [frastor'na:to] *a (per rumore)* benommen; *(nelle idee)* verwirrt.

frastuono [fras'tu̯ɔ:no] *m* Getöse *n,* Lärm *m.*

frate ['fra:te] *m rel* Bruder *m;* **farsi** ~ Mönch werden, ins Kloster gehen.

fratellanza [fratel'lantsa] *f* **1.** *(tra fratelli)* Brüderlichkeit *f,* Brüderschaft *f;* **2.** *(comunanza)* Bruderschaft *f;* **3.** *fig (d'idee, etc.)* Gemeinsamkeit *f.* **fratellastro** [...'lastro] *m* Stiefbruder *m.* **fratello** [...'tɛllo] *m* **1.** *(parente)* Bruder *m;* **2.** *fig, rel (di confraternita, comunanza)* Bruder *m;* **3.** ‹*pl*› *(solo maschi)* Brüder *m pl; (-i e sorelle)* Geschwister *pl; com* (*ab* **F.lli**) Gebrüder *pl;* ~ **d'armi** Waffenbruder *m.*

fraternità [fraterni'ta] ‹-› *f* **1.** *(vincolo fraterno)* Brüderlichkeit *f;* **2.** *fig (amicizia, comunanza)* Bruderschaft *f.* **fraternizzare** [...id'dza:re] *itr* sich verbrüdern. **fraterno, -a** [...'tɛrno] *a* **1.** *(relativo a fratelli)* brüderlich, Bruder-; **2.** *fig (amorevole)* brüderlich.

fratricida [fratri'tʃi:da] ‹-i *m,* -e *f*› *mf (di fratello)* Brudermörder(in) *m(f); (di sorella)* Schwestermörder(in) *m(f);* **guerra** ~ Bruderkrieg *m.*

fratta ['fratta] *f* Unterholz *n,* Dickicht *n.*

frattaglie [frat'taʎʎe] *f pl* Innereien *pl.*

frattanto [frat'tanto] *adv* inzwischen, unterdessen, währenddessen.
frattempo [frat'tɛmpo] *m:* **nel ~** inzwischen, unterdessen, währenddessen.
frattura [frat'tu:ra] *f (a. fig)* Bruch *m.*
fraudolento, -a [fraudo'lɛnto] *a* betrügerisch. **fraudolenza** [...'lɛntsa] *f* Betrug *m.*
frazionare [frattsi̯o'na:re] *tr* (auf)teilen. **frazionario, -a** [...'na:ri̯o] ‹-i, -ie› *a* Bruch-, Teil-. **frazione** [...'tsi̯o:ne] *f* **1.** *(porzione)* Teil *m,* Bruchteil *m;* **2.** *pol* Fraktion *f;* **3.** *mat* Bruch *m.*
freatico, -a [fre'a:tiko] ‹-ci, -che› *a* Grundwasser-.
freccia ['frettʃa] ‹-cce› *f* Pfeil *m;* **veloce come una ~** pfeilschnell. **frecciata** [...'tʃa:ta] *f* Spitze *f,* Stichelei *f.*
freddare [fred'da:re] *tr* **1.** *(cibi)* abkühlen lassen; **2.** *fig (entusiasmo)* abkühlen, dämpfen; **3.** *fig fam (uccidere)* kaltmachen *sl.* **freddezza** [...'dettsa] *f* Kälte *f; (indifferenza)* Gleichgültigkeit *f; (sangue freddo)* Kaltblütigkeit *f.*
freddo, -a ['freddo] **I.** *a* kalt; *(a. fig)* kühl; *(colore)* kalt; **animali a sangue ~** Kaltblüter *m pl;* **guerra -a** kalter Krieg; **mostrarsi ~ con qu** jdm die kalte Schulter zeigen; **II.** *m* Kälte *f;* **a ~** *fig* kaltblütig; **avere ~** frieren; **fa ~** es ist kalt; **fa un ~ cane** *fam* es ist eine Hundekälte *fam;* **far venir ~** *fig* erschau(d)ern lassen; **non mi fa né caldo né ~** das läßt mich (völlig) kalt. **freddoloso, -a** [-'lo:so] *a* empfindlich gegen (die) Kälte. **freddura** [...'du:ra] *f* Kalauer *m.*
freezer ['fri:zə] ‹-› *m* Kühlbox *f.*
fregare [fre'ga:re] ‹frego, freghi› **I.** *tr* **1.** *(pavimento, etc.)* scheuern; *(fiammifero)* reiben; **2.** *fig fam (imbrogliare)* anschmieren *fam; (rubare)* abstauben *fam,* klauen *fam;* **II.** *rfl:* **-rsi 1.** *(strisciare)* sich reiben; **2.** *fam:* **fregarsene di qc** auf etw. pfeifen *fam.*
fregata [fre'ga:ta] *f* Fregatte *f.*
fregatura [frega'tu:ra] *f fam* Betrug *m,* Schwindel *m;* **dare una ~ a qu** jdn übers Ohr hauen; **prendere una ~** hereingelegt werden.
fregio ['fre:dʒo] ‹-gi› *m* **1.** *arch* Fries *m;* **2.** *(su copricapo)* Tresse *f.*
frego ['fre:go] ‹-ghi› *m* Strich *m.*
fregola ['fre:gola] *f* **1.** *zoo* Brunst *f;* **2.** *fig (smania)* Sucht *f.*
fremere ['frɛ:mere] ‹fremo, fremei *o.* fremetti, fremuto› *itr* **1.** zittern, beben; *(di orrore)* schaudern; **2.** *(mare, piante)* rauschen. **fremito** ['frɛ:mito] *m* **1.** *(turbamento)* Zittern *n,* Beben *n; (di orrore)* Schauder *m;* **2.** *(di mare, piante)* Rauschen *n.*
fremo ['frɛ:mo] *1. pers sing pr di* **fremere.**
fremuto [fre'mu:to] *pp di* **fremere.**
frenare [fre'na:re] **I.** *tr* **1.** *(veicolo)* (ab)bremsen; **2.** *(cavallo)* zügeln; **3.** *fig (trattenere)* zügeln, bremsen; *(lacrime)* zurückhalten; *(riso a.)* verbeißen, verkneifen *fam; (lingua)* im Zaum halten; **II.** *rfl:* **-rsi** sich beherrschen.
frenastenia [frenaste'ni:a] ‹-ie› *f* Schwachsinn *m.* **frenastenico, -a** [...'tɛ:niko] ‹-ci, -che› **I.** *a* schwachsinnig; **II.** *m, f* Schwachsinnige(r) *mf.*
frenata [fre'na:ta] *f* Bremsung *f,* Bremsen *n.*
frenesia [frene'zi:a] ‹-ie› *f* **1.** *(pazzia)* Tobsucht *f,* Raserei *f;* **2.** *fig (smania)* Sucht *f;* **~ del gioco** Spielleidenschaft *f.* **frenetico, -a** [...'nɛ:tiko] ‹-ci, -che› *a (a. fig)* rasend; *(applauso a.)* frenetisch.
frenico, -a ['frɛ:niko] ‹-ci, -che› *a* Zwerchfell-.
freno ['fre:no *o.* 'frɛ:no] *m* **1.** *tec* Bremse *f;* **2.** *(del cavallo)* Gebiß *n;* **~ a disco/mano/tamburo** Scheiben-/Hand-/Trommelbremse *f;* **~ d'allarme** Notbremse *f;* **porre ~ a qc** *fig* einer S. Einhalt gebieten; **mettere un ~ a qc** *fig* einer S. einen Riegel vorschieben; **mordere il ~** *fig* die Zähne zusammenbeißen; **tenere a ~ qu** *fig* jdn im Zaum halten; **senza ~** zügellos.
frenocomio [freno'kɔ:mi̯o] ‹-i› *m* Irrenhaus *n.*
frenulo ['frɛ:nulo] *m* (Zungen)band *n.*
frequentare [freku̯en'ta:re] *tr* **1.** *(persone)* verkehren mit; **2.** *(luoghi)* verkehren in; *(scuola, etc.)* gehen in, besuchen; **~ cattive compagnie** schlechten Umgang haben. **frequentato, -a** [...'ta:to] *a (locale)* gutbesucht; *(strada)* belebt.
frequente [fre'ku̯ɛnte] *a* häufig. **frequenza** [...'ku̯ɛntsa] *f* **1.** *(di incidenti, fatti)* Häufung *f,* Häufigkeit *f;* **2.** *(di persone)* Menge *f,* Zahl *f;* **3.** *(di scuola, etc.)* Besuch *m;* **4.** *phys* Frequenz *f.*
fresatrice [freza'tri:tʃe] *f* Fräsmaschine *f.*
freschezza [fres'kettsa] *f* Frische *f.*
freschista [fres'kista] ‹-i *m,* -e *f*› *mf* Freskenmaler(in) *m(f).*
fresco, -a ['fresko] ‹-schi, -sche› **I.** *a (a. fig)* frisch; **essere ~ di studi** gerade sein Examen gemacht haben; **un dottore ~ di studi** ein frischgebacke-

ner Doktor; **stare ~** *fig fam* schön in der Patsche sitzen *fam;* **II.** *m* **1.** *(temperatura)* Frische *f;* **2.** *(tessuto)* Fresko *m;* **fa ~** es ist kühl; **stare al ~** *fig fam* hinter Gittern sitzen. **frescura** [...'ku:ra] *f* Kühle *f,* Frische *f.*

fretta ['fretta] *f* Eile *f;* **aver ~** Eile haben, es eilig haben; **far ~ a qu** jdn zur Eile antreiben; **non c'è ~** das hat keine Eile; **in ~** in Eile; **in ~ e furia** in aller (*o.* größter) Eile. **frettoloso, -a** [...to'lo:so] *a* eilig, hastig.

friabile [fri'a:bile] *a (terreno)* locker, bröck(e)lig; *(pasta)* mürbe; *(neve)* körnig; *(pietre)* brüchig.

Fribourg [fri'bu:r] *f* Freiburg *n (in der Schweiz).*

Friburgo [fri'burgo] *f* Freiburg *n (in Deutschland).*

fricassea [frikas'sɛ:a] *f* Frikassee *n.*

fricativa [frika'ti:va] *f* Reibelaut *m,* Frikativ *m.*

fricchettone [frikket'to:ne] *m sl* Freak *m.*

friggere ['friddʒere] ‹friggo, friggi, frissi, fritto› **I.** *tr* backen, braten; *(con molto olio)* fritieren; **andare a farsi ~** *fam* zum Teufel gehen *fam,* sich zum Teufel scheren *fam;* **mandare qu a farsi ~** *fam* jdn zum Teufel jagen *fam;* **II.** *itr* **1.** *(crepitare)* brutzeln; **2.** *fig (fremere)* kochen. **friggitoria** [...dʒito'ri:a] ‹-ie› *f* Bratstube *f.* **friggo** ['friggo] *1. pers sing pr di* **friggere.**

frigidità [fridʒidi'ta] ‹-› *f* Frigidität *f.* **frigido, -a** ['fri:dʒido] *a* **1.** *med* frigid(e); **2.** *fig (freddo)* kalt(herzig).

frignare [friɲ'ɲa:re] *itr* wimmern.

frigo ['fri:go] ‹-› *m fam* Eisschrank *m.*

frigorifero, -a [frigo'ri:fero] **I.** *a* Kühl-; **II.** *m* Kühlschrank *m.*

fringuello [friŋ'gu̯ɛllo] *m* Buchfink *m.*

frinire [fri'ni:re] ‹frinisco› *itr* zirpen.

Frisia ['fri:zi̯a] *f* Friesland *n;* **~ Occidentale/Orientale** West-/Ostfriesland *n.* **frisone** [fri'zo:ne] **I.** *a* friesisch; **II.** *mf* Friese *m,* Friesin *f.*

frissi ['frissi] *1. pers sing del passato remoto di* **friggere.**

frittata [frit'ta:ta] *f* Eierkuchen *m,* Omelett *n,* Omelette *f;* **fare una ~** *fig fam* Mist bauen *fam* (*o.* machen *fam*).

frittella [frit'tɛlla] *f* **1.** *gastr* Krapfen *m;* **2.** *(macchia d'unto)* Fettfleck *m.*

fritto, -a ['fritto] **I.** *pp di* **friggere; II.** *a* **1.** *gastr* gebraten, gebacken; *(con molto olio)* fritiert; **2.** *fig fam (spacciato)* geliefert *fam,* angeschmiert *fam,* gelackmeiert *fam;* **esser bell'e ~** *fig fam* in Teufels Küche sein; **~ e rifritto** *fig* zum tausendsten Mal aufgewärmt *fam;* **III.** *m* Gebratene(s) *n,* Gebackene(s) *n;* **~ misto** *gemischtes Ausgebackenes, meist Fisch, aber auch Gemüse oder Fleisch.* **frittura** [...'tu:ra] *f* (Aus)gebackene(s) *n,* Fritüre *f.*

friulano, -a [friu'la:no] **I.** *a* friaulisch; **II.** *m, f* Friauler(in) *m(f).* **Friuli** [fri'u:li] *m* Friaul *n.*

frivolezza [frivo'lettsa] *f* Leichtfertigkeit *f,* Oberflächlichkeit *f.* **frivolo, -a** ['fri:volo] *a* leichtfertig, oberflächlich.

frizionare [frittsi̯o'na:re] *tr* einreiben. **frizione** [...'tsi̯o:ne] *f* **1.** *(attrito)* Einreibung *f;* **2.** *fig (dissenso)* Reibung *f;* **3.** *(massaggio)* Massage *f;* **4.** *mot* Kupplung *f.*

frizzante [frid'dzante] *a* **1.** *(vento)* schneidend; **2.** *(bibita)* prickelnd; **3.** *fig (motto)* beißend.

frizzo ['friddzo] *m* bissige Bemerkung.

frodare [fro'da:re] *tr* betrügen; **~ il fisco** Steuern hinterziehen. **frode** ['frɔ:de] *f* Betrug *m;* **~ fiscale** Steuerhinterziehung *f.* **frodo** ['frɔ:do] *m* Schmuggel *m;* **cacciare di ~** wildern.

frogia ['frɔ:dʒa] ‹-gie *o.* -ge› *f* Nüster *f.*

frollare [frol'la:re] **I.** *tr* ‹*avere*› abhängen lassen, mürbe werden lassen; **II.** *itr* ‹*essere*› abhängen, mürbe werden. **frollatura** [...la'tu:ra] *f* Abhängen(lassen) *n,* Abhängezeit *f.* **frollo, -a** ['frɔllo] *a* **1.** *(carne)* abgehangen; **2.** *fig (persone)* schlapp, schlaff; **pasta -a** Mürbeteig *m.*

frombola ['frombola] *f* Schleuder(waffe) *f.* **fromboliere** [...'li̯ɛ:re] *m* **1.** *hist* Schleuderschütze *m;* **2.** *sport* Torjäger *m.*

fronda[1] ['fronda] *f* **1.** *(frasca)* Zweig *m;* **2.** ‹*pl*› *(fogliame)* Laubwerk *n;* **3.** ‹*pl*› *fig (ornamenti)* Schnörkel *m pl,* Verzierungen *f pl.*

fronda[2] ['fronda] *f* **1.** *hist* Fronde *f;* **2.** *fig (opposizione)* Opposition *f; (rivolta)* Aufruhr *m.*

frondoso, -a [fron'do:so] *a* **1.** *bot* (dicht)belaubt; **2.** *fig (stile)* verschnörkelt.

frontale [fron'ta:le] *a* **1.** *anat* Stirn-; **2.** *(attacco, etc.)* frontal, Frontal-.

frontaliero, -a [fronta'li̯ɛ:ro] *m, f* Grenzgänger(in) *m(f).*

fronte ['fronte] **I.** *f* **1.** *anat* Stirn *f;* **2.** *fig (volto)* Gesicht *n;* **3.** *(facciata)* Vorderseite *f;* **a ~** *(a confronto)* gegenüber *dat; (a lato)* nebenstehend; **a ~ alta/bassa** erhobenen/gesenkten Hauptes; **di ~** gegenüber; **di ~ alla casa** gegenüber dem Haus; **la casa di ~** das Haus von gegenüber, das ge-

genüberliegende Haus; **di ~ a questa situazione** angesichts dieser Situation; **II.** *m mil, pol* Front *f;* **far ~ alle difficoltà** den Schwierigkeiten begegnen; **far ~ agli impegni** den Verpflichtungen nachkommen; **far ~ alle spese** für die Kosten aufkommen; **tener ~ a qu** jdm die Stirn bieten.

fronteggiare [fronted'dʒa:re] ‹fronteggio, fronteggi› *tr* **1.** *(avversario)* widerstehen (*qu* jdm); *fig (difficoltà)* entgegentreten (*qc* einer S.), bewältigen; **2.** *(edificio)* gegenüberliegen (*qc* einer S.).

frontespizio [frontes'pittsi̯o] ‹-i› *m* Frontispiz *n.*

frontiera [fron'ti̯ɛ:ra] *f* (Staats)grenze *f.*

frontone [fron'to:ne] *m* Giebel *m.*

fronzolo ['frondzolo] *m* Flitter *m,* Tand *m; fig (stile)* schnörkellos.

frotta ['frɔtta] *f* Schar *f,* Schwarm *m;* **a -e** in Scharen, scharenweise.

frottola ['frɔttola] *f* Lüge *f,* Märchen *n.*

frugale [fru'ga:le] *a* **1.** *(persona)* genügsam, anspruchslos; **2.** *(pasto)* einfach, bescheiden. **frugalità** [...gali'ta] ‹-› *f* Genügsamkeit *f,* Einfachheit *f.*

frugare [fru'ga:re] ‹frugo, frughi› **I.** *itr* (herum)kramen, (herum)stöbern; **II.** *tr* durchsuchen.

frugolo ['fru:golo] *m* Wildfang *m.*

fruire [fru'i:re] ‹fruisco› *itr* genießen (*di qc* etw.).

frullare [frul'la:re] **I.** *tr* ‹*avere*› rühren, quirlen; *(panna)* schlagen; **II.** *itr* ‹*essere o. avere*› schwirren; *(a. uccelli)* flattern; *(motore)* surren. **frullato** [...'la:to] *m* (Milch)mixgetränk *n.* **frullatore** [...la'to:re] *m* Mixer *m.* **frullino** [...'li:no] *m* Quirl *m.*

frumento [fru'mento] *m* Weizen *m,* Korn *n.*

fruscio [fruʃ'ʃi:o] ‹-scii› *m* Rauschen *n,* Knistern *n.*

frusta ['frusta] *f* **1.** *(sferza)* Peitsche *f;* **2.** *(da cucina)* Schneebesen *m.* **frustare** [...'ta:re] *tr* **1.** *(con la sferza)* (aus)peitschen; **2.** *fig (censurare)* geißeln. **frustata** [...'ta:ta] *f* Peitschenhieb *m.* **frustino** [...'ti:no] *m* Reitpeitsche *f.*

frustrare [frus'tra:re] *tr (tentativi)* vereiteln; *(speranze)* zunichte machen, enttäuschen. **frustrazione** [...rat'tsi̯o:ne] *f* **1.** Enttäuschung *f; psych* Frustration *f;* **2.** *(di tentativi)* Vereitelung *f.*

frutice ['fru:titʃe] *m* Strauch *m.*

frutta ['frutta] *f* ‹*sing*› Obst *n;* **~ candita/secca** kandierte Früchte *f pl*/Dörrobst *n;* **~ da tavola** Tafelobst *n;* **essere alla ~** beim Dessert sein.

fruttare [frut'ta:re] *itr* **1.** *(capitale)* einbringen, abwerfen; **2.** *fig (esempio)* Früchte tragen, fruchten.

frutteto [frut'te:to] *m* Obstgarten *m.*

frutticolo, -a [frut'ti:kolo] *a* Obst-.

frutticoltura [fruttikol'tu:ra] *f* Obstbau *m.*

fruttiera [frut'ti̯ɛ:ra] *f* Obstschale *f.*

fruttifero, -a [frut'ti:fero] *a* **1.** *bot* Obst-, fruchttragend; **2.** *fig* einträglich; *(conto)* zinsbringend, -tragend.

fruttivendolo, -a [frutti'vendolo] *m, f* Obsthändler(in) *m(f).*

frutto ['frutto] *m* **1.** *bot* Frucht *f;* **2.** ‹*pl*› *fig (prodotti di attività umana)* Früchte *f pl;* **3.** *fig (conseguenza)* Frucht *f;* **4.** *com (profitto)* Ertrag *m,* Gewinn *m; fin (interesse)* Zins *m;* **-i di mare** Meeresfrüchte *f pl;* **~ dell'amore** Kind *n* der Liebe; **mettere a ~ un capitale** ein Kapital ertragbringend anlegen.

fruttosio [frut'tɔ:zi̯o] ‹-i› *m* Fruchtzukker *m.*

fruttuoso, -a [fruttu'o:so] *a* fruchtbar, ertragreich.

f.to *ab di* **firmato** gez. (*ab di* gezeichnet).

fu [fu] **I.** *1. pers sing del passato remoto di* **essere; II.** *a* verstorben, selig *geh;* **il ~ Giuseppe Bianchi** der selige Giuseppe Bianchi; **Bianchi Mario ~ Giuseppe** Mario Bianchi, Sohn des verstorbenen (*o.* seligen) Giuseppe.

fucilare [futʃi'la:re] *tr* erschießen. **fucilata** [...'la:ta] *f* Gewehrschuß *m.* **fucilazione** [...lat'tsi̯o:ne] *f* Erschießung *f.*

fucile [fu'tʃi:le] *m* Gewehr *n;* **~ ad avancarica/da caccia/mitragliatore** Vorderlader *m*/Jagdgewehr *n*/(leichtes) Maschinengewehr *n.* **fuciliere** [futʃi'li̯ɛ:re] *m* Schütze *m,* Füsilier *m CH.*

fucina [fu'tʃi:na] *f* **1.** *(focolare)* Schmiedeofen *m;* **2.** *(locale)* Schmiede *f.* **fucinare** [futʃi'na:re] *tr* schmieden.

fuco ['fu:ko] ‹-chi› *m* Drohne *f.*

fuga ['fu:ga] ‹-ghe› *f* **1.** *(atto del fuggire)* Flucht *f;* **2.** *(fuoriuscita)* Entweichen *n; (a. di liquidi)* Ausströmen *n; fig (di notizie)* Durchsickern *n;* **3.** *fig (espatrio)* Abwanderung *f;* **4.** *mus* Fuge *f;* **5.** *arch* Flucht *f;* **6.** *sport* Ausreißen *n;* **~ di capitali** Kapitalflucht *f;* **~ dei cervelli** Abwanderung *f* der Intelligenz; **darsi alla ~** die Flucht ergreifen; **mettere in ~** in die Flucht schlagen.

fugace [fu'ga:tʃe] *a* vergänglich, flüchtig. **fugacità** [fugatʃi'ta] ‹-› *f* Vergänglichkeit *f*, Flüchtigkeit *f*.

fugare [fu'ga:re] ‹fugo, fughi› *tr* **1.** *poet (mettere in fuga)* in die Flucht schlagen, verjagen; **2.** *fig (dissipare)* vertreiben; *(dubbi, nubi)* zerstreuen.

fuggiasco, -a [fud'dʒasko] ‹-schi, -sche› **I.** *a* flüchtig; **II.** *m, f* Flüchtige(r) *mf*.

fuggifuggi [fuddʒi'fuddʒi] ‹-› *m* (wilde) Flucht *f*.

fuggire [fud'dʒi:re] ‹fuggo, fuggi› **I.** *itr* ‹*essere*› **1.** *(scappare)* fliehen, flüchten; **2.** *sport* ausreißen; **3.** *fig (scorrere via rapidamente)* davoneilen, enteilen; *(tempo)* verfliegen; ~ **via** fortlaufen; **II.** *tr* ‹*avere*› meiden, fliehen *geh*. **fuggitivo, -a** [...dʒi'ti:vo] **I.** *a* flüchtend; **II.** *m, f* Flüchtling *m*.

fulcro ['fulkro] *m* **1.** *tec* Drehpunkt *m*; **2.** *fig* Angelpunkt *m*.

fulgido, -a ['fuldʒido] *a* glänzend, leuchtend.

fulgore [ful'go:re] *m* Glanz *m*.

fuliggine [fu'liddʒine] *f* Ruß *m*. **fuligginoso, -a** [...'no:so] *a* rußig.

fulminante [fulmi'nante] **I.** *a* **1.** *tec* Spreng-, Schieß-, Zünd-; **2.** *fig (sguardo)* durchbohrend; **3.** *(malattia)* tödlich; **II.** *m fam* Streichholz *n*.

fulminare [fulmi'na:re] **I.** *tr* **1.** *(fulmine)* treffen, erschlagen; **2.** *(scarica elettrica)* mit einem elektrischen Schlag treffen; **3.** *(con arma da fuoco)* niederschießen; **4.** *fig (con lo sguardo)* durchbohren; **II.** *itr* blitzen; **III.** *rfl:* **-rsi** durchbrennen.

fulmine ['fulmine] *m* Blitz *m*; **un ~ a ciel sereno** (wie) ein Blitz aus heiterem Himmel; **un colpo di ~** *fig* Liebe *f* auf den ersten Blick; **come un ~** wie der Blitz. **fulmineo, -a** [...'mi:neo] *a* **1.** *(veloce)* blitzschnell; **2.** *(improvviso)* schlagartig.

fulvo, -a ['fulvo] *a* rotblond.

fumaiolo [fuma'i̯ɔ:lo] *m* Schornstein *m*.

fumare [fu'ma:re] **I.** *tr* rauchen; **II.** *itr* rauchen; *(emettere vapore)* dampfen. **fumata** [fu'ma:ta] *f* **1.** *(colonna di fumo)* Rauchsäule *f*; **2.** *(per segnalazione)* Rauchzeichen *n*; **3.** *(di tabacco)* Rauchen *n*. **fumatore, -trice** [fuma'to:re] *m, f* Raucher(in) *m(f)*.

fumetto [fu'metto] *m* **1.** *(nuvoletta)* Sprechblase *f*; **2.** ‹*pl*› Comics *m pl*; **racconto a -i** Comic *m*.

fumigazione [fumigat'tsi̯o:ne] *f* Ausräucherung *f*.

fumista [fu'mista] ‹-i *m*, -e *f*› *mf* Ofensetzer(in) *m(f)*.

fummo ['fummo] *v*. **essere**.

fumo ['fu:mo] *m* **1.** *(prodotto di combustione)* Rauch *m*, Qualm *m*; *(vapore)* Dampf *m*; **2.** *(del tabacco)* Rauchen *n*; **~ di Londra** Rauchgrau *n*; **andare in ~** sich in Rauch auflösen; **essere pieno di ~** *fig* aufgeblasen sein; **-i dell'alcol** Alkoholdünste *m pl*; **mandare in ~ qc** etw. platzen lassen *fam*; **vedere qu come il ~ negli occhi** jdn nicht riechen können *fam*; **vendere ~** ein Schaumschläger sein; **vendere ~ a qu** jdm blauen Dunst vormachen; **molto ~ e poco arrosto** *fig* mehr Schein als Sein, viel Lärm um nichts. **fumogeno, -a** [fu'mɔ:dʒeno] *a* Rauch-, raucherzeugend. **fumoso, -a** [fu'mo:so] *a* **1.** *(pieno di fumo)* verraucht, rauchig; **2.** *(che fa fumo)* rauchend; **3.** *fig (oscuro)* nebelhaft, dunkel.

funambolo, -a [fu'nambolo] *m, f* Seiltänzer(in) *m(f)*.

fune ['fu:ne] *f (corda)* Seil *n*; *(cavo)* Tau *n*; *(per bucato)* Leine *f*; **tiro alla ~** Tauziehen *n*.

funebre ['fu:nebre] *a* **1.** Leichen-, Trauer-, Toten-; **2.** *fig (mesto, lugubre)* düster.

funerale [fune'ra:le] *m* ‹*di solito al pl*› Beerdigung *f*; **faccia da ~** Leichenbittermiene *f*.

funerario, -a [fune'ra:ri̯o] ‹-i, -ie› *a* Grab-.

funereo, -a [fu'nɛ:reo] *v*. **funebre**.

funestare [funes'ta:re] *tr* heimsuchen, überschatten.

funesto, -a [fu'nɛsto] *a* verderbenbringend, verhängnisvoll.

fungaia [fuŋ'ga:i̯a] ‹-aie› *f* **1.** *(terreno)* Pilzplatz *m*, Pilzbeet *n*; **2.** *fig (quantità)* Haufen *m fam*.

fungere ['fundʒere] ‹fungo, fungi, funsi, funto› *itr* fungieren (*da* als); *adm* amtieren (*da* als); *(essere)* sein; **~ da padrino** Pate sein.

fungibile [fun'dʒi:bile] *a* vertretbar.

fungo¹ ['fuŋgo] *1. pers sing pr di* **fungere**.

fungo² ['fuŋgo] ‹-ghi› *m* Pilz *m*; **~ edule/velenoso** Speise-/Giftpilz *m*; **~ porcino** Steinpilz *m*; **~ prataiolo** Champignon *m*; **crescere come i -ghi** wie Pilze aus dem Boden schießen.

funicolare [funiko'la:re] *f* (Stand)seilbahn *f*.

funivia [funi'vi:a] *f* (Draht)seilbahn *f*, Seilschwebebahn *f*.

funsi ['funsi] *1. pers sing del passato remoto di* **fungere**.

funto ['funto] *pp di* **fungere**.

funzionale [funtsi̯o'na:le] *a* zweckmäßig, funktionell.

funzionamento [funtsi̯ona'mento] *m* Arbeitsweise *f,* Funktionieren *n.* **funzionare** [...'na:re] *itr* **1.** funktionieren, gehen; *(tec a.)* arbeiten; *(macchina in movimento)* laufen; **2.** *(persone)* fungieren, amtieren; **far ~** in Betrieb setzen.

funzionario, -a [funtsi̯o'na:ri̯o] ‹-i, -ie› *m, f* Amtsperson *f,* Funktionär(in) *m(f); (impiegato)* Beamte(r) *m,* Beamtin *f; (incaricato)* Beauftragte(r) *mf.*

funzione [fun'tsi̯o:ne] *f* **1.** *gener., mat, med, tec* Funktion *f; (di persona a.)* Tätigkeit *f,* Aufgabe *f,* Rolle *f; (ufficio)* Stellung *f; (carica)* Amt *n; (mansione)* Befugnis *f;* **2.** *(cerimonia, rito)* Feier *f; (~ funebre)* Totenmesse *f; (~ religiosa)* Gottesdienst *m;* **nell'esercizio delle proprie -i** in Ausübung seines Amtes; **entrare in ~** in Betrieb gehen; *(persone)* die Arbeit aufnehmen.

fuoco ['fu̯ɔ:ko] ‹-chi› *m* **1.** *gener.* Feuer *n;* **2.** *(fornello)* (Herd)platte *f,* Flamme *f,* Feuer *n;* **3.** *fot, phys* Brennpunkt *m,* Fokus *m;* **4.** *mil* Feuer *n;* **~ di fila** Lauffeuer *n;* **~ di paglia** *fig* Strohfeuer *n;* **-chi d'artificio** Feuerwerk *n;* **dar ~ a qc** etw. in Brand setzen (*o.* stecken), etw. anzünden; **pigliar ~** Feuer fangen; **andare a ~** in Flammen aufgehen; **fare ~** Feuer machen; *mil* Feuer geben, feuern; **aprire/cessare il ~** das Feuer eröffnen/einstellen; **mettere a ~ un argomento** *fig* ein Argument von allen Seiten beleuchten; **mettere la mano sul ~ per qu** für jdn die Hand ins Feuer legen; **soffiare sul ~** *fig* in die Glut blasen; *fig* das Feuer schüren; **al ~!** Feuer!, es brennt!

fuorché [fu̯or'ke] **I.** *con* außer; **II.** *prp* ausgenommen *nom o. acc,* außer *dat,* mit Ausnahme *gen.*

fuori ['fu̯ɔ:ri] **I.** *adv* **1.** *(stato)* draußen; *(sulla superficie)* außen; *(fuori di casa: persone)* außer Haus; *(all'estero)* im Ausland; **2.** *(moto)* heraus, hinaus; **~ (di qui)!** hinaus!; **~ i soldi!** her mit dem Geld!; **fuor di dubbio** außer Zweifel; **essere ~ strada** *fig* auf dem falschen Weg sein; **far ~** *fam (uccidere)* abmurksen *fam; (patrimonio)* durchbringen; **metter ~** *(denaro)* ausgeben; *(notizia)* verbreiten; *(persona)* vor die Tür setzen; **sporgersi in ~** sich hinauslehnen; **tagliar ~ qu** jdn (von etw.) abschneiden; **essere ~ di sé** außer sich *(dat)* sein; **essere di ~** fremd sein; **II.** *prp:* **~ (di) 1.** *(stato)* außerhalb *gen; fig* außer *dat;* **2.** *(moto)* aus *dat;* **~ concorso/pericolo/uso** außer Konkurrenz/Gefahr/Gebrauch; **~ luogo** unangebracht, fehl am Platz(e); **~ mano** abgelegen, entlegen; **~ orario** außerplanmäßig, außerhalb der (festgesetzten) Zeit; **~ tempo** aus dem Takt; **~ tiro** außer Schußweite; **III.** *m:* **il di ~** die Außenseite.

F.U.O.R.I. ['fu̯ɔ:ri] *m ab di* **Fronte Unitario Omosessuale Rivoluzionario Italiano** *italienische Homosexuellenbewegung.*

fuoribordo [fu̯ori'bordo] ‹-› *m* **1.** *(motore)* Außenbordmotor *m;* **2.** *(imbarcazione)* Außenborder *m.* **fuoriclasse** [-'klasse] **I.** ‹*inv*› *a* erstklassig; Spezial-, Sonder-; **II.** ‹-› *mf* Sonderklasse *f fam,* Klassemann, -frau *m, f fam.* **fuoricombattimento** [-kombatti'mento] **I.** ‹*inv*› *a* knockout; **mettere qu ~** jdn k.o. schlagen; *fig* jdn außer Gefecht setzen; **II.** ‹-› *m* Knockout *m.* **fuoricorso** [-'korso] ‹-› *mf* (*ab* **F.C.**) Student(in), der (die) die Studienzeit überschritten hat. **fuorigioco** [-'dʒɔ:ko] ‹-› *m* Abseits *n,* Aus *n.* **fuorilegge** [-'leddʒe] ‹-› *mf* Gesetzlose(r) *mf.* **fuoriserie** [-'sɛ:ri̯e] **I.** ‹*inv*› *a* Sonder-, Spezial-; **II.** ‹-› *f* Sonderausführung *f,* Sondermodell *n.* **fuoristrada** [-s'tra:da] ‹-› *m* Geländewagen *m.* **fuorivia** [-'vi:a] *adv* außer Landes.

fuoruscita [fu̯oruʃ'ʃi:ta] *f* Ausströmen *n,* Entweichen *n.* **fuoruscito, a** [...'ʃi:to] *m, f* Emigrant(in) *m(f).*

fuorviare [fu̯orvi'a:re] *v.* **forviare.**

furba *f v.* **furbo.**

furbacchione, -a [furbak'ki̯o:ne] *m, f* Schlaumeier *m fam.*

furberia [furbe'ri:a] ‹-ie› *f* Listigkeit *f,* List *f.* **furbizia** [fur'bittsi̯a] ‹-ie› *f* Schlauheit *f,* Schläue *f.* **furbo, -a** ['furbo] **I.** *a* schlau, listig; **II.** *m, f* Schlaumeier *m fam.*

furente [fu'rɛnte] *a* wütend.

furetto [fu'retto] *m* Frettchen *n.*

furfante [fur'fante] *m* Gauner *m.*

furgone [fur'go:ne] *m* Lieferwagen *m;* **~ per traslochi** Möbelwagen *m.*

furia ['fu:ri̯a] ‹-ie› *f* **1.** *(accesso di collera)* Wut *f;* **2.** *(fig, a. del vento)* Wüten *n;* **3.** *(fretta)* (große) Eile *f;* **4.** *fig (di sentimenti)* Heftigkeit *f;* **5.** *(persona)* Furie *f fam;* **andare su tutte le -ie** einen heiligen Zorn bekommen, auf die Palme gehen *fam;* **in fretta e ~** in aller Eile; **a ~ di ...** durch viel(es) ...; **a ~ di domande** durch hartnäckiges

Fragen; **a ~ di spintoni** *fig* durch Beziehungen.

furibondo, -a [furiˈbondo] *a* wütend.

furiere [fuˈri̯ɛ:re] *m* Kompaniefeldwebel *m.*

furioso, -a [fuˈri̯o:so] *a* **1.** *(persona)* wütend; **2.** *fig (passione, tempesta)* heftig.

furono [ˈfu:rono] *v.* **essere.**

furore [fuˈro:re] *m* **1.** *(agitazione violenta)* Wut *f,* Raserei *f;* **2.** *(veemenza)* Heftigkeit *f;* **far ~** *fig* Furore machen. **furoreggiare** [furoredˈdʒa:re] ‹furoreggio, furoreggi› *itr* Furore machen.

furtivo, -a [furˈti:vo] *a* **1.** *(sguardo, etc.)* verstohlen, heimlich; **2.** *(merce)* gestohlen.

furto [ˈfurto] *m* **1.** *(azione)* Diebstahl *m;* **2.** *(cosa rubata)* Diebesgut *n;* **~ con scasso** Einbruchdiebstahl *m;* **~ letterario** Plagiat *n,* geistiger Diebstahl; **è un ~!** *fig* das kostet ja ein Vermögen!

fusa [ˈfu:sa] *f pl:* **far le ~** schnurren.

fuscello [fuʃˈʃɛllo] *m* (dürrer) Zweig *m; (di paglia)* Halm *m.*

fusciacca [fuʃˈʃakka] ‹-cche› *f* Schärpe *f.*

fusi [ˈfu:zi] *1. pers sing del passato remoto di* **fondere.**

fusibile [fuˈzi:bile] *m* Schmelzsicherung *f.*

fusilli [fuˈsilli *o.* fuˈzilli] *m pl spiralförmige Nudelsorte.*

fusione [fuˈzi̯o:ne] *f* **1.** *(di metalli)* Schmelzen *n; (di campane)* Gießen *n;* **2.** *(di colori)* Mischung *f;* **3.** *(di suoni)* Einklang *m;* **4.** *com* Fusion *f; (a. pol)* Zusammenschluß *m; sport* Zusammenspiel *n;* **punto di ~** Schmelzpunkt *m;* **~ nucleare** Kernfusion *f.*

fuso[1] [ˈfu:zo] *pp di* **fondere.**

fuso[2] [ˈfu:so] *m* **1.** *(in filatura)* Spindel *f;* **2.** *(della ruota)* Achszapfen *m; (dell'ancora)* Schaft *m;* **~ orario** Zeitzone *f;* **diritto come un ~** kerzengerade; *(senza deviare)* geradewegs, schnurstracks *fam.*

fusoliera [fuzoˈli̯ɛ:ra] *f* Rumpf *m.*

fustagno [fusˈtaɲɲo] *m* Baumwollflanell *m,* Barchent *m.*

fustella [fusˈtɛlla] *f* Preisabschnitt *m.*

fustigare [fustiˈga:re] ‹fustigo, fustighi› *tr* **1.** *(battere)* (aus)peitschen; **2.** *fig* geißeln. **fustigazione** [...gatˈtsi̯o:ne] *f* Auspeitschung *f; fig* Geißelung *f.*

fusto [ˈfusto] *m* **1.** *bot* Stamm *m;* **2.** *(di colonna)* Schaft *m;* **3.** *(recipiente)* Faß *n;* **4.** *fig (tronco umano)* Rumpf *m;* **5.** *fam (giovane aitante)* Prachtkerl *m fam.*

futile [ˈfu:tile] *a* unbedeutend, nichtig. **futilità** [futiliˈta] ‹-› *f* Nichtigkeit *f.*

futurismo [futuˈrizmo] *m* Futurismus *m.* **futurista** [...ˈrista] ‹-i *m,* -e *f*› **I.** *a* futuristisch; **II.** *mf* Futurist(in) *m(f).*

futuro, -a [fuˈtu:ro] **I.** *a* zukünftig; **II.** *m* **1.** *(avvenire)* Zukunft *f;* **2.** *gram* Futur *n.*

G

G, g [dʒi] ‹-› *f* G, g *n;* ~ **come Genova** G wie Gustav.

g *ab di* **grammo** g (*ab di* Gramm).

gabardina, gabardine [gabar'di:na, ...'din] ‹-› *f* Gabardine *m o. f.*

gabbana [gab'ba:na] *f:* **voltar** ~ das (*o.* sein) Mäntelchen nach dem Wind(e) hängen.

gabbare [gab'ba:re] **I.** *tr* **1.** *(ingannare)* betrügen, hintergehen; **2.** *(deridere)* verulken, verschaukeln; **passata la festa gabbato lo santo** *prov* der Mohr hat seine Schuldigkeit getan, der Mohr kann gehen, Undank ist der Welt Lohn *prov;* **II.** *rfl:* **-rsi di qu** jdn hochnehmen, sich über jdn lustig machen.

gabbia ['gabbi̯a] ‹-ie› *f* **1.** *zoo* Käfig *m; (per uccelli)* Vogelbauer *n o. m;* **2.** *fig fam* Kittchen *n fam,* Loch *n fam;* **3.** *arch* Armierung *f;* **4.** *(involucro)* Korb *m; (per trasporto)* (Latten)verschlag *m;* ~ **toracica** Brustkorb *m;* ~ **di matti** *fam* Irrenhaus *n.*

gabbiano [gab'bi̯a:no] *m* Möwe *f.*

gabella [ga'bɛlla] *f* Zoll *m,* Steuer *f.* **gabellare** [gabel'la:re] *tr* ausgeben (*per* als). **gabelliere** [...'li̯ɛ:re] *m hist* Zöllner *m.*

gabinetto [gabi'netto] *m* **1.** *(toilette)* Toilette *f;* **2.** *(studio)* Arbeitszimmer *n; (a scuola)* Raum *m; med* Praxis *f; adm* Amtszimmer *n;* **3.** *(pol, di museo)* Kabinett *n;* ~ **medico/dentistico** Arzt-/Zahnarztpraxis *f;* ~ **di fisica/chimica** Physik-/Chemieraum *m;* **andare al** ~ auf die Toilette gehen, austreten.

Gabriele [gabri'ɛ:le] *(nome proprio maschile)* Gabriel.

Gabriella [gabri'ɛlla] *(nome proprio femminile)* Gabriele, Gabriela.

gaffe [gaf] ‹-› *f* Schnitzer *m,* Fauxpas *m.*

gag [gæg] ‹-› *f* Gag *m.*

gagà [ga'ga] ‹-› *m pej* Lackaffe *m,* Laffe *m.*

gagliardetto [gaʎʎar'detto] *m sport* Fähnchen *n,* Wimpel *m; pol* Standarte *f; naut* Stander *m.*

gagliardia [gaʎʎar'di:a] ‹-ie› *f* Stärke *f,* Kühnheit *f.* **gagliardo, -a** [...'ʎardo] *a (giovane, pianta, vino)* kräftig, feurig; *(guerriero)* wacker, kühn.

gaglioffa *f v.* **gaglioffo.**

gaglioffaggine [gaʎʎof'faddʒine] *f* Nichtsnutzigkeit *f.* **gaglioffo, -a** [...'ʎɔffo] **I.** *a* nichtsnutzig; **II.** *m, f* Nichtsnutz *m,* Faulenzer(in) *m(f).*

gaiezza [ga'i̯ettsa] *f* Fröhlichkeit *f,* Ausgelassenheit *f.*

gaio, -a ['ga:i̯o] ‹-ai, -aie› *a* fröhlich, ausgelassen, lustig.

gala ['ga:la] *f* **1.** *(lusso)* Pracht *f,* Festlichkeit *f,* Gala *f;* **2.** *(ricevimento)* Empfang *m,* Fest *n;* **3.** *(di tessuto)* Rüsche *f;* ~ **di bandiere** Flaggengala *f;* **mettersi in** ~ sich in Gala (*o.* Schale *fam*) werfen; **di** ~ Gala-.

galante [ga'lante] **I.** *a* galant; **II.** *m* Kavalier *m.* **galanteria** [-'ri:a] ‹-ie› *f* Galanterie *f,* Ritterlichkeit *f.*

galantina [galan'ti:na] *f* Sülze *f,* Aspik *m o. n.*

galantuomo [galan'tu̯ɔ:mo] ‹galantuomini› *m* Ehrenmann *m,* Gentleman *m;* **il re** ~ *Beiname von Vittorio Emanuele II.;* **il tempo è** ~ *prov* mit der Zeit wird alles ins rechte Lot kommen.

galassia [ga'lassi̯a] ‹-ie› *f* Milchstraße *f,* Galaxis *f.*

galateo [gala'tɛ:o] *m* Knigge *m,* gute Umgangsformen *f pl,* gutes Benehmen.

galattico, -a [ga'lattiko] ‹-ci, -che› *a* galaktisch, Milchstraßen-.

galattosio [galat'tɔ:zi̯o] ‹-› *m* Galaktose *f.*

galea [ga'lɛ:a] *f* Galeere *f.*

galeone [gale'o:ne] *m* Galeone *f,* Galione *f.*

galeotto [gale'ɔtto] *m* **1.** *(ergastolano)* Sträfling *m,* Zuchthäusler *m;* **2.** *naut hist* Galeerensklave *m,* -sträfling *m;* **3.** *scherz* Gauner *m.*

galera [ga'lɛ:ra] *f* Gefängnis *n,* Zuchthaus *n,* Strafvollzugsanstalt *f adm;* **avanzo di** ~ Galgenvogel *m,* Galgenstrick *m;* **tipo da** ~ Knastbruder *m fam;* **vita da** ~ Hundeleben *n fam.*

galla ['galla] *f (vescica, bolla)* Blase *f; bot* Galle *f,* Wucherung *f;* **a** ~ an (*o.* auf) der Oberfläche; **stare a** ~ oben schwimmen; *fig* sich über Wasser halten; **tenersi a** ~ sich über Wasser halten; **venire a ~** auftauchen; *fig* an den Tag kommen; **pesare quanto una ~** federleicht sein; **la verità vien sempre a ~** *prov* die Wahrheit kommt immer ans Licht.

galleggiabilità [galleddʒabili'ta] ‹-› *f* Schwimmfähigkeit *f.* **galleggiamento** [...a'mento] *m* Schwimmen *n;* **linea di ~** Wasserlinie *f.* **galleggiante** [...'dʒante] **I.** *a* schwimmend, Schwimm-; **II.** *m* **1.** *naut* Wasserfahrzeug *n;* **2.** *(per la pesca, di recipiente)* Schwimmer *m.* **galleggiare** [...'dʒa:re] ‹galleggio, galleggi› *itr* (obenauf) schwimmen, treiben.

galleria [galle'ri:a] ‹-ie› *f* **1.** *(traforo)* Tunnel *m; (di talpa)* Gang *m; min* Stollen *m;* **2.** *(arch, di quadri, etc.)* Galerie *f;* **3.** *theat, film* Rang *m,* Galerie *f;* **4.** *mot, aero* Kanal *m;* **~ del vento** Windkanal *m.* **gallerista** [...'rista] ‹-i *m,* -e *f*› *mf* Galerist(in) *m(f).*

galletta [gal'letta] *f* (Schiffs)zwieback *m.*

galletto [gal'letto] *m* **1.** *zoo* Hähnchen *n,* junger Hahn; **2.** *fig fam* Gockel *m fam,* Hallodri *m fam;* **3.** *tec* Flügelmutter *f.*

gallicismo [galli'tʃizmo] *m* Gallizismus *m.* **gallico, -a** ['galliko] ‹-ci, -che› *a* gallisch.

gallina [gal'li:na] *f* Henne *f,* (Haus)huhn *n;* **avere un cervello di ~** *fam* ein Spatzenhirn haben *fam;* **andare a letto con le -e** mit den Hühnern zu Bett (*o.* schlafen) gehen; **~ vecchia fa buon brodo** *prov vulg* eine reifere Frau ist erfahrener und reizvoller in der Liebe. **gallinacei** [...li'na:tʃei] *m pl* Hühnervögel *m pl.* **gallinella** [...li'nɛlla] *f* Wasserhuhn *n.*

gallio ['galli̯o] *m* Gallium *n.*

gallismo [gal'lizmo] *m* Männlichkeitswahn *m.*

gallo ['gallo] **I.** *m zoo* Hahn *m; (a. fig)* Gockel *m fam;* **fare il ~** sich wie ein Gockel aufführen; **essere il ~ della Checca** Hahn im Korb sein; **al canto del ~** beim ersten Hahnenschrei; **troppi -i a cantare non fa mai giorno** *prov* viele Köche verderben den Brei *prov;* **II.** ‹*inv*› *a sport* Bantam-; **peso ~** Bantamgewicht *n.*

gallo, -a ['gallo] **I.** *a hist* gallisch; **II.** *m hist* Gallier *m.*

gallofilia [gallofi'li:a] ‹-ie› *f* Frankophilie *f.*

gallonare [gallo'na:re] *tr* mit Tressen versehen.

gallone¹ [gal'lo:ne] *m* **1.** *mil* Tresse *f;* **2.** *(guarnizione)* Besatz *m.*

gallone² [gal'lo:ne] *m (misura di capacità)* Gallone *f.*

galoche [ga'lɔʃ] ‹-› *v.* **caloscia.**

galoppante [galop'pante] *a* galoppierend; **infezione/inflazione ~** galoppierende Infektion/Inflation.

galoppare [galop'pa:re] *itr zoo, fig* galoppieren; *(persona)* hasten, sich abhetzen. **galoppata** [...'pa:ta] *f* Galopp *m; fig* Hetzerei *f.* **galoppino** [...'pi:no] *m* Lakai *m,* Laufbursche *m;* **~ elettorale** Wahlhelfer *m.* **galoppo** [ga'lɔppo] *m* Galopp *m;* **andare al ~** galoppieren.

galoscia [ga'lɔʃʃa] *v.* **caloscia.**

galvanico, -a [gal'va:niko] ‹-ci, -che› *a* galvanisch. **galvanismo** [...va'nizmo] *m* Galvanismus *m.* **galvanizzare** [galvanid'dza:re] *tr* **1.** *el* galvanisieren; **2.** *fig* aufrütteln. **galvanizzazione** [...dzat'ti̯o:ne] *f* **1.** *el* Galvanisierung *f;* **2.** *fig* Aufrütt(e)lung *f.* **galvanometro** [...'nɔ:metro] *m* Galvanometer *n.* **galvanoplastica** [galvano'plastika] *f* Galvanoplastik *f.* **galvanoplastico, -a** [...ko] *a* galvanoplastisch. **galvanotipia** [...noti'pi:a] ‹-ie› *f* Galvanotypie *f.*

gamba ['gamba] *f* **1.** *anat* Bein *n; (di animali a.)* Lauf *m;* **2.** *(di pantalone)* (Hosen)bein *n; (di tavolo, etc.)* Bein *n,* Fuß *m;* **3.** *mus (d'organo)* Gambenstimme *f;* **4.** *(di lettera)* (Grund)strich *m;* **viola da ~** Gambe *f,* Kniegeige *f;* **cadere a -e all'aria** *(a. fig)* aufs Kreuz fallen *fam;* **camminare a quattro -e** auf allen vieren laufen; **correre a -e levate** die Beine in die Hand (*o.* unter die Arme) nehmen; **mettere** (*o.* **mettersi) le -e in capo** die Beine in die Hand nehmen; **darsela a -e** sich davonmachen, sich aus dem Staub machen; **essere in ~** auf Draht sein, fit sein *fam; (di salute)* auf der Höhe sein; *sport* gut in Form sein; **prendere qc sotto ~** etw. auf die leichte Schulter nehmen; **raddrizzare le -e ai cani** ein Ding der Unmöglichkeit tun.

gambale [gam'ba:le] *m* (Stiefel)schaft *m.*

gamberetto [gambe'retto] *m* Garnele *f.*

gambero ['gambero] *m* Krebs *m;* **diventare rosso come un ~** krebsrot werden; **fare come i -i** im Krebsgang gehen.

gambetto [gam'betto] *m* Gambit *n.*

gambiera [gam'bi̯ɛ:ra] *f* Beinschiene *f.*

gambo ['gambo] *m* **1.** *bot* Stiel *m,* Stengel *m;* **2.** *fig* Stiel *m,* Schaft *m.*

game [geɪm] ‹-› *m sport* Spiel *n.*

gamella [ga'mɛlla] *f* Eßnapf *m*, Blechnapf *m*.
gamete [ga'mɛ:te] *m* Geschlechtszelle *f*, Gamet *m*. **gametogenesi** [gameto'dʒɛ:nezi] *f* Gametogenese *f*.
gamia [ga'mi:a] ⟨-ie⟩ *f* geschlechtliche Fortpflanzung. **gamico, -a** ['ga:miko] ⟨-ci, -che⟩ *a* geschlechtlich, Geschlechts-.
gamma[1] ['gamma] **I.** ⟨-⟩ *m ling* Gamma *n;* **II.** ⟨*inv*⟩ *a phys* Gamma-; **raggi ~** Gammastrahlen *m pl.*
gamma[2] ['gamma] *f* **1.** *(di varie gradazioni)* Skala *f;* **2.** *(serie)* Reihe *f*, Serie *f; (di prodotti, etc. a.)* Palette *f;* **3.** *mus* Tonleiter *f;* **4.** *radio* Bereich *m*, Band *n;* **~ (di lunghezza) d'onda** Wellenlänge *f*, -bereich *m*.
ganascia [ga'naʃʃa] ⟨-sce⟩ *f* **1.** *anat* Kinnlade *f;* **2.** *zoo* Ganasche *f;* **3.** *mot (del freno)* (Brems)backe *f*. **ganascino** [...'ʃi:no] *m* Bäckchen *n*.
gancio ['gantʃo] ⟨-ci⟩ *m* **1.** *gener., tec* Haken *m;* **2.** *sport* Haken *m;* **~ di traino** Anhängerkupplung *f*.
Gand [gã] *f* Gent *n*.
gang [gæŋ] ⟨-⟩ *f* Gang *f*, Bande *f*.
ganga ['gaŋga] *f* **1.** *min* Ganggestein *n;* **2.** *fam* Bande *f*, Clique *f*.
ganghero ['gaŋgero] *m* **1.** *(di porte, finestre, etc.)* Angel *f;* **2.** *(di vestito)* Häkchen *n*, Öse *f;* **uscire dai -i** aus der Haut fahren; **essere fuori dai -i** außer sich *(dat)* sein (vor Wut).
ganglio ['gaŋglio] ⟨-gli⟩ *m* **1.** *anat* Ganglion *n*, Nervenknoten *m;* **2.** *fig* Lebensnerv *m*.
gangrena [gaŋ'grɛ:na] *v.* **cancrena.**
gangster ['ganster *o.* 'gaŋgster] ⟨-⟩ *m* Gangster *m*.
ganimede [gani'mɛ:de] *m* Schönling *m*, Beau *m geh*, Lackaffe *m fam*.
ganzo, -a ['gandzo] **I.** *a fam* pfiffig, clever, abgefeimt; **II.** *m, f* **1.** *pej* Liebhaber *m*, Geliebte *f;* **2.** *fam* cleverer Bursche, Pfiffikus *m*.
gap [gæp] ⟨-⟩ *m* Kluft *f*.
gara ['ga:ra] *f* Wettkampf *m*, Wettstreit *m*, Wettbewerb *m; (lotta concorrenziale)* Konkurrenzkampf *m;* **~ d'appalto** Ausschreibungswettbewerb *m;* **fare una ~** einen Wettkampf veranstalten (*o.* austragen); **fare a ~** wetteifern (*con* mit); **essere fuori ~** ausgeschieden (*o.* aus dem Rennen) sein.
garage [ga'ra:ʒ] ⟨-⟩ *m* Garage *f; (per servizio)* (Autoreparatur)werkstatt *f*. **garagista** [gara'dʒista] ⟨-i *m*, -e *f*⟩ *mf* **1.** *(operaio)* Automechaniker(in) *m(f);* **2.** *(proprietario)* (Auto)werkstattbesitzer(in) *m(f)*.
garante [ga'rante] *mf* Bürge *m*, Garant *m*. **garantire** [...'ti:re] ⟨garantisco⟩ **I.** *tr* **1.** *(assicurare)* bürgen für; **2.** *jur* haften für; **3.** *com* Garantie leisten für; **4.** *fig* garantieren, versichern; **II.** *itr* bürgen; **III.** *rfl:* **-rsi** sich *(dat)* eine Bürgschaft besorgen. **garantito, -a** [...'ti:to] **I.** *a* garantiert; **l'automobile è -a per un anno** das Auto hat ein Jahr Garantie; **impermeabile ~** garantiert wasserfest; **II.** *adv (certamente)* garantiert, bestimmt. **garanzia** [...n'tsi:a] ⟨-ie⟩ *f* **1.** *jur* Garantie *f*, Sicherheit *f;* **2.** *fig* Zusicherung *f*, Gewähr(leistung) *f*, Sicherheit *f;* **dare ~ di serietà** Seriosität zusichern (*o.* gewährleisten).
garbare [gar'ba:re] *itr* ⟨*essere*⟩ *fam* gefallen, zusagen, passen *fam*.
garbatezza [garba'tettsa] *f* Liebenswürdigkeit *f*, angenehme Art. **garbato, -a** [...'ba:to] *a* angenehm, liebenswürdig, höflich.
garbo ['garbo] *m* **1.** *(grazia)* Charme *m*, Anmut *f; (buone maniere)* Höflichkeit *f*, Anstand *m;* **2.** *(forma)* schöne Form; *(di vestito)* Schick *m*, guter Schnitt; **con bel ~** behutsam; **con/senza ~** freundlich, nett/ungehobelt, plump.
garbuglio [gar'buʎʎo] ⟨-gli⟩ *m* Wirrwarr *m*, Gewirr *n*.
garçonne [gar'sɔn] ⟨-⟩ *f:* **alla ~** nach Jungenart, nach Männerart; **capelli alla ~** Bubikopf *m*.
garçonnière [garsɔ'njɛ:r] ⟨-⟩ *f* Junggesellenwohnung *f*.
Gardena [gar'de:na] *f:* **Val ~** Grödner Tal *n*, Gröden *n*.
gardenia [gar'dɛ:nia] ⟨-ie⟩ *f* Gardenie *f*.
garden-party ['gɑ:dn 'pɑ:tɪ] *m* Gartenfest *n*.
gardesano, -a [garde'za:no] *a* Gardasee-.
gareggiare [gared'dʒa:re] ⟨gareggio, gareggi⟩ *itr* wetteifern (*in o. a qc con qu* mit jdm um *o.* in etw.); *sport* kämpfen, antreten.
garganella [garga'nɛlla] *f:* **a ~** *adv aus der Flasche (trinken), ohne sie am Mund anzusetzen;* **bere a ~** *fig* saufen, zechen.
gargarismo [garga'rizmo] *m* **1.** *(azione)* Gurgeln *n;* **2.** *(liquido)* Gurgelmittel *n;* **fare i -i** gurgeln. **gargarizzare** [...id'dza:re] *itr* gurgeln.
garibaldino, -a [garibal'di:no] **I.** *a* Garibaldi-, von (*o.* wie) Garibaldi; **II.** *m, f* Garibaldianer(in) *m(f)*.
garitta [ga'ritta] *f* Wach(t)turm *m*.

garofano [ga'rɔ:fano] *m* Nelke *f;* **chiodi di ~** Gewürznelken *f pl.*
garrese [gar're:se] *m* Widerrist *m.*
garretto [gar'retto] *m* **1.** *zoo* Hachse *f;* **2.** *fam* Ferse *f,* Hacke *f.*
garrire [gar'ri:re] ⟨garrisco⟩ *itr (uccelli)* kreischen, lärmen, laut zwitschern; *(persona)* kreischen, keifen, zetern; **le bandiere garrivano al vento** *poet* die Fahnen knatterten im Wind. **garrito** [...'ri:to] *m* lautes Gezwitscher; *(di persona)* Gezeter *n.*
garrotta [gar'rɔtta] *f* Gar(r)otte *f,* Würgeisen *n.*
garrulo, -a ['garrulo] *a (uccelli)* zwitschernd; *(persona)* kreischend; *(loquace)* geschwätzig; *poet rar (bandiere)* knatternd.
garza ['gardza] *f* Gaze *f; (a. med)* Verbandmull *m.*
garzare [gar'dʒa:re] *tr* aufrauhen. **garzatrice** [...dʒa'tri:tʃe] *f* Rauhmaschine *f.* **garzatura** [...dʒa'tu:ra] *f* (Auf)rauhen *n.*
garzone, -a [gar'dzo:ne] *m, f* (Lauf)bursche *m,* Laufmädchen *n.*
gas [gas] ⟨-⟩ *m* Gas *n;* **~ asfissiante/esilarante/illuminante/lacrimogeno/nobile** Gift-/Lach-/Leucht-/Tränen-/Edelgas *n;* **dare ~** Gas geben; **a tutto ~** *fig fam* mit Volldampf. **gasare** [ga'za:re] *v.* **gassare. gasdotto** [gaz'dotto] *m* Gasleitung *f.* **gasista** [ga'zista] *v.* **gassista.**
gasolina® [gazo'li:na] *f* Gasolin® *n.*
gasolio [ga'zɔ:li̯o] *m* Dieselkraftstoff *m.*
gasometro [ga'zɔ:metro] *m* Gasbehälter *m.*
gassare [gas'sa:re] *tr* mit Kohlensäure versetzen. **gassato, -a** [...'sa:to] *a* mit Kohlensäure(zusatz), kohlensäurehaltig. **gassificare** [gassifi'ka:re] ⟨gassifico, gassifichi⟩ *tr* gasifizieren. **gassificazione** [...kat'tsi̯o:ne] *f* Gasifizierung *f.* **gassista** [...'sista] ⟨-i *m,* -e *f*⟩ *mf* Gasarbeiter(in) *m(f).* **gassometro** [...'sɔ:metro] *v.* **gasometro.**
gassosa [gas'so:sa] *f* Brause(getränk *n*) *f.* **gassoso, -a** [...so] *a* gasartig, gasförmig, Gas-.
gastrico, -a ['gastriko] ⟨-ci, -che⟩ *a* Magen-, gastrisch; **lavanda -a** Magenspülung *f.* **gastrite** [...'tri:te] *f* Gastritis *f.*
gastroenterico, -a [gastroen'tɛ:riko] ⟨-ci, -che⟩ *a* Magendarm-. **gastroenterite** [...te'ri:te] *f* Magendarmentzündung *f,* Gastroenteritis *f.*
gastrointestinale [gastrointesti'na:le] *a* Magendarm-, gastrointestinal.
gastronoma *f v.* **gastronomo.**
gastronomia [gastrono'mi:a] ⟨-ie⟩ *f* Gastronomie *f.* **gastronomico, -a** [...'nɔ:miko] ⟨-ci, -che⟩ *a* gastronomisch. **gastronomo, -a** [...'trɔ:nomo] *m, f* Gastronom(in) *m(f).*
gastropatia [gastropa'ti:a] ⟨-ie⟩ *f* Magenleiden *n.*
gastroscopia [gastrosko'pi:a] ⟨-ie⟩ *f* Magenspiegelung *f,* Gastroskopie *f.* **gastroscopio** [...'kɔ:pi̯o] ⟨-i⟩ *m* Gastroskop *n.*
gâteau [ga'to] ⟨-⟩ *m* Kuchen *m.*

gatta ['gatta] *f* Katze *f;* **una ~ da pelare** eine Heidenarbeit *fam; (difficile)* eine harte Nuß; **comprare la ~ nel sacco** die Katze im Sack kaufen; **fare la ~ morta** sich dumm stellen, scheinheilig tun; **~ ci cova!** da ist was faul!; **la ~ frettolosa fece i gattini ciechi** *prov* gut' Ding will Weile haben *prov;* **tanto va la ~ al lardo che ci lascia lo zampino** *prov* der Krug geht so lange zum Brunnen, bis er bricht *prov.*
gattabuia [gatta'bu:i̯a] ⟨-ie⟩ *f fam* Kittchen *n fam.*
gattesco, -a [gat'tesko] ⟨-schi, -sche⟩ *a* katzenhaft, Katzen-; **con agilità -a** flink wie ein Wiesel; **con furberia -a** schlau wie ein Fuchs.
gattimammoni *pl di* **gattomammone.**
gattinara [gatti'na:ra] ⟨-⟩ *m* Gattinara *m (trockener Rotwein aus Piemont).*
gatto ['gatto] *m* Katze *f; (maschio)* Kater *m;* **~ selvatico** Wildkatze *f;* **~ delle nevi** Schneekatze *f;* **~ a nove code** neunschwänzige Katze; **il ~ con gli stivali** der Gestiefelte Kater; **agile come un ~** flink wie ein Wiesel; **furbo come un ~** schlau wie ein Fuchs; **c'erano quattro -i** *fig* es war kaum jemand da; **al buio tutti i -i sono neri** (*o.* **bigi**) *prov* bei Nacht sind alle Katzen grau *prov;* **quando il ~ non c'è i topi ballano** *prov* wenn die Katze aus dem Haus ist, tanzen die Mäuse (auf dem Tisch) *prov.*
gattò [gat'tɔ] ⟨-⟩ *m dial süditalienisches Backofengericht aus Kartoffeln, Fleisch, Eiern und Käse.*
gattomammone [gattomam'mo:ne] ⟨gattimammoni⟩ *m* schwarzer Mann, Buhmann *m.*
gattoni [gat'to:ni] **I.** *adv* auf allen vieren; **II.** *m pl fam* Ziegenpeter *m fam.*
gattopardo [gatto'pardo] *m* große Raubkatze; *(~ africano)* Serval *m;* **~ americano** Ozelot *m.*
gaudente [gau'dɛnte] **I.** *a* genieße-

risch, Genießer-; **II.** *mf* Genießer(in) *m(f).*
gaudio ['ga:udi̯o] ‹-i› *m poet* Wonne *f.*
gaudioso, -a [gau'di̯o:so] *a poet* wonnevoll, freudig.
gavetta [ga'vetta] *f* Blechnapf *m;* **venire dalla ~** von der Pike auf dienen, sich von unten emporarbeiten.
gavotta [ga'vɔtta] *f* Gavotte *f.*
gazebo [gad'dzɛ:bo] *m* Gartenpavillon *m.*
gazza ['gaddza] *f* Elster *f;* **~ ladra** diebische Elster.
gazzarra [gad'dzarra] *f fam* Spektakel *n,* Zirkus *m fam.*
gazzella [gad'dzɛlla] *f* **1.** *zoo* Gazelle *f;* **2.** *sl (dei carabinieri) schnellster Einsatzwagen der Karabinieri;* **occhi da ~** Rehaugen *n pl.*
gazzetta [gad'dzetta] *f* Zeitung *f,* Gazette *f;* **la G~ Ufficiale** (*ab* **G.U., Gazz. Uff.**) *regelmäßige Mitteilungen der italienischen Regierung.* **gazzettino** [...'ti:no] *m* **1.** *(piccolo giornale)* (kleine) Zeitung *f;* **2.** *(parte del giornale)* Sparte *f,* Spalte *f;* **3.** *fig pej* Klatschtante *f fam,* Waschweib *n fam.* **gazzettistico, -a** [...'tistiko] ‹-ci, -che› *a pej* Käseblatt- *fam.*
gazzosa [gad'dzo:sa] *v.* **gassosa.**
Gazz. Uff. *ab di* **Gazzetta Ufficiale** *regelmäßige Mitteilungen der italienischen Regierung.*
geco ['dʒɛ:ko] ‹-chi› *m* Gecko *m.*
geiger ['gaɪgər] ‹-› *m* Geigerzähler *m.*
gel [dʒɛl] ‹-› *m* Gel *n.*
gelare [dʒe'la:re] **I.** *itr* **1.** ‹*essere*› *(diventare di ghiaccio)* frieren, gefrieren; *(stagno)* zufrieren; **2.** *(impersonale)* ‹*essere o. avere*› *meteo* frieren; **II.** *tr* ‹*avere*› erfrieren (lassen), gefrieren (lassen); *fig (sangue)* erstarren; **III.** *rfl:* **-rsi** erfrieren, (ab)frieren, gefrieren. **gelata** [...'la:ta] *f* Frost *m.*
gelataio, -a [dʒela'ta:i̯o] ‹-ai, -aie› *m, f* Eishersteller(in) *m(f); (venditore)* Eisverkäufer(in) *m(f).* **gelateria** [...te'ri:a] ‹-ie› *f* Eiscafé *n,* Eisdiele *f.* **gelatiera** [...'ti̯ɛ:ra] *f* Eismaschine *f.*
gelatina [dʒela'ti:na] *f* **1.** *gastr* Gelatine *f; (salato)* Aspik *m o. n;* **2.** *chem* Gelatine *f;* **~ esplosiva** Plastiksprengstoff *m;* **~ di frutta** Fruchtgelee *n o. m.* **gelatinoso, -a** [...ti'no:so] *a* gallertartig.
gelato, -a [dʒe'la:to] **I.** *a* (zu)gefroren, eisig; **II.** *m* Eis *n,* Speiseeis *n;* **cono ~** Eistüte *f.*
gelidezza [dʒeli'dettsa] *f* **1.** *meteo* Frost *m;* **2.** *fig* Kälte *f,* Frostigkeit *f.*
gelido, -a ['dʒɛ:lido] *a* **1.** *(acqua, stanza)* eisig, eiskalt; **2.** *fig (uomo, accoglienza, etc.)* eisig, kühl, frostig.
gelificare [dʒelifi'ka:re] ‹gelifico, gelifichi› **I.** *tr* gelatinieren; **II.** *rfl:* **-rsi** gelieren. **gelificazione** [...kat'tsi̯o:ne] *f* Gelatinierung *f;* Gelierung *f.*
gelo ['dʒɛ:lo] *m* **1.** *meteo* Frost *m,* eisige Kälte; **2.** *fig* Frostigkeit *f,* Kühle *f,* Kälte *f.* **gelone** [dʒe'lo:ne] *m* Frostbeule *f.*
gelosia[1] [dʒelo'si:a] ‹-ie› *f* **1.** *(stato d'animo)* Eifersucht *f;* **2.** *(cura attenta)* (peinliche) Sorgfalt *f;* **fare una scenata di ~** eine Eifersuchtsszene machen; **custodire qc con ~** etw. sorgsam (*o.* eifersüchtig) hüten.
gelosia[2] [dʒelo'si:a] ‹-ie› *f (di finestra)* Jalousie *f,* Rolladen *m.*
geloso, -a [dʒe'lo:so] *a* eifersüchtig (*di* auf).
gelseto [dʒel'se:to] *m* Maulbeerhain *m.* **gelsicoltura** [...sikol'tu:ra] *f* Maulbeerzucht *f.* **gelso** ['dʒɛlso] *m* Maulbeerbaum *m.*
gelsomino [dʒelso'mi:no] *m* Jasmin *m.*
gemei [dʒe'me:i] *1. pers sing del passato remoto di* **gemere.**
gemella *f v.* **gemello.**
gemellaggio [dʒemel'laddʒo] ‹-ggi› *m* Städtepartnerschaft *f.*
gemellare[1] [dʒemel'la:re] *a med* Zwillings-; **parto ~** Zwillingsgeburt *f.*
gemellare[2] [dʒemel'la:re] *tr (due città)* durch eine Städtepartnerschaft verbinden.
gemello, -a [dʒe'mɛllo] **I.** *a* **1.** *(fratelli)* Zwillings-; *(letti, etc.)* Doppel-, doppelt; **2.** *fig* ähnlich, verwandt; **II.** *m, f* Zwilling *m;* **III.** *m* **1.** *astr:* **Gemelli** Zwillinge *m pl;* **2.** ‹*pl*› *(golfini)* Twinset *n;* **3.** ‹*pl*› *(bottoni)* Manschettenknöpfe *m pl;* **sono (dei) Gemelli** ich bin (ein) Zwilling.
gemere ['dʒɛ:mere] ‹gemo, gemei *o.* gemetti, gemuto› *itr* **1.** *(piangere)* stöhnen, ächzen, wimmern; **2.** *fig (soffrire)* stöhnen; **3.** *(scricchiolare)* knarren; **4.** *(gocciolare)* sickern, tröpfeln.
geminato, -a [dʒemi'na:to] *a* Zwillings-, Doppel-. **geminazione** [...nat'tsi̯o:ne] *f* **1.** *min* Zwillingsbildung *f;* **2.** *ling* Gemination *f,* Konsonantenverdoppelung *f.*
gemito ['dʒɛ:mito] *m (lamento)* Stöhnen *n,* Ächzen *n,* Wimmern *n; (del vento)* Heulen *n.*
gemma ['dʒɛmma] *f* **1.** *bot* Knospe *f;* Auge *n;* **2.** *min* Edelstein *m;* **3.** *fig* Perle *f,* Juwel *n; (del firmamento)* Stern *m;* **la ~ dell'Adriatico** *(Vene-*

zia) die Perle der Adria. **gemmario, -a** [dʒem'ma:ri̯o] ‹-i, -ie› *a* Edelstein-. **gemmazione** [...mat'tsi̯o:ne] *f* Knospung *f.* **gemmologia** [...molo'dʒi:a] ‹-gie› *f* Gemmologie *f.*

gemo ['dʒɛ:mo] *1. pers sing pr di* **gemere.**

gemuto [dʒe'mu:to] *pp di* **gemere.**

gendarme [dʒen'darme] *m* **1.** *mil* Gendarm *m;* **2.** *fig (donna)* Feldwebel *m fam,* Dragoner *m fam.* **gendarmeria** [-'ri:a] ‹-ie› *f* Gendarmerie *f.*

gene ['dʒɛ:ne] *m* Gen *n.*

genealogia [dʒenealo'dʒi:a] ‹-gie› *f* Genealogie *f.* **genealogico, -a** [...'lɔ:dʒiko] *a* genealogisch; **albero ~** Stammbaum *m.* **genealogista** [...lo'dʒista] ‹-i *m,* -e *f*› *mf* Genealoge *m,* -login *f.*

generale[1] [dʒene'ra:le] **I.** *a* **1.** *(fatti, principi, norma)* allgemein, generell; *(comune a tutti)* umfassend, gesamt; **2.** *(direttore)* General-; *(ispettore)* Ober-; *(segretario)* Haupt-; **in ~** hauptsächlich; *(generalmente)* im allgemeinen; **II.** *m* Hauptsache *f,* Hauptteil *m;* **III.** *f pl* Allgemeinheiten *f pl,* Allgemeine(s) *n;* **stare (***o.* **tenersi** *o.* **restare) sulle -i** sich in Allgemeinheiten ergehen.

generale[2] [dʒene'ra:le] *m* **1.** *mil* General *m;* **2.** *rel* (Ordens)general *m;* **~ di corpo d'armata/brigata** Generalleutnant *m*/Brigadegeneral *m.* **generalesco, -a** [...ra'lesko] ‹-schi, -sche› *a pej* feldwebelhaft, kommandiersüchtig. **generalessa** [...ra'lessa] *f* **1.** *scherz* Frau General; **2.** *rel* Ordensvorsteherin *f;* **3.** *fig pej* Feldwebel *m fam.*

generalità [dʒenerali'ta] ‹-› *f* **1.** ‹*pl*› *adm* Personalien *pl,* Angaben *f pl* zur Person; **2.** *(maggioranza)* Allgemeinheit *f,* Mehrheit *f;* **3.** *(discorso, concetto generico)* Allgemeinheit *f;* **declinare le proprie ~** seine Personalien angeben; **nella ~ dei casi** in den meisten Fällen.

generalizzare [dʒeneralid'dza:re] *tr, itr* verallgemeinern. **generalizzazione** [...dzat'tsi̯o:ne] *f* Verallgemeinerung *f.*

generalmente [dʒeneral'mente] *adv* im allgemeinen, gewöhnlich.

generare [dʒene'ra:re] *tr* **1.** *(figlio)* zeugen; **2.** *fig (causare)* erzeugen; *(sospetto, dubbio)* erregen; *(provocare)* bewirken; **3.** *phys* erzeugen. **generativo, -a** [...ra'ti:vo] *a* (er)zeugend, (Er)zeugungs-. **generatore, -trice** [...ra'to:re] **I.** *a* erzeugend, Erzeugungs-; **II.** *m phys* Generator *m.* **generatrice** [...ra'tri:tʃe] *f* **1.** *mat* Erzeugende *f;* **2.** *el* Lademaschine *f.*

generazionale [dʒenerattsi̯o'na:le] *a* Generations-, Generationen-.

generazione [dʒenerat'tsi̯o:ne] *f* **1.** *(di coetanei)* Generation *f;* **2.** *biol* Zeugung *f;* **conflitto di -i** Generationenkonflikt *m;* **tramandare di ~ in ~** von Generation zu Generation überliefern.

genere ['dʒɛ:nere] *m* **1.** *gram* Genus *n,* Geschlecht *n;* **2.** ‹*pl*› *com* Mittel *n pl,* Güter *n pl;* **3.** *(lit, arte)* Gattung *f,* Genre *n;* **4.** *bot, zoo* Gattung *f;* **5.** *(insieme di persone)* Geschlecht *n,* Rasse *f;* *(insieme di cose a.)* Art *f;* **6.** *(tipo)* Art (und Weise) *f,* Weise *f;* **-i alimentari** Lebensmittel *n pl;* **-i di consumo** Konsumgüter *n pl;* **-i di prima necessità** Grundnahrungsmittel *n pl;* *(in casi di emergenza)* nötigste Bedarfsgüter *n pl;* **il ~ umano** das Menschengeschlecht; **in ~** im allgemeinen, gewöhnlich, meist(ens).

generica *v.* **generico.**

genericità [dʒeneritʃi'ta] ‹-› *f* Allgemeinheit *f,* Unverbindlichkeit *f.* **generico, -a** [...'nɛ:riko] ‹-ci, -che› **I.** *a* **1.** *med* allgemein, praktisch; **2.** *(discorso, risposta)* allgemein, unverbindlich, unbestimmt; **3.** *(nozione, significato)* allgemein; **medico ~** praktischer Arzt, Arzt *m* für Allgemeinmedizin; **II.** *m, f* Statist(in) *m(f),* Kleindarsteller(in) *m(f);* **III.** *m* Allgemeine(s) *n.*

genero ['dʒɛ:nero] *m* Schwiegersohn *m.*

generosa *f v.* **generoso.**

generosità [dʒenerosi'ta] ‹-› *f* **1.** *(munificenza)* Großzügigkeit *f,* Freigebigkeit *f;* **2.** *(magnanimità)* Großmut *f,* Hochherzigkeit *f.* **generoso, -a** [...'ro:so] **I.** *a* **1.** *(munifico)* großzügig, freigebig; **2.** *(magnanimo)* großherzig, großmütig; **3.** *(mancia)* großzügig; *(vino)* edel; *(scollo)* tief, offenherzig, freizügig; **II.** *m, f* großmütiger Mensch.

genesi ['dʒɛ:nezi] ‹-› **I.** *f gener.* Entstehung *f;* Genesis *f;* **II.** *f o. m rel* Genesis *f,* Schöpfung *f.*

genetica [dʒe'nɛ:tika] ‹-che› *f* Genetik *f.* **genetico, -a** [...ko] ‹-ci, -che› *a* genetisch. **genetista** [...ne'tista] ‹-i *m,* -e *f*› *mf* Genetiker(in) *m(f).*

genetliaco, -a [dʒene'tli:ako] ‹-ci, -che› *poet* **I.** *a* Geburtstags-; **giorno ~** Geburtstag *m;* **II.** *m* Geburtstag *m;* **nel ~ di ...** am Geburtstag von ...

gengiva [dʒen'dʒi:va] *f* Zahnfleisch *n.*

gengivale [...dʒi'va:le] *a* Zahnfleisch-. **gengivite** [...dʒi'vi:te] *f* Zahnfleischentzündung *f.*

genia [dʒe'ni:a] ‹-ie› *f* Gesindel *n,* Brut *f.*

geniale [dʒe'nia:le] *a* genial. **genialità** [...iali'ta] ‹-› *f* Genialität *f.*

genico, -a ['dʒɛ:niko] ‹-ci, -che› *a* Gen-.

geniere [dʒe'niɛ:re] *m* Pionier *m.*

genio¹ ['dʒɛ:nio] ‹-i› *m* **1.** *(capacità eccezionale)* Genius *m,* Genie *n,* Schöpfergeist *m;* **2.** *(persona)* Genie *n;* **3.** *(in mitologia)* Schutzgeist *m;* **4.** *(entità astratta)* Geist *m;* **5.** *(talento)* Begabung *f* (*per* für), Talent *n* (*per* für, zu); **il mio buon ~** mein guter Geist; **un uomo di ~** ein erfindungsreicher (*o.* schöpferischer) Mensch; **mi va a ~** das sagt mir zu, das liegt mir.

genio² ['dʒɛ:nio] ‹-i› *m:* **~ civile** *staatliches o. städtisches Bauamt;* **~ militare** *militärische Behörde für technische Planung u. Durchführung.*

genitale [dʒeni'ta:le] **I.** *a* genital, Genital-, Geschlechts-; **II.** *m pl* Genitalien *pl,* Geschlechtsorgane *n pl.*

genitivo [dʒeni'ti:vo] **I.** *m* Genitiv *m,* Wesfall *m;* **II.** *a* genitivisch, Genitiv-; **caso ~** Genitiv *m,* Wesfall *m.*

genitore [dʒeni'to:re] *m* **1.** *(padre)* Vater *m,* Erzeuger *m; (madre)* Mutter *f;* **2.** *m pl (padre e madre)* Eltern *pl,* Vater und Mutter. **genitrice** [...'tri:tʃe] *f poet* Schöpferin *f,* Mutter *f poet.*

gennaio [dʒen'na:io] *m* Januar *m; v. a. settembre.*

genocidio [dʒeno'tʃi:dio] ‹-i› *m* Völkermord *m.*

genotipo [dʒeno'ti:po *o.* dʒe'nɔ:tipo] *m* Genotyp *m.*

Genova ['dʒɛ:nova] *f* Genua *n.*

gentaglia [dʒen'taʎʎa] ‹-glie› *f* Pack *n,* Gesindel *n.*

gente ['dʒɛnte] *f* **1.** ‹*sing*› *gener.* Leute *pl,* Menschen *m pl;* **2.** *hist* Familie *f,* Stamm *m,* Sippe *f;* **~ di campagna** Landleute *pl,* Landvolk *n;* **~ di teatro** Theaterleute *pl;* **diritto delle -i** *jur* Völkerrecht *n;* **la ~ dice . . .** die Leute sagen . . ., man sagt . . .; **abbiamo ~ a cena** *fam* wir haben Leute zum Abendessen.

gentildonna [dʒentil'dɔnna] *f* vornehme Dame; *(nobile)* Edelfrau *f,* Adlige *f.*

gentile¹ [dʒen'ti:le] *a* **1.** *(persona, maniere)* freundlich, nett, höflich, liebenswürdig; **2.** *(lineamenti)* weich, lieblich; **3.** *(sentimenti, animo)* edel; **~ signora** gnädige Frau; *(nelle lettere)* sehr geehrte Frau . . .; **il gentil sesso** das schwache (*o.* schöne) Geschlecht.

gentile² [dʒen'ti:le] *m rel* Ungläubige(r) *mf,* Heide *m,* Heidin *f,* Nichtchrist(in) *m(f).*

gentilezza [dʒenti'lettsa] *f* **1.** *(di persona)* Freundlichkeit *f,* Höflichkeit *f,* Liebenswürdigkeit *f;* **2.** *(piacere)* Gefälligkeit *f,* Freundlichkeit *f,* Entgegenkommen *n;* **~ di modi/aspetto/sentimenti** freundliche Art/nettes Äußeres/edle Gesinnung; **per ~** bitte; wären Sie bitte so freundlich, sind Sie bitte so nett; **fammi la ~ di . . .** *inf* sei so nett und . . ., tu mir den Gefallen und . . .

gentilizio, -a [dʒenti'littsio] ‹-i, -ie› *a geh* Adels-, Familien-.

gentiluomo [dʒenti'luɔ:mo] ‹gentiluomini› *m* Adlige(r) *m,* Edelmann *m;* **comportarsi da ~** sich wie ein Ehrenmann benehmen.

gentleman ['dʒentlmən] ‹-› *m* **1.** *(signore)* Gentleman *m,* Kavalier *m;* **2.** *(signore inglese)* Gentleman *m;* **3.** *sport* Amateur *m.*

genuflessione [dʒenufles'sio:ne] *f* Kniefall *m,* Niederknien *n.* **genuflettersi** [...'flɛttersi] ‹*irr*› *rfl* niederknien, auf die Knie fallen.

genuinità [dʒenuini'ta] ‹-› *f* Echtheit *f,* Unverfälschtheit *f.* **genuino, -a** [...u'i:no] *a* echt, natürlich, unverfälscht.

genziana [dʒen'tsia:na] *f* Enzian *m.*

geocentrico, -a [dʒeo'tʃɛntriko] ‹-ci, -che› *a* geozentrisch. **geocentrismo** [...tʃen'trizmo] *m* Geozentrik *f.*

geochimica [dʒeo'ki:mika] *f* Geochemie *f.*

geode [dʒe'ɔ:de] *m* Geode *f.*

geodesia [dʒeode'zi:a] ‹-ie› *f* Erdvermessung *f,* Geodäsie *f.* **geodetico, -a** [...'dɛ:tiko] ‹-ci, -che› *a* Erdvermessungs-, geodätisch.

geodinamica [dʒeodi'na:mika] *f* Geodynamik *f.* **geodinamico, -a** [...ko] *a* geodynamisch.

geofisica [dʒeo'fi:zika] *f* Geophysik *f.* **geofisico, -a** [...ko] **I.** *a* geophysisch; **II.** *m, f* Geophysiker(in) *m(f).*

geografa *f v.* **geografo.**

geografia [dʒeogra'fi:a] *f* Geographie *f,* Erdkunde *f.* **geografico, -a** [...'gra:fiko] *a* geographisch; **atlante ~** Atlas *m;* **carta -a** Landkarte *f.* **geografo, -a** [dʒe'ɔ:grafo] *m, f* Geograph(in) *m(f).*

geolinguistica [dʒeoliŋ'guistika] *f* Sprachgeographie *f.*

geologa *f v.* **geologo.**
geologia [dʒeolo'dʒi:a] ‹-gie› *f* Geologie *f.* **geologico, -a** [...'lɔ:dʒiko] *a* geologisch. **geologo, -a** [dʒe'ɔ:logo] ‹-gi, -ghe› *m, f* Geologe *m,* -login *f.*
geomagnetismo [dʒeomaɲɲe'tizmo] *m* Erdmagnetismus *m.*
geometra [dʒe'ɔ:metra] ‹-i *m,* -e *f*› *mf* Geometer *m,* Vermessungstechniker(in) *m(f).* **geometria** [dʒeome'tri:a] ‹-ie› *f* Geometrie *f.* **geometrico, -a** [...'mɛ:triko] *a* **1.** *mat* geometrisch; **2.** *fig (esattezza, etc.)* mathematisch.
geomorfologia [dʒeomorfolo'dʒi:a] *f* Geomorphologie *f.*
geopolitica [dʒeopo'li:tika] *f* Geopolitik *f.* **geopolitico, -a** [...ko] *a* geopolitisch.
georgico, -a [dʒe'ɔrdʒiko] ‹-ci, -che› *a poet* ländlich, Ackerbau-.
geotecnica [dʒeo'tɛknika] *f* Geotechnik *f.*
geotermica [dʒeo'tɛrmika] *f* Geothermik *f.* **geotermico, -a** [...ko] *a* geothermisch.
geotropico, -a [dʒeo'trɔ:piko] *a* geotrop. **geotropismo** [...tro'pizmo] *m* Geotropismus *m.*
geranio [dʒe'ra:nio] ‹-i› *m* Geranie *f.*
gerarca [dʒe'rarka] ‹-chi› *m* **1.** *rel* Hierarch *m;* **2.** *hist pol* hohes Parteimitglied. **gerarchia** [...'ki:a] ‹-chie› *f* Hierarchie *f,* Rangordnung *f;* **le -ie celesti** die himmlischen Heerscharen *f pl.* **gerarchico, -a** [...'rarkiko] ‹-ci, -che› *a* hierarchisch.
gerbera [dʒer'bɛ:ra] *f* Gerbera *f.*
Geremia [dʒere'mi:a] *(nome proprio maschile)* Jeremias.
geremiade [dʒere'mi:ade] *f pej* ewiges Gejammer.
gerente [dʒe'rɛnte] *mf* (Geschäfts)führer(in) *m(f),* -leiter(in) *m(f).* **gerenza** [...'rɛntsa] *f* (Geschäfts)führung *f,* -leitung *f.*
gergale [dʒer'ga:le] *a* Jargon-, Slang-; **espressione ~** Slangwort *n.* **gergo** ['dʒɛrgo] ‹-ghi› *m* Jargon *m,* Slang *m;* **~ giornalistico/studentesco** Journalisten-/Studentenjargon *m.*
geriatra [dʒe'ria:tra] ‹-i *m,* -e *f*› *mf* Geriater(in) *m(f).* **geriatria** [...ia'tri:a] ‹-ie› *f* Geriatrie *f.* **geriatrico, -a** [...'ria:triko] ‹-ci, -che› *a* geriatrisch.
gerla ['dʒɛrla] *f* Tragkorb *m,* Hucke *f.*
germana *f v.* **germano.**
Germania [dʒer'ma:nia] *f* Deutschland *n;* **la Repubblica Federale di ~** die Bundesrepublik Deutschland; **vado in ~** ich fahre nach Deutschland; **la ~ è un paese molto bello** Deutschland ist ein sehr schönes Land. **germanico, -a** [...'ma:niko] ‹-ci, -che› *a* germanisch.
germanio [dʒer'ma:nio] *m* Germanium *n.*
germanismo [dʒerma'nizmo] *m* Germanismus *m.* **germanista** [...'nista] ‹-i *m,* -e *f*› *mf* Germanist(in) *m(f).* **germanistica** [...'nistika] ‹-che› *f* Germanistik *f.* **germano, -a** [...'ma:no] **I.** *a* germanisch; **II.** *m, f* Germane *m,* Germanin *f.*
germe ['dʒɛrme] *m* **1.** *biol* Keim *m,* Keimling *m;* **2.** *med* Keim *m,* Erreger *m;* **3.** *bot* Keimling *m,* Sämling *m;* **4.** *fig* Keim *m,* Ursprung *m,* Ursache *f;* **-i patogeni** Krankheitserreger *m pl;* **in ~** im Keim, keimend. **germicida** [dʒermi'tʃi:da] ‹-i, -e› **I.** *a* keimtötend, bakterizid; **II.** *m* keimtötendes Mittel, Bakterizid *n.* **germinale** [...i'na:le] *a* Keim.
germinare [dʒermi'na:re] *itr ‹essere o. avere›* keimen. **germinativo, -a** [...na'ti:vo] *a* Keim-, Keimungs-. **germinazione** [...nat'tsio:ne] *f* Keimen *n,* Keimung *f.*
germogliare [dʒermoʎ'ʎa:re] ‹germoglio, germogli› *itr ‹essere o. avere›* **1.** *bot* sprießen, treiben; **2.** *fig (idee, etc.)* keimen. **germoglio** [...'moʎʎo] ‹-gli› *m* **1.** *bot* Sproß *m,* Trieb *m;* **2.** *fig* Keim *m.*
gerocomio [dʒero'kɔ:mio] *v.* **gerontocomio.**
geroglifico, -a [dʒero'gli:fiko] ‹-ci, -che› **I.** *a ling* hieroglyphisch, Hieroglyphen-; **II.** *m* **1.** *ling* Hieroglyphe *f;* **2.** *‹di solito al pl› fig* Krähenfüße *m pl fam,* Hieroglyphen *f pl fam.*
gerontocomio [dʒeronto'kɔ:mio] ‹-i› *m* Altenheim *n.*
gerontologa *f v.* **gerontologo.**
gerontologia [dʒerontolo'dʒi:a] ‹-gie› *f* Gerontologie *f.* **gerontologo, -a** [...'tɔ:logo] ‹-gi, -ghe› *m, f* Gerontologe *m,* -login *f.*
gerundio [dʒe'rundio] ‹-i› *m* Gerundium *n.* **gerundivo, -a** [...'di:vo] *a* gerundiv.
Gerusalemme [dʒeruza'lɛmme] *f* Jerusalem *n.*
gessare [dʒes'sa:re] *tr* **1.** *(carta, bende)* (ein)gipsen; **2.** *agr* kalken, mit Kalkdünger anreichern. **gessatura** [...sa'tu:ra] *f* **1.** *agr* Kalken *n,* Anreicherung *f* mit Kalkdünger; **2.** *(di mosto)* Gipsen *n.*
gessetto [dʒes'setto] *m* Kreide *f.*
gesso ['dʒɛsso] *m* **1.** *(per lavagna)* Kreide *f;* **2.** *min* Gips *m;* **3.** *med*

Gips(verband) *m;* 4. *(scultura)* Gipsfigur *f.* **gessoso, -a** [dʒes'so:so] *a* gipshaltig, Gips-.

gesta ['dʒɛsta] *f pl lit* Heldentaten *f pl.*

gestante [dʒes'tante] *f* Schwangere *f,* werdende Mutter.

gestatorio, -a [dʒesta'tɔ:ri̯o] ‹-i, -ie› *a:* **sedia -a** Tragsessel *m* (des Papstes).

gestazione [dʒestat'tsi̯o:ne] *f* 1. *med* Schwangerschaft *f;* 2. *fig* Bearbeitung *f,* Vorbereitung *f;* **in ~** in Bearbeitung, in Vorbereitung.

gesticolare [dʒestiko'la:re] *itr* gestikulieren.

gestionale [dʒesti̯o'na:le] *a* (Geschäfts)führungs-, (Geschäfts)leitungs-. **gestione** [...'ti̯o:ne] *f* (Geschäfts)führung *f,* -leitung *f.*

gestire¹ [dʒes'ti:re] ‹gestisco› *tr com, jur* leiten, führen, abwickeln.

gestire² [dʒes'ti:re] ‹gestisco› *itr (gesticolare)* gestikulieren.

gesto ['dʒɛsto] *m* Geste *f,* Gebärde *f;* **ha fatto un bel ~** das war eine nette Geste von ihm (*o.* ihr).

gestore [dʒes'to:re] *m* (Geschäfts)führer *m,* -leiter *m.*

gestuale [dʒestu'a:le] *a* Gesten-, Gebärden-.

Gesù [dʒe'zu] *m* Jesus *m.*

gesuita [dʒezu'i:ta] ‹-i› *m* 1. *rel* Jesuit *m;* 2. *pej* Heuchler *m.* **gesuitico, -a** [...'i:tiko] ‹-ci, -che› *a* 1. *rel* jesuitisch, Jesuiten-; 2. *pej* heuchlerisch. **gesuitismo** [...ui'tizmo] *m* Jesuitentum *n.*

gettare [dʒet'ta:re] I. *tr* 1. *gener.* (weg)werfen, (weg)schmeißen; 2. *naut (ancora, reti)* auswerfen; 3. *agr (seme, etc.)* (aus)säen; 4. *arch (fondamenta)* legen; 5. *(statua, etc.)* gießen; 6. *(radici, ponte)* schlagen; 7. *(grido)* ausstoßen; **~ via qc** etw. wegwerfen; **~ le braccia al collo a qu** jdm die Arme um den Hals werfen; **~ le basi per** (*o.* **di) qc** den Grundstein zu etw. legen; **~ i denari/il tempo** Geld/Zeit vergeuden; **la ferita getta sangue/pus** die Wunde blutet/eitert; II. *itr* 1. *bot* keimen, treiben; 2. *(rubinetto, fontana)* fließen, laufen; III. *rfl:* **-rsi** 1. *gener.* sich werfen, sich schmeißen, sich stürzen (*su* auf); 2. *(fiume)* münden, sich ergießen; **-rsi a terra/sul divano/in ginocchio** sich auf den Boden/auf das Sofa/auf die Knie werfen; **-rsi ai piedi di qu** jdm zu Füßen fallen, sich jdm vor die Füße werfen. **gettata** [...'ta:ta] *f* 1. *(di metalli, etc.)* Guß *m;* 2. *(diga)* Damm *m.*

gettito ['dʒɛttito] *m* Ertrag *m.*

getto ['dʒɛtto] *m* 1. *bot* Sproß *m,* Trieb *m;* 2. *(di liquido)* Strahl *m;* 3. *(di metallo)* Guß *m;* 4. *(di calcestruzzo)* (Beton)schüttung *f;* **a ~ continuo** *fig* ununterbrochen; **di ~** *fig* flüssig, zügig.

gettonare [dʒetto'na:re] *tr fam* 1. *(disco)* spielen lassen; 2. *scherz tel* anrufen. **gettonato, -a** [...'na:to] *a fam* gespielt, gedrückt; **la canzone più -a dell'anno** das meistgespielte Lied des Jahres, der Musikboxschlager des Jahres.

gettone [dʒet'to:ne] *m* 1. *gener.* (Einwurf)münze *f,* -marke *f;* 2. *(al gioco)* Spielmarke *f,* Jeton *m;* **telefono a -i** Münzfernsprecher *m;* **~ del telefono** (*o.* **telefonico)** Telefonmünze *f;* **~ di presenza** Anwesenheitsgeld *n,* Sitzungsgeld *n.* **gettoniera** [...to'ni̯ɛ:ra] *f* Münzbüchse *f,* Münzkassette *f.*

geyser ['gaɪzə] ‹-› *m* Geysir *m,* Geiser *m.*

ghenga ['gɛŋga] ‹-ghe› *f scherz* Clique *f.*

ghepardo [ge'pardo] *m* Gepard *m.*

gheriglio [ge'riʎʎo] ‹-gli› *m* (Nuß)kern *m.*

ghermire [ger'mi:re] ‹ghermisco› *tr* 1. *zoo* (mit den Krallen) packen (*o.* greifen); 2. *fig* entreißen, fortnehmen; **~ un segreto a qu** jdm ein Geheimnis entreißen.

gherone [ge'ro:ne] *m* 1. *(di camicia)* Zwickel *m;* 2. *naut* Schothorn *n.*

ghetta ['getta] *f* Gamasche *f.*

ghetto ['getto] *m* G(h)etto *n.*

ghiacciaia [gi̯at'tʃa:i̯a] ‹-aie› *f* Eis-, Kühlschrank *m.*

ghiacciaio [gi̯at'tʃa:i̯o] ‹-ai› *m* Gletscher *m.*

ghiacciare [gi̯at'tʃa:re] ‹ghiaccio, ghiacci› I. *itr ‹essere›* (zu)frieren, gefrieren; II. *tr ‹avere›* 1. *(gelare)* gefrieren, vereisen, zu Eis werden (lassen); 2. *fig* erstarren lassen; III. *rfl:* **-rsi** (zu)frieren, gefrieren. **ghiacciata** [...'tʃa:ta] *f* Eisgetränk *n.* **ghiacciato, -a** [...'tʃa:to] *a* 1. *(strada, terreno)* vereist, gefroren; 2. *(aria, vento)* eiskalt, eisig; 3. *(piedi, mani, faccia)* eiskalt, eisig.

ghiaccio ['gi̯attʃo] ‹-cci› *m* Eis *n;* **~ secco** Trockeneis *n;* **pattinaggio sul ~** Eiskunstlauf *m,* Schlittschuhlaufen *n;* **rompere il ~** *(a. fig)* das Eis brechen; **rimanere di ~** *fig* erstarren, wie erstarrt sein; **essere un pezzo di ~** *fig* ein Eisklumpen sein, durchgefroren sein; **avere le mani/i piedi di ~** eiskalte Hände/Füße haben.

ghiaccio, -a ['gi̯attʃo] ‹-cci, -cce› *a* eisig, eiskalt. **ghiacciolo** [...'tʃɔ:lo] *m* **1.** *(pezzo di ghiaccio)* Eiszapfen *m;* **2.** *gastr* Wassereis *n.*
ghiaia ['gi̯a:i̯a] ‹-aie› *f* Kies *m.* **ghiaione** [gi̯a'i̯o:ne] *m* Geröll-, Berghalde *f.* **ghiaioso, -a** [gi̯a'i̯o:so] *a* kiesig, Kies-.
ghianda ['gi̯anda] *f* Eichel *f.* **ghiandaia** [...'da:i̯a] ‹-aie› *f* Eichelhäher *m.*
ghiandola ['gi̯andola] *f* Drüse *f.* **ghiandolare** [...'la:re] *a* Drüsen-, glandulär.
ghiera ['gi̯ɛ:ra] *f* Ring *m; (a. di bastone, ombrello)* Zwinge *f.*
ghigliottina [giʎʎot'ti:na] *f* Guillotine *f,* Fallbeil *n.* **ghigliottinare** [...ti'na:re] *tr* auf der Guillotine hinrichten, guillotinieren.
ghignare [giɲ'ɲa:re] *itr* grinsen. **ghignata** [...'ɲa:ta] *f,* **ghigno** ['giɲɲo] *m* Grinsen *n.*
ghingheri ['giŋgeri] : **in ~** *adv fam scherz* herausgeputzt, aufgetakelt.
ghiotto, -a ['gi̯otto] *a* **1.** *(persona)* naschhaft; **2.** *(cibo)* schmackhaft, lekker *fam;* **è ~ di dolci** er mag gern Süßigkeiten, er nascht gern. **ghiottone, -a** [...'to:ne] *m, f* **1.** *(persona)* Schlemmer *m,* Leckermaul *n;* **2.** *zoo* Vielfraß *m;* **è un gran ~ di dolci** er ist ganz versessen auf Süßigkeiten. **ghiottoneria** [...tone'ri:a] ‹-ie› *f* **1.** *(avidità)* Naschhaftigkeit *f;* **2.** *gastr* Leckerbissen *m;* **3.** *fig* Leckerbissen *m,* Rarität *f.*
ghiozzo ['gi̯ɔddzo] *m* Grundel *f,* Gründling *m.*
ghiribizzo [giri'biddzo] *m fam* Schnapsidee *f fam.*
ghirigoro [giri'gɔ:ro] *m* Schnörkel *m.*
ghirlanda [gir'landa] *f* **1.** *(di fiori, foglie)* Girlande *f,* Kranz *m;* **2.** *arch* Feston *n.*
ghiro ['gi:ro] *m* Siebenschläfer *m;* **dormire come un ~** schlafen wie ein Murmeltier.
ghisa ['gi:za] *f* Gußeisen *n.*
già [dʒa] *adv* **1.** *(prima d'ora)* schon, bereits; **2.** *(sin d'ora)* jetzt schon; **3.** *(ormai)* nun(mehr), schon; **4.** *(ex)* früher, ehemalig, Ex-; **5.** *(assenso)* gewiß, freilich, schon; **6.** *(rafforzativo)* gewiß; **~ ~** schon gut; ja, ja.

giacca ['dʒakka] ‹-cche› *f* Jacke *f; (indumento maschile)* Jackett *n,* Sakko *m;* **~ a vento** Anorak *m,* Windjacke *f;* **~ ad un petto/a doppia petti** Einreiher *m*/Zweireiher *m.*
giacché [dʒak'ke] *con* da ... (schon), weil ... (schon).
giacchetta [dzak'ketta] *f* Jacke *f.* **giacchetto** [...to] *m* Jackett *n.*
giaccio ['dʒattʃo] *1. pers sing pr di* **giacere.**
giacente [dʒa'tʃɛnte] *a (posta)* (post)lagernd; *(pratica)* unerledigt. **giacenza** [...'tʃɛntsa] *f* Lagerbestand *m,* Lager *n;* **-e di magazzino** Lagerbestand *m;* **capitale in ~** brachliegendes Kapital.
giacere [dʒa'tʃe:re] ‹giaccio, giaci, giacqui, giaciuto› *itr ‹essere›* liegen; *(fig a.)* ruhen; **~ supino/bocconi/sul fianco** auf dem Rücken/Bauch/der Seite liegen; **qui giace ...** *(sulle tombe)* hier ruht (in Frieden); **la pratica giace inevasa** die Sache (*o.* Akte) ruht (*o.* ist noch nicht bearbeitet); **il capitale giace inutilizzato** das Kapital liegt brach.
giaciglio [dʒa'tʃiʎʎo] ‹-gli› *m* Lager *n,* Schlafgelegenheit *f.*
giacimento [dʒatʃi'mento] *m* Vorkommen *n,* Lager *n.*
giacinto [dʒa'tʃinto] *m* **1.** *bot* Hyazinthe *f;* **2.** *min* Hyazinth *m.*
giaciuto [dʒa'tʃu:to] *pp di* **giacere.**
Giacobbe [dʒa'kɔbbe] *(nome proprio maschile)* Jakob.
Giacomo ['dʒa:komo] *(nome proprio maschile)* Jakob.
giacomo giacomo ['dʒa:komo 'dʒa:komo] : **far ~** *fam* schlottern (*da* vor).
giacqui ['dʒakku̯i] *1. pers sing del passato remoto di* **giacere.**
giaculatoria [dʒakula'tɔ:ri̯a] ‹-ie› *f* **1.** *rel* Stoßgebet *n;* **2.** *scherz* Leier *f,* Litanei *f.*
giada ['dʒa:da] *f* Jade *m o. f;* **verde ~** jadegrün.
giaggiolo [dʒad'dʒɔ:lo] *m* Schwertlilie *f,* Iris *f.*
giaguaro [dʒa'gu̯a:ro] *m* Jaguar *m.*
giallastro, -a [dʒal'lastro] *a* gelblich, schmutziggelb. **gialliccio, -a** [...'littʃo] ‹-cci, -cce› *a* gelblich.
giallista [dʒal'lista] ‹-i *m,* -e *f*› *mf* Kriminalschriftsteller(in) *m(f).*
giallo, -a ['dʒallo] **I.** *a* **1.** *(colore)* gelb; **2.** *lit, film, theat, TV* Kriminal-, Krimi- *fam;* **farina -a** Maismehl *n;* **febbre -a** Gelbfieber *n;* **pagine -e** gelbe Seiten *f pl;* **romanzo ~** Kriminalroman *m,* Krimi *m fam;* **film ~** Kriminalfilm *m,* Krimi *m fam;* **II.** *m* **1.** *(colore)* Gelb *n;* **2.** *lit* Kriminalroman *m,* Krimi *m fam; film* Kriminalfilm *m,* Krimi *m fam;* **~ dell'uovo** Eigelb *n;* **~ di Siena** Sienamarmor *m;* **passare col ~** bei Gelb über die Ampel fahren. **giallognolo, -a** [...'loɲɲolo] *a*

blaßgelb, gelblich. **giallorosa** [-'rɔ:za] ‹*inv*› *a* kitschig, Kitsch-; *(stampa, etc.)* Boulevard-.

giambo ['dʒambo] *m* Jambus *m.*

giammai [dʒam'ma:i] *adv poet* nie, niemals.

gianduia [dʒan'du:i̯a] ‹-ie› *m gastr* Gianduja(schokolade *f*) *n.*

Gianna ['dʒanna] *(nome proprio femminile)* Hanna.

Gianni ['dʒanni] *(nome proprio maschile)* Hans.

giansenismo [dʒanse'nizmo] *m* Jansenismus *m.* **giansenista** [...'nista] ‹-i *m,* -e *f*› *mf* Jansenist(in) *m(f).* **giansenistico, -a** [...'nistiko] ‹-ci, -che› *a* jansenistisch.

Giappone [dʒap'po:ne] *m:* **il ~** Japan *n.* **giapponese** [...po'ne:se] **I.** *a* japanisch; **II.** *mf* Japaner(in) *m(f).* **giapponeseria** [...ponese'ri:a] ‹-ie› *f pej* (japanischer) Krimskrams *m,* Nippes *pl.*

giara ['dʒa:ra] *f* Amphore *f,* Kanne *f.*

giardinaggio [dʒardi'naddʒo] ‹-ggi› *m* Gartenbau *m.*

giardinetta [dʒardi'netta] *f* Kombiwagen *m,* Kombi *m fam.*

giardiniera [dʒardi'ni̯ɛ:ra] **1.** *mot* Kombiwagen *m,* Kombi *m fam;* **2.** *gastr* Mischgemüse *n; (sottaceti)* Mixpickles *pl;* **3.** *(mobile)* Blumenständer *m;* **maestra ~** Kindergärtnerin *f;* **zuppa ~** Gemüsesuppe *f.* **giardiniere, -a** [...re] *m, f* Gärtner(in) *m(f).*

giardino [dʒar'di:no] *m* Garten *m;* **~ botanico** botanischer Garten; **~ pubblico** (öffentlicher) Park *m;* **~ zoologico** Zoo *m,* Tiergarten *m;* **~ d'infanzia** Kindergarten *m;* **città ~** Gartenstadt *f.*

giarrettiera [dʒarret'ti̯ɛ:ra] *f* **1.** *(per donna)* Strumpfband *n; (di reggicalza)* Strumpfhalter *m;* **2.** *(per uomo)* Sockenhalter *m;* **ordine della ~** Hosenbandorden *m.*

giavellottista [dʒavellot'tista] ‹-i *m,* -e *f*› *mf* Speerwerfer(in) *m(f).* **giavellotto** [...'lɔtto] *m* **1.** *mil* Wurfspieß *m,* Lanze *f;* **2.** *sport* Speer *m.*

gibbo ['dʒibbo] *m* Höcker *m,* Buckel *m.*

gibbone [dʒib'bo:ne] *m* Gibbon *m.*

gibbosità [dʒibbosi'ta] ‹-› *f* Buck(e)ligkeit *f; (del terreno a.)* Unebenheit *f.* **gibboso, -a** [...'bo:so] *a* buck(e)lig; *(terreno a.)* uneben.

giberna [dʒi'bɛrna] *f* Patronentasche *f.*

gibigian(n)a [dʒibi'dʒa:na (...'dʒanna)] *f lomb* Lichtschimmer *m;* **fare la ~** *fig* sich aufdonnern, sich auftakeln.

Gibilterra [dʒibil'tɛrra] *f* Gibraltar *n.*

gigante [dʒi'gante] **I.** *a* riesig, riesengroß, Riesen-; **i Monti Giganti** das Riesengebirge; **II.** *m* **1.** *poet* Gigant *m,* Riese *m;* **2.** *(persona imponente)* Riese *m,* Hüne *m;* **3.** *fig* Titan *m,* Größe *f;* **fare passi da ~** Riesenschritte machen. **giganteggiare** [-d'dʒa:re] ‹giganteggio, giganteggi› *itr* **1.** *(edificio, albero, etc.)* (riesenhaft) hervor-, herausragen; **2.** *fig* hervorragen, hervorstechen. **gigantesco, -a** [...'tesko] ‹-schi, -sche› *a* riesenhaft, riesig, Riesen-. **gigantessa** [...'tessa] *f scherz, pej* Riesin *f.* **gigantismo** [...'tizmo] *m* **1.** *med* Gigantismus *m,* Riesenwuchs *m;* **2.** *fig* Gigantismus *m.*

gigliaceo, -a [dʒiʎ'ʎa:tʃeo] *a* lilienartig, Lilien-. **gigliato, -a** [...'ʎa:to] *a* Lilien-.

giglio ['dʒiʎʎo] ‹-gli› *m* Lilie *f.*

gigolo [ʒigɔ'lo] ‹-› *m* Gigolo *m.*

gilda ['dʒilda] *f* Gilde *f,* Zunft *f.*

gilè [dʒi'lɛ] ‹-› *m* Weste *f.*

gillette® [dʒɪ'let] ‹-› **I.** *m (rasoio)* Rasierapparat *m;* **II.** *f (lametta)* Rasierklinge *f.*

gimcana [dʒim'ka:na] *v.* **gincana.**

gin [dʒin] ‹-› *m* Gin *m.*

Gina ['dʒi:na] *nome proprio femminile.*

gincana [dʒiŋ'ka:na] *f* Gymkhana *n.*

ginecologa *f v.* **ginecologo.**

ginecologia [dʒinekolo'dʒi:a] ‹-gie› *f* Gynäkologie *f,* Frauenheilkunde *f.* **ginecologico, -a** [...'lɔ:dʒiko] *a* gynäkologisch. **ginecologo, -a** [...'kɔ:logo] ‹-gi, -ghe› *m, f* Gynäkologe *m,* -login *f.*

ginepro [dʒi'ne:pro] *m* Wacholder *m.*

ginestra [dʒi'nɛstra] *f* Ginster *m.*

Ginevra [dʒi'ne:vra] **I.** *m (cantone)* Genf *n;* **II.** *f (città)* Genf *n.*

gingillarsi [dʒindʒil'larsi] *rfl* **1.** *(giocherellare)* herumspielen (*con* mit, an); **2.** *fig* herumtrödeln. **gingillo** [...'dʒillo] *m* **1.** *(ninnolo)* Krimskrams *m,* Nippes *pl;* **2.** *(occupazione vana)* Tändelei *f,* (Herum)spielerei *f.* **gingillone, -a** [...'lo:ne] *m, f fam pej* Tranfunzel *f fam,* Trödler(in) *m(f).*

ginnasiale [dʒinna'zi̯a:le] **I.** *a* Gymnasial-, Gymnasium(s)-; **II.** *mf* Gymnasialschüler(in) *m(f).* **ginnasio** [...'na:zi̯o] ‹-i› *m* Gymnasium *n.*

ginnasta [dʒin'nasta] ‹-i *m,* -e *f*› *mf* Turner(in) *m(f).* **ginnastica** [...'nastika] ‹-che› *f* **1.** *sport* Gymnastik *f;* **2.** *fig* Übung *f;* **~ correttiva** (*o.* **medica**) Krankengymnastik *f;* **~ mentale** Denkübung *f,* Gedächtnistraining *n.* **ginnastico, -a** [...'nastiko] ‹-ci, -che› *a,* **ginnico, -a** ['dʒinniko] ‹-ci, -che› *a* gymnastisch, Gymnastik-; **percorso** (*o.* **sentiero**) ~ Trimm-dich-Pfad *m.*

Gino ['dʒi:no] *v.* **Luigi.**

ginocchiera [dʒinok'ki̯ɛ:ra] *f* Knieschützer *m.* **ginocchio** [...'nɔkki̯o] ‹-cchi *m o.* -cchia *f*› *m* Knie *n;* **piegare il** ~ einen Knicks machen; *rel* eine Kniebeuge machen; **piegare le -cchia** *fig* sich erniedrigen (*o.* unterordnen), in die Knie gehen; **stare in** ~ knien; **mettersi in** ~ *fig* sich kleinmachen, sich beugen; **arrivare fino al** ~ bis zum (*o.* ans) Knie gehen; **far venire il latte alle -cchia** auf die Nerven gehen. **ginocchioni** [...nok'ki̯o:ni] *adv* auf den Knien; **starsene** ~ knien.

Gioacchino [dʒoak'ki:no] *(nome proprio maschile)* Joachim.

giocare [dʒo'ka:re] ‹gioco, giochi› **I.** *itr* **1.** *gener.* spielen (*con* mit, *a qc* etw.); **2.** *sport* spielen (*a qc* etw.); **3.** *fin* spekulieren; **4.** *tec* Spiel haben; ~ **a palla/bocce/carte/scacchi** Ball/Boccia/Karten/Schach spielen; ~ **al lotto** im Lotto spielen; ~ **agli indiani** Indianer spielen; ~ **con la propria vita/salute** sein Leben/seine Gesundheit aufs Spiel setzen; **è uno che gioca** er ist ein Spieler; **in tali circostanze gioca la fortuna** in solchen Fällen spielt das Glück mit; **a che gioco giochiamo?** *fig* was wird hier gespielt?, was ist hier los?; **chi è fortunato in amore non giochi a carte** *prov* Pech im Spiel, Glück in der Liebe *prov;* **II.** *tr* **1.** *(al gioco)* spielen; *(carta)* (aus)spielen; *(somma)* setzen, spielen um; **2.** *fig* betrügen, täuschen; **III.** *rfl:* **-rsi 1.** *(stima, carriera, etc.)* verspielen, riskieren, verlieren; **2.** *(al gioco)* verspielen; **-rsi l'anima** (*o.* **l'osso del collo**) Kopf und Kragen riskieren; **-rsi anche la camicia** sein letztes Hemd verspielen. **giocata** [...'ka:ta] *f* **1.** *(mossa)* Zug *m,* Spiel *n;* **2.** *(puntata)* Einsatz *m,* Spiel *n;* **3.** *(partita)* Spiel *n,* Partie *f;* **4.** *(al lotto)* Tip *m.* **giocatore, -trice** [...ka'to:re] *m, f* **1.** *(di scopone, biliardo, sport)* Spieler(in) *m(f);* **2.** *pej* Spieler(in) *m(f),* Spekulant(in) *m(f).* **giocattolo** [...'kattolo] *m* Spielzeug *n.* **giocherellare** [dʒokerel'la:re] *itr* (herum)spielen. **giocherellone, -a** [...'lo:ne] *a* verspielt; *(persona a.)* leichtlebig. **giochetto** [...'ketto] *m* **1.** *(divertimento)* Spielchen *n;* **2.** *fig* leichtes Spiel, Kinderspiel *n.* **gioco** ['dʒɔ:ko] ‹-chi› *m* **1.** *gener., sport, fig* Spiel *n;* **2.** *(giocattolo)* Spiel *n,* Spielzeug *n;* **3.** *tec* Spiel *n,* Toleranz *f;* ~ **d'azzardo** Glücksspiel *n;* ~ **di società** Gesellschaftsspiel *n;* ~ **degli scacchi/del lotto** Schach-/Lottospiel *n;* ~ **da bambini** Kinderspiel *n;* ~ **da ragazzi** *fig* Kinderspiel *n,* leichtes Spiel; **i -chi olimpici** die Olympischen Spiele; **-chi d'acqua/di luce** Wasser-/Lichtspiele *n pl;* **il** ~ **della fortuna** die Launen *f pl* des Schicksals; **campo da** ~ Spielfeld *n;* **fare il** ~ **di qu** jdm in die Hände spielen; **fare il doppio** ~ ein falsches (*o.* doppeltes) Spiel treiben; **essere/entrare in** ~ im Spiel sein/ins Spiel kommen; **mettere in** ~ **qc** etw. aufs Spiel setzen; **cambiar** ~ *fig* die Taktik ändern; **prendersi** ~ **di qu** sich über jdn lustig machen, sein Spiel mit jdm treiben; **avere buon** ~ leichtes Spiel haben; **il** ~ **non vale la candela** *prov* das ist den Aufwand nicht wert; **ogni bel** ~ **dura poco** *prov* alles Schöne hat einmal ein Ende. **giocoforza** [dʒoko'fɔrtsa] ‹-› *m:* **essere** ~ ... *inf* nötig (*o.* unvermeidlich) sein zu ...; **è** ~ **andarci** da muß man hingehen.

giocoliere, -a [dʒoko'li̯ɛ:re] *m, f* Jongleur(in) *m(f).*

giocondità [dʒokondi'ta] ‹-› *f* Heiterkeit *f.* **giocondo, -a** [...'kondo] *a* heiter.

giocoso, -a [dʒo'ko:so] *a* heiter; **opera -a** Opera buffa *f,* heiter-komische Oper.

giogaia [dʒo'ga:i̯a] ‹-aie› *f* Gebirgskette *f.*

giogo ['dʒo:go] ‹-ghi› *m* **1.** *(per animali)* Joch *n,* Geschirr *n;* **2.** *fig* Joch *n;* **3.** *geog* Joch *n;* **4.** *(di bilancia)* Waagebalken *m.*

gioia[1] ['dʒɔ:i̯a] ‹-ie› *f (emozione)* Freude *f;* **darsi alla pazza** ~ sich ins Vergnügen stürzen; **quel figlio è tutta la sua** ~ dieses Kind ist seine (*o.* ihre) ganze Freude.

gioia[2] ['dʒɔ:i̯a] ‹-ie› *f* **1.** *min* Edelstein *m;* **2.** *(gioiello)* Juwel *m o. n.* **gioielleria** [dʒoi̯elle'ri:a] ‹-ie› *f* **1.** *(negozio)* Juweliergeschäft *n;* **2.** *(arte)* Goldschmiedekunst *f.* **gioielliere, -a** [...'li̯ɛ:re] *m, f* Juwelier(in) *m(f).* **gioiello** [dʒo'i̯ɛllo] *m* **1.** Schmuck *m;* **2.** *fig* Juwel *n,* Perle *f.*

gioioso, -a [dʒo'i̯o:so] *a* fröhlich, freudig, freudevoll.

gioire [dʒo'i:re] ‹gioisco› *itr* jubeln; ~ **di qc** über etw. hocherfreut sein.

Giorgia ['dʒordʒa] *nome proprio femminile.*

Giorgio ['dʒordʒo] *(nome proprio maschile)* Georg.

giornalaio, -a [dʒorna'la:i̯o] ‹-ai, -aie› *m, f* Zeitungsverkäufer(in) *m(f)*, -händler(in) *m(f)*. **giornale** [...'na:le] *m* **1.** *gener.* Zeitung *f*, Tageszeitung *f*; **2.** *radio, film, TV* Nachrichten *f pl*; **3.** *(registro)* Journal *n*, Buch *n*; *(diario)* Tagebuch *n*; ~ **di bordo** Schiffstagebuch *n*, Logbuch *n*; ~ **di classe** Klassenbuch *n*; ~ **di moda** Modezeitschrift *f*, Modejournal *n*; ~ **di viaggio** Reisejournal *n*; ~ **radio** (*ab* **GR**) Rundfunknachrichten *f pl*. **giornaletto** [...na'letto] *m fam* Comic-Heft *n*.

giornaliero, -a [dʒorna'li̯ɛ:ro] **I.** *a* **1.** *(quotidiano)* (all)täglich, Tage(s)-; **2.** *(variabile)* wechselnd, schwankend; **II.** *m, f* Tagelöhner(in) *m(f)*.

giornalino [dʒorna'li:no] *m fam* Comic-Heft *n*.

giornalismo [dʒorna'lizmo] *m* Journalismus *m*, Zeitungswesen *n*. **giornalista** [...'lista] ‹-i *m*, -e *f*› *mf* Journalist(in) *m(f)*. **giornalistico, -a** [...'listiko] ‹-ci, -che› *a* journalistisch, Zeitungs-.

giornalmente [dʒornal'mente] *adv* täglich, jeden Tag.

giornata [dʒor'na:ta] *f* **1.** *gener.* Tag *m*, Tagesablauf *m*; **2.** *com* Tagelohn *m*; **3.** *sport* Spieltag *m*, Runde *f*; **uova di** ~ (lege)frische Eier *n pl*; **in** ~ im Lauf(e) des Tages; **a -e** tageweise; **lavorare a** ~ im Tagelohn arbeiten (*o.* stehen); **vivere alla** ~ in den Tag hineinleben.

giorno ['dʒorno] *m* Tag *m*; *(ricorrenza)* Tag *m*, Jahrestag *m*; ~ **feriale/festivo/lavorativo** Werk-/Feier-/Arbeitstag *m*; ~ **della mamma/del papà** Mutter-/Vatertag *m*; **punto a** ~ Hohlsaumstich *m*; **la donna/l'uomo/il film del** ~ die Frau/der Mann/der Film des Tages; **piatto del** ~ Tagesgericht *n*; **i fatti del** ~ die Tagesereignisse *n pl*; **buon** ~ *v.* **buongiorno; al** (*o.* **il**) ~ am Tag, täglich; **di** ~ tags(über), bei Tag; **di** ~ **in** ~ von Tag zu Tag; **di tutti i -i** alltäglich, Alltags-; **da un** ~ **all'altro** von einem Tag zum anderen, von heute auf morgen; **un** ~ **o l'altro** irgendwann, eines Tages; ~ **per** ~ Tag für Tag; **in pieno** ~ am hellichten Tag; **sul far del** ~ bei Tagesanbruch; **al** ~ **d'oggi** heutzutage; **a** ~ **fatto** zu fortgeschrittener Tageszeit, am hellen Tag; **ai nostri -i** zu unserer Zeit; **a -i alterni** jeden zweiten Tag; **uno di questi -i** in diesen Tagen, an einem dieser Tage; **illuminare a** ~ taghell beleuchten; **tutto il santo** ~ *fam* den lieben langen Tag *fam.*

giostra ['dʒɔstra] *f* **1.** *(nelle fiere)* Karussell *n*; **2.** *hist* Tjost *f*. **giostrare** [dʒos'tra:re] *itr* sich durchlavieren.

giovamento [dʒova'mento] *m* Nutzen *m*, Vorteil *m*.

giovane ['dʒo:vane] **I.** *a* jung; **animale** ~ junges Tier, Jungtier *n*; **II.** *mf* **1.** *gener.* Jugendliche(r) *mf*; Junge *m*, junger Mann; (junges) Mädchen *n*; **2.** *(aiutante)* Gehilfe *m*, Gehilfin *f*; **da** ~ in der Jugend(zeit), als Jugendliche(r); **Plinio il** ~ Plinius der Jüngere; **III.** *adv* jugendlich. **giovanetto, -a** [dʒova'netto] *m, f* Jüngling *m*, Knabe *m*; (junges) Mädchen *n*. **giovanile** [...'ni:le] *a* jugendlich.

Giovanna [dʒo'vanna] *(nome proprio femminile)* Johanna.

Giovanni [dʒo'vanni] *(nome proprio maschile)* Johannes.

giovanotto [dʒova'nɔtto] *m* **1.** *(uomo giovane)* junger Mann, Bursche *m*; **2.** *fam (scapolo)* Junggeselle *m*.

giovare [dʒo'va:re] **I.** *itr* ‹*avere o. essere*› nützen, nützlich sein; **non giova ...** *inf* es nützt nichts, zu ...; **II.** *rfl*: **-rsi di qu/qc** sich *(dat)* jdn/etw. zunutze machen, jdn/etw. in Anspruch nehmen.

giove ['dʒɔ:ve] *m* Jupiter *m*; **per ~!** *fam* beim Zeus!

giovedì [dʒove'di] ‹-› *m* Donnerstag *m*; ~ **grasso** fetter (*o.* schmutziger) Donnerstag *m*, (Alt)weiberfastnacht *f*; ~ **santo** Gründonnerstag *m*; *v. a.* *lunedì.*

giovenca [dʒo'vɛŋka] ‹-che› *f* Kalbe *f*.

gioventù [dʒoven'tu] ‹-› *f* Jugend *f*; **amori/errori di** ~ Jugendlieben *f pl*/Jugendsünden *f pl*; **in** ~ in der Jugend.

giovevole [dʒo've:vole] *a* bekömmlich (*a* für), heilsam (*a* für).

gioviale [dʒo'vi̯a:le] *a* heiter. **giovialità** [...i̯ali'ta] ‹-› *f* Heiterkeit *f*.

giovinastro [dʒovi'nastro] *m* (junger) Flegel *m*.

giovinetto [dʒovi'netto] *v.* **giovanetto.**

giovinezza [dʒovi'nettsa] *f* Jugendlichkeit *f*, Jugendalter *n*; **la seconda** ~ die zweite Jugend.

gipsoteca [dʒipso'tɛ:ka] ‹-che› *f* Gipsfigurenkabinett *n*.

girabile [dʒi'ra:bile] *a* girierbar, übertragbar.

giradischi [dʒira'diski] ‹-› *m* Plattenspieler *m*.

giradito [dʒira'di:to] *m* Nagelbettentzündung *f*, (Nagel)umlauf *m*.

giraffa [dʒi'raffa] *f* **1.** *zoo* Giraffe *f;* **2.** *film, TV, radio* Galgen *m sl.*

giramento [dʒira'mento] *m fam* Schwindel(gefühl *n*) *m;* ~ **di testa** *fam* Drehwurm *m fam;* **questo lavoro è un ~ di scatole** *vulg* diese Arbeit geht mir auf den Keks *fam* (*o.* auf die Eier *vulg*).

giramondo [dʒira'mondo] ‹-› *mf* Weltenbummler(in) *m(f).*

girandola [dʒi'randola] *f* **1.** *(fuoco d'artificio)* Feuerrad *n;* **2.** *fig (persona)* Flattergeist *m,* Wetterfahne *f;* **3.** *fig (avvenimenti, notizie, dati)* schwindelerregende Folge, Überstürzung *f;* **4.** *(giocattolo)* Windrädchen *n;* **5.** *(del vento)* Wetterfahne *f;* **non gli si può star dietro, è una ~** man bekommt ihn nicht zu fassen, er ist wie eine Wetterfahne.

girandolone, -a [dʒirando'lo:ne] *m, f fam* Herumtreiber(in) *m(f) fam.*

girante [dʒi'rante] **I.** *mf fin* Girant(in) *m(f),* Indossant(in) *m(f);* **II.** *f tec* Laufrad *n.*

girare [dʒi'ra:re] **I.** *tr* **1.** *(chiave)* (herum)drehen, (um)drehen; *(testa, occhi)* drehen; *fig (domanda)* weitergeben; **2.** *film* drehen; **3.** *fin* indossieren, girieren, übertragen; **4.** *(città, isola)* abfahren, durchfahren, durchlaufen; *(ostacolo)* umgehen; **5.** *fig* verdrehen; **6.** *gram* umstellen; ~ **il mondo** in der Welt herumkommen; **II.** *itr* **1.** *gener.* sich drehen; **2.** *med* schwindlig werden; **3.** *fam* passen *fam;* **4.** *(camminare)* herumlaufen; **5.** *(volgersi)* eine Kurve machen, abbiegen; **6.** *fin* zirkulieren, in Umlauf sein/kommen; **7.** *(notizie, dicerie)* umgehen, im Umlauf sein; **8.** *(correre in giro)* herumgehen; **far ~ la testa a qu** jdn schwindlig machen; *(fare innamorare)* jdm den Kopf verdrehen; **mi gira la testa** mir wird schwindlig; **mi girano le scatole** *vulg* ich bin auf hundertachtzig *fam;* **mi girano per la testa un sacco di idee** *fam* mir schwirren eine Menge Ideen im Kopf herum; **dipende da come mi gira** *fam* kommt drauf an, wie es mir gerade paßt *fam;* ~ **alla larga** Abstand halten; **gira e rigira** man kann es drehen und wenden, wie man will; **III.** *rfl:* **-rsi** sich (um)wenden, sich (um)drehen; **in questa casa non ci si gira** *fam* in diesem Haus kann man sich nicht bewegen. **girarrosto** [dʒirar'rɔsto] *m* Grill *m,* (Braten)spieß *m.* **girasole** [...ra'so:le] *m* Sonnenblume *f.* **girata** [...'ra:ta] *f* **1.** *(passeggiata)* Runde *f,* Rundgang *m,* Spaziergang *m;* **2.** *fin* Giro *n,* Indossament *n;* **3.** *(il girare)* (Um)drehen *n,* Drehung *f.* **giratario, -a** [...ra'ta:ri̯o] ‹-i, -ie› *m, f* Giratar *m.* **girato, -a** [...'ra:to] *a* **1.** *(persona)* mit dem Rücken zugewandt; **2.** *gastr* gegrillt, Grill-; **3.** *fin* giriert, indossiert; **pollo/arrosto ~** Grillhähnchen *n*/Spießbraten *m.* **giratubi** [...ra'tu:bi] ‹-› *m* Rohrzange *f.* **giravolta** [...ra'vɔlta] *f* **1.** *(di strada)* Kurve *f;* **2.** *(del corpo)* Purzelbaum *m;* **3.** *fig* Meinungsänderung *f.* **girellare** [...rel'la:re] *itr* umherschlendern, bummeln. **girello** [...'rɛllo] *m* **1.** *(per bambini)* Laufstall *m;* **2.** *gastr* Kugel *f,* Nuß *f.* **girellone, -a** [...rel'lo:ne] *m, f fam* Bummler(in) *m(f).* **giretto** [...'retto] *m fam* kleiner Rund-, Spaziergang, Runde *f fam.* **girevole** [...'re:vole] *a* drehbar, Dreh-.

girigogolo [dʒiri'gɔ:golo] *m* **1.** *(scrittura)* Schnörkel *m;* **2.** *(parole)* Kauderwelsch *n.*

girino[1] [dʒi'ri:no] *m zoo* Kaulquappe *f.*

girino[2] [dʒi'ri:no] *m sport* Girino *m (Radrennfahrer beim Giro d'Italia).*

girl [gə:l] ‹-› *f* (Tanz)girl *n.*

giro ['dʒi:ro] *m* **1.** *(cerchia)* Kreis *m;* **2.** *(rotazione)* Drehung *f,* Drehen *n,* Runde *f; tec* Rotation *f; astr* Umdrehung *f,* Umkreisung *f; mot* Umdrehung *f,* Drehzahl *f,* Tour *f fam;* **3.** *sport* Rundstreckenrennen *n;* **4.** *(passeggiata)* Rundgang *m,* Spaziergang *m,* Runde *f fam; (in macchina)* Rundfahrt *f; (viaggio)* Fahrt *f,* Reise *f;* **5.** *(di vestito)* Ausschnitt *m;* **6.** *(di carte)* Runde *f; (partita)* Partie *f,* Spiel *n;* **7.** *agr* Folge *f;* ~ **d'affari** Umsatz *m;* ~ **di boa** *fig* Wendepunkt *m;* ~ **delle colture** Fruchtfolge *f;* ~ **d'orizzonte** Überblick *m;* ~ **di parole** Wortspiel *n;* ~ **di valzer** Walzerrunde *f;* ~ **di vite** Schraubendrehung *f;* **il ~ di Francia** die Tour de France; **fare il ~ della città** eine Stadtrundfahrt machen; **un losco ~** eine krumme Tour *fam;* **a stretto ~ di posta** postwendend; ~ **turistico** Rundfahrt *f,* Tour *f;* **45 -i** Single(platte) *f;* **essere su di -i** auf hundertachtzig sein; **essere nel/fuori dal ~** *fig* dazugehören/nicht dazugehören, ein/kein Insider sein; **essere in ~ per lavoro/affari** beruflich/geschäftlich unterwegs sein; **andare in ~** umherlaufen, umherbummeln; **mettere in ~ una diceria** ein Gerücht in Umlauf bringen; **prendere in ~ qu** *fig* jdn auf den Arm nehmen; **volgere lo sguardo in ~** den Blick (umher)schweifen lassen; **nel ~**

di un mese/anno im Laufe eines Monats/Jahres.

girocollo [dʒiro'kɔllo] *m* Rundausschnitt *m*.

girone [dʒi'ro:ne] *m* **1.** *sport* Runde *f;* **2.** *lit (nella Divina Commedia)* Kreis *m;* ~ **d'andata/di ritorno** Vor-/Rückrunde *f;* **i -i dell'inferno di Dante** die Höllenkreise Dantes.

gironzolare [dʒirondzo'la:re] *itr fam (stare intorno a)* herumschwänzeln (*intorno a* um); *(girare senza meta)* herumbummeln.

giroscopio [dʒiros'kɔ:pi̯o] ‹-i› *m* Gyroskop *n*.

girotondo [dʒiro'tondo] *m* Ringelreihen *m*.

girovaga *f v.* **girovago.**

girovagare [dʒirova'ga:re] *itr* umherschweifen, umherziehen. **girovago, -a** [...'rɔ:vago] ‹-ghi, -ghe› **I.** *a (gente)* herum-, umherziehend; *(attori, etc.)* fahrend, Wander-; **II.** *m, f* Herum-, Umherziehende(r) *mf*.

gita ['dʒi:ta] *f* Ausflug *m;* **andare in ~ a . . .** einen Ausflug nach . . . machen.

gitano, -a [dʒi'ta:no] **I.** *a* Zigeuner-; **II.** *m, f* Zigeuner(in) *m(f)*.

gitante [dʒi'tante] *mf* Ausflügler(in) *m(f)*.

gittata [dʒit'ta:ta] *f* Reichweite *f;* **missile a ~ intermedia** Mittelstreckenrakete *f*.

giù [dʒu] *adv* **1.** *(stato)* unten; **2.** *(moto)* herunter, hinunter; **andare su e ~** auf und ab gehen; **mandare ~** *(a. fig)* hinunterschlucken; **mettere ~** ablegen, hinlegen, weglegen; *(cappello, etc.)* abnehmen, ablegen; **essere ~** niedergeschlagen (*o.* down *fam)* sein; **essere ~ di morale** demoralisiert sein, einen moralischen Tiefpunkt haben; **in questo mese è andato molto ~** in diesem Monat hat er sehr nachgelassen; **quella storia non mi va ~** die Geschichte geht mir nicht runter *fam;* **la notizia l'ha buttato ~** die Nachricht hat ihn zutiefst getroffen; **i prezzi sono andati ~** die Preise sind gesunken; **su per ~** ungefähr, etwa, zirka; **~ di lì** dort herum; *(temporale)* so herum; **in ~** *(verso il basso)* hinunter, abwärts, nach unten; *(in basso)* unten; **scendi ~** komm herunter; **~ le mani!** Hände weg!

giubba ['dʒubba] *f* Jacke *f*. **giubbetto** [...'betto] *m* leichte Jacke. **giubbone** [...'bo:ne] *m* weite Jacke; *(per motociclista)* Motorradjacke *f*. **giubbotto** [...'bɔtto] *m* Blouson *m,* Sportjacke *f;* **~ salvagente** Schwimmweste *f;* **~ antiproiettile** kugelsichere Weste.

giubilare [dʒubi'la:re] **I.** *tr scherz* in den Ruhestand versetzen; **II.** *itr geh, obs* frohlocken *geh,* jubilieren *geh*.

giubileo [dʒubi'lɛ:o] *m* **1.** *rel* Jubeljahr *n;* **2.** *(cinquantenario)* Jubiläum *n*.

giubilo ['dʒu:bilo] *m geh* Jubel *m,* Frohlocken *n geh,* Jauchzen *n*.

giuda ['dʒu:da] ‹-› *m pej* Judas *m*.

giudaico, -a [dʒu'da:iko] ‹-ci, -che› *a* jüdisch, Juden-. **giudaismo** [...da'izmo] *m* Judaismus *m*.

giudicare [dʒudi'ka:re] ‹giudico, giudichi› *tr* **1.** *jur* entscheiden, erkennen auf; *(persona)* verurteilen; **2.** *(valutare)* urteilen über, beurteilen, halten für; **fu giudicato colpevole** er (*o.* sie) wurde (für) schuldig erklärt; **giudicò opportuno tacere** er (*o.* sie) hielt es für gut, zu schweigen. **giudicato, -a** [...'ka:to] **I.** *a* beurteilt; **II.** *m* **1.** *rar (carica)* Richteramt *n;* **2.** *(sentenza)* rechtskräftiges Urteil; **passare in ~** Rechtskraft erlangen, rechtskräftig werden. **giudicatore, -trice** [...ka'to:re] **I.** *a* (be)urteilend, Urteils-; **II.** *m, f* Beurteiler(in) *m(f)*.

giudice ['dʒu:ditʃe] *mf* **1.** *jur* Richter(in) *m(f);* **2.** *sport* Schiedsrichter(in) *m(f);* **~ popolare** Geschworene(r) *mf;* Schöffe *m,* Schöffin *f;* **~ togato** Berufsrichter *m;* **~ conciliatore** Friedensrichter(in) *m(f);* **~ di gara** Kampfrichter(in) *m(f)*.

giudiziale [dʒudit'tsi̯a:le] *a* gerichtlich, Gerichts-. **giudiziario, -a** [...'tsi̯a:ri̯o] ‹-i, -ie› *a* gerichtlich, Gerichts-, richterlich; **ufficiale ~** Gerichtsvollzieher *m;* **carcere ~** Untersuchungsgefängnis *n*.

giudizio [dʒu'dittsi̯o] ‹-i› *m* **1.** *(ragione)* Vernunft *f,* Verstand *m;* **2.** *(opinione)* Urteil *n,* Beurteilung *f; (facoltà)* Urteilsvermögen *n;* **3.** *jur* Prozeß *m,* Verfahren *n; (sentenza)* Urteil *n;* **4.** *rel* Gericht *n;* **~ di assoluzione/condanna** Freispruch *m*/Verurteilung *f;* **il ~ universale** (*o.* **finale**) das Jüngste (*o.* Letzte) Gericht; **l'età del ~** das Alter der Vernunft; **non avere ~** keinen Verstand haben; **mettere ~** Vernunft annehmen; **rimettersi al ~ di qu** sich jds Urteil beugen; **farsi un ~ su qc/qu** sich *(dat)* über etw./jdn ein Urteil bilden; **comparire in ~** vor Gericht erscheinen; **trascinare qu in ~** jdn vor Gericht stellen (*per* wegen); **rinviare qu a ~** gegen jdn das Hauptverfahren eröffnen; **a mio/tuo/suo ~** meiner/deiner/seiner (*o.* ihrer) Meinung nach. **giudizioso, -a** [...'tsi̯o:so] *a* vernünftig, überlegt.

giuggiola ['dʒuddʒola] *f* **1.** *bot* Brustbeere *f;* **2.** *fig fam* Lappalie *f,* Bagatelle *f;* **andare in brodo di -e** *fam* im sieb(en)ten Himmel sein; **mandare in brodo di -e qu** *fam* jdn vor Seligkeit vergehen lassen.

giugno ['dʒuɲɲo] *m* Juni *m; v. a. settembre.*

giugulare [dʒugu'la:re] *a* jugular, Hals-.

Giulia ['dʒu:li̯a] *(nome proprio femminile)* Julia, Julie.

Giuliana [dʒu'li̯a:na] *(nome proprio femminile)* Juliane.

Giuliano [dʒu'li̯a:no] *(nome proprio maschile)* Julian.

giuliano, -a[1] [dʒu'li̯a:no] *a geog* julisch.

giuliano, -a[2] [dʒu'li̯a:no] *a hist* julianisch.

Giulio ['dʒu:li̯o] *(nome proprio maschile)* Julius.

giulivo, -a [dʒu'li:vo] *a* fidel, vergnügt; **era tutto ~** er (*o.* sie) war kreuzfidel.

giullare [dʒul'la:re] *m* Spielmann *m.*

giullaresco, -a [...la'resko] ‹-schi, -sche› *a* Spielmanns-.

giumenta [dʒu'menta] *f* (Reit)stute *f,* Reitpferd *n.*

giunco ['dʒuŋko] ‹-chi› *m* Schilf *n,* Binse *f.*

giungere ['dʒundʒere] ‹giungo, giungi, giunsi, giunto› **I.** *itr* ‹*essere*› (an)kommen, eintreffen; *(nave)* einlaufen; **mi giunge nuovo** das ist mir neu; **~ all'orecchio di qu** jdm zu Ohren kommen; **II.** *tr* ‹*avere*› *poet* vereinigen, verbinden, zusammenschließen; **~ le mani in preghiera** die Hände zum Gebet falten.

giungla ['dʒuŋgla] *f* **1.** *bot* Dschungel *m,* Urwald *m;* **2.** *fig* Dschungel *m,* Dickicht *n;* **~ d'asfalto** Asphaltdschungel *m,* Dickicht *n* der Großstadt.

giungo ['dʒuŋgo] *1. pers sing pr di* **giungere.**

giunone [dʒu'no:ne] *f* Göttin *f* Juno; **è una ~** *fig scherz* sie ist ein Bild von einer Frau.

giunsi ['dʒunsi] *1. pers sing del passato remoto di* **giungere.**

giunta[1] ['dʒunta] *f adm* Ausschuß *m,* Kommission *f.*

giunta[2] ['dʒunta] *f* **1.** *(aggiunta)* Zugabe *f,* Beigabe *f;* **2.** *(per indumenti)* Ansatz *m,* Einsatz *m;* **per ~** außerdem, überdies. **giuntare** [...'ta:re] *tr* **1.** *(fare una giunta)* zugeben; **2.** *(cucendo)* annähen, aufnähen, einsetzen. **giuntatura** [...ta'tu:ra] *f* Zusammenfügung *f,* Verbindung *f.*

giunto ['dʒunto] **I.** *pp di* **giungere; II.** *m* **1.** *ferr* Stoß *m,* Fuge *f,* Gelenk *n;* **2.** *mot* Kupplung *f;* **~ cardanico** Gelenkkupplung *f,* Kardangelenk *n.* **giuntura** [...'tu:ra] *f* **1.** *(di pezzi)* Verbindung *f,* Naht *f;* **2.** *anat* Gelenk *n.*

giunzione [dʒun'tsi̯o:ne] *f* Verbindung *f,* Fuge *f.*

giuocare [dʒu̯o'ka:re] *v.* **giocare.**

giuoco ['dʒu̯ɔ:ko] *v.* **gioco.**

Giura ['dʒu:ra] *m* Jura *m.*

giuramento [dʒura'mento] *m* Schwur *m,* Eid *m;* **fare ~** schwören; **prestar ~** einen Eid leisten. **giurare** [...'ra:re] **I.** *tr* schwören, beschwören; **~ il falso** einen Meineid leisten; **II.** *itr* schwören (*su* bei, auf). **giurato, -a** [...'ra:to] **I.** *a (nemico)* (ein)geschworen; *(interprete, guardia, etc.)* vereidigt, beeidigt; **II.** *m, f* Geschworene(r) *mf.*

giureconsulto [dʒurekon'sulto] *m* Rechtsgelehrte(r) *mf.*

giurì [dʒu'ri] ‹-› *m:* **~ d'onore** Ehrengericht *n.*

giuria [dʒu'ri:a] ‹-ie› *f* **1.** *(di gara, concorso)* Jury *f,* Preisgericht *n.*

giuridicità [dʒuriditʃi'ta] ‹-› *f* Rechtlichkeit *f,* Rechtsgültigkeit *f.* **giuridico, -a** [...'ri:diko] ‹-ci, -che› *a* juristisch, rechtlich, Rechts-; **persona -a** juristische Person.

giurisdizionale [dʒurizdittsi̯o'na:le] *a* Gerichtsbarkeits-, gerichtlich. **giurisdizione** [...'tsi̯o:ne] *f* **1.** *jur* Gerichtsbarkeit *f,* Rechtsprechung *f;* **2.** *(competenza)* Zuständigkeit *f.*

giurisprudenza [dʒurispru'dɛntsa] *f* Rechtswissenschaft *f,* Jura *n pl,* Jurisprudenz *f.* **giurisprudenziale** [...den'tsi̯a:le] a juristisch.

giurista [dʒu'rista] ‹-i *m,* -e *f*› *mf* Jurist(in) *m(f).*

Giuseppe [dʒu'zɛppe] *(nome proprio maschile)* Josef, Joseph.

Giuseppina [dʒuzep'pi:na] *(nome proprio femminile)* Josefine, Josephine.

giusta[1] ['dʒusta] *prp adm* laut *gen,* gemäß *gen,* nach *dat;* **~ il decreto** laut Beschluß.

giusta[2] *f v.* **giusto.**

giustapporre [dʒustap'porre] ‹*irr*› *tr* nebeneinanderstellen. **giustapposizione** [...pozit'tsi̯o:ne] *f* Nebeneinanderstellung *f; ling* Juxtaposition *f.*

giustezza [dʒus'tettsa] *f* **1.** *fig* Richtigkeit *f;* **2.** *typ* Spaltenbreite *f.*

giustificare [dʒustifi'ka:re] ‹giustifico, giustifichi› **I.** *tr* **1.** *(condotta, errore)* rechtfertigen, entschuldigen; **2.** *(spese)* belegen; **II.** *rfl:* **-rsi** sich rechtfertigen, sich entschuldigen. **giustificativo, -a** [...ka'ti:vo] **I.** *a* belegend, Beleg-; **II.** *m* Beleg(stück *n*) *m.* **giustificazione** [...kat'tsi̯o:ne] *f* **1.** *gener.* Rechtfertigung *f;* **2.** *(a scuola)* Entschuldigung *f;* **3.** *(riconoscimento)* Unterlage *f,* Beleg *m;* **libretto delle -i** Entschuldigungsbüchlein *n (, in das die Eltern die Entschuldigungen für Schulversäumnisse eintragen).*

giustizia [dʒus'tittsi̯a] ‹-ie› *f* **1.** *gener.* Gerechtigkeit *f;* **2.** *jur* Justiz *f;* **~ sommaria** *(a. fig)* kurzer Prozeß; **fare ~ da sé** sich *(dat)* selbst zu seinem Recht verhelfen, Selbstjustiz üben; **rendere ~ a qu** jdm Gerechtigkeit widerfahren lassen; **ricorrere alla ~** vor Gericht gehen; **con ~** gerecht; **secondo ~** rechtmäßig.

giustiziare [dʒustit'tsi̯a:re] ‹giustizio, giustizi› *tr* hinrichten. **giustiziato, -a** [...'tsi̯a:to] *m, f* Hingerichtete(r) *mf.* **giustiziere** [...'tsi̯ɛ:re] *m* Scharfrichter *m,* Henker *m.*

giusto, -a ['dʒusto] **I.** *a (persona, pena, causa, etc.)* gerecht; *(osservazione, parola)* richtig, passend, genau; *(salario)* gerecht; *(prezzo)* angemessen; *(preciso)* genau; *(vero)* richtig; **essere ~ di sale** richtig gesalzen sein; **a -a cottura** richtig gekocht (*o.* gebraten *o.* gebacken); **il conto è ~** die Rechnung stimmt; **hai l'ora -a?** hast du die genaue (Uhr)zeit?; **II.** *m, f* Gerechte(r) *mf;* **paga il ~ per il peccatore** *prov* der Gerechte muß viel leiden *prov;* **III.** *m* Rechte(s) *n,* Richtige(s) *n;* **chiedere il ~** sein(en) Teil verlangen; **dare a ciascuno il ~** jedem das geben, was ihm zusteht; **IV.** *adv* **1.** *(esattamente)* genau, richtig; **2.** *(proprio)* gerade, eben, genau; **colpire ~** *fig* ins Schwarze treffen; **è arrivata ~ (in tempo)** sie ist gerade zur rechten Zeit gekommen; **V.** *interj (in risposta)* richtig, stimmt, genau.

glabro, -a ['gla:bro] *a* (glatt)rasiert, bartlos.

glacé [gla'se] ‹*inv*› *a* **1.** *gastr* glaciert, kandiert; **2.** *(lucido)* glasiert, Glacé-; **guanti ~** Glacéhandschuhe *m pl.*

glaciale [gla'tʃa:le] *a* eiskalt, Eis-; *(a. fig)* eisig; **il mar ~ artico** das nördliche Eismeer.

glaciazione [glatʃat'tsi̯o:ne] *f* Vereisung *f.*

gladiatore [gladi̯a'to:re] *m* Gladiator *m.* **gladiatorio, -a** [...'tɔ:ri̯o] ‹-i, -ie› *a* Gladiatoren-; **forza -a** Bärenkräfte *f pl;* **posa -a** Siegerpose *f.*

gladiolo [gla'di:olo] *m* Gladiole *f.*

glande ['glande] *m anat* Eichel *f.*

glandolare [glando'la:re] *a* glandulär, Drüsen-.

Glarona [gla'ro:na] **I.** *m (cantone)* Glarus *n;* **II.** *f (città)* Glarus *n.*

glassa ['glassa] *f* Glasur *f,* Zuckerguß *m; (per torta a.)* Tortenguß *m.* **glassare** [...'sa:re] *tr* glasieren, glacieren.

glauco, -a ['gla:uko] ‹-chi, -che› *a poet* blaugrün, meergrün.

glaucoma [glau'kɔ:ma] ‹-i› *m* grüner Star, Glaukom *n.*

gleba ['glɛ:ba] *f poet* (Erd)scholle *f;* **servo/servitù della ~** Leibeigene(r) *m*/Leibeigenschaft *f.*

gli [ʎi] **I.** *(articolo determinativo m pl davanti a s impura, gn, pn, ps, x, z)* die; **II.** *pron pers* **1.** *3. pers m sing* ihm; **2.** *fam 3. pers f sing* ihr; **3.** *3. pers m e f pl* ihnen.

glicemia [glitʃe'mi:a] ‹-ie› *f* Blutzucker *m.* **glicemico, -a** [...'tʃɛ:miko] ‹-ci, -che› *a* Blutzucker-.

gliceride [gli'tʃɛ:ride] *m* Glyzerid *n.*

glicerina [glitʃe'ri:na] *f* Glyzerin *n.*

glicine ['gli:tʃine] *m* Glyzinie *f.*

gliela, gliele, glieli, glielo, gliene ['ʎe:la, 'ʎe:le, 'ʎe:li, 'ʎe:lo, 'ʎe:ne] *pron* **gli** *o.* **le** *con la, le, li, lo, ne.*

glittoteca [glitto'tɛ:ka] *f* Glyptothek *f.*

globale [glo'ba:le] *a* global, umfassend, gesamt, Gesamt-. **globalità** [...bali'ta] ‹-› *f* Gesamtheit *f.*

globe-trotter ['gloʊbtrɔtə] ‹-› *mf* Globetrotter(in) *m(f).*

globo ['glɔ:bo] *m* **1.** *gener.* Kugel *f;* **2.** *astr* Kugel *f,* Globus *m;* **3.** *anat* Apfel *m;* **4.** *el* Lampenglocke *f;* **~ celeste** (Himmels)firmament *n;* **~ terrestre** Erdball *m,* -kugel *f;* **~ oculare** Augapfel *m.* **globulare** [globu'la:re] *a* **1.** *astr* kugelförmig, rund; **2.** *med* Blutkörperchen-; **ammasso ~** Sternhaufen *m.*

globulina [globu'li:na] *f* Globulin *n.*

globulo ['glɔ:bulo] *m* Blutkörperchen *n.*

gloria¹ ['glɔ:ri̯a] ‹-ie› *f* Ruhm *m,* Ehre *f; (rel a.)* Herrlichkeit *f; (vanto)* Stolz *m,* Glanz *m,* Ruhm *m;* **il cammino della ~** der Weg zum Ruhm; **lavorare per la ~** *scherz* für Gottes Lohn (*o.* umsonst) arbeiten.

gloria² ['glɔ:ri̯a] ‹-› *m (preghiera)* Gloria *n.*

gloriarsi [glo'ri̯arsi] ‹mi glorio, ti glori› *rfl* sich rühmen (*di gen*); *(vantarsi)* prahlen (*di* mit).

glorificare [glorifi'ka:re] ‹glorifico, glorifichi› *tr* **1.** *(Dio)* preisen, rühmen, ehren; **2.** *(martire, eroe)* ehren, verherrlichen. **glorificazione** [...kat'tsi̯o:ne] *f* **1.** *(di Dio)* Verherrlichung *f;* **2.** *(di poeta, martire, eroe)* Verehrung *f.*

glorioso, -a [glo'ri̯o:so] *a* glorreich, ruhmreich; **essere** (*o.* **andare) ~ di qc** sehr stolz auf etw. sein.

glossa ['glɔssa] *f* Glosse *f,* Anmerkung *f.* **glossare** [glos'sa:re] *tr* glossieren, anmerken. **glossario** [...'sa:ri̯o] ‹-i› *m* Glossar *n.* **glossatore** [...sa'to:re] *m* Glossator *m.*

glottide ['glɔttide] *f* Stimmritze *f,* Glottis *f.*

glottologa *f v.* **glottologo.**

glottologia [glottolo'dʒi:a] ‹-gie› *f* Sprachwissenschaft *f,* Sprachforschung *f.* **glottologico, -a** [...'lɔ:dʒiko] *a* sprachwissenschaftlich. **glottologo, -a** [...'tɔ:logo] ‹-gi, -ghe› *m, f* Sprachwissenschaftler(in) *m(f),* Sprachforscher(in) *m(f).*

glucide [glu'tʃi:de] *m* Glykosid *n.*

glucosio [glu'kɔ:zi̯o] ‹-i› *m* Glykose *f,* Glucose *f.*

glutammato [gluttam'ma:to] *m* Glutamat *n.* **glutammico, -a** [...'tammiko] ‹-ci, -che› *a* Glutamin-; **acido ~** Glutaminsäure *f.*

gluteo ['glu:teo] *m* Gesäßbacke *f,* -muskel *m.*

glutine ['glu:tine] *m* Glutin *n.*

gnao, gnau ['ɲa:o, 'ɲa:u] *interj* miau. **gnaulare** [ɲau'la:re] *itr* **1.** *zoo* miauen; **2.** *fam pej* jammern.

gnocco ['ɲɔkko] ‹-cchi› *m* **1.** *gastr* Klößchen *n;* **2.** *fam pej* Tölpel *m.*

gnomico, -a ['ɲɔ:miko] ‹-ci, -che› *a* gnomisch.

gnomo ['ɲɔ:mo] *m* Gnom *m,* Kobold *m.*

gnorri ['ɲɔrri] *m:* **fare lo ~** *fam* sich dumm stellen, den Ahnungslosen spielen.

gnoseologia [ɲozeolo'dʒi:a] ‹-gie› *f* Erkenntnislehre *f,* Gnoseologie *f.*

gnosi ['ɲɔ:zi] ‹-› *f* Gnosis *f.*

gnostica *f v.* **gnostico.**

gnosticismo [ɲosti'tʃizmo] *m* Gnostizismus *m.* **gnostico, -a** ['ɲɔstiko] ‹-ci, -che› **I.** *a* gnostisch; **II.** *m, f* Gnostiker(in) *m(f).*

gnu [ɲu] ‹-› *m* Gnu *n.*

goal [goʊl] ‹-› *m* Tor *n,* Treffer *m;* **fare** (*o.* **segnare) un ~** ein Tor schießen.

gobba ['gɔbba] *f* **1.** *fam med* Buckel *m;* **2.** *zoo* Höcker *m;* **3.** *(del terreno)* Buckel *m,* Hügel *m; (del naso)* Hökker *m;* **avere la ~** *fam* einen Buckel haben; **~ a ponente luna crescente, ~ a levante luna calante** z wie zunehmender Mond, a wie abnehmender Mond. **gobbo, -a** ['gɔbbo] **I.** *a* buck(e)lig; *(naso)* krumm; **andare/stare ~** krumm gehen/sitzen; **II.** *m, f* Bucklige(r) *mf.*

gobelin [go'blɛ̃] ‹-› *m* Gobelin *m.*

goccia ['gottʃa] ‹-cce› *f* Tropfen *m;* **somigliarsi come due -cce d'acqua** sich *(dat)* gleichen wie ein Ei dem anderen; **la ~ che fa traboccare il vaso** *fig* der Tropfen, der das Faß zum Überlaufen bringt; **fino all'ultima ~** bis zum letzten Tropfen; **a ~** tropfenförmig; **a ~ a ~** tropfenweise, tröpfchenweise; **a ~ a ~ si** (*o.* **l'acqua) scava la pietra** *prov* steter Tropfen höhlt den Stein *prov.* **goccio** ['gottʃo] ‹-cci› *m fam* Tropfen *m,* Schluck *m.* **gocciola** ['gottʃola] *f* Tröpfchen *n,* Tropfen *m;* **ho la ~ al naso** mir läuft die Nase. **gocciolamento** [-'mento] *m* Tropfen *n,* Tröpfeln *n.*

gocciolare [gottʃo'la:re] **I.** *tr* ‹*avere*› tropfen, tröpfeln; **la ferita gocciolava sangue** aus der Wunde tropfte Blut; **II.** *itr* ‹*essere o. avere*› **1.** *(naso, etc.)* tropfen, laufen; **2.** *(liquido)* tropfen. **gocciolatoio** [...la'to:i̯o] ‹-oi› *m* Dachtraufe *f.* **gocciolio** [...'li:o] ‹-ii› *m* Tröpfeln *n,* Tropfen *n.* **gocciolo** ['gottʃolo] *m fam* Tropfen *m,* Tröpfchen *n;* **non ce n'è più neanche un ~** *fam* es ist kein Tropfen mehr da *fam.*

godere [go'de:re] ‹godo, godei *o.* godetti, goduto› **I.** *itr* Genuß empfinden, genießen (*di qc* etw.); *(compiacersi)* sich freuen (*di* über); *(far vita di piaceri)* das Leben genießen; **~ di ...** *inf,* **~ che ...** *conj* sich freuen, daß ...; **~ della fiducia di qu** jds Vertrauen genießen; **godeva nel vederlo così felice** er (*o.* sie) freute sich, ihn so glücklich zu sehen; **II.** *tr (bene, salute)* genießen (*qc* etw.), sich erfreuen (*qc* einer S. *gen);* **~ ottima salute** sich bester Gesundheit erfreuen, bei bester Gesundheit sein; **-rsi la vita/le vacanze** das Leben/den Urlaub genießen; **godersela** *fam* sich vergnügen, sich amüsieren; **me la godo al sole** *fam* ich genieße die Sonne. **godereccio, -a** [gode'rettʃo] ‹-cci, -cce› *a fam (gente)* locker, lebenslustig; *(vita)* locker.

godetti [go'detti] *1. pers sing pr del passato remoto di* **godere.**

godibile [go'di:bile] *a* nutzbar; *(alimenti)* genießbar. **godimento** [godi'mento] *m* Genuß *m,* Freude *f,* Vergnügen *n; (vantaggio)* Nutzen *m; jur* Genuß *m,* Nutznießung *f;* **trarre ~ da qc** *(vantaggio)* aus etw. Nutzen ziehen; *(gioia)* an etw. Freude haben.

godo ['gɔ:do] *1. pers sing pr di* **godere.**
goduto [go'du:to] *pp di* **godere.**
goffaggine [gof'faddʒine] *f* Plumpheit *f.* **goffo, -a** ['gɔffo] *a* **1.** *(persona)* plump, unbeholfen, ungehobelt; **2.** *(vestito)* plump, schlecht sitzend.
goffrare [gof'fra:re] *tr* gaufrieren. **goffratura** [...ra'tu:ra] *f* Gaufrage *f.*
gogna ['goɲɲa] *f* Halseisen *n; (berlina)* Pranger *m;* **mettere alla ~** *fig* anprangern.
gogò [go'gɔ] ‹-› *m:* **a ~** haufenweise, massenhaft.
go-kart ['goʊkɑ:t] ‹-› *m* Go-Kart *m.*
gol [gɔl] *v.* **goal.**
gola ['go:la] *f* **1.** *anat* Kehle *f; (collo)* Hals *m;* **2.** *(vizio)* Gefräßigkeit *f;* **3.** *geog* Schlucht *f;* **4.** *tec (del camino, etc.)* Schlot *m; (scanalatura)* Rille *f,* Nut *f;* **peccati di ~** Völlerei *f;* **far ~** Appetit machen, verlockend sein (*o.* aussehen); *fig* reizen, verlockend sein; **essere pieno fino alla ~** bis oben hin voll sein; *fig* es bis oben hin satt haben; **mentire per la ~** *scherz* das Blaue vom Himmel herunterlügen; **prendere qu per la ~** *(a. fig)* jdn an (*o.* bei) der Gurgel packen; **ricacciare in ~ un'offesa** *(a. fig)* eine Beleidigung zurücknehmen; **ricacciarsi il pianto in ~** das Weinen unterdrükken; **urlare a piena ~** aus vollem Hals schreien; **ho l'acqua alla ~** *(a. fig)* das Wasser steht mir bis zum Hals; **fino alla ~** bis zum Hals(e); **ne ammazza più la ~ che la spada** *prov* mehr noch als des Krieges Lanze führt Völlerei zum Todestanze.
goldoniano, -a [goldo'ni̯a:no] *a* goldonianisch.
golf¹ [gɔlf] ‹-› *m sport* Golf *n,* Golfspiel *n.*
golf² [gɔlf] ‹-› *m (maglia)* (kragenlose) Strickjacke *f.*
golfista [gol'fista] ‹-i *m,* -e *f*› *mf* Golfspieler(in) *m(f).* **golfistico, -a** [...'fistiko] ‹-ci, -che› *a* Golf-.
golfo ['golfo] *m* Golf *m,* Bucht *f.*
goliarda *f v.* **goliardo.**
goliardia [goli̯ar'di:a] ‹-ie› *f* **1.** *(spirito universitario)* Studentengeist *m;* **2.** *(insieme dei goliardi)* Studentenschaft *f.* **goliardico, -a** [go'li̯ardiko] ‹-ci, -che› *a* studentisch, Studenten-. **goliardo, -a** [go'li̯ardo] *m, f* Student(in) *m(f).*
golosa *f v.* **goloso.**
golosità [golosi'ta] ‹-› *f* **1.** Naschhaftigkeit *f;* **2.** *fig* Gier *f;* **3.** *(leccornia)* Leckerbissen *m,* Schleckerei *f.* **goloso, -a** [go'lo:so] **I.** *a* naschhaft; *fig* gierig; **essere ~ di qc** *fig* etw. gern haben (*o.* mögen), auf etw. scharf sein *fam;* **II.** *m, f* Schlemmer *m,* Leckermaul *n.*
golpe ['gɔlpe] ‹-› *m* Putsch *m,* Staatsstreich *m.* **golpista** [gol'pista] ‹-i *m,* -e *f*› *mf* Putschist(in) *m(f).*
gomena ['go:mena] *f* Tau *n.*
gomitata [gomi'ta:ta] *f* Stoß *m* (*o.* Schlag *m*) mit dem Ellenbogen, Rempler *m.*
gomito ['go:mito] *m* **1.** *anat* Ell(en)bogen *m;* **2.** *tec (di tubo)* Knick *m,* Winkel *m;* **3.** *(di fiume, tubazioni)* Knie *n;* **curva a ~** Haarnadelkurve *f;* **alzare il ~** einen heben *fam;* **farsi largo a forza di -i** *fig* sich *(dat)* den Weg mit den Ellbogen freikämpfen.
gomitolo [go'mi:tolo] *m* Knäuel *m o. n.*
gomma ['gomma] *f* **1.** *gener.* Gummi *m o. n;* **2.** *fam mot* (Auto)reifen *m;* **3.** *(da cancellare)* Radiergummi *m;* **~ naturale/sintetica** Kautschuk *m*/ Kunstkautschuk *m;* **~ americana** (*o.* **da masticare)** Kaugummi *m o. n;* **~ da inchiostro/matita** Tinten-/Radiergummi *m;* **cambiare una ~** *fam* einen Reifen wechseln; **forare una ~** *fam* einen Plattfuß (*o.* Platten) fahren *fam.* **gommapiuma®** [-'pi̯u:ma] *f* Schaumgummi *m.* **gommifero, -a** [...'mi:fero] *a* gummiartig, gummihaltig, Gummi-. **gommificio** [...mi'fi:tʃo] ‹-ci› *m* Gummifabrik *f.* **gommino** [...'mi:no] *m* Gummidichtung *f.* **gommista** [...'mista] ‹-i *m,* -e *f*› *mf* Reifenhändler(in) *m(f).* **gommone** [...'mo:ne] *m fam* Schlauchboot *n.* **gommosità** [...mosi'ta] ‹-› *f* Gummigehalt *m,* Gummiartigkeit *f.* **gommoso, -a** [...'mo:so] *a* gummihaltig, Gummi-, gummiartig.
gonade ['gɔ:nade] *f* Gonade *f,* Keimdrüse *f.*
gondola ['gondola] *f* Gondel *f.* **gondoliere** [...'li̯ɛ:re] *m* Gondoliere *m,* Gondelführer *m.*
gonfalone [gonfa'lo:ne] *m* Banner *n.* **gonfaloniere** [...lo'ni̯ɛ:re] *m* Bannerträger *m.*
gonfiare [gon'fi̯a:re] ‹gonfio, gonfi› **I.** *tr* **1.** *(pallone, materassino)* aufblasen, aufpumpen; *(vele, guance, stomaco, etc.)* (auf)blähen; **2.** *fig (notizia, etc.)* aufbauschen; *(persona)* übertrieben (*o.* über den grünen Klee *fam*) loben; **II.** *rfl:* **-rsi 1.** *(diventare gonfio)* sich (auf)blähen, anschwellen; **2.** *fig (inorgoglire)* sich (vor Stolz) aufblasen (*o.* aufplustern). **gonfiato, -a** [...'fi̯a:to] *a (pallone, materassino)*

aufgepumpt; *(vele)* (auf)gebläht; **pallone** ~ *fig pej* aufgeblasener Mensch. **gonfiezza** [...'fi̯ettsa] *f* Schwellung *f.*
gonfio, -a ['gonfi̯o] ‹-i, -ie› **I.** *a* **1.** *med* (an)geschwollen; *(occhi)* verquollen, geschwollen; **2.** *(fiume, torrente)* angeschwollen; **3.** *(persona)* aufgeblasen; **4.** *(stile)* geschwollen, schwülstig; **andare a -ie vele** *fig* gut vorankommen; *(cosa)* gut vorangehen; **ho il cuore** ~ *fig* mir ist das Herz schwer; **II.** *m med fam* Beule *f.* **gonfiore** [...'fi̯o:re] *m* (An)schwellung *f.*
gong [gɔŋg] ‹-› *m* Gong *m;* **colpo di** ~ Gongschlag *m.*
gongolare [goŋgo'la:re] *itr* jauchzen *geh,* frohlocken *geh.*
gonna ['gonna *o.* 'gɔnna] *f* (Damen)rock *m;* ~ **svasata/a pieghe/pantalone** Glocken-/Falten-/Hosenrock *m.* **gonnella** [gon'nɛlla] *f* Rock *m,* Röckchen *n;* **stare attaccato alle -e della mamma** *fam* der Mama am Rockzipfel hängen; **correre dietro alle -e** *fam* ein Schürzenjäger sein.
gonococco [gono'kɔkko] ‹-cchi› *m* Gonokokkus *m.*
gonorrea [gonor'rɛ:a] *f* Gonorrhöe *f,* Tripper *m.*
gonzo, -a ['gondzo] *fam pej* **I.** *a* dämlich *fam,* dußlig *fam;* **II.** *m, f* Däm(e)lack *m fam,* Schwachkopf *m fam,* Einfaltspinsel *m.*
gora ['gɔ:ra] *f* **1.** *(di mulino)* Mühlbach *m;* **2.** *(stagno)* Sumpfwasser *n.*
gordiano, -a [gor'di̯a:no] *a* gordisch; **nodo** ~ gordischer Knoten.
gorgheggiare [gorged'dʒa:re] ‹gorgheggio, gorgheggi› **I.** *itr* **1.** *zoo* trillern; *(usignoli)* schlagen; **2.** *mus* trillern; **II.** *tr* *(melodia)* trällern. **gorgheggio** [...'geddʒo] ‹-ggi› *m* **1.** *zoo* Getriller *n,* Trillern *n;* *(di usignoli)* Schlagen *n;* **2.** *mus* Triller *m.*
gorgiera [gor'dʒɛ:ra] *f hist* **1.** *(di abito femminile)* Halsband *n;* **2.** *(di armatura)* Halsberge *f.*
gorgo ['gorgo] ‹-ghi› *m* **1.** *(d'acqua)* Strudel *m;* **2.** *fig* Wirbel *m,* Strudel *m.*
gorgogliare [gorgoʎ'ʎa:re] ‹gorgoglio, gorgogli› *itr (liquido)* blubbern, gurgeln; *(intestino)* rumoren, kollern.
gorgoglio[1] [gor'goʎʎo] ‹-gli› *m (di liquido)* Blubbern *n,* Gurgeln *n.*
gorgoglio[2] [gorgoʎ'ʎi:o] ‹-glii› *m (gorgogliare continuato)* fortwährendes Gurgeln.
gorgonzola [gorgon'dzɔ:la] *m* Gorgonzola *m (scharfer Blauschimmelkäse aus der Lombardei).*
gorilla [go'rilla] ‹-› *m* **1.** *zoo* Gorilla *m;* **2.** *fig (uomo grande e grosso)* Gorilla *m fam; (guardia del corpo)* Gorilla *m fam,* Leibwächter *m.*
gota ['gɔ:ta] *f tosc, poet* Backe *f,* Wange *f.*
gotico, -a ['gɔ:tiko] ‹-ci, -che› **I.** *a* gotisch; **II.** *m* Gotik *f;* ~ **fiorito** Flamboyantstil *m.*
goto ['gɔ:to] *m* Gote *m.*
gotta ['gotta] *f* Gicht *f.*
Gottinga [got'tiŋga] *f* Göttingen *n.*
gottoso, -a [got'to:so] **I.** *a* gichtartig, Gicht-; **II.** *m, f* Gichtkranke(r) *mf.*
governante [gover'nante] **I.** *mf pol* Regiernde(r) *mf;* **II.** *f* **1.** *(istitutrice)* Gouvernante *f;* **2.** *(di casa)* Haushälterin *f.*
governare [gover'na:re] **I.** *tr* **1.** *(paese, stato)* regieren; *(comune, regione)* verwalten; **2.** *(casa, famiglia, azienda)* führen, leiten; *(bestie)* versorgen; **3.** *naut, aero* steuern; **II.** *rfl:* **-rsi** sich regieren, sich verwalten. **governativo, -a** [...na'ti:vo] *a* Regierungs-. **governatorato** [...nato'ra:to] *m* Gouvernement *n.* **governatore, -trice** [...na'to:re] *m, f pol, adm* Gouverneur(in) *m(f); fin (di una banca)* Präsident(in) *m(f).* **governatoriale** [...nato'ri̯a:le] *a* Gouverneurs-, Gouvernements-. **governatrice** *f v.* **governatore.**
governo [go'vɛrno] *m* **1.** *pol* Regierung *f;* **2.** *(della casa)* Haushalt *m,* Hauswirtschaft *f; (delle bestie)* Versorgung *f;* **3.** *(direzione)* Direktion *f,* Leitung *f; adm* Verwaltung *f;* **4.** *naut* Steuerung *f;* ~ **fantoccio/fantasma/ponte** Marionetten-/Schein-/Übergangsregierung *f;* ~ **federale** Bundesregierung *f;* ~ **monocolore** Einparteienregierung *f;* ~ **di coalizione** Koalitionsregierung *f;* ~ **della famiglia** (Familien)haushalt *m.*
gozzo ['gottso] *m* Kropf *m;* **avere/restare sul** ~ *fig* im Hals haben/stekkenbleiben.
gozzoviglia [gottso'viʎʎa] ‹-glie› *f* Prasserei *f.* **gozzovigliare** [...'ʎa:re] ‹gozzoviglio, gozzovigli› *itr* prassen.
gozzuto, -a [got'tsu:to] *a* kropfig, Kropf-.
GR *m ab di* **Giornale Radio** Hörfunknachrichten; **il** ~ **1** die Hörfunknachrichten im ersten Programm.
gracchiare [grak'ki̯a:re] ‹gracchio, gracchi› *itr* krächzen; *(rana)* quaken; *(cicala)* zirpen. **gracchio** ['grakki̯o] ‹-cchi› *m* **1.** *(il gracchiare)* Krächzen *n; (di rana)* Quaken *n; (di cicala)* zirpen *n;* **2.** *(uccello)* Alpendohle *f.*
gracidare [gratʃi'da:re] *itr* quaken.

gracidio [...ˈdiːo] ‹-ii› *m* Quaken *n,* Gequake *n.*

gracile [ˈgraːtʃile] *a* **1.** *(persona, aspetto)* zart, grazil; **2.** *fig* schwach, dünn; *(fragile)* zerbrechlich; **la trama del romanzo è indubbiamente ~** die Handlung des Romans ist zweifellos schwach. **gracilità** [gratʃiliˈta] ‹-› *f* **1.** *(di persona, aspetto)* Zartheit *f,* Grazilität *f;* **2.** *fig* Schwäche *f; (fragilità)* Zerbrechlichkeit *f.*

gradasso [graˈdasso] *m pej* Aufschneider *m;* **fare il ~** *pej* prahlen, aufschneiden.

gradatamente [gradataˈmente] *adv* stufenweise, nach und nach, allmählich.

gradazione [gradatˈtsi̯oːne] *f (di vino, liquore)* Grad *m,* Gehalt *m; (di luci, suoni)* Abstufung *f,* Nuance *f;* **~ alcolica** Alkoholgehalt *m;* **in ~** abgestuft.

gradevole [graˈdeːvole] *a* angenehm, gefällig. **gradevolezza** [...devoˈlettsa] *f* Annehmlichkeit *f.*

gradimento [gradiˈmento] *m* Wohlgefallen *m; (accoglimento)* Billigung *f;* **indice di ~** Einschaltquote *f;* **questo è di mio ~** das gefällt mir, das sagt mir zu.

gradinata [gradiˈnaːta] *f* Stufenreihe *f; (di stadi, teatri)* Sitzreihe *f,* Rang *m.* **gradino** [...ˈdiːno] *m* Stufe *f.*

gradire [graˈdiːre] ‹gradisco› *tr* (gern) mögen, (gern) entgegennehmen, (gern) annehmen; *(desiderare)* wünschen, mögen; **voglia ~ i più sentiti auguri** mit den besten Wünschen; **gradisci un caffè?** möchtest du (gern) einen Kaffee? **gradito, -a** [...ˈdiːto] *a* willkommen, angenehm, gerngesehen.

grado¹ [ˈgraːdo] *m* **1.** *meteo, mat, gram, phys, med* Grad *m;* **2.** *(di parentela)* (Verwandtschafts)grad *m;* **3.** *(stadio)* Schritt *m,* Stufe *f,* Stadium *n; mus* Stufe *f; sport* Schwierigkeit *f,* Schwierigkeitsgrad *m;* **4.** *(condizione sociale)* Stellung *f,* Stufe *f; mil* Rang *m,* Grad *m;* **5.** *fig* Grad *m,* Maß *n;* **~ alcolico** Alkholgehalt *m;* **~ comparativo/superlativo** Komparativ *m*/Superlativ *m;* **~ di vaporizzazione** Verdampfungsgrad *m;* **ustioni di terzo ~** Verbrennungen *f pl* dritten Grades; **essere al più alto ~ della carriera** auf der höchsten Stufe der beruflichen Laufbahn stehen; **essere in ~ di fare qc** in der Lage sein, etw. zu tun; **andare per -i** schrittweise (*o.* stufenweise) vorgehen; **destituire/rimuovere dal ~** vom Rang absetzen/degradieren; **la temperatura è di 7 -i** die Temperatur beträgt 7 Grad; **a ~ a ~** Schritt für Schritt, allmählich; **al massimo ~, in sommo ~** im höchsten Grade (*o.* Maße).

grado² [ˈgraːdo] *m:* **di buon ~** *geh* gern(e).

graduabile [graduˈaːbile] *a* abstufbar.

graduale [graduˈaːle] **I.** *a* graduell, stufen-, schrittweise; **II.** *m* Graduale *n.* **gradualismo** [...uaˈlizmo] *m* schrittweise Realisierung, Staffelung *f.* **gradualità** [...ualiˈta] ‹-› *f* Staffelung *f.* **gradualmente** [...ualˈmente] *adv* stufen-, schrittweise.

graduare [graduˈaːre] *tr* **1.** *tec* in Grade einteilen, graduieren; **2.** *fig (difficoltá, etc.)* abstufen, staffeln. **graduato, -a** [...ˈaːto] **I.** *a* in Grade eingeteilt, graduiert; abgestuft; **II.** *m mil* Unterführer *m.* **graduatoria** [...uaˈtɔːri̯a] ‹-ie› *f* Rangfolge *f.* **graduazione** [...uatˈtsi̯oːne] *f* Gradeinteilung *f,* Graduation *f.*

graffa [ˈgraffa] *f* **1.** *(grappetta)* Schelle *f,* Krampe *f;* **2.** *typ* Akkolade *f,* geschweifte Klammer. **graffetta** [...ˈfetta] *f* Kabelschelle *f.*

graffiare [grafˈfi̯aːre] ‹graffio, graffi› **I.** *tr* (ver-, zer)kratzen; **II.** *rfl:* **-rsi** sich kratzen. **graffiata** [...ˈfi̯aːta] *f (atto)* Kratzen *n; (effetto)* Kratzer *m.* **graffiatura** [...i̯aˈtuːra] *f* Kratzer *m,* Schramme *f; (di pelle a.)* Kratzwunde *f.* **graffio** [ˈgraffi̯o] ‹-i› *m* Kratzer *m,* Schramme *f; (di pelle a.)* Kratzwunde *f.*

graffito, -a [grafˈfiːto] **I.** *a* (ein)geritzt, Sgraffito-; **II.** *m* Sgraffito *n.*

grafia [graˈfiːa] ‹-ie› *f* Graphie *f,* Schreibung *f,* Schreibweise *f,* Schrift *f.*

grafica [ˈgraːfika] ‹-che› *f (arte)* Graphik *f.*

grafico, -a [ˈgraːfiko] ‹-ci, -che› **I.** *a* graphisch; **II.** *m (rappresentazione)* Graphik *f;* **III.** *m, f (tecnico)* Graphiker(in) *m(f).*

grafite [graˈfiːte] *f* Graphit *m.*

grafologa *f v.* **grafologo.**

grafologia [grafoloˈdʒiːa] ‹-gie› *f* Graphologie *f.* **grafologico, -a** [...ˈlɔːdʒiko] *a* graphologisch. **grafologo, -a** [...ˈfɔːlogo] ‹-gi, -ghe› *m, f* Graphologe *m,* -login *f.*

gramaglie [graˈmaʎʎe] *f pl:* **in ~** in Trauer.

gramigna [graˈmiɲɲa] *f* **1.** *bot* Quecke *f,* Queckengras *n;* **2.** *gastr Nudelsorte, die meist als Suppeneinlage verwendet wird;* **crescere** (*o.* **moltiplicarsi**) **come la ~** wuchern, sich wie Unkraut vermehren.

graminacee [grami'na:tʃee] *f pl* Gräser *n pl.* **graminaceo, -a** [...eo] *a* grasartig, Gras-.

grammaestro *v.* **gran maestro.**

grammatica [gram'ma:tika] ‹-che› *f* Grammatik *f,* Sprachlehre *f.* **grammaticale** [...mati'ka:le] *a* grammatisch, grammatikalisch, Grammatik-.

grammo ['grammo] *m* **1.** *(unità di misura, ab* **g***)* Gramm *n;* **2.** *fig* Funke *m,* Fünkchen *n,* Gran *n.*

grammofono [gram'mɔ:fono] *m* Grammophon *n.*

gramo, -a ['gra:mo] *a* armselig, elend.

gran [gran] *v.* **grande.**

grana[1] ['gra:na] ‹-› *m gastr ein dem Parmesan ähnlicher Hartkäse aus der Lombardei.*

grana[2] ['gra:na] *f* **1.** *sl (denaro)* Kies *m sl,* Moos *n sl;* **2.** *fig fam* Stunk *m fam,* Ärger *m,* Schererei *f;* **3.** *fot, min* Korn *n,* Körnung *f;* **piantare una ~** *fam* Stunk machen *fam;* **avere un sacco di -e** *fam* eine Menge Ärger (*o.* Scherereien) am Hals haben.

granaglie [gra'naʎʎe] *f pl* Getreide *n.* **granaio** [...'na:i̯o] ‹-ai› *m* **1.** *agr* Getreidespeicher *m;* **2.** *fig* Kornkammer *f.* **granario, -a** [...'na:ri̯o] ‹-i, -ie› *a* Getreide-.

granata[1] [gra'na:ta] *f (per scopare)* Stroh-, Reisigbesen *m.*

granata[2] [gra'na:ta] *f mil* Granate *f.*

granata[3] [gra'na:ta] *f bot* Granatapfel *m.*

granatiere [grana'ti̯ɛ:re] *m* **1.** *mil* Grenadier *m;* **2.** *fig* Koloß *m,* Brocken *m.*

granato, -a [gra'na:to] **I.** *a* granat-, Granat-; **mela -a** Granatapfel *m;* **rosso ~** granatrot; **II.** *m* Granat *m.*

Gran Bretagna ['gram bre'taɲɲa] *f* Großbritannien *n.*

grancassa [graŋ'kassa] *f* große Trommel; **battere la ~** *fig* die Trommel rühren.

grancevola [gran'tʃɛ:vola] *f* Meer-, Seespinne *f.*

granchio ['graŋki̯o] ‹-chi› *m* **1.** *zoo* Krabbe *f,* Taschenkrebs *m;* **2.** *fig* Schnitzer *m;* **prendere un ~** hereinfallen *fam,* einem Trugschluß erliegen.

grand' [grand] *v.* **grande.**

grandangolare [grandaŋgo'la:re] **I.** *m* Weitwinkelobjektiv *n;* **II.** *a* weitwinklig, Weitwinkel-.

grande ['grande] **I.** *a* ‹più grande *o.* maggiore, grandissimo *o.* massimo *o.* sommo› **1.** groß; *(largo a.)* breit; *(esteso a.)* weit; **2.** *fig* groß, bedeutend, wichtig; **ci vogliono (dei) gran quattrini** dazu braucht man das große Geld; **Federico il G~** Friedrich der Große; **una gran bella donna** eine bildschöne Frau; **un gran bevitore/fumatore** ein starker Trinker/Raucher; **avere una gran fame** *fam* Kohldampf haben *fam;* **(una) gran cosa** *fam* super *fam,* toll *fam,* Spitze *fam;* **non è un gran che** das ist nichts Besonderes; **è un gran tempo che non lo vedo** *fam* ich habe ihn schon eine ganze Weile nicht gesehen; **fare le cose in ~** *fam* etw. groß (*o.* in großem Stil) aufziehen; **come ti sei fatto ~!** wie du gewachsen bist!; **II.** *mf* **1.** *(adulto)* Erwachsene(r) *mf;* **2.** *(chi eccelle)* Große(r) *mf,* Mächtige(r) *mf;* **3.** *hist* Grande *m;* **III.** *m* Größe *f; fig* Großartigkeit *f,* Großartige(s) *n.* **grandeggiare** [-d'dʒa:re] ‹grandeggio, grandeggi› *itr* **1.** *(di costruzione)* hinausragen (*su, sopra* über), sich erheben (*su, sopra* über); **2.** *fig* hervorragen (*su* unter), herausragen (*su* unter). **grandezza** [...'dettsa] *f* **1.** *gener., phys, mat* Größe *f; (dimensione a.)* Ausmaß *n;* **2.** *fig (nobilità)* Größe *f;* **~ d'animo** Edelmut *m;* **mania di ~** Großmannssucht *f;* **aspirare alla ~** nach Macht und Größe streben; **in ~ naturale** in Originalgröße; *(persone)* in Lebensgröße. **grandiglione, -a** [...diʎ'ʎo:ne] *m, f tosc fam* großes Kind.

grandinare [grandi'na:re] *itr* ‹*essere o. avere*› **1.** *meteo* hageln; **2.** *fig* hageln; **grandina** es hagelt; **grandinano bombe** es hagelt Bomben. **grandinata** [...'na:ta] *f* Hagel(schlag) *m.* **grandine** ['grandine] *f* **1.** *meteo* Hagel *m;* **2.** *fig* Regen *m,* Hagel *m;* **chicco di ~** Hagelkorn *n;* **~ di confetti/riso** Konfetti-/Reisregen *m.*

grandiosità [grandi̯osi'ta] ‹-› *f* **1.** *gener.* Großartigkeit *f,* Größe *f;* **2.** *(ostentazione)* Großtuerei *f.* **grandioso, -a** [...'di̯o:so] *a* großartig, grandios, überwältigend.

grandissimo [gran'dissimo] *superlativo di* **grande.**

granduca, -duchessa [gran'du:ka, ...du'kessa] *m, f* Großherzog(in) *m(f).* **granducale** [...du'ka:le] *a* großherzoglich. **granducato** [...du'ka:to] *m* **1.** *(titolo)* Großherzogwürde *f;* **2.** *(territorio)* Großherzogtum *n.* **granduchessa** *f v.* **granduca.**

granello [gra'nɛllo] *m* **1.** *(di pepe, sabbia, riso, etc.)* Korn *n,* Körnchen *n; (di mela, uva, etc.)* Kern *m;* **2.** *fig* Gran *n,* Korn *n,* Funke *m.*

granicolo, -a [gra'ni:kolo] *a* Getreide-. **granicoltura** [...nikol'tu:ra] *f* Getreidebau *m.*
granita [gra'ni:ta] *f* Granita *f (Sorbet aus feingemahlenem Eis u. Fruchtsäften oder Kaffee).*
granitico, -a [gra'ni:tiko] ‹-ci, -che› *a* **1.** *min* granitisch, Granit-; **2.** *fig (fede, etc.)* unerschütterlich. **granito** [...'ni:to] *m* Granit *m.*
gran maestro ['gram ma'ɛstro *o.* ...a'estro] *m* **1.** *(di Massoneria)* Großmeister *m;* **2.** *hist* Hofmeister *m.*
grano ['gra:no] *m* **1.** *bot* Korn *n,* Getreide *n; (frumento)* Weizen *m;* **2.** *(di pepe)* Korn *n;* **3.** *(di rosario, collana)* Perle *f,* Kugel *f;* **4.** *fig* Fünkchen *n,* Gran *n,* Korn *n;* **5.** *(unità di misura)* Gran *n;* ~ **saraceno** Buchweizen *m;* **con un ~ di sale** *fig* einsichtig und vernünftig.
gran(o)turco [gran(o)'turko] ‹-chi› *m* Mais *m.*
granulare [granu'la:re] **I.** *a* körnig, gekörnt, Korn-; **II.** *tr* granulieren, körnen.
granulo ['gra:nulo] *m* Granulum *n.* **granuloma** [granu'lɔ:ma] ‹-i› *m* Granulom *n.*
granulosità [granulosi'ta] ‹-› *f* Körnigkeit *f.* **granuloso, -a** [...'lo:so] *a* gekörnt, körnig.
grappa¹ ['grappa] *f gastr* Grappa *m (italienischer Tresterbranntwein).*
grappa² ['grappa] *f (in edilizia)* Bauklammer *f.*
grappetta [grap'petta] *f* **1.** *(per fogli)* Büroklammer *f,* Heftklammer *f;* **2.** *sport* Steigeisen *n.*
grappino [grap'pi:no] *m fam* Gläschen *n* Grappa.
grappolo ['grappolo] *m* **1.** *bot* (Wein)traube *f;* **2.** *fig* Traube *f;* **un ~ d'uva** eine (Wein)traube; **fiori a ~** Traubenblütler *m pl.*
grassaggio [gras'saddʒo] ‹-ggi› *m* (Ab)schmieren *n.*
grassatore [grassa'to:re] *m* Straßenräuber *m,* Wegelagerer *m.*
grassetto, -a [gras'setto] **I.** *a* halbfett; **II.** *m* halbfette Schrift.
grassezza [gras'settsa] *f* **1.** *(di persona, animale)* Fettleibigkeit *f;* **2.** *(di cibo)* Fettgehalt *m,* Fettigkeit *f;* **3.** *agr* Fruchtbarkeit *f,* Fettheit *f.*
grasso, -a ['grasso] **I.** *a* **1.** *(persona)* dick(leibig), fett; **2.** *bot, agr* fett; **3.** *(pelle)* fettig; **4.** *gastr (carne, formaggio, brodo)* fett; *(cucina, cibo)* fetthaltig, fettig; **5.** *fig (ricco)* fett; *(persone)* reich, wohlhabend; *(viscido, osceno)* schmierig, schlüpfrig; **piante -e** Fettpflanzen *f pl;* **un'annata -a** ein fettes Jahr; **la settimana -a** *die letzte Karnevalswoche;* **fare -i guadagni** klotzig verdienen *fam;* **far -e risate** sich vor Lachen biegen; **sarà -a se non ci rimettiamo** es ist schon viel, wenn wir dabei nichts einbüßen; **II.** *m* Fett *n; (gastr a.)* Schmalz *n;* ~ **vegetale** Pflanzenfett *n;* ~ **per lubrificare** Schmierfett *n;* **cercare di perdere un po' di ~** ein wenig abzuspekken versuchen. **grassoccio, -a** [...'sɔttʃo] ‹-cci, -cce› *a* pummelig, rundlich. **grassone, -a** [...'so:ne] *m, f* Dickwanst *m.*
grata ['gra:ta] *f* Gitter *n.*
gratella [gra'tɛlla] *f* Grill *m,* Rost *m;* **bistecca in ~** gegrilltes Steak.
graticcio [gra'tittʃo] ‹-cci› *m* **1.** *(stuoia)* Darre *f;* **2.** *(di chiusura)* Gitter *n.*
graticola [gra'ti:kola] *f* **1.** *gastr* Rost *m,* Grill *m;* **2.** *(di confessionale)* Beichtgitter *n;* **3.** *(di tortura)* Rost *m;* **pesce in ~** gegrillter Fisch.
gratifica [gra'ti:fika] ‹-che› *f com* Gratifikation *f,* (Sonder)zuwendung *f;* ~ **natalizia** Weihnachtsgratifikation *f,* Weihnachtsgeld *n.* **gratificare** [gratifi'ka:re] ‹gratifico, gratifichi› *tr* eine (Sonder)zuwendung gewähren für. **gratificazione** [...kat'tsi̯o:ne] *f* Gratifikation *f,* (Sonder)zuwendung *f.*
gratin [gra'tɛ̃] ‹-› *m:* **al ~** gratiniert, überbacken. **gratinare** [...ti'na:re] *tr* gratinieren, überbacken.
gratis ['gra:tis] *adv* gratis, kostenlos, umsonst.
gratitudine [grati'tu:dine] *f* Dankbarkeit *f,* Dank *m;* **provare ~ nei confronti di qu** jdm gegenüber Dankbarkeit empfinden.
grato, -a ['gra:to] *a* **1.** *(persona)* dankbar (*di, per* für); **2.** *(odore, sapore)* angenehm, erfreulich; *(gradito)* willkommen.
grattacapo [gratta'ka:po] *m fam* Schererei *f,* Unannehmlichkeit *f.*
grattacielo [gratta'tʃɛ:lo] *m* Wolkenkratzer *m.*
grattare [grat'ta:re] **I.** *tr* **1.** *(pelle)* kratzen; **2.** *(pane, formaggio)* reiben; **3.** *(con temperino, carta vetrata)* (weg)kratzen, -schleifen, -schmirgeln; **4.** *sl* klauen *fam;* **II.** *itr* **1.** *(produrre rumore metallico)* kratzen; **2.** *fam mot (marcia)* krachen, knirschen; **III.** *rfl:* **-rsi** sich kratzen. **grattata** [...'ta:ta] *f* **1.** *fam mot* Krachen *n,* Knirschen *n;* **2.** *(di testa, naso, etc.)* Kratzen *n;* **che bella ~!** *fam* schönen Gruß vom Getriebe! *scherz.*

grattugia [grat'tu:dʒa] ‹-gie› *f* Reibe *f.* **grattugiare** [...tu'dʒa:re] ‹grattugio, grattugi› *tr* reiben.

gratuità [gratui'ta] ‹-› *f* **1.** *com (di ingresso, spettacolo)* Unentgeltlichkeit *f;* **2.** *fig (di giudizio, affermazione)* Unhaltbarkeit *f,* Grundlosigkeit *f.* **gratuito, -a** [...'tu:ito *o.* ...tu'i:to] **I.** *a* **1.** *com* kostenlos, unentgeltlich, gratis, umsonst; *(ingresso a.)* frei; **2.** *fig* grundlos, unhaltbar; **biglietto ~** Freikarte *f.*

gravame [gra'va:me] *m* **1.** *fig* Last *f,* Belastung *f;* **2.** *jur* Rechtsmittel *n.*

gravare [gra'va:re] **I.** *tr* **1.** *(caricare)* beladen (*di* mit), belasten (*di* mit); **2.** *fig* belasten *(di* mit); **~ la mano su qu** jdn hart anfassen (*o.* bestrafen); **II.** *itr (peso)* lasten; **1.** *fig* lasten (*su* auf); **il peso della famiglia grava sulle sue spalle** die Sorge für die Familie lastet schwer auf seinen (*o.* ihren) Schultern.

grave ['gra:ve] **I.** *a* **1.** *(importante, serio)* schwerwiegend; *(errore, peccato, malattia, etc.)* schwer; *(situazione, caso)* ernst; *(atteggiamento)* ernsthaft; **2.** *mus* grave, getragen, schwer; *(nota)* tief, dunkel; **3.** *(pesante)* schwer, voll; **accento ~** Gravis *m;* **II.** *m phys* Körper *m.*

gravidanza [gravi'dantsa] *f* Schwangerschaft *f.* **gravido, -a** ['gra:vido] *a* **1.** *(donna)* schwanger; *(animale)* trächtig; **2.** *fig geh* voll (*di* mit), -schwer *geh,* -schwanger *geh;* **nubi -e di pioggia** Regenwolken *f pl,* regenschwere Wolken *f pl.*

gravimetria [gravime'tri:a] ‹-ie› *f* Gravimetrie *f.*

gravità [gravi'ta] ‹-› *f* **1.** *phys* Schwerkraft *f,* Anziehungskraft *f;* **2.** *fig* Schwere *f,* Würde *f; (di situazione a.)* Ernst *m; (di perdita)* Härte *f;* **3.** *mus* Gravität *f.*

gravitare [gravi'ta:re] *itr* **1.** *astr* kreisen, gravitieren; **2.** *fig* sich bewegen, herumsein; **3.** *arch* lasten; **~ intorno a** *fig* angezogen werden von. **gravitazionale** [...tattsi̯o'na:le] *a* Gravitations-. **gravitazione** [...tat'tsi̯o:ne] *f* Gravitation *f,* Anziehungskraft *f;* **legge di ~** Gravitationsgesetz *n.*

gravosità [gravosi'ta] ‹-› *f* Bürde *f,* Last *f.* **gravoso, -a** [...'vo:so] *a* drükkend, beschwerlich.

grazia ['grattsi̯a] ‹-ie› *f* **1.** *(armonia, delicatezza)* Anmut *f,* Liebreiz *m,* Grazie *f;* **2.** *(gentilezza)* Liebenswürdigkeit *f,* Freundlichkeit *f;* **3.** *rel* Gnade *f;* **4.** *jur* Begnadigung *f;* **5.** *(benevolenza)* Gunst *f,* Wohlwollen *n,* Huld *f geh;* **colpo di ~** Gnadenstoß *m;* **Vostra G~** Euer (*o.* Ihro *obs*) Gnaden; **~ di Dio** *fam* Gottesgabe *f,* Gabe *f* des Himmels; **le tre -ie** die drei Grazien; **rendere -ie a Dio** Gott huldigen (*o.* danksagen); **concedere la ~** *jur* Begnadigung gewähren; *rel* erhören; **essere nelle -ie di qu** in jds Gunst stehen; **godere le -ie di qu** jds Wohlwollen genießen; **con ~** freundlich, liebenswürdig; **con mala ~** unwirsch, ruppig; **per ~ ricevuta** für erwiesene Gnade *(Spruch bei einer Votivgabe);* **per ~ di Dio, lunedì è festa** *fam* Gott sei Dank ist Montag Feiertag *fam;* **in** (*o.* **per**) **~ di** dank *dat o. gen;* **nell'anno di ~ ...** im Jahre des Heils ...; **alla ~!** *fam* meine Güte! *fam;* **troppa ~ Sant'Antonio!** *fam* zuviel des Guten!

Grazia ['grattsi̯a] *nome proprio femminile.*

Graziano [grat'tsi̯a:no] *nome proprio maschile.*

graziare [grat'tsi̯a:re] ‹grazio, grazi› *tr* **1.** *jur* begnadigen; **2.** *fig (concedere)* gewähren (*qu di qc* jdm etw.), schenken (*qu di qc* jdm etw.). **graziato, -a** [...'tsi̯a:to] *m, f* **1.** *jur* Begnadigte(r) *mf;* **2.** *rel* Begnadete(r) *mf.*

grazie ['grattsi̯e] *interj* danke; **tante ~!** vielen Dank!, danke schön!; **~ mille!, mille ~!** vielen Dank!, tausend Dank!; **sì/no, ~** ja/nein, danke; **~ a** dank *dat o. gen,* durch *acc;* **~ a Dio/al cielo** Gott/dem Himmel sei Dank; **~ per l'ospitalità** danke für die Gastfreundschaft.

graziosità [grattsi̯osi'ta] ‹-› *f* Liebreiz *m,* Anmut *f.* **grazioso, -a** [...'tsi̯o:so] *a* graziös, lieblich, anmutig; *(piacevole a.)* reizend; *(gentile)* liebenswürdig, freundlich.

greca[1] ['grɛ:ka] ‹-che› *f* Mäander *m.*

greca[2] *f v.* **greco.**

grecale [gre'ka:le] **I.** *a* nordöstlich, Nordost-; **II.** *m* Nordostwind *m.*

Grecia ['grɛ:tʃa] *f* Griechenland *n.* **grecismo** [gre'tʃizmo] *m* Gräzismus *m.* **grecista** [...'tʃista] ‹-i *m,* -e *f*› *mf* Gräzist(in) *m(f).* **grecità** [...i'ta] ‹-› *f* Griechentum *n,* griechische Kultur u. Literatur. **grecizzare** [...id'dza:re] *tr, itr* gräzisieren. **greco, -a** ['grɛ:ko] ‹-ci, -che› **I.** *a hist, ling* griechisch, altgriechisch; *geog* griechisch; *(naso, profilo)* griechisch, klassisch; **~-ortodosso** griechisch-orthodox; **~-romano** griechisch-römisch; **II.** *m, f* Grieche *m,* Griechin *f;* **III.** *m* **1.** *ling* Griechisch(e) *n;* **2.** *meteo* Nordostwind *m;*

~ **antico/moderno** Alt-/Neugriechisch(e) *n.*

gregario, -a [gre'ga:rio] ‹-i, -ie› **I.** *a* Herden-; **II.** *m (di società, organizzazione)* Mitglied *n; pej* Mitläufer(in) *m(f).*

gregge ['greddʒe] ‹*pl:* -i *f*› *m* **1.** *zoo* Herde *f;* **2.** *fig* Herde *f,* Masse *f;* **il ~ del parroco/vescovo** die Schäflein *n pl* des Pfarrers/Bischofs; **uscire dal ~** *fig* aus der Herde ausbrechen.

greggio, -a ['greddʒo] ‹-ggi, -gge› **I.** *a* **1.** roh, Roh-, Ur-; **2.** *fig (rozzo)* ungehobelt, grob; **allo stato ~** im Urzustand; **II.** *m* Rohöl *n,* Erdöl *n.*

gregoriano, -a [grego'ria:no] *a* gregorianisch.

grembiule, grembiale [grem'biu:le, ...'bia:le] *m* Schürze *f; (per bambini)* Schürzchen *n.*

grembo ['grɛmbo *o.* 'grembo] *m* Schoß *m.*

gremire [gre'mi:re] ‹gremisco› **I.** *tr* füllen, bevölkern; **II.** *rfl:* **-rsi** sich füllen (*di* mit), sich bevölkern (*di* mit).

greppia ['greppia] ‹-ie› *f* Futtertrog *m,* (Futter)krippe *f.*

greto ['gre:to] *m* Kiesbank *f.*

grettezza [gret'tettsa] *f* Kleinlichkeit *f,* Engstirnigkeit *f,* Engherzigkeit *f.*

gretto, -a ['gretto] *a* **1.** *(avaro)* geizig; **2.** *fig (meschino)* kleinkariert, engherzig, engstirnig; **animo ~** Krämerseele *f.*

greve ['grɛ:ve] *a* schwer, schwül.

grezzo ['greddzo] *v.* **greggio.**

grida ['gri:da] *f hist* Erlaß *m,* Bekanntmachung *f.*

gridare [gri'da:re] **I.** *itr* schreien; *(per chiamare)* rufen; **~ a squarciagola** aus vollem Halse schreien; **II.** *tr* **1.** schreien; *(per chiamare)* rufen; **2.** *fam dial* ausschimpfen; **~ aiuto** um Hilfe rufen. **gridio** [...'di:o] ‹-ii› *m* Geschrei *n.* **grido** ['gri:do] *m* **1.** ‹*pl:* -a *f*› *(di persone)* Schrei *m,* Ruf *m; (invocazione)* Aufschrei *m;* **2.** ‹*pl:* -a *f*› *fig (fama)* Ruf *m;* **3.** ‹*pl:* -i *m*› *(di animali)* Schrei *m,* Ruf *m;* **di ~** von Ruf, berühmt; **essere all'ultimo ~** der letzte Schrei (*o.* in *fam*) sein.

grifone [gri'fo:ne] *m* **1.** *(uccello)* Gänsegeier *m;* **2.** *(mostro)* Greif *m.*

grigiastro, -a [gri'dʒastro] *a* gräulich.

grigio, -a ['gri:dʒo] ‹-gi, -gie› **I.** *a* **1.** *(colore)* grau; **2.** *fig* grau, eintönig, trostlos; **vedere tutto ~** *fig* alles grau in grau sehen; **II.** *m* Grau *n.*

Grigioni [gri'dʒo:ni] *m pl* Graubünden *n.*

grigiore [gri'dʒo:re] *m* **1.** *(di paesaggio)* Grau *n;* **2.** *fig* Eintönigkeit *f.*

grigioverde [gridʒo'verde] **I.** *a* graugrün; **II.** *m* **1.** *(colore)* Graugrün *n;* **2.** *mil* Uniform *f,* Soldatenrock *m.*

griglia ['griʎʎa] ‹-glie› *f* **1.** *gastr* Grill *m,* (Brat)rost *m;* **2.** *(inferriata, mot, phys)* Gitter *n;* **pollo/bistecca alla ~** Hähnchen *n*/Steak *n* vom Grill, gegrilltes Hähnchen/Steak; **~ del radiatore** Kühlergrill *m.*

grignolo [griɲ'ɲɔ:lo] *m* Grignolo *m (Rotwein aus Piemont).*

grilletto [gril'letto] *m* Abzug *m.*

grillo ['grillo] *m* **1.** *zoo* Grille *f;* **2.** *fig* Grille *f,* Laune *f;* **3.** ® *tel kleines Telefon mit leisem Ton;* **cervello di ~** Spatzenhirn *n fam;* **avere molti -i per il capo** *fam* eine Menge Flausen im Kopf haben *fam;* **mangiare come un ~** essen wie ein Spatz; **indovinala ~!** *fam* weiß der Geier! *sl,* das wissen die Götter! *fam.*

grinfia ['grinfia] ‹-ie› *f fam* Klaue *f;* **cadere** (*o.* **finire) nelle -ie di qu** *fig fam* in jds Klauen geraten.

grinta ['grinta] *f* **1.** *(faccia dura)* grimmiges (*o.* finsteres) Gesicht; **2.** *sport* (verbissener) Kampfgeist *m;* **mostrare la ~** grimmig dreinschauen.

grinza ['grintsa] *f* **1.** *(della pelle)* Falte *f,* Runzel *f;* **2.** *(di vestito)* Falte *f,* Knitter *m;* **le calze fanno le -e** die Strümpfe werfen Falten; **non fare una ~** *fig* einwandfrei sein; *(calcolo)* aufs Haar stimmen. **grinzoso, -a** [..'tso:so] *a* **1.** *(pelle)* faltig, runz(e)lig; *(vestito)* zer-, verknittert.

grippaggio [grip'paddʒo] *m:* **~ del pistone** Kolbenfresser *m.* **grippare** [...'pa:re] **I.** *itr* fressen; **II.** *rfl:* **-rsi** *mot* sich festfressen.

grisou [gri'zu] ‹-› *m* Grubengas *n.*

grissino [gris'si:no] *m* **1.** ‹*di solito al pl*› *gastr* Grissini *n pl (Knabberstangen aus Weißbrotteig);* **2.** *fig* Hering *m;* **è magro come un ~** er ist dünn wie ein Hering; **sembra un ~** er (*o.* sie) ist ein Strich in der Landschaft *fam.*

groenlandese [groenlan'de:se] **I.** *a* grönländisch; **II.** *mf* Grönländer(in) *m(f).* **Groenlandia** [...'landia] *f* Grönland *n.*

grog [grɔg] ‹-› *m* Grog *m.*

gromma ['gromma] *f* Weinstein *m.*

grondaia [gron'da:ia] ‹-aie› *f* Dach-, Regenrinne *f.*

grondare [gron'da:re] **I.** *itr* triefen (*di* vor); **II.** *tr* vergießen, verlieren.

groppa ['grɔppa] *f* **1.** *zoo* Kruppe *f;* **2.** *fig scherz* Buckel *m,* Kreuz *n;* **avere molti anni sulla ~** schon viele Jahre auf dem Buckel haben. **groppone**

[grop'po:ne] *m fam scherz* Buckel *m;* **piegare il ~** *fig* schuften *fam*, malochen.

gros-grain [gro'grɛ̃] ‹-› *m* Ripsband *n.*

grossa ['grɔssa] *f* Gros *n;* **dormire della ~** *fam* schlafen wie ein Murmeltier.

grossezza [gros'settsa] *f* Dicke *f*, Umfang *m.*

grossista [gros'sista] ‹-i *m*, -e *f*› *mf* Grossist(in) *m(f)*, Großhändler(in) *m(f).*

grosso, -a ['grɔsso] **I.** *a* **1.** *(dimensione)* dick, groß, breit; *(robusto)* kräftig; **2.** *fig (persona)* groß, wichtig, hoch(gestellt); *com (somma, guadagno, etc.)* hoch; *(affare, etc.)* groß, wichtig; **3.** *(rozzo)* grob, roh; *gastr (sale)* grob(körnig); **dito ~** *fam* Daumen *m; (del piede)* großer (*o.* dicker) Zeh; **mare ~** bewegte See; **pasta -a** *die größeren Teigwarentypen;* **un pezzo ~** ein hohes Tier *fam;* **un ~ industriale** ein Großindustrieller; **parole -e** schlimme Worte *n pl;* **essere ~ di mente/d'udito** schwer von Begriff/schwerhörig sein; **dirle/farle di -e** *fam* Stuß verzapfen *fam*/Dummheiten machen; **dirle** (*o.* **spararle**) **-e** *fam* dick auftragen, Lügenmärchen erzählen; **sballarle -e** *vulg* Scheiß (daher)reden *vulg;* **dire una -a bugia** eine dicke Lüge auftischen, unverschämt lügen; **l'ha fatta -a** *fam* er (*o.* sie) hat eine große Dummheit gemacht; **sbagliarsi di ~** *fam* sich gewaltig (*o.* gehörig) irren; **questa sì che è -a** *fam* das ist wohl ein starkes Stück; **il pesce ~ mangia il piccolo** *prov* die großen Fische fressen die kleinen; **II.** *m* **1.** *(parte grossa)* Hauptteil *m*, Großteil *m;* **2.** *(parte numerosa)* Mehrzahl *f*, größter Teil; **3.** *(parte rilevante)* Hauptteil *m*, wichtigster Teil, Wichtigste(s) *n.*

grossolanità [grossolani'ta] ‹-› *f (modi)* Grobschlächtigkeit *f*, Ungeschliffenheit *f; (parole)* Grobheit *f.* **grossolano, -a** [...'la:no] *a (persona)* grob(schlächtig), roh, plump; *(modi)* grob, ungeschliffen; *(scherzi)* schlecht; *(errore)* schwer, dick *fam; (lavoro, panni, ornamenti)* grob.

grossomodo [grosso'mɔ:do] *adv* ungefähr, etwa, zirka.

grotta ['grɔtta] *f* Grotte *f.*

grottesco, -a [grot'tesko] ‹-schi, -sche› **I.** *a* grotesk, absonderlich; **II.** *m* **1.** *theat* Groteske *f;* **2.** *(il ridicolo)* Groteske(s) *n.*

groviera [gro'vi̯ɛ:ra] ‹-› *m o. f* Gruyère(käse) *m*, Greyerzer *m.*

groviglio [gro'viʎʎo] ‹-gli› *m* Verwirrung *f*, Durcheinander *n.*

gru [gru] ‹-› *f* **1.** *zoo* Kranich *m;* **2.** *tec* Kran *m;* **3.** *film* Krankamera *f.*

gruccia ['gruttʃa] ‹-cce› *f* **1.** *med* Krücke *f;* **2.** *(per abiti)* (Kleider)bügel *m;* **camminare con le -cce** auf Krücken gehen.

grufolare [grufo'la:re] *itr* **1.** *zoo* (mit der Schnauze *o.* dem Rüssel) (herum)wühlen; **2.** *fig pej* schlürfen, schmatzen, fressen *vulg.*

grugnire [gruɲ'ɲi:re] ‹grugnisco› **I.** *itr* **1.** *zoo* grunzen; **2.** *fig pej* knurren, maulen; **II.** *tr fig pej (saluto, etc.)* grunzen, brummen, knurren. **grugnito** [...'ɲi:to] *m* **1.** *zoo* Grunzen *n;* **2.** *fig pej* Grunzen *n*, Gebrumm(e) *n.*

grugno ['gruɲɲo] *m* **1.** *zoo* Schnauze *f*, Rüssel *m;* **2.** *pej* Schnauze *f vulg*, Fresse *f vulg;* **3.** *(broncio)* Schnute *f fam*, Schmollmund *m;* **rompere il ~ a qu** *sl* jdm die Fresse polieren *sl vulg.*

grullo, -a ['grullo] *pej* **I.** *a* doof, dämlich, dußlig; **II.** *m, f* Blödian *m*, Schwachkopf *m.*

grumo ['gru:mo] *m* Klumpen *m.*

gruppo ['gruppo] *m* **1.** Gruppe *f; pol* Fraktion *f; sport* Verein *m*, Gruppe *f;* **2.** *com, fin* Verband *m*, Konzern *m*, Kette *f;* **3.** *mot* Satz *m*, Aggregat *n;* **~ economico/finanziario** Wirtschaftsverband *m*/Finanzgruppe *f;* **~ sportivo** (kleiner) Sportverein *m;* **~ sanguigno** Blutgruppe *f;* **lavoro di ~** Teamarbeit *f.* **gruppuscolo** [...'puskolo] *m* Splittergruppe *f.*

gruviera [gru'vi̯ɛ:ra] *v.* **groviera.**

gruzzolo ['gruttsolo] *m fam* Stange *f* (Geld) *fam*, Häufchen *n* (Geld).

G.U. *v.* **Gazz. Uff.**

guadagnare [gu̯adaɲ'ɲa:re] **I.** *tr* **1.** *(denaro)* verdienen; **2.** *fig (tempo, spazio, velocità, etc.)* gewinnen (an); **3.** *(cima, vetta)* erreichen; **4.** *(vincere)* gewinnen; **tanto di guadagnato** um so besser; **II.** *itr* **1.** *com* verdienen; **2.** *fig* gewinnen (*in* an), zunehmen (*in* an), zur Geltung kommen; **~ per vivere** den Lebensunterhalt verdienen. **guadagno** [...'daɲɲo] *m* Verdienst *m; (utile, vantaggio)* Gewinn *m;* **~ lordo/netto** Brutto-/Nettoverdienst *m.*

guadare [gu̯a'da:re] *tr* durchwaten. **guado** ['gu̯a:do] *m* Furt *f;* **passare a ~** durchwaten.

guaglione, -a [gu̯aʎ'ʎo:ne] *m, f napol* Schlingel *m*, Strick *m.*

guai ['gu̯a:i] *interj* wehe; **~ a te se ci riprovi!** wehe (dir), wenn du das noch mal machst!

guaina [gu̯a'i:na] *f* **1.** *(di spada)* Scheide *f;* **2.** *anat, bot* Scheide *f;* **3.** *(indumento)* Korsett *n,* Mieder *n;* **4.** *el* Kabelmantel *m.*

guaio ['gu̯a:i̯o] ‹-ai› *m* Unglück *n,* Ärger *m;* **ficcarsi nei -ai** *fam* Ärger (*o.* Scherereien) kriegen; **passare un ~** *mer* im Schlamassel stecken; **che ~!** schöne Bescherung! *iron;* **i -ai della pentola li sa il mestolo** *prov* jeder kennt sein Leid am besten.

guaire [gu̯a'i:re] ‹guaisco› *itr* winseln, jaulen. **guaito** [...'i:to] *m* Gewinsel *n,* Gejaule *n.*

gualdrappa [gu̯al'drappa] *f* Satteldekke *f.*

guancia ['gu̯antʃa] ‹-ce› *f* **1.** *anat* Wange *f,* Backe *f;* **2.** *gastr* (Schweins-, Kalbs)kopf *m.* **guanciale** [...'tʃa:le] *m* **1.** *(cuscino)* Kissen *n,* Polster *n;* **2.** *gastr durchwachsener Speck vom Schweinskopf;* **dormire fra due -i** *fig* ruhig (*o.* sorglos) schlafen.

guano ['gu̯a:no] *m* Guano *m.*

guantiera [gu̯an'ti̯ɛ:ra] *f* Tablett *n.*

guanto ['gu̯anto] *m* Handschuh *m;* **ladro in -i gialli** Hochstapler *m;* **calzare come un ~** wie angegossen sitzen; **trattare qu coi -i** jdn mit Glacéhandschuhen anfassen; **mandare** (*o.* **gettare**) **il ~** *fig* den Fehdehandschuh hinwerfen; **raccogliere il ~** *fig* den Fehdehandschuh aufnehmen (*o.* aufheben); **con mano di ferro e ~ di velluto** harter Kern unter einer weichen Schale. **guantone** [...'to:ne] *m* Boxhandschuh *m.*

guappo ['gu̯appo] *m napol* Mitglied *n* der Kamorra.

guardaboschi [gu̯arda'boski] ‹-› *m* Waldhüter(in) *m(f),* Förster(in) *m(f).* **guardacaccia** [-'kattʃa] ‹-› *m* Jagdaufseher(in) *m(f).* **guardacoste** [-'kɔste] ‹-› *m* Küstenwache *f.* **guardalinee** [-'li:nee] ‹-› *m* **1.** *ferr* Streckenwärter(in) *m(f);* **2.** *sport* Linienrichter(in) *m(f).*

guardare [gu̯ar'da:re] **I.** *tr* **1.** *(vedere)* (an)sehen, (an)blicken, anschauen; *(osservare)* zusehen (*qc* einer S.), beobachten; *(museo)* besichtigen; **2.** *(custodire: animali)* hüten; **~ qu/qc colla coda dell'occhio** jdn/etw. aus den Augenwinkeln heraus (*o.* verstohlen) ansehen; **~ qu di buon occhio** jdn wohlwollend betrachten; **~ qu di sbieco/traverso/in cagnesco** jdn schief/schräg/bissig anschauen; **~ qu dall'alto in basso** jdn von oben herab ansehen; **~ in faccia il pericolo/la morte** der Gefahr/dem Tod ins Auge sehen; **~ la televisione/un film** fernsehen/einen Film ansehen; **II.** *itr* **1.** *(vedere)* sehen (*da* aus, *verso* auf), schauen (*da* aus, *verso* auf), blicken (*da* aus, *verso* auf); **2.** *(badare)* sich kümmern (*a* um), aufpassen (*a* auf); **3.** *(edificio, finestra, etc.)* gehen (*su* auf ... hinaus); **stare a ~** zuschauen, dastehen; **non ~ a spese** keine Kosten scheuen; **le finestre guardano sulla piazza/a sud** die Fenster gehen auf den Platz hinaus/liegen auf der Südseite; **guardate ai fatti vostri!** kümmert euch um eure Angelegenheiten!; **Dio ce ne guardi!** *fam* Gott behüte uns!, Gott bewahre!; **III.** *rfl:* **-rsi 1.** sich ansehen, sich anschauen; **2.** *(stare in guardia)* sich hüten (*da* vor); **non si guardano più in faccia** sie reden nicht mehr miteinander, sie gehen sich *(dat)* aus dem Weg.

guardaroba [gu̯arda'rɔ:ba] ‹-› *m* **1.** *(armadio)* Kleiderschrank *m;* **2.** *(stanza)* Garderobe *f,* Ankleideraum *m;* **3.** *(indumenti)* Kleidung *f,* Garderobe *f.* **guardarobiere, -a** [...ro'bi̯ɛ:re] *m, f* Garderobier *m,* Garderobiere *f,* Garderobenfrau *f.*

guardasigilli [gu̯ardasi'dʒilli] ‹-› *m* **1.** *jur Justizminister als Gegenzeichner des Staatssiegels;* **2.** *hist* Siegelbewahrer *m.*

guardata [gu̯ar'da:ta] *f* Blick *m;* **dammi una ~ ai bambini!** schau mal nach den Kindern!

guardia ['gu̯ardi̯a] ‹-ie› *f* **1.** *(custodia)* Wache *f,* Bewachung *f;* *(persona)* Wächter *m,* Wache *f;* *mil* Wache *f;* *med* Dienst *m,* Wachdienst *m;* *sport* Deckung *f;* **2.** *(limite)* Anzeiger *m;* **3.** *(di libro)* Vorsatz *m;* **~ del corpo** Leibwache *f;* **~ di finanza** Zollbehörde *f;* *(persona)* Zollbeamte(r) *m;* **~ forestale/giurata** Förster *m*/vereidigter Beschützer; **~ medica** ärztlicher Notdienst; **cane da ~** Wachhund *m;* **cambio della ~** *(a. fig)* Wachablösung *f;* **corpo di ~** Gardekorps *n,* Garde *f;* **medico di ~** diensthabender Arzt; **foglio di ~** Vorsatzblatt *n,* Vorsatz *m;* **segnale di ~** Wasserstandsanzeiger *m;* **la vecchia ~** *fig* die alte Garde; **mettere qu in ~** jdn warnen; **mettersi/stare in ~** *(a. fig)* in Deckung gehen/sein; **montare/essere di ~** auf Wache ziehen/sein; **fare la ~** Wache halten, wachen; **fare buona ~** gut aufpassen; **giocare a -ie e ladri** Räuber und Gendarm spielen; **in ~!** Achtung!, aufgepaßt! **guardiamarina** [-ma'ri:na] ‹-› *m* Leutnant *m* zur See. **guardiano, -a** [...'di̯a:no] *m, f* *(di proprietà)* Wächter(in) *m(f),* Auf-

seher(in) *m(f); rel* Hüter(in) *m(f).*
guardina [...'di:na] *f* Arrestzelle *f.*
guardingo, -a [gu̯ar'diŋgo] ‹-ghi, -ghe› *a* behutsam, umsichtig.
guardone [gu̯ar'do:ne] *m* Voyeur *m.*
guardrail ['gɑ:dreɪl] ‹-› *m* Leitplanke *f.*
guarentigia [gu̯aren'ti:dʒa] ‹-gie› *f* Garantie *f,* Gewährleistung *f.*
guarigione [gu̯ari'dʒo:ne] *f* Heilung *f,* Genesung *f;* **buona ~!** gute Besserung! **guarire** [...'ri:re] ‹guarisco› **I.** *tr* ‹*avere*› **1.** *med* heilen; *(persona a.)* gesund machen; **2.** *fig (noia, tristezza, etc.)* besiegen; *(persona)* heilen, befreien; **II.** *itr* ‹*essere*› **1.** *med* gesund werden, genesen; **2.** *fig (dal vizio, etc.)* geheilt werden. **guaritore, -trice** [...ri'to:re] *m, f* Heilpraktiker(in) *m(f).*
guarnigione [gu̯arni'dʒo:ne] *f* Garnison *f.*
guarnire [gu̯ar'ni:re] ‹guarnisco› *tr* **1.** *(indumento, tovaglia)* verzieren, schmücken; *(a. gastr)* garnieren; **2.** *mil (di mura)* umziehen, umgehen; *(di soldati)* bemannen. **guarnizione** [...nit'tsi̯o:ne] *f* **1.** *(di indumento, tenda)* Garnitur *f,* Verzierung *f; (a. gastr)* Garnierung *f;* **2.** *gastr (contorni)* Beilage *f;* **3.** *tec, mot* Dichtung *f.*
guastafeste [gu̯asta'fɛste] ‹-› *mf* Spielverderber(in) *m(f),* Miesmacher(in) *m(f) fam.*
guastare [gu̯as'ta:re] **I.** *tr* **1.** *(raccolto, stomaco, cibi, etc.)* verderben; **2.** *(meccanismi, etc.)* beschädigen, kaputtmachen; **3.** *fig (sonno, appetito, etc.)* verderben; *(gioia)* trüben; **II.** *rfl:* **-rsi 1.** *(tempo)* sich verschlechtern; **2.** *(cosa, meccanismo)* kaputtgehen; **3.** *(cibi)* verderben, schlecht werden; *(frutta)* verfaulen; *(uova)* faul werden; **-rsi con qu** sich mit jdm überwerfen, es (sich *dat*) mit jdm verderben. **guasto, -a** ['gu̯asto] **I.** *a* **1.** *(macchina, televisione, lavatrice)* kaputt, defekt; **2.** *(cibo)* verdorben, schlecht; *(frutta)* verfault; *(uova)* faul; **3.** *med (dente, etc.)* krank, schlecht; **4.** *fig* verderbt, korrupt; **cervello ~** krankes Hirn; **farsi il sangue ~** sich krankärgern; **II.** *m* **1.** *tec* Schaden *m,* Defekt *m; mot* Panne *f;* **2.** *fig* Differenz *f,* Mißstimmung *f.*
guazza ['gu̯attsa] *f* Tau(nässe *f*) *m.*
guazzabuglio [gu̯attsa'buʎʎo] ‹-gli› *m* Durcheinander *n,* Kunterbunt *n; (a. fig)* Wust *m.*
guazzo ['gu̯attso] *m* **1.** *(arte)* Gouache *f;* **2.** *(di liquidi)* Lache *f;* **ciliegie in ~** Kirschen *f pl* in Alkohol.
guercio, -a ['gu̯ɛrtʃo] ‹-ci, -ce› **I.** *a* schielend, schieläugig; **II.** *m, f* Schielende(r) *mf;* **essere ~** schielen.
guerra ['gu̯ɛrra] *f* **1.** *mil* Krieg *m;* **2.** *pol, com, fig* Krieg *m,* Kampf *m,* Konflikt *m;* **~ atomica/batteriologica/chimica** Atomkrieg *m*/Krieg *m* mit biologischen Waffen/Krieg *m* mit chemischen Waffen; **~ psicologica** psychologische Kriegsführung; **~ civile** Bürgerkrieg *m;* **~ lampo** Blitzkrieg *m;* **~ fredda** kalter Krieg; **-e stellari** Krieg *m* der Sterne; **~ di successione** Erbfolgekrieg *m;* **zona di ~** Kriegsgebiet *n;* **~ d'interessi** Interessenkonflikt *m;* **~ di nervi** Nervenkrieg *m;* **la ~ contro la droga/criminalità** der Kampf gegen die Drogen/Kriminalität; **~ a colpi di spillo** *(a. fig)* Zermürbungskrieg *m;* **la prima/seconda ~ mondiale** der erste/zweite Weltkrieg; **entrare/essere in ~** in den Krieg eintreten/Krieg führen (*con* mit); **essere sul piede** (*o.* **in assetto) di ~** kriegsbereit sein. **guerrafondaio, -a** [gu̯errafon'da:i̯o] ‹-ai, -aie› **I.** *a* kriegstreibend, kriegshetzerisch; **II.** *m, f* Kriegstreiber(in) *m(f),* -hetzer(in) *m(f).* **guerreggiare** [...red'dʒa:re] ‹guerreggio, guerreggi› *itr* Krieg führen; **~ con/contro qu** mit jdm/gegen jdn Krieg führen. **guerresco, -a** [...'resko] ‹-schi, -sche› *a* **1.** *mil* kriegerisch, Kriegs-; **2.** *fig (incline alla guerra)* kriegerisch, kriegslustig. **guerriero, -a** [...'ri̯ɛ:ro] **I.** *a* **1.** *(popolo, gioventù)* kriegerisch, Krieger-, Kriegs-; **2.** *fig (aspetto, animo)* streitbar; *(combattivo)* angriffslustig; **II.** *m, f* Krieger(in) *m(f),* Kriegsmann *m.* **guerriglia** [...'riʎʎa] ‹-glie› *f* Guerilla(krieg *m*) *f.* **guerrigliero** [...riʎ'ʎɛ:ro] *m* Guerillero *m,* Guerillakämpfer(in) *m(f).*
gufo ['gu:fo] *m* **1.** *zoo* Eule *f;* **2.** *fig pej* Eigenbrötler *m,* Kauz *m;* **~ reale** Uhu *m;* **~ comune** Waldohreule *f.*
guglia ['guʎʎa] ‹-glie› *f* **1.** *arch* Fiale *f;* **2.** *geog* Felsnadel *f;* **3.** *(per l'albero di Natale)* Christbaumspitze *f.*
gugliata [guʎ'ʎa:ta] *f* Faden(länge *f*) *m.*
Guglielmina [guʎʎel'mi:na] *(nome proprio femminile)* Wilhelmine.
Guglielmo [guʎ'ʎɛlmo] *(nome proprio maschile)* Wilhelm.
guida ['gu̯i:da] **I.** *f* **1.** *mot* Fahren *n,* Führen *n,* Lenken *n;* **2.** *(libro)* Reiseführer *m; gener.* Leitfaden *m,* Einführung *f; tel* (Telefon)buch *n;* Adreßbuch *n;* **3.** *(persona)* (Reise)führer(in) *m(f),* Leiter(in) *m(f);* **4.** *(tappeto)* Läufer *m;* **5.** *tec* Führung *f,* Schiene *f;*

mot Lenkung *f;* **scuola ~** Fahrschule *f;* **patente di ~** Führerschein *m;* **posto di ~** Führersitz *m;* **~ al comporre/al tradurre** Aufsatz-/Übersetzungshandbuch *n;* **fare da ~ a qu** jdn führen, jdm den Weg weisen; **mettere la ~ rossa** den roten Teppich ausrollen; **II.** ‹*inv*› *a* Führungs-.

guidare [gui'da:re] *tr* **1.** *gener.* führen, leiten; **2.** *mot* fahren, führen, lenken; **3.** *sport* anführen, führen (in); **non sa ~** er (*o.* sie) kann nicht Auto fahren. **guidatore, -trice** [...da'to:re] *m, f* Fahrer(in) *m(f),* Lenker(in) *m(f).*

Guido ['gui:do] *(nome proprio maschile)* Guido.

guinzaglio [guin'tsaʎʎo] ‹-gli› *m* **1.** *zoo* (Hunde)leine *f;* **2.** *fig* Leine *f;* **portare il cane al ~** den Hund an der Leine führen; **tenere qu al ~** jdn an der (kurzen) Leine haben (*o.* halten); **farsi tenere al ~ da qu** sich von jdm an die Leine legen lassen.

guisa ['gui:za] *f* Art *f,* Weise *f,* Art und Weise *geh;* **a ~ di** wie; **di (*o.* in) ~ che** so daß; derart, daß.

guitto, -a ['guitto] *m, f pej* Schmierenkomödiant(in) *m(f);* **compagnia di -i** Schmierentheater *n.*

guizzare [guit'tsa:re] *itr* ‹*essere*› **1.** (in die Höhe) schnellen; *(fiamme)* züngeln; *(lampi)* zucken; **2.** *fig* entschlüpfen, (ent)gleiten. **guizzo** ['guittso] *m* **1.** Zucken *n,* Schnellen *n; (di fiamme)* Züngeln *n;* **2.** *fig* Ruck *m.*

guru ['gu:ru] ‹-› *m* Guru *m.*

guscio ['guʃʃo] ‹-sci› *m* **1.** *zoo* Schale *f; (della tartaruga)* Panzer *m; (di chioccio)* Haus *n;* **2.** *bot* Schale *f; (di piselli, etc.)* Hülse *f,* Schote *f; (dell'uovo)* Schale *f;* **chiudersi nel ~** *fig* sich in sein Schneckenkhaus zurückziehen; **stare nel proprio ~** *fig* zurückgezogen leben, ein verschlossener Mensch sein; **uscire dal ~** *fig* aus seinem Schneckenhaus herauskommen.

gustare [gus'ta:re] **I.** *tr* **1.** *gastr* probieren, kosten; **2.** *fig* genießen; **II.** *itr* **1.** *gastr* schmecken; **2.** *fig* gefallen, behagen; **III.** *rfl:* **-rsi 1.** *gastr* genießen, sich *(dat)* schmecken lassen; **2.** *fig* genießen. **gustativo, -a** [...ta'ti:vo] *a* Geschmacks-.

gusto ['gusto] *m* **1.** *(senso, sensazione, sapore)* Geschmack *m;* **2.** *(piacere)* Gefallen *n,* Freude *f; (godimento)* Genuß *m;* **3.** *(opinione, estetica)* Geschmack *m;* **4.** *(preferenza)* Vorliebe *f; (inclinazione)* Lust *f,* Neigung *f;* **lavorare di ~** gern arbeiten; **mangiare di ~** mit Appetit essen; **ridere di ~** vergnügt lachen; **avere buon ~** einen guten Geschmack haben; **vestire con ~** sich geschmackvoll kleiden; **prenderci ~** Gefallen daran finden; **al ~ di lampone** mit Himbeergeschmack; **uno scherzo di pessimo ~** ein geschmackloser Scherz; **è questione di -i** es ist eine Geschmacksfrage; **non c'è ~** es macht keinen Spaß; **non è di mio ~** das ist nicht nach meinem Geschmack; **tutti i -i son -i** *prov* über Geschmack läßt sich (nicht) streiten *prov.* **gustoso, -a** [...'to:so] *a* **1.** *gastr* schmackhaft, wohlschmekkend; **2.** *fig* köstlich, amüsant.

guttaperca [gutta'pɛrka] ‹-che› *f* Guttapercha *f o. n.*

gutturale [guttu'ra:le] *a* guttural, Guttural-, Kehl-.

H

H, h ['akka] ‹-› *f* H, h *n;* ~ **come hotel** H wie Heinrich; **bomba H** Wasserstoffbombe *f.*

h 1. *ab di* **ora** h, Std. (*ab di* hora, Stunde); **2.** *ab di* **etto** 100 Gramm.

ha *ab di* **ettaro** ha (*ab di* Hektar).

ha [a] *v.* **avere.**

habitat ['a:bitat] ‹-› *m* **1.** *biol* Habitat *n;* **2.** *fig* geeignetes Milieu.

habitué [abi'tɥe] ‹-› *mf* Stammgast *m.*

habitus ['a:bitus] ‹-› *m* **1.** *med* Habitus *m,* körperliches Erscheinungsbild; **2.** *biol* Habitus *m,* Körperbeschaffenheit *f;* **3.** *(comportamento)* Habitus *m,* Auftreten *n,* Haltung *f;* ~ **mentis** Geisteshaltung *f.*

hai ['a:i] *v.* **avere.**

hall [hɔ:l] ‹-› *f* (Eingangs)halle *f.*

hamburger [am'burger] ‹-› *m* Hamburger *m.*

handicap ['hændıkæp] ‹-› *m* Handikap *n.* **handicappare** [andikap'pa:re] *tr* benachteiligen, behindern, handikapen. **handicappato, -a** [...'pa:to] **I.** *a* **1.** *med* behindert; **2.** *fig* benachteiligt; **II.** *m, f* **1.** *med* Behinderte(r) *mf;* **2.** *fig* Benachteiligte(r) *mf.*

hangar [ã'ga:r] ‹-› *m* Hangar *m,* Flugzeughalle *f.*

hanno ['anno] *v.* **avere.**

happening ['hæpənıŋ] ‹-› *m* Happening *n.*

hard top ['hɑ:dtɔp] ‹-› *m* Hardtop *n o. m.*

hardware ['hɑ:dweə] ‹-› *m* Hardware *f.*

harem [a'rɛm] ‹-› *m* Harem *m.*

harmonium [ar'mɔ:ni̯um] ‹-› *m* Harmonium *n.*

hascisc [aʃ'ʃiʃ] *m* Haschisch *n o. m.*

haute [o:t] ‹-› *f geh* High-Society *f,* gesellschaftliche Oberschicht.

haute-couture [o:'tku'ty:re] ‹-› *f* Haute Couture *f.*

Helsinki ['hɛlsiŋki] *f* Helsinki *n.*

henna ['ɛnna] *f* **1.** *(tintura)* Henna *f o. n;* **2.** *bot* Hennastrauch *m.*

herpes ['ɛrpes] ‹-› *m* Herpes *m.*

hertz [hɛrts] ‹-› *m* (*ab* **Hz**) Hertz *n.*

hg *ab di* **ettogrammo** hg (*ab di* Hektogramm).

Hi.Fi. ['haıfaı] *ab di* **High-Fidelity** Hi-Fi. **high-fidelity** ['haıfaı'dɛlıtı] **I.** ‹*inv*› *a* High-Fidelity-; **II.** ‹-› *f* High-Fidelity *f.*

high society ['haı sə'saıətı] ‹-› *f* High-Society *f,* gesellschaftliche Oberschicht.

hippy ['hıpı] **I.** ‹-› *mf* Hippie *m;* **II.** ‹*inv*› *a* Hippie-.

hit [hıt] ‹-› *m* Hit *m.*

hl *ab di* **ettolitro** hl (*ab di* Hektoliter).

ho [ɔ] *1. pers sing pr di* **avere.**

hobby ['hɔbı] ‹-› *m* Hobby *n,* Steckenpferd *n.*

hockey ['hɔki] ‹-› *m* Hockey *n.*

holding ['hoʊldıŋ] ‹-› *f* Holdinggesellschaft *f.*

Hong Kong [xoŋ'kɔŋ] *f* Hongkong *n.*

hostess ['hoʊstıs] ‹-› *f* **1.** *aero* Stewardeß *f;* **2.** *(guida turistica)* Reiseführerin *f,* Hostess *f.*

hotel [o'tɛl] ‹-› *m* Hotel *n.*

humour ['hju:mə] ‹-› *m* Humor *m;* **avere senso dell'**~ Sinn für Humor haben.

humus ['u:mus] ‹-› *m* **1.** *bot* Humus *m;* **2.** *fig* Nährboden *m.*

Hz *ab di* **hertz** Hz.

I

I, i [i] ‹-› *f* I, i *n;* ~ **come Imola** I wie Ida; ~ **lunga** J, j *n.*
i *(articolo determinativo m pl)* die.
I *ab di* **Italia** I.
I.A.L. *m ab di* **Istituto Addestramento Lavoratori** *Berufsschule für die Ausbildung von (technischen) Handwerkern.*
iato [i'a:to] *m* **1.** *ling* Hiat(us) *m;* **2.** *anat* Öffnung *f;* **3.** *fig* Bruch *m,* Unterbrechung *f.*
ib. *ab di* **ibidem** ib., ibid.
iberico, -a [i'bɛ:riko] ‹-ci, -che› *a* iberisch.
ibernare [iber'na:re] *itr* Winterschlaf halten. **ibernazione** [...nat'tsio:ne] *f* **1.** *zoo* Winterschlaf *m;* **2.** *med* Hibernation *f.*
ibi ['i:bi] *poet,* **ibis** ['i:bis] ‹-› *m* Ibis *m.*
ibid. *ab di* **ibidem** ibid.
ibisco [i'bisko] ‹-schi› *m* Hibiskus *m.*
ibrido, -a ['i:brido] **I.** *a* **1.** *zoo, bot* hybrid, Hybrid-; **2.** *fig (stile, etc.)* hybrid, Misch-; **animale** ~ Mischling *m,* Bastard *m;* **II.** *m* **1.** *zoo, bot* Hybridzüchtung *f,* Hybride *f o. m;* **2.** *fig (mescolanza)* Mischung *f,* Gemisch *n.*
icona [i'kɔ:na *o.* i'ko:na] *f* Ikone *f.*
ics [iks] ‹-› *f v.* **X, x.**
id. *ab di* **idem** desgl. (*ab di* desgleichen).
Ida ['i:da] *(nome proprio femminile)* Ida.
Iddio [id'di:o] *m* (Herr)gott *m;* **Signore** ~**!** mein Gott!, Herrgott!; **benedetto** ~**!** allmächtiger Gott!
idea [i'dɛ:a] *f* **1.** *philos* Idee *f,* Begriff *m;* **2.** *(conoscenza elementare)* Vorstellung *f; (immagine)* Bild *n;* **3.** *(pensiero)* Idee *f,* Gedanke *m;* **4.** *(impressione)* Eindruck *m; (opinione)* Meinung *f,* Ansicht *f;* **5.** *(trovata)* Idee *f,* Einfall *m;* **6.** *(proposito)* Gedanke *m; (piano, progetto)* Plan *m,* Vorhaben *n;* **7.** *(sapere)* Ahnung *f; (sensazione)* Gefühl *n;* **8.** *(apparenza)* Anschein *m;* ~ **fissa** fixe Idee; **-e politiche** politische Gesinnung; **l'**~ **centrale del romanzo** der Leitgedanke des Romans; **un'** ~ **di sale** eine Idee (*o.* ein wenig) Salz; **un'**~ **più forte** eine Idee (*o.* eine Spur) lauter; **accarezzare un'**~ mit einem Gedanken spielen; **avere** ~ **di qc** eine Ahnung von etw. haben; **non averne la più pallida** ~ keine blasse Ahnung davon haben; **cambiare** ~ es sich *(dat)* anders überlegen; **dare l'**~ **di qc** den Anschein von etw. erwekken; **farsi un'**~ **di qc** sich *(dat)* eine Vorstellung von etw. machen; **neanche per** ~**!** nicht im mindesten!, nicht (mal) im Traum!
ideale [ide'a:le] **I.** *a* **1.** *(che concerne l'idea)* ideell, geistig; **2.** *(perfetto)* ideal, vollkommen; **II.** *m* Ideal *n; (modello)* Vorbild *n.* **idealista** [idea'lista] ‹-i *m,* -e *f*› *mf* Idealist(in) *m(f).* **idealistico, -a** [...'listiko] ‹-ci, -che› *a* idealistisch. **idealizzare** [...lid'dza:re] *tr* idealisieren. **idealizzazione** [...liddzat'tsio:ne] *f* Idealisierung *f.* **idealmente** [...l'mente] *adv* **1.** *(teoricamente, di pensiero)* ideell, geistig; **2.** *(in modo ideale)* ideal.
ideare [ide'a:re] *tr* **1.** *(concepire)* (sich *dat*) ausdenken; *(inventare)* erfinden; **2.** *(progettare)* planen. **ideatore, -trice** [idea'to:re] *m, f* Schöpfer(in) *m(f); (inventore)* Erfinder(in) *m(f).* **ideazione** [...at'tsio:ne] *f* **1.** *(atto dell'ideare)* Ausdenken *n,* Ersinnen *n; (invenzione)* Erfinden *n;* **2.** *(progettazione)* Planung *f.*
idem ['i:dem] ‹-› **I.** *pron* (*ab* **id.**) idem, desgleichen; **II.** *adv fam* ebenso.
identicità [identitʃi'ta] ‹-› *f* Identität *f,* völlige Übereinstimmung. **identico, -a** [i'dɛntiko] ‹-ci, -che› *a* identisch (*a* mit), völlig gleich (*a* mit).
identificabile [identifi'ka:bile] *a* identifizierbar.
identificare [identifi'ka:re] ‹identifico, identifichi› **I.** *tr* **1.** *(riconoscere)* identifizieren; *(persona a.)* die Identität feststellen *gen;* **2.** *(considerare identico)* gleichsetzen; **II.** *rfl:* **-rsi** sich identifizieren (*con* mit). **identificazione** [...kat'tsio:ne] *f* Identifikation *f,* Identifizierung *f.*
identikit [identi'kit *o.* i'dɛn...] ‹-› *m* Phantombild *n.*
identità [identi'ta] ‹-› *f* Identität *f; (l'essere identico)* Gleichheit *f;* **carta d'**~ Personalausweis *m.*
ideografico, -a [ideo'gra:fiko] *a* ideographisch.
ideogramma [ideo'gramma] ‹-i› *m*

1. *(di scrittura)* Ideogramm *n,* Begriffszeichen *n;* **2.** *(di statistica)* (Statistik)diagramm *n.*

ideologa *f v.* **ideologo.**

ideologia [ideolo'dʒi:a] ‹-gie› *f* Ideologie *f.* **ideologico, -a** [...'lɔ:dʒiko] *a* ideologisch. **ideologo, -a** [ide'ɔ:logo] ‹-gi *o. fam* -ghi, -ghe› *m, f* Ideologe *m,* -login *f.*

idi ['i:di] *m pl o. f pl hist* Iden *pl.*

idilliaco, -a [idil'li:ako] ‹-ci, -che› *a,* **idillico, -a** [i'dilliko] ‹-ci, -che› *a* idyllisch. **idillio** [i'dillio] ‹-i› *m* **1.** *lit* Idylle *f;* **2.** *fig* Idyll *n;* ~ **familiare** Familienidyll *n;* **intrecciare un** ~ zarte Bande knüpfen.

idioma [i'diɔ:ma] ‹-i› *m* Idiom *n.* **idiomatico, -a** [idio'ma:tiko] ‹-ci, -che› *a* idiomatisch; **frasi -che** idiomatische Redewendungen *f pl.*

idiosincrasia [idiosiŋkra'zi:a] ‹-ie› *f* **1.** *med* Idiosynkrasie *f,* Überempfindlichkeit *f;* **2.** *fig* unüberwindliche Abneigung (*per* gegen), Abscheu *m* (*per* vor).

idiota [i'diɔ:ta] ‹-i *m,* -e *f*› **I.** *a* idiotisch; *(a. med)* schwachsinnig; **II.** *mf* Idiot(in) *m(f); (a. med)* Schwachsinnige(r) *mf.*

idiotismo [idio'tizmo] *m ling* Spracheigenheit *f.*

idiozia [idiot'tsi:a] ‹-ie› *f* **1.** *med* Idiotie *f,* Schwachsinn *m;* **2.** *(stupidità)* Idiotie *f,* Dummheit *f.*

idolatra [ido'la:tra] ‹-i *m,* -e *f*› **I.** *a* götzenanbetend, -verehrend; **II.** *mf* **1.** *rel* Götzenanbeter(in) *m(f),* -diener(in) *m(f);* **2.** *fig (fanatico)* fanatische(r) Verehrer(in). **idolatrare** [...la'tra:re] *tr* **1.** *rel* (als Götzen) anbeten; **2.** *fig (ammirare)* abgöttisch verehren; *(amare)* vergöttern, anbeten. **idolatria** [...la'tri:a] ‹-ie› *f* **1.** *rel* Götzendienst *m;* **2.** *fig* abgöttische Verehrung; *(amore)* Vergötterung *f.* **idolatrico, -a** [...'la:triko] ‹-ci, -che› *a* **1.** *rel* Götzen-, götzendienerisch; **2.** *fig* abgöttisch.

idolo ['i:dolo] *m* **1.** *(divinità, pej)* Götze *m; (oggetto)* Götzenbild *n;* **2.** *fig* Idol *n; (persona amata follemente)* Abgott *m.*

idoneità [idonei'ta] ‹-› *f* Eignung *f,* Tauglichkeit *f; adm* Eignung *f,* Befähigung *f;* ~ **all'insegnamento** Lehrbefähigung *f;* ~ **al lavoro** Arbeitsfähigkeit *f;* **esami di** ~ Eignungsprüfungen *f pl.* **idoneo, -a** [i'dɔ:neo] *a (adatto)* geeignet, befähigt; *adm* fähig, tauglich; *(cosa)* passend; ~ **al servizio militare** wehrdiensttauglich; **un abito** ~ **alla cerimonia** ein passendes Kleid für die Feier.

idra ['i:dra] *f* **1.** *zoo* Hydra *f;* **2.** *fig* Übel *n.*

idrante [i'drante] *m* **1.** *(dispositivo)* Hydrant *m;* **2.** *(autobotte)* Löschfahrzeug *n.*

idratante [idra'tante] *a* Feuchtigkeits-, feuchtigkeitsspendend; **crema** ~ Feuchtigkeitscreme *f.*

idratare [idra'ta:re] *tr* Feuchtigkeit zuführen (*qc* einer S.); *chem* hydratisieren.

idrato [i'dra:to] *m* Hydrat *n;* **-i di carbonio** Kohlenhydrate *n pl.*

idraulica [i'dra:ulika] ‹-che› *f* Hydraulik *f.* **idraulico, -a** [...ko] ‹-ci, -che› **I.** *a* hydraulisch; **II.** *m, f* Installateur(in) *m(f).*

idrico, -a ['i:driko] ‹-ci, -che› *a* Wasser-, Hydro-.

idrocarburo [idrokar'bu:ro] *m* Kohlenwasserstoff *m.* **idrocultura** [-kul'tu:ra] *f* Hydrokultur *f.* **idrodinamica** [-di'na:mika] *f* Hydrodynamik *f.* **idroelettrico, -a** [-e'lɛttriko] *a* hydroelektrisch; **centrale -a** Wasserkraftwerk *n.*

idrofilo, -a [i'drɔ:filo] *a* hydrophil, Wasser (*o.* Feuchtigkeit) aufnehmend.

idrofobia [idrofo'bi:a] *f* Hydrophobie *f; (malattia)* Tollwut *f.* **idrofobo, -a** [i'drɔ:fobo] *a* **1.** *med* tollwütig; **2.** *fig fam* fuchsteufelswild *fam.*

idrofono [i'drɔ:fono] *m* Echolot *n.*

idrofugo, -a [i'drɔ:fugo] ‹-ghi, -ghe› *a* wasserabstoßend, -abweisend.

idrogenare [idrodʒe'na:re] *tr* hydrieren.

idrogeno [i'drɔ:dʒeno] *m* Wasserstoff *m.*

idrografia [idrogra'fi:a] *f* Hydrographie *f,* Gewässerkunde *f.* **idrolisi** [i'drɔ:lizi] ‹-› *f* Hydrolyse *f.* **idrometro** [i'drɔ:metro] *m* Wasserstandsmesser *m,* Hydrometer *n.* **idroplano** [idro'pla:no] *m* Tragflächen-, Tragflügelboot *n.* **idrorepellente** [-repel'lɛnte] *a* wasserabstoßend, -abweisend. **idroscalo** [-s'ka:lo] *m* Wasserflughafen *m.* **idrosolubile** [-so'lu:bile] *a* wasserlöslich.

idrossido [i'drɔssido] *m* Hydroxyd *n.*

idrostatica [idros'ta:tika] *f* Hydrostatik *f.* **idrovia** [-'vi:a] *f* Wasserstraße *f.* **idrovolante** [-vo'lante] *m* Wasserflugzeug *n.*

idrovora [i'drɔ:vora] *f* (Wasser)saugpumpe *f.* **idrovoro, -a** [...ro] *a* wasserabsorbierend.

i.e. *ab di* **id est** d.h., d.i. (*ab di* das heißt, das ist).

iella ['iɛlla] *f fam* Pech *n*, Unglück *n*; **portare ~** Unglück bringen. **iellato, -a** [iel'la:to] *a dial* vom Pech verfolgt.

iena ['iɛ:na] *f* Hyäne *f*.

ieratico, -a [ie'ra:tiko] ‹-ci, -che› *a* **1.** *(sacerdotale)* hieratisch *geh*, priesterlich; **2.** *fig* würdevoll; *(solenne)* feierlich.

ieri ['iɛ:ri] **I.** *adv* gestern; **~ l'altro** vorgestern; **~ mattina** gestern morgen; **~ sera** gestern abend; **sembra nato ~** *fig (ingenuo)* er ist naiv; **da ~ ad oggi** von gestern auf heute; **II.** ‹-› *m* Gestern *n*.

iettatore, -trice [ietta'to:re] *m, f* Unglücks-, Unheilbringer(in) *m(f)*. **iettatura** [...'tu:ra] *f* **1.** *(malocchio)* böser Blick; **2.** *(disdetta)* Unglück *n*, Unheil *n*.

I.G.E. ['i:dʒe] *f ab di* **Imposta Generale sull'Entrata** USt (*ab di* Umsatzsteuer).

igiene [i'dʒɛ:ne] *f* Hygiene *f*, Gesundheitspflege *f*; **ufficio d'~** Gesundheitsamt *n*; **~ della bocca** Mundpflege *f*; **~ personale** Körperpflege *f*. **igienico, -a** [i'dʒɛ:niko] ‹-ci, -che› *a* **1.** hygienisch; *(salutare)* gesund; **2.** *fig scherz (consigliabile)* ratsam; **impianti ~-sanitari** sanitäre Anlagen *f pl*. **igienista** [idʒe'nista] ‹-i *m*, -e *f*› *mf* Hygieniker(in) *m(f)*; *fig* Reinlichkeitsfanatiker(in) *m(f)*.

ignaro, -a [iɲ'ɲa:ro] *a* unwissend; *(inesperto)* unerfahren; **~ degli avvenimenti** über die Ereignisse nicht unterrichtet.

ignavia [iɲ'ɲa:via] ‹-ie› *f (del carattere)* Willensschwäche *f*; *(in una situazione)* Willenlosigkeit *f*; *(pigrizia)* Trägheit *f*; *(viltà)* Feigheit *f*. **ignavo, -a** [iɲ'ɲa:vo] *a* willensschwach; *(in una situazione)* willenlos; *(pigro)* träge; *(vile)* feige.

ignifugo, -a [iɲ'ɲi:fugo] ‹-ghi, -ghe› *a* feuerhemmend; *(resistente al fuoco)* feuerfest.

ignobile [iɲ'ɲɔ:bile] *a* niederträchtig, gemein. **ignobiltà** [iɲɲobil'ta] ‹-› *f* Niederträchtigkeit *f*, Gemeinheit *f*.

ignominia [iɲɲo'mi:nia] ‹-ie› *f* **1.** *(infamia)* Schande *f*; **2.** *fig scherz* Graus *m*; *(vergogna)* Schandfleck *m*. **ignominioso, -a** [...mi'nio:so] *a* schändlich; *(persona)* niederträchtig.

ignorante [iɲɲo'rante] **I.** *a* **1.** *(incompetente)* unfähig; *(inesperto)* unerfahren; **2.** *(senza cultura)* ungebildet; *(che non sa)* unwissend; **3.** *(maleducato)* ungezogen; **II.** *mf* **1.** *(senza istruzione)* Unwissende(r) *mf*, Ignorant(in) *m(f)*; **2.** *(maleducato)* ungezogener Mensch, Flegel *m*. **ignoranza** [...'rantsa] *f* Unwissenheit *f* (*in, di* in), Unkenntnis *f (in, di gen)*, Ignoranz *f pej*; **non è ammessa l'~ della legge** Unwissenheit schützt vor Strafe nicht.

ignorare [iɲɲo'ra:re] *tr* **1.** *(non conoscere)* nicht kennen; *(non sapere)* nicht wissen; **2.** *(trascurare)* übersehen, ignorieren. **ignorato, -a** [...'ra:to] *a* **1.** *(non conosciuto)* unbekannt; **2.** *(trascurato)* unbeachtet.

ignoto, -a [iɲ'ɲɔ:to] **I.** *a* unbekannt, nicht bekannt; **monumento al Milite I~** Denkmal *n* des Unbekannten Soldaten; **II.** *m* Unbekannte(s) *n*; **III.** *m, f* Unbekannte(r) *mf*.

ignudo, -a [iɲ'ɲu:do] *poet* **I.** *a* **1.** *(nudo)* nackt, unbekleidet; **2.** *fig* entblößt, ohne *(di acc)*; *(terreno)* kahl, nackt; **II.** *m, f* Nackte(r) *mf*.

igrometro [i'grɔ:metro] *m* Feuchtigkeitsmesser *m*, Hygrometer *n*.

igroscopico, -a [igros'kɔ:piko] ‹-ci, -che› *a* hygroskopisch.

ih [i] *interj* **1.** *(disgusto)* igitt, pfui; **2.** *(stupore)* ach; **3.** *(al cavallo, etc.)* hü.

il [il] *(articolo determinativo m sing)* der *m*, die *f*, das *n*.

ilare [i'la:re] *a* heiter, fröhlich. **ilarità** [ilari'ta] ‹-› *f* Heiterkeit *f*, Fröhlichkeit *f*; *(risata)* allgemeine Heiterkeit, Gelächter *n*.

ileo ['i:leo] *m* **1.** *anat (intestino)* Krummdarm *m*; *(osso)* Darmbein *n*; **2.** *med* Darmverschluß *m*. **iliaco, -a** [i'li:ako] ‹-ci, -che› *a* Darmbein-.

ill. *ab di* **illustrazione** Abb. (*ab di* Abbildung).

illanguidire [illaŋgui'di:re] ‹illanguidisco› **I.** *tr* ‹*avere*› schwächen; **II.** *itr* ‹*essere*› (immer) schwächer werden; *(persona a.)* ermatten; *(forze, attenzione)* erlahmen, nachlassen.

illazione [illat'tsio:ne] *f* Schlußfolgerung *f*.

illecito, -a [il'le:tʃito] **I.** *a* unerlaubt, unzulässig; *(illegale)* gesetzwidrig, widerrechtlich; **II.** *m* Vergehen *n*, gesetzwidrige Handlung; **~ penale** strafrechtliches Vergehen.

illegale [ille'ga:le] *a* illegal, gesetzwidrig. **illegalità** [...gali'ta] *f* Illegalität *f*; *(a. atto)* Gesetzwidrigkeit *f*.

illeggiadrire [illeddʒa'dri:re] ‹illeggiadrisco› **I.** *tr* ‹*avere*› *(cosa)* verschönen, Glanz verleihen (*qc* einer S.); *(persona)* (eine gewisse) Anmut verleihen (*qu* jdm); **II.** *itr* ‹*essere*›, *rfl:*

-rsi *(persona)* anmutig werden, gut aussehen; *(cosa)* Glanz bekommen.
illeggibile [illed'dʒi:bile] *a* **1.** *(difficile a leggersi)* unleserlich, schwer entzifferbar; **2.** *fig* schwer verständlich.
illegittima *f v.* **illegittimo.**
illegittimità [illedʒittimi'ta] *f* Unrechtmäßigkeit *f*, Gesetzwidrigkeit *f;* *(di figli)* Unehelichkeit *f;* ~ **costituzionale** Verfassungswidrigkeit *f.* **illegittimo, -a** [...'dʒittimo] **I.** *a* gesetzwidrig, unrechtmäßig; *(figli)* unehelich; **II.** *m, f* uneheliches Kind.
illeso, -a [il'le:zo] *a* **1.** *(incolume)* heil, unversehrt; **2.** *(indenne) (cosa)* unbeschädigt; *(persona)* unbeschadet.
illetterato, -a [illette'ra:to] *a* ungebildet; *(analfabeta)* analphabetisch.
illibatezza [illiba'tettsa] *f* Reinheit *f*, Unschuld *f;* *jur* Unbescholtenheit *f;* *(di donna)* Jungfräulichkeit *f.* **illibato, -a** [...'ba:to] *a* rein, unschuldig; *jur* unbescholten; *(donna)* jungfräulich.
illimitato, -a [illimi'ta:to] *a* unbegrenzt, unbeschränkt.
illiquidità [illikuidi'ta] *f* Illiquidität *f*, (vorübergehende) Zahlungsunfähigkeit *f.*
illividire [illivi'di:re] ‹illividisco› **I.** *tr* ‹*avere*› **1.** *(rendere livido)* blau anlaufen lassen; **2.** *(coprire di lividi)* mit dunklen Striemen überziehen; **II.** *itr* ‹*essere*›, *rfl:* **-rsi** blau anlaufen; dunkle Striemen aufweisen.
Ill.mo *ab di* **illustrissimo** *(in Briefen)* hochverehrter ...
illogico, -a [il'lɔ:dʒiko] *a* unlogisch.
illudere [il'lu:dere] ‹illudo, illusi, illuso› **I.** *tr* falsche Hoffnungen machen (*qu* jdm); **II.** *rfl:* **-rsi** sich *(dat)* etwas vormachen, sich trügerischen Hoffnungen hingeben.
illuminante [illumi'nante] *a* **1.** *(che diffonde luce)* leuchtend, Leucht-; **2.** *fig* erleuchtend; **la grazia** ~ die Gnade der Erleuchtung.
illuminare [illumi'na:re] **I.** *tr* **1.** *(diffondere luce)* be-, erleuchten, erhellen; **2.** *fig (svelare il vero)* aufklären (*su* über); *rel* erleuchten; **3.** *fig (ravvivare)* aufheitern; *(colore, etc.)* erhellen; ~ **a giorno lo stadio** das Stadion taghell erleuchten; **II.** *rfl:* **-rsi 1.** *(apparire in luce)* hell werden, aufleuchten; **2.** *fig* strahlen (*di* vor). **illuminato, -a** [...'na:to] *a* **1.** *(rischiarato)* er-, beleuchtet; **2.** *fig* erleuchtet, eingeweiht; **3.** *hist pol* aufgeklärt. **illuminazione** [...nat'tsio:ne] *f* **1.** *(atto, effetto)* Beleuchtung *f*, Beleuchten *n;* **2.** *(apparato)* Beleuchtung(sanlage) *f;* **3.** *fig* Erleuchtung *f.*
illuminismo [illumi'nizmo] *m* Aufklärung *f.* **illuminista** [...'nista] ‹-i *m*, -e *f*› *mf* Aufklärer(in) *m(f)*, Anhänger(in) *m(f)* der Aufklärung.
illusa *f v.* **illuso.**
illusi [il'lu:zi] *1. pers sing del passato remoto di* **illudere.**
illusione [illu'zio:ne] *f* **1.** *(di sensi)* Täuschung *f*, Illusion *f;* **2.** *(delusione)* Illusion *f;* ~ **ottica** optische Täuschung; **dare l'**~ die Illusion vermitteln, scheinen; **farsi delle -i** sich *(dat)* Illusionen machen. **illusionismo** [illuzio'nizmo] *m* **1.** *(esercizio di abilità)* Zauberkunst *f;* **2.** *(arte)* Illusionismus *m*, illusionistische Kunst; **3.** *philos* Illusionismus *m.* **illusionista** [...'nista] ‹-i *m*, -e *f*› *mf* Zauberkünstler(in) *m(f)*, Illusionist(in) *m(f).* **illusionistico, -a** [...'nistiko] ‹-ci, -che› *a* Zauber-; *(arte)* illusionistisch, illusionär.
illuso, -a [il'lu:zo] **I.** *pp di* **illudere; II.** *m, f* Träumer(in) *m(f)*, Schwärmer(in) *m (f).* **illusorio, -a** [illu'zɔ:rio] ‹-i, -ie› *a* illusorisch, trügerisch.
illustrare [illus'tra:re] *tr* **1.** *(con figure)* illustrieren, bebildern; **2.** *(con spiegazioni)* erklären, erläutern, veranschaulichen. **illustrativo, -a** [...ra'ti:vo] *a* veranschaulichend, illustrierend; **materiale** ~ Bildmaterial *n;* **nota -a** erläuternde Anmerkung. **illustrato, -a** [...'tra:to] *a* illustriert, bebildert; **cartolina -a** Ansichtskarte *f;* **rivista -a** Illustrierte *f.* **illustratore, -trice** [...ra'to:re] *m, f* Buch-, Zeitschriftenillustrator(in) *m(f).* **illustrazione** [...rat'tsio:ne] *f* (*ab* **ill.**) **1.** *(figura)* Illustration *f*, Abbildung *f;* **2.** *(commento)* Illustration *f*, Erläuterung *f*, Veranschaulichung *f;* **-i fuori testo** Abbildungen *f pl* auf Tafeln.
illustre [il'lustre] *a* **1.** *(famoso)* berühmt, bekannt; **2.** *(nobile)* vornehm. **illustrissimo, -a** [...'trissimo] *a* (*ab* **Ill.mo**) sehr verehrt; **Vostra Signoria Illustrissima** *hist* Euer Hochwohlgeboren.
imbacuccare [imbakuk'ka:re] ‹imbacucco, imbacucchi› **I.** *tr* einhüllen, einmummen; **II.** *rfl:* **-rsi** sich einhüllen, sich einmummen.
imbaldanzire [imbaldan'tsi:re] ‹imbaldanzisco› **I.** *tr* ‹*avere*› übermütig machen; **II.** *itr* ‹*essere*›, *rfl:* **-rsi** übermütig werden.
imballaggio [imbal'laddʒo] ‹-ggi› *m* **1.** *(involucro)* Verpackung *f;* **2.** *(ope-*

razione) (Ver)packen *n;* ~ **a perdere** Einwegverpackung *f;* ~ **a rendere** Leergut *n;* **carta da** ~ Packpapier *n.*

imballare¹ [imbal'la:re] *tr (merce)* ver-, einpacken.

imballare² [imbal'la:re] *tr (motore)* hochjagen, überdrehen.

imballatore, -trice [imballa'to:re] *m, f* Packer(in) *m(f).*

imbalsamare [imbalsa'ma:re] *tr* **1.** *(persone)* einbalsamieren; **2.** *(animali)* ausstopfen, präparieren. **imbalsamatore, -trice** [...ma'to:re] *m, f* **1.** *(di persone)* Einbalsamierer(in) *m(f);* **2.** *(di animali)* Tierpräparator(in) *m(f).* **imbalsamazione** [...mat'tsi̯o:ne] *f* **1.** *(di persone)* Einbalsamierung *f;* **2.** *(di animali)* Ausstopfen *n.*

imbambolato, -a [imbambo'la:to] *a* verträumt, träumerisch; *pej (con espressione attonita)* wie betäubt, bewegungslos.

imbandierare [imbandi̯e'ra:re] *tr* beflaggen, mit Fahnen schmücken.

imbandigione [imbandi'dʒo:ne] *f* Herrichtung *f* (einer Festtafel). **imbandire** [...'di:re] *tr (pasto)* auftischen; *(mensa)* (festlich) herrichten.

imbarazzante [imbarat'tsante] *a* heikel; *(increscioso)* peinlich; *(che ostacola)* hinderlich.

imbarazzare [imbarat'tsa:re] **I.** *tr* **1.** *(ostacolare)* behindern; *(disturbare)* stören; **2.** *(ingombrare)* verstellen, versperren; **3.** *fig* in Verlegenheit bringen, verlegen machen; *(confondere)* verwirren; ~ **lo stomaco** den Magen belasten; **II.** *rfl:* **-rsi** verlegen werden. **imbarazzato, -a** [...'tsa:to] *a* **1.** *(persona)* verlegen; *(confuso)* verwirrt; **2.** *(stomaco)* verdorben, verstimmt. **imbarazzo** [...'rattso] *m* **1.** *(disagio)* Verlegenheit *f; (confusione)* Verwirrung *f;* **2.** *(impedimento)* Hindernis *n;* ~ **di stomaco** Magenverstimmung *f;* **non avere che l'**~ **della scelta** die Qual der Wahl haben; **mettere qu in** ~ jdn in Verlegenheit bringen.

imbarbarimento [imbarbari'mento] *m* Verrohung *f; (l'inselvatichire)* Verwilderung *f.* **imbarbarire** [...'ri:re] ‹imbarbarisco› **I.** *tr ‹avere›* verrohen lassen; *(fare inselvatichire)* verwildern lassen; ~ **una lingua** eine Sprache barbarisch verunstalten; **II.** *itr ‹essere›, rfl:* **-rsi** verrohen; *(inselvatichire)* verwildern.

imbarcadero [imbarka'dɛ:ro] *m* Landungssteg *m,* -brücke *f.*

imbarcare [imbar'ka:re] ‹imbarco, imbarchi› **I.** *tr* einschiffen, an Bord nehmen; *(merce)* verladen; **II.** *rfl:* **-rsi** **1.** *(salire a bordo)* sich einschiffen, an Bord gehen; **2.** *fig* sich einlassen (*in* auf); **3.** *(incurvarsi)* sich krümmen, sich verziehen. **imbarcatoio** [...ka'to:i̯o] ‹-oi› *m* Fallreep *n.* **imbarcatura** [...ka'tu:ra] *f* Krümmung *f.* **imbarcazione** [...kat'tsi̯o:ne] *f* Boot *n;* ~ **a remi** Ruderboot *n;* ~ **a vela** Segelboot *n.* **imbarco** [im'barko] ‹-chi› *m* **1.** *(atto dell'imbarcare)* Einschiffung *f; (di merci)* Verladung *f;* **2.** *(banchina)* Verladeplatz *m,* Kai *m;* **3.** *(arruolamento)* Anmusterung *f;* **ottenere un** ~ angeheuert (*o.* angemustert) werden.

imbastardire [imbastar'di:re] ‹imbastardisco› **I.** *itr ‹essere›* **1.** entarten; **2.** *fig* verkommen; **II.** *tr ‹avere›* verschandeln; *fig* verderben.

imbastire [imbas'ti:re] ‹imbastisco› *tr* **1.** *(tessuti)* heften, (an)reihen; **2.** *fig* (in groben Zügen) entwerfen, skizzieren; *(mettere in opera)* einfädeln. **imbastitura** [...ti'tu:ra] *f* **1.** *(cucitura)* Heften *n; (risultato)* Heftnaht *f;* **2.** *sport* Erschlaffung *f.*

imbattersi [im'battersi] *rfl* stoßen (*in* auf); *(incontrare)* treffen (*in* auf); ~ **bene/male** es gut/schlecht treffen.

imbattibile [imbat'ti:bile] *a* unschlagbar, unbesiegbar. **imbattuto, -a** [...'tu:to] *a* ungeschlagen, unbesiegt.

imbavagliare [imbavaʎ'ʎa:re] ‹imbavaglio, imbavagli› *tr* **1.** *(mettere un bavaglio)* knebeln; **2.** *fig* zum Schweigen bringen.

imbeccare [imbek'ka:re] *tr* **1.** *(volatili)* füttern; **2.** *fig (suggerire)* einflüstern; *(attore)* soufflieren (*qu* jdm). **imbeccata** [...'ka:ta] *f* **1.** *(quantità di cibo)* (Schnabelvoll *m*) Futter *n;* **2.** *fig (suggerimento)* Vorsagen *n,* Zuflüstern *n.*

imbecille [imbe'tʃille] **I.** *a* dumm, blöd; *med* schwachsinnig; **II.** *mf* Schwach-, Dummkopf *m; med* Schwachsinnige(r) *mf.* **imbecillità** [...li'ta] ‹-› *f* Dummheit *f,* Torheit *f; med* Imbezillität *f,* Schwachsinn *m* (mittleren Grades).

imbelle [im'bɛlle] *a poet* unkriegerisch; *fig* unfähig; *(vile)* feige.

imbellettare [imbellet'ta:re] **I.** *tr* **1.** *(ornare di belletto)* schminken; **2.** *fig* verschönern, ausschmücken; **II.** *rfl:* **-rsi** sich schminken.

imbellire [imbel'li:re] ‹imbellisco› **I.** *tr ‹avere›* verschönern, schöner (*o.* attraktiver) machen; **II.** *itr ‹essere›, rfl:* **-rsi** schöner werden.

imberbe [im'bɛrbe] **I.** *a* bartlos; **II.** *m* *scherz* Milchgesicht *n pej.*
imbestialire [imbestia'li:re] ⟨imbestialisco⟩ *itr* ⟨*essere*⟩, *rfl:* **-rsi** wütend (*o.* rasend) werden.
imbevere [im'be:vere] ⟨imbevo, imbevvi *o.* imbevetti, imbevuto⟩ **I.** *tr* eintunken; *(fare assorbire)* durchtränken; **II.** *rfl:* **-rsi 1.** *(di liquido)* sich vollsaugen (*di* mit); **2.** *fig* durchdrungen sein (*di* von).
imbiancare [imbiaŋ'ka:re] ⟨imbianco, imbianchi⟩ **I.** *tr* ⟨*avere*⟩ weiß färben (*o.* machen); *(panni)* weiß-, reinwaschen; *(tessuto)* bleichen; *(pareti)* weißen, (weiß) anstreichen; **II.** *itr* ⟨*essere*⟩, *rfl:* **-rsi 1.** *(diventar bianco)* weiß werden; *(incanutire)* ergrauen; **2.** *fig* erblassen, blaß werden. **imbiancato, -a** [...'ka:to] *a* **1.** *(tessuto)* gebleicht; *(pareti)* (weiß) getüncht; **2.** *fig:* **sepolcro ~** Heuchler *m.* **imbiancatura** [...ka'tu:ra] *f* *(di biancheria)* Bleichen *n; (tinteggiatura)* (weißer) Anstrich *m.* **imbianchimento** [...ki'mento] *m* Bleichen *n.* **imbianchino** [...'ki:no] *m* **1.** *(operaio)* Anstreicher *m,* Maler *m;* **2.** *pej (pittore)* Farbenkleckser *m.* **imbianchire** [...'ki:re] ⟨imbianchisco⟩ **I.** *tr* ⟨*avere*⟩ bleichen; *(rischiarare)* aufhellen; *(pareti)* weißen, tünchen; *(tessuti)* bleichen; **II.** *itr* ⟨*essere*⟩ weiß werden, ergrauen.
imbibizione [imbibit'tsio:ne] *f* Durchtränkung *f; (assorbimento)* Einsaugen *n.*
imbiondire [imbion'di:re] ⟨imbiondisco⟩ **I.** *tr* ⟨*avere*⟩ blondieren, blond färben; **II.** *itr* ⟨*essere*⟩ blond werden.
imbizzarrire [imbiddzar'ri:re] ⟨imbizzarrisco⟩ *itr* ⟨*essere*⟩, *rfl:* **-rsi** *(cavallo)* scheuen; *(persona)* sich erregen.
imboccare [imbok'ka:re] ⟨imbocco, imbocchi⟩ **I.** *tr* **1.** *(introdurre cibo)* füttern; **2.** *fig (imbeccare)* einflüstern; **3.** *(tromba, etc.)* ansetzen, an die Lippen setzen; **4.** *(strada)* einbiegen in; *(direzione)* einschlagen; **II.** *itr* (hinein)passen. **imboccatura** [...ka'tu:ra] *f* **1.** *(entrata)* Einfahrt *f; (apertura)* Öffnung *f; (sbocco)* Mündung *f;* **2.** *(di tromba, etc.)* Mundstück *n; (del morso)* Gebiß *n.* **imbocco** [im'bokko] ⟨-cchi⟩ *m* Eingang *m; (apertura)* Öffnung *f; (sbocco)* (Ein)mündung *f.*
imbonimento [imboni'mento] *m* **1.** *(di un prodotto)* Anpreisung *f;* **2.** *fig* Lobhudelei *f; (su cose di pregio inesistente)* Schönfärberei *f.* **imbonire** [...'ni:re] ⟨imbonisco⟩ *tr* **1.** *(prodotto)* anpreisen; **2.** *fig* besänftigen. **imbonitore, -trice** [...ni'to:re] *m, f* Anpreiser(in) *m(f); (al mercato)* Marktschreier(in) *m(f).*
imborghesire [imborge'zi:re] ⟨imborghesisco⟩ **I.** *itr* ⟨*essere*⟩ verbürgerlichen; *pej* sich zum Spießbürger entwickeln; **II.** *rfl:* **-rsi** sich zum Spießbürger entwickeln.
imboscare [imbos'ka:re] ⟨imbosco, imboschi⟩ **I.** *tr* **1.** *(nascondere)* im Wald verstecken; **2.** *fig (merce)* hamstern; **II.** *rfl:* **-rsi 1.** *(nascondersi)* sich im Wald verstecken; **2.** *mil* sich dem Militärdienst entziehen; **3.** *scherz* sich drücken. **imboscata** [...'ka:ta] *f* Hinterhalt *m;* **cadere in un'~** in einen Hinterhalt geraten. **imboscato, -a** [...'ka:to] **I.** *a* untergetaucht; **II.** *m* **1.** *mil* Deserteur *m,* Fahnenflüchtige(r) *m;* **2.** *fig* Drückeberger *m fam.*
imboschire [imbos'ki:re] ⟨imboschisco⟩ **I.** *tr* ⟨*avere*⟩ aufforsten, mit Bäumen bepflanzen; **II.** *itr* ⟨*essere*⟩, *rfl:* **-rsi** sich bewalden, sich mit Wald bedecken.
imbottigliamento [imbottiʎʎa'mento] *m* **1.** *(di liquidi)* (Flaschen)abfüllung *f;* **2.** *mil* Einkesselung *f;* **3.** *(del traffico)* (Verkehrs)stau *m.* **imbottigliare** [...'ʎa:re] ⟨imbottiglio, imbottigli⟩ **I.** *tr* **1.** *(liquidi)* (in Flaschen) abfüllen; **2.** *mil* einkesseln; **3.** *fig:* **essere imbottigliati** *(veicoli)* im Stau steckenbleiben; **II.** *rfl:* **-rsi** sich stauen. **imbottigliatore, -trice** [...ʎa'to:re] **I.** *m, f* Abfüller(in) *m(f);* **II.** *f* Abfüllmaschine *f.*
imbottire [imbot'ti:re] ⟨imbottisco⟩ *tr* **1.** *(riempire)* füllen; *(vestiti)* wattieren; *(poltrona)* polstern; **2.** *(panini)* belegen; **3.** *fig (riempire)* vollstopfen, vollpfropfen; **~ il portafoglio** sich bereichern; **~ la testa a qu** jdm den Kopf vollpfropfen *fam.* **imbottita** [...'ti:ta] *f* Steppdecke *f.* **imbottito, -a** [...'ti:to] *a (poltrona)* gepolstert; *(abito)* wattiert; *(panino)* belegt. **imbottitura** [...ti'tu:ra] *f (di poltrone)* Polsterung *f; (di abiti)* Wattierung *f.*
imbracare [imbra'ka:re] ⟨imbraco, imbrachi⟩ *tr* mit einem Seil (*o.* einer Kette) umwickeln; *(bambino)* wickeln.
imbracciare [imbrat'tʃa:re] ⟨imbraccio, imbracci⟩ *tr* in den Arm nehmen; *(fucile)* schultern.
imbranato, -a [imbra'na:to] **I.** *a* ungeschickt, tolpatschig; **II.** *m, f* Tolpatsch *m.*
imbrancare [imbraŋ'ka:re] ⟨imbranco, imbranchi⟩ **I.** *tr* zusammentreiben;

II. *rfl:* **-rsi** sich zusammenscharen, eine Gruppe bilden; **-rsi in cattive compagnie** sich in schlechte Gesellschaft begeben.

imbrattacarte [imbratta'karte] ⟨-⟩ *mf* Schreiberling *m.*

imbrattare [imbrat'ta:re] **I.** *tr* beschmieren; *(di fango, etc. a.)* beschmutzen; **II.** *rfl:* **-rsi 1.** *(sporcarsi)* sich beschmutzen, sich besudeln; **2.** *fig* sich beflecken; **-rsi di sangue** *(a. fig)* sich mit Blut beflecken. **imbrattatele** [...ta'te:le] ⟨-⟩ *mf* Farbenkleckser(in) *m(f),* Sonntagsmaler(in) *m(f).* **imbratto** [im'bratto] *m* **1.** *pej (sporcizia)* Schmutz *m; (scritto)* Geschmiere *n; (dipinto)* Gekleckse *n,* Kleckserei *f;* **2.** *obs (cibo per maiali)* Schweinefutter *n;* **3.** *fig pej (pessima vivanda)* Fraß *m.*

imbrigliare [imbriʎ'ʎa:re] ⟨imbriglio, imbrigli⟩ **I.** *tr* **1.** *(mettere le redini)* (auf)zäumen; **2.** *naut* mit Seilen (*o.* Ketten) verstärken; **3.** *(acqua)* eindämmen; *(terreno)* befestigen; **4.** *fig* zügeln, bändigen; **II.** *rfl:* **-rsi** sich mit den Beinen im Zaumzeug verfangen; *fig* sich verfangen. **imbrigliatura** [...ʎa'tu:ra] *f* **1.** *(di terreno)* Befestigung *f; (di corso d'acqua)* Eindämmung *f;* **2.** *naut* Verstärkung *f.*

imbroccare [imbrok'ka:re] ⟨imbrocco, imbrocchi⟩ *tr* **1.** *(colpire nel segno)* (ins Schwarze) treffen; **2.** *fig* treffen; *(indovinare)* erraten; **non imbroccarne una** immer danebentreffen.

imbrogliare [imbroʎ'ʎa:re] ⟨imbroglio, imbrogli⟩ **I.** *tr* **1.** *(confondere)* durcheinanderbringen; **2.** *(truffare)* in die Irre führen; *(frodare)* betrügen; **3.** *naut (vele)* aufgeien, einziehen; **~ le idee a qu** jdn verwirren; **~ la matassa** Verwirrung stiften; **II.** *rfl:* **-rsi 1.** *(ingarbugliarsi)* sich verwikkeln; **2.** *(nel parlare)* sich verhaspeln; **3.** *fig* kompliziert werden. **imbroglio** [im'brɔʎʎo] *m* **1.** *(ingarbugliamento)* Verwicklung *f;* **2.** *fig* Verwirrung *f,* Konfusion *f; (faccenda)* verwickelte Angelegenheit; **3.** *(truffa)* Betrug *m;* **4.** *(intoppo)* Hindernis *n.* **imbroglione, -a** [...roʎ'ʎo:ne] *m, f* Betrüger(in) *m(f),* Schwindler(in) *m(f).*

imbronciarsi [imbron'tʃarsi] ⟨m'imbroncio, t'imbronci⟩ *rfl* **1.** *(corrucciarsi)* schmollen, verärgert sein; **2.** *fig (cielo)* sich verdüstern; *(tempo)* sich verschlechtern.

imbrunire [imbru'ni:re] ⟨imbrunisco⟩ **I.** *itr* ⟨*essere o. avere*⟩ dunkel werden; *(dopo il tramonto)* dämmern; **il cielo imbrunisce** der Himmel verdunkelt sich; **II.** *m* (Abend)dämmerung *f;* **sull'~** in der (Abend)dämmerung.

imbruttire [imbrut'ti:re] ⟨imbruttisco⟩ **I.** *tr* ⟨*avere*⟩ häßlich machen; **II.** *itr* ⟨*essere*⟩ häßlich(er) werden.

imbucare [imbu'ka:re] *tr* **1.** *(impostare)* einwerfen; **2.** *obs (riporre)* ver-, ablegen.

imbullonare [imbullo'na:re] *tr* verbolzen, mit einem Bolzen befestigen.

imburrare [imbur'ra:re] *tr* mit Butter bestreichen, buttern.

imbussolare [imbusso'la:re] *tr* **1.** *mil* (mit einer Patrone) laden; **2.** *(nell'urna)* in die Urne werfen.

imbuto [im'bu:to] *m* Trichter *m;* **a ~** trichterförmig.

imene [i'mɛ:ne] *m* **1.** *anat* Jungfernhäutchen *n,* Hymen *n o. m scient;* **2.** *poet (nozze)* Hochzeit *f.*

imitabile [imi'ta:bile] *a* nachahmbar, nachzuahmen(d).

imitare [imi'ta:re] *tr* imitieren, nachahmen, nachmachen; *(firma a.)* fälschen; **questo vetro imita l'alabastro** dieses Glas sieht aus wie Alabaster. **imitativo, -a** [...ta'ti:vo] *a* Nachahmungs-, Imitations-, nachahmend. **imitatore, -trice** [...ta'to:re] *m, f* Nachahmer(in) *m(f),* Imitator(in) *m(f).* **imitazione** [...tat'tsi̯o:ne] *f* Imitation *f,* Nachahmung *f; (contraffazione a.)* Fälschung *f; (pelle, etc.)* Imitation *f;* **~ (della) pelle** Lederimitation *f,* Kunstleder *n;* **fare l'~ di qu** jdn nachahmen.

immacolato, -a [immako'la:to] *a* **1.** *(biancheria)* schneeweiß, blendend weiß; **2.** *fig* rein, makellos; **la Vergine -a** die Heilige Jungfrau (Maria).

immagazzinamento [immagaddzina'mento] *m* (Ein)lagerung *f.* **immagazzinare** [...'na:re] *tr* **1.** *(nel magazzino)* (ein)lagern; **2.** *inform* speichern; **3.** *fig* speichern; *(raccogliere)* ansammeln.

immaginabile [immadʒi'na:bile] *a* denkbar, vorstellbar.

immaginare [immadʒi'na:re] *tr* **1.** *(figurarsi)* sich *(dat)* vorstellen; **2.** *(ideare)* sich *(dat)* ausdenken; *(inventare)* erfinden; **3.** *(supporre)* annehmen, vermuten; *(intuire)* ahnen; *(indovinare)* erraten; **4.** *(illudersi)* sich *(dat)* einbilden; *(sperare)* hoffen; **immaginati se non lo voglio!** natürlich will ich das!; **La disturbo? — s'immagini!** störe ich (Sie)? — aber keineswegs, (aber) ich bitte Sie! **immaginario, -a** [...'na:ri̯o] ⟨-i, -ie⟩ *a* imaginär; *(non reale)* unwirklich, phantastisch, Phantasie-; **numero ~** imaginäre Zahl. **im-**

maginativa [...na'ti:va] *f* Vorstellungskraft *f*, -vermögen *n*; **mancare di ~** keine Phantasie haben. **immaginativo, -a** [...na'ti:vo] *a* **1.** *(che concerne l'immaginazione)* Vorstellungs-; **2.** *(dotato di immaginazione)* phantasievoll; **capacità -a** Vorstellungsvermögen *n*. **immaginazione** [...nat'tsi̯o:ne] *f* Vorstellung(skraft) *f*; Einbildung(skraft) *f pej*; *(fantasia)* Phantasie *f*; *(invenzione)* Einbildung *f*; **un parto della sua ~** eine Ausgeburt seiner (*o.* ihrer) Phantasie; **una fervida ~** eine blühende Phantasie.

immagine [im'ma:dʒine] *f* **1.** *gener.* (Ab)bild *n*; *(figura)* Gestalt *f*, Figur *f*; **2.** *(nell'arte)* Bildnis *n*, Bild *n*; **3.** *(riproduzione)* Abbild *n*, Ebenbild *n*; **4.** *(evocazione di una realtà)* Verkörperung *f*; **5.** *(rappresentazione simbolica)* Sinnbild *n*, Symbol *n*; **6.** *fig (descrizione)* Bild *n*; *(rappresentazione)* Darstellung *f*; **7.** *(visione interiore)* Vorstellung *f*; *(ricordo)* Erinnerung *f*; **8.** *(fantasia)* Phantasie *f*; *(visione)* Vision *f*; **è l'~ della salute** er (*o.* sie) ist die Gesundheit in Person. **immaginoso, -a** [immadʒi'no:so] *a* phantasievoll, phantasiereich.

immalinconire [immaliŋko'ni:re] ‹immalinconisco› **I.** *tr* ‹*avere*› schwermütig (*o.* melancholisch) machen; **II.** *itr* ‹*essere*› an Anmut verlieren; **III.** *rfl:* **-rsi** schwermütig (*o.* melancholisch) werden.

immancabile [immaŋ'ka:bile] *a* unausbleiblich; *(inevitabile)* unvermeidlich; *(sicuro)* gewiß, sicher.

immane [im'ma:ne] *a* riesig, ungeheuer; *(terribile)* schrecklich, entsetzlich.

immanente [imma'nɛnte] *a* immanent. **immanenza** [...'nɛntsa] *f* Immanenz *f*.

immangiabile [imman'dʒa:bile] *a* nicht eßbar, ungenießbar.

immantinente [immanti'nɛnte] *adv poet* sofort, unverzüglich.

immateriale [immate'ri̯a:le] *a* immateriell; *(dello spirito)* geistig; **beni -i** *jur* geistige Güter *n pl*, Immaterialgüter *n pl*.

immatricolare [immatriko'la:re] **I.** *tr* eintragen, registrieren; *(automobili)* zulassen; *(all' università)* immatrikulieren, einschreiben; **II.** *rfl:* **-rsi** sich immatrikulieren (*o.* einschreiben) (lassen). **immatricolazione** [...lat'tsi̯o:ne] *f* Immatrikulation *f*, Einschreibung *f*; *(di un'automobile)* Zulassung *f*.

immaturità [immaturi'ta] *f* Unreife *f*, Unreifsein *n*. **immaturo, -a** [...'tu:ro] *a* **1.** *(acerbo, a. fig)* unreif; **2.** *(prematuro)* vorzeitig, verfrüht; *(decisione, etc.)* voreilig; **3.** *med* unreif, nicht voll entwickelt; **4.** *(età)* unreif; **nascita -a** Frühgeburt *f*.

immedesimare [immedezi'ma:re] **I.** *tr obs* identifizieren; **II.** *rfl:* **-rsi** verwachsen (*in* mit), eins werden (*in* mit), sich identifizieren (*in* mit). **immedesimazione** [...mat'tsi̯o:ne] *f* Identifikation *f* (*di* mit).

immediatamente [immedi̯ata'mente] *adv* sofort, unverzüglich, unmittelbar.

immediatezza [immedi̯a'tettsa] *f* Unmittelbarkeit *f*; *(simultaneità)* Unverzüglichkeit *f*. **immediato, -a** [...'di̯a:to] *a* **1.** *(diretto)* unmittelbar, direkt; **2.** *(pronto)* sofortig, unverzüglich; *(reazione, risposta, etc.)* prompt; **3.** *(evidente)* offenkundig; **contatto ~** direkter Kontakt; **superiore ~** unmittelbarer Vorgesetzter; **nelle -e vicinanze** in unmittelbarer Nähe.

immemorabile [immemo'ra:bile] *a* undenklich.

immemore [im'mɛ:more] *a* nicht gedenkend, uneingedenk *geh.*

immensità [immensi'ta] ‹-› *f* **1.** *(qualità)* Unermeßlichkeit *f*, Unendlichkeit *f*; **2.** *(quantità)* Unmenge *f*. **immenso, -a** [im'mɛnso] *a* **1.** *(enorme)* unermeßlich, immens; *(sconfinato)* grenzenlos, unendlich (groß); *(numeroso)* unzählig; **2.** *fig (intenso)* ungeheuer, außerordentlich stark; *(desiderio)* brennend.

immensurabile [immensu'ra:bile] *a* unmeßbar; *fig* unermeßlich.

immergere [im'mɛrdʒere] ‹immergo, immergi, immersi, immerso› **I.** *tr* **1.** *(tuffare)* (ein)tauchen; **2.** *(affondare)* hineinstoßen; **3.** *fig* versenken; **II.** *rfl:* **-rsi** **1.** *(penetrare)* eindringen; *(in acqua, tra la folla)* untertauchen; **2.** *fig* sich vertiefen, sich versenken; *(affondare)* versinken; *(sparire)* verschwinden; **-rsi nel sonno** in Schlaf sinken; **-rsi nello studio** sich ins Studium vertiefen.

immeritato, -a [immeri'ta:to] *a (premio)* unverdient; *(punizione)* unverdient, ungerecht.

immeritevole [immeri'te:vole] *a* unwürdig.

immersi [im'mɛrsi] *1. pers sing del passato remoto di* **immergere.**

immersione [immer'si̯o:ne] *f* **1.** *(introduzione in mezzo liquido)* (Ein-, Unter)tauchen *n*; **2.** *naut* Tiefgang *m*; **3.** *astr, geol* Immersion *f*; **battesimo**

per ~ Immersionstaufe *f*; **navigare in** ~ unter Wasser fahren.

immerso [im'mɛrso] *pp di* **immergere.**

immettere [im'mettere] ⟨*irr*⟩ **I.** *tr* einführen; *fig* zuführen; *(acqua)* einlaufen lassen, einlassen; **II.** *itr* hineinführen.

immigrante [immi'grante] **I.** *a* immigrierend, einwandernd; **II.** *mf* Einwanderer *m*, Einwand(r)erin *f*, Immigrant(in) *m(f)*.

immigrare [immi'gra:re] *itr* ⟨*essere*⟩ immigrieren, ein-, zuwandern. **immigrato, -a** [...'gra:to] **I.** *a* immigriert, ein-, zugewandert; **II.** *m, f* Immigrant(in) *m(f)*, Einwanderer *m*, Einwand(r)erin *f*; *(entro i confini comunali)* Zugezogene(r) *mf*. **immigrazione** [...rat'tsi̯o:ne] *f* Immigration *f*, Einwanderung *f*.

imminente [immi'nɛnte] *a* **1.** *fig* (unmittelbar) bevorstehend; *pej* drohend; **2.** *poet* vorstehend, überragend. **imminenza** [...'nɛntsa] *f* unmittelbares Bevorstehen; *pej* Drohung *f*.

immischiare [immis'ki̯a:re] **I.** *tr* hineinziehen, verwickeln; **II.** *rfl*: **-rsi** sich einmischen (*in* in); **-rsi in qc** in etw. verwickelt sein.

immiserimento [immizeri'mento] *m* *(a. fig)* Verarmung *f*. **immiserire** [...'ri:re] ⟨immiserisco⟩ **I.** *tr* ⟨*avere*⟩ verarmen lassen, arm machen; **II.** *itr* ⟨*essere*⟩, *rfl*: **-rsi** verarmen; *pej* verkommen.

immissario [immis'sa:ri̯o] ⟨-i⟩ *m* Zufluß *m*.

immissione [immis'si̯o:ne] *f* Einführen *n*; *(sbocco)* Einströmen *n*; *(afflusso)* Zufuhr *f*, Zufluß *m*; *jur* Immission *f*; ~ **del carburante** Benzin-, Kraftstoffeinlaß *m*.

immobile [im'mɔ:bile] **I.** *a* unbeweglich, regungslos; **II.** *m* Immobilie *f*, unbewegliches Gut. **immobiliare** [immobi'li̯a:re] *a* Immobilien-, Immobiliar-. **immobilismo** [...'lizmo] *m* starre Haltung; *(spirituale)* geistige Unbeweglichkeit; *(inazione)* Untätigkeit *f*. **immobilità** [...li'ta] *f* Unbeweglichkeit *f*; *(inerzia)* Regungslosigkeit *f*. **immobilizzare** [...lid'dza:re] *tr (rendere immobile)* bewegungsunfähig machen; *(tenere fermo)* festhalten, hemmen; *(nemico)* außer Gefecht setzen; *(capitale)* festlegen, langfristig anlegen; *med* ruhigstellen, immobilisieren. **immobilizzazione** [...liddzat'tsi̯o:ne] *f* Unbeweglichmachen *n*; *med* Ruhigstellung *f*, Immobilisation *f*. **immobilizzo** [...'liddzo] *m* Festlegung *f*.

immodestia [immo'dɛsti̯a] *f* Unbescheidenheit *f*. **immodesto, -a** [...'dɛsto] *a* unbescheiden.

immolare [immo'la:re] **I.** *tr* (auf)opfern; **II.** *rfl*: **-rsi** sich (auf)opfern. **immolazione** [...lat'tsi̯o:ne] *f* (Auf)opferung *f*, (Auf)opfern *n*.

immondezza [immon'dettsa] *f* **1.** *(immondizie)* Unrat *m*, Müll *m*, Abfall *m*; **2.** *fig* Schmutzigkeit *f*; *(indecenza)* Unanständigkeit *f*. **immondezzaio** [...'tsa:i̯o] ⟨-ai⟩ *m* **1.** *(per immondizie)* Müll-, Schuttabladeplatz *m*; **2.** *fig* Saustall *m fam*.

immondizia [immon'dittsi̯a] ⟨-ie⟩ *f* Abfall *m*, Müll *m*; **bidone delle -e** Mülltonne *f*.

immondo, -a [im'mondo] *a* **1.** *(sporco, sudicio)* schmutzig, dreckig; **2.** *fig* sündhaft; *(indecente)* unanständig; **3.** *rel (impuro)* unrein.

immorale [immo'ra:le] *a* unmoralisch. **immoralità** [...rali'ta] *f* Unmoral *f*; *(scostumatezza)* Unsittlichkeit *f*; *(corruzione)* Verderbtheit *f*.

immortalare [immorta'la:re] **I.** *tr* verewigen; **II.** *rfl*: **-rsi** sich verewigen; *(ottenere fama)* unsterblichen Ruhm erlangen. **immortale** [...'ta:le] *a* unsterblich; *(fig a.)* ewig. **immortalità** [...tali'ta] *f* Unsterblichkeit *f*.

immotivato, -a [immoti'va:to] *a* unmotiviert; *(senza ragione)* unbegründet.

immoto, -a [im'mɔ:to] *a* unbeweglich, regungslos.

immune [im'mu:ne] *a* **1.** *med, fig* immun (*a* gegen), unempfänglich (*a* für); **2.** *(esente)* frei (*da* von), -frei, -los; ~ **da difetti** fehlerlos; ~ **da un pagamento** zahlungsfrei; **rimanere** ~ **da qc** vor etw. verschont bleiben. **immunità** [immuni'ta] ⟨-⟩ *f* **1.** *med, fig pol* Immunität *f*; **2.** *fig, adm (esenzione)* Befreiung *f* (*da* von). **immunitario, -a** [...'ta:ri̯o] ⟨-i, -ie⟩ *a* Immunitäts-. **immunizzare** [...id'dza:re] *tr* immunisieren. **immunizzazione** [...iddzat'tsi̯o:ne] *f* Immunisierung *f*. **immunodeficienza** [...nodefi'tʃɛntsa] *f* Immunschwäche *f*; ~ **acquisita** erworbene Immunschwäche, Aids *n*.

immusonirsi [immuzo'nirsi] ⟨m'immusonisco⟩ *rfl* schmollen.

immutabile [immu'ta:bile] *a* unveränderlich; *(non trasformabile)* unwandelbar; *(forte)* unerschütterlich; *(costante)* beständig. **immutabilità** [...tabili'ta] ⟨-⟩ *f* Unveränderlichkeit *f*,

Unwandelbarkeit *f; (forza)* Unerschütterlichkeit *f; (costanza)* Beständigkeit *f.*
immutato, -a [immu'ta:to] *a* unverändert.

impaccare [impak'ka:re] ⟨impacco, impacchi⟩ *tr* ver-, einpacken. **impaccatore, -trice** [...ka'to:re] *m, f* (Ver)packer(in) *m(f).*
impacchettare [impakket'ta:re] **1.** *(involgere)* ab-, ein-, verpacken; **2.** *fig fam (arrestare)* schnappen *fam; (prendere)* kassieren *fam.*
impacciare [impat'tʃa:re] ⟨impaccio, impacci⟩ *tr* behindern; *(disturbare)* stören. **impacciato, -a** [...'tʃa:to] *a* **1.** *(intralciato)* behindert, gehindert; **2.** *(maldestro)* unbeholfen, plump; **3.** *(imbarazzato)* verlegen, befangen. **impaccio** [im'pattʃo] ⟨-cci⟩ *m* **1.** *(imbarazzo)* Verlegenheit *f;* **2.** *(disturbo)* Störung *f;* **3.** *(intralcio)* Hindernis *n;* **cavarsi d'~** sich aus der Verlegenheit ziehen; **essere d'~ a qu** jdm im Wege sein.
impacco [im'pakko] *m* Umschlag *m,* Kompresse *f.*
impadronirsi [impadro'nirsi] ⟨m'impadronisco⟩ *rfl* **1.** *(impossessarsi)* sich bemächtigen; *(appropriarsi indebitamente)* sich *(dat)* aneignen (*di qc* etw.); **2.** *fig (acquisire a fondo)* sich *(dat)* aneignen; *(afferrare)* an sich reißen.
impagabile [impa'ga:bile] *a (a. fig)* unbezahlbar; *(risposta)* treffend; *(spettacolo)* köstlich.
impaginare [impadʒi'na:re] *tr typ* umbrechen. **impaginato, -a** [...'na:to] *typ* **I.** *a* umbrochen; **II.** *m* Umbruch *m,* umbrochener Satz. **impaginazione** [...nat'tsi̯o:ne] *f typ* Umbruch *m.*
impagliare [impaʎ'ʎa:re] ⟨impaglio, impagli⟩ *tr* **1.** *(rivestire)* mit Stroh umwickeln; *(fiaschi)* mit einem Strohgeflecht versehen; *(sedie)* mit einem Korbgeflecht versehen; **2.** *(imballare)* in Stroh (*o.* Holzwolle) verpacken; **3.** *(imbalsamare)* ausstopfen. **impagliatore, -trice** [...ʎa'to:re] *m, f* **1.** *(di oggetti)* Korbflechter(in) *m(f),* Strohflechter(in) *m(f);* **2.** *(di animali)* (Tier)präparator(in) *m(f).* **impagliatura** [...ʎa'tu:ra] *f* **1.** *(rivestimento)* Strohgeflecht *n;* Korbgeflecht *n;* **2.** *(imballo)* Strohfüllung *f;* **3.** *(di animali)* Ausstopfung *f.*
impalare [impa'la:re] **I.** *tr* pfählen; **II.** *rfl:* **-rsi** eine kerzengerade Haltung einnehmen; **-rsi sull'attenti** strammstehen.
impalcatura [impalka'tu:ra] *f* (Bau)gerüst *n; fig* Aufbau *m.*
impallidire [impalli'di:re] ⟨impallidisco⟩ *itr* ⟨*essere*⟩ **1.** *(sbiancare)* erblassen, blaß werden; **2.** *fig (attenuarsi)* verblassen.
impallinare [impalli'na:re] *tr* (mit einem Schrotschuß) treffen; *(tirare)* abfeuern.
impalmare [impal'ma:re] *tr* zum Traualtar führen.
impalpabile [impal'pa:bile] *a* kaum (*o.* nicht) wahrnehmbar; *(finissimo)* hauchdünn.
impaludare [impalu'da:re] **I.** *tr* versumpfen lassen; **II.** *rfl:* **-rsi** versumpfen, sumpfig werden.
impanare¹ [impa'na:re] *tr gastr* panieren.
impanare² [impa'na:re] *tr (vite)* ein Gewinde schneiden in.
impancarsi [impaŋ'karsi] ⟨m'impanco, t'impanchi⟩ *rfl* sich aufspielen (*a* als).
impaniare [impa'ni̯a:re] ⟨impanio, impani⟩ **I.** *tr* **1.** *(spalmare di pania)* mit Vogelleim bestreichen; **2.** *fig* hereinlegen, anschmieren *fam,* leimen *sl;* **II.** *rfl:* **-rsi 1.** *(uccelli)* auf Leimruten hängenbleiben; **2.** *fig (impastoiarsi)* sich verfangen; **-rsi in un affare poco pulito** sich in ein unsauberes Geschäft hineinziehen lassen.
impantanare [impanta'na:re] **I.** *tr* in einen Sumpf verwandeln, versumpfen lassen; **II.** *rfl:* **-rsi 1.** *(affondare nel pantano, a. fig)* im Morast versinken; **2.** *fig* sich verwickeln (*o.* hineinziehen) lassen.
impaperarsi [impape'rarsi] *rfl* sich verhaspeln *fam,* sich verheddern *fam.*
impappinarsi [impappi'narsi] *rfl (nel parlare)* sich verhaspeln *fam; (sbagliarsi)* sich vertun; *(confondersi)* sich verwirren.
imparare [impa'ra:re] *tr* (er)lernen; **~ a leggere/scrivere** lesen/schreiben lernen; **impara l'arte e mettila da parte** *prov* gelernt ist gelernt.
imparaticcio [impara'tittʃo] *m* **1.** *(nozioni mal assimilate)* oberflächliches Wissen; **2.** *(lavoro malfatto)* Stümperei *f.*
impareggiabile [impared'dʒa:bile] *a* unvergleichlich.
imparentare [imparen'ta:re] **I.** *tr* verschwägern; **II.** *rfl:* **-rsi** sich verschwägern; *(per mezzo del matrimonio)* einheiraten (*con* in).

impari ['impari] ⟨*inv*⟩ *a* **1.** *(disuguale)* ungleich; *(inferiore)* unterlegen; **2.** *mat* *(dispari)* ungerade; **3.** *anat* unpaarig, einfach; **essere ~ alle mansioni da svolgere** den Erfordernissen nicht gewachsen sein. **imparità** [-'ta] *f* Ungleichheit *f; (inferiorità)* Unterlegenheit *f.*

impartire [impar'ti:re] ⟨impartisco⟩ *tr* **1.** *(distribuire)* zu-, verteilen; **2.** *(benedizione, lezione, ordine, etc.)* erteilen, geben.

imparziale [impar'tsi̯a:le] *a* unparteiisch; *(non prevenuto)* unvoreingenommen; *(giusto)* gerecht. **imparzialità** [...i̯ali'ta] *f* Unparteilichkeit *f; (mancanza di prevenzione)* Unvoreingenommenheit *f;* **giudicare con ~** unparteiisch urteilen.

impasse [ɛ̃'pas] ⟨-⟩ *f* **1.** *(via cieca)* Sackgasse *f;* **2.** *fig (difficoltà)* Sackgasse *f,* ausweglose Situation.

impassibile [impas'si:bile] *a* unerschütterlich; *(indifferente)* gleichmütig; **restare ~** keine Miene verziehen. **impassibilità** [...sibili'ta] ⟨-⟩ *f* Unerschütterlichkeit *f; (indifferenza)* Gleichmut *m.*

impastare [impas'ta:re] *tr* **1.** *(pasta)* kneten; **2.** *(colori)* mischen. **impastato, -a** [...'ta:to] *a* **1.** *(lingua, etc.)* belegt; **2.** *fig* voll (*di* von), durchdrungen (*di* von); **occhi -i di sonno** schläfrige Augen *n pl.* **impastatore, -trice** [...ta'to:re] **I.** *m, f* (Teig)kneter(in) *m(f);* **II.** *f* **1.** *(per farina)* Knetmaschine *f;* **2.** *(per malta)* Betonmischmaschine *f.* **impasto** [im'pasto] *m* Mischung *f,* Gemisch *n.*

impastoiare [impasto'i̯a:re] ⟨impastoio, impastoi⟩ **1.** *(legare)* fesseln; **2.** *fig* behindern.

impatto [im'patto] *m* **1.** *(urto)* Aufprall *m; (scontro)* Zusammenstoß *m;* **2.** *fig (contatto)* Berührung *f; (incontro)* Begegnung *f;* **3.** *fig (influsso)* Auswirkung *f,* Einfluß *m;* **angolo d'~** Auftreffwinkel *m.*

impaurire [impau'ri:re] ⟨impaurisco⟩ **I.** *tr* ⟨*avere*⟩ ängstigen, Furcht einjagen (*qu* jdm); *(intimidare)* einschüchtern; **II.** *itr* ⟨*essere*⟩, *rfl:* **-rsi** erschrekken.

impavido, -a [im'pa:vido] *a* unerschrocken, furchtlos, mutig.

impaziente [impat'tsi̯ɛnte] *a* **1.** *(insofferente)* unduldsam (*con* gegenüber); **2.** *(senza pazienza)* ungeduldig; **3.** *(ansioso)* aufgeregt; *(desideroso)* begierig. **impazientirsi** ⟨m'impazientisco⟩ *rfl* ungeduldig werden. **impazienza** [...'tsi̯ɛntsa] *f* Ungeduld *f.*

impazzare [impat'tsa:re] *itr* ⟨*essere*⟩ **1.** *(fare chiasso, etc.)* toben; **2.** *gastr* gerinnen. **impazzata** [...'tsa:ta] *f:* **all'~** wie verrückt, wie wahnsinnig; **fuggire all'~** Hals über Kopf davonlaufen; **menare colpi all'~** wie wahnsinnig um sich schlagen.

impazzimento [impattsi'mento] *m* **1.** *(l'impazzire)* Verrücktwerden *n;* **2.** *fig* Wahnsinn *m.* **impazzire** [...'tsi:re] ⟨impazzisco⟩ *itr* ⟨*essere*⟩ **1.** *(ammattire)* verrückt (*o.* wahnsinnig) werden (*per* vor); **2.** *fig (languire)* verrückt sein (*per* nach, auf, *di* vor); **3.** *fig (stillarsi il cervello)* sich *(dat)* den Kopf zerbrechen, sich verrückt machen *fam;* **~ d'amore** vor Liebe vergehen; **~ per una donna** nach einer Frau verrückt sein; *(perdere la testa)* wegen einer Frau den Verstand verlieren.

impeccabile [impek'ka:bile] *a* einwandfrei, tadellos. **impeccabilità** [...kabili'ta] ⟨-⟩ *f* Fehlerlosigkeit *f,* Tadellosigkeit *f.*

impedenza [impe'dɛntsa] *f* Impedanz *f,* Scheinwiderstand *m.*

impedimento [impedi'mento] *m* *(ostacolo, jur)* Hindernis *n;* **~ dirimente** Ehehindernis *n;* **essere d'~** ein Hindernis sein, im Wege sein. **impedire** [...'di:re] ⟨impedisco⟩ *tr* **1.** *(intralciare)* behindern; *(vista, transito)* versperren; **2.** *(ostacolare)* hindern (*qc a qu* jdn an etw.); *(trattenere)* abhalten (*qc a qu* jdn von etw.); **3.** *(impacciare)* (be)hindern (*qc a qu* jdn bei etw.); **4.** *(scongiurare)* verhindern; *(prevenire)* verhüten; **5.** *med* lähmen.

impegnare [impeɲ'ɲa:re] **I.** *tr* **1.** *(per garanzia)* verpfänden, versetzen *fam;* **2.** *(prenotare)* vormerken, reservieren; **3.** *(tenere occupato)* beschäftigen; *(impiegare)* einsetzen; **4.** *(a un comportamento)* verpflichten (*a* zu); **5.** *mil* einsetzen; **II.** *rfl:* **-rsi** **1.** *(obbligarsi)* sich verpflichten (*a* zu); **2.** *(impiegare energie)* sich einsetzen, sich engagieren; **-rsi nello studio** sich dem Studium widmen. **impegnativo, -a** [...ɲa'ti:vo] *a* **1.** *(vincolante)* verbindlich; *(che obbliga)* verpflichtend; **2.** *(che richiede impegno)* stark beanspruchend, anspruchsvoll. **impegnato, -a** [...'ɲa:to] *a* **1.** *(occupato)* beschäftigt; **2.** *(fidanzato)* verlobt; *(promesso)* versprochen; **3.** *(dedito)* engagiert; **4.** *(riservato)* belegt, besetzt; *(preno-*

tato) (vor)bestellt; **5.** *pol:* **Paesi non -i** blockfreie Staaten *m pl.* **impegno** [im'peɲɲo] *m* **1.** *(obbligo)* Verpflichtung *f; fin, com* Verbindlichkeit *f; (promessa)* Versprechen *n;* **2.** *fig* Engagement *n,* Einsatz *m; (zelo)* Eifer *m;* **lottare con ~** mit vollem Einsatz kämpfen; **soddisfare gli -i** den Verpflichtungen nachkommen; **senza ~** unverbindlich.

impegolarsi [impego'larsi] *rfl* sich einlassen (*in* auf); *(intromettersi)* sich einmischen (*in* in); **~ nei guai** sich in Schwierigkeiten verstricken.

impelagarsi [impela'garsi] ⟨m'impelago, t'impelaghi⟩ *rfl* sich verstrikken.

impellente [impel'lɛnte] *a* dringend, dringlich; *(motivo)* zwingend.

impenetrabile [impene'tra:bile] *a* **1.** *(non trapassabile)* undurchlässig; *(inaccessibile)* undurchdringlich; **2.** *fig (indecifrabile)* unergründlich, undurchschaubar; *(uomo)* unzugänglich; *(volto)* verschlossen. **impenetrabilità** [...rabili'ta] ⟨-⟩ *f* Unzugänglichkeit *f; phys* Undurchlässigkeit *f.*

impenitente [impeni'tɛnte] *a gener.* unverbesserlich; *(bevitore, etc.)* notorisch; *(scapolo)* eingefleischt; *(peccatore)* verstockt.

impennaggio [impen'naddʒo] ⟨-ggi⟩ *m* Leitwerk *n.*

impennarsi [impen'narsi] *rfl* **1.** *(cavallo)* sich aufbäumen; **2.** *aero (cabrare)* steil aufsteigen; **3.** *fig* hochfahren, aufbrausen. **impennata** [...'na:ta] *f* **1.** *(di cavallo)* (Sich)aufbäumen *n;* **2.** *(di aereo)* überzogener Flug; *(di nave)* Achterlastigkeit *f;* **3.** *fig (scatto d'ira)* Aufbrausen *n,* Hochfahren *n.*

impensabile [impen'sa:bile] *a* **1.** *(inconcepibile)* undenkbar, unvorstellbar; *(assurdo)* unmöglich, absurd; **2.** *(imprevedibile)* unvorhersehbar.

impensato, -a [impen'sa:to] *a* unvermutet, ungeahnt; *(inaspettato)* unerwartet, überraschend.

impensierire [impensi̯e'ri:re] ⟨impensierisco⟩ **I.** *tr* Sorgen machen (*qu* jdm), beunruhigen; **II.** *rfl:* **-rsi** sich *(dat)* Sorgen machen, sich beunruhigen.

imperare [impe'ra:re] *itr* **1.** *(dominare)* beherrschen (*su qu, qc* jdn, etw.), herrschen *(su* über); **2.** *fig* herrschen. **imperativo, -a** [...ra'ti:vo] **I.** *a* **1.** *gener.* befehlend, Befehls-; **2.** *jur* zwingend; *pol* imperativ; **3.** *gram* Imperativ-, Befehls-; **tono ~** Befehlston *m;* **mandato ~** imperatives Mandat; **II.** *m* **1.** *gram* Imperativ *m,* Befehlsform *f;* **2.** *philos* Imperativ *m;* **~ categorico/ipotetico** kategorischer/hypothetischer Imperativ. **imperatore, -trice** [...ra'to:re] *m, f* Kaiser(in) *m(f).*

impercettibile [impertʃet'ti:bile] *a* kaum wahrnehmbar, unmerklich.

imperdonabile [imperdo'na:bile] *a* unverzeihlich.

imperfetto, -a [imper'fɛtto] **I.** *a* **1.** *(difettoso)* mangelhaft, unvollkommen, fehlerhaft; **2.** *(incompleto)* unvollständig; *(non finito)* unvollendet; **II.** *m* Imperfekt *n.*

imperfezione [imperfet'tsi̯o:ne] *f* Unvollkommenheit *f,* Fehlerhaftigkeit *f; (mancanza)* Mangel *m; (difetto)* Fehler *m;* **~ della vista** Sehfehler *m.*

imperiale[1] [impe'ri̯a:le] *pol* **I.** *a* kaiserlich, Kaiser-; **II.** *mf hist* Anhänger(in) *m(f)* des Kaisers, Kaisertreue(r) *mf;* **III.** *m hist (moneta)* Imperial *m.*

imperiale[2] [impe'ri̯a:le] *m mot* Verdeck *n,* Wagendach *n.*

imperialismo [imperi̯a'lizmo] *m* Imperialismus *m.* **imperialista** [...'lista] ⟨-i *m,* -e *f*⟩ **I.** *a* imperialistisch; **II.** *mf* Imperialist(in) *m(f).* **imperialistico, -a** [...'listiko] ⟨-ci, -che⟩ *a* imperialistisch.

imperialregio, -a [imperi̯al'rɛ:dʒo] *a* kaiserlich-königlich.

imperio [im'pɛ:ri̯o] ⟨-ii⟩ *m poet* **1.** *(impero)* (Kaiser)reich *n;* **2.** *(comando)* Herrschaft *f.*

imperiosità [imperi̯osi'ta] ⟨-⟩ *f* herrische Art, herrisches Auftreten. **imperioso, -a** [...'ri̯o:so] *a* **1.** *(autoritario)* herrisch, gebieterisch; **2.** *fig (impellente)* zwingend; *(urgente)* dringend.

imperito, -a [impe'ri:to] *a poet* unerfahren; *(incapace)* unfähig.

imperituro, -a [imperi'tu:ro] *a* unvergänglich.

imperizia [impe'rittsi̯a] *f* Unerfahrenheit *f; (poca formazione)* mangelhafte Ausbildung.

imperlare [imper'la:re] *tr* **1.** *(adornare con perle)* mit Perlen besetzen; **2.** *(cospargere di gocce)* (ab)perlen (*qc* von etw.); *(rugiada)* benetzen.

impermalirsi [imperma'lirsi] ⟨m'impermalisco⟩ *rfl* gekränkt sein; **~ con qu di qc** jdm etw. übelnehmen.

impermeabile [imperme'a:bile] **I.** *a (riferito a liquidi)* undurchlässig; *(riferito all'acqua)* wasserdicht; **II.** *m* Regenmantel *m.* **impermeabilità** [...eabili'ta] ⟨-⟩ *f* (Wasser)undurchlässigkeit *f.* **impermeabilizzare**

[...eabilid'dza:re] *tr* (wasser)dicht machen; *(tessuto)* imprägnieren; *(muri, etc.)* abdichten; *(isolare)* isolieren.

impermutabile [impermu'ta:bile] *a* unabänderlich; *(che non si può scambiare)* nicht austauschbar.

imperniare [imper'ni̯a:re] ‹impernio, imperni› *tr* **1.** *(collegare con perni)* verzapfen; *(con bulloni)* verbolzen; **2.** *fig (basare)* stützen (*su* auf).

impero [im'pɛ:ro] **I.** *m* **1.** *(potestà imperiale)* kaiserliche Gewalt; **2.** *(territorio)* (Kaiser)reich *n,* Imperium *n;* **3.** *(stile)* Empire *n;* **4.** *fig* Macht *f,* Herrschaft *f;* **l'~ britannico** das britische Empire; **gli -i centrali** die Mittelmächte *f pl;* **II.** ‹*inv*› *a* Empire-.

imperscrutabile [imperskru'ta:bile] *a* unergründlich, unerforschlich.

impersonale [imperso'na:le] *a* unpersönlich.

impersonare [imperso'na:re] *tr* **1.** *(simbolo, tipo)* verkörpern, personifizieren; **2.** *(da attore)* darstellen, spielen.

imperterrito, -a [imper'tɛrrito] *a* unerschrocken; *(imperturbabile)* unerschütterlich.

impertinente [imperti'nɛnte] **I.** *a* frech; *(sfrontato)* unverschämt; **II.** *mf* unverschämter Mensch, unverschämte Person. **impertinenza** [...'nɛntsa] *f* Frechheit *f; (sfrontatezza)* Unverschämtheit *f.*

imperturbabile [impertur'ba:bile] *a* unerschütterlich; *(sereno, equanime)* gleichmütig; *(disteso, tranquillo)* gelassen. **imperturbabilità** [...babili'ta] ‹-› *f* Gelassenheit *f,* Gemütsruhe *f; (serenità, equanimità)* Gleichmut *m.* **imperturbato, -a** [...'ba:to] *a* gelassen, ungerührt; *(non turbato)* unbeirrt.

imperversare [imperver'sa:re] *itr* **1.** *(infuriare)* toben, wüten; **2.** *scherz (diffondersi)* sich breitmachen; *(epidemia, etc.)* um sich greifen; **su quella spiaggia imperversa il topless** auf diesem Strand macht sich die Oben-ohne-Mode breit.

impervio, -a [im'pɛrvi̯o] ‹-i, -ie› *a* unwegsam; *(inaccessibile)* unzugänglich.

impeto ['impeto] *m* **1.** *(moto violento)* Heftigkeit *f; (violenza)* Wucht *f; (assalto)* Ansturm *m;* **2.** *fig (di collera, etc.)* Ausbruch *m; (slancio)* Schwung *m;* **nell'~ del discorso** im Redeeifer; **agire d'~** ungestüm handeln; **urtare con ~** mit Wucht aufprallen.

impetrare [impe'tra:re] *tr geh* erbitten, erflehen.

impettito, -a [impet'ti:to] *a* kerzengerade; *fig* mit (stolz)geschwellter Brust.

impetuosità [impetuosi'ta] ‹-› *f* Ungestüm *n.* **impetuoso, -a** [...u'o:so] *a* ungestüm, heftig.

impiallacciare [impi̯allat'tʃa:re] ‹impiallaccio, impiallacci› *tr* furnieren (*in* mit). **impiallacciatura** [...tʃa'tu:ra] *f* Furnier *n; (operazione)* Furnierung *f.*

impiantare [impi̯an'ta:re] *tr* **1.** *(costruire)* errichten, aufbauen; *tec* installieren; **2.** *(fondare)* gründen; **3.** *fig (discussione, etc.)* in Gang bringen; **4.** *com (bilancio)* aufstellen.

impiantito [impi̯an'ti:to] *m* Fußboden *m; (a mattonelle)* Fliesen-, Plattenfußboden *m.*

impianto [im'pi̯anto] *m* **1.** *(fase iniziale)* Einrichtung *f; (a. tec)* Installierung *f;* **2.** *(complesso di attrezzature)* Anlage *f;* **~ sportivo** Sportanlage *f;* **~ telefonico** Fernsprechanlage *f.*

impiastrare [impi̯as'tra:re] **I.** *tr* **1.** *(spalmare)* beschmieren; **2.** *(insudiciare)* beschmieren; *(macchiare)* beklecksen; **II.** *rfl:* **-rsi** *pej* sich bemalen, sich übertrieben schminken.

impiastricciare [impi̯astrit'tʃa:re] ‹impiastriccio, impiastricci› *tr* beschmieren, besudeln.

impiastro [im'pi̯astro] *m* **1.** *med* (Brei)umschlag *m;* **2.** *fig fam* Nervensäge *f fam,* Quälgeist *m fam.*

impiccagione [impikka'dʒo:ne] *f,* **impiccamento** [...ka'mento] *m* (Er)hängen *n.* **impiccare** [...'ka:re] ‹impicco, impicchi› **I.** *tr* **1.** *(appendere)* (er)hängen, aufhängen *fam;* **2.** *fig fam* ausnehmen *fam;* **è un negozio che t'impicca** in dem Geschäft wirst du ausgenommen; **II.** *rfl:* **-rsi 1.** *(uccidersi)* sich erhängen, sich aufhängen *fam;* **2.** *fig* sich zum Teufel scheren; **impiccati!** geh zum Teufel (*o.* zum Henker)! **impiccato, -a** [...'ka:to] **I.** *a* erhängt; **II.** *m, f* Erhängte(r) *mf,* Gehängte(r) *mf.*

impicciare [impit'tʃa:re] ‹impiccio, impicci› **I.** *tr* **1.** *(impedire)* behindern; *(disturbare)* stören, im Weg(e) sein (*qu* jdm); **2.** *(ostacolare)* versperren; **II.** *rfl:* **-rsi** sich einmischen. **impiccio** [im'pittʃo] ‹-cci› *m* **1.** *(ostacolo)* Hindernis *n; (intralcio)* störender Gegenstand; **2.** *fig* Plage *f; (faccenda sgradevole)* lästige Angelegenheit; **3.** *fig (guaio)* Klemme *f fam,* Patsche *f fam;* **essere d'~** im Weg sein; **essere negli -cci** in der Klemme stecken *fam.* **impiccione, -a** [...'tʃo:ne] *m, f*

Störenfried *m; (curioso)* Naseweis *m,* Topfgucker(in) *m(f) scherz.*

impiccolire [impikko'li:re] ‹impiccolisco› **I.** *tr ‹avere›* verkleinern, kleiner machen; **II.** *itr ‹essere›*, *rfl:* **-rsi** kleiner werden, sich verkleinern.

impiegare [impie'ga:re] **I.** *tr* **1.** *(applicare)* anwenden; *(usare)* verwenden; **2.** *(tempo)* brauchen; *(trascorrere)* verbringen; **3.** *(spendere)* ausgeben; *(investire)* anlegen, investieren; **4.** *(assumere)* einstellen; **~ il tempo libero a suonare** die Freizeit mit Musizieren verbringen; **II.** *rfl:* **-rsi** eine Stelle bekommen. **impiegata** *f v.* **impiegato. impiegatizio, -a** [...ga'tittsio] ‹-i, -ie› *a* Angestellten-; **rapporto ~** Angestelltenverhältnis *n.* **impiegato, -a** [...'ga:to] *m, f* Angestellte(r) *mf; (funzionario pubblico)* Beamte(r) *m,* Beamtin *f;* **~ d'amministrazione** Verwaltungsangestellte(r) *m,* -beamte(r) *m;* **~ d'ordine** niedriger Beamter; **~ pubblico** Angehörige(r) *m* des öffentlichen Dienstes; **~ statale** (Staats)beamter *m.* **impiego** [im'piɛ:go] ‹-ghi› *m* **1.** *(occupazione)* Beschäftigung *f; (posto di lavoro)* Stelle *f;* **2.** *(utilizzazione)* Gebrauch *m,* Verwendung *f; (applicazione)* Anwendung *f;* **3.** *fin* Anlage *f;* **~ fisso** feste Stelle; **pieno ~** Vollbeschäftigung *f;* **~ pubblico** Stelle *f* im öffentlichen Dienst; **~ del tempo libero** Freizeitgestaltung *f.*

impietosire [impieto'si:re] ‹impietosisco› **I.** *tr* Mitleid erregen (*qu* jds); *(intenerire)* erweichen; *(commuovere)* rühren; **II.** *rfl:* **-rsi** Mitleid haben, sich erbarmen.

impietrire [impie'tri:re] ‹impietrisco› **I.** *tr ‹avere›* **1.** *rar* in Stein verwandeln; *fig (paura, parole)* versteinern; **2.** *fig* verhärten, gefühllos werden lassen; **II.** *itr ‹essere›*, *rfl:* **-rsi 1.** *rar* zu Stein werden; **2.** *fig* erstarren; **-rsi per lo spavento** vor Schreck erstarren; **starsene lì impietrito** wie versteinert dastehen.

impigliare [impiʎ'ʎa:re] **I.** *tr* gefangenhalten, festhalten; **II.** *rfl:* **-rsi 1.** *(rimanere avviluppato)* sich verfangen, hängenbleiben; **2.** *fig* sich verstricken.

impigrire [impi'gri:re] ‹impigrisco› **I.** *tr ‹avere›* träge machen, träge werden lassen; **II.** *itr ‹essere›*, *rfl:* **-rsi** träge werden.

impinguare [impiŋ'gua:re] **I.** *tr* **1.** *(ingrassare)* mästen; **2.** *fig (arricchire)* bereichern (*di* mit); *(aggiungere)* anreichern (*di* mit); *(racconto, etc.)* ausschmücken; **II.** *rfl:* **-rsi 1.** *rar (ingrassare)* dick(er) werden; **2.** *fig (arricchirsi)* sich bereichern.

impiombare [impiom'ba:re] *tr* **1.** *(saldare con piombo)* plombieren, mit einer Plombe versehen; *(dente)* plombieren, mit einer Füllung versehen; **2.** *(rivestire di piombo)* verbleien; *(tubo, etc.)* verlöten. **impiombatura** [...ba'tu:ra] *f* **1.** *(atto dell'impiombare)* Verplombung *f,* Verbleiung *f;* **2.** *(sigillo)* Plombe *f;* **3.** *fam (di dente)* Plombe *f fam,* Füllung *f.*

impiparsi [impi'parsi] *rfl fam* pfeifen (*di* auf) *fam;* **me ne impipo di quello che dicono di me!** ich pfeife darauf, was die (anderen) über mich sagen!

implacabile [impla'ka:bile] *a* unversöhnlich, unerbittlich. **implacabilità** [...kabili'ta] ‹-› *f* Unversöhnlichkeit *f,* Unerbittlichkeit *f.*

implicare [impli'ka:re] ‹implico, implichi› **I.** *tr* **1.** *(coinvolgere)* verwickeln; **2.** *(sottintendere)* implizieren; *(come conseguenza)* mit sich *(dat)* bringen; *(comprendere)* beinhalten; **II.** *rfl:* **-rsi** sich verwickeln. **implicazione** [...kat'tsio:ne] *f* Einbeziehen *n,* Einbeziehung *f.*

implicito, -a [im'pli:tʃito] *a* **1.** *(sottinteso)* unausgesprochen, implizit; **2.** *gram, mat* implizit; **è ~ che dobbiamo operare in questo modo** das impliziert, daß wir in dieser Weise handeln müssen.

implorare [implo'ra:re] *tr* erflehen, erbitten. **implorazione** [...rat'tsio:ne] *f* Flehen *n,* flehentliche Bitte.

implume [im'plu:me] *a* federlos, unbefiedert.

impluvio [im'plu:vio] ‹-i› *m arch* Impluvium *n.*

impolitico, -a [impo'li:tiko] *a* **1.** *(inopportuno)* politisch unangebracht; *(non consigliabile)* politisch unklug; **2.** *fig* unklug.

impollinare [impolli'na:re] *tr* bestäuben. **impollinazione** [...nat'tsio:ne] *f* Bestäubung *f.*

impoltronire [impoltro'ni:re] ‹impoltronisco› **I.** *tr ‹avere›* träge machen; **II.** *itr ‹essere›*, *rfl:* **-rsi** träge werden.

impolverare [impolver'a:re] **I.** *tr* staubig machen; **II.** *rfl:* **-rsi** staubig werden, verstauben.

imponderabile [imponde'ra:bile] **I.** *a* nicht abzuwägen; *(incalcolabile)* unberechenbar; **II.** *m pl* Unwägbarkeiten *f pl;* Imponderabilien *pl geh.* **imponderabilità** [...rabili'ta] ‹-› *f* Unberechenbarkeit *f,* Unwägbarkeit *f geh.*

imponente [impo'nɛnte] *a* **1.** *(gran-*

dioso) imposant, großartig; **2.** *(che incute rispetto)* imponierend, beeindruckend. **imponenza** [...'nɛntsa] *f* **1.** *(grandiosità)* Großartigkeit *f;* **2.** *(di persona)* Ansehnlichkeit *f.*

imponibile [impo'ni:bile] **I.** *a* besteuerbar, steuerpflichtig; **II.** *m* Bemessungsgrundlage *f; (reddito)* steuerpflichtiges Einkommen; ~ **di mano d'opera** gesetzlich festgelegte Einstellungsquote von Arbeitskräften.

impopolare [impopo'la:re] *a* unpopulär. **impopolarità** [...lari'ta] *f* Unpopularität *f.*

imporporare [imporpo'ra:re] **I.** *tr* purpurrot färben; **II.** *rfl:* **-rsi** (purpur)rot werden, erröten.

imporre [im'porre] ‹*irr*› **I.** *tr* **1.** *(prescrivere)* vorschreiben; **2.** *(legge, tassa, silenzio)* auferlegen; *(nome)* geben; *(volontà)* aufzwingen; **3.** *(mani)* auflegen; **le imposero il nome di Monica** sie gaben ihr den Namen Monika; **II.** *rfl:* **-rsi 1.** *(persone)* sich durchsetzen; *(affermarsi)* sich behaupten; **2.** *(moda, etc.)* sich durchsetzen; **3.** *(rendersi necessario)* sich aufdrängen; *(apparire necessario)* nötig erscheinen.

importante [impor'tante] **I.** *a* bedeutend, wichtig; **II.** *m* Wichtige(s) *n; (cosa essenziale)* Hauptsache *f;* **l'~ è stare bene** Hauptsache, man ist gesund. **importanza** [...'tantsa] *f* Wichtigkeit *f,* Bedeutung *f;* **dare ~ a qc** einer S. Bedeutung beimessen; **darsi arie d'~** sich wichtig machen; **di nessuna** (*o.* **senza) ~** bedeutungslos; *(senza rilievo)* belanglos; **di poca ~** von geringer Bedeutung, unwichtig.

importare [impor'ta:re] **I.** *tr* ‹*avere*› **1.** *(dall'estero)* importieren; *(a. fig)* einführen; **2.** *(comportare)* mit sich *(dat)* bringen; *(causare)* verursachen; **II.** *itr* ‹*essere*› **1.** *(essere importante)* am Herzen liegen; **2.** *(interessare)* interessieren; **3.** *(significare)* bedeuten; **4.** *(impersonale)* gelegen sein (*a qu* jdm); *(essere necessario)* nötig sein; *(interessare)* angehen (*a qu* jdn); **non me ne importa niente** daran ist mir nichts gelegen; *(non mi riguarda)* das geht mich nichts an; *(non m'interessa)* das interessiert mich nicht; **non importa** das macht nichts; **importa che ...** *conj* es ist wichtig (*o.* nötig), daß ...; **devo proprio venire o non importa?** muß ich wirklich kommen, oder ist es nicht nötig? **importatore, -trice** [...ta'to:re] *m, f* **I.** *a* Einfuhr-, Import-; **paese ~ di caffè** Kaffeeimportland *n;* **società -trice di automobili** Autoimportfirma *f;* **II.** *m, f* Importeur(in) *m(f),* Einfuhrhändler(in) *m(f).* **importazione** [...tat'tsio:ne] *f* **1.** *(introduzione dall'estero)* Import *m,* Einfuhr *f;* **2.** *(complesso delle merci importate)* Einfuhrgut *n,* Importware *f.*

importo [im'pɔrto] *m* Betrag *m; (somma)* Summe *f.*

importuna *f v.* **importuno.**

importunare [importu'na:re] *tr* belästigen; *(disturbare)* stören. **importunità** [...ni'ta] ‹-› *f* Lästigkeit *f; (invadenza)* Aufdringlichkeit *f.* **importuno, -a** [...'tu:no] **I.** *a* lästig; *(invadente)* aufdringlich; *(visitatore a.)* ungelegen; **II.** *m, f* lästige (*o.* aufdringliche) Person.

imposizione [impozit'tsio:ne] *f* **1.** *(ingiunzione)* Befehl *m; (costrizione)* Zwang *m;* **2.** *fin* Abgabe *f,* Steuer *f;* **3.** *(di nome)* Namensgebung *f;* **4.** *rel* (Hand)auflegen *n.*

impossessarsi [imposses'sarsi] *rfl* **1.** *(appropriarsi)* Besitz ergreifen (*di* von); **2.** *fig (apprendere)* sich *(dat)* aneignen (*di qc* etw.).

impossibile [impos'si:bile] **I.** *a* **1.** *(inattuabile)* unmöglich; **2.** *(incredibile)* unglaublich; **3.** *(insopportabile)* unmöglich, unerträglich; **II.** *m* Unmögliche(s) *n.* **impossibilità** [impossibili'ta] *f* Unmöglichkeit *f.* **impossibilitare** [...'ta:re] *tr* verhindern, unmöglich machen; *(persone)* behindern. **impossibilitato, -a** [...'ta:to] *a* verhindert; *(non essere in condizione)* nicht in der Lage.

imposta[1] [im'pɔsta] *f* **1.** *(battente)* (Fenster)laden *m;* **2.** *arch* Kämpfer *m;* **piano di ~** Widerlagerlinie *f.*

imposta[2] [im'pɔsta] *f fin* Steuer *f,* Abgabe *f;* **~ di ricchezza mobile** Einkommen(s)steuer *f;* **~ sul valore aggiunto** (*ab* **I.V.A.**) Mehrwertsteuer *f;* **ufficio delle -e** Finanzamt *n;* **esente da ~** steuerfrei; **soggetto a ~** steuerpflichtig.

impostare[1] [impos'ta:re] **I.** *tr* **1.** *(cosa)* die Voraussetzungen schaffen für; *(problemi)* genau formulieren; **2.** *tec (parti di impianti)* anordnen; **3.** *arch* anlegen; **4.** *naut* auf Stapel legen; **~ la voce** den richtigen Ton einsetzen und ihn halten; **II.** *rfl:* **-rsi** sich in Stellung bringen, die richtige Stellung einnehmen.

impostare[2] [impos'ta:re] *tr (nella cassetta)* einwerfen; *(alla posta)* aufgeben.

impostazione[1] [impostat'tsio:ne] *f* Anlegen *n;* **~ di un problema** Aufgabenstellung *f;* ~ **della voce** Einsatz *m* auf dem richtigen Ton.

impostazione² [impostat'tsi̯o:ne] *f (alla posta)* Aufgabe *f; (nella cassetta)* Einwerfen *n;* **cassetta per l'~** Briefkasten *m.*

imposto, -a [im'posto] *a* auferlegt; **prezzo ~** vorgeschriebener Preis.

impostore, -a [impos'to:re] *m, f* Schwindler(in) *m(f),* Betrüger(in) *m(f).* **impostura** [...'tu:ra] *f* Schwindel *m,* Betrug *m.*

impotente [impo'tɛnte] **I.** *a* **1.** *(senza potenza)* machtlos; **2.** *(incapace)* unfähig; **3.** *med* impotent; **4.** *(debole)* schwach, kraftlos; **5.** *(inefficace)* wirkungslos; **rabbia ~** ohnmächtige Wut; **II.** *m* impotenter Mann. **impotenza** [...'tɛntsa] *f* **1.** *(mancanza di potenza)* Machtlosigkeit *f;* **2.** *(incapacità)* Unfähigkeit *f,* Unvermögen *n;* **3.** *med* Impotenz *f;* **4.** *(debolezza)* Schwäche *f.*

impoverimento [impoveri'mento] *m* Verarmung *f.* **impoverire** [...'ri:re] ‹impoverisco› **I.** *tr* ‹*avere*› **1.** *(rendere povero)* verarmen lassen, arm machen; **2.** *fig* erschöpfen; **II.** *itr* ‹*essere*›, *rfl:* **-rsi** arm werden, verarmen.

impraticabile [imprati'ka:bile] *a* **1.** *(non percorribile)* unwegsam; *(strada a.)* unbefahrbar; **2.** *(non applicabile)* unanwendbar; *(inattuabile)* undurchführbar; **3.** *fig (intrattabile)* unverträglich, schwer zugänglich; **4.** *(campo da gioco)* unbespielbar. **impraticabilità** [...kabili'ta] *f* **1.** *(di terreno)* Unwegsamkeit *f; (di strada a.)* Unbefahrbarkeit *f; (di campo da gioco)* Unbespielbarkeit *f;* **2.** *fig* Unbrauchbarkeit *f,* Unanwendbarkeit *f.*

impratichire [imprati'ki:re] ‹impratichisco› **I.** *tr* einüben; *(in un lavoro)* einarbeiten; ~ **qu nell'uso dell'aspirapolvere** jdn in den Umgang mit dem Staubsauger einführen; **II.** *rfl:* **-rsi** sich (ein)üben; *(in un lavoro)* sich einarbeiten; **-rsi a cucinare** sich im Kochen üben.

imprecare [impre'ka:re] ‹impreco, imprechi› *itr* fluchen (*contro* auf, über). **imprecazione** [...kat'tsi̯o:ne] *f* Fluch *m;* **lanciare -i** Flüche ausstoßen, fluchen.

imprecisato, -a [impretʃi'za:to] *a* ungenau; *(indeterminato)* unbestimmt.

imprecisione [imprettʃi'zi̯o:ne] *f* Ungenauigkeit *f; (senza accuratezza)* Nachlässigkeit *f; (indeterminatezza)* Unbestimmtheit *f;* **calcolare con modesta ~** überschlagen. **impreciso, -a** [...'tʃi:zo] *a* **1.** *(inesatto)* ungenau; **2.** *(indeterminato)* unbestimmt; **calcolo ~** *(approssimativo)* Überschlagsrechnung *f.*

impregiudicato, -a [impredʒudi'ka:to] *a* **1.** *(aperto a discussioni)* offen; **2.** *jur* nicht vorbestraft; *(incensurato)* unbescholten.

impregnare [impreɲ'ɲa:re] **I.** *tr* **1.** *(imbevere)* (durch)tränken; **2.** *fig (riempire)* erfüllen; *(permeare)* durchsetzen; **3.** *tec* imprägnieren; **4.** *zoo (fecondare)* trächtig machen; ~ **la mente di pregiudizi** eine Menge Vorurteile anhäufen; **II.** *rfl:* **-rsi 1.** *(imbeversi)* durchtränkt werden; **2.** *zoo* trächtig werden.

imprendere [im'prɛndere] ‹*irr*› *tr poet* beginnen; *(intraprendere)* unternehmen.

imprendibile [impren'di:bile] *a* uneinnehmbar.

imprenditore, -trice [imprendi'to:re] *m, f* Unternehmer(in) *m(f).* **imprenditoriale** [...to'ri̯a:le] *a* Unternehmer-. **imprenditrice** *f v.* **imprenditore.**

impreparato, -a [imprepa'ra:to] *a* unvorbereitet; *(senza formazione o istruzione)* unausgebildet. **impreparazione** [...rat'tsi̯o:ne] *f* mangelnde Vorbereitung; *(mancanza di preparazione tecnica)* fehlende Ausbildung; *(mancanza di formazione culturale)* fehlende Bildung.

impresa [im'pre:sa] *f* **1.** *(azione)* Unternehmen *n,* Unterfangen *n;* **2.** *(organismo)* Unternehmen *n,* Betrieb *m;* ~ **eroica** Heldentat *f,* heroische Tat; ~ **industriale** Industrieunternehmen *n,* -betrieb *m;* **accingersi in un'~** sich auf ein Unternehmen einlassen.

impresario, -a [impre'sa:ri̯o] ‹-i, -ie› *m, f* Theater-, Konzertagent(in) *m(f),* Impresario *m.*

imprescindibile [impreʃʃin'di:bile] *a* unumgänglich; *(indispensibile)* unabdingbar.

imprescrittibile [impreskrit'ti:bile] *a* unverjährbar.

impressi [im'prɛssi] *1. pers sing del passato remoto di* **imprimere.**

impressionabile [impressi̯o'na:bile] *a* (leicht) zu beeindrucken(d); *(eccitabile)* erregbar; *fot* belichtbar. **impressionante** [...'nante] *a* beeindruckend, eindrucksvoll.

impressionare [impressi̯o'na:re] **I.** *tr* **1.** *(turbare)* beeindrucken; *(commuovere)* tief bewegen; *(disgrazia, etc. a.)* erschüttern; **2.** *(colpire, fare effetto)* Eindruck machen auf; **3.** *fot* belichten; **il candidato ha favorevolmente impressionato la giuria** der Kandidat hat auf die Jury einen guten Eindruck gemacht; **II.** *rfl:* **-rsi 1.** *(turbarsi)* sich beeindrucken lassen; *(essere scosso)* erschüttert sein; **2.** *fot* belichtet werden. **impressione** [...'sio:ne] *f* **1.** *(sensazione)* (Sinnes)eindruck *m,* Empfindung *f; (presentimento)* Gefühl *n;* **2.** *(opinione)* Eindruck *m;* **3.** *(turbamento)* (starker) Eindruck *m; (scossa)* Erschütterung *f;* **4.** *(impronta)* Abdruck *m;* **5.** *(stampa)* Druck *m,* Auflage *f;* **fare buona ~** einen guten Eindruck machen; **~ del caldo** Wärmeempfindung *f.*

impressionismo [impressio'nizmo] *m* Impressionismus *m.* **impressionista** [...'nista] ⟨-i *m,* -e *f*⟩ **I.** *a* impressionistisch; **II.** *mf* Impressionist(in) *m(f).* **impressionistico, -a** [...'nistiko] ⟨-ci, -che⟩ *a* impressionistisch.

impresso [im'prɛsso] *pp di* **imprimere.**

imprevedibile [impreve'di:bile] *a* unvorhersehbar; *(persona)* unberechenbar. **impreveduto, -a** [...'du:to] *a* unvorhergesehen; *(inatteso)* unvermutet.

imprevidente [imprevi'dɛnte] *a* nicht vorausschauend; *(non prudente)* leichtsinnig. **imprevidenza** [...'dɛntsa] *f* mangelnde Voraussicht.

imprevisto, -a [impre'visto] **I.** *a* unvorhergesehen; *(inatteso)* unvermutet; **II.** *m* Unvorhergesehene(s) *n;* **salvo -i** wenn nichts (Unvorhergesehenes) dazwischenkommt.

impreziosire [imprettsio'si:re] ⟨impreziosisco⟩ *(a. fig)* bereichern; *(ornare)* verzieren, ausschmücken.

imprigionamento [impridʒona'mento] *m* Einsperren *n,* Inhaftierung *f adm.* **imprigionare** [...'na:re] *tr* **1.** *(incarcerare)* einsperren, inhaftieren *adm;* **2.** *fig (bloccare)* einklemmen; *(rinchiudere)* einschließen.

imprimere [im'pri:mere] ⟨imprimo, impressi, impresso⟩ *tr* **1.** *(con impronta)* aufprägen; *(apporre sigillo, timbro, etc.)* aufdrücken; **2.** *fig (carattere distintivo)* verleihen; **3.** *fig (ricordo, etc.)* einprägen; **4.** *(dare)* übertragen; **~ un movimento a qc** etw. in Bewegung setzen; **~ a fuoco** einbrennen.

improbabile [impro'ba:bile] *a* unwahrscheinlich. **improbabilità** [...babili'ta] *f* Unwahrscheinlichkeit *f.*

improbo, -a ['improbo] *a geh* **1.** *(disonesto)* unehrlich; *(malvagio)* boshaft; **2.** *fig* hart; *(faticoso)* mühsam, anstrengend, hart; **fatica -a** große und nicht lohnende Mühe.

improduttività [improduttivi'ta] *f* Unproduktivität *f; (mancanza di rendimento)* Unergiebigkeit *f.* **improduttivo, -a** [...'ti:vo] *a* unproduktiv; *(che non rende)* unergiebig.

impronta[1] [im'pronta] *f* **1.** *(segno)* Abdruck *m; (traccia)* Spur *f;* **2.** *fig (carattere distintivo)* Stempel *m;* **~ del conio** Gepräge *n,* Prägebild *n;* **-e digitali** Fingerabdrücke *m pl.*

impronta[2] [im'pronta] *f:* **all'~** improvisiert, aus dem Stegreif; **tradurre all'~** aus dem Stegreif übersetzen.

improntare [impron'ta:re] **I.** *tr* **1.** *(a. fig)* aufdrücken; *(imprimere)* eindrücken; **2.** *fig (dare un tono)* eine (gewisse) Note verleihen (*qc* einer S.); **3.** *mus* improvisiert wiedergeben; **~ il volto a dolore** seinem Gesicht einen schmerzlichen Ausdruck geben; **II.** *rfl:* **-rsi** einen Ausdruck (*o.* eine Haltung) annehmen.

improntitudine [impronti'tu:dine] *f* Frechheit *f; (sfrontatezza)* Unverschämtheit *f.*

impronunziabile [impronun'tsia:bile] *a* unaussprechlich, unaussprechbar.

improperio [impro'pɛ:rio] ⟨-i⟩ *m* Beleidigung *f; (espressione irriverente)* Schimpfwort *n.*

improprietà [improprie'ta] *f* **1.** *(del linguaggio)* Ungenauigkeit *f; (errore)* Unkorrektheit *f;* **2.** *(singolo vocabolo)* ungenauer (*o.* unkorrekter) Ausdruck. **improprio, -a** [im'prɔ:prio] *a* unangebracht, unpassend; *(parole, etc.)* nicht korrekt; *mat* unecht; *ling* uneigentlich.

improrogabile [improro'ga:bile] *a* unaufschiebbar.

improvvido, -a [im'prɔvvido] *a poet* **1.** *(imprevidente)* nicht vorsorgend (*di* für); **2.** *(incauto)* unvorsichtig, unbedacht.

improvvisare [improvvi'za:re] **I.** *tr* **1.** *(discorso, musica)* improvisieren; **2.** *fig* improvisieren; *(preparare in fretta)* rasch vorbereiten; **~ un discorso** aus dem Stegreif reden; **II.** *rfl:* **-rsi** spielen; **-rsi cuoco** als Koch einspringen.

improvvisata [improvvi'za:ta] *f fam* **1.** *(avvenimento piacevole)* Überraschung *f;* **2.** *(visita)* überraschender Besuch; **fare una bella ~ a qu** jdm eine angenehme Überraschung bereiten.

improvvisatore, -trice [improvviza-

'to:re] *m, f mus* Improvisator(in) *m(f); lit* Stegreifdichter(in) *m(f).* **improvvisazione** [...at'tsi̯o:ne] *f* **1.** *(atto, effetto)* Improvisation *f;* **2.** *(discorso)* Stegreifrede *f;* **3.** *lit* Stegreifdichtung *f; mus* Improvisation *f.*

improvviso, -a [improv'vi:zo] **I.** *a* **1.** *(inatteso)* unerwartet; *(cosa positiva)* unverhofft; **2.** *(repentino)* überraschend, plötzlich; *(spontaneo)* spontan; **II.** *m mus* Impromptu *n;* **III.** *m:* **all'~, d'~** plötzlich, unversehens.

imprudente [impru'dɛnte] **I.** *a* **1.** *(sventato)* unbesonnen, leichtsinnig; **2.** *(incauto)* unvorsichtig; *(senza riflettere)* unüberlegt; **II.** *mf* unvorsichtiger Mensch. **imprudenza** [...'dɛntsa] *f* Unvorsichtigkeit *f; (sventatezza)* Leichtsinn *m.*

impubere [im'pu:bere] **I.** *a* nicht (geschlechts)reif; **II.** *mf* noch nicht geschlechtsreifer Junge, noch nicht geschlechtsreifes Mädchen.

impudente [impu'dɛnte] **I.** *a* unverschämt, frech; **II.** *mf* unverschämter Kerl, freches Frauenzimmer. **impudenza** [...'dɛntsa] *f* **1.** *(assenza di ritegno)* Schamlosigkeit *f;* **2.** *(sfacciataggine)* Unverschämtheit *f,* Frechheit *f.*

impudicizia [impudi'tʃittsi̯a] *f* Schamlosigkeit *f.* **impudico, -a** [im'pu:diko] *a* schamlos; *(indecente)* unanständig.

impugnabile [impuɲ'ɲa:bile] *a* anfechtbar.

impugnare¹ [impuɲ'ɲa:re] *tr (afferrare)* ergreifen; *(tenere in mano)* in der Hand halten.

impugnare² [impuɲ'ɲa:re] *tr (contestare)* beanstanden; *(sentenza, testamento)* anfechten; *(opinione, etc.)* bestreiten.

impugnatura [impuɲɲa'tu:ra] *f* Griff *m.*

impugnazione [impuɲɲat'tsi̯o:ne] *f* Anfechtung *f; (contestazione)* Beanstandung *f;* **mezzo d'~** *jur* Rechtsmittel *n.*

impulsiva *f v.* **impulsivo.**

impulsività [impulsivi'ta] ‹-› *f* Impulsivität *f.* **impulsivo, -a** [...'si:vo] **I.** *a* impulsiv; **II.** *m, f* impulsiver Mensch.

impulso [im'pulso] *m* **1.** *fig (incremento)* Anreiz *m,* Antrieb *m; (moto istintivo)* Impuls *m,* innere Regung; *(inclinazione naturale)* Trieb *m; (tendenza)* Neigung *f;* **2.** *phys* Impuls *m.*

impunemente [impune'mente] *adv* ungestraft, straflos.

impunibile [impu'ni:bile] *a* **1.** *(azione)* nicht strafbar; **2.** *(persona)* nicht der Strafe unterliegend, nicht bestrafbar. **impunibilità** [...nibili'ta] ‹-› *f* Nicht-Strafbarkeit *f.*

impunità [impuni'ta] ‹-› *f* Straffreiheit *f,* Straflosigkeit *f;* **godere l'~** Straffreiheit genießen. **impunito, -a** [...'ni:to] *a* ungestraft, unbestraft, straflos.

impuntare [impun'ta:re] **I.** *itr* **1.** *(inciampare)* stolpern; *(urtare)* anstoßen (*in* an), stoßen (*in* gegen, an); **2.** *fig (nel parlare)* stocken; **~ per emozione** vor Aufregung stammeln; **II.** *rfl:* **-rsi 1.** *(per resistere)* sich (auf dem Boden) aufstemmen; **2.** *(ostinarsi)* beharren (*a* auf), sich versteifen (*a* auf); **s'impunta a dire di no** er (*o.* sie) beharrt auf seinem (*o.* ihrem) Nein.

impuntire [impun'ti:re] ‹impuntisco› *tr* steppen. **impuntura** [...'tu:ra] *f* **1.** *(cucitura)* Steppnaht *f; (punto)* Steppstich *m;* **2.** *naut (di vela)* Nockohr *n.*

impurità [impuri'ta] *f (a. fig: morale)* Unreinheit *f; (imbrattamento)* Verunreinigung *f; (inquinamento)* Verseuchung *f;* **~ dell'aria** Luftverschmutzung *f.* **impuro, -a** [im'pu:ro] *a* **1.** *(sporco)* unrein, unsauber; **2.** *(immorale)* unanständig; *(impudico)* unzüchtig; **esse -a** vorkonsonantisches s, s impurum.

imputabile [impu'ta:bile] *a* **1.** *(attribuibile)* zuschreibbar, zuzuschreiben(d); **2.** *(responsabile)* verantwortlich (*di* für); **3.** *jur* zurechnungsfähig; **4.** *com* anrechenbar; **una svista ~ a negligenza** ein Versehen aus Nachläßigkeit. **imputabilità** [...tabili'ta] ‹-› *f med, jur* Zurechnungsfähigkeit *f; com* Anrechenbarkeit *f.*

imputare [impu'ta:re] *tr* **1.** *(considerare responsabile)* verantwortlich machen (*qu di qc* jdn für etw.); *(attribuire la colpa)* die Schuld geben (*qu di qc* jdm für etw.); *(accusare)* beschuldigen; **2.** *jur* anklagen (*di* wegen); **3.** *(addebitare)* die Schuld zuschreiben (*qc a qc/qu* einer S./jdm für etw.); **4.** *com (conteggiare)* anrechnen, verbuchen. **imputato, -a** [...'ta:to] *m, f (nella fase del giudizio)* Angeklagte(r) *mf; (nella fase dell'inchiesta)* Beschuldigte(r) *mf.* **imputazione** [...tat'tsi̯o:ne] *f* **1.** *jur* Anklage *f; (nella fase dell'inchiesta)* Anschuldigung *f;* **2.** *com* An-, Verrechnung *f;* **rispondere dell' ~ di omicidio** sich wegen Mord(es) vor Gericht verantworten müssen.

imputridimento [imputridi'mento] *m*

Verwesung *f; (marcimento)* (Übergang *m* in) Fäulnis *f.* **imputridire** [...ˈdi:re] ‹imputridisco› *itr* verwesen; *(marcire)* verfaulen.

in [in] ‹nel, nello, nell', nella, nei, negli, nelle› *prp* **1.** *(stato in luogo)* in *dat,* auf *dat; (moto a luogo)* nach *acc,* in *acc; (moto attraverso luogo)* durch *acc;* **2.** *(tempo determinato)* in *dat; (tempo continuato)* innerhalb *gen,* im Laufe *gen;* **3.** *(modo, maniera)* in *dat,* mit *dat;* **4.** *(mezzo, strumento)* mit *dat,* in *dat;* **5.** *(materia)* aus *dat,* von *dat;* **6.** *(scopo, fine)* zu *dat,* für *acc;* **7.** *(causa)* vor *dat,* wegen *gen;* **8.** *(stato coniugale femminile)* verheiratete; **andare ~ Austria** nach Österreich fahren; **andare ~ tram** mit der Straßenbahn fahren; **salire ~ auto** ins Auto steigen; **restare ~ casa** im Hause bleiben; **vivere ~ campagna** auf dem Lande leben; **accorrere ~ aiuto di qu** jdm zu Hilfe eilen; **dividere ~ sei** in sechs Teile (*o. mat* durch sechs) teilen; **essere ~ due** zu zweit sein; **pagare ~ contanti** bar bezahlen; **prendere un libro ~ visione** ein Buch zur Ansicht nehmen; **disporsi ~ cerchio** sich im Kreis aufstellen; **sbrigare qc ~ giornata** etw. im Laufe des Tages erledigen; **venire ~ gran numero** in großer Zahl kommen; **carne ~ umido** gedünstetes Fleisch; **riso ~ bianco** Reis mit Butter; **commerciante ~ agrumi** Zitrusfrüchtehändler *m;* **esperto ~ economia** Wirtschaftsfachmann *m;* **Filomena Rossi ~ Neri** Filomena Rossi, verheiratete Neri; **~ compagnia di** in Begleitung *gen;* **~ relazione a** in bezug auf; **~ seguito a** infolge von; **tedesco** auf deutsch; **~ pace** in Frieden; **~ alto** oben; *(verso l'alto)* nach oben; **~ breve** in Kürze; **~ fuori** nach außen; **~ giù** nach unten; **di cinque ~ cinque** jeweils fünf; **di quando ~ quando** von Zeit zu Zeit; **di volta ~ volta** von Mal zu Mal.

I.N.A. [ˈi:na] *f ab di* **Istituto Nazionale delle Assicurazioni** *nationales italienisches Versicherungsinstitut.*

inabbordabile [inabborˈda:bile] *a* unzugänglich; *(persona)* unnahbar.

inabile [iˈna:bile] *a* unfähig, untauglich; **~ al lavoro** arbeitsunfähig; **~ al servizio militare** (wehrdienst)untauglich. **inabilità** [inabiliˈta] *f* Unfähigkeit *f,* Untauglichkeit *f.* **inabilitare** [...ˈta:re] *tr* **1.** *(rendere inadatto)* untauglich (*o.* unfähig) machen; **2.** *jur* die Geschäftsfähigkeit einschränken *gen.* **inabilitazione** [...tatˈtsi̯o:ne] *f* **1.** *(incapacità)* Untauglichkeit *f,* Unfähigkeit *f;* **2.** *jur* beschränkte Geschäftsfähigkeit.

inabissamento [inabissaˈmento] *m (l'inabissarsi)* Versinken *n; (l'inabissare)* Versenken *n.* **inabissare** [...ˈsa:re] **I.** *tr* versenken; **II.** *rfl:* **-rsi** versinken.

inabitabile [inabiˈta:bile] *a* unbewohnbar. **inabitato, -a** [...ˈta:to] *a* unbewohnt.

inaccessibile [inattʃesˈsi:bile] *a* **1.** *(difficile da raggiungere)* unerreichbar; **2.** *(difficile da percorrere)* unzugänglich; **3.** *fig (mistero)* unerklärlich; *(incomprensibile)* unverständlich; *(persona)* unzugänglich, verschlossen; *(inavvicinabile)* unnahbar; *(montagna)* unbezwingbar; *(prezzo)* unerschwinglich.

inaccettabile [inattʃetˈta:bile] *a* unannehmbar, inakzeptabel.

inaccostabile [inakkosˈta:bile] *a* unnahbar; *(irraggiungibile)* unerreichbar.

inacerbire [inatʃerˈbi:re] ‹inacerbisco› **I.** *tr* **1.** *(inasprire)* verschärfen; *(peggiorare)* verschlimmern; **2.** *(portare all'esasperazione)* erbittern; **II.** *rfl:* **-rsi** sich verschlimmern; *(inasprirsi)* sich verschärfen; **-rsi contro qu** gegen jdn erbittert sein.

inacidire [inatʃiˈdi:re] ‹inacidisco› **I.** *tr* ‹*avere*› **1.** *(render acido)* sauer machen; **2.** *fig (inasprire)* verbittern; **~ il sangue** böses Blut machen; **II.** *itr* ‹*essere*›, *rfl:* **-rsi 1.** *(diventar acido)* sauer (*o.* schlecht) werden; **2.** *fig (diventare scostante)* verbittert werden.

inadattabile [inadatˈta:bile] *a* **1.** *(persona)* nicht anpassungsfähig; **2.** *(cosa)* unanpaßbar; *(inservibile)* nicht verwendbar. **inadattabilità** [...tabiliˈta] *f* **1.** *(inservibilità)* Unverwendbarkeit *f,* Unbrauchbarkeit *f;* **2.** *fig* mangelnde Anpassungsfähigkeit.

inadatto, -a [inaˈdatto] *a* **1.** *(che non è adatto)* unpassend (*a* zu), ungeeignet (*a* für); **2.** *(che non ha disposizione)* ungeeignet (*a* für); *(incapace)* unfähig (*a* zu).

inadeguatezza [inadegu̯aˈtettsa] *f* Unangemessenheit *f; (insufficienza)* Unzulänglichkeit *f.* **inadeguato, -a** [...ˈgu̯a:to] *a* unangemessen; *(insufficiente)* unzulänglich; *(inadatto)* ungeeignet (*a* für); **mezzi -i** unzureichende Mittel *n pl;* **essere ~ a un compito** einer Aufgabe nicht gewachsen sein.

inadempiente [inademˈpi̯ɛnte] **I.** *a jur* vertragsbrüchig; **II.** *mf* **1.** *jur* Vertragsbrüchige(r) *mf;* 2. *(debitore)* Schuldner(in) *m(f).* **inadempienza** [...ˈpi̯ɛntsa] *f* Nichterfüllung *f,* Nichteinhaltung *f.*

inafferrabile [inafferˈra:bile] *a* 1. *(non catturabile)* nicht faßbar; 2. *(incomprensibile)* unverständlich.

inagibile [inaˈdʒi:bile] *a (apparecchio)* außer Betrieb; *(luogo)* nicht betretbar (*o.* benutzbar).

inalare [inaˈla:re] *tr* inhalieren, einatmen. **inalatore** [...laˈto:re] **I.** *a* Inhalations-; **II.** *m* Inhalator *m,* Inhalationsgerät *n,* -apparat *m.* **inalazione** [...latˈtsi̯o:ne] *f* Inhalation *f.*

inalberare [inalbeˈra:re] **I.** *tr* aufpflanzen; *(issare)* hissen; **II.** *rfl:* **-rsi** 1. *(cavallo)* sich aufbäumen; 2. *fig* sich aufbäumen; *(adirarsi)* zornig werden, in die Luft gehen *fam.*

inalienabile [inali̯eˈna:bile] *a jur* unveräußerlich.

inalterabile [inalteˈra:bile] *a* 1. *(non alterabile)* unveränderlich; *(tinta, etc.)* (wasch)echt; *(cibo)* unverderblich; 2. *(imperturbabile)* unerschütterlich. **inalterabilità** [...rabiliˈta] ⟨-⟩ *f* 1. Unveränderlichkeit *f;* 2. *(imperturbabilità)* Unerschütterlichkeit *f.* **inalterato, -a** [...ˈra:to] *a* unverändert; *(cibo)* unverdorben.

I.N.A.M. [ˈi:nam] *f ab di* **Istituto Nazionale per l'Assicurazione contro le Malattie** *nationale italienische Krankenversicherungsanstalt.*

inamidare [inamiˈda:re] *tr* stärken.

inammissibile [inammisˈsi:bile] *a* unannehmbar; *(a. jur)* unzulässig. **inammissibilità** [...sibiliˈta] ⟨-⟩ *f* Unzulässigkeit *f.*

inamovibile [inamoˈvi:bile] *a jur* unabsetzbar; *(non trasferabile)* unversetzbar.

inane [iˈna:ne] *a poet* vergeblich; *(vuoto)* leer.

inanellato, -a [inanelˈla:to] *a (capelli, etc.)* gekräuselt, gekringelt; *(dita)* beringt.

inanimato, -a [inaniˈma:to] *a* 1. *(che non ha vita)* unbeseelt; 2. *(privo di sensi)* leblos.

inappagabile [inappaˈga:bile] *a* unerfüllbar; *(insaziabile)* unstillbar. **inappagamento** [...gaˈmento] *m* Unerfülltheit *f; (scontentezza)* Unzufriedenheit *f.* **inappagato, -a** [...ˈga:to] *a* unerfüllt; *(insoddisfatto)* unbefriedigt.

inappellabile [inappelˈla:bile] *a jur* unanfechtbar; *fig* unwiderruflich; *(definitivo)* endgültig.

inappetente [inappeˈtɛnte] *a* appetitlos. **inappetenza** [...ˈtɛntsa] *f* Appetitlosigkeit *f.*

inapplicabile [inappliˈka:bile] *a* unanwendbar. **inapplicabilità** [...kabiliˈta] ⟨-⟩ *f* Unanwendbarkeit *f.*

inapprendibile [inapprenˈdi:bile] *a* nicht erlernbar.

inapprensibile [inapprenˈsi:bile] *a* unverständlich.

inapprezzabile [inappretˈtsa:bile] *a* 1. *(inestimabile)* unschätzbar; *(impagabile)* unbezahlbar; 2. *(di nessun valore)* unerheblich.

inappuntabile [inappunˈta:bile] *a* 1. *(irreprensibile)* untad(e)lig; 2. *(privo di difetti)* einwandfrei, tadellos.

inarcamento [inarkaˈmento] *m* Krümmung *f.* **inarcare** [...ˈka:re] ⟨inarco, inarchi⟩ **I.** *tr* krümmen; ~ **le sopracciglia** die Augenbrauen hochziehen; **II.** *rfl:* **-rsi** sich krümmen.

inargentare [inardʒenˈta:re] *tr (a. fig)* versilbern.

inaridimento [inaridiˈmento] *m* Austrocknen *n.* **inaridire** [...ˈdi:re] ⟨inaridisco⟩ **I.** *tr* ⟨*avere*⟩ 1. *(rendere secco)* austrocknen, ausdörren; 2. *fig* hart (*o.* gefühllos) werden lassen; **II.** *itr* ⟨*essere*⟩ , *rfl:* **-rsi** 1. *(diventare secco)* aus-, vertrocknen; 2. *fig* versiegen.

inarrestabile [inarresˈta:bile] *a* unaufhaltsam.

inarrivabile [inarriˈva:bile] *a* unerreichbar; *fig* unvergleichlich.

inarticolato, -a [inartikoˈla:to] *a* unartikuliert.

inascoltato, -a [inaskolˈta:to] *a* 1. *(non ascoltato)* nicht befolgt; 2. *(inesaudito)* nicht erhört, unerhört.

inaspettato, -a [inaspetˈta:to] *a* unerwartet; *(insperato)* unverhofft.

inasprimento [inaspriˈmento] *m* Verschärfung *f; (peggioramento)* Verschlimmerung *f.* **inasprire** [...ˈpri:re] ⟨inasprisco⟩ **I.** *tr* 1. *(rendere più aspro)* verschärfen; *(peggiorare)* verschlimmern; 2. *(esasperare)* verbittern; 3. *(acuire)* verschärfen; *(aumentare)* erhöhen; **II.** *rfl:* **-rsi** 1. *(diventare aspro)* herber werden; *(diventare amaro)* bitterer werden; 2. *fig* sich verschärfen; *(diventare più intenso)* an Intensität zunehmen; *(aggravarsi)* sich verschlimmern.

inastare [inasˈta:re] *tr* aufpflanzen, aufstecken.

inattaccabile [inattakˈka:bile] *a* 1. *(immune da attacchi)* unangreifbar; 2. *(resistente)* beständig, -fest; 3. *fig* untad(e)lig; **un tessuto ~ dagli acidi** ein säurebeständiger Stoff.

inattendibile [inatten'di:bile] *a* unglaubwürdig; *(che non merita fiducia)* unzuverlässig.

inatteso, -a [inat'te:so] *a* unerwartet; *(imprevisto)* unvorhergesehen.

inattitudine [inatti'tu:dine] *f* Ungeeignetsein *n* (*a* für); *(mancanza delle doti)* mangelhafte Begabung (*a* für).

inattivare [inatti'va:re] *tr med, chem* inaktivieren; *tec* entschärfen.

inattività [inattivi'ta] *f* Untätigkeit *f; (interruzione)* Stillstand *m; chem* Inaktivität *f.* **inattivo, -a** [...'ti:vo] *a* untätig, tatenlos; *(vulcano)* untätig; *(spento)* erloschen; *(fermo)* stillgelegt; *chem* inaktiv.

inattuabile [inattu'a:bile] *a* undurchführbar; *(irrealizzabile)* nicht zu verwirklichen(d).

inattuale [inattu'a:le] *a* nicht aktuell; *(opinione, abito)* unzeitgemäß.

inaudito, -a [inau'di:to] *a* unerhört, unglaublich.

inaugurale [inaugu'ra:le] *a* Einweihungs-; *(di apertura)* Eröffnungs-; **viaggio ~** Jungfernfahrt *f.*

inaugurare [inaugu'ra:re] *tr* **1.** *(iniziare con solennità)* feierlich eröffnen; **2.** *(aprire al pubblico)* eröffnen; *(scuola, etc.)* einweihen; *(monumento)* enthüllen; *(consacrare)* weihen; **3.** *fig (avviare)* beginnen, einleiten; **4.** *scherz (usare per la prima volta)* einweihen. **inaugurazione** [...rat'tsi̯o:ne] *f (di mostre, opere pubbliche)* Eröffnung *f; (di edificio)* Einweihung *f; (di chiese)* (Ein)weihung *f; (di monumenti)* Enthüllung *f.*

inavvedutezza [inavvedu'tettsa] *f* **1.** *(mancanza di accortezza)* Unachtsamkeit *f;* **2.** *(imprudenza)* Unvorsichtigkeit *f.* **inavveduto, -a** [...'du:to] *a* unachtsam.

inavvertenza [inavver'tɛntsa] *f* Unachtsamkeit *f; (imprudenza)* Unvorsichtigkeit *f.*

inavvertitamente [inavvertita'mente] *adv* unabsichtlich, versehentlich.

inavvertito, -a [inavver'ti:to] *a* unbemerkt.

inazione [inat'tsi̯o:ne] *f* Untätigkeit *f,* Tatenlosigkeit *f.*

incagliare [iŋkaʎ'ʎa:re] ‹incaglio, incagli› **I.** *itr* ‹*essere*›, *rfl:* **-rsi 1.** *naut* auflaufen, stranden; **2.** *fig (interrompersi)* ins Stocken geraten; *(nel parlare)* stocken, steckenbleiben; **II.** *tr* ‹*avere*› **1.** *naut* stranden lassen, auflaufen lassen; **2.** *fig (ostacolare)* behindern, hemmen. **incaglio** [iŋ'kaʎʎo] ‹-gli› *m* **1.** *naut* Auflaufen *n,* Stranden *n;* **2.** *fig (intoppo, difficoltà)* Hindernis *n,* Schwierigkeit *f.*

incalcinare [iŋkaltʃi'na:re] *tr (muro)* verputzen; *agr* kalken.

incalcolabile [iŋkalko'la:bile] *a* nicht berechenbar; *(non valutabile)* unschätzbar; *(fig a.)* unermeßlich.

incallimento [iŋkalli'mento] *m* Schwieligwerden *n; fig* Verhärtung *f.*

incallire [...'li:re] ‹incallisco› **I.** *tr* ‹*avere*› **1.** *(rendere calloso)* schwielig machen; **2.** *fig (indurire)* verhärten; **II.** *itr* ‹*essere*›, *rfl:* **-rsi 1.** *(fare il callo)* Schwielen bekommen; **2.** *fig* sich gewöhnen (*in* an); **-rsi nel vizio** dem Laster verfallen sein. **incallito, -a** [...'li:to] *a* **1.** *(reso calloso)* schwielig; **2.** *fig (accanito)* hartnäckig; *(insensibile)* hart; *(fumatore, etc.)* eingeschworen; *pej* hartgesotten.

incalorirsi [iŋkalo'rirsi] ‹m'incalorisco› *rfl* **1.** *gener.* sich erwärmen; **2.** *med* sich entzünden; **3.** *fig (infervorarsi)* sich ereifern, sich erhitzen.

incalzante [iŋkal'tsante] *a* bedrängend; *(urgente)* dringend.

incalzare [iŋkal'tsa:re] **I.** *tr* **1.** *(inseguire)* verfolgen, sich an die Fersen heften (*qu* jdm); *(assalire)* bedrängen; **2.** *fig* drängen; **II.** *rfl:* **-rsi** sich überstürzen.

incameramento [iŋkamera'mento] *m* Einziehung *f.* **incamerare** [...'ra:re] *tr* einziehen.

incamiciare [iŋkami'tʃa:re] ‹incamicio, incamici› *tr* verkleiden; *tec* ummanteln. **incamiciatura** [...tʃa'tu:ra] *f* **1.** *(strato di materiale)* Verkleidung *f; (strato di protezione)* Schutzschicht *f;* **2.** *mil* Hülse *f.*

incamminare [iŋkammi'na:re] **I.** *tr* **1.** *(avviare)* in die Wege leiten; *(mettere in azione)* in Gang bringen; **2.** *fig (istradare)* einführen (*in* in); *(istruire)* unterweisen (*in* in); **II.** *rfl:* **-rsi 1.** *(andare)* sich auf den Weg begeben; **2.** *fig* zusteuern (*verso* auf).

incanalare [iŋkana'la:re] **I.** *tr* **1.** *(acqua, etc.)* kanalisieren; *(convogliare)* (in einem Kanal) auffangen; **2.** *(dirigere)* lenken; **3.** *fig* einleiten; **II.** *rfl:* **-rsi 1.** *(raccogliersi)* sich (in einem Kanal) sammeln; **2.** *(dirigersi)* eine Richtung einschlagen; *(affluire)* zuströmen (*verso* auf). **incanalatura** [...la'tu:ra] *f* **1.** *(l'incanalare)* Kanalisierung *f;* **2.** *(canale)* Kanal *m.*

incancellabile [iŋkantʃel'la:bile] *a* **1.** *(scrittura)* nicht ausradierbar; **2.** *fig (indelebile)* unauslöschlich.

incancrenire [iŋkaŋkre'ni:re] ‹incancrenisco› *itr* ‹*essere*› **1.** *med* brandig (*o.* gangränös) werden; **2.** *fig* verfallen; *(pervertirsi)* verderben.

incandescente [iŋkandeʃ'ʃɛnte] *a* **1.** *(metallo)* glühend; **2.** *fig* hitzig, glühend. **incandescenza** [...'ʃɛntsa] *f* Glühen *n;* **lampada a ~** Glühlampe *f.*

incantamento [iŋkanta'mento] *m* Verzauberung *f.* **incantare** [...'ta:re] **I.** *tr* **1.** *(con arti magiche)* verzaubern; **2.** *(serpenti, etc.)* beschwören; **3.** *fig (estasiare)* bezaubern, entzükken; **II.** *rfl:* **-rsi** **1.** *(restare ammaliato)* entzückt (*o.* wie verzaubert) sein; **2.** *(restare intontito)* benommen sein; *(essere stordito)* betäubt sein; **3.** *(arrestarsi)* stehenbleiben; *(bloccarsi)* steckenbleiben, stocken. **incantato, -a** [...'ta:to] *a* **1.** *(fatato)* verzaubert, Zauber-; **2.** *fig (suggestivo)* bezaubernd; *(incantevole)* zauberhaft; **3.** *(estasiato)* verzaubert, entzückt; **4.** *(intontito)* benommen, wie betäubt; **anello ~** Zauberring *m;* **castello ~** verwunschenes Schloß. **incantatore, -trice** [...ta'to:re] **I.** *a* bezaubernd, entzückend; **II.** *m, f* **1.** *(operatore d'incantesimi)* Zauberer *m,* Zaub(r)erin *f;* **2.** *fig (ammaliatore)* Verführer(in) *m(f);* **~ di serpenti** Schlangenbeschwörer(in) *m(f).* **incantesimo** [...'te:zimo] *m* **1.** *(sortilegio)* Zauber *m; (atto, arte)* Zauberei *f; (formula magica)* Zauberformel *f,* -spruch *m;* **2.** *fig (per estasiare)* Zauber *m,* Reiz *m; (per sedurre)* Verführungskunst *f.* **incantevole** [...'te:vole] *a* zauberhaft, bezaubernd.

incanto[1] [iŋ'kanto] *m* **1.** *(magia)* Zauberei *f;* **2.** *fig (fascino)* Zauber *m;* **come per ~** wie von Zauberhand; **d'~** wunderbar; **quella ragazza è un ~** das Mädchen ist bezaubernd.

incanto[2] [iŋ'kanto] *m jur* Versteigerung *f,* Auktion *f;* **comperare all'~** bei einer Versteigerung erstehen, ersteigern; **mettere all'~** versteigern.

incanutire [iŋkanu'ti:re] ‹incanutisco› **I.** *itr ‹essere›* grau werden, ergrauen; **II.** *tr ‹avere›* ergrauen lassen.

incapace [iŋka'pa:tʃe] **I.** *a* unfähig (*di* zu); *(inetto)* untüchtig; **~ di intendere e di volere** *jur* unzurechnungsfähig; **II.** *mf* **1.** *(inetto, inabile)* Versager(in) *m(f);* **2.** *jur* rechtsunfähige Person. **incapacità** [...patʃi'ta] *f* **1.** *(inabilità)* Unfähigkeit *f;* **2.** *jur* Rechtsunfähigkeit *f;* **~ giuridica** Rechtsunfähigkeit *f.*

incaparbirsi [iŋkapar'birsi] ‹m'incaparbisco›, **incaponirsi** [...po'nirsi] ‹m'incaponisco› *rfl* sich *(dat)* in den Kopf setzen (*in qc* etw.); *(intestardirsi)* sich versteifen (*in qc* auf etw.).

incappare [iŋkap'pa:re] **I.** *tr ‹avere›* einen Mantel an-, überziehen (*qu* jdm); **II.** *itr ‹essere›* stoßen (*in* auf); *(capitare)* geraten (*in* unter).

incappottare [iŋkappot'ta:re] **I.** *tr* in einen Mantel hüllen; **II.** *rfl:* **-rsi** sich in einen Mantel hüllen.

incappucciare [iŋkapput'tʃa:re] ‹incappuccio, incappucci› *tr* **1.** *(coprire con un cappuccio)* eine Kopfbedekkung aufsetzen (*qu* jdm); **2.** *fig* (mit Schnee) bedecken.

incapricciarsi [iŋkaprit'tʃarsi] ‹m'incapriccio, t'incapricci› *rfl* sich verlieben (*di* in), sich vernarren (*di* in).

incapsulamento [iŋkapsula'mento] *m* **1.** *med* Einkapselung *f; (di denti)* Überkronung *f;* **2.** *tec (di bottiglie)* Verkapselung *f* (mit einem Kronkorken). **incapsulare** [...'la:re] *tr* **1.** *med* einkapseln; *(denti)* verkronen; **2.** *tec (bottiglie)* verkapseln.

incarceramento [iŋkartʃera'mento] *m* Einsperren *n; hist* Einkerkerung *f.* **incarcerare** [...'ra:re] *tr* **1.** *(imprigionare)* einsperren, inhaftieren *adm; hist* einkerkern; **2.** *fig (rinchiudere)* einschließen.

incardinare [iŋkardi'na:re] *tr* **1.** *(porta, etc.)* einhängen; **2.** *fig (impostare)* aufbauen (*su* auf); *(basare)* stützen (*su* auf); **3.** *rel* in eine Diözese eingliedern.

incaricare [iŋkari'ka:re] **I.** *tr* beauftragen (*di* mit); **II.** *rfl:* **-rsi** übernehmen (*di qc* etw.). **incaricato, -a** [...'ka:to] **I.** *a* beauftragt (*di* mit); **professore ~** außerordentlicher Professor; **II.** *m, f* **1.** *(funzionario)* Beauftragte(r) *mf;* **2.** *(professore)* Lehrbeauftragte(r) *mf;* **3.** *(diplomatico)* Geschäftsträger(in) *m(f);* **~ d'affari** Geschäftsträger *m,* Chargé d'affaires *m.* **incarico** [iŋ'ka:riko] ‹-chi› *m* Auftrag *m; (di insegnante)* Lehrauftrag *m;* **per ~ di** im Auftrag von.

incarnare [iŋkar'na:re] **I.** *tr* verkörpern; *(rappresentare)* darstellen; **II.** *rfl:* **-rsi** **1.** *rel (Cristo)* Fleisch (*o.* Mensch) werden; **2.** *fig (concretarsi)* Gestalt annehmen; *(personificarsi)* sich verkörpern; **3.** *(unghia, etc.)* (ins Fleisch) einwachsen.

incarnato, -a[1] [iŋkar'na:to] *a* **1.** *rel (Cristo)* fleischgeworden; **2.** *fig (personificato)* verkörpert; *(concretizzato)* konkretisiert; **3.** *(unghie, etc.)* eingewachsen; **la crudeltà -a** die Grausamkeit in Person.

incarnato, -a[2] [iŋkar'na:to] **I.** *a (di co-*

lore roseo) fleischfarben; **II.** *m (colore)* Fleischfarbe *f;* **avere un bell'~** eine schöne Hautfarbe haben.

incarnazione [iŋkarnat'tsi̯o:ne] *f* **1.** *rel (di Cristo)* Menschwerdung *f;* **2.** *fig (concretizzazione)* Verkörperung *f;* **è l'~ della malvagità** er (*o.* sie) ist die Bosheit in Person.

incarnire [iŋkar'ni:re] ⟨incarnisco⟩ *itr* ⟨*essere*⟩, *rfl:* **-rsi** (ins Fleisch) einwachsen.

incarognire [iŋkaroɲ'ɲi:re] ⟨incarognisco⟩ *itr* ⟨*essere*⟩, *rfl:* **-rsi 1.** *(diventare una carogna)* verkommen, verludern *fam; (diventare malvagio)* niederträchtig werden; **2.** *obs (med, etc.)* chronisch werden.

incartamento [iŋkarta'mento] *m* Akte *f,* Aktenbündel *n.*

incartapecorire [iŋkartapeko'ri:re] ⟨incartapecorisco⟩ *itr* ⟨*essere*⟩, *rfl:* **-rsi 1.** *(insecchire)* vertrocknen; *(pelle, etc.)* runzlig werden; **2.** *fig (inaridirsi)* verknöchern.

incartare [iŋkar'ta:re] *tr* (in Papier) einwickeln, einpacken. **incarto** [iŋ'karto] *m* **1.** *(materiale per incartare)* Verpackung *f;* **2.** *(incartamento)* Aktenheft *n; (catasta)* Aktenbündel *n.*

incartocciare [iŋkartot'tʃa:re] ⟨incartoccio, incartocci⟩ *tr* in Tüten abpacken.

incasellare [iŋkasel'la:re] *tr* **1.** *(disporre in casellario)* auf Fächer verteilen; **2.** *fig (catalogare)* katalogisieren.

incassare [iŋkas'sa:re] *tr* **1.** *(collocare in cassa)* in Kisten verpacken; **2.** *(inserire in cavità)* einlassen, einlegen; **3.** *(pietra, etc.)* einfassen; *(fiume)* eindämmen; *(strada)* befestigen; **4.** *(riscuotere)* (ein)kassieren; **5.** *(sopportare, a. sport: colpi)* hinnehmen, einstecken. **incassatore, -trice** [...sa'to:re] *m, f* **1.** *(imballatore)* Packer(in) *m(f);* **2.** *sport* Nehmer *m;* **3.** *fig* Mensch, der viel einstecken kann. **incassatura** [...sa'tu:ra] *f* **1.** *(inserimento)* Einlassen *n,* Einpassen *n;* **2.** *(cavità)* Falz *m;* **3.** *(incastonatura)* Einfassung *f.* **incasso** [iŋ'kasso] *m* **1.** *(atto)* Einnehmen *n,* (Ein)kassieren *n;* **2.** *(effetto)* Einnahme *f; com* Inkasso *n;* **realizzare un forte ~** hohe Einnahmen verbuchen können.

incastellatura [iŋkastella'tu:ra] *f* Gerüst *n; (di supporto)* Gestell *n.*

incastonare [iŋkasto'na:re] *tr* **1.** *(fermare nel castone)* (ein)fassen; **2.** *fig* (schmückend) einfügen. **incastonatura** [...na'tu:ra] *f* (Ein)fassung *f.*

incastrare [iŋkas'tra:re] **I.** *tr* **1.** *tec* verbinden; **2.** *fam (coinvolgere)* hineinziehen; *(coinvolgere)* verwickeln; **II.** *itr* ineinanderpassen, ineinandergreifen; **III.** *rfl:* **-rsi** sich verklemmen; *(incunearsi)* sich verkeilen; *(conficcarsi)* eindringen; *(bloccarsi)* klemmen. **incastro** [iŋ'kastro] *m* **1.** *tec* Verbindung *f; (cavità)* Einschnitt *m;* **2.** *(gioco enigmistico) Einschachtelung eines Wortes in ein anderes;* **~ a maschio e femmina** Spundung *f.*

incatenamento [iŋkatena'mento] *m* Verkettung *f.* **incatenare** [...'na:re] **I.** *tr* **1.** *(legare con catene)* anketten; *(persona)* in Ketten legen; **2.** *(chiudere con catene)* mit einer Kette absperren; **3.** *fig (soggiogare)* fesseln; *(legare strettamente)* fest binden; **4.** *fig (limitare)* einengen; **~ la libertà** die Freiheit beschneiden; **II.** *rfl:* **-rsi** sich (eng) verbinden, sich vereinigen.

incatramare [iŋkatra'ma:re] *tr* (ein)teeren.

incattivire [iŋkatti'vi:re] ⟨incattivisco⟩ **I.** *tr* ⟨*avere*⟩ *(rendere cattivo)* böse machen; *(inasprire)* verbittern; *(adirare)* verärgern, erzürnen; **II.** *itr* ⟨*essere*⟩ , *rfl:* **-rsi** sich erbosen.

incauto, -a [iŋ'ka:uto] *a* unvorsichtig; *(avventato)* unüberlegt.

incavare [iŋka'va:re] *tr* aushöhlen. **incavato, -a** [...'va:to] *a* **1.** ausgehöhlt; **2.** *fig (occhi)* tiefliegend; *(guance)* hohl, eingefallen. **incavatura** [...va'tu:ra] *f* Aushöhlung *f.* **incavo** [iŋ'ka:vo] *m* Aushöhlung *f; (cavità)* Vertiefung *f; (di abiti)* Ausschnitt *m;* **~ della manica** Ärmelausschnitt *m.*

incavolarsi [iŋkavo'larsi] *rfl fam* fuchsteufelswild werden *fam;* **mi fai incavolare** du bringst mich auf die Palme *fam.* **incavolatura** [...la'tu:ra] *f fam* Koller *m fam,* Rappel *m fam.*

incazzarsi [iŋkat'tsarsi] *rfl vulg* wild werden *fam,* hochgehen *fam.* **incazzatura** [...tsa'tu:ra] *f vulg* Mordswut *f fam.*

incedere [in'tʃɛ:dere] ⟨incedo, incessi *o.* incedei *o.* incedetti, incesso⟩ *itr poet* (einher)schreiten *geh.*

incedibile [intʃe'di:bile] *a* nicht übertragbar.

incedo [in'tʃɛ:do] *1. pers sing pr di* **incedere.**

incendiare [intʃen'di̯a:re] ⟨incendio, incendi⟩ **I.** *tr* **1.** *(bruciare)* anzünden, in Brand setzen (*o.* stecken); **2.** *fig (infiammare)* entflammen; **II.** *rfl:* **-rsi**

sich entzünden, in Brand geraten; *(prendere fuoco)* Feuer fangen. **incendiario, -a** [...'di̯a:ri̯o] ‹-i, -ie› **I.** *a* **1.** Brand-; **2.** *fig* aufreizend; *pol* aufwieglerisch; **bombe -ie** Brandbomben *f pl;* **sostanza -a** feuergefährliches Material; **II.** *m, f* Brandstifter(in) *m(f).* **incendio** [in'tʃɛndi̯o] ‹-i› *m* **1.** *(fuoco)* Brand *m,* Feuer *n;* **2.** *fig (violenza, rovina)* Zerstörungswut *f;* **3.** *fig (sentimento travolgente)* Feuer *n,* Flamme *f;* ~ **doloso** Brandstiftung *f.*

incenerimento [intʃeneri'mento] *m* Einäscherung *f;* ~ **delle immondizie** Müllverbrennung *f.* **incenerire** [...'ri:re] ‹incenerisco› **I.** *tr* **1.** *(ridurre in cenere)* einäschern; **2.** *chem* veraschen; **3.** *fig (annientare)* vernichten; **II.** *rfl:* **-rsi** zu Asche werden. **inceneritore** [...ri'to:re] *m* Müllverbrennungsanlage *f.*

incensamento [intʃensa'mento] *m (a. fig)* Beweihräucherung *f.* **incensare** [...'sa:re] *tr* **1.** *rel* beweihräuchern, mit Weihrauch erfüllen; **2.** *fig (adulare)* beweihräuchern. **incensata** [...'sa:ta] *f (a. fig)* Beweihräucherung *f.* **incensatore, -trice** [...sa'to:re] *m, f* Schmeichler(in) *m(f),* Schöntuer(in) *m(f).* **incensiere** [...'si̯ɛ:re] *m* Weihrauchfaß *n.*

incenso [in'tʃɛnso] *m* **1.** *(gommoresina)* Weihrauch *m;* **2.** *fig (adulazione)* Schöntuerei *f,* Schmeichelei *f;* **bruciare l'~ a qu** jdm schmeicheln; **sarebbe bruciare l'~ ai morti** das wäre vergebliche Liebesmüh.

incensurabile [intʃensu'ra:bile] *a* tadellos; *(inappuntabile)* untadelig. **incensurato, -a** [...'ra:to] *a* **1.** *(irreprensibile)* tadellos; **2.** *jur* nicht vorbestraft.

incentivare [intʃenti'va:re] *tr* anregen; *(incrementare)* ankurbeln. **incentivazione** [...vat'tsi̯o:ne] *f* Anregung *f; (incremento)* Ankurbelung *f.* **incentivo** [...'ti:vo] *m* Anreiz *m; (stimolo)* Anregung *f.*

incentrare [intʃen'tra:re] *tr geh* in den Mittelpunkt stellen.

inceppamento [intʃeppa'mento] *m* Hemmung *f; fig* Hindernis *n; (di apparecchi meccanici)* Klemmen *n; (di armi)* Ladehemmung *f.* **inceppare** [...'pa:re] **I.** *tr* (be)hindern; **II.** *rfl:* **-rsi** (sich ver)klemmen; *(bloccarsi)* blokkieren.

incerare [intʃe'ra:re] *tr* (ein)wachsen. **incerata** [...'ra:ta] *f* **1.** *(tela)* Wachstuch *n;* **2.** *(impermeabile)* Regenhaut *f,* Regenschutz *m.*

incertezza [intʃer'tettsa] *f* **1.** *(mancanza di certezza)* Ungewißheit *f;* **2.** *(esitazione)* Unsicherheit *f; (indecisione)* Unentschlossenheit *f;* **avere un'~ sul da farsi** unschlüssig sein, was es zu tun gilt. **incerto, -a** [in'tʃɛrto] **I.** *a* **1.** *(non sicuro)* ungewiß; *(a. persona)* unsicher; *(non chiaro)* unklar; *(data)* nicht feststehend; *(tempo)* unbeständig; **2.** *(esitante)* unsicher, unschlüssig; **3.** *(vago)* undeutlich; *(indistinto)* unscharf; *(colore, sfocato)* verschwommen; *(luce)* schumm(e)rig; **II.** *m* **1.** *(cosa eventuale)* Ungewisse(s) *n;* **2.** *(eventuale incidente)* unvorherzusehender Fall; **3.** ‹*pl*› *fin* Nebeneinkünfte *f pl.*

incespicare [intʃespi'ka:re] ‹incespico, incespichi› *itr* **1.** *(inciampare)* stolpern (*in* über); **2.** *fig* stocken (*in* bei); ~ **nel leggere/parlare** stockend lesen/sprechen.

incessante [intʃes'sante] *a* unaufhörlich, ununterbrochen; *(persistente)* anhaltend.

incessi [in'tʃɛssi] *1. pers sing del passato remoto di* **incedere.**

incesso [in'tʃɛsso] *pp di* **incedere.**

incesto [in'tʃɛsto] *m* Inzest *m,* Blutschande *f.* **incestuoso, -a** [intʃestu'o:so] *a* inzestuös.

incetta [in'tʃɛtta] *f* Vorrats-, Großein-, Hamsterkauf *m;* **fare ~ di zucchero** einen großen Zuckervorrat kaufen. **incettare** [intʃet'ta:re] *tr* **1.** *(accaparrare)* auf Vorrat kaufen, hamstern *fam;* **2.** *fig (procacciarsi)* sich *(dat)* verschaffen. **incettatore, -trice** [...ta'to:re] *m, f* Großeinkäufer(in) *m(f),* Hamsterer *m fam,* Hamsterin *f fam.*

inchiesta [iŋ'ki̯ɛsta] *f* **1.** *jur* Ermittlung *f,* Untersuchung *f;* **2.** *(giornalistica)* Bericht *m; (indagine)* Nachforschung *f;* **3.** *soc* Umfrage *f; (rilevamento)* Erhebung *f;* **commissione d'~** Untersuchungskommission *f,* Ermittlungsausschuß *m;* ~ **giudiziaria** Ermittlungsverfahren *n;* ~ **statistica** statistische Erhebung; **svolgere un'~** Nachforschungen anstellen.

inchinare [iŋki'na:re] **I.** *tr* neigen; *(corpo)* beugen; *(abbassare)* senken; ~ **la fronte** den Kopf senken; **II.** *rfl:* **-rsi** **1.** *(per riverenza)* sich verneigen (*a* vor), sich verbeugen (*a* vor); **2.** *fig (cedere)* sich beugen (*a qc* einer S.); *(sottomettersi)* sich fügen (*a* in). **inchino** [iŋ'ki:no] *m* Verneigung *f,* Verbeugung *f.*

inchiodare [iŋki̯o'da:re] **I.** *tr* **1.** *(fissare con chiodi)* an-, festnageln; **2.** *fig (im-*

mobilizzare) festhalten; *(incatenare)* fesseln; ~ **una cassa** eine Kiste zunageln; ~ **alla croce** ans Kreuz nageln; **il lavoro lo inchioda a tavolino** die Arbeit fesselt ihn an den Schreibtisch; ~ **qu alle proprie responsabilità** jdn auf seine Verantwortung festnageln; ~ **la vettura con uno stridore di freni** das Auto mit quietschenden Bremsen zum Stehen bringen; **II.** *rfl:* **-rsi 1.** *fig* stehenbleiben; *(bloccarsi)* blockieren; **2.** *fam (indebitarsi)* sich verschulden.

inchiostrare [iŋki̯osˈtraːre] *tr* einfärben. **inchiostrazione** [...ratˈtsi̯oːne] *f* Einfärbung *f.*

inchiostro [iŋˈki̯ɔstro] *m* Tinte *f;* ~ **di china** (Auszieh)tusche *f;* ~ **da stampa** Druckerfarbe *f,* Druckerschwärze *f;* ~ **per timbri** Stempelfarbe *f;* ~ **simpatico** Geheimtinte *f;* **nero come l'**~ pechschwarz.

inciampare [intʃamˈpaːre] *itr ‹essere o. avere›* **1.** *(urtare)* anstoßen (*in* an); *(incespicare)* stolpern (*in* über); **2.** *fig (incappare)* stoßen *(in qu/qc* auf jdn/etw.); *(capitare)* geraten (*in qu/qc* an jdn/etw.).

inciampo [inˈtʃampo] *m* **1.** *(ostacolo)* Hindernis *n,* Hemmnis *n;* **2.** *fig (difficoltà)* Hindernis *n,* Schwierigkeit *f;* **essere d'**~ **a qu** jdm im Wege sein.

incidentale [intʃidenˈtaːle] *a* **1.** *(casuale)* zufällig; **2.** *(secondario)* nebensächlich, Neben-; **3.** *jur* Inzidenz-; **4.** *ling* eingefügt, eingeschoben; **un fatto** ~ eine Nebensächlichkeit.

incidente[1] [intʃiˈdɛnte] *a mat, opt* Einfalls-, Inzidenz-; **raggio** ~ Einfallsstrahl *m.*

incidente[2] [intʃiˈdɛnte] *m* **1.** *(infortunio)* Unfall *m,* Unglück *n; (contrattempo)* Zwischenfall *m; (episodio)* Vorfall *m;* **2.** *(in discussioni)* Auseinandersetzung *f; (disputa)* Wortwechsel *m.*

incidenza [intʃiˈdɛntsa] *f* **1.** *mat, opt* Einfall *m;* **2.** *fig (peso)* Belastung *f; (ripercussione)* Auswirkung *f;* **angolo d'**~ Einfallswinkel *m;* **sia detto per** ~ nebenbei gesagt.

incidere[1] [inˈtʃiːdere] ‹incido, incisi, inciso› *itr (gravare)* belasten (*su qc* etw.); *(ripercuotersi)* sich auswirken (*su* auf).

incidere[2] [inˈtʃiːdere] ‹incido, incisi, inciso› *tr* **1.** *(tagliare)* ein-, aufschneiden; **2.** *(intagliare)* (ein)ritzen; *(tagliare in incavo, scolpire)* (ein)gravieren; **3.** *(registrare)* aufzeichnen, aufnehmen; *(canzone, disco)* aufnehmen; **4.** *fig (imprimere)* einprägen (*in* in); **5.** *(intaccare)* anbrechen; ~ **il legno** (in Holz) schnitzen; ~ **la pietra** (in Stein) hauen; ~ **il rame** (in Kupfer) stechen; ~ **su nastro magnetico** auf Tonband aufzeichnen.

incinta [inˈtʃinta] *a* schwanger; **è** ~ **di quattro mesi** sie ist im vierten Monat schwanger; **rimanere** ~ schwanger werden.

incipiente [intʃiˈpi̯ɛnte] *a* beginnend; **calvizie** ~ erste Anzeichen *n pl* einer Glatze.

incipriare [intʃiˈpri̯aːre] ‹incipri̯o, incipri› **I.** *tr* (ein)pudern; **II.** *rfl:* **-rsi** sich (ein)pudern.

incirca [inˈtʃirka] *adv* ungefähr; **all'**~ ungefähr, etwa.

incisi [inˈtʃiːzi] *1. pers sing del passato remoto di* **incidere.**

incisione [intʃiˈzi̯oːne] *f* **1.** *(taglio)* (Ein)schnitt *m;* **2.** *(arte)* Gravierung *f;* **3.** *(disegno inciso)* Gravur *f,* Stich *m;* **4.** *(registrazione)* Aufnahme *f;* ~ **all'acquaforte** Radierung *f;* ~ **a bulino** Stich *m;* ~ **in legno** Holzschnitt *m;* ~ **su rame** Kupferstich *m;* ~ **su disco/nastro magnetico** Schallplatten-/Tonbandaufnahme *f.*

incisività [intʃiziviˈta] ‹-› *f* **1.** *(taglio)* Schärfe *f; (a. nitidezza)* Klarheit *f;* **2.** *fig (efficacia)* Einprägsamkeit *f.* **incisivo, -a** [...ˈziːvo] **I.** *a* **1.** *(tagliente)* schneidend, scharf; *(nitido)* scharf, klar; **2.** *fig (efficace)* einprägsam, wirkungsvoll; **II.** *m* Schneidezahn *m.*

inciso, -a [inˈtʃiːzo] **I.** *pp di* **incidere; II.** *m* **1.** *ling* Einschiebsel *n,* eingeschobener Satz(teil); **2.** *mus* Motiv *n;* **per** ~ nebenbei.

incisore [intʃiˈzoːre] *m(f)* Graveur(in) *m(f);* ~ **in legno** Holzschneider(in) *m(f);* ~ **in pietra** Bildhauer(in) *m(f);* ~ **in rame** Kupferstecher(in) *m(f); (in litografia)* Litograph(in) *m(f).*

incisorio, -a [intʃiˈzɔːri̯o] ‹-i, -ie› *a* Gravier-, Schneide-; **sala -a** Seziersaal *m.*

incitamento [intʃitaˈmento] *m* Anreiz *m* (*a* zu); *(stimolo)* Anregung *f* (*a* zu). **incitare** [...ˈtaːre] *tr* anregen; *(spronare)* anspornen; *pej* aufhetzen, aufwiegeln. **incitatore, -trice** [...taˈtoːre] *m, f* Antreiber(in) *m(f).*

incitrullire [intʃitrulˈliːre] ‹incitrullisco› **I.** *itr ‹essere›* verdummen, verblöden; **II.** *tr ‹avere›* verdummen, dumm machen.

incivile [intʃiˈviːle] *a* **1.** *(barbaro, selvaggio)* unkultiviert, unzivilisiert; **2.** *(contrario alle consuetudini sociali)* unhöflich; *(sgarbato)* unfreundlich;

(villano) ungezogen; *(rozzo)* ungehobelt; *(grossolano)* grob.

incivilimento [intʃivili'mento] *m* Zivilisierung *f.* **incivilire** [...'li:re] ⟨incivilisco⟩ **I.** *tr (popolo)* zivilisieren; *(ingentilire)* verfeinern; **II.** *rfl:* **-rsi** zivilisierter werden; *(ingentilirsi)* sich verfeinern.

inciviltà [intʃivil'ta] *f* **1.** *(basso livello di civiltà)* Mangel *m* an Kultur; **2.** *(azione incivile)* Ungezogenheit *f;* ungehobeltes Benehmen.

inclassificabile [iŋklassifi'ka:bile] *a* **1.** *(che non si può classificare)* nicht einzuordnen, nicht klassifizierbar; *(in livelli)* nicht einstufbar; **2.** *(a scuola)* unzensierbar; **3.** *fig (scorretto)* unter aller Kritik; *(pessimo)* denkbar (*o.* äußerst) schlecht.

inclemente [iŋkle'mɛnte] *a* **1.** *(inflessibile)* erbarmungslos, unerbittlich; **2.** *fig (avverso)* widrig, ungünstig; *(clima)* rauh. **inclemenza** [...'mɛntsa] *f* **1.** Erbarmungslosigkeit *f,* Unerbittlichkeit *f;* **2.** *(di clima)* Rauheit *f.*

inclinabile [iŋkli'na:bile] *a* (schräg) verstellbar; *(ribaltabile)* kippbar.

inclinare [iŋkli'na:re] **I.** *tr* neigen, schräg stellen; **II.** *itr* **1.** *(pendere)* (hin)neigen (*a* zu, nach); **2.** *fig (essere propenso)* geneigt sein; **III.** *rfl:* **-rsi** sich neigen, sich beugen. **inclinazione** [...nat'tsi̯o:ne] *f* **1.** *(pendenza)* Neigung *f; (piano obliquo)* Schräge *f; (di strada, etc.)* Gefälle *n; mat* Neigung *f; phys* Inklination *f; tec* Schrägstellung *f;* **2.** *fig (propensione)* Neigung *f,* Hang *m; (capacità naturale)* Veranlagung *f; (simpatia)* Zuneigung *f;* ~ **delle ruote** Radsturz *m.* **incline** [iŋ'kli:ne] *a* neigend (*a* zu), geneigt (*a* zu).

includere [iŋ'klu:dere] ⟨includo, inclusi, incluso⟩ *tr* **1.** *(inserire)* einfügen; **2.** *(comprendere)* einschließen, einbeziehen; **3.** *(implicare, racchiudere)* (mit) einbegreifen; **4.** *(accludere)* beifügen, -legen. **inclusione** [iŋklu'zi̯o:ne] *f* **1.** *(atto dell'includere)* Einbeziehung *f;* **2.** *geol* Einschluß *m;* **3.** *adm* Anlage *f.* **inclusivo, -a** [...'zi:vo] *a* einschließlich, inbegriffen. **incluso** [iŋ'klu:zo] *pp di* **includere.**

incocciare [iŋkot'tʃa:re] ⟨incoccio, incocci⟩ **I.** *tr* ⟨*avere*⟩ **1.** *naut (agganciare)* einhaken; **2.** *dial (incontrare)* zufällig treffen; *(urtare)* stoßen (*qc* gegen, an etw.); **II.** *itr* ⟨*essere*⟩ *dial (imbattersi)* stoßen (*in* auf); ~ **male/bene** es schlecht/gut treffen; **III.** *rfl:* **-rsi** *dial* **1.** *(incaponirsi)* sich versteifen (*in* auf); **2.** *(impermalirsi)* beleidigt sein, einschnappen *fam.*

incoercibile [iŋkoer'tʃi:bile] *a* unbezwingbar; *chem, phys* unverdichtbar.

incoerente [iŋkoe'rɛnte] *a* **1.** *(contradditorio)* widersprüchlich; *(discorso, etc.)* unzusammenhängend, zusammenhang(s)los, inkohärent *geh; (persona)* inkonsequent; **2.** *phys* inkohärent. **incoerenza** [...'rɛntsa] *f* **1.** *(contraddizione)* Widersprüchlichkeit *f; (incongruenza)* Zusammenhang(s)losigkeit *f,* Inkohärenz *f geh; (illogicità)* Inkonsequenz *f;* **2.** *phys* Inkohärenz *f.*

incogliere [iŋ'kɔʎʎere] ⟨*irr*⟩ *poet* **I.** *tr rar* ⟨*avere*⟩ überraschen; *(cogliere di sorpresa)* ertappen; **II.** *itr* ⟨*essere*⟩ widerfahren; *(capitare)* zustoßen.

incognita [iŋ'kɔɲɲita] *f* **1.** *mat* Unbekannte *f,* unbekannte Größe; **2.** *fig* unvorhersehbare (*o.* ungewisse) Angelegenheit; **quel viaggio è un'~** das ist eine Reise ins Ungewisse. **incognito, -a** [...to] **I.** *a (non conosciuto)* unbekannt; *(non riconosciuto)* unerkannt; **II.** *m* Inkognito *n;* **viaggiare in ~** inkognito reisen.

incollare [iŋkol'la:re] **I.** *tr* **1.** *(attaccare)* auf-, ankleben; *(~ parti insieme)* zusammenkleben; **2.** *fig* (fest)kleben; ~ **la faccia contro la vetrina** das Gesicht an das Schaufenster drücken; **II.** *rfl:* **-rsi** **1.** *(attaccarsi)* festkleben (*a* an); **2.** *fig (appiccicarsi)* sich anklammern (*a* an).

incollatura[1] [iŋkolla'tu:ra] *f* **1.** *(operazione dell'incollare)* Ankleben *n,* Anleimen *n;* **2.** *(punto incollato)* Klebestelle *f.*

incollatura[2] [iŋkolla'tu:ra] *f (nell'ippica)* Halslänge *f;* **vincere di mezza ~** um eine halbe Halslänge siegen.

incollerire [iŋkolle'ri:re] ⟨incollerisco⟩ *itr* ⟨*essere*⟩, *rfl:* **-rsi** sich erzürnen, in Zorn geraten.

incolmabile [iŋkol'ma:bile] *a* unausfüllbar; *(insostituibile)* unersetzbar.

incolonnare [iŋkollo'na:re] **I.** *tr* **1.** *(cifre, etc.)* in Spalten (untereinander) schreiben; **2.** *(persone)* in Reih und Glied aufstellen; **II.** *rfl:* **-rsi** sich in Reih und Glied aufstellen. **incolonnatore** [...na'to:re] *m* Tabulator *m.*

incolore [iŋko'lo:re] *a* **1.** *(senza colore)* farblos; **2.** *fig (scialbo)* farblos; *(noioso)* langweilig.

incolpare [iŋkol'pa:re] *tr* beschuldigen (*qu di qc* jdn einer S.); *(rendere responsabile)* verantwortlich machen (*qu di qc* jdn für etw.).

incolpevole [iŋkol'pe:vole] *a* schuldlos; *(innocente)* unschuldig. **incolpevolezza** [...pevo'lettsa] *f* Schuldlosigkeit *f; (innocenza)* Unschuld *f.*

incolto, -a [iŋ'kolto] *a* **1.** *(terreno)* unbestellt, brach; **2.** *fig (non curato)* ungepflegt; *(trascurato)* vernachlässigt; **3.** *fig (ignorante)* ungebildet; *(senza cultura)* unkultiviert.

incolume [iŋ'kɔ:lume] *a* unversehrt; *(cosa)* unbeschädigt. **incolumità** [iŋkolumi'ta] ‹-› *f* Unversehrtheit *f; fig* Unverletzlichkeit *f.*

incombei [iŋkom'be:i] *1. pers sing del passato remoto di* **incombere.**

incombente [iŋkom'bɛnte] *a* bevorstehend; *(pericolo a.)* drohend.

incombenza [iŋkom'bɛntsa] *f* Auftrag *m.*

incombere [iŋ'kombere] ‹incombo, incombei *o.* incombetti, *manca il pp*› *itr* bevorstehen; *(sovrastare minaccioso)* drohend hängen (*su* über).

incombustibile [iŋkombus'ti:bile] *a* nicht brennbar; *(resistente al fuoco)* feuerfest.

incominciare [iŋkomin'tʃa:re] **I.** *tr* ‹*avere*› beginnen, anfangen; **II.** *itr* ‹*essere o. avere*› beginnen, anfangen.

incommensurabile [iŋkommensu'ra:bile] *a* riesig, unermeßlich; *mat* nicht meßbar.

incomodare [iŋkomo'da:re] **I.** *tr (disturbare)* stören; *(dare incomodo)* Umstände bereiten (*o.* machen) (*qu* jdm); **II.** *rfl:* **-rsi** sich bemühen, sich *(dat)* Umstände machen; **non s'incomodi!** machen Sie sich *(dat)* keine Umstände! **incomodo** [iŋ'kɔ:modo] *m* Unbequemlichkeit *f; (disturbo)* Störung *f; (disagio)* Beschwerlichkeit *f;* **essere d'~ per qu** jdm unbequem sein; **levare l'~** nicht länger stören wollen; **scusi l'~** entschuldigen Sie die Störung. **incomodo, -a** [iŋ'kɔ:modo] *a (inopportuno)* ungelegen; *(scomodo)* unbequem; *(fastidioso)* lästig.

incomparabile [iŋkompa'ra:bile] *a* unvergleichlich.

incompatibile [iŋkompa'ti:bile] *a (a. chem)* unverträglich; *(inconciliabile)* unvereinbar (*con* mit). **incompatibilità** [...tibili'ta] *f* Unvereinbarkeit *f* (*con* mit); *chem, med, bot* Unverträglichkeit *f;* ~ **di carattere** *jur* unüberwindliche Abneigung.

incompetente [iŋkompe'tɛnte] **I.** *a* **1.** *(inesperto)* nicht kompetent, unkundig; **2.** *jur* nicht zuständig, nicht kompetent; **3.** *pej* untüchtig; *(incapace)* unfähig; **II.** *mf* Laie *m,* Nichtfachmann *m.* **incompetenza** [...'tɛntsa] *f* **1.** *(ignoranza)* Unkenntnis *f; (mancanza di competenza)* Inkompetenz *f;* **2.** *jur* Unzuständigkeit *f.*

incompiuto, -a [iŋkom'pi̯u:to] *a* unvollendet.

incompleto, -a [iŋkom'plɛ:to] *a* unvollständig.

incomprensibile [iŋkompren'si:bile] *a* unverständlich.

incomprensione [iŋkompren'si̯o:ne] *f* Unverständnis *n; (mancanza di comprensione)* Verständnislosigkeit *f.* **incompreso, -a** [...'pre:so] *a* unverstanden; *(genio a.)* verkannt.

incomunicabile [iŋkomuni'ka:bile] *a* nicht mitteilbar.

inconcepibile [iŋkontʃe'pi:bile] *a* undenkbar; *(inimmaginabile)* unvorstellbar; *(incomprensibile)* unfaßbar, unbegreiflich.

inconciliabile [iŋkontʃi'li̯a:bile] *a* unversöhnlich; *fig* unvereinbar.

inconcludente [iŋkoŋklu'dɛnte] *a (discorso)* zusammenhang(s)los; *(vano)* unnütz, furchtlos; *(persona)* unbeständig.

incondizionato, -a [iŋkondittsi̯o'na:to] *a* bedingungslos.

inconfessabile [iŋkonfes'sa:bile] *a* uneingestehbar; *(turpe)* schändlich. **inconfessato, -a** [...'sa:to] *a* ungestanden; *(tenuto segreto)* uneingestanden.

inconfondibile [iŋkonfon'di:bile] *a* unverwechselbar; *fig* unverkennbar.

inconfutabile [iŋkonfu'ta:bile] *a* unwiderlegbar; *(incontestabile)* unanfechtbar.

incongruente [iŋkoŋgru'ɛnte] *a* nicht übereinstimmend; *(contraddittorio)* widersprüchlich. **incongruenza** [...'ɛntsa] *f* Nichtübereinstimmung *f; (contraddizione)* Widerspruch *m.*

incongruo, -a [iŋ'kɔŋgruo] *a* unangemessen; *(sproporzionato)* unverhältnismäßig; *(non adatto)* unpassend; *mat* inkongruent.

inconsapevole [iŋkonsa'pe:vole] *a* unbewußt; *(ignaro)* ahnungslos. **inconsapevolezza** [...pevo'lettsa] *f* Unbewußtheit *f.*

inconscio, -a [iŋ'kɔnʃo] ‹-sci, -scie *o.* -sce› **I.** *a* unbewußt; **II.** *m* Unbewußte(s) *n.*

inconseguente [iŋkonse'gu̯ɛnte] *a* inkonsequent. **inconseguenza** [...'gu̯ɛntsa] *f* Inkonsequenz *f.*

inconsideratezza [iŋkonsidera'tettsa] *f* Unüberlegtheit *f.* **inconsiderato, -a** [...'ra:to] *a* unüberlegt.

inconsistente [iŋkonsis'tɛnte] *a* **1.** *(senza fondamento)* unhaltbar;

(persona) haltlos; **2.** *phys, chem* unbeständig, inkonsistent *scient.* **inconsistenza** [...'tɛntsa] *f* **1.** *(infondatezza)* Unhaltbarkeit *f; (di persona)* Haltlosigkeit *f;* **2.** *phys, chem* Unbeständigkeit *f,* Inkonsistenz *f scient.*

inconsolabile [iŋkonso'la:bile] *a* untröstlich.

inconsueto, -a [iŋkonsu'ɛ:to] *a* ungewohnt; *(insolito)* ungewöhnlich.

inconsulto, -a [iŋkon'sulto] *a* unbesonnen.

incontaminato, -a [iŋkontami'na:to] *a* unbefleckt; *(non infestato)* unverseucht.

incontentabile [iŋkonten'ta:bile] *a* ungenügsam; *(insaziabile)* unstillbar; *(esigente)* anspruchsvoll; *(persona mai contenta)* immer unzufrieden.

incontestabile [iŋkontes'ta:bile] *a* unbestreitbar. **incontestato, -a** [...'ta:to] *a* unbestritten.

incontinenza [iŋkonti'nɛntsa] *f* **1.** *(smodatezza)* Zügellosigkeit *f; (mancanza di autocontrollo)* Unbeherrschtheit *f;* **2.** *med* Inkontinenz *f;* ~ **d'urina** Harninkontinenz *f.*

incontrare [iŋkon'tra:re] **I.** *tr* **1.** *gener.* treffen (*qu* jdn), begegnen (*qu* jdm); **2.** *(trovarsi di fronte a)* gegenüberstehen *dat;* **3.** *(trovare)* finden; *(imbattersi)* stoßen auf; *(successo)* haben; **4.** *sport* treffen auf; **II.** *itr (avere successo)* Erfolg haben; *(piacere)* gefallen; *(essere gradito)* ansprechen; **III.** *rfl:* **-rsi** **1.** *gener.* sich treffen; *(scontrarsi)* sich begegnen; *(vedersi con qu a.)* sich sehen; **2.** *(incappare)* geraten (*in* an); **3.** *fig (conoscersi)* sich kennenlernen; **4.** *fig (coincidere)* übereinstimmen; **5.** *sport* antreten (*con* gegen).

incontrario [iŋkon'tra:ri̯o] *adv:* **all'~** *fam* verkehrt (*o.* falsch) herum; **andare all'~** schiefgehen *fam.*

incontrastabile [iŋkontras'ta:bile] *a* unwiderstehlich; *(inoppugnabile)* unanfechtbar.

incontrastato, -a [iŋkontras'ta:to] *a* unangefochten; *(indiscusso)* unbestritten.

incontro[1] [iŋ'kontro] **I.** *adv* entgegen; **mi corse ~** er (*o.* sie) lief mir entgegen, er (*o.* sie) lief auf mich zu; **II.** *prp:* **~ a** auf *acc* ... zu; **farsi ~ a qu** auf jdn zugehen; **venire ~ a qu** *fig* jdm entgegenkommen; **andare ~ à difficoltà** Schwierigkeiten begegnen.

incontro[2] [iŋ'kontro] *m* **1.** *(di persone)* Begegnung *f; (convegno)* Zusammenkunft *f,* Treffen *n;* **2.** *mat* Berührung *f;* **3.** *sport* Begegnung *f; (partita)* Spiel *n; (box, etc.)* Kampf *m;* **fissare un ~** einen Termin (für ein Treffen) ausmachen.

incontrollabile [iŋkontrol'la:bile] *a* unkontrollierbar. **incontrollato, -a** [...'la:to] *a* unkontrolliert; *(privo di controllo)* unbeherrscht.

incontrovertibile [iŋkontrover'ti:bile] *a obs* unanfechtbar; *(indiscutibile)* unbestreitbar.

inconveniente [iŋkonve'ni̯ɛnte] *m* Unannehmlichkeit *f; (difficoltà)* Schwierigkeit *f.*

incoraggiamento [iŋkoraddʒa'mento] *m* Ermutigung *f.* **incoraggiare** [...'dʒa:re] ⟨incoraggio, incoraggi⟩ *tr* ermutigen (*a* zu); *(fig a.)* unterstützen; *(favorire)* fördern.

incordatura [iŋkorda'tu:ra] *f (di racchetta)* Bespannung *f; (di strumento)* Besaitung *f.*

incornare [iŋkor'na:re] *tr* **1.** *(colpire con le corna)* auf die Hörner nehmen; **2.** *fam (tradire il coniuge)* betrügen, hörnen *fam,* Hörner aufsetzen (*qu* jdm) *fam.*

incorniciare [iŋkorni'tʃa:re] ⟨incornicio, incornici⟩ *tr* **1.** *(mettere in cornice)* (ein)rahmen; **2.** *fig* umrahmen. **incorniciatura** [...tʃa'tu:ra] *f* (Ein)rahmung *f.*

incoronare [iŋkoro'na:re] *tr* **1.** *(cingere di corona)* krönen; *(inghirlandare)* bekränzen; **2.** *fam (tradire il coniuge)* hörnen *fam,* Hörner aufsetzen (*qu* jdm) *fam.* **incoronazione** [...nat'tsi̯o:ne] *f* Krönung *f.*

incorporare [iŋkorpo'ra:re] *tr* **1.** *(più elementi in una massa)* vermengen; **2.** *fig (annettere)* einverleiben; *(inserire)* eingliedern; **3.** *(assorbire)* aufnehmen. **incorporazione** [...rat'tsi̯o:ne] *f (atto)* Vermengen *n; (effetto)* Vermengung; *fig* Einverleibung *f; (annessione)* Eingliederung *f.*

incorporeo, -a [iŋkor'pɔ:reo] *a* körperlos; *fig* zart, durchscheinend.

incorreggibile [iŋkorred'dʒi:bile] *a* unkorrigierbar; *fig* unverbesserlich.

incorrere [iŋ'korrere] ⟨*irr*⟩ *itr* ⟨*essere*⟩ verfallen (*in qc* einer S.); **~ in un errore** einem Irrtum verfallen; **è incorso in un errore** ihm ist ein Irrtum unterlaufen; **~ nell'ira di qu** sich *(dat)* jds Zorn zuziehen; **~ in un pericolo** ein Risiko eingehen.

incorrotto, -a [iŋkor'rotto] *a* **1.** *(non putrefatto)* unverwest; *(intatto)* unversehrt; **2.** *fig (puro)* unverdorben, rein; **3.** *fig (non subornato)* unbestochen; *(integro)* nicht korrupt. **incorruttibile** [...rut'ti:bile] *a* **1.** *(inalte-*

rabile) unverderblich; **2.** *fig (persona)* unbestechlich.
incosciente [iŋkoʃ'ʃɛnte] **I.** *a* **1.** *(senza coscienza)* gewissenlos; *(irresponsabile)* verantwortungslos; **2.** *med* bewußtlos; **II.** *mf* verantwortungslose (*o.* gewissenlose) Person. **incoscienza** [...'ʃɛntsa] *f* **1.** Gewissenlosigkeit *f; (irresponsabilità)* Verantwortungslosigkeit *f;* **2.** *med* Bewußtlosigkeit *f.*
incostante [iŋkos'tante] *a* unbeständig; *(volubile)* wankelmütig. **incostanza** [...'tantsa] *f* Unbeständigkeit *f; (volubilità)* Wankelmut *m.*
incostituzionale [iŋkostituttsio'na:le] *a* verfassungswidrig.
incredibile [iŋkre'di:bile] *a* unglaublich.
incredula *f v.* **incredulo.**
incredulità [iŋkreduli'ta] ‹-› *f* Ungläubigkeit *f.* **incredulo, -a** [iŋ'krɛ:dulo] **I.** *a* ungläubig; **II.** *m, f* Ungläubige(r) *mf.*
incrementare [iŋkremen'ta:re] *tr* steigern; *(fare prosperare)* fördern. **incremento** [...'mento] *m* Steigerung *f; (sviluppo)* Zunahme *f,* Zuwachs *m.*
increscioso, -a [iŋkreʃ'ʃo:so] *a* bedauerlich; *(sgradito)* lästig.
increspare [iŋkres'pa:re] *tr* **1.** *(stoffa)* kräuseln; *(carta)* kreppen; **2.** *(fronte)* runzeln; *(mare)* kräuseln. **increspatura** [...pa'tu:ra] *f* Kräuselung *f; (di carta)* Kreppung *f.*
incretinire [iŋkreti'ni:re] ‹incretinisco› **I.** *tr* ‹*avere*› dumm machen, verdummen lassen; **II.** *itr* ‹*essere*› verblöden, blöd werden.
incriminare [iŋkrimi'na:re] *tr* anklagen; *(incolpare)* beschuldigen. **incriminazione** [...nat'tsio:ne] *f* Anschuldigung *f,* Beschuldigung *f.*
incrinare [iŋkri'na:re] **I.** *tr* einen Sprung (*o.* Sprünge) verursachen in (*o.* an); *fig* schädigen; **II.** *rfl:* **-rsi** einen Riß (*o.* Risse) bekommen. **incrinatura** [...na'tu:ra] *f* Sprung *m; (crepa)* Riß *m.*
incrociare [iŋkro'tʃa:re] ‹incrocio, incroci› **I.** *tr* **1.** *gener., biol, zoo* kreuzen; *(gambe a.)* übereinanderschlagen; *(braccia)* verschränken; **2.** *(incontrare)* treffen, begegnen *dat;* ~ **le armi** *fig* die Waffen kreuzen; ~ **le braccia** *fig* die Arbeit niederlegen, streiken; **II.** *itr* **1.** *naut* kreuzen; **2.** *aero* kreisen; **III.** *rfl:* **-rsi** sich kreuzen; *(incontrarsi)* sich treffen, sich begegnen. **incrociatore** [...tʃa'to:re] *m* Kreuzer *m.* **incrocio** [iŋ'kro:tʃo] ‹-ci› *m* Kreuzung *f.*
incrollabile [iŋkrol'la:bile] *a* unerschütterlich; *(stabile)* fest.
incrostare [iŋkros'ta:re] *tr* **1.** *(ricoprire come una crosta)* verkrusten; **2.** *(per ornamento)* inkrustieren. **incrostazione** [...tat'tsio:ne] *f* **1.** *(formazione di crosta)* Verkrustung *f; (effetto)* Kruste *f;* **2.** *(sedimento)* Belag *m;* **3.** *(per ornamento)* Inkrustation *f.*
incrudelire [iŋkrude'li:re] ‹incrudelisco› **I.** *itr* **1.** ‹*avere*› *(infierire)* wüten; *(essere crudele)* grausam sein (*su* gegen); **2.** ‹*essere*› *(diventare malvagio)* grausam werden.
incrudimento [iŋkrudi'mento] *m (di metalli)* Verfestigung *f.* **incrudire** [...'di:re] ‹incrudisco› **I.** *tr* ‹*avere*› *obs* (ver)härten, hart machen; *(metalli)* verfestigen; **II.** *itr* ‹*essere*› **1.** *(metalli)* spröde werden; *(indurire)* hart werden; *(ferita)* sich verschlimmern; **2.** *fig (diventare crudo)* hart werden; *(inasprire)* sich verschärfen.
incruento, -a [iŋkru'ɛnto] *a* unblutig; **battaglia -a** *scherz* Wortgefechte *n pl.*
incubatrice [iŋkuba'tri:tʃe] *f* **1.** *(per uova)* Brutapparat *m;* **2.** *(per neonati)* Brutkasten *m.* **incubazione** [...bat'tsio:ne] *f* **1.** *(cova)* Brüten *n; (periodo)* Brutzeit *f;* **2.** *med* Inkubation *f;* **3.** *fig (sviluppo)* Entwicklung *f; (maturazione)* Ausreifung *f.*
incubo ['iŋkubo] *m* **1.** *(da sogni, a. fig)* Alptraum *m;* **2.** *fig (paura)* Angst *f,* Alpdruck *m; (persona)* Schreckgespenst *n;* ~ **degli esami** Prüfungsangst *f.*
incudine [iŋ'ku:dine] *f* Amboß *m;* **essere tra l'~ e il martello** *fig* zwischen zwei Feuern stehen.
inculcare [iŋkul'ka:re] ‹inculco, inculchi› *tr* einschärfen.
incunabolo [iŋku'na:bolo] *m* Inkunabel *f,* Wiegendruck *m.*
incuneare [iŋkune'a:re] **I.** *tr* einkeilen; *(fissare)* verkeilen; *fig* einzwängen; **II.** *rfl:* **-rsi** sich einkeilen; *(inserirsi a forza)* eindringen.
incupire [iŋku'pi:re] ‹incupisco› **I.** *tr* ‹*avere*› *(a. fig)* verfinstern; *(tinte)* verdunkeln; **II.** *itr* ‹*essere*›, *rfl:* **-rsi** **1.** *(assumere colore scuro)* sich verdunkeln; **2.** *fig* sich verdüstern, sich verfinstern.
incurabile [iŋku'ra:bile] *a* unheilbar; *fig* unverbesserlich.
incurante [iŋku'rante] *a* unbekümmert (*di* gegenüber, um); *(indifferente)* gleichgültig (*di* gegenüber); *(sprezzante)* mißachtend (*di qc* etw.).

incuranza [...'rantsa] *f* Unbekümmertheit *f; (indifferenza)* Gleichgültigkeit *f; (disprezzo)* Mißachtung *f.*
incuria [iŋ'ku:ri̯a] *f* Sorglosigkeit *f;(trascuratezza)* Nachlässigkeit *f.*
incuriosire [iŋkuri̯o'si:re] ⟨incuriosisco⟩ **I.** *tr* neugierig machen; **II.** *rfl:* **-rsi** neugierig werden.
incursione [iŋkur'si̯o:ne] *f* Einfall *m; (attacco)* Angriff *m; (per rapina)* Überfall *m.*
incurvamento [iŋkurva'mento] *m* Krümmung *f.* **incurvare** [...'va:re] **I.** *tr* (durch)biegen; *(inchinare)* beugen; *(curvare)* krümmen; ~ **la schiena** *fig* dienern; **II.** *rfl:* **-rsi** sich beugen; *(piegarsi)* sich biegen.
incussi [iŋ'kussi] *1. pers sing del passato remoto di* **incutere.**
incusso [iŋ'kusso] *pp di* **incutere.**
incustodito, -a [iŋkusto'di:to] *a* unbeaufsichtigt; *(non sorvegliato)* unbewacht; **parcheggio** ~ unbewachter Parkplatz; **passaggio a livello** ~ unbeschrankter Bahnübergang.
incutere [iŋ'ku:tere] ⟨incuto, incussi, incusso⟩ *tr* einflößen (*qc a qu* jdm etw.); *(spavento a.)* einjagen (*qc a qu* jdm etw.).
indaco ['indako] **I.** ⟨*inv*⟩ *a* indigoblau, Indigo-; **II.** *m* ⟨-chi⟩ Indigo *m o. n.*
indaffarato, -a [indaffa'ra:to] *a* vielbeschäftigt.
indagare [inda'ga:re] ⟨indago, indaghi⟩ **I.** *tr* erforschen; **II.** *itr* ermitteln (*su* in), eine Untersuchung durchführen (*in* über). **indagatore, -trice** [...ga'to:re] **I.** *a* forschend; **II.** *m, f* (Er)forscher(in) *m(f).*
indagine [in'da:dʒine] *f* Untersuchung *f; jur* Ermittlung *f; (ricerca)* Erforschung *f.*
indebitamento [indebita'mento] *m* Verschuldung *f.* **indebitarsi** [...'tarsi] *rfl* sich verschulden.
indebito, -a [in'de:bito] *a* **1.** *(che non è dovuto)* ungebührlich; *(illecito)* unrechtmäßig; *(immeritato)* unverdient; *jur* widerrechtlich; **2.** *(inopportuno)* unpassend, ungelegen.
indebolimento [indeboli'mento] *m* Schwächung *f.* **indebolire** [...'li:re] ⟨indebolisco⟩ **I.** *tr* schwächen; **II.** *rfl:* **-rsi** schwach werden.
indecente [inde'tʃɛnte] *a* unanständig; *(disdicevole)* unschicklich. **indecenza** [...'tʃɛntsa] *f* Unanständigkeit *f; (sconvenienza)* Anstößigkeit *f; (vergogna)* Schande *f.*
indecifrabile [indetʃi'fra:bile] *a* **1.** *(scrittura)* unentzifferbar; *(codice, etc.)* undechiffrierbar; **2.** *fig (oscuro)* unerforschlich; *(inspiegabile)* unerklärlich.
indecisione [indetʃi'zi̯o:ne] *f* Unentschlossenheit *f.* **indeciso, -a** [...'tʃi:zo] *a* **1.** *(irresoluto)* unentschlossen, unschlüssig; **2.** *fig (incerto)* verschwommen; *(tempo)* unbeständig; *(situazione, etc.)* unsicher.
indeclinabile [indekli'na:bile] *a* **1.** *gram* undeklinierbar; **2.** *geh (inevitabile)* unumgänglich, unvermeidlich.
indecoroso, -a [indeko'ro:so] *a* ungehörig; *(disdicevole)* unschicklich.
indefesso, -a [inde'fɛsso] *a* unermüdlich.
indefinibile [indefi'ni:bile] *a* undefinierbar; *(inspiegabile)* unerklärlich; *(indeterminabile)* unbestimmbar; *(inesprimibile)* unsagbar.
indefinito, -a [indefi'ni:to] *a* **1.** *(indeterminato)* unbestimmt; *(spazio)* unbegrenzt; **2.** *gram* unbestimmt, indefinit; **3.** *(non risolto)* ungelöst.
indegnità [indeɲɲi'ta] ⟨-⟩ *f* Unwürdigkeit *f.* **indegno, -a** [in'deɲɲo] *a* unwürdig.
indelebile [inde'lɛ:bile] *a* **1.** *(non cancellabile)* unauslöschbar; *(colore)* echt; *(inchiostro)* dokumentenecht; *(rossetto)* kußecht; **2.** *fig (indimenticabile)* unauslöschlich; *(perenne)* unvergänglich.
indelicatezza [indelika'tettsa] *f* Taktlosigkeit *f.* **indelicato, -a** [...'ka:to] *a* taktlos.
indemagliabile [indemaʎ'ʎa:bile] *a* maschenfest; *(calze)* laufmaschensicher.
indemoniato, -a [indemo'ni̯a:to] **I.** *a* **1.** *(ossesso)* (vom Teufel) besessen; **2.** *fig (furioso)* rasend; **3.** *scherz (vivacissimo)* Teufels-; **un ragazzino** ~ *scherz* ein Wildfang *m;* **II.** *m, f* **1.** *(ossesso)* Besessene(r) *mf;* **2.** *fig (energumeno)* Besessene(r) *mf,* Rasende(r) *mf;* **3.** *scherz* Wildfang *m.*
indenne [in'dɛnne] *a* **1.** *(incolume)* unverletzt, unversehrt; **2.** *(senza danni)* schadensfrei.
indennità [indenni'ta] ⟨-⟩ *f* **1.** *(attribuzione patrimoniale)* Vergütung *f;* **2.** *(risarcimento)* Schadensersatz *m,* Entschädigung *f;* ~ **di buonuscita** Abfindung *f;* ~ **di contingenza** Teuerungszulage *f;* ~ **di licenziamento** (Kündigungs)abfindung *f;* ~ **di trasferta** Reisekostenvergütung *f;* ~ **parlamentare** Diäten *pl.*
indennizzare [indennid'dza:re] *tr* entschädigen (*di* für). **indennizzo** [...'niddzo] *m* Entschädigung *f.*
indentro, in dentro [in'dentro] **I.** *adv*

hinein; **all'~** nach innen; **II.** ‹*inv*› *a* tief(liegend).

inderogabile [indero'ga:bile] *a* unabdingbar. **inderogabilità** [...gabili'ta] ‹-› *f* Unabdingbarkeit *f.*

indescrivibile [indeskri'vi:bile] *a* unbeschreiblich.

indesiderabile, indesiderato, -a [indeside'ra:bile, ...'ra:to] *a* unerwünscht.

indeterminabile [indetermi'na:bile] *a* unbestimmbar.

indeterminatezza [indetermina'tettsa] *f* Unbestimmtheit *f; (irrisolutezza)* Unentschiedenheit *f.* **indeterminativo** [...a'ti:vo] *a (a. gram)* unbestimmt. **indeterminato, -a** [...'na:to] *a* unbestimmt; *(vago)* vage; **articolo ~** unbestimmter Artikel. **indeterminazione** [...nat'tsio:ne] *f* **1.** *(imprecisione)* Unbestimmtheit *f;* **2.** *(indecisione)* Unentschlossenheit *f.*

indeuropeo [indeuro'pɛ:o] *v.* **indoeuropeo.**

indi ['indi] *adv poet* danach, sodann.

India ['india] *f* Indien *n.* **indiano, -a** [in'dia:no] **I.** *a* **1.** *(dell'India)* indisch; **2.** *(dell'America del Nord)* indianisch, Indianer-; **camminare in fila -a** im Gänsemarsch gehen; **II.** *m, f* **1.** *(dell'India)* Inder(in) *m(f);* **2.** *(pellerossa)* Indianer(in) *m(f);* **fare l'~** sich dumm stellen.

indiavolato, -a [indiavo'la:to] *a* besessen, vom Teufel geritten; **un ragazzo ~** ein kleiner Teufel; **rumore ~** Höllenlärm *m.*

indicare [indi'ka:re] ‹indico, indichi› *tr* **1.** *(mostrare, additare)* zeigen auf; **2.** *tec* (an)zeigen, angeben; **3.** *(consigliare)* empfehlen; *(nomi, dati, etc.)* nennen, angeben; **4.** *(denotare, rivelare)* zeugen von, zeigen; **il termometro indica 20 gradi** das Thermometer zeigt 20 Grad (an). **indicativo, -a** [...ka'ti:vo] **I.** *a* hinweisend; *(segnalare)* anzeigend; *(sintomatico)* bezeichnend; **modo ~** Indikativ *m;* **prezzo ~** Preisempfehlung *f,* empfohlener Richtpreis; **valore ~** Richtwert *m;* **II.** *m* Indikativ *m.* **indicato, -a** [...'ka:to] *a* angezeigt; *(adatto)* geeignet. **indicatore, -trice** [...ka'to:re] **I.** *a* Hinweis-, Anzeige-; **cartello ~** Verkehrsschild *n,* -zeichen *n;* **II.** *m* **1.** *tec* Anzeiger *m,* Indikator *m;* **2.** *(elenco)* Verzeichnis *n;* **~ di fase** Phasenmesser *m;* **~ di livello del carburante** Kraftstoffanzeiger *m,* Benzinuhr *f;* **~ chimico** Indikator *m.* **indicazione** [...kat'tsio:ne] *f* **1.** *(atto dell'indicare)* (An)zeigen *n;* **2.** *(dato, notizia)* Angabe *f;* **3.** *(informazione, cenno)* Hinweis *m; (direttiva)* Weisung *f; (istruzione)* Anleitung *f;* **4.** *med* Indikation *f.*

indice ['inditʃe] *m* **1.** *anat* Zeigefinger *m;* **2.** *tec* Zeiger *m;* **3.** *fig (indizio)* (An)zeichen *n;* **4.** *(elenco)* Verzeichnis *n; rel* Index *m;* **5.** *mat* Index *m;* **6.** *(in statistica)* Index *m; phys, com* Kennzahl *f;* **~ analitico** Sachregister *n;* **~ di gradimento** Einschaltquote *f;* **~ di rifrazione** Brechungsindex *m;* **~ pluviometrico** Niederschlagsmenge *f;* **~ dei libri proibiti** Index *m* der verbotenen Bücher; **mettere all'~** auf den Index setzen.

indicibile [indi'tʃi:bile] *a* unsagbar.

indicizzare [inditʃid'dza:re] *tr com* indexieren, dynamisieren. **indicizzazione** [...dzat'tsio:ne] *f* Indexierung *f,* Dynamisierung *f.*

indietreggiare [indietred'dʒa:re] ‹indietreggio, indietreggi› *itr* ‹*essere o. avere*› zurückweichen.

indietro [in'diɛ:tro] *adv* zurück; **dare ~ qc** etw. zurückgeben; **fare marcia ~** *fig* einen Rückzieher machen; **lasciare ~ qu** jdn zurücklassen; *fig* jdn überholen; **tirarsi ~** sich zurückziehen; **tornare ~** zurückkehren; **voltarsi ~** sich umdrehen; **essere ~ con il lavoro** mit der Arbeit im Rückstand sein; **l'orologio è ~** die Uhr geht nach; **all' ~** rückwärts.

indifeso, -a [indi'fe:so] *a* wehrlos; *(non protetto)* ungeschützt.

indifferente [indiffe'rɛnte] **I.** *a* **1.** *gener.* gleichgültig (*a* gegenüber); **2.** *(irrilevante)* einerlei, gleich; **3.** *biol, chem, phys* indifferent; **II.** *mf* gleichgültiger Mensch, Gleichgültige(r) *mf.* **indifferenza** [...'rɛntsa] *f* Gleichgültigkeit *f; (mancanza di partecipazione)* Teilnahmslosigkeit *f.*

indifferibile [indiffe'ri:bile] *a* unaufschiebbar.

indigeno, -a [in'di:dʒeno] **I.** *a (popolazione, cucina, etc.)* einheimisch; *(di colonia, etc. a.)* eingeboren; *(flora, fauna)* heimisch; **II.** *m, f* Einheimische(r) *mf; (di colonia, etc. a.)* Eingeborene(r) *mf.*

indigente [indi'dʒɛnte] **I.** *a* notleidend; *(povero)* bedürftig; **II.** *mf* Notleidende(r) *mf; (povero)* Bedürftige(r) *mf.* **indigenza** [...'dʒɛntsa] *f* Not *f,* Elend *n.*

indigestione [indidʒes'tio:ne] *f* Verdauungsstörung *f;* **fare un'~ di film/libri** *fig* bis zum Überdruß Filme sehen/Bücher lesen.

indigesto, -a [indi'dʒɛsto] *a* **1.** *(cibo)* unverdaulich; **2.** *fig* unerträglich.
indignare [indiɲ'ɲa:re] **I.** *tr* entrüsten, empören; **II.** *rfl:* **-rsi** sich entrüsten (*per* wegen, über), sich empören (*per* wegen, über). **indignazione** [...ɲat'tsi̯o:ne] *f* Entrüstung *f,* Empörung *f.*
indilazionabile [indilattsi̯o'na:bile] *a* unaufschiebbar.
indimenticabile [indimenti'ka:bile] *a* unvergeßlich.
indipendente [indipen'dɛnte] **I.** *a* unabhängig; *(autonomo)* selbständig; **II.** *mf* Unabhängige(r) *mf.* **indipendentismo** [...den'tizmo] *m* Unabhängigkeits(be)streben *n.* **indipendentista** [...den'tista] ‹-i *m,* -e *f*› *mf* Befürworter(in) *m(f)* (*o.* Vertreter(in) *m(f)*) der Unabhängigkeit. **indipendenza** [...'dɛntsa] *f* Unabhängigkeit *f; (autonomia)* Selbständigkeit *f.*
indire [in'di:re] ‹*irr*› *tr* ansagen; *(concorso)* ausschreiben; *(assemblea)* einberufen; *(elezioni, conferenza)* anberaumen; *poet (guerra)* erklären.
indiretto, -a [indi'rɛtto] *a* indirekt; **per vie -e** auf Umwegen.
indirizzare [indirit'tsa:re] **I.** *tr* **1.** *(dirigere)* lenken; **2.** *fig (instradare)* lenken (*a* auf); *(mandare)* schicken; **3.** *(rivolgere)* richten (*a* an); **4.** *(corredare dell'indirizzo)* adressieren; **II.** *rfl:* **-rsi 1.** *(rivolgersi)* sich wenden; *(dirigersi)* sich richten; **2.** *(per consiglio, aiuto)* sich wenden (*a* an, *per* wegen). **indirizzario** [...'tsa:ri̯o] ‹-i› *m* Adreßbuch *n.* **indirizzo** [...'rittso] *m* **1.** *(sulla corrispondenza)* Anschrift *f,* Adresse *f;* **2.** *fig (criterio informatore, condotta)* Richtung *f;* **3.** *(avviamento)* Wendung *f.*
indisciplina [indiʃʃi'pli:na] *f* Disziplinlosigkeit *f.* **indisciplinato, -a** [...li'na:to] *a* disziplinlos, undiszipliniert.
indiscreto, -a [indis'kre:to] *a* indiskret; *(senza tatto)* taktlos; *(importuno)* zudringlich, aufdringlich. **indiscrezione** [...ret'tsi̯o:ne] *f* Indiskretion *f; (indelicatezza)* Taktlosigkeit *f; (importunità)* Auf-, Zudringlichkeit *f; (rivelazione)* Indiskretion *f.*
indiscriminato, -a [indiskrimi'na:to] *a* unterschiedslos; *(a caso)* wahllos.
indiscusso, -a [indis'kusso] *a* unbestritten; **è ~ che avete torto** es ist gar keine Frage, daß ihr im Unrecht seid. **indiscutibile** [indisku'ti:bile] *a* unbestreitbar.
indispensabile [indispen'sa:bile] **I.** *a* unentbehrlich; *(assolutamente necessario)* unerläßlich; **II.** *m* Allernötigste(s) *n.*
indispettire [indispet'ti:re] ‹indispettisco› **I.** *tr* ‹*avere*› (ver)ärgern; **II.** *itr* ‹*essere*›, *rfl:* **-rsi** sich ärgern.
indisponente [indispo'nɛnte] *a* ärgerlich.
indisponibile [indispo'ni:bile] *a* unverfügbar, indisponibel.
indisporre [indis'porre] ‹*irr*› *tr* ärgern, verstimmen.
indisposizione [indispozit'tsi̯o:ne] *f* Unwohlsein *n,* Unpäßlichkeit *f.* **indisposto, -a** [...'posto] *a* unpäßlich, unwohl.
indissolubile [indisso'lu:bile] *a* unauflösbar.
indistintamente [indistinta'mente] *adv* **1.** *(senza discriminazione)* unterschiedslos; **2.** *(vagamente)* unklar, vage.
indistinto, -a [indis'tinto] *a* verschwommen; *(non chiaro)* undeutlich; *(vago)* vage.
indistruttibile [indistrut'ti:bile] *a* **1.** unzerstörbar; *(materiale, stoffa, etc. a.)* unverwüstlich; **2.** *fig (fede, etc.)* unerschütterlich.
indisturbato, -a [indistur'ba:to] *a* ungestört; *(non ostacolato)* ungehindert.
indivia [in'di:vi̯a] ‹-ie› *f* Endivie *f.*
individuale [individu'a:le] **I.** *a* individuell, persönlich; **II.** *f* Einzelkampf *m.* **individualismo** [...ua'lizmo] *m* Individualismus *m.* **individualista** [...ua'lista] ‹-i *m,* -e *f*› *mf* Individualist(in) *m(f).* **individualistico, -a** [...ua'listiko] ‹-ci, -che› *a* individualistisch. **individualità** [...uali'ta] ‹-› *f* **1.** Individualität *f; (singolarità)* Besonderheit *f; (personalità)* Persönlichkeit *f; (originalità)* Eigentümlichkeit *f;* **2.** *(personaggio)* Persönlichkeit *f,* Erscheinung *f.*
individuare [individu'a:re] **I.** *tr* **1.** *(riconoscere)* erkennen; *jur* identifizieren; **2.** *(determinare)* bestimmen; *(scoprire)* herausfinden; **II.** *rfl:* **-rsi** sich zu einer Persönlichkeit entwikkeln; *(prendere forma)* Gestalt annehmen, sich herauskristallisieren. **individuazione** [...uat'tsi̯o:ne] *f* **1.** *(riconoscimento)* Erkennen *n; jur* Identifizierung *f;* **2.** *(determinazione)* Feststellung *f; (scoperta)* Auffinden *n.*
individuo [indi'vi:duo] *m* **1.** *biol* (Einzel)wesen *n;* **2.** *(persona singola)* Individuum *n,* Person *f; (uomo)* Mensch *m;* **3.** *pej (figuro)* Individuum *n,* Subjekt *n.*

indivisibile [indivi'zi:bile] *a* **1.** *mat, jur* unteilbar; **2.** *(cose)* untrennbar; **3.** *(persone)* unzertrennlich. **indivisibilità** [...zibili'ta] *f* Unteilbarkeit *f.*

indiviso, -a [indi'vi:zo] *a* ungeteilt.

indiziare [indit'tsi̯a:re] ‹indizio, indizi› *tr* verdächtigen. **indiziario, -a** [...'tsi̯a:ri̯o] ‹-i, -ie› *a* Indizien-. **indiziato, -a** [...'tsi̯a:to] **I.** *a* verdächtigt; **II.** *m, f* Verdächtigte(r) *mf.* **indizio** [in'dittsi̯o] ‹-i› *m* **1.** *(sintomo)* Zeichen *n* (*di* für); *(a. jur)* Indiz *n* (*di* für); **2.** *(base)* Anhaltspunkt *m.*

indocile [in'dɔ:tʃile] *a* unfügsam.

indoeuropeo, -a [indoeuro'pɛ:o] **I.** *a* indoeuropäisch; **II.** *m* Indoeuropäisch(e) *n;* **III.** *m, f* Indoeuropäer(in) *m(f).*

indole ['indole] *f* Wesen *n,* Natur *f; (carattere)* Charakter *m;* **per** ~ von Natur aus.

indolente [indo'lɛnte] *a* nachlässig; *(apatico)* träge. **indolenza** [...'lɛntsa] *f* Nachlässigkeit *f; (pigrizia)* Trägheit *f.*

indolenzimento [indolentsi'mento] *m* Fühllosigkeit *f.* **indolenzire** [...'tsi:re] ‹indolenzisco› **I.** *tr* ‹*avere*› einschlafen (*o.* steif werden) lassen; **II.** *itr* ‹*essere*›, *rfl:* **-rsi** steif werden, einschlafen; **il mio braccio è** (*o.* **si è**) **indolenzito** mein Arm ist eingeschlafen.

indolore [indo'lo:re] *a* schmerzlos.

indomabile [indo'ma:bile] *a* unbezähmbar.

indomani [indo'ma:ni] *m:* **l'~** der darauffolgende Tag; **l'~ dell'incidente** am Tag nach dem Unfall; **rimandare la visita all'~** den Besuch auf den nächsten Tag verschieben.

indomito, -a [in'dɔ:mito] *a* ungezähmt; *fig* unbeugsam.

indorare [indo'ra:re] **I.** *tr* **1.** *(rivestire d'oro)* mit Gold überziehen; *(a. fig)* vergolden; **2.** *gastr* vor dem Braten in geschlagenem Ei wälzen; **3.** *fig* versüßen; **II.** *rfl:* **-rsi** sich vergolden, golden werden.

indossare [indos'sa:re] *tr* **1.** *(avere indosso)* tragen, anhaben; **2.** *(mettersi indosso)* anziehen. **indossatore, -trice** [...sa'to:re] *m, f (uomo)* Dressman *m; (donna)* Mannequin *n.* **indosso** [in'dɔsso] *adv* an, auf; **avere, mettersi** ~ *v.* **indossare.**

indotto, -a [in'dotto] **I.** *pp di* **indurre; II.** *a* induziert; **corrente -a** Neben-, Induktionsstrom *m;* **III.** *m* Anker *m.*

indottrinare [indottri'na:re] *tr* unterweisen.

indovina *f v.* **indovino.**

indovinare [indovi'na:re] **I.** *tr* **1.** *gener.* (er)raten; *(per intuito)* ahnen; **2.** *(azzeccare)* sich *(dat)* denken; **3.** *(pronosticare)* voraussehen; *(sentire)* (voraus)ahnen; **II.** *itr* raten; **tirare a** ~ auf gut Glück raten; **ci vuol poco a** ~ da braucht man nicht lange zu raten; **indovina un po' chi ha vinto?** *fam* rate mal, wer gewonnen hat? **indovinato, -a** [...'na:to] *a* geglückt, gelungen, gut. **indovinello** [...'nɛllo] *m* Rätsel *n.*

indovino, -a [indo'vi:no] *m, f* Wahrsager(in) *m(f).*

indubbio, -a [in'dubbi̯o] *a* zweifelsfrei, unzweifelhaft.

indubitabile [indubi'ta:bile] *a* unzweifelhaft, unbezweifelbar.

induco [in'du:ko] *1. pers sing pr di* **indurre.**

indugiare [indu'dʒa:re] ‹indugio, indugi› **I.** *tr* verzögern, hinausschieben; **II.** *itr* zögern, zaudern; **III.** *rfl:* **-rsi** verweilen *geh,* sich aufhalten. **indugio** [in'du:dʒo] ‹-gi› *m* Zögern *n,* Zaudern *n; (ritardo)* Verzug *m,* Verzögerung *f;* **rompere gli -gi** zur Tat schreiten; **senza** ~ unverzüglich.

indulgente [indul'dʒɛnte] *a* nachsichtig. **indulgenza** [...'dʒɛntsa] *f* **1.** *(condiscendenza)* Nachsicht *f;* **2.** *rel* (Sünden)ablaß *m.*

indulgere [in'duldʒere] ‹indulgo, indulgi, indulsi, indulto› *itr poet* nachgeben, Nachsicht haben (*a* mit).

indulto [in'dulto] *m* Straferlaß *m.*

indumento [indu'mento] *m* Kleidungsstück *n.*

indurimento [induri'mento] *m* (Ver)härtung *f.* **indurire** [...'ri:re] ‹indurisco› **I.** *tr* ‹*avere*› (ver)härten, hart machen; **II.** *itr* ‹*essere*›, *rfl:* **-rsi** **1.** *(diventar duro)* (sich) verhärten, hart werden; **2.** *fig* sich versteifen (*in* auf).

indurre [in'durre] ‹induco, indussi, indotto› **I.** *tr* **1.** *(persuadere, spingere)* bewegen (*a* zu), veranlassen (*a* zu); *pej* verleiten (*a* zu), verführen (*a* zu); **2.** *philos, phys* induzieren; ~ **qu in errore** jdn irreführen; ~ **qu in tentazione** jdn in Versuchung führen; **II.** *rfl:* **-rsi** sich entschließen (*a* zu).

industria [in'dustri̯a] ‹-ie› *f* **1.** *(attività)* Gewerbe *n,* Handel *m; (impresa commerciale)* Industrie *f;* **2.** *(operosità)* Betriebsamkeit *f,* Emsigkeit *f,* Fleiß *m;* ~ **libraria** Buchhandel *m;* ~ **turistica** Fremdenverkehrsgewerbe *n;* ~ **leggera/pesante** Konsumgüter-/Schwerindustrie *f;* **grande** ~ Großindustrie *f;* **cavaliere d'~** Hochstapler *m,* Glücksritter *m.* **industriale** [...'tri̯a:le] **I.** *a* industriell, gewerblich, Industrie-, Gewerbe-; **chimica ~** industrielle Chemie; **corrente ~** Industriestrom *m;* **scuola ~** Gewerbeschule *f;* **zona ~** Industriegebiet *n;* **II.** *mf* Industrielle(r) *mf.* **industrializzare** [...i̯alid'dza:re] *tr* industrialisieren. **industrializzazione** [...i̯aliddʒat'tsi̯o:ne] *f* Industrialisierung *f.*

industriarsi [indus'tri̯arsi] ‹m'industrio, t'industri› *rfl* sich be-, abmühen. **industrioso, -a** [...'tri̯o:so] *a* betriebsam, rührig.

induttivo, -a [indut'ti:vo] *a* **1.** *philos* induktiv; **2.** *el* induktiv, Induktiv-, Induktions-. **induzione** [...t'tsi̯o:ne] *f* **1.** *philos, phys* Induktion *f;* **2.** *(supposizione)* Vermutung *f.*

inebetire [inebe'ti:re] ‹inebetisco› **I.** *tr* ‹*avere*› verblöden (*o.* verdummen) lassen; **II.** *itr* ‹*essere*› verblöden, verdummen.

inebriare [inebri'a:re] ‹inebrio, inebri› **I.** *tr* **1.** *(ubriacare)* berauschen, betrunken machen; **2.** *fig* berauschen, trunken machen; **II.** *rfl:* **-rsi** **1.** *(ubriacarsi)* sich betrinken; **2.** *fig* sich berauschen (*a* an).

ineccepibile [inettʃe'pi:bile] *a* einwandfrei.

inedia [i'nɛ:di̯a] ‹-ie› *f* (langes) Fasten *n.*

inedificabile [inedifi'ka:bile] *a* unbebaubar, nicht bebaubar.

inedito, -a [i'nɛ:dito] **I.** *a* **1.** *lit* unveröffentlicht; **2.** *fig* unbekannt, neu; **II.** *m* unveröffentlichte Schrift.

ineducato, -a [inedu'ka:to] *a* unerzogen, ungezogen.

ineffabile [inef'fa:bile] *a* unaussprechlich, unsagbar.

inefficace [ineffi'ka:tʃe] *a* unwirksam. **inefficacia** [...'ka:tʃa] *f* Unwirksamkeit *f.*

inefficiente [ineffi'tʃɛnte] *a* nicht leistungsfähig. **inefficienza** [...'tʃɛntsa] *f* Leistungsunfähigkeit *f,* mangelnde Leistungsfähigkeit.

ineguagliabile [inegu̯aʎ'ʎa:bile] *a* unvergleichbar.

ineguaglianza [inegu̯aʎ'ʎantsa] *f* Ungleichheit *f.* **ineguale** [ine'gu̯a:le] *a* ungleich.

ineleggibile [ineled'dʒi:bile] *a* unwählbar. **ineleggibilità** [...dʒibili'ta] *f* Unwählbarkeit *f.*

ineluttabile [inelut'ta:bile] *a geh* unabwendbar. **ineluttabilità** [...tabili'ta] ‹-› *f geh* Unabwendbarkeit *f.*

inequivocabile [ineku̯ivo'ka:bile] *a* unmißverständlich.

inerente [ine'rɛnte] *a:* **~ a** in Zusammenhang mit, betreffend *acc.*

inerme [i'nɛrme] *a* **1.** *(disarmato)* unbewaffnet; **2.** *(indifeso)* wehrlos.

inerpicarsi [inerpi'karsi] ‹m'inerpico, t'inerpichi› *rfl* (hinauf)klettern.

inerte [i'nɛrte] *a* **1.** *(inoperoso, ozioso, phys)* träge; *(inattivo)* untätig; **2.** *(immobile)* unbeweglich, bewegungslos; **3.** *chem* untätig, reaktionsträge; *(gas)* Edel-; **4.** *med* schwach, träge; **5.** *fig (capitale)* tot.

inerzia [i'nɛrtsi̯a] ‹-ie› *f* **1.** *(oziosità, phys)* Trägheit *f; (inoperosità)* Untätigkeit *f;* **2.** *(immobilità)* Unbeweglichkeit *f,* Bewegungslosigkeit *f;* **3.** *chem* Reaktionsträgheit *f,* Untätigkeit *f;* **4.** *med* Trägheit *f,* Schwäche *f;* **forza d'~** Trägheit *f* der Masse; *fig* Macht *f* der Gewohnheit; **~ vescicale** Blasenschwäche *f.*

inesattezza [inezat'tettsa] *f* Ungenauigkeit *f.* **inesatto, -a** [...'zatto] *a* ungenau.

inesauribile [inezau'ri:bile] *a* unerschöpflich.

ineseguibile [ineze'gu̯i:bile] *a* undurchführbar, unausführbar.

inesigibile [inezi'dʒi:bile] *a fin* uneinbringlich.

inesistente [inezis'tɛnte] *a* nicht bestehend, nicht vorhanden, nicht existent. **inesistenza** [...'tɛntsa] *f* Nichtbestehen *n,* Nichtvorhandensein *n.*

inesorabile [inezo'ra:bile] *a* **1.** *(implacabile)* unerbittlich, hart; **2.** *(fatale, inevitabile)* unabwendbar; *(morbo)* unerbittlich. **inesorabilità** [...rabili'ta] ‹-› *f* **1.** *(implacabilità)* Unerbittlichkeit *f;* **2.** *(fatalità)* Unabwendbarkeit *f.*

inesperienza [inespe'ri̯ɛntsa] *f* Unerfahrenheit *f.* **inesperto, -a** [...'pɛrto] *a* unerfahren.

inesplicabile [inespli'ka:bile] *a* unerklärlich, unerklärbar. **inesplicato, -a** [...'ka:to] *a* ungeklärt, unerklärt.

inesplorabile [inesplo'ra:bile] *a* unerforschlich, unergründbar. **inesplorato, -a** [...'ra:to] *a* unerforscht.

inespressivo, -a [inespres'si:vo] *a* ausdruckslos. **inespresso, -a** [...'prɛsso] *a* unausgedrückt, unterschwellig. **inesprimibile** [...pri'mi:bile] *a* unaussprechlich, unausdrückbar.

inespugnabile [inespuɲ'ɲa:bile] *a* uneinnehmbar.

inestimabile [inesti'ma:bile] *a* unschätzbar.

inestinguibile [inestiŋ'gu̯i:bile] *a* 1. *(fuoco)* unauslöschbar, nicht zu löschen; 2. *fig* unauslöschlich.
inestirpabile [inestir'pa:bile] *a* unausrottbar.
inestricabile [inestri'ka:bile] *a* 1. *(nodo, etc.)* unentwirrbar; 2. *fig* unlösbar.
inetta *f v.* **inetto.**
inettitudine [inetti'tu:dine] *f* Untauglichkeit *f,* Ungeeignetsein *n.* **inetto, -a** [i'nɛtto] **I.** *a* untauglich; *(incapace)* unfähig; **essere ~ alle armi** (wehrdienst)untauglich sein; **II.** *m, f* untauglicher Mensch, Versager(in) *m(f).*
inevaso, -a [ine'va:zo] *a* unbearbeitet, unerledigt.
inevitabile [inevi'ta:bile] *a* unvermeidbar, unvermeidlich.
inezia [i'nɛttsi̯a] ‹-ie› *f* Kleinigkeit *f,* Lappalie *f.*

infagottare [infagot'ta:re] *fam* **I.** *tr* 1. *(persona)* einmumme(l)n *fam,* dick (*o.* warm) anziehen; 2. *(vestito)* dick (*o.* plump) machen; **II.** *rfl:* **-rsi** sich einmumme(l)n *fam; pej* sich unvorteilhaft kleiden.
infallibile [infal'li:bile] *a* 1. *(non soggetto a sbagliare)* unfehlbar; *(verità)* unumstößlich; 2. *(preciso)* sicher; 3. *(sicuro, certo)* sicher. **infallibilità** [...libili'ta] ‹-› *f* 1. *(di metodo, del Papa, etc.)* Unfehlbarkeit *f;* 2. *(precisione)* Sicherheit *f;* 3. *(sicurezza)* Sicherheit *f;* **~ della mira** Zielsicherheit *f.*
infamare [infa'ma:re] **I.** *tr* entehren, mit Schmach (*o.* Schande) bedecken; **II.** *rfl:* **-rsi** sich entehren, sich mit Schmach (*o.* Schande) bedecken.
infame [in'fa:me] *a* 1. *(ignobile, turpe)* schändlich, infam; 2. *fig scherz (tempo, etc.)* widerlich, scheußlich. **infamia** [in'fa:mi̯a] ‹-ie› *f* 1. *(ignominia)* Schande *f,* Schmach *f;* 2. *(scelleratezza)* Schändlichkeit *f,* Infamie *f geh;* 3. *fig scherz (cosa pessima)* Schande *f fam;* **senza ~ e senza lode** *fam* ohne Saft und Kraft *fam.*
infangare [infaŋ'ga:re] ‹infango, infanghi› *tr* 1. *(sporcare di fango)* (mit Schlamm) beschmutzen; 2. *fig (infamare)* durch den Schmutz ziehen; **~ il proprio nome** seinen Namen mit Schimpf und Schande bedecken.
infante [in'fante] *mf (bambino)* Kleinkind *n.*
infante, -a [in'fante] *m, f hist* Infant(in) *m(f).*
infanticida [infanti'tʃi:da] ‹-i *m,* -e *f*› *mf* Kindesmörder(in) *m(f).* **infanticidio** [...ti'tʃi:di̯o] ‹-i› *m* Kindermord *m,* Kindesmord *m.*
infantile [infan'ti:le] *a* 1. *(dell'infanzia)* kindlich, Kinder-; 2. *pej (immaturo)* kindisch, infantil; **asilo ~** Kindergarten *m.* **infantilismo** [...ti'lizmo] *m* 1. *med* Infantilismus *m;* 2. *fig pej* mangelnde Reife, Infantilität *f geh.* **infantilità** [...tili'ta] ‹-› *f* Kindlichkeit *f; pej* Infantilität *f geh,* kindische Art und Weise; **dire ~** kindisches Zeug reden; **fare delle ~** sich kindisch aufführen.
infanzia [in'fantsi̯a] ‹-ie› *f* 1. *(periodo)* Kindheit *f;* 2. *(bambini in generale)* Kinder *n pl;* 3. *fig (primordi)* Anfänge *m pl;* **prima/seconda ~** Kleinkindalter *n*/Kindheit *f* nach dem zweiten bis zum zwölften Lebensjahr; **l'~ del Medioevo** die frühen Anfänge *m pl* des Mittelalters, das frühe Mittelalter; **dall'~** von Kindheit an.
infarcire [infar'tʃi:re] 1. *gastr* füllen; 2. *fig* füllen, anreichern.
infarinare [infari'na:re] **I.** *tr* 1. *(stampo)* mit Mehl bestäuben; *(pesce, carne, etc.)* in Mehl wenden; 2. *fig* bestreuen (*di* mit); **II.** *rfl:* **-rsi** 1. *(sporcarsi di farina)* sich voller Mehl (*o.* mehlig) machen; 2. *scherz (incipriarsi)* sich pudern; **chi va al mulino s'infarina** *prov* wer Pech anfaßt, besudelt sich *prov.* **infarinatura** [...na'tu:ra] *f* 1. *(l'infarinare)* Be-, Einmehlen *n;* 2. *fig* oberflächliche Kenntnis; **avere un'~ di tedesco** oberflächliche Deutschkenntnisse haben.
infarto [in'farto] *m* Infarkt *m;* **~ cardiaco/cerebrale** Herzinfarkt *m*/ Gehirnschlag *m.*
infastidire [infasti'di:re] ‹infastidisco› **I.** *tr* belästigen, ärgern; **II.** *rfl:* **-rsi** sich ärgern (*di* über).
infaticabile [infati'ka:bile] *a* unermüdlich.
infatti [in'fatti] *con* in der Tat, tatsächlich.
infatuare [infatu'a:re] **I.** *tr* begeistern (*per* für), einnehmen (*per* für); **II.** *rfl:* **-rsi** sich vernarren (*di, per* in). **infatuazione** [...uat'tsi̯o:ne] *f* Schwärmerei *f;* **avere un'~ per un attore** für ei nen Schauspieler schwärmen.
infausto, -a [in'fa:usto] *a* unheilvoll, unglückselig.
infecondo, -a [infe'kondo] *a (terreno)* unfruchtbar; *(persona a.)* steril; *(matrimonio)* kinderlos.
infedele [infe'de:le] **I.** *a* 1. *(sleale)* untreu, treulos; 2. *fig (non conforme*

all'originale, alla realtà) ungetreu, ungenau; **3.** *rel* ungläubig; **II.** *mf* Ungläubige(r) *mf.* **infedeltà** [...del'ta] *f* **1.** Untreue *f,* Treulosigkeit *f;* **2.** *fig (inesattezza)* Ungenauigkeit *f.*

infelice [infe'li:tʃe] **I.** *a* **1.** *(misero, sventurato)* unglücklich; **2.** *(mal riuscito)* mißlungen, mißglückt; **3.** *(negativo, sfavorevole)* ungünstig, unglücklich; unglückselig; **4.** *(inopportuno)* ungeeignet, ungünstig, unglücklich; **II.** *mf* Unglückliche(r) *mf; (deficiente)* Geisteskranke(r) *mf.* **infelicità** [...litʃi'ta] *f* **1.** *(sventura)* Unglück *n;* **2.** *(sfavore)* Mißlichkeit *f;* **3.** *(insuccesso)* Mißerfolg *m;* **4.** *(inopportunità)* Unangebrachtheit *f.*

inferii [infe'ri:i] *1. pers del passato remoto di* **inferire**².

inferiore [infe'rio:re] ‹*comparativo di* basso› **I.** *a* niedrig; *(minore)* niedriger; *(più basso)* untere(r, s), Unter-; *(fig a.)* minderwertig; **animali -i** niedere Tiere *n pl;* **ufficiali -i** *adm* kleinere Beamte *m pl; mil* rangniedere Offiziere *m pl;* **il corso ~ di un fiume** der Unterlauf eines Flusses; **essere ~ a qu** jdm unterlegen sein (*per* an), jdm nachstehen (*per* in); **essere di età ~ ai vent'anni** unter zwanzig Jahre (alt) sein; **II.** *mf* Untergebene(r) *mf.* **inferiorità** [...iori'ta] ‹-› *f* Minderwertigkeit *f,* geringer Wert; *(di persona)* Unterlegenheit *f;* **complesso d'~** Minderwertigkeitskomplex *m.*

inferire¹ [infe'ri:re] ‹inferisco, infersi, inferto› *tr (colpo, etc.)* versetzen.

inferire² [infe'ri:re] ‹inferisco, inferii, inferito› *tr (dedurre)* ableiten (*da* aus), schließen (*da* aus).

inferma *f v.* **infermo.**

infermeria [inferme'ri:a] ‹-ie› *f* Krankenstation *f.* **infermiere, -a** [...'miɛ:re] *m, f* Krankenpfleger(in) *m(f),* Krankenschwester *f.* **infermieristica** [infermie'ristika] ‹-che› *f* Krankenpflege *f.* **infermieristico, -a** [...ko] ‹-ci, -che› *a* Krankenpflege(r)-; **assistenza -a** Krankenpflege *f,* Krankenbetreuung *f.*

infermità [infermi'ta] ‹-› *f* Krankheit *f,* Gebrechen *n,* Leiden *n; fig* Schwäche *f;* **~ della volontà** Willensschwäche *f.*

infermo, -a [in'fermo] **I.** *a* krank; **II.** *m, f* Kranke(r) *mf.*

infernale [infer'na:le] **1.** *(dell'inferno)* höllisch, Höllen-, diabolisch; **2.** *fig (persona, azione, etc.)* teuflisch, diabolisch; *(musica, chiasso, etc.)* Höllen-. **inferno** [in'fɛrno] *m* Hölle *f;* **baccano d'~** Höllenlärm *m;* **vita d'~** Hundeleben *n;* **mandare qu all'~** jdn zum Teufel jagen (*o.* schicken).

inferocire [infero'tʃi:re] ‹inferocisco› **I.** *tr* ‹*avere*› wild machen; **II.** *itr* **1.** ‹*essere*› wild werden; **2.** ‹*avere*› wüten; **III.** *rfl:* **-rsi** wild (*o.* wütend) werden.

inferriata [infer'ria:ta] *f* (Eisen)gitter *n.*

infersi [in'fɛrsi] *1. pers sing del passato remoto di* **inferire**¹.

inferto [in'fɛrto] *pp di* **inferire**¹.

infervorare [infervo'ra:re] **I.** *tr* anspornen, anfeuern; **II.** *rfl:* **-rsi** sich erhitzen, sich ereifern.

infestare [infes'ta:re] *tr* **1.** *(fattori nocivi, med)* verseuchen; *(parassiti)* befallen; **2.** *fig* heimsuchen; **erba infestante** Unkraut *n.* **infestazione** [...tat'tsio:ne] *f* **1.** *(di fattori nocivi, med)* Verseuchung *f; (di parassiti)* Befall *m;* **2.** *fig* Heimsuchung *f.*

infettare [infet'ta:re] **I.** *tr* **1.** *med* anstecken, infizieren *scient;* **2.** *fig (contaminare)* verseuchen, infizieren *geh;* **3.** *fig (corrompere)* verderben, korrumpieren; **II.** *rfl:* **-rsi** sich anstecken, sich infizieren *scient.* **infettivo, -a** [...'ti:vo] *a* infektiös, Infektions-. **infetto, -a** [in'fɛtto] *a* verseucht; *med* infiziert; *fig (ambiente, etc.)* vergiftet; *(persona, società)* korrupt, verderbt.

infezione [infet'tsio:ne] *f* Infektion *f.*

infiacchire [infiak'ki:re] ‹infiacchisco› **I.** *tr* ‹*avere*› schwächen, entkräften; **II.** *itr* ‹*essere*›, *rfl:* **-rsi** matt werden, ermatten.

infiammabile [infiam'ma:bile] **I.** *a* **1.** *(sostanza)* entflammbar, entzündbar; *(con pericolo d'incendio)* feuergefährlich; **2.** *fig (temperamento, etc.)* hitzig, aufbrausend; **II.** *m* feuergefährlicher Stoff, feuergefährliches Material. **infiammabilità** [...mabili'ta] ‹-› *f* Entflammbarkeit *f,* Entzündbarkeit *f; (con pericolo d'incendio)* Feuergefährlichkeit *f.*

infiammare [infiam'ma:re] **I.** *tr* **1.** *(bruciare)* anzünden; **2.** *fig (cuore, animo)* entflammen lassen; *(persona)* anspornen; *(viso)* erröten lassen; **3.** *med* entzünden; **4.** *gastr* flambieren; **~ il popolo alla guerra** das Volk zum Krieg aufhetzen; **II.** *rfl:* **-rsi** **1.** *(incendiarsi)* sich entzünden; *(bruciare)* brennen; **2.** *fig* entbrennen; *(adirarsi)* aufbrausen; *(sole, etc.)* rot werden; **3.** *med* sich entzünden; **-rsi d'amore** in Liebe entbrennen *poet.* **infiammatorio, -a** [...ma'tɔ:rio] ‹-i, -ie› *a* Entzündungs-, entzündend. **in-**

fiammazione [...matˈtsi̯oːne] *f* Entzündung *f.*
infiascare [infi̯asˈkaːre] ⟨infiasco, infiaschi⟩ *tr* in (Korb)flaschen füllen.
inficiare [infiˈtʃaːre] ⟨inficio, infici⟩ *tr* anfechten.
infido, -a [inˈfiːdo] *a* treulos, untreu; *(fig a.)* tückisch.
infierire [infi̯eˈriːre] ⟨infierisco⟩ *itr* wüten (*contro* gegen).
infiggere [inˈfiddʒere] ⟨infiggo, infiggi, infissi, infitto⟩ **I.** *tr* **1.** *(chiodo)* (hin)einschlagen; *(palo)* (hin)einrammen, (hin)eintreiben; **2.** *fig* einprägen; **II.** *rfl:* **-rsi** (hin)eindringen.
infilare [infiˈlaːre] **I.** *tr* **1.** *(chiave, anello, etc.)* stecken; *(ago)* einfädeln; *(perle, etc.)* auffädeln, aufreihen; **2.** *(trapassare)* aufspießen (*in* auf), stecken (*in* auf); **3.** *(vestito, etc.)* schlüpfen in, überstreifen; **4.** *(strada)* einschlagen, nehmen; ~ **la risposta esatta** die richtige Antwort treffen; ~ **una serie di errori** eine Reihe von Fehlern machen; ~ **l'uscio** durch die Tür huschen; **II.** *rfl:* **-rsi** schlüpfen; **-rsi tra la folla** sich unter die Menge mischen. **infilata** [...ˈlaːta] *f* Reihe *f;* **d'~** in Längsrichtung.
infiltrarsi [infilˈtrarsi] *rfl* **1.** *(penetrare)* durchsickern, eindringen; **2.** *fig* sich einschleichen. **infiltrazione** [...atˈtsi̯oːne] *f* **1.** *(attraverso interstizi)* Eindringen *n,* Durchsickern *n;* **2.** *(penetrazione furtiva, med)* Infiltration *f.*
infilzare [infilˈtsaːre] *tr* **1.** *(trafiggere)* durchbohren; **2.** *(perle)* aufziehen; *(con spada, etc.)* aufspießen; **3.** *fig (bugia)* auftischen.
infilzata [infilˈtsaːta] *f* **1.** *(serie)* Reihe *f;* **2.** *fig (successione)* (Ab)folge *f,* Reihe *f.*
infimo, -a [ˈinfimo] ⟨*superlativo di* basso⟩ *a* niedrigste(r, s), mindere(r, s).
infine [inˈfiːne] *adv* **1.** *(finalmente)* schließlich, am Ende; **2.** *(insomma)* endlich, vielleicht einmal; **si può sapere ~ quello che vuoi?** kann man vielleicht einmal erfahren, was du willst?
infingarda *f v.* **infingardo.**
infingardaggine [infiŋgarˈdaddʒine] *f* Drückebergerei *f.* **infingardo, -a** [...ˈgardo] **I.** *a* drückebergerisch, unwillig; **II.** *m, f* Drückeberger(in) *m(f).*
infinità [infiniˈta] ⟨-⟩ *f* **1.** *(illimitatezza)* Unendlichkeit *f;* **2.** *fig (quantità immensa)* Unmenge *f.* **infinitamente** [-ˈmente] *adv* unendlich.
infinitesimale [infiniteziˈmaːle] *a* **1.** *mat* infinitesimal, Infinitesimal-; **2.** *fig (minimo)* kleinste(r, s), mindeste(r, s). **infinitesimo, -a** [...ˈtɛːzimo] **I.** *a* **1.** *mat* infinitesimal; **2.** *(minimo)* allerkleinste(r, s), winzig; **II.** *m* **1.** *gener.* winziger Teil; **2.** *mat* Grenzwert *m.*
infinitivo, -a [infiniˈtiːvo] **I.** *a* Infinitiv-; **proposizione -a** Infinitivsatz *m;* **II.** *m* Infinitiv *m,* Nennform *f.*
infinito, -a [infiˈniːto] **I.** *a* unendlich; *gram* infinit; **II.** *m* **1.** *(ciò che non ha fine)* Unendliche(s) *n,* Endlose(s) *n;* **2.** *gram* Infinitiv *m;* **3.** *mat, fot* Unendlich *n;* **all'~** endlos, ewig; **ripetere una cosa all'~** eine Sache endlos (*o.* tausendmal) wiederholen; **discordie che vanno all'~** ewige Unstimmigkeiten *f pl.*
infinocchiare [infinokˈki̯aːre] ⟨infinocchio, infinocchi⟩ *tr fam* übers Ohr hauen *fam,* beschummeln *fam.*
infiocchettare [infi̯okketˈtaːre] *tr* mit Schleifen verzieren.
infiorare [infi̯oˈraːre] *tr* **1.** *(con fiori)* mit Blumen schmücken; **2.** *fig* ausschmücken.
infiorescenza [infi̯oreʃˈʃɛntsa] *f* Blütenstand *m.*
infirmare [infirˈmaːre] *tr* anfechten; *(argomento, etc.)* entkräften.
infischiarsi [infisˈki̯arsi] ⟨m'infischio, t'infischi⟩ *rfl fam* pfeifen (*di* auf) *fam;* **me ne infischio delle sue opinioni** ich pfeife auf seine (*o.* ihre) Meinung *fam.*
infissi [inˈfissi] *1. pers sing del passato remoto di* **infiggere.**
infisso [inˈfisso] *m* **1.** *arch* Einfassung *f,* Rahmenwerk *n;* **2.** *(serramento)* Blendrahmen *m,* Einfassung *f;* **3.** *ling* Infix *n.*
infittire [infitˈtiːre] ⟨infittisco⟩ **I.** *tr* ⟨*avere*⟩ dichter machen; **II.** *itr* ⟨*essere*⟩, *rfl:* **-rsi** sich verdichten, dichter werden.
infitto [inˈfitto] *pp di* **infiggere.**

inflazione [inflatˈtsi̯oːne] *f* **1.** *(in economia)* Inflation *f;* **2.** *fig (rapido accrescimento)* Schwemme *f;* ~ **galoppante/strisciante** galoppierende/schleichende Inflation. **inflazionistico, -a** [...i̯oˈnistiko] ⟨-ci, -che⟩ *a* inflationistisch, inflatorisch.
inflessibile [inflesˈsiːbile] *a* unbiegsam; *fig* unbeugsam. **inflessibilità** [...sibiliˈta] ⟨-⟩ *f* Unbeugsamkeit *f.*
inflessione [inflesˈsi̯oːne] *f* **1.** *ling* Ablaut *m;* *(cadenza)* Tonfall *m;* **2.** *mus* Modulation *f;* **3.** *poet (piegamento, flessione)* Biegung *f,* Beugung *f.*
infliggere [inˈfliddʒere] ⟨infliggo, in-

fliggi, inflissi, inflitto› *tr* auferlegen, verhängen.
influente [influ'ɛnte] *a* einflußreich. **influenza** [...'ɛntsa] *f* **1.** *(azione determinante)* Einfluß *m* (*su* auf), Beeinflussung *f (su gen);* **2.** *(ascendente)* Einfluß *m;* **3.** *med* Grippe *f;* **4.** *phys* Influenz *f;* **sfera d'~** Einflußbereich *m.* **influenzabile** [...uen'tsa:bile] *a* beeinflußbar, leicht zu beeinflussen(d).
influenzale [influen'tsa:le] *a* grippal, Grippe-.
influenzare [influen'tsa:re] **I.** *tr* beeinflussen; **II.** *rfl:* **-rsi** eine Grippe bekommen.
influire [influ'i:re] *itr* **1.** *(avere azione determinante)* einwirken (*su* auf), beeinflussen (*su qc/qu* etw./jdn); **2.** *(avere ascendente)* Einfluß haben (*su* auf). **influsso** [in'flusso] *m* Einfluß *m.*
infocato, -a [info'ka:to] *a* **1.** *(rovente)* glühend(heiß); **2.** *fig* glühend(heiß), heiß; *(discorso, occhi)* feurig; *(colore)* feuerrot.
infognarsi [infoɲ'ɲarsi] *rfl fam (nei debiti)* sich stürzen; *(con persone)* sich einlassen.
infoltire [infol'ti:re] ‹infoltisco› **I.** *tr* ‹*avere*› verdichten; **II.** *itr* ‹*essere*› dichter werden, sich verdichten.
infondatezza [infonda'tettsa] *f* Unbegründetheit *f.* **infondato, -a** [...'da:to] *a* unbegründet.
infondere [in'fondere] ‹*irr*› *tr (coraggio)* einflößen; *(fiducia a.)* erwecken; *(idee)* wecken; *(vigore)* verleihen.
inforcare [infor'ka:re] ‹inforco, inforchi› *tr* **1.** *(fieno)* aufgabeln; **2.** *(occhiali)* aufsetzen; **3.** *(bicicletta)* sich setzen auf.
informale [infor'ma:le] *a* **1.** *(non ufficiale)* zwang-, formlos, informell; **2.** *(arte)* informell.
informare [infor'ma:re] **I.** *tr* **1.** *(dar notizia)* informieren (*di, su* über), benachrichtigen (*di, su* von), unterrichten (*di, su* über, von); **2.** *geh (modellare)* bilden, gestalten; **3.** *fig (conformare)* (aus)richten (*a* nach); **II.** *rfl:* **-rsi 1.** *(procurarsi notizie)* sich erkundigen (*su* nach), sich informieren *(su* über); **2.** *(adeguarsi)* sich richten (*a* nach). **informatica** [...'ma:tika] ‹-che› *f* Informatik *f.* **informatico** [...'ma:tiko] ‹-ci› *m* Informatiker(in) *m(f).* **informativo, -a** [...ma'ti:vo] *a* informativ; **a titolo ~** informativ, zur Information. **informato, -a** [...'ma:to] *a* unterrichtet, informiert. **informatore, -trice** [...ma'to:re] **I.** *a* auskunftgebend, Informations-; **II.** *m, f* Informant(in) *m(f),* Auskunftgeber(in) *m(f).* **informazione** [...mat'tsi̯o:ne] *f* Auskunft *f,* Information *f;* **~ genetica** genetische Information.
informe [in'forme] *a* unförmig; *fig* gestaltlos, schwammig.
informicolamento [informikola'mento] *m* Kribbeln *n.* **informicolarsi, informicolirsi** [...'larsi, ...'lirsi] ‹m'informicolisco› *rfl* einschlafen.
infornare [infor'na:re] *tr* **1.** *(mettere nel forno)* in den Backofen (*o.* die Backröhre) schieben; **2.** *(pane)* (Brot) backen. **infornata** [...'na:ta] *f* **1.** *(operazione)* Einschieben *n; (cottura al forno)* Backen *n; (quantità)* Schub *m;* **2.** *fig scherz (grande quantità)* Schub *m.*
infortunarsi [infortu'narsi] *rfl* verunglücken, einen Unfall haben. **infortunato, -a** [...'na:to] **I.** *a* verunglückt; **II.** *m, f* Verunglückte(r) *mf.* **infortunio** [...'tu:ni̯o] ‹-i› *m* Unfall *m.* **infortunistica** [infortu'nistika] ‹-che› *f* Unfallforschung *f.* **infortunistico, -a** [...ko] ‹-ci, -che› *a* (Arbeits)unfall-; **legislazione -a** Gesetzgebung *f* über den Unfallschutz.
infossamento [infossa'mento] *m* Versenken *n.* **infossare** [...'sa:re] **I.** *tr* versenken, in eine Grube legen; **II.** *rfl:* **-rsi 1.** *(guance)* einfallen; **2.** *(avvallarsi, sprofondare)* einsinken. **infossato, -a** [...'sa:to] *a* **1.** *(campo, etc.)* mit Furchen durchzogen; **2.** *(guance)* hohl, eingefallen; *(occhi)* tiefliegend.
infracidire [infratʃi'di:re] ‹infracidisco› *itr* ‹*essere*› faulen.
infradiciare [infradi'tʃa:re] ‹infradicio, infradici› **I.** *tr* **1.** *(inzuppare)* durchnässen; **2.** *(rendere marcio)* verderben, verfaulen lassen; **II.** *rfl:* **-rsi 1.** *(inzupparsi)* naß werden; **2.** *(diventare marcio)* faulen.
inframmettenza [inframmet'tɛntsa] *f* Aufdringlichkeit *f.*
inframmettere [infram'mettere] ‹*irr*› **I.** *tr* dazwischensetzen, -legen, -stellen; **~ ostacoli** Hindernisse in den Weg legen; **II.** *rfl:* **-rsi** sich einmischen (*in* in).
infrangere [in'frandʒere] ‹*irr*› **I.** *tr* **1.** *(rompere)* zerbrechen; **2.** *fig (divieto)* brechen, übertreten; *(legge a.)* brechen; *(contratto)* verletzen; **II.** *rfl:* **-rsi 1.** *(frantumarsi)* zerbrechen, in Scherben gehen; *(nave, etc.)* zerschellen; *(onde)* sich brechen; **2.** *fig (spe-*

ranza) zerbrechen. **infrangibile** [...ˈdʒiːbile] *a* **1.** *(che non si rompe)* unzerbrechlich; *(vetro a.)* bruchfest; **2.** *fig (volontà, fede, etc.)* unerschütterlich. **infranto, -a** [inˈfranto] *a* **1.** *(frantumato)* zerbrochen; **2.** *fig (cuore)* gebrochen; *(idolo)* gefallen.

infrarosso, -a [infraˈrosso] *a* infrarot, Infrarot-.

infrasettimanale [-settimaˈnaːle] *a* während der Woche.

infrastruttura [-strutˈtuːra] *f* **1.** *gener.* Infrastruktur *f;* **2.** *aero* Bodenorganisation *f.*

infrasuono [-ˈsu̯ɔːno] *m* Infraschall *m.*

infrazione [infratˈtsi̯oːne] *f* **1.** *(trasgressione)* Übertretung *f (a gen),* Verletzung *f (a gen),* Verstoß *m* (*a* gegen); **2.** *med:* ~ **ossea** Knickbruch *m,* Infraktion *f scient.*

infreddatura [infreddaˈtuːra] *f* Schnupfen *m,* Erkältung *f.*

infreddolito, -a [infreddoˈliːto] *a:* **essere tutto** ~ ganz durchgefroren sein.

infrequente [infreˈku̯ɛnte] *a* nicht häufig, selten. **infrequenza** [...ˈku̯ɛntsa] *f* Seltenheit *f.*

infrollire [infrolˈliːre] ‹infrollisco› *itr* ‹*essere*› **1.** *gastr (carne)* mürbe werden, abhängen; **2.** *fig* schlapp (*o.* kraftlos) werden.

infruttescenza [infrutteʃˈʃɛntsa] *f* Fruchtstand *m.*

infruttifero, -a [infrutˈtiːfero] *a* **1.** *bot* keine Früchte tragend, fruchtlos; **2.** *fin (capitale)* tot. **infruttuoso, -a** [...tuˈoːso] *a* **1.** *(infruttifero)* fruchtlos, unfruchtbar; **2.** *fig (vano)* vergeblich, erfolglos; *(fatica)* fruchtlos.

infuori [inˈfu̯ɔːri] **I.** *adv:* **all'**~ nach außen, hinaus; **II.** *prp:* **all'**~ **di** mit Ausnahme von *dat,* außer *dat.*

infuriare [infuˈri̯aːre] ‹infurio, infuri› **I.** *itr* wüten, toben; **II.** *rfl:* **-rsi** wütend (*o.* zornig) werden.

infusione [infuˈzi̯oːne] *f* **1.** *rel* Ausgießung *f* (des Heiligen Geistes); **2.** *(di erbe)* Aufguß *m; (bevanda)* (Kräuter)tee *m;* **battesimo per** ~ Wassertaufe *f.*

infuso, -a [inˈfuːzo] **I.** *a* **1.** *(versato sopra)* übergossen; **2.** *rel* eingeflößt; **avere la scienza -a** *scherz* die Weisheit mit Löffeln gefressen haben; **II.** *m* Aufguß *m; (bevanda)* (Kräuter)tee *m.*

ingabbiare [iŋgabˈbi̯aːre] ‹ingabbio, ingabbi› *tr* **1.** *(mettere in gabbia)* in einen Käfig stecken; **2.** *fig (accerchiare)* einkesseln, einkreisen; **3.** *scherz* hinter Gitter stecken; **4.** *(case, navi)* einrüsten. **ingabbiatura** [...i̯aˈtuːra] *f* Tragwerk *n,* -gerüst *n.*

ingaggiare [iŋgadˈdʒaːre] ‹ingaggio, ingaggi› *tr* **1.** *(assumere con contratto)* verpflichten; *(sport, mus, film a.)* unter Vertrag nehmen; *theat, film, mus* engagieren; *(impiegati)* einstellen; **2.** *(combattimento)* eröffnen, beginnen. **ingaggio** [iŋˈgaddʒo] ‹-ggi› *m* **1.** *(assunzione con contratto)* Anwerbung *f,* Verpflichtung *f; sport* Einkauf *m;* **2.** *(somma)* Gage *f;* **3.** *sport (hockey)* Abschlag *m.*

ingagliardire [iŋgaʎʎarˈdiːre] ‹ingagliardisco› **I.** *tr* ‹*avere*› kräftigen, stark machen; **II.** *itr* ‹*essere*›, *rfl:* **-rsi** kräftig werden.

ingannabile [iŋganˈnaːbile] *a* leicht zu täuschen(d), gutgläubig.

ingannare [iŋganˈnaːre] **I.** *tr* **1.** *(indurre in errore)* täuschen; **2.** *(imbrogliare)* betrügen, hintergehen; *(tradire)* betrügen; *(deludere)* hintergehen; **3.** *(sedurre)* verführen; **4.** *fig (fiducia)* enttäuschen; ~ **il tempo** die Zeit totschlagen; **l'apparenza inganna** der Schein trügt; **II.** *rfl:* **-rsi** (sich) irren, sich täuschen; **se non m'inganno** ... wenn ich nicht irre ... **ingannatore, -trice** [...naˈtoːre] **I.** *a* trügerisch; **II.** *m, f* Betrüger(in) *m(f).* **ingannevole** [...ˈneːvole] *a* trügerisch, irreführend. **inganno** [iŋˈganno] *m* **1.** *(frode, raggiro)* Betrug *m;* **2.** *(illusione, abbaglio)* Täuschung *f;* ~ **dei sensi** Sinnestäuschung *f;* ~ **ottico** optische Täuschung; **cadere in** ~ getäuscht (*o.* hinters Licht geführt) werden; **trarre in** ~ täuschen, hinters Licht führen.

ingarbugliare [iŋgarbuʎˈʎaːre] ‹ingarbuglio, ingarbugli› **I.** *tr (a. fig)* verwirren, durcheinanderbringen; **II.** *rfl:* **-rsi** *(a. fig)* sich verheddern.

ingegnaccio [indʒeɲˈɲattʃo] ‹-cci› *m fam* Intelligenzbestie *f fam.*

ingegnarsi [indʒeɲˈɲarsi] *rfl* **1.** *(adoperarsi, studiarsi)* sich ereifern; **2.** *(industriarsi, arrangiarsi)* sich bemühen, alles daransetzen (*a, di inf* um ... zu ...).

ingegnere [indʒeɲˈɲɛːre] *m* Ingenieur *m;* ~ **civile** Bauingenieur *m;* ~ **meccanico/navale** Maschinenbau-/Schiffbauingenieur *m.* **ingegneria** [...ɲeˈriːa] ‹-ie› *f* Ingenieurwesen *n;* **facoltà d'**~ Technische Hochschule; ~ **civile** Bauingenieurwesen *n;* ~ **nucleare** Kerntechnik *f.*

ingegno [inˈdʒeɲɲo] *m* **1.** *(facoltà dell'intelletto, intelligenza)* Geist *m,* Verstand *m;* **2.** *(inclinazione)* Talent *n,* Begabung *f;* **3.** *(genio)* Genie *n;* **alzata d'~** Geistesblitz *m;* **prontezza d'~** Geistesgegenwart *f.* **ingegnosità** [-si'ta] ‹-› *f* Einfallsreichtum *m.* **ingegnoso, -a** [...'ɲo:so] *a* findig, einfallsreich.

ingelosire [indʒelo'si:re] ‹ingelosisco› **I.** *tr* ‹*avere*› eifersüchtig machen; **II.** *itr* ‹*essere*›, *rfl:* **-rsi** eifersüchtig werden (*o.* sein).

ingenerare [indʒene'ra:re] *tr* hervorrufen, erzeugen, erregen; *(confusione)* stiften.

ingeneroso, -a [indʒene'ro:so] *a* unedel, schlecht.

ingente [in'dʒɛnte] *a* riesig, ungeheuer.

ingentilire [indʒenti'li:re] ‹ingentilisco› **I.** *tr* ‹*avere*› veredeln, verfeinern; **II.** *itr* ‹*essere*›, *rfl:* **-rsi** sich verfeinern.

ingenua *f v.* **ingenuo.**

ingenuità [indʒenui'ta] *f* Naivität *f;* *(l'essere fiducioso)* Arglosigkeit *f;* *(candore)* Unschuld *f.* **ingenuo, -a** [in'dʒɛ:nuo] **I.** *a* naiv; *(fiducioso)* arglos; *(candido)* unschuldig; **II.** *m, f* naiver Mensch, Naivling *m fam pej.*

ingerenza [indʒe'rɛntsa] *f* Einmischung *f.*

ingerire [indʒe'ri:re] ‹ingerisco› **I.** *tr* einnehmen, (hinunter)schlucken; **II.** *rfl:* **-rsi** sich einmischen (*in* in).

ingessare [indʒes'sa:re] *tr* vergipsen; *(a. med)* eingipsen. **ingessatura** [...sa'tu:ra] *f* Gips(verband) *m.*

ingestione [indʒes'ti̯o:ne] *f* Einnahme *f.*

Inghilterra [iŋgil'tɛrra] *f* England *n.*

inghiottire [iŋgi̯ot'ti:re] ‹inghiottisco *o.* inghiotto› *tr* **1.** *(deglutire, a. fig: umiliazioni, etc.)* (hinunter)schlucken; **2.** *fig (risucchiare)* (ver)schlucken, verschlingen.

inghirlandare [iŋgirlan'da:re] *tr* **1.** *(con ghirlanda)* (mit Girlanden) schmücken; *(capo a.)* bekränzen; **2.** *fig* umschließen, umgeben.

ingiallire [indʒal'li:re] ‹ingiallisco› **I.** *tr* ‹*avere*› gelb färben; **II.** *itr* ‹*essere*› **1.** *(diventare giallo)* gelb werden; *(carta)* vergilben; **2.** *fig* vergehen; *(bellezza)* (ver)welken.

ingigantire [indʒigan'ti:re] ‹ingigantisco› **I.** *tr* ‹*avere*› *fot* vergrößern; *fig (pericolo, etc.)* aufbauschen; **II.** *itr* ‹*essere*›, *rfl:* **-rsi** riesengroß werden, sich enorm vergrößern.

inginocchiarsi [indʒinok'ki̯arsi] ‹m'inginocchio, t'inginocchi› **1.** *rfl* sich knien, (sich) niederknien, (sich) hinknien; *(animali)* in die Knie gehen; **2.** *fig (sottomettersi)* sich beugen; *(umiliarsi)* sich erniedrigen. **inginocchiatoio** [...a'to:i̯o] ‹-oi› *m* Kniebank *f.*

ingioiellare [indʒoi̯el'la:re] **I.** *tr* mit Schmuck versehen; *(cosa a.);* schmücken; **II.** *rfl:* **-rsi** sich (mit Schmuck) schmücken.

ingiù [in'dʒu] *adv* (nach) unten, hinunter; **guardare dall'~** von unten heraufsehen.

ingiudicato, -a [indʒudi'ka:to] *a* unentschieden.

ingiungere [in'dʒundʒere] ‹*irr*› *tr* auferlegen. **ingiuntivo, -a** [...n'ti:vo] *a* Mahn-; **decreto ~** Mahnbescheid *m.* **ingiunzione** [...n'tsi̯o:ne] *f* Anordnung *f;* *(richiesta perentoria)* Aufforderung *f;* **~ di pagamento** Zahlungsaufforderung *f,* Mahnung *f;* **procedimento d'~** Mahnverfahren *n.*

ingiuria [in'dʒu:ri̯a] *f* **1.** *(affronto, insulto)* Beleidigung *f,* Schmähung *f;* **2.** *geh (danno)* Schaden *m.* **ingiuriare** [indʒu'ri̯a:re] ‹ingiurio, ingiuri› *tr* beleidigen, beschimpfen. **ingiurioso, -a** [...'ri̯o:so] *a* Schmäh-, beleidigend; **scritto ~** Schmähschrift *f.*

ingiusta *f v.* **ingiusto.**

ingiustificabile [indʒustifi'ka:bile] *a* unentschuldbar. **ingiustificato, -a** [...'ka:to] *a* ungerechtfertigt, unbegründet.

ingiustizia [indʒus'tittsi̯a] *f* Ungerechtigkeit *f.* **ingiusto, -a** [in'dʒusto] **I.** *a* **1.** *(persona)* ungerecht; **2.** *(cosa)* ungerechtfertigt; **II.** *m* Unrecht *n,* Ungerechtigkeit *f;* **III.** *m, f* ungerechter Mensch.

inglese [iŋ'gle:se] **I.** *a* englisch, britisch; **sabato ~** arbeitsfreier Samstag; **II.** *mf* Engländer(in) *m(f);* Brite *m,* Britin *f;* **giardino all'~** englischer Garten; **andarsene** (*o.* **filare) all'~** *fam* sich auf französisch empfehlen. **inglesismo** [...le'sizmo] *m* Anglizismus *m.*

inglobare [iŋglo'ba:re] *tr* einverleiben.

inglorioso, -a [iŋglo'ri̯o:so] *a* ruhmlos, unrühmlich.

ingobbire [iŋgob'bi:re] ‹ingobbisco› *itr* ‹*essere*›, *rfl:* **-rsi** buck(e)lig werden. **ingobbito, -a** [...'bi:to] *a* buck(e)lig.

ingoiare [iŋgo'i̯a:re] ‹ingoio, ingoi› *tr* **1.** *(cibo)* verschlingen, in sich hineinstopfen; **2.** *fig (subire)* erleiden, erdulden; *(affronto)* schlucken *fam;* **3.** *fig (risucchiare)* verschlingen.

ingolfamento [iŋgolfa'mento] *m* Absaufen *n fam.* **ingolfarsi** [...'farsi] *rfl* **1.** *mot* zuviel Benzin bekommen, absaufen *fam;* **2.** *fig (impegnarsi)* sich stürzen (*in* in); *(mettersi in situazioni* *scomode)* sich stürzen (*in* in), geraten (*in* in); ~ **nei debiti** sich in Schulden stürzen.

ingolosire [iŋgolo'si:re] ‹ingolosisco› **I.** *tr* ‹*avere*› **1.** *(rendere goloso)* Appetit machen (*qu* jdm); **2.** *fig (allettare)* verlocken; **II.** *itr* ‹*essere*› , *rfl:* **-rsi** **1.** *(diventare goloso)* Appetit bekommen (*di* auf); **2.** *fig (diventare voglioso)* Lust bekommen (*di* auf).

ingombrante [iŋgom'brante] *a* sperrig.

ingombrare [iŋgom'bra:re] *tr* **1.** versperren; **2.** *fig (opprimere)* bedrängen; *(occupare)* belasten. **ingombro, -a** [iŋ'gombro] **I.** *a* **1.** *(ostruito)* versperrt; **2.** *fig (oppresso)* bedrängt; *(occupato)* belastet; **II.** *m* Hindernis *n;* **essere d'~** im Wege sein, Platz wegnehmen.

ingommare [iŋgom'ma:re] *tr* kleben, aufkleben.

ingordigia [iŋgor'di:dʒa] ‹-gie› *f* **1.** *(voracità)* Gefräßigkeit *f;* **2.** *fig (cupidigia)* Begierde *f* (*di* nach), Gier *f* (*di* nach). **ingordo, -a** [iŋ'gordo] *a* **1.** *(vorace)* gefräßig; **2.** *fig* gierig (*di* nach); ~ **di divertimenti** vergnügungssüchtig.

ingorgare [iŋgor'ga:re] ‹ingorgo, ingorghi› **I.** *tr* verstopfen; **II.** *rfl:* **-rsi** sich verstopfen; *(traffico)* sich stauen. **ingorgo** [iŋ'gorgo] *m* **1.** *(intasamento, ostruzione)* Verstopfung *f;* **2.** *med* Stauung *f;* ~ **(di traffico)** Verkehrsstau *m,* -stauung *f.*

ingovernabile [iŋgover'na:bile] *a* unregierbar.

ingozzare [iŋgot'tsa:re] *tr* **1.** *(animali)* fressen, verschlingen; *fig (trangugiare)* verschlingen; **2.** *zoo, fig* mästen; **3.** *fig (sopportare)* hinunterschlucken.

ingranaggio [iŋgra'naddʒo] ‹-ggi› *m* **1.** *tec* Getriebe *n;* **2.** *fig* Getriebe *n,* Räderwerk *n;* **essere preso nell'~ degli affari** von den Geschäften voll in Anspruch genommen sein.

ingranare [iŋgra'na:re] **I.** *tr* einkuppeln; *(marcia)* einlegen; **II.** *itr* **1.** *tec* (ineinander)greifen; **2.** *fam (render bene, funzionare)* klappen; *(persone)* mitmachen, mitziehen.

ingrandimento [ingrandi'mento] *m gener., fot* Vergrößerung *f; (di città, etc. a.)* Ausbau *m;* **lente d'~** Vergrößerungsglas *n.* **ingrandire** [...'di:re] ‹ingrandisco› **I.** *tr* ‹*avere*› **1.** *gener., fot* vergrößern; **2.** *com* steigern; *(casa, negozio, regno, etc.)* ausbauen; **3.** *fig (esagerare)* aufbauschen; **II.** *itr* ‹*essere*› groß (*o.* größer) werden, wachsen; **III.** *rfl:* **-rsi** **1.** *(crescere)* sich vergrößern, wachsen; **2.** *fig (espandersi)* sich erweitern, wachsen. **ingranditore** [...di'to:re] *m* Vergrößerer *m.*

ingrassamento [iŋgrassa'mento] *m zoo* Mästung *f; agr* Düngung *f.* **ingrassare** [...'sa:re] **I.** *tr* ‹*avere*› **1.** *(persone)* dick machen; **2.** *zoo* mästen; **3.** *agr* düngen; **4.** *(ungere con grasso)* einfetten, einölen; *(lubrificare)* schmieren; *(automobili)* abschmieren; **II.** *itr* ‹*essere*› , *rfl:* **-rsi** **1.** *(aumentare di peso)* dick (*o.* fett) werden; **2.** *fig (arricchire)* reich werden. **ingrasso** [iŋ'grasso] *m* **1.** *zoo* Mast *f;* **2.** *agr* Düngung *f; (concime)* Dünger *m;* **buoi da ~** Mastochsen *m pl.*

ingrata *f v.* **ingrato.**

ingratitudine [iŋgrati'tu:dine] *f* Undankbarkeit *f,* Undank *m.* **ingrato, -a** [iŋ'gra:to] **I.** *a* **1.** *(non riconoscente)* undankbar; **2.** *fig* undankbar; *(ricordo, etc.)* unangenehm; **II.** *m, f* Undankbare(r) *mf,* undankbarer Mensch.

ingravidare [iŋgravi'da:re] **I.** *tr* ‹*avere*› schwängern; **II.** *itr* ‹*essere*› schwanger werden.

ingraziarsi [iŋgrat'tsi̯arsi] *rfl* sich beliebt machen (*con* mit, *a* bei).

ingrediente [iŋgre'di̯ɛnte] *m* Zutat *f.*

ingresso [iŋ'grɛsso] *m* **1.** *(entrata, accesso)* Eingang *m;* **2.** *(anticamera)* Vorzimmer *n;* **3.** *(atto dell'entrare)* Eintritt *m; theat* Auftritt *m; (in una carica)* Antritt *m;* **4.** *(facoltà)* Zutritt *m;* **5.** *(prezzo)* Eintritt(spreis) *m;* **6.** *(biglietto)* (Eintritts)karte *f;* **vietato l'~ ai non addetti ai lavori** Zutritt für Unbefugte verboten; ~ **libero** Eintritt frei.

ingrossamento [iŋgrossa'mento] *m* Verdickung *f,* Vergrößerung *f.* **ingrossare** [...'sa:re] **I.** *tr* ‹*avere*› **1.** *(rendere grosso)* dick machen; **2.** *(accrescere)* verstärken, vergrößern; **3.** *(gonfiare)* anschwellen lassen; *(mare a.)* aufwühlen; **II.** *itr* ‹*essere*› , *rfl:* **-rsi** anschwellen.

ingrosso [iŋ'grɔsso] : **all'~** *adv com* en gros, im großen, Groß-; *fam* über den Daumen gepeilt *fam;* **commercio all'~** Großhandel *m;* **vendere all'~** en gros (*o.* im Großhandel) verkaufen.

inguaiare [iŋgu̯a'i̯a:re] ‹inguaio, inguai› *fam* **I.** *tr* Scherereien einbringen (*qu* jdm), in Schwierigkeiten bringen (*qu* jdn); ~ **una ragazza** ein Mädchen schwängern; **II.** *rfl:* **-rsi** Scherereien haben (*o.* bekommen), in

Schwierigkeiten geraten; **si è inguaiato fino al collo** er steckt bis zum Hals in Schwierigkeiten.

inguainare [iŋgu̯ai'na:re] *tr* einziehen; *(spada)* (ein)stecken; **quell'abito la inguaina molto bene** das Kleid betont ihre Formen sehr gut.

ingualcibile [iŋgu̯al'tʃi:bile] *a* knitterfrei.

inguaribile [iŋgu̯a'ri:bile] *a* unheilbar; *fig* unverbesserlich.

inguinale [iŋgu̯i'na:le] *a* Leisten-. **inguine** ['iŋgu̯ine] *m* Leiste *f.*

ingurgitare [iŋgurdʒi'ta:re] *tr* hinunterschlucken, hinunterwürgen.

inibire [ini'bi:re] ⟨inibisco⟩ *tr* **1.** *(proibire)* untersagen, verbieten; **2.** *(impedire)* hindern (*qc a qu* jdn an etw.); **3.** *psych* hemmen. **inibito, -a** [...'bi:to] **I.** *a* gehemmt; **II.** *m, f* gehemmter Mensch. **inibizione** [...bit'tsi̯o:ne] *f* **1.** *(proibizione)* Verbot *n,* Untersagung *f;* **2.** *psych* Hemmung *f;* **3.** *jur* Hemmung *f,* Verhinderung *f.*

inidoneità [inidonei'ta] *f* Untauglichkeit *f.* **inidoneo, -a** [...'dɔ:neo] *a* ungeeignet, untauglich.

iniettare [ini̯et'ta:re] **I.** *tr* (ein)spritzen, injizieren; **II.** *rfl:* **-rsi** anlaufen; **gli occhi s'erano iniettati di sangue** die Augen waren blutunterlaufen (*o.* rot angelaufen). **iniettore** [...'to:re] *m* Injektor *m;* ~ **del carburante** Einspritzventil *n.* **iniezione** [...et'tsi̯o:ne] *f* **1.** *tec* Einspritzung *f;* **2.** *med* Injektion *f,* Spritze *f;* **motore ad** ~ Einspritzmotor *m.*

inimicare [inimi'ka:re] ⟨inimico, inimichi⟩ **I.** *tr* zum Feind (*o.* zu Feinden) machen, entzweien; **II.** *rfl:* **-rsi** sich verfeinden, sich überwerfen. **inimicizia** [...i'tʃittsi̯a] ⟨-ie⟩ *f* Feindschaft *f.*

inimitabile [inimi'ta:bile] *a* unnachahmlich.

inimmaginabile [inimmadʒi'na:bile] *a* unvorstellbar.

ininfiammabile [ininfi̯am'ma:bile] *a* nicht entzündbar.

inintelligibile [inintelli'dʒi:bile] *a* unverständlich; *(grafia)* unleserlich.

ininterrotto, -a [ininter'rotto] *a* ununterbrochen.

iniqua *f v.* **iniquo.**

iniquità [iniku̯i'ta] ⟨-⟩ *f* **1.** *(ingiustizia)* Ungerechtigkeit *f;* **2.** *(malvagità)* Niederträchtigkeit *f,* Bosheit *f.* **iniquo, -a** [i'ni:ku̯o] **I.** *a* **1.** *(ingiusto)* ungerecht, unbillig; **2.** *(malvagio)* niederträchtig, boshaft, bösartig; **3.** *poet (avverso, sfavorevole)* abscheulich; **II.** *m, f* niederträchtiger (*o.* ungerechter) Mensch.

iniziale [init'tsi̯a:le] **I.** *a* anfänglich, Anfangs-; **II.** *f* **1.** *(lettera)* Anfangsbuchstabe *m;* **2.** ⟨*pl*⟩ *(del nome)* Initialen *f pl.* **inizialmente** [...i̯al'mente] *adv* am Anfang, zu Beginn.

iniziare [init'tsi̯a:re] ⟨inizio, inizi⟩ **I.** *tr* ⟨*avere*⟩ **1.** *(intraprendere)* beginnen, anfangen; **2.** *(avviare)* einführen (*a* in), einweisen (*a* in); *(ai riti, etc.)* einweihen (*a* in); **II.** *itr* ⟨*essere*⟩, *rfl:* **-rsi** beginnen, anfangen. **iniziata** *f v.* **iniziato. iniziatico, -a** [...'tsi̯a:tiko] ⟨-ci, -che⟩ *a* Einführungs-, Initiations-; **cerimoniale** ~ Einführungszeremoniell *n; (nell'etnologia)* Initiationsritus *m.*

iniziativa [inittsi̯a'ti:va] *f* **1.** *(azione decisa e volontaria)* Initiative *f,* Anregung *f;* **2.** *(attitudine, intraprendenza)* Unternehmung *f;* **spirito d'**~ Unternehmungsgeist *m;* **agire di propria** ~ etw. auf eigene Faust (*o.* von sich *(dat)* aus) tun; **prendere l'**~ **di qc** etw. in die Hand nehmen, in etw. die Initiative ergreifen.

iniziato, -a [init'tsi̯a:to] **I.** *a* eingeführt (*a* in); *(a un rito, etc.)* eingeweiht (*a* in); **II.** *m, f* Eingeweihte(r) *mf.* **iniziatore, -trice** [...i̯a:to:re] **I.** *a* Anfangs-, Einführungs-; **II.** *m, f* Initiator(in) *m(f).* **iniziazione** [...i̯at'tsi̯o:ne] *f* Einweihung *f* (*a* in).

inizio [i'nittsi̯o] ⟨-i⟩ *m* Beginn *m,* Anfang *m;* **-i** Anfänge *m pl;* **avere** ~ beginnen, anfangen; **all'**~ anfangs, am Anfang, zu Beginn.

innalzamento [innaltsa'mento] *m* **1.** *arch* Errichtung *f,* Bau *m;* **2.** *(a. fig)* Erhebung *f;* ~ **a potenza** Erhebung *f* zur Potenz. **innalzare** [...'tsa:re] **I.** *tr* **1.** *(levare in alto)* hochheben; *(tenere)* hochhalten; **2.** *(aumentare il livello)* ansteigen lassen, erhöhen; **3.** *(erigere)* errichten; **4.** *(rizzare)* aufrichten; **5.** *fig (d'importanza, etc.)* erheben (*a* zu), machen (*a* zu); ~ **una preghiera** ein Gebet zum Himmel erheben; **II.** *rfl:* **-rsi 1.** *(levarsi verso l'alto)* sich erheben, emporragen; **2.** *fig (socialmente)* aufsteigen.

innamoramento [innamora'mento] *m* Verliebtheit *f.* **innamorare** [...'ra:re] **I.** *tr* verliebt machen; **un sorriso che innamora** (*o.* **che fa** ~) ein Lächeln zum Verlieben; **II.** *rfl:* **-rsi** sich verlieben (*di* in). **innamorato, -a** [...'ra:to] **I.** *a* verliebt; ~ **cotto** bis über beide Ohren verliebt; **II.** *m, f* Verliebte(r) *mf.*

innanzi [in'nantsi] **I.** *adv* **1.** *(avanti)*

vorn(e); **2.** *(prima)* vorher, vorhin; **camminare ~** vor(aus)gehen, vorangehen; **tirare ~** *fig* durchkommen; **venire ~** vorankommen; **II.** *prp* vor *dat;* **~ tempo** vorzeitig; **~ tutto** vor allem, insbesondere; **III.** ⟨*inv*⟩ *a* vorhergehend; **il mese ~** der vorhergehende Monat, der Vormonat.

innato, -a [in'na:to] *a* **1.** *(per natura)* angeboren; **2.** *(spontaneo)* natürlich, spontan, ungezwungen.

innaturale [innatu'ra:le] *a* unnatürlich.

innegabile [inne'ga:bile] *a* unleugbar, unbestreitbar.

inneggiare [inned'dʒa:re] ⟨inneggio, inneggi⟩ *itr* eine Hymne singen (*a* auf).

innervosire [innervo'si:re] ⟨innervosisco⟩ **I.** *tr* nervös machen; **II.** *rfl:* **-rsi** nervös werden.

innescare [innes'ka:re] ⟨innesco, inneschi⟩ *tr* **1.** *(ami)* einen Köder festmachen an; **2.** *(cariche esplosive)* scharf machen. **innesco** [in'nesko] ⟨-schi⟩ *m* Auslösung *f; (di carica esplosiva)* Zündvorrichtung *f.*

innestare [innes'ta:re] **I.** *tr* **1.** *agr* veredeln, pfropfen; **2.** *med* transplantieren, verpflanzen; **3.** *tec* kuppeln; *(marcia)* einlegen; **4.** *(inserire, a. fig)* einschieben; *el (spina, etc.)* einstekken; **II.** *rfl:* **-rsi** einmünden (*su* in). **innesto** [in'nɛsto] *m* **1.** *agr* Vered(e)lung *f,* Pfropfung *f; (parte da innestare)* Pfropfreis *n;* **2.** *med* Transplantation *f,* Verpflanzung *f;* **3.** *tec* Kupplung *f;* **4.** *fig* Einschieben *n,* Einfügen *n.*

innevato, -a [inne'va:to] *a* verschneit.

inno ['inno] *m* Hymne *f.*

innocente [inno'tʃɛnte] **I.** *a* unschuldig; *(ingenuo)* naiv, harmlos; **II.** *mf* **1.** *(non colpevole)* Unschuldige(r) *mf;* **2.** *(bambino)* unschuldiges Kind. **innocenza** [...'tʃɛntsa] *f* **1.** *(mancanza di colpa)* Unschuld *f,* Schuldlosigkeit *f;* **2.** *(purezza d'animo)* Unschuld *f; (ingenuità)* Naivität *f;* **l'età dell'~** das Alter der Unschuld, die Kindheit; **perdere l'~** die Unschuld verlieren; **domanda fatta con ~** eine naiv gestellte Frage; **beata ~!** mein Gott, wie naiv!

Innocenzo [inno'tʃɛntso] *(nome proprio maschile)* Innozenz.

innocuità [innokui'ta] ⟨-⟩ *f* Unschädlichkeit *f.* **innocuo, -a** [in'nɔ:kuo] *a* unschädlich; *(animale, persona)* harmlos.

innominabile [innomi'na:bile] *a* unaussprechlich, schändlich.

innovamento [innova'mento] *m* Erneuerung *f; (novità)* Neuerung *f.* **innovare** [...'va:re] *tr* erneuern. **innovativo, -a** [...va'ti:vo] *a* erneuernd, Erneuerungs-. **innovatore, -trice** [...va'to:re] *m, f* Erneuerer *m,* Erneuerin *f.* **innovazione** [...vat'tsi̯o:ne] *f* Erneuerung *f; (novità)* Neuerung *f.*

Innsbruck ['ɪnsbrʊk] *f* Innsbruck *n.*

innumerevole [innume're:vole] *a* unzählig.

inoccupato, -a [inokku'pa:to] **I.** *a* unbeschäftigt, beschäftigungslos; **II.** *m, f* Unbeschäftigte(r) *mf.*

inoculare [inoku'la:re] *tr* **1.** *med* (ein)impfen; **2.** *fig* einimpfen. **inoculazione** [...lat'tsi̯o:ne] *f* **1.** *med* (Ein)impfung *f;* **2.** *fig* Einimpfen *n.*

inodore, inodoro, -a [ino'do:re, ...ro] *a* geruchlos, geruchfrei; *(fiore)* nicht riechend.

inoffensivo, -a [inoffen'si:vo] *a (parole, etc.)* nicht beleidigend, harmlos; *(animale)* ungefährlich, harmlos.

inoltrare [inol'tra:re] **I.** *tr* **1.** *adm* einreichen; **2.** *(far proseguire)* übermitteln, weiterleiten; **II.** *rfl:* **-rsi 1.** *(addentrarsi)* (weiter) hineingehen, vor-, eindringen; **2.** *fig (progredire)* sich hineinarbeiten, vordringen. **inoltrato, -a** [...'tra:to] *a* spät(abends); **a notte/sera -a** zu vorgerückter Stunde; **fino a notte -a** bis spät in die Nacht (hinein).

inoltre [i'noltre] *adv* **1.** *(oltre a ciò)* ferner, außerdem; **2.** *(per di più)* darüber hinaus, überdies.

inoltro [i'noltro] *m* Weiterleiten *n,* Weiterbeförderung *f.*

inondare [inon'da:re] *tr* **1.** *(allagare)* überschwemmen; **2.** *fig (gioia, etc.)* erfüllen; *(lacrime)* überströmen, fließen über. **inondazione** [...dat'tsi̯o:ne] *f* **1.** *(allagamento)* Überschwemmung *f;* **2.** *fig* Schwemme *f.*

inoperabile [inope'ra:bile] *a* inoperabel, nicht operierbar.

inoperante [inope'rante] *a* wirkungslos.

inoperosità [inoperosi'ta] *f* Untätigkeit *f.* **inoperoso, -a** [...'ro:so] *a (persona)* untätig; *(capitale)* tot; *(macchina, etc.)* stillgelegt.

inopinabile [inopi'na:bile] *a* unvorstellbar, undenkbar. **inopinato, -a** [...'na:to] *a* unvorhergesehen.

inopportunità [inopportuni'ta] *f* Ungelegenheit *f.* **inopportuno, -a** [...'tu:no] *a* unangebracht; *(visita)* ungelegen.

inoppugnabile [inoppuɲ'ɲa:bile] *a* **1.** *(certo, evidente)* unwiderlegbar; **2.** *jur* unanfechtbar. **inoppugnabili-**

tà [...ɲabili'ta] ⟨-⟩ *f* **1.** *(evidenza)* Unwiderlegbarkeit *f;* **2.** *jur* Unanfechtbarkeit *f.*
inorganico, -a [inor'ga:niko] *a* **1.** *chem* anorganisch; **2.** *(privo di organicità, discontinuo)* zusammenhang(s)los, nicht organisch.
inorgoglire [inorgoʎ'ʎi:re] ⟨inorgoglisco⟩ **I.** *tr* ⟨*avere*⟩ stolz machen (*di* auf); **II.** *itr* ⟨*essere*⟩, *rfl:* **-rsi** stolz werden (*di* auf).
inorridire [inorri'di:re] ⟨inorridisco⟩ **I.** *tr* ⟨*avere*⟩ erschrecken, entsetzen; **II.** *itr* ⟨*essere*⟩ (er)schaudern.
inospitale [inospi'ta:le] *a* **1.** *(persona, casa)* ungastlich, unfreundlich; **2.** *(regione)* unwirtlich.
inosservanza [inosser'vantsa] *f* Nichtbeachtung *f,* Nichteinhaltung *f.* **inosservato, -a** [...'va:to] *a* unbemerkt; *(a. non rispettato)* unbeachtet.
inossidabile [inossi'da:bile] *a* rostfrei.
I.N.P.S. [imps] *m ab di* **Istituto Nazionale Previdenza Sociale** *nationale italienische Sozialversicherungsanstalt.*
inquadramento [iŋku̯adra'mento] *m* Einordnung *f.* **inquadrare** [...'dra:re] *tr* **1.** *(incorniciare)* einrahmen; **2.** *fig (dare rilievo)* einordnen; **3.** *fot, film* aufnehmen; **4.** *mil, pol* eingliedern, einordnen. **inquadratura** [...ra'tu:ra] *f fot* Bildausschnitt *m; film* Einstellung *f.*
inqualificabile [iŋku̯alifi'ka:bile] *a pej* unter aller Kritik.
inquietante [iŋku̯ie'tante] *a* **1.** *(preoccupante)* beunruhigend, besorgniserregend, beängstigend; **2.** *(perturbante)* hinreißend.
inquietare [iŋku̯ie'ta:re] **I.** *tr* beunruhigen, beängstigen; **II.** *rfl:* **-rsi** sich beunruhigen, unruhig werden. **inquieto, -a** [iŋ'ku̯iɛ:to] *a* **1.** *(turbato)* unruhig; **2.** *(irritato)* verärgert; **3.** *(preoccupato)* besorgt. **inquietudine** [...ie'tu:dine] *f* Unruhe *f; (preoccupazione)* Beunruhigung *f,* Sorge *f,* Besorgnis *f.*
inquilino, -a [iŋku̯i'li:no] *m, f* Mieter(in) *m(f).*
inquinamento [iŋku̯ina'mento] *m* Verschmutzung *f;* ~ **dell'ambiente** Umweltverschmutzung *f;* ~ **da petrolio** Ölpest *f.* **inquinante** [iŋku̯i'nante] *a* umweltgefährdend. **inquinare** [iŋku̯i'na:re] *tr* **1.** *(infettare)* verschmutzen, verseuchen; **2.** *fig (corrompere)* verderben; **3.** *jur (prove)* verwischen.
inquirente [iŋku̯i'rɛnte] **I.** *a* untersuchend, ermittelnd, Untersuchungs-; **magistrato** ~ Untersuchungsrichter *m;* **II.** *f* Untersuchungsausschuß *m.*
inquisire [iŋku̯i'zi:re] ⟨inquisisco⟩ **I.** *tr* untersuchen, (nach)forschen über; **II.** *itr* nachforschen, ermitteln. **inquisitore, -trice** [...zi'to:re] **I.** *a* forschend; *jur* Ermittlungs-, Untersuchungs-; *hist* Inquisitions-; **II.** *m hist* Inquisitor *m;* **III.** *m, f* Ermittler(in) *m(f).* **inquisitorio, -a** [...zi'tɔ:ri̯o] ⟨-i, -ie⟩ *a* **1.** *hist* inquisitorisch, Inquisitions-; **2.** *fig (severo)* forschend. **inquisitrice** *f v.* **inquisitore. inquisizione** [...zit'tsi̯o:ne] *f* **1.** *(inchiesta)* Untersuchung *f;* **2.** *hist:* **(Santa) I~** Inquisition *f.*
insabbiamento [insabbi̯a'mento] *m* Versandung *f.* **insabbiare** [...'bi̯a:re] ⟨insabbio, insabbi⟩ **I.** *tr* **1.** *(coprire di sabbia)* mit Sand bedecken; **2.** *fig (celare)* vertuschen; *(non far procedere)* im Sand(e) verlaufen lassen; **II.** *rfl:* **-rsi** **1.** *(coprirsi di sabbia)* versanden; **2.** *(arenarsi)* auf Sand laufen, auflaufen; **3.** *(nascondersi nella sabbia)* sich im Sand eingraben; **4.** *fig (non procedere)* im Sand(e) verlaufen.
insaccare [insak'ka:re] ⟨insacco, insacchi⟩ **I.** *tr* **1.** *(mettere in sacchi)* einsacken, in Säcke füllen; *(in budelli)* in Häute (*o.* Därme) füllen; **2.** *fig (stipare)* hineinstopfen, zwängen; **3.** *fig (infagottare)* einmumme(l)n *fam;* **II.** *rfl:* **-rsi** zusammensacken. **insaccati** [...'ka:ti] *m pl* Wurst *f,* Wurstwaren *f pl.*
insacchettare [insakket'ta:re] *tr* eintüten.
insalata [insa'la:ta] *f* **1.** *gastr* Salat *m;* **2.** *fig (confusione)* Salat *m fam;* **patate in** ~ Kartoffelsalat *m;* ~ **cotta** *Salat aus verschiedenen gekochten Gemüsen;* ~ **cruda** Rohkostsalat *m;* ~ **russa** *Gemüsesalat mit Mayonnaise.* **insalatiera** [...la'ti̯ɛ:ra] *f* Salatschüssel *f.*
insalubre [insa'lu:bre] *a* ungesund, gesundheitsschädlich.
insalutato, -a [insalu'ta:to] *a* ungegrüßt; **partire** ~ **ospite** *scherz* sich auf französisch empfehlen.
insanabile [insa'na:bile] *a* unheilbar.
insanguinare [insaŋgu̯i'na:re] **I.** *tr* blutig machen; *(a. fig)* mit Blut beflecken; **II.** *rfl:* **-rsi** sich blutig machen; *(a. fig)* sich mit Blut beflecken.

insania [in'sa:ni̯a] ⟨-ie⟩ *f poet* Torheit *f,* Wahnsinn *m.* **insanire** [insa'ni:re] ⟨insanisco⟩ *itr* ⟨*essere*⟩ *poet* wahnsinnig werden. **insano, -a** [in'sa:no] *a* *poet* wahnsinnig; *(atto a.)* wahnwitzig.

insaponare [insapo'na:re] *tr* **1.** *(con sapone)* einseifen; **2.** *fig (adulare)* schmeicheln (*qu* jdm); *(con parole)* Honig ums Maul schmieren (*qu* jdm).

insaporire [insapo'ri:re] ⟨insaporisco⟩ **I.** *tr* abschmecken; **II.** *itr* schmackhaft werden.

insaporo, -a [insa'po:ro] *a* geschmacklos.

insaputa [insa'pu:ta] *f*: **all'∼ di** ohne Wissen *gen;* **ha fatto tutto a mia ∼** er (*o.* sie) hat alles ohne mein Wissen getan.

insaturo, -a [in'sa:turo] *a* ungesättigt.

insaziabile [insat'tsi̯a:bile] *a* unersättlich. **insaziabilità** [...i̯abili'ta] ⟨-⟩ *f* Unersättlichkeit *f.*

inscatolare [inskato'la:re] *tr* in Dosen füllen.

inscenare [inʃe'na:re] *tr* **1.** *theat* inszenieren; **2.** *fig* veranstalten, machen.

inscindibile [inʃin'di:bile] *a* untrennbar.

insecchire [insek'ki:re] ⟨insecchisco⟩ *itr* ⟨*essere*⟩ **1.** *(diventare secco)* austrocknen; **2.** *fig (persona)* abmagern.

insediamento [insedi̯a'mento] *m* **1.** *(in una carica)* Amtseinsetzung *f,* Amtsantritt *m;* **2.** *(presa di possesso)* Einnahme *f;* **3.** *(stanziamento in dimora)* Ansiedlung *f; pej* Einnistung *f.*

insediare [...'di̯a:re] ⟨insedio, insedi⟩ **I.** *tr* (in das Amt) einsetzen; **II.** *rfl:* **-rsi** **1.** *adm* sein Amt antreten; **2.** *fig* sich niederlassen, sich ansiedeln; *pej* sich einnisten.

insegna [in'seɲɲa] *f* **1.** *(di grado, dignità)* Abzeichen *n,* Zeichen *n; (bandiera)* Fahne *f; (stemma)* Wappen *n;* **2.** *(motto)* Wahlspruch *m;* **3.** *(di negozio, etc.)* Schild *n;* **4.** *fig (principio ispiratore)* Grundsatz *m;* **-e sacerdotali** Priesterinsignien *pl;* **abbandonare le -e** Fahnenflucht begehen.

insegnamento [inseɲɲa'mento] *m* **1.** *(di una disciplina, di un'arte)* Unterricht *m;* **2.** *(precetto, ammaestramento)* Lehre *f;* **∼ della filosofia** Philosophieunterricht *m;* **∼ universitario** Hochschulunterricht *m.* **insegnante** [...'ɲante] **I.** *a* lehrend, Lehr-; **personale ∼** Lehrpersonal *n;* **II.** *mf* Lehrer(in) *m(f);* Lehrkraft *f adm.* **insegnare** [...'ɲa:re] **I.** *tr* **1.** *(una disciplina, un'arte)* lehren (*qc a qu* jdn etw.), unterrichten (*qc a qu* jdn in etw.); *(comportamento, etc.)* beibringen (*qc a qu* jdm etw.); **2.** *(indicare)* zeigen; **II.** *itr* unterrichten, lehren; **come Lei m'insegna ...** *iron* wie Sie so schön sagen; **t'insegno io a rigare diritto!** dir werd' ich helfen! **inseguire** [...'gu̯i:re] *tr* verfolgen (*qu* jdn), nachlaufen (*qu* jdm). **inseguitore, -trice** [...u̯i'to:re] *m, f* Verfolger(in) *m(f).*

insellare [insel'la:re] *tr* satteln.

inselvatichire [inselvati'ki:re] ⟨inselvatichisco⟩ **I.** *tr* ⟨*avere*⟩ verwildern lassen; **II.** *itr* ⟨*essere*⟩, *rfl:* **-rsi** verwildern.

insenatura [insena'tu:ra] *f* Einbuchtung *f,* Bucht *f.*

insensatezza [insensa'tettsa] *f* Unbesonnenheit *f.* **insensato, -a** [...'sa:to] *a* **1.** *(persona)* unvernünftig; *(azione)* unsinnig.

insensibile [insen'si:bile] *a* **1.** *(impercettibile)* unmerklich, unauffällig; **2.** *(nervo, etc.)* unempfindlich; **3.** *(persona)* unempfindlich (*a* gegen), nicht zugänglich (*a* für); *pej* gefühllos. **insensibilità** [...sibili'ta] *f* Unempfindlichkeit *f* (*a* gegen); *pej* Gefühllosigkeit *f.*

inseparabile [insepa'ra:bile] *a* **1.** *(cose)* untrennbar; **2.** *(persone)* unzertrennlich.

insepolto, -a [inse'polto] *a* unbegraben.

inserimento [inseri'mento] *m* **1.** *(introduzione)* Einfügung *f;* **2.** *fig (inclusione)* Einschluß *m.* **inserire** [...'ri:re] ⟨inserisco⟩ **I.** *tr* **1.** *(introdurre)* einfügen, -stecken, -legen; *(spina, etc.)* einstecken; **2.** *fig (includere)* einfügen; **3.** *(in un giornale)* aufgeben; **II.** *rfl:* **-rsi** **1.** *(essere attaccato)* sich einfügen, einrasten; **2.** *fig (integrarsi)* beitreten (*in qc* einer S.), eintreten (*in* in); **3.** *fig (intromettersi)* sich einmischen, sich einschalten.

inserto [in'sɛrto] *m* **1.** *(incartamento)* Aktenheft *n;* **2.** *(in giornale, rivista)* Beilage *f;* **3.** *film* Insert *n;* **∼ pubblicitario** Werbebeilage *f.*

inservibile [inser'vi:bile] *a* unbrauchbar, nutzlos.

inserviente [inser'vi̯ɛnte] *mf* Dienstbote *m,* -botin *f.*

inserzione [inser'tsi̯o:ne] *f* **1.** *(atto dell'inserire)* Einfügung *f,* Einschiebung *f;* **2.** *(annuncio pubblicitario)* Anzeige *f,* Inserat *n;* **3.** *anat* Ansatz *m;* **4.** *tel* Zuschaltung *f;* **fare un'∼** eine Anzeige aufgeben. **inserzionista** [...i̯o'nista] ⟨-i *m,* -e *f*⟩ *mf* Inserent(in) *m(f).*

insetticida [insetti'tʃi:da] ⟨-i, -e⟩ **I.** *a* insektizid, insektentötend; **polvere ∼** Insektenpulver *n;* **II.** *m* Insektenvernichtungsmittel *n,* Insektizid *n scient.*

insettivoro, -a [...'ti:voro] **I.** *a* insektenfressend; **II.** *m* Insektenfresser *m.*

insetto [in'sɛtto] *m* **1.** *zoo* Insekt *n;* **2.** *fig pej* Wurm *m;* ~ **nocivo** Schädling *m.*

insicurezza [insiku'rettsa] *f* Unsicherheit *f.* **insicuro, -a** [...'ku:ro] *a* unsicher.

insidia [in'si:di̯a] ‹-ie› *f* **1.** *(tranello, agguato)* Hinterhalt *m,* Falle *f;* **2.** *(pericolo nascosto)* Falle *f,* Tücke *f;* **3.** *fig (lusinga)* Anfechtung *f,* Verlockung *f;* **tendere un'~ a qu** jdm eine Falle stellen. **insidiare** [insi'di̯a:re] ‹insidio, insidi› **I.** *tr* in einen Hinterhalt locken (*qu* jdn), auflauern (*qu* jdm); **II.** *itr* angreifen (*a qc* etw.), trachten (*a* nach); ~ **alla vita di qu** jdm nach dem Leben trachten. **insidioso, -a** [...'di̯o:so] *a (persone, domande)* hinterhältig; *(cose)* (heim)tückisch; *(situazione)* verfänglich.

insieme [in'si̯ɛ:me] **I.** *adv* **1.** *(in compagnia, complessivamente)* zusammen; **2.** *(contemporaneamente)* zugleich, gleichzeitig; **tutti quanti ~** alle zusammen; **comperare tutto ~** alles auf einmal (*o.* in einem) kaufen; **mettere ~** auf-, zusammenstellen; *(fortuna)* anhäufen; *(lettera)* aufsetzen; **II.** *prp:* ~ **con 1.** *(in compagnia, in unione)* zusammen (*o.*gemeinsam) mit *dat;* **2.** *(contemporaneamente)* gleichzeitig mit *dat;* **III.** *m* **1.** *(totalità)* Gesamtheit *f;* Ganze(s) *n;* **2.** *mat* Menge *f.*

insigne [in'siɲɲe] *a* bedeutend, hervorragend.

insignificante [insiɲɲifi'kante] *a* **1.** *(che significa poco o nulla)* unbedeutend, bedeutungslos; **2.** *(banale)* unbedeutend, banal; **3.** *(trascurabile)* unwesentlich, unbedeutend.

insignire [insiɲ'ɲi:re] ‹insignisco› *tr* auszeichnen (*di* mit).

insincerità [insintʃeri'ta] *f* Unaufrichtigkeit *f,* Unehrlichkeit *f.* **insincero, -a** [...'tʃɛ:ro] *a* unaufrichtig, unehrlich.

insindacabile [insinda'ka:bile] *a* unkontrollierbar; *(definitivo)* unanfechtbar, endgültig.

insinuante [insinu'ante] *a* einschmeichelnd.

insinuare [insinu'a:re] **I.** *tr* **1.** *(introdurre)* (ein)stecken, hineinstecken; **2.** *fig* unterstellen; *(sospetti)* erwekken, erregen; **cosa vuoi ~?** was willst du damit sagen?; **II.** *rfl:* **-rsi 1.** *(infiltrarsi)* eindringen; **2.** *fig* sich einschleichen (*in* in), erschleichen (*in qc* etw.). **insinuazione** [...uat'tsi̯o:ne] *f* Unterstellung *f.*

insipidezza [insipi'dettsa] *f* Fadheit *f,* Geschmacklosigkeit *f.* **insipido, -a** [in'si:pido] *a* **1.** *gastr* fade, geschmacklos; **2.** *fig (banale)* fade.

insipiente [insi'pi̯ɛnte] *a* unwissend, dumm. **insipienza** [...'pi̯ɛntsa] *f* Unwissenheit *f,* Dummheit *f.*

insistei [insis'te:i] *1. pers sing del passato remoto di* **insistere.**

insistente [insis'tɛnte] *a* nachdrücklich, eindringlich; *(ostinato)* beharrlich; *(continuo)* anhaltend. **insistenza** [...'tɛntsa] *f (perseveranza)* Beharrlichkeit *f;* *(continuità)* Anhalten *n.*

insistere [in'sistere] ‹insisto, insistei *o.* insistetti, insistito› *itr* bestehen (*a, in* auf), beharren (*a, in* auf).

insito, -a ['insito] *a* verwurzelt, innewohnend; *(qualità)* angeboren.

insoddisfatto, -a [insoddis'fatto] *a* **1.** *(persona)* unbefriedigt, unzufrieden (*di* mit); **2.** *(desiderio)* unerfüllt. **insoddisfazione** [...t'tsi̯o:ne] *f* Unzufriedenheit *f,* Unbefriedigtsein *n.*

insofferente [insoffe'rɛnte] *a* unduldsam. **insofferenza** [...'rɛntsa] *f* Unduldsamkeit *f.*

insolazione [insolat'tsi̯o:ne] *f* Sonnenstich *m.*

insolente [inso'lɛnte] *a* frech.

insolentire [insolen'ti:re] ‹insolentisco› **I.** *tr* ‹*avere*› beleidigen, beschimpfen; **II.** *itr* **1.** ‹*avere*› schimpfen; **2.** ‹*essere*› frech werden; ~ **contro qu** gegen jdn ausfallend werden. **insolenza** [...'lɛntsa] *f* **1.** *(arroganza)* Frechheit *f;* **2.** *(villania)* Beleidigung *f;* **scagliare -e contro qu** jdn wüst beschimpfen.

insolito, -a [in'sɔ:lito] *a* ungewöhnlich.

insolubile [inso'lu:bile] *a* **1.** *(problema, etc.)* unlösbar; *(dubbio)* nicht zu zerstreuen(d); **2.** *chem* unlöslich. **insolubilità** [...lubili'ta] *f* **1.** *(di problema, etc.)* Unlösbarkeit *f;* **2.** *chem* Unlöslichkeit *f.*

insoluto, -a [inso'lu:to] **I.** *a* **1.** *(problema, etc.)* ungelöst, nicht gelöst; **2.** *chem* nicht gelöst; **3.** *(debito, etc.)* nicht eingelöst, unbezahlt; **II.** *m pl* Außenstände *pl.*

insolvente [insol'vɛnte] *a* zahlungsunfähig, insolvent. **insolvenza** [...'vɛntsa] *f* Zahlungsunfähigkeit *f,* Insolvenz *f.*

insolvibile [insol'vi:bile] *a* zahlungsunfähig, insolvent. **insolvibilità**

[...vibili'ta] *f* Zahlungsunfähigkeit *f*, Insolvenz *f*.
insomma [in'somma] **I.** *adv (in conclusione)* also, somit; *(in breve)* kurz; *(in conclusione)* schließlich; **II.** *interj* (was) nun, also (was); ~ **vuoi partire o restare?** willst du nun gehen oder dableiben?; ~ **finiamola una buona volta!** also, hören wir endlich auf damit!
insondabile [inson'da:bile] *a* **1.** nicht auslotbar; **2.** *fig* unerforschlich, unergründlich.
insonne [in'sɔnne] *a* **1.** *(persona, notte)* schlaflos; **2.** *fig (instancabile)* unermüdlich. **insonnia** [in'sɔnni̯a] ‹-ie› *f* Schlaflosigkeit *f*.
insonnolito, -a [insonno'li:to] *a* schläfrig, verschlafen.
insopportabile [insoppor'ta:bile] *a* unerträglich.
insorgenza [insor'dʒɛntsa] *f* Auftreten *n*. **insorgere** [in'sordʒere] ‹*irr*› *itr* ‹*essere*› **1.** *(ribellarsi)* aufstehen (*contro* gegen), sich erheben (*contro* gegen); **2.** *(manifestarsi)* auftreten, erscheinen.
insormontabile [insormon'ta:bile] *a* unüberwindlich.
insorto, -a [in'sorto] *m, f* Aufständische(r) *mf*.
insospettabile [insospet'ta:bile] *a* **1.** *(superiore a qualsiasi sospetto)* unverdächtig, über jeden Verdacht erhaben; **2.** *(impreveduto)* unvermutet, ungeahnt.
insospettire [insospet'ti:re] ‹insospettisco› **I.** *tr* ‹*avere*› argwöhnisch machen, Verdacht erregen bei; **II.** *itr* ‹*essere*›, *rfl:* **-rsi** argwöhnisch werden, Verdacht schöpfen.
insostenibile [insoste'ni:bile] *a (pena, etc.)* unerträglich; *(spese, etc.)* untragbar; *(mil, tesi, etc.)* unhaltbar.
insostituibile [insostitu'i:bile] *a* unersetzlich.
insozzare [insot'tsa:re] **I.** *tr* besudeln; *(reputazione)* beschmutzen; **II.** *rfl:* **-rsi** sich beschmutzen, sich besudeln; *(di vergogna)* sich bedecken.
insperabile [inspe'ra:bile] *a* nicht zu erhoffen(d). **insperato, -a** [...'ra:to] *a* unverhofft.
inspiegabile [inspi̯e'ga:bile] *a* unerklärlich.
inspirare [inspi'ra:re] *tr* einatmen. **inspirazione** [...rat'tsi̯o:ne] *f* Einatmen *n*.
instabile [ins'ta:bile] *a* **1.** *(non stabile)* nicht stabil, instabil; **2.** *(tempo)* unbeständig; *(carattere a.)* wankelmütig; **3.** *phys* instabil, labil. **instabilità** [...tabili'ta] *f* Unbeständigkeit *f*, Instabilität *f*.
installare [instal'la:re] **I.** *tr* **1.** *(persone)* unterbringen; *(in una carica, etc.)* einsetzen; **2.** *tec* anschließen, installieren; **II.** *rfl:* **-rsi** *scherz* sich einrichten, sich niederlassen. **installatore** [...la'to:re] *m* Installateur *m*. **installazione** [...lat'tsi̯o:ne] *f* Installation *f*.
instancabile [instaŋ'ka:bile] *a* unermüdlich.
instaurare [instau'ra:re] **I.** *tr* schaffen, errichten, gründen; *(processo)* einleiten; **II.** *rfl:* **-rsi** errichtet werden. **instauratore, -trice** [...ra'to:re] *m, f* Gründer(in) *m(f)*. **instaurazione** [...rat'tsi̯o:ne] *f* Gründung *f*, Errichtung *f*.
instillare [instil'la:re] *tr* einträufeln, eintröpfeln.
instradare [instra'da:re] *tr* **1.** *(avviare)* leiten, einweisen; *mot* umleiten; **2.** *fig (indirizzare)* einweisen, einführen; *(affari)* leiten.
insù [in'su] *adv:* **all'~** nach oben, hinauf; **naso all'~** Stupsnase *f*.
insubordinato, -a [insubordi'na:to] *a* undiszipliniert. **insubordinazione** [...nat'tsi̯o:ne] *f* **1.** *(indisciplina)* Undiszipliniertheit *f;* **2.** *jur, mil* Gehorsamsverweigerung *f*, Insubordination *f*.
insuccesso [insut'tʃɛsso] *m* Mißerfolg *m*.
insudiciare [insudi'tʃa:re] ‹insudicio, insudici› **I.** *tr* **1.** *(sporcare)* beschmutzen; **2.** *fig (disonorare)* entehren; **II.** *rfl:* **-rsi** **1.** *(sporcarsi)* sich schmutzig machen; **2.** *fig (compromettersi)* sich in Verruf bringen.
insufficiente [insuffi'tʃɛnte] *a* **1.** *(non bastevole, non adeguato)* ungenügend, unzureichend; *(a scuola)* ungenügend; **2.** *(non idoneo)* ungeeignet, unfähig. **insufficienza** [...'tʃɛntsa] *f* **1.** *(inadeguatezza)* Unzulänglichkeit *f;* **2.** *(incapacità)* Ungeeignetheit *f*, Unfähigkeit *f;* **3.** *(votazione scolastica)* Ungenügend *n;* **4.** *med* Schwäche *f*, Versagen *n*, Insuffizienz *f;* **assolvere qu per ~ di prove** jdn aus Mangel an Beweisen freisprechen.
insulare [insu'la:re] *a* Insel-, insular.
insulina [insu'li:na] *f* Insulin *n*.
insulso, -a [in'sulso] *a* **1.** *(cosa)* banal; **2.** *(persona)* geistlos.
insultante [insul'tante] *a* beleidigend.
insultare [insul'ta:re] *tr* beleidigen, beschimpfen. **insulto** [in'sulto] *m* **1.** *(ingiuria, offesa)* Beleidigung *f*, Beschimpfung *f;* **2.** *fig (danno)* An-

fechtung *f;* 3. *med* Anfall *m;* ~ **apoplettico** Schlaganfall *m.*

insuperabile [insupeˈraːbile] *a* 1. *(insormontabile)* unüberwindlich; 2. *(eccellente, imbattibile)* unübertrefflich, ausgezeichnet. **insuperato, -a** [...ˈraːto] *a* unübertroffen.

insuperbire [insuperˈbiːre] ‹insuperbisco› I. *tr* ‹*avere*› stolz machen; II. *itr* ‹*essere*›, *rfl:* **-rsi** stolz werden.

insurrezionale [insurrettsi̯oˈnaːle] *a* aufständisch. **insurrezione** [...ˈtsi̯oː-ne] *f* Aufstand *m.*

insussistente [insussisˈtɛnte] *a* inexistent, nicht bestehend. **insussistenza** [...ˈtɛntsa] *f* Inexistenz *f,* Nichtbestehen *n.*

intaccare [intakˈkaːre] ‹intacco, intacchi› *tr* 1. *(incidere)* (ein)kerben; 2. *(corrodere, a. fig, med)* angreifen; 3. *fig (ledere)* schaden *dat.* **intaccatura** [...kaˈtuːra] *f* 1. *(atto dell'intaccare)* (Ein)kerben *n;* 2. *(tacca, incavatura)* Kerbe *f.* **intacco** [inˈtakko] *m* Kerbe *f.*

intagliare [intaʎˈʎaːre] *tr (legno)* schnitzen; *(metallo)* (aus)stechen; *(pietra)* hauen. **intaglio** [inˈtaʎʎo] *m* Schnitzerei *f.*

intangibile [intanˈdʒiːbile] *a* unberührbar; *fig* unantastbar.

intanto [inˈtanto] I. *adv (nel frattempo)* inzwischen, unterdessen; *(invece)* dagegen; **per** ~ einstweilen; II. *conj:* ~ **che** während.

intarsiare [intarˈsi̯aːre] ‹intarsio, intarsi› *tr* 1. *(lavorare a intarsio)* intarsieren; 2. *fig (impreziosire)* schmükken, verzieren. **intarsio** [inˈtarsi̯o] ‹-i› *m* 1. *(decorazione)* Intarsie *f,* Einlegearbeit *f;* 2. *(in enigmistica)* Schachtelrätsel *n.*

intasamento [intasaˈmento *o.* intaza...] *m* Verstopfung *f.* **intasare** [...ˈsaːre *o.* ...ˈzaːre] I. *tr* verstopfen; II. *rfl:* **-rsi** sich verstopfen.

intascare [intasˈkaːre] ‹intasco, intaschi› *tr* einstecken, in die Tasche stekken.

intatto, -a [inˈtatto] *a* 1. *(mai toccato)* unberührt; 2. *(puro)* unbefleckt; 3. *(integro)* unversehrt.

intavolare [intavoˈlaːre] *tr* 1. *(registrare)* aufstellen; 2. *(avviare)* einleiten; *(discussione)* eröffnen.

integerrimo, -a [inteˈdʒɛrrimo] ‹*superlativo di* integro› *a* äußerst integer; *fig* makellos.

integrale [inteˈgraːle] I. *a* 1. *(completo, intero)* vollständig, gesamt, Voll-; 2. *mat* Integral-; **edizione** ~ Gesamtausgabe *f;* **pane** ~ Vollkornbrot *n;* II. *m* Integral *n.*

integrare [inteˈgraːre] I. *tr* 1. *(completare)* ergänzen; 2. *soc* integrieren, eingliedern; 3. *mat* integrieren; II. *rfl:* **-rsi** 1. *(completarsi)* sich ergänzen; 2. *soc* sich integrieren, sich einfügen.

integrativo, -a [...raˈtiːvo] *a* Ergänzungs-; *(esame, etc. a.)* Aufbau-. **integrazione** [...ratˈtsi̯oːne] *f* 1. *(completamento, supplemento)* Vervollständigung *f,* Ergänzung *f;* 2. *mat* Integration *f;* 3. *soc (~ razziale, etc.)* Integration *f,* Eingliederung *f;* 4. *(collaborazione)* Zusammenarbeit *f;* ~ **dei reparti** Abteilungszusammenschluß *m;* ~ **dello stipendio** Gehaltszulage *f;* **cassa** ~ Lohnergänzungskasse *f,* ≃ Kurzarbeitergeld *n;* **andare** (*o.* **essere**) **in cassa** ~ kurzarbeiten.

integrità [integriˈta] ‹-› *f* 1. *(qualità di intatto)* Unversehrtheit *f,* Intaktheit *f; (completezza)* Vollständigkeit *f;* 2. *fig* Rechtschaffenheit *f,* Integrität *f;* ~ **fisica** körperliche Unversehrtheit. **integro, -a** [ˈintegro] ‹più integro, integerrimo› *a* 1. *(intatto)* intakt, unversehrt; *(completo)* vollständig; 2. *fig* integer, rechtschaffen; **somma -a** Gesamtsumme *f.*

intelaiatura [intelai̯aˈtuːra] *f* 1. *arch* Gerüst *n; (di finestra, etc.)* Rahmen *m; (di nave)* Spanten *n pl; (di ponte)* Tragwerk *n;* 2. *fig* Aufbau *m,* Struktur *f.*

intellettivo, -a [intelletˈtiːvo] *a* geistig, Verstandes-.

intelletto [intelˈlɛtto] *m* 1. *(facoltà mentale)* Geist *m,* Intellekt *m,* Verstand *m;* 2. *(persona)* Geist *m.* **intellettuale** [intellettuˈaːle] I. *a* geistig, intellektuell, Denk-; **facoltà** ~ Denkvermögen *n;* **lavoro** ~ geistige Arbeit; II. *mf* Intellektuelle(r) *mf.* **intellettualistico, -a** [...uaˈlistiko] ‹-ci, -che› *a* intellektualistisch. **intellettualità** [...ualiˈta] ‹-› *f* 1. *(stato, qualità)* Intellektualität *f,* Verstandesmäßigkeit *f;* 2. *(gli intellettuali)* Intellektuelle(n) *pl.*

intelligente [intelliˈdʒɛnte] *a* intelligent, klug, gescheit. **intelligenza** [...ˈdʒɛntsa] *f* 1. *(capacità di intendere, pensare)* Verstand *m,* Intelligenz *f;* 2. *lit (comprensione)* Verständlichkeit *f;* 3. *(intesa, accordo)* Einverständnis *n;* 4. *(persona)* großer Kopf; **quoziente di** ~ (*ab* **Q.I.**) Intelligenzquotient *m;* **un testo di difficile** ~ ein schwer verständlicher Text.

intelligibile [intelliˈdʒiːbile] *a* 1. *philos*

intelligibel; **2.** *(comprensibile)* verständlich.
intemerata [inteme'ra:ta] *f* Maßregelung *f.*
intemerato, -a [inteme'ra:to] *a* unbescholten; *(coscienza)* rein.
intemperante [intempe'rante] **I.** *a* unmäßig, maßlos, zügellos. **intemperanza** [...'rantsa] *f* **1.** *(smodatezza)* Unmäßigkeit *f;* **2.** *(violenza)* Unbeherrschtheit *f.*
intemperie [intem'pɛ:ri̯e] *f pl* schlechtes Wetter.
intempestivo, -a [intempes'ti:vo] *a* ungelegen.
intendente [inten'dɛnte] *m* Verwalter *m,* Direktor *m.* **intendenza** [...'dɛntsa] *f* Direktion *f,* Verwaltungsstelle *f;* ~ **di finanza** Finanzdirektion *f;* ~ **militare** Heeresverwaltungsbehörde *f.*
intendere [in'tɛndere] ‹*irr*› **I.** *tr* **1.** *(interpretare)* auslegen, deuten; **2.** *(comprendere)* verstehen; **3.** *(udire)* vernehmen, hören; **4.** *(avere intenzione)* beabsichtigen, vorhaben, wollen; **5.** *(accettare)* annehmen; **darla a ~ a qu** jdm etw. weismachen (*o.* vormachen); **lasciare ~ qc a qu** jdm etw. zu verstehen geben; **non ~ consigli** keine Ratschläge annehmen; **non ~ ragione** keine Vernunft annehmen; **non intendo offenderti** ich will dich nicht beleidigen; **m'intendi? e allora lavora e non giocare!** hast du mich verstanden? Also dann arbeite und spiel nicht!; **II.** *rfl:* **-rsi 1.** *(andare d'accordo)* sich verstehen; **2.** *(esser competente)* sich auskennen (*di* in), sich verstehen (*di* auf); **intendersela con qu** mit jdm etw. haben *fam; (illecitamente)* mit jdm unter einer Dekke stecken, mit jdm gemeinsame Sache machen. **intendimento** [intendi'mento] *m* **1.** *(facoltà d'intendere)* Verständnis *n; (intelligenza)* Verstand *m;* **2.** *(intenzione, scopo)* Absicht *f,* Sinn *m.* **intenditore, -trice** [...di'to:re] *m, f* Kenner(in) *m(f);* **a buon intenditor poche parole** *prov* einem Gelehrten ist gut predigen.
intenerire [intene'ri:re] ‹intenerisco› **I.** *tr* **1.** *(render tenero)* weich machen; **2.** *fig (commuovere)* erweichen, rühren; **II.** *rfl:* **-rsi 1.** *(divenire tenero)* weich werden; **2.** *fig (commuoversi)* gerührt sein, sich erweichen lassen.
intensificare [intensifi'ka:re] ‹intensifico, intensifichi› **I.** *tr* verstärken, intensivieren; **II.** *rfl:* **-rsi** sich verstärken, stärker werden. **intensificazione** [...kat'tsi̯o:ne] *f* Verstärkung *f,* Zunahme *f.*
intensità [intensi'ta] ‹-› *f* Stärke *f,* Intensität *f.* **intensivo, -a** [...'si:vo] *a* intensiv. **intenso, -a** [in'tɛnso] *a* intensiv; *(colore, luce a.)* kräftig, satt; *(sguardo, etc.)* eindringlich; *(freddo)* groß; *(affetto)* heftig.
intentare [inten'ta:re] *tr jur* anstrengen; ~ **una causa contro qu** gegen jdn einen Prozeß anstrengen.
intentato, -a [inten'ta:to] *a* unversucht; **non lasciar nulla d'~** nichts unversucht lassen.
intento [in'tɛnto] *m (proposito)* Absicht *f; (fine)* Zweck *m.*
intento, -a [in'tɛnto] *a* aufmerksam; **essere ~ a fare qc** dabei sein, etw. zu tun.
intenzionale [intentsi̯o'na:le] *a* absichtlich, vorsätzlich. **intenzionato, -a** [...'na:to] *a* gesinnt; **essere bene/male ~** gute/böse Absichten haben.
intenzione [inten'tsi̯o:ne] *f* **1.** *(intendimento, proposito)* Absicht *f;* **2.** *(desiderio, aspirazione)* Wille *m;* **avere l'~ di fare qc** die Absicht haben, etw. zu tun, etw. zu tun beabsichtigen; **avere cattive -i verso qu** jdm gegenüber böse Absichten hegen; **senza ~** ohne Absicht, unabsichtlich.
interamente [intera'mente] *adv* ganz, vollständig.
interaziendale [interaddzi̯en'da:le] *a* zwischenbetrieblich.
intercalare[1] [interka'la:re] **I.** *a* Zwischen-; *(mese, anno)* Schalt-; **II.** *m* **1.** *(nel parlare)* Füllwort *n;* **2.** *lit* Kehrreim *m,* Refrain *m;* **... è il suo ~** er (*o.* sie) sagt dauernd ...
intercalare[2] [interka'la:re] *tr* einfügen, einschieben.
intercambiabile [-kam'bi̯a:bile] *a* austauschbar, auswechselbar.
intercapedine [-ka'pɛ:dine] *f* Zwischenraum *m.*
intercedere [-'tʃɛ:dere] **I.** *tr* ‹*avere*› erbitten; ~ **il perdono per qu** für jdn Fürbitte einlegen; **II.** *itr* **1.** ‹*essere*› *(intercorrere)* dazwischenliegen; **2.** ‹*avere*› *(farsi intermediario)* vermitteln, sich einsetzen. **interceditrice** *f v.* **intercessore. intercessione** [-tʃes'si̯o:ne] *f* Fürsprache *f.* **intercessore, -ceditrice** [...'so:re, -tʃedi'tri:tʃe] *m, f* Fürsprecher(in) *m(f).*
intercettare [-tʃet'ta:re] *tr* **1.** *(intervenire in azioni)* aufhalten; **2.** *(lettera)* abfangen; *(telefonata)* abhören; ~ **la rotta di una nave** den Kurs eines Schiffes kreuzen. **intercettazione**

[...tat'tsi̯o:ne] *f (di lettera)* Abfangen *n; (di telefonata)* Abhören *n.*
intercomunicante [-komuni'kante] *a* Verbindungs-.
intercontinentale [-kontinen'ta:le] *a* interkontinental; **missile ~** Interkontinentalrakete *f.*
intercorrere [-'korrere] ‹*irr*› *itr* ‹*essere*› dazwischenliegen; *fig* bestehen.
interdetto, -a [-'detto] **I.** *m rel* Interdikt *n;* **II.** *m, f jur* Entmündigte(r) *mf;* **III.** *a (sorpreso, turbato)* sprachlos.

interdipendente [-dipen'dɛnte] *a* voneinander abhängig, interdependent *geh.* **interdipendenza** [...'dɛntsa] *f* gegenseitige Abhängigkeit, Interdependenz *f geh.*
interdire [-'di:re] ‹*irr*› *tr* **1.** *(proibire)* untersagen, verbieten; **2.** *rel* mit einem Interdikt belegen; **3.** *jur* entmündigen. **interdizione** [-dit'tsi̯o:ne] *f* **1.** *(proibizione)* Verbot *n;* **2.** *rel* Interdikt *n;* **3.** *jur* Entmündigung *f.*
interessamento [interessa'mento] *m* **1.** *(interesse)* Interesse *n; (partecipazione)* Anteilnahme *f;* **2.** *(intervento)* Bemühung *f,* Verwendung *f.* **interessante** [...'sante] *a* interessant; **essere in stato ~** in anderen Umständen sein. **interessare** [...'sa:re] **I.** *tr* ‹*avere*› **1.** *(riguardare)* betreffen, angehen; **2.** *(destare attenzione)* interessieren, interessant sein für; **3.** *(far intervenire)* bemühen; **II.** *itr* ‹*essere*› interessieren (*a qu* jdn), angehen (*a qu* jdn) **III.** *rfl:* **-rsi 1.** *(occuparsi)* sich kümmern (*di* um), sich bemühen (*di* um); **2.** *(mostrare interesse)* sich interessieren (*a, di* für); **non interessarti di cose che non ti riguardano** kümmere dich nicht um Dinge, die dich nichts angehen. **interessato, -a** [...'sa:to] **I.** *a* **1.** interessiert (*a* an, für); **2.** *fig pej* eigennützig; *(persona)* materiell eingestellt; **II.** *m, f* Interessent(in) *m(f); (la persona in causa)* Betreffende(r) *mf.*
interesse [inte'rɛsse] *m* **1.** *fin* Zins *m,* Zinsen *m pl;* **2.** *(tornaconto, utilità)* Interesse *n;* **3.** *(interessamento)* Interesse *n; (partecipazione)* (An)teilnahme *f;* **4.** *(importanza)* Wichtigkeit *f,* Interesse *n;* **5.** ‹*pl*› *(affari)* Angelegenheiten *f pl,* Interessen *n pl;* **tasso d'~** Zinssatz *m;* **~ composto** Zinseszins *m;* **agire nell'~ di qu** jds Interessen wahrnehmen; **mostrare vivo ~ per qc** für etw. lebhaftes Interesse zeigen. **interessenza** [...res'sɛntsa] *f* Gewinnbeteiligung *f.*
interezza [inte'rettsa] *f* Gesamtheit *f.*
interfacoltà [-fakol'ta] *f* Studentenausschuß *m.*
interferenza [interfe'rɛntsa] *f* **1.** *phys* Interferenz *f;* **2.** *fig (intromissione)* Einmischung *f;* **~ acustica** Tonstörung *f.* **interferire** [...'ri:re] *itr* **1.** *phys* interferieren; **2.** *fig (intromettersi)* sich einmischen (*in* in).
interfoglio [-'fɔʎʎo] *m* Trennblatt *n.*
interfono [-'fɔ:no] ‹-› *m* Sprechanlage *f.*
interiezione [-i̯et'tsi̯o:ne] *f* Interjektion *f.*
interinale [interi'na:le] *a* vorübergehend, vorläufig.
interinato [interi'na:to] *m* provisorische Amtszeit.
interiora [inte'ri̯o:ra] *f pl* Innereien *f pl.*
interiore [inte'ri̯o:re] *a* innere(r, s), Innen-; **vita ~** Innenleben *n.*
interlinea [-'li:nea] *f* Durchschuß *m.*
interlineare[1] [-line'a:re] *a* zwischen den Zeilen, Zeilen-.
interlineare[2] [-line'a:re] *tr* durchschießen.
interlocutore, -trice [-loku'to:re] *m, f* Gesprächspartner(in) *m(f).* **interlocutorio, -a** [...'tɔ:ri̯o] ‹-i, -ie› *a* Zwischen-. **interlocutrice** *f v.* **interlocutore.**
interludio [-'lu:di̯o] ‹-i› *m* Zwischenspiel *n,* Interludium *n.*
intermediario, -a [-me'di̯a:ri̯o] ‹-i, -ie› **I.** *a* dazwischenliegend, Zwischen-; **II.** *m, f* Vermittler(in) *m(f),* Mittelsperson *f.* **intermedio, -a** [-'mɛ:di̯o] *a* Zwischen-, Mittel-, mittlere(r, s).
intermezzo [-'mɛddzo] *m* **1.** *mus, lit* Intermezzo *n;* **2.** *(intervallo)* Pause *f.*
interminabile [intermi'na:bile] *a* endlos, unaufhörlich.
intermittente [-mit'tɛnte] *a* wechselnd, Wechsel-; *tec* intermittierend; **febbre ~** Wechselfieber *n;* **luce ~** Blinklicht *n.* **intermittenza** [...'tɛntsa] *f* Unterbrechung *f,* Diskontinuität *f geh; tec* Intermittenz *f.*
interna *f v.* **interno.**
internamente [interna'mente] *adv* **1.** *(dentro)* innen, im Inner(e)n; **2.** *fig (nell'anima)* innerlich, im Inner(e)n.
internamento [interna'mento] *m* Internierung *f; med* Einweisung *f.* **internare** [...'na:re] **I.** *tr* internieren; *med* einweisen; **II.** *rfl:* **-rsi** eindringen.
internato [inter'na:to] *m* **1.** *(periodo)* Praktikum *n;* **2.** *(convitto)* Internat *n.*
internazionale [-nattsi̯o'na:le] **I.** *a* international; **II.** *f:* **I~** Internationale *f.*
internazionalizzare [...nalid'dza:re] *tr* internationalisieren.

internista [inter'nista] ‹-i *m*, -e *f*› *mf* Internist(in) *m(f)*.

interno, -a [in'tɛrno] **I.** *a* innere(r, s), Innen-; *(mare)* Binnen-; *(adm, alunno)* intern; *(politica)* Innen-; *fig* innerlich; **medicina -a** innere Medizin; **regolamento ~** interne Regelung; **voce -a** *fig* innere Stimme; **II.** *m* **1.** *(parte interna)* Innere(s) *n;* **2.** *film* Innenaufnahme *f;* **3.** *(numero interno)* Wohnungsnummer *f; tel* Durchwahlnummer *f*, Apparat *m;* **4.** *(territorio nazionale)* Inland *n;* **scala B, ~ 4** Treppenhaus B, Wohnungsnummer 4; **Ministero degli Interni** Minister *m* des Inneren, Innenminister *m;* **III.** *m, f* Interne(r) *mf; sport* Mittelstürmer(in) *m(f)*.

intero, -a [in'te:ro] **I.** *a* ganz, vollständig; *fig (fiducia)* voll; **un anno ~** ein ganzes Jahr; **latte ~** Vollmilch *f;* **II.** *m* Ganze(s) *n;* **per ~** ganz, im ganzen; **firmare per ~** mit vollem Namen unterschreiben.

interpellanza [interpel'lantsa] *f* Anfrage *f*, Interpellation *f geh.* **interpellare** [...'la:re] *tr* befragen, anfragen bei; *pol* interpellieren an.

interplanetario, -a [-plane'ta:ri̯o] *a* interplanetar(isch), Weltraum-.

interporre [-'porre] ‹*irr*› **I.** *tr* dazwischenlegen; *jur (appello)* einlegen; **~ la propria influenza** seinen Einfluß geltend machen; **~ ostacoli** Hindernisse in den Weg legen; **~ tempo** zögern; **per interposta persona** durch Mittelsperson; **II.** *rfl:* **-rsi** dazwischentreten; *fig* sich einschalten. **interposizione** [-pozit'tsi̯o:ne] *f* Vermittlung *f*.

interpretare [interpre'ta:re] *tr* **1.** *(parole, azione, etc.)* deuten, auslegen; *(testi, leggi)* interpretieren, auslegen; *(spiegare)* erklären; **2.** *(attribuire un significato)* deuten; **3.** *(sentimento, volontà)* Ausdruck geben (*qc* einer S.), zum Ausdruck bringen; **4.** *mus* interpretieren; *film, theat (parte, personaggio)* interpretieren; *(rappresentare)* spielen, darstellen. **interpretazione** [...tat'tsi̯o:ne] *f* **1.** *(spiegazione)* Erklärung *f; (di testi, leggi)* Interpretation *f*, Auslegung *f; (di parole, azione, etc.)* Deutung *f*, Auslegung *f;* **2.** *(attribuzione di un significato)* Deutung *f;* **3.** *(di sentimento, volontà)* Ausdruck *m;* **4.** *mus* Interpretation *f; film, theat* Darstellung *f.* **interprete** [in'tɛrprete] *mf* **1.** *(traduttore)* Dolmetscher(in) *m(f);* **2.** *film, TV, theat* Darsteller(in) *m(f); (a. mus)* Interpret(in) *m(f);* **3.** *(commentatore)* Kommentator(in) *m(f)*, Interpret(in) *m(f);* **4.** *(espositore di volontà altrui)* Vermittler(in) *m(f);* **~ simultaneo** Simultandolmetscher *m;* **farsi ~ di qc presso qu** bei jdm in einer S. vermitteln.

interpunzione [-pun'tsi̯o:ne] *f* Interpunktion *f*, Zeichensetzung *f*.

interramento [interra'mento] *m* Eingraben *n.* **interrare** [...'ra:re] **I.** *tr* ein-, vergraben; **II.** *rfl:* **-rsi** sich mit Erde füllen. **interrato** [...'ra:to] *m* Kellergeschoß *n.*

interregionale [-redʒo'na:le] *a* überregional.

interregno [-'reɲɲo] *m* Interregnum *n.*

interrogare [-ro'ga:re] *tr* (be)fragen, anfragen bei; *(a scuola)* abhören, -fragen; *jur* verhören, vernehmen; *fig (coscienza, etc.)* befragen. **interrogativo, -a** [...ga'ti:vo] **I.** *a* fragend, Frage-; *(gram a.)* interrogativ; **II.** *m* **1.** *gram (punto ~)* Fragezeichen *n;* **2.** *(interrogazione, quesito, dubbio)* Frage *f;* **3.** *fig (persona, cosa misteriosa)* Rätsel *n.* **interrogatorio** [...ga'tɔ:ri̯o] ‹-i› *m* Verhör *n*, Vernehmung *f.* **interrogazione** [...gat'tsi̯o:ne] *f* Befragung *f; jur* Vernehmung *f; pol* Anfrage *f.*

interrompere [-'rompere] ‹*irr*› **I.** *tr* **1.** *(troncare)* unterbrechen, abbrechen; **2.** *(sospendere)* unterbrechen, einstellen; **II.** *rfl:* **-rsi** einhalten; *(nel parlare)* sich unterbrechen. **interruttore** [-rut'to:re] *m* Schalter *m.* **interruzione** [-rut'tsi̯o:ne] *f* Unterbrechung *f;* **senza ~** ununterbrochen.

interscambio [-s'kambi̯o] *m* Warenaustausch *m.*

intersecare [-se'ka:re] ‹interseco, intersechi› **I.** *tr* (durch)kreuzen; **II.** *rfl:* **-rsi** sich schneiden, sich kreuzen.

intersezione [-set'tsi̯o:ne] *f* Schnittpunkt *m*, Schnittstelle *f.*

interstizio [inters'tittsi̯o] ‹-i› *m* Zwischenraum *m; (di tempo)* Zwischenzeit *f.*

interurbano, -a [-ur'ba:no] **I.** *a* zwischen den Städten liegend; *tel* Fern(sprech)-; **linea di servizio ~** Fernsprechverbindung *f;* **II.** *f* Ferngespräch *n.*

intervallare [-val'la:re] *tr* unterbrechen, dazwischenschieben. **intervallo** [-'vallo] *m* **1.** *(di tempo)* (Zwischen)zeit *f;* **2.** *(di spazio)* Zwischenraum *m*, Abstand *m;* **3.** *mus* Intervall *n;* **4.** *(ricreazione)* Pause *f.*

intervenire [-ve'ni:re] ‹*irr*› *itr* ‹*essere*› **1.** *(prendere parte)* sich beteiligen; *(in un conflitto)* intervenieren; **2.** *(in-*

tromettersi) eingreifen, sich einmischen; *(di autorità)* einschreiten; **3.** *(trovarsi presente)* teilnehmen (*a* an), erscheinen (*a* bei, in), beiwohnen *(a dat)*; **4.** *(adoperarsi)* sich einsetzen; **5.** *med* einen Eingriff vornehmen. **intervento** [-'vɛnto] *m* **1.** *(intromissione)* Eingreifen *n*, Dazwischentreten *n*; *(della polizia)* Einschreiten *n*; *(ingerenza)* Einmischung *f*; *pol, com* Intervention *f*; **2.** *(partecipazione)* Teilnahme *f (a* an); **3.** *(discorso in un dibattito)* Ansprache *f*, Rede *f*; **4.** *med* Eingriff *m*; **politica del non ~** Politik *f* der Nichteinmischung; **~ operatorio/statale** operativer/staatlicher Eingriff.

intervista [-'vista] *f* Interview *n*; *(statistica)* Befragung *f*. **intervistare** [...'ta:re] *tr* interviewen; *(statisticamente)* befragen. **intervistatore, -trice** [...ta'to:re] *m, f* Interviewer(in) *m(f)*.

intesa [in'te:sa] *f* **1.** *(accordo)* Einverständnis *n*, Absprache *f*; **2.** *com* Absprache *f*; **3.** *pol* Bündnis *n*, Entente *f*; **4.** *sport* Zusammenspiel *n*; **essere d'~** (sich *dat*) einig sein. **inteso, -a** [...so] *a* vereinbart, verstanden; **opere -e al bene** gute Werke *n pl*; **resta ~ che ...** es ist (*o.* wird) vereinbart, daß ...; **rimanere -i** (sich *dat*) einig sein; **non darsi per ~** nicht verstehen wollen.

intessere [in'tɛssere] *tr* **1.** *(tessere, intrecciare)* flechten; **2.** *fig (comporre)* ersinnen, komponieren; **3.** *fig (ordire)* anzetteln; **~ congiure** Verschwörungen anzetteln; **~ intrighi** Ränke schmieden.

intestardirsi [intestar'dirsi] ‹m'intestardisco› *rfl* sich versteifen (*su, in* auf).

intestare [intes'ta:re] **I.** *tr* **1.** *(libro)* mit einer Überschrift versehen; *(busta)* mit Namen versehen; *(lettera)* mit Briefkopf versehen; **2.** *(conto)* eintragen (*a qu* auf jds Namen); *(casa)* überschreiben (*a qu* auf jds Namen); **II.** *rfl:* **-rsi** sich versteifen; **-rsi a voler uscire** es sich *(dat)* inden Kopf setzen auszugehen. **intestatario, -a** [...ta'ta:ri̯o] ‹-i, -ie› *m, f* Inhaber(in) *m(f)*.

intestato, -a[1] [intes'ta:to] *a (carta)* mit Namen (*o.* Briefkopf) versehen; **~ a** lautend auf.

intestato, -a[2] [intes'ta:to] *a jur* Intestat-.

intestazione [intestat'tsi̯o:ne] *f* **1.** *(registrazione)* Eintragung *f*; **2.** *(dicitura)* Überschrift *f*.

intestinale [intesti'na:le] *a* Darm-. **intestino** [...'ti:no] *m* Darm *m*; **~ cieco** Blinddarm *m*.

intiepidire [inti̯epi'di:re] ‹intiepidisco› **I.** *tr* ‹*avere*› **1.** *(rendere tiepido)* lau(warm) machen; **2.** *fig (mitigare)* abkühlen; **II.** *itr* ‹*essere*›, *rfl:* **-rsi** **1.** *(diventare tiepido)* lau(warm) werden; **2.** *fig (attenuarsi)* sich abschwächen, nachlassen; *(sentimenti)* abkühlen.

intimare [inti'ma:re] *tr* anordnen, befehlen; *(guerra)* erklären; **~ l'alt** Halt gebieten. **intimazione** [...mat'tsi̯o:ne] *f* Aufforderung *f*, Befehl *m*; *(di guerra)* Erklärung *f*; **~ di pagamento** Zahlungsaufforderung *f*.

intimidazione [intimidat'tsi̯o:ne] *f* Einschüchterung *f*. **intimidire** [...'di:re] ‹intimidisco› **I.** *tr* ‹*avere*› **1.** *(rendere timido)* schüchtern (*o.* ängstlich) machen; **2.** *(incutere timore)* einschüchtern; **II.** *itr* ‹*essere*›, *rfl:* **-rsi** schüchtern (*o.* ängstlich) werden.

intimità [intimi'ta] ‹-› *f* **1.** *(di sentimenti)* Intimität *f*, Vertraulichkeit *f*; *(di ambienti)* Gemütlichkeit *f*; **essere in ~ con qu** mit jdm vertraut sein. **intimo, -a** ['intimo] **I.** *a* innerste(r, s); *(persona)* intim, vertraut; *(ambiente)* gemütlich; **biancheria -a** Unterwäsche *f*; **rapporti -i** intime Beziehungen *f pl*; **II.** *m* **1.** *(dell'animo)* Innerste(s) *n*; **2.** ‹*pl*› engste Verwandte (*o.* Vertraute) *pl*.

intimorire [intimo'ri:re] ‹intimorisco› **I.** *tr* (ver)ängstigen, verschüchtern; **II.** *rfl:* **-rsi** sich fürchten.

intingere [in'tindʒere] ‹*irr*› *tr* eintauchen, -tunken. **intingolo** [in'tiŋgolo] *m* Tunke *f*, Soße *f*.

intirizzire [intirid'dzi:re] ‹intirizzisco› **I.** *tr* ‹*avere*› starr machen, erstarren lassen; **II.** *itr* ‹*essere*›, *rfl:* **-rsi** starr werden, erstarren.

intisichire [intizi'ki:re] ‹intisichisco› *itr* ‹*essere*› **1.** *med* schwindsüchtig werden; **2.** *bot* verkümmern; **3.** *fig* verkümmern, versauern.

intitolare [intito'la:re] *tr* **1.** *(fornire del titolo)* betiteln, überschreiben; **2.** *(dedicare)* widmen.

intoccabile [intok'ka:bile] **I.** *a* unberührbar; **II.** *mf* Unberührbare(r) *mf*.

intollerabile [intolle'ra:bile] *a* unerträglich.

intollerante [intolle'rante] *a* **1.** *(intransigente)* intolerant, unduldsam; **2.** *(insofferente)* empfindlich (*di* gegen). **intolleranza** [...'rantsa] *f* **1.** *(intransigenza)* Intoleranz *f*, Unduldsamkeit *f*; **2.** *(insofferenza)* Empfindlichkeit *f*.

intonacare [intona'ka:re] ‹intonaco, intonachi› *tr* verputzen. **intonaco** [in'tɔ:nako] ‹-ci *o.* -chi› *m* Verputz *m.*

intonare [into'na:re] **I.** *tr* **1.** *mus* anstimmen, intonieren; *(strumento)* stimmen; **2.** *fig (accordare)* abstimmen (*a* mit); **II.** *rfl:* **-rsi** übereinstimmen (*a* mit), passen (*a* zu). **intonazione** [...nat'tsi̯o:ne] *f* **1.** *mus* Anstimmen *n; (di strumento)* Stimmen *n;* **2.** *ling* Intonation *f,* Tongebung *f;* **3.** *fig* Tönung *f;* **dare l'~** den Ton angeben.

intontimento [intonti'mento] *m* Benommenheit *f.* **intontire** [...'ti:re] ‹intontisco› **I.** *tr* ‹*avere*› benommen machen; **II.** *itr* ‹*essere*› benommen werden.

intoppo [in'tɔppo] *m* **1.** *(ostacolo)* Hindernis *n;* **2.** *(urto)* Stoß *m;* **correre senza -i** wie am Schnürchen laufen.

intorbidamento [intorbida'mento] *m* Trübung *f.* **intorbidare** [...'da:re] **I.** *tr* ‹*avere*› trüben, trübe machen; **II.** *itr* ‹*essere*›, *rfl:* **-rsi** trübe werden.

intorno [in'torno] **I.** *adv* umher, herum; **girare ~** umherlaufen; **guardarsi ~** umherschauen, sich umschauen; **tutt'~** ringsherum, ringsumher; **II.** *prp:* **~ a** an *dat; (locale, temporale)* um *acc* ... herum; **lavorare ~ a un progetto** an einem Projekt arbeiten; **III.** ‹*inv*› *a* umliegend; **le case ~** die umliegenden Häuser *n pl,* die Häuser ringsum(her).

intorpidimento [intorpidi'mento] *m* Erstarrung *f.* **intorpidire** [...'di:re] ‹intorpidisco› **I.** *tr* ‹*avere*› **1.** *(membra)* gefühllos machen; **2.** *fig* stumpf machen; **II.** *itr* ‹*essere*› , *rfl:* **-rsi** **1.** *(membra)* gefühllos werden; **2.** *fig* stumpf werden.

intossicare [intossi'ka:re] ‹intossico, intossichi› **I.** *tr* vergiften; **II.** *rfl:* **-rsi** sich vergiften. **intossicazione** [...kat'tsi̯o:ne] *f* Vergiftung *f.*

intraducibile [intradu'tʃi:bile] *a* **1.** *(lingua)* unübersetzbar; **2.** *fig (sentimento, etc.)* unausdrückbar.

intralciare [intral'tʃa:re] ‹intralcio, intralci› **I.** *tr* behindern, hemmen; **II.** *rfl:* **-rsi** **1.** *(complicarsi)* sich verwickeln; **2.** *(ostacolarsi)* sich behindern. **intralcio** [in'traltʃo] *m* Hindernis *n.*

intrallazzare [intrallat'tsa:re] *itr* Machenschaften betreiben. **intrallazzo** [...'lattso] *m* Machenschaft *f.*

intramontabile [intramon'ta:bile] *a* unvergänglich, unsterblich.

intransigente [intransi'dʒɛnte] *a* unnachgiebig, unversöhnlich. **intransigenza** [...'dʒɛntsa] *f* Unnachgiebigkeit *f,* Unversöhnlichkeit *f.*

intransitabile [intransi'ta:bile] *a* unbefahrbar.

intransitivo, -a [intransi'ti:vo] **I.** *a* intransitiv; **II.** *m* Intransitiv *n,* intransitives Verb.

intrappolare [intrappo'la:re] *tr* **1.** *(animali)* in einer Falle fangen; **2.** *fig (truffare)* hereinlegen.

intraprendente [intrapren'dɛnte] *a* unternehmungslustig; *(con le donne)* draufgängerisch. **intraprendenza** [...'dɛntsa] *f* Unternehmungslust *f; (con le donne)* Draufgängertum *n.*

intraprendere [intra'prɛndere] ‹*irr*› *tr (spedizione, etc.)* unternehmen; *(carriera)* einschlagen; *(studi)* ergreifen, beginnen.

intrasferibile [intrasfe'ri:bile] *a* unübertragbar.

intrattabile [intrat'ta:bile] *a* **1.** *(problema)* heikel, schwierig; *(persona, carattere)* schwierig, unzugänglich; **2.** *(metallo)* schwer zu bearbeiten(d); **3.** *(prezzo)* nicht verhandlungsfähig; **argomento ~** heikler Punkt.

intrattenere [intratte'ne:re] ‹*irr*› **I.** *tr* unterhalten; **II.** *rfl:* **-rsi** verweilen (*su* bei), sich aufhalten (*su* bei). **intrattenimento** [...ni'mento] *m* Unterhaltung *f.*

intrav(v)edere [intrav(v)e'de:re] ‹*irr*› *tr* **1.** *(scorgere)* (flüchtig) erblicken; **2.** *fig (intuire)* (er)ahnen.

intrecciare [intrett'ʃa:re] ‹intreccio, intrecci› **I.** *tr* **1.** *(capelli, vimini)* flechten; *(dita)* verschlingen, (ver)kreuzen; **2.** *fig* knüpfen, spinnen; *(relazione amorosa)* anknüpfen; *(interesse)* miteinander verflechten; **II.** *rfl:* **-rsi** **1.** *(incrociarsi)* sich verschlingen, sich verknüpfen; **2.** *fig (interesse, etc.)* sich verflechten. **intreccio** [in'trettʃo] ‹-cci› *m* **1.** *(operazione)* Flechten *n; (lavoro)* Flechtwerk *n,* Geflecht *n;* **2.** *fig (trama)* Verwicklung *f,* Handlung *f.*

intrepido, -a [in'trɛ:pido] *a* unerschrocken, draufgängerisch; *pej* dreist.

intricare [intri'ka:re] ‹intrico, intrichi› **I.** *tr* verwickeln, verwirren; **II.** *rfl:* **-rsi** sich verwickeln, sich verwirren. **intrico** [in'tri:ko] ‹-chi› *m* Geflecht *n; (fig a.)* Gewirr *n;* **trovarsi in un brutto ~** in einem schönen Schlamassel stekken *fam.*

intrigante [intri'gante] **I.** *a* intrigant; **II.** *mf* Intrigant(in) *m(f).* **intrigare** [...'ga:re] ‹intrigo, intrighi› **I.** *itr* Ränke schmieden, intrigieren; **II.** *rfl:* **-rsi**

1. *(trovarsi coinvolto)* verwickelt sein (*in* in); 2. *fam (impicciarsi)* sich einlassen (*con* mit). **intrigo** [in'tri:go] ‹-ghi› *m* 1. *(briga)* Intrige *f*, Ränke *pl*, Machenschaften *f pl*; 2. *(situazione imbarazzante)* Schlamassel *m fam*; **ordire un ~** eine Intrige anzetteln, Ränke schmieden.

intrinseco, -a [in'trinseko] ‹-ci, -che› *a* innere(r, s); *fig* vertraut; *(amicizia)* innig.

intriso, -a [in'tri:zo] I. *a* triefend (*di* von, vor); *(di sudore a.)* gebadet (*di* in); II. *m* Brei *m*, Gemisch *n*.

introdurre [intro'durre] ‹introduco, introdussi, introdotto› I. *tr* 1. *(inserire)* (hinein)stecken, einführen; 2. *(mettere in uso, com)* einführen; 3. *(far entrare)* eintreten lassen; *(presentare)* vorstellen; 4. *fig (avviare)* einleiten; 5. *gram* einleiten; **~ di contrabbando** einschmuggeln; **~ qu in società** jdn in die Gesellschaft einführen; **~ qu nell'esercizio di una professione** jdn in die Ausübung eines Berufes einführen (*o.* einarbeiten); II. *rfl*: **-rsi** sich einschleichen, eindringen. **introduttivo, -a** [-dut'ti:vo] *a* einleitend, einführend. **introduzione** [-dut'tsi̯o:ne] *f* 1. *(immissione)* Einführung *f*; 2. *com* Einfuhr *f*; 3. *(prefazione)* Einleitung *f*; 4. *(avviamento, guida)* Einführung *f*; 5. *(di persona)* Vorstellung *f*; 6. *mus* Vorspiel *n*; *(di opera)* Ouvertüre *f*.

introitare [introi'ta:re] *tr* einnehmen. **introito** [in'trɔ:ito] *m* 1. *(incasso)* Einnahme *f*, Einkünfte *f pl*; 2. *rel* Introitus *m*.

intromettersi [-'mettersi] ‹*irr*› *rfl* 1. *(interporsi)* dazwischentreten; 2. *(immischiarsi)* sich einmischen. **intromissione** [-mis'si̯o:ne] *f* 1. *(intervento)* Dazwischentreten *n*, Eingreifen *n*; *(mediazione)* Vermittlung *f*; 2. *(ingerenza)* Einmischung *f*.

introvabile [intro'va:bile] *a* unauffindbar.

introverso, -a [-'vɛrso], **introvertito, -a** [-ver'ti:to] I. *a* introvertiert; II. *m, f* Introvertierte(r) *mf*.

intrufolare [intrufo'la:re] I. *tr fam* gleiten lassen; II. *rfl*: **-rsi** sich einschmuggeln.

intruglio [in'truʎʎo] ‹-gli› *m* 1. *pej (mistura)* Gemisch *n*; *(bevanda)* Gebräu *n*; 2. *fig (imbroglio)* Machenschaft *f*; 3. *fig (cosa confusa)* Mischmasch *m fam*.

intrusa *f v.* **intruso.**

intrusione [intru'zi̯o:ne] *f* 1. *(intervento)* Eindringen *n*; 2. *(ingerenza)* Einmischung *f*; 3. *geol* Intrusion *f*. **intruso, -a** [in'tru:zo] *m, f* Eindringling *m*.

intuibile [intu'i:bile] *a* (er)ahnbar, fühlbar.

intuire [intu'i:re] ‹intuisco› 1. *(rendersi conto)* sich *(dat)* bewußt sein (*o.* werden); 2. *(sentire)* fühlen, ahnen; 3. *(presentire)* (voraus)ahnen. **intuitivo, -a** [...ui'ti:vo] *a* 1. *(comprensibile, ovvio)* verständlich, offensichtlich; 2. *(relativo all'intuizione)* intuitiv; **ciò è ~** das versteht sich von selbst. **intuito** [in'tu:ito] *m* 1. *(conoscenza immediata)* Gefühl *n*, Intuition *f*; 2. *(perspicacia)* Scharfsinn *m*; **~ pronto** Geistesgegenwart *f*; **sapere per ~** gefühlsmäßig (*o.* vom Gefühl her) wissen. **intuizione** [intuit'tsi̯o:ne] *f* Intuition *f*; *(presentimento)* Vorgefühl *n*, Vorahnung *f*.

inturgidire [inturdʒi'di:re] ‹inturgidisco› *itr* ‹*essere*› (an)schwellen.

inumano, -a [inu'ma:no] *a* unmenschlich, inhuman.

inumare [inu'ma:re] *tr* begraben, beerdigen. **inumazione** [...mat'tsi̯o:ne] *f* Beerdigung *f*.

inumidire [inumi'di:re] ‹inumidisco› I. *tr* be-, anfeuchten; *(bucato)* be-, einsprengen; II. *rfl*: **-rsi** feucht werden.

inurbamento [inurba'mento] *m* Landflucht *f*.

inurbano, -a [inur'ba:no] *a (persona)* grobschlächtig; *(comportamento a.)* unzivilisiert.

inurbarsi [inur'barsi] *rfl* in die Stadt ziehen.

inusitato, -a [inuzi'ta:to] *a* ungewöhnlich.

inutile [i'nu:tile] *a* 1. *(senza utilità)* unnütz, nutzlos; 2. *(inefficace)* nutzlos, unwirksam; 3. *(vano, superfluo)* zwecklos, sinnlos. **inutilità** [inutili'ta] *f* 1. *(mancanza di utilità)* Nutzlosigkeit *f*, Zwecklosigkeit *f*; 2. *(inefficacia)* Unwirksamkeit *f*; 3. *(l'essere vano, superfluo)* Sinnlosigkeit *f*, Zwecklosigkeit *f*. **inutilizzabile** [...lid'dza:bile] *a* unbrauchbar, nicht verwendbar.

invadente [inva'dɛnte] I. *a* aufdringlich; II. *mf* aufdringlicher Mensch. **invadenza** [...'dɛntsa] *f* Aufdringlichkeit *f*.

invadere [in'va:dere] ‹invado, invasi, invaso› *tr* 1. *(con forza)* überfallen; *(città)* einnehmen; *(fortezza)* stürmen; *(paese)* einfallen in; 2. *(lava, etc.)* verschütten; *(acqua)* überfluten; 3. *fig (mercato, etc.)* überschwemmen; 4. *fig (vizi, droga, etc.)* übergreifen auf; *(epidemia, etc.)* heimsuchen; ~ **i diritti altrui** in die Rechte anderer eingreifen.

invaditrice *f v.* **invasore.**

invado [in'va:do] *1. pers sing pr di* **invadere.**

invaghire [inva'gi:re] ‹invaghisco› **I.** *tr* verliebt machen; **II.** *rfl:* **-rsi** sich verlieben (*di* in); *(fig a.)* liebäugeln (*di* mit).

invalida *f v.* **invalido.**

invalidare [invali'da:re] *tr* für ungültig erklären; *jur* anfechten. **invalidità** [...di'ta] *f* **1.** *jur* Rechtsungültigkeit *f; gener.* Ungültigkeit *f;* **2.** *(per menomazione)* Invalidität *f;* ~ **al lavoro** Erwerbsunfähigkeit *f.* **invalido, -a** [in'va:lido] **I.** *a* **1.** *jur* rechtsungültig; *gener.* ungültig, nichtig; **2.** *(per menomazione)* invalide; ~ **al lavoro** erwerbsunfähig; **II.** *mf* Invalide *m;* ~ **di guerra** Kriegsversehrte(r) *m;* ~ **civile** Erwerbsunfähige(r) *m;* **grande** ~ Schwerkriegsbeschädigte(r) *m.*

invalso, -a [in'valso] *a* üblich, verbreitet.

invano [in'va:no] *adv* umsonst, vergebens.

invariabile [inva'ri̯a:bile] *a* unveränderlich. **invariabilità** [...i̯abili'ta] *f* Unveränderlichkeit *f.* **invariato, -a** [...'ri̯a:to] *a* unverändert.

invasamento [invaza'mento] *m* **1.** *(ossessione)* Besessenheit *f;* **2.** *(esaltazione)* Aufgebrachtheit *f.*

invasare[1] [inva'za:re] *tr* **1.** *(ossessionare)* besessen machen; **2.** *(turbare)* packen, ergreifen.

invasare[2] [inva'za:re] *tr* **1.** *(mettere in un vaso)* in ein Gefäß füllen; *(piante)* eintopfen; **2.** *(nave)* auf Stapel legen. **invasatura** [...za'tu:ra] *f* **1.** *(di piante)* Eintopfen *n;* **2.** *naut* Stapel *m,* Ablaufgerüst *n.*

invasi [in'va:zi] *1. pers sing del passato remoto di* **invadere.**

invasione [inva'zi̯o:ne] *f* **1.** *mil* Invasion *f,* Einfall *m;* **2.** *sport (degli spettatori)* Sturm *m;* **3.** *(inondazione)* Überflutung *f;* **4.** *fig (diffusione)* Verbreitung *f; (di epidemia, etc.)* Umsichgreifen *n.*

invaso[1] [in'va:zo] *m* **1.** *(di piante)* Eintopfen *n;* **2.** *(di acque)* Staukapazität *f,* Fassungsvermögen *n.*

invaso[2] [in'va:zo] *pp di* **invadere.**

invasore, invaditrice [inva'zo:re, ...adi'tri:tʃe] **I.** *a* eindringend, einfallend; **II.** *m, f* Invasor(in) *m(f),* Eindringling *m.*

invecchiamento [invekki̯a'mento] *m* **1.** *biol* Altern *n,* Alterung *f;* **2.** *(del vino)* Alterung *f,* Lagerung *f;* **3.** *tec* Aushärtung *f,* Aushärten *n;* **4.** *fig* Veralten *n.* **invecchiare** [...'ki̯a:re] ‹invecchio, invecchi› **I.** *itr* ‹*essere*› **1.** *biol* altern, alt werden; **2.** *(vino)* altern, (ab)lagern; **3.** *tec* aushärten; **4.** *fig* veralten; **II.** *tr* ‹*avere*› **1.** *(far diventare vecchio)* alt werden lassen, alt machen; **2.** *(far sembrare vecchio)* alt machen, älter erscheinen lassen; **3.** *(vino)* altern (*o.* ablagern) lassen; **4.** *tec* aushärten (lassen).

invece [in've:tʃe] **I.** *adv* dagegen, jedoch, indes(sen); **II.** *prp:* ~ **di** (an)statt *gen;* ~ **di lei** an ihrer Stelle.

inveire [inve'i:re] ‹inveisco› *itr* schimpfen (*contro* gegen, auf), wettern (*contro* gegen).

invelenire [invele'ni:re] ‹invelenisco› **I.** *tr* ‹*avere*› angiften; **II.** *itr* ‹*essere*›, *rfl:* **-rsi** aufgebracht sein (*contro, con* gegen), böse sein (*contro, con* auf).

invendibile [inven'di:bile] *a* unverkäuflich.

inventare [inven'ta:re] *tr* **1.** *(scoprire, trovare)* erfinden; **2.** *(escogitare)* ersinnen, ausdenken; **3.** *(ideare, immaginare)* erfinden; **inventarne di tutti i colori** die unglaublichsten Dinge erfinden; ~ **frottole** Märchen erzählen; ~ **pericoli** Gefahren herbeireden.

inventariare [inventa'ri̯a:re] ‹inventario, inventari› *tr* Bestandsaufnahme machen von. **inventario** [...'ta:ri̯o] ‹-i› *m* **1.** *(elencazione di beni)* Inventur *f,* Bestandsaufnahme *f;* **2.** *jur* Inventar *n;* **3.** *(registro)* Aufnahmeverzeichnis *n;* **4.** *fig (enumerazione noiosa)* Litanei *f.*

inventiva [inven'ti:va] *f* Erfindungsgabe *f;* **ricco d'** ~ erfindungsreich. **inventivo, -a** [...vo] *a* erfinderisch, Erfinder-. **inventore, -trice** [...'to:re] *m, f* Erfinder(in) *m(f).*

invenzione [inven'tsi̯o:ne] *f* **1.** *(ideazione)* Erfindung *f; (scoperta)* Entdeckung *f;* **2.** *(prodotto della fantasia)* Erfindung *f; (bugia)* Lüge *f;* **3.** *mus* Invention *f.*

inverecondia [invere'kondi̯a] ‹-ie› *f* Schamlosigkeit *f.* **inverecondo, -a** [...'kondo] *a* schamlos.

invernale [inver'na:le] *a* winterlich, Winter-; **sport** ~ Wintersport *m.* **invernata** [...'na:ta] *f* Winter(s)zeit *f.*

inverniciare [inverni'tʃa:re] *tr* lackieren, anstreichen. **inverniciatura** [...tʃa'tu:ra] *f* **1.** Lackierung *f,* Anstrich *m;* **2.** *fig (infarinatura)* Anstrich *m.*

inverno [in'vɛrno] *m* Winter *m;* **d'**~ im

Winter; **nel cuore dell'~** im tiefsten Winter.

invero [in've:ro] *adv poet* wahrlich *geh*, wirklich.

inverosimiglianza [inverosimiʎ-'ʎantsa] *f* Unwahrscheinlichkeit *f*. **inverosimile** [...'si:mile] *a* unwahrscheinlich.

inversione [inver'sio:ne] *f* **1.** *(atto dell'invertire)* Umkehrung *f*; **2.** *ling, chem* Inversion *f*; **~ di marcia** *mot* Wenden *n*; **~ di rotta** Kurswechsel *m*; **~ sessuale** (sexuelle) Inversion *f*.

inverso, -a [in'vɛrso] **I.** *a* umgekehrt, entgegengesetzt; **II.** *m* Gegenteil *n*.

invertebrato, -a [inverte'bra:to] **I.** *a* **1.** *zoo* wirbellos; **2.** *fig (persona smidollata)* ohne Rückgrat; **II.** *m pl zoo* Wirbellose(n) *pl*, Evertebraten *m pl scient*.

invertire [inver'ti:re] ‹inverto› *tr* **1.** *(nel senso contrario)* umkehren; *(direzione)* ändern; **2.** *(scambiare)* (aus)tauschen, (aus)wechseln; umstellen; **3.** *ling, chem* invertieren; **4.** *fig (capovolgere)* auf den Kopf stellen, umkehren; **~ la marcia** wenden; **~ la rotta** den Kurs wechseln; **~ le parti** die Rollen tauschen. **invertito, -a** [...'ti:to] *m, f* Invertierte(r) *mf*. **invertitore** [...ti'to:re] *m* Wender *m*, Wechsler *m*.

investigare [investi'ga:re] ‹investigo, investighi› **I.** *tr* erforschen, untersuchen; **II.** *itr* Nachforschungen anstellen. **investigativo, -a** [...ga'ti:vo] *a (agente)* Kriminal-; *(ufficio)* Detektiv-. **investigatore, -trice** [...ga'to:re] *m, f* (Er)forscher(in) *m(f)*; **~ privato** Privatdetektiv *m*. **investigazione** [...gat'tsio:ne] *f* Untersuchung *f*, Nachforschung *f*.

investimento [investi'mento] *m* **1.** *fin* Investition *f*, Anlage *f*; **2.** *(urto)* Zusammenstoß *m*; *(di persone, animali)* Anfahren *n*; *(a morte)* Überfahren *n*. **investire** [...'ti:re] **I.** *tr* **1.** *(di una carica)* betrauen (*di* mit); *(di potere, titolo, dignità)* verleihen (*qu di qc* jdm etw.); **2.** *fin* investieren, anlegen; **3.** *(urtare)* zusammenstoßen mit, auffahren auf; *(persone, animali)* anfahren; *(a morte)* überfahren; **4.** *fig (sgridare)* anfahren; **5.** *fig (aggredire)* überfallen; *(di domande)* bestürmen; *(di parole)* überschütten; **II.** *rfl*: **-rsi 1.** *(di un titolo)* erreichen, bekleiden; **2.** *(di dolore, etc.)* (inneren) Anteil nehmen (*di* an); *(di persona, parte)* sich hineinversetzen (*di* in). **investitore, -trice** [...ti'to:re] *m, f* **1.** *(stradale)* Unfallfahrer(in) *m(f)*; **2.** *fin* Anleger(in) *m(f)*, Investor(in) *m(f)*. **investitura** [...ti'tu:ra] *f* Investitur *f*.

inveterato, -a [invete'ra:to] *a* eingewurzelt.

invetriare [invetri'a:re] ‹invetrio, invetri› *tr* **1.** *(di vernice vitrea)* glasieren; **2.** *(di vetri)* verglasen. **invetriata** [...'a:ta] *f (finestra)* Glasfenster *n*; *(porta)* Glastür *f*.

invettiva [invet'ti:va] *f* Schmährede *f*, Schmähung *f*.

inviare [invi'a:re] ‹invio, invii› *tr* **1.** *(cose)* (ver)schicken, (ver)senden, übersenden; **2.** *(persone)* schicken, entsenden. **inviato, -a** [...'a:to] *m, f* **1.** *(di giornale)* Berichterstatter(in) *m(f)*; **2.** *(in diplomazia)* (Ab)gesandte(r) *mf*; **~ speciale** Sonderberichterstatter *m*; **~ d'affari** Geschäftsträger *m*.

invidia [in'vi:dia] ‹-ie› *f* Neid *m*; **crepare d'~** vor Neid platzen; **possedere una salute che fa ~** eine beneidenswerte Gesundheit besitzen; **degno d'~** beneidenswert. **invidiabile** [invi'dia:bile] *a* beneidenswert. **invidiare** [...'dia:re] ‹invidio, invidi› *tr* **1.** *(persone)* beneiden (*per* um), neidisch sein auf; **2.** *(cose)* mißgönnen, neiden; **meglio essere invidiati che compatiti** *prov* lieber beneidet als bemitleidet. **invidioso, -a** [...'dio:so] **I.** *a* neidisch (*di* auf); **II.** *m, f* neidischer Mensch; **brutto ~** *fam* Neidhammel *m fam*.

inviluppare [invilup'pa:re] *tr* **1.** *(avvolgere)* einhüllen; **2.** *fig (irretire)* hineinziehen, verwickeln; **3.** *fig (nascondere, mascherare)* verbergen, -hüllen. **inviluppo** [...'luppo] *m* **1.** *(intrico)* Geflecht *n*; **2.** *fig (imbroglio)* verwickelte Angelegenheit.

invincibile [invin'tʃi:bile] *a* unbesiegbar.

invio [in'vi:o] ‹-ii› *m* Sendung *f*; *(di persone)* Entsendung *f*.

inviolabile [invio'la:bile] *a* unverletzlich, unverletzbar; *(diritto)* unantastbar; *(luoghi)* heilig. **inviolabilità** [...labili'ta] ‹-› *f* Unverletzbarkeit *f*; *(di diritto)* Unantastbarkeit *f*. **inviolato, -a** [...'la:to] *a* unverletzt; *(foresta, verginità)* unberührt; *(fede)* ungebrochen; **partita a reti -e** *sport* torfreies Spiel.

inviperirsi [invipe'rirsi] ‹m'inviperisco› *rfl* wütend werden.

invischiare [invis'kia:re] ‹invischio, invischi› **I.** *tr* **1.** *(spalmare di vischio)* mit Vogelleim einstreichen; **2.** *(catturare con il vischio)* mit Vogelleim fangen; 3. *fig (coinvolgere)* einwickeln; II. *rfl:* **-rsi** sich einlassen (*in* auf).

invisibile [invi'zi:bile] *a* unsichtbar. **invisibilità** [...zibili'ta] *f* Unsichtbarkeit *f.*

inviso, -a [in'vi:zo] *a (malvisto)* unbeliebt; *(odiato)* verhaßt; **essere ~ a tutti** bei allen unbeliebt sein.

invitante [invi'tante] *a* einladend, verlockend.

invitare[1] [invi'ta:re] *tr* 1. *(chiamare a partecipare)* einladen; 2. *(esortare)* auffordern, mahnen; *(convocare)* bitten, ersuchen; *(ordinare)* auffordern; 3. *fig (indurre)* verleiten, verführen; **~ qu al pianto/ridere** jdn zum Weinen/Lachen bringen; **~ qu a cena** jdn zum Abendessen einladen.

invitare[2] [invi'ta:re] *tr tec* an-, verschrauben.

invitato, -a [invi'ta:to] *m, f* Gast *m,* Eingeladene(r) *mf.*

invito [in'vi:to] *m* 1. *(chiamata, biglietto)* Einladung *f;* 2. *(esortazione)* Aufforderung *f,* (Er)mahnung *f;* 3. *fig (allettamento, stimolo)* Verlockung *f,* Reiz *m;* **fare un ~** eine Einladung geben.

invitto, -a [in'vitto] *a poet* unbesiegt.

invocare [invo'ka:re] ⟨invoco, invochi⟩ *tr* 1. *(chiamare con fervore)* anflehen, anrufen; 2. *(implorare)* erbitten, bitten um; 3. *(ambire)* beschwören; 4. *(citare)* sich berufen auf. **invocazione** [...kat'tsi̯o:ne] *f* 1. *(azione dell'invocare)* Anrufung *f;* 2. *(grido)* Ruf *m;* 3. *lit* Invokation *f;* 4. *jur* Anrufung *f;* **~ di soccorso** Hilferuf *m.*

invogliare [invoʎ'ʎa:re] ⟨invoglio, invogli⟩ I. *tr* anregen (*a* zu); II. *rfl:* **-rsi** Lust bekommen (*di* auf).

involare [invo'la:re] *poet* I. *tr* entwenden *geh;* II. *itr* dahinschwinden *geh.*

involgarire [involga'ri:re] ⟨involgarisco⟩ I. *tr* ⟨*avere*⟩ vulgär (*o.* ordinär) machen; II. *itr* ⟨*essere*⟩, *rfl:* **-rsi** vulgär (*o.* ordinär) werden.

involgere [in'vɔldʒere] ⟨*irr*⟩ *tr* einwickeln.

involontario, -a [involon'ta:ri̯o] *a* 1. *(contro la propria volontà)* unfreiwillig; 2. *(senza intenzione)* unabsichtlich, ungewollt; 3. *(gesto)* unwillkürlich; *psych* unbewußt, automatisch.

involtare [invol'ta:re] *tr* einwickeln. **involtino** [...'ti:no] *m* Roulade *f.* **involto** [in'vɔlto] *m* 1. *(pacco)* Paket *n;* 2. *(fagotto)* Bündel *n;* 3. *(involucro)* Hülle *f.*

involucro [in'vɔ:lukro] *m* Hülle *f.*

involutivo, -a [involu'ti:vo] *a* rückbildend, Rückbildungs-.

involuto, -a [invo'lu:to] *a* verworren.

involuzione [involut'tsi̯o:ne] *f* 1. *(declino, degenerazione)* Rückentwicklung *f;* 2. *med* Rückbildung *f;* 3. *(l'essere contorto)* Gewundenheit *f.*

invulnerabile [invulne'ra:bile] *a* unverwundbar; *fig* unangreifbar. **invulnerabilità** [...rabili'ta] *f* Unverwundbarkeit *f; fig* Unangreifbarkeit *f.*

inzaccherare [intsakke'ra:re] *tr* mit Schlamm beschmutzen.

inzuccherare [intsukke'ra:re] *tr* 1. *(di zucchero)* zuckern; 2. *fig* versüßen; **~ qu** jdm Honig ums Maul schmieren.

inzuppare [intsup'pa:re] I. *tr* 1. *(impregnare)* durchnässen; 2. *(intingere)* eintauchen; *(imbevere)* einweichen; II. *rfl:* **-rsi** 1. *(imbeversi)* sich vollsaugen; 2. *(sotto la pioggia)* durchnäßt werden.

io ['i:o] I. *pron pers 1. pers sing* ich; II. ⟨-⟩ *m* Ich *n;* **nel proprio ~** im Inneren, innerlich.

iodato, -a [i̯o'da:to] I. *a* jodhaltig, jodsauer; II. *m* Jodat *n.* **iodico, -a** ['i̯ɔ:diko] ⟨-ci, -che⟩ *a* jodhaltig, Jod-.

iodio ['i̯ɔ:di̯o] *m* Jod *n.* **ioduro** [i̯o'du:ro] *m* Jodid *n.*

iogurt ['i̯ɔ:gurt] ⟨-⟩ *m* Joghurt *m o. n.*

iole ['i̯ɔ:le] *f* Jolle *f.*

ione ['i̯o:ne] *m* Ion *n.*

ionico, -a[1] ['i̯ɔ:niko] ⟨-ci, -che⟩ *a geog* ionisch.

ionico, -a[2] ['i̯ɔ:niko] ⟨-ci, -che⟩ *a phys* Ionen-.

iosa ['i̯ɔ:za] : **a ~** *adv* in Hülle und Fülle.

iper- [iper-] *(in parole composte)* über-, Über-, hyper-, Hyper-. **iperbole** [i'pɛrbole] *f* 1. *mat, ling* Hyperbel *f;* 2. *fig (esagerazione)* Übertreibung *f.* **iperbolico, -a** [iper'bɔ:liko] ⟨-ci, -che⟩ *a* 1. *mat, ling* hyperbolisch; 2. *fig (smisurato)* übertrieben. **ipercalorico, -a** [-ka'lɔ:riko] *a* kalorienreich. **ipercritico, -a** [-'kri:tiko] *a* überkritisch. **ipermetrope** [-'mɛ:trope] I. *a* weitsichtig; II. *mf* Weitsichtige(r) *mf.* **ipermetropia** [-metro'pi:a] ⟨-ie⟩ *f* Weitsichtigkeit *f.* **ipersensibile** [-sen'si:bile] *a* übersensibel, überempfindlich. **ipertensione** [-ten'si̯o:ne] *f* Bluthochdruck *m,* Hypertonie *f scient.* **iperteso, -a** [-'te:so] I. *a* Bluthochdruck-, hypertonisch *scient;* II. *m, f* Bluthochdruckpatient(in) *m(f),* Hypertoniker(in) *m(f) scient.*

ipnosi [ip'nɔ:zi] ⟨-⟩ *f* Hypnose *f.* **ipnotico, -a** [ip'nɔ:tiko] ⟨-ci, -che⟩ I. *a* hypnotisch; **II.** *m* Hypnotikum *n.* **ipnotizzare** [ipnotid'dza:re] *tr* hypnotisieren. **ipnotizzatore, -trice** [...dza'to:re] *m, f* Hypnotiseur(in) *m(f).*

ipoalimentazione [ipoalimentat'tsio:ne] *f* Unterernährung *f.*

ipocalorico, -a [ipoka'lɔ:riko] *a* kalorienarm.

ipocondria [ipokon'dri:a] ‹-ie› *f* **1.** *psych* Hypochondrie *f;* **2.** *poet (malinconia)* Schwermut *f.* **ipocondriaco, -a** [...'dri:ako] ‹-ci, -che› **I.** *a* hypochondrisch; **II.** *m, f* Hypochonder *m.*

ipocrisia [ipokri'zi:a] ‹-ie› *f* Scheinheiligkeit *f,* Heuchelei *f.* **ipocrita** [i'pɔ:krita] ‹-i *m,* -e *f*› **I.** *a* scheinheilig, heuchlerisch; **II.** *mf* Scheinheilige(r) *mf,* Heuchler(in) *m(f).*

ipodermico, -a [ipo'dɛrmiko] *a* subkutan.

ipofisi [i'pɔ:fizi] ‹-› *f* Hirnanhangdrüse *f,* Hypophyse *f.*

ipostasi [i'pɔstazi] ‹-› *f* Hypostase *f.*

ipoteca [ipo'tɛ:ka] *f* Hypothek *f;* **mettere un'~ su qc** *fig* auf etw. setzen. **ipotecare** [...te'ka:re] ‹ipoteco, ipotechi› *tr* **1.** *jur* mit einer Hypothek belasten; **2.** *fig* vorausplanen. **ipotecario, -a** [...te'ka:rio] ‹-i, -ie› *a* hypothekarisch; *(mutuo)* grundpfandrechtlich.

ipotenusa [ipote'nu:za] *f* Hypotenuse *f.*

ipotesi [i'pɔ:tezi] *f* **1.** *(congettura, supposizione)* Annahme *f,* Hypothese *f;* **2.** *mat, philos* Hypothese *f;* **3.** *(caso, eventualità)* Fall *m,* Eventualität *f;* **nell'~ che ...** *conj* für den (*o.* im) Fall, daß ...; **nella migliore delle ~** im günstigsten Fall. **ipotetico, -a** [ipo'tɛ:tiko] ‹-ci, -che› *a* **1.** *(considerato per ipotesi)* angenommen, hypothetisch; **2.** *(dubbio, incerto)* unsicher, zweifelhaft; **periodo ~** Bedingungssatz *m.* **ipotizzare** [...tid'dza:re] *tr* annehmen.

ipotonia [ipoto'ni:a] ‹-ie› *f* Hypotonie *f.*

ipotrofia [ipotro'fi:a] ‹-ie› *f* Hypotrophie *f.*

ippica ['ippika] ‹-che› *f* Reitsport *m,* Reiten *n;* **ma datti all'~!** *fig iron* such dir einen anderen Beruf! **ippico, -a** [...ko] ‹-ci, -che› *a* Reit-, Pferde-.

ippocampo [ippo'kampo] *m* Seepferdchen *n.*

ippocastano [ippokas'ta:no] *m* Roßkastanie *f.*

ippodromo [ip'pɔ:dromo] *m* Pferderennbahn *f,* Hippodrom *m o. n.*

ippopotamo [ippo'pɔ:tamo] *m* Nilpferd *n,* Flußpferd *n.*

iprite [i'pri:te] *f* Senfgas *n.*

ipsilon ['ipsilon] ‹-› *f* Ypsilon *n.*

I.P.Z.S. *m ab di* **Istituto Poligrafico e Zecca dello Stato** *staatliche Druckerei und Münze.*

ira ['i:ra] *f* Zorn *m;* **avere uno scatto d'~** einen Zornesausbruch haben; **essere un'~ scatenata** rasen vor Zorn; **è un'~ di Dio** *fam* den (*o.* die) hat Gott im Zorn erschaffen *fam;* **successe l'~ di Dio** *fam* es war der Teufel los *fam.*

iracheno, -a [ira'kɛ:no] **I.** *a* irakisch; **II.** *m, f* Iraker(in) *m(f).*

iracondia [ira'kondia] ‹-ie› *f* Jähzorn *m.* **iracondo, -a** [...'kondo] *a* jähzornig.

Iran [i'ran] *m:* **l'~** der Iran. **iraniano, -a** [ira'nia:no] **I.** *a* iranisch; **II.** *m, f* Iraner(in) *m(f).*

Iraq [i'rak] *m:* **l'~** der Irak.

irascibile [iraʃ'ʃi:bile] *a* jähzornig. **irascibilità** [...ʃibili'ta] ‹-› *f* Jähzornigkeit *f.*

irato, -a [i'ra:to] *a* zornig, erzürnt.

Irene [i'rɛ:ne] *(nome proprio femminile)* Irene.

ireos ['i:reos] ‹-› *m* Iris *f,* Schwertlilie *f.*

I.R.I. ['i:ri] *m ab di* **Istituto per la Ricostruzione Industriale** *Institut für industriellen (Wieder)aufbau.*

iridare [iri'da:re] *tr* regenbogenartig färben. **iridato, -a** [...'da:to] *a* regenbogenfarbig; **maglia -a** Regenbogentrikot *n.* **iride** ['i:ride] *f* **1.** *(arcobaleno)* Regenbogen *m;* **2.** *anat* Iris *f,* Regenbogenhaut *f;* **3.** *opt* Irisblende *f;* **4.** *bot* Iris *f,* Schwertlilie *f.* **iridescente** [irideʃ'ʃɛnte] *a* irisierend, in Regenbogenfarben schillernd. **iridescenza** [...'ʃɛntsa] *f* Schillern *n* in Regenbogenfarben.

iris ['i:ris] ‹-› *m* Iris *f.*

Irlanda [ir'landa] *f* Irland *n.* **irlandese** [...'de:se] **I.** *a* irisch; **II.** *mf* Ire *m,* Irin *f.*

ironia [iro'ni:a] ‹-ie› *f* Ironie *f;* **~ della sorte** Ironie des Schicksals. **ironico, -a** [i'rɔ:niko] ‹-ci, -che› *a* ironisch. **ironizzare** [ironid'dza:re] *tr, itr* ironisieren.

iroso, -a [i'ro:so] *a* zornig.

I.R.P.E.F. ['irpef] *f ab di* **Imposta sul Reddito delle Persone Fisiche** Einkommens-, Lohnsteuer *f.*

irradiamento [irradia'mento] *m* (Aus)strahlung *f.*

irradiare¹ [irra'dia:re] **I.** *tr* ‹*avere*› **1.** *(rischiarare)* bestrahlen (*con, di* mit); *(illuminare)* anstrahlen, strahlen auf; **2.** *(diffondere)* ausstrahlen; **3.** *med, phys* bestrahlen; *(colpire con raggi radioattivi)* verstrahlen; **II.** *itr* ⟨*essere*⟩ **1.** (aus)strahlen; **2.** *fig (sprigionarsi)* (er)strahlen (*da* vor); **III.** *rfl:* **-rsi** ausstrahlen; *(strade)* abzweigen.

irradiare² [irra'di̯a:re] *tr radio* ausstrahlen.

irradiazione [irradi̯at'tsi̯o:ne] *f* **1.** *(emissione di raggi)* Strahlung *f; (propagazione)* Ausstrahlung *f;* **2.** *med* Bestrahlung *f.*

irraggiungibile [irraddʒun'dʒi:bile] *a* unerreichbar.

irragionevole [irradʒo'ne:vole] *a* **1.** *(irrazionale)* irrational, ohne Vernunft; **2.** *(senza raziocinio)* unvernünftig; **3.** *fig (sospetto)* unbegründet; *(prezzo)* ungerechtfertigt.

irrancidire [irrantʃi'di:re] ⟨irrancidisco⟩ *itr* ⟨*essere*⟩ ranzig werden.

irrazionale [irrattsi̯o'na:le] *a* **1.** *(irragionevole)* irrational, vernunftlos, ohne Vernunft; **2.** *(illogico)* unsinnig, unlogisch; **3.** *(insensato)* vernunftwidrig; *(persone)* unvernünftig; **4.** *mat, philos* irrational, irrationell. **irrazionalismo** [...na'lizmo] *m* Irrationalismus *m.* **irrazionalistico, -a** [...na'listiko] *a* irrational, irrationell. **irrazionalità** [...nali'ta] *f* Irrationalität *f.*

irreale [irre'a:le] *a* unwirklich, irreal.

irrealizzabile [irrealid'dza:bile] *a* undurchführbar, unrealisierbar.

irrealtà [irreal'ta] *f* Unwirklichkeit *f,* Irrealität *f.*

irrecuperabile [irrekupe'ra:bile] *a* unwiederbringlich; **un credito ~** eine uneinbringliche Forderung; **un individuo ~ alla società** ein für die Gesellschaft Verlorener.

irrecusabile [irreku'za:bile] *a* unabweisbar; *(prova)* unwiderlegbar.

irredento, -a [irre'dɛnto] *a* unerlöst, unbefreit.

irredimibile [irredi'mi:bile] *a* untilgbar.

irrefrenabile [irrefre'na:bile] *a* unaufhaltsam; *(fig a.)* ununterdrückbar.

irrefutabile [irrefu'ta:bile] *a* unwiderlegbar.

irreggimentare [irreddʒimen'ta:re] *tr* **1.** *mil* einem Regiment eingliedern; **2.** *fig* reglementieren.

irregolare [irrego'la:re] **I.** *a* **1.** *gener.* unregelmäßig; *(non conforme alla regola)* regelwidrig; *(condotta)* unordentlich; *mil* irregulär; *jur* rechtswidrig, gesetzwidrig; *(non consueto, non uniforme)* ungleichmäßig; *(polso, etc.)* unregelmäßig; **2.** *gram* unregelmäßig, irregulär; **II.** *m* Irreguläre(r) *m.* **irregolarità** [...lari'ta] *f* **1.** *gener.* Unregelmäßigkeit *f;* **2.** *jur* Rechts-, Gesetzwidrigkeit *f; (reato)* Vergehen *n.*

irreligioso, -a [irreli'dʒo:so] *a* unreligiös, nicht religiös; *(contrario alla religione)* religionswidrig.

irremissibile [irremis'si:bile] *a* unverzeihbar, unverzeihlich.

irremovibile [irremo'vi:bile] *a* unbeugsam, unerschütterlich.

irreparabile [irrepa'ra:bile] *a* **1.** irreparabel *geh; (danno)* nicht wiedergutzumachen(d); *(perdita)* unersetzlich; **2.** *fig* unvermeidlich.

irreperibile [irrepe'ri:bile] *a* unauffindbar.

irreprensibile [irrepren'si:bile] *a* tadellos, einwandfrei.

irrequietezza [irreku̯i̯e'tettsa] *f* Unruhe *f,* Ruhelosigkeit *f.* **irrequieto, -a** [...'ku̯i̯ɛ:to] *a* unruhig, ruhelos. **irrequietudine** [...i̯e'tu:dine] *f* innere Unruhe.

irresistibile [irresis'ti:bile] *a* unwiderstehlich; *(argomento)* stichhaltig.

irresoluto, -a [irreso'lu:to] *a* unentschlossen, unschlüssig.

irrespirabile [irrespi'ra:bile] *a* **1.** *(aria)* stickig, unerträglich; *(tossico)* schädlich; **2.** *fig* unerträglich.

irresponsabile [irrespon'sa:bile] *a* **1.** *(esente da responsabilità)* unverantwortlich; *(a. persone)* verantwortungslos; **2.** *jur* unzurechnungsfähig. **irresponsabilità** [...sabili'ta] *f* **1.** Unverantwortlichkeit *f; (a. di persone)* Verantwortungslosigkeit *f;* **2.** *jur* Unzurechnungsfähigkeit *f.*

irrestringibile [irrestrin'dʒi:bile] *a* nicht einlaufend.

irretire [irre'ti:re] ⟨irretisco⟩ *tr* **1.** *rar (prendere nella rete)* im Netz fangen; **2.** *fig* einwickeln, umgarnen.

irreversibile [irrever'si:bile] *a* nicht umkehrbar, irreversibel *geh; fig* unwiderruflich.

irrevocabile [irrevo'ka:bile] *a* unwiderruflich.

irriconoscibile [irrikonoʃ'ʃi:bile] *a* nicht wiederzuerkennen.

irridere [ir'ri:dere] ⟨*irr*⟩ *tr* verlachen, verhöhnen.

irriducibile [irridu'tʃi:bile] *a* **1.** *(prezzo, importo, somma)* nicht herabsetzbar, fest; **2.** *(volontà)* unbeugsam; **3.** *mat (frazione)* echt.

irriflessivo, -a [irrefles'si:vo] *a* unüberlegt.

irrigare [irri'ga:re] ⟨irrigo, irrighi⟩ *tr*

1. *agr* bewässern; 2. *med* (aus)spülen. **irrigatore, -trice** [...ga'to:re] I. *a* bewässernd, Bewässerungs-; II. *m* 1. *agr* Sprinkler *m*, Beregnungsvorrichtung *f*; 2. *med* Irrigator *m*. **irrigazione** [...gat'tsi̯o:ne] *f* 1. *agr* Bewässerung *f*; 2. *med* (Aus)spülung *f*.

irrigidimento [irridʒidi'mento] *m* Versteifung *f*; *(di un cadavere)* Erstarrung *f*; *fig* Verschärfung *f*. **irrigidire** [...'di:re] ⟨irrigidisco⟩ I. *tr* 1. *(rendere rigido)* versteifen, steif machen; 2. *fig (inasprire)* verschärfen; II. *rfl:* **-rsi** 1. *(farsi rigido)* sich versteifen, steif werden; *(aria)* rauh werden; 2. *fig* sich versteifen; ~ **sull'attenti** strammstehen.

irriguo, -a [ir'ri:guo] *a tec* Bewässerungs-; *geog* wasserreich.

irrilevante [irrile'vante] *a* irrelevant; *(trascurabile)* unbedeutend, unerheblich. **irrilevanza** [...'vantsa] *f* Bedeutungslosigkeit *f*, Irrelevanz *f*.

irrimediabile [irrime'di̯a:bile] *a* irreparabel; *(danno a.)* nicht wiedergutzumachen(d).

irripetibile [irripe'ti:bile] *a* unwiederholbar; *(pagamento)* einmalig.

irrisione [irri'zi̯o:ne] *f* Verspottung *f*. **irrisorio, -a** [...'zɔ:ri̯o] ⟨-i, -ie⟩ *a* spöttisch, Spott-; **prezzo** ~ Spottpreis *m*; **salario** ~ Hungerlohn *m*.

irrispettoso, -a [irrispet'to:so] *a* respektlos; *(condotta a.)* ungebührlich.

irritabile [irri'ta:bile] *a* 1. *(eccitabile)* reizbar, erregbar; 2. *med* empfindlich. **irritabilità** [...tabili'ta] ⟨-⟩ *f* 1. *(eccitabilità)* Reizbarkeit *f*, Erregbarkeit *f*; 2. *med* Empfindlichkeit *f*.

irritare [irri'ta:re] I. *tr* 1. *(provocare fastidio)* reizen; *(far arrabbiare)* ärgern, erzürnen; 2. *med* entzünden; II. *rfl:* **-rsi** 1. *(adirarsi)* sich ärgern, sich erzürnen; 2. *med* sich entzünden. **irritazione** [...tat'tsi̯o:ne] *f* 1. *(per stizza)* Gereiztheit *f*, Ärger *m*; 2. *med* Entzündung *f*.

irriverente [irrive'rɛnte] *a* respektlos. **irriverenza** [...'rɛntsa] *f* Respektlosigkeit *f*.

irrobustire [irrobus'ti:re] ⟨irrobustisco⟩ I. *tr* stärken, kräftigen; II. *rfl:* **-rsi** sich kräftigen, stark werden.

irrogare [irro'ga:re] *tr* verhängen (*a carico di* über, gegen). **irrogazione** [...gat'tsi̯o:ne] *f* Verhängung *f*.

irrompere [ir'rompere] ⟨*irr*⟩ *itr* ⟨*essere*⟩ einbrechen, eindringen.

irrorare [irro'ra:re] *tr* 1. *(bagnare)* benetzen; 2. *agr* spritzen; **il sangue irrora l'organismo** das Blut versorgt den Organismus. **irroratrice** [...ra'tri:tʃe] *f* Pflanzenspritze *f*.

irruente [irru'ɛnte] *a* ungestüm, heftig. **irruenza** [...'ɛntsa] *f* Ungestüm *n*.

irruvidire [irruvi'di:re] ⟨irruvidisco⟩ I. *tr* ⟨*avere*⟩ aufrauhen; *(pelle)* rauh machen; II. *itr* ⟨*essere*⟩, *rfl:* **-rsi** rauh werden.

irruzione [irrut'tsi̯o:ne] *f* Einbruch *m*; **fare ~ in ...** einbrechen in ...

irsuto, -a [ir'su:to] *a* struppig.

irto, -a ['irto] *a* 1. *(ispido)* struppig; 2. *fig* gespickt (*di* mit); *(terreno)* voll(er) (*di* mit).

iscritto, -a [is'kritto] *m, f* Mitglied *n*, Eingetragene(r) *mf*; **in** (*o.* **per**) ~ schriftlich.

iscrivere [is'kri:vere] ⟨*irr*⟩ I. *tr* 1. *(includere, registrare)* eintragen; 2. *(far ammettere)* anmelden; *(all'università)* einschreiben; II. *rfl:* **-rsi** sich anmelden (*a* für, bei, in); *(a un partito)* sich eintragen; *(all'università)* sich einschreiben. **iscrizione** [...rit'tsi̯o:ne] *f* 1. *(atto dell'iscrivere)* Anmeldung *f*, Einschreibung *f*; 2. *(registrazione)* Eintragung *f*; 3. *(frase incisa)* Inschrift *f*.

I.S.E.F. ['i:zef] *m ab di* **Istituto Superiore di Educazione Fisica** Sporthochschule *f*.

Islam [iz'lam] ⟨-⟩ *m* Islam *m*. **islamico, -a** [iz'la:miko] ⟨-ci, -che⟩ I. *a* islamisch; II. *m, f* Mohammedaner(in) *m(f)*.

islamismo [izla'mizmo] *v.* **Islam.**

Islanda [iz'landa] *f* Island *n*. **islandese** [...'de:se] I. *a* isländisch; II. *mf* Isländer(in) *m(f)*.

isobara [i'zɔ:bara] *f* Isobare *f*.

isola ['i:zola] *f* Insel *f*; ~ **pedonale** Verkehrsinsel *f*; ~ **spartitraffico** Mittelstreifen *m*.

isolamento [izola'mento] *m* 1. *(esclusione da contatti)* Absonderung *f*, Isolierung *f*; *(solitudine)* Isolation *f*, Einsamkeit *f*; 2. *jur, med, tec, phys* Isolierung *f*; **reparto di** ~ Isolierstation *f*; ~ **dal freddo** Kälteisolierung *f*; ~ **acustico/termico** Schall-/Wärmedämmung *f*.

isolano, -a [izo'la:no] I. *a* insular, Insel-; II. *m, f* Inselbewohner(in) *m(f)*.

isolante [izo'lante] I. *a* isolierend, Isolier-; II. *m* Isolierstoff *m*; ~ **acustico/termico** Schall-/Wärmeisolierstoff *m*.

isolare [izo'la:re] I. *tr* 1. *(separare)* isolieren, (ab)trennen, absondern; 2. *(ammalato, detenuto, chem, phys)* isolieren; ~ **una frase dal contesto** einen Satz aus dem Zusammenhang nehmen; II. *rfl:* **-rsi** sich absondern;

-rsi in un paesetto di montagna sich in ein Bergdörfchen zurückziehen. **isolato, -a** [...ˈla:to] **I.** *a* isoliert; *(persona)* abgesondert, zurückgezogen; *(luogo)* abgeschieden, entlegen; **un caso ~** ein Einzelfall *m;* **vivere ~** abgeschieden (*o.* zurückgezogen) leben; **II.** *m, f* zurückgezogen lebender Mensch; **III.** *m* Häuserblock *m.* **isolatore** [...laˈto:re] *m* Isolator *m.*

isoscele [iˈzɔʃʃele] *a* gleichschenk(e)lig.

isotermico, -a [izoˈtɛrmiko] *a* isothermisch.

Isotta [iˈzɔtta] *(nome proprio femminile)* Isolde.

ispanista [ispaˈnista] ‹-i *m,* -e *f*› *mf* Hispanist(in) *m(f).* **ispanistica** [...ˈnistika] ‹-che› *f* Hispanistik *f.*

ispano-americano, -a [ispanoameriˈka:no] *a* **1.** *(dell'America latina)* lateinamerikanisch; **2.** *(della Spagna e dell'America)* spanisch-amerikanisch.

ispettivo, -a [ispetˈti:vo] *a* Inspektions-. **ispettorato** [...toˈra:to] *m* **1.** *(organo, edificio)* Aufsichtsamt *n,* -behörde *f;* **2.** *(ufficio e grado di ispettore)* Inspektorat *n;* **~ del lavoro** Gewerbeaufsichtsamt *n.* **ispettore, -trice** [...ˈto:re] *m, f* Inspektor(in) *m(f).*

ispezionare [ispetˈtsi̯oˈna:re] *tr* inspizieren, prüfen. **ispezione** [...ˈtsi̯o:ne] *f* **1.** *(di vigilanza)* Überwachung *f,* Aufsicht *f;* **2.** *(di controllo)* Revision *f,* Inspektion *f;* **3.** *med* Untersuchung *f.*

ispido, -a [ˈispido] *a* **1.** *(irto)* borstig, struppig; **2.** *fig (carattere)* rüde, kratzbürstig; *(tema, etc.)* heikel.

ispirare [ispiˈra:re] **I.** *tr* **1.** *(suscitare)* erwecken, erregen; *(paura)* einflößen; **2.** *(suggerire)* empfehlen, anregen; **3.** *(estro creativo)* inspirieren; **II.** *rfl:* **-rsi** sich inspirieren lassen (*a* von); *(prendere a modello)* sich orientieren (*a* an), folgen; *(adeguarsi)* sich richten nach. **ispirato, -a** [...ˈra:to] *a* beseelt. **ispiratore, -trice** [...raˈto:re] *m, f* Anreger(in) *m(f); fig* Ursache *f.* **ispirazione** [...ratˈtsi̯o:ne] *f* **1.** *(estro creativo)* Inspiration *f,* Eingebung *f;* **2.** *(suggerimento)* Inspiration *f,* Anregung *f; (consiglio)* Rat(schlag) *m;* **3.** *(trovata della mente, impulso)* Einfall *m,* Eingebung *f;* **trarre l'~ da qc** sich durch etw. inspirieren lassen; **~ divina** göttliche Eingebung.

Israele [izraˈɛ:le] *m* Israel *n.* **israeliano, -a** [izraeˈli̯a:no] **I.** *a* israelisch; **II.** *m, f* Israeli *mf.* **israelita** [...ˈli:ta] ‹-i *m,* -e *f*› *mf* Israelit(in) *m(f).* **israelitico, -a** [...ˈli:tiko] ‹-ci, -che› *a* israelitisch.

issare [isˈsa:re] *tr* stemmen, hochheben; *(vele)* hissen.

Istanbul [isˈtambul] *f* Istanbul *n.*

istantanea [istanˈta:nea] *f* Momentaufnahme *f,* Schnappschuß *m.* **istantaneo, -a** [...eo] *a* augenblicklich, sofortig.

istante [isˈtante] *m* Augenblick *m,* Moment *m;* **all'~** augenblicklich, unverzüglich; **ad ogni ~** jeden Augenblick (*o.* Moment).

istanza [isˈtantsa] *f* **1.** *(richiesta)* Antrag *m,* Gesuch *n;* **2.** *jur, adm* Instanz *f;* **3.** *(aspirazione)* Anliegen *n;* **4.** *(insistenza)* Nachdruck *m;* **fare un'~** einen Antrag stellen.

ISTAT [ˈistat] *m ab di* **Istituto Centrale di Statistica** *staatliches italienisches statistisches Amt.*

isteria [isteˈri:a] ‹-ie› *f* Hysterie *f.* **isterico, -a** [isˈtɛ:riko] ‹-ci, -che› **I.** *a* hysterisch; **II.** *m, f* Hysteriker(in) *m(f).*

isterilire [isteriˈli:re] ‹isterilisco› **I.** *tr* **1.** unfruchtbar machen; **2.** *fig* verkümmern lassen; **II.** *rfl:* **-rsi 1.** unfruchtbar werden; **2.** *fig* versiegen, verkümmern.

istigare [istiˈga:re] ‹istigo, istighi› *tr* anstiften (*a* zu). **istigatore, -trice** [...gaˈto:re] *m, f* Anstifter(in) *m(f),* Aufwiegler(in) *m(f).* **istigazione** [...gatˈtsi̯o:ne] *f* Anstiftung *f,* Aufwieglung *f.*

istintivo, -a [istinˈti:vo] *a* instinktiv. **istinto** [isˈtinto] *m* Instinkt *m; (impulso)* Trieb *m; (sentimento)* Gefühl *n;* **~ di conservazione** Selbsterhaltungstrieb *m;* **~ materno** Mutterinstinkt *m;* **~ musicale** musikalisches Gefühl; **~ sessuale** Geschlechtstrieb *m;* **per ~** instinktmäßig, instinktiv.

istituire [istituˈi:re] ‹istituisco› *tr* **1.** *(fondare)* gründen; **2.** *(stabilire)* stiften; **3.** *(nominare)* einsetzen, ernennen; **4.** *(impostare)* auf-, anstellen. **istitutivo, -a** [...uˈti:vo] *a* gründend, Satzungs-. **istituto** [...ˈtu:to] *m* **1.** *(ente, impressa)* Institut *n,* Anstalt *f;* **2.** *(banca)* Institut *n,* Bank *f;* **3.** *(di facoltà universitaria)* Institut *n;* **4.** *(scuola)* Schule *f,* Institut *n;* **~ di bellezza** Schönheitssalon *m,* Kosmetikinstitut *n;* **~ di credito** Kreditinstitut *n;* **~ di pena** Strafanstalt *f;* **~ ospedaliero** Krankenanstalt *f;* **~ superiore** Oberschule *f.* **istitutore, -trice** [...tuˈto:re] *m, f* **1.** *(precettore)* Hauslehrer(in) *m(f),* Privatlehrer(in) *m(f); (nei collegi)* Heimlehrer(in) *m(f);* **2.** *(fondatore)* Gründer(in) *m(f).* **istituzionale** [...tuttsio'na:le] *a* institutionell; **fini -i** Grundziele *n pl;* **referendum ~** Volksentscheid *m.* **istituzione** [...tut'tsio:ne] *f* **1.** *(fondazione)* Stiftung *f,* Gründung *f; (ente)* Institution *f; (a. ordinamento)* Einrichtung *f;* **2.** *(nomina)* Einsetzung *f,* Ernennung *f;* **3.** *(fondato su leggi, usi)* Institution *f;* **4.** ‹*pl*› *(nozioni fondamentali)* Grundbegriffe *m pl,* Grundlagen *f pl;* **-i sociali** soziale Einrichtungen *f pl.*

istmo ['istmo] *m* **1.** *geog* Landenge *f,* Isthmus *m scient;* **2.** *anat* Verengung *f.*

istoriare [isto'ria:re] ‹istorio, istori› *tr* bebildern.

istrice ['istritʃe] *m* **1.** *zoo* Stachelschwein *n;* **2.** *fig* ruppiger Mensch.

istrione [istri'o:ne] *m hist* Histrione *m; pej* Schmierenkomödiant *m; fig* Komödiant *m.* **istrionesco, -a** [...io'nesko] ‹-schi, -sche› *a pej* komödiantenhaft.

istruire [istru'i:re] ‹istruisco› **I.** *tr* **1.** *(insegnare)* unterrichten, lehren; **2.** *(educare)* erziehen, bilden; *(ammaestrare)* dressieren; **3.** *(dare istruzioni, suggerimenti)* unterrichten, anleiten, instruieren; **4.** *jur (processo)* einleiten; **II.** *rfl:* **-rsi 1.** *(darsi un'istruzione)* sich bilden; **2.** *(informarsi)* sich informieren (*su* über). **istruttivo, -a** [istrut'ti:vo] *a* lehrreich, Lehr-, instruktiv *geh.* **istruttore, -trice** [...'to:re] **I.** *a* ausbildend, Ausbildungs-; *jur* Untersuchungs-; **II.** *m, f* Lehrer(in) *m(f).* **istruttoria** [...'tɔ:ria] ‹-ie› *f* (Vor)untersuchung *f.* **istruttorio, -a** [...'tɔ:rio] ‹-i, -ie› *a* ermittelnd, untersuchend. **istruttrice** *f v.* **istruttore.** **istruzione** [...trut'tsio:ne] *f* **1.** *(insegnamento)* Unterricht *m;* **2.** *(cognizioni acquisite)* (Aus)bildung *f;* **3.** *(direttiva)* Anweisung *f,* Instruktion *f;* **4.** ‹*pl*› *(prescrizioni, norme per l'uso)* Gebrauchsanweisung *f;* **5.** *jur* (Vor)untersuchung *f;* **impartire -i** Anweisungen erteilen.

istupidire [istupi'di:re] ‹istupidisco› **I.** *tr* ‹*avere*› verdummen, dumm machen; **II.** *itr* ‹*essere*› verdummen, dumm werden.

ITALCABLE [ital'ka:ble] *f ab di* **Servizi Cablografici Radiotelegrafici e Radioelettrici** *interkontinentale Fernmeldegesellschaft.*

ITALCASSE [ital'kasse] *m ab di* **Istituto di Credito della Cassa di Risparmio Italiana** *Kreditinstitut der italienischen Sparkassen.*

ITALGAS [ital'gas] *f ab di* **Società Italiana per il Gas** *Gesellschaft für die italienische Gasversorgung.*

Italia [i'ta:lia] *f* (*ab* **I**) Italien *n;* **vado in ~** ich fahre nach Italien; **l'~ è un paese molto bello** Italien ist ein sehr schönes Land. **italiana** *f v.* **italiano.** **italianismo** [italia'nizmo] *m* Italianismus *m.* **italianista** [...'nista] ‹-i *m,* -e *f*› *mf* Italianist(in) *m(f).* **italianità** [...ni'ta] ‹-› *f* italienische Wesensart. **italianizzare** [...nid'dza:re] *tr* italianisieren. **italiano, -a** [...'lia:no] **I.** *a* italienisch; **II.** *m, f* Italiener(in) *m(f);* **è -a** sie ist Italienerin; **all'-a** auf italienische Art; **III.** *m* Italienisch(e) *n;* **l'~ è una bella lingua** Italienisch (*o.* das Italienische) ist eine schöne Sprache; **come si dice in ~?** was (*o.* wie) heißt das auf italienisch?; **parla ~?** sprechen Sie Italienisch?

italico, -a [i'ta:liko] ‹-ci, -che› **I.** *a* italisch; **carattere ~** *typ* Kursivschrift *f;* **II.** *m, f* Italiker(in) *m(f),* Italier(in) *m(f).*

italo- [italo-] *(in parole composte)* italo-, Italo-.

Italo ['i:talo] *nome proprio maschile.*

iter ['i:ter] ‹-› *m (trafila burocratica)* Weg *m,* Gang *m;* **~ burocratico** Dienstweg *m.*

iterativo, -a [itera'ti:vo] *a* iterativ. **iterazione** [...at'tsio:ne] *f* Wiederholung *f.*

itinerante [itine'rante] *a* Wander-, wandernd; **mostra ~** Wanderausstellung *f.*

itinerario [itine'ra:rio] ‹-i› *m* (Reise)weg *m,* Route *f;* **~ europeo** (*ab* **E**) Europastraße *f.*

I.T.I.S. ['i:tis] *m ab di* **Istituto Tecnico Industriale Statale** *Schule für industrietechnische Berufsausbildung.*

itterico, -a [it'tɛ:riko] ‹-ci, -che› **I.** *a* gelbsüchtig, Gelbsucht-; **II.** *m, f* an Gelbsucht Erkrankte(r) *mf.* **itterizia** [itter'rittsia] ‹-ie› *f* Gelbsucht *f;* **fare venire l'~ a qu** *fam scherz* jdn zur Weißglut bringen.

ittico, -a ['ittiko] ‹-ci, -che› *a* Fisch-. **ittiologia** [ittiolo'dʒi:a] ‹-gie› *f* Fischkunde *f.*

iugero ['iu:dʒero] *m* Joch *n.*

iuta ['iu:ta] *f* Jute *f.*

I.V.A. ['i:va] *f ab di* **Imposta sul Valore Aggiunto** MwSt., MWSt. (*ab di* Mehrwertsteuer).

ivi ['i:vi] *adv poet* **1.** *(lì)* da, dort; **2.** *(nelle citazioni)* ebenda.

Ivo ['i:vo] *(nome proprio maschile)* Ivo.

J

J, j [i l'luŋga] ‹-› *f* J, j *n;* ~ **come jersey** J wie Julius.
J *ab di* **Joule** J.
jabot [ʒa'bo] ‹-› *m* Jabot *n.*
jack [dʒæk] ‹-› *m (nelle carte da gioco)* Bube *m.*
jacquard [ʒa'ka:r] ‹*inv*› *a* Jacquard-.
jazz [dʒæz] ‹-› *m* Jazz *m.* **jazzista** [dʒad'dzista] ‹-i *m,* -e *f*› *mf* Jazzer(in) *m(f),* Jazzmusiker(in) *m(f).* **jazzistico, -a** [...'dzistiko] ‹-ci, -che› *a* Jazz-.
jeans [dʒi:nz] *m pl* Jeans *pl.*
jeep® [dʒi:p] ‹-› *f* Jeep® *m.*
jersey ['dʒə:zɪ] ‹-› *m* Jersey *m.*
jet [dʒet] ‹-› *m* Jet *m.* **jet-set** ['dʒetset] ‹-› *m,* **jet-society** ['dʒet sə'saɪətɪ] ‹-› *f* Jet-set *m.*
jockey ['dʒɔkɪ] ‹-› *m* Jockei *m,* Jockey *m.*
jodler ['jo:dlər] ‹-› *m* Jodeln *n.*
jogging ['dʒɔgɪŋ] ‹-› *m* Jogging *n.*
jolly ['dʒɔlɪ] ‹-› *m* Joker *m.*
joule [dʒu:l *o.* dʒaʊl] ‹-› *m* (*ab* **J**) Joule *n.*
jr. *ab di* **junior** jr., jun.
judo ['dʒu:do] ‹-› *m* Judo *n.* **judoista** [dʒudo'ista] ‹-i *m,* -e *f*› *mf* Judosportler(in) *m(f).*
jugoslavo [i̯ugoz'la:vo] *etc. v.* **iugoslavo** *etc.*
juke-box ['dʒu:kbɔks] ‹-› *m* Musikbox *f.*
junior ['i̯uni̯or, i̯u'ni̯ɔ:res] *(ab* **jr.**) **I.** ‹*inv*› *a* junior; **II.** ‹juniores› *mf sport* Junior(in) *m(f).*

K

K, k ['kappa] ‹-› *m o. f* K, k *n;* ~ **come kursaal** K wie Kaufmann.
kamikaze [kami'kaddze] ‹-› *m* Kamikaze *m.*
kaputt [ka'put] ‹*inv*› *a* kaputt.
karatè [kara'tɛ] ‹-› *m* Karate *n.*
kart [kart] ‹-› *m* Go-Kart *m.* **kartismo** [...'tizmo] *m* Go-Kart-Fahren *n,* Go-Kart-Sport *m.* **kartodromo** [...'tɔ:dromo] *m* Go-Kart-Bahn *f.*
kashmir [kaʃ'mi:r] ‹-› *m* **1.** *(lana)* Kaschmirwolle *f;* **2.** *(tessuto)* Kaschmir *m.*
kayak [ka'i̯ak *o.* 'kaıæk] ‹-› *m* Kajak *m.*
kefir ['kɛ:fir *o.* ke'fir] ‹-› *m* Kefir *m.*
kepi [ke'pi] ‹-› *m* Käppi *n.*
kermesse [ker'mɛs] ‹-› *f* **1.** *(festa)* Kirmes *f,* Kirchweih *f;* **2.** *sport* Ehrenrunde *f;* **3.** *fig (allegria)* Jubel, Trubel, Heiterkeit.
kerosene [kero'zɛ:ne] *v.* **cherosene.**
ketch [ketʃ] ‹-› *m* Ketsch *f.*
ketchup ['ketʃəp] ‹-› *m* Ketchup *m o. n.*
kg *ab di* **chilogrammo** kg (*ab di* Kilogramm).
kibbutz [kib'buts] ‹-› Kibbuz *m.*
kidnapping ['kıdnæpıŋ] ‹-› *m* Kidnapping *n,* (Kindes)entführung *f.*
killer ['kılə] ‹-› *m* Killer *m fam,* Mörder *m.*
kindergarten ['kindərgartən] ‹-› *m* Kindergarten *m.* **kinderheim** [...haım] ‹-› *m* Kinderheim *n.*
kirsch [kırʃ] ‹-› *m* Kirsch *m,* Kirschwasser *n.*
kitsch [kıtʃ] **I.** ‹*inv*› *a* kitschig; **II.** ‹-› *m* Kitsch *m.*
kiwi¹ ['ki:vi] ‹-› *m (frutta)* Kiwi *f.*
kiwi² ['ki:vi] ‹-› *m (uccello)* Kiwi *m.*
km *ab di* **chilometro** km (*ab di* Kilometer).
knock down [nɔk'daʊn] **I.** ‹-› *m sport* Knockdown *m;* **II.** ‹*inv*› *a* knockdown.
knock out ['nɔkaʊt] **I.** ‹-› *m* Knockout *m,* K.o.-Schlag *m;* **II.** ‹*inv*› *a, adv* knockout, k.o.; **essere** ~ *(a. fig)* k.o. sein; **mettere qu** ~ *sport* jdn k.o. schlagen; *fig* jdn erledigen, jdn fertigmachen.
know how ['noʊhaʊ] ‹-› *m* Know-how *n.*
koala [ko'a:la] ‹-› *m* Koala(bär) *m,* Beutelbär *m.*
kolchoz [kal'xɔs] ‹-› *m* Kolchose *f,* Kolchos *m.*
krapfen ['krapfən] ‹-› *m* Krapfen *m.*
kriss [kris] ‹-› *m* Kris *m.*
krug [kru:k] ‹-› *m* Krug *m.*
kümmel ['kʏməl] ‹-› *m* Kümmel(branntwein) *m.*
kursaal ['ku:rza:l] ‹-› *m* Kursaal *m.*
kW *ab di* **chilowatt** kW (*ab di* Kilowatt).
kWh *ab di* **chilowattora** kWh.

L

L, l ['ɛlle] ‹-› *f* L, l *n;* **ferro a ~** Winkeleisen *n;* **~ come Livorno** L wie Ludwig.

l *ab di* **litro** l (*ab di* Liter).

l' **I.** *(articolo determinativo m e f sing davanti a vocale)* der *m,* die *f,* das *n;* **II.** *pron pers* **1.** *3. pers m sing* ihn; **2.** *3. pers f sing* sie; **3.** *(forma di cortesia a.:* **L'**) Sie.

L *ab di* **lira** L, Lit.

la[1] [la] **I.** *(articolo determinativo f sing)* der *m,* die *f,* das *n;* **II.** *pron pers* **1.** *3. pers f sing* sie; **2.** *(forma di cortesia a.:* **La**) Sie.

la[2] [la] *m mus* a, A *n;* **dare il ~** *(a. fig)* den Ton angeben.

là [la] *adv (stato)* dort, da; *(moto)* dorthin, dahin; **andare in ~** vorwärtsgehen; **andare troppo in ~** *fig* zu weit gehen; **essere in ~ con gli anni** in vorgerücktem Alter sein; **tirarsi in ~** zur Seite gehen; **chi va ~?** *mil* wer da?; **di ~** *(stato in luogo)* drüben; *(da quel luogo)* von dort, von dorther; *(verso quel luogo)* hinüber; **al di ~** *(moto)* auf die andere Seite; *(stato)* auf der anderen Seite; **al di ~ del fiume** jenseits des Flusses; **per di ~** dort hindurch; **più in ~** *(luogo)* weiter weg; *(tempo)* später; **via di ~!** weg da!

labaro ['la:baro] *m* Standarte *f,* Fahne *f.*

labbro ['labbro] *m* **1.** ‹*pl:* -a *f*› *anat* Lippe *f;* **2.** ‹*pl:* -i *m*› *fig* Rand *m;* **farsi le -a** sich *(dat)* die Lippen schminken; **pendere dalle -a di qu** an jds Lippen hängen; **~ leporino** Hasenscharte *f.*

labiale [la'bi̯a:le] **I.** *a* labial, Lippen-; **II.** *f* Labial-, Lippenlaut *m.*

labile ['la:bile] *a* **1.** *(ricordi, impressioni)* flüchtig, vergänglich; **2.** *chem* unbeständig, instabil.

labirintico [labi'rintiko] ‹-ci, -che› *a* **1.** labyrinthisch, gewunden; **2.** *fig* verworren, verwickelt. **labirinto** [...'rinto] *m* **1.** *(in mitologia)* Labyrinth *n;* **2.** *anat* Ohrlabyrinth *n;* **3.** *(in giardini)* Irrgang *m;* **4.** *fig (dedalo)* Durcheinander *n.*

laboratorio [labora'tɔ:ri̯o] ‹-i› *m* **1.** *scient* Labor(atorium) *n;* **2.** *(officina)* Werkstatt *f;* **~ di sartoria** Schneiderei *f,* Schneiderwerkstätte *f;* **~ fotografico** Fotolabor *n.* **laboratorista** [...to'rista] ‹-i *m,* -e *f*› *mf* Laborant(in) *m(f).*

laboriosità [labori̯osi'ta] ‹-› *f* **1.** *(attività)* Arbeitsamkeit *f,* Fleiß *m;* **2.** *(difficoltà)* Mühseligkeit *f,* Beschwerlichkeit *f.* **laborioso, -a** [...'ri̯o:so] *a* **1.** *(attivo)* arbeitsam, eifrig, fleißig; **2.** *(pieno di fatica)* mühsam, beschwerlich; **3.** *(digestione)* schlecht.

lacca ['lakka] ‹-cche› *f* **1.** *(sostanza)* Lack *m; (per capelli)* Haarspray *n; (per unghie)* Nagellack *m;* **2.** *(oggetto)* Lackarbeit *f.* **laccare** [...'ka:re] ‹lacco, lacchi› *tr* lackieren, lacken. **laccatura** [...ka'tu:ra] *f* Lackierung *f,* Politur *f.*

lacchè [lak'kɛ] ‹-› *m* **1.** *(valletto)* Lakai *m;* **2.** *fig pej* Kriecher *m,* Speichellekker *m.*

laccio ['lattʃo] ‹-cci› *m* **1.** *(nodo)* Schlinge *f; (nastro)* Schnur *f; (delle scarpe)* Schnürsenkel *m,* Schuhriemen *m;* **2.** *fig (tranello)* Falle *f,* Hinterhalt *m;* **cadere nel ~** in die Falle gehen.

lacerabile [latʃe'ra:bile] *a* zerreißbar. **lacerante** [...'rante] *a* **1.** zerreißend; **2.** *fig* quälend, qualvoll; *(urlo)* markerschütternd; *(rimorso)* nagend.

lacerare [latʃe'ra:re] **I.** *tr* **1.** zerreißen, zerfetzen; **2.** *fig* zerreißen, quälen; **II.** *rfl:* **-rsi** reißen; *fig* sich quälen. **lacerazione** [...rat'tsi̯o:ne] *f* **1.** *(atto)* Zerreißen *n;* **2.** *(effetto)* Riß *m;* **3.** *med* Rißwunde *f.* **lacero, -a** ['la:tʃero] *a* zerrissen, zerlumpt; **ferita -a** Rißwunde *f.*

lacerto [la'tʃɛrto] *m* **1.** *(muscolo)* (Arm)muskel *m;* **2.** *rar (taglio di carne)* Fleischstück *n,* Keulenstück *n.*

laconicità [lakonitʃi'ta] ‹-› *f* **1.** *(di persona)* Einsilbigkeit *f,* Wortkargheit *f;* **2.** *(di discorso, etc.)* Kürze *f,* Bündigkeit *f.* **laconico, -a** [la'kɔ:niko] ‹-ci, -che› *a* **1.** *(risposta)* lakonisch, kurz und bündig; **2.** *(persona)* wortkarg, einsilbig.

lacrima ['la:krima] *f* **1.** *(dell'occhio)* Träne *f;* **2.** *(goccia)* Tropfen *m;* **-e di coccodrillo** Krokodilstränen *f pl;* **fichi con la ~** überreife Feigen *f pl;* **avere le -e agli occhi** Tränen in den

Augen haben; **avere le -e in tasca** nahe am Wasser gebaut haben; **ridere fino alle -e** Tränen lachen. **lacrimale** [lakri'ma:le] *a* Tränen-; **secreto ~** Tränenflüssigkeit *f.* **lacrimare** [...'ma:re] *itr* weinen. **lacrimazione** [...mat'tsio:ne] *f* Tränen *n,* Tränenfluß *m.* **lacrimevole** [...'me:vole] *a* **1.** *gener.* beklagenswert, bedauerlich; **2.** *scherz (sentimentale)* rührselig, weinerlich. **lacrimogeno, -a** [...'mɔ:dʒeno] *a* **1.** tränenerregend, Tränen-; **2.** *fig scherz* rührselig, weinerlich; **gas ~** Tränengas *n.* **lacrimoso, -a** [...'mo:so] *a* **1.** *(viso)* tränenüberströmt; *(viso, occhi)* verweint; **2.** *(commovente)* traurig, rührend.

lacuale [laku'a:le] *a* (Binnen)see-.

lacuna [la'ku:na] *f* Lücke *f; (fig a.)* Mangel *m;* **~ della memoria** Gedächtnislücke *f.* **lacunosità** [lakunosi'ta] ‹-› *f* Lückenhaftigkeit *f.* **lacunoso, -a** [...'no:so] *a* lückenhaft, unvollständig.

lacustre [la'kustre] *a* (Binnen)see-.

laddove [lad'do:ve] *obs, poet* **I.** *adv (stato)* dort, wo; *(moto)* dorthin, wo; **II.** *con* **1.** *(qualora)* wenn, falls; **2.** *(mentre)* anstatt, wo doch.

ladino, -a [la'di:no] **I.** *a* ladinisch; **II.** *m, f* Ladiner(in) *m(f).*

ladra ['la:dra] *f v.* **ladro. ladreria** [ladre'ri:a] ‹-ie› *f* Dieberei *f,* Diebstahl *m.* **ladresco, -a** [la'dresko] ‹-schi, -sche› *a* diebisch.

ladro, -a ['la:dro] **I.** *a* **1.** *(che ruba)* diebisch; **2.** *fig fam* scheußlich, schlimm; **II.** *m, f* Dieb(in) *m(f); fig* Gauner(in) *m(f),* Halsabschneider(in) *m(f);* **~ di cuori** Herzensbrecher *m.* **ladrocinio** [ladro'tʃi:nio] *v.* **latrocinio.**

ladrone [la'dro:ne] *m* (Straßen)räuber *m;* **i due -i** *(sul Calvario)* die beiden Schächer. **ladronesco, -a** [ladro'nesko] ‹-schi, -sche› *a* räuberisch.

ladruncolo, -a [la'druŋkolo] *m, f* Spitzbube *m,* -bübin *f; (ladro)* kleiner Dieb, kleine Diebin.

lager ['la:gər] ‹-› *m* Konzentrationslager *n;* Internierungslager *n.*

laggiù [lad'dʒu] *adv (stato)* dort unten, da drüben; *(moto)* dort hinunter, dort hinüber.

lagna ['laɲɲa] *f fam* **1.** *(lamento)* Gejammer *n;* **2.** *(persona)* Nervensäge *f fam;* **3.** *(discorso)* Litanei *f fam,* Salbaderei *f fam.* **lagnanza** [...'ɲantsa] *f* Beschwerde *f,* Klage *f.* **lagnarsi** [...'ɲarsi] *rfl* sich beschweren *(per, di* über), sich beklagen *(per, di* über); *(lamentarsi)* klagen *(per, di* über).

lagno ['laɲɲo] *m poet* Wehklage *f poet.*

lago ['la:go] ‹-ghi› *m* **1.** *geog* See *m;* **2.** *fig (di sangue, etc.)* Lache *f;* **~ artificiale** Stausee *m;* **L~ Maggiore** Lago *m* Maggiore; **L~ Trasimeno** Trasimenischer See; **L~ di Bodano** (*o.* **di Costanza)** Bodensee *m;* **L~ di Garda** Gardasee *m;* **~ dei Quattro Cantoni** Vierwaldstätter See *m.*

lagrima ['la:grima] *etc. v.* **lacrima** *etc.*

laguna [la'gu:na] *f* Lagune *f.* **lagunare** [lagu'na:re] *a* Lagunen-.

L'Aia ['la:ia] *f* Den Haag *n.*

laica *f v.* **laico.**

laicale [lai'ka:le] *a* weltlich, Laien-; *(aconfessionale)* konfessionslos. **laicato** [...'ka:to] *m* Laienstand *m.* **laicismo** [lai'tʃizmo] *m* Laizismus *m.* **laicità** [...tʃi'ta] ‹-› *f* Laientum *n;* weltlicher Charakter. **laicizzare** [...tʃid'dza:re] *tr* **1.** *(persone)* in den Laienstand zurückversetzen, laisieren; **2.** *(beni)* säkularisieren, verweltlichen. **laico, -a** ['la:iko] ‹-ci, -che› **I.** *a* **1.** *(non ecclesiastico)* weltlich, Laien-; **2.** *(non confessionale)* konfessionslos; **II.** *m, f* Laie *m.*

laidezza [lai'dettsa] *f poet* **1.** *(sozzura)* Schmutzigkeit *f;* **2.** *fig* Unflätigkeit *f.* **laido, -a** ['la:ido] *a poet* **1.** *(sporco, sozzo)* schmutzig; **2.** *fig* unflätig, unanständig.

lama[1] ['la:ma] *f* **1.** *(del coltello)* (Messer)klinge *f;* **2.** *(spada)* Schwert *n,* Degen *m;* **~ a doppio taglio** *fig* zweischneidiges Schwert.

lama[2] ['la:ma] ‹-› *m rel* Lama *m.*

lama[3] ['la:ma] ‹-› *m zoo* Lama *n.*

lama[4] ['la:ma] *f poet* Au(e) *f poet.*

lambiccare [lambik'ka:re] ‹lambicco, lambicchi› **I.** *tr* destillieren; **II.** *rfl:* **-rsi il cervello** sich *(dat)* den Kopf zerbrechen *(su* über). **lambiccato, -a** [...'ka:to] *a* gekünstelt, geschraubt; *(soluzione)* spitzfindig.

lambire [lam'bi:re] ‹lambisco› *tr* **1.** *(con la lingua)* (ab)lecken; **2.** *fig* leicht berühren, streifen; *(fiamme)* umzüngeln; *(mare)* umspülen.

lambrusco [lam'brusko] ‹-schi› *m* Lambrusco *m (Rotwein aus der Emilia-Romagna).*

lamella [la'mɛlla] *f* Lamelle *f.* **lamellare** [...'la:re] *a* lamellenförmig, lamellar.

lamentare [lamen'ta:re] **I.** *tr* klagen über, beklagen; **II.** *rfl:* **-rsi** (sich be)klagen *(di* über), sich beschweren *(di* über). **lamentazione**

[...tat'tsio:ne] *f* Jammern *n*, Gejammer *n*. **lamentela** [...'tɛ:la] *f* Beschwerde *f*, Klage *f*. **lamentevole** [...'te:vole] *a geh (lagnoso)* klagend; *(deplorevole)* kläglich, beklagenswert. **lamentio** [...'ti:o] ‹-ii› *m* Gejammer *n*.

lamento [la'mento] *m* **1.** *(gemito)* Klage *f*, Wehklagen *n*; **2.** *zoo* Heulen *n*; *(di cane)* Winseln *n*; **3.** *mus* Klagelied *n*. **lamentoso, -a** [...'to:so] *a* klagend, jammernd, weinerlich.

lametta [la'metta] *f* (Rasier)klinge *f*.

lamiera [la'miɛ:ra] *f* Blech *n*; ~ **ondulata** Wellblech *n*. **lamierino** [lamie'ri:no] *m* Feinblech *n*. **lamierista** [...'rista] ‹-i *m*, -e *f*› *mf* Blechschläger(in) *m(f)*, Metallschmied(in) *m(f)*.

lamina ['la:mina] *f* Blättchen *n*, Folie *f*; ~ **d'oro** Goldfolie *f*.

laminare¹ [lami'na:re] *a* blättchenförmig.

laminare² [lami'na:re] *tr* **1.** *(ridurre in lamine)* (aus)walzen; **2.** *(coprire con lamine)* mit einem Metallbelag versehen; *(sci)* mit Stahlkanten versehen. **laminato, -a** [...'na:to] **I.** *a* (aus)gewalzt; **II.** *m* Walzstück *n*, Walzgut *n*; ~ **di acciaio** Walzstahl *m*; ~ **plastico** Kunststoffplatte *f*. **laminatoio** [...na'to:io] ‹-oi› *m* Walzmaschine *f*, Walzwerk *n*. **laminazione** [...nat'tsio:ne] *f* (Aus)walzen *n*.

lampada ['lampada] *f* Lampe *f*, Leuchte *f*; ~ **al neon** Neonröhre *f*, Neonlampe *f*; ~ **a raggi infrarossi/ultravioletti** Infrarotstrahler *m*/Höhensonne *f*. **lampadario** [...'da:rio] ‹-i› *m* Lüster *m*, (Kron)leuchter *m*. **lampadina** [...'di:na] *f* **1.** *(piccola lampada)* kleine Lampe, Lämpchen *n*; **2.** *el* (Glüh)birne *f*; ~ **tascabile** Taschenlampe *f*.

lampante [lam'pante] *a* **1.** *(rilucente)* leuchtend, funkelnd; *(limpido)* klar; **2.** *fig (evidente)* einleuchtend, klar, offenkundig.

lampeggiamento [lampeddʒa'mento] *m* **1.** *meteo* Blitzen *n*, Wetterleuchten *n*; **2.** *(di auto)* Blinken *n*.

lampeggiare [lamped'dʒa:re] ‹lampeggio, lampeggi› **I.** *itr* **1.** ‹*avere*› *meteo* blitzen, wetterleuchten; **2.** ‹*avere*› *fig (occhi, etc.)* funkeln, leuchten; **3.** ‹*avere*› *mot, tec* blinken; **4.** ‹*essere o. avere*› *(impersonale)* blitzen, wetterleuchten. **lampeggiatore** [...dʒa'to:re] *m* **1.** *mot* Blinker *m*; **2.** *fot* Blitzlicht *n*, Blitzgerät *n*. **lampeggio** [...'dʒi:o] ‹-ii› *m* Aufleuchten *n*; *meteo* Wetterleuchten *n*.

lampioncino [lampion'tʃi:no] *m* Lampion *m o. n*, Papierlaterne *f*.

lampione [lam'pio:ne] *m* (Straßen)laterne *f*.

lampista [lam'pista] ‹-i *m*, -e *f*› *mf ferr* Signalwärter(in) *m(f)*; *min* Lampenwärter(in) *m(f)*.

lampo ['lampo] *m* Blitz *m*; *(fig a.)* Aufleuchten *n*; ~ **di genio** Geistesblitz *m*; **chiusura-**~ Reißverschluß *m*; **in un** ~ im Nu; ~ **elettronico** Elektronenblitz *m*; ~ **fotografico** Blitzlicht *n*; **(veloce) come un** ~ blitzschnell; **visita** ~ *pol* Blitzbesuch *m*.

lampone [lam'po:ne] *m* **1.** *(pianta)* Himbeerstrauch *m*; **2.** *(frutto)* Himbeere *f*.

lampreda [lam'prɛ:da] *f* Lamprete *f*, Neunauge *n*.

lana ['la:na] *f* Wolle *f*; ~ **d'acciaio/di vetro/di legno** Stahl-/Glas-/Holzwolle *f*; **essere della stessa** ~ *fig* aus demselben Holz geschnitzt sein; **far questione di** ~ **caprina** sich um des Kaisers Bart streiten; **buona** ~ *fam* Spitzbube *m*, Gauner *m*. **lanaiolo, -a** [lana'iɔ:lo] *m, f* **1.** *(commerciante)* Wollhändler(in) *m(f)*; **2.** *(operaio)* Arbeiter(in) *m(f)* in einer Wollfabrik.

lanceolato, -a [lantʃeo'la:to] *a* lanzenförmig; *bot* lanzettförmig.

lancetta [lan'tʃetta] *f* **1.** *(di orologio)* Zeiger *m*; **2.** *(di chirurgo)* Lanzette *f*.

lancia ['lantʃa] ‹-ce› *f* **1.** *(arma)* Lanze *f*; **2.** *(da pesca)* Harpune *f*; **3.** *(imbarcazione)* großes Boot, Schaluppe *f*; ~ **di salvataggio** Rettungsboot *n*; **spezzare una** ~ **in favore di qu** für jdn eine Lanze brechen.

lanciabile [lan'tʃa:bile] *a* schleuderbar; *com* absetzbar.

lanciabombe [lantʃa'bombe] ‹-› *m* Granatwerfer *m*. **lanciafiamme** [-'fiamme] ‹-› *m* Flammenwerfer *m*. **lanciamissili** [-'missili] **I.** ‹*inv*› *a* Raketen-, Raketenabschuß-; **II.** ‹-› *m* Raketenabschußrampe *f*. **lanciapiattello** [-piat'tɛllo] ‹-› *m* Wurfmaschine *f*. **lanciarazzi** [-'raddzi] ‹-› *m* Raketenwerfer *m*.

lanciare [lan'tʃa:re] ‹lancio, lanci› **I.** *tr* **1.** *(gettare)* werfen, schleudern; *(razzo)* abschießen; *(bombe)* abwerfen; **2.** *com* einführen, lancieren; **3.** *fig (bestemmia)* ausstoßen; *(occhiata)* zuwerfen; **4.** *fig (idea, etc.)* verbreiten; **II.** *rfl*: **-rsi 1.** sich stürzen (*su* auf, *contro* gegen), sich werfen (*su* auf, *contro* gegen); *(dall'alto)* abspringen, sich fallen lassen; **2.** *fig* sich stürzen (*in* auf, in). **lanciasiluri** [...tʃasi'lu:ri] ‹-› *m* Torpedo(ausstoß)rohr *n*; *(nave)*

Torpedoschiff *n.* **lanciato, -a** [...'tʃa:to] *a* abgeworfen, abgeschossen; *(veicolo, fig)* in Fahrt; **gara con partenza -a** Wettkampf mit fliegendem Start; **essere ~** *fig* in Fahrt sein. **lanciatore, -trice** [...tʃa'to:re] *m, f* Werfer(in) *m(f)*; **~ del disco/giavellotto** Diskus-/Speerwerfer *m*; **~ del peso** Kugelstoßer *m.*

lanciere [lan'tʃɛ:re] *m* Lanzenreiter *m.*

lancinante [lantʃi'nante] *a* stechend.

lancio ['lantʃo] ⟨-ci⟩ *m* **1.** *gener.* Wurf *m*; *(salto)* Sprung *m*; *(dall'alto)* Absprung *m*; *(di bombe)* Abwurf *m*; **2.** *com, fig* Lancieren *n.*

landa ['landa] *f* Heide *f*, Heideland *n.*

lanerie [lane'ri:e] *f pl* Wollwaren *f pl.*

lanetta [la'netta] *f* leichter Wollstoff; Halbwolle *f.*

Lanfranco [lan'fraŋko] *nome proprio maschile.*

langravio [laŋ'gra:vi̯o] ⟨-i⟩ *m* Landgraf *m.*

languidezza [laŋgui'dettsa] *f* Mattigkeit *f*, Schwäche *f*; **~ di stomaco** Leere *f* im Magen. **languido, -a** ['laŋgu̯ido] *a* **1.** *(fiacco)* kraftlos, matt; **2.** *fig* schmachtend, sehnsüchtig; **sentirsi lo stomaco ~** ein Leeregefühl im Magen haben.

languii [laŋ'gu̯i:i] *1. pers sing del passato remoto di* **languire.**

languire [laŋ'gu̯i:re] ⟨languo *o.* languisco, languii, languito⟩ *itr* **1.** *(struggersi)* sich verzehren, schmachten, vergehen (*da* vor); **2.** *(indebolirsi)* ermatten, dahinsiechen; *(attività)* stokken; **3.** *(venir meno)* vergehen; **la conversazione langue** die Konversation stockt; **~ in carcere** im Kerker (*o.* Gefängnis) schmachten; **~ dalla fame** vor Hunger vergehen. **languore** [...'gu̯o:re] *m* **1.** *(fiacchezza)* Schlaffheit *f*, Mattigkeit *f*; **2.** *fig (spirituale)* Niedergeschlagenheit *f*; **3.** *(struggimento)* Sehnsucht *f*, Schmachten *n*; **morire di ~** vor Sehnsucht vergehen.

laniccio [la'nittʃo] ⟨-cci⟩ *m* Staubfluse *f*, Staubflocke *f.*

laniere [la'ni̯ɛ:re] *mf* Wollwarenfabrikant(in) *m(f).* **laniero, -a** [la'ni̯ɛ:ro] *a* Woll-. **lanificio** [lani'fi:tʃo] ⟨-ci⟩ *m* Wollspinnerei *f*, -weberei *f.*

lanolina [lano'li:na] *f* Lanolin *n.*

lanoso, -a [la'no:so] *a* wollig.

lanterna [lan'tɛrna] *f* **1.** *gener.* Laterne *f*; **2.** *naut* Blinklicht *n*; *(faro)* Leuchtturm *m.* **lanternino** [...ter'ni:no] *m* kleine Laterne, Laternchen *n*; **cercare qu col ~** jdn verzweifelt suchen.

lanugine [lanu'dʒi:ne] *f* Flaum *m.*

lapalissiano, -a [lapalis'si̯a:no] *a* altbekannt; **verità -a** Binsenwahrheit *f.*

lapidare [lapi'da:re] *tr (persona)* steinigen. **lapidario, -a** [...'da:ri̯o] ⟨-i, -ie⟩ **I.** *a* **1.** Stein-, Steinmetz-; **2.** *fig* kurz und bündig, lapidar; **II.** *m* **1.** *(operaio)* Steinmetz *m*, Steinhauer *m*; **2.** *(museo)* Lapidarium *n.* **lapidazione** [...dat'tsi̯o:ne] *f* Steinigung *f.*

lapide ['la:pide] *f (su sepolcri)* Grabstein *m*; *(su muri)* Gedenktafel *f*, Gedenkstein *m.*

lapis ['la:pis] ⟨-⟩ *m* Bleistift *m*; *(di colore)* Buntstift *m*; **~ emostatico** Blutstill-, Alaunstift *m.*

lapislazzuli [lapiz'laddzuli] ⟨-⟩ *m* Lapislazuli *m*, Lasurstein *m.*

lappare [lap'pa:re] *itr* schlappern; *(persona)* schlürfen.

lapsus ['lapsus] ⟨-⟩ *m* Lapsus *m*, Flüchtigkeitsfehler *m*; **~ calami** Schreibfehler *m*; **~ linguae** Versprecher *m*, Lapsus linguae *m geh.*

lardellare [lardel'la:re] *tr* spicken, füllen. **lardo** ['lardo] *m* Speck *m.*

largheggiare [larged'dza:re] ⟨largheggio, largheggi⟩ *itr* freigebig sein (*di, in* mit), großzügig sein (*di, in* mit); **~ in cortesie** betont (*o.* übertrieben) höflich sein; **~ in mance** reichlich Trinkgeld geben.

larghezza [lar'gettsa] *f* **1.** Breite *f*; *(ampiezza)* Weite *f*, Geräumigkeit *f*; **2.** *fig (liberalità)* Großzügigkeit *f*, Freigebigkeit *f*; **3.** *fig (abbondanza)* Fülle *f*; **~ d'idee** Weitblick *m*; **~ di torace** Brustweite *f.*

largire [lar'dʒi:re] ⟨largisco⟩ *tr poet* spenden, gewähren. **largitore, -trice** [...dʒi'to:re] *m, f poet* Spender(in) *m(f).* **largizione** [...dʒit'tsi̯o:ne] *f poet* freizügige Spende, großzügiges Geschenk.

largo, -a ['largo] ⟨-ghi, -ghe⟩ **I.** *a* **1.** breit; *(ampio)* weit; *(spazioso)* geräumig; *(vestito)* bequem; **2.** *(generoso)* großzügig; *(quantità)* reichlich; *(d'idee)* großzügig, aufgeschlossen; **~ di fianchi/spalle** mit breiten Hüften/breitschult(e)rig; **~ tre metri** drei Meter breit; **curva -a** flache Kurve; **stare alla -a da qu** jdn meiden, sich *(dat)* jdn vom Halse halten; **su -a scala** in großem Umfang; **II.** *m* **1.** Breite *f*, Weite *f*; *(spazio)* Platz *m*; **2.** *(mare)* offene See, offenes Meer; **3.** *mus* Largo *n*; **farsi ~ tra la folla** sich *(dat)* einen Weg durch die Menge bahnen; **farsi ~ nella vita** im Leben vorankommen; **fare ~** Platz machen; **girare al ~ da qu** um jdn einen (großen) Bogen machen; **prendere il ~** *naut* in

See stechen (*o.* gehen); *fig* das Weite suchen, sich aus dem Staube machen; **fate ~!** Platz da!

larice ['la:ritʃe] *m* Lärche *f.*

laringe [la'rindʒe] *f o. m* Kehlkopf *m.* **laringite** [...'dʒi:te] *f* Kehlkopfentzündung *f,* Laryngitis *f scient.*

laringotomia [lariŋgoto'mi:a] ‹-ie› *f* Kehlkopfschnitt *m,* Laryngotomie *f scient.*

larva ['larva] *f* **1.** *zoo* Larve *f;* **2.** *fig (ombra)* Gespenst *n,* Schatten *m;* **3.** *fig (apparenza)* (An)schein *m;* **un uomo ridotto a una ~** ein Mensch, der nur noch ein Schatten seiner selbst ist. **larvale** [...'va:le] *a* larval, Larven-.

larvato, -a [lar'va:to] *a* verhüllt, verschleiert.

lasagne [la'zaɲɲe] *f pl* **1.** *(pasta)* Lasagnenudeln *f pl;* **2.** *(piatto)* Lasagne *f (Nudelplatten mit Hackfleischfüllung).*

lasciapassare [laʃʃapas'sa:re] ‹-› *m* Passierschein *m.*

lasciare [laʃ'ʃa:re] ‹lascio, lasci› **I.** *tr* **1.** *(non portare con sé)* lassen, zurücklassen; **2.** *(abbandonare)* verlassen; *(posto)* aufgeben; *(separarsi da)* sich trennen von; **3.** *(dimenticare)* (liegen-, stehen-, hängen)lassen; **4.** *(in eredità)* hinterlassen, vermachen; **5.** *(mollare)* loslassen; *(liberare)* freilassen; **6.** *(far rimanere dopo di sé)* zurück-, hinterlassen; **7.** *(affidare, consegnare)* lassen, abgeben, überlassen; **8.** *(consentire)* lassen, zulassen; **9.** *(smettere, cessare)* aufhören (*di* zu); **~ le cose come stanno** die Dinge auf sich beruhen lassen; **~ il discorso a mezzo** das Gespräch (*o.* die Rede) nicht zu Ende führen; **o prendere o ~** entweder oder, ja oder nein; **~ ogni speranza** jede Hoffnung aufgeben; **~ la vita** sein Leben lassen (*o.* verlieren); **~ andare** fortlassen; *(non curarsi)* sich nicht kümmern um; **~ andare** (*o.* **perdere** *o.* **stare**) sein lassen; **~ correre** es geschehen lassen, ein Auge zudrücken; **~ a desiderare** zu wünschen übrig lassen; **~ detto** ausrichten (*o.* bestellen) lassen; **~ fare** in Ruhe lassen, gewähren lassen; **~ scritto** schriftlich festlegen; **~ sfogare qu** jdn sich abreagieren lassen, jdn sich austoben lassen; **~ stare qu** jdn in Ruhe lassen; **lasciamo stare!** reden wir nicht mehr darüber!; **chi lascia la via vecchia per la nuova, sa quel che lascia, ma non sa quel che trova** *prov* ein Spatz in der Hand ist besser als eine Taube auf dem Dach *prov;* **II.** *rfl:* **-rsi 1.** *(accomiatarsi)* auseinandergehen, sich trennen; **2.** *(troncare i rapporti)* sich trennen; **3.** *(indursi)* sich überlassen, sich hingeben; **-rsi andare** *fig* sich gehenlassen.

lascito ['laʃʃito] *m* Vermächtnis *n,* Hinterlassenschaft *f.*

lascivia [laʃ'ʃi:vi̯a] ‹-ie› *f* Geilheit *f,* Lüsternheit *f;* *(atto)* unzüchtige Handlung. **lascivo, -a** [...'ʃi:vo] *a* geil, lüstern; lasziv.

laser ['la:zer] ‹-› *m* Laser *m.*

lassativo, -a [lassa'ti:vo] **I.** *a* abführend, Abführ-; **II.** *m* Abführmittel *n,* Laxativum *n.*

lassismo [las'sizmo] *m* **1.** *rel* Laxismus *m;* **2.** *fig* Laxheit *f,* Gleichgültigkeit *f.*

lasso ['lasso] *m:* **~ di tempo** Zeitraum *m,* Zeitspanne *f.*

lassù [las'su] *adv (stato)* dort (*o.* da) oben; *(moto)* da (*o.* dort) hinauf.

lastra ['lastra] *f* **1.** *(piastra)* Platte *f,* Tafel *f;* *(di vetro)* Scheibe *f;* **2.** *fot* Fotoplatte *f;* *(~ radiografica)* Röntgenfilm *m;* *(radiografia)* Röntgenaufnahme *f,* Röntgenogramm *n;* **3.** *typ* Druckplatte *f;* **~ di ghiaccio** Eisscholle *f;* **farsi le -e** *fam* sich röntgen lassen.

lastricare [lastri'ka:re] ‹lastrico, lastrichi› *tr* pflastern (*di* mit). **lastricato** [...'ka:to] *m* (Straßen)pflaster *n.*

lastrico ['lastriko] ‹-chi *o.* -ci› *m* **1.** *(di strada)* Pflaster *n,* Pflasterung *f;* **2.** *fig* Armut *f,* Elend *n;* **buttare** (*o.* **ridurre**) **qu sul ~** jdn an den Bettelstab bringen; **ridursi sul ~** auf den Hund kommen.

lastrone [las'tro:ne] *m* Felsplatte *f,* Felswand *f.*

latebra [la'tɛ:bra] *f poet* **1.** *(nascondiglio)* Unterschlupf *m,* Schlupfwinkel *m;* **2.** *fig* Tiefe *f,* Unterste(s) *n.*

latente [la'tɛnte] *a* latent, versteckt, verborgen.

laterale [late'ra:le] **I.** *a* seitlich, Seiten-, Neben-; **II.** *m sport* Außenläufer *m.*

lateranense [latera'nɛnse] *a* lateranisch, Lateran-.

laterizio, -a [late'rittsi̯o] ‹-i, -ie› **I.** *a* aus (gebrannter) Tonerde, Ziegel-, Backstein-; **materiale ~** Ziegelsteine *m pl;* **II.** *m pl* Ziegel(steine) *m pl,* Backsteine *m pl;* **fabbrica di -i** Ziegelbrennerei *f,* Ziegelei *f.*

latice ['la:titʃe] *m* Latex *m,* Gummimilch *f.*

latifoglio, -a [lati'fɔʎʎo] ‹-gli, -glie› *a* breitblätt(e)rig.

latifondista [latifon'dista] ‹-i *m,* -e *f*› *mf* Großgrundbesitzer(in) *m(f).* **lati-**

fondo [...'fondo] *m* Großgrundbesitz *m*, Latifundium *n*.
latina *f v.* **latino.**
latinismo [lati'nizmo] *m* Latinismus *m*.
latinità [latini'ta] ‹-› *f* **1.** *(tradizione, carattere)* lateinischer Charakter, Latinität *f*; **2.** *(lingua, letteratura)* römische Klassik.
latino, -a [la'ti:no] **I.** *a* lateinisch; *(neolatino)* romanisch; *rel* römisch(-katholisch); **America -a** Lateinamerika *n*; **~-americano** lateinamerikanisch; **chiesa -a** römisch-katholische Kirche; **II.** *m* Latein(isch) *n*; **III.** *m, f* **1.** *(abitante del Lazio antico)* Latiner(in) *m(f)*; **2.** *(romano)* Römer(in) *m(f)*.
latitante [lati'tante] **I.** *a* flüchtig (vor dem Gesetz); **II.** *mf* Flüchtige(r) *mf*.
latitanza [...'tantsa] *f* Flüchtigsein *n*; **darsi alla ~** flüchtig sein, sich verborgen halten.
latitudinale [latitudi'na:le] *a* Breiten-; **coordinata ~** Breitengrad *m*. **latitudine** [...'tu:dine] *f* (geographische) Breite *f*.
lato[1] ['la:to] *a poet* ausgedehnt; *fig* weit; **in senso ~** im weiteren Sinne.
lato[2] ['la:to] *m* **1.** *(parte)* Seite *f*; **2.** *fig (aspetto)* Seite *f*, Aspekt *m*; *(punto di vista)* Gesichtspunkt *m*, Standpunkt *m*; **a ~ di qu** neben jdm, an jds Seite; **dal mio ~** *fig* meinerseits; **d'altro ~** and(e)rerseits; **da un ~ ..., dall'altro ...** einerseits ..., and(e)rerseits ...; **per ogni ~** *fig* in jeder Hinsicht.
latore, -trice [la'to:re] *m, f* Überbringer(in) *m(f)*.
latrare [la'tra:re] *itr* kläffen. **latrato** [la'tra:to] *m* Gekläff(e) *n*.
latrice *f v.* **latore.**
latrina [la'tri:na] *f* Abort *m*.
latrocinio [latro'tʃi:ni̯o] ‹-i› *m* betrügerischer Diebstahl.
latta ['latta] *f* **1.** *(lamiera)* Blech *n*; **2.** *(recipiente)* Kanne *f*, Kanister *m*.
lattaio, -a [lat'ta:i̯o] ‹-ai, -aie› *m, f* Milchmann *m*, -frau *f*, Milchhändler(in) *m(f)*.
lattante [lat'tante] **I.** *a* saugend; **II.** *mf* Säugling *m*.
lattazione [lattat'tsi̯o:ne] *f* Milchabsonderung *f*, Milchproduktion *f*.
latte ['latte] *m* Milch *f*; **~ di bellezza** Gesichtsmilch *f*; **~ in polvere** Milchpulver *n*; **~ in scatola** Dosenmilch *f*, Büchsenmilch *f*; **~ cagliato/condensato** Dick-/Kondensmilch *f*; **~ detergente** Reinigungsmilch *f*; **~ materno** Muttermilch *f*; **~ intero/scremato** Voll-/Magermilch *f*; **denti da ~** Milchzähne *m pl*; **figlio di ~** Ziehkind *n* (einer Amme); **vitello di ~** Milchkalb *n*; **fior di ~** Rahm *m*; **bianco come il ~** schneeweiß; **avere ancora il ~ alla bocca** *fig* noch nicht trocken hinter den Ohren sein. **lattemiele** [-'mi̯ɛ:le] ‹-› *m* **1.** *gastr Süßspeise aus Honig und Milch*; **2.** *fig* Gefälligkeit *f*, Fügsamkeit *f*; **essere tutto ~ con qu** jdm Honig ums Maul schmieren.
latteo, -a ['latteo] *a* **1.** *(del latte)* Milch-; *(simile al latte)* milchig; **2.** *(colore)* milchweiß; **crosta -a** Milchschorf *m*; **farina -a** Milchbrei(pulver *n*) *m*; **via -a** Milchstraße *f*.
latteria [latte'ri:a] ‹-ie› *f* **1.** *(stabilimento)* Molkerei *f*; **2.** *(negozio)* Milchhandlung *f*, Milchgeschäft *n*.
lattescente [latteʃ'ʃɛnte] *a* milchig, milchfarben. **lattescenza** [...'ʃɛntsa] *f* Milchigkeit *f*.
lattice ['lattitʃe] *v.* **latice.**
latticello [latti'tʃɛllo] *m* Buttermilch *f*.
latticini [latti'tʃi:ni] *m pl* Milchprodukte *n pl*, Milcherzeugnisse *n pl*.
lattico, -a ['lattiko] ‹-ci, -che› *a* Milch-.
lattiera [lat'ti̯ɛ:ra] *f* Milchkanne *f*. **lattiero, -a** [...'ti̯ɛ:ro] *a* Milch-.
lattifero, -a [lat'ti:fero] *a* milchführend, milcherzeugend; **vacca -a** Milchkuh *f*.
lattiginoso, -a [lattidʒi'no:so] *a* **1.** *(simile al latte)* milchig, milchartig; **2.** *bot* Milchsaft absondernd.
lattina [lat'ti:na] *f* Büchse *f*, Dose *f*.
lattoniere [latto'ni̯ɛ:re] *m* Klempner *m*, Blechschmied *m*.
lattonzolo [lat'tontsolo] *m* Jungtier *n (das noch gesäugt wird)*; *(maialino)* Spanferkel *n*.
lattosio [lat'tɔ:zi̯o] ‹-i› *m* Laktose *f*, Milchzucker *m*.
lattuga [lat'tu:ga] ‹-ghe› *f* Lattich *m*; *gastr* grüner Salat; **~ cappuccio** Kopfsalat *m*; **~ ricciolina** (*o.* **crespa**) (krause) Winterendivie *f*; **~ romana** Sommerendivie *f*.

lauda ['la:uda] ‹-i› *f* Lauda *f*, Laude *f*.
laudano ['la:udano] *m* Opiumtinktur *f*, Laudanum *n*.
laudativo, -a [lauda'ti:vo] *a* lobend, Lob-.
Laura ['la:ura] *(nome proprio femminile)* Laura.
laurea ['la:urea] *f* Doktortitel *m*, Doktorwürde *f (italienischer Hochschulabschluß)*; **~ ad honorem** (*o.* **honoris causa**) Ehrendoktor *m*; **conseguire la ~** promovieren, den Doktortitel erwerben; **prendere la ~ in econo-**

mia e commercio in Wirtschafts- und Handelswissenschaften promovieren.

laureando, -a [laure'ando] *m, f* Doktorand(in) *m(f).*

laureare [laure'a:re] **I.** *tr* **1.** *(addottorare)* promovieren, den akademischen Grad „dottore" verleihen (*qu* jdm); **2.** *sport* den Meistertitel verleihen (*qu* jdm); **II.** *rfl:* **-rsi 1.** *(addottorarsi)* promovieren, den Titel „dottore" erwerben; **2.** *sport* den Meistertitel erwerben; **-rsi in medicina** in Medizin promovieren; **-rsi campione** *sport* Meister werden. **laureato, -a** [...'a:to] **I.** *a* **1.** promoviert, mit Hochschulabschluß; **2.** *(poeta, etc.)* lorbeergekrönt; **poeta ~** mit einem Preis ausgezeichneter Dichter, Laureat *m;* **II.** *m, f* Hochschulabsolvent(in) *m(f),* Akademiker(in) *m(f);* **~ in legge/lettere** Doktor *m* der Rechte/Philologie.

lauro ['la:uro] *m* **1.** *geh* Lorbeer *m;* **2.** *fig* Lorbeerkranz *m.*

lauto, -a ['la:uto] *a* auserlesen; *(abbondante)* üppig.

lava ['la:va] *f* Lava *f.*

lavabiancheria [lavabi̯aŋke'ri:a] ‹-› *f* Waschmaschine *f.*

lavabile [la'va:bile] *a* waschbar, waschecht.

lavabo [la'va:bo] *m* **1.** *(ambiente)* Waschraum *m; (lavandino)* Waschbecken *n,* Waschtisch *m;* **2.** *rel* Lavabo *n.*

lavacro [la'va:kro] *m* **1.** *poet* Waschung *f;* **2.** *fig* Läuterung *f,* Reinigung *f; (battesimo)* Taufe *f;* **~ di sangue** Bluttaufe *f,* Martyrium *n;* **Santo ~** Taufe *f.*

lavaggio [la'vaddʒo] ‹-ggi› *m* **1.** *gener.* Reinigung *f,* Wäsche *f,* Waschen *n;* **2.** *med* Spülung *f;* **3.** *min* Schlämmen *n;* **~ del cervello** Gehirnwäsche *f;* **~ a secco** chemische Reinigung; **~ gastrico** Magenspülung *f.*

lavagna [la'vaɲɲa] *f* **1.** *geol* Schiefer *m;* **2.** *(nelle scuole)* (Schiefer)tafel *f;* **~ luminosa** Tageslichtprojektor *m.*

lavamano [lava'ma:no] ‹-› *m* Waschtisch *m.*

lavanda[1] [la'vanda] *f* Waschung *f; med* Spülung *f;* **~ gastrica** Magenspülung *f.*

lavanda[2] [la'vanda] *f bot* Lavendel *m; (profumo a.)* Lavendelwasser *n.*

lavandaio, -a [lavan'da:i̯o] ‹-ai, -aie› *m, f* **1.** Wäscher(in) *m(f),* Waschfrau *f;* **2.** *fig pej* Waschweib *n.* **lavanderia** [...de'ri:a] ‹-ie› *f* Wäscherei *f; (stanza)* Waschküche *f.*

lavandino [lavan'di:no] *m* Waschbekken *n,* Spülbecken *n.*

lavapiatti [lava'pi̯atti] ‹-› *mf* Tellerwäscher(in) *m(f).*

lavare [la'va:re] **I.** *tr* (ab)waschen; *(stoviglie)* spülen, abwaschen; *(denti, vetri)* putzen; **~ a secco** chemisch reinigen; **~ un'offesa nel sangue** sich für eine Beleidigung blutig rächen; **II.** *rfl:* **-rsi** sich waschen; **-rsi come i gatti** Katzenwäsche machen; **lavarsene le mani** seine Hände in Unschuld waschen.

lavasecco [lava'sekko] ‹-› *m o. f* chemische Reinigung. **lavastoviglie** [lavasto'viʎʎe] ‹-› *m o. f* (Geschirr)spülmaschine *f.*

lavata [la'va:ta] *f* (flüchtiges) (Ab)waschen *n;* **dare a qu una ~ di capo** *fig* jdm den Kopf waschen.

lavativo, -a [lava'ti:vo] *m, f* Drückeberger *m,* Taugenichts *m.*

lavatoio [lava'to:i̯o] ‹-oi› *m* **1.** *(stanza)* Waschküche *f;* **2.** *(vasca)* Waschtrog *m;* **3.** *(lastra)* Waschbrett *n.* **lavatore, -trice** [...'to:re] **I.** *m, f (persona)* Wäscher(in) *m(f);* **II.** *f tec* Waschmaschine *f.* **lavatura** [...'tu:ra] *f* **1.** *(il lavare)* Waschen *n,* Wäsche *f;* **2.** *(acqua)* Spül-, Waschwasser *n;* **un brodo che è una ~ di piatti** eine Brühe, die wie Abwaschwasser schmeckt.

lavello [la'vɛllo] *m* Spülbecken *n,* Waschbecken *n.*

lavico, -a ['la:viko] ‹-ci, -che› *a* aus Lava, Lava-.

lavina [la'vi:na] *f* Lawine *f.*

lavorabile [lavo'ra:bile] *a* bearbeitbar, verarbeitbar; *(terreno)* bestellbar.

lavorante [lavo'rante] *mf* Geselle *m,* Gesellin *f.*

lavorare [lavo'ra:re] **I.** *tr* **1.** *(agire su)* bearbeiten; *(pasta)* kneten; *(terreno)* bestellen; **2.** *(trasformare)* verarbeiten; **3.** *(tec, confezionare)* fertigen; **II.** *itr* **1.** *gener.* arbeiten; **2.** *(funzionare)* laufen; **3.** *(fare affari)* sein Handwerk verstehen; *(negozio, etc.)* (gut) gehen; **4.** *(aver effetto)* wirksam sein, wirken; **III.** *rfl:* **-rsi qu** *fam* jdn herumbekommen (wollen) *fam,* jdn umgarnen. **lavorativo, -a** [...ra'ti:vo] *a* Arbeits-, Werk-; **terreno ~** Ackerland *n;* **settimana -a** Arbeitswoche *f.* **lavoratore, -trice** [...ra'to:re] **I.** *a* arbeitend, Arbeiter-, erwerbstätig; **II.** *m, f* Arbeiter(in) *m(f),* Erwerbstätige(r) *mf;* **~ agricolo** Landarbeiter *m;* **~ autonomo** Selbständige(r) *m;* **~ dipendente** Arbeitnehmer *m;* **~ qualificato** gelernter Arbeiter; **~ specializzato** Facharbeiter *m;* **-trice domestica** Hausgehilfin *f.* **lavorazione** [...rat'tsi̯o:ne] *f* Bearbeitung *f; (di* *materie prime)* Verarbeitung *f; (di film)* Herstellung *f; (di terreno)* Bestellung *f; (di pasta)* Kneten *n;* ~ **in serie** Serienfertigung *f;* **essere in** ~ in Arbeit sein. **lavorio** [...'ri:o] ‹-ii› *m* **1.** *(attività)* Geschäftigkeit *f,* Betriebsamkeit *f;* **2.** *(di agenti naturali)* Einwirkung *f;* **3.** *fig (intrigo)* Intrige *f;* ~ **di corridoio** Ränkespiel *n,* Machenschaften *f pl.*

lavoro [la'vo:ro] *m* **1.** *(attività di produzione)* Arbeit *f,* Tätigkeit *f; (remunerato a.)* Beschäftigung *f;* **2.** *(di agenti naturali)* (Ein)wirkung *f;* **3.** *(opera)* Arbeit *f,* Werk *n;* **-i a domicilio** Heimarbeit *f;* ~ **abusivo** Schwarzarbeit *f;* **-i domestici** Hausarbeit *f;* **-i stradali** Straßenbauarbeiten *f pl;* ~ **straordinario** Überstunden *f pl;* ~ **teatrale** Theaterstück *n,* Bühnenwerk *n;* **-i in corso** *(su strade)* Baustelle *f;* **senza** ~ arbeitslos; **andare al** ~ zur Arbeit gehen; **hai fatto proprio un bel** ~! *iron* da hast du aber etw. Schönes angerichtet!

laziale [lat'tsi̯a:le] **I.** *a* aus Latium; **II.** *mf* Bewohner(in) *m(f)* Latiums. **Lazio** ['lattsio] *m* Latium *n.*

lazo ['laddzo] ‹-› *m* Lasso *n o. m.*

lazzaretto [laddza'retto] *m* Lazarett *n.*

lazzaronata [laddzaro'na:ta] *f* Gaunerei *f.* **lazzarone** [...'ro:ne] *m* Schurke *m,* Lump *m; (fannullone)* Nichtsnutz *m.*

lazzeretto [laddze'retto] *v.* **lazzaretto.**

lazzo ['laddzo *o.* 'lattso] *m* **1.** *(atto buffonesco)* Posse *f;* **2.** *(motto scurrile)* skurriler Einfall, Schnurre *f.*

L.C. *ab di* **Lotta Continua** *italienische Linkspartei.*

le [le] **I.** *(articolo determinativo f pl)* die; **II.** *pron pers* **1.** *3. pers f pl (complemento di termine)* ihr; *(complemento oggetto)* sie; **2.** *(forma di cortesia a.:* **Le***) (complemento di termine)* Ihnen; *(complemento oggetto)* Sie.

leader ['li:də] ‹-› *m* Führer *m.* **leadership** [-ʃɪp] ‹-› *f* Führung *f,* Führerschaft *f.*

leale [le'a:le] *a* **1.** *(onesto, sincero)* aufrichtig; fair; **2.** *(fedele)* treu, loyal. **lealismo** [lea'lizmo] *m* Loyalität *f,* Regierungstreue *f.* **lealista** [...'lista] ‹-i *m,* -e *f*› *mf* Regierungstreue(r) *mf; hist* Loyalist(in) *m(f).*

lealtà [leal'ta] ‹-› *f* **1.** *(onestà, sincerità)* Aufrichtigkeit *f;* Rechtschaffenheit *f,* Fairneß *f;* **2.** *(fedeltà)* Treue *f,* Loyalität *f.*

leardo [le'ardo] **I.** *a* grau und weiß getupft, grauscheckig; **II.** *m* Grauschimmel *m.*

leasing ['li:sɪŋ] ‹-› *m* Leasing *n.*

lebbra ['lebbra] *f* **1.** *med* Lepra *f,* Aussatz *m;* **2.** *bot* Schorf *m;* **3.** *fig* Aussatz *m,* Übel *n.* **lebbrosa** *f v.* **lebbroso. lebbrosario** [...bro'sa:ri̯o] ‹-i› *m* Leprakrankenhaus *n,* Leprastation *f.* **lebbroso, -a** [...'bro:so] **I.** *a* aussätzig, leprakrank; **II.** *m, f* Aussätzige(r) *mf.*

lecca(-)lecca [lekka'lekka] ‹-› *m* Lutscher *m.* **leccapiatti** [lekka'pi̯atti] ‹-› *m* **1.** *(ghiottone)* Leckermaul *m;* **2.** *(parassita)* Schmarotzer *m,* Nassauer *m.* **leccapiedi** [...'pi̯ɛ:di] ‹-› *m pej* Speichellecker *m.*

leccarda [lek'karda] *f* Fettfänger *m.*

leccare [lek'ka:re] ‹lecco, lecchi› **I.** *tr* lecken, ablecken, schlecken; ~ **i piedi a qu** *fig* vor jdm kriechen; **II.** *rfl:* **-rsi** sich schniegeln, sich schön machen; **-rsi le dita** (*o.* **i baffi) per qc** sich *(dat)* die Finger nach etw. lecken. **leccata** [...'ka:ta] *f* Lecken *n,* Ablekken *n.* **leccato, -a** [...'ka:to] *a* **1.** (ab)geleckt; **2.** *fig* gepflegt; *pej* geziert, affektiert. **leccatura** [...ka'tu:ra] *f* **1.** (Ab)lecken *n;* **2.** *fig (adulazione)* Schmeichelei *f;* **3.** *fig (affettazione)* Affektiertheit *f.*

leccio ['lettʃo] ‹-cci› *m* Steineiche *f.*

leccornia [lekkor'ni:a] ‹-ie› *f* Delikatesse *f,* Leckerbissen *m.*

lecitina [letʃi'ti:na] *f* Lezithin *n.*

lecito, -a ['le:tʃito] *a* erlaubt, zulässig.

ledere ['lɛ:dere] ‹ledo, lesi, leso› *tr* beschädigen; *fig* schädigen; *med* verletzen.

lega[1] ['le:ga] ‹-ghe› *f* **1.** *(federazione)* Bund *m,* Liga *f; (associazione)* Verband *m,* Vereinigung *f;* **2.** *(accordo)* Vereinbarung *f;* **3.** *(di metalli)* Legierung *f;* **gente di bassa** ~ Pöbel *m;* **essere della** ~ zur Clique (*o.* Bande) gehören; **far** ~ **con qu** sich mit jdm zusammentun.

lega[2] ['le:ga] ‹-ghe› *f (misura)* Meile *f.*

legaccio [le'gattʃo] ‹-cci› *m* (Schnür)band *n;* **-cci delle scarpe** Schnürsenkel *m pl.*

legale [le'ga:le] **I.** *a* legal, gesetzlich, Gesetzes-; *(secondo legge)* gesetzmäßig, rechtsgültig; *(a. fig)* rechtmäßig; *(per vie legali)* gerichtlich; **studio** ~ Anwaltsbüro *n,* (Rechts)anwaltskanzlei *f;* **II.** *m* (Rechts)anwalt *m.* **legalità** [legali'ta] ‹-› *f* Gesetzlichkeit *f,* Legalität *f; (a. fig)* Rechtmäßigkeit *f.* **legalitario, -a** [...'ta:ri̯o]

‹-i, -ie› *a* gesetzmäßig, sich im Rahmen der Legalität bewegend.

legalizzare [legalid'dza:re] *tr jur* legalisieren; *adm* amtlich beglaubigen. **legalizzazione** [...dzat'tsi̯o:ne] *f jur* Legalisierung *f; adm* amtliche Beglaubigung.

legame [le'ga:me] *m* **1.** *(vincolo)* Bindung *f,* Band *n geh;* Verhältnis *n;* **2.** *(nesso logico)* Zusammenhang *m.*

legamento [lega'mento] *m* **1.** *gener.* Verbindung *f,* Bindung *f;* **2.** *anat* Band *n;* **3.** *ling* Bindung *f;* **4.** *mus* Ligatur *f.*

legante [le'gante] *m* Bindemittel *n.*

legare[1] [le'ga:re] ‹lego, leghi› **I.** *tr* **1.** *gener.* binden, an-, festbinden; *(con spago)* zu-, verschnüren; *(con funi)* vertäuen; *(alla catena)* fesseln; *(cane)* anketten; *(capelli)* zusammenbinden; **2.** *med (arteria)* abbinden; **3.** *mus* binden; **4.** *(libri)* (ein)binden; **5.** *(gemme, perle, etc.)* (ein)fassen; **6.** *gastr (salsa)* binden, legieren; **7.** *chem* legieren; **8.** *fig* verpflichten, (ver)binden; **legarsela al dito** es sich *(dat)* hinter die Ohren schreiben; **ho le mani legate** *fig* mir sind die Hände gebunden; **II.** *itr* **1.** *(far lega)* eine (Ver)bindung eingehen; *chem* eine Legierung bilden; *fig* zusammenpassen; **2.** *(andar d'accordo)* sich verstehen, sich vertragen; **III.** *rfl:* **-rsi** sich binden (*a* an).

legare[2] [le'ga:re] ‹lego, leghi› *tr (in eredità)* vermachen, hinterlassen. **legatario, -a** [lega'ta:ri̯o] ‹-i, -ie› *m, f* Legatar *m,* Vermächtnisnehmer(in) *m(f).*

legato[1] [le'ga:to] *m mus* Legato *n.*

legato[2] [le'ga:to] *m pol* Gesandte(r) *m,* Legat *m.*

legato[3] [le'ga:to] *m jur* Vermächtnis *n.*

legatore, -trice [lega'to:re] *m, f* Buchbinder(in) *m(f).* **legatoria** [...to'ri:a] ‹-ie› *f* Buchbinderei *f.* **legatrice** *f v.* **legatore.**

legatura [lega'tu:ra] *f* **1.** *(il legare)* Bindung *f; (azione)* Binden *n; (con spago)* Verschnürung *f; (con funi)* Vertäuen *n;* **2.** *med* Abbinden *n;* **3.** *mus* Ligatur *f;* **4.** *(rilegatura)* Einband *m;* **5.** *(incastonatura)* (Ein)fassung *f;* **6.** *gastr, chem* Legierung *f;* ~ **in pelle** Ledereinband *m;* ~ **a spirale** Spiralheftung *f.*

legazione [legat'tsi̯o:ne] *f* Gesandtschaft *f,* Legation *f.*

legenda [le'dʒɛnda] *f* Legende *f,* Zeichenerklärung *f.*

legge ['leddʒe] *f* **1.** *(norma)* Gesetz *n,* Norm *f,* Regel *f; jur (precetto giuridico)* Gesetz *n;* **2.** *(principio, regola)* Regel *f,* Gesetz *n;* **3.** *(diritto)* Recht *n;* **4.** *(giurisprudenza)* Jura *(ohne Artikel),* Rechtswissenschaft *f,* Recht *n;* **5.** *(ordine)* Vorschrift *f;* ~ **del gioco** Spielregel *f;* ~ **dell'onore** Ehrenkodex *m;* **uomo di** ~ Gesetzeskundige(r) *m,* Jurist *m;* **dottore in** ~ Doktor *m* der Rechte; ~ **fisica** physikalisches Gesetz; **per** ~ gesetzlich, nach dem Gesetz.

leggenda [led'dʒɛnda] *f* **1.** *lit* Sage *f,* Legende *f;* **2.** *fig* Märchen *n;* **3.** *(in araldica)* Wappenspruch *m,* Wahlspruch *m;* **4.** *(didascalia)* Legende *f,* Zeichenerklärung *f.* **leggendario, -a** [...'da:ri̯o] ‹-i, -ie› **I.** *a* sagenhaft, Sagen-; **II.** *m* Legendenbuch *n,* -sammlung *f.*

leggere ['lɛddʒere] ‹leggo, lessi, letto› **I.** *tr* lesen; *(ad altri)* vorlesen; *(adm, jur, etc.)* verlesen; ~ **il futuro** die Zukunft voraussagen; ~ **la mano** aus der Hand lesen; ~ **la musica** Noten lesen; **II.** *itr* lesen.

leggerezza [leddʒe'rettsa] *f* **1.** Leichtheit *f,* Leichtigkeit *f;* **2.** *(l'essere agile)* Gewandtheit *f;* **3.** *fig (frivolezza)* Leichtfertigkeit *f,* Frivolität *f; (sconsideratezza)* Leichtsinn *m,* Gedankenlosigkeit *f.*

leggero, -a [led'dʒɛ:ro] *a* **1.** *(di poco peso)* leicht; **2.** *(cibo, vestito, vino)* leicht; **3.** *(piccolo)* leicht, geringfügig; *(delicato)* leise, sanft; **4.** *fig (frivolo)* leicht, flatterhaft; **5.** *(agile)* gewandt, flink; **armi -e** Handwaffen *f pl;* **atletica -a** Leichtathletik *f;* **musica -a** leichte Musik, Unterhaltungsmusik *f;* **una ragazza -a** ein leichtes Mädchen; **prendere le cose alla -a** die Dinge auf die leichte Schulter nehmen; **sentirsi** ~ sich unbeschwert fühlen.

leggiadria [leddʒa'dri:a] ‹-ie› *f* Anmut *f,* Grazie *f.* **leggiadro, -a** [...'dʒa:dro] *a* anmutig, reizend; zierlich.

leggibile [led'dʒi:bile] *a (scrittura)* leserlich; *(libro)* lesbar; *(raccomandabile)* lesenswert.

leggiero [led'dʒɛ:ro] *v.* **leggero.**

leggina [led'dʒi:na] *f* Gesetzesnovelle *f.*

leggio [led'dʒi:o] ‹-ii› *m* **1.** *(per libri)* Lesepult *n;* **2.** *mus* Notenständer *m.*

leggo ['lɛggo] *1. pers sing pr di* **leggere.**

legiferare [ledʒife'ra:re] *itr* **1.** *jur* Gesetze erlassen; **2.** *fig scherz* Vorschriften machen, befehlen.

legionario, -a [ledʒo'na:ri̯o] ‹-i, -ie› **I.** *a* Legions-, Legionär(s)-; **II.** *m*

1. *hist* Legionär *m;* 2. *(della Legione straniera)* Fremdenlegionär *m.* **legione** [le'dʒo:ne] *f* 1. *mil* Legion *f,* Korps *n;* 2. *fig* Legion *f,* Unzahl *f;* **L~ d'onore** Ehrenlegion *f;* **L~ straniera** Fremdenlegion *f.*

legislativo, -a [ledʒizla'ti:vo] *a* gesetzgebend, legislativ; **potere ~** Legislative *f.* **legislatore, -trice** [...'to:re] *m, f* Gesetzgeber(in) *m(f).* **legislatura** [...la'tu:ra] *f* 1. *(attività, assemblea)* Legislative *f,* Legislatur *f;* 2. *(periodo)* Legislaturperiode *f.* **legislazione** [...lat'tsi̯o:ne] *f* 1. *(attività)* Gesetzgebung *f;* 2. *(le leggi)* Gesetze *n pl,* Recht *n.*

legittima [le'dʒittima] *f* Pflichtteil *m o. n.*

legittimare [ledʒitti'ma:re] *tr* 1. *jur* legitimieren, als rechtsgültig anerkennen; *(figlio)* für ehelich erklären; 2. *fig (giustificare)* rechtfertigen, entschuldigen. **legittimario, -a** [...'ma:ri̯o] ‹-i, -ie› *m, f* gesetzlicher Erbe, gesetzliche Erbin. **legittimazione** [...mat'tsi̯o:ne] *f* Legitimation *f,* Legitimierung *f.* **legittimità** [...mi'ta] ‹-› *f* 1. *jur* Rechtsgültigkeit *f,* Gesetzlichkeit *f; fig* Legitimität *f,* Rechtmäßigkeit *f;* 2. *(di prole)* Ehelichkeit *f;* 3. *fig (fondatezza)* Berechtigung *f.* **legittimo, -a** [le'dʒittimo] *a* 1. *(conforme alla legge)* gesetzlich, rechtsgültig; *(per disposizione di legge)* berechtigt; *fig* legitim, rechtmäßig; 2. *(prole)* ehelich; 3. *fig (fondato)* berechtigt, gerechtfertigt; *(dubbio a.)* begründet; **-a difesa** Notwehr *f.*

legna ['leɲɲa] ‹- *o.* -e› *f* (Brenn)holz *n;* **far ~** Holz machen; **mettere ~ al fuoco** *fig* Öl ins Feuer gießen. **legnaia** [...'ɲa:i̯a] ‹-aie› *f* Holzschuppen *m.* **legname** [...'ɲa:me] *m* Holz *n,* Nutzholz *n;* **~ da costruzione** Bauholz *n.* **legnare** [...'ɲa:re] *tr tosc* verprügeln, verhauen *fam.* **legnata** [...'ɲa:ta] *f tosc* Prügel *pl.*

legno ['leɲɲo] *m* Holz *n; (pezzo)* Holzscheit *n;* **testa di ~** *fam (persona poco intelligente)* Holzkopf *m fam; (persona ostinata)* Dickschädel *m fam,* Dickkopf *m fam;* **~ compensato** Sperrholz *n;* **~ impiallacciato** Furnier *n.* **legnosità** [...ɲosi'ta] ‹-› *f* Holzigkeit *f,* Zähigkeit *f.* **legnoso, -a** [...'ɲo:so] *a* 1. *(di legno)* hölzern, aus Holz; 2. *fig (frutta)* holzig; *(carne)* zäh; 3. *(carattere, comportamento)* hölzern, steif.

leguleio [legu'le:i̯o] ‹-ei› *m* Rechtsverdreher *m,* Winkeladvokat *m.*

legume [le'gu:me] *m* 1. *(baccello)* Hülse *f,* Schote *f;* 2. ‹*pl*› Hülsenfrüchte *f pl.*

lei ['lɛ:i] *pron pers* 1. *3. pers f sing* sie; *(con preposizione)* sie, ihr, ihrer; 2. *(forma di cortesia a.:* **L~***)* Sie; *(con preposizione)* Sie, Ihnen, Ihrer; **beata ~!** die Glückliche; **dare del L~ a qu** jdn siezen, jdn mit „Sie" anreden.

lembo ['lembo] *m* Rand *m; (di indumento)* Saum *m; (fig a.)* Zipfel *m; (striscia)* (dünner) Streifen *m.*

lemma ['lɛmma] ‹-i› *m* Lemma *n.* **lemmario** [...'ma:ri̯o] ‹-i› *m* Stichwörterverzeichnis *n.*

lemme lemme ['lɛmme 'lɛmme] *adv fam* gemächlich, in aller Gemütsruhe.

lemure ['lɛ:mure] *m* 1. *(mitologia)* Lemur(e) *m;* 2. *zoo* Lemur *m,* Maki *m.*

lena ['le:na] *f* Kraft *f,* Stärke *f; (di volontà)* Willensstärke *f;* **di buona ~** kräftig, tüchtig.

lendine ['lɛndine] *m* Nisse *f.*

lenimento [leni'mento] *m* Linderung *f,* Milderung *f.*

leninismo [leni'nizmo] *m* Leninismus *m.*

lenire [le'ni:re] ‹lenisco› *tr geh* lindern, mildern. **lenitivo, -a** [leni'ti:vo] **I.** *a* schmerzstillend, lindernd; **II.** *m* schmerzstillendes Mittel, Schmerzmittel *n.*

lenocinio [leno'tʃi:ni̯o] ‹-i› *m* 1. *jur* Kuppelei *f;* 2. *fig* Verlockung *f.* **lenone** [le'no:ne] *m* Kuppler *m,* Zuhälter *m.*

lente ['lɛnte] *f* Linse *f;* **-i** Brille *f;* **~ d'ingrandimento** Lupe *f,* Vergrößerungsglas *n;* **-i corneali (***o.* **a contatto)** Kontaktlinsen *f pl.*

lentezza [len'tettsa] *f (di persona)* Langsamkeit *f; (di cosa)* Langwierigkeit *f.*

lenticchia [len'tikki̯a] ‹-cchie› *f bot* Linse *f.*

lenticolare [lentiko'la:re] *a* linsenförmig.

lentiggine [len'tiddʒine] *f* Sommersprosse *f.* **lentigginoso, -a** [...'no:so] *a* voll(er) Sommersprossen, sommersprossig.

lento, -a ['lɛnto] **I.** *a* 1. *(non veloce)* langsam; *(veleno, etc.)* langsam wirkend; 2. *(lungo, interminabile)* lang, langwierig; 3. *fig (lungo, monotono)* langsam, träge; 4. *(molle, allentato)* locker, lose; *(abito)* locker sitzend (*o.* fallend); 5. *(dolce)* sanft; **cuocere a fuoco ~** bei kleiner (*o.* niedriger) Flamme kochen; **cuocere qu a fuoco ~** *fig* jdn schmoren lassen; **essere ~ a capire** schwer von Begriff sein; **II.** *m*

Lento *n.*
lenza ['lɛntsa] *f* Angelschnur *f.*
lenzuolo [lɛn'tsu̯ɔ:lo] *m* **1.** ⟨*pl:* -i *m*⟩ *gener.* Laken *n;* **2.** ⟨*pl:* -a *f*⟩ *(nel letto)* Bettuch *n,* (Bett)laken *n;* ~ **funebre** Leichentuch *n.*
leonardesco, -a [leonar'desko] ⟨-schi, -sche⟩ *a* **1.** im Stile Leonardos (*o.* Leonardo da Vincis); **2.** *fig* Universal-; **ingegno** ~ Universalgenie *n.*
Leonardo [leo'nardo] *(nome proprio maschile)* Leon(h)ard.
leone [le'o:ne] *m* **1.** *zoo* Löwe *m;* **2.** *astr:* **L~** Löwe *m;* **farsi la parte del** ~ sich *(dat)* den Löwenanteil nehmen; **sono (del** *o.* **un) L~** ich bin (ein) Löwe. **leonessa** [leo'nessa] *f* Löwin *f.* **leonino, -a** [...'ni:no] *a* Löwen-; **contratto** ~ leoninischer Vertrag.
leopardo [leo'pardo] *m* Leopard *m.*
lepido, -a ['lɛ:pido] *a* scharfsinnig, geistreich.
lepidotteri [lepi'dɔtteri] *m pl* Falter *m pl.*
leporino [lepo'ri:no] *a:* **labbro** ~ Hasenscharte *f.*
lepre ['lɛ:pre] *f* Hase *m;* ~ **in salmì** Hasenpfeffer *m;* **pauroso come una** ~ hasenfüßig, hasenherzig.
lercio ['lɛrtʃo *o.* 'lertʃo] ⟨-ci, -ce⟩ *a* **1.** *(sozzo)* schmutzig, dreckig; **2.** *fig* widerlich, ekelhaft. **lerciume** [ler'tʃu:me] *m* Schmutz *m,* Unrat *m.*
lesbica ['lɛzbika] ⟨-che⟩ *f* Lesbierin *f.* **lesbico, a** [...ko] ⟨-ci, -che⟩ *a* lesbisch.
lesi ['le:zi] *1. pers sing del passato remoto di* **ledere.**
lesina ['le:zina] *f* **1.** *(arnese)* Ahle *f,* Pfriem *m;* **2.** *fam (spilorceria)* Knikkerigkeit *f fam,* Knauserei *f fam;* **3.** *fam (persona tirchia)* Geizhals *m fam.*
lesinare [lezi'na:re] **I.** *tr* sparen (*qc* an etw., mit etw.); ~ **il centesimo** mit dem Pfennig rechnen, jeden Pfennig umdrehen; **II.** *itr* sparen (*su* an, mit).
lesionare [lezi̯o'na:re] *tr* beschädigen. **lesione** [le'zi̯o:ne] *f* Beschädigung *f,* Schaden *m; med, jur* Verletzung *f; (offesa)* Beleidigung *f,* Kränkung *f;* ~ **degli interessi** Verletzung *f* der Interessen. **lesivo, -a** [le'zi:vo] *a* **1.** *(dannoso)* schädigend; *(offensivo)* verletzend; **2.** *fig* kränkend, verletzend.
leso, -a ['le:zo] **I.** *pp di* **ledere; II.** *a* beschädigt; *med* verletzt; *jur* geschädigt; *fig* verletzt, gekränkt; **delitto di -a maestà** Majestätsbeleidigung *f.*
lessare [les'sa:re] *tr* kochen, sieden.
lessi ['lɛssi] *1. pers sing del passato remoto di* **leggere.**
lessicale [lessi'ka:le] *a* lexikalisch.
lessico ['lɛssiko] ⟨-ci⟩ *m* **1.** *lit* Wörterbuch *n;* **2.** *ling* Wortschatz *m.* **lessicografa** *f v.* **lessicografo. lessicografia** [lessikogra'fi:a] *f* Lexikographie *f.* **lessicografo, -a** [...'kɔ:grafo] *m, f* Lexikograph(in) *m(f).* **lessicologa** *f v.* **lessicologo. lessicologia** [...kolo'dʒi:a] ⟨-ie⟩ *f* Lexikologie *f.* **lessicologo, -a** [...'kɔ:logo] ⟨-gi, -ghe⟩ *m, f* Lexikologe *m,* -login *f.*
lesso, -a ['lesso] **I.** *a* gekocht, gesotten; **II.** *m* Sied-, Suppenfleisch *n; (carne lessata)* Gesottene(s) *n.*
lesto, -a ['lɛsto] *a* flink, gewandt, behende; **essere** ~ **di mano** lange Finger machen; ~ **di mente** scharfsinnig; **alla -a** in Eile, schnell.
lestofante [lesto'fante] *mf* Betrüger(in) *m(f),* Gauner(in) *m(f).*
letale [le'ta:le] *a* tödlich, todbringend, Todes-.
letamaio [leta'ma:i̯o] ⟨-ai⟩ *m* **1.** Misthaufen *m,* Mistgrube *f;* **2.** *fig* Schweinestall *m fam.* **letame** [le'ta:me] *m* Mist *m.*
letargia [letar'dʒi:a] ⟨-gie⟩ *f* Lethargie *f.* **letargico, -a** [le'tardʒiko] ⟨-ci, -che⟩ *a* lethargisch.
letargo [le'targo] ⟨-ghi⟩ *m* **1.** *med* Lethargie *f,* Schlafkrankheit *f,* Schlafsucht *f;* **2.** *zoo (invernale)* Winterschlaf *m; (estivo)* Sommerschlaf *m;* **3.** *fig* Lethargie *f,* Teilnahmslosigkeit *f;* **essere in** ~ *med* in Lethargie verfallen sein; *zoo* Winterschlaf halten; *fig* teilnahmslos (*o.* apathisch) sein.
letizia [le'tittsi̯a] ⟨-ie⟩ *f* Freude *f,* Fröhlichkeit *f,* Frohsinn *m.*
letta ['lɛtta] *f* rasches Durchlesen, Überfliegen *n.*
lettera ['lɛttera *o.* 'let....] *f* **1.** *(dell'alfabeto)* Buchstabe *m; typ* Type *f,* Letter *f;* **2.** *(comunicazione scritta)* Brief *m,* Schreiben *n;* **3.** ⟨*pl*⟩ *(letteratura)* Literatur *f; (materie letterarie)* Geisteswissenschaften *f pl;* **4.** ⟨*pl*⟩ *(epistolario)* Briefwechsel *m;* **5.** ⟨*pl*⟩ *(filologia)* Philologie *f;* ~ **aperta** offener Brief; ~ **assicurata/espresso/raccomandata** Wert-/Eil-/Einschreib(e)-brief *m;* ~ **circolare** Rundschreiben *n;* **belle -e** schöngeistige (*o.* schöne) Literatur; **per** ~ brieflich; **attenersi alla** ~ **del regolamento** sich streng an die Vorschriften halten; **alla** ~ buchstabengetreu; *(traduzione, etc.)* wörtlich; **uomo di -e** Literat *m,* literarisch gebildeter Mensch; **restare** ~

morta ohne Wirkung (*o.* unbeachtet) bleiben.

letterale [lette'ra:le] *a* wörtlich, wortgetreu; *mat* Buchstaben-. **letteralmente** [...ral'mente] *adv* **1.** *(alla lettera)* wörtlich; **2.** *fig (completamente)* buchstäblich, gänzlich.

letterario, -a [lette'ra:rio] ‹-i, -ie› *a* literarisch, Literatur-; *(ling a.)* gehoben; **lingua -a** Schriftsprache *f;* **materie -ie** geisteswissenschaftliche Fächer *n pl;* **storia -a** Literaturgeschichte *f.*

letterato, -a [lette'ra:to] *m, f* **1.** *(dotto, istruito)* Literat(in) *m(f),* literarisch gebildeter Mensch; **2.** *(critico)* Literaturkritiker(in) *m(f).* **letteratura** [...ra'tu:ra] *f* Literatur *f;* ~ **amena** Belletristik *f,* Unterhaltungsliteratur *f.*

lettiga [let'ti:ga] ‹-ghe› *f* **1.** *(portantina)* Sänfte *f;* **2.** *(barella)* (Trag)bahre *f,* Krankentrage *f.*

letto¹ ['lɛtto] *m* **1.** *(mobile)* Bett *n;* **2.** *geol* Lager *n,* Bank *f; (di fiume)* Flußbett *n; (di valle)* Talsohle *f;* **3.** *fig (matrimonio)* Ehe *f;* ~ **matrimoniale** (*o.* **a due piazze**) Doppelbett *n,* Ehebett *n;* ~ **a castello** Etagenbett *n;* **figlio di primo** ~ Kind *n* (*o.* Sohn *m*) aus erster Ehe; **andare a** ~ ins (*o.* zu) Bett gehen, schlafen gehen; **andare a** ~ **con qu** *fam* mit jdm ins Bett gehen *fam;* **buttarsi sul** ~ *fam* sich aufs Ohr legen *fam;* **fare il** ~ das Bett machen; **mettersi a** ~ *(per dormire)* ins (*o.* zu) Bett gehen; *(per malattia)* das Bett hüten (müssen); **morire nel proprio** ~ eines natürlichen Todes sterben; ~ **funebre** Sarg *m,* (Toten)bahre *f.*

letto² ['lɛtto] *pp di* **leggere.**

lettorato [letto'ra:to] *m* **1.** *(all'università)* Lektorat *n;* **2.** *rel* niedere Priesterweihen *f pl.* **lettore, -trice** [...'to:re] *m, f* **1.** *gener.* Leser(in) *m(f);* **2.** *(all'università, rel)* Lektor(in) *m(f);* ~ **di bozze** Korrektor *m;* ~ **per microfilm** Lesegerät *n* (für Mikrofilme); ~ **perforatore** (Loch)kartenableser *m,* (Loch)kartenabtaster *m.*

lettura [let'tu:ra] *f* **1.** *(atto del leggere)* Lesen *n,* Lektüre *f; (ad alta voce)* Vorlesen *n; (conferenza)* Vortrag *m,* Vorlesung *f; (nella filologia)* Lesart *f; tec (del contatore, etc.)* Ablesen *n; (di poesia)* Vortrag *m;* **2.** *(scritto)* Lektüre *f,* Lesestoff *m;* **-e per l'infanzia** Kinderliteratur *f,* Kinderbücher *n pl;* **dare** ~ **di un'ordinanza** eine Verordnung verlesen; **essere in** ~ ausgeliehen sein; **essere di piacevole** ~ sich leicht (*o.* gut) lesen (lassen); **-e amene** Unterhaltungslektüre *f.* **letturista** [...tu'rista] ‹-i *m,* -e *f*› *mf* Ableser(in) *m(f).*

leucemia [leutʃe'mi:a] ‹-ie› *f* Leukämie *f.* **leucemico, -a** [...'tʃɛ:miko] ‹-ci, -che› *m, f* an Leukämie Erkrankte(r) *mf.*

leucocita [leuko'tʃi:ta] ‹-i› *m,* **leucocito** [...to] *m* Leukozyt *m,* weißes Blutkörperchen.

leucorrea [leukor'rɛ:a] *f* Weißfluß *m,* Leukorrhö(e) *f scient.*

leva¹ ['lɛ:va] *f* **1.** *tec* Hebel *m;* **2.** *(sbarra)* Brechstange *f,* -eisen *n;* **3.** *fig* Hebel *m; (stimolo)* Antrieb *m;* **la** ~ **del cambio** Schalthebel *m,* -knüppel *m;* **fare** ~ **su qu** auf jdn einwirken.

leva² ['lɛ:va] *f* **1.** *(arruolamento)* Einberufung *f* (zum Wehrdienst); **2.** *(coscrizione obbligatoria)* Wehrpflicht *f;* **di** ~ wehrpflichtig; **classe di** ~ (Rekruten)jahrgang *m;* **le nuove -e** *fig* die jungen Kader.

levante [le'vante] *m* **1.** *(est)* Osten *m;* **2.** *(vento)* Ostwind *m;* **3.** *(Paesi del Mediterraneo orientale)* Küstenländer *n pl* des östlichen Mittelmeers, Levante *f.*

levare [le'va:re] **I.** *tr* **1.** *(alzare)* heben, aufheben, hochheben; *(ancora)* lichten; **2.** *(togliere)* fort-, wegnehmen; *(ostacolo)* beseitigen; **3.** *(estrarre: dente)* ziehen; *(chiodo)* herausziehen; **4.** *(seduta)* schließen, auflösen; **5.** *(fame)* stillen; *(sete)* stillen, löschen; **6.** *(tenda)* abbrechen; **7.** *(tassa, divieto)* aufheben; **8.** *(vizio)* abgewöhnen; ~ **le braccia in alto** sich geschlagen geben; ~ **gli occhi al cielo** die Augen zum Himmel erheben; ~ **il saluto a qu** jdn nicht mehr grüßen; ~ **di mezzo qu** jdn beseitigen; **levati di mezzo!** geh aus dem Weg!; **levati dai piedi!** bleib mir vom Leibe!; **II.** *rfl:* **-rsi 1.** *(alzarsi)* aufstehen; **2.** *(sollevarsi)* sich erheben; *(vento)* aufkommen; **3.** *(andarsene)* weggehen; **4.** *(indumenti)* (sich *dat*) ausziehen, ablegen; **5.** *(voglia)* befriedigen; *(fame)* stillen; *(sete)* stillen, löschen; *(vizio)* sich *(dat)* abgewöhnen; **-rsi il pane di bocca** sich *(dat)* den Bissen vom Munde absparen; **-rsi qu dai piedi** sich *(dat)* jdn vom Halse schaffen; **-rsi qu/qc dalla testa** sich *(dat)* jdn/etw. aus dem Kopf schlagen; **-rsi in volo** (zum Flug) starten, abfliegen; **III.** *m* **1.** *(di sole, astro)* Aufgang *m,* Aufgehen *n;* **2.** *mus* Auftakt *m;* **tempo in** ~ *mus* Arsis *f.*

levata [le'va:ta] *f* **1.** *(di sole, astro)*

Aufgang *m*, Aufgehen *n;* **2.** *(dal letto)* Aufstehen *n;* **3.** *(della posta)* Leerung *f;* **4.** *(di merci)* Beziehen *n*, Bezug *m;* ~ **di scudi** *fig* Rebellion *f.* **levataccia** [leva'tattʃa] ‹-cce› *f* frühes Aufstehen; **fare una** ~ sehr früh aufstehen (müssen). **levato, -a** [le'va:to] *a* **1.** *(alzato dal letto)* auf(geblieben); **2.** *(sollevato)* aufgehoben; **3.** *(salvo)* abgesehen (*acc* von), außer (*acc dat).*

levatoio, -a [leva'to:i̯o] ‹-oi, -oie› *a* beweglich; **ponte** ~ Zugbrücke *f*, Fallbrücke *f.*

levatrice [leva'tri:tʃe] *f* Hebamme *f.*

levatura [leva'tu:ra] *f* Format *n*, Niveau *n.*

levigare [levi'ga:re] ‹levigo, levighi› *tr* **1.** *(limare, lisciare)* glätten, polieren; *(con abrasivo)* schleifen, schmirgeln; **2.** *(lappare)* läppen. **levigatezza** [...ga'tettsa] *f* Glätte *f*, Schliff *m.*

levitazione [levitat'tsi̯o:ne] *f* Levitation *f*, freies Schweben.

levriere, levriero [le'vri̯ɛ:re, ...ro] *m* Windhund *m.*

lezione [let'tsi̯o:ne] *f* **1.** *(~ scolastica)* Unterrichtsstunde *f; (in un libro)* Lektion *f;* **2.** *(di università)* Vorlesung *f;* **3.** *(compito a casa)* Hausaufgabe *f*, Lektion *f;* **4.** *(in filologia)* Lesart *f;* **5.** *fig (ammaestramento)* Belehrung *f*, Lehre *f;* ~ **di ballo** Tanzstunde *f;* ~ **di storia** Geschichtsunterricht *m;* **assistere alla** ~ am Unterricht teilnehmen; **fare** ~ unterrichten; *(all'università)* Vorlesungen halten; **prendere/dare -i** Privatunterricht (*o.* -stunden) nehmen/geben; **dare a qu una** ~ *fig* jdm eine Lektion erteilen (*di* in).

leziosità [lettsi̯osi'ta] ‹-› *f* Affektiertheit *f*, Geziertheit *f.* **lezioso, -a** [...'tsi̯o:so] *a* affektiert, geziert; *(smorfioso)* zimperlich.

lezzo ['leddzo] *m* **1.** *(cattivo odore)* Gestank *m;* **2.** *fig* Schmutz *m*, Verworfenheit *f.*

li [li] *pron pers* **1.** *3. pers m pl* sie; **2.** *(forma di cortesia a.:* **Li***)* Sie.

lì [li] *adv (stato)* dort, da; *(moto)* dorthin, dahin; **essere** ~ ~ **per fare qc** nahe dran sein, etw. zu tun; **da** (*o.* **di)** ~ von da, von dort, (von) dorther; **di** ~ **a pochi giorni** wenige Tage später; **fin** ~ bis dort(hin); **giù di** ~ mehr oder weniger, ungefähr; **per (di)** ~ da (hin)durch; ~ **per** ~ im ersten Augenblick.

liana [li'a:na] *f* Liane *f.*

libagione [liba'dʒo:ne] *f* Zecherei *f*, Trinkgelage *n.*

libbra ['libbra] *f* Pfund *n.*

libeccio [li'bettʃo] ‹-cci› *m* **1.** *(vento)* Südwest(wind) *m;* **2.** *(sud-ovest)* Südwesten *m.*

libello [li'bɛllo] *m* Schmähschrift *f*, Pamphlet *n.*

libellula [li'bɛllula] *f* Libelle *f.*

liberale [libe'ra:le] **I.** *a* **1.** *(che rispetta la libertà)* freisinnig, freiheitlich gesinnt; *(generoso)* freigebig, großzügig; *(magnanimo)* großmütig; **2.** *pol* liberal; **le arti -i** die freien Künste *f pl;* **economia** ~ freie Wirtschaft; **II.** *m* **1.** *gener.* freisinniger (*o.* freiheitlich gesinnter) Mensch; **2.** *pol* Liberale(r) *mf.* **liberalismo** [...ra'lizmo] *m* Liberalismus *m.* **liberalità** [...rali'ta] ‹-› *f* Großzügigkeit *f.*

liberalizzare [liberalid'dza:re] *tr* liberalisieren. **liberalizzazione** [...dzat'tsi̯o:ne] *f* Liberalisierung *f.*

liberamente [libera'mente] *adv* **1.** *(con franchezza)* freimütig, frei, offen; **2.** *(senza formalità)* anstandslos, ohne weiteres.

liberare [libe'ra:re] **I.** *tr* **1.** *(restituire alla libertà)* befreien, freilassen; *fig (da impiego, etc.)* entbinden; **2.** *(salvare da pericolo)* retten, bewahren; **3.** *(sgombrare)* abräumen, (aus)räumen; ~ **l'intestino** den Darm entleeren; **II.** *rfl:* **-rsi** sich befreien (*da* von), sich entledigen (*da gen*). **liberatore, -trice** [...ra'to:re] **I.** *a* befreiend, Befreiungs-; **II.** *m, f* Befreier(in) *m(f).* **liberatorio, -a** [...ra'tɔ:ri̯o] ‹-i, -ie› *a* schuldentilgend. **liberatrice** *f v.* **liberatore. liberazione** [...rat'tsi̯o:ne] *f* **1.** Befreiung *f*, Freilassung *f;* **2.** *fig* Erleichterung *f.*

liberismo [libe'rizmo] *m* Freihandel *m; (dottrina)* Freihandelslehre *f.*

libero, -a ['li:bero] *a* frei; ~ **arbitrio** Willensfreiheit *f;* **carta -a** stempelfreies Papier; **mercato** ~ freier Markt; **all'aria -a** im Freien; **è** ~ **di ...** *inf* es steht Ihnen frei zu ...

liberta *f v.* **liberto.**

libertà [liber'ta] ‹-› *f* Freiheit *f;* ~ **di parola** Redefreiheit *f;* ~ **di scelta** freie Wahl; ~ **vigilata** Entlassung *f* auf Bewährung; **giorno di** ~ freier Tag; **mettere in** ~ freilassen; **mettersi in** ~ es sich *(dat)* bequem machen; **prendersi la** ~ **di fare qc** sich *(dat)* die Freiheit (heraus)nehmen, etw. zu tun; **prendersi delle** ~ **con qu** sich *(dat)* jdm gegenüber (manche) Freiheiten herausnehmen.

libertario, -a [liber'ta:ri̯o] ‹-i, -ie› *a* anarchistisch, libertär. **liberticida** [...ti'tʃi:da] ‹-i *m*, -e *f*› **I.** *a* freiheitsfeindlich, freiheitsgefährdend; **II.** *mf*

Mensch, der die demokratischen Freiheiten beschneidet *o.* unterdrückt.

libertinaggio [liberti'naddʒo] ‹-ggi› *m* Zügellosigkeit *f,* Ausschweifung *f; (religioso, morale, etc. a.)* Libertinage *f geh.* **libertino, -a** [...'ti:no] **I.** *a* freidenkend; *(sessualmente)* zügellos, ausschweifend; **II.** *m* Libertin *m,* Freigeist *m; (sessualmente)* Wüstling *m.*

liberto, -a [li'bɛrto] *m, f hist* Freigelassene(r) *mf.*

liberty ['li:berti] *m* Jugendstil *m.*

libidine [li'bi:dine] *f* **1.** Lüsternheit *f,* Geilheit *f;* **2.** *fig* Begierde *f,* Sucht *f.* **libidinoso, -a** [libidi'no:so] *a* lüstern, geil. **libido** [li'bi:do] ‹-› *f* Libido *f.*

libraio, -a [li'bra:i̯o] ‹-ai, -aie› *m, f* Buchhändler(in) *m(f).*

librario, -a [li'bra:ri̯o] ‹-i, -ie› *a* Buch-, Bücher-.

librarsi [li'brarsi] *rfl* schweben; *(equilibrarsi)* balancieren. **librato, -a** [li'bra:to] *a* schwebend, gleitend; **volo ~** Gleitflug *m.* **libratore** [libra'to:re] *m* Gleitflugzeug *n,* Gleiter *m.*

libreria [libre'ri:a] ‹-ie› *f* **1.** *(negozio)* Buchhandlung *f,* Buchladen *m;* **2.** *(mobile)* Bücherschrank *m,* Bücherregal *n; fig* Schrankwand *f;* **3.** *rar (biblioteca)* Bibliothek *f,* Bücherei *f.*

libresco, -a [li'bresko] ‹-schi, -sche› *a* Buch-, Bücher-; **erudizione -a** Bücherweisheit *f,* Buchwissen *n.*

librettista [libret'tista] ‹-i *m,* -e *f*› *mf* Librettist(in) *m(f).* **libretto** [li'bretto] *m* **1.** *(piccolo libro)* Büchlein *n,* kleines Buch; *(per appunti)* Notizbuch *n,* Notizblock *m;* **2.** *mus* Libretto *n,* Textbuch *n;* **3.** *(documento)* Ausweis *m;* Papier *n,* Paß *m;* **~ di assegni** Scheckheft *n,* Scheckbuch *n;* **~ di risparmio** Sparbuch *n;* **~ ferroviario** Ermäßigungsausweis *m* (für Bahnfahrten); **~ personale** *mil* Wehrpaß *m;* **~ universitario** Studienbuch *n;* **a ~** faltbar, klappbar, Klapp-, Falt-.

libro ['li:bro] *m* Buch *n;* **~ di cucina/di preghiere** Koch-/Gebetbuch *n;* **~ delle firme** Gästebuch *n;* **~ di testo** Schulbuch *n,* Lehrbuch *n;* **~ illustrato** Bilderbuch *n;* **~ mastro** *com* Hauptbuch *n;* **~ nero** schwarze Liste; *jur* Strafregister *n;* **a ~** faltbar, klappbar, Falt-, Klapp-.

licantropo [li'kantropo] *m* Werwolf *m,* Wolfsmensch *m.*

liceale [litʃe'a:le] **I.** *a* gymnasial, Gymnasial-; **II.** *mf* Gymnasiast(in) *m(f).*

liceità [litʃei'ta] ‹-› *f* Zulässigkeit *f.*

licenza [li'tʃɛntsa] *f* **1.** *(autorizzazione)* Erlaubnis *f,* Genehmigung *f;* **2.** *mil (congedo)* Urlaub *m,* Urlaubsschein *m;* **3.** *(abuso)* Freiheit *f;* **4.** *(dissolutezza)* Ausschweifung *f,* Zügellosigkeit *f;* **5.** *(attestato)* Abgangszeugnis *n;* **6.** *(patente)* Lizenz *f,* Patent *n; sport, com, adm* Lizenz *f;* **~ di caccia/di porto d'armi/di esercizio** Jagd-/Waffen-/Gewerbeschein *m;* **~ di convalescenza** Erholungs-, Genesungsurlaub *m;* **~ elementare** Grundschulabgangszeugnis *n;* **~ poetica** dichterische Freiheit; **andare in ~** in Urlaub gehen; **dare la ~ di maturità** das Abitur machen, die Reifeprüfung ablegen; **su ~ tedesca** in deutscher Lizenz; **prendersi troppe -e** sich *(dat)* zu viele Freiheiten herausnehmen.

licenziamento [litʃentsi̯a'mento] *m* Entlassung *f,* Kündigung *f;* **~ in tronco** fristlose Kündigung.

licenziare [litʃen'tsi̯a:re] ‹licenzio, licenzi› **I.** *tr* **1.** *(impiegato)* entlassen (*qu* jdn), kündigen (*qu* jdm); **2.** *(ospiti)* verabschieden; **3.** *(studenti)* (von der Schule) entlassen; **~ qc alle stampe** die Druckerlaubnis für etw. erteilen; **II.** *rfl:* **-rsi 1.** *(da un impiego)* kündigen; **2.** *(per commiato)* sich verabschieden; **3.** *(a scuola)* einen Schulabschluß machen, abschließen.

licenziosità [litʃentsi̯osi'ta] ‹-› *f* Zügellosigkeit *f,* Liederlichkeit *f.* **licenzioso, -a** [...'tsi̯o:so] *a* zügellos, liederlich.

liceo [li'tʃɛ:o] *m* Gymnasium *n;* **~ artistico/classico/scientifico** musisches/humanistisches/mathematisch-naturwissenschaftliches Gymnasium.

lichene [li'kɛ:ne] *m* Flechte *f.*

licitare [litʃi'ta:re] *itr* bieten. **licitazione** [...tat'tsi̯o:ne] *f* **1.** *(asta)* Versteigerung *f,* Versteigern *n;* **2.** *(offerta)* Gebot *n.*

lido ['li:do] *m* **1.** *(spiaggia)* (Sand)strand *m;* Lido *m;* **2.** *poet* Gestade *n poet.*

Liechtenstein ['lɪçtənʃtai̯n] *m:* **il ~** Liechtenstein *n.*

lieto, -a ['li̯ɛ:to] **1.** *(persone)* froh, fröhlich, glücklich; **2.** *(eventi)* freudig, erfreulich, froh; **sono ~ di conoscerLa** (ich bin) sehr erfreut(, Sie kennenzulernen).

lieve ['li̯ɛ:ve] *a* **1.** *(poco pesante)* leicht; **2.** *(debole)* geringfügig, leicht; *(delicato)* leise, sanft; **3.** *poet (facile)* leicht, mühelos.

lievitare [li̯evi'ta:re] *itr ‹essere›* **1.** *(pasta)* aufgehen; **2.** *fig (prezzi)* ansteigen, in die Höhe klettern; *(odio, etc.)* gären, schwelen. **lievitazione** [...tat'tsi̯o:ne] *f* **1.** *(di pasta)* Säuerung *f*, Gärung *f;* Aufgehen *n;* **2.** *fig (dei prezzi)* Ansteigen *n; (dell'odio)* Gären *n*, Schwelen *n*.

lievito ['li̯ɛ:vito] *m* **1.** *biol* Hefe *f;* **2.** *fig* Antrieb *m*, Auslöser *m*, Ursache *f;* ~ **di birra** Bierhefe *f;* ~ **in polvere** Backpulver *n;* ~ **naturale** Sauerteig *m*.

lift [lɪft] ‹-› *m* Liftboy *m*, Fahrstuhlführer *m*.

ligio, -a ['li:dʒo] ‹-gi, -gie› *a* treu, ergeben, untertan; ~ **al dovere** pflichteifrig, pflichttreu.

lignaggio [liɲ'ɲaddʒo] ‹-ggi› *m geh* Abstammung *f*, Herkunft *f*.

ligneo, -a ['liɲɲeo] *a* hölzern, aus Holz.

lignite [liɲ'ɲi:te] *f* Lignit *m*, Braunkohle *f*.

ligure [li'gu:re] **I.** *a* ligurisch; **II.** *mf* Ligurer(in) *m(f)*. **Liguria** [...ri̯a] *f* Ligurien *n*.

lilla, lillà ['lilla, ...'la] **I.** ‹*inv*› *a* lila, fliederfarben; **II.** ‹-› *m* **1.** Lila *n*, Fliederfarbe *f;* **2.** *bot* Flieder *m*.

lillipuziano, -a [lilliput'tsi̯a:no] **I.** *a* liliputanisch, Liliputaner-; **II.** *m, f* Liliputaner(in) *m(f)*.

lima ['li:ma] *f* **1.** *(arnese)* Feile *f;* **2.** *fig (affanno)* Qual *f*, Pein *f;* **lavoro di** ~ Feilarbeit *f; fig* Ausfeilen *n*, Überarbeiten *n*.

limaccioso, -a [limat'tʃo:so] *a* schlammig, trüb.

limare [li'ma:re] *tr* **1.** *(sbarre)* feilen; **2.** *fig (romanzo, etc.)* (stilistisch) überarbeiten, ausfeilen; **3.** *fig* quälen, verzehren. **limatura** [lima'tu:ra] *f* **1.** *(lavorazione)* Feilen *n;* **2.** *(particelle)* Feilstaub *m*, Feilspäne *m pl*.

limbo ['limbo] *m* **1.** *rel* Vorhölle *f*, Limbus *m;* **2.** *fig* ungewisse Situation, angstvolle Erwartung.

limetta [li'metta] *f* Nagelfeile *f*.

limitare[1] [limi'ta:re] *m* **1.** *(soglia)* (Tür)schwelle *f;* **2.** *fig* Schwelle *f*.

limitare[2] [limi'ta:re] **I.** *tr* **1.** *(confinare)* ein-, begrenzen; **2.** *(restringere)* ein-, beschränken; **II.** *rfl:* **-rsi** sich beschränken (*a* auf), sich einschränken (*in* in). **limitativo, -a** [...ta'ti:vo] *a* ein-, beschränkend. **limitato, -a** [...'ta:to] *a* **1.** *(scarso)* beschränkt, begrenzt; **2.** *(modesto)* bescheiden, mäßig; **società a responsabilità -a** (*ab* **S.r.l.**) Gesellschaft *f* mit beschränkter Haftung. **limitazione** [...tat'tsi̯o:ne] *f* Beschränkung *f*, Begrenzung *f;* ~ **degli armamenti** Rüstungsbegrenzung *f;* ~ **delle nascite** Geburtenregelung *f*, Geburtenkontrolle *f*.

limite ['li:mite] *m (a. fig)* Grenze *f;* **caso** ~ Grenzfall *m;* **-i di età** Altersgrenze *f;* ~ **di velocità** Geschwindigkeitsbegrenzung *f;* **ciò passa ogni** ~ das macht das Maß voll; **al** ~ höchstens; **fuori** ~ *sport* aus; **nei -i del possibile** im Rahmen des Möglichen.

limitrofo, -a [li'mi:trofo] *a* angrenzend, Grenz-.

limo ['li:mo] *m* Schlamm *m*, Schlick *m*.

limonare [limo'na:re] *itr fam* schmusen, rummachen *fam*.

limonata [limo'na:ta] *f* (Zitronen)limonade *f*. **limone** [li'mo:ne] *m* **1.** *(frutto)* Zitrone *f;* **2.** *(pianta)* Zitronenbaum *m;* **3.** *(colore)* Zitronengelb *n;* **spremere qu come un** ~ jdn wie eine Zitrone auspressen.

limoso, -a [li'mo:so] *a* schlammig.

limpidezza [limpi'dettsa] *f* Klarheit *f*, Durchsichtigkeit *f*. **limpido, -a** ['limpido] *a* **1.** *(trasparente)* klar, durchsichtig; **2.** *fig* klar, rein.

Lina ['li:na] *(nome proprio femminile)* Lina.

lince ['lintʃe] *f* Luchs *m*.

linciaggio [lin'tʃaddʒo] ‹-ggi› *m* Lynchjustiz *f*, Lynchen *n;* ~ **morale** Rufmord *m*. **linciare** [...'tʃa:re] ‹lincio, linci› *tr* lynchen.

lindo, -a ['lindo] *a* **1.** *(pulito)* reinlich, sauber; *(accurato)* ordentlich; **2.** *(elegante)* schmuck, schnieke *fam*.

linea ['li:nea] *f* **1.** *(segno)* Linie *f*, Strich *m; typ* Zeile *f;* **2.** *(di abito)* Schnitt *m*, Modell *n;* **3.** *(su strumenti di misura)* Teilstrich *m;* **4.** *tel, el* Leitung *f;* **5.** *aero, ferr, naut, mot* Linie *f;* ~ **di carico** Belastungsgrenze *f;* ~ **di condotta** Verhaltensweise *f;* **combattere in prima** ~ in vorderster Linie kämpfen; **mettersi in** ~ *mil* sich (in Reih und Glied) aufstellen; **restare in** ~ *tel* am Apparat bleiben; **a grandi -e** in groben Zügen. **lineamenti** [linea'menti] *m pl* **1.** *(fisionomia)* (Gesichts)züge *m pl;* **2.** *fig* Grundzüge *m pl*. **lineare** [...e'a:re] *a* **1.** linienartig, linear, Linear-; **2.** *fig* geradlinig, klar. **linearità** [...eari'ta] ‹-› *f (di condotta)* Geradheit *f*, Aufrichtigkeit *f; (di discorso)* Geradlinigkeit *f*, Klarheit *f*. **lineatura** [...ea'tu:ra] *f* Lineatur *f*, Lini(i)erung *f*. **lineetta** [...e'etta] *f (trattino)* Bindestrich *m*, Gedankenstrich *m; typ* (kleiner) Strich *m; mat* Minuszeichen *n*.

linfa ['linfa] *f* **1.** *anat* Lymphe *f; bot* Pflanzensaft *m;* **2.** *fig* Inspiration *f*, Eingebung *f;* ~ **vitale** Lebenselixier *n*,

Energiequelle *f.* **linfatico, -a** [...'fa:tiko] ‹-ci, -che› **I.** *a* lymphatisch, Lymph-; **II.** *m, f* an Lymphatismus Erkrankte(r) *mf.* **linfatismo** [...fa'tizmo] *m* Lymphatismus *m.*

lingotto [liŋ'gɔtto] *m* **1.** *(massello)* Barren *m;* **2.** *typ* Reglette *f.*

lingua ['liŋgu̯a] *f* **1.** *anat* Zunge *f;* **2.** *(linguaggio)* Sprache *f;* **3.** *(striscia)* länglicher Streifen, Zunge *f;* ~ **di terra** Landzunge *f;* ~ **d'arrivo/di partenza** Ziel-/Ausgangssprache *f;* ~ **parlata** gesprochene Sprache, Umgangssprache *f;* **mala** ~ böse Zunge; **di** ~ **tedesca** deutschsprachig; **avere la** ~ **lunga** *fig* eine lose (*o.* böse) Zunge haben; **avere la** ~ **sciolta** ein flinkes (*o.* gutes) Mundwerk haben; **avere qc sulla punta della** ~ *fig* etw. auf der Zunge (liegen) haben; **mordersi la** ~ *fig* sich *(dat)* auf die Zunge (*o.* Lippen) beißen; **studiare -e** Sprachen studieren; **la** ~ **batte dove il dente duole** *prov* wes das Herz voll ist, des geht der Mund über *prov.* **linguaccia** [...'gu̯attʃa] ‹-cce› *f* **1.** *med* belegte Zunge; **2.** *fig* böse Zunge, Lästermaul *n.* **linguacciuto, -a** [...gu̯at'tʃu:to] **I.** *a* klatschsüchtig, klatschhaft; **II.** *m, f* Lästermaul *n fam; (pettegolo)* Klatschmaul *n fam.* **linguaggio** [...'gu̯addʒo] ‹-ggi› *m* **1.** *(facoltà)* Sprache *f,* Sprechen *n;* **2.** *(modo)* Sprache *f,* Sprechweise *f;* ~ **simbolico** *inform* Symbolsprache *f;* ~ **tecnico** Fachsprache *f;* ~ **di programmazione** Programmiersprache *f.* **linguella** [...'gu̯ɛlla] *f* gummiertes Papier. **linguetta** [...'gu̯etta] *f* **1.** *(piccola lingua)* kleine Zunge, Zünglein *n;* **2.** *(delle buste)* Klappe *f; (delle scarpe)* Zunge *f,* Lasche *f;* **3.** *mus* Zunge *f,* Rohrblatt *n;* **4.** *tec* Feder *f.* **linguista** [...'gu̯ista] ‹-i *m,* -e *f*› *mf* Linguist(in) *m(f),* Sprachwissenschaftler(in) *m(f).* **linguistica** [...'gu̯istika] ‹-che› *f* Linguistik *f,* Sprachwissenschaft *f.* **linguistico, -a** [...'gu̯istiko] ‹-ci, -che› *a* **1.** *(della lingua)* sprachlich, Sprach(en)-; **2.** *(della linguistica)* linguistisch, sprachwissenschaftlich.

linificio [lini'fi:tʃo] ‹-ci› *m* Leinenweberei *f.*

linimento [lini'mento] *m* Einreibemittel *n.*

lino ['li:no] *m* **1.** *(pianta)* Flachs *m,* Lein *m;* **2.** *(tessuto)* Leinen *n.*

Lino ['li:no] *nome proprio maschile.*

linoleum [li'nɔ:leum] ‹-› *m* Linoleum *n.*

linotipia [linoti'pi:a] ‹-ie› *f* **1.** *(composizione)* Linotypesatz *m,* Zeilensatz *m;* **2.** *(locale)* Zeilensetzerei *f.* **linotype®** ['laɪnoʊtaɪp] ‹-› *f* Linotype-Setzmaschine, Linotype® *f.*

Linz [lɪnts] *f* Linz *n.*

liofilizzare [liofilid'dza:re] *tr* gefriertrocknen.

lipide [li'pi:de] *m* Fett *n.*

lipizzano [lipit'tsa:no] *m* Lipizzaner *m.*

lipoma [li'pɔ:ma] ‹-i› *m* Lipom(a) *n.* **liposolubile** [liposo'lu:bile] *a* fettlöslich.

Lipsia ['lipsi̯a] *f* Leipzig *n.*

liquame [li'ku̯a:me] *m* Jauche *f.*

liquefare [liku̯e'fa:re] ‹*irr*› **I.** *tr* **1.** *(gas)* verflüssigen, flüssig machen; **2.** *(metalli)* zum Schmelzen bringen, schmelzen; **3.** *(neve)* zergehen lassen, schmelzen; **II.** *rfl:* **-rsi** **1.** *(gas)* sich verflüssigen, flüssig werden; **2.** *(metalli, ghiaccio)* schmelzen. **liquefazione** [...fat'tsi̯o:ne] *f* Verflüssigung *f.*

liquidare [liku̯i'da:re] *tr* **1.** *(conto)* bezahlen, begleichen; *(somma)* auszahlen; **2.** *(persone)* auszahlen; **3.** *(svendere)* ausverkaufen; *(azienda, etc.)* auflösen; **4.** *(affare)* abwickeln, erledigen; **5.** *fig (impiegato)* entlassen; *(avversario)* beseitigen; *(uccidere)* liquidieren. **liquidatore, -trice** [...da'to:re] *m, f* Liquidator(in) *m(f),* Abwickler(in) *m(f).* **liquidazione** [...dat'tsi̯o:ne] *f* **1.** Liquidation *f; (di un'azienda)* Geschäftsauflösung *f;* **2.** *(somma liquidata)* Abfindung *f;* **3.** *(della pensione)* Auszahlung *f;* **4.** *(svendita)* Ausverkauf *m;* ~ **di fine stagione** (Saison)ausverkauf *m,* (Saison)schlußverkauf *m.*

liquidità [liku̯idi'ta] ‹-› *f* **1.** *phys* Flüssigkeit *f;* **2.** *fin* Liquidität *f.* **liquido, -a** ['li:ku̯ido] **I.** *a* **1.** *phys* flüssig; **2.** *fin* liquid(e), zahlungsfähig; **denaro** ~ Bargeld *n;* **II.** *m* **1.** *phys* Flüssigkeit *f;* **2.** *fin* Bargeld *n;* ~ **per freni** Bremsflüssigkeit *f.*

liquirizia [liku̯i'rittsi̯a] ‹-ie› *f* **1.** *bot* Süßholz *n;* **2.** *gastr* Lakritze *f.*

liquore [li'ku̯o:re] *m* **1.** Likör *m;* **2.** ‹*pl*› Spirituosen *f pl.* **liquoroso, -a** [liku̯o'ro:so] *a* likörartig, Likör-.

lira[1] ['li:ra] *f* (*ab* **L**) *(moneta)* Lira *f;* **non avere una** ~ keinen Pfennig haben.

lira[2] ['li:ra] *f* **1.** *mus* Leier *f,* Lyra *f;* **2.** *(uccello* ~*)* Leierschwanz *m.*

lirica ['li:rika] ‹-che› *f* **1.** *lit* Lyrik *f,* Poesie *f;* **2.** *mus* Opernmusik *f,* Komposition *f* für Gesang. **liricità** [liritʃi'ta] ‹-› *f* lyrischer Charakter, Poesie *f.* **lirico, -a** ['li:riko] ‹-ci, -che›

I. *a* **1.** *lit* lyrisch; **2.** *fig* lyrisch, gefühlvoll; **3.** *mus* Opern-; **cantante -a** Opernsängerin *f;* **stagione -a** (Theater)spielzeit *f;* **II.** *m* Lyriker *m.*

Lisbona [liz'bo:na] *f* Lissabon *n.*

lisca ['liska] ‹-sche› *f* (Fisch)gräte *f.*

lisciamento [liʃʃa'mento] *m* **1.** *(levigazione)* Glätten *n,* Glattstreichen *n;* **2.** *fig (adulazione)* Schmeichelei *f.* **lisciare** [...'ʃa:re] ‹liscio, lisci› **I.** *tr* **1.** glätten; *(marmo, etc.)* polieren; **2.** *(capelli, barba)* (glatt)streichen; **3.** *(animali)* streicheln; **4.** *fig (adulare)* schmeicheln (*qu* jdm); **5.** *(opera)* verschönern, ausschmücken; ~ **il pelo a qu** *fig* jdm das Fell gerben; **II.** *rfl:* **-rsi 1.** *(persone)* sich herausputzen, sich schniegeln; **2.** *(animali)* sich putzen, sich lecken; **-rsi i capelli** sich *(dat)* die Haare glattstreichen.

liscio, -a ['liʃʃo] ‹-sci, -sce› **I.** *a* **1.** glatt, eben; *(capelli)* glatt; **2.** *fig* glatt, einfach, ohne Komplikationen; **3.** *gastr (caffè)* ohne Milch, ohne Schnaps; *(bevanda alcolica)* ohne Wasser, pur; **va tutto** ~ es läuft alles glatt; **passarla -a** mit heiler Haut davonkommen; **II.** *m* **1.** *(ballo)* Gesellschaftstanz *m;* **2.** *sport* Fehlschuß *m,* Fehlstoß *m.*

liscivia [liʃ'ʃi:vi̯a] ‹-ie› *f,* **lisciva** [...va] *f* (Aschen)lauge *f.*

liseuse [li'zø:z] ‹-› *f* Bettjacke *f,* Bettjäckchen *n.*

liso, -a ['li:zo] *a* abgenutzt, abgetragen.

lista ['lista] *f* **1.** *(striscia)* Streifen *m;* **2.** *(elenco)* Liste *f,* Verzeichnis *n;* **3.** *(menu)* Speisekarte *f;* ~ **dei vini** Weinkarte *f.* **listare** [...'ta:re] *tr* einfassen, umranden. **listello** [...'tɛllo] *m* (Zier)leiste *f.* **listino** [...'ti:no] *m* Liste *f,* Verzeichnis *n;* ~ **di borsa** Kursblatt *n;* ~ **dei cambi** Kurszettel *m,* Kursbericht *m;* ~ **dei prezzi** Preisliste *f.*

litania [lita'ni:a] ‹-ie› *f (a. fig)* Litanei *f.*

litantrace [litan'tra:tʃe] *m* Steinkohle *f.*

lite ['li:te] *f* **1.** *gener.* Streit *m,* Zank *m;* **2.** *jur* Rechtsstreit *m,* Prozeß *m.*

litigante [liti'gante] *mf* Streitende(r) *mf; jur* Prozeßführende(r) *mf;* **fra i due -i il terzo gode** *prov* wenn zwei sich streiten, freut sich der Dritte *prov.*

litigare [liti'ga:re] ‹litigo, litighi› *itr* **1.** *gener.* (sich) streiten (*con* mit); **2.** *jur* einen Prozeß führen, prozessieren.

litigio [li'ti:dʒo] ‹-gi› *m* Streit *m,* Zank *m.* **litigiosità** [litidʒosi'ta] ‹-› *f* Streitsucht *f,* Zanksucht *f.* **litigioso, -a** [...'dʒo:so] *a* **1.** *gener.* streitsüchtig, zanksüchtig; **2.** *jur* streitig, strittig.

litografare [litogra'fa:re] *tr* lithographieren. **litografia** [...'fi:a] *f* **1.** *(arte, opera)* Lithographie *f;* **2.** *(stabilimento)* Steindruckerei *f.* **litografico, -a** [...'gra:fiko] *a* lithographisch. **litografo** [li'tɔ:grafo] *m* Lithograph *m.*

litologia [litolo'dʒi:a] ‹-gie› *f* Gesteinskunde *f.*

litorale [lito'ra:le] **I.** *a* Küsten-, Strand-, Ufer-; **II.** *m* Küste *f,* Küstenstreifen *m.* **litoraneo, -a** [...'ra:neo] **I.** *a* Küsten-; **II.** *f* Küstenstraße *f.*

litro ['li:tro] *m* (*ab* **l**) Liter *m o. n.*

littore [lit'to:re] *m* Liktor *m.*

littorina [litto'ri:na] *f* Triebwagen *m* (mit Dieselmotor).

littorio, -a [lit'tɔ:ri̯o] ‹-i, -ie› *a* **1.** *hist* Liktoren-; **2.** *(fascista)* Faschisten-, faschistisch; **fascio** ~ Liktorenbündel *n.*

Lituania [litu'a:ni̯a] *f* Litauen *n.*

liturgia [litur'dʒi:a] ‹-gie› *f* Liturgie *f.*

liturgico, -a [li'turdʒiko] ‹-ci, -che› *a* liturgisch.

liutista [liu'tista] ‹-i *m,* -e *f*› *mf* Lautenspieler(in) *m(f).*

liuto [li'u:to] *m* Laute *f.*

livella [li'vɛlla] *f* Wasserwaage *f.* **livellamento** [livella'mento] *m* **1.** Einebnung *f,* Planierung *f;* **2.** *fig* Angleichen *n,* Ausgleichen *n.* **livellare** [...'la:re] **I.** *tr* **1.** *tec* (ein)ebnen, planieren; **2.** *fig* ausgleichen, angleichen; *(persone a.)* gleichmachen, gleichstellen; *(differenze)* nivellieren; **II.** *rfl:* **-rsi 1.** sich glätten, eben werden; **2.** *fig* sich ausgleichen, sich angleichen. **livellatore, -trice** [...la'to:re] **I.** *a* ausgleichend; **II.** *m, f* **1.** *tec* Planierer(in) *m(f);* **2.** *fig* Gleichmacher(in) *m(f);* **III.** *f* Planierraupe *f.* **livellazione** [...lat'tsi̯o:ne] *f* Nivellierung *f.*

livello [li'vɛllo] *m* **1.** Höhe *f,* Niveau *n;* *(del mare, etc.)* Spiegel *m,* Stand *m;* **2.** *fig* Niveau *n,* Stand *m; (condizione sociale)* Rang *m,* Stand *m;* **differenza di** ~ Höhenunterschied *m;* ~ **dei prezzi** Preisniveau *n;* ~ **di vita** Lebensstandard *m;* **essere al** ~ **dei tempi** auf der Höhe der (*o.* seiner) Zeit sein; **ad alto** ~ auf höherer Ebene; **sul** ~ **del mare** (*ab* **s.l.m.**) über dem Meeresspiegel.

livido, -a ['li:vido] **I.** *a* **1.** bläulich, blaßblau; **2.** *fig* totenbleich; *poet* haßerfüllt, neidvoll; ~ **per il freddo** blau vor Kälte; ~ **per la rabbia** blaß vor Wut; **II.** *m* blauer Fleck. **lividura** [livi'du:ra] *f v.* **livido II.**

livore [li'vo:re] *m* Mißgunst *f*, (blasser) Neid *m*.

livrea [li'vrɛ:a] *f* Livree *f*.

lizza ['littsa] *f* Wettkampf *m*, Streit *m*; **scendere in** ~ in die Schranken treten.

lo [lo] **I.** *(articolo determinativo m sing davanti a s impura, gn, pn, ps, x, z)* der *m*, die *f*, das *n*; **II.** *pron pers 3. pers m sing* ihn.

lobato, -a [lo'ba:to] *a* lappig, gelappt.

lobo ['lɔ:bo] *m* Lappen *m* (eines Organs), Lobus *m scient*; ~ **dell'orecchio** Ohrläppchen *n*; **-i polmonari** Lungenflügel *m pl*.

locale [lo'ka:le] **I.** *a* **1.** *(di luogo)* örtlich, Lokal-, Orts-; *(di un determinato luogo)* einheimisch; *(persone)* ortsansässig; **2.** *(caratteristico del luogo)* ortsüblich, örtlich; **3.** *med* örtlich, Lokal-; **II.** *m* **1.** *(stanza)* Raum *m*, Räumlichkeit *f*; **2.** *(luogo pubblico)* Lokal *n*; ~ **macchine** Maschinenraum *m*; ~ **notturno** Nachtlokal *n*. **località** [lokali'ta] ‹-› *f* Ort *m*, Ortschaft *f*, Örtlichkeit *f*.

localizzabile [lokalid'dza:bile] *a* lokalisierbar.

localizzare [lokalid'dza:re] **I.** *tr* lokalisieren, örtlich festlegen; *naut, aero* orten; *(circoscrivere)* eingrenzen, eindämmen; **II.** *rfl*: **-rsi** sich beschränken, beschränkt bleiben. **localizzazione** [...dzat'tsi̯o:ne] *f* Lokalisierung *f*; *naut, aero* Ortung *f*.

locanda [lo'kanda] *f* Gasthaus *n*, Gastwirtschaft *f*. **locandiere, -a** [...'di̯ɛ:re] *m, f* Wirt(in) *m(f)*, Gastwirt(in) *m(f)*.

locandina [lokan'di:na] *f* Reklamezettel *m*.

locare [lo'ka:re] ‹loco, lochi› *tr jur (fabbricati, etc.)* vermieten; *(terreni, etc.)* verpachten. **locatario, -a** [loka'ta:ri̯o] ‹-i, -ie› *m, f (di casa, etc.)* Mieter(in) *m(f)*; *(di terreno, etc.)* Pächter(in) *m(f)*.

locativo [loka'ti:vo] *m* Lokativ *m*, Ortsfall *m*.

locativo, -a [loka'ti:vo] *a* Miets-, Pacht-. **locatore, -trice** [...'to:re] *m, f* Vermieter(in) *m(f)*; *(di terreno, etc.)* Verpächter(in) *m(f)*. **locazione** [lokat'tsi̯o:ne] *f* **1.** *(da parte del locatore)* Vermietung *f*; *(di terreni)* Verpachtung *f*; **2.** *(da parte del locatario)* Miete *f*; Pacht *f*; **dare in** ~ vermieten; verpachten.

loc. cit. *ab di* **loco citato** loc. cit., a.a.O. (*ab di* am angegebenen Ort).

loco ['lɔ:ko] *m*: **in alto** ~ an höchster Stelle.

locomotiva [lokomo'ti:va] *f* Lokomotive *f*. **locomotore** [...'to:re] *m* Elektrolokomotive *f*, E-Lok *f*. **locomotorio, -a** [...'tɔ:ri̯o] *a* lokomotorisch, Fortbewegungs-. **locomotrice** [...'tri:tʃe] *f* (Elektro)triebwagen *m*. **locomozione** [...mot'tsi̯o:ne] *f* **1.** *(facoltà propria)* Fortbewegung *f*, Sichfortbewegen *n*; **2.** *(mediante veicolo)* Transport *m*, Beförderung *f*.

loculo ['lɔ:kulo] *m* Grabnische *f*.

locusta [lo'ku:sta] *f* **1.** *zoo* (Wander)heuschrecke *f*; **2.** *fig* Blutsauger *m*, Schmarotzer *m*.

locuzione [lokut'tsi̯o:ne] *f* Redewendung *f*, Redensart *f*.

lodabile [lo'da:bile] *a* löblich, lobenswert.

lodare [lo'da:re] **I.** *tr* **1.** *(dar lodi)* loben, anerkennen; **2.** *(dichiararsi soddisfatto)* billigen, gutheißen; **3.** *(celebrare)* preisen, rühmen; **sia lodato il cielo!** dem Himmel sei Dank!, Gott sei Dank!; **II.** *rfl*: **-rsi** sich (selbst) loben; **chi si loda s'imbroda** *prov* Eigenlob stinkt *prov*. **lodatore, -trice** [loda'to:re] *m, f* Lobredner(in) *m(f)*, Schmeichler(in) *m(f)*.

lode ['lɔ:de] *f* **1.** *(elogio)* Lob *n*, Anerkennung *f*; **2.** *(voto)* Auszeichnung *f*; **3.** *pej* Lobhudelei *f*; **4.** *(contemplazione, rel)* Lobpreisung *f*; **a** (*o.* **in**) ~ **di** zu Ehren von; **senza** ~ durchschnittlich.

loden ['lo:dən] ‹-› *m* **1.** *(panno)* Loden *m*; **2.** *(cappotto)* Lodenmantel *m*.

lodevole [lo'de:vole] *a* **1.** *gener.* löblich, lobenswert; **2.** *(voto scolastico)* ausgezeichnet, sehr gut.

lodo ['lɔ:do] *m* Schiedsspruch *m*.

Lodovico [lodo'vi:ko] *(nome proprio maschile)* Ludwig.

logaritmico, -a [loga'ritmiko] *a* logarithmisch, Logarithmen-. **logaritmo** [...'ritmo] *m* Logarithmus *m*.

loggia ['lɔddʒa] ‹-gge› *f* **1.** *arch* Loggia *f*, Säulen(vor)halle *f*; **2.** *(di massoneria)* Loge *f*. **loggiato** [...'dʒa:to] *m* Loggia *f*, Bogengang *m*, Arkade *f*. **loggione** [...'dʒo:ne] *m* Galerie *f*. **loggionista** [...dʒo'nista] ‹-i *m*, -e *f*› *mf* Zuschauer(in) *m(f)* in der Galerie.

logica ['lɔ:dʒika] ‹-che› *f* Logik *f*; **a filo di** ~ logisch, folgerichtig; **a rigor di** ~ strenggenommen. **logicità** [lodʒitʃi'ta] ‹-› *f* Logizität *f*, Folgerichtigkeit *f*. **logico, -a** ['lɔ:dʒiko] ‹-ci, -che› *a* **1.** *(conforme alla logica)* logisch, folgerichtig; **2.** *(naturale)* natürlich, selbstverständlich.

logistica [lo'dʒistika] ‹-che› *f* Logistik *f*, Nachschubwesen *n*. **logistico, -a**

[...ko] ‹-ci, -che› *a* logistisch, Nachschub-.

loglio ['lɔʎʎo] ‹-gli› *m* (Taumel)lolch *m.*

logogrifo [logo'gri:fo] *m* Buchstaben-, Silbenrätsel *n.*

logomachia [logoma'ki:a] ‹-chie› *f poet* Wortgefecht *n.*

logoramento [logora'mento] *m* Abnutzung *f,* Verschleiß *m.*

logorante [logo'rante] *a* aufreibend, zermürbend.

logorare [logo'ra:re] **I.** *tr* abnutzen, verschleißen; *(vestiti a.)* abtragen; *(salute)* ruinieren; **II.** *rfl:* **-rsi 1.** sich abnutzen, schadhaft werden; **2.** *fig* sich aufreiben, sich zugrunde richten; **-rsi la vista** sich *(dat)* die Augen verderben. **logorio** [...'ri:o] ‹-ii› *m* **1.** (kontinuierliche) Abnutzung *f;* **2.** *fig* Zermürbung *f,* Zerrüttung *f.* **logoro, -a** ['lo:goro] *a* abgenutzt, verbraucht; *(vestito)* abgetragen; *(salute)* angegriffen; *(forze)* verbraucht; *fig (superato)* überholt.

logorrea [logor'rɛ:a] *f med* Logorrhö(e) *f,* krankhafte Geschwätzigkeit.

lolla ['lɔlla] *f* Streu *f.*

lombaggine [lom'baddʒine] *f* Hexenschuß *m.*

lombarda *f v.* **lombardo. Lombardia** [lombar'di:a] *f* Lombardei *f.* **lombardo, -a** [...'bardo] **I.** *a* lombardisch; **II.** *m, f* Lombarde *m,* Lombardin *f.*

lombare [lom'ba:re] *a* Lumbal-, Lenden-.

lombata [lom'ba:ta] *f* **1.** *(taglio di carne)* Lende *f,* Lendenstück *n;* **2.** *(arrosto)* Lendenbraten *m.*

lombo ['lombo] *m* Lende *f;* ‹*pl*› Hüften *f pl.*

lombrico [lom'bri:ko] ‹-chi› *m* Regenwurm *m.*

Londra ['londra] *f* London *n.*

longa manus ['lɔŋga 'ma:nus] ‹-› *f* im Auftrag (eines anderen) Handelnde(r) *mf.*

longanime [loŋ'ga:nime] *a* großmütig, großzügig, nachsichtig. **longanimità** [...ganimi'ta] ‹-› *f* Großmut *f,* Großzügigkeit *f,* Nachsichtigkeit *f.*

longarina [loŋga'ri:na] *v.* **longherina.**

longarone [loŋga'ro:ne] *v.* **longherone.**

longevità [londʒevi'ta] ‹-› *f* Langlebigkeit *f.* **longevo, -a** [...'dʒɛ:vo] *a* langlebig.

longherina [loŋge'ri:na] *f* Längsträger *m; (di scala)* Freiwange *f; (traversina)* Schwellenrost *m.* **longherone** [...'ro:ne] *m* Holm *m,* Längsträger *m.*

longilineo, -a [londʒi'li:neo] *a* hochgewachsen, schlank und groß.

longitudinale [londʒitudi'na:le] *a* längsgerichtet, längs-. **longitudine** [...'tu:dine] *f* (geographische) Länge *f,* Längengrad *m.*

long play ['lɔŋpleɪ] ‹-› *m* Langspielplatte *f.*

lontanamente [lontana'mente] *adv* **1.** weit, entfernt; **2.** *(con negazione)* im geringsten, im entferntesten, kaum.

lontananza [lonta'nantsa] *f* Ferne *f,* Entfernung *f; fig* Fernsein *n.*

lontano, -a [lon'ta:no] **I.** *a* **1.** *(spaziale)* fern, entfernt, weit weg; **2.** *(temporale)* lange her; **3.** *(assente, estraneo)* abwesend, fern; **4.** *(vago)* entfernt, unklar; *(somiglianza)* entfernt; **II.** *adv* weit entfernt, weitab; **andare ~** sich entfernen; *fig* abweichen; **vedere ~** *fig* weitblickend (*o.* voraussehend) sein; **alla -a** vage, flüchtig; **~ dagli occhi, ~ dal cuore** *prov* aus den Augen, aus dem Sinn *prov.*

lontra ['lontra] *f* Fischotter *m.*

lonza ['lontsa] *f gastr* Lendenstück *n.*

loppa ['lɔppa] *f* Spreu *f.*

loquace [lo'ku̯a:tʃe] *a* gesprächig; *pej* geschwätzig, redselig; *fig (gesto, silenzio)* beredt. **loquacità** [lokuatʃi'ta] ‹-› *f* Gesprächigkeit *f; pej* Redseligkeit *f.*

lord [lɔrd] ‹-› *m* **1.** *(titolo)* Lord *m;* **2.** *fam (gran signore)* großer (*o.* feiner) Herr; **vivere come un ~** *fam* auf großem Fuße leben.

lordare [lor'dare] *tr* **1.** *(imbrattare)* beschmutzen, beschmieren; **2.** *fig* mit Schmach bedecken, besudeln. **lordo, -a** ['lordo] *a* **1.** *(sudicio)* schmutzig, beschmutzt; **2.** *com* Brutto-, brutto; **3.** *fig* besudelt, befleckt. **lordume** [lor'du:me] *m* Schmutz *m,* Unrat *m.* **lordura** [...'du:ra] *f* **1.** *(sozzura)* Schmutzigkeit *f;* **2.** *(persone)* Gesindel *n,* Pack *n.*

Loredana [lore'da:na] *nome proprio femminile.*

Lorenzo [lo'rɛntso] *(nome proprio maschile)* Lorenz.

lorica [lo'ri:ka] ‹-che› *f* Brustpanzer *m* (der römischen Legionäre).

loro ['lɔ:ro] **I.** *pron pers* **1.** *3. pers pl* sie; *(con preposizione)* sie, ihnen, ihrer; *(complemento di termine)* ihnen; **2.** *(forma di cortesia a.:* **L~***)* Sie; *(con preposizione)* Sie, Ihnen, Ihrer; *(complemento di termine)* Ihnen; **beati ~!** die Glücklichen!; **II.** ‹*inv*› *a* ihr; *(forma di cortesia a.:* **L~***)* Ihr; **le ~ speranze** ihre Hoffnungen; **il ~ padre/**

zio ihr Vater/Onkel; **un ~ amico** ein Freund von ihnen; **III.** *pron possessivo:* **il/la ~** ihre(r, s); *(forma di cortesia a.:* **L~**) Ihre(r, s); **IV.** *m:* **il ~** das Ihr(ig)e; **i ~** die Ihren *geh;* **anche tu sei dei ~?** auch du bist einer von ihnen?; **~ due** sie beide, die beiden.

losanga [lo'zaŋga] ‹-ghe› *f* Rhombus *m,* Raute *f.*

Losanna [lo'zanna] *f* Lausanne *n.*

losco, -a ['losko] ‹-schi, -sche› *a* **1.** *(strabico)* schielend; **2.** *(miope)* kurzsichtig; **3.** *fig* finster, suspekt; *(a. affare)* unsauber, anrüchig.

loto ['lɔ:to] *m* Lotos *m,* Lotosblume *f.*

lotta ['lɔtta] *f* **1.** *(combattimento)* Kampf *m;* **2.** *sport* Ringen *n,* Ringkampf *m;* **3.** *fig (dissidio)* Streit *m,* Auseinandersetzung *f;* **~ di classe** Klassenkampf *m;* **~ a corpo a corpo** Nahkampf *m;* **~ per l'esistenza** Existenzkampf *m;* **~ libera** Freistilringen *n;* **fare la ~** ringen. **lottare** [lot'ta:re] *itr* kämpfen (*contro* gegen), ringen (*per* um); **~ con il sonno** mit dem Schlaf kämpfen. **lottatore, -trice** [...ta'to:re] *m, f* **1.** *gener.* Kämpfer(in) *m(f);* **2.** *sport* Ringkämpfer(in) *m(f).*

lotteria [lotte'ri:a] ‹-ie› *f* Lotterie *f.*

lottizzare [lottid'dza:re] *tr* in Parzellen aufteilen, parzellieren. **lottizzazione** [...dzat'tsi̯o:ne] *f* Aufteilung *f* in Parzellen, Parzellierung *f.*

lotto ['lɔtto] *m* **1.** *(gioco)* Lotto(spiel) *n;* **2.** *(di terreno)* Parzelle *f;* *(di merce)* (Waren)posten *m,* Partie *f;* **giocare al ~** (im) Lotto spielen; **a -i** partieweise, parzellenweise.

lozione [lot'tsi̯o:ne] *f* Lotion *f,* Wasser *n;* **~ per capelli** Haarwasser *n.*

LP ‹-› *m* LP *f.*

Lubecca [lu'bɛkka] *f* Lübeck *n.*

lubrico, -a ['lu:briko] ‹-ci, -che› *a* **1.** *(sdruccevole)* schlüpfrig, rutschig, glitschig; **2.** *fig* schlüpfrig, zweideutig.

lubrificante [lubrifi'kante] **I.** *a* Schmier-; **II.** *m* Schmiere *f,* Schmiermittel *n.*

lubrificare [lubrifi'ka:re] ‹lubrifico, lubrifichi› *tr* (ab)schmieren. **lubrificazione** [...kat'tsi̯o:ne] *f* (Ab)schmieren *n.*

Luca ['lu:ka] *(nome proprio maschile)* Lukas.

lucchetto [luk'ketto] *m* Vorhängeschloß *n.*

luccicare [luttʃi'ka:re] ‹luccico, luccichi› *itr* leuchten, funkeln, glitzern. **luccichio** [...'ki:o] ‹-chii› *m* Gefunkel *n,* Glitzern *n.*

luccio ['luttʃo] ‹-cci› *m* Hecht *m.*

lucciola ['luttʃola] *f* **1.** *(coleottero)* Glühwürmchen *n,* Leuchtkäfer *m;* **2.** *(maschera nei cinema)* Platzanweiserin *f;* **prender -e per lanterne** etw. falsch verstehen, etw. verwechseln.

luce ['lu:tʃe] *f* **1.** *gener., phys, tec* Licht *n;* *(illuminazione)* Licht *n,* Beleuchtung *f;* **2.** *(sole)* Helligkeit *f,* Tages-, Sonnenlicht *n;* **3.** *fig* Licht *n,* Erleuchtung *f,* Inspiration *f;* *(splendore)* Glanz *m;* *(di brillante)* Feuer *n;* **4.** *(di finestra)* Fenster(öffnung *f*) *n;* *(di ponte)* Spannweite *f;* *(di armadio)* Spiegel(glas *n*) *m;* **-i di posizione** Standlicht *n;* **dare alla ~** zur Welt bringen; **fare ~ su qc** Licht in etw. bringen, etw. aufklären; **mettere in ~ qc** etw. an den Tag bringen; **mettere qu in cattiva ~** jdn ins schiefe Licht rücken; **mettersi in ~** sich hervortun; **riportare qc alla ~** etw. wieder ans Licht bringen; **veder la ~** *fig* das Licht der Welt erblicken, zur Welt kommen; **~ intermittente** Blinklicht *n;* **alle prime -i** bei Tagesanbruch, im Morgengrauen; **alla ~ dei fatti** in Anbetracht der Tatsachen; **contro ~** bei Gegenlicht. **lucente** [lu'tʃɛnte] *a* leuchtend, funkelnd, glänzend. **lucentezza** [lutʃen'tettsa] *f* Leuchten *n,* Glanz *m;* *(di seta, perle, etc.)* Schimmer *m.*

lucerna [lu'tʃɛrna] *f* **1.** *(lume)* Lampe *f,* Öllampe *f;* **2.** *scherz (cappello)* Zweispitz *m.*

Lucerna [lu'tʃɛrna] **I.** *m (cantone)* Luzern *n;* **II.** *f (città)* Luzern *n.*

lucernario [lutʃer'na:ri̯o] ‹-i› *m* Oberlicht *n.*

lucertola [lu'tʃɛrtola] *f* Eidechse *f.*

lucherino [luke'ri:no] *m* Zeisig *m,* Erlenfink *m.*

Lucia [lu'tʃi:a] *(nome proprio femminile)* Luzia, Luzie.

Luciano [lu'tʃa:no] *nome proprio maschile.*

lucidare [lutʃi'da:re] *tr* **1.** glänzend machen; *(scarpe)* putzen, wichsen; *(mobili)* polieren; *(pavimenti)* bohnern; **2.** *(disegni)* durchpausen. **lucidatore, -trice** [...da'to:re] **I.** *m, f* Polierer(in) *m (f);* **II.** *f* Bohnermaschine *f.* **lucidatura** [...da'tu:ra] *f* **1.** *(atto)* Polieren *n;* *(di scarpe)* Putzen *n,* Wichsen *n;* *(di pavimenti)* Bohnern *n;* *(di disegni)* Durchpausen *n;* **2.** *(sostanza)* Politur *f.* **lucidità** [...di'ta] ‹-› *f* Klarheit *f.* **lucido, -a** ['lu:tʃido] **I.** *a* **1.** glänzend, blank; **2.** *fig* klar, durchsichtig; **carta -a** Transparentpapier *n,* Pauspapier *n;* **~ come uno specchio** spiegelblank; **II.** *m* **1.** *(lucentezza)*

Glanz *m;* **2.** *(per mobili)* Politur *f,* Poliermittel *n; (per scarpe)* Schuhcreme *f; (per pavimenti)* Bohnerwachs *n;* **3.** *(disegno)* Pause(zeichnung) *f.*

lucignolo [luˈtʃiɲɲolo] *m* **1.** *(stoppino)* Docht *m;* **2.** *scherz (persona)* Bohnenstange *f fam,* Klappergestell *n fam.*

lucrare [luˈkraːre] *tr* **1.** *(somme)* einnehmen, einstecken; **2.** *fig (indulgenze)* erlangen. **lucrativo, -a** [lukraˈtiːvo] *a* gewinnbringend, einträglich, lukrativ. **lucro** [ˈluːkro] *m* Gewinn *m,* Nutzen *m,* Vorteil *m.* **lucroso, -a** [luˈkroːso] *a* gewinnbringend, einträglich, lohnend.

luculliano, -a [lukulˈli̯aːno] *a* lukullisch, üppig.

ludibrio [luˈdiːbri̯o] ‹-i› *m* Hohn *m,* (boshafter) Spott *m;* **essere il ~ di tutti** zum Gespött aller (Leute) werden.

ludico, -a [ˈluːdiko] ‹-ci, -che› *a* spielerisch, Spiel-. **ludo** [ˈluːdo] *m* **1.** *hist* Spiel *n,* Schauspiel *n;* **2.** ‹*pl*› Festspiele *n pl;* **i -i olimpici** die Olympischen Spiele *n pl.*

lue [ˈluːe] ‹-› *f* Syphilis *f,* Lues *f.*

luganiga [luˈgaːniga] ‹-ghe› *f sett* Wurst *f.*

luglio [ˈluʎʎo] *m* Juli *m; v. a. settembre.*

lugubre [ˈluːgubre] *a* **1.** *(cupo, sinistro)* schaurig, düster, unheilvoll; **2.** *poet (funebre)* Trauer-, Toten-.

lui [ˈluːi] *pron pers 3. pers m sing* **1.** *(soggetto)* er; **2.** *(oggetto)* ihn; *(con preposizione)* ihn, ihm, seiner; **beato ~!** der Glückliche!

Luigi [luˈiːdʒi] *(nome proprio maschile)* Ludwig.

Luisa [luˈiːza] *(nome proprio femminile)* Luise.

lumaca [luˈmaːka] ‹-che› *f* Schnecke *f.* **lumacone, -a** [lumaˈkoːne] *m, f* **1.** *(lento e goffo)* Tranfunzel *f fam,* Schlafmütze *f fam;* **2.** *(finto tonto)* Mensch, der sich dumm stellt.

lume [ˈluːme] *m* Lampe *f; (a. fig)* Leuchte *f; (luce)* Licht *n;* **~ degli occhi** *poet* Augenlicht *n poet;* **far ~** Licht spenden, leuchten; **aver bisogno dei -i di qu** jds Rat benötigen; **perdere il ~ della ragione** außer sich *(dat)* sein; **reggere il ~ a qu** bei jdm die Anstandsdame (*o.* den Anstandswauwau *fam*) spielen. **lumeggiare** [lumedˈdʒaːre] ‹lumeggio, lumeggi› *tr* **1.** *(in pittura)* Lichteffekte erzielen in; **2.** *fig (fatto)* aufklären, erhellen. **lumicino** [lumiˈtʃiːno] *m* Lämpchen *n,* kleine Lampe; *(luce)* schwaches (*o.* kleines) Licht; **cercare qc col ~** *fig* etw. wie eine Stecknadel im Heuhaufen suchen; **essere al ~** am Ende sein, in den letzten Zügen liegen. **lumiera** [luˈmi̯ɛːra] *f* Kronleuchter *m,* Lüster *m.* **luminare** [lumiˈnaːre] *m* Leuchte *f;* **un ~ della medicina** eine Kapazität (*o.* Leuchte *fam*) auf dem Gebiet der Medizin. **luminaria** [...ˈnaːri̯a] ‹-ie› *f* **1.** *(illuminazione)* (Fest)beleuchtung *f;* **2.** *(quantità di lumi accesi)* Lichtermeer *n.* **luminescente** [...neʃˈʃɛnte] *a* lumineszierend, kalt leuchtend; Leucht-. **luminescenza** [...neʃˈʃɛntsa] *f* Lumineszenz *f,* kaltes Leuchten. **luminismo** [...ˈnizmo] *m* Helldunkelmalerei *f.* **luministica** [...ˈnistika] ‹-che› *f* Beleuchtungstechnik *f.* **lumino** [luˈmiːno] *m* Lämpchen *n;* **~ da notte** Nachttischlampe *f.* **luminosità** [luminosiˈta] ‹-› *f* Helligkeit *f; phys* Lichtstärke *f.* **luminoso, -a** [...ˈnoːso] *a* **1.** *(che emette luce)* strahlend, leuchtend; **2.** *(limpido)* klar, hell; **3.** *fig* hervorragend, glänzend; *(sorriso)* strahlend.

luna [ˈluːna] *f* **1.** *astr* Mond *m;* **2.** *(lunazione)* Mondwechsel *m;* **3.** *fig (capriccio)* Laune *f;* **~ calante/crescente/piena** abnehmender/zunehmender Mond/Vollmond *m;* **a mezza ~** halbmondförmig; **faccia di ~** Vollmondgesicht *n;* **~ di miele** Flitterwochen *f pl;* **abbaiare alla ~** den Mond anbellen; **avere la ~ (di traverso)** schlechte Laune haben; **chiedere la ~** nach den Sternen greifen; **con questi chiari di ~** in diesen schlechten Zeiten; **vivere nel mondo della ~** hinter (*o.* auf) dem Mond leben; **sotto la ~** auf der Erde. **luna park** [ˈluːna ˈpark] ‹-› *m* Vergnügungspark *m.* **lunare** [luˈnaːre] *a* Mond-. **lunario** [luˈnaːri̯o] ‹-i› *m* Kalender *m,* Almanach *m;* **sbarcare il ~** *fam* in kümmerlichen Verhältnissen leben. **lunatico, -a** [luˈnaːtiko] ‹-ci, -che› *a* launenhaft, unbeständig; *(strano)* wunderlich. **lunazione** [lunatˈtsi̯oːne] *f* Mondwechsel *m.*

Luneburgo [luneˈburgo] *f* Lüneburg *n;* **Lande di ~** Lüneburger Heide *f.*

lunedì [luneˈdi] ‹-› *m* Montag *m;* **il** (*o.* **di**) **~** montags; **l'ho visto ~** ich habe ihn Montag (*o.* am Montag) gesehen; **~ scorso/prossimo** (am) letzten/(am) nächsten Montag; **tutto il ~** den ganzen Montag (über); **ogni ~, tutti i ~** jeden Montag; **un ~ sì, un ~ no** jeden zweiten Montag; **un ~** eines Montags, an einem Montag; **~ a otto** Montag in acht Tagen; **~ mattina/se-**

ra/pomeriggio Montag morgen (*o.* früh)/abend/nachmittag; **di ~ mattina/sera** Montag (*o.* montags) morgens/abends; **oggi è ~ (il) due maggio** heute ist Montag, der zweite Mai.

lunetta [lu'netta] *f* **1.** *arch* Lünette *f*, Bogenfeld *n;* **2.** *(mezzaluna)* Wiegemesser *n.*

lungaggine [luŋ'gaddʒine] *f* Langatmigkeit *f*, Schwerfälligkeit *f.*

lungamente [luŋga'mente] *adv* lange (Zeit).

lungarno [luŋ'garno] *m* Straße *f* am Arno (entlang).

lunghezza [luŋ'gettsa] *f* **1.** *(estensione)* Länge *f*, Längsseite *f; (di tempo)* Länge *f*, Dauer *f;* **2.** *(lentezza)* Langsamkeit *f;* **~ focale** Brennweite *f.*

lungi ['lundʒi] *adv poet* fern, fernab *geh*, in weiter Ferne; **~ da me ogni sospetto!** jeglicher Verdacht sei fern von mir! **lungimirante** [-mi'rante] *a* weitblickend, voraussehend. **lungimiranza** [-mi'rantsa] *f* Weitblick *m*, Weitsicht *f.*

lungo ['luŋgo] *prp* **1.** *(di luogo)* längs *gen o. dat*, entlang ... *dat o. gen*, ... entlang *acc;* **2.** *(di tempo)* während *gen o. dat.*

lungo, -a ['luŋgo] ‹-ghi, -ghe› **I.** *a* **1.** *(estensione)* lang; *(tempo)* lange dauernd, langwierig; *(affare, etc.)* langfristig; *(lontananza)* weit, lang; **2.** *(persona)* hochgewachsen; *(lento)* langsam; **3.** *(bevanda, brodo, etc.)* dünn, verdünnt; **avere le mani** (*o.* **le unghie) -ghe** *fig* lange Finger machen; **tirare in ~** (*o.* **per le -ghe)** in die Länge ziehen; **saperla -a** mit allen Wassern gewaschen sein, es faustdick hinter den Ohren haben; **alla -a** auf die Dauer; **di gran -a** weitaus, bei weitem; **in ~ e in largo** kreuz und quer; *fig* ausführlich, des langen und (des) breiten; **II.** *m* Länge *f;* **per il ~** der Länge nach. **lungofiume** [-'fi̯u:me] *m* Uferstraße *f*, Uferpromenade *f.* **lungolago** [-'la:go] *m* Promenade *f* am Seeufer. **lungomare** [-'ma:re] *m* Strandpromenade *f*, Straße *f* am Meer. **lungometraggio** [-me'traddʒo] ‹-ggi› *m* Spielfilm *m.* **lungotevere** [-'te:vere] *m* Straße *f* am Tiber (entlang).

lunotto [lu'nɔtto] *m* Heckscheibe *f;* **~ termico** heizbare Heckscheibe.

lunula ['lu:nula] *f* Nagelmond *m.*

luogo ['lu̯ɔ:go] ‹-ghi› *m* Ort *m*, Stelle *f; (località)* Ortschaft *f*, Örtlichkeit *f; (posto)* Platz *m*, Raum *m; (locale)* Lokal *n*, Raum *m; (punto)* Stelle *f;* **~ di decenza** Abort *m*, Klosett *n;* **~ di divertimento** Vergnügungsstätte *f;* **le autorità del ~** die örtliche Behörde, die Lokalbehörde; **in ~ aperto** im Freien; **in nessun ~** nirgends; **in primo/ultimo ~** zuallererst, an erster Stelle/zuallerletzt, an letzter Stelle; **sul ~** an Ort und Stelle; **a suo ~** zu seiner (*o.* zur rechten) Zeit; **fuori ~** unangebracht, fehl am Platz(e); **in ~ di** an Stelle von; **aver ~** stattfinden; **dar ~ a qc** Anlaß zu etw. geben. **luogotenente** [lu̯ogote'nɛnte] *m* Statthalter *m.*

lupa ['lu:pa] *f* **1.** *zoo* Wölfin *f;* **2.** *fig* Nymphomanin *f; poet (meretrice)* Dirne *f.* **lupanare** [lupa'na:re] *m poet* Freudenhaus *n.*

lupetto [lu'petto] *m* **1.** *zoo* kleiner Wolf; *(cane)* junger Wolfshund; **2.** *(scout)* junger Pfadfinder, Wölfling *m.*

lupino [lu'pi:no] *m* Lupine *f.*

lupo ['lu:po] *m* Wolf *m;* **cane ~** Wolfshund *m*, deutscher Schäferhund; **~ mannaro** Werwolf *m*, Wolfsmensch *m;* **fame da -i** Bärenhunger *m fam;* **tempo da -i** Hundewetter *n fam;* **~ di mare** Seebär *m;* **al ~!** fangt den Wolf!; **~ non mangia ~** *prov* eine Krähe hackt der anderen kein Auge aus *prov;* **il ~ perde il pelo ma non il vizio** *prov* die Katze läßt das Mausen nicht *prov.*

luppolo ['luppolo] *m* Hopfen *m.*

lurido, -a ['lu:rido] *a* **1.** schmutzig, dreckig; **2.** *fig* verkommen, unmoralisch; **acque -e** Abwässer *n pl.* **luridume** [luri'du:me] *m* **1.** Schmutz *m*, Unrat *m;* **2.** *fig* Sündenpfuhl *m.*

lusinga [lu'ziŋga] ‹-ghe› *f* **1.** *poet* Verlockung *f*, Lockung *f;* **2.** *(adulazione)* Schmeichelei *f.* **lusingare** [...'ga:re] ‹lusingo, lusinghi› **I.** *tr* **1.** *(allettare)* locken, verlocken; **2.** *(adulare)* schmeicheln (*qu* jdm); **II.** *rfl:* **-rsi 1.** *(osar credere)* hoffen, zu glauben wagen; **2.** *rar (illudersi)* sich *(dat)* Illusionen machen, sich einer trügerischen Hoffnung hingeben. **lusingatore, -trice** [...ga'to:re] **I.** *a* schmeichelnd; **II.** *m, f* Schmeichler(in) *m(f)*, Schöntuer(in) *m(f).* **lusinghiero, -a** [...'gi̯ɛ:ro] *a* schmeichlerisch, schmeichelhaft.

lussazione [lussat'tsi̯o:ne] *f* Luxation *f*, Verrenkung *f.*

lussemburghese [lussembur'ge:se] **I.** *a* luxemburgisch, Luxemburger; **II.** *mf* Luxemburger(in) *m(f).* **Lussemburgo** [...'burgo] *m:* **il ~** Luxemburg *n.*

lusso ['lusso] *m* Luxus *m;* **automobile**

di ~ Luxuswagen *m*, Luxuslimousine *f;* **edizione di** ~ Luxusausgabe *f*, Prachtausgabe *f;* **permettersi certi -i** sich *(dat)* einen gewissen Luxus erlauben. **lussuoso, -a** [-'o:so] *a* luxuriös, Luxus-.

lussureggiante [lussured'dʒante] *a* üppig, prächtig.

lussuria [lus'su:ri̯a] ‹-ie› *f* Fleischeslust *f*, Unzucht *f*. **lussurioso, -a** [...su'ri̯o:so] **I.** *a* geil, unzüchtig; **II.** *m, f* unzüchtiger (*o.* wollüstiger) Mensch.

lustrale [lus'tra:le] *a poet, rel* reinigend, läuternd; **acqua** ~ Weihwasser *n*.

lustrare [lus'tra:re] **I.** *tr* reinigen; *(mobili, metallo)* polieren; *(pavimenti)* bohnern; *(scarpe)* putzen, wichsen; ~ **le scarpe a qu** *fig* jdm nicht das Wasser reichen können; **II.** *itr* blank sein, glänzen. **lustrascarpe** [...tras'karpe] ‹-› *mf* Schuhputzer(in) *m(f)*. **lustrata** [...'tra:ta] *f* rasches Putzen (*o.* Polieren).

lustrino [lus'tri:no] *m* Flitter *m; (paillette)* Paillette *f*.

lustro[1] ['lustro] **I.** *a* glänzend, blank; **II.** *m* **1.** *(lucentezza)* Glanz *m;* **2.** *(lucido)* Putzmittel *n;* **3.** *fig (gloria)* Ruhm *m*, Ehre *f; (decoro)* Zierde *f;* **dare ~ al paese** dem Dorf (alle) Ehre machen; **essere il ~ della famiglia** der Stolz der Familie sein.

lustro[2] ['lustro] *m poet (quinquennio)* Jahrfünft *n*, Zeitraum *m* von fünf Jahren.

luterano, -a [lute'ra:no] **I.** *a* lutherisch; **II.** *m, f* Lutheraner(in) *m(f)*.

lutto ['lutto] *m* Trauer *f; (abito a.)* Trauerkleidung *f; (periodo a.)* Trauerzeit *f;* **essere in** ~ in Trauer sein; **prendere il** ~ Trauer tragen; **chiuso per** ~ wegen Trauerfall geschlossen; **parato a** ~ schwarz verhangen. **luttuoso, -a** [...tu'o:so] *a* **1.** *(sventuroso)* unheilvoll, verhängnisvoll; **2.** *(funesto)* tödlich.

M

M, m ['ɛmme] ‹-› *f* M, m *n;* ~ **come Milano** M wie Martha.

m 1. *ab di* **metro** m (*ab di* Meter); **2.** *ab di* **mese** M. (*ab di* Monat).

ma¹ [ma] *con* **1.** *(però)* (je)doch, aber; **2.** *(bensì)* sondern; **3.** *(rafforzativo)* sogar, doch; **non ci sono ~ che tengano** da gibt es keine Wenn und Aber, da hilft alles nichts; **~ è impossibile!** das ist doch nicht möglich!; **~ smettila con questi pettegolezzi!** nun hör doch auf mit diesem Klatsch!

ma² [ma] *interj* wer weiß; **~ (insomma)!** na ja! *fam;* **sarà vero? — ~!** ob es (wohl) wahr ist? — was weiß ich!

macabro, -a ['ma:kabro] *a* makaber; **danza -a** Totentanz *m.*

macaco [ma'ka:ko] ‹-chi› *m* **1.** *zoo* Makak *m;* **2.** *fig pej* Affe *m fam.*

macché [mak'ke] *interj* im Gegenteil, ach was *fam,* ach wo(her) *fam.*

maccheroni [makke'ro:ni] *m pl* Makkaroni *pl.* **maccheronico, -a** [...'rɔ:niko] ‹-ci, -che› *a* **1.** *lit* makkaronisch; **2.** *fig (storpiato)* stümperhaft.

macchia¹ ['makki̯a] ‹-cchie› *f* **1.** *(sporco)* Fleck(en) *m;* **2.** *(chiazza)* Sprenkel *m; (in pittura)* Farbtupfer *m;* **3.** *fig (colpa)* Makel *m,* Schandfleck *m;* **senza ~ e senza paura** ohne Furcht und Tadel.

macchia² ['makki̯a] ‹-cchie› *f bot* Macchia *f,* Macchie *f (für den Mittelmeerraum charakteristischer Buschwald);* **alla ~** *fig* heimlich, gesetzwidrig; **darsi/vivere alla ~** untertauchen/im Untergrund leben; *pol* Partisan werden/sein.

macchiare [mak'ki̯a:re] ‹macchio, macchi› **I.** *tr* **1.** *(vestito, tovaglia)* beflecken (*di* mit), Flecken machen auf; **2.** *(liquido)* mit (einem Spritzer) einer anderen Flüssigkeit mischen; **3.** *fig (onore, innocenza)* besudeln *geh,* beflecken; **~ l'acqua col vino** einen Spritzer Wein ins Wasser geben; **II.** *rfl:* **-rsi 1.** *(sporcarsi)* sich beflekken (*di* mit); *(cose)* Flecken bekommen; **2.** *fig* sich besudeln; **-rsi di una colpa** eine Schuld auf sich laden. **macchietta** [...'ki̯etta] *f* **1.** *(schizzo, bozzetto)* Farbskizze *f;* **2.** *(persona)* Original *n;* **3.** *theat* Karikatur *f.* **macchiettista** [...ki̯et'tista] ‹-i *m,* -e *f*› *mf* **1.** *(che fa caricature)* Karikaturist(in) *m(f);* **2.** *(attore)* Komiker(in) *m(f).*

macchina ['makkina] *f* **1.** *(congegno)* Maschine *f,* Apparat *m; (apparecchiatura)* Apparatur *f;* **2.** *(auto)* Auto *n,* Wagen *m;* **3.** *fig (struttura)* Apparat *m;* **4.** *fig (meccanismo)* Maschinerie *f,* Getriebe *n;* **~ da caffè/da scrivere/da cucire** Kaffee-/Schreib-/Nähmaschine *f;* **~ fotografica** Fotoapparat *m;* **andare in ~** *mot* mit dem Auto fahren; *typ* in Druck gehen; **scrivere a ~** maschineschreiben; **fatto a ~** maschinell hergestellt. **macchinale** [...'na:le] *a* mechanisch, unwillkürlich. **macchinare** [...'na:re] *tr* anzetteln. **macchinario** [...'na:ri̯o] ‹-i› *m* Maschinen *f pl,* Maschinenpark *m.* **macchinatore, -trice** [...na'to:re] *m, f* Intrigant(in) *m(f); (di un complotto)* Drahtzieher *m.* **macchinazione** [...nat'tsi̯o:ne] *f* Machenschaften *f pl,* Intrige *f.* **macchinismo** [...'nizmo] *m* Technisierung *f.* **macchinista** [...'nista] ‹-i *m,* -e *f*› *mf* **1.** *(addetto alle macchine)* Maschinist(in) *m(f),* Mechaniker(in) *m(f);* **2.** *ferr* Lokomotivführer(in) *m(f);* **3.** *naut* Maschinist(in) *m(f);* **4.** *theat* Maschinenmeister(in) *m(f).* **macchinoso, -a** [...'no:so] *a* kompliziert, verwickelt.

macedonia [matʃe'dɔ:ni̯a] ‹-ie› *f* Obstsalat *m.*

macellaio, -a [matʃel'la:i̯o] ‹-ai, -aie› *m, f* **1.** *(chi macella)* Schlachter(in) *m(f),* Fleischer(in) *m(f);* **2.** *(negoziante)* Metzger(in) *m(f),* Fleischer(in) *m(f);* **3.** *fig pej* Schlächter *m.* **macellare** [...'la:re] *tr* **1.** *(animali)* schlachten; **2.** *fig* abschlachten, hinmetzeln. **macelleria** [...le'ri:a] ‹-ie› *f* Metzgerei *f,* Fleischerei *f.* **macello** [ma'tʃɛllo] *m* **1.** *(mattatoio)* Schlachthof *m;* **2.** *(strage)* Blutbad *n,* Gemetzel *n;* **3.** *fig scherz* Fiasko *n,* Reinfall *m,* Katastrophe *f;* **carne da ~** *fig* Kanonenfutter *n fam.*

macerare [matʃe'ra:re] **I.** *tr* **1.** *(canapa, carta)* auflösen, aufweichen; **2.** *fig (percuotere)* (ver)prügeln; **II.** *rfl:* **-rsi 1.** *(consumarsi)* sich verschleißen, sich verbrauchen; **2.** *(tormentarsi)* sich peinigen, sich kasteien. **macerazione** [...rat'tsi̯o:ne] *f* **1.** *(processo)* Auflösung *f,* Aufweichen *n;* **2.** *fig (mortificazione)* Kasteiung *f.* **macerie** [ma'tʃɛ:ri̯e] *f pl* Trümmer *pl,* Trümmerfeld *n,* Schutt *m.* **macero** ['ma:tʃero] **I.** *a* **1.** *(decomposto)* aufgelöst, verrottet; **2.** *fig (sfinito)* zerschlagen, entkräftet; **II.** *m* Auflösung *f,* Einstampfen *n;* **carta da ~** Makulatur *f.*

machiavellico, -a [maki̯a'vɛlliko] ‹-ci, -che› *a* machiavellistisch; *(a. fig)* skrupellos. **machiavellismo** [...vel'lizmo] *m* Machiavellismus *m.*

macigno [ma'tʃiɲɲo] *m* Fels(block) *m;* **un cuore di ~** ein Herz *n* aus Stein.

macilento, -a [matʃi'lɛnto] *a* aus-, abgezehrt, mager; *(viso a.)* eingefallen, hohlwangig.

macina ['ma:tʃina] *f* Mühlstein *m;* **questo mi pesa come una ~** das hängt mir wie ein Mühlstein am Hals. **macinacaffè** [matʃinakaf'fɛ] ‹-› *m* Kaffeemühle *f.* **macinapepe** [...na'pe:pe] ‹-› *m* Pfeffermühle *f.* **macinare** [...'na:re] *tr* **1.** *(grano, caffè)* mahlen; **2.** *fig (strada, chilometri)* fressen *fam.* **macinato** [...'na:to] *m* **1.** *(prodotto di macinazione)* Mehl *n,* Gemahlene(s) *n;* **2.** *(carne tritata)* Hackfleisch *n.* **macinatore, -trice** [...na'to:re] *m, f* Müller(in) *m(f).* **macinazione** [...nat'tsi̯o:ne] *f* (Zer)mahlen *n,* Zerreiben *n.* **macinino** [...'ni:no] *m* **1.** *(per caffè)* Kaffeemühle *f; (per pepe)* Pfeffermühle *f;* **2.** *fig scherz (vecchia auto)* Mühle *f fam,* (Klapper)kiste *f fam.*

maciste [ma'tʃiste] *m scherz* Herkules *m.*

maciullare [matʃul'la:re] *tr* **1.** *(canapa, tessuti)* brechen; **2.** *(stritolare)* zermalmen, zerquetschen.

macrobiotica [makrobi'ɔ:tika] ‹-che› *f* Makrobiotik *f.* **macrobiotico, -a** [...ko] ‹-ci, -che› *a* makrobiotisch; **negozio ~** Bioladen *m.* **macrocosmo** [makro'kɔzmo] *m* Makrokosmos *m.* **macroscopico, -a** [makros'kɔ:piko] ‹-ci, -che› *a* **1.** *tec* makroskopisch; **2.** *fig (enorme)* riesig, gewaltig.

maculato, -a [maku'la:to] *a* gefleckt, gesprenkelt.

madama [ma'da:ma] *f* **1.** *hist* Madame *f;* **2.** *scherz* Gnädige *f;* **3.** *sl* Polente *f sl.* **madamigella** [madami'dʒɛlla] *f scherz* gnädiges Fräulein.

Maddalena [madda'le:na] *(nome proprio femminile)* Magdalena, Magdalene.

madia ['ma:di̯a] ‹-ie› *f* Backtrog *m.*

madido, -a ['ma:dido] *a* naß, feucht; **~ di sudore** *(persona)* schweißgebadet; *(camicia)* schweißnaß.

Madonna [ma'dɔnna] *f* **1.** *rel* Jungfrau Maria *f,* Muttergottes *f;* **2.** *(nell'arte)* Madonna *f,* Madonnenbild *n.* **madonnaro** [madon'na:ro] *m* Pflastermaler *m.* **madonnina** [...'ni:na] *f* **1.** *fig (bellissima)* engelhaftes Mädchen; **2.** *iron (ingenua)* Unschuldslamm *n.*

madornale [mador'na:le] *a* gewaltig, enorm.

madre ['ma:dre] **I.** *f* **1.** *(genitrice)* Mutter *f;* **2.** *(di animali)* Muttertier *n,* Mutter *f;* **3.** *rel* Schwester *f;* **~ superiora** (Schwester) Oberin *f;* **~ natura** Mutter *f* Natur; **II.** ‹*inv*› *a* **1.** *(che ha figli)* Mutter-; **2.** *(principale)* Leit-, Haupt-; **ragazza ~** unverheiratete Mutter; **casa ~** Mutterhaus *n;* **questa è la scena ~ del film** das ist die zentrale Szene des Films. **madrelingua** [madre'liŋgu̯a] *f* Muttersprache *f;* **essere di ~ italiana** Italienisch als Muttersprache haben. **madrepatria** [-'pa:tri̯a] *f* Vaterland *n; (delle colonie)* Mutterland *n.* **madreperla** [-'pɛrla] *f* Perlmutter *f o. n,* Perlmutt *n.* **madreperlaceo, -a** [-per'la:tʃeo] *a* perlmutt(er)farben. **madrepora** [ma'drɛ:pora] *f* Steinkoralle *f,* Madrepore *f.* **madrevite** [madre'vi:te] *f* Mutter *f.*

madrigale [madri'ga:le] *m* Madrigal *n.*

madrina [ma'dri:na] *f* **1.** *(ai sacramenti)* Patin *f,* Patentante *f;* **2.** *(ad inaugurazioni)* Patin *f.*

maestà [maes'ta] ‹-› *f* **1.** *(imponenza)* Erhabenheit *f,* Würde *f,* Majestät *f;* **2.** *(di sovrani)* Majestät *f;* **Sua ~** Seine (*o.* Ihre) Majestät; **delitto di (lesa) ~** Majestätsbeleidigung *f.* **maestosità** [...tosi'ta] ‹-› *f* Erhabenheit *f,* Großartigkeit *f.* **maestoso, -a** [...'to:so] *a* **1.** *(aspetto, gesto)* hoheitsvoll, majestätisch; **2.** *mus* feierlich, maestoso.

maestra [ma'ɛstra *o.* ma'es...] *f* **1.** *(insegnante)* Lehrerin *f;* **2.** *(esperta)* Meisterin *f;* **3.** *naut* Großsegel *n;* **~ giardiniera** Kindergärtnerin *f.* **maestrale** [maes'tra:le] *m* Mistral *m.* **maestranze** [...'trantse] *f pl* Arbeiterschaft *f,* Belegschaft *f.* **maestria** [...'tri:a] ‹-ie› *f* **1.** *(abilità)* Meisterschaft *f,* Geschicklichkeit *f;* **2.** *(furberia)* Durchtriebenheit *f,* Schlauheit *f.* **maestro** [ma'ɛstro *o.* ma'es....] **I.** *m* **1.** *(di scuola primaria)* (Grundschul)lehrer *m;* **2.** *(istruttore)* Lehrer *m;* **3.** *(esperto)* Meister *m,* Experte *m;* **4.** *mus* Maestro *m;* **5.** *fig (modello)* Vorbild *n,* Muster *n;* ~ **di ballo/di nuoto** Tanz-/Schwimmlehrer *m;* ~ **del coro** Chorleiter *m;* **nessuno nasce** ~ *prov* es ist noch kein Meister vom Himmel gefallen *prov;* **II.** *a* **1.** *(principale)* Haupt-; **2.** *(abile)* meisterhaft, meisterlich, Meister-; **strada -a** Hauptstraße *f;* **muro** ~ tragende Wand.

mafia ['ma:fi̯a] *f* Mafia *f.* **mafioso, -a** [ma'fi̯o:so] **I.** *a* Mafia-; **II.** *m, f* Mafioso *m,* Mafiosa *f.*

maga ['ma:ga] ‹-ghe› *f* **1.** *(che fa magie)* Zaub(r)erin *f;* **2.** *fig (donna affascinante)* Circe *f.*

magagna [ma'gaɲɲa] *f* **1.** *(difetto)* Mangel *m,* Defekt *m; (di frutta)* faule Stelle; **2.** *(acciacco)* Gebrechen *n.*

magari [ma'ga:ri] **I.** *interj* und wie, und ob, *fam* schön wär's (ja); **II.** *con conj* wenn nur ... *conj,* wenn doch ... *conj;* ~ **fosse vero!** wenn es doch wahr wäre!; **III.** *adv* **1.** *(forse)* möglicherweise, vielleicht; **2.** *(persino)* sogar.

magazzinaggio [magaddzi'naddʒo] ‹-ggi› *m* **1.** *(periodo)* Lagerung *f,* Lagerhaltung *f;* **2.** *(prezzo)* Lagergebühr *f.* **magazziniere, -a** [...'ni̯ɛ:re] *m, f* Lagerverwalter(in) *m(f),* Lagerhalter(in) *m(f).*

magazzino [magad'dzi:no] *m* **1.** *(deposito)* (Waren)lager *n;* **2.** *(punto di vendita)* Kaufhaus *n,* Warenhaus *n.*

maggese [mad'dʒe:se] *m* Brachland *n,* Brache *f.*

maggio ['maddʒo] *m* Mai *m; v. a. settembre.* **maggiolino** [-'li:no] *m* Maikäfer *m.*

maggiorana [maddʒo'ra:na] *f* Majoran *m.*

maggioranza [maddʒo'rantsa] *f* **1.** *(maggior parte)* Mehrzahl *f;* **2.** *(in assemblea)* Mehrheit *f,* Majorität *f.* **maggiorare** [...'ra:re] *tr* **1.** *com (prezzi)* anheben, erhöhen; **2.** *mat* erhöhen, vergrößern. **maggiorazione** [...rat'tsi̯o:ne] *f* Erhöhung *f.*

maggiordomo [maddʒor'dɔ:mo] ‹-i› *m* Majordomus *m.*

maggiore [mad'dʒo:re] ‹*comparativo di* grande› **I.** *a* **1.** *(comparativo: più grande)* größer; *(più alto)* höher; *(più vecchio)* älter; *(sorella, fratello a.)* größer; *(più importante)* größer, bedeutender; *mat* größer; *mil* Ober-; *mus* Dur-, -Dur; **2.** *(superlativo relativo: il più grande)* größte(r, s); *(il più vecchio)* älteste(r, s); *(per importanza)* bedeutendste(r, s), größte(r, s), Haupt-; **la sorella è** ~ **di tre anni** die Schwester ist (um) drei Jahre älter; **forza** ~ höhere Gewalt; **Stato M**~ *mil* Stab *m;* **tono** ~ Durtonart *f,* Dur *n;* **andare per la** ~ einen hervorragenden Ruf haben, großen Erfolg haben; **II.** *mf* **1.** *mil* Major *m;* **2.** *(primogenito)* Erstgeborene(r) *mf,* Älteste(r) *mf.* **maggiorenne** [maddʒo'rɛnne] **I.** *a* volljährig, mündig; **II.** *mf* Volljährige(r) *mf.* **maggiorenti** [...'rɛnti] *m pl* Oberschicht *f.* **maggioritario, -a** [...ri'ta:ri̯o] ‹-i, -ie› *a* mehrheitlich, Mehrheits-. **maggiormente** [...r'mente] *adv* **1.** *(di più)* mehr, stärker, in höherem Maß; **2.** *(più di tutto)* am meisten.

magi ['ma:dʒi] *m pl:* **i re** ~ die Heiligen Drei Könige *m pl,* die drei Weisen *m pl* aus dem Morgenland.

magia [ma'dʒi:a] ‹-gie› *f* **1.** *(arte occulta)* Magie *f,* Zauberei *f;* **2.** *fig* Zauber *m.* **magico, -a** ['ma:dʒiko] ‹-ci, -che› *a* **1.** *(di magia)* Zauber-, magisch; **2.** *(incantevole)* zauberhaft, bezaubernd; **formula** ~ Zauberformel *f.*

magione [ma'dʒo:ne] *f (obs, a. scherz)* Domizil *n.*

magistero [madʒis'tɛ:ro] *m* **1.** *(insegnamento)* Lehrtätigkeit *f,* Lehramt *n;* **2.** *fig (grande maestria)* Meisterschaft *f;* **3.** *(facoltà)* pädagogische Hochschule. **magistrale** [...'tra:le] *a* **1.** *(per maestri)* Lehrer-, Lehr-; **2.** *(da maestro)* meisterhaft, vorbildlich; **3.** *pej* schulmeisterlich; **istituto** ~ *Lehrerbildungsanstalt für Grundschullehrer.*

magistrato [madʒis'tra:to] *m* **1.** *adm (carica pubblica)* öffentliches Amt; *(persona)* Amtsperson *f;* **2.** *jur (giudice)* Richter *m.* **magistratura** [...tra'tu:ra] *f* **1.** *(organi giudiziari)* Justiz *f,* Justizbehörde *f;* **2.** *(funzione)* Richteramt *n;* **3.** *(magistrati)* Richterstand *m.*

maglia ['maʎʎa] ‹-glie› **1.** *(intrecciatura)* Masche *f;* **2.** *(tessuto)* Nadelarbeit *f,* Strick-, Häkelarbeit *f;* **3.** *(indumento)* Unterhemd *n; (maglione)* Pullover *m; sport* Trikot *n;* **4.** ‹*pl*› *fig (trame)* Netz *n;* ~ **diritta/rovescia** rechte/linke Masche; **lavorare a** ~ stricken; **cadere nelle -glie d'un intrigo** in ein Intrigennetz geraten. **magliaia** [...'ʎa:i̯a] ‹-aie› *f* Strickerin *f.* **maglieria** [...ʎe'ri:a] ‹-ie› *f* **1.** *(genere di merci)* Trikotagen *f pl,* Strickwaren *f pl;* **2.** *(fabbrica)* Strickerei *f,* Wirkerei *f;* **3.** *(bottega)* Strickwarengeschäft *n.*

maglietta [...'ʎetta] *f* **1.** *(indumento)* Strickhemd *n,* (leichter) Strickpullover *m;* **2.** *(gancio)* Haken *m,* Öse *f.* **maglificio** [...ʎi'fi:tʃo] ‹-ci› *m* Strickwarenfabrik *f,* Wirkerei *f.*

maglio ['maʎʎo] ‹-gli› *m* **1.** *(per forgiare)* Gesenkhammer *m;* **2.** *(martello)* (schwerer) Hammer *m;* **3.** *sport (hockey)* Schläger *m.*

maglione [maʎ'ʎo:ne] *m* (dicker) Pullover *m.*

magma ['magma] ‹-i› *m* Magma *n.*

magnaccia [maɲ'ɲattʃa] ‹-› *m dial* Zuhälter *m.*

magnanimità [maɲɲanimi'ta] ‹-› *f* Großmut *f.* **magnanimo, -a** [...'ɲa:nimo] *a* großmütig, edel.

magnate [maɲ'ɲa:te] *m* Magnat *m.*

magnesia [maɲ'ɲɛ:zi̯a] *f* Magnesiumoxid *n,* Magnesia *f.* **magnesio** [...zi̯o] *m* Magnesium *n.*

magnete [maɲ'ɲɛ:te] *m* **1.** *phys* Magnet *m;* **2.** *el* Zündmagnet *m,* Zündspule *f.* **magnetico, -a** [...'ɲɛ:tiko] ‹-ci, -che› *a* **1.** *el* magnetisch, Magnet-; **2.** *fig (sguardo)* magnetisierend; **campo ~** Magnetfeld *n.* **magnetismo** [maɲɲe'tizmo] *m* Magnetismus *m.* **magnetizzare** [...tid'dza:re] *tr* magnetisieren. **magnetizzazione** [...tiddzat'tsi̯o:ne] *f* Magnetisierung *f.* **magnetofono®** [...'tɔ:fono] *m* Tonbandgerät *n,* Magnetophon® *n.*

magnificare [maɲɲifi'ka:re] ‹magnifico, magnifichi› *tr* verherrlichen, preisen, rühmen. **magnificenza** [...fi'tʃɛntsa] *f* **1.** *(dell'animo)* Großmut *f;* **2.** *(di festa, etc.)* Pracht *f,* Prunk *m;* **3.** *fig* Großartigkeit *f,* Herrlichkeit *f;* **4.** *(titolo)* Magnifizenz *f.* **magnifico, -a** [...'ɲi:fiko] ‹-ci, -che› *a* herrlich, prächtig; *(sontuoso)* prunkvoll.

magniloquente [maɲɲilo'ku̯ɛnte] *a* salbungsvoll, pathetisch. **magniloquenza** [...'ku̯ɛntsa] *f* Pathos *m,* Schwülstigkeit *f.*

magno, -a ['maɲɲo] *a poet* groß; **aula -a** Festsaal *m,* Aula *f;* **Carlo M~** Karl der Große.

magnolia [maɲ'ɲɔ:li̯a] ‹-ie› *f* Magnolie *f.*

mago ['ma:go] ‹-ghi› *m* **1.** *(che esercita magia)* Magier *m,* Zauberer *m;* **2.** *(guaritore)* Wunderheiler *m;* **3.** *(illusionista)* Zauberkünstler *m;* **4.** *fig (maestro)* Meister *m.*

magone [ma'go:ne] *m sett* **1.** *(del pollo)* Hühnermagen *m;* **2.** *fig (affanno)* Sorge *f,* Kummer *m;* **avere il ~** ein unangenehmes Gefühl in der Magengegend haben.

Magonza [ma'gontsa] *f* Mainz *n.*

magra ['ma:gra] *f* Niedrigwasser *n;* **tempi di ~** *fig* magere Zeiten *f pl;* **essere in ~** wenig Wasser führen; **fare una ~** sich bis auf die Knochen blamieren *fam.* **magrezza** [ma'grettsa] *f* Magerkeit *f.* **magro, -a** ['ma:gro] **I.** *a* **1.** *(persona)* mager; **2.** *fig (scarso)* dürftig, mager; **~ come un chiodo** spindeldürr; **II.** *m* **1.** *(senza grasso)* magerer Teil, Magere(s) *n;* **2.** *(senza carni)* fleischlose Kost; **mangiare di ~** fleischlos essen.

mah [ma] *v.* **ma²**.

maharaja [maa'ra:dʒa *o.* ...ra'dʒa] ‹-› *m* Maharadscha *m.*

mai ['ma:i] *adv* **1.** *(nessuna volta)* nie(mals); **2.** *(qualche volta)* jemals, je; **3.** *fam (interrogativo)* denn; **nessuno ... ~** niemand ... je; **non ... ~** nie; **~ più** nie mehr, nie wieder; **ora più che ~** jetzt erst recht, jetzt mehr denn je; **~ e poi ~** nie und nimmer; **ciò è quanto ~ spiacevole** das ist äußerst bedauerlich; **chi l'avrebbe ~ detto?** wer hätte das jemals gedacht?; **come ~ non vieni?** wieso kommst du denn nicht?

maiala [ma'i̯a:la] *f vulg* Sau *f vulg.* **maiale** [...le] *m* **1.** *zoo* Schwein *n;* **2.** *(carne)* Schweinefleisch *n,* Schwein *n;* **3.** *vulg* Sau *f vulg.*

maiolica [ma'i̯ɔ:lika] ‹-che› *f* **1.** *(ceramica)* Majolika *f;* **2.** ‹*pl*› *(vasellame)* Majolikawaren *f pl.*

maionese [mai̯o'ne:se] *f* Mayonnaise *f.*

Maiorca [ma'i̯ɔrka] *f* Mallorca *n.*

mais ['ma:is] ‹-› *m* Mais *m.*

maiuscola [ma'i̯uskola] *f* Großbuchstabe *m.* **maiuscolo, -a** [...lo] *a* **1.** *(scrittura, lettera)* Groß-, groß(geschrieben); **2.** *scherz (spettacolo, prova)* kolossal, gewaltig.

mal [mal] *v.* **male.**

mala ['ma:la] *f* Unterwelt *f.*

malaccio [ma'lattʃo] ‹-cci› **I.** *m* unheilbare Krankheit; **II.** *adv fam* schlimm, übel; **come va? — non c'è ~** wie geht's? — nicht übel.

malaccorto, -a [malak'kɔrto] *a* **1.** *(frase)* unpassend, unklug; **2.** *(persona)* unachtsam, unvorsichtig.

malachite [mala'ki:te] *f* Malachit *m.*

malacopia [mala'kɔ:pi̯a] ‹malecopie› *f* Konzept *n;* **scrivere in ~ qc** etw. ins unreine schreiben. **malacreanza** [malakre'antsa] ‹malecreanze› *f* Unhöflichkeit *f,* Plumpheit *f.* **malafede** [mala'fe:de] ‹*rar* malefedi› *f* böse Absicht, Bösgläubigkeit *f;* **agire con ~** wider besseres Wissen handeln.

malaffare [malaf'fa:re] *m:* **di ~** verrufen, übel beleumdet.

malagevole [mala'dʒe:vole] *a* beschwerlich, anstrengend.
malagrazia [mala'grattsi̯a] ⟨malegrazie⟩ *f* Grobheit *f*, Ungeschliffenheit *f*. **malalingua** [mala'liŋgu̯a] ⟨malelingue⟩ *f* Lästerzunge *f*, Lästermaul *n fam*. **malamente** [mala'mente] *adv* in übler Weise, schlecht.
malandato, -a [malan'da:to] *a* **1.** *(ridotto male)* heruntergekommen; *(negozio, bar, etc. a.)* abgewirtschaftet; **2.** *(sciatto)* verwahrlost.
malandrino, -a [malan'dri:no] **I.** *m* **1.** *scherz (furbo)* Schlingel *m*, Spitzbube *m*; **2.** *(persona losca)* Übeltäter *m*, Bösewicht *m*; **II.** *a* **1.** *(gente, vita)* diebisch, unehrlich; **2.** *scherz (occhi, sorriso)* spitzbübisch, schelmisch.
malanimo [ma'la:nimo] *m* Abneigung *f*; *(ostilità)* Feindseligkeit *f*; **di/con ~** widerwillig/feindselig. **malanno** [ma'lanno] *m* **1.** *(disgrazia)* Unglück *n*, Unheil *n*; **2.** *(malattia)* Leiden *n*, Übel *n*; **3.** *scherz (persona molesta)* Störenfried *m*; **un ~ non vien mai solo** *prov* ein Unglück kommt selten allein *prov*. **malaparata** [malapa'ra:ta] ⟨maleparate⟩ *f* kritische (*o.* gefährliche) Situation *f*. **malapena** [mala'pe:na] *f*: **a ~** mit Müh' und Not, kaum.
malaria [ma'la:ri̯a] ⟨-ie⟩ *f* Malaria *f*. **malarico, -a** [ma'la:riko] ⟨-ci, -che⟩ **I.** *a* Malaria-; **febbre -a** Sumpffieber *n*; **II.** *m, f* Malariakranke(r) *mf*.
malasorte [mala'sɔrte] ⟨malesorti⟩ *f* Mißgeschick *n*, Unglück *n*.
malata *f v.* **malato.**
malaticcio, -a [mala'tittʃo] ⟨-cci, -cce⟩ *a* kränklich. **malato, -a** [ma'la:to] **I.** *a* krank (*di* an), -krank; **è ~ di fegato** er ist leberkrank; **essere ~ di invidia** grün sein vor Neid; **II.** *m, f* Kranke(r) *mf*. **malattia** [malat'ti:a] ⟨-ie⟩ *f* **1.** *(morbo)* Krankheit *f*; **2.** *fig (vizio)* Laster *n*; *(fissazione)* fixe Idee; **~ professionale** Berufskrankheit *f*; **non bisogna farne una ~** man darf sich deshalb nicht verrückt machen lassen.
malaugurato, -a [malaugu'ra:to] *a* unglückselig, verhängnisvoll. **malaugurio** [...'gu:ri̯o] *m* böses Omen; **fare l'uccello del ~** den Teufel an die Wand malen. **malavita** [mala'vi:ta] *f* Unterwelt *f*. **malavoglia** [mala'vɔʎʎa] ⟨malevoglie⟩ *f* Widerwillen *n*, Unlust *f*; **di ~** ungern, widerwillig.
malcaduco [malka'du:ko] *m fam (epilessia)* Fallsucht *f*. **malcapitato, -a** [malkapi'ta:to] **I.** *a* unglücklich; **II.** *m, f* Unglückliche(r) *mf*, Pechvogel *m*. **malconcio, -a** [mal'kontʃo] *a* **1.** *(vestito)* abgetragen, abgenutzt; **2.** *(persona)* übel zugerichtet. **malcontento** [malkon'tɛnto] **I.** *a* unzufrieden (*di* mit); **II.** *m* Unzufriedenheit *f*.
malcostume [malkos'tu:me] *m* Sittenlosigkeit *f*, Verdorbenheit *f*.
maldestro, -a [mal'dɛstro] *a* ungeschickt, unbeholfen. **maldicente** [maldi'tʃɛnte] **I.** *a* Läster-, klatschsüchtig; **II.** *mf* Lästerzunge *f*, Lästermaul *n fam*. **maldicenza** [...'tʃɛntsa] *f* **1.** *(sparlare)* Lästern *n*; **2.** *(calunnie)* üble Nachrede, Verleumdung *f*.
maldisposto, -a [maldis'posto] *a* übelgesinnt (*verso qu* jdm), abgeneigt (*verso qu/qc* jdm/einer S.).
male[1] ['ma:le] ⟨peggio, malissimo⟩ *adv* **1.** *(non bene)* schlecht; **2.** *(erroneamente)* fälschlicherweise; **star ~** krank sein, sich unwohl fühlen; **finir ~** ein böses (*o.* kein gutes) Ende nehmen; **andar di ~ in peggio** immer schlechter gehen.
male[2] ['ma:le] *m* **1.** *(non bene)* Schlechte(s) *n*, Üble(s) *n*, Böse(s) *n*; **2.** *(danno)* Schaden *m*; **3.** *(sventura)* Unglück *n*, Unheil *n*; **4.** *(dolore)* Schmerz *m*; **5.** *(malattia)* Krankheit *f*, Leiden *n*; **mal di denti/d'auto** Zahnschmerzen *m pl*/Reisekrankheit *f*; **far ~** weh tun; **fare il ~** Böses tun; **meno ~ che è finita** gut (*o.* Gott sei Dank), daß es vorbei ist; **non c'è ~** nicht (so) schlecht, nicht übel, es geht; **non tutto il ~ vien per nuocere** *prov* durch Schaden wird man klug *prov*; **mal comune mezzo gaudio** *prov* geteiltes Leid ist halbes Leid *prov*.
malecopie *pl di* **malacopia.**
malecreanze *pl di* **malacreanza.**
maledetto, -a [male'detto] **I.** *a (a. fam pej)* verdammt, verflucht; **II.** *m, f* Verdammte(r) *mf*, Verfluchte(r) *mf*. **maledire** [...'di:re] ⟨*irr*⟩ *tr* verdammen, verfluchen. **maledizione** [...dit'tsi̯o:ne] *f* **1.** *(condanna)* Fluch *m*, Verwünschung *f*; **2.** *fig (rovina)* Fluch *m*; **~! il treno è partito** *fam* verflixt (*o.* verflucht *o.* verdammt) (nochmal) der Zug ist weg *fam*. **maleducato, -a** [maledu'ka:to] **I.** *a* ungezogen, flegelhaft; **II.** *m, f* Flegel *m*, Lümmel *m*. **maleducazione** [...kat'tsi̯o:ne] *f* Ungezogenheit *f*, Flegelhaftigkeit *f*. **malefatta** [male'fatta] *f* Verfehlung *f*, Missetat *f*.
malefedi *rar pl di* **malafede.**

maleficio [male'fi:tʃo] ‹-ci› *m* Hexerei *f,* Zauberei *f.* **malefico, -a** [ma'lɛ:fiko] ‹-ci, -che› *a* **1.** *(nocivo)* schädlich, giftig; **2.** *(di maleficio)* Zauber-, Hexen-.

malegrazie *pl di* **malagrazia.**

malelingue *pl di* **malalingua.**

maleodorante [maleodo'rante] *a* übelriechend.

maleparate *pl di* **malaparata.**

malerba [ma'lɛrba] *f* Unkraut *n;* **la ~ non muore mai** *scherz* Unkraut vergeht nicht *fam.*

malesorti *pl di* **malasorte.**

malessere [ma'lɛssere] *m* **1.** *(indisposizione)* Unwohlsein *n,* Unpäßlichkeit *f;* **2.** *fig (turbamento)* Unbehagen *n,* Unruhe *f.*

malestro [ma'lɛstro] *m* Schaden *m.*

malevoglie *pl di* **malavoglia. malevolenza** [malevo'lɛntsa] *f* Mißgunst *f,* Böswilligkeit *f.* **malevolo, -a** [ma'lɛ:volo] *a* mißgünstig, böswillig.

malfamato, -a [malfa'ma:to] *a* verrufen, übel beleumdet. **malfatto, -a** [mal'fatto] **I.** *a* **1.** *(lavoro, azione)* mißraten, mißlungen; **2.** *(corpo, persona)* mißgestaltet; **II.** *m* Unrecht *n,* Verfehlung *f.* **malfattore, -trice** [...'to:re] *m, f* Übeltäter(in) *m(f),* Missetäter(in) *m(f).* **malfermo, -a** [mal'fermo] *a (passo, persona)* unsicher; *(struttura)* instabil. **malformato, -a** [malfor'ma:to] *a* mißgebildet. **malformazione** [...mat'tsi̯o:ne] *f* Mißbildung *f.*

malga ['malga] ‹-ghe› *f sett* Alm *f,* Hochweide *f.*

malgarbo [mal'garbo] *m* Grobheit *f.*

malgoverno, mal governo [malgo'vɛrno] *m* Mißwirtschaft *f.*

malgrado [mal'gra:do] **I.** *prp* trotz *gen o. dat;* **II.** *con conj* obwohl, wenn ... auch; **III.** *adv:* **mio/tuo ~** gegen meinen/deinen Willen.

malia [ma'li:a] ‹-ie› *f* **1.** *(fascino)* Zauber *m,* Faszination *f;* **2.** *(pratica magica)* Zauberei *f,* Hexerei *f;* **fare una ~ a qu** jdn verhexen. **maliardo, -a** [ma'li̯ardo] *a* bezaubernd, faszinierend.

malignare [maliɲ'ɲa:re] *itr* klatschen (*su* über). **malignità** [...ɲi'ta] ‹-› *f* Boshaftigkeit *f,* Bosheit *f.* **maligno, -a** [ma'liɲɲo] *a* **1.** *(avverso)* böse; **2.** *(malvagio)* boshaft, böswillig; **3.** *med* bösartig.

malinconia [maliŋko'ni:a] ‹-ie› *f* Melancholie *f.* **malinconico, -a** [...'kɔ:niko] ‹-ci, -che› *a* melancholisch.

malincuore [maliŋ'ku̯ɔ:re] *m:* **a ~** schweren Herzens, notgedrungen.

malintenzionato, -a [malintentsi̯o'na:to] *a* übelgesinnt, böswillig. **malinteso, -a** [...'te:so] **I.** *a (male interpretato)* mißverstanden; **II.** *m* Mißverständnis *n.*

malissimo [ma'lissimo] *superlativo di* **male**[1]**.**

malizia [ma'littsi̯a] ‹-ie› *f* **1.** *(sentimento)* Arglist *f,* Bosheit *f;* **2.** *(furbizia allusiva)* Pfiffigkeit *f,* Gewitztheit *f;* **3.** *(astuzia)* Trick *m,* Finesse *f.* **malizioso, -a** [...'tsi̯o:so] *a* **1.** *(maligno)* boshaft, arglistig; *(cose a.)* tückisch; **2.** *(birichino)* pfiffig, gewitzt.

malleabile [malle'a:bile] *a* **1.** *(metallo)* hämmerbar, formbar; *phys* dehnbar; **2.** *fig (carattere)* gefügig. **malleabilità** [...eabili'ta] ‹-› *f* **1.** *phys* Dehnbarkeit *f;* **2.** *fig* Gefügigkeit *f.*

malleolo [mal'lɛ:olo] *m* (Fuß)knöchel *m.*

mallevadore, -drice [malleva'do:re] *m, f* Bürge *m.* **malleveria** [...ve'ri:a] ‹-ie› *f* Bürgschaft *f.*

mallo ['mallo] *m* weiche Außenschale *(von Nüssen u. Mandeln).*

malloppo [mal'lɔppo] *m* **1.** *dial (fagotto)* Bündel *n,* Siebensachen *f pl fam;* **2.** *sl (refurtiva)* Sore *f sl,* (Diebes)beute *f.*

malmenare [malme'na:re] *tr* **1.** mißhandeln; *(picchiare)* verprügeln; **2.** *fig* attackieren; *(strumento)* malträtieren. **malmesso, -a** [mal'messo] *a* verwahrlost; *(negli abiti)* nachlässig, ungepflegt. **malnutrito, -a** [malnu'tri:to] *a* unterernährt.

malo, -a ['ma:lo] *a* böse, schlecht. **malocchio** [ma'lɔkki̯o] *m* **1.** *(maleficio)* böser Blick; **2.** *(antipatia)* Mißgunst *f.* **malora** [ma'lo:ra] *f* Verderben *n,* Verhängnis *n;* **mandare qu in ~** jdn zugrunde richten; **andare in ~** zugrunde gehen; **(va) in ~!** *fam* (geh) zum Teufel! *fam.*

malore [ma'lo:re] *m* plötzliche Übelkeit *f.*

malpensante [malpen'sante] *a* übelgesinnt, schlecht denkend. **malpreparato, -a** [malprepa'ra:to] *a* unvorbereitet, schlecht vorbereitet. **malridotto, -a** [malri'dotto] *a* **1.** *(oggetto)* verschlissen, abgenutzt; **2.** *(persona)* übel zugerichtet. **malsano, -a** [mal'sa:no] *a* **1.** *(clima, ambiente)* ungesund; **2.** *(persona)* krank, kränklich; **3.** *fig (desiderio, etc.)* krankhaft. **malsicuro, -a** [malsi'ku:ro] *a* **1.** *(instabile)* instabil,

schwankend; **2.** *fig (incerto)* ungewiß, zweifelhaft, unsicher.
malta ['malta] *f* Mörtel *m.*
Malta ['malta] *f* Malta *n.*
maltagliati [maltaʎ'ʎa:ti] *m pl kleine, unregelmäßig geschnittene Nudeln.*
maltempo [mal'tɛmpo] *m* Unwetter *n.*
malto ['malto] *m* Malz *n.*
maltrattamento [maltratta'mento] *m* Mißhandlung *f.* **maltrattare** [...'ta:re] *tr* **1.** *(persone, animali)* mißhandeln, quälen; **2.** *fig (lingua, musica)* verstümmeln, verschandeln.
malumore [malu'mo:re] *m* **1.** *(cattiva vena)* schlechte Laune, Mißstimmung *f;* **2.** *(scontentezza)* Unzufriedenheit *f,* Verstimmung *f.*
malva ['malva] *f* Malve *f.*
malvagio, -a [mal'va:dʒo] ‹-gi, -gie› **I.** *a* niederträchtig, gemein, böse; **II.** *m, f* Bösewicht *m.* **malvagità** [...vadʒi'ta] ‹-› *f* Niedertracht *f,* Bosheit *f.*
malversazione [malversat'tsi̯o:ne] *f* Veruntreuung *f,* Unterschlagung *f.*
malvissuto, -a [malvis'su:to] *a* verlebt. **malvisto, -a** [mal'visto] *a* unbeliebt. **malvivente** [malvi'vɛnte] *mf* Übeltäter(in) *m(f),* Verbrecher(in) *m(f).* **malvolentieri** [malvolen'ti̯ɛ:ri] *adv* ungern, widerwillig. **malvolere** [...'le:re] ‹*irr*› **I.** *tr* übelwollen (*qu* jdm), übel gesinnt sein (*qu* jdm), nicht mögen; **è molto malvoluto** er ist sehr unbeliebt; **II.** *m* Übelwollen *n,* üble Gesinnung.
mamma ['mamma] *f* **1.** *fam* Mama *f,* Mami *f fam;* **2.** *fig* Mutter *f;* ~ **mia!** (ach) du lieber Himmel!
mammario, -a [mam'ma:ri̯o] ‹-i, -ie› *a* Brust-. **mammella** [...'mɛlla] *f* **1.** *anat* (weibliche) Brust *f;* **2.** *(di animali)* Zitze *f.* **mammifero** [...'mi:fero] *m* Säugetier *n.* **mammografia** [...mogra'fi:a] *f* Mammographie *f.*
mammola ['mammola] *f* (März)veilchen *n.*
mammut [mam'mut] ‹-› *m* Mammut *n.*
manata [ma'na:ta] *f* **1.** *(colpo)* Schlag *m* mit der Hand; **2.** *(quantità)* Handvoll *f.*
mancamento [maŋka'mento] *m* Ohnmacht *f.*
mancanza [maŋ'kantsa] *f* **1.** *(assenza)* Abwesenheit *f,* Ausbleiben *n;* **2.** *(scarsità)* Mangel *m* (*di* an); **3.** *(fallo)* Fehler *m,* Verfehlung *f;* **per ~ di** aus Mangel an; **in ~ di meglio** in Ermangelung eines Besseren *geh.*
mancare [...'ka:re] ‹manco, manchi› **I.** *itr* ‹*essere*› **1.** *(essere assente, insufficiente)* fehlen; *(persone a.)* abwesend sein; **2.** *(venir meno)* wegbleiben; *(luce a.)* ausfallen; **3.** *(spazio, tempo)* fehlen, (noch) sein; **4.** ‹*avere*› *(sottrarsi)* versäumen (*a qc* etw.), unterlassen (*a qc* etw.); *(non mantenere)* nicht (ein)halten (*a qc* etw.); **5.** *(trascurare)* vernachlässigen (*a qc* etw.); **6.** *(essere in colpa)* einen Fehler begehen, fehlen *geh;* ~ **di parola** sein Wort brechen; **ci manchi molto** du fehlst uns sehr; **ho mancato nei tuoi riguardi** ich habe es dir gegenüber an Achtung fehlen lassen; **quanto manca al confine?** wie weit ist es noch bis zur Grenze?; **II.** *tr* ‹*avere*› **1.** *(fallire)* verfehlen; **2.** *(perdere)* verpassen; **non farsi ~ niente** sich *(dat)* nichts abgehen lassen; **ci mancherebbe altro!** das fehlte gerade noch! **mancato, -a** [...'ka:to] *a (tentativo)* fehlgeschlagen, erfolglos; *(scrittore, artista, etc.)* verhindert.
manche ['mã:ʃ] ‹-› *f* Durchgang *m,* Runde *f.*
manchevole [maŋ'ke:vole] *a (insufficiente)* unzulänglich; *(imperfetto)* mangelhaft. **manchevolezza** [...kevo'lettsa] *f* **1.** *(scorrettezza)* Verfehlung *f,* Fehltritt *m;* **2.** *(insufficienza)* Unzulänglichkeit *f,* Mangelhaftigkeit *f.*
mancia ['mantʃa] ‹-ce› *f* Trinkgeld *n;* ~ **competente** Finderlohn *m.*
manciata [man'tʃa:ta] *f* Handvoll *f;* **a -e** mit vollen Händen.
mancino, -a [man'tʃi:no] **I.** *a* **1.** *(persona)* linkshändig; **2.** *(lato)* linke(r, s); **3.** *fig* link *fam,* hinterhältig, (heim)tückisch; **II.** *m, f* Linkshänder(in) *m(f).*
manco ['maŋko] *adv* **1.** *(meno)* minder, weniger; **2.** *(neppure)* nicht mal, auch nicht; ~ **per sogno** nicht mal im Traum; ~ **a dirlo!** darüber reden wir nicht (ein)mal!; ~ **male!** zum Glück!, Gott sei Dank!
mandante [man'dante] *mf* Auftraggeber(in) *m(f); jur* Mandant(in) *m(f).*
mandarancio [manda'rantʃo] ‹-ci› *m* Klementine *f.*
mandare [man'da:re] *tr* **1.** *(inviare)* schicken, (über)senden; **2.** *(raggi, profumo)* ausstrahlen; *(grido)* ausstoßen; ~ **a chiamare qu** nach jdm schicken; **non ~ giù qc** *fig* etw. nicht schlucken *fam,* an etw. schlucken *fam.*
mandarino¹ [manda'ri:no] *m bot* Mandarine *f.*
mandarino² [manda'ri:no] *m hist* Mandarin *m.*

mandata [man'da:ta] *f* **1.** *(spedizione)* Sendung *f;* **2.** *(di serrature)* (Schlüssel)umdrehung *f.* **mandatario, -a** [...da'ta:rio] ‹-i, -ie› *m, f* Mandatar *m,* Beauftragte(r) *mf.* **mandato** [...'da:to] *m* **1.** *(incarico)* Auftrag *m;* **2.** *pol (delega)* Mandat *n;* **3.** *com* (Zahlungs)anweisung *f;* ~ **di cattura** Haftbefehl *m.*

mandibola [man'di:bola] *f* Unterkiefer *m.*

mandolino [mando'li:no] *m* Mandoline *f.*

mandorla ['mandorla] *f* Mandel *f.* **mandorlato** [...'la:to] *m* Mandelgebäck *n,* Mandelkuchen *m.* **mandorlo** ['mandorlo] *m* Mandelbaum *m.*

mandra, mandria ['mandra, ...ria] ‹-ie› *f (a. fig pej)* Herde *f.* **mandriano** [...ri'a:no] *m* Viehhüter *m.*

mandrillo [man'drillo] *m* **1.** *zoo* Mandrill *m;* **2.** *fig fam (libidinoso)* Lustmolch *m fam,* Sexprotz *m fam.*

mandrino [man'dri:no] *m* Spindel *f.*

maneggevole [maned'dʒe:vole] *a* **1.** *(arnese, etc.)* handlich; **2.** *fig (carattere)* gefügig, fügsam. **maneggiare** [...'dʒa:re] ‹maneggio, maneggi› *tr* **1.** *(materiali)* bearbeiten; **2.** *fig (penna, lingua)* beherrschen; **3.** *(amministrare)* verwalten; *(casa)* führen; *(arnesi)* handhaben, umgehen mit; *(denaro)* umgehen mit. **maneggio** [ma'neddʒo] ‹-ggi› *m* **1.** *(uso)* Verwendung *f,* Handhabung *f,* Umgang *m;* **2.** *(amministrazione)* Verwaltung *f,* Führung *f;* **3.** *(manovra)* Manipulation *f,* Manöver *n;* **4.** *(esercizi per cavalli)* Zureiten *n; (luogo)* Manege *f.* **maneggione, -a** [...'dʒo:ne] *m, f* Intrigant(in) *m(f).*

manesco, -a [ma'nesko] ‹-schi, -sche› *a* handgreiflich, tätlich.

manetta [ma'netta] *f* **1.** *tec* (Hand)hebel *m;* **2.** ‹*pl*› Handschellen *f pl;* **mettere le -e a qu** jdm Handschellen anlegen.

manganellare [maŋganel'la:re] *tr* (nieder)knüppeln. **manganello** [...'nɛllo] *m* Knüppel *m.*

manganese [maŋga'ne:se] *m* Mangan *n.*

mangereccio, -a [mandʒe'rettʃo] ‹-cci, -cce› *a* eßbar, Speise-; **fungo** ~ eßbarer Pilz, Speisepilz *m.*

mangeria [mandʒe'ri:a] ‹-ie› *f fam* Unterschlagung *f.*

mangiabile [man'dʒa:bile] *a* eßbar.

mangiadischi [mandʒa'diski] ‹-› *m automatischer tragbarer Plattenspieler mit Schlitzöffnung.* **mangianastri** [-'nastri] ‹-› *m* Kassettenabhörgerät *n.* **mangiapane** [-'pa:ne] ‹-› *mf* Tagedieb *m,* Taugenichts *m.*

mangiare [man'dʒa:re] ‹mangio, mangi› **I.** *tr* **1.** *(cibi)* essen; *(animali)* fressen; **2.** *(consumare)* verbrauchen; *(patrimonio, risparmi)* verschlingen, aufzehren; **3.** *(parole)* verschlucken; **4.** *(pedina)* schlagen; *(carta)* stechen; **5.** *fig (intaccare)* zerfressen; **mangiarsi il fegato** sich krank ärgern; **mangiarsi le mani** sich schwarz ärgern, sich *(dat)* vor Ärger in den Hintern beißen *fam;* **mangiarsi qu con gli occhi** jdn mit den Augen verschlingen; **dare da ~ a qu** jdn füttern; **II.** *m* Essen *n,* Speise *f; (di animali)* Fressen *n.* **mangiasoldi** [...dʒa'sɔldi] ‹*inv*› *a:* **macchinetta ~** Spielautomat *m.* **mangiata** [...'dʒa:ta] *f fam* Schmaus *m fam;* **farsi una bella ~** sich *(dat)* den Bauch vollschlagen *fam.* **mangiatoia** [...dʒa'to:ia] ‹-oie› *f* (Futter)krippe *f.* **mangiatore, -trice** [...dʒa'to:re] *m, f* Esser(in) *m(f);* ~ **di fuoco** Feuerschlucker *m.* **mangime** [...'dʒi:me] *m* Futter *n.* **mangione, -a** [...'dʒo:ne] *m, f scherz* Vielfraß *m fam.* **mangiucchiare** [...dʒuk'kia:re] ‹mangiucchio, mangiucchi›› *tr* essen wie ein Spatz.

mango ['maŋgo] ‹-ghi› *m* Mango *f.*

mangusta [maŋ'gusta] *f* Manguste *f,* Mungo *m.*

mania [ma'ni:a] ‹-ie› *f* **1.** *psych* Wahn *m,* Manie *f;* **2.** *fig (fissazione)* Leidenschaft *f* (*per* für), Sucht *f* (*di* nach); ~ **di persecuzione** Verfolgungswahn *m.* **maniaco, -a** [ma'ni:ako] ‹-ci, -che› **I.** *a* **1.** *psych* manisch, Wahn-; **2.** *fig (fanatico)* fanatisch, verrückt *fam* (*di* auf, nach); **II.** *m, f* **1.** *psych* Wahnsinnige(r) *mf;* **2.** *fig* Fanatiker(in) *m(f),* Verrückte(r) *mf fam;* ~ **del calcio** Fußballfanatiker *m.*

manica ['ma:nika] ‹-che› *f* **1.** *(di abito)* Ärmel *m;* **2.** *fig pej* Bande *f,* Brüder *m pl;* **in -che di camicia** *(a. fig)* hemdsärmelig; **senza -che** ärmellos; **essere di ~ larga/stretta** *fig* nachsichtig/streng sein; **è un altro paio di -che!** *fam* das steht auf einem anderen Blatt, das ist ein anderes Paar Schuhe.

Manica ['ma:nika] *f* Ärmelkanal *m.*

manicaretto [manika'retto] *m* Leckerbissen *m.*

manichetta [mani'ketta] *f* **1.** *(mezza manica)* Ärmelschoner *m;* **2.** *tec (tubo)* Schlauch *m.*

manichino [mani'ki:no] *m (per artisti)* Gliederpuppe *f; (per sarti)* Schneiderpuppe *f,* Kleiderpuppe *f; (da vetrina)* Schaufensterpuppe *f.*

manico ['ma:niko] ‹-chi *o.* -ci› *m* Griff *m; (di coltello)* Heft *n; (di pentola)* Henkel *m; (di scopa)* Stiel *m; (di borsa)* Bügel *m; (di strumento a corda)* Hals *m;* **il difetto sta** (*o.* **è) nel** ~ der Mensch macht den Fehler, nicht sein Werkzeug.

manicomio [mani'kɔ:mio] ‹-i› *m* **1.** *(ospedale)* Irrenanstalt *f,* psychiatrische Klinik; **2.** *fig scherz* Irrenhaus *n fam.*

manicotto [mani'kɔtto] *m* **1.** *(di pelliccia)* Muff *m;* **2.** *tec* Muffe *f,* Manschette *f.*

manicure [mani'ku:re] ‹-› *f* Maniküre *f.*

maniera [ma'niɛ:ra] *f* **1.** *(modo)* Art *f,* Weise *f,* Art und Weise *f; (stile)* Stil *m;* **2.** ‹*pl*› *(galateo)* Manieren *f pl;* **alla** ~ **di ...** nach Art *gen,* auf ... -art; **in tutte le -e** unbedingt; **ognuno alla sua** ~ jeder nach seinem Geschmack. **manierato, -a** [manie'ra:to] *a* gekünstelt, manieriert *geh.* **manierismo** [...'rizmo] *m* **1.** *(arte)* Manierismus *m;* **2.** *fig* Manieriertheit *f geh.* **manierista** [...'rista] ‹-i *m,* -e *f*› **I.** *mf* Manierist(in) *m(f);* **II.** *a* manieristisch.

maniero [ma'niɛ:ro] *m* Schloß *n,* Palast *m.*

manifattura [manifat'tu:ra] *f* **1.** *(lavorazione)* Verarbeitung *f;* **2.** *(stabilimento)* Manufaktur(betrieb *m*) *f.* **manifatturiero, -a** [...tu'riɛ:ro] *a* Verarbeitungs-.

manifestante [manifes'tante] *mf* Demonstrant(in) *m(f),* Teilnehmer(in) *m(f)* einer Kundgebung. **manifestare** [...'ta:re] **I.** *tr* kundtun *geh,* äußern, offenbaren; **II.** *itr* demonstrieren, an einer Kundgebung teilnehmen; **III.** *rfl:* **-rsi** sich zeigen, sich erweisen. **manifestazione** [...tat'tsio:ne] *f* **1.** *(di coraggio, gioia)* Zeichen *n,* Bezeigung *f geh,* Äußerung *f;* **2.** *(spettacolo)* Veranstaltung *f;* **3.** *(dimostrazione pubblica)* Demonstration *f,* Kundgebung *f.* **manifestino** [...'ti:no] *m* Flugblatt *n.* **manifesto, -a** [...'fɛsto] **I.** *a* deutlich, klar, offenkundig; *(noto)* bekannt; **far** ~ bekanntgeben; **II.** *m* **1.** *(avviso)* Plakat *n,* Bekanntmachung *f;* **2.** *(programma)* Manifest *n.*

maniglia [ma'niʎʎa] ‹-glie› *f* Griff *m; (di sostegno)* Handgriff *m; (di porta)* Klinke *f.*

manigoldo [mani'goldo] *m* **1.** *(furfante)* Schurke *m;* **2.** *scherz* Spitzbube *m,* Gauner *m.*

manipolare [manipo'la:re] *tr* **1.** *(materiale)* bearbeiten; **2.** *(sofisticare)* verfälschen; **3.** *fig (elezioni, risultati)* manipulieren. **manipolazione** [...lat'tsio:ne] *f* **1.** *(di ingredienti)* Bearbeitung *f;* **2.** *fig (di notizie, dati)* Manipulation *f.* **manipolo** [ma'ni:polo] *m* **1.** *(fascio)* Bündel *n;* **2.** *(gruppetto)* Schar *f;* **3.** *rel* Manipel *m.*

maniscalco [manis'kalko] ‹-chi› *m* **1.** *(operaio)* Hufschmied *m;* **2.** *hist* Marschall *m.*

manna ['manna] *f* **1.** *rel* Manna *n o. f;* **2.** *fig (bene inatteso)* Geschenk *n* des Himmels, Segen *m;* **aspettare la** ~ **dal cielo** warten, bis einem die gebratenen Tauben in den Mund fliegen *fam.*

mannaggia [man'naddʒa] *interj* verflixt (nochmal) *fam,* verdammt (nochmal) *fam.*

mannaia [man'na:ia] ‹-aie› *f* Henkersbeil *n.*

mannaro [man'na:ro] *a:* **lupo** ~ Werwolf *m; (delle favole)* böser Wolf.

mannequin [man'kɛ̃] ‹-› *f* Mannequin *n.*

mano ['ma:no] *f* **1.** *(arto)* Hand *f;* **2.** *(di colore, vernice)* Anstrich *m; (strato)* Schicht *f;* **3.** *(potere)* Gewalt *f,* Macht *f;* **4.** *(lato)* Seite *f;* **fallo di** ~ *sport* Handspiel *n;* **a portata di** ~ bei der Hand, (griff)bereit; **alla** ~ bei der Hand, (griff)bereit; *fig (persona)* umgänglich; **fuori** ~ abgelegen, entlegen; **man** ~ **che** *(come)* wie; *(mentre)* während; **a** ~ **a** ~**, man** ~ nach und nach; **andare contro** ~ die falsche Fahrspur benutzen; **dare la** ~ die Hand geben; **dare una** ~ **a qu** *fig* jdm zur Hand gehen; **dar l'ultima** ~ letzte Hand anlegen; **essere in** ~ **a qu** in jds Gewalt (*o.* Hand) sein; **di prima/seconda** ~ aus erster/zweiter Hand; **avere sotto** ~ bei der Hand haben; **tenere per** ~ an der Hand halten; **venire alle -i** handgemein (*o.* handgreiflich) werden; **far man bassa di qc** etw. einsacken, etw. an sich raffen; *(mangiare)* etw. aufessen; **essere di** ~ ausspielen; **prendere la** ~ *(cavallo)* durchgehen; **ho le -i legate** mir sind die Hände gebunden; **ho le -i bucate** mir zerrinnt das Geld zwischen (*o.* unter) den Fingern; **-i in alto!** Hände hoch! **manodopera, mano d'opera** [mano'dɔ:pera] *f* **1.** *(lavoratori)* Arbeitskräfte *f pl;* **2.** *(costo)* Arbeitslohn *m.*

manometro [ma'nɔ:metro] *m* Manometer *n,* Druckmesser *m.*

manomettere [mano'mettere] ⟨*irr*⟩ *tr* **1.** *(lettera)* (unerlaubt) öffnen; *(cassetto)* aufbrechen, erbrechen; *(tomba)* plündern; **2.** *(documenti)* fälschen; **3.** *(diritti)* verletzen. **manomorta** [...'mɔrta] *f* **1.** *jur* Tote Hand; **2.** *fam scherz:* **fare la ~** zudringlich werden. **manopola** [ma'nɔ:pola] *f* **1.** *(impugnatura)* Halteriemen *m,* (Halte)griff *m;* **2.** *tec* (Dreh)knopf *m,* Regler *m;* **3.** *(di abito)* Stulpe *f,* Ärmelaufschlag *m;* **~ del volume** Lautstärkeregler *m.* **manoscritto, -a** [manos'kritto] **I.** *m* (*ab* **ms**) Manuskript *n;* **II.** *a* handschriftlich, handgeschrieben. **manovalanza** [manova'lantsa] *f* Hilfsarbeit *f,* Handlangerdienst *m.* **manovale** [...'va:le] *m* Handlanger *m,* Hilfsarbeiter *m.* **manovella** [...'vɛlla] *f* Kurbel *f;* **dare il primo giro di ~** *film* mit den Dreharbeiten beginnen. **manovra** [ma'nɔ:vra] *f* **1.** *gener., tec* Bedienung *f; fig* Maßnahmen *f pl,* Vorkehrungen *f pl;* **2.** *(guida, timone)* Steuerung *f;* **3.** *ferr* Rangieren *n; mot* Manöver *n;* **4.** *mil* Manöver *n,* Übung *f;* **5.** *fig (intrighi)* (Täuschungs)manöver *n.* **manovrabile** [mano'vra:bile] *a* **1.** *tec* lenkfähig, steuerbar, manövrierfähig; **2.** *fig (influenzabile)* lenkbar, beeinflußbar. **manovrare** [...'vra:re] **I.** *tr* **1.** *(azionare)* betätigen, bedienen; **2.** *ferr* rangieren; **3.** *fig (persona)* lenken, handhaben; **II.** *itr* **1.** *mil* manövrieren; **2.** *mot* rangieren; **3.** *fig (tramare)* manövrieren. **manovratore** [...vra'to:re] *m* **1.** *(guidatore)* Führer *m,* Lenker *m;* **2.** *ferr (scambista)* Weichensteller *m.*

manrovescio [manro'vɛʃʃo] *m* Ohrfeige *f* (mit dem Handrücken).

mansarda [man'sarda] *f* Mansarde *f.*

mansione [man'si̯o:ne] *f* **1.** *(compito)* Aufgabe *f,* Obliegenheit *f geh, adm;* **2.** *(competenza)* Befugnis *f.*

mansueto, -a [mansu'ɛ:to] *a* sanft; *(animale)* zahm. **mansuetudine** [...ue'tu:dine] *f* Sanftheit *f; (di animale)* Zahmheit *f.*

mantecare [mante'ka:re] ⟨manteco, mantechi⟩ *tr (pasta)* kneten; *(colla)* anrühren. **mantecato** [...'ka:to] *m (gelato) weiches, feinkörniges Speiseeis.*

mantella [man'tɛlla] *f* Cape *n,* Pelerine *f.* **mantello** [...lo] *m* **1.** *(cappotto)* Mantel *m,* Umhang *m;* **2.** *zoo* Fell *n;* **3.** *fig (strato)* Decke *f.*

mantenere [mante'ne:re] ⟨*irr*⟩ **I.** *tr* **1.** *(far continuare)* (er)halten; **2.** *(persone, famiglia)* unterhalten, ernähren; *(amante)* aushalten; **3.** *(parola, promessa)* einhalten, halten; *(segreto)* bewahren; *(ordine, affermazione)* aufrechterhalten; *(posto)* behaupten, halten; **II.** *rfl:* **-rsi 1.** *(giovani, in forze)* sich (er)halten, bleiben; **2.** *(provvedere ai bisogni)* für seinen Unterhalt sorgen. **mantenimento** [...ni'mento] *m* **1.** *(conservazione)* Erhaltung *f;* **2.** *(di famiglia)* Unterhalt *m,* Ernährung *f;* **3.** *(di parola, promessa)* Einhaltung *f,* Halten *n; (di posto)* Behauptung *f; (di ordine, affermazione)* Aufrechterhaltung *f.*

mantice ['mantitʃe] *m* **1.** *mus* (Blase)balg *m;* **2.** *ferr* (Falten)balg *m;* **3.** *(di auto, carrozza)* Verdeck *n.*

mantide ['mantide] *f* Fangheuschrekke *f;* **~ religiosa** Gottesanbeterin *f.*

manto ['manto] *m* **1.** *(indumento)* Mantel *m;* **2.** *(di asfalto)* Decke *f; (di vernice)* Überzug *m;* **3.** *(di neve)* Decke *f;* **4.** *fig (finzione, pretesto)* Deckmantel *m.*

Mantova ['mantova] *f* Mantua *n.*

manuale [manu'a:le] **I.** *a* handgemacht, Hand-; **II.** *m* Handbuch *n.* **manubrio** [ma'nu:bri̯o] ⟨-i⟩ *m* **1.** *(di bicicletta)* Lenkstange *f;* **2.** *sport* Hantel *f;* **3.** *tec* (Hand)griff *m.* **manufatto, -a** [manu'fatto] **I.** *a* Manufaktur-; **II.** *m* **1.** *(prodotto)* Manufaktur(ware) *f;* **2.** *(piccola costruzione)* Arbeit *f,* Arbeiten *f pl.* **manutenzione** [manuten'tsi̯o:ne] *f* Wartung *f,* Instandhaltung *f.*

manzo ['mandzo] *m* Rind *n.*

maoismo [mao'izmo] *m* Maoismus *m.*

maomettano, -a [maomet'ta:no] **I.** *m, f* Mohammedaner(in) *m(f);* **II.** *a* mohammedanisch.

mappa ['mappa] *f* Flurkarte *f,* Katasterkarte *f.* **mappamondo** [-'mondo] *m* Weltkarte *f; (globo)* Globus *m.*

maquillage [maki'ja:ʒ] ⟨-⟩ *m* Make-up *n.*

marabù [mara'bu] ⟨-⟩ *m* Marabu *m.*

marachella [mara'kɛlla] *f fam* Mogelei *f fam,* Schwindel *m.*

maramao, marameo [mara'ma:o, ...'mɛ:o] *interj scherz* ätsch fam, Pustekuchen *fam;* **far ~ a qu** jdm eine lange Nase machen *fam.*

marasca [ma'raska] ⟨-sche⟩ *f* Sauerkirsche *f.* **maraschino** [...'ki:no] *m* Maraschino *m.*

marasma [ma'razma] ⟨-i⟩ *m* **1.** *med* (Kräfte)verfall *m,* Marasmus *m scient;* **2.** *fig (decadenza)* Verfall *m;* **3.** *fig (caos)* Durcheinander *n,* Chaos *n.*

maratona [mara'to:na] *f* Marathon *m.*
marca ['marka] ‹-che› *f* **1.** *(segno)* Zeichen *n;* **2.** *com* Marke *f;* **3.** *(scontrino)* (Aufbewahrungs)schein *m,* (Quittungs)zettel *m; (bollo)* (Steuer-, Wert-, Gebühren)marke *f;* ~ **depositata** (*o.* **registrata)** eingetragenes Warenzeichen. **marcamento** [-'mento] *m sport* Deckung *f.*
marcantonio, -a [markan'tɔ:nio] ‹-i, -ie› *m, f fam* **1.** *(uomo)* Mordskerl *m fam;* **2.** *(donna)* Walküre *f scherz.*
marcare [mar'ka:re] ‹marco, marchi› *tr* **1.** *(oggetti)* kennzeichnen, markieren; **2.** *sport (punti)* machen; *(gol)* schießen; *(avversario)* decken; **3.** *(parola, voce)* hervorheben, betonen; ~ **visita** *mil* sich krank melden. **marcato, -a** [...'ka:to] *a* **1.** *(con marchio)* gekennzeichnet, markiert; **2.** *fig* ausgeprägt, betont, markant. **marcatore, -trice** [...ka'to:re] *m, f* **1.** *(chi fa marcature)* Kennzeichner(in) *m(f),* Markierer(in) *m(f);* **2.** *(chi segna i punti)* Punktemacher(in) *m(f);* **3.** *sport (di gol)* Torschütze *m,* -schützin *f; (chi marca l'avversario)* Dekkungsspieler(in) *m(f).* **marcatura** [...ka'tu:ra] *f* **1.** *gener.* Kennzeichnung *f,* Markierung *f;* **2.** *sport (punteggio)* Punktezahl *f.*

Marcella [mar'tʃɛlla] *nome proprio femminile.*
Marcello [mar'tʃɛllo] *nome proprio maschile.*
Marche ['marke] *f pl* Marken *pl.*
marchese, -a [mar'ke:ze] *m, f* Marchese *m,* Marchesa *f; (in Francia)* Marquis(e) *m(f).*
marchetta [mar'ketta] *f* (Versicherungs)marke *f;* **far -e** *fam* anschaffen gehen *fam.*
marchiano, -a [mar'kia:no] *a* ungeheuer, riesig.
marchiare [mar'kia:re] ‹marchio, marchi› *tr* **1.** (kenn)zeichnen, markieren; *(con timbro)* stempeln; **2.** *fig* zeichnen; ~ **d'infamia** brandmarken.
marchigiano, -a [marki'dʒa:no] **I.** *a* aus den Marken; **II.** *m, f* Bewohner(in) *m(f)* der Marken.
marchio ['markio] ‹-chi› *m* **1.** *(del bestiame)* (Brand)zeichen *n,* (Brand)mal *n;* **2.** *fig* Brandmal *n,* Schandmal *n;* **3.** *com* Warenzeichen *n,* Markenzeichen *n;* ~ **di qualità** Gütezeichen *n.*
marcia ['martʃa] ‹-ce› *f* **1.** *(cammino)* Marsch *m;* **2.** *mus* Marsch *m;* **3.** *tec, mot* Gang *m;* **4.** *sport* Gehen *n;* ~ **indietro** Rückwärtsgang *m;* **far** ~ **indietro** *fig* einen Rückzieher machen; **mettersi in** ~ sich in Bewegung setzen.
marciapiede [martʃa'piɛ:de] *m* **1.** *(di strada)* Gehweg *m,* Bürgersteig *m;* **2.** *(di stazione)* Bahnsteig *m;* **battere il** ~ auf den Strich gehen *fam.*
marciare [mar'tʃa:re] ‹marcio, marci› *itr* **1.** *(camminare, a. mil)* marschieren; **2.** *fam (funzionare)* laufen, gehen; **3.** *sport* gehen.
marcio, -a ['martʃo] ‹-ci, -ce› **I.** *a* **1.** *(frutto)* faul, verdorben; *(legno)* morsch; **2.** *med* eitrig; **3.** *fig (società, costume)* verderbt, verkommen; **aver torto** ~ völlig im Unrecht sein; **II.** *m* **1.** *med* Eiter *m;* **2.** *(parte marcia)* Faulstelle *f,* verdorbene Stelle; **3.** *fig (corruzione)* Verderbtheit *f.* **marcire** [...'tʃi:re] ‹marcisco› *itr* ‹*essere*› **1.** *(frutta, carne)* (ver)faulen, verderben; **2.** *med (ferita)* eitern; **3.** *fig (nell'ozio)* verkommen. **marciume** [...'tʃu:me] *m* **1.** *(cose marce)* faules Zeug, Moder *m;* **2.** *(pus)* Eiter *m;* **3.** *bot* Fäule *f;* **4.** *fig (corruzione)* Verderbtheit *f,* Verkommenheit *f.*
marco ['marko] ‹-chi› *m* Mark *f;* ~ **tedesco** Deutsche Mark; ~ **orientale** Ostmark *f fam.*
Marco ['marko] *(nome proprio maschile)* Markus.
marconista [marko'nista] ‹-i› *m* Funker *m.*
mare ['ma:re] *m* See *f; (a. fig)* Meer *n;* **M~ Baltico** Ostsee *f;* **M~ Mediterraneo** Mittelmeer *n;* **Mar Ligure/Egeo** Ligurisches/Ägäisches Meer, Ägäis *f;* **Mar Rosso/Nero** Rotes/Schwarzes Meer; **M~ Tirreno** Tyrrhenisches Meer; **M~ del Sud/Nord** Süd-/Nordsee *f;* **sul livello del** ~ (*ab* **s.l.m.)** über dem Meeresspiegel; **essere in alto** ~ *fig* noch weit vom Ziel entfernt sein; **uomo in** ~! Mann über Bord! **marea** [ma'rɛ:a] *f* **1.** *naut* Gezeiten *pl;* **2.** *fig* Flut *f;* **alta/bassa** ~ Flut *f*/Ebbe *f.* **mareggiata** [mared'dʒa:ta] *f* Sturmflut *f.*
maremma [ma'remma] *f* Maremmen *pl.*
maremoto [mare'mɔ:to] *m* Seebeben *n.*
maresciallo [mareʃ'ʃallo] *m* **1.** *(ufficiale supremo)* Marschall *m;* **2.** *(sottufficiale)* Feldwebel *m.*
maretta [ma'retta] *f* **1.** *naut* leichter Seegang, leichte See; **2.** *fig (nervosismo)* gespannte Atmosphäre.
marezzato, -a [mared'dza:to] *a* gemasert. **marezzatura** [...dza'tu:ra] *f* **1.** *(di stoffa, carta)* Moiré(muster) *n;* **2.** *(di legno, marmo)* Maserung *f.*

margarina [marga'ri:na] *f* Margarine *f.*

margherita [marge'ri:ta] *f* Margerite *f;* **torta ~** Sandkuchen *m;* **(pizza) ~** *Pizza mit Käse und Tomaten.*

Margherita [marge'ri:ta] *(nome proprio femminile)* Margarete.

marginale [mardʒi'na:le] *a* nebensächlich, Neben-; *com* Marge-; *(nota, appunto)* Rand-, marginal; **nota ~** Randbemerkung *f.*

marginare [mardʒi'na:re] *tr* den Rand bestimmen *gen,* einlegen.

margine ['mardʒine] *m* **1.** *gener.* Rand *m;* **2.** *typ* Steg *m;* **3.** *com (quantità)* Spanne *f,* Marge *f;* **4.** *fig (di tempo)* Spanne *f; (eccedenza)* Spielraum *m.*

Maria [ma'ri:a] *(nome proprio femminile)* Maria, Marie.

mariano, -a [mari'a:no] *a* Marien-.

marijuana [mærɪ'hwɑ:nə *o.* ma-ri'xu̯ana] *f* Marihuana *n.*

marina [ma'ri:na] *f* **1.** *(riva)* Küste *f; (città)* Küstensiedlung *f,* Küstenstadt *f;* **2.** *(quadro)* Seestück *n;* **3.** *naut, mil* Marine *f.* **marinaio** [mari'na:i̯o] ‹-ai› *m* Seemann *m; (a. mil)* Matrose *m;* **promessa da ~** *fig* leere Versprechung. **marinara** [...'na:ra] *f* **1.** *(abito)* Matrosenanzug *m;* **2.** *(cappello) Strohhut mit breiter, hochgezogener Krempe.* **marinare** [...'na:re] *tr* **1.** *gastr* einlegen, marinieren; **2.** *fig fam (scuola)* schwänzen. **marinaresco, -a** [...na'resko] ‹-schi, -sche› *a* Seemanns-, Matrosen-. **marinaro, -a** [...'na:ro] *a* See-, Matrosen-; *(di pescatori)* Fischer-. **marinata** [...'na:ta] *f* Marinade *f.* **marine** [mə'ri:n] ‹-› *m* Marinesoldat *m,* Mariner *m sl.* **marineria** [marine'ri:a] ‹-ie› *f* Seestreitkräfte *f pl,* Marine *f.* **marino, -a** [ma'ri:no] *a* Meer(es)-, See-; **acqua -a** Meerwasser *n;* **cavalluccio ~** Seepferdchen *n;* **blu ~** marineblau.

Mario ['ma:ri̯o] *(nome proprio maschile)* Marius.

marioleria [mariole'ri:a] ‹-ie› *f* Gaunerei *f.* **mariolo** [...i'ɔ:lo] *m* Gauner *m.*

marionetta [mari̯o'netta] *f* **1.** *(fantoccio)* Marionette *f;* **2.** *fig* Hampelmann *m; (senza carattere)* Marionette *f.*

Marisa [ma'ri:za] *nome proprio femminile.*

maritale [mari'ta:le] *a* des (Ehe)manns; **potestà ~** eheliche Gewalt. **maritare** [...'ta:re] **I.** *tr* **1.** *(sposare)* verheiraten (*con* mit); **2.** *bot* kreuzen (*a* mit); **II.** *rfl:* **-rsi** heiraten, sich verheiraten (*a, con* mit). **marito** [ma'ri:to] *m* (Ehe)mann *m,* Gatte *m geh;* **prender ~** heiraten; **ragazza (in età) da ~** Mädchen *n* im heiratsfähigen Alter.

maritozzo [mari'tɔttso] *m süßes Brötchen aus Hefeteig, Rosinen und Pinienkernen.*

marittimo, -a [ma'rittimo] **I.** *a* See-, Hafen-; *(clima, etc.)* maritim; **II.** *m* Hafenarbeiter *m; (marinaio)* Seemann *m.*

market ['mɑ:kɪt] ‹-› *m* Supermarkt *m.*

marketing [-ɪŋ] ‹-› *m* Marketing *n;* **ricerca di ~** Marktforschung *f.*

marmaglia [mar'maʎʎa] ‹-glie› *f* (Lumpen)pack *n,* Gesindel *n.*

marmellata [marmel'la:ta] *f* Marmelade *f.*

marmifero, -a [mar'mi:fero] *a* Marmor-. **marmista** [...'mista] ‹-i *m,* -e *f*› *mf* Marmorschleifer(in) *m(f).*

marmitta [mar'mitta] *f* **1.** *(pentolone)* (Koch)kessel *m,* Topf *m;* **2.** *mot* Auspufftopf *m;* **~ catalitica** (Auspuff *m* mit) Katalysator *m;* **~ da campo** Feldküche *f,* Gulaschkanone *f sl;* **~ dei giganti** *geog* Kolk *m,* Strudeltopf *m.* **marmittone** [...'to:ne] *m* Schlafmütze *f.*

marmo ['marmo] *m* **1.** *(calcare)* Marmor *m;* **2.** *(opera)* Marmorplastik *f; (lastra)* Marmorplatte *f;* **avere il cuore di ~** ein Herz aus Stein haben; **diventare un pezzo di ~** *fig* eiskalt sein.

marmocchio, -a [mar'mɔkki̯o] ‹-cchi, -cchie› *m, f fam* Knirps *m fam,* Göre *f fam.*

marmoreo, -a [mar'mɔ:reo] *a* **1.** *(di marmo)* Marmor-, marmorn *geh;* **2.** *fig* eiskalt, eisig. **marmorizzare** [...morid'dza:re] *tr* marmorieren.

marmotta [mar'mɔtta] *f* **1.** *zoo* Murmeltier *n;* **2.** *fig* Schlafmütze *f fam,* Faulpelz *m.*

marna ['marna] *f* Mergel *m.*

marocchino, -a [marok'ki:no] **I.** *a* marokkanisch; **II.** *m, f* Marokkaner(in) *m(f);* **III.** *m* Maroquin(leder *n*) *m o. n.* **Marocco** [ma'rɔkko] *m:* **il ~** Marokko *n.*

maroso [ma'ro:so] *m* Sturzwelle *f.*

marrano [mar'ra:no] *m* Flegel *m.*

marrone [mar'ro:ne] **I.** *m* **1.** *bot* (Edel)kastanie *f;* **2.** *gastr* (Eß)kastanie *f;* (*~ candito)* Marone *f;* **3.** *(colore)* Braun *n;* **II.** ‹*inv*› *a* (kastanien)braun.

marsala [mar'sa:la] ‹-› *m* Marsala(wein) *m.*

marsc' [marʃ] *interj* marsch.

marsina [mar'si:na] *f* Frack *m.*

marsupiali [marsu'pi̯a:li] *m pl* Beuteltiere *n pl.* **marsupio** [...'su:pi̯o] ‹-i› *m* Bauchtasche *f,* Beutel *m.*

Marta ['marta] *(nome proprio femminile)* Martha.

Marte ['marte] ‹-› *m* Mars *m.*

martedì [marte'di] ‹-› *m* Dienstag *m;* ~ **grasso** Faschingsdienstag *m; v. a. lunedì.*

martellamento [martella'mento] *m* **1.** *(serie di colpi)* (fortgesetztes) Hämmern *n;* **2.** *(delle tempie)* Klopfen *n,* Pochen *n;* **3.** *fig (di domande)* Trommelfeuer *n.* **martellare** [...'la:re] **I.** *tr* **1.** *(il ferro)* hämmern; **2.** *(percuotere)* schlagen, hämmern; **3.** *fig (di domande)* überschütten; **II.** *itr* klopfen, pochen. **martellata** [...'la:ta] *f* Hammerschlag *m.* **martelletto** [...'letto] *m med* Perkussionshammer *m; (del pianoforte)* Hämmerchen *n,* Hammer *m; (della macchina da scrivere)* Typenhebel *m;* ~ **di stampa** Typenhebel *m.* **martellio** [...'li:o] ‹-ii› *m* Hämmern *n,* Gehämmer *n.*

martello [mar'tɛllo] *m* **1.** *(arnese, a. fig)* Hammer *m; (da ghiaccio)* Pickel *m;* **2.** *(di porta)* Türklopfer *m;* **3.** *(di campana)* Klöppel *m;* **4.** *anat, sport* Hammer *m;* **pesce** ~ Hammerhai *m.*

martinetto [marti'netto] *m* Winde *f.*

martingala [martiŋ'ga:la] *f* **1.** *(cintura)* Rückengurt *m;* **2.** *(per il cavallo)* Hilfszügel *m,* Martingal *n.*

martin pescatore [mar'tin peska'to:re] ‹- -i› *m* Eisvogel *m.*

martire ['martire] *mf* Märtyrer(in) *m(f).* **martirio** [...'ti:ri̯o] ‹-i› *m* **1.** *rel* Martyrium *n,* Märtyrertod *m;* **2.** *fig (supplizio)* Qual *f,* Martyrium *n.* **martirizzare** [...tirid'dza:re] *v.* **martoriare.**

martora ['martora] *f* Marder *m.*

martoriare [marto'ri̯a:re] ‹martorio, martori› *tr* **1.** *(torturare)* martern; **2.** *fig (tormentare)* quälen, peinigen.

marxismo [mark'sizmo] *m* Marxismus *m.* **marxista** [...'sista] ‹-i *m,* -e *f*› **I.** *mf* Marxist(in) *m(f);* **II.** *a* marxistisch.

marzapane [martsa'pa:ne] *m* Marzipan *n.*

marziale [mar'tsi̯a:le] *a* **1.** *(della guerra)* Kriegs-; **2.** *fig (aspetto, passo)* martialisch *geh,* kriegerisch.

marziano, -a [mar'tsi̯a:no] **I.** *a* Mars-; **II.** *m, f* **1.** *astr* Marsmensch *m;* **2.** *fig* Sonderling *m.*

marzo ['martso] *m* März *m;* **tempo di** ~ Aprilwetter *n; v. a. settembre.*

mas [mas] ‹-› *m* Schnellboot *n.*

mascalzonata [maskaltso'na:ta] *f fam* Lumperei *f fam.* **mascalzone** [...'tso:ne] *m fam* Lump *m,* Schuft *m,* Kanaille *f.*

mascara [mas'ka:ra] ‹-› *m* Wimperntusche *f,* Mascara *n.*

mascarpone [maskar'po:ne] *m* *Frischmilchkäse aus der Lombardei.*

mascella [maʃ'ʃɛlla] *f* Kiefer *m;* **lavorare di -e** *scherz* spachteln *fam,* futtern *fam.* **mascellare** [...ʃel'la:re] **I.** *a* Kiefer-; **II.** *m* Kieferknochen *m,* Kiefer *m.*

maschera ['maskera] *f* **1.** *(finto volto, persona, a. fig)* Maske *f;* **2.** *(travestimento)* Kostümierung *f,* Maskerade *f;* **3.** *theat* Kostüm *n,* Maske *f;* **4.** *(protezione)* (Schutz)maske *f; (mortuaria)* (Toten)maske *f; (nella cosmesi)* (Schönheits)maske *f;* **5.** *theat, film* Platzanweiser(in) *m(f);* **6.** *tec (schermatura)* (Schutz)schirm *m,* (Schutz)schild *m;* ~ **antigas** Gasmaske *f;* ~ **subacquea** Tauchermaske *f,* Taucherbrille *f;* **ballo in** ~ Maskenball *m.* **mascheramento** [...ra'mento] *m* **1.** *(il mascherare)* Maskierung *f;* **2.** *mil, fig* Tarnung *f.* **mascherare** [...'ra:re] **I.** *tr* **1.** *(travestire)* kostümieren, verkleiden; **2.** *(mimetizzare)* tarnen; **3.** *fig (nascondere)* verdecken, tarnen; *(dissimulare)* tarnen, verbergen; *mil* tarnen; **II.** *rfl:* **-rsi 1.** *(travestirsi)* sich kostümieren, sich verkleiden; **2.** *fig (assumere un'apparenza)* sich ausgeben. **mascherata** [...'ra:ta] *f* **1.** *(gruppo)* Maskenzug *m;* **2.** *(festa)* Maskerade *f.* **mascherina** [...'ri:na] *f* **1.** *(per il viso)* Halbmaske *f;* **2.** *(persona mascherata)* (schöne) Maske *f;* **3.** *(di scarpa)* (Vorder)kappe *f;* **4.** *(schermo)* Blende *f,* Schirm *m;* **5.** *mot* Kühlergrill *m;* **ti conosco** ~! du bist durchschaut (*o.* entlarvt)! **mascherone** [...'ro:ne] *m* **1.** *(ornamento)* Maskaron *m;* **2.** *(volto deformato)* Fratze *f.*

maschietta [mas'ki̯etta] *f* burschikoses Mädchen; **capelli alla** ~ Bubikopf *m.* **maschietto** [...to] *m* Junge *m.* **maschile** [...'ki:le] **I.** *a* **1.** *gener.* männlich; *(di uomo)* Herren-, Männer-; *(di ragazzo)* Knaben-, Jungen-; **2.** *gram* männlich, maskulin; **II.** *m* Maskulinum *n.* **maschilismo** [...ki'lizmo] *m* Männlichkeitswahn *m,* Machismo *m.* **maschilista** [...ki'lista] ‹-i› **I.** *m* Macho *m;* **II.** *a* Macho-, machohaft.

maschio, -a ['maski̯o] ‹-schi, -schie› **I.** *m* **1.** *biol* Männchen *n;* **2.** *(uomo)* Mann *m; (ragazzo)* Junge *m,* Knabe *m;* **3.** *tec* Zapfen *m; (utensile)* Gewindebohrer *m;* **4.** *(torre)* Hauptturm *m,* Bergfried *m hist;* **II.** *a (carattere, comportamento a.)* viril; *(moda, voce a.)* maskulin. **mascolinizzare** [maskolinid'dza:re] **I.** *tr* vermännlichen; **II.** *rfl:* **-rsi** männlich werden, männliche Züge annehmen. **mascolino, -a** [...'li:no] *a* männlich.

mascotte [mas'kɔt] ⟨-⟩ *f* Maskottchen *n.*

masnada [maz'na:da] *f* Horde *f,* Bande *f.* **masnadiere** [...na'di̯ɛ:re] *m* Halunke *m,* Bandit *m;* **faccia da ~** *fam* Gaunervisage *f fam.*

masochismo [mazo'kizmo] *m* Masochismus *m.* **masochista** [...'kista] ⟨-i *m,* -e *f*⟩ *mf* Masochist(in) *m(f).* **masochistico, -a** [...'kistiko] ⟨-ci, -che⟩ *a* masochistisch.

massa ['massa] *f* **1.** *gener., phys* Masse *f;* **2.** *(mucchio)* Menge *f,* Haufen *m; (moltitudine)* (Un)menge *f,* große Menge; **3.** *soc* (breite) Masse *f,* Volk *n;* **4.** *(nella tecnica dello spettacolo)* Gesamtheit *f;* **5.** *el* Erde *f,* Masse *f;* **6.** *arch* (Bau)körper *m;* **in ~** massenweise, massenhaft; *(in blocco)* im ganzen, en bloc; **collegare** (*o.* **mettere) a ~** erden; **~ corale/orchestrale** Chor *m*/Orchester *n;* **uomo ~** Durchschnittsbürger *m.*

massacrante [massa'krante] *a* aufreibend, mörderisch. **massacrare** [...'kra:re] *tr* **1.** *(trucidare)* niedermetzeln, hinschlachten; **2.** *(malmenare)* mißhandeln, massakrieren; **3.** *fig (logorare)* aufreiben, zermürben; *(rovinare)* verpfuschen. **massacro** [mas'sa:kro] *m* **1.** *(eccidio)* Massaker *n,* Hinmetzeln *n;* **2.** *fig* Katastrophe *f.*

massaggiare [massad'dʒa:re] ⟨massaggio, massaggi⟩ *tr* massieren. **massaggiatore, -trice** [...dʒa'to:re] **I.** *m, f* Masseur(in) *m(f);* **II.** *m* Massagegerät *n.* **massaggio** [mas'saddʒo] ⟨-ggi⟩ *m* Massage *f.*

massaia [mas'sa:i̯a] ⟨-aie⟩ *f* Hausfrau *f.* **massaio** [...i̯o] ⟨-ai⟩ *m* Gutsverwalter *m,* Aufseher *m.*

massello [mas'sɛllo] *m* **1.** *(lingotto)* Metallblock *m,* Massel *f;* **2.** *(blocco di pietra)* Werkstein(block) *m,* Naturstein *m.*

masseria [masse'ri:a] ⟨-ie⟩ *f* Bauernhof *m,* Gutshof *m.* **masserizie** [...'rittsi̯e] *f pl* Hausrat *m.*

massicciata [massit'tʃa:ta] *f* Tragschicht *f;* **~ ferroviaria** Schotterung *f,* Schotterbettung *f.* **massiccio, -a** [...'sittʃo] ⟨-cci, -cce⟩ **I.** *a* **1.** *(solido)* massiv; *(sodo)* fest, solide; *(voluminoso)* massiv, wuchtig; *(tarchiato)* kompakt *fam,* kräftig; **2.** *fig (violento)* massiv; *(pesante)* erdrückend; *(grossolano)* derb, grob; **II.** *m* (Gebirgs)massiv *n.*

massificare [massifi'ka:re] ⟨massifico, massifichi⟩ *tr* vermassen. **massificazione** [...kat'tsi̯o:ne] *f* Vermassung *f.*

massima[1] ['massima] *f (sentenza, motto)* Maxime *f; (principio a.)* Grundsatz *m;* **in linea di ~** im Prinzip, grundsätzlich; **un accordo di ~** eine grundsätzliche Einigung.

massima[2] ['massima] *f (temperatura)* Höchsttemperatur *f.*

massimale [massi'ma:le] **I.** *a* höchste(r, s), Höchst-; **II.** *m* **1.** *(limite)* Höchstgrenze *f;* **2.** *fin* Höchstbetrag *m,* Höchstsumme *f.*

Massimiliano [massimi'li̯a:no] *(nome proprio maschile)* Maximilian.

Massimo ['massimo] *(nome proprio maschile)* Max.

massimo, -a ['massimo] ⟨*superlativo di* grande⟩ **I.** *a* **1.** *(estremamente grande)* maximal, sehr groß; **2.** *(il più grande)* größte(r, s); **3.** *(il più alto)* höchste(r, s); **temperatura -a** Höchsttemperatur *f;* **peso ~** *sport* Schwergewicht *n;* **~ comune divisore** (*ab* **M.C.D.**) größter gemeinsamer Teiler; **al ~** höchstens; **in -a parte** größtenteils; **II.** *m* **1.** *(il grado più elevato)* Maximum *n,* Höchstmaß *n;* **2.** *sport* Schwergewicht(ler *m*) *n.*

massivo, -a [mas'si:vo] *a* **1.** *(in massa)* Massen-; **2.** *med (asportazione)* Total-; *(emorragia)* massiv; **3.** *(massiccio)* stark, massiv.

mass media [mæs'mi:dɪə] *m pl* Massenmedien *n pl.*

masso ['masso] *m* Felsblock *m;* **sentirsi un ~ sullo stomaco** ein schweres Gefühl im Magen haben; **dormire come un ~** schlafen wie ein Stein.

massone [mas'so:ne] *m* Freimaurer *m.* **massoneria** [...sone'ri:a] ⟨-ie⟩ *f* Freimaurerei *f.* **massonico, -a** [...'sɔ:niko] ⟨-ci, -che⟩ *a* freimaurerisch, Freimaurer-.

mastello [mas'tɛllo] *m* Bottich *m,* Bütte *f.*

masticare [masti'ka:re] ⟨mastico, mastichi⟩ *tr* **1.** *(cibo, tabacco, etc.)* kauen; **2.** *fig (biascicare)* murmeln; *(lingua)* radebrechen; **~ amaro** (*o.* **veleno)** *fig* etw. zähneknirschend schlukken. **masticatorio, -a** [...ka'tɔ:ri̯o] ⟨-i, -ie⟩ *a* Kau-. **masticazione** [...kat'tsi̯o:ne] *f* Kauen *n.*

mastice ['mastitʃe] *m* **1.** *(miscuglio adesivo)* Kitt *m;* **2.** *(resina)* Mastix *m.*

mastino [mas'ti:no] *m* Bluthund *m.* **mastite** [mas'ti:te] *f* Brust(drüsen)entzündung *f,* Mastitis *f scient.* **mastodonte** [masto'donte] *m fig* Koloß *m.* **mastodontico, -a** [...'dɔntiko] ‹-ci, -che› *a* kolossal. **mastro** ['mastro] **I.** *m* **1.** *(artigiano)* Meister *m;* **2.** *(libro mastro)* Hauptbuch *n;* **II.** *a:* **libro ~** Hauptbuch *n.* **masturbare** [mastur'ba:re] *tr, rfl:* **-rsi** masturbieren. **masturbazione** [...bat'tsi̯o:ne] *f* Masturbation *f.* **matassa** [ma'tassa] *f* **1.** *(di filo)* Docke *f,* Strähne *f;* **2.** *el* Wicklung *f;* **3.** *fig* verwickelte Situation, Verwicklung *f.* **match** [mætʃ] ‹-› *m* Match *n o. m; (di pugilato)* Fight *m,* Boxkampf *m.* **matematica¹** [mate'ma:tika] ‹-che› *f* Mathematik *f;* **se la ~ non è un'opinione, fa ...** das ist (*o.* sind) nach Adam Riese ... **matematica²** *f v.* **matematico.** **matematicamente** [matematika'mente] *adv* **1.** *mat* nach mathematischen Regeln; **2.** *fig (in modo certo)* ganz sicher, todsicher *fam.* **matematico, -a** [...'ma:tiko] ‹-ci, -che› **I.** *a* **1.** *mat* mathematisch; **2.** *(di assoluta precisione)* exakt, präzis(e); **II.** *m, f* Mathematiker(in) *m(f).* **materassaio, -a** [materas'sa:i̯o] ‹-ai, -aie› *m, f* Polsterer *m,* Polst(r)erin *f.* **materassino** [materas'si:no] *m (~ gonfiabile)* Luftmatratze *f.* **materasso** [mate'rasso] *m* Matratze *f.* **materia** [ma'tɛ:ri̯a] ‹-ie› *f* **1.** *(sostanza)* Stoff *m,* Substanz *f;* **2.** *(contrapposta a spirito)* Materie *f;* **3.** *(argomento)* Thema *n,* Stoff *m;* **4.** *(disciplina)* (Lehr)fach *n;* **5.** *fam (pus)* Eiter *m;* **~ grigia** graue Substanz; **-ie prime/plastiche** Roh-/Kunststoffe *m pl;* **indice per -ie** Sachregister *n;* **entrare in ~** zum Thema kommen; **in ~ di** auf dem Gebiet *gen,* was ... betrifft. **materiale** [mate'ri̯a:le] **I.** *a* **1.** *(di, della materia)* stofflich, materiell; **2.** *(concreto)* real, konkret; **3.** *(economico)* materiell; **4.** *(fisico)* körperlich, Körper-; **5.** *(effettivo)* (effektiv) notwendig; **6.** *(grossolano)* plump; **II.** *m* **1.** *(prodotto necessario)* Material *n,* Stoff *m,* Mittel *n;* **2.** *(strumenti)* Mittel *n pl,* Bedarf *m;* **3.** *(appunti e documenti)* Unterlagen *f pl.* **materialismo** [materi̯a'lizmo] *m* Materialismus *m.* **materialista** [...'lista] ‹-i *m,* -e *f*› **I.** *mf* Materialist(in) *m(f);* **II.** *a* materialistisch. **materialistico, -a** [...'listiko] ‹-ci, -che› *a* materialistisch. **materialità** [...li'ta] ‹-› *f* **1.** *(condizione)* Materialität *f;* **2.** *fig (volgarità)* Grobheit *f,* Vulgarität *f.* **materializzare** [...lid'dza:re] **I.** *tr* materialisieren; **II.** *rfl:* **-rsi 1.** *(prender corpo)* sich materialisieren; **2.** *(diventar concreto)* konkret werden. **materializzazione** [...liddzat'tsi̯o:ne] *f* Materialisation *f.* **materialmente** [...al'mente] *adv* konkret, tatsächlich; *(in sostanza)* faktisch.

maternità [materni'ta] ‹-› *f* **1.** *(condizione di madre)* Mutterschaft *f;* **2.** *jur* Mutterschutz *m;* **3.** *(reparto ospedaliero)* Entbindungsstation *f;* **interruzione della ~** Schwangerschaftsunterbrechung *f;* **essere in ~** im Mutterschutz sein. **materno, -a** [ma'tɛrno] *a* **1.** *(di, da madre)* mütterlich, Mutter-; **2.** *(da parte di madre)* mütterlicherseits; **3.** *(lingua)* Mutter-; *(terra)* Heimat-; **scuola -a** Kindergarten *m,* Vorschule *f.*

matita [ma'ti:ta] *f* Stift *m; (lapis)* Bleistift *m.*

matriarcale [matriar'ka:le] *a* matriarchalisch. **matriarcato** [...'ka:to] *m* Matriarchat *n.*

matrice [ma'tri:tʃe] *f* **1.** *mat, biol* Matrix *f;* **2.** *typ* Matrize *f,* Mater *f;* **3.** *tec* Gesenk *n;* **4.** *com* Stammregister *n;* **5.** *fig (fonte)* Ursprung *m.*

matricida [matri'tʃi:da] ‹-i *m,* -e *f*› *mf* Muttermörder(in) *m(f).* **matricidio** [...di̯o] ‹-i› *m* Muttermord *m.*

matricola [ma'tri:kola] *f* **1.** *(registro)* Matrikel *f,* Register *n;* **2.** *(numero)* Matrikelnummer *f;* **3.** *(studente)* Studienanfänger(in) *m(f);* **4.** *sport, fig* Anfänger(in) *m(f),* Neuling *m;* **5.** *mil* Stammrolle *f;* **certificato di ~** Immatrikulationsbescheinigung *f.* **matricolare** [matriko'la:re] *a* Matrikel-. **matricolato, -a** [...'la:to] *a scherz* abgefeimt; *(ladro, etc.)* gerissen, durchtrieben; *(sciocco)* ausgemacht.

matrigna [ma'triɲɲa] *f* Stiefmutter *f;* **la natura gli è stata ~** die Natur hat ihn stiefmütterlich behandelt.

matrimoniale [matrimo'ni̯a:le] *a* ehelich, Ehe-. **matrimonio** [...'mɔ:ni̯o] ‹-i› *m* **1.** *(rapporto)* Ehe *f;* **2.** *(cerimonia)* Hochzeit *f,* Trauung *f;* **unire in ~** trauen.

matrona [ma'trɔ:na] *f* Matrone *f.*

matroneo [matro'nɛ:o] *m* Empore *f.*

matta¹ ['matta] *f (carta da gioco)* Joker *m.*

matta² *f v.* **matto.**

mattacchione, -a [mattak'ki̯o:ne] *m, f scherz* Spaßvogel *m,* Witzbold *m* *fam.* **mattana** [...'ta:na] *f fam* Kapriole *f,* launiger Einfall.

mattatoio [matta'to:i̯o] ⟨-oi⟩ *m* Schlachthof *m.*

Matteo [mat'tɛ:o] *(nome proprio maschile)* Matthäus.

matterello [matte'rɛllo] *m* Nudelholz *n.*

mattina [mat'ti:na] *f* Morgen *m;* **questa ~** heute morgen (*o.* früh); **domani ~** morgen früh; **ieri/sabato ~** gestern/Samstag früh (*o.* morgen); **di ~** morgens; **di prima ~** am frühen Morgen. **mattinata** [matti'na:ta] *f* **1.** *(durata della mattina)* Vormittag *m;* **2.** *mus* Morgenständchen *n;* **3.** *(spettacolo)* Matinee *f.* **mattiniero, -a** [...'ni̯ɛ:ro] *a:* **essere ~** (ein) Frühaufsteher sein. **mattino** [...'ti:no] *m* Morgen *m;* **di buon ~** frühmorgens; **giornale del ~** Morgenzeitung *f.*

matto, -a ['matto] **I.** *a* **1.** *(pazzo)* wahnsinnig, verrückt; **2.** *(cavallo)* störrisch; **3.** *fam (stravagante)* verrückt, verdreht; **4.** *fig (enorme)* wahnsinnig *fam;* **5.** *fig (falso)* falsch, unecht; **6.** *(opaco)* matt, glanzlos; **scacco ~** schachmatt; **andar ~ per qc** *fam* nach etw. verrückt sein; **avere una voglia -a di qc** *fam* ganz verrückt (*o.* wild) auf etw. sein; **essere ~ da legare** *fam* total verrückt sein *fam,* spinnen *fam;* **fossi ~!** *fam* ich wäre ja verrückt!, ich müßte ja verrückt sein!; **II.** *m, f* **1.** *(pazzo)* Wahnsinnige(r) *mf,* Verrückte(r) *mf;* **2.** *(persona stravagante)* verrückte Person; **dare il ~ a qu** *(a. fig)* jdn (schach)matt setzen.

mattone [mat'to:ne] *m* **1.** *(laterizio)* Ziegel(stein) *m,* Backstein *m;* **2.** *fig (libro, film)* Schinken *m; (persona)* Langweiler *m fam.* **mattonella** [...to'nɛlla] *f* **1.** *(piastrella)* Fliese *f,* (Stein)platte *f;* **2.** *(nel biliardo)* Bande *f;* **3.** *(combustibile)* Brikett *n;* **4.** *(confezione)* Platte *f; (di gelato)* Packung *f.*

mattutino, -a [mattu'ti:no] **I.** *a* Morgen-, morgendlich; **II.** *m* **1.** *rel* Mette *f,* Matutin *f;* **2.** *(della campana)* Morgenläuten *n.*

matura *f v.* **maturo.**

maturando, -a [matu'rando] *m, f* Abiturient(in) *m(f),* Maturant(in) *m(f) A.*

maturare [matu'ra:re] **I.** *itr* ⟨*essere*⟩ **1.** *(frutti)* reifen, reif werden; *(diventar stagionato)* ausreifen; **2.** *(persona)* heranreifen, reifen *geh;* **3.** *com (interessi)* fällig werden; **4.** *(giungere a compimento)* reif werden; **II.** *tr* ⟨*avere*⟩ **1.** *(frutti)* reifen lassen, reifen, reif werden lassen; *(formaggio, vino)* (aus)reifen lassen; **2.** *(idea, piano)* reifen lassen; **3.** *fig (promuovere)* das Zeugnis der Reife erteilen (*qu* jdm); **III.** *rfl:* **-rsi** reif werden. **maturazione** [...rat'tsi̯o:ne] *f* **1.** *gener.* Reifen *n,* Reifung *f,* Reifeprozeß *m;* **2.** *com* Fälligkeit *f.* **maturità** [...ri'ta] ⟨-⟩ *f* **1.** *(età)* bestes (*o.* reifes) Alter; *(a. fig)* Reife *f;* **2.** *biol* (Geschlechts)reife *f;* **3.** *(diploma)* Abiturzeugnis *n,* Reifezeugnis *n;* **esame di ~** Abitur *n,* Reifeprüfung *f,* Matura *f A,* Maturität *f CH.* **maturo, -a** [ma'tu:ro] **I.** *a* **1.** *(frutto)* reif; *(vino, etc.)* ausgereift; **2.** *(adulto)* erwachsen, reif; **3.** *(studente)* mit Abitur; **4.** *fig (equilibrato, idoneo, compiuto)* reif; **5.** *fig (approfondito)* reiflich, gründlich; **6.** *com* fällig; **II.** *m,f* Abiturient(in) *m(f)* (nach der Reifeprüfung).

matusa [ma'tu:za] **I.** ⟨-⟩ *mf* verknöcherter (*o.* verkalkter) Mensch; **II.** ⟨*inv*⟩ *a* überlebt, überholt, veraltet.

Maura ['ma:ura] *nome proprio femminile.*

Maurizio [mau'rittsi̯o] *(nome proprio maschile)* Moritz.

Mauro ['ma:uro] *nome proprio maschile.*

mausoleo [mauzo'lɛ:o] *m* Mausoleum *n.*

max [maks] *adv* maximal.

mazza ['mattsa] *f* **1.** *(bastone)* Knüppel *m,* Schlagstock *m;* **2.** *mil* Keule *f;* **3.** *sport* Schlagholz *n; (a. fig: persona)* Schläger *m;* **4.** *(grosso martello)* Vorschlaghammer *m,* Fäustel *m;* **5.** *mus* Schlegel *m.* **mazzata** [...'tsa:ta] *f* Knüppel-, Hammerschlag *m; (a. fig)* Keulenschlag *m.*

mazzo ['mattso] *m* **1.** *(di fiori)* Strauß *m; (di erbe)* Bündel *n; (di oggetti)* Bund *m;* **2.** *(di carte)* (Karten)spiel *n;* **mettere nel(lo stesso) ~** alles in einen Topf werfen.

M.C.D. *ab di* **Massimo Comune Divisore** ggT (*ab di* größter gemeinsamer Teiler).

m.c.m. *ab di* **minimo comune multiplo** kgV (*ab di* kleinstes gemeinsames Vielfaches).

me [me] *pron pers 1. pers sing* **1.** *(oggetto)* mich; *(con preposizione)* mich, mir, meiner; **2.** *(soggetto in forme comparative ed esclamative)* ich; **3.** *(complemento di termine davanti a lo, la, li, le, ne)* mir; *(complemento oggetto davanti a la, lo, li, le, ne)* mich; **da ~** selbst, selber; **fra** (*o.* **tra**) **~ e ~** in meinem Innern; **per** (*o.* **quanto**

a) ~ was mich betrifft; **secondo** ~ meiner Meinung nach.
meandro [me'andro] *m* Mäander *m.*
M.E.C. [mɛk] *m ab di* **Mercato Comune Europeo** Gemeinsamer (europäischer) Markt.
Mecca ['mɛkka] ⟨-cche⟩ *f* Mekka *n;* **venire dalla** ~ *fig fam (ignorare)* aus allen Wolken fallen *fam; (comportarsi o. vestirsi)* von einem anderen Stern sein.
meccanica[1] [mek'ka:nika] ⟨-che⟩ *f* **1.** *phys, tec* Mechanik *f;* **2.** *(attività tecnologica)* Maschinenbau *m,* Technik *f;* **3.** *(comportamento)* Ablauf *m,* Vorgang *m,* Prozeß *m;* **secolo della** ~ Zeitalter *n* der Technik.
meccanica[2] *f v.* **meccanico.**
meccanicità [mekkanitʃi'ta] ⟨-⟩ *f* Automatismus *m.* **meccanico, -a** [...'ka:niko] ⟨-ci, -che⟩ **I.** *a* mechanisch; *(fig a.) automatisch;* **II.** *m, f* Mechaniker(in) *m(f).* **meccanismo** [mekka'nizmo] *m* Mechanismus *m.* **meccanizzare** [...nid'dza:re] *tr* mechanisieren. **meccanizzazione** [...niddzat'tsi̯o:ne] *f* Mechanisierung *f.*
meccano® [mek'ka:no] *m* (technischer) Baukasten *m.*
meccanografia [mekkanogra'fi:a] *f* (automatisierte) Datenverarbeitung *f.* **meccanografico, -a** [...'gra:fiko] *a* Datenverarbeitungs-, Rechen-; **centro** ~ Rechenzentrum *n.*
mecenate [metʃe'na:te] *mf* Mäzen(in) *m(f).* **mecenatismo** [...na'tizmo] *m* Mäzenatentum *n.*
medaglia [me'daʎʎa] ⟨-glie⟩ *f* Medaille *f; (riconoscimento a.)* Orden *m,* Auszeichnung *f;* ~ **al valor civile/militare** Verdienstorden *m*/Tapferkeitsmedaille *f;* **il rovescio della** ~ *fig* die Kehrseite der Medaille. **medaglietta** [...'ʎetta] *f* **1.** *rel* kleine Medaille *(als Medaillon getragen);* **2.** *pol goldene Erkennungsmarke der Abgeordneten des italienischen Parlaments.* **medaglione** [...'ʎo:ne] *m* Medaillon *n.*
medesimo, -a [me'de:zimo] **I.** *a* **1.** *(stesso):* **il** ~, **la -a** der-, die-, dasselbe; **2.** *(uguale)* gleich; **3.** *(in persona)* selbst; **II.** *pron:* **il (la)** ~ **(-a)** der-, die-, dasselbe.
media ['mɛ:di̯a] ⟨-ie⟩ *f* **1.** *gener.* Durchschnitt(swert) *m;* **2.** *mat* Mittel *n,* Mittelwert *m;* ~ **oraria** Durchschnittsgeschwindigkeit *f;* **in** ~ im Durchschnitt, durchschnittlich;.
medianico, -a [me'di̯a:niko] ⟨-ci, -che⟩ *a* medial, das Medium betreffend. **medianità** [medi̯ani'ta] ⟨-⟩ *f* Fähigkeit *f* des Mediums, mediale Fähigkeit.

mediano, -a [me'di̯a:no] **I.** *a* Mittel-, mittlere(r, s); **II.** *m* Läufer *m.*
mediante [me'di̯ante] *prp* mit *dat,* durch *acc,* mittels *gen.*
mediare [me'di̯a:re] ⟨medio, medi⟩ *tr* **1.** *(da mediatore)* vermitteln; **2.** *mat* den Mittelwert bilden aus. **mediato, -a** [me'di̯a:to] *a* mittelbar, indirekt. **mediatore, -trice** [medi̯a'to:re] **I.** *m, f* **1.** *(intermediario)* Mittelsmann *m,* Mittelsperson *f,* Vermittler(in) *m(f);* **2.** *com* Makler(in) *m(f);* **II.** *a* vermittelnd, Mittler-. **mediazione** [...t'tsi̯o:ne] *f* **1.** *(conciliazione)* Vermittlung *f;* **2.** *(provvigione)* Maklergebühr *f.*
medicabile [medi'ka:bile] *a* heilbar, behandelbar. **medicamento** [medika'mento] *m* Medikament *n,* Arznei *f.* **medicamentoso, -a** [...'to:so] *a* heilkräftig, Heil-. **medicare** [medi'ka:re] ⟨medico, medichi⟩ **I.** *tr* behandeln; **II.** *rfl:* **-rsi** sich (selbst) behandeln. **medicastro** [...'kastro] *m pej* Kurpfuscher *m.* **medicazione** [...kat'tsi̯o:ne] *f* Behandlung *f.* **medicina** [medi'tʃi:na] *f* **1.** *(scienza)* Medizin *f;* **2.** *(farmaco)* Medizin *f,* Arznei *f;* ~ **legale** Gerichtsmedizin *f;* **studiare** ~ Medizin studieren; **esercitare la** ~ den Arztberuf ausüben. **medicinale** [...tʃi'na:le] **I.** *m* Arzneimittel *n;* **II.** *a* Heil-, Arznei-.
medico ['mɛ:diko] ⟨-ci⟩ **I.** *m* Arzt *m,* Ärztin *f;* ~ **dell'anima** Seelsorger *m;* **il tempo è un gran** ~ die Zeit heilt alle Wunden *prov;* **II.** *a* **1.** *(della medicina)* medizinisch; **2.** *(del medico)* ärztlich, Arzt-.

medievale [medi̯e'va:le] *a* mittelalterlich.
medio, -a ['mɛ:di̯o] ⟨-i, -ie⟩ **I.** *a* **1.** *(di mezzo)* Mittel-, mittlere(r, s); **2.** *(di valore intermedio)* Durchschnitts-, durchschnittlich; **3.** *(mediocre)* mittelmäßig; **ceto** ~ Mittelstand *m;* **dito** ~ Mittelfinger *m;* **peso** ~ *sport* Mittelgewicht(ler *m*) *n;* **scuola -a** Mittelschule *f;* **licenza -a** Mittelschulabschluß *m;* **II.** *m* **1.** *anat* Mittelfinger *m;* **2.** *mat* Innenglied *n;* **3.** *gram* Medium *n;* **4.** *com* Zahlungsmittel *n.*
mediocre [me'di̯ɔ:kre] *a* mittelmäßig, mäßig; *(ordinario)* gewöhnlich.
mediocredito [medi̯o'kre:dito] *m* mittelfristiger Kredit.
mediocrità [medi̯okri'ta] ⟨-⟩ *f* Mittel-

mäßigkeit *f;* **l'aurea ~** der goldene Mittelweg.

medioevale [medioe'va:le] *v.* **medievale. medioevo** [...o'ɛ:vo] *m* Mittelalter *n.*

medioleggero [medioled'dʒɛ:ro] **I.** *a:* **peso ~** Weltergewicht *n;* **II.** *m* Weltergewicht(ler *m*) *n.* **mediomassimo** [...o'massimo] **I.** *a:* **peso ~** Halbschwergewicht *n;* **II.** *m* Halbschwergewicht(ler *m*) *n.* **mediorientale** [...orien'ta:le] *a* Nahost-.

meditabondo, -a [medita'bondo] *a* gedankenversunken.

meditare [medi'ta:re] **I.** *itr* meditieren; **II.** *tr* **1.** *(considerare)* nachdenken über, bedenken; **2.** *(preparare)* planen, ausdenken. **meditativo, -a** [...ta'ti:vo] *a* nachdenklich; *(della meditazione)* meditativ. **meditato, -a** [...'ta:to] *a* (wohl)überlegt, (wohl)bedacht. **meditazione** [...tat'tsio:ne] *f* **1.** *(riflessione)* Meditation *f;* **2.** *(considerazione)* Überlegung *f,* Erwägung *f;* **3.** *(preparazione)* Ausdenken *n,* Planen *n.*

mediterraneo, -a [mediter'ra:neo] **I.** *a* **1.** *gener.* mittelländisch; **2.** *(del Mediterraneo)* mediterran, Mittelmeer-; **il Mar M ~** das Mittelmeer; **II.** *m* Mittelmeer *n.*

medium[1] ['mɛ:dium] ⟨-⟩ *mf* Medium *n.*

medium[2] ['mi:dɪəm] ⟨-a⟩ *m* (Massen)medium *n.*

medusa [me'du:za] *f* Qualle *f.*

meeting ['mi:tɪŋ] ⟨-⟩ *m* Treffen *n,* Begegnung *f.*

mefitico, -a [me'fi:tiko] ⟨-ci, -che⟩ *a* **1.** *(fetido)* stinkend; **2.** *fig (corrotto)* verkommen.

megaciclo [mega'tʃi:klo] *m* Megahertz *n.* **megafono** [me'ga:fono] *m* Megaphon *n,* Sprachrohr *n.* **megahertz** [mega'ɛrts] ⟨-⟩ *m* Megahertz *n.* **megalomane** [mega'lɔ:mane] *a* größenwahnsinnig. **megalomania** [...loma'ni:a] *f* Größenwahn *m.*

megera [me'dʒɛ:ra] *f* Megäre *f.*

meglio ['mɛʎʎo] **I.** ⟨*comparativo di* bene⟩ *adv* **1.** *(in modo migliore)* besser; **2.** *(piuttosto)* lieber, eher, besser; **3.** *(più)* mehr, besser; **4.** *(ovvero)* (oder) besser; **5.** *(più facilmente)* leichter, besser; **6.** *(con valore di superlativo)* am besten; **andar di bene in ~** immer besser gehen; *iron* immer schöner werden; **tanto ~!, ~ così!** um so besser!; **per ~ dire** (oder) besser gesagt; **alla ~, bell'e ~** so gut es (eben) geht; **II.** ⟨*comparativo di* buono⟩ *a* **1.** *(migliore)* besser; **2.** *(preferibile)* besser; **3.** *fam (con valore di superlativo)* beste(r, s), allerbeste(r, s); **in mancanza di ~** in Ermangelung eines Besseren *geh;* **III.** ⟨-⟩ *mf* Beste(s) *n;* **il ~ possibile** das Bestmögliche; **avere la ~** die Oberhand gewinnen (*o.* haben); **fare del proprio ~** sein Bestes (*o.* möglichstes) tun; **per il ~** zum Besten, auf die beste Weise.

mela ['me:la] *f* Apfel *m.* **melagrana** [mela'gra:na] *f* Granatapfel *m.*

melanina [mela'ni:na] *f* Melanin *n.*

melanzana [melan'dza:na *o.* ...n'tsa:na] *f* Aubergine *f.*

melassa [me'lassa] *f* Melasse *f.*

melato, -a [me'la:to] *a* **1.** *gastr* mit Honig gesüßt; **2.** *fig pej* honigsüß, süßlich.

melenso, -a [me'lɛnso] *a* **1.** *(persona)* einfältig, dämlich; **2.** *(cosa)* albern, geistlos.

melissa [me'lissa] *f* Melisse *f.*

mellifluo, -a [mel'li:fluo] *a pej* honigsüß, süßlich.

melma ['melma] *f* **1.** *(fango)* Schlamm *m;* **2.** *fig* Schmutz *m.* **melmoso, -a** [...'mo:so] *a* schlammig.

melo ['me:lo] *m* Apfelbaum *m.*

melodia [melo'di:a] ⟨-ie⟩ *f* **1.** *mus* Melodie *f;* **2.** *fig* Harmonie *f.* **melodico, -a** [me'lɔ:diko] ⟨-ci, -che⟩ *a* melodisch. **melodioso, -a** [melo'dio:so] *a* melodiös; *(armonico)* melodisch. **melodista** [...'dista] ⟨-i *m,* -e *f*⟩ *mf* Melodiker(in) *m(f).*

melodramma [melo'dramma] *m* **1.** *theat* Melodram(a) *n;* **2.** *fig pej* Theatralik *f;* **cadere nel ~** pathetisch werden. **melodrammatico, -a** [...'ma:tiko] *a* **1.** *theat* melodramatisch; **2.** *(teatrale)* theatralisch.

melograno [melo'gra:no] *m* Granat(apfel)baum *m.*

melone [me'lo:ne] *m* (Netz)melone *f,* (Honig)melone *f.*

membrana [mem'bra:na] *f* **1.** *anat, biol, tec, radio* Membran(e) *f;* **2.** *mus (del tamburo)* Trommelfell *n;* **3.** *(pergamena)* Pergament *n;* **~ del timpano** Trommelfell *n.* **membranoso, -a** [...bra'no:so] *a* membran(en)artig.

membratura [membra'tu:ra] *f* Gliederung *f.* **membro** ['mɛmbro] *m* **1.** ⟨*pl:* -i *m*⟩ *(persona)* Mitglied *n;* **2.** ⟨*pl:* -i *m*⟩ *(parte costitutiva)* Teil *n,* Glied *n;* **3.** ⟨*pl:* -i *m*⟩ *anat (pene)* (männliches) Glied *n;* **4.** ⟨*pl:* -a *f*⟩ *anat* Gliedmaße *pl,* Glieder *n pl.* **membruto, -a** [mem'bru:to] *a* starkgliedrig.

memorabile [memo'ra:bile] *a* denkwürdig.

memorandum [memo'randum] ⟨-⟩ *m*

1. *(promemoria)* Merkzettel *m;* **2.** *(documento espositivo)* Denkschrift *f,* Memorandum *n.*

memore ['mɛ:more] *a geh, obs* eingedenk *geh* (di *gen*).

memoria [me'mɔ:ri̯a] ‹-ie› *f* **1.** *(capacità, processo)* Gedächtnis *n,* Erinnerungsvermögen *n;* **2.** *(ricordo)* Erinnerung *f* (*di* an), Gedenken *n (di* an); **3.** *(annotazione)* Notiz *f,* Gedächtnisstütze *f;* **4.** *(menzione)* Erwähnung *f;* **5.** *(cimelio, documento)* Erinnerungsstück *n;* **6.** ‹*pl*› *(opera)* Memoiren *pl;* **7.** *inform* Speicher *m;* **8.** *tec* Steuerung *f;* **a ~** auswendig; **a ~ d'uomo** seit Menschengedenken; **degno di ~** denkwürdig; **serbare una buona ~ di qu** jdn in guter Erinnerung bewahren. **memoriale** [memo'ri̯a:le] *m* **1.** *(scritto)* Denkschrift *f,* Verteidigungsschrift *f;* **2.** *(monumento)* Gedenkstätte *f.* **memorizzare** [...rid'dza:re] *tr* **1.** *inform* speichern; **2.** *(nella memoria)* ins Gedächtnis einprägen. **memorizzazione** [...riddzat'tsi̯o:ne] *f* **1.** *inform* Speicherung *f;* **2.** *psych* Memorisierung *f.*

menabò [mena'bɔ] ‹-› *m* Layout *n.*

menadito [mena'di:to]: **a ~** *adv (conoscere, sapere, etc.)* im Schlaf; *(ripetere, etc.)* wie am Schnürchen *fam.*

menare [me'na:re] **I.** *tr* **1.** *(condurre)* führen; **2.** *(battere, picchiare)* schlagen; *(colpi)* austeilen; **3.** *(coda)* wedeln mit; **4.** *fam (trascorrere)* verbringen; *(vita)* führen; **~ le mani** handgreiflich werden; **~ vanto** große Reden schwingen *fam;* **~ buono** Glück bringen; **~ il can per l'aia** *fig* etw. auf die lange Bank schieben *fam;* **~ qu per il naso** jdn an der Nase herumführen; **II.** *rfl:* **-rsi** sich schlagen. **menata** [...'na:ta] *f fam* Litanei *f.*

mencio, -a ['mentʃo] ‹-ci, -ce› *a* schlaff, schlapp; **cappello ~** Schlapphut *m.*

mendicante [mendi'kante] **I.** *a* Bettel-, bettelnd; **II.** *mf* Bettler(in) *m(f).* **mendicare** [...'ka:re] ‹mendico, mendichi› **I.** *tr* **1.** *(elemosinare)* erbetteln, betteln um; **2.** *fig* erflehen *geh,* flehen um; **II.** *itr* betteln (gehen). **mendicità** [...ditʃi'ta] ‹-› *f* Armut *f.* **mendico, -a** [...'di:ko] ‹-chi, -che› **I.** *a* Bettler-; **II.** *m, f* Bettler(in) *m(f).*

menefreghismo [menefre'gizmo] *m* (zynische) Gleichgültigkeit *f,* Ungerührtheit *f.* **menefreghista** [...'gista] ‹-i *m,* -e *f*› **I.** *a* gleichgültig; ungerührt; **II.** *mf* gleichgültige (*o.* ungerührte) Person.

menestrello [menes'trɛllo] *m* Spielmann *m,* fahrender Musikant.

meninge [me'nindʒe] *f* Hirnhaut *f.* **meningite** [...'dʒi:te] *f* Hirnhautentzündung *f,* Meningitis *f.*

menisco [me'nisko] ‹-schi› *m* Meniskus *m.*

meno ['me:no] ‹*comparativo di* poco› **I.** *adv* **1.** *(in minor quantità, misura, grado)* weniger, nicht so viel; **2.** *(in frasi comparative)* nicht so (*di* wie), weniger (*di* als); **3.** *(in frasi superlative)* am wenigsten; **4.** *(mat, di temperatura, nelle votazioni scolastiche)* minus; **5.** *(di ora)* vor; **6.** *(no)* nicht; **di** (*o.* **in) ~** weniger; **poco ~** so gut wie, fast; **quanto ~** wenigstens; **senza ~** zweifellos; **tanto ~** um so weniger; **niente ~!** Wirklich!; **niente ~ che ...** kein Geringerer als ...; **né più né ~** nicht mehr und nicht weniger; **uno più o ~** einer mehr oder weniger; **~ male!** *fam* Gott sei Dank!; **essere da ~ di qu** jdm unterlegen sein; **fare a ~ di qc/qu** auf etw./jdn verzichten, ohne etw./jdn auskommen; **venir ~ a qc** einer S. nicht nachkommen, etw. nicht einhalten; **sono le 3 ~ 5** es sind fünf Minuten vor drei (Uhr); **dobbiamo decidere se andarci o ~** wir müssen entscheiden, ob wir hingehen oder nicht; **II.** ‹*inv*› *a* **1.** *(minore in quantità)* geringer, weniger; **2.** *(in minor numero)* weniger, nicht so viel; **ha ~ anni di me** er (*o.* sie) ist jünger als ich; **III.** *prp* außer *dat;* **a ~ di** (*o.* **che** *conj*) es sei denn, daß ..., außer wenn ...; **IV.** ‹-› *m* **1.** *(la minor cosa)* Geringste(s) *n,* Mindeste(s) *n;* **2.** *(la parte minore)* geringerer Teil; **3.** *mat* Minus(zeichen) *n;* **4.** ‹*pl*› *(minoranza)* Minderheit *f;* **parlare del più e del ~** von diesem und jenem reden; **in men che non si dica** im Handumdrehen; **in ~ di un attimo** in Null Komma nichts *fam.*

Meno ['mɛ:no] *m* Main *m.*

menomare [meno'ma:re] *tr* **1.** *(mutilare)* behindern, beeinträchtigen; *(danneggiare)* verletzen; **2.** *(ridurre)* verringern, schmälern. **menomato, -a** [...'ma:to] *m, f* Behinderte(r) *mf.* **menomazione** [...mat'tsi̯o:ne] *f (perdita)* Beeinträchtigung *f; (mutilazione)* Behinderung *f.*

menopausa [meno'pa:uza] *f* Menopause *f.*

mensa ['mɛnsa] *f* **1.** *(locale)* Kantine *f; (~ universitaria)* Mensa *f;* **2.** *(tavola)* Tafel *f geh,* Tisch *m;* **3.** *poet (pasto)* Mahl *n geh.*

mensile [men'si:le] **I.** *a* **1.** *(di ogni me-*

se) monatlich, Monats-; **2.** *(che dura un mese)* einmonatig; **II.** *m* **1.** *(stipendio)* Monatsgehalt *n;* **2.** *(periodico)* Monatsheft *n,* -schrift *f.* **mensilità** [...sili'ta] ⟨-⟩ *f* **1.** *(retribuzione)* Monatsgehalt *n,* Monatslohn *m;* **2.** *(periodicità mensile)* monatliche Leistung, monatlicher Vorgang; **tredicesima** ~ dreizehntes Monatsgehalt.

mensola ['mɛnsola] *f* Konsole *f.*

menta ['menta] *f* **1.** *bot* Minze *f;* **2.** *gastr (liquore)* Pfefferminzlikör *m; (confetto)* Pfefferminzbonbon *n;* ~ **piperita** Pfefferminze *f.*

mentale [men'ta:le] *a* **1.** *(della mente)* Geistes-, geistig; **2.** *(senza parlare)* still; *(calcolo, lavoro)* Kopf-. **mentalità** [...tali'ta] ⟨-⟩ *f* Mentalität *f.* **mentalmente** [...tal'mente] *adv* **1.** *(con la mente)* im Geiste; **2.** *(di mente)* innerlich.

mente ['mente] *f* **1.** *(intelligenza, intelletto)* Geist *m,* Verstand *m;* **2.** *(attenzione)* Gedanken *m pl,* Kopf *m; (intenzione a.)* Sinn *m;* **3.** *(memoria)* Gedächtnis *n;* **4.** *fig (persona)* Kopf *m,* Geist *m;* **a** ~ auswendig; **a** ~ **lucida** bei klarem Verstand; **avere la** ~ **a qc** den Kopf bei etw. haben; **avere in** ~ **di fare qc** im Sinn haben (*o.* vorhaben), etw. zu tun; **tenere a** ~ **qc** sich *(dat)* etw. merken; **levarsi qc/qu dalla** ~ sich *(dat)* etw./jdn aus dem Kopf schlagen; **ficcarsi** (*o.* **mettersi**) **in** ~ **di fare qc** *fam* sich *(dat)* in den Kopf setzen, etw. zu tun; **passare** (*o.* **uscir**) **di** ~ aus dem Sinn kommen, entfallen; **venire in** ~, **passare per la** ~ in den Sinn kommen, einfallen; **richiamare qc alla** ~ sich *(dat)* etw. ins Gedächtnis zurückrufen; **cosa ti salta in** ~? was fällt dir ein? **mentecatto, -a** [-'katto] *a* schwachsinnig; **povero** ~! *fam* du armer Irrer! *fam.*

mentina [men'ti:na] *f* Pfefferminzbonbon *n.*

mentire [men'ti:re] ⟨mento⟩ *itr* lügen; ~ **per la gola** *scherz* wie gedruckt lügen *fam,* das Blaue vom Himmel herunterlügen. **mentito, -a** [...'ti:to] *a* falsch, erlogen; **sotto -e spoglie** verkappt, unter falschem Namen. **mentitore, -trice** [...ti'to:re] *m, f* Lügner(in) *m(f).*

mento ['mento] *m* Kinn *n.*

mentolo [men'tɔ:lo] *m* Menthol *n.*

mentore ['mɛntore] *m* Mentor *m.*

mentre ['mentre] **I.** *con* **1.** *(temporale)* während; **2.** *(avversativo)* während, wohingegen, indessen *geh;* **II.** *m:* **in quel** ~ gerade in diesem Moment.

menù [me'nu] ⟨-⟩ *m* **1.** *(lista)* Speise(n)karte *f;* **2.** *(insieme di vivande)* Speisenfolge *f,* Menü *n.*

menzionare [mentsi̯o'na:re] *tr* nennen, erwähnen. **menzione** [...'tsi̯o:ne] *f* Erwähnung *f;* **degno di** ~ nennenswert, erwähnenswert; **far** ~ **di qu/qc** jdn/etw. erwähnen.

menzogna [men'tsoɲɲa] *f* Lüge *f.* **menzognero, -a** [...'ɲɛ:ro] *a* **1.** *(bugiardo)* verlogen, lügend; **2.** *fig (fallace, illusorio)* trügerisch, täuschend.

Merano [me'ra:no] *f* Meran *n.*

meraviglia [mera'viʎʎa] ⟨-glie⟩ *f* **1.** *(sorpresa)* Überraschung *f;* **2.** *(stupore)* Erstaunen *n,* Verwunderung *f;* **3.** *(cosa, persona meravigliosa)* Wunder *n;* **le sette -glie del mondo** die Sieben Weltwunder; **a** ~ wunderbar, ausgezeichnet; **far** ~ überraschen; **mi fa** ~ **che ...** *conj* es wundert mich, daß ...; **dire** (*o.* **raccontare**) **-glie di qc** von etw. Wunderdinge erzählen. **meravigliare** [...'ʎa:re] ⟨meraviglio, meravigli⟩ **I.** *tr* verwundern, erstaunen; **II.** *rfl:* **-rsi** sich wundern; **mi meraviglio di te!** ich muß mich doch sehr über dich wundern!; **non mi meraviglierei affatto se ...** es würde mich (gar) nicht wundern, wenn ... **meraviglioso, -a** [...'ʎo:so] **I.** *a* wunderbar; **II.** *m poet* Wundersame(s) *n poet.*

mercante, -essa [mer'kante, ...'tessa] *m, f* **1.** *(commerciante)* Händler(in) *m(f);* **2.** *fig pej* Krämer *m;* **avere un animo da** ~ *pej* eine Krämerseele haben; **fare orecchi da** ~ sich taub stellen; ~ **in fiera** *ein Kartenspiel.* **mercanteggiare** [...ted'dʒa:re] ⟨mercanteggio, mercanteggi⟩ **I.** *itr* handeln (*su* um), feilschen (*su* um); **II.** *tr pej* verschachern. **mercantesco, -a** [...'tesko] ⟨-schi, -sche⟩ *a pej* Krämer-. **mercantessa** *f v.* **mercante. mercantile** [...'ti:le] **I.** *a* Handels-, kaufmännisch; *(del mercante)* Händler-; **II.** *m* Handels-, Frachtschiff *n.* **mercantilismo** [...ti'lizmo] *m* Merkantilismus *m.*

mercanzia [merkan'tsi:a] ⟨-ie⟩ *f* (Handels)ware *f;* **saper vendere la propria** ~ *(a. fig)* seine Ware gut verkaufen können. **mercatino** [merka'ti:no] *m* **1.** *(mercato all'aperto)* (Wochen)markt *m;* **2.** *fin* Freiverkehr *m.* **mercatistica** [...'tistika] ⟨-che⟩ *f* Marketing *n.*

mercato [mer'ka:to] *m* **1.** *com* Markt *m;* **2.** *fig (confusione)* Jahrmarkt *m;* ~ **all'ingrosso/al minuto** Großmarkt *m*/Einzelhandel *m;* ~ **nero** schwarzer Markt, Schwarzmarkt *m;* **M~ Comu-**

ne (Europeo) (*ab* **M.E.C.**) Gemeinsamer Markt; **~ dei titoli** Rentenmarkt *m;* **~ delle vacche** *fig* Kuhhandel *m fam;* **piazza del ~** Marktplatz *m;* **analisi di ~** Marktanalyse *f;* **economia di ~** Marktwirtschaft *f;* **a buon ~** preiswert, günstig.

merce ['mɛrtʃe] *f* **1.** *com* Ware *f;* ‹*pl*› Güter *n pl;* **2.** *fig* Gut *n;* **borsa/scalo/treno -i** Warenbörse *f*/Güterbahnhof *m*/Güterzug *m.*

mercenario, -a [mertʃe'na:rio] ‹-i, -ie› **I.** *a* **1.** *(truppe, soldati)* Söldner-; **2.** *fig pej* käuflich, bestechlich; **II.** *m* Söldner *m.*

merceologia [mertʃeolo'dʒi:a] ‹-ie› *f* Warenkunde *f.* **merceria** [...tʃe'ri:a] ‹-ie› *f* **1.** *(assortimento)* Kurzwaren *f pl;* **2.** *(negozio)* Kurzwarenhandlung *f.*

mercerizzare [mertʃerid'dza:re] *tr* merzerisieren.

merci ['mɛrtʃi] ‹-› *m* Güterzug *m.* **merciaio, -a** [mer'tʃa:io] ‹-ciai, -ciaie› *m,f* Kurzwarenhändler(in) *m(f).* **mercificare** [mertʃifi'ka:re] ‹mercifico, mercifichi› *tr* kommerzialisieren. **mercificazione** [...kat'tsio:ne] *f* Kommerzialisierung *f.* **mercimonio** [...tʃi'mɔ:nio] ‹-i› *m* (schmutziger) Handel *m.*

mercoledì [merkole'di] ‹-› *m* Mittwoch *m; v. a. lunedì.*

mercuriale[1] [merku'ria:le] *a* **1.** *astr* Merkur-; **2.** *chem* Quecksilber-.

mercuriale[2] [merku'ria:le] *f com* Marktbericht *m.*

mercurio [mer'ku:rio] *m chem* Quecksilber *n.*

Mercurio [mer'ku:rio] *m astr* Merkur *m.*

merda ['mɛrda] *f vulg* **1.** *(sterco)* Scheiße *f vulg;* **2.** *fig* Scheiße *f vulg,* Scheißdreck *m vulg; (persona)* Scheißkerl *m vulg;* **essere nella ~** in der Scheiße stecken *vulg,* beschissen dran sein *vulg.* **merdaio** [mer'da:io] ‹-ai› *m vulg* Dreck(s)loch *n vulg.* **merdoso, -a** [...'do:so] *a vulg* beschissen *vulg; (fig a.)* dreckig.

merenda [me'rɛnda] *f* Vesper(brot) *n,* Nachmittagsimbiß *m;* **fare (la) ~** Vesper machen, vespern.

meretrice [mere'tri:tʃe] *f* Dirne *f,* Hure *f.*

meridiana [meri'dia:na] *f* **1.** *(orologio)* Sonnenuhr *f;* **2.** *astr* Mittagslinie *f.* **meridiano, -a** [...no] **I.** *a* Mittags-; **II.** *m* Meridian *m.*

meridionale [meridio'na:le] **I.** *a* **1.** *(del sud)* südlich, Süd-; **2.** *(del Mezzogiorno italiano)* süditalienisch; **l'Italia ~** Süditalien *n;* **II.** *mf* **1.** *(del sud)* Südländer(in) *m(f); (del Mezzogiorno italiano)* Süditaliener(in) *m(f).* **meridionalismo** [...na'lizmo] *m* **1.** *(complesso dei problemi del Mezzogiorno)* Süditalienfrage *f,* Süditalienproblem *n;* **2.** *ling* süditalienischer Ausdruck. **meridione** [...'dio:ne] *m* Süden *m.*

meringa [me'riŋga] ‹-ghe› *f* Meringe *f,* Baiser *n.*

merino [me'ri:no] **I.** ‹*inv*› *a* Merino-; **II.** ‹-› *m* **1.** *zoo* Merino(schaf *n*) *m;* **2.** *(lana)* Merinowolle *f.*

meritare [meri'ta:re] **I.** *tr* **1.** *(conseguire)* verdienen; **2.** *(procurare)* eintragen, einbringen; **II.** *itr* **1.** *fam (valere)* sich lohnen; **2.** *(impersonale: valere la pena)* sich lohnen, der Mühe wert sein; **3.** *(rendersi benemerito)* sich verdient machen (*di* um); **non merita che se ne parli** es ist nicht wert, daß man darüber spricht; **III.** *rfl:* **-rsi** (sich *dat*) verdienen; **questa te la sei proprio meritata!** *fam* das geschieht dir gerade recht! *fam.*

meritevole [meri'te:vole] *a* wert, würdig.

merito ['mɛ:rito] *m* **1.** *(qualità)* Verdienst *n;* **2.** *(valore)* Wert *m,* Vorzug *m;* **3.** *(sostanza)* Kern *m,* Hauptsache *f;* **Dio ve ne renda ~** vergelt's (euch) Gott; **dare a qu ~ di qc** jdm etw. als Verdienst anrechnen; **farsi ~ di qc** sich einer S. *gen* rühmen; **in ~ a ...** was ... betrifft, in bezug auf ...; **a pari ~** bei Gleichwertigkeit. **meritorio, -a** [meri'tɔ:rio] ‹-i, -ie› *a* verdienstvoll.

merlato, -a [mer'la:to] *a* mit Zinnen versehen. **merlatura** [...la'tu:ra] *f* Zinnenkranz *m.* **merlettaia** [...let'ta:ia] ‹-aie› *f* Spitzenklöpplerin *f.* **merletto** [...'letto] *m* Spitze *f.*

merlo[1] ['mɛrlo] *m arch* Zinne *f.*

merlo[2] ['mɛrlo] *m* **1.** *zoo* Amsel *f,* Schwarzdrossel *f;* **2.** *fig fam* Gimpel *m.*

merluzzo [mer'luttso] *m* Kabeljau *m.*

mero, -a ['mɛ:ro] *a geh* pur, rein.

meschina *f v.* **meschino.**

mescere ['meʃʃere] ‹mesco, mesci, mescei, mesciuto› *tr geh* einschenken, eingießen.

meschinità [meskini'ta] ‹-› *f* **1.** *(ristrettezza mentale)* Kleinlichkeit *f,* Engherzigkeit *f,* Engstirnigkeit *f;* **2.** *(inadeguatezza)* Dürftigkeit *f,* Unzulänglichkeit *f.* **meschino, -a** [...'ki:no] **I.** *a* **1.** *(misero)* armselig; *fig* kläglich; **2.** *(insufficiente)* dürftig, spärlich; **3.** *(gretto)* kleinlich, engherzig, engstirnig; **II.** *m, f* armer Teufel *fam.*

mescita ['meʃʃita] *f tosc* **1.** *(bottega)* Schankwirtschaft *f,* Ausschank *m;* **2.** *(distribuzione di bevande)* Ausschank *m;* **3.** *(bicchiere)* Becher *m.*

mesciuto [meʃ'ʃu:to] *pp di* **mescere.**

mescolanza [mesko'lantsa] *f* **1.** *(il mescolare)* Mischung *f,* Mischen *n;* **2.** *(insieme di cose mescolate)* Mischung *f,* Gemisch *n;* **3.** *fig pej (confusione)* Mischmasch *m fam.*

mescolare [mesko'la:re] **I.** *tr* **1.** *(mischiare)* (ver)mischen; *(carte)* mischen; **2.** *fig (confondere)* durcheinanderbringen, -werfen; **II.** *rfl:* **-rsi 1.** *(unirsi in una massa)* sich vermischen; **2.** *(confondersi)* sich mischen; **3.** *fig (immischiarsi)* sich einmischen. **mescolata** [...'la:ta] *f* (kurzes) Umrühren *n;* **dare una ~ alle carte** die Karten kurz mischen.

mese ['me:se] *m* **1.** *(periodo di tempo, ab* **m***)* Monat *m;* **2.** *(stipendio)* Monatslohn *m,* -gehalt *n;* **3.** *(canone d'affitto)* Monatsmiete *f;* **essere al terzo ~** im dritten Monat (schwanger) sein.

messa¹ ['messa] *f rel, mus* Messe *f;* **dire la ~** die Messe lesen; **servir la ~** ministrieren, bei der Messe dienen.

messa² ['messa] *f (azione del mettere):* **~ a fuoco** Scharfeinstellung *f;* **~ a massa** (*o.* **a terra**) *el* Erdung *f;* **~ a punto** *tec* Einstellung *f,* Regulierung *f;* **~ in marcia** *tec* Ingangsetzen *n;* **~ in moto** *tec* Anlassen *n;* **~ in opera** *tec* Installation *f,* Verlegung *f;* **~ in piega** Wellung *f,* (Wasser)welle *f;* **~ in scena** *v.* **messinscena.**

messaggera *f v.* **messaggero.**

messaggeria [messaddʒe'ri:a] ‹-ie› *f* Versandbuchhandel *m;* **~ postale** Bahnpost *f.* **messaggero, -a** [...'dʒɛ:ro] **I.** *m, f* Bote *m,* Botin *f;* **II.** *a fig poet* kündend *geh.*

messaggio [mes'saddʒo] ‹-ggi› *m* **1.** *(notizia)* Nachricht *f;* *(fig a.)* Botschaft *f;* **2.** *(discorso solenne)* Botschaft *f;* **3.** *inform* Message *f.*

messale [mes'sa:le] *m* Meßbuch *n,* Missale *n.*

messe ['mɛsse] *f* **1.** *(mietitura)* (Getreide)ernte *f;* **2.** *(quantità di cereali)* Getreide *n,* Korn *n;* **3.** *(epoca)* Erntezeit *f;* **4.** *fig* Ernte *f,* Ausbeute *f.*

messia [mes'si:a] ‹-› *m* **1.** *rel:* **il M~** der Messias; **2.** *fig* Befreier *m,* Retter *m;* **aspettare** (*o.* **attendere**) **il ~** *fig* auf den jüngsten Tag warten.

messicano, -a [messi'ka:no] **I.** *a* mexikanisch; **II.** *m, f* Mexikaner(in) *m(f).*

Messico ['mɛssiko] *m:* **il ~** Mexiko *n.*

messinscena [messin'ʃɛ:na], **messa in scena** ‹messe in scena› *f* Inszenierung *f.*

messo¹ ['messo] *pp di* **mettere.**

messo² ['messo] *m poet* **1.** *(messaggero)* Bote *m;* **2.** *adm* Amtsdiener *m;* **~ di tribunale** Gerichtsdiener *m.*

mestierante [mestie'rante] *mf pej* Pfuscher(in) *m(f).* **mestiere** [...'tiɛ:re] *m* **1.** *(lavoro)* Beruf *m,* Handwerk *n;* **2.** *(competenza)* Fach *n,* Metier *n,* Handwerk *n;* **3.** *pej* Gewerbe *n;* **i ferri del ~** das Handwerkszeug; **il più antico ~ del mondo** das älteste Gewerbe der Welt; **di ~** von Beruf; **essere del ~** vom Fach sein; **fare i -i** die Hausarbeit verrichten.

mestizia [mes'tittsia] ‹-ie› *f* Wehmut *f,* Traurigkeit *f.* **mesto, -a** ['mɛsto] *a* wehmütig, traurig.

mestola ['mestola] *f* **1.** *(da cucina)* Schöpflöffel *m,* (Schöpf)kelle *f;* **2.** *(del muratore)* (Maurer)kelle *f.* **mestolo** [...lo] *m* Kochlöffel *m;* **avere il ~ in mano** *fig* das Zepter führen (*o.* schwingen); **saper tenere il ~ in mano** *fig* den Kochlöffel gut schwingen können.

mestruale [mestru'a:le] *a* menstrual, menstruell, Menstruations-. **mestruazione** [...ua'tsio:ne] *f,* **mestruo** ['mɛstruo] *m* Monatsblutung *f,* Menstruation *f.*

meta ['mɛ:ta] *f* **1.** *(destinazione)* Ziel *n;* **2.** *(scopo)* Zweck *m.*

metà [me'ta] ‹-› *f* **1.** *(parte)* Hälfte *f;* **2.** *(punto di mezzo)* Mitte *f;* **3.** *fig scherz (coniuge)* bessere Hälfte *scherz;* **~ campo** Mittelfeld *n;* **a ~** halb, zur Hälfte; **a ~ strada** auf halbem Wege; **dire le cose a ~** sich vage ausdrücken; **diventare la ~** *fig* vom Fleisch fallen *fam;* **dividere a ~** halbieren; **fare a ~** halbe-halbe machen.

metabolico, -a [meta'bɔ:liko] ‹-ci, -che› *a* metabolisch. **metabolismo** [...bo'lizmo] *m* Stoffwechsel *m,* Metabolismus *m;* **~ basale** Grundumsatz *m.* **metacarpo** [meta'karpo] *m* Mittelhand *f.* **metafisica** [meta'fi:zika] *f* Metaphysik *f.* **metafisico, -a** [...ko] **I.** *a* metaphysisch; **II.** *m, f* Metaphysiker(in) *m(f).* **metafora** [me'ta:fora] *f* Metapher *f;* **fuor di ~** unverblümt; **parlar sotto ~** etw. durch die Blume sagen. **metaforico, -a** [meta'fɔ:riko] ‹-ci, -che› *a* metaphorisch. **metalinguaggio** [metaliŋ'guaddʒo] *m* Metasprache *f.*

metallico, -a [me'talliko] ‹-ci, -che› *a* Metall-, metallen; *(a. fig)* metallisch. **metallifero, -a** [...'li:fero] *a* metallhaltig, erzhaltig. **metallizzare** [...lid'dza:re] *tr* metallisieren. **metallizzato, -a** [...lid'dza:to] *a* metallic.

metallo [me'tallo] *m* Metall *n.* **metallurgia** [...lur'dʒi:a] ‹-gie› *f* Metallurgie *f,* Hüttenkunde *f.* **metallurgico, -a** [...'lurdʒiko] ‹-ci, -che› **I.** *a* metallurgisch, Metall-, Hütten; **II.** *m* Hütten-, Metallarbeiter *m.* **metalmeccanico, -a** [metalmek'ka:niko] **I.** *a* Metall- (und Maschinenbau-); **II.** *m* Metallarbeiter *m.*

metamorfosi [meta'mɔrfozi] ‹-› *f* Metamorphose *f.*

metano [me'ta:no] *m* Methan(gas) *n.* **metanodotto** [metano'dotto] *m* Gas(fern)leitung *f.*

metastasi [me'tastazi] ‹-› *f* Metastase *f,* Tochtergeschwulst *f.*

metatesi [me'ta:tezi] *f* Lautumstellung *f,* Metathese *f.*

metempsicosi [metempsi'kɔ:zi] *f* Seelenwanderung *f.*

meteora [me'tɛ:ora] *f* Meteor *m.* **meteorico, -a** [mete'ɔ:riko] ‹-ci, -che› *a* meteorisch. **meteorite** [meteo'ri:te] *m o. f* Meteorit *m.* **meteorologa** *f v.* **meteorologo. meteorologia** [meteorolo'dʒi:a] ‹-gie› *f* Meteorologie *f,* Wetterkunde *f.* **meteorologico, -a** [...'lɔ:dʒiko] *a* meteorologisch; *(bollettino, satellite, stazione, etc.)* Wetter-. **meteorologo, -a** [...'rɔ:logo] ‹-gi, -ghe› *m, f* Meteorologe *m,* -login *f.*

meticcio, -a [me'tittʃo] ‹-cci, -cce› *m, f* **1.** *biol* Hybride *f o. m;* **2.** *(persona)* Mestize *m,* Mischling *m.*

meticolosità [metikolosi'ta] ‹-› *f* Gewissenhaftigkeit *f,* peinliche Sorgfalt. **meticoloso, -a** [...'lo:so] *a* gewissenhaft, peinlich genau, minuziös.

metile [me'ti:le] *m* Methyl *n.* **metilico, -a** [me'ti:liko] ‹-ci, -che› *a* Methyl-.

metodica [me'tɔ:dika] ‹-che› *f* Methodik *f.* **metodicità** [metoditʃi'ta] ‹-› *f* methodisches Vorgehen. **metodico, -a** [me'tɔ:diko] ‹-ci, -che› *a* **1.** *(sistematico)* methodisch; **2.** *(abitudinario)* gewohnheitsmäßig; **un uomo ~** ein Gewohnheitsmensch *m.*

metodismo [meto'dizmo] *m* Methodismus *m.*

metodista[1] [meto'dista] ‹-i *m,* -e *f*› *rel* **I.** *a* methodistisch, Methodisten-; **II.** *mf* Methodist(in) *m(f).*

metodista[2] [meto'dista] ‹-i *m,* -e *f*› *m(f)* **1.** *(analista)* Analytiker(in) *m(f)* von Arbeitsmethoden; **2.** *(giocatore d'azzardo)* Systemwetter(in) *m(f).*

metodistico, -a [meto'distiko] ‹-ci, -che› *a* methodistisch.

metodo ['mɛ:todo] *m* **1.** *(procedimento)* Methode *f,* Verfahren(sweise *f*) *n;* **2.** *(ordine)* System *n,* Methode *f;* **3.** *(manuale)* Leitfaden *m,* Lehrbuch *n.* **metodologia** [metodolo'dʒi:a] ‹-gie› *f* Methodik *f,* Methodologie *f.* **metodologico, -a** [...'lɔ:dʒiko] *a* methodologisch.

metraggio [me'traddʒo] ‹-ggi› *m* **1.** *(misurazione)* Messen *n (nach Metern);* **2.** *(quantità)* Meterlänge *f;* **film a corto/lungo ~** Kurz-/(Normal)film *m.* **metratura** [...a'tu:ra] *f* Länge *f* in Metern.

metrica ['mɛ:trika] ‹-che› *f* Verslehre *f,* Metrik *f.* **metrico, -a** [...ko] ‹-ci, -che› *a* metrisch.

metro ['mɛ:tro] *m* **1.** *(unità di lunghezza, ab* **m***)* Meter *m o. n;* **2.** *(strumento)* Metermaß *n,* Meterband *n;* **3.** *fig (criterio di giudizio)* Maßstab *m;* **4.** *lit (piede)* Versfuß *m; (verso)* Metrum *n,* Versmaß *n;* **~ cubo/quadrato** Kubik-/Quadratmeter *m o. n.*

metrò [me'trɔ] ‹-› *m* Metro *f,* U-Bahn *f.*

metronomo [me'trɔ:nomo] *m* Metronom *n.*

metronotte [metro'nɔtte] ‹-› *m* Nachtwächter *m.*

metropoli [me'trɔ:poli] ‹-› *f* **1.** *(grande città)* Großstadt *f,* Metropole *f;* **2.** *(capitale)* Hauptstadt *f;* **3.** *rel* Hauptkirche *f (eines Metropoliten).* **metropolita** [metropo'li:ta] ‹-i› *m* Metropolit *m.* **metropolitana** [...li'ta:na] *f* Untergrundbahn *f,* U-Bahn *f.* **metropolitano, -a** [...li'ta:no] **I.** *a* **1.** *(di metropoli)* Großstadt-; **2.** *rel* metropolitan; **II.** *m* Polizist *m,* Schutzmann *m.*

mettere ['mettere] ‹metto, misi, messo› **I.** *tr* **1.** *(collocare, apporre)* setzen; *(in piedi)* stellen; *(orizzontalmente)* legen; **2.** *(ficcare)* (hinein)stecken; **3.** *(applicare)* (auf)kleben; *(appendere)* (auf)hängen; **4.** *fam (installare)* installieren; *el* legen; **5.** *(infondere)* erfüllen *(qc a qu* jdn mit etw.); *(paura)* einflößen (*qc a qu* jdm etw.); *(discordia)* säen; *(provocare)* verursachen, auslösen; **6.** *(indossare)* anziehen, tragen; *(cappello a.)* aufsetzen; **7.** *(imporre)* auferlegen; **8.** *(ridurre)* umsetzen, umwandeln, machen zu; **9.** *(sviluppare)* bekommen; *(radici)* ansetzen; **10.** *(alloggiare)* unterbringen; **11.** *(deposita-*

re) deponieren; **12.** *(puntare)* (ein)setzen; **13.** *fam (far pagare)* zahlen lassen; ~ **a confronto** gegenüberstellen, vergleichen; ~ **ai voti** zur Abstimmung bringen; ~ **alla porta** vor die Tür setzen; ~ **al mondo** zur Welt bringen; *fig* in die Welt setzen; ~ **a nudo** *fig* bloßlegen; ~ **a tacere** zum Schweigen bringen; ~ **in ansia** in Angst versetzen; ~ **in atto** (*o.* **in pratica)** in die Tat umsetzen; ~ **in campo** *fig* ins Feld führen *geh;* ~ **in chiaro** klarstellen; ~ **in fuga** in die Flucht schlagen; ~ **in funzione** in Betrieb setzen; ~ **in giro** in Umlauf bringen; ~ **in pericolo** in Gefahr bringen; ~ **qu in libertà** jdm die Freiheit geben; ~ **dentro** *(infilare)* hineinstecken; *fig fam (imprigionare)* einlochen *fam;* ~ **sotto** *fig* überwältigen, besiegen; ~ **su** *(fondare)* gründen; *(organizzare)* einrichten, aufbauen; *(aprire)* eröffnen; *fig (istigare)* anstiften; *fam (mettere a cuocere)* aufsetzen; *(indossare)* anziehen; **mettercisi** *(mettersi in mezzo)* sich dazwischen (*o.* dazu) stellen; *(sedersi)* sich (darauf) setzen; *(dedicare)* (darauf) verwenden; *fig (mettersi d'impiego)* sich daranmachen *fam; (impiegare)* (dafür) brauchen; **mettercela tutta** alles daran setzen; ~ **bocca** d(a)reinreden, sich einmischen; ~ **fame/sete a qu** jdn hungrig/durstig machen; ~ **i denti** Zähne bekommen; ~ **le radici** Wurzeln ansetzen; *fig* Wurzeln schlagen; **II.** *itr* **1.** *(sboccare)* münden; **2.** *(germogliare)* keimen, treiben; **3.** *(supporre)* annehmen; **mettiamo che ...** *conj* nehmen wir an (*o.* angenommen), daß ...; **III.** *rfl:* **-rsi 1.** *(collocarsi)* sich stellen; *(sedersi)* sich setzen; *(sdraiarsi)* sich legen; **2.** *(cacciarsi)* sich bringen, sich stürzen; **3.** *(indossare)* (sich *dat*) anziehen; *(cappello a.)* (sich *dat*) aufsetzen; **4.** *(unirsi)* sich vereinigen, sich zusammentun; **5.** *(assumere un andamento)* sich anlassen; **-rsi a ...** anfangen zu ..., beginnen zu ...; **-rsi a sedere** sich (hin)setzen; **-rsi a proprio agio** es sich *(dat)* bequem machen; **-rsi al bello** *(tempo)* schön(er) werden; **-rsi al lavoro** sich an die Arbeit machen; **-rsi con qu** *(associarsi)* sich mit jdm vereinigen; *(avere una relazione amorosa)* mit jdm gehen *fam; (gareggiare)* sich mit jdm messen; **-rsi in contatto con qu** sich mit jdm in Verbindung setzen; **-rsi in vista** sich zur Schau stellen.

mezzacalzetta [meddzakal'tsetta] ⟨mezzecalzette⟩, **mezza calzetta** *f fam* halbes Hemd *fam,* Möchtegern *m; (ragazza poco seria)* leichtes Mädchen. **mezzacartuccia** [meddzakar'tuttʃa] ⟨mezzecartucce⟩, **mezza cartuccia** *f fam* Niete *f fam,* Blindgänger *m fam.* **mezzadria** [meddza'dri:a] ⟨-ie⟩ *f* Halbpacht *f.* **mezzadro** [...'dza:dro] *m* Halbpächter *m.* **mezzala** [med'dza:la] ⟨-i⟩, **mezz'ala** ⟨mezze ali⟩ *f* Verbindungsstürmer *m,* Halbstürmer *m.* **mezzaluna** [meddza'lu:na] ⟨mezzelune⟩ *f* **1.** *astr* Halbmond *m;* **2.** *(coltello)* Wiegemesser *n.*

mezzana[1] [med'dza:na] *f naut* Besansegel *n.*

mezzana[2] *f v.* **mezzano.**

mezzanino [meddza'ni:no] *m* Zwischengeschoß *n,* Mezzanin *n.*

mezzano, -a [med'dza:no] **I.** *m, f* Kuppler(in) *m(f);* **II.** *a* mittlere(r, s), Mittel-.

mezzanotte [meddza'nɔtte] ⟨mezzenotti⟩ *f* Mitternacht *f.* **mezz'aria** [med'dza:ri̯a] *f:* **a** ~ in halber (*o.* mittlerer) Höhe. **mezz'asta** [med'dzasta] *f:* **a** ~ auf halbmast.

mezzecalzette *pl di* **mezzacalzetta. mezzecartucce** *pl di* **mezzacartuccia. mezzelune** *pl di* **mezzaluna. mezzenotti** *pl di* **mezzanotte.**

mezzeria [meddze'ri:a] ⟨-ie⟩ *f (linea)* mittlere Linie; *(punto)* mittlerer Punkt; **linea di** ~ *(di strada)* Mittellinie *f.*

mezzibusti *pl di* **mezzobusto. mezzicontralti** *pl di* **mezzocontralto. mezzisoprani** *pl di* **mezzosoprano.**

mezzo, -a ['mɛddzo] **I.** *a* **1.** *(metà di un intero)* halb, Halb-; **2.** *(medio, intermedio)* mittlere(r, s); **3.** *fig (quasi o non completo)* halb; **vestito di -a stagione** Übergangskleid *n;* **le tre e** ~ drei Uhr dreißig, halb vier; **mezz'ora** halbe Stunde; **non dire una -a parola** kein Wort sagen; **II.** *m* **1.** *(metà)* Hälfte *f;* **2.** *(parte centrale)* Mitte *f;* **3.** *(espediente)* Mittel *n;* **4.** *(veicolo)* Verkehrsmittel *n,* Fahrzeug *n;* **5.** ⟨*pl*⟩ *(denari, averi)* (Geld)mittel *n pl;* **6.** *phys* Medium *n;* **7.** *fig (misura)* Maß *n;* **8.** *fig (dote, capacità)* Fähigkeit *f;* ~ **legale** Rechtsmittel *n;* **complemento di** ~ Umstandsergänzung *f;* **via di** ~ *fig* Mittelweg *m;* **con ogni** ~ mit allen Mitteln; **per** ~ **di** *(persona)* durch; *(cosa)* mit, mit Hilfe von; **privo di -i** mittellos; **andarci di** ~ etw. abbekommen *fam;* **esserci di** ~ beteiligt sein, mit von der Partie sein *fam;* **fare a ~ con qu** mit jdm halbe-halbe machen *fam;* **levar** (*o.* **togliere) di ~** aus dem Weg räumen, ausschalten; **levarsi** (*o.* **togliersi) di ~** von der Bildfläche verschwinden *fam;* **il fine giustifica i -i** *prov* der Zweck heiligt die Mittel *prov;* **III.** *adv* zur Hälfte, halb-, halb. **mezzobusto** [meddzo'busto] ‹mezzibusti›, **mezzo busto** *m* Büste *f;* **fotografia a ~** Brustbild *n.* **mezzocontralto** [-kon'traltro] ‹mezzicontralti›, **mezzo contralto** *m* Mezzosopran *m.* **mezzofondista** [-fon'dista] ‹-i *m,* -e *f*› *mf* Mittelstreckenläufer(in) *m(f),* -schwimmer(in) *m(f).* **mezzofondo** [-'fondo] *m* Mittelstreckenlauf *m,* -schwimmen *n.* **mezzogiorno** [-'dʒorno] *m* **1.** *(le 12)* Mittag *m,* zwölf Uhr (mittags); **2.** *(sud)* Süden *m;* **3.** *(l'Italia meridionale)* Süditalien *n.* **mezz'ora** [med'dzo:ra] ‹mezze ore› *f* halbe Stunde. **mezzosangue** [meddzo'saŋgue] ‹-› *m* Halbblut *n.* **mezzosoprano** [-so'pra:no] ‹mezzisoprani›, **mezzo soprano** *m* Mezzosopran *m.*

mezzuccio [med'dzuttʃo] ‹-cci› *m pej* fauler Trick.

mi¹ [mi] **I.** *pron pers 1. pers sing* **1.** *(complemento di termine)* mir; **2.** *(complemento oggetto)* mich; **II.** *pron rfl 1. pers sing* mich.

mi² [mi] ‹-› *m mus* e, E *n.*

miagolare [mi̯ago'la:re] **I.** *itr* **1.** *(gatto)* miauen; **2.** *pej (cantare)* jaulen, einen Katzengesang veranstalten; **II.** *tr* schlecht singen, jaulen. **miagolata** [...'la:ta] *f* **1.** *(serie di miagolii)* Miauen *n;* **2.** *pej (canto lamentoso)* Katzenmusik *f fam.* **miagolio** [...'li:o] ‹-ii› *m* **1.** *(di gatto)* Miauen *n;* **2.** *fig (piagnucolio)* Geplärr(e) *n fam.* **miao** ['mi̯a:o] *interj* miau.

miasma [mi'azma] ‹-i› *m* Pestgestank *m,* Miasma *n.*

mica¹ ['mi:ka] *adv* **1.** *(affatto, per niente):* **non ... ~** doch nicht, ja nicht, gar nicht; *(per caso)* doch (wohl) nicht; **2.** *fam (non)* nicht; **~ male quel tipo!** *fam* nicht übel dieser Typ! *fam.*

mica² ['mi:ka] ‹-che› *f min* Glimmer *m.*

mica³ ['mi:ka] ‹-che› *f sett kleines rundes Brot.*

miccia ['mittʃa] ‹-cce› *f* Zündschnur *f.*

Michela [mi'kɛ:la] *(nome proprio femminile)* Michaela.

michelaccio [mike'lattʃo] ‹-cci› *m* Müßiggänger *m;* **fare il** (*o.* **la vita del) ~** ein Leben wie im Schlaraffenland führen.

Michele [mi'kɛ:le] *(nome proprio maschile)* Michael.

michetta [mi'ketta] *f sett kleines rundes Brötchen.*

micia *f v.* **micio.**

micidiale [mitʃi'di̯a:le] *a* **1.** *(mortale)* tödlich; **2.** *fig (molto dannoso)* schädlich; *(intollerabile)* mörderisch *fam.*

micio, -a ['mi:tʃo] ‹-ci, -ce› *m, f fam* Mieze *f fam.*

micosi [mi'kɔ:zi] ‹-› *f* Pilzkrankheit *f,* Mykose *f.*

microbico, -a [mi'krɔ:biko] ‹-ci, -che› *a* mikrobiell. **microbiologa** *f v.* **microbiologo. microbiologia** [mikrobiolo'dʒi:a] *f* Mikrobiologie *f.* **microbiologo, -a** [...bi'ɔ:logo] *m, f* Mikrobiologe *m,* -biologin *f.*

microbo ['mi:krobo] *m* Mikrobe *f.*

microcamera [mikro'ka:mera] *f* Kleinstbildkamera *f.* **microcosmo** [-'kɔzmo] *m* Mikrokosmos *m.* **microfilm** [-'film] *m* Mikrofilm *m.* **microfilmare** [...'ma:re] *tr* mikroverfilmen. **microfono** [mi'krɔ:fono] *m* Mikrophon *n; tel* Telefonhörer *m.* **microfotografia** [mikrofotogra'fi:a] *f* Mikrofotografie *f.* **microlettore** [-let'to:re] *m* Lesegerät *n* (für Mikrofilme). **micrometro** [mi'krɔ:metro] *m* Mikrometer *n.* **micromotore** [mikromo'to:re] *m* **1.** *(motore)* Kleinmotor *m;* **2.** *(veicolo)* Kleinmotorfahrzeug *n.* **microonda** [-'onda] *f* Mikrowelle *f.* **microrganismo** [-orga'nizmo] *m* Mikroorganismus *m.* **microscheda** [-s'kɛ:da] *f* Mikrokarte *f.* **microscopia** [-sko'pi:a] ‹-ie› *f* Mikroskropie *f.* **microscopico, -a** [-s'kɔ:piko] ‹-ci, -che› *a* **1.** *tec* mikroskopisch; **2.** *(di dimensioni ridotte)* mikroskopisch (klein); *fig (estremamente piccolo)* verschwindend klein, winzig. **microscopio** [-s'kɔ:pi̯o] ‹-i› *m* Mikroskop *n;* **~ elettronico** Elektronenmikroskop *n.* **microsismografo** [-siz'mɔ:grafo] *m* Seismograph *m,* Seismometer *n.* **microsolco** [-'solko] **I.** *m* **1.** *(solco)* Mikrorille *f;* **2.** *(disco)* Langspielplatte *f;* **II.** *a:* **disco ~** Langspielplatte *f.* **microspia** [-s'pi:a] *f* Minispion *m,* (Abhör)wanze *f.* **microtelefono** [-te'lɛ:fono] *m* Telefonhörer *m.*

midolla [mi'dolla] *f* Krume *f.* **midollare** [...'la:re] *a* (Knochen)mark-. **midollo** [mi'dollo] ‹*pl:* -a *f o. rar* -i *m*› *m* **1.** *anat, bot* Mark *n;* **2.** *fig* Mark *n,* Knochen *m;* **fino alle -a** durch und durch; **bagnarsi** (*o.* **infradiciarsi) fino**

al ~ (*o.* **alle**) **-a** *fam* bis auf die Knochen naß werden; **penetrare nel ~** (*o.* **nelle**) **-a** *fam* durch Mark und Bein gehen; **un uomo senza ~** ein Mann *m* ohne Rückgrat.

mie, miei ['mi:e, 'mi̯ɛ:i] *v.* **mio.**

miele ['mi̯ɛ:le] *m* Honig *m;* **luna di ~** Flitterwochen *f pl,* Honigmond *m scherz.*

mietere ['mi̯ɛ:tere] *tr* **1.** *agr* mähen; **2.** *fig (raccogliere)* einheimsen *fam,* ernten; **3.** *fig (uccidere)* dahinraffen *geh.* **mietilega, mietilegatrice** [mi̯eti'le:ga, ...lega'tri:tʃe] *f* Mähbinder *m.* **mietitore, -trice** [mi̯eti'to:re] **I.** *m,f* Mäher(in) *m(f),* Schnitter(in) *m(f);* **II.** *a* vernichtend. **mietitrebbiatrice** [mi̯etitrebbi̯a'tri:tʃe] *f* Mähdrescher *m.* **mietitrice**[1] [...'tri:tʃe] *f* Mähmaschine *f.* **mietitrice**[2] *f v.* **mietitore. mietitura** [...'tu:ra] *f* **1.** *(lavoro)* Mähen *n;* **2.** *(periodo)* Erntezeit *f;* **3.** *(messe)* Getreideernte *f.*

migliaccio [miʎ'ʎattʃo] ⟨-cci⟩ *m* **1.** *(sanguinaccio) gebackenes Gericht aus Schweineblut und anderen Zutaten;* **2.** *(castagnaccio) Kastanienkuchen*

migliaio [miʎ'ʎa:i̯o] ⟨*pl:* -aia *f*⟩ *m* Tausend *n;* **un ~ (di ...)** etwa tausend (...); **-aia** tausend, Tausende *pl;* **a -aia** zu Tausenden.

miglio[1] ['miʎʎo] ⟨*pl:* -glia *f*⟩ *m* **1.** *(unità di misura)* Meile *f;* **2.** *fig (distanza notevole)* meilenweite Entfernung; **3.** *(pietra)* Meilenstein *m;* **essere lontano un ~** meilenweit entfernt sein.

miglio[2] ['miʎʎo] ⟨-gli⟩ *m bot* Hirse *f.*

miglioramento [miʎʎora'mento] *m* (Ver)besserung *f.*

migliorare [miʎʎo'ra:re] **I.** *tr* ⟨*avere*⟩ (ver)bessern; **II.** *itr* ⟨*essere*⟩ besser werden, sich bessern; **il malato migliora di giorno in giorno** dem Kranken geht es von Tag zu Tag besser; **III.** *rfl:* **-rsi** sich bessern. **migliorativo, -a** [...ra'ti:vo] *a* (Ver)besserungs-.

migliore [miʎ'ʎo:re] ⟨*comparativo di* buono⟩ **I.** *a* **1.** *(comparativo)* besser; **2.** *(superlativo relativo)* beste(r, s); **II.** *m, f* Beste(r) *mf.* **miglioria** [...ʎo'ri:a] ⟨-ie⟩ *f* Ausbau *m,* Umbau *m.*

mignatta [miɲ'ɲatta] *f* **1.** *zoo* Blutegel *m;* **2.** *fig pej (persona)* Klette *f.*

mignolo ['miɲɲolo] *m* **1.** *(della mano)* kleiner Finger; **2.** *(del piede)* kleiner Zeh.

mignotta [miɲ'ɲotta] *f dial vulg* Hure *f.*

migrare [mi'gra:re] *itr* ⟨*essere*⟩ wandern; *(uccelli a.)* ziehen. **migratore, -trice** [migra'to:re] **I.** *a* Wander-; *(uccelli)* Zug-; **II.** *m, f* (Aus)wanderer *m,* -wand(r)erin *f.* **migratorio, -a** [...'tɔ:ri̯o] ⟨-i, -ie⟩ *a* Migrations-, Wander-. **migratrice** *f v.* **migratore.**

migrazione [...t'tsi̯o:ne] *f* Wanderung *f,* Migration *f;* **~ di ioni/~ dei poli** Ionen-/Polwanderung *f.*

milanese [mila'ne:se] **I.** *a* mailändisch; **cotoletta alla ~** Wiener Schnitzel; **risotto alla ~** *in der Brühe gekochtes Reisgericht mit Zwiebeln, Safran u. Käse;* **II.** *mf* Mailänder(in) *m(f).* **Milano** [mi'la:no] *f* Mailand *n.*

Milena [mi'lɛ:na] *nome proprio femminile.*

miliardario, -a [mili̯ar'da:ri̯o] ⟨-i, -ie⟩ **I.** *m, f* Milliardär(in) *m(f);* **II.** *a* Milliardär(s)-; *(somma)* Milliarden-; *(persona)* milliardenschwer *fam.* **miliardo** [mi'li̯ardo] *m* Milliarde *f.*

miliare [mi'li̯a:re] *a:* **pietra ~** *(a. fig)* Meilenstein *m.*

milionario, -a [mili̯o'na:ri̯o] ⟨-i, -ie⟩ **I.** *m, f* Millionär(in) *m(f);* **II.** *a* Millionär(s)-; *(somma)* Millionen-; *(persona)* millionenschwer *fam.* **milione** [mi'li̯o:ne] *m* Million *f.*

militante [mili'tante] **I.** *a* militant, streitbar *geh;* **II.** *mf* Militant(in) *m(f).*

militare [mili'ta:re] **I.** *a* militärisch, Militär-, Soldaten-; **disciplina/vita ~** militärische Disziplin/Soldatenleben *n;* **esercitazione/servizio ~** Wehrübung *f*/-dienst *m;* **II.** *m* Soldat *m;* **III.** *itr* **1.** *(fare il soldato)* Soldat sein, dienen, Wehrdienst leisten; **2.** *fig (partecipare attivamente)* aktiv (tätig) sein; **~ a favore di qu/qc** *fig* für jdn/etw. eine Bresche schlagen. **militaresco, -a** [milita'resko] ⟨-schi, -sche⟩ *a pej* Kasernen-. **militarismo** [...'rizmo] *m* Militarismus *m.* **militarista** [...'rista] ⟨-i *m,* -e *f*⟩ *mf* Militarist(in) *m (f).* **militaristico, -a** [...'ristiko] ⟨-ci, -che⟩ *a* militaristisch. **militarizzare** [...rid'dza:re] *tr* militarisieren; *(fortificare)* befestigen. **militarizzazione** [...riddzat'tsi̯o:ne] *f* Militarisierung *f.* **militassolto** [...tas'sɔlto] *a* (aus dem Wehrdienst) entlassen.

milite ['mi:lite] *m* **1.** *(soldato)* Soldat *m;* **2.** *(membro)* Milizsoldat *m;* **3.** *fig (chi lotta)* Kämpfer *m,* Streiter *m;* **il M~ Ignoto** der Unbekannte Soldat. **militesente** [milite'zɛnte] *a* (von der Wehrpflicht) freigestellt. **milizia** [mi'littsi̯a] ⟨-ie⟩ *f* **1.** *mil (esercito)* Armee *f,* Heer *n;* **2.** *(speciale corpo armato)* Miliz *f;* **3.** *fig (partecipazione attiva)* Kämpfen *n,* Kampf *m;* **la ~**

angelica die himmlischen Heerscharen *f pl;* **la ~ cristiana** (*o.* **di Cristo**) die Christenheit.

millantare [millan'ta:re] **I.** *tr* rühmen, prahlen mit, angeben mit; **II.** *rfl:* **-rsi** sich rühmen (*di gen),* sich aufspielen (*di* mit). **millantatore, -trice** [...ta'to:re] **I.** *m, f* Angeber(in) *m(f),* Prahler(in) *m(f);* **II.** *a* prahlerisch. **millanteria** [...te'ri:a] ‹-ie› *f* Prahlen *n,* Prahlerei *f.*

mille ['mille] **I.** *a numerale* (ein)tausend; **~ grazie** tausend Dank; **II.** ‹-› *m* (Ein)tausend *f o. n;* **l'anno ~** das Jahr Tausend *(nach Christus);* **le ~ ed una notte** Tausendundeine Nacht; **per ~** pro mille, vom Tausend; **uno su** (*o.* **fra**) **~** einer von tausend. **millecento** [-'tʃɛnto] ‹-› **I.** *m* zwölftes Jahrhundert; **II.** *f mot* Elfhunderter *m fam.* **millefoglie** [-'fɔʎʎe] ‹-› **I.** *m* Blätterteigschnitte *f;* **II.** *f* Schafgarbe *f.* **millenario, -a** [-'na:rio] ‹-i, -ie› **I.** *a* **1.** *(che dura mille anni)* tausendjährig; **2.** *(che ricorre ogni mille anni)* alle tausend Jahre, Tausendjahr(es)-; **II.** *m* tausendster Jahrestag. **millennio** [mil'lɛnnio] ‹-i› *m* Jahrtausend *n.* **millepiedi** [mille'piɛ:di] ‹-› *m* Tausendfüß(l)er *m.* **millesimo, -a** [mil'lɛ:zimo] **I.** *a* tausendste(r, s); **II.** *m, f* Tausendste(r, s) *mfn;* **III.** *m (frazione)* Tausendstel *n.*

millibar [milli'bar] ‹-› *m* Millibar *n.* **milligrammo** [milli'grammo] *m* Milligramm *n.* **millimetrato, -a** [millime'tra:to] *a:* **carta -a** Millimeterpapier *n.* **millimetro** [mil'li:metro] *m* (*ab* **mm**) Millimeter *m o. n.*

milza ['miltsa] *f* Milz *f.*

mimare [mi'ma:re] **I.** *tr* mimen, mimisch darstellen; **II.** *itr* schauspielern. **mimetico, -a** [mi'mɛ:tiko] ‹-ci, -che› *a* **1.** *gener., philos, lit., zoo* mimetisch; **2.** *(imitativo)* imitativ; **3.** *(mimetizzante)* Tarn-, tarnend. **mimetismo** [mime'tizmo] *m* **1.** *zoo* Mimese *f;* **2.** *fig* Anpassungsfähigkeit *f,* Anpassungsvermögen *n.* **mimetizzare** [...tid'dza:re] **I.** *tr mil* tarnen; **II.** *rfl:* **-rsi 1.** *mil* sich tarnen; **2.** *zoo* sich der Umgebung anpassen; **3.** *fig (adeguarsi)* sich anpassen. **mimica** ['mi:mika] ‹-che› *f* Mimik *f.* **mimico, -a** [...ko] ‹-ci, -che› *a* mimisch; **linguaggio ~** Gebärdensprache *f.*

mimo ['mi:mo] *m* **1.** *theat* Pantomime *m,* -mimin *f;* **2.** *lit* Mimus *m obs;* **3.** *pej (istrione)* Komödiant(in) *m(f).*

mimosa [mi'mo:sa] *f* Mimose *f.*

min. 1. *ab di* **minuto** min., Min. (*ab di* Minute); **2.** *ab di* **minimo** Min. (*ab di* Minimum).

mina ['mi:na] *f* **1.** *(mil, della matita)* Mine *f;* **2.** *(carica esplosiva)* (Spreng)ladung *f;* **3.** *(cunicolo sotterraneo)* Sprenggang *m.*

minaccia [mi'nattʃa] ‹-cce› *f* **1.** *(intimidazione)* Drohung *f;* **2.** *(pericolo)* Bedrohung *f,* Gefahr *f.* **minacciare** [...'tʃa:re] ‹minaccio, minacci› *tr* **1.** *(spaventare)* bedrohen (*qu di qc* jdn mit etw.), drohen (*qu di qc* jdm mit etw.); **2.** *fig* drohen, befürchten lassen. **minaccioso, -a** [...'tʃo:so] *a* drohend; *(pericoloso)* bedrohlich, gefährlich.

minare [mi'na:re] *tr* **1.** *(collocare mine)* verminen, Minen legen in (*o.* auf); **2.** *fig (logorare)* untergraben, zerstören; *(insidiare a.)* unterminieren.

minareto [mina're:to] *m* Minarett *n.*

minatore [mina'to:re] *m* **1.** *(operaio)* Bergmann *m;* **2.** *mil (geniere)* Pionier *m,* Mineur *m.*

minatorio, a [mina'tɔ:rio] ‹-i, -ie› *a* Droh-.

minchia ['miŋkia] ‹-chie› *f mer vulg (pene)* Schwanz *m vulg;* **testa di ~!** Saftsack! *vulg.*

minchiona *f v.* **minchione. minchionaggine** [miŋkio'naddʒine] *f vulg* Dämlichkeit *f fam.* **minchionare** [...'na:re] *tr vulg* verarschen *vulg.* **minchione, -a** [miŋ'kio:ne] *m, f vulg* Blödmann *m fam,* (Einfalts)pinsel *m fam;* **fossi ~!** ich wär' ja blöd! *fam.* **minchioneria** [...kione'ri:a] ‹-ie› *f vulg* **1.** *(errore)* Blödheit *f fam;* **2.** *(stupidaggine)* Scheiß *m vulg,* Scheiße *f vulg.*

minerale [mine'ra:le] **I.** *a* mineralisch, Mineral-; **II.** *m* Mineral *n,* Erz *n.* **mineralizzare** [mineralid'dza:re] **I.** *tr* mineralisieren; **II.** *rfl:* **-rsi** sich mineralisieren, (zum) Mineral werden. **mineralizzazione** [...dzat'tsio:ne] *f* Mineralisation *f.* **mineralogia** [...lo'dʒi:a] ‹-gie› *f* Mineralogie *f.* **mineralogico, -a** [...'lɔ:dʒiko] *a* mineralogisch. **minerario, -a** [...'ra:rio] ‹-i, -ie› *a* **1.** *(dei minerali)* Erz-; **2.** *(delle miniere)* Bergbau-, Berg-, Montan-.

minerva [mi'nɛrva] **I.** ‹-› *m* Zündhölzer *n pl,* Zündholzbriefchen *n;* **II.** ‹-e› *f (per il collo)* Stützkorsett *n.*

minestra [mi'nɛstra] *f* **1.** *gastr* Suppe *f;* **2.** *fig* Geschichte *f,* Sache *f;* **una ~ riscaldata** *fig* eine aufgewärmte Geschichte; **è sempre la solita ~** *fig* es ist immer die alte Geschichte; **o mangi questa ~ o salti questa finestra**

prov friß, Vogel, oder stirb! *fam.* **minestrina** [mines'tri:na] *f* (leichte) Suppe *f*, Brühe *f*. **minestrone** [...'tro:ne] *m* **1.** *gastr* (dicke) Suppe *f* *(meist mit Gemüsen, Hülsenfrüchten, Teigwaren o. Reis);* **2.** *fig (miscuglio)* Mischmasch *m fam*, Sammelsurium *n fam.*

mingherlino, -a [miŋger'li:no] *a* schmächtig; *(uomo a.)* schmalbrüstig.

mini ['mi:ni] **I.** ‹-› *f* Mini(rock) *m;* **II.** ‹*inv*› *a* Mini-, mini.

miniare [mi'ni̯a:re] ‹minio, mini› *tr* **1.** *(decorare)* mit Miniaturen ausschmücken; **2.** *fig* (bis ins Detail) ausmalen, (in allen Details) beschreiben. **miniatore, -trice** [mini̯a'to:re] *m, f* Miniatur(en)maler(in) *m(f).* **miniatura** [...'tu:ra] *f* **1.** *(arte)* Miniaturmalerei *f;* **2.** *(opera)* Miniatur *f;* **3.** *fig (lavoro di precisione)* Präzisionsarbeit *f;* **in ~** en miniature, im kleinen. **miniaturista** [...tu'rista] ‹-i *m*, -e *f*› *mf* **1.** *(artista)* Miniatur(en)maler(in) *m(f);* **2.** *film* Modelleur *m*, Modellbauer(in) *m(f).*

miniera [mi'ni̯ɛ:ra] *f* **1.** *min* Bergwerk *n*, Grube *f;* **2.** *fig (fonte)* Fundgrube *f.*

minigolf [mini'gɔlf] *m* Minigolf *n.* **minigonna** [mini'gonna *o.* ...'gɔnna] *f* Minirock *m.*

minima ['mi:nima] *f* **1.** *meteo* Tiefsttemperatur *f;* **2.** *mus* halbe Note. **minimale** [mini'ma:le] *a* Mindest-.

minimizzare [minimid'dza:re] *tr* bagatellisieren, verniedlichen.

minimo, -a ['mi:nimo] ‹*superlativo di* piccolo› **I.** *a* **1.** *(estremamente piccolo)* minimal, sehr klein; **2.** *(il più piccolo)* kleinste(r, s); *(a. fig)* geringste(r, s); **3.** *(il più basso)* tiefste(r, s), niedrigste(r, s); **4.** *(ultimo)* Mindest-, äußerste(r, s); **5.** *(nessuno)* geringste(r, s), mindeste(r, s); **II.** *m* **1.** *(la parte più piccola)* Geringste(s) *n*, Mindeste(s) *n;* **2.** *(misura, quantità minima)* Mindestmaß *n*, Minimum *n;* **3.** *mot* Leerlauf *m;* **al ~** mindestens.

minio ['mi:ni̯o] *m* Mennige *f.*

minipillola [mini'pillola] *f* Minipille *f.*

ministeriale [ministe'ri̯a:le] *a* Minister-, ministeriell, ministerial; **crisi ~** Regierungskrise *f.* **ministero** [...'tɛ:ro] *m* **1.** *(dicastero)* Ministerium *n;* **2.** *(governo)* Kabinett *n*, Regierung *f;* **3.** *fig (ufficio)* Mission *f*, hoher Auftrag; **~ della difesa/degli (affari) esteri/delle finanze/di grazia e giustizia** Verteidigungs-/Außen-/Finanz-/Justizministerium *n;* **pubblico ~** (*ab* **P.M.)** Staatsanwalt *m; (organo)* Staatsanwaltschaft *f.*

ministro [mi'nistro] *m* **1.** *pol* Minister(in) *m(f);* **2.** *fig* Diener(in) *m(f); (divulgatore)* Verbreiter(in) *m(f);* **3.** *(dirigente di comunità)* Obere(r) *m(f);* **primo ~** Premierminister *m;* **~ degli esteri/degli interni/della difesa/delle finanze/di grazia e giustizia** Außen-/Innen-/Verteidigungs-/Finanz-/Justizminister(in)*m(f).*

minoranza [mino'rantsa] *f* Minderheit *f*, Minorität *f.*

minorato, -a [mino'ra:to] **I.** *a* behindert; **II.** *m, f* Behinderte(r) *mf.* **minorazione** [...rat'tsi̯o:ne] *f* **1.** *med* Behinderung *f;* **2.** *(riduzione)* (Ver)minderung *f*, Kürzung *f.*

minore [mi'no:re] ‹*comparativo di* piccolo› **I.** *a* **1.** *(comparativo: più piccolo)* kleiner; *fig* geringer; *(più breve)* kürzer; *(più giovane)* jünger; *(meno importante)* unbedeutende(r, s); *mus* Moll-, -Moll; **2.** *(superlativo relativo)* kleinste(r, s); **frati -i** Minderbrüder *m pl;* **Asia M~** Kleinasien *n;* **l'Orsa ~** der Kleine Bär; **II.** *mf* **1.** *(persona più giovane)* Jüngste(r) *mf;* **2.** *(minorenne)* Minderjährige(r) *mf*, Jugendliche(r) *mf.* **minorenne** [mino'rɛnne] **I.** *mf* Minderjährige(r) *mf*, Jugendliche(r) *mf;* **tribunale dei -i** Jugendgericht *n;* **II.** *a* minderjährig. **minorile** [...'ri:le] *a* Jugend-, jugendlich; **delinquenza/lavoro ~** Jugendkriminalität *f* /Kinderarbeit *f.* **minoritario, -a** [...ri'ta:ri̯o] ‹-i, -ie› *a* Minderheiten-, Minderheits-.

minuendo *m* [minu'ɛndo] Minuend *m.*

minuetto [minu'etto] *m* Menuett *n.*

minuscolo, -a [mi'nuskolo] **I.** *a* **1.** *(scrittura)* klein-, klein(geschrieben); **2.** *(piccolissimo)* winzig; **II.** *m o. f* Kleinbuchstabe *m*, Minuskel *f.*

minuta [mi'nu:ta] *f* Konzept *n*, Entwurf *m.* **minutaglia** [minu'taʎʎa] ‹-glie› *f pej* (Klein)kram *m fam.* **minutamente** [...ta'mente] *adv* **1.** *(a pezzetti)* in kleine(n) Stücke(n); **2.** *(in modo particolareggiato)* in allen Einzelheiten, aufs genaueste. **minuteria** [...te'ri:a] ‹-ie› *f* Kleinartikel *m pl*, Nippes *pl m.*

minuto [mi'nu:to] *m* (*ab* **min.**) Minute *f;* **~ primo/secondo** Minute *f*/Sekunde *f;* **in un ~** *fig (rapidamente)* in einer Sekunde *fam;* **spaccare il ~** *fig* auf die Minute genau sein; **questa è una questione di pochi -i** das ist eine Sache von wenigen Minuten; **non avere un ~ di pace** keine ruhige Minute haben; **ho i -i contati** meine Zeit ist knapp (bemessen); *fig (in punto di morte)* meine Uhr ist abgelaufen *poet*, meine Tage sind gezählt.

minuto, -a [mi'nu:to] *a* **1.** *(piccolo)* klein, Klein-; **2.** *(di poca importanza)* klein; **3.** *(gracile)* zierlich; *(delicato, sottile)* fein; **4.** *(particolareggiato)* genau, eingehend; **5.** *(di bassa condizione)* nieder, einfach; **al ~** *com* en détail. **minuzia** [mi'nuttsi̯a] ‹-ie› *f* Kleinigkeit *f*. **minuziosità** [...tsi̯osi'ta] ‹-› *f* peinliche Genauigkeit. **minuzioso, -a** [...'tsi̯o:so] *a (lavoro)* minuziös; *(persona)* peinlich genau. **minuzzolo** [mi'nuttsolo] *m* Stückchen *n*, kleines Stück.

mio, -a ['mi:o] ‹miei, mie› **I.** *a* mein; **la -a anima/voce** meine Seele/Stimme; **~ padre/zio** mein Vater/Onkel; **un ~ amico** ein Freund von mir; **II.** *pron:* **il ~, la -a** meiner, meine, mein(e)s; **III.** *m:* **il ~** das Mein(ig)e; **i miei** die Meinen *geh;* **dire la -a** meine Meinung sagen; **essere (***o.* **stare) dalla -a** auf meiner Seite sein; **la -a del ...** mein Brief vom ...; **ne ho fatta una delle -e** ich habe einen meiner Streiche gespielt.

miope ['mi:ope] **I.** *a med, fig* kurzsichtig; **II.** *mf* Kurzsichtige(r) *mf*. **miopia** [mio'pi:a] ‹-ie› *f med, fig* Kurzsichtigkeit *f*.

miosotide [mio'zɔ:tide] *f* Vergißmeinnicht *n*.

mira ['mi:ra] *f* **1.** *(il mirare)* Zielen *n*, (An)visieren *n;* **2.** *(bersaglio)* Ziel *n;* **3.** *fig (intenzione, scopo)* Ziel *n*, Zielsetzung *f*, Absicht *f;* **tacca di ~** Kimme *f;* **prendere di ~ qu** *fig* jdn aufs Korn nehmen *fam*.

mirabile [mi'ra:bile] *a* bewundernswert; *(meraviglioso)* wunderbar. **mirabilie** [mira'bi:li̯e] *f pl scherz* Wunderdinge *n pl*.

mirabolante [mirabo'lante] *a* märchenhaft *fam*, unglaublich, großartig.

miracolato, -a [mirako'la:to] *a* durch (ein) Wunder geheilt (*o.* gerettet). **miracolo** [mi'ra:kolo] *m* Wunder *n;* **~ economico** Wirtschaftswunder *n;* **è un ~ di scienza** er (*o.* sie) ist ein wissenschaftliches Phänomen; **far -i** Wunder tun; *fig* Wunder vollbringen; *(cose)* Wunder wirken; **conoscere (** *o.* **sapere) vita, morte e -i di qu** von jdm auch noch das kleinste Detail kennen; **per ~** wie durch ein Wunder; **che ~!** *fam* o Wunder! **miracoloso, -a** [mirako'lo:so] *a* **1.** *(che fa miracoli)* wundertätig; **2.** *(cosa)* wunderbar; *(persona a.)* phänomenal, fabelhaft.

miraggio [mi'raddʒo] ‹-ggi› *m* **1.** *phys* Luftspiegelung *f;* **2.** *fig (promessa seducente)* Trugbild *n*.

mirare [mi'ra:re] **I.** *itr* **1.** *(puntare)* zielen (*a* auf), anvisieren (*a qc* etw.); **2.** *fig (tendere)* abzielen (*a* auf), trachten (*a* nach), streben (*a* nach); **II.** *rfl:* **-rsi** sich eingehend betrachten.

Mirella [mi'rɛlla] *nome proprio femminile*.

miriade [mi'ri:ade] *f* Myriade *f*.

mirino [mi'ri:no] *m* **1.** *mil* Korn *n; (a. fig)* Visier *n*, Fadenkreuz *n;* **2.** *fot* Sucher *m*.

mirra ['mirra] *f* Myrrhe *f*.

mirtillo [mir'tillo] *m* Heidelbeere *f*, Blaubeere *f*.

mirto ['mirto] *m* Myrte *f*.

misantropa *f v.* **misantropo.**

misantropia [mizantro'pi:a] ‹-ie› *f* Menschenhaß *m*, Misanthropie *f geh*. **misantropo, -a** [mi'zantropo] **I.** *m, f* Menschenfeind(in) *m(f)*, Misanthrop *m geh;* **II.** *a* menschenfeindlich, misanthropisch *geh*.

miscela [miʃ'ʃɛ:la] *f* Mischung *f; mot* Gemisch *n*. **miscelare** [miʃʃe'la:re] *tr* (ver)mischen. **miscelatore, -trice** [...la'to:re] **I.** *m, f (operaio)* Mischer(in) *m(f);* **II.** *m* **1.** *(apparecchio)* Mixer *m;* **2.** *(recipiente graduato)* Mischbecher *m*, Mixbecher *m;* **III.** *a* Misch-, Mix-; **apparecchio ~** Mixer *m;* **macchina -trice** Mischmaschine *f*. **miscelatura** [...la'tu:ra] *f* Mischen *n*, Mischung *f*. **miscellanea** [...l'la:nea] *f* **1.** *(mescolanza)* Mischung *f*, Gemisch *n;* **2.** *(raccolta di opuscoli)* Bibliotheksdatei *f;* **3.** *(titolo di libro)* Sammelband *m*, Sammelwerk *n; (titolo di rubrica)* Vermischte(s) *n*, Miszellen *pl*. **miscellaneo, -a** [...l'la:neo] *a* Sammel-.

mischia ['miski̯a] ‹-schie› *f* **1.** *(bes. sport)* Gewühl *n*, Gedränge *n;* **2.** *(rissa)* Handgemenge *n*, Getümmel *n*. **mischiare** [...'ki̯a:re] ‹mischio, mischi› **I.** *tr* (ver)mischen; *(carte)* mischen; **II.** *rfl:* **-rsi** sich mischen (*tra* unter).

misconoscere [misko'noʃʃere] ‹*irr*› *tr* nicht anerkennen; verkennen.

miscredente [miskre'dɛnte] **I.** *mf* Ungläubige(r) *mf;* **II.** *a* ungläubig.

miscuglio [mis'kuʎʎo] ‹-gli› *m* Mischung *f*, Gemisch *n*.

misera *f v.* **misero.**

miserabile [mize'ra:bile] **I.** *a* **1.** *(compassionevole)* erbärmlich, jämmerlich; **2.** *(povero)* armselig, miserabel;

3. *pej* erbärmlich, elend, miserabel; **II.** *mf* Elende(r) *mf.*

miserere [mize'rɛ:re] ‹-› *m* Miserere *n;* **faccia da ~** *fig* Leichenbittermiene *f;* **cantare il ~ a qu/qc** *fig* für jdn/etw. den Grabgesang anstimmen; **essere al ~** *fig* in den letzten Zügen liegen *fam.*

miserevole [mize're:vole] *a* **1.** *(compassionevole)* mitleiderregend, bedauernswert; **2.** *(misero)* armselig, elend.

miseria [mi'zɛ:ri̯a] ‹-ie› *f* **1.** *(povertà)* Armut *f,* Elend *n;* **2.** *(scarsità)* Mangel *m* (*di* an), Not *f* (*di* an); **3.** *(meschinità)* Armseligkeit *f,* Armut *f;* **4.** ‹*pl*› *(infelicità)* Misere *f,* Nöte *f pl,* Leiden *n pl;* **pianger ~** jammern, lamentieren; **comprare qc per una ~** etw. zu einem Spottpreis kaufen; **costare una ~** spottbillig sein; **pagare una ~** einen Hungerlohn zahlen; **porca ~!, ~ ladra!** *fam* elende (*o.* verdammte) Schweinerei! *vulg.*

misericordia [mizeri'kɔrdi̯a] ‹-ie› *f* Barmherzigkeit *f;* *(pietà)* Mitleid *n* (*di* mit), Erbarmen *n* (*di* mit); **senza ~** erbarmungslos; **~, che hai combinato!** barmherziger Himmel, was hast du denn angestellt! **misericordioso, -a** [...kor'di̯o:so] *a* barmherzig; *(compassionevole)* mitleidsvoll, mitleidig.

misero, -a ['mi:zero] **I.** *a* **1.** *(povero)* arm, elend; **2.** *(insufficiente)* kümmerlich, jämmerlich; *(meschino)* kläglich, jämmerlich; **un abito ~ di spalle** *fam* ein Kleid, das um die Schultern herum zu eng ist; **~ me!** ich Unglücklicher!; **II.** *m, f* Arme(r) *mf.*

misfatto [mis'fatto] *m* Untat *f,* Missetat *f.*

misi ['mi:zi] *1. pers sing del passato remoto di* **mettere.**

misoginia [mizodʒi'ni:a] ‹-ie› *f* Frauenhaß *m,* Misogynie *f.* **misogino** [mi'zɔ:dʒino] *a* frauenfeindlich, misogyn.

miss [mɪs] ‹-› *f* Miß *f,* Miss *f.*

missaggio [mis'saddʒo] ‹-ggi› *m film* Mischen *n.*

missile ['missile] *m* Flugkörper *m,* Rakete *f;* **~ Cruise** Marschflugkörper *m.* **missilistica** [...'listika] ‹-che› *f* Raketenforschung *f,* Raketentechnik *f.* **missilistico, -a** [...'listiko] ‹-ci, -che› *a* Raketen-.

missino, -a [mis'si:no] *m, f Mitglied o. Anhänger der Partei M(ovimento) S(ociale) I(taliano).*

missionario, -a [missi̯o'na:ri̯o] ‹-i, -ie› **I.** *m, f* **1.** *rel* Missionar(in) *m(f);* **2.** *fig (apostolo)* Apostel *m;* **II.** *a* **1.** *rel* missionarisch, Missions-; **2.** *fig (zelante)* missionarisch; **padre ~** Missionar *m;* **suore -ie** Missionsschwestern *f pl.* **missione** [...'si̯o:ne] *f* **1.** *(incarico)* Mission *f,* Auftrag *m;* *(funzione)* Auftrag *m;* **2.** *(gruppo di persone)* Mission *f;* **3.** *rel* Mission *f;* *(sede)* Missionsstation *f;* **in ~ secreta** in geheimer Mission.

missiva [mis'si:va] *f scherz* Epistel *f.*

mister ['mɪstə] ‹-› *m* **1.** *(vincitore di un concorso)* Mister *m;* **2.** *sport (allenatore)* Coach *m,* Trainer *m;* **~ muscolo/universo** Mister *m* Bodybuilding/Universum.

misterioso, -a [miste'ri̯o:so] *a (incomprensibile)* geheimnisvoll, mysteriös; *(enigmatico)* rätselhaft; *(segreto)* geheim, heimlich. **mistero** [...'tɛ:ro] *m* **1.** *(fenomeno inspiegabile)* Geheimnis *n;* **2.** *(enigma, fatto oscuro a.)* Rätsel *n;* **3.** *rel* Mysterium *n;* **4.** *theat* Mysterienspiel *n;* **fare ~ di qc** aus etw. ein Geheimnis machen; **senza tanti -i, dimmi com'è andata** tu nicht so geheimnisvoll und sag' mir wie es lief!

mistica ['mistika] ‹-che› *f* Mystik *f.* **misticismo** [...ti'tʃizmo] *m* Mystizismus *m.* **mistico, -a** ['mistiko] ‹-ci, -che› **I.** *a* mystisch; **II.** *m* Mystiker *m.*

mistificare [mistifi'ka:re] ‹mistifico, mistifichi› *tr* **1.** *(ingannare)* täuschen, irreführen; **2.** *(falsificare)* fälschen. **mistificatore, -trice** [...ka'to:re] *m, f* **1.** *(ingannatore)* Heuchler(in) *m(f),* Täuscher(in) *m(f);* **2.** *(falsificatore)* Fälscher(in) *m(f).* **mistificazione** [...kat'tsi̯o:ne] *f* Täuschung *f,* Irreführung *f.*

misto, -a ['misto] **I.** *a* Misch-, gemischt; **classe/scuola -a** gemischte Klasse/Schule; **doppio ~** *sport* gemischtes Doppel; **matrimonio ~** Mischehe *f;* **tessuto ~** Mischgewebe *n;* **fritto ~** *verschiedenes Ausgebakkenes, meist Fisch, aber auch Gemüse, Fleisch, etc.;* **II.** *m* Mischung *f,* Gemisch *n;* **fare tutt'un ~** *fam* alles über einen Kamm scheren. **mistura** [...'tu:ra] *f* **1.** *(mescolanza)* Gemisch *n,* Mischung *f;* **2.** *(ingrediente alterante)* Zusatz(stoff) *m.*

misura [mi'zu:ra] *f* **1.** *mat* Maß *n,* Maßeinheit *f;* **2.** *(dimensione)* Maß *n;* **3.** *(taglia)* Größe *f;* **4.** *(provvedimento)* Maßnahme *f;* **5.** *(grado, proporzione)* Grad *m,* (Aus)maß *n,* Umfang *m;* Rahmen *m;* **6.** *fig (criterio di valutazione)* Maß *n,* Maßstab *m;* **7.** *fig (limite)* Maß *n;* **8.** *mus* Takt *m;* **prendere le -e a qu/di qc** bei jdm Maß nehmen/etw. (ab)messen; **usare due pesi e due -e** *fig* mit zweierlei Maß messen; **non avere il senso delle -e** kein Gefühl für das rechte Maß haben; **spendere senza ~** ohne Maß und Ziel (*o.* Sinn und Verstand *fam*) vergeuden; **vincere di ~** knapp gewinnen; **nella ~ delle mie forze/possibilità** im Rahmen meiner Kräfte/Möglichkeiten; **l'uomo è la ~ di tutte le cose** der Mensch ist das Maß aller Dinge; **la ~ è colma** *fam* das Maß ist voll; **a ~** maßgerecht; *fig* maßvoll, in Maßen; **a ~ che** in dem Maße, wie; **fuor di ~** maßlos; **oltre ~** über die (*o.* alle) Maßen; **su ~** nach Maß, Maß-. **misurabile** [mizu'ra:bile] *a* meßbar. **misurare** [...'ra:re] **I.** *tr* **1.** *(valutare)* (aus-, ab)messen; *(terreni)* vermessen; **2.** *(provare)* anprobieren; **3.** *(percorrere)* durchmessen *geh;* **4.** *(giudicare)* beurteilen; *(ponderare)* abwägen; **5.** *(limitare)* begrenzen; **6.** *(ridurre eccessivamente)* einschränken; **7.** *(mettere alla prova)* messen *geh;* **~ uno schiaffo a qu** jdm eine Ohrfeige verpassen *fam;* **~ il peso di qc** etw. wiegen; **II.** *itr* messen; **III.** *rfl:* **-rsi 1.** *fig (cimentarsi)* sich messen *geh;* **2.** *(contenersi)* sich mäßigen, maßvoller werden. **misurato, -a** [...'ra:to] *a* **1.** *(moderato)* mäßig, maßvoll; **2.** *(equilibrato)* ausgeglichen, gemäßigt; **3.** *(ponderato)* abgewogen; **4.** *(limitato)* begrenzt. **misuratore, -trice** [...ra'to:re] **I.** *m, f* Vermesser(in) *m(f);* **II.** *m* Meßgerät *n,* -messer *m.* **misurazione** [...rat'tsi̯o:ne] *f* Messen *n,* Messung *f; (di terreni)* Vermessung *f.* **misurino** [...'ri:no] *m* Meßbecher *m; chem* Meßzylinder *m.*

mite ['mi:te] *a* **1.** *(benevolo)* mild(e), sanftmütig; *(tono)* mild; *(indulgente a.)* nachsichtig; **2.** *(clima)* mild; **3.** *(mansueto)* zahm; **4.** *(moderato)* mäßig. **mitezza** [mi'tettsa] *f* **1.** *(benevolenza)* Milde *f,* Sanftmut *f; (indulgenza a.)* Nachsicht *f;* **2.** *(di clima)* Milde *f;* **3.** *(mansuetudine)* Zahmheit *f.*

miticizzare [mititʃid'dza:re] *tr* zum Mythos erheben. **mitico, -a** ['mi:tiko] ‹-ci, -che› *a* **1.** *(del mito)* mythisch; **2.** *(leggendario)* legendär, sagenhaft.

mitigare [miti'ga:re] ‹mitigo, mitighi› **I.** *tr* **1.** *(addolcire)* mildern; *(dolore a.)* lindern; **2.** *(attenuare)* (ab)mildern, mindern, dämpfen; **II.** *rfl:* **-rsi** sich mildern, sich abschwächen. **mitigazione** [...gat'tsi̯o:ne] *f* Milderung *f.*

mitizzare [mitid'dza:re] **I.** *tr* zum Mythos erheben; **II.** *itr* Mythen schaffen.

mito ['mi:to] *m* Mythos *m.* **mitologia** [mitolo'dʒi:a] ‹-gie› *f* Mythologie *f.* **mitologico, -a** [...'lɔ:dʒiko] *a* **1.** *(di mito)* mythologisch; **2.** *fig (favoloso)* sagenhaft.

mitra¹ ['mi:tra] ‹-› *m mil* Maschinengewehr *n,* -pistole *f.*

mitra² ['mi:tra] *f rel* Mitra *f,* Bischofsmütze *f.*

mitraglia [mi'traʎʎa] ‹-glie› *f* **1.** *(insieme di colpi)* Feuerstoß *m,* Feuersalve *f;* **2.** *(mitragliatrice)* Maschinengewehr *n;* **3.** *(munizione)* Kartätsche *f.* **mitragliamento** [...ʎa'mento] *m* Maschinengewehrfeuer *n.* **mitragliare** [...'ʎa:re] ‹mitraglio, mitragli› *tr* **1.** *mil* unter Maschinengewehrfeuer nehmen; **2.** *fig (bersagliare)* bombardieren. **mitragliata** [...'ʎa:ta] *f* Feuerstoß *m,* Feuergarbe *f.* **mitragliatore, -trice I.** *a* Maschinen-; **II.** *m* MG-Schütze *m;* **III.** *f* Maschinengewehr *n;* **parlare come una -trice** *fam* reden wie ein Maschinengewehr *fam.* **mitragliera** [...'ʎɛ:ra] *f* Maschinenkanone *f.* **mitragliere** [...'ʎɛ:re] *m* MG-Schütze *m.* **mitraglietta** [...'ʎetta] *f* Maschinenpistole *f.*

mitt. *ab di* **mittente** Abs. (*ab di* Absender).

mittente [mit'tɛnte] *mf* (*ab* **mitt.**) Absender(in) *m(f).*

mixer ['mɪksə] ‹-› **I.** *m* **1.** *(recipiente)* Misch-, Mixbecher *m;* **2.** *(del frullatore)* Mixer *m;* **II.** *mf TV* Bildmischer(in) *m(f).*

M.L.D. *m ab di* **Movimento per la Liberazione della Donna** *Bewegung für die Befreiung der Frau.*

M.L.S. *m ab di* **Movimento dei Lavoratori per il Socialismo** *sozialistische Arbeiterbewegung Italiens.*

mm *ab di* **millimetro** mm (*ab di* Millimeter).

M.M. *ab di* **Marina Militare** *italienische Kriegsmarine.*

mnemonico, -a [mne'mɔ:niko] ‹-ci, -che› *a* Erinnerungs-, Gedächtnis-, mnemotechnisch *scient;* **facoltà -a** Erinnerungsvermögen *n;* **mezzi/esercizi -ci** Gedächtnishilfen *f pl/* -übungen *f pl.*

mo'¹ [mɔ *o.* mo] *adv dial fam (adesso, ora)* nun, jetzt.

mo'² [mɔ] *m:* **a ~ di** *fam* auf die Art, als.

M.O. *ab di* **Medio Oriente** Nahost.

mobile ['mɔ:bile] **I.** *m* **1.** *(oggetto d'arredamento)* Möbel(stück) *n;* **2.** *phys* beweglicher Körper; ~ **della radio** Musiktruhe *f;* **II.** *f mobiles Einsatzkommando der Kriminalpolizei;* **III.** *a* **1.** *(che si può muovere, a. fin, com)* beweglich; **2.** *mil* mobil; **3.** *(in movimento)* bewegt; **4.** *(vivace)* lebhaft, lebendig; **5.** *pej (volubile)* unbeständig, sprunghaft; **scala** ~ *tec* Rolltreppe *f; com* gleitende Lohnskala; **squadra** ~ *mobiles Einsatzkommando der Kriminalpolizei;* **rene** ~ Wanderniere *f;* **la donna è** ~ die Frauen sind unbeständig. **mobilia** [mo'bi:li̯a] ‹-ie› *f* Mobiliar *n,* Hausrat *m.* **mobiliare** [mobi'li̯a:re] *a com* beweglich; **mercato** ~ Effektenmarkt *m.* **mobiliere** [...'li̯ɛ:re] *m* Möbelfabrikant *m; (commerciante)* Möbelhändler *m.* **mobilificio** [...li'fi:tʃo] ‹-ci› *m* Möbelfabrik *f.* **mobilio** [mo'bi:li̯o] ‹-i› *m* Mobiliar *n,* Hausrat *m.* **mobilità** [mobili'ta] ‹-› *f* **1.** *(capacità di spostamento)* Beweglichkeit *f; (professionale, sociale, etc.)* Mobilität *f;* **2.** *(vivacità)* Lebhaftigkeit *f,* Lebendigkeit *f;* **3.** *(incostanza)* Unbeständigkeit *f;* ~ **articolare** Gelenkigkeit *f.* **mobilitare** [...'ta:re] **I.** *tr* **1.** *(mettere in moto)* mobilisieren; **2.** *mil* mobil machen, mobilisieren; **3.** *(impiegare produttivamente)* mobilisieren; *(capitale)* flüssigmachen; **II.** *rfl:* **-rsi** sich in Bewegung setzen. **mobilitazione** [...tat'tsi̯o:ne] *f* **1.** *(appello generale)* Mobilisierung *f;* **2.** *mil* Mobilmachung *f.*

moca ['mɔ:ka] ‹-› **I.** *m* Mokka(kaffee) *m;* **II.** *f Kaffeemaschine für die Zubereitung von Mokkakaffee.*

mocassino [mokas'si:no] *m* Mokassin *m.*

moccicare [mottʃi'ka:re] ‹moccico, moccichi› *itr dial* **1.** *(colar moccio)* schleimen, laufen; **2.** *(frignare)* greinen *fam.*

moccio ['mottʃo] ‹-cci› *m fam* Rotz *m fam,* Rotze *f dial fam.* **moccioso, -a** [...'tʃo:so] **I.** *a* verschleimt; *fam* rotzig *fam;* **II.** *m, f (a. fig)* Rotznase *f fam.*

moccolo ['mɔkkolo *o.* 'mok...] *m* **1.** *(di candela)* Kerzenstummel *m;* **2.** *fam (bestemmia)* Fluch *m;* **3.** *fam (moccio)* Rotz *m fam,* Rotze *f dial fam;* **reggere il** ~ *fig* Anstandswauwau sein *fam;* **mandare** (*o.* **tirare**) **-i** *fam* Gift und Galle spucken *fam.*

moda ['mɔ:da] *f* Mode *f;* **alla** ~ nach der Mode, modisch; **l'alta** ~ die Haute Couture; ~ **pronta** Konfektion *f;* **malattia di** ~ Modekrankheit *f;* **fuori** ~ altmodisch; **di** ~ modern; **andare** (*o.* **essere**) **di** ~ (in) Mode (*o.* modern) sein; **passare di** ~ aus der Mode kommen; **seguire la** ~ mit der Mode gehen.

modale [mo'da:le] *a* modal, Modal-. **modalità** [modali'ta] ‹-› *f* **1.** *(circostanza caratteristica)* Bedingung *f;* **2.** *(cosa formale)* Formsache *f;* **3.** *jur* Bestimmung *f,* Modalität *f.*

modella [mo'dɛlla] *f* Modell *n; (indossatrice)* Modell *n,* Mannequin *n.*

modellare [model'la:re] **I.** *tr* **1.** *(plasmare)* formen, modellieren; **2.** *(disegnare)* umreißen, skizzieren; **3.** *fig (conformare ad un modello)* ausrichten (*su* an); **II.** *rfl:* **-rsi** sich richten (*su* nach), sich orientieren (*su* an). **modellatore, -trice** [...la'to:re] **I.** *m, f* Modelleur(in) *m(f);* **II.** *m* Korsett *n.* **modellatura** [...la'tu:ra] *f* Modellierung *f.* **modellino** [...'li:no] *m* Modell *n (in verkleinertem Maßstab).* **modellismo** [...'lizmo] *m* Modellbau *m.* **modellista** [...'lista] ‹-i *m,* -e *f*› *mf* **1.** *(ideatore)* Modelleur(in) *m(f),* Modellist(in) *m(f); (di abiti)* Modelldesigner(in) *m(f);* **2.** *(esecutore)* Modelleur(in) *m(f),* Modellbauer(in) *m(f).* **modellistica** [...'listika] ‹-che› *f* Modellbau *m.*

modello [mo'dɛllo] *m* **1.** *gener.* Modell *n; (oggetto di riferimento)* Muster *n;* **2.** *(abito)* Modell(kleid) *n;* **3.** *(figurino)* (Schnitt)muster *n;* **4.** *fig (esempio)* Modell *n geh,* Muster *n* (*di* an), Vorbild *n;* **5.** *(forma, stampo)* Form *f;* **marito/scolaro** ~ Mustergatte *m scherz*/Musterschüler *m.*

moderare [mode'ra:re] **I.** *tr* **1.** *(ridurre)* vermindern, mäßigen; *(spese, etc.)* einschränken; **2.** *(misurare)* zügeln, mäßigen; *(richieste)* herunterschrauben; **II.** *rfl:* **-rsi** sich mäßigen, Maß halten. **moderatezza** [...ra'tettsa] *f* maßvolles Verhalten. **moderato, -a** [...'ra:to] *a* **1.** *(non eccessivo)* maßvoll, mäßig; *(nel mangiare, fumare, etc.)* maßvoll; *(equilibrato)* ausgeglichen; **2.** *pol* gemäßigt; **3.** *mus* moderato, mäßig schnell. **moderatore, -trice** [...ra'to:re] **I.** *m, f* Moderator(in) *m(f);* **II.** *m phys* Moderator *m;* **III.** *a* mäßigend. **moderazione** [...rat'tsi̯o:ne] *f* Mäßigkeit *f; (nel bere, mangiare, etc.)* Maßhalten *n.*

modernamente [moderna'mente] *adv* in jüngster (*o.* letzter) Zeit. **modernismo** [...'nizmo] *m* Modernismus *m.* **modernità** [...ni'ta] ‹-› *f* Modernität *f.* **modernizzare** [...nid'dza:re] **I.** *tr* modernisieren;

II. *rfl:* **-rsi** mit der Zeit gehen, sich der Zeit anpassen.

moderno, -a [mo'dɛrno] **I.** *a* modern; *(lingua)* neuere(r, s); *(storia)* neuzeitlich; **II.** *m* Moderne(s) *n.*

modestia [mo'dɛstia] ‹-ie› *f* **1.** *(virtù)* Bescheidenheit *f;* **2.** *(sobrietà)* Genügsamkeit *f,* Anspruchslosigkeit *f;* **3.** *(pudore)* Sittsamkeit *f;* **4.** *(limitatezza)* Mäßigkeit *f; (mediocrità)* Mittelmäßigkeit *f;* ~ **a parte** *scherz* bei aller Bescheidenheit; **la ~ non è mai troppa** *prov* man kann nie bescheiden genug sein, Bescheidenheit ist eine Zier *prov.* **modesto, -a** [...to] *a* **1.** *(umile)* bescheiden; *(parsimonioso)* anspruchslos, genügsam; **2.** *(privo di sfarzo)* bescheiden, einfach; *(limitato)* mäßig, gering, bescheiden; *(prezzo)* niedrig, reell; **3.** *(pudico, serio)* sittsam, anständig; **4.** *pej (mediocre)* mittelmäßig.

modicità [moditʃi'ta] ‹-› *f* Mäßigkeit *f,* Niedrigkeit *f.* **modico, -a** ['mɔ:diko] ‹-ci, -che› *a* gering; *(prezzi)* niedrig, mäßig.

modifica [mo'di:fika] ‹-che› *f* (Ab-, Um-, Ver)änderung *f,* Modifikation *f.*

modificare [modifi'ka:re] ‹modifico, modifichi› **I.** *tr* (ab-, um-, ver)ändern, modifizieren; **II.** *rfl:* **-rsi** sich (ver)ändern. **modificazione** [...kat'tsio:ne] *f* (Ab)änderung *f,* Modifizierung *f; (a. biol)* Modifikation *f.*

modista [mo'dista] *f* Modistin *f.*

modo ['mɔ:do] *m* **1.** *(maniera)* Art *f,* Weise *f,* Art und Weise *f;* **2.** *(comportamento)* Benehmen *n,* Art *f,* Manieren *pl;* **3.** *(abitudine, usanza)* Art *f;* **4.** *(occasione)* Gelegenheit *f,* Möglichkeit *f;* **5.** *(limite, regola)* Maß *n;* **6.** *gram* Modus *m,* Aussageweise *f;* **7.** *(locuzione)* Redewendung *f;* **8.** *mus* Tonart *f;* ~ **condizionale/congiuntivo/indicativo** Konditional *m*/Konjunktiv *m*/Indikativ *m;* ~ **maggiore/minore** Dur(tonart *f*) *n*/Moll(tonart *f*) *n;* **una persona a ~** eine anständige Person; ~ **di dire** Redensart *f;* ~ **di pagamento** Zahlungsweise *f;* **ad** *(o.* **in) ogni ~** auf jeden Fall, jedenfalls; **a quel** *(o.* **questo) ~** auf diese Art, so; **di** *(o.* **in) ~ che . . .** *conj* so, daß . . .; **di ~** *gram* Modal-; **in che ~?** wie?; **in nessun ~** auf keinen Fall; **in qualche ~** irgendwie; **in qualunque ~** unter allen Umständen, mit allen Mitteln; *(in ogni caso)* auf jeden Fall; **c' è ~ e ~ di dire qc** man kann etwas so oder so sagen; **ciascuno a suo ~** *prov* jeder nach seinem Geschmack.

modulare[1] [modu'la:re] *a* **1.** *adm* Formular-; **2.** *tec* Modul(ar)-; *(sistema)* Baukasten-.

modulare[2] [modu'la:re] *tr* **1.** *mus, phys* modulieren; **2.** *radio, tec* regeln. **modulatore, -trice** [...la'to:re] **I.** *m* Modulator *m;* **II.** *a* modulatorisch, Modulations-. **modulazione** [...lat'tsio:ne] *f* **1.** *phys, radio* Modulation *f;* **2.** *mus* Übergang *m,* Modulieren *n.*

modulo ['mɔ:dulo] *m* **1.** *(formulario)* Formblatt *n,* Formular *n,* Vordruck *m;* **2.** *tec, arch, mat* Modul *m;* ~ **lunare** Mond(lande)fähre *f.*

moffetta [mo'fetta] *f* Stinktier *n,* Skunk *m.*

mogano ['mɔ:gano] *m* Mahagoni *n.*

moggio ['mɔddʒo] ‹*pl:* -ggia *f o.* -ggi *m*› *m* Scheffel *m;* **metter la fiaccola sotto il ~** *fig* sein Licht unter den Scheffel stellen.

mogio, -a ['mɔ:dʒo] ‹-gi, -ge› *a* **1.** *(avvilito)* niedergeschlagen, bedrückt; **2.** *(privo di vivacità)* schlapp, lustlos.

moglie ['moʎʎe] ‹-gli› *f* (Ehe)frau *f,* Gattin *f geh;* **dare in ~** zur Frau geben; **prender ~** heiraten; **~ e buoi dei paesi tuoi** *prov* bleibe im Land und nähre dich redlich *prov;* **tra ~ e marito non mettere il dito** *prov* laß Eheleute ihre Streitigkeiten allein ausfechten!

mohair [mɔ'ɛ:r] ‹-› *m* Mohair *m.*

moina [mo'i:na] *f fam* Schmeichelei *f;* **fare le -e a qu** *fam* jdm um den Bart gehen.

moire [mwa:r] *f* Moiré *n o. m.*

mola ['mɔ:la] *f* Schleifstein *m,* Schleifscheibe *f; (da mulino)* Mühlstein *m.*

molare[1] [mo'la:re] **I.** *m* Backenzahn *m; (di animali)* Mahlzahn *m,* Molar(zahn) *m;* **II.** *a* **1.** *anat:* **dente ~** Backenzahn *m;* Molarzahn *m;* **2.** *(della mola):* **pietra ~** Mühlstein *m.*

molare[2] [mo'la:re] *tr* schleifen. **molatrice** [mola'tri:tʃe] *f* Schleifmaschine *f.* **molatura** [...'tu:ra] *f* **1.** *(atto)* Schleifen *n;* **2.** *(risultato)* Schliff *m.*

mole ['mɔ:le] *f* **1.** *(dimensione)* Ausmaß *n,* Umfang *m;* **2.** *arch* (imponierendes) Bauwerk *n,* Burg *f;* **3.** *(volume)* (wuchtige) Masse *f;* **4.** *fig (quantità)* Menge *f,* Masse *f fam.*

molecola [mo'lɛ:kola] *f* Molekül *n.* **molecolare** [moleko'la:re] *a* molekular, Molekular-.

molestare [moles'ta:re] *tr* belästigen. **molestia** [mo'lɛstia] ‹-ie› *f* **1.** *(fastidio)* Plage *f,* Lästigkeit *f;* **2.** *(azione molesta)* Belästigung *f;* **3.** *jur* Störung *f,* Unfug *m.*

molesto, -a [mo'lɛsto] *a* lästig.

molitorio, -a [moli'tɔ:rio] ‹-i, -ie› *a* Mühl(en)-. **molitura** [...'tu:ra] *f (di cereali)* Mahlen *n; (di olive)* Pressen *n.*

molla ['mɔlla] *f* **1.** *tec* Feder *f;* **2.** ‹*pl*› Zange *f;* **3.** *fig (impulso)* Triebfeder *f fig;* ~ **a balestra** Blattfeder *f;* **materasso a -e** Federkernmatratze *f;* **prendere qu con le -e** *fig fam* jdn mit Vorsicht genießen, jdn mit Glacéhandschuhen anfassen.

mollare [mol'la:re] **I.** *tr* **1.** *(lasciar andare)* loslassen; *naut (ormeggi)* losmachen; *(vele)* klarmachen; *(cavi)* fieren; **2.** *(allentare)* locker machen; *(presa)* lockern; **3.** *fig fam (dare)* austeilen, verpassen *fam;* **4.** *fig fam (piantare)* sitzenlassen *fam;* **II.** *itr* **1.** *(cedere)* nachgeben; **2.** *fig fam (smetterla)* lockerlassen *fam;* **tira e molla** nach langem Hin und Her.

molle ['mɔlle] **I.** *a* **1.** *(morbido)* weich; *(flessibile)* biegsam, geschmeidig; **2.** *(bagnato)* naß, durchnäßt; *(umido)* feucht; **3.** *ling (palatalizzato)* palatal; **4.** *fig (debole)* schwach, weichlich; **5.** *fig (rilassato)* locker *fam,* entspannt; *pej* nachlässig; *(dolce, mite)* sanft; *(sciolto)* gelöst, gelockert; **II.** *m* **1.** *(il morbido)* Weiche(s) *n;* **2.** *(liquido)* Flüssigkeit *f* zum Einweichen; **mettere/tenere in** ~ einweichen/eingeweicht lassen.

molleggiamento [molleddʒa'mento] *m* Federn *n,* Federung *f.* **molleggiare** [...'dʒa:re] ‹molleggio, molleggi› **I.** *itr* federn; **II.** *tr* elastisch machen, eine Federung anbringen in (*o.* an); **III.** *rfl:* **-rsi** sich federnd bewegen; **-rsi sulle gambe** in den Knien federn. **molleggio** [...'leddʒo] ‹-ggi› *m* Federung *f.*

molletta [mol'letta] *f* **1.** *(per capelli)* (Haar)klammer *f,* -klemme *f;* **2.** *(per panni)* (Wäsche)klammer *f;* **3.** ‹*pl*› *(per zucchero)* Zuckerzange *f; (per ghiaccio)* Eiszange *f.*

mollettone [molet'to:ne] *m* Molton *m.*

mollezza [mol'lettsa] *f* **1.** *(l'essere molle)* Weichheit *f;* **2.** *fig (fiacchezza)* Weichlichkeit *f,* Schwäche *f;* **3.** ‹*pl*› *(agio)* Bequemlichkeit *f.*

mollica [mol'li:ka] ‹-che› *f* (Brot)krume *f.*

molliccio, -a [mol'littʃo] ‹-cci, -cce› *a* **1.** *(alquanto molle)* matschig *fam;* **2.** *fam pej (viscido)* schlüpfrig, (aal)glatt.

mollo, -a ['mɔllo] **I.** *a* naß; *(umido)* feucht; **pappa -a** *fam pej* Schlappschwanz *m fam,* Waschlappen *m fam;* **II.** *m* Flüssigkeit *f* zum Einweichen.

mollusco [mol'lusko] ‹-schi› *m* **1.** *zoo* Weichtier *n,* Molluske *f;* **2.** *fig pej* Waschlappen *m fam,* Weichling *m.*

molo ['mɔ:lo] *m* (Hafen)mole *f.*

moloc ['mɔ:lok] ‹-› *m* Moloch *m geh.*

molotov ['mɔ:lotov] ‹-› *f* Molotowcocktail *m.*

molteplice [mol'te:plitʃe] *a* vielfältig. **molteplicità** [...teplitʃi'ta] ‹-› *f* Vielfältigkeit *f; (varietà)* Vielfalt *f.*

moltiplica [mol'ti:plika] ‹-che› *f* **1.** *tec* Übersetzung *f;* **2.** *fam (moltiplicazione)* Malnehmen *n.*

moltiplicando [moltipli'kando] *m* Multiplikand *m.*

moltiplicare [moltipli'ka:re] ‹moltiplico, moltiplichi› **I.** *tr* **1.** *mat* multiplizieren; **2.** *(accrescere)* vervielfachen, vermehren; *fig* steigern; ~ **un numero per un altro** eine Zahl mit einer anderen multiplizieren; **II.** *rfl:* **-rsi** **1.** *(riprodursi)* sich vermehren, sich fortpflanzen; **2.** *(aumentare)* sich (ver)mehren, mehr werden; **crescete e moltiplicatevi** wachset und mehret euch. **moltiplicatore, -trice** [...ka'to:re] **I.** *a* Vervielfältigungs-; **II.** *m* **1.** *mat, fig* Multiplikator *m;* **2.** *tec* Verstärker *m,* Vervielfacher *m; (di velocità)* Übersetzungsgetriebe *n.* **moltiplicazione** [...kat'tsio:ne] *f* **1.** *mat* Multiplikation *f;* **2.** *(accrescimento numerico)* Vermehrung *f,* Zuwachs *m;* **3.** *bot* Fortpflanzung *f,* Vermehrung *f;* **la** ~ **dei pani e dei pesci** die wunderbare Brotvermehrung.

moltissimo [mol'tissimo] *superlativo di* **molto.**

moltitudine [molti'tu:dine] *f* **1.** *(di persone)* Menge *f; (folla a.)* Masse *f;* **2.** *(di cose)* Vielzahl *f,* Menge *f.*

molto, -a ['molto] ‹più, moltissimo› **I.** *a* **1.** *(in gran numero)* viel; **2.** *(intenso, grande)* groß; **3.** *(lungo)* lange; **II.** *adv* **1.** *(quantità)* viel; **2.** *(intensità)* sehr; **3.** *(a lungo)* lange; **4.** *(spesso)* oft, viel; **5.** *(caro)* viel; **6.** *(con comparativi)* viel; **7.** *fam iron (affatto, per nulla)* viel *fam;* **III.** *m* Viele(s) *n;* **IV.** *pron* viel(e, s); **a dir** ~ höchstens; **esserci** ~ weit sein; **fra non** ~ in Kürze; **per** ~ auf lange (Zeit hinaus); ~ **dopo/prima** viel später/früher; **né** ~ **né poco** überhaupt nicht(s).

momentaneamente [momentanea'mente] *adv* in diesem Moment. **momentaneo, -a** [...'ta:neo] *a* augenblicklich, momentan.

momento [mo'mento] *m* **1.** *(istante)*

Augenblick *m*, Moment *m; (periodo)* Zeit(raum *m*) *f;* **2.** *(circostanza)* Zeitpunkt *m*, Moment *m; (situazione)* Situation *f;* **3.** *(occasione)* Gelegenheit *f;* **4.** *phys, fig* Moment *n;* **a -i** jeden Moment; *(quasi)* um ein Haar; **dal ~ che** *(temporale)* seit dem Augenblick, da ...; *(causale)* da ...; **da un ~ all'altro** von einem Augenblick zum andern; **del ~** momentan; **di ~ in ~** jeden Augenblick; **in qualunque ~** jederzeit; **in un ~** in einem Augenblick, im Nu; **tutti i -i** alle Augenblicke; **ogni ~** andauernd, ununterbrochen; **per il ~** einstweilen, vorläufig; **sul ~** sofort, auf der Stelle; **non vedere il ~ di ...** *inf* den Augenblick nicht erwarten können, da ...; **un ~!** einen Augenblick!

mona ['mo:na] **I.** *m vulg venez (stupido)* Affenarsch *m vulg;* **II.** *f vulg sett (vulva)* Möse *f vulg.*

monaca ['mɔ:naka] ‹-che› *f* Nonne *f.*

monacale [mona'ka:le] *a (da monaco)* mönchisch, Mönchs-; *(da monaca)* Nonnen-; *(a. fig)* mönchisch. **monachesimo** [...'ke:zimo] *m* Mönch(s)tum *n.* **monaco** ['mɔ:nako] ‹-ci› *m* Mönch *m.*

Monaco ['mɔ:nako] *f* **1.** *(principato)* Monaco *n;* **2.** *(~ di Baviera)* München *n.*

monade ['mɔ:nade] *f* Monade *f.*

monarca [mo'narka] ‹-chi› *m* Monarch *m.* **monarchia** [...'ki:a] ‹-chie› *f* Monarchie *f.* **monarchico, -a** [mo'narkiko] ‹-ci, -che› **I.** *a* monarchistisch; **II.** *m, f* Monarchist(in) *m(f).*

monastero [monas'tɛ:ro] *m* Kloster *n.*

monastico, -a [mo'nastiko] ‹-ci, -che› *a* Kloster-; *(a. fig)* klösterlich.

monatto [mo'natto] *m hist* Leichenträger *m.*

monca *f v.* **monco.**

moncherino [moŋke'ri:no] *m* Armstumpf *m.* **monco, -a** ['moŋko] ‹-chi, -che› **I.** *a (a. fig)* verstümmelt; **essere ~ d'un braccio** nur einen Arm haben, einen Arm verloren haben; **II.** *m, f* Krüppel *m.* **moncone** [...'ko:ne] *m* Stumpf *m.*

mondanità [mondani'ta] ‹-› *f* **1.** *(frivolezza)* Mondänität *f;* **2.** *(gente)* High Society *f*, Schickeria *f sl.* **mondano, -a** [...'da:no] *a* **1.** *(ricercato)* mondän; *(frivolo)* Halbwelt-; **2.** *(del mondo)* weltlich.

mondare [mon'da:re] *tr* **1.** *(pulire)* säubern; *(verdura)* putzen; *(insalata)* verlesen; **2.** *(sbucciare)* schälen; **3.** *fig* reinigen, läutern. **mondezzaio** [...det'tsa:i̯o] ‹-ai› *m* **1.** *(luogo)* Müllabladeplatz *m*, Mülldeponie *f; (ammasso di sudiciume)* Müllhaufen *m;* **2.** *fig pej (letamaio)* Schweinestall *m fam.*

mondiale [mon'di̯a:le] **I.** *a* **1.** *(del mondo)* Welt-; **2.** *fig fam (ottimo)* fabelhaft *fam;* **II.** *m pl sport* Weltmeisterschaften *f pl.*

mondo ['mondo] *m* **1.** *gener.* Welt *f; (universo a.)* Weltall *n; (terra a.)* Erde *f;* **2.** *fig (regno)* Reich *n; (ambiente sociale, civiltà)* Welt *f;* **3.** *fig (gran quantità)* Unmenge *f*, Fülle *f;* **il ~ animale/minerale/vegetale** das Tier-/Mineral-/Pflanzenreich; **il ~ antico/il nuovo ~** die Alte/Neue Welt; **il bel ~** die vornehme Welt; **l'altro ~** das Jenseits; **cose dell'altro ~** *fam* haarsträubende (*o.* unglaubliche) Dinge; **uomo/donna di ~** Weltmann *m*/ Frau *f* von Welt; **divertirsi un ~** *fam* sich köstlich amüsieren; **fare il giro del ~** eine Weltreise machen; **essere la fine del ~** umwerfend (*o.* super) sein *fam;* **non sarà la fine del ~** davon geht die Welt nicht unter *fam;* **mettere/venire al ~** zur Welt bringen/auf die Welt kommen; **fuori del ~** *fig* weltfremd; **da che ~ è ~** seit die Welt besteht; **per nessuna cosa** (*o.* **per niente) al ~** nicht um alles in der Welt; **com'è piccolo il ~!** wie klein doch die Welt ist; **il ~ è bello perché è vario** *prov* Abwechslung ist immer süß; **il ~ è fatto a scale, chi le scende e chi le sale** *prov* also geht es in der Welt: der eine steigt, der andre fällt *prov;* **tutto il ~ è paese** *prov* die Menschen sind doch überall gleich.

mondo, -a ['mondo] *a* **1.** *(ripulito)* gesäubert; *(verdura)* geputzt; *(insalata)* verlesen; **2.** *(arancia, castagna, riso)* geschält; **3.** *fig (puro)* sauber; *(a. coscienza)* rein.

mondovisione [mondovi'zi̯o:ne] *f* Satellitenübertragung *f.*

monelleria [monelle'ri:a] ‹-ie› *f* Lausbubenstreich *m.* **monello, -a** [mo'nɛllo] *m, f* **1.** *pej (ragazzo di strada)* Straßenjunge *m*, -mädchen *n;* **2.** *(ragazzo vivace)* Lausbub *m*, Lausejunge *m fam.*

moneta [mo'ne:ta] *f* **1.** *fin* Münze *f*, Geldstück *n; (denaro)* Geld *n; (valuta)* Währung *f; (spicciolo)* Kleingeld *n;* **2.** *(nell'ippica)* (Wett)einsatz *m;* **~ cartacea/metallica** Papier-/Hartgeld *n;* **~ debole/forte** weiche/harte Währung; **pagare in ~ sonante** in klingender Münze zahlen *geh;* **(ri)pagare qu con la stessa ~** es jdm mit gleicher Münze heimzahlen; **prendere**

per ~ buona (*o.* contante) für bare Münze nehmen. **monetario, -a** [mone'ta:rio] ‹-i, -ie› *a* Münz-, Geld-, Währungs-.
mongolfiera [moŋgol'fiɛ:ra] *f* (Warmluft)ballon *m.*
mongolismo [moŋgo'lizmo] *m* Mongolismus *m.* **mongoloide** [...'lɔ:ide] **I.** *a* mongoloid; **II.** *mf* **1.** Mongoloide(r) *mf.*
Monica ['mɔ:nika] *(nome proprio femminile)* Monika.
monile [mo'ni:le] *m* Schmuckstück *n.*
monismo [mo'nizmo] *m* Monismus *m.*
monito ['mɔ:nito] *m* Mahnung *f.*
monitor ['mɔnɪtə] ‹-› , **monitore** [moni'to:re] *m* Monitor *m.*
monitorio, -a [moni'tɔ:rio] ‹-i, -ie› **I.** *a* **1.** *(che ammonisce)* Warn(ungs)-, Mahn-; **2.** *TV* Monitor-; **II.** *m* Mahnbrief *m.*
monna ['mɔnna] *f poet, obs* Frau *f.*
monoasse [mono'asse] ‹*inv*› *a* einachsig. **monoblocco** [-'blɔkko] **I.** *m* Zylinderblock *m;* **II.** *a* aus einem Block bestehend, Block-. **monocilindrico, -a** [-tʃi'lindriko] *a* Einzylinder-. **monocolo** [mo'nɔ:kolo] **I.** *m* **1.** *(lente)* Monokel *n;* **2.** *(canocchiale)* Fernrohr *n;* **II.** *a* einäugig. **monocolore** [monoko'lo:re] **I.** ‹*inv*› *a* **1.** *pol* Einparteien-; **2.** *(di un solo colore)* einfarbig; **II.** ‹-› *m* Einparteienregierung *f.* **monocoltura** [-kol'tu:ra] *f* Monokultur *f.* **monocromatico, -a** [-kro'ma:tiko] *a* **1.** *(di un solo colore)* einfarbig, monochrom; **2.** *phys* monochromatisch, einfarbig. **monocromo, -a** [mo'nɔ:kromo] **I.** *a* einfarbig, monochrom; **II.** *m* monochromes Gemälde. **monoculare** [monoku'la:re] *a* monokular. **monofase** [mono'fa:ze] ‹*inv*› *a* einphasig. **monogamia** [-ga'mi:a] ‹-ie› *f* Einehe *f,* Monogamie *f.* **monografia** [-gra'fi:a] *f* Monographie *f.* **monografico, -a** [-'gra:fiko] *a* monographisch. **monogramma** [-'gramma] ‹-i› *m* Monogramm *n.* **monolingue** [-'liŋgue] ‹*inv*› *a* einsprachig. **monolito** [mo'nɔ:lito] *m* Monolith *m.* **monolocale** [monolo'ka:le] *m* Einzimmerwohnung *f.* **monologo** [mo'nɔ:logo] ‹-ghi› *m* Monolog *m,* Selbstgespräch *n;* ~ **interiore** *lit* innerer Monolog. **monomania** [monoma'ni:a] *f* Monomanie *f.* **monomotore** [-mo'to:re] **I.** *a* einmotorig; **II.** *m* einmotoriges Flugzeug. **monopattino** [-'pattino] *m* Roller *m.* **monopetto** [-'pɛtto] **I.** ‹*inv*› *a* einreihig; **II.** ‹-› *m* Einreiher *m.* **monoplano** [-'pla:no] *m* Eindekker *m.*
monopoli® [mo'nɔ:poli] ‹-› *m* Monopoly® *n.*
monopolio [mono'pɔ:lio] ‹-i› *m (a. fig)* Monopol *n.* **monopolista** [monopo'lista] ‹-i *m,* -e *f*› *mf* Monopolist(in) *m(f).* **monopolistico, -a** [...'listiko] ‹-ci, -che› *a* monopolistisch. **monopolizzare** [...lid'dza:re] *tr* **1.** *com* monopolisieren; **2.** *fig (accentrare su di sé)* (auf sich) konzentrieren; **3.** *fig (riservare a pochi)* reservieren, (für sich) in Anspruch nehmen. **monopolizzatore, -trice** [...liddza'to:re] **I.** *a* Monopol-; **II.** *m, f* Monopolist(in) *m(f).*
monoposto [mono'posto] **I.** ‹*inv*› *a* einsitzig; **II.** ‹-› *m* Einsitzer *m.* **monorotaia** [-ro'ta:ia] ‹-aie› *f* Einschienenbahn *f.* **monoscopio** [-s'kɔ:pio] ‹-i› *m* Testbild *n.* **monosillabico, -a** [-sil'la:biko] **I.** *a* einsilbig; **II.** *m* einsilbiges Wort. **monossido** [mo'nɔssido] *m* Monoxyd *n.* **monoteismo** [monote'izmo] *m* Monotheismus *m.* **monoteista** [...'ista] ‹-i *m,* -e *f*› **I.** *mf* Monotheist(in) *m(f);* **II.** *a* monotheistisch. **monoteistico, -a** [...'istiko] ‹-ci, -che› *a* monotheistisch. **monotipo** [-'ti:po] *m* **1.** *(stampa)* Monotypie *f;* **2.** ® *(macchina)* Monotype® *f.* **monotonia** [-to'ni:a] ‹-ie› *f* Eintönigkeit *f,* Monotonie *f.* **monotono, -a** [mo'nɔ:tono] *a (uniforme)* gleichförmig, monoton *geh; (privo di varietà a.)* eintönig; *fig (noioso a.)* langweilig. **monotype**® ['mɔnətaɪp] ‹-› *f* Monotype® *f.* **monouso** [mono'u:zo] ‹*inv*› *a* Einweg-; **siringa** ~ Einwegspritze *f.* **monovalente** [-va'lɛnte] *a* einwertig.
monsignore [monsiɲ'ɲo:re] *m* Monsignore *m.*
monsone [mon'so:ne] *m* Monsun *m.*
monta ['monta] *f* **1.** *(accoppiamento)* Decken *n,* Beschälung *f;* **2.** *(luogo)* Deckstation *f;* **3.** *sport* Reiten *n.*
montacarichi [...ta'ka:riki] ‹-› *m* Lastenaufzug *m.*
montaggio [mon'taddʒo] ‹-ggi› *m* **1.** *tec* Montage *f;* **2.** *film* Montage *f,* Schnitt *m;* **3.** *(incorniciatura)* Rahmung *f;* **catena di** ~ Fließband *n.*
montagna [mon'taɲɲa] *f* **1.** *(monte)* Berg *m;* **2.** *(regione montuosa)* Gebirge *n,* Berge *m pl;* **3.** *fig (grande quantità)* Berg *m;* **-e russe** Achterbahn *f;* **mal di** ~ Höhenkrankheit *f.*
montagnoso, -a [...'ɲo:so] *a* bergig, gebirgig. **montanaro, -a** [...ta'na:ro] **I.** *m, f* Gebirgsbewohner(in) *m(f),*

Bergbewohner(in) *m(f);* **II.** *a* Gebirgs-, Berg-. **montano, -a** [...'ta:no] *a* Gebirgs-, Berg-.

montante [mon'tante] *m* **1.** *(asta)* Pfeiler *m; (a. sport: calcio)* Pfosten *m; (intelaiatura)* Rahmen *m;* **2.** *(nel pugilato)* Aufwärtshaken *m;* **3.** *fin* aufgelaufene Summe.

montare [mon'ta:re] **I.** *itr ⟨essere⟩* **1.** *(salire)* (auf)steigen; *(in macchina, etc.)* einsteigen; **2.** *(aumentare di livello)* (an)steigen; **3.** *(andare a cavallo)* reiten; **4.** *gastr (panna)* steif werden; **~ in bestia** (*o.* **collera)** *fam* vor Wut in die Luft gehen *fam;* **~ in cattedra** (*o.* **sul pulpito)** sich als Besserwisser aufspielen; **~ la mosca al naso** *fam* aus der Haut fahren *fam;* **II.** *tr ⟨avere⟩* **1.** *(salire)* hinaufsteigen; **2.** *(cavalcare)* besteigen; **3.** *zoo (accoppiarsi)* bespringen, besteigen; **4.** *(comporre)* auf-, zusammenbauen, aufstellen; *(mobili a.)* einbauen; *tec* montieren; **5.** *gastr* schlagen; **6.** *(incastonare)* (ein)fassen; *(incorniciare)* (ein)rahmen; **7.** *film* montieren; **8.** *fig (esagerare)* aufbauschen, übertreiben; **~ la guardia** auf Wache ziehen; **~ la testa a qu** *fam* jdm den Kopf verdrehen; **III.** *rfl:* **-rsi** sich aufregen; **-rsi la testa** *fam* sich *(dat)* wunder was einbilden *fam.* **montato, -a** [...'ta:to] *a* **1.** *gastr:* **panna -a** Schlagsahne *f;* **2.** *sl (persona)* aufgeblasen *fam.* **montatore, -trice** [...ta'to:re] **I.** *m, f* **1.** *tec* Montagearbeiter(in) *m(f),* Monteur(in) *m(f);* **2.** *film* Cutter(in) *m(f);* **II.** *a* Montage-. **montatura** [...ta'tu:ra] *f* **1.** *(incastonatura)* Fassung *f; (supporto)* Gestell *n; (d'abito)* Besatz *m; (incorniciatura)* Rahmung *f,* Rahmen *m;* **2.** *gastr* Schlagen *n;* **3.** *fig (esagerazione)* Aufbauschen *n,* Übertreibung *f;* **4.** *fig (finzione)* Vortäuschung *f;* **5.** *tec* Montage *f,* Zusammenbau *m.* **montavivande** [...tavi'vande] ⟨-⟩ *m* Speisenaufzug *m.*

monte ['monte] *m* **1.** *(rilievo)* Berg *m;* **2.** *fig (grande quantità)* Berg *m,* Haufen *m fam;* **3.** *fin (somma)* Geldsumme *f;* **4.** *(di carte)* Talon *m,* Kartenstock *m; (banca)* Geldinstitut *n;* **~ dei pegni** Pfandleihanstalt *f;* **~ di pietà** Leihhaus *n;* **M~ Bianco** Montblanc *m;* **~ di Venere** Venusberg *m;* **a ~** flußaufwärts; *fig* im Ursprung; **andare a ~** *fig* ins Wasser fallen, scheitern; **mandare a ~** über den Haufen werfen *fam;* **promettere mari e -i** das Blaue vom Himmel versprechen; **per -i e per valli** *poet* über Berg und Tal. **montebianco** [-'bi̯aŋko] *m kegelförmige Süßspeise aus Kastaniencreme mit Sahne.*

montone [mon'to:ne] *m* Schafbock *m; (castrato)* Hammel *m.*

montuosità [montuosi'ta] ⟨-⟩ *f* **1.** *(del terreno)* Gebirgigkeit *f;* **2.** *(punto più elevato)* Bergeshöhe *f.* **montuoso, -a** [...u'o:so] *a* gebirgig, bergig.

monumentale [monumen'ta:le] *a* **1.** *(di monumento)* Denkmal(s)-, Monumental-; **2.** *(città, regione, etc.)* reich an Denkmälern; **3.** *fig (enorme)* monumental. **monumento** [...'mento] *m* Monument *n; (a. fig)* Denkmal *n.*

moquette [mo'kɛt] ⟨-⟩ *f* Teppichboden *m.*

mora[1] ['mɔ:ra] *f bot (del rovo)* Brombeere *f; (del gelso)* Maulbeere *f.*

mora[2] ['mɔ:ra] *f jur* **1.** *(ritardo)* Verzug *m;* **2.** *(somma)* Verzugszinsen *m pl.*

mora[3] *f v.* **moro.**

morale [mo'ra:le] **I.** *a* moralisch, Moral-; **II.** *f* **1.** *(moralità)* Moral *f;* **2.** *philos* Moralphilosophie *f,* Ethik *f,* Sittenlehre *f;* **3.** *(insegnamento)* Lehre *f; (della favola)* Moral *f;* **III.** *m fam (spirito)* Stimmung *f,* Moral *f;* **essere giù/su di ~** den Moralischen haben *fam*/in guter Stimmung sein; **risollevare il ~ di qu** jdn aufmuntern. **moraleggiare** [moraled'dʒa:re] ⟨moraleggio, moraleggi⟩ *itr* moralisieren, Moral predigen. **moralismo** [...'lizmo] *m* Moralismus *m.* **moralista** [...'lista] ⟨-i *m,* -e *f*⟩ *mf* **1.** *pej (intransigente)* Moralprediger(in) *m(f);* **2.** *philos* Moralist(in) *m(f).* **moralistico, -a** [...'listiko] ⟨-ci, -che⟩ *a* moralistisch. **moralità** [...li'ta] ⟨-⟩ *f* Sittlichkeit *f; (morale)* Moral *f.* **moralizzare** [...lid'dza:re] *tr* sittlich (*o.* moralisch) machen.

moratoria [mora'tɔ:ri̯a] ⟨-ie⟩ *f* **1.** *(sospensione)* Moratorium *n,* (Zahlungs)aufschub *m;* **2.** *(dilazione)* Stundung *f,* Aussetzung *f.* **moratorio, -a** [...ri̯o] ⟨-i, -ie⟩ *a* Verzugs-.

morbidezza [morbi'dettsa] *f* Weichheit *f,* Zartheit *f.* **morbido, -a** ['mɔrbido] *a (a. fig)* weich.

morbillo [mor'billo] *m* Masern *pl.*

morbo ['mɔrbo] *m* **1.** *med* Krankheit *f;* **2.** *fig (piaga)* Plage *f,* Übel *n.* **morbosità** [morbosi'ta] ⟨-⟩ *f* Krankhaftigkeit *f,* Morbidität *f.* **morboso, -a** [...'bo:so] *a* **1.** *(anormale)* krankhaft, morbid(e); **2.** *med* Krankheits-.

morchia [ˈmɔrkja] ‹-chie› *f* (Boden)satz *m.*
mordace [morˈdaːtʃe] *a* **1.** *(cane)* bissig; **2.** *(acido)* scharf, beißend; **3.** *fig (caustico)* bissig, scharf; *(lingua)* spitz. **mordacità** [...datʃiˈta] ‹-› *f* Bissigkeit *f,* Schärfe *f.*
mordente [morˈdɛnte] *m* **1.** *fig (efficacia)* Biß *m sl,* Wirkungskraft *f;* **2.** *chem* Beizmittel *n,* Beize *f;* **3.** *mus* Mordent *m.*
mordere [ˈmɔrdere] ‹mordo, morsi, morso› *tr* **1.** *(morsicare)* beißen; *(insetti)* stechen; *(mela, cibi, etc.)* beißen in; **2.** *(far presa)* fassen, packen; **3.** *(corrodere)* ätzen; **4.** *fig (irritare)* beißen, stechen; **~ il terreno** (*o.* **la polvere**) besiegt zu Boden gehen; **~ la strada** *(pneumatici)* (auf der Straße) haften; **mi morde la coscienza** mein Gewissen plagt mich, ich habe Gewissensbisse; **-rsi le dita** (*o.* **le mani**) *fig* (vor Wut) mit den Zähnen knirschen; **can che abbaia non morde** *prov* Hunde, die bellen, beißen nicht *prov.* **mordicchiare** [mordikˈkjaːre] ‹mordicchio, mordicchi› *tr* knabbern, nagen. **mordo** [ˈmɔrdo] *1. pers sing pr di* **mordere.**
morello [moˈrɛllo] *m* Rappe *m.*
morena [moˈrɛːna] *f* Moräne *f.*
morente [moˈrɛnte] **I.** *mf* Sterbende(r) *mf;* **II.** *a* **1.** *(persona)* sterbend, im Sterben liegend; **2.** *fig* zu Ende gehend; *(sole)* untergehend; *(in estinzione)* aussterbend.
morfema [morˈfɛːma] ‹-i› *m* Morphem *n.*
morfina [morˈfiːna] *f* Morphium *n,* Morphin *n.* **morfinismo** [morfiˈnizmo] *m* Morphinismus *m.* **morfinomane** [...ˈnɔːmane] **I.** *a* morphiumsüchtig; **II.** *mf* Morphinist(in) *m(f).*
morfologia [morfoloˈdʒiːa] ‹-gie› *f* **1.** *ling, biol* Morphologie *f;* **2.** *geog, min* (Geo)morphologie *f.* **morfologico, -a** [...ˈlɔːdʒiko] *a* morphologisch.
morganatico, -a [morgaˈnaːtiko] ‹-ci, -che› *a* morganatisch.
moria [moˈriːa] ‹-ie› *f* Massensterben *n.*
moribondo, -a [moriˈbondo] **I.** *a* sterbend, im Sterben liegend; **essere ~** im Sterben liegen; **II.** *m, f* Sterbende(r) *mf.*
morigeratezza [moridʒeraˈtettsa] *f* Mäßigkeit *f,* maßvolle Haltung. **morigerato, -a** [...ˈraːto] *a* sittsam; *(sobrio)* gemäßigt, mäßig, maßvoll.
morire [moˈriːre] ‹muoio, morii, morto› *itr* ‹*essere*› **1.** *(cessare di vivere)* sterben (*di* an); *(piante)* eingehen; *(animali)* eingehen, sterben; **2.** *fig (soffrire intensamente)* sterben *fam* (*di* vor), umkommen *fam* (*di* vor), vergehen (*di* vor); **3.** *fig (cessare di esistere)* sterben; *(luce)* er-, verlöschen; *(suono)* ersterben, verhallen; *(estinguersi)* aussterben; *(terminare)* enden; *(non riuscire)* in die Brüche gehen; **~ ammazzato/impiccato** umgebracht werden/durch Erhängen sterben; **~ di crepacuore/vecchiaia** an Kummer/an Altersschwäche sterben; **~ di morte naturale/violenta** eines natürlichen/gewaltsamen Todes sterben; **~ dal sonno** zum Sterben müde sein; **una fame/sete da ~** *fam* ein Mordshunger *m fam*/Mordsdurst *m fam;* **vorrei ~ se ...** *fig* ich soll tot umfallen, wenn ...; **più brutto di così si muore** abgrundtief häßlich sein; **chi muore giace e chi resta si dà pace** *prov* das Leben geht weiter.
mormone [morˈmoːne] *m* ‹*di solito al pl*› Mormone *m.*
mormorare [mormoˈraːre] **I.** *itr* **1.** *(bisbigliare)* murmeln, flüstern; **2.** *(sparlare)* munkeln (*di* über); **3.** *fig (acque, fronde)* murmeln, rauschen; **II.** *tr* murmeln. **mormorazione** [...ratˈtsjoːne] *f pej* Gerede *n,* Gemunkel *n.* **mormoreggiare** [...redˈdʒaːre] ‹mormoreggio, mormoreggi› *itr* **1.** *(mormorare)* murmeln, rauschen; **2.** *fig* murren. **mormorio** [...ˈriːo] ‹-ii› *m* **1.** *(sussurro)* Gemurmel *n,* Geraune *n,* Flüstern *n;* **2.** *(di acque, fronde)* Murmeln *n poet,* Rauschen *n;* **3.** *(commento maligno)* Gerede *n,* Gemunkel *n.*
moro [ˈmɔːro] *m* Maulbeerbaum *m.*
moro, -a [ˈmɔːro] **I.** *a* **1.** *(nero)* schwarz; **2.** *(negro)* Neger-; **3.** *(di capelli scuri)* dunkelhaarig, brünett; *(di carnagione scura)* dunkelhäutig; **4.** *hist* maurisch; **arancia -a** Blutorange *f;* **II.** *m, f* **1.** *hist* Maure *m,* Maurin *f;* **2.** *(negro)* Mohr(in) *m(f) obs,* Neger(in) *m(f);* **3.** *(di capelli scuri)* dunkelhaarige (*o.* brünette) Person; *(di carnagione scura)* dunkelhäutige Person.
morosa *f v.* **moroso.**
morosità [morosiˈta] ‹-› *f* Verzug *m,* Säumigkeit *f.* **moroso, -a** [moˈroːso] **I.** *a jur* säumig; **II.** *m, f sett fam* Gspusi *n dial fam,* Schatz *m fam;* **avere il ~** ein Gspusi haben.
morsa [ˈmɔrsa] *f* Schraubstock *m;* **essere preso in una ~** *fig* in die Zange genommen werden *fam.* **morsetto**

[mor'setto] *m* Zwinge *f*, Klammer *f*; *el* Klemme *f*.

morsi ['mɔrsi] *1. pers sing del passato remoto di* **mordere**.

morsicare [morsi'ka:re] ⟨morsico, morsichi⟩ *tr* **1.** *(mordere)* beißen (in); *(insetti)* stechen; **2.** *(pungere)* beißen, stechen. **morsicatura** [...ka'tu:ra] *f (segno di morso)* Biß(wunde *f*) *m*; *(segno di puntura d'insetto)* Stich *m*.

morso ['mɔrso] **I.** *pp di* **mordere**; **II.** *m* **1.** *(il mordere)* Biß *m*, (Zu)beißen *n*; **2.** *(segno)* Biß(wunde *f*) *m*; *(puntura d'insetto)* Stich *m*; *(di serpente)* Biß *m*; **3.** *(boccone)* Bissen *m*; **4.** *(di cavallo)* Gebiß *n*; **5.** *(forte stretta)* Greifen *n*, Zupacken *n*; **6.** *fig (sensazione acuta)* Stich *m*; **7.** *(simbolo di costrizione)* Kandare *f*, Zügel *m*; **mangiare qc a ~** (*o.* **a piccoli -i**) etw. in kleinen Bissen essen; **mettere il ~ a qu** *fig* jdn an die Kandare nehmen; **stringere/allentare il ~** *fig* die Zügel straffer anziehen/locker lassen.

morta *f v.* **morto**.

mortadella [morta'dɛlla] *f* Mortadella *f*.

mortaio [mor'ta:i̯o] ⟨-ai⟩ *m* **1.** *(recipiente)* Mörser *m*; **2.** *mil* Mörser *m*, Granatwerfer *m*.

mortale [mor'ta:le] **I.** *a* **1.** *(soggetto a morte)* sterblich; **2.** *(che causa la morte, a. fig)* tödlich; **3.** *(di morte)* Tod(es)-, tödlich; *(di morto)* Toten-; **peccato ~** Todsünde *f*; **pallore ~** Totenblässe *f*; **salto ~** Salto mortale *m*; **le spoglie -i** die sterbliche Hülle; **II.** *mf poet* Sterbliche(r) *mf*. **mortalità** [mortali'ta] ⟨-⟩ *f* Sterblichkeit *f*, Mortalität *f scient*. **mortalmente** [...l'mente] *adv* **1.** *(in modo mortale)* tödlich; **2.** *fig (profondamente)* tödlich; *(odiare)* auf den Tod; *(annoiarsi)* zu Tode, tödlich.

mortaretto [morta'retto] *m* Böller *m*.

morte ['mɔrte] *f* **1.** *(cessazione della vita)* Tod *m*; *(di piante, animali a.)* Eingehen *n*; **2.** *jur (pena capitale)* Todesstrafe *f*; **3.** *fig (fine)* Tod *m*, Ende *n*; **4.** *gastr fam die beste Art der Zubereitung von Fleischspeisen*; **~ civile** Verlust *m* der bürgerlichen Ehrenrechte; **pena/sentenza di ~** Todesstrafe *f*/-urteil *n*; **pericolo di ~** Lebensgefahr *f*; **silenzio di ~** Totenstille *f*; **fare una brutta ~** einen schlimmen Tod haben; **condannare a ~ qu** jdn zum Tode verurteilen; **avere la ~ nel cuore** todunglücklich sein; **darsi la ~** sich töten, sich *(dat)* das Leben nehmen; **non sapere di che ~ morire** *fam* seinem Schicksal ausgeliefert sein; **scherzare con la ~** mit dem Leben spielen; **sembrare la ~ in vacanza** *fam* wie eine Leiche auf Urlaub aussehen *fam scherz*; **vedere la ~ in viso** dem Tod ins Auge sehen; **a ~!** Tod!, tötet ihn (*o.* sie)!; **a ~** tödlich, zu Tode; **annoiarsi a ~** *fam* sich zu Tode langweilen; **avercela a ~ con qu** *fam* jdn wie die Pest hassen *fam*; **la ~ dei tordi è allo spiedo** die Drosseln schmecken am besten vom Spieß; **a tutto c'è rimedio fuorché alla ~** *prov* gegen den Tod ist kein Kraut gewachsen *prov*; **la ~ non guarda in faccia nessuno** *prov* der Tod macht alles gleich (, er frißt arm und reich) *prov*; **la ~ viene quando uno meno se l'aspetta** *prov* der Tod hat keinen Kalender *prov*; **~ tua, vita mia** *prov* des einen Brot ist des andern Tod *prov*.

mortificare [mortifi'ka:re] ⟨mortifico, mortifichi⟩ **I.** *tr* **1.** *(rattristare)* kränken; **2.** *(umiliare)* beschämen, demütigen; **II.** *rfl*: **-rsi 1.** *(avvilirsi)* sich beschämt (*o.* gekränkt) fühlen; **2.** *(punirsi)* sich kasteien. **mortificazione** [...kat'tsi̯o:ne] *f* **1.** *(umiliazione)* Demütigung *f*, Kränkung *f*; **2.** *rel* Kasteiung *f*.

morto, -a ['mɔrto] **I.** *pp di* **morire**; **II.** *m, f* **1.** *(persona morta)* Tote(r) *mf*; *(defunto)* Verstorbene(r) *mf*; **2.** *(alle carte)* Strohmann *m*; **giorno dei -i** Allerseelen *n*; **pallido come un ~** leichenblaß, totenblaß; **fare il ~** den toten Mann machen *fam scherz*; **sembrare un ~ che cammina** *fam* wie eine wandelnde Leiche aussehen *fam*; **suonare a ~** die Totenglocke läuten; **III.** *a* **1.** *(che ha cessato di vivere)* tot; **2.** *fig (inerte)* leblos, (wie) tot; **3.** *fig (civiltà)* untergegangen, versunken; *(lingua, capitale, binario)* tot; *(acqua)* stehend; **lettera -a** bedeutungslose Vorschrift; **punto ~** toter Punkt; **stanco ~** *fam* todmüde; **cascar ~** tot umfallen; **essere ~ dal sonno/di fame/di paura** *fam* zum Umfallen müde sein *fam* /vor Hunger umkommen *fam*/halb tot vor Angst sein *fam*; **fare la mano -a** zudringlich werden. **mortorio** [mor'tɔ:ri̯o] ⟨-i⟩ *m fig fam* sterbenslangweilige Angelegenheit *fam*. **mortuario, -a** [mortu'a:ri̯o] ⟨-i,-ie⟩ *a* Toten-, Leichen-.

mosaicista [mozai'tʃista] ⟨-i *m*, -e *f*⟩ *mf (artista)* Mosaikkünstler(in) *m(f)*; *(operaio)* Mosaikarbeiter(in) *m(f)*. **mosaico** [mo'za:iko] ⟨-ci⟩ *m* Mosaik *n;* **pavimento a ~** Mosaik(fuß)boden *m.*

mosca ['moska] ‹-sche› **I.** *f* **1.** *zoo* Fliege *f;* **2.** *(neo)* Schönheitspflästerchen *n,* Mouche *f geh;* **3.** *(pizzo, amo)* Fliege *f;* **4.** *fig (persona noiosa)* Quälgeist *m fam;* **~ cocchiera** Wichtigtuer *m fam;* **-sche volanti** *fig* Augenflimmern *n;* **giocare a ~ cieca** Blindekuh spielen; **essere raro come le -sche bianche** selten sein wie ein weißer Rabe; **fare d'una ~ un elefante** *fam* aus einer Mücke einen Elefanten machen; **non far male ad una ~** *fam* keiner Fliege etw. zuleide tun; **non si sente volare una ~** *fig* es ist totenstill; **restare** (*o.* **rimanere) con un pugno di -sche in mano** *fig* das Nachsehen haben, leer ausgehen; **gli salta la ~ al naso** *fig fam* ihm reißt der Geduldsfaden *fam;* **zitto e ~!** *fam* Ruhe!, kein Wort (mehr)!; **morire come le -sche** *fam* sterben wie die Fliegen *fam;* **II.** ‹*inv*› *a:* **peso ~** Fliegengewicht *n;* **III.** ‹-› *m* Fliegengewicht(ler *m*) *n.*

Mosca ['moska] *f* Moskau *n.*

moscaio [mos'ka:i̯o] ‹-ai› *m* Fliegenschwarm *m.*

moscardino [moskar'di:no] *m* **1.** *zoo (roditore)* Haselmaus *f; (mollusco)* Moschuspolyp *m;* **2.** *fig (zerbinotto)* Stutzer *m obs,* Geck *m.*

moscatello [moska'tɛllo] *m* Muskateller *m.* **moscato** [...'ka:to] **I.** *m* Muskateller *m;* **II.** *a* **1.** *(uva)* Muskateller-; **2.** *(noce)* Muskat-.

moscerino [moʃʃe'ri:no] *m* Taufliege *f,* kleine Fliege.

moschea [mos'kɛ:a] *f* Moschee *f.*

moschettiere [mosket'ti̯ɛ:re] *m* **1.** *mil* Musketier *m;* **2.** *sport Spieler in der italienischen Fußballnationalmannschaft;* **i tre -i** die drei Musketiere. **moschetto** [...'ketto] *m* Karabiner *m; hist* Muskete *f.* **moschettone** [...'to:ne] *m* Karabiner(haken) *m.*

moschicida [moski'tʃi:da] ‹-i› **I.** *m* Fliegengift *n;* **II.** *a* Fliegen(gift)-; **carta ~** Fliegenfänger *m,* Papierstreifen *m* mit Fliegenleim.

moscio, -a ['moʃʃo] ‹-sci, -sce› *a* **1.** *(floscio)* schlapp; **2.** *(appassito, vizzo)* schlaff; *(carni)* welk; **3.** *fig* schlapp *fam,* schlaff; **cappello ~** Schlapphut *m;* **un giovane ~** ein Schlaffi *m sl.*

moscone [mos'ko:ne] *m* **1.** *zoo* große Fliege, Brummer *m fam;* **2.** *fig fam (corteggiatore)* Verehrer *m;* **3.** *(pattino)* Ruderboot *n;* **~ d'oro** Goldkäfer *m.*

Mosella [mo'zɛlla] *f* Mosel *f.*

mossa ['mɔssa] *f* **1.** *(movimento)* Bewegung *f;* **2.** *(movenza)* Geste *f,* Gebärde *f;* **3.** *mil* Manöver *n;* **4.** *(nel gioco, a. fig)* Zug *m;* **fare la ~** *fig fam* mit der Hüfte wackeln; **avere la ~ di corpo** *fam* unter beschleunigter Verdauung leiden *scherz;* **essere sulle -e** auf dem Sprung sein; **essere sulle -e di fare qc** in Begriff sein (*o.* gerade dabeisein), etw. zu tun; **prendere le -e da qc** etw. in Schwung bringen *fam.*

mossi ['mɔssi] *1. pers sing del passato remoto di* **muovere.**

mosso, -a ['mɔsso] **I.** *pp di* **muovere II.** *a* **1.** *(agitato)* bewegt; **2.** *(ondulato)* gewellt; **3.** *mus* lebhaft, mosso.

mostarda [mos'tarda] *f* **1.** *(salsa)* Senfsoße *f;* **2.** *(frutta):* **~ di Cremona** *Früchte in Senfsirup.*

mosto ['mosto] *m* (Trauben)most *m.*

mostra ['mostra] *f* **1.** *(d'arte)* Ausstellung *f;* **2.** *com* Messe *f;* **3.** *fig (sfoggio)* Schau *f,* Zurschaustellung *f;* **4.** *fig (finta)* (äußerer) Schein *m,* Anschein *m;* **5.** *(vetrina)* Auslage *f;* **6.** *(quadrante)* Zifferblatt *n;* **7.** *(campione)* Muster *n,* Vorlage *f,* Probe *f;* **8.** *(del bavero)* Aufschlag *m,* Revers *n;* **9.** *arch* Laibung *f,* Leibung *f;* **mettere in ~ qc** *fig* etw. zur Schau stellen; **far ~ di** *inf* den Anschein erwekken zu *inf* (*o.* als ob *conj);* **fare qc per ~** etw. zum Schein tun.

mostrare [mos'tra:re] **I.** *tr* **1.** *(far vedere, indicare, dimostrare)* zeigen; *(per controllo)* (vor)zeigen; **2.** *(fingere)* vortäuschen, heucheln; **~ i denti** *fig* die Zähne zeigen *fam;* **II.** *rfl:* **-rsi 1.** *(farsi vedere)* sich zeigen, sich sehen lassen; **2.** *(dimostrarsi)* sich zeigen, sich erweisen; **3.** *(apparire)* sich zeigen, zum Vorschein kommen.

mostriciattolo [mostri'tʃattolo] *m fam* kleines Monster *scherz,* kleines Scheusal *scherz.*

mostrina [mos'tri:na] *f* Kragenspiegel *m.*

mostro ['mostro] *m* **1.** *(creatura fantastica)* Monstrum *n,* Ungeheuer *n; (fig a.)* Scheusal *n;* **2.** *scherz (portento)* Ausbund *m* (*di* an). **mostruosità** [...ruosi'ta] ‹-› *f* Monstrosität *f.* **mostruoso, -a** [...ru'o:so] *a* **1.** *(orrendo)* scheußlich, monströs *geh;* **2.** *(crudele)* scheußlich; **3.** *(eccezionale)* ungeheuer(lich).

mota ['mɔ:ta] *f* Schlamm *m.*

motel [mo'tɛl] ‹-› *m* Motel *n.*

motivare [moti'va:re] *tr* **1.** *(causare)*

verursachen; **2.** *(precisare il motivo)* begründen; **3.** *psych* motivieren. **motivazione** [...vat'tsi̯o:ne] *f* **1.** *(esposizione delle ragioni)* Begründung *f;* **2.** *psych* Motivation *f.*

motivo [mo'ti:vo] *m* **1.** *(ragione)* Motiv *n,* (Beweg)grund *m,* Ursache *f;* **2.** *mus, lit* Thema *n,* Motiv *n;* **3.** *(canzone)* Melodie *f,* (Musik)stück *n;* **4.** *(decorazione)* Muster *n;* ~ **conduttore** Leitmotiv *n;* **aver ~ di** (*o.* **per**) ... *inf* Grund haben zu ... *inf;* **dar ~ di** Anlaß geben zu; **per -i di famiglia/salute** aus familiären/gesundheitlichen Gründen.

moto[1] ['mɔ:to] *m* **1.** *gener., hist, pol* Bewegung *f;* **2.** *astr* Umlauf *m;* **3.** *(impulso)* Bewegung *f,* (innere) Bewegtheit *f;* **avverbi di ~** Ortsadverbien *n pl* der Bewegung; **con ~** *mus* mit Bewegung, etwas beschleunigt; **fare del ~** sich *(dat)* Bewegung machen; **essere in ~** in Bewegung sein; *mot* in Gang (*o.* in Betrieb) sein; **mettere in ~** in Gang setzen; **mettersi in ~** sich in Bewegung setzen; *fig* in Gang kommen.

moto[2] ['mɔ:to] ‹-› *f (motocicletta)* Motorrad *n.*

motobarca [moto'barka] *f* kleines Motorboot. **motocarro** [-'karro] *m* dreirädriger Kastenwagen, Dreirad *n.* **motocarrozzetta** [...rot'tsetta] *f* Motorrad *n* mit Beiwagen, Beiwagenmaschine *f.* **motocicletta** [-tʃi'kletta] *f* Motorrad *n.* **motociclismo** [...'klizmo] *m* Motorradsport *m.* **motociclista** [...'klista] *mf* Motorradfahrer(in) *m(f).* **motociclistico, -a** [...'klistiko] *a* Motorrad-; *sport* Motorrad(sport)-. **motociclo** [-'tʃi:klo] *m* Motorrad *n.* **motocross** [-'krɔs] ‹-› *m* Moto-Cross *n.* **motocrossista** [-kros'sista] ‹-i *m,* -e *f*› *mf* Moto-Cross-Fahrer(in) *m(f).* **motodromo** [mo'tɔ:dromo] *m* Motodrom *n.* **motofalciatrice** [motofaltʃa'tri:tʃe] *f* Mähmaschine *f.* **motofurgone** [-fur'go:ne] *m* dreirädriger Lieferwagen, Dreirad *n.* **motonave** [-'na:ve] *f* Motorschiff *n.* **motopeschereccio** [-peske'rettʃo] *m* Fischkutter *m.* **motopompa** [-'pompa] *f* Motorpumpe *f.* **motopropulsore** [-propul'so:re] **I.** *a* Antriebs-; **gruppo ~** Antriebsaggregat *n,* Triebwerk *n;* **II.** *m* Antriebsmotor *m,* Triebwerk *n.* **motoraduno** [-ra'du:no] *m* Motorradfahrertreffen *n.*

motore, -trice [mo'to:re] **I.** *m* **1.** *tec* Motor *m,* Antrieb *m;* **2.** *(veicolo)* Motorfahrzeug *n;* **3.** *fig (movente)* Motor *m,* Triebfeder *f;* ~ **a benzina/a scoppio** Benzin-/Verbrennungsmotor *m;* ~ **Diesel** Dieselmotor *m;* **sport dei -i** Motorsport *m;* **II.** *a* **1.** *tec* Antriebs-, Trieb-; **2.** *(nervi)* Bewegungs-. **motoretta** [moto'retta] *f fam* (Motor)roller *m.* **motorino** [...'ri:no] *m* **1.** *fam (ciclomotore)* Mofa *n fam,* Moped *n,* Mokick *n;* **2.** *tec* Kleinmotor *m,* kleiner Motor; ~ **d'avviamento** Anlasser *m,* Starter *m.* **motorio, -a** [mo'tɔ:ri̯o] ‹-i, -ie› *a* Bewegungs-, motorisch. **motorismo** [moto'rizmo] *m* Motorsport *m.* **motorista** [...'rista] ‹-i› *m* Maschinist *m.* **motoristico, -a** [...'ristiko] ‹-ci, -che› *a* Motorsport-. **motorizzare** [...rid'dza:re] **I.** *tr* motorisieren; **II.** *rfl:* **-rsi** *fam* sich motorisieren *fam.* **motorizzazione** [...riddzat'tsi̯o:ne] *f* Motorisierung *f;* **Ispettorato della ~** Straßenverkehrsamt *n.* **motorscooter** ['moutəsku:tə] *m* (Motor)roller *m.* **motoscafo** [motos'ka:fo] *m* Motorboot *n.* **motosega** [-'se:ga] *f* Motorsäge *f.* **motovedetta** [-ve'detta] *f* Patrouillenboot *n,* Wachboot *n.* **motoveicolo** [-ve'i:kolo] *m* Motorfahrzeug *n.* **motovelodromo** [-ve'lɔ:dromo] *m* Motorradrennbahn *f.* **motrice** [mo'tri:tʃe] *f* **1.** *(di autotreno)* Sattelschlepper *m;* **2.** *tec (macchina)* Zugmaschine *f;* **3.** *ferr* Triebwagen *m;* ~ **ferroviaria** Lokomotive *f.*

motteggiare [motted'dʒa:re] ‹motteggio, motteggi› **I.** *itr* witzeln, scherzen; **II.** *tr* verspotten, bespötteln. **motteggiatore, -trice** [...dʒa'to:re] **I.** *m, f* Spötter(in) *m(f);* **II.** *a* spöttisch. **motteggio** [...'teddʒo] ‹-ggi› *m* Spott *m,* Spöttelei *f.*

mottetto [mot'tetto] *m* **1.** *mus* Motette *f;* **2.** *lit* Volksweisheit *f.*

motto ['mɔtto] *m (detto arguto)* Witz *m; (detto sentenzioso)* Wahlspruch *m,* Motto *n; (massima)* Wahlspruch *m,* Devise *f; lit* Wort *n; (slogan pubblicitario)* Werbeslogan *m,* Werbespruch *m.*

mousse [mus] ‹-› *f* Mousse *f.*

movente [mo'vɛnte] *m* Beweggrund *m (di* für), Motiv *n* (*di* für).

movenza [mo'vɛntsa] *f* **1.** *(atteggiamento)* Bewegung *f;* **2.** *fig (andamento)* Tendenzen *f pl.*

movimentare [movimen'ta:re] *tr* beleben, in Schwung bringen. **movimentazione** [...tat'tsi̯o:ne] *f* Warenumschlag *m.* **movimento** [...'mento] *m* **1.** *(mossa, moto)* Bewegung *f;*

2. *mil* Bewegung *f*, Verschiebung *f;* 3. *ferr, fin, com* Verkehr *m;* 4. *(animazione)* Verkehr *m*, Betrieb *m;* 5. *(vita)* Leben *n;* 6. *mus* Tempo *n;* 7. *(corrente, a. pol)* Bewegung *f;* 8. *tec* Antrieb *m; (meccanismo)* Werk *n*, Mechanik *f;* **gioco di ~** Bewegungsspiel *n;* **~ dei prezzi** Preisbewegung *f;* **~ dei turisti/viaggiatori** Touristen-/Personenverkehr *m;* **mettersi in ~** sich in Bewegung setzen.

moviola [mo'vi̯ɔ:la] *f* Schneidetisch *m.*

mozione [mot'tsi̯o:ne] *f* Antrag *m*, Motion *f CH;* **~ di fiducia/sfiducia** Vertrauens-/Mißtrauensantrag *m.*

mozzafiato [mottsa'fi̯a:to] ⟨*inv*⟩ *a fam* atemberaubend.

mozzare [mot'tsa:re] *tr* 1. *(recidere)* abschneiden, abschlagen; 2. *fig (interrompere)* abbrechen; *(fiato, respiro)* nehmen, verschlagen.

mozzarella [mottsa'rɛlla] *f* Mozzarella *m (Frischkäse aus Büffel- o. Kuhmilch);* **~ in carrozza** *Käse- u. Brotscheiben, die zusammen paniert und fritiert werden.*

mozzicone [mottsi'ko:ne] *m* Stumpf *m; (a. di sigaretta)* Stummel *m.*

mozzo[1] ['mottso] *m (marinaio)* Schiffsjunge *m;* **~ di stalla** Stallknecht *m.*

mozzo[2] ['mɔddzo] *m mot* Nabe *f.*

mozzo, -a ['mottso] *a* 1. *(reciso)* abgeschnitten, abgeschlagen; 2. *fig (mutilo)* verstümmelt, verkürzt.

ms *ab di* **manoscritto** Ms., Mskr. (*ab di* Manuskript).

M.S. *ab di* **Movimento Studentesco** *Studentenbewegung Ende der 60er Jahre.*

M.S.I.-D.N. *m ab di* **Movimento Sociale Italiano – Destra Nazionale** *italienische neofaschistische Partei.*

mucca ['mukka] ⟨-cche⟩ *f* Kuh *f.*

mucchio ['mukki̯o] ⟨-cchi⟩ *m* Haufen *m*, Menge *f;* **a -cchi** haufenweise *fam.*

muco ['mu:ko] ⟨-chi⟩ *m* Schleim *m.* **mucosa** [mu'ko:sa] *f* Schleimhaut *f.* **mucoso, -a** [...so] *a* schleimig; *anat* Schleim-.

muda ['mu:da] *f* Mauser *f.*

muffa ['muffa] *f* 1. Schimmel *m;* 2. *fig (abbandono, inattività)* Muff *m fam;* **fare la ~** schimm(e)lig werden, schimmeln. **muffire** [...'fi:re] ⟨muffisco⟩ *itr* ⟨*essere*⟩ schimmeln; *(a. fig)* verschimmeln.

muffola ['muffola] *f* 1. *sport (guanto)* Fausthandschuh *m;* 2. *tec (di forno)* Muffel *f;* 3. *el* (Kabel)muffe *f.*

muflone [mu'flo:ne] *m* Mufflon *m.*

mugghiare [mug'gi̯a:re] ⟨mugghio, mugghi⟩ *itr* 1. *(bue)* muhen, brüllen; 2. *fig (mare, vento)* heulen. **mugghio** ['muggi̯o] ⟨-gghi⟩ *m* 1. *(di bue)* Muhen *n*, Brüllen *n;* 2. *fig (di mare, vento)* Heulen *n.*

muggine ['muddʒine] *m* Meeräsche *f.*

muggire [mud'dʒi:re] ⟨muggisco⟩ *itr* 1. *(bovino)* muhen, brüllen; 2. *fig (mare, vento)* heulen. **muggito** [...'dʒi:to] *m* 1. *(di bovino)* Muhen *n*, Brüllen *n;* 2. *(di mare, vento)* Heulen *n.*

mughetto [mu'getto] *m* 1. *bot* Maiglöckchen *n;* 2. *med* Soor *m.*

mugnaio, -a [muɲ'ɲa:i̯o] ⟨-ai, -aie⟩ *m, f* Müller(in) *m(f).*

mugolare [mugo'la:re] I. *itr* 1. *(cane)* winseln; 2. *fig (vento)* heulen; 3. *(persona)* stöhnen; II. *tr* brumme(l)n, murmeln. **mugolio** [...'li:o] ⟨-ii⟩ *m* Gewinsel *n*, Winseln *n.*

mugugnare [muguɲ'ɲa:re] *itr* brummen, knurren. **mugugno** [mu'guɲɲo] *m* Gebrumme(l) *n.*

mulatta *f v.* **mulatto.**

mulattiera [mulat'ti̯ɛ:ra] *f* Saumpfad *m*, Maultierpfad *m.*

mulatto, -a [mu'latto] I. *mf* Mulatte *m, f* Mulattin *f;* II. *a* Mulatten-.

muliebre [mu'li:ebre] *a* weiblich, Frauen-.

mulinare [muli'na:re] I. *tr* ⟨*avere*⟩ 1. *(macchinare)* sich *(dat)* ausdenken, aushecken *fam;* 2. *(girare)* herumwirbeln, wirbeln; II. *itr* ⟨*essere*⟩ wirbeln. **mulinello** [...'nɛllo] *m* 1. *(moto vorticoso)* Wirbel *m;* 2. *(di canna da pesca)* Rolle *f;* 3. *naut* Ankerwinde *f;* 4. *(ventilatore)* Ventilator *m*, Lüfter *m.*

mulino [mu'li:no] *m* Mühle *f;* **~ ad acqua/a vento** Wasser-/Windmühle *f;* **parlare come un ~ a vento** *fam* reden wie ein Wasserfall; **tirare** (*o.* **portare) acqua al proprio ~** *fig* Wasser auf seine Mühle richten (*o.* leiten); **chi va al ~ s'infarina** *prov* wer Pech anfaßt, besudelt sich *prov;* **il ~ non macina senz'acqua** *prov* ohne Fleiß kein Preis *prov.*

mulo ['mu:lo] *m* Maultier *n*, Maulesel *m;* **ostinato come un ~** störrisch wie ein Esel.

multa ['multa] *f* 1. *(pena)* Geldstrafe *f;* 2. *(ammenda)* Verwarnungs-, Bußgeld *n.* **multare** [...'ta:re] *tr* mit einer Geldstrafe belegen, zu einer Geldstrafe verurteilen.

multicolore [multiko'lo:re] *a* bunt, mehr-, vielfarbig. **multiforme** [-'forme] *a* 1. *(vario, molteplice)* vielfältig, vielgestaltig; **2.** *(versatile)* vielseitig. **multigrade** ['mʌltɪgreɪd] ‹*inv*› *a:* **olio** ~ Mehrbereichsöl *n.* **multilaterale** [multilate'ra:le] *a* mehrseitig; *(a. fig)* multilateral. **multimilionario, -a** [-milio'na:rio] **I.** *m, f* Multimillionär(in) *m(f);* **II.** *a* millionenschwer *fam.* **multinazionale** [-nattsio'na:le] **I.** *f* multinationales Unternehmen; **II.** *a* multinational. **multiplo** ['multiplo] **I.** *m* Vielfache(s) *n;* **il minimo comune** ~ (*ab* **m.c.m**) das kleinste gemeinsame Vielfache; **II.** *a* mehrfach, Mehrfach-, vielfach; **presa -a** Mehrfachsteckdose *f.* **multipolare** [-po'la:re] *a* mehrpolig.

mummia ['mummia] ‹-ie› *f* **1.** *(cadavere imbalsamato)* Mumie *f;* **2.** *fig sl (persona vecchia)* Scheintote(r) *mf sl.* **mummificare** [mummifi'ka:re] ‹mummifico, mummifichi› **I.** *tr* mumifizieren; **II.** *rfl:* **-rsi** **1.** *(subire mummificazione)* mumifiziert werden; **2.** *fig sl* verkalken *fam;* verknöchern. **mummificazione** [...kat'tsio:ne] *f* Mumifizierung *f.*

mungere ['mundʒere] ‹mungo, munsi, munto› *tr* **1.** *(mucca, capra, etc.)* melken; **2.** *sl (sfruttare)* ausnehmen *fam,* melken *fam.* **mungitore, -trice** [mundʒi'to:re] *m, f* Melker(in) *m(f).* **mungitrice** [...'tri:tʃe] *f* Melkmaschine *f,* Melkanlage *f.* **mungitura** [...'tu:ra] *f* Melken *n.* **mungo** ['muŋgo] *1. pers sing pr di* **mungere.**

municipale [munitʃi'pa:le] *a* **1.** *adm* städtisch, Stadt-, Gemeinde-; **2.** *pej (circoscritto)* spießbürgerlich, kleinbürgerlich; **consiglio/palazzo** ~ Gemeinderat *m*/Rathaus *n.* **municipalismo** [...pa'lizmo] *m* Lokalpatriotismus *m,* Kirchturmpolitik *f.* **municipalizzare** [...palid'dza:re] *tr* kommunalisieren. **municipalizzazione** [...paliddzat'tsio:ne] *f* Kommunalisierung *f.*

municipio [muni'tʃi:pio] ‹-i› *m* **1.** *(amministrazione)* Stadt(verwaltung) *f,* Gemeinde(verwaltung) *f;* **2.** *(sede)* Rathaus *n;* **sposarsi in** ~ standesamtlich heiraten.

munificenza [munifi'tʃɛntsa] *f geh* Hochherzigkeit *f geh,* Generosität *f geh.* **munifico, -a** [mu'ni:fiko] ‹-ci, -che› *a geh* generös *geh,* hochherzig *geh.*

munire [mu'ni:re] ‹munisco› **I.** *tr* versehen (*di* mit), ausrüsten (*di* mit), ausstatten (*di* mit); **II.** *rfl:* **-rsi** **1.** *(procurarsi)* sich ausrüsten (*di* mit), sich ausstatten (*di* mit); **2.** *(premunirsi, a. fig)* sich wappnen (*contro* gegen, *di* mit).

munizioni [munit'tsio:ni] *f pl* Munition *f.*

munsi ['munsi] *1. pers sing del passato remoto di* **mungere.**

munto ['munto] *pp di* **mungere.**

muoio, muore, muori ['muɔ:io, 'muɔ:re, ...ri] *sing pr di* **morire.**

muovere ['muɔ:vere] ‹muovo, mossi, mosso› **I.** *tr* ‹*avere*› **1.** *(spostare)* bewegen; *(coda)* wedeln mit; *(pedina)* vorrücken, ziehen; **2.** *(mettere in moto)* in Bewegung setzen; **3.** *(suscitare)* erregen, hervorrufen; **4.** *(sollevare)* vorbringen, erheben; **5.** *(spingere)* bringen, treiben; ~ **guerra a una nazione** Krieg in ein Land hineintragen; ~ **il corpo** *fig fam* auf den Darm schlagen *fam;* ~ **i primi passi** die ersten Schritte machen; **non** ~ **un dito** *fig fam* keinen Finger rühren *fam;* **II.** *itr* ‹*essere*› **1.** *(partire)* abgehen (*da* von), abfahren (*da* von); **2.** *(andare)* gehen, entgegengehen *(incontro a qu* jdm) **3.** *fig* ausgehen (*da* von); **III.** *rfl:* **-rsi** **1.** *(essere in movimento)* sich bewegen; **2.** *(mettersi in movimento)* sich in Bewegung setzen; **3.** *(darsi da fare)* sich rühren, sich regen *geh;* **4.** *fig (commuoversi)* gerührt werden; **5.** *fig (sollevarsi)* sich erheben; **oggi non mi muovo di casa** *fam* heute rühre ich mich nicht aus dem Haus *fam;* **e dai, muoviti!** *fam* los, beweg' dich mal! *fam.*

muraglia [mu'raʎʎa] ‹-glie› *f (a. fig)* Mauer *f.* **muraglione** [...'ʎo:ne] *m* Schutzmauer *f.* **murale** [mu'ra:le] *a* Mauer-; *(carta, giornale, pittura)* Wand-.

murare [mu'ra:re] **I.** *tr* mauern; *(chiudere)* zumauern; *(conficcare)* einmauern; **II.** *rfl:* **-rsi** *fig* sich ein-, abkapseln. **murario, -a** [mu'ra:rio] ‹-i, -ie› *a* **1.** *(di muratura)* Mauer-, gemauert; **2.** *(di muratore)* Maurer-. **muratore** [mura'to:re] *m* **1.** *(operaio)* Maurer *m;* **2.** *fig (massone)* (Frei)maurer *m.* **muratura** [...'tu:ra] *f* **1.** *(costruzione)* Mauerwerk *n,* Mauer *f;* **2.** *(il murare)* Mauern *n,* Mauerung *f.*

murena [mu'rɛ:na] *f* Muräne *f.*

muriatico, -a [mu'ria:tiko] ‹-ci, -che› *a:* **acido** ~ Salzsäure *f.*

muricciolo [murit'tʃɔ:lo] *m* Einfassungsmauer *f,* Grenzmauer *f;* *(del giardino)* Gartenmauer *f.*

muro ['mu:ro] *m* **1.** ‹*pl:* -a *f*› *(cinta difensiva)* Mauer *f;* **2.** ‹*pl:* -i *m*› *(parete)* Mauer *f;* *(a. fig)* Wand *f;* *sport (ip-*

pica) Mauer *f;* ~ **divisorio/maestro** Trenn-, Zwischenwand *f*/tragende Wand; ~ **del suono** Schallmauer *f;* ~ **di nebbia** Nebelwand *f;* ~ **del pianto** Klagemauer *f;* ~ **di cinta** Ringmauer *f;* **armadio a** ~ Wand-, Einbauschrank *m;* **chiudersi fra quattro -a** *fig* sich in die eigenen vier Wände zurückziehen; **mettere qu al** ~ *fig* jdn an die Wand stellen; **parlare al** ~ *fig fam* gegen eine Wand reden; **puntare i piedi al** ~ *fig* sich auf die Hinterbeine stellen *fam;* **dare la testa nel** ~ *fig* mit dem Kopf durch die Wand wollen; **è scritto anche sui -i** *fig* das pfeifen die Spatzen von den Dächern; **è come urtare contro il** ~ da beißt man auf Granit.

musa ['mu:za] *f* **1.** *(dea)* Muse *f;* **2.** *poet (ispirazione)* Muse(nkuß *m*) *f; (poeta)* von der Muse Geküßte(r) *mf scherz.*

muschiato, -a [mus'kia:to] *a* Moschus-, moschus-; **topo** ~ Bisamratte *f.*

muschio¹ ['muskio] ‹-schi› *m bot* Moos *n.*

muschio² ['muskio] ‹-schi› *m (secrezione)* Moschus *m.*

musco ['musko] *v.* **muschio¹.**

muscolare [musko'la:re] *a* muskulär, Muskel-. **muscolatura** [...la'tu:ra] *f* Muskulatur *f.*

muscolo ['muskolo] *m* **1.** *anat* Muskel *m;* **2.** *(cozza)* Miesmuschel *f.* **muscoloso, -a** [...'lo:so] *a* muskulös.

muscoso, -a [mus'ko:so] *a* bemoost, moosbedeckt.

museo [mu'zɛ:o] *m* Museum *n;* **pezzo da** ~ *fig* Museumsstück *n fam.*

museruola [muze'ruɔ:la] *f* Maulkorb *m;* **mettere la** ~ **a qu** *fig* jdm einen Maulkorb anlegen *fam.*

musica ['mu:zika] ‹-che› *f* **1.** *gener.* Musik *f;* **2.** *(singolo componimento)* Musikstück *n,* Musik *f;* **3.** *fam (banda)* Musik *f fam,* Musikkapelle *f;* ~ **da camera** Kammermusik *f;* ~ **di fondo** Hintergrundmusik *f;* **carta da** ~ Notenpapier *n;* **dire qc in** ~ *fam* jdm etw. verdolmetschen *fam;* **far** ~ Musik machen, musizieren; **leggere la** ~ Noten lesen; **mettere in** ~ vertonen; **le sue parole sono** ~ **per le mie orecchie** seine (*o.* ihre) Worte sind Musik in meinen Ohren; **è sempre la solita** ~ *fam* es ist immer dasselbe Lied (*o.* dieselbe Leier) *fam.* **musicabile** [muzi'ka:bile] *a* vertonbar. **musical** ['mju:zıkəl] ‹-› *m* Musical *n.* **musicale** [muzi'ka:le] *a* **1.** *(di musica)* Musik-, musikalisch; **2.** *(portato per la musica)* musikalisch; **3.** *(armonioso)* musikalisch, klangvoll. **musicalità** [...kali'ta] ‹-› *f* Klangfülle *f,* Musikalität *f.* **musicante** [...'kante] **I.** *mf* Musikant(in) *m(f);* **II.** *a* musizierend. **musicare** [...'ka:re] ‹musico, musichi› *tr* in Musik setzen, vertonen. **musicassetta** [...kas'setta] *f* Musikkassette *f.* **music hall** ['mju:zık 'hɔ:l] ‹-› *m* Variété *n.* **musicista** [muzi'tʃista] ‹-i *m,* -e *f*› *mf* **1.** *(compositore)* Komponist(in) *m(f);* **2.** *(esecutore)* Musiker(in) *m(f).* **musicoterapia** [muzikotera'pi:a] *f* Musiktherapie *f.*

muso ['mu:zo] *m* **1.** *(di animale)* Schnauze *f,* Maul *n;* **2.** *fig pej (di persona)* Schnauze *f vulg,* Maul *n vulg; (broncio)* Schnute *f fam,* Flappe *f fam; (faccia)* Visage *f fam;* **3.** *fig (di auto)* Schnauze *f fam; (di aereo a.)* Nase *f;* **a** ~ **duro** *fig* kaltschnäuzig *fam;* **avere** (*o.* **fare** *o.* **tenere**) **il** ~ *fam* eine Schnute ziehen *fam,* schmollen; **dire qc sul** ~ etw. ins Gesicht sagen; **rompere** (*o.* **spaccare**) **il** ~ **a qu** *sl* jdm eins auf die Schnauze hauen *fam,* jdm die Fresse polieren *vulg.* **musone, -a** [mu'zo:ne] *m, f fam* Miesepeter *m fam,* Sauertopf *m fam.* **musoneria** [muzone'ri:a] ‹-ie› *f fam* Miesepetrigkeit *f fam,* Sauertöpfischkeit *f fam.*

mussare [mus'sa:re] *itr* moussieren.

mussola ['mussola] *f* Musselin *m.*

mussulmano [mussul'ma:no] *v.* **musulmano.**

mustacchi [mus'takki] *m pl* Schnauzbart *m,* (großer) Schnurrbart *m.*

musulmano, -a [musul'ma:no] **I.** *a* muselmanisch; *(islamico)* moslemisch; **II.** *m, f* Moslem *m,* Moslime *f.*

muta¹ ['mu:ta] *f* **1.** *(di uccelli)* Mauser *f; (di rettili, insetti)* Häutung *f;* **2.** *sport* Taucheranzug *m;* **3.** *mil* Ablösung *f.*

muta² ['mu:ta] *f (di cani)* (Hunde)meute *f.*

muta³ *f v.* **muto.**

mutabile [mu'ta:bile] *a* veränderlich. **mutamento** [muta'mento] *m* **1.** *(cambiamento)* (Ver)änderung *f;* **2.** *(trasformazione)* Wandel *m,* Wechsel *m.*

mutande [mu'tande] *f pl* Unterhose *f.* **mutandine** [...'di:ne] *f pl* **1.** *(indumento femminile)* Schlüpfer *m,* Slip *m;* **2.** *(calzoncini da bagno)* Badehose *f.*

mutare [mu'ta:re] **I.** *tr* ‹*avere*› (ver)ändern, wechseln; **II.** *itr* ‹*essere*› sich (ver)ändern; **III.** *rfl:* **-rsi 1.** *(cambiar-*

si) sich umziehen; **2.** *(trasformarsi)* sich verwandeln, sich umwandeln. **mutazione** [mutat'tsi̯o:ne] *f* **1.** *gener.* Wechsel *m,* Veränderung *f;* **2.** *biol* Mutation *f.* **mutevole** [mu'te:vole] *a* veränderlich, wechselhaft; *(pej a.)* unbeständig. **mutevolezza** [mutevo'lettsa] *f* Unbeständigkeit *f,* Wechselhaftigkeit *f.*

mutilare [muti'la:re] *tr* verstümmeln; *(fig a.)* entstellen. **mutilato, -a** [...'la:to] **I.** *m, f* Versehrte(r) *mf,* Körperbeschädigte(r) *mf;* ~ **di guerra** Kriegsversehrte(r) *m;* **II.** *a* versehrt; *(fig a.)* verstümmelt. **mutilazione** [...lat'tsi̯o:ne] *f* Verstümmelung *f; (fig a.)* Entstellung *f.* **mutilo, -a** ['mu:tilo] *a poet* verstümmelt.

mutismo [mu'tizmo] *m* **1.** *med* Stummheit *f;* **2.** *(silenzio)* Schweigen *n,* Schweigsamkeit *f.* **muto, -a** ['mu:to] **I.** *a* **1.** *med, ling* stumm; **2.** *(silenzioso)* stumm; *(per lo stupore)* sprachlos; *(accordo)* schweigend, stumm; **3.** *(senza parole)* stumm, Stumm-; **cinema** ~ Stummfilm *m;* **scena -a** stumme Szene; **fare scena -a** *fig* kein Wort hervorbringen; **essere** ~ **come un pesce** stumm sein wie ein Fisch; **II.** *m, f* Stumme(r) *mf;* **III.** *m* Stummfilm *m.*

mutua ['mu:tua] *f adm* Versicherungsträger *m adm;* **cassa** ~ **malattia** Krankenkasse *f;* **essere/mettersi in** ~ krank geschrieben sein/sich krank schreiben lassen. **mutualistico, -a** [mutua'listiko] ‹-ci, -che› *a adm* (Sozial)versicherungs-. **mutuante** [mutu'ante] **I.** *a* Kredit (*o.* Darlehen) gebend, Darlehens-, Kredit-; **II.** *mf* Darlehens-, Kreditgeber *m.* **mutuare** [...'a:re] *tr* **1.** *fin* (als Darlehen *o.* Kredit) aufnehmen; **2.** *fig, lit* entlehnen. **mutuata** *f v.* **mutuato. mutuatario, -a** [mutua'ta:ri̯o] ‹-i, -ie› *m, f* Darlehens-, Kreditnehmer *m.* **mutuato, -a** [mutu'a:to] *m, f* Versicherte(r) *mf; med* Kassenpatient(in) *m(f).*

mutuo ['mu:tuo] *m* Darlehen *n,* Kredit *m.*

mutuo, -a ['mu:tuo] *a* gegenseitig.

N

N, n ['ɛnne] ‹-› *f* N, n *n;* ~ **come Napoli** N wie Nordpol.
n *ab di* **numero** Nr. (*ab di* Nummer).
N. *ab di* **nord** N (*ab di* Nord).
nacchere ['nakkere] *f pl* Kastagnetten *f pl.*
nacqui ['nakkui] *1. pers sing del passato remoto di* **nascere.**
Nadia ['na:dia] *(nome proprio femminile)* Nadja.
nafta ['nafta] *f* **1.** *(petrolio greggio)* Rohöl *n;* **2.** *(per motori Diesel)* Dieselöl *n.* **naftalina** [...ta'li:na] *f* Naphthalin *n.*
naia¹ ['na:ia] ‹-aie› *f zoo* Kobra *f,* Brillenschlange *f.*
naia² ['na:ia] *f sl mil* Barras *m sl,* Kommiß *m fam;* **vivere sotto la** ~ beim Kommiß sein.
naïf [na'if] ‹*inv*› *a* naiv.
nailon ['na:ilon] *v.* **nylon.**
nana *f v.* **nano.**
nanismo [na'nizmo] *m* Zwergwuchs *m.*
nanna ['nanna] *f (linguaggio infantile)* Heia *f;* **andare a** ~ in die Heia (*o.* ins Heiabett) gehen *fam;* **fare la** ~ heia machen *fam;* **mettere a** ~ ins Heiabett legen *fam.*
nano, -a ['na:no] **I.** *a* zwergenhaft, Zwerg(en)-; **II.** *m, f* Zwerg(in) *m(f).*
N.A.P. [nap] *m pl ab di* **Nuclei Armati Proletari** *italienische Terroristenorganisation.*
napalm ['napalm *o.* na'palm] *m* Napalm *n;* **bomba al** ~ Napalmbombe *f.*
napoletano, -a [napole'ta:no] **I.** *a* neapolitanisch; **II.** *m, f* Neapolitaner(in) *m(f);* **III.** *f* neapolitanische Kaffeemaschine *f.* **Napoli** ['na:poli] *f* Neapel *n.*
nappa ['nappa] *f* **1.** *(ornamento)* Quaste *f,* Troddel *f;* **2.** *(pelle)* Nappa(leder) *n;* **3.** *fam (nasone)* dicke Nase, Gurke *f fam.*
N.A.R. [nar] *m pl ab di* **Nuclei Armati Rivoluzionari** *italienische Terroristenorganisation.*
narcisismo [nartʃi'zizmo] *m* Narzißmus *m.* **narcisista** [...'zista] ‹-i *m,* -e *f*› *mf* Narzißt(in) *m(f).* **narciso** [...'tʃi:zo] *m* **1.** *bot* Narzisse *f;* **2.** *fig* Narziß *m.*
narcosi [nar'kɔ:zi] ‹-› *f* Narkose *f,* Betäubung *f.* **narcotico -a** [...'kɔ:tiko] ‹-ci, -che› **I.** *a* betäubend, narkotisch; **II.** *m* Narkotikum *n,* Betäubungsmittel *n.* **narcotizzare** [...kotid'dza:re] *tr* narkotisieren, betäuben.
nari ['na:ri] *f pl poet* Nasenlöcher *n pl,* Nüstern *f pl.* **narice** [na'ri:tʃe] *f* Nasenloch *n; zoo* Nüster *f.*
narrare [nar'ra:re] **I.** *tr* erzählen; **II.** *itr* erzählen (*di* von), berichten (*di* von, über). **narrativa** [narra'ti:va] *f* **1.** *lit* erzählende Literatur; **2.** *jur* Darlegung *f* des Tatbestandes. **narrativo, -a** [...vo] *a* erzählend, Erzähl-. **narratore, -trice** [...'to:re] *m, f* Erzähler(in) *m(f).* **narrazione** [...at'tsio:ne] *f* Erzählung *f.*
N.A.S.A. ['na:za] *f* NASA *f.*
nasale [na'sa:le] **I.** *a* **1.** *anat* Nasen-; **2.** *ling* nasal, Nasal-; **3.** *(voce)* näselnd; **II.** *f* Nasal(laut) *m.* **nasata** [na'sa:ta] *f* Nasenstüber *m.*
nascente [naʃ'ʃɛnte] *a (giorno)* anbrechend; *(astro, sole)* aufgehend.
nascere ['naʃʃere] ‹nasco, nasci, nacqui, nato› *itr* ‹*essere*› **1.** *(persone)* geboren werden, zur Welt kommen; **2.** *zoo (mammiferi)* geworfen werden; **3.** *bot* keimen, sprießen; **4.** *(fiumi)* entspringen; **5.** *(sole, astro)* aufgehen; *(giorno)* anbrechen; **6.** *fig (avere origine)* entstehen; **7.** *fig (venire alla mente)* einfallen, kommen; **mi nasce un sospetto** mir kommt ein Verdacht; **non sono nato ieri** ich bin nicht von gestern. **nascita** ['naʃʃita] *f* **1.** *gener.* Geburt *f;* **2.** *zoo (di mammiferi)* Wurf *m;* **3.** *bot* Keimen *n;* **4.** *fig (del sole)* Aufgang *m; (del giorno)* Anbruch *m;* **di** ~ von Geburt (an). **nascituro, -a** [...'tu:ro] **I.** *a* ungeboren; **II.** *m* ungeborenes Kind. **nasco** ['nasko] *1. pers sing pr di* **nascere.**
nascondere [nas'kondere] ‹nascondo, nascosi, nascosto› **I.** *tr* **1.** *(celare)* verstecken (*qc a qu* etw. vor jdm), verbergen (*qc a qu* etw. vor jdm); **2.** *(sentimento)* verhehlen, verheimlichen; **II.** *rfl:* **-rsi** sich verstecken (*a* vor), sich verbergen (*a* vor). **nascondiglio** [...'diʎʎo] ‹-gli› *m* Versteck *n; (a. pej)* Schlupfwinkel *m.* **nascondino** [...'di:no] *m:* **giocare a** ~ Verstecken spielen. **nascondo** [...'kondo] *1.*

pers sing pr di **nascondere. nascosi** [...'ko:si] *1. pers sing del passato remoto di* **nascondere. nascosto, -a** [...'kosto] **I.** *pp di* **nascondere; II.** *a* **1.** *(celato, occultato)* versteckt, verborgen; *(luogo)* abgelegen; **2.** *fig* heimlich; **di ~** heimlich; **fare qc di ~ alla mamma** etw. hinter dem Rücken der Mutter tun; **rimanere ~** im verborgenen bleiben.

nasello [na'sɛllo] *m* Seehecht *m.*

naso ['na:so] *m* Nase *f; (zoo a.)* Schnauze *f;* **~ all'insù** Stupsnase *f;* **avere buon ~** einen guten Riecher haben *fam;* **avere buon ~ negli affari** etw. vom Geschäft verstehen; **ficcare il ~ negli affari altrui** die Nase in anderer Leute Angelegenheiten stecken; **menare qu per il ~** jdn an der Nase herumführen; **restare con tanto di ~** ein langes Gesicht machen; **arricciare il ~** *(a. fig)* die Nase rümpfen; **non vedere più in là del proprio ~** nicht über die eigene Nasenspitze hinaussehen.

nassa ['nassa] *f* Reuse *f.*

nastro ['nastro] *m* **1.** *gener.* Band *n;* **2.** *(per decorazione)* Ordensband *n,* Orden *m;* **~ adesivo** Klebestreifen *m;* **~ dattilografico/isolante/trasportatore** Schreibmaschinen-/Isolier-/Förderband *n;* **~ magnetico** Magnet(ton)band *n;* **~ sonoro** Tonband *n.*

nasturzio [nas'turtsi̯o] ‹-i› *m* Kresse *f.*

natale [na'ta:le] **I.** *a* Geburts-, Heimat-; **II.** *m* (Jahres)tag *m* der Geburt, Geburtstag *m.* **Natale** [na'ta:le] *m* Weihnacht *f,* Weihnachten *n.* **natalità** [natali'ta] ‹-› *f* Geburtenziffer *f.* **natalizio, -a** [...'littsi̯o] ‹-i, -ie› *a* **1.** *(relativo alla nascita)* Geburts-; **2.** *(relativo al Natale)* Weihnachts-, weihnachtlich.

natante [na'tante] **I.** *a* schwimmend; **II.** *m* Wasserfahrzeug *n.* **natatorio, -a** [nata'tɔ:ri̯o] ‹-i, -ie› *a* Schwimm-; **sport ~** Schwimmsport *m.*

natica ['na:tika] ‹-che› *f* Gesäß-, Hinterbacke *f;* **battere le -e** *fam* auf den Hintern fallen *fam.*

nativo, -a [na'ti:vo] **I.** *a* **1.** *(paese)* Geburts-, Heimat-; *(persona)* gebürtig (*di* von, aus), stammend (*di* aus) **2.** *min* natürlich vorkommend; *chem* gediegen; **II.** *m, f* Eingeborene(r) *mf.*

N.A.T.O. ['na:to] *f* NATO *f,* Nato *f.*

nato, -a ['na:to] **I.** *pp di* **nascere; II.** *a* geboren; **cieco/sordo ~** von Geburt an blind/taub; **un attore ~** *fig* der geborene Schauspieler.

natura [na'tu:ra] *f* Natur *f; (indole a.)* Wesen *n,* Anlage *f;* **~ morta** Stilleben *n;* **contro ~** naturwidrig. **naturale** [natu'ra:le] **I.** *a* natürlich; **a grandezza ~** in Lebensgröße; **scienze -i** Naturwissenschaften *f pl;* **II.** *adv* gewiß, sicherlich. **naturalezza** [natura'lettsa] *f* Natürlichkeit *f.* **naturalismo** [...'lizmo] *m* Naturalismus *m.* **naturalista** [...'lista] ‹-i *m,* -e *f*› **I.** *a* Natur-; **medico ~** Heilpraktiker *m;* **II.** *mf* **1.** *scient* Naturforscher(in) *m(f);* **2.** *lit* Naturalist(in) *m(f).* **naturalistico, -a** [...'listiko] ‹-ci, -che› *a* **1.** *scient* naturwissenschaftlich; **2.** *lit* naturalistisch. **naturalizzare** [...lid'dza:re] **I.** *tr* naturalisieren, einbürgern; **II.** *rfl:* **-rsi** die Staatsangehörigkeit erhalten, eingebürgert werden. **naturalizzazione** [...liddzat'tsi̯o:ne] *f* Naturalisation *f,* Einbürgerung *f.* **naturalmente** [...ral'mente] *adv* **1.** *(di, per natura)* von Natur (aus), natürlich; **2.** *fig (certamente)* selbstverständlich, natürlich. **naturismo** [...'rizmo] *m* Naturismus *m,* Freikörperkultur *f; med* Naturheilverfahren *n.* **naturista** [...'rista] ‹-i *m,* -e *f*› *mf* Anhänger(in) *m(f)* des Naturismus.

naufraga *f v.* **naufrago.**

naufragare [naufra'ga:re] ‹naufrago, naufraghi› *itr* **1.** ‹*avere*› *(persone)* Schiffbruch erleiden; **2.** ‹*essere*› *(nave)* auflaufen; **3.** ‹*essere o. avere*› *fig* Schiffbruch erleiden, scheitern. **naufragio** [...'fra:dʒo] ‹-gi› *m* **1.** *naut* Schiffbruch *m; aero* Flugzeugabsturz *m;* **2.** *fig* Scheitern *n,* Schiffbruch *m.* **naufrago, -a** ['na:ufrago] ‹-ghi, -ghe› *m, f* Schiffbrüchige(r) *mf.*

nausea ['na:uzea] *f* **1.** *med* Übelkeit *f,* Brechreiz *m;* **2.** *fig* Ekel *m,* Abscheu *m.* **nauseabondo, -a** [nauzea'bondo] *a,* **nauseante** [...e'ante] *a* ekelerregend, widerwärtig. **nauseare** [...e'a:re] *tr* (an)ekeln.

nautica ['na:utika] ‹-che› *f* Nautik *f,* Schiffahrtskunde *f.* **nautico, -a** [...ko] ‹-ci, -che› *a (di mare)* Schiffahrts-; See-; **sport ~** Wassersport *m.*

navale [na'va:le] *a* Schiff(s)-, Schiffahrts-; *(di mare)* See-.

navalmeccanica [navalmek'ka:nika] *f* Schiffbau *m.* **navalmeccanico, -a** [...ko] **I.** *a* Schiffbau-; **II.** *m* Schiffbauarbeiter *m.*

navata [na'va:ta] *f* (Kirchen)schiff *n;* **~ laterale/centrale** Seiten-/Mittelschiff *n.*

nave ['na:ve] *f* Schiff *n;* **~ da carico/da guerra** Fracht-/Kriegsschiff *n;* **~ cisterna** Tanker *m;* **~ traghetto** Fähre *f;* **~ a vapore/a vela** Dampf-/Segelschiff *n;* ~ **spaziale** Raumschiff *n.* **navetta** [na'vetta] *f* **1.** *(spola)* (Weber)schiffchen *n;* **2.** *(treno)* Pendelzug *m;* ~ **spaziale** Raumfähre *f.* **navicella** [navi'tʃɛlla] *f* **1.** *(piccola nave)* Schiffchen *n;* **2.** *(di dirigibile)* Gondel *f; (di aerostato)* Korb *m.* **navigabile** [navi'ga:bile] *a* schiffbar, befahrbar. **navigabilità** [...gabili'ta] ‹-› *f* **1.** *(di fiume)* Schiffbarkeit *f;* **2.** *(di nave)* Seetüchtigkeit *f;* **3.** *(di un aereo)* Flugtüchtigkeit *f.* **navigante** [...'gante] **I.** *a* **1.** *naut* Schiffs-; *(persone a.)* seefahrend; **2.** *aero* fliegend; **personale** ~ fliegendes Personal; **II.** *mf* Seefahrer(in) *m(f).* **navigare** [...'ga:re] ‹navigo, navighi› *itr* **1.** *naut* (zur See) fahren; **2.** *aero* fliegen; ~ **in cattive acque** *fig* sich in einer üblen Lage befinden; ~ **contro corrente** *fig* gegen den Strom schwimmen. **navigato, -a** [...'ga:to] *a* **1.** befahren; **2.** *fig* (welt)erfahren, lebenserfahren. **navigatore, -trice** [...ga'to:re] *m, f* Seefahrer(in) *m(f),* Schiffer(in) *m(f).* **navigazione** [...gat'tsi̯o:ne] *f* **1.** *naut* Schiffahrt *f;* **2.** *aero* Navigation *f;* ~ **di lungo corso** große Fahrt; ~ **marittima/interna/aerea** See-/Binnen-/Luftschiffahrt *f.* **naviglio** [na'viʎʎo] ‹-gli› *m* Flotte *f,* Schiffe *n pl;* ~ **mercantile** Handelsflotte *f;* ~ **da passeggeri** Passagierschiffe *n pl.*

nazionale [nattsi̯o'na:le] **I.** *a (di nazione)* National-, national; *(di paese)* Landes-, einheimisch; *(di Stato)* Staats-, staatlich; **II.** *f* Nationalmannschaft *f;* ~ **di calcio** Fußballnationalmannschaft *f.* **nazionalismo** [...na'lizmo] *m* Nationalismus *m.* **nazionalista** [...na'lista] ‹-i *m,* -e *f*› *mf* Nationalist(in) *m(f).* **nazionalistico, -a** [...na'listiko] ‹-ci, -che› *a* nationalistisch. **nazionalità** [...nali'ta] ‹-› *f* Nationalität *f,* Staatsangehörigkeit *f.* **nazionalizzare** [...nalid'dza:re] *tr* nationalisieren, verstaatlichen. **nazionalizzazione** [...naliddzat'tsi̯o:ne] *f* Nationalisierung *f,* Verstaatlichung *f.* **nazionalsocialismo** [nattsi̯onalsotʃa'lizmo] *m* Nationalsozialismus *m.* **nazionalsocialista** [...'lista] **I.** *a* nationalsozialistisch; **II.** *mf* Nationalsozialist(in) *m(f).*

nazione [nat'tsi̯o:ne] *f* Nation *f; (Stato)* Staat *m;* **Nazioni Unite** (*ab* **N.U.**) Vereinte Nationen *f pl,* UNO *f.*

nazismo [nat'tsizmo] *m* Nazismus *m.* **nazista** [...'tsista] ‹-i *m,* -e *f*› **I.** *a* nazistisch; **II.** *mf* Nazi *m.*

N.B. *ab di* **nota bene** NB.

N.d.A. *ab di* **nota dell'autore** Anm. d. Verf. (*ab di* Anmerkung des Verfassers).

N.d.D. *ab di* **nota della direzione** Anmerkung der Geschäftsleitung.

N.d.E. *ab di* **nota dell'editore** Anm. d. Verl. (*ab di* Anmerkung des Verlags).

N.d.R. *ab di* **nota della redazione** Anm. d. R. (*ab di* Anmerkung der Redaktion).

'ndrangheta [n'draŋgeta] *f kalabresische Form der Mafia.*

N.d.T. *ab di* **nota del traduttore** Anm. d. Ü. (*ab di* Anmerkung des Übersetzers).

ne [ne] **I.** *pron* **1.** *(persona: di lui)* von ihm, über ihn, seiner; *(di lei)* von ihr, über sie, ihrer; *(di loro)* von ihnen, über sie, ihrer; **2.** *(cosa)* damit, darüber, davon, daraus; **3.** *(con valore partitivo)* davon, einige, welche; ~ **parlano molto** *(persona)* man spricht viel von ihm (*o.* ihr *o.* ihnen); *(cosa)* man spricht viel davon; **non** ~ **vedo proprio la ragione** ich sehe wirklich keinen Grund dafür; **damme**~ **ancora** gib mir mehr davon; **quanti anni hai? — ~ ho 29** wie alt bist du? — ich bin 29 (Jahre alt); **hai dei giornali? — sì,** ~ **ho** hast du Zeitungen? — ja, ich habe welche; **hai del sale? — no, non** ~ **ho** hast du Salz? — nein, ich habe kein(e)s; **II.** *adv (spesso non si traduce)* von hier (*o.* da *o.* dort); **andarsene** fort-, weggehen; **non te** ~ **andare** geh nicht fort!

né [ne] *con* und nicht, auch nicht; ~ **. . .** ~ **. . .** weder . . . noch . . .; ~ **più** ~ **meno** nicht mehr und nicht weniger.

N.E. *ab di* **nordest** NO (*ab di* Nordost).

neanche [ne'aŋke] *v.* **nemmeno.**

nebbia ['nebbi̯a] ‹-ie› *f* **1.** *meteo* Nebel *m;* **2.** *fig* Nebel *m,* Trübung *f,* Rauch *m.* **nebbiogeno** [...'bi̯ɔ:dʒeno] **I.** *a* nebelerzeugend; **II.** *m* Nebelwerfer *m.* **nebbiolo** [...'bi̯ɔ:lo] *m* Nebbiolo *m (Rotwein aus Piemont).* **nebbiosità** [...bi̯osi:ta] ‹-› *f* **1.** *meteo* Nebligkeit *f;* **2.** *fig* Verschwommenheit *f.* **nebbioso, -a** [...'bi̯o:so] *a* **1.** neb(e)lig; **2.** *fig* unklar, verschwommen; nebulös.

nebulizzare [nebulid'dza:re] *tr* zerstäuben, sprühen. **nebulizzatore** [...dza'to:re] *m* Zerstäuber *m,* Sprühgerät *n.* **nebulizzazione** [...dzat'tsi̯o:ne] *f* Zerstäubung *f,* Sprühen *n.* **nebulosa** [...'lo:sa] *f* Nebelfleck *m,* Nebel *m.* **nebulosità** [...losi'ta] ‹-› *f* **1.** *meteo* Nebligkeit *f;* **2.** *fig* Unklarheit *f,* Verworrenheit *f.*

nebuloso, -a [...ˈloːso] *a* **1.** *meteo* neb(e)lig; **2.** *fig (sfumato)* unklar, verschwommen, nebelhaft; *(non perspicuo)* undeutlich, undurchsichtig.

necessariamente [netʃessari̯aˈmente] *adv* notgedrungen.

necessario, -a [netʃesˈsaːri̯o] ‹-i, -ie› **I.** *a* nötig, notwendig; **II.** *m* Nötige(s) *n,* Notwendige(s) *n.* **necessità** [...siˈta] ‹-› *f* Notwendigkeit *f; (bisogno, povertà)* Not *f;* **avere ~ di qc** etw. notwendig brauchen; **essere nella ~ di fare qc** gezwungen sein, etw. zu tun; **far di ~ virtù** aus der Not eine Tugend machen; **piegarsi alla ~** der Not gehorchen; **in caso di ~** im Notfall, im Bedarfsfall; **per ~** gezwungenermaßen. **necessitare** [...siˈtaːre] **I.** *tr* ‹*avere*› erfordern, erforderlich machen; **II.** *itr* ‹*essere*› **1.** *(avere bisogno)* benötigen (*di qc* etw.), brauchen (*di qc* etw.); **2.** *(impersonale)* nötig (*o.* erforderlich) sein.

necessitato, -a [...siˈtaːto] *a* genötigt, gezwungen.

necrofila *f v.* **necrofilo.**

necrofilia [nekrofiˈliːa] ‹-ie› *f* Nekrophilie *f.* **necrofilo, -a** [neˈkrɔːfilo] **I.** *a* nekrophil; **II.** *m, f* Nekrophile(r) *mf.* **necroforo** [neˈkrɔːforo] *m* Totengräber *m.* **necrologio** [nekroˈlɔːdʒo] ‹-gi› *m* **1.** Nachruf *m; (annunzio)* Todesanzeige *f;* **2.** *(registro)* Totenbuch *n,* Nekrologium *n.* **necropoli** [neˈkrɔːpoli] ‹-› *f* **1.** Nekropolis *f,* Totenstadt *f;* **2.** *(cimitero)* Friedhof *m.* **necroscopia** [nekroskoˈpiːa] ‹-ie› *f* Leichenschau *f,* Autopsie *f.* **necroscopico, -a** [...ˈkɔːpiko] ‹-ci, -che› *a* Leichen-, Toten-; **esame ~** Leichenschau *f.*

nefandezza [nefanˈdettsa] *f* Ruchlosigkeit *f,* Frevelhaftigkeit *f.* **nefando, -a** [neˈfando] *a* ruchlos, frevelhaft, schändlich.

nefasto, -a [neˈfasto] *a* Unglücks-, unselig, unheilvoll.

nefrosi [neˈfrɔːzi] ‹-› *f* Nephrose *f.*

negare [neˈgaːre] ‹nego, neghi› *tr* **1.** *(contestare)* verneinen, (ab)leugnen, abstreiten; **2.** *(rifiutare)* verweigern, versagen; **3.** *(non riconoscere)* absprechen; **chi tutto nega, tutto confessa** *prov* wer sich verteidigt, klagt sich an *prov.* **negativa** [negaˈtiːva] *f* **1.** *(il negare)* Verneinung *f;* **2.** *(rifiuto)* Verweigerung *f;* **3.** *(risposta negativa)* Absage *f,* Nein *n;* **4.** *fot* Negativ *n;* **mantenersi sulla ~** bei seiner Verneinung bleiben. **negatività** [...tiviˈta] ‹-› *f* Negativität *f.* **negativo, -a** [...ˈtiːvo] *a* **1.** *(non affermativo)* negativ, verneinend; *adm* abschlägig; *(risposta)* ablehnend; **2.** *(sfavorevole)* ungünstig, nachteilig. **negato, -a** [neˈgaːto] *a* **1.** verneint; *(rifiutato)* versagt; **2.** *fig* unbegabt (*a, per* für), untalentiert (*a, per* für). **negatore, -trice** [negaˈtoːre] **I.** *a* verneinend, leugnend; verweigernd; **II.** *m, f* Leugner(in) *m(f),* Verweigerer *m,* Verweigerin *f.* **negazione** [...atˈtsi̯oːne] *f* **1.** *gener.* Verneinung *f; (contestazione)* Leugnung *f;* **2.** *(rifiuto)* Verweigerung *f;* **3.** *(contrario)* Gegenteil *n;* **4.** *gram* Verneinung *f,* Negation *f.*

neghittosità [negittosiˈta] ‹-› *f* Nachlässigkeit *f; (pigrizia)* Trägheit *f.* **neghittoso, -a** [...ˈtoːso] *a* nachlässig, gleichgültig; *(pigro)* träge.

negletto, -a [negˈlɛtto] *a* vernachlässigt.

negli [ˈneʎʎi] *prp* **in** *con articolo gli.*

négligé [negliˈʒe] ‹-› *m* Morgenrock *m,* Hauskleid *n.*

negligente [negliˈdʒɛnte] **I.** *a* **1.** *(trasandato)* nachlässig, schlampig; **2.** *(pigro)* träge, faul; **II.** *mf* nachlässiger Mensch. **negligenza** [...ˈdʒɛntsa] *f* Nachlässigkeit *f; (pigrizia)* Trägheit *f,* Faulheit *f.*

negoziabile [negotˈtsi̯aːbile] *a* **1.** *com* verkäuflich; **2.** *fin (titoli)* handelsfähig; *(cambiali)* übertragbar, begebbar. **negoziale** [...ˈtsi̯aːle] *a* rechtsgeschäftlich. **negoziante** [...ˈtsi̯ante] *mf* Kaufmann *m,* Händler(in) *m(f).*

negoziare [negotˈtsi̯aːre] ‹negozio, negozi› **I.** *tr* **1.** *(contrattare)* verhandeln über, aushandeln; **2.** *fin (titoli)* handeln mit; *(cambiali)* begeben; **II.** *itr* Handel treiben (*in* mit), handeln (*in* mit). **negoziato** [...ˈtsi̯aːto] *m* Verhandlung *f,* Unterhandlung *f;* **-i di pace** Friedensverhandlungen *f pl;* **essere in ~ con qu** mit jdm in Verhandlung stehen; **entrare in ~** Verhandlungen aufnehmen. **negoziatore, -trice** [...tsi̯aˈtoːre] *m, f* Unterhändler(in) *m(f).* **negoziazione** [...tsi̯atˈtsi̯oːne] *f* **1.** *(trattativa)* Verhandlung *f;* **2.** *fin (di titoli, cambiali)* Handel *m.*

negozio [neˈgɔttsi̯o] ‹-i› *m* **1.** *(locale)* Geschäft *n,* Laden *m;* **2.** *(affare)* Geschäft *n,* Handel *m; (fig a.)* Angelegenheit *f,* Sache *f;* **~ giuridico** Rechtsgeschäft *n.*

negra *f v.* **negro.**

negriere, negriero [neˈgri̯ɛːre, ...ro] *m* **1.** *hist* Sklavenhändler *m;* **2.** *fig pej* Sklaventreiber *m.*

negro, -a [ˈneːgro] **I.** *a* schwarz, Neger-; **II.** *m, f* Neger(in) *m(f)*, Schwarze(r) *mf;* **fare il** (*o.* **sgobbare come un)** ~ arbeiten wie ein Pferd. **negroamericano, -a** [negroameri'ka:no] *a* afroamerikanisch.

negromante [negro'mante] *mf* Zauberer *m*, Zauberin *f*, Schwarzkünstler(in) *m(f)*. **negromantico, -a** [...'mantiko] ‹-ci, -che› *a* Zauber-, Schwarzkünstler-. **negromanzia** [...n'tsi:a] ‹-ie› *f* Zauberei *f*, Schwarze Kunst.

nel, nell', nella, nelle, nello, nei [nel, 'nella, ...le, ...lo, 'ne:i] *prp* **in** *con articolo il, l', la, le, lo, i.*

nembo ['nembo] *m* **1.** *meteo* Gewitter-, Sturmwolke *f;* **2.** *fig (grande quantità)* Wolke *f;* ~ **di fiori/di proiettili** Blumenregen *m*/Geschoßhagel *m*. **nembostrato** [-s'tra:to] *m* Regenwolke *f*.

nemico, -a [ne'mi:ko] ‹-ci, -che› **I.** *a* **1.** feindlich, feind; **2.** *fig (avverso)* abgeneigt *(di dat); (riferito a cose)* ungünstig; **II.** *m, f* Feind(in) *m(f)*, Gegner(in) *m(f);* ~ **mortale** Todfeind *m*.

nemmeno [nem'me:no] *adv, con* nicht einmal, auch nicht; ~ **una settimana dopo** noch keine Woche später; ~ **uno** kein einziger; ~ **per idea** (*o.* **per sogno)!** nicht (einmal) im Traum.

nenia ['nɛ:nia] ‹-ie› *f* Trauergesang *m*, Klagelied *n; (cantilena)* Kantilene *f; hist* Totenklage *f*, Nänie *f*.

neo ['nɛ:o] *m* **1.** *anat* Muttermal *n*, Leberfleck *m;* **2.** *(di bellezza)* Schönheitspflästerchen *n*, Schönheitsfleck *m;* **3.** *fig (piccolo difetto)* Schönheitsfehler *m*.

neo- [neo-] *(in parole composte)* Neo-, neo-, Neu-, neu-. **neoclassicismo** [-klassi'tʃizmo] *m* Klassizismus *m*. **neofascismo** [-faʃ'ʃizmo] *m* Neofaschismus *m*. **neofascista** [...'ʃista] **I.** *a* neofaschistisch; **II.** *mf* Neofaschist(in) *m(f)*. **neofita** [ne'ɔ:fita] ‹-i *m*, -e *f*› *mf* **1.** *rel* Neubekehrte(r) *mf*, Neugetaufte(r) *mf;* **2.** *fig* Neuling *m*. **neoformazione** [neoformat'tsio:ne] *f* Neubildung *f*. **neolitico, -a** [-li:tiko] ‹-ci, -che› **I.** *a* neolithisch, jungsteinzeitlich; **II.** *m* Neolithikum *n*, Jungsteinzeit *f*. **neologismo** [-lo'dʒizmo] *m* Neologismus *m*.

neon ['nɛ:on] *m* Neon *n;* **illuminazione al** ~ Neonbeleuchtung *f*.

neonato, -a [neo'na:to] **I.** *a* **1.** *(bambino)* neugeboren; **2.** *fig scherz* frischgebacken; **II.** *m, f* Neugeborene(s) *n*. **neonazismo** [-nat'tsizmo] *m* Neonazismus *m*. **neonazista** [...'tsista] **I.** *a* neonazistisch; **II.** *mf* Neonazist(in) *m (f)*. **neoplatonico, -a** [-pla'tɔ:niko] *a* neuplatonisch. **neopositivismo** [-poziti'vizmo] *m* Neopositivismus *m*. **neorealismo** [-rea'lizmo] *m* **1.** *philos* Neorealismus *m;* **2.** *lit, film* Neoverismus *m*. **neotestamentario, -a** [-testamen'ta:rio] *a* neutestamentlich. **neozelandese** [neoddzelan'de:se] **I.** *a* neuseeländisch; **II.** *m, f* Neuseeländer(in) *m(f)*. **neozoico, -a** [neod'dzɔ:iko] ‹-ci, -che› **I.** *a* neozoisch; **II.** *m* Neozoikum *n*.

nepitella [nepi'tɛlla] *f* Bergmelisse *f*, Bergminze *f*.

nepotismo [nepo'tizmo] *m* Vetternwirtschaft *f*.

neppure [nep'pu:re] *v.* **nemmeno.**

nequizia [ne'kuittsia] ‹-ie› *f* Bosheit *f*, Boshaftigkeit *f*.

nerastro, -a [ne'rastro] *a* schwärzlich. **nerazzurro, -a** [nerad'dzurro] **I.** *a* schwarzblau; **II.** *m Spieler der Fußballmannschaft Inter Mailand.*

nerbata [ner'ba:ta] *f* Peitschenhieb *m*, -schlag *m*. **nerbo** ['nɛrbo] *m* **1.** *(staffile)* Peitsche *f*, Ochsenziemer *m;* **2.** *fig* Kern *m; (forza)* Kraft *f*. **nerboruto, -a** [nerbo'ru:to] *a* sehnig; *(fig a.)* kräftig, stark.

neretto [ne'retto] *m* **1.** *(colore)* schwärzliche Farbe; **2.** *typ* Halbfettdruck *m*, -schrift *f;* **3.** *(articolo)* Artikel *m* in Halbfettdruck; **in** ~ halbfett.

nero, -a ['ne:ro] **I.** *a* **1.** *(colore)* schwarz; **2.** *(fig a.)* dunkel; *(sudicio)* schmutzig; **3.** *fig (doloroso)* traurig, schmerzlich; **4.** *fig (scellerato)* böse, schlecht; **borsa -a** Schwarzmarkt *m;* **cronaca -a** Verbrechens- und Unfallmeldungen *f pl;* **vino** ~ Rotwein *m;* **vedere tutto** ~ (immer) schwarzsehen *fam;* **II.** *m* Schwarz(e) *n*, Schwärze *f;* ~ **fumo** *v.* **nerofumo;** ~ **di seppia** Sepia *f;* ~ **su bianco** schwarz auf weiß. **nerofumo, nero fumo** [nero'fu:mo] *m* Ruß *m*. **nerume** [ne'ru:me] *m* **1.** Schwärze *f*, Schwarz *n;* **2.** *bot* Blattfleckenkrankheit *f*.

nervatura [nerva'tu:ra] *f* **1.** *anat* Nervensystem *n;* **2.** *bot* Blattäderung *f*, Rippen *f pl;* **3.** *arch* Rippe *f;* **4.** *(di stoffa)* Rippen *f pl;* **5.** *(di libri)* Bund *m*, Buchrückenverzierung *f*.

nervino, -a [ner'vi:no] *a* Nerven-; nervenstärkend.

nervo ['nɛrvo] *m* **1.** *anat* Nerv *m;* **2.** *bot* Blattader *f*, Rippe *f;* **3.** *fam (tendine)* Sehne *f;* **4.** *fig* Kraft *f*, Stärke *f;* **avere i -i a fior di pelle** überreizte Nerven haben, ein Nervenbündel sein; **avere i -i a pezzi** mit den Nerven herunter sein; **far venire i -i a qu** jdm auf die Nerven gehen (*o.* fallen) *fam.* **nervosismo** [nervo'sizmo] *m* Nervosität *f,* Reizbarkeit *f.* **nervosità** [...si'ta] ‹-› *f* **1.** Nervosität *f;* **2.** *fig (incisività)* Prägnanz *f.* **nervoso, -a** [...'vo:so] **I.** *a* **1.** *(relativo ai nervi)* Nerven-; **2.** *(eccitabile)* nervös, reizbar; **3.** *(asciutto)* sehnig, nervig; *(figura)* sehnig; **4.** *bot* geädert, gerippt; **5.** *fig (stile, etc.)* markant, prägnant; **II.** *m fam* Nervosität *f;* **mi viene il ~** ich werde nervös; **far venire il ~ a qu** jdm auf die Nerven gehen *fam.*

nesci ['nɛʃʃi] *m tosc:* **fare il ~** sich dumm stellen, den Dummen (*o.* die Dumme) spielen *fam.*

nespola ['nɛspola] *f* **1.** *bot* Mispel *f;* **2.** *fig fam* Schlag *m,* Hieb *m;* **-e!** Donnerwetter! **nespolo** [...lo] *m* Mispelbaum *m.*

nesso ['nɛsso] *m* Zusammenhang *m; ling* Verbindung *f;* **senza ~** zusammenhang(s)los; *(discorso)* unzusammenhängend.

nessuno, -a [nes'su:no] ‹*sing*› **I.** *a* kein; *(in frasi interrogative)* irgendein; **in nessun luogo/caso** nirgends, nirgendwo/in keinem Fall, keinesfalls; **II.** *pron* **1.** *(non uno)* niemand, keine(r, s); **2.** *(qualcuno)* jemand; **nessun altro** kein anderer, niemand anderer; **III.** *m* Niemand *m;* **terra di ~** Niemandsland *n;* **figli di ~** Findelkinder *n pl.*

nettapenne [netta'penne] ‹-› *m* Tintenwischer *m,* Federwischer *m.* **nettapiedi** [...'pi̯ɛ:di] ‹-› *m* Fußmatte *f.*

nettare¹ ['nɛttare] *m* Göttertrank *m,* Nektar *m.*

nettare² [net'ta:re] *tr* reinigen, putzen. **nettezza** [...'tettsa] *f* Sauberkeit *f; (a. fig)* Reinheit *f;* **~ urbana** (*ab* **N.U.**) *(pulizia stradale)* Straßenreinigung *f; (raccolta rifiuti)* Müllabfuhr *f.*

netto, -a ['netto] *a* **1.** *(biancheria)* rein, sauber; **2.** *(risposta, rifiuto)* klar, deutlich; entschieden; **3.** *com* Netto-, Rein-; **stipendio ~** Nettogehalt *n;* **tagliar ~** kurzen Prozeß machen; **al ~** netto. **netturbino** [nettur'bi:no] *m* Straßenkehrer *m.*

neurale [neu'ra:le] *a* neural, Nerven-.

neurite [neu'ri:te] *v.* **nevrite.**

neurochirurgia [neurokirur'dʒi:a] *f* Neurochirurgie *f.* **neurologa** *f v.* **neurologo. neurologia** [-lo'dʒi:a] ‹-gie› *f* Neurologie *f.* **neurologico, -a** [-'lɔ:dʒiko] *a* neurologisch, Nerven-. **neurologo, -a** [neu'rɔ:logo] ‹-gi, -ghe› *m* Neurologe *m,* -login *f.* **neuropatologa** *f v.* **neuropatologo. neuropatologia** [neuropatolo'dʒi:a] *f* Neuropathologie *f.* **neuropatologo, -a** [...'tɔ:logo] *m, f* Neuropathologe *m,* -login *f,* Nervenarzt *m,* -ärztin *f.* **neurotomia** [-to'mi:a] ‹-ie› *f* Neurotomie *f.* **neurotonico, -a** [-'tɔ:niko] **I.** *a* nervenstärkend, -kräftigend; **II.** *m* Nerventonikum *n.* **neurovegetativo, -a** [-vedʒeta'ti:vo] *a* neurovegetativ; **sistema ~** vegetatives Nervensystem.

neutrale [neu'tra:le] **I.** *a* neutral; **II.** *mf* Neutrale(r) *mf.* **neutralismo** [neutra'lizmo] *m* Neutralismus *m.* **neutralista** [...'lista] ‹-i *m,* -e *f*› *mf* Neutralist(in) *m(f).* **neutralità** [...li'ta] ‹-› *f* Neutralität *f.* **neutralizzare** [...lid'dza:re] *tr* **1.** *chem* neutralisieren; **2.** *pol* für neutral erklären; **3.** *fig* unwirksam (*o.* zunichte) machen. **neutralizzazione** [...liddzat'tsi̯o:ne] *f* **1.** *pol, chem* Neutralisation *f;* **2.** *fig* Unwirksammachung *f.*

neutro, -a ['nɛ:utro] **I.** *a* **1.** *chem* neutral; **2.** *el* ungeladen, unelektrisch; **3.** *pol* neutral, parteilos; **4.** *gram* sächlich, neutrum; **II.** *m* **1.** *el* Mittelleiter *m;* **2.** *gram* Neutrum *n,* sächliches Geschlecht. **neutrone** [neu'tro:ne] *m* Neutron *n;* **~ nucleare** Spaltneutron *n.*

nevaio [ne'va:i̯o] ‹-ai› *m* **1.** *(terreno)* Schneefeld *n;* **2.** *(accumulo)* Schneewehe *f.* **nevato, -a** [ne'va:to] **I.** *a* **1.** schneeig; *(alberi, tetti, etc.)* schneebedeckt; *(strada, terra, etc.)* verschneit; **2.** *fig (colore)* schneeweiß; **II.** *m* Firnfeld *n,* Firn *m.*

neve ['ne:ve] *f (a. sl: cocaina)* Schnee *m;* **~ carbonica** Trockeneis *n;* **~ fresca/farinosa** Neu-/Pulverschnee *m;* **palla/fiocco di ~** Schneeball *m*/-flocke *f;* **bianco come la ~** schneeweiß. **nevicare** [nevi'ka:re] *itr* ‹*essere o. avere*› schneien. **nevicata** [...'ka:ta] *f* Schneefall *m,* Schneien *n.* **nevischio** [ne'viski̯o] ‹-schi› *m* Schneegestöber *n.* **nevosità** [nevosi'ta] ‹-› *f* Schneemenge *f.* **nevoso, -a** [ne'vo:so] *a* schneeig; *(terra, monte)* schneebedeckt; *(precipitazione)* Schnee-; *(stagione)* schneereich.

nevralgia [nevral'dʒi:a] ‹-gie› *f* Neuralgie *f.* **nevralgico, -a** [ne'vraldʒiko] ‹-ci, -che› *a* neuralgisch; **punto ~** *fig* wunder (*o.* neuralgischer) Punkt. **nevrastenia** [nevraste'ni:a] ‹-ie› *f* Neurasthenie *f.*

nevrastenico, -a [...'tɛ:niko] ‹-ci, -che› **I.** *a* neurasthenisch; *(fig a.)* nervös; **II.** *m, f* Neurastheniker(in) *m(f); (fig a.)* nervöser Mensch. **nevrite** [ne'vri:te] *f* Nervenentzündung *f,* Neuritis *f.* **nevrosi** [ne'vrɔ:zi] ‹-› *f* Neurose *f.* **nevrotico, -a** [ne'vrɔ:tiko] ‹-ci, -che› **I.** *a* neurotisch; **II.** *m, f* Neurotiker(in) *m(f).*
nevvero [nev've:ro] *adv fam* nicht wahr.
nicchia ['nikkja] ‹-cchie› *f* **1.** *arch* Nische *f; (nella roccia)* (Fels)nische *f;* **2.** *(ripostiglio)* Abstellraum *m.*
nicchiare [nik'kja:re] ‹nicchio, nicchi› *itr* unschlüssig sein, zögern.
nicchio ['nikkjo] ‹-cchi› *m* **1.** *(conchiglia)* Muschel *f,* Muschelschale *f;* **2.** *(lucerna)* Öllampe *f;* **3.** *scherz (cappello)* Birett *n.*
nicciano [nit'tʃa:no] *v.* **nietzschiano.**
nichel ['ni:kel] *m* Nickel *n.* **nichelare** [nike'la:re] *tr* vernickeln. **nichelatura** [...la'tu:ra] *f* Vernick(e)lung *f.* **nichelino** [...'li:no] *m kleine Nickelmünze im Wert von 20 Centesimi.* **nichelio** [ni'kɛ:ljo] *v.* **nichel.**
nichilismo [niki'lizmo] *m* Nihilismus *m.* **nichilista** [...'lista] ‹-i *m,* -e *f*› **I.** *a* nihilistisch; **II.** *mf* Nihilist(in) *m(f).*
Nicola [ni'kɔ:la] *(nome proprio maschile)* Klaus.
Nicoletta [niko'letta] *nome proprio femminile.*
Nicolo [ni'kɔ:lo] *(nome proprio maschile)* Klaus.
nicotina [niko'ti:na] *f* Nikotin *n;* **senza ~** nikotinfrei. **nicotinismo** [...ti'nizmo] *m* Nikotinvergiftung *f.*
nicromo [ni'krɔ:mo] *m* Nickelchromstahl *m.*
nictalope [nik'ta:lope] *a* tagblind. **nictalopia** [...talo'pi:a] ‹-ie› *f* Tagblindheit *f.*
nidiace, nidiaceo [ni'dja:tʃe, -o] **I.** *a* nicht flügge; Nest-; **II.** *m* Nestling *m.*
nidiata [ni'dja:ta] *f* **1.** *zoo* Brut *f;* **2.** *fig scherz* Kinderschar *f.*
nidificare [nidifi'ka:re] ‹nidifico, nidifichi› *itr* nisten, ein Nest bauen.
nido ['ni:do] *m* **1.** *zoo* Nest *n; (di rapaci)* Horst *m;* **2.** *fig (casa)* Heim *n,* Nest *n; (covo)* Versteck *n,* Schlupfwinkel *m;* **~ d'infanzia** Kinderhort *m;* **a ~ d'ape** wabenartig, Waben-.
niellare [niel'la:re] *tr* niellieren. **niello** [ni'ɛllo] *m* **1.** *(arte)* Niellierkunst *f,* Niellierarbeit *f;* **2.** *(materiale, oggetto)* Niello *n.*
niente ['njɛnte] **I.** *pron* **1.** *(nessuna cosa)* nichts; **2.** *(interrogativo)* etwas, nichts; **3.** *(poca cosa)* nichts von Belang, eine Kleinigkeit; **ti serve ~?** brauchst du etwas?; **è una cosa da ~** es ist eine Kleinigkeit; **come (se) ~ fosse** mir nichts, dir nichts *fam,* einfach so; **II.** *m* **1.** *(nessuna cosa)* Nichts *n;* **2.** *(poca cosa)* Kleinigkeit *f,* Nichtigkeit *f;* **III.** *adv* nichts, keineswegs; **non è ~ male** er (*o.* sie *o.* es) ist nicht schlecht; **~ affatto** ganz und gar nicht, durchaus nicht; **nient'altro** nichts anderes; **~ di ~** absolut nichts, ganz und gar nichts; **per ~** *(affatto)* durchaus nicht; *(invano)* vergebens, umsonst; *(gratis)* unentgeltlich, umsonst; **~ paura!** nur keine Angst!
nientedimeno, nientemeno [njentedi'me:no, ...te'me:no] **I.** *adv* sogar; **II.** *interj* Donnerwetter; **III.** *con obs* nichtsdestoweniger, dennoch.
nietzschiano, -a [nit'tʃa:no] **I.** *a* Nietzsche-; **II.** *m, f* Anhänger(in) *m(f)* Nietzsches.
night-club ['naɪtklʌb] *m* Nachtlokal *n,* Nachtbar *f.*
Nilo ['ni:lo] *m* Nil *m.*
nimbo ['nimbo] *m* **1.** Lichtstrahl *m; (splendore)* Glanz *m; (aureola)* Nimbus *m,* Heiligenschein *m.*
ninfa ['ninfa] *f zoo* Nymphe *f.* **ninfale** [...'fa:le] **I.** *a* nymphenhaft; **II.** *m* **1.** *lit* Nymphendichtung *f;* **2.** *mus* Regal *n.* **ninfea** [...'fɛ:a] *f* Seerose *f.* **ninfetta** [...'fetta] *f (a. fig)* Nymphchen *n.* **ninfomane** [...'fɔ:mane] **I.** *a* nymphoman; **II.** *f* Nymphomanin *f.* **ninfomania** [...foma'ni:a] *f* Nymphomanie *f.*
ninnananna [ninna'nanna] ‹ninnenanne› *f* Wiegenlied *n.* **ninnare** [nin'na:re] *tr rar* in den Schlaf wiegen (*o.* singen). **ninnenanne** *pl di* **ninnananna.**
ninnolo ['ninnolo] *m* **1.** *(gingillo)* (Kinder)spielzeug *n;* **2.** *(soprammobile)* Nippesgegenstand *m;* **3.** *fig (cosa di poca importanza)* Kleinigkeit *f,* Bagatelle *f.*
nipote [ni'po:te] *m, f* **1.** *(di zio)* Neffe *m,* Nichte *f;* **2.** *(di nonno)* Enkel(in) *m(f),* Enkelkind *n;* **3.** ‹*pl*› *(discendenti)* Nachkommen *m pl.*
nipplo ['nipplo] *m* Nippel *m.*
nirvana [nir'va:na] *m* Nirwana *n.*

nitidezza [niti'dettsa] *f* **1.** *(nettezza, chiarezza)* Klarheit *f,* Reinheit *f;* **2.** *fot* Schärfe *f.* **nitido, -a** ['ni:tido] *a* **1.** *(netto, chiaro)* klar, rein; **2.** *fot* scharf.
nitrato [ni'tra:to] *m* Nitrat *n.* **nitrazione** [nitrat'tsjo:ne] *f* Nitrierung *f.* **ni-**

trico, -a ['ni:triko] ‹-ci, -che› *a* Salpeter-.
nitrire [ni'tri:re] ‹nitrisco› *itr* wiehern.
nitrito¹ [ni'tri:to] *m zoo* Gewieher *n,* Wiehern *n.*
nitrito² [ni'tri:to] *m chem* Nitrit *n.*
nitro ['ni:tro] *m* Salpeter *m.* **nitrocellulosa** [nitrotʃellu'lo:sa] *f* Nitrozellulose *f,* Zellulosenitrat *n.* **nitroglicerina** [nitroglitʃe'ri:na] *f* Nitroglyzerin *n,* Glyzerintrinitrat *n.* **nitroso, -a** [ni'tro:so] *a* salpet(e)rig. **nitrurazione** [nitrurat'tsi̯o:ne] *f* Nitrierhärtung *f.* **nitruro** [ni'tru:ro] *m* Nitrid *n.*
nitticora [nit'ti:kora] *f* Nachtreiher *m.*
nittitante [nitti'tante] *a:* **membrana ~** Nickhaut *f.*
nivale [ni'va:le] *a* **1.** *poet* schneebedeckt, schneeig; **2.** *geog* Schnee-; **zona ~** Schneegebiet *n.* **niveo, -a** ['ni:veo] *a poet* schneeweiß.
NN *ab di* **nescio nomen** *(di padre ignoto)* Vater unbekannt.
no [nɔ] **I.** *adv* nein; *(in frasi negative a.)* nicht; **parti o ~?** fährst du ab oder nicht?; **lo farai, ~?** du wirst es tun, oder (nicht)?; **pare di ~** es scheint nicht so zu sein; **come ~!** und ob!, natürlich!, und wie!; **perché ~?** warum nicht?; **~ e poi ~** nein, nein und nochmals nein; **dire di ~** nein sagen; **rispondere di ~** nein sagen, mit Nein antworten; **non dico di ~** da sage ich nicht nein; *(ammettere)* das schon, das gebe ich zu; **II.** ‹-› *m* **1.** *(risposta)* Nein *n;* **2.** *(voto)* Nein(stimme *f*) *n.*
N.O. *ab di* **nordovest** NW (*ab di* Nordwest).
nobildonna [nobil'dɔnna] *f* Adlige *f,* Edelfrau *f.*
nobile ['nɔ:bile] **I.** *a* **1.** *(di nobiltà)* ad(e)lig, Adels-; **2.** *fig* nobel, vornehm, edel; *(eccellente)* vortrefflich, erhaben; **3.** *chem* edel, Edel-; **piano ~** Obergeschoß *n,* erster (*o.* zweiter) Stock *m;* **II.** *mf* Adlige(r) *mf;* **i -i** der Adel. **nobiliare** [nobi'li̯a:re] *a* ad(e)lig, Adels-. **nobilitare** [nobili'ta:re] **I.** *tr* adeln; **II.** *rfl:* **-rsi** sich erheben. **nobilitazione** [...tat'tsi̯o:ne] *f* Adelung *f,* Erhebung *f* in den Adelsstand. **nobiltà** [...l'ta] ‹-› *f* Adel *m; (fig a.)* Vornehmheit *f.*
nobiluomo [nobi'lu̯ɔ:mo] ‹nobiluomini› *m* Adlige(r) *m,* Edelmann *m.*

nocca ['nɔkka] ‹-cche› *f* Knöchel *m.*
nocchiere, nocchiero [nok'ki̯ɛ:re, ...ro] *m* **1.** *naut, poet* Steuermann *m;* **2.** *mil* (Ober)bootsmann *m;* **3.** *fig* Führer *m.*
nocchio ['nɔkki̯o] ‹-cchi› *m* Knorren *m.* **nocchiuto, -a** [nok'ki̯u:to] *a* knorrig.
noccio ['nɔttʃo] *1. pers sing pr di* **nuocere.**
nocciola [not'tʃɔ:la] **I.** ‹*inv*› *a* haselnußbraun; **II.** *f* Haselnuß *f;* **III.** *m* Haselnußfarbe *f.* **nocciolaia** [nottʃo'la:i̯a] ‹-aie› *f* Tannenhäher *m.* **nocciolato** [...'la:to] *m* (Hasel)nußschokolade *f.*
nocciolina [...'li:na] *f (~ americana)* Erdnuß *f.*
nocciolo¹ ['nɔttʃolo] *m* **1.** *bot* Kern *m,* Stein *m;* **2.** *fig* Kern *m,* Hauptsache *f;* **essere come due anime in un ~** ein Herz und eine Seele sein.
nocciolo² [not'tʃɔ:lo] *m* Haselnuß(strauch *m*) *f.*
noce¹ ['no:tʃe] *m* **1.** *(albero)* Walnußbaum *m; (legno)* Nußbaum(holz *n*) *m;* **2.** *(colore)* Nußbraun *n.*
noce² ['no:tʃe] *f* **1.** *bot* (Wal)nuß *f;* **2.** *anat* (Fuß)knöchel *m;* **3.** *(misura)* nußgroße Menge; **4.** *gastr (di vitello, etc.)* Nuß *f,* Nüßchen *n;* **~ moscata** Muskatnuß *f;* **avere le -i in bocca** *fig* stottern.
nocella [no'tʃɛlla] *f* **1.** *anat* (Hand)knöchel *m;* **2.** *tec (nel compasso)* Spreizgelenk *n.*
nocepesca [notʃe'pɛska] *f* Nektarine *f.*
noceto [no'tʃe:to] *m* Nußbaumgarten *m,* Nußbaumpflanzung *f.* **nocino** [no'tʃi:no] *m* Nußlikör *n.*
nociuto [no'tʃu:to] *pp di* **nuocere.**
nocività [notʃivi'ta] ‹-› *f* Schädlichkeit *f.* **nocivo, -a** [no'tʃi:vo] *a* schädlich.
nocqui ['nɔkku̯i] *1. pers sing del passato remoto di* **nuocere.**
nocumento [noku'mento] *m poet* Schaden *m;* Schädigung *f;* **essere di ~ a qu** jdm zum Schaden gereichen *geh.*
nodale [no'da:le] *a* **1.** *tec, scient* Knoten-; **2.** *fig* zentral, fundamental, wesentlich.
nodo ['nɔ:do] *m* **1.** *(legamento, intreccio)* Knoten *m;* **2.** *(trama)* Handlung *f; (complicazione)* Verwicklung *f,* Schwierigkeit *f;* **3.** *(vincolo)* Band *n,* Fessel *f; (impedimento)* Hindernis *n;* **4.** *(punto centrale)* Kern *m,* Hauptsache *f;* **5.** *mot, ferr* Knotenpunkt *m;* **6.** *med* Knötchenbildung *f;* **~ del vento** Wirbelwind *m;* **~ linfatico** Lymphknoten *m;* **~ scorsoio** Schlaufe *f;* **avere un ~ alla gola** einen Kloß im Hals haben; **fare il ~ alla cravatta** die Krawatte binden; **~ gordiano** gordischer Knoten; **tutti i -i vengono al pettine** *prov* es ist nichts so fein

gesponnen, es kommt doch ans Licht der Sonnen *prov.* **nodosità** [nodosi'ta] ‹-› *f* **1.** *gener.* Knotigkeit *f;* **2.** *bot* Knorrigkeit *f;* **3.** *med* Knötchenbildung *f.* **nodoso, -a** [no'do:so] *a* knotig. **nodulare** [nodu'la:re] *a* knötchenförmig. **nodulo** ['nɔ:dulo] *m* **1.** *biol, med* Knötchen *n;* **2.** *min* Klümpchen *n.*

noi ['no:i] *pron pers 1. pers pl* **1.** *(soggetto)* wir; **2.** *(oggetto)* uns; *(con preposizione)* uns, unser.

noia ['nɔ:i̯a] ‹-oie› *f* **1.** Lang(e)weile *f; (tedio)* Überdruß *m;* **2.** *(molestia)* Störung *f,* Belästigung *f; (seccatura)* Unannehmlichkeit *f,* Schererei *f.*

noialtri [no'i̯altri] *pron* wir, wir unsererseits.

noioso, -a [no'i̯o:so] **I.** *a* **1.** *(che procura noia)* langweilig; **2.** *(che dà fastidio)* lästig; **II.** *m, f* langweiliger Mensch, Langweiler(in) *m(f) fam.*

noleggiare [noled'dʒa:re] ‹noleggio, noleggi› *tr* **1.** *(dare a nolo)* vermieten, verleihen; **2.** *(prendere a nolo)* mieten; *(navi, aerei)* chartern. **noleggiatore, -trice** [...dʒa'to:re] *m, f* **1.** *(che dà a nolo)* Vermieter(in) *m(f);* **2.** *(che prende a nolo)* Mieter(in) *m(f); (di navi, aerei)* Charterer *m,* Charterin *f.* **noleggio** [no'leddʒo] ‹-ggi› *m* **1.** Miete *f; (di navi, aerei)* Chartern *n;* **2.** *(prezzo)* Mietpreis *m,* Leihgebühr *f; (di navi, aerei)* Charterpreis *m;* **3.** *(impresa)* Verleih *m.*

nolente [no'lɛnte] *a poet* widerwillig; **volente o ~** wohl oder übel, nolens volens *geh.*

nolo ['nɔ:lo] *m* **1.** *(trasporto, carico)* Fracht *f;* **2.** *(prezzo)* Mietpreis *m; (per navi, aerei)* Charterpreis *m;* **dare a ~** vermieten; **prendere a ~** mieten, chartern.

nomade ['nɔ:made] **I.** *a* nomadisch, Nomaden-; **II.** Nomade *m,* Nomadin *f.* **nomadismo** [noma'dizmo] *m* Nomadentum *n.*

nome ['no:me] *m* **1.** Name *m; (prenome)* Vorname *m;* **2.** *(denominazione)* Bezeichnung *f,* Benennung *f;* **3.** *gram* Nomen *n,* Hauptwort *n;* **~ astratto/collettivo** Abstraktum *n*/Kollektivum *n;* **~ composto** Kompositum *n,* zusammengesetztes Hauptwort; **~ comune/proprio** Gattungs-/Eigenname *m;* **~ di battesimo** Vorname *m,* Taufname *m;* **~ depositato** Schutzmarke *f;* **avere ~** einen Namen haben; **godere buon ~** sich eines guten Rufes erfreuen; **a ~ di qu** in jds Namen; **di ~** *(chiamato)* namens; **conoscere qu di ~** jdn dem Namen nach kennen; **senza ~** namenlos; *fig* unerhört, außergewöhnlich. **nomea** [no'mɛ:a] *f* Ruf *m,* Leumund *m.* **nomenclatore** [nomeŋkla'to:re] *m* Namenverzeichnis *n,* Sachregister *n; scient* Nomenklator *m.* **nomenclatura** [...'tu:ra] *f* Nomenklatur *f.* **nomignolo** [no'miɲɲolo] *m* Spitzname *m.* **nomina** ['nɔ:mina] *f* Ernennung *f,* Nominierung *f; (all'università, etc.)* Berufung *f,* Ruf *m.* **nominabile** [nomi'na:bile] *a* nennbar, erwähnbar.

nominale [...'na:le] *a* **1.** *gram* nominal, Nominal-; **2.** *(del nome)* namentlich, Namens-; **3.** *(di nome)* nominell, (nur) dem Namen nach bestehend; **4.** *com* nominell, Nominal-. **nominalismo** [...na'lizmo] *m* Nominalismus *m.* **nominalista** [...na'lista] ‹-i *m,* -e *f*› *mf* Nominalist(in) *m(f).*

nominalistico, -a [...na'listiko] ‹-ci, -che› *a* nominalistisch.

nominare [nomi'na:re] *tr* **1.** *(chiamare)* nennen; *(cose)* (be)nennen; **2.** *(citare)* erwähnen, nennen; **3.** *(eleggere)* wählen; *(professore)* ernennen, berufen; *(commissione)* einsetzen, einberufen; *(avvocato)* bestellen; **~ qu re** jdn zum König ernennen; **mai sentito ~!** nie gehört! **nominatamente** [...nata'mente] *adv* namentlich; *fig* ausdrücklich, besonders. **nominativo, -a** [...na'ti:vo] **I.** *a* namentlich, auf den Namen lautend, Namen(s)-; **II.** *m* **1.** *gram* Nominativ *m,* Werfall *m;* **2.** *adm* Name(n) *m.*

non [non] *adv* **1.** *(con verbi)* nicht; **2.** *(con sostantivi determinati)* kein, nicht; **3.** *(come prefisso)* nicht, Nicht-, un-, Un-, non-, Non-; **4.** *(seguito da un'altra negazione) non si traduce;* **~ fumatori** Nichtraucher *m pl;* **~ violenza** Gewaltlosigkeit *f;* **~ che** *v.* **nonché; ~ appena** sobald; **~ ... niente** nichts; **~ ... mai** nie(mals).

nona[1] ['nɔ:na] *f* **1.** *hist* Gebetsstunde *f* (zur 9. Tagesstunde), None *f;* **2.** *mus* None *f.*

nona[2] *f v.* **nono.**

nonagenario, -a [nonadʒe'na:ri̯o] ‹-i, -ie› **I.** *a* neunzigjährig; **II.** *m, f* Neunzigjährige(r) *m(f).*

nonché, non che [noŋ'ke] *con* **1.** *(e inoltre)* sowie, und auch, außerdem; **2.** *(e tanto meno)* geschweige denn.

nonconformista [noŋkonfor'mista] **I.** *a* nonkonformistisch; **II.** *mf* Nonkonformist(in) *m(f).*

noncurante [noŋku'rante] *a* unbekümmert (*di* um), unbesorgt (*di* um).

noncuranza [...'rantsa] *f* **1.** *(disin-*

voltura) Unbekümmertheit *f,* Sorglosigkeit *f;* **2.** *(inosservanza)* Nichtbeachtung *f.*
nondimeno [nondi'me:no] *con (nonostante)* nichtsdestoweniger; *(tuttavia)* trotzdem, dennoch.
none ['nɔ:ne] *f pl* Nonen *f pl.*
nonetto [no'netto] *m* Nonett *n.*
nonio ['nɔ:nio] ‹-ii› *m* Nonius *m.*
nonna ['nɔnna] *f* Großmutter *f; (fam a. fig)* Oma *f fam.* **nonno** [...no] *m* **1.** Großvater *m; (fam, a. fig)* Opa *m fam;* **2.** ‹*pl*› Großeltern *pl; (antenati)* Vorfahren *m pl.*
nonnulla [non'nulla] ‹-› *m:* **un ~** eine Kleinigkeit, nichts.
nono, -a ['nɔ:no] **I.** *a* neunte(r, s); **II.** *m, f* Neunte(r, s) *mfn;* **III.** *m (frazione)* Neuntel *n,* neunter Teil; *v. a. quinto.*
nonostante [nonos'tante] **I.** *prp* trotz *dat o. gen;* **II.** *con conj* auch wenn, obwohl, obgleich; **ciò ~, pur ~** trotzdem.
nonpertanto, non per tanto [nomper'tanto] *con geh* nichtsdestoweniger, trotzdem.
non plus ultra ['nɔm plus 'ultra] ‹-› *m* Nonplusultra *n.*
nonsenso [non'sɛnso] *m* Nonsens *m,* Unsinn *m.*
non so che [non sɔ k'ke] ‹-› *m:* **un (certo) ~** ein gewisses Etwas.
nontiscordardime, non-ti-scordar-di-me [nontiskordardi'me] ‹-› *m* Vergißmeinnicht *n.*
norcino, -a [nor'tʃi:no] *m, f* **1.** *geog* Einwohner(in) *m(f)* von Norcia; **2.** *med pej* Metzger *m fam;* **3.** *dial* Schweinemetzger *m.*
nord [nɔrd] *m* (*ab* **N**) Nord(en) *m;* **Italia del ~** Norditalien *n,* Oberitalien *n;* **a ~ di ...** nördlich von ...; **verso ~** nordwärts; **Mare del N ~** Nordsee *f;* **Polo N ~** Nordpol *m.*
nord- *(in parole composte)* Nord-, nord-. **nordest** [nɔr'dɛst] *m* (*ab* **N.E.**) Nordost(en) *m;* **di ~** nordöstlich, Nordost-. **nordico, -a** ['nɔrdiko] ‹-ci, -che› **I.** *a* nordisch, Nord-; **II.** *m, f* Nordländer(in) *m(f).* **nordista** [nor'dista] ‹-i *m,* -e *f*› **I.** *a* nordstaatlich, Nordstaaten-; **II.** *mf* Nordstaatler(in) *m(f).* **nordovest** [nor'dɔ:vest] *m* **1.** (*ab* **N.O.**) *geog* Nordwest(en) *m;* **2.** *(cappello)* Südwester *m;* **di ~** nordwestlich, Nordwest-.
Norimberga [norim'bɛrga] *f* Nürnberg *n.*
norma ['nɔrma] *f* **1.** *(regola)* Norm *f,* Richtschnur *f;* **2.** *(uso)* Regel *f;* **3.** *(in statistica)* dichtester (*o.* häufigster) Wert; **-e di circolazione/di navigazione** Verkehrsvorschriften *f pl*/ Schiffahrtsordnung *f;* **-e per l'uso** Gebrauchsanweisung *f;* **a ~ di** laut *dat o. gen,* gemäß *dat o. gen,* nach *dat;* **come di ~** wie üblich; **per tua ~ e regola** laß dir das gesagt sein! **normale** [nor'ma:le] **I.** *a* **1.** *(conforme alla norma)* normal, üblich; **2.** *(regolare)* regelmäßig; **II.** *f* Normale *f,* Senkrechte *f.* **normalità** [normali'ta] ‹-› *f* Normalität *f;* **rientrare nella ~** sich wieder normalisieren. **normalizzare** [...lid'dza:re] **I.** *tr* **1.** *(rendere normale)* normalisieren, normal gestalten; **2.** *(standardizzare)* normieren, vereinheitlichen; **II.** *rfl:* **-rsi** sich normalisieren. **normalizzazione** [...liddzat'tsio:ne] *f* **1.** *(atto del normalizzare)* Normalisierung *f;* **2.** *(standardizzazione)* Normierung *f,* Vereinheitlichung *f.* **normalmente** [...l'mente] *adv* normalerweise, gewöhnlich; *(conforme alla norma)* vorschriftsmäßig.
normanno, -a [nor'manno] **I.** *a* **1.** *geog* aus der Normandie; **2.** *hist* normannisch; **II.** *m, f* **1.** *geog* Einwohner(in) *m(f)* der Normandie; **2.** *hist* Normanne *m,* Normannin *f.*
normativo, -a [norma'ti:vo] *a* normativ, maßgebend.
normografo [nor'mɔ:grafo] *m* Schablone *f.*
norvegese [norve'dʒe:se] **I.** *a* norwegisch; **II.** *mf* Norweger(in) *m(f).* **Norvegia** [...'vɛ:dʒa] *f* Norwegen *n.*
nossignora [nossiɲ'ɲo:ra] *interj* nein, meine Dame; *iron* aber nein! **nossignore** [...re] *interj* nein, mein Herr; *iron* aber nein.
nostalgia [nostal'dʒi:a] ‹-gie› *f* Nostalgie *f; (rimpianto)* Sehnsucht *f* (*di* nach); *(della patria)* Heimweh *n* (*di* nach). **nostalgico, -a** [...'taldʒiko] ‹-ci, -che› **I.** *a* sehnsüchtig, sehnsuchtsvoll; *(della patria)* heimwehkrank; **II.** *m, f* Reaktionär(in) *m (f).*
nostrano, -a [nos'tra:no] *a* einheimisch, hiesig. **nostro, -a** ['nɔstro] **I.** *a* (*ab* **ns.**) unser; **la -a speranza** unsere Hoffnung; **~ padre/zio** unser Vater/Onkel; **un ~ amico** ein Freund von uns; **II.** *pron:* **il ~, la -a** unsere(r, s); **III.** *m:* **il ~** das Unsere, das Unsrige; **i -i** die Unsrigen *m pl geh.*
nostromo [nos'trɔ:mo] *m* Bootsmann *m,* Bootsmaat *m.*
nota ['nɔ:ta] *f* **1.** *(contrassegno)* (Kenn)zeichen *n,* Merkmal *n;* **2.** *(appunto)* Anmerkung *f,* Notiz *f;* **3.** *(osservazione)* Bemerkung *f;* **4.** *(com-*

mento) Erläuterung *f;* **5.** *(elenco)* Aufstellung *f,* Verzeichnis *n;* **6.** *(conto)* Rechnung *f;* **7.** *(comunicazione)* Mitteilung *f,* Schreiben *n;* **8.** *mus* Note *f;* **9.** *fig (impronta)* Eigenart *f,* Note *f;* ~ **di accredito** Gutschrift *f;* ~ **di biasimo** Disziplinarmaßnahme *f;* ~ **introduttiva** Einleitung *f;* ~ **marginale** Randbemerkung *f;* ~ **di consegna** Ablieferungsschein *m;* **dire a chiare -e** klar und deutlich sagen; **prendere ~ di qc** *(osservare)* von etw. Kenntnis nehmen; *(scrivere)* etw. notieren; **trovare la giusta** ~ den richtigen Ton treffen; **degno di** ~ bemerkenswert. **nota bene** ['nɔ:ta 'bɛ:ne] ‹-› *m* (*ab* **N.B.**) Notabene *n,* Anmerkung *f.* **notabile** [no'ta:bile] **I.** *a* bemerkenswert, beachtlich; *(persona)* angesehen, bedeutend; **II.** *m pl* Honoratioren *pl,* Prominenz *f.* **notabilità** [notabili'ta] ‹-› *f* **1.** *(qualità)* Angesehensein *n;* **2.** ‹*pl*› *(persone)* Honoratioren *pl,* Prominenz *f.*

notaio [no'ta:i̯o] ‹-ai› *m* Notar *m.*

notare [no'ta:re] *tr* **1.** *(prender nota)* aufzeichnen, aufschreiben, vermerken; **2.** *(contrassegnare)* kennzeichnen; **3.** *(rilevare)* bemerken, hervorheben; **4.** *(considerare)* beachten, in Betracht ziehen; **far ~ a qu qc** jdn auf etw. aufmerksam machen; **farsi** ~ sich bemerkbar machen.

notaresco, -a [nota'resko] ‹-schi, -sche› *a pej* Notar(s)-, eines Notars. **notariato** [...'ri̯a:to] *m* Notariat *n.* **notarile** [...'ri:le] *a* notariell, Notar(s)-, Notariat(s)-. **notaro** [no'ta:ro] *v.* **notaio.**

notazione [notat'tsi̯o:ne] *f* **1.** *gener.* Kennzeichnung *f,* Anmerkung *f;* **2.** *mus* Notenschrift *f,* Notation *f;* **3.** *fig (osservazione)* Beobachtung *f,* Bemerkung *f.*

notes ['nɔ:tes] ‹-› *m* Notizblock *m.*

notevole [no'te:vole] *a* beträchtlich, beachtlich, bemerkenswert.

notifica [no'ti:fika] ‹-che› *f* **1.** *adm* Mitteilung *f,* Bekanntmachung *f;* **2.** *jur* Zustellung *f.* **notificare** [notifi'ka:re] ‹notifico, notifichi› *tr* **1.** *adm* bekanntgeben, mitteilen; *jur (sentenza)* zustellen; **2.** *(dichiarare)* anmelden, anzeigen. **notificazione** [...kat'tsi̯o:ne] *v.* **notifica.**

notizia [no'tittsi̯a] ‹-ie› *f* **1.** *(comunicato, novità)* Nachricht *f,* Meldung *f;* **2.** *(informazione)* Auskunft *f,* Information *f;* **avere ~ di qc** von etw. Kenntnis haben; **dare ~ di qc** etw. melden; **giunge ~ che ...** es wird gemeldet, daß ...; **-ie** Nachrichten *f pl;* **-ie infondate** Falschmeldungen *f pl.* **notiziario** [...'tsi̯a:ri̯o] ‹-i› *m TV, radio* Nachrichten *f pl,* Nachrichtensendung *f;* *(nel giornale)* Nachrichtenblatt *n,* Nachrichtendienst *m.*

noto, -a ['nɔ:to] *a* bekannt; *(famoso)* berühmt; *pej* berüchtigt; **ben** ~ wohlbekannt. **notoriamente** [notari̯a'mente] *adv* bekanntlich, bekanntermaßen. **notorietà** [...i̯e'ta] ‹-› *f* Bekanntheit *f;* *(fama)* Berühmtheit *f;* *jur* Offenkundigkeit *f;* *adm* Aktenkundigkeit *f.* **notorio, -a** [no'tɔ:ri̯o] ‹-i, -ie› *a* (allgemein) bekannt; *jur* offenkundig; *adm* aktenkundig; **atto** ~ Zeugenurkunde *f.*

nottambula *f v.* **nottambulo.**

nottambulismo [nottambu'lizmo] *m* Nachtschwärmerei *f.* **nottambulo, -a** [...'tambulo] **I.** *a* **1.** nachtschwärmerisch; **2.** *obs (sonnambulo)* schlafwandlerisch; **II.** *m, f* **1.** Nachtschwärmer(in) *m(f);* **2.** *obs (sonnambulo)* Schlafwandler(in) *m(f).*

nottante [not'tante] *mf* Nachtschwester *f,* Krankenpfleger *m* im Nachtdienst. **nottata** [...'ta:ta] *f* Nacht *f;* **far** ~ die ganze Nacht durchmachen.

notte ['nɔtte] *f* Nacht *f;* **nella ~ dei tempi** in grauer Vorzeit; **nel cuore della** ~ mitten in der Nacht; **essere peggio che andar di** ~ die schlimmste Strafe sein; **far di ~ giorno** die Nacht zum Tag machen; ~ **bianca** (*o.* **in bianco**) schlaflose Nacht; **di** ~ nachts, bei Nacht; **di prima** ~ in den ersten Nachtstunden. **nottetempo** [notte'tɛmpo] *adv* nachts, bei Nacht.

nottola[1] ['nɔttola] *f zoo* **1.** *(pipistrello)* Abendsegler *m;* **2.** *rar* Eule *f,* Kauz *m.*

nottola[2] ['nɔttola] *f (sbarretta)* Riegel *m.* **nottolino** [notto'li:no] *m* **1.** *(saliscendi)* (Tür)klinke *f;* **2.** *(di arresto)* Sperrklinke *f,* Sperrzahn *m.*

nottolone [notto'lo:ne] *m* Ziegenmelker *m.*

notturno, -a [not'turno] **I.** *a* nächtlich; Nacht-; **II.** *m* **1.** *(in liturgia)* (Nacht)mette *f;* **2.** *(in pittura)* Nachtszene *f,* Nachtbild *n;* **3.** *fot, film* Nachtaufnahme *f;* **4.** *mus* Nocturne *n o. f.*

novanta [no'vanta] **I.** *a numerale* neunzig; **II.** ‹-› *m* Neunzig *f;* **la paura fa** ~ Angst macht Beine; **te l'ho detto ~ volte** *fig* ich habe es dir schon hundertmal gesagt; **pezzo da** ~ Mafiaboß *m;* *fig* Respektsperson *f;* *v. a. cinquanta.* **novantenne** [...'tɛnne] **I.** *a* neunzigjährig; **II.** *mf* Neunzigjährige(r) *mf.* **novantennio** [...'tɛnni̯o] ‹-i› *m* Zeitraum *m* von neunzig Jahren, neunzig Jahre. **novantesimo, -a** [...ˈtɛ:zimo] **I.** *a* neunzigste(r, s); **II.** *m, f* Neunzigste(r, s) *mfn;* **III.** *m (frazione)* Neunzigstel *n;* neunzigster Teil; *v. a. quinto.* **novantina** [...ˈti:na] *f:* **una ~ (di ...)** (etwa) neunzig (...); **essere sulla ~** an (*o.* um) die Neunzig sein.

novatore, -trice [novaˈto:re] **I.** *m, f* Neuerer *m,* Neuerin *f;* **II.** *a* innovatorisch. **novazione** [novatˈtsi̯o:ne] *f* Novation *f,* Schuldenumschreibung *f.*

nove [ˈnɔ:ve] **I.** *a numerale* neun; **II.** ‹-› *m* **1.** *(numero)* Neun *f;* **2.** *(nelle date)* Neunte(r) *m;* **3.** *(voto scolastico)* ≃ Sehr Gut *n,* Eins *f;* **III.** *f pl* neun Uhr; *v. a. cinque.* **novecentesco, -a** [novetʃenˈtesko] ‹-schi, -sche› *a* das zwanzigste Jahrhundert betreffend. **novecentista** [...ˈtista] ‹-i *m,* -e *f*› *mf* Künstler(in) *m(f)* des Novecento. **novecento** [...ˈtʃɛnto] **I.** *a numerale* neunhundert; **II.** ‹-› *m* Neunhundert *f;* **il N ~** das zwanzigste Jahrhundert; *(nell'arte italiana)* das Novecento.

novella [noˈvɛlla] *f* **1.** *lit* Novelle *f;* **2.** *poet* Nachricht *f,* Kunde *f;* **la buona ~** die Frohe Botschaft.

novellame [novelˈla:me] *m (pesci)* junge Fische *m pl; gener.* junge Tiere *n pl.*

novellare [novelˈla:re] *itr* Novellen erzählen. **novellatore, -trice** [...laˈto:re] *m, f* (Novellen)erzähler(in) *m(f).*

novellino, -a [novelˈli:no] **I.** *a* jung, neu; *(persone a.)* frischgebacken; **II.** *m, f* Neuling *m.*

novellista [novelˈlista] ‹-i *m,* -e *f*› *mf rar* Novellenschreiber(in) *m(f),* Novellist(in) *m(f).* **novellistica** [...ˈlistika] *f* Novellistik *f,* Novellendichtung *f.*

novello, -a [noˈvɛllo] **I.** *a* neu, frisch; **un ~ Michelangelo** ein zweiter Michelangelo; **-i sposi** Jungvermählte *pl;* **II.** *m* Trieb *m,* Schößling *m.*

novembre [noˈvɛmbre] *m* November *m; v. a. settembre.* **novembrino, -a** [novemˈbri:no] *a* November-, novemberhaft.

novemila [noveˈmi:la] **I.** *a numerale* neuntausend; **II.** ‹-› *m* Neuntausend *f.* **novena** [noˈvɛ:na] *f* Novene *f.* **novenario** [noveˈna:ri̯o] ‹-i› *m* Neunsilb(l)er *m.* **novennale** [novenˈna:le] *a* **1.** *(che dura 9 anni)* neunjährig; **2.** *(ricorrente ogni 9 anni)* neunjährlich, Neunjahr(es)-. **novenne** [noˈvɛnne] *a* **I.** *a* neunjährig; **II.** *mf* Neunjährige(r) *mf.* **novennio** [noˈvɛnni̯o] ‹-i› *m* Zeitraum *m* von neun Jahren, neun Jahre.

novilunio [noviˈlu:ni̯o] ‹-i› *m* Neumond *m.*

novissimo [noˈvissimo] *superlativo di* **nuovo.**

novità [noviˈta] ‹-› *f* **1.** *(qualità)* Neuheit *f,* Neuartigkeit *f; (cosa)* Neuheit *f;* **2.** *(notizia)* Neuigkeit *f,* Nachricht *f;* **3.** *(innovazione)* Neuerung *f,* Neuschöpfung *f;* **~ editoriale** (*o.* **libraria)** Neuerscheinung *f;* **nessuna ~** nichts Neues.

novizia *f v.* **novizio.**

noviziato [novitˈtsi̯a:to] *m* **1.** *rel (stato, periodo)* Noviziat *n; (luogo)* Novizeninternat *n;* **2.** *(tirocinio)* Einarbeitungszeit *f.* **novizio, -a** [noˈvittsi̯o] ‹-i, -ie› *m, f* **1.** *rel* Novize *m,* Novizin *f;* **2.** *fig (inesperto)* Anfänger(in) *m(f),* Neuling *m.*

nozione [notˈtsi̯o:ne] *f* **1.** *(conoscenza)* Kenntnis *f;* **2.** *(concetto)* Begriff *m;* **prime -i** Grundlagen *f pl* (eines Wissensgebietes). **nozionismo** [nottsi̯oˈnizmo] *m* oberflächliches Wissen. **nozionistico, -a** [...ˈnistiko] ‹-ci, -che› *a* oberflächlich.

nozze [ˈnɔttse] *f pl* Hochzeit *f;* **~ d'argento/di diamante/d'oro** silberne/diamantene/goldene Hochzeit; **andare a ~** *fig* sich freuen wie ein Schneekönig; **celebrare le ~** Hochzeit feiern; **far le ~ con i fichi secchi** (*o.* **coi funghi)** am unrechten Ort sparen; **invitare a ~ qu** *fig* jdm einen Gefallen tun.

ns. *ab di* **nostro** unser.

N.T. *ab di* **Nuovo Testamento** N.T. (*ab di* Neues Testament).

N.U. *f* **1.** ‹*pl*› *ab di* **Nazioni Unite** UN *f pl* (*ab di* United Nations); **2.** ‹-› *ab di* **Nettezza Urbana** Städtische Müllabfuhr.

nuance [nɥã:s] ‹-› *f* Nuance *f,* Abstufung *f.*

nube [ˈnu:be] *f* **1.** *scient, poet* Wolke *f;* **2.** *fig* Nebel *m,* Schleier *m,* Schatten *m.* **nubifragio** [nubiˈfra:dʒo] ‹-gi› *m* Wolkenbruch *m.*

nubile [ˈnu:bile] **I.** *a* ledig, unverheiratet; **II.** *f* Ledige *f,* ledige Frau, Junggesellin *f.*

nuca [ˈnu:ka] ‹-che› *f* Nacken *m,* Genick *n.*

nucleare [nukleˈa:re] *a* nuklear, Kern-, Nuklear-, Atom-; **armi -i** Atomwaffen *f pl;* **energia/reazione/esperimento ~** Kernenergie *f*/Kernreaktion *f*/Atomwaffenversuch *m.*

nucleico, -a [nuˈklɛ:iko] ‹-ci, -che› *a:* **acido ~** Nukleinsäure *f.* **nucleina**

[nukle'i:na] *f* Nuklein *n.* **nucleinico** [...'i:niko] *v.* **nucleico. nucleo** ['nu:kleo] *m* **1.** *scient* Kern *m;* **2.** *fig (reparto)* Gruppe *f;* **3.** *mil* Truppe *f;* **4.** *pol* Zelle *f.* **nuclide** [nu'kli:de] *m* Nuklid *n.*

nudismo [nu'dizmo] *m* Nudismus *m,* Freikörperkultur *f.* **nudista** [nu'dista] ‹-i *m,* -e *f*› *mf* Nudist(in) *m(f).*

nudità [...i'ta] ‹-› *f* **1.** *(di persone)* Nacktheit *f,* Blöße *f;* **2.** *(di terreno)* Kahlheit *f;* **3.** ‹*pl*› *(pudende)* Schamteile *n pl,* Geschlechtsteile *n pl.*

nudo, -a ['nu:do] **I.** *a* nackt, bloß; *(terreno)* kahl; **~ crudo** nackt, bloß; **~ da capo a piedi** (*o.* **come un verme**) splitter(faser)nackt; **a testa -a** mit bloßem Haupt; **a occhio ~** mit bloßem Auge; **II.** *m* Akt *m.*

nulla ['nulla] **I.** ‹*inv*› *pron* nichts (von Belang); *(interrogativo a.)* etwas; **una cosa da ~** Kleinigkeit *f,* Nichtigkeit *f;* **~ osta** *v.* **nullaosta; II.** *adv:* **non . . . ~** nicht im geringsten, durchaus nicht, ganz und gar nicht; **non fa ~** es macht nichts; **III.** *m* Nichts *n,* Kleinigkeit *f.* **nulladimeno** [-di'me:no] *v.* **nondimeno. nullaggine** [nul'ladʒine] *f* Nichtswürdige(s) *n.* **nullaosta, nulla osta** [nulla'ɔsta] ‹-› *m* (amtliche) Genehmigung *f,* Erlaubnis *f.* **nullatenente** [nullate'nɛnte] **I.** *a adm* mittellos, unbemittelt; *jur* besitzlos; **II.** *mf adm* Mittellose(r) *mf; jur* Besitzlose(r) *mf.* **nullatenenza** [...'nɛntsa] *f adm* Mittellosigkeit *f; jur* Besitzlosigkeit *f.* **nullità** [nulli'ta] ‹-› *f* **1.** *(qualità)* Nichtigkeit *f;* **2.** *adm* Ungültigkeit *f;* **3.** *(persona)* Null *f fam.* **nullo, -a** ['nullo] *a* **1.** nichtig; *(non valido)* ungültig; **2.** *sport* unentschieden.

nume ['nu:me] *m* Gottheit *f,* Numen *n;* **~ tutelare** *fig* Beschützer *m,* Schutzherr *m.*

numerabile [nume'ra:bile] *a* numerierbar, zählbar. **numerale** [...'ra:le] **I.** *a* Zahlen-; **II.** *m* Zahlwort *n.*

numerare [nume'ra:re] *tr* **1.** *(segnare con un numero)* numerieren; **2.** *rar (contare)* (auf)zählen. **numerario** [...'ra:ri̯o] ‹-i› *m* Kassenbestand *m,* Bargeld *n.* **numeratore** [...ra'to:re] *m* **1.** *mat* Zähler *m;* **2.** *tec* Numerator *m,* Numerierwerk *n.* **numerazione** [...rat'tsi̯o:ne] *f* Numerierung *f.* **numerico, -a** [nu'mɛ:riko] ‹-ci, -che› *a* zahlenmäßig, Zahlen-; *mat,inform* numerisch.

numero ['nu:mero] *m* (*ab* **n**) **1.** *mat* Zahl *f,* Ziffer *f; (civico, telefonico)* Nummer *f;* **2.** *(quantità)* (An)zahl *f,* Menge *f;* **3.** *(di mezzi pubblici)* Linie *f;* **4.** *(esemplare di giornale)* Nummer *f,* Exemplar *n;* **5.** *(di spettacolo)* Nummer *f;* **6.** *(taglia, misura)* Größe *f;* **7.** *gram* Numerus *m,* Zahl *f;* **~ d'ordine** laufende Nummer, Ordnungsnummer *f; adm* Aktenzeichen *n;* **~ progressivo** fortlaufende Nummer; **~ di posizione** Stell(ungs)nummer *f,* Katalognummer *f,* Signatur *f;* **~ di casa/targa** Haus-/Autonummer *f;* **~ di codice** Postleitzahl *f;* **avere dei -i** *fig* Fähigkeiten (*o.* Möglichkeiten) haben; **dare i -i** *fam* unverständliches Zeug reden, sich seltsam benehmen; **essere in ~ di quattro** zu vier(t) sein; **essere nel ~ dei più** *scherz* nicht mehr am Leben sein; **chiamare un ~** eine Nummer wählen; **sbagliare ~** sich verwählen, eine falsche Nummer wählen; **un buon ~ di persone** eine stattliche Anzahl von Personen; **in gran ~** zahlreich, zahllos; **~ cento** Toilette *f,* Null-Null; **~ chiuso** Numerus clausus *m;* **~ frazionario** Bruch *m,* Bruchzahl *f;* **~ unico** Sonderausgabe *f.* **numerosità** [numerosi'ta] ‹-› *f* große Anzahl, Vielzahl *f.* **numeroso, -a** [...'ro:so] *a* zahlreich; *(famiglia, etc.)* groß; **una famiglia -a** eine große (*o.* kinderreiche) Familie.

numismatica [numiz'ma:tika] ‹-che› *f* Numismatik *f,* Münzkunde *f.* **numismatico, -a** [...ko] ‹-ci, -che› **I.** *a* numismatisch, Münzen-; **II.** *m, f* Numismatiker(in) *m(f),* Münzenkenner(in) *m(f),* Münzensammler(in) *m(f).*

nunzio ['nuntsi̯o] ‹-i› *m* **1.** *(apostolico)* (Apostolischer) Nuntius *m;* **2.** *poet (messaggero)* Bote *m,* Gesandte(r) *m; (annunciatore)* Verkünder *m;* **3.** *poet (notizia)* Botschaft *f,* Kunde *f.*

nuocere ['nu̯ɔ:tʃere] ‹noccio, *o.* nuoccio, nuoci, nocqui, nociuto› *itr* schaden, Schaden zufügen, schädlich sein (*a* für).

nuora ['nu̯ɔ:ra] *f* Schwiegertochter *f.*

nuotare [nu̯o'ta:re] *itr* schwimmen; *(oggetti a.)* treiben; **~ nell'abbondanza** im Überfluß leben; **~ a farfalla/a rana** im Schmetterlingsstil schwimmen/brustschwimmen. **nuotata** [...'ta:ta] *f* Schwimmen *n; (stile)* Schwimmstil *m.* **nuotatore, -trice** [...ta'to:re] *m, f* Schwimmer(in) *m(f).* **nuoto** ['nu̯ɔ:to] *m* Schwimmen *n,* Schwimmsport *m;* **buttarsi a ~** ins Wasser tauchen; **a ~** schwimmend; **traversare a ~ un fiume** durch einen Fluß schwimmen.

nuova ['nuɔ:va] *f* Neuigkeit *f*, Nachricht *f*; **nulla ~, buona ~** keine Nachricht, gute Nachricht.

Nuova York ['nuɔ:va 'jɔrk] *f* New York *n*.

Nuova Zelanda ['nuɔ:va ddze'landa] *f* Neuseeland *n*.

nuovo, -a ['nuɔ:vo] **I.** ‹più nuovo, novissimo› *a* neu; **~ fiammante** (*o.* **di zecca**) (funkel)nagelneu; **uomo ~** Emporkömmling *m*; **questa è proprio -a!** das ist wirklich unerhört!; **di ~** von neuem, nochmals; **II.** *m* Neue(s) *n*, Neuigkeit *f*; **che c'è di ~?** was gibt es Neues?

nurse [nə:s] ‹-› *f* Kinderfräulein *n*.

nutria ['nu:tria] *f* Biberratte *f*.

nutrice [nu'tri:tʃe] *f* Ernährerin *f*; *(balia)* Amme *f*, Nährmutter *f*. **nutriente** [nutri'ɛnte] *a* *(sostanzioso)* nährend, nahrhaft; *(che nutrisce)* Nahrungs-, Nähr-. **nutrimento** [...i'mento] *m* Nahrung *f*.

nutrire [nu'tri:re] ‹nutro *o.* nutrisco› **I.** *tr* **1.** *(alimentare)* nähren, ernähren; **2.** *fig* *(mente)* fördern, pflegen; *(fiducia, odio)* hegen; **II.** *rfl*: **-rsi** sich ernähren, essen. **nutritivo, -a** [nutri'ti:vo] *a* *(cibo)* Nähr-, Nahrungs-; *(sostanzioso)* nahrhaft. **nutrito, -a** [nu'tri:to] *a* **1.** ernährt, genährt; **2.** *(fitto)* lebhaft, stürmisch; *(ampio)* ausgiebig; **ben ~** wohlernährt; **mal ~** unterernährt. **nutritore** [nutri'to:re] *m* Futterkrippe *f*. **nutrizione** [...it'tsio:ne] *f* **1.** *(atto del nutrire)* Ernährung *f*; **2.** *(cibo)* Nahrung *f*, Essen *n*.

nuvola ['nu:vola] *f* Wolke *f*; **avere la testa tra le -e** *fam* in den Wolken schweben; **cadere** (*o.* **cascare**) **dalle -e** *fam* aus allen Wolken fallen; **vivere nelle -e** *fam* im Wolkenkuckucksheim leben. **nuvolaglia** [nuvo'laʎʎa] ‹-glie› *f* Gewölk *n*. **nuvolo** ['nu:volo] **I.** *a dial, poet* wolkig, bewölkt; **II.** *m* **1.** *meteo* Bewölkung *f*; *dial, poet* Wolke *f*; **2.** *fig* *(moltitudine)* Masse *f*, Haufen *m*; *(di zanzare, etc.)* Schwarm *m*. **nuvolone** [nuvo'lo:ne] *m* große Wolke. **nuvolosità** [...losi'ta] ‹-› *f* Bewölkung *f*. **nuvoloso, -a** [...'lo:so] *a* wolkig, bewölkt; bedeckt.

nuziale [nut'tsia:le] *a* ehelich, Ehe-; *(festa, etc.)* Hochzeits-; **anello ~** Trauring *m*. **nuzialità** [...iali'ta] ‹-› *f* Eheschließungsziffer *f*; **premio di ~** Heiratsprämie *f*.

nylon® ['naılən] ‹-› *m* Nylon *n*.

O

O, o [ɔ] ‹-› *f* O, o *n;* ~ **come Otranto** O wie Otto.

o¹ [o] ‹*davanti a vocale spesso* od› *con* **1.** *(oppure)* oder; **2.** *(ossia, vale a dire)* oder auch, das heißt; ~ **...** ~ entweder ... oder.

o² [o] *interj* o, oh, ach.

O. *ab di* **ovest** W (*ab di* West).

oasi ['ɔ:azi] ‹-› *f* Oase *f.*

obbediente [obbe'di̯ɛnte] *etc. v.* **ubbidiente** *etc.*

obbligare [obbli'ga:re] ‹obbligo, obblighi› **I.** *tr* **1.** *(costringere)* zwingen; **2.** *jur (vincolare)* verpflichten; **3.** *(per riconoscenza)* (zu Dank) verpflichten; ~ **a letto** ans Bett fesseln; **II.** *rfl:* **-rsi 1.** *(per riconoscenza)* sich verpflichtet fühlen; **2.** *jur (vincolarsi)* bürgen, haften; **3.** *(impegnarsi)* sich verpflichten. **obbligato, -a** [...'ga:to] **I.** *a* **1.** *(costretto)* gezwungen; **2.** *jur (vincolato)* verpflichtet; **3.** *(per riconoscenza)* (zu Dank) verpflichtet; **4.** *(non variabile, inevitabile)* obligatorisch; **II.** *m, f jur* Schuldner(in) *m(f).* **obbligatorio, -a** [...ga'tɔ:ri̯o] ‹-i, -ie› *a* vorgeschrieben, obligatorisch, verbindlich; *(materia)* Pflicht-; *jur* rechtsgültig, -verbindlich; **rapporto** ~ *jur* Schuldverhältnis *n.* **obbligazione** [...gat'tsi̯o:ne] *f* **1.** *(obbligo)* Verpflichtung *f;* **2.** *(impegno, debito)* Verbindlichkeit *f;* **3.** *fin* Obligation *f,* Wertpapier *n;* **4.** *jur* Schuldverschreibung *f;* ~ **bancaria** (Hypotheken)pfandbrief *m; (del comune)* Kommunalobligation *f;* **-i dello Stato** Staatsanleihen *f pl.* **obbligo** ['ɔbbligo] ‹-ghi› *m* Pflicht *f;* **essere in** ~ **di** ... *inf* die Pflicht haben zu ... *inf;* **d'**~ vorgeschrieben, obligatorisch, Pflicht-; **è d'**~ **l'abito da sera** Abendkleidung ist vorgeschrieben.

obb.mo *ab di* **obbligatissimo** sehr ergebener ...

obbrobrio [ob'brɔ:bri̯o] ‹-i› *m* Schande *f.* **obbrobrioso, -a** [obbro'bri̯o:so] *a* schändlich; *(molto brutto)* scheußlich.

obelisco [obe'lisko] ‹-schi› *m* Obelisk *m.*

oberato, -a [obe'ra:to] *a* **1.** *(di debiti)* überschuldet, übermäßig belastet; **2.** *fig (sovraccarico)* überladen, überhäuft.

obesa *f v.* **obeso.**

obesità [obezi'ta] ‹-› *f* Fettsucht *f.* **obeso, -a** [o'bɛ:zo] **I.** *a* fettleibig; **II.** *m, f* fettleibige Person.

obice ['ɔ:bitʃe] *m* Haubitze *f.*

obiettare [obi̯et'ta:re] *tr* einwenden (*su, da* gegen), entgegenhalten.

obiettività [obi̯ettivi'ta] ‹-› *f* Objektivität *f.* **obiettivo, -a** [...'ti:vo] **I.** *a* objektiv; *(giudizio a.)* sachlich; *(arbitro a.)* unvoreingenommen; **II.** *m* **1.** *fot, phys* Objektiv *n;* **2.** *mil (bersaglio)* Ziel(gebiet) *n,* Ziel(punkt *m) n;* **3.** *(scopo)* Ziel *n,* Zweck *m.*

obiettore, -trice [obi̯et'to:re] *m, f* Widerspruch Einlegende(r) *mf;* ~ **di coscienza** Kriegsdienstverweigerer *m* (aus Gewissensgründen), Wehrdienstverweigerer *m.* **obiezione** [...t'tsi̯o:ne] *f* Einwand *m,* Gegenargument *n;* ~ **di coscienza** Kriegsdienstverweigerung *f* (aus Gewissensgründen), Wehrdienstverweigerung *f.*

obitorio [obi'tɔ:ri̯o] ‹-i› *m* Leichenschauhaus *n.*

oblazione [oblat'tsi̯o:ne] *f* **1.** *(offerta)* Spende *f;* **2.** *jur Strafabwendung durch Geldzahlung.*

obliare [obli'a:re] ‹oblio, oblii› *poet* **I.** *tr* vergessen, aus dem Gedächtnis verlieren; **II.** *rfl:* **-rsi** sich vergessen, sich versenken; **-rsi in qu** mit den Gedanken bei jdm sein. **oblio** [o'bli:o] ‹-ii› *m poet* Vergessenheit *f;* **cadere nell'**~ in Vergessenheit geraten.

obliquità [oblikui̯'ta] ‹-› *f* Schräge *f,* Schiefe *f.* **obliquo, -a** [ob'li:ku̯o] *a* **1.** *(sghembo)* schief, schräg; *fig (sguardo)* schief; **2.** *fig (indiretto)* krumm *fam;* **3.** *gram* abhängig; **piano** ~ schiefe Ebene; **apprendere qc per vie -e** etw. um drei Ecken herum (*o.* auf Umwegen) erfahren.

obliterare [oblite'ra:re] *tr* **1.** *poet (cancellare)* tilgen *geh;* **2.** *(invalidare, annullare)* entwerten; **3.** *fig (far dimenticare)* auslöschen; **4.** *med (occludere)* verstopfen, verschließen. **obliteratrice** [...ra'tri:tʃe] *f* Entwerter *m.* **obliterazione** [...rat'tsi̯o:ne] *f* **1.** *poet (cancellazione)* Tilgung *f geh;*

2. *(annullo)* Entwertung *f;* 3. *med (occlusione)* Verstopfung *f.*
oblò [o'blɔ] ⟨-⟩ *m* Bullauge *n.*
oblungo, -a [o'bluŋgo] *a* länglich, mehr lang als breit.
oboe ['ɔ:boe] *m* Oboe *f.* **oboista** [obo'ista] ⟨-i *m,* -e *f*⟩ *mf* Oboist(in) *m(f).*
obolo ['ɔ:bolo] *m* Obolus *m;* ~ **di San Pietro** Peterspfennig *m.*
obsolescenza [obsoleʃ'ʃɛntsa] *f* Veralten *n.* **obsoleto, -a** [...'lɛ:to] *a* veraltet, obsolet *geh.*
OC *ab di* **onde corte** KW (*ab di* Kurzwelle).
oca ['ɔ:ka] ⟨oche⟩ *f* Gans *f;* **collo d'**~ *tec* Kurbelwelle *f; (di tubi)* Schwanenhals *m;* **pelle d'**~ *fig* Gänsehaut *f;* **gioco dell'**~ *ein Würfelspiel;* **passo dell'**~ Gänsemarsch *m;* **camminare come un'**~ über den großen Onkel gehen; **porca l'**~! Menschenskind(er)! *fam.* **ocaggine** [o'kaddʒine] *f fam* Dummheit *f,* Doofheit *f fam.*
ocarina [oka'ri:na] *f* Okarina *f.*
occasionale [okkazio'na:le] *a* Gelegenheits-, gelegentlich; *(per caso)* zufällig; **causa** ~ indirekte Ursache; **incontro** ~ Zufallsbekanntschaft *f.* **occasione** [...'zio:ne] *f* 1. *(opportunità)* Gelegenheit *f;* 2. *com* Gelegenheitskauf *m;* 3. *(circostanza)* Gelegenheit *f,* Anlaß *m;* 4. *(motivo)* Grund *m,* Anlaß *m;* **auto d'**~ Gebrauchtwagen *m;* **cogliere/perdere l'**~ die Gelegenheit nutzen/verpassen; **all'**~ gegebenenfalls; **con l'**~ bei der Gelegenheit; **in** ~ **di** . . . anläßlich *gen;* **per l'**~ aus diesem Anlaß; **l'**~ **fa l'uomo ladro** *prov* Gelegenheit macht Diebe *prov.*
occaso [ok'ka:zo] *m poet* 1. *(tramonto)* Sonnenuntergang *m;* 2. *(occidente)* Okzident *m obs,* Abend *m obs;* 3. *fig (declino)* Untergang *m;* 4. *fig (morte)* Heimgang *m geh.*
occhi *pl di* **occhio.**
occhiaccio [ok'kiattʃo] ⟨-cci⟩ *m:* **far gli -cci a qu** jdn böse anblicken. **occhiaia** [ok'kia:ia] ⟨-aie⟩ *f* 1. *(cavità del cranio)* Augenhöhle *f;* 2. ⟨*pl*⟩ (dunkle) Ränder *m pl,* (Augen)ringe *m pl.*
occhialaio, -a [okkia'la:io] ⟨-ai, -aie⟩ *m, f* Brillenspezialist(in) *m(f).* **occhialeria** [...le'ri:a] ⟨-ie⟩ *f* Brillengeschäft *n.* **occhialetto** [...'letto] *m* Lorgnette *f,* Lorgnon *n.* **occhiali** [ok'kia:li] *m pl* Brille *f;* ~ **da sole** Sonnenbrille *f;* **serpente dagli** ~ Brillenschlange *f.* **occhialuto, -a** [okkia'lu:to] I. *a* bebrillt; II. *m, f* Brillenträger(in) *m(f).*
occhiata [ok'kia:ta] *f* (kurzer) Blick *m;* **dare un'**~ **a qc** einen (kurzen) Blick auf etw. werfen; **dare un'**~ **al giornale** einen Blick in die Zeitung werfen; **dare un'**~ **ai bambini** ein Auge auf die Kinder haben; **lanciare un'**~ **a qu** jdm einen Blick zuwerfen. **occhieggiare** [okkied'dʒa:re] ⟨occhieggio, occhieggi⟩ I. *tr* äugeln nach; *(a. fig)* liebäugeln mit; II. *itr* hervorschauen, zu sehen sein; *(luci, etc.)* (auf)leuchten, blinken. **occhiello** [ok'kiɛllo] *m* 1. *(asola)* Knopfloch *n;* 2. *(su scarpe, borse)* Öse *f;* 3. *typ (occhietto)* Schmutztitel *m; (su giornali)* Kopfzeile *f.* **occhietto** [ok'kietto] *m* 1. *(occhio piccolo e vivace)* Äuglein *n;* 2. *typ* Schmutztitel *m;* **far l'**~ **a qu** jdm zuzwinkern.
occhio ['ɔkkio] ⟨occhi⟩ *m* 1. *anat* Auge *n;* 2. *fig (del brodo)* Fettauge *n; (del formaggio)* Loch *n;* 3. *fig (accortezza)* Blick *m,* Auge *n;* 4. *bot* Auge *n;* 5. *(foro)* Auge *n,* Loch *n;* 6. *typ* Schriftbild *n;* ~ **di bue** *arch, bot* Ochsenauge *n; naut* Bullauge *n; film* Spot(scheinwerfer) *m;* **uova all'**~ **di bue** Spiegeleier *n pl;* ~ **del ciclone** Zentrum *n* des Wirbelsturms; *fig* kritischer Punkt; **occhi del cielo** *(astri)* Himmelskörper *m pl;* ~ **di pernice** *med* Hühnerauge *n;* **colpo d'**~ (kurzer) Blick *m;* **aprire gli occhi alla luce** *fig* das Licht der Welt erblicken; **avere buon** ~ ein Auge für etw. haben; **avere gli occhi foderati di prosciutto** *fam* Tomaten auf den Augen haben *fam;* **averne fin sopra gli occhi di qu** von jdm die Nase voll haben *fam;* **non batter** ~ nicht mit der Wimper zucken; **costare** (*o.* **valere) un** ~ **della testa** ein Vermögen kosten; **non credere ai propri occhi** seinen Augen nicht trauen; **dare all'** (*o.* **nell'**)~ ins Auge fallen; **è come il fumo nei miei occhi** er (*o.* sie) geht mir auf die Nerven *fam;* **essere tutt'occhi** seine Augen überall haben; **gettar l'**~ **su qc** einen Blick auf etw. werfen; **guardare con tanto d'occhi** große Augen machen *fam;* **lasciare gli occhi su qc** sein Auge auf etw. geworfen haben, sein Herz an etw. verloren haben; **non levar gli occhi di dosso a qu** jdn nicht aus den Augen lassen; **mettere gli occhi addosso a qu** ein Auge auf jdn werfen; **non perdere d'**~ nicht aus den Augen verlieren; **vedere di buon** ~ **qu** jdm wohlgesonnen sein; **a** ~ schätzungsweise, ungefähr; **a** ~ **e croce** über den Daumen gepeilt *fam;* **a occhi chiusi** *fig* blind-

lings; **come un pugno in un ~** wie die Faust aufs Auge; **in un batter d'~** im Nu, in Null Komma nichts *fam;* **~!** aufgepaßt!, Augen auf!; **~ per ~, dente per dente** Auge um Auge, Zahn um Zahn; **quattro occhi vedono meglio di due** *prov* vier Augen sehen besser als zwei; **~ non vede, cuore non duole** *prov* was ich nicht weiß, macht mich nicht heiß *prov.* **occhiolino** [okki̯o'li:no] *m:* **fare l'~ a qu** jdm zuzwinkern; **fare l'~ a qc** mit etw. liebäugeln.

occidentale [ottʃiden'ta:le] **I.** *a* West-, westlich; *(civiltà)* abendländisch; **II.** *mf* Bewohner(in) *m(f)* der westlichen Welt (*o.* des Abendlands). **occidente** [...'dɛnte] *m* Westen *m; (civiltà)* Abendland *n;* **a ~ di** westlich (*o.* im Westen) von.

occipite [ot'tʃi:pite] *m* Hinterkopf *m; (scient a.)* Hinterhaupt(s)bein *n.*

occitanico, -a [ottʃi'ta:niko] ‹-ci, -che› *a* okzitanisch.

occludere [ok'klu:dere] ‹occludo, occlusi, occluso› *tr* verschließen. **occlusione** [okklu'zi̯o:ne] *f* **1.** *(ostruzione, a. med)* Verschluß *m;* **2.** *meteo* Okklusion *f;* **3.** *ling* Verschluß *m.* **occlusiva** [...'zi:va] *f* Verschlußlaut *m,* Okklusiv *m.* **occlusivo, -a** [...'zi:vo] *a* verschließend; *ling, scient* okklusiv. **occluso** [ok'klu:zo] *pp di* **occludere.**

occorrente [okkor'rɛnte] **I.** *a* erforderlich, notwendig; **II.** *m* Notwendige(s) *n,* Nötige(s) *n;* **~ per scrivere** Schreibzeug *n.* **occorrenza** [...'rɛntsa] *f* Bedarf *m,* Bedarfsfall *m;* **all'~** bei Bedarf.

occorrere [ok'korrere] ‹*irr*› *itr* ‹*essere*› **1.** *(essere necessario)* erforderlich sein, benötigt werden; **2.** *poet (accadere)* widerfahren *geh;* **3.** *(impersonale)* nötig sein, müssen; **occorrono medicinali** es sind Medikamente erforderlich; **mi occorre del latte** ich brauche Milch; **occorre ...** *inf* man muß ...; **non occorre ...** *inf* man braucht nicht ..., es ist nicht nötig, daß ...; **gli occorse una disgrazia** ihm ist ein Unglück widerfahren.

occultamento [okkulta'mento] *m* Verbergen *n,* Verstecken *n; fig* Unterdrückung *f.* **occultare** [...'ta:re] *tr* verbergen, verstecken; *fig* verheimlichen; *astr* verfinstern. **occultazione** [...tat'tsi̯o:ne] *f* Verbergen *n,* Verstecken *n; astr* Finsternis *f,* Eklipse *f.*

occultismo [okkul'tizmo] *m* Okkultismus *m.* **occultista** [...'tista] ‹-i *m,* -e *f*› *mf* Okkultist(in) *m(f).*

occulto, -a [ok'kulto] *a* geheim, okkult; **scienze -e** Okkultismus *m.*

occupabile [okku'pa:bile] *a* besetzbar, einnehmbar. **occupante** [...'pante] **I.** *a* Besatzungs-, besetzend; **esercito ~** Besatzungsarmee *f,* -heer *n;* **II.** *mf* Insasse *m,* Insassin *f;* **III.** *m* Besatzungsmacht *f.*

occupare [okku'pa:re] **I.** *tr* **1.** *(luogo)* besetzen; *(mil a.)* einnehmen; **2.** *(appartamento)* beziehen; **3.** *(carica)* innehaben, bekleiden; **4.** *(spazio)* brauchen, beanspruchen, wegnehmen; **5.** *(utilizzare)* ausfüllen; **II.** *rfl:* **-rsi 1.** *(interessarsi)* sich beschäftigen (*di* mit), sich befassen (*di* mit); **2.** *(prendersi cura)* sich kümmern (*di* um); **3.** *(impiegarsi)* angestellt werden, eine Beschäftigung finden; **4.** *(impicciarsi)* sich einmischen (*di* in). **occupato , -a** [...'pa:to] *a* **1.** *(posto, telefono, etc.)* besetzt, belegt; **2.** *(affaccendato)* beschäftigt; **3.** *(impiegato)* angestellt, beschäftigt. **occupatore, -trice** [...pa'to:re] *m, f* Besetzer(in) *m(f).* **occupazionale** [...pattsi̯o'na:le] *a* Beschäftigungs-. **occupazione** [...pat'tsi̯o:ne] *f* **1.** *(presa di possesso)* Besetzung *f;* **2.** *jur* Aneignung *f;* **3.** *(impiego)* Beschäftigung *f,* Anstellung *f;* **4.** *(attività abituale)* Beschäftigung *f;* **5.** *(complesso di lavoratori)* Beschäftigte(n) *mf pl;* **truppe di ~** *mil* Besatzungstruppen *f pl;* **piena ~** Vollbeschäftigung *f.*

oceanico, -a [otʃe'a:niko] ‹-ci, -che› *a* **1.** *(dell'oceano)* ozeanisch; **2.** *fig (immenso)* unermeßlich, unendlich. **oceano** [o'tʃɛ:ano] *m* **1.** *geog* Ozean *m;* **2.** *fig (immensità)* Meer *n.* **oceanografia** [otʃeanogra'fi:a] *f* Meereskunde *f,* Ozeanographie *f.* **oceanografico, -a** [...'gra:fiko] *a* meereskundlich, ozeanographisch.

ocelot [otʃe'lɔt] *v.* **ozelot.**

oche *pl di* **oca.**

ocra ['ɔ:kra] **I.** ‹*inv*› *a* ocker(farben); **II.** *f* Ocker *m o. n.*

oculare [oku'la:re] **I.** *a* Aug(en)-, okular *scient;* **globo ~** Augapfel *m;* **testimone ~** Augenzeuge *m,* -zeugin *f;* **II.** *m* Okular *n.*

oculatezza [okula'tettsa] *f* Umsicht *f,* Besonnenheit *f.* **oculato, -a** [...'la:to] *a* umsichtig, besonnen.

oculista [oku'lista] ‹-i *m,* -e *f*› *mf* Augenarzt *m,* -ärztin *f.* **oculistica** [...'listika] ‹-che› *f* Augenheilkunde *f.* **oculistico, -a** [...'listiko] ‹-ci, -che› *a* augenärztlich.

od [od] *v.* **o.**

ode ['ɔ:de] *f* Ode *f.*

odiare [o'di̯a:re] ‹odio, odi› *tr* hassen.

odierno, -a [o'di̯ɛrno] *a* heutig.

odio ['ɔ:di̯o] ‹-i› *m* Haß *m,* (heftige) Abneigung *f;* **avere in ~ qu** jdn hassen; **venire in ~ a qu** sich *(dat)* jds Haß zuziehen; **in ~ a** aus Abneigung gegen. **odiosità** [odi̯osi'ta] ‹-› *f* **1.** *(l'essere odioso)* Abscheulichkeit *f,* Verabscheuenswürdigkeit *f;* **2.** *(l'incitare all'odio)* Gehässigkeit *f.* **odioso, -a** [o'di̯o:so] *a* verhaßt, hassenswert.

odissea [odis'sɛ:a] *f* Odyssee *f.*

odo ['ɔ:do] *1. pers sing pr di* **udire.**

odontalgia [odontal'dʒi:a] ‹-gie› *f* Zahnschmerz(en *pl*) *m.* **odontalgico, -a** [...'taldʒiko] ‹-ci, -che› **I.** *a* Zahnschmerz-; **II.** *m* (Zahn)schmerzmittel *n.* **odontoiatra** [odonto'i̯a:tra] ‹-i *m,* -e *f*› *mf* Zahnarzt *m,* -ärztin *f.* **odontoiatria** [-i̯a'tri:a] ‹-ie› *f* Zahnmedizin *f,* Zahnheilkunde *f.* **odontoiatrico, -a** [-'i̯a:triko] ‹-ci, -che› *a* zahnärztlich, zahnmedizinisch. **odontotecnica** [-'tɛknika] *f* Zahntechnik *f.* **odontotecnico, -a** [...ko] **I.** *a* zahntechnisch; **II.** *m, f* Zahntechniker(in) *m(f).*

odorare [odo'ra:re] **I.** *tr* **1.** *(annusare)* beriechen, riechen (*qc* an etw.); *fig* wittern; **2.** *(profumare)* zum Duften bringen, mit Duft erfüllen; **II.** *itr* riechen (*di* nach). **odorato** [...'ra:to] *m* Geruch(ssinn) *m.*

odore [o'do:re] *m* **1.** *(sensazione)* Geruch *m* (*di* nach, von); **2.** *fig (concetto, fama)* (Ge)ruch *m geh;* **3.** ‹*pl*› *gastr* Gewürzkräuter *n pl.* **odorino** [odo'ri:no] *m* Aroma *n,* (würziger) Duft *m;* **un delizioso ~ d'arrosto** ein köstlicher Bratenduft. **odoroso, -a** [...'ro:so] *a* duftend, wohlriechend.

offendere [of'fɛndere] ‹offendo, offesi, offeso› **I.** *tr* **1.** *(danneggiare)* beschädigen; **2.** *(ledere)* verletzen; **3.** *fig (ledere la dignità)* beleidigen, verletzen, kränken; *(molestare)* verletzen, beleidigen; **4.** *(violare)* verletzen, verstoßen gegen; **II.** *rfl:* **-rsi 1.** *(risentirsi)* beleidigt sein, sich beleidigt fühlen; **2.** *(ingiuriarsi)* sich (gegenseitig) beleidigen.

offenditrice *f v.* **offensore.**

offendo [of'fɛndo] *1. pers sing pr di* **offendere.**

offensiva [offen'si:va] *f* Offensive *f.* **offensivo, -a** [...vo] *a* **1.** *(lesivo della dignità)* beleidigend, verletzend; **2.** *mil* offensiv, Angriffs-; **3.** *(atto a ferire)* verletzend. **offensore, offenditrice** [...'so:re, ...ndi'tri:tʃe] *m, f* **1.** *(chi offende)* Beleidiger(in) *m(f);* **2.** *mil* Angreifer *m.*

offerente [offe'rɛnte] *mf* Bieter(in) *m(f);* **aggiudicare qc al migliore ~** etw. dem Meistbietenden zuschlagen.

offersi [of'fɛrsi] *1. pers sing del passato remoto di* **offrire.**

offerta [of'fɛrta] *f* **1.** *(dono)* Gabe *f;* *(obolo)* Spende *f;* **2.** *(proposta)* Angebot *n;* **3.** *com* Angebot *n,* Offerte *f;* **~ di lavoro** Stellenangebot *n;* **~ d'un sacrificio** Opfergabe *f;* **~ all'asta** Gebot *n;* **-e in danaro** Geldspenden *f pl;* **domanda e ~** Angebot und Nachfrage. **offerto** [...to] *pp di* **offrire.**

offertorio [offer'tɔ:ri̯o] ‹-i› *m* Offertorium *n.*

offesa[1] [of'fe:sa] *f* **1.** *(danno)* Schaden *m;* **2.** *(lesione)* Verletzung *f;* **3.** *fig (atto lesivo della dignità)* Kränkung *f,* Beleidigung *f;* *(molestia)* Verletzung *f,* Beleidigung *f;* **4.** *(oltraggio, violazione)* Verletzung *f (a gen),* Verstoß (*a* gegen); **5.** *mil* Angriff *m;* **~ alla pubblica decenza** Erregung *f* öffentlichen Ärgernisses; **~ al pudore** Verletzung *f* des Schamgefühls; **un'~ per la verità** eine Verdrehung der Wahrheit.

offesa[2] *f v.* **offeso.**

offesi [of'fe:si] *1. pers sing del passato remoto di* **offendere.**

offeso, -a [of'fe:so] **I.** *pp di* **offendere; II.** *a* beleidigt, verletzt, gekränkt; **III.** *m, f* Beleidigte(r) *mf,* Gekränkte(r) *mf;* **fare l'~** den Beleidigten spielen.

officiante [offi'tʃante] **I.** *a* zelebrierend; **II.** *m* Zelebrant *m,* Offiziant *m.* **officiare** [...'tʃa:re] ‹officio, offici› *tr, itr* zelebrieren.

officina [offi'tʃi:na] *f* **1.** *(meccanica)* Werkstatt *f,* Werkstätte *f geh;* **2.** *(culturale, artistica)* Werkstatt *f;* **~ di riparazioni** Reparaturwerkstatt *f.*

officinale [offitʃi'na:le] *a* Arznei-.

offrire [of'fri:re] ‹offro, offersi *o.* offrii, offerto› **I.** *tr* **1.** *(mettere a disposizione)* anbieten; **2.** *(regalare)* schenken; **3.** *fig (esporre, presentare)* bieten, zeigen; **4.** *com (mettere in vendita)* anbieten, offerieren; **5.** *fam (pagare)* zahlen; *(dare)* geben; **~ il fianco** *fig* eine verwundbare Stelle zeigen; **oggi offre lui il pranzo** er zahlt heute das Mittagessen; **chi mi offre una sigaretta?** wer gibt mir eine Zigarette?; **II.** *rfl:* **-rsi** sich anbieten (*di* zu, *come* als), sich zur Verfügung stellen (*come* als).

offset ['ɔ:fset] ‹-› *m* Offsetdruck(verfahren *n*) *m.*

offuscamento [offuska'mento] *m* Verdunk(e)lung *f.* **offuscare** [...'ka:re] ‹offusco, offuschi› *tr* **1.** *(oscurare, ottenebrare)* verdunkeln, verfinstern; **2.** *fig* trüben; *(meriti)* schmälern.

ofidi [o'fi:di] *m pl* Schlangen *f pl.*

oftalmico, -a [of'talmiko] ‹-ci, -che› *a* Augen-. **oftalmologo, -a** [...'mɔ:logo] ‹-gi, -ghe› *m, f* Augenarzt *m,* -ärztin *f.*

oggettivare [oddʒetti'va:re] *tr* objektivieren. **oggettivazione** [...vat'tsi̯o:ne] *f* Objektivierung *f.* **oggettivismo** [...'vizmo] *m* Objektivismus *m.* **oggettività** [...vi'ta] ‹-› *f* Objektivität *f;* **giudicare con ~** objektiv urteilen. **oggettivo, -a** [...'ti:vo] *a* **1.** *philos* objektiv; **2.** *(obiettivo)* objektiv, unvoreingenommen, sachlich; **3.** *gram* Objekt-.

oggetto [od'dʒɛtto] *m* **1.** *(unità materiale)* Gegenstand *m,* Ding *n,* Sache *f,* Objekt *n geh;* **2.** *(fine, scopo, argomento)* Gegenstand *m;* **3.** *jur (di un contratto, etc.)* Gegenstand *m;* **4.** *philos* Objekt *n;* **5.** *gram (complemento ~)* Akkusativobjekt *n;* **6.** *adm* Betreff *m adm;* **-i preziosi** Wertgegenstände *m pl;* **-i d'uso corrente** Gegenstände *m pl* des täglichen Bedarfs; **~ del discorso/di una ricerca** Gesprächs-/Forschungsgegenstand *m;* **avere per ~** zum Gegenstand haben; **con riferimento a quanto indicato in ~ ...** *adm* unter Bezugnahme auf die im Betreff genannte Angelegenheit *adm.*

oggi ['ɔddʒi] **I.** *adv* heute; **~ stesso** heute noch; **~ a otto/quindici** heute in acht Tagen/zwei Wochen; **II.** *m* Heute *n,* Gegenwart *f;* **il giornale di ~** die Zeitung von heute; **la moda d'~** die heutige Mode; **al giorno d'~** heutzutage; **a tutt'~** bis zum heutigen Tag; **dall'~ al domani** von heute auf morgen. **oggidì, oggigiorno** [oddʒi'di, oddʒi'dʒorno] **I.** *adv* heutzutage; **II.** *m* gegenwärtige Zeit, Heute *n.*

ogiva [o'dʒi:va] *f* **1.** *arch* Spitzbogen *m;* **2.** *mil (di un missile, etc.)* Spitze *f;* **~ nucleare** Atomsprengkopf *m.* **ogivale** [odʒi'va:le] *a* **1.** *arch* spitzbogig, Spitzbogen-; **2.** *(missili, etc.)* spitz zulaufend.

ogni ['oɲɲi] ‹*inv, solo al sing*› *a* jede(r, s); **uno ~ dieci** jeder zehnte; **~ tre giorni** alle drei Tage; **~ tanto** hin und wieder, von Zeit zu Zeit; **~ momento** andauernd, die ganze Zeit; **ad ~ modo** jedenfalls; **con ~ mezzo** mit allen Mitteln; **con ~ riguardo** mit Hochachtung, mit höchster Achtung; **in ~ caso** in jedem Fall; **in ~ luogo** überall; **in ~ modo** auf jeden Fall, auf alle Fälle; **oltre ~ dire** unsagbar; **per ~ buon conto** zur Sicherheit. **ogniqualvolta** [-ku̯al'vɔlta] *con poet* jedesmal wenn, sooft. **Ognissanti** [-s'santi] ‹-› *m* Allerheiligen *n.* **ognora** [oɲ'ɲo:ra] *adv poet* allezeit *obs.*

ognuno, -a [oɲ'ɲu:no] ‹*sing*› *pron* jedermann, (ein) jeder, (eine) jede, (ein) jedes.

oh [ɔ *o.* o] *interj* o, oh.

ohé [o'e] *interj fam* he *fam.*

ohi ['ɔ:i] *interj* au, aua, au weh; *fig* o weh. **ohibò** [oi'bɔ] *interj* pfui; **~, che schifo!** pfui Teufel! **ohimè** [oi'mɛ] *interj* oje, weh mir *geh.*

ohm [o:m] ‹-› *m* Ohm *n.*

oibò *v.* **ohibò.**

OL *ab di* **onde lunghe** LW (*ab di* Langwelle).

olà [o'la] *interj* heda.

Olanda [o'landa] *f* Holland *n.* **olandese** [...'de:se] **I.** *a* holländisch, niederländisch; **zoccoli -i** Holzschuhe *m pl;* **II.** *m* **1.** *(lingua)* Holländisch(e) *n,* Niederländisch(e) *n;* **2.** *(formaggio)* Edamer (Käse) *m;* **III.** *mf* Holländer(in) *m(f),* Niederländer(in) *m(f).*

oleandro [ole'andro] *m* Oleander *m.*

oleario, -a [ole'a:ri̯o] ‹-i, -ie› *a* **1.** *(dell'olio)* Öl-; **2.** *(delle olive)* Oliven-. **oleato, -a** [...'a:to] *a:* **carta -a** Ölpapier *n.* **oleico, -a** [o'lɛ:iko] ‹-ci, -che› *a:* **acido ~** Ölsäure *f.* **oleificio** [olei'fi:tʃo] ‹-ci› *m* Ölfabrik *f.* **oleodotto** [oleo'dotto] *m* (Erd)ölleitung *f,* Pipeline *f.* **oleografia** [oleogra'fi:a] *f* **1.** *typ* Öl(farben)druck *m;* **2.** *fig pej* Kitsch *m.* **oleografico, -a** [...'gra:fiko] *a* **1.** *typ* den Ölfarbendruck betreffend; **2.** *fig pej* kitschig. **oleosità** [...osi'ta] ‹-› *f* ölige Beschaffenheit, Öligkeit *f.* **oleoso, -a** [ole'o:so] *a* **1.** *(che contiene olio)* ölhaltig, ölig; **2.** *(simile all'olio)* ölig.

olezzante [oled'dzante] *a poet* wohlriechend *geh.* **olezzare** [...'dza:re] *itr poet* Wohlgeruch ausströmen *geh,* duften. **olezzo** [o'leddzo] *m poet* Wohlgeruch *m geh,* Duft *m.*

olfattivo, -a [olfat'ti:vo] *a* den Geruchssinn betreffend. **olfatto** [ol'fatto] *m* Geruch(ssinn) *m.*

Olga ['ɔlga] *(nome proprio femminile)* Olga.

oliare [o'li̯a:re] ‹olio, oli› *tr* **1.** *(lubrificare)* ölen; **2.** *(condire con olio)* mit Öl anmachen; **3.** *fig (dar mance per corrompere)* schmieren. **oliatore**

[oli̯a'to:re] *m* **1.** *tec* Schmiernippel *m;* **2.** *(recipiente)* Ölkännchen *n.* **oliera** [o'li̯ɛ:ra] *f* Menage *f.*

oligarchia [oligar'ki:a] ⟨-chie⟩ *f* Oligarchie *f.*

olimpiade [olim'pi:ade] *f* **1.** *hist* Olympiade *f;* **2.** ⟨*pl*⟩ Olympiade *f,* Olympische Spiele *n pl;* **-i invernali** Winterolympiade *f.* **olimpico, -a** [o'limpiko] ⟨-ci, -che⟩ *a* **1.** *hist, sport* olympisch, Olympia-; **2.** *fig* olympisch *geh,* göttergleich, erhaben; **giochi -ci** Olympische Spiele *n pl.* **olimpionico, -a** [...'pi̯ɔ:niko] ⟨-ci, -che⟩ **I.** *a:* **campione ~** Olympionike *m;* **II.** *m, f* Olympionike *m,* Olympionikin *f.*

olimpo [o'limpo] *m* Olymp *m.*

olio ['ɔ:li̯o] ⟨-i⟩ *m* Öl *n;* **~ di oliva/di semi/di ricino** Oliven-/Keim-/Rizinusöl *n;* **~ abbronzante/combustibile/commestibile** Sonnen-/Heiz-/Speiseöl *n;* **~ essenziale** ätherisches Öl; **quadro ad ~** Ölbild *n,* Ölgemälde *n;* **liscio come l'~** *(mare)* spiegelglatt; **andare liscio come l'~** glatt laufen; **estendersi a macchia d'~** sich zusehends ausbreiten; **lavorare con ~ di gomito** sich ins Zeug legen; **sott'~** *gastr* in Öl eingelegt.

oliva [o'li:va] **I.** *f* Olive *f;* **II.** ⟨*inv*⟩ *a* oliv(grün). **olivastro, -a** [oli'vastro] **I.** *a* oliv, oliv(en)farbig, olivfarben; **II.** *m* Oleaster *m,* wilde Olive. **oliveto** [...'ve:to] *m* Olivenhain *m.* **olivicoltore, -trice** [olivikol'to:re] *m, f* Olivenbauer *m,* -bäu(e)rin *f.* **olivicoltura** [...'tu:ra] *f* Olivenanbau *m.* **olivo** [o'li:vo] *m* **1.** *bot* Olivenbaum *m,* Olive *f;* **2.** *(simbolo di pace)* Ölzweig *m.*

olla ['ɔlla] *f* Tonvase *f,* Tontopf *m.*

olmo ['olmo] *m* Ulme *f.*

olocausto [olo'ka:usto] *m* **1.** *rel* Menschenopfer *n,* Brandopfer *n;* **2.** *fig* Opfer *n.*

olografo, -a [o'lɔ:grafo] *a* holographisch, (ganz) eigenhändig.

olona [o'lo:na] *f* Segeltuch *n.*

oloturia [olo'tu:ri̯a] ⟨-ie⟩ *f* Seegurke *f.*

O.L.P. [ɔlp] *m ab di* **Organizzazione per la Liberazione della Palestina** PLO *f* (*ab di* Palestine Liberation Organization).

oltraggiare [oltrad'dʒa:re] ⟨oltraggio, oltraggi⟩ *tr* (schwer) beleidigen, beschimpfen. **oltraggiatore, -trice** [...dʒa'to:re] *m, f* Beleidiger(in) *m(f).* **oltraggio** [ol'traddʒo] ⟨-ggi⟩ *m* (schwere) Beleidigung *f;* **~ al pudore** Verletzung *f* des Schamgefühls; **~ a pubblico ufficiale** Beamtenbeleidigung *f;* **l'~ del tempo** der Zahn der Zeit. **oltraggioso, -a** [...'dʒo:so] *a* beleidigend.

oltralpe, oltr'alpe [ol'tralpe] **I.** *adv* jenseits der Alpen *(von Italien aus gesehen);* **II.** *m* Land *n* (*o.* Länder *n pl*) jenseits der Alpen. **oltramontano, -a** [...amon'ta:no] *a* jenseits der Berge *(d. h. Alpen); fig* ausländisch.

oltranza [ol'trantsa] *f:* **a ~** bis zum äußersten. **oltranzismo** [...'tsizmo] *m* Extremismus *m.* **oltranzista** [...'tsista] ⟨-i *m,* -e *f*⟩ *mf* Extremist(in) *m(f).*

oltre ['oltre] **I.** *adv* **1.** *(di tempo)* länger; **2.** *(di luogo)* weiter; **andare ~** weitergehen; **andare troppo ~** *fig* zu weit gehen; **II.** *prp* **1.** *(dall'altra parte di)* jenseits *gen; (moto)* über *acc;* **2.** *(più di)* mehr als, über *acc;* **3.** *(in aggiunta, in più)* neben *dat,* außer *dat;* **4.** *(eccetto):* **~ a** außer *dat;* **~ ogni dire/limite** unsagbar/grenzenlos. **oltrecortina** [-kor'ti:na] **I.** ⟨*inv*⟩ *a* hinter dem Eisernen Vorhang (gelegen); **II.** *m* Länder *n pl* hinter dem Eisernen Vorhang. **oltremare** [-'ma:re] **I.** *adv (stato)* in Übersee; *(moto)* nach Übersee; **II.** ⟨*inv*⟩ *a:* **blu ~** ultramarin(blau); **III.** ⟨-⟩ *m* **1.** *obs (lapislazzuli)* Lapislazuli *m;* **2.** *(colore)* Ultramarin(blau) *n;* **d'~** überseeisch, Übersee-, aus Übersee. **oltremarino, -a** [-ma'ri:no] *a* **1.** *(d'oltremare)* überseeisch, Übersee-, aus Übersee; **2.** *(colore)* ultramarin. **oltremisura, oltre misura** [-mi'zu:ra] *adv* überaus, über die Maßen *geh.* **oltremodo, oltre modo** [-'mɔ:do] *adv* höchst, überaus, äußerst. **oltremondano, -a** [-mon'da:no] *a* überirdisch. **oltreoceano** [-o'tʃɛ:ano] **I.** *adv (stato)* in Übersee; *(moto)* nach Übersee; **II.** ⟨-⟩ *m:* **d'~** aus Übersee. **oltrepassare** [-pas'sa:re] *tr (a. fig)* überschreiten. **oltretomba** [-'tomba] ⟨-⟩ *m* Jenseits *n;* **voce d'~** Grabesstimme *f.*

OM *ab di* **onde medie** MW (*ab di* Mittelwelle).

omaggio [o'maddʒo] ⟨-ggi⟩ **I.** *m* **1.** *(offerta)* (Werbe)geschenk *n;* **2.** *fig (segno di rispetto)* Gedenken *n* (*a* an), Huldigung *f* (*a* an); *(a un artista)* Hommage *f;* **3.** ⟨*pl*⟩ *(ossequi)* Verehrung *f,* Hochachtung *f; (saluti)* Empfehlung(en *pl*) *f;* **~ floreale** Blumengeschenk *n;* **libro in ~** Freiexemplar *n;* **rendere ~ a qu** jds gedenken, jdm huldigen; **Le porgo i miei -ggi** meine Empfehlung; **in ~ alla consuetudine** nach altem Brauch; **in ~ alla verità** *geh* um der Wahrheit die Ehre zu ge-

ben; **II.** ‹*inv*› *a:* **confezione ~** Werbegeschenk *n.*
ombelicale [ombeli'ka:le] *a* Nabel-; **cordone ~** Nabelschnur *f.* **ombelico** [...'li:ko] ‹-chi› *m* (Bauch)nabel *m.*
ombra ['ombra] *f* **1.** Schatten *m;* **2.** *fig (parvenza)* Anschein *m;* **3.** *fig (protezione)* Schutz *m;* **governo ~** Schattenkabinett *n;* **il regno delle -e** das Reich der Schatten, das Schattenreich; **nell'~ della notte** im Schutze der Nacht; **aver paura della propria ~** sich vor seinem eigenen Schatten fürchten; **restare nell'~** *fig* im dunkeln bleiben; **vivere nell'~** zurückgezogen leben; **dar corpo alle -e** Gespenster sehen; **dissipare le -e** das Dunkel lichten *geh;* **fare ~ a qu** jdm zur Last fallen; **prendere ~** sich verdüstern; **seguire qu come un'~** jdm wie ein Schatten folgen; **all'~ di** im Schatten von; *fig* unter dem Schutz von; **senz'~ di dubbio** zweifellos; **senz'~ di quattrini** abgebrannt *fam;* **senz'~ di sospetto** über jeden Verdacht erhaben. **ombreggiare** [ombred'dʒa:re] ‹ombreggio, ombreggi› *tr* **1.** *(coprire d'ombra)* überschatten, beschatten; **2.** *(in pittura)* schattieren; *(in disegno)* schraffieren; **3.** *(nella cosmesi)* Lidschatten auftragen auf. **ombreggiatura** [...dʒa'tu:ra] *f* **1.** *(copertura d'ombra)* Über-, Beschattung *f;* **2.** *(in pittura)* Schattierung *f;* *(in disegno)* Schraffierung *f;* **3.** *(nella cosmesi)* Auftragen *n* von Lidschatten.
ombrella [om'brɛlla] *f* **1.** *bot* Dolde *f;* **2.** *zoo* Schirm *m (der Qualle).* **ombrellaio, -a** [ombrel'la:i̯o] ‹-ai, -aie› *m, f* **1.** *(fabbricante)* Schirmmacher(in) *m(f);* **2.** *(venditore)* Schirmverkäufer(in) *m(f).* **ombrellificio** [...li'fi:tʃo] ‹-ci› *m* Schirmfabrik *f.* **ombrellino** [...'li:no] *m* **1.** *(parasole per signora)* (kleiner) Sonnenschirm *m;* **2.** *rel* (kleiner) Baldachin *m.*
ombrello [om'brɛllo] *m* Schirm *m;* **~ pieghevole** Taschenschirm *m.* **ombrellone** [ombrel'lo:ne] *m* (großer) Sonnenschirm *m.*
ombretto [om'bretto] *m* Lidschatten *m.*
ombrina [om'bri:na] *f* Umber *m.*
ombrosità [ombrosi'ta] ‹-› *f* **1.** *(oscurità)* Dunkel *n;* **2.** *fig* Verletzlichkeit *f.* **ombroso, -a** [om'bro:so] *a* **1.** *(ricco d'ombra)* schattig; **2.** *(che da ombra)* schattenspendend; **3.** *fig* verletzlich; *(a. animale)* scheu.
omega [o'mɛ:ga] ‹-› *m* Omega *n;* **dall'alfa all'~** von A bis Z.
omelette [ɔm'lɛt] ‹-› *f* Omelett *n.*
omelia [ome'li:a] ‹-ie› *f* **1.** *rel* Homilie *f;* **2.** *fig scherz* Predigt *f.*
omeopatia [omeopa'ti:a] ‹-ie› *f* Homöopathie *f.* **omeopatico, -a** [...'pa:tiko] ‹-ci, -che› **I.** *a* homöopathisch; **II.** *m, f* Homöopath(in) *m(f).*
omerico, -a [o'mɛ:riko] ‹-ci, -che› *a* homerisch; **risata -a** homerisches Gelächter.
omero ['ɔ:mero *o.* 'o:m...] *m* **1.** *anat* Oberarmknochen *m;* **2.** *poet (spalla)* Schulter *f.*
omertà [omer'ta] ‹-› *f* Schweigepflicht *f,* Verschwiegenheit *f.*
omettere [o'mettere] ‹*irr*› *tr* aus-, weglassen; *(non fare)* unterlassen.
ometto [o'metto] *m* **1.** *(piccolo uomo)* Männchen *n,* kleiner Mann; *fig (bambino)* kleiner Mann; **2.** *(gruccia)* Kleiderbügel *m.* **omiciattolo** [omi'tʃattolo] *m pej* kleiner Kerl, Knirps *m.*
omicida [omi'tʃi:da] ‹-i *m,* -e *f*› **I.** *a* Mörder-, Mord-; **intenzione ~** mörderische Absicht; **II.** *mf* Mörder(in) *m(f).* **omicidio** [...di̯o] ‹-i› *m* Mord *m;* **~ bianco** Tod *m* durch Arbeitsunfall *(wegen unzureichender Sicherheitsmaßnahmen);* **~ colposo/premeditato/volontario** fahrlässige Tötung/heimtückischer Mord/vorsätzliche Tötung; **~ doloso** Totschlag *m;* **~ preterintenzionale** Körperverletzung *f* mit Todesfolge; **delitto di ~** Tötungsdelikt *n adm.*
omissibile [omis'si:bile] *a* weglaßbar; *(atto)* unterlaßbar. **omissione** [...'si̯o:ne] *f* **1.** *(tralasciamento)* Weg-, Auslassung *f,* Weg-, Auslassen *n;* **2.** *(volontario mancato compimento)* Unterlassung *f,* Unterlassen *n;* **~ di soccorso** unterlassene Hilfeleistung; **peccato di ~** Unterlassungssünde *f;* **salvo errori e -i** Irrtum vorbehalten.
omofonia [omofo'ni:a] ‹-ie› *f* Homophonie *f.* **omofono, -a** [o'mɔ:fono] **I.** *a* homophon; **II.** *m* Homophon *n.*
omogeneità [omodʒenei'ta] ‹-› *f* Homogenität *f,* Gleichartigkeit *f.*
omogeneizzare [omodʒeneid'dza:re] *tr* homogenisieren. **omogeneizzato, -a** [...id'dza:to] **I.** *a* homogenisiert; **latte ~** H-Milch *f;* **II.** *m* homogenisiertes Lebensmittel; ‹*pl*› (Kinder)fertignahrung *f.* **omogeneizzazione** [...iddzat'tsi̯o:ne] *f* Homogenisierung *f.*
omogeneo, -a [omo'dʒɛ:neo] *a* **1.** *mat, phys, chem, fig* homogen; **2.** *(affine)* gleich(artig).

omografia [omogra'fi:a] *f* Homographie *f.* **omografo, -a** [o'mɔ:grafo] **I.** *a* homographisch; **II.** *m* Homograph *n.*
omologare [omolo'ga:re] ‹omologo, omologhi› *tr* genehmigen; *(autoveicoli)* zulassen; *(riconoscere)* anerkennen, bestätigen. **omologazione** [...gat'tsio:ne] *f* Genehmigung *f; (di automezzi)* Zulassung *f; (riconoscimento)* Anerkennung *f,* Bestätigung *f.*
omologia [omolo'dʒi:a] ‹-gie› *f* Homologie *f.* **omologo, -a** [o'mɔ:logo] ‹-ghi, -ghe› *a* homolog.
omonima *f v.* **omonimo.**
omonimia [omoni'mi:a] ‹-ie› *f* Gleichnamigkeit *f; ling* Homonymie *f.* **omonimo, -a** [o'mɔ:nimo] **I.** *a* gleichnamig; *ling* homonym; **II.** *m, f* Namensvetter *m,* -schwester *f;* **III.** *m* Homonym *n.*
omosessuale [omosessu'a:le] **I.** *a* homosexuell; **II.** *mf* Homosexuelle(r) *mf.* **omosessualità** [...uali'ta] *f* Homosexualität *f.*
omuncolo [o'muŋkolo] *m pej* kleiner Kerl, Knirps *m.*
onagro ['ɔ:nagro *o.* o'na:gro] *m* Onager *m,* Halbesel *m.*
onanismo [ona'nizmo] *m* Onanie *f.* **onanista** [...'nista] ‹-i *m,* -e *f*› *mf* Onanist(in) *m(f).*
oncia ['ontʃa] ‹-ce› *f* **1.** *(unità di peso e monetaria)* Unze *f;* **2.** *fig (minima quantità)* Quentchen *n;* **non avere un'~ di giudizio** kein Fünkchen Verstand haben. **onciale** [on'tʃa:le] **I.** *a:* **scrittura ~** Unzialschrift *f;* **II.** *f* Unzialschrift *f,* Unziale *f.*
onda ['onda] *f* **1.** *(flutto)* Welle *f,* Woge *f geh;* **2.** *fig (grande quantità)* Flut *f,* Woge *f;* **3.** *fig, phys* Welle *f;* **-e corte/lunghe/medie** (*ab* **OC/OL/OM**) Kurz-/Lang-/Mittelwelle *f;* **~ verde** *fig* grüne Welle; **capelli a -e** welliges Haar; **andare a -e** schwanken, wanken; **andare in ~** ausgestrahlt werden; **mettere** (*o.* **mandare**) in **~** ausstrahlen; **essere sulla cresta dell'~** *fig* auf dem Gipfel des Erfolgs sein; **seguire l'~** *fig* mit dem Strom schwimmen. **ondata** [on'da:ta] *f* **1.** *(colpo di mare)* Sturzwelle *f,* Brecher *m;* **2.** *fig (afflusso)* Welle *f;* **~ di caldo** Hitzewelle *f.*
onde ['onde] **I.** *adv* **1.** *(da dove)* woher, von wo; **2.** *(dalla qual cosa)* wovon, woraus; **II.** *con conj* damit; **~ ... *inf*** um zu ... *inf.*
ondeggiamento [ondeddʒa'mento] *m* **1.** Schwanken *n,* Schaukeln *n;* **2.** *fig (tentennamento, incertezza)* Schwanken *n.* **ondeggiare** [...'dʒa:re] ‹ondeggio, ondeggi› *itr* **1.** *(seguire il movimento delle onde)* schwanken, schaukeln; **2.** *(fluttuare)* wogen; *(vestiti, capelli)* wallen; **3.** *fig (vacillare)* schwanken, wanken; **4.** *fig (titubare)* schwanken.
ondina [on'di:na] *f* Undine *f.*
ondoso, -a [on'do:so] *a* **1.** *(mare)* bewegt; *fig (vestiti, capelli)* wallend; **2.** *(moto)* Wellen-; **moto ~** See-, Wellengang *m.*
ondulante [ondu'lante] *a* **1.** *(moto)* schwankend, schaukelnd; **2.** *(febbre)* undulierend. **ondulare** [...'la:re] **I.** *tr* **1.** *(capelli)* wellen, in Wellen legen; **2.** *(lamiera)* wellen; **II.** *itr poet* wogen. **ondulato, -a** [...'la:to] *a (capelli)* gewellt, wellig; *(terreno)* wellig; *(lamiera)* Well-. **ondulatorio, -a** [...la'tɔ:rio] ‹-i, -ie› *a* wellenförmig, wellenartig; *phys* Wellen-, undulatorisch. **ondulazione** [...lat'tsio:ne] *f* **1.** *(disposizione a onde)* Welligkeit *f;* **2.** *(oscillazione)* Wellenbewegung *f;* **3.** *(acconciatura a onde)* Wellen *n,* Legen *n;* **~ a caldo** Wasserwelle *f;* **~ al ferro** Ondulation *f;* **~ permanente** Dauerwelle *f.*
onerare [one'ra:re] *tr* belasten (*qu di qc* jdn mit etw.), aufbürden (*qu di qc* jdm etw.). **onere** ['ɔ:nere] *m* Last *f,* Verpflichtung *f; fig, jur (~ fiscale)* Belastung *f;* **~ della prova** Beweislast *f.* **onerosità** [onerosi'ta] ‹-› *f* Belastung *f,* Last *f.* **oneroso, -a** [...'ro:so] *a* **1.** *jur* entgeltlich; **2.** *fig (pesante)* belastend; *(pena)* schwer; *(carico, tasse, etc.)* drückend.
onesta *f v.* **onesto.**
onestà [ones'ta] ‹-› *f* **1.** *(probità, rettitudine)* Ehrlichkeit *f,* Rechtschaffenheit *f;* **2.** *(comportamento virtuoso)* Ehrbarkeit *f,* Ehrenhaftigkeit *f.* **onestamente** [-'mente] *adv* **1.** *(con onestà)* ehrlich, redlich; **2.** *(in tutta sincerità)* ehrlicherweise. **onesto, -a** [o'nɛsto] **I.** *a* **1.** *(probo, retto)* ehrlich, rechtschaffen, redlich; **2.** *(casto, puro)* ehrbar; **3.** *(giusto, conveniente)* ehrlich; **4.** *(decoroso, lecito)* anständig, schicklich; **II.** *m* rechtes Maß; **III.** *m, f* ehrlicher Mensch.
onice ['ɔ:nitʃe] *m* Onyx *m.*
onirico, -a [o'ni:riko] ‹-ci, -che› *a* Traum-, traumhaft. **oniromanzia** [oniroman'tsi:a] ‹-ie› *f* Traumdeutung *f.*
onni- [onni-] *(in parole composte)* All(es)-, all(es)-. **onnicomprensivo, -a** [-kompren'si:vo] *a* gesamt, allum-

fassend. **onnipotente** [-po'tɛnte] *a* allmächtig. **onnipotenza** [-po'tɛntsa] *f* Allmacht *f.* **onnipresente** [-pre'zɛnte] *a* allgegenwärtig, omnipräsent *geh.* **onnipresenza** [-pre'zɛntsa] *f* Allgegenwart *f,* Omnipräsenz *f geh.* **onnisciente** [-ʃ'ʃɛnte] *a* allwissend. **onniscienza** [-ʃ'ʃɛntsa] *f* Allwissenheit *f.* **onniveggente** [-ved'dʒɛnte] *a* allsehend. **onniveggenza** [...'dʒɛntsa] *f* Fähigkeit *f,* alles zu sehen. **onnivoro, -a** [on'ni:voro] **I.** *a* allesfressend; **II.** *m* Allesfresser *m.*

onomastica [ono'mastika] ‹-che› *f* Namenkunde *f,* Onomastik *f.* **onomastico, -a** [...ko] ‹-ci, -che› **I.** *a* namenkundlich, Namen(s)-; **lessico ~** Namenverzeichnis *n;* **II.** *m* **1.** *(festa)* Namenstag *m;* **2.** *(lessico)* Namenverzeichnis *n.*

onomatopea [onomato'pɛ:a] *f* Lautmalerei *f,* Onomatopöie *f.* **onomatopeico, -a** [...'pɛ:iko] ‹-ci, -che› *a* lautmalend, onomatopoetisch.

onorabile [ono'ra:bile] *a* ehrbar. **onorabilità** [...rabili'ta] ‹-› *f* Ehrbarkeit *f,* Ehrenhaftigkeit *f.* **onoranze** [...'rantse] *f pl* Ehrenerweisungen *f pl,* Ehrungen *f pl.*

onorare [ono'ra:re] **I.** *tr* **1.** *(trattare con ammirazione)* ehren; *(con rispetto)* ehren, achten; **2.** *(venerare, adorare)* verehren; **3.** *(dimostrare considerazione)* beehren (*di* mit); **4.** *(far onore)* ehren, Ehre erweisen (*qc/qu* einer S./jdm); **5.** *(rendere illustre, famoso)* (alle) Ehre machen (*qc/qu* einer S./jdm); **6.** *(impegni assunti)* einlösen, einhalten; *(tratta)* honorieren, einlösen; **II.** *rfl:* **-rsi** sich beehren *geh,* die Ehre haben. **onorario** [...'ra:rio] ‹-i› *m* Honorar *n.* **onorario, -a** [...'ra:rio] ‹-i, -ie› *a* Ehren-. **onoratezza** [...ra'tettsa] *f* Ehrbarkeit *f,* Honorigkeit *f geh.* **onorato, -a** [...'ra:to] *a* **1.** *(stimato)* angesehen, geehrt, geachtet; **2.** *(onesto)* rechtschaffen; *(dignitoso)* ehrbar, ehrenhaft; **3.** *(onorevole)* ehrenwert; **l'-a società** die „Ehrenwerte Gesellschaft" *(Mafia, Kamorra, etc.);* **molto ~ di fare la Sua conoscenza** es ist mir eine Ehre (*o.* sehr erfreut), Ihre Bekanntschaft zu machen.

onore [o'no:re] *m* **1.** *(reputazione, gloria)* Ehre *f;* **2.** *rel (adorazione)* Verehrung *f;* **3.** *(dignità, carica)* Würde *f;* **4.** *(decoro)* Ehrenhaftigkeit *f,* Anstand *m;* **damigella d'~** Brautjungfer *f;* **parola d'~** Ehrenwort *n;* **uomo d'~** Ehrenmann *m;* **~ delle armi** militärische Ehren *f pl;* **Vostro O~** Euer Ehren; **fare ~ a qc** einer S. Ehre antun; *(al pranzo)* sich *(dat)* etw. schmekken lassen; **fare ~ agli ospiti** die Honneurs machen *geh;* **farsi ~ in qc** mit etw. Ehre einlegen; **innalzare all'~ degli altari** heiligsprechen; **tenere qu in ~** jdn in Ehren halten; **ho l'~ di presentarLe ...** ich habe die Ehre, Ihnen ... vorzustellen; **a onor del vero** um der Wahrheit die Ehre zu geben; **in ~ di** zu Ehren von. **onorevole** [ono're:vole] **I.** *a* **1.** *(degno di onore, decoroso)* ehrenwert; *(comportamento a.)* löblich; **2.** *(appellativo di parlamentari) Bezeichnung für die Abgeordneten des italienischen Parlaments;* **l'~ deputato** der Herr Abgeordnete; **II.** *mf* Abgeordnete(r) *mf* des italienischen Parlaments. **onorificenza** [...rifi'tʃɛntsa] *f* **1.** *(titolo)* Ehrentitel *m,* Ehrenbezeichnung *f;* **2.** *(decorazione)* Ehrenzeichen *n.* **onorifico, -a** [...'ri:fiko] ‹-ci, -che› *a* Ehren-; *(senza retribuzione)* ehrenamtlich.

onta ['onta] *f* **1.** *(disonore)* Schande *f;* **2.** *poet (oltraggio)* Schmach *f geh,* Schimpf *m geh;* **ad ~ di** ungeachtet *gen,* trotz *dat o. gen;* **in ~ a** (ent)gegen *dat.*

ontano [on'ta:no] *m* Erle *f.*

ontologia [ontolo'dʒi:a] ‹-gie› *f* Ontologie *f.* **ontologico, -a** [...'lɔ:dʒiko] *a* ontologisch.

O.N.U. ['ɔ:nu] *m ab di* **Organizzazione delle Nazioni Unite** UNO *f* (*ab di* United Nations Organization).

oosfera [oos'fɛ:ra] *f* Eizelle *f.*

opacità [opatʃi'ta] ‹-› *f* **1.** Undurchsichtigkeit *f; (di filtro ottico)* Lichtundurchlässigkeit *f,* Opazität *f; (di metallo)* Mattheit *f;* **2.** *fig* Dumpfheit *f.* **opacizzare** [...tʃid'dza:re] *tr* mattieren, undurchsichtig machen.

opaco, -a [o'pa:ko] ‹-chi, -che› *a* **1.** *(vetro)* trübe; *(lente)* lichtundurchlässig, undurchsichtig, opak; *(marmo)* glanzlos, matt; **2.** *fig (mente, suono)* dumpf; *(sguardo)* glanzlos, matt.

opale [o'pa:le] *m o. f* Opal *m.* **opalescente** [opaleʃ'ʃɛnte] *a* opaleszent, opalisierend. **opalescenza** [...'ʃɛntsa] *f* Opaleszenz *f.* **opalina** [...'li:na] *f* **1.** *(vetro)* Opalglas *n;* **2.** *(stoffa)* Opal *m;* **3.** *(cartoncino)* Glanzkarton *m.* **opalino, -a** [...'li:no] *a* opalen, opalartig.

op. cit. *ab di* **opera citata** op. cit.

opera ['ɔ:pera] *f* **1.** *(azione)* Arbeit *f; (prodotto a.)* Werk *n;* **2.** *(lit, pittura)* Werk *n;* **3.** *mus* Oper *f;* **4.** *(teatro)*

Oper(nhaus *n*) *f;* **5.** *(ente assistenziale)* (Hilfs)werk *n;* ~ **d'arte** Kunstwerk *n;* ~ **dei pupi** Marionettentheater *n;* ~ **buffa/lirica/seria** Opera buffa *f*/ Oper *f*/Opera seria *f;* ~ **omnia** Gesamtwerk *n;* **compiere buone -e** gute Werke tun; **essere all'~ tutto il giorno** den ganzen Tag am Werke sein; **mettersi all'~** sich ans Werk machen; **è ~ sua** *(a. fig, iron)* das ist sein (*o.* ihr) Werk.

operabile [ope'ra:bile] *a* operabel, operierbar.

operaio, -a [ope'ra:i̯o] ‹-ai, -aie› **I.** *a* Arbeiter-; **classe -a** Arbeiterklasse *f;* **II.** *m, f* Arbeiter(in) *m(f);* ~ **qualificato/specializzato** gelernter Arbeiter/ Facharbeiter *m.*

operante [ope'rante] *a* wirksam.

operare [ope'ra:re] **I.** *tr* **1.** *(fare, realizzare)* bewirken, tun; *(miracoli)* vollbringen; *(a. fig)* wirken; **2.** *med* operieren; **3.** *(stoffe)* mustern; **II.** *itr* **1.** *(agire)* handeln, vorgehen; **2.** *(influire)* einen Einfluß haben, wirken; *(medicina)* wirken; **3.** *med, fig, mil* operieren; **III.** *rfl:* **-rsi 1.** *(realizzarsi)* geschehen, sich ereignen; *(a. fig)* sich vollziehen; **2.** *med* sich operieren lassen. **operativo, -a** [...ra'ti:vo] *a* operativ, Operations-; **ricerca -a** Operations-Research *f,* Planungs-, Unternehmensforschung *f.* **operato, -a** [...'ra:to] **I.** *a* **1.** *med* operiert; **2.** *(stoffa)* gemustert; **II.** *m* Werk *n,* Tat *f.* **operatore, -trice** [...ra'to:re] *m, f* **1.** *gener.* Arbeiter(in) *m(f);* **2.** *med* Chirurg(in) *m(f);* **3.** *com* Makler(in) *m(f),* Händler(in) *m(f);* **4.** *inform* Operator(in) *m(f);* ~ **di borsa** Börsenmakler *m;* ~ **cinematografico** Kameramann *m;* ~ **economico** Wirtschaftsmakler *m;* ~ **sociale** Sozialarbeiter *m.* **operatorio, -a** [...ra'tɔ:ri̯o] ‹-i, -ie› *a (intervento)* operativ; *(sala)* Operations-. **operatrice** *f v.* **operatore. operazione** [...rat'tsi̯o:ne] *f* **1.** *med, mil, mat* Operation *f;* **2.** *(azione)* Aktion *f;* **3.** *com* Geschäft *n,* Transaktion *f;* **-i aritmetiche** Rechenarten *f pl.*

operetta [ope'retta] *f* Operette *f;* **principe da ~** Operettenfürst *m;* **paese da ~** Operettenstaat *m.* **operettista** [...'tista] ‹-i *m,* -e *f*› *mf* Operettenkomponist(in) *m(f).* **operettistico, -a** [...'tistiko] ‹-ci, -che› *a* Operetten-.

operistico, -a [ope'ristiko] ‹-ci, -che› *a* Opern-.

operosità [operosi'ta] ‹-› *f* Arbeitsamkeit *f,* Eifer *m.* **operoso, -a** [...'ro:so] *a* **1.** *(laborioso, attivo)* arbeitsam, eifrig, fleißig; **2.** *poet (faticoso)* mühevoll, beschwerlich.

opificio [opi'fi:tʃo] ‹-ci› *m* Fabrik *f,* Werk *n.*

opimo, -a [o'pi:mo] *a* **1.** *poet (grasso)* fett; **2.** *(abbondante)* reich, fett *geh;* **3.** *(fertile)* fett, ertragreich.

opinabile [opi'na:bile] *a* denkbar.

opinare [opi'na:re] *tr, itr* meinen, der Meinung sein.

opinione [opi'ni̯o:ne] *f* Meinung *f,* Ansicht *f;* **questione di -i** Ansichtssache *f.*

op là [op 'la] *interj* hopp, hoppla.

opossum [o'pɔssum] ‹-› *m* Opossum *n.*

oppiare [op'pi̯a:re] ‹oppio, oppi› *tr* **1.** *(mescolare con oppio)* mit Opium vermischen; **2.** *(drogare con oppio)* Opium geben (*qu* jdm); **3.** *fig* berauschen, betäuben. **oppiato, -a** [op'pi̯a:to] **I.** *a* opiumhaltig, mit Opium vermischt; **II.** *m* Opiat *n.*

oppio ['ɔppi̯o] ‹-i› *m* Opium *n.* **oppiomane** [op'pi̯ɔ:mane] **I.** *a* opiumsüchtig; **II.** *mf* Opiumsüchtige(r) *mf.*

opponente [oppo'nɛnte] *mf* Widersacher(in) *m(f),* Gegner(in) *m(f),* Opponent(in) *m(f).* **opponibile** [...'ni:bile] *a* einwendbar.

opporre [op'porre] ‹*irr*› **I.** *tr* **1.** *(addurre contro)* entgegenhalten, einwenden (*a* gegen); **2.** *(mettere contro)* entgegenstellen; **3.** *fig (ostacolare)* entgegensetzen, -stellen; ~ **resistenza** Widerstand leisten; **II.** *rfl:* **-rsi** sich widersetzen *(a dat),* opponieren (*a* gegen); **mi oppongo!** *jur* (ich erhebe) Einspruch!

opportunismo [opportu'nizmo] *m* Opportunismus *m.* **opportunista** [...'nista] ‹-i *m,* -e *f*› *mf* Opportunist(in) *m(f).* **opportunistico, -a** [...'nistiko] ‹-ci, -che› *a* opportunistisch.

opportunità [opportuni'ta] ‹-› *f* (günstige) Gelegenheit *f.* **opportuno, -a** [...'tu:no] *a* zweckmäßig, passend; *(visita, etc.)* gelegen; **arrivare ~** gelegen kommen; **a tempo ~** bei passender Gelegenheit, zu gegebener Zeit.

oppositore, -trice [oppozi'to:re] *m, f* Gegner(in) *m(f),* Opponent(in) *m(f).* **opposizione** [...it'tsi̯o:ne] *f* **1.** *(posizione contraria)* Opposition *f; fig* Gegensatz *m,* Gegensätzlichkeit *f,* Opposition *f;* **2.** *(obiezione)* Widerstand *m* (*a* gegen), Opposition *f* (*a* gegen); **3.** *astr, pol* Opposition *f;* **4.** *jur* Einspruch *m,* Widerspruch *m;* **muovere ~ a qc** sich einer S. widersetzen, gegen etw. opponieren; **fare ~** Einspruch erheben, Widerspruch einlegen. **opposto, -a** [op'posto] **I.** *a* **1.** *(situato di contro)* gegenüberliegend, entgegengesetzt; **2.** *bot* gegenständig; **3.** *(contrario)* gegensätzlich, entgegengesetzt; **II.** *m* Gegenteil *n;* **all'~** im Gegenteil.

oppressa *f v.* **oppresso.**

oppressi [op'prɛssi] *1. pers sing del passato remoto di* **opprimere.**

oppressione [oppres'si̯o:ne] *f* **1.** *(sopraffazione)* Unterdrückung *f;* **2.** *fig* Beklemmung *f,* beklemmendes Gefühl. **oppressivo, -a** [...'si:vo] *a* **1.** *(caldo)* drückend; **2.** *(regime)* repressiv, Zwangs-. **oppresso, -a** [op'prɛsso] **I.** *pp di* **opprimere; II.** *a* **1.** *(popolo)* unterdrückt; **2.** *(respiro)* schwer, mühsam; **III.** *m, f* Unterdrückte(r) *mf.* **oppressore** [oppres'so:re] *m* Unterdrücker *m.*

opprimente [oppri'mɛnte] *a (caldo)* unerträglich; *(persona)* unausstehlich.

opprimere [op'pri:mere] ‹opprimo, oppressi, oppresso› *tr* **1.** *(angariare)* unterdrücken; **2.** *(gravare)* niederdrücken; **3.** *fig (affliggere)* bedrükken; **4.** *(premere)* drücken; *fig (caldo)* bedrücken, lasten auf.

oppugnare [oppuɲ'ɲa:re] *tr* **1.** *poet (assaltare, assediare)* bestürmen; **2.** *fig (confutare)* anfechten, bekämpfen. **oppugnazione** [...ɲat'tsi̯o:ne] *f* **1.** *poet (assalto)* Bestürmung *f;* **2.** *fig (opposizione, obiezione)* Anfechtung *f,* Bekämpfung *f.*

oppure [op'pu:re] *con* **1.** *(o, o invece)* oder; **2.** *(altrimenti)* sonst, andernfalls.

optare [op'ta:re] *itr* **1.** *(scegliere tra due soluzioni)* wählen (*per qc* etw.), sich (zwischen zwei Möglichkeiten) entscheiden (*per* für); **2.** *pol, fin, jur* optieren.

optimum ['ɔptimum] ‹-› *m* Optimum *n.*

optional(s) ['ɔpʃənəl(s)] *m pl* Sonder-, Extraausstattung *f.*

optometria [optome'tri:a] ‹-ie› *f* Optometrie *f.*

opulento, -a [opu'lɛnto] *a* **1.** *poet (abbondante, ricco)* (über)reich, üppig, opulent *geh;* **2.** *fig (donna)* üppig; *(stile)* überladen. **opulenza** [...'lɛntsa] *f* **1.** *poet (abbondanza)* Üppigkeit *f,* Reichtum *m,* Opulenz *f geh;* **2.** *fig (di forme)* Üppigkeit *f; (di stile)* Überladenheit *f.*

opuscolo [o'puskolo] *m* Heft *n,* Broschüre *f,* Prospekt *m.*

opzionale [optsi̯o'na:le] *a* fakultativ, wahlfrei; *jur, pol* Options-. **opzione** [op'tsi̯o:ne] *f* **1.** *(libera scelta)* Wahlfreiheit *f;* **2.** *pol, fin, jur* Option *f;* **~ zero** Nullösung *f;* **diritto di ~** Optionsrecht *n.*

ora[1] ['o:ra] *f* (*ab* **h**) **1.** *(unità, spazio)* Stunde *f;* **2.** *(nelle indicazioni temporali)* Uhr *f;* **3.** *fig (momento)* Stunde *f,* Zeit *f,* Augenblick *m;* **~ civile/legale** (*o.* **estiva)/locale** Normal-/Sommer-/Ortszeit *f;* **-e libere**Freizeit *f;* **~ solare vera** helle Tageszeit; **~ straordinaria** Überstunde *f;* **l'~ X** die Stunde X; **un'~ di ~** eine geschlagene Stunde; **di buon'~** früh(morgens); **correre a cento all'~** mit hundert Stundenkilometern fahren; **far le -e piccole** bis in die frühen Morgenstunden aufbleiben; **non veder l'~ di ...** es kaum erwarten können zu ...; **è giunta l'~** die Stunde ist gekommen; **è ~ di partire** es ist Zeit abzureisen; **che ~ è? — è l'una** wieviel Uhr ist es? — es ist ein Uhr; **che -e sono? — sono le quattro** wieviel Uhr ist es? — es ist vier Uhr; **tra mezz'~** in einer halben Stunde; **per -e e -e** stundenlang; **a tarda ~** zu später Stunde; **all'ultima ~** im letzten Augenblick; **di ~ in ~** von einem Augenblick zum anderen; **le -e del mattino hanno l'oro in bocca** *prov* Morgenstund' hat Gold im Mund *prov.*

ora[2] ['o:ra] **I.** *adv* ‹*talvolta troncato in* or› **1.** *(adesso, presentemente)* jetzt, nun; *(per il momento)* jetzt, im Augenblick; **2.** *(poco fa)* (so)eben, gerade (jetzt); **3.** *(tra poco)* gleich; **4.** *(in correlazioni):* **~ ... ~ ...** einmal ..., einmal ...; bald ..., bald ...; jetzt ..., dann...; **d'~ in avanti** (*o.* **in poi)** von jetzt an, von nun an; **fin d'~** von diesem Augenblick an; **prima d'~** zuvor, vor diesem Augenblick; **or ~** soeben, gerade; **or bene** *v.* **orbene;** *or è un anno* jetzt ist es ein Jahr her; **~ come ~** unter diesen Umständen, nun; **II.** *con* **1.** *(invece)* nun, aber; **2.** *(dunque, allora)* da, dann, nun; **~ che ...** nun, da ...

oracolo [o'ra:kolo] *m* Orakel *n.*

orafo, -a ['ɔ:rafo] *m, f* Goldschmied(in) *m(f).*

orale [o'ra:le] **I.** *a* **1.** *(della bocca)* Mund-, oral *scient;* **2.** *(di voce)* mündlich; **per via ~** mündlich; **II.** *m* mündliche Prüfung.

oramai [ora'ma:i] *v.* **ormai.**

orango [o'raŋgo] ‹-ghi› *m,* **orang-utan** [oraŋgu'tan] ‹-› *m* Orang-Utan *m.*

orare [o'ra:re] *tr, itr poet (pregare)* beten; *(chiedere pregando)* bitten.

orario, -a [o'ra:rio] ‹-i, -ie› **I.** *a* Stunden-, stündlich; *(di tempo)* Zeit-; **disco ~** Parkscheibe *f;* **fuso ~** Zeitzone *f;* **segnale ~** Zeitzeichen *n;* **tabella -a** Zeitplan *m; (del lavoro)* Dienstplan *m;* **velocità -a** Stundengeschwindigkeit *f;* **II.** *m* **1.** *(distribuzione di operazioni nel tempo)* Stunden *f pl,* Zeit *f,* Zeitplan *m;* **2.** *ferr* Fahrplan *m; (libro)* Kursbuch *n;* **3.** *aero* Flugplan *m;* **4.** *(delle lezioni)* Stundenplan *m;* **~ di lavoro/di servizio/d'ufficio/delle visite** Arbeits-/Dienst-/Büro-/Besuchszeit *f;* **~ di sportello** Schalterstunden *f pl;* **~ continuato/elastico** (*o.* **flessibile**) durchgehende/gleitende Arbeitszeit; **in ~** pünktlich; *ferr* (fahr)planmäßig; *aero* planmäßig.

orata [o'ra:ta] *f* Goldbrasse *f.*

oratore, -trice [ora'to:re] *m, f* Redner(in) *m(f).* **oratoria** [...'tɔ:ria] ‹-ie› *f* Redekunst *f.* **oratoriale** [...to'ria:le] *a* oratorisch. **oratorio** [...'tɔ:rio] ‹-i› *m* Oratorium *n.* **oratorio, -a** [...'tɔ:rio] ‹-i, -ie› *a* Rede-. **oratrice** *f v.* **oratore. orazione** [orat'tsio:ne] *f* **1.** *(preghiera)* Gebet *n;* **2.** *(discorso)* Rede *f.*

orba *f v.* **orbo.**

orbare [or'ba:re] *tr poet* berauben (*qu di qc* jdn einer S.).

orbe ['ɔrbe] *m poet* **1.** *(cerchio)* Kreis *m;* **2.** *(sfera, globo)* Kugel *f;* **3.** *fig (mondo)* Welt *f;* **~ terracqueo** Erdkreis *m poet,* Erdkugel *f.*

orbene, or bene [or'bɛ:ne] *con* also, nun.

orbettino [orbet'ti:no] *m* Blindschleiche *f.*

orbita ['ɔrbita] *f* **1.** *phys* Bahn *f;* **2.** *astr* (Umlauf)bahn *f,* Orbit(albahn *f*) *m;* **3.** *fig (ambito)* (Einfluß)bereich *m; (limite)* Sphäre *f,* Rahmen *m;* **4.** *anat* Augenhöhle *f;* **uscire dall'~ della legalità** den Bereich der Legalität verlassen; **con gli occhi fuori dalle -e** mit weit aufgerissenen Augen. **orbitale** [orbi'ta:le] *a* orbital, Orbital-, Umlauf-; **stazione ~** (Welt)raum-, Orbitalstation *f;* **velocità ~** Umlaufgeschwindigkeit *f.* **orbitare** [...'ta:re] *itr (a. fig)* kreisen; **~ intorno alla terra** die Erde umkreisen; **~ intorno a qu** *fig* in jds Dunstkreis sein.

orbo, -a ['ɔrbo] **I.** *a* **1.** *(cieco)* blind; **2.** *poet (privo)* beraubt *geh;* **II.** *m, f* Blinde(r) *mf;* **da -i** *fig* blindwütig.

orca ['ɔrka] ‹-che› *f zoo* Mörder-, Schwertwal *m.*

orchestra [or'kɛstra] *f* Orchester *n.*

orchestrale [orkes'tra:le] **I.** *a* Orchester-, orchestral; **complesso ~** Orchester *n;* **II.** *mf* Orchestermusiker(in) *m(f).* **orchestrare** [...'tra:re] *tr* **1.** *mus* orchestrieren; **2.** *fig (organizzare)* organisieren. **orchestrazione** [...trat'tsio:ne] *f* **1.** *mus* Orchestration *f;* **2.** *fig (organizzazione)* Organisation *f.* **orchestrina** [...'tri:na] *f* (Musik)kapelle *f.*

orchidea [orki'dɛ:a] *f* Orchidee *f.*

orcio ['ortʃo] ‹-ci› *m* (amphorenförmiger) Tonkrug *m.*

orco ['ɔrko] ‹-chi› *m* **1.** *(nella mitologia antica)* Orkus *m,* Hades *m;* **2.** *(nelle fiabe)* (menschenfressendes) Ungeheuer *n;* **3.** *scherz* Ungeheuer *n,* Scheusal *n;* **voce d'~** Brummbaß *m.*

orda ['ɔrda] *f* Horde *f.*

ordigno [or'diɲɲo] *m* **1.** *(arnese)* Gerät *n,* Maschine *f;* **2.** *fig* komplizierter Apparat; **3.** *fam (oggetto strano)* Apparat *m fam,* Ding *n fam;* **~ diabolico** Teufels-, Höllenmaschine *f;* **~ esplosivo** Sprengkörper *m.*

ordinale [ordi'na:le] **I.** *a* Ordinal-, Ordnungs-; **II.** *m* Ordinal-, Ordnungszahl *f.* **ordinamento** [...na'mento] *m* Ordnung *f.* **ordinanza** [...'nantsa] *f* **1.** *adm* Verordnung *f,* Anordnung *f,* Erlaß *m;* **2.** *jur* Verfügung *f;* **3.** *mil* Ordonnanz *f;* **d'~** vorschriftsmäßig; **ufficiale d'~** Ordonnanzoffizier *m;* **uniforme d'~** Dienstkleidung *f,* -uniform *f.*

ordinare [ordi'na:re] **I.** *tr* **1.** *(mettere in ordine)* ordnen; *(stanza)* in Ordnung bringen, aufräumen; **2.** *(comandare)* befehlen, anordnen; **3.** *(prescrivere)* verordnen, verschreiben; **4.** *com (commissionare)* ordern, bestellen, in Auftrag geben; **5.** *(in locali pubblici)* bestellen; **6.** *rel* ordinieren; **~ qu sacerdote** jdn zum Priester weihen; **II.** *rfl:* **-rsi** sich ordnen (*in* zu), sich formieren (*in* zu).

ordinariato [ordina'ria:to] *m* Ordinariat *n.*

ordinario, -a [ordi'na:rio] ‹-i, -ie› **I.** *a* **1.** *(consueto)* üblich; *(normale)* normal; **2.** *(regolare, di ruolo)* ordentlich; **3.** *(dozzinale, scadente)* (ganz) gewöhnlich, ordinär; **4.** *pej (rozzo, volgare)* ordinär, gewöhnlich; **tariffa -a** Normalpreis *m;* **II.** *m* **1.** *(consuetudine, normalità)* Übliche(s) *n,* Normale(s) *n;* **2.** *(professore di ruolo)* Ordinarius *m;* **~ militare** Militärbischof *m;* **d'~** üblicherweise, gewöhnlich; **fuori dell'~** außergewöhnlich, ungewöhnlich.

ordinata[1] [ordi'na:ta] *f fam:* **dare**

un'~ a qc etw. (schnell) in Ordnung bringen, in etw. Ordnung schaffen.

ordinata² [ordi'na:ta] *f* **1.** *mat* Ordinate *f;* **2.** *naut* Spant *n; aero* Spant *n o. m,* Rippe *f.*

ordinativo, -a [ordina'ti:vo] **I.** *a* Ordnungs-; **II.** *m com* Order *f.* **ordinato, -a** [...'na:to] *a* **1.** *(messo in ordine, regolato)* geordnet, ordentlich; *(preciso)* ordentlich; **2.** *(osservante dell'ordine)* ordnungsliebend, ordentlich; **3.** *com* geordert. **ordinatore, -trice** [...na'to:re] **I.** *a* Ordnungs-; **commissione -trice** Lenkungsausschuß *m;* **II.** *m, f* Ordner(in) *m(f).* **ordinazione** [...nat'tsio:ne] *f* **1.** *com* Order *f,* Bestellung *f,* Auftrag *m;* **2.** *(in locali pubblici)* Bestellung *f;* **3.** *rel* Ordination *f.*

ordine ['ordine] *m* **1.** *(sistemazione, struttura)* Ordnung *f;* **2.** *(categoria)* Kategorie *f; (professionale)* (Berufs)stand *m; (qualità, natura)* Klasse *f,* Art *f;* **3.** *(ceto, classe)* Stand *m,* Klasse *f;* **4.** *(cavalleresco, religioso)* Orden *m;* **5.** *(comando)* Anordnung *f; (mil a.)* Befehl *m,* Order *f; adm* Verfügung *f; (disposizione, direttiva)* Order *f,* Anweisung *f;* **6.** *com* Order *f,* Auftrag *m;* **7.** *rel* Weihe *f;* **8.** *theat* Reihe *f,* Rang *m;* **9.** *(successione, classifica)* Reihenfolge *f,* Plazierung *f;* **~ del giorno** Tagesordnung *f; mil* Tagesbefehl *m;* **~ di consegna** Lieferauftrag *m;* **~ di pagamento** Zahlungsanweisung *f;* **~ di comparizione** *jur* Vorladung *f;* **~ episcopale** Bischofswürde *f;* **impiegato d'~** untergeordneter Angestellter; **parola d'~** Parole *f,* Kennwort *n;* **essere agli -i di qu** jdm untergeordnet sein; **mettere ~** Ordnung schaffen; **narrare per ~** in chronologischer Reihenfolge (*o.* der Reihe nach) berichten; **richiamare qu all'~** jdn zur Ordnung rufen; **ritirarsi in buon ~** den geordneten Rückzug antreten; **siamo in tutt'altro ~ di idee** wir gehören ganz verschiedenen Ideenkreisen (*o.* Denkungsweisen) an; **in ~ di marcia** in Marschordnung; **in ~ sparso** in aufgelöster Formation; **d'~ e per conto di** im Auftrag und für Rechnung von; **di prim'~** erstklassig; **di terz'~** drittklassig; **d'infimo ~** minderwertig; **d'~ generale** von allgemeiner Bedeutung; **questioni d'~ pratico** Angelegenheiten *f pl* praktischer Art; **fino a nuovo ~** bis auf weiteres; **con ~** geordnet; **in ~ a** unter Bezug auf; **per ~ di** auf Anordnung von, im Auftrag von; **per ~ di altezza** der Größe nach; **per ~ di merito** leistungsgerecht; **per ~ superiore** in höherem Auftrag; **secondo gli -i** auftragsgemäß; **ai vostri -i** zu Ihren Diensten; **agli -i!** zu Befehl!

ordire [or'di:re] ⟨ordisco⟩ *tr* **1.** *(abbozzare)* entwerfen, konzipieren; **2.** *fig (tramare)* anzetteln *fam,* anstiften. **ordito** [or'di:to] *m* **1.** *tec* Kette *f;* **2.** *fig (trama)* (Handlungs)gerüst *n;* **3.** *fig (intreccio di notizie false)* Netz *n,* Gewebe *n.* **orditore, -trice** [ordi'to:re] *m, f* **1.** *(operaio tessile)* Anknüpfer(in) *m(f),* Andreher(in) *m(f);* **2.** *fig (chi trama)* Anstifter(in) *m(f).* **orditura** [...'tu:ra] *f* **1.** *tec* Anknüpfen *n,* Andrehen *n;* **2.** *fig (trama di un'opera)* (Handlungs)gerüst *n;* **3.** *fig (macchinazione)* Anzett(e)lung *f,* Anstiftung *f.*

orecchia [o'rekkia] ⟨-cchie⟩ *f* Ohr *n; v. a. orecchio.* **orecchiabile** [...'kia:bile] *a* ins Ohr gehend, eingängig. **orecchiante** [...'kiante] **I.** *a* **1.** *(a orecchio)* nach dem Gehör; **2.** *fig* oberflächlich, laienhaft; **II.** *mf* **1.** nach dem Gehör singende Person; **2.** *fig* Schwätzer(in) *m(f).* **orecchietta** [...'kietta] *f* Vorhof *m,* Vorkammer *f.* **orecchino** [...'ki:no] *m* Ohrring *m,* Ohr(en)klipp *m.*

orecchio [o'rekkio] ⟨*pl:* -cchi *m o.* -cchie *f*⟩ *m* **1.** *anat* Ohr *n;* **2.** *(udito)* Ohren *n pl,* Gehör *n;* **essere debole d'~** schlechte Ohren haben; **essere tutt'-cchi** ganz Ohr sein; **avere molto ~** ein feines Ohr (für die Musik) haben; **avere le -cchie foderate di prosciutto** *fam* (wohl) Bohnen in den Ohren haben *fam;* **avere le -cchie lunghe** *fig* dickköpfig sein; **cantare a ~** nach Gehör singen; **aprir bene gli -cchi** die Ohren aufsperren *fam;* **entrare da un ~ e uscire dall'altro** zum einen Ohr hinein- und zum anderen wieder hinausgehen *fam;* **fare -cchie da mercante** sich taub stellen; **fare un'~ alla pagina** ein Eselsohr in die Seite machen *fam;* **mettere una pulce nell'~ a qu** jdm einen Floh ins Ohr setzen; **porgere l'~ a qu** jdm sein Ohr leihen *geh;* **stare con l'~ teso** die Ohren spitzen *fam;* **tirare gli -cchi a qu** jdm die Ohren langziehen *fam;* **essere duro d'orecchi** *(a. fig)* schwerhörig sein; **da questo ~ non ci sento** *fig* auf diesem Ohr bin ich taub *fam.*

orecchioni [orek'kio:ni] *m pl fam* Ziegenpeter *m fam,* Mumps *m.*

orecchiuto, -a [orek'kiu:to] *a* **1.** langohrig; **2.** *fig (ignorante)* eselig *fam.*

orefice [o're:fitʃe] *mf* Goldschmied(in) *m(f); (negoziante)* Juwelier(in) *m(f).*

oreficeria [orefitʃe'ri:a] ‹-ie› *f* **1.** *(arte)* Goldschmiedekunst *f;* **2.** *(laboratorio)* Goldschmiedewerkstatt *f; (negozio)* Juwelierladen *m,* -geschäft *n.*

Oreste [o'rɛste] *(nome proprio maschile)* Orest.

orfano, -a ['ɔrfano] **I.** *a* verwaist, Waisen-; **bambino ~** Waisenkind *n,* Waise *f;* **essere ~ di madre** mutterlos sein; **II.** *m, f* Waisenkind *n,* Waise *f.* **orfanotrofio** [orfano'trɔ:fio] ‹-i› *m* Waisenhaus *n.*

organetto¹ [orga'netto] *m mus* **1.** *(organo meccanico mobile):* **~ di Barberia** Drehorgel *f,* Leierkasten *m fam;* **2.** *fam (fisarmonica)* Quetschkommode *f fam;* **3.** *fam (armonica a bocca)* Maulorgel *f fam.*

organetto² [orga'netto] *m zoo* Birkenzeisig *m.*

organicità [organitʃi'ta] ‹-› *f* organische Einheit, organischer Aufbau. **organico, -a** [or'ga:niko] ‹-ci, -che› **I.** *a* organisch; *(fig a.)* einheitlich; **II.** *m adm (personale)* Personal(bestand *m*) *n; mil (personale e mezzi)* Bestand *m.* **organigramma** [organi'gramma] ‹-i› *m* **1.** *adm* Organigramm *n;* **2.** *inform* Ablaufdiagramm *n.*

organino [orga'ni:no] *m* Drehorgel *f.*

organismo [orga'nizmo] *m* **1.** *(struttura fisiologica)* Organismus *m;* **2.** *fig (ente)* Organisation *f.*

organista [orga'nista] ‹-i *m,* -e *f*› *mf* Organist(in) *m(f).* **organistico, -a** [...'nistiko] ‹-ci, -che› *a* Orgel-.

organizzare [organid'dza:re] **I.** *tr* organisieren; *(festa, spettacolo)* veranstalten; **II.** *rfl:* **-rsi** sich organisieren. **organizzata** *f v.* **organizzato. organizzativo, -a** [...dza'ti:vo] *a* Organisations-, organisatorisch. **organizzato, -a** [...'dza:to] **I.** *a* organisiert; **II.** *m, f* organisiertes Mitglied. **organizzatore, -trice** [...dza'to:re] **I.** *a* Organisations-, organisatorisch; **II.** *m, f* Organisator(in) *m(f); (di festa, spettacolo)* Veranstalter(in) *m(f).* **organizzazione** [...dzat'tsio:ne] *f* **1.** *(l'organizzare)* Organisation *f; (di festa, spettacolo)* Veranstaltung *f;* **2.** *(associazione)* Organisation *f,* Verband *m.*

organo ['ɔrgano] *m* **1.** *anat* Organ *n;* **2.** *tec* Teil *m;* **3.** *mus* Orgel *f;* **4.** *(adm, giornale)* Organ *n.* **organolettico, -a** [organo'lɛttiko] ‹-ci, -che› *a* (durch die Sinne) wahrnehmbar.

orgasmo [or'gazmo] *m* **1.** *(sessuale)* Orgasmus *m;* **2.** *(agitazione)* Erregung *f,* Aufregung *f;* **mettersi in ~** in Aufregung geraten.

orgia ['ɔrdʒa] ‹-ge *o.* -gie› *f* Orgie *f;* **~ di luci** Lichtermeer *n;* **~ di piaceri** Fülle *f* von Genüssen; **~ di sangue** Blutbad *n;* **darsi alle -ge** Orgien feiern. **orgiastico, -a** [or'dʒastiko] ‹-ci, -che› *a* orgiastisch.

orgoglio [or'goʎʎo] ‹-gli› *m* Stolz *m.* **orgoglioso, -a** [...'ʎo:so] *a* stolz (*di* auf).

oricella [ori'tʃɛlla] *f* Lackmus *m o. n.*

orientabile [orien'ta:bile] *a* einstellbar, ausrichtbar.

orientale [orien'ta:le] **I.** *a (dell'est)* östlich, Ost-; *(civiltà)* orientalisch; **tappeto ~** Orientteppich *m;* **II.** *mf* Orientale *m,* Orientalin *f.* **orientalista** [...ta'lista] ‹-i *m,* -e *f*› *mf* Orientalist(in) *m(f).* **orientalistica** [...ta'listika] ‹-che› *f* Orientalistik *f.* **orientalistico, -a** [...ta'listiko] ‹-ci, -che› *a* orientalistisch.

orientamento [orienta'mento] *m* Orientierung *f (verso* nach, an); *(fig a.)* (Aus)richtung *f (verso* nach); **~ professionale** Berufsberatung *f.*

orientare [orien'ta:re] **I.** *tr* **1.** richten (*a* nach, auf), ausrichten (*a* an, nach); **2.** *fig* lenken (*verso* auf), richten (*verso* auf); **II.** *rfl:* **-rsi 1.** sich orientieren *(verso* an); **2.** *fig* sich zuwenden (*verso qc* einer S.). **orientativo, -a** [...ta'ti:vo] *a* Orientierungs-, orientierend; **te lo dico a titolo ~** ich sage dir das zu deiner Orientierung. **orientazione** [...tat'tsio:ne] *f* Ausrichtung *f.*

oriente [o'riɛnte] *m* Osten *m; (civiltà)* Orient *m,* Morgenland *n obs;* **l'Estremo/Medio/Vicino ~** der Ferne/Mittlere/Nahe Osten; **l'~ musulmano** der Orient.

orifizio [ori'fittsio] ‹-i› *m* **1.** *(foro)* Öffnung *f;* **2.** *anat* Öffnung *f,* Mund *m;* **~ uterino** Muttermund *m.*

origano [o'ri:gano] *m* **1.** *(pianta)* Origanum *n,* wilder Majoran; **2.** *(spezie)* Origano *m,* Oregano *m.*

originale [oridʒi'na:le] **I.** *a* **1.** Original-, original; *(delle origini)* ursprünglich; *(proprio dell'autore a.)* echt; **2.** *(nuovo, eseguito per la prima volta)* neuartig, originär *geh;* **3.** *(stravagante)* originell; **peccato ~** Erbsünde *f;* **II.** *m* **1.** *(opera di mano dell'autore)* Original *n;* **2.** *(esemplare di documento)* Original *n,* Urschrift *f;* **3.** *(lingua originale)* Originalsprache *f;* **4.** *(modello)* Original *n;* **fedele all'~** originalgetreu; **III.** *mf* Original *n.* **originalità** [...nali'ta] ‹-› *f* Originalität *f.*

originare [oridʒi'na:re] **I.** *tr* ‹*avere*›

hervorrufen, bewirken, erzeugen; **II.** *itr* ⟨*essere*⟩, *rfl:* **-rsi** beginnen, seinen Anfang nehmen.

originario, -a [oridʒiˈnaːri̯o] ⟨-i, -ie⟩ *a* **1.** *(proveniente da un luogo)* (ab)stammend; *(a. persona)* gebürtig; **2.** *(primitivo)* ursprünglich, Ur-; **3.** *(che dà origine)* Ursprungs-, Herkunfts-.

origine [oˈriːdʒine] *f* **1.** *(momento, fase iniziale)* Ursprung *m,* Anfang *m;* **2.** *(punto d'inizio)* Anfang *m,* Beginn *m;* **3.** *(provenienza)* Herkunft *f,* Abstammung *f;* **4.** ⟨*pl*⟩ Ursache *f,* Ursprung *m;* **dare ~ a qc** etw. hervorrufen, etw. verursachen; **prendere ~** *(fiume)* entspringen; **in ~** anfangs, am Anfang.

origliare [oriʎˈʎaːre] ⟨origlio, origli⟩ *itr* lauschen, horchen.

orina [oˈriːna] *f* Urin *m,* Harn *m.* **orinale** [oriˈnaːle] *m* Urinal *n; (vaso da notte)* Nachttopf *m.* **orinare** [...ˈnaːre] **I.** *itr* Harn lassen, urinieren; **II.** *tr* ausscheiden; **~ sangue** Blut im Urin haben. **orinatoio** [...naˈtoːi̯o] ⟨-oi⟩ *m obs* Pissoir *n obs.*

oriolo [oriˈɔːlo] *m tosc (orologio)* Uhr *f.*

oriundo, -a [oˈri̯undo] *a* gebürtig, stammend; **è ~ austriaco** er ist gebürtiger Österreicher.

orizzontale [oriddzonˈtaːle] **I.** *a* waagerecht, horizontal; **II.** *f* Horizontale *f,* Waagerechte *f.*

orizzontamento [oriddzontaˈmento] *m* Orientierung *f.* **orizzontarsi** [...ˈtarsi] *rfl* **1.** *(orientarsi)* sich orientieren; **2.** *fig (raccapezzarsi)* sich zurechtfinden.

orizzonte [oridˈdzonte] *m (a. fig)* Horizont *m;* **giro d'~** Übersicht *f,* Überblick *m,* Tour d'horizon *f o. m geh;* **una persona di ~ limitato** eine Person mit begrenztem Horizont; **nuovi -i si aprono** neue Horizonte tun sich auf.

Orlando [orˈlando] *(nome proprio maschile)* Roland.

orlare [orˈlaːre] *tr* einfassen, umranden; *(nel cucito)* (ein)säumen. **orlatura** [orlaˈtuːra] *f* **1.** *(messa a punto)* Einfassen *n; (di tessuto)* Säumen *n;* **2.** *(materiale)* Einfassung *f,* Umrandung *f;* **3.** *(orlo)* Rand *m; (di tessuto)* Saum *m.* **orlo** [ˈorlo] *m* **1.** *(margine)* Rand *m;* **2.** *(di tessuto)* Saum *m;* **3.** *(materiale)* Bordüre *f,* Besatz *m;* **4.** *(ripiegatura di lamiera)* Bördelung *f;* **5.** *fig* Rand *m;* **~ a giorno** Hohlsaum *m;* **essere sull'~ della pazzia** am Rande des Wahnsinns sein.

orma [ˈorma] *f* **1.** *(di persona)* Spur *f,* Fußstapfe *f;* **2.** *(di animale)* Fährte *f;* **3.** *fig* Spur *f;* **mettersi sulle -e** (*o.* **calcare le -e) di qu** in jds Fußstapfen treten.

ormai [orˈmaːi] *adv* **1.** *(ora)* nun, jetzt; **2.** *(già)* schon, bereits.

ormeggiare [ormedˈdʒaːre] ⟨ormeggio, ormeggi⟩ **I.** *tr naut* festmachen, vertäuen; *aero* verankern; **II.** *itr, rfl:* **-rsi** festmachen. **ormeggio** [orˈmeddʒo] ⟨-ggi⟩ *m* **1.** *naut* Verankerung *f,* Vertäuung *f; aero* Verankerung *f;* **2.** *(luogo)* Ankerplatz *m;* **3.** ⟨*pl*⟩ (Halte)leinen *f pl;* **andare/essere all'~** vor Anker gehen/liegen.

ormonale [ormoˈnaːle] *a* hormonal, Hormon-. **ormone** [orˈmoːne] *m* Hormon *n.*

ornamentale [ornamenˈtaːle] *a* Zier-, ornamental, Ornament-; **piante -i** Zierpflanzen *f pl.* **ornamentazione** [...tatˈtsi̯oːne] *f* **1.** *(atto dell'ornare)* Verzieren *n;* **2.** *(insieme di ornamenti)* Ornamente *n pl,* Verzierung(en *pl*) *f.* **ornamento** [...ˈmento] *m (decorazione)* Ornament *n,* Verzierung *f; (fig a.)* Ausschmückung *f;* **-i muliebri** Schmucksachen *f pl.*

ornare [orˈnaːre] **I.** *tr* **1.** *(abbellire)* verzieren; *(casa, etc.)* (aus)schmücken; **2.** *fig (arricchire)* schmücken; *(discorso)* ausschmücken; **II.** *rfl:* **-rsi** sich schmücken. **ornato, -a** [orˈnaːto] **I.** *a* verziert, geschmückt; **II.** *m* Ornamentik *f.*

ornitologa *f v.* **ornitologo.**

ornitologia [ornitoloˈdʒiːa] ⟨-gie⟩ *f* Vogelkunde *f,* Ornithologie *f.* **ornitologico, -a** [...ˈlɔːdʒiko] *a* vogelkundlich, ornithologisch. **ornitologo, -a** [...ˈtɔːlogo] ⟨-gi, -ghe⟩ *m, f* Vogelkundler(in) *m(f),* Ornithologe *m,* -login *f.* **ornitomanzia** [...tomanˈtsiːa] ⟨-ie⟩ *f* Vogelschau *f.*

ornitorinco [ornitoˈriŋko] ⟨-chi⟩ *m* Schnabeltier *n.*

oro [ˈɔːro] *m* **1.** *(metallo, colore)* Gold *n;* **2.** *(denaro)* Gold *n,* Geld *n;* **3.** ⟨*pl*⟩ *(oggetti d'~)* Goldstücke *n pl,* Gold *n;* **4.** ⟨*pl*⟩ *(di carte)* Karo *n;* **~ bianco/giallo/rosso** Weiß-/Gelb-/Rotgold *n;* **un affare d'~** ein gutes Geschäft; *(negozio, ristorante, etc.)* eine Goldgrube; **d'~** golden, aus Gold; **il secolo d'~** das goldene Zeitalter; **questo è un consiglio d'~** dieser Rat ist Gold wert; **vale tant'~ quanto pesa** das ist nicht mit Gold aufzuwiegen, das ist Gold wert; **non per tutto l'~ del mondo** nicht um alles in der Welt; **nuotare nell'~** im Geld schwimmen;

prendere tutto per ~ colato alles für bare Münze nehmen; **vendere qc a peso d'~** etw. für teures Geld verkaufen; **non è tutto ~ quel che (ri)luce** *prov* es ist nicht alles Gold, was glänzt *prov.*

orologeria [orolodʒe'ri:a] ‹-ie› *f* **1.** *(arte)* Uhrmacherhandwerk *n; (industria)* Uhrenindustrie *f;* **2.** *(negozio)* Uhrengeschäft *n;* **3.** *(dispositivo)* Zeitzünder *m;* **bomba a ~** Zeitbombe *f.* **orologiaio, -a** [...'dʒa:i̯o] ‹-giai, -giaie› *m, f* **1.** *(fabbricante)* Uhrenfabrikant(in) *m(f);* **2.** *(riparatore)* Uhrmacher(in) *m(f);* **3.** *(venditore)* Uhrenhändler(in) *m(f).* **orologiero, -a** [...'dʒɛ:ro] *a* Uhr(en)-.

orologio [oro'lɔ:dʒo] ‹-gi› *m* Uhr *f;* **~ al quarzo** Quarzuhr *f;* **~ da polso/da tasca** Armband-/Taschenuhr *f;* **~ solare/cronografo** Sonnen-/Stoppuhr *f;* **il mio ~ va per i fatti suoi** *fam* meine Uhr geht nach dem Mond *fam;* **essere un ~** *fig* wie ein Uhrwerk funktionieren; **l'~ va avanti/indietro** die Uhr geht vor/nach.

oroscopo [o'rɔskopo] *m* **1.** *astr* Horoskop *n;* **2.** *(pronostico, previsione)* Vorhersage *f.*

orpello [or'pɛllo] *m* **1.** *(similoro)* Flittergold *n;* **2.** *fig (falsa apparenza)* Schein *m,* Blendwerk *n geh;* **3.** ‹*pl*› *pej (fronzoli)* Flitter *m.*

orrendo, -a [or'rɛndo] *a* schrecklich, entsetzlich, fürchterlich.

orribile [or'ri:bile] *a* **1.** *(atroce)* schrecklich, entsetzlich, furchtbar; *(delitto)* grausig; **2.** *fig (pessimo)* schrecklich, gräßlich.

orrido, -a ['ɔrrido] **I.** *a* schrecklich; *(aspetto a.)* furchteinflößend; **II.** *m* Klamm *f.*

orripilante [orripi'lante] *a* haarsträubend.

orrore [or'ro:re] *m (repulsione, spavento)* Entsetzen *n,* Grausen *n,* Horror *m; (avversione)* Horror *m fam,* Abscheu *m; (terrore)* Schrecken *m;* **film dell'~** Horrorfilm *m;* **gli -i della guerra** die Schrecken *m pl* des Krieges; **un sacro ~** ein heiliger Schauer; **avere in ~ qc** etw. verabscheuen, einen Horror vor etw. haben *fam.*

orsa ['orsa] *f* **1.** *zoo* Bärin *f;* **2.** *astr:* **l'O~ maggiore/minore** der Große/Kleine Bär. **orsacchiotto** [-k'ki̯ɔtto] *m* Teddy-, Plüschbär *m.* **orso** ['orso] *m* Bär *m;* **~ bianco (*o.* polare)/bruno/grigio/lavatore** Eis-/Braun-/Grizzly-/Waschbär *m;* **ballare come un ~** tanzen wie ein Bär; **essere un ~** *fig* bärbeißig sein.

orsù [or'su] *interj geh* wohlauf *obs,* wohlan *obs.*

ortaggio [or'taddʒo] ‹-ggi› *m* Gemüse *n.*

ortensia [or'tɛnsi̯a] ‹-ie› *f* Hortensie *f.*

ortica [or'ti:ka] ‹-che› *f* Brennessel *f.* **orticante** [orti'kante] *a* brennend, Brenn-. **orticaria** [orti'ka:ri̯a] ‹-ie› *f* Nesselsucht *f,* -fieber *n.*

orticolo, -a [or'ti:kolo] *a* Garten-, Gartenbau-; *(piante)* Gemüse-.

orticoltore, -trice [ortikol'to:re] *m, f* Gärtner(in) *m(f).* **orticoltura** [...'tu:ra] *f* Gartenbau *m.*

Ortisei [orti'zɛ:i] *f* Sankt Ulrich *n.*

ortivo, -a[1] [or'ti:vo] *a (coltivato ad orto)* Garten-.

ortivo, -a[2] [or'ti:vo] *a astr:* **punto ~** Aufgangspunkt *m.*

orto ['ɔrto] *m* (Gemüse-, Nutz)garten *m;* **~ botanico** botanischer Garten; **~ familiare** Küchengarten *m;* **~ secco** Kräutersammlung *f,* Herbarium *n;* **coltivare il proprio ~** *fig* sich nur um die eigenen Sachen kümmern, sein eigenes Süppchen kochen *fam;* **prendere la via dell'~** *fig* den Weg des geringsten Widerstandes gehen.

ortodossa *f v.* **ortodosso.**

ortodossia [ortodos'si:a] ‹-ie› *f* Orthodoxie *f.* **ortodosso, -a** [...'dɔsso] **I.** *a* orthodox; **II.** *m, f* Angehörige(r) *mf* der griechisch-orthodoxen Kirche.

ortofonico, -a [orto'fɔ:niko] *a* klangtreu.

ortofrenia [ortofre'ni:a] ‹-ie› *f* Lernbehindertenpädagogik *f.* **ortofrenico, -a** [...'frɛ:niko] *a:* **istituto ~** Schule *f* für Lernbehinderte.

ortofrutticolo, -a [ortofrut'ti:kolo] *a* Obst- und Gemüse-. **ortofrutticoltura** [...tikol'tu:ra] *f* Obst- und Gemüseanbau *m.*

ortogonale [ortogo'na:le] *a* rechtwink(e)lig.

ortografia [ortogra'fi:a] *f* Rechtschreibung *f,* Orthographie *f.* **ortografico, -a** [...'gra:fiko] *a* Rechtschreib-, orthographisch.

ortolano, -a [orto'la:no] *m, f* **1.** *(coltivatore)* Gemüsegärtner(in) *m(f);* **2.** *(venditore)* Gemüsehändler(in) *m(f).*

ortopedia [ortope'di:a] ‹-ie› *f* Orthopädie *f.* **ortopedico, -a** [...'pɛ:diko] ‹-ci, -che› **I.** *a* orthopädisch, Orthopädie-; **II.** *m, f* Orthopäde *m,* -pädin *f.*

orvieto [or'vi̯ɛ:to *o.* ...i̯e:to] *m* Orvieto *m (Weißwein aus Umbrien).*

orza ['ɔrtsa] *f* **1.** *(cavo)* Luvbrasse *f;* **2.** *(lato)* Luv(seite *f*) *f o. n.*

orzaiolo [ordza'i̯ɔ:lo] *m med* Gerstenkorn *n.*
orzare [or'tsa:re] *itr* luven.
orzata[1] [or'tsa:ta] *f naut* Luven *n.*
orzata[2] [or'dza:ta] *f gastr* **1.** *(bevanda)* Mandelmilch *f;* **2.** *(sciroppo)* Mandelsirup *m.*
orzo ['ɔrdzo] *m* Gerste *f;* ~ **mondo** Graupen *f pl;* ~ **perlato** Perlgraupen *f pl.*
osanna [o'zanna] **I.** *interj* hosianna; **II.** ‹-› *m* Hosianna *n,* Hosiannaruf *m.*
osannare [...'na:re] **I.** *tr* bejubeln; **II.** *itr* Hosianna rufen; *fig* jubeln, zujubeln (*a qu* jdm).
osare [o'za:re] *tr* wagen; **non oso chiedere** ich wage nicht zu fragen.
oscenità [oʃʃeni'ta] ‹-› *f* **1.** *(indecenza)* Obszönität *f,* Unanständigkeit *f;* **2.** *fam (opera bruttissima)* Widerlichkeit *f,* Greuel *m.* **osceno, -a** [oʃ'ʃɛ:no] *a* **1.** *(indecente)* obszön, unanständig, unzüchtig; **2.** *fam (bruttissimo)* widerlich, ekelhaft.
oscillare [oʃʃil'la:re] *itr* **1.** *(dondolare)* schaukeln; *(a. phys)* schwingen; **2.** *(variare, mostrare alternanza)* schwanken; **3.** *(tentennare)* schwanken. **oscillatore** [...la'to:re] *m* Oszillator *m.* **oscillatorio, -a** [...la'tɔ:ri̯o] ‹-i, -ie› *a* schwingend; *(a. phys)* Schwingungs-, oszillatorisch. **oscillazione** [...lat'tsi̯o:ne] *f* Schwankung *f; phys* Schwingung *f,* Oszillation *f; (a. fig, fin)* Schwanken *n;* **-i di temperatura** Temperaturschwankungen *f pl.* **oscillografo** [...'lɔ:grafo] *m* Oszillograph *m.* **oscillogramma** [...lo'gramma] ‹-i› *m* Oszillogramm *n.*
oscuramento [oskura'mento] *m* **1.** *(eliminazione della luce)* Verdunk(e)lung *f,* Verfinsterung *f;* **2.** *fig (ottenebramento)* Trübung *f; (della mente)* Umnachtung *f.* **oscurare** [...'ra:re] **I.** *tr* **1.** *(rendere oscuro)* verdunkeln, verfinstern; **2.** *fig (far impallidire)* in den Schatten stellen; **II.** *rfl:* **-rsi 1.** *(diventare oscuro)* sich verdunkeln, sich verfinstern; **2.** *fig* sich trüben; *(mente)* sich umnachten; *(volto)* sich verfinstern.
oscurità [oskuri'ta] ‹-› *f* **1.** *(assenza di luce)* Dunkelheit *f,* Dunkel *n,* Finsternis *f;* **2.** *fig (ottenebramento)* Trübung *f; (di mente)* Umnachtung *f;* **3.** *fig (difficile intelligibilità)* Undurchschaubarkeit *f,* Dunkel *n;* **4.** *fig (scarsa notorietà)* Schatten *m;* **con il favore dell'**~ im Schutze der Dunkelheit. **oscuro, -a** [os'ku:ro] **I.** *a* **1.** *(buio)* finster, dunkel; **2.** *fig* dunkel; *(pensiero, volto)* finster; *pej* obskur; **camera -a** Dunkelkammer *f; hist* Camera obscura *f;* **gli si presenta un avvenire** ~ seine Zukunft liegt im dunkeln; **II.** *m* Dunkel *n,* Dunkelheit *f;* **essere all'**~ **di qc** von etw. keine Ahnung haben; **tenere qu all'**~ **di qc** jdn über etw. im dunkeln lassen.
osmosi [oz'mɔ:zi] ‹-› *f* Osmose *f.*
ospedale [ospe'da:le] *m* Krankenhaus *n,* Hospital *n;* ~ **delle bambole** Puppenklinik *f;* ~ **da campo** Feldlazarett *n;* **essere un** ~ **ambulante** *fam* an allen Krankheiten der Welt leiden; **fare sei mesi d'**~ sechs Monate im Krankenhaus liegen; **mandare qu all'**~ *scherz* jdn krankenhausreif schlagen. **ospedaliero, -a** [...da'li̯ɛ:ro] **I.** *a* Krankenhaus-; **cure -e** Krankenhausbehandlung *f;* **II.** *m, f* Krankenpfleger(in) *m(f); (medico)* Krankenhausarzt *m,* -ärztin *f.* **ospedalizzare** [...dalid'dza:re] *tr* ins Krankenhaus einliefern (*o.* bringen).
ospitale [ospi'ta:le] *a* **1.** *(persona)* gastfreundlich; **2.** *(luogo)* gastlich, einladend. **ospitalità** [...tali'ta] ‹-› *f* Gastfreundschaft *f.*
ospitare [ospi'ta:re] *tr* **1.** *(dare ospitalità)* Gastfreundschaft gewähren (*qu* jdm), zu Gast haben; *(accogliere)* aufnehmen, beherbergen; *sport* Gastgeber (*o.* gastgebende Mannschaft, *etc.)* sein für; **2.** *fig (custodire)* beherbergen; *(articolo, etc.)* aufnehmen; **3.** *biol* Wirt sein für. **ospite** ['ɔspite] **I.** *mf* **1.** *(persona che ospita)* Gastgeber(in) *m(f);* **2.** *(persona ospitata)* Gast *m;* **3.** *biol* Wirt *m;* **l'**~ **è come il pesce, dopo tre giorni puzza** *prov* Besuch ist wie Fisch, nach drei Tagen stinkt er *prov;* **II.** *a* Gast-.
ospizio [os'pittsi̯o] ‹-i› *m* Heim *n;* ~ **per orfani/vecchi** Waisenhaus *n*/Alters-, Altenheim *n.*
ossario [os'sa:ri̯o] ‹-i› *m* Beinhaus *n,* Ossarium *n.*
ossatura [ossa'tu:ra] *f* **1.** *anat (insieme delle ossa)* Skelett *n,* Knochengerüst *n; (struttura)* Knochenbau *m;* **2.** *fig (struttura portante)* Gerippe *n,* Skelett *n; (orditura)* Gerüst *n.*
osseo, -a ['ɔsseo] *a* Knochen-, knöchern.
ossequente [osse'ku̯ɛnte] *a geh* gehorsam, respektvoll (*a* gegenüber), ehrerbietig (*a* gegenüber). **ossequiare** [...'ku̯i̯a:re] ‹ossequio, ossequi› *tr geh* hochachten, Achtung entgegenbringen (*qu* jdm).
ossequio [os'sɛku̯i̯o] ‹-qui› *m geh* Hochachtung *f,* Ehrfurcht *f,* Ehrerbietung *f geh;* **gradisca i miei -qui** *(nelle*

lettere) mit dem Ausdruck meiner vorzüglichen Hochachtung *geh;* **i miei -qui, gentile signora** *(nelle lettere)* mit den besten Empfehlungen, gnädige Frau, Ihr (ergebener) *geh;* **in ~ a** aus Achtung vor. **ossequiosità** [ossekuiosi'ta] ‹-› *f geh* Ehrerbietigkeit *f geh,* Ehrerbietung *f geh; pej* Unterwürfigkeit *f.* **ossequioso, -a** [...'kuio:so] *a geh* ehrfurchtsvoll, ehrerbietig *geh; pej* unterwürfig.

osservante [osser'vante] **I.** *a* befolgend (*di qc* etw.); *rel* observant; **II.** *mf* Strenggläubige(r) *mf;* **(frati) -i** Observanten *m pl.* **osservanza** [...'vantsa] *f* Befolgung *f,* Beachtung *f; rel* Observanz *f;* **con perfetta ~** *(nelle lettere)* mit vorzüglicher Hochachtung *geh;* **in ~ alle disposizioni emanate** *adm* unter Beachtung der erlassenen Verfügungen.

osservare [osser'va:re] *tr* **1.** *(guardare attentamente)* beobachten, betrachten, observieren *scient;* **2.** *(non trasgredire, mantenere)* beachten, befolgen, einhalten; **3.** *(rilevare)* bemerken, beobachten, feststellen; **4.** *(obiettare)* einwenden; **far ~ qc a qu** jdn auf etw. aufmerksam machen. **osservatore, -trice** [...va'to:re] **I.** *a* beobachtend, Beobachtungs-; **II.** *m, f* Beobachter(in) *m(f).* **osservatorio** [...va'tɔ:rio] ‹-i› *m* Observatorium *n;* **~ astronomico/meteorologico** Sternwarte *f*/Wetterwarte *f,* Beobachtungsstation *f.*

osservatrice *f v.* **osservatore.**

osservazione [osservat'tsio:ne] *f* **1.** *(atto, studio)* Beobachtung *f,* Observierung *f scient;* **2.** *(considerazione critica)* Betrachtung *f,* Untersuchung *f;* **3.** *(rimprovero)* Vorhaltung *f,* Tadel *m,* Vorwurf *m;* **4.** *(obiezione)* Einwand *m;* **spirito di ~** Beobachtungsgabe *f;* **essere tenuto in ~** unter Beobachtung sein (*o.* stehen).

ossessa *f v.* **ossesso.**

ossessionante [ossessio'nante] *a* bedrängend, quälend; **idea ~** fixe Idee, Zwangsvorstellung *f.* **ossessionare** [...'na:re] *tr* **1.** *(tormentare la coscienza)* bedrängen, plagen, quälen; **2.** *fig (infastidire)* verfolgen, bedrängen. **ossessione** [...'sio:ne] *f* **1.** *(invasamento demoniaco)* Besessenheit *f;* **2.** *psych* Zwangsvorstellung *f,* Obsession *f;* **3.** *(preoccupazione angosciosa)* Angstvorstellung *f,* Wahn *m.* **ossessivo, -a** [...'si:vo] *a* quälend; *psych* Zwangs-, obsessiv. **ossesso, -a** [os'sɛsso] **I.** *a* besessen; **II.** *m, f* Besessene(r) *mf.*

ossia [os'si:a] *con* oder (besser gesagt), oder (auch).

ossiacido [ossi'a:tʃido] *m* Sauerstoffsäure *f.*

ossibuchi *pl di* **ossobuco.**

ossidabile [ossi'da:bile] *a* oxydierbar. **ossidante** [...'dante] **I.** *a* oxydationsfähig; **II.** *m* Oxydationsmittel *n.* **ossidare** [...'da:re] *tr, rfl:* **-rsi** oxydieren. **ossidazione** [...dat'tsio:ne] *f* Oxydation *f.* **ossido** ['ɔssido] *m* Oxyd *n,* Oxid *n;* **~ di azoto** Stickoxid *n.* **ossidrico, -a** [os'si:driko] ‹-ci, -che› *a:* **cannello ~** Schweißbrenner *m.*

ossificazione [ossifikat'tsio:ne] *f* Verknöcherung *f,* Ossifikation *f scient.*

ossigenare [ossidʒe'na:re] *tr* **1.** *chem* Sauerstoff zuführen (*qc* einer S.), mit Sauerstoff anreichern; **2.** *fig* unter die Arme greifen (*qu* jdm); **-rsi i capelli** sich *(dat)* die Haare blondieren; **-rsi in montagna** im Gebirge frische Luft tanken. **ossigenato, -a** [...'na:to] *a* **1.** *chem* sauerstoffhaltig, mit Sauerstoff angereichert; **2.** *(capelli)* gebleicht, blondiert; **acqua -a** Wasserstoffsuperoxyd *n;* **bionda -a** Wasserstoffblondine *f fam.* **ossigenatura** [...na'tu:ra] *f* Blondierung *f.* **ossigenazione** [...nat'tsio:ne] *f* Sauerstoffzufuhr *f.*

ossigeno [os'si:dʒeno] *m* **1.** *chem* Sauerstoff *m;* **2.** *fig (sovvenzione)* Geldspritze *f fam;* **3.** *fig (linfa rinnovatrice)* Frischzellen *f pl,* frisches Blut; **tenda a ~** Sauerstoffzelt *n.*

osso ['ɔsso] ‹*pl:* -i *m o.* -a *f nel senso anat*› **1.** *anat* Knochen *m;* **2.** ‹*pl*› *geh (resti di cadavere)* Gebeine *n pl geh;* **3.** *(osso animale lavorato)* Bein *n;* **4.** *(nocciolo)* Kern *m,* Stein *m;* **~ sacro/nasale** Kreuz-/Nasenbein *n;* **-i di balena** Fischbein *n;* **un ~ duro** *fig (difficoltà)* eine harte Nuß *fam; (persona)* ein zäher Knochen *fam;* **avere le -a peste** (*o.* **rotte**) zerschlagen (*o.* wie gerädert) sein; **ridursi pelle e -a** vom Fleisch fallen; **essere un sacco d'ossa, esser (ridotto) pelle e -a** nur noch Haut und Knochen sein; **essere all'~** *fig* aus dem letzten Loch pfeifen *fam;* **farsi le -a** sich *(dat)* die Hörner abstoßen *fam;* **per questo affare ci ho rimesso l'~ del collo** *fig* diese Geschichte hat mir das Genick gebrochen *fam;* **posa l'~!** *fig* heraus damit!; **sputa l'~!** *fam scherz* spuck es aus! *fam.* **ossobuco** [osso'bu:ko] ‹ossibuchi› *m mit Weißwein, Tomaten und anderen Zutaten*

geschmorte Kalbshaxe. **ossuto, -a** [os'su:to] *a* knochig, knöch(e)rig.
ostacolare [ostako'la:re] *tr* behindern, aufhalten; *(progetti)* hintertreiben; *(vista)* behindern, nehmen.
ostacolista [ostako'lista] ‹-i *m*, -e *f*› **I.** *mf (atleta)* Hindernis-, Hürdenläufer(in) *m(f)*; **II.** *m (cavallo)* Springpferd *n*.
ostacolo [os'ta:kolo] *m* **1.** *(impedimento, intralcio)* Hindernis *n;* **2.** *sport* Hindernis *n*, Hürde *f;* **3.** *mil:* ~ **anticarro** Panzersperre *f;* **corsa a -i** Hindernisrennen *n;* **essere d'~ alla vista** eine Sichtbehinderung darstellen.
ostaggio [os'taddʒo] ‹-ggi› *m* Geisel *f;* **tenere qu in** ~ jdn als Geisel festhalten.
ostare [os'ta:re] *itr adm* entgegenstehen, im Wege stehen; **nulla osta all'accoglimento della domanda** der Genehmigung des Antrags steht nichts entgegen. **ostativo, -a** [osta'ti:vo] *a jur:* **motivo** ~ Hinderungsgrund *m*.
oste, -essa ['ɔste, os'tessa] *m, f* (Gast)wirt(in) *m(f);* **fare i conti senza l'~** *fig* die Rechnung ohne den Wirt machen.
osteggiare [osted'dʒa:re] ‹osteggio, osteggi› *tr rar* anfeinden *geh.*
ostello [os'tɛllo] *m* Herberge *f;* ~ **della gioventù** Jugendherberge *f.*
ostensorio [osten'sɔ:rio] ‹-i› *m* Monstranz *f.*
ostentare [osten'ta:re] *tr* zur Schau stellen (*o.* tragen), hervorkehren, prahlen mit. **ostentato, -a** [...'ta:to] *a* ostentativ, zur Schau gestellt. **ostentazione** [...tat'tsio:ne] *f* Zurschaustellung *f.*
osteria [oste'ri:a] ‹-ie› *f* Schenke *f*, (kleine) Gaststätte *f;* **fermarsi alla prima** ~ *fig* das erstbeste nehmen, mit dem erstbesten zufrieden sein.
ostessa *f v.* **oste.**
ostetrica [os'tɛ:trika] ‹-che› *f* **1.** *(infermiera)* Hebamme *f;* **2.** *(donna medico)* Geburtshelferin *f.* **ostetricia** [oste'tri:tʃa] ‹-cie› *f* Geburtshilfe *f.* **ostetrico, -a** [os'tɛ:triko] ‹-ci, -che› **I.** *a* Entbindungs-, Geburts-; **II.** *m, f (medico)* Geburtshelfer(in) *m(f).*
ostia ['ɔstia] ‹-ie› *f* **1.** *rel* Hostie *f;* **2.** *(cialda)* Oblate *f.*
ostico, -a ['ɔstiko] ‹-ci, -che› *a* hart, mühsam.
ostile [os'ti:le] *a* feindlich, feindselig. **ostilità** [ostili'ta] ‹-› *f* Feindschaft *f*, Feindseligkeit *f.*
ostinarsi [osti'narsi] *rfl* beharren (*a* auf), sich versteifen (*a* auf); ~ **nell'errore** sich in einen Irrtum verrennen.
ostinato, -a [...'na:to] **I.** *a* hartnäkkig, beharrlich; *(pioggia)* anhaltend; *(tosse)* hartnäckig; *(tenace)* zäh; **II.** *m, f* Dickkopf *m*, Starrkopf *m.* **ostinazione** [...nat'tsio:ne] *f (caparbietà)* Dick-, Starrköpfigkeit *f*, Halsstarrigkeit *f; (persistenza)* Hartnäkkigkeit *f*, Beharrlichkeit *f.*
ostracismo [ostra'tʃizmo] *m* **1.** *hist* Scherbengericht *n*, Ostrazismus *m;* **2.** *fig* Scherbengericht *n*, Verbannung *f;* **dare l'~ a qc** etw. verbannen; **fare ~ a qu** über jdn ein Scherbengericht veranstalten.
ostrica ['ɔstrika] ‹-che› *f* Auster *f;* **essere chiuso come un'~** *(essere riservato)* zugeknöpft sein; *(non aprir bocca)* stumm wie ein Fisch sein; **star attaccato a qu come l'~ allo scoglio** wie eine Klette an jdm hängen *fam.* **ostricoltore, -trice** [ostrikol'to:re] *m, f* Austernzüchter(in) *m(f).* **ostricoltura** [...'tu:ra] *f* Austernzucht *f.*
ostruire [ostru'i:re] ‹ostruisco› *tr (condotto)* verschließen, verstopfen; *(passaggio)* versperren. **ostruzione** [...ut'tsio:ne] *f (di condotto)* Verschluß *m; (di passaggio, a. mil)* Sperre *f*, Sperrung *f.*
ostruzionismo [ostruttsio'nizmo] *m* Obstruktion *f; sport* Sperre *f.* **ostruzionista** [...'nista] ‹-i *m*, -e *f*› *mf* Obstruktionist(in) *m(f).* **ostruzionistico, -a** [...'nistiko] ‹-ci, -che› *a* Obstruktions-.
Otello [o'tɛllo] *(nome proprio maschile)* Othello.
otite [o'ti:te] *f* Ohrenentzündung *f*, Otitis *f.* **otoiatra** [oto'ia:tra] ‹-i *m*, -e *f*› *mf* Ohrenarzt *m*, -ärztin *f.* **otoiatria** [...ia'tri:a] ‹-ie› *f* Ohrenheilkunde *f.* **otorinolaringoiatra** [otorinolaringo'ia:tra] ‹-i *m*, -e *f*› *mf* Hals-Nasen-Ohren-Arzt *m*, -Ärztin *f.*
otre ['o:tre] *m* Schlauch *m;* **essere pieno come un** ~ zum Platzen voll sein; *(ubriaco)* zu bis oben hin sein *fam.*
ottaedro [otta'ɛ:dro] *m* Achtflächner *m*, Oktaeder *m.* **ottagonale** [...ago'na:le] *a* achteckig, oktogonal. **ottagono** [ot'ta:gono] *m* Achteck *n*, Oktagon *n.*
ottano [ot'ta:no] *m* Oktan *n;* **numero di -i** Oktanzahl *f.*
ottanta [ot'tanta] **I.** *a numerale* achtzig; **II.** ‹-› *m* Achtzig *f; v. a. cinquanta.* **ottantenne** [...'tɛnne] **I.** *a* achtzigjährig; **II.** *mf* Achtzigjährige(r) *mf.* **ottantennio** [...'tɛnnio] ‹-i› *m* Zeitraum *m* von achtzig Jahren, achtzig

Jahre *n pl.* **ottantesimo, -a** [...'tɛ:zimo] **I.** *a* achtzigste(r, s); **II.** *m, f* Achtzigste(r, s) *mfn;* **III.** *m (frazione)* Achtzigstel *n,* achtzigster Teil; *v. a. quinto.* **ottantina** [...'ti:na] *f:* **una ~ (di ...)** (etwa) achtzig (...); **essere sulla ~** an (*o.* um) die Achtzig sein.

ottativo, -a [otta'ti:vo] **I.** *a* optativ; **II.** *m* Optativ *m.*

ottava[1] [ot'ta:va] *f* **1.** *rel* Oktav *f;* **2.** *lit* Oktave *f,* Stanze *f;* **3.** *mus (intervallo)* Oktave *f; (croma)* Achtelnote *f.*

ottava[2] *f v.* **ottavo.**

Ottavia [ot'ta:vi̯a] *nome proprio femminile.*

ottavino [otta'vi:no] *m* Pikkoloflöte *f.*

ottavo, -a [ot'ta:vo] **I.** *a* achte(r, s); **II.** *m, f* Achte(r, s) *mfn;* **III.** *m* **1.** *(frazione)* Achtel *n,* achter Teil; **2.** *(formato)* Oktav *n;* **-i di finale** Achtelfinale *n; v. a. quinto.*

ottemperanza [ottempe'rantsa] *f adm* Beachtung *f,* Befolgung *f;* **in ~ alle norme di legge** unter Beachtung der gesetzlichen Bestimmungen.

ottemperare [ottempe'ra:re] *itr poet* Folge leisten, folgen.

ottenebrare [ottene'bra:re] *tr poet* **1.** *(offuscare)* verfinstern, verdunkeln; **2.** *fig* trüben.

ottenere [otte'ne:re] ‹*irr*› *tr* **1.** *(conseguire)* erlangen, erreichen, erzielen; *(vittoria)* erringen; **2.** *(ricevere)* erhalten; **3.** *(ricavare)* gewinnen, erhalten. **ottenibile** [...'ni:bile] *a* erhältlich. **ottenimento** [...ni'mento] *m* Erlangung *f,* Erringung *f.*

ottentotto, -a [otten'tɔtto] *m, f (a. fig pej)* Hottentotte *m,* -tottin *f.*

ottetto [ot'tetto] *m* Oktett *n.*

ottica ['ɔttika] ‹-che› *f* Optik *f.* **ottico, -a** [...ko] ‹-ci, -che› **I.** *a* optisch; *(nervo, etc.)* Seh-; **lettore ~** *inform* Lesestift *m,* optischer Leser; **II.** *m, f* Optiker(in) *m(f).*

ottimale [otti'ma:le] *a* optimal.

ottimamente [ottima'mente] ‹*superlativo di* bene› *adv* hervorragend, ausgezeichnet.

ottimare [otti'ma:re] *v.* **ottimizzare.**

ottimismo [otti'mizmo] *m* Optimismus *m.* **ottimista** [...'mista] ‹-i *m,* -e *f*› **I.** *a* optimistisch; **II.** *mf* Optimist *m.* **ottimistico, -a** [...'mistiko] ‹-ci, -che› *a* optimistisch.

ottimizzare [ottimid'dza:re] *tr* optimieren, optimalisieren.

ottimo, -a ['ɔttimo] ‹*superlativo di* buono› **I.** *a* **1.** *(il più buono)* beste(r, s); **2.** *(molto buono)* sehr gut, hervorragend, ausgezeichnet; **II.** *m* höchster Wert, höchstes Maß; *(stato ideale)* Optimum *n.*

otto ['ɔtto] **I.** *a numerale* acht; **dare gli ~ giorni** (mit acht Tagen Frist) kündigen; **oggi a ~** heute in acht Tagen; **II.** ‹-› *m* **1.** *(numero)* Acht *f;* **2.** *(nelle date)* Achte(r) *m;* **3.** *(voto scolastico)* ≃ gut, zwei; **4.** *sport (nel pattinaggio)* Acht *f,* Achter *m; (nel canottaggio)* Achter *m;* **~ volante** Achterbahn *f;* **III.** *f pl* acht Uhr; *v. a. cinque.*

ottobre [ot'to:bre] *m* Oktober *m; v. a. settembre.*

ottocentesco, -a [ottotʃen'tesko] ‹-schi, -sche› *a* das neunzehnte Jahrhundert betreffend. **ottocentista** [...'tista] ‹-i *m,* -e *f*› *mf* **1.** *(artista)* Künstler(in) *m(f)* des Ottocento; **2.** *sport* Achthundertmeterläufer(in) *m(f).* **ottocento** [...'tʃɛnto] **I.** *a numerale* achthundert; **II.** ‹-› *m* **1.** *(numero)* Achthundert *f;* **2.** ‹*pl*› *sport* Achthundertmeterlauf *m;* **l'O~** das neunzehnte Jahrhundert; *(nell' arte italiana)* das Ottocento.

ottomana [otto'ma:na] *f* Ottomane *f.*

ottomano, -a [otto'ma:no] **I.** *a* **1.** *poet* osmanisch; **2.** *(turco)* türkisch; **II.** *m, f* **1.** *poet* Osmane *m,* Osmanin *f;* **2.** *(turco)* Türke *m,* Türkin *f.*

ottomila [otto'mi:la] **I.** *a numerale* achttausend; **II.** ‹-› *m* Achttausend *f.*

ottone [ot'to:ne] *m* **1.** *(lega)* Messing *n;* **2.** ‹*pl*› *mus* Blechblasinstrumente *n pl.*

Ottone [ot'to:ne] *(nome proprio maschile)* Otto.

ottotipo [ot'tɔ:tipo] *m* Sehprobentafel *f.*

ottuagenario, -a [ottuadʒe'na:ri̯o] ‹-i, -ie› **I.** *a* achtzigjährig; **II.** *m, f* Achtzigjährige(r) *mf.*

ottundere [ot'tundere] ‹ottundo, ottusi, ottuso› *tr (a. fig)* abstumpfen. **ottundimento** [...di'mento] *m (a. fig)* Abstumpfung *f.* **ottundo** [ot'tundo] *1. pers sing pr di* **ottundere.**

ottuplo, -a ['ɔttuplo] **I.** *a* achtfach; **II.** *m* Achtfache(s) *n.*

otturare [ottu'ra:re] **I.** *tr* **1.** *med (dente)* füllen, plombieren; **2.** *tec (falla)* (ver-, zu)stopfen; *(tubo)* abdichten; **II.** *rfl:* **-rsi** verstopfen. **otturatore** [...ra'to:re] *m* **1.** *mil* (Gewehr)schloß *n,* Verschluß *m;* **2.** *fot* Verschluß *m.* **otturazione** [...rat'tsi̯o:ne] *f* **1.** *(atto, effetto)* Abdichtung *f; (di un dente)* Plombieren *n;* **2.** *(amalgama)* Füllung *f,* Plombe *f.*

ottusi [ot'tu:zi] *1. pers sing del passato remoto di* **ottundere.**
ottusità [ottuzi'ta] ‹-› *f* Stumpfsinnigkeit *f.* **ottuso, -a** [ot'tu:zo] **I.** *pp di* **ottundere; II.** *a gener., mat fig* stumpf; *(suono)* dumpf; *fig (ambiente, intelletto)* stumpfsinnig.
Ötztal ['œtsta:l] *f* Ötztal *n.*
ouverture [uvɛr'ty:r] ‹-› *f* Ouvertüre *f.*
ovaia [o'va:i̯a] ‹-aie› *f,* **ovaio** [...o] ‹*pl:* -aia *f*› *m* Eierstock *m.*
ovaiolo, -a [ova'i̯ɔ:lo] *a:* **gallina -a** Legehenne *f.*
ovale [o'va:le] **I.** *a* oval; **palla ~** Rugby *n;* **II.** *m* Oval *n.* **ovalizzare** [ovalid'dza:re] *tec* **I.** *tr* oval machen; **II.** *rfl:* **-rsi** oval werden.
ovarico, -a [o'va:riko] ‹-ci, -che› *a* **1.** *anat* Eierstock-; **2.** *bot* Fruchtknoten-. **ovario** [o'va:ri̯o] ‹-i› *m* Fruchtknoten *m.*
ovatta [o'vatta] *f* Watte *f.* **ovattare** [...'ta:re] *tr* **1.** *(imbottire di ovatta)* wattieren; **2.** *fig (rumore)* dämpfen.
ovazione [ovat'tsi̯o:ne] *f* Ovation *f.*
ove ['o:ve] *poet* **I.** *adv (stato)* wo; *(moto)* wohin; **II.** *con conj* sofern, falls.
overdrive ['oʊvədraɪv] ‹-› *m* Overdrive *m.*
ovest ['ɔ:vest] *m* (*ab* **O.**) Westen *m.*
ovile [o'vi:le] *m* Schafstall *m;* **tornare all'~** *fig* in den Schoß der Familie zurückkehren. **ovino, -a** [o'vi:no] **I.** *a* Schaf-; **II.** *m* Schaf *n.*
oviparo, -a [o'vi:paro] *a* eierlegend.
ovoide [o'vɔ:ide] *a* eiförmig.
ovolo ['ɔ:volo] *m* Kaiserling *m.*
ovulare [ovu'la:re] *a* oval, eiförmig.
ovulazione [...lat'tsi̯o:ne] *f* Eisprung *m,* Ovulation *f.*
ovulo ['ɔ:vulo] *m* **1.** *bot* Samenanlage *f,* Ovulum *n scient;* **2.** *biol* Eizelle *f;* **3.** *(preparato farmaceutico)* Ovulum *n; (pillola)* eiförmige Pille.
ovunque [o'vuŋku̯e] *adv poet* **1.** *(dovunque) conj (stato)* wo (auch) immer; *(moto)* wohin (auch) immer; **2.** *(dappertutto)* überall.
ovvero [ov've:ro] *con* oder (auch).
ovviare [ovvi'a:re] ‹ovvio, ovvii› *itr* begegnen, entgegenwirken.
ovvietà [ovvi̯e'ta] ‹-› *f* Offensichtlichkeit *f.* **ovvio, -a** ['ɔvvi̯o] ‹-i, -ie› *a* **1.** *(naturale)* selbstverständlich; **2.** *(evidente)* offensichtlich.
ozelot [oddze'lɔt] *m* Ozelot *m.*
oziare [ot'tsi̯a:re] ‹ozio, ozi› *itr* untätig *(o.* müßig *geh)* sein, müßiggehen *geh.* **ozio** ['ɔttsi̯o] ‹-i› *m* **1.** *(abituale inoperosità)* Müßiggang *m;* **2.** *(inattività temporanea)* Untätigkeit *f;* **3.** *(tempo libero)* Muße *f,* Mußestunde *f;* **4.** ‹*pl*› *(vita lussuosa)* luxuriöses Leben, Leben *n* im Überfluß; **stare in ~** müßig sein; **l'~ è il padre dei vizi** *prov* Müßiggang ist aller Laster Anfang *prov.* **oziosa** *f v.* **ozioso. oziosità** [ottsi̯osi'ta] ‹-› *f* Müßigkeit *f.* **ozioso, -a** [ot'tsi̯o:so] **I.** *a* **1.** *(fannullone)* müßig *geh,* müßiggängerisch *geh;* **2.** *(inoperoso)* untätig; **3.** *(futile)* überflüssig, müßig; **II.** *m, f* Müßiggänger(in) *m(f).*
ozonizzare [oddzonid'dza:re] *tr* ozonisieren. **ozono** [od'dzɔ:no] *m* Ozon *m o. n.* **ozonosfera** [oddzonos'fɛ:ra] *f* Ozonschicht *f,* -sphäre *f.*

P

P, p [pi] ‹-› *f* P, p *n;* ~ **come Padova** P wie Paula.

p. *ab di* **pagina** S. (*ab di* Seite).

P.A. *ab di* **Pubblica Amministrazione** öffentliche Verwaltung.

pacatezza [paka'tettsa] *f* (Gemüts)ruhe *f,* Gelassenheit *f.* **pacato, -a** [pa'ka:to] *a* friedlich, ruhig, gelassen.

pacca ['pakka] ‹-cche› *f fam* Klaps *m fam.*

pacchetto [pak'ketto] *m* **1.** *(piccolo pacco)* Päckchen *n,* kleines Paket; **2.** *(azionario)* Paket *n;* **3.** *sport (rugby)* Gedränge *n;* **un ~ di sigarette** ein Päckchen Zigaretten; **un ~ di proposte** *fig* ein Paket von Vorschlägen.

pacchia ['pakki̯a] ‹-cchie› *f fam* Leben *n* wie im Schlaraffenland, herrliches Leben.

pacchianeria [pakki̯ane'ri:a] ‹-ie› *f* Geschmacklosigkeit *f,* Plumpheit *f.* **pacchiano, -a** [...'ki̯a:no] *a* geschmacklos, plump.

pacco ['pakko] ‹-cchi› *m* **1.** *(involto)* Paket *n;* **2.** *(corredo)* Besteck *n,* Ausrüstung *f;* ~ **dono** Geschenkpaket *n; (con viveri)* Carepaket *n;* ~ **di viveri** Lebensmittel-, Eßpaket *n;* ~ **di medicazione** Arztbesteck *n.*

paccottiglia [pakkot'tiʎʎa] ‹-glie› *f* Ramsch *m,* Ausschußware *f.*

pace ['pa:tʃe] *f* **1.** *(assenza di guerra)* Frieden *m;* **2.** *(accordo)* Friede(n) *m,* Eintracht *f;* **3.** *(serenità)* Seelenfriede(n) *m,* innere Ruhe; *(tranquillità fisica)* Ruhe *f;* **4.** *rel* (Seelen)frieden *m,* Glückseligkeit *f;* **la ~ eterna** die ewige Ruhe; **fare ~ con qu** sich mit jdm versöhnen; **mettere ~** Frieden stiften; **mettere (***o.* **mettersi) il cuore in ~** es gut sein lassen; **darsi ~** sich zufrieden geben, sich trösten; **non dare ~** keine Ruhe geben; **non trovar ~** keine Ruhe finden; **lasciare in ~** in Ruhe lassen; **starsene in (santa) ~** unbehelligt (*o.* ungestört) sein; **per amor di ~** um des lieben Friedens willen.

pacemaker ['peɪsmeɪkə] ‹-› *m med* Schrittmacher *m.*

pachiderma [paki'dɛrma] ‹-i› *m* **1.** *zoo* Dickhäuter *m;* **2.** *fig* schwerfälliger Mensch.

Pachistan [pakis'tan] *m:* **il ~** Pakistan *n.* **pachistano, -a** [...'ta:no] **I.** *a* pakistanisch; **II.** *m, f* Pakistaner(in) *m(f),* Pakistani *m.*

paciere, -a [pa'tʃɛ:re] *m, f* Frieden(s)stifter(in) *m(f).*

pacifica *f v.* **pacifico.**

pacificare [patʃifi'ka:re] ‹pacifico, pacifichi› **I.** *tr* **1.** *(nemici)* versöhnen; **2.** *(animi)* beruhigen, besänftigen; **II.** *rfl:* **-rsi** sich versöhnen. **pacificatore, -trice** [...ka'to:re] **I.** *m, f* Frieden(s)stifter(in) *m(f);* **II.** *a* Versöhnungs-, versöhnlich. **pacificazione** [...kat'tsi̯o:ne] *f* Versöhnung *f,* Befriedung *f.* **pacifico, -a** [pa'tʃi:fiko] ‹-ci, -che› **I.** *a* **1.** *(uomo, indole)* friedliebend, friedfertig, friedlich; **2.** *(vita)* friedlich, ruhig; **3.** *fig (chiaro)* klar, unbestritten; selbstverständlich; **l'Oceano P~, il P~** der Pazifische Ozean, der Pazifik; **II.** *m, f* friedlicher (*o.* friedliebender) Mensch. **pacifismo** [patʃi'fizmo] *m* **1.** *(movimento)* Friedensbewegung *f;* **2.** *(atteggiamento)* Pazifismus *m,* pazifistische Haltung. **pacifista** [...'fista] ‹-i *m,* -e *f*› **I.** *mf* Pazifist(in) *m(f);* **II.** *a* pazifistisch.

pacioccone, -a [patʃok'ko:ne] *m, f fam* gutmütiger, friedliebender Mensch.

pacioso, -a [pa'tʃo:so] *a* friedlich, umgänglich.

pack [pæk] ‹-› *m* Packeis *n.*

padano, -a [pa'da:no] *a* Po-; **pianura -a** Poebene *f.*

padella [pa'dɛlla] *f* **1.** *(utensile)* (Brat)pfanne *f,* Stielpfanne *f;* **2.** *(per malati)* Bettpfanne *f;* **3.** *fam (macchia)* Fettfleck *m;* **cuocere qc in ~** etw. in der Pfanne braten; **cadere dalla ~ nella brace** *fig* vom Regen in die Traufe kommen.

padiglione [padiʎ'ʎo:ne] *m* **1.** *arch* Pavillon *m; (di fiera a.)* Halle *f;* **2.** *mot* Autodecke *f;* **3.** *(auricolare)* Hörmuschel *f;* **4.** *(tenda da campo)* großes Lagerzelt; **~ di montaggio** Montagehalle *f;* **tetto/volta a ~** Zelt-, Walmdach *n*/Haubengewölbe *n.*

Padova ['pa:dova] *f* Padua *n.*

padre ['pa:dre] *m* **1.** *gener., fig* Vater *m; poet (progenitore)* (Stamm)vater *m;* **2.** *rel (Dio)* (Gott)vater *m; (papa)*

Papst *m; (titolo)* Pater *m;* 3. ‹*pl*› *(antenati)* Vorfahren *m pl,* Ahnen *m pl;* ~ **adottivo/putativo** Adoptiv-/Pflegevater *m;* **di ~ in figlio** von Generation zu Generation; **per via di ~** väterlicherseits; **Dio, P~ Onnipotente** Gott, der allmächtige Vater; **P~ nostro che sei nei cieli** Vater unser, der du bist im Himmel; **tale il ~ tale il figlio** *prov* der Apfel fällt nicht weit vom Stamm *prov.* **padreggiare** [padred'dʒa:re] ‹padreggio, padreggi› *itr* seinem Vater nachschlagen (*o.* ähnlich sein). **padrenostro** [padre'nɔstro] ‹-› *m* Vaterunser *n,* Paternoster *n.* **padreterno** [...e'tɛrno] *m fam* **1.** *rel* Gottvater *m;* **2.** *fig* hohes Tier *fam.*

padrino [pa'dri:no] *m* **1.** *rel (di battesimo)* (Tauf)pate *m; (di cresima)* (Firm)pate *m;* **2.** *(nei duelli)* Sekundant *m.*

padrona *f v.* **padrone.**

padronale [padro'na:le] *a* **1.** *(del padrone)* herrschaftlich, Herren-; **2.** *(di proprietà)* eigen; **3.** *(imprenditoriale)* Unternehmer-, Arbeitgeber-; **sindacato ~** Arbeitgeberorganisation *f,* Arbeitgeberverband *m.*

padronanza [padro'nantsa] *f* **1.** *fig (conoscenza sicura)* Beherrschung *f;* **2.** *(controllo)* Beherrschung *f,* Kontrolle *f;* **3.** *(atteggiamento da padrone)* herrisches Auftreten; **4.** *(diritto di padrone)* Eigentumsrecht *n.*

padronato [padro'na:to] *m* Arbeitgeberschaft *f,* Unternehmertum *n.*

padroncino, -a [padron'tʃi:no] *m, f* **1.** *(appellativo)* junger Herr, junge Herrin; **2.** *sl (proprietario di mezzo di trasporto)* Taxiunternehmer(in) *m(f),* Transportunternehmer(in) *m(f).*

padrone, -a [pa'dro:ne] *m, f* **1.** *(proprietario)* Eigentümer(in) *m(f),* Besitzer(in) *m(f);* **2.** *(datore di lavoro)* Arbeitgeber *m;* **3.** *(dominatore)* Herrscher(in) *m(f),* Gebieter(in) *m(f);* **4.** *(conoscitore)* Kenner(in) *m(f);* **~ di casa** Hausherr *m; (per gli inquilini)* Hausbesitzer *m;* **essere ~ di** Herr sein über; *fig (controllare)* beherrschen; **essere ~ di . . .** *inf (avere libertà di scelta)* sich frei entscheiden können zu ... *inf,* die Wahl haben zu ... *inf;* **l'occhio del ~ ingrassa il cavallo** *prov* des Herren Auge macht das Rind fett. **padroneggiare** [padroned'dʒa:re] ‹padroneggio, padroneggi› **I.** *tr* **1.** *(nervi, sentimenti)* beherrschen, bezähmen; **2.** *(lingua, materia)* beherrschen; **II.** *rfl:* **-rsi** sich beherrschen, sich bezähmen.

paesaggio [pae'zaddʒo] ‹-ggi› *m* **1.** *geog* Landschaft *f;* **2.** *(panorama)* Panorama *n,* Aussicht *f;* **3.** *(pittura)* Landschaftsbild *n; (a. fot)* Landschaftsaufnahme *f;* **difesa del ~** Landschaftspflege *f,* -schutz *m.* **paesaggista** [...'dʒista] ‹-i *m,* -e *f*› *mf* Landschaftsmaler(in) *m(f).* **paesaggistico, -a** [...'dʒistiko] ‹-ci, -che› *a* landschaftlich, Landschafts-.

paesano, -a [pae'za:no] **I.** *a* dörflich, Dorf-; *(rustico)* ländlich; **aria/cucina/usanza -a** Landluft *f*/ländliche Küche/ländlicher Brauch; **alla -a** nach Bauernart; **II.** *m, f* **1.** *(abitante)* Dorfbewohner(in) *m(f);* **2.** *dial (compaesano)* Landsmann *m,* -männin *f.*

paese [pa'e:ze] *m* **1.** *(nazione, stato)* Land *n,* Staat *m;* **2.** *(patria)* Vaterland *n,* Heimat *f;* **3.** *(villaggio)* Dorf *n;* **4.** *(regione)* Gegend *f,* Landschaft *f;* **il bel ~** *fig (l'Italia)* Italien *n;* **Bel P~** *gastr* Bel Paese *m (italienische Käsesorte);* **i Paesi Bassi** die Niederlande *pl;* **mandare qu a quel ~** *fig fam* jdn dahin schicken, wo der Pfeffer wächst, jdn zum Teufel jagen; **~ che vai, usanze che trovi** *prov* andere Länder, andere Sitten *prov.*

paffuto, -a [paf'fu:to] *a* pausbackig, pausbäckig.

pag. *ab di* **pagina** S. (*ab di* Seite).

paga ['pa:ga] ‹-ghe› *f (retribuzione)* Lohn *m; (iron a.)* Dank *m;* **giorno di ~** Zahltag *m;* **e per ~ se n'è andato con tutti i miei gioielli!** und zum Dank ist er mit meinem ganzen Schmuck abgehauen! *fam.* **pagabile** [pa'ga:bile] *a* (be)zahlbar; **~ alla consegna/presentazione/scadenza** zahlbar bei Erhalt/Vorlage/Fälligkeit; **~ a domicilio/rate/vista** zahlbar am Wohnsitz/in Raten/bei (*o.* nach) Sicht; **~ in anticipo/contanti** im voraus/bar zahlbar.

pagaia [pa'ga:i̯a] ‹-aie› *f* Paddel *n.*

pagamento [paga'mento] *m* **1.** *(il pagare)* (Be)zahlung *f,* Auszahlung *f;* **2.** *(somma)* Zahlung *f,* bezahlter Geldbetrag; **mancato ~** Nichtzahlung *f;* **mandato di ~** Zahlungsbefehl *m;* **~ alla consegna/contro assegno** Zahlung *f* bei (Ab)lieferung/gegen Nachnahme; **~ a mezzo assegno** Zahlung *f* per Scheck; **~ anticipato/a pronta cassa/a rate** Voraus-/Bar-/Ratenzahlung *f;* **~ in natura** Bezahlung *f* in Naturalien.

pagana *f v.* **pagano.**

paganesimo [paga'ne:zimo] *m* Heidentum *n.*

pagano, -a [pa'ga:no] **I.** *a* heidnisch; **II.** *m, f* Heide *m*, Heidin *f.*

pagante [pa'gante] **I.** *a* zahlend; **II.** *mf* Zahlende(r) *mf;* **reparto -i** Privatstation *f*, Station *f* für Privatpatienten.

pagare [pa'ga:re] ⟨pago, paghi⟩ **I.** *tr* **1.** (be)zahlen; *(stipendio)* auszahlen; *(versare)* (ein)zahlen; *(imposte, tasse)* (be)zahlen, entrichten; **2.** *(offrire)* spendieren, ausgeben *fam;* **3.** *(ricompensare)* belohnen, bezahlen; **4.** *jur* ab-, verbüßen; **~ qu di** (*o.* **con) qc** jdn mit etw. belohnen; **far ~ qc a qu** *fig* jdn für etw. bezahlen lassen; **farla ~ cara a qu** *fam* jdn für etw. büßen lassen; **~ caro qc** *(a. fig)* etw. teuer bezahlen; **~ qc salato** einen gesalzenen Preis für etw. bezahlen; **~ da bere a qu** jdm einen ausgeben; **~ di persona** selbst die Folgen tragen; **cosa pagherei per rivederlo!** was würde ich (nicht alles) dafür geben, wenn ich ihn wiedersehen könnte!; **a ~ e morire c'è sempre tempo** *prov* mit dem Bezahlen und dem Sterben hat es keine Eile; **II.** *rfl:* **-rsi** sich *(dat)* bezahlen lassen, sich *(dat)* auszahlen lassen. **pagatore, -trice** [paga'to:re] **I.** *m, f* Zahler(in) *m(f)*, Zahlende(r) *mf;* **II.** *a* Zahl-, zahlend; **ufficiale ~** Zahlmeister *m.*

pagella [pa'dʒɛlla] *f* (Schul)zeugnis *n.*

paggio ['paddʒo] ⟨-ggi⟩ *m* Page *m;* **capelli alla ~** Pagenkopf *m.*

pagherò [page'rɔ] ⟨-⟩ *m* Eigen-, Solowechsel *m.*

pagina ['pa:dʒina] *f* **1.** *(di libro, quaderno, ab* **p., pag.***)* Seite *f;* **2.** *fig (passo, brano)* Stelle *f*, Stück *n; (episodio)* Episode *f*, Kapitel *n;* **3.** *bot* Spreite *f;* **prima/terza/quarta ~** *fig* Titel-/Feuilleton-/Anzeigenteil *m;* **una ~ fondamentale della nostra storia** ein wichtiges Kapitel unserer Geschichte; **voltar ~** umblättern; *fig* ein neues Kapitel anfangen; *(parlare d'altre cose)* von etw. anderem reden; **mettere in ~** *typ* umbrechen. **paginatura** [padʒina'tu:ra] *f* Paginierung *f.*

paglia ['paʎʎa] ⟨-glie⟩ *f* **1.** *(materiale)* Stroh *n;* **2.** *(oggetto)* Strohware *f; (cappello)* Strohhut *m;* **fuoco di ~** *fig* Strohfeuer *n;* **uomo di ~** *fig* Strohmann *m.*

pagliaccetto [paʎʎat'tʃetto] *m* **1.** *(per bambini)* Strampelhose *f;* **2.** *(per donna)* Body(stocking) *m.*

pagliacciata [paʎʎat'tʃa:ta] *f fam* Narrenposse *f*, Hanswurstiade *f.* **pagliaccio** [...'ʎattʃo] ⟨-cci⟩ *m* **1.** *(di circo)* Clown *m*, Bajazzo *m;* **2.** *fig (buffone)* Hanswurst *m*, Narr *m.*

pagliaio [paʎ'ʎa:i̯o] ⟨-ai⟩ *m* Strohhaufen *m;* **cercare un ago in un ~** *fig* eine Stecknadel im Heuhaufen suchen.

pagliericcio [paʎʎe'rittʃo] ⟨-cci⟩ *m* Strohsack *m.*

paglierino, -a [paʎʎe'ri:no] *a* strohgelb.

paglietta [paʎ'ʎetta] *f* **1.** *(cappello)* Strohhut *m;* **2.** *(d'acciaio)* Stahlwolle *f.*

pagliuzza [paʎ'ʎuttsa] *f* **1.** *(fuscellino di paglia)* Strohhalm *m;* **2.** *(d'oro, d'argento)* Flitter *m*, Paillette *f.*

pagnotta [paɲ'ɲɔtta] *f* Rundbrot *n*, Brotlaib *m;* **è buono come una ~ (di pane)** er ist butterweich *fam;* **lavorare per la ~** *fam* arbeiten, um sich über Wasser zu halten.

pago, -a ['pa:go] ⟨-ghi, -ghe⟩ *a* zufrieden, befriedigt.

pagoda [pa'gɔ:da] *f* Pagode *f.*

paguro [pa'gu:ro] *m* (Einsiedler)krebs *m.*

paia *pl di* **paio.**

paillard [pa'ja:r] ⟨-⟩ *f* Filet *n.*

paillette [pa'jɛt] ⟨-⟩ *f* Flitter *m*, Paillette *f.*

paio[1] ['pa:i̯o] *1. pers sing pr di* **parere.**

paio[2] ['pa:i̯o] ⟨*pl:* paia *f*⟩ *m (coppia)* Paar *n;* **un ~ di** ein paar, einige; **un ~ di calzoni/forbici/occhiali** eine Hose (*o.* ein Paar Hosen)/eine Schere/eine Brille.

paiolo [pa'i̯ɔ:lo] *m* **1.** *(recipiente)* (Koch)kessel *m;* **2.** *fam tosc* Rüffel *m;* **fare un ~ a qu** jdm einen Rüffel erteilen.

pala ['pa:la] *f* **1.** *(attrezzo)* Schaufel *f*, Schippe *f;* **2.** *tec* Schaufel *f; (di remo)* Ruderblatt *n; (di timone)* Steuerblatt *n; (di mulino)* Schaufel *f;* **3.** *(d'altare)* Altartafel *f*, Altarbild *n.*

paladino [pala'di:no] *m* **1.** *(cavaliere)* Paladin *m;* **2.** *fig (difensore)* Verteidiger *m; (di dottrina, etc.)* Verfechter *m.*

palafitta [pala'fitta] *f* **1.** *hist* Pfahlbau *m; (paese)* Pfahldorf *n;* **2.** *arch* Pfahlwerk *n.* **palafitticolo, -a** [...'ti:kolo] **I.** *m, f* Pfahlbaubewohner(in) *m(f);* **II.** *a* Pfahlbau-.

palafreniere [palafre'ni̯ɛ:re] *m* Reitknecht *m.*

palanca [pa'laŋka] ⟨-che⟩ *f* **1.** *(trave)* Balken *m*, Planke *f;* **2.** ⟨*pl*⟩ *fam (soldi)* Moneten *f pl fam.*

palandrana [palan'dra:na] *f fam pej* Kittel *m*, (weites) Hemd *n.*

palata [pa'la:ta] *f* **1.** *(quantità)* Schaufel(voll) *f;* **2.** *(colpo di pala)* Hieb *m* mit der Schaufel; 3. *sport* Ruderschlag *m;* **guadagnar soldi a -e** *fig fam* Geld scheffeln *fam.*

palatale [pala'ta:le] **I.** *a* **1.** *anat* Gaumen-; **2.** *ling* palatal; **II.** *f* Palatal(laut) *m,* Gaumenlaut *m.* **palatalizzazione** [...taliddzat'tsi̯o:ne] *f* Palatisierung *f.*

Palatinato [palati'na:to] *m* Pfalz *f;* **Renania-~** Rheinland-Pfalz *n.*

palatino, -a[1] [pala'ti:no] *a* **1.** *(del palazzo reale)* des königlichen Hofes (*o.* Palastes), Palast-, Hof-; **2.** *(del Quirinale)* Quirinal-; **guardia -a** Palastwache *f; rel* päpstliche Garde.

palatino, -a[2] [pala'ti:no] *a (del Palatino)* des Palatins.

palatino, -a[3] [pala'ti:no] *a anat* Gaumen-.

palato [pa'la:to] *m* **1.** *anat* Gaumen *m;* **2.** *fig (gusto)* Gaumen *m,* Geschmack *m;* **avere il ~ delicato** einen feinen Gaumen haben.

palazzina [palat'tsi:na] *f* Villa *f.*

palazzinaro [palattsi'na:ro] *m pej* Baulöwe *m.*

palazzo [pa'lattso] *m* Palast *m;* **P~** *pol* politisches Machtzentrum; *(persone)* politisches Establishment; **il ~ dello sport/di giustizia** der Sport-/Justizpalast. **palazzotto** [...'tsotto] *m* kleinet Palast.

palchettista [palket'tista] ‹-i *m,* -e *f*› *mf* Logeninhaber(in) *m(f),* -abonnent(in) *m(f).* **palchetto** [pal'ketto] *m* **1.** *(ripiano)* Regalbrett *n;* **2.** *theat* Loge *f.*

palco ['palko] ‹-chi› *m* **1.** *theat* Loge *f;* **2.** *(piano sopraelevato)* Tribüne *f,* Bühne *f;* **3.** *zoo* Geweihschaufel *f;* **~ delle autorità** Ehrentribüne *f.*

palcoscenico [palkoʃ'ʃɛ:niko] ‹-ci› *m* **1.** *theat* Bühne *f;* **2.** *fig (arte)* Bühne(nkunst) *f;* **calcare il ~** auf der Bühne auftreten.

paleocene [paleo'tʃɛ:ne] *m* Paleozän *n.*

paleocristiano, -a [paleokris'ti̯a:no] *a* frühchristlich, urchristlich.

paleolitico, -a [paleo'li:tiko] ‹-ci, -che› **I.** *a* paläolithisch, altsteinzeitlich; **II.** *m* Paläolithikum *n,* Altsteinzeit *f.*

paleontologa *f v.* **paleontologo.**

paleontologia [paleontolo'dʒi:a] ‹-gie› *f* Paläontologie *f.* **paleontologico, -a** [...'lɔ:dʒiko] *a* paläontologisch. **paleontologo, -a** [...'tɔ:logo] ‹-gi, -ghe› *m, f* Paläontologe *m,* -login *f.*

palesare [pale'za:re] **I.** *tr* kundtun, kundgeben; **II.** *rfl:* **-rsi** sich offenbaren. **palese** [pa'le:ze] *a* offenkundig, deutlich.

palestra [pa'lɛstra] *f* **1.** *sport (locale)* Turnhalle *f; (esercizio)* Turnübung *f,* Gymnastik *f;* **2.** *fig* Schule *f,* Schulung *f.*

paletot [pal'to] ‹-› *m* (Winter)mantel *m.*

paletta [pa'letta] *f* **1.** *(piccola pala)* kleine Schaufel; *(per brace, carbone)* Kohlenschaufel *f; tec* (Leit)schaufel *f,* (Turbinen)schaufel *f;* **2.** *(di carabinieri, vigili)* Kelle *f; (del capostazione a.)* Signalstab *m;* **3.** *(per dolci)* Tortenheber *m,* Kuchenschaufel *f.*

paletto [pa'letto] *m* **1.** *(chiavistello)* Riegel *m;* **2.** *(da infiggere nel terreno)* Pflock *m; (da tenda)* Hering *m;* **chiudere il ~** den Riegel vorschieben.

palingenesi [palin'dʒɛ:nezi] *f* **1.** *rel* Wiedergeburt *f;* **2.** *(rinnovamento)* Erneuerung *f.*

palio ['pa:li̯o] ‹-ii› *m* **1.** *(drappo)* kostbar besticktes Tuch *(als Siegesprämie beim Pferderennen);* **2.** *(gara)* Pferderennen *n;* **essere/mettere in ~** *fig* als Preis ausgesetzt sein/aussetzen.

palissandro [palis'sandro] *m* Palisander(holz *n*) *m.*

palizzata [palit'tsa:ta] *f* Palisadenwand *f,* Palisaden *f pl.*

palla ['palla] *f* **1.** *gener., sport* Ball *m; (sfera)* Kugel *f; (proiettile)* Kugel *f,* Geschoß *n;* **2.** *(di cupola, guglia)* (Turm)knauf *m;* **3.** *bot (del cavolfiore, etc.)* Kopf *m;* **4.** ‹*pl*› *vulg (testicoli)* Eier *n pl vulg;* **pesce ~** Kugelfisch *m;* **~ di neve/vetro** Schneeball *m*/Glaskugel *f;* **~ da tennis/a volo** *sport* Tennis-/Volleyball *m;* **giocare a ~** Ball spielen; **essere in ~** am Ball sein; *fig* (gut) in Form sein; **prendere** (*o.* **cogliere) la ~ al balzo** *fig* die Gelegenheit beim Schopf ergreifen; **essere una ~ al piede di qu** jdm ein Klotz am Bein sein; **mettere la ~ al piede di qu** *fig* jdm (einen) Knüppel zwischen die Beine werfen; **non mi rompere le -e!** *vulg* du gehst mir auf den Keks *sl.* **pallabase** [-'ba:ze] *f* Baseball *m.* **pallacanestro** [-ka'nɛstro] *f* Basketball *m.*

palladio [pal'la:di̯o] *m* Palladium *n.*

pallamano [palla'ma:no] *f* Handball *m.* **pallanuoto** [-'nu̯ɔ:to] *f* Wasserball *m.* **pallavolo** [-'vo:lo] *f* Volleyball *m.*

palleggiamento [palleddʒa'mento] *m* **1.** *(scambio)* Hin- und Herspielen *n,* -passen *n;* **2.** *fig* Hin- und Herschieben *n,* gegenseitiges Zuschieben.

palleggiare [...'dʒa:re] ‹palleggio, palleggi› **I.** *tr* jonglieren; *(lancia, giavellotto)* hin- und herbewegen; **II.** *itr* sich im Ballfangen und -werfen üben, mit dem Ball üben; *(nella pallavolo, etc.)* den Ball in der Luft halten; **III.** *rfl:* **-rsi** sich *(dat)* gegenseitig zuschieben. **palleggio** [...'leddʒo] ‹-ggi› *m* Jonglieren *n;* Zuwerfen *n* des Balles.

palliativo [pallia'ti:vo] *m* **1.** *fig (rimedio inefficace)* Trostpflaster *n,* Notbehelf *m;* **2.** *med* Linderungsmittel *n,* Palliativum *n scient.*

pallido, -a ['pallido] *a* **1.** *(viso)* blaß; *(colore)* blaß, matt; **2.** *fig (debole: ricordo)* schwach; *(idea)* blaß; **non avere la più -a idea** keine blasse Ahnung haben.

pallina [pal'li:na] *f* Murmel *f,* Klicker *m; (del ping pong)* Tischtennisball *m.*

pallino [pal'li:no] *m* **1.** *(del biliardo)* (weißer) Punktball *m; (delle bocce)* Malkugel *f,* Zielkugel *f;* **2.** ‹*pl*› *(da caccia)* Schrot *m o. n;* **3.** *(di tessuto, stoffa)* Tupfen *m,* Tupfer *m;* **4.** *fig fam (fissazione)* fixe Idee, Manie *f;* **avere il ~ della pulizia** *fam* einen Putzfimmel haben *fam.*

pallonata [pallo'na:ta] *f* Schuß *m (o.* Stoß *m)* mit dem Ball.

palloncino [pallon'tʃi:no] *m* **1.** *(giocattolo)* (Luft)ballon *m;* **2.** *(lampioncino)* Lampion *m.*

pallone [pal'lo:ne] *m* **1.** *(grossa palla)* großer Ball; *sport* Fußball *m,* Lederball *m;* **2.** *(aerostato)* Ballon *m;* **3.** *chem* Ballon *m,* Glaskolben *m;* **avere (*o.* sentirsi) la testa come un ~** *fam* einen dicken Kopf haben; **essere un ~ gonfiato** *fam* ein aufgeblasener Mensch sein. **pallonetto** [...lo'netto] *m (calcio)* Heber *m; (tennis)* Lob *m.*

pallore [pal'lo:re] *m* Blässe *f.*

pallottola [pal'lɔttola] *f* **1.** *(proiettile)* Kugel *f,* Geschoß *n;* **2.** *(di carta, di legno, vetro)* kleine Kugel, Kügelchen *n.*

pallottoliere [palloto'liɛ:re] *m* Rechenbrett *n.*

palma ['palma] *f* **1.** *bot* Palme *f; (ramo)* Palm(en)zweig *m;* **2.** *(della mano)* Handteller *m,* -fläche *f;* **3.** *fig* Siegespalme *f,* Sieg *m;* **~ da datteri/cocco** Dattel-/Kokospalme *f;* **domenica delle Palme** Palmsonntag *m;* **conseguire (*o.* riportare) la ~** den Sieg erringen *(o.* davontragen). **palmato, -a** [...'ma:to] *a* **1.** *zoo* Schwimm-; **2.** *bot* gefingert, handförmig.

palmento [pal'mento] *m* Mühlstein *m,* Mühle *f;* **mangiare a quattro -i** wie ein Scheunendrescher essen *fam.*

palmeto [pal'me:to] *m* Palmenhain *m,* -pflanzung *f.*

palmipede [pal'mi:pede] **I.** *m* Schwimmvogel *m;* **II.** *a:* **uccello ~** Schwimmvogel *m.*

palmo ['palmo] *m* **1.** *(della mano)* Handteller *m,* -fläche *f;* **2.** *(unità di misura)* Spanne *f;* **a ~ a ~** *(progressivamente)* Schritt für Schritt; *(alla perfezione)* Zoll für Zoll; *(benissimo)* in- und auswendig; **portare qu in ~ di mano** *fig* jdn auf Händen tragen; **non cedere un ~** keinen Fußbreit abweichen; **restare con un ~ di naso** ein langes Gesicht machen.

palo ['pa:lo] *m* **1.** *gener.* Pfahl *m; (del telegrafo)* Mast *m;* **2.** *sport (calcio)* (Tor)pfosten *m; (ippica)* Zielpfosten *m;* **3.** *(per linee aeree)* Freileitungsmast *m;* **fare il (*o.* da) ~** *sl* Schmiere stehen *sl;* **star dritto come un ~** wie ein Stock dastehen; **sembrare un ~** wie eine Hopfenstange aussehen.

palombaro [palom'ba:ro] *m* Froschmann *m.*

palombo [pa'lombo] *m* Glatthai *m.*

palpabile [pal'pa:bile] *a* **1.** *(che si può palpare)* greifbar, fühlbar; **2.** *fig (evidente)* offensichtlich; *(prova a.)* handfest.

palpare [pal'pa:re] *tr* betasten, befühlen; *med* abtasten. **palpazione** [...pat'tsio:ne] *f* Untersuchung *f* (durch Abtasten), Palpation *f scient.*

palpebra ['palpebra] *f* (Augen)lid *n.*

palpitante [palpi'tante] *a* **1.** *gener.* pulsierend, zuckend; **2.** *fig* pulsierend, brennend; *(d'emozione)* bebend; **una notizia di ~ attualità** eine Nachricht von brennender Aktualität.

palpitare [palpi'ta:re] *itr* **1.** *(sussultare)* zucken; *(cuore)* schlagen, klopfen; **2.** *fig* pulsieren, brennen, pulsen *geh.* **palpitazione** [...tat'tsio:ne] *f* **1.** *med* Herzklopfen *n;* **2.** *fig (ansia)* Angst *f,* Erregung *f;* **avere le -i** Herzklopfen haben. **palpito** ['palpito] *m* **1.** *(del cuore)* Herzschlag *m;* **2.** *fig* Herzklopfen *n;* **~ d'amore** Liebesgefühle *n pl.*

paltò [pal'tɔ] ‹-› *m* (Winter)mantel *m.*

paludamento [paluda'mento] *m pej, iron* geschmacklose, auffällige Kleidung. **paludarsi** [...'darsi] *rfl* **1.** *iron, pej (conciarsi)* sich zurechtmachen, sich geschmacklos *(o.* auffällig) kleiden; **2.** *(avvolgersi)* sich einhüllen.

palude [pa'lu:de] *f* Sumpf *m,* Moor *n.* **paludoso, -a** [palu'do:so] *a* sumpfig, moorig.

palustre [pa'lustre] *a* Sumpf-, Moor-.
pampa ['pampa] ⟨-s⟩ *f* Pampa *f.*
pamphlet [pã'flɛ] ⟨-⟩ *m* Pamphlet *n,* Streit-, Schmähschrift *f.*
pampino ['pampino] *m* Blatt *n* (*o.* Sproß *m*) der Weinrebe.
panacea [pana'tʃɛ:a] *f* Allheil-, Wundermittel *n.*
panama ['pa:nama] ⟨-⟩ *m* **1.** *(cappello)* Panama(hut) *m;* **2.** *(fibra)* Panama *m,* Gewebe *n* in Panamabindung.
panare [pa'na:re] *tr* panieren.
panario, -a [pa'na:ri̯o] ⟨-i, -ie⟩ *a* Brot-.
panca ['paŋka] ⟨-che⟩ *f* (Sitz)bank *f.*
pancarré [paŋkar're] ⟨-⟩ *m* Kastenbrot *n,* Toastbrot *n.*
pancetta [pan'tʃetta] *f* **1.** *gastr* durchwachsener Speck, Bauchspeck *m;* **2.** *fam (addome)* Bäuchlein *n;* **mettere su la ~** ein Bäuchlein ansetzen.
panchetto [paŋ'ketto] *m* Schemel *m,* Hocker *m; (per piedi)* Fußbank *f.*
panchina [paŋ'ki:na] *f* (Garten)bank *f;* **far ~** *sport* auf der Reservebank sitzen.
pancia ['pantʃa] ⟨-ce⟩ *f* **1.** *fam (ventre)* Bauch *m;* **2.** *fig (di fiasco)* (Flaschen)bauch *m,* Ausbauchung *f;* **metter su ~** *fam* einen Bauch ansetzen; **tenersi la ~ dalle risate** *fam* sich *(dat)* vor Lachen den Bauch halten; **grattarsi la ~** *fig,* **starsene a ~ all'aria** *fam* auf der faulen Haut liegen. **panciata** [...'tʃa:ta] *f* Schlag *m* in den Bauch; *(con la pancia)* Stoß *m* mit dem Bauch. **panciera** [...'tʃɛ:ra] *f* **1.** *(ventriera)* Bauch-, Leibbinde *f;* **2.** *(di corazza)* Bauchstück *n* (der Rüstung). **panciolle** [...'tʃɔlle] *fam:* **starsene in ~** auf der faulen Haut liegen. **pancione** [...'tʃo:ne] *m fam* **1.** *(grossa pancia)* dicker Bauch, Schmerbauch *m;* **2.** *(persona)* Dickbauch *m.* **panciotto** [...'tʃɔtto] *m* Weste *f.* **panciuto, -a** [...'tʃu:to] *a (persona)* dickbäuchig; *(vaso)* (dick)bauchig.
pancotto [paŋ'kɔtto] *m* Brotsuppe *f.*
pancreas ['paŋkreas] ⟨-⟩ *m* Bauchspeicheldrüse *f.*
pancristiano, -a [paŋkris'ti̯a:no] *a* gesamtchristlich, ökumenisch.
panda ['panda] ⟨-⟩ *m* Panda *m,* Katzenbär *m.*
pandemonio [pande'mɔ:ni̯o] ⟨-i⟩ *m* Höllenspektakel *n,* -lärm *m.*
pandolce [pan'doltʃe] *m Hefegebäck aus Genua.*
pandoro [pan'dɔ:ro] *m Hefegebäck aus Verona, das zu Weihnachten gegessen wird.*
pane ['pa:ne] *m* **1.** *gener.* Brot *n; (forma a.)* (Brot)laib *m;* **2.** *agr* Getreide *n;* **3.** *(massa compatta)* Barren *m,* Massel *f; (di burro)* Klumpen *m,* Päckchen *n;* **4.** *fig (sostentamento)* tägliches Brot, Lebensunterhalt *m;* **~ bianco/nero/integrale** Weiß-/Schwarz-/Vollkornbrot *n;* **~ biscottato** Zwieback *m;* **pan grattato** Semmelbrösel *m pl;* **pan pepato** Pfefferkuchen *m;* **~ degli angeli** Hostie *f;* **Pan di Spagna** *eine Art Sandkuchen;* **perdere il ~** *fig* keine Arbeit haben; **misurare il ~ a qu** jdn kurzhalten; **tenere qu a ~ ed acqua** jdn bei Brot und Wasser halten; **mangiare il ~ ad ufo** *fam* auf Kosten anderer leben; **mangiare il ~ a tradimento** ein Tagedieb sein; **dire ~ al ~ e vino al vino** *fig* die Dinge (*o.* das Kind) beim Namen nennen; **vendere per un pezzo di ~** *fig* etw. für ein Butterbrot (*o.* einen Apfel und ein Ei *fam*) verkaufen; **trovare ~ per i propri denti** *fig* eine harte Nuß zu knacken haben; **non è ~ per i suoi denti** *fig* das ist ein zu harter Brocken für ihn; **rendere pan per focaccia** *fam* Gleiches mit Gleichem vergelten; **levarsi il ~ di bocca per qu** *fam* sich *(dat)* für jdn jeden Bissen vom Munde absparen; **buono come il ~** herzensgut; **non c'è ~ senza pena** *prov* ohne Fleiß kein Preis *prov;* **chi ha denti non ha ~ e chi ha ~ non ha denti** *prov* das Glück ist nie vollkommen.
panegirico [pane'dʒi:riko] ⟨-ci⟩ *m* **1.** *lit* Panegyrikus *m;* **2.** *fig* Verherrlichung *f,* Lobpreisung *f.* **panegirista** [...dʒi'rista] ⟨-i *m,* -e *f*⟩ *mf* Panegyriker(in) *m(f).*
panetteria [panette'ri:a] ⟨-ie⟩ *f* Bäckerei *f,* Bäckerladen *m.* **panettiere, -a** [...'ti̯ɛ:re] *m, f* Bäcker(in) *m(f).*
panettone [panet'to:ne] *m Hefenapfkuchen aus Mailand.*
panfilo ['panfilo] *m* Jacht *f,* Yacht *f.*

panforte [pan'fɔrte] *m Früchtebrot aus Siena.*
pangolino [paŋgo'li:no] *m* Schuppentier *n.*
pangrattato, pan grattato [paŋgrat'ta:to] *m* Semmelbrösel *m pl,* Semmelmehl *n.*
panico¹ ['pa:niko] **I.** *m (terrore)* Panik *f;* **essere preso dal ~** panisch reagieren; **II.** *a* **1.** *(timore)* panisch; **2.** *lit* animistisch.
panico² [pa'ni:ko] ⟨-chi⟩ *m bot* Kolbenhirse *f.*
paniera [pa'ni̯ɛ:ra] *f (per pane)* (Brot)korb *m; (per biancheria)* (Wä-

sche)korb *m.* **paniere** [...re] *m* Korb *m;* **un ~ di frutta** ein Korbvoll Obst.

panificare [panifi'ka:re] ‹panifico, panifichi› **I.** *tr* (zu Brot) verarbeiten; **II.** *itr* Brot backen. **panificatore, -trice** [...ka'to:re] *m, f* (Brot)bäkker(in) *m(f).* **panificazione** [...kat'tsio:ne] *f.* Brotbacken *n,* -herstellung *f.* **panificio** [...'fi:tʃo] ‹-ci› *m* Bäckerei *f,* Brotfabrik *f.*

panino [pa'ni:no] *m* Brötchen *n.*

panna¹ ['panna] *f gastr* Sahne *f,* Rahm *m;* **~ montata** Schlagsahne *f.*

panna² ['panna] *f mot (guasto)* (Auto)panne *f;* **la mia macchina è in ~** mein Auto hat eine Panne.

panne [pan] ‹-› *f mot* (Auto)panne *f.*

panneggiamento [panneddʒa'mento] *m* Drapierung *f.* **panneggiare** [...'dʒa:re] ‹panneggio, panneggi› *tr* drapieren. **panneggio** [...'neddʒo] ‹-ggi› *m* Draperie *f,* Faltenwurf *m.*

pannello [pan'nɛllo] *m* **1.** *el* Schaltbrett *n,* -tafel *f;* **2.** *(~ isolante)* Isolierplatte *f;* **3.** *(arte)* Paneel *n;* **4.** *(~ radiante)* Plattenheizkörper *m,* Strahlungsplatte *f,* -heizung *f;* **~ solare** Solarzelle *f.*

pannilani *pl di* **pannolano.**

panno ['panno] *m* **1.** *(tessuto)* Stoff *m,* Tuch *n;* **2.** *(pezzo di stoffa)* Tuch *n,* Lappen *m;* **3.** ‹*pl*› *(biancheria)* Wäsche *f;* **4.** ‹*pl*› *(vestiti)* Kleider *n pl,* Kleidung *f;* **5.** *(dell'uovo)* Eihaut *f;* **tagliare (***o.* **trinciare) i -i addosso a qu** über jdn herziehen, jdn durchhecheln; **essere/mettersi nei -i di qu** in jds Haut stecken/sich in jdn hineinversetzen; **non stare più nei propri -i** *fam* es nicht mehr aushalten können; **i -i sporchi si lavano in casa** seine schmutzige Wäsche soll man nicht vor anderen Leuten waschen.

pannocchia [pan'nɔkkia] ‹-cchie› *f* **1.** *bot* Rispe *f;* **2.** *gastr* Maiskolben *m.*

pannolino [panno'li:no] *m* **1.** *(per neonato)* Windel *f;* **2.** *(assorbente)* (Damen)binde *f.*

panorama [pano'ra:ma] ‹-i› *m* **1.** *(veduta)* Panorama *n,* Rundblick *m;* **2.** *fig (rassegna)* Überblick *m,* Übersicht *f;* **3.** *theat* Rundhorizont *m.* **panoramica** [...'ra:mika] ‹-che› *f* **1.** *(veduta)* Überblick *m,* Übersicht *f;* **2.** *fot* Panoramaaufnahme *f; film* Panoramaschwenk *m;* **3.** *(strada)* Panoramastraße *f.* **panoramico, -a** [...'ra:miko] ‹-ci, -che› *a* **1.** *(veduta)* Panorama-, Aussichts-; *(strada, percorso)* mit schöner Aussicht, Panorama-; **2.** *(visione, rassegna, etc.)* Übersichts-, umfassend; *(esame)* eingehend; **3.** *fot* Panorama-; *film* Breitwand-; **4.** *opt* Richt-, Panorama-; **cannocchiale ~** Zielfernrohr *n;* **lente -a** Weitwinkelobjektiv *n.*

panpepato [pampe'pa:to] *m* Pfeffer-, Lebkuchen *m.*

pansé [pan'se] ‹-› *f* Ackerstiefmütterchen *n.*

pantaloncini [pantalon'tʃi:ni] *m pl* kurze Höschen *n pl.*

pantalone [panta'lo:ne] **I.** *m pl* Hose *f,* Hosen *f pl;* **II.** ‹*inv*› *a (gonna)* Hosen-.

pantano [pan'ta:no] *m (a. fig)* Sumpf *m.* **pantanoso, -a** [...ta'no:so] *a* sumpfig, schlammig.

panteismo [pante'izmo] *m* Pantheismus *m.* **panteistico, -a** [...'istiko] ‹-ci, -che› *a* pantheistisch.

pantera [pan'tɛ:ra] *f* **1.** *zoo* Panther *m;* **2.** *sl (della polizia)* schneller Funkstreifenwagen.

pantofola [pan'tɔ:fola] *f* Pantoffel *m,* Hausschuh *m.* **pantofolaio, -a** [...tofo'la:io] ‹-ai, -aie› **I.** *m, f* **1.** *(fabbricante)* Hausschuhfabrikant(in) *m(f);* **2.** *fig pej* Stubenhocker(in) *m(f);* **II.** *a* rückständig; *(politica)* unsozial.

pantografo [pan'tɔ:grafo] *m* **1.** *(per disegni)* Storchschnabel *m,* Pantograph *m;* **2.** *el* Stromabnehmer *m.*

pantomima [panto'mi:ma] *f* **1.** *theat* Pantomime *f;* **2.** *fig (comunicazione)* Gebärden-, Zeichensprache *f.* **pantomimico, -a** [...'mi:miko] *a* pantomimisch. **pantomimo** [...'mi:mo] *m* Pantomime *m.*

panzana [pan'tsa:na] *f fam* Flunkerei *f fam,* Ammenmärchen *n.*

panzanella [pantsa'nɛlla] *f Brotscheiben mit Tomaten, Kräutern, Essig und Öl.*

panzarotto [pantsa'rɔtto] *m mit Käse, Salami u. ä. gefüllte Teigtasche.*

Paola ['pa:ola] *(nome proprio femminile)* Paula, Pauline.

Paolo ['pa:olo] *(nome proprio maschile)* Paul, Paulus.

paonazzo, -a [pao'nattso] *a* (dunkel)violett.

papa ['pa:pa] ‹-i› *m* Papst *m;* **ad ogni morte di ~** *fig* alle Jubeljahre (einmal); **andare a Roma e non vedere il ~** *fig* in Rom gewesen sein und nicht den Papst gesehen haben; **morto un ~ se ne fa un altro** *prov* niemand ist unersetzlich.

papà [pa'pa] ‹-› *m fam* Papa *m fam,* Vati *m;* **figlio di ~** *pej* Muttersöhnchen *n.*

papabile [pa'pa:bile] **I.** *a* **1.** *rel* zum

Papst wählbar; **2.** *(favorito)* bevorzugt, in der engeren Wahl; **II.** *m* Papstkandidat *m.*
papaia [pa'paːi̯a] ‹-aie› *f* Papaya *f.*
papale [pa'paːle] *a* päpstlich, Papst-.
papalina [papa'liːna] *f* Käppchen *n.*
papalino, -a [papa'liːno] **I.** *a* päpstlich, Papst-; **II.** *m* **1.** *(soldato)* päpstlicher Soldat; **2.** *(militante)* Papstanhänger *m;* **3.** *(clericale)* Klerikale(r) *m.*
paparazzo [papa'rattso] *m* Skandalreporter *m.*
papato [pa'paːto] *m* **1.** *(istituto storico)* Papsttum *n,* Papat *m o. n;* **2.** *(dignità papale)* Papstwürde *f;* **3.** *(durata della carica)* Amtszeit *f* eines Papstes.
papavero [pa'paːvero] *m* **1.** *bot* (Klatsch)mohn *m;* **2.** *fig* großes (*o.* hohes) Tier *fam.*
papera ['paːpera] *f* **1.** *zoo* (junge) Gans *f;* **2.** *fig (errore)* Versprecher *m;* **3.** *fam pej (donna stupida)* dumme Gans *fam;* **prendere una ~** sich versprechen. **papero** [...ro] *m* (junger) Gänserich *m.*
papessa [pa'pessa] *f* Päpstin *f.*
papilla [pa'pilla] *f* **1.** *anat* Papille *f,* Warze *f;* **2.** *bot* Härchen *n;* **-e gustative** Geschmackspapillen *f pl.* **papillare** [...'laːre] *a* papillar, warzenförmig.
papillon [papi'jɔ̃] ‹-› *m* Fliege *f.*
papiraceo, -a [papi'raːtʃeo] ‹-cei, -cee› *a* Papyrus-, papyrusartig. **papiro** [pa'piːro] *m* **1.** *(bot, testo)* Papyrus *m;* **2.** *scherz (lunga lettera)* Epistel *f.*
papismo [pa'pizmo] *m* Papismus *m.* **papista** [pa'pista] ‹-i *m,* -e *f*› *mf* Papist(in) *m(f).*
pappa ['pappa] *f* **1.** *(minestrina)* Brot-, Grießsuppe *f;* **2.** *pej (minestra troppo cotta)* Pampe *f fam,* Brei *m;* **3.** *(per bambini)* Brei *m,* Mus *n;* **~ reale** Gelee *n* royale; **~ molle** *fig fam* Schlappschwanz *m fam;* **fare la ~** *(linguaggio infantile)* essen; **trovare la ~ scodellata** *fig fam* sich ins gemachte Nest setzen; **mangiare la ~ in testa a qu** *fig (essere più alto)* jdm auf den Kopf spucken können *fam; (essere più furbo)* früher aufgestanden sein als jd.
pappafico [pappa'fiːko] ‹-chi› *m* Vorbramsegel *n;* **mollare i -chi** die Segel streichen; *fig* resignieren.
pappagallo [pappa'gallo] *m* **1.** *zoo* Papagei *m;* **2.** *fig (uomo)* Papagallo *m;* **3.** *med* Uringlas *n,* Urinal *n;* **4.** *tec* Wasserpumpenzange *f.*
pappagorgia [pappa'gɔrdʒa] ‹-ge› *f* Doppelkinn *n.*
pappardella [pappar'dɛlla] *f* **1.** ‹*pl*› *gastr breite, gewellte Bandnudeln (mit Fleischsoße und Käse);* **2.** *fig (scritto)* langer Wisch *fam; (discorso)* langatmige Rede.
pappare [pap'paːre] **I.** *tr fam* **1.** *(mangiare)* hinunterschlingen; **2.** *fig (trarre profitti)* in die eigene Tasche wirtschaften, einsacken *fam;* **II.** *rfl:* **-rsi** alles an sich raffen. **pappata** [...'paːta] *f fam* Mampfen *n fam,* Schlingen *n.* **pappatoria** [...pa'tɔːri̯a] ‹-ie› *f fam* **1.** *(il mangiare)* Schlingerei *f fam,* Fresserei *f vulg;* **2.** *fig (profitto)* Mauserei *f fam,* Einsacken *n fam.*
pappina [pap'piːna] *f* **1.** *fam (per bambini)* Breichen *n;* **2.** *med* Leinsamenumschlag *m.*
pappone, -a [pap'poːne] *m, f fam* Vielfraß *m,* Freßsack *m fam.*
paprica ['paːprika] *f* Paprika(pulver) *n.*
pap-test ['pæptest] *m* Abstrich *m.*
par. *ab di* **paragrafo** Par. (*ab di* Paragraph).
para ['paːra] *f* Paragummi *m o. n.*
parabola [pa'raːbola] *f* **1.** *lit* Parabel *f; rel* Gleichnis *n;* **2.** *mat* Parabel *f;* **3.** *fig (declino)* allmählicher Niedergang, Abstieg *m;* **~ della vita** Lebenslauf *m,* Lebensweg *m.*
parabolico, -a [para'bɔːliko] ‹-ci, -che› *a* parabolisch.
parabordo [para'bordo] *m* Fender *m.*
parabrezza [para'breddza] ‹-› *m* Windschutzscheibe *f.*
paracadutare [parakadu'taːre] *tr* mit dem Fallschirm abwerfen. **paracadute** [...'duːte] ‹-› *m* Fallschirm *m;* **lanciarsi col ~** mit dem Fallschirm abspringen. **paracadutismo** [...du'tizmo] *m* Fallschirmspringen *n,* Fallschirmsport *m.* **paracadutista** [...du'tista] ‹-i *m,* -e *f*› **I.** *mf* Fallschirmspringer(in) *m(f);* **II.** *a* Fallschirm-. **paracadutistico, -a** [...du'tistiko] ‹-ci, -che› *a* Fallschirm-.
paracarro [para'karro] *m* Leitplanke *f.*
paracolpi [para'kolpi] ‹-› *m (per porte e finestre)* Stoßfänger *m,* Puffer *m; (paraurti)* Stoßstange *f.*
paradenti [para'dɛnti] ‹-› *m sport* Zahnschutz *m.*
paradentosi [paraden'tɔːzi] ‹-› *f* Parodontose *f.*
paradigma [para'digma] ‹-i› *m* Paradigma *n.* **paradigmatico, -a** [...'maːtiko] ‹-ci, -che› *a* paradigmatisch.
paradisiaco, -a [paradi'ziːako] ‹-ci, -che› *a* **1.** *(del Paradiso)* paradiesisch, Paradies-; **2.** *fig* himmlisch. **pa-**

radiso [...'di:zo] *m (a. fig)* Paradies *n;* **andare in ~** das Zeitliche segnen; **uccello del ~** Paradiesvogel *m;* **~ terrestre** (Garten) Eden *m;* **sentirsi in ~** sich wie im (siebten) Himmel fühlen.

paradossale [parados'sa:le] *a* paradox. **paradossalità** [...sali'ta] ‹-› *f* Paradoxie *f.*

paradosso [para'dɔsso] *m* Paradox(on) *n.*

parafango [para'faŋgo] *m (della macchina)* Kotflügel *m; (della motocicletta, etc.)* Schutzblech *n.*

parafernale [parafer'na:le] *a jur* zusätzlich zur Mitgift eingebracht.

paraffina [paraf'fi:na] *f* Paraffin *n.*

parafiamma [para'fi̯amma] **I.** ‹-› *m* Feuer-, Flammenschutz *m;* **II.** ‹*inv*› *a* feuersicher, -fest.

parafrasare [parafra'za:re] *tr* **1.** *(esporre)* paraphrasieren, umschreiben, frei wiedergeben; **2.** *pej (scopiazzare)* abschreiben. **parafrasi** [pa'ra:frazi] ‹-› *f* Umschreibung *f,* Paraphrase *f,* freie Wiedergabe.

parafulmine [para'fulmine] *m* Blitzableiter *m.*

paraggi [pa'raddʒi] *m pl* (nähere) Umgebung *f,* Nähe *f,* Gegend *f.*

paragocce [para'gottʃe] **I.** ‹*inv*› *a* Tropfenfänger-; **II.** ‹-› *m* Tropfenfänger *m.*

paragonabile [parago'na:bile] *a* vergleichbar (*a* mit).

paragonare [parago'na:re] **I.** *tr* vergleichen; **II.** *rfl:* **-rsi** sich vergleichen. **paragone** [...'go:ne] *m* **1.** *(confronto)* Vergleich *m,* Gegenüberstellung *f;* **2.** *(esempio)* Beispiel *n* (zum Vergleich); **termine del ~, pietra di ~** Vergleichsmoment *n;* **a ~ di** im Vergleich zu; **mettere a ~ di (***o.* **con)** vergleichen mit; **portare un ~** ein Beispiel anführen; **essere senza ~, non avere -i** unvergleichlich sein.

paragrafare [paragra'fa:re] *tr* in Paragraphen (*o.* Abschnitte) einteilen. **paragrafo** [pa'ra:grafo] *m* (*ab* **par.**) **1.** *(di libro, documento)* Abschnitt *m,* Paragraph *m;* **2.** *(segno)* Paragraph(enzeichen *n*) *m.*

paralisi [pa'ra:lizi] ‹-› *f* **1.** *med* Lähmung *f,* Paralyse *f scient;* **2.** *fig* Lahmlegung *f.* **paralitico, -a** [para'li:tiko] ‹-ci, -che› **I.** *a* gelähmt; *(stato)* Lähmungs-; **II.** *m, f* Gelähmte(r) *mf.* **paralizzare** [...lid'dza:re] *tr* **1.** *med* lähmen, paralysieren *scient;* **2.** *fig* lähmen, lahmlegen.

parallasse [paral'lasse] *f* Parallaxe *f.*

parallela [paral'lɛ:la] *f* **1.** *mat* Parallele *f;* **2.** ‹*pl*› *sport* Barren *m.* **parallelismo** [...le'lizmo] *m* **1.** *mat* Parallelität *f;* **2.** *fig* Parallelität *f geh,* Übereinstimmung *f.* **parallelo, -a** [...'lɛ:lo] **I.** *a* Parallel-, parallel; **II.** *m* **1.** *(comparazione)* Vergleich *m;* **2.** *geog* Breitenkreis *m;* **3.** *mat* Parallelprojektion *f;* **in ~** Parallel-.

parallelogramma [parallelo'gramma] ‹-i›, **parallelogrammo** [...mo] *m* Parallelogramm *n.*

paraluce [para'lu:tʃe] ‹-› *m* Sonnenblende *f.*

paralume [para'lu:me] *m* Lampenschirm *m.*

paramento [para'mento] *m* **1.** ‹*pl*› *rel* Paramente *n pl;* **2.** *arch* Wandfläche *f,* Maueroberfläche *f.*

parametrico, -a [para'mɛ:triko] *a* Parameter-, parametrisch. **parametro** [pa'ra:metro] *m (a. fig)* Parameter *m.*

paramilitare [paramili'ta:re] *a* paramilitärisch.

paranco [pa'raŋko] ‹-chi› *m* Flaschenzug *m.*

paranoia [para'nɔ:i̯a] ‹-oie› *f* Paranoia *f.* **paranoico, -a** [...'nɔ:iko] ‹-ci, -che› **I.** *a* paranoisch; **II.** *m, f* Paranoiker(in) *m(f).*

paranormale [paranor'ma:le] *a (persona)* nicht ganz normal; *(fenomeno)* paranormal, übersinnlich.

paranza [pa'rantsa] *f* **1.** *(barca)* Fischerboot *n* (mit Lateinersegel); **2.** *(rete)* Schleppnetz *n.*

paraocchi [para'ɔkki] ‹-› *m (a. fig)* Scheuklappe *f.*

parapetto [para'pɛtto] *m* **1.** *(riparo)* Geländer *n;* **2.** *naut* Reling *f;* **3.** *mil* Brustwehr *f.*

parapiglia [para'piʎʎa] ‹-› *m fam* Durcheinander *n,* Getümmel *n,* Gemenge *n.*

parapioggia [para'pi̯ɔddʒa] ‹-› *m* Regenschirm *m.*

paraplegia [paraple'dʒi:a] ‹-gie› *f* doppelseitige Lähmung, Paraplegie *f scient; (agli arti inferiori)* Querschnittslähmung *f.* **paraplegico, -a** [...'plɛ:dʒiko] ‹-ci, -che› **I.** *a* querschnitt(s)gelähmt; **II.** *m, f* Querschnitt(s)gelähmte(r) *mf.*

parapsicologia [parapsikolo'dʒi:a] *f* Parapsychologie *f.*

parare [pa'ra:re] **I.** *tr* **1.** *(colpo)* abwehren, auffangen; *sport (tiro)* parieren, abfangen; **2.** *(ornare)* behängen, herrichten, schmücken; **3.** *(schermare)* schützen (*da* vor), abschirmen (*da* gegen); **II.** *itr* hinauswollen (auf); **dove vuoi andare a ~?** worauf willst du hinaus?; **III.** *rfl:* **-rsi** **1.** *(opporsi)* sich in den Weg stellen; **2.** *rel (abbigliarsi)* sich ankleiden, sich schmücken.

parascolastico, -a [parasko'lastiko] *a* neben (*o.* außerhalb) der Schule.

parasole [para'so:le] **I.** ⟨-⟩ *m* **1.** *(ombrello)* Sonnenschirm *m;* **2.** *fot* Sonnenblende *f,* Gegenlichtblende *f;* **II.** ⟨*inv*⟩ *a* Sonnen(schutz)-.

parassita [paras'si:ta] ⟨-i *m,* -e *f*⟩ **I.** *m biol* Parasit *m;* **II.** *mf fig* Schmarotzer(in) *m(f);* **III.** *a* **1.** *biol* Schmarotzer-, parasitär; **2.** *fig* schmarotzerhaft. **parassitario, -a** [...si'ta:ri̯o] ⟨-i, -ie⟩ *a* **1.** *biol* parasitär; **2.** *fig* schmarotzerhaft. **parassitismo** [...si'tizmo] *m* **1.** *biol* Parasitismus *m;* **2.** *fig* Schmarotzertum *n.*

parastatale [parasta'ta:le] **I.** *a* halbstaatlich, mit staatlicher Beteiligung; **II.** *mf* Angestellte(r) *mf* einer halbstaatlichen Einrichtung.

parata [pa'ra:ta] *f* **1.** *sport (calcio)* Abwehr *f* (durch den Torhüter); *(scherma)* Parade *f; (boxe)* Parieren *n;* **2.** *mil* (Militär)parade *f;* **3.** *(rassegna)* Vorführung *f;* **4.** *(pompa)* Gala *f,* Prunk *m,* Parade *f;* **abito/carrozza da ~** Galauniform *f*/Prunkwagen *m;* **vista la mala ~, . . .** da die Dinge eine schlechte Wende genommen haben (*o.* hatten), . . .

paratassi [para'tassi] ⟨-⟩ *f* Parataxe *f.*

paratia [para'ti:a] ⟨-ie⟩ *f* **1.** *arch* Spundwand *f;* **2.** *naut* Schott *n,* Scheidewand *f;* **-ie stagne** (wasserdichte) Schotten *n pl;* **~ del motore** Spritzwand *f.*

paratifo [para'ti:fo] *m* Paratyphus *m.*

parato [pa'ra:to] *m* **1.** *(addobbo)* Vorhang *m;* **2.** *(rivestimento)* Tapete *f;* **carta da -i** Tapete *f.*

paraurti [para'urti] ⟨-⟩ *m* **1.** *mot* Stoßstange *f;* **2.** *ferr (del binario)* Prellbock *m; (del vagone)* Puffer *m.*

paravento [para'vɛnto] ⟨-⟩ *m* **1.** *(suppellettile)* Paravent *m o. n,* spanische Wand; **2.** *fig* Deckmantel *m.*

parca ['parka] ⟨-che⟩ *f* Parze *f.*

parcella [par'tʃɛlla] *f* **1.** *(di terreno)* Parzelle *f;* **2.** *(delle spese)* Honorarforderung *f.* **parcellare** [...tʃel'la:re] *a* partiell; *(terreno)* Parzellen-. **parcellazione** [...tʃellat'tsi̯o:ne] *f* Parzellierung *f.* **parcellizzare** [partʃellid'dza:re] *tr* in einzelne Arbeitsgänge zerstückeln. **parcellizzazione** [...dzat'tsi̯o:ne] *f* fortgeschrittene Arbeitsteilung.

parcheggiare [parked'dʒa:re] ⟨parcheggio, parcheggi⟩ *tr* parken. **parcheggio** [...'keddʒo] ⟨-ggi⟩ *m* **1.** *(posteggio)* Parkplatz *m;* **2.** *(manovra)* (Ein)parken *n;* **~ a pagamento** gebührenpflichtiger Parkplatz; **~ custodito** bewachter Parkplatz *m;* **area di ~** Parkzone *f; (a. fig)* Abstellplatz; **divieto di ~** Parkverbot *n;* **è vietato il ~** Parken verboten. **parchimetro** [...'ki:metro] *m* Parkuhr *f,* Parkometer *n o. m.*

parco ['parko] ⟨-chi⟩ *m* Park *m;* **~ giochi** (Kinder)spielplatz *m;* **~ vetture** (*o.* **automobilistico** *o.* **di autoveicoli)** Wagen-, Fahrzeugpark *m;* **~ ferroviario** Wagenpark *m;* **~ dei divertimenti** Vergnügungspark *m.*

parco, -a ['parko] ⟨-chi, -che⟩ *a* **1.** *(nel mangiare, bere)* sehr genügsam; *(nello spendere)* geizig; **2.** *(mensa, pasto)* karg.

pardon [par'dɔ̃] *interj* **1.** *(scusi)* Entschuldigung, Verzeihung, Pardon; **2.** *(con permesso)* Sie gestatten?, Sie erlauben?

parecchio, -a [pa'rekki̯o] ⟨-cchi, -cchie⟩ **I.** *a* (ziemlich) viel, mehr als genug; **II.** ⟨*pl*⟩ *pron* ziemlich viele, etliche; **III.** *adv* ziemlich, ganz schön *fam.*

pareggiamento [pareddʒa'mento] *m* **1.** *(equiparazione)* Gleichstellung *f;* Ausgleich(en *n*) *m;* **2.** *(di terreno)* Einebnung *f;* **3.** *(di bilancio)* Ausgleich *m; (di conti)* Begleichung *f.* **pareggiare** [...'dʒa:re] ⟨pareggio, pareggi⟩ **I.** *tr* **1.** *(terreno)* einebnen; **2.** *(bilanci)* ausgleichen; *(conti)* begleichen; **3.** *(uguagliare)* gleichkommen (*qu in qc* jdm in etw.); **4.** *(equiparare)* gleichstellen; **scuola pareggiata** staatlich anerkannte Schule; **II.** *itr* unentschieden spielen (*con* gegen); **III.** *rfl:* **-rsi** sich ausgleichen. **pareggio** [pa'reddʒo] ⟨-ggi⟩ *m* **1.** *com* Ausgleich *m,* Deckung *f;* **2.** *sport* Unentschieden *n,* Ausgleich *m;* **chiudere in ~** unentschieden ausgehen.

parelio [pa'rɛ:li̯o] ⟨-i⟩ *m* Nebensonne *f,* Sonnenring *m.*

parentado [paren'ta:do] *m* **1.** *(parenti)* Verwandtschaft *f;* **2.** *fig (legame)* Verwandtschaft *f,* Verwandtsein *n.* **parentale** [...'ta:le] *a (vincolo)* verwandtschaftlich; *(autorità)* elterlich; *(malattia)* erblich, Erb-.

parente [pa'rɛnte] *mf* **1.** *(persona)* Verwandte(r) *mf;* **2.** *fig (simile)* Ähnliche(s) *n,* Verwandte(s) *n;* **i primi -i** die ersten Menschen, Adam und Eva; **tanti -i tanti tormenti** *prov* mit den Verwandten hat man seine liebe Not. **parentela** [paren'tɛ:la] *f* **1.** *(insieme dei parenti)* Verwandtschaft *f,* Verwandte(n) *m pl;* **2.** *fig (legame)* Verwandtschaft *f;* **3.** *fig (affinità)* Gleichartigkeit *f,* Affinität *f;* **grado di ~** Verwandtschaftsgrad *m;* **~ spirituale** Geistesverwandtschaft *f.*

parentesi [pa'rɛntezi] *f* **1.** *gener.* Einschub *m,* Parenthese *f;* **2.** *(segno grafico)* Klammer *f;* **3.** *fig (intervallo)* Unterbrechung *f;* **~ tonda/quadra/graffa** runde/eckige/geschweifte Klammer; **fra ~** *fig* nebenbei bemerkt. **parentetico, -a** [paren'tɛ:tiko] ‹-ci, -che› *a* parenthetisch, eingeschoben.

parere [pa're:re] ‹paio, parvi, parso› **I.** *itr ‹essere›* **1.** *(apparire)* scheinen, erscheinen, aussehen; **2.** *(pensare)* meinen, glauben; **3.** *fam (volere)* passen *fam,* belieben; **4.** *(assomigliare)* ähnlich sein (*qc/qu* jdm/einer S.); **5.** *(impersonale: sembrare)* scheinen, den Anschein haben; *(dare l'impressione)* so aussehen, als ob; **pare di sì/no** anscheinend schon/nicht; **pare impossibile** es scheint unmöglich (zu sein); **pare che tu non ci tenga** es scheint, daß du keinen Wert darauf legst; **pare e non pare** es kann sein, muß aber nicht sein; **mi pare di averlo visto** mir scheint, daß ich ihn gesehen habe; **non mi par vero** das kann ich kaum glauben; das ist zu schön, um wahr zu sein; **ti pare di aver ragione?** glaubst du, recht zu haben?; **che te ne pare?** was hältst du davon?; **fai come ti pare** mache es, wie du meinst (*o.* willst); **ma Le pare!** wo denken Sie hin!; **a quanto pare** wie es scheint; **II.** *m* **1.** *(opinione)* Meinung *f,* Ansicht *f;* **2.** *(consiglio)* Rat(schlag) *m;* **a mio ~** meiner Meinung nach; **cambiar ~** seine Meinung ändern; **essere del ~ che ...** der Ansicht sein, daß ...; **essere di ~ diverso** anderer Meinung sein.

parete [pa're:te] *f* Wand *f;* **le -i domestiche** *fig* die eigenen vier Wände.

pargolo ['pargolo] *m poet (bambino)* Kind *n.*

pari[1] ['pa:ri] **I.** *‹inv› a* **1.** *(uguale)* gleich; **2.** *(allo stesso livello)* gleichrangig, gleichgestellt; **3.** *mat (numero)* gerade; **4.** *(sport, nei giochi)* unentschieden; **5.** *anat* paarig, paarweise vorhanden; **ragazza alla ~** Au-pair-Mädchen *n;* **essere ~ a** entsprechen *dat;* **essere ~ con qu** mit jdm quitt sein; **stare alla ~ con qu** jdm gewachsen sein; **mettere alla ~** gleichstellen; **andare di ~ passo con qc/qu** *fig* mit etw./jdm Schritt halten; **al ~ di** wie; **di ~ passo** im Gleichschritt; **~ ~** haargenau, wortwörtlich; **II.** *adv* gleich; **alla ~** gleichberechtigt, gleichgestellt; **III.** ‹-› *mf* Gleichgestellte(r) *mf,* Ebenbürtige(r) *mf;* **trattare con i propri ~** mit seinesgleichen verkehren; **trattare qu da ~ a ~** jdn als seinesgleichen behandeln; **non aver ~** einzigartig sein; **senza ~** einzigartig; **IV.** ‹-› *m* Gleichheit *f;* **far ~** (im Spiel) ein Unentschieden erzielen, dieselbe Punktzahl haben; **far ~ e dispari** auslosen; **far ~ e patta** *fig* einen Ausgleich finden; **mettere/mettersi in ~** ausgleichen/aufholen; **essere in ~ con qc** *fig* nichts nachzuholen haben.

pari[2] ['pa:ri] ‹-› *m* **1.** *pol* britisches Oberhausmitglied; **2.** *hist* Pair *m.*

paria ['pa:ri̯a] ‹-› *m* Paria *m.*

parietale [pari̯e'ta:le] **I.** *a* **1.** *(graffito, pittura)* Wand-; **2.** *anat* parietal; **II.** *m* Scheitelbein *n.*

parificare [parifi'ka:re] ‹parifico, parifichi› *tr* **1.** *jur* (rechtlich) gleichstellen; **2.** *adm* (staatlich) anerkennen. **parificato, -a** [...'ka:to] *a* rechtsgültig anerkannt, gleichgestellt. **parificazione** [...kat'tsi̯o:ne] *f* (staatliche) Anerkennung *f,* rechtliche Gleichstellung.

Parigi [pa'ri:dʒi] *f* Paris *n.*

pariglia [pa'riʎʎa] ‹-glie› *f* **1.** *(coppia di cavalli)* Gespann *n;* **2.** *(nelle carte)* Zwilling *m* (beim Pokern); *(nei dadi)* Zweierpasch *m;* **rendere la ~** *fig* Gleiches mit Gleichem vergelten.

parigrado [pari'gra:do] ‹-› *mf* Ebenbürtige(r) *mf,* Gleichgestellte(r) *mf.*

parimenti [pari'menti] *adv poet* gleichfalls, ebenfalls.

parità [pari'ta] ‹-› *f* **1.** *(uguaglianza)* Gleichheit *f;* *(di diritti)* Gleichberechtigung *f;* **2.** *sport* Unentschieden *n;* **3.** *com* Parität *f;* **~ salariale** Lohngleichheit *f;* **chiudere in ~** unentschieden ausgehen; **a ~ di condizioni/voti/diritti** bei gleichen Bedingungen/bei Stimmengleichheit/bei Gleichberechtigung. **paritario, -a** [...'ta:ri̯o] ‹-i, -ie› *a* gleich, Gleich-. **paritetico, -a** [...'tɛ:tiko] ‹-ci, -che› *a* paritätisch.

parka ['parka] ‹-› *m* Parka *m o. f.*

parlamentare[1] [parlamen'ta:re] **I.** *a* **1.** *pol* parlamentarisch, Parlaments-; **2.** *fig (pieno di tatto)* anständig, taktvoll; **II.** *mf* **1.** *pol* Parlamentarier(in) *m(f),* Abgeordnete(r) *mf;* **2.** *(inviato per trattative)* Unterhändler(in) *m(f).*

parlamentare[2] [parlamen'ta:re] *itr* **1.** *(trattare)* verhandeln (*per* wegen, über); **2.** *(stare a colloquio)* verhandeln (*con* mit), eine Unterredung haben (*con* mit).

parlamentarismo [parlamenta'rizmo] *m* Parlamentarismus *m*. **parlamento** [...'mento] *m* Parlament *n; (assemblea a.)* Parlamentssitzung *f;* **sedere in ~** einen Sitz im Parlament haben.

parlante [par'lante] **I.** *a* **1.** *(che parla)* sprechend; **2.** *fig (molto espressivo)* sprechend, ausdrucksvoll; *(evidente)* einleuchtend, offensichtlich; **II.** *mf* Sprecher(in) *m(f)*. **parlantina** [...'ti:na] *f fam* Redseligkeit *f; (lingua sciolta)* Zungenfertigkeit *f;* **avere una bella** (*o.* **buona**) **~** ein flinkes (*o.* flottes) Mundwerk haben *fam.*

parlare [par'la:re] **I.** *itr* **1.** *gener.* sprechen; *(comunicare a.)* reden; *(conversare a.)* sprechen, sich unterhalten (*di* über); **2.** *(rivolgere la parola)* ansprechen (*a qu* jdn); **3.** *(confessare)* sprechen (*di* über), ein Geständnis ablegen; **4.** *fig (ricordare)* erinnern (*di* an); **5.** *fig (provare)* sprechen (*contro di* gegen, *a favore di* für); **6.** *fig (essere significativo)* sprechen, ausdrucksvoll sein; **~ con le mani/a gesti** mit den Händen sprechen/sich mit Zeichen verständigen; **~ col naso** durch die Nase reden, näseln; **~ tra i denti** in den Bart murmeln; **~ tra sé e sé** Selbstgespräche führen, vor sich hinsprechen; **~ a fior di labbra** flüstern; **~ a caso/vanvera** unüberlegt daherreden/ins Blaue hineinreden, dummes Zeug reden; **~ come un libro stampato** wie gedruckt reden; **~ ostrogoto** (*o.* **arabo**) *fig* chinesisch sprechen; **far ~ di sé** von sich reden machen; **non volerne più sentir ~** nichts mehr davon hören wollen; **per ora non se ne parla** im Moment kommt das nicht in Frage; **non se ne parli più** Schwamm darüber, darüber soll kein Wort mehr verloren werden; **per non ~ di** ganz zu schweigen von; **con rispetto parlando** mit Verlaub gesagt; **II.** *tr* sprechen, reden; **~ tedesco/francese/inglese** deutsch/französisch/englisch sprechen; **III.** *rfl:* **-rsi 1.** *(rivolgersi la parola)* miteinander reden; **2.** *fam (amoreggiare)* zusammen gehen *fam;* **IV.** *m* **1.** *(modo di parlare)* Sprech-, Redeweise *f;* **2.** *(parlata)* Gerede *n.* **parlata** [...'la:ta] *f* Sprech-, Redeweise *f.* **parlato, -a** [...'la:to] **I.** *a* **1.** *(linguaggio, uso)* gesprochen, Sprach-; **2.** *(film)* Ton-; **II.** *m mus* Rezitativ *n.* **parlatore, -trice** [...la'to:re] *m, f* gute(r) Redner(in), redegewandte Person.

parlatorio [parla'tɔ:rio] ‹-i› *m* Besuchszimmer *n.*

parlatrice *f v.* **parlatore.**

parlottare [parlot'ta:re] *itr* flüstern, tuscheln. **parlottio** [...'ti:o] ‹-ii› *m* Getuschel *n,* Geflüster *n.*

parmigiana [parmi'dʒa:na] *f Gericht mit Parmesan und Tomatensoße;* **~ di melanzane** *Auberginenauflauf mit Parmesan und Tomatensoße.* **parmigiano, -a** [...no] **I.** *a* aus Parma, Parmesan-; **II.** *m* Parmesan(käse) *m;* **III.** *m, f* Einwohner(in) *m(f)* von Parma.

parodia [paro'di:a] ‹-ie› *f* **1.** *(imitazione)* Parodie *f;* **2.** *fig (buffonata)* Karikatur *f,* Farce *f;* **fare la ~ di qu** jdn parodieren. **parodiare** [...'dia:re] ‹parodio, parodi› *tr* parodieren. **parodista** [...'dista] ‹-i *m,* -e *f*› *mf* Parodist(in) *m(f)*. **parodistico, -a** [...'distiko] ‹-ci, -che› *a* parodistisch.

parola [pa'rɔ:la] *f* **1.** *(vocabolo, espressione, etc.)* Wort *n;* **2.** ‹*pl*› *(consiglio)* Worte *n pl,* Rat(schlag) *m;* **3.** ‹*pl*› *(chiacchiere)* Gerede *n,* Geschwätz *n;* **4.** *(facoltà di parlare)* Sprache *f;* **5.** *(il parlare)* Reden *n,* Sprechen *n;* **6.** *(modo di esprimersi)* Redeweise *f,* Art *f* zu sprechen; **7.** *(diritto di parlare)* Wort *n,* Rederecht *n;* **8.** *(promessa)* (Ehren)wort *n;* **9.** *(nelle carte)* Ansage *f;* **10.** *mus* Text *m;* **~ d'ordine** Parole *f,* Losung *f;* **~ d'onore** Ehrenwort *n;* **-e incrociate** Kreuzworträtsel *n;* **giro di -e** Umschreibung *f;* **gioco di -e** Wortspiel *n;* **scambio di -e** Wortwechsel *m;* **in ~** (soeben) genannt, (soeben) erwähnt; **in una ~** kurz gesagt, mit einem Wort; **~ per ~** Wort für Wort; **nel senso più ampio della ~** im weitesten Sinne des Wortes; **essere di ~, mantenere la ~** sein Wort halten; **credere a qu sulla ~** jdm aufs Wort glauben; **prendere** (*o.* **pigliare**) **in ~** beim Wort nehmen; **restare senza -e** keine Worte finden, sprachlos sein; **avere la ~ facile** redegewandt sein; **avere l'ultima ~** das letzte Wort haben; **metter(ci) una buona ~** ein gutes Wort einlegen; **mettere le -e in bocca a qu** jdm die Worte in den Mund legen; **togliere** (*o.* **levare**) **la ~ di bocca a qu** jdm das Wort aus dem Munde nehmen; **venire a -e con qu** mit jdm in Streit geraten; **rivolgere la ~ a qu** jdn ansprechen; **uomo di poche -e** wortkarger Mensch; **-e sante!** *fig fam* wahre Worte!, wie wahr!; **è una ~!** *fam* das ist leichter gesagt als getan!; **la sua ~ trascina** er (*o.* sie) hat eine mitreißende Art zu sprechen; **una ~ tira l'altra** ein Wort gibt das andere; **il silenzio è d'oro e la ~ d'argento** *prov* Reden ist Silber, Schweigen ist Gold *prov.*

parolaccia [paro'lattʃa] ‹-cce› *f* unflätiges Wort, ordinärer Ausdruck.

parolaio, -a [...'la:i̯o] ‹-ai, -aie› **I.** *a* schwatzhaft; **II.** *m, f* Schwätzer(in) *m(f).* **paroliere, -a** [...'li̯ɛ:re] *m, f* Texter(in) *m(f),* Textdichter(in) *m(f).*

parolina [...'li:na] *f* **1.** *(breve cenno)* Wörtchen *n;* **2.** *(parola gentile e graziosa)* freundliches (*o.* liebes) Wort; **devo dirti una ~** *(confidenza)* ich muß dir was anvertrauen; *(rimprovero)* ich habe noch ein Wörtchen mit dir zu reden. **parolona** [...'lo:na] *f,* **parolone** [...'lo:ne] *m* langes (*o.* schwieriges) Wort.

parossismo [paros'sizmo] *m* Paroxysmus *m;* **portare una cosa al ~** etw. auf die Spitze treiben. **parossistico, -a** [...'sistiko] ‹-ci, -che› *a* **1.** *(stato, grida)* erregt, aufgebracht; **2.** *med* paroxysmal, anfallweise auftretend.

parotite [paro'ti:te] *f* Mumps *m.*

parquet [par'kɛ] ‹-› *m* Parkett *n.*

parricida [parri'tʃi:da] ‹-i *m,* -e *f*› *mf* Vatermörder(in) *m(f).* **parricidio** [...di̯o] ‹-i› *m* Vatermord *m.*

parrocchetto [parrok'ketto] *m* **1.** *zoo* Sittich *m;* **2.** *naut* Fockmastsegel *n.*

parrocchia [par'rɔkki̯a] ‹-ie› *f* **1.** *(circoscrizione)* Pfarrei *f,* Pfarrbezirk *m;* **2.** *(chiesa)* Pfarrkirche *f; (edificio)* Pfarrhaus *n; (ufficio)* Pfarramt *n;* **3.** *(insieme dei fedeli)* Pfarrgemeinde *f,* Pfarre *f;* **4.** *fig* Clique *f.* **parrocchiale** [parrok'ki̯a:le] *a* Pfarr-. **parrocchiano, -a** [...'ki̯a:no] *m, f* Mitglied *n* einer Pfarrgemeinde, Pfarrkind *n.* **parroco** ['parroko] ‹-ci› *m* Pfarrer *m.*

parrucca [par'rukka] ‹-cche› *f* Perükke *f.*

parrucchiere, -a [parruk'ki̯ɛ:re] *m, f* (Damen)friseur *m,* -friseuse *f.*

parrucchino [parruk'ki:no] *m* (Herren)perücke *f.*

parruccone, -a [parruk'ko:ne] *m, f* altmodischer Mensch.

parsimonia [parsi'mɔ:ni̯a] *f* **1.** *(moderazione)* Sparsamkeit *f;* **2.** *fig* Anspruchslosigkeit *f,* Genügsamkeit *f.*

parsimonioso, -a [parsimo'ni̯o:so] *a* **1.** *(persona)* sparsam; **2.** *(vita)* sparsam, anspruchslos; **3.** *fig* sparsam (*di* mit), mäßig (*di* mit).

parso ['parso] *pp di* **parere.**

partaccia [par'tattʃa] ‹-cce› *f fam* **1.** *(comportamento sleale)* schlechtes Benehmen; **2.** *(colpo mancino)* böser Streich; **3.** *(sgridata)* Rüffel *m fam.*

parte ['parte] **I.** *f* **1.** *(pezzo, settore)* Teil *n,* Einzelteil *n; anat* (Körper)teil *m;* **2.** *(porzione)* Teil *m,* Portion *f; (quota)* (An)teil *m;* **3.** *(luogo)* Gegend *f;* **4.** *(lato)* Seite *f; (direzione)* Richtung *f;* **5.** *(frazione)* Seite *f,* Partei *f; (partito)* Flügel *m,* Richtung *f; jur* Partei *f;* **6.** *theat* Rolle *f; fig (ruolo)* Rolle *f,* Aufgabe *f; mus* Part *m,* Partie *f;* **~ del discorso** Satzteil *m,* Satzglied *n;* **-i molli** Weichteile *m pl;* **-i di ricambio** Ersatzteile *n pl;* **a ~** getrennt, separat; **in ~** zum Teil, teilweise; **in/da ogni ~** überall/von überall(her); **da ~ di** von *dat,* von seiten *gen,* seitens *gen;* **per ~ di** von seiten *gen;* **da** (*o.* **per**) **~ mia** was mich betrifft, meinerseits; **da una ~ ... dall'altra** einerseits ... andererseits; **essere** (*o.* **far**) **~ di qc** zu etw. gehören, Bestandteil von etw. sein; **essere ~ in causa** Partei sein; *fig* betroffen (*o.* beteiligt) sein; **mettere da ~** *(metter via)* beiseitelegen, als erledigt betrachten; *(tralasciare)* beiseite lassen; **mettere qu a ~ di qc** jdn von etw. in Kenntnis setzen; **prendere ~ a qc** an etw. teilnehmen; **non sapere da che ~ voltarsi** *fig* weder ein noch aus wissen; **prender viva ~ a qc** an etw. regen Anteil nehmen; **essere senz'arte né ~** ein Hungerleider sein; **essere dalla ~ del torto** im Unrecht sein; **costituirsi ~ civile** Nebenklage erheben; **stare dalle -i di Fiesole** sich in der Gegend von Fiesole befinden; **l'occhio vuole la sua ~** *fig* das Äußere darf nicht vernachlässigt werden; *(nel mangiare)* das Auge ißt mit *fam;* **fatti da ~!;** *fam* geh zur Seite!, geh weg!; **II.** *adv* teils; **gli scolari furono ~ promossi, ~ rimandati e ~ bocciati** die Schüler wurden teils versetzt, teils mußten sie Nachprüfungen machen, teils sind sie durchgefallen.

partecipante [partetʃi'pante] **I.** *mf* Teilnehmer(in) *m(f);* **II.** *a* teilnehmend, Teilnehmer-.

partecipare [partetʃi'pa:re] **I.** *itr* **1.** *(prendere parte)* teilnehmen (*a* an), sich beteiligen (*a* an); **2.** *(alla gioia, al dolore)* Anteil nehmen (*a* an); **3.** *(essere partecipe)* teilhaben (*di* an); *com* teilhaben (*a* an), beteiligt sein (*a* an); **II.** *tr* (durch Anzeige) bekanntgeben (*o.* mitteilen). **partecipazione** [...pat'tsi̯o:ne] *f* **1.** *(di matrimonio, morte)* Anzeige *f;* **2.** *(intervento)*

Teilnahme *f,* Mitwirkung *f;* **3.** *(interessamento)* Anteilnahme *f;* **4.** *com, fin, adm* Beteiligung *f;* ~ **agli utili** Gewinnbeteiligung *f.* **partecipe** [...ˈteːtʃipe] *a* **1.** *gener.* beteiligt (*di* an); **2.** *fig* (an)teilnehmend (*di* an); **3.** *com* teilhabend (*di* an).

parteggiare [partedˈdʒaːre] ⟨parteggio, parteggi⟩ *itr* Partei nehmen (*o.* ergreifen) (*per* für).

partenogenesi [partenoˈdʒɛːnezi] *f* Parthenogenese *f,* Jungfernzeugung *f.*

partenopeo, -a [partenoˈpɛːo] *m, f* Neapolitaner(in) *m(f).*

partenza [parˈtɛntsa] *f* **1.** *(il partire)* Abreise *f,* Aufbruch *m;* **2.** *(di veicolo)* Abfahrt *f;* **3.** *sport* Start *m;* **punto di** ~ *(a. fig)* Ausgangspunkt *m;* **lingua di** ~ Ausgangs-, Quellsprache *f;* **in** ~ abreisend, abfahrend; *com* abgehend; **pronto per la** ~ abfahr(t)bereit, startbereit.

parterre [parˈtɛːr] ⟨-⟩ *m* **1.** *theat* Parterre *n;* **2.** *bot* Blumenbeet *n.*

particella [partiˈtʃɛlla] *f* **1.** *ling* Partikel *f;* **2.** *phys* Partikel *n o. f,* Teilchen *n;* **3.** *jur* Parzelle *f;* ~ **alfa/beta/gamma/elementare** Alpha-/Beta-/Gamma-/Elementarteilchen *n.*

participiale [partitʃiˈpaːle] *a* Partizipial-, partizipial.

participio [partiˈtʃiːpi̯o] ⟨-i⟩ *m* Partizip *n,* Mittelwort *n.*

particola [parˈtiːkola] *f* Hostie *f,* Partikel *f.*

particolare [partikoˈlaːre] **I.** *m* **1.** *(parte)* Detail *n,* Einzelheit *f;* **2.** *(elemento costitutivo)* Bestandteil *m;* **entrare** (*o.* **scendere) in -i** ins Detail gehen; **fin nei minimi -i** bis in die letzten Einzelheiten; **II.** *a* **1.** *(specifico)* besondere(r, s), spezifisch; *(speciale)* Spezial-, Sonder-; **2.** *(proprio)* eigene(r, s), besondere(r, s); *(personale)* persönlich, Privat-; **3.** *(singolo)* einzeln, Einzel-; **4.** *(caratteristico)* charakteristisch, eigentümlich, typisch; **5.** *(fuori dal comune)* außergewöhnlich, außerordentlich; **segretario** ~ Privatsekretär *m;* **caso** ~ Sonderfall *m;* **lezioni -i** Privatstunden *f pl;* **in** ~ besonders. **particolareggiare** [...laredˈdʒaːre] ⟨particolareggio, particolareggi⟩ *tr* ausführlich erzählen, eingehend schildern. **particolareggiato, -a** [...laredˈdʒaːto] *a* ausführlich, detailliert. **particolarismo** [...laˈrizmo] *m* Partikularismus *m.* **particolaristico, -a** [...laˈristiko] ⟨-ci, -che⟩ *a* partikularistisch. **particolarità** [...lariˈta] ⟨-⟩ *f* **1.** *(caratteristica)* Besonderheit *f,* Eigenheit *f;* **2.** *(dettaglio)* Einzelheit *f,* Detail *n.*

partigiana *f v.* **partigiano.**

partigianeria [partidʒaneˈriːa] ⟨-ie⟩ *f* Parteilichkeit *f.* **partigiano, -a** [...ˈdʒaːno] **I.** *m, f* **1.** *pol, mil* Partisan(in) *m(f),* Widerstandskämpfer(in) *m(f);* **2.** *(sostenitore)* Parteigänger(in) *m(f),* Verfechter(in) *m(f);* **II.** *a* **1.** *(guerra, etc.)* Partisanen-; **2.** *(giudizio)* parteiisch; **3.** *(spirito, politica)* von Parteiengeist beseelt, faktiös.

partire [parˈtiːre] ⟨parto⟩ *itr* ⟨*essere*⟩ **1.** *(andarsene)* weggehen; *(in viaggio)* abreisen (*per* nach); *(con l'aereo)* abfliegen; *(con il treno, l'automobile)* abfahren; **2.** *(colpo)* losgehen; *(macchina, etc.)* anspringen; *sport* starten; **3.** *fig (avere inizio)* beginnen; **4.** *(provenire)* ausgehen (*da* von), stammen (*da* von); **5.** *fam scherz (guastarsi)* kaputtgehen *fam;* ~ **per Napoli/per le vacanze** nach Neapel abreisen/in die Ferien fahren; ~ **in quarta** *fam* loslegen *fam;* **essere partito** *fam* hinübersein *fam; (scomparso)* futsch sein *fam;* **Gianni è partito** *fam scherz* Gianni ist blau wie ein Veilchen *fam;* **a** ~ **da** seit, von ... an; ~ **è un po' morire** *prov* Scheiden tut weh.

partita [parˈtiːta] *f* **1.** *sport* Spiel *n,* Wettkampf *m; (gioco)* Partie *f,* Spiel *n;* **2.** *com* Partie *f,* Posten *m;* **3.** *(di caccia)* (Jagd)partie *f;* **4.** *mus* Partita *f;* ~ **semplice/doppia** *com* einfache/doppelte Buchführung; **fare una** ~ **a carte/scacchi** eine Partie Karten/Schach spielen; **andare alla** ~ zum Fußballspiel gehen; **essere della** ~ mit von der Partie sein *fam;* **dare** ~ **vinta a qu** jdm gegenüber nachgeben.

partitico, -a [parˈtiːtiko] ⟨-ci, -che⟩ *a* Partei-, partei-. **partitismo** [...tiˈtizmo] *m* Parteienwirtschaft *f.*

partitissima [partiˈtissima] *f wichtigstes o. spannendstes Spiel eines Spieltages o. Turniers.*

partitivo, -a [partiˈtiːvo] *a* partitiv.

partito [parˈtiːto] *m* **1.** *pol* Partei *f;* **2.** *(decisione)* Entschluß *m,* Entscheidung *f;* **3.** *(offerta di matrimonio)* Partie *f;* **per** ~ **preso** von vornherein; **essere a mal** ~ in einem schlimmen Zustand sein; **mettere la testa a** ~ Vernunft annehmen; **prendere** ~ **per qu** für jdn Partei ergreifen; **trarre** (*o.* **tirare)** ~ **da qc** von etw. profitieren. **partitocrazia** [partitokratˈtsiːa] ⟨-ie⟩ *f* Parteienherrschaft *f,* Parteienstaat *m.*

partitore [parti'to:re] *m* Teiler *m*, Trenner *m*.
partitura [parti'tu:ra] *f* Partitur *f*.
partizione [partit'tsi̯o:ne] *f* **1.** *(divisione)* (Auf)teilung *f*; **2.** *(di testo)* Teil *m*; **3.** *(scomparto)* Fach *n*.
partner ['pɑ:tnə] ‹-› *mf* Partner(in) *m(f)*. **partnership** [-ʃıp] ‹-› *f* (Bündnis)partnerschaft *f*.
parto ['parto] *m* **1.** *(il partorire)* Geburt *f*, Entbindung *f*; **2.** *(la creatura partorita)* Neugeborene(s) *n*; **3.** *fig* Schöpfung *f*; *pej* Ausgeburt *f*. **partoriente** [-'ri̯ɛnte] *f* Gebärende *f*, Wöchnerin *f*. **partorire** [-'ri:re] ‹partorisco› *tr* **1.** *med* gebären, zur Welt bringen; **2.** *fig (produrre)* hervorbringen, schaffen; *(odio, etc.)* erzeugen, erregen; *(invenzione)* machen.
part time ['pɑ:t taım] **I.** ‹*inv*› *a* Teilzeit-; **II.** ‹-› *m* Teilzeitarbeit *f*.
party ['pɑ:tı] ‹-› *m* Party *f*.
parure [pa'ry:r] ‹-› *f* **1.** *(di biancheria)* (Wäsche)garnitur *f*; **2.** *(di gioielli)* Set *n*, Garnitur *f*.
parvenu [parvə'ny] ‹-› *mf* Emporkömmling *m*, Neureiche(r) *mf*.
parvenza [par'vɛntsa] *f* (An)schein *m*.
parvi ['parvi] *1. pers sing del passato remoto di* **parere**.
parziale [par'tsi̯a:le] *a* **1.** *(non totale)* Teil-, partiell; **2.** *(arbitro, giudizio)* parteiisch. **parzialità** [...i̯ali'ta] ‹-› *f* **1.** *(atteggiamento)* Parteilichkeit *f*; **2.** *(aspetto parziale)* Teil(aspekt) *m*; **fare ~ per qu** jdn bevorzugen.
parziario, -a [par'tsi̯a:ri̯o] ‹-i, -ie› *a* Teil-, Partial-.
pascere ['paʃʃere] ‹pasco, pasci, pascetti, pasciuto› *geh, obs* **I.** *tr* **1.** *(mangiare)* abgrasen, abweiden; **2.** *(portare al pascolo)* zur Weide führen, weiden; **3.** *fig (alimentare)* nähren *geh*; **~ l'erba** grasen; **II.** *rfl*: **-rsi 1.** *(nutrirsi)* sich ernähren *(di* von); **2.** *fig* sich nähren *geh* (*di* von); *(appagarsi)* sich weiden (*di* an), sich ergötzen (*di* an).
pascià [paʃ'ʃa] ‹-› *m* Pascha *m*; **stare** (*o.* **vivere**) **come un ~** wie Gott in Frankreich leben.
pasciuto, -a [paʃ'ʃu:to] **I.** *pp di* **pascere**; **II.** *a* wohlgenährt.
pasco ['pasko] *1. pers sing pr di* **pascere**.
pascolare [pasko'la:re] **I.** *tr* hüten, weiden; **II.** *itr* weiden. **pascolo** ['paskolo] *m* **1.** *(terreno, erba)* Weide *f*; **2.** *(il pascolare)* Weiden *n*; **3.** *fig (alimento)* Ergötzung *f*, Erbauung *f*.
Pasqua ['pasku̯a] *f (cristianesimo)* Ostern *n*, Osterfest *n*; *(ebraismo)* Passah(fest) *n*; **~ di resurrezione** Osterfest *n*; **Isola di P~** Osterinsel *f*; **essere contento come una p~** sich wie ein Schneekönig freuen. **pasquale** [...'ku̯a:le] *a* österlich, Oster-. **Pasquale** [...'ku̯a:le] *nome proprio maschile*. **pasquetta** [...'ku̯etta] *f* Ostermontag *m*; **fare ~** (am Ostermontag) einen Ausflug (ins Grüne) machen.
passa ['passa] **I.** ‹*inv*› *a* getrocknet; **II.** *adv*: **e ~** oder mehr.
passabile [pas'sa:bile] *a* annehmbar, leidlich, passabel.
passaggio [pas'saddʒo] ‹-ggi› *m* **1.** *(il passar davanti)* Vorbeigehen *n*, Vorübergehen *n*; *(di truppe)* Vorbeimarschieren, *n*, -marsch *m*; *(di veicoli)* Vorbeifahren *n*, -fahrt *f*; *(di aerei)* Vorbeifliegen *n*, -flug *m*; **2.** *(il passare attraverso)* Durchgehen *n*; *(di persone)* Durchgehen *n*, -gang *m*; *(di veicoli)* Durchfahren *n*, -fahrt *f*; *(di aerei)* Durchfliegen *n*, -flug *m*; **3.** *(il passare oltre)* Hinübergehen *n*; *(di veicoli)* Überfahrt *f*; **4.** *(movimento, traffico)* Verkehr *m*; **5.** *(viaggio per nave, aereo)* (Schiffs-, Flug-)reise *f*; **6.** *(ospitalità su un veicolo)* Mitfahrt *f*; **7.** *(strada)* Durchgang *m*, Weg *m*; *(in mare)* (enge) Durchfahrt *f*, Passage *f*; **8.** *fig (cambiamento)* Übergang *m*, Wechsel *m*; **9.** *lit (brano)* Passage *f*, Stelle *f*; **10.** *mus* Passage *f*, Stück *n*; **11.** *(successione)* Übergang *m*, Aufeinanderfolge *f*; *phys* Übergang *m*; **12.** *(avanzamento)* Aufstieg *m*, Beförderung *f*; **13.** *sport* Paß *m*, Zuspiel(en) *n* (des Balles); **~ pedonale** Fußgängerüberweg *m*; **~ a livello** Bahnübergang *m*; **~ di proprietà** Eigentumsübertragung *f*; **essere di ~** auf der Durchfahrt sein; **dare/offrire un ~ a qu** jdn (im Auto) mitnehmen/ jdm eine Mitfahrgelegenheit anbieten; **aprirsi un ~ tra la folla** sich *(dat)* einen Weg durch die Menge bahnen; **vietato il ~** Durchgang (*o.* Durchfahrt) verboten.
passamaneria [passamane'ri:a] ‹-ie› *f* **1.** *(guarnizioni)* Posament *n*, Besatzartikel *m*; **2.** *(negozio)* Kurzwarenhandlung *f*. **passamano** [...'ma:no] *m* **1.** *(nastrino)* Besatzborte *f*; **2.** *(passaggio di cose)* Kette *f* (zum Weiterreichen von Gegenständen).
passamontagna [passamon'taɲɲa] ‹-› *m* Sturm-, Windhaube *f*; *(di giacca a vento)* Anorakkapuze *f*.
passante [pas'sante] **I.** *mf* Passant(in)

m(f); **II.** *m* Lasche *f,* Schlaufe *f;* **III.** *a:* **colpo ~** *(tennis)* Passierschlag *m.*

passaporto [passa'pɔrto] *m* (Reise)paß *m.*

passare [pas'sa:re] **I.** *itr* ‹*essere*› **1.** *(attraversare)* gehen (*per* durch), kommen (*per* durch); *(veicoli)* fahren (*per* durch); **2.** *(transitare)* vorübergehen, vorbeigehen (*a* an); *(veicoli)* vorbeifahren (*a* an); *(venire brevemente)* vorbeikommen (*a* bei); **3.** *(entrare)* durch-, hereinkommen; **4.** *(penetrare)* durchgehen, durchpassen; **5.** *(trasferirsi)* umziehen, verziehen; **6.** *(tramandarsi)* übergehen (*da qu a qu, di qu in qu* von jdm auf jdn); **7.** *(trascorrere)* ver-, vorbeigehen; **8.** *(cambiar stato)* überwechseln (*da qc a qc* von etw. zu etw.); *(cambiare argomento)* übergehen (*a* zu); **9.** *(cessare)* vorbei-, vorübergehen; *(dolore)* vergehen; **10.** *(essere accettabile)* durchgehen; **11.** *(scolaro)* versetzt werden; *(candidato)* bestehen (*a qc* etw.); *(avanzare di grado)* aufsteigen; befördert werden; *(legge)* verabschiedet (*o.* angenommen) werden; **12.** *(essere considerato)* angesehen werden (*per* als), gehalten werden (*per* für); **13.** *(nei giochi)* passen; *sport* zuspielen, abgeben; **~ per bello** als schön gelten; **~ inosservato** unbemerkt bleiben; **~ di cottura** verkochen; **~ di moda** aus der Mode kommen; **~ di ruolo** eine Planstelle bekommen; **~ alla storia** in die Geschichte eingehen; **~ ai voti** zur Abstimmung schreiten; **~ a seconde nozze** zum zweiten Mal heiraten; **~ in rassegna** (*o.* **rivista**) Revue passieren; **~ per la mente/il capo** durch den Sinn/Kopf gehen; **passo e chiudo** Ende der Durchsage; **~ di mente a qu** jdm entfallen; **~ sopra a qc** *fig* über etw. hinweggehen; **è passato generale** er ist General geworden. **è passato a miglior vita** *geh* er ist in das ewige Leben eingegangen; **~ a prendere qu** *fam* jdn abholen kommen; **per questa volta passi** diesmal mag es (noch) durchgehen; **di qui non si passa** hier geht es nicht durch (*o.* weiter); **passo a salutarti** ich komme auf einen Sprung bei dir vorbei *fam;* **mi vuoi far ~ da stupido?** willst du mich für dumm verkaufen? *fam;* **II.** *tr* ‹*avere*› **1.** *(attraversare)* überschreiten, überqueren; *(con veicoli)* fahren über; **2.** *(sorpassare)* überholen; *fig (superare)* überschreiten; **3.** *(trafiggere)* durchbohren; **4.** *gastr* passieren; **5.** *(porgere)* reichen, geben; *(assegnare)* zukommen lassen; *(ordinazione)* erteilen; **6.** *(patire)* durchmachen, erleiden; **7.** *(notizia, etc.)* weitergeben, weitersagen; *(voce)* verbreiten; *sport (palla)* zuspielen; **8.** *(sottoporsi)* sich unterziehen (*qc* einer S.); **9.** *(tempo, vacanze)* verbringen; **10.** *(avanzare di grado)* befördern (*qc* zu etw.); *(scolaro)* versetzen; **11.** *(perdonare, accettare)* durchgehen lassen; *(legge)* verabschieden; *(provvedimento)* billigen; **12.** *(superare)* überstehen, überleben; *(esame)* bestehen; **13.** *(scorrere)* durchsehen, überfliegen; **14.** *tel* verbinden (mit); **~ in padella** leicht anbraten; **~ qc sotto silenzio** etw. verschweigen; **~ il cencio in terra** den Boden (auf)wischen; **~ il segno** (*o.* **la misura**) das Maß überschreiten; **passarne di tutti i colori** allerhand durchmachen; **ha passato i settanta** er (*o.* sie) hat die Siebzig überschritten; **mi passi Torino** geben Sie mir (die Verbindung mit) Turin; **passarla liscia** *fam* mit heiler Haut davonkommen; **l'ha passata bella** *fam* er (*o.* sie) ist noch gut davongekommen; **passarsela bene/male** *fam* gute/schlechte Zeiten durchmachen; **non gliene passa una** *fam* ihm gelingt nichts. **passata** [...'sa:ta] *f* **1.** *(scorsa)* Überfliegen *n;* **2.** *(di straccio, cencio)* Darüberwischen *n,* -gehen *n,* -fahren *n;* **3.** *(di selvaggina)* Wildwechsel *m;* **4.** *(breve applicazione)* (rascher) Anstrich *m;* **5.** *gastr* Creme(suppe) *f;* **6.** *(avvenimento di breve durata)* Episode *f; fig* Anflug *m;* **~ di dolore** stechender Schmerz; **~ di pioggia** Regenschauer *m;* **dare una ~ al giornale** einen Blick in die Zeitung werfen.

passatempo [passa'tɛmpo] *m* Zeitvertreib *m;* **per ~** zum Zeitvertreib.

passato, -a [pas'sa:to] **I.** *a* **1.** *(trascorso)* vergangen, vorbei; *(settimana, anno, etc.)* vorige(r, s), letzte(r, s); **2.** *gastr* passiert; **3.** *fig (anziano)* ältlich; **4.** *(andato a male)* nicht mehr ganz frisch; *(guasto)* verdorben; *(frutta)* überreif; **II.** *m* **1.** *(di tempo)* Vergangenheit *f;* **2.** *gastr* Püree *n,* Brei *m;* **~ prossimo/remoto** Perfekt *n*/historisches Perfekt.

passatoia [passa'to:i̯a] ‹-oie› *f* **1.** *(tappeto)* Läufer *m;* **2.** *ferr* Gleisübergang *m.*

passatutto [passa'tutto] ‹-› *m* Passiermaschine *f.* **passaverdura, passaverdure** [passaver'du:ra, ...re] ‹-› *m* Passiermaschine *f.*

passeggero, -a [passed'dʒɛ:ro] **I.** *a*

vorübergehend, vergänglich; **II.** *m, f* Reisende(r) *mf; naut, aero* Passagier(in) *m(f),* Fahrgast *m;* ~ **clandestino** blinder Passagier.

passeggiare [passed'dʒa:re] ‹passeggio, passeggi› *itr* spazieren(gehen). **passeggiata** [...'dʒa:ta] *f* **1.** *(il passeggiare)* Spazierengehen *n;* **2.** *(percorso)* Spaziergang *m; (con veicolo)* Spazierfahrt *f;* **3.** *(strada)* Promenade *f,* Spazierweg *m;* **4.** *fig (cosa facile)* Kinderspiel *n;* ~ **spaziale** Raumspaziergang *m,* Spaziergang *m* im All. **passeggiatrice** [...dʒa'tri:tʃe] *f* Strichmädchen *n.* **passeggino** [...'dʒi:no] *m* Kinderwagen *m,* Sportwagen *m.* **passeggio** [...'seddʒo] ‹-ggi› *m* **1.** *(atto)* Spaziergang *m;* **2.** *(luogo)* Promenade *f,* Spazierweg *m;* **3.** *(persone)* Spaziergänger *m pl;* **abito da** ~ Nachmittagskleid *n;* **gelato da** ~ Eis *n* am Stiel, Eis *n* zum Mitnehmen; **andare a** ~ spazierengehen; **portare a** ~ spazierenführen, ausführen.

passe-partout [paspar'tu] ‹-› *m* **1.** *(chiave)* Hauptschlüssel *m;* **2.** *(cornice)* Passepartout *n;* **3.** *fig (soluzione)* Allheilmittel *n.*

passera ['passera] *f* **1.** *zoo (femmina del passero)* Sperlingsweibchen *n; (pesce)* Flunder *f;* **2.** *vulg* Möse *f vulg.*

passeraio [passe'ra:i̯o] ‹-ai› *m* **1.** *(pigolio)* Gezwitscher *n;* **2.** *fig (cicaleccio)* Schnattern *n.*

passerella [passe'rɛlla] *f (ponte)* Steg *m,* (kleine) Brücke *f; naut* Bootssteg *m,* Laufgang *m; aero* Gangway *f,* Laufgang *m; theat* (Bühnen)rampe *f; (per indossatrici)* Laufsteg *m; ferr* Gleisübergang *m,* Steg *m.*

passero, -a ['passero] *m, f* Sperling *m,* Spatz *m.* **passerotto** [...'rɔtto] *m* **1.** *zoo* (junger) Sperling *m;* **2.** *fig fam* Spätzchen *n fam,* Häschen *n fam;* **3.** *fig (svista)* Fehler *m;* **4.** *(indovinello)* Scherzrätsel *n.*

passi ['passi] ‹-› *m* Passierschein *m.*

passibile [pas'si:bile] *a* **1.** *jur* strafbar (*di* mit); **2.** *(suscettibile)* empfänglich (*di* für); *(capace)* fähig (*di* zu).

passiflora [passi'flɔ:ra] *f* Passionsblume *f.*

passim ['passim] *adv* an verschiedenen Stellen, passim.

passino [pas'si:no] *m fam* Sieb *n.*

Passio ['passi̯o] ‹-› *m* Passion *f,* Leidensgeschichte *f* Christi.

passionale [passi̯o'na:le] *a* leidenschaftlich; *jur (delitto)* Affekt-. **passionalità** [...nali'ta] ‹-› *f* Leidenschaftlichkeit *f.*

passione [pas'si̯o:ne] *f* **1.** *(sofferenza)* Schmerz *m,* Leid(en) *n,* Kummer *m;* **2.** *(violento amore)* Leidenschaft *f,* leidenschaftliche Liebe; **3.** *(grande interesse)* Leidenschaft *f,* Passion *f;* **4.** *(persona)* (große) Liebe *f,* (große) Leidenschaft *f;* **5.** *rel* Passion *f,* Leiden *n;* **settimana di** ~ Karwoche *f;* **ha la** ~ **della lettura** Lesen ist seine (*o.* ihre) Leidenschaft; **la pizza è la mia** ~ Pizza ist mein Leibgericht; **prendere** ~ **a qc** sich für etw. (leidenschaftlich) begeistern; **con** ~ leidenschaftlich, mit Hingabe.

passito, -a [pas'si:to] *m* Beerenauslese *f.*

passivante [passi'vante] *a gram:* **si** ~ passivorisches „si".

passività [passivi'ta] ‹-› *f* **1.** *(estraneità)* Passivität *f,* Teilnahmslosigkeit *f;* **2.** *com* Passiva *pl,* Schulden *f pl;* **chiudere in** ~ mit Verlust abschließen.

passivo, -a [pas'si:vo] **I.** *a* **1.** *(senza reazione)* passiv; **2.** *gram* passiv(isch); **3.** *com* passiv, Passiv-; **II.** *m* **1.** *gram* Passiv *n,* Leideform *f;* **2.** *com* Passiva *pl;* **chiudere in** ~ mit Verlust abschließen; **mettere (***o.* **registrare** *o.* **segnare) al** ~ *(a. fig)* als Verlust verbuchen.

passo[1] ['passo] *m* **1.** *(movimento, spazio)* Schritt *m; (andatura a.)* Gangart *f; (mil a.)* Gleichschritt *m;* **2.** *(impronta)* Fußstapfe *f,* (Fuß)spur *f;* **3.** *tec* Gewindegang *m;* **4.** *mot* Rad-, Achsstand *m;* **5.** *film* Perforationsabstand *m;* **6.** *lit* (Text)stelle *f,* Passus *m;* **7.** *mus* Passage *f,* Stelle *f;* **8.** *fig (progresso)* Fortschritt *m;* **senza muovere un** ~ ohne sich von der Stelle zu rühren; *fig* ohne einen Finger krumm zu machen; **a** ~ **d'uomo** im Schritttempo; **andare al** ~ im Schrittempo fahren; **a** ~ **di lumaca (***o.* **tartaruga)** *fig* im Schneckentempo; **veicoli al** ~**!** Fahrzeuge im Schrittempo!; **fare due (***o.* **quattro) -i** *fig* sich *(dat)* die Beine vertreten; **fare il** ~ **secondo la gamba** sich nach der Decke strecken; **fare il** ~ **più lungo della gamba** *fig* sich überfordern; *(fare spese eccessive)* über seine Verhältnisse leben; **muovere i primi -i** *(a. fig)* die ersten Schritte tun; **procedere di buon** ~ gut (*o.* zügig) vorankommen; **segnare il** ~ *mil, fig* auf der Stelle treten; **seguire i -i di qu** jds Spuren folgen; *fig* in jds Fußstapfen treten; **stare al** ~ **con qu** mit jdm Schritt halten; **torna-**

re sui propri -i (denselben Weg) zurückgehen; von vorne anfangen; **essere a pochi -i** wenige Schritte entfernt sein; **ad ogni ~** auf Schritt und Tritt; **~ ~** langsam; **un ~ dopo l'altro** Schritt für Schritt; **e via di questo ~** *fam* und so weiter und so fort *fam.*

passo² ['passo] *m* **1.** *gener.* Durchgang *m; (con veicolo)* Durchfahrt *f;* **2.** *(valico)* Paß *m;* **3.** *(braccio di mare)* Meeresstraße *f;* **uccelli di ~** Zugvögel *m pl;* **~ carrabile** (*o.* **carraio)** Einfahrt *f,* Ausfahrt *f;* **aprirsi il ~ tra la folla** sich *(dat)* einen Weg durch die Menge bahnen.

pasta ['pasta] *f* **1.** *gastr (impasto)* Teig *m; (alimentare)* Nudeln *f pl,* Teigwaren *f pl; (dolce)* (Fein)gebäck *n;* **2.** *fig (indole)* Wesen *n,* Charakter *m;* **3.** *(massa)* Masse *f,* Brei *m;* **4.** *(polpa di frutti)* Fruchtfleisch *n;* **~ sfoglia/frolla** Blätter-/Mürb(e)teig *m;* **~ frolla** *fig* Waschlappen *m fam;* **~ dentifricia** Zahnpasta *f;* **~ di vetro/legno** Glasmasse *f*/Holzschliff *m;* **essere una ~ d'uomo** eine Seele von Mensch sein; **essere della stessa ~** aus dem gleichen Holz geschnitzt sein; **avere le mani in ~** seine Hände im Spiel haben, mitmischen. **pastafrolla** [-'frɔlla] *v.* **pasta. pastasciutta** [-ʃ'ʃutta] *f* Nudelgericht *n.* **pastasciuttaio, -a** [-ʃʃut'ta:i̯o] ‹-ai, -aie› *m, f fam scherz* Nudelfan *m fam.*

pasteggiare [pasted'dʒa:re] ‹pasteggio, pasteggi› *itr* speisen, zu essen pflegen; **~ con** (*o.* **a) vino bianco** Weißwein zum Essen trinken.

pastella [pas'tɛlla] *f* Teig *m (aus Mehl, Wasser, Hefe).*

pastello [pas'tɛllo] **I.** *m* **1.** *(per dipingere)* Pastellfarbe *f; (matita)* Pastellstift *m;* **2.** *(dipinto)* Pastell(bild) *n;* **II.** *a* pastellfarben, pastell-.

pasticca [pas'tikka] ‹-cche› *f* Pastille *f,* Tablette *f.*

pasticcere *v.* **pasticciere.**

pasticceria [pastittʃe'ri:a] ‹-ie› *f* **1.** *(negozio)* Konditorei *f;* **2.** *(assortimento)* (Fein)gebäck *n;* **~ da tè** Teegebäck *n.*

pasticciare [pastit'tʃa:re] ‹pasticcio, pasticci› *tr* **1.** *(eseguire male)* pfuschen (*qc* bei etw.), hudeln (*qc* bei etw.) *fam;* **2.** *(sporcare)* beklecksen, beschmieren.

pasticciato, -a [pastit'tʃa:to] *a mit Tomaten, Fleischsauce und Käse überbacken.*

pasticciere, -a [pastit'tʃɛ:re] *m, f* Konditor(in) *m(f),* Feinbäcker(in) *m(f).* **pasticcino** [...'tʃi:no] *m* Klein-, Feingebäck *n.*

pasticcio [pas'tittʃo] ‹-cci› *m* **1.** *gastr* Pastete *f;* **2.** *fig fam (faccenda imbrogliata)* (schöne) Bescherung *f,* Schlamassel *m fam;* **3.** *fig (lavoro mal fatto)* Hudelei *f fam,* Pfuscherei *f;* **4.** *mus* Pasticcio *n;* **~ di fegato d'oca** Gänseleberpastete *f;* **~ di maccheroni** Makkaroniauflauf *m;* **mettersi nei -cci** *fam* sich in die Nesseln setzen *fam,* ins Fettnäpfchen treten *fam;* **trovarsi nei -cci** *fam* in einer Klemme stecken *fam.* **pasticcione, -a** [...'tʃo:ne] *fam* **I.** *m, f* **1.** *(arruffone)* Pfuscher(in) *m(f);* **2.** *(confusionario)* Wirrkopf *m;* **II.** *a* Pfusch-.

pastiche [pas'tiʃ] ‹-› *m lit* Pastiche *n; mus* Pasticcio *n.*

pastiera [pas'ti̯ɛ:ra] *f neapolitanischer Osterkuchen aus Mürbeteig, gefüllt mit Quark, Vanillecreme und kandierten Früchten.*

pastificare [pastifi'ka:re] ‹pastifico, pastifichi› *tr (paste)* herstellen. **pastificio** [...'fi:tʃo] ‹-ci› *m* Teigwarenfabrik *f,* Nudelfabrik *f.*

pastiglia [pas'tiʎʎa] ‹-glie› *f* **1.** *(pasticca)* Pastille *f,* Tablette *f;* **2.** *(impasto)* Gips *m* (vermengt mit Kleister); **3.** *(contro le zanzare)* Räucherkerze *f;* **4.** *mot (dei freni)* Bremsbelag *m.*

pastina [pas'ti:na] *f* **1.** *(in brodo)* Suppennudeln *f pl;* **2.** *(pasticcino)* Feingebäck *n,* kleines Gebäck.

pasto ['pasto] *m* Essen *n;* Mahlzeit *f; (cibo)* Essen *n,* Speise *f;* **vino da ~** Tisch-, Tafelwein *m;* **saltare il ~** eine Mahlzeit auslassen, nichts essen; **fare due -i al giorno** zwei Mahlzeiten am Tag zu sich nehmen; **dare qc in ~ al pubblico** etw. an die Öffentlichkeit bringen; **fuori dei -i** außerhalb der (Haupt)mahlzeiten.

pastoia [pas'to:i̯a] ‹-oie› *f* **1.** *fig (impedimento)* Behinderung *f,* Fessel *f;* **2.** *(fune)* (Fuß)fessel *f.*

pastone [pas'to:ne] *m* **1.** *(per animali)* Kleienfutter *n;* **2.** *(cibo troppo cotto)* verkochtes Essen; **3.** *fig pej (ammasso)* Mischmasch *m fam;* **4.** *(nel giornalismo)* Presseschau *f.*

pastora *f v.* **pastore.**

pastorale [pasto'ra:le] **I.** *a* **1.** *gener., lit* Hirten-, Schäfer-; **2.** *rel* pastoral, Pastoral-, Bischofs-; **poesia ~** Hirtendichtung *f,* Bukolik *f;* **lettera ~** Hirtenbrief *m;* **II.** *f* **1.** *rel* Hirtenbrief *m;* **2.** *mus* Pastorale *f;* **III.** *m* Hirtenstab *m,* Pastorale *n.*

pastore, -a [pas'to:re] *m, f* **1.** *(custode)* Hirt(in) *m(f),* Schäfer(in) *m(f);*

2. *zoo* Schäferhund *m,* -hündin *f;* **3.** *fig (guida)* (An)führer(in) *m(f);* **4.** *rel* Seelsorger(in) *m(f),* Geistliche(r) *mf; (ministro)* Pastor(in) *m(f);* ~ **di anime** Seelsorger *m;* **cane (da)** ~ Schäferhund *m.* **pastorella** [...to'rɛlla] *f* **1.** *(pecoraia)* Hirtenmädchen *n,* kleine Schäferin; **2.** *mus* Pastorale *f;* **3.** *lit* Pastorelle *f.* **pastorizia** [...to'rittsi̯a] ‹-ie› *f* Viehzucht *f; (di ovini)* Schafzucht *f.*

pastorizzare [pastorid'dza:re] *tr* pasteurisieren. **pastorizzazione** [...dzat'tsi̯o:ne] *f* Pasteurisation *f,* Pasteurisierung *f.*

pastosità [pastosi'ta] ‹-› *f* Teigigkeit *f; fig (di stile)* Weichheit *f; (di colore)* Zartheit *f; (di vino)* Vollmundigkeit *f.* **pastoso, -a** [...'to:so] *a (molle ed elastico)* teigig, knetbar; *fig (colore, stile, etc.)* weich, zart; *(vino)* vollmundig, samtig.

pastrano [pas'tra:no] *m* dicker Mantel.

pastrocchio [pas'trɔkki̯o] ‹-cchi› *m fam* Kuddelmuddel *m o. n fam.*

pastura [pas'tu:ra] *f* **1.** *(pascolo)* Weide *f;* **2.** *(mangime)* (Vieh)futter *n;* **3.** *fig* geistige Nahrung.

patacca [pa'takka] ‹-cche› *f* **1.** *fam (distintivo)* Plakette *f,* billiger Orden; **2.** *fig fam (macchia)* (Fett-, Schmutz)fleck *m;* **3.** *(moneta)* (große) wertlose Münze; **4.** *(oggetto di nessun valore)* Kram *m fam.*

pataccone [patak'ko:ne] *m fam* **1.** *(grosso orologio)* Zwiebel *f fam scherz,* Kartoffel *f fam scherz;* **2.** *(persona)* Schmutzfink *m fam.*

patata [pa'ta:ta] *f* Kartoffel *f;* ~ **americana** (*o.* **dolce**) Batate *f,* Süßkartoffel *f;* **-e fritte/lesse/in umido** Pommes frites *pl*/Salzkartoffeln *f pl*/ Kartoffeln in Tomatensud; **spirito di -e** schlechter Witz; **sacco di -e** *fam* Trampel(tier *n*) *m o. n fam.* **patatina** [pata'ti:na] *f* kleine Kartoffel; ‹*pl*› *(-e fritte)* Kartoffelchips *m pl.*

patatrac [pata'trak] **I.** ‹-› *m* **1.** *(crollo)* Einsturz *m,* Zusammenbruch *m;* **2.** *fig* Pleite *f,* Ruin *m;* **II.** *interj* krach, plumps.

patella [pa'tɛlla] *f* Napfschnecke *f.*

patema [pa'tɛ:ma] ‹-i› *m* Kummer *m,* seelischer Schmerz.

patentato, -a [paten'ta:to] *a* **1.** *(munito di patente)* staatlich geprüft, zugelassen; **2.** *fam scherz* ausgemacht, Erz-, Ober-.

patente [pa'tɛnte] **I.** *f* **1.** *adm* Genehmigung *f; (licenza)* Lizenz *f;* **2.** *fig scherz* Stempel *m;* ~ **(di guida)** Führerschein *m;* **prendere la ~ di guida** den Führerschein machen; **dare a qu la ~ di bugiardo** jdn zum Lügner abstempeln; **II.** *a* **1.** *jur* Patent-; **2.** *(chiaro)* offenkundig, klar.

patereccio [pate'rettʃo] ‹-cci› *m* Fingerentzündung *f,* Umlauf *m.*

paternale [pater'na:le] *f* Strafpredigt *f,* Standpauke *f fam.*

paternalismo [paterna'lizmo] *m* **1.** *pol* Paternalismus *m;* **2.** *(atteggiamento benevolo)* Gönnerhaftigkeit *f,* väterliche Fürsorglichkeit. **paternalistico, -a** [...'listiko] ‹-ci, -che› *a* **1.** *pol* paternalistisch; **2.** *fig* gönnerhaft.

paternità [paterni'ta] ‹-› *f* **1.** *(condizione di padre)* Vaterschaft *f;* **2.** *adm* Name(n) *m* des Vaters; **3.** *fig* Urheberschaft *f;* **nome, cognome,** ~ Name, Zuname, Name des Vaters.

paterno, -a [pa'tɛrno] *a* **1.** *(del padre)* väterlich, Vater-; **2.** *(da parte del padre)* väterlicherseits; **3.** *(da padre)* väterlich, wohlwollend.

paternoster, pater noster [pater'nɔster] ‹-› *m* Vaterunser *n,* Paternoster *n.* **paternostro** [...'nɔstro] ‹-› *m* Vaterunser *n; (del rosario)* Rosenkranzperle *f;* **sapere qc come il** ~ etw. aus dem Effeff können *fam.*

pateticità [patetitʃi'ta] ‹-› *f* Pathetik *f.* **patetico, -a** [pa'tɛ:tiko] ‹-ci, -che› *a* pathetisch.

pathos ['pa:tos] *m* Pathos *n.*

patibolare [patibo'la:re] *a* Galgen-. **patibolo** [pa'ti:bolo] *m* Schafott *n; (forca)* Galgen *m;* **che ~!** was für eine Qual!

patimento [pati'mento] *m* Leiden *n,* Schmerz *m.*

patina ['pa:tina] *f* **1.** *(strato)* (dünne) Schicht *f; (su rame, etc.)* Patina *f;* **2.** *med* (Zungen)belag *m.* **patinare** [pati'na:re] *tr (metallo)* patinieren; *(carta)* satinieren. **patinatura** [...na'tu:ra] *f (di carta)* Satinage *f,* Satinieren *n; (di metallo)* Patinierung *f.*

patino [pa'ti:no] *v.* **pattino²**.

patire [pa'ti:re] ‹patisco› **I.** *tr* **1.** *(offesa, torto, etc.)* erleiden, ertragen; *(fame, sete, etc.)* leiden; *(freddo, caldo, etc. a.)* leiden unter; **2.** *(guastarsi)* (Schaden er)leiden (*qc* durch etw.); **3.** *fig (ammettere)* dulden, zulassen; **II.** *itr* leiden (*di* an); ~ **di fegato/cuore** leberkrank/herzkrank sein. **patito, -a** [pa'ti:to] **I.** *a* abgemagert; *(faccia)* eingefallen; **II.** *m, f* (leidenschaftlicher) Fan *m.*

patogeno, -a [pa'tɔ:dʒeno] *a* krankheitserregend, pathogen.
patologa *f v.* **patologo.**
patologia [patolo'dʒi:a] ‹-gie› *f* Pathologie *f.* **patologico, -a** [...'lɔ:dʒiko] *a* **1.** *med* pathologisch, krankhaft; **2.** *fig scherz* außergewöhnlich. **patologo, -a** [pa'tɔ:logo] ‹-gi, -ghe› *m, f* Pathologe *m,* -login *f.*
patos *v.* **pathos.**
patria ['pa:tri̯a] ‹-ie› *f* **1.** *(nazione)* Vaterland *n; (città, paese)* Heimatstadt *f,* Geburtsort *m;* **2.** *(luogo d'origine)* Heimat *f; (di cosa a.)* Herkunftsland *n;* ~ **d'elezione** Wahlheimat *f;* **la madre** ~ das Mutterland.
patriarca [patri'arka] ‹-chi› *m (capo)* Patriarch *m,* Oberhaupt *n; (capostipite)* Erz-, Stammvater *m.* **patriarcale** [...'ka:le] *a* patriarchalisch, Patriarchal-, Patriarchen-. **patriarcato** [...'ka:to] *m* Patriarchat *n.*
patrigno [pa'triɲɲo] *m* Stiefvater *m.*
patrimoniale [patrimo'ni̯a:le] **I.** *a* Vermögens-; **II.** *f* Vermögenssteuer *f.* **patrimonio** [...'mɔ:ni̯o] ‹-i› *m* **1.** *com* Vermögen *n,* Kapital *n;* **2.** *biol* Erbgut *n;* **3.** *fig (ricchezza)* Reichtum *m,* Schätze *m pl;* **un** ~ **di nozioni/sapere** reiche Kenntnisse *f pl*/ein Wissensschatz *m;* ~ **artistico/culturale/spirituale/zootecnico** Kunstschätze *m pl*/Kulturgut *n*/geistiges Erbe/Viehbestand *m.*
patrio, -a ['pa:tri̯o] ‹-ii, -ie› *a obs* **1.** *(del padre)* väterlich; **2.** *(della patria)* vaterländisch, Vaterlands-, Heimat-; **-a potestà** *jur* väterliche Gewalt; **amor** ~ Vaterlandsliebe *f;* **ritornare ai -ii lidi** zu den heimatlichen Gestaden zurückkehren *geh.*
patriota [patri'ɔ:ta] ‹-i *m,* -e *f*› *mf* Patriot(in) *m(f).* **patriottardo, -a** [...iot'tardo] **I.** *a* chauvinistisch, übertrieben patriotisch; **II.** *m, f* fanatische(r) Patriot(in) *m(f),* Chauvinist(in) *m(f).* **patriottico, -a** [...i'ɔttiko] ‹-ci, -che› *a* patriotisch. **patriottismo** [...iot'tizmo] *m* Patriotismus *m.*
patrizia *f v.* **patrizio.**
Patrizia [pa'trittsi̯a] *(nome proprio femminile)* Patrizia, Patricia.
patriziato [patrit'tsi̯a:to] *m* Patriziat *n.*
Patrizio [pa'trittsi̯o] *nome proprio maschile.*
patrizio, -a [pa'trittsi̯o] ‹-i, -ie› **I.** *a* patrizisch, Patrizier-; **II.** *m, f* Patrizier(in) *m(f).*
patrocinare [patrotʃi'na:re] *tr* **1.** *jur* (vor Gericht) verteidigen; **2.** *(sostenere)* begünstigen, befürworten; *(iniziativa)* unterstützen. **patrocinatore, -trice** [...na'to:re] *m, f* **1.** *jur* Rechtsbeistand *m,* Verteidiger(in) *m(f);* **2.** *fig* Verfechter(in) *m(f),* Befürworter(in) *m(f).* **patrocinio** [...'tʃi:ni̯o] ‹-ii› *m* **1.** *jur* Verteidigung *f,* Rechtsbeistand *m;* **2.** *rel* Schutz(herrschaft *f*) *m* eines Heiligen.
patrona *f v.* **patrono.**
patronato [patro'na:to] *m* **1.** *(istituzione assistenziale)* Fürsorgeeinrichtung *f,* Hilfswerk *n;* **2.** *(protezione)* Schirmherrschaft *f,* Patronat *n.* **patronessa** [...'nessa] *f* **1.** *(socia di patronato)* Förderin *f (o.* Mitglied *n)* eines Hilfswerkes; **2.** *(protettrice)* Schirmherrin *f.* **patrono, -a** [pa'trɔ:no] *m, f* **1.** *(protettore)* Schirmherr(in) *m(f); rel* Schutzpatron(in) *m(f),* Schutzheilige(r) *mf;* **2.** *(socio di patronato)* Förderer *m,* Förd(r)erin *f (o.* Mitglied *n*) eines Hilfswerkes.
patta ['patta] *f* **1.** *(di tasca)* Patte *f;* **2.** *(pareggio)* Patt *n,* Unentschieden *n.*
patteggiare [patted'dʒa:re] ‹patteggio, patteggi› **I.** *tr* aushandeln, verhandeln über; **II.** *itr* verhandeln, Verhandlungen führen.
pattinaggio [patti'naddʒo] ‹-ggi› *m (a rotelle)* Rollschuhlaufen *n; (su ghiaccio)* Eislaufen *n,* Schlittschuhlaufen *n.* **pattinare** [...'na:re] *itr* **1.** *sport (a rotelle)* Rollschuh laufen; *(su ghiaccio)* Schlittschuh laufen, eislaufen; **2.** *mot (scivolare)* schleudern, rutschen. **pattinatore, -trice** [...na'to:re] *m, f (a rotelle)* Rollschuhläufer(in) *m(f); (su ghiaccio)* Eisläufer(in) *m(f),* Schlittschuhläufer(in) *m(f).*
pattino[1] ['pattino] *m* **1.** *sport (~ a rotelle)* Rollschuh *m; (da ghiaccio)* Schlittschuh *m; (di slitta, etc.)* Kufe *f;* **2.** *tec* (Gleit)schuh *m.*
pattino[2] [pat'ti:no] *m* Tretboot *n.*
patto ['patto] *m* **1.** *(accordo)* Vereinbarung *f,* Übereinkunft *f;* **2.** *pol* Pakt *m,* Vertrag *m;* **3.** *(condizione)* Bedingung *f;* **P~ Atlantico** Atlantisches Bündnis, (Nord)atlantikpakt *m;* ~ **di non aggressione** Nichtangriffspakt *m;* **venire** (*o.* **scendere**) **a -i con qu** mit jdm übereinkommen; **a** ~ **che ...** *conj* unter der Bedingung, daß ...; **a nessun** ~ unter keiner Bedingung, in keinem Fall; **ad ogni** ~ unter allen Umständen, unbedingt.
pattuglia [pat'tuʎʎa] ‹-glie› *f* Patrouille *f,* Streife *f;* ~ **stradale** Polizei-, Verkehrsstreife *f;* ~ **di ricognizione** Spähtrupp *m;* **essere di** ~ auf Streife gehen, auf Patrouille sein. **pattuglia-**

re [...'ʎa:re] ‹pattuglio, pattugli› **I.** *itr* patrouillieren; **II.** *tr* absuchen.

pattuire [pattu'i:re] ‹pattuisco› *tr* abmachen, vereinbaren. **pattuito, -a** [...'i:to] **I.** *a* ausgehandelt, vereinbart; **II.** *m* vereinbarte Summe.

pattume [pat'tu:me] *m* Müll *m*, Abfall *m*. **pattumiera** [...tu'mie:ra] *f* Müll-, Abfalleimer *m*.

pauperismo [paupe'rizmo] *m* **1.** *(povertà)* Massenarmut *f*, Pauperismus *m geh;* **2.** *rel* Armut *f*, Besitzlosigkeit *f*.

paura [pa'u:ra] *f* Angst *f*, Furcht *f;* **una ~ del diavolo/da morire** eine Höllen-/Sterbensangst; **avere ~ di qc/qu** Angst vor etw./jdm haben; **aver ~ che ...** *conj* befürchten, daß ..., Angst haben, daß ...; **per ~ che ...** *conj* aus Angst, daß ...; **fare/mettere ~ a qu** jdm Angst machen/einjagen; **da far ~** schrecklich, zum Fürchten; **niente ~!** keine Angst! **pauroso, -a** [pau'ro:so] *a* **1.** *(spaventoso)* angsterregend, fürchterlich; **2.** *(timoroso)* ängstlich, furchtsam; **3.** *fig (straordinario)* unglaublich, sagenhaft.

pausa ['pa:uza] *f* Pause *f*, (kurze) Unterbrechung *f;* *(sosta)* Stockung *f*, Stillstand *m;* **~ caffè** Kaffeepause *f*.

pavé [pa've] ‹-› *m* (Straßen)pflaster *n*.

paventare [paven'ta:re] *tr poet, obs* fürchten.

pavesare [pave'za:re] *tr* beflaggen.

pavese[1] [pa've:se *o.* ...e:ze] *m* **1.** *naut* Flaggengala *f;* **2.** *(scudo)* Pavese *f*.

pavese[2] [pa've:se *o.* ...e:ze] **I.** *a* aus Pavia; **II.** *mf (abitante)* Einwohner(in) *m(f)* von Pavia; **III.** *f gastr (a.* **zuppa ~**) *Fleischbrühe mit geschlagenem Ei, gerösteten Brotscheiben und Käse.*

pavido, -a ['pa:vido] *a poet* ängstlich, furchtsam.

pavimentare [pavimen'ta:re] *tr (stanza)* (mit Fußboden) belegen; *(strada)* pflastern. **pavimentazione** [...tat'tsio:ne] *f* **1.** *(serie di lavori)* (Fußboden)verlegen *n;* **2.** *(lastricato)* Pflaster *n*, Pflasterung *f;* **~ stradale** Straßenpflaster *n*. **pavimento** [...'mento] *m* Fußboden *m*, Boden(belag) *m*.

pavona [pa'vo:na] *f* Pfau(enhenne *f*) *m*. **pavone** [...ne] **I.** *m* **1.** *zoo* Pfau *m;* **2.** *fig* (eitler) Pfau *m geh*, Geck *m;* **fare il ~** sich brüsten, sich aufplustern *fam;* **II.** ‹*inv*› *a* pfauenblau, -grün. **pavoneggiarsi** [pavoned'dʒarsi] *rfl* sich aufplustern *fam*, sich brüsten. **pavonessa** [...'nessa] *v.* **pavona.**

pazientare [pattsien'ta:re] *itr* Geduld haben, sich gedulden. **paziente** [...'tsiɛnte] **I.** *a* **1.** *(persona)* geduldig; **2.** *(lavoro, ricerca)* mühselig; *(con precisione)* sorgfältig; **II.** *mf* Patient(in) *m(f)*. **pazienza** [..'tsiɛntsa] *f* Geduld *f;* *(precisione a.)* Sorgfalt *f;* **la ~ di Giobbe** (*o.* **di un certosino)** *fig* eine Engelsgeduld; **~!** *fam* da kann man nichts machen!; **santa ~!** *fam* muß das sein?; **perdo** (*o.* **mi scappa) la ~** ich verliere die Geduld, mir reißt der Geduldsfaden; **fosse intelligente, ~, ma è anche stupido!** wenn er wenigstens intelligent wäre, dann ginge es ja noch, aber er ist auch noch dumm!

pazza *f v.* **pazzo.**

pazzerello, -a [pattse'rɛllo] *a fam* ein wenig verrückt; *scherz (vento, etc.)* launisch, launenhaft. **pazzerellone, -a** [...rel'lo:ne] *fam* **I.** *m, f* lustiger (*o.* ulkiger) Kauz; **II.** *a* närrisch, verrückt.

pazzesco, -a [pat'tsesko] ‹-schi, -sche› *a* **1.** *(di, da pazzo)* verrückt; **2.** *fam* unglaublich, wahnsinnig *fam*, irrsinnig *fam*.

pazzia [pat'tsi:a] ‹-ie› *f* **1.** *med* Wahnsinn *m;* **2.** *(azione stravagante)* Verrücktheit *f*, Torheit *f;* **3.** *fig (assurdità)* Unsinn *m*. **pazzo, -a** ['pattso] **I.** *a* **1.** *med* wahnsinnig, verrückt; *(insensato)* unsinnig, verrückt; **2.** *fig (stravagante)* verrückt, extravagant; *(tempo)* verrückt, unbeständig; *(spese, etc.)* irrsinnig, wahnsinnig; **essere ~ furioso** tobsüchtig sein; **essere ~ da legare** vollkommen verrückt sein; **essere ~ di gioia/felicità** *fig* außer sich *(dat)* vor Freude/Glück sein; **essere innamorato ~ di qu** wahnsinnig in jdn verliebt sein; **andare ~ per qc** verrückt nach (*o.* auf) etw. sein; **darsi alla -a gioia** sich ins Vergnügen stürzen; **II.** *m, f* **1.** *med* Wahnsinnige(r) *mf*, Irre(r) *mf;* **2.** *fig* Verrückte(r) *mf*, Narr *m*, Närrin *f*.

p.c. *ab di* **per conoscenza** z.K. (*ab di* zur Kenntnisnahme).

p/c *ab di* **per conto** für.

p.c.c. *ab di* **per copia conforme** f. d. R. d. A. (*ab di* für die Richtigkeit der Abschrift).

P.C.I. *m ab di* **Partito Comunista Italiano** *kommunistische Partei Italiens.*

P.C.U.S. *m ab di* **Partito Comunista dell'Unione Sovietica** KPdSU *f* (*ab di* Kommunistische Partei der Sowjetunion).

P.d.U.P. *m ab di* **Partito d'Unità Proletaria per il Comunismo** *italienische Linkspartei.*

pecca ['pεkka] ‹-cche› *f* Fehler *m*, Makel *m*; **avere le proprie -cche** nicht fehlerlos sein, (seine) Macken haben *fam*.

peccaminoso, -a [pekkami'no:so] *a (pensiero, vita)* sündig, sündhaft; *(lettura, film)* Schund-.

peccare [pek'ka:re] ‹pecco, pecchi› *itr* **1.** *rel* sündigen; **2.** *(commettere errori)* Fehler begehen; ~ **di presunzione/leggerezza** überheblich/leichtsinnig sein; ~ **per (la) troppa bontà** zu gutmütig sein. **peccato** [...'ka:to] *m* **1.** *rel* Sünde *f*; **2.** *(errore)* Fehltritt *m*, Fehler *m*; **3.** *fig (inopportunità)* Unangebrachtheit *f*, Sünde *f*; *(disappunto)* Jammer *m*; ~ **capitale/mortale/originale/veniale** Haupt-/Tod-/Erbsünde *f*/läßliche Sünde; **che ~!** welch ein Jammer!, wie schade!; **è un ~ che** ... *conj* es ist schade, daß ...; **più brutto del ~** häßlich wie die Sünde (*o.* die Nacht); ~ **confessato, è mezzo perdonato** *prov* wer seine Schuld bekennt, dem ist schon halb vergeben. **peccatore, -trice** [...ka'to:re] **I.** *a* sündig, sündhaft; **II.** *m, f* Sünder(in) *m(f)*.

pece ['pe:tʃe] *f* Pech *n*; **nero come la ~** pechschwarz.

pechinese [peki'ne:se] **I.** *a* aus (*o.* von) Peking; **cane ~** Pekinese *m*; **II.** *mf* **1.** *(abitante)* Einwohner(in) *m(f)* Pekings; **2.** *zoo* Pekinese *m*. **Pechino** [pe'ki:no] *f* Peking *n*.

pecora ['pε:kora] *f* **1.** *zoo* Schaf *n*; **2.** *fig pej* Duckmäuser *m*, Schwächling *m*; **chi ~ si fa, il lupo lo mangia** *prov* wer sich unter den Treber mengt, den fressen die Schweine *prov*. **pecoraggine** [peko'raddʒine] *f* Mitläufertum *n*, Duckmäuserei *f*. **pecoraio, -a** [...'ra:i̯o] ‹-ai, -aie› *m, f* Schäfer(in) *m(f)*, Schafhirte *m*, -hirtin *f*. **pecorella** [...'rεlla] *f* **1.** *zoo* Schäfchen *n*, Schäflein *n*; **2.** *fig (nuvoletta)* Schäfchenwolke *f*; **la ~ smarrita** das verlorene Schaf. **pecorino, -a** [...'ri:no] **I.** *a* Schafs-, vom Schaf; **II.** *m* Schaf(s)käse *m*. **pecorone** [...'ro:ne] *m* Memme *f*, (großer) Feigling *m*.

pectina [pek'ti:na] *f* Pektin *n*.

peculato [peku'la:to] *m* Unterschlagung *f* (im Amt), Veruntreuung *f* (im Amt).

peculiare [peku'li̯a:re] *a* charakteristisch, eigentümlich. **peculiarità** [...i̯ari'ta] ‹-› *f* Besonderheit *f*, Eigentümlichkeit *f*.

peculio [pe'ku:li̯o] ‹-i› *m fam scherz* Spargroschen *m*, Sparpfennig *m*.

pecuniario, -a [peku'ni̯a:ri̯o] ‹-i, -ie› *a* Geld-.

pedaggio [pe'daddʒo] ‹-ggi› *m* Maut *f*, Straßengebühr *f*; ~ **autostradale** Autobahngebühr *f*; **a ~** maut-, gebührenpflichtig.

pedagogia [pedago'dʒi:a] ‹-gie› *f* Pädagogik *f*, Erziehungswissenschaft *f*. **pedagogico, -a** [...'gɔ:dʒiko] ‹-ci, -che› *a* pädagogisch, Pädagogik-, Erziehungs-.

pedalare [peda'la:re] *itr* in die Pedale treten. **pedalata** [...'la:ta] *f* Pedaltritt *m*, Treten *n* in die Pedale.

pedale [pe'da:le] *m* Pedal *n*; ~ **del freno/dell'acceleratore** Brems-/Gaspedal *n*; **a ~** Tret-, Pedal-. **pedaliera** [peda'li̯ε:ra] *f* **1.** *(di bicicletta)* Fahrradpedale *n pl*; **2.** *mot* Pedalerie *f*; **3.** *aero* Seitensteuerfußhebel *m*; **4.** *mus* Pedalklaviatur *f*.

pedalino [peda'li:no] *m fam* Socke *f*.

pedana [pe'da:na] *f* **1.** *(struttura)* Fußbrett *n*; **2.** *sport* Sprungbrett *n*; **3.** *(tappeto)* Fußteppich *m*, (Bett)vorleger *m*.

pedante [pe'dante] **I.** *a* pedantisch, kleinlich; **II.** *m, f* Pedant(in) *m(f)*, Kleinigkeitskrämer(in) *m(f)*. **pedanteria** [...te'ri:a] ‹-ie› *f* Pedanterie *f*, Kleinigkeitskrämerei *f*. **pedantesco, -a** [...'tesko] ‹-schi, -sche› *a* pedantisch, schulmeisterlich.

pedata [pe'da:ta] *f* **1.** *(calcio)* Fußtritt *m*; **2.** *(impronta)* Fußabdruck *m*, Fußspur *f*; **prendere qu a -e** jdn mit Fußtritten traktieren; **ti ci mando a -e** *fam* hau ab! *fam*, scher dich zum Teufel!

pedemontano, -a [pedemon'ta:no] *a* am Fuße einer Bergkette liegend.

pederasta [pede'rasta] ‹-i› *m* Päderast *m*.

pedestre [pe'dεstre] *a* **1.** *(lavoro, discorso)* gewöhnlich, gemein; *(fig a.)* platt, trivial; **2.** *(milizia)* Fuß-.

pediatra [pe'di̯a:tra] ‹-i *m*, -e *f*› *mf* Kinderarzt *m*, -ärztin *f*. **pediatria** [...i̯a'tri:a] ‹-ie› *f* Kinderheilkunde *f*, Pädiatrie *f*. **pediatrico, -a** [pe'di̯a:triko] ‹-ci, -che› *a* Kinder-, pädiatrisch.

pedicure [pedi'ku:re] ‹-› **I.** *f* Fußpflege *f*, Pediküre *f*; **II.** *mf* Fußpfleger(in) *m(f)*.

pediluvio [pedi'lu:vi̯o] ‹-i› *m* Fußbad *n*; **fare un ~** ein Fußbad nehmen.

pedina [pe'di:na] *f* **1.** *(da gioco)* Spielstein *m*; *(negli scacchi)* Figur *f*; **2.** *fig (strumento)* Werkzeug *n*, Marionette *f*; **mangiare (*o.* soffiare) una ~** einen Stein (*o.* eine Figur) schlagen.

pedinare [pedi'na:re] *tr* bespitzeln, beschatten.
pedissequo, -a [pe'dissekuo] *a* sklavisch genau; *(traduzione, etc.)* wortgetreu.
pedonale [pedo'na:le] *a* Fußgänger-; **zona ~** Fußgängerzone *f;* **strisce -i** Fußgängerüberweg *m,* Zebrastreifen *m.* **pedonalizzare** [...nalid'dza:re] *tr* zur Fußgängerzone erklären.
pedone [pe'do:ne] *m* **1.** *(persona)* Fußgänger *m;* **2.** *(negli scacchi)* Bauer *m;* **zona riservata ai -i** Fußgängerzone *f.*
peduncolo [pe'duŋkolo] *m* **1.** *bot* Stiel *m,* Stengel *m;* **2.** *anat* Fortsatz *m.*
peggio ['pɛddʒo] ‹*comparativo di* male[1]› **I.** *adv* schlechter, schlimmer; **andare di male in ~** immer schlimmer werden; **cambiare in ~** sich verschlechtern, sich zu seinem Nachteil verändern; **alla (meno) ~** schlecht und recht, hudelig *fam;* **tanto ~ per lui!** *fam* um so schlimmer für ihn!; **II.** ‹*inv*› *a* schlimmer, schlechter; **III.** ‹-› *m o. f* Schlimmste(s) *n,* Schlechteste(s) *n;* **aver la ~** den kürzeren ziehen; **per il ~** im schlimmsten Fall. **peggioramento** [peddʒora'mento] *m* Verschlechterung *f,* Verschlimmerung *f.* **peggiorare** [...'ra:re] **I.** *tr* ‹*avere*› verschlechtern, schlechter machen; **II.** *itr* ‹*essere*› sich verschlechtern, schlechter werden; *(aggravare)* sich verschlimmern. **peggiorativo, -a** [...ra'ti:vo] **I.** *a* pejorativ, abwertend; **II.** *m* Pejorativum *n,* Deteriorativum *n.*
peggiore [ped'dʒo:re] ‹*comparativo di* cattivo› **I.** *a* **1.** *(comparativo)* schlechter, schlimmer; *(meno capace a.)* unfähiger; *(più scadente a.)* weniger wert; *(meno opportuno a.)* unpassender; **2.** *(superlativo)* schlechteste(r, s), schlimmste(r, s); **nel ~ dei casi** im schlimmsten Fall; **II.** *mf* Schlimmste(r) *mf,* Übelste(r) *mf.*
pegno ['peɲɲo] *m* Pfand *n; (fig a.)* Unterpfand *n.*
pelame [pe'la:me] *m* Fell *n.*
pelandrone, -a [pelan'dro:ne] *m, f fam* Drückeberger(in) *m(f) fam; (fannullone)* Faulpelz *m.*
pelapatate [pelapa'ta:te] ‹-› *m* Kartoffelschäler *m,* -schälmesser *n.*
pelare [pe'la:re] **I.** *tr* **1.** *(patate, castagne)* schälen, pellen; **2.** *(pollo)* rupfen; *(selvaggina)* häuten, die Haut abziehen von; **3.** *fig (viso, etc.)* die Haut *gen* aufspringen lassen; **4.** *(tagliare a zero)* kahlscheren; **5.** *fig fam (spillare denaro)* das Fell über die Ohren ziehen (*qu* jdm) *fam,* ausnehmen; **II.** *rfl:* **-rsi 1.** *(perdere i capelli)* das Haar verlieren; *(animali a.)* sich haaren; **2.** *(perdere le foglie)* das Laub verlieren; **3.** *(spellarsi)* sich häuten, sich schälen. **pelata** [pe'la:ta] *f* **1.** *(calvizie)* Glatzkopf *m,* Glatze *f;* **2.** *(il pelare)* Enthaaren *n; (di pollo)* Rupfen *n;* **ti hanno dato una bella ~!** *fam scherz* da haben sie dich ganz schön geschröpft *fam; (dal parrucchiere)* dich haben sie aber ordentlich geschoren *fam.* **pelato, -a** [...to] **I.** *a* **1.** *(testa)* kahl, Glatz-; **2.** *gastr* geschält, gehäutet, gepellt; **II.** *m* **1.** *(calvo)* Glatzkopf *m fam;* **2.** ‹*di solito al pl*› *gastr* geschälte Tomate. **pelatura** [pela'tu:ra] *f* Pellen *n,* Schälen *n.*
pellaccia [pel'lattʃa] ‹-cce› *f fam* **1.** *(persona astuta)* durchtriebener Mensch; *(persona resistente)* zähe Natur; **2.** *(pelle)* häßliche Haut; **aver una ~ dura** ein dickes Fell haben; **essere una ~ dura** nicht unterzukriegen sein.
pellaio, -a [pel'la:io] ‹-ai, -aie› *m* **1.** *(conciatore)* Gerber(in) *m(f);* **2.** *(venditore)* Fellhändler(in) *m(f),* Fellverkäufer(in) *m(f).*
pellame [pel'la:me] *m* Haut *f,* Leder *n.*
pelle ['pɛlle] *f* **1.** *(cute)* Haut *f;* **2.** *(pellame)* Leder *n,* (gegerbtes) Fell *n;* **3.** *fig fam (vita)* Leben *n,* Haut *f;* **4.** *(buccia)* Schale *f,* Haut *f;* **5.** *fam (individuo)* Haut *f fam;* **~ di daino/camoscio** Hirsch-/Wildleder *n;* **~ d'uovo** feinstes Musselin; **oggetti di (*o.* in) ~** Lederwaren *f pl;* **amici per la ~** Busenfreunde *m pl,* Freunde *m pl* fürs Leben; **una buona ~** *fam* eine gute (*o.* ehrliche) Haut *fam;* **avere la ~ dura** *fig* ein dickes Fell haben; **avere la ~ d'oca** *fig* eine Gänsehaut haben; **esser (ridotto) ~ ed ossa** nur noch Haut und Knochen sein; **lasciarci (*o.* rimetterci) la ~** sein Leben dabei einbüßen; **salvar la ~** mit heiler Haut (*o.* dem Leben) davonkommen; **giocarsi la ~** sein Leben aufs Spiel setzen; **non stare più nella ~** *fig* es nicht mehr abwarten können; **non voler essere nella ~ di qu** nicht in jds Haut stecken mögen; **ho cara la mia ~** mein Leben ist mir lieb; **vendere la ~ dell'orso prima d'averlo ucciso** das Fell verkaufen, ehe man den Bären hat.
pellegrina *f v.* **pellegrino.**
pellegrinaggio [pellegri'naddʒo] ‹-ggi› *m* **1.** *(viaggio)* Wallfahrt *f,* Pilgerfahrt *f;* **2.** *(comitiva)* Pilgerschar *f,* Pilgerzug *m.* **pellegrino, -a**

[...'gri:no] *m, f* Pilger(in) *m(f),* Wallfahrer(in) *m(f).*

pellerossa [pelle'rossa] ‹pellirosse› *mf* Rothaut *f.*

pelletteria [pellette'ri:a] ‹-ie› *f* **1.** *(industria)* Leder(waren)industrie *f;* **2.** *(assortimento)* Lederwaren *f pl;* **3.** *(negozio)* Lederwarengeschäft *n.* **pellettiere, -a** [...'ti̯ɛ:re] *m, f* **1.** *(produttore)* Lederwarenfabrikant(in) *m(f);* **2.** *(venditore)* Lederwarenhändler(in) *m(f).*

pellicano [pelli'ka:no] *m* Pelikan *m.*

pellicceria [pellittʃe'ri:a] ‹-ie› *f* **1.** *(lavorazione)* Kürschnerei *f;* **2.** *(negozio)* Pelz(waren)geschäft *n;* **3.** *(assortimento)* Pelzwaren *f pl,* Pelze *m pl.* **pelliccia** [...'littʃa] ‹-cce› *f* Fell *n; (a. indumento)* Pelz *m.* **pellicciaio, -a** [...'tʃa:i̯o] ‹-ciai, -ciaie› *m, f* **1.** *(negoziante)* Pelzhändler(in) *m(f);* **2.** *(confezionista)* Kürschner(in) *m(f);* **3.** *(conciatore)* Gerber(in) *m(f).*

pellicola [pel'li:kola] *f* **1.** *fot, film* Film *m;* **2.** *(pelle sottile)* dünne Haut, Häutchen *n;* **3.** *(strato sottile)* Film *m.*

pellirossa [pelli'rossa] *v.* **pellerossa.**

pellirosse *pl di* **pellerossa, pellirossa.**

pelo ['pɛ:lo] *m* **1.** *(di uomo)* (Körper)haar *n; (di animale)* (Tier)haar *n;* **2.** *(pelame)* Fell *n; (pelliccia)* Pelz *m;* **3.** *bot* Härchen *n pl,* Flaum *m;* **4.** *fig (superficie)* Oberfläche *f;* **per un ~, c'è mancato un ~ che ...** *conj fam* um ein Haar ...; **~ ~** mit Mühe und Not; **andare contro ~** gegen den Strich gehen; **non torcere un ~ a qu** *fig* jemandem kein Haar krümmen (können); **non avere -i sulla lingua** *fig* kein Blatt vor den Mund nehmen; **cercare il ~ nell'uovo** *fig* ein Haar in der Suppe finden; **essere di primo ~** noch unbeleckt (*o.* unerfahren) sein; **la volpe (*o.* il lupo) perde il ~, ma non il vizio** *prov* die Katze läßt das Mausen nicht *prov.* **peloso, -a** [pe'lo:so] *a* **1.** behaart, haarig; **2.** *fig* eigennützig, berechnend; **avere la coscienza -a** ein schlechtes Gewissen haben.

peltro ['peltro] *m* Hartzinn *n.*

peluche [pə'lyʃ] ‹-› *m* Plüsch *m.*

peluria [pe'lu:ri̯a] ‹-ie› *f* Flaum *m.*

pelvi ['pɛlvi] ‹-› *f* Becken *n.* **pelvico, -a** ['pɛlviko] ‹-ci, -che› *a* Becken-.

pena ['pe:na] *f* **1.** *(punizione)* Strafe *f,* Bestrafung *f;* **2.** *(sofferenza)* Leid(en) *n,* Qual *f,* Kummer *m;* **3.** *(angoscia, pietà)* Sorge *f,* Mitleid *n;* **4.** *(fatica, stento)* Anstrengung *f; (a. disturbo)* Mühe *f;* **~ capitale (*o.* di morte)** Todesstrafe *f;* **~ pecuniaria** Geldstrafe *f;* **-e d'amore** Liebeskummer *m,* Liebesqual *f;* **istituto di ~** Vollzugsanstalt *f;* **sotto ~ di** bei (einer) Strafe von; **a gran ~** mit Mühe und Not; **a mala ~** mit knapper Not; **darsi ~** sich *(dat)* Mühe geben; **essere (*o.* stare) in ~ per qu** in Sorge um jdn sein; **fare ~ a qu** jdm leid tun; **soffrire le -e dell'inferno** Höllenqualen erleiden; **valere la ~** die Mühe lohnen, der Mühe wert sein.

penale [pe'na:le] **I.** *a* Straf-, strafrechtlich; **azione/causa ~** strafbare Handlung/Strafsache *f;* **il codice ~ (*ab* C.P.)** das Strafgesetzbuch; **II.** *f* Strafe *f,* Strafbestimmung *f.* **penalista** [pena'lista] ‹-i *m,* -e *f*› *mf* Strafrechtler(in) *m(f).* **penalità** [...li'ta] ‹-› *f* **1.** *jur* Strafe *f; (sanzione)* Konventionalstrafe *f,* Vertragsstrafe *f;* **2.** *sport (in punti)* Strafpunkt *m; (in secondi)* Strafminute *f.* **penalizzare** [...lid'dza:re] *tr* mit einer Strafe belegen. **penalizzazione** [...liddzat'tsi̯o:ne] *f* Strafe *f.*

penalty ['penltɪ] ‹-› *f* Strafstoß *m.*

penare [pe'na:re] *itr* **1.** *(patire)* leiden, (viel) durchmachen; **2.** *(durar fatica)* sich abmühen, Mühe haben; **aver finito di ~** *geh* erlöst werden *geh;* **~ poco** *fam* sich *(dat)* wenig Mühe geben.

pencolare [peŋko'la:re] *itr* **1.** *(oscillare)* wanken, schwanken; **2.** *fig (essere indeciso)* schwanken, unentschieden sein.

pendaglio [pen'daʎʎo] ‹-gli› *m* Anhängsel *n,* Anhänger *m.*

pendant [pã'dã] ‹-› *m* Pendant *n,* Gegenstück *n;* **fare il (*o.* da) ~ a qc** das Pendant zu etwas bilden (*o.* sein).

pendente [pen'dɛnte] **I.** *a* **1.** *(che pende)* (herab)hängend; *(inclinato)* geneigt, schief; **2.** *jur* anhängig, schwebend; **3.** *(conto, etc.)* offen(stehend); **la torre ~** der schiefe Turm (von Pisa); **crediti -i** Außenstände *m pl;* **II.** *m* Ohrgehänge *n.* **pendenza** [...'dɛntsa] *f* **1.** *(inclinazione)* Gefälle *n; (a. mat)* Neigung *f;* **2.** *jur* anhängiges (*o.* schwebendes) Verfahren; **3.** *com* Schuld *f,* offene Rechnung; **4.** *fig (questione non risolta)* offene (*o.* nicht gelöste) Frage; **in ~** geneigt; *fig* schwebend, in der Schwebe.

pendere ['pɛndere] ‹pendo, pendetti *o.* pendei, penduto› *itr* **1.** *(essere appeso)* hängen (*a* an), herabhängen (*da* von); **2.** *(essere inclinato)* schief stehen, sich neigen; **3.** *fig (incombere)* schweben (*su* über), bevorstehen (*su* *qu* jdm), drohen (*su qu* jdm); **4.** *jur* anhängig sein; **5.** *fig (propendere)* neigen (*verso* zu); **6.** *fig (tentennare)* schwanken, zögern; **7.** *fig (uscire)* vorschauen; ~ **dalla parte di qu** *fig* jdn vorziehen. **pendici** [pen'di:tʃi] *f pl* (Ab)hang *m.* **pendio** [...'di:o] ‹-ii› *m* **1.** *(pendenza)* Gefälle *n;* **2.** *(luogo)* (Ab)hang *m;* **essere in** ~ abschüssig sein.

pendo ['pɛndo] *1. pers sing pr di* **pendere.**

pendola ['pɛndola] *f* Pendeluhr *f.* **pendolare** [pendo'la:re] **I.** *itr* pendeln; **II.** *a* **1.** *(moto)* Pendel-, pendelnd; **2.** *fig (con fasi alterne)* Wechsel-, schwankend; **III.** *mf* Pendler(in) *m(f).* **pendolino** [...'li:no] *m* (kleines) Pendel *n.* **pendolo** ['pɛndolo] *m* **1.** *(phys, di orologio)* Pendel *n;* **2.** *(filo a piombo)* Senkblei *n,* Senklot *n.*

penduto [pen'du:to] *pp di* **pendere.**

pene ['pɛ:ne] *m* Penis *m,* (männliches) Glied *n.*

penetrante [pene'trante] *a* **1.** *(odore)* penetrant, scharf; *(freddo, gelo)* scharf, beißend, schneidend; **2.** *fig* tiefgehend, gründlich; *(sguardo)* durchdringend; *(osservazione)* spitz; *(parole)* eindringlich; *(dolore)* heftig.

penetrare [pene'tra:re] **I.** *itr ‹essere›* **1.** *(entrare)* eindringen, einbrechen; **2.** *fig (imprimersi)* eindringen, sich einprägen; *(espandersi)* sich durchsetzen; **3.** *fig (conoscere)* ergründen (*in qc* etw.); **II.** *tr ‹avere›* **1.** *fig (capire)* ergründen; eindringen in; **2.** *(trapassare)* durchdringen, durchbohren. **penetrazione** [...trat'tsi̯o:ne] *f* **1.** *(avanzamento)* Vor-, Eindringen *n;* **2.** *fig (di prodotto)* Vordringen *n,* Verbreitung *f;* **3.** *mil* Einmarsch *m,* Einfallen *n;* **4.** *fig (introduzione)* Durchdringung *f;* **5.** *fig (intuizione)* Einfühlungsvermögen *n; (con prontezza)* Scharfsinn *m.*

penicillina [penitʃil'li:na] *f* Penizillin *n.*

peninsulare [peninsu'la:re] *a* Halbinsel-, halbinselartig. **penisola** [pe'ni:zola] *f* Halbinsel *f.*

penitente [peni'tɛnte] **I.** *a* büßend, reuig; **II.** *mf* Büßer(in) *m(f).* **penitenza** [...'tɛntsa] *f* **1.** *(pentimento)* Reue *f; rel* Buße *f;* **2.** *(castigo)* Buße *f,* Strafe *f; (nei giochi)* Strafe *f;* **fare** ~ Buße tun, büßen; **mettere qu in** ~ jdn in die Ecke stellen. **penitenziario, -a** [...ten'tsi̯a:ri̯o] ‹-i, -ie› **I.** *m* Strafanstalt *f,* Gefängnis *n;* **II.** *a* Gefängnis-, Straf-.

penna ['penna] *f* **1.** *zoo* Feder *f;* **2.** *(per scrivere)* (Schreib)feder *f,* Federhalter *m;* **3.** *‹pl› gastr kurze, an Federkiele erinnernde Makkaroni;* ~ **biro** (*o.* **a sfera**) Kugelschreiber *m;* ~ **a feltro** Filzstift *m;* ~ **ottica** *inform* Lichtstift *m;* ~ **stilografica** Füllfederhalter *m;* **-e nere** *mil* Alpenjäger *m pl;* **mettere/mutare le -e** Federn bekommen/das Federkleid wechseln; **lasciarci** (*o.* **rimetterci**) **le -e** *fig* Federn lassen (müssen); **essere una buona** ~ ein guter Schriftsteller sein; **avere la** ~ **facile** eine gewandte Feder führen; **saper tener la** ~ **in mano** gut schreiben können; **restare** (*o.* **rimanere**) **nella** ~ ungeschrieben bleiben. **pennacchio** [...'nakki̯o] ‹-cchi› *m* **1.** *(ornamento)* Federbusch *m,* Panasch *m;* **2.** *fig (di fumo)* Rauchfahne *f;* **3.** *arch* Pendentif *n.* **pennarello** [...na'rɛllo] *m* Filzstift *m.*

pennellare [pennel'la:re] *itr* **1.** *(col pennello)* pinseln; **2.** *fig (descrivere)* skizzieren. **pennellata** [...'la:ta] *f* **1.** *(di pennello)* Pinselstrich *m;* **2.** *fig (elemento descrittivo)* Strich *m,* Zug *m;* **una** ~ **decisa** eine sichere Pinselführung; **descrivere qc a -e vivaci** etw. lebhaft beschreiben. **pennellessa** [...'lessa] *f* Maler-, Lackpinsel *m.* **pennellificio** [...li'fi:tʃo] ‹-ci› *m* Pinselfabrik *f.* **pennello** [...'nɛllo] *m* Pinsel *m;* ~ **da barba** Rasierpinsel *m;* **a** ~ *fig* haargenau; **andare** (*o.* **stare**) **a** ~ *(vestito)* wie angegossen sitzen.

pennino [pen'ni:no] *m* (Schreib)feder *f.*

pennone [pen'no:ne] *m* **1.** *naut* Segelstange *f,* (Mars)rahe *f;* **2.** *(di bandiera)* Fahnenstange *f.*

pennuto, -a [pen'nu:to] **I.** *a* gefiedert; **II.** *m* Vogel *m;* **-i** Federvieh *n.*

penombra [pe'nombra] *f* Halbschatten *m,* Halbdunkel *n.*

penoso, -a [pe'no:so] *a* **1.** *(che dà pena)* leidvoll, schmerzlich; **2.** *(faticoso)* mühsam, beschwerlich; **3.** *(imbarazzante)* peinlich; unangenehm.

pensare [pen'sa:re] **I.** *tr* **1.** *(riflettere)* überlegen, überdenken; **2.** *(considerare)* bedenken, erwägen; **3.** *(credere)* denken (*qc* an etw.), glauben (*qc* an etw.); **4.** *(inventare)* ausdenken, erfinden; **5.** *(immaginare)* sich *(dat)* vorstellen, ausmalen; **6.** *(progettare)* planen; **una ne fa e cento ne pensa** *fam* er (*o.* sie) hat immer Überraschungen auf Lager *fam;* **II.** *itr* **1.** *(riflettere)* (nach)denken (*su* über); **2.** *(ricordare)* denken (*a* an); **3.** *(badare)* achten (*a* auf); **4.** *(provvedere)* denken (*a* an), sorgen (*a* für); **5.** *(giudicare)* halten (*di* von), denken (*di* über); **6.** *(credere)* meinen, glauben; ~ **bene/male di qu** gut/schlecht über jdn denken; **dar da** ~ zu denken geben; **pensa e ripensa** nach langer Überlegung; **e** ~ **che ...** und wenn man bedenkt, daß ...; **penso che ...** *conj* ich glaube, daß ...; **penso di ...** *inf* ich gedenke zu ...; **pensa alla salute!** *fam scherz* laß dir keine grauen Haare wachsen! **pensata** [...'sa:ta] *f* Einfall *m*, Idee *f*. **pensatoio** [...sa'to:io] ‹-oi› *m fam scherz* (stilles) Örtchen *n fam*. **pensatore, -trice** [...sa'to:re] *m, f* Denker(in) *m(f)*; **libero** ~ Freidenker *m*.

pensée [pã'se] ‹-› *f* Stiefmütterchen *n*.

pensierino [pensie'ri:no] *m* **1.** *(pensiero allettante)* verführerischer (*o.* reizender) Gedanke; **2.** *(piccolo dono)* kleine Aufmerksamkeit; **3.** *(composizione scolastica)* (Übungs)sätzchen *n*; **fare un** ~ **su qc** mit etw. liebäugeln; **farci un** ~ etw. in Erwägung ziehen.

pensiero [pen'siɛ:ro] *m* **1.** *(attività mentale)* Gedanke *m*; *(idea a.)* Idee *f*; **2.** *(opinione)* Meinung *f*, Ansicht *f*; **3.** *(ansia)* Sorge *f*; **4.** *(dottrina, teoria)* Lehre *f*, Denken *n*; **5.** *(comportamento)* Haltung *f*; **6.** *(dono)* Aufmerksamkeit *f*; **essere assorto in -i profondi** ganz in Gedanken versunken sein; **essere sopra** ~ in Gedanken (*o.* zerstreut) sein; **sulle ali del** ~ *fig* in Gedanken; **stare in** ~ **per qu/qc** in Sorge um jdn/wegen etw. sein; **dar -i a qu** jdm Sorge(n) bereiten; **fermare il** ~ **su qc** die Aufmerksamkeit auf etw. konzentrieren. **pensieroso, -a** [...sie'ro:so] *a* nachdenklich, in Gedanken verloren.

pensile ['pɛnsile] *a* hängend, Hänge-; *(giardino)* Dach-.

pensilina [pensi'li:na] *f* (Bahnsteig)überdachung *f*; *(di stadio)* Wetterdach *n*, Schutzdach *n*.

pensionabile [pensio'na:bile] *a* pensionsberechtigt. **pensionamento** [...na'mento] *m* Pensionierung *f*, Versetzung *f* in den Ruhestand; ~ **anticipato** Frühpensionierung *f*, Vorruhestand *m*.

pensionante [pensio'nante] *mf* Pensionsgast *m*.

pensionare [pensio'na:re] *tr* pensionieren, in den Ruhestand versetzen. **pensionato, -a** [...'na:to] **I.** *a* pensioniert; **II.** *m, f* Rentner(in) *m(f)*, Bezieher(in) *m(f)* einer Pension; **III.** *m* Pensionat *n*, Heim *n*.

pensione [pen'sio:ne] *f* **1.** *(albergo, alloggio)* Pension *f*; **2.** *(rendita)* Pension *f*, Rente *f*; ~ **completa** Vollpension *f*; **mezza** ~ Halbpension *f*; ~ **di guerra** Kriegsopferrente *f*; ~ **per la vecchiaia** Altersruhegeld *n*, (Alters)rente *f*; **essere** (*o.* **stare) a** ~ **da** (*o.* **presso) qu** bei jdm in Pension sein; **tenere a** ~ **qu** jdn in Pension haben; **andare in** ~ in Pension (*o.* in den Ruhestand) gehen. **pensionistico, -a** [...sio'nistiko] ‹-ci, -che› *a* Renten-, Ruhestands-.

pensosità [pensosi'ta] ‹-› *f* Nachdenklichkeit *f*. **pensoso, -a** [...'so:so] *a* nachdenklich, gedankenverloren.

pentagonale [pentago'na:le] *a* fünfeckig. **pentagono** [...'ta:gono] *m* Fünfeck *n*; **il P~** das Pentagon.

pentagramma [penta'gramma] ‹-i› *m* Notenliniensystem *n*.

pentathlon, pentatlon ['pɛntatlon] *m* Fünfkampf *m*.

pentavalente [pentava'lɛnte] *a* fünfwertig.

Pentecoste [pente'kɔste] *f* Pfingsten *n*, Pfingstfest *n*.

pentimento [penti'mento] *m* Reue *f*; *(rimorso a.)* Gewissensbiß *m*. **pentirsi** [...'tirsi] *rfl* **1.** *(provar rimorso, essere insoddisfatto)* bereuen (*di qc* etw.); **2.** *(mutar proposito)* seine Absicht (*o.* Meinung) ändern; **te ne pentirai** das wirst du (noch) bereuen.

pentola ['pentola] *f* (Koch)topf *m*; ~ **a pressione** Schnellkochtopf *m*, Dampfkochtopf *m*; **bollire in** ~ *fig fam* ausgekocht (*o.* ausgeheckt) werden. **pentolaccia** [...'lattʃa] ‹-cce› *f* **1.** *pej* häßlicher Topf; **2.** *(gioco) eine Art Topfschlagen.*

penultimo, -a [pe'nultimo] **I.** *a* vorletzte(r, s); **II.** *m, f* Vorletzte(r) *mf*.

penuria [pe'nu:ria] ‹-ie› *f* Mangel *m*, Not *f*.

penzolare [pendzo'la:re] *itr* herabhängen, baumeln. **penzoloni** [...'lo:ni] *adv* (herab)hängend, baumelnd; **con la lingua/le orecchie** ~ mit heraushängender Zunge/mit hängenden Ohren.

peonia [pe'ɔ:nia] ‹-ie› Pfingstrose *f*.

pepare [pe'pa:re] *tr* pfeffern, mit Pfeffer würzen. **pepato, -a** [pe'pa:to] *a* **1.** *(condito col pepe)* gepfeffert; **2.** *(piccante)* pikant, würzig; **3.** *fig (pungente)* bissig. **pepe** ['pe:pe] **I.** *m* **1.** *(spezia)* Pfeffer *m*; **2.** *bot* Pfefferstrauch *m*; **II.** ‹*inv*› *a fig fam (vivace)* sehr lebhaft; *(risposta, etc.)* spitz; **color** ~ **e sale (stoffa)** Pfeffer und Salz; *(capelli)* graumeliert.

peperonata [pepero'na:ta] *f Gericht*

aus gedünsteten Paprikaschoten. **peperoncino** [...n'tʃi:no] *m* kleine Pfefferschote; **-i** Peperoni *pl.* **peperone** [...'ro:ne] *m* Paprika *m; (frutto a.)* Paprikaschote *f;* **diventare** (*o.* **farsi) rosso come un** ~ *fig* bis über die Ohren rot werden.

pepita [pe'pi:ta] *f* Klumpen *m.*

pepsina [pep'si:na] *f* Pepsin *n.*

per [per] **I.** *prp* **1.** *(scopo, fine)* für *acc;* **2.** *(locale)* durch *acc;* nach *acc,* in *acc; (su)* auf *acc;* **3.** *(temporale)* während *gen,* ... *acc* hindurch, ... *acc* lang; **4.** *(per mezzo)* mit *dat,* durch *acc;* **5.** *(causa)* wegen *gen o. dat,* infolge *gen;* **6.** *mat* mal; **7.** *(come)* zu *dat,* als *acc;* **passare** ~ **Firenze** durch Florenz fahren; **partire** ~ **Londra** nach London (ab)reisen; **spedire** ~ **posta** mit der (*o.* per) Post schicken; **correre** ~ **30 chilometri** 30 Kilometer (lang) laufen; **piccolo** ~ **la sua età** klein für sein Alter; **prendere** ~ **moglie** zur Frau nehmen; **l'ho preso** ~ **un altro** ich habe ihn für einen anderen gehalten; ~ **iscritto** schriftlich; ~ **traverso** quer; ~ **caso** zufällig; ~ **esempio** zum Beispiel; ~ **incarico di** im Auftrag von; ~ **il momento** für den Augenblick; ~ **ora** im Augenblick; ~ **tempo** rechtzeitig; ~ **l'appunto** gewiß, genau; ~ **ciò** deshalb; ~ **il fatto che ...** weil ...; ~ **di più** um so mehr; ~ **terra** auf dem (*o.* den) Boden; ~ **poco** fast, beinahe; ~ **questa volta** (für) dieses Mal; ~ **quale motivo?** aus welchem Grund?; ~ **quanto mi riguarda** was mich betrifft; **anno** ~ **anno** Jahr für Jahr, Jahr um Jahr; **tre** ~ **tre** drei mal drei; **dividere/moltiplicare** ~ **sette** durch sieben teilen/mit sieben multiplizieren; **il tre** ~ **cento** drei Prozent; **essere,** (*o.* **stare)** ~ **...** *inf* dabei (*o.* im Begriff) sein zu ... *inf;* **hai poi finito** ~ **mangiarlo** *fam* am Ende (*o.* schließlich) hast du es dann doch gegessen; ~ **l'amor di Dio!** *fam* um Gottes willen! *fam;* ~ **Bacco!** *fam* zum Donnerwetter! *fam;* **II.** *con* **1.** *(concessivo) conj* so (auch); **2.** *(finale, consecutivo) inf* um zu *inf;* **3.** *(causale) inf* da, weil; ~ **quanto grande sia** so groß er (*o.* sie) auch sein mag.

pera ['pe:ra] *f* **1.** *(frutto, a. fig)* Birne *f;* **2.** *fig scherz (testa)* Birne *f fam;* **3.** *sl (droga)* Schuß *m sl;* ~ **della luce** Glühbirne *f;* **cadere** (*o.* **cascare) come una** ~ **cotta** *fam* umfallen, butterweich (*o.* wachsweich) werden; *(essere credulone)* sich einwickeln lassen; **quando la** ~ **è matura casca da sé** *prov* wenn der Apfel reif ist, fällt er von selbst *prov.*

peraltro [pe'raltro] *adv* übrigens, im übrigen.

perbacco [per'bakko] *interj fam* (zum) Donnerwetter *fam.*

perbene [per'bɛ:ne] **I.** ‹*inv*› *a* anständig; **II.** *adv* ordentlich, sorgfältig. **perbenismo** [...be'nizmo] *m* kleinbürgerliche Moralvorstellung, Moralismus *m.*

percento [per'tʃɛnto] ‹-› *m* Prozent *n.* **percentuale** [pertʃentu'a:le] **I.** *a* prozentual, Prozent-; **II.** *f* Prozentsatz *m.* **percentualizzare** [...ualid'dza:re] *tr* den Prozentsatz errechnen *gen.*

percepire [pertʃe'pi:re] ‹percepisco› *tr* **1.** *(ricevere)* bekommen, beziehen; **2.** *(sentire)* wahrnehmen; *(suono a.)* vernehmen. **percettibile** [...tʃet'ti:bile] *a* wahrnehmbar; *(suono a.)* vernehmbar. **percezione** [...tʃet'tsi̯o:ne] *f* **1.** *(facoltà)* Wahrnehmung(svermögen *n*) *f;* **2.** *adm* Beziehen *n,* Bezug *m.*

perché [per'ke] **I.** *adv* weshalb, warum; **II.** *con* **1.** *(causale)* weil, da; **2.** *(finale) conj* damit; **3.** *(consecutivo) conj* als daß *conj;* **III.** ‹-› *m* **1.** *(motivo)* Warum *n,* Grund *m;* **2.** *(interrogativo)* Frage *f;* **IV.** *pron fam* **1.** *(per cui)* weshalb, weswegen; **2.** *(perciò)* deshalb, deswegen.

perciò [per'tʃɔ] *con* deshalb, deswegen, darum.

percome [per'ko:me] ‹-› *m fam* Wie *n.*

percorrenza [perkor'rɛntsa] *f* Strecke *f.*

percorrere [per'korrere] ‹*irr*› *tr* durchqueren, durchstreifen; *(cammino, etc.)* zurücklegen. **percorso, -a** [...'korso] **I.** *m* **1.** *(tragitto)* Überfahrt *f;* **2.** *(viaggio)* Fahrt *f;* **3.** *(distanza percorsa)* Strecke *f,* Weg *m;* **II.** *a* zurückgelegt.

percossa [per'kɔssa] *f* Schlag *m,* Hieb *m;* **-e della sventura** Schicksalsschläge *m pl.* **percuotere** [...'ku̯ɔ:tere] ‹percuoto, percossi, percosso› **I.** *tr* **1.** *(colpire)* schlagen, prügeln; **2.** *poet (ferire)* verletzen; **3.** *poet (suono)* durchdringen; **II.** *rfl:* **-rsi** sich schlagen. **percussione** [...kus'si̯o:ne] *f* **1.** *(colpo)* Schlag *m,* Stoß *m;* **2.** *med* Abklopfen *n,* Perkussion *f;* **strumenti a** ~ Schlag-, Perkussionsinstrumente *n pl;* **arma a** ~ Perkussionswaffe *f,* -gewehr *n.* **percussore** [...kus'so:re] *m* Schlagbolzen *m.*

perdei [per'de:i] *1. pers sing del passato remoto di* **perdere.**

perdente [per'dɛnte] **I.** *a* verlierend, unterliegend; **II.** *mf* Verlierer(in) *m(f)*, Unterlegene(r) *mf.*

perdere ['pɛrdere] ⟨perdo, persi *o.* perdei *o.* perdetti, perso *o.* perduto⟩ **I.** *tr* **1.** *gener., fig* verlieren; *(smarrire a.)* verlegen; **2.** *(treno, etc.)* verpassen, versäumen; *(tempo)* vergeuden; *(occasione)* verpassen; **3.** *rar (mandare in rovina)* zugrunde richten, ruinieren; **4.** *(acqua)* auslaufen (lassen), verlieren; *(gas)* ausströmen (lassen); *(sangue)* verlieren; ~ **la vita** ums Leben kommen; ~ **la faccia/ragione/testa/pazienza** *fig* das Gesicht/den Verstand/den Kopf/die Geduld verlieren; ~ **(il) colore** verblassen; ~ **le staffe** *fam* die Nerven (*o.* die Fassung) verlieren; ~ **il fiato** außer Atem kommen; ~ **ogni speranza** jede Hoffnung aufgeben; ~ **un punto** eine Masche fallen lassen; ~ **l'anno** *(a scuola)* sitzenbleiben *fam;* ~ **terreno** *(a. fig)* (an) Boden verlieren; ~ **quota** *aero* (an) Höhe verlieren; *fig* seinen Rang verlieren; ~ **qu di vista** jdn aus den Augen verlieren; **fare qc a tempo perso** *fam* etw. als Hobby betreiben; **cosa lasciata è persa** *prov* man soll keine Gelegenheit verpassen; **II.** *itr* **1.** *(colare)* undicht sein, lecken; **2.** *(avere la peggio)* verlieren, den kürzeren ziehen; **3.** *(rimetterci)* einbüßen (*di qc* etw., an etw.); **vuoto a** ~ Einwegflasche *f;* **lasciar** ~ es sein lassen; **perso per perso** *fam* da sowieso nichts zu verlieren ist; **chi perde ha sempre torto** *prov* der Verlierer ist immer im Unrecht; **III.** *rfl:* **-rsi** **1.** *(smarrirsi)* sich verirren; **2.** *(rovinarsi)* sich ruinieren; **3.** *(uscire dalla vista)* sich verlieren, sich verlaufen; **4.** *(svanire)* sich verlieren, sich verflüchtigen; **5.** *naut* Schiffbruch erleiden; **-rsi d'animo** (*o.* **di coraggio**) den Mut verlieren; **-rsi in chiacchiere** (unnötig) viele Worte machen (*o.* verlieren *fam);* **-rsi in un bicchier d'acqua** *fig* nicht einmal die einfachsten Sachen bewältigen; **-rsi dietro a qu** sich jdm völlig hingeben.

perdiana [per'di̯a:na] *interj* potztausend *fam.*

perdifiato [perdi'fi̯a:to]: **a** ~ *adv (gridare)* lauthals, aus vollem Hals; *(correre)* bis zur Atemlosigkeit.

perdigiorno [perdi'dʒorno] ⟨-⟩ *mf* Tagedieb *m.*

perdinci [per'dintʃi] *interj fam* mein Gott.

perdindirindina [perdindirin'di:na] *interj scherz* ach du lieber Gott, ach herrjemine.

perdio, per Dio [per'di:o] *interj fam* Herrgott noch mal *fam.*

perdita ['pɛrdita] *f* **1.** *gener., phys, com* Verlust *m; jur* Verwirkung *f; (med a.)* Abgang *m; (tec a.)* Ausfall *m;* **2.** *(fuga)* Austreten *n*, Lecken *n; (luogo)* Leck *n;* **3.** *(spreco)* Vergeudung *f;* **4.** *(esaurimento)* Verschleiß *m;* **essere in** ~ im Minus sein, Verluste verzeichnen; **a** ~ **d'occhio** so weit das Auge reicht.

perditempo [perdi'tɛmpo] ⟨-⟩ *fam* **I.** *m* Zeitverschwendung *f;* **II.** *mf* Nichtstuer(in) *m(f)*, Taugenichts *m.*

perdizione [perdit'tsi̯o:ne] *f* **1.** *(rovina)* Ruin *m*, Verderben *n;* **2.** *rel* Verdammnis *f;* **luogo di** ~ Lasterhöhle *f.*

perdo ['pɛrdo] *1. pers sing pr di* **perdere.**

perdonare [perdo'na:re] **I.** *tr* **1.** *gener.* verzeihen; *(a. rel)* vergeben; **2.** *(scusare)* entschuldigen, verzeihen; **3.** *jur (pena)* erlassen; **4.** *(risparmiare)* (ver)schonen; **II.** *itr* **1.** *(risparmiare)* ersparen; **2.** *(concedere il perdono)* verzeihen; **III.** *rfl:* **-rsi** sich *(dat)* (*o.* einander) verzeihen. **perdono** [...'do:no] *m* **1.** *(remissione)* Verzeihung *f; (a. rel)* Vergebung *f;* **2.** *jur* Strafnachlaß *m;* **3.** *(scusa)* Entschuldigung *f*, Verzeihung *f;* **chiedere** ~ **a qu** jdn um Entschuldigung bitten; **implorare/impetrare il** ~ um Verzeihung bitten/flehen; **concedere/rifiutare il** ~ verzeihen/nicht verzeihen.

perdurare [perdu'ra:re] *itr* **1.** *(permanere)* andauern, fortdauern, anhalten; **2.** *(persistere)* beharren (*in* auf), bleiben (*in* bei).

perdutamente [perduta'mente] *adv* leidenschaftlich.

perduto, -a [per'du:to] **I.** *pp di* **perdere; II.** *a* **1.** *(smarrito, a. fig)* verloren; **2.** *(corrotto)* verdorben, verkommen, liederlich; **andare** ~ verlorengehen.

peregrinare [peregri'na:re] *itr* (umher)ziehen. **peregrinazione** [...nat'tsi̯o:ne] *f* Umherziehen *n*, Wanderung *f.*

perenne [pe'rɛnne] *a* **1.** *(neve, gloria)* immerwährend, ewig; **2.** *bot* mehrjährig, Dauer-; **3.** *fig (continuo)* fortwährend, ständig. **perennità** [perenni'ta] ⟨-⟩ *f* unbegrenzte Dauer.

perentorietà [perentori̯e'ta] ⟨-⟩ *f* **1.** *(categoricità)* Entschiedenheit *f;* **2.** *jur* Endgültigkeit *f*, peremptorischer Charakter. **perentorio, -a** [...'tɔ:ri̯o] ⟨-i, -ie⟩ *a* **1.** *jur* endgültig, aufhebend; **2.** *(tono, risposta)* entschieden, deutlich; **termine ~** Präklusivfrist *f.*

perequare [pere'kua:re] *tr adm* ausgleichen, gerecht aufteilen. **perequazione** [...uat'tsio:ne] *f adm* Ausgleich *m,* Ausgleichen *n;* **~ degli oneri/stipendi** Lasten-/Gehaltsausgleich *m;* **~ fiscale** Steuerausgleich *m.*

peretta [pe'retta] *f* **1.** *el* Schnurschalter *m;* **2.** *med* Klistier(spritze *f*) *n.*

perfettamente [perfetta'mente] *adv* **1.** *(del tutto)* völlig, ganz und gar; **2.** *(benissimo)* ausgezeichnet, sehr gut. **perfettibile** [...'ti:bile] *a* verbesserungsfähig.

perfetto, -a [per'fɛtto] **I.** *a* **1.** *(irreprensibile)* perfekt; *(completo a.)* vollkommen; **2.** *(privo di difetti)* einwandfrei, tadellos; **II.** *m* Perfekt *n;* Vergangenheit *f.*

perfezionamento [perfettsiona'mento] *m* Vervollkommnung *f;* **corso di ~** Fortbildungskurs *m.* **perfezionare** [...'na:re] **I.** *tr (opera, etc.)* vervollkommnen, vollenden; *(metodo, macchina, etc.)* verbessern; **II.** *rfl:* **-rsi** sich vervollkommnen (*in* in); *(specializzarsi)* sich spezialisieren (*in* auf); *(frequentare corsi)* sich fortbilden, sich weiterbilden (*in* in). **perfezione** [...'tsio:ne] *f* **1.** *(compiutezza)* Vollkommenheit *f,* Perfektion *f;* **2.** *(eccellenza)* Vortrefflichkeit *f;* **3.** *(realizzazione totale)* Vollendung *f;* **a** (*o.* **alla**) **~** mit Perfektion, perfekt; **la ~ non è di questo mondo** *prov* auf dieser Welt ist nichts vollkommen. **perfezionismo** [...io'nizmo] *m* Perfektionismus *m.* **perfezionista** [...io'nista] ‹-i *m,* -e *f*› *mf* Perfektionist(in) *m(f).*

perfidia [per'fi:dia] ‹-ie› *f* **1.** *(qualità)* Heimtücke *f,* Bösartigkeit *f;* **2.** *(azione)* Gemeinheit *f.* **perfido, -a** ['pɛrfido] *a* heimtückisch, bösartig.

perfino [per'fi:no] *adv* sogar.

perforante [perfo'rante] *a* durchbohrend, durchstechend; **appendicite ~** Blinddarmdurchbruch *m.*

perforare [perfo'ra:re] *tr* durchbohren, durchlöchern; *(carta)* perforieren; *(scheda)* lochen. **perforato, -a** [...'ra:to] *a* durchlöchert; *(carta)* perforiert; *(scheda)* Loch-; **nastro ~** Lochstreifen *m;* **scheda -a** Lochkarte *f.* **perforatore, -trice** [...ra'to:re] **I.** *m* Locher *m; tec* Bohrer *m,* Bohrmaschine *f;* **II.** *m, f* Bohrer(in) *m(f);* **III.** *f* **1.** *inform* Locher *m,* Stanze *f;* **2.** *geol* Bohrhammer *m.* **perforazione** [...rat'tsio:ne] *f* Lochung *f,* Perforation *f; (med a.)* Durchbruch *m; geol* Bohrung *f.*

performance [pə'fɔ:məns] ‹-› *f* Leistung *f.*

pergamena [perga'mɛ:na] *f* Pergament *n.*

pergola ['pɛrgola] *f* (Wein)laube *f.* **pergolato** [pergo'la:to] *m* Laube *f; (insieme di pergole)* Weinlauben *f pl.*

pericardio [peri'kardio] ‹-i› *m* Herzbeutel *m,* Perikard(ium) *n scient.*

pericolante [periko'lante] *a* **1.** *(edificio, costruzione)* einsturzgefährdet; **2.** *(governo, economia)* (krisen)gefährdet, labil.

pericolo [pe'ri:kolo] *m* Gefahr *f;* **~ di morte** Lebensgefahr *f;* **essere/trovarsi in ~** in Gefahr sein/sich in Gefahr befinden; **essere fuori ~** außer Gefahr sein; **mettere in ~ la vita** sein Leben aufs Spiel setzen; **correre ~** Gefahr laufen; **c'è ~ che ...** *conj* es besteht die Gefahr, daß ...; **non c'è ~** *fam scherz* das wird sicher nicht der Fall sein; **a proprio rischio e ~** auf eigene Gefahr. **pericolosità** [perikolosi'ta] ‹-› *f* Gefährlichkeit *f.* **pericoloso, -a** [...'lo:so] *a* gefährlich.

periferia [perife'ri:a] ‹-ie› *f* **1.** *(di città)* Stadtrand *m,* Peripherie *f;* **2.** *anat* periphere (*o.* äußere) Körperzonen *f pl;* **quartiere di ~** Außenbezirk *m;* **abitare in ~** am Stadtrand wohnen. **periferico, -a** [...'fɛ:riko] ‹-ci, -che› *a* **1.** *gener.* peripher, Rand-, Außen-; **2.** *anat, inform* peripher; **3.** *adm* lokal; **4.** *fig (marginale)* nebensächlich, Rand-; **unità -che** periphere Einheiten *f pl.*

perifrasi [pe'ri:frazi] ‹-› *f* Umschreibung *f,* Periphrase *f.*

perigeo [peri'dʒɛ:o] *m* Erdnähe *f,* Perigäum *n scient.*

perimetrale [perime'tra:le] *a* Außen-, äußere(r, s). **perimetro** [pe'ri:metro] *m* **1.** *mat* Umfang *m;* **2.** *(linea esterna)* Begrenzungslinie *f.*

perineo [peri'nɛ:o] *m anat* Damm *m.*

periodare [perio'da:re] **I.** *itr* Sätze bilden; **II.** *m* Satzbau *m.*

periodicista [periodi'tʃista] ‹-i *m,* -e *f*› *mf* Zeitschriftenredakteur(in) *m(f).* **periodicità** [...tʃi'ta] ‹-› *f* Periodizität *f,* regelmäßige Wiederkehr. **periodico, -a** [pe'riɔ:diko] ‹-ci, -che› **I.** *a* **1.** *(ricorrente)* periodisch, regelmäßig wiederkehrend; **2.** *mat* periodisch; **3.** *chem* Perioden-, periodisch; **II.** *m* Zeitschrift *f.*

periodo [pe'ri:odo] *m* **1.** *(intervallo di tempo)* Periode *f,* Zeit(abschnitt *m*) *f;*

hist Zeit(alter *n*) *f;* **2.** *gram* Satzgefüge *n;* **3.** *mus, mat* Periode *f;* **4.** *astr* Umlaufzeit *f;* **5.** *geol* Periode *f,* Formation *f;* **6.** *phys* Periode *f,* Schwingungsdauer *f;* ~ **di aspettativa** Wartezeit *f;* ~ **di aspirazione/scarico** Ansaug-/Auspufftakt *m;* ~ **di garanzia** Garantiefrist *f;* ~ **di incubazione** Inkubationszeit *f;* ~ **di prova** Probezeit *f;* ~ **elettorale** Wahlperiode *f;* ~ **transitorio** Übergangsfrist *f;* **andare a -i** launisch sein.

peripezia [peripet'tsi:a] ‹-ie› *f* **1.** *(vicenda)* Schicksalsschläge *m pl,* Wechselfälle *m pl* (des Lebens); **2.** *lit* Peripetie *f.*

periplo ['pɛ:riplo] *m* Umseg(e)lung *f,* Umschiffung *f.*

perire [pe'ri:re] ‹perisco› *itr* ‹*essere*› *geh* **1.** *(morire)* ums Leben kommen, umkommen; **2.** *fig* vergehen, untergehen; *(languire)* vergehen (*per* vor).

periscopio [peris'kɔ:pi̯o] ‹-i› *m* Periskop n.

peristaltico, -a [peris'taltiko] ‹-ci, -che› *a* peristaltisch.

perito, -a [pe'ri:to] **I.** *m* **1.** *(titolo di studio)* Ingenieur(in) *m(f)* (mit Oberschulabschluß); **2.** *(esperto)* Sachverständige(r) *mf;* ~ **agrario/commerciale/industriale** Absolvent *m* einer Fachschule für Landwirtschaft/Handel/Industrie; **II.** *a* **1.** *(morto)* ums Leben gekommen, umgekommen; **2.** *(competente)* sachverständig, sachkundig.

peritoneo [perito'nɛ:o] *m* Bauchfell *n.* **peritonite** [...'ni:te] *f* Bauchfellentzündung *f.*

perizia [pe'rittsi̯a] ‹-ie› *f* **1.** *(abilità)* Gewandtheit *f,* Fertigkeit *f;* **2.** *(giudizio, esame)* Gutachten *n,* Expertise *f.*

perizoma [perid'dzɔ:ma] ‹-i› *m* Lendenschurz *m.*

perla ['pɛrla] **I.** *f (a. fig)* Perle *f;* ~ **coltivata/vera** Zuchtperle *f*/echte Perle; **II.** ‹*inv*› *a* perlfarben; **grigio** ~ perlgrau. **perlaceo, -a** [per'la:tʃeo] *a* perlfarben.

per la quale [per la 'ku̯a:le] *fam* **I.** ‹*inv*› *a:* **non** ~ nicht anständig, nicht vertrauenswürdig; **II.** *adv:* **non** ~ nicht besonders (gut).

perlato, -a [per'la:to] *a* **1.** *(cielo, rosa, colore)* perlfarben, perl-; **2.** *(riso, orzo)* perlig, perlförmig; **3.** *(vestito, etc.)* perlenbesetzt. **perlifero, -a** [...'li:fero] *a* Perl(en)-. **perlina** [...'li:na] *f* **1.** *(piccola perla)* kleine Perle; *(per collane)* (Glas)perle *f;* **2.** *(di moneta)* Perlrand *m;* **3.** *film* Perlauflage *f* (der Filmleinwand).

perlinguale [perliŋ'gu̯a:le] *a* perlingual, durch die Zunge.

perlomeno, per lo meno [perlo'me:no] *adv* **1.** *(a dir poco)* mindestens; **2.** *(almeno)* wenigstens.

perlopiù, per lo più [perlo'pi̯u] *adv* fast immer, meistens.

perlustrare [perlus'tra:re] *tr* ab-, durchsuchen; auskundschaften. **perlustrazione** [...trat'tsi̯o:ne] *f* Durchsuchung *f,* Erkundung *f.*

permalosa *f v.* **permaloso.**

permalosità [permalosi'ta] ‹-› *f* Überempfindlichkeit *f,* Reizbarkeit *f.* **permaloso, -a** [...'lo:so] **I.** *a* überempfindlich; reizbar; **II.** *m, f* überempfindlicher Mensch.

permanente [perma'nɛnte] **I.** *a* Dauer-, dauerhaft, bleibend; *(fisso)* ständig; **II.** *f* Dauerwelle *f.* **permanenza** [...'nɛntsa] *f* **1.** *(soggiorno)* Aufenthalt *m;* **2.** *(il perdurare)* Fortdauer *f,* Andauern *n,* Anhalten *n;* **buona** ~! angenehmen Aufenthalt! **permanere** [perma'ne:re] ‹permango, permasi, permaso› *itr* ‹*essere*› bleiben.

permanganato [permaŋga'na:to] *m* Permanganat *n.*

permango [per'maŋgo] *1. pers sing pr di* **permanere. permasi** [...'ma:si *o.* ...'ma:zi] *1. pers sing del passato remoto di* **permanere. permaso** [...'ma:so] *pp di* **permanere.**

permeabile [perme'a:bile] *a* durchlässig, permeabel *scient.* **permeabilità** [...eabili'ta] ‹-› *f* Durchlässigkeit *f,* Permeabilität *f scient.* **permeare** [...e'a:re] *tr (a. fig)* durchdringen.

permesso [per'messo] *m* **1.** *(autorizzazione)* Erlaubnis *f;* **2.** *adm* Beurlaubung *f; mil* Urlaub *m;* ~ **di soggiorno/lavoro** Aufenthaltsgenehmigung *f*/Arbeitserlaubnis *f;* ~ **di caccia/pesca** Jagd-/Angelschein *m;* **chiedere il** ~ **di fare qc** um die Erlaubnis fragen, etw. zu tun; **essere in** ~ beurlaubt sein; **con il tuo** ~ mit deiner Erlaubnis, wenn du gestattest; **con** ~ Sie gestatten? **permettere** [...'mettere] ‹*irr*› **I.** *tr* erlauben, zulassen, gestatten; ~ **a qu di fare qc** jdm erlauben, etw. zu tun; **permette che mi sieda?** gestatten Sie, daß ich mich setze?; **è permesso?** gestatten Sie?, darf ich?; **II.** *rfl:* **-rsi 1.** *(concedersi)* sich *(dat)* erlauben, sich *(dat)* leisten; **2.** *(prendersi la libertà)* sich *(dat)* erlauben, sich *(dat)* herausnehmen; **come si permette!** was fällt Ihnen ein? **permissivo, -a** [...mis'si:vo] *a* freizügig, permissiv.

permuta ['pɛrmuta] *f* Tausch(geschäft

n) *m.* **permutare** [permu'ta:re] *tr* **1.** *(scambiare)* ein-, umtauschen; **2.** *mat* permutieren. **permutazione** [...tat'tsi̯o:ne] *f* **1.** *(lo scambiare)* Ein-, Umtausch *m;* **2.** *mat* Permutation *f.*

pernice [per'ni:tʃe] *f* Rebhuhn *n;* **occhio di ~** *fig* Hühnerauge *n.*

pernicioso, -a [perni'tʃo:so] *a* schädlich, gefährlich; *med* bösartig, perniziös *scient.*

perno ['pɛrno] *m* **1.** *tec* Bolzen *m,* Stift *m;* **2.** *fig (sostegno)* Stütze *f.*

pernottamento [pernotta'mento] *m* Übernachtung *f,* Übernachten *n.* **pernottare** [...'ta:re] *itr* übernachten; **~ in hotel** in einem Hotel übernachten.

pero ['pe:ro] *m* Birnbaum *m.*

però [pe'rɔ] *con* **1.** *(ma)* aber; **2.** *(tuttavia)* dennoch.

perone [pe'ro:ne] *m* Wadenbein *n.*

perorare [pero'ra:re] **I.** *tr* befürworten, eintreten für; **II.** *itr rar* eine Rede halten; sprechen. **perorazione** [...rat'tsi̯o:ne] *f geh* Plädoyer *n.*

perpendicolare [perpendiko'la:re] **I.** *a* senkrecht, lotrecht; **II.** *f* Senkrechte *f.* **perpendicolo** [...'di:kolo] *m:* **a ~** senkrecht, lotrecht.

perpetrare [perpe'tra:re] *tr poet* begehen, verüben.

perpetua [per'pɛ:tua] *f* Haushälterin *f* eines Geistlichen.

perpetuare [perpetu'a:re] **I.** *tr (nome, ricordo, etc.)* verewigen; *(stirpe)* erhalten; **II.** *rfl:* **-rsi** sich verewigen. **perpetuità** [...ui'ta] ‹-› *f* Fortbestand *m,* Beständigkeit *f.* **perpetuo, -a** [...'pɛ:tuo] *a* **1.** *(eterno)* ewig, immerwährend; **2.** *(continuo)* fortwährend, fortdauernd; **moto ~** Perpetuum mobile *n;* **carcere ~** lebenslänglich(er Freiheitsentzug).

perplessità [perplessi'ta] ‹-› *f* Unschlüssigkeit *f,* Unentschlossenheit *f.* **perplesso, -a** [...'plɛsso] *a* unschlüssig, unentschlossen.

perquisire [perku̯i'zi:re] ‹perquisisco› *tr* durchsuchen. **perquisizione** [...zit'tsi̯o:ne] *f* Durchsuchung *f;* **~ domiciliare/personale** Haus(durch)-suchung *f*/Leibesvisitation *f;* **mandato di ~** Durchsuchungsbefehl *m.*

persecutore, -trice [perseku'to:re] **I.** *m, f* Verfolger(in) *m(f);* **II.** *a* unterdrückend; erdrückend. **persecutorio, -a** [...'tɔ:ri̯o] ‹-i, -ie› *a* Verfolgungs-, Unterdrückungs-. **persecutrice** *f v.* **persecutore.**

persecuzione [persekut'tsi̯o:ne] *f* **1.** *(vessazione)* Verfolgung *f;* **2.** *fig (molestia)* Last *f,* Qual *f,* Plage *f;* **mania di ~** Verfolgungswahn *m.*

perseguibile [perse'gu̯i:bile] *a* strafbar.

perseguimento [persegu̯i'mento] *m* Verfolgung *f,* Verfolgen *n.* **perseguire** [...'gu̯i:re] *tr* verfolgen, anstreben.

perseguitare [persegu̯i'ta:re] *tr* **1.** verfolgen; **2.** *fig (infastidire)* belästigen, quälen, plagen; **la sfortuna mi perseguita** ich bin vom Pech verfolgt. **perseguitato, -a** [...'ta:to] **I.** *a* verfolgt; **II.** *m, f* Verfolgte(r) *mf;* **i -i politici** die politisch Verfolgten *m pl.*

perseveranza [perseve'rantsa] *f* Hartnäckigkeit *f,* Beharrlichkeit *f.* **perseverare** [...'ra:re] *itr* beharren (*in* auf), ausharren (*in* bei).

persi ['pɛrsi] *1. pers sing del passato remoto di* **perdere.**

Persia ['pɛrsi̯a] *f* Persien *n.*

persiana [per'si̯a:na] *f (imposta)* Fensterladen *m;* **~ avvolgibile** Rolladen *m.*

persiano, -a [per'si̯a:no] **I.** *a* persisch, Perser-; **II.** *m, f* Perser(in) *m(f);* **III.** *m* **1.** *(lingua)* Persisch(e) *n;* **2.** *(gatto)* Perserkatze *f;* **3.** *(pelliccia)* Persianer *m.* **persico, -a** ['pɛrsiko] ‹-ci, -che› *a* **1.** *geog* persisch; **il Golfo P~** der Persische Golf; **2.** *zoo:* **pesce ~** Flußbarsch *m.*

persino [per'si:no] *adv* sogar.

persistente [persis'tɛnte] *a* andauernd, anhaltend; *(continuo)* fortwährend. **persistenza** [...'tɛntsa] *f* **1.** *(durata)* Andauern *n,* Anhalten *n,* Fortdauer *f;* **2.** *(ostinazione)* Beharren *n (in* auf), Beharrlichkeit *f,* Ausdauer *f;* **3.** *opt* Nachleuchten *n.*

persistere [per'sistere] ‹persisto, persistetti *o.* persistei, persistito› *itr* beharren (*in* auf), bestehen (*in* auf).

perso ['pɛrso] *pp di* **perdere.**

persona [per'so:na] *f* **1.** *(individuo, a. jur, gram)* Person *f;* **2.** *(corpo)* Körper *m;* **~ fisica/giuridica** natürliche/juristische Person; **~ di famiglia** Familienangehörige(r) *mf;* **~ di fiducia** Vertrauensperson *f;* **~ di servizio** Hausangestellte(r) *mf;* **di ~** *(andare, etc.)* persönlich; *(sapere, etc.)* aus eigener Erfahrung; **in ~** *(personalmente)* (höchst)persönlich; *(fatta persona)* (in der Eigenschaft) als; **è la bruttezza in ~** *fig fam* er (*o.* sie) ist die Häßlichkeit in Person; **per interposta ~** durch jds Vermittlung; **non dirlo a ~ viva** sag es niemandem! **personaggio** [perso'naddʒo] ‹-ggi› *m*

1. *(persona importante)* Persönlichkeit *f;* 2. *theat, lit* Figur *f,* Gestalt *f;* 3. *fig (tipo strano)* Figur *f fam,* Individuum *n.* **personale** [...'na:le] **I.** *a* persönlich; *(gram a.)* Personal-; **II.** *m* 1. *(impiegati)* Personal *n;* 2. *(corpo)* Figur *f,* Gestalt *f;* ~ **di volo/servizio** Flug-/Dienstpersonal *n;* ~ **qualificato** Fachpersonal *n,* Fachkräfte *f pl;* ~ **insegnante** Lehrkörper *m adm;* **reparto del** ~ Personalabteilung *f;* **III.** *f* Ausstellung *f* (eines einzelnen Künstlers). **personalismo** [...na'lizmo] *m* 1. *(favoritismo)* Günstlingswirtschaft *f;* 2. *philos* Personalismus *m.* **personalità** [...nali'ta] ‹-› *f* Persönlichkeit *f;* **avere** ~ eine Persönlichkeit sein; ~ **giuridica** juristische Person. **personalizzare** [...nalid'dza:re] *tr* persönlich gestalten. **personalmente** [...nal'mente] *adv* persönlich, selbst.

personificare [...nifi'ka:re] ‹personifico, personifichi› *tr* 1. *(rappresentare)* personifizieren; 2. *(essere simbolo)* verkörpern. **personificazione** [...nifikat'tsi̯o:ne] *f* 1. *(rappresentazione)* Personifizierung *f,* Personifikation *f;* 2. *(esempio)* anschauliches Beispiel.

perspicace [perspi'ka:tʃe] *a* 1. *(persona, ingegno, etc.)* scharfsinnig; 2. *(politica, provvedimento, etc.)* umsichtig, weitblickend. **perspicacia** [...tʃa] ‹-cie› *f* Scharfsinn *m,* Weitblick *m.*

persuadere [persua'de:re] ‹persuado, persuasi, persuaso› **I.** *tr* 1. *(convincere)* überzeugen *(qu di qc* jdn von etw.); *(indurre)* überreden *(a fare qc* etw. zu tun); 2. *(suscitare consenso)* Zustimmung auslösen bei; **ha un modo di fare che non mi persuade** er hat eine Art, die mir nicht gefällt; **II.** *rfl:* **-rsi** 1. *(convincersi)* sich überzeugen; 2. *(capacitarsi)* sich abfinden *(di* mit); **si persuada!** überzeugen Sie sich (selbst)!

persuaditrice *f v.* **persuasore.**

persuado [persu'a:do] *1. pers sing pr di* **persuadere.**

persuasi [persu'a:zi] *1. pers sing del passato remoto di* **persuadere.**

persuasione [persua'zi̯o:ne] *f* Überzeugung *f,* feste Meinung; **forza di** ~ Überzeugungskraft *f;* **di facile/difficile** ~ leicht/schwer zu überzeugen. **persuasivo, -a** [...'zi:vo] *a* überzeugend.

persuaso [persu'a:zo] *pp di* **persuadere.**

persuasore, persuaditrice [persua'zo:re, ...uadi'tri:tʃe] *m, f* Mensch, der zu überzeugen vermag; **i -i occulti** die geheimen Verführer *m pl.*

pertanto [per'tanto] *con* deshalb, deswegen, daher.

pertica ['pɛrtika] ‹-che› *f* 1. Stange *f; sport* (Kletter)stange *f;* 2. *fam scherz* Bohnenstange *f fam.*

pertinace [perti'na:tʃe] *a geh* 1. *(ostinato)* hartnäckig, starrköpfig; 2. *(costante)* beharrlich. **pertinacia** [...'na:tʃa] ‹-cie› *f geh* Hartnäckigkeit *f,* Starrköpfigkeit *f.*

pertinente [perti'nɛnte] *a* zugehörig *(a* zu); **risposta** ~ passende Antwort. **pertinenza** [...'nɛntsa] *f* Zugehörigkeit *f (a* zu); *(competenza)* Zuständigkeit *f;* **essere di** ~ **di qu** in jds Zuständigkeit fallen.

pertosse [per'tosse] *f* Keuchhusten *m.*

pertugio [per'tu:dʒo] ‹-gi› *m* Spalt *m,* Loch *n.*

perturbare [pertur'ba:re] **I.** *tr* verwirren, stören; **II.** *rfl:* **-rsi** *meteo* sich verschlechtern. **perturbazione** [...bat'tsi̯o:ne] *f meteo, astr* Störung *f; (fin, com a.)* Krise *f.*

Perù [pe'ru] *m:* **il** ~ Peru *n;* **vale un** ~ das ist Gold wert, das ist nicht mit Gold zu bezahlen. **peruviano, -a** [-'vi̯a:no] **I.** *a* peruanisch; **II.** *m, f* Peruaner(in) *m(f).*

pervadere [per'va:dere] ‹pervado, pervasi, pervaso› *tr geh* durchdringen; *(fig a.)* erfüllen.

pervenire [perve'ni:re] ‹*irr*› *itr* ‹*essere*› 1. *(giungere)* gelangen *(a* zu), ankommen *(a* bei, an); *adm* eingehen *(a* bei); 2. *(raggiungere)* gelangen *(a* zu), erreichen *(a qc* etw.); ~ **a destinazione** *adm* dem Empfänger zugestellt werden; *far* ~ *adm* zukommen lassen.

perversione [perver'si̯o:ne] *f* Perversion *f,* Perversität *f; (anomalia a.)* Abartigkeit *f.* **perversità** [...si'ta] ‹-› *f* 1. *(malvagità)* Verderbtheit *f,* Niedertracht *f;* 2. *(azione malvagia)* Niederträchtigkeit *f,* Grausamkeit *f.* **perverso, -a** [...'vɛrso] *a* niederträchtig, verdorben. **pervertimento** [...verti'mento] *m* Entartung *f,* Verkommenheit *f,* Pervertiertheit *f.*

pervertire [perver'ti:re] ‹perverto› **I.** *tr* verderben; **II.** *rfl:* **-rsi** verkommen, entarten. **pervertito, -a** [...'ti:to] **I.** *a* pervers, entartet; **II.** *m, f* Perverse(r) *mf.* **pervertitore, -trice** [...ti'to:re] **I.** *a* verderblich, verderbend; **II.** *m, f* (Sitten)verderber(in) *m(f),* Verführer(in) *m(f).*

pervicace [pervi'ka:tʃe] *a geh* hartnäckig, halsstarrig. **pervicacia** [...tʃa] ‹-cie› *f geh* Hartnäckigkeit *f,* Halsstarrigkeit *f.*

pervinca [per'viŋka] **I.** *f* ‹-che› Immergrün *n;* **II.** ‹-› *m* Blauviolett *n;* **III.** ‹*inv*› *a* blauviolett.

p. es. *ab di* **per esempio** z.B. (*ab di* zum Beispiel).

pesa ['pe:sa] *f* **1.** *(operazione)* (Ab)wiegen *n;* **2.** *(luogo, apparecchiatura)* Waage *f;* ~ **per persone** Personenwaage *f.* **pesalettere** [pesa'lɛttere *o.* ...'let...] ‹-› *m* Briefwaage *f.*

pesante [pe'sante] *a* **1.** *(che pesa)* schwer; **2.** *mil, tec, sport* Schwer-, schwer-; **3.** *meteo* drückend; *fig (atmosfera)* bedrückend; **4.** *(faticoso)* beschwerlich, mühsam; **5.** *(molesto)* lästig, unangenehm; **6.** *(stile, passo)* schwerfällig, plump; **7.** *(sonno)* tief, fest; **8.** *(gioco, etc.)* hart; **industria** ~ Schwerindustrie *f.* **pesantezza** [...'tettsa] *f* Schwere *f; (di movimento, stile, etc.)* Schwerfälligkeit *f;* ~ **di stomaco** Völlegefühl *n;* ~ **di testa** schwerer Kopf.

pesare [pe'sa:re] **I.** *tr* **1.** *(persona, merce)* (ab)wiegen; **2.** *fig (valutare)* abwägen; *(giudicare)* abschätzen, prüfen; **II.** *itr* **1.** *(avere un peso)* wiegen; **2.** *(gravare)* belasten (*su qc* etw.), schwer liegen (*su* auf); **3.** *fig (influire)* Gewicht haben, ins Gewicht fallen; *(incombere)* lasten (*su* auf); ~ **sullo stomaco** schwer im Magen liegen; **III.** *rfl:* **-rsi** sich wiegen. **pesata** [pe'sa:ta] *f* **1.** *(atto)* (Ab)wiegen *n;* **2.** *(quantità)* Gewogene(s) *n,* Gewicht *n.* **pesatura** [pesa'tu:ra] *f* (Ab)wiegen *n.*

pesca¹ ['pɛska] ‹-sche› *f* **1.** *(frutto)* Pfirsich *m;* **2.** *fig fam* (schwarze) Ringe *m pl* (unter den Augen); ~ **noce** Nektarine *f.*

pesca² ['peska] ‹-sche› *f* **1.** *(il pescare)* Fischfang *m,* Fischerei *f;* **2.** *(lotteria)* Glückstopf *m,* Lotterie *f;* ~ **subacquea** Unterwasserfischerei *f,* -jagd *f;* **canna da** ~ Angelrute *f;* **rete per la** ~ Fischernetz *n;* **fare una buona** ~ einen guten Fang machen.

pescaggio [pes'kaddʒo] ‹-ggi› *m* Tiefgang *m.*

pescaia [pes'ka:i̯a] ‹-aie› *f* Fischdamm *m,* Schleuse *f.*

pescare [pes'ka:re] ‹pesco, peschi› **I.** *tr* **1.** *(pesci)* fischen, angeln; *fig (annegato, etc.)* herausfischen; **2.** *fig (trovare)* aufgabeln *fam;* **3.** *fig (prendere a caso)* herausgreifen, ziehen; **4.** *fig (sorprendere)* erwischen, ertappen; ~ **qu con le mani nel sacco** *fam* jdn auf frischer Tat ertappen; **II.** *itr* Tiefgang haben. **pescata** [...'ka:ta] *f* **1.** *(il pescare)* Angelpartie *f;* **2.** *(quantità)* (Fisch)fang *m.* **pescatore, -trice** [...ka'to:re] **I.** *m, f* Fischer(in) *m(f),* Angler(in) *m(f);* ~ **di frodo** Raubfischer *m;* ~ **di perle** Perlenfischer *m;* ~ **subacqueo** Unterwasserjäger *m;* **II.** *a zoo:* **martin** ~ Eisvogel *m;* **rana -trice** Seeteufel *m.*

pesce ['peʃʃe] *m* **1.** *zoo* Fisch *m;* **2.** *typ* Leiche *f;* **3.** *astr:* **Pesci** Fische *m pl;* **sono (dei) Pesci** mein Sternzeichen ist Fische, ich bin (ein) Fisch; ~ **d'acqua dolce/di mare** Süßwasserfisch *m*/Meeres-, Seefisch *m;* ~ **d'aprile** *fam* Aprilscherz *m;* **fare un** ~ **d'aprile a qu** *fam* jdn in den April schikken; **non sapere che -i prendere** (*o.* **pigliare)** *fam* nicht wissen, was man tun soll; **prendere qu a -i in faccia** jdn sehr schlecht behandeln; **buttarsi a** ~ **su qc** sich auf etw. werfen (*o.* stürzen); **chi dorme non piglia -i** *prov* man muß sich schon anstrengen, wenn man zu etw. kommen will, ein schlafender Fuchs fängt kein Huhn *prov.* **pescecane** [-'ka:ne] ‹pescicani *o.* pescecani› *m* **1.** *zoo* Hai *m,* Menschenhai *m;* **2.** *fig* Hai *m.*

peschereccio, -a [peske'rettʃo] ‹-cci, -cce› **I.** *a* Fischer(ei)-; **II.** *m* Fischerboot *n,* Fischkutter *m.* **pescheria** [...'ri:a] ‹-ie› *f* Fischhalle *f,* Fischmarkt *m.*

pescheto [pes'ke:to] *m* Pfirsichgarten *m.*

peschiera [pes'ki̯ɛ:ra] *f* Fischteich *m.*

pesciaiolo, -a [peʃʃa'i̯ɔ:lo] **I.** *m, f* Fischverkäufer(in) *m(f),* Fischhändler(in) *m(f);* **II.** *f (pentola)* Fisch(koch)topf *m.*

pescicani *pl di* **pescecane.**

pesciera [peʃ'ʃɛ:ra] *f* Fisch(koch)topf *m.*

pescivendolo, -a [peʃʃi'vendolo] *m, f* Fischverkäufer(in) *m(f),* Fischhändler(in) *m(f).*

pesco ['pɛsko] ‹-schi› *m* Pfirsichbaum *m.*

pescosità [peskosi'ta] ‹-› *f* Fischreichtum *m.* **pescoso, -a** [...'ko:so] *a* fischreich.

pesista [pe'sista] ‹-i *m,* -e *f*› *mf* Gewichtheber(in) *m(f).* **pesistica** [pe'sistika] ‹-che› *f* Gewichtheben *n.* **pesistico, -a** [...ko] ‹-ci, -che› *a* Gewichthebe(r)-.

peso ['pe:so] *m* **1.** *gener.* Gewicht *n;* *(oggetto a.)* Last *f; (sport a.)* Gewichtsklasse *f;* **2.** *fig (valore)* Gewicht *n,* Bedeutung *f;* **3.** *fig (disagio)* Belastung *f,* Last *f,* Bürde *f;* **4.** *sport (attrezzo)* Kugel *f; (manubrio)* Hantel *f;* **~ lordo/netto** Brutto-/Nettogewicht *n;* **~ vivo** Lebendgewicht *n;* **~ massimo/medio/piuma/gallo/mosca** *sport* Schwer-/Mittel-/Feder-/Bantam-/Fliegengewicht *n;* **eccedenza di ~** Übergewicht *n;* **lancio del ~** Kugelstoßen *n;* **sollevamento -i** Gewichtheben *n;* **avere un ~ sullo stomaco** ein Schweregefühl im Magen haben; **avere un ~ sulla coscienza/sul cuore** etw. auf dem Gewissen/Herzen haben; **avere (***o.* **tenere) due -i e due misure** *fig* mit zweierlei Maß messen; **esser di ~ a qu** jdm zur Last fallen.

peso, -a ['pe:so] *a tosc (pesante)* schwer.

pessimismo [pessi'mizmo] *m* Pessimismus *m.* **pessimista** [...'mista] ‹-i *m,* -e *f*› **I.** *mf* Pessimist(in) *m(f);* **II.** *a* pessimistisch. **pessimistico, -a** [...'mistiko] ‹-ci, -che› *a* pessimistisch.

pessimo, -a ['pɛssimo] ‹*superlativo di* cattivo› *a* sehr schlecht, sehr schlimm, sehr böse; *(riprovevole a.)* äußerst verwerflich, sehr übel; *(molto brutto a.)* sehr häßlich, abscheulich; *(molto sgradevole a.)* sehr schlecht, sehr unangenehm.

pestaggio [pes'taddʒo] ‹-ggi› *m* Prügelei *f,* Schlägerei *f.*

pestare [pes'ta:re] *tr* **1.** *(battere)* klopfen; *(pepe, sale, etc.)* zerstoßen; *(tappeti)* (aus)klopfen; **2.** *(calpestare)* zertreten; *(uva)* (zer)stampfen; *(mozzicone)* austreten; **3.** *fig (picchiare)* (ver)prügeln; **~ i piedi per terra** mit den Füßen (auf den Boden) stampfen; **~ i piedi (***o.* **i calli) a qu** *fig fam* jdm auf die Füße treten *fam;* **~ l'acqua nel mortaio** *fig* Eulen nach Athen tragen. **pestata** [...'ta:ta] *f* **1.** *(frantumazione)* Zerstoßen *n,* Zerstampfen *n;* **2.** *fam (botte)* Schlägerei *f;* **3.** *(pestone)* Fußtritt *m.*

peste[1] ['pɛste] *f* **1.** *med* Pest *f;* **2.** *fig (persona)* Plage *f;* **3.** *fig (rovina)* Übel *n,* Ruin *m;* **4.** *fig (puzza)* Gestank *m;* **dire ~ e corna di qu** *fam* an jdm kein gutes Haar lassen; **tutti lo evitano come se avesse la ~** alle meiden ihn wie die Pest.

peste[2] ['peste] *f pl* **1.** *(orme)* Spuren *f pl,* Fußstapfen *f pl; (di animali)* Fährte *f;* **2.** *fig (guai)* Klemme *f,* Patsche *f;* **seguire le ~ di qu** *fig* in jds Fußstapfen treten; **essere (***o.* **rimanere** *o.* **trovarsi) nelle ~** in der Patsche sein (*o.* sitzen *o.* stecken).

pestello [pes'tɛllo] *m* Stößel *m.*

pesticciare [pestit'tʃa:re] ‹pesticcio, pesticci› *tosc* **I.** *tr* zertreten, treten auf; **II.** *itr* mit den Füßen stampfen.

pestifero, -a [pes'ti:fero] *a* **1.** *fig (cattivo)* schlimm, ekelhaft; *(nauseabondo)* ekelhaft, widerwärtig, abscheulich; *(nocivo)* schädlich; **2.** *med* Pest-, pestübertragend.

pestilenza [pesti'lɛntsa] *f* **1.** *fig (fetore)* Gestank *m; (rovina)* Verderbnis *f,* Übel *n;* **2.** *med* Pest *f,* Pestilenz *f obs.* **pestilenziale** [...len'tsi̯a:le] *a* **1.** *fig (puzzolente)* stinkend; *(nocivo)* schädlich, verderblich; **2.** *med* Pest-, pestähnlich.

pesto, -a ['pesto] **I.** *a* **1.** *(ossa, etc.)* zerschlagen; *(occhio)* blau; *(pepe, etc.)* zerstoßen; **2.** *fig (buio)* stockdunkel; **II.** *m Soße aus Öl, feingehacktem Basilikum, Knoblauch, Käse und Pinienkernen.*

pestone [pes'to:ne] *m fam* Fußtritt *m.*

petalo ['pɛ:talo] *m* Blumen-, Blütenblatt *n.*

petardo [pe'tardo] *m* **1.** *(bombetta di carta)* Knallfrosch *m,* Knallerbse *f;* **2.** *ferr* Knallkapsel *f;* **3.** *(detonante)* Petarde *f.*

petecchiale [petek'ki̯a:le] *a* Fleck-.

petizione [petit'tsi̯o:ne] *f* **1.** *jur* Eingabe *f,* Petition *f;* **2.** *(supplica)* Bittschreiben *n,* Bittgesuch *n;* **a ~** auf Ersuchen; **~ di principio** Zirkelschluß *m.*

peto ['pe:to] *m vulg* Furz *m vulg;* **fare (***o.* **tirare) un ~** furzen *vulg,* einen (Furz) fahren lassen *vulg.*

petrarchesco, -a [petrar'kesko] ‹-schi, -sche› *a* des Petrarca, im Stil von Petrarca. **petrarchismo** [...'kizmo] *m* Petrarkismus *m.* **petrarchista** [...'kista] ‹-i *m,* -e *f*› *mf* Petrarkist(in) *m(f); (studioso a.)* Petrarcaforscher(in) *m(f).*

petro(l)chimica [petro(l)'ki:mika] *f* Petrochemie *f.* **petro(l)chimico, -a** [...ko] *a* petrochemisch.

petro(l)dollari [petro(l)'dɔllari] *m pl* Petrodollars *m pl.*

petroliera [petro'li̯ɛ:ra] *f* (Öl)tanker *m.* **petroliere** [...re] *m* **1.** *(tecnico)* Erdölarbeiter *m,* -techniker *m;* **2.** *(industriale)* Erdölindustrielle(r) *m.* **petroliero, -a** [...ro] *a* (Erd)öl-.

petrolifero, -a [petro'li:fero] *a* **1.** *(campo, giacimento)* Erdöl-, erdölhaltig; **2.** *(industria)* Erdöl-.

petrolio [pe'trɔ:li̯o] *m* Erdöl *n; (illumi-*

nante) Petroleum *n;* ~ **grezzo** Rohöl *n;* **lume a** ~ Petroleumlampe *f;* **estrazione del** ~ Erdölförderung *f.*
pettegola *f v.* **pettegolo.**
pettegolare [pettego'la:re] *itr* klatschen, tratschen *fam.* **pettegolezzo** [...'leddzo] *m* Klatsch *m,* Tratsch *m fam.* **pettegolio** [...'li:o] ‹-ii› *m* Klatscherei *f,* Geschwätz *n.* **pettegolo, -a** [pe'te:golo] **I.** *a* klatschsüchtig, geschwätzig; **II.** *m, f* Klatschbase *f,* Klatschmaul *n fam.*
pettinare [petti'na:re] **I.** *tr* **1.** *(capelli)* kämmen, frisieren; **2.** *(lino, canapa, lana)* hecheln, kämmeln; **II.** *rfl:* **-rsi** sich kämmen, sich frisieren. **pettinata** [...'na:ta] *f* schnelles Kämmen; **darsi una** ~ sich (schnell) überkämmen *fam.* **pettinato, -a** [...'na:to] **I.** *a* **1.** *(persona)* gekämmt, frisiert; **2.** *(filato, tessuto)* Kamm-; **II.** *m* Kammgarn(gewebe) *n.* **pettinatrice** [...na'tri:tʃe] ‹-ci› *f* **1.** *(donna)* Friseuse *f;* **2.** *(macchina)* Kämmaschine *f,* Hechelmaschine *f.* **pettinatura** [...na'tu:ra] *f* **1.** *(di capelli)* Frisur *f;* **2.** *(di lana)* Hecheln *n,* Kämmen *n;* ~ **della lana** Wollkämmerei *f.*
pettine ['pɛttine] *m* Kamm *m; (per tessitura a.)* Hechel *f.*
petting ['petɪŋ] *m* Petting *n.*
pettino [pet'ti:no] *m* **1.** *(di grembiule)* Brustlatz *m;* **2.** *(di camicia)* Hemdbrust *f;* **3.** *(di vestito femminile)* Miedereinsatz *m.*
pettirosso [petti'rosso] ‹-i› *m* Rotkehlchen *n.*
petto ['pɛtto] *m* **1.** *anat* Brust *f; (di donna a.)* Busen *m; (polmoni)* Lungen *f pl,* Brustorgane *n pl; (gastr a.)* Bruststück *n;* **2.** *fig (cuore)* Herz *n;* ~ **della camicia** Hemdbrust *f;* ~ **carenato** *med* Hühnerbrust *f;* **punta di** ~ *gastr* Bruststück *n;* **nota/voce di** ~ Brustton *m*/-stimme *f;* **do di** ~ tiefes C; **a un/doppio** ~ ein-/zweireihig; **essere debole di** ~ schwach auf der Brust sein; **mettersi una mano sul** ~ *fig* die Hand aufs Herz legen; **prendere qu di** ~ *fig* sich *(dat)* jdn vorknöpfen *fam.* **pettorale** [petto'ra:le] **I.** *a* Brust-; **II.** *m* Brustblatt *n,* -riemen *m.* **pettorina** [...'ri:na] *f* (Brust)latz *m,* (Brust)einsatz *m.* **pettoruto, -a** [...'ru:to] *a* **1.** *(uomo)* breitschult(e)rig; *(donna)* vollbusig; **2.** *fig* aufgeblasen, hochmütig.
petulante [petu'lante] *a* **1.** *(arrogante)* anmaßend, überheblich; **2.** *(insistente)* aufdringlich. **petulanza** [...'lantsa] *f* Anmaßung *f,* Überheblichkeit *f.*
petunia [pe'tu:ni̯a] ‹-ie› *f* Petunie *f.*
pezza ['pɛttsa] *f* **1.** *(di tessuto)* Ballen *m; (di lana)* Knäuel *m o. n;* **2.** *(toppa)* Flicken *m,* Fleck(en) *m;* **3.** *(cencio)* Lappen *m,* Tuch *n;* **4.** *com* Unterlage *f,* Beleg *m;* **5.** *fig (di colore)* Fleck *m;* ~ **d'appoggio** Beleg(schein) *m;* ~ **da piedi** *fam* Wickelgamasche *f;* **trattare qu come una** ~ **da piedi** *fam* jdn wie (den letzten) Dreck behandeln; **mettere una** ~ *fig* etw. wiedergutmachen.
pezzato, -a [pet'tsa:to] **I.** *a* gescheckt, scheckig; **II.** *m* Schecke *m.*
pezzatura[1] [pettsa'tu:ra] *f zoo* Scheckung *f;* **a** ~ **bianca** weißgescheckt.
pezzatura[2] [pettsa'tu:ra] *f com* (Stück)größe *f.*
pezzente [pet'tsɛnte] *mf* **1.** *(straccione)* Bettler(in) *m(f); fam pej* Hungerleider(in) *m(f) fam;* **2.** *fig fam (tirchio)* Geizkragen *m fam,* Geizhals *m fam.*
pezzo ['pɛttso] *m* **1.** *(parte)* Stück *n; (parte di serie a.)* Teil *n;* **2.** *(oggetto)* Stück *n,* Gegenstand *m;* **3.** *tec* (Bau)teil *n;* **4.** *lit, mus (brano)* Stück *n,* Stelle *f; (nel giornalismo)* Artikel *m;* **5.** *(di abito)* Teil *n;* **6.** *mil* Kanone *f,* Geschütz *n;* **7.** *(di scacchi)* (Spiel)stein *m,* Figur *f;* **8.** *(tratto)* Stück *n,* Strecke *f;* **9.** *fig (tempo)* Weile *f,* Zeitlang *f;* **un** ~ **di dolce/ghiaccio/pane/stoffa** ein Stück Kuchen/Eis/Brot/Stoff; **un** ~ **raro** ein seltenes Stück; **è un** ~ **che non ci vediamo** es ist eine Weile her, seit wir uns gesehen haben; ~ **forte** Bravourstück *n,* Paradestück *n;* **un** ~ **grosso** ein großes (*o.* hohes) Tier *fam;* ~ **d'asino** *fam* dummer Esel *fam;* **un bel** ~ **di ragazza** ein gutaussehendes Mädchen; **a -i ed a bocconi** nach und nach; *(fatto male)* stümperhaft; **un bel** ~ **d'uomo** ein stattlicher Mann; **un uomo tutto d'un** ~ ein ganzer Kerl; **un due -i** ein Bikini *m,* Zweiteiler *m;* **un abito a due -i** ein zweiteiliges Kleid; **un servizio da tavola di 48 -i** ein 48teiliges Tafelservice; **andare in cento** (*o.* **mille**) **-i** in tausend Stücke gehen; **cadere a** (*o.* **in**) **-i** auseinanderfallen; *fig* ganz verkommen **ridurre in -i** zerstückeln; **essere un** ~ **di legno** *fig* wie aus Stein sein.
pezzuola [pet'tsu̯ɔ:la] *f* Lappen *m; (fazzoletto)* Taschentuch *n.*
P.G. *m ab di* **Procuratore Generale** ≃ Generalstaatsanwalt.
photo finish ['foʊtoʊ 'fɪnɪʃ] ‹-› *m* Zielphoto *n,* Zielfilm *m.*
P.I. *ab di* **(Ministero della) Pubblica**

Istruzione *italienisches Kultusministerium.*

pia *f v.* **pio.**

piaccio ['pi̯attʃo] *1. pers sing pr di* **piacere.**

piacente [pi̯a'tʃɛnte] *a* gewinnend, einnehmend.

piacere [pi̯a'tʃe:re] ‹piaccio, piaci, piacqui, piaciuto› **I.** *itr ‹essere›* gefallen, zusagen, passen; *(cibi a.)* schmekken; **mi piace nuotare** ich schwimme gern; **mi piacerebbe rivederti** es würde mich freuen, dich wiederzusehen; **che ti piaccia o no** ob es dir gefällt oder nicht; **a Dio piacendo** so (*o.* wenn) Gott will; **II.** *m* **1.** *(soddisfazione)* Gefallen *n;* **2.** *(divertimento)* Vergnügen *n,* Freude *f;* **3.** *(onore)* Ehre *f;* **4.** *(favore)* Gefallen *m;* **5.** *(volontà)* Belieben *n;* **-i della tavola/della carne** Tafelfreuden *f pl/* Fleischeslust *f;* **gita/viaggio di ~** Vergnügungsfahrt *f* /-reise *f;* **dare/provare ~** Gefallen bereiten/Gefallen finden (*o.* haben); **far ~ a qu** jdm gefallen, jdn freuen; **fare un ~ a qu** jdm einen Gefallen tun; **fammi il (santo) ~ di ...** *inf fam* tu mir den Gefallen und ..., sei so lieb und ...; **ma mi faccia il ~!** aber ich bitte Sie!; **canta che è un ~** er (*o.* sie) singt, daß es eine Freude ist; **~!** angenehm!; **è un ~ conoscerLa** angenehm, Sie kennenzulernen; **a ~** nach Wunsch, nach Belieben; **con ~** mit Vergnügen, mit Freuden, gern; **per ~** bitte(schön). **piacevole** [...'tʃe:vole] *a* **1.** *(gradito)* angenehm, erfreulich; **2.** *(simpatico)* gefällig, freundlich, ansprechend. **piacevolezza** [...tʃevo'lettsa] *f* **1.** *(di modi, costumi, maniere, etc.)* Annehmlichkeit *f,* Anmut *f,* Liebenswürdigkeit *f;* **2.** *(facezia)* Witz *m,* Scherz *m.*

piaci ['pi̯a:tʃi] *2. pers sing pr di* **piacere.**

piacimento [pi̯atʃi'mento] *m:* **a ~** nach Belieben.

piaciuto [pi̯a'tʃu:to] *pp di* **piacere.**

piacqui ['pi̯akku̯i] *1. pers sing del passato remoto di* **piacere.**

piadina [pi̯a'di:na] *f* (Teig)fladen *m.*

piaga ['pi̯a:ga] ‹-ghe› *f* **1.** *med* Wunde *f,* Verletzung *f;* **2.** *fig (danno)* Übel *n,* Plage *f;* **3.** *fig (dolore)* Schmerz *m;* **4.** *fam (persona noiosa)* Quälgeist *m.* **piagare** [pi̯a'ga:re] ‹piago, piaghi› *tr* **1.** verwunden; **2.** *fig* verletzen, kränken.

piagnisteo [pi̯aɲɲis'tɛ:o] *m* Gejammer *n,* Geheule *n.*

piagnone, -a [pi̯aɲ'ɲo:ne] *m, f* **1.** *fam (bambino)* Heulpeter *m, fam,* Heulsuse *f fam;* **2.** *hist* Anhänger(in) *m(f)* Savonarolas; **3.** *dial* Klageweib *n.*

piagnucolare [pi̯aɲɲuko'la:re] *itr* wimmern, heulen. **piagnucolio** [...'li:o] ‹-ii› *m* Gewimmer *n,* Geheule *n,* Geplärre *n fam.* **piagnucolone, -a** [...'lo:ne] *m, f fam* Heulpeter *m fam,* Heulsuse *f fam.* **piagnucoloso, -a** [...'lo:so] *a* weinerlich, klagend.

pialla ['pi̯alla] *f* Hobel *m.* **piallare** [...'la:re] *tr* (ab)hobeln. **piallata** [...'la:ta] *f* Hobelstrich *m,* Hobeln *n.* **piallatore, -trice** [...la'to:re] **I.** *m, f* Hobler(in) *m(f);* **II.** *a* Hobel-; **III.** *f* Hobelmaschine *f.* **piallatura** [...la'tu:ra] *f* (Ab)hobeln *n.*

piana ['pi̯a:na] *f* Ebene *f.*

pianale [pi̯a'na:le] *m* **1.** *mot* Absatz *m;* **2.** *ferr* Plattformwagen *m;* **3.** *tec* Plattform *f.*

pianeggiante [pi̯aned'dʒante] *a* flach, eben. **pianeggiare** [...'dʒa:re] ‹pianeggio, pianeggi› **I.** *itr* eben (*o.* flach) sein; **II.** *tr* ebnen.

pianella [pi̯a'nɛlla] *f* **1.** *(pantofola)* Pantoffel *m;* **2.** *(mattonella)* Fliese *f,* Kachel *f.*

pianerottolo [pi̯ane'rɔttolo] *m* Treppenabsatz *m; (di parete rocciosa)* Felsabsatz *m.*

pianeta [pi̯a'ne:ta] **I.** *m* **1.** *astr* Planet *m;* **2.** *fig (destino)* Schicksal *n,* Fügung *f;* **II.** *f rel* Meßgewand *n,* Kasel *f.*

piangente [pi̯an'dʒɛnte] *a* **1.** *(voce, persona)* weinerlich, wehklagend; **2.** *(salice)* Trauer-.

piangere ['pi̯andʒere] ‹piango, piangi, piansi, pianto› **I.** *itr* weinen; **~ di gioia/dolore/rabbia** vor Freude/Schmerz/Wut weinen; **~ a calde lacrime** heiße Tränen vergießen; **~ sul latte versato** *fig fam* unnütze Tränen vergießen; **~ come un vitello** *fam* heulen zum Steinerweichen *fam;* **mi piange il cuore** mir blutet das Herz; **II.** *tr* **1.** *(lacrime)* vergießen; **2.** *(lamentare)* beklagen, beweinen; **3.** *(rimpiangere)* nachtrauern (*qc* einer S.), trauern (*qc* um etw.).

pianificare [pi̯anifi'ka:re] ‹pianifico, pianifichi› *tr* planen. **pianificato, -a** [...'ka:to] *a* geplant, Plan-. **pianificatore, -trice** [...ka'to:re] *m, f* Planer(in) *m(f).* **pianificazione** [...kat'tsi̯o:ne] *f* Planung *f.*

pianista [pi̯a'nista] ‹-i *m,* -e *f*› *mf* Klavierspieler(in) *m(f); (professionale)* Pianist(in) *m(f).* **pianistico, -a**

[...'nistiko] ‹-ci, -che› *a* pianistisch, Klavier-.

piano ['pi̯a:no] *m* **1.** *(livello)* Stufe *f*, Ebene *f*, Niveau *n; mat* Ebene *f; geol* Schicht *f;* **2.** *(superficie)* Fläche *f;* **3.** *(di edificio)* Stockwerk *n*, Stock *m*, Etage *f;* **4.** *(progetto)* Plan *m*, Projekt *n; (com, pol, etc. a.)* Programm *n; fig* Vorhaben *n*, Absicht *f*, Plan *m;* **5.** *aero* Tragfläche *f;* **6.** *fot, film* Perspektive *f;* **7.** *mus* Klavier *n;* ~ **triennale/quinquennale** Dreijahres-/Fünfjahresplan *m;* ~ **regolatore** *adm* Bebauungsplan *m;* ~ **inclinato** schiefe Ebene; ~ **di attacco/di battaglia** Angriffs-/Schlachtplan *m;* **primo/secondo** ~ Vorder-/Hintergrund *m;* **di primo** ~ von Rang; **passare in secondo** ~ *fig* in den Hintergrund treten; **essere in** ~ in Planung sein; **autobus a due -i** zweistöckiger Autobus, Doppeldecker *m*.

piano, -a ['pi̯a:no] **I.** *a* **1.** *(piatto)* eben, flach, glatt; *mat* eben; *sport* Flach-; **2.** *ling* auf der vorletzten Silbe betont; **3.** *fig (facile)* leicht (verständlich), einfach; **II.** *adv* **1.** *(adagio)* langsam, bedächtig; **2.** *(a bassa voce)* leise; **3.** *mus* leise, piano; **4.** *(con cautela)* vorsichtig, mit Bedacht; **pian(o)** ~ allmählich; **chi va** ~**, va sano e va lontano** *prov* eile mit Weile *prov*.

pianoforte [pi̯ano'fɔrte] *m* Klavier *n;* Piano *n;* ~ **a coda/a mezza coda** Flügel *m*/Zimmerflügel *m*.

pianola [pi̯a'nɔ:la] *f* Pianola *n*.

pianoro [pi̯a'nɔ:ro] *m* Hochebene *f*.

pianoterra [pi̯ano'tɛrra] ‹-› *m* Erdgeschoß *n*, Parterre *n*.

piansi ['pi̯ansi] *1. pers sing del passato remoto di* **piangere.**

pianta ['pi̯anta] *f* **1.** *bot* Pflanze *f*, Gewächs *n;* **2.** *anat (del piede)* Sohle *f;* **3.** *(disegno)* Plan *m; (carta topografica)* Karte *f*, Plan *m;* **4.** *adm (ruolo)* Stellenplan *m*, Stellenverzeichnis *n;* **essere in** ~ **stabile** fest angestellt sein; **di sana** ~ vollkommen, von Grund auf; **inventare qc di sana** ~ etwas völlig aus der Luft greifen. **piantagione** [-'dʒo:ne] *f* Pflanzung *f*, Plantage *f*.

piantagrane [pi̯anta'gra:ne] ‹-› *mf fam* Pedant(in) *m(f)*, Haarspalter(in) *m(f) fam*.

piantare [pi̯an'ta:re] **I.** *tr* **1.** *agr (piante, etc.)* pflanzen, anbauen; *(terreno, etc.)* bepflanzen, bebauen; **2.** *(conficcare)* (ein)schlagen, einrammen; **3.** *fig (lasciare)* verlassen, im Stich lassen; **piantala!** *fam* hör auf (damit)!; **piantala di fare tante storie!** *fam* hör auf, so viel Theater zu machen!; **II.** *rfl:* **-rsi 1.** *(conficcarsi)* eindringen; **2.** *(fermarsi)* bleiben, sich aufhalten; **3.** *fam (lasciarsi)* sich trennen, auseinandergehen; **mi s'è piantato in casa** *fam* er hat sich bei mir zu Hause eingenistet *fam*. **piantato, -a** [...'ta:to] *a* **1.** *agr (terreno, etc.)* bepflanzt; *(piante, etc.)* gepflanzt; **2.** *fig (robusto)* stämmig, robust; *(immobile)* starr, angewurzelt. **piantatore, -trice** [...ta'to:re] **I.** *m, f* **1.** *agr* Pflanzer(in) *m(f);* **2.** *(proprietario)* Plantagenbesitzer(in) *m(f);* **II.** *f* Pflanzmaschine *f*. **piantatura** [...ta'tu:ra] *f* **1.** *(operazione)* (An)pflanzen *n;* **2.** *(stagione)* Pflanzzeit *f*.

pianterreno [pi̯anter're:no] *m* Erdgeschoß *n*, Parterre *n*.

pianto ['pi̯anto] *m* **1.** *(il piangere)* Weinen *n; (lacrime)* Tränen *f pl;* **2.** *fig (lutto)* Trauer *f;* **la festa è stata un** ~ das Fest war ein Trauerspiel *fig*.

pianto, -a ['pi̯anto] **I.** *pp di* **piangere; II.** *a* beweint, betrauert.

piantonamento [pi̯antona'mento] *m* Überwachen *n*, Bewachung *f*. **piantonare** [...'na:re] *tr* bewachen. **piantone** [...'to:ne] *m* **1.** *mil* wachhabender Soldat, Wach(t)posten *m;* **2.** *adm* Wache *f;* **3.** *bot* Setzling *m*, Schößling *m;* **4.** *mot* Lenksäule *f;* **stare di** ~ auf Wache sein (*o.* stehen), wachen.

pianura [pi̯a'nu:ra] *f* Ebene *f*.

piastra ['pi̯astra] *f* **1.** *(lastra)* Scheibe *f*, Platte *f;* **2.** *tec, el* Platte *f;* **3.** *(moneta)* Piaster *m;* ~ **di terra** Erdungsplatte *f*.

piastrella [pi̯as'trɛlla] *f* **1.** *(di rivestimento)* Kachel *f*, Fliese *f;* **2.** *(di gioco)* flacher Stein *(für Wurfspiele, etc.)*. **piastrellaio, -a** [pi̯astrel'la:i̯o] ‹-ai, -aie› *m, f* Fliesenleger(in) *m(f)*. **piastrellare** [...'la:re] **I.** *tr* kacheln, fliesen; **II.** *itr* **1.** *aero* zurückprallen; **2.** *naut* zurückgeworfen werden. **piastrellista** [...'lista] ‹-i *m*, -e *f*› *mf* Fliesenleger(in) *m(f)*.

piastrina [pi̯as'tri:na] *f* **1.** *biol* Blutplättchen *n*, Thrombozyt *m;* **2.** *mil* Erkennungsmarke *f*, Plakette *f;* **3.** *tec* Zwischenlegscheibe *f*.

piattaforma [pi̯atta'forma] ‹piatteforme› *f* **1.** *(superficie)* Plattform *f*, Rampe *f;* **2.** *geog* Tafel *f;* **3.** *tec* Scheibe *f;* **4.** *ferr* Umlaufblech *n*, Drehscheibe *f;* **5.** *fig pol* Basis *f*, Plattform *f;* **6.** *theat* Bühnenrampe *f;* **7.** *sport* Startsockel *m;* ~ **di lancio/tiro** Absprung-/Abschußrampe *f;* ~ **girevole** Drehscheibe *f;* ~ **contrattuale** Vertragsbasis *f*.

piattello [pi̯at'tɛllo] *m* **1.** *(bersaglio)* Tontaube *f;* **2.** *(di candeliere)* Teller *m;* **3.** *(gioco) Glücksspiel mit Karten;* **tiro al ~** Tontaubenschießen *n.*

piattezza [pi̯at'tettsa] *f* **1.** *fig (banalità)* Plattheit *f,* Banalität *f,* Platitüde *f;* **2.** *geog* Flachheit *f;* **3.** *(sottigliezza)* Dünne *f,* Feinheit *f.*

piattina [pi̯at'ti:na] *f* **1.** *el* Flachkabel *n;* **2.** *(profilato metallico)* Metallband *n,* Bandeisen *n;* **3.** *(carrello)* Plattformkarren *m.*

piattino [pi̯at'ti:no] *m* Untertasse *f.*

piatto, -a ['pi̯atto] **I.** *a* **1.** flach, eben, platt; *mat (angolo)* gestreckt; **2.** *fig* seicht, platt; **II.** *m* **1.** *(recipiente)* Teller *m;* **2.** *gastr (vivanda)* Gericht *n,* Speise *f; (portata)* Gang *m,* Speisenfolge *f;* **3.** *tec* Schale *f,* Scheibe *f;* **4.** ⟨*pl*⟩ *mus* Becken *n pl;* **5.** *(di libro)* Buchdeckel *m;* **6.** *(posta)* (Spiel)einsatz *m;* **~ fondo/piano** tiefer/flacher Teller; **un ~ di minestra/di spaghetti** ein Teller Suppe/Spaghetti; **primo ~** erster Gang; **~ forte** Hauptgericht *n;* **~ del giorno** Tagesgericht *n;* **~ della bilancia** Waagschale *f;* **~ del giradischi** Plattenteller *m;* **il ~ piange** *fig* es ist schlechter (*o.* gar kein) Spieleinsatz gegeben.

piattola ['pi̯attola] *f* **1.** *zoo* (Küchen)schabe *f;* **2.** *fig fam* Nervensäge *f fam.*

piazza ['pi̯attsa] *f* **1.** *(area, ab* **P.za***)* Platz *m;* **2.** *(mercato)* Marktplatz *m;* **3.** *com, fin* Markt *m;* **4.** *mil* Übungsgelände *n;* **5.** *(posto)* Platz *m;* **6.** *fig (gente)* Menge *f;* **~ d'armi** Exerzierplatz *m;* **scendere in ~** *fig* auf die Straße gehen, demonstrieren; **letto ad una ~** Einzelbett *n;* **fare ~ pulita** *fig* reinen Tisch machen; **vettura di ~** Platzwagen *m;* **mettere in ~** *fig* an die große Glocke hängen; **rovinare la ~ a qu** *fig* jdm ins Gehege kommen.

piazzaforte [pi̯attsa'fɔrte] ⟨piazzeforti⟩ *f* Festung *f; (fig a.)* Bollwerk *n.*

piazzale [pi̯at'tsa:le] *m* **1.** *(piazza)* Platz *m;* **2.** *(area di servizio)* Servicestation *f;* **3.** *ferr* Bahnanlage *f.*

piazzamento [pi̯attsa'mento] *m sport* Aufstellung *f; (in classifica)* Plazierung *f; mil* Aufstellung *f,* Formierung *f.*

piazzare [pi̯at'tsa:re] **I.** *tr* **1.** *(collocare)* aufstellen; **2.** *com* absetzen, einführen, auf den Markt bringen; **3.** *fig (colpo)* plazieren; **II.** *rfl:* **-rsi 1.** *sport* sich plazieren; **2.** *fam (sistemarsi)* sich einrichten, sich breitmachen *fam;* **si è ben piazzato** *fam* er hat sich gemacht *fam.* **piazzata** [...'tsa:ta] *f fam* Szene *f.* **piazzato, -a** [...'tsa:to] *a* **1.** *sport* plaziert; **2.** *fig (corpulento)* stämmig, korpulent; **3.** *fig (con solida posizione)* gutsituiert, in gesicherter Position.

piazzeforti *pl di* **piazzaforte.**

piazzista [pi̯at'tsista] ⟨-i *m,* -e *f*⟩ *mf* Handelsvertreter(in) *m(f).*

piazzola [pi̯at'tsɔ:la] *f* **1.** *(spiazzo)* Ausweichstelle *f,* Haltemöglichkeit *f;* **2.** *mil* Geschützstand *m;* **3.** *sport* Abschlagplatz *m;* **~ autostradale** Randstreifen *m;* **~ di servizio/sosta/emergenza** Servicestation *f*/Rastplatz *m*/Notparkplatz *m.*

picaresco, -a [pika'resko] ⟨-schi, -sche⟩ *a* pikaresk, Schelmen-; **romanzo ~** Schelmenroman *m.*

picca ['pikka] ⟨-cche⟩ *f* **1.** *(puntiglio)* Trotz *m,* Groll *m;* **2.** *(arma)* Pike *f;* **3.** ⟨*pl*⟩ *(di carte da gioco)* Pik *n;* **rispondere -cche a qu** *fam* jdm eine Abfuhr erteilen.

piccante [pik'kante] *a* **1.** *gastr* scharf gewürzt, pikant; **2.** *fig (mordace)* bissig, boshaft; **3.** *fig (lascivo)* pikant, schlüpfrig.

piccarsi [pik'karsi] ⟨mi picco, ti picchi⟩ *rfl* **1.** *(insistere)* beharren (*di* auf), bestehen (*di* auf), sich versteifen (*di* auf); **2.** *(pretendere)* sich *(dat)* einbilden.

piccata [pik'ka:ta] *f mit Zitrone zubereitetes Kalbsschnitzel.*

piccato, -a [pik'ka:to] *a* beleidigt, gereizt, pikiert.

picchettaggio [pikket'taddʒo] ⟨-ggi⟩ *m* Streikposten *m.* **picchettamento** [...ta'mento] *m* Aufstellen *n* von Streikposten. **picchettare** [...'ta:re] *tr* **1.** *(fabbrica)* Streikposten beziehen in (*o.* auf, *etc.*); **2.** *(piantar paletti)* abstecken, Pflöcke aufstellen in (*o.* auf, *etc.*).

picchetto [pik'ketto] *m* **1.** *(paletto)* Pflock *m,* Pfahl *m;* **2.** *mil* Einsatzkommando *n;* **3.** *(gruppo di scioperanti)* Streikposten *m pl;* **ufficiale di ~** Offizier *m* vom Dienst.

picchiare [pik'ki̯a:re] ⟨picchio, picchi⟩ **I.** *tr* **1.** *(battere)* schlagen; **2.** *(percuotere)* verprügeln, schlagen; **3.** *(bussare)* klopfen, pochen; **~ un colpo alla porta** an die Tür klopfen; **II.** *itr* **1.** *(battere)* klopfen, pochen; **2.** *aero* im Sturzflug fliegen; **picchiano alla porta** es klopft an der Tür; **III.** *rfl:* **-rsi** sich prügeln, sich schlagen.

picchiata[1] [pik'ki̯a:ta] *f* **1.** *aero* Sturzflug *m;* **2.** *(colpo)* Schlag *m; sport* Volley *m.*

picchiata² *f v.* **picchiato.**

picchiatello, -a [pikki̯aˈtɛllo] *fam* **I.** *a* verrückt, überspannt; **II.** *m, f* Sonderling *m.* **picchiato, -a** [...ˈki̯a:to] *fam* **I.** *a* wunderlich, sonderbar; **II.** *m, f* Kauz *m,* seltsamer Vogel *fam.*

picchiatore, -trice [pikki̯aˈto:re] *m, f* Schläger(in) *m(f).*

picchiettare [pikki̯etˈta:re] **I.** *itr* **1.** *(picchiare)* klopfen; *(pioggia)* trommeln, prasseln; **2.** *mus* saltato (*o.* spiccato) spielen; **II.** *tr* sprenkeln, (be)tupfen.

picchiettato [pikki̯etˈta:to] *m* Saltato *n.*

picchiettatura [pikki̯ettaˈtu:ra] *f* Tüpfelung *f,* Sprenkelung *f.*

picchiettio [pikki̯etˈti:o] ‹-ii› *m* Klopfen *n; (della pioggia)* Prasseln *n.*

picchio [ˈpikki̯o] ‹-cchi› *m* **1.** *zoo* Specht *m;* **2.** *(colpo)* Schlag *m.*

piccina *f v.* **piccino.**

piccineria [pittʃineˈri:a] ‹-ie› *f* Kleinlichkeit *f,* Engstirnigkeit *f.* **piccino, -a** [...ˈtʃi:no] **I.** *a* **1.** *(piccolo)* klein, winzig; **2.** *fig (umile)* dürftig, bescheiden; *(gretto)* engherzig, engstirnig, beschränkt; ~ **picciò** *fam* klitzeklein *fam;* **II.** *m, f* **1.** *(bambino)* kleines Kind; **2.** *(di animale)* Junge(s) *n.*

picciolo [pitˈtʃɔ:lo] *m* (Blatt)stengel *m,* (Blatt)stiel *m.*

piccionaia [pittʃoˈna:i̯a] ‹-aie› *f* **1.** *(luogo per piccioni)* Taubenschlag *m;* **2.** *fam (soffitta)* Dachgeschoß *n,* Mansarde *f;* **3.** *theat scherz (loggione)* Galerie *f,* Olymp *m.*

piccioncino [pittʃonˈtʃi:no] *m fam* Turteltaube *f,* Verliebte(r) *mf.*

piccione [pitˈtʃo:ne] *m* Taube *f;* ~ **viaggiatore** Brieftaube *f;* **tiro al ~** Tontaubenschießen *n;* **pigliare** (*o.* **prendere) due -i con una fava** zwei Fliegen mit einer Klappe schlagen.

picciotto [pitˈtʃɔtto] *m sicil* **1.** *(giovanotto)* junger Mann, junger Spund *fam;* **2.** *hist* sizilianischer Freiheitskämpfer.

picco [ˈpikko] ‹-cchi› *m* **1.** *(vetta)* Bergspitze *f,* Gipfel *m;* **2.** *naut* bewegliche Antenne, Gaffel *f;* **a ~** senkrecht, steil; **andare** (*o.* **colare) a ~** *(a. fig)* untergehen.

piccola *f v.* **piccolo.**

piccolezza [pikkoˈlettsa] *f* **1.** *(dimensione)* Kleinheit *f;* **2.** *(inezia)* Belanglosigkeit *f,* Lappalie *f,* Kleinigkeit *f;* **3.** *fig (grettezza)* Kleinlichkeit *f;* ~ **d'animo** Engherzigkeit *f.*

piccolo, -a [ˈpikkolo] ‹più piccolo *o.* minore, piccolissimo *o.* minimo› **I.** *a* **1.** *gener.* klein; **2.** *(insufficiente)* ungenügend, gering; **3.** *(giovane)* jung, klein; **4.** *(trascurabile)* belanglos, geringfügig; *(errore, etc.)* unerheblich; *(somma)* unbeträchtlich; **5.** *fig (meschino)* kleinlich, pedantisch; **6.** *fig (umile)* bescheiden, zurückhaltend, genügsam; **-a borghesia** Kleinbürgertum *n;* ~ **borghese** Kleinbürger *m,* Spießer *m;* ~ **imprenditore** Kleinunternehmer *m;* **farsi ~** *fig* sich klein machen, sein Licht unter den Scheffel stellen; **da ~** als Kind, in der Kindheit; **fin da ~** von klein auf, von Kindheit an; **in ~** verkleinert, in kleinem Maßstab; **II.** *m, f* **1.** *(bambino)* Kind *n,* Kleine(r, s) *mfn;* **2.** *zoo* Junge(s) *n,* Jungtier *n;* **nel mio ~** in meinen bescheidenen Verhältnissen, in meinem bescheidenen Rahmen.

piccone [pikˈko:ne] *m* (Spitz)hacke *f.*

piccoso, -a [pikˈko:so] *a* reizbar.

piccozza [pikˈkɔttsa] *f* (Kreuz)hacke *f,* (Eis)pickel *m.*

pick-up [ˈpɪkʌp] ‹-› *m* Tonabnehmer *m.*

picnic [pikˈnik] ‹-› *m* Picknick *n.*

pidocchieria [pidokki̯eˈri:a] ‹-ie› *f* Knaus(e)rigkeit *f.*

pidocchio [piˈdɔkki̯o] ‹-cchi› *m* **1.** *zoo* Laus *f;* **2.** *fig* Knauser *m fam,* Geizhals *m fam.* **pidocchioso, -a** [pidokˈki̯o:so] *a* **1.** *(infestato dai pidocchi)* verlaust, von Läusen befallen; **2.** *fig* geizig, knaus(e)rig *fam.*

piè [pi̯ɛ] *m poet* Fuß *m;* **ad ogni ~ sospinto** auf Schritt und Tritt; ~ **di porco** Brechstange *f,* Brecheisen *n;* **a ~ (di) pagina** in der Fußnote; **saltare a ~ pari** mit geschlossenen Füßen springen; *fig* einen Sprung machen; **a ~ del monte** am Fuße des Berges.

pied-à-terre [pi̯etaˈtɛ:r] ‹-› *m* Zweitwohnung *f.*

pied-de-poule [pi̯etˈpul] ‹-› *m* Hahnentrittmuster *n.*

piede [ˈpi̯ɛ:de] *m* **1.** *anat* Fuß *m;* **2.** *lit* Versfuß *m,* Versmaß *n;* **3.** *(unità di misura)* Fuß *m;* ~ **di porco** Brechstange *f,* Brecheisen *n;* ~ **del tavolo** Tischbein *n;* **ai -i del letto** am Fußende des Bettes; **ai -i della montagna** am Fuß der Berge; **i -i piatti** *sl* die Bullen *m pl sl,* die Polypen *m pl sl;* **essere** (*o.* **stare) in -i** (auf den Füßen) stehen; **essere a -i** zu Fuß sein; *fig* erfolglos sein; **non stare in -i** *fig* auf wackeligen Füßen (*o.* Beinen) stehen; **andare a -i** zu Fuß gehen; **restare a -i** zu Fuß gehen müssen; **essere tra i -i** *fam* im Weg sein; **levarsi dai -i** sich davonmachen; **levarsi** (*o.* **togliersi) dai -i qu** *fam* sich *(dat)* jdn vom

Hals(e) schaffen; **prender ~** Fuß fassen; **tenere in -i** *fig* aufrecht erhalten; **cadere in -i** *fig* mit einem blauen Auge davonkommen; **mettere qu sotto i -i** jdn unterdrücken, jdn kleinmachen, -kriegen; **mettere i -i in testa a qu** *fig* jdn in die Knie zwingen; **mettere un ~ in fallo** einen Fehltritt tun; **mettere in -i qc** *fig* etw. auf die Beine stellen; **puntare i -i** auf seiner Meinung beharren; **avere tutti ai propri -i** alle zu seinen Füßen liegen haben; **fatto coi -i** *fam* stümperhaft gemacht; **ragionare** (*o.* **parlare**) **coi -i** *fam* unsinniges Zeug (daher)reden; **a ~ libero** auf freiem Fuß; **a -i nudi** barfuß; **da capo a -i** von Kopf bis Fuß; **su due -i** *fig* stehenden Fußes, augenblicklich; **pied'arm** Gewehr bei Fuß.

piedestallo [pi̯edes'tallo] *v.* **piedistallo.**

piedino [pi̯e'di:no] *m* Pressenotiz *f.*

piedipiatti [pi̯edi'pi̯atti] ‹-› *m sl* Bulle *m sl.*

piedistallo [pi̯edis'tallo] *m* Sockel *m,* Postament *n.*

piedritto [pi̯e'dritto] *m* Widerlager *n.*

piega ['pi̯ɛ:ga] ‹-ghe› *f* **1.** Falte *f;* **2.** *fig (andamento)* Verlauf *m,* Wendung *f;* **~ del braccio/ginocchio** Armbeuge *f*/Kniekehle *f;* **le -ghe dell'anima/della coscienza** die geheimen Winkel der Seele/des Gewissens; **gonna a -ghe** Faltenrock *m;* **messa in ~** Einlegen *n* (*o.* Aufdrehen *n*) der Haare; **non fare una ~** *fig* haargenau stimmen.

piegaciglia [pi̯ega'tʃiʎʎa] ‹-› *m* Wimpernzange *f.*

piegaferro [pi̯ega'fɛrro] ‹-› *m* Eisenbieger *m.*

piegamento [pi̯ega'mento] *m* **1.** *gener.* Falten *n;* Biegen *n;* **2.** *sport* (Knie)beuge *f.*

piegare [pi̯e'ga:re] ‹piego, pieghi› **I.** *tr* **1.** *(curvare)* biegen; *(flettere)* krümmen; *(inclinare)* beugen, biegen; *(testa)* senken; **2.** *(ripiegare)* (zusammen)falten, zusammenlegen; *(fronte)* runzeln; **3.** *fig* zwingen, beugen; **~ qu alla propria volontà** jdm seinen Willen aufzwingen; **II.** *itr* **1.** *(voltare)* (ab)biegen; **2.** *(pendere da una parte)* sich krümmen, sich neigen; **~ a destra/sinistra** nach rechts/links abbiegen; **III.** *rfl:* **-rsi 1.** *fig (arrendersi)* sich ergeben, aufgeben; **2.** *(incurvarsi)* sich beugen; **-rsi sotto il peso degli anni** sich unter der Last der Jahre beugen. **piegata** [...'ga:ta] *f* Falten *n,* Fältelung *f;* **dare una ~ agli asciugamani** die Handtücher falten. **piegatrice** [pi̯ega'tri:tʃe] *f* Falzmaschine *f.* **piegatura** [...'tu:ra] *f* **1.** *(operazione)* Falten *n;* Biegen *n; tec* Falzen *n;* **2.** *sport* Beuge *f;* **3.** *(segno)* Falte *f; tec* Falz *m.*

pieghettare [pi̯eget'ta:re] *tr* plissieren, fälteln. **pieghettatura** [...ta'tu:ra] *f* **1.** *(esecuzione)* Fälteln *n,* Plissieren *n;* **2.** *(serie)* Fältelung *f,* Plissee *n.*

pieghevole [pi̯e'ge:vole] *a* **1.** *(metallo, ramo)* biegsam; **2.** *(sedia, tavolo)* (zusammen)klappbar, Klapp-; *(porta)* Falt-; **3.** *fig (carattere, indole)* nachgiebig, gefügig; *(pej a.)* opportunistisch. **pieghevolezza** [...gevo'lettsa] *f* Biegsamkeit *f; fig* Gefügigkeit *f,* Nachgiebigkeit *f.*

Piemonte [pi̯e'monte] *m* Piemont *n.* **piemontese** [...'te:se] **I.** *a* piemontesisch, aus Piemont; **II.** *mf* Piemontese *m,* Piemontesin *f.*

piena ['pi̯ɛ:na] *f* **1.** *(di corso d'acqua)* Hochwasser *n;* **2.** *(calca)* Gedränge *n,* Menge *f;* **3.** *fig (intensità)* Stärke *f,* Kraft *f;* **essere in ~** Hochwasser haben.

pienezza [pi̯e'nettsa] *f* **1.** *(colmo)* Spitze *f,* Höhepunkt *m;* **2.** *fig (impeto)* Gewalt *f,* Wucht *f.*

pieno, -a ['pi̯ɛ:no] **I.** *a* **1.** *(colmo)* voll (*di* von), gefüllt (*di* mit); **2.** *(massiccio)* massig, stark; **3.** *(abbondante)* reich (*di* an); **4.** *(completo)* vollständig, vollkommen; **5.** *fig (pervaso)* erfüllt (*di* von), durchdrungen (*di* von); **luna -a** Vollmond *m;* **punto ~** Flachstich *m;* **essere ~ di invidia/stupore** voller Neid/Erstaunen sein; **essere ~ di sé** von sich *(dat)* eingenommen sein; **in ~** *(completamente)* vollständig, vollkommen, gänzlich; *(esattamente)* genau; **sbagliare in ~** (sich) gründlich irren; **in ~ giorno/inverno** am hellichten Tag/im tiefsten Winter; **in -a notte/estate** mitten in der Nacht/im Sommer; **~ zeppo** *fam* gerammelt voll *fam;* **la misura è -a** das Maß ist voll; **II.** *m* **1.** *(materia, parte piena)* voller Teil; **2.** *(colmo)* Höhepunkt *m,* Blüte *f,* Fülle *f;* **3.** *mot* voller Tank; *(carico)* volle Ladung; **fare il ~** volltanken; **nel ~ dell'estate/inverno/della notte** mitten im Sommer/im Winter/in der Nacht. **pienone** [pi̯e'no:ne] *m fam* Gedränge *n,* Gewühl *n,* Andrang *m.* **pienotto, -a** [...'nɔtto] *a* rundlich, voll.

Piero ['pi̯ɛ:ro] *(nome proprio maschile)* Peter.

pietà [pi̯e'ta] ‹-› *f* **1.** *(compassione)* Mitleid *n* (*per* mit), Erbarmen *n* (*per* mit); **2.** *rel* Andächtigkeit *f*, Frömmigkeit *f*; **3.** *(amore)* Liebe *f*, Zuneigung *f*; **4.** *(in arte)* Pietà *f*; **muovere qu a ~** jds Mitleid erregen.

pietanza [pi̯eˈtantsa] *f* Gericht *n*, Speise *f*; *(seconda portata)* zweiter Gang.

pietismo [pi̯eˈtizmo] *m* Pietismus *m*. **pietista** [...ˈtista] ‹-i *m*, -e *f*› *mf* Pietist(in) *m(f)*. **pietistico, -a** [...ˈtistiko] ‹-ci, -che› *a* **1.** *rel* pietistisch; **2.** *fig pej* bigott, frömmlerisch.

pietoso, -a [pi̯eˈto:so] **I.** *a* **1.** *(caritatevole)* barmherzig, mildtätig; **2.** *(compassionevole)* mitleiderregend, erbarmungswürdig; *(persona, stato a.)* bemitleidenswert; *(racconto a.)* rührend; **3.** *(tenero)* gütig, liebevoll; *(rispettoso)* ehrfurchtsvoll; **4.** *fam (deplorevole)* erbärmlich; **II.** *m*, *f* Barmherzige(r) *mf*.

pietra [ˈpi̯ɛ:tra] *f* Stein *m*, Gestein *n*; **~ focaia** Feuerstein *m*, Zündstein *m*; **~ infernale** Höllenstein *m*, Ätzmittel *n*; **la ~ dello scandalo** der Stein des Anstoßes; **la ~ di paragone** der Prüfstein; **età della ~** Steinzeit *f*; **porre la prima ~** *(a. fig)* den Grundstein legen; **scagliare la prima ~** *fig* den ersten Stein werfen; **mettere una ~ sopra a qc** *fig* Gras über etw. wachsen lassen; **avere un cuore di ~** ein Herz aus Stein haben; **sentirsi una ~ sullo stomaco** *fig* einen Kloß im Hals haben. **pietraia** [pi̯eˈtra:i̯a] ‹-aie› *f (ammasso)* Steinhaufen *m*; *(luogo)* steiniges Gelände. **pietrame** [...ˈtra:me] *m* Gesteinsmasse *f*; *(ammasso)* Steinhaufen *m*.

pietrificare [pi̯etrifiˈka:re] ‹pietrifico, pietrifichi› **I.** *tr* versteinern, zu Stein werden lassen; *(fig a.)* erstarren lassen; **II.** *rfl*: **-rsi** zu Stein werden; *(fig a.)* erstarren. **pietrificazione** [...katˈtsi̯o:ne] *f* Versteinerung *f*, Petrifikation *f*.

pietrina [pi̯eˈtri:na] *f* Feuerstein *m*.

pietrisco [pi̯eˈtrisko] ‹-schi› *m* Splitt *m*, Schotter *m*.

Pietro [ˈpi̯ɛ:tro] *(nome proprio maschile)* Peter, Petrus.

pietroso, -a [pi̯eˈtro:so] *a* **1.** *(di pietra)* steinern, aus Stein; **2.** *(pieno di pietre)* steinig.

pieve [ˈpi̯ɛ:ve] *f* (Kirchen)gemeinde *f*, Pfarre(i) *f*.

pifferaio [piffeˈra:i̯o] ‹-ai› *m* umherziehender Schalmeienbläser. **piffero** [ˈpiffero] *m* **1.** *(strumento)* Pfeife *f*, Schalmei *f*; **2.** *(suonatore)* Pfeifenspieler *m*, Schalmeienspieler *m*; **i -i di montagna andarono per suonare e furono suonati** *prov* sie zogen aus, um das Fürchten zu lernen.

pigiama [piˈdʒa:ma] ‹-i› *m* Pyjama *m*, Schlafanzug *m*; **~ palazzo** *Damen-Abendanzug mit weiten Hosen*.

pigia pigia [ˈpi:dʒa ˈpi:dʒa] ‹-› *m* (dichtes) Gedränge *n*.

pigiare [piˈdʒa:re] ‹pigio, pigi› *tr (premere)* stoßen, drücken; *(spingere)* dränge(l)n; *(uva)* keltern. **pigiatura** [pidʒaˈtu:ra] *f* Keltern *n*, Kelterung *f*.

pigione [piˈdʒo:ne] *f adm* Miete *f*; **dare/prendere/stare a ~** vermieten/(an)mieten/zur Miete wohnen.

pigliare [piʎˈʎa:re] ‹piglio, pigli› *tr fam* sich *(dat)* schnappen *fam*; **pigliarle** Prügel kriegen *fam*.

piglio[1] [ˈpiʎʎo] *m (atto di pigliare)* Fassen *n*, Ergreifen *n*; **dar di ~ a qc** etw. schnell packen.

piglio[2] [ˈpiʎʎo] ‹-gli› *m (atteggiamento)* Blick *m*, Miene *f*.

pigmentazione [pigmentatˈtsi̯o:ne] *f* Pigmentierung *f*. **pigmento** [...ˈmento] *m* Pigment *n*.

pigna [ˈpiɲɲa] *f* **1.** *bot* Pinienzapfen *m*; **2.** *(cumulo di oggetti)* Menge *f*, Traube *f*; **3.** *arch* zapfenartiges Ornament; **avere le -e in testa** *fig* Flausen im Kopf haben *fam*.

pignatta [piɲˈɲatta] *f fam* (Koch)topf *m*.

pignola *f v.* **pignolo.**

pignoleria [piɲɲoleˈri:a] ‹-ie› *f* Kleinlichkeit *f*. **pignolo, -a** [...ˈɲɔ:lo] **I.** *a* kleinlich, pedantisch; **II.** *m*, *f* Pedant(in) *m(f)*, Kleinigkeitskrämer(in) *m(f)*; **III.** *m fam* v. **pinolo.**

pignone [piɲˈɲo:ne] *m* Ritzel *n*, Triebrad *n*.

pignorabile [piɲɲoˈra:bile] *a* pfändbar. **pignorabilità** [...rabiliˈta] ‹-› *f* Pfändbarkeit *f*.

pignoramento [piɲɲoraˈmento] *m* Pfändung *f*, Pfänden *n*. **pignorare** [...ˈra:re] *tr* **1.** *jur* pfänden; **2.** *(al monte di pietà)* versetzen, verpfänden.

pigolare [pigoˈla:re] *itr* **1.** *(pulcino)* piep(s)en; **2.** *fig (lamentarsi)* jammern, greinen. **pigolio** [...ˈli:o] ‹-ii› *m* Piep(s)en *n*, Gepiep(s)e *n*.

pigra *f v.* **pigro.**

pigrizia [piˈgrittsi̯a] ‹-ie› *f* Faulheit *f*, Trägheit *f*. **pigro, -a** [ˈpi:gro] **I.** *a* **1.** *(indolente)* faul, träge; *(lento a.)* langsam; **2.** *fig (ottuso)* abgestumpft, geistlos, träge; *(intelligenza)* beschränkt; **3.** *(che rende pigro)* träg machend; ermüdend; **II.** *m*, *f* Faulenzer(in) *m(f)*. **pigrone, -a** [piˈgro:ne] *m*, *f fam* Faulpelz *m fam*.

P.I.L. [pil] *ab di* **Prodotto Interno Lordo** Bruttoinlandsprodukt.

pila ['pi:la] *f* **1.** *el* Batterie *f;* **2.** *(serie)* Reihe *f,* Stapel *m,* Stoß *m;* **3.** *fam (lampadina tascabile)* Taschenlampe *f;* **4.** *(di ponte)* (Brücken)pfeiler *m;* **5.** *(barra)* Sarg *m;* **6.** *(vasca)* Wanne *f,* Becken *n.*

pilastro [pi'lastro] *m* **1.** *arch* (Wand)pfeiler *m,* Pilaster *m;* **2.** *fig (sostegno)* Stütze *f,* Säule *f;* **essere il ~ della famiglia** die Stütze der Familie sein.

pilatura [pila'tu:ra] *f* Schälung *f,* Schälen *n.*

pilifero, -a [pi'li:fero] *a* behaart, Haar-.

pillola ['pillola] *f* **1.** *med* Pille *f,* Tablette *f; (anticoncezionale)* (Antibaby)pille *f;* **2.** *fig (difficoltà)* Ärger *m,* Verdruß *m,* bittere Pille; **prendere una ~** eine Tablette (ein)nehmen; **prendere** (*o.* **pigliare) la ~** die Pille nehmen; **ingoiare** (*o.* **inghiottire) la ~** *fig* die bittere Pille schlucken; **indorare la ~** *fig* die bittere Pille versüßen; **una ~ amara** *fig* eine bittere Pille.

pilone [pi'lo:ne] *m* **1.** *arch* Pylon *m,* (Stütz)pfeiler *m;* **2.** *sport* Dränger *m.*

piloro [pi'lɔ:ro] *m* Pförtner *m,* Pylorus *m scient.*

pilota [pi'lɔ:ta] ‹-i *m,* -e *f*› **I.** *mf aero* Pilot(in) *m(f); mot* (Renn)fahrer(in) *m(f); naut* Lotse *m,* Lotsin *f;* **II.** *m tec* Selbststeuergerät *n;* **III.** ‹*inv*› *a* **1.** *(guida)* Pilot-, Leit-, Lotsen-; **2.** *(sperimentale)* Modell-, Versuchs-, Pilot-; **nave ~** Lotsenboot *n.* **pilotaggio** [pilo'taddʒo] ‹-ggi› *m* **1.** *aero* Steuerung *f;* **2.** *naut* Lotsen *n;* **scuola di ~** Flugschule *f.* **pilotare** [...'ta:re] *tr* **1.** *(automobile)* fahren, steuern, lenken; *(nave)* lotsen; *(aereo)* fliegen, führen; **2.** *fig (condurre)* führen, begleiten.

piluccare [piluk'ka:re] ‹pilucco, pilucchi› *tr* **1.** *(uva)* abbeeren; **2.** *(mangiare sbocconcellando)* knabbern; **3.** *fig (portar via)* nach und nach wegnehmen, langsam abknöpfen *fam.*

pimento [pi'mento] *m* Piment *m o. n.*

pimpante [pim'pante] *a* lebhaft, fröhlich, keck.

pina ['pi:na] *f* Pinienzapfen *m.*

pinacoteca [pinako'tɛ:ka] ‹-che› *f* Pinakothek *f.*

pinco ['piŋko] ‹-chi› *m* Dummkopf *m,* Trottel *m;* **P~ pallino** *fam* irgendwer, ein x-beliebiger.

pineta [pi'ne:ta] *f* Pinienwald *m.*

ping-pong [piŋg 'pɔŋg] ‹-› *m* Tischtennis *n,* Pingpong *n.*

pingue ['piŋgu̯e] *a* **1.** *(grasso)* dick, fett; **2.** *(fertile)* fruchtbar; **3.** *fig (abbondante)* reichlich, üppig, fett. **pinguedine** [...'gu̯ɛ:dine] *f* **1.** *(adiposità)* Fettsucht *f;* **2.** *(grassezza)* Fettleibigkeit *f.*

pinguino [piŋ'gu̯i:no] *m* **1.** *zoo* Pinguin *m;* **2.** *(gelato)* *Eis am Stiel mit Schokoladenüberzug.*

pinna ['pinna] *f* **1.** *zoo* Flosse *f;* **2.** *sport* (Schwimm)flosse *f;* **3.** *naut* Boots-, Schlingerkiel *m;* **4.** *aero* Flossenstummel *m;* **5.** *anat (~ nasale)* Nasenflügel *m.*

pinnacolo [pin'na:kolo] *m* **1.** *arch* Fiale *f;* **2.** *fig (roccia)* Zinne *f.*

pino ['pi:no] *m* **1.** *bot* Kiefer *f;* **2.** *(legno)* Kiefernholz *n.*

pinolo [pi'nɔ:lo] *m* Pinienkern *m.*

pinza ['pintsa] *f* **1.** *tec* Zange *f; (a. med)* Pinzette *f;* **2.** *fam zoo* Schere *f,* Zange *f.* **pinzare** [...'tsa:re] *tr* stechen, beißen. **pinzatura** [...tsa'tu:ra] *f* Stich *m,* Biß *m.* **pinzetta** [...'tsetta] *f* Pinzette *f.*

pinzimonio [pintsi'mɔ:ni̯o] ‹-i› *m* *Salatsoße aus Öl, Pfeffer u. Salz.*

pio, -a ['pi:o] ‹pii, pie› *a* **1.** *(devoto)* demütig, ergeben; **2.** *(religioso)* gläubig, fromm, gottesfürchtig; **3.** *(caritatevole)* barmherzig, wohltätig; **4.** *poet* sanft, ehrfürchtig; **5.** *fig (vano)* vergeblich, eitel, unnütz.

pioggerella [pi̯oddʒe'rɛlla] *f* Niesel-, Sprühregen *m.* **pioggia** ['pi̯ɔddʒa] ‹-gge› *f* **1.** *meteo* Regen *m;* **2.** *fig (di fiori, auguri, etc.)* Regen *m,* Flut *f; (di pietre, rimproveri, etc.)* Hagel *m;* **-gge acide** saurer Regen; **~ fine/fitta/scrosciante** leichter/heftiger/prasselnder Regen; **~ mista a neve** Schneeregen *m;* **scroscio/rovescio di ~** Regenschauer *m*/Platzregen *m;* **stagione delle -gge** Regenzeit *f;* **annaffiare a ~** berieseln, beregnen.

piolo ['pi̯ɔ:lo] *m* **1.** *(legnetto)* Holzpflock *m; (della tenda)* Hering *m;* **2.** *(di scala)* (Holz)sprosse *f;* **stare piantato come un ~** *fam* wie angewurzelt dastehen.

piombare [pi̯om'ba:re] **I.** *itr* ‹*essere*› **1.** *(cadere dall'alto)* herunterfallen, herunterstürzen; **2.** *(abito)* fallen; **3.** *fig (sprofondare)* fallen, versinken; **4.** *fig (avventarsi)* anfallen, überfallen; **5.** *fig (disgrazie)* zustoßen, widerfahren; **~ in casa a qu** *fam* bei jdm (he)reinschneien *fam;* **~ addosso a qu** sich auf jdn stürzen; **II.** *tr* ‹*avere*› **1.** *fam (dente)* plombieren; **2.** *(pac-*

co) versiegeln, verplomben; *(carro)* verbleien, plombieren. **piombatura** [...ba'tu:ra] *f* **1.** *(di dente)* Plombe *f,* Füllung *f;* **2.** *(atto)* Füllen *n,* Plombieren *n;* **3.** *(rivestimento di piombo)* Verbleiung *f.*

piombifero, -a [pi̯om'bi:fero] *a* bleihaltig, Blei-.

piombino [pi̯om'bi:no] *m* **1.** *(proiettile)* Geschoß *n,* Kugel *f;* **2.** *(di lenza)* Angelblei *n,* Senker *m; (di rete)* Netzblei *n;* **3.** *(di filo a piombo)* Senkblei *n; (scandaglio)* Lot *n;* **4.** *(di pacco)* Plombe *f,* Verschlußblei *n;* **5.** *(di gonna, cappotto)* Bleiplättchen *n.*

piombo ['pi̯ombo] *m* **1.** *chem* Blei *n;* **2.** *(del filo a piombo)* Senkblei *n; (di lenza)* Angelblei *n,* Senker *m;* **3.** *(sigillo)* Plombe *f;* **4.** *(proiettile)* (Blei)kugel *f,* Projektil *n;* **5.** ‹*pl*› Bleiplatten *f pl;* **6.** *typ* Drucktypen *m pl,* Lettern *f pl;* **filo a ~** Lot *n,* Senkblei *n;* **a ~** senkrecht; **essere a ~** im Lot sein; **tenere in ~** im Lot halten, senkrecht halten; **pesare come il ~** schwer wie Blei sein; **andare coi piedi di ~** *fig* auf der Hut sein, vorsichtig sein; **di ~** *fig* unversehens, jäh; **senza ~** bleifrei.

pioniere [pio'ni̯ɛ:re] *m* Pionier *m.* **pionierismo** [pioni̯e'rizmo] *m* **1.** *(attività)* Pioniertat *f;* **2.** *(atteggiamento)* Pioniergeist *m.* **pionieristico, -a** [...'ristiko] ‹-ci, -che› *a* wegbereitend, bahnbrechend.

pio pio ['pi:o 'pi:o] **I.** ‹-› *m* Piep(s)en *n;* **II.** *interj* piep(s) piep(s).

pioppaia [pi̯op'pa:i̯a] ‹-aie› *f* Pappelpflanzung *f.* **pioppeto** [...'petto] *m* Pappelwald *m.* **pioppo** ['pi̯ɔppo] *m* Pappel *f.*

piorrea [pior'rɛ:a] *f* Eiterfluß *m.*

piota ['pi̯ɔ:ta] *f* Rasen-, Erdscholle *f.*

piovano, -a [pi̯o'va:no] *a* Regen-. **piovasco** [...'vasko] ‹-schi› *m* Regenschauer *m,* Platzregen *m.*

piovere ['pi̯ɔ:vere] ‹piove, piovve, piovuto› *itr* ‹*essere o. avere*› **1.** *meteo* regnen; *(penetrare acqua)* durch-, hereinregnen; **2.** *fig (telegrammi, baci, fiori, etc.)* hageln, regnen; *(proteste, rimproveri etc.)* hageln; **3.** *fig (notizia)* eingehen; *(disgrazia)* hereinbrechen; **~ a dirotto/a scroscio/a catinelle** gießen/in Strömen regnen/wie aus Eimern schütten (*o.* gießen); **ci è piovuto addosso un amico** *fam* ein Freund ist uns ins Haus geschneit *fam;* **su questo non ci piove** *fam* das ist so klar wie Kloßbrühe *fam;* **tanto tonò che piovve** *fig* das war vorauszusehen; **piove sul bagnato** ein Unglück kommt selten allein *prov.* **piovigginare** [pi̯oviddʒi'na:re] *itr* ‹*essere o. avere*› nieseln, tröpfeln. **piovigginoso, -a** [...'no:so] *a* regnerisch. **pioviscolare** [...visko'la:re] *itr* ‹*essere o. avere*› nieseln. **piovosità** [...vosi'ta] ‹-› *f* Regenfall *m,* Niederschlag *m.* **piovoso, -a** [...'vo:so] *a* regnerisch, Regen-.

piovra ['pi̯ɔ:vra] *f* **1.** *zoo* Polyp *m;* **2.** *fig* Blutsauger *m,* Schmarotzer *m.*

piovuto [pi̯o'vu:to] *pp di* **piovere.**

piovve ['pi̯ɔvve] *3. pers sing del passato remoto di* **piovere.**

pipa ['pi:pa] *f* Pfeife *f;* **fumare la ~** Pfeife rauchen. **pipata** [pi'pa:ta] *f* **1.** *(quantità di tabacco)* Pfeife(voll) *f;* **2.** *(tirata di fumo)* (Pfeifen)zug *m;* **fare una ~** an der Pfeife ziehen.

pipeline ['paɪplaɪn] ‹-› *m* Pipeline *f,* Erdölleitung *f.*

pipetta [pi'petta] *f* Pipette *f.*

pipì [pi'pi] ‹-› *fam* **I.** *f* Pipi *n fam;* **fare (la) ~** Pipi machen *fam;* **II.** *m* Pipimännchen *n fam,* Pimmelchen *n fam.*

pipistrello [pipis'trɛllo] *m* **1.** *zoo* Fledermaus *f;* **2.** *(mantello)* Umhang *m,* Fledermauscape *n.*

pipita [pi'pi:ta] *f* **1.** *zoo* Pips *m;* **2.** *anat* Nagelhaut *f.*

piqué [pi'ke] ‹-› *m* Pikee *m,* Piqué *m.*

pira ['pi:ra] *f poet* Scheiterhaufen *m.*

piramidale [pirami'da:le] *a* **1.** *arch* pyramidenförmig, Pyramiden-; **2.** *fig (madornale)* gewaltig, kolossal, riesig; **osso ~** Handwurzelknochen *m.* **piramide** [pi'ra:mide] *f* Pyramide *f;* **organizzazione a ~** hierarchische Organisationsform.

piranha [pi'reɲa] ‹-› *m* Piranha *m.*

pirata, -essa [pi'ra:ta, pira'tessa] **I.** ‹-i, -esse› *m, f* **1.** *(uomo di mare)* Pirat *m,* Seeräuber *m;* **2.** *fig (ladro)* Gauner(in) *m(f),* Betrüger(in) *m(f);* **~ della strada** Unfallflüchtige(r) *mf;* **~ dell'aria** Flugzeugentführer *m,* Luftpirat *m;* **II.** ‹*inv*› *a* Piraten-; **emittente ~** Piratensender *m.* **pirateggiare** [pirated'dʒa:re] ‹pirateggio, pirateggi› *itr* **1.** *(esercitare la pirateria)* Pirat sein; **2.** *fig (fare ruberie)* gaunern, betrügen. **pirateria** [...te'ri:a] ‹-ie› *f* **1.** *(azione, mondo)* Piraterie *f;* **2.** *fig (ruberia)* Gaunerei *f,* Betrügerei *f.* **piratesco, -a** [...'tesko] ‹-schi, -sche› *a* seeräuberisch, Piraten-. **piratessa** *f v.* **pirata.**

Pirenei [pire'nɛ:i] *m pl* Pyrenäen *pl.*

pirico, -a ['pi:riko] ‹-ci, -che› *a* pyritisch, Pyrit-; **polvere -a** Schießpulver *n.*

pirite [pi'ri:te] *f* Pyrit *m*, Schwefelkies *m*. **piritico, -a** [pi'ri:tiko] ‹-ci, -che› *a* Pyrit-, pyrithaltig.
piroetta [piro'etta] *f* Pirouette *f*; *(giravolta)* schnelle (Um)drehung. **piroettare** [...'ta:re] *itr* Pirouetten drehen.
pirofila [pi'rɔ:fila] *f* **1.** *(materiale)* feuerfestes Material; **2.** *(tegame)* feuerfeste Form (*o.* Schüssel). **pirofilo, -a** [...lo] *a* feuerfest, hitzebeständig.
piroga [pi'rɔ:ga] ‹-ghe› *f* Einbaum *m*.
piromane [pi'rɔ:mane] *mf* Pyromane *m*, Pyromanin *f*. **piromania** [piroma'ni:a] *f* Pyromanie *f*.
piroscafo [pi'rɔskafo] *m* Dampfer *m*, Dampfschiff *n*.
piroscissione [pirofʃis'si̯o:ne] *f* Krackverfahren *n*.
pirotecnica [piro'tɛknika] *f* Pyrotechnik *f*, Feuerwerkskunst *f*. **pirotecnico, -a** [...ko] **I.** *a* pyrotechnisch; **II.** *m* Rüstungsfabrik *f*; **III.** *m*, *f* Feuerwerker(in) *m(f)*, Pyrotechniker(in) *m(f)*.
piscia ['piʃʃa] ‹-sce› *f vulg* Pisse *f vulg*; **fare la ~** pissen *vulg*, pinkeln *fam*. **pisciare** [...'ʃa:re] ‹piscio, pisci› *itr vulg* pissen *vulg*; **pisciarsi addosso** (*o.* **sotto**) *fig* sich bepissen *vulg*, sich naß machen *fam*. **pisciata** [...'ʃa:ta] *f vulg* **1.** *(atto)* Pissen *n vulg*; **2.** *(quantità)* Pisse *f vulg*; **fare una ~** (mal) pinkeln (gehen) *fam*. **pisciatoio** [...ʃa'to:i̯o] ‹-oi› *m vulg* Pissoir *n*.
piscicoltore, -trice [piʃʃikol'to:re] *m*, *f* Fischzüchter(in) *m(f)*. **piscicoltura** [...'tu:ra] *f* Fischzucht *f*.
piscina [piʃ'ʃi:na] *f* **1.** *(vasca)* Schwimmbecken *n*, -bassin *n*; **2.** *(stabilimento)* Schwimmbad *n*, Badeanstalt *f*; **~ coperta/scoperta** Hallen-/Freibad *n*.
piscio ['piʃʃo] ‹-sci› *m vulg* Pisse *f vulg*. **piscione, -a** [...'ʃo:ne] *m*, *f vulg* Pisser(in) *m(f) vulg*.
pisello [pi'sɛllo] **I.** *m* **1.** *bot*, *gastr* Erbse *f*; **2.** *fam (pene)* Zipfel *m fam*; **crema di -i** Erbsencremesuppe *f*; **II.** ‹*inv*› *a* erbsengrün.
pisolare [pizo'la:re] *itr fam* dösen, ein Nickerchen machen *fam*. **pisolino** [...'li:no] *m fam* Nickerchen *n fam*.
pisside ['pisside] *f* **1.** *rel* Hostienkelch *m*, Pyxis *f*; **2.** *bot* Kelchkapsel *f*.
pissi pissi ['pissi 'pissi] **I.** ‹-› *m* Wispern *n*, Zischeln *n*; **II.** *interj* psch(t), psch(t).
pista ['pista] *f* **1.** *(traccia)* Fährte *f*, Spur *f*; **2.** *(da ballo)* Tanzfläche *f*; **3.** *sport* Piste *f*, Bahn *f*; **4.** *(di circo)* Manege *f*; **5.** *aero* Rollfeld *n*, Rollbahn *f*; **6.** *(del registratore)* (Magnet)spur *f*; *film* Streifen *m*, Spur *f*; **7.** *(via)* Weg *m*, Pfad *m*; **~ ciclabile** Rad(fahr)weg *m*; **~ di volo/rullaggio/atterraggio** Flug-/Roll-/Landebahn *f*; **~ sonora** Tonspur *f*, -streifen *m*.
pistacchio [pis'takki̯o] **I.** ‹-cchi› *m* Pistazie *f*; **II.** ‹*inv*› *a* pistaziengrün.
pistillo [pis'tillo] *m* (Blüten)stempel *m*, Blütennarbe *f*.
pistola [pis'tɔ:la] *f* Pistole *f*; **~ scacciacani/ad acqua** Schreckschuß-/Wasserpistole *f*; **~ a spruzzo** Spritzpistole *f*. **pistolero** [...to'lɛ:ro] *m* Pistolen-, Revolverheld *m*. **pistolettata** [...tolet'ta:ta] *f* Pistolenschuß *m*.
pistone [pis'to:ne] *m* **1.** *mot* (Motor)kolben *m*; **2.** *mus* Ventil *n*, Piston *n*.
pitagorico, -a [pita'gɔ:riko] ‹-ci, -che› **I.** *a* pythagoreisch; **tavola -a** Einmaleins *n*; **II.** *m* Pythagoreer *m*.
pitale [pi'ta:le] *m fam* Nachttopf *m*.
pitoccare [pitok'ka:re] ‹pitocco, pitocchi› **I.** *itr* betteln; **II.** *tr* erbetteln, betteln um.
pitoccheria [pitokke'ri:a] ‹-ie› *f* **1.** *(avarizia)* Knaus(e)rigkeit *f*; **2.** *(atto)* Knauserei *f*. **pitocco, -a** [pi'tɔkko] ‹-cchi, -cche› **I.** *m*, *f* Geizhals *m*; **II.** *a* geizig, knaus(e)rig.
pitone [pi'to:ne] *m* Python *m*.
pittima ['pittima] *f* Nervensäge *f*, Quälgeist *m*.
pittografia [pittogra'fi:a] *f* Bilderschrift *f*, Piktografie *f*. **pittografico, -a** [...'gra:fiko] *a* Bilder-, Bilderschrift-.
pittogramma [pitto'gramma] ‹-i› *m* Piktogramm *n*.
pittore, -trice [pit'to:re] *m*, *f* **1.** *(artista)* Zeichner(in) *m(f)*, Maler(in) *m(f)*; **2.** *(imbianchino)* Maler(in) *m(f)*, Anstreicher(in) *m(f)*. **pittoresco, -a** [...to'resko] ‹-schi, -sche› *a* pittoresk, malerisch. **pittorico, -a** [...'tɔ:riko] ‹-ci, -che› *a* **1.** *(di pittura)* Mal-, Zeichen-; **2.** *fig* malerisch.
pittrice *f v.* **pittore.**
pittura [pit'tu:ra] *f* **1.** *(arte)* Malerei *f*, Zeichenkunst *f*; **2.** *(dipinto)* Bild *n*, Gemälde *n*; **3.** *(verniciatura)* Anstrich *m*; **sembrare una ~** wie gemalt sein. **pitturare** [...tu'ra:re] **I.** *tr* **1.** *(dipingere)* malen, zeichnen; **2.** *(verniciare)* anstreichen; **II.** *rfl*: **-rsi** *fam* sich schminken, sich anmalen *fam*.
più [pi̯u] ‹*comparativo di* molto› **I.** *adv* **1.** *gener.* mehr; *(maggiormente)* mehr denn je, am meisten; **2.** *(comparativo di maggioranza)* (noch) mehr; **3.** *(su-*

perlativo assoluto) am meisten; **4.** *(di temperatura)* plus, über Null; **5.** *mat* plus, und; **6.** *(votazione scolastica)* plus; **7.** *(oltre)* weiter; **~ intelligente/bello** intelligenter/schöner; **è il ~ vecchio** er ist der älteste, er ist am ältesten; **~ tre** 3 Grad über Null; **li ha lasciati quando ~ avevano bisogno del padre** er hat sie verlassen, als sie den Vater mehr denn je brauchten; **in ~** darüber hinaus; **mi ha dato un libro in ~** er (*o.* sie) hat mir ein Buch zuviel gegeben; **per di ~** obendrein, darüber hinaus; **molto ~** viel mehr; **niente (di) ~** nichts mehr; **non ... ~** nicht mehr; **non ne posso ~** ich kann nicht mehr; **mai ~** nie(mals) mehr, nie wieder; **~ che mai** mehr denn je; **~ ... che ...** mehr ... als ..., eher ... als ...; **che ~?** was noch?, was weiter?; **tanto ~ che** um so mehr, als; **~ o meno** mehr oder weniger; **chi ~ chi meno** der eine mehr, der andere weniger; **~ su** weiter oben; **tra non ~ di un mese** in nicht mehr als einem Monat; **II.** *prp* (und) außerdem (noch), plus; **III.** ‹*inv*› *a* mehr; *(parecchi)* einige, mehrere; **ci vuole ~ tempo** es braucht mehr Zeit; **~ persone vengono e meglio è** je mehr Leute kommen, um so besser ist es; **al ~ presto** so schnell (*o.* bald) wie möglich; **al ~ tardi** spätestens; **IV.** ‹-› *m* **1.** *(massimo)* Höchste(s) *n,* Meiste(s) *n;* **2.** *(parte maggiore)* größter Teil, Großteil *m;* **3.** ‹*pl*› *(la maggioranza)* Mehrzahl *f,* Mehrheit *f;* **4.** *(cosa più importante)* Hauptsache *f,* Wichtigste(s) *n;* **5.** *mat* Plus(zeichen) *n;* **il ~ delle volte** meistens, in den meisten Fällen; **al ~** höchstens; **a ~ non posso** *fam* mit voller Kraft, was das Zeug hält *fam;* **tutt'al ~** allerhöchstens, maximal; **per lo ~** um so mehr, als; **parlare del ~ e del meno** über dieses und jenes reden; **passare nel numero dei ~** *fig fam* ins Gras beißen *fam;* **chi ~ ha ~ vuole** *prov* wer viel hat, will noch mehr *prov;* **chi ~ ne ha ~ ne metta** und das ist (längst) noch nicht alles, und so weiter und so fort.

piuccheperfetto [pi̯ukkeper'fɛtto] *m* Plusquamperfekt *n,* Vorvergangenheit *f.*

piuma ['pi̯u:ma] *f* **1.** *(penna)* (Flaum)feder *f,* Daune *f;* **2.** *(ornamento)* (Schmuck)feder *f;* **peso ~** *sport* Federgewicht *n.* **piumaggio** [pi̯u'maddʒo] ‹-ggi› *m* Federkleid *n,* Gefieder *n.* **piumato, -a** [...'ma:to] *a* gefiedert, Feder-.

piumino [pi̯u'mi:no] *m* **1.** *zoo* Flaumfeder *f,* Flaum *m;* **2.** *(per la cipria)* Puderquaste *f;* **3.** *(coperta)* Federbett *n;* **4.** *(per spolverare)* Staubwedel *m;* **5.** *(proiettile)* Schießbolzen *m.*

piumone® [pi̯u'mo:ne] *m* Steppdecke *f.*

piumoso, -a [pi̯u'mo:so] *a* **1.** *(coperto di piume)* gefiedert, Feder-; **2.** *fig (soffice)* flaumig, weich; **3.** *fig (leggero)* federleicht.

piuttosto [pi̯ut'tɔsto] *adv* **1.** *(più, più volentieri)* eher, lieber; *(più facilmente a.)* leichter; **2.** *(alquanto)* ziemlich, relativ; **3.** *(invece)* anstatt; **4.** *(meglio)* besser, vielmehr; **~ che ...** *conj (o. inf),* **~ di ...** *inf* eher, als daß ...; *(anziché)* (an)statt zu ... *inf,* (an)statt daß ...

piva ['pi:va] *f* Dudelsack *m;* **tornarsene con le -e nel sacco** *fig* unverrichteterdinge zurückkehren.

pivello, -a [pi'vɛllo] *m, f fam* Grünschnabel *m fam.*

piviale [pi'vi̯a:le] *m* Chormantel *m,* Pluviale *n.*

pizza ['pittsa] *f* **1.** *gastr* Pizza *f;* **2.** *fig (persona noiosa)* Langweiler(in) *m(f); (cosa noiosa)* langweilige Sache; **3.** *sl film* Filmdose *f.* **pizzaiolo, -a** [-'i̯ɔ:lo] *m, f* **1.** *(chi fa le pizze)* Pizzabäcker(in) *m(f);* **2.** *(gestore di pizzeria)* Inhaber(in) *m(f)* einer Pizzeria; **alla -a** *mit Tomaten, Knoblauch und Oregano.*

pizzardone [pittsar'do:ne] *m dial* Schutzmann *m.*

pizzeria [pittse'ri:a] ‹-ie› *f* Pizzeria *f,* Pizzabäckerei *f.*

pizzicagnolo, -a [pittsi'kaɲɲolo] *m, f* Wurst- und Käsehändler(in) *m(f).*

pizzicare [pittsi'ka:re] ‹pizzico, pizzichi› **I.** *tr* **1.** *(stringere)* kneifen, zwikken; **2.** *(pungere)* stechen; **3.** *(stuzzicare)* stochern, bohren; **4.** *fig* stechen; *(freddo)* beißen; **5.** *fam* (auf frischer Tat) ertappen; **6.** *mus* zupfen; **7.** *gastr* scharf gewürzt sein; **II.** *itr* **1.** *(prudere)* kitzeln, jucken; *fig fam* kribbeln, prickeln; **2.** *(bruciare)* brennen, stechen; **3.** *gastr* (stark) riechen. **pizzicato, -a** [...'ka:to] **I.** *a* gezupft, pizzikato; **strumenti a corde -e** Zupfinstrumente *n pl;* **II.** *m* Pizzikato *n.*

pizzicheria [pittsike'ri:a] ‹-ie› *f* Wurst- u. Käsegeschäft *n.*

pizzico ['pittsiko] ‹-chi› *m* **1.** *(pizzicotto)* Kniff *m;* **2.** *(di sale, etc.)* Prise *f;* **3.** *(puntura d'insetto)* (Insekten)stich *m,* -biß *m;* **non avere un ~ di sale in zucca** *fam* nicht für fünf Pfennig Verstand haben *fam.*

pizzicore [pittsi'ko:re] *m* **1.** *(prurito)*

Jucken *n*, Kribbeln *n;* **2.** *fig fam* Lust *f*, Laune *f.*
pizzicottare [pittsikot'ta:re] *tr fam* kneifen, zwicken. **pizzicotto** [...'kɔtto] *m* Kneifen *n*, Kniff *m*, Zwicken *n.*
pizzo ['pittso] *m* **1.** *(merletto)* Spitze *f;* **2.** *(barba)* Spitzbart *m.*
placare [pla'ka:re] ‹placo, plachi› **I.** *tr* **1.** *(ira, furore, sdegno)* besänftigen, beruhigen; **2.** *(fame, sete)* stillen; **II.** *rfl:* **-rsi** sich beruhigen; *(fig a.)* sich legen.
placca ['plakka] ‹-cche› *f* **1.** *(piastra)* Platte *f;* **2.** *(targhetta)* Plakette *f*, Schildchen *n*, Marke *f;* **3.** *el* Anode *f;* **4.** *med* Fleck *m.*
placcaggio [plak'kaddʒo] ‹-ggi› *m* Festhaltegriff *m*, Stopgriff *m* (im Rugby).
placcare [plak'ka:re] ‹placco, placchi› *tr* **1.** *(rivestire)* überziehen (*di* mit), plattieren; **2.** *sport* fassen, festhalten, stoppen; ~ **d'** (*o.* **in) oro/argento** vergolden/versilbern. **placcatura** [...ka'tu:ra] *f* Plattierung *f*, Dublierung *f.*
placchetta [plak'ketta] *f* **1.** *el* Fangelektrode *f;* **2.** *(bassorilievo)* Plakette *f;* **3.** *tec* (Schneid)plättchen *n.*
placebo [pla'tʃɛ:bo] ‹-› *m* Placebo *n.*
placenta [pla'tʃɛnta] *f* Plazenta *f*, Mutterkuchen *m.*
placet ['pla:tʃet] ‹-› *m* Plazet *n.*
placidità [platʃidi'ta] ‹-› *f* Ruhe *f*, Stille *f.* **placido, -a** ['pla:tʃido] *a* ruhig, still.
placito ['pla:tʃito] *m hist* Urteil *n.*
plafond [pla'fõ] ‹-› *m* **1.** *(soffitto)* (Zimmer)decke *f;* **2.** *fin, com* Plafond *m.* **plafoniera** [plafo'niɛ:ra] *f* Deckenlampe *f*, -leuchte *f; film* Deckenstrahler *m*, -scheinwerfer *m.*
plagiare [pla'dʒa:re] ‹plagio, plagi› *tr* **1.** *lit* plagiieren; **2.** *jur* hörig machen, gefügig machen. **plagiario, -a** [...'dʒa:rio] ‹-i, -ie› **I.** *a* plagiatorisch; **II.** *m, f* Plagiator(in) *m(f).* **plagio** ['pla:dʒo] ‹-gi› *m* **1.** *lit* Plagiat *n;* **2.** *jur* Hörigmachen *n.*
plaid [plɛd] ‹-› *m* Plaid *n o. m*, Reisedecke *f.*
planare [pla'na:re] *itr* gleiten. **planata** [...'na:ta] *f* Gleitflug *m.*
plancia ['plantʃa] ‹-ce› *f* **1.** *(passerella)* (Lauf)steg *m; (per caricare, etc.)* (Verlade)rampe *f;* **2.** *naut (ponte)* (Kommando)brücke *f;* **3.** *mot* Armaturenbrett *n.*
plancton ['plaŋkton] ‹-› *m* Plankton *n.*
planetario, -a [plane'ta:rio] ‹-i, -ie› **I.** *a* planetar(isch), Planeten-; **II.** *m* **1.** *astr* Planetarium *n;* **2.** *mot* Planetengetriebe *n.*
planimetria [planime'tri:a] ‹-ie› *f* **1.** *mat* Planimetrie *f*, ebene Geometrie; **2.** *(pianta)* Gebäudeplan *m;* **3.** *(topografia)* Flächenmessung *f.* **planimetrico, -a** [...'mɛ:triko] *a* planimetrisch. **planimetro** [...'ni:metro] *m* Planimeter *n*, Flächenmesser *m.*
planisfero [planis'fɛ:ro] *m* Planisphäre *f*, Erdflächenkarte *f;* ~ **celeste** Himmels- *f*, Sternkarte *f.*
plantare [plan'ta:re] **I.** *a* Fußsohlen-, plantar *scient;* **II.** *m* orthopädische (Schuh)einlage.
plantigrado, -a [plan'ti:grado] **I.** *a* Sohlen-; **II.** *m* **1.** *zoo* Sohlengänger *m;* **2.** *fam pej* lahme Ente *fam.*

plasma ['plazma] ‹-i› *m* Plasma *n.*
plasmabile [plaz'ma:bile] *a* formbar; prägbar, gestaltbar.
plasmare [plaz'ma:re] *tr* **1.** *(materiale)* modellieren, formen; **2.** *fig* formen bilden.
plastica ['plastika] ‹-che› *f* **1.** *(materiale)* Plastik *n*, Kunststoff *m;* **2.** *(arte, med)* Plastik *f.* **plasticismo** [...i'tʃizmo] *m* Plastizität *f.* **plasticità** [...itʃi'ta] ‹-› *f* **1.** *(arte)* Plastizität *f;* **2.** *phys* Plastizität *f*, Formbarkeit *f;* **3.** *fig* Anpassungsfähigkeit *f.* **plastico, -a** ['plastiko] ‹-ci, -che› **I.** *a* **1.** *(in plastica)* aus Plastik, Plastik-; **2.** *(arte)* darstellend, bildend; *(in rilievo)* plastisch; **3.** *tec* dehnbar, formbar, modellierbar; **4.** *med* plastisch; **II.** *m* **1.** *arch* Modell *n;* **2.** *(rappresentazione topografica)* Relief *n;* **bomba al** ~ Plastikbombe *f.*
plastificante [plastifi'kante] *m* Weichmacher *m*, Plastifikator *m.*
plastificare [plastifi'ka:re] ‹plastifico, plastifichi› *tr* **1.** *(rendere plastico)* plasti(fi)zieren; **2.** *(rivestire di plastica)* (mit Kunststoff) beschichten. **plastificazione** [...kat'tsio:ne] *f* Plastifizierung *f; (di plastica)* Beschichtung *f.*
plastilina® [plasti'li:na] *f* Plastilin® *n*, Knetgummi *m o. n.*
platano ['pla:tano] *m* Platane *f.*
platea [pla'tɛ:a] *f* **1.** *theat* Parkett *n;* **2.** *TV (pubblico)* Publikum *n*, Zuschauer *m pl;* **3.** *arch* Grundplatte *f;* **4.** *geol* Tafel *f*, Plateau *n;* ~ **di fondazione** Fundament *n.* **plateale** [...te'a:le] *a* platt, vulgär, grob.
plateau [pla'to] ‹-› *m* **1.** *geog* Plateau *n*, Tafel *f;* **2.** *(cassetta)* Kasten *m*, Kästchen *n.*
platinare [plati'na:re] *tr* platinieren;

(capelli) platinblond färben. **platino** ['pla:tino] *m* Platin *n.*
platonico, -a [pla'tɔ:niko] ‹-ci, -che› **I.** *a* platonisch; **II.** *m* Platoniker *m.*
plausibile [plau'zi:bile] *a (spiegazione, etc.)* plausibel, einsehbar; *(prova, etc.)* stichhaltig. **plausibilità** [...zibili'ta] ‹-› *f* Einsehbarkeit *f,* Stichhaltigkeit *f,* Plausibilität *f.*
plauso ['pla:uzo] *m* Beifall *m,* (begeisterte) Zustimmung *f.*
play-back ['pleıbæk] ‹-› *m* Playback *n.*
playboy ['pleıbɔı] ‹-› *m* Playboy *m.*
playmaker ['pleımeıkə] ‹-› *m* Spielführer *m.*

plebaglia [ple'baʎʎa] ‹-glie› *f* Pöbel *m,* Gesindel *n,* Mob *m.* **plebe** ['plɛ:be] *f* **1.** *pej* Pöbel *m,* Mob *m;* **2.** *hist* Plebs *f.* **plebeo, -a** [ple'bɛ:o] *a* **1.** *pej* pöbelhaft, gewöhnlich, gemein; **2.** *hist* plebejisch.
plebiscitario, -a [plebiʃʃi'ta:ri̯o] ‹-i, -ie› *a* **1.** *pol* plebiszitär; **2.** *fig* einstimmig, einhellig. **plebiscito** [...'ʃi:to] *m* **1.** *pol* Plebiszit *n,* Volksabstimmung *f,* Volksentscheid *m;* **2.** *fig* Einstimmigkeit *f.*
Pleiadi ['plɛ:i̯adi] *f pl* Plejaden *pl.*
plenario, -a [ple'na:ri̯o] ‹-i, -ie› *a* **1.** *(riunione)* Voll-, Plenar-; **2.** *(totale)* vollkommen, vollständig; **indulgenza -a** *rel* vollständiger Ablaß.
plenilunare [plenilu'na:re] *a* Vollmond-. **plenilunio** [...'lu:ni̯o] ‹-i› *m* Vollmond *m.*
plenipotenziario, -a [plenipoten'tsi̯a:rio] ‹-i, -ie› **I.** *a* bevollmächtigt; **II.** *m, f* Bevollmächtigte(r) *mf.*
plenum ['plɛ:num] ‹-› *m* Vollversammlung *f (bes. des Zentralkomitees der UdSSR).*
pleonasmo [pleo'nazmo] *m* Pleonasmus *m.* **pleonastico, -a** [...'nastiko] ‹-ci, -che› *a* **1.** *ling, lit* pleonastisch; **2.** *fig (superfluo)* überflüssig, unnötig.
plesso ['plɛsso] *m* **1.** *anat* Plexus *m;* **2.** *fig* Geflecht *n,* Komplex *m;* ~ **solare** Sonnengeflecht *n,* Solarplexus *m.*
pletora ['plɛ:tora] *f* **1.** *fig (sovrabbondanza)* Überschuß *m,* Überfluß *m;* **2.** *med* Plethora *f,* Blutfülle *f.* **pletorico, -a** [ple'tɔ:riko] ‹-ci, -che› *a (sovrabbondante)* überflüssig, übermäßig.
plettro ['plɛttro] *m* Plektron *n.*
pleura ['plɛ:ura] *f* Brustfell *n,* Rippenfell *n.* **pleurico, -a** ['plɛ:uriko] ‹-ci, -che› *a* Brustfell-, Rippenfell-. **pleurite** [pleu'ri:te] *f* Brust-, Rippenfellentzündung *f,* Pleuritis *f.*

P.L.I. *m ab di* **Partito Liberale Italiano** *liberale Partei Italiens.*
plico ['pli:ko] ‹-chi› *m* Aktenbündel *n; (busta)* großer Umschlag; ~ **postale** Postsendung *f.*
plissé [pli'se] **I.** ‹*inv*› *a* plissiert, Plissee-; **II.** ‹-› *m* Plissee *n.* **plissettare** [plisset'ta:re] *tr* plissieren.
plotone [plo'to:ne] *m mil* Zug *m,* Abteilung *f;* ~ **d'esecuzione** Exekutionskommando *n.*
plumbeo, -a ['plumbeo] *a* **1.** *(di piombo)* bleiern; **2.** *(colore)* bleifarben.
plurale [plu'ra:le] **I.** *a* pluralisch, Plural-, Mehrzahl-; **II.** *m* Plural *m,* Mehrzahl *f;* ~ **maiestatico** Pluralis majestatis *m.* **pluralismo** [plura'lizmo] *m* Pluralismus *m.* **pluralista** [...'lista] ‹-i *m,* -e *f*› *mf* Pluralist(in) *m(f).* **pluralistico, -a** [...listiko] ‹-ci, -che› *a* pluralistisch. **pluralità** [...li'ta] ‹-› *f* **1.** *(maggioranza)* Mehrheit *f,* Mehrzahl *f;* **2.** *philos* Pluralität *f;* Vielfalt *f.*
pluri- [pluri-] *(in parole composte)* mehr(fach)-, Mehr(fach)-; viel-, Viel-. **pluricellulare** [-tʃellu'la:re] *a* mehr-, vielzellig. **pluridecorato, -a** [-deko'ra:to] **I.** *a* mehrfach ausgezeichnet, mehrfach prämiert; **II.** *m, f* mehrfach ausgezeichnete Person. **pluridimensionale** [-dimensi̯o'na:le] *a* mehrdimensional. **pluriennale** [-en'na:le] *a* mehrjährig. **plurimiliardario, -a** [-mili̯ar'da:ri̯o] **I.** *a* milliardenschwer *fam;* **II.** *m, f* Multimilliardär(in) *m(f).* **plurimilionario, -a** [-mili̯o'na:ri̯o] **I.** *a* millionenschwer *fam;* **II.** *m, f* Multimillionär(in) *m(f).* **plurimillenario, -a** [-mille'na:ri̯o] *a* jahrtausendealt.
plurimo, -a ['plu:rimo] *a* **1.** *(parto)* mehrfach; **2.** *(voto)* Mehr(stimmen)-.
plurimotore [plurimo'to:re] **I.** *a* mehrmotorig; **II.** *m* Mehrmotorenflugzeug *n.* **plurinazionale** [-nattsi̯o'na:le] *a* Mehrvölker-, mehrstaatlich. **plurinominale** [-nomi'na:le] *a* mehrstimmenwahlberechtigt. **pluripartitico, -a** [-par'ti:tiko] *a* Mehrparteien-. **plurisecolare** [-seko'la:re] *a* jahrhundertealt. **plurisillabo, -a** [-'sillabo] *a* mehrsilbig. **pluristadio, -a** [-s'ta:di̯o] ‹-i, -ie› *a* Mehrstufen-. **pluriuso** [-'u:zo] ‹*inv*› *a* Mehrzweck-, Allzweck-.
plusvalenza [pluzva'lɛntsa] *f* Wertzuwachs *m.* **plusvalore** [...'lo:re] *m* **1.** *com* Wertzuwachs *m;* **2.** *philos* Mehrwert *m.*
plutocrate [plu'tɔ:krate] *mf* Plutokrat(in) *m(f).* **plutocratico, -a**

[...to'kra:tiko] ‹-ci, -che› *a* plutokratisch. **plutocrazia** [...tokrat'tsi:a] ‹-ie› *f* Plutokratie *f.*
plutonio [plu'tɔ:ni̯o] *m* Plutonium *n.*
pluviale [plu'vi̯a:le] *a* Regen-.
pluviometro [plu'vi̯ɔ:metro] *m* Niederschlagsmesser *m,* Pluviometer *n.*
p.m. *ab di* **pomeridiano** nachmittags, Nachmittags-.
P.M. *m ab di* **Pubblico Ministero** ≃ Staatsanwaltschaft.
pneumatico, -a [pneu'ma:tiko] ‹-ci, -che› **I.** *a* **1.** *gener.* Luft-; **2.** *tec* pneumatisch, Luftdruck-; **3.** *(gonfiabile)* aufblasbar; **battello ~** Schlauchboot *n;* **martello ~** Preßlufthammer *m;* **materassino ~** Luftmatratze *f;* **pompa -a** Luftpumpe *f;* **posta -a** Rohrpost *f;* **II.** *m* Reifen *m;* **~ radiale** Gürtel-, Radialreifen *m.*
po' [pɔ] *adv fam* ein wenig, ein bißchen; **un ~ di ...** etwas ...; ein wenig ...; **dimmi un ~!** sag mal!; **senti un ~!** hör' mal (her)!; **un bel ~** ganz schön viel; **che ~ ~ di ragazza!** was für ein Mädchen!; **un ~ per ..., un ~ per ...** teils (aus) ..., teils (aus) ...; *v. a. poco.*
P.O. *m ab di* **Potere Operaio** *linke Arbeiterbewegung Italiens.*
poc'anzi [pok 'antsi] *adv poet* vor kurzem, eben erst.
pochezza [pok'kettsa] *f* **1.** *fig (meschinità)* Kleinlichkeit *f;* **2.** *(scarsezza)* Knappheit *f,* Spärlichkeit *f;* **3.** *(modestia)* Bescheidenheit *f;* **~ d'animo** Kleinherzigkeit *f.*
pochino [po'ki:no] *m fam:* **un ~** ein bißchen *fam.*
poco, -a ['pɔ:ko] ‹-chi, -che; meno, pochissimo› **I.** *a* wenig, gering; *(debole)* schwach; *(piccolo)* gering, niedrig, klein; *(breve)* wenig, kurz; *(cattivo)* wenig, schlecht; **è -a cosa** das ist eine Kleinigkeit; **II.** *adv* wenig, nicht sehr; *(breve tempo)* kurz, nicht lange; *(con comparativo)* (nur) wenig, nicht viel; **~ dopo/prima** kurz darauf/vorher; **~ fa** vor kurzem; eben, gerade; **fra ~** in Kürze, bald; **per ~** *(temporale)* kurz; *(a buon mercato)* billig, preiswert; *(quasi)* beinahe, fast; **da ~** *(di poca importanza)* unbedeutend, geringfügig; *(da poco tempo)* seit kurzem; **a ~ a ~** nach und nach, allmählich; **di lì a ~** kurz darauf; **a dir ~** mindestens, wenigstens; **~ importa** das macht nichts; **~ male** auch gut, das macht nichts; **~ o nulla** so gut wie nichts; **sapere di ~** fade (*o.* nach nichts) schmecken; **stare ~ bene** sich nicht (ganz) wohl fühlen; **III.** *m* Wenige(s) *n,* Geringe(s) *n;* **un ~** ein bißchen *n fam;* **un ~ di ...** ein wenig ...; **accontentarsi del ~** sich mit wenig zufriedengeben; **essere un ~ di buono** *fam* ein Nichtsnutz (*o.* Taugenichts) sein; **IV.** *pron* **1.** ‹*pl*› *(persone)* wenige; *(cose)* wenig; **2.** *(piccola quantità)* wenig, nicht viel; **essere in -chi** wenige sein; **c'è ~ da fare** *fam* da kann man nichts (mehr) machen; **meglio ~ che niente** *prov* besser wenig als gar nichts.
podagra [po'da:gra] *f* (Fuß)gicht *f.*
podere [po'de:re] *m* (Land)gut *n.*
poderoso, -a [pode'ro:so] *a* **1.** *(muscoli, braccia)* kräftig, stark; **2.** *(esercito)* mächtig; **3.** *fig* groß, gewaltig.
podestà [podes'ta] ‹-› *m* **1.** *poet* Bürgermeister *m;* **2.** *hist (nel medioevo)* mittelalterlicher Stadtvogt; *(nel periodo fascista)* Ortsvorsteher *m.*
podio ['pɔ:di̯o] ‹-i› *m* Tribüne *f,* Podium *n; mus* Dirigentenpult *n.*
podismo [po'dizmo] *m* Gehen *n,* Gehsport *m.* **podista** [po'dista] ‹-i *m,* -e *f*› *mf* Geher(in) *m(f).* **podistico, -a** [po'distiko] ‹-ci, -che› *a* Geh-, Wettgeh-.
poema [po'ɛ:ma] ‹-i› *m* **1.** *lit* Dichtung *f;* **2.** *mus* Tondichtung *f;* **3.** *fig (scritto prolisso)* Roman *m;* **4.** *fig (cosa mirabile)* Gedicht *n; fam scherz (persona)* fabelhafte Person; **~ epico/cavalleresco** Epos *n*/Ritterepos *n.* **poemetto** [poe'metto] *m* Kurzepos *n.*
poesia [poe'zi:a] ‹-ie› *f* **1.** *(genere)* Dichtung *f; (fig a.)* Poesie *f;* **2.** *(singolo componimento)* Gedicht *n;* **3.** *(complesso di opere)* Dichtung *f,* Gedichte *n pl.*
poeta, -essa [po'ɛ:ta, poe'tessa] ‹-i, -e› *m, f* **1.** *lit* Dichter(in) *m(f),* Poet(in) *m(f);* **2.** *fam pej* Schwärmer(in) *m(f),* Träumer(in) *m(f).* **poetare** [poe'ta:re] **I.** *itr* dichten, Gedichte schreiben; **II.** *tr* dichten, schreiben. **poetastro, -a** [...'tastro] *m, f pej* Dichterling *m.* **poetessa** *f v.* **poeta.**
poetica [po'ɛ:tika] ‹-che› *f* Poetik *f.* **poeticità** [poetitʃi'ta] ‹-› *f* Poetische(s) *n,* poetische Qualität. **poetico, -a** [po'ɛ:tiko] ‹-ci, -che› *a* poetisch, dichterisch, Dichtungs-; *(sentimentale a.)* schwärmerisch, sentimental.
poggiare [pod'dʒa:re] ‹poggio, poggi› **I.** *tr (appoggiare)* (an)lehnen; *(posare)* (hin)legen; **II.** *itr* **1.** *arch* stehen, ruhen; **2.** *fig* basieren, (sich) gründen; **III.** *rfl:* **-rsi** sich stützen, sich (an)lehnen. **poggiatesta** [...dʒa'tɛsta] ‹-› *m* Kopfstütze *f.*

poggio ['pɔddʒo] ‹-ggi› *m* Anhöhe *f*, Hügel *m*.

poggiolo [pod'dʒɔ:lo] *m* Balkon *m*.

pogrom [pa'grɔm] ‹-› *m* Pogrom *n o. m*.

poh [phɔ] *interj* pfui, bah.

poi ['pɔ:i] *adv* **1.** *(dopo)* nachher; **2.** *(quindi)* dann, darauf; **3.** *(più tardi)* später; **4.** *(inoltre)* außerdem; **5.** *(enfatico)* dann (noch); **6.** *(posposto: infine)* schließlich, endlich; **lasciare qc per ~** etwas für später (übrig) lassen; **pensare al ~** an später denken; **a ~** bis später, bis nachher; **prima o ~** früher oder später; **d'ora in ~** von nun an; **~ dopo** dann, später; **no e ~ no** *fam* nein und nochmals nein; **tanto e ~ tanto** *fam* vielmals.

poiché [poi'ke] *con* da, weil.

pois [pwa] ‹-› *m* Tupfen *m*; **a ~** getüpfelt, getupft.

poker ['pɔ:ker] ‹-› *m* Poker(spiel) *n*; **giocare a ~** pokern, Poker spielen. **pokerista** [poke'rista] ‹-i *m*, -e *f*› *mf* Pokerspieler(in) *m(f)*.

polacca [po'lakka] ‹-cche› *f* **1.** *(danza)* Polonaise *f*; **2.** *(stivaletto)* Damenschnürstiefel *m*.

polacco, -a [po'lakko] ‹-cchi, -cche› **I.** *a* polnisch; **II.** *m, f* Pole *m*, Polin *f*.

polare [po'la:re] *a* Polar-, Pol-, polar; *(fig a.)* gegensätzlich. **polarità** [polari'ta] ‹-› *f* **1.** *phys* Polarität *f*; **2.** *fig* Polarität *f*, Gegensätzlichkeit *f*.

polarizzare [polarid'dza:re] **I.** *tr* **1.** *phys* polarisieren; **2.** *fig* lenken (*su* auf), richten (*su* auf); **II.** *rfl*: **-rsi 1.** *phys* polarisiert werden; **2.** *fig* sich orientieren (*su* an), sich richten (*su* nach). **polarizzazione** [...dzat'tsio:ne] *f* **1.** *phys* Polarisation *f*; **2.** *fig (attrazione)* Anziehung *f*.

polca ['pɔlka] ‹-che› *f* Polka *f*.

polemica [po'lɛ:mika] ‹-che› *f* Polemik *f*; *(controversia)* Auseinandersetzung *f*, Kontroverse *f*; **fare della ~** polemisieren. **polemicità** [polemitʃi'ta] ‹-› *f* polemische Haltung, Neigung *f* zur Polemik. **polemico, -a** [po'lɛ:miko] ‹-ci, -che› *a* **1.** *(combattivo)* kämpferisch; **2.** *(proprio della polemica)* polemisch. **polemista** [pole'mista] ‹-i *m*, -e *f*› *mf* **1.** *(autore)* Verfasser(in) *m(f)* von Streitschriften; **2.** *(persona polemica)* Polemiker(in) *m(f)*. **polemizzare** [...mid'dza:re] *itr* polemisieren (*su* gegen).

polenta [po'lɛnta] *f* Polenta *f (Maisbreigericht)*.

polentone, -a [polen'to:ne] *m, f* **1.** *fam (persona lenta)* lahme Ente *fam*, Lahmarsch *m fam*; **2.** *pej* Polentafresser(in) *vulg m(f) (Schimpfname für Norditaliener)*.

polesine [po'le:zine] *m* Flußinsel *f*; *(del Po)* Podelta *n*.

poli- [poli-] *(in parole composte)* Mehr-, Viel-.

poliammide [-am'mi:de] *f* Polyamid *n*.

poliandria [-an'dri:a] ‹-ie› *f* Vielmännerei *f*, Polyandrie *f*.

policlinico [-'kli:niko] ‹-ci› *m* Poliklinik *f*.

policromatico, -a [-kro'ma:tiko] *a* polychrom, vielfarbig. **policromia** [-kro'mi:a] ‹-ie› *f* Polychromie *f*, Vielfarbigkeit *f*. **policromo, -a** [po'li:kromo] *a* vielfarbig, mehrfarbig, bunt.

poliedricità [-edritʃi'ta] ‹-› *f* **1.** *fig* Vielseitigkeit *f*; **2.** *mat* Vielflächigkeit *f*, Polyedrie *f*. **poliedrico, -a** [-'ɛ:driko] ‹-ci, -che› *a* **1.** *fig (ingegno, mente)* vielseitig; **2.** *mat* vielflächig, polyedrisch. **poliedro** [-'ɛ:dro] *m* Vielflächner *m*, Polyeder *n*.

poliennale [-en'na:le] *a* mehrjährig.

poliestere [-'ɛstere] **I.** *m* Polyester *m*; **II.** *a* Polyester-, aus Polyester.

polietilene [-eti'lɛ:ne] *m* Polyäthylen *n*.

polifase [-'fa:ze] *a* mehrphasig, Mehrphasen-.

polifonia [-fo'ni:a] ‹-ie› *f* Polyphonie *f*, Mehrstimmigkeit *f*. **polifonico, -a** [-'fɔ:niko] *a* polyphon, mehrstimmig.

poligama *f v.* **poligamo.**

poligamia [-ga'mi:a] ‹-ie› *f* Vielehe *f*; *(a. bot, zoo)* Polygamie *f*. **poligamico, -a** [-'ga:miko] ‹-ci, -che› *a* polygam. **poligamo, -a** [po'li:gamo] **I.** *a* polygam; **II.** *m, f* Polygamist(in) *m(f)*.

poliglotta [poli'glɔtta] ‹-i *m*, -e *f*› **I.** *mf* Mehrsprachige(r) *mf*, Polyglotte(r) *mf geh*; **II.** *a* polyglott, mehrsprachig.

poligonale [-go'na:le] **I.** *a* polygonal, vieleckig; **II.** *f* Polygonzug *m*. **poligono** [po'li:gono] *m* **1.** *mat* Vieleck *n*, Polygon *n*; **2.** *mil* Schießplatz *m*.

poligrafia [-gra'fi:a] *f* Vervielfältigung *f*; *(copia)* Abzug *m*, Kopie *f*. **poligrafico, -a** [-'gra:fiko] **I.** *a* **1.** *(copia)* vervielfältigt; **2.** *(di poligrafia)* Vervielfältigungs-; **3.** *(istituto)* graphisch; **II.** *m, f* Drucker(in) *m(f)*; **III.** *m* Druckerei *f*. **poligrafo** [po'li:grafo] *m* **1.** *(scrittore)* Polyhistor *m obs*; **2.** *(duplicatore)* Vervielfältigungsapparat *m*, Kopierer *m*.

polimeria [polime'ri:a] ‹-ie› *f* Polymerie *f*. **polimerico, -a** [-'mɛ:riko] ‹-ci, -che› *a* polymer. **polimerizzare**

[-merid'dza:re] *tr* polymerisieren. **polimerizzazione** [...dzat'tsio:ne] *f* Polymerisation *f.* **polimero, -a** [po'li:mero] **I.** *a* **1.** *biol* vielteilig, mehrgliedrig; **2.** *chem* polymer; **II.** *m* Polymer *n.*
polimorfismo [polimor'fizmo] *m* Polymorphismus *m.* **polimorfo, -a** [-'mɔrfo] *a* polymorph.
polinomio [-'nɔ:mio] ‹-i› *m* Polynom *n.*
polio ['pɔ:lio] ‹-› *f* Kinderlähmung *f,* Polio *f.* **poliomielite** [poliomie'li:te] *f* Kinderlähmung *f,* Poliomyelitis *f scient.*
polipo ['pɔ:lipo] *m* **1.** *zoo* Polyp *m,* Krake *m;* **2.** *med* Polyp *m.*
polisemia [polise'mi:a] ‹-ie› *f* Polysemie *f.*
polisillabo, -a [-'sillabo] **I.** *a* mehrsilbig; **II.** *m* mehrsilbiges Wort.
polistirolo [-sti'rɔ:lo] *m* Polystyrol *n.*
politecnico, -a [-'tɛkniko] **I.** *a* polytechnisch; **II.** *m* Polytechnikum *n.*
politeismo [-te'izmo] *m* Polytheismus *m,* Vielgötterei *f.* **politeista** [-te'ista] ‹-i *m,* -e *f*› **I.** *mf* Polytheist(in) *m(f);* **II.** *a* polytheistisch. **politeistico, -a** [-te'istiko] ‹-ci, -che› *a* polytheistisch.
politica¹ [po'litika] ‹-che› *f* Politik *f; (fig a.)* Diplomatie *f;* ~ **interna/estera** Innen-/Außenpolitik *f;* ~ **finanziaria/sociale/salariale/dei prezzi** Finanz-/Sozial-/Lohn-/Preispolitik *f.*
politica² *f v.* **politico.**
politicante [politi'kante] *mf pej* Politisierer(in) *m(f).* **politicastro, -a** [...'kastro] *m, f* Politikaster *m.* **politicizzare** [polititʃid'dza:re] *tr* politisieren. **politicizzazione** [...dzat'tsio:ne] *f* Politisierung *f.*
politico, -a [po'li:tiko] ‹-ci, -che› **I.** *a* politisch; **economia -a** Volkswirtschaft *f,* Nationalökonomie *f;* **scienze -che** Politikwissenschaft *f;* **elezioni -che** Parlamentswahlen *f pl;* **II.** *m, f* **1.** *pol* Politiker(in) *m(f);* **2.** *fig* diplomatischer Mensch. **politicone, -a** [politi'ko:ne] *m, f fam* Lavierer *m,* raffinierter Mensch.
politologa *f v.* **politologo.**
politologia [politolo'dʒi:a] ‹-gie› *f* Politologie *f,* Politikwissenschaft *f.* **politologo, -a** [...'tɔ:logo] ‹-gi, -ghe› *m, f* Politologe *m,* -login *f,* Politikwissenschaftler(in) *m(f).*
polittico [po'littiko] ‹-ci› *m* Flügelaltar *m,* Polyptydion *n.*
politura [poli'tu:ra] *f* Glätten *n,* Polieren *n.*
polivalente [poliva'lɛnte] *a* **1.** *chem* polyvalent, mehrwertig; **2.** *fig* mehrfach anwendbar. **polivalenza** [-va'lɛntsa] *f* **1.** *chem* Mehrwertigkeit *f;* **2.** *fig* mehrfache Verwendbarkeit.
polivinile [-vi'ni:le] *m* Polyvinyl *n.*
polizia [polit'tsi:a] ‹-ie› *f* Polizei *f; (commissariato a.)* Polizeiwache *f;* **agente di** ~ Polizeibeamte(r) *m;* ~ **giudiziaria/stradale/sanitaria** Gerichts-/Verkehrs-/Gesundheitspolizei *f;* ~ **tributaria** Steuerfahndungsdienst *m;* ~ **urbana** städtische Polizei. **poliziesco, -a** [...'tsiesko] ‹-schi, -sche› *a* **1.** *adm* polizeilich, Polizei-; **2.** *lit, film* Kriminal-. **poliziotto** [...'tsiɔtto] *m* **1.** *adm* Polizist *m;* **2.** *fig pej* Spitzel *m,* Schnüffler *m fam;* **cane** ~ Polizeihund *m;* **donna** ~ Polizistin *f.*
polizza ['pɔ:littsa] *f* **1.** *com* Police *f;* **2.** *naut* Konnossement *n;* ~ **di assicurazione** Versicherungspolice *f;* ~ **di carico** Frachtbrief *m;* **fare una** ~ eine Versicherung abschließen.
polla ['polla] *f* Quelle *f.*
pollaio [pol'la:io] ‹-ai› *m* **1.** *(per polli)* Hühnerstall *m;* **2.** *fig fam (luogo sporco)* Schweinestall *m fam,* Saustall *m vulg;* **andare a** ~ *fam* in die Kiste (*o.* Koje) gehen *fam.*
pollaiolo, -a [polla'iɔ:lo] *m, f* Geflügelhändler(in) *m(f).*
pollame [pol'la:me] *m* Geflügel *n.*
pollastro, -a [pol'lastro] *m, f* **1.** *zoo* junges Huhn, junge Henne; **2.** *fig fam* Einfaltspinsel *m.*
polleria [polle'ri:a] ‹-ie› *f* Geflügelhandlung *f.*
pollice ['pɔllitʃe] *m* **1.** *anat (della mano)* Daumen *m; (del piede)* großer (*o.* dicker) Zeh; **2.** *(unità di misura)* Zoll *m;* **non cedere di un** ~ *fig* keinen Zoll(breit) zurückweichen; **avere il** ~ **verde** *fig* eine grüne Hand (*o.* einen grünen Daumen) haben *fam.*
pollicoltura [pollikol'tu:ra] *f* Geflügel-, Hühnerzucht *f.*
polline ['pɔlline] *m* Pollen *m,* Blütenstaub *m.*
pollivendolo, -a [polli'vendolo] *m, f* Geflügelhändler(in) *m(f).*
pollo ['pollo] *m* **1.** *zoo, gastr* Huhn *n;* **2.** *fig (individuo ingenuo)* dummes Huhn *fam;* **andare a letto con i -i** *fig* mit den Hühnern zu Bett gehen; **conoscere i propri -i** *fig fam* seine Pappenheimer kennen; **questo fa ridere i -i** *fig* da lachen ja die Hühner! *fam.*
pollone [pol'lo:ne] *m* Schößling *m,* Sproß *m.*
polluzione [pollut'tsio:ne] *f* **1.** *med* Pollution *f;* **2.** *(inquinamento)* Verschmutzung *f,* Verunreinigung *f;* ~ **dell'acqua/aria** Wasser-/Luftverschmutzung *f.*

polmonare [polmo'na:re] *a* Lungen-. **polmone** [...'mo:ne] *m* **1.** *anat* Lunge *f;* **2.** *fig (stimolo)* Antrieb *m,* Motor *m;* **3.** *fig (di città)* (grüne) Lunge *f,* Grünzone *f;* ~ **d'acciaio** eiserne Lunge; **respirare/gridare a pieni -i** tief einatmen (*o.* durchatmen)/aus voller Kehle schreien. **polmonite** [...mo'ni:te] *f* Lungenentzündung *f.*

polo¹ ['pɔ:lo] *m geog, phys, mat, el, fig* Pol *m;* ~ **nord/sud** Nord-/Südpol *m;* **spedizione al** ~ Polarexpedition *f;* **da un** ~ **all'altro** *fig* überall auf der Welt; **essere ai -i opposti** *fig* gegensätzliche Positionen vertreten (*o.* darstellen); **abitare** (*o.* **stare) al** ~ **nord** *fig* wohnen, wo sich die Füchse gute Nacht sagen; am Ende der Welt wohnen.

polo² ['pɔ:lo] *m sport* Polo(spiel) *n.*

polonaise [polo'nɛ:z] ‹-› *f* Polonaise *f.*

Polonia [po'lɔ:ni̯a] *f* Polen *n.*

polpa ['polpa] *f* **1.** *(di frutto)* (Frucht)fleisch *n; (di carne)* (mageres, knochenloses) Fleisch *n;* **2.** *anat* Pulpa *f;* ~ **dentaria** Zahnmark *n,* Pulpa *f.*

polpaccio [pol'pattʃo] ‹-cci› *m* Wade *f.* **polpacciuto, -a** [...'tʃu:to] *a fam* mit dicken Waden.

polpastrello [polpas'trɛllo] *m (della mano)* Fingerkuppe *f; (del piede)* Zehenkuppe *f.*

polpetta [pol'petta] *f* **1.** *gastr* Fleischklößchen *n,* Frikadelle *f;* **2.** *(avvelenata)* (vergiftetes) Köderfleisch *n;* **far -e di qu** *scherz* aus jdm Hackfleisch machen *fam.* **polpettone** [...'to:ne] *m* **1.** *gastr* Hackbraten *m,* falscher Hase; **2.** *fig (scritto)* zusammengeschustertes Zeug; *(discorso a.)* wirres Zeug.

polpo ['polpo] *m* Krake *m,* Oktopus *m.*

polposo, -a [pol'po:so] *a* fleischig.

polsino [pol'si:no] *m* Manschette *f.*

polso ['polso] *m* **1.** *anat* Handgelenk *n;* **2.** *(di manica)* Manschette *f;* **3.** *fig (energia)* Tatkraft *f,* Energie *f; com* Finanzkraft *f; (ingegno)* Talent *n,* Geist *m;* **4.** *med* Puls(schlag) *m;* **un artista di** ~ ein talentierter Künstler; **un uomo di** ~ ein Mann *m* der Tat; **tagliarsi i -i** sich *(dat)* die Pulsadern aufschneiden; **sentire** (*o.* **tastare) il** ~ **a qu** jdm den Puls fühlen; *fig* jdm auf den Zahn fühlen.

poltiglia [pol'tiʎʎa] ‹-glie› *f* **1.** *(miscuglio)* Brei *m;* **2.** *(fango)* Schlamm *m;* **ridurre qu in** ~ jdn zu Brei schlagen *fam.*

poltrire [pol'tri:re] ‹poltrisco› *itr* **1.** *(starsene a letto)* sich im Bett rekeln; **2.** *fig* faulenzen, auf der faulen Haut liegen *fam;* ~ **nell'ozio** müßig sein, dem Müßiggang frönen.

poltrona¹ [pol'tro:na] *f* **1.** *(mobile)* Sessel *m;* **2.** *fig (carica)* (bequemer) Posten *m,* (gute) Stellung *f;* **3.** *theat* Parkettplatz *m.*

poltrona² *f v.* **poltrone.**

poltronaggine [poltro'naddʒine] *f* Trägheit *f,* Faulheit *f.* **poltrone, -a** [...'tro:ne] **I.** *m, f* Faulenzer(in) *m(f);* **II.** *a* faul, träge. **poltroneria** [...trone'ri:a] ‹-ie› *f* Müßiggang *m,* Trägheit *f.*

polvere ['polvere] *f* **1.** *gener.* Staub *m;* **2.** *(sostanza)* Staub *m,* Pulver *n; mil* (Schieß)pulver *n;* **3.** *rel* Staub *m,* Asche *f;* ~ **di carbone/vetro/d'oro** Kohlen-/Glas-/Goldstaub *m;* ~ **da sparo** Schießpulver *n;* **in** ~ in Pulverform, Pulver-; **caffè in** ~ Pulverkaffee *m;* **togliere la** ~ Staub wischen; **mangiare la** ~ Staub einatmen (*o.* schlucken); *fig* am Boden liegen, unterliegen; **far mangiare la** ~ **a qu** *fig fam* jdn überholen; **buttare** (*o.* **gettare) la** ~ **negli occhi a qu** *fig* jdm Sand in die Augen streuen; **ridurre qu in** ~ jdn zur Schnecke machen *fam;* **dare fuoco alle -i** *fig* Öl ins Feuer gießen. **polveriera** [...'ri̯ɛ:ra] *f* **1.** *(magazzino)* Pulvermagazin *n,* Munitionsdepot *n;* **2.** *fig* Pulverfaß *n.* **polverificio** [...ri'fi:tʃo] ‹-ci› *m* Pulverfabrik *f.* **polverina** [...'ri:na] *f* **1.** *med* Pulver *n;* Pülverchen *n fam;* **2.** *sl (cocaina)* Koks *m sl.* **polverio** [...'ri:o] ‹-ii› *m* Staubwolke *f.*

polverizzare [polverid'dza:re] **I.** *tr* **1.** *(ridurre in polvere)* pulverisieren, zu Pulver zermahlen; **2.** *(nebulizzare)* zerstäuben; **3.** *fig (suddividere)* zerstückeln; *(annientare)* vernichten, niedermachen; *(superare)* zunichtemachen; *(record)* brechen; **4.** *gastr* bestreuen, bestäuben; **II.** *rfl:* **-rsi** zu Staub werden. **polverizzatore, -trice** [...dza'to:re] **I.** *a* Zerstäubungs-; **II.** *m* Zerstäuber *m,* Sprühgerät *n; mot* Einspritzdüse *f.* **polverizzazione** [...dzat'tsi̯o:ne] *f* Zerstäubung *f,* Pulverisierung *f; fig* Zerstückelung *f.*

polverone [polve'ro:ne] *m* **1.** *(polvere)* dichte Staubwolke; **2.** *fig* Aufschneider *m,* Angeber *m.*

polveroso, -a [polve'ro:so] *a* staubig, staubbedeckt.

pomata [po'ma:ta] *f* Salbe *f,* Creme *f; (per capelli)* Pomade *f.*

pomello [po'mɛllo] *m* **1.** *(zigomo)* Jochbogen *m,* Zygoma *n;* **2.** *(oggetto sferico)* Knauf *m,* Knopf *m.*

pomeridiano, -a [pomeri'di̯a:no] *a* (*ab* **p. m.**) nachmittäglich, Nachmittags-.
pomeriggio [pome'riddʒo] ⟨-ggi⟩ *m* Nachmittag *m;* **di** ~ nachmittags; **domani/oggi** ~ morgen/heute nachmittag.
pomfo ['pɔnfo] *m med* Blase *f.*
pomice ['po:mitʃe] ⟨-ci⟩ *f* Bimsstein *m;* **pietra** ~ Bimsstein *m.*
pomiciare [pomi'tʃa:re] ⟨pomicio, pomici⟩ *itr sl* knutschen *fam,* schmusen *fam.* **pomicione, -a** [...'tʃo:ne] *m, f sl* Knutscher(in) *m(f) fam.*
pomo ['po:mo] *m* **1.** *bot* Apfelfrucht *f;* **2.** *dial (mela)* Apfel *m;* **3.** *(oggetto sferico)* Kugel *f,* Knauf *m;* ~ **d'Adamo** Adamsapfel *m;* ~ **della discordia** Zankapfel *m;* **il** ~ **vietato** die verbotene Frucht, der Paradiesapfel.
pomodorata [pomodo'ra:ta] *f fam* Tomatenwurf *m;* **prendere qu a -e** *fam* jdn mit Tomaten bewerfen.
pomodoro [pomo'dɔ:ro] *m* Tomate *f;* **diventare rosso come un** ~ rot wie eine Tomate werden.
pompa¹ ['pompa] *f* **1.** *tec* Pumpe *f;* **2.** *fam* Tank-, Zapfsäule *f;* ~ **di calore** Wärmepumpe *f.*
pompa² ['pompa] *f (sfarzo)* Pomp *m,* Prunk *m;* ~ **funebre** Leichenbegängnis *n,* -bestattung *f;* **impresa di -e funebri** Bestattungsinstitut *n;* **mettersi in** ~ **magna** *scherz* sich in Schale werfen *fam;* **far** ~ **di qc** mit etw. Staat machen.
pompaggio [pom'paddʒo] ⟨-ggi⟩ *m* Pumpen *n.* **pompare** [...'pa:re] *tr* **1.** *gener.* pumpen; **2.** *fam (gonfiare)* aufpumpen; **3.** *fig fam (esagerare)* aufbauschen.
Pompei [pom'pɛ:i] *f* Pompeji *n.*
pompelmo [pom'pɛlmo] *m* Pampelmuse *f,* *Grapefruit f.*
pompiere [pom'pi̯ɛ:re] *m* Feuerwehrmann *m.*
pompon [põ'põ] ⟨-⟩ *m* Pompon *m,* Quaste *f.*
pomposità [pomposi'ta] ⟨-⟩ *f* Prunk *m,* Pracht *f.* **pomposo, -a** [...'po:so] *a* pompös, prunkvoll, prächtig; *mus* feierlich.
ponderabile [ponde'ra:bile] *a* **1.** *(quantità)* meßbar; **2.** *fig (decisione)* erwägenswert.
ponderare [ponde'ra:re] *tr* er-, abwägen, in Erwägung ziehen. **ponderatezza** [...ra'tettsa] *f* Überlegtheit *f,* Besonnenheit *f.* **ponderato, -a** [...'ra:to] *a* **1.** *(discorso, decisione)* (wohl-, gut)überlegt; **2.** *(persona)* überlegt, besonnen. **ponderazione** [...rat'tsi̯o:ne] *f* Erwägung *f,* Überlegung *f.*
ponderoso, -a [ponde'ro:so] *a* mühsam, aufwendig.
pone ['po:ne] *etc. v.* **porre.**
ponente [po'nɛnte] *m* **1.** *geog* Westen *m;* **2.** *(vento)* Westwind *m.*
pongo ['poŋgo] *1. pers sing pr di* **porre.**
poni ['po:ni] *etc. v.* **porre.**
ponte ['ponte] *m* **1.** *gener., tec, naut, fig, sport* Brücke *f;* *(fig a.)* Verbindung *f;* **2.** *(nell'edilizia)* (Bau)gerüst *n;* **3.** *mot* Achse *f;* **4.** *med* (Zahn)brükke *f;* **5.** *el* Brücke *f,* Schaltdraht *m;* ~ **levatoio/sospeso** Zug-/Hängebrücke *f;* ~ **aereo** Luftbrücke *f;* ~ **radio** (Rund)funkverbindung *f;* ~ **di barche** Schiffsbrücke *f;* ~ **di comando** Kommandobrücke *f;* ~ **di volo/lancio/coperta/passeggiata** Flug-/Start-/Ober-/Promenadendeck *n;* **gettare un** ~ *(a. fig)* eine Brücke schlagen; **essere in** ~ *sport* eine Brücke machen; **far** ~ *(calcio)* einen Paß vorbereiten; **rompere (***o.* **tagliare) i -i** alle Brücken (hinter sich *dat*) abbrechen; **fare il** ~ an einem Tag zwischen zwei Feiertagen nicht arbeiten, ein langes Wochenende machen.
pontefice [pon'te:fitʃe] ⟨-ci⟩ *m* **1.** *rel* Papst *m;* **2.** *hist* Pontifex *m.*
ponticello [ponti'tʃɛllo] *m* **1.** *(piccolo ponte)* Steg *m;* **2.** *(degli occhiali)* (Brillen)bügel *m;* **3.** *(di arma da fuoco)* Bügel *m;* **4.** *el* Verteilerdraht *m;* **5.** *mus* Ponticello *n;* **6.** *(sostegno)* Stütze *f.*
pontiere [pon'ti̯ɛ:re] *m* Brückenbaupionier *m.*
pontificale [pontifi'ka:le] **I.** *a* päpstlich, Papst-, pontifikal; **II.** *m (messa)* Pontifikalmesse *f;* *(libro)* Pontifikale *n.* **pontificare** [...'ka:re] ⟨pontifico, pontifichi⟩ *itr* **1.** *rel* das Pontifikalamt zelebrieren; **2.** *fig* (auf übertriebene Art) dozieren. **pontificato** [...'ka:to] *m* **1.** *rel (papato)* Papsttum *n,* Papstwürde *f;* *(carica)* Pontifikat *n;* **2.** *hist* Amt *n* des Pontifex. **pontificio, -a** [...'fi:tʃo] ⟨-ci, -cie⟩ *a* **1.** *rel* päpstlich, Papst-; **2.** *hist* kirchenstaatlich.
pontile [pon'ti:le] *m* Landungssteg *m,* Landungsbrücke *f.*
pony ['poʊnɪ] ⟨-⟩ *m* Pony *n.*
ponzare [pon'tsa:re] *fam* **I.** *itr* sich *(dat)* den Kopf zerbrechen; **II.** *tr* aushecken *fam.*
pool [pu:l] ⟨-⟩ *m* Pool *m.*
pop [pɔp] ⟨*inv*⟩ *a* poppig; *(musica, cultura, etc.)* Pop-.

pop-art ['pɔp ɑ:t] ‹-› *f* Pop-art *f.*
pop-corn ['pɔp kɔ:n] ‹-› *m* Popcorn *n.*
pope ['pɔ:pe] ‹-› *m* Pope *m.*
popelin ['pɔ:pelin] ‹-› *m* Popelin *m,* Popeline *m o. f.*
popò [po'pɔ] ‹-› *fam* **I.** *f (feci)* Aa *n fam;* **II.** *m (sedere)* Po(po) *m fam.*
popolamento [popola'mento] *m* **1.** *(di persone)* Besiedlung *f;* **2.** *zoo, bot* Bestand *m.*
popolano, -a [popo'la:no] **I.** *a* **1.** *(del popolo)* volkstümlich, Volks-; **2.** *(a sostegno del popolo)* zugunsten des Volkes, Volks-; **II.** *m, f* Mann *m,* Frau *f* aus dem Volk.
popolare[1] [popo'la:re] *a* **1.** *(del popolo)* Volks-; **2.** *(diffuso nel popolo)* Volks-, volkstümlich; **3.** *(noto)* populär, beliebt; **4.** *(divulgativo)* populär, allgemein verständlich; **casa ~** Siedlungshaus *n; (abitazione sociale)* Sozialwohnung *f;* **canzone/musica/poesia ~** Volkslied *n*/-musik *f*/-dichtung *f;* **prezzi -i** volkstümliche Preise *m pl.*
popolare[2] [popo'la:re] **I.** *tr* **1.** *(rendere abitato)* bevölkern, besiedeln; **2.** *(abitare)* bewohnen; **3.** *(riempire di gente)* bevölkern; **II.** *rfl:* **-rsi 1.** *(diventare popolato)* besiedelt (*o.* bevölkert) werden; **2.** *(affollarsi)* sich bevölkern.
popolaresco, -a [popola'resko] ‹-schi, -sche› *a* volkstümlich.
popolarità [popolari'ta] ‹-› *f* Popularität *f,* Beliebtheit *f.*
popolazione [popolat'tsi̯o:ne] *f* **1.** *(quantità di persone)* Bevölkerung *f;* **2.** *(di un territorio)* Einwohner *m pl;* **3.** *(popolo)* Volk *n;* **4.** *zoo* Bewohner *m pl;* **5.** *(raggruppamento)* Bevölkerungsgruppe *f;* **~ assoluta** Bevölkerungszahl *f;* **~ civile** Zivilbevölkerung *f;* **la ~ scolastica** alle Schulbesucher; **densità di ~** Bevölkerungsdichte *f.*
popolino [popo'li:no] *m pej* niederes (*o.* gemeines) Volk.
popolo ['pɔ:polo] *m* **1.** *(di un paese)* Volk *n; (di una città, regione)* Bevölkerung *f;* **2.** *(classe sociale)* Volk *n;* **3.** *(moltitudine)* Volksmenge *f,* Volksmasse *f;* **4.** *(sudditi)* Volk *n,* Untertanen *m pl;* **il ~ cristiano/musulmano** die Christen *m pl*/die Moslems *m pl;* **una donna del ~** eine Frau aus dem Volk. **popoloso, -a** [popo'lo:so] *a* dichtbevölkert, dichtbesiedelt.
popone [po'po:ne] *m tosc* Melone *f.*
poppa ['poppa] *f* **1.** *naut* Heck *n;* **2.** *fam (mammella)* Brust *f.*
poppante [pop'pante] **I.** *a (bambino)* an der Mutterbrust trinkend; **II.** *mf* **1.** *(lattante)* Säugling *m;* **2.** *fig fam* Grünschnabel *m.* **poppare** [...'pa:re] *tr* saugen; (an der Mutterbrust) trinken; **popparsi il dito** am Daumen lutschen. **poppata** [...'pa:ta] *f* Milchmahlzeit *f.* **poppatoio** [...pa'to:i̯o] ‹-oi› *m* Fläschchen *n,* Milchflasche *f.*
populismo [popu'lizmo] *m* Populismus *m.*
porcaio [por'ka:i̯o] ‹-ai› *m* **1.** *vulg (luogo sudicio, immorale)* Saustall *m vulg; (porcheria)* Sauerei *f vulg;* **2.** *(guardiano di porci)* Schweinehirt *m.* **porcata** [...'ka:ta] *f vulg* Sauerei *f vulg.*
porcellana [portʃel'la:na] *f* Porzellan *n.* **porcellanato, -a** [...la'na:to] *a* Email-.
porcellino [portʃel'li:no] *m* **1.** *zoo* Ferkel *n;* **2.** *(stufa)* tragbares (Elektro)öfchen; **3.** *fig fam (bambino sporco)* Schweinchen *n fam,* Ferkel *n fam;* **~ d'India** Meerschweinchen *n.*
porcellone, -a [...'lo:ne] *m, f fam* Schweinehund *m vulg,* Schwein *n vulg.*
porcheria [porke'ri:a] ‹-ie› *f* **1.** *(sporcizia)* Dreck *m,* Schmutz *m;* **2.** *(pasto)* Schweinefraß *m fam; (bevanda)* Gesöff *n fam;* **3.** *fig (azione)* Schweinerei *f fam; fam (cosa brutta)* Häßlichkeit *f; (cosa sporca)* Schweinerei *f fam,* Schweinkram *m fam;* **quello specchio è proprio una ~** *fam* der Spiegel ist wirklich das letzte *fam.*
porchetta [por'ketta] *f* Spanferkel *n.*
porcile [por'tʃi:le] *m* **1.** *(per maiali)* Schweinestall *m;* **2.** *fig pej* Schweinestall *m,* Saustall *m vulg.* **porcino, -a** [...'tʃi:no] **I.** *a* Schweins-, Schweine-, schweinsartig; **II.** *m* Steinpilz *m.*
porco, -a ['pɔrko] ‹-ci, -che› **I.** *m* **1.** *zoo* Schwein *n;* **2.** *fig pej* Schwein *n,* Sau *f vulg;* **3.** *fig vulg (persona viziosa)* Schweinehund *m fam,* Deckskerl *m vulg,* Saukerl *m vulg;* **piede** (*o.* **piè) di ~** *tec* Brechstange *f;* **gettar le perle ai -ci** *fig* Perlen vor die Säue werfen; **II.** *a* **1.** *pej (schifoso)* widerlich, ekelhaft; **2.** *vulg (in esclamazioni)* verdammt *fam,* beschissen *vulg,* Sau- *vulg,* Scheiß- *fam;* **-a vita** Hundeleben *n;* **~ mondo!** *vulg* verdammt noch mal!; **-a miseria!** *vulg* verfluchte Schweinerei! *vulg;* **~ Giuda!** *vulg* zum Teufel nochmal! *fam;* **-a l'oca!** *vulg* verdammter Mist!, Scheiße! *vulg.*
porcospino [porkos'pi:no] *m* **1.** *zoo* Stachelschwein *n;* **2.** *fig* Kratzbürste *f.*

porfido ['pɔrfido] *m* Porphyr *m*.

porgere ['pɔrdʒere] ⟨porgo, porgi, porsi, porto⟩ *tr* **1.** *(dare)* geben, reichen; **2.** *(esporre)* darlegen, vortragen; **3.** *fig* (an)bieten; ~ **la mano** die Hand geben (*o.* reichen); ~ **l'occasione** (die) Gelegenheit geben; ~ **l'orecchio** ganz Ohr sein; ~ **ascolto a qu** jdm Gehör schenken, jdm zuhören.

poriferi [po'ri:feri] *m pl* Schwämme *m pl.*

pornografia [pornogra'fi:a] *f* Pornographie *f.* **pornografico, -a** [...'gra:fiko] *a* pornographisch.

poro ['pɔ:ro] *m* Pore *f;* ~ **sudorifero** Schweißpore *f;* **sudare da tutti i -i** in Schweiß gebadet sein; **sprizzare gioia/salute/rabbia/veleno da tutti i -i** außer sich *(dat)* sein vor Freude/vor Gesundheit strotzen/vor Wut schäumen/Gift und Galle spucken. **porosità** [porosi'ta] ⟨-⟩ *f* Porosität *f.* **poroso, -a** [po'ro:so] *a* **1.** *(pelle)* (groß)porig; **2.** *(roccia, legno)* porös.

porpora ['porpora] *f (a. fig)* Purpur *m;* ~ **cardinalizia** Kardinalswürde *f.* **porporato, -a** [...'ra:to] **I.** *a* purpurgekleidet; **II.** *m* Kardinal *m.* **porporina** [porpo'ri:na] *f* **1.** *(colorante)* Purpurin *n;* **2.** *(miscuglio di polveri)* Bronzefarbe *f.* **porporino, -a** [...no] *a* purpurrot, purpurfarben.

porre ['porre] ⟨pongo, posi, posto⟩ **I.** *tr* **1.** *(mettere)* legen; *(collocare, posare)* stellen, legen, setzen; **2.** *(questione, domanda, etc.)* richten, stellen; **3.** *mat* (gleich)setzen; **4.** *fig (supporre)* annehmen; **5.** *jur* voraussetzen, annehmen; **6.** *(considerare)* erwägen; **7.** *(fine, termine)* machen, setzen; **8.** *(occhi, sguardo, etc.)* heften (*su* auf); ~ **fiducia in qu** Vertrauen in jdn setzen, jdm Vertrauen schenken; ~ **la firma su un documento** seine Unterschrift unter ein Dokument setzen; ~ **freno** Einhalt gebieten; ~ **in libertà qu** jdn freilassen; ~ **mano alla spada** zum Schwert greifen; ~ **mente a qc** etw. in Erwägung ziehen; ~ **un nome** sich *(dat)* einen Namen machen; ~ **in essere** verwirklichen; ~ **in esecuzione** zur Ausführung bringen, ausführen; **senza** ~ **tempo di mezzo** unverzüglich, sofort; **questa memoria posero** *(iscrizione funeraria)* zum Gedenken; **poniamo che sia errato** nehmen wir an, daß es falsch ist; **II.** *rfl:* **-rsi 1.** *(mettersi)* sich setzen, sich stellen, sich legen; **2.** *(accingersi)* sich anschicken; **-rsi a sedere** sich (hin)setzen; **-rsi in marcia/cammino/salvo** sich in Bewegung setzen/sich aufmachen, sich auf den Weg machen/sich in Sicherheit bringen.

porro ['pɔrro] *m* **1.** *bot* Lauch *m,* Porree *m;* **2.** *med fam* Warze *f.*

porsi ['pɔrsi] *1. pers sing del passato remoto di* **porgere.**

porta ['pɔrta] *f* **1.** *(apertura)* Tür *f;* **2.** *(portone)* Tor *n,* Pforte *f;* **3.** *sport* Tor *n;* **4.** *naut* Luke *f;* **a -e chiuse** *jur* unter Ausschluß der Öffentlichkeit; **prendere la** ~ *fam* fortgehen; **sfondare una** ~ **aperta** *fig* offene Türen einrennen; **ascoltare dietro le -e** an der Wand (*o.* an der Tür) lauschen; **essere alle -e** *fig* vor der Tür stehen; **mettere qu alla** ~ jdn vor die Tür setzen; **indicare la** ~ **a qu** *fig* jdm die Tür weisen *geh,* jdn hinauswerfen; **chiudere la** ~ **in faccia a qu** jdm die Tür vor der Nase zuschlagen; **ha tutte le -e aperte** ihm (*o.* ihr) stehen alle Türen offen.

portabagagli [portaba'gaʎʎi] ⟨-⟩ *m* **1.** *(per veicoli)* (Dach)gepäckträger *m; (per biciclette)* Gepäckständer *m;* **2.** *(facchino)* Gepäckträger *m.* **portabandiera** [-bandi̯ɛ:ra] ⟨-⟩ *mf* **1.** *fig (esponente principale)* Anführer(in) *m(f),* Hauptvertreter(in) *m(f);* **2.** *mil* Fahnenträger(in) *m(f).* **portabiancheria** [-bi̯aŋke'ri:a] ⟨-⟩ *m* Wäscheständer *m.*

portabile [por'ta:bile] *a* tragbar, bequem (zu tragen).

portabottiglie [portabo'tiʎʎe] ⟨-⟩ *m* Flaschengestell *n.* **portaburro** [-'burro] ⟨-⟩ *m* Butterdose *f.* **portacarte** [-'karte] ⟨-⟩ *m* Mappe *f,* Ordner *m.* **portacenere** [-'tʃe:nere] ⟨-⟩ *m* Aschenbecher *m.* **portachiavi** [-'ki̯a:vi] ⟨-⟩ *m* Schlüsselring *m,* -bund *m.* **portacipria** [-'tʃi:pri̯a] ⟨-⟩ *m* Puderdose *f.* **portadischi** [-'diski] **I.** ⟨-⟩ *m* Schallplattenständer *m;* **II.** ⟨*inv*⟩ *a* (Schall)platten-; **piatto** ~ Plattenteller *m.* **portadolci** [-'doltʃi] ⟨-⟩ *m* Kuchenteller *m,* -platte *f.* **portaerei** [-'ɛ:rei] ⟨-⟩ *f* Flugzeugträger *m.* **portaferiti** [-fe'ri:ti] ⟨-⟩ *m* Sanitäter *m.*

portafinestra [portafi'nɛstra] ⟨portefinestre⟩ *f* Balkontür *f.*

portafiori [-'fi̯o:ri] **I.** ⟨*inv*⟩ *a* Blumen-; **II.** ⟨-⟩ *m* Blumenständer *m.*

portafoglio [-'fɔʎʎo] *m* **1.** *(per denaro)* Geldtasche *f; (per carte)* Brieftasche *f;* **2.** *(per documenti)* Aktentasche *f;* **3.** *fig pol* Portefeuille *n,* Geschäftsbereich *m;* **4.** *fin* Wertpapierbestand *m;* ~ **estero** Devisenbestand *m;* **gonna a** ~ Wickelrock *m;* **avere il** ~ **gonfio** *fig* eine dicke Brieftasche haben *fam;* **alleggerire il** ~ **a qu** jdn um sein Geld bringen, jdm das Geld aus der Tasche ziehen.

portafortuna [-for'tu:na] **I.** ‹*inv*› *a* Glücks-; **II.** ‹-› *m* Glücksbringer *m*, Maskottchen *n*, Talisman *m*.

portafrutta [-'frutta] ‹-› *m* Obstteller *m*, -schale *f*.

portagioie, portagioielli [-'dʒɔ:i̯e, -dʒo'i̯ɛlli] ‹-› *m* Schmuckkästchen *n*, -schatulle *f*.

portale [por'ta:le] *m* Portal *n*.

portalettere [-'lɛttere *o.* -'let...] *mf* Briefträger(in) *m(f)*, Postbote *m*, -botin *f*.

portamatite [-ma'ti:te] ‹-› *m* Bleistiftmäppchen *n*, -etui *n*.

portamento [porta'mento] *m* **1.** *(modo di muoversi)* Haltung *f*; **2.** *fig (modo di comportarsi)* Benehmen *n*, Verhalten(sweise *f*) *n*.

portamissili [-'missili] ‹-› *m* Raketenträger *m*.

portamonete [-mo'ne:te] ‹-› *m* Portemonnaie *n*, Geldbörse *f*.

portante [por'tante] *a* **1.** *(struttura, muro)* tragend; **2.** *aero* Trag-; **piano** (*o.* **superficie**) ~ Tragfläche *f*.

portantina [portan'ti:na] *f* **1.** *(per ammalati)* (Trag)bahre *f*, Trage *f*; **2.** *(sedia portatile)* Sänfte *f*, Tragsessel *m*.

portantino, -a [...no] *m*, *f* Krankenträger(in) *m(f)*.

portaoggetti [portaod'dʒɛtti] **I.** ‹*inv*› *a* Objekt-; **II.** ‹-› *m* Objektträger *m*.

portaombrelli [-om'brɛlli] ‹-› *m* Schirmständer *m*. **portapacchi** [-'pakki] ‹-› *m* **1.** *(di veicolo)* Gepäckträger *m*; **2.** *(fattorino)* Paketzusteller *m*. **portapenne** [-'penne] ‹-› *m* **1.** *(astuccio)* Federetui *n*, Federmäppchen *n*; **2.** *(asticciola)* Federhalter *m*. **portaposate** [-po'sa:te] ‹-› *m* Besteckkasten *m*.

portare [por'ta:re] **I.** *tr* **1.** *(trasportare)* tragen; *(recare)* bringen; *(portare in regalo)* mitbringen; *(andare a prendere)* holen; *(accostare)* näher bringen; *(portare con sé)* mit sich *(dat)* tragen, mit sich *(dat)* bringen, (bei sich *dat*) haben; *(far venire)* herführen, mit sich *(dat)* führen, bringen **2.** *(spostare)* verlegen, verschieben, rücken; **3.** *(indossare)* tragen, anhaben; **4.** *(reggere, tenere)* halten, tragen; **5.** *(condurre)* führen; *(veicoli)* fahren, lenken; *(animali)* führen, treiben; **6.** *(avere)* haben, tragen; **7.** *(mostrare)* aufweisen, tragen; **8.** *(indurre)* (hin)treiben, bringen; **9.** *(addurre)* (an)bringen, aufführen; *(prova)* erbringen; *(esempio)* anführen; **10.** *(produrre)* hervorbringen, mit sich *(dat)* bringen; *(causare)* verursachen; **11.** *(sostenere)* unterstützen; **12.** *(trasmettere)* überbringen, übertragen; *mat* übertragen; **13.** *fig (amore)* empfinden; *(rancore)* hegen; *(rispetto)* entgegenbringen; *(pazienza)* aufbringen; ~ **su/giù/dentro/fuori/via/avanti** hinauf-/hinunter-/hinein-/heraus-/weg-/vorantragen; ~ **gli occhiali** eine Brille tragen; ~ **un titolo** einen Titel führen; ~ **in dote** als Aussteuer mitbringen; ~ **in regalo** als Geschenk mitbringen; ~ **in tavola** auftischen, auftragen; ~ **in trionfo** im Triumph mit sich *(dat)* führen; ~ **a spasso qu** jdn spazieren führen; ~ **bene/male gli anni** für sein Alter gut/schlecht aussehen; ~ **bene** (*o.* **fortuna) a qu** jdm Glück bringen; ~ **male** (*o.* **sfortuna) a qu** jdm Unglück bringen; **porta bene la motocicletta** er (*o.* sie) fährt gut Motorrad; **si veste come porta la moda** er (*o.* sie) kleidet sich nach der Mode; **l'amore che ti porto** die Liebe, die ich für dich empfinde; **II.** *rfl:* **-rsi 1.** *(recarsi)* sich begeben; **2.** *(stare di salute)* sich fühlen, sich befinden; **3.** *(comportarsi)* sich verhalten, sich benehmen; **4.** *(spostarsi)* rücken.

portaritratti [portari'tratti] ‹-› *m* Bilderrahmen *m*. **portariviste** [-ri'viste] ‹-› *m* Zeitungsständer *m*. **portasapone** [-sa'po:ne] ‹-› *m* Seifendose *f*, -schale *f*. **portasci** [-ʃ'ʃi] *m* Skiträger *m*. **portasciugamano** [-ʃʃuga'ma:no] *m* Handtuchhalter *m*. **portasigarette** [-siga'rette] ‹-› *m* Zigarettenetui *n*. **portaspilli** [-s'pilli] ‹-› *m* Nadelkissen *n*.

portata [por'ta:ta] *f* **1.** *(di pranzo)* Gang *m*; **2.** *(capacità di carico)* Tragfähigkeit *f*, Ladefähigkeit *f*; **3.** *opt* Sehweite *f*; *mil* Reichweite *f*, Schußweite *f*; **4.** *(di fiume)* Wassermenge *f*; **5.** *fig (importanza)* Tragweite *f*, Bedeutung *f*; *(autorità)* Einfluß *m*, Stellung *f*, Rang *m*; **6.** *fig (capacità)* Erschwinglichkeit *f*; **un prezzo alla ~ di tutte le borse** ein Preis, der für jeden erschwinglich ist; **alla ~ di** erreichbar für; *(prezzo)* erschwinglich für; **a ~ di mano/di voce** in Reich-/Rufweite.

portatessera [porta'tɛssera] ‹-› *m* Ausweishülle *f*.

portatile [por'ta:tile] *a* *(televisione)* tragbar; *(macchina da scrivere)* Reise-; *(radio)* Koffer-.

portato, -a [por'ta:to] **I.** *a* **1.** *(abito, giacca)* getragen; **2.** *fig (predisposto)* geneigt (*a* zu), hingezogen (*a* zu);

II. *m* Ergebnis *n,* Resultat *n; (effetto a.)* Folge *f.*
portatore, -trice [porta'to:re] *m, f* **1.** *(addetto al trasporto)* Träger(in) *m(f);* **2.** *med* (Über)träger(in) *m(f);* **3.** *fin* Überbringer(in) *m(f);* **4.** *com (possessore)* Inhaber(in) *m(f);* **titolo al ~** Inhaberpapier *n,* -aktie *f.*
portatovagliolo [-tovaʎ'ʎɔ:lo] *m (busta)* Serviettentasche *f; (anello)* Serviettenring *m.*
portatrice *f v.* **portatore.**
portauova, portauovo [-'u̯ɔ:va, ...vo] ‹-› *m* **1.** *(coppa)* Eierbecher *m;* **2.** *(scatola)* Eierschachtel *f.* **portavasi** [-'va:zi] ‹-› *m* Blumenständer *m.*
portavivande [-vi'vande] ‹-› *m (carrello)* Speise-, Servierwagen *m; (cesta)* Speisebehälter *m.*
portavoce [-'vo:tʃe] ‹-› **I.** *mf (incaricato)* Sprecher(in) *m(f) (a. fig),* Wortführer(in) *m(f);* **II.** *m* Megaphon *n; (tubo metallico)* Sprachrohr *n.*
porte-enfant ['pɔrt ɑ̃'fɑ̃] ‹-› *m* Babytragesitz *m,* -gestell *n.*
portefinestre *pl di* **portafinestra.**
portello [por'tɛllo] *m* **1.** *(sportello)* (Schrank)flügel *m;* **2.** *naut* Luke *f; (aero a.)* Klappe *f;* **3.** *(porticina)* kleine Tür, Türchen *n.*
portento [por'tɛnto] *m* **1.** *(avvenimento straordinario)* Wunder *n,* außergewöhnliches Ereignis; **2.** *(cosa eccezionale)* Wunder(ding) *n;* **3.** *(persona eccezionale)* außergewöhnlicher Mensch, Genie *n;* **essere un ~ di memoria** ein unwahrscheinliches Gedächtnis haben. **portentoso, -a** [...ten'to:so] **I.** *a (eccezionale)* außergewöhnlich, wunderbar, sagenhaft *fam;* **II.** *m* Außergewöhnliche(s) *n,* Wunderbare(s) *n;* **avere del ~** ans Wunderbare grenzen.
porticato [porti'ka:to] **I.** *m* Laubengang *m,* Arkaden *f pl;* **II.** *a* Lauben-, Arkaden-. **portico** ['pɔrtiko] ‹-ci› *m* **1.** *arch* Lauben-, Säulen-, Bogengang *m;* **2.** *(costruzione rurale)* (Geräte)schuppen *m.*
portiera [por'ti̯ɛ:ra] *f* **1.** *mot* Wagen-, Autotür *f;* **2.** *(tendaggio)* Türvorhang *m,* Portiere *f.*
portiere, -a [por'ti̯ɛ:re] *m, f* **1.** *(portinaio)* Portier *m,* Portiersfrau *f,* Pförtner(in) *m(f);* **2.** *sport* Torwart *m.* **portinaio, -a** [porti'na:i̯o] ‹-ai, -aie› *m, f* Portier *m,* Portiersfrau *f,* Pförtner(in) *m(f).* **portineria** [...ne'ri:a] ‹-ie› *f* Portier(s)loge *f.*
porto[1] ['pɔrto] *pp di* **porgere.**
porto[2] ['pɔrto] *m* **1.** *(d'armi)* Waffenschein *m;* **2.** *(spesa di trasporto)* Porto *n;* **franco di ~** portofrei, gebührenfrei.
porto[3] ['pɔrto] *m* **1.** *naut* Hafen *m; (rifugio)* Zuflucht *f;* **2.** *fig (punto d'arrivo)* Ziel *n,* Ende *n;* **~ di mare** Seehafen *m; fig* Rummelplatz *m,* Durcheinander *n;* **un ~ di pace** eine Oase des Friedens; **giungere in ~** *fig* am Ziel ankommen; **condurre in ~ un affare** *fig* eine Angelegenheit abschließen.
porto[4] ['pɔrto] *m (vino)* Portwein *m.*
Portogallo [porto'gallo] *m:* **il ~** Portugal *n.* **portoghese** [...'ge:se] **I.** *a* portugiesisch; **latte alla ~** *Süßspeise aus Eiern und Milch;* **II.** *mf* **1.** *(abitante)* Portugiese *m,* Portugiesin *f;* **2.** *fig (chi entra senza pagare)* Zaungast *m;* **fare il ~** sich ohne Eintrittskarte einschmuggeln.
portone [por'to:ne] *m* Portal *n,* Tor *n,* Haupteingang *m; (per veicoli)* Einfahrt *f,* Tor *n.*
portuale [portu'a:le] **I.** *a* Hafen-; **II.** *m* Hafenarbeiter *m.*
porzione [por'tsi̯o:ne] *f* (An)teil *m; (di cibo)* Portion *f.*
posa ['pɔ:sa] *f* **1.** *(sosta)* Unterbrechung *f;* **2.** *(collocazione)* Aufstellung *f,* Anbringung *f;* **3.** *fot* Belichtung *f; (ripresa)* Zeitaufnahme *f; (fotografia)* Bild *n,* Aufnahme *f;* **4.** *film* Bild *n,* Aufnahme *f;* **5.** *(atteggiamento)* Pose *f,* Positur *f;* **6.** *fig (ostentazione)* Allüre *f,* übertriebenes Benehmen; **teatro di ~** Filmstudio *n,* -atelier *n;* **mettersi in ~** sich in Positur setzen.
posacenere [posa'tʃe:nere] ‹-› *m* Aschenbecher *m.*
posare [po'sa:re] **I.** *tr* **1.** *(metter giù)* niederstellen, hinstellen, -legen, absetzen; **2.** *(appoggiare)* (hin)legen, aufstützen; **II.** *itr* **1.** *(poggiare)* ruhen, stehen, liegen; **2.** *(stare in posa)* posieren; **3.** *fig (darsi delle arie)* sich aufspielen, sich wichtig machen; **4.** *fig (fondarsi)* sich stützen, beruhen; **5.** *(vino, caffè)* sich setzen; **III.** *rfl:* **-rsi** sich niederlassen.
posata [po'sa:ta] *f* Besteck *n.* **posateria** [posate'ri:a] ‹-ie› *f* Bestecksatz *m.*
posatezza [posa'tettsa] *f* Bedächtigkeit *f,* Gesetztheit *f.* **posato, -a** [po'sa:to] *a* bedächtig, gesetzt; *(equilibrato)* ausgeglichen.
poscritto [pos'kritto] *m* Postskript(um) *n,* Nachschrift *f.*
posdomani [pozdo'ma:ni] *adv poet* übermorgen.
posi ['po:si] *1. pers sing del passato remoto di* **porre.**
positiva [pozi'ti:va] *f* Positiv *n.*

positivismo [poziti'vismo] *m* **1.** *philos* Positivismus *m;* **2.** *(utilitarismo)* Utilitarismus *m,* Pragmatismus *m.* **positivista** [...'vista] ‹-i *m,* -e *f*› *mf* **1.** *philos* Positivist(in) *m(f);* **2.** *(utilitarista)* Utilitarist(in) *m(f),* Pragmatiker(in) *m(f).* **positivistico, -a** [...'vistiko] ‹-ci, -che› *a* positivistisch.

positività [pozitivi'ta] ‹-› *f* positiver Charakter.

positivo, -a [pozi'ti:vo] **I.** *a* **1.** *mat, fot, med, el, phys* positiv; **2.** *gram* im Positiv; **3.** *(reale)* wirklich, konkret, real; *(certo)* sicher, gewiß; **4.** *(pratico)* praktisch; **5.** *(affermativo)* positiv, bejahend, bestätigend; *(favorevole a.)* günstig; **6.** *philos* positivistisch; **II.** *m* **1.** Positive(s) *n; (ciò che esiste)* Wirkliche(s) *n,* Konkrete(s) *n; (ciò che è sicuro)* Sichere(s) *n,* Gewisse(s) *n;* **2.** *opt, fot* Positiv *n;* **3.** *gram* Positiv *m,* Grundstufe *f.*

posizione [pozit'tsi̯o:ne] *f* **1.** *gener., geog, astr* Lage *f,* Position *f; (a. mil, tec)* Stellung *f; sport* Stellung *f,* Position *f; (ubicazione)* Lage *f,* Standort *m;* **2.** *(atteggiamento del corpo)* Haltung *f;* **3.** *(collocazione)* Anordnung *f,* Aufstellung *f;* **4.** *fig (stato, condizione)* Lage *f,* Stellung *f; (situazione)* Situation *f,* Umstand *m;* Stand *m;* **5.** *fig (grado sociale)* Position *f;* **6.** *fig (convinzione)* Standpunkt *m,* Überzeugung *f,* Position *f;* **~ chiave** Schlüsselposition *f;* **~ giuridica** Rechtslage *f;* **~ d'attenti** Habachtstellung *f;* **~ di forza** Machtstellung *f;* **~ di guardia** Ausgangsposition *f;* **~ a zero** Nullstellung *f;* **guerra di ~** Stellungskrieg *m;* **luci di ~** Standlicht *n;* **prendere ~** Stellung beziehen; **trovarsi in una ~ di comando** eine leitende Position innehaben (*o.* bekleiden).

posologia [pozolo'dʒi:a] ‹-gie› *f* Dosierungsanweisung *f.*

posporre [pos'porre] ‹*irr*› *tr* **1.** *(collocare dopo)* nach-, zurückstellen; **2.** *(differire)* ver-, aufschieben. **posposizione** [...pozit'tsi̯o:ne] *f* Nachstellung *f; fig* Verschiebung *f.*

possa ['pɔssa] *etc. v.* **potere.**

possedere [posse'de:re] ‹*irr*› *tr (ricchezze, ville, cose, etc.)* besitzen, haben; *(virtù, bellezze, etc. a.)* verfügen über; *(lingua, mestiere)* beherrschen.

possedimento [possedi'mento] *m* Ländereien *f pl,* Besitztum *n; pol* Hoheitsgebiet *n.*

posseditrice *f v.* **possessore.**

possente [pos'sɛnte] *a* mächtig, stark, groß.

possessione [posses'si̯o:ne] *f* Besitz *m.* **possessivo, -a** [...'si:vo] *a* **1.** *gram* besitzanzeigend, Possessiv-; **2.** *fig* besitzergreifend; **aggettivo/pronome ~** besitzanzeigendes Adjektiv/Possessivpronomen *n.*

possesso [pos'sɛsso] *m* **1.** *(il possedere)* Besitz *m;* **2.** *(padronanza)* Beherrschung *f;* **3.** ‹*pl*› *(proprietà terriera)* Ländereien *f pl; pol* Kolonialbesitz *m,* Hoheitsgebiet *n;* **presa di ~** Inbesitznahme *f;* **essere nel pieno ~ delle proprie facoltà mentali** im Vollbesitz seiner geistigen Kräfte sein; **prendere ~ della carica/diocesi** ein Amt/eine Diözese übernehmen; **entrare in ~ di qc** in den Besitz von etw. kommen; **venire in ~ di qc** in den Besitz von etw. gelangen (*o.* kommen). **possessore, posseditrice** [posses'so:re, ...edi'tri:tʃe] *m, f* Besitzer(in) *m(f),* Inhaber(in) *m(f).* **possessorio, -a** [...'sɔ:ri̯o] ‹-i, -ie› *a jur* possessorisch, Besitz-; **azione -a** Besitzklage *f,* possessorische Klage.

possiamo [pos'si̯a:mo] *etc. v.* **potere.**

possibile [pos'si:bile] **I.** *a* **1.** *(eventuale)* möglich; **2.** *(fattibile)* möglich, durchführbar; **3.** *(probabile)* wahrscheinlich; **4.** *(pensabile)* möglich, denkbar; **5.** *(con superlativi e comparativi)* möglichst; **con tutta la cura ~** mit der größtmöglichen Sorgfalt; **al più presto ~** so bald wie möglich; **sei qua, è ~?** du bist hier, ist denn das die Möglichkeit?; **II.** *m* Mögliche(s) *n;* **nei limiti del ~** im Rahmen des Möglichen. **possibilità** [possibili'ta] ‹-› *f* Möglichkeit *f.* **possibilmente** [...l'mente] *adv (se possibile)* möglicherweise, womöglich wenn möglich.

possidente [possi'dɛnte] *mf* Besitzer(in) *m(f); (di immobili)* Grundbesitzer(in) *m(f).*

posso ['pɔsso] *1. pers sing pr di* **potere.**

posta ['pɔsta] *f* **1.** *adm* Post *f; (ufficio)* Post *f,* Postamt *n;* **2.** *(corrispondenza)* Post *f,* Korrespondenz *f;* **3.** *(nei giochi)* (Spiel)einsatz *m;* **4.** *(di giornale)* Leserbriefrubrik *f;* **5.** *hist* Postkutsche *f; (tappa)* Poststraße *f;* **6.** *(di cacciatore)* Hochsitz *m;* **7.** *rel* Kreuzwegstation *f;* **~ aerea** Luftpost *f;* **~ pneumatica** Rohrpost *f;* **la ~ del cuore** *(nei giornali)* Rubrik *f* (*o.* Spalte *f*) für Ratsuchende, Kummerkasten *m fam;* **fare la ~ a qu** *fig* jdm auflauern, jdn aufspüren; **stare/mettersi alla ~** *fig* auf der Lauer liegen/sich auf die Lauer legen; **spedire per**

~ mit der Post schicken; **a bella** ~ absichtlich, mit Absicht; **a giro di** ~ postwendend; **fermo** ~ postlagernd. **postagiro** [posta'dʒi:ro] *m* Postschecküberweisung *f.* **postale** [pos'ta:le] **I.** *a* Post-; postalisch; **cartolina/casella** ~ (*ab* **C.P.**) Postkarte *f*/-fach *n;* **II.** *m naut* Postschiff *n; (corriera)* Postbus *m,* Postauto *n; ferr* Postzug *m; aero* Postflugzeug *n.*

postarsi [pos'tarsi] *rfl* sich auf die Lauer legen.

postazione [postat'tsi̯o:ne] *f* Stellung *f.*

postbellico, -a [post'bɛlliko] *a* Nachkriegs-.

postdatare [postda'ta:re] *tr* vor(aus)datieren. **postdatazione** [...tat'tsi̯o:ne] *f* Vordatierung *f,* Vordatieren *n.*

posteggiare [posted'dʒa:re] ⟨posteggio, posteggi⟩ *tr, itr* parken. **posteggiatore, -trice** [...dʒa'to:re] *m, f* Parkwächter(in) *m(f).* **posteggio** [...'teddʒo] ⟨-ggi⟩ *m* **1.** *(luogo)* Parkplatz *m;* **2.** *(operazione)* Parken *n;* **divieto di** ~ Parkverbot *n;* ~ **a pagamento** gebührenpflichtiger Parkplatz.

postelegrafico, -a [postele'gra:fiko] **I.** *a* Post- und Telegraphen-; **II.** *m, f* Post- und Telegraphenangestellte(r) *mf.* **postelegrafonico, -a** [...gra'fɔ:niko] ⟨-ci, -che⟩ **I.** *a* Post-, Telegraphen- und Telefon-; **II.** *m, f* Post-, Telegraphen- und Telefonangestellte(r) *mf.*

poster ['pɔster] ⟨-⟩ *m* Poster *n o. m.*

posteri ['pɔsteri] *m pl* Nachkommen *m pl.*

posteriore [poste'ri̯o:re] **I.** *a* **1.** *(spazio)* hintere(r, s), Hinter-, rückwärtig; **2.** *(tempo)* später, nachfolgend; **3.** *(arto)* Hinter-; **II.** *m fam scherz (sedere)* Hintern *m fam.* **posteriorità** [...ri̯ori'ta] ⟨-⟩ *f* Späterkommen *n,* Spätersein *n.*

posterità [posteri'ta] ⟨-⟩ *f* Nachwelt *f; (discendenza)* Nachkommenschaft *f.*

posticcio, -a [pos'tittʃo] ⟨-cci, -cce⟩ **I.** *a* künstlich, falsch; **II.** *m* **1.** *(toupet)* Toupet *n;* **2.** *agr* Baumschule *f.*

posticino [posti'tʃi:no] *m fam* Örtchen *n fam.*

posticipare [postitʃi'pa:re] *tr* verschieben, aufschieben; *(seduta, etc.)* vertagen. **posticipato, -a** [...'pa:to] *a, adv* nachträglich. **posticipazione** [...pat'tsi̯o:ne] *f* Verschiebung *f,* Vertagung *f.*

postiglione [postiʎ'ʎo:ne] *m* Postillion *m.*

postilla [pos'tilla] *f* Anmerkung *f,* Randbemerkung *f; jur* Nachtrag *m.* **postillare** [...'la:re] *tr* mit Anmerkungen versehen.

postino, -a [pos'ti:no] *m, f* Briefträger(in) *m(f),* Postbote *m,* -botin *f.*

posto[1] ['posto] **I.** *pp di* **porre; II.** *a* **1.** *(collocato)* aufgestellt; **2.** *(supposto)* angenommen; ~ **che . . .** *conj* angenommen, daß . . .; ~ **ciò . . .** davon ausgehend . . .

posto[2] ['pɔsto] *m* **1.** *(luogo)* Platz *m,* Ort *m,* Stelle *f; (zona a.)* Gebiet *n,* Gegend *f; (sedile)* (Sitz)platz *m;* **2.** *(posizione)* Rang *m,* Stellung *f; mil* Posten *m;* **3.** *(impiego)* Stelle *f,* (An)stellung *f;* **4.** *(locale)* Lokal *n;* **5.** *(situazione)* Lage *f,* Stelle *f;* ~ **di blocco** *ferr* Blockstelle *f; adm* Polizeisperre *f;* ~ **di controllo** Kontrollstelle *f,* -punkt *m;* ~ **di guardia** Wachposten *m;* ~ **di guida** Fahrer-, Führersitz *m;* ~ **di polizia** Polizeiwache *f,* -revier *n;* ~ **in piedi/a sedere** Steh-/Sitzplatz *m;* ~ **al sole** Platz an der Sonne; **essere a** ~ in Ordnung sein; **essere una persona a** ~ *fig* in Ordnung sein *fam;* **essere a** ~ **con la coscienza** ein gutes (*o.* reines) Gewissen haben; **essere fuori** ~ unangebracht (*o.* unpassend) sein; **mettere a** ~ *(a. fig)* in Ordnung bringen; **mettere la testa a** ~ **a qu** *fig* jdm den Kopf zurechtrücken *fam;* **mettersi a** ~ *(rassettarsi)* sich zurechtmachen; *(trovare un lavoro)* sich *(dat)* eine Arbeitsstelle verschaffen; *(formare una famiglia)* eine Familie gründen; **tenere le mani/la lingua a** ~ die Hände ruhig halten/seine Worte unter Kontrolle haben; **avere la testa a** ~ *fig* vernünftig (*o.* weise) sein; **stare al proprio** ~ *fig* sich gut benehmen; **far** ~ **a qu** jdm Platz machen; **mandare qu in quel** ~ *fam* jdn zum Teufel jagen *fam;* **al** ~ **di qu** an jds Stelle; **sul** ~ an Ort und Stelle; **-i esauriti** ausverkauft.

postoperatorio, -a [postopera'tɔ:ri̯o] *a* postoperativ.

postribolo [pos'tri:bolo] *m* Bordell *n,* Freudenhaus *n.*

postscriptum [post'skriptum] ⟨-⟩ *m* (*ab* **P.S.**) Postskriptum *n.*

postulare [postu'la:re] *tr* **1.** *(chiedere)* fordern, postulieren; **2.** *rel* sich (um Aufnahme) bewerben; **3.** *mat, philos* voraussetzen. **postulato** [...'la:to] *m* Postulat *n.*

postumo, -a ['pɔstumo] **I.** *a* post(h)um; *(figlio)* nachgeboren; **II.** *m* **1.** *med* Nachwirkung *f;* **2.** ⟨*pl*⟩

(conseguenze) Folgen *f pl,* Folgeerscheinungen *f pl.*

potabile [po'ta:bile] *a* Trink-, trinkbar.

potare [po'ta:re] *tr* beschneiden, stutzen.

potassa [po'tassa] *f* Pottasche *f.*

potassio [po'tassi̯o] *m* Kalium *n.*

potei [po'te:i] *1. pers sing del passato remoto di* **potere.**

potente [po'tɛnte] *a* **1.** *(stato, persona)* mächtig; *(di forza fisica)* stark, kräftig; *(energico)* stark, heftig, energisch; *(efficace)* wirksam, stark; **2.** *fam (di grande effetto)* sehr wirkungsvoll; **3.** *med* potent, zeugungsfähig; **4.** *tec* leistungsfähig. **potenza** [po'tɛntsa] *f* **1.** *(potere, autorità)* Macht *f,* Gewalt *f; mil* Stärke *f,* Schlagkraft *f; (forza fisica)* Kraft *f,* Stärke *f; phys* Kraft *f,* Leistung *f; tec, el, mot* Leistung *f;* **2.** *med, mat* Potenz *f;* **3.** *(intensità)* Intensität *f,* Heftigkeit *f; (efficacia)* Wirksamkeit *f;* **4.** *pol* Macht *f;* **5.** *fig (capacità)* Kraft *f,* Vermögen *n;* ~ **fiscale** Steuerklasse *f;* ~ **motrice** Antriebskraft *f;* ~ **al banco** Motorleistung *f;* **le grandi -e** die Großmächte; **in** ~ potentiell; **all'ennesima** ~ *mat* zur n-ten Potenz; *fig* in höchster Potenz.

potenziale [poten'tsi̯a:le] **I.** *a* potentiell; *philos, gram* potential; **II.** *m phys, el, fig* Potential *n; (phys a.)* Leistungsfähigkeit *f.* **potenzialità** [...i̯ali'ta] ‹-› *f* Möglichkeit *f; philos* Potentialität *f.*

potenziamento [potentsi̯a'mento] *m* Steigerung *f,* Ausbau *m,* Erweiterung *f; mil (di missili)* Nachrüstung *f.* **potenziare** [...'tsi̯a:re] ‹potenzio, potenzi› *tr* verstärken, ausbauen, erweitern.

potere [po'te:re] ‹posso, potei, potuto› **I.** *itr* **1.** *(avere la possibilità)* können; *(riuscire)* vermögen, imstande sein, in der Lage sein; **2.** *(avere il permesso)* dürfen, können; **3.** *(dovere)* müssen, sollen; **4.** *(essere probabile)* können, mögen; **5.** *(osare)* wagen, können; **6.** *(avere influenza)* vermögen; **si può fare** das läßt sich machen; **non si può** es geht nicht; **si può?** ist es gestattet?; darf ich?; **può darsi** (*o.* **essere) che ...** *conj* es könnte sein, daß ...; **a più non posso** *fam* mit aller Kraft, was das Zeug hält *fam;* **non ne posso più** ich kann nicht mehr; **possa tu superare ogni difficoltà!** mögest du jede Schwierigkeit bewältigen; **si potesse fracassare una gamba!** wenn er (*o.* sie) sich *(dat)* nun ein Bein bricht!, soll er (*o.* sie) sich *(dat)* nur ein Bein brechen!; **II.** *m* **1.** *(possibilità)* Können *n,* Vermögen *n; (capacità)* Fähigkeit *f; (facoltà)* Möglichkeit *f,* Fähigkeit *f;* **2.** *(virtù)* Kraft *f,* Macht *f;* **3.** *(influenza)* Einfluß *m (su* auf), Macht *f* (*su* über); *(pol, possesso)* Macht *f,* Gewalt *f; (comando)* Macht *f; jur* Gewalt *f; phys* Kraft *f;* ~ **detergente** Wasch-, Reinigungskraft *f;* ~ **discrezionale** Entscheidungsgewalt *f;* ~ **nutritivo** Nährwert *m;* ~ **temporale** weltliche Macht; ~ **d'acquisto** Kaufkraft *f;* **pieni -i** Vollmacht *f;* **i -i dello stato** die Staatsgewalt; **essere al** ~ an der Macht sein; **essere in** ~ **di** in der Lage sein zu; **farò quanto è in mio** ~ ich werde tun, was in meiner Macht steht.

potestà [potes'ta] ‹-› *f* Befugnis *f,* Gewalt *f;* **patria** ~ *jur* elterliche Gewalt.

pot-pourri ['po pu'ri] ‹-› *m* **1.** *gastr Eintopf aus Gemüse und Fleisch;* **2.** *(miscuglio)* Potpourri *n,* buntes Gemisch; **3.** *mus* Potpourri *n; lit* Sammlung *f* verschiedenartiger literarischer Stücke.

potuto [po'tu:to] *pp di* **potere.**

povera *f v.* **povero.**

poveraccio, -a [pove'rattʃo] ‹-cci, -cce› *m, f fam* armer Teufel *fam.* **poverino, -a** [...'ri:no] **I.** *a* arm, elend; **II.** *m, f fam* Ärmste(r) *mf.*

povero, -a ['pɔ:vero] **I.** *a* **1.** *(misero)* arm, armselig, elend; **2.** *(frugale)* einfach, genügsam; **3.** *(scarso)* spärlich, dürftig; *(disadorno)* schmucklos, einfach; *(vuoto)* leer, arm; **4.** *(privo)* arm (*di* an); **5.** *(infelice)* unglücklich, unglückselig; **6.** *(defunto)* selig; ~ **te, se ti pesco!** *fam* wehe dir, wenn ich dich erwische!; ~ **in canna** bettelarm, arm wie eine Kirchenmaus; **un** ~ **diavolo** *fam* ein armer Teufel *fam,* ein armer Kerl *fam;* **in parole -e** *fam* in simplen Worten; **II.** *m, f* Arme(r) *mf.* **povertà** [pover'ta] ‹-› *f* **1.** *(indigenza)* Armut *f;* **2.** *(mancanza)* Armut *f* (*di* an), Mangel *m* (*di* an); ~ **di risorse** Mittellosigkeit *f;* **far voto di** ~ das Armutsgelübde ablegen; **la** ~ **non è un delitto** *prov* Armut ist keine Schande *prov.*

pozione [pot'tsi̯o:ne] *f* **1.** *(filtro magico)* Zaubertrank *m;* **2.** *med* Heiltrank *m,* Saft *m.*

pozza ['pottsa] *f (d'acqua)* Pfütze *f; (di sangue)* (Blut)lache *f.*

pozzanghera [pot'tsaŋgera] *f* (Wasser)pfütze *f.*

pozzetto [pot'tsetto] *m* **1.** *(nelle fo-*

gnature) Gully *m*, Abfluß *m;* **2.** *naut* Plicht *f*, Cockpit *n.*

pozzo ['pottso] *m* **1.** *(per estrarre acqua)* Brunnen *m;* **2.** *min* Schacht *m*, Grube *f; (di petrolio)* Bohrloch *n; geol* Höhle *f; (~ nero)* Kloake *f*, Senkgrube *f;* **3.** *fig (grande quantità)* Unmenge *f;* **4.** *naut* Plicht *f*, Cockpit *n;* ~ **chiarificatore** Klärgrube *f;* ~ **di estrazione** Förderschacht *m;* ~ **dell'ascensore** Aufzugschacht *m;* **essere un ~ di scienza** ein Wunder an Gelehrsamkeit sein; **essere un ~ senza fondo** *fig* ein Faß ohne Boden sein; **essere il ~ di San Patrizio** eine nie versiegende Quelle sein; **avere un ~ di soldi** eine Unmenge Geld haben.

pp. *ab di* **pagine** Seiten.

PP.TT. *ab di* **(Ministero delle) Poste e Telecomunicazioni** *italienisches Postministerium.*

Praga ['pra:ga] *f* Prag *n.*

pragmatico, -a [prag'ma:tiko] ‹-ci, -che› *a* pragmatisch. **pragmatismo** [...ma'tizmo] *m* Pragmatismus *m.* **pragmatista** [...ma'tista] ‹-i *m*, -e *f*› *mf* Pragmatiker(in) *m(f).*

pralina [pra'li:na] *f* Praline *f.*

prammatica [pram'ma:tika] *f:* **di ~** obligat, üblich; *(prescritto)* vorgeschrieben. **prammatico, -a** [...ko] ‹-ci, -che› *a* praktisch, pragmatisch.

pranzare [pran'dza:re] *itr* zu Mittag essen. **pranzo** ['prandzo] *m* (Mittag)essen *n;* ~ **di gala** Galadiner *n;* **sala da ~** Eßzimmer *n;* **all'ora di ~** zur Mittagszeit; **dopo ~** nach dem (Mittag)essen.

prassi ['prassi] ‹-› *f* **1.** *(procedura corrente)* Gepflogenheit *f;* **2.** *(pratica)* Praxis *f.*

prataiolo, -a [prata'i̯ɔ:lo] **I.** *a* Feld-, Wiesen-; **II.** *m* Wiesenchampignon *m.*

prateria [prate'ri:a] ‹-ie› *f* Prärie *f.*

pratica¹ ['pra:tika] ‹-che› *f* **1.** *(attività)* Praxis *f; (pej)* Praktik *f;* **2.** *(esperienza)* Erfahrung *f* (*di* mit); **3.** *adm* Vorgang *m adm*, Akte *f;* ‹*pl*› *(atti)* Akten *f pl*, Dokumente *n pl;* **4.** *(usanza)* Brauch *m*, Sitte *f; (rel a.)* Handlung *f*, Übung *f;* **5.** *(tirocinio)* Lehre *f;* **acquistare** (*o.* **prendere**) ~ Übung bekommen; **far ~ da un barbiere** eine Friseurlehre machen; **mettere in ~** in die Praxis umsetzen; **in ~** in der Praxis; **per ~** aus Gewohnheit; **vale più la ~ che la grammatica** *prov* Probieren geht über Studieren *prov.*

pratica² *f v.* **pratico.**

praticabile [prati'ka:bile] **I.** *a* **1.** *(che si può praticare)* ausführbar, anwendbar; **2.** *(terreno)* begehbar; *(strada)* befahrbar; **II.** *m* Praktikabel *n.* **praticabilità** [...kabili'ta] ‹-› *f* **1.** *(l'essere praticabile)* Ausführbarkeit *f*, Anwendbarkeit *f;* **2.** *(di terreno)* Begehbarkeit *f; (di strada)* Befahrbarkeit *f.*

praticamente [pratika'mente] *adv* **1.** *(in effetti)* im Grunde, praktisch; **2.** *(in modo pratico)* praktisch.

praticante [prati'kante] **I.** *a rel* praktizierend; **II.** *mf* **1.** *(chi fa un tirocinio)* Praktikant(in) *m(f);* **2.** *rel* praktizierende(r) Gläubige(r) *mf.* **praticare** [...'ka:re] ‹pratico, pratichi› **I.** *tr* **1.** *(mettere in pratica)* in die Praxis umsetzen, praktizieren; **2.** *(fare)* machen, durchführen; *(esercitare)* ausüben, betreiben; *med* praktizieren; *(seguire)* (aus)üben; **3.** *(frequentare)* besuchen, frequentieren; *pej* Umgang haben mit, verkehren mit; ~ **uno sconto** einen Rabatt geben; ~ **la poligamia** in Polygamie leben; ~ **la virtù/giustizia** Tugend/Gerechtigkeit üben; **II.** *itr* **1.** *(frequentare)* verkehren (*in* in); **2.** *(essere in amicizia)* umgehen (*con* mit), eine Freundschaft haben (*con* mit); **dimmi con chi pratichi e ti dirò chi sei** *prov* sage mir, mit wem du umgehst, und ich sage dir, wer du bist *prov.*

praticità [pratitʃi'ta] ‹-› *f* **1.** *(comodità)* Bequemlichkeit *f;* **2.** *(l'essere pratico)* Zweckmäßigkeit *f*, Handlichkeit *f.* **pratico, -a** ['pra:tiko] ‹-ci, -che› **I.** *a* **1.** *(metodo, problema, consiglio)* praktisch; **2.** *(carattere, persona)* praktisch (veranlagt), geschickt; *(operaio)* erfahren (*di* in); *(conoscitore)* kundig (*di qc* einer S.); **3.** *(macchina, utensile)* zweckmäßig, praktisch; *(comodo a usarsi)* handlich; **all'atto ~** in der Praxis; ~ **della vita** lebenserfahren; **II.** *m*, *f* praktischer Mensch.

prato ['pra:to] *m* Wiese *f; (di giardino, parco, etc.)* Rasen *m; (agr a.)* Weide *f.*

pratolina [prato'li:na] *f* Gänseblümchen *n.*

pre- [pre-] *(in parole composte)* Vor-, Prä-, prä-. **prealpino, -a** [-al'pi:no] *a* Voralpen-.

preambolo [-'ambolo] *m* **1.** *(discorso introduttivo)* Einleitungsrede *f*, Vorrede *f;* **2.** *fam (cerimonia)* Umschweife *pl*, Umständlichkeit *f;* **senza tanti -i** *fam* ohne Umschweife.

preannunziare, preannunciare [-annun'tsi̯a:re, ...'tʃa:re] *tr* vorankündigen, anzeigen. **preannunzio, preannuncio** [-an'nuntsi̯o, ...tʃo] *m* Vorankündigung *f.*

preavvisare [-avvi'za:re] *tr* im voraus benachrichtigen (*o.* warnen). **preavviso** [-av'vi:zo] *m* **1.** *(avviso preventivo)* Vorankündigung *f,* vorherige Benachrichtigung; *adm* Voranmeldung *f;* **2.** *jur* Voranzeige *f;* **3.** *(periodo)* Frist *f;* **segnale di ~** *mot* Warnschild *n.*

prebarba [-'barba] **I.** ‹-› *m* Pre-shave-Lotion *f;* **II.** ‹*inv*› *a* Pre-shave-, Rasier-.

prebellico, -a [-'bɛlliko] *a* Vorkriegs-.

prebenda [-'bɛnda] *f* **1.** *rel* Pfründe *f,* Präbende *f;* **2.** *pej* unrechtmäßiger (*o.* illegaler) Verdienst.

precampionato [-kampi̯o'na:to] **I.** ‹*inv*› *a* Vormeisterschafts-; **II.** ‹-› *m sport* Vorentscheidungskampf *m,* Vormeisterschaften *f pl.*

precaria *f v.* **precario.**

precariato [preka'ri̯a:to] *m* befristetes Arbeitsverhältnis. **precarietà** [...ri̯e'ta] ‹-› *f* **1.** *(provvisorietà)* Vorläufigkeit *f;* **2.** *med* Bedenklichkeit *f.* **precario, -a** [...'ka:ri̯o] ‹-i, -ie› **I.** *a* **1.** *(provvisorio)* vorläufig, provisorisch; *adm* zeitlich befristet, auf Zeit; **2.** *med* prekär, bedenklich; *com* prekär, heikel, schwierig; **personale ~** Zeitpersonal *n;* **II.** *m, f* Angestellte(r) *mf* mit Zeitvertrag.

precauzionale [prekauttsi̯o'na:le] *a* vorbeugend, Vorsichts-; *med* prophylaktisch. **precauzione** [...'tsi̯o:ne] *f* Vorsicht *f;* *(misura preventiva)* Vorsorgemaßnahme *f,* Vorsichtsmaßnahme *f;* **prendere le proprie -i** eigene Vorkehrungen treffen.

precedente [-tʃe'dɛnte] **I.** *a* vorige(r, s), vorherige(r, s); **II.** *m* **1.** ‹*pl*› *jur* Vorleben *n;* **2.** *(atto)* Präzedenzfall *m;* **3.** ‹*pl*› *(condotta)* Führung *f;* **-i penali** Vorstrafen *f pl;* **senza -i** *fig* beispiellos, nie dagewesen. **precedenza** [...'dɛntsa] *f* **1.** *mot* Vorfahrt *f;* **2.** *(diritto di precedere)* Vortritt *m,* Vor(tritts)recht *n;* **3.** *(priorità)* Priorität *f;* *(a. nelle cerimonie)* Vorrang *m;* **ordine delle -e** Rangordnung *f;* **in ~** vorher.

precedere [-'tʃɛ:dere] ‹*irr*› *tr* **1.** *(andare innanzi)* vorangehen, vorfahren; **2.** *(essere anteriore)* vorausgehen, voraussein; **3.** *fig (arrivare prima)* zuvorkommen, zuerst ankommen.

precessione [-tʃes'si̯o:ne] *f* Präzession *f.*

precetto [-'tʃɛtto] *m* **1.** *(insegnamento)* Regel *f,* Vorschrift *f;* *rel* Gebot *n;* **2.** *adm (ordine)* Befehl *m,* Bescheid *m;* **3.** *mil* Einberufung *f;* **4.** *(norma)* Regel *f,* Norm *f;* **cartolina ~** Einberufungsbescheid *m;* **i -i dell'arte** die Regeln der Kunst.

precettore, -trice [-tʃet'to:re] *m, f* Erzieher(in) *m(f),* Privatlehrer(in) *m(f).*

precipitante [-tʃipi'tante] *m* Ausfällungs-, Präzipitationsmittel *n.*

precipitare [-tʃipi'ta:re] **I.** *tr* ‹*avere*› **1.** *(gettare)* hinab-, hinunterstürzen; **2.** *fig (affrettare)* überstürzen, übereilen; **3.** *chem* ausfällen, präzipitieren; **II.** *itr* ‹*essere*› **1.** *(cadere)* (herab)stürzen, -fallen, abstürzen; **2.** *fig* sich überschlagen; **3.** *(trovarsi all'improvviso)* geraten; **4.** *chem* sich niederschlagen; **~ in rovina** in sein Verderben rennen; **III.** *rfl:* **-rsi 1.** *(gettarsi)* sich (hinab)werfen, -stürzen; **2.** *(recarsi in fretta)* (sich) stürzen. **precipitato, -a** [...'ta:to] **I.** *a* überstürzt, übereilt; **II.** *m* Niederschlag *m,* Rückstand *m.* **precipitazione** [...tat'tsi̯o:ne] *f* **1.** *meteo* Niederschlag *m;* **2.** *fig (fretta)* Überstürzung *f,* Übereilung *f;* **3.** *chem* Präzipitation *f,* Ausfällung *f;* **-i atmosferiche** Niederschläge *m pl.* **precipitevolissimevolmente** [...tevolissimevol'mente] *adv scherz* Hals über Kopf. **precipitoso, -a** [...'to:so] *a* **1.** *fig* voreilig, unüberlegt; *(fuga, etc. a.)* kopflos; *(affrettato)* übereilt, überstürzt; **2.** *(pioggia)* strömend; *(fiume)* reißend.

precipizio [-tʃi'pittsi̯o] ‹-i› *m* **1.** Abgrund *m;* **2.** *fig* Verderben *n,* Abgrund *m,* Verhängnis *n;* **essere sull'orlo del ~** *fig* am Rande des Abgrunds stehen; **a ~** *(a strapiombo)* steil, abschüssig; *(a capofitto)* kopfüber; *(con foga)* ungestüm, unbändig, heftig; **correre a ~** laufen, als ob der Teufel hinter einem her sei.

precipuo, -a [-'tʃi:puo] *a* hauptsächlich, Haupt-.

precisamente [-tʃiza'mente] *adv* **1.** präzise, genau, exakt; **2.** *(come risposta)* jawohl, (ganz) genau. **precisare** [...'za:re] *tr* präzisieren, genauer bestimmen; *(esporre)* detailliert erläutern. **precisazione** [...zat'tsi̯o:ne] *f* Präzisierung *f,* Erläuterung *f.*

precisione [-tʃi'zi̯o:ne] *f* Präzision *f,* Genauigkeit *f;* **strumento di ~** Präzisionsgerät *n;* **lavorare/esprimersi con ~** mit Präzision arbeiten/sich präzise ausdrücken; **sapere qc con ~** etw. genau wissen. **preciso, -a** [-'tʃi:zo] **I.** *a* **1.** *(esatto)* genau, präzise, exakt; **2.** *(ordinato)* geordnet, ordentlich, genau; **3.** *(determinato)* bestimmt; **sono le 10 -e** es ist Punkt 10

(Uhr); **queste sono le sue -e parole** das sind genau seine (*o.* ihre) Worte; **II.** *adv (nelle risposte)* (ganz) genau, jawohl.

precludere [-ˈkluːdere] ‹precludo, preclusi, precluso› *tr* **1.** *(fuga, cammino, etc.)* (ver)sperren; **2.** *fig (possibilità, etc.)* verbauen. **preclusione** [-kluˈtsi̯oːne] *f* Verhinderung *f,* Ausschließen *n; jur* Ausschluß *m.*

precluso [-ˈkluːzo] *pp di* **precludere.**

precoce [-ˈkɔːtʃe] *a* **1.** *(bambino, ragazzo)* frühreif; **2.** *(inverno, stagione)* vorzeitig, Früh-; **3.** *bot* Früh-; **4.** *zoo* frühzeitig flügge, nestflüchtend; **5.** *(morte, vecchiaia)* allzu früh, vorzeitig. **precocità** [-kotʃiˈta] ‹-› *f* Frühzeitigkeit *f.*

precognizione [-koɲɲitˈtsi̯oːne] *f* Voraussehen *n,* Vorauswissen *n.*

preconcetto, -a [-konˈtʃɛtto] **I.** *a* vorgefaßt; **II.** *m* Vorurteil *n,* vorgefaßte Meinung; **avere** (*o.* **nutrire) dei -i nei confronti di qu** Vorurteile gegen jdn haben (*o.* hegen).

preconizzare [-konidˈdzaːre] *tr* voraussagen, weissagen.

preconoscenza [-konoʃˈʃɛntsa] *f* Voraussehen *n,* Weissagen *n.*

preconscio, -a [-ˈkɔnʃo] **I.** *a* vorbewußt; **II.** *m* Vorbewußte(s) *n.*

precorrere [-ˈkorrere] ‹*irr*› *tr* vorwegnehmen, zuvorkommen (*qc* einer S.). **precorritore, -trice** [...riˈtoːre] **I.** *m, f* Vorläufer(in) *m(f);* **II.** *a* der Zeit voraus, vorhergehend.

precostituire [-kostituˈiːre] *tr* vorher bilden.

precotto [-ˈkɔtto] *m* Fertiggericht *n.*

precursore, -corritrice [-kurˈsoːre] **I.** *a* vorausgehend; **II.** *m, f* Vorläufer(in) *m(f).*

preda [ˈprɛːda] *f* Beute *f; (animale a.)* Fang *m; (fig a.)* Opfer *n;* **uccello da ~** Raubvogel *m;* **essere** (*o.* **cadere) in ~ a qu/qc** jdm zum Opfer fallen/Opfer von etw. sein, von etw. gepackt sein. **predare** [preˈdaːre] *tr* **1.** *(denari, etc.)* erbeuten, rauben; **2.** *(persone, etc.)* berauben, ausrauben; *(luogo)* plündern, ausrauben. **predatore, -trice** [...daˈtoːre] **I.** *a* Raub-, räuberisch; **II.** *m, f* **1.** *zoo* Raubtier *n; (uccello)* Raubvogel *m;* **2.** *(predone)* Räuber(in) *m(f).*

predecessore, -a [-detʃesˈsoːre] *m, f* Vorgänger(in) *m(f),* **-i** Vorfahren *m pl.*

predella [preˈdɛlla] *f* Podest *n; (dell'altare)* Altarsockel *m; (di pala d'altare)* Predelle *f.*

predellino [predelˈliːno] *m* Trittbrett *n.*

predestinare [-destiˈnaːre] *tr* vorherbestimmen, prädestinieren; **un tentativo predestinato all'insuccesso** ein zum Scheitern verurteilter Versuch; **era predestinato!** das mußte (ja) so kommen! **predestinazione** [...natˈtsi̯oːne] *f* Prädestination *f,* Vorherbestimmung *f.*

predetto, -a [-ˈdɛtto] *a* obengenannt, -erwähnt.

predica [ˈprɛːdika] ‹-che› *f* **1.** *rel* Predigt *f;* **2.** *fig fam* Strafpredigt *f,* Standpauke *f fam.* **predicare** [prediˈkaːre] ‹predico, predichi› *tr* **1.** *rel* predigen; **2.** *(insegnare)* predigen, lehren; **~ al vento/deserto** in den Wind reden/ein Prediger in der Wüste sein; **~ bene e razzolare male** Wasser predigen und Wein trinken.

predicativo, -a [-dikaˈtiːvo] *a* prädikativ, Aussage-. **predicato** [...ˈkaːto] *m* **1.** *gram* Prädikat *n,* Satzaussage *f;* **2.** *(titolo)* Titel *m,* Prädikat *n;* **3.** *adm* Anwartschaft *f adm;* **~ d'onore** Ehrentitel *m;* **essere in ~ di** (*o.* **per)** Aussicht haben auf, Anwärter(in) sein auf (*o.* für).

predicatore, -trice [-dikaˈtoːre] **I.** *m, f* **1.** *rel* Prediger(in) *m(f);* **2.** *(sostenitore)* Verfechter(in) *m(f),* Prediger(in) *m(f);* **II.** *a* Dominikaner-, Prediger-. **predicatorio, -a** [...ˈtɔːri̯o] ‹-i, -ie› *a* predigend, Prediger-. **predicatrice** *f v.* **predicatore. predicazione** [...tˈtsi̯oːne] *f* Predigen *n.* **predicozzo** [...ˈkɔttso] *m fam scherz* Strafpredigt *f,* Standpauke *f fam;* **fare un ~ a qu** jdm eine Standpauke halten *fam.*

predigerito, -a [-didʒeˈriːto] *a* vorverdaut.

predilessi [-diˈlɛssi] *1. pers sing del passato remoto di* **prediligere.**

prediletto, -a [-diˈlɛtto] **I.** *pp di* **prediligere; II.** *a* bevorzugt, Lieblings-; **III.** *m, f* Liebling *m.*

predilezione [-diletˈtsi̯oːne] *f* **1.** *(preferenza)* Vorliebe *f* (*per* für); **2.** *(oggetto)* bevorzugter Gegenstand. **prediligere** [-diˈliːdʒere] ‹prediligo, predilessi, prediletto› *tr* vorziehen, bevorzugen.

predire [-ˈdiːre] ‹*irr*› *tr* vorher-, voraussagen, prophezeien.

predisporre [-disˈporre] ‹*irr*› **I.** *tr* **1.** *(preparare)* vorbereiten; *(persone a.)* einstimmen (*a* auf), vorbereiten (*a* auf); **2.** *med* prädisponieren *scient* (*a* für), anfällig machen (*a* für); **II.** *rfl:* **-rsi** sich vorbereiten. **predisposizione** [...pozitˈtsi̯oːne] *f* **1.** *(inclinazio-*

ne) Neigung *f* (*a* für); **2.** *med* Anfälligkeit *f*, Prädisposition *f scient;* **3.** *(preparazione)* Vorbereitung *f.*

predizione [-dit'tsi̯o:ne] *f* Vorhersage *f*, Vorausschau *f.*

predominante [-domi'nante] *a* vorherrschend. **predominare** [...'na:re] *itr* **1.** *(prevalere)* vorherrschen, überwiegen; **2.** *(dominare)* herrschen (*su* über), walten (*su* über). **predominio** [...'mi:ni̯o] *m* Vorherrschaft *f.*

predone [pre'do:ne] *m* Räuber *m.*

preesistenza [-ezis'tɛntsa] *f* Präexistenz *f*, vorheriges Bestehen. **preesistere** [-e'zistere] ‹*irr*› *itr* ‹*essere*› vorher bestehen, präexistieren.

prefabbricato, -a [-fabbri'ka:to] *a* Fertig(bau)-. **prefabbricazione** [...kat'tsi̯o:ne] *f* Fertigbauweise *f.*

prefazione [-fat'tsi̯o:ne] *f* Vorwort *n.*

preferenza [-fe'rɛntsa] *f* **1.** *(scelta)* Vorzug *m;* **2.** *(predilezione)* Vorzug *m*, Vorliebe *f;* **diritto di ~** Vorzugsrecht *n;* **dare** (*o.* **accordare) la propria ~ a qc/qu** etw./jdn bevorzugen; **fare -e** Unterschiede machen; **non ho -e** das ist mir egal; **a** (*o.* **di) ~** vorzugsweise. **preferenziale** [...ren'tsi̯a:le] *a* Vorzugs-, Präferenz-. **preferibile** [...'ri:bile] *a* vorzuziehen(d), besser, vorteilhafter. **preferibilmente** [...ribil'mente] *adv* lieber, am liebsten.

preferire [-fe'ri:re] ‹preferisco› *tr* vorziehen, lieber mögen (*o.* haben); **~ il nuoto allo sci** lieber schwimmen als Ski laufen. **preferito, -a** [...'ri:to] **I.** *a* Lieblings-; **II.** *m, f* Liebling *m.*

prefettizio, -a [-fet'tittsi̯o] ‹-i, -ie› *a* Präfektur-. **prefetto** [-'fɛtto] *m* Präfekt *m.* **prefettura** [-fet'tu:ra] *f* Präfektur *f.*

prefiggere [-'fiddʒere] ‹prefiggo, prefissi, prefisso› **I.** *tr* im voraus festsetzen (*o.* bestimmen); **II.** *rfl:* **-rsi** sich *(dat)* vornehmen; **-rsi uno scopo** sich *(dat)* ein Ziel setzen.

prefigurazione [-figurat'tsi̯o:ne] *f* Präfiguration *f.*

prefinanziamento [-finantsi̯a'mento] *m* Vorfinanzierung *f.*

prefissi [-'fissi] *1. pers sing del passato remoto di* **prefiggere.**

prefisso[1] *pp di* **prefiggere.**

prefisso[2] [-'fisso] *m* **1.** *ling* Präfix *n;* **2.** *tel* Vorwahl(nummer) *f.*

pregare [pre'ga:re] ‹prego, preghi› *tr* **1.** *rel* beten zu; **2.** *(chiedere)* bitten (*di* um); **3.** *(in frasi di cortesia)* bitten, ersuchen; **~ qu di un favore** jdn um einen Gefallen bitten; **farsi ~** sich bitten lassen; **entri, La prego** treten Sie bitte ein; **si prega di ...** *inf* es wird gebeten, zu ... *inf.*

pregevole [pre'dʒe:vole] *a* **1.** *(oggetto)* fein, erlesen; *(opera)* beachtenswert; **2.** *(persona)* ehrwürdig, achtenswert.

preghiera [pre'gi̯ɛ:ra] *f* **1.** *rel* Gebet *n;* **2.** *(richiesta)* Bitte *f;* **con ~ di ...** *inf* mit der Bitte um ... *acc;* **con ~ di inoltro immediato** mit der Bitte um sofortige Weiterleitung; **su ~ di qu** auf jds Bitte (hin).

pregiarsi [pre'dʒarsi] ‹mi pregio, ti pregi› *rfl geh* **1.** *(nelle lettere)* sich beehren; **2.** *(sentirsi onorato)* sich geehrt fühlen, die Ehre haben; **mi pregio di comunicarLe che ...** ich beehre mich, Ihnen mitzuteilen, daß ... **pregiatissimo, -a** [...a'tissimo] *a geh* (*ab* **Preg.mo**) hochverehrt; *(nelle lettere)* verehrteste(r, s). **pregiato, -a** [...'dʒa:to] *a (vini, tessuti)* hochwertig, Qualitäts-; *(oggetto)* wertvoll; *(valuta)* hart; *(lettera)* geschätzt; **in risposta alla Vostra -a lettera del ...** in Beantwortung Ihres geschätzten Schreibens vom ...

pregio ['prɛ:dʒo] ‹-gi› *m* **1.** *(valore)* Wert *m;* **2.** *(vantaggio)* Vorteil *m*, Vorzug *m;* **3.** *(stima)* Wert(schätzung *f*) *m;* **tenere in ~** (hoch)schätzen; **farsi ~ di ...** *inf* sich beehren, zu ... *inf.*

pregiudicare [-dʒudi'ka:re] *tr* **1.** *(compromettere)* beeinträchtigen; **2.** *(danneggiare)* schaden (*qc* einer S.), schädigen. **pregiudicato, -a** [...'ka:to] *m, f* Vorbestrafte(r) *mf.* **pregiudiziale** [...it'tsi̯a:le] **I.** *a* präjudiziell; **II.** *f* Präjudiz *n.* **pregiudizievole** [...it'tsi̯e:vole] *a* nachteilig (*a* für); *(dannoso)* schädlich (*a* für).

pregiudizio [-dʒu'dittsi̯o] *m* **1.** *(preconcetto)* Vorurteil *n;* **2.** *(danno)* Schaden *m* (*a* für), Beeinträchtigung *f* (*a gen);* **avere -i nei confronti di** (*o.* **contro) qc/qu** gegen etw./jdn Vorurteile haben; **recar ~ alla salute** der Gesundheit abträglich sein; **senza -i** unvoreingenommen; **senza ~ di terzi** unbeschadet Dritter *adm.*

Preg.mo *ab di* **pregiatissimo** verehrtester ...

pregnante [preɲ'ɲante] *a* bedeutungsvoll, prägnant. **pregnanza** [...'ɲantsa] *f* Bedeutungsfülle *f*, Prägnanz *f.*

pregno, -a ['preɲɲo] *a* **1.** *zoo* trächtig; **2.** *fam (donna)* schwanger; **3.** *poet* durchtränkt (*di* von), getränkt (*di* mit), -schwanger.

prego ['prɛ:go] *interj* bitte.

pregustare [-gusˈtaːre] *tr* sich (schon) freuen auf.

preistoria [-isˈtɔːri̯a] *f* Vorgeschichte *f*, Prähistorie *f*; *fig (origine)* Ursprung *m*. **preistorico, -a** [...ˈtɔːriko] *a* **1.** prähistorisch, vorgeschichtlich; **2.** *fam scherz* vorsintflutlich *fam*.

prelatizio, -a [-laˈtittsi̯o] ‹-i, -ie› *a* **1.** *rel* Prälaten-; **2.** *jur* Vorkaufs-, das Vorkaufsrecht betreffend. **prelato** [-ˈlaːto] *m* Prälat *m*.

prelavaggio [-laˈvaddʒo] *m* Vorwaschgang *m*.

prelazione [-latˈtsi̯oːne] *f* Vorkauf *m*; **diritto di ~** Vorkaufsrecht *n*.

prelevamento [-levaˈmento] *m* Entnahme *f*, Abholung *f*; *fin* Abhebung *f*; **~ in contanti** Barabhebung *f*, Abhebung *f* in bar; **avviso di ~** Abholbescheid *m*, Übernahmeanzeige *f*. **prelevare** [...ˈvaːre] *tr* **1.** *fin* abheben; **2.** *(ritirare)* abholen, übernehmen; **3.** *(arrestare)* festnehmen; **4.** *(requisire)* beschlagnahmen; **5.** *fam (passare a prendere)* abholen; **6.** *(rilevare)* übernehmen.

prelibato, -a [-liˈbaːto] *a* köstlich.

prelievo [-ˈli̯ɛːvo] *m* Entnahme *f*; *fin* Abhebung *f*.

preliminare [-limiˈnaːre] **I.** *a* **1.** *(iniziale)* einleitend, Vor-, Präliminar- *geh*; **2.** *(preparatorio)* Vorbereitungs-; **corso/esame ~** Vorbereitungskurs *m*/Zwischen-, Vorprüfung *f*; **II.** *m* ‹*di solito al pl*› Einleitung *f*, Präliminarien *pl*; *(della pace, di un trattato, etc.)* Vorverhandlung *f*.

preludere [-ˈluːdere] ‹preludo, prelusi, preluso› *itr* **1.** *(preannunciare)* hindeuten (*a* auf); **2.** *(fare un'introduzione)* vorangehen, hinführen (*a* auf).

preludio [-ˈluːdi̯o] ‹-i› *m* **1.** *mus* Präludium *n*; **2.** *(segno preliminare)* Vorzeichen *n*; **3.** *(proemio)* Vorrede *f*, Einleitung *f*; **4.** *fig (premessa)* Auftakt *m*.

preludo [-ˈluːdo] *1. pers sing pr di* **preludere. prelusi** [-ˈluːzi] *1. pers sing del passato remoto di* **preludere. preluso** [-ˈluːzo] *pp di* **preludere.**

pré-maman [pre maˈmã] **I.** ‹-› *m* Umstandskleid *n*; **II.** ‹*inv*› *a* Umstands-.

prematrimoniale [-matrimoˈni̯aːle] *a* vorehelich.

prematuro, -a [-maˈtuːro] **I.** *a* **1.** *(morte, etc.)* vorzeitig, früh; **2.** *(parto, neonato)* Früh-; **3.** *fig (affrettato)* voreilig; **II.** *m, f* Frühgeburt *f*.

premeditare [-mediˈtaːre] *tr* vorsätzlich begehen, planen. **premeditato, -a** [...ˈtaːto] *a* vorsätzlich (begangen); **omicidio ~** (vorsätzlicher) Mord *m*.

premeditazione [...tatˈtsi̯oːne] *f* Vorsatz *m*; **con/senza ~** vorsätzlich/nicht vorsätzlich.

premere [ˈprɛːmere] ‹premo, premei *o.* premetti, premuto› **I.** *tr* **1.** *(comprimere)* drücken; *(calcare)* auf-, durchdrücken; **2.** *fig (gravare)* drükken, belasten; *(incalzare)* drängen; **~ il freno/l'acceleratore** (auf) das Brems-/Gaspedal treten; **II.** *itr* **1.** *(esercitare una pressione)* drücken (*su* auf); **2.** *fig (gravare)* lasten (*su* auf); *(stare a cuore)* am Herzen liegen; **3.** *fig (essere urgente)* drängen.

premessa [-ˈmessa] *f* **1.** *(chiarimento preliminare)* Vorbemerkung *f*; *(nel libro)* Vorwort *n*; **2.** *(condizione necessaria)* Voraussetzung *f*; *philos* Prämisse *f*. **premettere** [-ˈmettere] ‹*irr*› *tr* vorausschicken; **ciò premesso ...** dies vorausgeschickt ...

premetti [-ˈmetti] **1.** *1. pers sing del passato remoto di* **premere; 2.** *2. pers sing pr di* **premettere.**

premiare [preˈmi̯aːre] ‹premio, premi› *tr* auszeichnen, prämieren. **premiazione** [...i̯atˈtsi̯oːne] *f* Preisverleihung *f*, Prämierung *f*.

premier [ˈpremɪə] ‹-› *m* Premier *m*, Premierminister(in) *m(f)*.

première [preˈmjɛːr] ‹-› *f* Premiere *f*.

preminente [-miˈnɛnte] *a* vorrangig, Vorrang-, Haupt-. **preminenza** [...ˈnɛntsa] *f* Überlegenheit *f*, Vorrang *m*.

premio [ˈprɛːmi̯o] ‹-i› **I.** *m* **1.** *(vincita)* Gewinn *m*, Preis *m*; **2.** *(ricompensa)* Preis *m*, Prämie *f*; **3.** *(denominazione)* Preis *m*; **4.** *(indennità)* Zulage *f*, Prämie *f*; **5.** *fin, sport* Prämie *f*; **P~ Nobel** Nobelpreis *m*; **~ di assicurazione/risparmio** Versicherungs-/Sparprämie *f*; **~ d'anzianità/di fedeltà/di consolazione** Alterszulage *f*/Treueprämie *f*/Trostpreis *m*; **monte -i** (Gesamt)gewinnsumme *m*; **II.** ‹*inv*› *a* Gewinn-, Preis-; **viaggio ~** Gewinnreise *f*.

premo [ˈprɛːmo] *1. pers sing pr di* **premere.**

premonitore, -trice [-moniˈtoːre] *a* warnend, Warn-. **premonizione** [...tˈtsi̯oːne] *f* Weissagung *f*.

premunire [-muˈniːre] **I.** *tr fig* im voraus sichern; **II.** *rfl*: **-rsi** sich schützen (*contro* vor, gegen). **premunizione** [...nitˈtsi̯oːne] *f* Abwehr *f*.

premura [preˈmuːra] *f* **1.** *(fretta)* Eile *f*, Drängen *n*; **2.** *(cura)* Sorgfalt *f*; **3.** *(sollecitudine)* Aufmerksamkeit *f*, Zuvorkommenheit *f*; **far ~ a qu** jdn drängen. **premuroso, -a** [...muˈroː-

so] *a* **1.** *(sollecito)* eifrig, beflissen; **2.** *(pieno d'attenzioni)* bemüht, aufmerksam.

premuto [pre'mu:to] *pp di* **premere.**

prenatale [-na'ta:le] *a* vorgeburtlich, pränatal *scient.*

prendere ['prɛndere] ‹prendo, presi, preso› **I.** *tr* **1.** *gener.* nehmen; *(afferrare)* (er)greifen, fassen; *(strada)* nehmen, einschlagen; *(odore, etc.)* annehmen; *mil* einnehmen; *(rilevare)* (über)nehmen; *(derivare)* übernehmen, annehmen; *(lezioni, tram, etc.)* nehmen; *(decisione)* treffen, fassen; *(coraggio)* fassen; *(aria)* schnappen, schöpfen; *(fuoco)* fangen; *(parola)* ergreifen; *(mangiare, bere)* (ein)nehmen; **2.** *(portare con sé)* mitnehmen; **3.** *(rubare)* (weg)nehmen, stehlen; **4.** *(catturare)* fassen; *(arrestare)* festnehmen, verhaften; **5.** *(uccidere)* erlegen, schießen; *(pesci)* fangen; **6.** *(sorprendere)* erwischen, ertappen; **7.** *(guadagnare)* bekommen, verdienen; *(buscarsi)* bekommen, einstekken; *(malattia)* bekommen, sich *(dat)* holen *fam;* **8.** *(occupare)* brauchen, wegnehmen, beanspruchen; **9.** *(trattare)* behandeln, nehmen; **10.** *(scambiare)* verwechseln (*per* mit), halten (*per* für); **11.** *fot* aufnehmen; **~ appunti** (sich *dat*) Notizen machen; **~ forma** Form annehmen; **~ parte a qc** an etw. teilnehmen; **~ piede** Fuß fassen; **~ posizione/posto/atto** Stellung/Platz/Kenntnis nehmen; **~ quota** abheben, aufsteigen; **~ sonno** einschlafen, müde werden; **~ tempo** zögern, zaudern; **~ le misure** Maß nehmen; **~ le mosse** anlaufen, beginnen; **~ il sole** sich sonnen; **~ in affitto** mieten; **~ in consegna** übernehmen, in Empfang nehmen; **in considerazione** in Erwägung (*o.* Betracht) ziehen; **~ in disparte** beiseite (*o.* zur Seite) nehmen; **~ in esame** (nach)prüfen; **~ in moglie/per marito** zur Frau/zum Mann nehmen; **~ d'assalto** (er)stürmen; **~ qu sul serio** jdn ernst nehmen; **~ qu in braccio** jdn in den Arm nehmen; **~ qu con le buone/cattive** *fam* es jdm im guten sagen, jdm gut zureden/jdm drohen; **~ qu a calci/pugni** *fam* jdm Fußtritte/Boxhiebe versetzen; **II.** *itr* **1.** *(piante)* Wurzel fassen; **2.** *(fuoco)* brennen, zünden; **3.** *(colla)* fest werden; *(cemento)* binden; **4.** *(avviarsi)* zugehen (*per* auf), zulaufen (*per* auf); **5.** *(cominciare):* **~ a fare qc** anfangen, etw. zu tun; **III.** *rfl:* **-rsi 1.** *(afferrarsi)* sich packen (*per* an); **2.** *(azzuffarsi)* sich verprügeln, sich schlagen; **3.** *(assumersi)* übernehmen; **4.** *(fare)* machen, nehmen; **-rsi cura di qu** sich um jdn kümmern; **-rsi una vacanza/un giorno di ferie** Urlaub machen/einen Tag freinehmen; **prendersela** *fam* sich ärgern, sich aufregen; **prendersela con qu** *fam* auf jdn böse sein, sich mit jdm anlegen; **prendersela comoda** *fam* eine ruhige Kugel schieben; **prendersela a cuore** *fam* es sich *(dat)* zu Herzen nehmen; *prenderle fam* Prügel kriegen; **prenderne** *fam* den Frack vollkriegen *fam;* **prenderla larga (***o.* **alla lontana)** um den heißen Brei herumreden.

prendisole [prendi'so:le] ‹-› *m* Trägerkleid *n.*

prenditore, -trice [prendi'to:re] *m, f* **1.** *fin* Wechselnehmer *m; (di assegno)* Zahlungsempfänger *m;* **2.** *sport* Fänger(in) *m(f).*

prendo ['prɛndo] *1. pers sing pr di* **prendere.**

prenome [-'no:me] *m* **1.** *(nome individuale)* Vorname *m;* **2.** *hist* Pränomen *n.*

prenotare [-no'ta:re] **I.** *tr* (vor)bestellen, reservieren; *(viaggio)* buchen; **II.** *rfl:* **-rsi** sich vormerken lassen. **prenotazione** [...tat'tsi̯o:ne] *f* (Vor)bestellung *f,* Reservierung *f; (di viaggio)* Buchung *f.*

prensile ['prɛnsile] *a* Greif-.

preoccupante [-okku'pante] *a* besorgniserregend.

preoccupare [-okku'pa:re] **I.** *tr (impensierire)* beunruhigen; **II.** *rfl:* **-rsi** sich Sorgen machen (*per, di* um). **preoccupazione** [...pat'tsi̯o:ne] *f* Sorge *f.*

preordinamento [-ordina'mento] *m* Vorbereitung *f,* Bereitstellung *f.* **preordinare** [...'na:re] *tr* vorbereiten, bereitstellen.

preparare [-pa'ra:re] **I.** *tr* **1.** *gener.* vorbereiten; *(apprestare)* herrichten, zurechtmachen; *(letto)* richten; *(pranzo)* zubereiten; *(tavola)* decken; *chem* präparieren; **2.** *(elaborare)* vorbereiten, ausarbeiten; **3.** *fig (predisporre)* vorbereiten (*per* auf); *(tenere in serbo)* bringen, bereithalten; **II.** *rfl:* **-rsi 1.** *(accingersi)* sich anschicken, sich fertigmachen (*per, a* für); **2.** *(fare preparativi)* sich vorbereiten (*a* auf, für). **preparativi** [...ra'ti:vi] *m pl* Vorbereitung(en *pl*) *f.* **preparato, -a** [...'ra:to] **I.** *a* vorbereitet (*a* auf); *(pronto)* bereit (*a* für), gewappnet (*a* für); **II.** *m* Präparat *n.* **preparatore, -trice** [...ra'to:re] **I.** *m,* *f* Vorbereiter(in) *m(f);* **II.** *a* vorbereitend. **preparatorio, -a** [...ra'tɔ:rio] ‹-i, -ie› *a* Vorbereitungs-, Vor-, vorbereitend. **preparatrice** *f v.* **preparatore. preparazione** [...rat'tsio:ne] *f* **1.** *(addestramento)* Vorbereitung *f (a* auf); **2.** *(complesso di nozioni)* Wissen *n,* Bildung *f;* **3.** *(di cibi)* Zubereitung *f;* ~ **generale** Allgemeinwissen *n.*

prepensionamento [-pensiona'mento] *m* Frühpensionierung *f,* Vorruhestand *m.*

preponderante [-ponde'rante] *a* vorherrschend, überwiegend. **preponderanza** [...'rantsa] *f* Überwiegen *n,* Übermacht *f.*

preporre [-'porre] ‹*irr*› *tr* **1.** *(anteporre)* vor(an)setzen; *(mettere a capo)* an die Spitze stellen; **2.** *fig (preferire)* vorziehen, stellen *(a* über).

prepositivo, -a [-pozi'ti:vo] *a* präpositional, Präpositions-. **preposizione** [...t'tsio:ne] *f* Präposition *f,* Verhältniswort *n.*

prepotente [-po'tɛnte] **I.** *a* **1.** *(persona)* herrschsüchtig, herrisch; **2.** *fig* dringend, dringlich, sehnlich; **II.** *mf* herrischer Mensch. **prepotenza** [...'tɛntsa] *f (caratteristica)* Rücksichtslosigkeit *f; (atto)* Übergriff *m.*

prepuzio [-'puttsio] ‹-i› *m* Vorhaut *f.*

prerogativa [-roga'ti:va] *f* **1.** *(caratteristica)* besondere Eigenschaft, besonderer Vorzug; **2.** *(privilegio)* Vorrecht *n,* Privileg *n.*

preromanticismo [-romanti'tʃizmo] *m* Vorromantik *f.*

presa ['pre:sa] *f* **1.** *(il prendere)* Griff *m,* Umklammerung *f;* **2.** *(effetto)* Halt *m; (a. tec)* Greifen *n; (di cemento, etc.)* Festwerden *n;* **3.** *el* Steckdose *f;* **4.** *(di sale, pepe, etc.)* Prise *f;* **5.** *(da cucina)* Topflappen *m;* **6.** *tec* Hebel *m; (d'acqua, del gas)* Hahn *m;* **7.** *mil* Einnahme *f;* **8.** *fig (impressione)* Eindruck *m;* ~ **di corrente** Steckdose *f;* ~ **di posizione** Stellungnahme *f;* ~ **di possesso** Inbesitznahme *f;* ~ **in consegna** Entgegennahme *f;* ~ **in considerazione** Berücksichtigung *f;* **cane da** ~ Hetzhund *m;* **essere alle -e con qc** mit etw. auf Kriegsfuß stehen, sich mit etw. herumschlagen; **venire alle -e con qu** sich mit jdm in die Wolle kriegen *fam.*

presagio [-'za:dʒo] ‹-gi› *m* **1.** *(presentimento)* (Vor)ahnung *f;* **2.** *(segno)* Vorzeichen *n.* **presagire** [-za'dʒi:re] ‹presagisco› *tr (presentire)* (vor-aus)ahnen; *(predire)* voraussagen; *(prevedere)* vorhersehen. **presago, -a** [-'za:go] ‹-ghi, -ghe› *a geh* vorausahnend.

presalario [-sa'la:rio] *m staatliches Stipendium für Studenten,* ≃ BAföG *n.*

presbiopia [prezbio'pi:a] ‹-ie› *f* Weitsichtigkeit *f.*

presbite ['prɛzbite] **I.** *a* weitsichtig; **II.** *mf* Weitsichtige(r) *mf.*

presbiteriano, -a [prezbite'ria:no] **I.** *m, f* Presbyterianer(in) *m(f);* **II.** *a* presbyterianisch.

presbiterio [prezbi'tɛ:rio] ‹-i› *m* **1.** *arch* Chorraum *m;* **2.** *rel* Presbyterium *n.*

presceglìere [-ʃ'ʃeʎʎere] ‹*irr*› *tr* (aus)wählen.

prescienza [-ʃ'ʃɛntsa *o.* -ʃʃi'ɛntsa] *f* Vorherwissen *n,* Kenntnis *f* der Zukunft.

prescindere [-ʃ'ʃindere] ‹prescindo, prescindei, *rar* prescisso› *itr* absehen *(da* von); **a** ~ **da, prescindendo da** abgesehen von.

prescolastico, -a [-sko'lastiko] *a* Vorschul-.

prescrivere [-s'kri:vere] ‹*irr*› *tr* **1.** *jur* verjähren lassen; **2.** *(ordinare)* vorschreiben; *med* verschreiben, verordnen.

prescrizionale [-skrittsio'na:le] *a:* **termine** ~ Verjährungsfrist *f.* **prescrizione** [...'tsio:ne] *f* **1.** *jur* Verjährung *f;* **2.** *med* Verschreibung *f,* Verordnung *f;* **3.** *(norma)* Vorschrift *f;* **cadere in** ~ *jur* verjähren.

preselezione [-selet'tsio:ne] *f* **1.** *gener.* Vorauswahl *f;* **2.** *sport* Vorentscheidung *f;* **3.** *tel* Vorwahl *f.*

presentare [prezen'ta:re] **I.** *tr* **1.** *(documento, passaporto)* (vor)zeigen, vorlegen; *(persona)* vorstellen; *(candidato)* aufstellen; *(prodotti, macchine)* vorführen; *film* vorführen; *theat* aufführen; **2.** *(saluti)* ausrichten, übermitteln; *(rispetti)* erweisen; *(scusa, reclamo)* vorbringen; **3.** *(introdurre)* einführen; **4.** *adm (domanda)* stellen; *(richiesta)* einreichen; **5.** *fig* aufweisen, bringen, haben; *(offrire)* (dar)bieten, anbieten; *(illustrare)* erläutern, beschreiben; ~ **le armi** die Waffen präsentieren; **II.** *rfl:* **-rsi 1.** *(apparire)* erscheinen; **2.** *(farsi conoscere)* sich vorstellen, sich bekanntmachen; **3.** *fig (offrirsi)* sich (an)bieten; *(capitare)* sich einstellen, eintreten; *(apparire)* sich erweisen; *(essere)* sein, sich präsentieren. **presentatore, -trice** [...ta'to:re] *m, f* **1.** *gener.* Präsentator(in) *m(f);* **2.** *(TV, mus, film, etc.)* Ansager(in) *m(f),* Moderator(in) *m(f)*; **3.** *jur, adm* Antragsteller(in) *m(f)*. **presentazione** [...tat'tsio:ne] *f* **1.** *adm* Einreichung *f*; *(di documento)* Vorlage *f*; **2.** *(di persona)* Vorstellung *f*; *(in pubblico)* Vorstellung *f*, Auftritt *m*; *(di candidati)* Aufstellung *f*; **3.** *(raccomandazione)* Empfehlung *f*; **4.** *(introduzione)* Einführung *f*, Präsentation *f*; *(di prodotti, merci, modelli)* Einführung *f*, Vorführung *f*; **5.** *theat* Aufführung *f*; *film* Vorführung *f*; **lettera di ~** Empfehlungsschreiben *n*.

presente[1] [pre'zɛnte] **I.** *a* **1.** *(partecipante)* anwesend, gegenwärtig; **2.** *(attuale)* jetzig, gegenwärtig; *(anno, mese, secolo)* diese(r, s); **3.** *gram* präsentisch, Präsens-; **4.** *(questo)* vorliegend, diese(r, s); **5.** *(negli appelli)* hier, anwesend; **il tempo ~** die heutige Zeit, die Gegenwart; **aver ~ qc/qu** sich an etw./jdn erinnern, etw./jdn präsent haben; **far ~ qc a qu** jdn auf etw. hinweisen; **tener ~ qc/qu** etw. bedenken/jdn berücksichtigen; **II.** *mf* Anwesende(r) *mf*; **-i esclusi** Anwesende ausgenommen; **III.** *m* **1.** *(tempo)* Gegenwart *f*; **2.** *gram* Präsens *n*, Gegenwart *f*; **al ~** derzeit, zur Zeit, jetzt; **per il ~** für den Moment, im Augenblick; **IV.** *f* (vorliegendes) Schreiben *n*; **con la ~ Le comunichiamo ...** hiermit teilen wir Ihnen mit ...

presente[2] [pre'zɛnte] *m (dono)* Geschenk *n*, Präsent *n*.

presentimento [-senti'mento] *m* Vorgefühl *n*, (Vor)ahnung *f*. **presentire** [...'ti:re] *tr* (voraus)ahnen.

presenza [pre'zɛntsa] *f* **1.** *(l'essere presente)* Anwesenheit *f*, Gegenwart *f*; *(esistenza)* Vorhandensein *n*; **2.** *(aspetto)* Aussehen *n*; **~ di spirito** Geistesgegenwart *f*; **fare atto di ~** sich zeigen, sich sehen lassen; **di ~** persönlich. **presenziare** [...'tsia:re] ‹presenzio, presenzi› *itr* teilnehmen (*a* an), anwesend sein (*a* bei).

presepio [pre'zɛ:pio] ‹-i› *m* Krippe *f*.

preservare [-ser'va:re] *tr* schützen (*da* vor), bewahren (*da* vor).

preservativo [-serva'ti:vo] *m* Präservativ *n*.

presi ['pre:si] *1. pers sing del passato remoto di* **prendere.**

preside ['prɛ:side] *mf (di scuola)* Schulleiter(in) *m(f)*, Direktor(in) *m(f)*; *(di facoltà)* Dekan *m*.

presidente, -essa [-si'dɛnte, ...den'tessa] *m, f (dirigente)* Vorsitzende(r) *mf*, Leiter(in) *m(f)*; *jur, pol* Präsident(in) *m(f)*; **~ della Repubblica** Staatspräsident *m*; **~ del consiglio dei ministri** Ministerpräsident *m*.

presidenza [...'dɛntsa] *f* **1.** *(carica)* Präsidentschaft *f*; **2.** *(sede)* Präsidium *n*; **3.** *(personale)* Leitung *f*; **4.** *(di scuola)* Schulleitung *f*; *(di facoltà)* Dekanat *n*. **presidenziale** [...den'tsia:le] *a* des Präsidenten, Präsidenten-, präsidial.

presidiare [-si'dia:re] ‹presidio, presidi› *tr* **1.** *mil* besetzen, unter Besatzung nehmen; **2.** *fig* sichern. **presidio** [-'si:dio] ‹-i› *m* **1.** *mil* Garnison *f*, Besatzung *f*; **2.** *fig* Sicherung *f*. **presidium** [-'si:dium] ‹-› *m* Präsidium *n*.

presiedere [-'siɛ:dere] ‹presiedo, presiedei, presieduto› **I.** *tr* leiten; **II.** *itr* vorsitzen, die Leitung haben (*a gen*).

preso, -a ['pre:so] *pp di* **prendere; per partito ~** aus Parteilichkeit, aus Voreingenommenheit.

pressa ['prɛssa] *f* **1.** *tec, typ* Presse *f*; **2.** *fam (calca)* Gedränge *n*; **avere ~** *fam dial* es eilig haben.

pressante [pres'sante] *a* dringend.

pressappoco, press'a poco [pressap'pɔ:ko] *adv* ungefähr, nahezu.

pressare [pres'sa:re] *tr* **1.** *tec* pressen; **2.** *fig (incalzare)* drängen. **pressatura** [...sa'tu:ra] *f* Pressen *n*.

pressione [pres'sio:ne] *f* Druck *m*; **~ atmosferica/sanguigna** Luft-/Blutdruck *m*; **~ tributaria** Steuerlast *f*; **gruppo di ~** Interessenverband *m*, Lobby *f*; **pentola a ~** Dampfkochtopf *m*, Schnellkochtopf *m*; **far ~ su qu** auf jdn Druck ausüben, jdn unter Druck setzen; **avere la ~ alta/bassa** hohen/niedrigen Blutdruck haben.

presso ['prɛsso] **I.** *adv* nahe, in der Nähe; **a un di ~** ungefähr, circa; **II.** *prp* **1.** *(vicino a)* nahe an *dat*, nahe bei *dat*, in der Nähe *gen*; *(moto)* zu *dat*, in die Nähe *gen*; **2.** *(in casa di, fig)* bei *dat*; *(moto)* zu *dat*; **3.** *(nelle lettere)* bei *dat*; **~ alcuni scrittori** bei einigen Schriftstellern; **III.** *m pl*: **nei -i di** in der Nähe von.

pressoché [presso'ke] *adv* fast, beinahe.

pressurizzare [pressurid'dza:re] *tr* unter Überdruck setzen. **pressurizzazione** [...dzat'tsio:ne] *f* Überdruck *m*.

prestabilire [-stabi'li:re] *tr* (vorher) festsetzen.

prestanome [presta'no:me] ‹-› *mf* Strohmann *m*.

prestante [pres'tante] *a* stattlich. **prestanza** [...'tantsa] *f* Stattlichkeit *f*.

prestare [pres'ta:re] **I.** *tr (dare in prestito)* (ver)leihen, ausleihen; *fig (aiuto, giuramento)* leisten; *(fede)* schenken; *(attenzione)* zollen, schenken; ~ **ascolto a qu/qc** jdm/einer S. Gehör schenken; ~ **orecchio a qu** jdm sein Ohr leihen; **II.** *rfl:* **-rsi 1.** *(adoperarsi)* sich zur Verfügung stellen, sich einsetzen (*per* für); **2.** *(essere adatto)* sich eignen (*a* für); **3.** *fig (offrire il fianco)* sich aussetzen, Anlaß geben (*a* zu). **prestatore, -trice** [...ta'to:re] *m, f* Verleiher(in) *m(f);* ~ **di lavoro** (*o.* **d'opera**) Arbeitnehmer *m.*

prestavoce [presta'vo:tʃe] ‹-› *mf* Synchronsprecher(in) *m(f).*

prestazione [prestat'tsi̯o:ne] *f* Leistung *f.*

presti(di)giatore, -trice [presti(di)dʒa'to:re] *m, f* Taschenspieler(in) *m(f),* Illusionist(in) *m(f).*

prestigio [pres'ti:dʒo] ‹-gi› *m* **1.** *(fama)* Ansehen *n,* Prestige *n;* **2.** *(illusione):* **giochi di** ~ Zaubertricks *m pl;* **è questione di** ~ das ist eine Prestigefrage. **prestigioso, -a** [...ti'dʒo:so] *a* eindrucksvoll, imponierend, Prestige-, Luxus-.

prestito ['prɛstito] *m* **1.** *fin* Darlehen *n,* Anleihe *f;* **2.** *(il prestare)* Ausleihe *f;* **3.** *(cosa prestata)* Leihgabe *f;* **4.** *ling* Lehnwort *n;* **dare/prendere in** (*o.* **a**) ~ **qc** etw. (ver)leihen/(sich *dat*) etw. leihen (*o.* borgen).

presto ['prɛsto] *adv* **1.** *(fra poco)* bald; **2.** *(in fretta)* schnell, rasch; **3.** *(facilmente)* leicht, schnell; **4.** *(prima del tempo)* zu früh, verfrüht; **5.** *(di buon'ora)* früh(zeitig); **6.** *mus* presto; **a** ~ bis gleich, bis (*o.* auf) bald; **fare** ~ schnell machen, sich beeilen; **al più** ~ schnellstens, so schnell wie möglich; *(non prima)* frühestens; **è** ~ **detto/fatto** das ist leicht gesagt/getan; ~ **o tardi** früher oder später; ~ **e bene raro avviene** *prov* gut' Ding will Weile haben *prov.*

presumere [-'zu:mere *o.* -'su:...] ‹presumo, presunsi, presunto› *tr* **1.** *(supporre)* annehmen, vermuten; **2.** *(pretendere)* verlangen, sich *(dat)* anmaßen; ~ **troppo di sé** zu sehr von sich *(dat)* eingenommen sein; ~ **troppo delle proprie forze** seine Kräfte überschätzen. **presumibile** [-zu'mi:bile *o.* -su...] *a* wahrscheinlich.

presumo [-'zu:mo *o.* -'su:mo] *1. pers sing pr di* **presumere.**

presunsi [-'zunsi *o.* -'su...] *1. pers sing del passato remoto di* **presumere.**

presuntivo, -a [-zun'ti:vo *o.* -su...] *a* mutmaßlich; **bilancio** ~ Haushaltsplan *m;* **somma -a** veranschlagte Summe.

presunto, -a [-'zunto *o.* -'su...] **I.** *pp di* **presumere; II.** *a* vermutlich; *jur* mutmaßlich.

presuntuoso, -a [-zuntu'o:so] *a* anmaßend, eingebildet. **presunzione** [-zun'tsi̯o:ne *o.* -su...] *f* **1.** *(ambizione)* Überheblichkeit *f,* Anmaßung *f;* **2.** *jur* Vermutung *f.*

presupporre [-sup'porre] ‹*irr*› *tr* **1.** *(immaginare)* vermuten, annehmen; **2.** *(implicare)* voraussetzen. **presupposizione** [...pozit'tsi̯o:ne] *f* **1.** *(supposizione)* Annahme *f,* Vermutung *f;* **2.** *(implicazione)* Voraussetzung *f.* **presupposto, -a** [...'posto] **I.** *a* vorausgesetzt; **II.** *m* Voraussetzung *f.*

prêt-à-porter ['prɛt a por'te] ‹-› *m* Konfektion *f; (abito)* Konfektionskleid *n.*

prete ['prɛ:te] *m* Priester *m;* **scherzo da** ~ *fam* schlechter Witz.

pretendente [-ten'dɛnte] **I.** *mf (al trono)* Anwärter(in) *m(f);* **II.** *m (corteggiatore)* Freier *m.*

pretendere [-'tɛndere] ‹*irr*› *tr* **1.** *(esigere)* verlangen, beanspruchen, fordern; **2.** *(presumere)* sich *(dat)* einbilden, sich *(dat)* anmaßen; **3.** *(voler far credere)* behaupten.

pretenzioso, -a [-ten'tsi̯o:so] *a* anspruchsvoll, prätenziös.

preterintenzionale [preterintentsi̯o'na:le] *a* nicht vorsätzlich; **omicidio** ~ Totschlag *m,* Körperverletzung *f* mit Todesfolge.

pretesa [-'te:sa] *f* **1.** *(esigenza)* Anspruch *m; (richiesta)* Forderung *f;* **2.** *(presunzione)* Einbildung *f,* Anmaßung *f;* **una persona di poche** (*o.* **senza**) **-e** ein anspruchsloser Mensch; **avere molte -e** anspruchsvoll sein; große Ansprüche stellen; **con la** ~ **di ...** mit dem Anspruch, zu ...

pretesto [-'tɛsto] *m (scusa)* Vorwand *m; (a. occasione)* Gelegenheit *f;* **con il** ~ **di ...** unter dem Vorwand, zu ...

pretore [pre'to:re] *m* **1.** *jur* Amtsrichter *m;* **2.** *hist* Prätor *m.*

pretorio, -a [pre'tɔ:ri̯o] ‹-i, -ie› **I.** *a* **1.** *adm* Gemeinde-; **2.** *jur* amtsrichterlich; **3.** *hist* Prätoren-; **albo** ~ Gemeindetafel *f;* **palazzo** ~ Bürgermeisteramt *n;* **II.** *m* Prätorium *n.*

pretto, -a ['prɛtto] *a* **1.** *(vino)* rein; **2.** *fig* echt, rein.

pretura [pre'tu:ra] *f* **1.** *jur* Amtsgericht *n;* **2.** *hist* Prätur *f.*

prevalente [-va'lɛnte] *a* überwiegend,

vorwiegend; *(opinione)* vorherrschend. **prevalenza** [...'lɛntsa] *f* **1.** *(maggioranza)* Mehrheit *f; (di cose)* Übergewicht *n;* **2.** *tec* Förderhöhe *f;* **in ~** in der Mehrzahl, vorwiegend.

prevalere [-va'le:re] ‹*irr*› *itr* ‹*essere o. avere*› **1.** *(imporsi, essere dominante)* überwiegen, vorherrschen; **2.** *(vincere)* überlegen sein (*su qu* jdm).

prevaricare [-vari'ka:re] ‹prevarico, prevarichi› *itr* unehrenhaft handeln; *(abusare del potere)* seine Macht (*o.* sein Amt) mißbrauchen. **prevaricazione** [...kat'tsi̯o:ne] *f* Macht-, Amtsmißbrauch *m,* Übergriff *m.*

prevedere [-ve'de:re] ‹*irr*› *tr* **1.** *(futuro)* voraussehen; **2.** *(ritenere possibile)* voraussehen, vorhersagen; **3.** *jur* vorsehen, berücksichtigen. **prevedibile** [...'di:bile] *a* voraus-, vorhersehbar.

prevenire [-ve'ni:re] ‹*irr*› *tr* **1.** *(precedere)* zuvorkommen (*qu* jdm); **2.** *(anticipare)* vorwegnehmen (*qc* etw.); **3.** *(prendere precauzioni)* vorbeugen (*qc* einer S.); **4.** *(influenzare)* voreinnehmen; **5.** *(avvertire prima)* (vor)warnen.

preventivare [-venti'va:re] *tr* veranschlagen. **preventivo, -a** [...'ti:vo] **I.** *a* Vorbeuge-, vorbeugend, präventiv, Präventiv-; *jur* Untersuchungs-; *med* vorbeugend; *com* Vor-; **carcere ~** Untersuchungshaft *f;* **II.** *m* Kostenvoranschlag *m.*

prevenuto, -a [-ve'nu:to] *a* voreingenommen (*contro* gegen). **prevenzione** [-ven'tsi̯o:ne] *f* **1.** *(pregiudizio)* Voreingenommenheit *f,* Vorurteil *n;* **2.** *med* Vorbeugung *f;* **3.** *jur* Verhütung *f;* **avere -i nei confronti di qu/qc** gegen jdn/etw. Vorurteile haben; **senza ~** unvoreingenommen; **~ degli infortuni sul lavoro** Unfallverhütung *f* am Arbeitsplatz.

previdente [-vi'dɛnte] *a* vorausschauend; *(prudente)* vorsorgend. **previdenza** [...'dɛntsa] *f* **1.** *(ente)* Fürsorge *f;* **2.** *(l'essere previdente)* Voraussicht *f,* Weitblick *m;* **la ~ sociale** die soziale Fürsorge; **cassa/ente di ~** Versorgungskasse *f*/Sozialversicherungsträger *m.* **previdenziale** [...den'tsi̯a:le] *a* Versorgungs-, Fürsorge-.

previo, -a ['prɛ:vi̯o] ‹-i, -ie› *a adm* nach vorherige(m, r); **~ avviso/assenso/accordo/pagamento** nach vorheriger Benachrichtigung/Zustimmung/Vereinbarung/Bezahlung.

previsionale [-vizi̯o'na:le] *a* Vor-, Voranschlags-.

previsione [-vi'zi̯o:ne] *f* **1.** *(pronostico)* Vorhersage *f,* Voraussicht *f; meteo* Vorhersage *f;* **2.** *com* Planung *f.*

preziosa *f v.* **prezioso.**

preziosismo [prettsi̯o'sizmo] *m* **1.** *(ricercatezza)* Erlesenheit *f;* **2.** *lit* Preziosität *f.* **preziosità** [...si'ta] ‹-› *f* **1.** *(valore)* Kostbarkeit *f;* **2.** *(eleganza)* Erlesenheit *f.* **prezioso, -a** [...'tsi̯o:so] **I.** *a* **1.** *(oggetto, pietra, etc., a. fig)* wertvoll, kostbar; **2.** *fig (ricercato)* erlesen; **pietra -a** Edelstein *m; rendersi ~ fam* sich rar machen; **II.** *m, f fam:* **non fare tanto il ~!** mach dich doch nicht so rar!, laß dich doch nicht so lange bitten!; **III.** *m pl* Wertsachen *f pl.*

prezzare [pret'tsa:re] *tr* auszeichnen. **prezzario** [...'tsa:ri̯o] ‹-ie› *m* Preisliste *f.*

prezzemolo [pret'tse:molo] *m* Petersilie *f;* **essere come il ~** überall mitmischen *fam,* ein Tausendsassa sein.

prezzo ['prɛttso] *m* Preis *m; (cartellino)* Preisschild *n;* **~ di favore** Vorzugs-, Sonderpreis *m;* **~ di listino** Listen-, Katalogpreis *m;* **a ~ di costo** zum Selbstkostenpreis; **a ~ di grossi** (*o.* **grandi) sacrifici** mit großen Opfern; **a metà ~** zum halben Preis; **a qualunque ~** *fig* um jeden Preis, unbedingt; **pagare qc a caro ~** *fig* etw. teuer bezahlen; **pagare il giusto ~** *fig* seinen (gerechten) Lohn bekommen; **non avere ~** unbezahlbar sein; **tirare sul ~** den Preis drücken.

prezzolare [prettso'la:re] *tr* anwerben, dingen, kaufen *fam.*

P.R.I. *m ab di* **Partito Repubblicano Italiano** *republikanische Partei Italiens.*

prigione [pri'dʒo:ne] *f* **1.** *(carcere)* Gefängnis *n;* **2.** *fig (luogo buio)* Loch *n fam; (ambiente privo di libertà)* Gefängnis *n,* Käfig *m.* **prigionia** [...dʒo'ni:a] ‹-ie› *f* Gefangenschaft *f.* **prigioniero, -a** [...dʒo'ni̯ɛ:ro] **I.** *a* **1.** gefangen; **2.** *fig* ge-, befangen; **essere ~ dei pregiudizi** in Vorurteilen befangen sein; **II.** *m, f* Gefangene(r) *mf.*

prima[1] ['pri:ma] *adv* **1.** *(temporale)* vorher, (zu)erst; *(più presto, una volta)* früher; **2.** *(locale)* vor; **3.** *(in primo luogo)* zuerst, zunächst; **come ~** (so) wie früher; **quanto ~** so bald (*o.* schnell) wie möglich; **quanto detto ~** wie oben gesagt; **ne so quanto ~** *fam* jetzt bin ich so schlau wie vorher *fam;* **~ di** vor; *(piuttosto)* bevor; **~ che** *conj,* **~ di** *inf* bevor; **~ di tutto** vor allem; **~ che posso** sobald ich kann, so bald wie möglich; ~ **del tempo** vorzeitig; **gli amici di** ~ die Freunde von früher; **fare a chi arriva** ~ um die Wette laufen; ~ **o poi** früher oder später; ~ **il dovere, poi il piacere** (zu)erst die Arbeit, dann das Vergnügen *prov.*

prima[2] ['pri:ma] *f* **1.** *theat, film* Premiere *f;* **2.** *mot* erster Gang; **3.** *(in scuola)* erste Klasse; **4.** *ferr, naut, aero* erste Klasse; **5.** *sport (nella scherma)* Prim *f;* **punizione di** ~ direkter Freistoß; **colpire la palla di** ~ den Ball aus der Luft nehmen.

prima[3] *f v.* **primo.**

primario, -a [pri'ma:ri̯o] ⟨-i, -ie⟩ **I.** *a* **1.** *(scuola)* Grund-; *(era)* paläozoisch; **2.** *(importanza, interesse)* vorrangig, primär, Spitzen-; **3.** *(settore)* Haupt-, Primär-; **II.** *m, f* Chefarzt *m,* -ärztin *f.*

primate [pri'ma:te] *m* Primas *m.*

primati [pri'ma:ti] *m pl* Primaten *m pl.*

primaticcio, -a [prima'tittʃo] ⟨-cci, -cce⟩ *a* frühreif, Früh-.

primatista [prima'tista] ⟨-i *m,* -e *f*⟩ *mf* Rekordhalter(in) *m(f),* -inhaber(in) *m(f).* **primato** [...'ma:to] *m* **1.** *sport* Rekord *m;* **2.** *(superiorità)* Spitzenstellung *f,* Überlegenheit *f,* Primat *n o. m.*

primavera [prima'vɛ:ra] *f* **1.** *(stagione)* Frühling *m,* Frühjahr *n;* **2.** *fig (anno)* Lenz *m geh,* Jahr *n;* **3.** *bot* Schlüsselblume *f;* **in** ~ im Frühling; **avere sulle spalle molte -e** etliche Lenze zählen. **primaverile** [...ve'ri:le] *a* frühlingshaft, Frühlings-.

primeggiare [primed'dʒa:re] ⟨primeggio, primeggi⟩ *itr* die erste Stelle einnehmen, führen; ~ **su tutti** unter allen hervorragen; ~ **nelle arti** in den Künsten führend sein.

primitiva *f v.* **primitivo.**

primitivismo [primiti'vizmo] *m* Primitivismus *m.*

primitivo, -a [primi'ti:vo] **I.** *a* **1.** *gener* primitiv, ursprünglich, urtümlich; **2.** *gram* Stamm-; **3.** *fig pej* primitiv; *(rozzo)* ungehobelt; **nome** ~ Stammwort *n;* **le tribù -e dell'Africa** die Urvölker *n pl* Afrikas; **l'uomo** ~ der Urmensch; **II.** *m, f* **1.** *(di popolazione)* Ureinwohner(in) *m(f),* Eingeborene(r) *mf;* **2.** *fig pej* primitiver Mensch, Primitivling *m fam;* **3.** *(nell'arte) Vertreter der byzantisierenden, archaischen Periode des 13. und 14. Jahrhunderts.*

primizia [pri'mittsi̯a] ⟨-ie⟩ *f* **1.** *(frutta)* Frühobst *n; (verdura)* Frühgemüse *n;* **2.** *(notizia)* Neuigkeit *f.*

primo, -a ['pri:mo] **I.** *a* **1.** erste(r, s); *(iniziale)* früh; *(prossimo)* nächste(r, s); *(più bravo)* beste(r, s), tüchtigste(r, s); **2.** *fig (principale)* hauptsächlich, Haupt-; *(elementare)* grundlegend, Grund-; ~ **piano** Vordergrund *m;* **alla -a** beim ersten Mal; **-a donna** Primadonna *f;* **il** ~ **albergo/parrucchiere** das erste Hotel/der erste Friseur am Platz; **il** ~ **cittadino** *pol* der italienische Staatspräsident; *adm* der Bürgermeister; **il** ~ **venuto** (*o.* **arrivato**) der erstbeste; **non essere il** ~ **venuto** nicht irgendwer sein; **Alessandro** ~ Alexander der Erste; **un Botticelli -a maniera** ein früher Botticelli; **nelle -e ore del mattino** in den ersten Morgenstunden; **in** ~ **luogo** an erster Stelle; **in** ~ **grado** erster Instanz, im ersten Rechtszug; **in un** ~ **tempo** zunächst, zuerst; **sulle -e** am Anfang; **di** ~ **grado** ersten Grades; **di prim'ordine** erstklassig, von höchstem Rang; **di -a qualità** *com* erste Wahl; *fig* erstklassig; **di -a mano** *fig* aus erster Hand; **a -a vista** auf den ersten Blick; **a tutta -a** im ersten Moment (*o.* Augenblick); **II.** *m, f (di successione)* Erste(r) *mf; (più bravo)* Beste(r) *mf,* Tüchtigste(r) *mf;* **essere il** ~ **in graduatoria** der erste in der Rangordnung sein; **per** ~ zuerst; **per** ~ **prenderò il risotto** als ersten Gang nehme ich Risotto; **III.** *m* **1.** *(primo giorno)* Erste(r) *m;* ⟨*pl*⟩ die ersten Tage *(der Woche, des Monats, des Jahres, etc.);* **2.** ⟨*pl*⟩ *(unità di misura del tempo)* Minute *f;* **3.** *mat (misura di angolo)* Minute *f;* **il** ~ **dell'anno** der Neujahrstag; **il** ~ **di maggio** der Erste Mai; **ai -i di maggio** in den ersten Maitagen, Anfang Mai; **sui -i del Novecento** am Anfang des 20. Jahrhunderts.

primogenito, -a [primo'dʒɛ:nito] **I.** *m, f* Erstgeborene(r) *mf;* **II.** *a* erstgeboren.

primordi [pri'mɔrdi] *m pl* (erste) Anfänge *m pl.*

primordiale [primor'di̯a:le] *a* **1.** *(dei primordi)* anfänglich, Anfangs-; *(primigenio)* ursprünglich, Ur-; **2.** *fig (antiquato)* unterentwickelt, antiquiert; **istinto** ~ Urinstinkt *m.*

primula ['pri:mula] *f* Primel *f.*

principale [printʃi'pa:le] **I.** *a* **1.** *(più importante)* hauptsächlich, Haupt-, wichtigste(r, s); **2.** *(di maggior valore)* wertvollste(r, s), Haupt-; **3.** *(di maggior autorità)* bedeutendste(r, s), führend; **4.** *gram* Haupt-; **via** ~ Hauptstraße *f;* **registro** ~ Prinzipal *n,*

Hauptregister *n;* **II.** *mf* Chef(in) *m(f),* Vorgesetzte(r) *mf.*

principato [printʃi'pa:to] *m* **1.** *(stato)* Fürstentum *n;* **2.** *(dignità, governo)* Herrschaft *f.*

principe ['printʃipe] *m* **1.** *(sovrano)* Herrscher *m,* Fürst *m; (titolo)* Fürst *m;* **2.** *(figlio di sovrano)* (Kron)prinz *m;* **3.** *fig fam* König *m;* **~ ereditario** Erbprinz *m;* **~ azzurro** Märchenprinz *m;* **~ di Galles** Prince of Wales *m; (stoffa)* Glencheck *m;* **il ~ delle tenebre** Fürst *m* der Hölle (*o.* der Finsternis); **i -i della Chiesa** die Kirchenfürsten; **un ~ del foro** ein brillanter Anwalt, ein Staranwalt; **fare una vita da ~** fürstlich leben; **I.** *a:* **edizione ~** Erstausgabe *f.* **principesco, -a** [...'pesko] ‹-schi, -sche› *a* fürstlich, Fürsten-. **principessa** [...'pessa] *f* Prinzessin *f,* Fürstin *f.*

principiante [printʃi'pi̯ante] *mf* Anfänger(in) *m(f).* **principiare** [...'pi̯a:re] ‹principio, principi› *tr* ‹*avere*›, *itr* ‹*essere o. avere*› beginnen, anfangen; **è** (*o.* **ha**) **principiato a nevicare** es hat zu schneien begonnen; **a ~ da ... ab ...**

principio [prin'tʃi:pi̯o] ‹-i› *m* **1.** *(inizio)* Anfang *m,* Beginn *m; (di luogo)* Anfang *m;* **2.** *(origine)* Ursprung *m,* Anfang *m;* **3.** *(concetto fondamentale)* Prinzip *n,* Grundsatz *m; (norma)* Regel *f,* Norm *f;* **questione di ~** Grundsatzfrage *f;* **da** (*o.* **in** *o.* **al**) **~** am Anfang, anfangs, zu Beginn; **(sin) dal ~** von Anfang an; **in linea di ~, per ~** grundsätzlich, aus Prinzip, prinzipiell.

priore [pri'o:re] *m* **1.** *rel* Prior *m;* **2.** *hist* Zunftvorsteher *m.*

priorità [priori'ta] ‹-› *f* Priorität *f,* Vorrang *m.* **prioritario, -a** [...'ta:ri̯o] ‹-i, -ie› *a* Vorzugs-, bevorzugt; *(impegno, etc.)* vorrangig.

prisma ['prizma] ‹-i› *m* Prisma *n.* **prismatico, -a** [...'ma:tiko] ‹-ci, -che› *a* Prisma-, prismatisch.

privacy ['praɪvəsɪ] ‹-› *f* Privatsphäre *f.*

privare [pri'va:re] **I.** *tr* berauben (*qu di qc* jdn einer S.), entziehen (*qu di qc* jdm etw.); **II.** *rfl:* **-rsi** verzichten (*di* auf).

privata *f v.* **privato.**

privatista [priva'tista] ‹-i *m,* -e *f*› *mf* Privatschüler(in) *m(f).*

privativa [priva'ti:va] *f* Monopol *n;* **~ industriale** Patentschutz *m.*

privatizzare [privatid'dza:re] *tr* privatisieren. **privato, -a** [...'va:to] **I.** *a* privat, Privat-; **in ~** privat, persönlich; **II.** *m, f* Privatperson *f.*

privazione [privat'tsi̯o:ne] *f* **1.** *(rinuncia)* Entbehrung *f,* Verzicht *m;* **2.** *jur* Entzug *m,* Entziehung *f,* Aberkennung *f.*

privilegiare [privile'dʒa:re] ‹privilegio, privilegi› *tr* privilegieren; *(fig a.)* bevorzugen. **privilegiato, -a** [...'dʒa:to] **I.** *a* privilegiert; **II.** *m, f* Privilegierte(r) *mf.* **privilegio** [...'lɛ:dʒo] ‹-gi› *m* **1.** *(onore)* Ehre *f,* Vorrecht *n,* Privileg *n;* **2.** *(vantaggio)* Vorzug *m,* Vorrecht *n,* Privileg *n;* **avere il ~ di ...** die Ehre haben, zu ...

privo, -a ['pri:vo] *a:* **~ di** ohne, -los.

pro [prɔ] **I.** *prp* zugunsten *gen,* für *acc;* **II.** ‹-› Für *n, Pro n;* **il ~ ed il contro** das Für und Wider, das Pro und Kontra.

prò [prɔ] ‹-› *m (utilità)* Nutzen *m;* **a che ~?** wozu?, wofür?; **buon ~ gli faccia!** *fam scherz* wohl bekomm's!

probabile [pro'ba:bile] *a* wahrscheinlich. **probabilità** [probabili'ta] ‹-› *f (attendibilità)* Wahrscheinlichkeit *f; (possibilità a.)* Chance *f,* Möglichkeit *f,* Aussicht *f;* **calcolo delle ~** Wahrscheinlichkeitsrechnung *f; avere una ~ su cento* eine Chance von eins zu hundert haben; **con molta** (*o.* **tutta** *o.* **ogni**) **~** aller Wahrscheinlichkeit nach. **probabilmente** [...l'mente] *adv* wahrscheinlich.

probante [pro'bante] *a* überzeugend, beweisend.

probità [probi'ta] ‹-› *f* Redlichkeit *f,* Rechtschaffenheit *f.*

problema [pro'blɛ:ma] ‹-i› *m* **1.** Problem *n; (difficoltà a.)* Schwierigkeit *f; (mat a.)* Frage *f,* Aufgabe *f;* **2.** *fig (persona)* Problem(fall *m*) *n.* **problematica** [proble'ma:tika] ‹-che› *f* Problematik *f.* **problematicità** [...matitʃi'ta] ‹-› *f* Fraglichkeit *f.* **problematico, -a** [...'ma:tiko] ‹-ci, -che› *a* problematisch, schwierig; *(poco attendibile)* fraglich, zweifelhaft.

probo, -a ['prɔ:bo] *a* redlich, rechtschaffen.

proboscide [pro'bɔʃʃide] *f* Rüssel *m.*

procacciare [prokat'tʃa:re] *tr* besorgen, beschaffen; *fig* verschaffen.

procace [pro'ka:tʃe] *a* provozierend, aufreizend, herausfordernd.

procapite, pro capite [pro'ka:pite] *adv* pro Kopf, Pro-Kopf-.

procedere [pro'tʃɛ:dere] ‹*irr*› *itr* **1.** ‹*essere*› *(avanzare)* vorangehen, voranschreiten; **2.** ‹*avere*› *fig (seguitare)* fortfahren, weitermachen; **3.** ‹*essere*› *(seguire il proprio corso)* (voran)gehen, laufen; **4.** ‹*avere*› *(dare inizio)* beginnen (*a* mit), vornehmen (*a qc* etw.); **5.** ‹*avere*› *jur* vorgehen (*contro* gegen); **6.** ‹*avere*› *(comportarsi)* vorgehen, handeln; **7.** ‹*essere*› *(derivare)* ausgehen (*da* von), stammen (*da* von), seinen Ursprung haben (*da* in); ~ **nel discorso** im Gespräch fortfahren, weitersprechen; ~ **con ordine** der Reihe nach vor(an)gehen. **procedimento** [...tʃedi'mento] *m* Vorgang *m; (a. jur)* Verfahren *n.*

procedura [protʃe'du:ra] *f* Prozedur *f; adm* Vorgang *m; jur* Verfahren *n;* ~ **burocratica** Amtsvorgang *m;* **errore di** ~ Verfahrensfehler *m;* **codice di** ~ **civile/penale** Zivilprozeß-/Strafprozeßordnung *f.* **procedurale** [...du'ra:le] *a* Verfahrens-.

processare [protʃes'sa:re] *tr* vor Gericht stellen.

processione [protʃes'si̯o:ne] *f* **1.** *rel* Prozession *f;* **2.** *fig* Prozession *f; (di automobili)* Kolonne *f; (di persone)* Schlange *f.*

processo [pro'tʃɛsso] *m* **1.** *jur* Verfahren *n,* Prozeß *m;* **2.** *(procedimento)* Verfahren *n;* **3.** *(sviluppo)* Vorgang *m,* Prozeß *m,* Entwicklung *f;* ~ **civile/penale** Zivil-/Strafprozeß *m;* **mettere qu sotto** ~ gegen jdn einen Prozeß anstrengen; **fare il** ~ **alle intenzioni di qu** mit jds Absichten hart ins Gericht gehen. **processuale** [...tʃessu'a:le] *a* Verfahrens-, Prozeß-.

procinto [pro'tʃinto] *m:* **in** ~ **di . . .** im Begriff, zu . . .

procione [pro'tʃo:ne] *m* Waschbär *m.*

proclama [pro'kla:ma] ‹-i› *m* Aufruf *m.*

proclamare [prokla'ma:re] *tr* proklamieren, ausrufen, erklären; ~ **qu re/imperatore** jdn zum König/Kaiser ausrufen; ~ **qu vincitore** jdn zum Sieger erklären; ~ **lo sciopero generale** den Generalstreik ausrufen. **proclamazione** [...mat'tsi̯o:ne] *f* Ausrufung *f,* Proklamation *f.*

procrastinare [prokrasti'na:re] *tr geh* aufschieben, hinausschieben.

procreare [prokre'a:re] *tr* zeugen. **procreazione** [...eat'tsi̯o:ne] *f* Fortpflanzung *f,* Zeugung *f.*

procura [pro'ku:ra] *f* **1.** *jur* Vollmacht *f; com* Prokura *f;* **2.** *(ufficio)* Staatsanwaltschaft *f;* **matrimonio per** ~ Handschuhehe *f.*

procurare [proku'ra:re] *tr* **1.** *(fare avere)* besorgen; *(fig a.)* verschaffen; **2.** *(causare)* verursachen, bereiten.

procuratore, -trice [prokura'to:re] *m, f* **1.** *jur (magistrato)* Staatsanwalt *m,* -anwältin *f; (laureato in legge)* Anwaltsanwärter(in) *m(f);* **2.** *com* Bevollmächtigte(r) *mf,* Prokurist(in) *m(f);* **P~ Generale** (*ab* **P.G.**) ≃ Generalstaatsanwalt *m;* ~ **della Repubblica** Staatsanwalt *m;* ~ **legale** Rechtsanwalt *m.*

proda ['prɔ:da] *f* Ufer *n.*

prode ['prɔ:de] *poet* **I.** *a* kühn, tapfer; **II.** *m* tapferer Recke, Held *m.* **prodezza** [pro'dettsa] *f* **1.** *fig fam (leggerezza)* Leichtsinn *m;* **2.** *(coraggio)* Kühnheit *f;* **3.** *lit, hist* Heldentat *f.*

prodiga *f v.* **prodigo.**

prodigalità [prodigali'ta] ‹-› *f* Großzügigkeit *f,* Freigebigkeit *f.*

prodigarsi [prodi'garsi] ‹mi prodigo, ti prodighi› *rfl* **1.** *(profondersi)* sich ergehen (*in* in); **2.** *(adoperarsi)* sich aufopfern (*per* für).

prodigio [pro'di:dʒo] **I.** ‹-gi› *m* Wunder *n;* **II.** ‹*inv*› *a* Wunder-; **bambino/fanciullo** (*o.* **ragazzo**) ~ Wunderkind *n*/Wunderknabe *m.* **prodigioso, -a** [...di'dʒo:so] *a* wunderbar, Wunder-; *(memoria, cultura)* außerordentlich, phänomenal.

prodigo, -a ['prɔ:digo] ‹-ghi, -ghe› **I.** *a* **1.** *pej (che dà senza misura)* verschwenderisch; **2.** *(generoso)* freigebig; **la parabola del figliol** ~ das Gleichnis vom verlorenen Sohn; **II.** *m, f* **1.** *pej* Verschwender(in) *m(f);* **2.** *(persona generosa)* freigebiger Mensch.

proditorio, -a [prodi'tɔ:ri̯o] ‹-i, -ie› *a* verräterisch; **omicidio** ~ Meuchelmord *m.*

prodotto[1] [pro'dotto] *m* **1.** *gener., com* Erzeugnis *n,* Produkt *n;* **2.** *(risultato)* Ergebnis *n;* **3.** *fig (della fantasia, etc.)* Produkt *n;* ~ **interno lordo** (*ab* **P.I.L.**)**/nazionale/sociale lordo** Bruttoinlandsprodukt *n*/Volkseinkommen *n*/Bruttosozialprodukt *n;* **-i di bellezza** Kosmetikartikel *m pl,* Kosmetika *n pl.*

prodotto[2] [pro'dotto] *pp di* **produrre.**

prodromo ['prɔ:dromo] *m* **1.** *(segno precorrente)* Vorzeichen *n;* **2.** *med* Prodrom *n,* Frühsymptom *n;* **3.** *arch* Pronaos *m.*

produrre [pro'durre] ‹produco, produssi, prodotto› **I.** *tr* **1.** *gener., com* erzeugen, produzieren; *agr* erzeugen; *(fabbricare)* herstellen; **2.** *(dare)* liefern, hervorbringen, erzeugen; **3.** *(causare)* verursachen, hervorrufen, erzeugen; *(generare)* erzeugen; **4.** *(presentare)* vorlegen; *(al pubblico)* vorstellen, vorführen; **5.** *jur (prove, etc.)* anführen; *(testimone)* vorführen; ~ **in serie** serienmäßig herstellen; ~ **sulla scena** (*o.* **sulle scene**) aufführen, auf die Bühne bringen; **II.** *rfl:* **-rsi** **1.** *theat* auftreten; **2.** *(formarsi)* sich bilden. **produttività** [produttivi'ta] ‹-› *f* **1.** *com* Produktivität *f;* **2.** *agr* Ertragfähigkeit *f.* **produttivo, -a** [...'ti:vo] *a* **1.** *com* produktiv; *agr* ergiebig, fruchtbar, ertragreich; **2.** *(di produzione)* Herstellungs-, Fertigungs-, Produktions-; **3.** *fig* produktiv. **produttore, -trice** [...'to:re] **I.** *m,f* **1.** *com* Hersteller(in) *m(f),* Erzeuger(in) *m(f); agr* Erzeuger *m;* **2.** *film* Produzent(in) *m(f);* **3.** *(incaricato)* Akquisiteur(in) *m(f);* **II.** *a* Herstellungs-, Hersteller-, Produktions-; **casa -trice** Herstellerfirma *f;* **i paesi -i di cacao** die kakaoproduzierenden Länder *n pl.* **produzione** [...'tsio:ne] *f* **1.** *gener., com* Erzeugung *f,* Produktion *f; agr* Erzeugung *f; (fabbricazione)* Herstellung *f; film* Produktion *f;* **2.** *(formazione)* Bildung *f;* **3.** *(lit, mus, etc.)* Schaffen *n; (opera)* Werk *n;* **4.** *adm (di documenti)* Vorlage *f;* **5.** *jur (di prove)* Anführung *f; (di testimone)* Vorführung *f;* ~ **letteraria/musicale/artistica** literarisches/musikalisches/künstlerisches Schaffen; ~ **in serie** Serienherstellung *f;* ~ **a catena** Fließbandfertigung *f;* **costo di** ~ Produktionskosten *pl.*

proemio [pro'ɛ:mio] ‹-i› *m* Einleitung *f,* Vorwort *n.*

profana *f v.* **profano.**

profanare [profa'na:re] *tr* entweihen. **profanazione** [...nat'tsio:ne] *f* Entweihung *f.* **profano, -a** [...'fa:no] **I.** *a* **1.** *(mondano)* weltlich, profan; *fig (parole, etc.)* profan; **2.** *(non competente)* laienhaft; **3.** *(indegno)* frevelhaft, entweihend; **essere** ~ **di musica/arte/tecnica** ein Laie *m* in Musik/Kunst/Technik sein; **II.** *m* Weltliche(s) *n,* Profane(s) *n;* **III.** *m, f* **1.** *(incompetente)* Laie *m;* **2.** *(non iniziato)* Uneingeweihte(r) *mf.*

proferire [profe'ri:re] ‹proferisco› *tr* **1.** *(parola, frase)* aussprechen; **2.** *(giuramento, voto)* ablegen; **non riuscire a** ~ **parola** kein Wort hervorbringen.

professare [profes'sa:re] **I.** *I. tr* **1.** *(dichiarare)* bekunden, bezeigen; **2.** *(manifestare)* sich bekennen zu; **3.** *(esercitare)* ausüben, praktizieren; **4.** *rel (voti)* ablegen; *(fede)* bekennen; ~ **la medicina** den Arztberuf ausüben; **II.** *rfl:* **-rsi** sich erklären; **si professa mio amico** er sagt, er sei mein Freund.

professionale [professio'na:le] *a* beruflich, Berufs-, professionell; **esperienza/malattia/segreto** ~ Berufserfahrung *f*/-krankheit *f*/-geheimnis *n.* **professionalità** [...nali'ta] ‹-› *f* Professionalität *f.*

professione [profes'sio:ne] *f* **1.** *(attività)* Beruf *m,* Gewerbe *n;* **2.** *(dichiarazione)* Bekundung *f,* Bezeugung *f; rel (di fede)* Bekenntnis *n; (dei voti)* Gelübde *n;* **imbroglione/ladro di** ~ professioneller Schwindler/Dieb; **essere interprete di** ~ von Beruf Dolmetscher(in) sein. **professionismo** [...io'nizmo] *m* berufsmäßige Ausübung einer Tätigkeit; *sport* Berufs-, Profisport *m.* **professionista** [...io'nista] ‹-i *m,* -e *f*› *mf* Akademiker(in) *m(f),* in einem akademischen Beruf Tätige(r) *mf; sport* Berufssportler(in) *m(f),* Profi *m fam;* **libero** ~ Freiberufler *m.* **professionistico, -a** [...io'nistiko] ‹-ci, -che› *a* Profi-, Berufs-.

professorale [professo'ra:le] *a* **1.** professorenmäßig, Professor-; **2.** *fig pej* schulmeisterlich. **professorato** [...'ra:to] *m* Professur *f,* Lehramt *n.*

professore, -essa [profes'so:re, ...so'ressa] *m, f* **1.** *(insegnante)* Lehrer(in) *m(f); (di università)* Professor(in) *m(f);* **2.** *pej* Schulmeister *m;* ~ **incaricato** Lehrbeauftragte(r) *m;* ~ **straordinario/di ruolo** außerordentlicher/ordentlicher Professor; ~ **d'orchestra** Orchestermusiker *m;* **fare il** ~ schulmeistern.

profeta, -essa [pro'fɛ:ta, ...fe'tessa] ‹-i, -e› *m, f* Prophet(in) *m(f);* **nessuno è** ~ **in patria** *prov* der Prophet gilt nichts in seinem Vaterland (*o.* in seinem eigenen Land) *prov.* **profetico, -a** [...'fɛ:tiko] ‹-ci, -che› *a* prophetisch. **profetizzare** [...fetid'dza:re] *tr, itr* prophezeien, weissagen. **profezia** [...fet'tsi:a] ‹-ie› *f* Prophezeiung *f; (di astrologo)* Weissagung *f.*

proficuo, -a [pro'fi:kuo] *a* gewinnbringend, nützlich.

profilare [profi'la:re] **I.** *tr* **1.** *(delineare i contorni)* abzeichnen, konturieren, umreißen; **2.** *(orlare)* besetzen, betressen; **3.** *(lamiera)* formen; *(a cesello)* ziselieren; **4.** *fig (delineare)* abheben, hervorheben; **II.** *rfl:* **-rsi** **1.** *(risaltare)* sich abheben, sich abzeichnen; **2.** *fig (essere imminente)* sich abzeichnen, sich ankündigen.

profilassi [profi'lassi] ‹-› *f* Prophylaxe *f,* Krankheitsverhütung *f.*

profilato, -a [profi'la:to] **I.** *a* **1.** *(ben delineato)* abgezeichnet, konturiert;

2. *(abito, gonna)* betreßt; **II.** *m* Profil(eisen) *n.*
profilattico, -a [profi'lattiko] ‹-ci, -che› **I.** *a* prophylaktisch, krankheitsverhütend; **II.** *m* Präservativ *n,* Kondom *n o. m.*
profilatura [profila'tu:ra] *f* Profilierung *f.* **profilo** [...'fi:lo] *m* **1.** *(del volto)* Profil *n;* **2.** *(linea)* Umriß *m,* Kontur *f;* **3.** *fig* Charakterisierung *f,* Kurzbeschreibung *f;* **4.** *(di indumento)* Besatz *m;* **5.** *(dei pneumatici)* Profil *n;* **6.** *arch* Profil *n,* Umriß *m;* **di ~** im Profil, seitlich.
profiterole [prɔfi'trɔl] ‹-› *m Eclair mit Sahnefüllung und Schokoladensoße.*
profittare [profit'ta:re] *itr* **1.** *(fare profitto)* vorankommen (*in* in), Fortschritte machen (*in* in); **2.** *(trar profitto)* ausnutzen (*di qc* etw.), Nutzen ziehen (*di* aus). **profittatore, -trice** [...ta'to:re] *m, f* Nutznießer(in) *m(f).* **profittevole** [...'te:vole] *a* gewinnbringend, nützlich. **profitto** [...'fitto] *m* **1.** *(vantaggio)* Profit *m,* Nutzen *m,* Vorteil *m;* **2.** *fig (progresso)* Fortschritt *m,* Erfolg *m;* **3.** *com* Profit *m,* Gewinn *m;* **trarre ~ da qc** aus etw. Profit (*o.* Nutzen) ziehen; **mettere a ~ qc** *fig* etw. (vorteilhaft) nutzen, etw. ausnützen; **a ~ di qu** zu jds Nutzen (*o.* Vorteil).
profondere [pro'fondere] ‹*irr*› **I.** *tr* **1.** *(lodi, complimenti)* austeilen, um sich werfen mit; **2.** *(denaro, etc.)* vergeuden, verschwenden; **II.** *rfl:* **-rsi** sich ergehen (*in* in), um sich werfen (*in* mit).
profondità [profondi'ta] ‹-› *f* **1.** *gener., fig* Tiefe *f;* **2.** *fig (intensità)* Stärke *f;* **in ~** *sport* weit, Weit-. **profondo, -a** [...'fondo] **I.** *a* **1.** *gener.* tief; **2.** *fig (intenso)* tief; *(sentimento a.)* stark; *(non superficiale)* tiefgehend, fundiert, gründlich; **II.** *m* Tiefe *f;* **psicologia del ~** Tiefenpsychologie *f.*
proforma, pro forma [pro'forma, prɔ 'forma] **I.** ‹*inv*› *adv, a* pro forma; **II.** ‹-› *m* Formalität *f.*
profugo, -a ['prɔ:fugo] ‹-ghi, -ghe› **I.** *a* (heimat)vertrieben; **II.** *m, f* Flüchtling *m,* (Heimat)vertriebene(r) *mf.*
profumare [profu'ma:re] **I.** *tr* ‹*avere*› *(ein)parfümieren;* **II.** *itr* ‹*essere*› duften (*di* nach); **III.** *rfl:* **-rsi** sich parfümieren. **profumatamente** [...mata'mente] *adv* teuer; **pagare qc ~** für etw. einen saftigen Preis zahlen *fam.* **profumeria** [profume'ri:a] ‹-ie› *f* **1.** *(negozio)* Parfümerie *f;* **2.** *(fabbricazione)* Parfümherstellung *f.* **profumiere, -a** [...'mi̯ɛ:re] *m, f* **1.** *(fabbricante)* Parfümhersteller(in) *m(f);* **2.** *(rivenditore)* Parfümhändler(in) *m(f).* **profumiero, -a** [...'mi̯ɛ:ro] *a* Parfüm-.
profumo [pro'fu:mo] *m* **1.** *(fragranza)* Duft *m;* **2.** *(essenza)* Parfüm *n;* **3.** *fig* Hauch *m;* **~ femminile/maschile** Damen-/Herrenparfüm *n.*
profusione [profu'zi̯o:ne] *f:* **a ~** im Überfluß; **versare lacrime a ~** Tränenbäche vergießen.
progenie [pro'dʒɛ:ni̯e] ‹-› *f poet* Geschlecht *n.*
progenitore, -trice [prodʒeni'to:re] *m, f* **1.** *(capostipite)* Stammvater *m,* -mutter *f;* **2.** ‹*pl*› *(antenati)* Vorfahren *m pl.*
progesterone [prodʒeste'ro:ne] *m* Progesteron *n.*
progettare [prodʒet'ta:re] *tr* **1.** *(viaggio, spedizione)* planen; **2.** *(ponte, diga)* planen, entwerfen. **progettazione** [...tat'tsi̯o:ne] *f* Planung *f.* **progettista** [...'tista] ‹-i *m,* -e *f*› *mf* Entwerfer(in) *m(f); tec* Planer(in) *m(f),* Konstrukteur(in) *m(f).* **progettistica** [...'tistika] ‹-che› *f* Planung *f.* **progetto** [...'dʒɛtto] *m* **1.** *com* Projekt *n; jur, tec* Entwurf *m;* **2.** *(proposito)* Plan *m;* **3.** *(ideazione)* Planung *f;* **~ di legge** Gesetzentwurf *m;* **essere in ~** in Planung sein, geplant sein.
prognosi ['prɔɲɲozi] ‹-› *f* Prognose *f.*
programma [pro'gramma] ‹-i› *m* **1.** *gener., pol, lit, com, inform* Programm *n;* **2.** *(elenco di spettacoli)* Programm *n; (singolo spettacolo)* Vorstellung *f; (opuscolo)* Programmheft *n;* **3.** *(di scuola)* (Lehr)stoff *m;* **~ assemblatore** *inform* Assembler *m;* **avere in ~ qc** etw. vorhaben; **fuori ~** nicht programmgemäß, außerplanmäßig. **programmare** [...'ma:re] *tr* **1.** *(film, theat, TV, radio, etc.)* aufs Programm setzen, ins Programm nehmen; **2.** *inform* programmieren; **3.** *com* planen. **programmatico, -a** [...'ma:tiko] ‹-ci, -che› *a* programmatisch. **programmatore, -trice** [...ma'to:re] *m, f* **1.** *inform* Programmierer(in) *m(f);* **2.** *com* Wirtschaftsplaner(in) *m(f).* **programmazione** [...mat'tsi̯o:ne] *f* **1.** *com* (Wirtschafts)planung *f;* **2.** *inform* Programmierung *f; (di scuola)* Lehrplan *m;* **di prossima ~** *film* demnächst in diesem Theater.
progredire [progre'di:re] ‹progredisco› *itr* ‹*essere o. avere*› **1.** *(avanzare)* fort-, voranschreiten; **2.** *(far progressi)* Fortschritte machen, vorankom-

men. **progredito, -a** [...'di:to] *a* fortschrittlich, fortgeschritten.

progressione [progres'sio:ne] *f* **1.** *mat* Reihe *f;* **2.** *(aumento)* Steigerung *f,* Zunahme *f;* **3.** *mus* Sequenz *f;* **aumentare in ~ geometrica** *fig* schwindelerregend zunehmen; **essere in ~** ansteigen.

progressista [progres'sista] ‹-i *m,* -e *f*› **I.** *mf* Fortschrittsgläubige(r) *mf,* Progressist(in) *m(f);* **II.** *a* fortschrittlich, Fortschritts-. **progressività** [...sivi'ta] ‹-› *f* stufenweise Erhöhung, Progressivität *f.* **progressivo, -a** [...'si:vo] *a* fortschreitend, zunehmend, progressiv; **imposta -a** Progressivsteuer *f.*

progresso [pro'grɛsso] *m (perfezionamento, avanzamento)* Fortschritt *m; (a. sviluppo)* Weiter-, Fortentwicklung *f;* **far -i** Fortschritte machen, vorankommen.

proibire [proi'bi:re] ‹proibisco› *tr* verbieten, untersagen; **~ a qu di fare qc** jdm verbieten, etw. zu tun; **~ il fumo** das Rauchen verbieten. **proibitivo, -a** [...bi'ti:vo] *a* **1.** *(decreto, provvedimento)* verbietend, verhindernd, prohibitiv; **2.** *(prezzi)* unerschwinglich; **3.** *(tempo)* ungünstig. **proibizione** [...bit'tsio:ne] *f* Verbot *n,* Verbieten *n;* **avere la ~ di fare qc** etw. nicht tun dürfen. **proibizionismo** [...bittsio'nizmo] *m* Prohibition *f.*

proiettare [proiet'ta:re] **I.** *tr* **1.** *film, fot* vorführen; *(sullo schermo)* projizieren; **2.** *(gettar fuori)* hinauswerfen, -schleudern; **3.** *mat* projizieren; **4.** *fig (speranze, etc.)* setzen (*su* in); **5.** *(luce, ombra)* werfen (*su* auf); **II.** *rfl:* **-rsi 1.** *fig* sich versetzen (*in* in); **2.** *(gettarsi)* sich werfen.

proiettile [proiet'ti:le] *m* Geschoß *n,* Projektil *n,* Kugel *f.*

proiettore [proiet'to:re] *m* **1.** *film, fot* Projektor *m;* **2.** *mot* Scheinwerfer *m;* **~ cinematografico/per diapositive** Film-/Diaprojektor *m;* **-i abbaglianti/anabbaglianti/antinebbia** Fernlicht *n*/Abblendlicht *n*/Nebelscheinwerfer *m pl.* **proiezione** [...t'tsio:ne] *f* **1.** *film, fot* Vorführung *f; (sullo schermo)* Projektion *f;* **2.** *mat, geog* Projektion *f;* **3.** *(lancio)* Werfen *n.*

prolasso [pro'lasso] *m* Prolaps *m,* Vorfall *m.*

prole ['prɔ:le] *f* Kinder *n pl,* Nachkommen *m pl.*

proletaria *f v.* **proletario.**

proletariato [proleta'ria:to] *m* Proletariat *n.* **proletario, -a** [...'ta:rio] ‹-i, -ie› **I.** *a* proletarisch; **II.** *m, f* Proletarier(in) *m(f).*

proliferare [prolife'ra:re] *itr* **1.** *biol* wuchern; **2.** *fig (moltiplicarsi)* wuchern, aus dem Boden schießen, sich vermehren. **proliferazione** [...rat'tsio:ne] *f* **1.** *biol* Wucherung *f;* **2.** *fig (espansione)* Vermehrung *f,* Ausbreitung *f,* Proliferation *f geh.* **prolifero, -a** [...'li:fero] *a* wuchernd.

prolificare [prolifi'ka:re] ‹prolifico, prolifichi› *itr* **1.** *biol* sich fortpflanzen, sich vermehren; *bot* keimen; **2.** *fig (espandersi)* sich ausbreiten. **prolificazione** [...kat'tsio:ne] *f* **1.** *biol* Fortpflanzung *f,* Vermehrung *f; bot* Keimung *f;* **2.** *fig* Ausbreitung *f,* Sichausbreiten *n.* **prolificità** [...fitʃi'ta] ‹-› *f* **1.** *biol* Zeugungsfreudigkeit *f;* **2.** *fig (fecondità)* Fruchtbarkeit *f.* **prolifico, -a** [...'li:fiko] ‹-ci, -che› *a* **1.** zeugungsfreudig, fruchtbar; **2.** *fig* schaffensfreudig, fruchtbar.

prolissità [prolissi'ta] ‹-› *f* Weitschweifigkeit *f,* Langatmigkeit *f.* **prolisso, -a** [...'lisso] *a* langatmig, weitschweifig, ausschweifend.

prologo ['prɔ:logo] ‹-ghi› *m* **1.** *theat (scena, monologo)* Prolog *m; (personaggio)* Sprecher(in) *m(f)* des Prologes; **2.** *(preambolo)* Einleitung *f,* Prolog *m.*

prolunga [pro'luŋga] ‹-ghe› *f* **1.** *el* Verlängerung *f,* Verlängerungskabel *n,* -schnur **f; 2.** *(estensione)* Verlängerung *f.* **prolungamento** [...a'mento] *m* Verlängerung *f.*

prolungare [proluŋ'ga:re] ‹prolungo, prolunghi› **I.** *tr* **1.** *(rendere più lungo)* verlängern; **2.** *fig* in die Länge ziehen; **II.** *rfl:* **-rsi 1.** *(estendersi)* sich ausbreiten, sich verlängern; *(nello spazio)* sich verlängern, sich erstrecken; *(nel tempo)* sich hinziehen, sich in die Länge ziehen; **2.** *(nel discorso)* ausschweifen, ausholen, sich auslassen (*su* über).

promemoria [prome'mɔ:ria] ‹-› *m* (Akten)notiz *f,* Merkzettel *m.*

promessa [pro'messa] *f* **1.** Versprechen *n;* **2.** *fig (giovane)* Hoffnung *f;* **-e** Versprechungen *f pl;* **fare una ~** ein Versprechen geben; **ogni ~ è debito** *prov* was man verspricht, muß man halten. **promesso, -a** [...so] **I.** *a (sposo)* versprochen; *(terra)* gelobt; **II.** *m, f* Verlobte(r) *mf.*

promettente [promet'tɛnte] *a* vielversprechend.

promettere [pro'mettere] ‹*irr*› **I.** *tr* **1.** *(impegnarsi)* versprechen; **2.** *fig (far intravedere)* aussehen nach; **un**

attore che promette ein vielversprechender Schauspieler; **II.** *rfl:* **-rsi** sich versprechen; *(a Dio)* sich weihen.

prominente [promi'nεnte] *a* vorspringend. **prominenza** [...'nεntsa] *f* Vorspringen *n*, Vorsprung *m*.

promiscuità [promiskui'ta] ‹-› *f* Vermischung *f*; *(sessuale)* Promiskuität *f*.

promiscuo, -a [...'miskuo] **I.** *a* gemischt; *(classe, scuola)* Gemeinschafts-; *gram* beidgeschlechtig; *(sessualmente)* promisk; **coltura -a** Mischkultur *f*, gemischter Anbau; **matrimonio ~** Mischehe *f*; **II.** *m* Kombiwagen *m*.

promontorio [promon'tɔ:ri̯o] ‹-i› *m* Kap *n*.

promosso, -a [pro'mɔsso] **I.** *a* gefördert, versetzt; **II.** *m, f* in die nächste Klasse versetzte(r) Schüler(in) *m(f)*.

promotion [prə'moʊʃən] ‹-› *f* Werbung *f*, Promotion *f*.

promotore, -trice [promo'to:re] **I.** *m, f* Förderer *m*, Förd(r)erin *f*; *(iniziatore)* Initiator(in) *m(f)*; **II.** *a* Förderer-; **comitato ~** Organisations-, Veranstaltungskomitee *n*.

promozionale [promot'tsi̯o'na:le] *a* Werbe-, Promotion-.

promozione [promot'tsi̯o:ne] *f* **1.** *(avanzamento)* Beförderung *f*; *(di alunno)* Versetzung *f*; *sport* (Tabellen)aufstieg *m*; **2.** *com* Werbung *f*, Promotion *f*; **~ delle vendite** Verkaufsförderung *f*; **ottenere una ~** befördert werden.

promulgare [promul'ga:re] ‹promulgo, promulghi› *tr* **1.** *jur (legge)* erlassen; **2.** *(diffondere)* verbreiten, verkünden. **promulgazione** [...gat'tsi̯o:ne] *f* **1.** *jur (di legge)* Erlaß *m*; **2.** *(divulgazione)* Verbreitung *f*, Verkündung *f*.

promuovere [pro'mu̯ɔ:vere] ‹*irr*› *tr* **1.** *(proporre)* anregen, fördern; *(iniziare)* initiieren; *(arti, cultura, ricerca)* fördern; **2.** *(far avanzare)* befördern; *(alunno)* versetzen; **3.** *(sudorazione, etc.)* fördern, anregen; *(vomito, etc.)* erzeugen, hervorrufen; **~ qu generale** jdn zum General befördern.

pronipote [proni'po:te] *mf* **1.** *1. (dei nonni)* Urenkel(in) *m(f)*; *(degli zii)* Großneffe *m*, -nichte *f*; **2.** ‹*pl*› Nachkommen *m pl*.

pronome [pro'no:me] *m* Pronomen *n*, Fürwort *n*. **pronominale** [...nomi 'na:le] *a* pronominal, Pronominal-.

pronosticare [pronosti'ka:re] ‹pronostico, pronostichi› *tr* voraussagen, ankündigen. **pronostico** [...'nɔstiko] ‹-ci› *m* Voraussage *f*, Prognose *f*.

prontezza [pron'tettsa] *f* Promptheit *f*, Schnelligkeit *f*; **~ di parola/riflessi/spirito** Schlagfertigkeit *f*/Reaktionsschnelligkeit *f*/Geistesgegenwart *f*.

pronto, -a ['pronto] **I.** *a* **1.** *(preparato)* bereit, fertig; **2.** *(disposto)* bereit (*a* zu), aufgelegt (*a* zu); **3.** *(rapido)* schnell, rasch; *(cosa a.)* prompt, sofortig; **4.** *(facile)* leicht, schnell; **~ soccorso** Erste Hilfe; **cemento a -a presa** schnellbindender Zement; **auguri di -a guarigione** Glückwünsche zur baldigen Genesung; **essere ~ per partire** reisefertig sein; **essere ~ per gli esami** auf die Prüfungen vorbereitet sein; **essere ~ a tutto** zu allem bereit sein; **essere sempre ~ a scherzare** immer zu(m) Scherzen aufgelegt sein; **essere ~ all'ira** schnell zornig werden; **avere la risposta -a** schlagfertig sein; **pagare a -a cassa** bar zahlen; **~ per l'uso** gebrauchsfertig; **II.** *interj tel* hallo, (hier spricht) ...

prontuario [prontu'a:ri̯o] ‹-i› *m* Handbuch *n*.

pronuncia [pro'nuntʃa] ‹-cie› *f* **1.** *ling* Aussprache *f*; **2.** *jur* Urteilsspruch *m*, Entscheidung *f*. **pronunciare** [...'tʃa:re] ‹pronuncio, pronunci› **I.** *tr (parola, consonante, giudizio, sentenza)* aussprechen; *(discorso)* halten; **II.** *rfl:* **-rsi 1.** *(esprimere giudizio)* sich aussprechen; **2.** *jur* urteilen; **-rsi contro/a favore di qu/qc** sich gegen/für jdn/etw. aussprechen; **non mi pronuncio** ich äußere mich nicht. **pronunciato, -a** [...'tʃa:to] **I.** *a* **1.** *(naso, etc.)* ausgeprägt; **2.** *fig* ausgeprägt, ausgesprochen; **II.** *m* Urteilsspruch *m*.

pronunzia [pro'nuntsi̯a] *etc. v.* **pronuncia** *etc.*

propaganda [propa'ganda] *f* Propaganda *f*, Werbung *f*, Reklame *f*; **~ politica** politische Propaganda; **~ televisiva/radiofonica** Fernseh-/Rundfunkwerbung *f*. **propagandare** [...'da:re] *tr* verbreiten, Werbung machen für, propagieren. **propagandista** [...'dista] ‹-i *m*, -e *f*› *mf* **1.** *gener.* Propagandist(in) *m(f)*; **2.** *com* (Handels)vertreter(in) *m(f)*. **propagandistico, -a** [...'distiko] ‹-ci, -che› *a* propagandistisch, Werbe-; **lancio ~** Werbeeinführung *f*; **a scopo ~** zu Werbezwecken.

propagare [propa'ga:re] ‹propago, propaghi› **I.** *tr fig (fede, dottrina)* verbreiten, propagieren; **II.** *rfl:* **-rsi**

1. *(diffondersi)* sich ausbreiten, sich ausdehnen; *fig* um sich greifen; **2.** *biol* sich fortpflanzen, sich vermehren. **propagatore, -trice** [...ga'to:re] *m, f* Verbreiter(in) *m(f)*, Verkünder(in) *m(f)*. **propagazione** [...gat'tsi̯o:ne] *f* **1.** *phys* Verbreitung *f*; *(della luce)* Fortpflanzung *f*; *(del calore, suono)* Ausbreitung *f*; **2.** *(diffusione)* Ver-, Ausbreitung *f*; **3.** *biol* Fortpflanzung *f*, Vermehrung *f*.

propaggine [pro'paddʒine] *f* **1.** *(diramazione)* Verzweigung *f*; *(di un monte)* Ausläufer *m*; *(di una stirpe)* Nachkommen *m pl*; **2.** *agr* Absenker *m*.

propalare [propa'la:re] *tr* verbreiten, ausplaudern.

propano [pro'pa:no] *m* Propan(gas) *n*.

propedeutica [prope'dɛ:utika] ‹-che› *f* Propädeutik *f*. **propedeutico, -a** [...ko] ‹-ci, -che› *a* propädeutisch.

propellente [propel'lɛnte] **I.** *a* vorwärtstreibend, Treib-; **II.** *m* Treibstoff *m*.

propendere [pro'pɛndere] ‹*irr*› *itr* neigen (*per* zu), sein (*per* für). **propensione** [...pen'si̯o:ne] *f* Neigung *f* (*per* zu); *(per persone)* Zuneigung *f* (*per* zu); **avere ~ a ...** *inf* dazu neigen, zu ... *inf*; **ho ~ a credere/pensare** ich neige zu der Annahme/dem Gedanken. **propenso, -a** [...'pɛnso] *a* geneigt; **essere** (*o.* **sentirsi**) **~ a ...** *inf* geneigt sein, zu ... *inf*; **essere** (*o.* **sentirsi**) **~ verso qu** jdm geneigt sein.

propilene [propi'lɛ:ne] *m* Propylen *n*.

propinare [propi'na:re] *tr* **1.** *(somministrare)* (ein)geben, verabreichen; **2.** *fig scherz* auftischen, unterjubeln *fam*.

propiziare [propit'tsi̯a:re] ‹propizio, propizi› *tr* günstig stimmen, geneigt machen. **propiziatore, -trice** [...tsi̯a'to:re] **I.** *a* günstigstimmend; **II.** *m, f* Fürsprecher(in) *m(f)*. **propiziatorio, -a** [...tsi̯a'tɔ:ri̯o] ‹-i, -ie› *a* günstigstimmend, versöhnend, Versöhnungs-. **propiziatrice** *f v.* **propiziatore.**

propizio, -a [pro'pittsi̯o] ‹-i, -ie› *a* günstig; *(persone a.)* wohlwollend, günstig gestimmt (*o.* gesonnen).

proponente [propo'nɛnte] *mf* Antragssteller(in) *m(f)*.

proponibile [propo'ni:bile] *a* vorschlagbar.

proponimento [proponi'mento] *m* Vorsatz *m*; **fare (il) ~ di fare qc** sich *(dat)* vornehmen, etw. zu tun.

proporre [pro'porre] ‹*irr*› **I.** *tr* vorschlagen; *(tesi, problema)* vorbringen; *(questione, mozione, richiesta)* stellen; *(proposta)* machen; **II.** *rfl:* **-rsi** sich *(dat)* vornehmen; **-rsi un fine** (*o.* **una meta**) sich *(dat)* ein Ziel stecken (*o.* setzen).

proporzionale [proportsi̯o'na:le] *a* **1.** *(della proporzione)* verhältnismäßig, proportional; **2.** *mat* proportional; **elezione ~** Verhältniswahl *f*. **proporzionalità** [...nali'ta] ‹-› *f* **1.** *(relazione)* Verhältnismäßigkeit *f*; **2.** *mat* Proportionalität *f*. **proporzionare** [proportsi̯o'na:re] *tr* anpassen, ins richtige Verhältnis setzen; **~ qc a qc** etw. zueinander ins richtige Verhältnis setzen, etw. an etw. anpassen. **proporzionato, -a** [...'na:to] *a* **1.** *(adeguato)* entsprechend; **2.** *(armonico)* proportioniert; *(corpo)* wohlproportioniert. **proporzione** [...'tsi̯o:ne] *f* **1.** *mat* Proportion *f*, Verhältnisgleichung *f*; **2.** *(rapporto)* Verhältnis *n*; **3.** ‹*pl*› *fig* Ausmaße *n pl*; **assumere -i preoccupanti** besorgniserregende Ausmaße annehmen; **avere il senso delle -i** *fig* ein Gefühl für das rechte Maß haben; **mancante di -i** unproportioniert; **in ~ a** im Verhältnis zu.

proposito [pro'pɔ:zito] *m* **1.** *(proponimento)* Vorsatz *m*, Vorhaben *n*, Absicht *f*; *(progetto)* Plan *m*; **2.** *(argomento)* Bezug *m*; **donna di ~** charakterfeste, ernsthafte Frau; **di ~** *(apposta)* mit Absicht, absichtlich; *(seriamente)* ganz bewußt; **a ~ di** in bezug auf, was ... betrifft; **a ~ di che?** zu was?; **a ~** übrigens, apropos; **arrivare** (*o.* **venire**) **a ~** gelegen (*o.* wie gerufen) kommen; **a questo ~** hierzu, dazu, in dieser Hinsicht.

proposizione [propozit'tsi̯o:ne] *f* **1.** *gram* Satz *m*; **2.** *philos* Satz *m*, These *f*; **~ principale/subordinata** Haupt-/Nebensatz *m*.

proposta [pro'posta] *f* Vorschlag *m*; *adm* Antrag *m*; **~ di matrimonio** Heiratsantrag *m*; **~ di legge** Gesetzesvorlage *f*; **fare** (*o.* **avanzare**) **una ~** einen Vorschlag machen (*o.* vorbringen); *adm* einen Antrag stellen; **su ~ di qu** auf jds Vorschlag (hin).

propriamente [propri̯a'mente] *adv* **1.** *(in senso proprio)* eigentlich; **2.** *(in modo appropriato)* passend, richtig; **~ detto** strenggenommen, eigentlich.

proprietà [propri̯e'ta] ‹-› *f* **1.** *jur* Eigentum *n*, Besitz *m*; **2.** *(qualità)* Eigenschaft *f*, Beschaffenheit *f*; **3.** *(precisione)* Richtigkeit *f*; **4.** *(pulizia, ordine)* Sauberkeit *f*; **~ letteraria/artistica** literarisches/künstlerisches Eigentum; **diritto di ~** Eigentumsrecht *n;* **essere di ~ di qu** jds Eigentum sein, jdm gehören; **scrivere con ~** richtig schreiben. **proprietario, -a** [...'ta:rio] ‹-i, -ie› *m, f* Eigentümer(in) *m(f),* Besitzer(in) *m (f).*

proprio, -a ['prɔ:prio] ‹-i, -ie› **I.** *a* **1.** *(suo)* eigen; *(di lui)* sein; *(di lei, loro)* ihr; **2.** *(tipico)* bestimmt, typisch, besondere(r, s); **3.** *(adatto)* eigen, Eigen-, eigentlich; **amor ~** Eigenliebe *f,* Selbstwertgefühl *n;* **nome ~ di persona** Eigenname *m;* **vino di produzione -a** Wein *m* aus eigener Herstellung; **con le -ie mani** eigenhändig; **l'ha visto con i suoi -i occhi** er (*o.* sie) hat es mit eigenen Augen gesehen; **vero e ~** eigentlich; **II.** *adv* **1.** *(precisamente)* (ganz) genau; **2.** *(davvero)* wirklich; **III.** *m* Eigene(s) *n;* **scrivere/rispondere in ~** persönlich schreiben/antworten; **lavorare in ~** selbständig (*o.* freiberuflich) arbeiten; **perdere il ~** sein (ganzes) Hab und Gut verlieren.

propugnare [propuɲ'ɲa:re] *tr* verfechten. **propugnatore, -trice** [...ɲa'to:re] *m, f* Verfechter(in) *m(f).*

propulsione [propul'sio:ne] *f* **1.** *fig (spinta)* Antrieb *m,* Aufschwung *m;* **2.** *tec* Antrieb *m.* **propulsivo, -a** [...'si:vo] *a* treibend, Antriebs-, Schub-. **propulsore** [...'so:re] *m* Triebwerk *n.*

prora ['prɔ:ra] *f* Bug *m.*

proroga ['prɔ:roga] ‹-ghe› *f* Aufschub *m,* Verlängerung *f; (di termine)* Verschiebung *f; (di cambiale)* Prolongierung *f; (di pagamento)* Stundung *f;* **~ del soggiorno** Aufenthaltsverlängerung *f.*

prorogabile [proro'ga:bile] *a* aufschiebbar, verlängerbar.

prorogare [proro'ga:re] *tr* aufschieben, verlängern; *(pagamento)* stunden; *(termine)* verschieben; *(cambiale)* prolongieren.

prorompente [prorom'pɛnte] *a* ungestüm; *(gioia, etc.)* unbändig. **prorompere** [pro'rompere] ‹*irr*› *itr* hervorbrechen; *(in lacrime, risata)* ausbrechen *(in* in).

prosa ['prɔ:za] *f* **1.** *lit* Prosa *f; (componimento)* Prosatext *m;* **2.** *fig* Nüchternheit *f; (monotonia)* Eintönigkeit *f;* **~ poetica** Prosadichtung *f;* **teatro di ~** Schauspiel(haus) *n.* **prosaico, -a** [pro'za:iko] ‹-ci, -che› *a* **1.** *fig pej* nüchtern, prosaisch; **2.** *lit* prosaisch, Prosa-. **prosatore, -trice** [...za'to:re] *m, f* Prosaschriftsteller(in) *m(f).*

proscenio [proʃ'ʃɛ:nio] ‹-i› *m* Proszenium *n,* Vorbühne *f.*

prosciogliere [proʃ'ʃɔʎʎere] ‹*irr*› *tr* **1.** *(liberare)* befreien, lossprechen, freisprechen; **2.** *jur* freisprechen. **proscioglimento** [...ʃoʎʎi'mento] *m* **1.** *(liberazione)* Befreiung *f,* Lossprechung *f;* **2.** *jur* Freisprechung *f,* Freispruch *m.*

prosciugamento [proʃʃuga'mento] *m* **1.** *(il prosciugare)* Trockenlegung *f;* **2.** *(inaridimento)* Austrocknung *f.* **prosciugare** [...'ga:re] ‹prosciugo, prosciughi› **I.** *tr (terreno)* austrocknen; *(palude)* trockenlegen; **II.** *rfl:* **-rsi** trocken werden, austrocknen.

prosciutto [proʃ'ʃutto] *m* Schinken *m.*

proscritto, -a [pros'kritto] **I.** *a* geächtet, verbannt; **II.** *m, f* Verbannte(r) *mf,* Geächtete(r) *mf.* **proscrivere** [...'kri:vere] ‹*irr*› *tr* **1.** verbannen, ächten; **2.** *fig* verbieten, abschaffen. **proscrizione** [...krit'tsio:ne] *f* **1.** *hist* Ächtung *f;* Proskription *f;* **2.** *(esilio)* Verbannung *f;* **3.** *fig* Abschaffung *f,* Verbot *n.*

prosecco [pro'sekko] *m* Prosecco *m (trockener Weißwein aus Venetien).*

prosecuzione [prosekut'tsio:ne] *f* Fortsetzung *f,* Weiterführung *f.*

proseguimento [prosegui'mento] *m* Fortsetzung *f,* Weiterführung *f;* **buon ~!** weiter so!, weiterhin alles Gute! **proseguire** [...'gui:re] **I.** *tr* fortsetzen, weiterführen; **II.** *itr* weitermachen (*in* mit); **~ negli studi** das Studium fortsetzen; **il treno prosegue per Milano** der Zug fährt nach Mailand weiter.

proselito, -a [pro'zɛ:lito] *m, f* Proselyt *m.*

prosieguo [pro'siɛ:guo] *m adm* Fortsetzung *f,* Folge *f;* **in ~ di tempo** in der Folgezeit.

prosindaco, -a [pro'sindako] *m, f* stellvertretende(r) Bürgermeister(in) *m(f).*

prosodia [prozo'di:a] ‹-ie› *f* Prosodie *f.*

prosopopea [prozopo'pɛ:a] *f* Blasiertheit *f.*

prosperare [prospe'ra:re] *itr* gedeihen; **~ in salute** sich einer blühenden Gesundheit erfreuen. **prosperità** [...ri'ta] ‹-› *f* Wohlstand *m,* Gedeihen *n;* **vivere in ~** im Wohlstand leben. **prospero, -a** ['prɔspero] *a (commercio)* blühend; *(paese)* wohlhabend, blühend; *(annata)* glücklich; *(sorte)* günstig. **prosperoso, -a** [prospe'ro:so] *a* **1.** *(commercio, regione)* blühend, wohlhabend; **2.** *(per-*

sona) wohlgerundet; *(pieno di salute)* vor Gesundheit strotzend.

prospettare [prospet'ta:re] **I.** *tr* darstellen, darlegen, vor Augen führen; **II.** *rfl:* **-rsi** sich darstellen.

prospettico, -a [pros'pɛttiko] ‹-ci, -che› *a* perspektivisch. **prospettiva** [...pet'ti:va] *f* **1.** *(tecnica)* Perspektive *f;* **2.** *(vista)* Ausblick *m;* **3.** *fig* Aussicht *f,* Perspektive *f;* **4.** *(disegno)* perspektivische Zeichnung; **errore di ~** *fig* falsche Einschätzung (*o.* Beurteilung); **in ~** in der Perspektive.

prospetto [pros'pɛtto] *m* **1.** *(tabella)* Übersicht *f,* Aufstellung *f;* **2.** *(veduta)* (Vorder)ansicht *f;* **3.** *(facciata)* Vorderseite *f;* **4.** *(disegno)* Tabelle *f,* Schaubild *n;* **di ~** von vorne.

prospiciente [prospi'tʃɛnte] *a:* **~ qc** gerichtet nach *dat,* mit Aussicht auf *acc.*

prossimamente [prossima'mente] *adv (fra breve)* in Kürze, demnächst; **~ su questo schermo** demnächst in diesem Theater.

prossimità [prossimi'ta] ‹-› *f* Nähe *f;* **in ~ di** in der Nähe von.

prossimo, -a ['prɔssimo] **I.** *a* **1.** *(vicino)* nächste(r, s); *(nel tempo a.)* kommend; **2.** *(parente)* nah(e); **3.** *(diretto)* unmittelbar, naheliegend, direkt; **passato/trapassato ~** Perfekt *n*/Plusquamperfekt I *n;* **la -a volta** das nächste Mal; **ci vediamo venerdì ~** wir sehen uns nächsten Freitag; **essere ~ a fare qc** kurz davor sein, etw. zu tun; **II.** *m* Nächste(r) *mf.*

prostata ['prɔstata] *f* Prostata *f.*

prosternarsi [proster'narsi] *rfl* sich auf die Knie (*o.* zu Boden) werfen.

prostituire [prostitu'i:re] ‹prostituisco› **I.** *tr* prostituieren, verkaufen; **II.** *rfl:* **-rsi** sich prostituieren. **prostituta** [...'tu:ta] *f* Prostituierte *f.* **prostituzione** [...tut'tsi̯o:ne] *f* Prostitution *f.*

prostrare [pros'tra:re] **I.** *I. tr* **1.** *(distendere a terra)* hinstrecken; **2.** *fig (fiaccare)* schwächen, entkräften; **3.** *fig (umiliare)* erniedrigen, kränken; **II.** *rfl:* **-rsi 1.** *(gettarsi ai piedi)* sich auf die Knie werfen; **2.** *fig (umiliarsi)* kriechen, sich erniedrigen. **prostrazione** [...trat'tsi̯o:ne] *f* **1.** *(depressione)* Niedergeschlagenheit *f;* **2.** *(spossatezza)* Erschöpfung *f,* Ermattung *f.*

protagonista [protago'nista] ‹-i *m,* -e *f*› *mf* **1.** *film, theat* Hauptdarsteller(in) *m(f);* **2.** *lit* Protagonist(in) *m(f).*

proteggere [pro'tɛddʒere] ‹proteggo, protessi, protetto› *tr* **1.** *(difendere)* (be)schützen (*da* vor); *(soccorrere, garantire)* schützen; **2.** *(favorire)* begünstigen; *(persone a.)* protegieren; **3.** *(scusare)* in Schutz nehmen; **che Dio ti protegga!** Gott schütze dich!

proteico, -a [pro'tɛ:iko] ‹-ci, -che› *a* eiweißhaltig, Protein-, Eiweiß-.

proteiforme [protei'forme] *a* wandelbar, vielgestaltig.

proteina [prote'i:na] *f* Protein *n,* Eiweiß *n.*

protendere [pro'tɛndere] ‹*irr*› **I.** *tr* hin-, vor-, ausstrecken; **II.** *rfl:* **-rsi** sich vorbeugen, sich beugen (*da* aus).

protervia [pro'tɛrvi̯a] ‹-ie› *f* Vermessenheit *f.* **protervo, -a** [...'tɛrvo] *a* vermessen.

protesi ['prɔ:tezi] ‹-› *f med, ling* Prothese *f.*

protessi [pro'tɛssi] *1. pers sing del passato remoto di* **proteggere.**

protesta [pro'tɛsta] *f* **1.** *(disapprovazione)* Protest *m;* **2.** *(dichiarazione)* Bezeugung *f,* Beteuerung *f;* **per ~** aus Protest.

protestante [protes'tante] **I.** *a* protestantisch; **II.** *mf* Protestant(in) *m(f).* **protestantesimo** [...'te:zimo] *m* Protestantismus *m.*

protestare [protes'ta:re] **I.** *tr* **1.** *(sentimento, etc.)* bezeugen, beteuern; **2.** *fin (cambiale)* zu Protest gehen lassen, protestieren; *com (merce)* beanstanden, reklamieren; **3.** *(artista, etc.)* vertraglich ablehnen; **II.** *itr* protestieren (*contro* gegen); **III.** *rfl:* **-rsi** sich erklären; **-rsi amico** seine Freundschaft beteuern. **protestatario, -a** [...ta'ta:ri̯o] ‹-i, -ie› *a* Protest-. **protesto** [...'tɛsto] *m* Protest *m.*

protettivo, -a [protet'ti:vo] *a* schützend, Schutz-. **protetto** [...'tɛtto] **I.** *pp di* **proteggere; II.** *m* Schützling *m,* Protégé *m.*

protettorato [protetto'ra:to] *m* **1.** *(tutela)* Protektorat *n,* Schutzherrschaft *f;* **2.** *(territorio)* Schutzgebiet *n,* Protektorat *n.*

protettore, -trice [protet'to:re] **I.** *m, f* **1.** *(chi protegge)* (Be)schützer(in) *m(f);* **2.** *(chi favorisce)* Förderer *m,* Förd(r)erin *f;* *(a. di una persona amata)* Gönner(in) *m(f);* **3.** *(patrono)* (Schutz)patron(in) *m(f),* Schutzheilige(r) *mf;* **4.** *(sfruttatore di prostitute)* Zuhälter *m;* **II.** *a* (be)schützend, Schutz-; **santo ~** Schutzheilige(r) *m;* **società -trice degli animali** Tierschutzverein *m.* **protezione** [...'tsi̯o:ne] *f* **1.** Schutz *m;* **2.** *pej (favoreggiamento)* Protektion *f,* Begünstigung *f;* **3.** *pej (superiorità)* Gönnerhaftigkeit *f;* ~ **civile** Zivilschutz *m;* ~ **dell'ambiente/del paesaggio/degli animali** (*o.* **della fauna**) Umwelt-/Landschafts-/Tierschutz *m;* **prendere sotto la propria** ~ unter seinen Schutz nehmen; **essere sotto la** ~ **di qu** unter jds Schutz stehen.

protezionismo [protettsi̯o'nizmo] *m* Protektionismus *m.* **protezionista** [...'nista] ‹-i *m,* -e *f*› **I.** *mf* Protektionist(in) *m(f);* **II.** *a* protektionistisch. **protezionistico, -a** [...'nistiko] ‹-ci, -che› *a* protektionistisch.

proto ['prɔ:to] *m* Faktor *m.*

protocollare[1] [protokol'la:re] *tr* protokollieren, ins Protokollbuch eintragen.

protocollare[2] [protokol'la:re] *a* **1.** protokollarisch, Protokoll-; **2.** *fig scherz* protokollarisch, steif, förmlich. **protocollo** [...'kɔllo] *m* Protokoll *n;* **carta (formato)** ~ Kanzleipapier *n;* **numero di** ~ Geschäftszeichen *n,* Protokollnummer *f;* **una questione di** ~ eine protokollarische Frage; **mettere a** ~ protokollieren, zu Protokoll nehmen.

protomartire [proto'martire] *mf* erste(r) Märtyrer(in) *m(f).*

protone [pro'to:ne] *m* Proton *n.*

protoplasma [proto'plazma] *m* Protoplasma *n.*

prototipo [pro'tɔ:tipo] **I.** *m* **1.** *tec* Prototyp *m;* **2.** *scherz* Muster(stück) *n,* Inbegriff *m;* **3.** *(modello)* Urbild *n;* **è il** ~ **dei fannulloni/degli imbroglioni** er ist ein Muster an Faulheit/ein Schwindler, wie er im Buche steht; **II.** *a* früher, Anfangs-, Ur-.

protozoi [protod'dzɔ:i] *m pl* Protozoen *n pl.*

protrarre [pro'trarre] ‹*irr*› **I.** *tr* hinausziehen, in die Länge ziehen; *(differire)* aufschieben; **II.** *rfl:* **-rsi** sich hinausziehen, sich in die Länge ziehen. **protrazione** [...at'tsi̯o:ne] *f* **1.** *(proroga)* Hinausschieben *n;* **2.** *(prolungamento)* Verlängerung *f,* Aufschub *m.*

protuberanza [protube'rantsa] *f* Auswuchs *m,* Vorsprung *m; (sul naso)* Höcker *m.*

Prov. *ab di* **provincia** ≃ Reg. Bez. (*ab di* Regierungsbezirk).

prova ['prɔ:va] *f* **1.** *(esame)* Prüfung *f;* **2.** *(esperimento)* Test *m,* Probe *f,* Versuch *m; (tentativo)* Versuch *m;* **3.** *(cimento)* Prüfung *f,* Probe *f;* **4.** *(dimostrazione)* Beweis *m,* Nachweis *m;* Probe *f; (testimonianza)* Beweis *m,* Zeugnis *n;* **5.** *(esperienza)* Erfahrung *f;* **6.** *jur* Beweis *m;* **7.** *(theat, mus, etc.)* Probe *f;* **8.** *(di abito)* Anprobe *f;* **9.** *mat* Probe *f;* **10.** *typ (~ di stampa)* (Korrektur)abzug *m,* Fahne *f;* **11.** *sport* Wettkampf *m;* ~ **orale/scritta** mündliche/schriftliche Prüfung; ~ **generale** Generalprobe *f;* ~ **di durata** Haltbarkeitstest *m;* Dauertest *m;* ~ **del fuoco** *(a. fig)* Feuerprobe *f;* **mettere qu alla** ~ jdn auf die Probe stellen; **mettere qc alla** ~ etw. testen (*o.* prüfen), die Probe aufs Exempel machen; **mettere un abito in** ~ ein Kleid (*o.* einen Anzug) zur Anprobe geben; **assolvere per insufficienza di -e** aus Mangel an Beweisen freisprechen; **riuscire alla prima** ~ beim ersten Versuch Erfolg haben; **fare a proprie spese la** ~ **dell'invidia generale** die allgemeine Mißgunst am eigenen Leib erfahren; **a tutta** ~ bewährt; **alla** ~ **dei fatti** anhand der Tatsachen; **bisognerà vederlo alla** ~ das müßte er erst einmal beweisen (*o.* unter Beweis stellen); **fino a** ~ **contraria** bis zum Beweis des Gegenteils; **quante -e si sopportano nella vita!** was muß man im Leben nicht alles ertragen! **provabile** [pro'va:bile] *a* beweisbar, nachweisbar.

provare [pro'va:re] **I.** *tr* **1.** *gener.* probieren, versuchen; *tec, scient* testen; *(abito, scarpe)* anprobieren; **2.** *(sperimentare)* versuchen, ausprobieren; **3.** *(saggiare)* auf die Probe stellen, prüfen, versuchen; **4.** *(assaggiare)* probieren, kosten; **5.** *(conoscere)* auf die Probe stellen; **6.** *(sentire)* empfinden, fühlen; *(dolore, simpatia, pietà a.)* haben; **7.** *(cimentare)* prüfen; **8.** *(dimostrare)* beweisen; **9.** *(mus, theat, etc.)* proben; **10.** *(collaudare)* abnehmen, prüfen; **bisogna** ~ **per credere** man muß es selbst probieren, um es glauben zu können; **la disgrazia l'ha duramente provato** das Unglück hat ihn hart geprüft; **non provarci nemmeno!** *fam* untersteh' dich!; **II.** *rfl:* **-rsi 1.** *(cimentarsi)* sich üben (*in* in), sich versuchen (*in* in); **2.** *(tentare)* versuchen, probieren. **provato, -a** [...'va:to] *a* **1.** *(fedele)* treu; **2.** *(dimostrato)* erwiesen; *(rimedio, etc.)* (alt)bewährt; *tec* erprobt; **3.** *(estenuato)* heimgesucht, geprüft; *(stanco)* erschöpft.

provenienza [prove'ni̯ɛntsa] *f* Herkunft *f; (fig a.)* Quelle *f.* **provenire** [...'ni:re] ‹*irr*› *itr* ‹*essere*› (her)kommen (*da aus,* von), (her-, ab)stammen (*da* aus, von).

provento [pro'vɛnto] *m* Ertrag *m.*

proverbiale [proverˈbi̯aːle] *a (a. fig)* sprichwörtlich. **proverbio** [...ˈvɛrbi̯o] ‹-i› *m* Sprichwort *n;* **passare in ~** sprichwörtlich werden.

provetta [proˈvetta] *f* Reagenzglas *n;* **figlio in ~** Retortenbaby *n.*

provetto, -a [proˈvɛtto] *a* erfahren.

provincia [proˈvintʃa] ‹-cie *o.* -ce› *f* **1.** *adm (ab* **Prov.**) Provinz *f;* **2.** *(territorio)* Land *n; pej* Provinz *f.* **provinciale** [...ˈtʃaːle] **I.** *I. a* **1.** *adm* Provinzial-, Provinz-; **2.** *pej* provinziell, provinzlerisch, kleinstädtisch; **medico/veterinario ~** Kreisarzt *m/*Kreistierarzt *m;* **padre ~** Provinzial *m;* **II.** *mf* **1.** *(abitante)* Provinzbewohner(in) *m(f),* Landbewohner(in) *m(f);* **2.** *pej* Provinzler(in) *m(f),* Kleinstädter(in) *m(f);* **III.** *f* Landstraße *f.* **provincialismo** [...tʃaˈlizmo] *m* Provinzialismus *m.* **provincialità** [...tʃaliˈta] ‹-› *f* Provinzlertum *n,* Provinzialität *f.*

provino [proˈviːno] *m* **1.** *film* Probeaufnahme *f;* **2.** *(campione)* Muster *n,* Probe *f;* **3.** *tec, chem* Reagenzglas *n,* Prüfglas *n.*

provocante [provoˈkante] *a* herausfordernd, provozierend; *(sessualmente a.)* aufreizend.

provocare [provoˈkaːre] ‹provoco, provochi› *tr* **1.** *(cagionare)* hervorrufen, verursachen; **2.** *(eccitare)* reizen, provozieren; *(sessualmente a.)* aufreizen; **3.** *(muovere)* reizen, bewegen; *pej (spingere)* aufstacheln; **~ la pietà/l'invidia** Mitleid/Neid erregen; **~ il riso** zum Lachen reizen. **provocatore, -trice** [...kaˈtoːre] **I.** *a* herausfordernd; **agente ~** Agent provocateur *m;* **II.** *m, f* Provokateur(in) *m(f),* Aufwiegler(in) *m(f).* **provocatorio, -a** [...kaˈtɔːri̯o] ‹-i, -ie› *a* herausfordernd, provokativ, provozierend. **provocatrice** *f v.* **provocatore. provocazione** [...katˈtsi̯oːne] *f* Herausforderung *f,* Provokation *f.*

provola [ˈprɔːvola] *f* Provola *f (Käsesorte, vorwiegend aus Büffelmilch).* **provolone** [provoˈloːne] *m* Provolone *m (birnenförmige Käsesorte, vorwiegend aus Kuhmilch).*

provvedere [provveˈdeːre] ‹*irr*› **I.** *itr* sich kümmern (*a* um), sorgen (*a* für), (Vor)sorge treffen (*a* für); **II.** *tr* **1.** *(fornire)* versehen (*di* mit), versorgen (*di* mit); **2.** *(procurarsi)* besorgen, beschaffen; **III.** *rfl:* **-rsi 1.** *(munirsi)* sich *(dat)* besorgen (*di qc* etw.), sich *(dat)* beschaffen (*di qc* etw.), sich versorgen (*di* mit); **2.** *fig* sich ausstatten (*di* mit). **provvedimento** [...diˈmento] *m* Maßnahme *f,* Vorkehrung *f.*

provveditorato [provveditoˈraːto] *m* Verwaltungsamt *n;* **~ agli studi** (Ober)schulamt *n.* **provveditore, -trice** [...ˈtoːre] *m, f* Amtsleiter(in) *m(f).*

provvidenza [provviˈdɛntsa] *f* **1.** *rel* (göttliche) Vorsehung *f;* **2.** *fig* Glück *n;* **3.** ‹*pl*› *(provvedimento)* (Vorsorge-, Versorgungs)maßnahmen *f pl;* **le vie della ~ sono infinite** die Wege des Herrn sind unergründlich. **provvidenziale** [...ˈtsi̯aːle] *a* **1.** *(opportuno)* willkommen, gelegen; **2.** *(della divina provvidenza)* gottgewollt. **provvidenzialità** [...tsi̯aliˈta] ‹-› *f* Willkommensein *n,* Opportunität *f,* glückliche Fügung.

provvido, -a [ˈprɔvvido] *a (previdente)* vorsorglich; *(utile)* günstig; *(decisione)* weitsichtig.

provvigione [provviˈdʒoːne] *f* Provision *f.*

provvisorietà [provvizori̯eˈta] ‹-› *f* Vorläufigkeit *f.* **provvisorio, -a** [...ˈzɔːri̯o] ‹-i, -ie› *a* vorläufig, provisorisch, vorübergehend; *(governo, etc.)* Übergangs-; **in via -a** einstweilig, vorübergehend.

provvista [provˈvista] *f* Vorrat *m,* Versorgung *f;* **fare ~ di qc** sich mit etw. bevorraten (*o.* eindecken); **avere una buona ~ di qc** mit etw. gut versorgt sein.

provvisto [provˈvisto] *a* versehen (*di* mit), ausgestattet (*di* mit).

prozio, -a [protˈtsiːo] *m, f* Großonkel *m,* Großtante *f.*

prua [ˈpruːa] *f* Bug *m.*

prudente [pruˈdɛnte] *a* **1.** *(persona)* vorsichtig; **2.** *(azione, comportamento)* umsichtig, überlegt. **prudenza** [...ˈdɛntsa] *f* Vorsicht *f,* Umsicht *f;* **guidare con ~** vorsichtig fahren; **la ~ non è mai troppa** *prov* Vorsicht ist die Mutter der Porzellankiste *prov.* **prudenziale** [...denˈtsi̯aːle] *a* vorsichtig, Vorsichts-; **misure -i** Vorsichtsmaßnahmen *f pl.*

prudere [ˈpruːdere] ‹*senza pp*› *itr* jukken; **mi prude la schiena/il naso** mir (*o.* mich) juckt der Rücken/die Nase, mir (*o.* mich) juckt es am Rücken/an der Nase; **mi sento ~ le mani** *fig* mir (*o.* mich) juckt es in den Fingern; **mi sento ~ la lingua** *fig* es brennt mir auf der Zunge.

pruderie [pryˈdri] ‹-› *f* Prüderie *f.*

prugna [ˈpruɲɲa] *f* Pflaume *f;* **~ secca** Backpflaume *f.* **prugnola** [ˈpruɲɲola] *f* Schlehe *f.*

prunaio [pru'na:i̯o] ‹-ai› *m* Dornengestrüpp *n.* **pruno** ['pru:no] *m* **1.** *bot* Dornbusch *m;* **2.** *(spina)* Dorn *m.*
prurigine [pru'ri:dʒine] *f* Jucken *n.*
pruriginoso, -a [...ridʒi'no:so] *a* **1.** *med* juckend; **2.** *fig* aufreizend, (sexuell) erregend.
prurito [pru'ri:to] *m* **1.** *(pizzicore)* Jukken *n,* Juckreiz *m;* **2.** *fig (voglia)* Lust *f,* Kitzel *m;* **sente ~** es juckt ihn (*o.* sie); **è uno dei suoi soliti -i** das ist wieder einer von seinen (*o.* ihren) Launen.
Prussia ['prussi̯a] *f* Preußen *n.* **prussiano, -a** [...'si̯a:no] **I.** *a* preußisch; **II.** *m, f* Preuße *m,* Preußin *f.*
prussico, -a ['prussiko] ‹-ci, -che› *a:* **acido ~** Blausäure *f.*
P.S. 1. *ab di* **Pubblica Sicurezza** *unbewaffnete Sicherheitspolizei;* **2.** *ab di* **postscriptum** PS.
P.S.D.I. *m ab di* **Partito Socialista Democratico Italiano** *sozialdemokratische Partei Italiens.*
pseudocultura [pseudokul'tu:ra] *f* Halbbildung *f.*
pseudonimo [pseu'dɔ:nimo] *m* Pseudonym *n.*
P.S.I. *m ab di* **Partito Socialista Italiano** *sozialistische Partei Italiens.*
psicanalisi [psika'na:lizi] *f* Psychoanalyse *f.* **psicanalista** [...na'lista] *mf* Psychoanalytiker(in) *m(f).* **psicanalitico, -a** [...na'li:tiko] *a* psychoanalytisch. **psicanalizzare** [...nalid'dza:re] *tr* psychoanalytisch behandeln, psychoanalysieren.
psiche ['psi:ke] *f* Psyche *f.*
psichedelico, -a [psike'dɛ:liko] ‹-ci, -che› *a* psychedelisch.
psichiatra [psi'ki̯a:tra] ‹-i *m,* -e *f*› *mf* Psychiater(in) *m(f).* **psichiatria** [...i̯a'tri:a] ‹-ie› *f* Psychiatrie *f.* **psichiatrico, -a** [...'ki̯a:triko] ‹-ci, -che› *a* psychiatrisch.
psichico, -a ['psi:kiko] ‹-ci, -che› *a* psychisch.
psicofarmaco [psiko'farmako] *m* Psychopharmakon *n.*
psicogramma [psiko'gramma] ‹-i› *m* Psychogramm *n.*
psicologa *f v.* **psicologo.**
psicologia [psikolo'dʒi:a] ‹-gie› *f* Psychologie *f;* **~ del profondo** Tiefenpsychologie *f.* **psicologico, -a** [...lɔ:dʒiko] *a* **1.** *scient* psychologisch; **2.** *(dell'anima)* seelisch, psychisch. **psicologo, -a** [...'kɔ:logo] ‹-gi, -ghe› *m, f* Psychologe *m,* -login *f.*
psicometria [psikome'tri:a] ‹-ie› *f* Psychometrie *f.*
psicopatico, -a [psiko'pa:tiko] ‹-ci, -che› **I.** *a* psychopathisch; **soggetti -ci** Psychopathen *m pl;* **II.** *m, f* Psychopath(in) *m(f).* **psicopatologia** [...patolo'dʒi:a] *f* Psychopathologie *f.*
psicosi [psi'kɔ:zi] ‹-› *f* Psychose *f;* **~ collettiva** Massenpsychose *f;* **~ degli esami** Prüfungsangst *f.*
psicosomatico, -a [psikoso'ma:tiko] *a* psychosomatisch.
psicoterapia [psikotera'pi:a] *f* Psychotherapie *f.* **psicoterapico, -a** [...'ra:piko] ‹-ci, -che› *a* psychotherapeutisch. **psicoterapista** [...ra'pista] *mf* Psychotherapeut(in) *m(f).*
psicotico, -a [psi'kɔ:tiko] ‹-ci, -che› *a* psychotisch.
psoriasi [pso'ri:azi] ‹-› *f* Schuppenflechte *f.*
pss, pst [ps] *interj* **1.** *(per imporre silenzio)* pst; **2.** *(per imporre attenzione)* he, hallo, pst.
P.T. *ab di* **Poste e Telegrafi** ≃ DBP (*ab di* Deutsche Bundespost).
P.T.P. *ab di* **Posto Telefonico Pubblico** Münzfernsprecher, öffentliches Telefon.
puah [pu̯ah] *interj* pfui; **~ che schifo!** pfui, wie ekelhaft!
pubblicano [pubbli'ka:no] *m hist* Zöllner *m.*
pubblicare [pubbli'ka:re] ‹pubblico, pubblichi› *tr* **1.** *(libro, giornale, rivista)* veröffentlichen, publizieren, herausgeben; **2.** *(ordinanza, legge, notizia)* veröffentlichen. **pubblicazione** [...kat'tsi̯o:ne] *f* **1.** *(il pubblicare)* Veröffentlichung *f,* Publikation *f,* Herausgabe *f;* **2.** *(opera)* Veröffentlichung *f,* Publikation *f;* **3.** ‹*pl*› *(di matrimonio)* Aufgebot *n;* **fare le -i** das Aufgebot bestellen. **pubblicista** [pubbli'tʃista] ‹-i *m,* -e *f*› *mf* **1.** *lit* Publizist(in) *m(f);* **2.** *jur* Staatsrechtler(in) *m(f).* **pubblicistica** [...'tʃistika] ‹-che› *f* **1.** *(attività)* Publizistik *f;* **2.** *jur* Staatsrecht(slehre *f*) *n.* **pubblicistico, -a** [...ko] ‹-ci, -che› *a* **1.** *lit* publizistisch; **2.** *jur* des öffentlichen Rechts, staatsrechtlich.
pubblicità [pubblitʃi'ta] ‹-› *f* **1.** *(propaganda)* Werbung *f,* Reklame *f,* Publicity *f;* **2.** *(diffusione)* Verbreitung *f;* **3.** *(pubblico)* Öffentlichkeit *f;* **4.** *(di giornale)* Anzeigenteil *m;* **~ radiofonica/televisiva** Rundfunk-/Fernsehwerbung *f;* **piccola ~** Kleinanzeigen *f pl;* **agente di ~** Werbefachmann *m,* -frau *f;* **fare ~ a qc** für etw. Werbung machen; **farsi ~** Aufmerksamkeit erregen. **pubblicitario, -a** [...'ta:ri̯o] ‹-i, -ie› **I.** *a* Werbe-; **II.** *m, f* Werbefachmann *m,* -frau *f.* **pubblicizzare**

[...id'dza:re] *tr* bewerben, Werbung machen für.

pubblico, -a ['pubbliko] ‹-ci, -che› **I.** *a* öffentlich; *(dello Stato a.)* Staats-, staatlich; *(impresa, etc. a.)* öffentlich-rechtlich; *(della collettività)* (All)gemein-; ~ **funzionario** Beamte(r) *m;* **agente di -a sicurezza** Polizeibeamte(r) *m,* -beamtin *f;* **i servizi -ci** der Öffentliche Dienst; **-che relazioni** Public Relations *pl,* Öffentlichkeitsarbeit *f;* **sulla -a via** auf offener Straße; **II.** *m* Öffentlichkeit *f,* Allgemeinheit *f; (spettatori, lettori, etc.)* Publikum *n;* **il ~ dei lettori/degli spettatori** die Leser *m pl*/die Zuschauer *m pl;* **aprire al ~** der Allgemeinheit zugänglich machen; **in ~** in der Öffentlichkeit, öffentlich.

pube ['pu:be] *m* Schambein *n.*

puberale [pube'ra:le] *a* pubertär, Pubertäts-. **pubertà** [...r'ta] ‹-› *f* Pubertät *f.*

public relations ['pʌblɪk rɪ'leɪʃənz] *f pl* Public Relations *pl.*

pudibondo, -a [pudi'bondo] *a poet* schamhaft.

pudicizia [pudi'tʃittsi̯a] ‹-ie› *f* Schamhaftigkeit *f.* **pudico, -a** [pu'di:ko] ‹-chi, -che› *a (persona)* schamhaft; *(sguardo, etc.)* verschämt.

pudore [pu'do:re] *m* **1.** *(vergogna)* Scham *f;* **2.** *(pudicizia)* Schamhaftigkeit *f; (discrezione)* Verschämtheit *f;* **falso ~** falsche Scham; **avere il ~ di fare qc** sich genieren, etw. zu tun; **mentire senza ~** schamlos lügen. **puericultore, -trice** [puerikul'to:re] *m, f* Säuglingspfleger(in) *m(f).* **puericultura** [...'tu:ra] *f* Säuglingspflege *f.*

puerile [pue'ri:le] *a* **1.** *(età)* Kindes-, Kinder-, kindlich; **2.** *pej* kindisch, albern. **puerilità** [...rili'ta] ‹-› *f* Albernheit *f,* Kinderei *f.*

puerpera [pu'ɛrpera] *f* Wöchnerin *f.* **puerperale** [puerpe'ra:le] *a (febbre)* Kindbett-. **puerperio** [...'pɛ:ri̯o] ‹-i› *m* Wochenbett *n.*

pugilato [pudʒi'la:to] *m* Boxsport *m,* Boxen *n.* **pugile** ['pu:dʒile] *m* Boxer *m.* **pugilistico, -a** [pudʒi'listiko] ‹-ci, -che› *a* Box-.

Puglia ['puʎʎa] *f* Apulien *n.* **pugliese** [...'ʎe:se] **I.** *a* apulisch; **II.** *mf* Apulier(in) *m(f).*

pugnalare [puɲɲa'la:re] *tr* **1.** *(ferire)* einen Dolchstoß versetzen (*qu* jdm); **2.** *(uccidere)* erdolchen. **pugnalata** [...'la:ta] *f* Dolchstoß *m.* **pugnale** [...'ɲa:le] *m* Dolch *m.*

pugno ['puɲɲo] *m* **1.** *(mano chiusa)* Faust *f;* **2.** *(colpo)* Faustschlag *m;* **3.** *(quantità)* Handvoll *f;* ~ **di ferro** eiserne Faust; **avere qc in ~** *fig* etw. im Griff haben, sich *(dat)* einer S. sicher sein; **tenere** (*o.* **stringere**) **qu/qc in ~** *(a. fig)* jdn/etw. in der Hand haben; **mostrare il ~** (*o.* **i -i**) *fig* mit der Faust drohen; **fare a -i** sich raufen; *fig (colori)* sich beißen; **venire a -i** aneinandergeraten, zu raufen anfangen; **avere il ~ proibito** *fam* einen mörderischen Schlag haben; **di proprio ~** eigenhändig.

puh [phu] *interj* pfui.

pula ['pu:la] *f* **1.** *(di cereali)* Spreu *f;* **2.** *sl (polizia)* Polente *f sl,* Bullen *m pl sl.*

pulce ['pultʃe] *f* Floh *m;* **gioco della ~** Flohhüpfen *n,* Flohspiel *n;* **color ~** graugrün; **essere noioso come una ~** äußerst lästig sein; **mettere una ~ nell'orecchio a qu** jdm einen Floh ins Ohr setzen. **pulciaio** [...'tʃa:i̯o] ‹-ciai› *m* **1.** *zoo* Flohnest *n;* **2.** *pej* Schweinestall *m fam.*

pulcinella [pultʃi'nɛlla] ‹-› *m* **1.** *(maschera):* **P~** Pulcinella *m;* **2.** *fig* Hanswurst *m,* Clown *m;* **è un segreto di ~** das ist ein offenes Geheimnis, das pfeifen die Spatzen von den Dächern.

pulcino [pul'tʃi:no] *m* **1.** *zoo* Küken *n;* **2.** *fig (bambino piccolo)* Küken *n;* **3.** *sport* Jungspieler *m,* Junior *m;* **essere bagnato come un ~** pudelnaß sein; **sembrare un ~ bagnato** dastehen wie ein begossener Pudel; **sembrare un ~ nella stoppa** unbeholfen sein.

pulcioso, -a [pul'tʃo:so] *a* voller Flöhe.

puledro, -a [pu'le:dro] *m, f* Fohlen *n,* Füllen *n.*

puleggia [pu'leddʒa] ‹-gge› *f* Riemenscheibe *f,* Rollenzug *m.*

pulire [pu'li:re] ‹pulisco› **I.** *tr* saubermachen; *(casa, scarpe a.)* putzen; *(strada a.)* reinigen; **II.** *rfl:* **-rsi** *(denti, naso)* (sich *dat*) putzen; *(bocca)* (sich *dat*) abwischen. **pulita** [pu'li:ta] *f* (schnelle) Reinigung *f.* **pulito, -a** [...to] **I.** *a* **1.** *(cose, mani, etc.)* sauber, rein; **2.** *(persone)* sauber, rein(lich), gepflegt; **3.** *fig* anständig; *(faccenda, etc.)* sauber; *(coscienza)* rein; *(barzelletta)* anständig, stubenrein *fam;* **4.** *fig fam (senza denaro)* blank *fam,* abgebrannt *fam;* **farla -a** ungeschoren (*o.* mit heiler Haut) davonkommen; **avere la fedina penale -a** ein polizeiliches Führungszeugnis ohne Eintragungen haben; **II.** *m* **1.** *(l'essere pulito)* Saubere(s) *n,* Reine(s) *n;*

2. *(bella copia)* Reinschrift *f;* **copiare al ~** sauber abschreiben; **mettere in ~** ins reine schreiben. **pulitrice** [puli'tri:tʃe] *f* **1.** *tec* Poliermaschine *f;* **2.** *agr* Dreschmaschine *f.* **pulitura** [...'tu:ra] *f* **1.** Reinigung *f,* Säuberung *f;* **2.** *fig* Schliff *m;* **~ a secco** Trockenreinigung *f;* **dare l'ultima ~ ad un lavoro** letzte Hand an eine Arbeit legen. **pulizia** [...t'tsi:a] ‹-ie› *f* **1.** *(stato)* Sauberkeit *f;* **2.** *(azione)* Säuberung *f,* Reinigung *f;* **-ie pasquali** Frühjahrsputz *m;* **donna delle -ie** Putzfrau *f;* **fare le -ie** saubermachen, putzen; **fare ~** *fig* aufräumen, Ordnung schaffen.

pullman ['pulman] ‹-› *m* (Reise)bus *m.*

pullover [pul'lɔ:ver] ‹-› *m* Pullover *m.*

pullulare [pullu'la:re] *itr* **1.** *(insetti, persone)* wimmeln; **2.** *fig* sprießen.

pulmino [pul'mi:no] *m* Kleinbus *m.*

pulpito ['pulpito] *m* Kanzel *f;* **montare** (*o.* **salire**) **sul ~** *fig* (Moral)predigten halten; **senti da che ~ viene la predica!** *fam* ausgerechnet er (*o.* sie) will eine Moralpredigt halten!

pulsante [pul'sante] **I.** *m* (Druck)taste *f,* Knopf *m,* Drücker *m;* **~ del campanello** Klingelknopf *m;* **II.** *a* pulsierend.

pulsare [pul'sa:re] *itr (cuore)* klopfen, pochen; *(sangue, a. fig)* pulsieren. **pulsazione** [...sat'tsi̯o:ne] *f* Pulsschlag *m.*

pulviscolo [pul'viskolo] *m* Staub *m.*

puma ['pu:ma] *m* Puma *m.*

pummarola [pumma'rɔ:la] *f napol* **1.** *(pomodoro)* Tomate *f;* **2.** *(salsa)* Tomatensoße *f.*

punch [pʌntʃ] ‹-› *m* Punsch *m.*

pungente [pun'dʒɛnte] *a* **1.** *(freddo)* beißend; **2.** *(spina, insetto)* stechend; **3.** *fig (risposta, etc.)* bissig; *(desiderio)* brennend; *(pensiero, curiosità)* quälend.

pungere ['pundʒere] ‹pungo, pungi, punsi, punto› *tr* **1.** *(spina, insetto)* stechen; *(ortica)* brennen; *(barba)* kratzen; *(freddo)* beißen; **2.** *fig (parole, etc.)* stechen, treffen; *(desiderio)* brennen; *(pensiero, curiosità)* quälen; **~ qu sul vivo** jdn an seiner empfindlichsten Stelle treffen.

pungiglione [pundʒiʎ'ʎo:ne] *m* Stachel *m.*

pungo ['puŋgo] *1. pers sing pr di* **pungere.**

pungolare [puŋgo'la:re] *tr* **1.** *(buoi, etc.)* antreiben; **2.** *fig (stimolare)* anspornen.

pungolo ['puŋgolo] *m* **1.** *(bastone)* Ochsenziemer *m;* **2.** *fig* Stachel *m.*

punibile [pu'ni:bile] *a* strafbar.

punire [pu'ni:re] ‹punisco› *tr* (be)strafen. **punitivo, -a** [puni'ti:vo] *a* Straf-, strafend. **punizione** [...t'tsi̯o:ne] *f* Strafe *f,* Bestrafung *f;* **per ~** zur Strafe; **tiro di ~** Strafstoß *m.*

punk [pʌŋk] ‹-› *m* Punk *m.*

punsi ['punsi] *1. pers sing del passato remoto di* **pungere.**

punta¹ ['punta] *f* **1.** *(estremità)* Spitze *f; geog (cima)* Spitze *f,* Gipfel *m; (della costa)* Landzunge *f;* **2.** *(massima intensità)* Maximum *n,* Höchstmaß *n;* Höhepunkt *m,* Höchststand *m;* **3.** *(quantità minima)* Kleinigkeit *f; (gastr a.)* Idee *f,* Prise *f; fig* Hauch *m;* **4.** *sport* Angriffsspieler *m;* **uomo di ~** Spitzenmann *m,* -kraft *f;* **pattuglia di ~** Stoßtrupp *m;* **ore di ~** Spitzenzeit *f,* Stoßzeiten *f pl;* **cappello a tre -e** Dreispitz *m;* **~ del naso** Nasenspitze *f;* **avere qc sulla ~ delle dita** *fig* etw. aus dem Effeff können *fam;* **camminare in ~ di piedi** auf Zehenspitzen gehen; **prendere qc di ~** etw. entschlossen anpacken (*o.* angehen); **prendere qu di ~** jdm entschieden widersprechen (*o.* entgegentreten); **fare la ~ ad una matita** einen Bleistift spitzen; **scrivere in ~ di penna/parlare in ~ di forchetta** hochgestochen schreiben/reden; **mettersi di ~** sich ins Zeug legen; **terminare a ~** spitz zulaufen.

punta² ['punta] *f:* **cane da ~** Vorstehhund *m.*

puntale [pun'ta:le] *m* Zwinge *f; naut* Stütze *f; (dell'ombrello)* Spitze *f.*

puntamento [punta'mento] *m* Zielen *n,* Zielortung *f.*

puntare¹ [pun'ta:re] **I.** *tr* **1.** *(appoggiare)* stemmen, stützen; **2.** *(dirigere)* zielen, richten; **3.** *(cane)* aufspüren; **4.** *(scommettere)* setzen (*su* auf); **~ i piedi per terra** *fig* sich hartnäckig sträuben; **~ il dito verso qu** mit dem Finger auf jdn zeigen; **~ sul cavallo perdente** *fig* auf das falsche Pferd setzen; **II.** *itr* **1.** *(dirigersi)* zuhalten (*a, verso, su* auf); **2.** *fig* setzen (*a* auf), rechnen (*a* mit); **III.** *rfl:* **-rsi 1.** *(appoggiarsi)* sich (auf)stützen, sich lehnen; **2.** *fig* sich versteifen; **s'è puntato di studiare medicina** er hat sich darauf versteift, Medizin zu studieren; **s'è puntata che il marito la tradisce** sie hat sich darauf versteift, daß ihr Mann sie betrügt.

puntare² [pun'ta:re] *tr* **1.** *(segnare con punti)* punkten, punktieren; **2.** *mus* punktieren.

puntasecca [punta'sekka] ‹puntesecche› *f* Kaltnadelradierung *f.*
puntaspilli [puntas'pilli] ‹-› *m* Nadelkissen *n.*
puntata¹ [pun'ta:ta] *f* **1.** *(gita)* Abstecher *m;* **2.** *(scommessa)* Einsatz *m;* **3.** *mil, sport* Vorstoß *m;* **4.** *(colpo di punta)* Stoß *m* (*o.* Stich *m*) mit der Spitze.
puntata² [pun'ta:ta] *f* **1.** *(parte di opera)* Fortsetzung *f;* **2.** *(fascicolo)* (Nach)lieferung *f,* Ergänzungslieferung *f;* **3.** *TV, radio* Folge *f,* Fortsetzung *f;* **a -e** in Fortsetzungen.
puntatore, -trice [punta'to:re] *m, f* **1.** *(scommettitore)* Wetter(in) *m(f);* **2.** *mil* Richtschütze *m,* -schützin *f.*
punteggiare [punted'dʒa:re] ‹punteggio, punteggi› *tr* **1.** *(lamiera, linea)* lochen, punktieren; **2.** *fig* durchsetzen (*di* mit), unterbrechen (*di* durch); **3.** *(scritto)* interpunktieren.
punteggiatura [punteddʒa'tu:ra] *f* **1.** *gram* Interpunktion *f;* **2.** *(macchiettatura)* Tüpfelung *f.*
punteggio [pun'teddʒo] ‹-ggi› *m* Punktzahl *f,* Wertung *f.*
puntellamento [puntella'mento] *m* (Ab)stützung *f.* **puntellare** [...'la:re] *tr* **1.** (ab)stützen; **2.** *fig (tesi, etc.)* untermauern. **puntellatura** [...la'tu:ra] *f* (Ab)stützung *f.* **puntello** [...'tɛllo] *m* **1.** *(trave, bastone)* Stütze *f,* Balken *m;* **2.** *fig* Stütze *f,* Unterstützung *f.*
punteria [punte'ri:a] ‹-ie› *f* **1.** *mot* Stößel *m;* **2.** *mil* Richten *n.*
punteruolo [punte'ru̯ɔ:lo] *m (del calzolaio)* Ahle *f; (del meccanico)* Körner *m.*
puntesecche *pl di* **puntasecca.**
puntiforme [punti'forme] *a* punktartig.
puntiglio [pun'tiʎʎo] ‹-gli› *m* Eigensinn *m,* Starrsinn *m.* **puntiglioso, -a** [...'ʎo:so] *a* verbohrt, starrsinnig, eigensinnig.
puntina [pun'ti:na] *f* **1.** *(da giradischi)* Nadel *f,* Saphir(nadel *f*) *m;* **2.** *(da disegno)* Reißzwecke *f;* **3.** *(chiodino)* Stift *m.*
puntino [pun'ti:no] *m* Pünktchen *n;* **-i di sospensione** Auslassungspunkte *m pl;* **mettere i -i sulle i** *fig* Klarheit in die Sache bringen; *(di persona)* ein Pedant sein; **a ~** haargenau, auf das I-Tüpfelchen genau.
punto¹ ['punto] **I.** *m* **1.** *gener., mat, mus, phys, typ, tec* Punkt *m;* **2.** *(nel cucito)* Stich *m; (a maglia)* Masche *f;* **3.** *med (metallo)* Klammer *f; (filo)* Faden *m; (operazione)* Stich *m;* **4.** *(argomento)* Frage *f,* Punkt *m,* Sache *f;* **5.** *(istante)* (Zeit)punkt *m,* Augenblick *m;* **6.** *(ricapitolazione)* Zusammenfassung *f,* Überblick *m;* **7.** *(luogo)* Punkt *m,* Stelle *f;* **8.** *(voto)* Punkt *m,* Note *f;* **9.** *(sfumatura)* (Farb)ton *m;* **~ esclamativo/interrogativo** Ausrufe-/Fragezeichen *n;* **-i di sospensione** Auslassungspunkte *m pl;* **~ e virgola** Strichpunkt *m,* Semikolon *n;* **due -i** Doppelpunkt *m;* **~ croce/erba** Kreuz-/Stielstich *m;* **~ morto/nero** *fig* toter/dunkler Punkt; **~ culminante** Höhepunkt *m;* **~ cieco** *anat* blinder Fleck; **~ di vendita** Verkaufsstelle *f,* -büro *n;* **~ di ritrovo** Treffpunkt *m;* **~ di partenza** *(a. fig)* Ausgangspunkt *m;* **~ d'onore** Ehrensache *f;* **~ di fusione/ebollizione** Schmelz-/Siedepunkt *m;* **~ di vista** Stand-, Gesichtspunkt *m;* **~ a favore** Pluspunkt *m;* **-i neri** Mitesser *m pl;* **i -i cardinali** die Himmelsrichtungen *f pl;* **messa a ~** *tec* Einstellung *f,* Justierung *f.* **dare un ~ a qc** etw. schnell übernähen; **dare dei -i a qu** *fig* jdm etwas vormachen *fam,* jdm überlegen sein; **fare ~** einhalten, Schluß machen, aufhören; **fare il ~** *naut* die Position bestimmen; **fare il ~ su una questione** ein Problem rekapitulieren (*o.* zusammenfassen); **fare il ~ della situazione** einen Lagebericht (*o.* Überblick über die Lage) geben, die Lage bestimmen; **mettere su i -i** Maschen aufnehmen; **mettere i -i sulle i** *fig* Klarheit in die Sache bringen; *(di persona)* ein Pedant sein; **venire al ~** zur Sache (*o.* zum Thema) kommen; **arrivare a buon ~** im richtigen Augenblick kommen; **essere sul ~ di ...** im Begriff sein, zu ...; **vincere ai -i** nach Punkten siegen; **in ~ di morte** in der Todesstunde, dem Tod nahe; **alle tre in ~** Punkt drei (Uhr); **ad un certo ~** dann auf einmal, unversehens; **fino a questo ~** bis hierher; **di ~ in bianco** auf einmal, unversehens, ganz plötzlich; **di tutto ~** ganz und gar, vollends; **~ per ~** Punkt für Punkt; **questo è il ~** das ist das Problem; **~ e basta!** *fam* basta! *fam,* punktum!; **I.** *adv:* **non ... ~** überhaupt nicht, (ganz und) gar nicht; **II.** *a* (überhaupt) kein(e).
punto² ['punto] *pp di* **pungere.**
puntone [pun'to:ne] *m* Strebe *f.*
puntuale [puntu'a:le] *a* pünktlich; *(esatto)* genau. **puntualità** [...uali'ta] ‹-› *f* Pünktlichkeit *f; (esattezza)* Genauigkeit *f.*
puntualizzare [puntualid'dza:re] *tr* präzisieren, umreißen. **puntualizza-**

zione [...dzat'tsi̯o:ne] *f* Präzisierung *f*.
puntura [pun'tu:ra] *f* **1.** *med* Punktion *f*; **2.** *fam* Spritze *f*, Injektion *f*; **3.** *(di ago, zanzara, etc.)* Stich *m*; **4.** *(dolore)* Stechen *n*; **5.** *fig* Stich *m*.
puntuto, -a [pun'tu:to] *a* spitz.
punzecchiamento [puntsekki̯a'mento] *m* Sticheln *n*, Stichelei *f*. **punzecchiare** [...'ki̯a:re] ‹punzecchio, punzecchi› *tr* **1.** *(pungere)* stechen; **2.** *fig (provocare)* sticheln. **punzecchiatura** [...ki̯a'tu:ra] *f* **1.** *(puntura)* (leichter) Stich *m*; **2.** *fig* Sticheln *n*, Stichelei *f*.
punzonare [puntso'na:re] *tr* **1.** *tec* stanzen; **2.** *sport* plombieren. **punzonatrice** [...na'tri:tʃe] *f* Stanzmaschine *f*, Stanze *f*. **punzonatura** [...na'tu:ra] *f* Stanzen *n*. **punzone** [...'tso:ne] *m* Prägestempel *m*, Punze *f*.
può, puoi [pu̯ɔ, 'pu̯ɔ:i] *v.* **potere.**
pupa[1] ['pu:pa] *f fam (bambola)* Puppe *f*; *fig fam (ragazza)* Puppe *f fam*.
pupa[2] ['pu:pa] *f zoo* Puppe *f*.
pupattola [pu'pattola] *f fam (bambola)* Puppe *f*; *fig (donna)* Püppchen *n*.
pupazzo [pu'pattso] *m* **1.** *(fantoccio)* Puppe *f*; **2.** *fig* Hampelmann *m*.
pupilla[1] [pu'pilla] *f* **1.** *anat* Pupille *f*; **2.** *(occhio)* Auge *n*, Augapfel *m*; **3.** *fig* Augenstern *m*.
pupilla[2] *f v.* **pupillo.**
pupillare [pupil'la:re] *a* **1.** *anat* Pupillen-; **2.** *jur* Mündel-.
pupillo, -a [pu'pillo] *m, f* **1.** *jur* Mündel *n*; **2.** *fam* Liebling *m*.
pupo ['pu:po] *m* **1.** *(burattino)* sizilianische Marionette; **2.** *fam (bambino)* Bübchen *n*, Kindchen *n*.
pur *v.* **pure.**
pura *f v.* **puro.**
puramente [pura'mente] *adv* lediglich, bloß.
purché [pur'ke] *con conj* wenn ... (nur).
purchessia [purkes'si:a] ‹*inv*› *a* irgendein, beliebig.
pur(e) [pur ('pu:re)] **I.** *con* **1.** *(anche se)* auch wenn, obwohl; wenn ... auch; **2.** *(tuttavia)* doch, dennoch; **~ di** ... *inf* (nur) um zu ...; **II.** *adv* **1.** *(anche)* auch, ebenso; **2.** *(proprio)* wirklich; **3.** *(rafforzativo)* doch; **4.** *(esortativo)* nur, ruhig; **faccia ~!** nur zu!, bitte sehr!
purè [pu'rɛ] ‹-› *m*, **purea** [pu'rɛ:a] *f* Püree *n*.
purezza [pu'rettsa] *f* Reinheit *f*; *(regolarità)* Feinheit *f*, Korrektheit *f*.
purga ['purga] ‹-ghe› *f* **1.** *med* Abführmittel *n*; **2.** *tec* Reinigung *f*, Säuberung *f*; **3.** *fig pol* Säuberung(saktion) *f*. **purgante** [...'gante] **I.** *m* Abführmittel *n*; **II.** *a* büßend, Fegefeuer-.
purgare [pur'ga:re] ‹purgo, purghi› **I.** *tr* **1.** *med* ein Abführmittel geben (*qu* jdm); **2.** *(pulire)* reinigen, säubern; **3.** *fig* entschärfen; *lit* purgieren; *(pol, etc.)* säubern; **4.** *(espiare)* büßen; **II.** *rfl:* **-rsi** **1.** *med* ein Abführmittel (ein)nehmen; **2.** *fig* rein(gewaschen) werden, sich reinwaschen. **purgativo, -a** [...ga'ti:vo] *a* Abführ-. **purgato, -a** [...'ga:to] *a lit (stile)* rein; *(edizione)* purgiert.
purgatorio [purga'tɔ:ri̯o] ‹-i› *m* Feg(e)feuer *n*.
purificare [purifi'ka:re] ‹purifico, purifichi› **I.** *tr* **1.** klären, reinigen; **2.** *fig* läutern, reinwaschen; **II.** *rfl:* **-rsi** **1.** rein (*o.* sauber) werden; **2.** *fig* geläutert werden. **purificatore, -trice** [...ka'to:re] **I.** *a* reinwaschend, reinigend; **II.** *m, f* Reiniger(in) *m(f)*. **purificazione** [...kat'tsi̯o:ne] *f* **1.** Reinigung *f*, Klärung *f*; **2.** *fig* Reinwaschung *f*, Läuterung *f*.
purismo [pu'rizmo] *m* Purismus *m*.
purista [pu'rista] ‹-i *m*, -e *f*› *mf* Purist(in) *m(f)*. **puristico, -a** [pu'ristiko] ‹-ci, -che› *a* puristisch.
purità [puri'ta] ‹-› *f* Reinheit *f*, Lauterkeit *f*.
puritana *f v.* **puritano.**
puritanesimo [purita'ne:zimo] *m* Puritanismus *m*. **puritano, -a** [...'ta:no] **I.** *a* puritanisch; **II.** *m, f* Puritaner(in) *m(f)*.
puro, -a ['pu:ro] **I.** *a* **1.** *(vino, acqua, alcol, etc.)* rein; *(animali)* reinrassig; **2.** *(solo a.)* pur; **3.** *fig* rein; **il ~ necessario** das Allernötigste; **per ~ caso** aus purem (*o.* reinem) Zufall, rein zufällig; **II.** *m, f* **1.** *(chi crede con convinzione)* unbeirrbarer Mensch; **2.** *sport* Amateur(in) *m(f)*.
purosangue [puro'saŋgu̯e] **I.** ‹*inv*› *a* **1.** *(cavallo)* vollblütig, reinrassig; **2.** *fig scherz* echt, reinrassig, Vollblut-; **II.** ‹-› *mf* Vollblut(pferd) *n*.
purpureo, -a [pur'pu:reo] *a* purpurn, purpurfarben.
purtroppo [pur'trɔppo] *adv* leider.
purulento, -a [puru'lɛnto] *a* eit(e)rig, eiternd. **purulenza** [...'lɛntsa] *f* Eiterung *f*, Eiter *m*.
pus [pus] *m* Eiter *m*.
pusillanime [puzil'la:nime] **I.** *a* duckmäuserisch; **II.** *mf* Duckmäuser *m*. **pusillanimità** [...lanimi'ta] ‹-› *f* Duckmäuserei *f*.
pustola ['pustola] *f* Pustel *f*. **pustoloso, -a** [...'lo:so] *a* pustulös.

putacaso, puta caso [puta'ka:zo] *adv* etwa, zufällig; ~ **che** ... *conj* gesetzt den Fall, daß ...
putativo, -a [puta'ti:vo] *a* vermeintlich.
putiferio [puti'fɛ:rio] ‹-i› *m* Geschrei *n*, Gezänk *n; fig* Durcheinander *n.*
putredine [pu'trɛ:dine] *f* Fäulnis *f.*
putrefare [putre'fa:re] ‹*irr*› *itr* ‹*essere*›, *rfl:* **-rsi** faulen, verwesen. **putrefazione** [...fat'tsio:ne] *f* **1.** *(decomposizione)* Verwesung *f*, Fäulnis *f;* **2.** *fig* Zersetzung *f*, Verderbtheit *f.*
putrella [pu'trɛlla] *f* Eisenträger *m.*
putrescente [putreʃ'ʃɛnte] *a* faulend, verwesend. **putrescenza** [...'ʃɛntsa] *f* Verwesung *f*, Fäulnis *f.*
putrido, -a ['pu:trido] *a* **1.** *(marcio)* faul, verwest; **2.** *fig* verderbt, zersetzt.
puttana [put'ta:na] *f vulg* Hure *f vulg*, Nutte *f vulg.* **puttanesco, -a** [...ta'nesko] ‹-schi, -sche› *a vulg* huren-, dirnenhaft; **spaghetti alla -a** *Spaghetti mit Tomatensoße, Sardellen und schwarzen Oliven.* **puttaniere** [...ta'niɛ:re] *m vulg* Hurenbock *m vulg; scherz (dongiovanni)* Schürzenjäger *m.*
putto ['putto] *m* Putte *f.*
puzza ['puttsa] *f* Gestank *m.* **puzzare** [...'tsa:re] *itr* **1.** *(fare puzzo)* stinken (*di* nach), übel (*o.* schlecht) riechen; **2.** *fig* stinken; **gli puzza il fiato** er riecht aus dem Mund; **gli puzza la salute** *fam* dem geht's zu gut *fam.*
puzzle [pʌzl] ‹-› *m* Puzzle *n.*
puzzo ['puttso] *m* Gestank *m;* **mandare ~ di qc** nach etw. stinken; **c'è ~ d'inganno** das riecht verdächtig nach Betrug, da ist was faul *fam.*
puzzola ['puttsola] *f* Iltis *m; fig* Stinktier *n.*
puzzolente [puttso'lɛnte] *a* stinkend. **puzzone, -a** [...'tso:ne] *m, f dial fam* Stinker *m fam*, Stinktier *n fam; fig* Widerling *m fam*, Schwein *n fam.*
P.za *ab di* **Piazza** Platz.

Q

Q, q [ku] ⟨-⟩ *f* Q, q *n;* ~ **come quarto** Q wie Quelle.

q *ab di* **quintale** dz (*ab di* Doppelzentner).

Q.I. *ab di* **quoziente d'intelligenza** IQ *m* (*ab di* Intelligenzquotient).

qua¹ [ku̯a] *adv* **1.** *(stato in luogo)* da, hier; **2.** *(moto da luogo)* hierher, her; **3.** *(preceduto da questo)* da, hier; **4.** *fam (dà qua)* her, her damit; **abitare al di ~ dell'Arno** diesseits des Arno wohnen; **di ~** von hier (aus); **andare di ~ e di là** hin und her gehen; **essere più di là che di ~** *fig* mehr tot als lebendig sein; **in ~** hierher, näher; hierbei; **da quando in ~?** *fam* seit wann?; **da un anno in ~** seit einem Jahr; **per di ~** hier durch, in dieser Richtung; **vieni ~** komm her!; **fatti in ~!** *fam* rück näher!, rück 'ran! *fam;* **~ i soldi!** *fam* her mit dem Geld! *fam,* Geld her! *fam.*

qua² [ku̯a] **I.** ⟨-⟩ *m* Quaken *n;* **II.** *interj* quak quak.

quaderno [ku̯a'dɛrno] *m* (Schreib-, Schul)heft *n; (in bibliografia)* Heft *n,* Nummer *f.*

quadrangolare [ku̯adraŋgo'la:re] **I.** *a* **1.** *mat* viereckig; **2.** *sport* Vier(er)-; **II.** *m sport* Viermannschafts-, Vierländerturnier *n.* **quadrangolo** [...'draŋgolo] **I.** *m* Viereck *n;* **II.** *a* viereckig.

quadrante [ku̯a'drante] *m* **1.** *(di orologio)* Zifferblatt *n; (di bussola)* Kompaßquadrant *m;* **2.** *mat* Quadrant *m,* Viertelkreis *m;* **3.** *(orologio solare)* Sonnenuhr *f;* **4.** *astr* Quadrant *m;* **~ solare** Mittagslinie *f,* Meridian *m.*

quadrare [ku̯a'dra:re] **I.** *tr* ⟨*avere*⟩ **1.** *(ridurre in forma quadrata)* abvieren; **2.** *fig* in Ordnung bringen; **3.** *mat* quadrieren, ins Quadrat erheben; **~ la testa** (*o.* **il cervello) a qu** jdm den Kopf zurechtrücken; **II.** *itr* ⟨*essere o. avere*⟩ **1.** *(corrispondere)* entsprechen *(con dat),* übereinstimmen (*con* mit), in Einklang stehen (*con* mit); **2.** *fig fam (piacere)* passen, gefallen, liegen; **3.** *(essere adeguato)* angemessen sein, (in sich) stimmig sein; *(conti, etc.)* stimmen. **quadratico, -a** [...'dra:tiko] ⟨-ci, -che⟩ *a* quadratisch, Quadrat-; **equazione -a** quadratische Gleichung, Gleichung *f* zweiten Grades. **quadrato** [...'dra:to] *m* **1.** *mat (quadrangolo)* Quadrat *n; (potenza)* Quadrat *n,* zweite Potenz; **2.** *mil* Karree *n;* **3.** *sport (pugilato)* Ring *m;* **4.** *naut* Messe *f;* **7 al ~** 7 hoch zwei; **elevare un numero al ~** eine Zahl ins Quadrat erheben; **un ~ di stoffa/terreno** ein viereckiges Stück Stoff/Land. **quadrato, -a** [...'dra:to] *a* **1.** *(forma)* quadratisch, viereckig; **2.** *fig (solido)* stabil, kräftig; *(equilibrato)* ausgeglichen, ausgewogen; **3.** *mat* Quadrat-. **quadratura** [...dra'tu:ra] *f* **1.** *mat, astr* Quadratur *f;* **2.** *fig (chiarezza)* Klarheit *f,* Anschaulichkeit *f;* **3.** *com* Ausgleichen *n;* **4.** *(riquadro)* Viereck *n; (di soffitto)* Paneel *n;* **marea di ~** Nippflut *f,* niedrigste Tide; **la ~ del cerchio** die Quadratur des Kreises.

quadrettare [ku̯adret'ta:re] *tr* karieren, kästeln. **quadrettatura** [...ta'tu:ra] *f* **1.** *(suddivisione)* Karieren *n,* Kästeln *n;* **2.** *(reticolato)* Kästchenmuster *n.*

quadretto [ku̯a'dretto] *m* **1.** *(piccolo quadro)* kleines Bild, Skizze *f;* **2.** *(piccolo quadrato)* Kästchen *n; (di cioccolata)* Stück *n;* **3.** *fig (scena)* nette (*o.* lebhafte) Szene; **4.** *lit* Schilderung *f,* Beschreibung *f;* **5.** ⟨*pl*⟩ *kleine quadratische Suppennudeln.*

quadricromia [ku̯adrikro'mi:a] ⟨-ie⟩ *f* Vierfarbendruck *m.*

quadridimensionale [-dimensi̯o'na:le] *a* vierdimensional.

quadriennale [-en'na:le] **I.** *a* **1.** *(che dura quattro anni)* vierjährig; **2.** *(che ricorre ogni quattro anni)* vierjährlich; **II.** *f* Quadriennale *f.* **quadriennio** [-'ɛnni̯o] ⟨-i⟩ *m* Zeitraum *m* von vier Jahren, vier Jahre *n pl,* Quadriennium *n.*

quadrifoglio [-'fɔʎʎo] *m* **1.** *bot* vierblätt(e)riges Kleeblatt; **2.** *(di strada)* Kleeblatt *n;* **raccordo a ~** Kleeblatt *n.*

quadrigemino, -a [-'dʒɛ:mino] *a* Vierlings-.

quadriglia [ku̯a'driʎʎa] ⟨-glie⟩ *f* Quadrille *f.*

quadrilatero, -a [ku̯adri'la:tero] **I.** *m*

1. *mat* Viereck *n;* 2. *sport* Abwehrblock *m;* 3. *(configurazione)* viereckige Form; **il Q~ (Austriaco)** das österreichische Festungsviereck *(Verona, Mantua, Peschiera, Legnago);* **II.** *a* viereckig, vierseitig, Vierseiten-.

quadrimestre [-'mɛstre] *m* **1.** *(periodo)* Zeitraum *m* von vier Monaten; **2.** *(di scuola)* Hälfte *f* des Schuljahres (von viermonatiger Dauer).

quadrimotore [-mo'to:re] *m* viermotoriges Flugzeug.

quadripartire [-par'ti:re] ‹quadripartisco› *tr* durch vier teilen, in vier Teile (zer)teilen, vierteln. **quadripartito, -a** [...'ti:to] **I.** *a* **1.** *pol* Vierparteien-; **2.** *(di quattro contraenti)* Vierer-; **3.** *(diviso in quattro)* viergeteilt; **accordo/patto ~** Viererabkommen *n*/Viermächtepakt *m;* **II.** *m* Vierparteienregierung *f.*

quadrisillabo, -a [-'sillabo] **I.** *a* viersilbig; **II.** *m* **1.** *(parola)* viersilbiges Wort; **2.** *(verso)* viersilbiger Vers, Viersilb(l)er *m.*

quadrivio [ku̯a'dri:vi̯o] ‹-i› *m* (Straßen)kreuzung *f.*

quadro ['ku̯a:dro] *m* **1.** *(dipinto)* Bild *n,* Gemälde *n;* **2.** *(quadrato)* Viereck *n;* **3.** *fig (descrizione)* Bild *n,* Beschreibung *f; (scena)* Szene *f,* Anblick *m;* **4.** *fig (prospetto)* Tabelle *f,* Übersicht *f;* **5.** *fig (ambito)* Rahmen *m;* **6.** *theat* Bild *n; film* (Film)szene *f,* Einstellung *f; TV* (Fernseh)bild *n;* **7.** *tec* Tafel *f,* Brett *n;* **8.** ‹*pl*› *pol, mil* Führung(sschicht) *f,* Kader *m pl; adm* Führungskräfte *f pl; sport* Kader *m;* **9.** ‹*pl*› *(di carte da gioco)* Karo *n;* **~ clinico** Krankheitsbild *n;* **~ svedese** Sprossenwand *f;* **~ di poppa** *naut* Spiegel *m;* **-i amministrativi/direttivi/industriali** leitende Angestellte *m pl*/Führungskräfte *f pl*/Industriemanager *m pl;* **fare un ~ della situazione** die Situation schildern; **nel ~ dei nuovi accordi** im Rahmen der neuen Vereinbarungen; **a -i** kariert.

quadro, -a ['ku̯a:dro] *a* **1.** *(quadrato)* quadratisch, (vier)eckig; **2.** *mat* Quadrat-; **3.** *fig (robusto)* stämmig, kräftig; *fam pej* dickköpfig; **metro/centimetro ~** Quadratmeter *m o. n*/-zentimeter *m o. n.*

quadrumvirato, quadrunvirato [ku̯adrunvi'ra:to] *m* **1.** *pol* Vierergremium *n;* **2.** *hist* Quadrumvirat *n.* **quadrumviro, quadrunviro** [...'drunviro] *m* Mitglied *n* eines Vierergremiums.

quadrupede [ku̯a'dru:pede] **I.** *m* Vierfüß(l)er *m;* **II.** *a* vierbeinig, vierfüßig.

quadruplicare [ku̯adrupli'ka:re] ‹quadruplico, quadruplichi› **I.** *tr* ‹*avere*› **1.** *mat* mit vier multiplizieren; **2.** *fig* vervierfachen; **II.** *itr* ‹*essere*› um ein Vierfaches ansteigen (*o.* sich vermehren); **III.** *rfl:* **-rsi** sich vervierfachen. **quadruplice** [...'dru:plitʃe] *a* Vierfach-, vierfach (ausgeführt).

quadruplo, -a ['ku̯a:druplo] **I.** *a* vierfach, viermal so groß; **II.** *m* Vierfache(s) *n.*

quaggiù [ku̯ad'dʒu] *adv* **1.** *(qua in basso: stato)* hier (*o.* da) unten; *(moto)* hier herunter, hinunter, da herunter, hinunter; **2.** *(sulla terra)* auf Erden, hienieden *poet; (al sud)* hier unten (im Süden).

quaglia ['ku̯aʎʎa] ‹-glie› *f* Wachtel *f.*

qual [ku̯al] *v.* **quale.**

qualche ['ku̯alke] ‹*inv, solo al sing*› *a* **1.** *(alcuni)* einige; **2.** *(uno)* ein(e), irgendein(e); **3.** *(un certo)* ein(e) gewisse(r, s); **~ minuto/ora/mese** einige Minuten/Stunden/Monate; **~ cosa** *v.* **qualcosa; ~ giorno** einige Tage; *(un giorno o l'altro)* früher oder später; **~ volta** manchmal; *(una volta o l'altra)* irgendwann; **in ~ modo** irgendwie.

qualcheduno [ku̯alke'du:no] *v.* **qualcuno.**

qualcosa [ku̯al'kɔ:sa] ‹*inv*› *pron* etwas; **~ di grande/bello/straordinario** etwas Großes/Schönes/Außergewöhnliches; **~ come 50 000 Lire** so ungefähr 50 000 Lire; **è già ~** das ist doch (immerhin) schon etwas.

qualcuno, -a [ku̯al'ku:no] *pron* **1.** *(alcuni)* einige, welche *fam;* **2.** *(uno: riferito a persone)* (irgend)jemand, (irgend)eine(r); *(riferito a cose)* irgendeine(r, s); **3.** *(persona importante)* jemand (Besonderer); **si crede di essere ~** er hält sich für etwas Besonderes.

quale ['ku̯a:le] ‹*davanti a consonante spesso* qual› **I.** *a* **1.** *(interrogativo)* welche(r, s), was für ein(e); **2.** *(esclamativo)* welch ein(e), was für ein(e); **3.** *(come)* wie; **è tale ~ te l'ho descritto** er ist so, wie ich ihn dir beschrieben habe; **II.** *pron* **1.** *(interrogativo)* welche(r, s); **2.** *(relativo)* der, die, das, welche(r, s) *geh;* **3.** *(come)* wie, wie zum Beispiel; **il bambino del ~ t'ho accennato** das Kind, das ich dir gegenüber (bereits) erwähnt habe; **erbe, -i la menta e l'ortica** Kräuter, wie Minze und Brennessel; **III.** *adv* als, wie; **in certo qual modo** gewissermaßen, irgendwie; **tale e ~ sua**

madre *fam* ganz die Mutter *fam;* **non tanto per la** ~ *fam (persona)* nicht ganz in Ordnung; *(lavoro)* nicht so, wie es sein sollte; nicht regulär.

qualifica [kuaˈli:fika] ‹-che› *f* **1.** *(titolo)* Titel *m,* Bezeichnung *f;* **2.** *(doti professionali)* Qualifikation *f,* Eignung *f,* Befähigung *f;* **3.** *(giudizio)* Beurteilung *f;* **note di** ~ Arbeitszeugnis *n.* **qualificare** [kualifiˈka:re] ‹qualifico, qualifichi› **I.** *tr* **1.** *(definire)* bezeichnen, kennzeichnen; *(con giudizio)* beurteilen; **2.** *(preparare)* qualifizieren, befähigen; *(professionalmente)* aus-, weiterbilden; **II.** *rfl:* **-rsi 1.** *(definirsi)* sich bezeichnen (als); **2.** *(ottenere una qualifica)* sich qualifizieren (als), anerkannt werden (als); **si è qualificato infermiere** er hat eine Qualifikation als Krankenpfleger; **-rsi idoneo** als geeignet angesehen werden. **qualificativo, -a** [...kaˈti:vo] *a* **1.** *gram* Eigenschafts-; **2.** *(che serve a qualificare)* qualifizierend; **aggettivo** ~ Eigenschaftswort *n.* **qualificato, -a** [...ˈka:to] *a* **1.** *(operaio, tecnico)* gelernt, qualifiziert; **2.** *(esperto)* erfahren, fähig; *(dotato)* geeignet, begabt; **3.** *fig (famiglia, etc.)* vornehm, distinguiert; **operaio** ~ Facharbeiter *m.* **qualificazione** [...katˈtsio:ne] *f* **1.** *(qualifica)* Qualifikation *f,* Qualifizierung *f;* **2.** *(titolo)* Titel *m.*

qualità [kualiˈta] ‹-› *f* **1.** *(caratteristica)* Qualität *f,* Eigenschaft *f,* Beschaffenheit *f;* **2.** *(dote)* Begabung *f,* Gabe *f;* **3.** *(varietà)* Sorte *f,* Qualität *f;* **4.** *(funzione)* Qualität *f,* Eigenschaft *f,* Funktion *f;* **5.** *com* Qualität *f,* Güte *f;* **marchio di** ~ Qualitätssiegel *n,* Gütezeichen *n;* **controllo della** ~ Qualitätskontrolle *f;* **abbiamo solo prodotti di** ~ wir führen nur Qualitätsware (*o.* Qualitätserzeugnisse); **di** ~ von Qualität; **di prima** ~ erstklassig; **di** ~ **superiore** hochwertig. **qualitativo, -a** [-ˈti:vo] *a* **1.** *(valutazione, differenza)* qualitativ, Qualitäts-; **2.** *chem* qualitativ.

qualora [kuaˈlo:ra] *con conj* falls, wenn, im Falle, daß ...

qualsiasi [kualˈsi:asi] ‹*inv, solo al sing*› *a* jede(r, s), jede(r, s) beliebige(r, s), jegliche(r, s).

qualunque [kuaˈluŋkue] ‹*inv, solo al sing*› *a* **1.** *(ogni, ciascuno)* jede(r, s), jede(r, s) beliebige(r, s), jegliche(r, s); **2.** *(uno qualsiasi)* irgendein(e), ein(e) gewöhnliche(r, s); **3.** *(relativo) conj* welche(r, s) auch (immer), was auch (immer); **a** ~ **costo** zu jedem Preis; **in** ~ **modo** wie auch immer; **l'uomo** ~ der Mann von der Straße; **è una persona** ~ er (*o.* sie) ist eine Person wie jede andere.

qualunquismo [kualuŋˈkuizmo] *m* **1.** *(movimento)* „Jedermanns"-Bewegung *f;* **2.** *(atteggiamento)* politischer Agnostizismus (antidemokratischer Prägung).

quando [ˈkuando] **I.** *adv* **1.** *(interrogativo)* wann; **2.** *(relativo)* als, wenn; **a** ~**?** (bis) wann?; **per** ~**?** (für) wann?, bis wann?; **da** ~**?** seit wann?; **di** ~**?** von wann?, aus welcher Zeit?; **di** ~ **in** ~ ab und zu, dann und wann; **fino a** ~**?** bis wann?, wie lange noch?; ~ **mai sei puntuale?** wann bist du je(mals) pünktlich?; ~ **...** ~ bald ..., bald ...; einmal ..., das andere Mal ...; ~ **si** ~ **no** dann und wann; einmal schon, das andere Mal nicht; **II.** *con* **1.** *(temporale: col passato)* als; *(col presente ed il futuro)* wenn, sobald; **2.** *(tutte le volte che)* wenn, jedesmal (*o.* immer) wenn; **3.** *(mentre)* während, jedoch, aber; **4.** *(poiché)* da, weil, wenn; **5.** *(condizionale) conj* wenn, falls; **6.** *(esclamativo)* wenn; ~ **si dice la fortuna!** wenn das kein Glück ist!; **quand'anche** *conj* auch wenn, wenn auch; **quand'ecco che ...** da, als plötzlich ...; **III.** *m* Wann *n.*

quantificare [kuantifiˈka:re] ‹quantifico, quantifichi› *tr* bestimmen, festlegen, quantifizieren *geh.* **quantificazione** [...katˈtsio:ne] *f* Quantifikation *f,* Quantifizierung *f.*

quantistico, -a [kuanˈtistiko] ‹-ci, -che› *a* Quanten-; **teoria/meccanica -a** Quantentheorie *f*/-mechanik *f.*

quantità [kuantiˈta] ‹-› *f* **1.** *gener., phys* Menge *f,* Quantität *f;* **2.** *(gran numero)* (große) Menge *f;* **3.** *ling (di vocale)* Quantität *f;* *(di sillaba)* Länge *f;* **4.** *mat* Menge *f,* Größe *f;* **in** ~ in Hülle und Fülle. **quantitativo, -a** [-ˈti:vo] **I.** *m* Menge *f,* Anzahl *f;* **II.** *a* **1.** *(di quantità)* quantitativ, mengenmäßig; **2.** *chem* quantitativ; **3.** *ling, lit* quantitierend.

quanto [ˈkuanto] *m phys* Quant *n;* **teoria dei -i** Quantentheorie *f.*

quanto, -a [ˈkuanto] **I.** *a* **1.** *(interrogativo)* wieviel; **2.** *(esclamativo)* wieviel, so viel; **3.** *(nella quantità che)* so viel ... wie; ~ **(tempo) dura lo spettacolo?** wie lange dauert die Vorstellung?; **compra -e cartoline vuoi** kauf so viele Postkarten, wie du willst; **tutti -i** alle miteinander, allesamt; **-i anni hai?** wie alt bist du?; **-i ne abbiamo oggi?** der Wievielte ist heute?; **da** ~ **ho capito** soviel ich verstanden habe;

II. *pron* **1.** *(interrogativo)* wieviel(e); **2.** *(relativo)* was; **3.** ‹*pl*› *(coloro che)* (alle) die; **4.** *(con partitivo)* etwas (von); ~ **costa?, quant'è?** was (*o.* wieviel) kostet das?; **è ~ di peggio si possa immaginare** es ist das Schlimmste, das ich mir vorstellen kann; **III.** *adv* **1.** *(interrogativo)* wieviel; *(tempo)* wie lang(e); *(distanza)* wie weit; **2.** *(esclamativo)* wie (sehr), so viel; **3.** *(nella misura che)* soviel ... als, soviel ... daß; **4.** *(come)* wie; **tanto ... ~ ...** (genau)so (*o.* ebenso) ... wie ...; *(sia ... sia)* ... als auch ..., ... sowie ...; **in ~** *(in qualità di)* als, in seiner (*o.* ihrer) Eigenschaft als; *(perché)* weil, da; **in ~ che ...** insofern, als ...; **~ mai** überaus, mehr denn je; **~ prima** so bald wie möglich; **~ a te** was dich betrifft; **per ~** *conj* wie (sehr) auch, so (sehr) auch; **per ~ io ne sappia** soviel ich weiß.

quantunque [kuan'tuŋkue] *con conj* wenn auch, obwohl.

qua qua [kua k'kua] *v.* **qua²**.

quaranta [kua'ranta] **I.** *a numerale* vierzig; **II.** ‹-› *m* Vierzig *f*; *v. a. cinquanta.*

quarantena [kuaran'tɛ:na] *f* **1.** *med* Quarantäne *f*; **2.** *(periodo)* vierzig Tage; **fare la ~** unter Quarantäne stehen; **mettere in ~** *med* in Quarantäne legen; *fig (comunicazione)* sperren.

quarantenne [kuaran'tɛnne] **I.** *a* vierzigjährig; **II.** *mf* Vierzigjährige(r) *mf.*

quarantennio [...'tɛnnio] ‹-i› *m* Zeitraum *m* von vierzig Jahren, vierzig Jahre *n pl.* **quarantesimo, -a** [...'tɛ:zimo] **I.** *a* vierzigste(r, s); **II.** *m, f* Vierzigste(r, s) *mfn;* **III.** *m (frazione)* Vierzigstel *n,* vierzigster Teil; *v. a. quinto.* **quarantina** [...'ti:na] *f:* **una ~ (di ...)** (etwa) vierzig (...); **essere sulla ~** an (*o.* um) die Vierzig sein.

quarantotto [kuaran'tɔtto] **I.** *a numerale* achtundvierzig; **II.** ‹-› *m* **1.** *(numero)* Achtundvierzig *f;* **2.** *fig fam (confusione)* Durcheinander *n,* Wirrwarr *m;* **fare un ~** *fam* Krach schlagen *fam.*

quarantott'ore [kuarantɔt'to:re] ‹-› *f* Handköfferchen *n.*

quaresima [kua're:zima] *f* Fastenzeit *f;* **lungo come la ~** unendlich lang (*o.* öde); *(persona)* langsam wie eine Schnecke. **quaresimale** [...rezi'ma:le] **I.** *a* Fasten-, Fastenzeit-; **II.** *f* **1.** *rel* Fastenpredigten *f pl;* **2.** *gastr römisches Fastenzeitgebäck.*

quarta¹ ['kuarta] *f* **1.** *(classe)* vierte Klasse; *(al ginnasio)* erstes Schuljahr; *(alla scuola superiore)* vorletztes Schuljahr; **2.** *mot* vierter Gang; **3.** *mus* Quart(e) *f;* **4.** *naut* Kompaßstrich *m;* **partire in ~** *fig* loslegen *fam.*

quarta² *f v.* **quarto.**

quartana [kuar'ta:na] *f* Viertagefieber *n,* Quartan(a) *f.*

quartetto [kuar'tetto] *m* Quartett *n.*

quartiere [kuar'tiɛ:re] *m* **1.** *(di città)* Viertel *n,* Stadtteil *m;* **2.** *mil* Quartier *n;* **3.** *(appartamento)* Wohnung *f,* Wohnhaus *n;* **~ generale** Hauptquartier *n.*

quartina [kuar'ti:na] *f* **1.** *lit* Vierzeiler *m,* vierzeilige Strophe; **2.** *mus* Quartole *f;* **3.** *typ* Quart(format) *n;* **4.** *(di francobolli)* Viererblock *m.*

quartino [kuar'ti:no] *m* **1.** *fam (di vino)* Viertel *n,* Viertele *n fam dial;* **2.** *(quarta parte)* Viertel *n.*

quarto, -a ['kuarto] **I.** *a* vierte(r, s); **-a dimensione** vierte Dimension, Raumzeit *f;* **-a malattia** *leichte Form von Scharlach;* **il ~ potere** *fig (la stampa)* die vierte Macht; **il ~ stato** *pol* der vierte Stand; **II.** *m, f* Vierte(r, s) *mfn;* **III.** *m* **1.** *(frazione, quantità)* Viertel *n,* vierter Teil; **2.** *(d'ora)* Viertel *n;* **~ d'ora** Viertelstunde *f;* **sono le tre e un ~** es ist Viertel nach drei (Uhr); **il ~ d'ora accademico** das akademische Viertel; **avere il proprio ~ d'ora di celebrità** momentanen Erfolg haben; **passare un brutto ~ d'ora** schreckliche Augenblicke durchleben; **i -i di finale** das Viertelfinale; **un ~ di vino** ein Viertel(liter *m*) *n* Wein; **gonna a tre -i** dreiviertellanger Rock, Midirock *m; v. a. quinto.*

quarzifero, -a [kuar'tsi:fero] *a* quarzhaltig. **quarzo** ['kuartso] *m* Quarz *m.*

quasi ['kua:zi] **I.** *adv* **1.** *(circa)* ungefähr, etwa; **2.** *(pressoché)* fast, beinahe; **3.** *(forse)* wohl; **4.** *(come se fosse)* gleichsam, beinahe; **~ ~ mi compro il giornale** vielleicht kaufe ich mir eine Zeitung; **II.** *con conj:* **~ (che)** als ob.

quassù [kuas'su] *adv* **1.** *(qua in alto: stato)* hier (*o.* da) oben; *(moto)* (hier)herauf, (hier)hinauf; **2.** *(al nord)* hier oben (im Norden); **3.** *(in montagna)* hier oben (in den Bergen).

quaterna [kua'tɛrna] *f* **1.** *(nel lotto, etc.)* Quaterne *f,* Vierergewinn *m;* **2.** *(gruppo di persone)* Vierergruppe *f,* Vier *pl; (gruppo di cose)* Vierzahl *f.*

quaternario, -a [kuater'na:rio] ‹-i, -ie› **I.** *a* **1.** *(verso)* viersilbig; **2.** *geol* quartär; **II.** *m* **1.** *lit* Viersilb(l)er *m,* viersilbiger Vers; **2.** *geol* Quartär *n.*

quatto, -a ['kuatto] *a* **1.** *(chinato e*

basso) geduckt, gebückt; **2.** *(zitto zitto)* ganz still, sachte.

quattordicenne [kuattordiˈtʃɛnne] **I.** *a* vierzehnjährig; **II.** *mf* Vierzehnjährige(r) *mf.* **quattordicesimo, -a** [...ˈtʃɛːzimo] **I.** *a* vierzehnte(r, s); **II.** *mf* Vierzehnte(r, s) *mfn;* **III.** *m (frazione)* Vierzehntel *n,* vierzehnter Teil; **IV.** *f (retribuzione)* vierzehntes Monatsgehalt; *v. a. quinto.* **quattordici** [...ˈtorditʃi] **I.** *a numerale* vierzehn; **II.** ‹-› *m* **1.** *(numero)* Vierzehn *f;* **2.** *(nelle date)* Vierzehnte(r) *m;* **III.** *f pl* vierzehn Uhr; *v. a. cinque.*

quattrino [kuatˈtriːno] *m* **1.** *(moneta spicciola)* Heller *m,* Pfennig *m,* Groschen *m;* **2.** ‹*pl*› *(denari)* Geld *n;* **avere un sacco di -i** *fam* Geld wie Heu haben.

quattro [ˈkuattro] **I.** *a* **1.** *numerale* vier; **2.** *fig (pochi)* ein paar, wenig; **gridare ai ~ venti** in alle Welt hinausposaunen; **spargere qc ai ~ venti** etw. in alle Winde (*o.* Himmelsrichtungen) verstreuen; **dirne ~ a qu** jdm gehörig die Meinung sagen; **parlare a quattr'occhi con qu** mit jdm unter vier Augen sprechen; **abitare a ~ passi** nur einen Steinwurf entfernt wohnen; **fare ~ chiacchiere/passi/salti** ein Schwätzchen halten/einen kleinen Spaziergang machen/das Tanzbein schwingen; **fare il diavolo a ~** einen Höllenlärm machen; **farsi in ~ per qu** sich für jdn krummlegen (*o.* zerreißen) *fam;* **in ~ e quattr'otto** im Handumdrehen, im Nu; **II.** ‹-› *m* **1.** *(numero)* Vier *f;* **2.** *(nelle date)* Vierte(r) *m;* **3.** *(voto scolastico)* ≃ mangelhaft, ungenügend; **4.** *sport* Vierer *m;* **non dir ~ se non l'hai nel sacco** *prov* man soll nicht das Fell des Bären verkaufen, bevor man ihn hat *prov;* **III.** *f pl* vier Uhr; *v. a. cinque.*

quattrocchi, quattr'occhi [kuatˈtrɔkki] : **a ~** *adv* unter vier Augen.

quattrocentesco, -a [kuattrotʃenˈtesko] ‹-schi, -sche› *a* das fünfzehnte Jahrhundert betreffend. **quattrocentista** [...ˈtista] ‹-i *m,* -e *f*› *mf* **1.** *(artista)* Künstler(in) *m(f)* des Quattrocento; **2.** *sport* Vierhundertmeterläufer(in) *m(f); (nuotatore)* Vierhundertmeterschwimmer(in) *m(f).* **quattrocento** [...ˈtʃɛnto] **I.** *a numerale* vierhundert; **II.** ‹-› *m* Vierhundert *f;* **il Q~** das fünfzehnte Jahrhundert; *(nell'arte italiana)* das Quattrocento.

quattromila [kuattroˈmiːla] **I.** *a numerale* viertausend; **II.** ‹-› *m* Viertausend *f.*

quello, -a [ˈkuello] **I.** ‹quel, quell', quei, quegli› *a* **1.** *(persona, animale, cosa lontana)* jene(r, s), der, die, das (da); **2.** *(persona, animale, cosa già nota)* jene(r, s), der, die, das; **3.** *(tale)* solche(r, s), derartige(r, s); **una di -e bufere!** ein furchtbarer Sturm!; **II.** *pron* **1.** *(persona, animale, cosa lontana)* jene(r, s), der, die, das (da); **2.** *(colui, ciò)* der, die, das; **3.** *(uomo)* der (Mann); *(donna)* die (Frau); **4.** *m pl (abitanti)* Einwohner *m pl,* Bewohner *m pl;* **~ che** derjenige, der (*o.* welcher); **di ~ che . . .** als . . .; **gli è andata meglio di ~ che pensassi** es ist günstiger für ihn verlaufen, als ich gedacht hätte; **tutto ~ che . . .** (all) das, was . . .; **in ~** in diesem Augenblick; **in quel di . . .** im Gebiet von, in der Gegend von; **per quel che ne so io** soviel ich (darüber) weiß; **una di -e** *pej* eine von der Straße; **arriva ~ dei gelati** der Eisverkäufer kommt; **buono ~!** *fam* gerade der!, trau dem ja nicht!

querceto [kuerˈtʃeːto] *m* Eichenwald *m.* **quercia** [ˈkuɛrtʃa] ‹-ce› *f* **1.** *bot* Eiche *f,* Eichenbaum *m;* **2.** *(legno)* Eiche(nholz *n*) *f;* **forte** (*o.* **saldo) come una ~** bärenstark.

querela [kueˈrɛːla] *f* Klage *f;* **sporgere ~ contro qu** gegen jdn Klage erheben, jdn verklagen. **querelante** [...reˈlante] *mf* Kläger(in) *m(f).*

querelare [kuereˈlaːre] **I.** *tr* verklagen, Klage erheben gegen; **II.** *rfl:* **-rsi** *poet* sich beklagen, sich beschweren. **querelato, -a** [...ˈlaːto] *m, f* Beklagte(r) *mf,* Angeklagte(r) *mf.*

quesito [kueˈziːto] *m* Frage *f,* Problem *n.*

questionare [kuestioˈnaːre] *itr* **1.** *(discutere)* diskutieren (*di* über), disputieren (*di* über); **2.** *(litigare)* streiten, zanken.

questionario [kuestioˈnaːrio] ‹-i› *m* Fragenkatalog *m; (foglio relativo)* Fragebogen *m.*

questione [kuesˈtioːne] *f* **1.** *(problema, disputa, a. pol, soc, etc.)* Problem *n,* Frage *f;* **2.** *(controversia)* Streitfrage *f;* **3.** *(litigio)* Auseinandersetzung *f,* Streit *m;* **4.** *(faccenda)* Angelegenheit *f,* Sache *f;* **la ~ meridionale** das Südproblem; **~ d'onore** Ehrensache *f;* **la cosa in ~** die fragliche Sache; **mettere in ~** in Frage stellen, bezweifeln; **essere fuori ~** außer Frage stehen; **è ~ di . . .** es geht um . . .; **è ~ di un minuto** es ist eine Sache von einer Minute; **è ~ di vita o di morte** es geht um Leben und Tod; **sono in ~ con mio padre per un terreno** ich lebe mit meinem Vater wegen eines Grundstückes in Streit.

questo, -a ['ku̯esto] **I.** *a* **1.** *(persona, animale, cosa vicina)* diese(r, s), der, die, das (hier); **2.** *(persona, animale, cosa nota)* diese(r, s), der, die, das; **3.** *(simile)* derartige(r, s), solche(r, s), so ein(e); **4.** *(seguente)* diese(r, s), folgende(r, s); **5.** *(in corso)* diese(r, s), laufende(r, s); **6.** *(passato)* letzte(r, s); **7.** *(prossimo)* nächste(r, s); **in ~ momento** soeben, gerade, in diesem Augenblick; **fino a ~ punto** soweit, bis hierher; **quest'oggi** heute; **in -i decenni** in den letzten Jahrzehnten; **ti telefono -a settimana** ich rufe dich diese Woche an; **uno di -i giorni bisogna che gli scriva** ich muß ihm in den nächsten Tagen schreiben; **II.** *pron* **1.** *(persona, animale, cosa vicina)* diese(r, s), dies, das (hier); **2.** *(esclamativo)* dies, das; **3.** *(ciò)* das, dies; **4.** *(quanto segue)* dies, folgendes; **in ~** darin; **per ~** deshalb, deswegen; **su ~** darüber; **con ~** damit, hiermit, mit diesen Worten; **con tutto ~** nichtsdestoweniger, trotz alledem; **e con ~?** und wenn schon?, na und?; **~ mai** niemals; **~ no/sì** das nicht/schon; **senti -a!** hör dir das an!; **vuoi sempre ~ e quello** du willst immer alles; **a ~ siamo arrivati!** *fam* soweit sind wir (also) gekommen!; **-a proprio non ci voleva!** *fam* das hat gerade noch gefehlt!; **-a sì che è bella!** *fam* das ist ja allerhand!

questore [ku̯es'to:re] *m* Polizeipräsident *m*, Polizeichef *m*.

questua ['ku̯ɛstua] *f* Almosensammeln *n*; *(in chiesa)* Kollekte *f*.

questura [ku̯es'tu:ra] *f* Amt *n* des Polizeipräsidenten; *(sede)* Polizeipräsidium *n*, Polizei *f*; **andare in ~** zur Polizei gehen. **questurino** [...tu'ri:no] *m fam* Schutzmann *m*, Büttel *m fam*.

qui [ku̯i] *adv* **1.** *(stato in luogo)* hier, da; **2.** *(moto a luogo)* hierher, (da)her; **3.** *(preceduto da questo)* hier, da; **da ~** von hier aus; **di ~** von hier (aus); **di ~ a una settimana/un mese** in einer Woche/einem Monat; **di ~ in avanti** *(spazio)* von hier an; *(tempo)* von jetzt an; **per di ~** hier durch, hier (herum); **fin ~** *(locale)* bis hierhin; *(temporale)* bis jetzt; **~ dentro/fuori/sopra/sotto/vicino** *(stato)* hier drinnen/draußen/oben/unten/in der Nähe; *(moto)* hier hinein/heraus/herauf/herunter/in die Nähe; **~ e lì** *(stato)* hier und da; *(moto)* dahin und dorthin; *fig* hüben und drüben.

quiescenza [ku̯ieʃ'ʃɛntsa] *f* **1.** *(riposo)* Ruhe *f*; *(di vulcano)* Ruhephase *f*; **2.** *adm* Ruhestand *m*, Pension *f*; **trattamento di ~** Ruhestandsversorgung *f*; **porre in ~** in den Ruhestand versetzen.

quietanza [ku̯ie'tantsa] *f* Quittung *f*, Empfangsbestätigung *f*; **per ~** Betrag erhalten.

quietare [ku̯ie'ta:re] **I.** *tr* **1.** *(calmare)* beruhigen; *(tumulto)* dämpfen; *(creditore)* beschwichtigen; **2.** *(reprimere)* besänftigen, beschwichtigen; *(sdegno)* dämpfen; **II.** *rfl*: **-rsi** sich beruhigen, ruhig werden.

quiete ['ku̯iɛ:te] *f* **1.** *(calma)* Ruhe *f*; *(pace dell'anima)* Seelenfrieden *m*, innere Ruhe; **2.** *(silenzio)* Stille *f*; **turbare la ~ pubblica** die öffentliche Ruhe stören.

quietismo [ku̯ie'tizmo] *m* Quietismus *m*.

quieto, -a ['ku̯iɛ:to] *a* **1.** *(mare, etc.)* ruhig; **2.** *(persona)* ruhig; *fig* friedfertig, friedliebend; **3.** *(animale)* friedlich, zahm; **4.** *(silenzioso)* still, geräuschlos; **amare il ~ vivere** das ruhige Leben lieben.

quindi ['ku̯indi] **I.** *adv* dann, danach, darauf; **II.** *con* daher, folglich, also.

quindicenne [ku̯indi'tʃɛnne] **I.** *a* fünfzehnjährig; **II.** *mf* Fünfzehnjährige(r) *mf*. **quindicennio** [...'tʃɛnni̯o] ‹-i› *m* Zeitraum *m* von fünfzehn Jahren, fünfzehn Jahre *n pl*. **quindicesimo, -a** [...'tʃɛ:zimo] **I.** *a* fünfzehnte(r, s); **II.** *m, f* Fünfzehnte(r, s) *mfn*; **III.** *m* *(frazione)* Fünfzehntel *n*, fünfzehnter Teil; *v. a. quinto.* **quindici** ['ku̯inditʃi] **I.** *a numerale* fünfzehn; **fra ~ giorni** in vierzehn Tagen; **II.** ‹-› *m* **1.** *(numero)* Fünfzehn *f*; **2.** *(nelle date)* Fünfzehnte(r) *m*; **III.** *f pl* fünfzehn Uhr; *v. a. cinque.* **quindicina** [...'tʃi:na] *f* **1.** *(serie)*: **una ~ (di ...)** (etwa) fünfzehn (...); **2.** *(periodo)* zwei Wochen *f pl*; **3.** *(paga)* Lohn *m* (*o.* Gehalt *n*) für zwei Wochen, Halbmonatsgehalt *n*; **la prima ~ di luglio** die erste Julihälfte. **quindicinale** [...tʃi'na:le] **I.** *a* vierzehntägig, vierzehntäglich; Halbmonats-; **II.** *m* Halbmonatszeitschrift *f*.

quinquennale [ku̯iŋku̯en'na:le] *a* **1.** *(che dura 5 anni)* fünfjährig; **2.** *(che ricorre ogni 5 anni)* fünfjährlich, Fünfjahr(es)-. **quinquennio** [...'ku̯ɛnni̯o] ‹-i› *m* Zeitraum *m* von fünf Jahren, fünf Jahre *n pl*, Jahrfünft *n*.

quinta[1] ['kui̯nta] *f* **1.** *theat* Kulisse *f;* **2.** *(classe)* fünfte Klasse; *(al ginnasio)* zweites Schuljahr; *(alla scuola superiore)* letztes Schuljahr; **3.** *mot* fünfter Gang; **4.** *mus* Quint(e) *f;* **stare dietro le -e** *(a. fig)* hinter den Kulissen bleiben; *v. a. quinto.*

quinta[2] *f v.* **quinto.**

quintale [kui̯n'ta:le] *m* (*ab* **q**) Doppelzentner *m.*

quintessenza [kui̯ntes'sɛntsa] *f* **1.** *(a. fig)* Quintessenz *f;* **2.** *(esempio)* Inbegriff *m,* Muster(bild) *n.*

quintetto [kui̯n'tetto] *m* Quintett *n.*

quinto, -a ['kui̯nto] **I.** *a* fünfte(r, s); **la -a volta** das fünfte Mal; **la -a parte di** ein Fünftel *gen;* **in -a pagina** auf der fünften Seite, auf Seite fünf; **Alessandro V.** Alexander der Fünfte; **il ~ potere** die fünfte Macht *(das Kino);* **II.** *m, f* Fünfte(r, s) *mfn;* **arrivare ~** als fünfter ankommen; **il ~ da destra** der fünfte von rechts; **III.** *m (frazione)* Fünftel *n,* fünfter Teil; **quattro -i** vier Fünftel *n pl.*

quintuplicare [kui̯ntupli'ka:re] ‹quintuplico, quintuplichi› **I.** *tr* verfünffachen, um ein Fünffaches erhöhen; **II.** *rfl:* **-rsi** sich verfünffachen, um ein Fünffaches ansteigen. **quintuplo, -a** ['kui̯ntuplo] **I.** *a* fünffach, fünfmal so groß; **II.** *m* Fünfache(s) *n.*

qui pro quo ['kui̯ prɔ 'ku̯ɔ] ‹-› *m* Verwechslung *f,* Mißverständnis *n.*

quisquilia [kui̯s'kui̯:li̯a] ‹-ie› *f* Kleinigkeit *f,* Belanglosigkeit *f,* Kinkerlitzchen *n fam.*

quiz [kui̯dz] ‹-› *m* Quiz *n.*

quorum ['ku̯ɔ:rum] *m* Quorum *n.*

quota ['ku̯ɔ:ta] *f* **1.** *(parte)* Anteil *m,* Quote *f; (statistica)* Quote *f,* Rate *f;* **2.** *sport (posizione)* Stelle *f,* Platz *m; (ippica)* Gewinnquote *f;* **3.** *(cifra)* Betrag *m;* **4.** *com, fin* Teilzahlung *f,* Rate *f; (ripartizione)* (Mitglieds)beitrag *m;* **5.** *(altitudine)* Höhe *f; aero* (Flug)höhe *f;* **~ capitale** Tilgungsrate *f;* **~ d'ammortamento** Tilgungsrate *f,* Amortisationsquote *f;* **~ di partecipazione** Gesellschaftsanteil *m,* Kapitalanteil *m;* Stammeinlage *f;* **~ fissa/del totalizzatore** Festkurs *m*/Totalisatorquote *f;* **essere a ~ zero** null Punkte haben; *fig* wieder am Anfang stehen; **prendere/perdere ~** an Höhe gewinnen/verlieren.

quotare [ku̯o'ta:re] **I.** *tr* **1.** *fin* quotieren; *(titoli, quota)* notieren; **2.** *fig (stimare)* schätzen; **~ un cavallo** die Gewinnquote eines Pferdes festsetzen; **II.** *rfl:* **-rsi** sich verpflichten (*per* zu). **quotato, -a** [...'ta:to] *a* **1.** *(apprezzato)* angesehen, geschätzt; **2.** *fin* notiert, quotiert; **cavallo ben/male ~** Favorit *m*/Außenseiter *m.* **quotazione** [...tat'tsi̯o:ne] *f* **1.** *fin* (Kurs)notierung *f,* Quotation *f;* **2.** *(di persona)* Achtung *f,* Wertschätzung *f.*

quotidiano, -a [ku̯oti'di̯a:no] **I.** *a* täglich, Tages-; *(solito)* alltäglich; **II.** *m* (Tages)zeitung *f.*

quoziente [ku̯ot'tsi̯ɛnte] *m* **1.** *mat* Quotient *m;* **2.** *(in statistica)* Ziffer *f,* Rate *f,* Quote *f;* **~ di mortalità/natalità** Sterblichkeits-/Geburtenziffer *f.*

R

R, r ['ɛrre] ‹-› *f* R, r *n;* ~ **come Roma** R wie Richard.

R. 1. *ab di* **rapido** ≃ IC *m* (*ab di* Intercity-Zug); **2.** *ab di* **raccomandata** Einschr. (*ab di* Einschreiben); **3.** *ab di* **Réaumur** R.

rabarbaro [ra'barbaro] *m* **1.** *(pianta)* Rhabarber *m;* **2.** *(liquore)* Rhabarberlikör *m.*

rabberciare [rabber'tʃa:re] ‹rabbercio, rabberci› *tr* flicken, ausbessern; *fig* zusammenstoppeln, zurechtschustern. **rabberciatura** [...tʃa'tu:ra] *f* Ausbesserung *f.*

rabbi ['rabbi] ‹-› *m* Rabbi *m.*

rabbia ['rabbi̯a] ‹-ie› *f* **1.** *(collera)* Wut *f,* Zorn *m;* **2.** *(dispetto)* Verdruß *m,* Unmut *m;* **3.** *(accanimento)* Verbissenheit *f,* Wut *f;* **4.** *(avidità)* Gier *f,* Wut *f;* **5.** *med (idrofobia)* Tollwut *f;* **6.** *fig (impeto, furia)* Toben *n,* Wüten *n; (del vento)* Tosen *n;* ~ **canina** Tollwut *f;* **fare ~ a qu** jds Zorn erregen; **mi fa ~** *fam* das ärgert mich; **lavorare con ~** verbissen arbeiten; **sfogare la propria ~ su qu** seine Wut an jdm auslassen; **che ~!** *fam* so ein Mist! *fam.*

rabbico, -a ['rabbiko] ‹-ci, -che› *a* Tollwut-.

rabbino [rab'bi:no] *m* Rabbiner *m.*

rabbioso, -a [rab'bi̯o:so] *a* **1.** *(arrabbiato)* wütend, zornig; **2.** *fig (furioso)* wütend, tobend; *(vento)* tosend; **3.** *(accanito)* verbissen, wütend; **4.** *med* tollwütig.

rabbonire [rabbo'ni:re] ‹rabbonisco› **I.** *tr* besänftigen, beruhigen; **II.** *rfl:* **-rsi** sich besänftigen, sich beruhigen.

rabbrividire [rabbrivi'di:re] ‹rabbrividisco› *itr* ‹*essere*› (er)schaudern; *(dal freddo)* schaudern.

rabbuffare [rabbuf'fa:re] **I.** *tr* **1.** *(scompigliare)* zerzausen; **2.** *fig (rimproverare)* anfahren, schelten; **II.** *rfl:* **-rsi** sich zusammenbrauen. **rabbuffo** [...'buffo] *m* Rüffel *m,* Verweis *m.*

rabbuiare [rabbu'i̯a:re] ‹rabbuio, rabbui› *itr* ‹*essere*›, *rfl:* **-rsi** sich verdüstern, sich verfinstern.

rabdomante [rabdo'mante] *mf* Wünschelrutengänger(in) *m(f).* **rabdomanzia** [...n'tsi:a] ‹-ie› *f* Radiästhesie *f.*

racc. *ab di* **raccomandata** Einschr. (*ab di* Einschreiben).

raccapezzare [rakkapet'tsa:re] **I.** *tr* **1.** *(mettere insieme)* zusammenbringen, zusammenkratzen; **2.** *(capire)* begreifen; **II.** *rfl:* **-rsi** *fam* sich zurechtfinden, klarkommen *fam;* **con tutta questa confusione non mi raccapezzo più** *fam* aus all diesem Durcheinander werde ich nicht mehr schlau *fam.*

raccapricciante [rakkaprit'tʃante] *a* schauderhaft, entsetzlich. **raccapricciare** [rakkaprit'tʃa:re] ‹raccapriccio, raccapricci› **I.** *itr* ‹*essere*› erschaudern; **II.** *rfl:* **-rsi** sich grausen. **raccapriccio** [...'prittʃo] *m* Schaudern *n,* Entsetzen *n.*

raccattafieno [rakkatta'fi̯ɛ:no] ‹-› *m* Heurechen *m.*

raccattapalle [rakkatta'palle] ‹-› *mf* Balljunge *m.*

raccattare [rakkat'ta:re] *tr* **1.** *(raccogliere da terra)* auflesen, einsammeln; **2.** *(mettere insieme)* sammeln, zusammentragen; **3.** *fig fam* zusammenkratzen *fam.*

racchetta [rak'ketta] *f* **1.** *sport (da tennis)* Schläger *m; (da sci)* Stock *m;* **2.** *mot* Wischerarm *m.*

racchio, -a ['rakki̯o] ‹-cchi, -cchie› *fam* **I.** *a* häßlich, garstig; **II.** *m, f* Mißgeburt *f.*

racchiudere [rak'ki̯u:dere] ‹*irr*› *tr* **1.** *(contenere)* enthalten; **2.** *fig (implicare)* einschließen.

raccogliere [rak'kɔʎʎere] ‹*irr*› **I.** *tr* **1.** *(da terra)* aufheben; **2.** *(frutti)* ernten; **3.** *fig* einheimsen, erlangen; **4.** *(radunare)* sammeln; **5.** *(ottenere)* erhalten, empfangen; **II.** *rfl:* **-rsi** **1.** *(riunirsi)* sich versammeln; **2.** *fig (volgere la mente)* sich sammeln. **raccoglimento** [rakkoʎʎi'mento] *m* Sammlung *f; (rel a.)* Andacht *f.* **raccogliticcio, -a** [...i'tittʃo] ‹-cci, -cce› **I.** *a* zusammengeklaubt; *(cultura, etc.)* oberflächlich; **II.** *m* buntes Allerlei, Gemisch *n.* **raccoglitore, -trice** [...i'to:re] **I.** *m, f* *(persona)* Sammler(in) *m(f);* **II.** *m* **1.** *(per documenti)* Sammelmappe *f,* Ordner *m;* **2.** *tec* *(vaschetta)* Sammelbecken *n;* **III.** *f* Erntemaschine *f.* **raccolta** [...'kɔlta] *f* **1.** *(atto)* Sammeln *n;* **2.** *(collezione)* Sammlung *f;* **3.** *(riunione)* Versammlung *f;* **4.** *agr (raccolto)* Ernte *f.* **raccolto, -a** [...'kɔlto] **I.** *a* **1.** *(riunito)* vereint, zusammengebracht; **2.** *fig (pensoso)* versunken; *(concentrato)* gesammelt; **3.** *fig (dignitoso)* würdevoll; **4.** *(appartato)* abgeschieden, ruhig; **5.** *(capelli)* geschlungen, geflochten; **6.** *(con le membra rannicchiate)* zusammengekauert; **II.** *m* Ernte *f.*

raccomandabile [rakkoman'da:bile] *a* empfehlenswert.

raccomandare [rakkoman'da:re] **I.** *tr* **1.** *(affidare alle cure)* anvertrauen, ans Herz legen; **2.** *(segnalare)* empfehlen; *(intervenire per)* sich verwenden für, protegieren; **3.** *(consigliare)* empfehlen, anraten; **II.** *rfl:* **-rsi** **1.** *(implorare)* anflehen; **2.** *(affidarsi)* sich anvertrauen; **3.** *(essere raccomandato)* protegiert werden; **mi raccomando!** ich möchte doch sehr bitten!

raccomandata¹ [rakkoman'da:ta] *f* (*lettera, ab* **R.**, **racc.**) Einschreiben *n,* Einschreib(e)brief *m.*

raccomandata² *f v.* **raccomandato.**

raccomandatario, -a [rakkomanda'ta:ri̯o] ‹-i, -ie› *m, f* **1.** *gener.* Empfänger(in) *m(f)* einer Empfehlung; **2.** *(agente)* Reedereiagent(in) *m(f).* **raccomandato, -a** [...'da:to] **I.** *a* empfohlen; **lettera -a** Einschreib(e)brief *m;* **II.** *m, f* Empfohlene(r) *mf,* Schützling *m;* **un ~ di ferro** *scherz* ein erfolgreicher Günstling. **raccomandazione** [...dat'tsi̯o:ne] *f* Empfehlung *f.*

raccomodare [rakkomo'da:re] *v.* **riaccomodare.**

raccontare [rakkon'ta:re] *tr* **1.** *(narrare)* erzählen; **2.** *(riferire)* berichten; **~ per filo e per segno** haarklein berichten, des langen und des breiten erzählen; **raccontarne delle belle** (*o.* **di cotte e di crude** *o.* **di tutti i colori**) *fam* alles mögliche erzählen; **saperla ~** schamlos lügen; **a me la racconti?** *fam* das willst du mir weismachen? **racconto** [...'konto] *m* Erzählung *f,* Geschichte *f; (il raccontare)* Erzählen *n.*

raccorciare [rakkor'tʃa:re] **I.** *tr* (ver)kürzen; **II.** *rfl:* **-rsi** kürzer werden.

raccordare [rakkor'da:re] *tr* anschließen, verbinden. **raccordo** [...'kɔrdo] *m* **1.** *(collegamento)* Anschluß *m,* Verbindung *f;* **2.** *ferr* Anschluß *m; (strada)* Zubringer(straße *f*) *m; (nodo autostradale)* Autobahnkreuz *n; (strada di nodo autostradale)* Verbindungsstraße *f;* **3.** *tec* Anschlußstück *n,* Nippel *m,* Stutzen *m; mot* Verbindungsstück *n;* **~ a gomito** Winkelstück *n;* **~ a manicotto** Muffe *f;* **~ anulare** ringförmige Auffahrt.

raccostamento [rakkosta'mento] *m* Annäherung *f.* **raccostare** [...'ta:re] **I.** *tr* **1.** *(ravvicinare)* annähern, heranrücken; **2.** *(raffrontare)* gegenüberstellen, vergleichen; **II.** *rfl:* **-rsi** sich annähern.

raccozzare [rakkot'tsa:re] *tr* zusammenklauben, zusammenkratzen.

Rachele [ra'kɛ:le] *(nome proprio femminile)* Rachel.

rachide ['ra:kide] *f* **1.** *anat* Rückgrat *n,* Wirbelsäule *f;* **2.** *zoo* Schaft *m,* Rachis *f scient;* **3.** *bot* Hauptachse *f,* Rachis *f scient.*

rachitico, -a [ra'ki:tiko] ‹-ci, -che› **I.** *a* **1.** *med* rachitisch; **2.** *fig* kümmerlich; **II.** *m, f* Rachitiker(in) *m(f).* **rachitismo** [raki'tizmo] *m* Rachitis *f.*

racimolare [ratʃimo'la:re] *tr* **1.** *fig* zusammenklauben, zusammenkratzen; **2.** *agr* Herlinge lesen.

racket ['rækɪt] ‹-› *m* Verbrechersyndikat *n.*

rada ['ra:da] *f* Reede *f.*

radar ['ra:dar] **I.** ‹-› *m* Radar *m o. n;* **II.** ‹*inv*› *a* Radar-. **radarista** [rada'rista] ‹-i *m,* -e *f*› *mf* Radartechniker(in) *m(f).*

raddensare [radden'sa:re] **I.** *tr* verdichten; **II.** *rfl:* **-rsi** sich verdichten.

raddobbare [raddob'ba:re] *tr* ausbessern. **raddobbo** [...'dɔbbo] *m* Ausbesserung *f.*

raddolcire [raddol'tʃi:re] **I.** *tr* **1.** *(bevanda, etc.)* (ver)süßen; **2.** *fig* mildern; **II.** *rfl:* **-rsi** milder werden.

raddoppiamento [raddoppi̯a'mento] *m* Verdopp(e)lung *f; (scient a.)* Reduplikation *f.* **raddoppiare** [...'pi̯a:re] **I.** *tr* ‹*avere*› **1.** *gener.* verdoppeln; **2.** *fig* verstärken, steigern; **3.** *(filo)* verstärken; **II.** *itr* ‹*essere*› **1.** *(crescere)* sich verdoppeln, zunehmen; **2.** *(nel biliardo)* dublieren; **3.** *(del cavallo)* im Redopp reiten. **raddoppio** *m* **1.** *(raddoppiamento)* Verdopp(e)lung *f,* Verdoppeln *n;* **2.** *ferr* Umbau *m* auf Doppelspur; **3.** *(del cavallo)* Redopp *m;* **4.** *(nel biliardo)* Dublee *n.*

raddrizzamento [raddrittsa'mento] *m* **1.** *(correzione)* Aufrichten *n,* Geraderücken *n;* **2.** *el* Gleichrichtung *f.* **raddrizzare** [...'tsa:re] **I.** *tr* **1.** *(lama, chiodo, quadro)* geraderichten, -machen, zurechtbiegen; **2.** *fig (corregge-*

re) berichtigen, verbessern; **3.** *el* gleichrichten; ~ **la testa a qu** jdm den Kopf zurechtrücken; ~ **le cose** *fam* die Dinge in Ordnung bringen; **II.** *rfl:* **-rsi** sich aufrichten. **raddrizzatore** [...tsa'to:re] *m* Gleichrichter *m.* **raddrizzatrice** [...tsa'tri:tʃe] *f* **1.** *tec* Richtmaschine *f;* **2.** *radio, TV, el* Gleichrichterröhre *f.*

radente [ra'dɛnte] *a* streifend, Streif-; **attrito** ~ *phys* Reibung *f.*

radere ['ra:dere] ⟨rado, rasi, raso⟩ **I.** *tr* **1.** *(col rasoio)* rasieren; **2.** *(bosco)* abholzen, abhauen; **3.** *(abbattere)* auslöschen, tilgen; ~ **al suolo** *fig* dem Erdboden gleichmachen; **II.** *rfl:* **-rsi** sich rasieren.

radezza [ra'dettsa] *f* **1.** *(di capelli, denti)* Spärlichkeit *f;* **2.** *(di visita)* Seltenheit *f.*

radiale[1] [ra'di̯a:le] **I.** *a* **1.** *mat, phys, astr* radial, Radial-; **2.** *(strada)* Ausfall-; **pneumatico** ~ Gürtel-, Radialreifen *m;* **II.** *f* Radiallinie *f.*

radiale[2] [ra'di̯a:le] *a anat* Speichen-.

radiante [ra'di̯ante] *a (splendente)* strahlend; *phys* Strahlungs-, Strahlen-; **terapia** ~ Strahlentherapie *f.*

radiare [ra'di̯a:re] ⟨radio, radi⟩ *tr adm* löschen, streichen.

radiatore [radi̯a'to:re] *m* **1.** *(termosifone)* Heizkörper *m,* Radiator *m;* **2.** *mot* Kühler *m;* **3.** *phys* Strahler *m.*

radiazione[1] [radi̯at'tsi̯o:ne] *f phys* Strahlung *f.*

radiazione[2] [radi̯at'tsi̯o:ne] *f adm* Streichung *f,* Ausschluß *m.*

radica ['ra:dika] ⟨-che⟩ *f* **1.** *(per pipe)* Bruyèreholz *n;* **2.** *(radice)* Wurzel *f.*

radicale [radi'ka:le] **I.** *a* **1.** *fig* radikal, tiefgreifend; **2.** *pol* radikal; **3.** *ling* Wurzel-, Stamm-; **4.** *bot* Wurzel-; **II.** *mf* Radikale(r) *mf;* **III.** *m* **1.** *ling* Wurzel *f,* Stamm *m;* **2.** *mat* Wurzel *f;* **3.** *chem* Radikal *n.* **radicaleggiare** [...kaled'dʒa:re] ⟨radicaleggio, radicaleggi⟩ *itr* eine radikale Politik vertreten. **radicalismo** [...ka'lizmo] *m* Radikalismus *m.* **radicalizzare** [...kalid'dza:re] *tr* radikalisieren.

radicando [radi'kando] *m* Radikand *m.*

radicare [radi'ka:re] ⟨radico, radichi⟩ **I.** *itr* ⟨*essere*⟩ sich einwurzeln, Wurzeln schlagen; **II.** *rfl:* **-rsi 1.** *(abbarbicarsi)* sich einwurzeln, Wurzeln schlagen; **2.** *fig* sich einnisten, sich verwurzeln. **radicato, -a** [...'ka:to] *a* **1.** *bot* verwurzelt; **2.** *fig* verhaftet.

radicchio [ra'dikki̯o] ⟨-cchi⟩ *m* Radicchio *m.*

radice [ra'di:tʃe] *f* **1.** *bot, anat, mat* Wurzel *f;* **2.** *ling* Wurzel *f,* Stamm *m;* **3.** *(di montagna)* Fuß *m;* **4.** *fig (causa)* Wurzel *f,* Quelle *f,* Ursprung *m;* **mettere le -i** *(a. fig)* Wurzeln schlagen. **radicolare** [radiko'la:re] *a* Wurzel-.

radio[1] ['ra:di̯o] **I.** ⟨-⟩ *f* **1.** *(tec, organizzazione, etc.)* Rundfunk *m,* Radio *n;* **2.** *(apparecchio)* Radio(gerät) *n;* ~ **libera/pirata** freier Rundfunksender/ Piratensender *m;* ~ **trasmittente/ricevente** Rundfunksender *m*/-empfänger *m;* **sentire** (*o.* **ascoltare) la** ~ Radio hören; **trasmettere per** ~ im Radio übertragen; **II.** ⟨*inv*⟩ *a* Radio-, (Rund)funk-; **ponte/contatto** ~ Funkbrücke *f*/Funkkontakt *m;* **giornale** ~ Rundfunknachrichten *f pl.*

radio[2] ['ra:di̯o] *m anat* Speiche *f.*

radio[3] ['ra:di̯o] *m chem* Radium *n.*

radioabbonato, -a [radi̯oabbo'na:to] *m, f* Rundfunkteilnehmer(in) *m(f).*

radioamatore, -trice [-ama'to:re] *m, f* Amateurfunker(in) *m(f).*

radioascoltatore, -trice [-askolta'to:re] *m, f* Rundfunkhörer(in) *m(f).*

radioassistenza [-assis'tɛntsa] *f* Funknavigation *f.*

radioattività [-attivi'ta] *f* Radioaktivität *f.* **radioattivo, -a** [-at'ti:vo] *a* radioaktiv.

radioaudizione [-audit'tsi̯o:ne] *f* Rundfunkempfang *m.*

radiobiologia [-biolo'dʒi:a] *f* Radio-, Strahlenbiologie *f.*

radiocentro [-'tʃɛntro] *m* Rundfunksendeanlage *f.*

radiocollegamento [-kollega'mento] *m* Funkverbindung *f,* -kontakt *m.*

radiocomandare [-koman'da:re] *tr* fernsteuern. **radiocomando** [-ko'mando] *m* Fernsteuerung *f.*

radiocomunicazione [-komunikat'tsi̯o:ne] *f* Funkverkehr *m.*

radioconversazione [-konversat'tsi̯o:ne] *f* Rundfunkgespräch *n.*

radiocronaca [-'krɔ:naka] *f* Rundfunkreportage *f.* **radiocronista** [-kro'nista] *mf* Rundfunkreporter(in) *m(f).*

radiodiffondere [-dif'fondere] ⟨*irr*⟩ *tr* senden, im Rundfunk übertragen. **radiodiffusione** [-diffu'zi̯o:ne] *f* Rundfunk *m.*

radiodisturbo [-dis'turbo] *m* Funkstörung *f.*

radiodramma [-'dramma] *m* Hörspiel *n.*

radioelettrico, -a [-e'lɛttriko] *a* Radio-, Funk-.

radioestesista [-este'zista] ‹-i *m*, -e *f*› *mf* Wünschelrutengänger(in) *m(f)*.
radiofonia [-fo'ni:a] ‹-ie› *f* Radiophonie *f*. **radiofonico, -a** [-'fɔ:niko] *a* Rundfunk-, Funk-.
radiogoniometro [-go'ni̯ɔ:metro] *m* Funkpeilgerät *n*.
radiografia [-gra'fi:a] *f* **1.** *(operazione, tecnica)* Radiographie *f*; **2.** *(lastra)* Röntgenbild *n*, Röntgenogramm *n*; **3.** *fig* Analyse *f*. **radiografico, -a** [-'gra:fiko] *a* Röntgen-, radiographisch.
radiogramma[1] [-'gramma] ‹-i› *m (telegramma)* Funktelegramm *n*.
radiogramma[2] [-'gramma] ‹-i› *m fot* Radiogramm *n*.
radiointervista [-inter'vista] *f* Rundfunkinterview *n*.
radiolari [-'la:ri] *m pl* Strahlentierchen *n pl*, Radiolarien *pl scient*.
radiolina [-'li:na] *f* Transistorradio *n*.
radiologa *f v.* **radiologo.**
radiologia [-lo'dʒi:a] ‹-gie› *f* Radiologie *f*. **radiologico, -a** [-'lɔ:dʒiko] *a* radiologisch. **radiologo, -a** [ra'di̯ɔ:logo] ‹-gi, -ghe› *m, f* Radiologe *m*, -login *f*.
radiomessaggio [radi̯omes'saddʒo] *m* Funkmeldung *f*.
radiomobile [-'mɔ:bile] *f* Funkstreifenwagen *m*.
radiopilota [-pi'lɔ:ta] *m* Autopilot *m*.
radioregistratore [-redʒistra'to:re] *m* Radiorecorder *m*.
radioricevente [-ritʃe'vɛnte] **I.** *a* Rundfunkempfangs-; **II.** *f* Rundfunkempfänger *m*. **radioricevitore** [...vi'to:re] *m* Rundfunkempfänger *m*. **radioricezione** [-ritʃet'tsi̯o:ne] *f* Rundfunkempfang *m*.
radiorilevamento [-rileva'mento] *m* Funkpeilung *f*.
radioscopia [-sko'pi:a] ‹-ie› *f* Radioskopie *f*. **radioscopico, -a** [-s'kɔ:piko] ‹-ci, -che› *a* radioskopisch.
radiosegnale [-seɲ'ɲa:le] *m* Sendezeichen *n*.
radiosità [radi̯osi'ta] ‹-› *f* Leuchten *n*, Strahlen *n*. **radioso, -a** [ra'di̯o:so] *a* leuchtend; *(a. bellezza, sorriso)* strahlend.
radiostazione [radi̯ostat'tsi̯o:ne] *f* Rundfunkstation *f*.
radiosveglia [-z'veʎʎa] *f* Radiowekker *m*.
radiotaxi, radiotassì [-'taksi, -tas'si] *m* Funktaxi *n*.
radiotecnica [-'tɛknika] *f* Radio-, Funktechnik *f*. **radiotecnico, -a** [...ko] **I.** *a* radio-, funktechnisch; **II.** *m, f* Radiotechniker(in) *m(f)*, Rundfunkmechaniker(in) *m(f)*.
radiotelefono [-te'lɛ:fono] *m* Funksprechgerät *n*.
radiotelegrafico, -a [-tele'gra:fiko] *a* Funk-. **radiotelegrafista** [...gra'fista] *mf* Funker(in) *m(f)*.
radiotelegramma [-tele'gramma] *m* Funktelegramm *n*.
radiotelescopio [-teles'kɔ:pi̯o] *m* Radioteleskop *n*.
radiotelevisione [-televi'zi̯o:ne] *f* Rundfunk- und Fernsehanstalt *f*. **radiotelevisivo, -a** [...'zi:vo] *a* Rundfunk- und Fernseh-.
radioterapia [-tera'pi:a] *f* Radio-, Strahlentherapie *f*.
radiotrasmettere [-traz'mettere] ‹*irr*› *tr* senden, übertragen. **radiotrasmettitore** [...ti'to:re] *m* Radiosender *m*. **radiotrasmissione** [...mis'si̯o:ne] *f* Radiosendung *f*, -übertragung *f*. **radiotrasmittente** [...mit'tɛnte] **I.** *a* Sende-, Funk-; **II.** *f* Rundfunksender *m*.
radioutente [-u'tɛnte] *mf* Rundfunkteilnehmer(in) *m(f)*.
rado ['ra:do] *1. pers sing pr di* **radere.**
rado, -a ['ra:do] *a* spärlich; *(capelli a.)* licht; *(nebbia, tela)* dünn; **di ~** selten.
radunare [radu'na:re] **I.** *tr* **1.** *(cose)* ansammeln, anhäufen, zusammentragen; **2.** *(persone)* versammeln; **II.** *rfl:* **-rsi** sich versammeln. **radunata** [...'na:ta] *f* Versammlung *f*, Zusammenkunft *f*. **raduno** [ra'du:no] *m* Versammlung *f*, Zusammenkunft *f*, Treffen *n*.
radura [ra'du:ra] *f* Lichtung *f*.
rafano ['ra:fano] *m* Rettich *m*; *(crèn)* Meerrettich *m*.
raffa ['raffa] *f*: **di riffa o di ~** *fam* so oder so, wohl oder übel; *(volere, etc.)* um jeden Preis.
Raffaele [raffa'ɛ:le] *(nome proprio maschile)* Raphael, Rafael.
Raffaella [raffa'ɛlla] *(nome proprio femminile)* Raphaela, Rafaela.
raffazzonamento [raffattsona'mento] *m* **1.** *(operazione)* Zusammenstückeln *n*; **2.** *(cosa)* Stückwerk *n*. **raffazzonare** [...'na:re] *tr* zusammenstoppeln, zurechtschustern.
rafferma [raf'ferma] *f* freiwillige Verlängerung des Wehrdienstes. **raffermare** [...'ma:re] *tosc* **I.** *tr* **1.** *(riconfermare)* bestätigen; **2.** *mil* erneut (zum Wehrdienst) verpflichten; **II.** *rfl:* **-rsi** **1.** *(pane)* fest werden; **2.** *mil* sich erneut (zum Wehrdienst) verpflichten.
raffermo, -a [raf'fermo] *a (pane)* altbacken.

raffica ['raffika] ‹-che› *f* **1.** *(di vento)* Windstoß *m*, Bö(e) *f*; **2.** *(di mitra)* Garbe *f*; **3.** *fig* Hagel *m*.
raffigurare [raffigu'ra:re] **I.** *tr* **1.** *(rappresentare)* darstellen; **2.** *(simboleggiare)* symbolisieren, verkörpern; **3.** *(riconoscere)* erkennen; **II.** *rfl:* **-rsi** sich *(dat)* vorstellen.
raffilare [raffi'la:re] *tr* **1.** *(forbici, lama)* wieder schärfen, neu schleifen; **2.** *(capelli, panno)* egalisieren, angleichen; *(libro)* beschneiden. **raffilatura** [...la'tu:ra] *f* Egalisierung *f*, Angleichung *f*.
raffinamento [raffina'mento] *m* Verfeinerung *f*. **raffinare** [...'na:re] **I.** *tr* **1.** *(olio, zucchero, sale)* raffinieren; *(oro)* läutern; **2.** *(gusto, stile, etc.)* verfeinern; **II.** *rfl:* **-rsi** sich verfeinern, feiner werden.
raffinata *f v.* **raffinato.**
raffinatezza [raffina'tettsa] *f* **1.** *(finezza)* Finesse *f*, Feinheit *f*; **2.** *(cosa)* Feinheit *f*, Kostbarkeit *f*; **con** ~ mit Finesse. **raffinato, -a** [...'na:to] **I.** *a* **1.** *(olio, sale, zucchero)* raffiniert; **2.** *fig* auserlesen, gepflegt; **II.** *m, f* feiner Mensch. **raffinazione** [...nat'tsi̯o:ne] *f* Raffination *f*. **raffineria** [...ne'ri:a] ‹-ie› *f* Raffinerie *f*.
rafforzamento [raffortsa'mento] *m* **1.** Kräftigung *f*, *Verstärkung f*; **2.** *fig* (Be)stärkung *f*; *(di carattere)* Festigung *f*. **rafforzare** [...'tsa:re] **I.** *tr* **1.** verstärken; **2.** *fig* bekräftigen, (be)stärken; *(carattere)* festigen; **II.** *rfl:* **-rsi** sich (ver)stärken.
raffreddamento [raffredda'mento] *m* Erkalten *n*, Abkühlen *n*; ~ **ad acqua/aria** Wasser-/Luftkühlung *f*. **raffreddare** [...'da:re] **I.** *tr* abkühlen (lassen), kalt werden lassen; *fig* abkühlen (*o.* erkalten) lassen; **II.** *rfl:* **-rsi** **1.** *(diventar freddo)* abkühlen, kühler werden; *(cibo a.)* kalt werden; **2.** *fam* sich erkälten, sich verkühlen *fam*. **raffreddore** [...'do:re] *m* Erkältung *f*.
raffrontare [raffron'ta:re] *tr* gegenüberstellen, vergleichen. **raffronto** [...'fronto] *m* Gegenüberstellung *f*, Vergleich *m*.
ragade ['ra:gade] *f* Schrunde *f*.
raganella [raga'nɛlla] *f* **1.** *zoo* Laubfrosch *m*; **2.** *mus* Rätsche *f*.
ragazza [ra'gattsa] *f* Mädchen *n*; *fam (fidanzata)* Freundin *f*; ~ **copertina** Covergirl *n*; **è rimasta** ~ sie ist unverheiratet geblieben. **ragazzata** [...'tsa:ta] *f fam* Lausbubenstreich *m*.
ragazzo [ra'gattso] *m* Junge *m*, Bub *m dial*; *fam (fidanzato)* Freund *m*; *(garzone)* Bursche *m*; ~ **di bottega** Ladenjunge *m*; **-i** *(bambini)* Kinder *n pl*; *(giovani)* Jugendliche *pl*.
raggelare [raddʒe'la:re] **I.** *itr* ‹*essere*› gefrieren, vereisen; **II.** *tr* ‹*avere*› **1.** *(rendere gelido)* einfrieren, gefrieren lassen; **2.** *fig* erstarren lassen; **III.** *rfl:* **-rsi** gefrieren, einfrieren.
raggiante [rad'dʒante] *a* leuchtend; *(a. fig, phys)* strahlend.
raggiare [rad'dʒa:re] ‹raggio, raggi› **I.** *itr* leuchten; *(a. fig, phys)* strahlen; **II.** *tr* ausstrahlen. **raggiato, -a** [...'dʒa:to] *a* strahlenförmig.
raggiera [rad'dʒɛ:ra] *f* Strahlenkranz *m*.
raggio ['raddʒo] ‹-ggi› *m* **1.** *(del sole, delle stelle)* Strahl *m*; *(luce)* Schein *m*, Schimmer *m*; **2.** *fig (di speranza, etc.)* Strahl *m*, Schimmer *m*; **3.** *phys* Strahl *m*; **4.** *mat* Radius *m*; **5.** *(zona)* Umkreis *m*; *(ambito)* Gebiet *n*, Kreis *m*; **6.** *(di ruota)* Speiche *f*; ~ **d'azione** Aktionsradius *m*; **-ggi alfa/X** (*o.* **Röntgen)** Alpha-/Röntgenstrahlen *m pl*; **andare a farsi i -ggi** sich durchleuchten lassen.
raggirare [raddʒi'ra:re] *tr* einwickeln, hintergehen. **raggiro** [...'dʒi:ro] *m* Betrug *m*, Schwindel *m*.
raggiungere [rad'dʒundʒere] ‹*irr*› *tr* erreichen; *(arrivare a riunirsi)* einholen; *(colpire)* treffen. **raggiungimento** [...dʒi'mento] *m* Erreichen *n*.
raggiustare [raddʒus'ta:re] **I.** *tr* **1.** *(scarpe, vestito)* ausbessern; **2.** *fig* ausgleichen; *(lite)* beilegen; *(amici)* versöhnen; **II.** *rfl:* **-rsi** sich versöhnen.

raggomitolare [raggomito'la:re] **I.** *tr* auf-, zusammenwickeln; **II.** *rfl:* **-rsi** sich zusammenkauern.
raggranellare [raggranel'la:re] *tr fam* zusammenkratzen *fam*.
raggrinzare, raggrinzire [raggrin'tsa:re, ...'tsi:re] ‹raggrinzisco› **I.** *tr* ‹*avere*› **1.** *(pelle)* runzeln; **2.** *(stoffa)* (zer)knittern; **II.** *itr* ‹*essere*›, *rfl:* **-rsi** **1.** *(pelle)* sich runzeln; **2.** *(stoffa)* knittern.
raggrumare [raggru'ma:re] **I.** *tr* gerinnen lassen; **II.** *rfl:* **-rsi** gerinnen.
raggruppamento [raggruppa'mento] *m* Gruppierung *f*. **raggruppare** [...'pa:re] **I.** *tr* versammeln, gruppieren; **II.** *rfl:* **-rsi** sich versammeln, sich gruppieren.
ragguagliare [raggu̯aʎ'ʎa:re] ‹ragguaglio, ragguagli› *tr* **1.** *(paragonare)* vergleichen; **2.** *(informare)* informieren, unterrichten. **ragguaglio** [...'gu̯aʎʎo] ‹-gli› *m* **1.** *(confronto)*

Vergleich *m;* **2.** *(informazione)* Information *f.*

ragguardevole [ragguar'de:vole] *a* **1.** *(persona)* angesehen; **2.** *(somma)* beachtlich, ansehnlich.

ragia ['ra:dʒa] ‹-gie *o.* -ge› *f* Harz *n;* **acqua ~** Terpentin *n.*

ragionamento [radʒona'mento] *m* Gedankengang *m,* Überlegung *f;* *(discorso)* Rede *f; philos* Schluß *m.* **ragionare** [...'na:re] *itr* **1.** *(riflettere)* nachdenken, überlegen; **2.** *fam (discorrere)* sprechen (*di* über), sich unterhalten (*di* über). **ragionato, -a** [...'na:to] *a* durchdacht, vernünftig; *(bibliografia, grammatica)* erläutert. **ragionatore, -trice** [...na'to:re] *m, f* Denker(in) *m(f).*

ragione [ra'dʒo:ne] *f* **1.** *(facoltà)* Verstand *m,* Vernunft *f;* **2.** *(argomentazione)* Argument *n;* **3.** *(causa, motivo)* Grund *m,* Ursache *f;* **4.** *(prova, dimostrazione)* Beweis *m;* **5.** *(diritto)* Recht *n,* Anspruch *m;* **6.** *(misura, rapporto, mat)* Verhältnis *n;* **ragion di stato** Staatsraison *f;* **~ sociale** Firma *f;* **aver l'uso della ~** bei Verstand sein; **perdere l'uso** (*o.* **il lume) della ~** den Verstand verlieren; **avere/dare ~** recht haben/geben; **essere/rendere di pubblica ~** öffentlich bekannt sein/machen; **farsi una ~ di qc** sich mit etw. abfinden; **non sentir ~** sich *(dat)* nichts sagen lassen; **ridurre qu alla ~** jdn zur Vernunft bringen; **picchiare** (*o.* **battere) qu di santa ~** *fam* jdn gehörig verprügeln; **a maggior ~** um so mehr; **a ~ veduta** nach gründlicher Überlegung; **a chi di ~** *adm* bei der zuständigen Stelle; **per -i di famiglia/forza maggiore** aus familiären Gründen/aufgrund höherer Gewalt; **in ~ di** im Verhältnis zu; **in ~ dell'età** dem Alter nach; **chi vince ha sempre ~** *prov* der Sieger hat immer recht.

ragioneria [radʒone'ri:a] ‹-ie› *f* **1.** *(disciplina)* Buchhaltung *f,* Rechnungswesen *n;* **2.** *(ufficio)* Buchhaltung *f,* Rechnungsbüro *n;* **studiare ~** die höhere Handelsschule (*o.* das Wirtschaftsgymnasium) besuchen.

ragionevole [radʒo'ne:vole] *a* vernünftig. **ragionevolezza** [...nevo'lettsa] *f* Vernunft *f.*

ragioniere, -a [radʒo'niɛ:re] *m, f* Buchhalter(in) *m(f).*

raglan [ra'glan] ‹*inv*› *a* Raglan-.

ragliare [raʎ'ʎa:re] ‹raglio, ragli› *itr* **1.** *(asino)* schreien; **2.** *pej (cantar male)* kreischen, krächzen. **raglio** ['raʎʎo] ‹-gli› *m* **1.** *(dell'asino)* Schrei *m;* **2.** *pej (canto)* Gekrächze *n,* Gekreisch(e) *n.*

ragnatela [raɲɲa'te:la] *f* **1.** *(di ragno)* Spinn(en)gewebe *n;* **2.** *fig (tessuto logoro)* abgewetzter (*o.* fadenscheiniger) Stoff. **ragno** ['raɲɲo] *m* Spinne *f.*

ragù [ra'gu] ‹-› *m* **1.** *(sugo)* (Fleisch)soße *f;* **2.** *(stufato)* Ragout *n.*

R.A.I. ['ra:i] *f ab di* **Radio Audizioni Italiane** *italienische Rundfunkanstalt.*

raid [reɪd] ‹-› *m* **1.** *sport* Rennen *n;* **2.** *mil* Überraschungsangriff *m.*

R.A.I.-TV ['ra:i tiv'vu] *f ab di* **Radio Televisione Italiana** *italienische Rundfunk- und Fernsehanstalt.*

rallargare [rallar'ga:re] **I.** *tr* erweitern, verbreitern; **II.** *rfl:* **-rsi** sich ausdehnen.

rallegramenti [rallegra'menti] *m pl* Glückwünsche *m pl.* **rallegrare** [...'gra:re] **I.** *tr* erheitern; **II.** *rfl:* **-rsi** **1.** *(diventar allegro)* sich aufheitern; **2.** *(congratularsi)* seine Glückwünsche aussprechen *(con qu per qc* jdm zu etw.), gratulieren (*con qu per qc* jdm zu etw.); **mi rallegro!** (ich) gratuliere!

rallentamento [rallenta'mento] *m* **1.** *film* Zeitlupe *f;* **2.** *(il rallentare)* Verlangsamung *f; fig* Nachlassen *n.* **rallentare** [...'ta:re] **I.** *tr* **1.** *(passo, corsa)* verlangsamen; **2.** *(vigilanza, visite)* verringern, einschränken; **II.** *itr* **1.** *(diventare più lento)* langsamer werden; **2.** *fig (diventare meno intenso)* nachlassen. **rallentatore** [...ta'to:re] *m* Zeitlupe *f;* **fare una cosa al ~** *fig* etw. im Zeitlupentempo tun.

rally ['rælɪ] ‹-› *m* Rallye *f.*

ramaiolo [rama'iɔ:lo] *m* Schöpflöffel *m,* -kelle *f.*

ramanzina [raman'dzi:na] *f fam* Standpauke *f fam;* **fare la ~ a qu** jdm eine Standpauke halten.

ramare [ra'ma:re] *tr* **1.** *tec* verkupfern; **2.** *agr* mit Kupfervitriol spritzen.

ramarro [ra'marro] *m* Smaragdeidechse *f.*

ramato, -a [ra'ma:to] **I.** *a* **1.** *(filo)* Kupfer-; **2.** *(capelli, barba)* rotblond; **zolfo ~** Kupfervitriol *n;* **II.** *m* Kupfervitriol *n.*

ramazza [ra'mattsa] *f* Reisigbesen *m;* **essere di ~** *mil* zum Stubendienst eingeteilt sein.

rame ['ra:me] *m* **1.** *chem* Kupfer *n;* **2.** *(oggetto)* Kupfergefäß *n;* **3.** *(incisione)* Kupferstich *m;* **biondo/rosso ~** rotblond/kupferrot.

ramerino [rame'ri:no] *m tosc (rosmarino)* Rosmarin *m.*
ramificare [ramifi'ka:re] ⟨ramifico, ramifichi⟩ **I.** *itr* Zweige austreiben; **II.** *rfl:* **-rsi** sich verzweigen, sich verästeln. **ramificazione** [...kat'tsi̯o:ne] *f* **1.** *bot* Verzweigung *f,* Verästelung *f;* **2.** *(suddivisione)* Verzweigung *f,* Aufgliederung *f.*
ramingo, -a [ra'miŋgo] ⟨-ghi, -ghe⟩ *a obs* umherirrend, ziellos.
ramino [ra'mi:no] *m* Rommé *n.*

rammaricare [rammari'ka:re] ⟨rammarico, rammarichi⟩ **I.** *tr* betrüben; **II.** *rfl:* **-rsi 1.** *(dispiacersi)* betrübt sein; **2.** *(lamentarsi)* sich beklagen. **rammarico** [...'ma:riko] ⟨-chi⟩ *m* **1.** *(afflizione)* Kummer *m,* Gram *m;* **2.** *(rincrescimento)* Bedauern *n;* **3.** *(lamento)* Klage *f.*
rammendare [rammen'da:re] *tr* ausbessern, flicken. **rammendatrice** [...da'tri:tʃe] *f* Kunststopferin *f.* **rammendatura** [...da'tu:ra] *f* **1.** *(rammendo)* geflickte Stelle; **2.** *(operazione)* Flicken *n.* **rammendo** [...'mɛndo] *m* Flickarbeit *f.*
rammentare [rammen'ta:re] **I.** *tr* erinnern (*di* an); **II.** *rfl:* **-rsi** sich erinnern (*di* an).
rammollimento [rammolli'mento] *m* **1.** *(il diventar molle)* Erweichung *f;* **2.** *fig fam* Verweichlichung *f; (instupidimento)* Verblödung *f.* **rammollire** [...'li:re] **I.** *tr* **1.** erweichen; *(cera, asfalto)* weich machen; **2.** *fig fam* verweichlichen; *(instupidire)* verblöden; **II.** *rfl:* **-rsi 1.** *(diventar molle)* weich werden; **2.** *fig fam* verweichlichen; *(instupidire)* verblöden. **rammollito, -a** [...'li:to] *m, f* Schwachkopf *m fam,* Trottel *m fam.*
rammorbidire [rammorbi'di:re] **I.** *tr* **1.** *(cera, cuoio)* erweichen, weich machen; **2.** *fig* mildern; **II.** *rfl:* **-rsi 1.** weich werden; **2.** *fig* sich mildern.
ramo ['ra:mo] *m* **1.** *bot* Zweig *m,* Ast *m;* **2.** *(di fiume, lago)* Arm *m;* **3.** *(diramazione)* Verzweigung *f,* Verästelung *f;* **4.** *(di scienza, disciplina)* Zweig *m,* Gebiet *n;* **5.** *(discendenza)* Linie *f,* Stamm *m;* **avere un ~ di pazzia** *fam* nicht alle Tassen im Schrank haben *fam,* einen Vogel haben *fam.* **ramoscello** [ramoʃ'ʃɛllo] *m* (kleiner) Zweig *m;* **portare un ~ d'olivo** *fig* Frieden stiften; **offrire un ~ d'olivo** ein Friedensangebot machen. **ramoso, -a** [ra'mo:so] *a* verästelt, verzweigt.
rampa ['rampa] *f* **1.** *(di scale)* Rampe *f,* Lauf *m;* **2.** *aero* Rampe *f;* **3.** *(salita)* Steigung *f;* **4.** *(in araldica)* Pranke *f,* Klaue *f;* **~ di lancio** Abschußrampe *f.*
rampante [ram'pante] **I.** *a* **1.** *(leone, grifo)* aufgerichtet; **2.** *arch* aufsteigend; **II.** *m* Lauf *m.*
rampicante [rampi'kante] **I.** *a* kletternd, Kletter-; **II.** *m* Kletterpflanze *f.*
rampino [ram'pi:no] *m* **1.** *(ferro)* Haken *m;* **2.** *naut* Draggen *m;* **3.** *fig fam* Vorwand *m,* Ausrede *f.*
rampollo [ram'pollo] *m* **1.** *scherz (figlio)* Sprößling *m;* **2.** *(discendente)* Abkömmling *m;* **3.** *obs, geh (germoglio)* Ableger *m.*
rampone [ram'po:ne] *m* **1.** *(fiocina)* Harpune *f;* **2.** *(ferro piegato)* Krampe *f;* **3.** *(per scarpe)* Steigeisen *n.*
rana ['ra:na] *f* Frosch *m;* **~ pescatrice** Seeteufel *m;* **uomo ~** Froschmann *m;* **nuoto a ~** Brustschwimmen *n.*
rancidezza [rantʃi'dettsa] *f* Ranzigkeit *f.* **rancido, -a** ['rantʃido] **I.** *a* **1.** *(olio, burro)* ranzig; **2.** *fig* verstaubt, altmodisch; **II.** *m (sapore)* ranziger Geschmack; *(odore)* ranziger Geruch; **avere il ~** ranzig sein. **rancidume** [...'du:me] *m* **1.** *(gusto)* ranziger Geschmack; *(odore)* ranziger Geruch; **2.** *(cosa rancida)* ranziges Zeug; **3.** *fig* Plunder *m,* Kram *m.*
rancio ['rantʃo] ⟨-ci⟩ *m mil* Verpflegung *f.*
rancore [raŋ'ko:re] *m* Groll *m.*
randagio, -a [ran'da:dʒo] ⟨-gi, -ge *o.* -gie⟩ *a* herrenlos, streunend.
randellare [randel'la:re] *tr* verprügeln. **randellata** [...'la:ta] *f* Knüppelschlag *m.* **randello** [...'dɛllo] *m* Prügel *m,* Knüppel *m.*
rango ['raŋgo] ⟨-ghi⟩ *m* **1.** *(condizione sociale)* Rang *m,* Stand *m;* **2.** *mil* Reihe *f;* **uscire dai -ghi** *fig* aus der Reihe tanzen; **rientrare nei -ghi** *(a. fig)* sich wieder einreihen.
rannicchiarsi [rannik'ki̯arsi] ⟨mi rannicchio, ti rannicchi⟩ *rfl* **1.** *(raccogliersi)* sich zusammenkauern; **2.** *fig* sich verkriechen.
ranno ['ranno] *m* Lauge *f;* **perdere il ~ ed il sapone** *fig* Zeit und Mühe verschwenden.
rannuvolamento [rannuvola'mento] *m* **1.** *meteo* Bewölkung *f;* **2.** *fig* Verdüsterung *f.* **rannuvolarsi** [...'larsi] *rfl* **1.** *meteo* sich bewölken; **2.** *fig* sich verdüstern.
ranocchia [ra'nɔkki̯a] ⟨-cchie⟩ *f* Frosch *m.* **ranocchio** [...ki̯o] ⟨-cchi⟩ *m* **1.** *zoo* Frosch *m;* **2.** *fig (persona piccola e stenta)* Zwerg *m;* **3.** *fig fam (bambino)* Kröte *f,* Krabbe *f.*

rantolare [ranto'la:re] *itr* **1.** *(emettere rantoli)* röcheln; **2.** *(in agonia)* in den letzten Zügen liegen. **rantolio** [...'li:o] ‹-ii› *m* Röcheln *n*, Geröchel *n*. **rantolo** ['rantolo] *m* Röcheln *n*.

ranuncolo [ra'nuŋkolo] *m* Ranunkel *f*.

rapa ['ra:pa] *f* Rübe *f*; **cavolo** ~ Kohlrabi *m*; **cima di** ~ Rübengrün *n*; **testa di** ~ *fig scherz* Dummkopf *m*; **farsi la** ~ *fam* sich *(dat)* den Kopf scheren.

rapace [ra'pa:tʃe] **I.** *a* **1.** *(uccello)* Raub-; **2.** *(ladri, amministratori)* räuberisch; **3.** *(sguardo)* gierig; **II.** *m* Raubvogel *m*. **rapacità** [rapatʃi'ta] ‹-› *f* Raubgier *f*.

rapare [ra'pa:re] *tr* glattscheren, abrasieren.

raperonzolo [rape'rontsolo] *m* Rapunzel *f*.

rapida ['ra:pida] *f* Stromschnelle *f*.

rapidità [rapidi'ta] ‹-› *f* Geschwindigkeit *f*, Schnelligkeit *f*; **con la** ~ **di un fulmine** in Windeseile, (schnell) wie der Blitz. **rapido, -a** ['ra:pido] **I.** *a* schnell; **II.** *m* (*ab* **R.**) Inter-City-Zug *m*.

rapimento [rapi'mento] *m* **1.** *(di persona)* Entführung *f*; **2.** *rel, fig* Verzükkung *f*.

rapina [ra'pi:na] *f* Raub *m*, Raubüberfall *m*; **uccello da** ~ Raubvogel *m*. **rapinare** [rapi'na:re] *tr* **1.** *(cose)* rauben; **2.** *(persone)* berauben. **rapinatore, -trice** [...na'to:re] *m*, *f* Räuber(in) *m(f)*.

rapire [ra'pi:re] ‹rapisco› *tr* **1.** *(persone)* entführen; **2.** *(cose)* rauben; **3.** *fig (estasiare)* hinreißen. **rapitore, -trice** [rapi'to:re] *m*, *f* Entführer(in) *m(f)*.

rappacificare [rappatʃifi'ka:re] **I.** *tr* versöhnen, aussöhnen; **II.** *rfl*: **-rsi** sich versöhnen, sich aussöhnen. **rappacificazione** [...kat'tsi̯o:ne] *f* Versöhnung *f*, Aussöhnung *f*.

rappezzare [rappet'tsa:re] *tr* **1.** *(vestito, scarpa)* flicken, ausbessern; **2.** *fig pej* zusammenstückeln. **rappezzatura** [...tsa'tu:ra] *f* Flickwerk *n*. **rappezzo** [...'pɛttso] *m* **1.** *(riparazione)* Flicken *n*; **2.** *(parte riparata)* Flickstelle *f*; **3.** *fig* Behelf *m*.

rapportare [rappor'ta:re] **I.** *tr* **1.** *(confrontare)* vergleichen; **2.** *(riprodurre)* übertragen; **II.** *rfl*: **-rsi** sich beziehen (*a* auf). **rapporto** [...'pɔrto] *m* **1.** *(relazione)* Bericht *m*, Meldung *f*; **2.** *mil* Rapport *m*; **3.** *(connessione, legame)* Beziehung *f*, Verhältnis *n*; **4.** *mat* Verhältnis *n*; **5.** *tec* Übersetzung *f*, Übertragung *f*; **6.** *(in tessitura)* Rapport *m*; **-i commerciali** Geschäftsverbindungen *f pl*; **-i epistolari** Briefwechsel *m*; **-i intimi** (*o.* **sessuali**) intime Beziehungen *f pl*; ~ **di subordinazione/lavoro/parentela** Untergebenen- / Arbeits- / Verwandschaftsverhältnis *n*; ~ **di causalità** *jur* ursächlicher Zusammenhang; **in** ~ **a** in Beziehung zu.

rapprendere [rap'prɛndere] ‹*irr*› **I.** *tr* gerinnen lassen; **II.** *rfl*: **-rsi** gerinnen.

rappresaglia [rappre'saʎʎa] ‹-glie› *f* Repressalie *f*, Strafmaßnahme *f*.

rappresentante [rapprezen'tante] *mf* **1.** *gener.* Vertreter(in) *m(f)*, Repräsentant(in) *m(f)*; **2.** *com* Vertreter(in) *m(f)*; **3.** *fig* Vertreter(in) *m(f)*, Exponent(in) *m(f)*. **rappresentanza** [...'tantsa] *f* **1.** *(potere riconosciuto)* Vertretung *f*, Repräsentation *f*; **2.** *com* Vertretung *f*, Niederlassung *f*.

rappresentare [rapprezen'ta:re] *tr* **1.** *(raffigurare)* darstellen; **2.** *(simboleggiare)* symbolisieren, verkörpern; **3.** *theat (dramma)* aufführen; *(ruolo)* spielen; **4.** *(agire per conto di)* vertreten; **5.** *(fare le veci)* vertreten, repräsentieren; **6.** *(costituire)* bedeuten. **rappresentativo, -a** [...ta'ti:vo] *a* vertretend; *(a. fig)* darstellend; *pol (sistema)* repräsentativ; *jur* stellvertretend; **squadra -a** Auswahlmannschaft *f*. **rappresentazione** [...tat'tsi̯o:ne] *f* **1.** *gener.* Darstellung *f*; **2.** *theat* Aufführung *f*, Vorstellung *f*; **prima** ~ Erstaufführung *f*.

rapsodia [rapso'di:a] ‹-ie› *f* Rhapsodie *f*. **rapsodo** [...'sɔ:do] *m* Rhapsode *m*.

raptus ['raptus] ‹-› *m* **1.** *med, psych* Wutanfall *m*, Raptus *m scient*; **2.** *fig* Erleuchtung *f*, Verzückung *f*.

rarefare [rare'fa:re] ‹*irr*› **I.** *tr* verdünnen; **II.** *rfl*: **-rsi 1.** *(diventare rado)* dünn werden, schwinden; **2.** *fig* selten werden. **rarefazione** [...fat'tsi̯o:ne] *f* **1.** *phys* Verdünnung *f*; **2.** *fig* Verminderung *f*.

rarità [rari'ta] ‹-› *f* **1.** *(condizione)* Seltenheit *f*; **2.** *(cosa)* Rarität *f*, Seltenheit *f*. **raro, -a** ['ra:ro] *a* **1.** *(esemplare, animale)* selten, rar; **una bestia -a** *fig* ein seltenes Exemplar; **gas** ~ Edelgas *n*; **terre -e** Lanthaniden *pl*; **-e volte** wenige Male, selten.

rasare [ra'sa:re] **I.** *tr* **1.** *(barba, capelli)* (ab)rasieren, scheren; **2.** *(siepe, prato)* (kurz) schneiden, scheren; **II.** *rfl*: **-rsi** sich rasieren. **rasato, -a** [ra'sa:to] **I.** *a* **1.** *(barba, persona)* rasiert; **2.** *(tessuto)* satiniert; **II.** *m* Satin *m*. **rasatura** [rasa'tu:ra] *f* Rasur *f*.

raschiamento [raski̯a'mento] *m* Abschaben *n*, Auskratzen *n*; *med* Ausschabung *f.* **raschiare** [...'ki̯a:re] ⟨raschio, raschi⟩ *tr* (ab)schaben, abkratzen; **-rsi la gola** sich räuspern. **raschiatura** [...ki̯a'tu:ra] *f* **1.** *(operazione)* Abschaben *n,* Auskratzen *n;* **2.** *(materiale)* Späne *m pl.* **raschietto** [...'ki̯etto] *m* **1.** *(per scrivania)* Radiermesser *n;* **2.** *(per le scarpe)* Schaber *m,* Kratzer *m.* **raschino** [...'ki:no] *m* Schaber *m,* Kratzer *m.* **raschio** ['raski̯o] ⟨-schi⟩ *m* **1.** *(rumore)* Räuspern *n;* **2.** *(irritazione in gola)* Kratzen *n.*

rasentare [razen'ta:re] *tr* **1.** *(sfiorare)* streifen; **2.** *fig* nahekommen (*qc* einer S.); **~ la quarantina** an die Vierzig sein; **~ il ridicolo** sich am Rande des Lächerlichen bewegen.

rasente [ra'zɛnte] *prp:* **~ (a)** dicht an *dat; (fig a.)* hart an *dat.*

rasi ['ra:si] *1. pers sing del passato remoto di* **radere.**

raso, -a ['ra:so] **I.** *pp di* **radere; II.** *a* **1.** *(volto, testa)* kahl, geschoren; **2.** *(campagna)* kahl; **3.** *(bicchiere)* randvoll; *(cucchiaio)* gestrichen voll; **~ terra** *v.* **rasoterra; III.** *m* Atlas *m,* Satin *m.*

rasoio [ra'so:i̯o] ⟨-oi⟩ *m* Rasiermesser *n; (elettrico)* Rasierapparat *m;* **~ di sicurezza** Rasierapparat *m;* **sul filo del ~** *fig* auf des Messers Schneide.

rasoterra [raso'tɛrra] ⟨*inv*⟩ *a, adv* dicht (*o.* flach) über dem Boden.

raspare [ras'pa:re] **I.** *tr* **1.** *(legno, etc.)* schaben, raspeln; **2.** *(irritare)* reizen, kratzen; **~ la gola** im Hals kratzen; **II.** *itr* **1.** *(grattare)* kratzen, scharren; **2.** *(raschiare)* kratzen; **3.** *fig (frugare)* stöbern.

raspo ['raspo] *m* Traubenkamm *m.*

rassegna [ras'seɲɲa] *f* **1.** *mil* Parade *f,* Truppenschau *f;* **2.** *(esame accurato)* (Über)prüfung *f,* Analyse *f,* Untersuchung *f;* **3.** *(resoconto)* Übersicht *f,* Querschnitt *m;* **4.** *(recensione)* Bericht *m;* **5.** *(mostra)* Schau *f,* Ausstellung *f;* **6.** *(enumerazione)* Aufzählung *f;* **~ degli spettacoli** Veranstaltungskalender *m;* **fare la ~ di qc** etw. überprüfen; **passare in ~** *mil* die Parade abnehmen; **passare in ~ qc** *fig* etw. Revue passieren lassen.

rassegnare [rasseɲ'ɲa:re] **I.** *tr (carica)* niederlegen, aufgeben; *(dimissioni)* einreichen; *(reclamo)* vorbringen; **II.** *rfl:* **-rsi** sich fügen (*a* in), sich abfinden (*a* mit). **rassegnazione** [...ɲat'tsi̯o:ne] *f* Resignation *f,* Ergebung *f.*

rasserenamento [rasserena'mento] *m* Aufheiterung *f.* **rasserenare** [...'na:re] **I.** *tr* **1.** *(aria, cielo)* aufheitern; **2.** *fig* aufheitern, aufhellen; **II.** *rfl:* **-rsi 1.** *meteo* sich aufheitern; **2.** *fig* sich aufheitern, sich aufhellen.

rassettare [rasset'ta:re] **I.** *tr* **1.** *(stanza, casa)* aufräumen; **2.** *(abiti)* ausbessern; **II.** *rfl:* **-rsi** sich zurechtmachen.

rassicurare [rassiku'ra:re] **I.** *tr* beruhigen, versichern; **II.** *rfl:* **-rsi** sich beruhigen. **rassicurazione** [...rat'tsi̯o:ne] *f* Beruhigung *f,* Versicherung *f.*

rassodamento [rassoda'mento] *m* Festigung *f,* Straffung *f.* **rassodare** [rasso'da:re] **I.** *tr* **1.** festigen; *(muscoli, seno a.)* straffen; *(terreno)* befestigen; **2.** *fig* stärken, festigen; **II.** *rfl:* **-rsi** sich straffen; *(rafforzarsi)* sich stärken, sich festigen.

rassomiglianza [rassomiʎ'ʎantsa] *f* Ähnlichkeit *f.* **rassomigliare** [...'ʎa:re] **I.** *itr* gleichen, ähneln, ähnlich sein; **II.** *rfl:* **-rsi** sich *(dat)* gleichen, sich *(dat)* ähneln.

rastrellamento [rastrella'mento] *m* **1.** *agr* Harken *n;* **2.** *fig* Durchkämmen *n.* **rastrellare** [...'la:re] *tr* **1.** *agr* harken; **2.** *fig* durchkämmen, absuchen. **rastrellata** [...'la:ta] *f* **1.** *(operazione)* Harken *n;* **2.** *(colpo)* Schlag *m* mit der Harke.

rastrelliera [rastrel'li̯ɛ:ra] *f* **1.** *(per il fieno)* Futterraufe *f;* **2.** *(per i piatti)* Abtropfkorb *m;* **3.** *(mobile)* Bord *n.*

rastrello [ras'trɛllo] *m* Harke *f.*

rata ['ra:ta] *f* Rate *f;* **pagare/comprare a -e** in Raten zahlen/kaufen.

ratafià [rata'fi̯a] ⟨-⟩ *m* Ratafia *m (Fruchtlikör).*

rateale [rate'a:le] *a* Raten-, ratenweise. **rateare, rateizzare** [...'a:re, ...eid'dza:re] *tr* in Raten aufteilen. **rateo** ['ra:teo] *m* Rechnungsabgrenzung *f; (rateizzazione)* Ratenzahlung *f.*

ratifica [ra'ti:fika] ⟨-che⟩ *f* Bestätigung *f; jur* Ratifizierung *f,* Ratifikation *f.* **ratificare** [ratifi'ka:re] ⟨ratifico, ratifichi⟩ *tr* bestätigen; *jur* ratifizieren. **ratificazione** [...kat'tsi̯o:ne] *f* Ratifizierung *f,* Ratifikation *f.*

Ratisbona [ratiz'bo:na] *f* Regensburg *n.*

rattizzare [rattit'tsa:re] *tr* **1.** *(fuoco)* wieder anfachen; **2.** *fig (odio, etc.)* wieder aufleben lassen, neu entfachen.

ratto[1] ['ratto] *m zoo* Ratte *f.*

ratto[2] ['ratto] *m jur* Raub *m.*

rattoppare [rattop'pa:re] *tr* **1.** *(riparare)* flicken; **2.** *fig* zusammenstoppeln. **rattoppatura** [...pa'tu:ra] *f,* **rattop-**

po [...ˈtɔppo] *m* **1.** *(riparazione)* Flicken *m;* **2.** *fig* Notlösung *f.*
rattrappimento [rattrappiˈmento] *m* Verkrampfung *f.* **rattrappire** [...ˈpiːre] ‹rattrappisco› **I.** *tr* verkrampfen; **II.** *rfl:* **-rsi** sich verkrampfen.
rattristare [rattrisˈtaːre] **I.** *tr* betrüben; **II.** *rfl:* **-rsi** betrübt (*o.* traurig) werden.
raucedine [rauˈtʃɛːdine] *f* Heiserkeit *f.*
rauco, -a [ˈraːuko] ‹-chi, -che› *a* **1.** *(voce)* heiser; **2.** *(persona)* rauh; **3.** *mus* dumpf.
ravanello [ravaˈnɛllo] *m* Radieschen *n.*
ravioli [raˈvi̯ɔːli] *m pl* Ravioli *pl (Teigtaschen mit Fleischfüllung).*
ravvalorare [ravvaloˈraːre] *tr* bestärken, bekräftigen.
ravvedersi [ravveˈdersi] ‹*irr*› *rfl* bereuen, sein Unrecht einsehen. **ravvedimento** [...diˈmento] *m* Reue *f,* Einsicht *f.*
ravviare [ravviˈaːre] **I.** *tr* aufräumen; *(matassa)* entwirren; **II.** *rfl:* **-rsi** sich zurechtmachen. **ravviata** [...ˈaːta] *f fam* Zurechtmachen *n,* Ordnen *n;* **darsi una** ~ *fam* sich ein wenig zurechtmachen.
ravvicinamento [ravvitʃinaˈmento] *m* **1.** *(il ravvicinarsi)* Annäherung *f,* Näherkommen *n;* **2.** *fig (riconciliazione)* Versöhnung *f.* **ravvicinare** [...ˈnaːre] **I.** *tr* **1.** *(avvicinare di più)* annähern, näherbringen; **2.** *fig (confrontare)* vergleichen; **3.** *fig (rappacificare)* versöhnen; **II.** *rfl:* **-rsi 1.** *(avvicinarsi)* sich annähern; **2.** *(rappacificarsi)* sich versöhnen. **ravvicinato, -a** [...ˈnaːto] *a* nah(e), Nah-.
ravviluppare [ravvilupˈpaːre] **I.** *tr* einwickeln; **II.** *rfl:* **-rsi** sich einwickeln.
ravvisare [ravviˈzaːre] *tr* **1.** *(riconoscere)* erkennen; **2.** *(distinguere)* erkennen, feststellen.
ravvivare [ravviˈvaːre] **I.** *tr* **1.** *(malato, arto)* wiederbeleben; **2.** *(fuoco)* neu entfachen; **3.** *(ricordi, speranze)* wiederaufleben lassen; **II.** *rfl:* **-rsi** wiederaufleben.
ravvoltolare [ravvoltoˈlaːre] **I.** *tr* einwickeln; **II.** *rfl:* **-rsi** sich einwickeln.
raziocinante [rattsi̯otʃiˈnante] *a* vernünftig, vernunftbegabt. **raziocinio** [...ˈtʃiːni̯o] ‹-i› *m* Vernunft *f,* Verstand *m.*
razionale [rattsi̯oˈnaːle] **I.** *a* **1.** *(uomo)* rational, vernunftbegabt; **2.** *(procedimento, metodo)* rational, vernünftig; **3.** *(alimentazione, architettura)* rationell, zweckmäßig; **4.** *mat* rational; **II.** *m* Rationale(s) *n.* **razionalismo** [rattsi̯onaˈlizmo] *m* Rationalismus *m.* **razionalista** [...ˈlista] ‹-i *m,* -e *f*› *mf* Rationalist(in) *m(f).* **razionalistico, -a** [...ˈlistiko] ‹-ci, -che› *a* rationalistisch. **razionalità** [...liˈta] ‹-› *f* **1.** *(facoltà)* Rationalität *f,* Vernünftigkeit *f;* **2.** *(funzionalità)* Zweckmäßigkeit *f;* **3.** *(criterio razionale)* Folgerichtigkeit *f.* **razionalizzare** [...lidˈdzaːre] *tr* rationalisieren. **razionalizzazione** [...liddzatˈtsi̯oːne] *f* Rationalisierung *f.*
razionamento [rattsi̯onaˈmento] *m* Rationierung *f.* **razionare** [...ˈnaːre] *tr* rationieren. **razione** [...ˈtsi̯oːne] *f* Ration *f; (porzione)* Portion *f; (fig a.)* Anteil *m.*
razza[1] [ˈrattsa] *f* **1.** *(di uomini, animali)* Rasse *f;* **2.** *(di piante)* Sorte *f;* **3.** *(famiglia, stirpe)* Herkunft *f,* Abstammung *f;* **4.** *fig* Klasse *f; fam pej* Art *f,* Sorte *f;* **odio di** ~ Rassenhaß *m;* **gallina di** ~ Zuchthenne *f;* **di** ~ **pura** reinrassig; *fare* ~ *con qu* sich mit jdm zusammentun; **fare** ~ **a sé** zurückgezogen leben.
razza[2] [ˈraddza] *f zoo* Rochen *m.*
razzia [ratˈtsiːa] ‹-ie› *f* **1.** *(scorreria)* Razzia *f;* **2.** *(di animali)* Raub-, Beutezug *m.*
razziale [ratˈtsi̯aːle] *a* Rassen-.
razziare [ratˈtsiaːre] ‹razzio, razzii› *tr* ausrauben.
razzismo [ratˈtsizmo] *m* Rassismus *m.* **razzista** [...ˈtsista] ‹-i *m,* -e *f*› **I.** *mf* Rassist(in) *m(f);* **II.** *a* rassistisch. **razzistico, -a** [...ˈtsistiko] ‹-ci, -che› *a* rassistisch.
razzo [ˈraddzo] *m* **1.** *(fuoco artificiale)* Rakete *f,* Feuerwerkskörper *m;* **2.** *(proiettile)* Rakete *f;* ~ **pluristadio** Mehrstufenrakete *f.*
razzolare [rattsoˈlaːre] *itr* **1.** *(polli)* scharren; **2.** *scherz (frugare)* stöbern, wühlen.
R.D.T. *f ab di* **Repubblica Democratica Tedesca** DDR *f* (*ab di* Deutsche Demokratische Republik).
re[1] [re] ‹-› *m (a. fig)* König *m.*
re[2] [rɛ] ‹-› *m mus* d, D *n.*
rea *f v.* **reo.**
reagente [reaˈdʒɛnte] *m* Reagenz *n.*
reagire [reaˈdʒiːre] *itr* reagieren (*a* auf).
reale[1] [reˈaːle] **I.** *(di, da re) a* königlich, Königs-; **aquila** ~ Königsadler *m;* **II.** *m pl* Königs-, Herrscherpaar *n.*
reale[2] [reˈaːle] **I.** *a* **1.** *(oggetto, fatto)* real, wirklich; *(salario)* Real-; **2.** *jur* Real-; **3.** *mat* reell; **II.** *m* Wirklichkeit *f.* **realismo** [reaˈlizmo] *m* Realismus *m.*

realista[1] [rea'lista] ‹-i *m*, -e *f*› *mf* **1.** *(persona concreta)* Realist(in) *m(f)*; **2.** *(nell'arte)* Realist *m*.
realista[2] [rea'lista] ‹-i *m*, -e *f*› *mf pol* Royalist(in) *m(f)*; **essere più ~ del re** *fig* päpstlicher als der Papst sein.
realistico, -a [rea'listiko] ‹-ci, -che› *a* realistisch.
realizzabile [realid'dza:bile] *a* realisierbar.
realizzare [realid'dza:re] **I.** *tr* **1.** *(speranza, progetto)* realisieren, verwirklichen; **2.** *com* realisieren; **3.** *sport (gol, rigore)* schießen; **4.** *fig (comprendere)* begreifen, realisieren *geh*; **II.** *rfl*: **-rsi** sich verwirklichen, wahr werden. **realizzazione** [...dzat'tsi̯o:ne] *f (di progetto)* Realisierung *f*; *(di sogno)* Verwirklichung *f*; **~ scenica** Inszenierung *f*.
realizzo [rea'liddzo] *m* **1.** *com* Zwangsverkauf *m*; **2.** *fin* Liquidation *f*; **liquidazione a prezzi di ~** Ausverkauf *m* zu Schleuderpreisen.
realmente [real'mente] *adv* tatsächlich, wirklich. **realtà** [real'ta] ‹-› *f* Realität *f*, Wirklichkeit *f*; **in ~** tatsächlich, in Wirklichkeit.
reame [re'a:me] *m poet* (König)reich *n*; **specchio delle mie brame, chi è la più bella di questo ~?** Spieglein, Spieglein an der Wand, wer ist die Schönste im ganzen Land?
reato [re'a:to] *m* Straftat *f*, Delikt *n*; **corpo del ~** Corpus delicti *n*; **il fatto non costituisce ~** die Tat ist nicht strafbar.
reattivo, -a [reat'ti:vo] **I.** *a* **1.** *gener.* Reaktions-, reagierend; **2.** *chem* Reagenz-; **3.** *el* Reaktanz-; **II.** *m* Reagenz *n*.
reattore [reat'to:re] *m* **1.** *aero* Düsenflugzeug *n*; *(motore)* Düsentriebwerk *n*; **2.** *phys* Reaktor *m*; **3.** *el* Drosselspule *f*; **~ nucleare** Kernreaktor *m*.
reazionario, -a [reattsi̯o'na:ri̯o] ‹-i, -ie› **I.** *a* reaktionär; **II.** *m, f* Reaktionär(in) *m(f)*.
reazione [reat'tsi̯o:ne] *f* Reaktion *f*; **le forze della ~** die reaktionären Kräfte *f pl*; **a ~** *aero* Düsen-.
reboante [rebo'ante] *a* **1.** *(voce)* dröhnend; **2.** *fig pej* bombastisch, schwülstig.
rebus ['rɛ:bus] ‹-› *m* **1.** *(gioco)* Rebus *m o. n*, Bilderrätsel *n*; **2.** *fig (persona, cosa incomprensibile)* Rätsel *n*.

recalcitrare [rekaltʃi'tra:re] *v.* **ricalcitrare.**
recapitare [rekapi'ta:re] *tr* zustellen, abliefern. **recapito** [re'ka:pito] *m* **1.** *(indirizzo)* Adresse *f*; **2.** *(consegna)* Zustellung *f*.
recare [re'ka:re] ‹reco, rechi› **I.** *tr* **1.** *(notizia, etc.)* bringen; **2.** *(avere su di sé)* tragen; **3.** *(cagionare)* bewirken, verursachen; **~ qc in dono** etw. als Geschenk bringen; **~ disturbo/offesa a qu** jdn stören/beleidigen; **II.** *rfl*: **-rsi** sich begeben.
recedere [re'tʃɛ:dere] ‹*irr*› *itr* **1.** *(tirarsi indietro)* zurückgehen, zurückweichen; **2.** *jur* zurücktreten; **3.** *med (febbre, etc.)* zurückgehen.
recensione [retʃen'si̯o:ne] *f* Rezension *f*, Besprechung *f*. **recensore, -a** [...'so:re] *m, f* Rezensent(in) *m(f)*.
recente [re'tʃɛnte] *a* neu, jüngste(r, s), letzte(r, s); **di ~** neulich, kürzlich. **recentemente** [retʃente'mente] *adv* kürzlich, neulich. **recentissime** [...'tissime] *f pl* neu(e)ste Nachrichten *f pl*, letzte Meldungen *f pl*.
recepire [retʃe'pi:re] ‹recepisco› *tr geh* empfangen, aufnehmen.
recessione [retʃes'si̯o:ne] *f* **1.** *com* Rezession *f*, Rückgang *m*; **2.** *(rinuncia)* Zurückweichen *n*, Zurücktreten *n*. **recessivo, -a** [...'si:vo] *a* **1.** *biol* rezessiv; **2.** *com* rückläufig.
recesso [re'tʃɛsso] *m* **1.** *(rifugio)* Schlupfwinkel *m*; **2.** *fig* Abgrund *m*, geheimer Winkel; **3.** *jur* Rücktritt *m* (*da* von); **4.** *med* Rückgang *m*.
recettività [retʃettivi'ta] *etc. v.* **ricettività** *etc.*
recidere [re'tʃi:dere] ‹recido, recisi, reciso› **I.** *tr* (ab)schneiden; **II.** *rfl*: **-rsi** aufspringen, rissig werden.
recidivo, -a [retʃi'di:vo] **I.** *a* rückfällig; **II.** *m, f* Rückfällige(r) *mf*; *(jur a.)* Rückfall-, Wiederholungstäter(in) *m(f)*.
recido [re'tʃi:do] *1. pers sing pr di* **recidere.**
recingere [re'tʃindʒere] ‹*irr*› *tr* umschließen, umgeben.
recintare [retʃin'ta:re] *tr* einfrieden, umzäunen. **recinto** [re'tʃinto] *m* **1.** *(spazio circoscritto)* Gebiet *n*; *(per animali)* Gehege *n*; *(per bambini)* Laufstall *m*; **2.** *(ciò che recinge)* Zaun *m*, Umzäunung *f*. **recinzione** [...n'tsi̯o:ne] *f* Einfriedung *f*, Umzäunung *f*.
recipiente [retʃi'pi̯ɛnte] *m* Behälter *m*, Gefäß *n*.
reciprocità [retʃiprotʃi'ta] ‹-› *f* Gegenseitigkeit *f*, Wechselseitigkeit *f*. **reciproco, -a** [re'tʃi:proko] ‹-ci, -che› **I.** *a* gegenseitig; *mat, gram* reziprok; **II.** *m* Kehrwert *m*.

recisi [re'tʃi:zi] *1. pers sing del passato remoto di* **recidere.**

reciso, -a [re'tʃi:zo] **I.** *pp di* **recidere; II.** *a* **1.** *(tagliato)* abgeschnitten; **2.** *fig* knapp; **fiori -i** Schnittblumen *f pl.*

recita ['rɛ:tʃita] *f* Aufführung *f.*

recital [retʃi'tal *o.* 'rɛ:tʃ...] ‹-› *m* Recital *n.*

recitare [retʃi'ta:re] **I.** *tr* **1.** *(poesia)* rezitieren, vortragen; *(orazioni)* sprechen; *(lezione)* aufsagen; **2.** *(declamare)* deklamieren; **3.** *theat, film* spielen; ~ **la commedia** *fig* eine Komödie aufführen; **II.** *itr* **1.** *theat, film* spielen; **2.** *fig pej* deklamieren. **recitativo, -a** [...ta'ti:vo] **I.** *a* rezitativisch, Rezitativ-; **II.** *m* Rezitativ *n.*

recitazione [...tat'tsi̯o:ne] *f* **1.** *(interpretazione)* Rezitation *f,* Vortrag *m;* **2.** *(disciplina)* Schauspielkunst *f;* **scuola di** ~ Schauspielschule *f.*

reclamare [rekla'ma:re] **I.** *itr* reklamieren *(per, contro qc* etw.), sich beschweren (*per, contro* über); **II.** *tr* **1.** *(richiedere)* geltend machen, fordern; **2.** *fig (aver bisogno)* benötigen, erfordern, verlangen.

réclame [re'klam] ‹-› *f* Reklame *f,* Werbung *f;* **fare** ~ **a qc/qu** für etw./jdn Werbung machen; **farsi** ~ für sich werben. **reclamizzare** [...mid'dza:re] *tr* bewerben, Reklame machen für.

reclamo [re'kla:mo] *m* Reklamation *f;* *(a. documento)* Beschwerde *f.*

reclinare [rekli'na:re] *tr* neigen.

reclusa *f v.* **recluso.**

reclusione [reklu'zi̯o:ne] *f* Haft *f.* **recluso, -a** [re'klu:zo] **I.** *a* eingeschlossen; *jur* inhaftiert; **II.** *m, f* Häftling *m.*

recluta ['rɛ:kluta] *f* **1.** *mil* Rekrut *m;* **2.** *fig* Neuling *m.* **reclutamento** [rekluta'mento] *m* Einberufung *f; (a. fig)* Rekrutierung *f.* **reclutare** [...'ta:re] *tr* einberufen; *(a. fig)* rekrutieren.

recondito, -a [re'kɔndito] *a obs* **1.** *(luogo)* abgelegen, entlegen; **2.** *fig* verborgen, geheim.

record ['rɛ:kord] **I.** ‹-› *m* Rekord *m;* *(elenco)* Wettkampfliste *f;* **a tempo di** ~ in Rekordzeit; **II.** ‹*inv*› *a* Rekord-.

recriminare [rekrimi'na:re] *itr* **1.** *(lamentarsi)* sich beklagen; **2.** *jur* Gegenklage erheben. **recriminazione** [...nat'tsi̯o:ne] *f* **1.** *(lamentela)* Klage *f;* **2.** *jur* Gegenklage *f.*

recrudescenza [rekrudeʃ'ʃɛntsa] *f* Verschlimmerung *f.*

recto ['rɛkto] *m* Vorderseite *f,* Rekto *n.*

recuperare [rekupe'ra:re] *etc. v.* **ricuperare** *etc.*

recusare [reku'za:re] *v.* **ricusare.**

redarguire [redargu'i:re] ‹redarguisco› *tr* tadeln, rügen.

redarre [re'darre] ‹*forme come redigere*› *v.* **redigere.**

redassi [re'dassi] *1. pers sing del passato remoto di* **redigere, redarre.**

redatto [re'datto] *pp di* **redigere, redarre.**

redattore, -trice [redat'to:re] *m, f* **1.** *(di giornale, casa editrice)* Redakteur(in) *m(f);* **2.** *(di atti, documenti)* Verfasser(in) *m(f).* **redazionale** [...ttsi̯o'na:le] *a* Redaktions-, redaktionell. **redazione** [...t'tsi̯o:ne] *f* **1.** *(stesura)* Redaktion *f,* Abfassung *f;* **2.** *(attività del redattore)* Redaktion *f;* **3.** *(complesso dei redattori, ufficio)* Redaktion *f;* **4.** *lit* Fassung *f.*

redditività [redditivi'ta] ‹-› *f* Ertrag(s)fähigkeit *f,* Rentabilität *f.* **redditizio, -a** [...'tittsi̯o] ‹-i, -ie› *a* einträglich, rentabel.

reddito ['rɛddito] *m* Einkommen *n;* *(utile)* Ertrag *m,* Gewinn *m;* ~ **lordo/netto** Brutto-/Nettoeinkommen *n;* **imposta sul** ~ Einkommenssteuer *f.* **redditometro** [reddi'tɔ:metro] *m* (steuerliche) Schätztabelle *f.*

redensi [re'dɛnsi] *1. pers sing del passato remoto di* **redimere.**

redento, -a [re'dɛnto] **I.** *pp di* **redimere; II.** *m, f* Erlöste(r) *mf,* Christ(in) *m(f);* **III.** *a* erlöst.

redentore, -trice [reden'to:re] **I.** *a* erlösend, befreiend; **II.** *m* Erlöser *m,* Heiland *m.* **redenzione** [...n'tsi̯o:ne] *f* **1.** *rel* Erlösung *f;* **2.** *(liberazione)* Befreiung *f.*

redibitorio, -a [redibi'tɔ:ri̯o] ‹-i, -ie› *a jur* Wandlungs-.

redigere [re'di:dʒere] ‹redigo, redigi, redassi, redatto› *tr* **1.** *(compilare, stendere)* verfassen, abfassen; **2.** *(curare)* redigieren, bearbeiten.

redimere [re'di:mere] ‹redimo, redensi, redento› *tr geh* erlösen, befreien. **redimibile** [redi'mi:bile] *a* **1.** *(debito)* kündbar, tilgbar; **2.** *poet* erlösbar.

redimo [re'di:mo] *1. pers sing pr di* **redimere.**

redini ['rɛ:dini] *f pl* **1.** *(briglia)* Zügel *m pl;* **2.** *fig* Zügel *m pl,* Führung *f.*

redivivo, -a [redi'vi:vo] **I.** *a* auferstanden, wiedererstanden; **II.** *m, f* Auferstandene(r) *mf.*

reduce ['rɛ:dutʃe] **I.** *a* heimgekehrt; **essere** ~ **da una malattia** eine Krankheit überstanden haben; **II.** *mf* Heim-

kehrer(in) *m(f)*; ~ **dalle patrie galere** *scherz* Knastologe *m scherz.*
refe ['re:fe] *m* Zwirn *m.*
referendum [refe'rɛndum] ⟨-⟩ *m* **1.** *jur* Referendum *n,* Volksentscheid *m;* **2.** *(indagine)* Umfrage *f.*
referente [refe'rɛnte] *a* berichterstattend; **riunione in sede** ~ berichterstattende Versammlung.
referenza [refe'rɛntsa] *f* Referenz *f,* Empfehlung *f.* **referenziato, -a** [...ren'tsi̯a:to] *a* mit Referenzen (ausgestattet).
referto [re'fɛrto] *m* Befund *m.*
refettorio [refet'tɔ:ri̯o] ⟨-i⟩ *m* Refektorium *n,* Speisesaal *m.* **refezione** [...t'tsi̯o:ne] *f* Speisung *f;* ~ **scolastica** Schulspeisung *f.*
refill [ri:'fɪl] ⟨-⟩ *m* Patrone *f.*
refluo, -a ['rɛ:fluo] *a* zurückfließend.
refolo ['rɛ:folo] *m* Bö(e) *f.*
refrain [rə'frɛ̃] ⟨-⟩ *m* Refrain *m.*
refrattarietà [refrattari̯e'ta] ⟨-⟩ *f* **1.** *(di materiale)* Hitzebeständigkeit *f,* Feuerfestigkeit *f;* **2.** *med, fig* Unempfindlichkeit *f* (*a* gegen), Immunität *f* (*a* gegen). **refrattario, -a** [...'ta:ri̯o] ⟨-i, -ie⟩ *a* **1.** *(materiale)* hitzebeständig, feuerfest; **2.** *med, fig* unempfindlich (*a* gegen), immun (*a* gegen).
refrigerante [refridʒe'rante] **I.** *a* kühlend, Kühl-; **II.** *m* **1.** *(apparecchio)* Kühlgerät *n;* **2.** *(sostanza)* Kühlmittel *n.*
refrigerare [refridʒe'ra:re] *tr* kühlen. **refrigeratore** [...ra'to:re] *m* **1.** *(fluido)* Kühlflüssigkeit *f;* **2.** *(parte del frigorifero)* Kühlaggregat *n.* **refrigerazione** [...rat'tsi̯o:ne] *f* Kühlung *f.* **refrigerio** [...'dʒɛ:ri̯o] ⟨-i⟩ *m* **1.** *(sensazione di fresco)* Erfrischung *f;* **2.** *fig (sollievo)* Erleichterung *f.*
refurtiva [refur'ti:va] *f* Beute *f,* Diebesgut *n.*
regalare [rega'la:re] *tr* **1.** *gener.* schenken (*qc a qu* jdm etw.); **2.** *com* verschenken, verschleudern.
regale [re'ga:le] *a* **1.** *(del re)* Königs-, königlich; **2.** *fig* königlich, fürstlich.
regalia [rega'li:a] ⟨-ie⟩ *f* **1.** *(dono in denaro)* Geldgeschenk *n;* *(mancia)* Trinkgeld *n;* **2.** ⟨*pl*⟩ *(prestazione in natura)* Tribut *m* in Naturalien; **3.** *hist* Hoheitsrecht *n.*
regalità [regali'ta] ⟨-⟩ *f* **1.** *(carattere regale)* Königtum *n;* **2.** *(l'essere splendido)* Noblesse *f.*
regalo [re'ga:lo] *m* Geschenk *n,* Gabe *f;* **dare qc a qu in** ~ jdm etw. schenken.
regata [re'ga:ta] *f* Regatta *f.*
reggente [red'dʒɛnte] **I.** *mf* Regent(in) *m(f);* **II.** *f* Hauptsatz *m;* **III.** *a* **1.** *pol* Regenten-, Regentschafts-; **2.** *gram:* **proposizione** ~ Hauptsatz *m.* **reggenza** [...'dʒɛntsa] *f* **1.** *(carica)* Regentschaft *f;* **2.** *(governo dei reggenti)* Regierung *f,* Herrschaft *f;* **3.** *gram* Rektion *f.*
reggere ['rɛddʒere] ⟨reggo, reggi, ressi, retto⟩ **I.** *tr* **1.** *(tenere)* halten; *(sostenere)* halten, stützen, tragen; *(tenere fermo)* festhalten; **2.** *(resistere)* standhalten *dat;* **3.** *(dirigere)* leiten, führen; *(governare)* regieren; **4.** *gram* regieren, erfordern; **5.** *(sopportare)* ertragen; **una stoffa che regge l'acqua** ein wasserfester Stoff; ~ **il mare** *naut* seetüchtig sein; ~ **il vino** trinkfest sein; ~ **l'anima coi denti** *fam* aus (*o.* auf) dem letzten Loch pfeifen *fam;* **II.** *itr* **1.** *(resistere)* standhalten; **2.** *(durare)* anhalten; *(cibi)* haltbar sein; **un ragionamento/un'accusa che non regge** *fig* eine unhaltbare Überlegung/Anklage; **non mi regge il cuore** (*o.* **l'animo) di ...** *inf* ich bringe es nicht übers Herz, zu ... *inf;* **III.** *rfl:* **-rsi 1.** *(sostenersi)* sich halten; **2.** *fig (controllarsi)* sich beherrschen; **3.** *(governarsi)* sich regieren; **4.** *(attaccarsi)* sich festhalten; **-rsi a monarchia/repubblica** eine monarchische/republikanische Regierung haben; **-rsi la pancia dalle risa** *fam* sich *(dat)* vor Lachen den Bauch halten; **-rsi a galla** sich an der Oberfläche halten.
reggia ['rɛddʒa] ⟨-gge⟩ *f* **1.** *(di re)* Königshof *m,* -palast *m;* **2.** *fig* Palast *m.*
reggicalze [reddʒi'kaltse] ⟨-⟩ *m* Strumpfhalter *m.* **reggilibro, reggilibri** [-'li:bro, ...ri] *m* Buchstütze *f.*
reggimentale [reddʒimen'ta:le] *a* Regiments-. **reggimento** [...'mento] *m* **1.** *mil* Regiment *n;* **2.** *fig* Heer *n.*
reggipetto, reggiseno [reddʒi'pɛtto, -'se:no] *m* Büstenhalter *m.*
reggitore, -trice [reddʒi'to:re] *poet* **I.** *a* leitend; **II.** *m, f* Leiter(in) *m(f).*
reggo ['rɛggo] *1. pers sing pr di* **reggere.**
regia [re'dʒi:a] ⟨-gie⟩ *f (a. fig)* Regie *f.*
regicida [redʒi'tʃi:da] ⟨-i *m,* -e *f*⟩ *mf* Königsmörder(in) *m(f).* **regicidio** [...'tʃi:di̯o] ⟨-i⟩ *m* Königsmord *m.*
regime [re'dʒi:me] *m* **1.** *pol* Regime *n;* *(fascismo)* faschistisches Regime; **2.** *(dieta)* Diät *f;* **3.** *(regola di vita)* Lebensweise *f,* -haltung *f;* **4.** *(andamento)* (jahreszeitliche) Schwankungen *f pl,* (jahreszeitliches) Verhalten *n;* **5.** *tec, mot* Drehzahl *f;* **6.** *jur* Verwaltung *f,* Wirtschaft *f;* ~ **di marcia**

Fahrbetrieb *m;* **essere** (*o.* **mettersi** *o.* **tenersi) a** ~ eine Diät machen (*o.* halten); **a pieno** ~ mit voller Kraft.

regina [re'dʒi:na] *f* **1.** *gener., pol, fig, zoo* Königin *f;* **2.** *(negli scacchi, nelle carte)* Dame *f.*

reginetta [redʒi'netta] *f* Miß *f,* Schönheitskönigin *f.*

regio, -a ['rɛ:dʒo] ‹-gi, -gie› *a* Königs-; *(a. fig)* königlich.

regionale [redʒo'na:le] *a* regional. **regionalismo** [...na'lizmo] *m* **1.** *pol, ling* Regionalismus *m;* **2.** *(campanilismo)* Partikularismus *m.*

regione [re'dʒo:ne] *f* **1.** *geog* Region *f,* Gebiet *n;* **2.** *adm* Region *f,* Bezirk *m;* **3.** *anat* Bereich *m,* Region *f,* Gegend *f.*

regista [re'dʒista] ‹-i *m,* -e *f*› *mf* **1.** *theat, film, TV, radio* Regisseur(in) *m(f);* **2.** *fig (organizzatore)* Leiter(in) *m(f);* **aiuto** ~ Regieassistent(in) *m(f).*

registrare [redʒis'tra:re] *tr* **1.** *adm* registrieren, eintragen; **2.** *fin* (ver)buchen; **3.** *(prendere nota)* ver-, aufzeichnen, eintragen; **4.** *(rilevare)* registrieren, verzeichnen; **5.** *(citare)* aufführen, verzeichnen; **6.** *(con registratori)* aufnehmen, aufzeichnen, mitschneiden; **7.** *tec* einstellen; **8.** *mus (organo)* registrieren. **registratore, -trice** [...ra'to:re] **I.** *m, f* Registrator(in) *m(f);* **II.** *m* **1.** *(apparecchio)* Aufnahmegerät *n; (magnetofono)* Tonbandgerät *n;* **2.** *(cartella)* Ordner *m,* Registrator *m;* ~ **di cassa** Registrierkasse *f;* **III.** *a (barometro, etc.)* Schreib-. **registrazione** [...rat'tsi̯o:ne] *f* **1.** *(il registrare)* Registrierung *f,* Eintragung *f;* **2.** *fin* (Ver)buchung *f;* **3.** *radio, TV (operazione)* Aufzeichnung *f,* Aufnahme *f,* Mitschnitt *m; (locale)* Aufnahmestudio *n;* **4.** *jur* Eintragung *f;* **5.** *(rappresentazione grafica)* (graphische) Darstellung *f;* **6.** *(incisione)* Aufnahme *f;* **7.** *mus* Registrieren *n;* **8.** *tec* Einstellen *n,* Regulierung *f.*

registro [re'dʒistro] *m* Register *n; tec* Regler *m;* ~ **di classe** Klassenbuch *n;* **cambiar** ~ *fig* ein anderes Register ziehen.

regnante [reɲ'ɲante] **I.** *a* **1.** *(casa, regina)* herrschend, Herrscher-; **2.** *(opinione)* herrschend; **II.** *mf* Herrscher(in) *m(f).* **regnare** [...'ɲa:re] *itr* **1.** *pol* herrschen, regieren; **2.** *fig* herrschen; **3.** *(prosperare)* gedeihen.

regno ['reɲɲo] *m* **1.** *pol (stato)* (König)reich *n; (autorità, durata)* Herrschaft *f;* **2.** *fig* Reich *n; (animale, vegetale a.)* Welt *f.*

regola ['rɛ:gola] *f* **1.** *(principio, norma)* Regel *f;* **2.** *(ordine)* Vorschrift *f;* **3.** *(misura, modo)* Maß *n;* **4.** *rel* Ordensregeln *f pl;* **5.** ‹*pl*› *(mestruazioni)* (Monats)regel *f;* **-e del gioco** Spielregeln *f pl;* **non avere** ~ **nel mangiare/bere** unmäßig essen/trinken; **essere in** ~ mit den Vorschriften übereinstimmen; **fare** ~ die Regel sein; **servire di** ~ eine Lehre sein; **di** ~ in der Regel; **a** ~ **d'arte, con tutte le -e** nach allen Regeln der Kunst; **per vostra norma e** ~ zu eurer Orientierung.

regolabile [rego'la:bile] *a* regulierbar, verstellbar.

regolamentare[1] [regolamen'ta:re] *a* vorschriftsmäßig.

regolamentare[2] [regolamen'ta:re] *tr* reglementieren. **regolamentazione** [...tat'tsi̯o:ne] *f* Reglementierung *f.* **regolamento** [...'mento] *m* **1.** *gener.* Ordnung *f,* Reglement *n; (norme)* Vorschriften *f pl,* Bestimmungen *f pl;* **2.** *(sistemazione)* Regulierung *f;* **3.** *com* Abrechnung *f; (di debito)* Begleichung *f;* ~ **scolastico** Schulordnung *f;* ~ **dei conti** *sl* Abrechnung *f.*

regolare[1] [rego'la:re] **I.** *tr* **1.** *(ordinare)* regeln, ordnen; **2.** *(sistemare)* regulieren, in Ordnung bringen; *(debito)* begleichen; **3.** *tec* einstellen; *(orologio)* stellen; **4.** *sport* schlagen, besiegen; **II.** *rfl:* **-rsi 1.** *(di comportamento)* sich verhalten; **2.** *(controllarsi)* sich beherrschen.

regolare[2] [rego'la:re] *a* **1.** *gener., gram, mat* regelmäßig; **2.** *(in regola)* regulär, vorschriftsmäßig; *(secondo le norme)* geregelt; *(esercito)* regulär; **3.** *(proporzionato)* ebenmäßig; *(costante)* gleichmäßig; **4.** *(puntuale)* regelmäßig, pünktlich. **regolarità** [...lari'ta] ‹-› *f* Regelmäßigkeit *f;* **gara di** ~ Zuverlässigkeitsfahrt *f.*

regolarizzare [regolarid'dza:re] *tr* regulieren. **regolarizzazione** [...dzat'tsi̯o:ne] *f* Regulierung *f.*

regolata [rego'la:ta] *f* (schnelle) Regelung *f;* **darsi una** ~ *fam* sich zusammenreißen *fam.*

regolatezza [regola'tettsa] *f* Regelmäßigkeit *f.*

regolato, -a [rego'la:to] *a* **1.** *(ordinato da regola)* geregelt; **2.** *(moderato)* maßvoll.

regolatore, -trice [regola'to:re] **I.** *a* regelnd, regulierend; **II.** *m* Regulator *m,* Regler *m;* ~ **cardiaco** Herzschrittmacher *m.* **regolazione** [...t'tsi̯o:ne] *f* Regulierung *f,* Regelung *f.*

regolo ['rɛ:golo] *m* Stab *m,* Latte *f,*

Leiste *f;* *(righello)* Lineal *n;* ~ **calcolatore** Rechenschieber *m.*
regredire [regre'di:re] ⟨regredisco, regredii, regredito *o.* regresso⟩ *itr* ⟨*essere*⟩ **1.** *(tornare indietro)* zurückgehen, -weichen; **2.** *fig* zurückgehen, nachlassen. **regressione** [regres'sio:ne] *f* Rückgang *m;* *(a. scient, psych)* Regression *f.* **regressivo, -a** [...'si:vo] *a* rückläufig; *(a. scient)* regressiv; *fig (idee, etc.)* rückschrittlich.
regresso [re'grɛsso] **I.** *pp di* **regredire; II.** *m* **1.** *(involuzione)* Rückgang *m;* *(a. fig)* Rückschritt *m;* **2.** *jur* Regreß *m.*
reietto, -a [re'iɛtto] **I.** *a* ausgestoßen, verstoßen; **II.** *m, f* Ausgestoßene(r) *mf.*
reificare [reifi'ka:re] ⟨reifico, reifichi⟩ *tr* verdinglichen. **reificazione** [...kat'tsio:ne] *f* Verdinglichung *f.*
reimpiegare [reimpie'ga:re] *tr* wiederverwenden. **reimpiego** [...'piɛ:go] *m* Wiederverwendung *f.*
reincarnare [reiŋkar'na:re] **I.** *tr* wie aus dem Gesicht geschnitten sein (*qu* jdm); **II.** *rfl:* **-rsi** wiedergeboren werden; **si reincarna in sua madre** sie ist ihrer Mutter wie aus dem Gesicht geschnitten. **reincarnazione** [...nat'tsio:ne] *f* Wiedergeburt *f,* Reinkarnation *f.*
reingaggio [reiŋ'gaddʒo] *m* **1.** *sport* Wiederverpflichtung *f;* **2.** *(somma)* Wiederverpflichtungssumme *f.*
reinserimento [reinseri'mento] *m* Wiedereinführung *f,* -eingliederung *f.* **reinserire** [...'ri:re] **I.** *tr* wiedereinführen, -eingliedern; **II.** *rfl:* **-rsi** sich wiedereingliedern.
reintegrare [reinte'gra:re] **I.** *tr* **1.** *(persone)* reintegrieren, wieder integrieren; *(in una carica)* wiedereinsetzen; **2.** *fig (forze, etc.)* wiederherstellen; **II.** *rfl:* **-rsi** sich wieder einfügen, sich reintegrieren. **reintegrazione** [...grat'tsio:ne] *f* Reintegration *f,* Wiedereingliederung *f,* Wiedereinfügung *f.*
reinvestimento [reinvesti'mento] *m* Neuanlage *f.* **reinvestire** [...'ti:re] *tr* neu anlegen.
reità [rei'ta] ⟨-⟩ *f* Schuldigkeit *f.*
reiterare [reite'ra:re] *tr geh* wiederholen. **reiterazione** [...rat'tsio:ne] *f* Wiederholung *f.*
relais [re'lɛ] ⟨-⟩ *m* Relais *n.*
relativa [rela'ti:va] *f* Relativsatz *m.*
relativamente [relativa'mente] *adv* relativ, verhältnismäßig; ~ **a** hinsichtlich *gen,* bezüglich *gen,* in bezug auf *acc.*
relativista [relati'vista] ⟨-i *m,* -e *f*⟩ *mf* Relativist(in) *m(f).* **relativistico, -a** [...'vistiko] ⟨-ci, -che⟩ *a* relativistisch.
relatività [relativi'ta] ⟨-⟩ *f* Relativität *f.* **relativizzare** [...vid'dza:re] *tr* relativieren. **relativo, -a** [...'ti:vo] *a* relativ; *(che ha relazione a.)* bezüglich (*a* auf); *gram* Relativ-; **risposta -a alla domanda** der Frage entsprechende Antwort.
relatore, -trice [rela'to:re] **I.** *a* berichterstattend; **II.** *m, f* Referent(in) *m(f),* Berichterstatter(in) *m(f).*
relax [re'laks] ⟨-⟩ *m* Entspannung *f.*
relazione [relat'tsio:ne] *f* **1.** *(esposizione)* Bericht *m,* Referat *n;* **2.** *(rapporto)* Beziehung *f,* Verhältnis *n;* **3.** *mat, fig* Relation *f;* **-i** Beziehungen *f pl,* Verbindungen *f pl;* **pubbliche -i** Öffentlichkeitsarbeit *f;* **avere una ~ con qu** mit jdm ein Verhältnis haben; **essere in buone -i con qu** zu jdm ein gutes Verhältnis haben; **in ~ a** im Verhältnis zu; **in ~ alla vostra richiesta del ...** *adm* bezüglich Ihrer Anfrage vom ...
relè [re'lɛ] *v.* **relais.**
relegare [rele'ga:re] *tr* **1.** *(allontanare)* verbannen; **2.** *fig (mettere in disparte)* beiseite stellen.
religione [reli'dʒo:ne] *f* Religion *f;* *(venerazione, culto)* Verehrung *f,* Kult *m;* *(esattezza)* Andacht *f.*
religiosa *f v.* **religioso.**
religiosità [relidʒosi'ta] ⟨-⟩ *f* **1.** *rel* Religiosität *f,* Frömmigkeit *f;* **2.** *(esattezza)* Sorgfalt *f.* **religioso, -a** [...'dʒo:so] **I.** *a* **1.** *rel* religiös, Religions-; **2.** *(pio)* fromm, religiös; **3.** *fig (devoto)* ehrfürchtig; **4.** *fig (diligente)* sorgfältig, gewissenhaft; **matrimonio** ~ kirchliche Trauung; **II.** *m, f* Ordensbruder *m,* -schwester *f.*
reliquia [re'li:kuia] ⟨-quie⟩ *f* Reliquie *f.* **reliquiario** [reli'kuia:rio] ⟨-i⟩ *m* Reliquienschrein *m,* Reliquiar *n.*
relitto [re'litto] *m (a. fig)* Wrack *n.*

remainder [rɪ'meɪndə] ⟨-⟩ *m* **1.** *(libro)* Buch *n* zum Ramschpreis, Buch *n* im modernen Antiquariat; **2.** *(libreria)* modernes Antiquariat.
remare [re'ma:re] *itr* rudern. **remata** [re'ma:ta] *f* **1.** *(il remare)* Rudern *n;* **2.** *(colpo di remo)* Ruderschlag *m.* **rematore, -trice** [rema'to:re] *m, f* Ruderer *m,* Rud(r)erin *f.*
remigante [remi'gante] **I.** *a* Schwung-; **II.** *f pl* Schwungfedern *f pl.* **remigare** [...'ga:re] ⟨remigo, remighi⟩ *itr* (mit den Flügeln) schwingen.

reminiscenza [reminiʃˈʃɛntsa] *f geh, obs* Reminiszenz *f geh.*
remissione [remisˈsi̯o:ne] *f* **1.** *(rel, perdono)* Erlaß *m;* **2.** *jur* Nachlaß *m,* Erlaß *m; (di querela, etc.)* Rücknahme *f;* **3.** *(sottomissione)* Ergebenheit *f.*
remissività [remissiviˈta] ‹-› *f* Gefügigkeit *f.* **remissivo, -a** [...ˈsi:vo] *a* **1.** *(docile)* gefügig, nachgiebig; **2.** *jur* Erlaß-.
remo [ˈrɛ:mo] *m* Ruder *n.*
remora [ˈrɛ:mora] *f poet* Einhalt *m.*
remoto, -a [reˈmɔ:to] *a* **1.** *(tempo, causa)* (längst) vergangen, weit zurückliegend; **2.** *(paese, località)* abgelegen, weit entfernt; **3.** *gram:* **passato ~** Präteritum *n,* historisches Perfekt.
remunerare [remuneˈra:re] *v.* **rimunerare.**
rena [ˈre:na] *f* Sand *m.*
renale [reˈna:le] *a* Nieren-.
Renania [reˈna:ni̯a] *f* Rheinland *n;* **~ Settentrionale-Vestfalia** Nordrhein-Westfalen *n;* **~-Palatinato** Rheinland Pfalz *n.* **renano, -a** [reˈna:no] **I.** *a* rheinisch, rheinländisch, Rheinländer; **II.** *m, f* Rheinländer(in) *m(f).*
renard [rəˈna:r] ‹-› *m* Fuchspelz *m.*
Renata [reˈna:ta] *(nome proprio femminile)* Renate.
Renato [reˈna:to] *nome proprio maschile.*
rendere [ˈrɛndere] ‹**rendo, resi, reso**› **I.** *tr* **1.** *(restituire)* zurückgeben; *fin* zurückerstatten; **2.** *(dare)* geben; *(onore)* erweisen; *(conto)* ablegen; *(servizio)* tun, erweisen; **3.** *(interesse, etc.)* einbringen, abwerfen; **4.** *(far diventare)* machen; **5.** *(tradurre)* wiedergeben, übertragen; **6.** *(raffigurare)* wiedergeben, widerspiegeln; **~ bene/male** sich rentieren/sich nicht rentieren, viel/wenig einbringen; **~ giustizia a qu** jdm gerecht werden; **a buon ~** ich werde mich (*o.* wir werden uns) erkenntlich zeigen; **~ lode/omaggio a qu** jdn loben/jdm huldigen; **~ felice/triste qu** jdn glücklich/traurig machen; **non ~ sul lavoro/a scuola** bei der Arbeit/in der Schule nichts leisten **un impiego che rende** eine gutbezahlte Stellung; **II.** *rfl:* **-rsi 1.** *(diventare)* sich machen; **2.** *(dirigersi)* sich begeben; **-rsi utile/simpatico** sich nützlich/beliebt machen; **-rsi conto di qc** sich *(dat)* etw. bewußt machen; **non so rendermi conto di come sia avvenuto** ich kann mir nicht erklären, wie das passiert ist.
rendez-vous [rãdeˈvu] ‹-› *m* Rendezvous *n.*
rendiconto [rendiˈkonto] *m* **1.** *(resoconto)* (Rechenschafts)bericht *m;* **2.** *com* Rechnungslegung *f.*
rendimento [rendiˈmento] *m* **1.** *(funzionalità)* Leistung *f; (di persona a.)* Leistungsfähigkeit *f;* **2.** *(reddito)* Ertrag *m.*
rendita [ˈrɛndita] *f* Rendite *f;* **vivere di ~** von den Zinsen leben.
rendo [ˈrɛndo] *1. pers sing pr di* **rendere.**
rene [ˈrɛ:ne] *m* Niere *f.*
renetta [reˈnetta *o.* reˈnɛtta] *f* Renette *f.*
reni [ˈre:ni] *f pl* Kreuz *n; (a. di animali)* Lenden *f pl.*
renitente [reniˈtɛnte] **I.** *a* widersetzlich, renitent *geh;* **essere ~ alla leva** den Wehrdienst verweigern; **II.** *m:* **~ alla leva** Wehrdienstverweigerer *m.* **renitenza** [...ˈtɛntsa] *f* Widersetzung *f,* Renitenz *f geh;* **~ alla leva** Wehrdienstverweigerung *f.*
renna [ˈrɛnna] *f* Ren(tier) *n.*
Reno [ˈrɛ:no] *m* Rhein *m;* **Basso/Alto ~** Nieder-/Oberrhein *m.*
rentrée [rãˈtre] ‹-› *f* Comeback *n;* **fare la propria ~** ein Comeback feiern.
Renzo [ˈrɛntso] *v.* **Lorenzo.**
reo, -a [ˈrɛ:o] **I.** *a* schuldig; **II.** *m, f* Schuldige(r) *mf.*
reostato [reˈɔ:stato] *m* Rheostat *m.*
reparto [reˈparto] *m* Abteilung *f; (med a.)* Station *f.*
repellente [repelˈlɛnte] *a* abstoßend.
repentaglio [repenˈtaʎʎo] ‹-gli› *m* Risiko *n.*
repentino, -a [repenˈti:no] *a* plötzlich, augenblicklich.
reperibile [repeˈri:bile] *a* auffindbar.
reperimento [reperiˈmento] *m* Auffinden *n.* **reperire** [...ˈri:re] ‹reperisco› *tr* auffinden.
repertare [reperˈta:re] *tr* **1.** *adm, jur* ausfindig machen, ermitteln; **2.** *med* (als Befund) erstellen.
reperto [reˈpɛrto] *m* **1.** *(archeologico)* Fund *m;* **2.** *(giudiziario)* Beweisstück *n;* **3.** *med* Befund *m.*
repertorio [reperˈtɔ:ri̯o] ‹-i› *m* **1.** *theat, mus* Repertoire *n;* **2.** *fig* Sammlung *f;* **3.** *(elenco)* Verzeichnis *n.*
replica [ˈrɛ:plika] ‹-che› *f* **1.** *(risposta)* Entgegnung *f,* Erwiderung *f; (obiezione)* Widerspruch *m;* **2.** *theat* Wiederaufführung *f;* **3.** *TV, radio* Wiederholung(ssendung) *f;* **4.** *(nell'arte)* Nachbildung *f,* Replik *f;* **5.** *(ripetizione)* Wiederholung *f;* **discorso di ~** Gegenrede *f.* **replicare** [repliˈka:re] ‹replico, replichi› *tr* **1.** *(ripetere)* wiederholen; **2.** *theat* wiederaufführen;

3. *(rispondere)* erwidern, entgegnen; **ubbidire senza ~** ohne Widerspruch gehorchen; **stasera si replica** *theat* die Aufführung wird heute abend wiederholt.
reportage [rəpɔr'ta:ʒ] ‹-› *m* Reportage *f.*
reporter [re'pɔrter] ‹-› *mf* Reporter(in) *m(f).*
repressi [re'prɛssi] *1. pers sing del passato remoto di* **reprimere.**
repressione [repres'si̯o:ne] *f* **1.** *pol* Repression *f,* Unterdrückung *f;* **2.** *(contenimento)* Beherrschung *f;* **3.** *psych* Unterdrückung *f.* **repressivo, -a** [...'si:vo] *a* repressiv. **represso, -a** [re'prɛsso] *a* verhalten.
reprimere [re'pri:mere] ‹reprimo, repressi, represso› **I.** *tr* unterdrücken; **II.** *rfl:* **-rsi** sich beherrschen.
reprint ['ri:prɪnt] ‹-› *m* Neudruck *m,* Reprint *m.*
reprobo, -a ['rɛ:probo] *a* schlecht; *(ribelle)* aufsässig; *rel* verdammt.
repubblica [re'pubblika] ‹-che› *f* Republik *f;* **R~ Federale Tedesca** (*o.* **di Germania**) (*ab* **R.F.T.**) Bundesrepublik *f* Deutschland; **R~ Democratica Tedesca** (*ab* **R.D.T.**) Deutsche Demokratische Republik. **repubblicano, -a** [...'ka:no] **I.** *a* republikanisch; **II.** *m, f* Republikaner(in) *m(f).* **repubblichino, -a** [...'ki:no] **I.** *a* der Italienischen Sozialrepublik; **II.** *m, f* Anhänger(in) *m(f)* der Italienischen Sozialrepublik.
repulisti [repu'listi] *m:* **fare ~** *fam, scherz* reinen Tisch machen.
repulsione [repul'si̯o:ne] *f* **1.** *phys* Repulsion *f,* Abstoßung *f;* **2.** *(ripulsione)* Abneigung *f.*
reputare [repu'ta:re] **I.** *tr* erachten (*o.* halten) für; **II.** *rfl:* **-rsi** sich halten für. **reputazione** [...tat'tsi̯o:ne] *f* Ruf *m,* Reputation *f geh.*
requie ['rɛ:ku̯ie] *f* Ruhe *f.*
requiem ['rɛ:ku̯iem] ‹-› *m o. f* Requiem *n;* **messa da ~** Totenmesse *f.*
requisire [reku̯i'zi:re] ‹requisisco› *tr* requirieren, beschlagnahmen.
requisito [reku̯i'zi:to] *m* Voraussetzung *f.*
requisitoria [reku̯izi'tɔ:ri̯a] ‹-ie› *f* **1.** *jur* Plädoyer *n,* Anklagerede *f;* **2.** *fig* Rüge *f,* Verweis *m.*
requisizione [reku̯izit'tsi̯o:ne] *f* Requisition *f,* Beschlagnahmung *f.*
resa ['re:sa] *f* **1.** *mil* Kapitulation *f;* **2.** *(restituzione)* Abgabe *f,* Rückgabe *f;* **3.** *(rendimento)* Leistung *f;* **~ dei conti** *(a. fig)* Abrechnung *f.*
rescindere [reʃ'ʃindere] ‹*irr*› *tr* aufheben, annullieren, für ungültig erklären. **rescissione** [...ʃis'si̯o:ne] *f* Aufhebung *f,* Ungültigkeitserklärung *f.*
resi ['re:si] *1. pers sing del passato remoto di* **rendere.**
Resia ['rɛ:zi̯a] *f* Reschen *n.*
residence ['rezɪdəns] ‹-› *m* Apartmenthotel *n.*
residente [resi'dɛnte] **I.** *a* wohnhaft, ansässig; **II.** *mf* **1.** *gener.* Ansässige(r) *mf;* **2.** *pol* Resident *m,* Geschäftsträger *m.* **residenza** [...'dɛntsa] *f* **1.** *(sede)* Wohnsitz *m;* **2.** *(di sovrani)* Residenz *f;* **3.** *(diplomazia)* Sitz *m;* **certificato di ~** Anmeldebestätigung *f;* **luogo di ~** Wohnort *m.* **residenziale** [...den'tsi̯a:le] *a* Wohn-.
residuo, -a [re'si:duo] **I.** *a* restlich, Rest-; **II.** *m* **1.** *com* Überschuß *m;* **2.** *(rimanenza)* Rest *m;* **3.** *chem, phys* Rückstand *m,* Rest *m;* **4.** *fig* Rest *m,* Überbleibsel *n.*
resina ['rɛ:zina] *f* Harz *n.*
resistei [resis'te:i] *1. pers sing del passato remoto di* **resistere.**
resistente [resis'tɛnte] *a* widerstandsfähig (*a* gegen); *med, phys* resistent (*a* gegen); **~ al calore/al fuoco/alle intemperie** hitze-/feuer-/wetterfest. **resistenza** [...'tɛntsa] *f* **1.** *(opposizione, sforzo)* Widerstand *m;* **2.** *(capacità)* Widerstandsfähigkeit *f;* **3.** *phys* Widerstand *m;* **4.** *mil* Widerstand *m,* Gegenwehr *f;* **5.** *(di materiale)* Haltbarkeit *f,* Resistenz *f;* *(di persona)* Ausdauer *f;* **6.** *hist* Widerstandsbewegung *f;* **opporre ~** Widerstand leisten; **~ dell'aria/dell'acqua** Luft-/Wasserwiderstand *m;* **la ~ italiana/francese** die italienische/französische Widerstandsbewegung, die Resistenza/Résistance.
resistere [re'sistere] ‹resisto, resistei *o.* resistetti, resistito› *itr* **1.** *(opporsi)* Widerstand leisten (*a* gegen); **2.** *(sopportare)* ertragen (*a qc* etw.), aushalten (*a qc* etw.), standhalten; **3.** *(non patir danno)* vertragen (*a qc* etw.), aushalten (*a qc* etw.).

reso ['re:so] *pp di* **rendere.**
resoconto [reso'konto] *m (relazione)* Bericht *m,* Zusammenfassung *f;* *(esposizione)* (Rechenschafts)bericht *m.*
respingente [respin'dʒɛnte] *m* Puffer *m.*
respingere [res'pindʒere] ‹*irr*› *tr* **1.** *(nemico, aggressore)* zurückdrängen, abwehren; **2.** *(regalo)* zurückweisen, nicht annehmen; **3.** *(proposta)* ablehnen; *(accusa)* zurückwei-

sen; **4.** *(bocciare)* durchfallen (*o.* nicht bestehen) lassen; **5.** *sport* abwehren.

respirare [respi'ra:re] **I.** *itr* **1.** *biol (effettuare la respirazione)* atmen; *(vivere)* atmen, leben; *(prendere fiato)* Luft holen; **2.** *fig* aufatmen; ~ **col naso/con la bocca/a pieni polmoni** durch die Nase/den Mund atmen/tief durchatmen; **II.** *tr* (ein)atmen. **respiratore** [...ra'to:re] *m* **1.** *(per la pesca)* Schnorchel *m;* **2.** *med* Sauerstoffgerät *n;* **3.** *aero* Sauerstoff-, Atemschutzgerät *n.* **respiratorio, -a** [...ra'tɔ:rio] ‹-i, -ie› *a* Atem-, Atmungs-. **respirazione** [...rat'tsio:ne] *f* Atmung *f;* ~ **artificiale** künstliche Beatmung.

respiro [res'pi:ro] *m* **1.** *(il respirare)* Atem *m;* **2.** *(singolo atto)* Atemzug *m;* **3.** *(sollievo)* Seufzer *m,* Atemzug *m;* **4.** *(riposo)* Atempause *f;* **5.** *(dilazione)* Aufschub *m,* Frist *f;* **un'opera di ampio** ~ ein großangelegtes Werk; **una cosa da togliere il** ~ eine atemberaubende Sache; **mandare un** ~ **(di sollievo)** (erleichtert) aufatmen; **rendere** (*o.* **mandare) l'ultimo** ~ seine Seele aushauchen.

responsabile [respon'sa:bile] **I.** *a* **1.** *(conscio)* verantwortungsbewußt; **2.** *(investito di responsabilità)* verantwortlich (*di* für); **3.** *(colpevole)* schuldig (*di* an); **II.** *mf* Verantwortliche(r) *mf.* **responsabilità** [...sabili'ta] ‹-› *f* **1.** *(consapevolezza)* Verantwortung *f;* **2.** *jur* Haftung *f.* **responsabilizzare** [...sabilid'dza:re] **I.** *tr* verantwortlich machen; **II.** *rfl:* **-rsi** (die) Verantwortung auf sich nehmen.

responso [res'pɔnso] *m* **1.** *(di oracolo)* (Orakel)spruch *m;* **2.** *(di giuria, commissione)* (Schieds)spruch *m.*

ressa ['rɛssa] *f* Gedränge *n.*

ressi ['rɛssi] *1. pers sing del passato remoto di* **reggere.**

resta[1] ['rɛsta] *f zoo* Gräte *f.*

resta[2] ['rɛsta] *f mil* Rüsthaken *m;* **partire con la lancia in** ~ *fig* loslegen.

restante [res'tante] **I.** *a* bleibend, übrig; **posta** ~ postlagernd; **II.** *m* Rest *m.*

restare [res'ta:re] *itr ‹essere›* **1.** *(rimanere, continuare a stare)* bleiben; **2.** *(diventare)* werden; **3.** *(trovarsi)* sein; **4.** *(avanzare)* (übrig-, ver)bleiben; **5.** *(essere situato)* stehen, liegen; ~ **in piedi/seduto** stehen/sitzen bleiben; ~ **a pranzo** zum Essen bleiben; ~ **d'accordo** einverstanden sein; ~ **deluso** enttäuscht werden; ~ **orfano/vedovo** Waise/Witwer werden; ~ **indietro** zurückbleiben.

restaurant [restɔ'rã] ‹-› *m* Restaurant *n.*

restaurare [restau'ra:re] *tr* **1.** *arch* restaurieren; **2.** *fig* wiederherstellen, restaurieren *geh.* **restauratore, -trice** [...ra'to:re] *m, f* Restaurator(in) *m(f).* **restaurazione** [...rat'tsio:ne] *f* Restauration *f.* **restauro** [res'ta:uro] *m* Restaurierung *f.*

restio, -a [res'ti:o] ‹-ii, -ie› *a* **1.** *(riluttante)* abgeneigt; **2.** *(mulo, cavallo)* störrisch; **essere** ~ **a fare qc** abgeneigt sein, etw. zu tun.

restituire [restitu'i:re] ‹restituisco› *tr* **1.** *(oggetto)* zurückgeben; *fin* zurückerstatten; **2.** *(reintegrare)* wiedereinsetzen; **3.** *(contraccambiare)* erwidern. **restituzione** [...ut'tsio:ne] *f* Rückgabe *f;* **con preghiera di** ~ (*ab* **C.p.r.**) mit der Bitte um Rückerstattung.

resto ['rɛsto] *m* Rest *m;* **-i mortali** sterbliche Überreste *m pl;* **del** ~ im übrigen, übrigens; **il** ~ **mancia** *fam* stimmt so! *fam.*

restringere [res'trindʒere] ‹*irr*› **I.** *tr* **1.** *(abito, etc.)* enger machen; **2.** *fig* einschränken, begrenzen; **3.** *(rendere stitico)* (ver)stopfen; **II.** *rfl:* **-rsi 1.** *(diventar stretto)* eng(er) werden; *(stoffa a.)* einlaufen; **2.** *(persone)* zusammenrücken, sich zusammendrängen. **restringimento** [...dʒi'mento] *m* **1.** *(riduzione)* Schrumpfen *n;* **2.** *med* Stenose *f.* **restrittivo, -a** [...it'ti:vo] *a* einschränkend, restriktiv. **restrizione** [...it'tsio:ne] *f* Einschränkung *f,* Restriktion *f;* ~ **mentale** stillschweigender Vorbehalt.

resurrezione [resurret'tsio:ne] *v.* **risurrezione.**

resuscitare [resuʃʃi'ta:re] *v.* **risuscitare.**

retaggio [re'taddʒo] ‹-ggi› *m poet* **1.** *(eredità)* Erbschaft *f,* Erbe *n;* **2.** *fig* Vermächtnis *n.*

retata [re'ta:ta] *f* **1.** *fig (di persone)* Razzia *f;* **2.** *(di pesci, uccelli)* (Netz)fang *m.*

rete ['re:te] *f* **1.** *(per pescare)* Netz *n; (per cacciare a.)* Schlinge *f;* **2.** *(intreccio)* Netz *n,* Geflecht *n;* **3.** *(insieme di linee)* Netz *n,* System *n;* **4.** *sport* Tor *n;* ~ **del letto** Sprungrahmen *m;* ~ **per la spesa/per i capelli** Einkaufs-/Haarnetz *n;* **cadere nella** ~ **di qu** jdm ins Netz gehen.

reticella [reti'tʃɛlla] *f* **1.** *(per capelli)* Haarnetz *n;* **2.** *chem* Asbestgitter *n.*

reticente [reti'tʃɛnte] *a* verschwiegen.

reticenza [...ˈtʃɛntsa] *f* **1.** *(atteggiamento)* Verschwiegenheit *f,* Zurückhaltung *f;* **2.** *jur* Verletzung *f* der Anzeigepflicht.

retico, -a [ˈrɛːtiko] ‹-ci, -che› *a* rätisch.

reticolato, -a [retikoˈlaːto] **I.** *a* netzförmig, gitterartig; **II.** *m* **1.** *(intreccio)* Geflecht *n,* Netzwerk *n;* **2.** *mil* Drahtverhau *m;* **3.** *geog* Netz *n.*

reticolo [reˈtiːkolo] *m* **1.** *(disegno)* Netz *n,* Gitter *n;* **2.** *zoo* Netzmagen *m,* Retikulum *n scient;* **3.** *opt* Raster *n.*

retina¹ [ˈrɛːtina] *f anat* Netzhaut *f,* Retina *f scient.*

retina² [reˈtiːna] *f (per capelli)* Haarnetz *n.*

retino [reˈtiːno] *m* **1.** *(piccola rete)* kleines Netz; **2.** *typ* Raster *m.*

retore [ˈrɛːtore] *m poet* **1.** *(oratore)* Rhetor *m;* **2.** *pej* Phrasendrescher *m.*

retorica [reˈtɔːrika] ‹-che› *f* **1.** *(arte)* Rhetorik *f;* **2.** *fig pej* Phrasendrescherei *f.* **retorico, -a** [...ko] ‹-ci, -che› *a* **1.** *lit* rhetorisch; **2.** *fig pej* phrasenhaft, bombastisch.

retrattile [reˈtrattile] *a* einziehbar.

retribuire [retribuˈiːre] ‹retribuisco› *tr* entlohnen. **retributivo, -a** [...uˈtiːvo] *a* Vergütungs-, Entlohnungs-. **retribuzione** [...utˈtsi̯oːne] *f* Lohn *m,* Entlohnung *f,* Vergütung *f.*

retrivo, -a [reˈtriːvo] *a* rückständig, rückschrittlich.

retro [ˈrɛːtro] **I.** *adv* hinten; **vedi ~** siehe hinten, bitte wenden; **II.** *m* Rückseite *f.*

retroattività [retroattiviˈta] *f* Rückwirkung *f.* **retroattivo, -a** [...ˈtiːvo] *a* rückwirkend. **retroazione** *f* Rückwirkung *f.*

retrobottega [-botˈteːga] ‹-› *m* Hinter-, Nebenraum *m* (in einem Laden).

retrocedere [-ˈtʃɛːdere] ‹retrocedo, retrocessi, retrocesso› **I.** *itr ‹essere›* **1.** *(indietreggiare)* zurückweichen, -gehen; **2.** *fig* Abstand nehmen; **II.** *tr ‹avere›* **1.** *sport* zurückstufen, absteigen lassen; **2.** *mil* degradieren. **retrocessione** [-tʃesˈsi̯oːne] *f* **1.** *sport* Zurückstufung *f;* **2.** *mil* Degradierung *f.*

retrocesso [-ˈtʃɛsso] *pp di* **retrocedere.**

retrocucina [-kuˈtʃiːna] ‹-› *m o. f* Raum *m* hinter der Küche, Kammer *f.*

retrodatare [-daˈtaːre] *tr* (zu)rückdatieren. **retrodatazione** [-datatˈtsi̯oːne] *f* (Zu)rückdatierung *f.*

retrogrado, -a [reˈtrɔːgrado] **I.** *a* **1.** *(persone, idee, etc.)* rückständig; **2.** *(moto, movimento)* rückläufig; **II.** *m, f* Rückständige(r) *mf.*

retroguardia [retroˈgu̯ardi̯a] *f* Nachhut *f.*

retromarcia [-ˈmartʃa] *f* Rückwärtsgang *m.*

retroscena [-ʃˈʃɛːna] ‹-› **I.** *m* **1.** ‹*pl*› *fig* Hintergründe *m pl;* **2.** *(che avviene dietro la scena)* Vorgänge *m pl* hinter den Kulissen; **II.** *f* Hinterbühne *f.*

retrospettiva [-spetˈtiːva] *f* Retrospektive *f.* **retrospettivo, -a** [...vo] *a* retrospektiv, zurückschauend; **mostra -a** Rückschau *f.*

retrostante [-sˈtante] *a* dahinterliegend, Hinter-.

retrotreno [-ˈtrɛːno]] *m* Hinterachse *f.*

retroterra [-ˈtɛrra] ‹-› *m* **1.** *(territorio)* Hinterland *n;* **2.** *fig (background)* Hintergrund *m.*

retrovia [-ˈviːa] *f* Etappe *f,* Nachschubgebiet *n.*

retrovisivo, -a [-viˈziːvo] *a* Rück-.

retrovisore [-viˈzoːre] *m* Rückspiegel *m.*

retta¹ [ˈrɛtta] *f:* **dar ~ a qu** auf jdn hören.

retta² [ˈrɛtta] *f (di convitto, pensionato)* Pension *f.*

retta³ [ˈrɛtta] *f mat* Gerade *f.*

rettale [retˈtaːle] *a* rektal.

rettangolare [rettaŋgoˈlaːre] *a* rechteckig; *(triangolo)* rechtwinklig. **rettangolo** [...ˈtaŋgolo] **I.** *a* rechteckig; *(triangolo)* rechtwinklig; **II.** *m* **1.** *mat* Rechteck *n;* **2.** *sport* Feld *n;* **~ di gioco** Spielfeld *n.*

rettifica [retˈtiːfika] ‹-che› *f* **1.** *(correzione)* Richtigstellung *f,* Berichtigung *f;* **2.** *tec* Schliff *m,* Schleifen *n.* **rettificare** [rettifiˈkaːre] ‹rettifico, rettifichi› *tr* **1.** *(strada, curva)* begradigen; **2.** *fig (correggere)* berichtigen, richtigstellen; **3.** *tec* schleifen; **4.** *chem* rektifizieren. **rettificazione** [...katˈtsi̯oːne] *f* **1.** *(modificazione)* Begradigung *f;* **2.** *fig* Berichtigung *f,* Richtigstellung *f;* **3.** *chem* Rektifikation *f;* **4.** *el* Gleichrichtung *f.*

rettile [ˈrɛttile] *m* Reptil *n.*

rettilineo, -a [rettiˈliːneo] **I.** *a* **1.** *(strada, etc.)* g(e)radlinig; **2.** *fig* redlich, aufrichtig, g(e)radlinig; **II.** *m* gerade Strecke, Gerade *f;* **~ di arrivo** Zielgerade *f.*

rettitudine [rettiˈtuːdine] *f* Redlichkeit *f,* Rechtschaffenheit *f,* Aufrichtigkeit *f.*

retto, -a [ˈrɛtto] **I.** *pp di* **reggere; II.** *a* **1.** *mat (linea)* gerade; *(angolo)* recht; **2.** *(diritto)* gerade; **3.** *(onesto)* aufrichtig, redlich, rechtschaffen; **4.** *(cor-*

retto) richtig, korrekt; **caso ~** (Casus) Rectus *m,* unabhängiger Fall; **III.** *m* **1.** *anat* Mastdarm *m,* Rektum *n scient;* **2.** *typ* Rekto *n.*

rettorato [retto'ra:to] *m* Rektorat *n.*

rettore, -trice [...'to:re] **I.** *m, f* Rektor(in) *m(f);* **II.** *a* leitend.

reuma ['rɛ:uma] ‹-i› *m* Rheuma *n.* **reumatico, -a** [reu'ma:tiko] ‹-ci, -che› *a* rheumatisch. **reumatismo** [reuma'tizmo] *m* Rheumatismus *m.* **reumatizzarsi** [...tid'dzarsi] *rfl* an Rheumatismus erkranken.

revanscismo [revan'ʃizmo] *m* Revanchismus *m.*

reverendo, -a [reve'rɛndo] **I.** *a* hoch-, ehrwürdig; **II.** *m* Hochwürden *m.*

reverenziale [reveren'tsi̯a:le] *a* ehrfürchtig.

revers [rə'vɛ:r] ‹-› *m* Revers *n.*

reversibile [rever'si:bile] *a* **1.** *(moto, processo)* reversibel, umkehrbar; **2.** *com, jur* reversibel, übertragbar. **reversibilità** [...sibili'ta] ‹-› *f* **1.** *gener.* Reversibilität *f,* Umkehrbarkeit *f;* **2.** *com, jur* Übertragbarkeit *f.*

revisionare [revizi̯o'na:re] *tr* einer Revision unterziehen; *(tec a.)* überholen; *(conti, etc. a.)* (über)prüfen, durchsehen. **revisione** [...'zi̯o:ne] *f* Revision *f,* (Über)prüfung *f;* *(tec a.)* Überholung *f.* **revisionismo** [...zi̯o'nizmo] *m* Revisionismus *m.* **revisore, -a** [...'zo:re] *m, f* Revisor(in) *m(f); (di bozze)* Korrektor(in) *m(f).*

revival [rɪ'vaɪvəl] ‹-› *m* Revival *n.*

reviviscente [reviviʃ'ʃɛnte] *a geh, obs* wiederauflebend; *fig* wiedererwachend. **reviviscenza** [...'ʃɛntsa] *f geh, obs* Wiederauferstehung *f; fig* Wiedererwachen *n.*

revoca ['rɛ:voka] ‹-che› *f* Widerruf *m.* **revocabile** [revo'ka:bile] *a* widerrufbar.

revocare [revo'ka:re] ‹revoco, revochi› *tr* widerrufen. **revocazione** [...kat'tsi̯o:ne] *f* Widerruf *m,* Revokation *f geh.*

revolver [re'vɔlver] ‹-› *m* Revolver *m.* **revolverata** [revolve'ra:ta] *f* Revolverschuß *m.*

R.F.T. *f ab di* **Repubblica Federale Tedesca** BRD *f* (*ab di* Bundesrepublik Deutschland).

Rh *ab di* **Rhesus** rh, Rh.

rhum [rum] *v.* **rum.**

ri- [ri-] *(in parole composte)* zurück-; *(di nuovo)* wieder(-), von neuem.

riabilitare [-abili'ta:re] **I.** *tr* **1.** *fig, jur* rehabilitieren; **2.** *(impianto, industria)* wiederherstellen; **3.** *(persona)* wieder befähigen; **II.** *rfl:* **-rsi** sich rehabilitieren. **riabilitazione** [...tat'tsi̯o:ne] *f* Rehabilitation *f.*

riaccendere [-at'tʃɛndere] ‹*irr*› **I.** *tr* wieder anzünden; **II.** *rfl:* **-rsi 1.** *(tornare ad accendere)* sich wieder entzünden; **2.** *fig* wieder aufleben.

riaccomodare [-akkomo'da:re] **I.** *tr* wieder ausbessern; **II.** *rfl:* **-rsi** sich wieder aussöhnen.

riaccompagnare [-akkompaɲ'ɲa:re] *tr* zurückbegleiten.

riacquistare [-akku̯is'ta:re] *tr* **1.** *(bene, gioiello)* zurückkaufen; **2.** *fig* wiedererlangen, wiedergewinnen. **riacquisto** [-ak'ku̯isto] *m* Wiedererlangung *f.*

riaffacciare [-affat'tʃa:re] **I.** *tr* wieder zeigen; **II.** *rfl:* **-rsi 1.** *(affacciarsi di nuovo)* wieder erscheinen; **2.** *fig (ripresentarsi)* wieder gegenwärtig sein.

riaffittare [-affit'ta:re] *tr* wiedervermieten.

riaggiustare [-addʒus'ta:re] *tr* wieder in Ordnung bringen.

riallargare [-allar'ga:re] *v.* **rallargare.**

riallungare [-alluŋ'ga:re] **I.** *tr* wieder verlängern; **II.** *rfl:* **-rsi** wieder länger werden.

rialzamento [-altsa'mento] *m* **1.** *(di terreno)* Erhebung *f;* **2.** *(dei prezzi)* Erhöhung *f.*

rialzare [-al'tsa:re] **I.** *tr* ‹*avere*› **1.** *(alzare di nuovo)* wieder aufrichten; *(testa)* wieder erheben; **2.** *(alzare di più)* höher machen, erhöhen; **3.** *(prezzi)* (wieder) erhöhen; **II.** *itr* ‹*essere*› **1.** *(prezzi)* (wieder) steigen; **2.** *(temperatura)* (wieder) ansteigen; **III.** *rfl:* **-rsi 1.** *(risollevarsi)* wieder aufstehen; **2.** *fig* sich wieder erholen; **3.** *(termometro)* wieder steigen. **rialzato, -a** [-al'tsa:to] *a* erhöht.

rialzista [-al'tsista] ‹-i *m,* -e *f*› *mf* Haussier *m.*

rialzo [-'altso] *m* **1.** *(di prezzi)* Erhöhung *f,* Steigerung *f;* **2.** *(di terreno)* Erhebung *f;* **essere in ~** steigen; *fig* (an) Boden gewinnen; **giocare al ~** auf Hausse spekulieren.

riammissione [-ammis'si̯o:ne] *f* Wiederzulassung *f.*

riandare [-an'da:re] ‹*irr*› **I.** *itr* ‹*essere*› **1.** *(andare di nuovo)* wieder gehen; **2.** *fig* zurückkehren; **II.** *tr* ‹*avere*› wieder durchlaufen, sich *(dat)* wieder vergegenwärtigen.

rianimare [-ani'ma:re] **I.** *tr* **1.** *(restituire forze)* wiederbeleben; **2.** *fig (restituire fiducia)* ermutigen; **II.** *rfl:* **-rsi 1.** *(riprendere forza)* wiederaufleben; **2.** *fig (riprender coraggio)* wieder Mut schöpfen; **3.** *fig (luogo)* sich beleben. **rianimazione** [...mat'tsio:ne] *f* Wiederbelebung *f; (med a.)* Reanimation *f;* **reparto (***o.* **centro) di ~** Intensivstation *f.*

riannessione [-annes'sio:ne] *f* Wiederanschluß *m.*

riapertura [-aper'tu:ra] *f* Wiedereröffnung *f; (delle scuole)* Wiederbeginn *m.* **riaprire** [-a'pri:re] ‹*irr*› **I.** *tr* **1.** *(porta, cassetto)* wieder öffnen; **2.** *(teatro, negozio)* wiedereröffnen; *(scuole)* wieder beginnen; **3.** *fig (piaga)* wieder aufreißen; **II.** *rfl:* **-rsi** wiedereröffnet werden.

riarmamento [-arma'mento] *m* **1.** *(di nave, fabbrica)* Ausbesserung *f,* Erneuerung *f;* **2.** *mil* Aufrüstung *f.* **riarmare** [-ar'ma:re] **I.** *tr* **1.** *(con armi)* wiederbewaffnen; *mil* aufrüsten; **2.** *(nave, ponte)* ausbessern, erneuern; **II.** *rfl:* **-rsi** sich wiederbewaffnen; *mil* aufrüsten. **riarmo** [-'armo] *m* Aufrüstung *f; (modernizzazione)* Nachrüstung *f;* **corsa al ~** Rüstungswettlauf *m.*

riarso, -a [-'arso] *a* **1.** *(terreno)* ausgedorrt; **2.** *(gola)* ausgetrocknet.

riassettare [-asset'ta:re] *v.* **rassettare.**

riassetto [-as'sɛtto] *m* **1.** *(il riordinare)* Aufräumen *n;* **2.** *fig* (Neu)regelung *f.*

riassorbimento [-assorbi'mento] *m* **1.** *(nuovo assorbimento)* Wiederaufsaugen *n;* **2.** *fig* Wiederaufnehmen *n;* **3.** *med* Resorption *f.* **riassorbire** [...'bi:re] **I.** *tr* **1.** *(assorbire di nuovo)* wieder aufsaugen; **2.** *fig* wieder aufnehmen; **3.** *sport* einholen; **II.** *rfl:* **-rsi** wieder aufgesaugt werden.

riassumere [-as'su:mere] ‹*irr*› *tr* **1.** *(operaio)* wiedereinstellen; **2.** *(carica, funzione)* wieder übernehmen; **3.** *(sintetizzare)* nacherzählen, zusammenfassen. **riassuntivo, -a** [-assun'ti:vo] *a* zusammenfassend. **riassunto, -a** [-as'sunto] **I.** *m* Nacherzählung *f,* Zusammenfassung *f;* **II.** *a* wiedereingestellt. **riassunzione** [...n'tsio:ne] *f* Wiedereinstellung *f.*

riattamento [-atta'mento] *m* Wiederherstellung *f.* **riattare** [-at'ta:re] *tr* wiederherstellen.

riattivare [-atti'va:re] *tr* reaktivieren, wiederbeleben. **riattivazione** [...vat'tsio:ne] *f* Reaktivierung *f,* Wiederbelebung *f.*

riattizzare [-attit'tsa:re] *v.* **rattizzare.**

riavere [-a've:re] ‹riò, *irr come avere*› **I.** *tr* **1.** *(libri, soldi)* wiederbekommen; **2.** *(vista)* wiedererlangen; **3.** *(avere un'altra volta)* wieder haben; **II.** *rfl:* **-rsi 1.** *(recuperare la salute, fig fin)* sich (wieder) erholen; **2.** *(riprendere i sensi)* wieder zu sich *(dat)* kommen.

riavvicinamento [-avvitʃina'mento] *m* **1.** *(il riavvicinare)* Wiederannäherung *f;* **2.** *fig* Aussöhnung *f.* **riavvicinare** [...'na:re] **I.** *tr* **1.** *(oggetti)* wieder annähern, wieder zusammenrücken; **2.** *fig* aussöhnen; **II.** *rfl:* **-rsi** sich wieder annähern.

ribadire [-ba'di:re] ‹ribadisco› *tr* **1.** *fig (accusa)* bekräftigen; **2.** *tec* (ver)nieten.

ribaldo [ri'baldo] *m* **1.** *(briccone)* Schuft *m,* Halunke *m;* **2.** *hist* Marodeur *m.*

ribalta [-'balta] *f* **1.** *theat* Rampe *f;* **2.** *(chiusura)* Klappe *f;* **scrivania/tavolo a ~** Sekretär *m*/Klapptisch *m;* **venire (***o.* **salire) alla ~** *fig* (groß) herauskommen.

ribaltabile [-bal'ta:bile] **I.** *a* Klapp-, klappbar; **II.** *m* **1.** *(parte di autocarro)* kippbare Ladefläche; **2.** *(autocarro)* Kipper *m.*

ribaltamento [-balta'mento] *m* Umkippen *n; (di governo)* Umsturz *m.* **ribaltare** [...'ta:re] **I.** *tr* **1.** *(capovolgere)* umkippen; **2.** *fig* verkehren; *(governo)* stürzen; **II.** *rfl:* **-rsi** umkippen.

ribassare [ribas'sa:re] **I.** *tr* ‹*avere*› herabsetzen, senken; **II.** *itr* ‹*essere*› sinken, fallen. **ribassista** [...'sista] ‹-i *m,* -e *f*› *mf* Baissier *m.* **ribasso** [...'basso] *m* (Preis)senkung *f,* -rückgang *m; (alla borsa)* Baisse *f;* **tendenza al ~** sinkende Tendenz; **essere in ~** *fig* an Ansehen verlieren; **giocare (***o.* **speculare) al ~** auf Baisse spekulieren; **vendere a ~** zu Schleuderpreisen verkaufen.

ribattere [-'battere] *tr* **1.** *(insistere)* bestehen (*su* auf), zurückkommen (*su* auf); **2.** *(confutare)* widerlegen; **3.** *(respingere)* zurückweisen; **4.** *(replicare)* erwidern, widersprechen; **5.** *(tappeto, materasso)* erneut klopfen; **6.** *sport* zurückschlagen.

ribattezzare [-batted'dza:re] *tr* **1.** *rel* wieder taufen; **2.** *fig (dare un nuovo nome)* umtaufen, umbenennen.

ribattino [-bat'ti:no] *m* Niet *m,* Niete *f.*

ribattuta [-bat'tu:ta] *f* **1.** *(colpo)* neuer Schlag; **2.** *sport* Rückschlag *m;* **dare una ~ a qc** etw. durchklopfen.

ribellarsi [ribel'larsi] *rfl* **1.** *(sollevarsi)* rebellieren (*a* gegen), sich erheben (*a* gegen), sich auflehnen (*a* gegen); **2.** *(non ubbidire)* sich widersetzen; **3.** *fig* sich sträuben (*a* gegen). **ribelle**

[ri'bɛlle] **I.** *a* **1.** *(insorto)* rebellisch, aufständisch; **2.** *(indocile)* widerspenstig, störrisch; **II.** *mf* Rebell(in) *m(f)*, Aufständische(r) *mf*. **ribellione** [ribel'li̯o:ne] *f* **1.** *(rivolta)* Rebellion *f* (*a* gegen), Aufstand *m* (*a* gegen); **2.** *(rifiuto d'ubbidienza)* Widerstand *m* (*a* gegen); **3.** *fig* Auflehnung *f* (*contro* gegen).

ribes ['ri:bes] ‹-› *m* Johannisbeere *f*.

ribollimento [ribolli'mento] *m (a. fig)* Kochen *n*, Aufwallen *n*. **ribollire** [...'li:re] **I.** *itr* **1.** *(bollire nuovamente)* wieder kochen; **2.** *(fermentare)* gären; **3.** *(fare bolle)* schäumen; **4.** *fig* kochen, in Wallung geraten; **tanti pensieri mi ribollono in testa** so viele Gedanken schwirren mir durch den Kopf; **II.** *tr* erneut (auf)kochen.

ribollita [-bol'li:ta] *f toskanisches Eintopfgericht aus Brot, Bohnen und Kohl.*

ribonucleico, -a [ribonu'klɛ:iko] ‹-ci, -che› *a* Ribonuklein-; **acido ~** (*ab* **R.N.A.**) **Ribonukleinsäure** *f*.

ribrezzo [-'breddzo] *m* Ekel *m*, Abscheu *m;* **fare ~** Abscheu erregen.

ributtante [-but'tante] *a* ekelhaft, abstoßend.

ributtare [-but'ta:re] **I.** *tr* **1.** *(buttare di nuovo)* wieder werfen; **2.** *(vomitare)* erbrechen; **3.** *(nemici)* zurückwerfen, -schlagen; **4.** *(proposta, etc.)* ablehnen, zurückweisen; **II.** *itr* **1.** *(ripugnare)* abstoßen; **2.** *(pianta)* austreiben, sprießen; **III.** *rfl:* **-rsi** sich wieder werfen; **-rsi giù** *fig* wieder den Mut verlieren.

ricacciare [-kat'tʃa:re] **I.** *tr* **1.** *mil* zurückwerfen, -schlagen; **2.** *(mandar via)* verjagen, vertreiben; **3.** *(rimettere con forza)* einrammen; **4.** *fig (mandar giù)* einstecken; **5.** *fam (tirar fuori)* herausrücken *fam;* **II.** *rfl:* **-rsi** wieder eindringen.

ricadere [-ka'de:re] ‹*irr*› *itr* ‹*essere*› **1.** *(cadere di nuovo)* wieder fallen; **2.** *fig* wieder verfallen (*in* in); **3.** *(abiti)* fallen; **4.** *(scendere a terra)* zurückfallen; **5.** *(riversarsi)* sich ergießen; **~ malato** wieder krank werden. **ricaduta** [-ka'du:ta] *f* **1.** *med* Rückfall *m;* **2.** *(il ricadere)* erneutes Fallen.

ricalcare [-kal'ka:re] *tr* **1.** *(tracce, cappello)* wieder (ein)drücken; **2.** *(disegno)* (durch)pausen; **3.** *fig (seguire un modello)* nachzeichnen, nachahmen; **~ le orme di qu** *fig* jds Beispiel folgen.

ricalcitrante [-kaltʃi'trante] *a* störrisch, widerspenstig.

ricalcitrare [-kaltʃi'tra:re] *itr* **1.** *zoo* ausschlagen; **2.** *fig* sich auflehnen.

ricamare [rika'ma:re] *tr* **1.** *(tovaglia, fazzoletto, etc.)* sticken; **2.** *fig (curare)* ausfeilen; *fam (racconto)* ausschmücken. **ricamatrice** [...ma'tri:tʃe] *f* Stickerin *f*.

ricambiare [-kam'bi̯a:re] **I.** *tr* ‹*avere*› **1.** *(auguri, cortesia, favore)* erwidern; **2.** *(lenzuoli)* wechseln; *(letti)* neu beziehen; **3.** *(merce)* umtauschen; **II.** *itr* ‹*essere*› wechseln, sich ändern; **III.** *rfl:* **-rsi** austauschen. **ricambio** [-'kambi̯o] *m* **1.** *(di auguri, favore)* Erwiderung *f;* **2.** *(sostituzione)* Auswechs(e)lung *f*, Austausch *m; (tec a.)* Ersatz *m;* **3.** *med* Stoffwechsel *m;* **collo di ~** Wechselkragen *m;* **ruota di ~** Ersatzrad *n*.

ricamo [ri'ka:mo] *m* **1.** *(lavoro su tessuto)* Stickerei *f;* **2.** *(operazione)* Sticken *n;* **3.** *fig (opera d'arte)* Filigran *n; (aggiunta arbitraria)* Schnörkel *m*, Zierat *m*.

ricapitolare [-kapito'la:re] *tr* rekapitulieren, zusammenfassen. **ricapitolazione** [...lat'tsi̯o:ne] *f* Rekapitulation *f*, Zusammenfassung *f*.

ricarica [-'ka:rika] *f* Nachfüllen *n*, Nachladen *n*. **ricaricare** [-kari'ka:re] *tr (fucile)* nachladen; *(batteria)* neu aufladen; *(orologio)* aufziehen.

ricattare [rikat'ta:re] *tr* erpressen. **ricattatore, -trice** [...ta'to:re] *m, f* Erpresser(in) *m(f)*. **ricattatorio, -a** [...ta'tɔ:ri̯o] ‹-i, -ie› *a* erpresserisch, Erpresser-. **ricattatrice** *f v.* **ricattatore. ricatto** [ri'katto] *m* Erpressung *f*.

ricavare [-ka'va:re] *tr* **1.** *(estrarre)* gewinnen (*da* aus); **2.** *com* herausholen, gewinnen; **3.** *(ottenere)* herausholen, herausbringen; **4.** *fig (dedurre)* ableiten, folgern; *(insegnamento)* ziehen; **non se ne ricava nulla** dabei kommt nichts heraus. **ricavato, -a** [-ka'va:to] **I.** *a* gewonnen, herausgeholt; **II.** *m* **1.** *com* Ertrag *m;* **2.** *fig* Ergebnis *n*. **ricavo** [-'ka:vo] *m* Erlös *m*, Gewinn *m*.

ricca *f v.* **ricco.**

Riccardo [rik'kardo] *(nome proprio maschile)* Richard.

ricchezza [rik'kettsa] *f* **1.** *(condizione, beni)* Reichtum *m;* **2.** *com, fin* Vermögen *n;* **3.** *(di luogo)* Schatz *m*, Kapital *n;* **4.** *(abbondanza)* Reichtum *m*, Fülle *f;* **~ interiore** (*o.* **d'animo**) innere Größe; **imposta di ~ mobile** Einkommenssteuer *f*.

ricciarello [rittʃa'rɛllo] *m Mandelgebäck aus Siena.*

riccio ['rittʃo] ‹-cci› *m* **1.** *zoo* Igel *m;* **2.** *(di castagna)* Kastanienschale *f;* ~ **di mare** Seeigel *m;* **chiudersi come un** ~ sich einigeln.

riccio, -a ['rittʃo] ‹-cci, -cce› **I.** *a* **1.** *(capelli)* kraus, lockig; **2.** *(insalata)* kraus, gekräuselt; **II.** *m* **1.** *(di capelli)* Locke *f;* **2.** *(oggetto ad anello)* Ring *m; (del violino)* Schnecke *f;* **-i di burro** Butterflöckchen *n pl;* **-i di legno** Holzspäne *m pl.* **ricciolo** [...'tʃɔ:lo] *m* Locke *f.* **ricciuto, -a** [...'tʃu:to] *a* gelockt, lockig.

ricco, -a ['rikko] ‹-cchi, -cche› **I.** *a* **1.** *(paese, persona, rendita, etc.)* reich (*di* an); **2.** *(abbondante)* reich, üppig; **3.** *(sfarzoso)* prachtvoll, üppig; ~ **sfondato** steinreich *fam;* **II.** *m, f* Reiche(r) *mf.* **riccone, -a** [...'ko:ne] *m, f fam* Krösus *m.*

ricerca [-'tʃɛrka] *f* **1.** *gener.* Suche *f,* (Nach)forschung *f;* **2.** *scient* Forschung *f;* **3.** *(indagine)* Untersuchung *f,* Ermittlung *f;* **4.** *(esercitazione didattica)* Untersuchung *f,* Forschung *f;* ~ **di mercato** Marktuntersuchung *f;* ~ **dell'effetto** Effekthascherei *f;* **centro di -che** Forschungszentrum *n;* **semestre di** ~ Forschungssemester *n;* **andare alla** ~ **di qc/qu** sich auf die Suche nach etw./jdm begeben; **fare delle -che su qc/qu** Untersuchungen über etw./jdn anstellen. **ricercare** [-tʃer'ka:re] *tr* **1.** *(sperimentare)* erforschen; **2.** *(indagare)* forschen nach; **3.** *fig (parole, etc.)* wählen; **4.** *(cercare a più riprese)* wieder suchen; **5.** *(cercare con cura)* suchen; **cerca e ricerca** *fam* durch mehrfaches Suchen.

ricercata *f v.* **ricercato.**

ricercatezza [-tʃerka'tettsa] *f* Gewähltheit *f.* **ricercato, -a** [...'ka:to] **I.** *a* **1.** *(apprezzato)* gesucht, begehrt; **2.** *(affettato)* gekünstelt; **3.** *(maniere, modo)* gewählt; **II.** *m, f* Gesuchte(r) *mf.*

ricercatore, -trice [-tʃerka'to:re] **I.** *m, f* Forscher(in) *m(f);* **II.** *m (apparecchio)* Suchgerät *n;* ~ **di mine** Minensuchgerät *n.*

ricetrasmittente [ritʃetrazmit'tɛnte] **I.** *f* Sende- und Empfangsgerät *n;* **II.** *a* Sende- und Empfangs-.

ricetta [ri'tʃɛtta] *f* **1.** *gastr, med* Rezept *n;* **2.** *fig (rimedio)* Mittel *n.*

ricettacolo [ritʃet'ta:kolo] *m* **1.** *(luogo)* Sammelstelle *f;* **2.** *bot* Blütenboden *m.*

ricettare [ritʃet'ta:re] *tr* hehlen.

ricettario [ritʃet'ta:ri̯o] ‹-i› *m* **1.** *med* Rezeptblock *m;* **2.** *(raccolta di ricette)* Rezeptsammlung *f.*

ricettatore, -trice [ritʃetta'to:re] *m, f* Hehler(in) *m(f).* **ricettazione** [...tat'tsi̯o:ne] *f* Hehlerei *f.*

ricettività [ritʃettivi'ta] ‹-› *f* **1.** *med* Empfänglichkeit *f;* **2.** *(l'essere ricettivo)* Aufnahmefähigkeit *f;* **3.** *radio, TV* Empfangsmöglichkeit *f.* **ricettivo, -a** [...'ti:vo] *a* **1.** *(persona, mente)* aufnahmefähig; **2.** *med* empfänglich; **3.** *radio* Empfangs-.

ricevei [ritʃe've:i] *1. pers sing del passato remoto di* **ricevere.**

ricevente [ritʃe'vɛnte] **I.** *a* Empfangs-; **II.** *mf* Empfänger(in) *m(f).*

ricevere [ri'tʃe:vere] ‹ricevo, ricevei *o.* ricevetti, ricevuto› *tr* **1.** *(accettare, prendere)* bekommen, erhalten; **2.** *fig (insulto, condanna)* entgegennehmen; *(sacramento)* empfangen; **3.** *(accogliere)* empfangen, aufnehmen; *(ammettere alla propria presenza)* empfangen; *(medico, professore)* Sprechstunde haben für; **4.** *radio, tel* empfangen; **5.** *(contenere)* aufnehmen, fassen; **6.** *(subire)* bekommen; ~ **in dono/prestito qc** etw. geschenkt/geliehen bekommen. **ricevimento** [ritʃevi'mento] *m* Empfang *m;* **pagamento a** ~ **della merce** Zahlung bei Erhalt der Ware. **ricevitore, -trice** [...i'to:re] **I.** *m, f* Empfänger(in) *m(f);* **II.** *m tel* Hörer *m.* **ricevitoria** [...ito'ri:a] ‹-ie› *f* Annahmestelle *f.*

ricevitrice *f v.* **ricevitore.**

ricevo [ri'tʃe:vo] *1. pers sing pr di* **ricevere.**

ricevuta [ritʃe'vu:ta] *f* Empfangsbestätigung *f,* Quittung *f;* ~ **fiscale** Steuerbeleg *m;* ~ **di ritorno** (*ab* **R.R.**) Rückschein *m;* **raccomandata con** ~ **di ritorno** (*ab* **Rrr**) Einschreiben *n* gegen Rückschein.

ricevuto [ritʃe'vu:to] *pp di* **ricevere.**

ricezione [ritʃet'tsi̯o:ne] *f* Empfang *m.*

richiamare [-ki̯a'ma:re] **I.** *tr* **1.** *(chiamare di nuovo)* wieder rufen; **2.** *(chiamare indietro)* zurückrufen; *(ambasciatore)* abberufen; **3.** *mil* zurückziehen; **4.** *aero* abfangen; **5.** *(attrarre)* anlocken; **6.** *(riprendere)* rügen, tadeln; **7.** *(rievocare)* erinnern an; ~ **l'attenzione di qu su qc** jds Aufmerksamkeit auf etw. lenken; ~ **all'ordine/al dovere** zur Ordnung rufen/an die Pflicht erinnern; ~ **alla realtà** mit der Wirklichkeit konfrontieren; ~ **alla memoria/in vita** ins Gedächtnis/ins Leben zurückrufen; **II.** *rfl:* **-rsi 1.** *(riferirsi)* sich berufen (*a* auf); 2. *(appellarsi)* anrufen (*a qu* jdn). **richiamo** [-ˈki̯a:mo] *m* 1. *(invito al ritorno)* Zurückberufung *f;* 2. *(rimprovero)* Rüge *f,* Tadel *m;* 3. *(richiesta)* Aufruf *m;* 4. *(forza incoercibile)* Ruf *m;(del sangue)* Stimme *f;* 5. *(allettamento)* Verlockung *f;* 6. *(segno)* Verweis *m,* Verweisungszeichen *n;* **uccello da ~** Lockvogel *m;* **~ al dovere/alla realtà** Erinnerung *f* an die Pflicht/Konfrontation *f* mit der Wirklichkeit.

richiedente [-ki̯eˈdɛnte] *mf* Antragsteller(in) *m(f).*

richiedere [-ˈki̯ɛ:dere] ‹*irr*› *tr* 1. *(chiedere di nuovo)* wieder verlangen; 2. *adm* beantragen; 3. *(esigere)* verlangen; 4. *(consiglio, etc.)* erbitten, bitten um; *(a. parere)* fragen nach; 5. *(chiedere in restituzione)* zurückverlangen; 6. *(necessitare)* erfordern. **richiesta** [-ˈki̯ɛsta] *f* 1. *(domanda)* Frage *f,* Anfrage *f;* 2. *adm* Antrag *m,* Gesuch *n;* 3. *(esigenza)* Verlangen *n,* Anspruch *m;* **fermata a ~** Bedarfshaltestelle *f;* **a ~ (di)** auf Wunsch (von); **dietro ~** auf Verlangen. **richiesto, -a** [...to] *a* gefragt, begehrt.

riciclaggio [-tʃiˈkladdʒo] ‹-ggi› *m* Recycling *n.* **riciclare** [...ˈkla:re] *tr* 1. *tec* wiederverwenden, wiederaufbereiten; 2. *(denaro)* wieder in Umlauf bringen; *pej* waschen *sl.*

ricino [ˈri:tʃino] *m* Rizinus *m.*

ricognitore [rikoɲɲiˈto:re] *m* 1. *(chi compie ricognizione)* Kundschafter *m,* Späher *m;* 2. *aero* Aufklärer *m.* **ricognizione** [...tˈtsi̯o:ne] *f* 1. *mil* Aufklärung *f,* Erkundung *f;* 2. *jur* Anerkennung *f; (della salma)* Identifizierung *f.*

ricollegare [-kolleˈga:re] I. *tr* 1. *(collegare di nuovo)* wieder verbinden; 2. *fig* verbinden; II. *rfl:* **-rsi** 1. *(riferirsi)* sich beziehen (*a* auf); 2. *(essere connessi)* verbunden sein (*a* mit); 3. *(collegarsi di nuovo)* sich wieder verbinden (*a* mit).

ricolmare [-kolˈma:re] *tr* 1. *(riempire)* überhäufen (*di* mit); 2. *(bicchiere)* wieder füllen. **ricolmo, -a** [-ˈkolmo] *a* vollgefüllt, randvoll; **ho il cuore ~ di gioia** mein Herz zerspringt fast vor Freude.

ricominciare [-kominˈtʃa:re] I. *tr* ‹*avere*› wieder anfangen, wieder beginnen; II. *itr* ‹*essere*› wieder anfangen; **si ricomincia!** *fam* auf ein Neues! *fam.*

ricomparsa [-komˈparsa] *f* Wiedererscheinen *n.*

ricompensa [-komˈpɛnsa] *f* Lohn *m,* Belohnung *f.* **ricompensare** [...penˈsa:re] *tr* 1. *(premiare)* belohnen (*per* für); 2. *(retribuire)* entlohnen (*per* für), entschädigen (*per* für).

ricomposizione [-kompozitˈtsi̯o:ne] *f* 1. *(ricostituzione)* Wiederzusammensetzung *f;* 2. *ling* Rekomposition *f.*

riconcentrare [-kontʃenˈtra:re] I. *tr* 1. *mil* wieder zusammenziehen; 2. *fig* konzentrieren (*su* auf); II. *rfl:* **-rsi** sich konzentrieren (*su* auf).

riconciliare [-kontʃiˈli̯a:re] I. *tr* 1. *(persone)* wieder aussöhnen (*o.* versöhnen); 2. *(riacquistare)* wieder erhalten; II. *rfl:* **-rsi** sich wieder aussöhnen (*o.* versöhnen). **riconciliazione** [...i̯atˈtsi̯o:ne] *f* (Wieder)versöhnung *f.*

riconducibile [-konduˈtʃi:bile] *a* zurückführbar (*a* auf).

ricondurre [-konˈdurre] ‹*irr*› *tr* zurückführen (*a* auf).

riconferma [-konˈferma] *f* Rückbestätigung *f.* **riconfermare** [...ˈma:re] *tr* (wieder)bestätigen.

ricongiungere [-konˈdʒundʒere] ‹*irr*› I. *tr* wiedervereinigen; II. *rfl:* **-rsi** sich wieder vereinigen (*a* mit).

riconoscente [-konoʃˈʃɛnte] *a* dankbar; **essere ~ a qu per qc** jdm für etw. dankbar sein. **riconoscenza** [...ˈʃɛntsa] *f* Dankbarkeit *f.*

riconoscere [-koˈnoʃʃere] ‹*irr*› I. *tr* 1. *(ravvisare)* wiedererkennen (*da, a* an); 2. *(distinguere)* unterscheiden; 3. *(ammettere)* einsehen, zugeben; 4. *jur, pol (considerare legittimo)* anerkennen; **~ qu ad un chilometro di distanza** *fam* jdn auf einen Kilometer Entfernung (*o.* gegen den Wind *fam*) erkennen. **riconoscibile** [...ˈʃi:bile] *a* erkennbar. **riconoscimento** [...ʃiˈmento] *m* 1. *(constatazione)* (Wieder)erkennen *n;* 2. *jur, pol (accettazione)* Anerkennung *f;* 3. *(consenso)* Würdigung *f,* Anerkennung *f;* 4. *(compenso)* Lohn *m,* Anerkennung *f;* **segno di ~** Erkennungszeichen *n;* **documento (*o.* tessera) di ~** Ausweis(papier *n*) *m.* **riconosciuto, -a** [...ˈʃu:to] *a* anerkannt; *(feste, etc.)* offiziell.

riconquista [-koŋˈku̯ista] *f* Wiedereroberung *f.* **riconquistare** [...ˈta:re] *tr* 1. *(territorio)* wiedererobern; 2. *fig (fiducia)* wiedererlangen.

riconsegna [-konˈseɲɲa] *f* 1. *(restituzione)* Rückgabe *f;* 2. *(cerimonia)* Wiederaushändigung *f.* **riconsegnare** [...ˈɲa:re] *tr* 1. *(consegnare di nuovo)* wieder übergeben; 2. *(restituire)* zurückgeben.

riconsiderare [-konside'ra:re] *tr* nochmals durchdenken.
riconversione [-konver'si̯o:ne] *f* Umstellung *f.*
riconvertire [-konver'ti:re] *tr* **1.** *(persone)* wiederbekehren; **2.** *(impianti industriali)* umstellen.
ricopertura [-koper'tu:ra] *f* Abdekkung *f.*
ricopiare [-ko'pi̯a:re] *tr* **1.** *(copiare di nuovo)* wieder kopieren; **2.** *(trascrivere)* abschreiben. **ricopiatura** [...i̯a'tu:ra] *f* Abschreiben *n.*
ricoprire [-ko'pri:re] ⟨*irr*⟩ **I.** *tr* **1.** *(coprire di nuovo)* wieder zudecken; **2.** *(mobili, poltrone)* ab-, bedecken; **3.** *fig* überhäufen (*di* mit); **4.** *adm (carica)* bekleiden; **5.** *(nascondere)* verbergen; **II.** *rfl:* **-rsi 1.** *fam (subire uno smacco)* sich blamieren; **2.** *(coprirsi di nuovo)* sich wieder bedecken.
ricordare [rikor'da:re] **I.** *tr* **1.** *(richiamare alla memoria)* sich erinnern an, denken an; *(altre persone)* erinnern (*qc a qu* jdn an etw.); **2.** *(serbare memoria)* gedenken *gen;* **3.** *(assomigliare a)* ähneln (*qu* jdm); **4.** *(menzionare)* erwähnen; **se ben ricordo** wenn ich mich recht erinnere (*o.* entsinne); **ricordami ai tuoi** grüße mir die Deinen *geh* (*o.* deine Familie); **II.** *rfl:* **-rsi** sich erinnern (*di* an); **me ne ricorderò** *fam (minaccia)* das werd' ich mir merken! *fam.* **ricordino** [...'di:no] *m* **1.** *(souvenir)* Andenken *n,* Mitbringsel *n;* **2.** *rel* Heiligenbildchen *n.* **ricordo** [ri'kɔrdo] *m* **1.** *(di persona, cosa, periodo)* Erinnerung *f;* **2.** *(oggetto)* Andenken *n;* **3.** *(traccia)* Überbleibsel *n,* Andenken *n; (vestigio)* Spur *f;* **4.** *(memoria)* An(ge)denken *n;* **serbare un buon ~ di qu/qc** jdn/etw. in guter Erinnerung behalten; **per ~** zur Erinnerung, als (*o.* zum) Andenken; **a perenne ~** zum ewigen Angedenken.
ricorrente [-kor'rɛnte] **I.** *a* **1.** *gener.* (regelmäßig) wiederkehrend; **2.** *jur* Berufungs-; **II.** *mf* Berufungskläger(in) *m(f).* **ricorrenza** [...'rɛntsa] *f* **1.** *(festività)* Gedenktag *m;* **2.** *(ritorno)* Wiederkehr *f.*
ricorrere [-'korrere] ⟨*irr*⟩ **I.** *itr* ⟨*essere*⟩ **1.** *(tornare indietro)* zurücklaufen; **2.** *(rivolgersi)* sich wenden (*a* an); **3.** *jur:* **~ (in appello** *o.* **in cassazione)** Berufung einlegen; **~ alle vie legali** den Rechtsweg beschreiten; **4.** *(servirsi)* sich bedienen *(a gen),* greifen (*a* zu); **5.** *(ripetersi)* fallen auf, sich jähren; *(celebrarsi)* sein; **oggi ricorre il compleanno di Elena** heute ist der Geburtstag von Elena; **II.** *tr* ⟨*avere*⟩ wieder (*o.* noch einmal) laufen. **ricorso** [-'korso] *m* **1.** *jur* Berufung *f;* **2.** *(il ricorrere)* Anwendung *f,* Gebrauch *m;* **3.** *(reclamo)* Beschwerde *f;* **4.** *(il ripresentarsi periodico)* Wiederkehr *f;* **fare ~ contro una sentenza** Berufung gegen ein Urteil einlegen; **fare ~ a qc** von etw. Gebrauch machen; *fig* an etw. appellieren; **fare ~ a qu** sich an jdn wenden.
ricostituente [-kostitu'ɛnte] **I.** *a* kräftigend, stärkend; **II.** *m* Stärkungsmittel *n.*
ricostituire [-kostitu'i:re] **I.** *tr* **1.** *(partito, azienda, etc.)* wieder gründen; *(governo)* neu bilden; **2.** *fig* wieder aufleben lassen; *(organismo)* stärken, kräftigen; **II.** *rfl:* **-rsi 1.** *(costituirsi nuovamente)* sich wieder bilden, wieder gegründet werden; **2.** *med* genesen. **ricostituzione** [...ut'tsi̯o:ne] *f* Wiederherstellung *f; (di partito, etc.)* Neugründung *f; (di governo)* Neubildung *f.*
ricostruire [-kostru'i:re] *tr* **1.** *(casa, edificio)* wieder aufbauen; **2.** *(economia, industria)* wieder erstellen; **3.** *fig* wiederaufbauen; **4.** *(fatti)* rekonstruieren. **ricostruzione** [...ut'tsi̯o:ne] *f* **1.** *gener., pol* Wiederaufbau *m;* **2.** *fig* Rekonstruktion *f.*
ricotta [-'kɔtta] *f quarkähnlicher Frischkäse.*
ricoverare [rikove'ra:re] **I.** *tr* **1.** *(malato)* einliefern; **2.** *(fuggiasco)* Obdach gewähren (*qu* jdm); **II.** *rfl:* **-rsi 1.** *(in ospedale)* ins Krankenhaus gehen; **2.** *(rifugiarsi)* (sich) flüchten. **ricoverato, -a** [...'ra:to] **I.** *a* eingeliefert; **II.** *m, f* **1.** *(di ospedale)* Krankenhauspatient(in) *m(f);* **2.** *(di ospizio)* Insasse *m,* Insassin *f.* **ricovero** [ri'ko:vero] *m* **1.** *(istituto)* Heim *n; (per vecchi)* Altersheim *n;* **2.** *(trasferimento)* Unterbringung *f,* Aufnahme *f;* **3.** *(rifugio)* Zuflucht *f,* Zufluchtsort *m;* **foglio di ~** Aufnahmeschein *m.*
ricreare [-kre'a:re] **I.** *tr* **1.** *(ristorare)* erfrischen; **2.** *(divertire)* erfreuen, erheitern; **3.** *(creare di nuovo)* neu gründen; **II.** *rfl:* **-rsi 1.** *(svagarsi)* sich erholen, ausspannen; **2.** *(divertirsi)* sich vergnügen. **ricreativo, -a** [...ea'ti:vo] *a* erholsam, entspannend. **ricreazione** [...eat'tsi̯o:ne] *f* **1.** *(intervallo)* Pause *f;* **2.** *(ristoro)* Erholung *f;* **3.** *(distrazione)* Zeitvertreib *m,* Vergnügen *n.*
ricredersi [-'kre:dersi] *rfl* seine Meinung ändern, etw. anderes glauben.
ricrescere [-'kreʃʃere] ⟨*irr*⟩ *itr* ⟨*essere*⟩

1. *(tornare a crescere)* wieder wachsen; **2.** *dial (aumentare di volume)* aufgehen.

ricucire [-ku'tʃi:re] *tr* **1.** *(strappo, buco)* vernähen; **2.** *med (ferita)* (ver)nähen; **3.** *fig pej* zusammenstückeln. **ricucitura** [-kutʃi'tu:ra] *f* **1.** *(riparazione)* Flicknaht *f;* **2.** *fig pej* Stückwerk *n.*

ricuocere [-'ku̯ɔ:tʃere] ‹*irr*› *tr* **1.** *(cibo)* aufkochen; **2.** *(metallo)* glühen.

ricuperare [rikupe'ra:re] *tr* **1.** *(riacquistare)* wiedererlangen, wiedererhalten; *(salute a.)* zurückgewinnen; *(tempo)* aufholen; *(vista, parola)* wiedererlangen; **2.** *(naufraghi)* bergen; **3.** *(minorato, ex-carcerato)* wiedereingliedern; **4.** *sport (partita)* nachholen; **5.** *fin* eintreiben. **ricupero** [ri'ku:pero] *m* **1.** *(riacquisto)* Wiedererlangung *f; (di tempo)* Aufholen *n;* **2.** *(di nave)* Bergung *f;* **3.** *(di minorato, ex-carcerato)* Wiedereingliederung *f;* **4.** *fin* Eintreiben *n;* **5.** *(oggetto)* geborgener Gegenstand; **6.** *sport* Nachholspiel *n.*

ricurvo, -a [ri'kurvo] *a* gebogen; *(dorso, vecchio)* gebeugt.

ricusare [riku'za:re] *geh* **I.** *tr* verweigern; *(a. persona)* ablehnen; ~ **di fare qc** ablehnen, etw. zu tun; **II.** *rfl:* **-rsi** sich weigern; **-rsi di fare qc** sich weigern, etw. zu tun.

ridacchiare [ridak'ki̯a:re] ‹ridacchio, ridacchi› *itr* (hämisch) kichern.

ridanciano, -a [ridan'tʃa:no] *a* lustig, vergnügt.

ridare [-'da:re] ‹*irr*› **I.** *tr* **1.** *(dare di nuovo)* wieder geben; **2.** *(restituire)* zurückgeben, wiedergeben; **dagli e ridagli** *fam* nach langem Hin und Her; **II.** *itr dial* **1.** *(manifestarsi ancora)* wieder auftreten; **2.** *(capitare di nuovo)* wieder geraten; ~ **fuori** *fam* brechen *fam.*

ridarella [rida'rɛlla] *f fam* Lachkrampf *m; (voglia di ridere)* Lachreiz *m.*

ridda ['ridda] *f* **1.** *fig* Gewirr *n,* Durcheinander *n;* **2.** *(ballo)* Reigen *m.*

ridente [ri'dɛnte] *a* heiter.

ridere ['ri:dere] ‹rido, risi, riso› **I.** *itr* lachen; ~ **fino alle lacrime** Tränen lachen; **fare per** ~ *fam* zum Spaß tun; **farsi** ~ **dietro** *fam* sich lächerlich machen; **ma non farmi** ~**!** *fam* daß ich nicht lache!; **è una cosa da far** ~ **i polli** *fam* da lachen ja die Hühner *fam;* **non c'è nulla da** ~ das ist ernst, das ist nicht zum Lachen; **chi ride il venerdì, piange la domenica** *prov* den Vogel, der am Morgen pfeift, frißt am Abend die Katze *prov;* **ride ben chi ride l'ultimo** *prov* wer zuletzt lacht, lacht am besten *prov;* **II.** *rfl:* **-rsi 1.** *(burlarsi)* sich lustig machen (*di* über); **2.** *fam (infischiarsene)* pfeifen *fam* (*di* auf).

ridicolaggine [ridiko'laddʒine] *f* Lächerlichkeit *f.*

ridicolizzare [ridikolid'dzare] *tr* lächerlich machen.

ridicolo, -a [ri'di:kolo] **I.** *a* lächerlich; **II.** *m* Lächerlichkeit *f,* Lächerliche(s) *n;* **cadere nel** ~ sich lächerlich machen; **mettere** (*o.* **porre) qu/qc in** ~ jdn/etw. lächerlich machen; **volgere una cosa al** ~ etw. ins Lächerliche ziehen.

ridimensionamento [-dimensi̯ona'mento] *m* **1.** *(di industria, azienda)* Wiederanpassung *f,* Neuanpassung *f;* **2.** *(di persona, situazione)* Neubeurteilung *f.* **ridimensionare** [...'na:re] **I.** *tr* wiederanpassen, neu anpassen; **ridimensioniamo la situazione** sehen wir die Situation doch im rechten Licht; **quella ragazza va un po' ridimensionata** dieses Mädchen muß ein wenig zurechtgewiesen werden; **II.** *rfl:* **-rsi** sich wieder auf das rechte Maß beschränken.

ridire [-'di:re] ‹*irr*› *tr* **1.** *(dire di nuovo)* wieder sagen, wiederholen; **2.** *(riferire)* weitererzählen, weitersagen; **3.** *(poesia, lezione)* aufsagen; **4.** *(rispondere)* erwidern; **5.** *(criticare)* einwenden, aussetzen.

ridistribuzione [-distribut'tsi̯o:ne] *f* Neuverteilung *f.*

ridiventare [-diven'ta:re] *itr* ‹*essere*› wieder werden.

rido ['ri:do] *1. pers sing pr di* **ridere.**

ridomandare [-doman'da:re] *tr* **1.** *(nome, le stesse cose)* erneut fragen; **2.** *(domandare in restituzione)* zurück-, wiederverlangen.

ridonare [-do'na:re] *tr* **1.** *(fiducia, libertà, etc.)* wiedergeben; **2.** *(donare a sua volta)* zurückschenken.

ridondante [ridon'dante] *a* redundant. **ridondanza** [...'dantsa] *f* Redundanz *f.*

ridosso [-'dɔsso] *m* Schutzwall *m;* **a** ~ **di** *fig* unmittelbar hinter *acc o. dat.*

ridotta [ri'dotta] *f* Schanze *f,* Redoute *f.*

ridotto, -a [ri'dotto] **I.** *pp di* **ridurre; II.** *a* verkleinert, reduziert, vermindert; *(prezzi)* herabgesetzt; **essere** ~ **in pezzi** (*o.* **a brandelli**) ganz kaputt sein; **III.** *m* **1.** *theat* Foyer *n;* **2.** *(opera fortificata)* Schanze *f,* Redoute *f.*

riducente [ridu'tʃɛnte] **I.** *a* reduzierend; **II.** *m* Reduktionsmittel *n.* **ridu-**

cibile [...ˈtʃiːbile] *a* reduzierbar; **il bambino non è ~ all'obbedienza** das Kind kann nicht zum Gehorsam gebracht werden.

ridurre [riˈdurre] ⟨riduco, ridussi, ridotto⟩ **I.** *tr* **1.** *(diminuire)* verringern; *(prezzi)* herabsetzen, senken; *(tasse)* senken; **2.** *mat* reduzieren; *(frazione)* kürzen; **3.** *(nel disegno)* umskalieren; **4.** *(costringere)* zwingen; **5.** *(far diventare)* machen zu, werden lassen; **6.** *(portare)* bringen zu; **7.** *(adattare)* bearbeiten; **8.** *chem* reduzieren; **9.** *med* richten; **10.** *(ricondurre)* zurückführen; **~ in polvere** zu Staub machen; **~ qu alla disperazione/ragione** jdn zur Verzweiflung/zur Vernunft bringen; **~ una frazione ai minimi termini** einen Bruch kürzen; **essere ridotto a fare qc** gezwungen sein, etw. zu tun; **II.** *rfl:* **-rsi 1.** *(diventare)* werden, sich bringen, sich machen; **2.** *(restringersi)* abnehmen, zusammenschmelzen; **3.** *(rifugiarsi)* sich zurückziehen; **-rsi male** herunterkommen. **riduttore, -trice** [riduttˈtoːre] **I.** *a* reduzierend, Reduktions-; **II.** *m, f* Bearbeiter(in) *m(f);* **III.** *m phys:* **~ di corrente** Transformator *m;* **~ di pressione** Druckminderer *m.* **riduzione** [riduttˈtsi̯oːne] *f* **1.** *(diminuzione)* Senkung *f,* Herabsetzung *f,* Verminderung *f;* **2.** *(adattamento)* Bearbeitung *f;* **3.** *(assoggettamento)* Zurückführung *f;* **4.** *med* Einrenken *n,* Richten *n;* **5.** *mat* Kürzung *f,* Kürzen *n;* **6.** *chem* Reduktion *f;* **7.** *(di disegno)* Umskalierung *f.*

riecco [-ˈɛkko] *adv fam* da (*o.* hier) ... wieder; **rieccoti qui!** da bist du ja wieder!

riecheggiare [-ekedˈdʒaːre] **I.** *itr* ⟨*essere*⟩ widerhallen, zurückschallen; **II.** *tr* ⟨*avere*⟩ **1.** *(eco)* zurückwerfen; **2.** *fig* anklingen lassen, denken lassen an.

riedizione [-editˈtsi̯oːne] *f* **1.** *lit* Neuauflage *f;* **2.** *theat, film* Remake *n.*

rieducare [-eduˈkaːre] *tr* **1.** *(persone)* umerziehen, umschulen; *med* rehabilitieren; **2.** *(braccio, gamba)* wieder trainieren, wieder beweglich machen. **rieducazione** [...katˈtsi̯oːne] *f* Umerziehen *n,* Umschulung *f; med* Rehabilitation *f.*

rielaborare [-elaboˈraːre] *tr* wieder ausarbeiten, neubearbeiten, nachbereiten. **rielaborazione** [...ratˈtsi̯oːne] *f* Neubearbeitung *f.*

rieleggere [-eˈlɛddʒere] ⟨*irr*⟩ *tr* wiederwählen. **rielezione** [-eletˈtsi̯oːne] *f* Wiederwahl *f.*

riemergere [-eˈmɛrdʒere] ⟨*irr*⟩ *itr* ⟨*essere*⟩ **1.** *(tornare alla superficie)* wieder auftauchen; **2.** *fig* wieder auftreten.

riempimento [-empiˈmento] *m* (Auf)füllen *n,* Füllung *f; (di modulo, etc.)* Ausfüllen *n.* **riempire** [-emˈpiːre] **I.** *tr* **1.** *(bicchiere, sacco)* (auf)füllen; **2.** *(modulo)* ausfüllen; *(foglio)* beschreiben; **3.** *fig* erfüllen; **II.** *rfl:* **-rsi 1.** *fam (mangiare troppo)* sich *(dat)* vollschlagen *fam;* **2.** *(diventare pieno)* sich füllen (*di* mit). **riempitivo, -a** [-empiˈtiːvo] **I.** *a* füllend, Füll-; **II.** *m* **1.** *(integrativo)* Füllsel *n,* Füllmittel *n; (parola)* Füllwort *n;* **2.** *fig* Lückenbüßer *m.*

rientrante [-enˈtrante] **I.** *a* zurückspringend, zurücktretend; *(guance)* hohl; **II.** *m* einspringender Winkel. **rientranza** [-enˈtrantsa] *f* Vertiefung *f,* Einbuchtung *f.*

rientrare [-enˈtraːre] *itr* ⟨*essere*⟩ **1.** *(entrare di nuovo)* wieder hineingehen, wieder eintreten, zurückkehren; **2.** *(tornare)* zurückkommen, -kehren; *(a casa)* heimkommen; **3.** *(restringersi)* einlaufen; **4.** *(presentare concavità)* zurücktreten, zurückspringen; **5.** *(essere compreso)* hineingehören, dazugehören; **~ in sé** wieder zu sich *(dat)* kommen; **~ in gioco** das Spiel wiederaufnehmen; **~ nelle spese** auf seine Kosten kommen. **rientro** [-ˈentro] *m* Rückkehr *f; (a casa)* Heimkehr *f.*

riepilogare [-epiloˈgaːre] ⟨riepilogo, riepiloghi⟩ *tr* zusammenfassen, rekapitulieren. **riepilogo** [-eˈpiːlogo] *m* Zusammenfassung *f.*

riesame [-eˈzaːme] *m* erneute (Über)prüfung.

riessere [-ˈɛssere] ⟨*irr*⟩ *itr* ⟨*essere*⟩ *fam* wieder sein; **dobbiamo ~ a casa prima delle sette** wir müssen vor sieben Uhr wieder zu Hause sein; **ci risiamo!** *fig fam* schon wieder!

riesumare [-ezuˈmaːre] *tr* (wieder) ausgraben; *(cadavere)* exhumieren.

rievocare [-evoˈkaːre] *tr* wieder wachrufen. **rievocativo, -a** [...kaˈtiːvo] *a* Gedenk-, Erinnerungs-. **rievocazione** [...katˈtsi̯oːne] *f* **1.** *(il rievocare)* Wachrufen *n;* **2.** *(commemorazione)* Nachruf *m,* Gedenkrede *f.*

rifacimento [-fatʃiˈmento] *m* Neuerstellung *f; (opera rifatta)* Neufassung *f.* **rifare** [-ˈfaːre] ⟨*irr*⟩ **I.** *tr* **1.** *(esame, tentativo, compito)* wiederholen, neu machen; **2.** *(stanza)* in Ordnung bringen, aufräumen; *(letto)* machen; **3.** *(imitare)* nachmachen, nachahmen, imitieren; **4.** *(compensare)* entschädigen; **5.** *gastr* neu zubereiten; **6.** *(rileggere)* wieder machen zu; **7.** *(compiere un'altra volta)* wiederholen, erneut tun; **~ i danni/le spese a qu, ~ qu dei danni/delle spese** jdn für die Schäden/Ausgaben entschädigen; **II.** *rfl:* **-rsi 1.** *(diventare nuovamente)* wieder werden; **2.** *(ristabilirsi)* sich wieder erholen; *med* wieder gesund werden; *(tempo)* sich bessern, wieder schön werden; **3.** *(prendersi la rivincita)* sich entschädigen (*di* für); *(vendicarsi)* sich rächen (*di* für); **4.** *(cominciare)* beginnen (*da* bei), anfangen (*da* mit), zurückgehen (*da* zu); **-rsi l'occhio/la bocca** sich an dem Anblick/Geschmack erfreuen; **-rsi da zero** bei Null anfangen; **rifarsela con qu** *fam* sich mit jdm anlegen; **mi sono rifatto** *fam* ich habe mich schadlos gehalten; **non so da che parte rifarmi** *fam* ich weiß nicht, wie ich es anfangen soll.

riferimento [riferiˈmento] *m* **1.** *(relazione)* Bezug *m;* **2.** *(richiamo)* Verweis *m* (*a* auf), Hinweis *m* (*a* auf); **punto di ~** Bezugspunkt *m; (fig a.)* Anhaltspunkt *m; fare ~ a* Bezug nehmen auf; **in** (*o.* **con**) **~ alla Vostra del ...** *adm* Bezug nehmend (*o.* mit Bezug) auf Ihr Schreiben vom ... *adm.* **riferire** [...ˈri:re] ‹riferisco› **I.** *tr* **1.** *(riportare)* berichten, mitteilen; **2.** *(ascrivere)* zuschreiben; **3.** *(mettere in relazione)* beziehen (*a* auf); **II.** *rfl:* **-rsi 1.** *(mettersi in relazione)* Bezug nehmen (*a* auf), sich beziehen (*a* auf); **2.** *(alludere)* anspielen (*a* auf); **III.** *itr* vortragen (*su qc* etw.), Bericht erstatten (*su* über).

riffa [ˈriffa] *f tosc* Gewalt *f;* **di ~ o di raffa** *fam* so oder so, wohl oder übel; *(volere, etc.)* um jeden Preis.

rifiatare [-fi̯aˈta:re] *tr* **1.** *(riprender fiato)* atmen; **2.** *(replicare)* erwidern; **3.** *fig* aufatmen.

rificolona [rifikoˈlo:na] *f* Lampion *m,* Laterne *f.*

rifilare [-fiˈla:re] *tr* **1.** *fam (affibbiare)* andrehen *fam,* verpassen *fam;* **2.** *(orlo)* genau abschneiden.

rifinire [-fiˈni:re] *tr* vollenden. **rifinitezza** [-finiˈtettsa] *f* Vollendung *f.* **rifinitura** [...ˈtu:ra] *f* **1.** *(di lavoro)* Vollendung *f,* Vervollkommnung *f;* **2.** *(guarnizione)* Garnitur *f.*

rifiorimento [-fi̯oriˈmento] *m* Wiederaufblühen *n.* **rifiorire** [...ˈri:re] *itr* ‹*essere*› **1.** *(tornare a fiorire)* wieder erblühen; **2.** *fig* wiederaufblühen; **3.** *(riapparire)* wieder auftreten. **rifioritura** [...riˈtu:ra] *f* **1.** *bot* Wiederblühen *n;* **2.** *fig (di prosperità, etc.)* Wiederaufblühen *n;* **3.** *(ricomparsa)* Wiederauftreten *n; (macchia)* Fleck *m.*

rifischiare [-fisˈki̯a:re] *tr* **1.** *(fischiare di nuovo)* wieder pfeifen; **2.** *(fischiare in risposta)* zurückpfeifen; **3.** *fam (fare la spia)* verpfeifen *fam.*

rifiutare [rifi̯uˈta:re] **I.** *tr* **1.** *(non accettare)* ablehnen, zurückweisen; **2.** *(negare)* verweigern (*qc a qu* jdm etw.); **~ di fare qc** sich weigern, etw. zu tun; **II.** *rfl:* **-rsi** sich weigern (*di fare qc* etw. zu tun). **rifiuto** [riˈfi̯u:to] *m* **1.** *(negazione del consenso)* Ablehnung *f,* Absage *f,* (Ver)weigerung *f;* **2.** ‹*pl*› *(immondizie)* Abfall *m,* Müll *m;* **3.** *(scarto)* Abfall *m,* Ausschuß *m;* **4.** *fig* Abschaum *m;* **-i nucleari** (*o.* **radioattivi**) Atommüll *m,* radioaktiver Abfall; **-i tossici** Giftmüll *m;* **-i della società** Abschaum *m* der Gesellschaft; **acque di ~** Abwässer *n pl;* **merce di ~** Ausschußware *f.*

riflessi [riˈflɛssi] *1. pers sing del passato remoto di* **riflettere.**

riflessione [riflesˈsi̯o:ne] *f* **1.** *(considerazione)* Überlegung *f;* **2.** *phys* Reflexion *f.* **riflessivo, -a** [...ˈsi:vo] *a* **1.** *(persona, mente)* nachdenklich; *(ponderato)* besonnen; **2.** *gram* reflexiv, Reflexiv-, rückbezüglich.

riflesso, -a [riˈflɛsso] **I.** *pp di* **riflettere; II.** *a* **1.** *(raggio, luce, immagine)* reflektiert, widergespiegelt; *(rispecchiato)* Spiegel-; **2.** *(atto, risposta)* überlegt; **3.** *(moto, atto)* Reflex-; **III.** *m* **1.** *(efficacia)* Reflex *m;* **2.** *(luce)* Widerschein *m; (rispecchiamento)* Spiegelung *f;* **3.** *med* Reflex *m;* **di** (*o.* **per**) **~** *fig* indirekt.

riflettere [riˈflɛttere] ‹rifletto, riflessi *o.* riflettei, riflesso *o.* riflettuto› **I.** *tr* **1.** *phys* reflektieren; **2.** *(rimandare)* zurückwerfen, widerspiegeln; **3.** *fig* spiegeln, widerspiegeln; **II.** *itr* überlegen, nachdenken (*su* über); **III.** *rfl:* **-rsi 1.** *(specchiarsi)* sich (wider)spiegeln; **2.** *fig (ripercuotersi)* sich widerspiegeln (*su* in), sich zeigen (*su* in); **3.** *fig (influire)* sich auswirken (*su* auf). **riflettore** [riflet'to:re] *m* **1.** *el* Scheinwerfer *m;* **2.** *radio, opt* Reflektor *m.* **riflettuto** [...ˈtu:to] *pp di* **riflettere.**

rifluire [-fluˈi:re] *itr* ‹*essere*› **1.** *(tornare a scorrere)* wieder fließen; **2.** *(fluire indietro)* zurückfließen, -strömen; **3.** *fig (tornare indietro)* zurückströmen. **riflusso** [-ˈflusso] *m* **1.** *(flusso di ritorno)* Rückfluß *m;* **2.** *(del mare)*

Ebbe *f;* **3.** *fig (di persone, etc.)* Zurückströmen *n.*

rifocillare [-fotʃil'la:re] **I.** *tr* stärken; **II.** *rfl:* **-rsi** sich stärken.

rifondere [-'fondere] ⟨*irr*⟩ *tr* **1.** *(statua, metallo)* erneut schmelzen; **2.** *fig (danni, spese)* ersetzen, vergüten; **3.** *lit (scritto)* umformen, umformulieren.

riforma [-'forma] *f* **1.** *gener.* Umgestaltung *f;* **2.** *gener., pol* Reform *f;* **3.** *rel* Reformation *f;* **4.** *mil* Ausmusterung *f.* **riformare** [...'ma:re] **I.** *tr* **1.** *(formare di nuovo)* neu bilden, wieder bilden; **2.** *(sottoporre a riforma)* umgestalten; *pol, rel* reformieren; **3.** *mil* ausmustern; **~ i connotati a qu** *scherz* jdn zusammenschlagen; **II.** *rfl:* **-rsi** sich wieder bilden. **riformato, -a** [...'ma:to] **I.** *a* reformiert; **II.** *m, f rel* Reformierte(r) *mf;* **III.** *m mil* Untaugliche(r) *m.* **riformatore, -trice** [...ma'to:re] **I.** *a* reformierend, Reformations-; **II.** *m, f* Reformator(in) *m(f).*

riformatorio [-forma'tɔ:ri̯o] ⟨-i⟩ *m* Erziehungsheim *n.*

riformatrice *f v.* **riformatore.**

riformismo [-for'mizmo] *m* Reformismus *m.* **riformista** [...'mista] ⟨-i *m,* -e *f*⟩ **I.** *mf* Reformist(in) *m(f);* **II.** *a* reformistisch, reformerisch. **riformistico, -a** [...'mistiko] ⟨-ci, -che⟩ *a* reformistisch.

rifornimento [-forni'mento] *m* **1.** *(operazione)* Versorgung *f;* **2.** ⟨*pl*⟩ *(viveri)* Vorräte *m pl;* **3.** *mil* Nachschub *m;* **fare ~ di benzina** tanken. **rifornire** [...'ni:re] **I.** *tr* versorgen (*di* mit), ausstatten (*di* mit); **II.** *rfl:* **-rsi** sich versorgen (*di* mit).

rifrangenza [-fran'dʒɛntsa] *f* Brechung *f.* **rifrangere** [-'frandʒere] ⟨*irr*⟩ **I.** *tr* brechen; **II.** *rfl:* **-rsi 1.** *phys* sich brechen; **2.** *(infrangersi)* sich brechen; *(rompere)* zerbrechen. **rifrazione** [-frat'tsi̯o:ne] *f* Brechung *f,* Refraktion *f.*

rifreddo, -a [-'freddo] **I.** *a* kalt; **II.** *m* kaltes Gericht.

rifriggere [-'friddʒere] ⟨*irr*⟩ *tr* **1.** *gastr* wieder braten; **2.** *fig fam* aufwärmen *fam.*

rifuggire [-fud'dʒi:re] *itr* ⟨*essere*⟩ **1.** *(fuggire di nuovo)* wieder flüchten; **2.** *(evitare)* meiden (*da qc/qu* etw./jdn).

rifugiarsi [rifu'dʒarsi] ⟨mi rifugio, ti rifugi⟩ *rfl* (sich) flüchten. **rifugiato, -a** [rifu'dʒa:to] **I.** *a* geflüchtet; **II.** *m, f* Flüchtling *m.* **rifugio** [ri'fu:dʒo] ⟨-gi⟩ *m* **1.** *(riparo)* Zuflucht *f; (difesa)* Schutz *m;* **2.** *mil* Bunker *m,* Luftschutzraum *m,* -keller *m;* **3.** *(ambiente)* Zufluchtsort *m;* **4.** *fig* Trost *m,* Rettung *f;* **~ alpino** Schutz-, Berghütte *f;* **~ antiatomico** Atomschutzbunker *m.*

rifulgere [-'fuldʒere] ⟨rifulgo, rifulgi, rifulsi, rifulso⟩ *itr poet* erstrahlen, leuchten; *(fig a.)* glänzen.

rifusione [-fu'zi̯o:ne] *f* **1.** *(risarcimento)* Entschädigung *f,* Ausgleich *m; (di danni)* Ersatz *m;* **2.** *(nuova fusione)* Umschmelzung *f,* Umarbeitung *f.*

riga ['ri:ga] ⟨-ghe⟩ *f* **1.** *(linea)* Linie *f,* Strich *m; (di tessuto, etc. a.)* Streifen *m;* **2.** *(di scritto)* Zeile *f;* **3.** *(di persone, cose)* Reihe *f;* **4.** *(di capelli)* Scheitel *m;* **5.** *(asticella)* Lineal *n;* **carta/quaderno a -ghe** lini(i)ertes Papier/Heft; **leggere fra le -ghe** *fig* zwischen den Zeilen lesen; **mettersi in ~** sich in Reih und Glied aufstellen; **mettersi in ~ coi tempi** *fig* sich den Zeiten anpassen; **rompere le -ghe** *mil, sport* die Reihen auflösen, wegtreten; **uscire dalla ~** *fig* aus dem Rahmen fallen; **rimettersi in ~** sich wieder fügen.

rigaglie [ri'gaʎʎe] *f pl* Hühner- (*o.* Gänse)klein *n.*

rigagnolo [ri'gaɲɲolo] *m* Rinnsal *n.*

rigare [ri'ga:re] ⟨rigo, righi⟩ **I.** *tr* lini(i)eren; **le lacrime le rigavano il viso** die Tränen liefen über ihr Gesicht; **II.** *itr:* **rigar diritto** spuren *fam.*

rigatoni [riga'to:ni] *m pl* Rigatoni *pl (kurze, dicke Röhrennudeln).*

rigattiere [rigat'ti̯ɛ:re] *m* Altwarenhändler *m.*

rigatura [riga'tu:ra] *f* **1.** *(di foglio, quaderno, pagina)* Lin(i)ierung *f;* **2.** *(di fucile, etc.)* Drall *m.*

rigenerare [-dʒene'ra:re] **I.** *tr* **1.** *(far ricrescere)* wieder hervorbringen; **2.** *biol* regenerieren; **3.** *(ricostituire)* wiederherstellen; **4.** *tec* wiederaufbereiten; **II.** *rfl:* **-rsi 1.** *biol* sich regenerieren; **2.** *fig* zu neuem Leben erwachen. **rigenerativo, -a** [...ra'ti:vo] *a* regenerativ, Regenerations-. **rigenerato, -a** [...'ra:to] **I.** *a* wiederaufbereitet; **II.** *m* Regenerat *n.* **rigeneratore, -trice** [...ra'to:re] **I.** *a* wiederherstellend, erneuernd; **II.** *m, f* Wiederhersteller(in) *m(f),* Erneuerer *m,* Erneuerin *f.* **rigenerazione** [...rat'tsi̯o:ne] *f* **1.** *biol* Regeneration *f;* **2.** *rel* Wiedergeburt *f;* **3.** *fig* Erneuerung *f;* **4.** *tec* Wiederaufbereitung *f.*

rigettare [-dʒet'ta:re] **I.** *tr* **1.** *(gettare indietro)* zurückwerfen; **2.** *(respingere)* ablehnen, verwerfen; **3.** *bot* sprießen; **4.** *fam (vomitare)* brechen *fam;* **5.** *(gettare nuovamente)* wieder werfen; **II.** *rfl:* **-rsi 1.** *(gettarsi di nuovo)* sich wieder werfen; **2.** *fig* wieder auftauchen. **rigetto** [-ˈdʒɛtto] *m* **1.** *med* Abstoßung *f;* **2.** *jur, fig* Ablehnung *f.*

righello [riˈgɛllo] *m* Lineal *n.*

rigidezza [ridʒiˈdettsa] *f* **1.** *(rigore)* Härte *f; (a. del clima)* Rauheit *f;* **2.** *(severità)* Strenge *f;* **3.** *phys* Starrheit *f,* Festigkeit *f.* **rigidità** [...diˈta] ‹-› *f* **1.** *(del clima)* Rauheit *f;* **2.** *fig* Starrheit *f; (severità)* Strenge *f,* Härte *f;* **3.** *med* Steifheit *f,* Starre *f;* **~ cadaverica** Leichenstarre *f.* **rigido, -a** [ˈri:dʒido] *a* **1.** *(colletto, cappello, braccio)* steif; **2.** *(clima)* rauh; *(inverno)* streng; **3.** *fig (severo)* streng, hart; **4.** *(offerta)* starr.

rigirare [-dʒiˈra:re] **I.** *tr* **1.** *(girare più volte)* wieder wenden, wieder drehen; **2.** *(percorrere)* durchstreifen, laufen durch; **3.** *(profitto)* wieder investieren, reinvestieren; *(assegno)* wieder indossieren; **4.** *fig* (anders) handhaben; **~ il discorso/una questione** der Rede/einer Frage eine andere Wendung geben; **saperla ~** *fam* es deichseln können *fam;* **lo rigira come vuole** *fam* er (*o.* sie) wickelt ihn um den (kleinen) Finger; **II.** *itr* umherlaufen; **gira e rigira** *fam* wie man es auch dreht und wendet; **III.** *rfl:* **-rsi** sich (wieder) umdrehen; *(nel letto a.)* sich wälzen.

rigiro [-ˈdʒi:ro] *m* ‹*di solito al pl*› **1.** *(imbroglio)* Machenschaften *f pl; (di parole)* Umschweife *pl;* **2.** *(giro ripetuto)* Drehung *f,* Wendung *f.*

rigo [ˈri:go] ‹-ghi› *m gener., mus* Linie *f; (di scrittura)* Zeile *f.*

rigoglio [riˈgoʎʎo] ‹-gli› *m* **1.** *bot* Wuchern *n;* **2.** *fig* Blüte *f.* **rigoglioso, -a** [...ˈʎo:so] *a* **1.** *bot* wuchernd; **2.** *fig* blühend, üppig.

rigonfiamento [-gonfi̯aˈmento] *m* **1.** *(parte rigonfia)* Schwellung *f;* **2.** *(il gonfiare)* erneutes Anschwellen. **rigonfiare** [...ˈfi̯a:re] **I.** *tr* ‹*avere*› aufpumpen; **II.** *itr* ‹*essere*› *aufgehen;* **III.** *rfl:* **-rsi** wieder anschwellen. **rigonfio, -a** [-ˈgonfi̯o] **I.** *a* **1.** *(occhio)* geschwollen; *(ginocchio a.)* angeschwollen; **2.** *fig* angefüllt (*di* mit); *pej* aufgeblasen; **II.** *m* Schwellung *f.*

rigore [riˈgo:re] *m* **1.** *gener.* Strenge *f,* Härte *f;* **2.** *(del clima)* Strenge *f,* Rauheit *f;* **arresti di ~** verschärfter Arrest; **di ~** unerläßlich; *sport* Straf-; **a stretto ~** streng nach den Vorschriften; **a rigor di logica/termini** logischerweise/buchstäblich. **rigorismo** [rigoˈrizmo] *m* Rigorismus *m.*

rigorista [...ˈrista] ‹-i *m,* -e *f*› *mf* **1.** *(persona intransigente)* unerbittlicher Mensch, Rigorist(in) *m(f);* **2.** *sport* Elfmeterschütze *m,* -schützin *f.* **rigorosità** [...rosiˈta] ‹-› *f* Rigorosität *f,* Unerbittlichkeit *f.* **rigoroso, -a** [...ˈro:so] *a* **1.** *(severo)* streng, hart; *(persona a.)* unerbittlich; *(norma, etc. a.)* rigoros; **2.** *(preciso)* rigoros, genau.

rigovernare [-goverˈna:re] *tr* **1.** *(piatti)* spülen, abwaschen; **2.** *(animali)* versorgen. **rigovernatura** [...naˈtu:ra] *f* **1.** *(azione)* Spülen *n;* **2.** *(acqua sporca)* Spülwasser *n.*

riguadagnare [-gu̯adaɲˈɲare] *tr* **1.** *(ricuperare)* wiedergewinnen; *(tempo)* wieder auf-, einholen; **2.** *(somma)* wieder verdienen.

riguardare [-gu̯arˈda:re] **I.** *tr* **1.** *(rivedere)* durchsehen, überprüfen; **2.** *(concernere)* angehen, betreffen; **3.** *(considerare)* betrachten; **4.** *(guardare di nuovo)* wieder schauen; **5.** *(guardare indietro)* zurückschauen; **II.** *rfl:* **-rsi 1.** *(aver riguardo di sé)* sich vorsehen (*da* vor), sich hüten (*da* vor); **2.** *(aver cura della propria salute)* sich schonen. **riguardata** [...ˈda:ta] *f* Durchsicht *f;* **dare una ~ a qc** etw. kurz durchsehen.

riguardo [-ˈgu̯ardo] *m* **1.** *(cura)* Rücksicht *f* (*di* auf), Aufmerksamkeit *f;* **2.** *(sollecitudine)* Bemühung(en *pl*) *f;* **3.** *(rispetto)* Achtung *f;* **4.** *(relazione)* Bezug *m,* Zusammenhang *m;* **ospite di ~** Ehrengast *m;* **persona di ~** angesehene Person; **nei -i di, ~ a** in bezug auf, was ... betrifft. **riguardoso, -a** [...ˈdo:so] *a* respektvoll, aufmerksam, rücksichtsvoll.

rigurgitare [rigurdʒiˈta:re] **I.** *itr* ‹*essere o. avere*› **1.** *(liquidi)* überquellen; **2.** *fig (persone)* wimmeln; **II.** *tr* ‹*avere*› speien. **rigurgito** [riˈgurdʒito] *m* **1.** *(di fogna, fiume, canale)* Überquellen *n;* **2.** *med* Ausstoß *m* (aus dem Magen); **3.** *fig* Schwall *m.*

rilanciare [-lanˈtʃa:re] **I.** *tr* **1.** *(palla, sasso)* zurückwerfen, wieder werfen; **2.** *fig* wieder lancieren; **3.** *(nel poker)* erhöhen; **4.** *com (offerta)* überbieten; **II.** *rfl:* **-rsi** sich wieder werfen. **rilancio** [-ˈlantʃo] *m* **1.** *(di pallone)* Rückwurf *m;* **2.** *fig* Lancierung *f;* **3.** *com (di offerta)* Überbieten *n;* **4.** *(nel poker)* Erhöhung *f;* **~ economico** Wirtschaftsaufschwung *m.*

rilasciamento [-laʃʃaˈmento] *m* Entspannung *f.* **rilasciare** [...ˈʃa:re] **I.** *tr*

1. *adm* ausstellen; 2. *(muscoli, nervi)* entspannen; 3. *(prigioniero)* freilassen; II. *rfl:* **-rsi** 1. *(lasciarsi di nuovo)* sich wieder lassen; 2. *(distendersi)* sich entspannen. **rilascio** [-'laʃʃo] ‹-sci› *m* 1. *adm* Ausstellung *f;* 2. *(restituzione di libertà)* Freilassung *f.*

rilassamento [rilassa'mento] *m* 1. *(di muscoli, nervi)* Entspannung *f;* 2. *(dei costumi)* Lockerung *f.* **rilassare** [...'sa:re] I. *tr* 1. *(muscoli, nervi)* entspannen; 2. *(disciplina, sorveglianza)* lockern; II. *rfl:* **-rsi** 1. *(distendersi)* sich entspannen; 2. *(scadere)* sich lockern. **rilassatezza** [...sa'tettsa] *f* Lockerung *f.*

rilegare [-le'ga:re] *tr* 1. *(libro)* binden; 2. *(incastonare)* fassen; 3. *(pacco, scarpa)* neu zubinden; ~ **in brossura** broschieren. **rilegatore, -trice** [-lega'to:re] *m, f* Buchbinder(in) *m(f).* **rilegatura** [...'tu:ra] *f* 1. *(operazione)* Binden *n;* 2. *(copertura)* Einband *m.*

rileggere [-'lɛddʒere] ‹*irr*› *tr* wieder lesen; *(rivedere)* durchlesen.

rilento [-'lɛnto] **: a** ~ *adv* langsam.

rilevabile [-le'va:bile] *a* entnehmbar.

rilevamento [-leva'mento] *m* 1. *(determinazione sistematica)* Erhebung *f;* 2. *(topografico)* Aufnahme *f;* 3. *naut* Peilung *f;* 4. *(di negozio)* Übernahme *f;* 5. *(sostituzione)* Ablösung *f.*

rilevante [-le'vante] *a* relevant, bedeutend.

rilevare [-le'va:re] I. *tr* 1. *(mettere in evidenza)* hervorheben; 2. *(arguire)* entnehmen; 3. *(raccogliere)* erheben, feststellen; 4. *(azienda, negozio)* übernehmen; 5. *(liberare da responsabilità)* befreien, entbinden; 6. *(sostituire)* ablösen; 7. *(andare a prendere)* abholen; 8. *(compiere rilevamento topografico)* aufnehmen, vermessen; 9. *(formare in rilievo)* reliefartig hervorheben; II. *itr* vorstehen; III. *rfl:* **-rsi** sich erheben. **rilevato, -a** [-le'va:to] I. *a* erhaben, vorstehend; II. *m* 1. *(rilievo del terreno)* Damm *m;* 2. *(tratto di strada)* (Fahr)damm *m.* **rilevazione** [-levat'tsi̯o:ne] *f* Erhebung *f.*

rilievo [ri'li̯ɛ:vo] *m* 1. *geog* Relief *n,* Erhebung *f;* 2. *(scultura)* Relief *n;* 3. *fig (importanza)* Bedeutung *f;* 4. *(rilevamento)* Erhebung *f; (topografico)* Vermessung *f;* 5. *(osservazione)* Bemerkung *f,* Anmerkung *f;* **mettere in ~ qc, dar ~ a qc** etw. hervorheben, etw. herausstreichen, etw. betonen; **in** ~ erhaben; **ricamo/fotografia in** ~ Reliefstickerei *f*/-aufnahme *f.*

riloga [ri'lɔ:ga] ‹-ghe› *f* Vorhangschiene *f.*

rilucente [-lu'tʃɛnte] *a* glänzend.

rilucere [-'lu:tʃere] ‹riluce, rilusse, *senza pp*› *itr* glänzen.

riluttante [-lut'tante] *a* widerwillig, widerstrebend; **essere ~ a fare qc** etw. ungern tun. **riluttanza** [...'tantsa] *f* 1. *(ritrosia)* Abneigung *f,* Widerwille *m;* 2. *phys* magnetischer Widerstand, Reluktanz *f scient.*

riluttare [-lu'ta:re] *itr* widerstreben; ~ **a far qc** etw. ungern tun.

rima ['ri:ma] *f* Reim *m;* **-e** Verse *m pl;* ~ **accoppiata/baciata/alternata** Paarreim *m*/verschränkter Reim/Kreuzreim *m;* **far** ~ sich reimen; **dire qc in** ~ Fraktur reden *fam;* **rispondere per le -e** *fig* eine entsprechende Antwort geben.

rimandare [-man'da:re] *tr* 1. *(mandare indietro)* zurückschicken; 2. *(mandare di nuovo)* wieder schicken; 3. *(restituire)* zurückgeben; 4. *sport* zurückgeben, -spielen; 5. *(trasferire)* (ver)schicken; 6. *(dimettere)* entlassen, wegschicken; 7. *(differire)* verschieben; 8. *(alunno)* nicht versetzen; *(candidato)* durchfallen lassen; 9. *(fare riferimento)* verweisen (*a* auf). **rimando** [-'mando] *m* 1. *(riferimento, rinvio)* Verweis *m;* 2. *sport* Rückschuß *m,* Zurückschlagen *n;* 3. *(il rimandare)* Zurückschicken *n;* 4. *(dilazione)* Aufschub *m;* **di** ~ als Entgegnung.

rimaneggiamento [-manedd ʒa'mento] *m* Umarbeitung *f,* Umstellung *f.* **rimaneggiare** [...'dʒa:re] *tr* 1. *(lista, articolo)* umarbeiten, umstellen; 2. *(governo)* umbilden; 3. *typ* neu umbrechen.

rimanente [rima'nɛnte] I. *a* verbleibend, restlich, übrig; II. *mf* Verbleibende(r) *mf;* **i -i** die übrigen; III. *m* Rest *m.* **rimanenza** [...'nɛntsa] *f* Überschuß *m.*

rimanere [rima'ne:re] ‹rimango, rimasi, rimasto› *itr* ‹*essere*› 1. *(restare, fermarsi, durare)* bleiben; 2. *(essere situato)* liegen; 3. *(avanzare)* übrigbleiben; 4. *(convenire)* verbleiben; 5. *(restare)* bleiben; ~ **male/confuso/meravigliato** enttäuscht/verwirrt/erstaunt sein; ~ **a bocca aperta** mit offenem Mund dastehen; ~ **a corto di qc** mit etw. knapp sein; ~ **al verde** *fam* blank sein *fam;* ~ **indietro** zurückbleiben; **rimanerci** *fam* dabei draufgehen *fam.*

rimangiare [-man'dʒa:re] *tr* 1. *(man-*

giare di nuovo) wieder essen; **2.** *fig* zurücknehmen.

rimango [ri'maŋgo] *1. pers sing pr di* **rimanere.**

rimarcare [rimar'ka:re] *tr adm* bemerken, vermerken. **rimarchevole** [...'ke:vole] *a* bemerkenswert. **rimarco** [ri'marko] ⟨-chi⟩ *m* Bemerkung *f,* Vermerk *m.*

rimare [ri'ma:re] **I.** *itr* sich reimen; **II.** *tr* dichten.

rimarginare [-mardʒi'na:re] **I.** *tr* ⟨*avere*⟩ heilen; **II.** *itr* ⟨*essere*⟩, *rfl:* **-rsi** (ver)heilen.

rimaritare [-mari'ta:re] **I.** *tr* wieder heiraten; **II.** *rfl:* **-rsi** wieder heiraten.

rimasi [ri'ma:si *o.* ...a:zi] *1. pers sing del passato remoto di* **rimanere.**

rimasticare [-masti'ka:re] *tr* **1.** *(masticare di nuovo)* wieder (durch)kauen; **2.** *fig (offesa, etc.)* zu knabbern haben an *fam;* **3.** *(ripetere)* wiederkäuen.

rimasto [ri'masto] *pp di* **rimanere.**

rimasuglio [rima'suʎʎo] ⟨-gli⟩ *m pej* Überbleibsel *n.*

rimatore, -trice [rima'to:re] *m, f* Dichter(in) *m(f),* Poet(in) *m(f).*

rimbalzare [rimbal'tsa:re] *itr* ⟨*essere o. avere*⟩ **1.** *(palla)* abprallen, zurückprallen; **2.** *fig (notizia, etc.)* sich schnell verbreiten.

rimbalzello [-bal'tsɛllo] *m Steineschleudern über eine Wasserfläche.*

rimbalzino [-bal'tsi:no] *m Geschicklichkeitsspiel mit Münzen.*

rimbalzo [-'baltso] *m* Rückprall *m;* **di ~** indirekt.

rimbambimento [-bambi'mento] *m* Verblödung *f.* **rimbambire** [...'bi:re] ⟨rimbambisco⟩ *itr* ⟨*essere*⟩, *rfl:* **-rsi** kindisch werden; *fig* verblöden. **rimbambito, -a** [...'bi:to] **I.** *a* verblödet; *(vecchio)* senil; **II.** *m, f* Kindskopf *m.*

rimbeccare [-bek'ka:re] **I.** *tr* erwidern, entgegnen; **II.** *rfl:* **-rsi** einen Wortwechsel haben, sich *(dat)* Bissigkeiten sagen.

rimbecillire [-betʃil'li:re] ⟨rimbecillisco⟩ **I.** *itr* ⟨*essere*⟩ verblöden; **II.** *tr* ⟨*avere*⟩ **1.** *(rendere imbecille)* blöd machen; **2.** *(istupidire)* verdummen; **III.** *rfl:* **-rsi** verblöden, verdummen. **rimbecillito, -a** [...'li:to] **I.** *a* verblödet; **II.** *m, f* Blödian *m,* Dummkopf *m.*

rimbellire [-bel'li:re] *fam* **I.** *itr* ⟨*essere*⟩ schöner werden; **II.** *rfl:* **-rsi** sich verschönern.

rimboccare [-bok'ka:re] *tr* umschlagen; **-rsi le maniche** *(a. fig)* die Ärmel hochkrempeln. **rimboccatura** [...ka'tu:ra] *f* **1.** *(di lenzuolo, etc.)* Umschlag *m;* **2.** *(operazione)* Umschlagen *n.*

rimbombante [-bom'bante] *a* **1.** *(voce)* dröhnend; **2.** *fig* bombastisch.

rimbombare [-bom'ba:re] *itr* ⟨*essere o. avere*⟩ dröhnen. **rimbombo** [-'bombo] *m* Dröhnen *n.*

rimborsabile [-bor'sa:bile] *a* rückzahlbar. **rimborsare** [...'sa:re] *tr* zurückzahlen, (rück)erstatten. **rimborso** [-'borso] *m* Rückzahlung *f,* Erstattung *f.*

rimboscamento [-boska'mento] *m* Aufforstung *f.* **rimboscare** [...'ka:re] *tr* aufforsten.

rimboschimento [-boski'mento] *m* Aufforstung *f.* **rimboschire** [...'ki:re] **I.** *tr* ⟨*avere*⟩ aufforsten; **II.** *itr* ⟨*essere*⟩ sich bewalden.

rimbrottare [-brot'ta:re] *tr* vorwerfen. **rimbrotto** [-'brɔtto] *m* Vorwurf *m.*

rimbruttire [-brut'ti:re] **I.** *tr* ⟨*avere*⟩ häßlich machen; **II.** *itr* ⟨*essere*⟩ , *rfl:* **-rsi** häßlich werden.

rimediare [rime'dia:re] ⟨rimedio, rimedi⟩ **I.** *itr* wiedergutmachen (*a qc* etw.); **II.** *tr* **1.** *(danno, guaio)* beheben, wiedergutmachen; **2.** *fam (procurare)* (sich *dat*) besorgen (*o.* beschaffen); **3.** *fam (aggiustare)* ausbessern. **rimedio** [ri'mɛ:dio] ⟨-i⟩ *m* **1.** *(provvedimento)* Abhilfe *f,* Gegenmittel *n;* **2.** *med* (Heil)mittel *n;* **mettere** (*o.* **porre) ~ a qc** einer S. abhelfen, etw. beheben.

rimeditare [-medi'ta:re] *tr* überdenken.

rimembranza [-mem'brantsa] *f poet* Erinnerung *f,* Gedächtnis *n.*

rimeritare [-meri'ta:re] *tr poet* vergelten.

rimescolamento [-meskola'mento] *m* **1.** *(mescolamento)* Mischen *n;* **2.** *fig* Aufruhr *m.* **rimescolare** [...'la:re] **I.** *tr* **1.** *(mescolare)* (um)rühren; *(carte)* mischen; **2.** *(mescolare di nuovo)* wieder mischen; **II.** *rfl:* **-rsi** **1.** *(sangue)* in Wallung geraten, kochen; **2.** *(mischiarsi)* sich mischen; **3.** *(agitarsi)* in Aufruhr geraten. **rimescolata** [...'la:ta] *f fam* Durchmischen *n.* **rimescolio** [...'li:o] ⟨-ii⟩ *m* **1.** *(trambusto)* Aufruhr *m;* **2.** *fig* Verwirrung *f.*

rimessa [-'messa] *f* **1.** *(locale)* Schuppen *m,* Remise *f; (per veicoli)* Garage *f;* **2.** *theat:* **~ in scena** Wiederaufführung *f;* **3.** *sport* Einwurf *m;* **4.** *(immagazzinamento)* Einlagerung *f;* **5.** *com* Lieferung *f;* **6.** *fin* Überweisung *f;* **7.** *bot* Sproß *m,* Schößling *m;*

8. *(perdita)* Verlust *m;* **vendere a ~** mit Verlust verkaufen.

rimesso, -a [-ˈmesso] **I.** *a* **1.** *(ristabilito)* wieder erholt; **2.** *(peccato)* vergeben; **3.** *(messo di nuovo)* wieder gestellt (*o.* gelegt *o.* (auf)gesetzt); **II.** *m* Saum *m,* Stoffrand *m.*

rimestare [-mesˈta:re] *tr* **1.** *(salsa, minestra)* (wieder) um-, durchrühren; **2.** *fig (frugare)* durchwühlen, wühlen (*in* in); *(rimettere in discussione)* wieder aufrühren; *(indagare)* nachforschen.

rimettere [-ˈmettere] ⟨*irr*⟩ **I.** *tr* **1.** *(mettere di nuovo)* wieder setzen; *(in piedi)* wieder (auf)stellen; *(disteso)* wieder (hin)legen; *(indossare)* wieder anziehen; **2.** *(affidare)* anvertrauen, überlassen; **3.** *(pena, colpa)* erlassen, vergeben; **4.** *sport* zurückspielen; **5.** *bot* treiben; **6.** *(differire)* verschieben; **7.** *(merce, lettere)* senden; **8.** *(assegno)* überweisen; **9.** *fam (vomitare)* brechen *fam,* auskotzen *vulg;* **10.** *(affidare)* überlassen; **11.** *(mettere al riparo)* unterstellen; **12.** *(regolare)* (ein)stellen; **~ in piedi** wieder hinstellen; **~ insieme** wieder zusammensetzen; **rimetterci** *fam* verlieren; **rimetterci la salute/reputazione** *fam* seine Gesundheit ruinieren/seinen Ruf schädigen; **rimetterci di tasca propria** *fam* aus eigener Tasche draufzahlen *fam;* **II.** *rfl:* **-rsi 1.** *(riprendersi)* sich wieder erholen; **2.** *(tempo)* sich bessern; **3.** *(appellarsi)* sich überlassen, sich anvertrauen; **-rsi a studiare/scrivere/leggere** wieder mit dem Lernen/Schreiben/Lesen beginnen.

rimmel® [ˈrimmel] ⟨-⟩ *m* Wimperntusche *f.*

rimodernamento [-modernaˈmento] *m* Modernisierung *f.* **rimodernare** [...ˈna:re] **I.** *tr* **1.** *(casa, etc.)* modernisieren; **2.** *fig (idee)* erneuern; **II.** *rfl:* **-rsi** sich der Mode anpassen, moderner werden.

rimonta [-ˈmonta] *f* **1.** *(il rimontare)* Wiederbesteigung *f;* **2.** *sport* Aufholen *n;* **3.** *(di scarpe)* Erneuerung *f* des Oberleders; **4.** *(galleria)* Aufbau *m;* **fare una ~** sich erholen, aufholen. **rimontare** [...ˈta:re] **I.** *tr* ⟨*avere*⟩ **1.** *(montare di nuovo)* wieder montieren, wieder zusammensetzen; **2.** *(fiume)* (fluß)aufwärts gehen (*o.* fahren); *(scale)* hinaufgehen; *(monte)* wiederbesteigen; **3.** *(scarpe)* das Oberleder erneuern *gen;* **4.** *sport* aufholen; **II.** *itr* ⟨*essere*⟩ **1.** *(montare di nuovo)* wieder aufsteigen; *(in macchina, treno)* wieder einsteigen; **2.** *fig (risalire)* zurückreichen (*a* bis).

rimorchiare [rimorˈki̯a:re] ⟨rimorchio, rimorchi⟩ *tr* **1.** *(nave, automobile)* abschleppen; **2.** *fig* (mit)schleppen, mitschleifen. **rimorchiatore, -trice** [...i̯aˈto:re] **I.** *a* Abschlepp-; **II.** *m* **1.** *naut* Schlepper *m,* Schleppboot *n;* **2.** *aero* Schleppflugzeug *n.* **rimorchio** [riˈmɔrki̯o] ⟨-chi⟩ *m* **1.** *(veicolo)* Anhänger *m;* **2.** *(trascinamento)* (Ab)schleppen *n;* **3.** *naut* Schleppseil *n,* -tau *n;* **prendere a ~** abschleppen.

rimordere [-ˈmɔrdere] ⟨*irr*⟩ *tr* **1.** *fig* plagen, quälen, nagen an; **2.** *(mordere di nuovo)* wieder beißen. **rimorso** [-ˈmɔrso] *m* Reue *f;* *(morso di coscienza)* Gewissensbiß *m.*

rimostranza [-mosˈtrantsa] *f* Protest *m,* Einwand *m,* Beschwerde *f.* **rimostrare** [...ˈtra:re] **I.** *tr* wieder zeigen; **II.** *itr* protestieren.

rimovibile [-moˈvi:bile] *a* entfernbar, beweglich.

rimozione [-motˈtsi̯o:ne] *f* **1.** *(asportazione)* Beseitigung *f;* *(a. da carica, impiego)* Entfernung *f;* **2.** *psych* Verdrängung *f.*

rimpallo [rimˈpallo] *m* **1.** *(nel biliardo)* Zugball *m;* **2.** *(nel calcio)* Zurückprallen *n.*

rimpastare [-pasˈta:re] *tr* **1.** *(sfoglia)* wieder kneten; **2.** *fig* umgestalten; *(governo)* umbilden. **rimpasto** [-ˈpasto] *m* **1.** *pol (del governo)* Umbildung *f;* **2.** *(nuovo impasto)* erneutes Kneten; **~ governativo** Regierungsumbildung *f.*

rimpatriare [-paˈtri̯a:re] ⟨rimpatrio, rimpatri⟩ **I.** *itr* ⟨*essere*⟩ in die Heimat zurückkehren; **II.** *tr* ⟨*avere*⟩ repatriieren, in die Heimat zurückschicken. **rimpatriata** [-paˈtri̯a:ta] *f fam* Wiedersehen *n,* Treffen *n.* **rimpatrio** [-ˈpa:tri̯o] ⟨-ii⟩ *m* Rückkehr *f* in die Heimat, Heimkehr *f.*

rimpetto [-ˈpɛtto] **: di ~ a, a ~ di** *adv* gegenüber *dat.*

rimpiangere [-ˈpi̯andʒere] ⟨*irr*⟩ *tr* nachtrauern (*qc* einer S.), beklagen. **rimpianto, -a** [-ˈpi̯anto] **I.** *a* verstorben; **II.** *m* Bedauern *n.*

rimpiattare [-pi̯atˈta:re] **I.** *tr* verbergen, verstecken; **II.** *rfl:* **-rsi** sich verbergen, sich verstecken. **rimpiattino** [...ˈti:no] *m* Versteckspiel *n.*

rimpiazzare [-pi̯atˈtsa:re] *tr* austauschen, ersetzen; *(fare le veci)* ersetzen. **rimpiazzo** [-ˈpi̯attso] *m* Austausch *m,* Ersatz *m.*

rimpicciolire [-pittʃoˈli:re] ⟨rimpicciolisco⟩ *itr* ⟨*essere*⟩ kleiner werden.

rimpiccolire [-pikkoˈliːre] **I.** *tr* ⟨*avere*⟩ verkleinern; **II.** *itr* ⟨*essere*⟩ kleiner werden; **III.** *rfl:* **-rsi** sich verkleinern.

rimpinguare [-piŋˈgu̯aːre] *geh* **I.** *tr* wieder bereichern, wieder anfüllen; **II.** *rfl:* **-rsi** wieder verfetten, wieder füllig werden.

rimpinzare [-pinˈtsaːre] *fam* **I.** *tr* vollstopfen; **II.** *rfl:* **-rsi** sich vollstopfen.

rimpolpare [-polˈpaːre] **I.** *tr* **1.** *(rimettere in carne, salute)* wieder Fleisch ansetzen lassen; **2.** *fig* ausschmücken, anreichern; **II.** *rfl:* **-rsi** zunehmen.

rimpossessarsi [-possesˈsarsi] *rfl* wieder in Besitz nehmen (*di qc* etw.).

rimpoverire [-poveˈriːre] **I.** *tr* ⟨*avere*⟩ wieder arm werden lassen; **II.** *itr* ⟨*essere*⟩, *rfl:* **-rsi** verarmen.

rimproverare [-proveˈraːre] **I.** *tr* tadeln; **II.** *rfl:* **-rsi** sich *(dat)* Vorwürfe machen; **-rsi (di) qc** sich *(dat)* etw. vorwerfen. **rimprovero** [-ˈprɔːvero] *m* Tadel *m,* Vorwurf *m.*

rimuginare [rimudʒiˈnaːre] *tr* überlegen, grübeln über.

rimunerare [-muneˈraːre] *tr* **1.** *(ricompensare)* belohnen; **2.** *(dare profitto)* lohnen; **una professione che rimunera bene** ein lohnender Beruf. **rimunerativo, -a** [...raˈtiːvo] *a* lohnend. **rimunerazione** [...ratˈtsi̯oːne] *f* Belohnung *f; (paga)* Vergütung *f,* Lohn *m.*

rimuovere [-ˈmu̯ɔːvere] ⟨*irr*⟩ **I.** *tr* **1.** *(togliere via)* wegräumen, fortschaffen; **2.** *fig* abbringen (*da* von); **3.** *adm (dall'ufficio)* entfernen (*da* aus); **4.** *(muovere nuovamente)* wieder bewegen; **II.** *rfl:* **-rsi** Abstand nehmen (*da* von).

rinascere [-ˈnaʃʃere] ⟨*irr*⟩ *itr* ⟨*essere*⟩ **1.** *(nascere di nuovo)* wiedergeboren werden; **2.** *bot* wieder sprießen; **3.** *(unghie, capelli)* nachwachsen; **4.** *fig* wiederaufleben.

rinascimentale [-naʃʃimenˈtaːle] *a* Renaissance-. **rinascimento** [...ˈmento] *m* **1.** *hist* Renaissance *f;* **2.** *fig (risveglio)* Wiederaufleben *n,* Renaissance *f.*

rinascita [-ˈnaʃʃita] *f* **1.** *bot* Wiederaufblühen *n;* **2.** *fig* Wiederaufleben *n;* **3.** *hist* Renaissance *f.*

rincagnato, -a [riŋkaɲˈɲaːto] *a* platt.

rincalzare [-kalˈtsaːre] *tr* abstützen. **rincalzo** [-ˈkaltso] *m* **1.** *(sostegno)* Stütze *f,* Abstützung *f;* **2.** *mil* Reserve-, Hilfstruppe *f;* **3.** *sport* Reserve *f;* **di ~** zusätzlich.

rincarare [-kaˈraːre] **I.** *tr* ⟨*avere*⟩ verteuern, teurer machen; **~ la dose** *fig* etw. (noch) schlimmer machen; **II.** *itr* ⟨*essere*⟩ sich verteuern, teurer werden. **rincaro** [-ˈkaːro] *m* (Ver)teuerung *f.*

rincartare [-karˈtaːre] *tr* wieder einpacken.

rincasare [-kaˈsaːre] *itr* ⟨*essere*⟩ heimkehren, nach Hause kommen.

rinchiudere [-ˈki̯uːdere] ⟨*irr*⟩ **I.** *tr* einschließen; *(a. fig)* (ein)sperren; **II.** *rfl:* **-rsi 1.** *(chiudersi dentro)* sich einschließen; **2.** *fig* sich verschließen. **rinchiuso, -a** [-ˈki̯uːso] **I.** *a* eingeschlossen, eingesperrt; *(aria)* abgestanden, verbraucht; **II.** *m* Umzäunung *f.*

rincitrullire [rintʃitrulˈliːre] ⟨rincitrullisco⟩ *fam* **I.** *tr* ⟨*avere*⟩ dumm machen; **II.** *rfl:* **-rsi,** *itr* ⟨*essere*⟩ verdummen.

rincoglionire [riŋkoʎʎoˈniːre] ⟨rincoglionisco⟩ *vulg itr* ⟨*essere*⟩, *rfl:* **-rsi** verblöden.

rincollare [-kolˈlaːre] *tr* wieder ankleben.

rincominciare [-kominˈtʃaːre] *itr* ⟨*essere o. avere*⟩ wieder anfangen.

rincontrare [-konˈtraːre] *tr* wiederbegegnen (*qu* jdm).

rincorare [-koˈraːre] **I.** *tr* wieder ermutigen; **II.** *rfl:* **-rsi** wieder Mut fassen.

rincorbellire [-korbelˈliːre] ⟨rincorbellisco⟩ *itr* ⟨*essere*⟩ *vulg* verblöden.

rincorrere [-ˈkorrere] ⟨*irr*⟩ **I.** *tr* verfolgen, nachlaufen (*qu* jdm); **II.** *rfl:* **-rsi** sich *(dat)* nachlaufen, sich fangen; **fare a -rsi** Fangen spielen.

rincorsa [-ˈkorsa] *f* Anlauf *m;* **prendere la ~** Anlauf nehmen.

rincrescere [-ˈkreʃʃere] ⟨*irr*⟩ *itr (impersonale)* ⟨*essere*⟩ bedauern, leid tun; **mi rincresce che ...** es tut mir leid, daß ... **rincrescimento** [...ʃiˈmento] *m* Bedauern *n.*

rincrudimento [-krudiˈmento] *m* Verschärfung *f.* **rincrudire** [...ˈdiːre] ⟨rincrudisco⟩ **I.** *tr* ⟨*avere*⟩ verschärfen; **II.** *itr* ⟨*essere*⟩ sich verschärfen; *(freddo, etc.)* strenger werden; **III.** *rfl:* **-rsi** sich verschärfen.

rinculare [-kuˈlaːre] *itr* zurückprallen; *(indietreggiare)* zurückweichen. **rinculo** [-ˈkuːlo] *m* **1.** *(movimento all'indietro)* Zurückweichen *n;* **2.** *mil* Rückstoß *m.*

rincuorare [-ku̯oˈraːre] *poet v.* **rincorare.**

rincupire [-kuˈpiːre] ⟨rincupisco⟩ **I.** *tr* ⟨*avere*⟩ verdüstern; **II.** *itr* ⟨*essere*⟩, *rfl:* **-rsi** sich verdüstern.

rinfacciare [rinfatˈtʃaːre] ⟨rinfaccio, rinfacci⟩ *tr* vorwerfen, vorhalten.

rinfiancare [-fi̯aŋˈkaːre] ⟨rinfianco,

⟨rinfianchi⟩ *tr* **1.** *arch* seitlich abstützen; **2.** *fig (ipotesi)* untermauern.

rinfocolamento [-fokola'mento] *m* Wiederanfachen *n.* **rinfocolare** [...'la:re] **I.** *tr* **1.** *(riattizzare)* wieder anfachen; **2.** *fig (rancore, odio)* wiederaufleben lassen; **II.** *rfl:* **-rsi** **1.** *(riaccendersi)* sich wieder entzünden; **2.** *fig* wiederaufleben.

rinfoderare [-fode'ra:re] *tr* **1.** *(spada)* wieder in die Scheide stecken; **2.** *(artigli)* wieder einziehen; **3.** *fig (proposta)* unterlassen, zurückziehen.

rinforzare [-for'tsa:re] **I.** *tr* ⟨*avere*⟩ **1.** *(edificio)* stützen, abstützen; **2.** *(muscoli)* stärken, kräftigen; **3.** *(suono)* verstärken; **4.** *fig (autorità, potere)* stärken; **II.** *itr* ⟨*essere*⟩ sich verstärken; **III.** *rfl:* **-rsi** kräftiger (*o.* stärker) werden. **rinforzo** [-'fɔrtso] *m* **1.** *(sostegno, a. fig)* Verstärkung *f;* **2.** *(appoggio)* Stütze *f;* **3.** ⟨*pl*⟩ *mil* Verstärkung *f.*

rinfrancare [-fraŋ'ka:re] ⟨rinfranco, rinfranchi⟩ **I.** *tr* (wieder) ermutigen; **II.** *rfl:* **-rsi** neuen Mut fassen.

rinfrescante [-fres'kante] **I.** *a* erfrischend; **II.** *m* entzündigungshemmendes Mittel.

rinfrescare [-fres'ka:re] ⟨rinfresco, rinfreschi⟩ **I.** *tr* ⟨*avere*⟩ **1.** *(rendere fresco)* abkühlen, abkühlen lassen; **2.** *(dipinto, memoria)* auffrischen; **II.** *itr* ⟨*essere*⟩ kühler werden, sich abkühlen; **III.** *rfl:* **-rsi** sich erfrischen. **rinfrescata** [...'ka:ta] *f* **1.** *meteo* Abkühlung *f;* **2.** *(lavata)* Erfrischung *f;* **3.** *(di memoria, dipinto, etc.)* Auffrischung *f;* **se non ti ricordi, ti darò io una ~** wenn du dich nicht erinnerst, werde ich deinem Gedächtnis etwas nachhelfen.

rinfresco [-'fresko] ⟨-schi⟩ *m* **1.** *(ricevimento)* Empfang *m;* **2.** ⟨*pl*⟩ *(cibi e bevande)* Erfrischungen *f pl.*

rinfusa [-'fu:za] *f:* **alla ~** durcheinander.

ring [riŋg] ⟨-⟩ *m* **1.** *sport* (Box)ring *m;* **2.** *com* Ring *m,* Kartell *n.*

ringalluzzire [riŋgallut'tsi:re] ⟨ringalluzzisco⟩ *fam* **I.** *tr* aufmuntern, aufbauen *fam;* **II.** *rfl:* **-rsi** Oberwasser bekommen.

ringhiare [riŋ'gi̯a:re] ⟨ringhio, ringhi⟩ *itr* **1.** *(cane)* knurren; **2.** *fig (persona)* murren, knurren.

ringhiera [riŋ'gi̯ɛ:ra] *f* Geländer *n.*

ringhio ['riŋgi̯o] ⟨-ghi⟩ *m* Knurren *n.* **ringhioso, -a** [...'gi̯o:so] *a* **1.** *(cane)* knurrend; **2.** *fig (persona)* knurrig, brummig.

ringiovanimento [rindʒovani'mento] *m* Verjüngung *f.* **ringiovanire** [...'ni:re] ⟨ringiovanisco⟩ **I.** *tr* ⟨*avere*⟩ verjüngen; *(fig a.)* jünger machen; **II.** *itr* ⟨*essere*⟩, *rfl:* **-rsi** sich verjüngen, jünger werden.

ringoiare [riŋgo'i̯a:re] *tr* **1.** *(ingoiare di nuovo)* wieder schlucken; **2.** *fig (risposta, etc.)* zurücknehmen; *(non dire)* herunterschlucken.

ringraziamento [-grattsi̯a'mento] *m* Dank *m,* Danksagung *f;* **-i** Dank *m;* **lettera/biglietto di ~** Dankschreiben *n.* **ringraziare** [...'tsi̯a:re] *tr* danken (*qu* jdm), sich bedanken (*qu* bei jdm); **ringraziando Dio** Gott sei Dank.

rinite [ri'ni:te] *f* Nasenschleimhautentzündung *f,* Rhinitis *f scient.*

rinnegamento [rinnega'mento] *m* Verleugnung *f,* Ablehnung *f.* **rinnegare** [...'ga:re] *tr* verleugnen; *(ideale, etc. a.)* abweichen von; *(figlio a.)* verstoßen.

rinnegato, -a [-ne'ga:to] **I.** *a* abtrünnig; **II.** *m, f* Renegat *m,* Abtrünnige(r) *mf.*

rinnovamento [-nova'mento] *m* Erneuerung *f.* **rinnovare** [-no'va:re] **I.** *tr* **1.** *(rendere nuovo)* erneuern; *(contratto, abbonamento)* verlängern; **2.** *(domanda, petizione)* wiederholen; **3.** *tosc (vestito, macchina)* erstmalig benutzen, einweihen *fam;* **II.** *rfl:* **-rsi** **1.** *(ripetersi)* sich wiederholen; **2.** *(tornare nuovo)* sich erneuern. **rinnovatore, -trice** [-nova'to:re] **I.** *a* erneuernd, Erneuerungs-; **II.** *m, f* Erneuerer *m,* Erneuerin *f.* **rinnovazione** [...t'tsi̯o:ne] *f* Erneuerung *f; jur (di processo)* Wiederaufnahme *f.*

rinnovellare [-novel'la:re] *tr poet* erneuern.

rinnovo [-'nɔ:vo] *m* Erneuerung *f; jur (di contratto)* Verlängerung *f; agr* Bodenerneuerung *f.*

rinoceronte [rinotʃe'ronte] *m* Nashorn *n,* Rhinozeros *n.*

rinomanza [rino'mantsa] *f geh, obs* Renommee *n geh.*

rinomato, -a [rino'ma:to] *a* berühmt, renommiert *geh.*

rinsaldare [rinsal'da:re] **I.** *tr* festigen, bestärken, konsolidieren; **II.** *rfl:* **-rsi** sich bestärken, sich konsolidieren.

rinsanguare [-saŋ'gu̯a:re] **I.** *tr* **1.** *med* wieder zu Kräften kommen lassen; **2.** *fig* auffrischen, beleben; **II.** *rfl:* **-rsi** wieder zu Kräften kommen.

rinsanire [-sa'ni:re] ⟨rinsanisco⟩ *itr* ⟨*essere*⟩ gesunden.

rinsavire [-sa'vi:re] ⟨rinsavisco⟩ *itr* ⟨*essere*⟩ wieder zu Verstand kommen.

rinsecchire [-sek'ki:re] ⟨rinsecchisco⟩ *itr* ⟨*essere*⟩ **1.** *(diventare magro)* abmagern; **2.** *(diventare secco)* vertrocknen.

rinserrare [-ser'ra:re] **I.** *tr* wieder einsperren; **II.** *rfl:* **-rsi** sich wieder einschließen.

rintanarsi [-ta'narsi] *rfl* **1.** *(animale)* sich (in einem Bau *o.* einer Höhle) verkriechen; **2.** *fig (persona)* sich verkriechen.

rintavolare [-tavo'la:re] *tr* wieder auftischen, wieder zur Sprache bringen.

rinterrare [-ter'ra:re] **I.** *tr* **1.** *(pianta)* wieder eingraben, wieder einpflanzen; **2.** *(palude)* mit Erde auffüllen; **II.** *rfl:* **-rsi** sich mit Erde füllen.

rintoccare [-tok'ka:re] *itr* ⟨*essere o. avere*⟩ *(orologio)* schlagen; *(campana a.)* läuten. **rintocco** [-'tokko] *m (di orologio)* Schlagen *n,* Schlag *m; (di campana)* (Glocken)schlag *m;* **al ~ della mezzanotte** Schlag Mitternacht.

rintoppare [-top'pa:re] *fam* **I.** *tr* zufällig begegnen (*qu* jdm); **II.** *rfl:* **-rsi** wieder begegnen (*in qu* jdm); **III.** *itr* wieder begegnen (*in qu* jdm).

rintracciare [-trat'tʃa:re] *tr* auffinden, aufspüren.

rintronamento [-trona'mento] *m* **1.** *(forte eco)* Dröhnen *n;* **2.** *(stordimento)* Betäubung *f.* **rintronare** [...'na:re] **I.** *itr* ⟨*essere o. avere*⟩ dröhnen; **II.** *tr* ⟨*avere*⟩ betäuben.

rintuzzare [-tut'tsa:re] *tr* **1.** *(spuntare)* stumpf machen, abstumpfen; **2.** *fig (reprimere)* dämpfen, entschärfen; *(ribattere)* zurückschlagen, -geben.

rinuncia [ri'nuntʃa] ⟨-ce⟩ *etc. v.* **rinunzia** *etc.*

rinunzia [ri'nuntsi̯a] ⟨-ie⟩ *f* **1.** *(il rinunziare)* Verzicht *m* (*a* auf); **2.** *jur* Verzichtserklärung *f;* **3.** ⟨*pl*⟩ *(privazioni)* Entsagungen *f pl.* **rinunziare** [...'tsi̯a:re] ⟨rinunzio, rinunzi⟩ *itr* verzichten (*a* auf); **~ ad ogni speranza** jede Hoffnung aufgeben; **~ al mondo** der Welt entsagen; **ci rinunzio volentieri** *fam iron* darauf kann ich gern verzichten. **rinunziatario, -a** [...i̯a'ta:ri̯o] ⟨-i, -ie⟩ **I.** *a* verzichtend, Verzichts-; **II.** *m, f* Verzichtende(r) *mf.*

rinvasare [rinva'za:re] *tr* umtopfen. **rinvasatura** [...za'tu:ra] *f* Umtopfen *n.*

rinvenimento[1] [-veni'mento] *m (ritrovamento)* Auffinden *n,* Entdecken *n.*

rinvenimento[2] [-veni'mento] *m* **1.** *(ripresa dei sensi)* Wiederzusichkommen *n;* **2.** *(restituzione dell'umidità)* Einweichen *n; (di fiori)* Wässern *n;* **3.** *(di metallo)* Anlassen *n.*

rinvenire[1] [-ve'ni:re] ⟨*irr*⟩ *tr* **1.** *(oggetti)* auffinden, entdecken; **2.** *(cause di un fenomeno)* herausfinden.

rinvenire[2] [-ve'ni:re] ⟨*irr*⟩ **I.** *tr* ⟨*avere*⟩ wiederfinden; **II.** *itr* ⟨*essere*⟩ **1.** *(ricuperare i sensi)* wieder zu sich *(dat)* kommen; **2.** *(funghi secchi, etc.)* quellen; *(fiori)* sich erholen.

rinverdire [-ver'di:re] **I.** *tr* ⟨*avere*⟩ **1.** *(far tornar verde)* wieder grün machen; **2.** *fig* wieder beleben; *(speranza, usanza)* wieder aufleben lassen; **II.** *itr* ⟨*essere*⟩ , *rfl:* **-rsi** (wieder) grün werden.

rinvestire [-ves'ti:re] *v.* **reinvestire.**

rinviare [-vi'a:re] *tr* **1.** *(palla, luce)* zurückwerfen; *(risposta)* zurückschikken; **2.** *(rimandare)* verweisen (*a* auf); **3.** *(differire)* verschieben; *(seduta)* vertagen.

rinvigorimento [-vigori'mento] *m* Erstarkung *f.* **rinvigorire** [...'ri:re] ⟨rinvigorisco⟩ **I.** *tr* ⟨*avere*⟩ wieder stark machen; *(a. fig)* kräftigen, stärken; **II.** *itr* ⟨*essere*⟩ , *rfl:* **-rsi** wieder erstarken, wieder stark werden.

rinvilire [-vi'li:re] ⟨rinvilisco⟩ **I.** *tr* ⟨*avere*⟩ verbilligen, billiger machen; **II.** *itr* ⟨*essere*⟩ billiger werden.

rinvio [-'vi:o] *m* **1.** *(ritorno)* Rücksendung *f,* Zurücksenden *n;* **2.** *sport* Rückschuß *m,* Rückwurf *m;* **3.** *(differimento)* Aufschub *m,* Verschiebung *f; (di seduta, udienza)* Vertagung *f;* **4.** *(rimando)* Verweis *m.*

rio ['ri:o] ⟨rii⟩ *m poet* Bach *m.*

riò [ri'ɔ] *1. pers sing pr di* **riavere.**

rio, -a ['ri:o] *a poet* böse.

rioccupare [riokku'pa:re] **I.** *tr* wieder besetzen; **II.** *rfl:* **-rsi** **1.** *(trovare un nuovo lavoro)* wieder eine Beschäftigung finden; **2.** *fig (interessarsi di nuovo)* sich wieder kümmern (*di* um). **rioccupazione** [...pat'tsi̯o:ne] *f* **1.** *(di territorio, luogo)* Wiederbesetzung *f;* **2.** *(di lavoro)* Wiederbeschäftigung *f.*

rionale [rio'na:le] *a* des Stadtviertels, Stadtviertel-. **rione** [ri'o:ne] *m* Stadtviertel *n.*

riordinamento [-ordina'mento] *m* Neuordnung *f.* **riordinare** [...'na:re] **I.** *tr* **1.** *(oggetti)* wieder (*o.* neu) ordnen; *(casa, stanza)* aufräumen; **2.** *(dare un nuovo ordinamento)* neu ordnen, neu regeln; **II.** *rfl:* **-rsi** sich wieder ordnen. **riordino** [-'ordino] *m adm* Neuordnung *f.*

riorganizzare [-organid'dza:re] **I.** *tr* reorganisieren, neu organisieren, umgestalten; **II.** *rfl:* **-rsi** sich neu organisieren. **riorganizzazione** [...dzat'tsi̯o:ne] *f* Reorganisation *f*, Umgestaltung *f*.

riottoso, -a [riot'to:so] *a* **1.** *poet (litigioso)* streitsüchtig; **2.** *(indocile)* unfolgsam, widerspenstig.

ripa ['ri:pa] *f poet* **1.** *(riva)* Ufer *n;* **2.** *(luogo dirupato)* Abgrund *m.*

ripagare [ripa'gare] *tr* **1.** *(pagare di nuovo)* wieder (be)zahlen; **2.** *(ricompensare)* belohnen (*qu di qc* jdn für etw.), vergelten (*qu di qc* jdm etw.); **3.** *(indennizzare)* entschädigen (*qu di qc* jdn für etw.).

riparabile [ripa'ra:bile] *a* behebbar, reparabel.

riparare[1] [ripa'ra:re] **I.** *tr* **1.** *(accomodare)* reparieren; **2.** *(proteggere)* schützen; **3.** *(torto, ingiustizia)* wiedergutmachen; **4.** *(a scuola)* eine Nachprüfung ablegen in; **II.** *itr* **1.** *(ovviare)* abhelfen *(a dat);* **2.** *fam (provvedere)* (vor)sorgen (*a* für); **3.** *fam (farcela)* es schaffen; **III.** *rfl:* **-rsi** sich schützen (*da* vor); **-rsi in un portone** sich in einem Tor unterstellen.

riparare[2] [ripa'ra:re] *itr ‹essere› (rifugiarsi)* (sich) flüchten.

riparato, -a [ripa'ra:to] *a* **1.** *(luogo)* geschützt; **2.** *(tetto, vestito, etc.)* repariert, ausgebessert.

riparatore, -trice [ripara'to:re] **I.** *a* wiedergutmachend; **II.** *m, f* Reparateur(in) *m(f)*, Ausbessernde(r) *mf.* **riparazione** [...t'tsi̯o:ne] *f* **1.** *(accomodatura)* Reparatur *f*, Ausbesserung *f;* **2.** *fig (di torto, etc.)* Wiedergutmachung *f; (risarcimento)* Entschädigung *f* (*di* für); **esami di ~** Wiederholungs-, Nachprüfung *f.*

riparlare [-par'la:re] **I.** *itr* wieder sprechen (*o.* reden); **II.** *rfl:* **-rsi** sich versöhnen.

riparo [ri'pa:ro] *m* **1.** *(protezione)* Schutz *m*, Unterschlupf *m;* **2.** *(rimedio)* Abhilfe *f;* **porre** (*o.* **mettere**) **~ a qc** einer S. abhelfen; **correre ai -i** für Abhilfe sorgen; **non c'è ~** *fam* da ist nichts zu machen *fam.*

ripartire[1] [-par'ti:re] ‹ripartisco› *tr* **1.** *(dividere)* (auf)teilen, einteilen; **2.** *(distribuire)* verteilen; *(compiti, mansioni, etc.)* zuteilen.

ripartire[2] [-par'ti:re] ‹riparto› *itr ‹essere›* wieder fortgehen, wieder abfahren; **la macchina non vuol ~** das Auto springt nicht (wieder) an.

ripartitore, -trice [-parti'to:re] **I.** *m, f* Briefsortierer(in) *m(f);* **II.** *m* Verteiler *m.* **ripartizione** [...tit'tsi̯o:ne] *f* **1.** *(divisione)* (Auf)teilung *f;* **2.** *(distribuzione)* Verteilung *f; (di compiti, mansioni)* Zuteilung *f.*

ripassare [-pas'sa:re] **I.** *itr ‹essere›* wieder vorbeigehen; *(ritornare)* wieder zurückkommen; **~ per il ponte** wieder über die Brücke gehen; **ripassi domani** kommen Sie morgen noch einmal vorbei; **II.** *tr ‹avere›* **1.** *(fiume, valico, Alpi)* wieder passieren, wieder überschreiten; **2.** *(contorni di un disegno)* nachziehen, nachzeichnen; **3.** *fam (stirare)* auf-, überbügeln *fam;* **4.** *(scritto)* noch einmal durchgehen; *(lezione)* wiederholen; *(conti)* überprüfen, noch einmal durchsehen; **5.** *(motore, etc.)* überholen. **ripassata** [...'sa:ta] *f* **1.** *(ulteriore perfezionamento)* Überarbeitung *f;* **2.** *fig (di lezione)* Wiederholung *f;* **3.** *fam (sgridata)* Anpfiff *m fam;* **dare una ~ alla camicia** das Hemd aufbügeln *fam.*

ripasso [-'passo] *m* **1.** *(studio)* Wiederholung *f;* **2.** *zoo* Rückwanderung *f.*

ripensamento [-pensa'mento] *m* Überdenken *n*, Überlegen *n.* **ripensare** [...'sa:re] *itr* **1.** *(riflettere)* überdenken (*a qc* etw.), überlegen (*a qc* etw.); **2.** *(cambiare parere)* es sich *(dat)* anders überlegen, seine Meinung ändern; **3.** *(riandare con la memoria)* zurückdenken (*a* an); **ci ho ripensato** ich habe es mir anders überlegt.

ripercorrere [-per'korrere] *‹irr› tr* **1.** *(itinerario, tragitto)* erneut gehen; **2.** *fig* wieder durchgehen, überdenken.

ripercuotere [-per'ku̯ɔ:tere] *‹irr›* **I.** *tr* **1.** *(percuotere di nuovo)* wieder schlagen; **2.** *(riflettere)* zurückwerfen; **II.** *rfl:* **-rsi 1.** *(provocare urto)* zurückprallen; **2.** *(essere riflesso)* zurückgeworfen werden; *(suono a.)* widerhallen; **3.** *fig* sich auswirken (*su* auf). **ripercussione** [...kus'si̯o:ne] *f* **1.** *fig* Auswirkung *f* (*su* auf); **2.** *phys* Reflexion *f;* **3.** *(contraccolpo)* Rückstoß *m*, Rückprall *m.*

ripescare [-pes'ka:re] *tr* **1.** *(ricuperare)* wieder (auf)fischen; **2.** *fig fam (ritrovare)* ausfindig machen.

ripetei [ripe'te:i] *1. pers sing del passato remoto di* **ripetere.**

ripetente [ripe'tɛnte] **I.** *a* wiederholend; **II.** *mf* Repetent(in) *m(f) geh*, Sitzenbleiber *m fam.*

ripetere [ri'pɛ:tere] ‹ripeto, ripetei *o.* ripetetti, ripetuto› **I.** *tr* wiederholen; **II.** *rfl:* **-rsi** sich wiederholen. **ripetitivo, -a** [ripeti'ti:vo] *a* Wiederholungs-. **ripetitore, -trice** [...'to:re]

I. *a* Relais-; **II.** *m, f* **1.** *(chi ripete)* Wiederholer(in) *m(f);* **2.** *(insegnante)* Repetitor *m,* Nachhilfelehrer(in) *m(f);* **3.** *theat* Souffleur *m,* Souffleuse *f;* **III.** *m radio, TV* Verstärker *m,* Relaisstation *f.* **ripetizione** [...tit'tsi̯o:ne] *f* **1.** *gener.* Wiederholung *f;* **2.** *(lezione privata)* Nachhilfeunterricht *m,* -stunde *f;* **3.** *jur* Rückforderungsrecht *n;* **arma a ~** Repetiergewehr *n.*

ripeto [ri'pɛ:to] *1. pers sing pr di* **ripetere.**

ripetuto, -a [ripe'tu:to] **I.** *pp di* **ripetere; II.** *a* wiederholt.

ripiano [-'pi̯a:no] *m* **1.** *(palchetto)* (Regal)brett *n;* **2.** *(zona piana)* Terrasse *f,* Ebene *f.*

ripicca [-'pikka] *f* Gegenschlag *m,* Vergeltung *f;* **per ~** aus Rache, zum Trotz.

ripicchiare [-pik'ki̯a:re] *tr* **1.** *(picchiare di nuovo)* wieder klopfen, wieder schlagen; **2.** *fig* nachbohren; **picchia e ripicchia** *fam* durch ständige Bemühungen.

ripicco [-'pikko] *v.* **ripicca.**

ripidezza [ripi'dettsa] *f* Steilheit *f.* **ripido, -a** ['ri:pido] *a* steil.

ripiegamento [-pi̯ega'mento] *m* **1.** *(piegamento all'indietro)* Zurückbeugen *n;* **2.** *mil, fig* Rückzug *m.* **ripiegare** [...'ga:re] **I.** *tr* **1.** *(foglio, tessuto, etc.)* zusammenfalten, -legen; **2.** *(ginocchia)* beugen; *(ali)* anlegen; **3.** *(piegare di nuovo)* wieder biegen; **II.** *itr* **1.** *fig* ausweichen (*su* auf); **2.** *mil* zurückweichen; **III.** *rfl:* **-rsi 1.** *(incurvarsi)* sich biegen, sich krümmen; **2.** *fig* sich zurückziehen.

ripiego [-'pi̯ɛ:go] ‹-ghi› *m* Ausweg *m,* Notlösung *f;* **di ~** ersatzweise, Not-; **soluzione di ~** Verlegenheitslösung *f.*

ripieno, -a [-'pi̯ɛ:no] **I.** *a* (voll)gefüllt, angefüllt; *gastr* gefüllt; *fig* voll; **II.** *m* **1.** *gastr* Farce *f,* Füllung *f;* **2.** *(materiale)* Füllung *f;* **3.** *mus* Tutti *n.*

ripigliare [-piʎ'ʎa:re] *fam* **I.** *tr* wieder nehmen; *(fiato)* wieder holen; *(discorso)* wieder beginnen; *(riaccettare)* wieder (an)nehmen; **II.** *itr* sich erholen; **III.** *rfl:* **-rsi** wieder zu sich *(dat)* kommen.

riplasmare [-plaz'ma:re] *tr* **1.** *(plasmare di nuovo)* wieder modellieren, wieder formen; **2.** *fig* formen, bilden.

ripopolamento [-popola'mento] *m* Wiederbevölkerung *f,* Wiederbesiedlung *f;* **zona** (*o.* **riserva) di ~** Schonung *f.* **ripopolare** [...'la:re] **I.** *tr* wieder bevölkern, wieder besiedeln; *(di animali)* wieder besetzen; **II.** *rfl:* **-rsi** sich wieder bevölkern, sich wieder besiedeln.

riporre [-'porre] ‹*irr*› **I.** *tr* **1.** *(ricollocare, mettere via)* zurücklegen, zurücktun, wegtun; **2.** *(porre di nuovo)* wieder legen, wieder stellen, wieder setzen; **3.** *fig (fiducia)* setzen (*in* in); *(speranza)* setzen (*in* auf); **II.** *rfl:* **-rsi 1.** *(mettersi di nuovo)* sich wieder setzen (*o.* stellen *o.* legen); **2.** *(nascondersi)* sich verbergen; **-rsi a sedere** sich wieder setzen.

riportare [-por'ta:re] **I.** *tr* **1.** *(portare di nuovo)* wieder bringen; **2.** *(portare indietro)* zurückbringen; **3.** *(riferire)* wiedergeben, hinterbringen; **4.** *(citare)* zitieren, wiedergeben; **5.** *mat* übertragen; **6.** *(trasportare)* übertragen; **7.** *fig (vittoria)* erlangen, davontragen; *(danni)* davontragen, erleiden; **II.** *rfl:* **-rsi 1.** *(tornare indietro)* sich zurückbegeben; **2.** *(richiamarsi)* sich beziehen (*a* auf), sich berufen (*a* auf); **3.** *(trasferirsi di nuovo)* sich wieder begeben; **4.** *fig* sich zurückversetzen (*a* in). **riporto** [-'pɔrto] *m* **1.** *mat* Übertrag *m;* **2.** *(trasferimento)* Übertragung *f;* **3.** *(contabilità)* Übertrag *m,* Vortrag *m;* **4.** *fin* Report *m;* **5.** *(parte di tessuto)* Besatz *m;* **6.** *(alla caccia)* Apport *m;* **7.** *(terra)* Aufschüttung *f;* **cane da ~** Jagdhund *m;* **ricamo da ~** Applikationsstickerei *f.*

riposante [-po'sante] *a* erholsam, entspannend.

riposare [-po'sa:re] **I.** *itr* **1.** *(dormire)* ruhen; *(fermarsi)* ausruhen; **2.** *(terra)* brachliegen; **3.** *(essere posato)* sich befinden; **~ in pace** in Frieden ruhen; **II.** *tr* **1.** *(corpo, membra)* ausruhen (lassen); *(vista)* schonen; **2.** *(posare di nuovo)* wieder legen (*o.* stellen *o.* setzen); **III.** *rfl:* **-rsi 1.** *(dormire)* ruhen; **2.** *(prendere ristoro)* sich ausruhen; **3.** *(tornare a posarsi)* sich wieder stellen (*o.* legen *o.* setzen). **riposato, -a** [-po'sa:to] *a* **1.** *(ritemprato)* ausgeruht; **2.** *(calmo)* ruhig. **riposino** [-po'si:no] *m fam* Nickerchen *n fam.* **riposo** [-'pɔ:so] *m* **1.** *(sospensione dell'attività)* Ruhe *f,* Pause *f;* **2.** *(sonno)* Ruhe *f,* Schlaf *m;* **3.** *sport, mil* Ruhestellung *f;* **4.** *adm* Ruhestand *m;* **5.** *agr* Brachliegen *n;* **l'eterno ~** die ewige Ruhe; **casa di ~** Altersheim *n;* **giornata di ~** Ruhetag *m;* **collocamento a ~** Versetzung *f* in den Ruhestand; **ufficiale a ~** Offizier *m* im Ruhestand; **andare a ~** in den Ruhestand treten; **stare in ~** brachliegen;

buon ~! angenehme Ruhe!; ~! rührt euch!
ripostiglio [-pos'tiʎʎo] ‹-gli› *m* Abstellraum *m.*
riposto, -a [-'posto] *a* **1.** *(luogo)* abgelegen; **2.** *(senso, pensiero)* verborgen.
riprendere [-'prɛndere] ‹*irr*› **I.** *tr* **1.** *(prendere di nuovo)* wieder nehmen; *(posto)* wieder einnehmen; **2.** *(prendere indietro)* zurücknehmen; **3.** *(ricominciare)* wieder beginnen, wiederaufnehmen; **4.** *(continuare)* fortfahren mit; **5.** *(rimproverare)* schelten, tadeln; **6.** *film, fot* aufnehmen; **7.** *(in sartoria)* abnähen; **8.** *(tornare a colpire)* wieder befallen; **9.** *(riassumere)* wieder einstellen (*o.* anstellen); **10.** *(afferrare)* wieder fangen, wieder ergreifen; ~ **quota/velocità** wieder an Höhe/Geschwindigkeit gewinnen; ~ **i sensi/le forze** wieder zu Bewußtsein/Kräften kommen; **II.** *itr* **1.** *(ricominciare)* wieder anfangen; **2.** *(riprendere vigore)* sich erholen; **ha ripreso a fumare** er (*o.* sie) hat wieder angefangen zu rauchen; **III.** *rfl:* **-rsi 1.** *(ricuperare vigore)* sich erholen; **2.** *(ravvedersi)* sich bessern. **ripresa** [-'pre:sa] *f* **1.** *(inizio)* Wiederbeginn *m,* Wiederaufnahme *f;* **2.** *com* Wiederaufschwung *m;* **3.** *(da malattia, etc.)* Erholung *f,* Besserung *f;* **4.** *film, TV* Aufnahme *f;* **5.** *mus, theat, fin (borsa)* Reprise *f;* **6.** *mot* Beschleunigung *f;* **7.** *sport* zweite Halbzeit; *(pugilato)* Runde *f;* **8.** *(in sartoria)* Abnäher *m;* **a più -e** in mehreren Ansätzen; **in ~ diretta** *TV* in Direktübertragung, live.
ripresentare [-prezen'ta:re] **I.** *tr* wieder vorstellen; **II.** *rfl:* **-rsi** sich wieder vorstellen; **quando si ripresenterà l'occasione** wenn sich wieder die Gelegenheit ergibt.
ripristinamento [-pristina'mento] *m* Wiederherstellung *f.* **ripristinare** [...'na:re] *tr geh* **1.** *(ordine, consuetudine)* wiederherstellen, erneuern; **2.** *(edificio, facciata)* restaurieren, wieder instand setzen; **3.** *(traffico)* wieder in Gang bringen. **ripristino** [-'pristino] *m* Wiederherstellung *f,* Instandsetzung *f.*
riproducibile [-produ'tʃi:bile] *a* reproduzierbar.
riprodurre [-pro'durre] ‹*irr*› **I.** *tr* **1.** *(produrre di nuovo)* reproduzieren; **2.** *(documento)* vervielfältigen, abdrucken; **3.** *fig* wiedergeben; *(rappresentare)* darstellen; **II.** *rfl:* **-rsi 1.** *biol* sich fortpflanzen, sich vermehren; **2.** *(ripetersi)* sich wiederholen.
riproduttivo, -a [-produt'ti:vo] *a* **1.** *biol* Fortpflanzungs-, reproduktiv; **2.** *tec* nachbildend, reproduktiv. **riproduttore, -trice** [...'to:re] **I.** *a* Fortpflanzungs-; **II.** *m, f* Zuchttier *n;* **III.** *m* Tonabnehmer *m.* **riproduzione** [...t'tsi̯o:ne] *f* **1.** *(di disegno, quadro)* Reproduktion *f;* **2.** *biol* Fortpflanzung *f;* **3.** *(registrazione)* Wiedergabe *f.*
ripromettere [-pro'mettere] ‹*irr*› **I.** *tr* wieder versprechen; **II.** *rfl:* **-rsi 1.** *(sperare)* sich *(dat)* versprechen, sich *(dat)* erhoffen; **2.** *(promettere a se stesso)* sich *(dat)* vornehmen, sich *(dat)* versprechen.
riprova [-'prɔ:va] *f* **1.** *mat* Gegenprobe *f;* **2.** *(conferma)* Beweis *m,* Bestätigung *f;* **a ~** zur Bestätigung.
riprovare[1] [-pro'va:re] **I.** *tr* **1.** *(vestito, cappello)* wieder (an)probieren; **2.** *fig (sentimento)* wieder fühlen, wieder empfinden; **II.** *rfl:* **-rsi** wieder wagen; **III.** *itr* wieder versuchen.
riprovare[2] [-pro'va:re] *tr* **1.** *geh (biasimare)* mißbilligen; **2.** *(bocciare)* durchfallen lassen (*a* bei, in). **riprovazione** [...vat'tsi̯o:ne] *f geh (biasimo)* Mißbilligung *f.*
ripubblicare [-pubbli'ka:re] *tr* wieder veröffentlichen. **ripubblicazione** [...kat'tsi̯o:ne] *f* Wiederveröffentlichung *f.*
ripudiare [ripu'di̯a:re] ‹ripudio, ripudi› *tr* **1.** *(persone)* verstoßen; **2.** *(scritto)* verleugnen, zurückweisen; **3.** *(fede, idee)* verleugnen. **ripudio** [ri'pu:di̯o] ‹-i› *m* Verstoßen *n; (rifiuto)* Verleugnung *f.*
ripugnante [-puɲ'ɲante] *a* abstoßend, widerwärtig. **ripugnanza** [...'ɲantsa] *f* **1.** *(ribrezzo)* Abscheu *m* (*per* vor); **2.** *(avversione)* Abneigung *f* (*per* gegen), Widerwille *m* (*per* gegen).
ripugnare [-puɲ'ɲa:re] *itr* **1.** *(disgustare)* abstoßen (*a qu* jdn), anwidern (*a qu* jdn); **2.** *geh (essere contrario)* widerstreben.
ripulire [-pu'li:re] **I.** *tr* **1.** *(pulire di nuovo)* wieder säubern; **2.** *(nettare bene)* sorgfältig säubern; **3.** *fig fam (persone)* (total) ausnehmen *fam; (appartamento, etc.)* (total) leerräumen *fam;* **II.** *rfl:* **-rsi** sich zurechtmachen.
ripulisti [-pu'listi] *v.* **repulisti.**
ripulita [-pu'li:ta] *f (a. fig)* Säuberung *f;* **dare una ~ alle scale** die Treppe rasch saubermachen. **ripulitura** [-puli'tu:ra] *f* **1.** *(operazione)* Säube-

rung *f;* **2.** *(materiale)* Kehricht *m o. n.*

ripulsa [-'pulsa] *f geh, obs* Abweisung *f.*

ripulsione [-pul'sio:ne] *f* Abneigung *f.* **ripulsivo, -a** [...'si:vo] *a* abstoßend.

riquadrare [-kua'dra:re] **I.** *tr ⟨avere⟩* viereckig machen; ~ **la testa** (*o.* **il cervello) a qu** jdm den Kopf zurechtrücken; **II.** *itr ⟨essere o. avere⟩* **1.** *(misurare)* betragen; **2.** *fig (soddisfare)* passen. **riquadro** [-'kua:dro] *m* **1.** *(delimitazione quadrata)* Rechteck *n;* **2.** *arch* Kassette *f.*

riqualificare [-kualifi'ka:re] **I.** *tr* wieder qualifizieren; **II.** *rfl:* **-rsi** sich weiterbilden. **riqualificazione** [...kat'tsio:ne] *f* Weiterbildung *f.*

risacca [-'sakka] ⟨-cche⟩ *f* Brandung *f.*

risaia [ri'sa:ia] ⟨-aie⟩ *f* Reisfeld *n.*

risalire [-sa'li:re] ⟨*irr*⟩ **I.** *tr ⟨avere⟩* wieder hinaufgehen; ~ **la corrente** *fig* gegen den Strom schwimmen; **II.** *itr ⟨essere⟩* **1.** *(salire di nuovo)* wieder (auf)steigen, wieder hinaufgehen; **2.** *com* steigen; **3.** *fig (ricordare)* (in Gedanken) zurückgehen; *(indagare)* nachgehen, zurückverfolgen (*a qc* etw.); *(essere avvenuto)* zurückliegen (*a tre mesi fa* drei Monate). **risalita** [-sa'li:ta] *f* Wiederaufstieg *m;* **impianto di** ~ Skilift *m;* **impianti di** ~ Seilbahnen und Skilifte.

risaltare [-sal'ta:re] **I.** *itr ⟨essere o. avere⟩* **1.** *(spiccare)* vorspringen, -ragen, -treten; **2.** *(suono)* durchdringen; **3.** *fig (eccellere)* hervorstechen (*per* durch), auffallen (*per* durch); *(emergere)* sich zeigen, auffallen; **4.** *(saltare di nuovo)* wieder springen; ~ **in moto** wieder anspringen; **II.** *tr ⟨avere⟩* wieder überspringen. **risalto** [-'salto] *m* **1.** *(sporgenza)* Vorsprung *m;* **2.** *(evidenza)* Hervorhebung *f;* **mettere** (*o.* **porre) in** ~ **qc** etw. hervorheben.

risanamento [-sana'mento] *m* **1.** *(urbanistico, finanziario, etc.)* Sanierung *f;* **2.** *(med, a. fig)* Heilung *f.* **risanare** [-sa'na:re] **I.** *tr* **1.** *⟨avere⟩ com, fin, arch* sanieren; **2.** *(zona paludosa)* meliorieren, trockenlegen; **3.** *(med, a. fig)* heilen; **II.** *itr ⟨essere⟩* wieder genesen. **risanatore, -trice** [-sana'to:re] **I.** *a* heilend; **II.** *m, f* Heilende(r) *mf.*

risapere [-sa'pe:re] ⟨*irr*⟩ *tr* erfahren. **risaputo, -a** [-sa'pu:to] *a (noto)* bekannt.

risarcimento [-sartʃi'mento] *m* **1.** *(compensazione)* Entschädigung *f* (*per* für); **2.** *(somma)* Entschädigung(ssumme) *f;* **richiesta di** ~ **danni** Schadenersatzforderung *f.* **risarcire** [...'tʃi:re] ⟨risarcisco⟩ *tr (persone)* entschädigen (*per* für); *(danno)* ersetzen; *(a. fig: offesa, etc.)* wiedergutmachen.

risata [ri'sa:ta] *f* Gelächter *n,* Lachen *n.*

riscaldamento [riskalda'mento] *m* **1.** *(atto, modo)* Erwärmung *f,* Heizen *n; (del motore)* Warmlaufen *n;* **2.** *(impianto, mezzo)* Heizung *f.* **riscaldare** [...'da:re] **I.** *tr* **1.** erwärmen; *(minestra, caffè)* aufwärmen; *(stanza, casa)* heizen; **2.** *fig* erhitzen; **II.** *itr* **1.** *(aumentare di temperatura)* warm werden; *(stufa)* heizen; **2.** *fam (minestra, etc.)* wärmen; **III.** *rfl:* **-rsi** **1.** *(riprendere calore)* sich (auf)wärmen; **2.** *(diventare caldo)* warm werden, sich erwärmen, sich erhitzen; **3.** *fig (infervorarsi)* sich erhitzen, sich ereifern. **riscaldatore** [...da'to:re] *m* Heizgerät *n.*

riscaldo [ris'kaldo] *m fam* leichte Entzündung.

riscattare [riskat'ta:re] **I.** *tr* **1.** *(persone)* freikaufen; *pol* befreien; **2.** *jur (rendita, fondo)* einlösen, zurückkaufen; **3.** *fig (redimere)* erlösen, befreien; **II.** *rfl:* **-rsi** sich befreien, sich lösen. **riscatto** [...'katto] *m* **1.** *(liberazione a pagamento)* Loskaufen *n,* Freikaufen *n; (prezzo)* Lösegeld *n;* **2.** *jur* Rückkauf *m;* **3.** *pol* Befreiung *f;* **4.** *rel* Erlösung *f.*

rischiaramento [riskiara'mento] *m* **1.** *fig* Aufhellen *n;* **2.** *meteo* Aufklaren *n;* **3.** *(di liquidi)* Klärung *f.* **rischiarare** [...'ra:re] **I.** *tr ⟨avere⟩* **1.** *(rendere chiaro)* beleuchten, aufhellen; **2.** *fig (mente)* schärfen; *(idee)* klären; ~ **la voce** sich räuspern; **II.** *rfl:* **-rsi** **1.** *meteo* aufklaren, sich aufhellen; **2.** *fig (rasserenarsi)* sich aufhellen; **-rsi in volto** verklärt aussehen; **III.** *itr ⟨essere⟩* aufklaren.

rischiare [ris'kia:re] ⟨rischio, rischi⟩ **I.** *tr* riskieren, aufs Spiel setzen; **II.** *itr:* ~ **di fare qc** riskieren (*o.* Gefahr laufen), etw. zu tun; **rischia di venir brutto** es besteht die Gefahr, daß das Wetter schlecht wird. **rischio** ['riskio] ⟨-schi⟩ *m* Risiko *n,* Wagnis *n; (pericolo)* Gefahr *f;* **correre un** ~ ein Risiko eingehen, Gefahr laufen; **mettere qc a** ~ etw. aufs Spiel setzen; **c'è il** ~ **di ...** *inf* es besteht (die) Gefahr, daß ...; **a proprio** ~ **e pericolo** auf eigene Gefahr. **rischiosità** [...kiosi'ta] ⟨-⟩ *f* Gefährlichkeit *f,* Gewagtheit *f.*

rischioso, -a [...ˈki̯o:so] *a* riskant, gewagt.
risciacquare [riʃʃakˈku̯a:re] *tr* abspülen, nachspülen; *(bottiglie)* ausspülen; *(bocca)* (aus)spülen; ~ **i panni in Arno** *fig* die Mundart von Florenz übernehmen. **risciacquata** [...ˈku̯a:ta] *f* **1.** *(risciacquatura veloce)* kurzes Abspülen (*o.* -waschen); **2.** *fig fam (sgridata)* Anpfiff *m fam.* **risciacquatura** [...ku̯aˈtu:ra] *f* **1.** *(azione)* Spülen *n;* **2.** *(acqua)* Spülwasser *n;* **3.** *fig pej* Gewäsch *n.*
risciacquo [riʃˈʃakku̯o] *m* Mundwasser *n.*
risciò [riʃˈʃɔ] ⟨-⟩ *m* Rikscha *f.*
riscontare [riskonˈta:re] *tr* rediskontieren. **risconto** [...ˈkonto] *m* Rediskontierung *f,* Rückdiskont *m.*
riscontrare [-skonˈtra:re] **I.** *tr* ⟨*avere*⟩ **1.** *(confrontare)* vergleichen; **2.** *(esaminare)* überprüfen; **3.** *(rilevare)* herausfinden; **II.** *itr* ⟨*essere*⟩ **1.** *(corrispondere)* übereinstimmen; **2.** *(scontrare di nuovo)* wiederbegegnen. **riscontro** [-sˈkontro] *m* **1.** *(confronto)* Vergleich *m;* **2.** *(verifica)* Überprüfung *f;* **3.** *adm (risposta)* Antwort *f;* **4.** *fig (corrispondenza)* Entsprechung *f;* **5.** *fam (corrente d'aria)* Durchzug *m;* **mettere a** ~ vergleichen; **in** ~ **alla Vostra del ...** in Beantwortung Ihres Schreibens vom . .
riscoperta [-skoˈpɛrta] *f* Wiederentdeckung *f.*
riscossa [-sˈkɔssa] *f* Rückeroberung *f.*
riscossione [-skosˈsi̯o:ne] *f* Auszahlung *f.*
riscotimento [-skotiˈmento] *m* Wachrütteln *n.*
riscrivere [-sˈkri:vere] ⟨*irr*⟩ **I.** *tr* wieder schreiben, erneut schreiben; **II.** *itr* zurückschreiben.
riscuotere [-sˈku̯ɔ:tere] ⟨*irr*⟩ **I.** *tr* **1.** *(stipendio, paga)* kassieren, einnehmen; **2.** *fig* erzielen; *(ammirazione a.)* ernten; **3.** *(scuotere di nuovo)* wieder rütteln; **4.** *(svegliare)* wachrütteln; **II.** *rfl:* **-rsi 1.** *(risvegliarsi)* aufgerüttelt werden, zu sich *(dat)* kommen; **2.** *fig* sich zusammennehmen, sich aufraffen; **3.** *(per paura, stupore)* zusammenfahren.
risentimento [-sentiˈmento] *m* **1.** *(reazione di sdegno)* Ressentiment *n,* Groll *m;* **2.** *med* Nachwirkung *f.* **risentire** [...ˈti:re] **I.** *tr* **1.** *(sentire di nuovo)* wieder hören (*o.* schmecken *o.* riechen *o.* fühlen); **2.** *(ascoltare di nuovo)* wieder anhören; **3.** *(provare)* (noch) empfinden, (noch) verspüren; **II.** *itr* (noch) leiden (*di* an), Nachwirkungen verspüren; **III.** *rfl:* **-rsi 1.** *gener.* sich wieder fühlen; **2.** *(offendersi)* gekränkt (*o.* beleidigt) sein; **a risentirci!** auf Wiederhören! **risentito, -a** [...ˈti:to] *a* gekränkt, beleidigt.
riserbare [riserˈba:re] *tr* vorbehalten, bereithalten.
riserbo [riˈsɛrbo] *m* Zurückhaltung *f,* Reserve *f.*
riserva [riˈsɛrva] *f* **1.** *(provvista)* Reserve *f,* Vorrat *m;* **2.** *com, mil* Reserve *f;* **3.** *(di vino)* Jahrgang *m;* **4.** *sport* Reservespieler(in) *m(f);* **5.** *(di caccia, pesca)* Revier *n;* **6.** *(in etnologia)* Reservat *n;* **7.** *(limitazione)* Vorbehalt *m,* Einschränkung *f;* **8.** *(giudizio negativo)* Zweifel *m,* Vorbehalt *m;* **9.** *jur* Vorbehalt *m;* **10.** *tec* Ersatz *m; (mot a.)* Reserve *f;* **fare** ~ **di qc** einen Vorrat von einer S. anlegen; **essere in** ~ *mot* auf Reserve fahren; **si è accesa la** ~ *mot* die Tankuhr leuchtet auf; **senza -e** ohne Vorbehalt, rückhaltlos. **riservare** [riserˈva:re] **I.** *tr* **1.** *(tenere in serbo)* aufbewahren, aufsparen; **2.** *(facoltà, diritto)* vorbehalten; **3.** *(tavolo, posto)* freihalten; **II.** *rfl:* **-rsi di fare qc** sich *(dat)* vorbehalten, etw. zu tun.
riservatezza [riservaˈtettsa] *f* Zurückhaltung *f.* **riservato, -a** [...ˈva:to] *a* **1.** *(posto, palco)* reserviert (*a* für); **2.** *(notizia, informazione)* vertraulich, geheim; **3.** *(persona, carattere)* zurückhaltend; *(discreto)* diskret; **proprietà letteraria -a** Urheberrecht *n.*
risi [ˈri:si] *1. pers sing del passato remoto di* **ridere.**
risicare [riziˈka:re] ⟨risico, risichi⟩ *fam v.* **rischiare; chi non risica non rosica** *prov* wer (nicht) wagt, der (nicht) gewinnt *prov.*
risicoltura [risikolˈtu:ra] *f* Reisbau *m.*
risiedere [-ˈsi̯ɛ:dere] ⟨risiedo, risiedetti *o.* risiedei, risieduto⟩ *itr* **1.** *(aver sede)* ansässig sein; **2.** *fig (consistere)* bestehen (*in* in).
risma [ˈrizma] *f* **1.** *(di carta)* Ries *n;* **2.** *fig pej* Bande *f.*
riso¹ [ˈri:so] ⟨*pl:* -a *f*⟩ *m* **1.** *(il ridere)* Lachen *n,* Gelächter *n;* **2.** *poet* Lachen *n,* Strahlen *n;* **il** ~ **fa buon sangue** *prov* Lachen ist gesund.
riso² [ˈri:so] *m bot* Reis *m;* **-i e bisi** Risi-Pisi *pl (Reis mit Erbsen, Butter und Parmesankäse).*
riso³ [ˈri:so] *pp di* **ridere.**
risolare [-soˈla:re] *tr* neu besohlen.
risolsi [-ˈsɔlsi] *1. pers sing del passato remoto di* **risolvere.**
risolto [-ˈsɔlto] *pp di* **risolvere.**

risolutezza [-solu'tettsa] *f* Entschlossenheit *f.*
risolutivo, -a [-solu'ti:vo] *a* aufhebend, (auf)lösend; *(decisivo)* entscheidend.
risoluto, -a [-so'lu:to] **I.** *pp di* **risolvere; II.** *a* resolut.
risoluzione [-solut'tsi̯o:ne] *f* **1.** *(decisione)* Beschluß *m,* Resolution *f;* **2.** *(soluzione, mat)* Lösung *f; (spiegazione)* Erklärung *f,* (Auf)lösung *f;* **3.** *jur (di contratto)* Auflösung *f;* **4.** *med* Resolution *f;* **5.** *chem* Auflösung *f,* Zerlegung *f.*
risolvere [-'sɔlvere] ⟨risolvo, risolvetti *o.* risolvei *o.* risolsi, risolto *o.* risoluto⟩ **I.** *tr* **1.** *(equazione, problema, indovinello)* lösen; **2.** *(dubbio)* zerstreuen; **3.** *jur (contratto)* auflösen; **4.** *fam (riuscire a concludere)* zustandebringen; **5.** *chem (composto)* auflösen, zerlegen; **6.** *(decidere)* beschließen; **II.** *rfl:* **-rsi 1.** *(decidersi)* sich entscheiden, sich entschließen; **2.** *fig (ridursi)* sich (auf)lösen; *(andare a finire)* hinauslaufen (*in* auf); **3.** *(malattia)* zurückgehen; **-rsi bene/male** gut/schlecht ausgehen.
risonanza [-so'nantsa] *f* **1.** *fig (importanza)* Resonanz *f,* Zustimmung *f;* **2.** *phys* Resonanz *f;* **cassa di ~** Resonanzkasten *m.* **risonare** [-so'na:re] **I.** *itr* ⟨*essere o. avere*⟩ **1.** *(corpo percosso)* dröhnen, tönen; **2.** *(luogo chiuso)* hallen; **3.** *(suono)* wieder ertönen, wieder klingen; **4.** *fig* klingen; **5.** *phys* mitschwingen; **II.** *tr* ⟨*avere*⟩ wieder spielen.
risorgere [-'sordʒere] ⟨*irr*⟩ *itr* ⟨*essere*⟩ **1.** *rel* auferstehen; **2.** *(sole)* wieder aufgehen; **3.** *fig (rinascere)* wieder auftreten, wieder auftauchen; *(rifiorire)* wieder aufleben, wieder aufblühen; **4.** *fig (persona)* sich erholen. **risorgimento** [...dʒi'mento] *m* **1.** *hist* Risorgimento *n;* **2.** *(delle arti, lettere)* Wiederaufleben *n,* -blühen *n.*
risorsa [-'sorsa] *f* **1.** *(mezzo)* Reserve *f,* Ressource *f;* **2.** *(espediente)* Mittel *n;* **3.** *(capacità)* Fähigkeit *f.*
risotto [ri'sɔtto] *m* Risotto *m.*
risparmiare [rispar'mi̯a:re] ⟨risparmio, risparmi⟩ **I.** *tr* **1.** *(non sprecare, non usare)* haushalten mit; *(a. persone)* einsparen; **2.** *(voce, occhi)* schonen; **3.** *(mettere da parte)* sparen; **4.** *(astenersi dall'infliggere)* verschonen (*qc a qu* jdn mit etw.), ersparen (*qc a qu* jdm etw.); **5.** *(aver riguardo)* (ver)schonen; **II.** *rfl:* **-rsi** sich schonen. **risparmiatore, -trice** [...i̯a'to:re] *m, f* Sparer(in) *m(f).* **risparmio** [...'parmi̯o] ⟨-i⟩ *m* **1.** *(denaro)* Ersparnis *f;* **2.** *(economia)* Ersparnis *f,* Einsparung *f;* **cassa/libretto di ~** Sparkasse *f*/Sparbuch *n.*
rispecchiare [-spek'ki̯a:re] ⟨rispecchio, rispecchi⟩ **I.** *tr* **1.** *(riflettere)* widerspiegeln; **2.** *(specchiare di nuovo)* wieder spiegeln; **II.** *rfl:* **-rsi 1.** *(rimirarsi)* sich wieder spiegeln; **2.** *(specchiarsi)* sich widerspiegeln.
rispedire [-spe'di:re] *tr* **1.** *(spedire di nuovo)* wieder schicken; **2.** *(spedire indietro)* zurückschicken.
rispettabile [-spet'ta:bile] *a* **1.** *(persone)* ehrenwert, respektabel; *(dabbene)* ehrbar; **2.** *(età, naso)* beachtlich; *(patrimonio)* beachtlich, ansehnlich.
rispettare [-spet'ta:re] *tr* **1.** *(persone)* respektieren, achten; **2.** *(opinioni, diritti)* respektieren, anerkennen; **3.** *(ordini)* befolgen; *(feste)* beachten; *(parola)* halten; **4.** *(seguire)* nachvollziehen; **un avvocato/medico che si rispetti** ein achtenswerter Anwalt/Arzt; **farsi ~** sich *(dat)* Achtung verschaffen.
rispettivamente [-spettiva'mente] *adv* beziehungsweise.
rispettivo, -a [-spet'ti:vo] *a* jeweilig.
rispetto [ris'pɛtto] *m* **1.** *(stima, deferenza)* Respekt *m* (*per* vor), Achtung *f* (*per* vor); **2.** *(riverenza)* Ehrfurcht *f* (*per* vor); **3.** *(riguardo)* Rücksicht *f* (*per* vor); **4.** *(di legge, regolamento)* Befolgung *f,* Beachtung *f;* **5.** *(punto di vista)* Aspekt *m;* **6.** ⟨*pl*⟩ *(ossequio)* Ehrerbietung *f,* Empfehlungen *f pl;* **~ umano** mangelndes Selbstbewußtsein; **zona di ~** Schutzgebiet *n;* **~ a** hinsichtlich *gen;* **con ~ parlando** mit Verlaub; **sotto ogni ~** in jeder Hinsicht. **rispettoso, -a** [...pet'to:so] *a* **1.** *(persona)* respektvoll, ehrerbietig; **2.** *(saluti)* hochachtungsvoll.
risplendere [-s'plɛndere] *itr* ⟨*essere o. avere*⟩ strahlen, leuchten.
rispondente [-spon'dɛnte] *a* entsprechend.
rispondere [ris'pondere] ⟨rispondo, risposi, risposto⟩ **I.** *itr* **1.** *gener.* antworten; **2.** *(replicare)* widersprechen; **3.** *(farsi garante)* bürgen (*di* für); **4.** *(render conto)* Rechenschaft ablegen (*di* über); **5.** *(dolore)* ausstrahlen, sich auswirken (*a* auf); **6.** *(esaudire)* erfüllen, entsprechen; **7.** *(essere corrispondente)* entsprechen; **8.** *tec* ansprechen, reagieren; **9.** *(nelle carte)* bedienen (*a qc* etw.); **~ di sì/no** mit Ja/Nein antworten; **~ ad una domanda/lettera** auf eine Frage/einen Brief

antworten, eine Frage/einen Brief beantworten; ~ **a voce/per (i)scritto** mündlich/schriftlich antworten; ~ **al saluto di qu** jds Gruß erwidern; ~ **al telefono** sich am Telefon melden; **non risponde** *tel* es meldet sich niemand; **II.** *tr* antworten, als Antwort geben. **risposta** [ris'posta] *f* **1.** *(il rispondere, ciò che si risponde)* Antwort *f* (*a* auf); **2.** *(reazione)* Reaktion *f* (*a* auf), Entgegnung *f* (*a* auf); **3.** *sport (scherma)* Risposte *f;* **4.** *tec* Ansprechen *n,* Reagieren *n;* **lasciare una lettera senza** ~ einen Brief unbeantwortet lassen; **in** (*o.* **per** *o.* **a)** ~ in Beantwortung; **per tutta** ~ obendrein. **risposto** [...to] *pp di* **rispondere.**

rissa ['rissa] *f* Rauferei *f,* Schlägerei *f.* **rissoso, -a** [...'so:so] *a* rauflustig, streitsüchtig.

rist. *ab di* **ristampa** Nachdr. (*ab di* Nachdruck).

ristabilimento [-stabili'mento] *m* **1.** *(ripristino)* Wiederherstellung *f;* **2.** *(della salute)* Erholung *f.* **ristabilire** [...'li:re] **I.** *tr* wiederherstellen; **II.** *rfl:* **-rsi** sich erholen.

ristagnare [-staɲ'ɲa:re] **I.** *itr* **1.** *(liquidi,* sich stauen; **2.** *fig* stagnieren; **II.** *tr* wieder verzinnen. **ristagno** [...'taɲɲo] *m* **1.** *(di fiume, sangue)* Stauung *f;* **2.** *fig* Stagnation *f,* Stagnieren *n.*

ristampa [-s'tampa] *f* (*ab* **rist.**) Nachdruck *m,* Neudruck *m,* Neuauflage *f.* **ristampare** [...'pa:re] *tr* nachdrukken, neu drucken, neu auflegen.

ristorante [risto'rante] *m* Restaurant *n,* (Speise)lokal *n;* **vagone** ~ *ferr* Speisewagen *m.*

ristorare [risto'ra:re] **I.** *tr* stärken; **II.** *rfl:* **-rsi** sich stärken. **ristoratore, -trice** [...ra'to:re] **I.** *a* labend, erquikkend; **II.** *m* Restaurationsbetrieb *m.* **ristoro** [...'tɔ:ro] *m* **1.** *(sollievo, ciò che ristora)* Stärkung *f,* Erfrischung *f;* **2.** *fig* Erholung *f,* Erbauung *f; (conforto)* Trost *m;* **servizio di** ~ Erfrischungsstand *m.*

ristrettezza [ristret'tettsa] *f* **1.** *(di spazio)* Enge *f;* **2.** *(di mezzi)* Einschränkung *f; (a. di tempo)* Knappheit *f;* **3.** *fig (di mente)* Beschränktheit *f.* **ristretto, -a** [...'tretto] *a* **1.** *(limitato)* knapp; **2.** *(caffè)* stark; **3.** *fig (meschino)* beschränkt, kleinlich; **4.** *(chiuso)* eng; **5.** *(limitato)* eingeschränkt, beschränkt (*a* auf); **brodo** ~ Kraftbrühe *f;* **mercato** ~ Freiverkehr *m.*

ristrutturare [-struttu'ra:re] *tr* umstrukturieren. **ristrutturazione** [...rat'tsi̯o:ne] *f* Umstrukturierung *f.*

risucchiare [-suk'ki̯a:re] *tr* **1.** *(trascinare)* aufsaugen; **2.** *(succhiare di nuovo)* wieder saugen.

risucchio [-'sukki̯o] *m* Strudel *m,* Wirbel *m.*

risultante [risul'tante] **I.** *a* resultierend, sich ergebend; **II.** *f* **1.** *phys* Resultante *f;* **2.** *fig (risultato)* Ergebnis *n,* Resultat *n.*

risultare [risul'ta:re] *itr* ⟨*essere*⟩ **1.** *(derivare, essere accertato)* sich ergeben (*da* aus), resultieren (*da* aus); **2.** *(emergere, riuscire)* hervorgehen als, sich erweisen als; **3.** *(dimostrarsi)* sich herausstellen als, sich erweisen als. **risultato** [...'ta:to] *m* Resultat *n,* Ergebnis *n.*

risuolare [-su̯o'la:re] *v.* **risolare.**

risuonare [-su̯o'na:re] *v.* **risonare.**

risurrezione [risurret'tsi̯o:ne] *f* **1.** *rel* Auferstehung *f;* **2.** *fig* Wiederaufleben *n;* **Pasqua di** ~ Osterfest *n,* Fest *n* der Auferstehung Christi.

risuscitare [risuʃʃi'ta:re] **I.** *tr* ⟨*avere*⟩ **1.** *(morti)* auferwecken; **2.** *fig* wiederaufleben lassen; **II.** *itr* ⟨*essere*⟩ **1.** *rel* auferstehen; **2.** *(riprendersi)* wiederaufleben.

risvegliare [-zveʎ'ʎa:re] **I.** *tr* **1.** *(svegliare)* wieder (auf)wecken; **2.** *fig (memoria, emozioni)* wieder wachrufen; *(popolo, pigri)* aufrütteln; *(appetito, emozioni)* wieder wecken; **II.** *rfl:* **-rsi** *(a. fig)* wieder erwachen. **risveglio** [...'veʎʎo] ⟨-gli⟩ *m* **1.** *(dal sonno)* Erwachen *n,* Aufwachen *n;* **2.** *fig* Wiederaufleben *n.*

risvolto [-z'vɔlto] *m* **1.** *(di vestito)* Aufschlag *m,* Revers *n o. m;* **2.** *fig (conseguenza)* Kehrseite *f;* **3.** *(di libro)* (Umschlag)klappe *f; (testo)* Klappentext *m.*

Rita ['ri:ta] *(nome proprio femminile)* Rita.

ritagliare [-taʎ'ʎa:re] *tr* ausschneiden; *(tagliare di nuovo)* wieder schneiden. **ritaglio** [-'taʎʎo] *m* **1.** *(di giornale)* Ausschnitt *m;* **2.** *(di stoffa, etc.)* Schnipsel *m o. n;* **3.** *fig* Rest *m,* Abschnitt *m.*

ritardare [-tar'da:re] **I.** *itr* sich verspäten; *(a. treno, etc.)* Verspätung haben; *(orologio)* nachgehen; **II.** *tr* **1.** *(far tardare)* verzögern; **2.** *(rallentare)* verlangsamen; **3.** *(impedire)* aufhalten; **4.** *(differire)* aufschieben.

ritardata [-tar'da:ta] *f v.* **ritardato.**

ritardatario, -a [-tarda'ta:ri̯o] ⟨-i, -ie⟩ *m, f* Nachzügler(in) *m(f),* Verspätete(r) *mf.*

ritardato, -a [-tar'da:to] **I.** *a* **1.** *(moto, scoppio)* verspätet; **2.** *(persona)* zurückgeblieben, retardiert *scient;* **reazione a scoppio ~** *fig* Spätzündung *f;* **II.** *m, f* Zurückgebliebene(r) *m, f.*

ritardo [-'tardo] *m* **1.** *(non puntualità)* Verspätung *f; (indugio)* Verzögerung *f; (rallentamento)* Verlangsamung *f;* **2.** *med, psych* Zurückbleiben *n;* **3.** *mus* Vorhalt *m;* **essere in ~** sich verspäten, zu spät kommen; **arrivare** (*o.* **giungere) in ~** sich verspätet haben, verspätet ankommen.

ritegno [ri'teɲɲo] *m* **1.** *(riserbo)* Zurückhaltung *f,* Reserve *f;* **2.** *(misura)* Einschränkung *f,* Maß *n;* **non avere ~ a fare qc** sich nicht scheuen, etw. zu tun.

ritemprare [-tem'pra:re] **I.** *tr* **1.** *fig (forze, spirito)* wieder kräftigen; **2.** *(temprare di nuovo)* wieder härten; **II.** *rfl:* **-rsi** sich wieder kräftigen.

ritenere [-te'ne:re] ‹*irr*› **I.** *tr* **1.** *(considerare)* halten für; **2.** *com, fin* einbehalten; **3.** *med* bei sich *(dat)* halten; **4.** *(lacrime)* zurückhalten; **5.** *(ricordare)* behalten; **II.** *rfl:* **-rsi** sich halten für. **ritenuta** [...'nu:ta] *f* **1.** *(detrazione)* Abzug *m* (*su* von, auf); **2.** *(di flusso)* Zurückhalten *n.* **ritenzione** [...n'tsi̯o:ne] *f* **1.** *med* Verhaltung *f,* Retention *f;* **2.** *jur* Einbehaltung *f.*

ritingere [-'tindʒere] ‹*irr*› *tr* **1.** *(tingere di nuovo)* wieder färben; **2.** *(di un altro colore)* umfärben.

ritirare [-ti'ra:re] **I.** *tr* **1.** *(tirare di nuovo)* wieder ziehen; **2.** *(tirare indietro)* zurückziehen; **3.** *(richiamare)* zurückberufen, abberufen; **4.** *(farsi consegnare)* abholen, sich *(dat)* aushändigen lassen; **5.** *(togliere dalla circolazione)* einziehen, aus dem Verkehr ziehen; **6.** *fig (offesa, promessa)* zurücknehmen; *(permesso)* entziehen; **II.** *rfl:* **-rsi 1.** *(tirarsi indietro)* sich zurückziehen, zurückweichen; **2.** *(appartarsi)* sich zurückziehen, sich absondern; **3.** *(abbandonare)* aufgeben (*da qc* etw.), entsagen (*da qc* einer S.); **4.** *(restringersi)* einlaufen; **5.** *(scorrere via)* zurückgehen, abfließen; **6.** *fig (retrocedere da un impegno)* einen Rückzieher machen *fam.* **ritirata** [...'ra:ta] *f* **1.** *mil (arretramento)* Rückzug *m; (rientro in caserma)* Zapfenstreich *m;* **2.** *(latrina)* Abort *m;* **~ strategica** *(a. fig)* Rückzugsgefecht *n;* **battere in ~** *(a. fig)* zum Rückzug blasen. **ritirato, -a** [...'ra:to] **I.** *a* zurückhaltend, zurückgezogen; **II.** *m, f* Ausgeschiedene(r) *mf.* **ritiro** [-'ti:ro] *m* **1.** *(richiamo)* Abberufung *f;* **2.** *(di truppe)* Rückzug *m;* **3.** *fin (dalla circolazione)* Einzug *m;* **4.** *(di pacco, etc.)* Abholen *n;* **5.** *(di permesso)* Entziehung *f; (di patente, etc.)* Einzug *m,* Einbehalten *n;* **6.** *(rinunzia)* Rückzug *m* (*da* aus), Ausscheiden *n* (*da* aus); **7.** *(in luogo appartato)* Zurückgezogenheit *f;* **~ spirituale** Einkehr *f;* **~ collegiale** *sport* Trainingslager *n.*

ritmica ['ritmika] ‹-che› *f* Rhythmik *f.* **ritmico, -a** [...ko] ‹-ci, -che› *a* rhythmisch. **ritmo** ['ritmo] *m* Rhythmus *m.*

rito ['ri:to] *m* **1.** *(cerimonia)* Ritus *m,* Ritual *n;* **2.** *(usanza)* Brauch *m;* **3.** *jur* Verfahrensweise *f;* **di ~** üblicherweise.

ritoccare [-tok'ka:re] *tr* **1.** *gener.* überarbeiten; *(disegno, labbra)* nachziehen; *(trucco)* auffrischen; **2.** *(toccare di nuovo)* wieder berühren. **ritocco** [-'tokko] *m* Korrektur *f,* Verbesserung *f; fot* Retusche *f.*

ritorcere [-'tɔrtʃere] ‹*irr*› **I.** *tr* **1.** *(torcere di nuovo o meglio)* wieder (aus)wringen; **2.** *fig (accusa, insinuazione)* zurückgeben, umkehren; **3.** *(torcere in senso opposto)* verdrehen; **II.** *rfl:* **-rsi** sich verdrehen, sich wenden.

ritornare [-tor'na:re] *itr* ‹*essere*› **1.** *(venire di nuovo)* zurückkehren, zurückkommen; **2.** *(ricomparire)* wieder erscheinen, wiederkehren; **3.** *(ridiventare)* wieder werden; **~ in sé** wieder zu sich *(dat)* kommen.

ritornello [-tor'nɛllo] *m* **1.** *lit* Kehrreim *m; (a. mus)* Refrain *m;* **2.** *fig* (alte) Leier *f.*

ritorno [-'torno] *m* **1.** *(rientro)* Rückkehr *f; (periodico a.)* Wiederkehr *f;* **2.** *(rinvio)* Rücksendung *f,* Rückgabe *f;* **girone di ~** *sport* Rückrunde *f;* **via del ~** Rückweg *m;* **vuoti di ~** Leergut *n;* **biglietto di andata e ~** (Hin- und) Rückfahrkarte *f;* **avere qc di ~** etw. zurückbekommen; **essere di ~** eben zurückkommen.

ritorsione [-tor'si̯o:ne] *f* Entgegnung *f,* Retourkutsche *f.*

ritorto, -a [-'tɔrto] **I.** *a* **1.** *(filo)* gezwirnt, gedreht; **2.** *(ramo, etc.)* gekrümmt, krumm; **II.** *m* Zwirn *m.*

ritradurre [-tra'durre] ‹*irr*› *tr* **1.** *(tradurre di nuovo)* wieder übersetzen; **2.** *(nella lingua originale)* rückübersetzen.

ritrarre [-'trarre] ‹*irr*› **I.** *tr* **1.** *(trarre indietro)* zurückziehen; *(trarre via)* wegziehen; **2.** *(guadagno, rendita)* beziehen; **3.** *fig (esempio)* nehmen;

(ammaestramento) ziehen; **4.** *(rappresentare)* wiedergeben; *(descrivere)* schildern, beschreiben; *(nell'arte)* abbilden, darstellen; **II.** *rfl:* **-rsi** sich zurückziehen.

ritrattare [-trat'ta:re] **I.** *tr* **1.** *(trattare di nuovo)* wieder darlegen, wieder behandeln; **2.** *(disdire)* zurücknehmen, widerrufen; **II.** *rfl:* **-rsi** widerrufen. **ritrattazione** [...tat'tsi̯o:ne] *f* Widerruf *m.*

ritrattista [ritrat'tista] ‹-i *m,* -e *f*› *mf* **1.** *(pittore)* Porträtist(in) *m(f),* Porträtmaler(in) *m(f);* **2.** *(scrittore)* Milieuschriftsteller(in) *m(f).* **ritratto** [ri'tratto] *m* **1.** *(riproduzione)* Porträt *n;* **2.** *lit* Schilderung *f;* **3.** *fig* Bild *n,* Abbild *n;* **farsi fare il ~** sich porträtieren lassen.

ritrosia [ritro'si:a] ‹-ie› *f* **1.** *(riluttanza)* Widerspenstigkeit *f;* **2.** *(timidezza)* Sprödigkeit *f.* **ritroso, -a** [ri'tro:so] *a* **1.** *(scontroso)* spröd(e), zurückhaltend; **2.** *(restio)* widerwillig, widerspenstig; **a ~** rückwärts.

ritrovamento [-trova'mento] *m* **1.** *(risultato)* Wiederfinden *n;* **2.** *(invenzione)* Erfindung *f;* *(scoperta)* Entdeckung *f.* **ritrovare** [...'va:re] **I.** *tr* **1.** *(persone, cose smarrite)* wiederfinden; **2.** *fig (salute, pace, etc.)* wiedererlangen; **3.** *(trovare di nuovo)* wieder antreffen; **II.** *rfl:* **-rsi** **1.** *(incontrarsi di nuovo)* sich wieder treffen; **2.** *(trovarsi per caso)* kommen, geraten, sich finden; **3.** *(raccapezzarsi)* sich zurechtfinden; **4.** *fam (avere)* haben. **ritrovato, -a** [...'va:to] **I.** *a* wiedergefunden; **II.** *m* **1.** *(invenzione)* Erfindung *f;* **2.** *(scoperta)* Entdekkung *f.*

ritrovo [-'trɔ:vo] *m* **1.** *(riunione)* Treffen *n;* **2.** *(luogo)* Treffpunkt *m.*

ritto, -a ['ritto] **I.** *a* **1.** senkrecht, hochkant; *(persone)* aufrecht; **2.** *tosc (destro)* rechts; **avere i capelli -i** die Haare zu Berge stehen haben; **II.** *m* **1.** *(elemento verticale)* Senkrechte *f;* **2.** *sport* Pfosten; *(tennis)* Vorhand(schlag *m*) *f;* **3.** *(della stoffa)* rechte Seite.

rituale [ritu'a:le] **I.** *a* **1.** *(conforme ai riti)* rituell; **2.** *fig (abituale)* üblich, gewöhnlich; **3.** *scherz (immancabile)* unvermeidlich; **II.** *m* Ritual *n.*

riunione [-u'ni̯o:ne] *f* **1.** *(il riunirsi)* Versammlung *f,* Treffen *n;* **2.** *(adunanza)* Versammlung *f,* Sitzung *f;* **3.** *sport* Treffen *n.* **riunire** [-u'ni:re] **I.** *tr* **1.** *(unire elementi divisi)* wieder vereinen; **2.** *(mettere insieme)* versammeln; **3.** *(riconciliare)* versöhnen; **4.** *(convocare)* einberufen; **II.** *rfl:* **-rsi** **1.** *(fare una riunione)* sich versammeln; **2.** *(tornare insieme)* sich wiedervereinen.

riuscire [-uʃ'ʃi:re] ‹*irr*› *itr* ‹*essere*› **1.** *(essere capace)* es schaffen; *(raggiungere)* es fertigbringen, es schaffen; **2.** *(avere esito)* gelingen; **3.** *(risultare)* sich erweisen als; **4.** *(aver attitudine, fortuna, successo)* erfolgreich sein, Erfolg haben; **5.** *(dimostrarsi)* erscheinen; **6.** *(apparire)* (er)scheinen; **7.** *(uscire di nuovo)* wieder hinausgehen; **8.** *(sboccare)* münden; **è riuscito a diventare un bravo medico** es ist ihm gelungen (*o.* er hat es geschafft), ein guter Arzt zu werden. **riuscita** [...'ʃi:ta] *f (esito)* Ausgang *m;* *(buon esito)* Gelingen *n;* *(di persona)* Erfolg *m;* **fare una buona/cattiva ~** Erfolg/Mißerfolg haben; **il cappotto ha fatto una pessima ~** der Mantel war von schlechter Qualität (*o.* hat nicht lange gehalten).

riutilizzare [-utilid'dza:re] *tr* wiederverwenden.

riva ['ri:va] *f* **1.** *(di mare, fiume, lago)* Ufer *n;* **2.** *naut* Bram *f.*

rivale [ri'va:le] **I.** *a* rivalisierend; **II.** *mf* Rivale *m,* Rivalin *f,* Konkurrent(in) *m(f);* *(in amore)* Nebenbuhler(in) *m(f).* **rivaleggiare** [rivaled'dʒa:re] ‹rivaleggio, rivaleggi› *itr* rivalisieren.

rivalersi [-va'lersi] ‹*irr*› *rfl* **1.** *(prendere una rivincita)* sich *(dat)* Genugtuung verschaffen (*su* bei; *di, per* wegen); **2.** *(usufruire di nuovo)* wieder verwenden.

rivalità [rivali'ta] ‹-› *f* Rivalität *f.*

rivalsa [-'valsa] *f* **1.** *(compensazione)* Genugtuung *f;* **2.** *com* Revers *m,* Entlastungserklärung *f;* **cambiale di ~** Rückwechsel *m.*

rivalutare [-valu'ta:re] *tr* **1.** *fin, fig* aufwerten; **2.** *(valutare di nuovo)* wieder schätzen. **rivalutazione** [...tat'tsi̯o:ne] *f* Aufwertung *f.*

rivangare [-vaŋ'ga:re] *tr* **1.** *fig (passato, storie)* wieder aufrühren; **2.** *agr* wieder umgraben.

rivedere [-ve'de:re] ‹*irr*› **I.** *tr* **1.** *gener.* wieder sehen; **2.** *(rincontrare, a. patria, casa)* wiedersehen; **3.** *(esaminare)* durchsehen; *(revisionare)* nachprüfen; **4.** *(rileggere)* durchlesen; **II.** *rfl:* **-rsi** sich wiedersehen; **ci rivedremo!** *fig* du wirst noch von mir hören!; **a rivederci!** auf Wiedersehen!

rivedibile [-ve'di:bile] *a mil* zurückgestellt.

rivelare [-ve'la:re] **I.** *tr* **1.** *(notizia, nascondiglio)* offenbaren, verraten; *(se-*

greto a.) enthüllen; **2.** *(manifestare)* verraten, zeigen; **3.** *scient* zeigen, sichtbar machen; **II.** *rfl:* **-rsi** sich erweisen als. **rivelatore, -trice** [...la'to:re] **I.** *a* enthüllend; **II.** *m* **1.** *tec, radio* Detektor *m;* **2.** *fot* Entwickler *m.* **rivelazione** [...lat'tsi̯o:ne] *f* **1.** *(di notizie, segreti)* Enthüllung *f; (a. rel)* Offenbarung *f;* **2.** *scient* Demodulation *f;* **3.** *(ciò che viene rivelato)* Offenbarung *f,* Entdeckung *f.*

rivendicare [-vendi'ka:re] **I.** *tr* **1.** *jur* einklagen, geltend machen; **2.** *(lottare per)* fordern, beanspruchen; **II.** *rfl:* **-rsi** sich wieder rächen. **rivendicazione** [...kat'tsi̯o:ne] *f* Forderung *f; (a. di diritto)* Beanspruchung *f.*

rivendita [-'vendita] *f* **1.** *com* Wiederverkauf *m;* **2.** *(negozio)* Laden *m.* **rivenditore, -trice** [...'to:re] *m, f* **1.** *(venditore al minuto)* (Klein)händler(in) *m(f);* **2.** *(di seconda mano)* Wiederverkäufer(in) *m(f).*

riverberare [-verbe'ra:re] **I.** *tr (luce)* widerspiegeln; *(a. suono)* zurückwerfen; *(calore)* zurückstrahlen; **II.** *rfl:* **-rsi 1.** *(riflettersi)* sich widerspiegeln; *(a. suono)* zurückgeworfen werden; **2.** *fig* sich auswirken (*su* auf). **riverbero** [-'vɛrbero] *m* **1.** *(di luce)* Widerschein *m; (di calore)* Rückstrahlung *f; (di suono)* Nachhall *m;* **2.** *fig* Auswirkung *f* (*su* auf); **di ~** indirekt.

riverente [rive'rɛnte] *a* ehrfürchtig. **riverenza** [...'rɛntsa] *f* **1.** *(inchino)* Verneigung *f;* **2.** *(rispetto)* Reverenz *f,* Ehrerbietung *f,* Hochachtung *f* (*per* vor).

riverire [rive'ri:re] ‹riverisco› *tr* **1.** *(rispettare)* verehren, achten; **2.** *(salutare)* sich empfehlen (*qu* jdm); **La riverisco!** ich empfehle mich!

riversare [-ver'sa:re] **I.** *tr* **1.** *(versare di nuovo)* wieder (ein-, aus)gießen; **2.** *fig:* **~ qc su qu** jdn mit etw. überschütten; **3.** *tec* überspielen; **II.** *rfl:* **-rsi** hervorquellen, sich ergießen.

rivestimento [-vesti'mento] *m* **1.** *(operazione)* Verkleiden *n,* Beziehen *n;* **2.** *(materiale)* Verkleidung *f,* Bezug *m.* **rivestire** [...'ti:re] **I.** *tr* **1.** *(ricoprire)* verkleiden, beziehen; **2.** *(indossare)* wieder anziehen; **3.** *fig (carica)* bekleiden; *(importanza, grado)* einnehmen; **4.** *(fornire di abiti nuovi)* einkleiden; **II.** *rfl:* **-rsi 1.** *(vestirsi di nuovo)* sich wieder anziehen (*o.* ankleiden); **2.** *(mettersi)* sich wieder bedecken.

rivetto [ri'vetto] *m* Niet *m o. n,* Niete *f.*

riviera [ri'vi̯ɛ:ra] *f* **1.** *geog* Küste *f;* **2.** *sport* Wassergraben *m;* **la R~ ligure** die ligurische Küste; **la R~ (italiana)** die (italienische) Riviera. **rivierasco, -a** [rivi̯e'rasko] ‹-schi, -sche› *a* Küsten-.

rivincere [-'vintʃere] ‹*irr*› *tr* **1.** *(vincere di nuovo)* wieder gewinnen; **2.** *(vincere quanto perduto)* wiedergewinnen.

rivincita [-'vintʃita] *f* Revanche *f;* **prendersi la ~** sich revanchieren.

rivista [-'vista] *f* **1.** *(periodico)* Illustrierte *f;* **2.** *(spettacolo)* Revue *f;* **3.** *mil* Revue *f,* Truppenschau *f;* **4.** *(controllo)* Durchsicht *f,* Überprüfung *f;* **passare in ~** *(a. fig)* Revue passieren.

rivivere [-'vi:vere] ‹*irr*› **I.** *itr* ‹*essere*› **1.** *(tornare a vivere)* wieder lebendig werden; **2.** *fig* wiederaufleben, zu neuem Leben erwachen; **II.** *tr* ‹*avere*› wieder erleben.

rivo ['ri:vo] *m* Bach *m,* Fluß *m.*

rivolgere [-'voldʒere] ‹*irr*› **I.** *tr* **1.** *(volgere verso una direzione)* wenden; **2.** *(volgere ripetutamente)* wieder und wieder wenden; **3.** *(volgere di nuovo)* wieder wenden, wieder drehen; **4.** *fig (attenzione, etc.)* richten (*a* auf); **5.** *(distogliere)* abwenden; **~ la parola a qu** das Wort an jdn richten; **II.** *rfl:* **-rsi 1.** *(voltarsi indietro)* sich umdrehen; **2.** *(indirizzare il discorso, cercare aiuto)* sich wenden (*a* an).

rivolgimento [-voldʒi'mento] *m* Umsturz *m.*

rivolo ['ri:volo] *m* Bach *m,* Rinnsal *n.*

rivolta [-'vɔlta] *f* Revolte *f,* Aufstand *m.*

rivoltante [-vol'tante] *a* abstoßend.

rivoltare [-vol'ta:re] **I.** *tr* **1.** *(voltare dalla parte opposta)* umdrehen, wenden; **2.** *(voltare ripetutamente)* wieder und wieder drehen; **3.** *(provocare disgusto)* abstoßen; **4.** *fig* umstürzen; **II.** *rfl:* **-rsi 1.** *(ribellarsi)* sich auflehnen (*a* gegen); **2.** *(volgersi indietro)* sich umdrehen; **3.** *(mutare)* sich wenden, umschlagen; **4.** *(sconvolgersi)* in Aufruhr geraten.

rivoltella [-vol'tɛlla] *f* Revolver *m.* **rivoltellata** [...tel'la:ta] *f* Revolverschuß *m.*

rivoltolare [-volto'la:re] **I.** *tr* wieder wälzen; **II.** *rfl:* **-rsi** sich wälzen.

rivoltoso, -a [-vol'to:so] **I.** *a* aufständisch, aufrührerisch; **II.** *m, f* Aufständische(r) *mf,* Aufrührer(in) *m(f).*

rivoluzionare [rivoluttsi̯o'na:re] *tr* **1.** *fig (vita, mente, etc.)* in Aufruhr versetzen, durcheinanderbringen; **2.** *(ordine, società, etc.)* revolutionieren, umstürzen. **rivoluzionario, -a** [...'na:rio] ‹-i, -ie› **I.** *a* revolutionär; **II.** *m, f* Revolutionär(in) *m(f)*. **rivoluzione** [...'tsio:ne] *f* **1.** *pol* Revolution *f*, Umsturz *m;* **2.** *soc* Revolution *f*, Umwälzung *f;* **3.** *fig fam* Aufruhr *m;* **4.** *astr* Umlauf *m;* **5.** *(movimento di un corpo)* Umdrehung *f*.

rizzare [rit'tsa:re] **I.** *tr* **1.** *(tenda)* aufstellen, aufschlagen; **2.** *(edificio)* errichten; **3.** *(vele, bandiera)* hissen; **~ gli orecchi** die Ohren spitzen; **~ la coda** (*o.* **il pelo** *o.* **la cresta)** *fig* hochmütig werden; **II.** *rfl:* **-rsi** *(alzarsi in piedi)* sich aufrichten, aufstehen; **gli si rizzarono i capelli dallo spavento** ihm standen (vor Schreck) die Haare zu Berge.

R.N.A. *m ab di* **acido ribonucleico** RNS *f* (*ab di* Ribonukleinsäure).

roba ['rɔ:ba] *f* **1.** *(possesso)* Sachen *f pl*, Dinge *n pl*, Zeug *n;* **2.** *(vestiario)* Sachen *f pl;* **3.** *(da vendere)* Ware *f;* **4.** *(affare, faccenda)* Sache *f*, Angelegenheit *f;* **5.** *(stoffa)* Stoff *m*, Tuch *n;* **~ usata** Gebrauchtwaren *f pl;* **~ da mangiare** *fam* Eßwaren *f pl;* **non è ~ per te** das ist nichts für dich; **bella ~!** schöner Mist!

Roberta [ro'bɛrta] *(nome proprio femminile)* Roberta.

Roberto [ro'bɛrto] *(nome proprio maschile)* Robert.

robiola [ro'biɔ:la] *f sahniger Frischkäse aus der Lombardei.*

robivecchi [robi'vɛkki] ‹-› *mf* Altwarenhändler(in) *m(f)*.

roboante [robo'ante] *v.* **reboante.**

robot ['rɔ:bot] ‹-› *m* Roboter *m*.

robustezza [robus'tettsa] *f* Robustheit *f*. **robusto, -a** [ro'busto] *a* **1.** *(persona, costituzione)* robust, kräftig; **2.** *(cose)* stabil; **3.** *(vino, voce)* kräftig; **4.** *(stile)* ausdrucksvoll.

rocca[1] ['rɔkka] ‹-cche› *f (fortezza)* Festung *f*.

rocca[2] ['rokka] ‹-cche› *f (arnese)* Spinnrocken *m; (tubo)* Zwirnspule *f*.

roccaforte [rokka'fɔrte] ‹roccheforti› *f* **1.** *(città fortificata)* Festung *f;* **2.** *fig* Hochburg *f*.

rocchetto [rok'ketto] *m* **1.** *(di filo)* Garnspule *f*, Garnrolle *f;* **2.** *fot, tec* Spule *f*.

roccia ['rɔttʃa] ‹-cce› *f* **1.** *geol* Gestein *n;* **2.** *(masso di pietra)* Fels *m*, Felsblock *m*. **rocciatore, -trice** [rottʃa'to:re] *m, f* Kletterer *m*, Klett(r)erin *f*. **roccioso, -a** [...'tʃo:so] *a* felsig.

Rocco ['rɔkko] *nome proprio maschile.*

roco, -a ['rɔ:ko] ‹-chi, -che› *a* rauh, heiser.

rococò [roko'kɔ] **I.** ‹-› *m* Rokoko *n;* **II.** ‹*inv*› *a* Rokoko-.

rodaggio [ro'daddʒo] ‹-ggi› *m* **1.** *tec* Einlaufen *n; mot* Einfahren *n; (periodo)* Einlauf-, Einfahrzeit *f;* **2.** *fig* Eingewöhnung *f; (di impiegato, etc.)* Einarbeitung f; **periodo di ~** Schonfrist *f; (di impiegato, etc.)* Einarbeitungszeit *f;* **essere in ~** eingefahren werden. **rodare** [ro'da:re] *tr* **1.** *tec* einlaufen lassen; *mot* einfahren; **2.** *fig* eingewöhnen.

rodere ['ro:dere] ‹rodo, rosi, roso› **I.** *tr* **1.** *(rosicchiare)* nagen (an); **2.** *(corrodere)* zerfressen; **3.** *fig* fressen (an); **II.** *rfl:* **-rsi** sich verzehren (*da* vor). **roditore, -trice** [rodi'to:re] **I.** *a* **1.** *(cancro, verme)* nagend; **2.** *fig* fressend; **II.** *m* Nagetier *n*, Nager *m*.

rodo ['ro:do] *1. pers sing pr di* **rodere.**

rododendro [rodo'dɛndro] *m* Rhododendron *m o. n*.

Rodolfo [ro'dɔlfo] *(nome proprio maschile)* Rudolf.

rogare [ro'ga:re] ‹rogo, roghi› *tr jur* aufsetzen.

rogna ['roɲɲa] *f* **1.** *med* Krätze *f*, Räude *f;* **2.** *fig fam* Plage *f*.

rognone [roɲ'ɲo:ne] *m* Niere *f*.

rognoso, -a [roɲ'ɲo:so] *a* **1.** *med* krätzig, räudig; **2.** *fig* lästig.

rogo ['rɔ:go *o.* 'ro:go] ‹-ghi› *m* **1.** *(pira)* Scheiterhaufen *m;* **2.** *(incendio)* Feuer *n*, Brand *m*.

Roma ['ro:ma] *f* Rom *n;* **di ~** römisch, Römer; **abitante di ~** Römer(in) *m(f);* **~ non fu fatta in un giorno** *prov* Rom wurde nicht an einem Tag erbaut; **tutte le strade portano** (*o.* **conducono) a ~** *prov* alle Wege führen nach Rom *prov.*

romana *f v.* **romano.**

romancio, a [ro'mantʃo] ‹-ci, -ce› **I.** *a* rätoromanisch; **II.** *m* Rätoromanisch(e) *n*.

Romandia [roman'di:a] *f* Französische Schweiz.

romanesco, -a [roma'nesko] ‹-schi, -sche› *a* römisch.

Romania [roma'ni:a] *f* Rumänien *n*.

romanico, -a [ro'ma:niko] ‹-ci, -che› **I.** *a* romanisch; **II.** *m* Romanik *f*.

romanista [roma'nista] ‹-i *m*, -e *f*› *mf* Romanist(in) *m(f)*. **romanistica** [...'nistika] ‹-che› *f* Romanistik *f*.

romanità [romani'ta] ‹-› *f* Römertum *n*.

romano, -a [ro'ma:no] **I.** *a* römisch; **fare alla -a** getrennte Kasse machen; **II.** *m, f* Römer(in) *m(f)*.

romantica *f v.* **romantico.**

romanticheria [romantike'ri:a] ‹-ie› *f pej* Gefühlsduselei *f.*

romanticismo [romanti'tʃizmo] *m* Romantik *f.* **romantico, -a** [ro'mantiko] ‹-ci, -che› **I.** *a* romantisch; **II.** *m, f* Romantiker(in) *m(f).*

romanza [ro'mandza] *f* Romanze *f.*

romanzare [roman'dza:re] *tr* (romanartig) ausschmücken. **romanzesco, -a** [...'dzesko] ‹-schi, -sche› *a* **1.** *lit* Roman-; **2.** *(cavalleresco)* Ritter-, Helden-; **3.** *fig* phantastisch, abenteuerlich. **romanziere, -a** [...'dzi̯ɛ:re] *m, f* Romancier *m,* Romanschriftsteller(in) *m(f).*

romanzo [ro'mandzo] *m* **1.** *lit* Roman *m;* **2.** *fig* Märchen *n.*

romanzo, -a [ro'mandzo] *a* romanisch.

rombare [rom'ba:re] *itr* dröhnen, donnern.

rombo ['rombo] *m* **1.** *mat* Rhombus *m,* Raute *f;* **2.** *(rumore)* Dröhnen *n,* Donnern *n;* **3.** *zoo* Scholle *f,* Plattfisch *m;* **4.** *(gioco) rautenförmig angeordnetes Worträtsel.*

romeno [ro'mɛ:no] *v.* **rumeno.**

rompere ['rompere] ‹rompo, ruppi, rotto› **I.** *tr* **1.** *(vetro, etc.)* brechen; *(fracassare: vaso, bastone, etc.)* zerbrechen; *(catene, argini)* sprengen; *(timpano)* platzen lassen; **2.** *fig (folla, calca)* durchbrechen; *(silenzio, amicizia, incanto)* brechen *(dieta)* aufhören mit; *(file, righe)* auflösen; ~ **le ossa/la faccia a qu** jdm die Knochen brechen/das Gesicht zerschlagen; ~ **le tasche** (*o.* **le scatole** *o.* **l'anima) a qu** *fam* jdm auf den Geist (*o.* Keks *o.* Wecker) gehen *fam;* **romperla con qu** *fam* mit jdm brechen; **II.** *itr* **1.** *(scoppiare)* ausbrechen (*in* in); **2.** *(troncare)* brechen (*con* mit); **3.** *(fiume)* über die Ufer treten; **chi rompe paga e i cocci sono suoi** *prov* wer etwas kaputtmacht, der muß dafür zahlen, die Scherben gehören dann ihm; **III.** *rfl:* **-rsi** (zer)brechen, kaputtgehen; **-rsi la testa** *fig* sich *(dat)* den Kopf zerbrechen; **-rsi un braccio/una gamba** sich *(dat)* einen Arm/ein Bein brechen. **rompicapo** [rompi'ka:po] *m* **1.** *(fastidio)* Kopfzerbrechen *n;* **2.** *(indovinello)* Denkaufgabe *f,* Rätsel *n;* **3.** *(problema difficile)* Problem *n.* **rompicollo** [-'kɔllo] *m* Draufgänger *m;* **a** ~ Hals über Kopf. **rompighiaccio** [-'gi̯attʃo] ‹-› *m* Eisbrecher *m.*

rompimento [rompi'mento] *m* **1.** *fig fam* Nervensäge *f fam;* **2.** *(rottura)* Zerbrechen *n,* Kaputtmachen *n.*

rompiscatole [rompis'ka:tole] ‹-› *mf fam* Nervensäge *f fam.*

rompo ['rompo] *1. pers sing pr di* **rompere.**

ronda ['ronda] *f* Streife *f,* Wache *f;* **fare la** ~ auf Streife gehen; *fig scherz (a una donna)* den Hof machen.

rondella [ron'dɛlla] *f* Unterlegscheibe *f.*

rondine ['rondine] *f* Schwalbe *f;* **una** ~ **non fa primavera** *prov* eine Schwalbe macht noch keinen Sommer *prov.*

rondò [ron'dɔ] ‹-› *m* **1.** *mus* Rondo *n;* **2.** *lit* Ringelgedicht *n,* Rondeau *n.*

rondone [ron'do:ne] *m* Mauersegler *m.*

ronfare [ron'fa:re] *itr* **1.** *(russare)* schnarchen; **2.** *(gatto)* schnurren.

röntgen ['rœntgən] **I.** ‹*inv*› *a* Röntgen-; **II.** ‹-› *m* Röntgen *n.*

ronzare [ron'dza:re] *itr* **1.** *(insetti)* summen; **2.** *(aerei)* brummen; **3.** *fig (idee, pensieri)* schwirren; ~ **a una donna** *fam* eine Frau umschwirren *fam.*

ronzino [ron'dzi:no] *m pej* Gaul *m,* Klepper *m.*

ronzio [ron'dzi:o] ‹-ii› *m* **1.** *(di insetti)* Summen *n;* **2.** *(di aereo)* Brummen *n.*

rosa ['rɔ:za] **I.** *f* **1.** *bot (pianta)* Rose *f,* Rosenstock *m; (fiore)* Rose *f;* **2.** *fig (gruppo di persone)* Kreis *m;* ~ **dei venti** Windrose *f;* **fresco come una** ~ *fig* frisch wie der junge Morgen; **all'acqua di -e** *fig* oberflächlich, flüchtig; **se son -e, fioriranno** es wird sich schon zeigen, ob es etwas Gutes ist; **non c'è** ~ **senza spine** *prov* keine Rose ohne Dornen *prov;* **II.** ‹*inv*› *a* **1.** *(colore)* rosa; **2.** *fig:* **romanzo** ~ Liebesroman *m;* **III.** ‹-› *m* Rosa *n.*

Rosa ['rɔ:za] *(nome proprio femminile)* Rosa.

rosaio [ro'za:i̯o] ‹-ai› *m* Rosenstock *m,* -strauch *m.*

Rosalia [roza'li:a] *(nome proprio femminile)* Rosalie.

rosario [ro'za:ri̯o] ‹-i› *m* **1.** *rel* Rosenkranz *m;* **2.** *fig* Kette *f,* Folge *f.*

rosatello [roza'tɛllo] *m* Rosé(wein) *m.*

rosato, -a [ro'za:to] **I.** *a* **1.** *(colorito)* rosa(farben); **2.** *(miele)* Rosen-; **3.** *(vino)* Rosé-; **II.** *m* Rosé(wein) *m.*

roseo, -a ['rɔ:zeo] *a (a. fig)* rosig.

rosetta [ro'zetta] *f* **1.** *(diamante)* Rosette *f;* **2.** *tec* Unterlegscheibe *f;* **3.** *(pane)* Rosenbrötchen *n.*

rosi ['ro:si] *1. pers sing del passato remoto di* **rodere.**

rosicare [rosi'ka:re] ⟨rosico, rosichi⟩ *tr* **1.** *(rodere)* knabbern (an), nagen (an); **2.** *fig* allmählich gewinnen.
rosicchiare [rosik'ki̯a:re] ⟨rosicchio, rosicchi⟩ *tr* **1.** *(osso, mela)* knabbern (an), nagen (an); **2.** *fig* allmählich gewinnen.
rosmarino [rozma'ri:no] *m* Rosmarin *m.*
roso ['ro:so] *pp di* **rodere.**
rosolare [rozo'la:re] *tr* anbraten.
rosolia [rozo'li:a] ⟨-ie⟩ *f* Röteln *pl.*
rosolio [ro'zɔ:li̯o] ⟨-i⟩ *m* Rosolio *m (süßer Likör mit geringem Alkoholgehalt).*
rosone [ro'zo:ne] *m* **1.** *(motivo ornamentale)* Rosette *f;* **2.** *(vetrata)* Fensterrose *f,* Rosette *f.*
rospo ['rɔspo] *m* Kröte *f;* **coda di ~** Anglerfisch *m;* **mangiare** (*o.* **ingoiare) un ~** *fig* in den sauren Apfel beißen.
rossa *f v.* **rosso.**
rossastro, -a [ros'sastro] *a* rötlich.
rosseggiare [rossed'dʒa:re] ⟨rosseggio, rosseggi⟩ *itr* rötlich schimmern.
rossetto [ros'setto] *m* **1.** *(per labbra)* Lippenstift *m;* **2.** *(per guance)* Rouge *n.*
rossiccio, -a [ros'sittʃo] ⟨-cci, -cce⟩ *a* rötlich.
rosso, -a ['rosso] **I.** *a* rot; **vino ~** Rotwein *m;* **Cina Rossa** Rotchina *n;* **il Mar R~** das Rote Meer; **II.** *m* Rot *n;* **~ d'uovo** Eigelb *n;* **passare col ~** bei Rot über die Ampel gehen (*o.* fahren); **III.** *m, f* **1.** *(persona rossa di capelli)* Rothaarige(r) *mf;* **2.** *fam pol* Rote(r) *mf;* **3.** *sport* Spieler *m* von Verona; **~ di sera bel tempo si spera** *prov* Abendrot, Schönwetterbot' *prov.* **rossore** [...'so:re] *m* Röte *f.*
rosticceria [rostittʃe'ri:a] ⟨-ie⟩ *f* Rotisserie *f,* Bratküche *f.* **rosticciere, -a** [...'tʃɛ:re] *m, f* Inhaber(in) *m(f)* einer Rotisserie.
rostro ['rɔstro] *m* **1.** *(becco)* Schnabel *m;* **2.** *naut* Rammsporn *m.*
rota ['rɔ:ta] *f* Rota *f.*
rotaia [ro'ta:i̯a] ⟨-aie⟩ *f* **1.** *(di tram, treno)* Schiene *f,* Gleis *n;* **2.** *(solco)* Radspur *f,* Bahn *f;* **uscire dalle -aie** *(a. fig)* entgleisen.
rotare [ro'ta:re] ⟨*1. pers sing pr:* ruoto⟩ **I.** *itr* **1.** *(girare)* (sich) drehen, rotieren; **2.** *(volare)* kreisen, Kreise ziehen; **II.** *tr* **1.** *(braccio, bastone)* kreisen lassen; **2.** *agr (colture)* wechseln. **rotativa** [rota'ti:va] *f* Rotationsmaschine *f,* -presse *f.* **rotativo, -a** [...vo] *a* Rotations-; *agr* Fruchtwechsel-. **rotatorio, -a** [...'tɔ:ri̯o] ⟨-i, -ie⟩ *a* Dreh-; *(a. circolazione)* Kreis-. **rotazione** [...tat'tsi̯o:ne] *f* **1.** *mat* Rotation *f; (astr a.)* Umdrehung *f;* **2.** *agr:* **~ delle colture** Fruchtfolge *f,* Rotation *f;* **3.** *sport* Rotation *f,* Positionswechsel *m;* **4.** *(alternanza)* Wechsel *m,* Rotation *f.*
roteare [rote'a:re] **I.** *tr* kreisen lassen; *(occhi a.)* rollen; **II.** *itr* kreisen, Kreise ziehen.
rotella [ro'tɛlla] *f* Rolle *f; (a. di orologio)* Rädchen *n;* **pattini a -e** Rollschuhe *m pl;* **gli manca una** (*o.* **qualche) ~** *fam* bei ihm ist eine Schraube lokker *fam.*
rotismo [ro'tizmo] *m* Räderwerk *n,* Getriebe *n.*
rotocalco [roto'kalko] *m* Illustrierte *f.*
rotolamento [rotola'mento] *m* Rollen *n.* **rotolare** [...'la:re] **I.** *tr* ⟨*avere*⟩ rollen; **II.** *itr* ⟨*essere*⟩ rollen; **III.** *rfl:* **-rsi** sich rollen, sich wälzen.
rotolo ['rɔ:tolo] *m* **1.** *(di carta igienica, etc.)* Rolle *f; (di stoffa)* Ballen *m;* **2.** *(libro antico)* Schriftrolle *f;* **3.** *fam:* **andare/mandare a -i** *fam* den Bach runtergehen/runtergehen lassen *fam.*
rotonda [ro'tonda] *f* Rotunde *f.*
rotondeggiare [rotonded'dʒa:re] ⟨rotondeggio, rotondeggi⟩ *itr* rund sein. **rotondità** [...di'ta] ⟨-⟩ *f* Rundheit *f; (di persone, membra a.)* Rundlichkeit *f.* **rotondo, -a** [ro'tondo] *a* rund; *(fig a.)* abgerundet.
rotore [ro'to:re] *m* Rotor *m.*
rotta ['rotta] *f* **1.** *fig* Bruch *m;* **2.** *(sconfitta)* Niederlage *f;* **3.** *naut, aero* Kurs *m;* **cambiare ~** *(a. fig)* den Kurs ändern; **fare ~ per** (*o.* **verso) ...** Kurs auf ... nehmen; **essere in ~ con qu** mit jdm gebrochen haben; **mettere in ~ qu** jdm eine Niederlage beibringen; **a ~ di collo** *fam* Hals über Kopf.
rottamazione [rottamat'tsi̯o:ne] *f* Verschrottung *f.* **rottame** [...'ta:me] *m* **1.** *(residuo)* Bruchstück *n; (di vetro)* Scherbe *f;* **2.** *(ammasso inservibile)* Schrott(haufen) *m;* **3.** *fig fam (persona)* Wrack *n.*
rotto, -a ['rotto] **I.** *pp di* **rompere;** **II.** *a* **1.** *(ridotto in pezzi)* zerbrochen, kaputt; **2.** *(scarpe, camicia)* verschlissen, kaputt; **3.** *(ossa)* gebrochen; **4.** *fig (voce)* erstickt; **5.** *(interrotto)* unterbrochen; **6.** *(assuefatto)* vertraut (*a* mit), gewöhnt (*a* an); **III.** *m* **1.** *fig:* **per il ~ della cuffia** *fam* um Haaresbreite; **2.** ⟨*pl*⟩ *(di denaro)* ein paar Gequetschte (*o.* Zerquetschte) *fam;* **passare per il ~ della cuffia** mit einem blauen Auge davonkommen.

rottura [rot'tu:ra] *f* **1.** *(di tubo, braccio, argine)* Bruch *m;* **2.** *fig (di tregua)* Abbruch *m; (di fidanzamento)* (Auf)lösung *f; (col passato)* Bruch *m.*
rotula ['rɔ:tula] *f* Kniescheibe *f.*
roulotte [ru'lɔt] ‹-› *f* Wohnwagen *m.*
round [raʊnd] ‹-› *m* Runde *f.*
routine [ru'tin] ‹-› *f* Routine *f.*
rovente [ro'vɛnte] *a* glühend; *(a. fig)* heiß.
rovere ['ro:vere] **I.** *m o. f* Stiel-, Sommereiche *f;* **II.** *m* Eichenholz *n.*
rovesciamento [roveʃʃa'mento] *m* Umkehrung *f,* Umsturz *m.* **rovesciare** [...'ʃa:re] ‹rovescio, rovesci› **I.** *tr* **1.** *(versare inavvertitamente)* verschütten, vergießen; **2.** *(voltare)* wenden; **3.** *(far cadere)* umwerfen, -stoßen; *fig pol (governo)* stürzen; **4.** *(capovolgere)* umkehren; **5.** *mil* niederschlagen; **6.** *fig (rivolgere, attribuire)* wälzen (*su* auf); **II.** *rfl:* **-rsi 1.** *(capovolgersi)* sich umkehren; **2.** *(gettarsi)* sich stürzen; **3.** *(cadere)* sich fallen lassen; **4.** *(riversarsi)* sich ergießen. **rovesciata** [...'ʃa:ta] *f* Rückzieher *m.* **rovescio, -a** [ro'vɛʃʃo] ‹-sci, -sce› **I.** *a* **1.** *(dalla parte opposta)* verkehrt, umgekehrt; **2.** *(supino)* rücklings; **alla -a** verkehrt, umgekehrt; **conto alla -a** Countdown *m o. n;* **a ~** falsch, verkehrt; **da ~** von der falschen Seite; **II.** *m* **1.** *(lato opposto)* Rückseite *f; (di stoffa, etc.)* linke Seite; **2.** *(maglia)* linke Masche; **3.** *sport* Rückhand(schlag *m*) *f;* **4.** *(di pioggia, grandine)* Schauer *m;* **5.** *fig* Rückschlag *m;* **il ~ della medaglia** *fig* die Kehrseite der Medaille.
rovina [ro'vi:na] *f* **1.** *(disfacimento)* Einsturz *m;* **2.** ‹*pl*› *(macerie)* Ruinen *f pl;* **3.** *fig* Ruin *m,* Verderben *n.* **rovinare** [rovi'na:re] **I.** *tr* **1.** *(persone)* ruinieren, zugrunde richten; **2.** *(salute)* ruinieren; *(a. raccolto)* verderben; **3.** *(ponte, edificio)* einreißen; **II.** *itr* **1.** *(cadere giù)* einstürzen; **2.** *(precipitare)* herabstürzen; **III.** *rfl:* **-rsi** sich ruinieren, sich zugrunde richten.
rovistare [rovis'ta:re] *tr* durchsuchen, durchstöbern, stöbern in.
rovo ['ro:vo] *m* Brombeerstrauch *m,* Brombeere *f.*
rozzezza [rod'dzettsa] *f* Grobheit *f.*
rozzo, -a ['roddzo] *a* **1.** *(persone, parole)* grob, ungehobelt; **2.** *(lana, tela)* grob, rauh; **3.** *(scultura, mobile)* roh, unbearbeitet.

R.R. *ab di* **ricevuta di ritorno** Rückschein.
Rrr *ab di* **raccomandata con ricevuta di ritorno** Einschreiben gegen Rückschein.
R.S.M. *ab di* **Repubblica di San Marino.**
ruba ['ru:ba] *f:* **andare a ~** *fam* reißenden Absatz finden, weggehen wie warme Semmeln *fam.*
rubacuori [ruba'kuɔ:ri] **I.** ‹*inv*› *a* betörend; **II.** ‹-› *mf* Herzensbrecher(in) *m(f).*
rubamazzo [ruba'mattso] *m ein Kartenspiel.*
rubare [ru'ba:re] *tr* **1.** *(portafogli, gioielli, etc.)* rauben, stehlen; **2.** *fig (segreto)* entlocken; *(tempo, cuore)* stehlen; *(sonno)* rauben; **~ sulla spesa/sul peso** bei den Ausgaben/beim Gewicht betrügen; **~ qc/qu con gli occhi** etw./jdn mit den Augen verschlingen; **a ~ poco si va in galera, a ~ tanto si fa carriera** *prov* die Kleinen hängt man, die Großen läßt man laufen. **ruberia** [rube'ri:a] ‹-ie› *f* Stehlen *n.*
rubicondo, -a [rubi'kondo] *a* hochrot.
rubinetteria [rubinette'ri:a] ‹-ie› *f* Absperrvorrichtungen *f pl.*
rubinetto [rubi'netto] *m* Hahn *m.*
rubino [ru'bi:no] **I.** *m* Rubin *m;* **II.** ‹*inv*› *a* rubinrot.
rubizzo, -a [ru'bittso *o.* ru'biddzo] *a* rüstig.
rublo ['ru:blo] *m* Rubel *m.*
rubrica [ru'bri:ka] ‹-che› *f* **1.** *(libretto)* Verzeichnis *n;* **2.** *radio, TV* Rubrik *f;* **3.** *(di giornale)* Spalte *f;* **4.** *com, fin* Kontenrahmen *m;* **~ telefonica** Telefonbuch *n.*
rude ['ru:de] *a* rüde, grob.
ruderi ['ru:deri] *m pl* **1.** *(resti di costruzione)* Ruinen *f pl;* **2.** *fig* Überreste *m pl.*
rudezza [ru'dettsa] *f* Rüdheit *f,* Grobheit *f.*
rudimentale [rudimen'ta:le] *a* rudimentär. **rudimento** [...'mento] *m* **1.** ‹*pl*› *(principi elementari)* Grundlagen *f pl;* **2.** *(abbozzo)* Rudiment *n.*
ruffiana *f v.* **ruffiano.**
ruffianata [ruffi̯a'na:ta] *f fam* Schweinerei *f,* Schiebung *f.*
ruffianeggiare [ruffi̯aned'dʒa:re] ‹ruffianeggio, ruffianeggi› *itr* kuppeln. **ruffianeria** [...ne'ri:a] ‹-ie› *f* Kuppelei *f.* **ruffiano, -a** [...'fi̯a:no] *m, f* **1.** *fam (chi cerca di ingraziarsi)* Speichellecker(in) *m(f);* **2.** *(mezzano)* Kuppler(in) *m(f).*
ruga ['ru:ga] ‹-ghe› *f* Falte *f,* Runzel *f.*
rugbista [rug'bista] ‹-i *m,* -e *f*› *mf* Rugbyspieler(in) *m(f).* **rugby** ['rugbi] ‹-› *m* Rugby *n.*

Ruggero [rud'dʒɛ:ro] *(nome proprio maschile)* Rüdiger.

ruggine ['ruddʒine] **I.** *f* **1.** Rost *m;* **2.** *fig fam* Zoff *m sl,* Knies *m fam dial;* **fare la ~** rosten; **II.** ‹*inv*› *a* rostbraun, rostfarben. **rugginoso, -a** [...'no:so] *a* rostig.

ruggire [rud'dʒi:re] ‹ruggisco› *itr* brüllen; *(mare, tempesta)* heulen. **ruggito** [...'dʒi:to] *m* Brüllen *n; (del mare, vento)* Heulen *n.*

rugiada [ru'dʒa:da] *f* Tau *m.*

rugosità [rugosi'ta] ‹-› *f* Runz(e)ligkeit *f.* **rugoso, -a** [ru'go:so] *a* runz(e)lig, faltig.

rullaggio [rul'laddʒo] ‹-ggi› *m* **1.** *aero* Rollen *n;* **2.** *sport* Abrollen *n;* **pista di ~** Rollfeld *n.* **rullare** [...'la:re] **I.** *itr* **1.** *(tamburo)* dröhnen; **2.** *aero* rollen; **3.** *sport* abrollen; **II.** *tr* walzen. **rullata** [...'la:ta] *f* Abrollen *n.*

rullino [rul'li:no] *m* Film *m,* Filmrolle *f.*

rullio [rul'li:o] ‹-ii› *m* Dröhnen *n.*

rullo ['rullo] *m* **1.** *(di tamburo)* Trommelwirbel *m;* **2.** *(arnese cilindrico)* Rolle *f; (a. typ)* Walze *f;* **3.** ‹*pl*› *(sport)* Fahrradergometer *n;* **~ compressore** Straßenwalze *f.*

rum [rum] ‹-› *m* Rum *m.*

rumeno, -a [ru'mɛ:no] **I.** *a* rumänisch; **II.** *m, f* Rumäne *m,* Rumänin *f.*

ruminanti [rumi'nanti] *m pl* Wiederkäuer *m pl.* **ruminare** [...'na:re] *tr* **1.** *zoo* wiederkäuen; **2.** *fig (pensare)* (nach)grübeln über; **3.** *(masticare a lungo)* lange kauen.

rumine ['ru:mine] *m* Pansen *m.*

rumore [ru'mo:re] *m* **1.** *(fenomeno acustico)* Geräusch *n; (strepito)* Lärm *m,* Krach *m;* **2.** *fig* Aufsehen *n;* **fare ~** *fig* Aufsehen erregen; **molto ~ per nulla** viel Lärm um nichts. **rumoreggiare** [rumored'dʒa:re] ‹rumoreggio, rumoreggi› *itr* **1.** lärmen; *(tuono)* dröhnen; *(mare)* brausen; **2.** *fig (persone)* murren. **rumorista** [...'rista] ‹-i *m,* -e *f*› *mf* Geräuschmacher(in) *m(f).* **rumoroso, -a** [...'ro:so] *a* laut.

runa ['ru:na] *f* Rune *f.*

ruolo ['ru̯ɔ:lo] *m* **1.** *(funzione)* Rolle *f,* Funktion *f;* **2.** *theat* Rolle *f;* **3.** *adm* Stellenplan *m;* **4.** *com* Plan *m,* Liste *f;* **~ di primo attore** Hauptrolle *f;* **insegnanti di ~** festangestellte Lehrer *m pl;* **essere di ~** beamtet (*o.* im Beamtenverhältnis) sein; **diventare di ~** ins Beamtenverhältnis übernommen werden.

ruota ['ru̯ɔ:ta] *f* **1.** *gener., tec, mot* Rad *n;* **2.** *naut* Steven *m;* **3.** *(del lotto)* Ziehungsstelle *f;* **4.** *(oggetto circolare)* Scheibe *f;* **5.** *(di luna park)* Riesenrad *n;* **~ dentata** Zahnrad *n;* **~ libera** Freilauf *m;* **a ~ libera** *fig* im Leerlauf; **fare la ~** *zoo* ein Rad schlagen; *fig* sich brüsten; **fare la ~ ad una ragazza** *fam* einem Mädchen den Hof machen; **arrivare a ~ di qu** *sport, fig* jdm auf den Fersen sein; **ungere le -e a qu** *fig* jdn schmieren; **essere l'ultima** (*o.* **la quinta**) **~ del carro** das fünfte Rad am Wagen sein; **a ~** Rad-.

ruotare [ru̯o'ta:re] *v.* **rotare.**

rupe ['ru:pe] *f* Fels(en) *m.*

rupestre [ru'pɛstre] *a* felsig.

ruppi ['ruppi] *1. pers sing del passato remoto di* **rompere.**

rurale [ru'ra:le] **I.** *a* ländlich, Land-; **II.** *mf* Landmann *m,* -frau *f.*

ruscello [ruʃ'ʃɛllo] *m* Bach *m.*

ruspa ['ruspa] *f* Bagger *m.*

ruspante [rus'pante] **I.** *a* scharrend; **II.** *m* Freilandhuhn *n.*

ruspare [rus'pa:re] *itr* scharren, kratzen.

russa *f v.* **russo.**

russare [rus'sa:re] *itr* schnarchen.

Russia ['russi̯a] *f* Rußland *n.* **russo, -a** ['russo] **I.** *a* russisch; **insalata -a** *Gemüsesalat mit Mayonnaise und Ei;* **montagne -e** Achterbahn *f;* **II.** *m, f* Russe *m,* Russin *f.*

rusticano, -a [rusti'ka:no] *a* bäuerlich; **cavalleria -a** Bauernehre *f.*

rusticità [rustitʃi'ta] ‹-› *f* Rustikalität *f.*

rustico, -a ['rustiko] ‹-ci, -che› **I.** *a* **1.** *(campagnolo)* ländlich; **2.** *(mobile)* rustikal; **3.** *(persona)* bäurisch; **4.** *fig pej* roh, grob; **II.** *m* **1.** *(fabbricato)* Wirtschaftsteil *m;* **2.** *arch* Rohbau *m;* **3.** *gastr* Pastete *f.*

ruta ['ru:ta] *f* Raute *f.*

ruttare [rut'ta:re] *itr* rülpsen, aufstoßen. **rutto** ['rutto] *m* Rülpser *m;* **fare un ~** rülpsen.

ruttore [rut'to:re] *m* Schalter *m.*

ruvidezza [ruvi'dettsa] *f* **1.** *(di scorza, pietra)* Rauheit *f;* **2.** *fig* Roheit *f,* Grobheit *f.* **ruvido, -a** ['ru:vido] *a* **1.** *(mani, corteccia, stoffa)* rauh; **2.** *fig* roh, grob.

ruzzo ['ruddzo] *m fam* Laune *f,* Grille *f.*

ruzzolare [ruttso'la:re] **I.** *itr* purzeln, hinunterkugeln; **II.** *tr* rollen. **ruzzolata** [...'la:ta] *f* Purzelbaum *m.* **ruzzolone** [...'lo:ne] *m* Sturz *m,* Fall *m.* **ruzzoloni** [...'lo:ni] *adv* purzelnd.

S

S, s ['ɛsse] ⟨-⟩ *f* S, s *n;* ~ **come Savona** S wie Siegfried.
s. *ab di* **secondo** s (*ab di* Sekunde).
S. 1. *ab di* **sud** S (*ab di* Süd); **2.** *ab di* **santo** hl., St. (*ab di* heilig, Sankt).
s.a. *ab di* **senza anno** o.J. (*ab di* ohne Jahr).
sabato ['sa:bato] *m* Samstag *m,* Sonnabend *m;* ~ **Santo** Karsamstag *m; v. a. lunedì.*
sabba ['sabba] ⟨-⟩ *m* Hexensabbat *m.*
sabbia ['sabbi̯a] ⟨-ie⟩ *f* Sand *m;* **costruire sulla** ~ *fig* auf Sand bauen; **seminare nella** ~ *fig* verlorene Liebesmüh auf sich nehmen; **(di) color** ~ sandfarben. **sabbiatura** [-'tu:ra] *f* **1.** *med* Sandbad *n;* **2.** *tec* Sandstrahlen *n.* **sabbioso, -a** [sab'bi̯o:so] *a* sandig; *(riva a.)* Sand-; **pietra -a** Sandstein *m.*
Sabina [sa'bi:na] *(nome proprio femminile)* Sabine.
sabotaggio [sabo'taddʒo] ⟨-ggi⟩ *m* Sabotage *f.* **sabotare** [...'ta:re] *tr* sabotieren. **sabotatore, -trice** [...ta'to:re] *m, f* Saboteur(in) *m(f).*
S.acc. *ab di* **Società in accomandita** KG *f* (*ab di* Kommanditgesellschaft).
sacca ['sakka] ⟨-cche⟩ *f* **1.** *(borsa)* (große) Tasche *f,* Reisetasche *f;* **2.** *geog* Bucht *f,* Einbuchtung *f;* **3.** *med, anat* Beutel *m,* Sack *m;* **4.** *mil* Kessel *m,* Einkesselung *f.*
saccaride [sak'ka:ride] *m* Kohle(n)hydrat *n.*
saccarina [sakka'ri:na] *f* Saccharin *n.*
saccarosio [sakka'rɔ:si̯o] ⟨-i⟩ *m* Saccharose *f.*
saccata [sak'ka:ta] *f* Sack(voll) *m.*
saccente [sat'tʃɛnte] **I.** *a* besserwisserisch; *(bambino a.)* altklug; **II.** *mf* Besserwisser(in) *m(f).* **saccenteria** [...tʃente'ri:a] ⟨-ie⟩ *f* Besserwisserei *f.*
saccheggiare [sakked'dʒa:re] ⟨saccheggio, saccheggi⟩ *tr* **1.** *(città)* plündern; *(banca)* ausrauben; **2.** *fig* sich *(dat)* aneignen, stehlen; *(idee)* plagiieren. **saccheggiatore, -trice** [...dʒa'to:re] **I.** *a* Raub-; **II.** *m, f* Räuber(in) *m(f),* Plünderer *m,* Plünd(r)erin *f; (di libro, etc.)* Plagiator(in) *m(f).* **saccheggio** [...'keddʒo] ⟨-ggi⟩ *m* **1.** *(di città)* Plünderung *f;* **2.** *fig (di idee)* Plagiat *n.*
sacchetto [sak'ketto] *m* Tüte *f,* Beutel *m;* **donna-~** Stadtstreicherin *f.*
sacco ['sakko] ⟨-cchi⟩ *m* **1.** *(recipiente)* Sack *m;* **2.** *fig fam* Haufen *m fam;* **3.** *anat, zoo* Sack *m,* Beutel *m;* **4.** *(saccheggio)* Plünderung *f;* **5.** *(tela)* Sackleinen *n;* **6.** *sport* Sandsack *m;* **7.** *fig scherz* Wanst *m,* Bauch *m;* **tela di** (*o.* **da**) ~ Sackleinen *n,* Sacktuch *n;* **corsa nei -cchi** Sackhüpfen *n;* **colazione al** ~ Picknick *n;* ~ **da montagna/a pelo** Ruck-/Schlafsack *m;* **cogliere** (*o.* **pescare**) **qu con le mani nel** ~ *fig* jdn auf frischer Tat ertappen; **mettere qu nel** ~ *fig* jdn reinlegen *fam;* **vuotare il** ~ *fig* auspacken; ~ **vuoto non sta in piedi** *prov* mit leerem Bauch ist nicht gut arbeiten.
saccoccia [sak'kɔttʃa] ⟨-cce⟩ *f dial* Tasche *f,* Beutel *m.*
saccone [sak'ko:ne] *m* Strohsack *m.*
S.acc.p.a. *ab di* **Società in accomandita per azioni** KGaA (*ab di* Kommanditgesellschaft auf Aktien).
sacerdotale [satʃerdo'ta:le] *a* priesterlich, Priester-. **sacerdote, -essa** [...'dɔ:te, ...do'tessa] *m, f* Priester(in) *m(f);* ~ **della giustizia** Gerechtigkeitsapostel *m.* **sacerdozio** [...'dɔttsi̯o] ⟨-i⟩ *m* **1.** *rel* Priestertum *n,* Priesterschaft *f;* **2.** *fig* Mission *f.*
sacrale [sa'kra:le] *a* **1.** *rel* sakral, heilig; **2.** *anat* Kreuzbein-.
sacramentale [sakramen'ta:le] *a* **1.** *rel* sakramental; **2.** *fig scherz* üblich, unvermeidlich.
sacramentare [sakramen'ta:re] *tr* **1.** *fam (bestemmiare)* fluchen; **2.** *rel* die Sakramente austeilen (*o.* spenden) *dat;* **3.** *(giurare, a. fig)* (hoch und heilig) schwören.
sacramento [sakra'mento] *m* Sakrament *n; (l'Eucarestia)* Abendmahl *n,* Eucharistie *f.*
sacrario [sa'kra:ri̯o] ⟨-i⟩ *m* **1.** *(di tempio)* Heiligtum *n;* **2.** *(edificio)* Gedenkstätte *f.*
sacrato [sa'kra:to] *v.* **sagrato.**
sacrestano [sakres'ta:no] *v.* **sagrestano.**
sacrestia [sakres'ti:a] *v.* **sagrestia.**
sacrificale [sakrifi'ka:le] *a* Opfer-.
sacrificare [sakrifi'ka:re] ⟨sacrifico, sacrifichi⟩ **I.** *tr* opfern; **II.** *rfl:* **-rsi**

1. *(offrirsi in sacrificio)* sich opfern, sich hingeben; 2. *(sopportare privazioni)* sich aufopfern. **sacrificato, -a** [...'ka:to] *a* 1. *(pieno di rinunce)* entbehrungsreich, voller Opfer; 2. *(non valorizzato)* zu schade; 3. *(offerto in sacrificio)* geopfert; **in quella ditta è sacrificato** in dieser Firma kann er sich nicht entfalten; **su quel vestito quel gioiello è sacrificato** auf diesem Kleid kommt dieses Schmuckstück nicht zur Geltung.

sacrificio [sakri'fi:tʃo] ‹-ci›, **sacrifizio** [...'fittsi̯o] ‹-i› *m* Opfer *n; (privazione a.)* Verzicht *m*, Entbehrung *f*.

sacrilegio [sakri'lɛ:dʒo] ‹-gi› *m* 1. *(profanazione)* Frevel *m*, Gotteslästerung *f*, Sakrileg *n*; 2. *fig* Schande *f*, Frevel *m*. **sacrilego, -a** [sa'kri:lego] ‹-ghi, -ghe› *a* gotteslästerlich, frevlerisch.

sacripante [sakri'pante] *m* Riesenkerl *m*, Hüne *m*; ~! Teufel auch!

sacristia [sakris'ti:a] *v.* **sagrestia.**

sacro ['sa:kro] *m* Kreuzbein *n*.

sacro, -a ['sa:kro] *a* heilig; *(musica, persona a.)* geistlich; **fuoco** ~ *fig* (Feuer)eifer *m*, Elan *m*; **la -a famiglia** die Heilige Familie; **le -e scritture** die Heilige Schrift.

sacrosanto, -a [sakro'santo] *a* 1. *rel* hochheilig; 2. *(inviolabile)* unverletzlich, sakrosankt, unantastbar; 3. *(parole, verità)* richtig, recht.

sadico, -a ['sa:diko] ‹-ci, -che› I. *a* sadistisch; II. *m, f psych* Sadist(in) *m(f)*. **sadismo** [sa'dizmo] *m* Sadismus *m*.

saetta [sa'etta] *f* 1. *(fulmine)* Blitz *m*; 2. *poet* Pfeil *m*; 3. *(di orologio)* Zeiger *m*; 4. *(di tetto)* Strebe *f*; 5. *tec* Bohrer *m*. **saettare** [...'ta:re] *tr* 1. *(sguardi, parole)* schleudern; *(palla a.)* schießen; 2. *(sole)* strahlen; 3. *(fulminare)* blitzen; 4. *poet* mit Pfeilen treffen.

safari [sa'fa:ri] ‹-› *m* Safari *f*.

saga ['sa:ga] ‹-ghe› *f* Sage *f*, Saga *f*.

sagace [sa'ga:tʃe] *a* scharfsinnig, klug. **sagacia** [...tʃa] ‹-ie›, **sagacità** [sagatʃi'ta] ‹-› *f* Scharfsinn *m*, Klugheit *f*.

saggezza [sad'dʒettsa] *f* Weisheit *f*.

saggia *f v.* **saggio, -a.**

saggiare [sad'dʒa:re] ‹saggio, saggi› *tr* 1. *tec* prüfen; 2. *fig* prüfen; *(persone a.)* auf die Probe stellen. **saggiatore, -trice** [...dʒa'to:re] I. *m, f* Prüfer(in) *m(f)*; *(di metalli)* Erzprüfer(in) *m(f)*; II. *m (bilancia)* Goldwaage *f*.

saggina [sad'dʒi:na] *f* Hirse *f*.

saggio[1] ['saddʒo] ‹-ggi› *m* 1. *(prova)* Prüfung *f*, Probe *f*; 2. *(campione)* Probe *f*, Muster *n*; 3. *(a scuola)* Prüfung *f*; 4. *fin (tasso)* Satz *m*.

saggio[2] ['saddʒo] ‹-ggi› *m (scritto critico)* Essay *m o. n*, Abhandlung *f*.

saggio, -a ['saddʒo] ‹-ggi, -gge› I. *a* weise, klug; II. *m, f (persona saggia)* Weise(r) *mf*, Gelehrte(r) *mf*.

saggista [sad'dʒista] ‹-i *m*, -e *f*› *mf* Essayist(in) *m(f)*. **saggistica** [sad'dʒistika] ‹-che› *f* Essayistik *f*. **saggistico, -a** [...ko] ‹-ci, -che› *a* essayistisch.

Sagittario [sadʒit'ta:ri̯o] *m* Schütze *m*; **sono (del** *o.* **un)** ~ ich bin (ein) Schütze.

sagoma ['sa:goma] *f* 1. *(profilo)* Profil *n*, Linie *f*, Silhouette *f*; 2. *(nel tiro a segno)* Zielscheibe *f*; 3. *(modello)* Form *f*, Modell *n*, Schablone *f*; 4. *fig fam* komischer Kauz (*o.* Typ *fam*). **sagomare** [sago'ma:re] *tr* formen, modellieren. **sagomatura** [...ma'tu:ra] *f* 1. *(modellatura di profilo)* Formgebung *f*; 2. *(sagoma)* Linienführung *f*.

sagra ['sa:gra] *f* 1. *(festa popolare)* (Volks)fest *n*; 2. *rel* Kirchweih *f*; 3. *geh* Gedenkfeier *f*. **sagrato** [sa'gra:to] *m* Kirchplatz *m*.

sagrestano, -a [sagres'ta:no] *m, f* Küster *m*, Kirchendiener(in) *m(f)*. **sagrestia** [...'ti:a] ‹-ie› *f* Sakristei *f*.

saio ['sa:i̯o] ‹sai› *m* Kutte *f*.

sala[1] ['sa:la] *f* Saal *m*; ~ **da pranzo/da ballo/d'aspetto** Speise-/Ball-/Wartesaal *m*; ~ **parto** Kreißsaal *m*; ~ **delle corse** Wettbüro *n*.

sala[2] ['sa:la] *f tec* Achse *f*.

salace [sa'la:tʃe] *a* 1. *(lascivo)* schlüpfrig, lasziv; 2. *(pungente)* bissig, scharf. **salacità** [salatʃi'ta] ‹-› *f* 1. *(lascivia)* Schlüpfrigkeit *f*, Laszivität *f*; 2. *(aggressività)* Schärfe *f*, Bissigkeit *f*.

salama [sa'la:ma] *f* Schweinswurst *f*.

salamandra [sala'mandra] *f* Salamander *m*.

salame [sa'la:me] *m* 1. *gastr* Salami *f*; 2. *fig fam* Tölpel *m*, Trottel *m*.

salamelecco [salame'lɛkko] ‹-cchi› *m* Katzbuckel *m*, Bückling *m*.

salamoia [sala'mɔ:i̯a] ‹-oie› *f* Salzlake *f*.

salare [sa'la:re] *tr* salzen.

salariale [sala'ri̯a:le] *a* Lohn-.

salariare [sala'ri̯a:re] ‹salario, salari› *tr* besolden, bezahlen. **salariato, -a** [...'ri̯a:to] *m, f* Lohnempfänger(in) *m(f)*. **salario** [sa'la:ri̯o] ‹-i› *m* Lohn *m*, Entlohnung *f*, Vergütung *f*.

salassare [salas'sa:re] *tr* 1. *med* zur Ader lassen; 2. *fig* schröpfen. **salasso** [sa'lasso] *m* Aderlaß *m*.

salatino [sala'ti:no] *m* Salzstange *f; (biscotto)* Salzgebäck *n.*

salato, -a [sa'la:to] *a* **1.** *gener.* salzig; *(acqua)* Salz-; *(gastr a.)* gesalzen; **2.** *fig (prezzo)* gesalzen, gepfeffert; *(discorso)* scharf, bissig; **pagarla -a** es teuer bezahlen. **salatura** [sala'tu:ra] *f* Pökeln *n,* Einsalzen *n.*

salciccia [sal'tʃittʃa] *fam v.* **salsiccia.**

salda ['salda] *f* Stärke *f,* Appretur *f.*

saldare [sal'da:re] **I.** *tr* **1.** *(congiungere)* verbinden, vereinigen, zusammenfügen; **2.** *tec (metalli)* löten; *(a fiamma)* schweißen; **3.** *(conto, debito)* begleichen, bezahlen; *(partita)* abschließen; **4.** *fig* verbinden, zusammenschweißen; **II.** *rfl:* **-rsi** zuheilen, vernarben. **saldatore, -trice** [...da'to:re] **I.** *m, f (operaio)* Schweißer(in) *m(f);* **II.** *m tec* Lötkolben *m;* **III.** *f el* Schweißapparat *m.* **saldatura** [...da'tu:ra] *f* **1.** *gener., fig* Verbindung *f,* Vereinigung *f;* **2.** *tec* Schweißen *n; (punto di ~)* Schweißstelle *f;* **3.** *med* Vernarbung *f.*

saldezza [sal'dettsa] *f* Festigkeit *f.*

saldo ['saldo] *m* **1.** *(svendita)* Restposten *m,* Restbestand *m;* **2.** *(di conto, fattura)* Bezahlung *f,* Saldo *m;* **3.** *(somma da pagare)* Restbetrag *m;* **-i di fine stagione** Schlußverkauf *m.*

saldo, -a ['saldo] *a (a. fig)* fest, stark.

sale ['sa:le] *m* **1.** *gastr, chem* Salz *n;* **2.** *fig (senno)* Verstand *m,* Geist *m;* **~ inglese** Bittersalz *n;* **-i da bagno** Badesalz *n;* **avere poco ~ in zucca** *fam* wenig (Grips *fam*) im Kopf haben; **restare di ~** zur Salzsäule werden (*o.* erstarren).

salgemma [sal'dʒɛmma] *m* Steinsalz *n.*

salgo ['salgo] *1. pers sing pr di* **salire.**

salice ['sa:litʃe] *m* Weide *f;* **~ piangente** Trauerweide *f;* **sembrare un ~ piangente** sich *(dat)* die Augen aus dem Kopf weinen.

salicilico, -a [sali'tʃi:liko] ‹-ci, -che› *a* Salizyl-; **acido ~** Salizylsäure *f.*

salico, -a ['sa:liko] ‹-ci, -che› *a* salisch.

saliente [sa'li̯ɛnte] **I.** *a* **1.** *(che sale)* (auf)steigend; **2.** *fig (notevole)* bedeutend, wichtig; **3.** *(sporgente)* vorspringend; **II.** *m* **1.** *arch* aufsteigender Teil; **2.** *mil* Keil *m.*

saliera [sa'li̯ɛ:ra] *f* Salzstreuer *m,* Salzgefäß *n.*

salifero, -a [sa'li:fero] *a* **1.** *(che contiene sale)* salzhaltig; **2.** *(che produce sale)* salzerzeugend.

salificare [salifi'ka:re] ‹salifico, salifichi› *tr* zu Salz machen.

salii [sa'li:i] *1. pers sing del passato remoto di* **salire.**

salina [sa'li:na] *f* **1.** *(impianto)* Saline *f,* Salzwerk *n;* **2.** *min* Salzlager *n,* -grube *f.*

salinità [salini'ta] ‹-› *f* Salzgehalt *m.* **salino, -a** [sa'li:no] **I.** *a* salzhaltig, Salz-; **II.** *m dial v.* **saliera.**

salire [sa'li:re] ‹salgo, salii, salito› **I.** *tr* ‹*avere*› er-, besteigen; *(scale)* (hoch)steigen, hinaufgehen; **II.** *itr* ‹*essere*› **1.** *(andare verso l'alto)* hoch-, hinaufsteigen, hoch-, hinaufgehen; **2.** *(montare)* steigen, einsteigen; **3.** *(alzarsi)* steigen, aufsteigen; **4.** *(prezzi, temperatura, livello)* steigen; **5.** *(strada)* ansteigen; **~ all'altare** vor den Altar treten; **~ alla testa** in den (*o.* zu) Kopf steigen.

Salisburgo [saliz'burgo] *f* Salzburg *n.*

saliscendi [saliʃ'ʃendi] ‹-› *m* **1.** *(chiusura)* Riegel *m;* **2.** *(salite e discese)* Auf und Ab *n;* **3.** *(di lampada)* Höhenverstellung *f.*

salita [sa'li:ta] *f* Aufstieg *m,* Aufgang *m; (strada)* Steigung *f.*

salito [sa'li:to] *pp di* **salire.**

saliva [sa'li:va] *f* Speichel *m,* Spucke *f.* **salivare** [sali'va:re] **I.** *a* Speichel-; **II.** *itr* Speichel absondern. **salivazione** [...vat'tsi̯o:ne] *f* Speichelabsonderung *f,* Speichelfluß *m.*

salma ['salma] *f* Leiche *f,* Leichnam *m.*

salmastro, -a [sal'mastro] **I.** *a* salzig, brackig; **acque -e** Brackwasser *n;* **II.** *m (odore)* Salzgeruch *m; (sapore)* Salzgeschmack *m.*

salmerie [salme'ri:e] *f pl* Troß *m.*

salmì [sal'mi] *m* (scharfes) Wildragout *n;* **lepre in ~** Hasenpfeffer *m.*

salmista [sal'mista] ‹-i *m,* -e *f*› *mf* Psalmist(in) *m(f),* Psalmensänger(in) *m(f).*

salmistrato, -a [salmis'tra:to] *a* gepökelt, Pökel-.

salmo ['salmo] *m* Psalm *m.*

salmodia [salmo'di:a] ‹-ie› *f* Psalmodie *f.* **salmodiare** [...'di̯a:re] ‹salmodio, salmodi› *itr* psalmodieren, Psalmen singen.

salmone [sal'mo:ne] *m* Lachs *m,* Salm *m.*

salmonella [salmo'nɛlla] *f* Salmonelle *f.* **salmonellosi** [...nel'lɔ:zi] ‹-› *f* Salmonelleninfektion *f.*

salnitro [sal'ni:tro] *m* Salpeter *m.*

salone [sa'lo:ne] *m* **1.** *(locale)* Salon *m;* **2.** *(mostra)* Salon *m,* Ausstellung *f;* **3.** *(edificio)* Messe-, Ausstellungshalle *f;* **4.** *(di bellezza, della moda)*

Salon *m; dial (di barbiere)* (Friseur)salon *m.*
salottiero, -a [salot'tiɛ:ro] *a* salonhaft, Salon-.
salotto [sa'lɔtto] *m* **1.** *(stanza)* Wohnzimmer *n;* **2.** *(mobilio)* Wohnzimmer(einrichtung *f*) *n;* **3.** *(raduno)* Salon *m,* Kreis *m;* **discorsi da ~** Geplauder *n.*
salpare [sal'pa:re] **I.** *itr* ‹*essere*› in See stechen, den Anker lichten; **II.** *tr* ‹*avere*› hieven; *(ancora)* lichten.
salsa ['salsa] *f* Soße *f,* Sauce *f.*
salsedine [sal'sɛ:dine] *f* **1.** *(del mare)* Salzigkeit *f,* Salzgehalt *m;* **2.** *(residuo)* Salzrückstände *m pl,* Salzkruste *f.*
salsiccia [sal'sittʃa] ‹-cce› *f* Wurst *f;* **fare -cce di qu** *fam* Hackfleisch aus jdm machen *fam.* **salsicciotto** [...'tʃɔtto] *m* dicke Wurst.
salsiera [sal'siɛ:ra] *f* Sauciere *f,* Soßenschüssel *f.*
salso, -a ['salso] **I.** *a* salzig; **II.** *m* Salzigkeit *f,* Salzgehalt *m.*
salsoiodico, -a [salso'iɔ:diko] ‹-ci, -che› *a* jodsalzhaltig, Jodsalz-.
saltamartino [saltamar'ti:no] *m fam* **1.** *zoo* Grille *f,* Heuschrecke *f;* **2.** *fig (bambino)* Zappelphilipp *m.*
saltare [sal'ta:re] **I.** *itr* ‹*essere o. avere*› **1.** *gener.* springen; **2.** *(esplodere)* explodieren; **~ al collo di qu** *(per abbracciarlo)* jdm um den Hals fallen; *(aggredire)* jdm an die Gurgel gehen; **~ agli occhi** ins Auge springen (*o.* stechen); **~ in aria** *fig* in die Luft gehen; **~ in testa (** *o.* **in mente)** einfallen; **~ di palo in frasca** vom Hundertsten ins Tausendste kommen, vom Hölzchen aufs Stöckchen kommen; **II.** *tr* ‹*avere*› **1.** *(ostacolo, muricciolo, etc.)* überspringen; **2.** *gastr* sautieren, kurz braten; **3.** *fig* überspringen, auslassen; **far ~** *(distruggere)* sprengen; *(licenziare)* hinauswerfen lassen; **farsi ~ le cervella** sich *(dat)* eine Kugel durch den Kopf jagen.
saltatore, -trice [...ta'to:re] **I.** *a* Spring-, springend; **II.** *m, f* Springer(in) *m(f).*
saltellare [saltel'la:re] *itr* hüpfen. **saltello** [...'tɛllo] *m* Hüpfer *m.* **saltelloni** [...tel'lo:ni] *adv:* (*a.* **a ~**) hüpfend.
salterellare [salterel'la:re] *v.* **saltellare.**
salterello [salte'rɛllo] *m* **1.** *(danza)* Saltarello *m;* **2.** *mus* Springer *m;* **3.** *(fuoco d'artificio)* Knallfrosch *m.*
salterio [sal'tɛ:rio] ‹-i› *m* Psalter *m.*
saltimbanco, -a [saltim'baŋko] ‹-chi, -che› *m, f* **1.** *(acrobata)* Seiltänzer(in) *m(f);* **2.** *fig pej* Schwindler(in) *m(f),* Scharlatan *m.*
saltimbocca [saltim'bokka] ‹-› *m kleines Kalbsschnitzel;* **~ alla romana** *Kalbsrouladen mit Schinken und Salbei.*
salto ['salto] *m* **1.** *gener., fig, fam, sport* Sprung *m;* **2.** *(omissione)* Überspringung *f,* Auslassung *f;* **3.** *mus* Intervall *n;* **4.** *(dislivello)* Gefälle *n;* **~ in alto/in lungo/con l'asta** Hoch-/Weit-/Stabhochsprung *m;* **~ mortale** Salto mortale *m,* Todessprung *m;* **fare i -i mortali** *fig* alles nur Mögliche tun; **fare quattro -i** *fam* das Tanzbein schwingen *fam;* **faccio un ~ in città/dalla mia amica** *fam* ich gehe auf einen Sprung in die Stadt/zu meiner Freundin *fam;* **in un ~ vado e torno** *fam* ich bin sofort wieder zurück.
saltuarietà [saltuarie'ta] ‹-› *f* Unregelmäßigkeit *f.* **saltuario, -a** [...u'a:rio] ‹-i, -ie› *a* unregelmäßig.
salubre [sa'lu:bre] *a* gesund. **salubrità** [salubri'ta] ‹-› *f* Gesundheit *f.*
salumaio, -a [salu'ma:io] ‹-ai, -aie› *m, f fam* Wursthändler(in) *m(f).*
salume [sa'lu:me] *m* Wurst *f;* **-i** Wurstwaren *f pl.* **salumeria** [salume'ri:a] ‹-ie› *f* Wurstwarenhandlung *f.* **salumiere, -a** [...'miɛ:re] *m, f* Wursthändler(in) *m(f).* **salumificio** [...mi'fi:tʃo] ‹-ci› *m* Wurstfabrik *f.*
salutare[1] [salu'ta:re] *a* **1.** *(medicina, aria)* heilsam, gesund; **2.** *fig* heilsam, nützlich.
salutare[2] [salu'ta:re] *tr* grüßen; *(a. accogliere)* begrüßen; **andare a ~ qu** jdn besuchen gehen; **~ togliendosi il cappello/con una stretta di mano** den Hut ziehen/mit (*o.* per) Handschlag begrüßen; **salutami tua moglie** grüß' deine Frau von mir.
salute [sa'lu:te] *f* Gesundheit *f;* **la ~ dell'anima** das Seelenheil; **bere alla ~ di qu** auf jds Wohl trinken; **~!** *(nei brindisi)* prost!, zum Wohl!; *(quando si sternutisce)* Gesundheit!; *iron* na denn prost! *fam,* prost Mahlzeit! *fam;* **alla tua/vostra ~!** auf dein/euer Wohl! **salutista** [salu'tista] ‹-i *m,* -e *f*› *mf* **1.** *(chi si cura molto)* Gesundheitsapostel *m fam;* **2.** *(appartenente all'esercito della salvezza)* Mitglied *n* der Heilsarmee, Heilsarmist(in) *m(f).*
saluto [sa'lu:to] *m* Gruß *m;* **rivolgere/ricevere un ~** grüßen/gegrüßt werden; **mandare i -i a qu** jdm Grüße ausrichten; **portare a qu i -i di qu** jdm von jdm Grüße ausrichten (*o.* übermitteln); **in segno di ~** zum Gruß; **tanti cari -i** viele liebe Grüße;

affettuosi -i herzliche Grüße; **cordiali -i** mit freundlichen Grüßen; **vogliate gradire i più distinti -i** mit vorzüglicher Hochachtung.

salva ['salva] *f (a. fig)* Salve *f;* **cartuccia a ~** Platzpatrone *f;* **una ~ di fischi/applausi** ein Pfeifkonzert *n*/Beifallssturm *m.*

salvabile [sal'va:bile] *a* zu retten(d); **salvare il ~** retten, was (noch) zu retten ist.

salvacondotto [salvakon'dotto] *m* Geleit-, Schutzbrief *m.*

salvadanaio [-da'na:i̯o] ‹-ai›, **salvadanaro** [...'na:ro] *m* Sparbüchse *f,* -dose *f.*

salvagente [-'dʒɛnte] ‹-› *m* **1.** *(per nuotare)* Rettungsring *m;* **2.** *(isola pedonale)* Verkehrsinsel *f;* **~ a giubbotto/ciambella** Schwimmweste *f*/Rettungsring *m.*

salvaguardare [-gu̯ar'da:re] **I.** *tr* (be)schützen; *(interessi)* wahren; **II.** *rfl:* **-rsi** sich hüten (*da* vor). **salvaguardia** [-'gu̯ardi̯a] *f* Schutz *m.*

salvapunte [-'punte] ‹-› *m* Bleistiftkappe *f,* Spitzenschoner *m.*

salvare [sal'va:re] **I.** *tr* **1.** *(trarre da un pericolo)* retten; **2.** *(proteggere)* schützen; **3.** *fig* (be)wahren; **~ la vita a qu** jdm das Leben retten; **II.** *rfl:* **-rsi 1.** *(scampare alla morte)* sich retten; **2.** *(trovare scampo)* sich (an einen Ort) retten, Zuflucht finden; **-rsi dalla morte** mit dem Leben davonkommen; **si salvi chi può!** rette sich, wer kann! **salvataggio** [...va'taddʒo] ‹-ggi› *m* **1.** *(soccorso)* Rettung *f,* Bergung *f;* **2.** *fig* Rettung *f;* **cintura di ~** Rettungsring *m;* **operazioni di ~** Rettungs-, Bergungsarbeiten *f pl.* **salvatore, -trice** [...va'to:re] **I.** *m, f* Retter(in) *m(f);* **il S~** der Heiland; **II.** *a* rettend. **salvazione** [...vat'tsi̯o:ne] *f* Erlösung *f.*

salve ['salve] **I.** ‹-› *f v.* **salva; II.** *interj* grüß dich/euch, hallo.

salvezza [sal'vettsa] *f* Rettung *f,* Heil *n;* **ancora di ~** *(a. fig)* Rettungsanker *m;* **la ~ eterna** das ewige Heil.

salvia ['salvi̯a] ‹-ie› *f* Salbei *m o. f.*

salvietta [sal'vi̯etta] *f* **1.** *(tovagliolo)* Serviette *f;* **2.** *dial (asciugamano)* Handtuch *n;* **~ rinfrescante** Erfrischungstuch *n.*

salvo, -a ['salvo] **I.** *a* gerettet; **avere -a la vita** mit dem Leben davonkommen; **a man -a** ungehindert; **II.** *m:* **in ~** in Sicherheit; **III.** *prp* außer *dat,* ausgenommen *acc,* abgesehen von *dat;* **~ il caso che ...** *conj* es sei denn(, daß) ..., außer wenn ...; **IV.** *con:* **~ che ...** *conj* es sei denn (, daß) ..., außer wenn ...

sambernardo *v.* **San Bernardo.**

sambuca [sam'bu:ka] ‹-che› *f Anislikör.*

sambuco [sam'bu:ko] ‹-chi› *m* (schwarzer) Holunder *m.*

sampietro [sam'pi̯ɛ:tro] *m* Petersfisch *m.*

san [san] *v.* **santo.**

sana *f v.* **sano.**

sanare [sa'na:re] **I.** *tr* **1.** *(ferita, ammalato)* heilen; **2.** *(bilancio, piaga sociale)* sanieren; **3.** *jur* heilen; **II.** *rfl:* **-rsi** heilen.

sanatorio [sana'tɔ:ri̯o] ‹-i› *m* Sanatorium *n.*

San Bernardo ‹- - *o.* - -i›, **sambernardo** [samber'nardo] *m* Bernhardiner *m.*

sancire [san'tʃi:re] ‹sancisco› *tr* **1.** *(patto, alleanza)* bestätigen, in Kraft setzen; **2.** *jur* bestätigen, sanktionieren; **3.** *(dare carattere stabile)* bekräftigen, sanktionieren.

sandalo[1] ['sandalo] *m (calzatura)* Sandale *f.*

sandalo[2] ['sandalo] *m bot* Sandelbaum *m.*

sandalo[3] ['sandalo] *m naut* Kahn *m.*

sandolino [sando'li:no] *m* Paddelboot *n.*

Sandra ['sandra] *(nome proprio femminile)* Sandra.

Sandro ['sandro] *v.* **Alessandro.**

San Gallo [saŋ 'gallo] **I.** *m (cantone)* Sankt Gallen *n;* **II.** *f (città)* Sankt Gallen *n.*

sangiovese [sandʒo've:se] *m* Sangiovese *m (Rotwein aus der Emilia-Romagna).*

San Gottardo [saŋ got'tardo] *m* Sankt Gotthard *m.*

sangue ['saŋgu̯e] **I.** *m* Blut *n;* **donatore di ~** Blutspender *m;* **fatto di ~** Bluttat *f;* **legami** (*o.* **vincoli) di ~** Blutsbande *n pl;* **un (cavallo) puro ~** ein Vollblut *n;* **~ freddo** *fig* Kaltblütigkeit *f;* **animale a ~ caldo/freddo** Warm-/Kaltblüter *m;* **a ~ caldo** im Affekt; **a ~ freddo** kaltblütig; **al ~** *gastr* englisch, rare, saignant; **all'ultimo ~** auf Leben und Tod; **avere la musica nel ~** Musik im Blut haben; **avere il ~ blu** *scherz* blaublütig sein, blaues Blut haben; **avere il ~ che bolle** jähzornig sein; **si sente bollire il ~ nelle vene** ihm (*o.* ihr) kocht das Blut in den Adern; **guastarsi il ~, farsi il ~ cattivo** sich ärgern; **lavare qc col ~** für etw. Blutrache nehmen; **soffocare una rivolta nel ~** einen Aufstand blutig niederschlagen; **voler cavar ~ da una rapa** Unmögliches wollen; **mi esce il ~ dal naso** ich habe Nasenbluten; **fra loro non c'è buon ~** sie sind nicht gut aufeinander zu sprechen; **è ~ mio!** *fig* er (*o.* sie) ist mein (eigen) Fleisch und Blut!; **il ~ non è acqua** *prov* Blut ist dicker als Wasser *prov;* **buon ~ non mente** *prov* der Apfel fällt nicht weit vom Stamm *prov;* **II.** ‹*inv*› *a* blutrot.

sanguemisto [saŋgu̯eˈmisto] *m* Mischling *m.*

sanguigna [saŋˈgu̯iɲɲa] *f* Rötel *m; (disegno)* Rötelzeichnung *f.*

sanguigno, -a [saŋˈgu̯iɲɲo] *a* **1.** *med* blutig, Blut-; *(ricco di sangue)* blutreich; **2.** *(complessione, costituzione)* sanguinisch; **arance -e** Blutorangen *f pl;* **pressione -a** Blutdruck *m;* **essere di temperamento ~** Sanguiniker sein.

sanguinaccio [saŋgu̯iˈnattʃo] ‹-cci› *m* **1.** *(frittella) kleiner Schweineblutpfannkuchen;* **2.** *(insaccato) Blutwurst;* **3.** *(dolce) Schokoladenpudding mit Schweineblut.*

sanguinare [saŋgu̯iˈnaːre] *itr* bluten. **sanguinario, -a** [...ˈnaːri̯o] ‹-i, -ie› *a* blutrünstig. **sanguinolento, -a** [...noˈlɛnto] *a* bluttriefend. **sanguinoso, -a** [...ˈnoːso] *a* **1.** *(pieno, macchiato di sangue)* blutig; **2.** *fig* verletzend; *(ingiuria a.)* tödlich; *(persona)* grausam, blutrünstig.

sanguisuga [saŋgu̯iˈsuːga] ‹-ghe› *f* **1.** *zoo* Blutegel *m;* **2.** *fig pej* Blutsauger *m;* **3.** *scherz* Klette *f.*

sanità [saniˈta] ‹-› *f* **1.** *gener.* Gesundheit *f;* **2.** *fig* Anstand *m,* Anständigkeit *f;* **3.** *adm* Gesundheit *f,* Gesundheitswesen *n.* **sanitario, -a** [...ˈtaːri̯o] ‹-i, -ie› **I.** *a adm* gesundheitlich, sanitär, Gesundheits-; **ufficiale ~** Amtsarzt *m;* **II.** *m, f adm* Arzt *m,* Ärztin *f.*

sano, -a [ˈsaːno] **I.** *a* **1.** *gener., med* gesund; **2.** *fig* gesund, anständig; **3.** *(intero)* heil, ganz; **di -a pianta** von Grund auf, vollkommen; **II.** *m, f* Gesunde(r) *mf.*

sanscrito [ˈsanskrito] *m* Sanskrit *n.*

sansevieria [sanseˈvi̯ɛːri̯a] ‹-ie› *f* Bogenhanf *m,* Sansevieria *f.*

sant' [sant] *v.* **santo.**

santa *f v.* **santo.**

santarellina, santerellina [santarelˈliːna, santer...] *f* Scheinheilige *f.* **santerello** [...teˈrɛllo] *m* Scheinheilige(r) *m.*

santificare [santifiˈkaːre] ‹santifico, santifichi› **I.** *tr* heiligen, ehren; *(dichiarare santo)* heiligsprechen; *(rendere santo)* heilig machen; **II.** *rfl:* **-rsi** heilig werden. **santificazione** [...katˈtsi̯oːne] *f* Heiligung *f,* Heiligsprechung *f.*

santino [sanˈtiːno] *m* Heiligenbild *n.*

santissimo, -a [sanˈtissimo] **I.** *a* allerheiligste(r, s); **II.** *m* Hostie *f.*

santità [santiˈta] ‹-› *f* Heiligkeit *f.*

santo, -a [ˈsanto] **I.** *a* (*ab* **S.**) heilig; *(con nome proprio)* Sankt, der/die heilige; *(pio)* fromm, religiös; **acqua -a** Weihwasser *n;* **olio ~** Salböl *n; (ultima unzione)* **Letzte Ölung;** la settimana -a die Karwoche; **la terra -a** das Heilige Land; **tutto il ~ giorno non ha fatto che piovere** *fam* es hat den lieben langen Tag lang nur geregnet; **fammi il ~ piacere di pensare agli affari tuoi** *fam* tu mir den einen Gefallen und kümmere dich um deine Sachen *fam;* **Sant'Iddio!** *fam* ach du lieber Gott!; **II.** *m, f* **1.** *rel* Heilige(r) *mf;* **2.** *(immagine)* Heiligenbild *n;* **3.** *fam (patrono)* Schutzheilige(r) *mf,* Schutzpatron(in) *m(f);* **4.** *fam (onomastico)* Namenstag *m;* **(tutti) i Santi** Allerheiligen *n;* **pazienza di un ~** Engelsgeduld *f;* **non sapere a che ~ votarsi** keinen Ausweg mehr wissen; **non ci sono -i che tengano** es ist unvermeidlich; **deve avere qualche ~ dalla sua** er (*o.* sie) muß einen (guten) Schutzengel haben; **scherza coi fanti e lascia stare i -i** *prov* mit ernsten Dingen spaßt man nicht.

santolo, -a [ˈsantolo] *m, f dial* Pate *m,* Patin *f.*

santone, -a [sanˈtoːne] *m, f* **1.** *rel* (als heilig geltende) religiöse Persönlichkeit; **2.** *fig* Guru *m,* Sektenführer(in) *m(f).*

santuario [santuˈaːri̯o] ‹-i› *m* Heiligtum *n; (di tempio ebraico)* Allerheiligste(s) *n.*

sanzionare [santsi̯oˈnaːre] **I.** *tr* sanktionieren; *(confermare)* bestätigen; **II.** *itr* Sanktionen auferlegen. **sanzione** [...ˈtsi̯oːne] *f* **1.** *(conferma)* Sanktion *f; jur, adm* Bestätigung *f; (a. fig)* Billigung *f;* **2.** *(punizione)* Sanktion *f,* Strafmaßnahme *f;* **~ disciplinare** Disziplinarmaßnahme *f;* **-i penali** Strafrechtsmaßnahmen *f pl.*

sapere [saˈpeːre] ‹so, seppi, saputo› **I.** *tr* **1.** *(conoscere)* wissen, kennen; *(lingua)* können, beherrschen; *(mestiere)* beherrschen, verstehen; **2.** *(potere)* können; **3.** *(apprendere)* erfahren; **~ il fatto suo** sich auskennen; **saperla lunga** schlau sein; **un certo non so che** ein gewisses Etwas; **lo so** ich weiß; **non saprei** ich wüßte nicht; **non si sa mai** man kann nie wissen;

non saprei fare senza ich könnte nicht darauf verzichten; **per quanto ne sappia io** soviel ich weiß; **sappimi dire qualcosa, appena puoi** sag mir Bescheid, sobald du kannst; **buono a sapersi** gut zu wissen; **non sa far altro che piangere** er (*o.* sie) kann wohl nur weinen; **averlo saputo!** hätte ich das gewußt!; **come hai fatto a saperlo?** wie hast du das herausgefunden?; **II.** *itr* **1.** *(aver sapore)* schmecken (*di* nach); **2.** *(avere odore)* riechen (*di* nach); **3.** *(pensare)* vermuten, ahnen; **una ragazza che non sa di nulla** ein nichtssagendes Mädchen; **III.** *m* Wissen *n;* ~ **vivere** Lebenskunst *f,* Savoir-vivre *n geh;* ~ **fare** Gewandtheit *f,* das Savoir-faire *n geh.*

sapiente [sa'piɛnte] **I.** *a* weise, klug; **II.** *mf* Weise(r) *mf,* Gelehrte(r) *mf.* **sapientone, -a** [sapien'to:ne] *pej* **I.** *a* naseweis, neunmalklug; **II.** *m, f* Besserwisser(in) *m(f).* **sapienza** [sa'piɛntsa] *f* Weisheit *f.*

saponario, -a [sapo'na:rio] ‹-i, -ie› *a* Seifen-.

saponata [sapo'na:ta] *f (acqua)* Seifenlauge *f; (schiuma)* Seifenschaum *m.*

sapone [sa'po:ne] *m* Seife *f;* ~ **da bucato/barba/toeletta** Kern-/Rasier-/Körperseife *f;* **bolla di** ~ *(a. fig)* Seifenblase *f;* **una bellezza all'acqua e** ~ eine natürliche Schönheit. **saponeria** [sapone'ri:a] ‹-ie› *f* Seifenfabrik *f,* Seifensiederei *f.* **saponetta** [...'netta] *f* (feines) Seifenstück *n.* **saponiera** [...'niɛ:ra] *f* Seifenschale *f.* **saponiere, -a** [...'niɛ:re] *m, f* **1.** *(operaio)* Seifenarbeiter(in) *m(f);* **2.** *(fabbricante)* Seifenhersteller(in) *m(f),* Seifenfabrikant(in) *m(f).* **saponiero, -a** [...'niɛ:ro] *a* Seifen-. **saponificare** [...nifi'ka:re] ‹saponifico, saponifichi› *tr* verseifen. **saponificazione** [...nifikat'tsio:ne] *f* Verseifung *f,* Seifenherstellung *f.* **saponificio** [...ni'fi:tʃo] ‹-ci› *m* Seifenfabrik *f.*

sapore [sa'po:re] *m* Geschmack *m; (fig a.)* Nachgeschmack *m;* **avere** ~ **di qc** nach etw. schmecken; **senza** ~ *(a. fig)* fade. **saporito, -a** [sapo'ri:to] *a* **1.** *gastr* schmackhaft; **2.** *fig (gustoso)* genüßlich, genußvoll; *(sonno)* tief; *(risata)* herzlich; **3.** *fig (piccante)* pikant; **4.** *fig scherz (conto, prezzo)* gesalzen, gepfeffert. **saporoso, -a** [...'ro:so] *a* **1.** *gastr* schmackhaft, wohlschmeckend; **2.** *fig* pikant; *(stile)* brillant.

saputa *f v.* **saputo.**

saputello, -a [sapu'tɛllo] *pej* **I.** *a* altklug; **II.** *m, f* Naseweis *m.*

saputo, -a [sa'pu:to] **I.** *pp di* **sapere; II.** *a* bekannt; **III.** *pej m, f* Besserwisser(in) *m(f).*

Sara ['sa:ra] *(nome proprio femminile)* Sara(h).

sarà [sa'ra] *etc. v.* **essere.**

sarabanda [sara'banda] *f* **1.** *fig* Lärm *m,* Krach *m,* Spektakel *n;* **2.** *(danza)* Sarabande *f.*

saraceno, -a [sara'tʃɛ:no] **I.** *a* sarazenisch; **grano** ~ Buchweizen *m;* **II.** *m, f* Sarazene *m,* Sarazenin *f.*

saracinesca [saratʃi'neska] ‹-sche› *f* **1.** *(di negozio)* Rolladen *m;* **2.** *(di chiusa)* Absperrschieber *m;* **3.** *(serranda)* Fallgatter *n,* -tür *f.*

sarago ['sa:rago] ‹-ghi› *m* Brasse *f.*

sarcasmo [sar'kazmo] *m* Sarkasmus *m.* **sarcastico, -a** [...'kastiko] ‹-ci, -che› *a* sarkastisch.

sarchiare [sar'kia:re] ‹sarchio, sarchi› *tr* jäten. **sarchiatore, -trice** [sarkia'to:re] *m, f* Jäter(in) *m(f).* **sarchiatura** [...'tu:ra] *f* Jäten *n.*

sarcofago [sar'kɔ:fago] ‹-gi *o.* -ghi› *m* Sarkophag *m.*

sarda[1] ['sarda] *f* Sardine *f,* Sprotte *f.*

sarda[2] *f v.* **sardo.**

Sardegna [sar'deɲɲa] *f* Sardinien *n.*

sardella [sar'dɛlla] *f fam* Sardelle *f.*

sardina [sar'di:na] *f* Sardine *f;* **-e sott'olio** Ölsardinen *f pl.*

sardo, -a ['sardo] **I.** *a* sardisch; **II.** *m, f* Sarde *m,* Sardin *f.*

sardonico, -a [sar'dɔ:niko] ‹-ci, -che› *a* sardonisch.

sareste, saresti [sa'reste, ...ti] *v.* **essere.**

sarmento [sar'mento] *m* Ranke *f.*

sarta *f v.* **sarto.**

sartia ['sartia] ‹-ie› *f* Want *f.*

sartiame [sar'tia:me] *m* stehendes Gut.

sarto, -a ['sarto] *m, f* **1.** *(chi confeziona abiti)* Schneider(in) *m(f);* **2.** *(direttore di sartoria)* Couturier *m,* Modeschöpfer(in) *m(f).* **sartoria** [-'ri:a] ‹-ie› *f* Schneiderei *f; (tecnica a.)* Couture *f.*

sassaia [sas'sa:ia] ‹-aie› *f* **1.** *(luogo)* Steinfeld *n;* **2.** *(riparo)* Steindamm *m,* -wall *m.* **sassaiola** [...sa'iɔ:la] *f* Steinhagel *m.* **sassata** [...'sa:ta] *f* Steinwurf *m.*

sasso ['sasso] *m* Stein *m;* **restare di** ~ zu Stein erstarren; **è una cosa da far piangere i -i** es ist zum Steinerweichen.

sassofonista [sassofo'nista] ‹-i *m,* -e

f) *mf* Saxophonist(in) *m(f)*. **sassofono** [...'sɔ:fono] *m* Saxophon *n*.

sassone ['sassone] **I.** *a* sächsisch; **II.** *mf* Sachse *m*, Sächsin *f*. **Sassonia** [...'sɔ:ni̯a] *f* Sachsen *n*; **Bassa ~** Niedersachsen *n*.

sassoso, -a [sas'so:so] *a* steinig.

Satana ['sa:tana] *m* Satan *m*. **satanasso** [sata'nasso] *m fam* Satan *m*, Teufel *m*. **satanico, -a** [sa'ta:niko] ‹-ci, -che› *a* satanisch; *(fig a.)* teuflisch. **satanismo** [sata'nizmo] *m* Satanismus *m*.

satellite [sa'tɛllite] **I.** *m* **1.** *astr* Satellit *m*; **2.** *mot* Planetenrad *n*; **3.** *fig pej* Anhang *m*, Anhängsel *n*; **II.** *a* Satelliten-; *(quartieri a.)* Trabanten-.

satin [sa'tɛ̃] ‹-› *m* Satin *m*.

satinare [sati'na:re] *tr* satinieren.

satira ['sa:tira] *f* Satire *f*. **satireggiare** [satired'dʒa:re] ‹satireggio, satireggi› **I.** *tr* verspotten; **II.** *itr* Satiren schreiben. **satiresco, -a** [...'resko] ‹-schi, -sche› *a* Satyr-. **satirico, -a** [sa'ti:riko] ‹-ci, -che› **I.** *a* satirisch; **II.** *m,f* Satiriker(in) *m(f)*.

satiro ['sa:tiro] *m* **1.** *(figura mitologica)* Satyr *m*; **2.** *fig pej* Lustmolch *m*, Lüstling *m*.

satollare [satol'la:re] **I.** *tr* (über)sättigen; **II.** *rfl:* **-rsi** sich (über)sättigen (*di* an). **satollo, -a** [sa'tollo] *a* satt, gesättigt.

saturare [satu'ra:re] **I.** *tr* saturieren; *(a. fig)* sättigen; **II.** *rfl:* **-rsi** sich sättigen. **saturazione** [...rat'tsi̯o:ne] *f* Saturierung *f*; *(a. fig)* Sättigung *f*; **~ del mercato** Marktsättigung *f*. **saturo, -a** ['sa:turo] *a* gesättigt.

saudita [sau'di:ta] ‹-i *m*, -e *f*› *a* Saudi-, saudisch; **Arabia S~** Saudi-Arabien *n*.

sauna ['sa:una] *f* Sauna *f*; **fare la ~** in die Sauna gehen, saunieren.

sauri ['sa:uri] *m pl* Echsen *f pl*; *hist* Saurier *m pl*.

sauro, -a ['sa:uro] **I.** *a* gelbbraun; **II.** *m (cavallo)* Fuchs *m*.

savana [sa'va:na] *f* Savanne *f*.

savio, -a ['sa:vi̯o] ‹-i, -ie› **I.** *a* weise; **II.** *m* **1.** *(uomo sano di mente)* vernünftiger Mensch; **2.** *(uomo sapiente)* Weise(r) *m*; **3.** *hist* Weise(r) *m*, Älteste(r) *m*.

saxofonista [saksofo'nista] *v.* **sassofonista. saxofono** [sa'ksɔ:fono] *v.* **sassofono.**

saziare [sat'tsi̯a:re] ‹sazio, sazi› **I.** *tr* **1.** *(fame)* sättigen; **2.** *(nauseare)* übersättigen; **3.** *fig* befriedigen, stillen; **II.** *rfl:* **-rsi 1.** *(riempirsi)* sich sättigen (*di* an), satt werden (*di* von); **2.** *fig* genug haben (*o.* bekommen); **-rsi di . . .** *inf fig* es müde werden zu . . .; **non si sazia di guardarla** er (*o.* sie) kann sich an ihr nicht satt sehen. **sazietà** [...tsi̯e'ta] ‹-› *f* **1.** *(l'essere sazio)* Sättigung *f*, Sattheit *f*; **2.** *fig* Genüge *f*, Sättigung *f*; **a ~** zur Genüge. **sazio, -a** ['sattsi̯o] ‹-i, -ie› *a* **1.** *(di cibo)* satt, gesättigt; **2.** *fig pej* satt, überdrüssig, leid; **non esser mai ~** *(a. fig)* unersättlich sein.

sbaciucchiare [zbatʃuk'ki̯a:re] ‹sbaciucchio, sbaciucchi› **I.** *tr* abküssen; **II.** *rfl:* **-rsi** sich abküssen, knutschen *fam*.

sbadata *f v.* **sbadato.**

sbadataggine [zbada'taddʒine] *f* Zerstreutheit *f*, Unaufmerksamkeit *f*. **sbadato, -a** [...'da:to] **I.** *a* zerstreut, unaufmerksam; **II.** *m, f* zerstreute Person.

sbadigliare [zbadiʎ'ʎa:re] ‹sbadiglio, sbadigli› *itr* gähnen. **sbadiglio** [...'diʎʎo] ‹-gli› *m* Gähnen *n*.

sbafare [zba'fa:re] *tr fam pej* **1.** *(scroccare)* schnorren *fam*; **2.** *(mangiare avidamente)* verdrükken *fam*. **sbafata** [...'fa:ta] *f fam pej* Schnorrerei *f fam*. **sbafatore, -trice** [...fa'to:re] *m, f fam pej* Schnorrer(in) *m(f) fam*. **sbafo** ['zba:fo] *m fam pej:* **vivere/mangiare a ~** schnorren *fam*.

sbagliare [zbaʎ'ʎa:re] ‹sbaglio, sbagli› **I.** *tr* **1.** *(colpo, mira)* verfehlen; *(scambiare)* verwechseln; **~ strada/indirizzo/treno** sich verlaufen/sich in der Adresse irren/den falschen Zug nehmen; **~ i calcoli** sich verrechnen; **sbagliarla** *fam* sich verrechnen *fam*; **II.** *itr* **1.** *(commettere un errore)* sich irren; **2.** *(commettere un'inesattezza)* einen Fehler machen; **3.** *(comportarsi male)* einen Fehler machen (*o.* begehen); **~ a leggere/scrivere** falsch (*o.* fehlerhaft) lesen/schreiben; **sbagliando s'impara** *prov* aus Fehlern wird man klug *prov*; **III.** *rfl:* **-rsi** sich irren. **sbaglio** ['zbaʎʎo] ‹-gli› *m* **1.** *(errore)* Fehler *m*; **2.** *(equivoco)* Mißverständnis *n*, Irrtum *m*, Versehen *n*; **per ~** aus Versehen; **-gli di gioventù** Jugendsünden *f pl*.

sbalestrare [zbales'tra:re] **I.** *tr* **1.** *(gettare)* schleudern; **2.** *(trasferire)* versetzen, abschieben; **3.** *fig* durcheinanderbringen. **sbalestrato, -a** [...'tra:to] *a* **1.** *(squilibrato)* unausgeglichen; **2.** *(vita, mente)* durcheinander, verwirrt; **essere ~ dalla fortuna** vom Schicksal verfolgt sein.

sballare [zbal'la:re] **I.** *tr* **1.** *(merce)* auspacken; **2.** *fam* übertreiben; **sbal-**

larle grosse *fam* dicke Lügen auftischen; ~ **un prezzo iperbolico** *fam* einen horrenden Preis verlangen; **II.** *itr* **1.** *(a carte)* (aus dem Kartenspiel) ausscheiden; **2.** *fam* sich übernehmen.

sballato, -a [zbal'la:to] *a fam* verrückt, aus der Luft gegriffen.

sballottamento [zballotta'mento] *m* Gerüttel *n*, Geschüttel *n*. **sballottare** [...'ta:re] *tr* rütteln, schütteln, hin und her werfen.

sbalordimento [zbalordi'mento] *m* Verblüffung *f*. **sbalordire** [...'di:re] ⟨sbalordisco⟩ **I.** *tr* **1.** *(turbare)* verblüffen, aus der Fassung bringen; **2.** *(stordire)* bewußtlos machen, betäuben; **II.** *itr* **1.** *(rimanere senza sensi)* das Bewußtsein verlieren; **2.** *(rimanere impressionato)* sprachlos sein. **sbalorditivo, -a** [...di'ti:vo] *a* verblüffend, unglaublich.

sbalzare [zbal'tsa:re] **I.** *tr* ⟨*avere*⟩ **1.** *(scagliare)* schleudern, werfen; **2.** *(lavorare a sbalzo)* treiben; **3.** *fig* schleudern; **II.** *itr* ⟨*essere*⟩ **1.** *(cadere)* stürzen, fallen; **2.** *(fare un balzo)* springen, fallen; **3.** *fig* stürzen. **sbalzatore, -trice** [...tsa'to:re] *m, f* Treib-, Reliefarbeiter(in) *m(f)*. **sbalzo** ['zbaltso] *m* **1.** *(spostamento)* Ruck *m*, Stoß *m*; *(a. fig)* Sprung *m*; **2.** *(lavorazione)* Treibarbeit *f*.

sbancare [zbaŋ'ka:re] ⟨sbanco, sbanchi⟩ **I.** *tr (banco)* sprengen; *fig (persona)* ausnehmen, ruinieren; **II.** *rfl*: **-rsi** sich ruinieren, sich verausgaben.

sbandamento [zbanda'mento] *m* **1.** *mot* Schleudern *n*; **2.** *fig* Entgleisung *f*; **3.** *mil* Auflösung *f*; **4.** *naut* Krängung *f*; **avere un momento di** ~ *fig* die Orientierung verlieren. **sbandare** [...'da:re] **I.** *itr* **1.** *(auto)* schleudern, ins Schleudern geraten; *(treno, tram)* entgleisen; *(aereo)* sich querlegen; *(nave)* krängen; **2.** *fig* entgleisen, aus den Fugen geraten; **II.** *tr* auseinandertreiben, zerstreuen; **III.** *rfl*: **-rsi** zerfallen, sich zerstreuen, sich auflösen; *mil* sich auflösen. **sbandato, -a** [...'da:to] **I.** *a* **1.** *fig* aus der Bahn geworfen, desorientiert; **2.** *mil* zerstreut; **II.** *m, f pej* Asoziale(r) *mf*.

sbandieramento [zbandi̯era'mento] *m* **1.** *(di bandiere)* Fahnenschwenken *n*; **2.** *fig* Zurschaustellung *f*. **sbandierare** [...'ra:re] *tr* **1.** *(bandiera, insegne)* schwenken; **2.** *fig* zur Schau stellen; **e non andare a sbandierarlo a tutti!** häng das nicht an die große Glocke! *fam*.

sbaraccare [zbarak'ka:re] ⟨sbaracco, sbaracchi⟩ *tr fam* **1.** *(togliere di mezzo)* abziehen; **2.** *(trasferirsi)* sich verziehen *fam*, abziehen *fam*.

sbaragliare [zbaraʎ'ʎa:re] ⟨sbaraglio, sbaragli⟩ *tr mil* zerschlagen, niederwerfen; *sport, pol* niederringen, besiegen.

sbaraglio [zba'raʎʎo] ⟨-gli⟩ *m*: **gettarsi** (*o.* **buttarsi** *o.* **andare) allo** ~ alles auf eine Karte setzen; **mettere allo** ~ **qu** jdn einer (großen) Gefahr aussetzen.

sbarazzare [zbarat'tsa:re] **I.** *tr* befreien; **II.** *rfl*: **-rsi** sich entledigen, sich befreien (*di* von).

sbarazzino, -a [zbarat'tsi:no] **I.** *m, f* Schelm(in) *m(f)*; **II.** *a* schelmisch, spitzbübisch.

sbarbare [zbar'ba:re] **I.** *tr* **1.** *(persone)* rasieren; **2.** *(cipolle, cavolo)* von den Wurzeln befreien; **II.** *rfl*: **-rsi** sich rasieren.

sbarbatello [zbarba'tɛllo] *m* Grünschnabel *m*.

sbarbicare [zbarbi'ka:re] ⟨sbarbico, sbarbichi⟩ *tr* **1.** *(pianta)* entwurzeln; **2.** *fig* ausmerzen.

sbarcare [zbar'ka:re] ⟨sbarco, sbarchi⟩ **I.** *tr* ⟨*avere*⟩ **1.** *(passeggeri)* an Land bringen; *(merce)* löschen; **2.** *fam (far scendere)* absetzen, aussteigen lassen; **3.** *fig* überstehen; ~ **il lunario** *fig* sich recht und schlecht über Wasser halten; **II.** *itr* ⟨*essere*⟩ *naut* an Land gehen; *aero* aussteigen. **sbarco** ['zbarko] ⟨-chi⟩ *m* **1.** *(atto)* Ausschiffung *f*, Landung *f*; *(di merci)* Ausladen *n*, Löschen *n*; **2.** *(luogo)* Landeplatz *m*; **mezzo da** ~ Landungsboot *n*.

sbarra ['zbarra] *f* **1.** *(della dogana, etc.)* Schranke *f*; **2.** *jur* (Gerichts)schranken *f pl*; **3.** *sport* Reck *n*; *(sollevamento pesi)* Hantel *f*; **4.** *(spranga)* Stange *f*; **5.** *typ* Schräg-, Querstrich *m*; **essere dietro le -e** *fig* hinter Gittern sein (*o.* sitzen); **opinioni/personaggi alla** ~ *fig* Meinungen/Persönlichkeiten kritisch betrachtet.

sbarramento [zbarra'mento] *m* (Ab)sperrung *f*; **tiro di** ~ Sperrfeuer *n*. **sbarrare** [...'ra:re] *tr* **1.** *(chiudere)* sperren; *(porta)* ab-, versperren; *(assegno)* sperren; **2.** *(occhi)* aufreißen, aufsperren.

sbarretta [zbar'retta] *f* (kleiner) Schrägstrich *m*, Querstrich *m*.

sbassare [zbas'sa:re] *tr* niedriger machen, absenken.

sbastire [zbas'ti:re] ⟨sbastisco⟩ *tr* auftrennen.

sbatacchiare [zbatak'ki̯a:re] ⟨sbatacchio, sbatacchi⟩ **I.** *tr* wiederholt schlagen; **II.** *itr* immer wieder (zu)schlagen.

sbattere ['zbattere] **I.** *tr* **1.** *(panni, tappeti)* ausschlagen, -klopfen; **2.** *(ali)* schlagen mit; **3.** *(porta)* zuschlagen; **4.** *(urtare)* stoßen mit; **5.** *gastr* schlagen; **6.** *fig (trasferire)* versetzen; **7.** *fam (far apparire smorto)* strapazieren; ~ **qc/qu per terra** etw./jdn zu Boden werfen; ~ **qc sul tavolo** etw. auf den Tisch knallen; **non sapere dove ~ la testa** *fig* keinen Ausweg mehr finden; **quel colore ti sbatte il viso** diese Farbe macht dich blaß; **II.** *itr (porta)* schlagen; **III.** *rfl:* **-rsi 1.** *(agitarsi)* sich strapazieren, sich abmühen; **2.** *vulg* scheißen (*di* auf) *vulg.*

sbattezzare [zbatted'dza:re] **I.** *tr* zum Abschwören bringen; **II.** *rfl:* **-rsi 1.** *rel* abschwören; **2.** *scherz* alles tun, keine Mühe scheuen.

sbattimento [zbatti'mento] *m* Schlagen *n.*

sbattitore [zbatti'to:re] *m* Mixer *m,* Mixstab *m.*

sbattiuova [zbatti'u̯ɔ:va] ‹-› *m* Schneebesen *m.*

sbattuta [zbat'tu:ta] *f* Schlag *m,* Schlagen *n,* Klopfen *n.*

sbattuto, -a [zbat'tu:to] *a* **1.** *gastr* geschlagen, gequirlt; **2.** *(viso)* blaß, abgespannt.

sbavare [zba'va:re] **I.** *itr* **1.** *(dalla bocca)* geifern, sabbern *fam;* **2.** *(colore)* verwischen; **II.** *tr* besabbern *fam;* **III.** *rfl:* **-rsi** sich besabbern *fam.* **sbavatura** [...va'tu:ra] *f* **1.** *(di colore)* Verwischen *n,* Verschmieren *n;* **2.** *(di lumache)* Schleimspur *f;* **3.** *fig* Abschweifung *f.*

sbeccare [zbek'ka:re] *tr* abschlagen, abstoßen.

sbeffeggiare [zbeffed'dʒa:re] *tr* verspotten, verhöhnen.

sbellicarsi [zbelli'karsi] ‹mi sbellico, ti sbellichi› *rfl:* ~ **dalle risa,** ~ **dal ridere** sich totlachen *fam,* sich kranklachen *fam.*

sbendare [zben'da:re] *tr* den Verband abnehmen von.

sberla ['zbɛrla] *f fam* Ohrfeige *f.*

sberleffo [zber'lɛffo] *m* Fratze *f.*

sbertucciare [zbertut'tʃa:re] ‹sbertuccio, sbertucci› *tr* ver-, zerknittern.

sbevazzare [zbevat'tsa:re] *itr fam* saufen *fam,* sich besaufen *fam.*

sbiadire [zbi̯a'di:re] ‹sbiadisco› **I.** *itr* ‹*essere*› **1.** *(scolorire)* verblassen, ausbleichen; *(tessuto)* verschießen; **2.** *(persona)* blaß (*o.* bleich) werden; **II.** *tr* ‹*avere*› bleichen; **III.** *rfl:* **-rsi** blaß (*o.* bleich) werden. **sbiadito, -a** [...'di:to] *a* **1.** *(colore, tessuto)* gebleicht, verblaßt; **2.** *fig* farblos, fad(e).

sbiancante [zbi̯aŋ'kante] **I.** *a* bleichend; **II.** *m* Bleichmittel *n.*

sbiancare [zbi̯aŋ'ka:re] ‹sbianco, sbianchi› **I.** *tr* ‹*avere*› bleichen; **II.** *itr* ‹*essere*› bleich werden, erbleichen; **III.** *rfl:* **-rsi 1.** *(diventare bianco)* bleich werden, erbleichen; **2.** *(schiarirsi)* heller werden.

sbianchire [zbi̯aŋ'ki:re] ‹sbianchisco› **I.** *tr* ‹*avere*› **1.** *(sbiancare)* bleichen; **2.** *gastr* blanchieren; **II.** *itr* ‹*essere*› heller werden.

sbicchierata [zbikki̯e'ra:ta] *f* Zechen *n.*

sbieco, -a ['zbi̯ɛ:ko] ‹-chi, -che› **I.** *a* schräg, schief; **II.** *m* Querband *n.*

sbigottimento [zbigotti'mento] *m* Bestürzung *f.* **sbigottire** [...'ti:re] ‹sbigottisco› **I.** *tr* ‹*avere*› bestürzen; **II.** *itr* ‹*essere*› (er)staunen; **III.** *rfl:* **-rsi** verzagen.

sbilanciamento [zbilantʃa'mento] *m* Ungleichgewicht *n.* **sbilanciare** [...'tʃa:re] **I.** *tr* aus dem Gleichgewicht bringen; *(economicamente)* belasten; **II.** *itr* nach einer Seite hängen; **III.** *rfl:* **-rsi** zu weit gehen, sich übernehmen. **sbilancio** [...'lantʃo] *m* **1.** *(squilibrio)* Ungleichgewicht *n;* **2.** *com* Defizit *n.*

sbilenco, -a [zbi'lɛŋko *o.* ...'leŋko] ‹-chi, -che› *a (a. fig)* krumm, schief.

sbirciare [zbir'tʃa:re] ‹sbircio, sbirci› *tr* (heimlich) betrachten, mustern. **sbirciata** [...'tʃa:ta] *f* schneller (verstohlener) Blick.

sbirro ['zbirro] *m pej* Scherge *m,* Häscher *m.*

sbizzarrirsi [zbiddzar'rirsi] ‹mi sbizzarrisco› *rfl* sich austoben; ~ **a fare qc** etw. nach Lust und Laune tun.

sbloccamento [zblokka'mento] *m* Freigabe *f.* **sbloccare** [...'ka:re] *tr* **1.** *(meccanismo)* lösen; *(circolazione, affitti)* freigeben; **2.** *fig* lösen, befreien; *(situazione)* entspannen. **sblocco** ['zblɔkko] *m* Freigabe *f.*

sbobba ['zbɔbba] *f fam pej* Brühe *f.*

sboccare [zbok'ka:re] ‹sbocco, sbocchi› **I.** *itr* ‹*essere*› **1.** *(fiume, strada)* münden; **2.** *(arrivare)* kommen, gelangen; **3.** *fig* münden, enden; **II.** *tr* ‹*avere*› abgießen.

sboccato, -a [zbok'ka:to] *a* **1.** *(persona)* unanständig (sprechend); **2.** *(fiasco)* mit abgebrochenem Hals (*o.* Rand).

sbocciare [zbot'tʃa:re] *itr* ‹*essere*› *(a. fig)* aufblühen. **sboccio** ['zbɔttʃo] *m* Aufblühen *n.*

sbocco ['zbokko] ‹-cchi› *m* **1.** *(di fiume, strada)* Mündung *f;* **2.** *fig* Ausgang *m;* **3.** *com* Absatzmarkt *m,* Absatzmöglichkeit *f;* **strada senza ~** Sackgasse *f;* **~ di sangue** Blutspukken *n,* Bluthusten *m.*
sbocconcellare [zbokkontʃel'la:re] *tr fam* knabbern.
sbollentare [zbollen'ta:re] *tr* abbrühen, blanchieren.
sbollire [zbol'li:re] *itr* ‹*essere o. avere*› **1.** *gastr* nicht mehr kochen, zu kochen aufhören; **2.** *fig* aufhören, nachlassen; *(rabbia a.)* verrauchen.
sbolognare [zboloɲ'ɲa:re] *tr fam* loswerden *fam.*
sbornia ['zbɔrni̯a] ‹-ie› *f fam* Rausch *m.* **sborniarsi** [zbor'ni̯arsi] *rfl fam* sich betrinken, sich besaufen *fam.*
sborsare [zbor'sa:re] *tr* ausgeben, auslegen. **sborso** ['zborso] *m* Ausgabe *f,* Auslage *f.*
sboscamento [zboska'mento] *m* Abholzung *f.* **sboscare** [...'ka:re] ‹sbosco, sboschi› *tr* abholzen.
sbottare [zbot'ta:re] *itr* ‹*essere*› *fam* ausbrechen; **~ a ridere/piangere** *fam* in Lachen/Tränen ausbrechen; **~ a dire qc** mit etw. herausplatzen. **sbotto** ['zbɔtto] *m fam* Ausbruch *m;* **~ di risa** Lachanfall *m.*
sbottonare [zbotto'na:re] **I.** *tr* aufknöpfen; **II.** *rfl:* **-rsi** *fig fam* sich anvertrauen (*con qu* jdm).
sbozzare [zbot'tsa:re] *tr* entwerfen; *(marmo, etc.)* vorarbeiten. **sbozzo** ['zbɔttso] *m* Vorarbeit *f,* Entwurf *m.*

sbracare [zbra'ka:re] ‹sbraco, sbrachi› *fam* **I.** *tr* die Hosen ausziehen *dat;* **II.** *rfl:* **-rsi** sich *(dat)* die Hosen ausziehen; *(slacciarsi)* es sich *(dat)* bequem machen; **-rsi dal ridere** *fam* sich totlachen *fam.* **sbracato, -a** [...'ka:to] *a fam* **1.** *(senza calzoni)* ohne Hosen; **2.** *(vestito male)* schlampig *fam;* **3.** *(riso)* ausgelassen.
sbracciarsi [zbrat'tʃarsi] ‹mi sbraccio, ti sbracci› *rfl* **1.** *(agitare le braccia)* die Arme schwenken, mit den Armen fuchteln *fam;* **2.** *(denudarsi le braccia)* sich *(dat)* die Ärmel aufkrempeln; *(portando abiti senza maniche)* ärmellos gehen; **3.** *fig* sich *(dat)* jede Mühe geben, alles nur Mögliche tun. **sbracciato, -a** [...'tʃa:to] *a* **1.** *(vestito)* kurzärm(e)lig; *(senza maniche)* ärmellos; **2.** *(persona)* mit nackten Armen.
sbraitare [zbrai'ta:re] *itr fam* schreien, brüllen.
sbranare [zbra'na:re] **I.** *tr* zerfleischen; *(a. fig)* zerreißen; **II.** *rfl:* **-rsi** sich zerfleischen, sich zerreißen.
sbreccare [zbrek'ka:re] ‹sbrecco, sbrecchi› *tr* anschlagen, anstoßen.
sbrecciare [zbret'tʃa:re] ‹sbreccio, sbrecci› *tr* zerbrechen.
sbrendolare [zbrendo'la:re] *itr tosc* in Fetzen hängen. **sbrendolo** ['zbrɛndolo *o.* 'zbren...] *m tosc* Fetzen *m,* Lumpen *m.* **sbrendolone, -a** [zbrendo'lo:ne] *m, f tosc* Schlamper(in) *m(f).*
sbriciolare [zbritʃo'la:re] **I.** *tr* zerkrümeln, zerbröckeln; **II.** *rfl:* **-rsi** zu Bröseln (*o.* Krümeln) werden (*o.* zerfallen).
sbrigare [zbri'ga:re] **I.** *tr* **1.** *(faccende)* erledigen, besorgen; **2.** *(persona)* abfertigen; **II.** *rfl:* **-rsi 1.** *(affrettarsi)* sich beeilen; **2.** *(liberarsi)* sich entledigen *(di gen);* **sbrigarsela** *fam* mit etw. fertig werden.
sbrigativo, -a [zbriga'ti:vo] *a* **1.** *(persona)* kurzentschlossen; **2.** *(modi, sistemi)* zeitsparend; **3.** *pej* oberflächlich.
sbrigliare [zbriʎ'ʎa:re] ‹sbriglio, sbrigli› **I.** *tr* **1.** *fig* freien Lauf lassen (*qc* einer S.), die Zügel schießen lassen (*qc* einer S.); **2.** *(cavallo)* abzäumen; **II.** *rfl:* **-rsi** ausschweifen, ausgelassen sein. **sbrigliato, -a** [...'ʎa:to] *a* zügellos, ausschweifend.
sbrinamento [zbrina'mento] *m* Abtauen *n.* **sbrinare** [...'na:re] *tr* abtauen. **sbrinatore** [...na'to:re] *m* **1.** *(per frigoriferi)* Abtauautomatik *f;* **2.** *mot* Defroster *m.*
sbrindellare [zbrindel'la:re] **I.** *tr* zerfetzen; **II.** *itr* in Fetzen hängen. **sbrindellato, -a** [...'la:to] *a* zerfetzt; *(a. persona)* zerlumpt. **sbrindello** [...'dɛllo] *m fam* Fetzen *m.*
sbrindellone [zbrindel'lo:ne] *fam v.* **sbrendolone.**
sbrinz [zbrints] ‹-› *m* Brienzer Käse *m.*
sbrodolare [zbrodo'la:re] **I.** *tr* **1.** *(tovaglia)* besudeln, bekleckern; **2.** *fig* herunterleiern; **II.** *rfl:* **-rsi** sich besudeln, sich bekleckern. **sbrodolone, -a** [...'lo:ne] *m, f fam* Schmierfink *m fam,* Kleckerfritze *m fam.*
sbrogliare [zbroʎ'ʎa:re] ‹sbroglio, sbrogli› **I.** *tr* **1.** *(matassa)* entwirren; **2.** *fig (questione)* lösen; **3.** *(armadio, stanza)* aufräumen; **II.** *rfl:* **-rsi** sich aus der Affäre ziehen; **sbrogliarsela** *fam* mit etw. klarkommen *fam.*
sbronza ['zbrontsa *o.* ...ndza] *f fam* Rausch *m.* **sbronzarsi** [...'tsarsi *o.* ...n'dzarsi] *rfl fam* sich betrinken, sich besaufen *fam.* **sbronzo, -a**

['zbrontso *o.* ...ndzo] *a fam* betrunken, besoffen *fam.*
sbruffone, -a [zbruf'fo:ne] *m, f fam pej* Angeber(in) *m(f).*
sbucare [zbu'ka:re] *itr* ‹*essere*› heraus-, hervorkommen; *(apparire a.)* auftauchen.
sbucciapatate [zbuttʃapa'ta:te] ‹-› *m* Kartoffelschäler *m.*
sbucciare [zbut'tʃa:re] ‹sbuccio, sbucci› **I.** *tr* **1.** *(patate, castagne)* schälen; **2.** *med* aufschürfen; **3.** *sport (palla)* anschneiden; **sbucciarsela** *fam* sich drücken *fam;* **II.** *rfl:* **-rsi** *(rettili, etc.)* sich häuten. **sbucciatura** [...tʃa'tu:ra] *f* **1.** *(lo sbucciare)* Schälen *n;* **2.** *fam* Kratzer *m fam,* Schürfwunde *f.*
sbudellare [zbudel'la:re] **I.** *tr* **1.** *(pollo)* ausnehmen; **2.** *(ferire al ventre)* den Bauch aufschlitzen (*qu* jdm); **II.** *rfl:* **-rsi dalle risate** *fam* sich *(dat)* den Bauch halten vor Lachen.
sbuffante [zbuf'fante] *a* **1.** *(persona)* schnaufend, schnaubend; **2.** *(abito)* bauschig. **sbuffare** [...'fa:re] *itr (persona)* schnaufen, schnauben; *(locomotiva)* schnaufen; *(animali)* schnauben. **sbuffata** [...'fa:ta] *f* Schnauben *n,* Schnaufen *n.* **sbuffo** ['zbuffo] *m* **1.** *(lo sbuffare)* Schnauben *n;* **2.** *(folata)* Windstoß *m;* **3.** *(di fumo, vapore)* Wolke *f;* **maniche a ~** Puffärmel *m pl.*
sbugiardare [zbudʒar'da:re] *tr* Lügen strafen, einer Lüge überführen.
sbullettare [zbullet'ta:re] **I.** *tr* die Nägel entfernen aus; **II.** *itr* (ab)bröckeln.
sbullonare [zbullo'na:re] *tr* die Bolzen entfernen aus.
sburocratizzare [zburokratid'dza:re] *tr* entbürokratisieren.
sbuzzare [zbud'dza:re] *tr* **1.** *(pollo)* ausnehmen; **2.** *(ferire al ventre)* den Bauch aufschlitzen (*qu* jdm).

scabbia ['skabbi̯a] ‹-ie› *f* Krätze *f.*
scabrezza [ska'brettsa] *f* Rauheit *f.*
scabro, -a ['ska:bro] *a* rauh. **scabrosità** [skabrosi'ta] ‹-› *f* **1.** *(di superficie)* Rauheit *f;* **2.** *fig* Mißlichkeit *f,* Schwierigkeit *f.* **scabroso, -a** [...'bro:so] *a* **1.** *(strada, percorso)* uneben, holprig; **2.** *fig (delicato)* heikel; *(difficile)* schwierig.
scacchiera [skak'ki̯ɛ:ra] *f* Schachbrett *n.*
scacchiere [skak'ki̯ɛ:re] *m* **1.** *mil* Kriegsschauplatz *m;* **2.** *pol* Schatzamt *n;* **a ~** schachbrettartig.
scacchista [skak'kista] ‹-i *m,* -e *f*› *mf* Schachspieler(in) *m(f).* **scacchistico, -a** [...'kistiko] ‹-ci, -che› *a* Schach-.
scacciacani [skattʃa'ka:ni] **I.** ‹-› *m o. f* Schreckschußpistole *f;* **II.** ‹*inv*› *a* Schreckschuß-.
scacciapensieri [-pen'si̯ɛ:ri] ‹-› *m* Maultrommel *f.*
scacciare [skat'tʃa:re] *tr* vertreiben, verjagen.
scaccino [skat'tʃi:no] *m* Kirchendiener *m,* Küster *m.*
scacco ['skakko] ‹-cchi› *m* **1.** *pl (gioco)* Schach *n;* **2.** *(singolo pezzo)* Schachfigur *f;* **3.** *(mossa)* Schach(zug *m*) *n;* **4.** *fig* Niederlage *f,* Schlappe *f;* **5.** *(quadratino)* Schachfeld *n;* **a -cchi** kariert; **giocare agli -cchi** Schach spielen; **dare ~ matto al re** den König (schach)matt setzen; **~ alla regina** Schach der Dame; **tenere qu in ~** jdn in Schach halten.
scaccomatto, scacco matto [skakko'matto] *m* Schachmatt *n;* **dare ~ a qu** *(a. fig)* jdn schachmatt setzen.
scadente [ska'dɛnte] *a* schlecht; *(merce, prodotto)* minderwertig.
scadenza [ska'dɛntsa] *f* **1.** *(di abbonamento, trattato)* Verfall *m,* Ablauf *m;* **2.** *fin* Fälligkeit *f;* **3.** *(periodo)* Frist *f;* **a breve/lunga ~** kurz-/langfristig. **scadenzare** [skaden'tsa:re] *tr adm* eine Frist festsetzen für, terminieren. **scadenzario** [...'tsa:ri̯o] ‹-i› *m* Terminkalender *m.*
scadere [ska'de:re] ‹*irr*› *itr* ‹*essere*› **1.** *com, adm* verfallen, ablaufen; **2.** *(perdere valore, pregio)* sinken, verfallen. **scadimento** [...di'mento] *m* Verfall *m,* Niedergang *m.*
scafandro [ska'fandro] *m* Anzug *m;* *(di palombaro)* Taucheranzug *m.*
scaffalare [skaffa'la:re] *tr* **1.** *(parete)* mit Regalen versehen; **2.** *(libri)* in Regale einräumen. **scaffalatura** [...la'tu:ra] *f* Regalwand *f.*
scaffale [skaf'fa:le] *m* Regal *n.*
scafo ['ska:fo] *m* (Schiffs)rumpf *m.*
scagionare [skadʒo'na:re] **I.** *tr* entlasten, rechtfertigen; **II.** *rfl:* **-rsi** sich rechtfertigen.
scaglia ['skaʎʎa] ‹-glie› *f* **1.** *zoo* Schuppe *f;* **2.** *(scheggia)* Splitter *m.*
scagliare¹ [skaʎ'ʎa:re] ‹scaglio, scagli› **I.** *tr* **1.** *(oggetti)* werfen, schleudern; **2.** *fig (parole)* ins Gesicht schleudern, an den Kopf werfen; **II.** *rfl:* **-rsi** **1.** *(gettarsi)* sich stürzen, sich werfen; **2.** *fig* wettern (*contro* gegen).
scagliare² [skaʎ'ʎa:re] ‹scaglio, scagli› *tr, rfl:* **-rsi** zersplittern.

scaglionamento [skaʎʎona'mento] *m* Staffelung *f*. **scaglionare** [...'na:re] *tr* staffeln. **scaglione** [...'ʎo:ne] *m* 1. *mil* Staffel *f;* 2. *geog* Terrasse *f;* 3. *zoo* Eckzahn *m* (bei Pferden); **a -i** gestaffelt, abgestuft.

scaglioso, -a [skaʎ'ʎo:so] *a* 1. *(pelle)* schuppig; 2. *(pietra)* schuppenartig, blättrig.

scagnozzo, -a [skaɲ'ɲɔttso] *m, f* 1. *fam (tirapiedi)* Handlanger *m;* 2. *rel* Bettelpriester *m*.

scala ['ska:la] *f* 1. *arch* Treppe *f;* 2. *(dispositivo)* Leiter *f;* 3. *fig, tec, phys* Skala *f;* 4. *(nel poker)* Flush *m;* 5. *(in disegno, cartografia)* Maßstab *m;* 6. *mus* Tonleiter *f;* ~ **a chiocciola** Wendeltreppe *f;* ~ **di servizio** Hintertreppe *f;* ~ **logaritmica** Logarithmentafel *f;* ~ **mobile** Rolltreppe *f; (dei salari)* gleitende Lohnskala; ~ **svedese** Sprossenwand *f;* **su larga** ~ *fig* in großem Maßstab.

scalandrone [skalan'dro:ne] *m* Steg *m*.

scalare [ska'la:re] **I.** *a* 1. *(disposto a scala)* treppenartig, stufenförmig; 2. *mat* Skalen-, skalar; 3. *(graduato)* abgestuft; **II.** *m mat* Skalenfunktion *f;* **III.** *tr* 1. *(montagna)* be-, ersteigen; *(muro, etc.)* klettern auf; 2. *com* abziehen; 3. *(capelli)* stufig schneiden; 4. *(graduare)* abstufen; 5. *mot* zurückschalten. **scalata** [...'la:ta] *f* Be-, Ersteigung *f;* **dare la ~ al potere** die Macht ergreifen. **scalatore, -trice** [...la'to:re] *m, f* 1. *(alpinismo)* Bergsteiger(in) *m(f);* 2. *(ciclismo)* Bergfahrer(in) *m(f)*.

scalcagnato, -a [skalkaɲ'ɲa:to] *a* 1. *(scarpe)* ausgetreten; 2. *(persona)* zerlumpt.

scalciare [skal'tʃa:re] *itr* austreten, ausschlagen.

scalcinare [skaltʃi'na:re] *tr* abkratzen.

scalcinato, -a [skaltʃi'na:to] *a* 1. *(muro, casa)* abgebröckelt, abgeblättert; 2. *fig (vestito)* verschlissen; *(persona)* heruntergekommen.

scalda(a)cqua [skal'dakkua (...da'akkua)] ‹-›, **scaldabagno** [...da'baɲɲo] ‹-i *o.* -› *m* Boiler *m*. **scaldabanchi** [-'baŋki] ‹-› *mf pej* Faulpelz *m*. **scaldaletto** [-'lɛtto] ‹-i *o.* -i› *m* Bettwärmer *m*. **scaldapiedi** [-'piɛ:di] ‹-› *m* Fußwärmer *m*.

scaldare [skal'da:re] **I.** *tr* 1. *gener.* erwärmen, warm machen; *(acqua, minestra)* aufwärmen, erhitzen; *(stanza)* heizen; *(motore)* warmlaufen lassen; 2. *fig* erwärmen; ~ **le panche** *fig* nichtsnutzig sein, nichts tun; **II.** *itr* *(motore)* heißlaufen; **III.** *rfl:* **-rsi** 1. *(diventare caldo)* sich erwärmen, warm werden; 2. *sport* sich aufwärmen; 3. *fig (accalorarsi, irritarsi)* sich erhitzen. **scaldata** [...'da:ta] *f* Erhitzung *f;* **dare una ~ all'arrosto** den Braten aufwärmen.

scaldavivande [skaldavi'vande] ‹-› *m* Warmhalteplatte *f*.

scaldino [skal'di:no] *m* Wärmer *m*.

scaleo [ska'lɛ:o] *m* Trittleiter *f*.

scaletta [ska'letta] *f* 1. *(piccola scala)* kleine Treppe (*o.* Leiter); 2. *film, TV* Entwurf *m*, Exposé *n*.

scalfire [skal'fi:re] ‹scalfisco› *tr* ritzen, schrammen. **scalfittura** [...fit'tu:ra] *f* Schramme *f*.

scalinata [skali'na:ta] *f* Freitreppe *f*.

scalino [ska'li:no] *m (a. fig)* Stufe *f; (di scala a pioli a.)* Sprosse *f*.

scalmana [skal'ma:na] *f* 1. *med* Hitzewallung *f;* 2. *fig scherz* Begeisterung *f;* **prendersi una ~ per qu** *scherz* Feuer und Flamme für jdn sein.

scalmanarsi [skalma'narsi] *rfl* 1. *(affannarsi)* sich erhitzen; 2. *fig* sich *(dat)* Mühe geben, sich anstrengen; *(nel parlare, etc.)* sich ereifern. **scalmanato, -a** [...'na:to] **I.** *a* erhitzt; **II.** *m, f* Hitzkopf *m*.

scalmiera [skal'miɛ:ra] *f*, **scalmo** ['skalmo] *m* Dolle *f*.

scalo ['ska:lo] *m* 1. *naut* Anlegestelle *f*, -platz *m;* 2. *ferr* Umsteigebahnhof *m;* 3. *aero* Zwischenlandeflughafen *m;* ~ **merci** Güterbahnhof *m;* **volo senza ~** Nonstopflug *m;* **fare ~** *aero* zwischenlanden; *naut* an Land gehen.

scalogna [ska'loɲɲa] *f fam* Pech *n*. **scalognato, -a** [...'ɲa:to] *fam* **I.** *a* vom Pech verfolgt; **II.** *m, f* Pechvogel *m*, Unglücksrabe *m*.

scalogno [ska'loɲɲo] *m* Schalotte *f*.

scalone [ska'lo:ne] *m* Prunktreppe *f; (esterno)* Freitreppe *f*.

scaloppa, scaloppina [ska'lɔppa, ...lop'pi:na] *f* (in Butter gebratenes) Kalbsschnitzel *n*.

scalpellare [skalpel'la:re] *tr* 1. *(marmo, pietra)* behauen, meißeln; 2. *med* mit dem Skalpell schneiden.

scalpellino [skalpel'li:no] *m* Steinmetz *m*.

scalpello [skal'pɛllo] *m* 1. *(utensile)* Meißel *m; (per legno)* Stechbeitel *m; (per trivellazioni)* Bohrmeißel *m; med* Skalpell *n;* 2. *fig* Bildhauer *m*, Steinmetz *m*.

scalpicciare [skalpit'tʃa:re] ‹scalpiccio, scalpicci› *itr* trampeln. **scalpiccio** [...'pittʃi:o] ‹-ccii› *m* Getrampel *n*.

scalpitare [skalpi'ta:re] *itr* 1. *zoo*

stampfen, scharren; **2.** *fig scherz* ungeduldig sein. **scalpitio** [...ˈti:o] ‹-ii› *m* Gestampfe *n.*

scalpo [ˈskalpo] *m* Skalp *m.*

scalpore [skalˈpo:re] *m* Aufsehen *n,* Lärm *m.*

scaltrezza [skalˈtrettsa] *f* Schläue *f,* Schlauheit *f.* **scaltrire** [...ˈtri:re] ‹scaltrisco› **I.** *tr* schlau (*o.* klug) machen; **II.** *rfl:* **-rsi 1.** *(diventare scaltro)* schlau werden; **2.** *(diventare esperto)* sich verfeinern. **scaltro, -a** [ˈskaltro] *a* schlau, gewitzt.

scalzacane, scalzacani [skaltsaˈka:ne, ...ni] ‹-› *mf fam* Stümper(in) *m(f) fam.*

scalzare [skalˈtsa:re] **I.** *tr* **1.** *(persona)* die Schuhe und Strümpfe ausziehen *dat;* **2.** *agr* freilegen, freigraben; **3.** *arch* untergraben; **4.** *(dente)* die Wurzel freilegen *gen;* **5.** *fig* verdrängen, aus dem Amt drängen; *(autorità, reputazione)* untergraben; ~ **i piedi** Schuhe und Strümpfe ausziehen; **II.** *rfl:* **-rsi** sich *(dat)* Schuhe und Strümpfe ausziehen. **scalzo, -a** [ˈskaltso] *a* barfuß; *(attributivo)* barfüßig; **a piedi -i** barfuß, mit nackten Füßen.

scambiare [skamˈbi̯a:re] **I.** *tr* **1.** *(confondere)* verwechseln (*per* mit); *(cose a.)* vertauschen (*per* mit); **2.** *(soldi)* wechseln; **3.** *(fare uno scambio)* (aus)tauschen (*con* gegen); **4.** *(impressioni, opinioni)* austauschen; *(parole)* wechseln; **II.** *rfl:* **-rsi** austauschen, tauschen; *(a. anelli)* wechseln. **scambievole** [...ˈbi̯e:vole] *a* gegen-, wechselseitig. **scambio** [ˈskambi̯o] *m* **1.** *(di persona)* Verwechslung *f;* **2.** *(di doni, cortesie, idee)* Austausch *m;* **3.** *com* Handel *m;* **4.** *ferr* Weiche *f.*

scambista [skamˈbista] ‹-i *m*, -e *f*› *mf* **1.** *com, fin* Händler(in) *m(f);* **2.** *ferr* Weichensteller(in) *m(f).*

scamiciarsi [skamiˈtʃarsi] ‹mi scamicio, ti scamici› *rfl* sich bis aufs Hemd ausziehen. **scamiciato, -a** [...ˈtʃa:to] **I.** *a* in Hemdsärmeln; **II.** *m* Kleiderrock *m.*

scamorza [skaˈmɔrtsa] *f* **1.** *gastr* fester, hellgelber Frischkäse; **2.** *fig scherz* Schwächling *m.*

scamosciare [skamoʃˈʃa:re] ‹scamoscio, scamosci› *tr* fettgerben. **scamosciato, -a** [...ˈʃa:to] *a* Veloursleder-. **scamosciatura** [...ʃaˈtu:ra] *f* Fettgerbung *f.*

scampagnata [skampaɲˈɲa:ta] *f fam* Ausflug *m,* Landpartie *f.*

scampanare [skampaˈna:re] **I.** *itr* **1.** *(campane)* läuten; **2.** *(abiti)* glockenförmig fallen; **II.** *tr* glockenförmig modellieren; *(abiti)* glockenförmig schneidern. **scampanata** [...ˈna:ta] *f* Geläut(e) *n,* (Glocken)läuten *n.* **scampanato, -a** [...ˈna:to] *a* glockenförmig.

scampanellare [skampanelˈla:re] *itr* (lang und eindringlich) klingeln. **scampanellata** [...ˈla:ta] *f* (heftiges) Klingeln *n.* **scampanellio** [...ˈli:o] ‹-ii› *m* Klingeln *n,* Geklingel *n.*

scampanio [skampaˈni:o] ‹-ii› *m* (Glocken)läuten *n.*

scampare [skamˈpa:re] **I.** *itr* ‹*essere*› entkommen, entrinnen; **II.** *tr* ‹*avere*› retten; **scamparla** *fam* davonkommen; **scamparla bella** *fam* noch einmal Schwein haben *fam;* **Dio ci** (*o.* **ce ne**) **scampi e liberi!** *fam* Gott bewahre!

scampo[1] [ˈskampo] *m (salvezza)* Rettung *f; (via d'uscita)* Ausweg *m;* **senza** ~ ausweglos.

scampo[2] [ˈskampo] *m zoo* Kaisergranat *m;* **-i** Scampi *pl.*

scampolo [ˈskampolo] *m* **1.** *(di stoffa)* (Stoff)rest *m;* **2.** *fig* Rest *m,* Stück *n,* Überbleibsel *n.*

scanalare [skanaˈla:re] *tr* rillen, auskehlen. **scanalatura** [...laˈtu:ra] *f* Rille *f; (a. operazione)* Auskehlung *f.*

scandagliare [skandaʎˈʎa:re] ‹scandaglio, scandagli› *tr* **1.** *naut* ausloten; **2.** *fig* ausloten, sondieren. **scandaglio** [...ˈdaʎʎo] ‹-gli› *m* **1.** *naut (strumento)* Lot *n; (impiego)* (Aus)lotung *f;* **2.** *fig* Ausloten *n,* Sondieren *n.*

scandalismo [skandaˈlizmo] *m* Skandalsucht *f.* **scandalistico, -a** [...ˈlistiko] ‹-ci, -che› *a* Skandal-.

scandalizzare [skandalidˈdza:re] **I.** *tr* empören, aufbringen; **II.** *rfl:* **-rsi** sich empören (*a* über), sich entrüsten (*a* über).

scandalo [ˈskandalo] *m* Skandal *m; (turbamento)* Ärgernis *n; (pubblicità a.)* Aufsehen *n;* **la pietra dello** ~ der Stein des Anstoßes; **dare** ~ Ärgernis erregen; **essere di** ~ skandalös sein; **gridare allo** ~ sich empören, sich aufregen. **scandaloso, -a** [...ˈlo:so] *a* skandalös; **che fortuna -a!** *scherz* was für ein unverschämtes Glück!

Scandinavia [skandiˈna:vi̯a] *f* Skandinavien *n.* **scandinavo, -a** [...ˈna:vo] **I.** *a* skandinavisch; **II.** *m, f* Skandinavier(in) *m(f).*

scandire [skanˈdi:re] ‹scandisco› *tr* **1.** *mus (tempo)* betonen; **2.** *lit* skandieren; **3.** *fig (parole, nome)* deutlich aussprechen; **4.** *TV* abtasten.

scannare [skan'na:re] *tr* **1.** *(animale)* schlachten; **2.** *(persona)* niedermetzeln, massakrieren; **3.** *fig* ausnehmen. **scannatoio** [...na'to:i̯o] ‹-oi› *m* **1.** *(del macello)* Schlachthof *m;* **2.** *fig pej* Lasterhöhle *f.*

scannello [skan'nɛllo] *m* Kugel *f,* Oberschale *f.*

scanno ['skanno] *m geh* Sitz *m.*

scansafatiche [skansafa'ti:ke] ‹-› *mf fam* Drückeberger(in) *m(f).*

scansare [skan'sa:re] **I.** *tr* **1.** *(schivare)* ausweichen (*qc* einer S.); **2.** *(tavolo, mobile)* (weg)rücken; **3.** *(evitare)* (ver)meiden, aus dem Wege gehen (*qc* einer S.); **II.** *rfl:* **-rsi** (weg)rücken, Platz machen.

scansia [skan'si:a] ‹-ie› *f* Regal *n.*

scansione [skan'si̯o:ne] *f* **1.** *lit* Skansion *f;* **2.** *TV* Abtastung *f.*

scanso ['skanso] *m:* **a ~ di qc** um etw. zu vermeiden.

scantinato [skanti'na:to] *m* Kellergeschoß *n.*

scantonare [skanto'na:re] **I.** *itr* **1.** *(voltare all'angolo)* um die Ecke biegen; **2.** *fig* ausweichen; **II.** *tr* abrunden, abstumpfen.

scanzonato, -a [skantso'na:to] *a* unbekümmert, leichtfertig.

scapaccione [skapat'tʃo:ne] *m* Schlag *m* (auf den Hinterkopf).

scapato, -a [ska'pa:to] **I.** *a* leichtsinnig, unbedacht; **II.** *m, f fam* leichtsinniger Mensch.

scapestrato, -a [skapes'tra:to] **I.** *a* zügellos, liederlich; **II.** *m, f fam* Lotterbube *m fam,* Faulenzer(in) *m(f).*

scapicollarsi [skapikol'larsi] *rfl fam* sich (fast) überschlagen; *(fig a.)* sich *(dat)* ein Bein ausreißen *fam.* **scapicollo** [...'kɔllo] *m:* **a ~** *dial* Hals über Kopf.

scapigliare [skapiʎ'ʎa:re] **I.** *tr* zerzausen; **II.** *rfl:* **-rsi** sich *(dat)* die Haare raufen. **scapigliato, -a** [...'ʎa:to] **I.** *a* **1.** *(arruffato)* zerzaust, zerrauft; **2.** *fig* liederlich; **3.** *lit* bohemienhaft; **II.** *m, f* **1.** *gener.* liederliche Person; **2.** *lit* Bohemien *m.* **scapigliatura** [...ʎa'tu:ra] *f* **1.** *pej* Lotterleben *n;* **2.** *lit* Boheme *f.*

scapitare [skapi'ta:re] *itr* **1.** *(rimetterci)* zuzahlen, einen Verlust machen; **2.** *fig* verlieren.

scapito ['ska:pito] *m:* **a ~ di** zu Lasten von, auf Kosten von; **vendere a ~** mit Verlust verkaufen.

scapola ['ska:pola] *f* Schulterblatt *n.*

scapolare[1] [skapo'la:re] *a anat* Schulterblatt-.

scapolare[2] [skapo'la:re] *m rel* Schleier *m.*

scapolo ['ska:polo] **I.** *a* ledig, unverheiratet; **II.** *m* Junggeselle *m.* **scapolone** [skapo'lo:ne] *m fam* Hagestolz *m.*

scappamento [skappa'mento] *m* **1.** *mot* Auspuff *m;* **2.** *(di orologio)* Hemmung *f.*

scappare [skap'pa:re] *itr* ‹*essere*› **1.** *(darsi alla fuga)* weg-, davonlaufen; *(di prigione)* ausbrechen; **2.** *(allontanarsi)* gleich aufbrechen, sofort weggehen; **3.** *fig (sfuggire)* entgehen; **4.** *fam* dringend (machen) müssen *fam;* **~ fuori a dire qc** mit etw. herausplatzen; **gli è scappato detto** es ist ihm rausgerutscht *fam;* **gli è scappato di mente** es ist ihm entfallen; **mi scappa da ridere** ich muß lachen, ich kann mir das Lachen nicht verkneifen; **mi scappa la pazienza** mir reißt die Geduld; **di qui non si scappa** hier gibt es kein Entrinnen; **qui ci scappa il morto** dabei wird einer draufgehen *fam.* **scappata** [...'pa:ta] *f* **1.** *(breve visita)* Stippvisite *f,* Sprung *m fam;* **2.** *fig (uscita)* Bemerkung *f;* **3.** *fig (errore)* Torheit *f.*

scappatella [skappa'tɛlla] *f* Seitensprung *m.*

scappatoia [skappa'to:i̯a] ‹-oie› *f* Ausweg *m.*

scappellare [skappel'la:re] **I.** *tr* den Hut abnehmen von; **II.** *rfl:* **-rsi** den Hut ziehen. **scappellata** [...'la:ta] *f* Hutabnehmen *n,* Hutziehen *n.*

scappellotto [skappel'lɔtto] *m* Klaps *m.*

scappottare [skappot'ta:re] **I.** *itr* wenigstens einen Punkt holen; **II.** *tr* das Verdeck abnehmen von.

scarabattola [skara'battola] *f fam pej* Kram *m fam.*

scarabeo [skara'bɛ:o] *m* Skarabäus *m.*

scarabocchiare [skarabok'ki̯a:re] ‹scarabocchio, scarabocchi› *tr* **1.** *(riempire di scarabocchi)* bekritzeln; *(macchiare)* beklecksen; **2.** *fig (scribacchiare)* schmieren. **scarabocchio** [...'bɔkki̯o] ‹-cchi› *m* **1.** *(parola mal scritta)* Gekritzel *n,* Kritzelei *f;* **2.** *(macchia)* Klecks *m;* **3.** *(disegno mal fatto)* Geschmiere *n,* Schmiererei *f;* **4.** *fig* Gnom *m,* Mißgeburt *f.*

scaracchiare [skarak'ki̯a:re] ‹scaracchio, scaracchi› *itr vulg* Rotze husten (*o.* spucken) *vulg.* **scaracchio** [...'rakki̯o] ‹-cchi› *m vulg* Auswurf *m.*

scarafaggio [skara'faddʒo] ‹-ggi› *m* (Küchen)schabe *f.*
scaramanzia [skaraman'tsi:a] ‹-ie› *f* Beschwörung *f.*
scaramazza [skara'mattsa] **I.** *f* unregelmäßige Perle; **II.** *a* unregelmäßig.
scaramuccia [skara'muttʃa] ‹-cce› *f* **1.** *fig* Geplänkel *n,* kleine Auseinandersetzung; **2.** *mil* Scharmützel *n,* Geplänkel *n.*
scaraventare [skaraven'ta:re] **I.** *tr* **1.** *(gettare)* werfen, schleudern; **2.** *fig* versetzen; **II.** *rfl:* **-rsi** sich werfen, sich stürzen.
scarcassato, -a [skarkas'sa:to] *a fam* kaputt *fam.*
scarcerare [skartʃe'ra:re] *tr* freilassen, aus der Haft entlassen. **scarcerazione** [...rat'tsi̯o:ne] *f* Freilassung *f,* Haftentlassung *f.*
scardinare [skardi'na:re] *tr* ausheben, aus den Angeln heben.
scarica ['ska:rika] *f* **1.** *mil* Salve *f;* **2.** *(di grandine, pugni)* Hagel *m;* **3.** *(dell'intestino)* Entleerung *f;* **4.** *el* Entladung *f.*
scaricabarile, scaricabarili [skarikaba'ri:le, ...li] ‹-› *m* Butterwiegen *n;* **fare a ~** *fig fam* sich *(dat)* gegenseitig etw. in die Schuhe schieben *fam.*
scaricamento [skarika'mento] *m* Entladung *f.*
scaricare [skari'ka:re] **I.** *tr* **1.** *(camion, macchina)* aus-, entladen; **2.** *(merci)* ab-, ausladen; **3.** *mil* entladen; *(sparare)* abfeuern; **4.** *(fiume)* ergießen; **5.** *(ventre)* entleeren; **6.** *fig* (ab)laden; **7.** *phys* entladen; **8.** *(di mezzo pubblico)* absetzen; **~ la propria collera su qu** seine Wut an jdm auslassen; **~ la colpa addosso a qu** jdm die Schuld zuschieben (*o.* in die Schuhe schieben); **II.** *rfl:* **-rsi 1.** *(di un peso)* sich entlasten; **2.** *(di tensione nervosa)* sich entspannen; **3.** *(fiume)* münden; **4.** *(batteria, accumulatore)* leerlaufen; *(orologio)* ablaufen; **5.** *(fulmine)* einschlagen (*su* in); *(temporale)* sich entladen. **scaricatore, -trice** [...ka'to:re] **I.** *m, f* Ab-, Auslader(in) *m(f);* **~ di porto** Hafenarbeiter *m;* **II.** *m* Kipper *m.*
scarico, -a ['ska:riko] **I.** *a* **1.** *(carro)* leer, unbeladen; **2.** *(batteria)* leer; *(orologio)* abgelaufen; **3.** *fig* frei, unbelastet, entspannt; **II.** *m* **1.** *(di merci, materiali)* Ab-, Ausladen; **2.** *(di nave, vagone)* Ent-, Ausladen *n;* **3.** *(rifiuti)* Müllhalde *f,* -kippe *f;* **4.** *(di acque, gas)* Abfluß *m,* Auslaß *m;* **5.** *com* Ausgang *m;* **6.** *tec* Auslaß *m,* Ablaß *m; mot* Auspuff *m;* **7.** *fig* Entlastung *f;* **bolletta di ~** Lieferschein *m;* **divieto di ~** Schuttabladen verboten; **gas/ acqua di ~** Abgas *n*/Abwasser *n;* **luogo di ~** Müllhalde *f,* -kippe *f;* **testimone a ~** Entlastungszeuge *m;* **valvola di ~** Ablaßventil *n; fig* Ventil *n;* **-chi industriali** Industrieabwässer *n pl.*
scarlattina [skarlat'ti:na] *f* Scharlach *m.*
scarlatto, -a [skar'latto] **I.** *a* scharlachrot; **II.** *m* Scharlach(rot *n*) *m.*
scarmigliare [skarmiʎ'ʎa:re] ‹scarmiglio, scarmigli› *tr* zerzausen, zerraufen.
scarnificare [skarnifi'ka:re] ‹scarnifico, scarnifichi› *tr* vom Fleisch lösen.
scarnire [skar'ni:re] ‹scarnisco› *tr* vom Fleisch lösen.
scarno, -a ['skarno] *a* **1.** *(viso, mani)* abgezehrt, mager; **2.** *fig* schlicht, schmucklos.
scarola [ska'rɔ:la] *f* Endivie *f.*
scarpa ['skarpa] *f* **1.** *(calzatura)* Schuh *m;* **2.** *fig fam* Stümper(in) *m(f);* **fare le -e a qu** *fig* jdn täuschen; **avere il cervello nelle -e** *fam* auf seinem Verstand sitzen *fam.* **scarpaio, -a** [...'pa:i̯o] ‹-ai, -aie› *m, f* Schuhverkäufer(in) *m(f),* Schuhhändler(in) *m(f).*
scarpata [skar'pa:ta] *f (superficie inclinata)* Böschung *f;* **~ continentale** Festlandsockel *m.*
scarpiera [skar'pi̯ɛ:ra] *f* Schuhschrank *m.*
scarpinare [skarpi'na:re] *itr fam* (lange) laufen, latschen *fam.* **scarpinata** [...'na:ta] *f fam* Fußmarsch *m.*
scarpone [skar'po:ne] *m* großer Schuh, Stiefel *m.*
scarrozzare [skarot'tsa:re] *tr, itr* (herum)kutschieren, -fahren. **scarrozzata** [...'tsa:ta] *f* Spazierfahrt *f.*
scarrucolare [skarruko'la:re] *itr* abrollen, abschnurren.
scarseggiare [skarsed'dʒa:re] ‹scarseggio, scarseggi› *itr* knapp sein; **~ di** mangeln an.
scarsella [skar'sɛlla] *f dial* (Geld)beutel *m.*
scarsezza [skar'settsa] *f* Mangel *m* (*di* an), Knappheit *f (di gen).*
scarsità [skarsi'ta] ‹-› *f* Mangel *m.*
scarso, -a ['skarso] *a* knapp, spärlich; *(peso)* knapp; **essere ~ in inglese** schwach in Englisch sein.
scartabellare [skartabel'la:re] *tr* durchblättern; *(vocabolari, etc. a.)* wälzen.
scartafaccio [skarta'fattʃo] ‹-cci› *m*

Kladde *f; pej* zerfleddertes Heft; *(fogli non legati)* Blätterstoß *m.*
scartamento [skarta'mento] *m* Spurweite *f;* **a ~ ridotto** schmalspurig; *(a. fig)* Schmalspur-.
scartare¹ [skar'ta:re] *tr* **1.** *(pacco, involto)* auspacken; **2.** *fig (ipotesi, progetto, proposta)* verwerfen, ausscheiden; **3.** *(nelle carte)* ablegen.
scartare² [skar'ta:re] **I.** *itr* ausbrechen; **II.** *tr* ausspielen, umdribbeln.
scartata [skar'ta:ta] *f* Seitensprung *m.*
scarto¹ ['skarto] *m* **1.** *gener.* Aussonderung *f,* Ausschließung *f;* **2.** *fig* Ramsch *m,* Abfall *m;* **3.** *(nelle carte)* Ablegen *n;* **merce di ~** Ausschußware *f;* **~ di magazzino** Ramschware *f.*
scarto² ['skarto] *m* **1.** *(deviazione)* Schleudern *n;* **2.** *(di cavallo)* Seitensprung *m;* **3.** *(differenza)* Abstand *m.*
scartocciare [skartot'tʃa:re] ‹scartoccio, scartocci› *tr* **1.** *(involucro)* auspacken; **2.** *agr (mais)* entlieschen.
scartoffia [skar'tɔffi̯a] ‹-ie› *f fam pej* Wisch *m fam,* Schrieb *m fam.*
scassaquindici [skassa'ku̯inditʃi] ‹-› *m ein Fingerspiel.*
scassare [skas'sa:re] **I.** *tr* **1.** *(da cassa)* auspacken; **2.** *(forzare)* aufbrechen; **3.** *fam* kaputtmachen *fam;* **4.** *agr* umbrechen; **II.** *rfl:* **-rsi** *fam* kaputtgehen *fam.*
scassinare [skassi'na:re] *tr* aufbrechen. **scassinatore, -trice** [...na'to:re] *m, f* Einbrecher(in) *m(f).*
scasso ['skasso] *m* **1.** *jur* Einbruch *m;* **2.** *agr* Umbrechen *n.*
scatafascio [skata'faʃʃo] *m:* **a ~** *fam* drunter und drüber *fam.*
scatarrare [skatar'ra:re] *itr* Schleim aushusten.
scatenamento [skatena'mento] *m* Entfesselung *f.* **scatenare** [...'na:re] **I.** *tr* entfesseln, freien Lauf lassen (*qc* einer S.); **II.** *rfl:* **-rsi** losbrechen; *(tempesta)* aufkommen; *(rumore, etc.)* sich erheben; *scherz* sich austoben.
scatola ['ska:tola] *f* Schachtel *f; (di carne, piselli, etc.)* Büchse *f,* Dose *f;* **~ cranica** Schädel *m;* **~ musicale** (*o.* **armonica**) Spieldose *f;* **~ nera** *aero* Flugschreiber *m;* **~ del cambio/differenziale** Getriebe-/Differentialgehäuse *n;* **~ di derivazione** Abzweigdose *f;* **-e** *vulg* Eier *n pl vulg;* **rompere le -e a qu** *fam,* **far girare le -e a qu** *fam* jdm auf den Keks (*o.* Wecker) gehen *fam;* **vendere/comprare qc a ~ chiusa** *fig* die Katze im Sack verkaufen/kaufen; **in ~** Dosen-, Büchsen-. **scatolame** [skato'la:me] *m* Schachteln *f pl; gastr* Konserven *f pl.* **scatolare** [...'la:re] *a* schachtelförmig, Schachtel-. **scatolato, -a** [...'la:to] **I.** *a* konserviert, in Dosen, Dosen-, Konserven-; **II.** *m* Konserve *f.* **scatoletta** [...'lɛtta] *f* (kleine) Dose *f* (*o.* Büchse *f*). **scatolificio** [...li'fi:tʃo] ‹-ci› *m* Büchsenfabrik *f.*
scatologia [skatolo'dʒi:a] ‹-gie› *f* schmutzige Ausdrucksweise, Fäkalsprache *f.*
scattante [skat'tante] *a* schnell, flink.
scattare [skat'ta:re] **I.** *itr* ‹*essere o. avere*› **1.** *(congegni, molle)* (los)schnellen, losgehen; *(trappola)* zuschnappen; **2.** *(persona)* springen, hochschnellen; **3.** *mot* beschleunigen; **4.** *fig (per l'ira)* hochfahren, an die Decke gehen *fam;* **5.** *fig (fare uno scatto)* einen Sprung machen, (stufenweise) steigen; **6.** *sport* spurten; **~ in piedi/sull'attenti/alla partenza** aufspringen / strammstehen / losstarten; **II.** *tr* ‹*avere*› knipsen *fam.* **scattista** [...'tista] ‹-i *m,* -e *f*› *mf* Sprinter(in) *m(f).* **scatto** ['skatto] *m* **1.** *tec* Schnellen *n,* Losgehen *n; (di trappola)* Zuschnappen *n;* **2.** *mil* Abzug *m; fot* Auslöser *m;* **3.** *(moto brusco)* Ruck *m;* **4.** *sport* Spurt *m;* **5.** *fig (di ira, etc.)* Ausbruch *m,* Anfall *m;* **6.** *fig (aumento)* Anstieg *m,* Erhöhung *f;* **7.** *tel* (Gebühren)einheit *f;* **avere uno ~** aus der Haut fahren; **di ~, a -i** ruckartig; *(parlare)* abgehackt.
scaturire [skatu'ri:re] ‹scaturisco› *itr* ‹*essere*› **1.** *(liquidi)* heraussprudeln, -laufen; **2.** *fig* heraus-, hervorkommen; *(derivare)* entspringen.
scavalcare [skaval'ka:re] *tr* **1.** *(ostacolo)* überklettern; **2.** *fig* überflügeln, ausbooten, den Rang ablaufen (*qu* jdm); **3.** *(sbalzare di sella)* abwerfen.
scavare [ska'va:re] *tr* **1.** *(fosso)* graben; *(legno, pietra, etc.)* aushöhlen; *(vestito)* ausschneiden; **2.** *(città, tesoro)* ausgraben; **3.** *fig* nachforschen, -bohren. **scavatore, -trice** [...va'to:re] **I.** *a* Bagger-; **II.** *m, f (operaio)* Ausgräber(in) *m(f);* **III.** *f (macchina)* Bagger *m.* **scavatura** [...va'tu:ra] *f* **1.** *(del collo, etc.)* Ausschnitt *m;* **2.** *agr* Graben *m.*
scavezzacollo [skavettsa'kɔllo] ‹-› *mf* Draufgänger(in) *m(f).*
scavo ['ska:vo] *m* **1.** *(lo scavare)* Grabung *f;* **2.** *(luogo)* Grube *f; (nell'archeologia)* Ausgrabung *f;* **3.** *(incavatura)* Ausschnitt *m;* **4.** *min* Abbau *m.*
scazzottare [skattsot'ta:re] *fam* **I.** *tr* prügeln; **II.** *rfl:* **-rsi** sich prügeln. **scazzottata, scazzottatura**

[...'ta:ta, ...ta'tu:ra] *f fam* Prügelei *f*, Schlägerei *f*.
sceccario [ʃek'ka:rio] ‹-i› *m* Scheckheft *n*.
scegliere ['ʃeʎʎere] ‹scelgo, scelsi, scelto› *tr* aussuchen, (aus)wählen; *(preferire)* vorziehen.
sceicco [ʃe'ikko] ‹-cchi› *m* Scheich *m*.
scekerare [ʃeke'ra:re] *tr* mixen.
scelgo ['ʃelgo] *1. pers sing pr di* **scegliere.**
scellerata *f v.* **scellerato.**
scelleratezza [ʃellera'tettsa] *f* **1.** *(infamia)* Frevelhaftigkeit *f*; **2.** *(azione)* Frevel *m*, Freveltat *f*. **scellerato, -a** [...'ra:to] **I.** *a* frevelhaft, ruchlos; **II.** *m, f* Missetäter(in) *m(f)*, Frevler(in) *m(f)*.
scellino [ʃel'li:no] *m* **1.** *(inglese)* Shilling *m*; **2.** *(austriaco)* Schilling *m*.
scelsi ['ʃelsi] *1. pers sing del passato remoto di* **scegliere.**
scelta ['ʃelta] *f* (Aus)wahl *f*; **a ~** zur Auswahl; **merce di prima/seconda ~** Ware *f* erster/zweiter Wahl. **scelto, -a** ['ʃelto] **I.** *pp di* **scegliere; II.** *a* **1.** *(merce, frutta, prodotto)* ausgewählt, ausgesucht, erlesen; **2.** *(tiratore, pilota)* ausgezeichnet, vorzüglich; **III.** *adv geh, obs* erlesen, gewählt.
scema *f v.* **scemo.**
scemare [ʃe'ma:re] **I.** *itr ‹essere›* nachlassen, abnehmen; **II.** *tr ‹avere›* vermindern, herabsetzen.
scemata [ʃe'ma:ta] *f fam* Blödsinn *m fam*. **scemenza** [ʃe'mɛntsa] *f* Dummheit *f*. **scemo, -a** ['ʃe:mo] **I.** *a* dumm, blöd(e); **II.** *m, f* Dummkopf *m*, Esel *m*, Trottel *m*; **~ del villaggio** Dorftrottel *m*.
scempia *f v.* **scempio.**
scempiaggine [ʃem'piaddʒine] *f* Dummheit *f*, Torheit *f*.
scempio ['ʃempio] ‹-i› *m* **1.** *(violenza)* Qual *f*, Marter *f*; **2.** *(massacro)* Massaker *n*, Gemetzel *n*; **3.** *(deturpazione)* Verunstaltung *f*.
scempio, -a ['ʃempio] ‹-i, -ie› **I.** *a* **1.** *(filo, fiore, maglia)* einfach; **2.** *(sciocco)* dumm, blöd(e); **II.** *m, f* Dummkopf *m*.
scena ['ʃɛ:na] *f* **1.** *(palcoscenico)* Bühne *f*; **2.** *(parte dell'atto)* Szene *f*, Auftritt *m*; **3.** *(scenario)* Szenerie *f*, Bühnenbild *n*; **4.** *(luogo)* Szene *f*, Schauplatz *m*; **5.** *(della natura)* Szenerie *f*, Anblick *m*; **6.** *fam* Szene *f*; **7.** *fig* Szene *f*, Bühne *f*; **~ madre** Hauptszene *f*; *fig* Riesenkrach *m*; **cambiamento di ~** *(a. fig)* Szenenwechsel *m*; **colpo di ~** *(a. fig)* Theatercoup *m*; **andare in ~** zur Aufführung kommen; **calcare le -e** auf der Bühne stehen; **entrare in ~** auftreten; *fig* auf der Bildfläche erscheinen, auftauchen; **essere di ~** auf der Bühne sein; *fig* im Rampenlicht stehen; **mettere in ~** aufführen, inszenieren; **scomparire** (*o.* **uscire) dalla ~ politica/letteraria** von der politischen/literarischen Bühne abtreten; **fare -e** *fam* Theater (*o.* eine Szene) machen; **fare ~ muta** keine Antwort geben. **scenario** [ʃe'na:rio] ‹-i› *m* **1.** *theat* Szenerie *f*, Bühnenbild *n*; *(nella commedia dell'arte, etc.)* Scenario *m*; **2.** *(paesaggio)* Szenerie *f*; **3.** *film* Drehbuch *n*. **scenarista** [ʃena'rista] ‹-i *m*, -e *f*› *mf* Drehbuchautor(in) *m(f)*. **scenata** [ʃe'na:ta] *f* Szene *f*.
scendere ['ʃendere] ‹scendo, scesi, sceso› **I.** *itr ‹essere›* **1.** *(andare giù)* hinuntergehen, hinabsteigen; *(venire giù)* herunterkommen, -steigen; **2.** *(smontare)* (ab)steigen (*da* von), (aus)steigen (*da* aus); **3.** *(essere in pendenza)* abfallen, sich neigen; **4.** *(capelli)* fallen; **5.** *(calare)* abnehmen, nachlassen, sinken; *(temperatura, prezzi)* fallen, sinken; *(notte)* hereinbrechen; *(sole)* untergehen; **~ a valle** zu Tal fahren, bergab gehen; **~ a patti con qu** mit jdm verhandeln; **~ molto in basso** *fig* tief sinken; **II.** *tr ‹avere›* hinabsteigen, hinuntergehen; *(venire)* herunterkommen.
scendiletto [ʃendi'lɛtto] ‹-› *m* Bettvorleger *m*.
scendo ['ʃendo] *1. pers sing pr di* **scendere.**

sceneggiare [ʃened'dʒa:re] ‹sceneggio, sceneggi› *tr* inszenieren. **sceneggiato, -a** [...'dʒa:to] **I.** *a* für das Fernsehen bearbeitet, Fernseh-; **II.** *m* Fernsehfassung *f*; *(a puntate)* Fernsehserie *f*. **sceneggiatore, -trice** [...dʒa'to:re] *m, f* Drehbuchautor(in) *m(f)*. **sceneggiatura** [...dʒa'tu:ra] *f TV, radio, film* Drehbuch *n*; *theat* Inszenierung *f*.
scenetta [ʃe'netta] *f* **1.** *(theat, etc.)* Sketch *m*; **2.** *fig* heitere Szene.
scenico, -a ['ʃɛ:niko] ‹-ci, -che› *a* szenisch; *(di palcoscenico)* Bühnen-; **realizzazione -a** Inszenierung *f*.
scenografa *f v.* **scenografo.**
scenografia [ʃenogra'fi:a] *f* Bühnengestaltung *f*, Bühnenbild *n*. **scenografico, -a** [...'gra:fiko] *a* **1.** *theat* Bühnenbild-; **2.** *fig pej* theatralisch. **scenografo, -a** [ʃe'nɔ:grafo] *m, f* Bühnenbildner(in) *m(f)*.
scervellarsi [ʃervel'larsi] *rfl* sich *(dat)*

den Kopf zerbrechen (*su, intorno a* über).
scervellato, -a [ʃervelˈla:to] **I.** *a* verrückt, töricht; **II.** *m, f* Tor *m,* Verrückte(r) *mf.*
scesa [ˈʃe:sa] *f* **1.** *(lo scendere)* Abstieg *m;* **2.** *(strada)* Abhang *m,* abschüssige Straße.
scesi [ˈʃe:si] *1. pers sing del passato remoto di* **scendere.**
sceso [ˈʃe:so] *pp di* **scendere.**
scespiriano, -a [ʃespiˈri̯a:no] *a* shakespearianisch.
scettica *f v.* **scettico.**
scetticismo [ʃettiˈtʃizmo] *m* **1.** *(sfiducia)* Skepsis *f;* **2.** *philos* Skeptizismus *m.* **scettico, -a** [ˈʃɛttiko] ‹-ci, -che› **I.** *a* skeptisch; **II.** *m, f* Skeptiker(in) *m(f).*
scettro [ˈʃɛttro] *m* **1.** *pol* Zepter *n;* **2.** *fig sport* Titel *m.*
scevro, -a [ˈʃe:vro] *a poet* frei (*di* von), -frei, -los.
scheda [ˈskɛ:da] *f* Zettel *m; adm* Karteikarte *f;* ~ **elettorale** Wahlschein *m,* Stimmzettel *m;* ~ **magnetica** Magnetkarte *f;* ~ **perforata** Lochkarte *f;* ~ **telefonica** Telefonmagnetkarte f. **schedare** [skeˈda:re] *tr* **1.** *(registrare su scheda)* auf Karteikarten schreiben; **2.** *adm* (ins Polizeiregister) eintragen. **schedario** [...ˈda:ri̯o] ‹-i› *m* **1.** *(raccolta)* Kartei *f;* **2.** *(mobile)* Karteischrank *m; (piccolo)* Karteikasten *m.* **schedarista** [...daˈrista] ‹-i *m,* -e *f*› *mf* Karteiführer(in) *m(f).* **schedatore, -trice** [...daˈto:re] *m, f* Karteiführer(in) *m(f).* **schedatura** [...daˈtu:ra] *f* Karteiführung *f,* Eintragung *f* in eine Kartei.
schedina [skeˈdi:na] *f* Tippzettel *m,* Totoschein *m.*
scheggia [ˈskeddʒa] ‹-gge› *f* Splitter *m.* **scheggiare** [...ˈdʒa:re] ‹scheggio, scheggi› **I.** *tr* absplittern; **II.** *rfl:* **-rsi** (zer)splittern.
scheletrico, -a [skeˈlɛ:triko] ‹-ci, -che› *a* **1.** *anat* Skelett-; **2.** *fig* karg, knapp; *(persona, corpo)* hager, dürr.
scheletrire [skeleˈtri:re] ‹scheletrisco› **I.** *tr* zum Skelett werden lassen; **II.** *rfl:* **-rsi** zum Skelett werden. **scheletrito, -a** [...ˈtri:to] *a* **1.** *(persona)* mager, dürr; **2.** *(albero)* verdorrt; **3.** *fig* knapp, karg, dürr.
scheletro [ˈskɛ:letro] *m* **1.** *anat* Skelett *n;* **2.** *(di nave, imbarcazione)* Gerüst *n,* Gerippe *n; (di romanzo, etc.)* Gerüst *n.*
schema [ˈskɛ:ma] ‹-i› *m* **1.** *(modello)* Schema *n;* **2.** *jur* Entwurf *m;* **3.** *lit* Entwurf *m,* Gerüst *n;* **4.** *fig* Schema *n,* Muster *n;* ~ **di legge** Gesetz(es)entwurf *m.* **schematicità** [skematitʃiˈta] ‹-› *f* Schematismus *m.* **schematico, -a** [...ˈma:tiko] ‹-ci, -che› *a* schematisch. **schematismo** [...maˈtizmo] *m* Schematismus *m.* **schematizzare** [skematidˈdza:re] *tr* schematisieren. **schematizzazione** [...dzatˈtsi̯o:ne] *f* Schematisierung *f.*
scherma [ˈskerma] *f* Fechten *n;* **tirare di** ~ fechten.
schermaglia [skerˈmaʎʎa] ‹-glie› *f* Wortgefecht *n.*
schermare [skerˈma:re] *tr* abschirmen. **schermatura** [...maˈtu:ra] *f* Abschirmung *f.*
schermidore, -a [skermiˈdo:re] *v.* **schermitore.**
schermire [skerˈmi:re] ‹schermisco› **I.** *tr* schützen; **II.** *itr* fechten; **III.** *rfl:* **-rsi** **1.** *fig* abwehren (*da qc* etw.); **2.** *(ripararsi)* sich schützen (*da* vor).
schermistico, -a [skerˈmistiko] ‹-ci, -che› *a* Fecht-. **schermitore, -trice** [...iˈto:re] *m, f* Fechter(in) *m(f).*
schermo [ˈskermo] *m* **1.** *(riparo)* Schirm *m,* Schild *n,* Schutz *m;* **2.** *film, fot* Leinwand *f;* **3.** *TV* Bildschirm *m;* **4.** *tec* Schirm *m;* **diva dello** ~ Filmdiva *f.*
schermografare [skermograˈfa:re] *tr* durchleuchten. **schermografia** [...ˈfi:a] *f* Durchleuchtung *f.*
schernire [skerˈni:re] ‹schernisco› *tr* verhöhnen, verspotten, auslachen. **schernitore, -trice** [...niˈto:re] **I.** *m, f* Spötter(in) *m(f);* **II.** *a* spöttisch. **scherno** [ˈskerno] *m* Spott *m,* Hohn *m;* **farsi** ~ **di qu/qc** jdn/etw. verhöhnen; **è diventato lo** ~ **di tutti** er ist zum Gespött aller geworden.
scherzare [skerˈtsa:re] *itr* scherzen, spaßen; ~ **col fuoco** mit dem Feuer spielen; **scherzi?** *fam* machst du Witze? *fam;* **non si scherza** das ist ernst (gemeint); **non è vero, stavo scherzando** das ist nicht wahr, ich habe nur einen Scherz gemacht; **c'è poco da** ~ da gibt's nichts zu lachen. **scherzo** [ˈskertso] *m* **1.** *(azione, parola scherzosa)* Scherz *m,* Spaß *m;* **2.** *(sorpresa sgradevole)* Streich *m;* **3.** *fig (impresa facile)* Kinderspiel *n;* **4.** *mus* Scherzo *n;* ~ **di natura** *fig* Laune *f* der Natur; ~ **da prete** *fam* schlechter Scherz; **-i d'acqua/di luce** Wasser-/Lichtspiele *n pl;* **fare uno** ~ **a qu** jdm einen Streich spielen; **stare allo** ~ Spaß vertragen (können); **per** ~ zum (*o.* aus) Spaß, zum Scherz, spaßeshalber; **neppure per** ~ auf gar keinen Fall; **senza -i** ohne Scherz, im

Ernst; **-i a parte!** Spaß beiseite!; **~ di mano, ~ da villano** *prov* wer nichts im Kopf hat, hat es in den Händen; **lo ~ è bello quando dura poco** *prov* in der Kürze liegt die Würze *prov.*

scherzoso, -a [...'tso:so] *a* lustig, spaßig.

schettinaggio [sketti'naddʒo] ‹-ggi› *m* Rollschuhlaufen *n.* **schettinare** [...'na:re] *itr* Rollschuh laufen. **schettino** ['skɛttino] *m* Rollschuh *m.*

schiacciamento [skiattʃa'mento] *m* **1.** *(atto dello schiacciare)* (Zer)quetschen *n; (di noci, etc.)* Knacken *n; (effetto, a. med)* Quetschung *f;* **2.** *(pressione)* Druck *m;* **3.** *astr* Abplattung *f.*

schiaccianoci [skiattʃa'no:tʃi] ‹-› *m* Nußknacker *m.*

schiacciante [skiat'tʃante] *a* (er)drükkend.

schiacciapatate [skiattʃapa'ta:te] ‹-› *m* Kartoffelstampfer *m.*

schiacciare [skiat'tʃa:re] ‹schiaccio, schiacci› **I.** *tr* **1.** *(patate, etc.)* zerdrükken, (zer)quetschen; *(dito)* (sich *dat*) quetschen; *(noci, mandorle)* knakken; **2.** *sport* schmettern; **3.** *tec* drükken; *(pedale)* treten; **4.** *fig (rendere piatto)* plätten, platt machen; **5.** *fig (superare)* schlagen; **~ un pisolino** (*o.* **sonnellino)** *fam* ein Nickerchen machen *fam;* **II.** *rfl:* **-rsi** eine Delle bekommen, (sich) verbeulen.

schiacciasassi [skiattʃa'sassi] ‹-› *m* Dampfwalze *f.*

schiacciata [skiat'tʃa:ta] *f* **1.** *sport* Schmetterball *m;* **2.** *gastr* Fladenbrot *n;* **3.** *(pestata)* Quetschung *f.*

schiacciato, -a [skiat'tʃa:to] *a* **1.** *(naso)* platt; **2.** *sport (tiro, etc.)* Schmetter-.

schiacciatura [skiattʃa'tu:ra] *f* (Zer-) quetschung *f.*

schiaffare [skiaf'fa:re] *fam* **I.** *tr* schmeißen *fam,* werfen; **l'hanno schiaffato dentro** *fam* sie haben ihn eingesperrt; **II.** *rfl:* **-rsi** sich schmeißen *fam,* sich werfen.

schiaffeggiare [skiaffed'dʒa:re] ‹schiaffeggio, schiaffeggi› *tr* ohrfeigen. **schiaffo** ['skiaffo] *m* Ohrfeige *f;* **~ morale** Schlag *m* ins Gesicht; **prendere qu a -i** jdn ohrfeigen.

schiamazzare [skiamat'tsa:re] *itr* **1.** *zoo (galline)* gackern; *(oche)* schnattern; **2.** *(persone)* kreischen, lärmen. **schiamazzo** [...'mattso] *m* **1.** *zoo (di galline)* Gegacker *n; (di oche)* Geschnatter *n;* **2.** *(di persone)* Gekreische *n,* Lärm *m,* Lärmen *n.*

schiantare [skian'ta:re] **I.** *tr* ‹*avere*› **1.** *(rompere)* ab-, zerbrechen, ab-, zerreißen; *(piante)* ausreißen, entwurzeln; **2.** *fig* zerreißen; *(cuore)* brechen; **II.** *itr* ‹*essere*› *fam* platzen; **III.** *rfl:* **-rsi** (zer)brechen, zerschellen.

schianto ['skianto] *m* **1.** *(rumore)* Krach *m,* Knall *m;* **2.** *fig* Stich *m;* **3.** *fam* Wucht *f;* **di ~** schlagartig.

schiappa ['skiappa] *f fam pej* Niete *f fam.*

schiarimento [skiari'mento] *m* Aufhellung *f; (fig a.)* Aufklärung *f.*

schiarire [skia'ri:re] **I.** *tr* ‹*avere*› aufhellen, hell(er) machen; **II.** *itr* ‹*essere*› **1.** *(perdere il colore)* hell(er) werden; **2.** *meteo* hell(er) werden; **III.** *rfl:* **-rsi** **1.** *meteo* sich aufhellen; **2.** *(diventar chiaro)* hell(er) werden; **-rsi la voce** sich räuspern. **schiarita** [...'ri:ta] *f* **1.** *meteo* Aufheiterung *f;* **2.** *fig* Verbesserung *f,* Lichtblick *m.*

schiattare [skiat'ta:re] *itr* ‹*essere*› *fig fam* platzen.

schiava *f v.* **schiavo.**

schiavismo [skia'vizmo] *m* Sklaverei *f,* Sklaventum *n.* **schiavitù** [...vi'tu] ‹-› *f* **1.** *soc* Sklaverei *f,* Versklavung *f;* **2.** *fig* Knechtschaft *f;* **ridurre in ~** versklaven. **schiavo, -a** ['skia:vo] **I.** *a* versklavt, unterjocht; **essere ~ del vizio** dem Laster ergeben sein; **essere ~ della droga/del fumo** drogenabhängig/Raucher sein; **II.** *m, f* Sklave *m,* Sklavin *f.*

schidione [ski'dio:ne] *f* Bratspieß *m.*

schiena ['skiɛ:na] *f* Rücken *m;* **colpire** (*o.* **pugnalare) alla ~ qu** *(a. fig)* jdm in den Rücken fallen; **rompersi la ~** sich *(dat)* das Kreuz brechen; *fig* am Stock gehen *fam;* **a ~ d'asino** gekrümmt. **schienale** [skie'na:le] *m* **1.** *(di sedia)* (Rücken)lehne *f;* **2.** ‹*pl*› *(di bestie macellate)* Rückenmark *n.*

schienata [...'na:ta] *f* **1.** *(colpo)* Rükkenstoß *m;* **2.** *sport (nella lotta)* Schulterniederlage *f; (nel pugilato)* K.-o.-Schlag *m.*

schiera ['skiɛ:ra] *f* **1.** *(moltitudine)* Schar *f,* Menge *f;* **2.** *mil* Truppe *f,* Heer *n;* **a -e** scharenweise; **le -e celesti** die himmlischen Heerscharen *f pl.*

schieramento [skiera'mento] *m* **1.** *mil* Aufmarsch *m,* Formation *f;* **2.** *sport* Aufstellung *f;* **3.** *fig* Lager *n.*

schierare [skie'ra:re] **I.** *tr* aufstellen, formieren; **II.** *rfl:* **-rsi** **1.** *mil* sich formieren, aufmarschieren; **2.** *fig:* **-rsi dalla parte di/contro qu** für/gegen jdn Partei nehmen.

schiettezza [skiet'tettsa] *f* Offenheit *f,* Ehrlichkeit *f.* **schietto, -a** ['skiɛtto *o.* 'ski̯etto] *a* **1.** *(puro)* rein, echt; **2.** *fig* ehrlich, aufrichtig.

schifare [ski'fa:re] **I.** *tr* (an)ekeln; **II.** *rfl:* **-rsi** sich ekeln (*di* vor). **schifezza** [...'fettsa] *f* Ekelhaftigkeit *f,* Widerlichkeit *f.*

schifiltoso, -a [skifil'to:so] *a* zimperlich, heikel, pingelig *fam.*

schifo ['ski:fo] *m* Ekel *m;* **i funghi mi fanno ~** ich ekle mich vor Pilzen; **la minestra è uno ~** die Suppe ist ekelhaft (*o.* widerlich); **che ~!** so eine Schweinerei! *fam;* **tempo ~** Sauwetter *n fam.* **schifoso, -a** [ski'fo:so] *a* ekelhaft, widerlich; **hai avuto una fortuna -a** *fam* du hast unverschämtes Glück gehabt.

schiniere [ski'ni̯ɛ:re] *m* Beinschiene *f.*

schioccare [ski̯ok'ka:re] ‹schiocco, schiocchi› **I.** *tr (frusta)* knallen mit; *(lingua)* schnalzen mit; *(dita)* schnippen mit; **~ un bacio a qu** jdm einen Schmatz geben *fam;* **II.** *itr (con la frusta)* knallen; *(con la lingua)* schnalzen; *(con le dita)* schnippen. **schiocco** ['ski̯ɔkko] ‹-cchi› *m* Knall *m;* **bacio con lo ~** Schmatz(er) *m fam.*

schioppettata [ski̯oppet'ta:ta] *f* Flinten-, Büchsenschuß *m.* **schioppo** ['ski̯ɔppo] *m* Flinte *f,* Büchse *f.*

schiribizzo [skiri'biddzo] *v.* **sghiribizzo.**

schiudere ['ski̯u:dere] ‹*irr*› **I.** *tr* öffnen, aufmachen; **II.** *rfl:* **-rsi 1.** *(fiori)* sich öffnen, aufgehen; **2.** *fig* sich (er)öffnen, sich auftun.

schiuma ['ski̯u:ma] *f* **1.** *(di sapone, birra, mare)* Schaum *m;* **2.** *fig* Abschaum *m;* **avere la ~ alla bocca** *fig* vor Wut schäumen. **schiumaiola** [ski̯uma'i̯ɔ:la] *f* Schaumlöffel *m,* -kelle *f.* **schiumare** [..'ma:re] **I.** *tr* abschäumen, den Schaum abschöpfen von; **II.** *itr* schäumen. **schiumarola** [..ma'rɔ:la] *v.* **schiumaiola. schiumogeno, -a** [...'mɔ:dʒeno] **I.** *a* Schaum-, schaumerzeugend; **II.** *m* Feuerlöscher *m.* **schiumoso, -a** [..'mo:so] *a (sapone)* schaumig; *(a. latte)* schäumend.

schiusa ['ski̯u:sa] *f* Ausschlüpfen *n.*

schivare [ski'va:re] *tr* ausweichen (*qc/qu* einer S./jdm), (ver)meiden.

schivo, -a ['ski:vo] *a* **1.** *geh* abgeneigt *(di dat);* **2.** *(ritroso)* spröde, widerspenstig.

schizofrenia [skiddzofre'ni:a] ‹-ie› *f* Schizophrenie *f.* **schizofrenico, -a** [...'frɛ:niko] ‹-ci, -che› **I.** *a* schizophren; **II.** *m, f* Schizophrene(r) *mf.*

schizoide [skid'dzɔ:ide] **I.** *a* schizoid; **II.** *mf* Schizoide(r) *mf.*

schizzare [skit'tsa:re] **I.** *tr* ‹*avere*› **1.** *(liquidi)* (ver)spritzen; **2.** *(sporcare)* bespritzen, beschmutzen; **3.** *(disegnare)* skizzieren; **4.** *(descrivere)* skizzieren, kurz beschreiben; **5.** *fig* (aus-, ver)sprühen, ausstrahlen; **~ veleno** *fig* Gift verspritzen; **~ fuoco** *fig* Feuer speien; **II.** *itr* ‹*essere*› **1.** *(liquidi)* spritzen; **2.** *(saltar fuori)* schießen, springen, sausen; **gli occhi le schizzavano fuori dalle orbite** (*o.* **dalla testa**) die Augen traten ihr aus den Höhlen (*o.* aus dem Kopf); **III.** *rfl:* **-rsi** sich bespritzen.

schizzata [skit'tsa:ta] *f* Spritze *m.*

schizzinoso, -a [skittsi'no:so] *a* zimperlich, heikel.

schizzo ['skittso] *m* **1.** *(di fango, inchiostro)* Spritzer *m;* **2.** *(abbozzo)* Skizze *f;* **3.** *(balzo)* Sprung *m,* Satz *m.*

sci [ʃi] ‹-› *m* **1.** *sport (attrezzo)* Ski *m; (attività)* Skifahren *n;* **2.** *aero* Ski *m,* Kufe *f;* **~ nautico** Wasserski *m;* **fare dello ~** Ski laufen (*o.* fahren).

scia ['ʃi:a] ‹scie› *f* **1.** *naut* Kielwasser *n;* **2.** *fig* Spur *f; (di profumo)* Wolke *f;* **mettersi sulla ~ di qu** in jds Fußstapfen treten.

scià [ʃa] ‹-› *m* Schah *m.*

sciabola ['ʃa:bola] *f* Säbel *m.* **sciabolata** [ʃabo'la:ta] *f* Säbelhieb *m,* Säbelstoß *m.*

sciabordare [ʃabor'da:re] **I.** *itr* schwappen; **II.** *tr (liquidi nel recipiente)* schwenken; *(agitare)* rühren; *(panni)* ausspülen. **sciabordio** [..'di:o] ‹-ii› *m* Schwappen *n.*

sciacallo [ʃa'kallo] *m* Schakal *m.*

sciacchetrà [ʃakke'tra] *m* Sciacchetrà *m (Weißwein aus Ligurien).*

sciacquare [ʃak'ku̯a:re] **I.** *tr (piatti, bicchieri)* abspülen; *(panni)* ausspülen, auswaschen; **-rsi la bocca/le mani** (sich *dat*) den Mund ausspülen/die Hände abwaschen. **sciacquata** [...'ku̯a:ta] *f* Spülen *n;* **dare una ~ alla biancheria** die Wäsche ausspülen. **sciacquatura** [...ku̯a'tu:ra] *f* **1.** *(acqua)* Spül-, Abwaschwasser *n;* **2.** *(pulizia)* (Aus)spülen *n;* **~ di piatti** *fig pej* Spülwasser *n fam.*

sciacquio [ʃak'ku̯i:o] ‹-ii› *m* Klatschen *n,* Schwappen *n.*

sciacquo ['ʃakku̯o] *m* (Mund)spülung *f.*

sciacquone [ʃak'ku̯o:ne] *m* Wasserspülung *f;* **tirare lo ~** abziehen.

Sciaffusa [ʃaf'fu:za] **I.** *m (cantone)* Schaffhausen *n;* **II.** *f (città)* Schaffhausen *n.*

sciaguattare [ʃaggu̯at'ta:re] *tosc* **I.** *tr* ausspülen, -waschen; **II.** *itr* schwappen.
sciagura [ʃa'gu:ra] *f* Unglück *n;* ~ **ecologica** Umweltkatastrophe *f.*
sciagurata *f v.* **sciagurato.**
sciagurataggine [ʃagura'taddʒine] *f* Schändlichkeit *f,* Gemeinheit *f.*
sciagurato, -a [ʃagu'ra:to] **I.** *a* **1.** *(persone)* unglücklich; **2.** *(malvagio)* schändlich, gemein; *(madre, padre)* Raben-; *(intenzioni, mire)* verhängnisvoll, unglückselig; **II.** *m, f* **1.** *(disgraziato)* Unglücksrabe *m;* **2.** *(padre, madre)* Rabenvater *m,* -mutter *f.*
scialacquare [ʃalak'ku̯a:re] *tr* verschwenden, vergeuden; *(a. patrimonio)* verprassen. **scialacquatore, -trice** [...ku̯a'to:re] **I.** *m, f* Verschwender(in) *m(f);* **II.** *a* verschwenderisch. **scialacquone, -a** [...'ku̯o:ne] *m, f fam* Verschwender(in) *m(f).*
scialare [ʃa'la:re] *itr* prassen; **c'è poco da** ~ damit kann man keine großen Sprünge machen *fam;* **come intelligenza non ha certo da** ~ er (*o.* sie) ist sicherlich keine Intelligenzbestie *fam.*
scialbo, -a ['ʃalbo] *a* **1.** *(colore, tinta)* blaß, fahl, bleich; **2.** *fig* blaß, farblos.
sciallato, -a [ʃal'la:to] *a* Schal-.
scialle ['ʃalle] *m* Schultertuch *n.*
scialo ['ʃa:lo] *m* Verschwendung *f,* Vergeudung *f;* **a** ~ in Hülle und Fülle.
scialuppa [ʃa'luppa] *f* Beiboot *n,* Schaluppe *f;* ~ **di salvataggio** Rettungsboot *n.*
sciamannato, -a [ʃaman'na:to] *a* unordentlich, schlampig.
sciamano [ʃa'ma:no] *m* Schamane *m.*
sciamare [ʃa'ma:re] *itr ‹essere o. avere›* **1.** *zoo* (aus)schwärmen; **2.** *fig* ausschwärmen.
sciame ['ʃa:me] *m* **1.** *zoo* Schwarm *m;* **2.** *fig* Schwarm *m,* Schar *f,* Menge *f;* **a -i** scharenweise, in Scharen; **3.** *astr:* ~ **meteorico** kosmischer Schauer.
sciampagna [ʃam'paɲɲa] ‹-› *f fam* Champagner *m.* **sciampagnotta** [...'ɲɔtta] *f* Champagner-, Sektflasche *f.*
sciampo ['ʃampo] *m fam* Shampoo *n.*
sciancare [ʃaŋ'ka:re] ‹scianco, scianchi› **I.** *tr* (lenden)lahm machen; **II.** *rfl:* **-rsi** (lenden)lahm werden.
sciancrato, -a [ʃaŋ'kra:to] *a* tailliert.
sciangai [ʃaŋ'ga:i] ‹-› *m* Mikado(spiel) *n.*
sciantosa [ʃan'to:sa] *f* Variété-, Tingeltangelsängerin *f fam.*
sciantung ['ʃantuŋg] ‹-› *m* Schantung-, Rohseide *f.*
sciapo, -a ['ʃa:po] *a* fade; *(fig a.)* banal.
sciarada [ʃa'ra:da] *f* Scharade *f.*
sciare [ʃi'a:re] ‹scio, scii› *itr* Ski laufen (*o.* fahren); *naut* Wasserski laufen.
sciarpa ['ʃarpa] *f* Schal *m; (fascia)* Schärpe *f.*
sciata [ʃi'a:ta] *f fam* Skilauf *m,* Skifahrt *f.*
sciatica ['ʃa:tika] ‹-che› *f* Ischias *m.* **sciatico, -a** [...ko] ‹-ci, -che› *a* Ischias-.
sciatore, -trice [ʃia'to:re] *m, f* Skiläufer(in) *m(f),* -fahrer(in) *m(f).*
sciatteria [ʃatte'ri:a] ‹-ie› *f* Schlamperei *f.* **sciattezza** [...'tettsa] *f* Schlampigkeit *f.* **sciatto, -a** ['ʃatto] *a* schlampig. **sciattone, -a** [...'to:ne] *m, f fam* Schlamper(in) *m(f).*
scibile ['ʃi:bile] *m* Wissen *n.*
sciccheria [ʃikke'ri:a] ‹-ie› *f fam* Schick *m.* **sciccoso, -a** [...'ko:so] *a fam* schick.

science fiction ['saɪəns 'fɪkʃən] ‹-› *f* Science-fiction *f.*
scientificità [ʃentifitʃi'ta] ‹-› *f* Wissenschaftlichkeit *f.* **scientifico, -a** [...'ti:fiko] ‹-ci, -che› **I.** *a* wissenschaftlich; *(liceo a.)* naturwissenschaftlich; **polizia -a** Erkennungsdienst *m;* **satellite** ~ Forschungssatellit *m;* **II.** *m* naturwissenschaftliches Gymnasium.
scienza ['ʃɛntsa] *f* Wissenschaft *f; (sapere)* Wissen *n;* ~ **pura/applicata** reine/angewandte Wissenschaft; **-e** Wissenschaft *f; (disciplina)* Naturwissenschaft *f;* **avere la** ~ **infusa** die Weisheit mit Löffeln gefressen haben *fam.* **scienziato, -a** [...'tsi̯a:to] *m, f* (Natur)wissenschaftler(in) *m(f).*
sciistico, -a [ʃi'istiko] ‹-ci, -che› *a* Ski-.
sciita [ʃi'i:ta] ‹-i *m,* -e *f*› *mf* Schiit(in) *m(f).*
scilinguagnolo [ʃiliŋ'gu̯aɲɲolo] *m* Zungenfertigkeit *f;* **avere lo** ~ **sciolto** *fam* redselig sein.
scimitarra [ʃimi'tarra] *f* Krummsäbel *m.*
scimmia ['ʃimmi̯a] ‹-ie› *f* Affe *m.* **scimmiesco, -a** [...'mi̯esko] ‹-schi, -sche› *a* Affen-, affenartig. **scimmiottare** [...mi̯ot'ta:re] *tr* nachäffen. **scimmiotto** [...'mi̯ɔtto] *m* Äffchen *n,* kleiner Affe.
scimpanzé [ʃimpan'tse] ‹-› *m* Schimpanse *m.*
scimunita *f v.* **scimunito.**
scimunitaggine [ʃimuni'taddʒine] *f* Dummheit *f,* Blödheit *f.*

scimunito, -a [ʃimu'ni:to] **I.** *a* dumm, blöd(e); **II.** *m, f* Dummkopf *m.*
scindere ['ʃindere] ‹scindo, scissi, scisso› **I.** *tr* **1.** *chem* spalten; **2.** *fig* auf(spalten); **II.** *rfl:* **-rsi** sich spalten.
scintilla [ʃin'tilla] *f* Funke *m;* ~ **del genio** Geistesblitz *m;* **fare -e** *(a. fig)* Funken schlagen. **scintillare** [..'la:re] *itr* **1.** *fig* funkeln, leuchten; **2.** *phys* Funken sprühen. **scintillio** [...'li:o] ‹-ii› *m* Funkeln *n,* Schimmern *n.*
sciò [ʃɔ] *interj* weg, fort.
sciocca *f v.* **sciocco.**
scioccare [ʃok'ka:re] ‹sciocco, sciocchi› *tr fam* schockieren, schocken *fam.*
sciocchezza [ʃok'kettsa] *f* **1.** *(scemenza)* Dummheit *f;* **2.** *fig* Kleinigkeit *f.* **sciocco, -a** ['ʃɔkko] ‹-cchi, -cche› **I.** *a* dumm; *gastr* fade; **II.** *m, f* Dummkopf *m.*
sciogliere ['ʃɔʎʎere] ‹sciolgo, sciolsi, sciolto› **I.** *tr* **1.** *gener.* lösen, losmachen; *(nodo)* lösen; *(vele)* setzen; **2.** *(liberare)* befreien; *(cane)* loslassen; **3.** *chem* lösen; **4.** *(ghiaccio, nevi)* schmelzen (lassen); **5.** *fig* (auf)lösen; *(contratto)* lösen; *(voto)* einlösen, erfüllen; *(seduta, parlamento)* auflösen; *(dubbio)* aufklären; *(problema)* lösen; *(canto)* anstimmen; *(muscoli)* lockern; ~ **la voce** die Stimme einüben; **far ~ la lingua a qu** jdn zum Reden bringen; ~ **il corpo** *fam* Dünnpfiff verursachen *fam;* ~ **qu da un impegno/una promessa** jdn von einer Verpflichtung/einem Versprechen entbinden; **II.** *rfl:* **-rsi 1.** *gener.* sich lösen; **2.** *fig* sich entledigen (*da qc* einer S.), sich befreien (*da* von); **3.** *(neve)* schmelzen; **-rsi in lacrime** in Tränen aufgelöst sein. **scioglilingua** [ʃoʎʎi'liŋgu̯a] ‹-› *m* Zungenbrecher *m.* **scioglimento** [...i'mento] *m* **1.** *gener.* (Auf)lösen *n; (di vele)* Setzen *n;* **2.** *pol (del parlamento)* Auflösung *f;* **3.** *jur (di matrimonio)* (Auf)lösung *f; (di contratto)* Aufhebung *f;* **4.** *rel (di voto)* Einlösung *f;* **5.** *(di nevi, ghiaccio)* Schmelze *f,* Schmelzen *n;* **6.** *fig (di problema)* Lösung *f.* **sciolgo** ['ʃɔlgo] *1. pers sing pr di* **sciogliere.**
sciolina [ʃio'li:na] *f* Skiwachs *n.*
sciolsi ['ʃɔlsi] *1. pers sing del passato remoto di* **sciogliere.**
scioltezza [ʃol'tettsa] *f* **1.** *(di movimenti)* Gewandtheit *f,* Gelenkigkeit *f;* **2.** *(di modi)* Leichtigkeit *f,* Ungezwungenheit *f.* **sciolto, -a** ['ʃɔlto] **I.** *pp di* **sciogliere; II.** *a* **1.** *(slegato)* (auf)gelöst, lose; **2.** *fig* frei, lässig; *(disinvolto)* ungezwungen; **versi -i** freie Verse *m pl;* **avere la lingua -a** ein flinkes (*o.* gutes) Mundwerk haben.
scioperante [ʃope'rante] **I.** *a* streikend; **II.** *mf* Streikende(r) *mf.* **scioperare** [...'ra:re] *itr* streiken.
scioperata *f v.* **scioperato.**
scioperataggine [ʃopera'taddʒine] *f pej* Faulenzerei *f.* **scioperatezza** [...'tettsa] *f* Faulheit *f,* Faulenzerei *f.* **scioperato, -a** [...'ra:to] **I.** *a* faul, arbeitsscheu; **II.** *m, f* Faulpelz *m.*
scioperistico, -a [ʃope'ristiko] ‹-ci, -che› *a* Streik-. **sciopero** ['ʃɔ:pero] *m* Streik *m;* ~ **bianco** Dienst *m* nach Vorschrift; ~ **della fame** Hungerstreik *m;* ~ **(a gatto) selvaggio** Schwerpunktstreik *m;* ~ **sorpreso** (*o.* **spontaneo**) wilder Streik; **fare ~** streiken.
sciorinare [ʃori'na:re] *tr* **1.** *fig* ausbreiten, zur Schau stellen; **2.** *(bucato, panni)* aufhängen, ausbreiten.
sciovia [ʃio'vi:a] *f* Skilift *m.*
sciovinismo [ʃovi'nizmo] *m* Chauvinismus *m.* **sciovinista** [...'nista] ‹-i *m,* -e *f*› *mf* Chauvinist(in) *m(f).* **sciovinistico, -a** [...'nistiko] ‹-ci, -che› *a* chauvinistisch.
scipitezza [ʃipi'tettsa] *f* Fadheit *f,* Schalheit *f.* **scipito, -a** [ʃi'pi:to] *a* **1.** *gastr* fade, schal; **2.** *fig* fade, geistlos.
scippare [ʃip'pa:re] *tr* die Tasche wegreißen (*qu* jdm). **scippatore, -trice** [...pa'to:re] *m, f* (Hand)taschenräuber(in) *m(f).* **scippo** ['ʃippo] *m* (Hand)taschenraub *m.*
scirocco [ʃi'rɔkko] ‹-cchi› *m* Schirokko *m.*
sciroppare [ʃirop'pa:re] *tr* einmachen, einkochen; **-rsi qu/qc** *fam* jdn/etw. über sich ergehen lassen.
sciroppo [ʃi'rɔppo] *f* Sirup *m; (med a.)* Saft *m;* ~ **per la tosse** Hustensaft *m.* **sciropposo, -a** [ʃirop'po:so] *a* **1.** *(vino, liquido)* sirupartig; **2.** *fig* schmalzig.
scisma ['ʃizma] ‹-i› *m* **1.** *rel* Schisma *n;* **2.** *pol, soc* Spaltung *f.* **scismatico, -a** [...'ma:tiko] ‹-ci, -che› **I.** *a* schismatisch; **II.** *m, f* Schismatiker(in) *m(f).*
scissi ['ʃissi] *1. pers sing del passato remoto di* **scindere.**
scissione [ʃis's̯io:ne] *f* Spaltung *f.* **scissionismo** [...i̯o'nizmo] *m* Spaltungsbewegung *f.* **scisso** ['ʃisso] *pp di* **scindere. scissura** [ʃis'su:ra] *f* **1.** *fig* Spaltung *f;* **2.** *(fessura)* Spalt *m.*
scisto ['ʃisto] *m* Schiefer *m.* **scisto-**

so, -a [...'to:so] *a* schieferartig, Schiefer-.
sciupare [ʃu'pa:re] **I.** *tr* **1.** *(logorare)* abnutzen; *(abito)* verschleißen; **2.** *(tempo, fatica)* verschwenden, vergeuden; **3.** *(appetito, vista, salute)* verderben; **II.** *rfl:* **-rsi 1.** *(indumenti)* verschleißen, sich abnutzen; **2.** *(persone)* sich verbrauchen, sich kaputtmachen *fam;* **nel periodo degli esami s'è molto sciupata** die Examenszeit hat sie sehr mitgenommen; **si sciuperà a darti una mano!** *fam iron* ihm (*o.* ihr) bricht bestimmt ein Zacken aus der Krone, wenn er (*o.* sie) dir hilft. **sciupio** [ʃu'pi:o] ‹-ii›, **sciupo** ['ʃu:po] *m* Verschwendung *f.* **sciupone, -a** [ʃu'po:ne] *m, f fam* Verschwender(in) *m(f).*
sciuscià [ʃuʃ'ʃa] ‹-› *m* Schuhputzer *m.*
scivolare [ʃivo'la:re] *itr* ‹*essere*› **1.** *(perdere l'equilibrio)* (aus)rutschen; **2.** *(scorrere)* gleiten; **3.** *(sfuggire)* gleiten, rutschen; **4.** *aero* abgleiten, abrutschen. **scivolata** [...'la:ta] *f* **1.** *(scivolone)* (Aus)rutscher *m;* **2.** *aero* Abgleiten *n,* Abrutschen *n.* **scivolo** ['ʃi:volo] *m* Rutschbahn *f,* Rutsche *f.* **scivolone** [ʃivo'lo:ne] *m* (Aus)rutscher *m.* **scivolosità** [...losi'ta] ‹-› *f* Glätte *f,* Rutschigkeit *f.* **scivoloso, -a** [...'lo:so] *a* **1.** *(terreno)* glatt, rutschig; **2.** *(anguilla)* glitschig; **3.** *fig pej* schleimig, aalglatt.
sclerosi [skle'rɔ:zi] ‹-› *f* Sklerose *f.*

scocca ['skɔkka] ‹-cche› *f* Aufbau *m,* Karosserie *f.*
scoccare [skok'kare] ‹scocco, scocchi› **I.** *tr* ‹*avere*› **1.** *(freccia)* abschießen; **2.** *(ore)* schlagen; **3.** *fig (bacio)* zuwerfen; **II.** *itr* ‹*essere*› **1.** *el* aufleuchten; *(scintilla)* überspringen; **2.** *(ore)* schlagen.
scocciare [skot'tʃa:re] ‹scoccio, scocci› *fam* **I.** *tr* nerven *fam,* auf den Wecker gehen (*qu* jdm) *fam;* **II.** *rfl:* **-rsi** die Lust verlieren. **scocciatore, -trice** [...tʃa'to:re] *m, f fam* Störenfried *m,* Nervensäge *f fam.* **scocciatura** [...tʃa'tu:ra] *f fam* Ärgernis *n,* Belästigung *f;* **stasera viene la zia — che ~!** heute abend kommt die Tante — wie lästig!
scodare [sko'da:re] *tr* den Schwanz stutzen (*o.* kupieren) *dat.*
scodella [sko'dɛlla] *f* Schüssel *f.*
scodellare [skodel'la:re] *tr* **1.** *(minestra)* einfüllen; **2.** *fig fam (bugie)* auftischen.
scodinzolare [skodintso'la:re] *itr* **1.** *zoo* (mit dem Schwanz) wedeln; **2.** *fig fam* schwänzeln. **scodinzolio** [...'li:o] ‹-ii› *m* Schwanzwedeln *n.*
scogliera [skoʎ'ʎɛ:ra] *f* Klippe *f; (spesso ~ corallina)* Riff *n.* **scoglio** ['skɔʎʎo] ‹-gli› *m* **1.** *geog* Klippe *f;* **2.** *fig* Klippe *f,* Hürde *f.*
scoglionato, -a [skoʎʎo'na:to] *a vulg* sauer *fam.*
scoglioso, -a [skoʎ'ʎo:so] *a* klippenreich, Klippen-.
scoiamento [skoi̯a'mento] *m* Häuten *n,* Abziehen *n.* **scoiare** [...'i̯a:re] ‹sc(u)oio, sc(u)oi› *tr* häuten, abziehen.
scoiattolo [sko'i̯attolo] *m* Eichhörnchen *n.*

scolabottiglie [skolabot'tiʎʎe] ‹-› *m* Trockengestell *n* (für Flaschen). **scolapasta** [-'pasta] ‹-› *m* Sieb *n,* Seiher *m.* **scolapiatti** [-'pi̯atti] ‹-› *m* Trokkengestell *n* (für Teller).
scolara *f v.* **scolaro.**
scolare[1] [sko'la:re] *a* Schul-, schulpflichtig.
scolare[2] [sko'la:re] **I.** *tr* ‹*avere*› **1.** *(bottiglie)* ausgießen, ausschütten; **2.** *gastr* abgießen; *(insalata)* abtropfen lassen, seihen; **II.** *itr* ‹*essere*› abfließen, ablaufen, abtropfen; **III.** *rfl:* **-rsi** *fam* aus-, leertrinken.
scolaresca [skola'reska] ‹-sche› *f* Schülerschaft *f.* **scolaretto, -a** [...'retto] *m, f* (dummer) Schuljunge *m,* (kleines) Schulmädchen *n.* **scolarità** [...ri'ta] ‹-› *f* Schulbesuch *m.* **scolaro, -a** [...'la:ro] *m, f* Schüler(in) *m(f).*
scolastica [sko'lastika] ‹-che› *f* Scholastik.
scolastico, -a [sko'lastiko] ‹-ci, -che› **I.** *a* **1.** *(anno, tasse, programma)* Schul-; **2.** *fig pej* schulmäßig; **3.** *philos* scholastisch; **II.** *m, f* Scholastiker(in) *m(f).*
scolatura [skola'tu:ra] *f* Abtropfen *n,* Abgießen *n.*
scoliosi [sko'li̯ɔ:zi] ‹-› *f* Skoliose *f.*
scollacciato, -a [skollat'tʃa:to] *a* **1.** *(abito)* ausgeschnitten, dekolletiert; **2.** *fig pej* anstößig.
scollare[1] [skol'la:re] **I.** *tr* dekolletieren; **II.** *rfl:* **-rsi** ausgeschnittene Kleider tragen.
scollare[2] [skol'la:re] **I.** *tr (parti incollate)* (ab)lösen; **II.** *rfl:* **-rsi** sich (ab)lösen.
scollato, -a [skol'la:to] *a (abito)* ausgeschnitten, dekolletiert; **scarpa -a** Pumps *m.* **scollatura** [...la'tu:ra] *f* **1.** *(di abito)* Ausschnitt *m;* **2.** *(parte scoperta)* Dekolleté *n,* Ausschnitt *m;*

3. *(di parti incollate)* (Ab)lösung *f.*
scollo ['skɔllo] *m* Ausschnitt *m.*
scolo ['sko:lo] *m* **1.** *(deflusso)* Ablauf *m,* Abfluß *m;* **2.** *(condotto)* Abfluß *m;* **3.** *(liquido)* Abwasser *n;* **4.** *med* Ausfluß *m; vulg* Tripper *m.*
scolopendra [skolo'pɛndra] *f* Tausendfüßler *m.*
scolorare [skolo'ra:re] **I.** *tr* ⟨*avere*⟩ entfärben; **II.** *itr* ⟨*essere*⟩ abfärben; **III.** *rfl:* **-rsi** die Farbe verlieren, verbleichen. **scolorimento** [...ri'mento] *m* Entfärbung *f.* **scolorina®** [...'ri:na] *f* Tintenfleckentferner *m.* **scolorire** [...'ri:re] **I.** *tr* ⟨*avere*⟩ **1.** entfärben, bleichen; **2.** *fig* verblassen lassen; **II.** *itr* ⟨*essere*⟩ verblassen; **III.** *rfl:* **-rsi** **1.** *(perdere il colore)* verblassen; **2.** *(impallidire)* erblassen, erbleichen.
scolpare [skol'pa:re] **I.** *tr* entschuldigen; **II.** *rfl:* **-rsi** sich entschuldigen, sich rechtfertigen.
scolpire [skol'pi:re] *tr* **1.** *(marmo, statua)* behauen; *(legno)* schnitzen; **2.** *(incidere)* einmeißeln, einritzen, eingravieren; **3.** *fig* einhämmern, einprägen.
scolta ['sko:lta] *f* Wache *f,* Wachposten *m.*
scombinare [skombi'na:re] *tr* durcheinanderbringen; *(mandare a monte)* scheitern lassen; *(piano)* vereiteln. **scombinato, -a** [...'na:to] **I.** *a* **1.** *(mandato a monte)* gescheitert, vereitelt; **2.** *(confuso)* durcheinander, verworren; **II.** *m, f fam* Wirrkopf *m.*
scombussolamento [skombussola'mento] *m* Verwirrung *f;* ~ **di stomaco** Magenverstimmung *f.* **scombussolare** [...'la:re] *tr* verwirren, durcheinanderbringen. **scombussolio** [...'li:o] ⟨-ii⟩ *m* Durcheinander *n,* (völlige) Verwirrung *f.*
scommessa [skom'messa] *f* Wette *f;* *(somma impegnata)* Einsatz *m;* **fare qc per** ~ *fig* etw. um jeden Preis machen. **scommettere** [...'mettere] ⟨*irr*⟩ *tr* wetten. **scommettitore, -trice** [...metti'to:re] *m, f* Wetter(in) *m(f).*
scomodare [skomo'da:re] **I.** *tr* stören, belästigen, bemühen; **II.** *itr* unangenehm (*o.* ungelegen) sein; **III.** *rfl:* **-rsi** sich bemühen, sich stören lassen; **non dovevi scomodarti a venire** du brauchtest (aber) nicht extra zu kommen.
scomodità [skomodi'ta] *f* Unbequemlichkeit *f.*
scomodo ['skɔ:modo] *m* Störung *f,* Belästigung *f.*
scomodo, -a ['skɔ:modo] *a* unbequem.
scompaginare [skompadʒi'na:re] **I.** *tr* **1.** *typ* auseinandernehmen; **2.** *fig* durcheinanderbringen; **II.** *rfl:* **-rsi** durcheinandergeraten.
scompagnare [skompaɲ'ɲa:re] *tr* trennen, teilen, vereinzeln. **scompagnato, -a** [...'ɲa:to] *a* einzeln, ohne Gegenstück.
scomparire [skompa'ri:re] ⟨*irr*⟩ *itr* ⟨*essere*⟩ **1.** *(sparire)* verschwinden; **2.** *fig* gering erscheinen, nicht zur Geltung kommen, verschwinden. **scomparsa** [...'parsa] *f* **1.** *(sparizione)* Verschwinden *n;* **2.** *med* Abklingen *n;* **3.** *(morte) geh* Hinscheiden *n.* **scomparso, -a** [...'parso] **I.** *a* **1.** *(popolo, continente)* untergegangen; **2.** *(irreperibile)* vermißt; **II.** *m, f* Hingeschiedene(r) *m(f) geh.*
scompartimento [skomparti'mento] *m* **1.** *ferr* Abteil *n;* **2.** *(di armadio)* Fach *n.* **scomparto** [...'parto] *m* Fach *n.*
scompensare [skompen'sa:re] *tr* aus dem Gleichgewicht bringen, stören. **scompensato, -a** [...'sa:to] *a* unausgewogen, unausgeglichen; *med* kompensationsgestört. **scompenso** [...'pɛnso] *m* **1.** *med* Kompensationsstörung *f,* Dekompensation *f;* **2.** *(mancanza di equilibrio)* Unausgewogenheit *f,* Unausgeglichenheit *f.*
scompigliare [skompiʎ'ʎa:re] *tr* in Unordnung bringen; *(capelli)* zerzausen, zerraufen. **scompiglio** [...'piʎʎo] ⟨-gli⟩ *m* Unordnung *f.*
scompisciarsi [skompiʃ'ʃarsi] *rfl:* ~ **dalle risate** *vulg* sich kaputtlachen *fam.*
scomponibile [skompo'ni:bile] *a* zerlegbar, auseinandernehmbar.
scomporre [skom'porre] ⟨*irr*⟩ **I.** *tr* **1.** *(disgregare)* durcheinanderbringen; *(scaffali, elementi)* zerlegen, auseinandernehmen; **2.** *mat* zerlegen; **3.** *typ* auseinandernehmen, ablegen; **4.** *(lineamenti, volto)* entstellen; **II.** *rfl:* **-rsi** aus der Fassung geraten, die Fassung verlieren. **scomposizione** [...pozit'tsi̯o:ne] *f* **1.** *(lo scomporre)* Zerlegung *f,* Auseinandernehmen *n;* **2.** *typ* Ablagesatz *m.*
scompostezza [skompos'tettsa] *f* Ungehörigkeit *f.* **scomposto, -a** [...'posto] *a* **1.** *(capelli)* zerzaust, durcheinander; **2.** *fig* unausgeglichen, zusammenhang(s)los; *(sguaiato)* ungebührlich, ungehörig.
scomunica [sko'mu:nika] ⟨-che⟩ *f* Exkommunikation *f.* **scomunicare**

[...muni'ka:re] *tr* **1.** *rel* exkommunizieren; **2.** *fig* ausschließen, ausstoßen, verbannen.
sconcatenato, -a [skoŋkate'na:to] *a* zusammenhang(s)los.
sconcertare [skontʃer'ta:re] **I.** *tr* verwirren, durcheinanderbringen; **II.** *rfl:* **-rsi** verwirrt sein.
sconcezza [skon'tʃettsa] *f* Unanständigkeit *f*, Schweinerei *f fam.* **sconcio, -a** ['skontʃo] ‹-ci, -ce› **I.** *a* schmutzig, unanständig; **II.** *m* Unanständigkeit *f*, Schweinerei *f fam.*
sconclusionato, -a [skonkluzio'na:to] *a* **1.** *(discorso)* unzusammenhängend, zusammenhang(s)los; **2.** *(persona)* unschlüssig.
sconcordanza [skoŋkor'dantsa] *f* Nichtübereinstimmung *f*, Inkongruenz *f geh.*
scondito, -a [skon'di:to] *a* ungewürzt, fade.
sconfessare [skonfes'sa:re] *tr* **1.** *(rinnegare)* verleugnen; **2.** *(disapprovare)* mißbilligen. **sconfessione** [...'sio:ne] *f* Ableugnung *f*; *(disapprovazione)* Mißbilligung *f.*
sconficcare [skonfik'ka:re] *tr* herausziehen; *(coperchio)* abnehmen.
sconfiggere [skon'fiddʒere] ‹sconfiggo, sconfiggi, sconfissi, sconfitto› *tr* schlagen; *(a. fig)* besiegen.
sconfinare [skonfi'na:re] *itr* **1.** *(oltrepassare i confini)* eine (*o.* die) Grenze überschreiten; **2.** *fig* abkommen, abweichen, abschweifen; ~ **in** die Grenze überschreiten nach; *fig* hineinreichen in. **sconfinato, -a** [...'na:to] *a* **1.** *(territorio)* grenzenlos; **2.** *fig* unbegrenzt, unbeschränkt; *(a. pej)* schrankenlos, uferlos.
sconfissi [skon'fissi] *1. pers sing del passato remoto di* **sconfiggere.**
sconfitta [skon'fitta] *f* Niederlage *f.* **sconfitto** [...to] *pp di* **sconfiggere.**
sconfortante [skonfor'tante] *a* entmutigend.
sconfortare [skonfor'ta:re] **I.** *tr* entmutigen; **II.** *rfl:* **-rsi** den Mut verlieren, verzagen. **sconforto** [...'fɔrto] *m* Verzagtheit *f*, Kummer *m.*
scongelare [skondʒe'la:re] *tr* auftauen.
scongiurare [skondʒu'ra:re] *tr* beschwören; *(pericolo, etc.)* abwenden. **scongiuro** [...'dʒu:ro] *m* Beschwörung *f*; *(contro la iettatura)* Exorzismus *m.*
sconnessione [skonnes'sio:ne] *f* Zusammenhang(s)losigkeit *f.* **sconnesso, -a** [...'nɛsso] *a* zusammenhang(s)los, konfus, unlogisch. **sconnessura** [...nes'su:ra] *f* **1.** *(qualità)* Losesein *n*; **2.** *(punto)* Fuge *f*, Spalt *m.*
sconnettere [skon'nɛttere] ‹*irr*› **I.** *tr* spalten, trennen; **II.** *itr* wirr reden, faseln.
sconosciuto, -a [skonoʃ'ʃu:to] **I.** *a* unbekannt; **II.** *m, f* Unbekannte(r) *mf.*
sconquassare [skoŋkuas'sa:re] *tr* **1.** *(scuotere)* zerrütten, zerstören; **2.** *(indisporre)* durcheinanderbringen, verstören, fertigmachen *fam.* **sconquasso** [...'kuasso] *m* **1.** *(scompiglio)* Krach *m*, Zusammenkrachen *n*; **2.** *fig* Durcheinander *n.*
sconsacrare [skonsa'kra:re] *tr* entweihen.
sconsideratezza [skonsidera'tettsa] *f* Unbedachtheit *f*, Gedankenlosigkeit *f.* **sconsiderato, -a** [...'ra:to] *a* unbedacht, gedankenlos.
sconsigliabile [skonsiʎ'ʎa:bile] *a* nicht ratsam. **sconsigliare** [...'ʎa:re] *tr:* ~ **qc a qu** jdm von etw. abraten; ~ **di . . .** *inf* davon abraten, zu . . . **sconsigliato, -a** [...'ʎa:to] **I.** *a* unbesonnen; **II.** *m, f* Unbesonnene(r) *mf.*
sconsolante [skonso'lante] *a* betrüblich.
sconsolato, -a [skonso'la:to] *a (persona)* untröstlich; *(espressione)* trostlos.
scontante [skon'tante] **I.** *a* Diskont-; **II.** *m* Diskonthaus *n*, -bank *f.*
scontare [skon'ta:re] *tr* **1.** *com, fin* abziehen, abrechnen; *(cambiale)* diskontieren; **2.** *jur* verbüßen; **3.** *fig (pagare)* büßen (für), bezahlen (für); **4.** *fig (prevedere)* voraussehen, erwarten; **gliela farò ~!** *fam* das soll er mir büßen!
scontentare [skonten'ta:re] *tr* nicht zufriedenstellen, unzufrieden lassen. **scontentezza** [...'tettsa] *f* Unzufriedenheit *f.* **scontento, -a** [...'tɛnto] **I.** *a* unzufrieden (*di* mit); **II.** *m* Unzufriedenheit *f* (*di* mit).
sconto ['skonto] *m* **1.** *com* Nachlaß *m*, Rabatt *m*, Skonto *m*; **2.** *fin, jur* Diskont *m*; **3.** *fig* Tilgung *f*; **a ~** als Abschlag(szahlung).
scontrare [skon'tra:re] **I.** *tr* treffen; **II.** *rfl:* **-rsi 1.** *mot* zusammenstoßen; **2.** *mil* aufeinandertreffen; **3.** *fig* aufeinanderstoßen, -prallen; **-rsi in qu** jdn treffen.
scontrino [skon'tri:no] *m* Quittung *f*, Beleg *m*, Bescheinigung *f*; ~ **di cassa/consegna** Kassenzettel *m*/Lieferschein *m.*
scontro ['skontro] *m* **1.** *mot, ferr, aero* Zusammenstoß *m*; **2.** *mil* Zusammen-

stoß *m,* Gefecht *n;* **3.** *sport* Begegnung *f;* **4.** *fig* Zusammenstoß *m,* Konflikt *m,* Streit *m.*

scontrosa *f v.* **scontroso.**

scontrosità [skontrosi'ta] ‹-› *f* Widerspenstigkeit *f.* **scontroso, -a** [...'tro:so] **I.** *a* widerspenstig, störrisch; **II.** *m, f* Widerspenstige(r) *mf,* Störrische(r) *mf.*

sconveniente [skonve'ni̯ɛnte] *a* **1.** *(contegno, parole, risposta)* unpassend, ungehörig; **2.** *(prezzo)* unangemessen. **sconvenienza** [...'ni̯ɛntsa] *f* **1.** *(indecenza)* Ungehörigkeit *f;* **2.** *com (di prezzo)* Unangemessenheit *f.*

sconvolgente [skonvol'dʒɛnte] *a* erschütternd.

sconvolgere [skon'vɔldʒere] ‹*irr*› *tr* erschüttern, durcheinanderbringen. **sconvolgimento** [...voldʒi'mento] *m* Erschütterung *f,* Verwirrung *f;* ~ **di stomaco** Magenverstimmung *f.*

scoordinazione [skoordinat'tsi̯o:ne] *f* Koordinationsmangel *m,* Mangel *m* an Koordination.

scooter ['sku:tə] ‹-› *m* **1.** *mot* Motorroller *m;* **2.** *naut* Eissegler *m.*

scopa ['sko:pa] *f* **1.** *(per spazzare)* Besen *m;* **2.** *(gioco) ein Kartenspiel.* **scopare** [sko'pa:re] *tr* **1.** *(pavimento)* kehren, fegen; **2.** *vulg* ficken *vulg.* **scopata** [...'pa:ta] *f* **1.** *(spazzata)* Kehren *n,* Fegen *n;* **2.** *(colpo di scopa)* Besenschlag *m;* **3.** *vulg* Fick *m vulg;* **farsi una** ~ *vulg* ficken *vulg.*

scoperchiare [skoper'ki̯a:re] ‹scoperchio, scoperchi› *tr* ab-, aufdekken; *(pentola)* den Deckel abnehmen von.

scoperta [sko'pɛrta] *f* Entdeckung *f.*

scoperto, -a [sko'pɛrto] **I.** *a* **1.** *(terrazzo, terreno)* unbedeckt, unbedacht; **2.** *(braccia, capo)* unbedeckt, entblößt; **3.** *com, fin* ungedeckt; **4.** *(visibile)* offen; **5.** *fig* offen, direkt; **essere troppo** ~ zu leicht (*o.* dünn) angezogen sein; **essere** ~ **di 300.000 lire** 300.000 Lire im Soll sein; **a viso ~, a fronte -a** freimütig, unverblümt; **II.** *m* **1.** *(luogo aperto)* Freie(s) *n;* **2.** *com, fin* Überziehung *f;* **credito allo** ~ ungedeckter Kredit; **concedere uno** ~ einen Überziehungskredit einräumen; **dormire allo** ~ im Freien schlafen.

scopiazzare [skopi̯at'tsa:re] *tr* schlecht abschreiben, runterschmieren *fam.* **scopiazzatura** [...tsa'tu:ra] *f* schlechte Abschrift.

scopiera [sko'pi̯ɛ:ra] *f* Besenschrank *m.*

scopino [sko'pi:no] *m* **1.** *(per il gabinetto)* Toiletten-, Klobürste *f;* **2.** *dial (spazzino)* Straßenkehrer *m.*

scopo ['skɔ:po] *m* Zweck *m;* *(fine)* Ziel *n,* Absicht *f;* **a che ~?** wozu?

scopone [sko'po:ne] *m ein Kartenspiel.*

scoppiare [skop'pi̯a:re] ‹scoppio, scoppi› *itr* ‹*essere*› **1.** *(guerra)* ausbrechen; **2.** *(bomba)* hochgehen, explodieren; *(gomma)* platzen; **3.** *(epidemia)* ausbrechen; **4.** *fig* ausbrechen; *(mangiare)* platzen; **5.** *sport* zusammenbrechen, schlappmachen *fam;* ~ **a piangere/ridere**, ~ **in pianto/in una risata** in Tränen/Gelächter ausbrechen; ~ **dal caldo/dal ridere** vor Hitze fast vergehen/vor Lachen platzen; ~ **di salute** vor Gesundheit strotzen; **se non parlo, scoppio** *fam* wenn ich nicht rede, platze ich *fam.*

scoppiettare [skoppi̯et'ta:re] *itr* **1.** *(fuoco, legna)* knistern, prasseln; **2.** *fig* knacken. **scoppiettio** [...'ti:o] ‹-ii› *m* Geknister *n,* Knacken *n.*

scoppio ['skɔppi̯o] ‹-i› *m* **1.** *(di bomba, mina)* Explosion *f,* Platzen *n;* **2.** *(rumore)* Knall *m;* **3.** *fig* Ausbruch *m;* **motore a** ~ Verbrennungsmotor *m;* **a** ~ **ritardato** mit verzögerter Wirkung.

scoppola ['skɔppola] *f dial* Klaps *m,* Kopfnuß *f.*

scoprimento [skopri'mento] *m* Enthüllung *f.* **scoprire** [...'pri:re] ‹*irr*› **I.** *tr* **1.** *(togliere il coperchio, etc.)* auf-, abdecken; **2.** *(statua, etc.)* enthüllen; **3.** *(gambe, capo)* entblößen; **4.** *(arrivare a conoscere)* entdecken; **5.** *fig (esporre)* darbieten; *(palesare)* enthüllen, aufdecken, offenbaren; ~ **l'America** *fam* etwas Altbekanntes neu entdecken; **II.** *rfl:* **-rsi 1.** *(di indumenti)* sich entblößen; *(nella stagione calda)* sich leicht (*o.* dünn) anziehen; *(a letto)* sich aufdecken; **2.** *(rivelarsi)* sich verraten; **3.** *sport* aus der Deckung gehen (*o.* kommen). **scopritore, -trice** [...pri'to:re] *m, f* Entdecker(in) *m(f).*

scoraggiamento [skoraddʒa'mento] *m* Entmutigung *f.* **scoraggiare** [...'dʒa:re] ‹scoraggio, scoraggi› **I.** *tr* entmutigen; **II.** *rfl:* **-rsi** den Mut verlieren.

scorbutico, -a [skor'bu:tiko] ‹-ci, -che› *a* **1.** *med* skorbutkrank; **2.** *fig pej* widerspenstig, störrisch. **scorbuto** [...'bu:to] *m* Skorbut *m.*

scorciamento [skortʃa'mento] *m* Ab-, Verkürzung *f.* **scorciare** [...'tʃa:re] ‹scorcio, scorci› **I.** *tr* **1.** *(vestito)* kürzen; **2.** *(nell'arte)* perspekti-

visch verkürzen; **II.** *rfl:* **-rsi** kürzer werden. **scorciatoia** [...tʃa'to:i̯a] ‹-oie› *f* Abkürzung *f.*
scorcio ['skortʃo] ‹-ci› *m* **1.** *(nell'arte)* (perspektivische) Verkürzung *f;* **2.** *(vista)* Teilansicht *f;* **3.** *(di tempo)* Zeitabschnitt *m; (fine)* Ausklang *m,* Ende *n;* **4.** *lit* Zusammenfassung *f,* Abriß *m;* **sullo ~ del secolo** um die Jahrhundertwende.
scordare[1] [skor'da:re] **I.** *tr* vergessen; **II.** *rfl:* **-rsi 1.** *(dimenticarsi)* vergessen; **2.** *fam* vergessen *fam,* abschreiben *fam.*
scordare[2] [skor'da:re] *mus* **I.** *tr* verstimmen; **II.** *rfl:* **-rsi** sich verstimmen, verstimmt werden.
scoreggia [sko'reddʒa] ‹-gge› *f vulg* Furz *m vulg.* **scoreggiare** [...'dʒa:re] ‹scoreggio, scoreggi› *itr vulg* furzen *vulg.*
scorfano, -a ['skɔrfano] **I.** *m, f fam* Mißgeburt *f;* **II.** *m* Drachenkopf *m,* Skorpionsfisch *m.*
scorgere ['skɔrdʒere] ‹scorgo, scorsi, scorto› *tr* erblicken; *(accorgersi di)* bemerken, entdecken.
scoria ['skɔ:ri̯a] ‹-ie› *f* Schlacke *f; fig* Abfall *m;* **-ie radioattive** Atommüll *m.*
scornare [skor'nare] **I.** *tr* **1.** *fig fam* lächerlich machen; **2.** *zoo* die Hörner brechen *dat;* **II.** *rfl:* **-rsi 1.** *fig fam* sich lächerlich machen, sich blamieren; **2.** *zoo* sich *(dat)* die Hörner brechen. **scorno** ['skɔrno] *m* Schmach *f,* Schande *f.*
scorpacciata [skorpat'tʃa:ta] *f fam* Fresserei *f fam;* **fare una ~ di ciliege** sich *(dat)* den Bauch voll Kirschen schlagen *fam.*
scorpione [skor'pi̯o:ne] *m* **1.** *zoo* Skorpion *m;* **2.** *astr:* **S~** Skorpion *m;* **sono (dello** *o.* **uno) S~** ich bin (ein) Skorpion.
scorrazzare [skorrat'tsa:re] **I.** *itr* herumlaufen, -rennen; **II.** *tr* durchstreifen.
scorrere ['skorrere] ‹*irr*› **I.** *itr* ‹*essere*› **1.** *(fiume)* fließen; *(lacrime)* laufen, rinnen; **2.** *(tempo)* vergehen, verrinnen; **3.** *(traffico)* fließen; **4.** *(periodo, ragionamento, discorso)* laufen; **II.** *tr* ‹*avere*› **1.** *(libro)* überfliegen; **2.** *(territorio)* durchstreifen.
scorreria [skorre'ri:a] ‹-ie› *f* Einfall *m,* Streifzug *m.*
scorrettezza [skorret'tettsa] *f* **1.** *(errore)* Fehler *m,* Fehlerhaftigkeit *f;* **2.** *(maleducazione)* Unkorrektheit *f,* Unschicklichkeit *f; (azione)* Fauxpas *m.* **scorretto, -a** [...'rɛtto] *a* **1.** *(compito, traduzione)* fehlerhaft; **2.** *(gesto, contegno)* unkorrekt; **3.** *sport* unfair, regelwidrig.
scorrevole [skor're:vole] **I.** *a* gleitend, verschiebbar; *(traffico, discorso)* flüssig; **nastro ~** Gepäckband *n;* **porta ~** Schiebetür *f;* **II.** *m* Schlitten *m.*
scorribanda [skorri'banda] *f* **1.** *gener.* (kurzer) Ausflug *m;* **2.** *mil* Streifzug *m;* **3.** *fig* Ausschweifung *f.*
scorrimento [skorri'mento] *m* **1.** *mot* Verkehrsfluß *m;* **2.** *phys* Schlupf *m;* **corsia di ~** rechte Fahrspur (auf der Autobahn); **strada di ~** Schnellstraße *f.*
scorsa ['skorsa] *f* Durchsicht *f.*
scorsi ['skɔrsi] *1. pers sing del passato remoto di* **scorgere.**
scorso, -a ['skorso] **I.** *a* vergangen, vorig; **ultimo ~** (*ab* **u. s.**) vergangenen Monats/Jahres; **II.** *m* Flüchtigkeitsfehler *m,* Versehen *n.*
scorsoio, -a [skor'so:i̯o] ‹-oi, -oie› *a* laufend, gleitend: **nodo ~** Schlinge *f.*
scorta ['skɔrta] *f* **1.** *(accompagnamento)* Begleitung *f,* Geleit *n;* **2.** *mil* Eskorte *f,* Geleit *n;* **3.** *(provvista)* Vorrat *m,* Reserve *f;* **4.** ‹*pl*› *agr* Inventar *n,* Bestand *m;* **ruota di ~** Ersatz-, Reserverad *n.* **scortare** [skor'ta:re] *tr* geleiten, eskortieren.
scortecciare [skortet'tʃa:re] ‹scortecchio, scortecci› **I.** *tr (albero, etc.)* entrinden, die Rinde entfernen von; *(muro)* abkratzen; **II.** *rfl:* **-rsi** abbröckeln; *(albero)* die Rinde verlieren.
scortese [skor'te:ze] *a* unhöflich. **scortesia** [...te'zi:a] *f* Unhöflichkeit *f.*
scorticare [skorti'ka:re] ‹scortico, scortichi› *tr* **1.** *(pelle)* ab-, aufschürfen; *(animale)* abziehen; **2.** *fig* ausnehmen, neppen. **scorticatura** [...ka'tu:ra] *f* **1.** *(di animale)* Abziehen *n;* **2.** *med* Schürfwunde *f.*
scorto ['skɔrto] *pp di* **scorgere.**
scorza ['skɔrdza *o.* ...rtsa] *f* **1.** *(di albero)* Rinde *f;* **2.** *(di frutto)* Schale *f;* **3.** *(di serpente, pesce)* Haut *f;* **essere di ~ dura** *fig* ein dickes Fell haben; **sotto una ~ ruvida si nasconde un cuore d'oro** rauhe Schale, weicher Kern *prov.*
scorzonera [skordzo'ne:ra *o.* skortso...] *f* Schwarzwurzel *f.*
scosceso, -a [skoʃ'ʃe:so] *a* steil.
scosciata [skoʃ'ʃa:ta] *f* Spagat *m o. n.*
scossa ['skɔssa] *f* **1.** *el* Schlag *m;* **2.** *(sbalzo)* Ruck *m,* Stoß *m;* **3.** *fig* Schlag *m,* Schock *m;* **~ di terremoto** Erd(beben)stoß *m.*

scossi ['skɔssi] *1. pers sing del passato remoto di* **scuotere.**
scosso, -a ['skɔsso] **I.** *pp di* **scuotere; II.** *a* erschüttert.
scossone [skos'so:ne] *m* starker Ruck (*o.* Stoß).
scostante [skos'tante] *a* abweisend, verschlossen.
scostare [skos'ta:re] **I.** *tr* **1.** *(tavolo)* wegschieben, -rücken; *(tenda)* aufziehen; **2.** *fam* meiden; **II.** *rfl:* **-rsi** wegrücken, zur Seite rücken (*o.* treten); **-rsi dalla retta via** *fig* vom rechten Weg abkommen.
scostumatezza [skostuma'tettsa] *f* Unsittlichkeit *f; (maleducazione)* Ungezogenheit *f.* **scostumato, -a** [...'ma:to] *a* sittenlos; *(maleducato)* ungezogen.
scotch[1] [skɔtʃ] ‹-› *m (whisky)* Scotch (Whisky) *m.*
scotch[2]® [skɔtʃ] ‹-› *m (nastro autoadesivo)* Klebeband *n,* Tesafilm® *m fam.*
scotennare [skoten'na:re] *tr* **1.** *(lardo)* die Schwarte abschneiden von; **2.** *(nemici)* skalpieren.
scotimento [skoti'mento] *m* Schütteln *n,* Erschütterung *f.*
scottante [skot'tante] *a* **1.** *(che scotta)* brennend; **2.** *fig* heikel; *(urgente)* drängend, brennend.
scottare [skot'ta:re] **I.** *tr* **1.** *(fiamma, sole)* (ver)brennen; *(liquido bollente)* verbrühen; **2.** *gastr* aufkochen; *(arrosto)* anbraten; **3.** *fig* verletzen, kränken; **II.** *itr* heiß sein, brennen; **merce che scotta** *fig* heiße Ware; **poltrona che scotta** *fig* Schleudersitz *m;* **III.** *rfl:* **-rsi 1.** *med* sich verbrennen; **2.** *fig* sich *(dat)* die Finger verbrennen. **scottata** [...'ta:ta] *f* Aufkochen *n; (di arrosto)* Anbraten *n;* **dare una ~ a qc** etw. aufkochen (lassen). **scottatura** [...ta'tu:ra] *f* **1.** *med* Verbrennung *f; (di sole)* Sonnenbrand *m;* **2.** *fig* Enttäuschung *f.*
scotto, -a ['skɔtto] *a* verkocht; **pagare lo ~** *fig* die Zeche zahlen.
scout [skaut] ‹-› **I.** *mf* Pfadfinder(in) *m(f);* **II.** *a* Pfadfinder-. **scoutismo** [skau'tizmo] *m* Pfadfinderbewegung *f.* **scoutistico, -a** [...'tistiko] ‹-ci, -che› *a* Pfadfinder-.
scovare [sko'va:re] *tr* **1.** *(lepre, volpe)* aufspüren; **2.** *fig* aufstöbern.
scovolino [skovo'li:no] *m (per pipe)* Pfeifenputzer *m; (per bottiglie)* Flaschenbürste *f.*
Scozia ['skɔttsi̯a] *f* Schottland *n.*
scozzare [skot'tsa:re] *tr* mischen.
scozzese [skot'tse:se] **I.** *a* schottisch; **doccia ~** Wechselgüsse *m pl; fig* Wechselbad *n;* **sottana ~** Schottenrock *m,* Kilt *m;* **II.** *mf* Schotte *m,* Schottin *f;* **III.** *f (danza)* Schottische(r) *m.*
screanzato, -a [skrean'tsa:to] *a* ungezogen.
screditare [skedi'ta:re] **I.** *tr* diskreditieren, in Mißkredit bringen; **II.** *rfl:* **-rsi** sich diskrediteren, in Mißkredit geraten, sich blamieren. **scredito** ['skre:dito] *m* Mißkredit *m,* Verruf *m.*
scremare [skre'ma:re] *tr* entrahmen; *(a. fig)* absahnen. **scrematura** [...ma'tu:ra] *f* Entrahmung *f.*
screpolare [skrepo'la:re] **I.** *tr* rissig machen; **II.** *rfl:* **-rsi** rissig werden, aufspringen. **screpolatura** [...la'tu:ra] *f* Rissigkeit *f; (parte screpolata)* Riß *m,* Sprung *m.*
screziare [skret'tsi̯a:re] ‹screzio, screzi› *tr* sprenkeln.
screzio ['skrɛttsi̯o] ‹-i› *m* Meinungsverschiedenheit *f.*
scriba ['skri:ba] ‹-i› *m* **1.** *rel* Schriftgelehrte(r) *m;* **2.** *hist* Schreiber *m.*
scribacchiare [skribak'ki̯a:re] *tr pej* kritzeln, schmieren. **scribacchino** [...'ki:no] *m pej* Schreiberling *m.*
scricchiolare [skrikki̯o'la:re] *itr* knirschen, knistern, knarren. **scricchiolamento** [...'mento] *m* Knirschen *n,* Knistern *n,* Knarren *n.* **scricchiolio** [...'li:o] ‹-ii› *m* Knirschen *n,* Knistern *n,* Knarren *n.*
scricciolo ['skrittʃolo] *m* **1.** *zoo* Zaunkönig *m;* **2.** *fig fam* Knirps *m,* Zwerg *m.*
scrigno ['skriɲɲo] *m* Schmuckkasten *m.*
scriminatura [skrimina'tu:ra] *f* Scheitel *m.*
scrissi ['skrissi] *1. pers sing del passato remoto di* **scrivere.**
scriteriato, -a [skrite'ri̯a:to] *a* unvernünftig.
scritta ['skritta] *f* **1.** *(pubblicitaria)* Aufschrift *f;* **2.** *hist* Inschrift *f;* **3.** *jur* Schriftstück *n,* Dokument *n.* **scritto, -a** [...to] **I.** *pp di* **scrivere; II.** *a* **1.** *(legge, esame)* schriftlich; **2.** *fam* vorbestimmt; **3.** *fig* eingetragen, eingeschrieben; **lingua -a** Schriftsprache *f;* **III.** *m* **1.** *(cosa scritta)* Schriftstück *n;* **2.** *(lettera)* Schreiben *n;* **3.** *(scrittura)* Schrift *f;* **4.** *lit* Schrift *f;* **per** (*o.* **in**) **~** schriftlich. **scrittoio** [...'to:i̯o] ‹-oi› *m* Schreibtisch *m.* **scrittore, -trice** [...'to:re] *m, f* Schriftsteller(in) *m(f).* **scrittura** [...'tu:ra] *f* **1.** *gener., rel* Schrift *f;* **2.** *jur* Schriftstück *n,* Dokument *n; (contratto)* Vertrag *m;*

3. *theat, film, mus* Engagement *n;* **4.** ‹*pl*› *com* Bücher *n pl;* ~ **maiuscola/minuscola** Groß-/Kleinschreibung *f;* **-e contabili** Geschäftsbücher *n pl;* **le sacre -e** die Heilige Schrift.

scritturare [skrittu'ra:re] *tr* **1.** *theat, film, mus* verpflichten, engagieren; **2.** *com* (ver)buchen.

scrivana *f v.* **scrivano.**

scrivania [skriva'ni:a] ‹-ie› *f* Schreibtisch *m.* **scrivano, -a** [...'va:no] *m, f* Schreiber(in) *m(f).* **scrivente** [...'vɛnte] *mf adm* Unterzeichnete(r) *mf.*

scrivere ['skri:vere] ‹scrivo, scrissi, scritto› *tr* (auf-, nieder)schreiben; **macchina da** ~ Schreibmaschine *f;* ~ **a mano/macchina** von Hand/mit der Maschine schreiben.

scroccare [skrok'ka:re] ‹scrocco, scrocchi› *tr fam* **1.** *(cena, sigaretta)* schnorren *fam;* **2.** *(stipendio)* erschleichen. **scroccatore, -trice** [...ka'to:re] *m, f fam* Schnorrer(in) *m(f) fam.* **scrocco** ['skrɔkko] *m fam:* **a** ~ umsonst, für lau *dial;* **vivere/mangiare a** ~ schnorren *fam.* **scroccone, -a** [skrok'ko:ne] *m, f fam* Schnorrer(in) *m(f) fam.*

scrofa ['skrɔ:fa] *f* **1.** *zoo* Sau *f;* **2.** *vulg* Nutte *f vulg.*

scrollamento [skrolla'mento] *m* Schütteln *n.* **scrollare** [...'la:re] **I.** *tr* schütteln; *(tovaglia)* ausschütteln; ~ **il capo/le spalle** den Kopf schütteln/die (*o.* mit den) Schultern zucken; **-rsi di dosso la neve** (sich *dat*) den Schnee abschütteln; **II.** *rfl:* **-rsi** *fig* sich aufraffen. **scrollata** [...'la:ta] *f* Schütteln *n;* ~ **di testa/spalle** Kopfschütteln *n*/Schulterzucken *n.* **scrollo** ['skrɔllo] *m* Schütteln *n.*

scrosciare [skroʃ'ʃa:re] ‹scroscio, scrosci› *itr* ‹*essere o. avere*› tosen, brausen; *(pioggia)* prasseln. **scroscio** ['skrɔʃʃo] ‹-sci› *m* Tosen *n,* Getöse *n,* Brausen *n; (di pioggia)* Prasseln *n;* ~ **di applausi/risa** Beifallssturm *m*/tosendes Gelächter; **piove a** ~ es regnet in Strömen.

scrostare [skros'ta:re] **I.** *tr* abkratzen; *(ferita)* die Kruste entfernen von; **II.** *rfl:* **-rsi** abblättern.

scroto ['skrɔ:to] *m* Hodensack *m,* Skrotum *n scient.*

scrupolo ['skru:polo] *m* **1.** *(morale)* Skrupel *m;* **2.** *(diligenza)* Bedacht *m,* Sorgfalt *f;* **farsi** ~ **di qc** wegen etw. Bedenken haben; **senza -i** skrupellos. **scrupolosità** [skrupolosi'ta] ‹-› *f* Gewissenhaftigkeit *f.* **scrupoloso, -a** [...'lo:so] *a* gewissenhaft.

scrutare [skru'ta:re] *tr* erforschen, ergründen. **scrutatore, -trice** [...ta'to:re] **I.** *m, f* Stimmen(aus)zähler(in) *m(f);* **II.** *a* prüfend, forschend.

scrutinare [skruti'na:re] *tr* **1.** *jur* auszählen; **2.** *(nell'insegnamento)* benoten. **scrutinatore, -trice** [...na'to:re] *m, f* Stimmen(aus)zähler(in) *m(f).* **scrutinio** [...'ti:nio] ‹-i› *m* **1.** *jur* Abstimmung *f,* Wahlgang *m;* **2.** *(a scuola)* Notenkonferenz *f.*

scucire [sku'tʃi:re] **I.** *tr* **1.** *(orlo)* auftrennen; **2.** *fam scherz* herausrücken *fam;* **II.** *rfl:* **-rsi** aufgehen. **scucito, -a** [...'tʃi:to] *a* **1.** *(abito, scarpe)* aufgegangen; **2.** *fig* zusammenhang(s)los. **scucitura** [...tʃi'tu:ra] *f* **1.** *(parte scucita)* aufgetrennte Naht; **2.** *(lo scucire)* Auftrennen *n.*

scuderia [skude'ri:a] ‹-ie› *f* **1.** *zoo* Reit-, Pferde-, Rennstall *m;* **2.** *sport (automobilismo)* Rennstall *m.*

scudetto [sku'detto] *m* Meistertitel *m.*

scudiero [sku'diɛ:ro] *m* Knappe *m.*

scudo ['sku:do] *m* **1.** *mil* Schild *m;* **2.** *fig* Schutz *m;* **3.** *zoo* (Panzer)schuppe *f;* **4.** *(araldica)* Wappen *n;* **5.** *(moneta)* Scudo *m,* Fünflirestück *n;* **lo** ~ **crociato** der Kreuzschild *(die christdemokratische Partei);* ~ **spaziale** (*o.* **stellare**) Hitzeschild *m;* **portare** (*o.* **levare**) **qu sugli -i** *fig* jdn in den Himmel heben.

scuffia ['skuffia] ‹-ie› *f* **1.** *fam* Verliebtheit *f,* Verknalltsein *n fam;* **2.** *naut* Kentern *n.*

scugnizzo [skuɲ'ɲittso] *m* (neapolitanischer) Gassenjunge *m.*

sculacciare [skulat'tʃa:re] ‹sculaccio, sculacci› *tr* versohlen *fam.* **sculacciata** [...'tʃa:ta] *f* Schläge *m pl* auf den Hintern. **sculaccione** [...'tʃo:ne] *m* Schlag *m* auf den Hintern.

sculettare [skulet'ta:re] *itr* **1.** *(donna)* sich in den Hüften wiegen, mit den Hüften wackeln *fam;* **2.** *mot* mit dem Heck ausbrechen.

scultore, -trice [skul'to:re] *m, f* Bildhauer(in) *m(f).* **scultoreo, -a** [...'tɔ:reo] *a (arte)* Bildhauer-, plastisch; *(bellezza)* statuarisch, statuengleich. **scultorio, -a** [...'tɔ:rio] ‹-i, -ie› *a* **1.** *(arte, tecnica)* Bildhauer-, plastisch; **2.** *(bellezza, atteggiamento)* statuarisch, statuengleich; **3.** *fig* plastisch, prägnant, bildkräftig. **scultrice** *f v.* **scultore. scultura** [...'tu:ra] *f* **1.** *(arte, tecnica)* Bildhauerei *f;* **2.** *(opera)* Skulptur *f.*

scuocere ['skuɔ:tʃere] ‹*irr*› *itr, rfl:* **-rsi** verkochen.

scuoiamento [skuoia'mento] *etc. v.* **scoiamento** *etc.*

scuola ['skuɔ:la] *f* Schule *f;* ~ **elementare/media/superiore** Grundschule *f*/Mittelschule *f*/höhere Schule; ~ **materna** Kindergarten *m;* ~ **guida** Fahrschule *f;* ~ **serale** Abendschule *f;* **apertura/chiusura delle -e** Beginn *m*/Ende *n* des Schuljahres; **nave** ~ Schulschiff *n;* **fare** ~ Schule machen; **e che questo ti serva di** ~! *fam* das soll dir eine Lehre sein! **scuolabus** ['skuɔ:labus *o.* skuola'bus] *m* Schulbus *m.*

scuotere ['skuɔ:tere] ⟨scuoto, scossi, scosso⟩ **I.** *tr* **1.** *gener.* schütteln; *(spalle)* zucken; **2.** *fig* erschüttern, aufrütteln; **l'attesa scuote i nervi** das Warten zerrt an den Nerven; **-rsi di dosso una cattiva abitudine** eine schlechte Gewohnheit ablegen; **II.** *rfl:* **-rsi** sich aufraffen. **scuotimento** [skuoti'mento] *v.* **scotimento. scuoto** ['skuɔ:to] *1. pers sing pr di* **scuotere.**

scure ['sku:re] *f* Axt *f,* Beil *n.*

scuretto [sku'retto] *m* Fensterladen *m.*

scurire [sku'ri:re] ⟨scurisco⟩ **I.** *tr* ⟨*avere*⟩ verdunkeln, dunkel machen; **II.** *itr* ⟨*essere*⟩ nachdunkeln; *(a. meteo)* dunkel werden; **III.** *rfl:* **-rsi** dunkel werden, sich verdunkeln.

scuro ['sku:ro] *m* (Fenster)blende *f,* -laden *m.*

scuro, -a ['sku:ro] **I.** *a* **1.** *(colore)* dunkel; **2.** *(notte)* dunkel, finster; **3.** *fig (fosco)* finster, düster; *(non chiaro)* obskur, dunkel; **rosso/verde/blu** ~ dunkelrot/-grün/-blau; **II.** *m* **1.** *(oscurità)* Dunkel *n,* Finsternis *f;* **2.** *(colore)* Dunkle(s) *n.*

scurrile [sku'ri:le] *a* skurril; *(salace)* lasziv, schlüpfrig. **scurrilità** [...rili'ta] ⟨-⟩ *f* Schlüpfrigkeit *f.*

scusa ['sku:za] *f* Entschuldigung *f; (perdono a.)* Verzeihung *f; (pretesto a.)* Ausrede *f;* **avere sempre una** ~ **pronta** nie um eine Ausrede verlegen sein; **chiedere** (*o.* **domandare**) ~ um Entschuldigung bitten; **fare** (*o.* **presentare**) **le proprie -e** sich entschuldigen. **scusabile** [sku'za:bile] *a* verzeihlich, entschuldbar. **scusante** [...'zante] *f* Entschuldigung *f,* Rechtfertigung *f.*

scusare [sku'za:re] **I.** *tr* entschuldigen; **scusi, che ore sono?** entschuldigen Sie (*o.* Verzeihung), wie spät ist es?; **mi scusi** Verzeihung!, (ich bitte Sie um) Entschuldigung!; **scusami, non volevo ferirti** verzeih mir, ich wollte dich nicht verletzen; **II.** *rfl:* **-rsi** sich entschuldigen (*di, per* für); **chi si scusa, s'accusa** *prov* wer sich verteidigt, klagt sich an *prov.*

S.C.V. *ab di* **Stato della Città del Vaticano** Vatikanstaat.

s.d. *ab di* **senza data** o.D. (*ab di* ohne Datum).

sdebitarsi [zdebi'tarsi] *rfl* **1.** *fig* sich revanchieren (*di* für, *con* bei), eine Schuld begleichen; **2.** *com* seine Schulden bezahlen, sich entschulden.

sdegnare [zdeɲ'ɲa:re] **I.** *tr* **1.** *(rifiutare)* ablehnen, verschmähen; **2.** *(provocare risentimento)* aufbringen, entrüsten, empören; **II.** *rfl:* **-rsi** sich beleidigt (*o.* gekränkt) fühlen; **-rsi con** (*o.* **contro**) **qu** sich über jdn empören. **sdegno** ['zdeɲɲo] *m* Empörung *f.* **sdegnosità** [...ɲosi'ta] ⟨-⟩ *f* Hochmut *m.* **sdegnoso, -a** [...'ɲo:so] *a* **1.** *(che prova sdegno)* hochmütig; **2.** *(che mostra sdegno)* verächtlich.

sdentare [zden'ta:re] **I.** *tr* die Zähne abbrechen *dat;* **II.** *rfl:* **-rsi** die Zähne verlieren. **sdentato, -a** [...'ta:to] **I.** *a* zahnlos; **II.** *m pl zoo* Zahnarme(n) *m pl,* Edentata *n pl scient.*

sdilinquimento [zdiliŋkui'mento] *m* Schmachten *n.* **sdilinquirsi** [...'kuirsi] ⟨mi sdilinquisco⟩ *rfl* **1.** *fig* schmachten; **2.** *(svenire)* in Ohnmacht fallen, ohnmächtig werden.

sdoganamento [zdogana'mento] *m* Verzollung *f,* Zollabfertigung *f.* **sdoganare** [...'na:re] *tr* verzollen, abfertigen.

sdolcinatezza [zdoltʃina'tettsa] *f* Süßlichkeit *f.* **sdolcinato, -a** [...'na:to] *a* süßlich; **parole -e** Süßholzgeraspel *n scherz.* **sdolcinatura** [...na'tu:ra] *f* Süßlichkeit *f.*

sdoppiamento [zdoppia'mento] *m* Spaltung *f,* Trennung *f; (divisione)* Aufteilung *f;* ~ **della personalità** Persönlichkeitsspaltung *f.* **sdoppiare** [...'pia:re] **I.** *tr* spalten, trennen; *(dividere)* aufteilen; **II.** *rfl:* **-rsi** sich spalten, sich trennen.

sdraia ['zdra:ia] ⟨-aie⟩ *f fam* Liegestuhl *m.* **sdraiare** [zdra'ia:re] ⟨sdraio, sdrai⟩ **I.** *tr* (hin)legen; *(buttare a terra)* niederstrecken; **II.** *rfl:* **-rsi** sich (hin)legen, sich ausstrecken. **sdraio** ['zdra:io] ⟨-ai⟩ *m* Liegen *n,* Ausgestrecktsein *n;* **sedia a** ~ Liegestuhl *m.*

sdrammatizzare [zdrammatid'dza:re] *tr* entschärfen.

sdrogarsi [zdro'garsi] *rfl sl* eine Entziehungskur machen.

sdrucciolare [zdruttʃo'la:re] *itr* ⟨*essere*⟩ ausrutschen, ausgleiten.

sdrucciolevole [...ˈleːvole] *a* rutschig, glatt.
sdrucciolo, -a [ˈzdruttʃolo] **I.** *a* **1.** *ling* auf der drittletzten Silbe betont; **2.** *lit (verso)* proparoxyton, auf ein Proparoxytonon endend; **II.** *m* Steilhang *m*, abschüssiger Weg.
sdrucciolone [zdruttʃoˈloːne] *m* (Aus)rutscher *m*. **sdruccioloni** [...ni] *adv* rutschend. **sdruccioloso, -a** [...ˈloːso] *a* rutschig, glatt.
sdrucire [zdruˈtʃiːre] ‹sdrucisco *o.* sdrucio› *tr* auftrennen. **sdrucitura** [...tʃiˈtuːra] *f* **1.** *(strappo)* Riß *m*; **2.** *(scucitura)* Auftrennung *f*.

se[1] [se] **I.** *con* **1.** *(condizionale)* wenn, falls; **2.** *(dubitativa, interrogativa, indiretta)* ob; **3.** *(esclamativa, desiderativa)* wenn doch; ~ **mai** wenn je; ~ **no** *v.* **sennò;** ~ **non** wenn nicht; ~ **non altro** wenigstens, zumindest; ~ **non che** nur daß, aber, jedoch; **come** ~ als ob; ~ **ben ricordo** wenn ich mich recht entsinne; ~ **me l'avesse detto, avrei accettato** wenn er (*o.* sie) es mir gesagt hätte, hätte ich angenommen; ~ **solo l'avessi saputo!** wenn ich das doch nur gewußt hätte!; **come ~ non lo sapessi!** als ob ich das nicht wüßte!; **II.** *m* Wenn *n*.
se[2] [se] *pron davanti a lo, la, li, le, ne v.* **si**[1].
S.E. 1. *ab di* **sudest** SO (*ab di* Südost); **2.** *ab di* **Sua Eccellenza** S. E. (*ab di* Seine Exzellenz).
sé [se] *pron rfl 3. pers* sich; **essere fuori di** ~ außer sich *(dat)* sein; **uscire di** ~ den Verstand verlieren; **da** ~ allein, von selbst; **fra** ~ bei sich *(dat)*; **fra ~ e ~** für sich (allein); **dentro di** ~ in seinem Inneren; **se stesso, ~ medesimo** sich selbst (*o.* selber); **un caso a** ~ ein Fall für sich; **va da ~ che ...** es versteht sich (von selbst), daß ...; **la cosa di per ~ ha poca importanza** die Sache an und für sich hat wenig Bedeutung; **è un uomo che si è fatto da** ~ er ist ein Selfmademan; **chi fa da ~ fa per tre** *prov* selbst ist der Mann *prov*; **ognuno per ~ e Dio per tutti** *prov* jeder für sich und Gott für alle.
sebaceo, -a [seˈbaːtʃeo] *a* Talg-.
Sebastiano [sebasˈti̯aːno] *(nome proprio maschile)* Sebastian.
sebbene [sebˈbɛːne] *con conj* obwohl, wenn auch, obgleich.
sebo [ˈsɛːbo] *m* Talg *m*.
seborrea [seborˈrɛːa] *f* Seborrhö(e) *f*.
sec. *ab di* **secondo** s. (*ab di* Sekunde).
secante [seˈkante] **I.** *a* Schnitt-; **II.** *f* **1.** *(retta)* Sekante *f*; **2.** *(funzione)* Sekans *m*.
secca [ˈsekka] ‹-cche› *f* **1.** *naut* Untiefe *f*; **2.** *fig* Klemme *f*; **3.** *dial* Trockenheit *f*.
seccante [sekˈkante] *a* lästig, unangenehm.
seccare [sekˈkaːre] ‹secco, secchi› **I.** *tr* ‹*avere*› **1.** *(aiuole)* trocknen, trokkenlegen; **2.** *gastr* trocknen, dörren; **3.** *(sorgente)* austrocknen; **4.** *fig fam* auf die Nerven gehen (*qu* jdm) *fam*; **II.** *itr* ‹*essere*› vertrocknen, verdorren; **III.** *rfl:* **-rsi 1.** *(diventare secco)* vertrocknen, verdorren; **2.** *fam* leid werden (*o.* sein) (*di qc* etw.), satt sein (*di qc* etw.); **si è seccato di fare questa vita** *fam* er hatte dieses Leben satt, dieses Leben hing ihm zum Hals heraus *fam*. **seccato, -a** [...ˈkaːto] *a* **1.** *(pianta, ramo)* verdorrt, vertrocknet; **2.** *fam* leid, satt. **seccatore, -trice** [...kaˈtoːre] *m, f fam* Störenfried *m*. **seccatura** [...kaˈtuːra] *f fam* Störung *f*, Belästigung *f*. **secchezza** [sekˈkettsa] *f* **1.** *(di aria, clima)* Trockenheit *f*; **2.** *(di persona)* Magerkeit *f*; **3.** *fig* Schroffheit *f*; *(di stile)* Nüchternheit *f*, Kargheit *f*.
secchia [ˈsekki̯a] ‹-cchie› *f* **1.** *(recipiente)* Eimer *m*, Kübel *m*; **2.** *fam pej* Streber(in) *m(f)*. **secchiello** [...ˈki̯ɛllo] *m* **1.** *(recipiente)* Eimerchen *n*, kleiner Eimer; **2.** *(borsetta)* Beutel *m*; ~ **per lo spumante** Sektkübel *m*. **secchio** [ˈsekki̯o] ‹-cchi› *m* Eimer *m*, Kübel *m*.
secchione, -a [sekˈki̯oːne] **I.** *m, f fam pej* Streber(in) *m(f)*; **II.** *m (di calcestruzzo)* Betonkübel *m*; *(di colata)* Gießpfanne *f*.
secco, -a [ˈsekko] ‹-cchi, -cche› **I.** *a* **1.** *(terreno, clima)* trocken; *(sorgente, etc.)* ausgetrocknet; **2.** *(frutta, funghi)* trocken, Trocken-; *(rami)* verdorrt, dürr; **3.** *(vino)* trocken, herb; *(liquore)* hart; **4.** *(persona, gambe)* dürr, mager; **5.** *fig* trocken, nüchtern, knapp; *(risposta a.)* schroff, brüsk; **fare ~ qu** *fam* jdn umlegen *fam*; **restarci** ~ *fam* dabei draufgehen *fam*; **II.** *m* **1.** *(aridità)* Trockenheit *f*, Trokkene(s) *n*; **2.** *naut* Trockene(s) *n*, Land *n*; **3.** *fig fam* Klemme *f*; **lavatura a** ~ chemische Reinigung; **murare a** ~ trocken mauern; *fig* essen, ohne zu trinken; **rimanere in** ~ *fig* auf dem trockenen sitzen.
secentesco, -a [setʃenˈtesko] ‹-schi, -sche› *a* das siebzehnte Jahrhundert betreffend. **secentista** [...ˈtista] ‹-i

m, -e *f*› *mf* Künstler(in) *m(f)* des Seicento.
secernere [se'tʃɛrnere] ‹secerno, secernei *o.* secernetti, secreto› *tr* absondern, ausscheiden.
secessione [setʃes'si̯o:ne] *f* Sezession *f.* **secessionismo** [...i̯o'nizmo] *m* Sezessionismus *m.* **secessionista** [...i̯o'nista] ‹-i *m*, -e *f*› Sezessionist(in) *m(f).*
seco ['se:ko] *pron poet* mit sich *(dat),* bei sich *(dat),* zu sich *(dat).*
secolare [seko'la:re] *a* **1.** *(che ha uno, più secoli)* jahrhundertealt; **2.** *(laico, mondano)* weltlich, säkular. **secolarizzare** [sekolarid'dza:re] **I.** *tr* säkularisieren; **II.** *rfl:* **-rsi** in die Weltgeistlichkeit eintreten. **secolarizzazione** [...dzat'tsi̯o:ne] *f* Säkularisierung *f.*
secolo ['sɛ:kolo] *m* **1.** *(periodo)* Jahrhundert *n;* **2.** *rel* Welt *f,* weltliches Leben; **3.** *poet* Welt *f;* **4.** *fam* Ewigkeit *f;* **il ~ dell'energia nucleare** das Atomzeitalter; **lo scandalo del ~** der Jahrhundertskandal; **per tutti i -i dei -i** in alle Ewigkeit; **Fra Biagio, al ~ Giovanni Bernuzzi** Bruder Blasius, mit weltlichem Namen Giovanni Bernuzzi; **rinunziare al ~** der Welt entsagen.
seconda[1] [se'konda] *f* **1.** *(classe)* zweite Klasse, zweites Schuljahr; **2.** *mot* zweiter Gang; **3.** *ferr, naut, aero* zweite Klasse; **4.** *mus* Sekunde *f;* **5.** *sport* Sekond *f;* **navigare a ~** mit dem Strom fahren; *(col vento)* im Wind segeln; **viaggiare in ~** zweiter Klasse reisen; **a ~ di** gemäß *dat,* (je) nach *dat;* **a ~ che** *conj* je nachdem, ob; **tutto gli va a ~** *fig* alles geht für ihn wunschgemäß.
seconda[2] *f v.* **secondo.**
secondamento [sekonda'mento] *m* Unterstützung *f.* **secondare** [...'da:re] *tr* unterstützen.
secondariamente [sekondari̯a'mente] *adv* zweitens. **secondario, -a** [...'da:ri̯o] ‹-i, -ie› *a* sekundär, Zweit-, Neben-; **era -a** Mesozoikum *n;* **proposizione -a** Nebensatz *m;* **scuola -a** Sekundarstufe *f.*
secondino [sekon'di:no] *m* Gefängniswärter *m.*
secondo [se'kondo] *prp* gemäß *dat,* nach *dat,* je nach *dat;* **~ l'uso** wie gewöhnlich, dem Brauch gemäß; **~ me/te** meiner/deiner Meinung nach; **~ che ...** *conj* je nachdem, ob ...; **vieni con noi? — ~ ...** kommst du mit uns? — je nachdem ...; **~ quanto mi hanno detto** soweit sie mir gesagt haben.
secondo, -a [se'kondo] **I.** *a* zweite(r, s); **minuto ~** Sekunde *f;* **Giacomo S~** Jakob der Zweite; **abiti/informazioni di -a mano** Kleider/Informationen aus zweiter Hand; **non essere ~ a nessuno** hinter niemandem zurückstehen; **II.** *m, f* Zweite(r, s) *mfn;* **III.** *m* **1.** *gastr* zweiter Gang, Hauptgang *m;* **2.** *(unità di misura del tempo, ab* **s., sec***)* Sekunde *f;* **3.** *(in un duello, sport)* Sekundant *m;* **4.** *naut* erster Offizier. **secondogenito, -a** [-'dʒɛ:nito] **I.** *a* zweitgeboren; **II.** *m, f* Zweitgeborene(r) *mf.*
secrétaire [səkre'tɛ:r] ‹-› *m* Sekretär *m.*
secreto [se'krɛ:to] **I.** *pp di* **secernere; II.** *m* Sekret *n.*
secrezione [sekret'tsi̯o:ne] *f* Sekretion *f,* Ausscheidung *f.*
sedano ['sɛ:dano] *m* Sellerie *m o. f.*
sedare [se'da:re] *tr* **1.** *(tumulto)* beruhigen, beilegen; **2.** *(dolore)* stillen, lindern. **sedativo, -a** [seda'ti:vo] **I.** *a* beruhigend, Beruhigungs-; **II.** *m* Beruhigungsmittel *n,* Sedativum *n scient.*
sede ['sɛ:de] *f* **1.** *com* Sitz *m,* Niederlassung *f;* **2.** *adm* Sitz *m,* Stelle *f,* Ort *m;* **3.** *med* Gegend *f;* **4.** *mot* Fahrbahn *f;* **~ sociale** Firmensitz *m;* **~ stradale** Fahrbahn *f;* **la Santa S~** der Heilige Stuhl; **città ~ di università** Universitätsstadt *f;* **in ~ di** bei *dat;* **in separata ~** *(a. fig)* beiseite, privat, unter vier Augen; **~ di prima nomina** *adm* erster Ernennungsort *adm.*
sedentarietà [sedentari̯e'ta] ‹-› *f* **1.** *(vita)* sitzende Lebensweise; **2.** *(di tribù, etc.)* Seßhaftigkeit *f.* **sedentario, -a** [...'ta:ri̯o] ‹-i, -ie› **I.** *a* **1.** *(lavoro, vita)* sitzend, im Sitzen; **2.** *(tribù)* seßhaft; **3.** *(persona)* bewegungsfaul; **servizi -i** Stubendienst *m;* **II.** *m, f* bewegungsfauler Mensch, Mensch mit sitzender Lebensweise.
sedere[1] [se'de:re] ‹siedo, sedetti *o.* sedei, seduto› **I.** *itr* ‹*essere*› sitzen; **mettersi/stare a ~** sich hinsetzen/sitzen; **~ a tavola** zu (*o.* am) Tisch sitzen; **~ giudice in tribunale** als Richter zu Gericht sitzen; **~ in giudizio** Richter sein; **II.** *rfl:* **-rsi** sich setzen; **~ a tavola** sich zu Tisch setzen.
sedere[2] [se'de:re] *m* **1.** *anat* Gesäß *n,* Hintern *m fam;* **2.** *(atto)* Sitzen *n;* **mi stai prendendo per il ~?** *fam* willst du mich verarschen? *vulg.*
sedetti [se'dɛtti] *1. pers sing del passato remoto di* **sedere.**
sedia ['sɛ:di̯a] ‹-ie› *f* Stuhl *m,* Sitz *m;* **~ a sdraio** Liegestuhl *m;* **~ elettrica**

elektrischer Stuhl.
sedicenne [sedi'tʃɛnne] **I.** *a* sechzehnjährig; **II.** *mf* Sechzehnjährige(r) *mf.*
sedicente [sedi'tʃɛnte] *a* vorgeblich, angeblich.
sedicesimo, -a [sedi'tʃɛ:zimo] **I.** *a* sechzehnte(r, s); **II.** *m, f* Sechzehnte(r, s) *mfn;* **III.** *m (frazione)* Sechzehntel *n,* sechzehnter Teil; *v. a. quinto.* **sedici** ['se:ditʃi] **I.** *a numerale* sechzehn; **II.** ‹-› *m (numero)* Sechzehn *f;* **1.** *(nelle date)* Sechzehnte(r) *m;* **III.** *f pl* sechzehn Uhr; *v. a. cinque.*
sedile [se'di:le] *m* Sitz *m; (di più posti a.)* Bank *f.*
sedimentare [sedimen'ta:re] *itr* ‹*essere o. avere*› einen (Boden)satz bilden. **sedimentario, -a** [...'ta:ri̯o] ‹-i, -ie› *a* sedimentär, Sediment-, Ablagerungs-. **sedimentazione** [...tat'tsi̯o:ne] *f* **1.** *(di liquido)* Bodensatzbildung *f,* Ablagerung *f;* **2.** *med* Blutsenkung *f;* **3.** *geol* Sedimentation *f.* **sedimento** [...'mento] *m* **1.** *(deposito)* Ablagerung *f; (di liquidi)* (Boden)satz *m;* **2.** *geol* Sediment *n,* Ablagerung *f.*
sedizione [sedit'tsi̯o:ne] *f* Aufstand *m,* Erhebung *f.* **sedizioso, -a** [...'tsi̯o:so] **I.** *a* aufständisch, aufrührerisch; **II.** *m, f* Aufständische(r) *mf,* Aufrührer(in) *m(f).*
sedotto [se'dotto] *pp di* **sedurre.**
seducente [sedu'tʃɛnte] *a* verführerisch.
sedurre [se'durre] ‹seduco, sedussi, sedotto› *tr* verführen; *(fig a.)* verlokken.
seduta [se'du:ta] *f* Sitzung *f;* ~ **operatoria** Operation *f;* ~ **stante** *(a. fig)* auf der Stelle.
seduto [se'du:to] *pp di* **sedere.**
seduttore, -trice [sedut'to:re] **I.** *a* verführerisch; **II.** *m, f* Verführer(in) *m(f).* **seduzione** [...t'tsi̯o:ne] *f* Verführung; *(fig a.)* Verlockung *f,* Versuchung *f.*
sega ['se:ga] ‹-ghe› *f* **1.** *(utensile)* Säge *f;* **2.** *vulg* Wichsen *n vulg;* ~ **circolare** Kreissäge *f;* ~ **da traforo** Laubsäge *f;* **farsi una** ~ *vulg* sich *(dat)* einen runterholen *vulg.*
segala, segale ['se:gala, ...le] *f* Roggen *m.*
segaligno, -a [sega'liɲɲo] *a* mager, hager, dürr.
segare [se'ga:re] ‹sego, seghi› *tr* **1.** *(tronco)* (ab)sägen; **2.** *(vene, gola)* durchschneiden; **3.** *(stringere)* (ein)schneiden in; **quest'anno agli esami mi hanno segato** *fam scherz* dieses Jahr haben sie mich bei den Prüfungen abgesägt *fam.* **segatrice** [sega'tri:tʃe] *f* Maschinensäge *f;* ~ **a disco** Kreissäge *f.* **segatura** [...'tu:ra] *f* **1.** *(azione)* (Ab-, Zer)sägen *n;* **2.** *(residuo)* Sägemehl *n,* Sägespäne *m pl.*
seggio ['sɛddʒo] ‹-ggi› *m* **1.** *parl* Sitz *m;* **2.** *fig (sedia importante)* Thron *m;* ~ **elettorale** *(luogo)* Wahllokal *n; (commissione)* Wahlausschuß *m.*
seggiola ['sɛddʒola] *f tosc (sedia)* Stuhl *m.*
seggiolino [seddʒo'li:no] *m (per bambini)* Kinder-, Hochstuhl *m; (sedia pieghevole)* Klappstuhl *m; aero* Pilotensitz *m;* ~ **eiettabile** Schleudersitz *m.* **seggiolone** [...'lo:ne] *m (per bambini)* Kinder-, Hochstuhl *m; (grande sedia)* Sessel *m,* Lehnstuhl *m;* **essere caduto dal** ~ *fam scherz* als Kind zu heiß gebadet worden sein.
seggiovia [seddʒo'vi:a] *f* Sessellift *m.*
segheria [sege'ri:a] ‹-ie› *f* Sägewerk *n,* Sägerei *f.*
seghettato, -a [seget'ta:to] *a* **1.** *tec* gezahnt, gezackt; **2.** *bot* gesägt; **coltello** ~ Sägemesser *n.*
seghetto [se'getto] *m* kleine Säge; *(per metalli)* Metallsäge *f.*
segmento [seg'mento] *m* Abschnitt *m,* Segment *n;* ~ **circolare/sferico** Kreis-/Kugelabschnitt *m.*
segnalamento [seɲɲala'mento] *m* Signale *n pl,* Zeichen *n pl.* **segnalare** [...'la:re] **I.** *tr* anzeigen, signalisieren; *(annunciare)* anzeigen, bekanntgeben, melden; *fig* aufmerksam machen auf; *(raccomandare)* empfehlen; **II.** *rfl:* **-rsi** sich auszeichnen (*per* durch). **segnalatore, -trice** [...la'to:re] **I.** *m, f* Melder(in) *m(f);* **II.** *m* Meldegerät *n,* Signalgeber *m.* **segnalazione** [...lat'tsi̯o:ne] *f* **1.** *opt, ferr, mot, aero* Zeichen *n pl,* Signalsystem *n;* **2.** *(trasmissione)* Meldung *f;* **3.** *fig* Hinweis *m; (raccomandazione)* Empfehlung *f.*
segnale [seɲ'ɲa:le] *m* Signal *n,* Zeichen *n;* ~ **d'allarme** Alarmsignal *n;* ~ **di libero/occupato** Frei-/Besetztzeichen *n;* ~ **orario** Zeitzeichen *n;* ~ **stradale/marittimo** Verkehrs-/Seezeichen *n.* **segnaletica** [seɲɲa'lɛ:tika] ‹-che› *f* Zeichen *n pl,* Signalsystem *n.*
segnalibro [seɲɲa'li:bro] *m* Lesezeichen *n.*
segnaposto [-'posto] *m* Tischkarte *f.*
segnare [seɲ'ɲa:re] **I.** *tr* **1.** *(notare)* anmerken; *(errori)* anstreichen; *(prendere nota)* aufschreiben; **2.** *(contrassegnare)* kennzeichnen,

bezeichnen; **3.** *com (prezzo)* auszeichnen; **4.** *sport (gol, punto)* erzielen; **5.** *(indicare)* anzeigen, zeigen auf; *(orologio, termometro)* anzeigen; *fig* bedeuten; **6.** *(scalfire)* kratzen, zeichnen; ~ **a debito/credito** anschreiben/gutschreiben; ~ **qu a dito** *fig* mit Fingern auf jdn zeigen; ~ **il passo** *mil, fig* auf der Stelle treten; ~ **il tempo** den Takt schlagen; **II.** *rfl:* **-rsi** sich bekreuzigen; **cose da -rsi** *fam* himmelschreiende Dinge *n pl.* **segnatempo** [...ɲaˈtɛmpo] ‹-› *m* Zeitnehmer *m.* **segnato, -a** [...ˈɲa:to] *a* **1.** *(volto)* gezeichnet; *(deforme)* entstellt; **2.** *fig* vorgezeichnet. **segnatura** [...ɲaˈtu:ra] *f* **1.** *(il segnare)* Kennzeichnung *f,* Bezeichnung *f;* **2.** *(di libro, typ)* Signatur *f;* **3.** *sport* Punktzahl *f.*

segno [ˈseɲɲo] *m* **1.** *gener.* Zeichen *n;* **2.** *med, fig* Symptom *n;* **3.** *(traccia a.)* Spur *f;* **4.** *(limite)* Ende *n,* Maß *n,* Grenze *f;* **5.** *(grado)* Grad *n,* Ausmaß *n;* **6.** *(punto)* Punkt *m;* **7.** *(bersaglio)* Ziel(scheibe *f*) *n;* **8.** *(prova)* Zeichen *n,* Beweis *m;* **9.** *(di libro)* Stelle *f;* *(oggetto)* Lesezeichen *n;* ~ **della croce** Kreuzzeichen *n;* ~ **meno/più** Minus-/Pluszeichen *n;* **-i dello zodiaco** Sternzeichen *n pl;* **-i di interpunzione** Satz-, Interpunktionszeichen *n pl;* **tiro a** ~ Scheibenschießen *n;* **andare a** ~ *(a. fig)* treffen; **avere la testa a** ~ Herr seiner selbst sein; **colpire nel** ~ *(a. fig)* ins Schwarze treffen; **fare** ~ **di sì/no** eine zustimmende/ablehnende Geste machen; **fare** ~ **con la mano/testa** ein Handzeichen geben/ein Zeichen mit dem Kopf machen; **passare il** ~ *fig* das Maß überschreiten, zu weit gehen; **a tal** ~ **che ...** so weit, daß ...; **in** ~ **di** zum Zeichen *gen;* **sotto il** ~ **della libertà** im Zeichen (*o.* unter dem Banner) der Freiheit; **essere nato sotto il** ~ **del Cancro** im Zeichen des Krebses geboren sein.

sego [ˈse:go] ‹-ghi› *m* Talg *m.*

segregare [segreˈga:re] ‹segrego, segreghi› **I.** *tr* absondern; **II.** *rfl:* **-rsi** sich absondern, sich zurückziehen. **segregazione** [...gatˈtsi̯o:ne] *f* Absonderung *f;* ~ **cellulare** Einzelhaft *f;* ~ **razziale** Rassentrennung *f.*

segreta [seˈgre:ta] *f* **1.** *(di armatura)* Kopfschutz *m* (unter dem Helm); **2.** *(cella)* Verlies *n.*

segretaria *f v.* **segretario.**

segretariato [segretaˈri̯a:to] *m* Sekretariat *n.* **segretario, -a** [...ˈta:ri̯o] ‹-i, -ie› *m, f* Sekretär(in) *m(f);* **-a di direzione** Chefsekretärin *f;* ~ **di stato** Staatssekretär *m;* ~ **di produzione/scena** Produktions-/Bühnenassistent *m;* ~ **particolare** Privatsekretär *m.* **segreteria** [...teˈri:a] ‹-ie› *f* Sekretariat *n,* Kanzlei *f;* ~ **telefonica** (automatischer) Anrufbeantworter *m.*

segretezza [segreˈtettsa] *f* Heimlichkeit *f,* Vertraulichkeit *f;* *(discrezione)* Diskretion *f,* Verschwiegenheit *f;* **con** ~ vertraulich. **segreto, -a** [seˈgre:to] **I.** *a* geheim, Geheim-, heimlich; **II.** *m* **1.** *gener.* Geheimnis *n;* **2.** *tec* Geheimverschluß *m;* **in (gran)** ~ geheim, unter (strenger) Geheimhaltung; **nel** ~ **della sua stanza** im stillen Kämmerchen; **nel** ~ **del suo cuore** im Innersten seines (*o.* ihres) Herzens.

seguace [seˈgu̯a:tʃe] *mf* Anhänger(in) *m(f).*

seguente [seˈgu̯ɛnte] *a* (*ab* **sg.**) folgend.

segugio [seˈgu:dʒo] ‹-gi› *m* Spürhund *m.*

seguire [seˈgu̯i:re] ‹seguo› **I.** *tr* ‹*avere*› **1.** *(andare dietro)* folgen (*qu* jdm); *(per trovare)* verfolgen; *(venire dopo)* folgen auf, kommen nach; **2.** *fig* folgen (*qc* einer S.), verfolgen; *(prescrizioni, consiglio, etc.)* befolgen; **3.** *(corso)* verfolgen, teilnehmen an; *(a. studi)* nachgehen *dat;* **seguite quello che dice?** könnt ihr ihm (*o.* ihr) folgen?; **II.** *itr* ‹*essere*› **1.** *(venir dopo)* folgen, kommen nach; **2.** *(continuare)* folgen, fortgesetzt werden; **3.** *(derivare)* entstehen, folgen; **segue a pag. 33** Fortsetzung auf S. 33.

seguitare [segu̯iˈta:re] **I.** *tr* ‹*avere*› fortsetzen, weitermachen (mit); **II.** *itr* ‹*essere o. avere*› fortfahren; **ha seguitato a parlare/scrivere/telefonare** er (*o.* sie) hat weitergesprochen/-geschrieben/-telefoniert; **se seguita così, me ne vado** wenn er (*o.* sie) so weitermacht, gehe ich; **seguita a nevicare** es schneit weiter.

seguito [ˈse:gu̯ito] *m* **1.** *(scorta)* Gefolge *n;* **2.** *(discepoli)* Nachwuchs *m,* Anhängerschaft *f;* **3.** *(consenso)* Zustimmung *f,* Erfolg *m;* **4.** *(sequela)* Folge *f,* Reihe *f;* **5.** *(continuazione)* Fortsetzung *f;* **6.** *fig* Nachspiel *n,* Folgen *f pl;* **7.** *adm* Bezugnahme *f* (*a* auf); **cane da** ~ Jagdhund *m;* **dare** ~ **a qc** etw. fortsetzen; **facciamo** ~ **alla nostra del ...** *adm* wir nehmen Bezug auf unser Schreiben vom ...; **in** ~ **si vedrà come ...** im folgenden wird man sehen, wie ...; **in** ~ **a** infolge *gen;* **in** ~ in der Folgezeit, demnächst, später; **di** ~ ohne Unterbrechung; **e così di ~** und so weiter (*o.* fort).

sei¹ ['sɛ:i] **I.** *a numerale* sechs; **II.** ‹-› *m* **1.** *(numero)* Sechs *f;* **2.** *(nelle date)* Sechste(r) *m;* **3.** *(voto scolastico)* ≃ ausreichend, vier; **III.** *f pl* sechs Uhr; *v. a. cinque.*

sei² ['sɛ:i] *v.* **essere.**

seicentesco [seitʃen'tesko] *v.* **secentesco. seicento** [sei'tʃɛnto] **I.** *a numerale* sechshundert; **II.** ‹-› *m* Sechshundert *f;* **il S~** das siebzehnte Jahrhundert; *(nell'arte italiana)* das Seicento.

seigiorni [sei'dʒorni] ‹-› *f* Sechstagerennen *n.*

seimila [sei'mi:la] **I.** *a numerale* sechstausend; **II.** ‹-› *m* Sechstausend *f.*

selce ['seltʃe] *f* Kiesel(stein) *m; (per pavimentazione)* Pflasterstein *m.* **selciare** [...'tʃa:re] ‹selcio, selci› *tr* pflastern. **selciato, -a** [...'tʃa:to] **I.** *a* gepflastert; **II.** *m* Pflaster *n,* Straßenpflaster(ung *f*) *n.*

selenio [se'lɛ:ni̯o] *m* Selen *n.*

selenita [sele'ni:ta] ‹-i *m,* -e *f*› *mf* Mondbewohner(in) *m(f).*

selenite [sele'ni:te] *f* Gipsspat *m.*

selenitico, -a [sele'ni:tiko] ‹-ci, -che› *a* Mond-.

selettività [selettivi'ta] ‹-› *f* **1.** *tec* Trennschärfe *f;* **2.** *(proprietà)* wählerische Art. **selettivo, -a** [...'ti:vo] *a* **1.** *(criteri, metodo)* selektiv, auswählend, Auswahl-; **2.** *(persona)* wählerisch; **3.** *tec* trennscharf.

selettore [selet'to:re] *m radio, TV* (Sender)wähler *m; tel* (Leitungs)wähler *m; el* Schalter *m.*

selezionamento [selettsi̯ona'mento] *m* Auswahl *f,* Auswahlverfahren *n.* **selezionare** [...'na:re] *tr* auswählen, selektieren *geh; (cernire)* sortieren. **selezionatore, -trice** [...na'to:re] **I.** *a* Auswahl-, Selektions-; **II.** *m, f* Auswähler(in) *m(f),* Sortierer(in) *m(f);* **III.** *f* Lochkartensortierer *m.*

selezione [selet'tsi̯o:ne] *f* **1.** *(scelta)* (Aus)wahl *f;* **2.** *biol* Selektion *f,* Auslese *f;* **3.** *tel* Wählen *n;* **4.** *inform* Sortierung *f;* **~ naturale** natürliche Auslese; **una ~ di prose** ausgewählte Prosastücke *n pl.*

self-service [self'sə:vɪs] ‹-› *m (ristorante)* Selbstbedienungsrestaurant *n; (negozio)* Selbstbedienungsladen *m.*

sella ['sɛlla] *f* Sattel *m;* **cavallo da ~** Reitpferd *n.* **sellaio** [sel'la:i̯o] ‹-ai› *m* Sattler *m.* **sellare** [...'la:re] *tr* satteln. **sellino** [...'li:no] *m* Sattel *m;* **~ posteriore** Rück-, Soziussitz *m.*

seltz [sɛlts] ‹-› *m* Selterswasser *n.*

selva ['selva] *f* **1.** *bot* Wald *m;* **2.** *fig* Menge *f,* Haufen *m; (di cose a.)* Dikkicht *n;* **la S~ Ercinia/Nera** der Harz/der Schwarzwald.

selvaggia *f v.* **selvaggio.**

selvaggina [selvad'dʒi:na] *f* Wild *n,* Wildbret *n.*

selvaggio, -a [sel'vaddʒo] ‹-ggi, -gge› **I.** *a* wild; **II.** *m, f* Wilde(r) *mf.*

selvatichezza [selvati'kettsa] *f* Roheit *f.* **selvatico, -a** [...'va:tiko] ‹-ci, -che› **I.** *a* **1.** *bot, zoo* wild; **2.** *fig pej* grob, ungesellig; **II.** *m* **1.** *(odore)* Wildgeruch *m; (sapore)* Wildgeschmack *m;* **2.** *(luogo)* Wildnis *f.*

selvicoltore [selvikol'to:re] *m* Forstwirt(in) *m(f).* **selvicoltura** [...'tu:ra] *f* Forstwirtschaft *f,* Waldbau *m.*

selz [sɛlts] *v.* **seltz.**

semaforo [se'ma:foro] *m* Ampel *f; ferr* Signal *n;* **~ marittimo** Signalstation *f;* **~ verde** *fig* grünes Licht.

semantica [se'mantika] ‹-che› *f* Semantik *f.* **semantico, -a** [...ko] ‹-ci, -che› *a* semantisch.

sembiante [sem'bi̯ante] *m obs* Aussehen *n; (volto)* Antlitz *n geh.* **sembianza** [...'bi̯antsa] *f* **1.** *obs (somiglianza)* Ähnlichkeit *f,* Ebenbild *n;* **2.** ‹*pl*› *(lineamenti)* Züge *m pl.*

sembrare [sem'bra:re] *itr* ‹*essere*› scheinen, erscheinen, aussehen; **sembra che ...** *conj* es scheint, daß ...

seme ['se:me] *m* **1.** *bot* Same(n) *m,* Keim *m; (gastr a.)* Kern *m;* **2.** *fig* Same *m,* Saat *f,* Keim *m;* **3.** *(delle carte)* Farbe *f.* **semente** [se'mɛnte] *f* Saat *f,* Saatgut *n.* **semenza** [se'mɛntsa] *f* **1.** *bot* Saat *f,* Saatgut *n;* **2.** *fig poet* Geschlecht *n;* **3.** *(chiodo)* Tä(c)ks *m.*

semestrale [semes'tra:le] *a* halbjährlich, Halbjahres-; *(corso)* Semester-. **semestre** [se'mɛstre] *m* Halbjahr *n; (all'università)* Semester *n.*

semi- [semi-] *(in parole composte)* Halb-, halb-, Semi-, semi-. **semiaperto, -a** [-a'pɛrto] *a* halboffen, halbgeöffnet. **semiasse** [-'asse] *m* **1.** *mat* Halbachse *f;* **2.** *mot* Antriebswelle *f.* **semibiscroma** [-bis'krɔ:ma] *f* Vierundsechzigstelnote *f.* **semibreve** [-'brɛ:ve] *f* ganze Note, Ganztaktnote *f.* **semicerchio** [-'tʃerki̯o] *m* Halbkreis *m;* **disporsi a ~** sich im Halbkreis aufstellen. **semichiuso, -a** [-'ki̯u:so] *a* halbgeschlossen. **semicircolare** [-tʃirko'la:re] *a* halbkreisförmig, halbrund. **semicirconferenza** [-tʃirkonfe'rɛntsa] *f* halbe Kreislinie. **semicoperto, -a** [-ko'pɛrto] *a* halbbedeckt. **semicroma** [-'krɔ:ma] *f* Sechzehntelnote *f.* **semidio, -dea** [-ˈdi:o *o.* -dˈdi:o, -ˈdɛ:a *o.* -dˈdɛ:a] *m, f* Halbgott *m,* -göttin *f.* **semifinale** [-fiˈna:le] *f* Semi-, Halbfinale *n.* **semifreddo** [-ˈfreddo] *m* Halbgefrorene(s) *n.* **semigrasso, -a** [-ˈgrasso] *a* halbfett. **semilunio** [-ˈlu:ni̯o] ‹-i› *m* Halbmond *m.* **semiminima** [-ˈmi:nima] *f* Viertelnote *f.*

semina [ˈse:mina] *f agr* **1.** *(operazione)* Aussaat *f;* **2.** *(periodo)* Saatzeit *f.* **seminale** [semiˈna:le] *a* Samen-, Keim-. **seminare** [...ˈna:re] *tr* **1.** *agr* (aus)säen; **2.** *fig (odio, etc.)* säen; **3.** *sport* abschütteln, abhängen.

seminario [semiˈna:ri̯o] ‹-i› *m* Seminar *n; rel* Priesterseminar *n.*

seminato, -a [semiˈna:to] **I.** *a* **1.** *agr* gesät, besät (*a* mit); **2.** *fig* übersät (*di* mit); **II.** *m* **1.** *agr* Saatfeld *n;* **2.** *fig* Thema *n;* **uscire dal ~** *(divagare)* vom Thema abkommen; *(farneticare)* verrückt werden. **seminatore, -trice** [...naˈto:re] **I.** *m, f* **1.** *agr* Säer(in) *m(f),* Sämann *m;* **2.** *fig* Stifter(in) *m(f);* **II.** *f* Sämaschine *f.*

seminfermità [seminfermiˈta] *f* halbkranker Zustand; **~ mentale** verminderte (*o.* halbe) Zurechnungsfähigkeit.

seminterrato, -a [seminterˈra:to] **I.** *a* Keller-, Souterrain-; **II.** *m* Kellergeschoß *n,* Souterrain *n.*

seminudo, -a [-ˈnu:do] *a* halbnackt.

semiologia [semi̯oloˈdʒi:a] ‹-gie› *f* Semiologie *f.*

semioscurità [semioskuriˈta] *f* Halbdunkel *n.* **semioscuro, -a** [...ˈku:ro] *a* halbdunkel.

semiotica [seˈmi̯ɔ:tika] ‹-che› *f* Semiotik *f.*

semipieno, -a [semiˈpi̯ɛ:no] *a* halbvoll.

semisfera [-sˈfɛ:ra] *f* Halbkugel *f,* Hemisphäre *f.* **semisferico, -a** [-sˈfɛ:riko] *a* halbkugelförmig, Halbkugel-, hemisphärisch.

semita [seˈmi:ta] ‹-i *m,* -e *f*› **I.** *mf* Semit(in) *m(f);* **II.** *a* semitisch.

semitappa [-ˈtappa] *f* halbe Etappe.

semitico, -a [seˈmi:tiko] ‹-ci, -che› *a* semitisch.

semitono [-ˈtɔ:no] *m* Halbton *m.*

semiufficiale [-uffiˈtʃa:le] *a* halbamtlich.

semmai [semˈma:i] *con* wenn je, falls je.

semola [ˈse:mola] *f* **1.** *(farina)* Grieß *m;* **2.** *(crusca)* Kleie *f.* **semolato, -a** [semoˈla:to] *a* fein(gekörnt). **semolino** [...ˈli:no] *m* **1.** *(farina)* Grieß(mehl *n*) *m;* **2.** *(minestra)* Grießsuppe *f.*

sempiterno, -a [sempiˈtɛrno] *a poet* ewiglich *poet.*

semplice [ˈsemplitʃe] *a* **1.** *gener.* einfach; **2.** *(fig a.)* schlicht, simpel; *pej (ingenuo)* einfältig; **3.** *(soltanto)* bloß, rein. **semplicemente** [-ˈmente] *adv* **1.** *(soltanto)* (einfach) nur, bloß; **2.** *(in modo semplice)* einfach, schlicht, simpel. **semplicione, -a** [...ˈtʃo:ne] *fam* **I.** *a* einfach, anspruchslos; **II.** *m, f* einfacher Mensch. **sempliciotto, -a** [...ˈtʃɔtto] *fam* **I.** *a* einfältig; **II.** *m, f* Einfaltspinsel *m.*

semplicismo [sempliˈtʃizmo] *m* Oberflächlichkeit *f.* **semplicistico, -a** [...ˈtʃistiko] ‹-ci, -che› *a* oberflächlich. **semplicità** [...tʃiˈta] ‹-› *f* **1.** *gener.* Einfachheit *f;* **2.** *fig* Einfachheit *f,* Schlichtheit *f,* Klarheit *f; pej (ingenuità)* Einfältigkeit *f.*

semplificare [semplifiˈka:re] ‹semplifico, semplifichi› **I.** *tr* **1.** *gener.* vereinfachen; **2.** *mat* kürzen; **II.** *rfl:* **-rsi** einfach werden, sich vereinfachen. **semplificazione** [...katˈtsi̯o:ne] *f* Vereinfachung *f.*

sempre [ˈsɛmpre] *adv* **1.** *(in ogni tempo)* immer, stets; **2.** *(dall'inizio alla fine, continuamente)* ständig, die ganze Zeit, immer(zu); **3.** *(ancora, tuttavia)* immer noch; **4.** *(con comparativo)* immer; **5.** *(ma)* aber nur, immer(nur); **di ~** üblich; **da ~** seit jeher, seit eh und je; **~ che** *conj* falls (nur), wenn (nur), vorausgesetzt, daß; **una volta per ~** ein für allemal; **vorrei parlarti, ~ col tuo consenso** ich würde gern mit dir sprechen, aber nur mit deinem Einverständnis. **sempreverde** [sempreˈverde] **I.** *a* immergrün; **II.** *m o. f* Immergrün *n.*

sempronio, -a [semˈprɔ:ni̯o] ‹-i, -ie› *m, f fam* irgendwer, Herr/Frau Soundso; **Tizio, Caio e S~** Hinz und Kunz *fam.*

senape [ˈsɛ:nape] **I.** *f* Senf *m;* **II.** ‹*inv*› *a* senffarben.

senato [seˈna:to] *m* Senat *m.* **senatore, -trice** [senaˈto:re] *m, f* Senator(in) *m(f).* **senatoriale** [...toˈri̯a:le] *a* Senats-, Senatoren-. **senatrice** *f v.* **senatore.**

senescente [seneʃˈʃɛnte] *a geh* alternd. **senescenza** [...ˈʃɛntsa] *f geh* Altern *n.*

senile [seˈni:le] *a* Greisen-, Alters-. **senilità** [seniliˈta] ‹-› *f* (Greisen)alter *n.*

senior [ˈsɛ:ni̯or] ‹seniores› **I.** *a* **1.** ‹*inv*› senior; **2.** *a sport* Senioren-; **il signor Giorgi ~** Herr Giorgi senior (*o.* der Ältere); **II.** *m(f)* Senior(in) *m(f).*

Senna ['sɛnna] *f* Seine *f.*
senno ['senno] *m* Verstand *m;* **uscire di ~, perdere il ~** den Verstand verlieren; **il ~ di poi** die späte (*o.* verspätete) Einsicht; **del ~ di poi son piene le fosse** *prov* hinterher ist man immer klüger.
sennò [sen'nɔ] *adv fam* sonst.
sennonché [sennoŋ'ke] *con* aber; jedoch; nur, daß.
seno[1] ['se:no] *m* **1.** *(petto)* Brust *f,* Busen *m;* **2.** *(ventre)* Leib *m,* Schoß *m;* **3.** *fig* Innere(s) *n,* Busen *m geh; (cuore)* Herz *n; (anima)* Seele *f;* **4.** *geog* Meerbusen *m,* Bucht *f;* **~ frontale** Stirnhöhle *f;* **in ~ alla famiglia** im Schoße der Familie.
seno[2] ['se:no] *m mat* Sinus *m.*
senonché [senoŋ'ke] *v.* **sennonché.**
sensale [sen'sa:le] *mf* Vermittler(in) *m(f).*
sensatezza [sensa'tettsa] *f* Vernunft *f,* Vernünftigkeit *f.* **sensato, -a** [...'sa:to] *a* vernünftig.
sensazionale [sensattsi̯o'na:le] *a* sensationell, aufsehenerregend. **sensazione** [...'tsi̯o:ne] *f* **1.** *(tattile, visiva)* Gefühl *n,* Empfindung *f;* **2.** *(impressione)* Eindruck *m,* Gefühl *n;* **3.** *(viva impressione)* Sensation *f,* Aufsehen *n;* **fare ~** Aufsehen erregen.
sensibile [sen'si:bile] *a* **1.** *(fenomeni)* (sinnlich) wahrnehmbar; **2.** *(persona)* sensibel, feinfühlig; *med* empfindlich (*a* gegen); *fig* empfänglich (*a* für); **3.** *(notevole)* spürbar, merklich; **4.** *tec* empfindlich; *fot* (licht)empfindlich. **sensibilità** [sensibili'ta] ‹-› *f* **1.** *(capacità di percepire)* Empfindungsvermögen *n,* Gefühl *n;* **2.** *(emotiva)* Sensibilität *f,* Feingefühl *n;* **3.** *tec, med* Empfindlichkeit *f; fot* (Licht-) empfindlichkeit *f.* **sensibilizzare** [...lid'dza:re] *tr* empfindlich machen; *(a. fig)* sensibilisieren.
sensitiva *f v.* **sensitivo.**
sensitività [sensitivi'ta] ‹-› *f* Empfindung *f,* Empfindungsvermögen *n.* **sensitivo, -a** [...'ti:vo] **I.** *a* **1.** *(facoltà, etc.)* sinnlich, Sinnen-; *(organo)* Sinnes-; **2.** *(sensibile, emotivo)* empfindlich, empfindsam, sensibel; **II.** *m, f* Medium *n.*
senso ['sɛnso] *m* **1.** *(facoltà)* Sinn *m;* **2.** ‹*pl*› *(coscienza)* Sinne *m pl,* Bewußtsein *n; (sensualità)* Sinne *m pl,* Sinnlichkeit *f;* **3.** *(stato)* Gefühl *n; (impressione, sensazione)* Empfindung *f; (criterio)* Sinn *m* (*di* für), Gefühl *n* (*di* für); **4.** *(significato)* Sinn *m;* **5.** *(direzione)* Richtung *f;* **buon ~, ~ comune** gesunder Menschenverstand; **~ pratico** Sinn *m* fürs Praktische; **~ della misura** Taktgefühl *n;* **~ vietato** Einfahrt verboten; **~ unico** Einbahnstraße *f;* **in ~ opposto** in Gegenrichtung, in entgegengesetzter Richtung; **in ~ orario/antiorario** im/gegen den Uhrzeigersinn; **nel ~ della lunghezza/larghezza** der Länge/Breite nach; **a ~** sinngemäß; **ai -i di** gemäß *dat;* **fare ~** anekeln, ekelhaft sein. **sensoriale** [senso'ri̯a:le] *a* Sinnes-, Empfindungs-. **sensorio, -a** [...'sɔ:ri̯o] ‹-i, -ie› *a* sensorisch, Sinnes-.
sensuale [sensu'a:le] *a* sinnlich; *(dei sensi)* Sinnes-, Sinnen-. **sensualità** [..uali'ta] ‹-› *f* Sinnlichkeit *f.*
sentenza [sen'tɛntsa] *f* **1.** *jur* Urteil(sspruch *m*), *n;* **2.** *(massima)* (Aus)spruch *m,* Sentenz *f;* **~ di assoluzione/condanna** Freispruch *m*/Verurteilung *f;* **sputar -e** Sprüche klopfen *fam.* **sentenziare** [senten'tsi̯a:re] ‹sentenzio, sentenzi› **I.** *tr* **1.** *jur* verhängen; **2.** *fig* ein Urteil abgeben über, seine Meinung sagen zu; **II.** *itr* urteilen, das (*o.* ein) Urteil verkünden. **sentenzioso, -a** [...'tsi̯o:so] *a* **1.** *(libro, stile)* sentenzhaft; **2.** *(persona)* schulmeisterlich, dozierend.
sentiero [sen'ti̯ɛ:ro] *m* Pfad *m,* Weg *m.*
sentimentale [sentimen'ta:le] *a* sentimental. **sentimentalismo** [...ta'lizmo] *m pej* Sentimentalität *f,* Gefühlsseligkeit *f,* Gefühlsduselei *f fam.* **sentimentalità** [...tali'ta] ‹-› *f* Sentimentalität *f.*
sentimento [senti'mento] *m* **1.** *(il sentire)* Gefühl *n;* **2.** ‹*pl*› *(modo di pensare)* Gesinnung *f;* **3.** *(opinione)* Meinung *f;* **~ di sé** Selbstachtung *f.*
sentinella [senti'nɛlla] *f* Wache *f;* **fare la ~** (auf) Wache stehen, Wache schieben *fam.*
sentire [sen'ti:re] ‹sento› **I.** *tr* **1.** *(con le orecchie)* hören; *(ascoltare)* zuhören (*qu* jdm), sich *(dat)* anhören; **2.** *(con il naso)* riechen; **3.** *(col gusto)* schmecken; *(assaggiare)* probieren, kosten; **4.** *(col tatto)* spüren, fühlen; **5.** *(provare)* fühlen, (ver)spüren, empfinden; *(fame, sete)* haben; **6.** *(venire a sapere)* erfahren, hören; **7.** *(consultare)* befragen, konsultieren, zu Rate ziehen; **8.** *(accorgersi)* merken, wahrnehmen, spüren; **~ la fatica/noia** Mühe/Langeweile haben; **~ la musica/poesia** ein Gespür für Musik/Poesie haben; **sento caldo/freddo** mir ist (es) warm/ich friere; **farsi ~** sich

(dat) Gehör verschaffen; **mi sentirà!** *fam* ich werd' ihm (*o.* ihr) was erzählen *fam!*; **II.** *itr* **1.** *(avere odore)* riechen (*di* nach); *(avere sapore)* schmecken (*di* nach); **2.** *(udire)* hören (können); **III.** *rfl:* **-rsi** sich fühlen; *(essere disposto)* sich imstande fühlen; **-rsi svenire** sich einer Ohnmacht nahe fühlen; **-rsi commosso** gerührt sein; **non me la sento** *fam* ich habe keine Lust dazu; **IV.** *m geh, obs* Gesinnung *f.* **sentito, -a** [...'ti:to] *a* herzlich, aufrichtig; **per ~ dire** vom Hörensagen. **sentore** [...'to:re] *m* Ahnung *f;* **avere ~ di qc** von etw. Wind bekommen *fam.*

senza ['sɛntsa] **I.** *prp* ohne *acc,* -los; **~ di me/te/lui** ohne mich/dich/ihn; **~ casa** obdachlos; **~ dubbio** zweifellos; **~ paragone** unvergleichlich, ohnegleichen; **senz'altro** ohne weiteres, auf jeden Fall; **fare ~ qc/qu** ohne etw./jdn auskommen; **rimanere ~ qc** etw. nicht mehr haben; **II.** *con* ohne zu; **~ dire niente** ohne etw. zu sagen; **~ che** *conj* ohne daß. **senzadio** [sentsa'di:o] ‹-› *mf* Gottlose(r) *mf.* **senzapatria** [-'pa:tri̯a] ‹-› *mf* Staaten-, Heimatlose(r) *mf.* **senzatetto** [-'tetto] ‹-› *mf* Obdachlose(r) *mf.*

separare [sepa'ra:re] **I.** *tr* trennen; *(tenere distinto)* unterscheiden; **II.** *rfl:* **-rsi** sich trennen, auseinandergehen. **separatamente** [...rata'mente] *adv* getrennt; *(uno alla volta)* einzeln. **separatismo** [...ra'tizmo] *m* Separatismus *m.* **separatista** [...ra'tista] ‹-i *m,* -e *f*› **I.** *mf* Separatist(in) *m(f);* **II.** *a* separatistisch. **separatistico, -a** [...ra'tistiko] ‹-ci, -che› *a* separatistisch. **separato, -a** [...'ra:to] *a* getrennt. **separatore, -trice** [...ra'to:re] *a* trennend, Trenn-. **separazione** [...rat'tsi̯o:ne] *f* Trennung *f;* *(distacco a.)* Abschied *m,* Auseinandergehen *n;* **~ dei beni** Gütertrennung *f.*

sepolcrale [sepol'kra:le] *a* Grab-; *fig (silenzio, voce)* Grabes-. **sepolcro** [se'polkro] *m* Grab *n,* Grabmal *n;* **-i imbiancati** *rel* Heuchler *m pl.*

sepolto, -a [se'polto] **I.** *pp di* **seppellire; II.** *a* **1.** *(seppellito)* begraben, beerdigt; **2.** *fig* versunken; **III.** *m, f* Begrabene(r) *mf.* **sepoltura** [...'tu:ra] *f* **1.** *(sepolcro)* Begräbnisstätte *f;* **2.** *(cerimonia)* Begräbnis *n,* Beerdigung *f,* Beisetzung *f.*

seppellimento [seppelli'mento] *m* Begräbnis *n,* Beerdigung *f.* **seppellire** [...'li:re] ‹seppellisco, seppellisci, seppellii, seppellito *o.* sepolto› **I.** *tr* **1.** *(morti)* begraben, beisetzen, beerdigen; **2.** *(oggetti)* vergraben; **3.** *(ricoprire)* verschütten, begraben; **4.** *fam scherz* überleben; **5.** *fig (passato, rancori)* begraben, vergessen; **II.** *rfl:* **-rsi** sich vergraben.

seppi ['sɛppi] *1. pers sing del passato remoto di* **sapere.**

seppia ['seppi̯a] ‹-ie› **I.** *f* Tintenfisch *m,* Sepia *f;* **II.** ‹*inv*› *a* sepiabraun.

seppure, se pure [sep'pu:re] *con conj* auch (*o.* selbst) wenn.

sequela [se'ku̯ɛ:la] *f* Folge *f,* (lange) Reihe *f.*

sequenza [se'ku̯ɛntsa] *f* **1.** *(serie)* (Ab-, Reihen)folge *f,* Reihe *f,* Serie *f;* **2.** *film* Sequenz *f;* **3.** *(nelle carte)* Reihe *f,* Sequenz; **4.** *rel* Sequenz *f.*

sequestrare [seku̯es'tra:re] *tr* **1.** *jur* beschlagnahmen; **2.** *(illegalmente)* entführen; **3.** *scherz* einsperren. **sequestratore, -trice** [...ra'to:re] *m, f* **1.** *jur (chi chiede)* Besteller(in) *m(f)* des Sequesters; *(chi esegue)* Sequester *m;* **2.** *(criminale)* Geiselnehmer(in) *m(f).* **sequestro** [se'ku̯ɛstro] *m* **1.** *jur* Beschlagnahme *f;* **2.** *(illegale)* Entführung *f;* **~ di persona** Freiheitsberaubung *f;* **mettere sotto ~** beschlagnahmen, in Beschlag nehmen; **tenere sotto ~** unter (*o.* in) Beschlag halten.

sera ['se:ra] *f* Abend *m;* **~ della vita** Lebensabend *m;* **buona ~!** guten Abend!

serafico, -a [se'ra:fiko] ‹-ci, -che› *a* **1.** *fig fam* seelenruhig; **2.** *rel* seraphisch, engelhaft; **ordine ~** Franziskanerorden *m.*

serafino [sera'fi:no] *m* Seraph *m.*

serale [se'ra:le] *a* abendlich, Abend-. **serata** [se'ra:ta] *f* Abend *m;* *(festa a.)* Abendveranstaltung *f.*

serbare [ser'ba:re] **I.** *tr* **1.** *(conservare)* (auf)bewahren, (auf)sparen; **2.** *fig (parola)* halten; *(promessa)* (ein)halten; *(segreto)* bewahren; **II.** *rfl:* **-rsi** sich erhalten, bleiben.

serbatoio [serba'to:i̯o] ‹-oi› *m* Tank *m.*

serbo ['sɛrbo] *m:* **in ~** in Verwahrung, in Aufbewahrung; **avere in ~ una sorpresa per qu** für jdn eine Überraschung auf Lager haben.

serenata [sere'na:ta] *f* Serenade *f;* *(canto)* Ständchen *n.*

serenissimo, -a [sere'nissimo] **I.** *a geh obs* durchlauchtigste(r, s) *geh obs;* **Altezza Serenissima** Durchlaucht *f;* **II.** *f (Venezia)* Republik Venedig *f.*

serenità [sereni'ta] ‹-› *f* **1.** *(di perso-*

na) Heiterkeit *f*, Ruhe *f*; **2.** *(di giudizio)* Unparteilichkeit *f*. **sereno, -a** [se're:no] **I.** *a* **1.** *meteo* heiter, wolkenlos; **2.** *(persona)* heiter, ruhig; *(a. vita)* unbeschwert; *(coscienza)* rein; *(giudizio)* unparteiisch; *(valutazione)* sachlich, objektiv; **II.** *m* heiterer Himmel.

sergente [ser'dʒɛnte] *m* **1.** *mil* Sergeant *m*, Unteroffizier *m*; **2.** *fig pej* Feldwebel *m*; **3.** *tec* (Schraub)zwinge *f*.

Sergio ['sɛrdʒo] *nome proprio maschile*.

sericoltura [serikol'tu:ra] *f* Seidenraupenzucht *f*.

serie ['sɛ:ri̯e] ⟨-⟩ *f* **1.** *(successione)* Reihe *f*, Serie *f*, Folge *f*; *chem* Reihe *f*; *tec, com* Serie *f*; **2.** *(raccolta)* Serie *f*, Satz *m*; **3.** *sport* Klasse *f*, Liga *f*; **modello di/fuori ~** Serien-/Sondermodell *n*; **produzione in ~** Serienproduktion *f*.

serietà [seri̯e'ta] ⟨-⟩ *f* Ernst(haftigkeit *f*) *m*; *(a. gravità)* Ernst *m*.

serigrafia [serigra'fi:a] *f* Siebdruck *m*.

serio, -a ['sɛ:ri̯o] ⟨-i, -ie⟩ **I.** *a* ernsthaft; *(grave)* ernst; **II.** *m* Ernst *m*; **sul ~** im Ernst, ernsthaft; **fare sul ~** *fam* keinen Spaß machen, es ernst meinen; **prendere qc/qu sul ~** etw./jdn ernst nehmen.

sermone [ser'mo:ne] *m* **1.** *rel* Predigt *f*; **2.** *fig pej* Sermon *m*.

serpaio [ser'pa:i̯o] ⟨-ai⟩ *m* **1.** *(luogo)* Schlangengrund *m*; **2.** *(cercatore)* Schlangenfänger *m*. **serpe** ['sɛrpe] *f* Schlange *f*.

serpeggiante [serped'dʒante] *a* gewunden.

serpeggiare [serped'dʒa:re] ⟨serpeggio, serpeggi⟩ *itr* **1.** *(strada, fiume)* sich schlängeln, sich winden; **2.** *fig* sich einschleichen.

serpente [ser'pɛnte] *m* **1.** *zoo, fig pej* Schlange *f*; **2.** *(pelle)* Schlangenleder *n*; **~ a sonagli** Klapperschlange *f*; **~ dagli occhiali** Brillenschlange *f*; **~ di mare** Wasserschlange *f*; *fig (notizia falsa)* Ente *f*.

serpentina [serpen'ti:na] *f* **1.** *(linea)* Schlangenlinie *f*; *(di strada)* Serpentine *f*; **2.** *sport* Zickzackkurs *m*; **3.** *chem* (Heiz)schlange *f*; **4.** *geol* Serpentinfelsen *m*. **serpentino, -a** [...no] **I.** *a* Schlangen-, schlangenförmig, schlangenartig; **lingua -a** *fig* gespaltene Zunge; **II.** *m* **1.** *min* Serpentin *m*; **2.** *chem* (Heiz)schlange *f*.

serra¹ ['sɛrra] *f bot, agr* Treib-, Gewächshaus *n*; **essere un fiore di ~** *fig* eine Mimose sein.

serra² ['sɛrra] *f geog* Sierra *f*.

serradadi [serra'da:di] ⟨-⟩ *m* Schraubenschlüssel *m*.

serrafila [-'fi:la] **I.** *mf* Hintermann *m*; **II.** *f* Schlußschiff *n*.

serrafilo [-'fi:lo] *m* (Verbindungs-)klemme *f*.

serraglio¹ [ser'raʎʎo] ⟨-gli⟩ *m zoo* Menagerie *f*, Tierschau *f*.

serraglio² [ser'raʎʎo] ⟨-gli⟩ *m* **1.** *(harem)* Serail *n*, Harem *m*; **2.** *fig* wilder (*o.* unbändiger) Haufen.

serramanico [serra'ma:niko] *m*: **coltello a ~** Klappmesser *n*.

serrame [ser'ra:me] *m* Verschluß *m*, Riegel *m*.

serramento [serra'mento] ⟨-i *m o.* -a *f*⟩ *m* Fenster und Türen *pl*.

serranda [ser'randa] *f* Rolladen *m*.

serrare [ser'ra:re] **I.** *tr* **1.** *(porta, baule)* (ab-, ver)schließen; *(vele)* streichen; **2.** *(occhi)* schließen, zukneifen; *(pugni)* ballen; *(labbra)* zusammenpressen; **3.** *fig (nemico)* bedrängen; **4.** *(accelerare)* anziehen, beschleunigen; **5.** *tec (dado, etc.)* anziehen; **il pianto le serrava la gola** vom Weinen war ihr die Kehle wie zugeschnürt; **II.** *itr* schließen. **serra serra** ['sɛrra 'sɛrra] ⟨-⟩ *m* Gedränge *n*. **serrata** [ser'ra:ta] *f* Aussperrung *f*.

serrate [ser'ra:te] *m sport*: **~ finale** Endspurt *m*.

serrato, -a [ser'ra:to] *a* **1.** *(maglia)* dicht; *(schiera)* dichtgedrängt; **2.** *fig (conciso)* kurz (und bündig), gedrängt, knapp, konzis *geh*; *(veloce)* rasch, schnell.

serratura [serra'tu:ra] *f* Schloß *n*; **~ di sicurezza** Sicherheitsschloß *n*; **~ a scatto** Schnappschloß *n*.

serva ['sɛrva] *f* **1.** *(donna di servizio)* Bedienstete *f*, Dienstmädchen *n*; **2.** *fig pej* Magd *f*, Dienerin *f*; *fam pej (pettegola)* Waschweib *n fam*.

servibile [ser'vi:bile] *a* **1.** *(cibi)* servierbar; **2.** *(utilizzabile)* brauchbar, benutzbar.

servigio [ser'vi:dʒo] ⟨-gi⟩ *m geh* Dienst *m*, Wohltat *f*.

servile [ser'vi:le] *a* **1.** *(condizione, mestiere)* Sklaven-, Knechts-; **2.** *fig pej* knechtisch, unterwürfig, servil; **verbo ~** Hilfsverb *n*; **lavori -i** sonntags verbotene Arbeiten *f pl*. **servilismo** [servi'lizmo] *m* Unterwürfigkeit *f*. **servilità** [...li'ta] ⟨-⟩ *f* Unterwürfigkeit *f*, Servilität *f*.

servire [ser'vi:re] ⟨servo⟩ **I.** *tr* ⟨*avere*⟩ **1.** *(come domestico)* dienen bei, im Dienst sein bei; *(re, dio, etc.)* dienen (*qu* jdm); *(clienti)* bedienen; **2.** *mil* *(patria, etc.)* dienen *dat;* **3.** *(cibi)* servieren, auftragen; **4.** *sport* den Ball zuspielen (*qu* jdm); **5.** *(mezzo di trasporto)* bedienen, befahren; ~ **la messa** ministrieren, Meßdiener sein, bei der Messe dienen; **in che posso servirla?** womit kann ich Ihnen dienen?; **ora lo servo io** *iron* jetzt geb' ich's ihm *fam;* **II.** *itr* ‹*essere o. avere*› **1.** *(essere utile)* nützen, dienen; **2.** *mil* dienen; **3.** *sport* angeben; *(tennis, etc.)* aufschlagen; **4.** *(a tavola)* servieren; *(a. com)* bedienen; **mi serve una sedia** *fam* ich brauche einen Stuhl; **III.** *rfl:* **-rsi 1.** *(usare)* benutzen (*di qc* etw.), sich bedienen; **2.** *(a tavola)* sich bedienen; **3.** *(essere cliente)* einkaufen, Kunde sein; **4.** *pej* ausnützen (*di qu* jdn). **servito** [...'vi:to] *m tosc* Geschirr *n,* Service *n.* **servitore, -a** (*o. obs, poet* **-trice)** [...vi'to:re] *m, f* **1.** *(domestico)* Diener(in) *m(f),* Bedienstete(r) *mf;* **2.** *fig* Diener(in) *m(f).* **servitù** [...vi'tu] ‹-› *f* **1.** *(schiavitù)* Knechtschaft *f,* Sklaverei *f;* **2.** *(prigionia)* Gefangenschaft *f;* **3.** *jur* Servitut *n,* Dienstbarkeit *f;* **4.** *(personale di servizio)* (Dienst)personal *n;* **5.** *fig* Zwang *m,* Druck *m.*

servizievole [servit'tsi̯e:vole] *a* dienstbar, diensteifrig.

servizio [ser'vittsi̯o] ‹-i› *m* **1.** *(lavoro, adm, mil)* Dienst *m;* **2.** *(radio, TV, giornalismo)* Bericht *m,* Reportage *f;* **3.** *fig* Gefallen *m,* Dienst *m;* **4.** *fam* Besorgung *f;* **5.** *(da tavola, etc.)* Service *n,* Geschirr *n;* **6.** *sport* Angabe *f; (tennis, etc.)* Aufschlag *m;* **7.** *com* Dienstleistung *f; (assistenza clienti)* Service *m; (in negozio)* Bedienung *f;* **8.** ‹*pl*› *(di casa)* Bad(ezimmer) *n;* **anzianità di** ~ Dienstalter *n;* **donna di** ~ Hausangestellte *f,* Bedienstete *f;* **porta di** ~ Lieferanteneingang *m;* **stazione di** ~ Servicestation *f;* ~ **di autobus/tranviario** Omnibus-/Straßenbahnverkehr *m;* ~ **militare** Wehrdienst *m;* ~ **speciale** Sonderbericht(erstattung *f*) *m;* **essere in** ~ im Dienst sein.

servo ['sɛrvo] *m,* Knecht *m,* Diener *m.*

servoassistito, -a [servoassis'ti:to] *a* servounterstützt, Servo-. **servocomando** [-ko'mando] *m* Servosteuerung *f,* Servobedienung *f.* **servofreno** [-'fre:no *o.* -'frɛ:no] *m* Servobremse *f.* **servosterzo** [-s'tɛrtso] *m* Servolenkung *f.*

sesamo ['sɛ:zamo] *m* Sesam *m;* **apriti ~!** Sesam öffne dich!

sessagenario, -a [sessadʒe'na:ri̯o] ‹-i, -ie› *geh* **I.** *a* sechzigjährig; **II.** *m, f* Sechzigjährige(r) *mf.*

sessanta [ses'santa] **I.** *a numerale* sechzig; **II.** ‹-› *m* Sechzig *f; v. a. cinquanta.* **sessantenario** [...te'na:ri̯o] ‹-i› *m* sechzigster Jahrestag, Sechzigjahrfeier *f.* **sessantenne** [...'tɛnne] **I.** *a* sechzigjährig; **II.** *mf* Sechzigjährige(r) *mf.* **sessantennio** [...'tɛnni̯o] ‹-i› *m* Zeitraum *m* von sechzig Jahren, sechzig Jahre *n pl.* **sessantesimo, -a** [...'tɛ:zimo] **I.** *a* sechzigste(r, s); **II.** *m, f* Sechzigste(r, s) *mfn;* **III.** *m (frazione)* Sechzigstel *n,* sechzigster Teil; *v. a. quinto.* **sessantina** [...'ti:na] *f:* **una ~ (di . . .)** (etwa) sechzig (. . .); **essere sulla ~** an (*o.* um) die Sechzig sein.

sessione [ses'si̯o:ne] *f* Sitzung *f,* Tagung *f.*

sesso ['sɛsso] *m* **1.** *biol* Geschlecht *n;* **2.** *(sessualità)* Sex *m;* **il gentil ~** *poet* das schöne Geschlecht *scherz.* **sessuale** [sessu'a:le] *a* Geschlechts-, Sexual-, geschlechtlich, sexuell. **sessualità** [...uali'ta] ‹-› *f* Sexualität *f.* **sessuato, -a** [...u'a:to] *a* mit Geschlechtsorganen versehen. **sessuologia** [...uolo'dʒi:a] ‹-gie› *f* Sexualforschung *f,* Sexualkunde *f.*

sesta¹ ['sɛsta] *f* **1.** *mus* Sext(e) *f;* **2.** *rel* Sext *f.*

sesta² *f v.* **sesto.**

sestante [ses'tante] *m* Sextant *m.*

sestetto [ses'tetto] *m* Sextett *n;* ~ **difensivo** *sport* Abwehr *f.*

sestiere [ses'ti̯ɛ:re] *m (a Venezia)* Stadtbezirk *m,* Stadtteil *m.*

sestina [ses'ti:na] *f* **1.** *poet* Sestine *f;* **2.** *mus* Sextole *f.*

sesto ['sɛsto] *m* **1.** *arch* (Bogen)wölbung *f;* **2.** *(ordine)* Ordnung *f;* **arco a tutto ~** Rundbogen *m;* **arco a ~ acuto** Spitzbogen *m.*

sesto, -a ['sɛsto] **I.** *a* sechste(r, s); **II.** *m, f* Sechste(r, s) *mfn;* **III.** *m (frazione)* Sechstel *n,* sechster Teil; *v. a. quinto.*

set [sɛt] ‹-› *m* **1.** *sport* Satz *m,* Set *n;* **2.** *film* Filmbühne *f;* **3.** *(serie)* Set *n,* Satz *m.*

seta ['se:ta] *f* Seide *f.*

setacciare [setat'tʃa:re] ‹setaccio, setacci› *tr* (durch)sieben; *fig* (aus)sieben. **setaccio** [se'tattʃo] ‹-cci› *m* Sieb *n.*

setaceo, -a [se'ta:tʃeo] *a* seidenartig.

sete ['se:te] *f* **1.** *(bisogno di bere)* Durst *m;* **2.** *fig* Durst *m,* Gier *f,* Sehnsucht *f;* **avere ~** Durst haben, durstig sein; ~ **di vendetta** Rachedurst *m.*

seteria [sete'ri:a] ‹-ie› *f* **1.** *(setificio)*

Seidenfabrik *f; (negozio)* Seidengeschäft *n,* -handlung *f;* **2.** ‹*pl*› *(tessuti)* Seidenwaren *f pl.* **setificio** [seti'fi:tʃo] ‹-ci› *m* Seidenfabrik *f.*

setola ['se:tola] *f* **1.** *zoo, bot* Borste *f;* **2.** *(spazzola)* Bürste *f.* **setoloso, -a** [seto'lo:so] *a* borstig.

setta ['sɛtta] *f* Sekte *f.*

settanta [set'tanta] **I.** *a numerale* siebzig; **II.** ‹-› *m* Siebzig *f; v. a. cinquanta.* **settantenne** [...'tɛnne] **I.** *a* siebzigjährig; **II.** *mf* Siebzigjährige(r) *mf.* **settantennio** [...'tɛnnio] ‹-i› *m* Zeitraum *m* von siebzig Jahren, siebzig Jahre *n pl.* **settantesimo, -a** [...'tɛ:zimo] **I.** *a* siebzigste(r, s); **II.** *m, f* Siebzigste(r, s) *mfn;* **III.** *m (frazione)* Siebzigstel *n,* siebzigster Teil; *v. a. quinto.* **settantina** [...'ti:na] *f:* **una ~ (di ...)** (etwa) siebzig (...); **essere sulla ~** an (*o.* um) die Siebzig sein.

settario, -a [set'ta:rio] ‹-i, -ie› **I.** *a* sektiererisch; **II.** *m, f* Sektierer(in) *m(f).*

sette ['sɛtte] **I.** *a numerale* sieben; **stivali delle ~ leghe** Siebenmeilenstiefel *m pl;* **chiudere a ~ chiavi** *fig* hermetisch verriegeln (*o.* verschließen); **II.** ‹-› *m* **1.** *(numero)* Sieben *f;* **2.** *(nelle date)* Siebte(r) *m;* **3.** *(voto scolastico)* ≃ befriedigend, drei; **4.** *fam* Triangel *m,* Winkelriß *m;* **III.** *f pl* sieben Uhr; *v. a. cinque.*

settebello [sette'bɛllo] *m* **1.** *(nel gioco)* Karosieben *f;* **2.** *ferr* Expreßzug *m* Mailand-Rom.

settecentesco, -a [settetʃen'tesko] ‹-schi, -sche› *a* das achtzehnte Jahrhundert betreffend. **settecentista** [...'tista] ‹-i *m,* -e *f*› *mf* Künstler(in) *m(f)* des Settecento. **settecento** [...'tʃɛnto] **I.** *a numerale* siebenhundert; **II.** ‹-› *m* Siebenhundert *f;* **il S~** das achtzehnte Jahrhundert; *(nell'arte italiana)* das Settecento.

settembre [set'tɛmbre] *m* September *m;* **in ~, nel mese di ~** im September; **nel bel ~** im schönen September; **alla fine di ~** Ende September; **a metà ~** Mitte September; **ai primi/agli ultimi di ~** Anfang/Ende September; **~ ha 30 giorni** der September hat 30 Tage; **Firenze, (il) 15 ~ 1986** Florenz, den 15. September 1986; **oggi è il primo (di) ~** heute ist der erste September; **l'undici/il venti/il ventun ~** der elfte/zwanzigste/einundzwanzigste September.

settemila [sette'mi:la] **I.** *a numerale* siebentausend; **II.** ‹-› *m* Siebentausend *f.*

Settemonti [sette'monti] *m pl* Siebengebirge *n.*

settennale [setten'na:le] *a* **1.** *(che dura sette anni)* siebenjährig; **2.** *(che ricorre ogni sette anni)* siebenjährlich, Siebenjahr(es)-. **settenne** [...'tɛnne] **I.** *a* siebenjährig; **II.** *mf* Siebenjährige(r) *mf.* **settennio** [...'tɛnnio] ‹-i› *m* Zeitraum *m* von sieben Jahren, sieben Jahre *n pl.*

settentrionale [settentrio'na:le] **I.** *a* nördlich, Nord-; **II.** *mf* **1.** *(del Nord)* Nordländer(in) *m(f);* **2.** *(dell'Italia del Nord)* Norditaliener(in) *m(f).* **settentrionalismo** [...na'lizmo] *m* **1.** *hist, pol* Begünstigung *f* Norditaliens; **2.** *ling* norditalienischer Ausdruck. **settentrione** [...'trio:ne] *m* Norden *m; (dell'Italia a.)* Nord-, Oberitalien *n.*

setticemia [settitʃe'mi:a] ‹-ie› *f* Blutvergiftung *f.*

settico, -a ['sɛttiko] ‹-ci, -che› *a* septisch.

settima[1] ['sɛttima] *f* Septime *f.*

settima[2] *f v.* **settimo.**

settimana [setti'ma:na] *f* Woche *f; com (salario)* Wochenlohn *m;* **~ corta** Fünftagewoche *f;* **~ santa** Karwoche *f;* **fine ~** Wochenende *n.* **settimanale** [...ma'na:le] **I.** *a* wöchentlich; **II.** *m* Wochenzeitung *f,* -blatt *n.*

settimino, -a [setti'mi:no] **I.** *a* Siebenmonats-; **II.** *m, f* Siebenmonatskind *n;* **III.** *m* Septett *n.*

settimo, -a ['sɛttimo] **I.** *a* siebte(r, s); **II.** *m, f* Siebte(r, s) *mfn;* **III.** *m (frazione)* Siebtel *n,* siebter Teil; *v. a. quinto.*

setto ['sɛtto] *m* Scheidewand *f,* Septum *n scient.*

settore[1] [set'to:re] *m* **1.** *mat* Abschnitt *m,* Ausschnitt *m,* Sektor *m;* **2.** *fig* Sektor *m,* Bereich *m;* **3.** *(zona)* Sektor *m,* Abschnitt *m,* Teilgebiet *n.*

settore[2] [set'to:re] **I.** *m med, jur, scient* Prosektor *m;* **II.** *a:* **perito ~** amtlicher Leichenöffner.

settoriale [setto'ria:le] *a* **1.** *com* Bereichs-, Sektoren-; **2.** *fig* Sonder-, abgesondert. **settorialismo** [...ia'lizmo] *m* Partikularismus *m.*

settrice [set'tri:tʃe] **I.** *f* Kreisbogen *m;* **II.** *a:* **curva ~** Kreisbogen *m.*

settuagenario, -a [settuadʒe'na:rio] ‹-i, -ie› **I.** *a* siebzigjährig; **II.** *m, f* Siebzigjährige(r) *mf.*

settuplo, -a ['sɛttuplo] **I.** *a* siebenfach; **II.** *m* Siebenfache(s) *n.*

severità [severi'ta] ‹-› *f* Strenge *f; fig (di situazione, etc.)* Ernst *m; (serietà)* Ernsthaftigkeit *f.* **severo, -a**

[seˈvɛːro] *a* streng; *(fig a.)* ernst, ernsthaft.
sevizia [seˈvittsi̯a] ⟨-ie⟩ *f* Folter *f*, Mißhandlung *f*, Quälerei *f*. **seviziare** [...ˈtsi̯aːre] ⟨sevizio, sevizi⟩ *tr* mißhandeln; *(violentare)* vergewaltigen; *fig* quälen, foltern. **seviziatore, -trice** [...tsi̯aˈtoːre] *m, f* Quäler(in) *m(f)*, Peiniger(in) *m(f)*.
sevo [ˈseːvo] *m* Talg *m*.
sexy [ˈseksɪ] ⟨*inv*⟩ *a* sexy.
sezionale [settsi̯oˈnaːle] *a* Sektions-, Abteilungs-.
sezionamento [settsi̯onaˈmento] *m* Aufteilung *f*, Zergliederung *f*; *(di cadavere)* Sezierung *f*, Sektion *f*. **sezionare** [...ˈnaːre] *tr* **1.** *(dividere)* aufteilen, (zer)gliedern; **2.** *med* sezieren.
sezione [setˈtsi̯oːne] *f* **1.** *(parte)* Abteilung *f*, Sektion *f*; **2.** *jur* Kammer *f*; **3.** *mat* Schnitt *m*; **4.** *adm* Bezirk *m*; **5.** *med* Sezierung *f*, Sektion *f*; **6.** *(di libro)* Abschnitt *m*; **7.** *(nel disegno tecnico)* Querschnitt *m*; **piano di ~** Schnittfläche *f*; **~ elettorale** Wahlbezirk *m*.

sfaccendare [sfattʃenˈdaːre] *itr fam* schaffen, hantieren.
sfaccendato, -a [sfattʃenˈdaːto] *fam pej* **I.** *a* müßig, untätig; **II.** *m, f* Faulenzer(in) *m(f)*, Nichtstuer(in) *m(f) fam*.
sfaccettare [sfattʃetˈtaːre] *tr* **1.** *(pietra preziosa)* facettieren; **2.** *fig* von allen Seiten betrachten. **sfaccettatura** [...taˈtuːra] *f* Facettierung *f*.
sfacchinare [sfakkiˈnaːre] *itr* sich abmühen, schuften *fam*. **sfacchinata** [...ˈnaːta] *f* Mühsal *f*, Schinderei *f*.
sfacciata *f v.* **sfacciato.**
sfacciataggine [sfattʃaˈtaddʒine] *f* Unverschämtheit *f*, Frechheit *f*. **sfacciato, -a** [...ˈtʃaːto] **I.** *a* unverschämt, frech; *(colore)* grell, schreiend; **II.** *m, f* unverschämte Person.
sfaccio [ˈsfattʃo] *1. pers sing pr di* **sfare.**
sfacelo [sfaˈtʃɛːlo] *m* **1.** *fig* Verfall *m*, Zusammenbruch *m*; **2.** *med* Zersetzung *f*, Verwesung *f*.
sfagiolare [sfadʒoˈlaːre] *itr* ⟨*essere*⟩ *fam* passen *fam*.
sfaldare [sfalˈdaːre] **I.** *tr* in Schichten teilen (*o.* spalten); **II.** *rfl:* **-rsi** **1.** *min* sich in Schichten teilen (*o.* spalten); **2.** *fig* zerfallen, sich spalten. **sfaldatura** [...daˈtuːra] *f* Schichtung *f*.
sfalsare [sfalˈsaːre] *tr* verschieben, versetzen.
sfamare [sfaˈmaːre] **I.** *tr* ernähren, sättigen; **II.** *rfl:* **-rsi** seinen Hunger stillen, sich sättigen.
sfare [ˈsfaːre] ⟨sfaccio *o.* sfò, *irr*⟩ **I.** *tr* zerstören, auseinandernehmen; **II.** *rfl:* **-rsi** zergehen, sich auflösen.
sfarfallamento [sfarfallaˈmento] *m* **1.** *film, TV, el* Flimmern *n*; **2.** *fig* Unstetigkeit *f*, Flatterhaftigkeit *f*; **3.** *zoo* Entpuppung *f*; **4.** *tec, mot* Flattern *n*. **sfarfallare** [...ˈlaːre] *itr* **1.** *film, TV, el* flimmern; **2.** *fig* unstet (*o.* flatterhaft) sein; **3.** *zoo* sich entpuppen. **sfarfallio** [...ˈliːo] ⟨-ii⟩ *m* **1.** *film, TV, el* Flimmern *n*; **2.** *(sfarfallare continuo)* Umherflattern *n*. **sfarfallone, -a** [...ˈloːne] *fam* **I.** *a* flatterhaft, oberflächlich; **II.** *m, f* flatterhafter Mensch, oberflächliche Person; **III.** *m fam* Bock *m fam*, (böser) Schnitzer *m fam*.
sfarinare [sfariˈnaːre] **I.** *tr* mahlen, zu Mehl machen; **II.** *rfl:* **-rsi** zu Mehl werden; *fig* zu Staub zerfallen.
sfarzo [ˈsfartso] *m* Prunk *m*, Pomp *m*. **sfarzosità** [-siˈta] ⟨-⟩ *f* Prunk *m*. **sfarzoso, -a** [...ˈtsoːso] *a* prunkvoll, pompös.
sfasamento [sfazaˈmento] *m* **1.** *fig fam* Verwirrung *f*; **2.** *el* Phasenverschiebung *f*. **sfasare** [...ˈzaːre] *tr* **1.** *fig fam* verwirren, durcheinanderbringen; **2.** *el* außer Phase bringen. **sfasatura** [...zaˈtuːra] *f* Phasenverschiebung *f*.
sfasciacarrozze [sfaʃʃakarˈrɔttse] ⟨-⟩ *m* Autoausschlachter *m*.
sfasciamento [sfaʃʃaˈmento] *m* Zertrümmerung *f*.
sfasciare¹ [sfaʃˈʃaːre] *tr* **1.** *(ferita)* den Verband abnehmen von; **2.** *(bambino)* aus den Windeln wickeln.
sfasciare² [sfaʃˈʃaːre] **I.** *tr* zertrümmern, zerstören; **II.** *rfl:* **-rsi** **1.** *(rompersi)* zerbrechen; *(nave)* zerschellen; **2.** *fig fam* auseinandergehen, in die Breite gehen.
sfasciatura [sfaʃʃaˈtuːra] *f* Verbandabnahme *f*, -entfernung *f*.
sfascio [ˈsfaʃʃo] *m* Zerstörung *f*, Verfall *m*.
sfatare [sfaˈtaːre] *tr* entzaubern, zerstören.
sfaticato, -a [sfatiˈkaːto] *pej* **I.** *a* faul, arbeitsscheu; **II.** *m, f fam* Faulpelz *m*.
sfatto, -a [ˈsfatto] *a* **1.** *(letto)* ungemacht; **2.** *(frutta)* verfault; **3.** *fig* heruntergekommen; *(corpo)* verwelkt.
sfavillare [sfavilˈlaːre] *itr* funkeln, glitzern; *(fig a.)* strahlen. **sfavillio** [...ˈliːo] ⟨-ii⟩ *m* Funkeln *n*, Glitzern *n*.
sfavore [sfaˈvoːre] *m:* **a ~ di** zu Ungunsten *gen*, zuungunsten *gen*. **sfa-**

vorevole [...vo'reːvole] *a* ungünstig. **sfavorire** [...vo'riːre] *tr* benachteiligen.

sfebbrare [sfeb'braːre] *itr* ‹*essere*› fieberfrei werden.

sfegatarsi [sfega'tarsi] *rfl fam* sich *(dat)* ein Bein ausreißen *fam.* **sfegatato, -a** [...'taːto] **I.** *a* fanatisch; **II.** *m, f fam* Fanatiker(in) *m(f).*

sfera ['sfɛːra] *f* **1.** *gener., mat* Kugel *f;* **2.** *fig* Bereich *m,* Sphäre *f;* **penna a ~** Kugelschreiber *m;* **cuscinetto a -e** Kugellager *n.* **sfericità** [sferitʃi'ta] ‹-› *f* Kugelförmigkeit *f,* Kugelform *f.* **sferico, -a** ['sfɛːriko] ‹-ci, -che› *a* kugelförmig, Kugel-.

sferragliamento [sferraʎʎa'mento] *m* Klappern *n.* **sferragliare** [...'ʎaːre] ‹sferraglio, sferragli› *itr* klappern.

sferrare [sfer'raːre] **I.** *tr* **1.** *fig (colpo, etc.)* versetzen; **2.** *zoo (cavallo)* die Hufeisen abnehmen *dat;* **II.** *rfl:* **-rsi 1.** *fig* sich stürzen, sich werfen; **2.** *zoo* die Hufeisen verlieren.

sferruzzare [sferrut'tsaːre] *itr* stricken.

sferza ['sfɛrtsa] *f* **1.** *(frusta)* Peitsche *f,* Gerte *f;* **2.** *fig* Schlag *m,* Hieb *m,* Peitschen *n.* **sferzare** [sfer'tsaːre] *tr* **1.** *(battere)* peitschen, schlagen; **2.** *fig* geißeln. **sferzata** [...'tsaːta] *f* **1.** *(colpo)* Peitschenhieb *m;* **2.** *fig* scharfe (*o.* beißende) Kritik.

sfiammare [sfi̯am'maːre] **I.** *tr* zum Abklingen bringen; **II.** *rfl:* **-rsi** abklingen, zurückgehen.

sfiancare [sfi̯aŋ'kaːre] ‹sfianco, sfianchi› **I.** *tr* **1.** *(rompere)* seitlich aufreißen (*o.* beschädigen); **2.** *fig* zermürben, aufreiben; **3.** *(abito)* taillieren; **II.** *rfl:* **-rsi 1.** *(rompersi)* seitlich aufbrechen; **2.** *fig* sich zermürben, sich aufreiben.

sfiatamento [sfi̯ata'mento] *m* Ausströmen *n.* **sfiatare** [...'taːre] **I.** *itr* ausströmen; **II.** *rfl:* **-rsi 1.** *mus* den Klang verlieren; **2.** *fam* außer Atem kommen. **sfiatatoio** [...ta'toːi̯o] ‹-oi› *m* **1.** *(condotto)* Entlüftung(sventil *n) f;* **2.** *zoo* Spritzloch *n.* **sfiato** ['sfi̯aːto] *m* Entlüftung(sventil *n) f.*

sfibbiare [sfib'bi̯aːre] ‹sfibbio, sfibbi› *tr* auf-, losschnallen.

sfibramento [sfibra'mento] *m* Aufreiben *n,* Zerrüttung *f.* **sfibrare** [...'braːre] *tr* **1.** *(lavoro, attesa)* aufreiben, zerrütten; **2.** *(canapa)* ent-, zerfasern.

sfida ['sfiːda] *f* Herausforderung *f; fig* Provokation *f.* **sfidante** [sfi'dante] **I.** *a* herausfordernd; **II.** *mf* Herausforderer *m,* -forderin *f.* **sfidare** [...'daːre] *tr* **1.** *(provocare)* herausfordern; *(fig a.)* provozieren; *(pericolo)* heraufbeschwören; **2.** *(invitare)* auffordern; **sfido io!** *fam* ganz meine Meinung!; **sfido, come no?** *fam* das will ich (wohl) meinen!

sfiducia [sfi'duːtʃa] *f* Mißtrauen *n;* **voto di ~** Mißtrauensvotum *n.*

sfiduciare [sfidu'tʃaːre] ‹sfiducio, sfiduci› **I.** *tr* entmutigen; **II.** *rfl:* **-rsi** den Mut verlieren, verzagen.

sfigurare [sfigu'raːre] **I.** *tr* **1.** *(deturpare)* entstellen, verunstalten; **2.** *fig* verzerren, entstellen; **II.** *itr* eine schlechte Figur machen, sich blamieren; **non farmi ~!** *fam* blamier' mich nicht!

sfilacciare [sfilat'tʃaːre] ‹sfilaccio, sfilacci› *tr, rfl:* **-rsi** ausfransen.

sfilare[1] [sfi'laːre] **I.** *tr* **1.** *(ago)* ausfädeln; *(anello)* abziehen; *(arrosto)* vom Spieß nehmen; **2.** *(tela)* ausfransen; **3.** *(indumenti)* abstreifen, ausziehen; **II.** *rfl:* **-rsi** *(calze)* eine Laufmasche bekommen; *(maglia)* laufen; *(collana)* reißen.

sfilare[2] [sfi'laːre] *itr* ‹*essere o. avere*› defilieren; *(a. fig)* vorbeiziehen.

sfilata [sfi'laːta] *f* **1.** *(di persone)* Défilé *n,* Vorbeimarsch *m;* **2.** *(di cose)* Reihe *f,* Aufreihung *f;* **~ di moda** Mode(n)schau *f.*

sfilatino [sfila'tiːno] *m dial* Stangenbrot *n.*

sfilato [sfi'laːto] *m* Lochstickerei *f.*

sfilza ['sfiltsa] *f* Reihe *f.*

sfinge ['sfindʒe] *f* Sphinx *f.*

sfinimento [sfini'mento] *m* Erschöpfung *f.* **sfinire** [...'niːre] **I.** *tr* erschöpfen; **II.** *rfl:* **-rsi** die Kräfte verlieren. **sfinitezza** [...ni'tettsa] *f* Erschöpfung *f.*

sfiorare [sfi̯o'raːre] *tr* **1.** *(toccare)* streifen; **2.** *fig (tema)* streifen; *(successo)* fast erreichen.

sfiorire [sfi̯o'riːre] *itr* ‹*essere*› (ver)welken, verblühen.

sfittare [sfit'taːre] **I.** *tr* unvermietet lassen; **II.** *rfl:* **-rsi** unvermietet sein.

sfittire [sfit'tiːre] ‹sfittisco› *tr* lichten.

sfitto, -a ['sfitto] *a* unvermietet, frei.

sfizio ['sfittsi̯o] ‹-i› *m dial* Lust *f,* Laune *f.*

sfò ['sfɔ] *1. pers sing pr di* **sfare.**

sfocare [sfo'kaːre] ‹sfoco, sfochi› *tr* unscharf aufnehmen (*o.* fotografieren). **sfocato, -a** [...'kaːto] *a* unscharf.

sfociare [sfo'tʃaːre] ‹sfocio, sfoci› *itr* ‹*essere*› **1.** *(fiume)* münden; **2.** *fig* münden (*in* in), hinauslaufen (*in* auf), enden (*in* in, mit). **sfocio** ['sfoːtʃo] ‹-ci› *m* **1.** *(di conduttura)* Mündung *f;*

2. *fig* Ausweg *m,* Ausgang *m;* **senza ~** *fig* ausweglos.

sfoderare¹ [sfode'ra:re] *tr* **1.** *(spada)* (heraus)ziehen, aus der Scheide ziehen; **2.** *fig* hervorholen.

sfoderare² [sfode'ra:re] *tr (giacca, poltrona)* das Futter heraustrennen *gen.* **sfoderato, -a** [...'ra:to] *a* ungefüttert.

sfogare [sfo'ga:re] ⟨sfogo, sfoghi⟩ **I.** *tr* ⟨*avere*⟩ abreagieren, herauslassen, freien Lauf lassen *dat;* **II.** *itr* ⟨*essere*⟩ *(fumo, gas)* ausströmen; **III.** *rfl:* **-rsi 1.** *(sollevarsi)* sich abreagieren, sich *(dat)* Luft machen; *pej* explodieren; **2.** *(soddisfare)* ausgiebig tun, sich abreagieren (*a* an); **-rsi con qu** jdm sein Herz ausschütten; **-rsi su** (*o.* **contro) qu** seine Wut an jdm auslassen; **-rsi a piangere** sich ausweinen; **-rsi mangiando** ausgiebig essen.

sfoggiare [sfod'dʒa:re] ⟨sfoggio, sfoggi⟩ **I.** *tr* zur Schau stellen, prunken mit; *pej* angeben mit; **II.** *itr* Prunk (*o.* Aufwand) treiben. **sfoggio** ['sfɔddʒo] ⟨-ggi⟩ *m* Prunk *m,* Aufwand *m; (ostentazione)* Zurschaustellung *f.*

sfoglia ['sfɔʎʎa] *f* Blatt *n,* Folie *f;* **pasta ~** Blätterteig *m.* **sfogliare** [sfoʎ'ʎa:re] ⟨sfoglio, sfogli⟩ **I.** *tr* **1.** *(libro)* durchblättern; **2.** *(fiore)* entblättern, die Blätter (*o.* Blüten) entfernen *gen;* **II.** *rfl:* **-rsi 1.** *(fiore)* die Blätter verlieren, sich entblättern; **2.** *(sfaldarsi)* abblättern.

sfogliata¹ [sfoʎ'ʎa:ta] *gastr* Blätterteiggebäck *n.*

sfogliata² [sfoʎ'ʎa:ta] *f (lettura sommaria)* Durchblättern *n;* **dare una ~ al giornale** die Zeitung durchblättern.

sfogliatella [sfoʎʎa'tɛlla] *f süditalienisches Blätterteiggebäck.*

sfogo ['sfo:go] ⟨-ghi⟩ *m* **1.** *(fuoriuscita)* Auslaß *m; (di liquidi)* Abfluß *m; (di gas)* Abzug *m;* **2.** *(apertura)* Ausgang *m,* Öffnung *f;* **3.** *fam med* Ausschlag *m;* **dare ~ ai propri sentimenti** seinen Gefühlen freien Lauf lassen.

sfolgorare [sfolgo'ra:re] *itr* strahlen, leuchten. **sfolgorio** [...'ri:o] ⟨-ii⟩ *m* Strahlen *n,* Leuchten *n.*

sfollagente [sfolla'dʒɛnte] ⟨-⟩ *m* Schlagstock *m.*

sfollamento [sfolla'mento] *m* **1.** *(di paese, scuola)* Räumung *f; (per ragioni di sicurezza a.)* Evakuierung *f;* **2.** *(di personale)* (Personal)abbau *m.* **sfollare** [...'la:re] **I.** *tr* ⟨*avere*⟩ räumen; *(per ragioni di sicurezza a.)* evakuieren; **II.** *itr* ⟨*essere*⟩ **1.** *(diradarsi)* sich zerstreuen, sich verlaufen; **2.** *mil* sich zurückziehen.

sfoltimento [sfolti'mento] *m* Ausdünnung *f,* Lichten *n.* **sfoltire** [...'ti:re] ⟨sfoltisco⟩ **I.** *tr* lichten, ausdünnen; **II.** *rfl:* **-rsi** dünner (*o.* lichter) werden.

sfondamento [sfonda'mento] *m* (Durch)bruch *m.* **sfondare** [...'da:re] **I.** *tr* **1.** *(porta, cassa)* einschlagen, aufbrechen; **2.** *mil* durchbrechen; **3.** *(scarpe)* abtreten, ablaufen; **II.** *itr* sich durchsetzen; **III.** *rfl:* **-rsi** *(rompersi)* verschleißen, kaputtgehen *fam; (scarpe)* sich ablaufen. **sfondato, -a** [...'da:to] **I.** *a* kaputt; *(botte)* mit durchbrochenem Boden; *(scarpe)* abgelaufen; **ricco ~** *fam* steinreich *fam;* **II.** *m* Hintergrundgemälde *n.*

sfondo ['sfondo] *m* Hintergrund *m.*

sfondone [sfon'do:ne] *m* grober Fehler.

sforbiciare [sforbi'tʃa:re] ⟨sforbicio, sforbici⟩ *tr* zerschnipseln. **sforbiciata** [...'tʃa:ta] *f* **1.** *(taglio)* Scherenschnitt *m;* **2.** *sport* Scherenschlag *m; (nel sollevamento pesi)* Ausfallschritt *m.*

sformare [sfor'ma:re] **I.** *tr* **1.** *(scarpe, etc.)* aus der Form bringen, verformen; **2.** *gastr* aus der Form nehmen; **3.** *tec* deformieren; **II.** *rfl:* **-rsi** die Form verlieren, unförmig werden.

sformato [sfor'ma:to] *m* Auflauf *m.*

sfornare [sfor'na:re] *tr* **1.** *gastr* aus dem Ofen nehmen; **2.** *fig* herausbringen.

sfornire [sfor'ni:re] *tr* wegnehmen (*qu di qc* jdm etw.). **sfornito, -a** [...'ni:to] *a* ohne, nicht ausgerüstet mit; **un negozio ~** ein schlechtsortiertes Geschäft, ein Geschäft, in dem man nie etwas bekommt.

sfortuna [sfor'tu:na] *f* Unglück *n,* Pech *n.* **sfortunato, -a** [...tu'na:to] *a* unglücklich; **essere ~ al gioco** Pech im Spiel haben.

sforzare [sfor'tsa:re] **I.** *tr* **1.** *(porta, cassetto, serratura)* (gewaltsam) aufbrechen; **2.** *tec* überbeanspruchen, überstrapazieren; **3.** *(cavalli, vista)* überanstrengen; **4.** *(persona)* zwingen, nötigen; **II.** *rfl:* **-rsi** sich anstrengen, sich *(dat)* Mühe geben. **sforzato, -a** [...'tsa:to] *a* gezwungen, gekünstelt; *(interpretazione, etc.)* an den Haaren herbeigezogen. **sforzo** ['sfɔrtso] *m* Anstrengung *f,* Mühe *f; tec* Beanspruchung *f;* **~ di nervi** (Nerven)anspannung *f;* **~ di volontà** Willenskraft *f;* **senza ~** ohne Mühe, mühelos; **fare uno ~** sich anstrengen;

non fare -i! *fam* streng' dich nicht an!; **bello ~!** *iron* tolle Leistung!
sfottere ['sfottere] *tr fam* auf den Arm nehmen *fam*, vergackeiern *fam.*
sfracellare [sfratʃel'la:re] **I.** *tr* zerschmettern, zertrümmern; **II.** *rfl:* **-rsi** zerschellen.
sfrangiare [sfran'dʒa:re] ‹sfrangio, sfrangi› *tr* ausfransen. **sfrangiatura** [...dʒa'tu:ra] *f* Fransenrand *m*, Fransen *f pl.*
sfratarsi [sfra'tarsi] *rfl* aus dem Orden austreten.
sfrattare [sfrat'ta:re] **I.** *tr* kündigen (*qu* jdm); **II.** *itr* aus-, wegziehen. **sfratto** ['sfratto] *m* Kündigung *f;* **ordine di ~** Räumungsbefehl *m.*
sfrecciare [sfret'tʃa:re] ‹sfreccio, sfrecci› *itr* ‹*essere*› schnellen, sausen.
sfregamento [sfrega'mento] *m* **1.** *(movimento)* Reiben *n;* **2.** *med* Massage *f.* **sfregare** [...'ga:re] *tr* reiben; *(pavimento)* schrubben; *(muro)* streifen.
sfregiare [sfre'dʒa:re] ‹sfregio, sfregi› **I.** *tr (dipinto)* mit Schnitten (*o.* Kratzern) beschädigen; *(avversario)* im Gesicht verletzen; **II.** *rfl:* **-rsi** einen Kratzer (*o.* Schnitt) bekommen, beschädigt werden. **sfregio** ['sfre:dʒo] ‹-gi› *m* **1.** *(di persona)* Schmiß *m*, Narbe *f;* **2.** *(di cosa)* Schramme *f*, Kratzer *m;* **3.** *fig* Schmach *f*, (tiefe) Beleidigung *f.*
sfrenare [sfre'na:re] **I.** *tr* freien Lauf lassen (*qc* einer S.), entfesseln; **II.** *rfl:* **-rsi** sich gehen lassen, sich austoben. **sfrenatezza** [...na'tettsa] *f* Hemmungslosigkeit *f.* **sfrenato, -a** [...'na:to] *a* hemmungslos, zügellos; *(corsa)* ungebremst.
sfrigolare [sfrigo'la:re] *itr* brutzeln.
sfrondare [sfron'da:re] **I.** *tr* **1.** *(albero)* entlauben, entblättern; **2.** *fig* raffen, straffen; **II.** *rfl:* **-rsi** das Laub (*o.* die Blätter) verlieren. **sfrondatura** [...da'tu:ra] *f* Entlaubung *f.*
sfrontatezza [sfronta'tettsa] *f* Unverschämtheit *f.* **sfrontato, -a** [...'ta:to] *a* unverschämt, frech.
sfruttamento [sfrutta'mento] *m* Ausnutzung *f; (a. agr, min)* Ausbeutung *f.* **sfruttare** [...'ta:re] *tr* **1.** *fig (utilizzare)* ausnutzen; *(operai)* ausbeuten; *(abusare)* mißbrauchen; **2.** *agr, min* ausbeuten; *(spazio)* ausnutzen. **sfruttatore, -trice** [...ta'to:re] **I.** *m, f* Ausbeuter(in) *m(f);* **II.** *a* ausbeuterisch.
sfuggente [sfud'dʒɛnte] *a* fliehend.
sfuggevole [sfud'dʒe:vole] *a* flüchtig.
sfuggire [sfud'dʒi:re] **I.** *itr* ‹*essere*› **1.** *(eludere)* entkommen, entgehen, entwischen; *(alla morte, a un pericolo a.)* entrinnen; **2.** *(cadere)* fallen; **3.** *(essere dimenticato)* entfallen; **4.** *(passare inosservato)* entgehen; **5.** *(essere detto)* herausrutschen *fam;* **II.** *tr* ‹*avere*› fliehen vor, entfliehen *dat.*
sfuggita [sfud'dʒi:ta] *f:* **di ~** flüchtig.
sfumare [sfu'ma:re] **I.** *tr* ‹*avere*› abtönen, schattieren; *(capelli)* tönen; **II.** *itr* ‹*essere*› **1.** *(dissolversi)* verrauchen, sich auflösen; **2.** *fig* zunichte werden, sich in nichts auflösen; **3.** *(di colore)* sich abtönen. **sfumato, -a** [...'ma:to] **I.** *a* schattiert, abgetönt; **II.** *m* Schattierung *f.* **sfumatura** [...ma'tu:ra] *f* **1.** *(gradazione)* Abtönung *f; (tonalità)* Nuance *f*, Farbton *m;* **2.** *(nell'arte)* Schattierung *f;* **3.** *(di capelli)* Tönung *f;* **4.** *fig* Schatten *m*, Hauch *m.*
sfuocare [sfu̯o'ka:re] *etc. v.* **sfocare** *etc.*
sfuocatura [sfu̯oka'tu:ra] *f* Unschärfe *f.*
sfuriata [sfu'ri̯a:ta] *f fam* Wutausbruch *m;* **il padre le ha fatto una ~** *fam* der Vater hat gewaltig mit ihr geschimpft, der Vater hat ihr eine Standpauke gehalten *fam.*
sfuso, -a ['sfu:zo] *a* **1.** *(burro, etc.)* zerlassen, flüssig; **2.** *com* lose, unverpackt.

sg. *ab di* **seguente** f. (*ab di* folgende).
sgabellarsela [zgabel'larsela] *rfl fam* sich drücken.
sgabello [zga'bɛllo] *m* Schemel *m*, Hocker *m.*
sgabuzzino [zgabud'dzi:no] *m* Besenkammer *f*, Abstellraum *m.*
sgambettare [zgambet'ta:re] **I.** *itr* (mit den Beinen) strampeln; **II.** *tr* ein Bein stellen (*qu* jdm). **sgambetto** [...'betto] *m* Beinstellen *n;* **fare lo ~ a qu** *(a. fig)* jdm ein Bein stellen.
sganasciare [zganaʃ'ʃa:re] ‹sganascio, sganasci› **I.** *tr* die Kinnlade ausrenken (*qu* jdm); **II.** *rfl:* **-rsi** sich *(dat)* die Kinnlade ausrenken; **-rsi dalle risate** *fam* sich krumm- (*o.* kaputt)lachen *fam.*
sganascione, sganassone [zganaʃ'ʃo:ne, ...as'so:ne] *m dial fam* Ohrfeige *f.*
sganciare [zgan'tʃa:re] ‹sgancio, sganci› **I.** *tr* **1.** *(veicoli)* abhängen, -kuppeln; **2.** *(bombe)* abwerfen; *(siluri)* abfeuern; **3.** *fig fam* herausrücken; **II.** *rfl:* **-rsi 1.** *(staccarsi)* losgehen, sich (vom Haken) lösen; **2.** *mil* sich zurückziehen, sich absetzen; **3.** *fig*

fam sich freimachen, freikommen, sich absetzen.

sgangherare [zgaŋge'ra:re] **I.** *tr* **1.** *(porta)* aus den Angeln heben; **2.** *(tavolo, baule)* aus den Fugen brechen (*o.* reißen); **II.** *rfl:* **-rsi** *fam* kaputtgehen *fam;* **-rsi dalle risa** *fam* sich kaputtlachen *fam.*

sgarbataggine, sgarbatezza [zgarba'taddʒine, ...'tettsa] *f* Unhöflichkeit *f,* Unfreundlichkeit *f.* **sgarbato, -a** [...'ba:to] *a* unhöflich, unfreundlich, grob. **sgarberia** [...be'ri:a] ‹-ie› *f.* **sgarbo** ['zgarbo] *m* Unhöflichkeit *f,* Grobheit *f.*

sgargiante [zgar'dʒante] *a* schreiend.

sgarrare [zgar'ra:re] *itr* ungenau sein, Fehler machen; *(orologio)* ungenau gehen; *sl* sich nicht an die Regeln halten. **sgarro** ['zgarro] *m* **1.** *(trascuratezza)* Ungenauigkeit *f,* Nachlässigkeit *f;* **2.** *sl* Verfehlung *f.*

sgattaiolare [zgattai̯o'la:re] *itr* ‹*essere*› davonschleichen.

sgelare [zdʒe'la:re] *tr* ‹*avere*›, *itr* ‹*essere*› auftauen. **sgelo** ['zdʒɛ:lo] *m* Auftauen *n.*

sghembo, -a ['zgembo] *a (storto)* krumm, schief; *(obliquo)* schräg; *mat* schief, schräg.

sgherro ['zgɛrro] *m* **1.** *pej* Scherge *m,* Büttel *m;* **2.** *hist* Scherge *m,* Häscher *m.*

sghiacciare [zgi̯at'tʃa:re] *v.* **sgelare.**

sghignazzare [zgiɲɲat'tsa:re] *itr fam* höhnisch lachen. **sghignazzata** [...'tsa:ta] *f fam* höhnisches Gelächter.

sghimbescio, -a [zgim'bɛʃʃo] ‹-sci, -sce› *a:* **a** (*o.* **di**) ~ schräg, schief.

sghiribizzo [zgiri'biddzo] *m fam* Laune *f,* verrückte Idee.

sgobbare [zgob'ba:re] *itr fam* schuften *fam;* ~ **sui libri** *fam* büffeln *fam,* pauken *fam.* **sgobbata** [...'ba:ta] *f fam* Schufterei *f fam.* **sgobbone, -a** [...'bo:ne] *m, f fam* Büffler(in) *m(f) fam.*

sgocciolare [zgottʃo'la:re] **I.** *itr* ‹*essere o. avere*› **1.** *(liquidi)* tropfen, tröpfeln; **2.** *(recipienti)* (ab)tropfen; **II.** *tr* ‹*avere*› **1.** *(liquidi)* tropfen (*o.* tröpfeln) lassen; **2.** *(recipienti)* abtropfen lassen; *(vuotare)* bis auf den letzten Tropfen (leeren). **sgocciolatoio** [...la'to:i̯o] ‹-oi› *m* **1.** *(scolapiatti)* Abtropfgestell *n;* **2.** *(recipiente)* Abtropfschale *f.* **sgocciolo** ['zgottʃolo] *m:* **essere agli -i** zu Ende gehen; **trovarsi agli -i** am Ende sein.

sgolarsi [zgo'larsi] *rfl* sich heiser schreien, sich *(dat)* die Kehle aus dem Hals schreien.

sgomb(e)rare [zgom'bra:re (...mbe'ra:re)] *tr* räumen; *(tavolo)* abräumen; *(paese, città)* evakuieren; *fig* befreien. **sgomb(e)ro** ['zgombro (...mbero)] *m* Räumung *f;* *(trasloco)* Umzug *m;* **squadra/mezzo di** ~ Räumkommando *n*/-fahrzeug *n.* **sgombraneve** [zgombra'ne:ve] ‹-› *m* Schneeräumer *m,* Schneepflug *m.* **sgombrare** *v.* **sgomberare.**

sgombro¹ *v.* **sgombero.**

sgombro² ['zgombro] *m zoo* Makrele *f.*

sgombro, -a ['zgombro] *a* frei, leer.

sgomentare [zgomen'ta:re] **I.** *tr* bestürzen, erschüttern; **II.** *rfl:* **-rsi** bestürzt sein (*di* über). **sgomento, -a** [...'mento] **I.** *a* bestürzt, erschüttert; **II.** *m* Bestürzung *f,* Erschütterung *f.*

sgominare [zgomi'na:re] *tr* zersprengen, in die Flucht schlagen.

sgomitolare [zgomito'la:re] **I.** *tr* abwickeln; **II.** *rfl:* **-rsi** sich abwickeln.

sgommato, -a [zgom'ma:to] *a* **1.** *(busta)* ungummiert; **2.** *(automobile)* ohne Reifen, reifenlos.

sgonfiamento [zgonfi̯a'mento] *m* **1.** *tec* (Luft)entleerung *f;* **2.** *med* Abschwellen *n.* **sgonfiare** [...'fi̯a:re] **I.** *tr* **1.** *(pneumatico, pallone)* die Luft ablassen aus; **2.** *med* abschwellen lassen; **3.** *fig* dämpfen; **II.** *rfl:* **-rsi** **1.** *(ruota, pallone)* die Luft verlieren; **2.** *med* abschwellen; **3.** *fig* aufgeben, den Mut verlieren. **sgonfiato, -a** [...'fi̯a:to] *a,* **sgonfio, -a** ['zgonfi̯o] *a* **1.** *(pallone, ruota)* ohne Luft, leer; **2.** *med* abgeschwollen.

sgorbio ['zgɔrbi̯o] ‹-i› *m* **1.** *(parola)* Gekritzel *n;* *(disegno)* Geschmiere *n;* **2.** *(macchia)* (Tinten)klecks *m;* **3.** *fig pej* Vogelscheuche *f.*

sgorgare [zgor'ga:re] ‹sgorgo, sgorghi› **I.** *itr* ‹*essere*› sprudeln, quellen; **i suoi auguri le sgorgavano dal cuore** ihre (*o.* seine) Glückwünsche kamen von ganzem Herzen; **II.** *tr* ‹*avere*› eine Verstopfung beseitigen in.

sgozzamento [zgottsa'mento] *m* Schlachten *n.* **sgozzare** [...'tsa:re] *tr* schlachten.

sgradevole [zgra'de:vole] *a* unangenehm.

sgradito, -a [zgra'di:to] *a* unwillkommen, unerwünscht.

sgraffignare [zgraffiɲ'ɲa:re] *tr fam* klauen *fam.*

sgraffio ['zgraffi̯o] *m fam* Kratzer *m.*

sgrammaticare [zgrammati'ka:re] ‹sgrammatico, sgrammatichi› *itr* grammatische Fehler machen. **sgrammaticato, -a** [...'ka:to] *a* voller grammatischer Fehler. **sgrammaticatura** [...ka'tu:ra] *f* grammatischer Fehler.

sgranamento [zgrana'mento] *m* Enthülsen *n.* **sgranare** [...'na:re] *tr* **1.** *(piselli, fave)* enthülsen, aushülsen; **2.** *fig (occhi)* aufreißen; *(rosario)* herunterbeten; **3.** *fam (mangiare con gusto)* sich *(dat)* schmecken lassen; **4.** *mot (marce)* krachend einlegen.

sgranchire [zgraŋ'ki:re] ‹sgranchisco› *tr* lockern; **-rsi le gambe** sich *(dat)* die Beine vertreten.

sgranocchiare [zgranok'ki̯a:re] ‹sgranocchio, sgranocchi› *tr fam* knabbern.

sgrassare [zgras'sa:re] *tr (brodo)* entfetten; *(vestito)* Fettflecken entfernen von (*o.* aus).

sgravare [zgra'va:re] **I.** *tr* entlasten; **II.** *rfl:* **-rsi** sich entlasten; **III.** *itr fam* ein Kind bekommen. **sgravio** ['zgra:vio] ‹-i› *m* Entlastung *f,* Erleichterung *f.*

sgraziato, -a [zgrat'tsi̯a:to] *a* ungraziös, ohne Grazie; *(corpo a.)* plump; *(senza garbo)* unfreundlich.

sgretolamento [zgretola'mento] *m* Abbröckeln *n.* **sgretolare** [...'la:re] *tr, rfl:* **-rsi** abbröckeln, zerbröckeln.

sgridare [zgri'da:re] *tr* ausschimpfen. **sgridata** [...'da:ta] *f* Schelte *f.*

sgrondare [zgron'da:re] **I.** *tr* abtropfen lassen; **II.** *itr* abtropfen.

sgrossare [zgros'sa:re] **I.** *tr* **1.** *(marmo)* zuhauen, grob behauen (*o.* bearbeiten); **2.** *lit* entwerfen; **3.** *fig* anlernen; **II.** *rfl:* sich verfeinern. **sgrossatura** [...sa'tu:ra] *f* erste (*o.* grobe) Bearbeitung; *lit* Entwurf *m.*

sguaiata *f v.* **sguaiato.**

sguaiataggine [zgu̯ai̯a'taddʒine] *f* Unmanierlichkeit *f,* Ungehörigkeit *f.* **sguaiato, -a** [...'i̯a:to] **I.** *a* **1.** *(persona)* unmanierlich, ordinär; **2.** *(cosa)* ungehörig; **II.** *m, f* ordinärer Kerl, Schlampe *f.*

sguainare [zgu̯ai'na:re] *tr* ziehen, zücken, aus der Scheide ziehen.

sgualdrina [zgu̯al'dri:na] *f* Dirne *f.*

sguardo ['zgu̯ardo] *m* Blick *m.*

sguarnito, -a [zgu̯ar'ni:to] *a* schmucklos, unverziert.

sguattero, -a ['zgu̯attero] *m, f* Küchenjunge *m,* -mädchen *n.*

sguazzare [zgu̯at'tsa:re] *itr* **1.** *(nell'acqua)* planschen, plätschern; **2.** *fig (nella ricchezza, etc.)* schwimmen; *(nel fango)* wühlen; **3.** *fam* sich wohl fühlen.

sguinzagliare [zgu̯intsaʎ'ʎa:re] ‹sguinzaglio, sguinzagli› *tr* **1.** *(cani)* von der Leine (los)lassen; **2.** *fig* hetzen.

sgusciare [zguʃ'ʃa:re] ‹sguscio, sgusci› **I.** *tr* ‹*avere*› *(uova)* schälen; *(fagioli)* enthülsen; **II.** *itr* ‹*essere*› **1.** *(sfuggire)* entgleiten, entschlüpfen; **2.** *fig* entwischen, entkommen.

shampoo [ʃæm'pu:] ‹-› *m* Shampoo *n,* Schampon *n.*

shoccare [ʃok'ka:re] ‹shocco, shocchi› *v.* **scioccare.**

shock [ʃɔk] ‹-› *m* Schock *m.*

short [ʃɔ:t] ‹-› *m* (Werbe)spot *m.*

shorts [ʃɔ:ts] *m pl* Shorts *pl.*

show [ʃoʊ] ‹-› *m* Show *f.* **showman** ['ʃoʊmən] ‹-› *m* Showmaster *m.*

si¹ [si] **I.** *pron rfl* **1.** *(complemento oggetto)* sich *(acc);* **2.** *(complemento di termine)* sich *(dat);* **3.** *(per sé)* sich (dat); **4.** *(reciproco)* sich *(dat),* einander; **~ è comprato un cappotto** er hat sich *(dat)* einen Mantel gekauft; **II.** *pron impersonale* man; **cerca~ segretaria** Sekretärin gesucht; **~ apre alle . . .** um . . . wird geöffnet; **non ~ sa mai** man kann nie wissen; **~ sa!** das ist bekannt!

si² [si] ‹-› *m mus* h, H *n.*

sì¹ [si] **I.** *adv* ja; *(davvero)* doch, wohl; **rispondere di ~** mit Ja antworten, ja sagen; **credo di ~** ich glaube, ja; **e ~ che** und doch; **un giorno ~ ed uno no** jeden zweiten Tag, alle zwei Tage; **~ e no** ja und nein, mehr oder weniger; **II.** *m* **1.** *(risposta)* Ja *n;* **2.** *(voto)* Ja(stimme *f*) *n;* **la lingua del ~** das Italienische.

sì² [si] *adv poet* so, dermaßen, derart.

sia¹ ['si:a] *con conj:* **~ . . . o** ob . . . oder; **~ . . . che** sowohl, als auch; **~ che gli piaccia, ~ che non gli piaccia** ob es ihm gefällt oder nicht.

sia² ['si:a] *etc. v.* **essere.**

S.I.A.E. *f ab di* **Società Italiana Editori ed Autori** *Verband italienischer Verleger und Autoren.*

siamese [sia'me:se] **I.** *a* siamesisch; **gatto ~** Siamkatze *f;* **fratelli -i** siamesische Zwillinge *m pl;* **II.** *mf* **1.** *(abitante)* Siamese *m,* Siamesin *f;* **2.** *zoo* Siamkatze *f.*

Siberia [si'bɛ:ri̯a] *f* Sibirien *n;* **s~** *fam* kalter (*o.* unfreundlicher) Ort, Sibirien *n.* **siberiano, -a** [sibe'ri̯a:no] **I.** *a* sibirisch; **II.** *m, f* Sibirier(in) *m(f).*

sibilante [sibi'lante] **I.** *a* Zisch-; **II.** *f* Zischlaut *m,* Sibilant *m scient.*

sibilare [sibi'la:re] *itr* zischen.

sibilla [si'billa] *f* **1.** *(nella mitologia)* Sibylle *f;* **2.** *fig scherz* Wahrsagerin *f.*

sibillino, -a [...ˈliːno] *a* sibyllinisch; *(fig a.)* geheimnisvoll.
sibilo [ˈsiːbilo] *m* Zischen *n,* Pfeifen *n.*
sicario, -a [siˈkaːri̯o] ‹-i, -ie› *m, f* gedungene(r) Mörder(in) *m(f),* Killer(in) *m(f) fam.*
sicché [sikˈke] *con* **1.** *(così che, perciò)* so daß; **2.** *(ebbene)* also.
siccità [sittʃiˈta] ‹-› *f* Trockenheit *f,* Dürre *f.*
siccome [sikˈkoːme] **I.** *con* da, weil; **II.** *adv poet* wie, so ... wie.
Sicilia [siˈtʃiːli̯a] *f* Sizilien *n.* **siciliano, -a** [sitʃiˈli̯aːno] **I.** *a* sizilianisch; **II.** *m, f* Sizilianer(in) *m(f).*
sicomoro [sikoˈmɔːro] *m* Maulbeerfeigenbaum *m,* Sykomore *f.*
sicumera [sikuˈmɛːra] *f* Dünkel *m.*
sicura [siˈkuːra] *f* Sicherung *f.*
sicurezza [sikuˈrettsa] *f* Sicherheit *f; (certezza a.)* Gewiß-, Bestimmtheit *f;* **Pubblica ~** (*ab* **P.S.**) unbewaffnete Sicherheitspolizei; **~ di sé** Selbstsicherheit *f;* **la ~ stradale** die Sicherheit auf der Straße; **di ~** Sicherheits-; **cassetta di ~** Banksafe *m;* **cintura di ~** Sicherheitsgurt *m;* **uscita di ~** Notausgang *m;* **nella ~ di** in der Gewißheit auf. **sicuro, -a** [siˈkuːro] **I.** *a* **1.** *(luogo, posto)* sicher; **2.** *(mano, passo)* sicher, fest; **3.** *(certo)* sicher, gewiß; **4.** *(persona)* zuverlässig, vertrauenswürdig; **andare a colpo ~** ganz sicher gehen; **essere ~ di sé** selbstsicher sein; **star ~** unbesorgt sein; **non ne sono proprio ~** dessen bin ich gar nicht sicher; **II.** *m* **1.** *(luogo)* Sicherheit *f;* **2.** *(certo)* Gewißheit *f,* Sicherheit *f,* Bestimmtheit *f;* **andare sul ~** auf Nummer Sicher gehen; **mettere al ~** in Sicherheit bringen; *fig* sicherstellen; **III.** *adv* sicher, gewiß, bestimmt; **di ~** sicher(lich), mit Sicherheit.
S.I.D. *m ab di* **Servizio Informazioni Difesa** *v.* **S.I.S.M.I.**
siderale [sideˈraːle] *a,* **sidereo, -a** [siˈdɛːreo] *a* **1.** *astr* Stern(en)-, siderisch *scient;* **2.** *fig* unermeßlich; **freddo ~** Eiseskälte *f.*
siderurgia [siderurˈdʒiːa] ‹-gie› *f* Stahlindustrie *f.* **siderurgico, -a** [...ˈrurdʒiko] ‹-ci, -che› **I.** *a* Stahl-; **II.** *m* Stahlarbeiter *m.*
sidro [ˈsiːdro] *m* Apfelwein *m.*
siepe [ˈsi̯ɛːpe] *f* **1.** *bot* Hecke *f;* **2.** *fig* Barriere *f,* Wall *m.*
siero [ˈsi̯ɛːro] *m* **1.** *(del latte)* Molke *f;* **2.** *med* Serum *n.*
siesta [ˈsi̯ɛsta] *f* Mittagsruhe *f,* Siesta *f; (sonno)* Mittagsschläfchen *n.*
siete [ˈsi̯ɛːte] *v.* **essere.**
S.I.F.A.R. *m ab di* **Servizio Informazioni Forze Armate** *v.* **S.I.S.M.I.**
siffatto, -a [sifˈfatto] *a obs* derartig.
sifilide [siˈfiːlide] *f* Syphilis *f.* **sifilitico, -a** [sifiˈliːtiko] ‹-ci, -che› **I.** *a* syphilitisch; **II.** *m, f* Syphiliskranke(r) *mf.*
sifone [siˈfoːne] *m* Siphon *m.*
Sig. *ab di* **signore** Herr.
sigaraio, -a [sigaˈraːi̯o] ‹-ai, -aie› *m, f* **1.** *(operaio)* in der Tabakindustrie Beschäftigte(r) *mf;* **2.** *(venditore)* Tabakhändler(in) *m(f).*
sigaretta [sigaˈretta] *f* **1.** *(per fumare)* Zigarette *f;* **2.** *(oggetto)* Röllchen *n,* Spule *f.*
sigaro [ˈsiːgaro] *m* Zigarre *f.*
Sigg. *ab di* **signori** (Damen und) Herren, Herr und Frau.
sigillare [sidʒilˈlaːre] *tr* versiegeln. **sigillatura** [...laˈtuːra] *f* Versiegelung *f.* **sigillo** [siˈdʒillo] *m* Siegel *n;* **~ della confessione** Beichtgeheimnis *n;* **apporre i -i a qc** etw. versiegeln; **ho il ~ alle labbra** meine Lippen sind versiegelt.
sigla [ˈsiːgla] *f* Abkürzung *f,* Sigel *n,* Sigle *f; mus, TV, radio* Erkennungszeichen *n;* **~ musicale** Erkennungsmelodie *f.* **siglare** [siˈglaːre] *tr* unterzeichnen, paraphieren. **siglario** [siˈglaːri̯o] ‹-i› *m* Abkürzungsverzeichnis *n.* **siglatura** [siglaˈtuːra] *f* Unterzeichnung *f,* Paraphierung *f.*
Sig.na *ab di* **signorina** Frl. (*ab di* Fräulein).
significante [siɲɲifiˈkante] **I.** *a* bedeutend; *(occhiata, etc.)* bedeutungsvoll; **II.** *m ling* Signifikant *m,* Signifiant *n.*
significare [siɲɲifiˈkaːre] ‹significo, significhi› *tr* bedeuten. **significativo, -a** [...kaˈtiːvo] *a* bedeutungsvoll, vielsagend. **significato** [...ˈkaːto] *m* **1.** *(concetto)* Bedeutung *f;* **2.** *ling* Signifikat *n,* Signifié *n.*
signora [siɲˈɲoːra] *f* (*ab* **Sig.ra**) **1.** *gener* Frau *f,* Dame *f geh; (appellativo)* Frau *f;* **2.** *(moglie)* Frau *f,* Gattin *f geh;* **3.** *(padrona di casa)* Hausherrin *f;* **fare la ~** die große Dame spielen; **Nostra S~** Unsere liebe Frau; **a ~ Ferrucci** Frau Ferrucci; **gentile ~ Ferrucci** *(nelle lettere)* sehr geehrte (*o.* verehrte) Frau Ferrucci; **signori e -e** meine Damen und Herren; **buongiorno, ~!** guten Tag (, Frau X *o.* gnädige Frau *geh*)!
signore [siɲˈɲoːre] *m* **1.** *gener.* (*ab* **Sig.**) Herr *m;* **2.** *(padrone di casa)* Hausherr *m;* **Nostro S~** unser Herr(gott) *m;* **il signor dottore/avvo-**

cato der Herr Doktor/Rechtsanwalt; **il signor Ferrucci** Herr Ferrucci; **i -i Ferrucci** Herr und Frau Ferrucci; **egregio signor Ferrucci** *(nelle lettere)* sehr geehrter Herr Ferrucci; **-i e signore** meine Damen und Herren; **buongiorno, ~!** guten Tag (, Herr X *o.* mein Herr *geh*). **signoreggiare** [...ɲored'dʒa:re] ‹signoreggio, signoreggi› **I.** *tr geh* beherrschen; **II.** *itr* herrschen (*su* über). **signoria** [...ɲo'ri:a] ‹-ie› *f* **1.** *hist* Signoria *f*, (Stadt)herrschaft *f;* **2.** *geh obs* Durchlaucht *f obs*, Hochwohlgeboren *mf obs.* **signorile** [...ɲo'ri:le] *a* herrschaftlich, vornehm. **signorilità** [...ɲorili'ta] ‹-› *f* Vornehmheit *f.*

signorina [siɲɲo'ri:na] *f* **1.** *(donna nubile, appellativo, ab* **Sig.na***)* Fräulein *n;* **2.** *(donna giovane)* junge Frau, junges Mädchen; **la ~ Fioretti** Fräulein Fioretti; **buongiorno, ~!** guten Tag (, Fräulein X *o.* mein Fräulein *geh o.* gnädiges Fräulein *geh*)!; **~!** Fräulein!

signorino [siɲɲo'ri:no] *m* junger Herr.

signornò [siɲɲor'nɔ] *adv* nein (, mein Herr).

signorone, -a [siɲɲo'ro:ne] *m, f fam* reicher Herr, reiche Dame.

signorotto [siɲɲo'rɔtto] *m* Gutsherr *m.*

signorsì [siɲɲor'si] *adv* jawohl (, mein Herr).

Sig.ra *ab di* **signora** Fr. (*ab di* Frau).

silenziare [silen'tsi̯a:re] ‹silenzio, silenzi› *tr* (schall)dämpfen. **silenziatore** [...tsi̯a'to:re] *m* Schalldämpfer *m.*

silenzio [si'lɛntsi̯o] ‹-i› *m* **1.** *(mancanza di suoni)* Ruhe *f*, Stille *f; (tacere)* Schweigen *n;* **2.** *fig* Ruhe *f;* **3.** *(mancanza di notizie)* Schweigen *n;* **fare ~** still sein; **passare qc sotto ~** etw. stillschweigend übergehen; **~!** Ruhe!; **il ~ è d'oro e la parola d'argento** *prov* Reden ist Silber, Schweigen ist Gold *prov.* **silenzioso, -a** [silen'tsi̯o:so] *a* **1.** *(persona)* still, ruhig, leise; **2.** *(senza rumore)* ruhig, leise; **3.** *(che non fa rumore)* leise.

silfide ['silfide] *f* Sylphe *f*, Sylphide *f.*

silfo ['silfo] *m* Sylph *m.*

silhouette [si'lwɛt] ‹-› *f* Silhouette *f.*

silicato [sili'ka:to] *m* **1.** *min* Kieselgestein *n;* **2.** *chem* Silikat *n.* **silice** ['si:litʃe] *f* Kiesel *m.* **silicico, -a** [si'li:tʃiko] ‹-ci, -che› *a* Kiesel-.

silicio [si'li:tʃo] *m* Silizium *n.*

silicone [sili'ko:ne] *m* Silikon *n.*

silicosi [sili'kɔ:zi] ‹-› *f* Silikose *f.*

sillaba ['sillaba] *f* Silbe *f;* **parola di tre -e** dreisilbiges Wort. **sillabare** [...'ba:re] *tr* in Silben teilen, syllabieren.

sillabario [silla'ba:ri̯o] ‹-i› *m* Fibel *f.*

sillabico, -a [sil'la:biko] ‹-ci, -che› *a* silbisch, Silben-; *mus* syllabisch; **metodo ~** Ganzheitsmethode *f.*

silo ['si:lo] ‹-i *o.* -s› *m* Silo *m o. n.*

silo- [silo-] *v.* **xilo-.**

siluramento [silura'mento] *m (a. fig)* Torpedierung *f.* **silurante** [...'rante] **I.** *a* Torpedo-; **II.** *f* Torpedoboot *n.* **silurare** [...'ra:re] *tr* **1.** *mil* torpedieren; **2.** *fig* ausbooten, absägen *fam.*

siluro[1] [si'lu:ro] *m mil* Torpedo *m.*

siluro[2] [si'lu:ro] *m zoo* Wels *m.*

Silvana [sil'va:na] *nome proprio femminile.*

Silvano [sil'va:no] *nome proprio maschile.*

silvestre [sil'vɛstre] *a* Wald-.

Silvia ['silvi̯a] *(nome proprio femminile)* Silvia.

silvicolo, -a [sil'vi:kolo] *a* Wald-, Forst-.

silvicoltore [silvikol'to:re] *etc. v.* **selvicoltore** *etc.*

Silvio ['silvi̯o] *nome proprio maschile.*

simbiosi [simbi'ɔ:zi] ‹-› *f* Symbiose *f.* **simbiotico, -a** [...'ɔ:tiko] ‹-ci, -che› *a* symbiotisch.

simboleggiare [simboled'dʒa:re] ‹simboleggio, simboleggi› *tr* symbolisieren. **simbolica** [...'bɔ:lika] ‹-che› *f* Symbolik *f.* **simbolicità** [...bolitʃi'ta] ‹-› *f* Symbolkraft *f*, Symbolwert *m.* **simbolico, -a** [...'bɔ:liko] ‹-ci, -che› *a* symbolisch. **simbolismo** [...bo'lizmo] *m* **1.** *(arte)* Symbolismus *m;* **2.** *(complesso di simboli)* Symbolik *f.* **simbolista** [...bo'lista] ‹-i *m*, -e *f*› **I.** *mf* Symbolist(in) *m(f);* **II.** *a* symbolistisch. **simbolizzare** [...bolid'dza:re] *tr* symbolisieren, versinnbildlichen. **simbolo** ['simbolo] *m* **1.** *(figura, etc.)* Symbol *n*, Sinnbild *n;* **2.** *scient* Symbol *n*, Zeichen *n.*

similare [simi'la:re] *a* gleichartig, ähnlich. **simile** ['si:mile] **I.** *a* **1.** *(analogo)* ähnlich *(a dat);* **2.** *(tale)* solch, so(lch) ein; **~ nella forma/per il colore** ähnlich in der Form/in der Farbe; **sei ~ a tua madre** du ähnelst deiner Mutter; **II.** *mf* Nächste(r) *mf*, Mitmensch *m;* **e -i** und dergleichen; **ogni ~ ama il suo ~** *prov* gleich und gleich gesellt sich gern *prov.*

similitudine [simili'tu:dine] *f* **1.** *(paragone)* Gleichnis *n*, Vergleich *m;* **2.** *rar (somiglianza)* Ähnlichkeit *f.*

similoro [simi'lɔ:ro] *m* Talmi *n*, Scheingold *n.*

similpelle [simil'pɛlle] *f* Kunstleder *n*, Skai® *n*.

simmetria [simme'tri:a] ‹-ie› *f* Symmetrie *f*. **simmetrico, -a** [...'mɛ:triko] *a* symmetrisch.

Simona [si'mo:na] *(nome proprio femminile)* Simone.

Simone [si'mo:ne] *(nome proprio maschile)* Simon.

Simonetta [simo'netta] *nome proprio femminile*.

simonia [simo'ni:a] ‹-ie› *f* Simonie *f*, Ämterkauf *m*.

simpatia [simpa'ti:a] ‹-ie› *f* Sympathie *f*; **scoppio per ~** Parallelexplosion *f*; **avere ~ per qu/qc** jdn/etw. sympathisch finden; **prendere qu in ~** jdn liebgewinnen. **simpatico** [...'pa:tiko] ‹-ci› *m* Sympathikus *m*. **simpatico, -a** [...'pa:tiko] ‹-ci, -che› **I.** *a* sympathisch; **inchiostro ~** Geheimtinte *f*; **II.** *m, f* sympathischer Mensch. **simpaticone, -a** [...pati'ko:ne] *m, f fam* netter Kerl *fam*. **simpatizzante** [simpatid'dzante] **I.** *a* sympathisierend; **II.** *mf* Sympathisant(in) *m(f)*. **simpatizzare** [...'dza:re] *itr* **1.** *(entrare in simpatia)* sich verstehen (*con* mit); **2.** *(di ideologia, etc.)* sympathisieren (*con* mit).

simplex ['simpleks] ‹-› *m* Einzelanschluß *m*.

simposio [sim'pɔ:zi̯o] ‹-i› *m* **1.** *(congresso)* Symposium *n*, Symposion *n*, Kongreß *m*, Tagung *f*; **2.** *hist* Symposion *n*, Gelage *n*.

simulacro [simu'la:kro] *m* **1.** *(statua)* Standbild *n*, Statue *f*, Bildnis *n*; **2.** *fig* Trugbild *n*, Scheinbild *n*.

simulare [simu'la:re] *tr* vortäuschen, vorheucheln; *(tec, malattia)* simulieren. **simulatore, -trice** [...la'to:re] **I.** *m, f (persona)* Heuchler(in) *m(f)*; *med* Simulant(in) *m(f)*; **II.** *m tec* Simulator *m*. **simulazione** [...lat'tsi̯o:ne] *f* **1.** *(finzione)* Täuschung *f*, Heuchelei *f*; **2.** *jur* Vorspiegelung *f*, Vortäuschung *f*.

simultaneità [simultanei'ta] ‹-› *f* Gleichzeitigkeit *f*. **simultaneo, -a** [...'ta:neo] *a* gleichzeitig, simultan; **traduzione -a** Simultanübersetzung *f*.

sinagoga [sina'gɔ:ga] ‹-ghe› *f* Synagoge *f*.

sinapsi [si'napsi] ‹-› *f* Synapse *f*.

sincerarsi [sintʃe'rarsi] *rfl* sich vergewissern, sich überzeugen.

sincerità [sintʃeri'ta] ‹-› *f* Aufrichtigkeit *f*, Ehrlichkeit *f*; **con tutta ~** in aller Offenheit. **sincero, -a** [...'tʃɛ:ro] *a* aufrichtig, ehrlich; *(prodotto)* rein, echt.

sinché [siŋ'ke] *con rar* (solange) bis.

sincopare [siŋko'pa:re] *tr* synkopieren. **sincopato, -a** [...'pa:to] *a* **1.** *mus* synkopenreich; **2.** *ling* synkopiert. **sincope** ['siŋkope] *f* Synkope *f*.

sincronia [siŋkro'ni:a] ‹-ie› *f* **1.** *gener.* Gleichzeitigkeit *f*; **2.** *ling* Synchronie *f*. **sincronico, -a** [...'krɔ:niko] *a* **1.** *(contemporaneo)* gleichzeitig, synchron; **2.** *ling* synchronisch. **sincronismo** [...kro'nizmo] *m* **1.** *(contemporaneità)* Gleichzeitigkeit *f*, Synchronismus *m*; **2.** *phys* Synchronismus *m*, Gleichlauf *m*; **3.** *film, TV* Synchronismus *m*.

sincronizzare [siŋkronid'dza:re] *tr* synchronisieren. **sincronizzatore** [...dza'to:re] *m* **1.** *tec, el* Synchronisierer *m*; **2.** *mot* Synchronring *m*. **sincronizzazione** [...dzat'tsi̯o:ne] *f* Synchronisierung *f*, Synchronisation *f*. **sincrono, -a** ['siŋkrono] *a* synchron.

sindaca *f v.* **sindaco.**

sindacabile [sinda'ka:bile] *a* überprüfbar, kontrollierbar.

sindacale[1] [sinda'ka:le] *a (del sindacato)* Gewerkschafts-, gewerkschaftlich.

sindacale[2] [sinda'ka:le] *a (del sindaco)* Bürgermeister-.

sindacalismo [sindaka'lizmo] *m* Gewerkschaftsbewegung *f*. **sindacalista** [...'lista] ‹-i *m*, -e *f*› *mf* Gewerkschafter(in) *m(f)*. **sindacalistico, -a** [...'listiko] ‹-ci, -che› *a* gewerkschaftlich. **sindacalizzare** [...lid'dza:re] *tr* gewerkschaftlich organisieren. **sindacalizzazione** [...liddzat'tsi̯o:ne] *f* gewerkschaftliche Organisation.

sindacare [sinda'ka:re] ‹sindaco, sindachi› *tr* **1.** *adm* überprüfen, kontrollieren; **2.** *fig* bekritteln, bemängeln.

sindacato [sinda'ka:to] *m* **1.** *pol* Verband *m*; *(di lavoratori)* Gewerkschaft *f*; **2.** *com* Kartell *n*; **3.** *(di banca)* Konsortium *n*; **4.** *(di malavita)* (Gangster)syndikat *n*; **~ dei datori di lavoro** Arbeitgeberverband *m*.

sindaco, -a ['sindako] ‹-ci, -che› *m, f* **1.** *adm* Bürgermeister(in) *m(f)*; **2.** *com* Syndikus *m*.

sindone ['sindone] *f* Leichentuch *n*.

sindrome ['sindrome] *f* Syndrom *n*.

sinedrio [si'nɛ:dri̯o] ‹-i› *m* **1.** *hist (presso i greci)* Synedrion *n*; *(presso gli ebrei)* Hoher Rat; **2.** *fig scherz* Versammlung *f*.

sinfonia [sinfo'ni:a] ‹-ie› *f* **1.** *mus* Symphonie *f*, Sinfonie *f*; **2.** *fig scherz* Leier *f*, Lied *n*. **sinfonico, -a**

[...ˈfɔ:niko] *a* symphonisch, sinfonisch, Symphonie-, Sinfonie-.
singhiozzare [siŋgi̯otˈtsa:re] *itr* **1.** *(piangere)* schluchzen; **2.** *(avere il singhiozzo)* (den) Schluckauf haben; **3.** *fig* sich ruckartig fortbewegen. **singhiozzo** [...ˈgi̯ottso] *m* **1.** *med* Schluckauf *m;* **2.** *(pianto)* Schluchzer *m;* **a ~** stotternd, ruckweise.
singola *f v.* **singolo.**
singolare [siŋgoˈla:re] **I. a 1.** *(straordinario)* einzigartig, einmalig; *(insolito)* selten, ungewöhnlich; **2.** *(uno per uno)* einzeln; **numero ~** Singular *m,* Einzahl *f;* **II.** *m* **1.** *gram* Singular *m,* Einzahl *f;* **2.** *sport* Einzel *n.* **singolarità** [...lariˈta] ‹-› *f* Einzigartigkeit *f,* Einmaligkeit *f.*
singolo, -a [ˈsiŋgolo] **I.** *a* einzeln, Einzel-; **II.** *m, f* Einzelne(r) *mf;* **III.** *m* **1.** *sport (tennis)* Einzel *n; (canottaggio)* Einer *m;* **2.** *tel* Einzelanschluß *m.*
singulto [siŋˈgulto] *v.* **singhiozzo.**
sinistra [siˈnistra] *f* **1.** *gener., pol* Linke *f;* **2.** *(mano)* Linke *f,* linke Hand; **3.** *(parte)* Linke *f,* linke Seite; **4.** *naut* Backbord *n;* **partito di ~** Linkspartei *f;* **girare** (*o.* **voltare) a ~** links abbiegen; **tenere la ~** links fahren (*o.* gehen); **alla mia ~** zu meiner Linken, links von mir.
sinistrare [sinisˈtra:re] *tr* schädigen, treffen, schlagen. **sinistrato, -a** [...ˈtra:to] **I.** *a* getroffen, betroffen, geschädigt; **zona -a** Katastrophengebiet *n;* **II.** *m, f* Geschädigte(r) *mf,* Opfer *n.* **sinistro, -a** [siˈnistro] **I.** *a* **1.** *gener.* linke(r, s); **2.** *fig* unheilvoll, finster, düster; **II.** *m* **1.** *(infortunio)* Schaden *m,* Unglück *n,* Unfall *m;* **2.** *(piede)* linker Fuß; *(mano, pugno)* Linke *f;* **colpire di ~** mit links schlagen; **in caso di ~** *adm* im Schadensfalle.
sinistroide [sinisˈtrɔ:ide] **I.** *a* linksgerichtet, linkslastig; **II.** *mf* Linke(r) *mf.* **sinistrorso, -a** [...ˈtrɔrso] *a* **1.** *(scrittura)* linksläufig; **2.** *phys, chem* linksdrehend.
sino [ˈsi:no] *prp:* **~ a** bis (zu *o.* nach).
sinodico, -a [siˈnɔ:diko] ‹-ci, -che› *a* synodisch. **sinodo** [ˈsi:nodo] *m* Synode *f.*
sinologa *f v.* **sinologo.**
sinologia [sinoloˈdʒi:a] ‹-gie› *f* Sinologie *f.* **sinologo, -a** [siˈnɔ:logo] ‹-gi *o.* ghi, -ghe› *m, f* Sinologe *m,* -login *f.*
sinonimia [sinoniˈmi:a] ‹-ie› *f* Synonymie *f.* **sinonimo** [siˈnɔ:nimo] **I.** *m* Synonym *n;* **II.** *a* synonym.
sinora [siˈno:ra] *v.* **finora.**
sinossi [siˈnɔssi] ‹-› *f* Synopse *f.* **sinottico, -a** [siˈnɔttiko] *a* Übersichts-; *(a. rel)* synoptisch.
sinovia [siˈnɔ:vi̯a] ‹-ie› *f* Gelenkflüssigkeit *f.*
sintagma [sinˈtagma] ‹-i› *m* Syntagma *n.*
sintantoché [sintantoˈke] *v.* **finché.**
sintassi [sinˈtassi] ‹-› *f* Syntax *f.* **sintattico, -a** [...ˈtattiko] *a* syntaktisch.
sintonizzare [sintonidˈdza:re] *tr* **1.** *radio* einstellen, abstimmen; **2.** *fig* in Einklang bringen. **sintonizzatore** [...dzaˈto:re] *m* Empfangsgerät *n,* Receiver *m.* **sintonizzazione** [...dzatˈtsi̯o:ne] *f* Einstellung *f,* Abstimmung *f.*
sinuosità [sinuosiˈta] ‹-› *f* Gewundenheit *f.* **sinuoso, -a** [...uˈo:so] *a* gewunden.
sinusite [sinuˈzi:te] *f* Nebenhöhlenentzündung *f.*
sinusoidale [sinuzoiˈda:le] *a* sinusförmig. **sinusoide** [...ˈzɔ:ide] **I.** *a* sinusförmig, Sinus-; **II.** *f* Sinuskurve *f.*
sionismo [sioˈnizmo] *m* Zionismus *m.* **sionista** [...ˈnista] ‹-i *m,* -e *f*› *mf* Zionist(in) *m(f).* **sionistico, -a** [...ˈnistiko] ‹-ci, -che› *a* zionistisch.
sior [si̯or] *m dial* Herr *m.*
S.I.P. [sip] *f ab di* **Società Italiana per l'Esercizio Telefonico** *italienische Telefongesellschaft.*
sipario [siˈpa:ri̯o] ‹-i› *m* Vorhang *m;* **il ~ di ferro** der Eiserne Vorhang; **cala il ~** *(a. fig)* der Vorhang fällt.
Siracusa [siraˈku:za] *f* Syrakus *n.*
sirena [siˈrɛ:na] *f* Sirene *f.*
Siria [ˈsi:ri̯a] *f* Syrien *n.* **siriano, -a** [siˈri̯a:no] **I.** *a* syrisch; **II.** *m, f* Syrer(in) *m(f).*
siringa [siˈriŋga] ‹-ghe› *f* **1.** *med* Spritze *f;* **2.** *gastr* Spritztülle *f;* **3.** *mus* Pan-, *f,* Hirtenflöte *f.*
siringare [siriŋˈga:re] ‹siringo, siringhi› *tr* kathetern.
sirte [ˈsirte] *f* Syrte *f.*
sisal [ˈsi:zal] ‹-› *f* Sisal(hanf) *m.*
sisma [ˈsizma] ‹-i› *m* Erdbeben *n.*
S.I.S.M.I. [ˈsizmi] *m ab di* **Servizio per l'Informazione e la Sicurezza Militare** *militärischer Abschirmdienst Italiens.*
sismicità [sizmitʃiˈta] ‹-› *f* Erdbebengefährdetheit *f.* **sismico, -a** [ˈsizmiko] ‹-ci, -che› *a* seismisch, Erdbeben-. **sismo** [ˈsizmo] *m* Erdbeben *n.* **sismografia** [-graˈfi:a] *f* Seismographie *f.* **sismografico, -a** [-ˈgra:fiko] *a* seismographisch; **registrazione -a** Seismogramm *n.* **sismografo** [sizˈmɔ:grafo] *m* Seismograph *m,* Erdbebenmesser *m.* **sismo-**

gramma [sizmo'gramma] ⟨-i⟩ *m* Seismogramm *n.* **sismologa** *f v.* **sismologo. sismologia** [...olo'dʒi:a] ⟨-gie⟩ *f* Seismologie *f,* Erdbebenkunde *f.* **sismologo, -a** [...'mɔ:logo] ⟨-gi, -ghe⟩ *m, f* Seismologe *m,* -login *f.*

sissignore [sissiɲ'ɲo:re] *interj* jawohl (, mein Herr).

sistema [sis'tɛ:ma] ⟨-i⟩ *m* **1.** *gener.* System *n;* **2.** *fig* Art und Weise *f; (modo di comportarsi)* Benehmen *n,* Verhalten *n;* ~ **solare/nervoso** Sonnen-/Nervensystem *n;* ~ **tolemaico/copernicano** ptolemäisches/kopernikanisches Weltbild; ~ **monetario** Währungssystem *n;* ~ **processuale** Prozeßordnung *f;* ~ **di vita** Lebensweise *f;* **mutare** ~ sein Verhalten ändern.

sistemare [siste'ma:re] **I.** *tr* **1.** *(mettere a posto)* ordnen, in Ordnung bringen; **2.** *(faccenda)* erledigen, in Ordnung bringen, regeln; *(lite)* beilegen; **3.** *(procurare un lavoro, alloggio)* unterbringen; **4.** *fam* zurechtweisen, den Kopf zurechtrücken *fam* (*qu* jdm); **5.** *scient* systematisieren; ~ **le proprie figlie** seine Töchter unter die Haube bringen *fam;* **II.** *rfl:* **-rsi 1.** *gener.* in Ordnung kommen; **2.** *(trovare lavoro, alloggio)* unterkommen; **3.** *(sposarsi)* unter die Haube kommen *fam.*

sistematica[1] [siste'ma:tika] ⟨-che⟩ *f* Systematik *f.*

sistematica[2] *f v.* **sistematico.**

sistematicamente [sistematika'mente] *adv* **1.** *(secondo un piano organico)* systematisch; **2.** *(regolarmente)* regelmäßig; **3.** *(assiduamente)* ständig, regelmäßig; **arriva** ~ **in ritardo** er (*o.* sie) kommt grundsätzlich zu spät. **sistematicità** [...titʃi'ta] ⟨-⟩ *f* Regelmäßigkeit *f.* **sistematico, -a** [...'ma:tiko] ⟨-ci, -che⟩ **I.** *a* **1.** *(classificazione, ordine)* systematisch; **2.** *fig (opposizione, etc.)* prinzipiell, grundsätzlich; **II.** *m, f* Systematiker(in) *m(f).*

sistemazione [sistemat'tsi̯o:ne] *f* **1.** *(di cose)* (An)ordnung *f; (posto)* Platz *m;* **2.** *(impiego)* Stelle *f,* Anstellung *f;* **3.** *(di lite)* Beilegung *f; (di faccenda)* Erledigung *f;* **4.** *com* (guter) Absatz *m;* **5.** *(alloggio)* Unterbringung *f,* Unterkunft *f.*

sistola ['sistola] *f* (Spritz)schlauch *m.*

sistole ['sistole] *f* Systole *f.*

sitibondo, -a [siti'bondo] *a poet* durstig; ~ **di vendetta** rachedurstig.

sito, -a ['si:to] **I.** *a rar (situato)* gelegen; **II.** *m* **1.** *poet (luogo)* Lage *f,* Ort *m,* Stelle *f;* **2.** *tosc (odore)* Gestank *m.*

situare [situ'a:re] *tr* setzen, stellen. **situato, -a** [...'a:to] *a* gelegen.

situazione [situat'tsi̯o:ne] *f* Lage *f,* Situation *f.*

skate-board ['skeɪtbɔ:d] ⟨-⟩ *m* Skateboard *n,* Rollbrett *n.*

skating ['skeɪtɪŋ] ⟨-⟩ *m* **1.** *sport (su ghiaccio)* Eislaufen *n; (a rotelle)* Rollschuhlaufen *n;* **2.** *tec* Skating *n.*

skunk [skʌŋk] ⟨-⟩ *m* Skunk *m.*

s.l. *ab di* **senza luogo** s.l. (*ab di* sine loco).

slabbrare [zlab'bra:re] **I.** *tr* **1.** *(calzettoni)* ausleiern; **2.** *(ferita)* an den Rändern aufbrechen; **II.** *rfl:* **-rsi 1.** *(oggetto)* die Form verlieren, ausleiern; **2.** *(ferita)* an den Rändern aufplatzen; **III.** *itr* überlaufen. **slabbratura** [...ra'tu:ra] *f* Randbeschädigung *f.*

slacciare [zlat'tʃa:re] ⟨slaccio, slacci⟩ **I.** *tr* lösen, aufmachen; *(sbottonare)* aufknöpfen; **II.** *rfl:* **-rsi** sich lösen, aufgehen.

slalom ['zla:lom] ⟨-⟩ *m* Slalom *m.* **slalomista** [zlalo'mista] ⟨-i *m,* -e *f*⟩ *mf* Slalomläufer(in) *m(f).*

slanciarsi [zlan'tʃarsi] *rfl* **1.** *(in avanti)* sich werfen (*su* auf), sich stürzen (*su* auf); *(su cavallo, etc.)* sich schwingen (*su* auf); **2.** *fig* streben (*verso* nach).

slanciato, -a [zlan'tʃa:to] *a* schlank.

slancio ['zlantʃo] *m* **1.** *(balzo)* Schwung *m; (rincorsa)* Anlauf *m;* **2.** *fig* Schwung *m,* Elan *m,* Auftrieb *m;* **agire di** ~ spontan handeln; **prendere lo** ~ Anlauf nehmen; **in uno** ~ **di entusiasmo** in einem Anflug von Begeisterung.

slargare [zlar'ga:re] ⟨slargo, slarghi⟩ **I.** *tr* weiter machen, erweitern; **II.** *rfl:* **-rsi** weiter werden, sich erweitern. **slargo** ['zlargo] *m* Verbreiterung *f.*

slattamento [zlatta'mento] *m* Abstillen *n.* **slattare** [...'ta:re] *tr* abstillen.

slava *f v.* **slavo.**

slavato, -a [zla'va:to] *a* **1.** *(colore, tinta)* ausgewaschen, verwaschen; **2.** *fig* farblos, ausdruckslos.

slavina [zla'vi:na] *f* Lawine *f.*

slavismo [zla'vizmo] *m* **1.** *ling* Slawismus *m;* **2.** *pol* Panslawismus *m.* **slavistica** [...'vistika] ⟨-che⟩ *f* Slawistik *f.* **slavo, -a** ['zla:vo] **I.** *a* slawisch; **II.** *m, f* Slawe *m,* Slawin *f.*

sleale [zle'a:le] *a* unehrlich; **concorrenza** ~ unlauterer Wettbewerb. **slealtà** [zleal'ta] ⟨-⟩ *f* Unlauterkeit *f,* Unehrlichkeit *f.*

sleeping-car ['sli:pɪŋkɑ:] ‹-› *m* Schlafwagen *m.*

slegare [zle'ga:re] **I.** *tr* lösen; *(a. cane)* losbinden; **II.** *rfl:* **-rsi** aufgehen, sich lösen. **slegato, -a** [...'ga:to] *a* **1.** *(pacco, etc.)* aufgebunden, lose; *(libro)* ungebunden; **2.** *fig* zusammenhang(s)los.

Slesia ['zlɛ:zi̯a] *f* Schlesien *n.*

Slesvig-Holstein ['zlezvig 'hɔlʃtai̯n] *m* Schleswig-Holstein *n.*

slip [zlip] ‹-› *m* Slip *m.*

slitta ['zlitta] *f* Schlitten *m.*

slittamento [zlitta'mento] *m* **1.** *(di ruote)* Rutschen *n;* **2.** *fig* Abkommen *n;* **3.** *com, fin* Abfallen *n,* Nachgeben *n.* **slittare** [...'ta:re] *itr ‹essere o. avere›* **1.** *(ruote)* rutschen, durchdrehen; **2.** *(persone, animali)* rutschen, gleiten; **3.** *com, fin* abfallen, nachgeben; **4.** *fig* abweichen, abkommen.

slittino [zlit'ti:no] *m* Rodelschlitten *m.*

s.l.m. *ab di* **sul livello del mare** ü.d.M. (*ab di* über dem Meeresspiegel).

s.l.n.d. *ab di* **senza luogo né data** s. l. n. d. (*ab di* sine loco nec data).

slogare [zlo'ga:re] ‹slogo, sloghi› *tr* aus-, verrenken. **slogatura** [...ga'tu:ra] *f* Verrenkung *f.*

sloggiare [zlod'dʒa:re] ‹sloggio, sloggi› **I.** *tr* vertreiben; *(di casa)* ausquartieren, ausweisen; **II.** *itr* **1.** *(abbandonare)* aus-, wegziehen; **2.** *fam* abhauen *fam.*

slovacco, -a [zlo'vakko] ‹-cchi, -cche› **I.** *a* slowakisch; **II.** *m, f* Slowake *m,* Slowakin *f.*

sloveno, -a [zlo'vɛ:no] **I.** *a* slowenisch; **II.** *m, f* Slowene *m,* Slowenin *f.*

slow [sloʊ] ‹-› *m* Slowfox *m.*

smaccato, -a [zmak'ka:to] *a* übermäßig, übertrieben; *(dolce)* widerlich süß.

smacchiare [zmak'ki̯a:re] *tr* die Flekken entfernen aus. **smacchiatore, -trice** [...ki̯a'to:re] **I.** *m, f (addetto)* Reinigungsangestellte(r) *mf;* **II.** *m (sostanza)* Fleckentferner *m.*

smacco ['zmakko] ‹-cchi› *m* Schlappe *f fam,* Niederlage *f.*

smagliante [zmaʎ'ʎante] *a* glänzend, strahlend.

smagliare [zmaʎ'ʎa:re] ‹smaglio, smagli› **I.** *tr (calze)* Laufmaschen machen in; *(maglia)* aufziehen; **II.** *rfl:* **-rsi** **1.** *(calze)* Laufmaschen bekommen; *(maglia)* ein Loch bekommen; **2.** *(pelle)* Dehnungsstreifen bekommen. **smagliatura** [...ʎa'tu:ra] *f* **1.** *(di calze)* Laufmasche *f;* **2.** *med* Dehnungsstreifen *m;* **3.** *fig* Ungereimtheit *f,* Uneinheitlichkeit *f.*

smagnetizzare [zmaɲɲetid'dza:re] *tr* entmagnetisieren.

smagrire [zma'gri:re] ‹smagrisco› **I.** *tr ‹avere›* mager (*o.* dünn) machen, abmagern lassen; **II.** *rfl:* **-rsi** abnehmen; **III.** *itr ‹essere›* abmagern.

smaliziato, -a [zmalit'tsi̯a:to] *a* gerissen, verschlagen.

smaltare [zmal'ta:re] *tr* emaillieren; *(ceramica)* glasieren; *(unghie)* lakkieren.

smaltire [zmal'ti:re] ‹smaltisco› **I.** *tr* **1.** *(cibo)* verdauen, verwerten; **2.** *(indigestione)* überwinden; *(rabbia)* verrauchen lassen; *(sbornia)* ausschlafen; **3.** *com (merce)* ausverkaufen; **4.** *(acque)* ableiten; *(rifiuti)* beseitigen; **5.** *(lavoro)* erledigen.

smalto ['zmalto] *m* **1.** *(per decorare)* Email *n; (per ceramica)* Glasur *f;* **2.** *(per unghie)* Nagellack *m;* **3.** *(dei denti)* Zahnschmelz *m;* **4.** *fig* Leistungsfähigkeit *f;* **pittura a ~** Emailarbeit *f;* **perdere lo ~** nachlassen.

smammare [zmam'ma:re] *itr fam* abhauen *fam.*

smanceria [zmantʃe'ri:a] ‹-ie› *f pej* Getue *n fam.*

smania ['zma:ni̯a] *f* **1.** *(agitazione)* Aufregung *f,* Unruhe *f;* **2.** *fig* Sucht *f,* Wahn *m;* **avere la ~** ungeduldig sein; **avere la ~ di fare qc** etw. unbedingt tun wollen. **smaniare** [zma'ni̯a:re] ‹smanio, smani› *itr* **1.** *(agitarsi)* sich aufregen, rasen; **2.** *fig* brennen, sich sehnen (*di* nach).

smanierato, -a [zmani̯e'ra:to] *a* unhöflich, unmanierlich.

smanioso, -a [zma'ni̯o:so] *a* **1.** *(agitato)* tobend, rasend, außer sich *(dat);* **2.** *(desideroso)* brennend (*di* auf), sich sehnend (*di* nach); **era ~ di partire per le vacanze** er konnte den Urlaub nicht abwarten.

smantellare [zmantel'la:re] *tr* **1.** *(mura, etc.)* abreißen; *(fabbrica a.)* demontieren; **2.** *naut* abwracken; **3.** *fig* demolieren.

smargiassa *f v.* **smargiasso.**

smargiassata [zmardʒas'sa:ta] *f* Prahlerei *f.* **smargiasso, -a** [...'dʒasso] *m, f* Prahler(in) *m(f),* Angeber(in) *m(f).*

smarrimento [zmarri'mento] *m* **1.** *(di oggetto)* Verlust *m;* **2.** *fig* Verwirrung *f.* **smarrire** [...'ri:re] ‹smarrisco› **I.** *tr* verlegen; **~ il cammino** sich verlaufen (*o.* verfahren); **~ la ragione** den Verstand verlieren; **~ i sensi** in Ohnmacht fallen; **II.** *rfl:* **-rsi** **1.** *(perdersi)* sich verlaufen, sich verirren; **2.** *fig* in

Verwirrung geraten; *(d'animo)* verzagen.

smarronare [zmarro'na:re] *itr fam* danebenhauen *fam.* **smarronata** [...'na:ta] *f fam* Schnitzer *m.*

smascellarsi [zmaʃʃel'larsi] *rfl:* ~ **dalle risa** *fam* sich kaputtlachen *fam.*

smascheramento [zmaskera'mento] *m* Demaskierung *f,* Enthüllung *f.* **smascherare** [...'ra:re] **I.** *tr* **1.** *fig* aufdecken, enthüllen, entlarven; **2.** *(togliere la maschera)* demaskieren; **II.** *rfl:* **-rsi 1.** *fig* die Maske fallen lassen; **2.** *(togliersi la maschera)* die Maske ablegen. **smascheratore, -trice** [...ra'to:re] **I.** *a* entlarvend, enthüllend; **II.** *m, f fig* Entlarver(in) *m(f),* Aufdecker(in) *m(f).*

smash [smæʃ] ‹-› *m* Schmetterball *m.*

smaterializzare [zmaterialid'dza:re] **I.** *tr* entmaterialisieren; **II.** *rfl:* **-rsi** sich entmaterialisieren.

smazzata [zmat'tsa:ta] *f* Runde *f.*

smembramento [zmembra'mento] *m* **1.** *(divisione)* Aufteilung *f,* Zerteilung *f;* **2.** *fig* Zerstückelung *f.* **smembrare** [...'bra:re] *tr* zerstückeln.

smemorata *f v.* **smemorato.**

smemoratezza [zmemora'tettsa] *f* Vergeßlichkeit *f.* **smemorato, -a** [...'ra:to] **I.** *a* vergeßlich; **II.** *m, f* vergeßlicher Mensch.

smentire [zmen'ti:re] **I.** *tr* **1.** *(notizia, fatti)* dementieren; **2.** *jur* widerrufen; **3.** *(buon nome, fama)* handeln gegen; **II.** *rfl:* **-rsi** sich *(dat)* widersprechen; **non si smentisce mai** er (*o.* sie) bleibt sich *(dat)* selbst treu. **smentita** [...'ti:ta] *f* Gegendarstellung *f,* Dementi *n; jur* Widerruf *m.*

smeraldino, -a [zmeral'di:no] *a geh* smaragdgrün. **smeraldo** [...'raldo] **I.** *m* Smaragd *m;* **II.** ‹*inv*› *a* smaragdgrün.

smerciare [zmer'tʃa:re] ‹smercio, smerci› *tr* verkaufen, absetzen. **smercio** ['zmɛrtʃo] ‹-ci› *m* Verkauf *m,* Absatz *m.*

smerdare [zmer'da:re] **I.** *tr vulg* bescheißen *vulg,* bekacken *vulg;* **II.** *rfl:* **-rsi** *vulg* sich bescheißen *vulg,* sich bekacken *vulg.*

smerigliare [zmeriʎ'ʎa:re] ‹smeriglio, smerigli› *tr* (ab)schmirgeln. **smerigliato, -a** [...'ʎa:to] *a* **1.** *(carta)* Schmirgel-; **2.** *(vetro)* geschmirgelt. **smeriglio** [...'riʎʎo] ‹-gli› *m* Schmirgel *m.*

smerlare [zmer'la:re] *tr* festonieren. **smerlo** ['zmɛrlo] *m* Feston *n.*

smettere ['zmettere] ‹*irr*› **I.** *tr* **1.** *(vestito)* ablegen; **2.** *(lavoro, studi)* aufgeben; *(interrompere)* abbrechen; **smettila!** *fam* hör auf damit!; **II.** *itr* aufhören; ~ **di fare qc** mit etw. aufhören, aufhören, etw. zu tun.

smezzare [zmed'dza:re] *tr* **1.** *(dividere a metà)* halbieren; **2.** *(consumare fino a metà)* halb aufbrauchen.

smidollato, -a [zmidol'la:to] **I.** *a* **1.** *(osso, canna)* marklos; **2.** *fig pej* schlaff, schlapp, ohne Mark in den Knochen; **II.** *m, f* Schlappschwanz *m fam.*

smielatore [zmiela'to:re] *m* Honigschleuder *f.*

smilitarizzare [zmilitarid'dza:re] *tr* entmilitarisieren. **smilitarizzazione** [...dzat'tsio:ne] *f* Entmilitarisierung *f.*

smilzo, -a ['zmiltso] *a* **1.** *(persona)* schmächtig; **2.** *(trama, tema)* mager, dürftig.

sminare [zmi'na:re] *tr* entminen.

sminuire [zminu'i:re] ‹sminuisco› **I.** *tr* verringern, mindern; *(persona)* geringschätzen; **II.** *itr* kleiner (*o.* geringer) werden.

sminuzzamento [zminuttsa'mento] *m* Zerbröckeln *n.* **sminuzzare** [...'tsa:re] **I.** *tr* zerbröckeln; *(a. fig)* zerstückeln; **II.** *rfl:* **-rsi** zerbröckeln.

smistare [zmis'ta:re] *tr* **1.** *(corrispondenza, merci)* sortieren; **2.** *mil* einteilen; **3.** *ferr* verschieben, rangieren; **4.** *sport* übergeben, abgeben.

smisurato, -a [zmizu'ra:to] *a* maßlos, grenzenlos.

smitizzare [zmitid'dza:re] *tr* nüchtern betrachten.

smobilitare [zmobili'ta:re] *tr* **1.** *mil* demobilisieren; **2.** *fig* normalisieren. **smobilitazione** [...tat'tsio:ne] *f* **1.** *mil* Demobilisierung *f;* **2.** *fig* Normalisierung *f.*

smobilizzo [zmobi'liddzo] *m* Mobilisierung *f.*

smoccolare [zmokko'la:re] **I.** *itr fam* fluchen; **II.** *tr* schneuzen, den Docht putzen (*o.* schneiden) *gen.* **smoccolatoio** [...la'to:io] ‹-oi› *m* Dochtschere *f.*

smodato, -a [zmo'da:to] *a* maßlos, unmäßig.

smoderatezza [zmodera'tettsa] *f* Maßlosigkeit *f,* Unmäßigkeit *f.* **smoderato, -a** [...'ra:to] *a* maßlos, unmäßig; **essere ~ nel mangiare/bere** unmäßig essen/trinken.

smog [zmɔg] ‹-› *m* Smog *m;* **cappa di ~** Dunstglocke *f;* **allarme ~** Smogalarm *m.*

smoking ['zmɔ:kiŋg] ‹-› *m* Smoking *m.*

smontabile [zmon'ta:bile] *a* demontierbar, zerlegbar.

smontaggio [zmon'taddʒo] *m* Demontage *f,* Zerlegung *f.* **smontare** [...'ta:re] **I.** *tr* ⟨*avere*⟩ **1.** *gener.* zerlegen, auseinandernehmen; *tec* demontieren; **2.** *(far scendere)* absetzen; **3.** *gastr* wieder flüssig machen; **4.** *fig* entmutigen, demoralisieren; **II.** *itr* ⟨*essere o. avere*⟩ **1.** *(scendere)* hinabsteigen; *(da treno, etc.)* aussteigen; *(da cavallo)* absteigen; **2.** *(di turno, lavoro)* Feierabend machen; **3.** *gastr* wieder flüssig werden; **III.** *rfl:* **-rsi** den Mut verlieren.

smorfia ['zmɔrfi̯a] ⟨-ie⟩ *f* **1.** *(contrazione)* Grimasse *f,* Fratze *f;* **2.** *fig* Naserümpfen *n; (atteggiamento lezioso)* Getue *n fam,* Theater *n;* **fare le -ie** Fratzen schneiden.

smorfioso, -a [zmor'fi̯o:so] **I.** *a* zimperlich; **II.** *m, f* Zimperliese *f.*

smorto, -a ['zmɔrto] *a* blaß, bleich; *fig* farblos, blaß.

smorzamento [zmortsa'mento] *m* Abschwächung *f,* Dämpfung *f.* **smorzare** [...'tsa:re] *tr* **1.** *(rumori, colori)* dämpfen; **2.** *dial (luce)* dämpfen; *(fuoco)* löschen; **3.** *fig (sete)* stillen; **4.** *sport* stoppen. **smorzata** [...'tsa:ta] *f* Stoppball *m.* **smorzatore** [...tsa'to:re] *m* Dämpfer *m.*

smottamento [zmotta'mento] *m* Erdrutsch *m.*

smottare [zmot'ta:re] *itr* ⟨*essere*⟩ abrutschen.

smunto, -a ['zmunto] *a* abgezehrt.

smuovere ['zmu̯ɔ:vere] ⟨*irr*⟩ **I.** *tr* **1.** *(spostare)* ver-, wegrücken; **2.** *fig* abbringen; *(dall'inerzia)* aufrütteln; *(commuovere)* rühren; **3.** *agr (terra)* auflockern; **II.** *rfl:* **-rsi 1.** *(spostarsi)* sich wegbewegen, sich rühren; **2.** *fig* sich rühren, sich in Bewegung setzen.

smussare [zmus'sa:re] **I.** *tr* **1.** *(spigolo, stipite)* abstumpfen, abrunden; **2.** *fig* mildern; **II.** *rfl:* **-rsi** stumpf werden, abstumpfen.

snaturare [znatu'ra:re] *tr* entarten lassen, entstellen. **snaturato, -a** [...'ra:to] **I.** *a* entartet, unmenschlich; *(madre, padre)* Raben-; **II.** *m, f* Unmensch *m.*

snazionalizzare [znattsi̯onalid'dza:re] *tr* **1.** *com* reprivatisieren; **2.** *pol* entnationalisieren.

snebbiare [zneb'bi̯a:re] ⟨snebbio, snebbi⟩ *tr* **1.** *meteo* vom Nebel befreien; **2.** *fig* aufklären, erhellen.

snellezza [znel'lettsa] *f* **1.** *(di persona)* Schlankheit *f;* **2.** *fig* Eleganz *f.* **snellire** [...'li:re] ⟨snellisco⟩ **I.** *tr* **1.** *(rendere snello)* schlank(er) machen; **2.** *fig* beschleunigen, vereinfachen, straffen; **II.** *rfl:* **-rsi** schlank(er) werden. **snello, -a** ['znɛllo] *a* **1.** *(persona, figura)* schlank; **2.** *fig* leicht, behende; *(stile)* flüssig.

snervante [zner'vante] *a* entnervend, nervenaufreibend.

snervare [zner'va:re] **I.** *tr* entnerven; **II.** *rfl:* **-rsi** entnervt (*o.* gestreßt) sein.

snidare [zni'da:re] *tr* **1.** *(lepre, volpe)* aus dem Bau (*o.* Nest) treiben, aufstöbern; **2.** *fig* ausheben.

sniffare [znif'fa:re] *tr sl* koksen *sl,* schnupfen.

snob [znɔb] **I.** ⟨*inv*⟩ *a* versnobt, snobistisch; **II.** ⟨-⟩ *mf* Snob *m.* **snobbare** [znob'ba:re] *tr* verachten, herabblikken auf. **snobismo** [zno'bizmo] *m* Snobismus *m.*

snocciolare [znottʃo'la:re] *tr* **1.** *(ciliege, albicocche)* entkernen; **2.** *fig* reihenweise von sich *(dat)* geben; *(orazioni a.)* herunterleiern; **3.** *fam* herausrücken (mit) *fam; (soldi a.)* hinblättern *fam.*

snodabile [zno'da:bile] *a* gelenkig; *(a. tec)* Gelenk-.

snodare [zno'da:re] **I.** *tr* **1.** *(fune, corda)* lösen, ent-, aufknoten; *(giunture)* lockern, locker machen; *fig (lingua)* lösen; **2.** *(rendere mobile)* gelenkig machen; **3.** *tec* mit Gelenken versehen; **II.** *rfl:* **-rsi 1.** *(fiume, strada)* sich schlängeln; **2.** *(articolarsi)* sich krümmen, gekrümmt sein. **snodo** ['znɔ:do] *m tec* Gelenk *n.*

snudare [znu'da:re] *tr* **1.** *(spada)* (aus der Scheide) ziehen; **2.** *geh* entblößen.

so [sɔ] *1. pers sing pr di* **sapere.**

S.O. *ab di* **sudovest** SW (*ab di* Südwest).

soave [so'a:ve] **I.** *a* lieblich, süß; **II.** ⟨-⟩ *m* Soave *m (trockener Weißwein aus Venetien).* **soavità** [soavi'ta] ⟨-⟩ *f* Lieblichkeit *f,* Süße *f.*

sobbalzare [sobbal'tsa:re] *itr* **1.** *(veicoli)* stoßen, rucken; **2.** *(persone)* aufspringen, auffahren. **sobbalzo** [...'baltso] *m* **1.** *(di veicolo)* Stoß *m,* Ruck *m,* Satz *m;* **2.** *(di persona)* Auffahren *n.*

sobbarcare [sobbar'ka:re] ⟨sobbarco, sobbarchi⟩ **I.** *tr* belasten (*qu a qc* jdn mit etw.), aufbürden (*qu a qc* jdm etw.); **II.** *rfl:* **-rsi** sich *(dat)* aufbürden (*a qc* etw.), sich belasten (*a* mit).

sobborgo [sob'borgo] *m* Vorort *m,* Vorstadt *f.*

sobillare [sobil'la:re] *tr* aufstacheln, aufhetzen, aufwiegeln. **sobillatore, -trice** [...la'to:re] *m, f* Aufwiegler(in) *m(f),* Unruhestifter(in) *m(f).*

sobrietà [sobrie'ta] ‹-› *f* Maß *n*, Mäßigkeit *f*, Genügsamkeit *f*; *(a. fig)* Nüchternheit *f*; **con ~** maßvoll, genügsam; **usare ~ nel vestire** sich dezent kleiden. **sobrio, -a** ['sɔ:brio] ‹-i, -ie› *a* **1.** *(persona)* maßvoll, genügsam; **2.** *fig* einfach, schlicht, nüchtern; *(moderato)* mäßig; **3.** *(lucido)* nüchtern.

soc. *ab di* **società** Ges. (*ab di* Gesellschaft).

socchiudere [sok'kiu:dere] ‹*irr*› *tr* *(porta, finestra)* anlehnen; *(occhi)* halb schließen.

soccombere [sok'kombere] ‹soccombo, soccombei *o.* soccombetti, soccombuto› *itr* ‹*essere*› unterliegen, erliegen; **~ in giudizio** vor Gericht unterliegen.

soccorrere [sok'korrere] ‹*irr*› *tr* helfen (*qu* jdm), zu Hilfe eilen (*qu* jdm). **soccorritore, -trice** [...ri'to:re] **I.** *a* hilfebringend, Hilfs-; *(mano a.)* helfend; **II.** *m, f* Helfer(in) *m(f)*. **soccorso** [...'korso] *m* Hilfe *f*; **-i** Hilfsmittel *n pl*; *mil* Hilfstruppen *f pl*; **pronto ~** Erste Hilfe; **~ stradale/marittimo** Pannendienst *m*/Seenotrettungsdienst *m*; **colonnina di ~** (Not)rufsäule *f*; **correre in ~ di qu** jdm zu Hilfe eilen.

socia *f v.* **socio.**

socialdemocratico, -a [sotʃaldemo'kra:tiko] **I.** *a* sozialdemokratisch; **II.** *m, f* Sozialdemokrat(in) *m(f)*. **socialdemocrazia** [...rat'tsi:a] *f* Sozialdemokratie *f*.

sociale [so'tʃa:le] *a* **1.** *gener.* gesellschaftlich, sozial, Gesellschafts-, Sozial-; *(di società)* gesellschaftlich, Gesellschafts-, in Gesellschaft; **2.** *(di associazione)* Gesellschafts-; **3.** *(che vive in società, a. zoo)* gesellig; **vita ~** Gesellschaftsleben *n*; **ragione ~** Firmenname *m*; **guerre -i** Bundesgenossenkriege *m pl*.

socialismo [sotʃa'lizmo] *m* Sozialismus *m*. **socialista** [...'lista] ‹-i *m*, -e *f*› **I.** *mf* Sozialist(in) *m(f)*; **II.** *a* sozialistisch.

socialità [sotʃali'ta] ‹-› *f* **1.** *(tendenza)* Geselligkeit *f*, Gemeinschaftssinn *m*; **2.** *(convivenza)* gesellschaftliches Zusammenleben.

socializzare [sotʃalid'dza:re] *tr* sozialisieren; *com* vergesellschaften; *(nazionalizzare)* verstaatlichen. **socializzazione** [...dzat'tsio:ne] *f* Sozialisierung *f*; *com* Vergesellschaftung *f*; *(nazionalizzazione)* Verstaatlichung *f*.

società [sotʃe'ta] ‹-› *f* **1.** *(unione tra esseri viventi)* Gemeinschaft *f*, Gesellschaft *f*; **2.** *soc, com* (*ab* **soc.**) Gesellschaft *f*; **3.** *(ceto)* Gesellschaft *f*; **4.** *(associazione)* Gesellschaft *f*, Verein *m*; **~ per azioni** (*o.* **anonima**) (*ab* **S.p.A.**) Aktiengesellschaft *f*; **~ a responsabilità limitata** (*ab* **S.r.l.**) Gesellschaft *f* mit beschränkter Haftung; **~ in accomandita** (*ab* **S.acc.**) Kommanditgesellschaft *f*; **~ finanziaria** Holding *f*; **~ sportiva/letteraria** Sportverein *m*/literarische Gesellschaft; **~ protettrice degli animali** Tierschutzverein *m*; **~ distributrice di un film** Filmverleih *m*; **~ delle formiche/delle api** Ameisenstaat *m*/Bienenvolk *n*; **la buona ~** die feine Gesellschaft; **abito da ~** Gesellschaftsanzug *m*; **giochi di ~** Gesellschaftsspiele *n pl*; **in ~** gemeinsam.

socievole [so'tʃe:vole] *a* gesellig.

socio, -a ['sɔ:tʃo] ‹-ci, -cie› *m, f* **1.** *gener.* *(membro)* Mitglied *n*; **2.** *com* Gesellschafter(in) *m(f)*, Teilhaber(in) *m(f)*.

socioculturale [sotʃokultu'ra:le] *a* soziokulturell.

socioeconomico, -a [-eko'nɔ:miko] *a* sozioökonomisch.

sociologa *f v.* **sociologo.**

sociologia [sotʃolo'dʒi:a] ‹-gie› *f* Soziologie *f*. **sociologico, -a** [...'lɔ:dʒiko] *a* soziologisch. **sociologo, -a** [so'tʃɔ:logo] ‹-gi, -ghe› *m, f* Soziologe *m*, Soziologin *f*.

soda ['sɔ:da] *f* **1.** *chem* Soda *n o. f*; **2.** *(acqua)* Soda(wasser) *n*; **bicarbonato di ~** Natron *n*.

sodalizio [soda'littsio] ‹-i› *m* *geh* Gesellschaft *f*, Vereinigung *f*.

soddisfaccio [soddis'fattʃo] *1. pers sing pr di* **soddisfare.**

soddisfacente [soddisfa'tʃɛnte] *a* befriedigend, zufriedenstellend.

soddisfare [soddis'fa:re] ‹soddisfo *o.* soddisfaccio, *irr*› **I.** *tr* zufriedenstellen; *(a. bisogni, etc.)* befriedigen; *(curiosità) 1 stillen; (clienti, pubblico)* zufriedenstellen; *(dovere)* erfüllen, nachkommen (*qc* einer S.); *(offesa)* wiedergutmachen; *(debiti)* begleichen; **II.** *itr*: **~ a** genügen *dat*, gerecht werden *dat*, erfüllen *acc*; *(a. a dovere)* nachkommen *dat*. **soddisfatto, -a** [...'fatto] *a* befriedigt; *(contento)* zufrieden. **soddisfazione** [...fat'tsio:ne] *f* **1.** *(piacere)* Befriedigung *f*; *(contentezza)* Zufriedenheit *f*; **2.** *(compensazione)* Genugtuung *f*; **3.** *(riparazione)* Wiedergutmachung *f*; **le piccole -i della vita quotidiana**

die kleinen Freuden *f pl* des (täglichen) Lebens; **con mia grande ~** zu meiner großen Freude; **non c'è ~** es macht keinen Spaß. **soddisfo** [...'fɔ] *1. pers sing pr di* **soddisfare.**

sodio ['sɔ:dio] *m* Natrium *n.*

sodo, -a ['sɔ:do] **I.** *a* **1.** *(carni)* fest, hart; **2.** *(muscoli)* stark, kräftig; **3.** *(uova)* hart (gekocht); **4.** *fig* fest, solide; *(argomento)* stark; **darle/prenderle -e** *fam* fest(e) verhauen *fam*/feste Prügel bekommen *fam;* **II.** *adv* **1.** *(con forza)* hart, fest, stark; **2.** *(alacremente)* tüchtig, fest; **dormire ~** tief (*o.* fest) schlafen; **III.** *m:* **venire al ~** *fam* zur Sache kommen.

sodomia [sodo'mi:a] ‹-ie› *f* Sodomie *f.*

sofà [so'fa] ‹-› *m* Sofa *n.*

sofferente [soffe'rɛnte] *a* leidend; *med* krank; **essere ~ di fegato** leberkrank sein, ein Leberleiden haben. **sofferenza** [...'rɛntsa] *f* Leiden *n,* Qual *f;* **è proprio una ~** es ist wirklich eine Qual; **in ~** *com* notleidend.

soffermare [soffer'ma:re] **I.** *tr* anhalten, aufhalten; **~ lo sguardo su qc** den Blick auf etw. ruhen lassen; **II.** *rfl:* **-rsi 1.** *(sostare)* stehenbleiben, sich aufhalten; **2.** *fig* sich aufhalten (*su* bei).

soffersi [sof'fɛrsi] *1. pers sing del passato remoto di* **soffrire.**

sofferto, -a [sof'fɛrto] **I.** *pp di* **soffrire; II.** *a* empfindungsreich.

soffiare [sof'fia:re] ‹soffio, soffi› **I.** *itr* **1.** *(aria, fumo)* blasen; **2.** *meteo* wehen, blasen; **3.** *(sbuffare)* schnaufen, schnauben; **~ sul fuoco** in die Glut blasen; *fig* das Feuer schüren; **II.** *tr* **1.** *(aria, fumo)* blasen, pusten *fam; (vetro)* blasen; **2.** *fig fam* wegschnappen *fam; (pedina)* schlagen; **3.** *fam (segreto, etc.)* zuflüstern; *(fare la spia)* singen *fam;* **-rsi il naso** sich *(dat)* (die Nase) schneuzen (*o.* putzen).

soffiata [sof'fia:ta] *f* **1.** *(espirazione)* Blasen *n;* **2.** *fam* Tip *m fam.*

soffice ['sɔffitʃe] *a* weich; *(tessuto a.)* flauschig.

soffietto [sof'fietto] *m* **1.** *(mantice)* (kleiner) Blasebalg *m;* **2.** *tec* Faltwulst *m;* **3.** *fot* Balg *m;* **4.** *(nel giornalismo)* Propagandaartikel *m.*

soffio ['soffio] ‹-i› *m* **1.** *gener.* Blasen *n; (d'aria, vento)* Hauch *m,* Zug *m;* **2.** *(rumore, a. med)* Geräusch *n;* **spegnere una candela con un ~** eine Kerze ausblasen; **in un ~, d'un ~** im Nu, augenblicklich.

soffione [sof'fio:ne] *m* **1.** *geol* Soffione *f;* **2.** *bot* Löwenzahn *m,* Pusteblume *f fam;* **3.** *(canna)* Blasrohr *n.*

soffitta [sof'fitta] *f* Dachboden *m,* Speicher *m.*

soffitto [sof'fitto] *m* (Zimmer)decke *f.*

soffocamento [soffoka'mento] *m* Erstickung *f,* Ersticken *n.* **soffocante** [...'kante] *a* **1.** *(aria)* stickig; **2.** *fig* bedrückend.

soffocare [soffo'ka:re] ‹soffoco, soffochi› **I.** *tr* ‹*avere*› **1.** *(a. fig)* ersticken; **2.** *fig* unterdrücken; **un caldo che soffoca** eine drückende Hitze; **~ sul nascere** *fig* im Keim ersticken; **II.** *itr* ‹*essere*›, *rfl:* **-rsi** ersticken. **soffocazione** [...kat'tsio:ne] *f* **1.** *(a. fig)* Erstickung *f;* **2.** *fig* Unterdrückung *f.*

soffriggere [sof'friddʒere] ‹*irr*› *tr* anbraten, anrösten.

soffrire [sof'fri:re] ‹soffro, soffrii *o.* soffersi, sofferto› **I.** *tr* **1.** *(patire)* leiden, erleiden; *med* leiden an; **2.** *(sopportare)* (er)leiden, ertragen, (er)dulden; *(persone)* ausstehen, leiden; **~ la fame/sete** Hunger/Durst leiden; **~ il caldo/freddo** unter Hitze/Kälte leiden, hitze-/kälteempfindlich sein; **II.** *itr* **1.** *med* leiden (*di* an), haben (*di qc* etw.); **2.** *(patire)* leiden, krank sein.

soffritto [sof'fritto] *m Sauce aus Zwiebeln, Kräutern und Speck.*

soffro ['sɔffro] *1. pers sing pr di* **soffrire.**

soffuso, -a [sof'fu:zo] *a geh* angehaucht, leicht getönt; *(luce)* gedämpft.

sofistica *f v.* **sofistico.**

sofisticare [sofisti'ka:re] ‹sofistico, sofistichi› **I.** *tr* (ver)fälschen; *(vino)* verschneiden, panschen; **II.** *itr* nörgeln; **ha sempre da ~ su tutto** er (*o.* sie) hat immer an allem etwas auszusetzen. **sofisticato, -a** [...'ka:to] *a* **1.** *(merce)* gefälscht; *(vino)* gepanscht, verschnitten; **2.** *(persona)* anspruchsvoll, überkandidelt *pej fam;* **3.** *(linguaggio)* gekünstelt, hochgestochen. **sofisticatore, -trice** [...ka'to:re] *m, f* Fälscher(in) *m(f); (di vino)* Panscher(in) *m(f).* **sofisticazione** [...kat'tsio:ne] *f* (Ver)fälschung *f; (di vino)* Panschen *n,* Verschneiden *n.*

sofistico, -a [so'fistiko] ‹-ci, -che› **I.** *a* **1.** *pej* pedantisch; **2.** *philos* sophistisch; **II.** *m, f pej* Pedant(in) *m(f).*

software ['sɔftwɛə] ‹-› *m* Software *f.*

soggettista [soddʒet'tista] ‹-i *m* -e *f*› *mf* Drehbuchautor(in) *m(f).*

soggettività [soddʒettivi'ta] ‹-› *f* Subjektivität *f.* **soggettivo, -a** [...'ti:vo] *a* **1.** *(opinione, impressione)* subjektiv; **2.** *gram* Subjekt(s)-.

soggetto [sod'dʒɛtto] *m* **1.** *(tema)* Thema *n*, Gegenstand *m*, Sujet *n geh; mus* Thema *n;* **2.** *gram, philos* Subjekt *n;* **3.** *med* Person *f*, Patient *m;* **4.** *theat* Improvisation *f;* **5.** *fam* Typ *m fam*, Subjekt *n fam;* **catalogo per -i** thematischer (*o.* nach Themen geordneter) Katalog; **a ~** Stegreif-.

soggetto, -a [sod'dʒɛtto] *a* **1.** *pol* unterworfen; **2.** *(esposto)* ausgesetzt *(a dat)*, betroffen (*a* von); **3.** *med* anfällig (*a* für), empfindlich (*a* gegen).

soggezione [soddʒet'tsi̯o:ne] *f* **1.** *(timidezza)* Scheu *f*, Befangenheit *f;* **2.** *(dipendenza)* Abhängigkeit *f*, Unterworfensein *n;* **~ allo straniero** Fremdherrschaft *f*.

sogghignare [soggiɲ'ɲa:re] *itr* grinsen. **sogghigno** [...'giɲɲo] *m* Grinsen *n*.

soggiacere [soddʒa'tʃe:re] ‹*irr*› *itr* ‹*essere*› unterliegen.

soggiogare [soddʒo'ga:re] ‹soggiogo, soggioghi› *tr* **1.** *(sottomettere)* unterjochen, unterwerfen; **2.** *fig* unterdrücken.

soggiornare [soddʒor'na:re] *itr* sich aufhalten, verweilen. **soggiorno** [...'dʒorno] *m* **1.** *(permanenza)* Aufenthalt *m; (luogo)* Aufenthaltsort *m;* **2.** *(stanza)* Wohnzimmer *n;* **località di ~** Ferienort *m*.

soggiungere [sod'dʒundʒere] ‹*irr*› *tr* hinzufügen.

soglia ['sɔʎʎa] ‹-glie› *f* Schwelle *f*.

soglio[1] ['sɔʎʎo] ‹-gli› *m geh* Thron *m;* **~ pontificio** Päpstlicher (*o.* Heiliger) Stuhl.

soglio[2] ['sɔʎʎo] *1. pers sing pr di* **solere.**

sogliola ['sɔʎʎola] *f* Seezunge *f*.

sognante [soɲ'ɲante] *a* träumerisch, verträumt.

sognare [soɲ'ɲa:re] **I.** *tr* **1.** *(vedere in sogno)* träumen; **2.** *fig (desiderare)* träumen von, erträumen; **ho sognato il nonno** ich habe von Großvater geträumt; **II.** *itr (a. fig)* träumen; **III.** *rfl:* **-rsi 1.** *(vedere in sogno)* träumen; **2.** *fig* träumen, sich *(dat)* einbilden; **te lo sogni che venga!** *fam* davon träumst du nur, daß er (*o.* sie) kommt! **sognatore, -trice** [...ɲa'to:re] *m, f* Träumer(in) *m(f)*.

sogno ['soɲɲo] *m (a. fig)* Traum *m;* **fare un ~** träumen, einen Traum haben (*o.* träumen); **~ ad occhi aperti** Tagtraum *m;* **nemmeno** (*o.* **neppure** *o.* **neanche) per ~** *fam* auch nicht (*o.* nicht einmal) im Traum.

soia ['sɔ:i̯a] ‹soie› *f* Sojabohne *f*.

soirée [swa're] ‹-› *f* Soirée *f*, Galaabend *m*.

sol [sɔl] ‹-› *m mus* g, G *n*.

sola *f v.* **solo.**

solaio [so'la:i̯o] ‹-ai› *m* Dachboden *m*.

solare [so'la:re] *a* **1.** *gener.* Sonnen-; *(astr a.) Solar-, solar;* **2.** *el* Sonnen-, Solar-; **3.** *fig* strahlend; *(evidente)* sonnenklar; **cellula ~** Solarzelle *f;* **crema/olio ~** Sonnencreme *f*/-öl *n;* **orologio ~** Sonnenuhr *f;* **plesso ~** Solarplexus *m*, Sonnengeflecht *n;* **sistema ~** Sonnensystem *n*.

solario [so'la:ri̯o] ‹-i›, **solarium** [...i̯um] ‹-› *m* Solarium *n*.

solcare [sol'ka:re] ‹solco, solchi› *tr* **1.** *fig* durchpflügen, durchziehen; **2.** *agr* durchpflügen, durchfurchen.

solco ['solko] ‹-chi› *m* **1.** *agr* Furche *f;* **2.** *(incavatura)* Spur *f; (a. di disco)* Rille *f;* **3.** *(grinza)* Runzel *f*, Furche *f*, Falte *f;* **4.** *naut* Kielwasser *n;* **5.** *fig* Furche *f*, Falte *f*.

soldata, soldatessa [solda'tessa] *f v.* **soldato.**

soldatino [solda'ti:no] *m* Spielsoldat *m*.

soldato, -a (*o. scherz* **-essa)** [sol'da:to] *m, f* **1.** *mil* Soldat(in) *m(f);* **2.** *fig* Kämpfer(in) *m(f)*, Streiter(in) *m(f);* **3.** ‹*pl*› *zoo* Soldaten *m pl;* **~ a cavallo** Kavallerist *m;* **andare (a fare il) ~** Soldat werden; **fare il ~** Soldat sein.

soldo ['sɔldo] *m* **1.** ‹*pl*› Geld *n;* **2.** *fig* Pfennig *m*, Heller *m;* **3.** *mil* Sold *m;* **4.** *hist (moneta)* Soldo *m; (francese)* Sou *m;* **essere al ~ di qu** in jds Sold stehen; **essere alto quanto un ~ di cacio** *scherz* ein Dreikäsehoch sein *scherz;* **non valere un ~ (bucato)** keinen Pfennig (*o.* roten Heller) wert sein; **da pochi** (*o.* **quattro) -i** *fig fam* nichts (*o.* wenig Geld) wert.

sole ['so:le] *m* Sonne *f;* **colpo di ~** Sonnenstich *m;* **occhiali da ~** Sonnenbrille *f;* **avere qc al ~** *fig* etwas Land besitzen; **farsi bello del ~ di luglio** sich mit fremden Federn schmücken; **prendere il ~** sich sonnen; **vedere il ~ a scacchi** *scherz* hinter schwedischen Gardinen sitzen *scherz;* **in pieno ~** in der prallen Sonne; **chiaro come il ~** sonnenklar; **dove entra il ~ non entra il dottore** *prov* die Sonne hält gesund. **soleggiare** [soled'dʒa:re] ‹soleggio, soleggi› *tr* in die Sonne legen, der Sonne aussetzen. **soleggiato, -a** [...'dʒa:to] *a* sonnig, sonnenbeschienen.

solei [so'le:i] *1. pers sing del passato remoto di* **solere.**

solenne [so'lɛnne] *a* **1.** *gener.* feierlich, festlich; **2.** *fam (persona)* Erz- *fam,* Ober- *fam; (schiaffo, etc.)* saftig *fam,* gehörig; **è un ~ bugiardo** *fam* er ist ein Erzlügner *fam.* **solennità** [solenni'ta] ‹-› *f* **1.** *(qualità)* Feierlichkeit *f,* Festlichkeit *f;* **2.** *(ricorrenza)* Feier-, Festtag *m.* **solennizzare** [...id'dza:re] *tr* feiern, begehen.

solere [so'le:re] ‹soglio, solei, solito› *itr* ‹*essere*› pflegen (*inf* zu ...), gewohnt sein (*inf* zu ...); **sono solito andare a letto tardi** ich gehe gewöhnlich spät zu Bett; **come si suol dire** *geh* wie man zu sagen pflegt.

solerte [so'lɛrte] *a* eifrig, fleißig. **solerzia** [so'lɛrtsi̯a] ‹-ie› *f* Eifer *m,* Fleiß *m.*

soletta [so'letta] *f* **1.** *(di scarpa)* Einlegesohle *f;* **2.** *(di calza)* Strumpfsohle *f,* Fußteil *m;* **3.** *(in edilizia)* (Boden)diele *f.*

Soletta [so'letta] **I.** *m (cantone)* Solothurn *n;* **II.** *f (città)* Solothurn *n.*

solfa ['sɔlfa] *f fam* Leier *f;* **è sempre la solita ~!** es ist immer das alte Lied!; **che ~!** wie langweilig!

solfara [sol'fa:ra] *f* Schwefelgrube *f.*

solfatara [solfa'ta:ra] *f* Solfatara *f.*

solfato [sol'fa:to] *m* Sulfat *n.*

solfidrico, -a [sol'fi:driko] ‹-ci, -che› *a:* **acido ~** Schwefelwasserstoff *m.*

solfito [sol'fi:to] *m* Sulfit *n.*

solforare [solfo'ra:re] *tr* **1.** *agr* schwefeln; **2.** *chem* schwefeln, sulfurieren. **solforico, -a** [...'fɔ:riko] ‹-ci, -che› *a* Schwefel-, schwefelhaltig, schwefelsauer; **acido ~** Schwefelsäure *f.* **solforoso, -a** [...fo'ro:so] *a* schwef(e)lig, Schwefel-.

solfuro [sol'fu:ro] *m* Sulfat *n.*

solidale [soli'da:le] *a* **1.** *(con persone, idee)* solidarisch; **2.** *jur* Gesamt-, Solidar-; **3.** *tec* fest verbunden. **solidarietà** [...dari̯e'ta] ‹-› *f* **1.** *(con persone, idee)* Solidarität *f;* **2.** *jur* Gesamthaftung *f;* **3.** *tec* feste Verbindung. **solidarizzare** [...darid'dza:re] *itr* sich solidarisieren.

solidificare [solidifi'ka:re] ‹solidifico, solidifichi› **I.** *tr* fest machen (*o.* werden lassen); **II.** *itr, rfl:* **-rsi** fest werden, erstarren. **solidificazione** [...kat'tsi̯o:ne] *f* Festwerden *n,* Erstarren *n.*

solidità [solidi'ta] ‹-› *f* **1.** *(di costruzione, etc.)* Festigkeit *f,* Solidität *f;* **2.** *fin* Solidität *f;* **3.** *(di persona)* Zuverlässigkeit *f; (di argomento)* Fundiertheit *f; (di ragionamento)* Stichhaltigkeit *f.* **solido, -a** ['sɔ:lido] **I.** *a* **1.** *phys* fest; **2.** *(costruzione)* solide, fest, stabil; **3.** *mat* dreidimensional; **4.** *fig* solide, stark; *(argomento, etc. a.)* handfest, fundiert, stichhaltig; *(persona, ditta)* zuverlässig; *fin* kapitalkräftig; **5.** *jur:* **in ~** Gesamt-; **II.** *m* **1.** *phys* Feststoff *m,* fester Stoff; **2.** *mat* Festkörper *m.*

soliloquio [soli'lɔ:ku̯i̯o] ‹-qui› *m* Selbstgespräch *n.*

solista [so'lista] ‹-i *m,* -e *f*› **I.** *mf* Solist(in) *m(f);* **II.** *a* Solo-, Einzel-.

solitario, -a [soli'ta:ri̯o] ‹-i, -ie› **I.** *a* **1.** *(luogo, via)* einsam; **2.** *(passeggero, viandante)* einzeln, Einzel-; **verme ~** Bandwurm *m;* **II.** *m* **1.** *(gioco)* Patience *f;* **2.** *(brillante)* Solitär *m;* **fare un ~** eine Patience legen.

solito, -a ['sɔ:lito] **I.** *pp di* **solere; II.** *a* gewohnt, üblich, gewöhnlich; **essere ~ (di) fare qc** gewohnt sein, etw. zu tun; **siamo alle -e** *fam* schon wieder das Gleiche (*o.* Übliche); **III.** *m* **1.** *(consueto)* Gewöhnliche(s) *n,* Übliche(s) *n;* **2.** *(consuetudine)* Gewohnheit *f;* **di ~** gewöhnlich, normalerweise; **come al ~** wie gewohnt, wie immer; **è peggio del ~** es ist schlimmer als sonst.

solitudine [soli'tu:dine] *f* Einsamkeit *f.*

sollazzare [sollat'tsa:re] **I.** *tr* vergnügen, amüsieren; **II.** *rfl:* **-rsi** sich vergnügen, sich amüsieren. **sollazzo** [...'lattso] *m* Amüsement *n,* Vergnügen *n.*

sollecitare [solletʃi'ta:re] *tr* **1.** *(cose)* drängen auf; *(persone)* drängen; **2.** *(promozioni, etc.)* ersuchen um, bitten um; *(posto)* sich bewerben um; **3.** *(stimolare)* anregen; *(fantasia, cavallo)* anspornen; **4.** *(passo)* beschleunigen; **5.** *tec* belasten, beanspruchen; **~ qu a fare qc** jdn drängen, etw. zu tun. **sollecitazione** [...tat'tsi̯o:ne] *f* **1.** *(il sollecitare)* Mahnung *f,* Drängen *n;* **2.** *(stimolazione)* Anregung *f,* Ansporn *m;* **3.** *phys, tec* Belastung *f,* Beanspruchung *f;* **lettera di ~** Mahnbrief *m.*

sollecito, -a [sol'le:tʃito] **I.** *a* **1.** *(risposta)* prompt, schnell; **2.** *(persona)* eifrig, flott *fam;* **II.** *m adm* Aufforderung *f,* Mahnung *f.* **sollecitudine** [...letʃi'tu:dine] *f* **1.** *(impegno)* Eifer *m;* **2.** *(rapidità)* Eile *f,* Promptheit *f,* Schnelligkeit *f.*

solleone [solle'o:ne] *m* **1.** *(gran caldo)* Sommerhitze *f;* **2.** *(periodo)* Hundstage *m pl.*

solleticare [solleti'ka:re] ‹solletico,

solletichi› *tr* **1.** *(vellicare)* kitzeln; **2.** *fig* kitzeln, reizen; *(appetito)* anregen; ~ **la vanità** der Eitelkeit schmeicheln. **solletico** [...'le:tiko] ‹-chi› *m* **1.** *(sensazione)* Kitzeln *n,* Kitzel *m;* **2.** *fig* Kitzel *m,* Reizung *f;* **fare il ~ a qu** jdn kitzeln.

sollevamento [solleva'mento] *m* (An)hebung *f,* (An)heben *n; (da terra)* Aufheben *n;* **impianto di ~** Hebevorrichtung *f;* ~ **pesi** Gewichtheben *n.* **sollevare** [...va:re] **I.** *tr* **1.** *(peso)* (an)heben; *(da terra)* aufheben; **2.** *(testa)* (er)heben; *(occhi)* erheben; **3.** *fig* heben; *(moralmente)* aufrichten; **4.** *fig (far insorgere)* aufwiegeln; **5.** *fig (questione, protesta, etc.)* erheben; **II.** *rfl:* **-rsi 1.** *(levarsi)* sich erheben, sich aufrichten; **2.** *fig (ribellarsi)* sich erheben, sich empören; **3.** *fig (riprendersi)* sich erholen. **sollevato, -a** [...'va:to] *a fig* erholt, erleichtert. **sollevatore, -trice** [...va'to:re] **I.** *m, f* Heber(in) *m(f);* ~ **di pesi** Gewichtheber *m;* **II.** *a* Hebe-; **ponte ~** Hebebühne *f.* **sollevazione** [...vat'tsio:ne] *f* Erhebung *f,* Aufstand *m.*

sollievo [sol'liɛ:vo] *m* Erleichterung *f; (conforto)* Trost *m.*

sollucchero [sol'lukkero] *m:* **andare in ~** sich riesig freuen, vor Wonne vergehen.

solo, -a ['so:lo] **I.** *a* **1.** *(senza compagnia)* allein; **2.** *(unico)* einzig; **3.** *(semplice)* bloß, alleinig; **fare da ~** allein tun; **uno che s'è fatto da ~** ein Selfmademan *m;* **parlare da ~** mit sich *(dat)* selbst sprechen; **vivere (da) ~** allein leben, alleinstehend sein; **da ~ a ~** unter vier Augen; **meglio -i che male accompagnati** *prov* besser allein als in schlechter Gesellschaft; **II.** *adv (solamente)* nur, allein, bloß; **non ~ . . ., ma anche . . .** nicht nur . . ., sondern auch . . .; **se ~ piovesse!** wenn es nur regnete!; **III.** *con (ma)* nur, bloß; ~ **che** *conj* nur daß, wenn nur; **IV.** *m, f* Einzige(r) *mf;* **V.** *m:* **a ~** Solo-.

solstizio [sols'tittsio] ‹-i› *m* Sonnenwende *f.*

soltanto [sol'tanto] *adv (solo)* nur, bloß, allein; **non ~ . . ., ma . . .** nicht nur . . ., sondern auch . . .

solubile [so'lu:bile] *a* **1.** *(caffè, chem)* löslich; **2.** *fig (problema, questione)* lösbar. **solubilità** [solubili'ta] ‹-› *f* **1.** *chem* Löslichkeit *f;* **2.** *fig* Lösbarkeit *f.*

soluzione [solut'tsio:ne] *f* **1.** *(di problema, conflitto, mat, chem)* Lösung *f;* **2.** *com* Zahlung *f;* ~ **di continuità** Unterbrechung *f.*

solvente [sol'vɛnte] **I.** *a* **1.** *chem* lösend, Lösungs-; **2.** *fin* zahlungsfähig, solvent; **II.** *mf* zahlungsfähige (*o.* solvente) Person; **III.** *m* Lösungsmittel *n.* **solvenza** [...'vɛntsa] *f* Zahlungsfähigkeit *f,* Solvenz *f.*

solvibile [sol'vi:bile] *a* **1.** *(persona)* zahlungsfähig; **2.** *(debito)* zahlbar. **solvibilità** [...vibili'ta] ‹-› *f (di persona)* Zahlungsfähigkeit *f; (di debito)* Zahlbarkeit *f.*

soma ['sɔ:ma] *f (carico)* Last *f;* **bestia** (*o.* **animale**) **da ~** Lasttier *n.*

somaro, -a [so'ma:ro] **I.** *m, f* **1.** *zoo* Lasttier *n,* Esel(in) *m(f);* **2.** *fam pej* Esel *m;* **lavorare come un ~** *fam* wie ein Tier schuften; **II.** *a fam pej* blöd(e) *fam,* doof *fam;* **un avvocato ~** ein Esel von (einem) Anwalt *fam.*

somatico, -a [so'ma:tiko] ‹-ci, -che› *a* somatisch, körperlich, Körper-.

somigliante [somiʎ'ʎante] *a* ähnlich, ähnelnd. **somiglianza** [...'ʎantsa] *f* Ähnlichkeit *f.* **somigliare** [...'ʎa:re] ‹somiglio, somigli› **I.** *tr* gleichen (*qu* jdm), ähneln (*qu* jdm), ähnlich sein (*qu* jdm); **II.** *itr* gleichen, ähneln, ähnlich sein (*o.* sehen); **III.** *rfl:* **-rsi** sich *(dat)* ähnlich sehen, sich *(dat)* gleichen.

somma ['somma] *f* **1.** *mat* Summe *f;* **2.** *fin* Summe *f,* Betrag *m;* **3.** *(quantità complessiva)* Summe *f,* Gesamtheit *f;* **4.** *fig (conclusione)* Zusammenfassung *f,* Resümee *n;* **fare la ~** zusammenzählen; **tirare le -e** *fig* das Fazit ziehen. **sommare** [...'ma:re] *tr* **1.** *mat* zusammenzählen, addieren; **2.** *(aggiungere)* hinzurechnen, -zählen; **tutto sommato** alles in allem.

sommario, -a [som'ma:rio] ‹-i, -ie› **I.** *a* **1.** *(resoconto, racconto)* summarisch, zusammengefaßt; **2.** *jur (procedimento, processo)* Schnell-; **3.** *(superficiale)* oberflächlich; **II.** *m* **1.** *(riassunto)* Zusammenfassung *f,* Inhaltsangabe *f;* **2.** *(compendio)* Abriß *m.*

sommergere [som'mɛrdʒere] ‹sommergo, sommersi, sommerso› **I.** *tr* **1.** *(acque)* überschwemmen, überfluten; **2.** *fig* überschwemmen, überhäufen; **3.** *(far affondare)* versenken; **II.** *rfl:* **-rsi** versinken, untergehen.

sommergibile [sommer'dʒi:bile] **I.** *m* Unterseeboot *n;* **II.** *a* tauchfähig.

sommergo [som'mɛrgo] *1. pers sing pr di* **sommergere.**

sommersi [som'mɛrsi] *1. pers sing del passato remoto di* **sommergere.**
sommerso, -a [som'mɛrso] **I.** *pp di* **sommergere; II.** *a:* **economia -a** Schattenwirtschaft *f.*
sommesso, -a [som'messo] *a* leise, verhalten.
somministrare [somminis'tra:re] *tr* **1.** *(medicine)* verabreichen; **2.** *(sacramenti)* erteilen, spenden; **3.** *(aiuti, viveri)* gewähren. **somministrazione** [...rat'tsi̯o:ne] *f* **1.** *(di medicine)* Verabreichung *f;* **2.** *(di sacramenti)* Erteilung *f,* Spenden *n;* **3.** *(di aiuti, viveri)* Gewährung *f.*
sommità [sommi'ta] ‹-› *f (a. fig)* Gipfel *m,* Spitze *f.*
sommo, -a ['sommo] **I.** ‹*superlativo di* alto *e* grande› **1.** *(più alto)* höchste(r, s); *(più grande)* größte(r, s); **2.** *(molto alto)* sehr hoch; *(molto grande)* sehr groß; **3.** *fig (massimo)* äußerste(r, s), höchste(r, s); **il ~ poeta** Dante Alighieri; **in ~ grado** in höchstem Maße; **per -i capi** in groben Zügen; **II.** *m geh* Gipfel *m,* Spitze *f.*
sommossa [som'mɔssa] *f* Aufstand *m,* Aufruhr *m.*
sommozzatore [sommottsa'to:re] *m* Froschmann *m.*
sonagliera [sonaʎ'ʎɛ:ra] *f* Schellenhalsband *n.* **sonaglio** [so'naʎʎo] ‹-gli› *m* Schelle *f;* **serpente a -gli** Klapperschlange *f.*
sonare [so'na:re] **I.** *tr* ‹*avere*› **1.** *mus* spielen; **2.** *(orologio, campana)* schlagen; *(campanello)* läuten; **3.** *fam* verhauen *fam;* **4.** *fig fam (imbrogliare)* hereinlegen; **~ il clacson** hupen; **sonarla a qu** *fam* jdm den Marsch blasen *fam;* **sembrare tutto sonato** *fam* ganz verrückt scheinen; **sono le sette sonate** es ist geschlagene sieben (Uhr); **ha trent'anni sonati** er (*o.* sie) hat die Dreißig längst überschritten; **II.** *itr* ‹*essere o. avere*› **1.** *(campana)* läuten; *(telefono, sveglia)* klingeln; **2.** *mus* spielen, musizieren; **3.** *(parole, frasi)* klingen; **4.** *(orologio)* schlagen, läuten; **sta sonando il campanello** es klingelt. **sonata** [so'na:ta] *f* **1.** *mus* Sonate *f;* **2.** *fam* Schwindel *m,* Betrug *m;* **3.** *(il suonare)* Geklingel *n,* Geläut(e) *n;* Spielen *n.* **sonatore, -trice** [sona'to:re] *m, f* Spieler(in) *m(f);* **e buonanotte -i!** Ende der Vorstellung!
sonda ['sonda] *f* Sonde *f;* **~ spaziale** Raumsonde *f;* **pallone ~** Forschungsballon *m.*
sondaggio [son'daddʒo] ‹-ggi› *m* **1.** *(indagine)* Umfrage *f;* **2.** *(con sonda)* Sondierung *f;* **3.** *(esplorazione)* Erforschung *f,* Sondierung *f.* **sondare** [...'da:re] *tr* **1.** *(terreno, suolo)* sondieren, ausforschen; **2.** *med* sondieren; **3.** *fig* sondieren, vorfühlen.
soneria [sone'ri:a] ‹-ie› *f* Klingel *f,* Glocke *f,* Schelle *f;* **~ d'allarme** Alarmglocke *f.*
sonetto [so'netto] *m* Sonett *n.*
sonnacchioso, -a [sonnak'ki̯o:so] *a fam* schläfrig, verschlafen, verpennt *fam.*
sonnambula *f v.* **sonnambulo.**
sonnambulismo [sonnambu'lizmo] *m* Schlafwandeln *n.* **sonnambulo, -a** [...'nambulo] **I.** *a* schlafwandlerisch; **II.** *m, f* Schlafwandler(in) *m(f).*
sonnecchiare [sonnek'ki̯a:re] ‹sonnecchio, sonnecchi› *itr fam* schlummern.
sonnellino [sonnel'li:no] *m* Schläfchen *n,* Nickerchen *n fam;* **fare** (*o.* **farsi) un ~** ein Schläfchen machen.
sonnifero [son'ni:fero] *m* Schlafmittel *n.*
sonno ['sonno] *m* Schlaf *m;* **avere ~** müde sein; **prendere ~** einschlafen; **morire di ~, cascare dal ~** vor Müdigkeit umfallen; **morto di ~** zum Umfallen müde. **sonnolento, -a** [-'lɛnto] *a* verschlafen; *(persona a.)* schläfrig. **sonnolenza** [-'lɛntsa] *f* Schläfrigkeit *f.*
sono ['so:no] *1. pers sing e 3. pers pl pr di* **essere.**
sonorità [sonori'ta] ‹-› *f* **1.** *phys* Klangfülle *f;* **2.** *fig* Wohlklang *f;* **3.** *ling* Stimmhaftigkeit *f.*
sonorizzare [sonorid'dza:re] *tr* **1.** *film* vertonen; **2.** *ling* sonorisieren, stimmhaft machen. **sonorizzazione** [...dzat'tsi̯o:ne] *f* **1.** *ling* Stimmhaftwerdung *f;* **2.** *film* Vertonung *f.*
sonoro, -a [so'nɔ:ro] **I.** *a* **1.** *phys* Schall-, schallend; **2.** *(voce)* klangvoll, wohlklingend; **3.** *fig* schallend, dröhnend, laut; **4.** *ling* stimmhaft; **5.** *film* Ton-; **colonna -a/cinema ~** Tonspur *f*/-film *m;* **onde -e** Schallwellen *f pl;* **II.** *m* Tonfilm *m.*
sontuosità [sontuosi'ta] ‹-› *f* Prunk *m,* Pracht *f.* **sontuoso, -a** [...u'o:so] *a* prunkvoll, prächtig.
sopire [so'pi:re] ‹sopisco› *tr* beruhigen, besänftigen, beschwichtigen.
sopore [so'po:re] *m* Schlummer *m,* Halbschlaf *m.* **soporifero, -a** [sopo'ri:fero] *a* einschläfernd.
soppalco [sop'palko] ‹-chi› *m* Dachboden *m.*
sopperire [soppe'ri:re] ‹sopperisco› *itr* bewältigen (*a qc* etw.), zurecht-

kommen (*a* mit); ~ **alle spese** die Kosten bestreiten (*o.* tragen).

soppesare [soppe'sa:re] *tr* **1.** *fig* abwägen; **2.** *(oggetto)* wägen, das Gewicht abschätzen *gen.*

soppiantare [soppi̯an'ta:re] *tr* verdrängen.

soppiatto [sop'pi̯atto] *a:* **di** ~ heimlich, versteckt.

sopportare [soppor'ta:re] *tr* **1.** *(resistere a)* aushalten, ertragen; **2.** *(subire)* auf sich nehmen, erleiden, erdulden; *(tollerare)* dulden, ertragen; **3.** *(persona)* leiden (können), ausstehen (können); **4.** *(peso)* tragen, aushalten; **5.** *(spesa)* tragen. **sopportazione** [...tat'tsi̯o:ne] *f* Duldung *f,* Ertragen *n; (pazienza)* Geduld *f.*

soppressata [soppres'sa:ta] *f* Schweinskopfsülze *f.*

soppressi [sop'prɛssi] *1. pers sing del passato remoto di* **sopprimere.**

soppressione [soppres'si̯o:ne] *f* **1.** *(abolizione)* Abschaffung *f,* Aufhebung *f;* **2.** *(uccisione)* Beseitigung *f.* **sopprimere** [...'pri:mere] ⟨sopprimo, soppressi, soppresso⟩ *tr* **1.** *(legge)* abschaffen, aufheben; **2.** *(persona)* beseitigen.

sopra ['so:pra] **I.** *prp* **1.** *(con contatto: stato)* auf *dat; (moto)* auf *acc;* **2.** *(senza contatto: stato)* über *dat; (moto)* über *acc;* **3.** *(oltre)* über *dat,* oberhalb *gen;* **4.** *(dopo)* über *dat,* nach *dat;* **5.** *(addosso)* auf *acc;* **6.** *(intorno a, più di)* über *acc;* **qui** ~ hier oben; **pietra** ~ **pietra** Stein auf Stein; **debiti** ~ **debiti** Schulden über Schulden; **è** ~ **la trentina** er (*o.* sie) ist über Dreißig; **amo mio figlio** ~ **ogni cosa** ich liebe meinen Sohn über alles; **II.** *adv* oben; *(oltre)* über, darüber; **berci** ~ darauf trinken; **dormirci** ~ darüber schlafen; **passarci** ~ darüber hinwegkommen; **il cassetto di** ~ die obere Schublade; **al di** ~ **di** oberhalb von; **vedi** ~ (*ab* **v.s.**) siehe oben; **di cui** ~ *adm* obengenannt; **come (detto)** ~ (*ab* **c.s.**) wie oben (gesagt); **III.** ⟨*inv*⟩ *a* obere(r, s); **IV.** ⟨-⟩ *m* Oberteil *m o. n.*

sopra- [sopra-] *(in parole composte)* Über-, über-; *v. a. sovra-.* **soprabito** [so'pra:bito] *m* Überzieher *m.* **sopracciglio** [soprat'tʃiʎʎo] *m* (Augen)braue *f.* **sopraccitato, -a** [-ttʃi'ta:to] *a* oben erwähnt, oben genannt. **sopraccoperta** [-kko'pɛrta] **I.** *f* **1.** *(di letto)* Über-, Tagesdecke *f;* **2.** *(di libro)* Schutzumschlag *m;* **3.** *naut* Deck *n;* **II.** *adv* auf (*o.* an) Deck. **sopraddetto, -a** [-d'detto] *a* oben gesagt, oben genannt. **sopr(a)elevare** [sopr(a)ele'va:re] *tr (strada)* überhöhen; *(edificio)* aufstocken. **sopr(a)elevata** [...'va:ta] *f* Überführung *f.* **sopr(a)elevazione** [...vat'tsi̯o:ne] *f* **1.** *(di edificio)* Aufstockung *f;* **2.** *ferr* Überhöhung *f;* **3.** *(di argini)* Erhöhung *f,* Überhöhung *f.*

sopraffare [-f'fa:re] ⟨sopraffaccio *o.* sopraffò, *irr*⟩ *tr* **1.** *(persone)* überwältigen; *(deboli)* unterdrücken; **2.** *fig* überwältigen, übermannen. **sopraffazione** [-ffat'tsi̯o:ne] *f* Überwältigung *f,* Unterdrückung *f.*

sopraffino, -a [-f'fi:no] *a* **1.** *gastr (piselli, etc.)* extrafein; **2.** *(cosa, persona, pranzo)* exzellent, raffiniert; *fig* außerordentlich, ausgezeichnet; **3.** *iron (furfante, etc.)* raffiniert.

sopraffò [-f'fɔ] *1. pers sing pr di* **sopraffare.**

sopraggitto [-d'dʒitto] *m* Übernaht *f.* **sopraggiungere** [-d'dʒundʒere] ⟨*irr*⟩ **I.** *itr* ⟨*essere*⟩ **1.** *(arrivare)* überraschend auftauchen (*o.* kommen *o.* erscheinen); **2.** *(accadere)* überraschend passieren; **II.** *tr* ⟨*avere*⟩ **1.** *(cogliere di sorpresa)* überraschen, ertappen; **2.** *(raggiungere)* erreichen. **sopraggiunta** [-d'dʒunta] *f:* **per** ~ noch dazu, obendrein. **sopra(l)luogo** [-(l)'lu̯ɔ:go] *m* Lokal-, Ortstermin *m.* **soprammobile** [-m'mɔ:bile] *m* Nippesfigur *f,* Nippsachen *f pl.* **sopranazionale** *v.* **soprannazionale.** **soprannaturale** [-nnatu'ra:le] **I.** *a* übernatürlich, übersinnlich; **II.** *m* Übernatürliche(s) *n.* **sopra(n)nazionale** [-(n)nattsi̯o'na:le] *a* übernational, überstaatlich. **soprannome** [-n'no:me] *m* Spitz-, Beiname *f.* **soprannominare** [-nnomi'na:re] *tr* einen Spitznamen (*o.* Beinamen) geben (*qu* jdm). **soprannumerario, -a** [-nnume'ra:ri̯o] *a* überzählig, überschüssig. **soprannumero** [-n'nu:mero] *m:* **in** ~ überzählig, überschüssig.

soprano, -a [so'pra:no] **I.** *a* Sopran-; **II.** *m* Sopran *m.*

soprappensiero, sopra pensiero [-ppen'si̯ɛ:ro] *adv* in Gedanken, gedankenverloren.

soprappiù [-p'pi̯u] ⟨-⟩ *m* **1.** *(ciò che è in più)* Extra *n;* **2.** *(aggiunta)* Dreingabe *f,* Zugabe *f;* **di** (*o.* **per**) ~ obendrein, noch dazu; **in** (*o.* **per**) ~ überzählig, überschüssig.

soprapprezzo [-p'prɛttso] *m* Aufpreis *m,* Aufschlag *m.*

soprassalto [-s'salto] *m* Auffahren *n,* plötzlicher Satz; **di** ~ plötzlich, mit einem plötzlichen Satz; **svegliarsi di ~** aus dem Schlaf hochfahren.

soprassata [sopras'sa:ta] *v.* **soppressata.**

soprassedere [-sse'de:re] *itr* aufschieben (*a qc* etw.), hinausschieben (*a qc* etw.).

soprattassa [-t'tassa] *f* Steuerzuschlag *m.* **soprattassare** [...'sa:re] *tr* mit einem Steuerzuschlag belegen.

soprattutto [-t'tutto] *adv* vor allem, vor allen Dingen.

sopra(v)valutare [-(v)valu'ta:re] *tr* überbewerten. **sopra(v)valutazione** [...tat'tsio:ne] *f* Überbewertung *f.*

sopravvenire [-vve'ni:re] ⟨*irr*⟩ *itr* ⟨*essere*⟩ **1.** *(sopraggiungere)* auftauchen, plötzlich erscheinen; **2.** *(accadere)* plötzlich passieren (*o.* zustoßen); *(complicazioni, fatti, etc.)* plötzlich (*o.* unvermutet) auftreten (*o.* eintreten).

sopravvento [-v'vɛnto] **I.** *m* **1.** *(superiorità)* Übermacht *f,* Übergewicht *n; fig* Oberhand *f;* **2.** *naut* Luv *f o. n,* Luvseite *f;* **II.** *adv* gegen den Wind; **III.** ⟨*inv*⟩ *a* dem Wind ausgesetzt, Wind-.

sopravvissuto, -a [-vvis'su:to] **I.** *a* **1.** *(persona)* überlebend; **2.** *fam pej* altmodisch; **II.** *m, f* **1.** *gener.* Überlebende(r) *mf;* **2.** *fam pej* altmodischer Mensch. **sopravvivenza** [-vvi'vɛntsa] *f* Überleben *n;* **istinto di ~** Selbsterhaltungstrieb *m.*

sopravvivere [-v'vi:vere] ⟨*irr*⟩ *itr* ⟨*essere*⟩ **1.** *(vivere dopo altri)* überleben (*a qu* jdn); **2.** *(restare in vita)* überleben, am Leben bleiben; **3.** *fig* weiterleben, lebendig bleiben.

soprintendente [soprinten'dɛnte] *mf* Oberaufseher(in) *m(f); (statale)* Oberintendant(in) *m(f);* **~ alle Belle Arti** Landeskonservator(in) *m(f).* **soprintendenza** [...'dɛntsa] *f* Oberaufsicht *f; (statale)* Oberintendantur *f.*

soprintendere [soprin'tɛndere] ⟨*irr*⟩ *itr* die Oberaufsicht führen (*a* über, bei), vorstehen (*a qc* einer S.).

sopruso [so'pru:zo] *m* Übergriff *m* (*a* auf), Gewaltakt *m* (*a* gegen).

soqquadro [sok'kua:dro] *m:* **a ~** durcheinander; **mettere a ~** durcheinanderbringen.

sor [sor] *m fam (signor)* Herr *m.*

sora ['so:ra] *f fam (signora)* Frau *f.*

sorbettiera [sorbet'tiɛ:ra] *f* Sorbettiere *f.* **sorbetto** [...'betto] *m* Sorbet(t) *m o. n.*

sorbire [sor'bi:re] ⟨sorbisco⟩ *tr* **1.** *(bibita)* schlürfen; **2.** *fig* aushalten, ertragen.

sorcio ['sortʃo] ⟨-ci⟩ *m fam* Maus *f;* **far vedere i -ci verdi a qu** *fam* jdm Angst einjagen.

sorda *f v.* **sordo.**

sordidezza [sordi'dettsa] *f pej* **1.** *(sporcizia)* Schmutzigkeit *f,* Schmierigkeit *f;* **2.** *fig (avarizia)* Knauserigkeit *f,* Geiz *m.* **sordido, -a** ['sɔrdido *o.* 'sor...] *a pej* **1.** *(sporco)* schmutzig, dreckig, schmierig; **2.** *fig (avaro)* knaus(e)rig, geizig.

sordina [sor'di:na] *f* Dämpfer *m; (strumento)* Sordine *f;* **in ~** gedämpft, leise; *fig* heimlich.

sordità [sordi'ta] ⟨-⟩ *f* **1.** *med (totale)* Taubheit *f; (parziale)* Schwerhörigkeit *f;* **2.** *fig* Taubheit *f,* Desinteresse *n.* **sordo, -a** ['sordo] **I.** *a* **1.** *med (totalmente)* taub; *(parzialmente)* schwerhörig; **2.** *tec (sala, etc.)* mit schlechter Akustik; **3.** *(voce, rumore, ambiente)* dumpf; **4.** *fig (privo di interesse)* taub, gleichgültig, uninteressiert; **5.** *ling* stimmlos; **essere ~ da un orecchio** auf einem Ohr taub sein; **II.** *m, f* Taube(r) *mf;* **fare il ~** sich taub stellen; **parlare** (*o.* **cantare**) **ai -i** *fig* tauben Ohren predigen; **non c'è peggior ~ di chi non vuol sentire** *prov* tauben Ohren ist nicht gut predigen *prov.*

sordomuta *f v.* **sordomuto.**

sordomutismo [sordomu'tizmo] *m* Taubstummheit *f.* **sordomuto, -a** [...'mu:to] **I.** *a* taubstumm; **II.** *m, f* Taubstumme(r) *mf.*

sorella [so'rɛlla] *f* Schwester *f.* **sorellastra** [sorel'lastra] *f* Halb-, Stiefschwester *f.*

sorgente [sor'dʒɛnte] *f* **1.** *(d'acqua)* Quelle *f;* **2.** *phys (di luce, calore)* Quelle *f;* **3.** *fig* Quelle *f,* Ursprung *m.*

sorgere ['sordʒere] ⟨sorgo, sorsi, sorto⟩ *itr* ⟨*essere*⟩ **1.** *(sole)* aufgehen; **2.** *(monte, castello)* sich erheben, emporragen; **3.** *(sollevarsi, a. fig)* sich erheben; **4.** *(acque)* entspringen; **5.** *fig (manifestarsi)* aufkommen, auftreten; **6.** *fig (assurgere)* aufsteigen, emporsteigen. **sorgivo, -a** [...'dʒi:vo] *a* Quell(en)-. **sorgo** ['sorgo] *1. pers sing pr di* **sorgere.**

soriano, -a [so'ria:no] **I.** *a* getigert, Tiger-; **II.** *m* Tigerkatze *f.*

sormontare [sormon'ta:re] *tr* **1.** *(difficoltà, etc.)* überwinden; **2.** *(acqua)* übersteigen.

sornione, -a [sor'nio:ne] *a* scheinheilig, gleichgültig.

sorpassare [sorpas'sa:re] *tr* **1.** *mot* überholen; *(velocità)* überschreiten; **2.** *(in altezza)* überragen; **3.** *fig (oltre-*

passare) überschreiten; **4.** *fig (sopravanzare)* übertreffen. **sorpassato, -a** [...'sa:to] **I.** *a* überholt, überkommen; **II.** *m, f* altmodische Person, rückständiger Mensch. **sorpasso** [...'passo] *m* Überholen *n,* Überholvorgang *m;* **fare un ~** überholen; **divieto di ~** Überholverbot *n;* **corsia di ~** Überholspur *f.*

sorprendente [sorpren'dɛnte] *a* überraschend.

sorprendere [sor'prɛndere] ‹*irr*› **I.** *tr* **1.** *(cogliere)* überraschen, ertappen, erwischen; **2.** *fig* überraschen, erstaunen; **II.** *rfl:* **-rsi** sich wundern (*di* über), staunen (*di* über). **sorpresa** [...'pre:sa] *f* Überraschung *f; (meraviglia)* Verwunderung *f; (stupore)* Erstaunen *n; (dono)* Überraschung *f;* **busta a ~** Wundertüte *f;* **uovo di Pasqua con ~** Überraschungsei *n;* **di ~** überraschend; **con mia grande ~** zu meinem großen Erstaunen.

sorreggere [sor'rɛddʒere] ‹*irr*› **I.** *tr* **1.** *(persona)* stützen; **2.** *fig* aufrecht (er)halten, stützen; **3.** *(costruzione)* (ab)stützen; **II.** *rfl:* **-rsi** sich stützen (*a* auf).

Sorrento [sor'rɛnto] *f* Sorrent *n.*

sorridente [sorri'dɛnte] *a* lächelnd; **è sempre ~** er (*o.* sie) ist immer guter Laune.

sorridere [sor'ri:dere] ‹*irr*› *itr* **1.** *gener.* lächeln; **2.** *fig* zulächeln, hold sein; **~ a qu** jdm zulächeln; **il tuo progetto mi sorride** dein Vorhaben reizt mich (*o.* spricht mich an). **sorriso** [...'ri:so] *m* Lächeln *n; fig poet* Heiterkeit *f,* Fröhlichkeit *f.*

sorsata [sor'sa:ta] *f* Schluck *m.* **sorseggiare** [...sed'dʒa:re] ‹sorseggio, sorseggi› *tr* schlürfen, in kleinen Schlucken trinken.

sorsi ['sorsi] *1. pers sing del passato remoto di* **sorgere.**

sorso ['sorso] *m* Schluck *m.*

sorta ['sɔrta] *f* Sorte *f,* Art *f;* **d'ogni ~** aller Art, alle möglichen ...; **senza spesa di ~** ohne jegliche Ausgabe.

sorte ['sɔrte] *f* Schicksal *n,* Los *n;* **toccare in ~** zufallen; **tirare/estrarre a ~** losen/ein Los ziehen; **per buona/mala ~** zum Glück/Unglück; **nella buona e nella cattiva ~** in guten und in schlechten Tagen.

sorteggiare [sorted'dʒa:re] ‹sorteggio, sorteggi› *tr* auslosen; *(premi a.)* verlosen. **sorteggio** [...'teddʒo] ‹-ggi› *m* Auslosung *f; (di premi a.)* Verlosung *f.*

sortilegio [sorti'lɛ:dʒo] ‹-gi› *m* Zauber *m,* Zauberei *f.*

sortire [sor'ti:re] ‹sorto› *itr* ‹*essere*› **1.** *fam (uscire)* hinausgehen; *(di casa)* ausgehen; **2.** *(per sorteggio)* ausgelost werden. **sortita** [...'ti:ta] *f* **1.** *mil* Ausfall *m;* **2.** *theat* Auftritt *m;* **3.** *fam* Ausgehen *n;* **4.** *fig* Bemerkung *f,* Bonmot *n.*

sorto ['sorto] *pp di* **sorgere.**

sorvegliante [sorveʎ'ʎante] *mf* Aufseher(in) *m(f),* Wächter(in) *m(f).* **sorveglianza** [...'ʎantsa] *f* Aufsicht *f,* Be-, Überwachung *f.* **sorvegliare** [...'ʎa:re] *tr* be-, überwachen, beaufsichtigen; *(vigilare a.)* aufpassen auf.

sorvolare [sorvo'la:re] **I.** *tr* **1.** *aero* überfliegen, hinwegfliegen über; **2.** *fig* übergehen; **II.** *itr* hinweggehen (*su* über).

S.O.S. ‹-› *m* SOS *n.*

sosia ['sɔ:zi̯a] ‹-› *m* Doppelgänger(in) *m(f).*

sospendere [sos'pɛndere] ‹sospendo, sospesi, sospeso› *tr* **1.** *(appendere)* aufhängen; **2.** *fig (cessare)* aufheben, einstellen, beenden; *(interrompere)* unterbrechen; **3.** *(funzionario)* suspendieren; *(alunno)* (von der Schule) verweisen. **sospensione** [...pen'si̯o:ne] *f* **1.** *(il sospendere)* Aufhängen *n;* **2.** *chem* Suspension *f,* Aufschwemmung *f;* **3.** *mot* Federung *f,* Radaufhängung *f;* **4.** *fig* Einstellung *f,* Aufhebung *f; (interruzione)* Unterbrechung *f;* **5.** *(da ufficio, dalle lezioni)* Suspendierung *f;* **puntini di ~** Auslassungspunkte *m pl.*

sospesi [sos'pe:si] *1. pers sing del passato remoto di* **sospendere.**

sospeso, -a [sos'pe:so] **I.** *pp di* **sospendere; II.** *a* **1.** *(sollevato)* hängend, schwebend; **2.** *(interrotto)* unterbrochen, eingestellt; **3.** *fig (incerto, indeciso)* ungewiß, unbestimmt, schwebend; **4.** *fig (ansioso)* besorgt; **in ~** *fig* in der Schwebe, im ungewissen; **tenere qu in ~** jdn im ungewissen lassen (*o.* halten); **col fiato ~** mit angehaltenem Atem; **con l'animo ~** in banger Erwartung.

sospetta *f v.* **sospetto.**

sospettare [sospet'ta:re] **I.** *tr* **1.** *(ritenere responsabile)* verdächtigen; **2.** *(immaginare)* vermuten, argwöhnen; **II.** *itr* **1.** *(diffidare)* verdächtigen (*di qu* jdn), Verdacht hegen (*di* gegen); **2.** *(avere sospetti)* annehmen, vermuten; **non sospetta minimamente** er (*o.* sie) ahnt gar nichts. **sospetto, -a** [...'pɛtto] **I.** *a* verdächtig; **II.** *m, f* Verdächtige(r) *mf;* **III.** *m* **1.** *(dubbio)* Verdacht *m,* Argwohn *m;* **2.** *(cosa sospetta)* Verdächtige(s) *n;*

avere dei -i su qu jdn in Verdacht haben; **essere al di sopra di ogni ~** über jeden Verdacht erhaben sein; **chi è in difetto è in ~** *prov* wer sich verteidigt, klagt sich an *prov.* **sospettoso, -a** [...pet'to:so] *a* argwöhnisch, mißtrauisch.

sospingere [sos'pindʒere] ‹*irr*› *tr* **1.** *(spingere)* treiben; **2.** *fig* (an)treiben; **~ qu alla disperazione** jdn zur Verzweiflung bringen. **sospinto, -a** [...'pinto] *a:* **a ogni piè ~** auf Schritt und Tritt.

sospirare [sospi'ra:re] **I.** *itr* seufzen; **II.** *tr* **1.** *(desiderare)* ersehnen, herbeisehnen; sich sehnen nach; **2.** *(aspettare)* ungeduldig erwarten, herbeisehnen; **farsi ~** lange auf sich warten lassen. **sospiro** [...'pi:ro] *m* Seufzer *m;* **Ponte dei Sospiri** Seufzerbrücke *f;* **fare** (*o.* **trarre**) **un ~** seufzen; **mandare** (*o.* **rendere**) **l'ultimo ~** seinen letzten Atemzug tun.

sosta ['sɔsta] *f* **1.** *(fermata)* Halt *m,* Anhalten *n;* **2.** *(riposo)* Pause *f;* **3.** *com* Lagerung *f;* **divieto di ~** Halten verboten; **parcheggiare in ~ vietata** im Halteverbot parken; **fare una ~ a Perugia** in Perugia Station machen.

sostantivare [sostanti'va:re] *tr* substantivieren. **sostantivo, -a** [...'ti:vo] **I.** *a* substantivisch, Substantiv-; **II.** *m* Substantiv *n,* Hauptwort *n.*

sostanza [sos'tantsa] *f* **1.** *(materia)* Substanz *f,* Stoff *m;* **2.** ‹*pl*› *(patrimonio)* Vermögen *n,* Besitz *m;* **3.** *(parte essenziale)* Wesentliche(s) *n;* **4.** *philos* Wesen *n,* Wesentliche(s) *n,* Substanz *f;* **5.** *(di cibo)* Gehalt *m,* Nährwert *m;* **~ medicinale** Arznei-, Heilmittel *n;* **~ midollare** Mark *n;* **in ~** im wesentlichen. **sostanziale** [...'tsi̯a:le] *a* wesentlich, substantiell; *(philos a.)* Wesens-. **sostanzioso, -a** [...'tsi̯o:so] *a* **1.** *(cibo)* nahrhaft, gehaltvoll; **2.** *fig* gehaltvoll, inhaltsreich.

sostare [sos'ta:re] *itr* **1.** *(fermarsi)* halten, anhalten, Station machen; **2.** *(fare una pausa)* pausieren, eine Pause machen.

sostegno [sos'teɲɲo] *m* **1.** *(supporto)* Stütze *f;* **2.** *fig* Unterstützung *f; (persona)* Stütze *f.*

sostenere [soste'ne:re] ‹*irr*› **I.** *tr* **1.** *(reggere)* stützen, halten, tragen; *(corpo, etc.)* stärken, kräftigen; **2.** *(sopportare)* ertragen, aushalten, standhalten (*qu* jdm); **3.** *fig (persona)* unterstützen, helfen (*qu* jdm); *(candidatura, legge)* unterstützen; *(tesi, idea)* verfechten, vertreten; *(conversazione)* bestreiten, bewältigen; *(esame)* ablegen; *(prova)* sich unterziehen *gen;* **4.** *(affermare)* behaupten; **5.** *fin (spese)* tragen, bestreiten; *com (prezzi)* stützen, hochhalten; **6.** *theat:* **~ una parte** eine Rolle spielen; **II.** *rfl:* **-rsi 1.** *(reggersi)* sich stützen, sich aufstützen; *(tenersi ritto)* sich aufrecht halten; **2.** *fig* sich stärken, sich bei Kräften halten. **sostenibile** [...'ni:bile] *a* vertretbar, haltbar. **sostenitore, -trice** [...ni'to:re] **I.** *a* fördernd; **II.** *m, f* Vertreter(in) *m(f),* Verfechter(in) *m(f).*

sostentamento [sostenta'mento] *m* Unterhalt *m.* **sostentare** [...'ta:re] **I.** *tr* unterhalten, ernähren; **II.** *rfl:* **-rsi** sich erhalten, sich ernähren.

sostenuta *f v.* **sostenuto.**

sostenutezza [sostenu'tettsa] *f* Zurückhaltung *f.* **sostenuto, -a** [...'nu:to] **I.** *a* **1.** *(contegno, atteggiamento)* zurückhaltend (*con* gegenüber); **2.** *com (prezzi)* stabil, fest; **3.** *lit* gehoben; **4.** *mus* sostenuto, getragen; **II.** *m, f* zurückhaltender Mensch.

sostituire [sostitu'i:re] ‹sostituisco› **I.** *tr* **1.** *(cambiare)* austauschen, auswechseln; **2.** *(rimpiazzare)* ersetzen; **3.** *(prendere il posto)* vertreten; **II.** *rfl:* **-rsi** an die Stelle treten (*a gen),* ersetzen (*a qc* etw.). **sostituta** *f v.* **sostituto. sostitutivo, -a** [...u'ti:vo] *a* Ersatz-, Ergänzungs-. **sostituto, -a** [...'tu:to] *m, f* Stellvertreter(in) *m(f);* **~ procuratore** *jur* Staatsanwalt *m.* **sostituzione** [...tut'tsi̯o:ne] *f* **1.** *(il sostituire)* Auswechs(e)lung *f,* Ersatz *m;* **2.** *chem, mat* Substitution *f;* **in ~ di** *(cosa)* zum Ersatz für; *(persona)* an Stelle *gen.*

sostrato [sos'tra:to] *m* **1.** *geol, ling* Substrat *n;* **2.** *fig* Nährboden *m.*

sottabito [sot'ta:bito] *m* Unterkleid *n.*

sottaceto, sott'aceto [sotta'tʃe:to] **I.** *m pl m* Mixpickles *pl;* **II.** ‹*inv*› *a, adv* in Essig; **cetriolini ~** saure Gurken *f pl.*

sottana [sot'ta:na] *f* **1.** *(sottogonna)* Unterrock *m; (gonna)* Rock *m;* **2.** *rel* Soutane *f;* **3.** *fig* Rockzipfel *m,* Schürze *f;* **stare sempre attaccato alla ~ della mamma** ständig am Rockzipfel der Mutter hängen; **correre dietro alle -e** ein Schürzenjäger sein.

sottecchi [sot'tekki] *adv:* **di ~** verstohlen.

sotterfugio [sotter'fu:dʒo] ‹-gi› *m* Ausflucht *f,* Vorwand *m;* **di ~** heimlich.

sotterramento [sotterra'mento] *m* Vergraben *n.*

sotterraneo, -a [sotter'ra:neo] **I.** *a* **1.** unterirdisch; **2.** *fig* heimlich; **ferrovia -a** Untergrundbahn *f,* U-Bahn *f;* **II.** *f* Untergrundbahn *f,* U-Bahn *f;* **III.** *m* Keller-, Untergeschoß *n,* Souterrain *n.*

sotterrare [sotter'ra:re] *tr* **1.** *(tesoro, semente)* vergraben; **2.** *(morto)* begraben, beerdigen.

sottigliezza [sottiʎ'ʎettsa] *f* **1.** *(di spessore)* Dünne *f,* Dünnheit *f;* **2.** *fig* Feinheit *f,* Subtilität *f; (acutezza)* Schärfe *f;* **3.** ⟨*pl*⟩ *(pedanteria)* Spitzfindigkeiten *f pl,* Haarspaltereien *f pl.*

sottile [...'ti:le] **I.** *a* **1.** *(filo, strato, aria)* dünn; **2.** *(figura, gambe)* schlank, dünn; **3.** *fig (sofistico)* subtil; *(fino, leggero)* fein, dünn; *(mente)* feinsinnig; *(mente, vista)* scharf; *(disputa, argomentazione)* spitzfindig; **II.** *m:* **per il ~** genau, penibel; **andare per il ~** es genau nehmen; **non guardare troppo per il ~** nimm es nicht so genau!, sei nicht so penibel!

sottiletta [sotti'letta] *f* Scheiblette *f.*

sottilizzare [sottilid'dza:re] *itr* Haarspalterei betreiben, spitzfindig sein.

sottinsù, sott'in su [sottin'su] *adv:* **di ~** von unten nach oben, von unten herauf.

sottintendere [sottin'tɛndere] ⟨*irr*⟩ *tr* **1.** *(capire)* mit darunter verstehen; *(dare per scontato)* stillschweigend annehmen; **2.** *gram* unausgedrückt verstehen lassen, unausgedrückt miteinbeziehen; **3.** *(comportare)* mit sich *(dat)* bringen, gleichzeitig bedeuten; **lasciare ~** durchblicken lassen. **sottinteso, -a** [...'te:so] **I.** *a* **1.** *gram* (unausgedrückt) miteingeschlossen, elliptisch; **2.** *(riferimento)* miteinbegriffen; *fig* zwischen den Zeilen; **II.** *m* Hintergedanke *m.*

sotto ['sotto] **I.** *prp* **1.** *(stato)* unter *dat;* **2.** *(moto)* unter *acc;* **3.** *(dietro: stato)* hinter *dat; (moto)* hinter *acc;* **4.** *(in cambio di)* gegen *acc,* für *acc;* **5.** *(verso)* gegen *acc,* um *acc;* **6.** *(condizione)* unter *dat,* in *dat;* **7.** *(più in basso di)* unterhalb *gen;* **caffè ~ vuoto spinto** vakuumverpackter Kaffee; **essere nato ~ il segno del cancro** im (*o.* unter dem) Zeichen des Krebses geboren sein; **essere ~ esami** im Examen stehen; **stare ~ a qu** jdm unterstehen; **tenere ~ qu** jdn unterdrükken; **sott'aceto/olio** in Essig/Öl; **~ giuramento** unter Eid; **~ questo aspetto** unter diesem Aspekt; **~ altro nome** unter anderem Namen; **~ la pioggia** im (*o.* beim) Regen; **~ il monte** am Fuße des Berges; **~ voce** leise; *mus* halblaut; **II.** *adv* **1.** *(stato)* unten; **2.** *(moto)* nach unten, hinunter; **3.** *(addosso)* darunter, unterhalb; **4.** *(più giù, oltre)* weiter unten; **le stanze di ~** die unteren Zimmer *n pl;* **farsi ~** sich heranmachen, sich anschleichen; **mettere ~** überfahren; **mettersi ~** *fam* sich daranmachen; **vedi ~** siehe unten; **~ ~** unterschwellig, insgeheim; *fig* eigentlich; **~ in su** *v.* **sottinsù; qui c'è ~ qc** *fig* da steckt etwas dahinter; **~, tocca a te!** *fam* 'ran (*o.* los), du bist dran! *fam;* **III.** ⟨*inv*⟩ *a* untere(r, s), weiter unten; **IV.** ⟨-⟩ *m* Unterteil *n o. m.*

sotto- [sotto-] *(in parole composte)* Unter-, unter-. **sottoalimentazione** [-alimentat'tsi̯o:ne] *f* Unterernährung *f.* **sottobanco** [-'baŋko] *adv* unterderhand. **sottobicchiere** [-bik'ki̯ɛ:re] *m* Untersetzer *m.* **sottobosco** [-'bɔsko] *m* **1.** *bot* Unterholz *n;* **2.** *fig* Unter-, Halbwelt *f.* **sottobottiglia** [-bot'tiʎʎa] ⟨-glie *o.* -⟩ *m* Flaschenuntersetzer *m.* **sottobraccio** [-'brattʃo] *adv* Arm in Arm, untergehakt. **sottocchio** [sot'tɔkki̯o] *adv* im Auge.

sottoccupato, -a [sottokku'pa:to] **I.** *a* unterbeschäftigt; **II.** *m, f* Kurzarbeiter(in) *m(f).* **sottoccupazione** [...pat'tsi̯o:ne] *f* Kurzarbeit *f.*

sottochiave [-'ki̯a:ve] *adv* unter Verschluß. **sottocipria** [-'tʃi:pri̯a] ⟨-⟩ *m o. f* Make-up-Unterlage *f,* Grundierungscreme *f.* **sottocoperta** [-ko'pɛrta] **I.** *f* Unterdeck *n;* **II.** *adv* unter Deck. **sottocosto** [-'kɔsto] **I.** *adv* unter Preis; **II.** ⟨*inv*⟩ *a* unter Preis (angeboten). **sottocultura** [-kul'tu:ra] *f* Subkultur *f.*

sottocutaneo, -a [-ku'ta:neo] *a* subkutan. **sottocute** [-'ku:te] *f* Unterhaut *f,* Subkutis *f scient.*

sottoesporre [-es'porre] ⟨*irr*⟩ *tr* unterbelichten. **sottofondo** [-'fondo] *m* **1.** *mus, film, TV* Hintergrund *m,* Background *m;* **2.** *(nella cosmesi)* Grundierung *f;* **3.** *(strato inferiore)* Untergrund *m.* **sottogamba** [-'gamba] *adv* auf die leichte Schulter. **sottogonna** [-'gonna] *f* Unterrock *m.* **sottogoverno** [-go'vɛrno] *m* Vetternwirtschaft *f.* **sottogruppo** [-'gruppo] *m* Untergruppe *f.*

sottolineare [-line'a:re] *tr* unterstreichen; *(fig a.)* hervorheben. **sottolineatura** [...ea'tu:ra] *f* Unterstreichung *f.*

sott'olio, sottolio [sot'tɔ:li̯o] **I.** *adv* in Öl; **II.** ‹*inv*› *a* in Öl (eingelegt).

sottomano [-'ma:no] *adv* **1.** *(a portata di mano)* zur Hand, griffbereit; **2.** *fig* unterderhand, heimlich, versteckt. **sottomarino, -a** [-ma'ri:no] **I.** *a* unterseeisch, Untersee-; **II.** *m* Unterseeboot *n,* U-Boot *n.*

sottomesso, -a [-'messo] *a* **1.** *(persona)* unterwürfig, gefügig, devot; **2.** *(popolo)* unterworfen, unterjocht. **sottomettere** [-'mettere] ‹*irr*› **I.** *tr* **1.** *(assoggettare)* unterwerfen, gefügig machen; **2.** *pol* unterwerfen, unterjochen; **3.** *zoo* bespringen lassen; **II.** *rfl:* **-rsi** sich unterwerfen. **sottomissione** [-mis'si̯o:ne] *f* **1.** *pol* Unterwerfung *f;* **2.** *(tendenza)* Unterwürfigkeit *f,* Fügsamkeit *f.*

sottomultiplo, -a [-'multiplo] **I.** *a* teilbar; **II.** *m* Teiler *m.* **sottopassaggio** [-pas'saddʒo] *m* Unterführung *f.* **sottoporre** [-'porre] ‹*irr*› **I.** *tr* **1.** *(presentare)* unterbreiten, vorlegen; **2.** *(costringere)* unterziehen, unterwerfen, aussetzen; **3.** *med (ad un'operazione)* unterziehen; **II.** *rfl:* **-rsi** sich unterziehen, sich unterwerfen. **sottoprodotto** [-pro'dotto] *m* Nebenprodukt *n.* **sottoproletariato** [-proleta'ri̯a:to] *m* Subproletariat *n.* **sottordine** [sot'tordine] *m* Unterordnung *f;* **in ~** untergeordnet, abhängig; *(a. fig)* zweitrangig. **sottoscala** [-s'ka:la] ‹-› *m* (Abstell)raum *m* unter der Treppe.

sottoscritto, -a [-s'kritto] **I.** *a* unterzeichnet, unterschrieben; **II.** *m, f adm* Unterzeichnete(r) *mf;* **ve la farà vedere il ~!** *fam scherz* ich werde es euch zeigen! **sottoscrittore, -trice** [...'to:re] *m, f* Unterzeichner(in) *m(f).* **sottoscrivere** [-s'kri:vere] ‹*irr*› *tr* unterschreiben, unterzeichnen; *(azioni)* zeichnen. **sottoscrizione** [-skrit'tsi̯o:ne] *f* **1.** *adm* Unterzeichnung *f;* *(di azioni)* Zeichnung *f;* **2.** *(raccolta di adesioni)* Unterschriftensammlung *f,* -liste *f.*

sottosegretario, -a [-segre'ta:ri̯o] *m, f* Untersekretär(in) *m(f).* **sottosopra** [-'so:pra] *adv* **1.** *(alla rovescia)* verkehrt herum, verdreht, umgekehrt; **2.** *(in disordine)* durcheinander, drunter und drüber *fam;* **3.** *fig* durcheinander, verwirrt. **sottospecie** [-s'pɛ:tʃe] *f* **1.** *bot, zoo* Unterart *f;* **2.** *fig pej* Art *f,* Sorte *f.* **sottostare** [-s'ta:re] ‹sottostò, *irr*› *itr* ‹*essere*› **1.** *(essere dipendente)* unterstehen, unterliegen; **2.** *(affrontare)* sich unterziehen. **sottosterzante** [-ster'tsante] *a* untersteuernd.

sottostò [-s'tɔ] *1. pers sing pl di* **sottostare.**

sottosuolo [-'su̯ɔ:lo] *m* **1.** *agr* Untergrund *m,* Unterboden *m;* **2.** *arch* Unter-, Kellergeschoß *n,* Souterrain *n.* **sottosviluppato, -a** [-zvilup'pa:to] *a* unterentwickelt; **paese ~** Entwicklungsland *n.* **sottosviluppo** [...'luppo] *m* Unterentwicklung *f.* **sottotenente** [-te'nɛnte] *m* Unterleutnant *m.* **sottoterra** [-'tɛrra] **I.** *adv (stato)* unterirdisch, unter der Erde; *(moto)* unter die Erde; **II.** ‹*inv*› *a* Keller-, unterirdisch. **sottotetto** [-'tetto] *m* Dachboden *m,* Dachgeschoß *n.* **sottotitolo** [-'ti:tolo] *m* Untertitel *m.* **sottovalutare** [-valu'ta:re] *tr* unterbewerten, unterschätzen. **sottovaso** [-'va:zo] *m* Übertopf *m; (piatto)* Auffangschale *f.* **sottovento** [-'vɛnto] **I.** *adv* im Wind; **II.** *m* Lee *f o. n,* Windschatten *m.* **sottoveste** [-'vɛste] *f* Unterkleid *n,* -rock *m.* **sottovoce** [-'vo:tʃe] *adv* leise, halblaut. **sottovuoto** [-'vu̯ɔ:to] ‹*inv*› *a* Vakuum-, vakuum-; **caffè ~ spinto** vakuumverpackter Kaffee.

sottraendo [sottra'ɛndo] *m* Subtrahend *m.* **sottrarre** [...'trarre] ‹*irr*› **I.** *tr* **1.** *mat* subtrahieren, abziehen; **2.** *(denari)* unterschlagen; *(documento)* entziehen; **3.** *(allontanare)* entziehen; **4.** *(liberare)* entreißen (*a, da qc gen);* **II.** *rfl:* **-rsi** sich entziehen (*a gen).* **sottrazione** [...at'tsi̯o:ne] *f* **1.** *mat* Subtraktion *f,* Abziehen *n;* **2.** *(di denari)* Unterschlagung *f; (di documento)* Entziehung *f.*

sottufficiale [sottuffi'tʃa:le] *m* Unteroffizier *m.*

souvenir [suv'ni:r] ‹-› *m* Souvenir *n* Reisemitbringsel *n.*

sovente [so'vɛnte] *adv poet* oftmals.

soverchiare [sover'ki̯a:re] ‹soverchio, soverchi› *tr geh* überwältigen, unterdrücken. **soverchieria** [...i̯e'ri:a] ‹-ie› *f* Übergriff *m,* Gewaltakt *m.*

soviet [so'vi̯ɛt] ‹-› *m* Sowjet *m.* **sovietico, -a** [so'vi̯ɛ:tiko] ‹-ci, -che› **I.** *a* sowjetisch, Sowjet-; **l'Unione Sovietica** die Sowjetunion; **II.** *m, f* Sowjetbürger(in) *m(f),* -russe *m,* -russin *f.*

sovra- [sovra-] *v. a.* **sopra-. sovrabbondante** [sovrabbon'dante] *a* übermäßig, überreichlich. **sovrabbondanza** [...'dantsa] *f* Übermaß *n,* Überfluß *m.* **sovrabbondare** [...'da:re] *itr* überreichlich vorhanden sein. **sovraccaricare** [-kkari'ka:re] *tr* überladen (*di* mit); *fig* überlasten (*di* mit). **sovraccarico, -a** [-k'ka:riko] **I.** *a* **1.** *(autobus, treno)* überladen; **2.** *fig* überlastet; **II.** *m* **1.** *(carico eccessivo)* Überlast *f;* **2.** *fig* Überlastung *f.* **sovraesporre** [-es'porre] ‹*irr*› *tr* überbelichten. **sovraffaticarsi** [-ffati'karsi] *rfl* sich überanstrengen, übermüden. **sovraffollato, -a** [sovraffol'la:to] *a* überfüllt. **sovralimentazione** [sovralimentat'tsi̯o:ne] *f* Aufladung *f.*

sovrana *f v.* **sovrano.**

sovranità [sovrani'ta] ‹-› *f* **1.** *jur* Souveränität *f;* **2.** *(potere)* Macht *f,* Herrschaft *f;* **3.** *fig* Überlegenheit *f.* **sovrano, -a** [so'vra:no] **I.** *m, f* Souverän(in) *m(f),* Herrscher(in) *m(f);* **II.** *a* **1.** *pol* souverän; **2.** *(di sovrano)* Herrscher-, herrschaftlich; **3.** *fig* größte(r, s), höchste(r, s).

sovrappopolato, -a [-ppopo'la:to] *a* überbevölkert. **sovrapporre** [-p'porre] ‹*irr*› **I.** *tr* **1.** *(disporre l'uno sull'altro)* übereinanderstapeln, -legen, -setzen; **2.** *fig* überordnen; **II.** *rfl:* **-rsi 1.** *(porsi sopra)* einander überlagern, übereinander liegen; **2.** *(aggiungersi)* hinzukommen. **sovrapposizione** [-ppozit'tsi̯o:ne] *f* **1.** *(di due cose)* Übereinanderlagerung *f;* **2.** *fig* Überordnung *f.* **sovrapprezzo** [-p'prɛttso] *m* Aufpreis *m.* **sovrapproduzione** [-pprodut'tsi̯o:ne] *f* Überproduktion *f.* **sovrastare** [-s'ta:re] **I.** *itr* ‹*essere*› emporragen (*a* über); *(a. fig)* überragen (*a qu* jdn) **II.** *tr* ‹*avere*› **1.** *(dominare)* beherrschen; **2.** *fig* bedrohen. **sovrasterzante** [-ster'tsante] *a* übersteuernd. **sovrastruttura** [-strut'tu:ra] *f* **1.** *arch* Überbau *m,* Aufbau *m;* **2.** *naut* Aufbau *m;* **3.** *philos* Überbau *m;* **4.** *fig* überflüssige Zugabe. **sovresporre** [sovres'porre] *v.* **sovraesporre. sovrumano, -a** [sovru'ma:no] *a* übermenschlich.

sovvenzionare [sovventsi̯o'na:re] *tr* subventionieren. **sovvenzione** [...'tsi̯o:ne] *f* Subvention *f.*

sovversivo, -a [sovver'si:vo] **I.** *a* subversiv, umstürzlerisch; **II.** *m, f* Subversive(r) *mf,* subversives Element. **sovvertimento** [sovverti'mento] *m* **1.** *pol* Umsturz *m;* **2.** *fig (morale)* Zerrüttung *f,* Aushöhlung *f.* **sovvertire** [...'ti:re] ‹sovverto› *tr* **1.** *(ordinamenti, leggi)* umstürzen, zerrütten; **2.** *fig (morale)* zerrütten, aushöhlen. **sovvertitore, -trice** [...ti'to:re] **I.** *a* subversiv, umstürzlerisch; **II.** *m, f* Umstürzler(in) *m(f).*

sozzeria [sottse'ri:a] ‹-ie› *f dial fam* Schweinerei *f,* Sauerei *f fam.* **sozzo, -a** ['sottso] *a fam* **1.** *(sporco)* dreckig, schmierig *fam;* **2.** *fig (turpe)* dreckig *fam,* schweinisch *fam.* **sozzume** [...'tsu:me] *m fam* Dreck *m.*

S.p.A. *ab di* **Società per Azioni** AG *f* (*ab di* Aktiengesellschaft).

spaccalegna [spakka'leɲɲa] ‹-› *mf* Holzhacker(in) *m(f).*

spaccapietre [-'pi̯ɛ:tre] ‹-› *mf* Steinhauer(in) *m(f).*

spaccare [spak'ka:re] ‹spacco, spacchi› **I.** *tr* **1.** *(legna, pietre)* spalten, entzweischlagen; *(far saltare)* sprengen; **2.** *fig* zerschlagen, einschlagen; **un orologio che spacca il minuto** eine Uhr, die auf die Minute genau geht; ~ **un capello in quattro** Haarspalterei betreiben; **o la va o la spacca** *fam* alles oder nichts; **II.** *rfl:* **-rsi** zerbrechen, bersten. **spaccata** [...'ka:ta] *f* **1.** *sport* Spagat *n o. m;* **2.** *(lo spaccare)* Spaltung *f,* Zerschlagung *f.* **spaccato, -a** [...ka:to] **I.** *a* **1.** *(oggetto)* zerbrochen; *(a. labbro)* gespalten; **2.** *fig* genau; *(manifesto)* ausgesprochen, ausgemacht, echt; *(a. dialetto)* waschecht *fam;* **è il ritratto ~ di suo nonno** er ist seinem Großvater (wie) aus dem Gesicht geschnitten; **II.** *m* (Quer)schnitt *m,* Aufriß *m.* **spaccatura** [...ka'tu:ra] *f* **1.** *(fenditura)* Riß *m,* Spalt *m,* Sprung *m;* **2.** *(atto)* Spaltung *f,* Bersten *n;* **3.** *fig* Spaltung *f.*

spacchettare [spakket'ta:re] *tr* auspacken.

spacciare [spat'tʃa:re] ‹spaccio, spacci› **I.** *tr* **1.** *(valuta falsa)* in Umlauf bringen, verbreiten; **2.** *com* vertreiben; **3.** *(dare per)* ausgeben (*per* für); **4.** *fam (dichiarare inguaribile)* abschreiben *fam;* **5.** *sl* dealen *sl;* **essere spacciato** *fam* geliefert sein *fam;* **II.** *rfl:* **-rsi** sich ausgeben (*per* für). **spacciatore, -trice** [...tʃa'to:re] *m, f (di moneta falsa)* Verbreiter(in) *m(f),* Vertreiber(in) *m(f); (di droga)* Dealer(in) *m(f) sl,* Händler(in) *m(f);* **rete di -i** Rauschgiftring *m.* **spaccio** ['spattʃo] ‹-cci› *m* **1.** *com* Verbreitung *f,* Vertrieb *m,* Verkauf *m;* **2.** *(negozio)* Laden *m,* Geschäft *n; mil* Kantine *f,* Verkaufsstelle *f.*

spacco ['spakko] ‹-cchi› *m* **1.** *(rottura)* Sprung *m,* Riß *m,* Spalt *m;* **2.** *(di indumento)* Schlitz *m.*

spaccona *f v.* **spaccone.**

spacconata [spakko'na:ta] *f fam* Angeberei *f,* Prahlerei *f.* **spaccone, -a** [...'ko:ne] *m, f fam* Angeber(in) *m(f),* Prahler(in) *m(f).*

spada ['spa:da] *f* **1.** *gener.* Schwert *n;* **2.** *sport* Degen *m;* **3.** ‹*pl*› *(di carte da gioco) italienische Spielkartenfarbe;* **~ di Damocle** Damoklesschwert *n;* **romanzo di cappa e ~** Mantel- und Degenroman *m;* **incrociare le -e** die Klingen kreuzen; **a ~ tratta** mit gezücktem Schwert; **sostenere qc a ~ tratta** etw. steif und fest behaupten; **chi di ~ ferisce, di ~ perisce** *prov* wie man in den Wald hineinruft, so schallt es heraus *prov,* wie du mir, so ich dir *prov.* **spadaccino** [spadat'tʃi:no] *m* Haudegen *m.* **spadino** [...'di:no] *m* Kurzschwert *n.* **spadista** [...'dista] ‹-i *m,* -e *f*› *mf* Degenfechter(in) *m(f).* **spadone** [...'do:ne] *m* großes Schwert.

spadroneggiare [spadroned'dʒa:re] ‹spadroneggio, spadroneggi› *itr pej* sich als Herr aufspielen.

spaesato, -a [spae'za:to] *a* fremd, unbehaglich.

spaghettata [spaget'ta:ta] *f fam* Spaghettiessen *n.* **spaghettini** [...'ti:ni] *m pl* Spaghettini *pl (dünne Spaghetti).* **spaghetto** [...'getto] *m* **1.** ‹*pl*› *gastr* Spaghetti *pl;* **2.** *fam* Bammel *m fam;* **-i ad aglio e olio** Spaghetti *pl* mit Knoblauch und Olivenöl; **~ alla chittarra** *Spaghetti in eckiger Form.*

spaginare [spadʒi'na:re] *tr* neu umbrechen.

spagliare [spaʎ'ʎa:re] ‹spaglio, spagli› **I.** *tr* das Stroh entfernen von (*o.* aus); **II.** *rfl:* **-rsi** das Stroh verlieren.

Spagna ['spaɲɲa] *f* Spanien *n.* **spagnola** *f v.* **spagnolo. spagnolesco, -a** [spaɲɲo'lesko] ‹-schi, -sche› *a* **1.** *(di Spagna)* typisch spanisch; **2.** *fig pej* theatralisch, pathetisch.

spagnoletta [spaɲɲo'letta] *f* **1.** *(di filato)* Garnröllchen *n;* **2.** *(per finestre)* Espagnoletteverschluß *m.*

spagnolismo [spaɲɲo'lizmo] *m* **1.** *ling* Hispanismus *m;* **2.** *fig* Prunksucht *f.*

spagnolo, -a [spaɲ'ɲɔ:lo] **I.** *a* spanisch; **II.** *m, f* Spanier(in) *m(f);* **III.** *f* spanische Grippe.

spago ['spa:go] ‹-ghi› *m* **1.** *(per legare)* Schnur *f,* Kordel *f;* **2.** *fig* Leine *f;* **3.** *fam* Bammel *m fam;* **dare ~ a qu** jdm freie Hand lassen.

spaiare [spa'i̯a:re] ‹spaio, spai› *tr* trennen, entzweien. **spaiato, -a** [...'i̯a:to] *a* getrennt, unpaarig.

spalancare [spalaŋ'ka:re] ‹spalanco, spalanchi› **I.** *tr* **1.** *(porta, finestra)* aufreißen, aufsperren; **2.** *fig (occhi, bocca)* aufreißen; *(braccia)* ausbreiten; *(gambe)* spreizen; **II.** *rfl:* **-rsi** weit aufgehen.

spalare [spa'la:re] *tr* schippen, schaufeln.

spalla ['spalla] *f* **1.** *anat* Schulter *f;* **2.** *(scarpata)* Böschung *f; (di montagna)* Hang *m;* **3.** *arch* Widerlager *n;* **4.** *typ* Schulterhöhe *f;* **5.** *theat* Partner(in) *m(f),* Stichwortgeber(in) *m(f);* **articolo di ~** Leitartikel *m;* **prosciutto di ~** Vorderschinken *m;* **alzare le -e, stringersi nelle -e** *(a. fig)* die Achseln zucken; **avere le -e larghe** breite Schultern haben; *fig* einen breiten Buckel haben; **avere la famiglia sulle -e** die Familie am Hals haben *fam;* **avere 80 anni sulle -e** 80 Jahre auf dem Buckel haben *fam;* **prendersi qc sulle -e** *fig* sich *(dat)* etw. aufhalsen; **gettarsi qc dietro le -e** etw. (von sich *dat*) abschütteln; **volgere le -e a qu** *(a. fig)* jdm den Rücken kehren; **vivere alle -e di qu** auf jds Kosten leben; **ridere alle -e di qu** jdn heimlich auslachen; **con le -e al muro** *fig* mit dem Rücken zur Wand. **spallata** [...'la:ta] *f* **1.** *(urto)* Schulterstoß *m;* **2.** *(alzata di spalle)* Schulter-, Achselzucken *n.*

spalleggiare [spalled'dʒa:re] ‹spalleggio, spalleggi› **I.** *tr* **1.** *(sostenere)* unterstützen; **2.** *mil* schultern; **II.** *rfl:* **-rsi** sich (unter)stützen.

spalletta [spal'letta] *f* **1.** *(di ponte)* (Brücken)geländer *n;* **2.** *(di fiume)* Damm *m.*

spalliera [spal'li̯ɛ:ra] *f* **1.** *(di sedia, poltrona)* Rückenlehne *f;* **2.** *(di letto)* Kopfteil *n;* Fußteil *n;* **3.** *agr* Spalier *n;* **4.** *sport (~ svedese)* Sprossenwand *f.*

spallina [spal'li:na] *f* **1.** *(di indumento)* Schulterpolster *n;* **2.** *mil* Epaulette *f.*

spallucce [spal'luttʃe] *f pl:* **fare ~** *fam* mit den Schultern (*o.* Achseln) zucken.

spalmare [spal'ma:re] *tr (burro, etc.)* streichen; *(pane)* bestreichen.

spalto ['spalto] *m* **1.** ‹*pl*› *(di stadio)* Ränge *m pl;* **2.** *(di castello, fortezza)* Wall *m,* Mauer *f.*

spampanare [spampa'na:re] **I.** *tr* entlauben, entblättern; **II.** *rfl:* **-rsi** die Blätter (*o.* das Laub) verlieren.

spanciare [span'tʃa:re] ‹spancio, spanci› **I.** *itr (nel tuffarsi)* einen Bauchklatscher machen *fam; aero* eine Bauchlandung machen; **II.** *rfl:* **-rsi dalle risate** *fam* sich *(dat)* den Bauch halten vor Lachen. **spanciata** [...'tʃa:ta] *f* **1.** *(colpo)* Bauchklatscher *m fam,* Bauchschlag *m;* **2.** *aero*

Bauchlandung *f;* **3.** *fam* Fresserei *f* *fam;* **farsi una ~** *fam* sich *(dat)* den Bauch vollschlagen *fam.*

spandere ['spandere] ⟨spando, spandei *o.* spansi *o.* spandetti, spanto⟩ **I.** *tr* **1.** *(liquidi)* verschütten; *fig (lacrime)* vergießen; **2.** *(grano, etc.)* verteilen, ausbreiten, ausstreuen; **3.** *fig (notizia)* verbreiten; **4.** *fam* verprassen, verschwenden; **spendere e ~** *fam* das Geld mit vollen Händen ausgeben; **II.** *rfl:* **-rsi** sich verbreiten, sich ausbreiten.

spanna ['spanna] *f* **1.** *(distanza minima)* Spanne *f;* **2.** *fig* Handbreit *f;* **essere alto una ~** ein Dreikäsehoch sein *scherz.*

spansi ['spansi] *1. pers sing del passato remoto di* **spandere.**

spanto ['spanto] *pp di* **spandere.**

spaparacchiarsi [spaparak'ki̯arsi] ⟨mi spaparacchio, ti spaparacchi⟩ *rfl dial fam* sich ausstrecken, sich rekeln.

spaparanzato, -a [spaparan'tsa:to] *a dial fam* ausgestreckt, sich rekelnd.

spappolare [spappo'la:re] **I.** *tr* zerquetschen, zu Brei machen; **II.** *rfl:* **-rsi** zerquetscht (*o.* zu Brei) werden.

sparagnino, -a [sparaɲ'ɲi:no] *dial fam* **I.** *a* knaus(e)rig *fam;* **II.** *m, f* Geizkragen *m fam.*

sparare [spa'ra:re] **I.** *tr* **1.** *mil* schießen; *(colpo)* abfeuern, abgeben; **2.** *(calci, pugni)* versetzen, geben, austeilen; **3.** *fig (fandonie, etc.)* auftischen, vom Stapel lassen *fam;* **-rsi un colpo alle cervella** sich *(dat)* eine Kugel durch den Kopf jagen; **spararle (grosse)** *fam* (faustdicke) Lügen auftischen; **II.** *itr* **1.** *mil* schießen, feuern; **2.** *TV* blenden, reflektieren; **III.** *rfl:* **-rsi** sich erschießen. **sparato, -a** [...'ra:to] **I.** *a (a gran velocità)* blitzschnell, wie geschossen; **partire tutto ~** abzischen *fam;* **II.** *m* (gestärkte) Hemdbrust *f.* **sparatore, -trice** [...ra'to:re] *m, f* Schütze *m,* Schützin *f.* **sparatoria** [...ra'tɔ:ri̯a] ⟨-ie⟩ *f* Schußwechsel *m.* **sparatrice** *f v.* **sparatore.**

sparecchiare [sparek'ki̯a:re] ⟨sparecchio, sparecchi⟩ *tr* **1.** *(tavola)* abdekken, abräumen; **2.** *fam scherz* verputzen *fam,* verdrücken *fam.*

spareggio [spa'reddʒo] *m* **1.** *(disparità)* Unterschied *m,* Mißverhältnis *n;* *(deficit)* Defizit *n,* Fehlbetrag *m;* **2.** *sport* Entscheidungsspiel *n,* -kampf *m.*

spargere ['spardʒere] ⟨spargo, sparsi, sparso⟩ **I.** *tr* **1.** *(semi, fiori)* (aus-, ver)streuen; **2.** *(persone, animali)* zerstreuen; **3.** *(luce, calore)* ausstrahlen; **4.** *(liquidi)* verschütten; *(a. lacrime, sangue)* vergießen; **5.** *(notizia)* verbreiten, ausstreuen; **II.** *rfl:* **-rsi** **1.** *(persone, animali)* sich zerstreuen, sich verstreuen; **2.** *(notizie, dicerie)* sich verbreiten. **spargimento** [...dʒi'mento] *m* **1.** *(di semi, fiori)* (Aus)streuen *n;* **2.** *(di liquidi)* Verschütten *n;* *(a. di lacrime, sangue)* Vergießen *n;* **3.** *(di notizia)* Verbreitung *f;* **~ di sangue** Blutvergießen *n.* **spargo** ['spargo] *1. pers sing pr di* **spargere.**

sparire [spa'ri:re] ⟨sparisco⟩ *itr* ⟨*essere*⟩ verschwinden; **far ~ qc** etw. verschwinden lassen. **sparizione** [...rit'tsi̯o:ne] *f* Verschwinden *n.*

sparlare [spar'la:re] *itr* **1.** *pej* schlecht sprechen (*di* von), herziehen (*di* über), Übles nachsagen (*di qu* jdm); **2.** *(farneticare)* dumm daherreden.

sparo ['spa:ro] *m* **1.** *(colpo)* Schuß *m* **2.** *(rumore)* Knall *m.*

sparpagliamento [sparpaʎʎa'mento] *m* Ver-, Zerstreuung *f.* **sparpagliare** [...'ʎa:re] ⟨sparpaglio, sparpagli⟩ **I.** *tr* zer-, verstreuen; **II.** *rfl:* **-rsi** sich zer-, verstreuen.

sparsi ['sparsi] *1. pers sing del passato remoto di* **spargere.**

sparso, -a ['sparso] **I.** *pp di* **spargere;** **II.** *a* zerstreut, verstreut; *(sciolto)* lose; *(cosparso)* bestreut, übersät; **in ordine ~** *mil* verstreut.

spartano, -a [spar'ta:no] **I.** *a (a. fig)* spartanisch; **II.** *m, f* Spartaner(in) *m(f).*

spartiacque [sparti'akku̯e] ⟨-⟩ *m* Wasserscheide *f.*

spartineve [-'ne:ve] ⟨-⟩ *m* Räumfahrzeug *n,* Schneepflug *m.*

spartire [spar'ti:re] ⟨spartisco⟩ *tr* (auf-, ver)teilen; **non avere niente da ~ con qu** *fig* mit jdm nichts gemein haben; **non volere avere niente da ~ con qu** mit jdm nichts zu tun haben wollen.

spartito [spar'ti:to] *m* Partitur *f;* *(riduzione per piano)* Klavierauszug *m.*

spartitraffico [sparti'traffiko] **I.** ⟨-⟩ *m* Leitplanke *f;* **II.** ⟨*inv*⟩ *a:* **linea/banchina ~** Mittellinie *f*/Verkehrsinsel *f.*

spartizione [spartit'tsi̯o:ne] *f* (Auf-, Ver)teilung *f.*

sparuto, -a [spa'ru:to] *a* **1.** *(viso, aspetto)* eingefallen, schmächtig; **2.** *fig* mager, winzig, spärlich.

sparviere, sparviero [spar'vi̯ɛ:re, ...ro] *m* **1.** *zoo* Sperber *m;* **2.** *(del muratore)* Glätter *m,* Reibbrett *n.*

spasimante [spazi'mante] *mf scherz* Verehrer(in) *m(f).*

spasimare [spazi'ma:re] *itr* **1.** *(soffrire)* schmachten (*per* vor), Qualen leiden (*per* vor); **2.** *fig scherz* schmachten (*per* nach). **spasimo** ['spa:zimo] *m* **1.** *med* Krampf *m;* **2.** *fig* Qual *f.*

spasmo ['spazmo] *m* Krampf *m.*

spasmodico, -a [...'mɔ:diko] ‹-ci, -che› *a* **1.** *med* krampfhaft; **2.** *fig* qualvoll, quälend.

spassare [spas'sa:re] *fam* **I.** *tr* amüsieren, unterhalten, vergnügen; **II.** *rfl:* **-rsi** sich amüsieren, sich unterhalten, sich vergnügen.

spassionato, -a [spassi̯o'na:to] *a* leidenschaftslos, unvoreingenommen.

spasso ['spasso] *m* **1.** *(divertimento)* Vergnügen *n,* Spaß *m;* **2.** *(persona)* Spaßvogel *m,* Witzbold *m;* **3.** *(passeggiata)* Spaziergang *m;* **andare a ~** spazierengehen; **a ~** *fig* ohne Arbeit; **essere/mandare a ~** *fig* auf der Straße liegen/auf die Straße setzen; **prendersi ~ di qu** sich über jdn lustig machen; **per ~** zum Vergnügen, aus Spaß. **spassoso, -a** [...'so:so] *a* spaßig, lustig, amüsant.

spastico, -a ['spastiko] ‹-ci, -che› **I.** *a* spastisch; **II.** *m, f* Spastiker(in) *m(f),* spastisch Gelähmte(r) *mf.*

spato ['spa:to] *m* Spat *m.*

spatola ['spa:tola] *f* **1.** *(arnese)* Spachtel *m o. f; (a. med)* Spatel *m o. f;* **2.** *zoo* Löffelreiher *m.*

spauracchio [spau'rakki̯o] ‹-cchi› *m* **1.** *(spaventapasseri)* Vogelscheuche *f;* **2.** *fig fam (persona)* Vogelscheuche *f; (timore)* Schrecken *m,* Schreckbild *n.*

spaurire [spau'ri:re] ‹spaurisco› **I.** *tr* erschrecken, ängstigen; **II.** *rfl:* **-rsi** (sich) erschrecken, sich ängstigen.

spavalderia [spavalde'ri:a] ‹-ie› *f* Dreistigkeit *f,* Frechheit *f.* **spavaldo, -a** [...'valdo] *a* dreist, frech.

spaventapasseri [spaventa'passeri] ‹-› *m (a. fig fam)* Vogelscheuche *f.*

spaventare [spaven'ta:re] **I.** *tr* erschrecken; **II.** *rfl:* **-rsi** (sich) erschrecken, einen Schrecken bekommen. **spavento** [...'vɛnto] *m* **1.** *(paura)* Schrecken *m,* Schreck *m;* **2.** *fig fam* Scheusal *n,* Schreckgespenst *n;* **fare ~ a qu** jdn erschrecken; **mettere** (*o.* **incutere**) **~ a qu** jdm einen Schrecken einjagen. **spaventoso, -a** [...ven'to:so] *a* schrecklich, furchtbar, entsetzlich.

spaziale [spat'tsi̯a:le] *a* **1.** *(dello spazio)* Raum-, räumlich; **2.** *astr* Raum-; **armi -i** Weltraumwaffen *f pl;* **navicella/volo/era ~** Raumschiff *n*/Raumflug *m*/Raumfahrtzeitalter *n.*

spaziare [spat'tsi̯a:re] ‹spazio, spazi› **I.** *itr* **1.** *(vista, uccelli)* umherschweifen, -streifen; **2.** *fig* (umher)schweifen, die Gedanken schweifen lassen; **II.** *tr* **1.** *typ* sperren, gesperrt drucken; **2.** *(disporre a distanza)* in Abständen aufstellen.

spazientirsi [spattsi̯en'tirsi] ‹mi spazientisco› *rfl* die Geduld verlieren.

spazio ['spattsi̯o] ‹-i› *m* **1.** *gener., scient, philos, mat* Raum *m;* **2.** *(cosmo)* (Welt)raum *m,* (Welt)all *n;* **3.** *(posto)* Raum *m,* Platz *m;* **4.** *(distanza)* Zwischenraum *m,* Abstand *m;* **5.** *(di tempo)* (Zeit)spanne *f,* Zeitraum *m;* **~ di arresto** Bremsweg *m;* **per mancanza di ~** aus Platzmangel. **spaziosità** [-si'ta] ‹-› *f* Geräumigkeit *f.* **spazioso, -a** [...'tsi̯o:so] *a* geräumig.

spazzacamino [spattsaka'mi:no] *m* Schornstein-, Kaminfeger *m.*

spazzaneve [spattsa'ne:ve] ‹-› *m* Schneepflug *m.*

spazzare [spat'tsa:re] *tr* **1.** *(strada, stanza)* kehren, fegen; **2.** *fam (pranzo)* verdrücken *fam,* verputzen *fam.* **spazzatrice** [...tsa'tri:tʃe] *f* Kehrmaschine *f.* **spazzatura** [...tsa'tu:ra] *f* **1.** *(immondizia)* Müll *m,* Abfall *m,* Kehricht *m o. n;* **2.** *(operazione)* Kehren *n,* Fegen *n;* **trattare qu come ~** *fam* jdn wie den letzten Dreck behandeln *fam.* **spazzino** [...'tsi:no] *m* Straßenkehrer *m.*

spazzola ['spattsola] *f* **1.** *(arnese)* Bürste *f;* **2.** *el* Bürste *f;* **3.** *mus* Schlagbesen *m;* **4.** *mot* Wischerblatt *n;* **~ per i capelli/le scarpe** Haar-/Schuhbürste *f;* **avere i capelli a ~** einen Bürstenschnitt haben. **spazzolare** [...'la:re] *tr* (ab-, aus)bürsten, ausbürsten. **spazzolata** [...'la:ta] *f* kurzes Bürsten; **darsi una ~ ai capelli** sich *(dat)* schnell die Haare (durch)bürsten. **spazzolino** [...'li:no] *m* (kleine) Bürste *f;* **~ da denti/unghie** Zahn-/Nagelbürste *f.* **spazzolone** [...'lo:ne] *m* Schrubber *m.*

speaker ['spi:kə] ‹-› *m* **1.** *TV, radio* Sprecher(in) *m(f),* Ansager(in) *m(f);* **2.** *pol* Speaker *m;* **3.** *sport* Ansager(in) *m(f).*

specchiarsi [spek'ki̯arsi] ‹mi specchio, ti specchi› *rfl* **1.** *(guardarsi allo specchio)* sich im Spiegel betrachten, in den Spiegel sehen; **2.** *(riflettersi)* sich spiegeln; **3.** *fig* sich *(dat)* ein Beispiel nehmen (*in* an). **specchiera** [...'ki̯ɛ:ra] *f* (großer) Wandspiegel *m;*

(tavolino) Spiegeltisch *m*, -kommode *f*. **specchietto** [...'kietto] *m* **1.** *(piccolo specchio)* kleiner Spiegel, Handspiegel *m;* **2.** *mot:* ~ **retrovisore** Rückspiegel *m;* **3.** *(richiamo)* Lerchenlocker *m;* **4.** *(prospetto riassuntivo)* Übersicht *f;* ~ **per le allodole** Lerchenlocker *m; fig* (leicht durchschaubarer) Köder *m*. **specchio** ['spɛkkio] ‹-cchi› *m* **1.** *gener.* Spiegel *m;* **2.** *fig* Spiegel *m*, Spiegelbild *n;* **3.** *(prospetto)* Übersicht *f; (sport a.)* Tabelle *f;* ~ **retrovisore** Rückspiegel *m;* **lucido come uno** ~ *(pavimento, etc.)* spiegelblank; **il mare è uno** ~ das Meer ist spiegelglatt; **la sua casa è uno** ~ ihr (*o.* sein) Haus ist blitzblank.

special ['spɛ:tʃal] ‹-› *m* Special *n*, Sondersendung *f*.

speciale [spe'tʃa:le] *a* besondere(r, s), speziell, Sonder-, Spezial-; **treno** ~ Sonderzug *m;* **inviato** ~ Sonderbeauftragte(r) *m;* **questo formaggio è davvero** ~ dieser Käse ist wirklich etwas Besonderes. **specialista** [spetʃa'lista] ‹-i *m*, -e *f*› *mf* **1.** *med* Facharzt *m*, -ärztin *f*, Spezialist(in) *m(f);* **2.** *(persona specializzata)* Fachmann *m*, -frau *f*, Spezialist(in) *m(f)*. **specialistico, -a** [...'listiko] ‹-ci, -che› *a* **1.** *med* Facharzt-, fachärztlich; **2.** *(di specialista)* fachmännisch. **specialità** [...li'ta] ‹-› *f* **1.** *(cibo, prodotto)* Spezialität *f;* **2.** *(settore di competenza)* Spezial-, Fachgebiet *n;* **3.** *sport* Disziplin *f;* **4.** ‹*pl*› *mil* Spezialeinheiten *f pl;* **5.** *med* Präparat *n*. **specializzare** [...lid'dza:re] **I.** *tr* spezialisieren; **II.** *rfl:* **-rsi** sich spezialisieren (*in* auf). **specializzato, -a** [...lid'dza:to] *a* spezialisiert, Fach-. **specializzazione** [...liddzat'tsio:ne] *f* Spezialisierung *f;* **fare la** ~ sich spezialisieren (*in* auf); *med* die Facharztausbildung machen (*in* in). **specialmente** [...l'mente] *adv* besonders, speziell.

specie ['spɛ:tʃe] **I.** ‹-› *f* **1.** *biol* Art *f*, Spezies *f;* **2.** *(sorta, tipo)* Art *f*, Sorte *f;* **3.** *pej* unangenehmes Gefühl; *(stupore)* Erstaunen *n;* **4.** *rel* Erscheinungsform *f*, Gestalt *f;* **fare** ~ **a qu** jdn befremden; *(stupire)* jdn in Erstaunen versetzen; **d'ogni** ~ aller Art; **in** ~ *(particolarmente)* insbesondere, besonders; **II.** *adv* besonders, insbesondere, speziell.

specifica [spe'tʃi:fika] ‹-che› *f* Spezifikation *f*, Aufstellung *f*. **specificare** [spetʃifi'ka:re] ‹specifico, specifichi› *tr* spezifizieren, genauer darstellen (*o.* angeben). **specificazione** [...kat'tsio:ne] *f* Spezifikation *f*, Aufstellung *f;* **complemento di** ~ Zugehörigkeitsangabe *f*. **specifico, -a** [...'tʃi:fiko] ‹-ci, -che› **I.** *a* **1.** *(particolare)* besondere(r, s), speziell, bestimmt; **2.** *(precisato)* bestimmt, genau; **3.** *biol* arttypisch, artspezifisch; **4.** *phys, med* spezifisch; **II.** *m* Medikament *n*, Arznei *f*.

speculare[1] [speku'la:re] **I.** *itr* **1.** *fin, com* spekulieren (*a* auf); **2.** *fig* spekulieren (*su* auf); *pej* ausnutzen (*su qc* etw.); **3.** *philos* spekulieren (*su* über), nachsinnen (*su* über); **II.** *tr* nachsinnen (*o.* spekulieren) über.

speculare[2] [speku'la:re] *a (di specchio)* Spiegel-.

speculativo, -a [spekula'ti:vo] *a* spekulativ. **speculatore, -trice** [...'to:re] *m, f* Spekulant(in) *m(f)*. **speculazione** [...t'tsio:ne] *f* Spekulation *f*.

spedalità [spedali'ta] ‹-› *f* Krankenhauswesen *n*.

spedire [spe'di:re] ‹spedisco› *tr* **1.** *(lettera, pacco)* schicken, senden, verschicken; **2.** *(persona)* senden, schicken, entsenden; ~ **qu all'altro mondo** jdn ins Jenseits befördern.

spedito, -a [spe'di:to] **I.** *a* **1.** *(veloce)* schnell, rasch, flink; **2.** *fam* verloren, todgeweiht, abgeschrieben *fam;* **II.** *adv* schnell, rasch, flink.

speditore, -trice [spedi'to:re] *m, f* (Ver)sender(in) *m(f)*. **spedizione** [...t'tsio:ne] *f* **1.** *(di pacco, merce)* (Ver)sendung *f;* **2.** *(operazione)* Versand *m*, (Ver)sendung *f;* **3.** *scient* Expedition *f;* **4.** *mil* Feldzug *m;* **spese di** ~ Versandkosten *pl*. **spedizioniere** [...ttsio'niɛ:re] *m* Spediteur *m*.

spegnere ['spɛɲɲere *o.* 'speɲ...] ‹spengo, spensi, spento› **I.** *tr* **1.** *(fuoco)* löschen; *(sigaretta)* ausmachen; *(fiamma)* ausblasen; *(luce)* ausmachen, ausschalten; *(radio, motore, apparecchio)* ab-, ausschalten, abstellen, ausmachen; **2.** *fig* schwächen, dämpfen; *(sete)* löschen; **II.** *rfl:* **-rsi** **1.** *(fuoco)* verlöschen, ausgehen; *(sigaretta, luce)* ausgehen; *(motore, apparecchio)* ausgehen, stehenbleiben; **2.** *fig* erlöschen; **3.** *fig (morire)* entschlafen *geh*.

spelacchiare [spelak'kia:re] ‹spelacchio, spelacchi› **I.** *tr* (aus)rupfen; **II.** *rfl:* **-rsi** Haare verlieren, haaren. **spelacchiato, -a** [...'kia:to] *a* **1.** *(pelliccia, animale)* gerupft; **2.** *(persona)* glatzköpfig, kahl.

spelare [spe'la:re] **I.** *tr* rupfen; **II.** *rfl:* **-rsi** Haare verlieren.
speleologa *f v.* **speleologo.**
speleologia [speleolo'dʒi:a] ‹-gie› *f* Höhlenforschung *f*, Speläologie *f.*
speleologo, -a [...e'ɔ:logo] ‹-gi, -ghe› *m, f* Höhlenforscher(in) *m(f).*
spellare [spel'la:re] **I.** *tr* **1.** *(coniglio)* das Fell abziehen *dat;* **2.** *fam* das Fell über die Ohren ziehen *fam* (*qu* jdm); **-rsi le ginocchia** sich *(dat)* die Knie aufschürfen; **II.** *rfl:* **-rsi 1.** *(di pelle, serpenti)* sich häuten; **2.** *med* sich aufschürfen. **spellatura** [...la'tu:ra] *f* **1.** *(di coniglio)* (Fell)abziehen *n; (di serpenti)* Häutung *f;* **2.** *med* (Haut)abschürfung *f*, Schürfwunde *f.*
spelonca [spe'loŋka] ‹-che› *f* **1.** *(grotta)* Höhle *f;* **2.** *fig pej* Spelunke *f*, Höhle *f.*
spelta ['spɛlta] *f* Spelt *m*, Spelz *m.*
spendaccione, -a [spendat'tʃo:ne] *m, f pej* Verschwender(in) *m(f).*
spendere ['spɛndere] ‹spendo, spesi, speso› *tr* **1.** *(soldi)* ausgeben (*in, per* für); **2.** *fig (impiegare)* aufwenden, einsetzen, verwenden; *(sacrificare)* opfern; **3.** *fig fam (sprecare)* verschwenden; ~ **una parola per qu** ein gutes Wort für jdn einlegen; ~ **e spandere** *fam* das Geld mit vollen Händen ausgeben. **spendereccio, -a** [spende'rettʃo] ‹-cci, -cce› *a* **1.** *(persona)* freigebig, großzügig, spendabel; **2.** *(vita)* kostspielig, aufwendig. **spendo** ['spɛndo] *1. pers sing pr di* **spendere.**
spengere ['spɛndʒere *o.* 'spen...] *v.* **spegnere.**
spengo ['spɛŋgo *o.* 'speŋgo] *1. pers sing pr di* **spegnere.**
spennacchiare [spennak'ki̯a:re] ‹spennacchio, spennacchi›, **spennare** [...'na:re] **I.** *tr* **1.** *(gallina, pollo)* rupfen, die Federn ausrupfen *dat;* **2.** *fig fam* ausnehmen, rupfen; **II.** *rfl:* **-rsi** Federn verlieren.
spennellare [spennel'la:re] *tr* bepinseln; *med* einpinseln. **spennellata** [...'la:ta] *f* Be-, Einpinseln *n.* **spennellatura** [...la'tu:ra] *f* Einpinseln *n.*
spensi ['spɛnsi *o.* 'spensi] *1. pers sing del passato remoto di* **spegnere.**
spensieratezza [spensi̯era'tettsa] *f* Sorglosigkeit *f*, Unbekümmertheit *f.* **spensierato, -a** [...'ra:to] *a* unbekümmert, unbesorgt.
spento, -a ['spɛnto *o.* 'spento] **I.** *pp di* **spegnere; II.** *a* **1.** *(fuoco)* erloschen, verlöscht; *(sigaretta)* abgebrannt; **2.** *fig* matt, gedämpft, fahl.
spenzolare [spendzo'la:re] **I.** *tr* hängen (*o.* baumeln) lassen; **II.** *itr* baumeln, herabhängen; **III.** *rfl:* **-rsi** sich baumeln (*o.* herabhängen) lassen.
sperabile [spe'ra:bile] *a* zu (er)hoffen(d).
speranza [spe'rantsa] *f* Hoffnung *f;* **un filo di** ~ ein Funken *m* Hoffnung, ein Hoffnungsschimmer *m;* **avere riposto tutte le -e in qu** alle seine Hoffnungen auf jdn gesetzt haben; **senza** ~ hoffnungslos. **speranzoso, -a** [...'tso:so] *a* hoffnungsvoll.
sperare [spe'ra:re] **I.** *tr* hoffen, erhoffen, hoffen auf; ~ **di** *inf* hoffen zu; ~ **che** *conj* hoffen, daß; **spero di sì/no** ich hoffe ja/nein; **speriamo (bene)!** hoffen wir es!; **II.** *itr* hoffen (*in* auf).
sperdersi ['spɛrdersi] ‹*irr*› *rfl* sich verirren. **sperduto, -a** [sper'du:to] *a* abgelegen; *(a. persona)* verloren, verlassen.
sperequato, -a [spere'ku̯a:to] *a* unausgeglichen, ungleich. **sperequazione** [...u̯at'tsi̯o:ne] *f* Unausgeglichenheit *f*, Ungleichheit *f.*
spergiura *f v.* **spergiuro.**
spergiurare [sperdʒu'ra:re] *itr* einen Meineid leisten (*o.* schwören); **giurare e** ~ *fam* hoch und heilig schwören *fam.* **spergiuro, -a** [...'dʒu:ro] **I.** *a* meineidig; *(che manca ai giuramenti fatti)* eidbrüchig; **II.** *m, f* Meineidige(r) *mf; (che manca ai giuramenti fatti)* Eidbrüchige(r) *mf;* **III.** *m* Meineid *m.*
spericolato, -a [speriko'la:to] *a* leichtsinnig, waghalsig.
sperimentale [sperimen'ta:le] *a* experimentell, Experimental-, Versuchs-; **centro** ~ Versuchszentrum *n;* **letteratura/fisica** ~ experimentelle Literatur/Physik.
sperimentare [sperimen'ta:re] **I.** *tr* **1.** *gener.* versuchen, ausprobieren; **2.** *tec* testen; **3.** *fig* auf die Probe stellen, erproben, testen *fam;* **II.** *rfl:* **-rsi** sich erproben (*in* in). **sperimentatore, -trice** [...ta'to:re] *m, f* Experimentator(in) *m(f)*, Experimentierer(in) *m(f).* **sperimentazione** [...tat'tsi̯o:ne] *f* Experimentieren *n.*
sperma ['spɛrma] ‹-i› *m* Sperma *n.* **spermatico, -a** [sper'ma:tiko] ‹-ci, -che› *a* Sperma-. **spermatozoo** [...matod'dzɔ:o] ‹-oi› *m* Spermatozoon *n.*
speronare [spero'na:re] *tr* rammen.
speronato, -a [spero'na:to] *a* **1.** *zoo* mit Sporen versehen; **2.** *arch* verstrebt.
sperone [spe'ro:ne] *m* **1.** *(arnese)* Sporn *m;* **2.** *zoo* Afterkralle *f; (di uc-*

celli) Sporn *m;* **3.** *bot* Sporn *m;* **4.** *naut* Rammsporn *m;* **5.** *geog* Ausläufer *m;* **6.** *arch* Strebe *f.*

sperperare [sperpe'ra:re] *tr* verschwenden. **sperpero** ['spɛrpero] *m* Verschwendung *f.*

spersonalizzare [spersonalid'dza:re] **I.** *tr* **1.** *(appartamento, stanza)* unpersönlich gestalten; **2.** *(questione, discussione)* entpersonalisieren.

sperticato, -a [sperti'ka:to] *a* übertrieben.

spesa ['spe:sa] *f* **1.** *(somma)* Ausgabe *f;* ‹*pl*› Kosten *pl;* **2.** *(compera)* (Ein)kauf *m; fam (del cibo quotidiano)* Einkäufe *m pl;* **3.** ‹*pl*› *com* Kosten *pl,* Spesen *pl;* **-e legali** Anwalts-, Gerichtskosten *pl;* **-e d'esercizio** (*o.* **di gestione)** Betriebskosten *pl;* **borsa della ~** Einkaufstasche *f;* **fare la ~** einkaufen; **non badare a -e** keine Kosten scheuen; **imparare qc a proprie -e** *fig* etw. am eigenen Leib erfahren; **lavorare per le -e** für Kost und Logis arbeiten; **stare sulle -e** für seine Kosten am Aufenthaltsort selbst aufkommen; **meno/più le -e** minus/plus Spesen; **a -e di** auf Kosten *gen;* **è più la ~ che l'impresa** *prov* es lohnt den Aufwand nicht, außer Spesen nichts gewesen *fam.*

spesare [spe'sa:re] *tr* unterhalten, den Unterhalt zahlen (*qu* jdm). **spesato, -a** [...'sa:to] *a* unterhalten, auf Kosten (*da* von).

spesi ['spe:si] *1. pers sing del passato remoto di* **spendere.**

speso ['spe:so] *pp di* **spendere.**

spesso, -a ['spesso] **I.** *a* **1.** *(grosso)* dick; **2.** *(fitto)* dicht; **3.** *(frequente)* häufig; **-e volte** oft(mals); **II.** *adv* oft, häufig. **spessore** [...'so:re] *m* Dicke *f,* Stärke *f.*

Spett. *ab di* **spettabile** verehrte(r, s), geschätzte(r, s); **~ Ditta . . .** An Firma . . .

spettabile [spet'ta:bile] *a* (*nelle lettere, ab* **Spett.**) sehr geehrte(r).

spettacolare [spettako'la:re] *a* spektakulär, aufsehenerregend. **spettacolo** [...'ta:kolo] *m* **1.** *theat* Schauspiel *n; (rappresentazione, a. film)* Vorstellung *f;* **2.** *(vista)* Anblick *m,* Schauspiel *n;* **~ di varietà** Varieté *n;* **dare ~ (di sé)** *fig* sich in Szene setzen, eine Schau abziehen *fam.* **spettacoloso, -a** [...tako'lo:so] *a* spektakulär, aufsehenerregend; *fig* großartig.

spettanza [spet'tantsa] *f* **1.** *(competenza)* Kompetenz *f,* Zuständigkeit *f;* **2.** *(somma)* Gebühr *f;* **essere di mia/tua ~** meine/deine Angelegenheit (*o.* Sache) sein.

spettare [spet'ta:re] *itr* ‹*essere*› **1.** *(essere pertinente)* zukommen, zufallen; **2.** *(competere di diritto)* zustehen.

spettatore, -trice [spetta'to:re] *m, f* **1.** *theat, film* Zuschauer(in) *m(f);* **2.** *(chi è presente)* (Augen)zeuge *m,* -zeugin *f.*

spettegolare [spettego'la:re] *itr pej* klatschen, tratschen.

spettinare [spetti'na:re] **I.** *tr* zerzausen; **II.** *rfl:* **-rsi** sich zerzausen.

spettrale [spet'tra:le] *a* **1.** *phys* Spektral-; **2.** *fig* gespenstisch. **spettro** ['spɛttro] *m* **1.** *(fantasma)* Gespenst *n;* **2.** *fig (persona)* (Schreck)gespenst *n;* **3.** *phys, astr* Spektrum *n;* **4.** *fig (campo)* Bandbreite *f,* Bereich *m; (distribuzione)* Spektrum *n,* Palette *f;* **~ d'azione** Wirkungsbereich *m,* -spektrum *n;* **è ridotto che pare uno ~** er ist zum Skelett abgemagert.

spezie ['spɛttsi̯e] *f pl* Gewürze *n pl.*

spezzare [spet'tsa:re] **I.** *tr* **1.** *(rompere)* brechen, zerbrechen; **2.** *fig* brechen, (unter)teilen; *(periodo, etc.)* (unter)gliedern; **II.** *rfl:* **-rsi** brechen, zerbrechen; **la corda troppo tesa si spezza** *prov* man soll den Bogen nicht überspannen.

spezzatino [spettsa'ti:no] *m* Ragout *n,* Frikassee *n.*

spezzato, -a [spet'tsa:to] **I.** *a* **1.** *(braccio, gamba)* gebrochen; **2.** *fig* unterteilt, untergliedert; *(interrotto)* unterbrochen; **II.** *m* **1.** *(abito)* Kombination *f;* **2.** *theat* Setzstück *n.*

spezzettamento [spettsetta'mento] *m* Zersplitterung *f.* **spezzettare** [...'ta:re] *tr* in kleine Stücke teilen; *(eredità)* zersplittern; *(pane)* zerbröckeln; **~ il discorso** abgehackt (*o.* mit Zwischenpausen) reden.

spezzone [spet'tso:ne] *m* **1.** *film* (unbelichteter) Filmstreifen *m;* **2.** *mil* kleine zylindrische Bombe.

spia ['spi:a] ‹-ie› *f* **1.** *gener.* Spion(in) *m(f); (confidente della polizia)* Spitzel *m;* **2.** *tec* Kontrolleuchte *f,* -lampe *f,* Warnlampe *f;* **3.** *(fessura di porta)* (Tür)spion *m,* Guckloch *n;* **4.** *theat* Vorhangguckloch *n;* **5.** *fig* Anzeichen *n,* Indiz *n;* **fare la ~** spionieren.

spiaccicare [spi̯attʃi'ka:re] ‹spiaccico, spiaccichi› *fam* **I.** *tr* zerquetschen, zerdrücken; **II.** *rfl:* **-rsi** zerquetscht (*o.* zerdrückt) werden.

spiacente [spi̯a'tʃɛnte] *a* betrübt, traurig; **sono ~** es tut mir leid.

spiacere [spi̯a'tʃe:re] ‹*irr*› *itr* ‹*essere*› leid tun; **spiace vedere tanto disin-**

teresse es ist betrüblich, soviel Desinteresse zu sehen; **mi spiace dover rifiutare** es tut mir leid, ablehnen zu müssen. **spiacevole** [...ˈtʃeːvole] *a* unerfreulich, unangenehm.

spiaggia [ˈspi̯addʒa] ⟨-gge⟩ *f* Strand *m;* **andare in** ~ zum (*o.* an den) Strand gehen; **starsene in** ~ am Strand sein.

spianamento [spi̯anaˈmento] *m* (Ein)ebnung *f.* **spianare** [...ˈnaːre] *tr* **1.** *(terreno, strada)* eben machen, (ein)ebnen; **2.** *(fucile, etc.)* anlegen; **3.** *(pasta)* ausrollen; **4.** *(abito)* (glatt)bügeln; **5.** *(demolire)* abreißen; ~ **una città al suolo** eine Stadt dem Erdboden gleichmachen; ~ **il cammino** (*o.* **la strada**) **a qu** *fig* jdm den Weg ebnen; ~ **la fronte** die Stirn entspannen; ~ **le costole a qu** *sl* jdm alle Knochen brechen. **spianata** [...ˈnaːta] *f* **1.** *(sommario pareggiamento)* (Ein)ebnung *f;* **2.** *(terreno pianeggiante)* Ebene *f,* ebenes Landstück.

spiano [ˈspi̯aːno] *m:* **a tutto** ~ mit voller Kraft.

spiantare [spi̯anˈtaːre] **I.** *tr* **1.** *(albero, palo)* ausreißen; **2.** *fig* ruinieren, zugrunde richten; **II.** *rfl:* **-rsi** sich ruinieren, sich zugrunde richten. **spiantato, -a** [...ˈtaːto] *pej* **I.** *a* ohne einen Pfennig, nichts besitzend (*o.* habend); **II.** *m, f* Habenichts *m.*

spiare [spiˈaːre] ⟨spio, spii⟩ *tr* **1.** *mil* ausspionieren, ausspähen; *(persona)* bespitzeln; **2.** *(fatti, segreti)* ausspionieren; *(ascoltare di nascosto)* belauschen; **3.** *(occasione)* abpassen, abwarten, lauern auf. **spiata** [...ˈaːta] *f* Denunzierung *f.*

spiattellare [spi̯attelˈlaːre] *tr fam* ausplaudern, petzen *fam.*

spiazzo [ˈspi̯attso] *m* offener Platz.

spiccare [spikˈkaːre] ⟨spicco, spicchi⟩ **I.** *tr* **1.** *(fiore)* abknicken; *(frutto)* abbrechen; *(testa)* abtrennen; **2.** *jur (mandato di cattura)* erlassen; *(a. fattura, assegno)* ausstellen; **3.** *(pronunciare chiaramente)* klar (*o.* deutlich) aussprechen, hervorheben; **4.** *(salto, balzo)* machen; ~ **un salto** (*o.* **balzo**) aufspringen; ~ **il volo** auffliegen; **II.** *itr* hervorstechen (*su* auf), sich abheben (*su* von). **spiccato, -a** [...ˈkaːto] *a* deutlich, klar; *(notevole)* ausgeprägt, merklich.

spicchio [ˈspikki̯o] ⟨-cchi⟩ *m* **1.** *(parte)* Stück *n; (di agrumi)* Spalte *f,* Stück *n,* Schnitz *m; (di aglio)* Zehe *f; (di formaggio)* Stück *n,* Ecke *f;* **2.** *mat:* ~ **sferico** Kugelausschnitt *m;* **3.** *arch* Gewölbejoch *n,* Gewölbefeld *n.*

spicciare [spitˈtʃaːre] ⟨spiccio, spicci⟩ **I.** *tr* **1.** *(faccenda)* schnell erledigen; **2.** *(cliente, avventore)* abfertigen; **II.** *rfl:* **-rsi** *fam* sich sputen *fam,* schnell machen. **spicciativo, -a** [...tʃaˈtiːvo] *a* **1.** *(persona)* kurz angebunden; **2.** *(metodi)* schnell, rasch; *(lavoro)* rasch erledigt.

spiccicare [spittʃiˈkaːre] ⟨spiccico, spiccichi⟩ **I.** *tr* **1.** *(francobollo)* ablösen; **2.** *fig* (los)lösen, auseinanderbringen; **non** ~ **parola** kein Wort hervorbringen; **II.** *rfl:* **-rsi** *fam* sich trennen, voneinander loskommen.

spiccicato, -a [spittʃiˈkaːto] *a dial fam* genau gleich, ganz (und gar); **è la madre -a** sie ist ganz die Mutter.

spiccio, -a [ˈspittʃo] ⟨-cci, -cce⟩ **I.** *a* schnell, rasch, kurzentschlossen; **andare per le -cce** es kurz machen, direkt zur Sache kommen; **II.** *m pl fam* Kleingeld *n.* **spicciolare** [-ˈlaːre] *tr* (in Kleingeld) wechseln, kleinmachen *fam.* **spicciolato, -a** [-ˈlaːto] *a:* **alla -a** einzeln. **spicciolo, -a** [ˈspittʃolo] **I.** *a* **1.** *com* Klein-, klein; **2.** *fig* klein, einfach, schlicht; **moneta -a** Kleingeld *n;* **II.** *m pl* Kleingeld *n.*

spicco [ˈspikko] ⟨-cchi⟩ *m:* **fare** ~ auffallen, sich abheben.

spidocchiare [spidokˈki̯aːre] ⟨spidocchio, spidocchi⟩ **I.** *tr* (ent)lausen; **II.** *rfl:* **-rsi** sich (ent)lausen.

spiedino [spi̯eˈdiːno] *m* Spießchen *n.* **spiedo** [ˈspi̯ɛːdo] *m* **1.** *gastr* Spieß *m;* **2.** *mil* Speer *m,* Spieß *m;* **arrosto allo** ~ Spießbraten *m.*

spiegamento [spi̯egaˈmento] *m* Aufmarsch *m,* Aufgebot *n;* ~ **di forze** Truppenaufgebot *n.*

spiegare [spi̯eˈgaːre] ⟨spiego, spieghi⟩ **I.** *tr* **1.** *(far capire)* erklären, erläutern; **2.** *(tovaglia)* ausbreiten; *(carta geografica)* auseinanderfalten; *(vele)* setzen; *(ali)* ausbreiten; **3.** *mil (truppe)* aufstellen; **4.** *fig (voce, etc.)* entfalten; ~ **il volo** mit ausgebreiteten Flügeln fliegen; **II.** *rfl:* **-rsi** **1.** *(esprimere il proprio pensiero)* sich klar ausdrücken; **2.** *(venire ad una spiegazione)* sich aussprechen, eine Aussprache haben; **3.** *(aprirsi)* sich ausbreiten, sich entfalten; **mi spiego?, mi sono spiegato?** habe ich mich klar ausgedrückt? **spiegazione** [...gatˈtsi̯oːne] *f* Erklärung *f,* Erläuterung *f; (giustificazione a.)* Rechtfertigung *f; (chiarimento a.)* Aufklärung *f;* **avere una ~ con qu** eine Aussprache mit jdm haben.

spiegazzare [spi̯egat'tsa:re] *tr* zerknittern, zerknüllen.

spietato, -a [spi̯e'ta:to] *a* erbarmungslos.

spifferare [spiffe'ra:re] **I.** *tr fam* ausplaudern; **II.** *itr (aria, vento)* ziehen. **spiffero** ['spiffero] *m fam* Zug(luft *f*) *m.*

spiga ['spi:ga] ⟨-ghe⟩ *f* Ähre *f;* **a ~** ähren-, fischgrätenförmig; **tessuto a ~** Fischgrat *m.* **spigato, -a** [spi'ga:to] *a* Fischgrat-, Fischgräten-. **spighetta** [...'getta] *f* **1.** *(nastrino)* Schrägband *n;* **2.** *bot* kleine Ähre.

spigliatezza [spiʎʎa'tettsa] *f* Unbefangenheit *f.* **spigliato, -a** [...'ʎa:to] *a* unbefangen.

spignattare [spiɲɲa'ta:re] *itr fam* am Herd stehen.

spigo ['spi:go] ⟨-ghi⟩ *m* Lavendel *m.*

spigola ['spi:gola] *f* Seebarsch *m.*

spigolare [spigo'la:re] *tr* **1.** *agr* stoppeln, einsammeln; **2.** *fig* sammeln, zusammentragen. **spigolatore, -trice** [...la'to:re] *m, f* **1.** *agr* Ährenleser(in) *m(f);* **2.** *fig* Sammler(in) *m(f).* **spigolatura** [...la'tu:ra] *f* **1.** *agr* Ährenlese *f;* **2.** ⟨*pl*⟩ *fig* Nachlese *f,* Anekdoten *f pl.*

spigolo ['spi:golo] *m* **1.** Kante *f;* **2.** ⟨*pl*⟩ *fig* Schroffheit *f,* Ecken und Kanten *pl.* **spigoloso, -a** [spigo'lo:so] *a* **1.** *(pieno di spigoli)* kantig, eckig; **2.** *fig* schroff, kantig, mit Ecken und Kanten.

spilla ['spilla] *f* **1.** *(gioiello)* Brosche *f,* (Ansteck)nadel *f;* **2.** *dial (spillo)* Nadel *f.*

spillare [spil'la:re] **I.** *tr* ⟨*avere*⟩ anstekken, anzapfen; **~ le carte** die Karten langsam aufdecken; **~ soldi a qu** jdm Geld abknöpfen; **II.** *itr* ⟨*essere o. avere*⟩ tropfen, tröpfeln.

spillo ['spillo] *m* **1.** *gener.* (Steck)nadel *f;* **2.** *(spilla)* (Ansteck)nadel *f;* **3.** *(per botti)* Zapflochbohrer *m; (foro)* Zapfloch *n;* **~ da cravatta** Krawattennadel *f;* **~ di sicurezza** (*o.* **da balia**) Sicherheitsnadel *f;* **colpo di ~** *fig* Nadelstich *m;* **a ~** nadelförmig, Nadel-; **tacchi a ~** Pfennigabsätze *m pl.* **spillone** [...'lo:ne] *m* Hutnadel *f.*

spilluzzicare [spilluttsi'ka:re] ⟨spilluzzico, spilluzzichi⟩ *tr fam* knabbern.

spilorceria [spilortʃe'ri:a] ⟨-ie⟩ *f* Knaus(e)rigkeit *f,* Geiz *m.* **spilorcio, -a** [...'lortʃo] ⟨-ci, -ce⟩ **I.** *a* knaus(e)rig, geizig; **II.** *m, f* Geizkragen *m fam,* Geizhals *m fam.*

spilungone, -a [spiluŋ'go:ne] *m, f* *fam* Bohnenstange *f fam,* lange Latte *fam.*

spina ['spi:na] *f* **1.** *bot* Dorn *m,* Stachel *m;* **2.** *zoo* Stachel *m; (di pesce)* Gräte *f;* **3.** *anat:* **~ dorsale** Rückgrat *n,* Wirbelsäule *f;* **4.** *el* Stecker *m;* **5.** *tec (del tornio)* Körnerspitze *f; (della botte)* Zapfloch *n; (cannella)* Zapfhahn *m;* **~ multipla** Mehrfachstecker *m;* **birra alla ~** Faßbier *n,* Bier *n* vom Faß; **passo a ~ di pesce** *sport* Grätenschritt *m;* **stare** (*o.* **essere**) **sulle -e** (wie) auf (glühenden) Kohlen sitzen; **quel ragazzo è la mia ~** dieser Junge ist mein Kreuz.

spinacio [spi'na:tʃo] ⟨-ci⟩ *m bot* Spinat *m;* **-ci** *gastr* Spinat *m.*

spinale [spi'na:le] *a* Rückgrat-, Rükken-.

spinato, -a [spi'na:to] *a* **1.** *(con spine)* dornig, stach(e)lig, Stachel-; **2.** *(stoffa)* mit Fischgratmuster, Fischgrat-; **filo ~** Stacheldraht *m.*

spinello [spi'nɛllo] *m* **1.** *min* Spinell *m;* **2.** *sl* Joint *m sl.*

spinetta [spi'netta] *f* Spinett *n.*

spingere ['spindʒere] ⟨spingo, spinsi, spinto⟩ **I.** *tr* **1.** *(spostare)* schieben; *(con forza)* stoßen; **2.** *(premere)* drücken; **3.** *fig* (voran)treiben; *(indurre)* (an)treiben (*a* zu); **4.** *(fare ressa)* schubsen, drängeln; **~ l'acceleratore** das Gaspedal treten, Gas geben; **~ lo sguardo lontano** den Blick weit schweifen lassen; **II.** *rfl:* **-rsi 1.** *(inoltrarsi)* vorstoßen, vordringen; **2.** *(fare ressa)* sich drängeln; **3.** *fig* sich vorwagen, sich vordrängen.

spino ['spi:no] *m* Dornbusch *m,* Dornenpflanze *f; (prugno selvatico)* Schlehdorn *m.*

spino, -a ['spi:no] *a* **1.** *bot* Stachel-, Dorn-, stach(e)lig, dornig; **2.** *zoo* Stachel-, stach(e)lig; **porco ~** Stachelschwein *n;* **uva -a** Stachelbeere *f.* **spinoso, -a** [spi'no:so] *a* **1.** *bot* dornig, stach(e)lig, Dornen-; **2.** *fig* dornig, dornenreich.

spinotto [spi'nɔtto] *m* Bolzen *m.*

spinsi ['spinsi] *1. pers sing del passato remoto di* **spingere.**

spinta ['spinta] *f* **1.** *(urto)* Stoß *m;* **2.** *fig* Anstoß *m,* Antrieb *m; (appoggio)* Beziehungen *f pl,* Begünstigung *f;* **3.** *phys* Schub *m,* Antrieb *m;* **4.** *sport* Anschub *m;* **~ idrostatica/ aerostatica** Auftrieb *m;* **mediano di ~** Mittelstürmer *m.* **spintarella** [-'rɛlla] *f* **1.** *fig fam (raccomandazione)* Empfehlung *f,* Fürsprache *f;* **2.** *sport* Anschub *m,* Schieben *n;* **3.** *(piccola spinta)* Schubs *m,* leichter

Stoß; **dare una ~ a qu** *fig fam* jdn empfehlen.

spinterogeno [spinteˈrɔːdʒeno] *m* Zündverteiler *m.*

spinto, -a [ˈspinto] **I.** *pp di* **spingere; II.** *a* **1.** *(incline)* geneigt (*verso* zu), hingezogen (*verso* zu); **2.** *(scabroso)* gewagt, anstößig.

spintone [spinˈtoːne] *m* (heftiger) Stoß *m; sport* Rempler *m.*

spiona *f v.* **spione.**

spionaggio [spioˈnaddʒo] ‹-ggi› *m* Spionage *f;* **~ telefonico** Abhören *n,* Lauschangriff *m.*

spioncino [spionˈtʃiːno] *m* (Tür)spion *m,* Guckloch *n.*

spione, -a [spiˈoːne] *m, f pej* Schnüffler(in) *m(f),* Denunziant(in) *m(f).* **spionistico, -a** [spioˈnistiko] ‹-ci, -che› *a* Spionage-.

spiovente [spi̯oˈvɛnte] **I.** *a* **1.** *(rami, chiome)* herabhängend, (her)abfallend; **2.** *sport (tiro)* hoch; **II.** *m* **1.** *(del tetto)* (schräge) Dachfläche *f;* **2.** *sport* hoher Schuß.

spiovere [ˈspiɔːvere] ‹*irr*› *itr* ‹*essere o. avere*› **1.** *meteo* aufhören zu regnen, nicht mehr regnen; **2.** *(scorrere)* (her)abfließen, (her)ablaufen; **3.** *fig (ricadere)* herabhängen, -fallen.

spira [ˈspiːra] *f* **1.** *(di serpente, spirale)* Windung *f;* **2.** *el* Schleife *f;* **a -e** spiralförmig.

spiraglio [spiˈraʎʎo] ‹-gli› *m* **1.** *(di porta, finestra)* Spalt *m,* Ritz *m;* **2.** *(luce)* Lichtstrahl *m; (aria)* Lufthauch *m;* **3.** *fig* Schimmer *m,* Anzeichen *n.*

spirale [spiˈraːle] *f* Spirale *f.*

spirare [spiˈraːre] **I.** *itr* **1.** ‹*avere*› *(vento)* wehen, blasen; **2.** ‹*essere*› *(morire)* verscheiden, seinen Geist aufgeben; **spira aria di burrasca** *fig* hier ist dicke Luft; **II.** *tr* ‹*avere*› ausstrahlen, verbreiten.

spiritato, -a [spiriˈtaːto] **I.** *a* aufgeregt, aufgewühlt, verstört; *(invasato)* besessen; **II.** *m, f* Besessene(r) *mf.*

spiritico, -a [spiˈriːtiko] ‹-ci, -che› *a* spiritistisch. **spiritismo** [spiriˈtizmo] *m* Spiritismus *m.* **spiritista** [...ˈtista] ‹-i *m,* -e *f*› *m* Spiritist(in) *m(f).* **spiritistico, -a** [...ˈtistiko] ‹-ci, -che› *a* spiritistisch.

spirito¹ [ˈspiːrito] *m* **1.** *gener., philos, rel* Geist *m;* **2.** *(fantasma)* Geist *m,* Gespenst *n;* **3.** *(genio)* Geist *m;* **4.** *(disposizione d'animo)* Geist *m,* Sinn *m;* **5.** *(vivacità)* Geist *m,* Esprit *m; (umorismo)* Witz *m;* Humor *m;* **6.** *(persona)* Geist *m;* **7.** *(significato)* Geist *m,* Sinn *m;* **~ di carità/giustizia** Wohltätigkeits-/Gerechtigkeitssinn *m;* **~ di contraddizione/squadra** Widerspruchs-/Mannschaftsgeist *m;* **~ di osservazione** Beobachtungsgabe *f;* **~ di patate** *fam* schlechter Witz; **una battuta di ~** ein Bonmot *n;* **grandezza/meschinità di ~** Großherzigkeit *f*/Engherzigkeit *f;* **un bello ~** ein Schöngeist *m;* **lo S~ Santo** der Heilige Geist; **avere la presenza di ~ di fare qc** die Geistesgegenwart besitzen, etw. zu tun; **essere con qu in ~** im Geiste bei jdm sein; **esalare lo ~** den Geist aushauchen; **fare dello ~** humorvoll (*o.* geistreich) sein; **nel castello ci sono gli -i** im Schloß spukt es.

spirito² [ˈspiːrito] *m (sostanza alcolica)* Spiritus *m;* **fornellino a ~** Spirituskocher *m;* **ciliegie sotto ~** *fam* beschwipste Kirschen *f pl fam.*

spirito³ [ˈspiːrito] *m ling* Spiritus *m;* **~ aspro/dolce** Spiritus asper/lenis *m.*

spiritosa *f v.* **spiritoso.**

spiritosaggine [spiritoˈsaddʒine] *f* Witzelei *f.* **spiritoso, -a** [...ˈtoːso] **I.** *a* geistreich, witzig; **II.** *m, f* Witzbold *m.*

spirituale [spirituˈaːle] *a* **1.** *(dello spirito)* geistig, Geistes-, spirituell; **2.** *(persona)* vergeistigt. **spiritualità** [...ualiˈta] ‹-› *f* **1.** *(sensibilità)* geistige Tiefe; **2.** *rel* Geistlichkeit *f,* Religiosität *f;* **3.** *(natura spirituale)* Vergeistigung *f,* Innerlichkeit *f.* **spiritualizzare** [spiritualidˈdzaːre] **I.** *tr* **1.** *(amore)* vergeistigen; **2.** *(persona)* idealisieren; **II.** *rfl:* **-rsi** sich vergeistigen. **spiritualizzazione** [...dzatˈtsi̯oːne] *f* Vergeistigung *f.*

spizzico [ˈspittsiko] ‹-chi› *m:* **a ~** (*o.* **-chi)** nach und nach, peu à peu, stückchenweise.

splendere [ˈsplɛndere] ‹splendo, splendei *o.* splendetti, splenduto› *itr* **1.** *(sole)* strahlen; *(stelle)* funkeln; **2.** *fig* strahlen, glänzen. **splendido, -a** [ˈsplɛndido] **I.** *a* **1.** *(sole)* strahlend, glänzend; *(stelle)* funkelnd; **2.** *(giornata)* herrlich; *(festa)* prächtig, glänzend; **3.** *(persona)* wunderbar; *fig* bewundernswert; *(munifico)* freigebig, großzügig; **II.** *interj* toll, prima, herrlich.

splendo [ˈsplɛndo] *1. pers sing pr di* **splendere.**

splendore [splenˈdoːre] *m* **1.** *(di sole)* Strahlen *n,* Glanz *m; (di stelle)* Funkeln *n;* **2.** *(di persona)* Glanz *m,* Pracht *f;* **3.** *(di festa)* Glanz *m,* Pracht *f,* Herrlichkeit *f;* **4.** *(ricchezza)* Kostbarkeit *f.*

splenduto [splen'du:to] *pp di* **splendere.**

spocchia ['spɔkki̯a] ‹-cchie› *f* Hochmut *m*, Dünkel *m*.

spodestare [spodes'ta:re] *tr* entmachten, absetzen; *(re)* entthronen.

spoetizzare [spoetid'dza:re] *tr* ernüchtern, enttäuschen.

spoglia ['spɔʎʎa] ‹-glie› *f* **1.** *(vestito)* Gewand *n;* **2.** *zoo* Balg *m; (di serpente)* Haut *f;* **sotto mentite -glie** unter falschem Namen; **le -glie mortali** *poet* die sterbliche Hülle.

spogliare [spoʎ'ʎa:re] ‹spoglio, spogli› **I.** *tr* **1.** *(svestire)* ausziehen, entkleiden; **2.** *fig* berauben, entkleiden; **3.** *(posta)* sortieren; **II.** *rfl:* **-rsi 1.** *(svestirsi)* sich ausziehen, sich entkleiden; **2.** *fig (privarsi)* sich entledigen, weggeben (*di qc* etw.); *(di funzione)* niederlegen (*di qc* etw.); *(dei pregiudizi)* ablegen (*di qc* etw.). **spogliarellista** [...ʎarel'lista] ‹-i *m*, -e *f*› *mf* Stripteasetänzer(in) *m(f)*. **spogliarello** [...ʎa'rɛllo] *m* Striptease *m;* **fare lo ~** strippen. **spogliatoio** [...ʎa'to:i̯o] ‹-oi› *m* Umkleideraum *m*, -kabine *f*.

spoglio ['spɔʎʎo] ‹-gli› *m* Auswertung *f*, Sichtung *f*, Durchsicht *f*.

spoglio, -a ['spɔʎʎo] ‹-gli, -glie› *a* **1.** *(albero, terreno)* kahl, nackt; **2.** *fig:* **~ di** -los, -frei, ohne; **~ di pregiudizi** vorurteilsfrei, -los.

spola ['spɔ:la] *f* Spule *f;* **gioco di ~** Mittelfeldspiel *n;* **fare la ~** *fig* pendeln, hin- und herlaufen. **spoletta** [spo'letta] *f* **1.** *(rocchetto)* kleine Spule; **2.** *(di bomba, etc.)* Zünder *m*.

spolmonarsi [spolmo'narsi] *rfl* sich heiser reden (*o.* singen *o.* schreien); **~ a chiamare qu** sich *(dat)* nach jdm die Lunge aus dem Hals schreien *fam*.

spolpare [spol'pa:re] *tr* **1.** *(osso)* vom Fleisch lösen; **2.** *fig* ausnehmen, aussaugen.

spolverare [spolve'ra:re] **I.** *tr* **1.** *(mobile, vestito)* abstauben; **2.** *gastr* bestreuen, bestäuben; **3.** *fig fam (mangiare tutto)* verputzen *fam*, verschlingen; **4.** *fig fam (lasciare dietro)* abhängen; **5.** *(disegno)* durchstäuben; **II.** *itr* Staub wischen, abstauben. **spolverata** [...'ra:ta] *f* **1.** *(pulizia sommaria)* Abstauben *n*, (kurzes) Staubwischen *n;* **2.** *gastr* Bestreuen *n*, Bestäuben *n*. **spolveratura** [...ra'tu:ra] *f* **1.** *(operazione)* Staubwischen *n;* **2.** *fig* oberflächliche Kenntnis.

spolverino [spolve'ri:no] *m* Staubmantel *m*.

spolverizzare [spolverid'dza:re] *tr* **1.** *gastr* bestreuen, bestäuben; **2.** *(disegno)* durchstäuben; **3.** *(ridurre in polvere)* zerstäuben.

sponda ['sponda] *f* **1.** *(di fiume)* Ufer *n;* **2.** *(di letto)* (Bett)kante *f*, Rand *m;* **3.** *(di biliardo)* Bande *f*.

sponsali [spon'sa:li] *m pl poet* Hochzeit *f*.

sponsor ['spɔnsor] ‹-› *m* Sponsor *m*. **sponsorizzare** [sponsorid'dza:re] *tr* sponsern.

spontaneità [spontanei'ta] ‹-› *f* Spontaneität *f*. **spontaneo, -a** [...'ta:neo] *a* **1.** *(persona)* spontan; *(a. stile, etc.)* natürlich; **2.** *(adesione, offerta)* spontan, freiwillig; **3.** *(vegetazione)* wild; **4.** *biol* Ur-, selbständig; **accensione -a** Selbstzündung *f*.

spopolamento [spopola'mento] *m* Entvölkerung *f;* **~ delle campagne** Landflucht *f*. **spopolare** [...'la:re] **I.** *tr* entvölkern; **II.** *itr fam* Furore machen, einen Bombenerfolg haben *fam;* **III.** *rfl:* **-rsi** sich entvölkern, sich leeren.

spora ['spɔ:ra] *f* Spore *f*.

sporadicità [sporaditʃi'ta] ‹-› *f* Seltenheit *f*. **sporadico, -a** [...'ra:diko] ‹-ci, -che› *a* sporadisch, gelegentlich.

sporcaccione, -a [sporkat'tʃo:ne] *pej* **I.** *a (a. fig)* schmierig, dreckig, schmutzig; **II.** *m, f (a. fig)* Schmierfink *m*, Schmutzfink *m*, Schwein *n*.

sporcare [spor'ka:re] ‹sporco, sporchi› **I.** *tr* **1.** *(vestito, tovaglia)* beschmutzen, schmutzig machen; **2.** *fig* besudeln, beflecken, in den Schmutz ziehen; **II.** *rfl:* **-rsi 1.** *(insudiciarsi)* sich beschmutzen, sich schmutzig machen; **2.** *fig* sich *(dat)* die Hände schmutzig machen. **sporcizia** [...'kittsi̯a] ‹-ie› *f* **1.** *(mancanza di pulizia)* Schmutzigkeit *f;* **2.** *(cosa sporca)* Dreck *m*, Schmutz *m;* **3.** *fig* Schweinerei *f*. **sporco, -a** ['spɔrko] ‹-chi, -che› **I.** *a* **1.** *(viso, mani)* schmutzig, dreckig; **2.** *med (lingua)* belegt; **3.** *fam (sconcio)* dreckig, schmutzig, unanständig; **avere la coscienza -a** ein schlechtes Gewissen haben; **avere la fedina penale -a** vorbestraft sein; **farla -a** *fam* sich dreckig (*o.* gemein) benehmen; **II.** *m* Schmutz *m*, Dreck *m*.

sporgenza [spor'dʒɛntsa] *f* Vorsprung *m*. **sporgere** ['spɔrdʒere] ‹*irr*› **I.** *tr* ‹*avere*› vorstrecken; *(dalla finestra)* hinausstrecken; **~ querela** Klage erheben; **II.** *itr* ‹*essere*› hinaus-, hervorragen, vorstehen, -springen; **III.** *rfl:* **-rsi** *(in fuori)* sich hinausleh-

nen; *(in avanti)* sich vorbeugen; **"è pericoloso -rsi dal finestrino"** „Nicht hinauslehnen".
sport [spɔrt] ⟨-⟩ *m* Sport *m; (fig a.)* Spaß *m;* **fare dello** ~ Sport treiben; **per** ~ zum Spaß.
sporta ['spɔrta] *f* **1.** *(borsa)* (große) Tasche *f,* Tragetasche *f;* **2.** *(quantità)* Tasche(voll) *f;* ~ **della spesa** Einkaufstasche *f.*
sportellista [sportel'lista] ⟨-i *m,* -e *f*⟩ *mf* Schalterbeamte(r) *m,* -beamtin *f.* **sportello** [...'tɛllo] *m* **1.** *(di treno, macchina, armadio)* Tür *f;* **2.** *(di ufficio, banca, etc.)* Schalter *m;* **3.** *(di trittico)* Flügel *m;* ~ **automatico** *fin* Geldautomat *m.*
sportivo, -a [spor'ti:vo] **I.** *a* **1.** *(spettacolo, campo)* Sport-; **2.** *(persona, vestito, etc.)* sportlich; **automobile -a** Sportwagen *m;* **spirito** ~ Sportsgeist *m;* **II.** *m, f* Sportler(in) *m(f).*
sposa ['spɔ:za] *f* Braut *f; (moglie)* junge (Ehe)frau *f;* **promessa** ~ Verlobte *f;* **abito** (*o.* **vestito) da** ~ Brautkleid *n;* **andare** ~ heiraten; **dare in** ~ zur Frau geben. **sposalizio** [spoza'littsi̯o] ⟨-i⟩ *m* Hochzeit *f.* **sposare** [...'za:re] **I.** *tr* **1.** *(prendere per moglie o marito)* heiraten; **2.** *(unire in matrimonio)* trauen, vermählen; **3.** *(dare in moglie o marito)* verheiraten; **4.** *fig* sich mit Leib und Seele widmen *dat,* sich verschreiben *dat;* **II.** *rfl:* **-rsi** heiraten; **-rsi con qu** jdn heiraten, sich mit jdm verheiraten. **sposo** ['spɔ:zo] *m* Bräutigam *m; (marito)* junger (Ehe)mann *m;* **-i** Brautleute *pl;* **promesso** ~ Verlobte(r) *m;* **andare** ~ **a qu** jdn heiraten.
spossare [spos'sa:re] **I.** *tr* erschöpfen, entkräften; **II.** *rfl:* **-rsi** erschöpft sein, Kraft verlieren. **spossatezza** [...sa'tettsa] *f* Erschöpfung *f,* Entkräftung *f.*
spossessare [spossesʼsa:re] *tr* berauben.
spostamento [sposta'mento] *m* Verschiebung *f; (d'aria a.)* Bewegung *f.* **spostare** [...'ta:re] **I.** *tr* **1.** *(mobile)* verschieben, verrücken; **2.** *(data)* verschieben; **3.** *mil* verschieben, verlegen; **4.** *fig* verwirren, durcheinanderbringen; **II.** *rfl:* **-rsi** (weg)rücken; *(di città, etc.)* wegziehen; *(cosa)* sich (weg)bewegen. **spostato, -a** [...'ta:to] *fig pej* **I.** *a* verhaltensgestört; **II.** *m, f* Verhaltensgestörte(r) *mf.*
spot [spɔt] ⟨-⟩ *m* Spot *m,* Strahler *m.*
S.P.Q.R. *ab di* **Senatus Populusque Romanus** *Abkürzung zur Bezeichnung der Stadt Rom bzw. des Römischen Reichs.*
spranga ['spraŋga] ⟨-ghe⟩ *f* Stange *f; (lucchetto)* Riegel *m.* **sprangare** [...'ga:re] ⟨sprango, spranghi⟩ *tr* verriegeln.
spray ['spra:i] **I.** ⟨-⟩ *m* Spray *n o. m;* ~ **contro le zanzare/per i capelli** Mükken-/Haarspray *n o. m;* **II.** ⟨*inv*⟩ *a* Spray-, Sprüh-; **bombola/lacca** ~ Sprühdose *f*/-lack *m.*
sprazzo ['sprattso] *m* **1.** *(spruzzo)* Spritzer *m; (di luce, sole)* Strahl *m;* **2.** *fig* Blitz *m,* Funke *m;* ~ **di intelligenza** Geistesblitz *m;* **a -i** von Zeit zu Zeit, ab und zu.
sprecare [spre'ka:re] ⟨spreco, sprechi⟩ **I.** *tr* verschwenden, vergeuden; **II.** *rfl:* **-rsi 1.** *dial iron* sich überanstrengen, sich übernehmen; **2.** *(perdersi)* seine Kräfte vergeuden (*in* für), sich umsonst verausgaben (*in* für).
spreco ['sprɛ:ko] ⟨-chi⟩ *m* Verschwendung *f,* Vergeudung *f;* **a** ~ umsonst; **società degli -chi** Wegwerfgesellschaft *f.* **sprecone, -a** [spre'ko:ne] *fam* **I.** *a* verschwenderisch; **II.** *m, f* Verschwender(in) *m(f).*
spregevole [spre'dʒe:vole] *a* **1.** *(persona, cosa)* verachtenswert; **2.** *(gesto, etc.)* verächtlich.
spregiativo, -a [spredʒa'ti:vo] **I.** *a* verächtlich, abwertend; *gram* pejorativ; **II.** *m* Pejorativ(um) *n,* Pejorativform *f.* **spregio** ['sprɛ:dʒo] ⟨-gi⟩ *m* Verachtung *f;* **fare degli -gi** verächtliche Gesten machen, Verachtung zeigen.
spregiudicatezza [spredʒudika'tettsa] *f* Skrupellosigkeit *f.* **spregiudicato, -a** [...'ka:to] *a* skrupellos.
spremere ['sprɛ:mere] *tr* **1.** *(limone, arancia)* auspressen; **2.** *fig* ausquetschen *fam;* **-rsi le meningi** sich *(dat)* den Kopf zerbrechen, sich *(dat)* das Hirn zermartern.
spremiagrumi [spremia'gru:mi] ⟨-⟩ *m,* **spremilimoni** [...ili'mo:ni] ⟨-⟩ *m* Zitrus-, Zitronenpresse *f.*
spremitura [spremi'tu:ra] *f* (Aus)pressen *n.*
spremuta [spre'mu:ta] *f* (frisch gepreßter) Fruchtsaft *m.*
spretarsi [spre'tarsi] *rfl* aus dem Priesterstand austreten.
sprezzante [spret'tsante] *a* verächtlich, geringschätzig; *(atteggiamento a.)* hochmütig. **sprezzo** ['sprɛttso] *m* **1.** *(disprezzo)* Verachtung *f;* **2.** *(noncuranza)* Mißachtung *f,* Nichtbeachtung *f.*

sprigionare [spridʒo'na:re] **I.** *tr* ausströmen, hervorbringen; **II.** *rfl:* **-rsi** ausströmen, hervorkommen.

sprimacciare [sprimat'tʃa:re] ⟨sprimaccio, sprimacci⟩ *tr* aufschütteln, glattschütteln.

sprint [sprɪnt] **I.** ⟨-⟩ *m* **1.** *sport* Sprint *m,* Spurt *m;* **2.** *fig* Schwung *m;* ~ **finale** *(a. fig)* Endspurt *m;* **II.** ⟨*inv*⟩ *a* Sprint-; *mot* Sport-; **III.** ⟨-⟩ *f* Sportwagen *m.*

sprizzare [sprit'tsa:re] **I.** *tr* ⟨*avere*⟩ **1.** *fig (gioia, etc.)* sprühen, ausstrahlen; **2.** *(sangue, etc.)* ausspritzen, verströmen; **II.** *itr* ⟨*essere*⟩ **1.** *(liquido)* (aus)spritzen, strömen; **2.** *fig (gioia, etc.)* sprühen, ausströmen.

sprofondamento [sprofonda'mento] *m* **1.** *(di terreno)* Nachgeben *n,* (Ab)sinken *n; (di casa)* Einsturz *m;* **2.** *(l'affondare)* Ver-, Einsinken *n.* **sprofondare** [...'da:re] **I.** *itr* ⟨essere⟩ **1.** *(pavimento, terreno)* nachgeben, absinken; *(casa, tetto)* einstürzen; **2.** *(affondare)* versinken, einsinken; **3.** *fig* versinken; **II.** *tr* ⟨*avere*⟩ hinabstürzen; **III.** *rfl:* **-rsi 1.** *(lasciarsi andare)* sich fallen lassen, sich sinken lassen; **2.** *fig* sich vertiefen, sich versenken.

sproloquio [spro'lɔ:ku̯i̯o] ⟨-qui⟩ *m* Salbaderei *f.*

spronare [spro'na:re] *tr* **1.** *(cavallo)* die Sporen geben *dat;* **2.** *fig* anspornen. **sprone** ['spro:ne] *m* **1.** *gener., zoo* Sporn *m;* **2.** *fig* Ansporn *m;* **3.** *(di camicia)* (Schulter)passe *f;* ~ **di roccia** Felsvorsprung *m;* **dar di ~ al cavallo** dem Pferd die Sporen geben; **a spron battuto** spornstreichs.

sproporzionato, -a [sproportsi̯o'na:to] *a* **1.** *(braccia, persona)* unproportioniert; **2.** *(prezzo, reazione)* unverhältnismäßig, unangemessen; **essere ~ a qc** in keinem Verhältnis zu etw. stehen. **sproporzione** [...'tsi̯o:ne] *f* Unverhältnismäßigkeit *f,* Unangemessenheit *f.*

spropositato, -a [spropozi'ta:to] *a* **1.** *(pieno di sbagli)* voller Fehler, vor Fehlern strotzend; **2.** *fig* enorm, riesig; *(eccessivo)* übertrieben. **sproposito** [...'pɔ:zito] *m* **1.** *(errore)* grober Fehler; **2.** *(sciocchezza)* Dummheit *f,* Fehler *m;* **3.** *fam* Unsumme *f,* Unmenge *f;* **dire -i** etwas Unpassendes sagen; **a ~** unpassend, unangebracht.

sprovvedutezza [sprovvedu'tettsa] *f* Ahnungslosigkeit *f.*

sprovveduto, -a [sprovve'du:to] *a* **1.** *(sfornito):* ~ **di** nicht versehen mit, ohne; **2.** *pej* unbegabt.

sprovvisto, -a [sprov'visto] *a:* ~ **di** nicht versehen mit, ohne, -los; **alla -a** überraschend, unversehens; **prendere alla -a** überrumpeln, überraschen.

spruzzabiancheria [spruttsabi̯aŋke'ri:a] ⟨-⟩ *m* Wäschesprenger *m.*

spruzzare [sprut'tsa:re] *tr* (be)spritzen, (be)sprühen. **spruzzata** [...'tsa:ta] *f* **1.** *meteo* (leichter) Schauer *m;* **2.** *(lo spruzzare)* Spritzer *m,* Spritzen *n;* **3.** *gastr* Spritzer *m,* Schuß *m.* **spruzzatore** [...tsa'to:re] *m* Zerstäuber *m; mot* (Kraftstoff)düse *f.*

spruzzo ['spruttso] *m* **1.** *(d'acqua, fango)* Spritzer *m;* **2.** *meteo* Schauer *m;* **3.** *tec* Spritzen *n;* **4.** *gastr* Spritzer *m,* Schuß *m;* **verniciatura a ~** Spritzlackierung *f.*

spudoratezza [spudora'tettsa] *f* Unverschämtheit *f,* Schamlosigkeit *f.* **spudorato, -a** [...'ra:to] *a* unverschämt, schamlos.

spugna ['spuɲɲa] *f* **1.** *(animale, oggetto)* Schwamm *m;* **2.** *(tessuto)* Frottee *n o. m;* **gettare la ~** *sport fig* das Handtuch werfen; **bere come una ~** saufen wie ein Loch *fam;* **diventare una ~** *fig* pitschnaß werden *fam.* **spugnetta** [...'ɲetta] *f* Schwämmchen *n.* **spugnoso, -a** [...'ɲo:so] *a* schwammartig, porös.

spulciare [spul'tʃa:re] ⟨spulcio, spulci⟩ **I.** *tr* **1.** *(cane, gatto)* flöhen, entflohen; **2.** *fig* durchforsten; **II.** *rfl:* **-rsi** sich flöhen (*o.* entflohen).

spuma ['spu:ma] *f* **1.** *(schiuma)* Schaum *m;* **2.** *(bibita)* Limonade *f;* **3.** *(mousse)* Mousse *f;* **4.** *min* Meerschaum *m.* **spumante** [spu'mante] **I.** *a* Schaum-; **II.** *m* Schaumwein *m.* **spumare** [...'ma:re] *itr* schäumen; *(vino)* moussieren. **spumeggiante** [spumed'dʒante] *a* **1.** *(birra)* schäumend; *(vino)* moussierend; **2.** *fig* sprühend, brillant. **spumeggiare** [...'dʒa:re] ⟨spumeggio, spumeggi⟩ *itr* schäumen; *(vino)* moussieren. **spumone** [...'mo:ne] *m* Schaumgefrorene(s) *n.* **spumoso, -a** [...'mo:so] *a* **1.** *(birra)* schäumend; *(vino)* moussierend; **2.** *fig gastr* schaumig, locker, leicht.

spuntare[1] [spun'ta:re] **I.** *tr* ⟨*avere*⟩ **1.** *(penna, lapis)* die Spitze abbrechen von; *(smussare)* stumpf machen, abstumpfen; **2.** *(capelli, baffi)* stutzen; **3.** *fig* meistern, überwinden, schaffen; **spuntarla** *fam* es schaffen, sich durchsetzen; **II.** *itr* ⟨*essere*⟩ **1.** *(venir fuori)* hervorkommen, zutage kommen; *(fiori)* sprießen; *(sole)* aufgehen; *(giorno)* anbrechen; **2.** *(appa-*

rire) auftreten, erscheinen; **da dove spunti?** wo kommst du denn her?; **III.** *rfl:* **-rsi 1.** *(penna, lapis)* abbrechen, die Spitze verlieren; *(smussarsi)* stumpf werden; **2.** *fig (rabbia, etc.)* verrauchen.

spuntare² [spun'ta:re] *tr (controllare)* abhaken, durchchecken.

spuntino [spun'ti:no] *m* Imbiß *m,* Zwischenmahlzeit *f.*

spunto ['spunto] *m* **1.** *(occasione)* Anstoß *m,* Anregung *f,* Anlaß *m;* **2.** *theat* Stichwort *n;* **3.** *sport* Spurt *m;* **4.** *mot (fase di avviamento)* Anlauf *m; (accelerazione)* Antritt *m;* **5.** *(del vino)* Stich *m.*

spuntone [spun'to:ne] *m* **1.** *(sporgenza di roccia)* Felsnase *f,* Felsvorsprung *m;* **2.** *(punta)* Spitze *f;* **3.** *(arma antica)* Hellebarde *f;* **4.** *(spina)* Stachel *m.*

spunzone [spun'tso:ne] *m* **1.** *(colpo col gomito)* Stoß *m* mit dem Ellbogen; *(con la mano)* Faustschlag *m;* **2.** *(grossa spina)* großer Stachel.

spurgare [spur'ga:re] ‹spurgo, spurghi› **I.** *tr* **1.** *(fogna, canale)* reinigen, ausspülen; **2.** *med* aushusten, auswerfen; **-rsi il petto** expektorieren; **II.** *rfl:* **-rsi** Schleim auswerfen. **spurgo** ['spurgo] ‹-ghi› *m* **1.** *(operazione)* Säuberung *f,* Ausspülung *f;* **2.** *(materiale)* Auswurf *m,* Schleim *m;* **3.** ‹*pl*› *com* Ausschuß(ware *f*) *m.*

spurio, -a ['spu:ri̯o] ‹-i, -ie› *a* **1.** *(figlio)* unehelich; **2.** *lit* unecht, nicht authentisch; **3.** *anat* falsch.

sputacchiare [sputak'ki̯a:re] ‹sputacchio, sputacchi› **I.** *itr* spucken; **II.** *tr* bespucken. **sputacchiera** [...'ki̯ɛ:ra] *f* Spucknapf *m.* **sputacchio** [...'takki̯o] ‹-cchi› *m* Schleim *m.*

sputare [spu'ta:re] **I.** *tr* spucken, speien; *(vulcano a.)* ausstoßen, -werfen; ~ **sangue** *fig* sich abmühen, sich völlig verausgaben; ~ **sentenze** Sprüche klopfen *fam;* ~ **veleno** Gift und Galle spucken; **sputa l'osso!** *fam* spuck's aus! *fam;* **II.** *itr* spucken, speien; ~ **su qc** *fam* auf etw. pfeifen *fam.* **sputasentenze** [...tasen'tɛntse] ‹-› *mf* Sprücheklopfer(in) *m(f) fam,* Klugscheißer(in) *m(f) fam.* **sputo** ['spu:to] *m* Spucke *f,* Speichel *m; (escreto)* Schleim *m,* Auswurf *m;* **appiccicato con lo** ~ *fig* mit Spucke angeklebt *fam.*

sputtanare [sputta'na:re] *vulg* **I.** *tr* durchhecheln, in die Pfanne hauen *fam;* **II.** *rfl:* **-rsi** unten durch sein *fam.*

squadra ['sku̯a:dra] *f* **1.** *(da disegno)* Winkel *m,* (Winkel)dreieck *n;* **2.** *(complesso di persone)* Gruppe *f; (sport a.)* Mannschaft *f,* Team *n;* **3.** *mil* Trupp *m,* Kommando *n;* **4.** *adm* Kommando *n,* Polizeieinheit *f; (turno)* Schicht *f;* **5.** *naut, aero* Geschwader *n;* ~ **mobile** Überfallkommando *n;* ~ **di soccorso/vigilanza** Rettungs-/Wachmannschaft *f;* **essere/mettere a** ~ rechtwinklig sein/machen; **essere fuori** ~ *(a. fig)* aus dem Lot sein.

squadrare [sku̯a'dra:re] *tr* **1.** *(foglio da disegno)* viereckig (*o.* rechtwinklig) zuschneiden; **2.** *fig* mustern, beäugen.

squadriglia [sku̯a'driʎʎa] ‹-glie› *f* **1.** *naut* Flottille *f;* **2.** *aero* Geschwader *n.*

squadrone [sku̯a'dro:ne] *m* Schwadron *f.*

squagliare [sku̯aʎ'ʎa:re] ‹squaglio, squagli› **I.** *tr* schmelzen, auflösen; **II.** *rfl:* **-rsi** schmelzen, flüssig werden; **squagliarsela** *fig fam* sich davonmachen, sich aus dem Staub machen.

squalifica [sku̯a'li:fika] *f* Disqualifizierung *f.* **squalificare** [...lifi'ka:re] **I.** *tr* disqualifizieren; **II.** *rfl:* **-rsi** sich disqualifizieren.

squallido, -a ['sku̯allido] *a* trist, trostlos; *(luogo a.)* öde.

squallore [sku̯al'lo:re] *m* Trostlosigkeit *f; (di luogo a.)* Öde *f; (miseria a.)* Elend *n.*

squalo ['sku̯a:lo] *m* Hai(fisch) *m.*

squama ['sku̯a:ma] *f* Schuppe *f.* **squamare** [sku̯a'ma:re] **I.** *tr* (ab)schuppen; **II.** *rfl:* **-rsi** sich (ab)schuppen. **squamoso, -a** [...'mo:so] *a* schuppig.

squarciagola [sku̯artʃa'go:la] : **a** ~ *adv* aus vollem Halse, aus voller Kehle.

squarciare [sku̯ar'tʃa:re] ‹squarcio, squarci› **I.** *tr* zerreißen, zerfetzen; **il sole squarcia le nuvole** die Sonne durchbricht die Wolken; **II.** *rfl:* **-rsi** aufbrechen, aufgehen. **squarcio** ['sku̯artʃo] ‹-ci› *m* **1.** *(lacerazione)* Riß *m; (ferita)* klaffende Wunde; **2.** *mus, lit* Abschnitt *m,* Passage *f;* ~ **di sole/d'azzurro** Durchbruch *m* der Sonne/des blauen Himmels.

squartare [sku̯ar'ta:re] *tr* zerlegen, zerteilen; *(in quarti)* vierteilen. **squartatore, -trice** [...ta'to:re] *m, f* Schlachter(in) *m(f).*

squassare [sku̯as'sa:re] *tr* rütteln, schütteln.

squattrinato, -a [sku̯attri'na:to] *fam* **I.** *a* abgebrannt *fam,* pleite *fam;* **II.** *m, f* Habenichts *m.*

squilibrare [skui̯li'bra:re] **I.** *tr* aus dem Gleichgewicht bringen; *(a. fig)* durcheinanderbringen, zerrütten; *med* aus dem (seelischen) Gleichgewicht bringen, verstören. **squilibrato, -a** [...'bra:to] **I.** *a* **1.** *(alimentazione)* unausgewogen; **2.** *med* verstört, geistesgestört; **II.** *m, f* verstörte (*o.* geistesgestörte) Person. **squilibrio** [...'li:bri̯o] ‹-i› *m* **1.** *med* Verwirrung *f;* **2.** *com* Unausgeglichenheit *f;* **3.** *(difetto di equilibrio)* Gleichgewichtsstörung *f;* ~ **mentale/psichico** geistige/seelische Verwirrung.

squilla ['skui̯lla] *f* Klingel *f,* Schelle *f; (delle vacche)* (Kuh)glocke *f.*

squillante [skui̯l'lante] *a* **1.** *(voce)* schrill; **2.** *(colore)* schreiend, grell.

squillare [skui̯l'la:re] *itr* ‹*essere o. avere*› *(trombe)* schmettern; *(telefono, campanello)* klingeln.

squillo ['skui̯llo] **I.** *m (di tromba)* Schmettern *n; (di telefono, campanello)* Klingeln *n;* **II.** ‹*inv*› *a:* **ragazza** ~ Callgirl *n;* **III.** ‹-› *f* Callgirl *n.*

squinternato, -a [skui̯nter'na:to] **I.** *a* **1.** *(persona)* verrückt; **2.** *(libro)* zerfleddert, zerrissen; **II.** *m, f* Verrückte(r) *mf.*

squisitezza [skui̯zi'tettsa] *f* Erlesenheit *f; (di cibo)* Köstlichkeit *f.* **squisito, -a** [...'zi:to] *a* exquisit, erlesen; *(cibo a.)* köstlich.

squittire [skui̯t'ti:re] ‹squittisco› *itr* **1.** *(uccello)* schreien; *(pappagallo)* kreischen; *(topo)* pfeifen, quieken; *(cane)* winseln; **2.** *fig scherz, pej (persone)* kreischen.

sradicare [zradi'ka:re] ‹sradico, sradichi› *tr* **1.** *(albero)* entwurzeln; **2.** *fig (vizio)* ausmerzen.

sragionare [zradʒo'na:re] *itr* unlogisch (*o.* unvernünftig) denken; *(parlando)* dummes Zeug reden.

sregolatezza [zregola'tettsa] *f* **1.** *(di vita, costumi)* Regellosigkeit *f;* **2.** *(comportamento)* Unmäßigkeit *f,* Ausschweifung *f.* **sregolato, -a** [...'la:to] *a* **1.** *(senza regola)* regellos, ungeregelt; **2.** *(smodato)* maßlos; **3.** *(dissoluto)* ausschweifend, liederlich.

S.r.l. *ab di* **Società a responsabilità limitata** GmbH *f* (*ab di* Gesellschaft mit beschränkter Haftung).

srotolare [zroto'la:re] *tr* ent-, ausrollen.

ss. *ab di* **seguenti** ff. (*ab di* folgende).

S.S. **1.** *ab di* **Sua Santità** Seine Heiligkeit; **2.** *ab di* **Santa Sede** Heiliger Stuhl; **3.** *ab di* **Santi** Hll. (*ab di* Heilige); **4.** *ab di* **Santissimo, -i** Heiligste(r, s); **5.** *ab di* **Strada Statale** ≃ B (*ab di* Bundesstraße).

stabbio ['stabbi̯o] ‹-i› *m* Stall *m.*

stabile ['sta:bile] **I.** *a* **1.** *meteo* beständig, gleichbleibend; **2.** *theat* ständig; *(compagnia)* fest engagiert; **3.** *com (beni)* unbeweglich; *(prezzi)* stabil; **4.** *fig* fest, stabil; *(impiego)* fest; *(resistente)* widerstandsfähig; **5.** *(scala, ponte, etc.)* stabil; **II.** *m* **1.** *arch* Gebäude *n;* **2.** *theat* ständiges Theater; **3.** ‹*pl*› *com* Immobilien *f pl;* **III.** *f* ständige Theatertruppe.

stabilimento [stabili'mento] *m* **1.** *(edificio)* Gebäude *n,* Bau *m;* **2.** *(per industria)* Fabrik *f,* Fabrikgebäude *n,* Werk *n; (impianto)* Anlage *f;* **3.** *(determinazione)* Gründung *f,* Einrichtung *f,* Errichtung *f.*

stabilire [stabi'li:re] ‹stabilisco› **I.** *tr* **1.** *(decretare)* festsetzen, festlegen; **2.** *(decidere)* beschließen, entscheiden; **3.** *(dimora)* aufschlagen, nehmen; **II.** *rfl:* **-rsi** sich niederlassen.

stabilità [stabili'ta] ‹-› *f* **1.** *(di edificio)* Festigkeit *f; (a. fin)* Stabilität *f;* **2.** *(resistenza)* Widerstandsfähigkeit *f.* **stabilizzare** [...lid'dza:re] **I.** *tr* stabilisieren, festigen; **II.** *rfl:* **-rsi** sich stabilisieren, sich festigen; *(tempo)* beständig werden. **stabilizzatore, -trice** [...liddza'to:re] **I.** *a* stabilisierend, Stabilisierungs-; **barra -trice** *mot* Stabilisator *m,* Torsionsstab *m;* **II.** *m* Stabilisator *m.* **stabilizzazione** [...liddzat'tsi̯o:ne] *f* Stabilisierung *f.*

staccare [stak'ka:re] ‹stacco, stacchi› **I.** *tr* **1.** *(francobollo, etichetta)* (ab-, los)lösen; **2.** *(tirar giù)* abnehmen, -ziehen, -reißen; *(testa)* abtrennen, -schlagen; **3.** *(cavalli, buoi)* ausspannen; **4.** *ferr (vagone)* abhängen; **5.** *(assegno, ricevuta)* ausstellen; **6.** *sport* abhängen; **7.** *mus* staccato spielen; **8.** *(parole, sillabe)* einzeln aussprechen, skandieren; **II.** *itr* **1.** *(risaltare)* sich abheben (*su* von); **2.** *fam* Feierabend machen; **III.** *rfl:* **-rsi** **1.** *(da muro, parete)* sich trennen, sich lösen; **2.** *(bottone)* abspringen, abgehen; **3.** *fig* sich trennen, sich lösen. **staccato, -a** [...'ka:to] **I.** *a* **1.** *(fascicoli)* lose, getrennt; **2.** *mus* staccato gespielt; **II.** *m* Staccato *n.*

staccionata [stattʃo'na:ta] *f* **1.** *(recinzione)* Latten-, Bretterzaun *m;* **2.** *sport* Hürde *f.*

stacco ['stakko] ‹-cchi› *m* **1.** *sport* Sprung *m,* Absprung *m;* **2.** *fig* Kontrast *m,* Bruch *m;* **3.** *(di assegno, etc.)* Ausstellung *f;* **fare** ~ sich abheben.

stadera [sta'dɛ:ra] *f* Laufgewichtswaage *f;* ~ **a ponte** Brückenwaage *f.*
stadio ['sta:di̯o] ‹-i› *m* **1.** *sport* Stadion *n;* **2.** *(misura)* Stadion *n;* **3.** *fig* Stadium *n,* Phase *f,* Stufe *f;* **4.** *aero* Antriebsstufe *f;* **5.** *tec, el* Stufe *f.*
staffa ['staffa] *f* **1.** *(di sella, anat)* Steigbügel *m;* **2.** *(predellino)* Trittbrett *n;* **3.** *(di calzoni, ghette)* Steg *m; (di calza)* Fersenstück *n;* **4.** *sport* Steigeisen *n;* **5.** *tec* Spanneisen *n;* **6.** *arch* Klammer *f,* Bügel *m;* **il bicchiere della** ~ das letzte Glas, das Abschiedsglas; **perdere le -e** *fig* aus der Fassung geraten; **tenere il piede in due -e** *fig* zwei Eisen im Feuer haben.
staffetta [staf'fetta] *f* **1.** *sport* Staffel *f,* Staffellauf *m;* **2.** *(persona)* Kurier *m,* Bote *m.*
stafilococco [staffilo'kɔkko] ‹-cchi› *m* Staphylokokkus *m.*
stage [sta:ʒ] ‹-› *m* Studien-, Ausbildungsaufenthalt *m.*
stagflazione [stagflat'tsi̯o:ne] *f* Stagflation *f.*
stagionale [stadʒo'na:le] **I.** *a* jahreszeitlich, saisonal, Saison-; **II.** *mf* Saisonarbeiter(in) *m(f).*
stagionare [stadʒo'na:re] **I.** *tr* (ab)lagern; **II.** *rfl:* **-rsi** lagern, reifen. **stagionato, -a** [...'na:to] *a* **1.** *gastr (formaggio, prosciutto)* reif, gereift; *(vino)* abgelagert; **2.** *(legname)* abgelagert; **3.** *fig scherz* reifer, in reiferen Jahren.
stagione [sta'dʒo:ne] *f* Jahreszeit *f; (periodo)* Zeit *f,* Periode *f; theat* Spielzeit *f; (turistica, lirica, concertistica, etc.)* Saison *f;* **alta/bassa** ~ Hoch-/Vor- (*o.* Nach)saison *f;* ~ **morta** geschäftsarme Zeit, Sauregurkenzeit *f scherz;* **mezza** ~ Übergangszeit *f;* **le quattro -i** die vier Jahreszeiten *f pl;* ~ **degli amori** *zoo* Brunftzeit *f;* ~ **delle piogge** Regenzeit *f;* **saldi di fine** ~ Schlußverkauf *m.*
stagliarsi [staʎ'ʎarsi] ‹mi staglio, ti stagli› *rfl* sich abheben, sich abzeichnen.
stagnaio, -a [staɲ'ɲa:i̯o] ‹-ai, -aie› *m, f* Zinnhandwerker(in) *m(f).*
stagnante [staɲ'ɲante] *a* **1.** *(acqua, aria)* stehend; **2.** *com (domanda, etc.)* stagnierend.
stagnare[1] [staɲ'ɲa:re] **I.** *itr* **1.** *(acqua)* stehen; **2.** *(sangue)* zum Stillstand kommen; **3.** *com* stagnieren; **II.** *tr* zum Stillstand bringen, aufhalten; *(sangue)* stillen.
stagnare[2] [staɲ'ɲa:re] *tr* **1.** *(rivestire con stagno)* verzinnen; **2.** *(rendere stagno)* abdichten. **stagnatura** [...ɲa'tu:ra] *f* Verzinnung *f.*
stagnazione [staɲɲat'tsi̯o:ne] *f* Stagnation *f.*
stagnino [staɲ'ɲi:no] *dial v.* **stagnaio.**
stagno ['staɲɲo] *m* **1.** *chem* Zinn *n;* **2.** *(d'acqua)* Teich *m.*
stagno, -a ['staɲɲo] *a* (wasser)dicht; **compartimenti -i** *(a. fig)* abgegrenzte Bereiche *m pl.*
stagnola [staɲ'ɲɔ:la] *f* Stanniol(papier) *n.*
staio ['sta:i̯o] *m* **1.** ‹*pl:* -aia *f*› *(unità di misura)* Scheffel *m;* **2.** ‹*pl:* -ai *m*› *(recipiente)* Scheffel *m.*
stalagmite [stalag'mi:te] *f* Stalagmit *m.*
stalattite [stalat'ti:te] *f* Stalaktit *m.*
stalinismo [stali'nizmo] *m* Stalinismus *m.* **stalinista** [...'nista] ‹-i *m,* -e *f*› *mf* Stalinist(in) *m(f).*
stalla ['stalla] *f* Stall *m; fig* Schweinestall *m fam.* **stalliere** [...'li̯ɛ:re] *m* Stall-, Pferdeknecht *m.*
stallo ['stallo] *m* **1.** *(seggio)* Sitz *m,* Stuhl *m;* **2.** *(negli scacchi)* Patt *n.*
stallone [stal'lo:ne] *m* Zuchthengst *m.*
stamane, stamani, stamattina [sta'ma:ne, ...ni, ...mat'ti:na] *adv* heute morgen.
stambecco [stam'bekko] ‹-cchi› *m* Steinbock *m.*
stamberga [stam'bɛrga] ‹-ghe› *f* elende (*o.* ärmliche) Hütte.
stambugio [stam'bu:dʒo] ‹-gi› *m* dunkles Loch.
stame ['sta:me] *m* **1.** *(di lana)* Wollgarn *n;* **2.** *(filo)* Faden *m;* **3.** *bot* Staubblatt *n.*
stampa ['stampa] **I.** *f* **1.** *typ* Druck *m; (tecnica a.)* Buchdruck *m;* **2.** *(giornalismo)* Presse *f;* **3.** *(riproduzione)* Druck *m; (incisione)* Stich *m;* **4.** *fot* Abzug *m;* **-e** Drucksache *f;* **errore di** ~ Druckfehler *m;* **libertà di** ~ Pressefreiheit *f;* **essere fuori** ~ vergriffen sein; **avere una buona/cattiva** ~ eine gute/schlechte Presse haben; **II.** ‹*inv*› *a* Presse-.
stampaggio [stam'paddʒo] ‹-ggi› *m* Pressen *n,* Stanzen *n.*
stampante [stam'pante] *f* Drucker *m.*
stampare [stam'pa:re] **I.** *tr* **1.** *(libro, giornale)* drucken; **2.** *(tessuto, etc.)* bedrucken; **3.** *fot* abziehen; **4.** *(monete)* prägen; **5.** *(orme)* machen, hinterlassen; **6.** *fig* aufdrücken, drücken, einprägen; **7.** *tec* pressen, formpressen; ~ **bugie** *fam* Lügen auftischen; ~ **figli** *fam* ein Kind nach dem anderen kriegen *fam;* **II.** *rfl:* **-rsi** sich

einprägen. **stampatello, -a** [...pa'tɛllo] **I.** *a* Druck-; Block-; **II.** *m* Druckbuchstabe *m.* **stampato, -a** [...'pa:to] **I.** *a* **1.** *(libro, foglio)* gedruckt; **2.** *(tessuto)* bedruckt; **3.** *fig* eingeprägt, eingeschrieben; **4.** *el (circuito)* gedruckt; **porta -a in viso la sua crudeltà** seine (*o.* ihre) Grausamkeit steht ihm (*o.* ihr) im Gesicht geschrieben; **II.** *m* **1.** *(opuscolo)* Broschüre *f,* Heft *n,* Druckschrift *f;* **2.** *(modulo)* Formular *n,* Vordruck *m;* **-i** Briefdrucksache *f.* **stampatore, -trice** [...pa'to:re] *m, f* Drucker(in) *m(f).* **stampatrice** [...pa'tri:tʃe] *f film* Filmkopiermaschine *f.*

stampella [stam'pɛlla] *f* **1.** *(gruccia)* Krücke *f;* **2.** *(per abiti)* (Kleider)bügel *m;* **reggersi sulle -e** *(a. fig)* am Stock gehen.

stamperia [stampe'ri:a] ‹-ie› *f* Drukkerwerkstatt *f.*

stampiglia [stam'piʎʎa] ‹-glie› *f* Stempel *m.* **stampigliare** [...'ʎa:re] *tr* (ab)stempeln.

stampigliatura [...ʎa'tu:ra] *f* (Ab-)stempeln *n.*

stampo ['stampo] *m* **1.** *gastr (per torte, budini, etc.)* Form *f;* **2.** *tec)* Gußform *f;* **3.** *fig* Schlag *m,* Art *f,* Charakter *m;* **4.** *(nella caccia)* Lockvogel *m;* **d'antico** ~ *fig* vom alten Schlag.

stanare [sta'na:re] *tr (a. fig)* aufstöbern.

stanca ['staŋka] ‹-che› *f* Hochwasser *n,* höchster Pegelstand.

stancare [staŋ'ka:re] ‹stanco, stanchi› **I.** *tr* **1.** *(rendere stanco)* ermüden, müde machen; **2.** *mil, sport (avversario)* schwächen, zermürben; **3.** *(infastidire)* stören; *(persone)* zur Last fallen (*qu* jdm); *(cose, discorso)* ermüden; **II.** *rfl:* **-rsi 1.** *(affaticarsi)* ermüden, müde werden; **2.** *(stufarsi)* es satt (*o.* leid) werden; **III.** *itr* **1.** *(affaticare)* müde machen, ermüden; **2.** *(stufare)* zum Überdruß werden, ermüden. **stanchezza** [...'kettsa] *f* Müdigkeit *f.* **stanco, -a** ['staŋko] ‹-chi, -che› *a* **1.** *(affaticato)* müde, ermüdet; **2.** *(stufo)* satt, leid; **3.** *com (mercato)* gesättigt, übersättigt; **4.** *agr* erschöpft, ausgelaugt; ~ **morto** *fam* todmüde, hundemüde *fam,* **essere** ~ **di vivere** (*o.* **della vita**) lebensmüde sein, das Leben satt haben *fam,* des Lebens überdrüssig sein *geh;* **essere** ~ **di qu/qc** jdn/etw. satt haben (*o.* leid sein).

stand [stænd] ‹-› *m* **1.** *(di fiera)* Stand *m;* **2.** *sport* (Zuschauer)tribüne *f;* **3.** *(per tiro a volo)* Schießstand *m.*

standard ['standard] **I.** ‹-› *m* Standard *m;* ~ **di vita** Lebensstandard *m;* **II.** ‹*inv*› *a* Standard-. **standardizzare** [...did'dza:re] *tr* **1.** *com* standardisieren; **2.** *fig* standardisieren, vereinheitlichen. **standardizzazione** [...diddzat'tsi̯o:ne] *f* Standardisierung *f.*

standista [stan'dista] ‹-i *m,* -e *f*› *mf* **1.** *(organizzatore)* Aussteller(in) *m(f);* **2.** *(impiegato)* Standbetreuer(in) *m(f).*

stanga ['staŋga] ‹-ghe› *f* **1.** *(legno)* Latte *f;* **2.** *(di stalla)* Trenngitter *n;* **3.** *(di carro)* Deichsel *f;* **4.** *fig fam* lange Latte.

stangare [staŋ'ga:re] ‹stango, stanghi› *tr* **1.** *fig fam* übers Ohr hauen *fam,* reinlegen *fam; (agli esami, etc.)* absägen *sl;* **2.** *(porta, uscio)* verriegeln; **3.** *(colpire)* mit einer Latte schlagen. **stangata** [...'ga:ta] *f* **1.** *(colpo di stanga)* Schlag *m* mit einer Latte; **2.** *fig* Fehl-, Rückschlag *m;* **3.** *sport* harter Schuß aufs Tor. **stanghetta** [...'getta] *f* **1.** *(degli occhiali)* Bügel *m;* **2.** *(dell'uscio)* Riegel *m;* **3.** *mus* Taktstrich *m.*

stanotte [sta'nɔtte] *adv* diese Nacht, heute nacht.

stante ['stante] **I.** *a* stehend; **a sé** ~ selbständig, separat; **seduta** ~ auf der Stelle, sofort; **II.** *prp* wegen *dat o. gen,* aufgrund *gen.*

stantio, -a [stan'ti:o] ‹-ii, -ie› *a* **1.** *gastr (minestra, etc.)* abgestanden; *(pane)* alt; *(burro)* ranzig; **2.** *fig* überholt.

stantuffo [stan'tuffo] *m* Kolben *m.*

stanza ['stantsa] *f* **1.** *(di casa, appartamento)* Zimmer *n,* Raum *m;* **2.** *lit* Stanze *f;* **3.** *mil* Quartier *n;* ~ **da letto/da pranzo/di soggiorno** Schlaf-/Eß-/Wohnzimmer *n;* **essere di** ~ stationiert sein.

stanziamento [stantsi̯a'mento] *m* Bereitstellung *f.* **stanziare** [...'tsi̯a:re] ‹stanzio, stanzi› **I.** *tr* bereitstellen; **II.** *rfl:* **-rsi** sich niederlassen, sich festsetzen.

stanzino [stan'tsi:no] *m* Kammer *f,* Abstellraum *m.*

stappare [stap'pa:re] *tr* entkorken.

star [stɑ:] ‹-› *f* Star *m.*

stare ['sta:re] ‹sto, stetti, stato› *itr* ‹*essere*› **1.** *(essere)* sein; *(in un luogo a.)* sich befinden, sich aufhalten; *(in piedi a.)* stehen; *(restare)* bleiben; **2.** *(abitare)* wohnen; **3.** *(di salute)* gehen *dat;* **4.** *(toccare)* liegen (*a* an); *(dipendere)* abhängen (*in* von), liegen (*in* an); **5.** *mat* sich verhalten (*a* zu);

6. *(attenersi)* sich halten (*a* an); 7. *(adattarsi)* passen (*con* zu); *(colore, indumento)* stehen; 8. *(resistere)* es aushalten; 9. *(entrarci)* hineinpassen, hineingehen; 10. *(con gerundio)*: **sto leggendo** ich lese gerade; **stavo guardando la TV** ich war dabei fernzusehen; 11. *(con infinito)*: **stiamo a vedere cosa succede** sehen wir zunächst (*o.* erst) einmal, was geschieht; **~ a cuore** am Herzen liegen; **~ a dieta** auf Diät gesetzt sein, Diät halten; **~ allo scherzo** (einen) Spaß vertragen (können); **~ coi genitori/con la famiglia** bei den Eltern/der Familie wohnen; **~ seduto** sitzen; **~ in piedi** stehen; **~ fermo** stillstehen; **~ a sentire** zuhören; *(obbedire)* gehorchen; **~ per fare qc** im Begriff sein, etw. zu tun; **starci** *fam (essere d'accordo)* einverstanden sein, mitmachen; *(avere posto)* passen, Platz haben; **starci con qu** *fam* mit jdm gehen; **lasciar ~** (sein) lassen; **come stai?** wie geht's?, wie geht es dir?; **sto bene/male/così così** mir geht es gut/schlecht/so lala; **sta a te decidere** es liegt an dir zu entscheiden, du mußt dich entscheiden; **non può ~ senza fumare/senza di lui** er (*o.* sie) kann es ohne zu rauchen/ohne ihn nicht aushalten; **le cose stanno così** die Dinge stehen (*o.* liegen) so; **sta tranquillo** bleib ruhig; **ti sta bene!** *fam* das geschieht dir recht!

starlet ['stɑ:lɪt] ‹-› *f* Starlet *n.*

starna ['starna] *f* Rebhuhn *n.*

starnazzare [starnat'tsa:re] *itr* 1. *zoo* mit den Flügeln Staub (*o.* den Boden) aufwirbeln; 2. *fig scherz* lärmen, Krach machen.

starnutare, starnutire [starnu'ta:re, ...'ti:re] ‹starnutisco› *itr* niesen. **starnuto** [...'nu:to] *m* Niesen *n*; **fare uno ~** niesen.

starter ['starter] ‹-› *m* 1. *mot* Anlasser *m*; 2. *sport* Starter *m.*

stasare [sta'sa:re *o.* ...'za:re] *tr* reinigen, frei machen.

stasera [sta'se:ra] *adv* heute abend.

stasi ['sta:zi] ‹-› *f* 1. *med* Stauung *f*, Stase *f scient*; 2. *fin* Stillstand *m*, Stockung *f.*

statale [sta'ta:le] I. *a* staatlich, Staats-; **impiegato ~** (Staats)beamte(r) *m*; II. *mf* (Staats)beamte(r) *m*, -beamtin *f*; III. *f pl* staatliche Schulen *f pl.* **statalizzare** [statalid'dza:re] *tr* verstaatlichen. **statalizzazione** [...dzat'tsi̯o:ne] *f* Verstaatlichung *f.*

statica ['sta:tika] ‹-che› *f* Statik *f.*

staticità [statitʃi'ta] ‹-› *f* 1. *arch* statischer Charakter; 2. *fig* Unbeweglichkeit *f*, Starrheit *f.* **statico, -a** ['sta:tiko] ‹-ci, -che› *a* statisch; *(fig a.)* unbeweglich, starr.

statino [sta'ti:no] *m* Schein *m*, Belegschein *m.*

statista [sta'tista] ‹-i *m*, -e *f*› *mf* Politiker(in) *m(f)*, Staatsmann *m.*

statistica [sta'tistika] ‹-che› *f* Statistik *f.* **statistico, -a** [...ko] ‹-ci, -che› I. *a* statistisch; II. *m, f* Statistiker(in) *m(f).*

stativo [sta'ti:vo] *m* Stativ *n.*

stato[1] ['sta:to] *pp di* **essere** *e* **stare.**

stato[2] ['sta:to] *m* 1. *pol* Staat *m*; 2. *adm (ceto)* Stand *m*; *fig* Status *m*, (gesellschaftliche) Stellung *f*; 3. *phys, chem, med* Zustand *f*; 4. *(condizione, a. fig)* Zustand *m*, Lage *f*; 5. *mil*: **~ maggiore** Stab *m*; 6. *gram* Zustand *m*; **affare di ~** *fig* Staatsaffäre *f*; **esami di ~** Staatsexamen *n*; **verbi di ~** Zustandsverben *n pl*; **complemento di ~ in luogo** Ortsangabe *f*; **capo dello ~** Staatschef *m*; **~ di aggregazione** Aggregatzustand *m*; **~ d'assedio/d'emergenza** Belagerungs-/Ausnahmezustand *m*; **~ d'animo** Gemütslage *f*; **~ civile** (*ab* **st. civ.**) (*o.* **di famiglia**) Familien-, Personenstand *m*; **~ coniugale** (*o.* **maritale)/patrimoniale** Ehe-/Vermögensstand *m*; **~ giuridico** Rechtsstellung *f*, Rechtsstand *m*; **essere in ~ d'accusa/arresto** *jur* unter Anklage/Arrest stehen; **essere in ~ interessante** in (anderen) Umständen sein; **vivere allo ~ selvaggio** in freier Wildbahn leben; **gli Stati Uniti d'America** die Vereinigten Staaten von Amerika; **gli Stati del Benelux** die Beneluxstaaten.

statua ['sta:tua] *f* Statue *f*, Standbild *n*; **immobile come una ~** wie ein Ölgötze *fam.* **statuario, -a** [statu'a:ri̯o] ‹-i, -ie› *a* 1. *(arte, marmo)* Bildhauer-, statuarisch; 2. *fig* ebenmäßig, erhaben, vollkommen.

statunitense [statuni'tɛnse] I. *a* nordamerikanisch; II. *mf* Nordamerikaner(in) *m(f)*, US-Bürger(in) *m(f).*

statura [sta'tu:ra] *f* 1. *(altezza)* Größe *f*, Statur *f*; 2. *fig* Format *n.*

status ['sta:tus] ‹-› *m* Status *m.*

statutario, -a [statu'ta:ri̯o] ‹-i, -ie› *a* 1. *jur* satzungsmäßig; 2. *pol* verfassungsmäßig, statutarisch. **statuto** [...'tu:to] *m* 1. *jur, com* Statut *n*, Satzung *f*; 2. *pol, hist* Statut *n*, Verfassung *f.*

stavolta [sta'vɔlta] *adv fam* diesmal, dieses Mal.

stazionamento [stattsi̯ona'mento] *m*

Parken *n;* **freno di** ~ Handbremse *f,* Feststellbremse *f.* **stazionare** [...'na:re] *itr* **1.** *mot* parken; **2.** *(sostare)* sich aufhalten, stehenbleiben.

stazionario, -a [stattsi̯o'na:ri̯o] ‹-i, -ie› *a* **1.** *fig* unverändert, gleichbleibend; **2.** *zoo:* **uccelli -i** Standvögel *m pl.*

stazione [stat'tsi̯o:ne] *f* **1.** *(~ ferroviaria)* Bahnhof *m; (~ marittima)* Hafen *m; (~ aerea)* Flughafen *m;* **2.** *mot* Tankstelle *f;* **3.** *(di villeggiatura)* (Ferien)ort *m;* **4.** *radio* Station *f;* **5.** *rel (della Via Crucis)* Station *f;* **6.** *adm* Dienststelle *f; (di polizia)* Wache *f;* **7.** *mil* Wache *f;* **8.** *(fermata)* Haltestelle *f,* Station *f;* ~ **di servizio/rifornimento** Servicestation *f*/Tankstelle *f;* ~ **di posta** Poststation *f;* ~ **balneare/climatica/termale** Bade-/Luft-kur-/Kurort *m;* ~ **astronomica/spaziale/meteorologica** Sternwarte *f*/ Raum-/Wetterstation *f.*

stazza ['stattsa] *f* Tonnage *f.* **stazzare** [...'tsa:re] *tr* **1.** *(misurare)* vermessen; **2.** *(avere una stazza)* eine Tonnage haben von.

st. civ. *ab di* **stato civile** Zivilstand, Personenstand.

stearico, -a [ste'a:riko] ‹-ci, -che› *a* Stearin-. **stearina** [stea'ri:na] *f* Stearin *n.*

stecca ['stekka] ‹-cche› *f* **1.** *(di ombrello, ventaglio)* Stab *m,* Stange *f;* **2.** *(di sigarette)* Stange *f;* **3.** *mus* falscher Ton; ~ **da biliardo** Queue *n,* Billardstock *m.*

steccare [stek'ka:re] ‹stecco, stecchi› **I.** *tr* **1.** *med* schienen; **2.** *gastr* spicken; **3.** *(giardino, etc.)* ein-, umzäunen; **II.** *itr* **1.** *mus* falsch spielen (*o.* singen); **2.** *(al biliardo)* schlecht stoßen.

steccato [stek'ka:to] *m* **1.** *(recinzione)* (Latten)zaun *m;* **2.** *sport* Bande *f.*

stecchetto [stek'ketto] *m:* **a** ~ knapp; **stare/tenere a** ~ knapp sein/kurzhalten.

stecchino [stek'ki:no] *m* Zahnstocher *m.*

stecchire [stek'ki:re] ‹stecchisco› *tr sl* kaltmachen *sl,* umlegen *sl.* **stecchito, -a** [...'ki:to] *a* **1.** *(rami, pianta)* verdörrt; **2.** *(vecchio)* vertrocknet; **3.** *fig* baß erstaunt, verblüfft; **morto** ~ auf der Stelle tot.

stecco ['stekko] ‹-cchi› *m* **1.** *(ramoscello)* dürrer Zweig; **2.** *(pezzetto di legno)* Stäbchen *n,* Stöckchen *n;* **essere (magro come) uno** ~ *fam* ein Strich in der Landschaft sein *fam.*

Stefania [ste'fa:ni̯a] *(nome proprio femminile)* Stefanie, Stephanie.

Stefano ['ste:fano] *(nome proprio maschile)* Stefan, Stephan.

stele ['stɛ:le] ‹- *o. rar* -i› *f* Stele *f.*

stella ['stella] *f* **1.** *astr, fig* Stern *m;* **2.** *film* Star *m;* **3.** *naut* Starboot *n;* ~ **alpina** Edelweiß *n;* ~ **di Natale** *bot* Weihnachtsstern *m;* ~ **di mare** *zoo* Seestern *m;* ~ **del cinema** Filmstar *m;* ~ **filante** (*o.* **cadente**) Sternschnuppe *f; (meteora)* Meteor *m;* ~ **filante** *(di carta)* Luftschlange *f;* ~ **nuova** (*o.* **nova**) Nova *f;* **essere nato sotto una buona/cattiva** ~ unter einem guten/schlechten Stern geboren sein; **portare qu alle -e** *fig* jdn in den Himmel heben; **vedere le -e** *fig* Sterne (*o.* Sternchen) sehen; **i prezzi sono saliti alle -e** die Preise sind astronomisch gestiegen; **dalle -e alle stalle** *fig* aus der Höhe in die Tiefe, vom Ruhm zum Ruin. **stellare** [...'la:re] *a* Stern(en)-, Stellar-. **stellato, -a** [...'la:to] **I.** *a* **1.** *astr* Stern(en)-; *(cielo a.)* sternenbedeckt; **2.** *poet* übersät (*di* mit), voll *(di gen);* **bandiera -a** Sternenbanner *n;* **la repubblica -a** die Vereinigten Staaten (von Amerika); **II.** *m* Sternenhimmel *m.* **stelletta** [...'letta] *f* **1.** ‹*pl*› *mil* Sterne *m pl;* **2.** *(asterisco)* Sternchen *n.* **stellina** [...'li:na] *f* **1.** *(piccola stella)* Sternchen *n;* **2.** *film* Sternchen *n;* **3.** *gastr* Sternchen(nudel *f*) *n.*

stelo ['stɛ:lo] *m* Stiel *m,* Stengel *m;* ~ **dello stantuffo** Kolbenstange *f;* **lampada a** ~ Stehlampe *f.*

stemma ['stɛmma] ‹-i› *m* **1.** *(emblema)* Wappen *n,* Wappenbild *n;* **2.** *(albero genealogico)* Stammbaum *m;* **3.** *lit, ling* Stemma *n.*

stemperare [stempe'ra:re] **I.** *tr* **1.** *(colori)* verdünnen, in Wasser lösen; **2.** *(metallo)* weich machen, enthärten; **II.** *rfl:* **-rsi 1.** *(colore)* dünn werden, sich verdünnen; **2.** *(metallo)* weich werden.

stempiarsi [stem'pi̯arsi] ‹mi stempio, ti stempi› *rfl* Geheimratsecken bekommen *fam.*

stendardo [sten'dardo] *m* Standarte *f,* Banner *n.*

stendere ['stɛndere] ‹*irr*› **I.** *tr* **1.** *(braccia, gambe, mano)* ausstrecken; **2.** *(biancheria)* aufhängen; **3.** *(pasta)* ausrollen; **4.** *(vernice, burro)* (ver)streichen; *(colori a.)* auftragen; **5.** *(persona)* hinlegen; *(con pugno, pallottola)* niederstrecken; **6.** *adm* niederschreiben, verfassen; *(verbale)* führen; **7.** *(tappeto, tovaglia)* ausbreiten; **II.** *rfl:* **-rsi 1.** *(allungarsi)* sich (aus)strecken; **2.** *fig (estendersi)* sich erstrecken (*su* auf). **stendibiancheria** [stendibjaŋke'ri:a] ‹-› *m* Wäscheständer *m*. **stenditoio** [...i'to:jo] ‹-oi› *m* **1.** *(locale)* Trockenraum *m;* **2.** *(attrezzo)* Wäscheständer *m*.

stenodattilografa *f v.* **stenodattilografo.**

stenodattilografia [stenodattilogra'fi:a] *f* Stenotypieren *n*. **stenodattilografo, -a** [...'lɔ:grafo] *m, f* Stenotypist(in) *m(f)*.

stenografa *f v.* **stenografo.**

stenografare [stenogra'fa:re] *tr* stenographieren. **stenografia** [...'fi:a] *f* Stenographie *f*, Kurzschrift *f*. **stenografico, -a** [...'gra:fiko] *a* stenographisch. **stenografo, -a** [...'nɔ:grafo] *m, f* Stenograph(in) *m(f)*. **stenogramma** [...'gramma] ‹-i›, **stenoscritto** [...os'kritto] *m* Stenogramm *n*.

stentare [sten'ta:re] **I.** *itr* **1.** *(faticare)* Mühe haben, sich abmühen; **2.** *(vivere male)* sich mühsam durchschlagen, entbehrungsreich leben; ~ **a leggere/scrivere/parlare** mit Mühe (*o.* nur mühsam) lesen/schreiben/sprechen (können); **II.** *tr* mühsam verdienen. **stentato, -a** [...'ta:to] *a* **1.** *(lavoro)* mühsam; *(a. vita)* mühselig; **2.** *(discorso, tema)* mühsam, gequält, gezwungen; **3.** *(pianta)* kümmerlich.

stenterello [stente'rɛllo] *m* **1.** *(maschera)* Stenterello *m;* **2.** *fig fam* hagerer (*o.* dürrer) Mensch.

stento ['stɛnto] *m* **1.** *(fatica)* Mühe *f*, Anstrengung *f;* **2.** ‹*pl*› *(disagio)* Entbehrungen *f pl*, Elend *n;* **a** ~ mit Mühe (und Not), kaum.

stento, -a ['stɛnto] *a tosc* kümmerlich, dürr.

stentoreo, -a [sten'tɔ:reo] *a geh* klangvoll, voll(tönend).

steppa ['steppa] *f* **1.** *geog* Steppe *f;* **2.** *fig pej sl*, Unterwelt *f*, Milieu *n sl*. **stepposo, -a** [...'po:so] *a* Steppen-.

sterco ['stɛrko] ‹-chi› *m* Kot *m*, Mist *m*.

stereo ['stɛ:reo] **I.** ‹-› *m fam* Stereogerät *m; (impianto)* Stereoanlage *f;* **II.** ‹*inv*› *a* Stereo-. **stereofonia** [stereofo'ni:a] ‹-ie› *f* Stereophonie *f*. **stereofonico, -a** [...'fɔ:niko] *a* Stereo-, stereophon.

stereotipato, -a [stereoti'pa:to] *a* **1.** *fig* stereotyp; **2.** *typ* stereotypisch, Stereotyp-. **stereotipia** [...'pi:a] ‹-ie› *f* Stereotypie *f*.

sterile ['stɛ:rile] *a* **1.** *(infecondo)* steril; *(a. bot, agr)* unfruchtbar; **2.** *fig* fruchtlos, unfruchtbar; **3.** *med* steril. **sterilità** [sterili'ta] ‹-› *f* **1.** *(di donna, uomo)* Sterilität *f; (a. bot, agr)* Unfruchtbarkeit *f;* **2.** *fig* Fruchtlosigkeit *f*, Unfruchtbarkeit *f;* **3.** *med* Sterilität *f*. **sterilizzare** [...lid'dza:re] *tr* sterilisieren. **sterilizzazione** [...liddzat'tsjo:ne] *f* Sterilisierung *f*, Sterilisation *f*.

sterlina [ster'li:na] *f* Pfund *n* (Sterling).

sterminare [stermi'na:re] *tr* vernichten; *(popolazioni a.)* ausrotten. **sterminato, -a** [...'na:to] *a* endlos, unendlich, grenzenlos. **sterminatore, -trice** [...na'to:re] **I.** *a* vernichtend, Vernichtungs-; **angelo** ~ Würgeengel *m;* **II.** *m, f* Vernichter(in) *m(f)*. **sterminio** [...'mi:njo] ‹-i› *m* **1.** *(distruzione)* Vernichtung *f*, Ausrottung *f;* **2.** *fig fam* Unzahl *f*, Unmenge *f;* **campi di** ~ Vernichtungslager *n pl*.

sterno ['stɛrno] *m* Brustbein *n*.

sternutire [sternu'ti:re] *etc. v.* **starnutare** *etc.*

sterpaglia [ster'paʎʎa] *f* Gestrüpp *n*.

sterpo ['stɛrpo *o.* 'ste...] *m* **1.** *(arbusto)* (ausgedörrter) Dornbusch *m;* **2.** *(ramoscello)* dürrer Zweig.

sterrare [ster'ra:re] *tr (fossa)* ausheben; *(strada, terra)* abtragen. **sterratore** [...ra'to:re] *m* Erdarbeiter *m*.

sterzare [ster'tsa:re] *tr* lenken, steuern. **sterzata** [...'tsa:ta] *f* **1.** *mot* Lenken *n*, Lenkmanöver *n;* **2.** *fig* Meinungsänderung *f*, Kurswechsel *m*. **sterzo** ['stɛrtso] *m* Lenkung *f*.

stessi ['stessi] *v.* **stare.**

stesso, -a ['stesso] **I.** *a* **1.** *(medesimo):* **lo ~, la -a** der-, die-, dasselbe; *(uguale)* der (*o.* die *o.* das) gleiche; **2.** *(in persona)* selbst, selber; **3.** *(proprio)* eben, gerade, genau; **4.** *(anche)* sogar, selbst; **lo farò io** ~ ich werde es selber machen; **ci vado oggi** ~ ich gehe noch heute hin; **in quel momento** ~ genau in diesem Moment; **II.** *adv:* **lo ~ trotzdem, sowieso; III.** *pron:* **lo ~, la -a** der-, die-, dasselbe; *(uguale)* der (*o.* die *o.* das) gleiche; **IV.** *m* dasselbe; **fa** (*o.* **è**) **lo** ~ es ist (ganz) gleich.

steste ['steste, ...ti] , **stesti** *v.* **stare.**

stesura [ste'su:ra] *f* **1.** *adm* Niederschrift *f; (di contratto)* Aufsetzen *n;* **2.** *lit* Fassung *f*.

stetoscopio [stetos'kɔ:pjo] ‹-i› *m* Stethoskop *n*.

stetti ['stetti] *1. pers sing del passato remoto di* **stare.**

steward ['stju:əd] ‹-› *m* Steward *m*.

stia[1] ['sti:a] ‹-ie› *f* Hühnerkäfig *m*.

stia[2] ['sti:a] *etc. v.* **stare.**

stick [stɪk] ‹-› *m* Stift *m;* **rossetto in** ~ Lippenstift *m*.

stigma ['stigma] ‹-i› *m* Stigma *n.*
stigmate ['stigmate] *f pl* **1.** *rel* Wundmale *n pl* (Christi); **2.** *fig* Stigma *n.* **stigmatizzare** [...tid'dza:re] *tr* brandmarken.
stilare [sti'la:re] *tr* aufsetzen, abfassen.
stile ['sti:le] *m* Stil *m;* ~ **libero** Freistil *m;* **avere dello** ~ Stil haben; **in grande** ~ in großem Stil; **lo** ~ **è l'uomo** *prov* der Stil macht den Menschen aus.
stilè [sti'lɛ] ‹*inv*› *a* elegant, vornehm.
stiletto [sti'letto] *m* Stilett *n.*
stilista [sti'lista] ‹-i *m,* -e *f*› *mf* **1.** *lit* Stilist(in) *m(f);* **2.** *(designer)* Designer(in) *m(f),* Stylist(in) *m(f);* **3.** *sport* stilistisch gute(r) Spieler(in) *m(f).*
stilistica [sti'listika] ‹-che› *f* Stilistik *f.* **stilistico, -a** [...ko] ‹-ci, -che› *a* stilistisch.
stilizzare [stilid'dza:re] *tr* stilisieren. **stilizzazione** [...dzat'tsi̯o:ne] *f* Stilisierung *f.*
stillare [stil'la:re] **I.** *itr* ‹*essere*› tropfen, tröpfeln; **II.** *tr* ‹*avere*› absondern, abgeben; **-rsi il cervello** sich *(dat)* den Kopf zerbrechen; **III.** *rfl:* **-rsi** *fig* grübeln.
stilliberista [stillibe'rista] ‹-i *m,* -e *f*› *mf* Freistilschwimmer(in) *m(f).*
stillicidio [stilli'tʃi:di̯o] ‹-i› *m* **1.** *fig* ständige Wiederholung; **2.** *(gocciolamento)* Tropfen *n,* Tröpfeln *n.*
stilo ['sti:lo] *m* **1.** *(pugnale)* Stilett *n,* Dolch *m;* **2.** *(della stadera)* (Waage)balken *m;* **3.** *bot* Griffel *m;* **4.** *hist (per scrivere, cancellare)* Griffel *m;* **5.** *zoo* Stachel *m.*
stilografica [stilo'gra:fika] *f* Füllfederhalter *m,* Füller *m.* **stilografico, -a** [...ko] *a* Füllfeder-, Füller-.
stima ['sti:ma] *f* **1.** *(apprezzamento)* Achtung *f,* Wertschätzung *f;* **2.** *com* Schätzung *f,* Abschätzung *f;* **3.** *naut* Gissung *f;* **avere** ~ **di qu** vor jdm Achtung haben; **fare la** ~ **di qc** etw. schätzen. **stimabile** [sti'ma:bile] *a* **1.** *(persona)* achtbar; **2.** *com* schätzbar, abschätzbar. **stimare** [...'ma:re] **I.** *tr* **1.** *com* schätzen, abschätzen; **2.** *(persona)* schätzen, achten; **3.** *(giudicare)* halten für, einschätzen (als); ~ **che ...** *conj* schätzen (*o.* meinen), daß ...; **II.** *rfl:* **-rsi** sich halten für, sich schätzen; **-rsi furbo/intelligente** sich für schlau/intelligent halten; **-rsi fortunato** sich glücklich schätzen. **stimatore, -trice** [...ma'to:re] *m, f* Schätzer(in) *m(f).*
stimmate ['stimmate] *etc. v.* **stigmate.**
stimolante [stimo'lante] **I.** *a* anregend, stimulierend; **II.** *m* Stimulans *n.* **stimolare** [...'la:re] *tr* stimulieren, anregen, anreizen; *(incitare)* anspornen, antreiben; *(appetito)* anregen. **stimolazione** [...lat'tsi̯o:ne] *f* Stimulierung *f,* Anregung *f.* **stimolo** ['sti:molo] *m* **1.** *(impulso)* Anreiz *m,* Ansporn *m;* **2.** *(di passioni)* Stachel *m;* **3.** *(fisiologico)* Trieb *m,* Reiz *m,* Stimulus *m.*
stinco ['stiŋko] ‹-chi› *m* Schienbein *n;* **non essere uno** ~ **di santo** *fam* nicht gerade ein Heiliger sein.
stingere ['stindʒere] ‹*irr*› **I.** *tr* entfärben; **II.** *rfl:* **-rsi** verblassen, ausbleichen.
stipare [sti'pa:re] **I.** *tr* drängen, zusammendrängen, -pferchen; **II.** *rfl:* **-rsi** sich (zusammen)drängen.
stipendiare [stipen'di̯a:re] ‹stipendio, stipendi› *tr* besolden, Lohn zahlen (*qu* jdm). **stipendiato, -a** [...'di̯a:to] **I.** *a* entlohnt, besoldet; **II.** *m, f* Lohn-, Gehaltsempfänger(in) *m(f).* **stipendio** [...'pɛndi̯o] ‹-i› *m* Lohn *m,* Gehalt *n;* ~ **netto/lordo** Netto-/Bruttogehalt *n;* **aumento di** ~ Gehaltserhöhung *f.*
stipite ['sti:pite] *m* **1.** *arch* (Tür)pfosten *m;* **2.** *fig* Stamm *m,* Ursprung *m;* **3.** *bot (di palme)* Stamm *m; (di funghi)* Stiel *m.*
stipulare [stipu'la:re] *tr* vereinbaren; *(contratto)* abschließen. **stipulazione** [...lat'tsi̯o:ne] *f* Vereinbarung *f; (di contratto)* Abschluß *m.*
stiracalzoni [stirakal'tso:ni] ‹-› *m* Hosenbügler *m.*
stiracchiare [stirak'ki̯a:re] ‹stiracchio, stiracchi› *fam* **I.** *tr* **1.** *fig* knausern mit, sparen an; **2.** *lit* verzerren, verdrehen, entstellen; ~ **la vita** ein kärgliches Leben fristen; **II.** *itr* feilschen (*su* um), handeln (*su* um); **III.** *rfl:* **-rsi** sich recken.
stiramento [stira'mento] *m* **1.** *med* Zerrung *f;* **2.** *(lo stirarsi)* Recken *n,* Strecken *n.* **stirare** [...'ra:re] **I.** *tr* **1.** *(distendere)* strecken, dehnen, ziehen; **2.** *(col ferro caldo)* bügeln; **II.** *rfl:* **-rsi** *fam* sich recken.
stiratore, -a (*o.* **-trice**) [stira'to:re] *m, f* Bügler(in) *m(f).* **stiratrice** *f tec* Bügelmaschine *f.* **stiratura** [...'tu:ra] *f* Bügeln *n.* **stireria** [...re'ri:a] ‹-ie› *f* Bügelanstalt *f.*
Stiria ['sti:ri̯a] *f* Steiermark *f.*
stiro ['sti:ro] *m* Bügeln *n;* **ferro/asse/tavolo da** ~ Bügeleisen *n*/-brett *n*/-tisch *m.*
stirpe ['stirpe] *f* **1.** *(complesso d'individui)* Stamm *m;* **2.** *(di famiglia)* Geschlecht *n,* Haus *n.*

stitica *f v.* **stitico.**
stitichezza [stiti'kettsa] *f* **1.** *med* Verstopfung *f,* Darmträgheit *f;* **2.** *fig* Geiz *m,* Knauserei *f.* **stitico, -a** ['sti:tiko] ‹-ci, -che› **I.** *a* **1.** *med* zu Verstopfung neigend; **2.** *fig* knaus(e)rig, geizig; **II.** *m, f* **1.** *med* an Verstopfung Leidende(r) *mf;* **2.** *fig* Geizhals *m,* Geizkragen *m.*
stiva ['sti:va] *f* Laderaum *m.*
stivale [sti'va:le] *m* Stiefel *m;* ... **dei miei -i** *pej* nichtsnutzig, der/die/das letzte ... *fam.* **stivaletto** [...va'letto] *m* Stiefelette *f,* Halbstiefel *m.* **stivalone** [...va'lo:ne] *m* Schaftstiefel *m.*
stivare [sti'va:re] *tr* (ver)stauen.
stizza ['stittsa] *f* Ärger *m.* **stizzire** [...'tsi:re] ‹stizzisco› **I.** *tr* ärgern; **II.** *rfl:* **-rsi** sich ärgern. **stizzoso, -a** [...'tso:so] *a* **1.** *(persona)* reizbar, grimmig; **2.** *(cosa, etc.)* ärgerlich.
sto [stɔ] *1. pers sing pr di* **stare.**
stoccafisso [stokka'fisso] *m* **1.** *gastr* Stockfisch *m;* **2.** *fig fam* (dünner) Hering *m fam.*
stoccaggio [stok'kaddʒo] ‹-ggi› *m* Lagerung *f.*
Stoccarda [stok'karda] *f* Stuttgart *n.*
stoccata [stok'ka:ta] *f* **1.** *(colpo)* Degenstoß *m;* **2.** *sport (scherma)* Hieb *m; (calcio)* Torschuß *m;* **3.** *fig (allusione)* Anspielung *f,* Seitenhieb *m,* Stich *m;* **dare una ~ a qu** *fam* jdm Geld abknöpfen.
Stoccolma [stok'kolma] *f* Stockholm *n.*
stock [stɔk] ‹-› *m* Stock *m,* Lager *n.*
stoffa ['stɔffa] *f* **1.** *(tessuto)* Stoff *m,* Gewebe *n;* **2.** *fig fam* Zeug *n,* Talent *n;* **3.** *sl* Stoff *m sl;* **avere della ~** *fam* Talent haben; **avere la ~ del banchiere** *fam* das Zeug zum Bankier haben.
stoica *f v.* **stoico.**
stoicismo [stoi'tʃizmo] *m* **1.** *philos* Stoizismus *m;* **2.** *fig* Gelassenheit *f.* **stoico, -a** ['stɔ:iko] ‹-ci, -che› **I.** *a* **1.** *philos* stoisch; **2.** *fig* stoisch, gelassen, unerschütterlich; **II.** *m, f* **1.** *philos* Stoiker(in) *m(f);* **2.** *fig* gelassener Mensch.
stoino [sto'i:no] *m* Fußmatte *f.*
stola ['stɔ:la] *f* Stola *f.*
stolido, -a ['stɔ:lido] **I.** *a* dumm, blöd(e); **II.** *m, f* Dummkopf *m,* Blödian *m.*
stolta *f v.* **stolto.**
stoltezza [stol'tettsa] *f* Dummheit *f,* Blödheit *f.* **stolto, -a** ['stolto] **I.** *a* dumm, blöd(e); **II.** *m, f* Dummkopf *m,* Blödian *m.*
stomacare [stoma'ka:re] ‹stomaco, stomachi› **I.** *tr* den Magen umdrehen (*qu* jdm), anekeln; **II.** *rfl:* **-rsi** sich ekeln (*di* vor). **stomachevole** [...'ke:vole] *a* ekelhaft, widerlich.
stomaco ['stɔ:mako] ‹-chi *o.* -ci› *m* Magen *m;* **avere qc sullo ~** etw. schwer im Magen liegen haben; *fig* etw. nicht ertragen können; **dare di ~** sich übergeben, (sich) erbrechen; **rivoltare lo ~ a qu** jdm den Magen umdrehen; **riempirsi lo ~** *fam* sich *(dat)* den Bauch vollschlagen.
stonare [sto'na:re] **I.** *tr* **1.** *mus* falsch spielen (*o.* singen); **2.** *fig fam* durcheinanderbringen; **II.** *itr fig* nicht passen (*con* zu); *(colori a.)* sich beißen (*con* mit). **stonato, -a** [...'na:to] *a* **1.** *mus (strumento)* verstimmt; *(persona)* falsch spielend (*o.* singend); **2.** *fig* verwirrt, durcheinander; **nota -a** *(a. fig)* Mißton *m.* **stonatura** [...na'tu:ra] *f* **1.** *mus* Falschspiel *n,* Verspielen *n; (il cantare)* Falschsingen *n; (nota)* Mißton *m;* **2.** *fig* Verwirrung *f.*
stop [stɔp] ‹-› *m* **1.** *(segnaletica)* Stoppschild *n;* **2.** *mot* Bremslicht *n;* **3.** *tel* Stop *n;* **4.** *sport (calcio)* Stoppen *n; (pugilato)* Stoppschlag *m;* **5.** *(ordine)* Stoppruf *m,* Haltebefehl *m.*
stoppa ['stoppa] *f* Werg *n;* **capelli di ~** strohige Haare *n pl;* **uomo di ~** Schwächling *m;* **questa carne sembra ~** *fam* dieses Fleisch ist zäh wie Leder.
stoppare[1] [stop'pa:re] *tr (arrestare)* anhalten; *(a. sport)* stoppen.
stoppare[2] [stop'pa:re] *tr (otturare)* stopfen, verstopfen.
stoppata [stop'pa:ta] *f* Stoppen *n.*
stoppia ['stoppi̯a] ‹-ie› *f* Stoppel *f.*
stoppino [stop'pi:no] *m (di candela)* Docht *m; (miccia)* Zündschnur *f.*
stopposo, -a [stop'po:so] *a* strohig.
storcere ['stɔrtʃere] ‹*irr*› **I.** *tr* **1.** *(chiave, chiodo)* verbiegen, krümmen; **2.** *(bocca)* verziehen; *(naso)* rümpfen; **-rsi la mano** sich *(dat)* die Hand verstauchen; **II.** *rfl:* **-rsi** sich krümmen.
stordimento [stordi'mento] *m* Verwirrung *f.* **stordire** [...'di:re] ‹stordisco› **I.** *tr* **1.** *(ottundere)* betäuben; **2.** *fig (sbalordire)* ganz durcheinanderbringen; **II.** *rfl:* **-rsi** sich ablenken, sich zerstreuen; *(bevendo)* sich betäuben. **stordito, -a** [...'di:to] **I.** *a* **1.** *(tramortito)* betäubt, benommen; **2.** *fig* durcheinander, verwirrt; **3.** *fam pej* zerstreut, fahrig; **II.** *m, f*

zerstreute Person, zerstreuter Professor *scherz.*

storia ['stɔ:ri̯a] ‹-ie› *f* Geschichte *f;* ~ **naturale** Naturkunde *f;* ~ **della letteratura tedesca** deutsche Literaturgeschichte; **passare alla** ~ in die Geschichte eingehen; **è sempre la solita** ~ *fam* es ist immer dasselbe; **sono tutte -ie!** *fam* das sind alles Märchen!; **quante -ie!** *fam* so ein Unsinn!, so ein Theater!

storica *f v.* **storico.**

storicizzare [storitʃid'dza:re] *tr* historisieren. **storico, -a** ['stɔ:riko] ‹-ci, -che› **I.** *a* **1.** *hist* historisch, geschichtlich; **2.** *(memorabile)* denkwürdig, historisch, geschichtsträchtig; **romanzo/film** ~ historischer Roman/Film; **II.** *m, f* Historiker(in) *m(f).*

storiella [sto'ri̯ɛlla] *f fam* kleine Geschichte, Histörchen *n fam scherz.*

storiografa *f v.* **storiografo.**

storiografia [stori̯ogra'fi:a] *f* Geschichtsschreibung *f,* Historiographie *f.* **storiografo, -a** [...'ri̯ɔ:grafo] *m, f* Geschichtsschreiber(in) *m(f),* Historiograph(in) *m(f).*

storione [sto'ri̯o:ne] *m* Stör *m.*

stormire [stor'mi:re] ‹stormisco› *itr* rascheln.

stormo ['stormo] *m* **1.** *zoo* Schwarm *m,* Schar *f;* **2.** *aero* Geschwader *n;* **s(u)onare a** ~ Sturm läuten.

stornare [stor'na:re] *tr* **1.** *com* stornieren; **2.** *(pericolo)* abwenden, ablenken; **3.** *fig* ablenken (*da* von). **storno** ['storno] *m* **1.** *zoo* Star *m;* **2.** *com* Storno *m o. n,* Umbuchung *f.*

storno, -a ['storno] *a:* **cavallo** ~ Grauschimmel *m.*

storpia *f v.* **storpio.**

storpiare [stor'pi̯a:re] ‹storpio, storpi› **I.** *tr* verkrüppeln; *(persona a.)* zum Krüppel machen; ~ **le parole** radebrechen; **II.** *rfl:* **-rsi** zum Krüppel werden. **storpiatura** [...i̯a'tu:ra] *f* **1.** *fig* Radebrechen *n;* **2.** *med* Verkrüpp(e)lung *f.* **storpio, -a** ['stɔrpi̯o] ‹-i, -ie› **I.** *a* verkrüppelt; **II.** *m, f* Krüppel *m.*

storta[1] ['stɔrta] *f* **1.** *gener.* Krümmung *f,* Biegung *f;* **2.** *fam med* Verstauchung *f.*

storta[2] ['stɔrta] *f* **1.** *chem* Retorte *f;* **2.** *(pappagallo)* Urinflasche *f.*

storto, -a ['stɔrto] *a* **1.** *(gambe)* krumm; **2.** *(righe)* schief, schräg; **3.** *fig* verdreht, absurd. **stortura** [stor'tu:ra] *f fig* Krummheit *f,* Schiefheit *f.*

stoviglie [sto'viʎʎe] *f pl* Geschirr *n;* **lavare le** ~ (das Geschirr) spülen.

strabico, -a ['stra:biko] ‹-ci, -che› **I.** *a* schielend; **essere** ~ schielen; **II.** *m, f* Schielende(r) *mf.*

strabiliare [strabi'li̯a:re] ‹strabilio, strabili› *tr* verblüffen.

strabismo [stra'bizmo] *m* Schielen *n,* Strabismus *m scient.*

strabuzzare [strabud'dza:re] *tr* verdrehen.

stracarico, -a [stra'ka:riko] *a fam* überfüllt, überladen.

stracchino [strak'ki:no] *m* Stracchino *m (Schimmelkäse aus der Lombardei).*

stracciare [strat'tʃa:re] ‹straccio, stracci› **I.** *tr* **1.** *(lettera, vestito)* zerreißen, zerfetzen; **2.** *fam sport* schlagen; **II.** *rfl:* **-rsi** (zer)reißen, zerfetzen.

stracciatella [strattʃa'tɛlla] *f* Einlaufsuppe *f.*

straccio ['strattʃo] ‹-cci› *m* **1.** *(cencio)* Lappen *m,* Lumpen *m;* **2.** ‹*pl*› *fam pej* Klamotten *f pl fam;* ~ **per i pavimenti** Aufnehmer *m,* Aufwischlappen *m;* **uno** ~ **di** *fam* ein Fetzen von *fam;* **non avere uno** ~ **di vestito** *fam* nichts zum Anziehen haben; **ridursi/sentirsi uno** ~ sich abrackern/sich ganz kaputt (*o.* erschöpft) fühlen. **straccio, -a** ['strattʃo] ‹-cci, -cce› *a* Lumpen-, Alt-; **carta -a** Altpapier *n.*

straccione, -a [...'tʃo:ne] *m, f* zerlumpter Mensch. **straccivendolo, -a** [...tʃi'vendolo] *m, f* Lumpensammler(in) *m(f),* -händler(in) *m(f).*

stracco, -a ['strakko] ‹-cchi, -cche› *a dial fam* kaputt *fam,* erledigt *sl.*

stracotto, -a [stra'kɔtto] **I.** *a* (zu) lange gekocht, verkocht; **è cotto e** ~ **della sua ragazza** *fam* er ist ganz verknallt (*o.* verschossen) in sein Mädchen *fam;* **II.** *m* Schmorbraten *m.* **stracuocere** [...'ku̯ɔ:tʃere] ‹*irr*› *tr* (zu) lange kochen, verkochen lassen.

strada ['stra:da] *f* Straße *f; (cammino)* Weg *m;* ~ **ferrata** Schienenweg *m,* Schienenstrecke *f;* ~ **traversa** Querstraße *f;* ~ **a senso unico** Einbahnstraße *f;* ~ **senza uscita** *(a. fig)* Sackgasse *f;* **codice della** ~ Straßenverkehrsordnung *f;* **l'uomo della** ~ der Mann von (*o.* auf) der Straße; **donna di** ~ *pej* Hure *f,* Strichmädchen *n;* **ragazzo di** ~ *pej* Straßenjunge *m;* **vittima della** ~ Verkehrsopfer *n;* **andare per la propria** ~ seine eigenen Wege gehen; **andare fuori** ~ *fig* auf dem Holzweg sein; **farsi** ~ Karriere machen, sich vorwärtskämpfen; **mettere** (*o.* **buttare**) **qu in mezzo alla** (*o.* **sulla**) ~ jdn auf die Straße setzen; **trovarsi sulla** ~ *fig* auf der Straße liegen; **essere su una cattiva ~** auf eine schlechte (*o.* die schiefe) Bahn geraten sein; **divorare la ~** *fig* Kilometer fressen *fam;* **tagliare la ~ a qu** jdm den Weg abschneiden; **~ facendo** unterwegs; **a un'ora di ~** nach einer Stunde (Wegs); **tutte le -e portano a Roma** *prov* alle Wege führen nach Rom *prov;* **la ~ dell'inferno è lastricata di buone intenzioni** *prov* der Weg zur Hölle ist mit guten Vorsätzen gepflastert *prov.* **stradale** [stra'da:le] **I.** *a* Straßen-, Verkehrs-; **II.** *f* Verkehrspolizei *f.* **stradario** [...'da:ri̯o] ‹-i› *m* Straßenverzeichnis *n.* **stradino** [...'di:no] *m* Straßenarbeiter *m.*

stradivario [stradi'va:ri̯o] ‹-i› *m* Stradivari(geige) *f.*

stradone [stra'do:ne] *m* Allee *f.*

strafaccio [stra'fattʃo] *1. pers sing pr di* **strafare.**

strafalcione, -a [strafal'tʃo:ne] **I.** *m (errore)* großer (*o.* dicker) Fehler, Schnitzer *m fam;* **II.** *m, f fam* Schlamper(in) *m(f),* schlampiger Mensch.

strafare [stra'fa:re] ‹strafaccio *o.* strafò, *irr*› *tr* übertreiben.

strafatto, -a [stra'fatto] *a* überreif.

strafò [stra'fɔ] *1. pers sing pr di* **strafare.**

straforo [stra'fo:ro] *m:* **di ~** *(di nascosto)* heimlich; *(di sfuggita)* flüchtig.

strafottei [strafot'te:i] *1. pers sing del passato remoto di* **strafottere.**

strafottente [strafot'tɛnte] *a* rücksichtslos, unverschämt, unverfroren. **strafottenza** [...'tɛntsa] *f* Unverschämtheit *f,* Unverfrorenheit *f,* Rücksichtslosigkeit *f.*

strafottere [stra'fottere] ‹strafotto, strafottei *o.* strafottetti, strafottuto› *vulg* **I.** *tr:* **a ~** wie Dreck *vulg;* **II.** *rfl:* **strafottersene** sich einen Dreck (*o.* Scheiß) darum scheren *vulg.*

strage ['stra:dʒe] *f* **1.** *(uccisione)* Massaker *n,* Blutbad *n;* **2.** *fig fam* Haufen *m fam.*

stragrande [stra'grande] *a fam* riesengroß.

stralciare [stral'tʃa:re] ‹stralcio, stralci› *tr* **1.** *(eliminare)* entfernen; *(passo, etc. a.)* herausnehmen, streichen; **2.** *jur, adm, com* aufheben, liquidieren. **stralcio** ['straltʃo] ‹-ci› *m* **1.** *(eliminazione)* Entfernung *f,* Streichung *f;* **2.** *com* Liquidation *f;* **3.** *(brano scelto)* Auszug *m,* Abschnitt *m;* **legge ~** Gesetzesauszug *m;* **mettere in ~** liquidieren; **vendere a ~** ausverkaufen.

stralunare [stralu'na:re] *tr* verdrehen.

stralunato, -a [...'na:to] *a* **1.** *(occhi)* verdreht; **2.** *(persona)* aufgelöst.

stramaledire [stramale'di:re] ‹*irr*› *tr* in Grund und Boden verfluchen.

stramazzare [stramat'tsa:re] *itr* ‹*essere*› hinfallen, hinschlagen.

stramberia [strambe'ri:a] ‹-ie› *f* Sonderbarkeit *f,* Merkwürdigkeit *f.* **strambo, -a** ['strambo] *a* sonderbar, komisch, merkwürdig.

strame ['stra:me] *m* Streu *f.*

strampalato, -a [strampa'la:to] *a* verrückt.

stranezza [stra'nettsa] *f* Seltsamkeit *f.*

strangolamento [straŋgola'mento] *m* Erdrosseln *n,* Strangulieren *n,* Erwürgen *n.* **strangolare** [...'la:re] *tr* **1.** *(uccidere)* erdrosseln, erwürgen, strangulieren; **2.** *fig* die Luft nehmen (*o.* abdrücken) (*qu* jdm). **strangolatore, -trice** [...la'to:re] *m, f* Würger(in) *m(f),* Erwürger(in) *m(f).*

straniare [stra'ni̯a:re] ‹stranio, strani› **I.** *tr* entfremden; **II.** *rfl:* **-rsi** sich entfremden, fremd werden (*da qu* jdm).

straniero, -a [stra'ni̯ɛ:ro] **I.** *a* **1.** *(di altro paese)* fremd, ausländisch; **2.** *(nemico)* fremd, feindlich; **lingua -a** Fremdsprache *f;* **legione -a** Fremdenlegion *f;* **II.** *m, f* **1.** *(di altro stato)* Ausländer(in) *m(f),* Fremde(r) *mf;* **2.** *(popolo nemico)* Feind *m,* Fremdling *m;* **università per -i** Ausländeruniversität *f.*

stranito, -a [stra'ni:to] *a* verworren, durcheinander.

strano, -a ['stra:no] *a* seltsam, merkwürdig, sonderbar.

straordinario, -a [straordi'na:ri̯o] **I.** *a* außerordentlich, ungewöhnlich, Sonder-; **treno ~** Sonderzug *m;* **lavoro ~** Überstunden *f pl;* **II.** *m* Überstunden *f pl,* Mehrarbeit *f;* **fare lo ~** Überstunden machen.

strapagare [strapa'ga:re] *tr* über(be)zahlen, zu viel zahlen (*qu* jdm).

strapazzare [strapat'tsa:re] **I.** *tr* **1.** *(persone)* schlecht behandeln, mißhandeln; **2.** *(cose)* schlecht behandeln, strapazieren; **3.** *lit* fehlinterpretieren, falsch wiedergeben; **~ un uovo** ein Rührei zubereiten (*o.* machen); **II.** *rfl:* **-rsi** sich strapazieren, sich abrackern. **strapazzata** [...'tsa:ta] *f* **1.** *(faticata)* Strapaze *f;* **2.** *(sgridata)* (schwerer) Verweis *m,* Anpfiff *m fam.* **strapazzato, -a** [...'tsa:to] *a* **1.** *gastr:* **uova -e** Rühreier *n pl;* **2.** *(vita)* voller Strapazen, mühevoll. **strapazzo** [...'pattso] *m* Strapaze *f,* Mühsal *f geh;* **da ~** *pej (cosa)* minderwertig,

Wegwerf-; *(autore, etc.)* schlecht, trivial, nicht ernstzunehmen(d).

strapieno, -a [stra'pi̯ɛ:no] *a fam* überfüllt, rappelvoll *fam.*

strapiombare [strapi̯om'ba:re] *itr* überhängen, überragen. **strapiombo** [...'pi̯ombo] *m* Überhang *m;* **a ~** überhängend, überragend.

strappalacrime [strappa'la:krime] ‹*inv*› *a* rührselig, auf die Tränendrüsen drückend.

strappare [strap'pa:re] **I.** *tr* **1.** *(ramo, fiore)* abreißen, ausreißen; *(pagina)* herausreißen; *(carta)* zerreißen; **2.** *med (dente)* ziehen; **3.** *(persona)* entreißen; **4.** *fig (cuore)* zerreißen; *(promessa)* abringen; *(confessione)* entreißen; **~ le lacrime a qu** jdn zu Tränen rühren; **~ gli applausi** großen Applaus ernten; **II.** *itr (frizione)* rupfen; **III.** *rfl:* **-rsi** (zer)reißen, kaputtgehen *fam.* **strappo** ['strappo] *m* **1.** *(med, lacerazione)* Riß *m;* **2.** *fig* Verstoß *m* (*a* gegen); *(eccezione)* Ausnahme *f* (*a* von); **3.** *(trazione)* Ruck *m* **4.** *sport (sollevamento pesi)* Reißen *n; (ciclismo)* Spurt *m;* **a -i** ruckartig; **chiusura a ~** Klett(en)verschluß *m.*

strapuntino [strapun'ti:no] *m* Klappsitz *m.*

straricco, -a [stra'rikko] *a fam* steinreich *fam.*

straripare [strari'pa:re] *itr* ‹*essere o. avere*› über das (*o.* die) Ufer treten.

Strasburgo [straz'burgo] *f* Straßburg *n.*

strascicare [straʃʃi'ka:re] ‹strascico, strascichi› **I.** *tr* **1.** *(gambe, piedi)* nachziehen; **2.** *(vestito, coperta)* (nach)schleifen; **3.** *fig* schleifen lassen; *(malattia)* verschleppen; **~ le parole** langsam und gedehnt sprechen; **II.** *itr* schleifen; **III.** *rfl:* **-rsi** sich schleppen, sich hinziehen. **strascico** ['straʃʃiko] ‹-chi› *m* **1.** *(lo strascicare)* Schleppen *n,* Schleifen *n;* **2.** *(di abito)* Schleppe *f;* **3.** *(seguito)* Folge *f,* Nachwirkung *f;* **4.** *(di lumaca)* Schleimspur *f;* **5.** *(corteo)* Gefolge *n;* **rete a ~** Schleppnetz *n.*

strass [stras] ‹-› *m* Straß *m.*

stratagemma [strata'dʒɛmma] ‹-i› *m* List *f,* Trick *m.*

strategia [strate'dʒi:a] ‹-gie› *f* Strategie *f.* **strategico, -a** [...'tɛ:dʒiko] ‹-ci, -che› *a* **1.** *mil* strategisch; **2.** *fig* strategisch, geschickt.

stratificare [stratifi'ka:re] ‹stratifico, stratifichi› **I.** *tr* schichten, in Schichten anordnen; *geol* stratifizieren; **II.** *rfl:* **-rsi** sich schichten, in Schichten angeordnet sein. **stratificazione** [...kat'tsi̯o:ne] *f* Schichtung *f; (geol a.)* Stratifikation *f.*

strato ['stra:to] *m* **1.** *gener., geol, biol, fig* Schicht *f;* **2.** *meteo* Schichtwolke *f,* Stratus(wolke *f*) *m;* **a -i** in Schichten, schichtweise.

stratosfera [stratos'fɛ:ra] *f* Stratosphäre *f.* **stratosferico, -a** [...'fɛ:riko] *a* **1.** *meteo* stratosphärisch, Stratosphären-; **2.** *fig* astronomisch.

strattone [strat'to:ne] *m* Ruck *m.*

stravaccarsi [stravak'karsi] ‹mi stravacco, ti stravacchi› *rfl fam* sich hinlümmeln *fam,* sich hinfläzen *fam.*

stravagante [strava'gante] **I.** *a* extravagant, exzentrisch; **II.** *mf* Exzentriker(in) *m(f).* **stravaganza** [...'gantsa] *f* Extravaganz *f.*

stravecchio, -a [stra'vɛkki̯o] *a* uralt; *gastr* gut abgelagert; *(vino, etc.)* alt.

stravedere [strave'de:re] ‹*irr*› *itr:* **~ per qu** jdn blind lieben (*o.* verehren).

stravincere [stra'vintʃere] ‹*irr*› *tr* restlos (*o.* mit Pauken und Trompeten *fam*) besiegen.

stravizio [stra'vittsi̯o] *m* Laster *n,* Ausschweifung *f.*

stravolgere [stra'vɔldʒere] ‹*irr*› **I.** *tr* **1.** *(occhi)* verdrehen; **2.** *fig (persone)* (stark) verwirren, (völlig) durcheinanderbringen; *(fatti)* verdrehen; **3.** *(volto)* verzerren, entstellen; **II.** *II, rfl:* **-rsi** entstellt (*o.* verzerrt) werden.

straziante [strat'tsi̯ante] *a* entsetzlich, schrecklich; *(grida, etc. a.)* herzzerreißend.

straziare [strat'tsi̯a:re] ‹strazio, strazi› *tr* **1.** *(maltrattare)* quälen, peinigen, mißhandeln; **2.** *fig (affliggere)* weh tun (*qu* jdm), quälen; **~ il cuore a qu** jdm das Herz zerreißen; **questa musica strazia gli orecchi** diese Musik tut in den Ohren weh. **strazio** ['strattsi̯o] ‹-i› *m* **1.** *(tormento)* Qual *f,* Pein *f;* **2.** *fig* Entstellung *f,* Zerstörung *f;* **fare ~ di qc** etw. entstellen; **che ~ quel vestito!** *fam* was für ein scheußliches Kleid!

strega ['stre:ga] ‹-ghe› *f* Hexe *f;* **caccia alle -ghe** Hexenjagd *f.* **stregare** [stre'ga:re] ‹strego, streghi› *tr (a. fig)* verhexen. **stregone** [...'go:ne] *m* **1.** *(mago)* Magier *m,* Hexenmeister *m;* **2.** *(presso i popoli primitivi)* Medizinmann *m;* **3.** *(guaritore)* Heilpraktiker *m.* **stregoneria** [...gone'ri:a] ‹-ie› *f* Hexerei *f,* Magie *f.*

stregua ['stre:gu̯a] *f:* **alla ~ di** gleich wie, nach dem gleichen Maßstab wie, in der gleichen Weise wie.

stremare [stre'ma:re] *tr* (völlig) er-

schöpfen. **stremo** ['strɛ:mo] *m* Ende *n*, Äußerste(s) *n*.
strenna ['strɛnna] *f* Geschenk *n*.
strenuo, -a ['strɛ:nuo] *a* **1.** *(difesa)* tapfer; **2.** *(lavoratore)* unermüdlich, wacker.
strepitare [strepi'ta:re] *itr* **1.** *(parlare forte)* schreien, brüllen; **2.** *(produrre rumori)* Krach machen, laute Geräusche machen. **strepitio** [...'ti:o] ‹-ii›, **strepito** ['strɛ:pito] *m* Lärm *m*, Krach *m*. **strepitoso, -a** [...'to:so] *a* **1.** *(rumoroso)* lärmend, dröhnend, lautstark; *(applausi)* tosend; **2.** *fig (successo)* glänzend, großartig.
stress [stres] ‹-› *m* Streß *m*; **essere sotto ~** im Streß sein. **stressante** [stres'sante] *a* stressend, stressig *fam*. **stressare** [...'sa:re] *tr* stressen.
stretta ['stretta] *f* **1.** *(pressione)* Druck *m*; **2.** *fig (turbamento)* Beklemmung *f*; **3.** *(calca)* Gedränge *n*; **4.** *(momento critico)* Krise *f*, Höhepunkt *m*; **5.** *(gola)* enger Durchlaß, Engpaß *m*; **~ creditizia** Kreditrestriktion *f*; **dare una ~ alla vite/morsa** die Schraube/den Schraubstock anziehen; **essere alla ~ finale** im Endspurt sein; **essere/mettere alle -e** in der Klemme sitzen/in die Enge treiben; **venire alle -e** zur Sache (*o.* zum Ziel) kommen.
strettezza [stret'tettsa] *f* **1.** *(dimensione scarsa)* Enge *f*; **2.** ‹*pl*› *(povertà)* Armut *f*; **3.** *fig (di tempo, etc.)* Knappheit *f*. **stretto, -a** ['stretto] **I.** *pp di* **stringere**; **II.** *a* **1.** *(tavolo, strada)* schmal; **2.** *(vestito)* eng, knapp; **3.** *(serrato)* eng, fest; **4.** *(parenti)* nah(e); *(amico)* eng; **5.** *(osservanza, disciplina)* streng, strikt; **6.** *ling* geschlossen; **lo ~ necessario** das Allernötigste; **avere il cuore ~ dall'angoscia** das Herz vor Angst zugeschnürt haben; **tenere la borsa -a** auf der Tasche sitzen *fam*; **vincere di -a misura** ganz knapp gewinnen; **a denti -i** mit zusammengebissenen Zähnen; **III.** *m* Meerenge *f*. **strettoia** [...'to:i̯a] ‹-oie› *f* **1.** *(di strada)* Engpaß *m*, Engstelle *f*; **2.** *fig* Engpaß *m*, Klemme *f*.
striare [stri'a:re] ‹strio, strii› *tr* streifen. **striato, -a** [...'a:to] *a* gestreift. **striatura** [...ia'tu:ra] *f* Streifung *f*.
stricnina [strik'ni:na] *f* Strychnin *n*.
stridei [stri'de:i] *1. pers sing pr del passato remoto di* **stridere**.
stridente [stri'dɛnte] *a* beißend, schreiend; *(contrasto a.)* kraß; *(colori a.)* grell.
stridere ['stri:dere] ‹strido, stridei *o.* stridetti, *rar* striduto› *itr* **1.** *zoo* kreischen; *(corvo)* krächzen; *(cicale)* zirpen; **2.** *(persona)* kreischen; **3.** *(porta, freni)* quietschen; *(fiamma)* knistern; *(oggetto caldo nell'acqua)* zischen; *(vento)* heulen; **4.** *fig (essere in contrasto)* sich nicht vertragen (*con* mit); *(colori)* sich beißen. **stridio** [stri'di:o] ‹-ii› *m* Kreischen *n*, Quietschen *n*.
strido[1] ['stri:do] *1. pers sing pr di* **stridere.**
strido[2] ['stri:do] ‹*pl:* -a *f o. rar* -i *m*› *m* (spitzer) Schrei *m*, Kreischen *n*. **stridore** [stri'do:re] *m* Quietschen *n*, Kreischen *n*. **stridulo, -a** ['stri:dulo] *a* schrill, kreischend; *(cicale)* zirpend. **striduto** [stri'du:to] *pp di* **stridere.**
striglia ['striʎʎa] ‹-glie› *f* Striegel *m*. **strigliare** [...'ʎa:re] ‹striglio, strigli› **I.** *tr* **1.** *(cavallo)* striegeln; **2.** *fig* herunterputzen; **II.** *rfl:* **-rsi** *fam* sich striegeln. **strigliata** [...'ʎa:ta] *f* **1.** *fig* Schelte *f*, (harte) Kritik *f*; **2.** *(passata di striglia)* Striegeln *n*.
strillare [stril'la:re] **I.** *itr* schreien, brüllen; **II.** *tr* **1.** *(parlare forte)* schreien, brüllen; **2.** *fam* ausschimpfen. **strillata** [...'la:ta] *f* Geschrei *n*. **strillo** ['strillo] *m* Schrei *m*. **strillone, -a** [...'lo:ne] *m, f* **1.** *com* Zeitungsverkäufer(in) *m(f)*; **2.** *fam pej* Schreihals *m fam*.
striminzito, -a [strimin'tsi:to] *a* **1.** *(vestito)* knapp *(geschnitten)*; **2.** *(persona)* dürr, mager.
strimpellare [strimpel'la:re] *tr fam* klimpern auf *fam*.
stringa ['striŋga] ‹-ghe› *f* Schnürsenkel *m*.
stringare [striŋ'ga:re] ‹stringo, stringhi› *tr* kurz fassen, knapp halten. **stringato, -a** [...'ga:to] *a* kurz, knapp, bündig.
stringere ['strindʒere] ‹stringo, strinsi, stretto› **I.** *tr* **1.** *(serrare)* drücken, zudrücken, schließen; *(tenere stretto)* festhalten, fest an sich drücken; **2.** *(tenaglie, due cose)* zusammendrücken; *(vite)* anziehen; **3.** *(denti)* zusammenbeißen; *(labbra)* zusammenkneifen, -pressen; *(pugni)* ballen; **4.** *(alleanza, amicizia)* schließen; **5.** *mot (curva)* (an)schneiden; **6.** *(vestito)* enger machen; **7.** *fig (riassumere)* straffen, kurz fassen; **8.** *(accelerare)* beschleunigen; **~ i freni** *fig* die Zügel anziehen; **~ la mano/il collo a qu** jdm die Hand drücken/jdm den Hals zudrükken; **~ qu fra le braccia** jdn in die Arme schließen; **~ una città d'assedio** eine Stadt belagern; **stringi stringi** letzten Endes, schließlich, letztlich;

II. *itr* drängen; **III.** *rfl:* **-rsi 1.** *(avvicinarsi)* sich (zusammen)drängen; **2.** *fig* sich zusammenziehen; **-rsi addosso alla parete** sich an die Wand drükken; **-rsi nelle spalle** die Schultern zucken.

strip-tease ['strɪpti:z] ‹-› *m* Striptease *m o. n.*

striscia ['striʃʃa] ‹-sce› *f* **1.** *(di stoffa, carta, etc.)* Streifen *m;* **2.** ‹*pl*› : **-sce (pedonali)** Zebrastreifen *m;* **3.** *(fumetto)* Comic(strip) *m;* **a -sce** gestreift.

strisciante [striʃ'ʃante] *a* **1.** *zoo* kriechend, Kriech-; **2.** *fig pej* kriecherisch; **3.** *(inflazione)* schleichend.

strisciare [striʃ'ʃa:re] ‹striscio, strisci› **I.** *itr* **1.** *zoo* kriechen; *(serpente)* sich schlängeln; **2.** *(passare rasente)* streifen, schleifen; *(sfregare)* entlangstreifen (*contro* an); **II.** *tr* **1.** *(piedi)* schleifen (lassen); **2.** *(sfiorare)* streifen; **III.** *rfl:* **-rsi 1.** *(sfregarsi)* sich reiben (*contro* an); **2.** *fig* umschmeicheln (*a qu* jdn). **strisciata** [...'ʃa:ta] *f* **1.** *(lo strisciare)* Streifen *n,* Schleifen *n; zoo* Kriechen *n;* **2.** *(segno)* Streifen *m,* Schleifspur *f.* **striscio** ['striʃʃo] ‹-sci› *m* **1.** *med* Abstrich *m;* **2.** *(ballando)* Wischer *m,* Slide *m;* **di ~** Streif-, streifend; **colpire di ~** streifen.

striscione [striʃ'ʃo:ne] *m* Spruchband *n,* Reklameband *n.*

stritolamento [stritola'mento] *m* Zermalmung *f.* **stritolare** [...'la:re] *tr* **1.** *(sassi)* zermalmen; **2.** *fig* zunichte machen.

strizzare [strit'tsa:re] *tr* **1.** *(panni)* auswringen; **2.** *(limone)* (aus)pressen; **~ l'occhio a qu** jdm zuzwinkern.

strofa, strofe ['strɔ:fa, ...fe] ‹-› *f* Strophe *f.*

strofinaccio [strofi'nattʃo] ‹-cci› *m* Wisch-, Putztuch *n.*

strofinare [strofi'na:re] **I.** *tr (tavolo, argenteria)* abreiben, polieren; *(pavimento)* scheuern; **-rsi gli occhi/le mani** sich *(dat)* die Augen/Hände reiben; **II.** *rfl:* **-rsi** (vorbei)streifen, entlangstreichen.

strombazzare [strombat'tsa:re] **I.** *tr* ausposaunen, herausschreien; **II.** *itr* (mehrmals) hupen.

stroncare [stroŋ'ka:re] ‹stronco, stronchi› *tr* **1.** *(ramo)* abreißen, abbrechen; **2.** *fig (interrompere)* unterbinden, unterdrücken; **3.** *fig (criticando)* verreißen. **stroncatura** [...ka'tu:ra] *f* Verriß *m.*

stronza *f v.* **stronzo.**

stronzio ['strontsi̯o] *m* Strontium *n.*

stronzo, -a ['strontso] *vulg* **I.** *m, f* Arschloch *n vulg;* **II.** *m (escremento)* Scheiße *f vulg.*

stropicciare [stropit'tʃa:re] ‹stropiccio, stropicci› *tr* **1.** *(mano, braccio)* reiben; **2.** *(vestito)* zerknautschen, zerknittern.

strozzamento [strottsa'mento] *m* **1.** *med* Einklemmen *n;* **2.** *(uccisione)* Erwürgen *n,* Erdrosseln *n.* **strozzare** [...'tsa:re] **I.** *tr* **1.** *(uccidere)* erwürgen, erdrosseln; **2.** *(impedire il respiro)* den Atem (*o.* die Luft) nehmen (*qu* jdm); **3.** *(tubo, condotto)* ab-, einklemmen; **4.** *com* Wucherpreise verlangen von; **II.** *rfl:* **-rsi** keine Luft mehr bekommen; *(morire)* erwürgt (*o.* erdrosselt) werden. **strozzato, -a** [...'tsa:to] *a* **1.** *med* eingeklemmt; **2.** *(grido)* unterdrückt. **strozzatura** [...tsa'tu:ra] *f* **1.** *(di tubo)* Ab-, Einklemmen *n;* **2.** *(di valle, etc.)* Verengung *f,* Engpaß *m.* **strozzina** *f v.* **strozzino.** **strozzinaggio** [...tsi'naddʒo] ‹-ggi› *m* Wucher *m.* **strozzino, -a** [...'tsi:no] *m, f* Wucherer *m,* Wucherin *f,* Halsabschneider(in) *m(f).*

struccare [struk'ka:re] **I.** *tr* abschminken; **II.** *rfl:* **-rsi** sich abschminken.

strudel ['stru:del] ‹-› *m* Strudel *m.*

struggere ['struddʒere] ‹struggo, strussi, strutto› **I.** *tr* **1.** *(cera, neve)* schmelzen (lassen); **2.** *gastr (burro, etc.)* zerlassen; **3.** *fig* verzehren, auszehren; **II.** *rfl:* **-rsi 1.** *(neve, cera)* schmelzen; **2.** *gastr (burro, etc.)* schmelzen, zergehen; **3.** *fig* vergehen (*di* vor), sich verzehren (*di* vor). **struggimento** [...dʒi'mento] *m* Verzehren *n,* Vergehen *n.* **struggo** ['struggo] *1. pers sing pr di* **struggere.**

strumentale [strumen'ta:le] *a* **1.** *mus* instrumental, Instrumental-; **2.** *com* Hilfs-; **bene ~** Hilfsgut *n;* **caso ~** *gram* Instrumental *m.*

strumentalizzare [strumentalid'dza:re] *tr* zum Mittel (*o.* Werkzeug) machen.

strumentare [strumen'ta:re] *tr* instrumentieren. **strumentazione** [...tat'tsi̯o:ne] *f* **1.** *mus* Instrumentierung *f;* **2.** *tec* Instrumentenausrüstung *f; mot* Armaturen *f pl.* **strumentista** [...'tista] ‹-i *m,* -e *f*› *mf* **1.** *mus* Instrumentalist(in) *m(f);* **2.** *(progettista)* Instrumentenspezialist(in) *m(f).*

strumento [stru'mento] *m* **1.** *mus* Instrument *n;* **2.** *tec* Instrument *n,* Gerät *n; (arnese a.)* Werkzeug *n;* **3.** *fig (mezzo)* Mittel *n,* Werkzeug *n;* **4.** *jur* Urkunde *f;* **-i a corda/fiato/percus-**

sione Saiten-/Blas-/Schlaginstrumente *n pl;* **-i di precisione** Präzisionsinstrumente *n pl;* **complemento di ~** *gram* Instrumentalergänzung *f.*

strusciare [struʃ'ʃa:re] ‹struscio, strusci› **I.** *tr* reiben, scheuern; **II.** *rfl:* **-rsi 1.** *(strofinarsi)* sich reiben, sich scheuern; **2.** *fig* umschmeicheln (*a qu* jdn).

strussi ['strussi] *1. pers sing del passato remoto di* **struggere.**

strutto ['strutto] **I.** *pp di* **struggere; II.** *m* (Schweine)schmalz *n.*

struttura [strut'tu:ra] *f* Struktur *f,* Aufbau *m; (ossatura)* Gerüst *n,* Struktur *f.* **strutturale** [...tu'ra:le] *a* strukturell, Struktur-. **strutturare** [...tu'ra:re] *tr* strukturieren.

struzzo ['struttso] *m* Strauß *m;* **avere uno stomaco di ~** einen eisernen Magen haben; **fare come lo ~** den Kopf in den Sand stecken; **fare la politica dello ~** (eine) Vogel-Strauß-Politik betreiben.

stuccare¹ [stuk'ka:re] ‹stucco, stucchi› *tr (buco, vetro)* kitten, spachteln.

stuccare² [stuk'ka:re] ‹stucco, stucchi› *tr* **1.** *(cibo)* übersättigen; **2.** *fig (annoiare)* langweilen, auf die Nerven gehen (*qu* jdm). **stucchevole** [...'ke:vole] *a* **1.** *(cibo)* füllend, stopfend; *pej* widerlich; **2.** *fig (nauseante)* widerlich; *(noioso)* langweilig.

stucco ['stukko] ‹-cchi› *m* **1.** *(malta)* Kitt *m;* **2.** *(ornamento)* Stuck *m;* **rimanere di ~** *fig* verblüfft dastehen, wie vom Donner gerührt sein.

studente, -essa [stu'dɛnte, ...den'tessa] *m, f* Lernende(r) *mf; (di scuola)* Schüler(in) *m(f); (~ universitario)* Student(in) *m(f).* **studentesco, -a** [...den'tesko] ‹-schi, -sche› *a* studentisch, Studenten-. **studentessa** *f v.* **studente.**

studiacchiare [studi̯ak'ki̯a:re] ‹studiacchio, studiacchi› *tr fam* herumstudieren *fam.*

studiare [stu'di̯a:re] ‹studio, studi› **I.** *tr* **1.** *(per imparare qc)* lernen; *(all'università)* studieren; **2.** *(esaminare)* studieren; *(indagare)* untersuchen; *(osservare)* beobachten; **3.** *fam* austüfteln *fam;* **4.** *(parole, mosse)* einstudieren; **~ al liceo/all'università** aufs Gymnasium gehen/(an der Universität) studieren; **II.** *rfl:* **-rsi 1.** *(cercare)* sich bemühen, sich anstrengen; **2.** *(esaminarsi)* sich studieren, sich beobachten. **studio** ['stu:di̯o] ‹-i› *m* **1.** *(lo studiare)* Lernen *n; (a. all'università, di solito al pl)* Studium *n;* **2.** *(saggio)* Studie *f* (*su* über); **3.** *(progetto)* Plan *m,* Planung *f,* Projekt *n;* **4.** *(stanza)* Arbeitszimmer *n; (di professionista)* Praxis *f,* Büro *n; (di artista)* Atelier *n;* **5.** *film, TV, radio* Studio *n;* **borsa di ~** Stipendium *n;* **provveditorato/provveditore agli -i** Schulamt *n*/Schulrat *m;* **~ legale** Anwaltspraxis *f,* -kanzlei *f.* **studioso, -a** [stu'di̯o:so] **I.** *a* fleißig; **II.** *m, f* Wissenschaftler(in) *m(f),* Forscher(in) *m(f).*

stufa ['stu:fa] *f* Ofen *m.*

stufare [stu'fa:re] **I.** *tr* **1.** *gastr* schmoren; **2.** *fig fam* langweilen, anöden *fam;* **II.** *rfl:* **-rsi** *fam* leid werden (*di qc* etw.), satt bekommen (*di qc* etw.). **stufato** [...'fa:to] *m* Schmorbraten *m.*

stufo, -a ['stu:fo] *a fam:* **essere ~ di qu/qc** jdn/etw. satt haben *fam* (*o.* leid sein).

stunt-man ['stʌntmən] ‹-› *m* Stuntman *m.*

stuoia ['stu̯ɔ:i̯a] ‹-oie› *f* Matte *f,* Geflecht *n.*

stuolo ['stu̯ɔ:lo] *m* Schar *f,* Menge *f.*

stupefacente [stupefa'tʃɛnte] **I.** *a* erstaunlich, verblüffend; **II.** *m* Rauschgift *n,* Rauschmittel *n.*

stupefare [stupe'fa:re] ‹*irr*› *tr* erstaunen, verblüffen.

stupendo, -a [stu'pɛndo] *a* phantastisch, wunderbar.

stupida *f v.* **stupido.**

stupidaggine [stupi'daddʒine] *f* Dummheit *f.* **stupidità** [...di'ta] ‹-› *f* Dummheit *f.* **stupido, -a** ['stu:pido] **I.** *a* dumm, blöd(e); **II.** *m, f* Dummkopf *m.*

stupire [stu'pi:re] ‹stupisco› **I.** *tr* ‹*avere*› (ver)wundern, erstaunen; **II.** *itr* ‹*essere*›, *rfl:* **-rsi** sich wundern, staunen. **stupore** [...'po:re] *m* Staunen *n.*

stupro ['stu:pro] *m* Vergewaltigung *f.*

sturare [stu'ra:re] **I.** *tr* **1.** *(bottiglia)* entkorken; **2.** *(lavandino)* frei machen, die Verstopfung beseitigen in; **II.** *rfl:* **-rsi** freiwerden.

stuzzicadenti [stuttsika'dɛnti] ‹-› *m* Zahnstocher *m.*

stuzzicare [stuttsi'ka:re] ‹stuzzico, stuzzichi› **I.** *tr* **1.** *(molestare)* reizen, ärgern; **2.** *(stimolare)* reizen; *(appetito)* anregen; **3.** *(ferita)* reizen, immer wieder berühren; **-rsi i denti** in den Zähnen stochern.

su [su] **I.** *prp* ‹sul, sullo, sull', sulla, sui, sugli, sulle› **1.** *(con contatto: stato)* auf *dat; (moto)* auf *acc;* **2.** *(senza contatto: stato)* über *dat; (moto)* über *acc;* **3.** *(di mezzi di trasporto: stato)* in *dat; (moto)* in *acc;* **4.** *(contro, ver-*

so) auf *acc;* **5.** *(complemento d'argomento)* über *acc;* **6.** *(complemento di modo)* auf *acc,* nach *dat;* **7.** *(circa)* um *acc,* etwa, ungefähr; *(di tempo)* gegen *acc;* **8.** *(di, fra)* von *dat,* unter *dat;* ~ **misura** nach Maß, Maß-; ~ **ordinazione** auf Bestellung; **sull'esempio di** nach dem Beispiel von; **sul lago/mare** am See/Meer; **Parigi è sulla Senna** Paris liegt an der Seine; **sette volte ~ dieci** sieben von zehn Mal; **sull'istante** im Augenblick, augenblicklich; **sul momento ho reagito male** in dem Moment habe ich falsch reagiert; **un uomo sulla sessantina** ein Mann um die Sechzig; **avere un gran vantaggio ~ qu** einen großen Vorteil gegenüber jdm haben; **commettere errori ~ errori** Fehler über Fehler machen, einen Fehler nach dem anderen machen; **giurare ~ qc/qu** auf etw./jdn schwören; **II.** *adv* **1.** *(in alto)* oben; **2.** *(verso l'alto)* nach oben, hinauf, aufwärts; **andare ~ e giù** auf und ab gehen; **non andare né ~ né giù** *(a. fig)* schwer im Magen liegen; ~ **per giù** mehr oder weniger, ungefähr; **pensarci ~** *fam* darüber nachdenken; **metter ~ casa** einen eigenen Hausstand gründen; **dalla cintola in ~** vom Gürtel (an) aufwärts; **dalle 10.000 lire in ~** von 10.000 Lire (an) aufwärts; ~ **le mani!** Hände hoch!; ~ **con la vita!** Kopf hoch!; **III.** *interj* los, auf; ~ **ragazzi, muoviamoci!** auf Jungs, laßt uns gehen!; ~ ~ los, los!, auf, auf!

suadente [sua'dɛnte] *a* verlockend, schmeichelnd.

sub [sub] ‹-› *mf* Taucher(in) *m(f);* **fare il ~** tauchen.

sub- [sub-] *(in parole composte)* Sub-, sub-, Unter-, unter-. **subacqueo, -a** [-'akku̯eo] **I.** *a* Unterwasser-, Untersee-, Tauch-; **II.** *m, f* Taucher(in) *m(f).* **subaffittare** [-affit'ta:re] *tr* untervermieten. **subaffitto** [...'fitto] *m* Untermiete *f.* **subaffittuario, -a** [...tu'a:ri̯o] *m, f* Untermieter(in) *m(f).* **subalpino, -a** [-al'pi:no] *a* subalpin. **subalterno, -a** [-al'tɛrno] **I.** *a* subaltern, untergeordnet; **II.** *m, f* **1.** *(dipendente)* Untergeordnete(r) *mf,* Subalterne(r) *mf;* **2.** *mil* Subalternoffizier *m.* **subatomico, -a** [-a'tɔ:miko] *a* Elementar-.

subbuglio [sub'buʎʎo] ‹-gli› *m* Aufruhr *m,* Aufregung *f.*

subconscio, -a [-'konʃo] **I.** *a* unterbewußt; **II.** *m* Unterbewußtsein *n.* **subcosciente** [-koʃ'ʃɛnte] *m* Unterbewußtsein *n.*

subdolo, -a ['subdolo] *a* heimtückisch, hinterlistig.

subentrare [-en'tra:re] *itr* ‹*essere*› **1.** *(succedere)* folgen, nachfolgen; **2.** *(sostituire)* vertreten (*a qu* jdn); **sono subentrate complicazioni** es sind Komplikationen eingetreten.

subire [su'bi:re] ‹subisco› *tr (ingiuria, danni)* erleiden; *(operazione, esame)* sich unterziehen (*qc* einer S.); *(conseguenza)* tragen.

subissare [subis'sa:re] *tr fig* überhäufen (*di* mit).

subitaneo, -a [subi'ta:neo] *a* plötzlich, jäh.

subito ['su:bito] **I.** *adv* **1.** *(immediatamente)* sofort, unmittelbar; **2.** *(in un attimo)* sofort, gleich; ~ **prima/dopo** unmittelbar zuvor/sofort danach; **II.** *m:* **in un ~** sofort, augenblicklich.

sublimare [subli'ma:re] **I.** *tr* **1.** *gener., psych, chem* sublimieren; **2.** *poet* erheben, erhöhen; **II.** *itr* sublimieren; **III.** *rfl:* **-rsi** sich erheben. **sublimazione** [...mat'tsi̯o:ne] *f* **1.** *poet* Erhebung *f,* Erhöhung *f;* **2.** *chem, psych* Sublimation *f,* Sublimierung *f.*

sublime [sub'li:me] **I.** *a* sublim; **II.** *m* Erhabene(s) *n,* Sublime(s) *n.*

sublocazione [-lokat'tsi̯o:ne] *f* Untervermietung *f,* Untermiete *f.* **subnormale** [-nor'ma:le] **I.** *a* zurückgeblieben; **II.** *mf* Zurückgebliebene(r) *mf.*

subodorare [-odo'ra:re] *tr* wittern, ahnen.

subordinare [-ordi'na:re] *tr* **1.** *(far dipendere)* unterordnen, abhängig machen (*a* von); **2.** *(considerare inferiore)* unterordnen. **subordinato, -a** [...'na:to] **I.** *a* untergeordnet; *(dipendente)* abhängig (*a* von); *gram* Neben-, subordiniert; **proposizione -a** Nebensatz *m;* **II.** *m, f* Abhängige(r) *mf,* Untergeordnete(r) *mf;* **III.** *f* Nebensatz *m.* **subordinazione** [...nat'tsi̯o:ne] *f* Abhängigkeit *f,* Unterordnung *f.*

substrato [-'stra:to] *rar v.* **sostrato.**

subtropicale [-tropi'ka:le] *a* subtropisch. **suburbano, -a** [-ur'ba:no] *a* Vorstadt-, Vorort-, vorstädtisch.

succedaneo, -a [suttʃe'da:neo] **I.** *a* Ersatz-; **II.** *m* Ersatz *m.*

succedere [sut'tʃɛ:dere] ‹succedo, successi *o.* succedei *o.* succedetti, successo› **I.** *itr* ‹*essere*› **1.** *(prendere il posto)* folgen, nachfolgen; **2.** *(venir dopo)* folgen (*a* auf); **3.** *(avvenire)* geschehen, passieren; **cosa ti succede?** was ist mit dir los?; **sono cose che succedono** so etwas passiert (eben); **II.** *rfl:* **-rsi** folgen, aufeinanderfolgen.

succeditrice *f v.* **successore.**
succedo [sut'tʃɛ:do] *1. pers sing pr di* **succedere.**
successi [sut'tʃɛssi] *1. pers sing del passato remoto di* **succedere.**
successione [suttʃes'si̯o:ne] *f* **1.** *jur* (Nach)folge *f;* **2.** *(serie)* Folge *f,* Aufeinanderfolge *f,* Abfolge *f;* **diritti di ~** Nachfolgerechte *n pl;* **~ al trono** Thronfolge *f.* **successivo, -a** [...tʃes'si:vo] *a* folgend, nachfolgend, Folge-.
successo [su'tʃɛsso] **I.** *pp di* **succedere; II.** *m* Erfolg *m; (accoglienza favorevole)* Anklang *m;* **un film di ~** ein erfolgreicher Film.
successore, succeditrice [suttʃes'so:re, ...edi'tri:tʃe] *m, f* Nachfolger(in) *m(f).*
succhiare [suk'ki̯a:re] ‹succhio, succhi› *tr (latte)* saugen; *(caramella, dito)* lutschen; **-rsi il dito** (am) Daumen lutschen.
succhiello [suk'ki̯ɛllo] *m* Nagelbohrer *m.*
succhio ['sukki̯o] ‹-cchi› *m* Lutschen *n,* Saugen *n.*
succhiotto [suk'ki̯ɔtto] *m* **1.** *(per bambini)* Schnuller *m;* **2.** *fam (traccia di bacio)* Knutschfleck *m fam.*
succinto, -a [sut'tʃinto] *a* **1.** *(vestito)* knapp; *(scollato)* weit ausgeschnitten; **2.** *(persona)* leichtbekleidet; **3.** *(resoconto, etc.)* kurz, bündig, knapp.
succo ['sukko] ‹-cchi› *m* **1.** *(di frutta)* Saft *m;* **2.** *anat* Saft *m,* Sekret *n,* Flüssigkeit *f;* **3.** *fig* Kern *m,* Gehalt *m.* **succoso, -a** [...'ko:so] *a* **1.** *(frutta)* saftig; **2.** *fig* gehaltvoll.
succube, succubo, -a ['sukkube, ...bo] **I.** *a* unterworfen (*di qu* jdm), hörig (*di qu* jdm); **II.** *m, f* Hörige(r) *mf.*
succulento, -a [sukku'lɛnto] *a* köstlich.
succursale [sukkur'sa:le] *f* Filiale *f,* Zweigstelle *f.*
sud [sud] ‹-› *m* (*ab* **S.**) Süden *m* **Mare del S~** Südsee *f;* **Polo S~** Südpol *m.* **Sudafrica** [su'da:frika] *m* Südafrika *n.*
sudare [su'da:re] **I.** *itr* schwitzen; **II.** *tr* **1.** *(trasudare)* (aus)schwitzen; **2.** *fig (pane, etc.)* im Schweiße seines Angesichts verdienen; **~ sangue** *fig* Blut schwitzen. **sudario** [su'da:ri̯o] ‹-i› *m* **1.** *rel* Schweißtuch *n;* **2.** *hist (per morti)* Leichentuch *n.* **sudata** [su'da:ta] *f* **1.** *(il sudare)* Schwitzen *n;* **2.** *(fatica)* Anstrengung *f,* Mühe *f,* Strapaze *f.* **sudaticcio, -a** [suda'tittʃo] ‹-cci, -cce› *a* schweißnaß, verschwitzt. **sudato, -a** [su'da:to] *a* **1.** *(abito, etc.)* verschwitzt, naßgeschwitzt; **2.** *fig* im Schweiße seines Angesichts verdient; **~ fradicio** schweißtriefend.
suddetto, -a [sud'detto] *a* obenerwähnt, -genannt, besagt.
suddita *f v.* **suddito.**
sudditanza [suddi'tantsa] *f* Untertänigkeit *f,* Abhängigkeit *f.* **suddito, -a** ['suddito] *m, f* Untertan(in) *m(f).*
suddividere [suddi'vi:dere] ‹*irr*› *tr* unterteilen. **suddivisione** [...vi'zi̯o:ne] *f* Unterteilung *f.*
sudest [su'dɛst] *m (ab* **S.E.**) Südosten *m.*
sudiceria [suditʃe'ri:a] ‹-ie› *f* Dreckigkeit *f,* Schmutzigkeit *f; fig* Schweinerei *f.* **sudicio, -a** ['su:ditʃo] ‹-ci, -ce *o.* -cie› **I.** *a* **1.** *(mani, vestito, luogo)* schmutzig, dreckig; **2.** *(colore, bianco)* schmutzig; **3.** *fig pej* schmutzig, unanständig; **II.** *m* Dreck *m.* **sudicione, -a** [sudi'tʃo:ne] *m, f* Schmutzfink *m,* Dreckspatz *m fam.* **sudiciume** [...'tʃu:me] *m (a. fig)* Schweinerei *f.*
sudista [su'dista] ‹-i *m,* -e *f*› *mf* Südstaatler(in) *m(f),* Konföderalist(in) *m(f).*
sudore [su'do:re] *m* Schweiß *m;* **essere in un bagno di ~** in Schweiß gebadet sein; **guadagnarsi il pane col ~ della fronte** sich *(dat)* sein Brot im Schweiße seines Angesichts verdienen.
sudovest [su'dɔ:vest] *m (ab* **S.O.**) Südwesten *m.*
Suevia [su'ɛ:vi̯a] *f* Schwaben *n.*
sufficiente [suffi'tʃɛnte] **I.** *a* **1.** *(che basta)* genügend, ausreichend; **2.** *fig pej* süffisant, überheblich; **II.** *mf* überhebliche Person; **III.** *m* Notwendige(s) *n,* Auskommen *n.* **sufficientemente** [...tʃente'mente] *adv* genug, genügend. **sufficienza** [...'tʃɛntsa] *f* **1.** *(l'essere sufficiente)* Hinlänglichkeit *f,* Genüge *f;* **2.** *(votazione)* Ausreichend *n;* **3.** *fig pej* Süffisanz *f,* Überheblichkeit *f;* **prendere la ~** ein Ausreichend bekommen; **a ~** zur Genüge.
suffisso [suf'fisso] *m* Suffix *n.*
suffragetta [suffra'dʒetta] *f scherz* Emanze *f fam.*
suffragio [suf'fra:dʒo] ‹-gi› *m* **1.** *jur* Wahlrecht *n,* Stimmrecht *n;* **2.** *rel* Fürbitte *f.*
suffragista [suffra'dʒista] ‹-i *m,* -e *f*› *mf* Frauenrechtler(in) *m(f).*
suffumigio [suffu'mi:dʒo] ‹-gi› *m* Inhalation *f.*

suggellare [suddʒel'la:re] *tr fig* besiegeln.

suggerimento [suddʒeri'mento] *m* Rat(schlag) *m*, Empfehlung *f*. **suggerire** [...'ri:re] ‹suggerisco› *tr* **1.** *(risposta)* eingeben, einflüstern, suggerieren; **2.** *theat* soufflieren; **3.** *(a scuola)* vorsagen; **4.** *(ispirare)* eingeben, wachrufen; **5.** *(consigliare)* raten, empfehlen. **suggeritore, -trice** [...ri'to:re] *m, f* Souffleur *m*, Souffleuse *f*.

suggestionare [suddʒestio'na:re] **I.** *tr* beeinflussen; **II.** *rfl:* **-rsi** sich beeinflussen lassen. **suggestione** [...'tio:ne] *f* **1.** *psych* Suggestion *f*; **2.** *fig* (tiefer) Eindruck *m*, Faszination *f*. **suggestivo, -a** [...'ti:vo] *a* **1.** *fig* beeindruckend, eindrucksvoll, faszinierend; **2.** *(domanda)* Suggestiv-.

sughero ['su:gero] *m* **1.** *bot* Korkeiche *f*; **2.** *(oggetto, materiale)* Kork *m*; **3.** *(tappo)* Korken *m*.

sugli ['suʎʎi] *prp* **su** *con articolo gli*.

sugna ['suɲɲa] *f* Schweinefett *n*.

sugo ['su:go] ‹-ghi› *m* **1.** *(succo)* Saft *m*; **2.** *(salsa)* Sauce *f*, Soße *f*; **3.** *fig* Gehalt *m*, Substanz *f*; **tortellini al ~** Tortellini mit Sauce; **non c'è ~** *fig* das ist witzlos. **sugosità** [sugosi'ta] ‹-› *f* Saftigkeit *f*. **sugoso, -a** [su'go:so] *a* saftig.

sui ['su:i] *prp* **su** *con articolo i*.

suicida [sui'tʃi:da] ‹-i *m*, -e *f*› **I.** *mf* Selbstmörder(in) *m(f)*; **II.** *a* selbstmörderisch, Selbstmörder-. **suicidarsi** [...tʃi'darsi] *rfl* Selbstmord begehen, sich *(dat)* das Leben nehmen; *(a. fig)* sich umbringen. **suicidio** [...'tʃi:dio] ‹-i› *m* Selbstmord *m*.

suino, -a [su'i:no] **I.** *a* Schweine-; **II.** *m* Schwein *n*.

suite [sɥit] ‹-› *f* Suite *f*.

sul [sul] *prp* **su** *con articolo il*.

sulfamidico, -a [sulfa'mi:diko] ‹-ci, -che› **I.** *a* Sulfonamid-; **II.** *m* Sulfonamid *n*.

sulfureo, -a [sul'fu:reo] *a* Schwefel-, schwef(e)lig, schwefelhaltig.

sull', sulla, sulle, sullo [sul, 'sulla, ...le, ...lo] *prp* **su** *con articolo l', la, le, lo*.

sultana *f* *v.* **sultano.**

sultanina [sulta'ni:na] *f* Sultanine *f*.

sultano, -a [sul'ta:no] *m, f* Sultan(in) *m(f)*; **fare una vita da ~** *fig scherz* wie ein Pascha (*o.* wie Gott in Frankreich) leben.

S.U.N.I.A. [su'ni:a] *m ab di* **Sindacato Unitario Nazionale Inquilini e Assegnatari** *italienischer Mieterbund*.

sunto ['sunto] *m* Abriß *m*, Zusammenfassung *f*.

suo, -a ['su:o] ‹suoi, sue› **I.** *a* **1.** *(di lui)* sein; *(di lei)* ihr; **2.** *(forma di cortesia a.:* **S~***)* Ihr; **la -a voce** seine (*o.* ihre) Stimme; **~ padre/zio** sein (*o.* ihr) Vater/Onkel; **un ~ amico** ein Freund von ihm (*o.* ihr); **sono parole sue** das sind seine (*o.* ihre) Worte; **ne ha fatta una delle sue** er (*o.* sie) hat schon wieder etwas angestellt; **in seguito alla Sua pregiata del ...** in Beantwortung Ihres freundlichen Schreibens vom ...; **essere dalla -a** auf seiner (*o.* ihrer) Seite stehen; **dire la -a** seine eigene Meinung sagen; **stare sulle sue** verschlossen sein; **II.** *pron:* **il ~, la -a 1.** *(di lui)* seiner, seine, sein(e)s; *(di lei)* ihrer, ihre, ihr(e)s; **2.** *(forma di cortesia a.:* **S~***)* Ihre(r, s); **III.** *m:* **il ~ 1.** *(di lui)* das Sein(ig)e; *(di lei)* das Ihr(ig)e; **2.** *(forma di cortesia a.:* **S~***)* das Ihr(ig)e; **i suoi 3.** *(di lui)* die Seinen *geh; (di lei)* die Ihren *geh;* **4.** *(forma di cortesia a.:* **Suoi***)* die Ihren *geh*.

suocero, -a ['suɔ:tʃero] *m, f* Schwiegervater *m*, -mutter *f*; **-i** Schwiegereltern *pl*.

suoi ['suɔ:i] *v.* **suo.**

suola ['suɔ:la] *f* *(di scarpa)* Sohle *f*; *(di pialla)* Sohle *f*, Fläche *f*; *(di sci)* Lauffläche *f*.

suolare [suo'la:re] *v.* **solare.**

suolo ['suɔ:lo] *m* Grund *m*, Boden *m*, Erde *f*.

suonare [suo'na:re] *etc. v.* **sonare** *etc.*

suono ['suɔ:no] *m* **1.** *gener.* Ton *m*, Klang *m*; **2.** *phys* Schall *m*; **3.** *ling* Laut *m*; **muro del ~** Schallmauer *f*; **onde del ~** Schallwellen *f pl*; **tecnico del ~** Tontechniker *m*; **senza ~** tonlos, klanglos; **a(l) ~ di** beim (*o.* zum) Klang von; *fig* unter, mit; **a suon di legnate/fischi** mit Prügeln/unter Pfiffen.

suora ['suɔ:ra] *f* Schwester *f*, Nonne *f*.

super ['su:per] **I.** ‹-› *f* Super *n fam*, Superbenzin *n*; **II.** ‹*inv*› *a* Super-. **superaffollato, -a** [superaffol'la:to] *a* überfüllt. **superalimentazione** [-alimentat'tsio:ne] *f* Überernährung *f*. **superallenamento** [-allena'mento] *m* Übertraining *n*, übertriebenes Training.

superamento [supera'mento] *m* **1.** *(di avversario, ostacolo, a. fig)* Überwindung *f*, Überwinden *n*; **2.** *mot* Überholen *n*. **superare** [...'ra:re] **I.** *tr* **1.** *(per dimensioni, qualità, quantità)* übertreffen (*in* an); *(di numero)* übersteigen; **2.** *mot (sorpas-*

sare) überholen; **3.** *fig (età, velocità)* überschreiten; *(prova, esame)* bestehen; *(malattia, pericolo)* überstehen; *(difficoltà, ostacolo, crisi)* überwinden. **superato, -a** [...'ra:to] *a* überholt.

superbia [su'pɛrbi̯a] ‹-ie› *f* Hochmut *m,* Überheblichkeit *f;* **la ~ è figlia dell'ignoranza** *prov* Dummheit und Stolz wachsen auf einem Holz *prov.* **superbo, -a** [su'pɛrbo] *a* **1.** *pej* hochmütig, überheblich, eingebildet; **2.** *(orgoglioso)* stolz (*di* auf über); **3.** *fig* großartig, großmütig; *(imponente)* stolz, eindrucksvoll.

supercarcere [super'kartʃere] *m sl* Hochsicherheitstrakt *m.* **superdonna** [-'dɔnna] *f iron* Superfrau *f.* **superdotato, -a** [-do'ta:to] *a* reichdotiert, reichausgestattet.

superficiale [superfi'tʃa:le] **I.** *a* oberflächlich; *(strato a.)* Oberflächen-; **II.** *mf* oberflächlicher Mensch. **superficialità** [...tʃali'ta] ‹-› *f* Oberflächlichkeit *f.* **superficie** [...'fi:tʃe] ‹-ci› *f* Oberfläche *f; (a. mat)* Fläche *f; (di acqua a.)* Spiegel *m;* **alla ~** an der Oberfläche; **in ~** *fig* oberflächlich.

superfluo, -a [su'pɛrfluo] **I.** *a* überflüssig; **II.** *m* Überfluß *m.*

super-io [supe'ri:o] ‹-› *m* Über-Ich *n.*

superiora [supe'ri̯o:ra] *f* Oberin *f;* **madre ~** (Schwester) Oberin *f.*

superiore [supe'ri̯o:re] **I.** ‹*comparativo di* alto› *a* **1.** *(di posizione, a. anat)* obere(r, s), Ober-; **2.** *(maggiore)* höher, größer, über-; **3.** *(più alto, a. bot, zoo)* höher; **4.** *(migliore)* besser; **scuola media ~** höhere Schule; **un lavoro ~ alle mie forze** eine Arbeit, die über meine Kräfte geht; **essere ~ a qu per intelligenza** jdm an Intelligenz überlegen sein; **essere ~ ad ogni sospetto** über jeden Zweifel erhaben sein; **~ alla media** überdurchschnittlich; **II.** *m* **1.** *gener.* Vorgesetzte(r) *m;* **2.** *rel* Superior *m.* **superiorità** [...i̯ori'ta] ‹-› *f* Überlegenheit *f.*

superlativo, -a [superla'ti:vo] **I.** *a* **1.** *gener.* höchste(r, s); **2.** *fig* großartig; **grado ~** *gram* Superlativ *m;* **II.** *m* Superlativ *m.*

superlavoro [superla'vo:ro] *m* übermäßige Arbeit. **supermarket** ['su:pəmɑ:kɪt] ‹-› , **supermercato** [supermer'ka:to] *m* Supermarkt *m.* **superpotenza** [-po'tɛntsa] *f* Supermacht *f.* **supersonico, -a** [-'sɔ:niko] ‹-ci, -che› *a* Überschall-.

superstite [su'pɛrstite] **I.** *a* **1.** *(persona)* überlebend; **2.** *(cosa)* übrig(geblieben), restlich; **II.** *m, f* Überlebende(r) *mf.*

superstizione [superstit'tsi̯o:ne] *f* Aberglaube *m.* **superstizioso, -a** [...'tsi̯o:so] **I.** *a* abergläubisch; **II.** *mf* abergläubischer Mensch.

superstrada [-'stra:da] *f* Schnellstraße *f.* **superuomo** [supe'ru̯ɔ:mo] *m* **1.** *iron* Supermann *m;* **2.** *philos* Übermensch *m.*

supervisione [-vi'zi̯o:ne] *f* Oberaufsicht *f; film* (künstlerische) Leitung *f.* **supervisore, -a** [...'zo:re] *m, f* künstlerischer Leiter, künstlerische Leiterin.

supino, -a [su'pi:no] *a* **1.** *(disteso)* auf dem Rücken, rücklings; **2.** *fig obs* blind, bedingungslos.

suppellettile [suppel'lɛttile] *f* **1.** *(arredamento)* Einrichtungsgegenstand *m;* **2.** *(in archeologia)* Gegenstand *m,* Gerät *n;* **-i di casa** Hausrat *m.*

suppergiù [supper'dʒu] *adv fam* mehr oder weniger, ungefähr.

suppl. *ab di* **supplemento** Suppl. *(ab di* Supplement).

supplementare [supplemen'ta:re] *a* zusätzlich; *(numero, rivista)* Supplement-, Ergänzungs-; *mat* Supplement-; **tempi -i** *sport* Verlängerung *f.* **supplemento** [...'mento] *m (ab* **suppl.**) **1.** *(a libro, vocabolario)* Supplement *n,* Ergänzungsband *m; (a giornale)* Beilage *f;* **2.** *ferr* Zuschlag *m;* **~ rapido** Schnellzugzuschlag *m.*

supplente [sup'plɛnte] **I.** *a* (stell)vertretend; **II.** *mf* (Stell)vertreter(in) *m(f).* **supplenza** [...'plɛntsa] *f* Vertretung *f.*

suppletivo, -a [supple'ti:vo] *a* zusätzlich, ergänzend, Ergänzungs-; *gram* suppletiv.

supplì [sup'pli] ‹-› *m* Reiskrokette *f.*

supplica ['supplika] ‹-che› *f* **1.** *(invocazione)* Flehen *n,* Bitten *n;* **2.** *adm* Bittschrift *f.* **supplicante** [...'kante] **I.** *a* flehend; **II.** *mf* Bittsteller(in) *m(f).* **supplicare** [...'ka:re] ‹supplico, supplichi› *tr* anflehen. **supplichevole** [...'ke:vole] *a* flehend, flehentlich.

supplire [sup'pli:re] ‹supplisco› **I.** *tr* vertreten; **II.** *itr* ausgleichen, wettmachen (*a qc* etw., *con* durch, mit).

supplizio [sup'plittsi̯o] ‹-i› *m* **1.** *fig* Qual *f,* Tortur *f;* **2.** *(pena)* Hinrichtung *f.*

supporre [sup'porre] ‹*irr*› *tr* vermuten, annehmen.

supporto [sup'pɔrto] *m* **1.** *(di strumento, dipinto)* Gestell *n,* Träger *m;*

(per sostenersi) Halter *m; tec* Lager *n;* **2.** *fig* Stütze *f.*
supposizione [suppozit'tsi̯o:ne] *f* Annahme *f,* Vermutung *f.*
supposta [sup'posta] *f* Zäpfchen *n,* Suppositorium *n scient.*
suppurare [suppu'ra:re] *itr* eitern.
supremazia [supremat'tsi:a] ‹-ie› *f* Ober-, Vorherrschaft *f,* Supremat *m o. n.*
supremo, -a [su'prɛ:mo] ‹*superlativo di* alto› *a* oberste(r, s), höchste(r, s); *(fig a.)* größte(r, s).
surf, surfing [sə:f, 'sə:fıŋ] ‹-› *m* Surfen *n,* Surfing *n;* **tavola da ~, surf** Surfbrett *n;* **praticare il ~** surfen. **surfista** [sur'fista] ‹-i *m,* -e *f*› *mf* Surfer(in) *m(f).*
surgelare [surdʒe'la:re] *tr* einfrieren, tiefkühlen.
surplus [syr'ply] ‹-› *m* Überschuß *m,* Überangebot *n.*
surreale [surre'a:le] *a* surreal. **surrealismo** [surrea'lizmo] *m* Surrealismus *m.* **surrealista** [...'lista] *mf* Surrealist(in) *m(f).* **surrealistico, -a** [...'listiko] *a* surrealistisch.
surrenale [surre'na:le] *a* Nebennieren-; **ghiandola ~** Nebenniere *f.*
surriscaldare [surriskal'da:re] **I.** *tr* überhitzen; **II.** *rfl:* **-rsi** sich überhitzen.
surrogato [surro'ga:to] *m* Ersatz *m,* Surrogat *n.*
Susanna [su'zanna] *(nome proprio femminile)* Susanne.
suscettibile [suʃʃet'ti:bile] *a* **1.** *(capace)* zugänglich (*di* für), empfänglich (*di* für), fähig (*di* zu); **2.** *(sensibile)* empfindlich, reizbar. **suscettibilità** [...tibili'ta] ‹-› *f* Reizbarkeit *f,* Empfindlichkeit *f.*
suscitare [suʃʃi'ta:re] *tr* reizen (*qc* zu etw.), hervorrufen, herausfordern.
susina [su'si:na *o.* su'zi:na] *f* Pflaume *f,* Zwetsch(g)e *f.* **susino** [...no] *m* Pflaumenbaum *m.*
suspense [sə'spens] *m o. f* Spannung *f.*
susseguire [susse'gu̯i:re] **I.** *tr* (nach-) folgen *dat,* folgen auf; **II.** *rfl:* **-rsi** aufeinanderfolgen.
sussidiario, -a [sussi'di̯a:ri̯o] ‹-i, -ie› **I.** *a* Hilfs-; **II.** *m* Lehr- und Arbeitsbuch *n* (für die Grundschule).
sussidio [sus'si:di̯o] ‹-i› *m* **1.** *(in denaro)* Unterstützung *f,* (Bei)hilfe *f;* **2.** *(aiuto)* Hilfsmittel *n;* **~ di disoccupazione** Arbeitslosenunterstützung *f;* **~ malattia** Krankenbeihilfe *f.*
sussiego [sus'si̯ɛ:go] ‹-ghi› *m* Würde *f,* Haltung *f.*
sussistei [sussis'te:i] *1. pers sing del passato remoto di* **sussistere.**
sussistenza [susis'tɛntsa] *f* **1.** *(necessario)* (Lebens)unterhalt *m,* Auskommen *n;* **2.** *mil* Verpflegung *f.*
sussistere [sus'sistere] ‹sussisto, sussistei *o.* sussistetti, sussistito› *itr* ‹*essere*› bestehen, vorliegen.
sussultare [sussul'ta:re] *itr* **1.** *(persona)* auffahren, zusammenfahren, zusammenzucken; **2.** *(cosa)* vibrieren, erbeben. **sussulto** [...'sulto] *m* Auffahren *n.*
sussurrare [sussur'ra:re] **I.** *tr* flüstern, zuflüstern; *(dicerie a.)* hinter vorgehaltener Hand sagen; **II.** *itr* **1.** *(vento)* säuseln; *(foglie)* rascheln; *(ruscello)* murmeln; **2.** *(sparlare)* munkeln (*contro* über), hinter vorgehaltener Hand reden (*contro* über). **sussurro** [...'surro] *m* **1.** *(di vento)* Säuseln *n;* *(delle foglie)* Rascheln *n;* *(di ruscello)* Murmeln *n;* **2.** *(di voce)* Flüstern *n.*
sutura [su'tu:ra] *f* **1.** *med* Naht *f;* **2.** *anat* Knochennaht *f,* Sutur *f scient.*
suvvia [suv'vi:a] *interj fam* komm *fam,* Kopf hoch.
svagare [zva'ga:re] **I.** *tr* ablenken; **II.** *rfl:* **-rsi** sich ablenken, sich zerstreuen. **svago** ['zva:go] *m* **1.** *(distrazione)* Ablenkung *f,* Zerstreuung *f;* **2.** *(passatempo)* Zeitvertreib *m.*
svaligiare [zvali'dʒa:re] *tr* ausrauben. **svaligiatore, -trice** [...dʒa'to:re] *m, f* Räuber(in) *m(f),* Dieb(in) *m(f).*
svalutare [zvalu'ta:re] **I.** *tr* **1.** *fin, com* abwerten, entwerten; **2.** *fig* entwerten, herabwürdigen; **II.** *rfl:* **-rsi** an Wert verlieren. **svalutazione** [...tat'tsi̯o:ne] *f* Ab-, Entwertung *f.*
svampito, -a [zvam'pi:to] *fam* **I.** *a* (geistig) weggetreten *fam,* flatterhaft; **II.** *m, f* Flattergeist *m.*
svanire [zva'ni:re] ‹svanisco› *itr* ‹*essere*› **1.** *(scomparire)* verschwinden; **2.** *(aroma)* verfliegen; *(gradazione alcolica)* sich verflüchtigen; **3.** *fig* (ver)schwinden; *(progetto)* sich in Luft (*o.* nichts) auflösen. **svanito, -a** [...'ni:to] *a* **1.** *(scomparso)* verschwunden; **2.** *(aroma, gradazione alcolica)* verflogen; **3.** *fig pej* verblödet; *(per vecchiaia)* verkalkt.
svantaggiato, -a [zvantad'dʒa:to] *a* benachteiligt; **essere ~ rispetto a qu** jdm gegenüber benachteiligt sein. **svantaggio** [...'taddʒo] *m* **1.** *(condizione)* Nachteil *m;* **2.** *sport* Rückstand *m;* **in condizioni di ~** im Nachteil; **essere in ~ rispetto a qu** jdm gegenüber im Nachteil sein. **svantaggio-**

so, -a [...'dʒo:so] *a* nachteilig, ungünstig.
svaporare [zvapo'ra:re] *itr* ‹*essere*› **1.** *(profumo)* verfliegen; *(benzina)* sich verflüchtigen; **2.** *fig* sich (in Luft) auflösen.
svariato, -a [zva'ria:to] *a* verschieden.
svarione [zva'rio:ne] *m fam* (dicker) Fehler *m fam,* Bock *m fam.*
svasare [zva'za:re] *tr* **1.** *bot* umtopfen; **2.** *(gonna)* ausstellen, nach unten weiter machen.
svastica ['zvastika] ‹-che› *f* Hakenkreuz *n.*
svecchiamento [zvekkia'mento] *m* Modernisierung *f.* **svecchiare** [...'kia:re] ‹svecchio, svecchi› *tr* modernisieren; *(guardaroba)* aufpolieren.
svedese [zve'de:se] **I.** *a* schwedisch; **II.** *mf* Schwede *m,* Schwedin *f;* **III.** *m (fiammifero)* Schwedenholz *n.*
sveglia ['zveʎʎa] **I.** *f* **1.** *(lo svegliare)* Wecken *n;* **2.** *(segnale)* Weckruf *m,* Wecksignal *n;* **3.** *(orologio)* Wecker *m;* ~ **telefonica** Telefonweckdienst *m;* **dare la ~ a qu** jdn wecken; **II.** *interj fam* aufstehen; **~, che è tardi!** aufstehen, es ist schon spät! **svegliare** [...'ʎa:re] **I.** *tr* **1.** *(dal sonno)* wekken; **2.** *fig (animare)* aufmuntern, aufrütteln; *(suscitare)* (er)wecken, wachrufen; **II.** *rfl:* **-rsi 1.** *(dal sonno, fig)* aufwachen, wach werden; **2.** *fig (manifestarsi)* erwachen (*a qu* in jdm), aufkommen (*a qu* in jdm). **sveglio, -a** ['zveʎʎo] ‹-gli, -glie› *a* **1.** *(non addormentato)* wach; **2.** *fig* aufgeweckt.
svelare [zve'la:re] *tr* enthüllen, offenlegen, bloßstellen; *(segreto)* lüften.
svellere ['zvɛllere] ‹svello, svelsi, svelto› *tr poet* **1.** *(pianta)* ausreißen; **2.** *fig (vizio, ricordo, etc.)* ausmerzen.
sveltezza [zvel'tettsa] *f* **1.** *(rapidità)* Schnelligkeit *f,* Flinkheit *f;* **2.** *fig* Aufgewecktheit *f;* **3.** *(di linee, forma)* Straffheit *f,* Schlankheit *f.*
sveltire [zvel'ti:re] ‹sveltisco› **I.** *tr* **1.** *(traffico, pratica)* beschleunigen; **2.** *(persona)* aufgeweckter machen, flotter machen; **3.** *(abito)* schlankmachen, flotter aussehen lassen; **II.** *rfl:* **-rsi** aufgeweckter werden, flotter werden.
svelto, -a ['zvɛlto] **I.** *pp di* **svellere; II.** *a* **1.** *(rapido)* schnell, flink, rasch; **2.** *fig* aufgeweckt, rege; **3.** *(forma, figura)* schlank, straff; **alla -a** auf die Schnelle *fam;* **III.** *adv* schnell, rasch.
svenare [zve'na:re] **I.** *tr* **1.** *(persona)* die Adern aufschneiden (*qu* jdm); **2.** *fig* ausnehmen, ausplündern; **II.** *rfl:* **-rsi** sich *(dat)* die Adern aufschneiden; **si è svenato per comprare quella casa** *fig* er hat sich *(dat)* ein Bein ausgerissen, um das Haus zu kaufen *fam.*
svendere ['zvendere] *tr* ausverkaufen. **svendita** ['zvendita] *f* Ausverkauf *m;* **-e di fine stagione** Schlußverkauf *m.*
svenevole [zve'ne:vole] **I.** *a* süßlich, affektiert; **II.** *mf pej scherz,* Zuckerpüppchen *n fam.*
svenimento [zveni'mento] *m* Ohnmacht *f.* **svenire** [...'ni:re] ‹*irr*› *itr* ‹*essere*› in Ohnmacht fallen.
sventagliare [zventaʎ'ʎa:re] ‹sventaglio, sventagli› **I.** *tr* **1.** *(ventaglio)* fächeln; **2.** *(agitare come un ventaglio)* wedeln (mit), schwingen; **3.** *(disporre a ventaglio)* (aus)fächern; **II.** *rfl:* **-rsi** sich *(dat)* (Luft) zufächeln.
sventare [zven'ta:re] *tr* vereiteln.
sventata *f v.* **sventato.**
sventatezza [zventa'tettsa] *f* **1.** *(distrazione)* Kopflosigkeit *f,* Zerstreutheit *f;* **2.** *(imprudenza)* Leichtsinn *m.* **sventato, -a** [...'ta:to] **I.** *a* kopflos, leichtsinnig; **II.** *m, f fam pej* kopflose (*o.* leichtsinnige) Person.
sventola ['zvɛntola] *f* **1.** *(per il fuoco)* Wedel *m;* **2.** *fam (colpo)* Ohrfeige *f;* **3.** *sport* Schwinger *m;* **orecchie a ~** abstehende Ohren *n pl,* Segelohren *n pl scherz.*
sventolare [zvento'la:re] **I.** *tr* **1.** *(bandiera, fazzoletto)* schwingen, schwenken; **2.** *(fuoco)* anfachen; **II.** *itr* flattern, wehen; **III.** *rfl:* **-rsi** sich *(dat)* Luft zufächeln. **sventolio** [...'li:o] ‹-ii› *m* Wehen *n,* Flattern *n.*
sventramento [zventra'mento] *m* **1.** *(di pollo)* Ausnehmen *n;* **2.** *fig* Abriß *m,* Niederreißen *n.* **sventrare** [...'tra:re] *tr* **1.** *(pollo, pesce)* ausnehmen; **2.** *(uccidere)* den Bauch aufschlitzen (*qu* jdm); **3.** *fig* niederreißen, abreißen.
sventura [zven'tu:ra] *f* Unglück *n;* **compagno di ~** Leidensgefährte *m.* **sventurato, -a** [...tu'ra:to] **I.** *a* unglücklich; **II.** *m, f* Unglückliche(r) *mf.*
sverginare [zverdʒi'na:re] *tr* entjungfern.
svergognare [zvergoɲ'ɲa:re] *tr* bloßstellen, blamieren.
svergognato, -a [zvergoɲ'ɲa:to] **I.** *a* schamlos; **II.** *m, f* Schamlose(r) *mf,* schamlose Person.
svernare [zver'na:re] *itr* überwintern.
svestire [zves'ti:re] **I.** *tr* ausziehen; **II.** *rfl:* **-rsi** sich ausziehen.

svettare [zvet'ta:re] *itr* empor-, aufragen.
Svevia ['zvɛ:vi̯a] *v.* **Suevia.**
svevo, -a ['zvɛ:vo] **I.** *a* **1.** *hist* (hohen)staufisch; **2.** *(della Svevia)* schwäbisch; **II.** *m, f* **1.** *hist* (Hohen)staufer(in) *m(f)*; **2.** *(della Svevia)* Schwabe *m,* Schwäbin *f.*
Svezia ['zvɛttsi̯a] *f* Schweden *n.*
svezzamento [zvettsa'mento] *m* Entwöhnung *f.* **svezzare** [...'tsa:re] *tr* entwöhnen; *(bambino a.)* abstillen; **-rsi qc** sich *(dat)* etw. abgewöhnen.
sviare [zvi'a:re] ‹svio, svii› **I.** *tr* **1.** *fig (traviare)* verführen, auf Abwege bringen, ablenken; **2.** *(colpo, tiro)* ablenken, ableiten; **II.** *rfl:* **-rsi 1.** *fig* vom rechten Weg abkommen; **2.** *(allontanarsi)* (vom Weg) abkommen.
svicolare [zviko'la:re] *itr* ‹*essere o. avere*› um die Ecke biegen.
svignarsela [zviɲ'ɲarsela] *itr* ‹*essere*› *fam* abhauen *sl,* sich aus dem Staub machen *fam.*
svigorire [zvigo'ri:re] ‹svigorisco› **I.** *tr* entkräften, schwächen; **II.** *rfl:* **-rsi** die Kräfte verlieren, schwach werden.
svilimento [zvili'mento] *m* Erniedrigung *f,* Herabsetzung *f.* **svilire** [...'li:re] ‹svilisco› *tr fig* erniedrigen, herabsetzen.
sviluppare [zvilup'pa:re] **I.** *tr* **1.** *(far crescere)* entwickeln, aufbauen; **2.** *(phys a.)* erzeugen; **3.** *fot* entwickeln; **4.** *mat* abwickeln; **5.** *fig (concetto, etc.)* entwickeln; **II.** *rfl:* **-rsi 1.** *biol* sich entwickeln; **2.** *(prodursi)* sich entwickeln, entstehen; **3.** *(commercio, attività)* sich entwickeln, sich entfalten. **sviluppo** [...'luppo] *m* Entwicklung *f; mat* Abwicklung *f.*
svincolare [zviŋko'la:re] **I.** *tr* **1.** *(liberare)* befreien; **2.** *com* auslösen; **II.** *rfl:* **-rsi** sich befreien, sich (los)lösen. **svincolo** ['zviŋkolo] *m* **1.** *com* Freigabe *f,* Auslösung *f;* **2.** *mot (entrata)* (Autobahn)auffahrt *f; (uscita)* (Autobahn)ausfahrt *f.*
sviolinare [zvioli'na:re] *tr fam* schöntun (*qu* jdm), sich einschmeicheln bei. **sviolinata** [...'na:ta] *f fam* Schmeichelei *f,* Lobhudelei *f.*
svisare [zvi'za:re] *tr* entstellen, verzerren.
sviscerare [zviʃʃe'ra:re] **I.** *tr* eingehend (*o.* ausführlich) behandeln; **II.** *rfl:* **-rsi** schwärmen (*per* für). **sviscerato, -a** [...'ra:to] *a* heftig, leidenschaftlich; *(lodi)* übertrieben.
svista ['zvista] *f* Versehen *n.*
svitare [zvi'ta:re] *tr* los-, abschrauben; *(vite)* lösen.
svitato, -a [...'ta:to] *fam* **I.** *a* überdreht, verrückt; **II.** *m, f* überdrehte Person.
Svitto ['zvitto] **I.** *m (cantone)* Schwyz *n;* **II.** *f (città)* Schwyz *n.*
Svizzera ['zvittsera] *f:* **(la)** ~ die Schweiz. **svizzero, -a** [...ro] **I.** *a* schweizerisch, Schweizer; **II.** *m, f* Schweizer(in) *m(f);* **III.** *m mil* Schweizer *m.*
svogliatezza [zvoʎʎa'tettsa] *f* Lustlosigkeit *f.* **svogliato, -a** [...'ʎa:to] *a* lustlos, träge.
svolazzare [zvolat'tsa:re] *itr* **1.** *(uccelli)* herumflattern, herumfliegen; *(insetti)* herumschwirren; **2.** *fig* umherschweifen; **3.** *(al vento)* flattern. **svolazzo** [...'lattso] *m* **1.** *(di lettera, a. fig)* Schnörkel *m;* **2.** *zoo* Umherflattern *n; (di insetti)* Umherschwirren *n.*
svolgere ['zvɔldʒere] ‹*irr*› **I.** *tr* **1.** *(gomitolo)* abwickeln; *(pacco, regalo)* auswickeln, auspacken; **2.** *fig (idea, tema)* ausbreiten, entfalten; *(programma, piano)* abwickeln; *(lavoro)* verrichten; *(attività, professione)* nachgehen *dat;* **II.** *rfl:* **-rsi 1.** *(accadere)* sich ereignen, sich zutragen; **2.** *theat, lit* spielen, sich abspielen. **svolgimento** [zvoldʒi'mento] *m* **1.** *(di tema, tesi)* Ausarbeitung *f,* Behandlung *f,* Darstellung *f;* **2.** *fig* Abwicklung *f,* Entfaltung *f,* Entwicklung *f.*
svolta ['zvɔlta] *f* **1.** *(azione)* Abbiegen *n;* **2.** *(curva)* Kurve *f;* **3.** *fig* Wende *f;* **divieto di ~ a destra/sinistra** Rechts-/Linksabbiegen verboten. **svoltare** [zvol'ta:re] **I.** *itr* abbiegen; **II.** *tr* auspacken.
svuotamento [zvu̯ota'mento] *m* Entleerung *f.* **svuotare** [...'ta:re] *tr* **1.** leeren; **2.** *fig (di significato, etc.)* entleeren, berauben.

T

T, t [ti] ‹-› *f* T, t *n;* **ferro a ~** T-Eisen *n;* **~ come Torino** T wie Theodor.

t *ab di* **tonnellata** t (*ab di* Tonne).

tab. *ab di* **tabella** Tab. (*ab di* Tabelle).

tabaccaio, -a [tabak'ka:i̯o] ‹-ccai, -ccaie› *m, f* Tabakwarenverkäufer(in) *m(f).* **tabaccheria** [...ke'ri:a] ‹-ie› *f* Tabakverkaufsstelle *f (in Bars, größeren Geschäften, etc.); (bottega)* Tabakladen *m.* **tabacchiera** [...'ki̯ɛ:ra] *f* Schnupftabak(s)dose *f.*

tabacco [ta'bakko] **I.** *m* ‹-cchi› Tabak *m;* **~ da fiuto** (*o.* **da naso**) Schnupftabak *m;* **II.** ‹*inv*› *a* tabak(braun), tabakfarben.

tabagismo [taba'dʒizmo] *m* Nikotinvergiftung *f.*

tabe ['ta:be] *f* Schwindsucht *f;* **~ dorsale** Rückenmark(s)tuberkulose *f.*

tabella [ta'bɛlla] *f* **1.** *(tavoletta)* (Merk)täfelchen *n;* **2.** *(prospetto, ab* **tab.***)* Tabelle *f,* Aufstellung *f,* Übersicht *f; (di fasi lavorative)* Dienstplan *m;* **~ di marcia** (*o.* **oraria**) Zeitplan *m;* **~ dei prezzi** Preisliste *f.*

tabellone [tabel'lo:ne] *m* **1.** *(per affissioni)* Anschlagtafel *f; (prospetto)* Schautafel *f;* **2.** *sport (nella pallacanestro)* Zielbrett *n.*

tabernacolo [taber'na:kolo] *m* Tabernakel *n o. m.*

tabloide [ta'blɔ:ide] *m* Tablette *f.*

tabù [ta'bu] **I.** ‹*inv*› *a* tabu; **II.** ‹-› *m* Tabu *n.*

tabulato [tabu'lato] *m* Ausdruck *m.*

tabulatore [tabula'to:re] *m* Tabulator *m.*

TAC [tak] *ab di* **Tomografia Assiale Computerizzata** CT *(ab di* Computertomografie).

tacca ['takka] ‹-cche› *f* **1.** *(incisione)* Kerbe *f;* **2.** *(di lama)* Scharte *f;* **3.** *(statura)* Statur *f,* Größe *f;* **4.** *fig (difetto)* Makel *m,* Fehler *m;* **~ di mira** Kimme *f;* **di mezza ~** *(di statura)* mittelgroß, von mittlerer Größe; *fig (di poco valore)* ohne Format.

taccagna *f v.* **taccagno.**

taccagneria [takkaɲɲe'ri:a] ‹-ie› *f* Knauserei *f.* **taccagno, -a** [...'kaɲɲo] **I.** *a* geizig, knauserig *fam;* **II.** *m, f* Geizhals *m fam.*

tacchettio [takket'ti:o] ‹-ii› *m (di tacchi)* Geklapper *n.*

tacchetto [tak'ketto] *m* dünner Absatz; *sport* Stollen *m.*

tacchina [tak'ki:na] *f* Truthenne *f,* Pute *f.* **tacchino** [...no] *m* Truthahn *m,* Puter *m;* **diventar rosso come un ~** puterrot werden.

taccia ['tattʃa] ‹-cce› *f* **1.** *(cattiva fama)* schlechter Ruf, Verruf *m;* **2.** *(accusa)* Anklage *f,* Beschuldigung *f.* **tacciare** [...'tʃa:re] ‹taccio, tacci› *tr* beschuldigen, bezichtigen; **~ qu di tradimento** (*o.* **di traditore**) jdn des Verrats beschuldigen.

taccio ['tattʃo] *1. pers sing pr di* **tacere.**

tacco ['takko] ‹-cchi› *m* (Schuh)absatz *m;* **battere** (*o.* **alzare**) **il ~** sich davonmachen; **battere i -cchi** strammstehen.

taccuino [takku'i:no] *m (per appunti)* Notizbuch *n; (per abbozzi)* Skizzenbuch *n.*

tacere [ta'tʃe:re] ‹taccio, taci, tacqui, taciuto› **I.** *tr* verschweigen, nicht sagen; **II.** *itr* schweigen (*di* über, *su* zu); **far ~** zum Schweigen bringen; **mettere a ~ qc** etw. vertuschen; **chi tace acconsente** *prov* keine Antwort ist auch eine Antwort; wer schweigt, stimmt zu.

tachicardia [takikar'di:a] ‹-ie› *f* Herzjagen *n,* Tachykardie *f scient.*

tachimetro [ta'ki:metro] *m* Tachometer *m o. n.*

taci ['ta:tʃi] *2. pers sing pr di* **tacere.**

tacitare [tatʃi'ta:re] *tr* befriedigen, zufriedenstellen; *fin* abfinden.

tacito, -a ['ta:tʃito] *a* **1.** *(silenzioso)* leise, still; *(a. persone)* schweigsam, schweigend; **2.** *(sottinteso)* stillschweigend.

taciturno, -a [tatʃi'turno] *a* schweigsam, wortkarg.

taciuto [ta'tʃu:to] *pp di* **tacere.**

tacqui ['takku̯i] *1. pers sing del passato remoto di* **tacere.**

tafanario [tafa'na:ri̯o] ‹-i› *m scherz* Allerwerteste(r) *m.*

tafano [ta'fa:no] *m* **1.** *(insetto)* Bremse *f;* **2.** *fig (persona fastidiosa)* Plagegeist *m.*

tafferuglio [taffe'ruʎʎo] ‹-gli› *m* Krawall *m,* Tumult *m.*

taffettà [taffet'ta] ‹-› *m* Taft *m.*

taglia ['taʎʎa] ‹-glie› *f* **1.** *(corporatura)* Gestalt *f;* **2.** *(di abito)* Größe *f;* **3.** *(ricompensa)* Kopfgeld *n; (riscatto)* Lösegeld *n;* **4.** *(tributo esoso)* Schutzgebühr *f;* **abito di ~ calibrata** Konfektionsanzug *m*/-kleid *n.*

tagliaborse [-'borse] ‹-› *mf* Taschendieb(in) *m(f).* **tagliaboschi** [-'bɔski] ‹-› *m* Holzfäller *m.* **tagliacarte** [-'karte] ‹-› *m* Papiermesser *n.* **taglialegna** [-'leɲɲa] ‹-› *m* Holzhacker *m,* -fäller *m.* **tagliamare** [-'ma:re] ‹-› *m* Vordersteven *m,* Bug *m.*

tagliando [taʎ'ʎando] *m* Abschnitt *m,* Coupon *m.*

tagliapasta [-'pasta] ‹-› *m* Teigrädchen *n.* **tagliapietre** [-'pi̯ɛ:tre] ‹-› *mf* Steinmetz(in) *m(f).*

tagliare [taʎ'ʎa:re] ‹taglio, tagli› **I.** *tr* **1.** *gener.* (ab)schneiden; *(legno)* hakken; *(albero)* fällen; *(stoffa)* zuschneiden; **2.** *med (ascesso)* aufschneiden; *(braccio, gamba)* abnehmen, amputieren; **3.** *(in parti)* auf-, zer-, durchschneiden; **4.** *(vino)* verschneiden; **5.** *(carte)* abheben; **6.** *sport (palla)* (an)schneiden; **7.** *(film, scena, etc.)* kürzen; **8.** *(spese)* kürzen; **9.** *(strada)* abschneiden; **tagliar corto** es kurz machen, kurzen Prozeß machen; **~ la corda** *fig* Reißaus nehmen, sich aus dem Staub machen *fam;* **~ le onde** die Wellen durchpflügen *geh;* **~ i ponti** *fig* alle Brücken (hinter sich *dat*) abbrechen; **~ la testa al toro** *fig* (nach langer Überlegung) einen Entschluß fassen; **~ il traguardo** *sport* durchs Ziel gehen; **II.** *itr* schneiden; **~ diritto** abkürzen.

tagliasigari [taʎʎa'si:gari] ‹-› *m* Zigarrenabschneider *m.*

tagliatelle [taʎʎa'tɛlle] *f pl* Bandnudeln *f pl.*

tagliato, -a [taʎ'ʎa:to] *a* **1.** *gener.* geschnitten; *(modello)* zugeschnitten; **2.** *fig* geeignet *(per* für); **capelli -i corti** kurze Haare *n pl;* **nota -a** Note *f* mit Hilfslinie(n); **un uomo ~ all'antica** ein Mann *m* vom alten Schlag; **un uomo ~ con l'accetta** ein grober Klotz. **tagliatore, -trice** [...ʎa'to:re] *m, f* Zuschneider(in) *m(f).* **tagliatura** [...ʎa'tu:ra] *f* **1.** *(atto)* (Ab-, Ver-, Zu)schneiden *n;* **2.** *(punto)* Schnittstelle *f.*

taglieggiare [taʎʎed'dʒa:re] ‹taglieggio, taglieggi› *tr* Kontributionen auferlegen *(qu* jdm).

tagliente [taʎ'ʎɛnte] **I.** *a* **1.** *(affilato)* scharf; **2.** *fig (mordace)* bissig, beißend; *(lingua)* spitz; *(critica)* scharf; **II.** *m* Schneide *f.*

tagliere [taʎ'ʎɛ:re] *m* Hackbrett *n.*

taglierina [taʎʎe'ri:na] *f* Schneidemaschine *f.*

taglierini [taʎʎe'ri:ni] *m pl* Suppennudeln *f pl.*

taglio ['taʎʎo] ‹-gli› *m* **1.** *gener.* Schnitt *m; (di alberi)* Fällen *n; (di legna)* Hacken *n; (di stoffa)* Zuschnitt *m;* **2.** *(della lama)* Schneide *f;* **3.** *(di libro)* Schnitt(seite *f*) *m;* **4.** *med* Amputation *f;* **5.** *(di vini)* Verschnitt *m;* **6.** *(articolo di giornale)* Schlagzeilenartikel *m;* **7.** *fig (di spese, film, scena)* Kürzung *f;* **~ di carne** Fleischstück *n;* **~ cesareo** Kaiserschnitt *m;* **banconote di grosso/piccolo ~** große/kleine Banknoten *f pl;* **arma a doppio ~** *fig* zweischneidiges Schwert; **colpire la palla di ~** den Ball (an)schneiden; **diamogli un ~!** laßt uns ein Ende damit machen! **tagliola** [...'ʎɔ:la] *f* Fangeisen *n.* **tagliolini** [...ʎo'li:ni] *m pl v.* **taglierini. tagliuzzare** [...ʎut'tsa:re] *tr* zerschneiden, zerschnippeln *fam.*

tailleur [ta'jœ:r] ‹-› *m* Kostüm *n.*

tal [tal] *v.* **tale.**

talaltro, -a [ta'laltro] *pron* ein(e) andere(r, s); **taluno ..., ~ ...** einer ..., ein anderer ...; **talvolta ..., -a ...** einmal ..., ein andermal ...

talamo ['ta:lamo] *m* **1.** *poet (camera)* Brautgemach *n geh; (letto)* Hochzeitsbett *n;* **2.** *bot* Blütenboden *m;* **3.** *anat* Thalamus *m;* **condurre al ~** *poet* zum Traualtar führen; **macchiare il ~** *poet* Ehebruch begehen.

talare [ta'la:re] **I.** *a:* **veste ~** Talar *m;* **II.** *f* Talar *m.*

talari [ta'la:ri] *m pl* Flügelschuhe *m pl.*

talché [tal'ke] *con poet* so (*o.* dermaßen) ..., daß.

talco ['talko] ‹-chi› *m* **1.** *(minerale)* Talk *m;* **2.** *(polvere)* Talkum *n;* **~ borato** Talkumpuder *m.*

tale ['ta:le] **I.** *a ‹davanti a consonante spesso* tal› **1.** *(di questa specie)* solch, so(lch) ein, ein(e) derartige(r, s); **2.** *(così grande)* so groß; **3.** *(questo)* diese(r, s); **4.** *(indefinito)* gewisse(r, s); **un ~ signore** ein gewisser Herr; **la tal persona** diese Person; **a tal punto** an diesem Punkt; **in tal caso** in diesem Fall; **ha -i idee quali nessuno si sarebbe aspettato** er (*o.* sie) hat Ideen, die niemand erwartet hätte; **II.** *pron* **1.** *(persona già menzionata)* derjenige, diejenige, dasjenige; **2.** *(indefinito)* einer, eine; jemand; **3.** ‹*pl*› einige, manche; **quel ~** der Betreffende, jener; **il tal dei -i** Herr Soundso; **un ~ vuol parlarti** jemand möchte dich sprechen; **la sua faccia è ~ (e) quale la tua** sein (*o.* ihr) Gesicht sieht genau so aus wie deins.

talea [ta'lɛ:a] *f* Steckling *m.*

talento[1] [ta'lɛnto] *m* Begabung *f,* Talent *n;* **un giovane di ~** ein begabter Junge; **avere del ~** Talent haben (*per* für).

talento[2] [ta'lɛnto] *m (moneta, peso)* Talent *n.*

talismano [taliz'ma:no] *m* Talisman *m.*

tallero ['tallero] *m* Taler *m.*

tallonare [tallo'na:re] *tr* verfolgen, auf den Fersen sein (*qu* jdm); *sport* mit der Ferse zurückstoßen.

talloncino [tallon'tʃi:no] *m* Abschnitt *m,* Quittung(sschein *m*) *f.*

tallone [tal'lo:ne] *m* **1.** *(calcagno)* Ferse *f;* **2.** *(di lama)* Angel *f;* **3.** *(di pneumatico)* Wulst *m;* **~ d'Achille** Achillesferse *f.*

talmente [tal'mente] *adv* so, derart, dermaßen.

talora [ta'lo:ra] *adv* manchmal, bisweilen.

talpa ['talpa] *f* **1.** *zoo, fig sl* Maulwurf *m;* **2.** *fig* Schwachkopf *m;* **3.** *tec (escavatrice)* Schaufelradbagger *m.*

taluno, -a [ta'lu:no] **I.** *a* ‹*pl*› einige, manche; **II.** *pron* manche(r, s), eine(r, s); **~ . . . talaltro** einer . . . ein anderer.

talvolta [tal'vɔlta] *adv* manchmal, bisweilen.

tamarindo [tama'rindo] *m* **1.** *bot* Tamarinde *f;* **2.** *(bibita)* Tamarindengetränk *n.*

tamburato [tambu'ra:to] **I.** *a* furniert; **II.** *m* Furnier *n.*

tambureggiamento [tambureddʒa'mento] *m* **1.** *mus, sport* Trommeln *n;* **2.** *mil* Trommelfeuer *n.* **tambureggiare** [...'dʒa:re] ‹tambureggio, tambureggi› *itr* **1.** *mus* trommeln; **2.** *mil (artiglieria)* (ein) Trommelfeuer veranstalten.

tamburellare [tamburel'la:re] *itr* das Tamburin schlagen; **~ con le dita** mit den Fingern trommeln. **tamburello** [...'rɛllo] *m* **1.** *mus* Tamburin *n;* **2.** *(gioco)* Trommelballspiel *n;* **3.** *(per ricamo)* Stickrahmen *m,* Tamburin *n.* **tamburino** [...'ri:no] *m* **1.** *mus* Trommler *m;* **2.** *sl (sui giornali)* Veranstaltungskalender *m,* -übersicht *f.* **tamburo** [...bu:ro] *m* **1.** *(strumento)* Trommel *f;* **2.** *(sonatore)* Trommler *m;* **3.** *arch* Tambour *m;* **4.** *(sui giornali) Abonnementsanzeige für das nächste Jahr;* **5.** *(di orologio)* Federgehäuse *n;* **~ del freno** Bremstrommel *f;* **pistola a ~** Trommelrevolver *m;* **a ~ battente** auf der Stelle; *(in tutta fretta)* in aller Eile.

Tamigi [ta'mi:dʒi] *m* Themse *f.*

tamponamento [tampona'mento] *m* **1.** *(otturazione)* (Zu-, Ver)stopfen *n;* **2.** *tec (di falla)* Abdichtung *f;* **3.** *(di veicoli)* Auffahrunfall *m;* **4.** *med (di ferita)* Tamponade *f;* **~ a catena** Massenkarambolage *f.* **tamponare** [...'na:re] *tr* **1.** *(otturare)* (zu-, ver)stopfen; *tec* dichten; **2.** *mot* auffahren auf; **3.** *med* tamponieren. **tampone** [...'po:ne] *m* **1.** *gener.* Pfropf(en) *m;* **2.** *(per timbri)* Stempelkissen *n;* **3.** *(di carta assorbente)* Löscher *m,* Löschrolle *f;* **4.** *med* Tampon *m;* **5.** *(respingente)* Puffer *m;* **legge ~** Notgesetz *n.*

tam-tam, tamtam [tam'tam] ‹-› *m* Tamtam *n.*

tana ['ta:na] *f* **1.** *(di animali)* Höhle *f,* Bau *m;* **2.** *fig (nascondiglio)* Schlupfwinkel *m;* **3.** *fig pej (stamberga)* Loch *n.*

tandem ['tandem] ‹-› *m* Tandem *n;* **lavorare in ~** im Gespann zusammenarbeiten.

tanfo ['tanfo] *m* Modergeruch *m.*

tangente [tan'dʒɛnte] **I.** *a* tangierend; *mat* tangential, Tangens-; **II.** *f* **1.** *mat* Tangente *f;* **2.** *(quota)* Anteil *m;* **3.** *fig pej* Schmiergeld *n;* **filare per la ~** *scherz* die Kurve kratzen *fam.* **tangenza** [...'dʒɛntsa] *f* **1.** *mat* Tangentialpunkt *m;* **2.** *aero* Scheitelpunkt *m.* **tangenziale** [...dʒen'tsia:le] **I.** *a* tangential-, Tangens-; **II.** *f (strada)* Umgehungsstraße *f.*

tanghero ['taŋgero] *m* Tölpel *m,* Rüpel *m.*

tangibile [tan'dʒi:bile] *a* fühlbar; *fig* greifbar.

tango ['taŋgo] ‹-ghi› *m* Tango *m.*

tanica ['ta:nika] ‹-che› *f* Kanister *m.*

tannico ['tanniko] ‹-ci, -che› *a* tanninhaltig; **acido ~** Gerbsäure *f.* **tannino** [...'ni:no] *m* Gerbsäure *f,* Tannin *n.*

tantino [tan'ti:no] *adv:* **un ~** ein bißchen, etwas.

tanto, -a ['tanto] **I.** *a* **1.** *(così molto)* so viel, so sehr; *fig* so groß, so weit, *etc.;* **2.** *(molto)* viel; **3.** *(altrettanto)* (genau)so viel, (genau)so sehr; **-e volte** so oft; **II.** *pron* **1.** *(così molto)* soviel; **2.** *(molto)* viel; **3.** ‹*pl*› *(molte persone)* viele; **quel ~ che basta** soviel, daß es reicht; **costa un ~ al metro** es kostet soundsoviel pro Meter; **con ~ d'occhi** *fig* mit (so) großen Augen; **III.** *adv* **1.** *(molto)* sehr; *(con* *verbo a.)* viel; **2.** *(assai)* so (sehr); **3.** *(così)* so (viel); **4.** *(altrettanto)* soviel; ~ **e poi** ~ sehr viel; ~ **meno** um so weniger; ~ **più che** ... um so mehr als ...; zumal, da ...; ~ ... **quanto** ... soviel ... wie ...; **né** ~ **né quanto** nicht im geringsten, ganz und gar nicht; **da** ~ seit langem; **di** ~ **in** ~ von Zeit zu Zeit; **ogni** ~ ab und zu; **una volta** ~ (für) das eine Mal; **due volte** ~ zweimal soviel; ~ **meglio** um so besser; ~ **per cambiare** zur Abwechslung; ~ **per far qc** nur um etw. zu tun; ~ **è lo stesso** es kommt auf dasselbe heraus; **fu** ~ **sciocco da crederlo** er war so dumm, es zu glauben; ~ **vale che tu rimanga** es ist besser, wenn du bleibst.

tapino, -a [ta'pi:no] **I.** *a* elend, armselig; **II.** *m, f* Arme(r) *mf*, Elende(r) *mf.*

tapiro [ta'pi:ro] *m* Tapir *m.*

tappa ['tappa] *f* **1.** *(sosta)* Rast *f*, Station *f;* **2.** *(luogo)* Rastplatz *m; mil* Quartier *n;* **3.** *(percorso)* Etappe *f*, Station *f; sport* Etappe *f;* **4.** *fig (stadio)* Etappe *f*, Stufe *f;* **a -e** etappenweise; **bruciare le -e** *fig* sich gewaltig ins Zeug legen.

tappabuchi [tappa'bu:ki] ‹-› *m* Lückenbüßer *m.*

tappare [tap'pa:re] **I.** *tr* zu-, verstopfen; *(bottiglie)* verkorken; *(finestre)* abdichten; ~ **la bocca a qu** *fig* jdm den Mund stopfen *fam;* ~ **un buco** *fig* ein Loch stopfen *fam;* **-rsi il naso** sich *(dat)* die Nase zuhalten; **-rsi le orecchie** *fig* die Ohren verschließen; **II.** *rfl:* **-rsi** sich einschließen.

tapparella [tappa'rɛlla] *f* Rolladen *m.*

tappeto [tap'pe:to] *m* **1.** *(per pavimenti)* Teppich *m;* **2.** *(per tavoli)* (Tisch)decke *f;* **3.** *sport* Matte *f; (per pugilato)* Bretter *n pl;* ~ **erboso** Rasen(teppich) *m;* ~ **persiano** Perser(teppich) *m;* ~ **verde** Spieltisch *m;* **bombardamento a** ~ Bombenteppich *m;* **andare al** ~ *sport* zu Boden gehen; **mettere una questione sul** ~ eine Frage aufs Tapet bringen.

tappezzare [tappet'tsa:re] *tr* **1.** *(pareti)* tapezieren; *(con tappeti)* verkleiden; *(con legno)* täfeln; **2.** *(mobili)* beziehen. **tappezzeria** [...tse'ri:a] ‹-ie› *f* **1.** *(per pareti)* Tapeten *f pl;* **2.** *(in legno)* Täfelung *f;* **3.** *(di mobili, auto)* Polsterung *f;* **4.** *(tecnica)* Tapezierkunst *f;* **far (da)** ~ *fig fam* Mauerblümchen sein. **tappezziere, -a** [...'tsi̯ɛ:re] *m, f* Polsterer *m*, Polst(r)erin *f.*

tappo ['tappo] *m* **1.** Pfropfen *m*, Stöpsel *m; (di sughero)* Korken *m;* **2.** *scherz (persona piccola)* Stöpsel *m fam;* ~ **a corona/vite** Kronkorken *m*/Schraubverschluß *m;* **sapere di** ~ nach Kork schmecken.

tara ['ta:ra] *f* **1.** *(peso)* Tara *f*, Verpackungsgewicht *n;* **2.** *(malattia)* Gebrechen *n;* **3.** *(difetto)* Fehler *m;* ~ **ereditaria** erbliche Belastung; **bisogna far la** ~ **a quel che racconta** an dem, was er (*o.* sie) erzählt, muß man einiges abstreichen.

tarantella [taran'tɛlla] *f* Tarantella *f.*

Taranto [ta'ranto] *f* Tarent *n.*

tarantola [ta'rantola] *f* Tarantel *f.*

tarare [ta'ra:re] *tr* **1.** *(detrarre la tara)* die Tara abziehen von; **2.** *(strumento)* eichen.

tarato, -a [ta'ra:to] *a* **1.** *(per malattia)* gebrechlich; **2.** *(moralmente)* gebrochen; **3.** *(strumento)* geeicht.

taratura [tara'tu:ra] *f* Eichung *f.*

tarchiato, -a [tar'ki̯a:to] *a* untersetzt.

tardare [tar'da:re] **I.** *itr* **1.** *(arrivare in ritardo)* sich verspäten; **2.** *(indugiare)* zögern (*a* mit); **3.** *(nel pagamento)* säumig sein; ~ **a rispondere** mit der Antwort zögern; ~ **a venire** mit Verspätung kommen; **II.** *tr* verzögern. **tardi** ['tardi] *adv* **1.** *(a ora avanzata)* spät; **2.** *(in ritardo)* verspätet, zu spät; **far** ~ sich verspäten; *(di notte)* durchmachen; **più** ~ später; **a più** ~! bis später!; **al più** ~ spätestens; **sul** ~ gegen Abend; **chi** ~ **arriva male alloggia** *prov* wer nicht kommt zur rechten Zeit, der muß nehmen, was übrigbleibt *prov.* **tardigrado, -a** [tar'di:grado] **I.** *a* träge; **II.** *m, f* Faulpelz *m.* **tardivo, -a** [tar'di:vo] *a* **1.** verspätet, spät, zu spät; *(pianta)* Spät-, spätreif; **2.** *fig (persona)* (geistig) zurückgeblieben. **tardo, -a** ['tardo] *a* **1.** *(nel tempo)* spät; **2.** *(lento)* langsam; *pej* träge; ~ **gotico** Spätgotik *f;* ~ **d'ingegno** schwer von Begriff; **a -a età** in hohem Alter. **tardona** [...'do:na] *f scherz* Möchtegern-Teenager *m fam.*

targa ['targa] ‹-ghe› *f* Schild *n*, Plakette *f; mot* Nummernschild *n.* **targare** [...'ga:re] ‹targo, targhi› *tr* mit einem Nummernschild versehen, ein Nummernschild anbringen an; **la vettura targata TO 273516** das Fahrzeug mit dem amtlichen (*o.* polizeilichen) Kennzeichen TO 273516. **targhetta** [...'getta] *f* Typenschild *n.*

tariffa [ta'riffa] *f* Tarif *m*, Preis *m*, Gebühr *f;* ~ **ordinaria** Normalpreis *m;* ~ **telefonica** Telefongebühr *f*, Fernsprechtarif *m.* **tariffario, -a** [...'fa:ri̯o] ‹-i, -ie› **I.** *a* Tarif-, tariflich;

II. *m* Gebührenverzeichnis *n,* Preisliste *f.*
tarlare [tar'la:re] **I.** *tr (legno)* wurmstichig machen; *(tessuti)* zerfressen; **II.** *itr, rfl:* **-rsi** *(legno)* wurmstichig werden; *(tessuti)* von Motten zerfressen werden. **tarlatura** [...la'tu:ra] *f* **1.** *(del legno)* Wurmfraß *m; (dei tessuti)* Mottenfraß *m;* **2.** *(polvere di legno)* Holz-, Wurmmehl *n.* **tarlo** ['tarlo] *m* **1.** *zoo* Holzwurm *m;* **2.** *fig* Nagen *n,* Stich *m.*
tarma ['tarma] *f* Motte *f.* **tarmare** [...'ma:re] **I.** *tr* zerfressen; **II.** *rfl:* **-rsi** von Motten zerfressen werden.
tarpare [tar'pa:re] *tr* **1.** *(ali)* stutzen; **2.** *fig* beschneiden.
tarsia [tar'si:a] ‹-ie› *f* Intarsien-, Einlegearbeit *f.*
tartagliamento [tartaʎʎa'mento] *m* Stottern *n.* **tartagliare** [...'ʎa:re] ‹tartaglio, tartagli› **I.** *tr* stammeln; **II.** *itr* stottern. **tartaglione, -a** [...'ʎo:ne] *m, f* Stotterer *m,* Stottrerin *f.*
tartara *f v.* **tartaro.**
tartarico [tar'ta:riko] ‹-ci, -che› *a* Weinstein-; **acido ~** Wein(stein)säure *f.* **tartaro** ['tartaro] *m* Kalkstein *m; (delle botti)* Weinstein *m; (dei denti)* Zahnstein *m.*
tartaro, -a ['tartaro] **I.** *a* tatarisch; **salsa -a** Sauce Tartare *f;* **II.** *m, f* Tatar(in) *m(f).*
tartaruga [tarta'ru:ga] ‹-ghe› *f* **1.** *zoo* Schildkröte *f;* **2.** *(materiale)* Schildpatt *n;* **camminare come una ~** im Schneckentempo gehen.
tartassare [tartas'sa:re] *tr* schikanieren, piesacken *fam; (strumento)* malträtieren; *(all'esame)* schikanieren.
tartina [tar'ti:na] *f* Butterbrot *n,* belegte Schnitte.
tartufo[1] [tar'tu:fo] *m* **1.** *bot* Trüffel *f;* **2.** *zoo* Venusmuschel *f.*
tartufo[2] [tar'tu:fo] *m* **1.** *(ipocrita)* Heuchler *m,* Tartüff *m geh;* **2.** *(persona curiosa)* Schnüffler *m fam.*
tasca ['taska] ‹-sche› *f* **1.** *(nei vestiti)* Tasche *f;* **2.** *anat* Beutel *m,* Sack *m;* **conoscere qc come le proprie -sche** etw. wie seine Westentasche kennen; **fare i conti in ~ a qu** in jds Tasche wirtschaften; **starsene con le mani in ~** *fig* die Hände in den Schoß legen; **ne ho piene le -sche** *fam* ich habe die Nase voll (davon) *fam;* **non me ne viene nulla in ~** für mich fällt davon nichts ab; **non rompermi le -sche!** *fam* laß mich in Frieden! *fam,* geh' mir nicht auf den Keks! *sl.* **tascabile** [...'ka:bile] **I.** *a* Taschen-; **II.** *m* Taschenbuch *n.* **tascapane** [...ka'pa:ne] ‹-› *m* Wandertasche *f; mil* Brotbeutel *m.* **taschino** [...'ki:no] *m* (Westen)tasche *f.*
tassa ['tassa] *f* Abgabe *f; (tariffa)* Gebühr *f; (imposta)* Steuer *f;* **~ di circolazione** Kraftfahrzeugsteuer *f;* **~ di soggiorno** Kurtaxe *f;* **-e scolastiche** Schulgeld *n;* **esente da -e** steuer-, gebührenfrei; **soggetto a -e** steuer-, gebührenpflichtig. **tassabile** [...'sa:bile] *a* steuerpflichtig, steuerbar *adm.* **tassametro** [...'sa:metro] *m* Taxameter *m o. n,* Fahrpreisanzeiger *m;* **~ di parcheggio** Parkuhr *f.* **tassare** [...'sa:re] *tr* **1.** *(redditi, etc.)* besteuern; **2.** *(lettere)* mit einer Nachgebühr belegen. **tassativo, -a** [...sa'ti:vo] *a* bindend, endgültig. **tassazione** [...sat'tsi̯o:ne] *f* Besteuerung *f.*
tassello [tas'sɛllo] *m* **1.** *(blocchetto)* Einsatzstück *n;* **2.** *(di cocomero)* Probierstück *n.*
tassì [tas'si] ‹-› *m* Taxi *n;* **~ aereo** Lufttaxi *n.* **tassista** [...'sista] ‹-i *m,* -e *f*› *mf* Taxifahrer(in) *m(f).*
tasso[1] ['tasso] *m com, fin* Satz *m,* Rate *f;* **~ di mortalità/natalità** Sterblichkeits-/Geburtenrate *f;* **~ d'interesse/di sconto** Zins-/Diskontsatz *m;* **~ d'inflazione** Inflationsrate *f.*
tasso[2] ['tasso] *m zoo* Dachs *m.*
tasso[3] ['tasso] *m bot* Eibe *f,* Taxus *m.*
tastare [tas'ta:re] *tr* (ab-, be)tasten, (be)fühlen; **~ il polso** den Puls fühlen; *fig* auf den Zahn fühlen; **~ il terreno** *fig* die Lage peilen.
tastiera [tas'ti̯ɛ:ra] *f* **1.** *tec* Tastatur *f;* **2.** *mus (di pianoforte, etc.)* Tastatur *f; (di chitarra, etc.)* Griffbrett *n;* **telefono a ~** Tastentelefon *n.* **tasto** ['tasto] *m* **1.** *(il tastare)* Tasten *n;* **2.** *tec* Taste *f;* **3.** *mus (di pianoforte)* Taste *f; (di chitarra)* Griffbrett *n;* **4.** *(prelievo)* Probeentnahme *f.* **tastoni** [...'to:ni] *adv* tastend, tappend; **procedere a ~** *fig* im dunkeln tappen.
tattica ['tattika] ‹-che› *f* Taktik *f.* **tattico, -a** [...ko] ‹-ci, -che› **I.** *a* taktisch; **II.** *m* Taktiker *m.*
tattile [tat'ti:le] *a* Tast-, taktil *scient.*
tatto ['tatto] *m* **1.** *(senso)* Tastsinn *m;* **2.** *fig* Takt *m,* Fingerspitzengefühl *n;* **mancanza di ~** Taktlosigkeit *f;* **essere ruvido al ~** sich rauh anfühlen.
tatuaggio [tatu'addʒo] ‹-ggi› *m* Tätowierung *f.* **tatuare** [...u'a:re] *tr* tätowieren.
taumaturgo, -a [tauma'turgo] ‹-ghi *o.* -gi, -ghe› *m, f* Wundertäter(in) *m(f).*
Tauno ['ta:uno] *m* Taunus *m.*

Tauri ['ta:uri] *m pl* Tauern *pl.*
taurino, -a [tau'ri:no] *a* Stier-; **forza -a** Bärenkraft *f.* **tauromachia** [...roma'ki:a] ‹-chie› *f* Stierkampf *m.*
tautologia [tautolo'dʒi:a] ‹-gie› *f* Tautologie *f.*
taverna [ta'vɛrna] *f* Taverne *f,* Schenke *f.* **taverniere, -a** [taver'njɛ:re] *m, f* **1.** *(oste)* (Schank)wirt(in) *m(f);* **2.** *(frequentatore)* Zecher(in) *m(f),* Zechbruder *m fam.*
tavola ['ta:vola] *f* **1.** *(mobile)* Tisch *m;* **2.** *(asse)* Brett *n; (lastra)* Tafel *f; (piastra)* Platte *f;* **3.** *(pittura)* Bild *n,* Gemälde *n; (illustrazione)* (Bild)tafel *f;* **4.** *(tabella)* Tabelle *f,* Übersicht *f;* ~ **allungabile** Ausziehtisch *m;* ~ **calda** Imbißstube *f;* ~ **fredda** kalte Küche; ~ **numerica** Zahlentabelle *f;* ~ **reale** Tricktrack *n,* Backgammon *n;* ~ **a vela** *sport* Surfbrett *n;* **calcare le -e** *fig* auf den Brettern stehen (, die die Welt bedeuten); **mettere a** ~ auftischen; **mettere le carte in** ~ *fig* die Karten auf den Tisch legen; **portare in** ~ auftragen; **il pranzo è in** ~ das Mittagessen steht auf dem Tisch. **tavolaccio** [tavo'lattʃo] ‹-cci› *m* Pritsche *f.* **tavolata** [...'la:ta] *f* Tafelrunde *f,* Tischgesellschaft *f.* **tavolato** [...'la:to] *m* **1.** *(assito)* Holzboden *m; (parete)* Bretterwand *f;* **2.** *geog* Tafelberg *m,* Hochebene *f.* **tavoletta** [...'letta] *f* **1.** *gener.* Täfelchen *n; (assicella)* Brettchen *n;* **2.** *(dipinto)* Bildchen *n;* **una** ~ **di cioccolata** eine Tafel Schokolade; **andare a** ~ *mot* das Gaspedal durchtreten. **tavoliere** [...'ljɛ:re] *m* **1.** *(da gioco)* Spieltisch *m; (del biliardo)* Billardtisch *m;* **2.** *(terreno)* Tafelland *n.* **tavolino** [...'li:no] *m* Tischchen *n;* **lavoro di** ~ *fig* Schreibtischarbeit *f;* **a** ~ *fig* am grünen Tisch, vom grünen Tisch aus; **stare a** ~ *fig* über den Büchern sitzen. **tavolo** ['ta:volo] *m* Tisch *m;* ~ **da disegno/stiro** Reiß-/Bügelbrett *n.*
tavolozza [tavo'lɔttsa] *f* Palette *f;* **sembrare una** ~ *fam* wie ein Farbkasten aussehen *fam.*
taxi ['taksi] ‹-› *m* Taxi *n.*
tazza ['tattsa] *f* **1.** *(da caffè, tè, etc.)* Tasse *f;* **2.** *tec (di draga)* Baggereimer *m;* **una** ~ **da caffè** eine Kaffeetasse; **una** ~ **di caffè** eine Tasse Kaffee.
tbc, TBC *m ab di* **tubercolosi** Tbc (*ab di* Tuberkulose).
te [te] *pron pers 2. pers sing* **1.** *(oggetto)* dich; *(con preposizione)* dich, dir, deiner; **2.** *(soggetto in forme comparative ed esclamative)* du; **3.** *(complemento di termine davanti a lo, la, li, le, ne)* dir; *(complemento oggetto davanti a lo, la, li, le, ne)* dich.
te' [tɛ] *interj dial* da, nimm.
tè [tɛ] ‹-› *m* Tee *m;* **casa da** ~ Teehaus *n;* ~ **danzante** Tanztee *m;* **prendere il** ~ **delle cinque** den Fünfuhrtee nehmen *geh.*
tea ['tɛ:a] *a:* **rosa** ~ Teerose *f.*
team [ti:m] ‹-› *m* Team *n.*
teatrale [tea'tra:le] *a* **1.** *(di, da teatro)* Theater-; **2.** *fig* theatralisch. **teatralità** [...trali'ta] ‹-› *f* Theatralik *f.*
teatro [te'a:tro] *m* Theater *n; fig* Schauplatz *m;* ~ **di posa** Filmstudio *n;* ~ **di prosa** Schauspielhaus *n;* ~ **di rivista** Varieté(theater) *n;* ~ **della guerra** Kriegsschauplatz *m;* ~ **lirico** Opernhaus *n;* ~ **anatomico** Anatomiehörsaal *m.*
teca ['tɛ:ka] ‹-che› *f* **1.** *(astuccio)* Etui *n;* **2.** *(reliquiario)* Reliquiar *n.*
tecnica ['tɛknika] ‹-che› *f* Technik *f.*
tecnico, -a ['tɛkniko] ‹-ci, -che› **I.** *a* technisch; **termine** ~ Fachausdruck *m;* **II.** *m, f* Techniker(in) *m(f).* **tecnologia** [teknolo'dʒi:a] ‹-gie› *f* Technologie *f.* **tecnologico, -a** [...'lɔ:dʒiko] *a* technologisch.
teco ['te:ko] *pron poet* mit dir.
tedescheggiare [tedesked'dʒa:re] ‹tedescheggio, tedescheggi› *itr* deutschtümeln. **tedeschizzare** [...kid'dza:re] *tr* eindeutschen.
tedesco, -a [te'desko] ‹-schi, -sche› **I.** *a* deutsch; **la Repubblica Democratica T~a** (*ab* **R.D.T.**) die Deutsche Demokratische Republik; **II.** *m, f* Deutsche(r) *mf;* **è** ~ er ist Deutscher; **III.** *m* Deutsch(e) *n;* **il** ~ **è una lingua difficile** Deutsch (*o.* das Deutsche) ist eine schwierige Sprache; **come si dice in** ~? was (*o.* wie) heißt das auf deutsch?; **parla** ~? sprechen Sie Deutsch?
tediare [te'dja:re] ‹tedio, tedi› *tr (annoiare)* langweilen; *(seccare)* belästigen. **tedio** ['tɛ:djo] ‹-i› *m* **1.** *(noia)* Langeweile *f;* **2.** *(stanchezza)* Überdruß *m;* **3.** *(fastidio)* Lästigkeit *f.* **tedioso, -a** [te'djo:so] *a* **1.** *(noioso)* langweilig; **2.** *(fastidioso)* lästig.
teen-ager ['ti:neɪdʒə] ‹-› *mf* Teenager *m.*
tegame [te'ga:me] *m* (Brat)pfanne *f.*
teglia ['teʎʎa] ‹-glie› *f* Auflaufform *f.*
tegola ['te:gola] *f* (Dach)ziegel *m;* ~ **in testa** *fig* Schlag *m* ins Gesicht.
tegumento [tegu'mento] *m* Hülle *f.*
teiera [te'jɛ:ra] *f* Teekanne *f.*
teina [te'i:na] *f* Thein *n.*
teismo [te'izmo] *m* Theismus *m.*

tela ['te:la] *f* **1.** *(tessuto)* Leinwand *f;* **2.** *(dipinto)* (Leinwand)gemälde *n;* **3.** *(sipario)* Vorhang *m;* **4.** *fig* Gewebe *n;* ~ **di canapa** Hanfleinen *n;* ~ **di cotone** Baumwolleinen *n,* Kattun *m;* ~ **di lino** Leinen *n;* ~ **di ragno** Spinnengewebe *n;* ~ **cerata/olona** Wachs-/Segeltuch *n;* **fare** ~ *fam* Leine ziehen *fam;* **ordire una** ~ Ränke schmieden *geh,* Intrigen spinnen.

telaio [te'la:i̯o] ‹-ai› *m* **1.** *(per tessitura)* Webstuhl *m;* **2.** *fig* Gerüst *n,* Gestell *n; (di finestra)* Rahmen *m; (di auto)* Fahrgestell *n;* ~ **per maglieria** Strickmaschine *f;* ~ **da ricamo** Stickrahmen *m.*

tele ['tɛ:le] ‹-› **I.** *f fam* Fernsehen *n;* **II.** *m* Tele(objektiv) *n.*

teleabbonato, -a [teleabbo'na:to] *m, f* Fernsehteilnehmer(in) *m(f).* **telearma** [-'arma] *f* Fernlenkwaffe *f.* **telecamera** [-'ka:mera] *f* Fernsehkamera *f.* **telecomandare** [-koman'da:re] *tr* fernsteuern. **telecomando** [-ko'mando] *m* Fernsteuerung *f,* Fernbedienung *f.* **telecomunicazione** [-komunikat'tsi̯o:ne] *f* Fernmeldetechnik *f,* -wesen *n.* **telecopiatrice** [-kopi̯a'tri:tʃe] *f* Telefaxgerät *n,* Fernkopierer *m.* **telecopiatura** [...'tu:ra] *f* Telefaxsystem *n,* Telekopieren *n.* **telecronaca** [-'krɔ:naka] *f* Fernsehreportage *f,* -bericht *m.* **telecronista** [-kro'nista] *mf* Fernsehreporter(in) *m(f).* **telediffusione** [-diffu'zi̯o:ne] *f* Fernsehübertragung *f.*

teleferica [-'fɛ:rika] ‹-che› *f* Schwebebahn *f.*

telefilm [-'film] *m* Fernsehfilm *m.*

telefonare [telefo'na:re] **I.** *tr* anrufen, telefonieren mit; *(comunicare)* (telefonisch) durchgeben (*o.* durchsagen); **II.** *itr* telefonieren (*a* mit), anrufen (*a qu* jdn). **telefonata** [...'na:ta] *f* (Telefon)anruf *m,* Telefongespräch *n;* ~ **interurbana/urbana** Fern-/Ortsgespräch *n;* ~ **in teleselezione** Selbstwählferngespräch *n;* **fare una** ~ **a qu** jdn anrufen. **telefonico, -a** [...'fɔ:niko] *a* telefonisch, Fernsprech-, Telefon-; **scheda -a** Telefon(magnet)karte *f,* Chipkarte *f.* **telefonista** [...fo'nista] ‹-i *m,* -e *f*› *mf* Telefonist(in) *m(f); (operaio)* Fernmeldetechniker(in) *m(f).* **telefono** [te'lɛ:fono] *m* Telefon *n,* Fernsprecher *m adm;* ~ **amico** Telefonseelsorge *f;* ~ **a gettone** Münzfernsprecher *m;* ~ **a scheda magnetica** Kartentelefon *n;* **dare un colpo di** ~ **a qu** *fam* jdn kurz anrufen.

telefoto [tele'fɔ:to] *f* **1.** *(sistema)* Bildfunk *m;* **2.** *(fotografia)* Funkbild *n.*

telegenico, -a [-'dʒɛ:niko] ‹-ci, -che› *a* telegen.

telegiornale [-dʒor'na:le] *m* (*ab* **TG**) Tagesschau *f,* Fernsehnachrichten *f pl.*

telegrafare [telegra'fa:re] *tr, itr* telegrafieren. **telegrafia** [...'fi:a] *f* Telegrafie *f.* **telegrafico, -a** [...'gra:fiko] *a* telegrafisch; **stile** ~ Telegrammstil *m.* **telegrafo** [te'lɛ:grafo] *m* **1.** *(apparecchio)* Telegraf *m;* **2.** *(ufficio)* Telegrafenamt *n;* ~ **morse** Morsegerät *n.* **telegramma** [tele'gramma] ‹-i› *m* Telegramm *n.*

teleguida [-'gu̯i:da] *f* Fernsteuerung *f,* Fernlenkung *f.* **teleguidare** [-gu̯i'da:re] *tr* fernsteuern, fernlenken.

telelibera [-'li:bera] *f* privater Fernsehsender.

telemetro [te'lɛ:metro] *m* Entfernungsmesser *m.*

teleobiettivo [teleobi̯et'ti:vo] *m* Teleobjektiv *n.*

telepatia [telepa'ti:a] ‹-ie› *f* Telepathie *f.* **telepatico, -a** [...'pa:tiko] ‹-ci, -che› *a* telepathisch.

teleprocessing [telɪ'prousesɪŋ] ‹-› *m inform* Datenfernverarbeitung *f.*

telequiz [tele'ku̯its] *m* Fernsehquiz *n.*

teleradiotrasmettere [-radi̯otraz'mettere] ‹*irr*› *tr* (gleichzeitig) durch Funk und Fernsehen übertragen.

teleria [tele'ri:a] ‹-ie› *f* **1.** *(assortimento)* Weiß-, Leinenwaren *f pl;* **2.** ‹*pl*› *(negozio)* Weißwarengeschäft *n.*

teleriscaldamento [teleriskalda'mento] *m* Fernheizung *f.*

teleromanzo [-ro'mandzo] *m* Romanverfilmung *f.*

teleschermo [-s'kermo *o.* -s'kɛrmo] *m* Bildschirm *m.*

telescopico, -a [-s'kɔ:piko] ‹-ci, -che› *a* teleskopisch, Teleskop-. **telescopio** [...'kɔ:pi̯o] ‹-i› *m* Fernrohr *n,* Teleskop *n.*

telescrivente [-skri'vɛnte] **I.** *a* fernschriftlich; **II.** *f* Fernschreiber *m.*

teleselezione [-selet'tsi̯o:ne] *f* Selbstwählferndienst *m,* Durchwählverbindung *f.*

telespettatore, -trice [-spetta'to:re] *m, f* Fernsehzuschauer(in) *m(f).*

teletex [-'tɛks] ‹-› *m* Teletex *n,* Büro-fernschreiben *n.*

teletext [-'tɛkst] ‹-› *m* Videotext *m,* Bildschirmzeitung *f.*

teletrasmettere [-traz'mettere] ‹*irr*› *tr* im (*o.* durch das) Fernsehen übertragen. **teletrasmissione** [...mis'si̯o:ne] *f* Fernsehübertragung *f.*

teletrasmittente [...mit'tɛnte] *f* Fernsehsender *m.*
teleutente [-u'tɛnte] *mf* Fernsehteilnehmer(in) *m(f).*
televideo [-'vi:deo] *m* Videotext *m,* Bildschirmzeitung *f.*
televisione [televi'zi̯o:ne] *f* (*ab* **TV**) **1.** *(sistema)* Fernsehen *n;* **2.** *fam (televisore)* Fernseher *m,* Fernsehen *n fam;* ~ **circuito chiuso** (*o.* **via cavo**) Kabelfernsehen *n;* ~ **a colori** Farbfernsehen *n.* **televisivo, -a** [...'zi:vo] *a* Fernseh-. **televisore** [...'zo:re] *m* Fernsehgerät *n.*
telex ['tɛ:leks] ‹-› *m* Telex *n,* Fernschreiben *n.*
tellurico, -a [tel'lu:riko] ‹-ci, -che› *a* tellurisch.
telo ['te:lo] *m* (Stoff)bahn *f;* ~ **da tenda** Zeltbahn *f.*
telone [te'lo:ne] *m* **1.** *(copertone)* Plane *f;* **2.** *(schermo)* Leinwand *f;* **3.** *(sipario)* Vorhang *m;* ~ **di salvataggio** Sprungtuch *n.*

tema[1] ['te:ma *o.* 'tɛ:ma] *f poet (timore)* Furcht *f.*
tema[2] ['tɛ:ma] ‹-i› *m* **1.** *(argomento)* Thema *n;* **2.** *(componimento scolastico)* Aufsatz *m;* **3.** *ling* Stamm *m;* **andare fuori** ~ das Thema verfehlen. **tematica** [te'ma:tika] ‹-che› *f* Thematik *f.* **tematico, -a** [...ko] ‹-ci, -che› *a* **1.** *ling* Stamm-; **2.** *mus* thematisch.
temei [te'me:i] *1. pers sing del passato remoto di* **temere.**
temeraria *f v.* **temerario.**
temerarietà [temerari̯e'ta] ‹-› *f* Tollkühnheit *f,* Verwegenheit *f.* **temerario, -a** [...'ra:ri̯o] ‹-i, -ie› **I.** *a* tollkühn; **II.** *m, f* Verwegene(r) *mf.*
temere [te'me:re] ‹temo, temei *o.* temetti, temuto› **I.** *tr* **1.** *(avere timore)* fürchten, Angst haben vor; *(fig a.)* befürchten; **2.** *fig (freddo, etc.)* scheuen, nicht vertragen können; **II.** *itr* **1.** *(essere preoccupato)* in Angst (*o.* Sorge) sein (*per* um), Angst haben (*per* um), sich sorgen (*per* um); **2.** *(nutrire dubbi)* zweifeln (*di* an), fürchten; **non** ~! keine Angst!
temerità [temeri'ta] ‹-› *f* Tollkühnheit *f.*
temetti [te'mɛtti] *1. pers sing del passato remoto di* **temere.**
temibile [te'mi:bile] *a* zu fürchten(d).
temo ['te:mo *o.* 'tɛ:mo] *1. pers sing pr di* **temere.**
temperalapis, temperamatite [tempera'la:pis, -ma'ti:te] ‹-› *m* Bleistiftspitzer *m.*
temperamento [tempera'mento] *m* **1.** *(il temperare)* Mäßigung *f;* *(a. mus)* Temperierung *f;* **2.** *(indole)* Temperament *n.*
temperante [tempe'rante] *a* mäßig, enthaltsam. **temperanza** [...'rantsa] *f* Mäßigkeit *f,* Enthaltsamkeit *f.*
temperare [tempe'ra:re] **I.** *tr* **1.** *(mitigare)* mäßigen, mildern; *(passione)* zügeln; **2.** *(metallo)* härten; *(matita)* spitzen; **3.** *mus* temperieren; **4.** *(colore)* verdünnen, mischen; ~ **il caffè con lo zucchero** Zucker in den Kaffee tun; **II.** *rfl:* **-rsi** sich mäßigen. **temperato, -a** [...'ra:to] *a* gemäßigt, maßvoll; **acciaio** ~ Edelstahl *m.*
temperatura [tempera'tu:ra] *f* Temperatur *f.*
temperie [tem'pɛ:ri̯e] *f* **1.** *meteo* Witterung *f;* **2.** *fig* Atmosphäre *f.*
temperino [tempe'ri:no] *m* Taschenmesser *n.*
tempesta [tem'pɛsta] *f* **1.** *meteo* Unwetter *n,* Sturm *m;* **2.** *fig (tumulto)* Sturm *m,* Aufruhr *m;* **3.** *(grande quantità)* Flut *f,* Hagel *m;* **una** ~ **di fischi** ein Pfeifkonzert *n;* **una** ~ **in un bicchier d'acqua** ein Sturm *m* im Wasserglas; **c'è odor di** ~ **nell'aria** *fig* hier ist dicke Luft *fam.*
tempestare [tempes'ta:re] **I.** *tr* bearbeiten, traktieren; **II.** *itr (impersonale)* stürmen. **tempestato, -a** [...'ta:to] *a* übersät, dicht besetzt.
tempestività [tempestivi'ta] ‹-› *f* Rechtzeitigkeit *f.* **tempestivo, -a** [...'ti:vo] *a* prompt.
tempestoso, -a [tempes'to:so] *a (a. fig)* stürmisch; *(cielo)* sturmbewegt; *(vita a.)* bewegt.
tempia ['tɛmpi̯a] ‹-ie› *f* Schläfe *f.*
tempio ['tɛmpi̯o] ‹-i *o.* templi› *m* Tempel *m.*
tempismo [tem'pizmo] *m* Timing *n.*
templi ['tɛmpli] *pl di* **tempio.**
tempo ['tɛmpo] *m* **1.** *gener.* Zeit *f;* **2.** *meteo* Wetter *n;* **3.** *gram* Tempus *n,* Zeit(form) *f;* **4.** *mus* Tempo *n;* **5.** *(di motore)* Takt *m;* **6.** *sport* Halbzeit *f,* Spielhälfte *f;* **7.** *(di spettacolo)* Teil *m;* ~ **legale** Sommerzeit *f;* ~ **libero** Freizeit *f;* **-i supplementari** *sport* Spielverlängerung *f;* **la notte dei -i** die graue Vorzeit; **ammazzare il** ~ die Zeit totschlagen; **andare a** ~ im Takt bleiben; **andare fuori** ~ aus dem Takt kommen; **dar** ~ **al** ~ sich *(dat)* Zeit lassen; **darsi al bel** ~ sich *(dat)* schöne Tage machen; **fare il buono e il cattivo** ~ *fig* den Ton angeben; **ha fatto il suo** ~ er (*o.* sie) hat abgewirtschaftet; **lasciare il** ~ **che si**

trova alles beim alten lassen; **a ~ di valzer** im Walzertakt; **a ~ e luogo** bei passender Gelegenheit, zu gegebener Zeit; **a ~ perso** zum Zeitvertreib; **a suo ~** *(passato)* seinerzeit; *(futuro)* zu gegebener Zeit; **ai miei -i** zu meiner Zeit; **al ~ dei -i** in uralten Zeiten; **in ~** rechtzeitig; **in pari ~** gleichzeitig; **in un primo ~** anfangs; **in ~ utile** rechtzeitig; **per ~** zeitig, früh; **un ~** früher, einst; **~ fa** vor einiger Zeit; **con i -i che corrono** heutzutage; **quanto ~?** wie lange?; **il ~ è denaro** (*o.* **moneta)** *prov* Zeit ist Geld *prov;* **chi ha ~ non aspetti ~** *prov* was du heute kannst besorgen, das verschiebe nicht auf morgen *prov;* **col ~ e con la paglia maturano le nespole** *prov* gut' Ding will Weile haben *prov,* mit Geduld und Spucke fängt man eine Mucke *fam;* **il ~ guarisce tutti i mali** *prov* die Zeit heilt alle Wunden *prov.*

temporale[1] [tempo'ra:le] *a* zeitlich; *rel, pol* weltlich; *gram* Temporal-; **il potere ~** der Kirchenstaat.

temporale[2] [tempo'ra:le] *a anat* Schläfen-.

temporale[3] [tempo'ra:le] *m meteo* Gewitter *n.* **temporalesco, -a** [...ra'lesko] ‹-schi, -sche› *a* Gewitter-, gewittrig.

temporaneo, -a [tempo'ra:neo] *a* vorübergehend, zeitweilig.

temporeggiare [tempored'dʒa:re] ‹temporeggio, temporeggi› *itr* zögern, abwarten. **temporizzatore** [...riddza'to:re] *m* Zeitgeber *m.*

tempra ['tɛmpra] *f* **1.** *gener., tec* Härten *n,* Härtung *f; (durezza)* Härte *f; (di lama)* Schärfe *f;* **2.** *fig* Schlag *m,* Art *f;* **3.** *mus* Klangfarbe *f.* **temprare** [tem'pra:re] *tr* **1.** *gener., tec* härten; **2.** *fig* abhärten, stählen *geh.*

temuto [te'mu:to] *pp di* **temere.**

T.E.N. *ab di* **Trans Euro Notte** TEN (*ab di* Trans Europ Nacht).

tenace [te'na:tʃe] *a* **1.** *(sodo)* zäh; *(duro)* fest; **2.** *fig* hartnäckig, zäh. **tenacia** [te'na:tʃa] ‹-cie› *f* Zähigkeit *f.* **tenacità** [tenatʃi'ta] ‹-› *f* **1.** *gener.* Festigkeit *f; (di lana, etc. a.)* Reißfestigkeit *f;* **2.** *fig* Zähigkeit *f.*

tenaglie [te'naʎʎe] *f pl* **1.** *tec* Zange *f;* **2.** *fam zoo* Scheren *f pl;* **un paio di ~** eine Zange.

tenda ['tɛnda] *f* **1.** *(telo)* Vorhang *m; (di negozio)* Markise *f;* **2.** *(da campeggio)* Zelt *n;* **~ a ossigeno** Sauerstoffzelt *n;* **-e alla veneziana** Jalousie *f.*

tendenza [ten'dɛntsa] *f* Neigung *f,* Tendenz *f.* **tendenziale** [tenden'tsi̯a:le] *a* tendenziell. **tendenziosità** [...tsi̯osi'ta] ‹-› *f* Parteilichkeit *f.* **tendenzioso, -a** [...'tsi̯o:so] *a* tendenziös.

tendere ['tɛndere] ‹tendo, tesi, teso› **I.** *tr* **1.** *(tirare)* spannen; *(distendere)* aufspannen; *(muscoli)* anspannen; *(reti, etc.)* auslegen; **2.** *(mano)* reichen, geben, hinstrecken; *(braccio)* (aus)strecken; **~ l'orecchio** die Ohren spitzen; **~ un tranello** *fig* eine Falle stellen; **II.** *itr* **1.** streben (*a* nach); **2.** *fig* neigen (*a* zu), tendieren (*a* nach); *(colori)* übergehen (*a* in), in Richtung ... gehen.

tendina [ten'di:na] *f* **1.** *(per finestre)* Gardine *f,* Vorhang *m;* **2.** *fot* Schlitzverschluß *m.*

tendine ['tɛndine] *m* Sehne *f.* **tendinite** [tendi'ni:te] *f* Sehnenentzündung *f.*

tendiscarpe [tendis'karpe] ‹-› *m* Schuhspanner *m.*

tenditore [tendi'to:re] *m* Spannvorrichtung *f.*

tendo ['tɛndo] *1. pers sing pr di* **tendere.**

tendone [ten'do:ne] *m* Plane *f; (di circo)* Zirkuszelt *n.*

tendopoli [ten'dɔ:poli] ‹-› *f* Zeltstadt *f.*

tenebre ['tɛ:nebre] *f pl* Finsternis *f; (fig a.)* Nacht *f,* Dunkel *n;* **vivere nelle ~ del Medioevo** *fig* im tiefsten Mittelalter leben. **tenebroso, -a** [tene'bro:so] *a* finster, dunkel.

tenente [te'nɛnte] *m* Oberleutnant *m;* **~ colonnello** Oberstleutnant *m;* **~ medico** Stabsarzt *m;* **~ di vascello** Kapitänleutnant *m.*

tenere [te'ne:re] ‹tengo, tenni, tenuto› **I.** *tr* **1.** *(avere in mano)* halten; *(non lasciar fuggire)* behalten; **2.** *(mantenere)* einhalten; **3.** *(contenere)* enthalten; **4.** *(discorso)* halten; *(conferenza)* (ab)halten; **5.** *fig (contegno, etc.)* haben, an sich *(dat)* haben; **6.** *fig (occupare)* einnehmen; *(dominare)* beherrschen; **~ la finestra aperta** das Fenster offen lassen; **~ duro** *fam* hart bleiben; **~ il posto per qu** für jdn den Platz freihalten; **~ la lingua a freno** die Zunge im Zaume halten; **~ d'occhio qu** jdn im Auge behalten; **~ al fresco** *(cibi)* kühl aufbewahren; *fig fam (in galera)* hinter schwedischen Gardinen halten *fam;* **-rsi amico qu** jds Freundschaft bewahren; **l'auto tiene bene la strada** das Auto hat eine gute Straßenlage; **la malattia lo tiene a letto** die Krankheit fesselt ihn ans Bett; **II.** *itr* halten; ~ **a qc** auf etw. Wert legen; ~ **per un partito** zu einer Partei halten; **tengo a ...** *inf* es liegt mir daran zu ...; **III.** *rfl:* **-rsi 1.** *(reggersi, considerarsi)* sich halten; **2.** *(trattenersi)* sich enthalten; **-rsi in piedi** sich auf den Beinen halten; **-rsi dal ridere** sich *(dat)* das Lachen verbeißen.

tenerezza [tene'rettsa] *f* **1.** *(l'essere tenero)* Zartheit *f,* Weichheit *f;* **2.** *fig* Zärtlichkeit *f.* **tenero, -a** ['tɛ:nero] **I.** *a* zart, weich; *fig* zärtlich; *(età)* zart; **II.** *m* **1.** Zarte(s) *n,* Weiche(s) *n;* **2.** *fig* zärtliches Gefühl, Zuneigung *f.*

tengo ['tɛŋgo] *1. pers sing pr di* **tenere.**

tenia ['tɛ:ni̯a] ‹-ie› *f* Bandwurm *m.*

tenni ['tenni] *1. pers sing del passato remoto di* **tenere.**

tennis ['tɛnnis] ‹-› *m* Tennis *n;* ~ **da tavolo** Tischtennis *n.* **tennista** [ten'nista] ‹-i *m,* -e *f*› *mf* Tennisspieler(in) *m(f).* **tennistico, -a** [...'nistiko] ‹-ci, -che› *a* Tennis-.

tenore [te'no:re] **I.** *a* Tenor-; **sax** ~ Tenorsaxophon *n;* **II.** *m* **1.** *mus* Tenor *m;* **2.** *(quantità)* Gehalt *m;* **3.** *(modo)* Haltung *f; (espressione)* Ausdrucksweise *f; (tono)* Tenor *m; (contenuto)* Wortlaut *m;* ~ **di vita** Lebensstandard *m.*

tensione [ten'si̯o:ne] *f* **1.** *gener., el* Spannung *f;* **2.** *fig* Erregung *f,* (An)spannung *f;* **alta/bassa** ~ (*ab* **A.T./B.T.**) Hoch-/Niederspannung *f;* ~ **arteriosa** Blutdruck *m;* **essere sotto** ~ *fig* unter Streß stehen.

tentabile [ten'ta:bile] *a* zu versuchen(d); *fig* den Versuch wert; **tentare il** ~ nichts unversucht lassen.

tentacolo [ten'ta:kolo] *m* **1.** *zoo* Fühler *m; (di polipo)* Fangarm *m;* **2.** ‹*pl*› *fig* Fänge *m pl.*

tentare [ten'ta:re] *tr* **1.** *(provare)* versuchen; *(sperimentare)* (aus)probieren; **2.** *fig (indurre)* in Versuchung führen, versuchen *geh; (mettere alla prova)* auf die Probe stellen. **tentativo** [...ta'ti:vo] *m* Versuch *m.* **tentatore, -trice** [...ta'to:re] **I.** *a* verführerisch; **II.** *m, f* Versucher(in) *m(f) geh,* Verführer(in) *m(f).* **tentazione** [...tat'tsi̯o:ne] *f* Versuchung *f;* **indurre in** ~ in Versuchung führen.

tentenna [ten'tenna] ‹-› *mf scherz* Zaud(e)rer *m,* Zaud(r)erin *f.*

tentennamento [tentenna'mento] *m (a. fig)* Schwanken *n.* **tentennare** [...'na:re] **I.** *tr (capo)* schütteln; **II.** *itr* **1.** *(vacillare)* wackeln, schwanken; **2.** *fig* schwanken, zögern. **tentennio** [...'ni:o] ‹-ii› *m* Wackeln *n; fig* Schwanken *n.*

tentone, tentoni [ten'to:ne, ...ni] *adv* tastend(erweise); *(fig a.)* blindlings; **camminare (a)** ~ sich vorwärtstasten.

tenue ['tɛ:nue] **I.** *a* **1.** *(sottile)* dünn, fein; **2.** *fig (speranza, etc.)* schwach; *(voce)* dünn; *(colore)* zart, matt; *(luce)* schwach, matt; *(ammenda, etc.)* gering; **3.** *ling* stimmlos; **II.** *m* Dünndarm *m.* **tenuità** [tenui'ta] ‹-› *f* Feinheit *f,* Zartheit *f.*

tenuta [te'nu:ta] *f* **1.** *(il tenere)* Halten *n; tec* Führung *f;* **2.** *(di recipiente)* Undurchlässigkeit *f; (capacità)* Fassungsvermögen *n;* **3.** *(possedimento agricolo)* Landgut *n;* **4.** *(abito)* (Dienst)anzug *m; (uniforme)* Uniform *f; sport* Trikot *n,* Dreß *m;* **5.** *sport (resistenza)* Ausdauer *f; (nel pugilato)* Klammern *n;* ~ **di fatica** Schutzanzug *m;* ~ **di strada** *mot* Straßenlage *f;* **alta** ~ Galauniform *f;* **a** ~ **d'acqua** wasserdicht; **a** ~ **stagna** vollkommen undurchlässig, dicht.

tenutario, -a [tenu'ta:ri̯o] ‹-i, -ie› *m, f* **1.** *(di casino)* Bordellbesitzer(in) *m(f);* **2.** *(di bisca)* Spielhöllenbesitzer(in) *m(f).*

tenuto, -a [te'nu:to] **I.** *pp di* **tenere; II.** *a* gehalten (*a* zu), verpflichtet (*a* zu).

teocrazia [teokrat'tsi:a] ‹-ie› *f* Theokratie *f.*

teodolite [teodo'li:te] *m* Theodolit *m.*

teologa *f v.* **teologo.**

teologale [teolo'ga:le] *a* Theologie-, theologisch. **teologia** [...lo'dʒi:a] ‹-gie› *f* Theologie *f.* **teologico, -a** [...'lɔ:dʒiko] *a* theologisch. **teologo, -a** [te'ɔ:logo] ‹-gi, -ghe› *m, f* Theologe *m,* Theologin *f.*

teorema [teo'rɛ:ma] ‹-i› *m* Lehrsatz *m,* Theorem *n.*

teoretico, -a [teo'rɛ:tiko] ‹-ci, -che› *a* theoretisch. **teoria** [...'ri:a] ‹-ie› *f* **1.** *(ipotesi, etc.)* Theorie *f; (dottrina)* Lehre *f;* **2.** *poet (sfilata)* Prozession *f;* ~ **della conoscenza** Erkenntnislehre *f;* **in** ~ theoretisch. **teorico, -a** [te'ɔ:riko] ‹-ci, -che› **I.** *a* theoretisch; **II.** *m, f* Theoretiker(in) *m(f).* **teorizzare** [teorid'dza:re] *itr* theoretisieren.

teosofia [teozo'fi:a] ‹-ie› *f* Theosophie *f.*

tepore [te'po:re] *m* milde Wärme, Lauheit *f.*

teppa ['teppa] *f* Unterwelt *f.* **teppaglia** [...'paʎʎa] ‹-glie› *f pej* Verbrecherpack *n.* **teppismo** [...'pizmo] *m*

Verbrechertum *n.* **teppista** [...'pista] ‹-i *m*, -e *f*› *mf* Gangster *m.*

terapeuta [tera'pɛ:uta] ‹-i *m*, -e *f*› *mf* Therapeut(in) *m(f).* **terapeutica** [...'pɛ:utika] ‹-che› *f* Therapeutik *f.* **terapeutico, -a** [...'pɛ:utiko] ‹-ci, -che› *a* therapeutisch. **terapia** [...'pi:a] ‹-ie› *f* Therapie *f.* **terapista** [...'pista] ‹-i *m*, -e *f*› *mf* Heilkundige(r) *mf.*

Teresa [te'rɛ:za] *(nome proprio femminile)* Therese.

tergere ['tɛrdʒere] ‹tergo, tergi, tersi, terso› *tr poet* (ab)trocknen, -wischen. **tergicristallo** [terdʒikris'tallo] *m* Scheibenwischer *m.* **tergilunotto** [-lu'nɔtto] *m* Heckscheibenwischer *m.*

tergiversare [terdʒiver'sa:re] *itr* Ausflüchte machen (*o.* suchen).

tergo¹ ['tɛrgo] *1. pers sing pr di* **tergere.**

tergo² ['tɛrgo] *m* **1.** ‹*pl:* -ga *f*› *poet (dorso)* Rücken *m;* **2.** ‹*pl:* -ghi *m*› *(di foglio, moneta)* Rückseite *f;* **a ~** hinten; *(nei rinvii)* auf der Rückseite; **vedi a ~** siehe Rückseite; **da ~** von hinten.

termale [ter'ma:le] *a* Thermal-; **stazione ~** Kurort *m.* **terme** ['tɛrme] *f pl* Thermalbad *n; hist* Thermen *f pl.*

termico, -a ['tɛrmiko] ‹-ci, -che› *a* thermisch, Wärme-; **energia -a** Wärme(energie) *f;* **variazioni -che** Temperaturschwankungen *f pl.*

terminal ['tə:mɪnl] ‹-› *m* (Air)terminal *m o. n.*

terminale [termi'na:le] **I.** *a* End-, Grenz-; **pietra ~** Grenzstein *m;* **stazione ~** Endstation *f;* **II.** *m* **1.** *(estremità)* Ende *n; tec* Anschluß(stück *n*) *m;* **2.** *inform* Terminal *n;* **3.** *aero* Terminal *m o. n;* **~ a morsetto** Anschlußklemme *f.*

terminare [termi'na:re] **I.** *tr* ‹*avere*› beenden, abschließen; *(lavoro)* fertigstellen; **II.** *itr* ‹*essere*› zu Ende gehen, aufhören, enden. **terminazione** [...nat'tsi̯o:ne] *f* **1.** *(conclusione)* Abschluß *m;* **2.** *(punto terminale)* Endpunkt *m;* **3.** *ling* Endung *f.*

termine ['tɛrmine] *m* **1.** *(limite)* Grenze *f;* **2.** *(confine)* Grenzlinie *f*, Grenzstein *m;* **3.** *(di tempo)* Termin *m*, Frist *f;* **4.** *(fine)* Ende *n*, Schluß *m;* **5.** *(vocabolo)* Terminus *m*, (Fach)ausdruck *m*, Begriff *m;* **6.** *mat* Glied *n*, Term *m scient;* **~ legale** gesetzliche Frist; **~ tecnico** Fachausdruck *m*, Terminus technicus *m;* **-i di una proposizione** Satzglieder *n pl;* **complemento di ~** Dativobjekt *n;* **aver ~** enden; **condurre a ~** zu Ende führen; **essere a buon ~** fristgerecht sein; **porre ~ a qc** mit etw. Schluß machen (*o.* aufhören); **ridurre ai minimi -i** auf ein Minimum reduzieren; **volgere al ~** dem Ende zugehen; **a breve ~** kurzfristig; **a rigor di -i** streng (wörtlich) genommen; **a -i di legge** nach dem Wortlaut des Gesetzes; **nel ~ di un anno** innerhalb Jahresfrist.

terminologia [terminolo'dʒi:a] ‹-gie› *f* Terminologie *f.*

termitaio [termi'ta:i̯o] ‹-ai› *m* Termitenhügel *m.* **termite** ['tɛrmite] *f* Termite *f.*

termoelettrico, -a [termoe'lɛttriko] *a* thermoelektrisch; **centrale -a** Wärmekraftwerk *n.*

termoelettronico, -a [-elet'trɔ:niko] *a* thermoelektronisch; **tubo ~** Elektronenröhre *f.*

termoforo [ter'mɔ:foro] *m* Heizkissen *n.*

termoisolante [termoizo'lante] **I.** *a* wärmeisolierend; **II.** *m* Wärmeisolator *m.*

termometro [ter'mɔ:metro] *m* Thermometer *n.*

termonucleare [termonukle'a:re] *a* thermonuklear.

termoreattore [-reat'to:re] *m* Wärmereaktor *m.*

termos ['tɛrmos] ‹-› *m* Thermosflasche® *f.*

termosifone [termosi'fo:ne] *m* **1.** *(radiatore)* Heizkörper *m*, Radiator *m;* **2.** *(impianto)* Zentralheizung *f.*

termostatico, -a [termos'ta:tiko] *a* thermostatisch. **termostato** [...'mɔ:stato] *m* Thermostat *m.*

termoventilazione [-ventilat'tsi̯o:ne] *f* Warmluftheizung *f.*

terna ['tɛrna] *f* Dreierreihe *f*, Dreieranzahl *f.* **ternario, -a** [ter'na:ri̯o] ‹-i, -ie› *a* **1.** *(di tre elementi)* dreifach, Drei(er)-; **2.** *(verso)* dreisilbig; **3.** *chem* ternär; **4.** *mus* Dreiviertel-. **terno** ['tɛrno] *m* Terne *f;* **fare ~** eine Dreierkombination haben; **~ al lotto** Hauptgewinn *m* im Lotto; *fig* Glückstreffer *m.*

terra ['tɛrra] *f* **1.** *(pianeta)* Erde *f;* **2.** *(suolo)* Erde *f*, (Erd)boden *m;* **3.** *(campagna)* Land *n;* **4.** *(tenuta)* Ländereien *f pl*, Landbesitz *m;* **~ di nessuno** Niemandsland *n;* **-e emerse** Land *n* der Kontinente und der Inseln; **-e rare** seltene Erden *f pl;* **lavoratori della ~** Landarbeiter *m pl*, Bauern *m pl;* **gli abitanti della ~** die Erdenbürger *m pl;* **~ ~** ohne Tiefgang; **andare per ~** zu Boden gehen, fallen; **avere una gomma a ~** einen Plattfuß haben *fam;* **essere a ~** *fig* am Boden zerstört sein; **mettere a ~** *el* erden; **mettere qu a ~** *fig* jdn zugrunde richten; **sentirsi mancare la ~ sotto i piedi** den Boden unter den Füßen verlieren; **raso ~** haarscharf über dem Boden; **di ~** irden. **terracotta** [terra'kɔtta] ‹terrecotte› *f* **1.** *(materiale)* Ton(erde *f*) *m;* **2.** *(manufatto)* Terrakotta *f.* **terracqueo** [ter'rakku̯eo] *v.* **terraqueo. terraferma** [terra'ferma] ‹-› *f* Festland *n.* **terraglia** [ter'raʎʎa] ‹-glie› *f* Steingut *n.* **terrapieno** [terra'pi̯ɛ:no] *m* Erdwall *m,* -damm *m.* **terraqueo, -a** [ter'ra:ku̯eo] *a:* **globo ~** Erdkugel *f.*

terrazza [ter'rattsa] *f* Terrasse *f.* **terrazzino** [...'tsi:no] *m* Balkon *m.* **terrazzo** [...'rattso] *m* **1.** *(terrazza)* Terrasse *f;* **2.** *(balcone)* Balkon *m;* **3.** *(pavimento)* Terrazzo *m.*

terrecotte *pl di* **terracotta.**

terremotato, -a [terremo'ta:to] **I.** *a* erdbebengeschädigt; **II.** *m, f* Erdbebenopfer *n.* **terremoto** [...'mɔ:to] *m* **1.** *(vibrazione della terra)* Erdbeben *n;* **2.** *fig* Umsturz *m;* **3.** *fig scherz (persona)* Quecksilber *n,* Wildfang *m.*

terreno [ter're:no] *m* **1.** *gener.* Land *n,* Gelände *n;* **2.** *agr* Boden *m,* Land *n;* **3.** *(fondo)* Grundstück *n;* **4.** *(suolo)* Boden *m,* Erde *f;* **5.** *(superficie)* Gelände *n;* **6.** *sport* (Spiel)feld *n;* **7.** *mil* Gelände *n;* **8.** *(piano)* Erdgeschoß *n;* **9.** *fig* Gebiet *n,* Terrain *n;* **~ fabbricabile** Bauland *n,* Baugrundstück *n;* **guadagnare/perdere ~** *fig* (an) Boden gewinnen/verlieren; **restare sul ~** *fig* im Felde bleiben *geh;* **sentirsi mancare il ~ sotto i piedi** den Boden unter den Füßen verlieren.

terreno, -a [ter're:no] *a* irdisch, weltlich; **piano ~** Erdgeschoß *n;* **a ~** zu ebener Erde.

terreo, -a ['tɛrreo] *a* erdfarben; **farsi ~ in volto** fahl im Gesicht werden.

terrestre [ter'rɛstre] **I.** *a* **1.** *(relativo alla terra)* Erd-; *(guerra, animale)* Land-; **2.** *fig rel* irdisch, weltlich; **globo ~** Erdball *m;* **II.** *mf* Erd(en)bewohner(in) *m(f).*

terribile [ter'ri:bile] *a* schrecklich, fürchterlich, entsetzlich.

terriccio [ter'rittʃo] ‹-cci› *m* Gartenerde *f.*

terriero, -a [ter'ri̯ɛ:ro] *a* Land-, Grund-.

terrificante [terrifi'kante] *a* schrekkenerregend.

terrificare [terrifi'ka:re] ‹terrifico, terrifichi› *tr* erschrecken.

terrina [ter'ri:na] *f* Schüssel *f,* Terrine *f.*

territoriale [territo'ri̯a:le] **I.** *a* territorial, Land(es)-, Gebiets-; **acque -i** Hoheitsgewässer *n pl;* **confini -i** Landesgrenzen *f pl;* **II.** *f* (Territorial)miliz *f,* Landwehr *f.* **territorio** [...'tɔ:ri̯o] ‹-i› *m* Gebiet *n,* Territorium *n;* **~ nazionale** (*o.* **dello Stato**) Hoheitsgebiet *n.*

terrò [ter'rɔ] *v.* **tenere.**

terrone, -a [ter'ro:ne] *m, f pej Schimpfwort der Norditaliener für die Süditaliener.*

terrore [ter'ro:re] *m* Angst *f,* Schrekken *m;* **incutere ~ a qu** jdm (einen) Schrecken einjagen.

terrorismo [terro'rizmo] *m* Terrorismus *m.* **terrorista** [...'rista] ‹-i *m,* -e *f*› *mf* Terrorist(in) *m(f).* **terroristico, -a** [...'ristiko] ‹-ci, -che› *a (persone, attentati)* terroristisch; *(regime)* Terror-.

terrorizzare [terrorid'dza:re] *tr* terrorisieren; *(spaventare)* in Schrecken versetzen, einschüchtern.

terroso, -a [ter'ro:so] *a* erdig, Erd-.

tersi ['tɛrsi] *1. pers sing del passato remoto di* **tergere.**

terso [tɛrso] *pp di* **tergere.**

terso, -a ['tɛrso] *a* rein, klar.

terza[1] ['tɛrtsa] *f* **1.** *(classe)* dritte Klasse; **2.** *mot* dritter Gang; **3.** *mus* Terz *f;* **4.** *mat* dritte Potenz.

terza[2] *f v.* **terzo.**

terzetto [ter'tsetto] *m* **1.** *mus* Terzett *n;* **2.** *(di persone)* Trio *n.*

terziario, -a [ter'tsi̯a:ri̯o] ‹-i, -ie› **I.** *a* tertiär; **II.** *m* **1.** *geol* Tertiär *n;* **2.** *com* Dienstleistungsbereich *m;* **III.** *m, f* Terziar(in) *m(f);* **~ francescano** Franziskanerbruder *m.*

terzina [ter'tsi:na] *f* **1.** *lit* Terzine *f;* **2.** *mus* Triole *f.*

terzino [ter'tsi:no] *m* Verteidiger *m.*

terzo, -a ['tɛrtso] **I.** *a* dritte(r, s); **il ~ mondo** die dritte Welt; **il ~ sesso** das dritte Geschlecht; **-a età** drittes Lebensalter, letzter Lebensabschnitt; **-a pagina** *(di giornale)* Feuilletonseite *f;* **di terz'ordine** drittklassig; **II.** *m, f (terza persona)* Dritte(r) *mfn;* **III.** *m pl fig (altri)* Dritte *pl,* andere *pl;* **per conto -i** auf fremde Rechnung; **IV.** *m (frazione)* Drittel *n,* dritter Teil; *v. a. quinto.* **terzogenito, -a** [tertso'dʒɛ:nito] **I.** *a* drittgeboren; **II.** *m, f* Drittgeborene(r) *mf.* **terzultimo, -a** [ter'tsultimo] **I.** *a* drittletzte(r, s); **II.** *m, f* Drittletzte(r) *mf.*

tesa ['te:sa] *f* **1.** *(nella caccia)* Fangnetz *n;* **2.** *(del cappello)* Krempe *f;* **3.** *(misura)* Klafter *m o. n.*

teschio ['tɛskio] ‹-schi› *m* Schädel *m; (dei cadaveri)* Totenkopf *m.*

tesi[1] ['tɛ:zi] ‹-› *f* **1.** *(proposizione)* These *f,* Lehrsatz *m;* **2.** *(di laurea)* Dissertation *f,* Doktorarbeit *f;* **3.** *mus* Thesis *f;* **romanzo a -i** Tendenzroman *m.*

tesi[2] ['te:si] *1. pers sing del passato remoto di* **tendere.**

tesina [te'zi:na] *f Zwischenarbeit für die Zulassung zum Examen.*

teso, -a ['te:so] **I.** *pp di* **tendere; II.** *a* **1.** *(corda, muscoli)* gespannt; **2.** *fig* (an)gespannt.

tesoriere, -a [tezo'riɛ:re] *m, f* **1.** *(custode)* Schatzmeister(in) *m(f);* **2.** *(di un ente)* Kassenverwalter(in) *m(f),* Kassierer(in) *m(f).* **tesoro** [te'zɔ:ro] *m* **1.** *gener., fig* Schatz *m;* **2.** *(di una banca)* Tresor *m;* **3.** *lit* Thesaurus *m;* **un ~ di ragazza** ein Schatz von einem Mädchen *fam;* **fare ~ di qc** sich *(dat)* etw. zunutze machen; **valere un ~** Gold wert sein.

tessei [tes'se:i] *1. pers sing del passato remoto di* **tessere.**

tessera ['tɛssera] *f* **1.** *(documento)* Ausweis *m,* Mitgliedskarte *f; (d'identità)* (Personal)ausweis *m; (di partito)* Parteibuch *n;* **2.** *(del mosaico)* Mosaikstein *m; (del domino)* Dominostein *m;* **~ d'abbonamento** Dauerkarte *f;* **~ di libero ingresso** Ausweis, mit dem man freien Eintritt hat. **tesserare** [tesse'ra:re] *tr* Mitgliedskarten (*o.* Ausweise) ausstellen (*qu* jdm); *(per razionamento)* Bezugsscheine ausstellen (*o.* zuteilen) (*qu* jdm). **tesserato, -a** [...'ra:to] **I.** *a* **1.** *(in un partito, etc.)* eingeschrieben; **2.** *(razionato)* rationiert; **II.** *m, f* eingetragenes (*o.* eingeschriebenes) Mitglied.

tessere ['tɛssere] ‹tesso, tessei *o.* tessetti, tessuto› *tr* **1.** *(nel telaio)* weben; *(stuoia, etc.)* knüpfen, flechten; **2.** *fig (inganni)* spinnen; **~ le lodi di qu** jds Lob singen; **~ le trame di un bel gioco** *sport* ein gutes Spiel liefern. **tessile** ['tɛssile] **I.** *a* Textil-, textil; **II.** *mf* Textilarbeiter(in) *m(f);* **III.** *m pl* Textilien *pl.* **tessitore, -trice** [tessi'to:re] *m, f* Weber(in) *m(f);* **~ d'inganni** *poet* Ränkeschmied *m geh.* **tessitura** [...'tu:ra] *f* **1.** *(di stoffa)* Weben *n; (di stuoia, etc.)* Knüpfen *n,* Flechten *n;* **2.** *(di romanzo)* Aufbau *m;* **3.** *mus* Stimmlage *f.*

tesso ['tɛsso] *1. pers sing pr di* **tessere. tessuto** [tes'su:to] **I.** *pp di* **tessere; II.** *m* **1.** *(stoffa)* Gewebe *n,* Stoff *m;* **2.** *fig* Netz *n;* **3.** *biol, anat* Gewebe *n;* **4.** ‹*pl*› Textilien *pl;* **~ di menzogne** Lügengespinst *n.*

test [tɛst] ‹-› *m* Test *m.*

testa ['tɛsta] *f* **1.** *(anat, a. fig)* Kopf *m;* **2.** *bot (di piante)* Zwiebel *f; (di fungo)* Kopf *m; (d'aglio a.)* Knolle *f;* **3.** *tec, fig (di chiodo, ponte, etc.)* Kopf *m;* **4.** *fig (ingegno)* Kopf *m,* Geist *m;* **~ calda/dura/quadra** Hitzkopf *m*/Dickkopf *m*/kluger Kopf; **~ di cavolo** (*o.* **~ di rapa)** *fam* Schafskopf *m fam,* Holzkopf *m fam;* **~ di turco** *fig* Prügelknabe *m;* **colpo di ~** Kurzschlußhandlung *f;* **mal di ~** Kopfschmerzen *m pl;* **avere la ~ tra le nuvole** in den Wolken schweben; **dare alla ~** zu Kopf steigen; **fare a ~ e croce** Kopf oder Zahl entscheiden lassen; **fare di ~ propria** seinen eigenen Kopf durchsetzen; **fare le cose con la ~ nel sacco** kopflos handeln; **mettere la ~ a partito** Vernunft annehmen; **mettersi in ~ qc** sich *(dat)* etw. in den Kopf setzen; **mi è passato dalla ~** das ist mir entfallen; **perdere la ~ per qu/qc** wegen jdm/etw. den Kopf verlieren; **scommettere la ~** um seinen Kopf wetten; **tenere ~ a qu** jdm die Stirn bieten; **vincere per una ~** um Kopf(es)länge gewinnen; **a ~** pro Kopf; **a ~ alta** erhobenen Hauptes; **in ~ alla classifica** an der Tabellenspitze; **in ~ alla lettera** im Briefkopf; **chi non ha ~ ha gambe** *prov* was man nicht im Kopf hat, hat man in den Beinen *prov.*

testacoda [testa'ko:da] ‹-› *m* Kehrtwendung *f.*

testamentario, -a [testamen'ta:rio] ‹-i, -ie› *a* Testaments-, testamentarisch. **testamento** [...'mento] *m* Testament *n; fig (spirituale a.)* Vermächtnis *n.*

testarda *f v.* **testardo.**

testardaggine [testar'daddʒine] *f* Dickköpfigkeit *f.* **testardo, -a** [tes'tardo] **I.** *a* dickköpfig; **II.** *m, f* Dickkopf *m.*

testare [tes'ta:re] *itr* testen; *jur* testieren.

testata [tes'ta:ta] *f* **1.** *(colpo)* Kopfstoß *m;* **2.** *(di letto)* Kopfteil *m,* Kopfende *n; (di motore)* (Zylinder)kopf *m; (di giornale)* (Zeitungs)kopf *m; arch* Stirnseite *f.*

testatore, -trice [testa'to:re] *m, f* Erblasser(in) *m(f).*

teste ['tɛste] *mf* Zeuge *m,* Zeugin *f.*

testé [tes'te] *adv poet* soeben.

testicolare [testiko'la:re] *a* Hoden-.

testicolo [...'ti:kolo] *m* Hoden *m.*

testiera [tes'tiɛ:ra] *f* **1.** *(di cavallo)* Zaumzeug *n;* **2.** *(di letto)* Kopfende *n; (di poltrona)* Kopflehne *f;* **3.** *(di modista)* Hutform *f.*

testimone [testi'mɔ:ne] *mf* **1.** *(persona)* Zeuge *m,* Zeugin *f;* **2.** *fig (prova)* Beweis *m,* Zeugnis *n;* **3.** *sport* Staffelstab *m;* ~ **di nozze** Trauzeuge *m,* -zeugin *f.* **testimoniale** [...mo'nia:le] **I.** *a* Zeugen-; **II.** *m* Zeugen *m pl.* **testimonianza** [...mo'niantsa] *f* **1.** *jur* Zeugenaussage *f;* **2.** *(prova)* Beweis *m,* Zeugnis *n;* **rendere ~ di qc** Zeugnis von etw. ablegen. **testimoniare** [...mo'nia:re] ‹testimonio, testimoni› **I.** *tr* bezeugen; ~ **il falso** falsch aussagen; **II.** *itr* zeugen (*di* von), Zeugnis ablegen (*di* von). **testimonio** [...'mɔ:nio] ‹-i› *v.* **testimone.**

testina [tes'ti:na] *f* Köpfchen *n; tec, gastr* Kopf *m;* ~ **di registrazione** Tonkopf *m;* ~ **fonografica** Tonabnehmer *m.*

testo[1] ['tɛsto] *m* **1.** *(scritto)* Text *m;* **2.** *(contenuto)* Inhalt *m;* **3.** *(libro)* Werk *n,* Buch *n;* **libri di ~** Lehrbücher *n pl;* **far ~** maßgebend (*o.* richtungweisend) sein.

testo[2] ['tɛsto] *m (da cucina)* Backform *f.*

testolina [testo'li:na] *f* Luftikus *m.*

testone [tes'to:ne] *m* **1.** *anat* großer Kopf; **2.** *fig fam (persona testarda)* Dickkopf *m; (persona stupida)* Schafskopf *m fam;* **3.** *sl (un milione di lire)* ≃ Riese *m sl (Tausendmarkschein).*

testuale [testu'a:le] *a* **1.** *(del testo)* Text-; **2.** *fig (riproducente)* wörtlich; **disse queste -i parole** er sagte wortwörtlich folgendes.

testuggine [tes'tuddʒine] *f* Schildkröte *f.*

tetano ['tɛ:tano] *m* Wundstarrkrampf *m,* Tetanus *m.*

tetraedro [tetra'ɛ:dro] *m* Tetraeder *n.*

tetraggine [te'traddʒine] *f* **1.** Düsternis *f,* Düsterkeit *f;* **2.** *fig* Trübsinnigkeit *f.*

tetragono, -a [te'tra:gono] *a* **1.** *mat* viereckig; **2.** *fig* standhaft, fest, unbeugsam.

tetro, -a ['tɛ:tro] *a* düster, finster.

tetta ['tetta] *f fam* Busen *m.*

tettarella [tetta'rɛlla] *f* Sauger *m; (per calmare)* Schnuller *m.*

tetto ['tetto] *m* **1.** *arch* Dach *n;* **2.** *(di vettura)* Verdeck *n,* Dach *n;* **3.** *geol* Felsvorsprung *m;* **4.** *fig (casa)* Haus *n,* Heim *n;* ~ **domestico** häuslicher Herd; **senza ~** obdachlos. **tettoia** [...'to:ia] ‹-oie› *f* Überdachung *f; (pensilina)* Schutzdach *n; (su porte)* Vordach *n.*

tettonica [tet'tɔ:nika] ‹-che› *f* Tektonik *f.* **tettonico, -a** [...ko] ‹-ci, -che› *a* tektonisch.

teutonico, -a [teu'tɔ:niko] ‹-ci, -che› *a* teutonisch.

Tevere ['te:vere] *m* Tiber *m.*

TG ‹-› *m ab di* **Telegiornale** Fernsehnachrichten; **il ~ 1/2** die Nachrichten im ersten/zweiten (Fernseh)programm.

the [tɛ] *v.* **tè.**

thermos ['tɛrmos] *v.* **termos.**

thrilling ['θrɪlɪŋ] **I.** ‹*inv*› *a* nervenkitzelnd; **II.** ‹-› *m* Thriller *m.*

ti [ti] **I.** *pron pers 2. pers sing* **1.** *(complemento di termine)* dir; **2.** *(complemento oggetto)* dich; **II.** *pron rfl 2. pers sing* dich.

tiara ['tia:ra] *f* Tiara *f.*

tibia ['ti:bia] ‹-ie› *f* Schienbein *n.*

tic [tik] ‹-› *m* Tick *m.*

ticchettare [tikket'ta:re] *itr* ticken; *(macchina da scrivere)* klappern. **ticchettio** [...'ti:o] ‹-ii› *m* Ticken *n; (della macchina da scrivere)* Klappern *n.*

ticchio[1] ['tikkio] ‹-cchi› *m (capriccio)* Anwandlung *f,* Laune *f.*

ticchio[2] ['tikkio] ‹-cchi› *m (macchiolina)* Fleck *m.*

Ticino [ti'tʃi:no] *m (cantone)* Tessin *n; (fiume)* Tessin *m.*

ticket ['tɪkɪt] ‹-› *m* **1.** *gener.* Bon *m,* Gutschein *m; sport* Wettschein *m;* **2.** *med* Selbstbeteiligung *f* (an den Krankheitskosten); ~ **restaurant** Essensgutschein *m.*

tiene, tieni ['tiɛ:ne, ...ni] *v.* **tenere.**

tiepido, -a ['tiɛ:pido] *a* **1.** *(poco caldo)* lau(warm), mild; **2.** *fig* kühl.

tifare [ti'fa:re] *itr fam* schwärmen (*per* für), Fan sein (*per* von).

tifo ['ti:fo] *m* **1.** *med* Typhus *m;* **2.** *fig* Sportbegeisterung *f; pej* Fanatismus *m;* **fare il ~ per qu** begeisterter Anhänger von jdm sein. **tifoide** [ti'fɔ:ide] *a* typhusartig, Typhus-.

tifone [ti'fo:ne] *m* Taifun *m.*

tifoso, -a [ti'fo:so] **I.** *a* **1.** *med* typhusartig, Typhus-; **2.** *fig* sportbegeistert; *pej* fanatisch; **II.** *m, f* **1.** *med* Typhuskranke(r) *mf;* **2.** *fig* Sportbegeisterte(r) *mf,* Fan *m;* ~ **di calcio** Fußballfan *m,* -anhänger *m.*

tight [taɪt] ‹-› *m* Cut(away) *m.*

tiglio ['tiʎʎo] ‹-gli› *m* Linde *f.*

tiglioso, -a [tiʎ'ʎo:so] *a* fas(e)rig, zäh.

tigna ['tiɲɲa] *f* **1.** *med* Grind *m;* **2.** *fig* Ärgernis *n.*

tignola [tiɲ'ɲɔ:la] *f* Motte *f.*

tignosa [tiɲ'ɲo:sa] *f* Knollenblätterpilz *m.*
tignoso, -a [tiɲ'ɲo:so] **I.** *a* **1.** *med* grindig; **2.** *fig fam* knaus(e)rig *fam,* knickerig *fam;* **II.** *m, f* **1.** Grindige(r) *mf;* **2.** *fig fam* Geizhals *m fam,* Geizkragen *m fam.*
tigrato, -a [ti'gra:to] *a* getigert. **tigratura** [tigra'tu:ra] *f* Tigermuster *n.*
tigre ['ti:gre] *f* Tiger *m.* **tigrotto** [ti'grɔtto] *m* Tigerjunge(s) *n.*
tilde ['tilde] ‹-› *m o. f* Tilde *f.*
tilt [tɪlt] ‹-› *m:* **andare in ~** *(di flipper)* außer Betrieb sein; *fig* einen Blackout haben *fam; (per stanchezza)* schlappmachen *fam.*
timballo [tim'ballo] *m* **1.** *mus* Pauke *f;* **2.** *(stampo)* Pasteten-, Auflaufform *f;* **3.** *(pasticcio)* Pastete *f,* Auflauf *m;* **~ di riso** Reistimbale *f.*
timbrare [tim'bra:re] *tr* (ab)stempeln. **timbratura** [...bra'tu:ra] *f* (Ab)stempeln *n.*
timbrico, -a ['timbriko] ‹-ci, -che› *a* Klang-, klanglich.
timbrificio [timbri'fi:tʃo] ‹-ci› *m* Stempelfabrik *f.* **timbro** ['timbro] *m* **1.** *(marchio)* Stempel *m;* **2.** *(di suono)* Klangfarbe *f,* Timbre *n geh;* **~ a secco** Prägestempel *m.*
timer ['taɪmə] ‹-› *m* Schaltuhr *f.*
timidezza [timi'dettsa] *f* Schüchternheit *f.* **timido, -a** ['ti:mido] *a* schüchtern.
timo¹ ['ti:mo] *m bot* Thymian *m.*
timo² ['ti:mo] *m anat* Thymus *m,* Thymusdrüse *f.*
timone [ti'mo:ne] *m* **1.** *naut, aero* Ruder *n,* Steuer *n;* **2.** *(di carro)* Deichsel *f;* **3.** *(di aratro)* Pflugbaum *m.* **timoniere, -a** [timo'nie:re] *m, f* Steuermann *m,* Rudergänger(in) *m(f).*
timorato, -a [timo'ra:to] *a* gewissenhaft; **~ di Dio** gottesfürchtig.
timore [ti'mo:re] *m* **1.** *(paura)* Furcht *f,* Angst *f;* **2.** *(preoccupazione)* Befürchtung *f;* **3.** *(soggezione)* Ehrfurcht *f,* Respekt *m;* **~ di Dio** Gottesfurcht *f.* **timoroso, -a** [timo'ro:so] *a* furchtsam, ängstlich.
timpanista [timpa'nista] ‹-i *m,* -e *f*› *mf* Paukenschläger(in) *m(f).* **timpano** ['timpano] *m* **1.** *mus* Pauke *f;* **2.** *anat* Paukenhöhle *f,* Tympanum *n;* **3.** *arch* Tympanon *n;* **esser duro di -i** *fam* schwerhörig sein; **rompere i -i a qu** *fam* jdm das Trommelfell platzen lassen *fam.*
tinca ['tiŋka] ‹-che› *f* Schleie *f.*
tinello [ti'nɛllo] *m* Eßraum *m.*
tingere ['tindʒere] ‹tingo, tingi, tinsi, tinto› **I.** *tr* färben; **II.** *rfl:* **-rsi 1.** *gener.* sich färben; **2.** *(con cosmetici)* sich schminken; **3.** *fig* sich mischen (*di* mit).
tinnire [tin'ni:re] ‹tinnisco› *itr poet* klingen.
tino ['ti:no] *m* Bottich *m.* **tinozza** [ti'nɔttsa] *f* Kübel *m; (per il bucato)* Zuber *m; (da bagno)* Wanne *f.*
tinsi ['tinsi] *1. pers sing del passato remoto di* **tingere.**
tinta ['tinta] *f* Farbe *f;* **dare una mano di ~ a qc** etw. überstreichen; **vedere tutto a -e fosche** *fig* alles in den schwärzesten Farben sehen. **tintarella** [-'rɛlla] *f* Sonnenbräune *f;* **prendere la ~** sich von der Sonne bräunen lassen. **tinteggiare** [tinted'dʒa:re] ‹tinteggio, tinteggi› *tr* anstreichen. **tinteggiatura** [...dʒa'tu:ra] *f* Anstrich *m.*
tintinnare [tintin'na:re] *itr* klingeln. **tintinnio** [...'ni:o] ‹-ii› *m* Geklingel *n.*
tinto ['tinto] *pp di* **tingere.**
tintore, -a [tin'to:re] *m, f* Färber(in) *m(f).* **tintoria** [...to'ri:a] ‹-ie› *f* Färberei *f; (per pulitura abiti)* Reinigung *f.* **tintura** [...'tu:ra] *f* **1.** *(azione)* Färben *n;* **2.** *(risultato)* Färbung *f;* **3.** *(prodotto)* Färbemittel *n; chem* Tinktur *f.*
tipicità [tipitʃi'ta] ‹-› *f* Eigentümlichkeit *f.* **tipico, -a** ['ti:piko] ‹-ci, -che› *a* typisch, charakteristisch.
tipizzare [tipid'dza:re] *tr* typisieren.
tipo ['ti:po] **I.** *m* **1.** *(carattere)* Typ *m,* Typus *m; (qualità)* Art *f,* Sorte *f;* **2.** *(persona)* Typ *m fam,* Type *f fam;* **merce di tutti i -i** Waren *f pl* aller Art; **un ~ ti vuole parlare** da ist ein Typ, der dich sprechen möchte *fam;* **per i -i di ...** *typ* in der Druckerei ...; **II.** ‹*inv*› *a* Muster-, Modell-.
tipografa *f v.* **tipografo.**
tipografia [tipogra'fi:a] *f* **1.** *(arte)* Buchdruck *m,* Typographie *f;* **2.** *(procedimento)* Buchdruck *m;* **3.** *(laboratorio)* (Buch)druckerei *f.* **tipografico, -a** [...'gra:fiko] *a* Druck-, typographisch. **tipografo, -a** [ti'pɔ:grafo] *m, f* Buchdrucker(in) *m(f).*
tipologia [tipolo'dʒi:a] ‹-gie› *f* Typologie *f.*
tiraggio [ti'raddʒo] ‹-ggi› *m* Luftzufuhr *f.*
tiralinee [tira'li:nee] ‹-› *m* Reißfeder *f.*
tiranna *f v.* **tiranno.**
tiranneggiare [tiranned'dʒa:re] ‹tiranneggio, tiranneggi› **I.** *tr* tyrannisieren; **II.** *itr* Gewaltherrschaft ausüben, mit Gewalt herrschen. **tirannia** [...'ni:a] ‹-ie› *f* **1.** *pol* Tyrannei *f,* Gewaltherrschaft *f;* **2.** *fig* Druck *m,* Zwang *m.* **tirannicida**

[...ni'tʃi:da] ⟨-i *m*, -e *f*⟩ *mf* Tyrannenmörder(in) *m(f)*. **tirannicidio** [...ni'tʃi:dio] ⟨-i⟩ *m* Tyrannenmord *m*. **tirannico, -a** [ti'ranniko] ⟨-ci, -che⟩ *a* tyrannisch, Tyrannen-. **tirannide** [ti'rannide] *f* Tyrannei *f*. **tiranno, -a** [ti'ranno] *m, f* Tyrann(in) *m(f)*.

tirapiedi [tira'piɛ:di] ⟨-⟩ *m* **1.** *hist* Henkersknecht *m;* **2.** *fig fam* Handlanger *m,* Helfershelfer *m*.

tirapugni [tira'puɲɲi] ⟨-⟩ *m* Schlagring *m*.

tirare [ti'ra:re] **I.** *tr* **1.** *(carro, etc.)* ziehen; *(cassetto)* herausziehen, aufziehen; *(tenda)* zuziehen; **2.** *(fune)* spannen; **3.** *(dente, linea)* ziehen; **4.** *(sassi, palle)* werfen; **5.** *(sparare)* schießen; *(colpo)* abfeuern; **6.** *sport (ciclismo)* schleppen; **7.** *(calci)* versetzen; **8.** *typ* drucken; *(bozze)* abziehen; ~ **il fiato** atmen, aufatmen; ~ **i remi in barca** *fig* die Segel streichen *geh;* ~ **qc in ballo** etw. ins Feld führen; ~ **qc per le lunghe** etw. in die Länge ziehen; ~ **a lucido** auf Glanz bringen; ~ **su** hochziehen; ~ **su le maniche** die Ärmel hochkrempeln; ~ **su i figli** *fam* die Kinder aufziehen; **-rsi su** *fig* sich aufrichten; **-rsi indietro** *fig* sich zurückziehen; **una parola tira l'altra** ein Wort gibt das andere; **II.** *itr* **1.** *gener.* ziehen; **2.** *(vento)* wehen, blasen; **3.** *(abito)* spannen, eng sitzen; **4.** *(camino)* ziehen; **5.** *(sparare)* schießen; ~ **a rete** aufs Tor schießen; ~ **a sorte** auslosen; ~ **di scherma** fechten; ~ **sul prezzo** (um den Preis) handeln, feilschen; ~ **avanti** *fam* sich durchschlagen *fam;* ~ **dritto** (seinen Weg) weitergehen. **tirata** [ti'ra:ta] *f* **1.** *(il tirare)* Ziehen *n; (a. fig)* Zug *m;* **2.** *(di pipa)* Zug *m;* **3.** *fig (discorso)* Tirade *f;* **dare una ~ d'orecchi a qu** jdm die Ohren langziehen. **tirato, -a** [ti'ra:to] *a* **1.** *gener.* gespannt; **2.** *fig (avaro)* geizig; **3.** *fig (sorriso)* gezwungen; *(volto)* abgespannt; **lavoro ~ via** schludrige Arbeit. **tiratore, -trice** [tira'to:re] *m, f* **1.** *(lanciatore)* Werfer(in) *m(f);* **2.** *(con armi da fuoco)* Schütze *m,* Schützin *f;* **3.** *sport* Torschütze *m,* -schützin *f;* ~ **scelto** Scharfschütze *m*. **tiratura** [...'tu:ra] *f* **1.** *typ* Abzug *m;* **2.** *(numero di copie)* Auflage *f*.

tirchia *f* v. **tirchio.**

tirchieria [tirkie'ri:a] ⟨-ie⟩ *f fam* Knauserei *f fam*. **tirchio, -a** ['tirkio] ⟨-chi, -chie⟩ *fam* **I.** *a* knaus(e)rig *fam;* **II.** *m, f* Geizhals *m fam,* Pfennigfuchser *m*.

tiremmolla [tirem'mɔlla] *m* Hin und Her *n;* **fare a ~** schwanken, sich nicht entscheiden können.

tiretto [ti'retto] *m* Schubfach *n*.

tiritera [tiri'tɛ:ra] *f fam* **1.** *(filastrocca)* Litanei *f fam;* **2.** *(discorso)* Geschwätz *n fam*.

tiro ['ti:ro] *m* **1.** *(il tirare)* Ziehen *n; (lo sparare)* Schießen *n; (il lanciare)* Werfen *n;* **2.** *(sparo)* Schuß *m; (lancio)* Wurf *m;* **3.** *fig* Versuch *m;* **4.** *(attacco di cavalli)* Gespann *n;* **5.** *(azione cattiva)* Streich *m;* ~ **con l'arco** Bogenschießen *n;* ~ **alla fune** Tauziehen *n;* ~ **al piattello** Tontaubenschießen *n;* **da ~** *(cavallo, etc.)* Zug-; **a ~** in Reichweite; *mil* in Schußweite; **essere a un ~ di schioppo** einen Steinwurf entfernt sein; **fare (***o.* **giocare) un brutto ~ a qu** jdm einen bösen Streich spielen.

tirocinante [tirotʃi'nante] **I.** *a* Lehrlings-; *(del tirocinio)* Lehr-; **II.** *mf* Lehrling *m*. **tirocinio** [...'tʃi:nio] ⟨-i⟩ *m* Lehre *f,* Lehrzeit *f*.

tiroide [ti'rɔ:ide] *f* Schilddrüse *f*.

tirolese [tiro'le:se] **I.** *a* tirolisch, Tiroler-; **canto alla ~** Jodeln *n;* **cappello alla ~** Tirolerhut *m;* **II.** *mf* Tiroler(in) *m(f);* **III.** *f (danza)* Tirolienne *f*. **Tirolo** [ti'rɔ:lo] *m* Tirol *n*.

tisana [ti'za:na] *f* Aufguß *m,* Tee *m*.

tisi ['ti:zi] ⟨-⟩ *f* (Lungen)schwindsucht *f obs,* Lungentuberkulose *f*. **tisico, -a** ['ti:ziko] ⟨-ci, -che⟩ **I.** *a* schwindsüchtig; **II.** *m, f* Schwindsüchtige(r) *mf*.

titanico, -a [ti'ta:niko] ⟨-ci, -che⟩ *a* gigantisch.

titanio [ti'ta:nio] *m chem* Titan *n*.

titano [ti'ta:no] *m* Titan *m*.

titillamento [titilla'mento] *m* Kitzeln *n*. **titillare** [...'la:re] *tr* kitzeln.

titolare[1] [tito'la:re] **I.** *a* **1.** *gener.* berechtigt; **2.** *rel* Titular-; **3.** *(professore)* ordentlich; **II.** *mf* **1.** *gener.* Inhaber(in) *m(f);* **2.** *sport* Spieler(in) *m(f);* **3.** *rel* Patron(in) *m(f)*.

titolare[2] [tito'la:re] *tr* **1.** *(lega, fibra tessile)* titrieren; **2.** *(opera, articoli)* betiteln.

titolarità [titolari'ta] ⟨-⟩ *f* Inhaberschaft *f*.

titolato, -a [tito'la:to] **I.** *a* **1.** *(nobile)* ad(e)lig; **2.** *chem* titriert; **II.** *m, f* Ad(e)lige(r) *mf*. **titolazione** [...lat'tsio:ne] *f* **1.** *(di lega, fibra tessile)* Titration *f;* **2.** *(di opere, articoli)* Betitelung *f*.

titolo ['ti:tolo] *m* **1.** *(nome)* Titel *m; (intestazione a.)* Überschrift *f;* **2.** *jur (nei testi)* Absatz *m;* **3.** *com, fin* Wertpapier *n;* **4.** *(di moneta)* Feingehalt *m; (del filato)* Feinheitsgrad *m;*

5. *chem* Titer *m;* **6.** *(appellativo)* Name *m,* Bezeichnung *f,* Titel *m; (epiteto offensivo)* Schimpfwort *n;* **7.** *(grado)* Grad *m,* Titel *m;* **8.** *(merito)* Verdienst *n;* **9.** *(motivo)* Grund *m,* Motiv *n;* ~ **azionario** Aktie *f;* **-i di testa** *film* Vorspann *m;* **a ~ di ...** als ..., zu ...; **a ~ di curiosità** aus reiner Neugier; **a ~ d'informazione** zur Information; **a ~ di prestito** leihweise; **a ~ gratuito** kostenlos; **a ~ oneroso** gegen Entgelt; **a ~ personale** im eigenen Namen; **a che ~ vuoi ciò?** mit welchem Recht verlangst du das?

titubante [titu'bante] *a* unschlüssig, unentschlossen. **titubanza** [...'bantsa] *f* Unschlüssigkeit *f.* **titubare** [...'ba:re] *itr* zögern.

tizia *f v.* **tizio.**

tiziano [tit'tsia:no] ‹*inv*› *a* tizianrot.

tizio, -a ['tittsio] *m, f* (irgend) jemand, irgendwer; **un ~ qualunque** irgend jemand; **T~, Caio e Sempronio** Hinz und Kunz *fam.*

tizzone [tit'tso:ne] *m* brennendes Holz- (*o.* Kohle)stück; ~ **d'inferno** Satans-, Teufelsbraten *m fam.*

to' [tɔ] *interj (meraviglia)* nanu, sieh (einer *o.* mal) an; **~! eccoti le mille lire!** *fam* da, hier hast du die tausend Lire!

toast [toust] ‹-› *m* Toast *m.*

toboga [to'bɔ:ga] ‹-› *m* **1.** *(slitta)* Toboggan *m;* **2.** *(scivolo)* Rutschbahn *f.*

toccabile [tok'ka:bile] *a* berührbar; *fig* greifbar.

toccante [tok'kante] *a* rührend, ergreifend.

toccare [tok'ka:re] ‹tocco, tocchi› **I.** *tr* ‹*avere*› **1.** *(sentire con la mano)* berühren, anfassen; **2.** *fig* berühren; *(cibo, etc.)* anrühren; **3.** *(tasto)* drücken; **4.** *(giungere)* erreichen; **5.** *(argomento)* streifen; **6.** *naut (porto)* anlaufen; **7.** *(commuovere)* rühren, ergreifen; **8.** *(riguardare)* betreffen, angehen; **9.** *sport* touchieren; ~ **i bicchieri** (mit den Gläsern) anstoßen; ~ **terra** landen; ~ **la sessantina** an die Sechzig sein; ~ **con mano** *fig* mit Händen greifen; **questo mi tocca da vicino** das geht mich direkt an; **II.** *itr* ‹*essere*› **1.** *(accadere)* zustoßen, widerfahren; **2.** *(essere obbligato)* obliegen *geh;* **3.** *(spettare)* zustehen; **mi tocca ...** *inf* ich muß ... *inf;* **tocca a me/te** ich bin/du bist an der Reihe; **tocca a te provvedere** du mußt vorsorgen, es ist deine Sache vorzusorgen; **a chi tocca tocca** wer dran ist, ist dran.

toccasana [tokka'sa:na] ‹-› *m (a. fig)* Allheilmittel *n.*

toccata [tok'ka:ta] *f* **1.** *(il toccare)* Berührung *f;* **2.** *mus* Tokkata *f.* **toccatina** [...ka'ti:na] *f* leise Berührung.

toccato, -a [tok'ka:to] *a* **1.** *sport* getroffen; **2.** *fig (andato a segno)* getroffen; **3.** *fam (mattoide)* plemplem *fam;* **è un po' ~** er tickt nicht ganz richtig *fam.*

tocco[1] ['tokko] ‹-cchi› *m* **1.** *(pressione)* Berührung *f,* leichter Druck; **2.** *fig (di artista)* (Künstler)hand *f; (di pittore)* Pinselführung *f; mus* Anschlag *m;* **3.** *(di campane)* Läuten *n,* Glockenschlag *m; (di orologi)* Schlagen *n,* Schlag *m;* **4.** *tosc (l'una)* ein Uhr; **dare gli ultimi -cchi a un'opera** letzte Hand an ein Werk legen.

tocco[2] ['tɔkko] ‹-cchi› *m (di pane, carne)* Brocken *m;* **un bel ~ di ragazza** ein tolles Weib *fam;* **un ~ d'uomo** ein Mordskerl *m fam.*

tocco[3] ['tɔkko] ‹-cchi› *m (copricapo)* Barett *n.*

tocco, -a ['tokko] ‹-cchi, -cche› *a fam* plemplem *fam;* **è ~ nel cervello** er hat einen Dachschaden *fam.*

toeletta [toe'lɛtta] *v.* **toletta.**

toga ['tɔ:ga] ‹-ghe› *f* **1.** *hist* Toga *f;* **2.** *jur* Talar *m,* Robe *f;* **prendere la ~** *fig* Richter werden. **togato, -a** [to'ga:to] **I.** *a* **1.** *hist* mit der Toga bekleidet; *jur* mit dem Talar bekleidet; **2.** *fig* feierlich; **II.** *m, f* Richter(in) *m(f).*

togliere ['tɔʎʎere] ‹tolgo, togli, tolsi, tolto› **I.** *tr* **1.** *(rimuovere)* abnehmen, wegnehmen, entfernen; *(dente)* ziehen; *(vestito)* ausziehen; *(cappello)* abnehmen; **2.** *fig (non concedere più)* (weg)nehmen; *(parola)* entziehen; **3.** *fig (divieto, seduta)* aufheben; **4.** *fig (liberare)* befreien; ~ **di mezzo qu** jdn aus dem Weg schaffen (*o.* räumen); **-rsi la vita** sich *(dat)* das Leben nehmen; **ciò non toglie che ...** *conj* das schließt nicht aus, daß ...; **II.** *rfl:* **-rsi** weggehen, sich entfernen.

toilette [twa'lɛt] ‹-› *f v.* **toletta.**

tolda ['tɔlda] *f* Deck *n.*

toletta [to'letta] *f* **1.** *(abito, acconciatura, stanza, operazione)* Toilette *f;* **2.** *(mobile)* Toilettentisch *m,* Frisierkommode *f.*

tolgo ['tɔlgo] *1. pers sing pr di* **togliere.**

tollerabile [tolle'ra:bile] *a* erträglich. **tollerabilità** [...rabili'ta] ‹-› *f* Erträglichkeit *f.*

tollerante [tolle'rante] *a* tolerant (*di* gegenüber); **esser ~ del freddo** kälteunempfindlich sein. **tolleranza** [...'rantsa] *f* **1.** *(indulgenza)* Toleranz *f* (*per* gegenüber), Nachsicht *f* (*per* mit), Verständnis *n* (*per* für); **2.** *(sopportazione)* begrenzte Widerstandsfähigkeit (*per* gegenüber), Verträglichkeit *f (per gen);* **3.** *(dilazione)* Toleranz *f,* zulässige Verzögerung; *(scarto)* Toleranz *f,* zulässige Abweichung; **casa di ~** Bordell *n.* **tollerare** [...'ra:re] *tr* **1.** *(poter subire)* vertragen; **2.** *(sopportare)* ertragen, dulden; **3.** *(ammettere)* tolerieren, dulden.

tolsi ['tɔlsi] *1. pers sing del passato remoto di* **togliere.**

tolto, -a ['tɔlto] **I.** *pp di* **togliere; II.** *adv* abgesehen von *dat,* ausgenommen *acc.*

tomaia [to'ma:i̯a] ‹-aie› *f* Oberleder *n.*

tomba ['tomba] *f* Grab *n;* **silenzio di ~** Grabesstille *f;* **essere una ~** *fig* schweigen wie ein Grab; **essere con un piede nella ~** *fig* mit einem Fuß im Grabe stehen. **tombale** [...'ba:le] *a* Grab(es)-. **tombarolo** [...ba'rɔ:lo] *m sl* Grabräuber *m.*

tombino [tom'bi:no] *m* Kanalschacht *m.*

tombola¹ ['tombola] *f (gioco)* Zahlenlotto *n.*

tombola² ['tombola] *f fam (caduta)* Sturz *m.* **tombolare** [...'la:re] *itr ‹essere› fam* purzeln.

tombolo¹ ['tombolo] *m (ruzzolone)* Purzelbaum *m;* **fare un ~** *fig* pleite gehen *fam.*

tombolo² ['tombolo] *m* **1.** *(rullo)* Diwanrolle *f;* **2.** *(lavorazione)* Klöppelkissen *n;* **3.** *fam scherz* Tonne *f.*

Tommaso [tom'ma:zo] *(nome proprio maschile)* Thomas.

tomo ['tɔ:mo] *m* **1.** *(volume)* Band *m;* **2.** *fig fam* Nummer *f fam,* Marke *f fam.*

tomografia [tomogra'fi:a] *f* Tomographie *f;* **~ assiale computerizzata** (*ab* **TAC**) Computertomographie *f.*

tonaca ['tɔ:naka] ‹-che› *f (di frati)* Kutte *f; (di preti)* Talar *m; (di monache)* Ordenskleid *n,* Schwesterntracht *f;* **gettar la ~ alle ortiche** den Priesterberuf an den Nagel hängen.

tonale [to'na:le] *a* **1.** *mus* tonal; **2.** *(in pittura)* Ton-. **tonalità** [tonali'ta] ‹-› *f* **1.** *mus* Tonalität *f;* **2.** *(di colore)* (Farb)ton *m.*

tonare [to'na:re] **I.** *itr ‹avere›* **1.** *meteo* donnern; **2.** *fig* wettern; **II.** *itr (impersonale) ‹essere o. avere›* donnern.

tondeggiante [tonded'dʒante] *a* rundlich.

tondino [ton'di:no] *m* runder Gegenstand; *(di ferro)* Rundeisen *n; (negli ippodromi)* Führring *m.*

tondo, -a ['tondo] **I.** *a* rund, Rund-; **dire chiaro e ~** rundheraus sagen; **II.** *m* Scheibe *f,* Kreis *m;* **scultura a tutto ~** Vollplastik *f;* **girare in ~** (sich) im Kreise drehen.

tonfete ['tonfete] *interj* plumps.

tonfo ['tonfo] *m* dumpfer Schlag, Plumps *m fam;* **fare un ~** plumpsen *fam.*

tonica ['tɔ:nika] ‹-che› *f* Grundton *m,* Tonika *f.*

tonico, -a ['tɔ:niko] ‹-ci, -che› **I.** *a* kräftigend, anregend; *ling* betont; **acqua -a** Tonic(wasser) *n;* **II.** *m* Stärkungsmittel *n; (a. per capelli)* Tonikum *n.* **tonificare** [tonifi'ka:re] ‹tonifico, tonifichi› *tr* **1.** *(irrobustire)* kräftigen, stärken; **2.** *(rinvigorire)* beleben, anregen.

tonnato, -a [ton'na:to] *a:* **vitello ~** *Kalbfleisch in Thunfischsoße;* **salsa -a** Thunfischsoße *f.*

tonnellaggio [tonnel'laddʒo] ‹-ggi› *m* Tonnage *f.*

tonnellata [tonnel'la:ta] *f* (*ab* **t**) Tonne *f;* **~ di stazza lorda** Bruttoregistertonne *f.*

tonno ['tonno] *m* Thunfisch *m.*

tono ['tɔ:no] *m* **1.** *gener., mus, phys, fig* Ton *m;* **2.** *(modo)* Art *f,* Weise *f;* **3.** *med* Tonus *m;* **4.** *(di colore)* (Farb)ton *m;* **5.** *fig (modello)* Vorbild *n;* **rispondere a ~** die passende Antwort geben; **darsi un certo ~** eine steife Haltung annehmen; **sentirsi in ~** sich topfit fühlen; **se la prendi su questo ~ ...** wenn du das so auffaßt ...

tonsilla [ton'silla] *f anat* Mandel *f.* **tonsillectomia** [...lekto'mi:a] ‹-ie› *f* Mandeloperation *f.* **tonsillite** [...'li:te] *f* Mandelentzündung *f.*

tonsura [ton'su:ra] *f* Tonsur *f.*

tonto, -a ['tonto] *a* einfältig, blöde.

topaia [to'pa:i̯a] ‹-aie› *f* Mäusenest *n.*

topazio [to'pattsi̯o] ‹-i› *m* Topas *m.*

topica¹ ['tɔ:pika] ‹-che› *f fam (gaffe)* Fauxpas *m,* Schnitzer *m fam;* **fare una ~** ins Fettnäpfchen treten *fam.*

topica² ['tɔ:pika] ‹-che› *f (in retorica)* Topik *f.*

topless ['tɔplɪs] ‹-› *m* Oben-ohne-Badeanzug *m.*

topo ['tɔ:po] *m* Maus *f;* **~ d'albergo** *fig* Hoteldieb *m;* **~ d'auto** *fig* Automarder *m;* **~ di biblioteca** *fig* Bücherwurm *m;* **fare la fine del ~** *fig* in die Falle gehen.

topografia [topogra'fi:a] *f* Topographie *f.* **topografico, -a** [...'gra:fiko] *a* topographisch.

topolino [topo'li:no] *m* Mäuschen *n;* **T~** Mickymaus *f.*
toponimo [to'pɔ:nimo] *m* Ortsname *m.*
toporagno [topo'raɲɲo] *m* Spitzmaus *f.*
toppa ['tɔppa] *f* **1.** *(serratura)* Schloß *n;* **2.** *(rappezzo)* Flicken *m;* **mettere una ~** *fig* ein Loch stopfen.
torace [to'ra:tʃe] *m* Brustkorb *m.* **toracico, -a** [to'ra:tʃiko] ‹-ci, -che› *a* Brust-.
torba ['torba] *f* Torf *m.*
torbidezza [torbi'dettsa] *f* Trübung *f.* **torbido, -a** ['torbido] **I.** *a* trübe; *fig* finster, dunkel; **II.** *m pl* Unruhen *f pl,* Wirren *pl;* **pescare nel ~** *fig* im trüben fischen.
torbiera [tor'bi̯ɛ:ra] *f* Torfmoor *n.*
torcere ['tɔrtʃere] ‹torco, torci, torsi, torto› **I.** *tr* **1.** *(avvolgere)* (ver)drehen; *(piegare)* (um)drehen, krümmen; *(ferro, etc.)* biegen; **2.** *(biancheria)* auswringen; **3.** *(bocca)* verziehen; *(collo)* umdrehen; **II.** *rfl:* **-rsi** sich winden, sich krümmen.
torchiare [tor'ki̯a:re] ‹torchio, torchi› *tr* **1.** *(spremere)* pressen; *(uva)* keltern; **2.** *fig* auspressen. **torchio** ['tɔrki̯o] ‹-chi› *m* Presse *f; (per vino)* Kelter *f, typ* Druckerpresse *f;* **tenere qu sotto il ~** *fig* jdn durch die Mangel drehen *fam.*
torci ['tɔrtʃi] *2. pers sing pr di* **torcere.**
torcia ['tɔrtʃa] ‹-ce› *f* Fackel *f.*
torcicollo [tortʃi'kɔllo] *m* steifer Hals.
torco ['tɔrko] *1. pers sing di* **torcere.**
tordo ['tordo] *m* Drossel *f.*
torello [to'rɛllo] *m* Jungstier *m.*
torero [to'rɛ:ro] *m* Stierkämpfer *m,* Torero *m.*
Torino [to'ri:no] *f* Turin *n.*
torlo ['torlo] *v.* **tuorlo.**
torma ['torma] *f* **1.** *(di persone)* Schar *f;* **2.** *(di animali)* Herde *f; (di lupi, etc.)* Rudel *n.*
tormalina [torma'li:na] *f* Turmalin *m.*
tormenta [tor'menta] *f* Schneesturm *m.*
tormentare [tormen'ta:re] **I.** *tr (dolore, rimorso)* quälen; *(fastidio)* plagen, belästigen; **II.** *rfl:* **-rsi** sich quälen, sich plagen. **tormento** [...'mento] *m* Qual *f,* Schmerz *m; fig* Plage *f,* Belästigung *f.* **tormentoso, -a** [...'to:so] *a* quälend.
tornaconto [torna'konto] *m (vantaggio)* Vorteil *m; (utile)* Gewinn *m.*
tornado [tor'na:do] ‹-› *m* Wirbelsturm *m,* Tornado *m.*
tornante [tor'nante] *m* Kehre *f,* Haarnadelkurve *f.*
tornare [tor'na:re] **I.** *itr* ‹*essere*› **1.** *(ritornare)* zurückkommen, -kehren; **2.** *(venire di nuovo)* noch einmal kommen, wiederkommen; *(andare di nuovo)* noch einmal gehen, wieder gehen; **3.** *(ridiventare)* wieder werden; **4.** *(essere esatto, giusto)* stimmen, richtig sein; **~ alla mente** wieder in den Sinn kommen; **~ a proposito** wie gerufen kommen; **~ di moda** wieder in Mode kommen; **~ a fare qc** etw. noch einmal (*o.* von neuem) tun; **~ in sé** wieder zu sich *(dat)* kommen; **~ sull'argomento** auf das Argument zurückkommen; **tornarsene a casa** nach Hause zurückkehren; **torna utile** das ist ganz nützlich; **il conto torna** die Rechnung geht auf (*o.* stimmt); **questa occasione non torna più** diese Gelegenheit kommt nicht wieder; **II.** *tr* ‹*avere*› zurückgeben, zurückbringen.
tornasole [torna'so:le] ‹-› *m* Lackmus *n o. m.*
tornata [tor'na:ta] *f* Sitzung *f,* Tagung *f.*
torneare [torne'a:re] *itr* an einem Turnier teilnehmen.
tornella [tor'nɛlla] *f,* **tornello** [...lo] *m* Drehkreuz *n.*
torneo [tor'nɛ:o] *m* Turnier *n.*
tornio ['tornio̯] ‹-i› *m* Drehbank *f;* **~ da vasaio** Töpferscheibe *f.*
tornire [tor'ni:re] ‹tornisco› *tr* **1.** *tec* drechseln, drehen; **2.** *fig* (aus)feilen. **tornitore, -trice** [...ni'to:re] *m, f* Drechsler(in) *m(f),* Dreher(in) *m(f).*
torno ['torno] *m:* **levarsi di ~** von hier verschwinden; **in quel ~ di tempo** um diese Zeit herum; **~ ~** ringsherum.
toro ['tɔ:ro] *m* **1.** *zoo* Stier *m;* **2.** *astr:* **T~** Stier *m;* **prendere il ~ per le corna** *fig* den Stier bei den Hörnern pakken; **sono (del** *o.* **un) T~** ich bin (ein) Stier.
torpedine[1] [tor'pɛ:dine] *f zoo* Zitterrochen *m.*
torpedine[2] [tor'pɛ:dine] *f mil* Seemine *f.*
torpediniera [torpedi'ni̯ɛ:ra] *f* Torpedoboot *n.*
torpedone [torpe'do:ne] *m* Reiseomnibus *m.*
torpidezza [torpi'dettsa] *f* Unlust *f.* **torpido, -a** ['tɔrpido] *a* schlaff, benommen; *(pigro)* träge.
torpore [tor'po:re] *m* Schlaffheit *f,* Benommenheit *f; fig* Trägheit *f.*
torrazzo [tor'rattso] *m* (großer) Glokkenturm *m.*
torre ['tɔrre] *f* Turm *m;* **~ di lancio**

Startrampe *f;* ~ **campanaria** Glokkenturm *m.*

torrefare [torre'fa:re] ⟨*irr*⟩ *tr* rösten, brennen. **torrefazione** [...fat'tsi̯o:ne] *f* **1.** *(azione)* Rösten *n,* Brennen *n;* **2.** *(locale)* Rösterei *f.*

torreggiare [torred'dʒa:re] ⟨torreggio, torreggi⟩ *itr* emporragen.

torrente [tor'rɛnte] *m* Wildbach *m; (a. fig)* Sturzbach *m;* **a -i** in Strömen.

torrenziale [torren'tsi̯a:le] *a* strömend; **pioggia** ~ Wolkenbruch *m.*

torrido, -a ['tɔrrido] *a* glühend; *(clima a.)* heiß.

torrione [tor'ri̯o:ne] *m* Wachtturm *m; mil* Kommandostand *m.*

torrone [tor'ro:ne] *m Nougat mit Mandeln, Honig und kandierten Früchten.*

torsi ['tɔrsi] *1. pers sing del passato remoto di* **torcere.**

torsione [tor'si̯o:ne] *f* Verdrehung *f,* Torsion *f; (in ginnastica)* Drehung *f; (di filati)* Zwirnen *n.*

torso ['torso] *m* **1.** *(nell'arte)* Torso *m;* **2.** *anat* Rumpf *m;* **3.** *bot (di cavolo)* Strunk *m; (di frutti)* Kerngehäuse *n; (di granoturco)* (Mais)kolben *m.* **torsolo** ['torsolo] *m (di mela)* Kerngehäuse *n; (di cavolo)* Strunk *m;* **non stare lì come un** ~**!** steh nicht da wie ein Ölgötze! *fam.*

torta ['torta] *f* Torte *f,* Kuchen *m.*

tortellini [tortel'li:ni] *m pl* Tortellini *pl (ringförmige, mit Fleisch gefüllte Nudeln).* **tortelloni** [...'lo:ni] *m pl* Tortelloni *pl (größere, mit Ricotta und Gemüse gefüllte Nudeln).*

tortiera [tor'ti̯ɛ:ra] *f* Torten-, Kuchenform *f.*

tortiglione [tortiʎ'ʎo:ne] *m* **1.** *gener.* Spiralform *f;* **2.** ⟨*pl*⟩ *kurze spiralförmige Suppennudeln;* **baffi a** ~ gezwirbelter Schnurrbart.

torto[1] ['tɔrto] *m* Unrecht *n;* **avere** ~ unrecht haben; **non avere tutti i -i** nicht ganz unrecht haben; **dar** ~ **a qu** jdm unrecht geben; **far** ~ **a qu** jdm ein Unrecht antun; *fig* jds nicht würdig sein; **a** ~ zu Unrecht.

torto[2] ['tɔrto] *pp di* **torcere.**

tortora ['tortora] *f* Turteltaube *f;* **grigio** ~ taubengrau *n.*

tortuosità [tortuosi'ta] ⟨-⟩ *f* Gewundenheit *f,* Krümmung *f; fig* krummer Weg *fam.* **tortuoso, -a** [...u'o:so] *a* gewunden; *fig* verschlungen.

tortura [tor'tu:ra] *f (a. fig)* Folter *f; (molestia)* Plage *f; fig* Qual *f,* Tortur *f.* **torturare** [...tu'ra:re] **I.** *tr* foltern; *fig* quälen, martern; **-rsi il cervello** sich *(dat)* das Gehirn zermartern; **II.** *rfl:* **-rsi** sich quälen.

torvo, -a ['torvo] *a* finster, scheel.

tosare [to'za:re] *tr* **1.** *(pecore)* scheren; **2.** *scherz (capelli)* scheren; **3.** *(siepi)* stutzen, schneiden; **4.** *fig (spillar denaro)* schröpfen. **tosatore, -trice** [toza'to:re] *m, f* Scherer(in) *m(f).* **tosatura** [...'tu:ra] *f* **1.** *(operazione)* Scheren *n;* **2.** *(lana)* Schur-, Scherwolle *f.*

Toscana [tos'ka:na] *f* Toskana *f.* **toscano, -a** [...no] **I.** *a* toskanisch; **II.** *m, f* Toskaner(in) *m(f).*

tosone [to'zo:ne] *m* Vlies *n.*

tosse ['tosse] *f* Husten *m;* ~ **canina** (*o.* **asinina**) Keuchhusten *m.* **tossicchiare** [...sik'ki̯a:re] ⟨tossicchio, tossicchi⟩ *itr* hüsteln.

tossicità [tossitʃi'ta] ⟨-⟩ *f* Giftigkeit *f.*

tossico, -a ['tɔssiko] ⟨-ci, -che⟩ **I.** *a* giftig, toxisch; **II.** *m* Gift *n.*

tossicodipendente [tossikodipen'dɛnte] *mf* Drogenabhängige(r) *mf.* **tossicodipendenza** [...'dɛntsa] *f* Drogenabhängigkeit *f.*

tossicologa *f v.* **tossicologo.**

tossicologia [tossikolo'dʒi:a] ⟨-gie⟩ *f* Toxikologie *f.* **tossicologo, -a** [...'kɔ:logo] ⟨-gi, -ghe⟩ *m, f* Toxikologe *m,* -login *f.*

tossicomane [tossi'kɔ:mane] **I.** *a* drogen-, rauschgiftsüchtig; **II.** *mf* Drogen-, Rauschgiftsüchtige(r) *mf.* **tossicomania** [...koma'ni:a] *f* Drogen-, Rauschgiftsucht *f.*

tossina [tos'si:na] *f* Giftstoff *m,* Toxin *n.*

tossire [tos'si:re] ⟨tossisco *o.* tosso⟩ *itr* husten.

tostacaffè [tostakaf'fɛ] ⟨-⟩ *m* Kaffeeröstmaschine *f.*

tostapane [-'pa:ne] ⟨-⟩ *m* Toaster *m.*

tostare [tos'ta:re] *tr* rösten; *(pane a.)* toasten. **tostatura** [...ta'tu:ra] *f* Rösten *n; (del pane a.)* Toasten *n.*

tosto ['tɔsto] *adv poet* bald, sofort; ~ **che** sobald.

tosto, -a ['tɔsto] *a* hart; **faccia -a** Frechheit *f,* Unverschämtheit *f.*

tot [tɔt] *fam, tec* **I.** ⟨*inv*⟩ *a* soundso viel; **II.** ⟨-⟩ *m* (bestimmte) (An)zahl *f; (somma)* (bestimmte) Summe *f.*

totale [to'ta:le] **I.** *a* Gesamt-, völlig, total; **II.** *m* Gesamtsumme *f,* -betrag *m.* **totalità** [totali'ta] ⟨-⟩ *f* Gesamtheit *f,* Vollständigkeit *f.* **totalitario, -a** [...'ta:ri̯o] ⟨-i, -ie⟩ *a* **1.** *(della totalità)* allgemein, ganzheitlich; **2.** *pol* totalitär. **totalitarismo** [...ta'rizmo] *m* Totalitarismus *m.*

totalizzare [totalid'dza:re] *tr* insge-

samt erzielen. **totalizzatore** [...dza'to:re] *m* Totalisator *m;* ~ **ippico** (*ab* **totip**) Pferdelotto *n;* ~ **calcistico** (*ab* **totocalcio**) Fußballtoto *n.*
totano ['tɔ:tano] *m* Tintenfisch *m.*
totip [to'tip] *m ab di* **totalizzatore ippico** Pferdelotto.
totocalcio [toto'kaltʃo] *m ab di* **totalizzatore calcistico** Fußballtoto.
toupet [tu'pɛ] ⟨-⟩ *m* Toupet *n.*
tovaglia [to'vaʎʎa] ⟨-glie⟩ *f* Tischtuch *n,* -decke *f.* **tovagliato** [...'ʎa:to] *m* Tischwäsche *f.* **tovagliolo** [...'ʎɔ:lo] *m* Serviette *f.*
tozzo ['tɔttso] *m (di pane)* Stück *n* (trockenes) Brot; **dar via qc per un ~ di pane** *fam* etw. für ein Butterbrot verkaufen *fam.*
tozzo, -a ['tɔttso] *a* untersetzt, stämmig; *(cosa)* plump; *(edificio)* kompakt.
tr. *ab di* **tratta** Wechsel.
tra [tra] *prp* **1.** *gener.* zwischen *dat; (in mezzo a due persone o. cose)* zwischen *dat; (moto)* zwischen *acc; (in mezzo a più persone o. cose, a. fig)* unter *dat; (moto)* unter *acc;* **2.** *(attraverso luogo)* nach *dat;* **3.** *(partitivo)* von *dat,* unter *dat;* **4.** *(approssimativo)* alles in allem; **5.** *(di tempo)* in *dat,* innerhalb *gen;* ~ **l'altro** unter anderem; ~ **breve** in Kürze; ~ **di noi** unter uns; ~ **sé** bei sich *(dat);* ~ **sé e sé** in seinem Inneren; ~ **vitto e alloggio ho speso quasi tutto** für Kost und Wohnung habe ich fast alles ausgegeben.
traballamento [traballa'mento] *m* Schwanken *n.* **traballare** [...'la:re] *itr* schwanken, taumeln; *(a. fig)* wackeln.
trabeazione [trabeat'tsi̯o:ne] *f* Gebälk *n.*
trabiccolo [tra'bikkolo] *m* **1.** *(aggeggio)* Bettwärmer *m;* **2.** *scherz (auto scassata)* Schrottlaube *f fam.*
traboccare [trabok'ka:re] ⟨trabocco, trabocchi⟩ *itr* **1.** ⟨*essere*⟩ *(liquido)* überlaufen, überfließen; **2.** ⟨*avere*⟩ *(recipiente)* überlaufen.
trabocchetto [trabok'ketto] *m* **1.** *(congegno)* Falltür *f;* **2.** *fig* Falle *f;* **domanda ~** Fangfrage *f;* **tendere un ~ a qu** jdm eine Falle stellen.
trabocco [tra'bokko] ⟨-cchi⟩ *m* Überlaufen *n,* Überfließen *n;* ~ **di sangue** Blutsturz *m.*
tracagnotto, -a [trakaɲ'ɲɔtto] *a* untersetzt.
tracannare [trakan'na:re] *tr* hinunterstürzen, -gießen.
traccia ['trattʃa] ⟨-cce⟩ *f* **1.** *(impronta)* Spur *f; (segno)* Zeichen *n; (di selvaggina)* Fährte *f;* **2.** *fig (ricordo)* Spur *f;* **3.** *(scia)* Kielwasser *n;* **4.** *(abbozzo)* Entwurf *m,* Skizze *f;* **5.** *(per tubi)* Einschnitt *m;* **essere sulle -cce di qu** jdm auf der Spur sein; **non lasciar ~ di sé** spurlos verschwinden; **far perdere le proprie -cce** seine Spuren verwischen. **tracciamento** [-'mento] *m* Abstecken *n; (di strade, ferrovie)* Trassieren *n; (in meccanica)* Anreißen *n; (di pista per sci)* Spuren *n.*
tracciante [trat'tʃante] *a:* **proiettile ~** Leuchtspurgeschoß *n.*
tracciare [trat'tʃa:re] ⟨traccio, tracci⟩ *tr* **1.** *(disegnare)* zeichnen, entwerfen; **2.** *(strade, ferrovie)* trassieren; *(in meccanica)* anreißen; *(pista per sci)* spuren; **3.** *fig (descrivere)* umreißen.
trachea [tra'kɛ:a] *f* Luftröhre *f.* **tracheotomia** [...keoto'mi:a] ⟨-ie⟩ *f* Luftröhrenschnitt *m.*
tracolla [tra'kɔlla] *f* Schultergurt *m,* -riemen *m;* **a ~** umgehängt.
tracollare [trakol'la:re] *itr* ⟨*essere*⟩ (um)kippen; *(bilancia)* sinken. **tracollo** [...'kɔllo] *m* **1.** *fig* Zusammenbruch *m;* **2.** *(di ditta)* Pleite *f;* ~ **di borsa** Börsenkrach *m.*
tracotante [trako'tante] *a* anmaßend, überheblich. **tracotanza** [...'tantsa] *f* Anmaßung *f,* Überheblichkeit *f.*
trad. *ab di* **traduzione** Übers. (*ab di* Übersetzung).
tradimento [tradi'mento] *m* Verrat *m; (di un coniuge)* Untreue *f;* **alto ~** Hochverrat *m;* **a ~** hinterrücks. **tradire** [...'di:re] ⟨tradisco⟩ **I.** *tr* **1.** *(venir meno alla fede)* verraten; **2.** *(coniuge)* betrügen; **3.** *(mancare)* verfehlen, nicht nachgehen (*qc* einer S.); **4.** *(speranze)* enttäuschen; **se la memoria non mi tradisce** wenn mich mein Gedächtnis nicht trügt; **II.** *rfl:* **-rsi** sich verraten. **traditore, -trice** [...di'to:re] **I.** *m, f* Verräter(in) *m(f);* **II.** *a* verräterisch; **vino ~** *fam* Wein, der es in sich *(dat)* hat.
tradizionale [tradittsi̯o'na:le] *a* traditionell, herkömmlich; *(costumi a.)* überliefert. **tradizionalismo** [...na'lizmo] *m* Traditionalismus *m.* **tradizionalista** [...na'lista] ⟨-i *m,* -e *f*⟩ *mf* Traditionalist(in) *m(f).*
tradizione [tradit'tsi̯o:ne] *f* **1.** *gener.* Überlieferung *f,* Tradition *f;* **2.** *jur* Übergabe *f;* **3.** *(consuetudine)* Brauch *m.*
tradotta [tra'dotta] *f* Militärzug *m.*
tradotto [tra'dotto] *pp di* **tradurre.**
traducibile [tradu'tʃi:bile] *a* übersetzbar; *fig (azione)* umsetzbar; *(sentimento)* ausdrückbar.
tradurre [tra'durre] ⟨traduco, tradus-

si, tradotto› *tr* **1.** *(testi)* übersetzen, übertragen; **2.** *(detenuti)* überführen; **3.** *fig (azioni, etc.)* umsetzen; *(sentimenti)* ausdrücken; ~ **in atto** in die Tat umsetzen; ~ **in giudizio** vor Gericht bringen; ~ **in parole povere** in einfache Worte kleiden; ~ **dall'italiano in tedesco** aus dem Italienischen ins Deutsche übersetzen. **traduttore, -trice** [...dut'to:re] **I.** *m, f* Übersetzer(in) *m(f);* **II.** *m (libretto)* Pons *m sl,* Schlauch *m sl.* **traduzione** [...dut'tsi̯o:ne] *f* **1.** (*ab* **trad.**) Übersetzung *f;* **2.** *(di detenuti)* Überführung *f;* ~ **all'impronta** Stegreifübersetzung *f;* ~ **a senso** sinngemäße Übersetzung; ~ **simultanea** Simultanübersetzung *f.*

traente [tra'ɛnte] *m* Aussteller *m,* Trassant *m.*

trafelato, -a [trafe'la:to] *a* atemlos, keuchend, außer Atem.

trafficante [traffi'kante] *mf* **1.** *com* Händler(in) *m(f);* **2.** *pej* Schieber(in) *m(f).*

trafficare [traffi'ka:re] ‹traffico, traffichi› **I.** *itr* **1.** *com* handeln (*in* mit); **2.** *pej* schieben; **II.** *tr pej* verschachern, schieben mit. **traffichino, -a** [...'ki:no] *m, f fam* Geschäftemacher(in) *m(f).* **traffico** ['traffiko] ‹-ci› *m* **1.** *com* Handel *m;* **2.** *(delle strade)* Verkehr *m;* ~ **aereo/cittadino/stradale** Luft-/Stadt-/Straßenverkehr *m.* **trafficone, -a** [...'ko:ne] *m, f* Geschäftemacher(in) *m(f).*

trafiggere [tra'fiddʒere] ‹trafiggo, trafiggi, trafissi, trafitto› *tr* durchbohren.

trafila [tra'fi:la] *f* Reihe *f* von Hürden (*o.* Hindernissen).

trafilare [trafi'la:re] *tr* ziehen.

trafiletto [trafi'letto] *m* Kurzartikel *m.*

trafissi [tra'fissi]] *1. pers sing del passato remoto di* **trafiggere.**

trafitta [tra'fitta] *f* Stichwunde *f.*

trafitto [tra'fitto] *pp di* **trafiggere.**

traforare [trafo'ra:re] *tr* ein Loch machen in, durchbohren, durchstechen; *(terreno)* aufgraben; *(con intaglio)* einschneiden. **traforo** [...'fo:ro] *m* **1.** *(atto, effetto)* (Durch)bohrung *f;* *(intaglio)* Einschnitt *m,* Durchstich *m;* **2.** *(galleria)* Tunnel *m;* **seghetta** (*o.* **sega) da** ~ Laubsäge *f.*

trafugamento [trafuga'mento] *m* Entwendung *f.* **trafugare** [...'ga:re] *tr* entwenden.

tragedia [tra'dʒɛ:di̯a] ‹-ie› *f* **1.** *theat* Tragödie *f,* Trauerspiel *n;* **2.** *fig (scenata)* Theater *n fam.*

traggo ['traggo] *1. pers sing pr di* **trarre.**

traghettare [traget'ta:re] *tr* **1.** *(cose, persone)* übersetzen; **2.** *(fiume)* überqueren. **traghettatore** [...ta'to:re] *m* Fährmann *m.* **traghetto** [...'getto] *m* **1.** *(trasporto)* Überfahrt *f,* Überquerung *f;* **2.** *(imbarcazione)* Fähre *f,* Fährschiff *n;* ~ **spaziale** Raumfähre *f.*

tragica *f v.* **tragico.**

tragicità [tradʒitʃi'ta] ‹-› *f* Tragik *f.*

tragico, -a ['tra:dʒiko] ‹-ci, -che› **I.** *a* tragisch; *theat* Tragödien-; **II.** *m, f* Tragödiendichter(in) *m(f),* Tragiker(in) *m(f);* **III.** *m* Tragik *f,* Tragische(s) *n;* **prendere qc sul** ~ etw. tragisch nehmen. **tragicomico, -a** [tradʒi'kɔ:miko] *a* tragikomisch. **tragicommedia** [-kom'mɛ:di̯a] *f* Tragikomödie *f.*

tragitto [tra'dʒitto] *m* (Weg)strecke *f,* Fahrt *f.*

traguardare [tragu̯ar'da:re] *tr* anvisieren; *(di sottecchi)* verstohlen anschauen.

traguardo [tra'gu̯ardo] *m* **1.** *(a. fig)* Ziel *n;* **2.** *(di arma)* Visier *n.*

traiettoria [trai̯et'tɔ:ri̯a] ‹-ie› *f* Flugbahn *f.*

trainare [trai'na:re] *tr* schleppen, ziehen. **traino** ['tra:ino] *m* **1.** *(il trainare)* Schleppen *n,* Ziehen *n;* **2.** *(carico)* Ladung *f,* Fuhre *f;* **3.** *(carro)* Schlitten *m,* Fuhre *f;* **animali da** ~ Zugtiere *n pl.*

trait d'union ['trɛ dy'njɔ̃] ‹-› *m* **1.** *typ* Bindestrich *m;* **2.** *fig* Band *n geh,* Verbindung *f;* *(persona)* Mittelsmann *m.*

tralasciare [tralaʃ'ʃa:re] ‹*irr*› *tr* versäumen, unterlassen.

tralcio ['traltʃo] ‹-ci› *m* Trieb *m,* Schößling *m.*

traliccio [tra'littʃo] ‹-cci› *m* **1.** *(tessuto)* Drillich *m;* **2.** *(struttura)* Gerüst *n,* Gitter *n.*

tralice [tra'li:tʃe]: **in** (*o.* **di)** ~ *adv* schräg.

tralignamento [traliɲɲa'mento] *m* Entartung *f.* **tralignare** [...'ɲa:re] *itr* entarten, degenerieren.

tralucere [tra'lu:tʃere] ‹traluce, tralucesse, *senza pp*› *itr* (hin)durchscheinen; **nello sguardo gli traluceva la paura** aus seinem Blick sprach die Angst.

tram [tram] ‹-› *m* Straßenbahn *f,* Tram *f obs.*

trama ['tra:ma] *f* **1.** *(di tessuto)* Schußfaden *m;* **2.** *(di un'opera)* Handlung *f;* **3.** *pej (macchinazione)* Intrige *f.*

tramandare [traman'da:re] *tr* überliefern.

tramare [tra'ma:re] *tr* anzetteln, aushecken, im Schilde führen. **trambusto** [tram'busto] *m* Getümmel *n*, Durcheinander *n*. **tramestare** [trames'ta:re] *itr* das Unterste zuoberst kehren. **tramestio** [...'ti:o] ‹-ii› *m* Durcheinander *n*. **tramezzare** [tramed'dza:re] *tr* **1.** *(interporre)* dazwischenlegen, einschieben; *(fig a.)* einlegen; **2.** *(con tramezzo)* durch eine Zwischenwand trennen. **tramezzino** [...'dzi:no] *m* Sandwich *m o. n.* **tramezzo** [...'mɛddzo] *m* Zwischenwand *f*.
tramite ['tra:mite] **I.** *m* Vermittlung *f;* **II.** *prp* durch *acc*, mittels *gen*, mit Hilfe von *dat*.
tramoggia [tra'mɔddʒa] ‹-gge› *f* Trichter *m*.
tramontana [tramon'ta:na] *f* Nordwind *m;* **perdere la ~** *scherz* den Kopf verlieren; **a ~** nach Norden. **tramontare** [tramon'ta:re] *itr* ‹*essere*› **1.** *astr* untergehen; **2.** *fig* schwinden, vergehen. **tramonto** [...'monto] *m* **1.** *astr* (Sonnen)untergang *m;* **2.** *fig* Abend *m geh*.
tramortimento [tramorti'mento] *m* Besinnungslosigkeit *f*. **tramortire** [...'ti:re] ‹tramortisco› **I.** *itr* ‹*essere*› die Besinnung verlieren, ohnmächtig werden; **~ per lo spavento** vor Schreck umfallen; **II.** *tr* ‹*avere*› betäuben, bewußtlos machen.
trampolino [trampo'li:no] *m (per tuffi)* Sprungbrett *n; (per sci)* Sprungschanze *f*.
trampolo ['trampolo] *m* Stelze *f;* **il tuo ragionamento si regge sui -i** deine Beweisführung steht auf schwachen Beinen.
tramutare [tramu'ta:re] **I.** *tr* **1.** *(mutare)* verwandeln, verändern; **2.** *(trasferire)* verlegen, versetzen; **II.** *rfl:* **-rsi** sich verwandeln.
tramvai [tram'va:i] ‹-› *m v.* **tram.**
trancia ['trantʃa] ‹-ce› *f* **1.** *(tranciatrice)* Schneidemaschine *f;* **2.** *(fetta)* Scheibe *f*, Schnitte *f*. **tranciare** [...'tʃa:re] ‹trancio, tranci› *tr gastr* tranchieren; *tec* schneiden. **tranciatrice** [...tʃa'tri:tʃe] *f* Schneidemaschine *f*.
tranello [tra'nɛllo] *m* Falle *f;* **domanda a ~** Fangfrage *f*.
trangugiare [traŋgu'dʒa:re] ‹trangugio, trangugi› *tr* verschlingen, verschlucken.
tranne ['tranne] *prp* außer *dat*, abgesehen von *dat*.
tranquillante [traŋku̯il'lante] *m* Beruhigungsmittel *n*. **tranquillare** [...'la:re] *tr poet* besänftigen. **tranquillità** [...li'ta] ‹-› *f* Ruhe *f*, Stille *f*. **tranquillizzare** [...lid'dza:re] *tr* beruhigen. **tranquillo, -a** [...'ku̯illo] *a* **1.** *(calmo)* ruhig, still; **2.** *(sicuro)* ruhig, beruhigt, unbesorgt; **stia ~!** seien Sie unbesorgt!
trans- [trans-] *etc. v. a.* **tras-** *etc.*
transalpino, -a [-al'pi:no] *a* transalpin(isch), jenseits der Alpen *(von Rom aus gesehen)*.
transatlantico, -a [-at'lantiko] **I.** *a* transatlantisch, Übersee-; **II.** *m* Überseedampfer *m*.
transatto [tran'satto] *pp di* **transigere.**
transazione [transat'tsi̯o:ne] *f* **1.** *jur* Vergleich *m;* **2.** *com* Transaktion *f*.
transcontinentale [-kontinen'ta:le] *a* transkontinental.
transenna [tran'sɛnna] *f* Sperre *f*, Schranke *f*.
transessuale [transessu'a:le] **I.** *a* transsexuell; **II.** *mf* Transsexuelle(r) *mf*.
transetto [tran'sɛtto] *m* Querschiff *n*.
transeunte [transe'unte] *a poet* vergänglich.
transiberiano, -a [transibe'ri̯a:no] *a* transsibirisch.
transigere [tran'si:dʒere] ‹transigo, transigi, transigei *o.* transigetti, transatto› **I.** *tr* (durch Vergleich) beilegen; **II.** *itr* nachgeben; *jur* sich vergleichen; **~ con il dovere** es mit den Pflichten nicht sehr genau nehmen.
transistor [tran'sistor] ‹-›, **transistore** [...'to:re] *m* Transistor *m*.
transitabile [transi'ta:bile] *a (a piedi)* begehbar; *(passo)* passierbar; *(strada)* befahrbar.
transitare [transi'ta:re] *tr* ‹*essere*› *(con veicolo)* befahren; *(a piedi)* begehen; *(passo)* passieren; *(attraversare)* durchqueren; *(galleria, etc.)* durchfahren. **transitario** [...'ta:ri̯o] ‹-i› *m* Transithändler *m*.
transitivo, -a [transi'ti:vo] *a* transitiv.
transito ['transito] *m* Durchfahrt *f*, Durchgang *m*, Passage *f;* **divieto di ~** Durchfahrt(s)verbot *n;* **stazione di ~** Durchgangsbahnhof *m;* **in ~** auf der Durchfahrt.
transitorio, -a [transi'tɔ:ri̯o] ‹-i, -ie› *a* vorübergehend, Übergangs-. **transizione** [...'tsi̯o:ne] *f* Übergang *m*.
transoceanico, -a [-otʃe'a:niko] *a* transozeanisch, Übersee-.
transpadano, -a [-pa'da:no] *a* jenseits des Po liegend *(von Rom aus gesehen)*.

tran tran, trantran [tran 'tran] ⟨-⟩ *m* Trott *m.*
tranvai [tran'va:i] ⟨-⟩ *m v.* **tram.**
tranvia [tran'vi:a] *f* Straßenbahn *f.* **tranviario, -a** [...'via:rio] *a* Straßenbahn-. **tranviere** [...'viɛ:re] *mf* Straßenbahner(in) *mf.*
trapanare [trapa'na:re] *tr* (durch)bohren. **trapanazione** [...nat'tsio:ne] *f* Aufbohrung *f,* Trepanation *f.* **trapano** ['tra:pano] *m* **1.** *tec* Bohrer *m;* **2.** *med* Trepan *m.*
trapassare [trapas'sa:re] **I.** *tr* ⟨*avere*⟩ durchdringen, durchbohren; *(a. fig)* überschreiten; **II.** *itr* ⟨*essere*⟩ **1.** *(attraversare)* (hin)durchgehen; *fig* durchdringen; *(luce)* durchscheinen; **2.** *(eredità)* übergehen (*a* an, auf); **3.** *poet (morire)* heimgehen *geh,* verscheiden *geh.* **trapassato** [...'sa:to] *m* **1.** *gram:* **~ prossimo** Vorvergangenheit *f;* **~ remoto** Plusquamperfekt *n;* **2.** ⟨*pl*⟩ *poet:* **i -i** die Entschlafenen *pl geh.* **trapasso** [...'passo] *m* **1.** *(il trapassare)* Übertragung *f,* Übergang *m;* **2.** *poet (morte)* Heimgang *m geh.*
trapelare [trape'la:re] *itr* ⟨*essere*⟩ durchsickern.
trapelo [tra'pe:lo] *m* Vorspannpferd *n,* Zugtier *n.*
trapezio [tra'pɛttsio] ⟨-i⟩ *m* Trapez *n.* **trapezista** [...pet'tsista] ⟨-i *m,* -e *f*⟩ *mf* Trapezkünstler(in) *m(f).* **trapezoidale** [...pettsoi'da:le] *a* trapezförmig, Trapez-; **cinghia ~** Keilriemen *m.*
trapiantare [trapian'ta:re] **I.** *tr* **1.** *agr, bot* um-, verpflanzen; **2.** *med* transplantieren; **II.** *rfl:* **-rsi** übersiedeln. **trapianto** [...'pianto] *m* **1.** *agr, bot* Um-, Verpflanzung *f;* **2.** *med* Transplantation *f;* **~ renale/cardiaco** Nieren-/Herztransplantation *f.*
trappa ['trappa] *f* Trappistenkloster *n.* **trappista** [...'pista] ⟨-i⟩ *m* Trappist *m.*
trappola ['trappola] *f* **1.** *(a. fig)* Falle *f;* **2.** *fam (fandonia)* Lügenmärchen *n;* **3.** *fam (arnese mal funzionante)* Klapperkiste *f fam;* **~ per topi** Mausefalle *f;* **cadere nella ~** *fig* in die Falle gehen; **tendere una ~ a qu** *fig* jdm eine Falle stellen. **trappolone, -a** [...'lo:ne] *m, f* Schwindler(in) *m(f).*
trapunta [tra'punta] *f* Steppdecke *f.* **trapuntare** [...'ta:re] *tr* **1.** *(impuntire)* steppen; **2.** *(ricamare)* sticken. **trapunto, -a** [...'punto] **I.** *a* **1.** *(ricamato)* bestickt; *(impuntito)* gesteppt; **2.** *fig* übersät (*di* mit); **II.** *m* Stick-, Steppnaht *f.*
trarre ['trarre] ⟨traggo, trassi, tratto⟩ **I.** *tr* **1.** *(ricavare)* (heraus)ziehen; *(cambiale)* ziehen, ausstellen; **2.** *(portare)* bringen; *(condurre)* führen; *(sospiro)* ausstoßen; **3.** *(derivare)* her-, ableiten, entnehmen *(di gen);* **~ in arresto** in Haft nehmen, verhaften; **~ in inganno** täuschen; **~ in salvo** in Sicherheit bringen, retten; **~ un film da un romanzo** einen Roman verfilmen; **II.** *rfl:* **-rsi** sich befreien.
tras- [tras-] *etc. v. a.* **trans-** *etc.*
trasalimento [trasali'mento] *m* Zusammenfahren *n,* Erschrecken *n.* **trasalire** [...'li:re] ⟨trasalisco⟩ *itr* ⟨*essere o. avere*⟩ zusammenfahren.
trasandato, -a [trazan'da:to] *a* ungepflegt, nachlässig.
trasbordare [trazbor'da:re] **I.** *tr* **1.** *(merci)* umladen; **2.** *(persone)* umsteigen lassen; *naut* auf ein anderes Schiff bringen; **II.** *itr* umsteigen; *naut* das Schiff wechseln. **trasbordo** [...'bordo] *m* **1.** *(di merci)* Umladung *f;* **2.** *(di persone)* Umsteigen *n; naut* Schiffwechsel *m.*
trascendentale [traʃʃenden'ta:le] *a* transzendental; *fig* außergewöhnlich; **non è niente di ~** *fam* das ist doch nichts Besonderes. **trascendente** [...'dɛnte] *a* transzendent. **trascendenza** [...'dɛntsa] *f* Transzendenz *f.*
trascendere [traʃ'ʃendere] ⟨*irr*⟩ **I.** *tr* übersteigen; **II.** *itr* über das normale Maß hinausgehen; **~ a vie di fatto** sich zu Tätlichkeiten hinreißen lassen.
trascinare [traʃʃi'na:re] **I.** *tr* (mit)schleifen, (mit)schleppen; *fig* mitreißen; **II.** *rfl:* **-rsi 1.** *(persone)* sich schleppen; **2.** *(faccende)* sich hinziehen.
trascorrere [-'korrere] ⟨*irr*⟩ **I.** *tr* ⟨*avere*⟩ verbringen; **II.** *itr* ⟨*essere*⟩ vergehen.
trascorso [-'korso] *m* Fehler *m.*
trascrivere [tras'kri:vere] ⟨*irr*⟩ *tr* umschreiben; *(documento, etc.)* abschreiben; *(su registro)* eintragen; *ling, mus* transkribieren. **trascrizione** [...krit'tsio:ne] *f* Umschreibung *f; (copiatura)* Abschrift *f; (su registro)* Eintragung *f; ling, mus* Transkription *f;* **~ fonetica** phonetische Umschrift.
trascurabile [-ku'ra:bile] *a* unbedeutend, unerheblich.
trascurare [-ku'ra:re] **I.** *tr* **1.** *(non curare)* vernachlässigen; **2.** *(tralasciare)* versäumen, unterlassen; **3.** *(omettere)* übersehen, vergessen, außer acht lassen; **II.** *rfl:* **-rsi** sich vernachlässigen; **si trascura nel mangiare** er (*o.* sie) ißt unregelmäßig und/oder un-

vernünftig. **trascuratezza** [...ra'tettsa] *f* Nachlässigkeit *f.*

trasecolare [traseko'la:re] *itr* ‹*essere o. avere*› verblüfft sein.

trasferimento [trasferi'mento] *m* **1.** *(di persone)* Versetzung *f,* Versetzen *n; (di cose)* Verlegen *n;* **2.** *(trasloco)* Verlegung *f,* Umzug *m; (trasporto)* Überführung *f;* **3.** *fin* Transfer *m;* **4.** *jur (di diritto)* Übertragung *f;* ~ **bancario** Banküberweisung *f;* ~ **di popolazioni** Umsiedlung *f.* **trasferire** [...'ri:re] **I.** *tr* **1.** *(persone)* versetzen; *(cose)* verlegen; **2.** *jur (diritto)* übertragen; **3.** *(valuta)* transferieren; **II.** *rfl:* **-rsi** umziehen, übersiedeln.

trasferta [tras'fɛrta] *f* **1.** *adm* Dienstreise *f;* **2.** *sport* Auswärtsspiel *n;* **giocare in** ~ auswärts spielen.

trasfigurare [-figu'ra:re] *tr* **1.** *(cambiare)* verändern, verwandeln; **2.** *fig* verdrehen. **trasfigurazione** [...rat'tsi̯o:ne] *f* Veränderung *f.*

trasfondere [-'fondere] ‹*irr*› *tr* **1.** *(sangue)* übertragen; **2.** *fig (paura)* einflößen.

trasformabile [-for'ma:bile] *a* verwandelbar; **autovettura** ~ Kabriolett *n.*

trasformare [-for'ma:re] **I.** *tr* verwandeln, umwandeln, verändern; *(prodotto)* (weiter)verarbeiten; *el* umspannen; **II.** *rfl:* **-rsi** sich verwandeln. **trasformatore** [...ma'to:re] *m* Transformator *m.* **trasformazione** [...mat'tsi̯o:ne] *f* Verwandlung *f,* Umwandlung *f,* Veränderung *f; el* Umspannung *f; phys, scient* Transformation *f.* **trasformista** [...'mista] ‹-i *m,* -e *f*› *mf* **1.** *(attore)* Verwandlungskünstler(in) *m(f);* **2.** *pol* Transformist(in) *m(f).*

trasfusione [-fu'zi̯o:ne] *f* Blutübertragung *f,* Transfusion *f.*

trasgredire [trazgre'di:re] ‹trasgredisco› **I.** *tr* übertreten; **II.** *itr* zuwiderhandeln. **trasgreditrice** *f v.* **trasgressore. trasgressione** [...es'si̯o:ne] *f* **1.** *(di legge, ordine)* Übertretung *f,* Zuwiderhandlung *f;* **2.** *geol* Transgression *f.* **trasgressore, -greditrice** [...es'so:re, ...edi'tri:tʃe] *m, f* Rechtsbrecher(in) *m(f).*

traslato, -a [traz'la:to] **I.** *a* **1.** *poet (salma)* überführt; **2.** *(in metafora)* bildlich, übertragen; **II.** *m* bildlicher Ausdruck. **traslazione** [...lat'tsi̯o:ne] *f* **1.** *(di salma)* Überführung *f;* **2.** *jur* Übertragung *f;* **3.** *phys, geol* Translation *f;* **4.** *(in meccanica)* Verschiebung *f.*

traslocare [trazlo'ka:re] **I.** *tr* versetzen; *(sede)* verlegen; *(mobilia)* befördern; **II.** *itr* umziehen. **trasloco** [...'lɔ:ko] ‹-chi› *m* Umzug *m,* Übersiedlung *f.*

traslucido, -a [traz'lu:tʃido] *a* durchscheinend, durchsichtig.

trasmettere [traz'mettere] ‹*irr*› **I.** *tr* **1.** *(diritto, malattia)* übertragen; *(di eredità)* vererben; **2.** *(notizia)* übermitteln; *(ordine)* weitergeben; *(lettera)* senden, schicken; **3.** *radio, TV* senden, übertragen; **II.** *rfl:* **-rsi 1.** *(di eredità)* sich vererben; **2.** *med* sich übertragen. **trasmettitore, -trice** [...ti'to:re] **I.** *m, f* Telegrafist(in) *m(f);* **II.** *m* Sender *m,* Sendestation *f.*

trasmigrare [trazmi'gra:re] *itr* ‹*essere o. avere*› auswandern. **trasmigrazione** [...grat'tsi̯o:ne] *f* Auswanderung *f;* ~ **delle anime** Seelenwanderung *f.*

trasmissibile [trazmis'si:bile] *a* übertragbar; *(di eredità)* vererblich. **trasmissione** [...'si̯o:ne] *f* **1.** *gener., med, radio, TV* Übertragung *f;* **2.** *(di eredità)* Vererbung *f;* **3.** *tec* Kraftübertragung *f,* Transmission *f,* Übersetzung *f;* ~ **dati** Datenübertragung *f.*

trasmittente [trazmit'tɛnte] *f* **1.** *(stazione)* Sendestation *f,* Sender *m;* **2.** *(apparecchio)* Sendegerät *n.*

trasmodare [trazmo'da:re] *itr* übertreiben.

trasognare [trasoɲ'ɲa:re] *itr* mit offenen Augen träumen. **trasognato, -a** [...'ɲa:to] *a* verträumt, traumverloren.

traspaio [tras'pa:i̯o] *1. pers sing pr di* **trasparire.**

trasparente [traspa'rɛnte] **I.** *a* durchsichtig, transparent; *fig* leicht zu durchschauen(d); **II.** *m* **1.** *(in sartoria)* Spitzenhintergrund *m;* **2.** *(tela)* Transparent *n,* Spruchband *n;* **3.** *film* Background *m.* **trasparenza** [...'rɛntsa] *f* Durchsichtigkeit *f,* Transparenz *f.*

trasparire [traspa'ri:re] ‹traspaio *o.* trasparisco, trasparii *o.* trasparsi, trasparso *o.* trasparito› *itr* ‹*essere*› durchscheinen; *fig* ersichtlich werden; **lasciar** ~ durchblicken lassen.

traspirare [traspi'ra:re] *itr* ‹*essere*› schwitzen, transpirieren; *fig* durchsikkern. **traspirazione** [...rat'tsi̯o:ne] *f* Schwitzen *n,* Transpiration *f;* **essere in** ~ schwitzen.

trasporre [-'porre] ‹*irr*› *tr* umstellen, umsetzen; *mus* transponieren.

trasportabile [-por'ta:bile] *a* transportabel; *(persone)* transportfähig.

trasportare [-por'ta:re] *tr* **1.** *gener.* (fort)tragen, (fort)bringen, fortschaffen; *(feriti, malati)* wegbringen; *(morti)* überführen; *(viaggiatori)* befördern; *(merci)* transportieren; *(per nave)* verschiffen; **2.** *com* übertragen; **3.** *mus* transponieren; **4.** *fig (emozione)* hinreißen; *(fiabe, etc.)* versetzen. **trasportatore, -trice** [...ta'to:re] **I.** *m, f* Transportunternehmer(in) *m(f),* Transporteur(in) *m(f);* **II.** *m* Förderband *n.* **trasporto** [-'pɔrto] *m* **1.** *(con veicolo, etc.)* Beförderung *f,* Transport *m;* **2.** *fig (impeto)* Inbrunst *f;* **mezzi di ~** Transportmittel *n pl;* **~ passeggeri** Personenbeförderung *f.*

trasposizione [-pozit'tsi̯o:ne] *f* Umstellung *f,* Umsetzung *f.*

trassato [tras'sa:to] *v.* **trattario.**

trassi ['trassi] *1. pers sing del passato remoto di* **trarre.**

trastullare [trastul'la:re] **I.** *tr* unterhalten, die Zeit vertreiben (*qu* jdm); **II.** *rfl:* **-rsi 1.** *(divertirsi)* sich *(dat)* die Zeit vertreiben, sich unterhalten; **2.** *(perdere tempo)* (herum)trödeln. **trastullo** [...'tullo] *m* Zeitvertreib *m; fig (della sorte)* Spielball *m.*

trasudare [trasu'da:re] **I.** *itr* ‹*essere*› schwitzen; *med* nässen; **II.** *tr* ‹*avere*› ausschwitzen; *med* absondern.

trasversale [trazver'sa:le] **I.** *a* quer, Quer-; *(in geometria)* transversal; **via ~** Querstraße *f;* **II.** *f* Transversale *f.*

trasvolare [trazvo'la:re] **I.** *tr* ‹*avere*› überfliegen; **II.** *itr* ‹*essere o. avere*› **: ~ su** hinweggehen über; **~ da un argomento all'altro** von einem Argument zum anderen springen. **trasvolata** [...'la:ta] *f* Überflug *m,* Überfliegen *n.*

tratta ['tratta] *f* **1.** *com (cambiale, ab* **tr.***)* (gezogener) Wechsel *m,* Tratte *f;* **2.** *(di persone)* (Menschen)handel *m;* **~ accettata** Akzept *n.*

trattabile [trat'ta:bile] *a (malattia)* behandelbar; *(retribuzione)* verhandelbar; *fig (persona)* umgänglich.

trattamento [tratta'mento] *m* **1.** *gener., med* Behandlung *f;* **2.** *(retribuzione)* Vergütung *f,* Lohn *m,* Gehalt *n;* **3.** *(servizio)* Bedienung *f,* Bewirtung *f.* **trattare** [...'ta:re] **I.** *tr* **1.** *gener., med* behandeln; **2.** *(affari, accordi)* verhandeln über; **3.** *(materiali)* bearbeiten; **4.** *(clientela)* bedienen, bewirten; **5.** *com (articoli)* führen; **~ qu da ladro** jdn wie einen Dieb behandeln; **II.** *itr* handeln (*di* von); **~ con** auskommen mit; **III.** *rfl:* **-rsi** sich handeln (*di* um), gehen (*di* um).

trattario [trat'ta:ri̯o] ‹-i› *m* Bezogene(r) *m,* Trassat *m.*

trattativa [tratta'ti:va] *f* Verhandlung *f;* **essere in -e** in Verhandlung(en) stehen.

trattato [trat'ta:to] *m* **1.** *(opera)* Abhandlung *f,* Traktat *m o. n;* **2.** *pol (accordo)* Abkommen *n,* (Staats)vertrag *m.* **trattazione** [...tat'tsi̯o:ne] *f* **1.** *(di un argomento)* Behandlung *f;* **2.** *(scritto)* Abhandlung *f.*

tratteggiare [tratted'dʒa:re] ‹tratteggio, tratteggi› *tr* stricheln, schraffieren; *(a. fig)* skizzieren. **tratteggio** [...'teddʒo] ‹-ggi› *m* Schraffierung *f.*

trattenere [tratte'ne:re] ‹*irr*› **I.** *tr* **1.** *(persone)* zurückhalten, aufhalten; **2.** *(cose)* zurückbehalten; *(un importo)* einbehalten, abziehen (*su* von); **3.** *(riso)* unterdrücken, sich *(dat)* verkneifen; *(pianto)* unterdrücken, zurückhalten; *(fiato)* anhalten; **II.** *rfl:* **-rsi 1.** *(astenersi)* sich zurückhalten, sich beherrschen; **2.** *(soffermarsi)* sich aufhalten, bleiben; **-rsi sull'argomento** beim Thema bleiben.

trattenimento [tratteni'mento] *m* Gesellschaftsabend *m,* unterhaltende Veranstaltung.

trattenuta [tratte'nu:ta] *f* Einbehalt *m,* Abzug *m.*

trattino [trat'ti:no] *m* kleiner Strich; *(nel disegno)* Schraffierstrich *m; typ* Gedankenstrich *m;* **~ di divisione** Trennungsstrich *m;* **~ d'unione** Bindestrich *m.*

tratto[1] ['tratto] *m* **1.** *(linea)* Strich *m;* **2.** *(parte)* Stück *n,* Teil *m o. n;* **3.** *(di tempo)* Spanne *f;* **4.** *(comportamento)* Benehmen *n;* **5.** *(nel gioco)* Zug *m;* **6.** ‹*pl*› *(lineamenti)* (Gesichts)züge *m pl; (caratteristiche)* Merkmale *n pl,* Wesenszüge *m pl;* **~ di carattere/terra** Charakterzug *m*/Landstrich *m;* **tra i due ci corre un buon ~** *fig* zwischen den beiden ist ein himmelweiter Unterschied; **rimase un ~ a pensare** es blieb etwas Zeit um nachzudenken; **a -i** von Zeit zu Zeit; **tutto ad un ~** auf einmal.

tratto[2] ['tratto] *pp di* **trarre.**

trattore [trat'to:re] *m* Traktor *m.*

trattore, -trice [trat'to:re] *m, f* Gastwirt(in) *m(f).* **trattoria** [...to'ri:a] ‹-ie› *f* Gastwirtschaft *f.*

trattorista [tratto'rista] ‹-i *m,* -e *f*› *mf* Traktorfahrer(in) *m(f).*

trattrice *f v.* **trattore.**

tratturo [trat'tu:ro] *m* Trift *f.*

trauma ['tra:uma] ‹-i› *m* Trauma *n.* **traumatico, -a** [trau'ma:tiko] ‹-ci, -che› *a* traumatisch. **traumatizzare** [...matid'dza:re] *tr* ein Trauma verursachen bei, traumatisieren; *fig* erschüttern.

travagliare [travaʎ'ʎa:re] **I.** *tr* quälen, plagen; **II.** *itr* **1.** *(soffrire)* leiden; **2.** *dial (lavorare)* schuften *fam.* **travaglio** [...'vaʎʎo] *m* **1.** *(angoscia)* Sorge *f; (dolore)* Qual *f; med* Beschwerden *pl,* Schmerzen *m pl;* **2.** *poet (fatica)* Mühsal *f geh;* **3.** *dial (lavoro)* Schufterei *f fam,* Plackerei *f fam;* ~ **di parto** (Geburts)wehen *f pl.*
travasare [trava'za:re] *tr* umfüllen; *fig* übertragen. **travaso** [...'va:zo] *m* Umfüllen *n; med* Erguß *m.*
travatura [trava'tu:ra] *f* Gebälk *n.*
trave ['tra:ve] *f* Balken *m; (struttura portante)* Träger *m;* **fare d'ogni fuscello una** ~ aus jeder Mücke einen Elefanten machen *fam.*

travedere [trave'de:re] ‹*irr*› *itr* sich irren; ~ **per l'odio** blind sein vor Haß.
traveggole [tra'veggole] *f pl:* **avere le** ~ *fam* sich täuschen, sich vertun *fam.*
traversa [tra'vɛrsa] *f* **1.** *tec, arch* Querträger *m,* Traverse *f; (di binari)* Schwelle *f; (di finestra)* Querbalken *m,* Kämpfer *m; sport (della porta)* (Quer)latte *f;* **2.** *(via)* Querstraße *f.*
traversare [traver'sa:re] *tr (strada)* überqueren; *(fiume, paese)* durchqueren. **traversata** [...'sa:ta] *f* Überquerung *f; (di fiume, paese)* Durchquerung *f; naut* Überfahrt *f; aero* Überflug *m,* Überfliegen *n; (a nuoto)* Durchschwimmen *n.*
traversia [traver'si:a] ‹-ie› *f* **1.** *(vento)* (Seiten)wind *m;* **2.** ‹*pl*› *fig* Widrigkeiten *f pl,* Unbilden *pl geh.*
traversina [traver'si:na] *f* (Eisenbahn)schwelle *f.*
traverso [tra'vɛrso] **I.** *a* quer, Quer-; **vie -e** *fig* Schleichwege *m pl;* **II.** *m* Querseite *f;* **di** ~ quer; *(obliquamente)* schief; **andare di** ~ in die falsche Kehle geraten; *fig* schiefgehen, fehlschlagen; **la bevanda gli è andata di** (*o.* **a** *o.* **per**) ~ er hat sich an dem Getränk verschluckt; **guardare di** ~ **qu** jdn schief ansehen; **mettersi di** ~ sich auf die Seite legen.
traversone [traver'so:ne] *m* **1.** *(trave)* (großer) Querträger *m;* **2.** *sport (nella scherma)* Seitenhieb *m; (nel calcio)* Flanke *f.*
travertino [traver'ti:no] *m* Travertin *m.*
travestimento [travesti'mento] *m* Verkleidung *f; fig* Verwandlung *f.* **travestire** [...'ti:re] **I.** *tr* verkleiden (*da* als); *fig* verwandeln (*da* in), abwandeln; **II.** *rfl:* **-rsi** sich verkleiden (*da* als); *fig* sich verwandeln (*da* in). **travestito** [...'ti:to] *m* Transvestit *m.*
travet [tra'vɛt] ‹-› *m dial* kleiner Angestellte(r) *m.*
traviamento [travia'mento] *m* Irreleitung *f.* **traviare** [...i'a:re] ‹travio, travii› **I.** *tr* vom rechten Weg abbringen, verführen; **II.** *rfl:* **-rsi** auf Abwege geraten, vom rechten Weg abkommen.
travisamento [traviza'mento] *m* Verdrehung *f,* Entstellung *f.* **travisare** [...'za:re] **I.** *tr* verdrehen, entstellen; **II.** *rfl:* **-rsi** sein Aussehen ändern.
travolgente [travol'dʒɛnte] *a* unwiderstehlich, mitreißend.
travolgere [tra'vɔldʒere] ‹*irr*› *tr* **1.** *(trascinare via)* fortreißen; *(con veicolo)* überfahren; **2.** *fig* mitreißen, hinreißen.
trazione [trat'tsi̯o:ne] *f* **1.** *gener.* Zug *m,* Ziehen *n;* **2.** *tec* Antrieb *m;* **3.** *med* Traktion *f;* ~ **anteriore/posteriore** Front-/Heckantrieb *m,* Vorderrad-/Hinterradantrieb *m;* ~ **integrale** Allradantrieb *m;* ~ **sulle quattro ruote** Vierradantrieb *m.*
tre [tre] **I.** *a numerale* drei; **chi fa da sé, fa per** ~ *prov* selbst ist der Mann *prov;* **II.** ‹-› *m* **1.** *(numero)* Drei *f;* **2.** *(nelle date)* Dritte(r) *m;* **3.** *(voto scolastico)* ≃ mangelhaft, ungenügend; **III.** *f pl* drei Uhr; *v. a. cinque.*
trealberi [tre'alberi] ‹-› *m* Dreimaster *m.*
trebbia ['trebbi̯a] ‹-ie› *f* **1.** *(trebbiatrice)* Dreschmaschine *f;* **2.** *(trebbiatura)* Dreschen *n.* **trebbiare** [...'bi̯a:re] ‹trebbio, trebbi› *tr* dreschen. **trebbiatore, -trice** [...bi̯a'to:re] **I.** *m, f* Drescher(in) *m(f);* **II.** *f* Dreschmaschine *f.* **trebbiatura** [...bi̯a'tu:ra] *f* **1.** *(operazione)* Dreschen *n;* **2.** *(periodo)* Dreschzeit *f.*
trebisonda [trebi'zonda] *f:* **perdere la** ~ den Kopf verlieren.
treccia ['trettʃa] ‹-cce› *f* Zopf *m.*
trecentesco, -a [tretʃen'tesko] ‹-schi, -sche› *a* das vierzehnte Jahrhundert betreffend. **trecentista** [...'tista] ‹-i *m,* -e *f*› *mf* Künstler(in) *m(f)* des Trecento. **trecento** [...'tʃɛnto] **I.** *a numerale* dreihundert; **II.** *m* Dreihundert *f;* **il T~** das vierzehnte Jahrhundert; *(nell'arte italiana)* das Trecento.
tredicenne [tredi'tʃɛnne] **I.** *a* dreizehnjährig; **II.** *mf* Dreizehnjährige(r) *mf.* **tredicesimo, -a** [...'tʃɛ:zimo] **I.** *a* dreizehnte(r, s); **II.** *m, f* Dreizehnte(r, s) *mfn;* **III.** *m (frazione)* Dreizehntel *n,* dreizehnter Teil; **IV.** *f (retribuzione)* dreizehntes Monatsgehalt; *v. a. quinto.* **tredici** ['tre:ditʃi] **I.** *a numerale* dreizehn; **II.** ‹-› *m* **1.** *(numero)*

Dreizehn *f;* **2.** *(nelle date)* Dreizehnte(r) *m;* **fare un ~ al totocalcio** einen Hauptgewinn im Fußballtoto erzielen; **III.** *f pl* dreizehn Uhr; *v. a. cinque.*

trefolo ['tre:folo] *m* Litze *f.*

tregenda [tre'dʒɛnda] *f* Hexensabbat *m;* **una notte da ~** *fig* eine Nacht, in der die Hölle los ist.

tregua ['tre:gu̯a] *f* **1.** *mil* Waffenstillstand *m;* **2.** *fig* (Atem)pause *f.*

tremare [tre'ma:re] *itr* beben, erzittern; *(fiamma)* flackern; *(voce)* zittern; *(persone)* zittern (*di* vor); *fig* bangen (*per* um); **mi trema la vista** mir flimmert es vor den Augen. **tremarella** [...ma'rɛlla] *f fam* Tatterich *m fam; (paura)* Bammel *m fam.* **tremebondo, -a** [...me'bondo] *a poet* bebend.

tremendo, -a [tre'mɛndo] *a* furchtbar, entsetzlich.

trementina [tremen'ti:na] *f* Terpentin *n.*

tremila [tre'mi:la] **I.** *a numerale* dreitausend; **II.** ‹-› *m* Dreitausend *f.*

tremito ['trɛ:mito] *m* Zittern *n;* **~ di febbre** Fieberkrampf *m.*

tremolare [tremo'la:re] *itr* zittern, beben; *(luce, aria)* flimmern; *(fiamma)* flackern.

tremolo ['trɛ:molo] *m* Tremolo *n.*

tremore [tre'mo:re] *m* **1.** *med* Muskelzittern *n,* Tremor *m scient;* **2.** *fig* Erregung *f,* Aufregung *f; (paura)* Angst *f.*

tremulo ['trɛ:mulo] *a* zitternd, bebend.

trend [trend] ‹-› *m* Trend *m.*

trenette [tre'nette] *f pl dünne, flache Nudelsorte.*

treno ['trɛ:no] *m* Zug *m;* **~ diretto** (*ab* **D**) Eilzug *m;* **~ espresso** Expreß(zug) *m,* Eilzug *m;* **~ locale** Nahverkehrszug *m;* **~ rapido** (*ab* **R.**) Inter-City (-Zug) *m;* **~ bianco** Wallfahrtszug *m;* **~ merci/viaggiatori** Güter-/Personenzug *m;* **prendere/perdere il ~** den Zug nehmen/verpassen; **~ di vita** Lebensstandard *m;* **~ di gomme** Reifensatz *m.*

trenta ['trenta] **I.** *a numerale* dreißig; **II.** ‹-› *m* **1.** *(numero)* Dreißig *f;* **2.** *(nelle date)* Dreißigste(r) *m; v. a. cinque.* **trentennale** [...ten'na:le] **I.** *a* **1.** *(che dura 30 anni)* dreißig Jahre dauernd; **2.** *(che ricorre ogni 30 anni)* alle dreißig Jahre; **II.** *m* dreißigster Jahrestag. **trentenne** [...'tɛnne] **I.** *a* dreißigjährig; **II.** *mf* Dreißigjährige(r) *mf.* **trentennio** [...'tɛnni̯o] ‹-i› *m* Zeitraum *m* von dreißig Jahren, dreißig Jahre. **trentesimo, -a** [...'tɛ:zimo] **I.** *a* dreißigste(r, s); **II.** *m, f* Dreißigste(r, s) *mfn;* **III.** *m (frazione)* Dreißigstel *n,* dreißigster Teil; *v. a. quinto.* **trentina** [...'ti:na] *f:* **una ~ (di . . .)** (etwa) dreißig (. . .); **essere sulla ~** an (*o.* um) die Dreißig sein.

Trentino [tren'ti:no] *m* Trentino *n,* Südtirol *n.* **trentino, -a** [...'ti:no] **I.** *a* **1.** *(di Trento)* tridentinisch; **2.** *(della regione)* zur Region Trentino-Südtirol gehörend; **II.** *m, f* **1.** *(di Trento)* Tridentiner(in) *m(f);* **2.** *(della regione)* Bewohner(in) *m(f)* der Region Trentino-Südtirol; **III.** *m* **T~-Alto Adige** Trentino-Südtirol *n.* **Trento** ['trɛnto] *f* Trient *n.*

trepidante [trepi'dante] *a* sorgenvoll.

trepidare [trepi'da:re] *itr* sich sorgen (*per* um), bangen (*per* um). **trepidazione** [...dat'tsi̯o:ne] *f* Sorge *f.* **trepido, -a** ['trɛ:pido] *a poet* bebend, angstvoll.

treppiede, treppiedi [trep'pi̯ɛ:de, ...di] ‹-› *m* Dreifuß *m; fot* Stativ *n.*

trequarti [tre'ku̯arti] ‹-› *m* **1.** *(abito)* dreiviertellanger Mantel; *(giacca)* dreiviertellange Jacke; **2.** *med* Punktiernadel *f,* Trokar *m scient;* **3.** *sport (rugby)* Dreiviertel *m.*

tresca ['treska] ‹-sche› *f* **1.** *(ballo) alter Bauerntanz;* **2.** *(relazione amorosa)* Verhältnis *n,* Techtelmechtel *n;* **3.** *(intrigo)* Intrige *f.* **trescare** [...'ka:re] ‹tresco, treschi› *itr* **1.** *(in amore)* ein Techtelmechtel haben; **2.** *(in intrighi)* Ränke schmieden.

trescone [tres'ko:ne] *m alter Bauerntanz.*

trespolo ['trespolo] *m* **1.** *gener.* Gestell *n;* **2.** *fig scherz* Klapperkasten *m fam,* Klappergestell *n fam.*

tressette [tres'sɛtte] *m italienisches Kartenspiel.*

Treviri ['trɛ:viri] *f* Trier *n.*

triade ['tri:ade] *f* Dreiheit *f,* Triade *f; mus* Dreiklang *m.*

triangolare [triaŋgo'la:re] *a* dreieckig, Dreieck-. **triangolazione** [...lat'tsi̯o:ne] *f* **1.** *tec* Triangulation *f;* **2.** *sport Paßspiel zwischen drei Spielern.*

triangolo [tri'aŋgolo] *m* **1.** *gener., mat* Dreieck *n;* **2.** *mus* Triangel *m;* **3.** *(per veicoli)* Warndreieck *n;* **4.** *(pannolino)* Windel *f;* **5.** *fig* Dreiecksverhältnis *n;* **~ industriale** Industrie-Dreieck *n (zwischen Mailand, Turin und Genua).*

tribale [tri'ba:le] *a* Stammes-, Stamm-.

tribolare [tribo'la:re] **I.** *tr* quälen; **II.** *itr* leiden. **tribolato, -a** [...'la:to] *a* leid-

voll, gequält. **tribolazione** [...lat'tsio:ne] *f* Leid *n*, Qual *f*.
tribordo [tri'bordo] *m* Steuerbord *n*.
tribù [tri'bu] ‹-› *f* (Volks)stamm *m*; *scherz (famiglia numerosa)* Sippe *f*.
tribuna [tri'bu:na] *f* (Redner)tribüne *f*; *(negli stadi)* (Zuschauer)tribüne *f*; *arch* Empore *f*; ~ **politica** politische Fernsehdiskussion.
tribunale [tribu'na:le] *m* Gericht *n*; ~ **arbitrale** Schiedsgericht *n*.
tribuno [tri'bu:no] *m* **1.** *hist* Tribun *m*; **2.** *fig* Demagoge *m*.
tributare [tribu'ta:re] *tr* zollen. **tributaria** [...'ta:ria] ‹-ie› *f* Steuerfahndung *f*. **tributario, -a** [...'ta:rio] ‹-i, -ie› *a* **1.** *(di tributo)* Steuer-, steuerlich; **2.** *(fiume)* zufließend, Neben-; **polizia -a** Steuerfahndung *f*. **tributo** [...'bu:to] *m* **1.** *fin* Steuer *f*, Abgabe *f*; **2.** *fig* Tribut *m*.
tricheco [tri'kɛ:ko] ‹-chi› *m* Walroß *n*.
trichina [tri'ki:na] *f* Trichine *f*.
triciclo [tri'tʃi:klo] *m* Dreirad *n*.
tricipite [tri'tʃi:pite] **I.** *a* dreiköpfig; **II.** *m* Trizeps *m*.
tricolore [triko'lo:re] **I.** *a* dreifarbig; **II.** *m* Trikolore *f*.
tricorno [tri'korno] *m* Dreispitz *m*.
tricromia [trikro'mi:a] ‹-ie› *f* Dreifarbendruck *m*.
tric trac [trik 'trak] ‹-› *m* Tricktrack *n*, Backgammon *n*.
tridente [tri'dɛnte] *m* Dreizack *m*.
tridimensionale [tridimensio'na:le] *a* dreidimensional.

trielina [trie'li:na] *f* Trichloräthylen *n*.
triennale [trien'na:le] **I.** *a* **1.** *(che dura tre anni)* dreijährig; **2.** *(che ricorre ogni tre anni)* dreijährlich, Dreijahr(es)-; **II.** *f* Triennale *f*. **triennio** [tri'ɛnnio] ‹-i› *m* Zeitraum *m* von drei Jahren, drei Jahre *n pl*, Triennium *n geh*.
Trieste [tri'ɛste] *f* Triest *n*.
trifase [tri'fa:ze] *a* dreiphasig.
trifoglio [tri'fɔʎʎo] *m* Klee *m*.
trifolato, -a [trifo'la:to] *a* **1.** *(con tartufi)* getrüffelt; **2.** *(come tartufi) in feine Scheiben geschnitten, mit Öl, Knoblauch und Petersilie.*
trifora ['tri:fora] *f* dreibogiges Fenster.
trigemino [tri'dʒɛ:mino] **I.** *a* Drillings-; **II.** *m* Drillingsnerv *m*, Trigeminus *m scient*.
triglia ['triʎʎa] ‹-glie› *f* Meerbarbe *f*; **fare l'occhio di ~ a qu** jdn schmachtend anblicken.
trigonometria [trigonome'tri:a] ‹-ie› *f* Trigonometrie *f*.
trilaterale [trilate'ra:le] *a* dreiseitig.
trilingue [tri'liŋgue] ‹*inv*› *a* dreisprachig.
trilione [tri'lio:ne] *m* Trillion *f*.
trillare [tril'la:re] *itr* trillern. **trillo** ['trillo] *m* Triller *m*; *(del campanello)* Klingeln *n*.
trilobato, -a [trilo'ba:to] *a* **1.** *(foglia)* dreilappig; **2.** *(arco)* Dreipaß-.
trilogia [trilo'dʒi:a] ‹-gie› *f* Trilogie *f*.
trim. *ab di* **trimestre, trimestrale** Trimester(-).
trimestrale [trimes'tra:le] *a* (*ab* **trim.**) **1.** *(che dura tre mesi)* vierteljährig; **2.** *(ogni tre mesi)* vierteljährlich, Vierteljahr(es)-. **trimestre** [...'mɛstre] *m* (*ab* **trim.**) Vierteljahr *n*, Trimester *n*.
trimotore [trimo'to:re] **I.** *a* dreimotorig; **II.** *m* dreimotoriges Flugzeug.
trina ['tri:na] *f* Spitze *f*.
trincare [triŋ'ka:re] ‹trinco, trinchi› *tr fam* bechern *fam*.
trincea [trin'tʃɛ:a] *f* **1.** *mil* Schützengraben *m*; **2.** *(per strade)* Einschnitt *m*.
trincerare [trintʃe'ra:re] **I.** *tr* verschanzen; **II.** *rfl:* **-rsi** sich verschanzen; **-rsi nel silenzio** *fig* sich in Schweigen hüllen.
trincetto [trin'tʃetto] *m* Schustermesser *n*.
trinchetto [triŋ'ketto] *m* Fockmast *m*.
trinciante [trin'tʃante] *m* Tranchiermesser *n*.
trinciapolli, trinciapollo [trintʃa'polli, ...lo] ‹-› *m* Geflügelschere *f*.
trinciare [trin'tʃa:re] ‹trincio, trinci› **I.** *tr* zerkleinern, zerschneiden, zerlegen; *gastr* tranchieren; ~ **l'aria** in der Luft herumfuchteln *fam*; ~ **giudizi** vorschnell urteilen; **II.** *rfl:* **-rsi** brüchig werden. **trinciato, -a** [...'tʃa:to] **I.** *a* zerkleinert, zerlegt; **II.** *m* Schnitttabak *m*. **trinciatura** [...tʃa'tu:ra] *f* **1.** *(operazione)* Zerkleinerung *f*, Zerlegung *f*; **2.** *(frammenti)* Schnittgut *n*.
trinità [trini'ta] ‹-› *f* **1.** *gener.* Dreiheit *f*; **2.** *rel* Dreieinigkeit *f*. **trino** ['tri:no] *a* dreifaltig; **Dio uno e ~** dreieiniger Gott.
trio ['tri:o] ‹-ii› *m* Trio *n*.
trionfale [trion'fa:le] *a* triumphal, Triumph-. **trionfante** [...'fante] *a* triumphierend. **trionfare** [...'fa:re] *itr* triumphieren; *(fig a.)* siegen. **trionfatore** [...fa'to:re] *m* Triumphator *m*. **trionfo** [...'onfo] *m* Triumph *m*.
trip [trɪp] ‹-› *m* (Rauschgift)trip *m*.
tripartire [tripar'ti:re] ‹tripartisco› *tr* dreiteilen.
tripartitico, -a [tripar'ti:tiko] *a* Dreiparteien-. **tripartito, -a** [...'ti:to] **I.** *a*

dreiteilig, Dreier-; **governo ~** Dreiparteienregierung *f;* **II.** *m* Dreiparteienregierung *f.*
tripartizione [tripartit'tsi̯o:ne] *f* Dreiteilung *f.*
tripletta [tri'pletta] *f* **1.** *(fucile)* Drilling *m;* **2.** *(in gioco, gara)* Dreierserie *f.*
triplicare [tripli'ka:re] ‹triplico, triplichi› *tr* verdreifachen. **triplice** ['tri:plitʃe] *a* dreifach.
triplo, -a ['tri:plo] **I.** *a* dreimal soviel, dreifach; **II.** *m* Dreifache(s) *n.*
tripode ['tri:pode] *m* Dreifuß *m.*
trippa ['trippa] *f* **1.** *gastr* Kutteln *f pl,* Kaldaunen *f pl;* **2.** *scherz (pancia)* Ranzen *m fam,* Schmerbauch *m fam.*
tripudiare [tripu'di̯a:re] ‹tripudio, tripudi› *itr* jubeln. **tripudio** [...'pu:di̯o] ‹-i› *m* Jubel *m.*
triregno [tri'reɲɲo] *m* Tiara *f.*
trisavolo, -a [tri'za:volo] *m, f* Ururgroßvater *m,* -mutter *f.*
trisillabo, -a [tri'sillabo] **I.** *a* dreisilbig; **II.** *m* dreisilbiges Wort; *lit (verso)* Dreisilb(l)er *m.*
triste ['triste] *a* traurig; *(fatto a.)* betrüblich. **tristezza** [...'tettsa] *f* Traurigkeit *f,* Trauer *f.*
tristo, -a ['tristo] *a* **1.** *(cattivo)* böse, schlecht; **2.** *(misero)* dürftig, kläglich, kümmerlich.
tritacarne [trita'karne] ‹-› *m* Fleischwolf *m.*
tritare [tri'ta:re] *tr* zerkleinern; *(pestare)* zerstoßen; *(carne)* hacken. **tritato** [...'ta:to] *m* Hackfleisch *n,* Gehackte(s) *n,* Hack *n.* **tritatutto** [...ta'tutto] ‹-› *m* Mixgerät *n.* **trito, -a** ['tri:to] *a* **1.** *(tritato)* zerkleinert; *(pestato)* zerstoßen; *(carne)* gehackt, Hack-; **2.** *(abito)* abgetragen; **~ e ritrito** *fig* abgedroschen.
tritone [tri'to:ne] *m* Schwanzlurch *m.*
trittico ['trittiko] ‹-ci› *m* **1.** *(arch)* Triptychon *n;* **2.** *lit* Trilogie *f.*
trittongo [trit'tɔŋgo] ‹-ghi› *m* Dreilaut *m,* Triphthong *m.*
tritume [tri'tu:me] *m* Krümel *m pl,* Gebrösel *n.*
triturare [tritu'ra:re] *tr* zerkleinern, zermahlen.
triumvirato, triunvirato [triunvi'ra:to] *m* **1.** *hist* Triumvirat *n;* **2.** *fig (tre dirigenti)* Dreigespann *n.* **triumviro, triunviro** [...'unviro] *m* Triumvir *m.*
trivalente [triva'lɛnte] *a* dreiwertig, trivalent *scient.*
trivella [tri'vɛlla] *f* (großer) Bohrer *m.*
trivellare [trivel'la:re] *tr* (auf)bohren.
trivellazione [...lat'tsi̯o:ne] *f* Bohrung *f;* **torre di ~** Bohrturm *m.*
triviale [tri'vi̯a:le] *a* vulgär, unflätig.
trivialità [...vi̯ali'ta] ‹-› *f* Vulgarität *f.*
trivio ['tri:vio] ‹-i› *m* **1.** Kreuzung *f* dreier Straßen; **2.** *hist* Trivium *n;* **da ~** *fig* ordinär; *(gesti, etc. a.)* zweideutig.
trofeo [tro'fɛ:o] *m* Trophäe *f; (monumento)* Siegessäule *f; (sport a.)* Siegespreis *m.*
troglodita [troglo'di:ta] ‹-i *m,* -e *f*› *mf* Höhlenmensch *m.*
trogolo ['trɔ:golo] *m* Trog *m.*
tromba ['tromba] *f* **1.** *mus* Trompete *f;* **2.** *(suonatore)* Trompeter(in) *m(f);* **3.** *(in acustica)* (Schall)trichter *m; (di auto)* Hupe *f;* **4.** *zoo (proboscide)* Rüssel *m;* **5.** *anat (~ uterina)* Eileiter *m; (~ di Eustachio)* Eustachische Röhre; **~ marina/d'aria** Wasser-/Windhose *f;* **~ delle scale** Treppenhaus *n;* **~ degli stivali** Stiefelschaft *m;* **partire in ~** drauflosgehen *fam;* **a ~** trompeten-, trichterförmig. **trombare** [...'ba:re] *tr* durchfallen lassen. **trombettiere** [trombet'ti̯ɛ:re] *m mil* Trompeter *m.* **trombettista** [...'tista] ‹-i *m,* -e *f*› *mf* Trompeter(in) *m(f).*
trombone [trom'bo:ne] *m* **1.** *mus* Posaune *f;* **2.** *fig pej* Angeber(in) *m(f),* Aufschneider(in) *m(f);* **3.** *(stivalone)* Stulpenstiefel *m;* **4.** *(schioppo)* Donnerbüchse *f.* **trombonista** [...bo'nista] ‹-i *m,* -e *f*› *mf* Posaunist(in) *m(f).*
trombosi [trom'bo:zi] ‹-› *f* Thrombose *f.*
troncamento [troŋka'mento] *m* Abschneiden *n,* Abschlagen *n; (di discorso)* Abbrechen *n.* **troncare** [...'ka:re] ‹tronco, tronchi› *tr* **1.** *(tagliare)* abschneiden, abschlagen; **2.** *fig (interrompere)* abbrechen. **tronco** ['troŋko] ‹-chi› *m* **1.** *bot* Stamm *m;* **2.** *arch* Schaft *m;* **3.** *anat* Rumpf *m;* **4.** *(tratta)* Abschnitt *m,* Strecke *f;* **5.** *mat* Stumpf *m.* **tronco, -a** ['troŋko] ‹-chi, -che› *a* abgeschnitten; *fig* abgebrochen; *(albero)* auf einen Stumpf verkürzt; *ling* endbetont; **licenziamento in ~** fristlose Entlassung; **lasciare qu in ~** jdn stehenlassen; **sentirsi le gambe -che** sich (wie) zerschlagen fühlen; **in ~** abgebrochen. **troncone** [...'ko:ne] *m* Stumpf *m.*
troneggiare [troned'dʒa:re] ‹troneggio, troneggi› *itr* thronen.
tronfio, -a ['tronfi̯o] ‹-i, -ie› *a* aufgeblasen, überheblich; *(parole)* geschwollen.
trono ['trɔ:no] *m* Thron *m.*

tropicale [tropi'ka:le] *a* tropisch, Tropen-. **tropico** ['trɔ:piko] ‹-ci› *m* **1.** *astr* Wendekreis *m;* **2.** ‹*pl*› *geog* Tropen *pl.*

troppo, -a ['trɔppo] **I.** *a* zu viel; **II.** *m* Zuviel *n,* Überflüssige(s) *n;* **il ~ stroppia** *prov* allzuviel ist ungesund *prov;* **III.** *pron* zuviel; ‹*pl*› zuviele; **questo è ~** *fig* das geht zu weit; **IV.** *adv* zuviel, zu sehr, (all)zu; **non ~** nicht sehr, nicht besonders; **di ~** zuviel; *pej* überflüssig.

trota ['trɔ:ta] *f* Forelle *f.*

trottare [trot'ta:re] *itr* traben; **far ~ qu** jdn auf Trab bringen. **trottatore** [...ta'to:re] *m* Traber *m.* **trotterellare** [...terel'la:re] *itr (cavalli)* im leichten Trab laufen; *(persone)* trippeln. **trotto** ['trɔtto] *m* Trab *m;* **far andare di ~ qu** jdn auf Trab bringen.

trottola ['trɔttola] *f* Kreisel *m.*

trottolino, -a [trotto'li:no] *m, f scherz* Wirbelwind *m.*

trovadore [trova'do:re] *v.* **trovatore.**

trovadorico, -a [trova'dɔ:riko] ‹-ci, -che› *a* Troubadour(en)-.

trovare [tro'va:re] **I.** *tr* finden, wiederfinden; *(vedere, riconoscere)* vorfinden; *(sorprendere)* erwischen, ertappen; **~ qu simpatico/colpevole** jdn sympathisch finden/für schuldig befinden; **~ qc da ridire** etw. auszusetzen haben; **andare a ~ qu** jdn be-, aufsuchen; **II.** *rfl:* **-rsi 1.** *(essere)* sich befinden; **2.** *(sentirsi)* sich fühlen; **3.** *(presentarsi)* sich einfinden; **4.** *(incontrarsi)* sich treffen; **-rsi bene con qu** mit jdm gut auskommen; **-rsi d'accordo** einig sein; **quel libro si trova dappertutto** dieses Buch ist überall erhältlich.

trovarobe [trova'rɔ:be] ‹-› *mf* Requisiteur(in) *m(f).*

trovata [tro'va:ta] *f* Geistesblitz *m,* Einfall *m;* **~ pubblicitaria** Werbegag *m.*

trovatello, -a [trova'tɛllo] *m, f* Findelkind *n.*

trovatore [trova'to:re] *m* Troubadour *m.*

truccare [truk'ka:re] ‹trucco, trucchi› **I.** *tr* **1.** *(travestire)* verkleiden; **2.** *(con cosmetici)* schminken; **3.** *fig* (ver)fälschen; *(carte)* zinken; *(partita)* manipulieren; *(motore)* frisieren; **II.** *rfl:* **-rsi 1.** *(travestirsi)* sich verkleiden, sich maskieren; **2.** *(con cosmetici)* sich schminken. **truccatore, -trice** [...ka'to:re] *m, f* Maskenbildner(in) *m(f).* **truccatura** [...ka'tu:ra] *f* Maskierung *f; (con cosmetici)* Schminken *n; (di attore)* Maske *f.* **trucco** ['trukko] ‹-cchi› *m* **1.** *(maquillage)* Make-up *n,* Schminke *f;* **2.** *fig* Schwindel *m; (artificio)* Trick *m;* **3.** *film* Trickaufnahme *f.*

truce ['tru:tʃe] *a* finster, drohend.

trucidare [trutʃi'da:re] *tr* abschlachten.

truciolo ['tru:tʃolo] *m* Span *m.*

truculento, -a [truku'lɛnto] *a* blutrünstig.

truffa ['truffa] *f* Betrug *m.* **truffaldino, -a** [...al'di:no] **I.** *a* betrügerisch; **II.** *m, f* Schwindler(in) *m(f),* Betrüger(in) *m(f).* **truffare** [...'fa:re] *tr* betrügen, prellen. **truffatore, -trice** [...fa'to:re] *m, f* Betrüger(in) *m(f).*

truppa ['truppa] *f* **1.** *mil* Truppe *f;* **2.** *scherz* Schar *f.*

trust [trʌst] ‹-› *m* Trust *m;* **~ dei cervelli** Brain-Trust *m.*

tu [tu] *pron pers 2. pers sing* du; **dare del ~ a qu** jdn duzen, jdn mit „du" anreden; **parlare a ~ per ~** ganz im Vertrauen sprechen; **trovarsi a ~ per ~** sich *(dat)* plötzlich Auge in Auge gegenüberstehen.

tuba ['tu:ba] *f* **1.** *mus* Tuba *f;* **2.** *(cappello)* Zylinder *m;* **3.** *anat* Tube *f.*

tubare [tu'ba:re] *itr* gurren; *fig* turteln.

tubatura, tubazione [tuba'tu:ra, ...at'tsi̯o:ne] *f* (Rohr)leitungen *f pl,* Leitungsnetz *n.*

tubercolare [tuberko'la:re] *a* tuberkular, Tuberkel-. **tubercolo** [tu'bɛrkolo] *m* Tuberkel *m.* **tubercolosa** *f v.* **tubercoloso. tubercolosario** [tuberkolo'sa:ri̯o] ‹-i› *m* Lungensanatorium *n.* **tubercolosi** [...'lo:zi] ‹-› *f (ab* **tbc, TBC**) Tuberkulose *f.* **tubercoloso, -a** [...'lo:so] **I.** *a* tuberkulös; **II.** *m, f* Tuberkulosekranke(r) *m(f).*

tubero ['tu:bero] *m* Knolle *f.*

tubetto [tu'betto] *m* **1.** *(del dentifricio, etc.)* Tube *f;* **2.** *(di aspirina, etc.)* Röhrchen *n.*

Tubinga [tu'biŋga] *f* Tübingen *n.*

tubista [tu'bista] ‹-i *m,* -e *f*› *mf* Rohrleger(in) *m(f),* Installateur(in) *m(f).* **tubo** ['tu:bo] *m* Rohr *n,* Röhre *f; el, anat* Röhre *f; tec* Rohr *n; (~ flessibile)* Schlauch *m;* **~ dell'olio** Ölleitung *f;* **~ di scappamento** Auspuffrohr *n;* **~ digerente** Verdauungstrakt *m;* **~ catodico** Bildröhre *f.* **tubolare** [tubo'la:re] **I.** *a* röhrenförmig, Rohr-, Röhren-; **II.** *m* Schlauchreifen *m.*

tuffare [tuf'fa:re] **I.** *tr* eintauchen, tauchen; **II.** *rfl:* **-rsi 1.** *(immergersi)* (unter)tauchen; **2.** *fig (lanciarsi)* sich stürzen; *(dedicarsi)* sich vertiefen, sich versenken. **tuffista** [...'fista] ‹-i *m,* -e *f*› *mf* Kunstspringer(in) *m(f).*

tuffo ['tuffo] *m* **1.** *(il tuffare)* (Ein)tauchen *n;* **2.** *(salto)* Kopfsprung *m,* Sprung *m* (ins Wasser); *(nel calcio, etc.)* Hechtsprung *m;* **3.** *fig (emozione)* Herzklopfen *n;* **buttarsi a ~ su qc** *fig* sich auf etw. stürzen; **il cuore gli diede un ~** sein Herz machte einen Sprung.

tufo ['tu:fo] *m* Tuff(stein) *m.*

tugurio [tu'gu:rio] ‹-i› *m* (elende) Hütte *f.*

tulipano [tuli'pa:no] *m* Tulpe *f.*

tulle ['tulle] *m* Tüll *m.*

tumefare [tume'fa:re] ‹*irr*› **I.** *tr* anschwellen lassen; **II.** *rfl:* **-rsi** (an)schwellen. **tumefazione** [...fat'tsio:ne] *f* Schwellung *f.*

tumido, -a ['tu:mido] *a* geschwollen; *(labbra a.)* fleischig.

tumorale [tumo'ra:le] *a* Tumor-. **tumore** [tu'mo:re] *m* Geschwulst *f,* Tumor *m.*

tumulare [tumu'la:re] *tr* beisetzen. **tumulazione** [...lat'tsio:ne] *f* Beisetzung *f.* **tumulo** ['tu:mulo] *m* **1.** *geog* Erdhügel *m;* **2.** *(in archeologia)* Tumulus *m,* Hügelgrab *n;* **3.** *poet (tomba)* Gruft *f geh.*

tumulto [tu'multo] *m* Tumult *m,* Unruhe *f;* *(fig a.)* Aufruhr *m.* **tumultuare** [...tu'a:re] *itr* lärmen, einen Aufruhr erregen. **tumultuoso, -a** [...tu'o:so] *a* stürmisch, ungestüm; *(fiume)* wild; *(folla, etc.)* erregt; *(sentimenti)* aufgewühlt.

tunica ['tu:nika] ‹-che› *f* **1.** *(abito)* Tunika *f;* **2.** *biol* Tunica *f.*

tunnel ['tunnel] ‹-› *m* Tunnel *m.*

tuo, -a ['tu:o] ‹tuoi, tue› **I.** *a* dein; **la -a voce/anima** deine Stimme/Seele; **~ padre/zio** dein Vater/Onkel; **un ~ amico** ein Freund von dir; **II.** *pron:* **il ~, la -a** deiner, deine, dein(e)s; **III.** *m:* **il ~** das Dein(ig)e; **i tuoi** die Deinen *geh;* **ti tieni sempre sulle -e** du bleibst auch immer bei deiner Haltung.

tuonare [tuo'na:re] *v.* **tonare.**

tuono ['tuɔ:no] *m (a. fig)* Donner *m.*

tuorlo ['tuɔrlo] *m* (Ei)dotter *m o. n,* Eigelb *n.*

tu(p)pè [tu'pɛ (tup'pɛ)] ‹-› *m v.* **toupet.**

turacciolo [tu'rattʃolo] *m* Pfropfen *m;* *(di sughero)* Korken *m.*

turare [tu'ra:re] *tr* ver-, zustopfen; *(bottiglia)* zustöpseln; *(con sughero)* zu-, verkorken; *(falla)* abdichten; *(naso, orecchi)* zuhalten; **~ un buco** *fig* ein Loch stopfen.

turba[1] ['turba] *f (di persone)* Menge *f;* *(pej a.)* Meute *f fam.*

turba[2] ['turba] *f med* Störung *f.* **turbamento** [-'mento] *m* **1.** *(rivolgimento)* Störung *f;* **2.** *(ansia)* Unruhe *f,* Verwirrung *f.*

turbante [tur'bante] *m* Turban *m.*

turbare [tur'ba:re] **I.** *tr* **1.** *(disturbare)* stören; **2.** *(l'acqua)* trüben; *(piani)* durchkreuzen; **3.** *fig (sconvolgere)* bewegen, beunruhigen; **II.** *rfl:* **-rsi** sich beunruhigen, in Erregung geraten. **turbativa** [...ba'ti:va] *f jur* Störung *f.* **turbatore, -trice** [...ba'to:re] *m, f* Störenfried *m,* Störer(in) *m(f).*

turbina [tur'bi:na] *f* Turbine *f.*

turbinare [turbi'na:re] *itr (a. fig)* wirbeln. **turbine** ['turbine] *m* Wirbelwind *m;* *(a. fig)* Wirbel *m;* **~ di neve** Schneegestöber *n;* **~ di sabbia** Sandhose *f.* **turbinoso, -a** [...'no:so] *a* **1.** *(vorticoso)* Wirbel-, wirb(e)lig; **2.** *fig* aufwühlend.

turboelica [turbo'ɛ:lika] **I.** ‹-che› *f* Turbo-Prop-Triebwerk *n;* **II.** ‹-› *m* Turbo-Prop-Flugzeug *n.*

turbogetto [-'dʒɛtto] *m* **1.** *(motore)* Strahltriebwerk *n;* **2.** *(aereo)* Düsenflugzeug *n,* Jet *m fam.*

turbolento, -a [turbo'lɛnto] *a* turbulent; *(a. fig)* stürmisch. **turbolenza** [...'lɛntsa] *f* **1.** *meteo, chem* Turbulenz *f;* **2.** *fig* Unruhe *f,* Aufruhr *m.*

turbonave [-'na:ve] *f* Turbinenschiff *n.*

turboreattore [-reat'to:re] *m v.* **turbogetto.**

turca *f v.* **turco.**

turchese [tur'ke:se] **I.** *f min* Türkis *m;* **II.** *m (colore)* Türkis *n.*

Turchia [tur'ki:a] *f:* **(la) ~** die Türkei.

turchinetto [turki'netto] *m* Waschblau *n.*

turchino, -a [tur'ki:no] *a* tiefblau.

turco, -a ['turko] ‹-chi, -che› **I.** *a* türkisch, Türken-; **sedere alla -a** im Schneidersitz sitzen; **II.** *m* Türkisch(e) *n;* **parlare ~ a qu** *fig* Chinesisch reden *fam,* so reden, daß es jdm spanisch vorkommt *fam;* **III.** *m, f* Türke *m,* Türkin *f;* **bestemmiare come un ~** wie ein Landsknecht fluchen; **fumare come un ~** rauchen wie ein Schlot.

turgido, -a ['turdʒido] *a* prall; *(seno)* drall; *med* (an)geschwollen.

Turgovia [tur'gɔ:via] *f* Thurgau *m.*

Turingia [tu'rindʒa] *f* Thüringen *n.*

turismo [tu'rizmo] *m* Tourismus *m,* Fremdenverkehr *m.* **turista** [tu'rista] ‹-i *m,* -e *f*› *mf* Tourist(in) *m(f).* **turistico, -a** [tu'ristiko] ‹-ci, -che› *a* touristisch, Touristen-; *(assegno, ufficio, agenzia, movimento, etc.)* Reise-.

turlupinare [turlupi'na:re] *tr* hintergehen. **turlupinatore, -trice** [...na'to:re] *m, f* Schwindler(in) *m(f).* **turlupinatura** [...na'tu:ra] *f* Schwindel *m.*

turnista [tur'nista] ‹-i *m,* -e *f*› *mf* Schichtarbeiter(in) *m(f).*

turno ['turno] *m* Reihenfolge *f,* Turnus *m; (di lavoro)* Schicht *f; mil* Dienst *m; sport* Runde *f;* ~ **di notte** Nachtschicht *f;* **medico di** ~ Bereitschaftsarzt *m,* diensthabender Arzt; **aspettare il proprio** ~ warten, bis man an der Reihe ist; **essere di** ~ Dienst haben; **fare a** ~ sich abwechseln; **a** ~ abwechselnd; *(lavorare)* schichtweise.

turpe ['turpe] *a* unanständig, schamlos. **turpiloquio** [...pi'lɔkuio] ‹-qui› *m* obszöne Ausdrucksweise. **turpitudine** [...pi'tu:dine] *f* Unanständigkeit *f,* Schamlosigkeit *f.*

turrito, -a [tur'ri:to] *a* mit Türmen versehen, turmreich.

tuta ['tu:ta] *f* Arbeitsanzug *m,* Overall *m;* ~ **mimetica** Tarnanzug *m;* ~ **spaziale** Raumanzug *m.*

tutela [tu'tɛ:la] *f* **1.** *(difesa)* Schutz *m; (a. fig)* Wahrung *f;* **2.** *jur* Vormundschaft *f;* ~ **del consumatore** Verbraucherschutz *m;* ~ **del paesaggio** Landschaftsschutz *m.* **tutelare** [tute'la:re] **I.** *a* **1.** *gener.* schützend, Schutz-; **2.** *jur* vormundschaftlich, Vormundschafts-; **II.** *tr* schützen; *(a. fig)* wahren; **III.** *rfl:* **-rsi** sich schützen. **tutore, -trice** [tu'to:re] *m, f* **1.** *gener.* Schützer(in) *m(f);* **2.** *jur* Vormund *m;* **i -i dell'ordine pubblico** die Ordnungshüter *m pl.* **tutorio, -a** [tu'tɔ:rio] ‹-i, -ie› *a* Vormundschafts-, Aufsichts-. **tutrice** *f v.* **tutore.**

tuttavia [tutta'vi:a] *con* dennoch, jedoch.

tutto, -a ['tutto] **I.** *a* ganz, all; ~ **il denaro** das ganze Geld, all das Geld; **-e le donne** alle Frauen; **-a la mia famiglia** meine ganze Familie; **-a la notte** die ganze Nacht; **-e le sere** jeden Abend; **-i e due** (alle) beide; **a tutt'oggi** bis (einschließlich) heute; **a -a velocità** mit voller Geschwindigkeit; **tutt'altro** ganz im Gegenteil, überhaupt nicht; **II.** *pron* alles; ‹*pl*› alle; **-i risero** alle lachten, alles lachte; **III.** *adv* ganz, ganz und gar; **era -a nuda** sie war ganz nackt; **del** ~ völlig, gänzlich; **in** ~ insgesamt, in allem; **tutt'al più** höchstens; *(nel peggiore dei casi)* schlimmstenfalls; **IV.** *m* Ganze(s) *n;* **rischiare** (*o.* **tentare**) **(il)** ~ **per (il)** ~ alles aufs Spiel setzen.

tuttofare [tutto'fa:re] **I.** ‹*inv*› *a* Allround-, für alles; **donna** ~ Haushaltshilfe *f;* **una segretaria** ~ ein Mädchen *n* für alles *fam;* **II.** ‹-› *mf* **1.** *(domestica)* Haushaltshilfe *f;* **2.** Mädchen *n* für alles *fam.*

tuttora [tut'to:ra] *adv* noch (immer).

tuttotondo, tutto tondo [tutto'tondo] ‹-› *m* Vollplastik *f.*

tutù [tu'tu] ‹-› *m* Ballettröckchen *n.*

TV [tiv'vu] ‹-› *f ab di* **televisione** TV (*ab di* Television).

tzigano [tsi'ga:no] *v.* **zigano.**

U

U, u [u] ‹-› *f* U, u *n;* ~ **come Udine** U wie Ulrich; **ferro a U** U-Eisen *n;* **inversione a U** 180-Grad-Wende *f.*
ubbia [ub'bi:a] ‹-ie› *f rar, geh* **1.** *(preconcetto)* Vorurteil *n;* **2.** *(fisima)* Spleen *m,* fixe Idee; **3.** *(sospetto infondato)* unbegründeter Verdacht.
ubbidiente [ubbi'di̯ɛnte] *a* **1.** *(chi ubbidisce)* gehorsam, folgsam; **2.** *(docile)* gefügig. **ubbidienza** [...'di̯ɛntsa] *f* **1.** Gehorsam *m; (di bambini, animali a.)* Folgsamkeit *f;* **2.** *(sottomissione)* Ergebenheit *f,* Untertänigkeit *f.*
ubbidire [ubbi'di:re] ‹ubbidisco› *itr* **1.** *(ai genitori, al padrone)* folgsam sein, gehorsam sein, gehorchen *(a qu* jdm), folgen *(a qu* jdm); **2.** *(a un ordine)* befolgen *(a qc* etw.); **3.** *fig (macchine, strumenti)* gehorchen; **4.** *fig (rassegnarsi)* sich fügen *(a* in), gehorchen.
ubertoso, -a [uber'to:so] *a poet* fruchtbar, ertragreich.
ubicato, -a [ubi'ka:to] *a* gelegen. **ubicazione** [...kat'tsi̯o:ne] *f* **1.** *(posizione topografica)* Lage *f;* **2.** *(luogo)* Standort *m.*
ubiquità [ubiku̯i'ta] ‹-› *f* Allgegenwart *f;* **non ho il dono dell'~!** *scherz* ich kann nicht überall gleichzeitig sein!
ubriaca *f v.* **ubriaco.**
ubriacare [ubria'ka:re] ‹ubriaco, ubriachi› **I.** *tr* **1.** *(inebriare)* betrunken machen; **2.** *fig* trunken machen; *(stordire)* betäuben, benommen machen; *(far perdere l'equilibrio)* betören, den Kopf verdrehen *(qu* jdm); **II.** *rfl:* **-rsi 1.** *(sborniarsi)* sich betrinken; **2.** *fig (infatuarsi)* sich verlieben *(di* in), sich vernarren *(di* in); **3.** *fig (esaltarsi)* sich berauschen *(di* an). **ubriacatura** [...ka'tu:ra] *f* **1.** *(sbornia, a. fig)* Rausch *m;* **2.** *fig (infatuazione)* Vernarrtheit *f,* Verliebtheit *f;* **prendersi un'~ per una donna** sich in eine Frau vernarren. **ubriachezza** [...'kettsa] *f* **1.** *(stato di alterazione)* (Be)trunkenheit *f;* **2.** *(vizio)* Trunksucht *f.* **ubriaco, -a** [...i'a:ko] ‹-chi, -che› **I.** *a* **1.** *(ebbro)* betrunken; **2.** *fig (esaltato)* trunken, berauscht; **3.** *fig (stordito)* betäubt, benommen; ~ **fradicio** *fam* stockbetrunken *fam,* sternhagelvoll *fam;* ~ **d'amore** liebestrunken *poet,* im Liebesrausch; ~ **di gioia** freudetrunken *geh,* trunken vor Freude; ~ **di rumore** betäubt vom Lärm; ~ **di sonno** schlaftrunken; ~ **di stanchezza** zum Umfallen müde; **II.** *m, f* Betrunkene(r) *mf.* **ubriacone, -a** [...ia'ko:ne] *m, f* Säufer(in) *m(f),* Trunkenbold *m.*
uccellagione [uttʃella'dʒo:ne] *f* **1.** *(caccia)* Vogelfang *m;* **2.** *(uccellame)* (beim Vogelfang gemachte) Beute *f.* **uccellame** [...'la:me] *m* erbeutete Vögel *m pl.*
uccellare [uttʃel'la:re] *itr* auf Vogelfang gehen, Vögel fangen, Jagd machen *(a* auf). **uccellatore, -trice** [...la'to:re] *m, f* Vogelfänger(in) *m(f),* -steller(in) *m(f).* **uccelliera** [...'li̯ɛ:ra] *f* Vogelhaus *n,* Voliere *f.*
uccello [ut'tʃɛllo] *m* **1.** *zoo* Vogel *m;* **2.** *vulg (pene)* Schwanz *m vulg;* ~ **di passo/da richiamo** Zug-/Lockvogel *m;* ~ **trampoliere/migratore/rapace** Stelz-/Zug-/Raubvogel *m;* **essere uccel di bosco** vogelfrei sein; **rendersi uccel di bosco** über alle Berge sein; **fare l'~ del malaugurio** den Teufel an die Wand malen; **a volo d'~** aus der Vogelperspektive; *fig* flüchtig, oberflächlich.
uccidere [ut'tʃi:dere] ‹uccido, uccisi, ucciso› **I.** *tr* **1.** *(ammazzare)* töten, umbringen; *(affrettare la morte)* ins Grab bringen; *(debilitare)* (fast) umbringen *fam;* **2.** *fig (eliminare)* ausrotten, vernichten; **II.** *rfl:* **-rsi 1.** *(suicidarsi)* sich umbringen, Selbstmord begehen; **2.** *(vicendevolmente)* sich umbringen *(o.* töten); **3.** *(perdere la vita)* ums Leben kommen, umkommen.
ucciditrice *f v.* **uccisore.**
uccido [ut'tʃi:do] *1. pers sing pr di* **uccidere.**
uccisi [ut'tʃi:zi] *1. pers sing del passato remoto di* **uccidere.**
ucciso [ut'tʃi:zo] *pp di* **uccidere.**
uccisore [uttʃi'zo:re] *m,* **ucciditrice** [...idi'tri:tʃe] *f* Mörder(in) *m(f),* Totschläger(in) *m(f).*
U.D.I. ['u:di] *m ab di* **Unione Donne Italiane** *italienische Frauenbewegung.*
udibile [u'di:bile] *a* hörbar, vernehm-

bar. **udibilità** [udibili'ta] ‹-› *f* Hörbarkeit *f*, Vernehmbarkeit *f*; **distanza di ~** Hörweite *f*; **soglia di ~** Hörschwelle *f*.

udienza [u'diεntsa] *f* **1.** *(ascolto)* Gehör *n*; **2.** *(colloquio)* Audienz *f*, Empfang *m*; **3.** *jur* (Gerichts)verhandlung *f*; **chiedere ~** um Gehör bitten; **dare ~** Gehör schenken.

udire [u'di:re] ‹odo, udii, udito› *tr* **1.** *(sentire, comprendere)* hören, vernehmen; **2.** *(esaudire)* erhören; **~ i testimoni** die Zeugen vernehmen (*o.* hören). **udito** [u'di:to] *m* Gehör *n*, Gehörsinn *m*. **uditofono** [udi'tɔ:fono] *m* Hörgerät *n*, -apparat *m*. **uditore, -trice** [...'to:re] *m, f* Zuhörer(in) *m(f)*, Hörer(in) *m(f)*; *(all'università)* (Gast)hörer(in) *m(f)*; *jur* Referendar(in) *m(f)*; **~ giudiziario** Gerichtsreferendar *m*; **~ di Rota** Richter *m* an der Rota, Auditor *m*. **uditorio** [...'tɔ:rio] ‹-i› *m* (Zu)hörerschaft *f*, Auditorium *n geh*. **uditrice** *f v.* **uditore.**

ufficiale [uffi'tʃa:le] **I.** *a* offiziell; *(a. adm)* amtlich; **II.** *m* **1.** *adm* Beamte(r) *m*, Beamtin *f*, Amtsperson *f*; **2.** *mil* Offizier *m*; **~ di complemento** Offizier *m* auf Zeit; **~ di stato civile** Standesbeamte(r) *m*, -beamtin *f*; **~ giudiziario** Gerichtsbeamte(r) *m*; **pubblico ~** Amtsperson *f*.

ufficialità[1] [uffitʃali'ta] ‹-› *f adm* Amtlichkeit *f*, offizieller Charakter.

ufficialità[2] [uffitʃali'ta] ‹-› *f mil* Offizierskorps *n*.

ufficio [uf'fi:tʃo] ‹-ci› *m* **1.** *(posto di lavoro)* Büro *n*; *(settore)* Abteilung *f*; **2.** *adm (organo)* Amt *n*; **3.** *jur (funzioni doveri)* (Amts)pflicht *f*; **4.** *rel (~ divino)* Stundengebet *n*, Brevier *n*; *(~ funebre)* Totenmesse *f*, -amt *n*; **5.** ‹*pl*› *(intervento, raccomandazione)* Empfehlung *f*, Fürsprache *f*; **~ contabilità** Buchführung(sstelle) *f*; **~ informazioni/viaggi** Informations-/Reisebüro *n*; **~ personale** Personalabteilung *f*, -büro *n*; **~ postale** Postamt *n*; **~ vendite** Verkaufsabteilung *f*; **~ di collocamento** Arbeitsamt *n*; **provvedimento d'~** amtliche Maßnahme; **interporre i buoni -ci presso il ministro in favore di qu** sich für jdn beim Minister verwenden.

ufficioso, -a [uffi'tʃo:so] *a* halbamtlich, inoffiziell.

U.F.O. ['u:fo] ‹-› *m* Ufo *n*, UFO *n*.

ufo ['u:fo] : **a ~** *adv* umsonst, unentgeltlich; *pej* auf Kosten anderer; **vivere a ~** schmarotzen, zu Lasten anderer leben.

ugello [u'dʒεllo] *m* Düse *f*.

uggia ['uddʒa] ‹ugge› *f (noia)* Langeweile *f*; *(molestia)* Lästigkeit *f*; **prendere in ~ qu** jds überdrüssig werden *geh*; **venire in ~** Überdruß bereiten *geh*, lästig sein; **questo tempo piovoso dà ~** dieses regnerische Wetter geht einem auf die Nerven.

uggiolare [uddʒo'la:re] *itr* winseln, jaulen.

uggioso, -a [ud'dʒo:so] *a (noioso)* langweilig; *(fastidioso)* lästig, unangenehm.

Ugo ['u:go] *(nome proprio maschile)* Hugo.

ugola ['u:gola] *f* **1.** *anat* (Gaumen-)zäpfchen *n*; **2.** *fig* Kehle *f*; **avere un'~ d'oro** Gold in der Kehle haben; **bagnarsi l'~** einen zur Brust nehmen *fam*.

uguaglianza [uguaʎ'ʎantsa] *f* **1.** *(identità, l'essere uguale)* Gleichheit *f*; *(di diritti a.)* Gleichstellung *f*; *(mat a.)* Äquivalenz *f*; **2.** *(uniformità)* Gleichförmigkeit *f*, Gleichmäßigkeit *f*. **uguagliare** [...'ʎa:re] ‹uguaglio, uguagli› **I.** *tr* **1.** *(rendere uguale)* gleichmachen, angleichen; *(fig a.)* gleichstellen; **2.** *(rendere uniforme, regolare)* gleichförmig (*o.* gleichmäßig) machen; *(siepe)* in gleicher Höhe abschneiden; **3.** *fig (essere pari)* gleichkommen (*qu in qc* jdm an etw.); **4.** *sport* erreichen, erzielen; **II.** *rfl*: **-rsi** sich *(dat)* gleich (*o.* ebenbürtig) sein; **-rsi a** (*o.* **con**) **qu** sich auf die gleiche Stufe mit jdm stellen.

uguale [u'gua:le] **I.** *a* **1.** *(identico)* gleich; **2.** *(che rimane uguale)* gleichbleibend, gleichmäßig; **3.** *mat* gleich(wertig), äquivalent; **4.** *(uniforme)* gleichförmig; **sette più sette è ~ a 14** sieben plus sieben (ist) gleich 14; **di ~ colore** gleichfarbig; **essere sempre ~ a se stesso** sich *(dat)* selbst treu bleiben; **parlare con voce ~** mit eintöniger Stimme sprechen; **II.** *mf* Gleichgestellte(r) *mf*, Ebenbürtige(r) *mf*; **senza l'~** unvergleichlich, ohnegleichen; **non avere l'~ per abilità** eine unvergleichliche Geschicklichkeit haben; **essere gentile con gli -i** *geh* höflich zu seinesgleichen sein; **III.** *adv fam* gleich; *(indifferente)* gleich, egal; **due persone alte ~** zwei gleich große Personen; **che tu vada o rimanga per me è ~** es ist mir egal (*o.* gleich), ob du gehst oder bleibst. **ugualmente** [ugual'mente] *adv* **1.** *(parimenti)* gleich, in gleicher Weise, gleichermaßen; **2.** *(tuttavia)* dennoch.

uh [u] *interj* **1.** *(dolore)* au; **2.** *(fastidio)* uff; **3.** *(meraviglia)* uh, oh.

uhi ['u:i] *interj* **1.** *(dolore)* au(a); **2.** *(rammarico)* oh.

uhm [m] *interj* hm.

U.I.L. [u̯il] *f ab di* **Unione Italiana del Lavoro** *italienischer Gewerkschaftsbund.*

ulcera ['ultʃera] *f* Geschwür *n; fam* Magengeschwür *n.* **ulcerare** [...'ra:re] **I.** *tr* ein Geschwür erzeugen in; **II.** *rfl:* **-rsi** geschwürig werden, ulzerieren *scient.* **ulcerativo, -a** [...ra'ti:vo] *a* geschwürbildend, Geschwür-. **ulcerazione** [...rat'tsi̯o:ne] *f* Geschwürbildung *f,* Ulzeration *f scient.* **ulceroso, -a** [...'ro:so] **I.** *a* geschwürig, ulzerös *scient;* **II.** *m, f* an einem Geschwür Erkrankte(r) *mf.*

Ulisse [u'lisse] *(nome proprio maschile)* Odysseus.

uliva [u'li:va] *f v.* **oliva.**

Ulma ['ulma] *f* Ulm *n.*

ulna ['ulna] *f* Elle *f.*

ulteriore [ulte'ri̯o:re] *a* **1.** *(successivo)* weitere(r, s), zusätzlich; **2.** *geog* jenseitig.

ultima *f v.* **ultimo.**

ultimare [ulti'ma:re] *tr* beenden, zu Ende führen, abschließen.

ultimativo, -a [ultima'ti:vo] *a* ultimativ. **ultimatum** [...'ma:tum] ‹-› *m* Ultimatum *n.*

ultimazione [ultimat'tsi̯o:ne] *f* Beendigung *f,* Abschluß *m.*

ultimissima [ulti'missima] *f* **1.** *(giornale)* neueste (*o.* letzte) Ausgabe; **2.** ‹*pl*› *(notizie)* letzte Nachrichten *f pl* (*o.* Meldungen *f pl).*

ultimo, -a ['ultimo] **I.** *a* **1.** *(finale)* letzte(r, s); *(recente a.)* neueste(r, s); *(molto lontano a.)* fernste(r, s); *(origini)* erste(r, s); **2.** *fig (di minima importanza)* geringste(r, s), letzte(r, s); **3.** *(decisivo)* letzte(r, s), entscheidend; **4.** *(massimo)* höchste(r, s); **l'~ grido della moda** der letzte (Mode)schrei; **all'~ grado** in höchstem Grade; **all'~ momento** im letzten Moment; **lo studio è la sua -a preoccupazione** das Studium ist seine geringste Sorge; **II.** *m, f* **1.** *(della serie)* Letzte(r, s) *mfn;* **2.** *(il peggiore)* Schlechteste(r, s) *mfn;* **l'~ del mese** der Letzte des Monats; **non ~** unter den Ersten; **all'~** zuletzt, am Ende; **da ~** als letztes, zu guter Letzt; **fino all'~** bis zuletzt; **in ~** am Ende, zu guter Letzt; **rimanere in ~** *fam* hinten sein, letzte(r, s) sein; **per ~** zuletzt, als letzte(r, s); **sull'~** zuletzt, gegen Ende; **gli -i saranno i primi** die Letzten werden die Ersten sein. **ultimogenito, -a** [-'dʒɛ:nito] **I.** *a* letztgeboren, jüngste(r, s); **II.** *m, f* Letztgeborene(r) *mf,* Jüngste(r) *mf.*

ultra ['ultra] **I.** ‹-› *mf pol* Ultra *mf;* **II.** ‹*inv*› *a* ultra-, Ultra-. **ultracentenario, -a** [-tʃente'na:ri̯o] **I.** *a* mehr als hundertjährig; **II.** *m, f* mehr als Hundertjährige(r) *mf,* über hundert Jahre alter Mensch. **ultracorto, -a** [-'korto] *a* Ultrakurz-; **onde -e** Ultrakurzwelle(n *pl*) *f.* **ultramoderno, -a** [-mo'dɛrno] *a* hypermodern, supermodern. **ultrarapido, -a** [-'ra:pido] *a* sehr schnell; *film, fot* hochempfindlich. **ultrasonico, -a** [-'sɔ:niko] ‹-ci, -che› *a* **1.** *phys* Ultraschall-; **2.** *(supersonico)* Überschall-. **ultrasuono** [-'su̯ɔ:no] *m* Ultraschall *m.* **ultraterreno, -a** [-ter're:no] *a* überirdisch. **ultravioletto, -a** [-vio'letto] *a* ultraviolett.

ululare [ulu'la:re] *itr* heulen. **ululato, ululo** [...'la:to, 'u:lulo] *m* Geheul *n;* *(a. fig)* Heulen *n.*

umanamente [umana'mente] *adv* **1.** *(dell'uomo)* menschlich; **2.** *fig (con umanità)* menschenwürdig, human; **è ~ impossibile** das ist menschenunmöglich.

umanesimo [uma'ne:zimo] *m* Humanismus *m.* **umanista** [...'nista] ‹-i *m,* -e *f*› *mf* Humanist(in) *m(f).* **umanistico, -a** [...'nistiko] ‹-ci, -che› *a* **1.** *hist* humanistisch; **2.** *scient* geisteswissenschaftlich.

umanità [umani'ta] ‹-› *f* **1.** *(natura umana)* menschliche Natur, Menschsein *n;* **2.** *(sentimento)* Menschlichkeit *f,* Humanität *f;* **3.** *(genere umano)* Menschheit *f,* Menschengeschlecht *n poet.* **umanitario, -a** [...'ta:ri̯o] ‹-i, -ie› *a* menschenfreundlich, humanitär. **umanizzare** [...nid'dza:re] *tr* **1.** *(rendere più umano)* humanisieren, menschlicher machen (*o.* gestalten); **2.** *(rendere più civile)* zivilisieren. **umano, -a** [u'ma:no] **I.** *a* **1.** *(dell'uomo)* menschlich, Menschen-; **2.** *fig* human, menschlich, menschenfreundlich; **II.** *m* Menschliche(s) *n,* Humane(s) *n.*

umazione [umat'tsi̯o:ne] *f poet* Bestattung *f,* Beisetzung *f geh.*

Umberto [um'bɛrto] *(nome proprio maschile)* Humbert.

Umbria ['umbri̯a] *f* Umbrien *n.* **umbro, -a** ['umbro] **I.** *a* umbrisch; **II.** *m, f* Umbrer(in) *m(f).*

umettare [umet'ta:re] *tr* anfeuchten, befeuchten, benetzen *geh.*

umidiccio, -a [umi'dittʃo] ‹-cci, -cce›

a (ein wenig) feucht, eher feucht als trocken.

umidificare [umidifi'ka:re] ⟨umidifico, umidifichi⟩ *tr* feucht machen; *(aria)* befeuchten, mit Feuchtigkeit anreichern. **umidificatore** [...ka'to:re] *m* (Luft)befeuchter *m*. **umidità** [...di'ta] ⟨-⟩ *f* Feuchtigkeit *f; (bagnato)* Nässe *f*.

umido, -a ['u:mido] **I.** *a* feucht; *(bagnato)* naß; **II.** *m* **1.** *(umidità)* Feuchtigkeit *f;* **2.** *gastr* Geschmorte(s) *n;* **cuocere in ~** schmoren; **coniglio in ~** geschmortes Kaninchen.

umificazione [umifikat'tsi̯o:ne] *f* Humusbildung *f*.

umile ['u:mile] **I.** *a* **1.** *(mite)* sanftmütig; *(modesto)* bescheiden; **2.** *(sottomesso)* ehrerbietig, ergeben, demütig; **3.** *(di modesto grado sociale)* niedrig, ärmlich; **4.** *(dimesso)* bescheiden, schlicht, einfach; **di -i natali** von niedriger Herkunft.

umiliare [umi'li̯a:re] ⟨umilio, umilii⟩ **I.** *tr* **1.** *(avvilire)* demütigen, erniedrigen; **2.** *(reprimere)* dämpfen, unterdrücken; **II.** *rfl:* **-rsi 1.** *(avvilirsi)* sich demütigen, sich erniedrigen; **2.** *(fare atto di sottomissione)* sich auf die Knie werfen; *fig* sich beugen. **umiliatore, -trice** [...i̯a'to:re] **I.** *a* demütigend, erniedrigend; **II.** *m, f* Demütiger(in) *m(f)*. **umiliazione** [...i̯at'tsi̯o:ne] *f* Demütigung *f*, Erniedrigung *f*.

umiltà [umil'ta] ⟨-⟩ *f* **1.** *(modestia)* Demut *f*, Bescheidenheit *f;* **2.** *(deferenza)* Ergebenheit *f*, Ehrerbietung *f geh;* **3.** *(modesta condizione sociale)* Ärmlichkeit *f;* **~ di origini** niedrige Abstammung.

umore [u'mo:re] *m* **1.** *biol* Körperflüssigkeit *f; bot* (Pflanzen)saft *m;* **2.** *poet (liquido)* Flüssigkeit *f;* **3.** *(indole)* Charakter *m*, Wesen *n*, Art *f;* **4.** *(disposizione d'animo)* Laune *f*, (Gemüts)stimmung *f;* **essere di buon ~** guter Laune sein; **essere di ~ nero** schlechter Laune sein.

umoresca [umo'reska] ⟨-sche⟩ *f* Humoreske *f*.

umorismo [umo'rizmo] *m* Humor *m;* **non avere il senso dell'~** keinen (Sinn für) Humor haben. **umorista** [...'rista] ⟨-i *m*, -e *f*⟩ **I.** *a* humoristisch; **II.** *mf* Humorist(in) *m(f)*. **umoristico, -a** [...'ristiko] ⟨-ci, -che⟩ *a* spaßig, witzig, humoristisch; **giornale ~** Witzblatt *n*.

un' [un] *(articolo indeterminativo f davanti a vocale)* ein *m*, eine *f*, ein *n*.

un, -a [un, 'u:na] *(articolo indeterminativo m e f)* ein *m*, eine *f*, ein *n*.

una *v.* **un, uno.**

unanime [u'na:nime] *a* einstimmig, einmütig, einhellig. **unanimità** [unanimi'ta] ⟨-⟩ *f* Einmütigkeit *f*, Einstimmigkeit *f;* **all'~** einstimmig.

una tantum ['u:na 'tantum] ⟨*inv*⟩ *a* einmalig.

uncinare [untʃi'na:re] *tr* **1.** *(foggiare a uncino)* hakenförmig (um)biegen; **2.** *(afferrare)* mit einem Haken fassen (*o.* packen); **3.** *sport (pallone)* stoppen. **uncinato, -a** [...'na:to] *a* hakenförmig; *(con uncini)* mit Haken versehen; **croce -a** Hakenkreuz *n;* **ferro ~** Eisenhaken *m;* **osso ~** Hakenbein *n*.

uncinetto [untʃi'netto] *m* Häkelnadel *f*.

uncino [un'tʃi:no] *m* **1.** *(arnese)* Haken *m;* **2.** *fig* Vorwand *m*.

undecimo, -a [un'dɛ:tʃimo] *a poet* elfte(r, s).

undicenne [undi'tʃɛnne] **I.** *a* elfjährig; **II.** *mf* Elfjährige(r) *mf*. **undicesimo, -a** [...'tʃɛ:zimo] **I.** *a* elfte(r, s); **II.** *m, f* Elfte(r, s) *mfn;* **III.** *m (frazione)* Elftel *n*, elfter Teil; *v. a. quinto.* **undici** ['unditʃi] **I.** *a numerale* elf; **II.** ⟨-⟩ *m* **1.** *(numero)* Elf *f;* **2.** *(nelle date)* Elfte(r) *m;* **3.** *sport* Elf *f*, (Fußball)mannschaft *f;* **III.** *f pl* elf Uhr; *v. a. cinque.*

U.N.E.S.C.O. [u'nɛsko] *m* UNESCO *f*.

ungere ['undʒere] ⟨ungo, ungi, unsi, unto⟩ **I.** *tr* **1.** *(con grasso)* einfetten; *tec* schmieren, ölen; *(con creme)* eincremen, einreiben; *(con pomate)* einsalben; **2.** *(sporcare)* fettig machen; **3.** *fig* salben; *rel* die Letzte Ölung geben (*qu* jdm); **4.** *fig fam (corrompere)* schmieren *fam; (adulare)* schmeicheln (*qu* jdm); **~ qu re** jdn zum König salben; **II.** *rfl:* **-rsi 1.** *(mettersi dell'unto)* sich einfetten, sich einölen; **2.** *(sporcarsi d'unto)* sich fettig machen, sich mit Fett beschmieren.

ungherese [uŋge're:se] **I.** *a* ungarisch; **II.** *mf* Ungar(in) *m(f)*. **Ungheria** [...'ri:a] *f* Ungarn *n*.

unghia ['uŋgi̯a] ⟨-ghie⟩ *f* **1.** *anat* Nagel *m;* **2.** *zoo (di uccello, gatto)* Kralle *f*, Klaue *f; (di cavallo)* Huf *m;* **3.** *(di attrezzi)* abgeschrägte Spitze, Kerbe *f;* **4.** *fig (minima grandezza, distanza)* Fingerbreit *m;* **cadere tra le -ghie di qu** *fig* jdm in die Hände fallen; **metter** (*o.* **tirar) fuori le -ghie** *fig* die Krallen zeigen. **unghiata** [uŋ'gi̯a:ta]

f Kratzer *m*, Kratzwunde *f*. **unghiolo** [uŋ'gi̯ɔ:lo] *m* Kralle *f*.
ungo ['uŋgo] *1. pers sing pr di* **ungere.**
ungueale [uŋgu̯e'a:le] *a* Nagel-.
unguento [uŋ'gu̯ɛnto] *m* Creme *f*; *(med a.)* Salbe *f*.
unica[1] *f v.* **unico.**
unica[2] *pl di* **unicum.**
unicamerale [unikame'ra:le] *a* Einkammer-.
U.N.I.C.E.F. ['u:nitʃef] *m* UNICEF *f*.
unicellulare [unitʃellu'la:re] **I.** *a* einzellig; **II.** *m* Einzeller *m*.
unicità [unitʃi'ta] ⟨-⟩ *f* Einmaligkeit *f*, Einzigartigkeit *f*. **unico, -a** ['u:niko] ⟨-ci, -che⟩ **I.** *a* **1.** *(il solo esistente)* einzig; *(che avviene una volta sola)* einmalig; **2.** *(ineguagliabile)* einzigartig, einmalig; **figlio** ~ einziges Kind, Einzelkind *n*; **numero** ~ *(di giornale, rivista)* Sondernummer *f*; **II.** *m*, *f* Einzige(r, s) *mfn*; **III.** *f*: **l'unica** die einzige Lösung, der einzige Ausweg. **unicum** ['u:nikum] ⟨unica⟩ *m* Unikat *n*, Unikum *n*.
unidimensionale [unidimensi̯o'na:le] *a* eindimensional. **unidirezionale** [-direttsi̯o'na:le] *a el, tel* (nur) in einer Richtung verlaufend, gleich ausgerichtet; *(strada)* Einbahn-; **corrente elettrica** ~ Gleichstrom *m*. **unifamiliare** [-fami'li̯a:re] *a* Einfamilien-.
unificare [unifi'ka:re] ⟨unifico, unifichi⟩ *tr* **1.** *(ridurre a unità)* (ver)einigen; **2.** *(ridurre a tipo unico)* vereinheitlichen; *(standardizzare)* normieren, normen. **unificatore, -trice** [...ka'to:re] **I.** *a* (ver)einigend; **II.** *m*, *f* Einiger(in) *m(f)*. **unificazione** [...kat'tsi̯o:ne] *f* **1.** *(atto dell'unificare)* (Ver)einigung *f*; **2.** *(standardizzazione)* Vereinheitlichung *f*, Normierung *f*.
uniformare [-for'ma:re] **I.** *tr* **1.** *(unificare)* gleichmachen, gleichförmig gestalten; **2.** *(adeguare)* anpassen (*a* an); **II.** *rfl*: **-rsi** sich anpassen (*a* an), sich richten (*a* nach).
uniforme[1] [-'forme] *a* **1.** *(uguale)* gleichförmig, gleichmäßig; *(piano)* eben; **2.** *fig (monotono)* einförmig, eintönig.
uniforme[2] [-'forme] *f* Uniform *f*.
uniformità [-formi'ta] ⟨-⟩ *f* **1.** *(l'essere uniforme)* Gleichförmigkeit *f*, Gleichmäßigkeit *f*; *(di superficie)* Ebenheit *f*; **2.** *(accordo)* Einstimmigkeit *f*, Übereinstimmung *f*; **3.** *(monotonia)* Eintönigkeit *f*.
unigenito [-'dʒɛ:nito] ⟨*inv*⟩ *a (Cristo)* eingeboren.
unilaterale [-late'ra:le] *a* **1.** *(relativo ad un solo lato)* einseitig; **2.** *jur, pol* einseitig, unilateral; **3.** *fig pej* einseitig, parteiisch.
uninominale [-nomi'na:le] *a* Einmann-; **votazioni con sistema** ~ Wahlen *f pl* nach dem Mehrheitswahlsystem.
unione [u'ni̯o:ne] *f* **1.** *(connessione)* Verbindung *f*, Vereinigung *f*; **2.** *fig (concordia)* Eintracht *f*, Einigkeit *f*; **3.** *pol* Bund *m*, Vereinigung *f*, Union *f*; **U~ Sovietica** Sowjetunion *f*; **U~ delle Repubbliche Socialiste Sovietiche** (*ab* **U.R.S.S.**) Union *f* der Sozialistischen Sowjetrepubliken; ~ **europea occidentale** Westeuropäische Union; ~ **monetaria** Währungsunion *f*; **l'~ fa la forza** *prov* Einigkeit macht stark *prov*.
unipolare [-po'la:re] *a* einpolig.
unire [u'ni:re] ⟨unisco⟩ **I.** *tr* **1.** *(congiungere, collegare)* verbinden, vereinigen, zusammenfügen; **2.** *(accostare)* zusammenstellen, -legen; **3.** *(allegare)* beilegen, beifügen; **4.** *(persone)* verein(ig)en, verbinden; ~ **in matrimonio** trauen; **II.** *rfl*: **-rsi 1.** *(legarsi)* sich verbinden; **2.** *(associarsi)* sich zusammenschließen, sich verbünden; **3.** *(accompagnarsi)* sich anschließen (*a* an), sich hinzugesellen (*a* zu); **4.** *(armonizzarsi)* zusammenpassen, harmonisieren; **-rsi in matrimonio** eine Ehe eingehen.
unisex ['u:niseks *o.* uni'sɛks] ⟨*inv*⟩ *a* Unisex-, nicht geschlechtsspezifisch.
unisono [u'ni:sono] **I.** *a* **1.** *mus* unison(o); **2.** *fig* übereinstimmend; **II.** *m* Einklang *m*; *mus* Unisono *n*; **all'~** *mus* unisono, im Einklang; *fig* übereinstimmend, im Einklang.
unità [uni'ta] ⟨-⟩ *f* **1.** *gener., mil* Einheit *f*; **2.** *(di misura)* Maßeinheit *f*, Maß *n*; **3.** *(unicità)* Einheitlichkeit *f*; **4.** *(concordia)* Übereinstimmung *f*; ~ **centrale** *inform* Zentraleinheit *f*; ~ **di misura di peso/tempo** Gewichts-/Zeiteinheit *f*; ~ **di misura di superficie/volume** Flächen-/Raummaß *n*; ~ **monetaria** Währungseinheit *f*; **grande** ~ Truppenverband *m*.
unitaria *f v.* **unitario.**
unitarietà [-ri̯e'ta] ⟨-⟩ *f* Einheitlichkeit *f*. **unitario, -a** [...'ta:ri̯o] ⟨-i, -ie⟩ **I.** *a* einheitlich, Einheits-; **prezzo** ~ Einheitspreis *m*; *(per singolo pezzo)* Stückpreis *m*; **sforzi -i** Einheitsbestrebungen *f pl*; **II.** *m*, *f* **1.** *pol* Unionist(in) *m(f)*; **2.** *rel* Unitarier(in) *m(f)*. **unitarismo** [...ta'rizmo] *m* Unitarismus *m*.

unito, -a [u'ni:to] *a* **1.** *(congiunto, collegato)* zusammengefügt, verbunden; *(a. fig)* verein(ig)t; *(allegato)* beigefügt, beigelegt; *pol* geeint, vereint; **2.** *(accostato)* (her)angestellt, beigestellt; **3.** *fig (concorde)* einig, einträchtig; **4.** *(compatto)* fest, kompakt; **5.** *(uniforme)* einheitlich, gleichförmig; **Stati Uniti d'America** Vereinigte Staaten *m pl* von Amerika.

universale [univer'sa:le] **I.** *a* **1.** *(dell'universo)* Welt-; **2.** *(totale)* Universal-, Gesamt-, gesamte(r, s); **3.** *(generale)* allgemein; **4.** *tec* Universal-, universell; **diluvio ~** Sintflut *f;* **donatore/ erede ~** Universalspender *m/*-erbe *m;* **storia ~** Weltgeschichte *f;* **suffragio ~** allgemeines Wahlrecht; **II.** *m* **1.** Allgemeine(s) *n;* **2.** ‹*pl*› Allgemeinbegriffe *m pl.* **universalismo** [...sa'lizmo] *m* Universalismus *m.* **universalità** [...sali'ta] ‹-› *f* Gesamtheit *f,* Allgemeinheit *f.*

università [universi'ta] ‹-› *f* **1.** *(istituto di studi superiori)* Universität *f,* Hochschule *f;* **2.** *hist (corporazione)* Innung *f,* Zunft *f;* **~ popolare** Volkshochschule *f.* **universitario, -a** [...'ta:ri̯o] ‹-i, -ie› **I.** *a* Universitäts-, Hochschul-; **II.** *m, f* **1.** *(docente)* (Universitäts)professor(in) *m(f),* (Hochschul)dozent(in) *m(f);* **2.** *(studente)* Student(in) *m (f).*

universo [uni'vɛrso] *m* **1.** *astr* Universum *n,* Weltall *n;* **2.** *fig* Welt *f.*

univocità [univotʃi'ta] ‹-› *f* Eindeutigkeit *f.* **univoco, -a** [u'ni:voko] ‹-ci, -che› *a* eindeutig.

uno, una ['u:no] **I.** *(articolo indeterminativo m davanti a s impura, gn, pn, ps, x, z ed articolo indeterminativo f davanti a consonante)* ein *m,* eine *f,* ein *n;* **II.** *a numerale* eins; **III.** *m* ‹-› **1.** *(numero)* Eins *f;* **2.** *(voto scolastico)* ≃ mangelhaft, ungenügend; **IV.** *f* **1.** *(di tempo)* eins, ein Uhr; **2.** *(in frasi enclitiche)* etwas; **è l'una** es ist eins (*o.* ein Uhr); **me ne è capitata una veramente drammatica** mir ist wirklich etwas Dramatisches passiert; **ve ne racconto una** ich kann euch was erzählen; **non me ne va bene una** mir gelingt auch gar nichts; **V.** *pron* einer *m,* eine *f,* ein(e)s *n; (persona a.)* jemand; *(impersonale)* einer, man; *(con negazione)* keiner *m,* keine *f,* kein(e)s *n;* **a ~ a ~** einzeln; **~ e mezzo** eineinhalb, anderthalb; **non ~** keiner; **~ solo** einer allein, nur einer, ein einziger; **~ per volta** jeweils einer, einer nach dem anderen; **marciare per ~** im Gänsemarsch gehen; **si aiutano l'un l'altro** sie helfen einander.

unsi ['unsi] *1. pers sing del passato remoto di* **ungere.**

unticcio, -a [un'tittʃo] ‹-cci, -cce› **I.** *a* ein wenig fettig, schmierig; **II.** *m* fettige (*o.* schmierige) Substanz.

unto ['unto] *m* Fett *n.* **unto, -a** ['unto] **I.** *pp di* **ungere; II.** *a* fettig, schmierig; **III.** *m rel* Gesalbte(r) *m,* Geweihte(r) *m.* **untume** [un'tu:me] *m* Fett *n,* fettiger Schmutz. **untuosità** [untuosi'ta] ‹-› *f* **1.** *(qualità)* Fettigkeit *f; (materia)* Fett *n;* **2.** *fig pej (modi melliflui, ipocriti)* Schmierigkeit *f,* Schleimigkeit *f.* **untuoso, -a** [...u'o:so] *a* **1.** fettig, schmierig; **2.** *fig pej* schmierig, schleimig.

unzione [un'tsi̯o:ne] *f* **1.** *(con unguenti, pomate)* Einreiben *n,* Eincremen *n;* **2.** *rel* Salbung *f,* Ölung *f;* **3.** *fig pej* Scheinheiligkeit *f.*

uomo ['u̯ɔ:mo] ‹uomini› *m* **1.** *gener.* Mensch *m;* **2.** *(di sesso maschile)* Mann *m;* **~ d'affari** Geschäftsmann *m;* **~ d'armi** Krieger *m;* **~ di lettere** Literat *m;* **~ di mondo** Weltmann *m;* **~ d'onore** Ehrenmann *m;* **l'~ della strada** der Mann auf (*o.* von) der Straße; **~-sandwich** Sandwichmann *m;* **un sant'~** ein herzensguter (*o.* frommer) Mensch; **abito da ~** Herrenanzug *m;* **per soli uomini** nur für Herren; **come un sol ~** wie ein Mann, alle zusammen; **~ a mare!** Mann über Bord!; **l'~ propone e Dio dispone** *prov* der Mensch denkt, und Gott lenkt *prov.*

uopo ['u̯ɔ:po] *m poet* Bedarf *m,* Notwendigkeit *f;* **essere d'~** zweckdienlich sein; *(necessario)* notwendig sein; **all'~** bei Bedarf, wenn nötig.

uosa ['u̯ɔ:za] *f* Gamasche *f.*

uovo ['u̯ɔ:vo] ‹*pl:* -a *f*› *m* Ei *n;* **bianco/ rosso d'~** Eiweiß *n/*Eigelb *n;* **pasta all'~** Eiernudeln *f pl,* Eierteigwaren *f pl;* **testa d'~** *fig (intellettuale)* Eierkopf *m;* **~ bazzotto** (*o.* **à la coque**)**/ sodo** weiches Ei/hart(gekocht)es Ei; **~ all'ostrica** Eidotter *m* mit Salz und Zitrone; **~ all'occhio di bue/al tegame** Spiegelei *n/*Setzei *n;* **-a affogate/strapazzate** verlorene Eier *n pl/* Rührei *n;* **~ da tè/da rammendo** Tee-/Stopfei *n;* **essere pieno come un ~** voll bis zum Rand sein; **essere come l'~ di Colombo** das Ei des Kolumbus sein; **rompere** (*o.* **guastare**) **le -a nel paniere a qu** jdm etwas vermasseln *fam,* jdm einen Strich durch die Rechnung machen; **è meglio l'~ oggi che la gallina domani** *prov* besser ein Spatz in der Hand als eine Taube auf dem Dach *prov.*

uppercut ['ʌpəkʌt] ⟨-⟩ *m* Aufwärtshaken *m*, Uppercut *m*.

up-to-date ['ʌp tə 'deɪt] ⟨*inv*⟩ *a* up to date.

upupa ['u:pupa] *f* Wiedehopf *m*.

uragano [ura'ga:no] *m* **1.** *(ciclone)* Hurrikan *m*; *(tempesta)* (Wirbel-)sturm *m*; **2.** *fig* Sturm *m*.

Urali [u'ra:li] *m pl* Ural *m*.

urango [u'raŋgo] ⟨-ghi⟩ *m* Orang-Utan *m*.

uranifero, -a [ura'ni:fero] *a* uranhaltig. **uraninite** [urani'ni:te] *f* Uranpecherz *n*, Pechblende *f*. **uranio** [u'ra:nio] *m* Uran *n*.

urbanesimo [urba'ne:zimo] *m* Verstädterung *f*. **urbanista** [...'nista] ⟨-i *m*, -e *f*⟩ *mf* Städteplaner(in) *m(f)*, Städtebauer(in) *m(f)*. **urbanistica** [...'nistika] ⟨-che⟩ *f* Städtebau(wesen *n*) *m*, Städteplanung *f*. **urbanistico, -a** [...'nistiko] ⟨-ci, -che⟩ *a* städtebaulich, Städtebau-.

urbanità [urbani'ta] ⟨-⟩ *f* Kultiviertheit *f*; *(cortesia)* Höflichkeit *f*.

urbanizzare [urbanid'dza:re] *tr* **1.** *arch* städtebaulich erschließen, urbanisieren; **2.** *fig* *(rendere più civile)* verfeinern. **urbanizzazione** [...dzat'tsio:ne] *f* Verstädterung *f*, Urbanisierung *f*.

urbano, -a [ur'ba:no] *a* **1.** *(della città)* städtisch, Stadt-; **2.** *fig* kultiviert, gebildet; *(cortese)* höflich; **nettezza -a** (städtische) Müllabfuhr und Straßenreinigung; **rete -a** städtisches Telefonnetz; **vigile ~** (Stadt)polizist *m*.

urbe ['urbe] *f poet* Stadt *f*; **l'U~** die Ewige Stadt; **ab ~ condita** (*ab* **a.u.c.**) seit der Gründung Roms.

urea [u'rɛ:a *o.* 'u:rea] *f* Harnstoff *m*. **uremia** [ure'mi:a] ⟨-ie⟩ *f* Harnvergiftung *f*, Urämie *f scient.* **uretere** [ure'tɛ:re] *m* Harnleiter *m*. **uretra** [u'rɛ:tra] *f* Harnröhre *f*.

urgente [ur'dʒɛnte] *a* dringend, dringlich; *(lettera, pacco)* Eil-. **urgenza** [ur'dʒɛntsa] *f* Dringlichkeit *f*, dringende Notwendigkeit; *(rapidità)* Eile *f*; **fare ~** zur Eile drängen; **ricoverare qu d'~ in clinica** jdn als Notfall in die Klinik einliefern; **in caso d'~** im Notfall; **non c'è ~** es ist nicht dringend, es hat keine Eile.

urgere ['urdʒere] ⟨urgo, urgi, *mancano il passato remoto, il pp ed i tempi composti*⟩ **I.** *tr* drängen, bedrängen; **II.** *itr* dringend (nötig) sein, drängen; **urge ricoverarlo all'ospedale** er muß dringend ins Krankenhaus eingeliefert werden; **urgono riforme** Reformen sind dringend nötig.

Uri ['u:ri] *m* Uri *n*.

urico, -a ['u:riko] ⟨-ci, -che⟩ *a* Harn-; **acido ~** Harnsäure *f*.

urina [u'ri:na] *v.* **orina.**

urinare [uri'na:re] *v.* **orinare.**

urlare [ur'la:re] **I.** *itr* **1.** *(lupi)* heulen; *(cani)* jaulen; *(leoni)* brüllen; **2.** *(sirena, vento)* heulen; **3.** *(uomo)* schreien, brüllen; *(di dolore a.)* aufschreien; **II.** *tr* **1.** *(dire a voce alta)* (heraus)schreien, brüllen; **2.** *(cantare a voce alta)* lauthals singen. **urlatore, -trice** [urla'to:re] *m, f* **I.** *a* Brüll-; **II.** *m, f* Schreier(in) *m(f)*, Schreihals *m*. **urlio** [ur'li:o] ⟨-ii⟩ *m* Geschrei *n*, Gebrüll *n*. **urlo** ['urlo] *m* **1.** ⟨*pl:* -a *f*⟩ *(grido umano)* Schrei *m*, Geschrei *n*; **2.** ⟨*pl:* -i *m*⟩ *(di animale)* Schrei *m*; *(di lupi)* Heulen *n*; *(di cani)* Jaulen *n*; *(di leone)* Brüllen *n*; **3.** ⟨*pl:* -a *f*⟩ *fig* *(di vento, sirene)* Heulen *n*; *(fragore)* Toben *n*, Getöse *n*.

urna ['urna] *f* Urne *f*; **~ cineraria/elettorale** (Aschen)urne *f*/Wahlurne *f*; **responso delle -e** Wahlergebnis *n*; **andare alle -e** wählen (gehen).

uro ['u:ro] *m* Ur *m*, Auerochse *m*.

urogallo [uro'gallo] *m* Auerhahn *m*.

urogenitale [urodʒeni'ta:le] *a* urogenital.

uologa *f v.* **urologo.**

urologia [urolo'dʒi:a] ⟨-gie⟩ *f* Urologie *f*. **urologo, -a** [u'rɔ:logo] ⟨-gi, -ghe⟩ *m, f* Urologe *m*, -login *f*.

uropigio [uro'pi:dʒo] ⟨-gi⟩ *m* Fettdrüse *f*.

urrà [ur'ra] **I.** *interj* hurra; **hip hip hip ~!** hipp, hipp, hurra!; **II.** *m* Hurra *n*, Hurraruf *m*.

U.R.S.S. [urs] *f ab di* **Unione delle Repubbliche Socialiste Sovietiche** UdSSR *f* (*ab di* Union der Sozialistischen Sowjetrepubliken).

urtante [ur'tante] **I.** *a* anstößig; **II.** *m naut (trave)* Stützbalken *m*; *(congegno di armi)* Zünder *m*.

urtare [ur'ta:re] **I.** *tr* **1.** *(investire)* (an)stoßen; *(veicoli)* anfahren, streifen; **2.** *fig* verletzen, beleidigen; *(indisporre)* ärgern, reizen, nervös machen; **il chiasso mi urta i nervi** der Lärm geht mir auf die Nerven; **II.** *itr* **1.** *(sbattere contro)* (auf)prallen (*in* auf, *contro* gegen), stoßen (*in* auf, *contro* gegen); **2.** *fig (incappare)* stoßen (*contro* auf); **III.** *rfl:* **-rsi 1.** *(scontrarsi)* aufeinanderstoßen, zusammenstoßen; *(veicoli)* zusammenstoßen, aufeinanderprallen; **2.** *fig (essere in contrasto)* aufeinanderprallen;

3. *fig (irritarsi)* sich ärgern, sich aufregen.

urtica [ur'ti:ka] *v.* **ortica.**

urto ['urto] *m* **1.** *(colpo, spinta)* Stoß *m,* Schlag *m;* **2.** *(scontro, collisione)* Zusammenstoß *m,* Aufprall *m;* **3.** *mil (scontro, cozzo)* Zusammenstoß *m,* Gefecht *n;* **4.** *fig* Gegensatz *m,* Widerspruch *m,* Aufeinanderprallen *n;* **resistente agli -i** stoßfest; **essere in ~** im Widerspruch zueinander stehen; **mettersi in ~ con qu** sich mit jdm anlegen (*o.* überwerfen); **prendere in ~ qu** jdn nicht ausstehen können.

u.s. *ab di* **ultimo scorso** vergangenen Monats/Jahres, *etc.*

U.S.A. ['u:za] *m pl* USA *pl.*

usabile [u'za:bile] *a* benutzbar, verwendbar.

usanza [u'zantsa] *f* **1.** *(consuetudine)* Brauch *m,* Sitte *f;* **2.** *(maniera, costume)* Brauch *m,* Art *f; (abitudine)* Gewohnheit *f; (moda)* Mode *f;* **cucinare all'~ cinese** chinesisch kochen; **prendere l'~ di ...** *inf* (es) sich *(dat)* angewöhnen, zu ...

usare [u'za:re] **I.** *tr ‹avere›* **1.** *(adoperare)* verwenden, benutzen, gebrauchen; *(vestiti)* tragen; **2.** *(agire con)* üben, walten lassen; **3.** *(esercitare)* ausüben, anwenden; **~ attenzione/l'inganno** achtgeben/listig handeln; **~ prudenza/severità** Vorsicht/Strenge walten lassen; **~ un diritto** von einem Recht Gebrauch machen; **~ le orecchie** die Ohren spitzen; **~ la testa** seinen Kopf anstrengen; **usami il favore di prestarmi il libro** tu mir den Gefallen und leih mir das Buch; **II.** *itr* **1.** *‹avere› (usufruire)* Gebrauch machen (*di* von); **2.** *‹avere› (avere l'abitudine)* pflegen *geh,* gewohnt sein; **3.** *‹avere› (essere di moda)* in Mode sein, modern sein; **4.** *(impersonale) ‹essere›* Brauch (*o.* Sitte) sein, üblich sein; **in questo paese usa così** in diesem Land (*o.* Dorf) ist das so Brauch.

usato, -a [u'za:to] **I.** *a* **1.** *(non nuovo)* gebraucht, benutzt; *(com a.)* aus zweiter Hand; *(vestiti)* getragen; **2.** *(solito)* gewohnt; **automobili -e** Gebrauchtwagen *m pl;* **II.** *m* **1.** *(modo solito, consueto)* Gewohnte(s) *n;* **2.** *(non più nuovo)* Gebrauchte(s) *n;* **mercato dell'~** Gebrauchtwarenmarkt *m; (di automobili)* Gebrauchtwagenmarkt *m;* **secondo l'~** wie gewohnt.

uscente [uʃ'ʃɛnte] *a* auslaufend, zu Ende gehend; *adm (persona)* aus dem Amt scheidend.

usciere, -a [uʃ'ʃɛ:re] *m, f* Amtsdiener(in) *m(f),* Amtsgehilfe *m,* -gehilfin *f.*

uscii [uʃ'ʃi:i] *1. pers sing del passato remoto di* **uscire.**

uscio ['uʃʃo] ‹usci› *m* Tür *f,* Tor *n;* **essere a ~ e bottega** Tür an Tür wohnen; **prendere** (*o.* **infilare) l'~** das Weite suchen; **trovarsi tra l'~ e il muro** *fig* in der Klemme sitzen (*o.* sein) *fam.*

uscire [uʃ'ʃi:re] ‹esco, esci, uscii, uscito› *itr ‹essere›* **1.** *(andare fuori)* hinausgehen; *(venire fuori)* herauskommen; *(con veicolo)* hinaus-, herausfahren; *(dal letto)* aufstehen; *(dal veicolo)* aussteigen; **2.** *(lasciare un luogo)* ausgehen; *(con veicolo)* ausfahren; *naut* auslaufen; **3.** *(oggetti, sostanze)* heraustreten, herauskommen; *(liquidi)* auslaufen; *(gas)* ausströmen; **4.** *(essere pubblicato)* erscheinen, herauskommen; **5.** *fig (esclamare, sbottare)* herausplatzen (*con* mit); **6.** *(essere sorteggiato)* gezogen werden, drankommen *fam;* **7.** *fig (cessare di essere in una condizione, situazione)* herauskommen, entkommen; *(dal carcere, dall'ospedale)* entlassen werden; *(da un partito)* austreten; **8.** *ling* enden (*in* auf), auslauten (*in* in); **9.** *fig (avere origine)* (ab)stammen; **~ a dire** herausplatzen; **~ in lacrime/in una risata** in Tränen/in Gelächter ausbrechen; **uscirsene con una simpatica battuta** eine nette, witzige Bemerkung machen; **~ indenne da un incidente** bei einem Unfall heil davonkommen; **~ di mano** entgleiten; **~ di mente** entfallen; **~ dal seminato** abschweifen; **~ di strada** vom Wege abkommen. **uscita** [uʃ'ʃi:ta] *f* **1.** *(movimento)* Hinausgehen *n; (avvicinamento)* Herauskommen *n; (di veicoli)* Heraus-, Hinausfahren *n; (da veicolo)* Aussteigen *n; naut* Auslaufen *n; theat* Abgang *m;* **2.** *(di liquidi)* Auslaufen *n; (di gas)* Ausströmen *n;* **3.** *(apertura)* Ausgang *m; fig (via di scampo)* Ausweg *m;* **4.** *(di pubblicazioni)* Erscheinen *n;* **5.** *ling (terminazione)* Endung *f,* Auslaut *m;* **6.** *(battuta, sbotto)* witzige (*o.* geistreiche) Bemerkung; **7.** *fin (spesa, passivo)* Ausgabe *f;* **8.** *com (esportazione)* Ausfuhr *f;* **9.** *(periodo di libertà)* Ausgang *m;* **vicolo senza ~** Sackgasse *f;* **~ di sicurezza** Notausgang *m.* **uscito** [...to] *pp di* **uscire.**

usignolo [uziɲ'ɲɔ:lo] *m* Nachtigall *f.*

usitato, -a [uzi'ta:to] *a poet* üblich, gebräuchlich.

U.S.L. *f ab di* **Unità Sanitaria Locale**

≃ AOK *f* (*ab di* Allgemeine Ortskrankenkasse).

uso ['u:zo] *m* **1.** *(l'adoperare)* Gebrauch *m*, Benutzung *f*; *(della lingua)* Gebrauch *m*; **2.** *(destinazione)* Gebrauch *m*, Verwendung(szweck *m*) *f*; **3.** *(impiego)* Anwendung *f*, Benutzung *f*; *fig* Nutzung *f*; *jur* Nießbrauch *m*, Nutznießung *f*; **4.** *(esercizio)* (ständiger) Gebrauch *m*, Praxis *f*, Übung *f*; **5.** *(consuetudine, usanza)* Gepflogenheit *f*, Sitte *f*, Brauch *m*; **6.** *(moda)* Mode *f*; **-i e costumi** Sitten *f pl* und Gebräuche *m pl*; **lingua d'~** Alltagssprache *f*; **rivestimento ~ pelle** Kunstlederüberzug *m*; **foto ~ tessera** Foto *n* im Paßformat; **indossare una sciarpa ~ cravatta** einen Schal wie eine Krawatte tragen; **istruzioni per l'~** Gebrauchsanweisung *f*; **ad ~ di qu** zu jds Gebrauch; **ad ~ delle scuole** für den Schulgebrauch; **all'~ di** nach der Mode von; **per ~ esterno** *med* zur äußeren Anwendung; **per più -i** Mehrzweck-; **con ~ di cucina** mit Küchenbenutzung; **fuori ~** außer Gebrauch.

ussaro, ussero ['ussaro, 'ussero] *m* Husar *m*.

usta ['usta] *f* Witterung *f*, Spur *f*.

ustionare [ustio'na:re] **I.** *tr* verbrennen; **II.** *rfl*: **-rsi** sich verbrennen. **ustione** [us'tio:ne] *f* Verbrennung *f*. **ustorio, -a** [us'tɔ:rio] ‹-i, -ie› *a* Brenn-.

usuale [uzu'a:le] *a* **1.** *(consueto)* üblich, gebräuchlich; **2.** *(ordinario, scadente)* gewöhnlich, alltäglich.

usufruire [uzufru'i:re] *itr* **1.** *jur* nutznießen, nießnutzen; **2.** *(giovarsi di qc)* sich *(dat)* zunutze machen (*di qc* etw.), nutzen (*di qc* etw.). **usufrutto** [...'frutto] *m* Nutznießung *f*, Nießbrauch *m*. **usufruttuario, -a** [...fruttu'a:rio] ‹-i, -ie› **I.** *a* nutznießend; **II.** *m, f* Nutznießer(in) *m(f)*, Nießbraucher(in) *m(f)*.

usura¹ [u'zu:ra] *f (strozzinaggio)* Wucher *m*; **a ~** zu Wucherzinsen; *fig* reichlich.

usura² [u'zu:ra] *f* **1.** *tec* Abnutzung *f*, Verschleiß *m*; **2.** *fig* Zerrüttung *f*; **guerra di ~** Zermürbungskrieg *m*.

usuraio, -a [uzu'ra:io] ‹-ai, -aie› *m, f* **1.** *(strozzino)* Wucherer *m*, Wucherin *f*; **2.** *(avido e avaro)* Geizhals *m*. **usurario, -a** [...'ra:rio] ‹-i, -ie› *a* Wucher-.

usurpare [uzur'pa:re] *tr (prendere)* an sich reißen, sich *(dat)* unrechtmäßig aneignen, usurpieren; *(titolo)* sich *(dat)* unrechtmäßig zulegen; *(fama)* zu Unrecht für sich beanspruchen. **usurpatore, -trice** [...pa'to:re] **I.** *a* usurpatorisch; **II.** *m, f* Usurpator(in) *m(f)*. **usurpazione** [...pat'tsio:ne] *f* widerrechtliche Aneignung, Usurpation *f*; **~ di possesso** widerrechtliche Inbesitznahme.

utensile [uten'si:le] **I.** *a* Werkzeug-; **II.** *m* Werkzeug *n*; **-i di cucina** Küchengeräte *n pl*. **utensileria** [utensile'ri:a] ‹-ie› *f* **1.** *(complesso di utensili)* Geräte *n pl*, Werkzeug *n*; **2.** *(reparto di officina)* Werkzeugschlosserei *f*.

utente [u'tɛnte] *mf* Benutzer(in) *m(f)*, Verbraucher(in) *m(f)*; *(di vocabolario, etc.)* Benutzer(in) *m (f)*; **~ del telefono/della TV/della strada** Fernsprech-/Fernseh-/Verkehrsteilnehmer(in) *m (f)*. **utenza** [u'tɛntsa] *f* **1.** *(fruizione)* Benutzung *f*; *(del gas, etc.)* Abnahme *f*; *radio, TV, tel* Teilnahme *f*; **2.** *(utenti)* Benutzerkreis *m*, Verbraucher *m pl*; *radio, TV, tel* Teilnehmer *m pl*.

uterino, -a [ute'ri:no] *a* Gebärmutter-, Uterus-; **fratelli -i** (Halb)geschwister *pl* (*o.* Halbbrüder *m pl*) mütterlicherseits. **utero** ['u:tero] *m* Gebärmutter *f*, Uterus *m*.

utile ['u:tile] **I.** *a* **1.** *(che serve al bisogno)* nützlich; **2.** *(utilizzabile)* (be-)nutzbar, brauchbar; *(stanza)* bewohnbar; **3.** *tec* Nutz-; **4.** *(vantaggioso)* nützlich, vorteilhaft; **5.** *(in formule di cortesia)* behilflich; **carico ~** Nutzlast *f*; **rendersi ~** sich nützlich machen; **in tempo ~** zur rechten Zeit, rechtzeitig; **credo sia ~ che tu vada** ich glaube, es ist besser, daß du gehst; **se posso essere ~ in qc . . .** wenn ich irgendwie behilflich sein kann ...; **II.** *m* **1.** *(ciò che serve)* Nützliche(s) *n*; **2.** *(vantaggio)* Vorteil *m*; **3.** *fin* Profit *m*, Gewinn *m*, Ertrag *m*; **~ lordo/netto** Brutto-/Nettogewinn *m*; **partecipazione agli -i dell'azienda** betriebliche Gewinnbeteiligung; **unire l'~ al dilettevole** das Nützliche mit dem Angenehmen verbinden. **utilità** [utili'ta] ‹-› *f* **1.** *(funzionalità)* Nützlichkeit *f*, Brauchbarkeit *f*; **2.** *(vantaggio)* Vorteil *m*, Nutzen *m*.

utilitaria [utili'ta:ria] ‹-ie› *f* Kleinwagen *m*.

utilitario, -a [utili'ta:rio] ‹-i, -ie› **I.** *a* Nützlichkeits-, Gebrauchs-; **II.** *m, f* Utilitarist(in) *m(f)*. **utilitarismo** [...ta'rizmo] *m* Utilitarismus *m*. **utilitarista** [...ta'rista] ‹-i *m*, -e *f*› *mf* **1.** *philos* Utilitarist(in) *m(f)*; **2.** *pej* eigennütziger Mensch. **utilitaristico,**

-a [...ta'ristiko] ‹-ci, -che› *a* **1.** *philos* utilitaristisch; **2.** *pej* eigennützig.
utilizzabile [utilid'dza:bile] *a* benutzbar, brauchbar.
utilizzare [utilid'dza:re] *tr* verwenden, gebrauchen, benutzen; *(sfruttare)* verwerten, nutzen. **utilizzazione** [...dʒat'tsi̯o:ne] *f* Verwendung *f,* Gebrauch *m,* Benutzung *f; (sfruttamento)* Verwertung *f,* Nutzung *f.* **utilizzo** [...'liddzo] *m* Inanspruchnahme *f,* Nutzung *f.*

utopia [uto'pi:a] ‹-ie› *f* Utopie *f.* **utopico, -a** [u'tɔ:piko] ‹-ci, -che› *a* utopisch. **utopista** [uto'pista] ‹-i *m,* -e *f*› *mf* Utopist(in) *m(f).*
uva ['u:va] *f* (Wein)trauben *f pl;* ~ **bianca/nera** weiße/blaue Trauben *f pl;* ~ **passa** Rosinen *f pl;* ~ **spina** Stachelbeere *f;* ~ **da tavola** Tafeltrauben *f pl;* **festa dell'~** Winzerfest *n.* **uvaceo, -a** [u'va:tʃeo] *a* traubenartig, traubenförmig, Trauben-. **uvetta** [u'vetta] *f* Rosine *f.*
uvulare [uvu'la:re] *a* **1.** *med* (Gaumen)zäpfchen-; **2.** *ling* uvular.
uxoricida [uksori'tʃi:da] ‹-i *m,* -e *f*› **I.** *a* gattenmörderisch; **II.** *mf* Gattenmörder(in) *m(f).* **uxoricidio** [...'tʃi:di̯o] ‹-i› *m* Gattenmord *m.*
uzzolo ['uddzolo] *m tosc* Lust *f.*

V

V, v [vu] *f* V, v *n;* ~ **come Venezia** V wie Viktor; ~ **doppia** W, w *n;* **scollo a** ~ V-Ausschnitt *m;* **fatto a** ~ v-förmig.
V *ab di* **volt** V.
V. 1. *ab di* **verso** Vers; **2.** *ab di* **Via** Str. (*ab di* Straße); **3.** *ab di* **vedi** s. (*ab di* siehe).
va [va] *v.* **andare.**
vacante [va'kante] *a* frei.
vacanza [va'kantsa] *f* Ferien *pl,* Urlaub *m; (di sede, carica)* Vakanz *f;* **-e natalizie/pasquali/estive** Weihnachts-/Oster-/Sommerferien; **un giorno/mese di** ~ ein Tag/Monat Urlaub; **essere/andare in** ~ in Ferien sein/gehen, Urlaub haben/in Urlaub fahren; **far** ~ Urlaub machen; **prendersi una** ~ Urlaub nehmen; **domani è** ~ morgen ist (schul)frei.
vacca ['vakka] ‹-cche› *f* **1.** *zoo* Kuh *f;* **2.** *pej vulg* Nutte *f vulg,* Hure *f vulg;* **tempo di -cche grasse/magre** fette/magere Jahre *n pl.* **vaccaio** [...'ka:i̯o] ‹-ccai› , **vaccaro** [...'ka:ro] *m* Kuhhirt(e) *m.* **vacchetta** [...'ketta] *f* Rindsleder *n.* **vaccina** [vat'tʃi:na] *f* **1.** *zoo Kuh f;* **2.** *(carne)* Rindfleisch *n;* **3.** *(sterco)* Kuhmist *m.*
vaccinare [vattʃi'na:re] *tr* impfen; **essere vaccinato contro qc** *fig* gegen etw. geimpft sein (*o.* werden). **vaccinazione** [...nat'tsi̯o:ne] *f* Impfung *f;* ~ **obbligatoria/preventiva** Pflicht-/Schutzimpfung *f;* ~ **antitetanica** Tetanusschutzimpfung *f;* **farsi la** ~ sich impfen lassen. **vaccinico, -a** [...'tʃi:niko] ‹-ci, -che› *a* Impf-. **vaccino, -a** [...'tʃi:no] **I.** *a* Rind-, Kuh-; **II.** *m* Impfstoff *m.* **vaccinoprofilassi** [...tʃinoprofi'lassi] *f* Schutzimpfung *f.*
vacillamento [vatʃilla'mento] *m* Schwanken *n.* **vacillare** [...'la:re] *itr* **1.** *(persona)* schwanken; *(fiamma)* flackern **2.** *fig* schwanken; **la stabilità del marco comincia a** ~ der DM-Kurs ist ins (Sch)wanken geraten; **gli vacilla la memoria** sein Gedächtnis läßt nach.
vacuità [vakui'ta] ‹-› *f* Leere *f.* **vacuo, -a** ['va:kuo] **I.** *a fig* leer; *(a. persona)* hohl; **discorsi -i** leeres Gerede; **II.** *m* Hohlraum *m; fig* Leere *f.* **vacuometro** [vaku'ɔ:metro] *m* Vakuummeter *n.*
vada ['va:da] *v.* **andare.**
vademecum [vade'mɛ:kum] ‹-› *m* Leitfaden *m,* Lehrbuch *n,* Vademekum *n geh.*
vado ['va:do] *1. pers sing pr di* **andare.**
va e vieni ['va e v'vi̯ɛ:ni] ‹-› *m* Kommen und Gehen *n.*
vagabonda *f v.* **vagabondo.**
vagabondaggine [vagabon'daddʒine] *f* Vagabundenleben *n.* **vagabondaggio** [...'daddʒo] ‹-ggi › *m* **1.** *(di vagabondo)* Landstreicherei *f;* **2.** *(il girovagare)* Herumziehen *n.*
vagabondare [vagabon'da:re] *itr* **1.** *(fare il vagabondo)* vagabundieren; **2.** *(girovagare)* herumziehen (*per* in); **3.** *fig* umherschweifen. **vagabondo, -a** [...'bondo] **I.** *a* umherziehend, Vagabunden-; *(nuvola)* ziehend; **II.** *m, f* **1.** *gener.* Vagabund(in) *m(f);* **2.** *pej* Landstreicher(in) *m(f),* Herumtreiber(in) *m(f).*
vagare [va'ga:re] ‹vago, vaghi› *itr* umherziehen (*per* in), streifen (*per* durch); *(senza meta a.)* umherirren; ~ **con la mente/fantasia** den Gedanken/der Phantasie freien Lauf lassen.
vagheggiare [vaged'dʒa:re] ‹vagheggio, vagheggi› *tr* herbeisehnen, herbeiwünschen; ~ **la gloria/il successo/un roseo avvenire** sich *(dat)* Ruhm/Erfolg/eine rosige Zukunft erträumen.
vaghezza [va'gettsa] *f* Ungenauigkeit *f,* Verschwommenheit *f;* **accennare qc con** ~ etw. vage andeuten.
vagina [va'dʒi:na] *f* Scheide *f,* Vagina *f.* **vaginale** [vadʒi'na:le] *a* Scheiden-, Vaginal-.
vagire [va'dʒi:re] ‹vagisco› *itr* wimmern. **vagito** [va'dʒi:to] *m* **1.** Wimmern *n;* **2.** ‹*pl*› *fig* Anfang *m.*
vaglia ['vaʎʎa] ‹-› *m* Anweisung *f;* ~ **bancario/postale** Bank-/Postanweisung *f.*
vagliare [vaʎ'ʎa:re] ‹vaglio, vagli› *tr* **1.** *(proposta, etc.)* abwägen, prüfen; **2.** *(grano, sabbia, ghiaia)* sieben. **vagliatura** [...ʎa'tu:ra] *f* **1.** *(operazione)* Sichten *n,* Prüfen *n;* **2.** *(materiale residuo)* Abfall *m; (di grano)* Spreu *f.*

vaglio ['vaʎʎo] ‹-gli› *m* **1.** *fig* Abwägung *f*, Prüfung *f;* **2.** *tec* Sieb *n.*
vago ['va:go] ‹-ghi› *m* Vagus *m.*
vago, -a ['va:go] ‹-ghi, -ghe› *a* vag(e), unbestimmt, schwach, dunkel; **nervo ~** Vagus *m;* **essere ~ di qc** *geh, obs* sich *(dat)* etw. wünschen.
vagolare [vago'la:re] *itr* streifen (*per* durch), umherziehen.
vagoncino [vagon'tʃi:no] *m* **1.** *(carrello)* kleiner Wagen, Lore *f;* **2.** *(di teleferica)* Kippkasten *m.*
vagone [va'go:ne] *m* Wagen *m*, Waggon *m;* **~ letto/ristorante** Schlaf-/Speisewagen *m.*
vai ['va:i] *v.* **andare.**
vainiglia [vai'niʎʎa] *v.* **vaniglia.**
vaiolo [va'i̯ɔ:lo] *m* Pocken *pl.* **vaioloso, -a** [vai̯o'lo:so] **I.** *a* Pocken-; **II.** *m, f* Pockenkranke(r) *mf.*
val. *ab di* **valuta** Währung.
valanga [va'laŋga] ‹-ghe› *f* **1.** *(di neve)* Lawine *f;* **2.** *fig* Berg *m*, Haufen *m fam;* **a ~** wuchtig, massig; **precipitarsi a ~** sich stürzen, sich werfen; *(acqua, neve, etc.)* sich wälzen.
valchiria [val'ki:ri̯a] ‹-ie› *f* Walküre *f.*
Val d'Aosta [valda'ɔsta] *f* Aostatal *n.*
valdese [val'de:se] **I.** *mf* Waldenser(in) *m(f);* **II.** *a* waldensisch.
valdostano, -a [valdos'ta:no] **I.** *a* Aostatal-, aus dem Aostatal; **II.** *m, f* Bewohner(in) *m(f)* des Aostatals.
valente [va'lɛnte] *a* tüchtig, patent.
Valentina [valen'ti:na] *(nome proprio femminile)* Valentine.
Valentino [valen'ti:no] *(nome proprio maschile)* Valentin.
valentuomo [valen'tu̯ɔ:mo] *m* tüchtiger Mann.
valenza [va'lɛntsa] *f* Valenz *f.*
valere [va'le:re] ‹valgo, valsi, valso› **I.** *itr* ‹*essere*›, *tr* ‹*avere*› **1.** *(avere autorità)* gelten; **2.** *(essere capace)* können, fähig sein; **3.** *(avere efficacia)* nützen; **4.** *(essere valido)* gültig sein, gelten; **5.** *(avere valore)* wert sein; **6.** *(essere uguale)* gleich sein; **7.** *com* kosten; *fin* wert sein, stehen auf; **~ la pena** sich lohnen; **vale la pena/la spesa/la fatica** es ist die Mühe/das Geld/die Arbeit wert; **non ~ un fico (secco)** (*o.* **un accidente** *o.* **una cicca)** *fam* keinen Pfifferling wert sein; **non vale un gran che** *(cosa)* es ist nicht viel wert; *(persona)* er (*o.* sie) taugt nicht viel; **farsi ~** sich *(dat)* Geltung verschaffen; **vale a dire** das heißt, beziehungsweise; **tanto vale che non ...** *conj*, **tanto vale non ...** *inf* dann braucht man gar nicht erst (zu) ... *inf;* **uno vale l'altro** es ist eins wie das andere, das bleibt sich gleich; **come pianista vale poco** als Pianist taugt er (*o.* sie) nicht viel; **le mie preghiere non sono valse (a niente)** meine Bitten (*o.* Gebete) haben nichts genützt; **per quanto vale il biglietto?** wie lange gilt die Karte?; **quanto vale questa collana?** wieviel ist diese Halskette wert?; **gli farò vedere io quello che valgo!** ich werde ihm (schon) zeigen, was ich kann (*o.* wer ich bin)!; **II.** *tr* ‹*avere*› *(procurare)* einbringen, eintragen; **III.** *rfl:* **-rsi di qc** sich *(dat)* etw. zunutze machen; **-rsi di qu** sich jds bedienen.
Valeria [va'lɛ:ri̯a] *(nome proprio femminile)* Valeria.
valeriana [vale'ri̯a:na] *f* Baldrian *m.*
Valerio [va'lɛ:ri̯o] *(nome proprio maschile)* Valerius.
valevole [va'le:vole] *a* gültig.

valgo ['valgo] *1. pers sing pr di* **valere.**
valgo, -a ['valgo] ‹-ghi, -ghe› *a* (nach) auswärts gedreht, X-förmig; **ginocchio ~** X-Bein *n.*
valicabile [vali'ka:bile] *a* passierbar.
valicare [vali'ka:re] ‹valico, valichi› *tr* übersteigen, überschreiten, passieren. **valico** ['va:liko] ‹-chi› *m* (Berg)paß *m.*
validità [validi'ta] ‹-› *f* **1.** *adm* Gültigkeit *f; (efficacia)* Wirksamkeit *f; jur* Rechtskraft *f;* **2.** *(di argomento, etc.)* Stichhaltigkeit *f; (di ragione)* Triftigkeit *f.* **valido, -a** ['va:lido] *a* **1.** *(uomo)* tüchtig; *(forte)* kräftig; **2.** *(tiro, colpo)* stark, fest; **3.** *(efficace)* wirksam; *(ragione)* triftig; *(obiezione)* berechtigt; *(valevole)* gültig; *jur* rechtskräftig; **4.** *(opera, scrittore)* groß, bedeutend.
valigeria [validʒe'ri:a] ‹-ie› *f* **1.** *(assortimento)* Lederwaren *f pl;* **2.** *(negozio)* Lederwarengeschäft *n;* **3.** *(fabbrica)* Lederwarenfabrik *f.*
valigia [va'li:dʒa] ‹-gie *o.* -ge› *f* Koffer *m;* **~ diplomatica** Kuriergepäck *n;* **fare/disfare le -gie** (die Koffer) pakken/auspacken; **fare le -gie** *fig* sich davonmachen.
vallata [val'la:ta] *f* Tal(ebene *f*) *n.*
valle ['valle] *f* Tal *n;* **a ~** fluß-, stromabwärts; *(in basso, giù)* abwärts; **scendere a ~** ins Tal hinabsteigen.
Vallese [val'le:se] *m* Wallis *n.*
valletta [val'letta] *f* Assistentin *f (bei Fernsehquizsendungen).* **valletto** [...to] *m* **1.** *hist* Page *m*, Knappe *m;* **2.** *TV* Assistent *m.*
valligiano, -a [valli'dʒa:no] **I.** *a* Tal-,

im Tal wohnend; **II.** *m, f* Talbewohner(in) *m(f).*
vallivo, -a [val'li:vo] *a* Flußtal-; *(fauna, pesca)* Brackwasser-.
vallo ['vallo] *m* **1.** *hist* Wall *m;* **2.** *mil* Schützengraben *m.*
vallone¹ [val'lo:ne] *m (valle)* Schlucht *f.*
vallone² [val'lo:ne] *geog* **I.** *a* wallonisch; **II.** *mf* Wallone *m,* Wallonin *f.*

valore [va'lo:re] *m* **1.** *com, fin, mat, phys, mus, fig* Wert *m;* **2.** *(validità)* Gültigkeit *f;* **3.** ‹*pl*› *(oggetti preziosi)* Wertsachen *f pl,* Wertgegenstände *m pl; fin* Wertpapiere *n pl;* **4.** *(capacità)* Fähigkeit *f,* Tüchtigkeit *f; (persona)* Kapazität *f;* **5.** *(coraggio)* Mut *m,* Tapferkeit *f;* **6.** *fig* Wert *m,* Bedeutung *f;* ~ **nominale** Nominal-, Nennwert *m;* ~ **di scambio** Tauschwert *m; (di denaro)* Kurswert *m;* ~ **d'acquisto** Kaufwert *m;* **-i bollati** Wertmarken *f pl;* **Borsa -i** Wertpapierbörse *f;* **carte -i** Wertpapiere *n pl;* **campione senza** ~ Muster ohne Wert; **medaglia al** ~ **civile/militare** Verdienstorden *m*/Tapferkeitsmedaille *f;* **un uomo/medico/musicista di** ~ ein tüchtiger Mann/Arzt/Musiker; **con** ~ **di ...** kraft *gen;* **disposizioni con** ~ **di legge** Verfügungen *f pl* mit Gesetzeskraft; **un aggettivo con** ~ **di avverbio** ein adverbial gebrauchtes Adjektiv. **valorizzare** [valorid'dza:re] *tr* **1.** *(stanza)* verschönern; **2.** *(persona)* aufwerten; **3.** *(immobile)* im Wert steigern; *(zona)* erschließen. **valorizzazione** [...dzat'tsi̯o:ne] *f* **1.** *(di stanza)* Verschönerung *f;* **2.** *(di persona)* Aufwertung *f;* **3.** *(di immobile)* Wertsteigerung *f; (di zona)* Erschließung *f.* **valoroso, -a** [...'ro:so] *a* **1.** *(coraggioso)* tapfer, mutig; **2.** *(abile)* tüchtig, fähig.
valpolicella [valpoli'tʃɛlla] ‹-› *m* Valpolicella *m (trockener Rotwein aus Venetien).*
valsi ['valsi] *1. pers sing del passato remoto di* **valere.**
valso ['valso] *pp di* **valere.**
valuta [va'lu:ta] *f* (*ab* val.) **1.** *(moneta)* Währung *f;* **2.** *(data)* Valuta *f;* ~ **nazionale/estera** Landeswährung *f*/ausländische Währung; ~ **in contanti** Bargeld *n,* Bardevisen *pl;* ~ **a corso legale** amtlicher Kurswert.
valutare [valu'ta:re] *tr* **1.** *com* schätzen; **2.** *fig* abwägen; *(jur a.)* würdigen; ~ **troppo/poco qu** jdn zu hoch/ zu gering schätzen; jdn über-/unterschätzen.
valutario, -a [valu'ta:ri̯o] ‹-i, -ie› *a* Währungs-.
valutativo, -a [valuta'ti:vo] *a* Schätz-. **valutazione** [...tat'tsi̯o:ne] *f* **1.** *com* Schätzung *f;* **2.** *fig* Bewertung *f.*
valva ['valva] *f* **1.** *zoo* Muschelschale *f;* **2.** *bot* Klappe *f,* Schließhäutchen *n.*
valvola ['valvola] *f* **1.** *tec* Ventil *n;* **2.** *el* Sicherung *f; (di televisione, etc.)* Röhre *f;* **3.** *anat* Klappe *f;* ~ **di sicurezza** Sicherheitsventil *n;* ~ **a farfalla** Drosselklappe *f.*
valzer ['valtser] ‹-› *m* Walzer *m.*
vamp [vamp] ‹-› *f* Vamp *m.*
vampa ['vampa] *f (del sole)* Glut *f; (del fuoco)* Flamme *f;* **-e al viso** glutrotes Gesicht, glutrote Wangen *f pl.* **vampata** [...'pa:ta] *f* **1.** *(di calore)* Hitze(welle) *f;* **2.** *(fiamma)* Stichflamme *f;* **3.** *fig* Glut *f.*
vampiro [vam'pi:ro] *m* **1.** *(zoo, spettro)* Vampir *m;* **2.** *fig pej* Blutsauger *m.*
vanadio [va'na:di̯o] *m* Vanadium *n,* Vanadin *n.*
vanagloria [vana'glɔ:ri̯a] *f* Geltungssucht *f.* **vanagloriarsi** [...glo'ri̯arsi] *rfl* sich rühmen, prahlen. **vanaglorioso, -a** [...glo'ri̯o:so] *a* geltungssüchtig.
vandalico, -a [van'da:liko] ‹-ci, -che› *a* **1.** *hist* wandalisch; **2.** *fig* zerstörungswütig; **furia -a** blinde Zerstörungswut. **vandalismo** [...da'lizmo] *m* Zerstörungswut *f,* Wandalismus *m.* **vandalo** ['vandalo] *m* Wandale *m.*
vaneggiamento [vaneddʒa'mento] *m* Phantasieren *n.* **vaneggiare** [...'dʒa:re] ‹vaneggio, vaneggi› *itr* phantasieren.
vanesio, -a [va'nɛ:zi̯o] ‹-i, -ie› **I.** *a* aufgeblasen, eitel; **II.** *m, f* aufgeblasener Mensch, eitle Person.
vanga ['vaŋga] ‹-ghe› *f* Spaten *m.* **vangare** [...'ga:re] ‹vango, vanghi› *tr* umgraben, umstechen. **vangata** [...'ga:ta] *f* **1.** *(operazione)* Umgraben *n,* Umstechen *n;* **2.** *(colpo)* Spatenstich *m;* **3.** *(quantità)* Spaten(voll) *m;* **4.** *(vangatura sommaria)* ein paar Spatenstiche *m pl.* **vangatore, -trice** [...ga'to:re] *m, f* Feldarbeiter(in) *m(f).*
Vangelo [van'dʒɛ:lo] *m* (*a. fig:* **v~**) Evangelium *n.*
vanificare [vanifi'ka:re] ‹vanifico, vanifichi› *tr* vereiteln.
vaniglia [va'niʎʎa] ‹-glie› *f* Vanille *f.* **vanigliato, -a** [...'ʎa:to] *a* Vanille-. **vanillina** [...il'li:na] *f* Vanillin *n.*
vaniloquio [vani'lɔku̯i̯o] ‹-qui› *m pej* Blabla *n fam,* leeres Gerede.
vanità [vani'ta] ‹-› *f* **1.** *(di persona)* Ei-

telkeit *f*, Selbstgefälligkeit *f;* **2.** *(di sforzo, fatica)* Erfolglosigkeit *f;* **3.** *(di cosa)* Vergänglichkeit *f;* **avere la ~ di ...** *inf* die Stirn haben, zu ... *inf.* **vanitoso, -a** [...ˈto:so] *a* eitel, selbstgefällig.
vanno [ˈvanno] *v.* **andare.**
vano [ˈva:no] *m* **1.** *(stanza)* Raum *m*, Zimmer *n;* **2.** *(di porta, finestra)* Öffnung *f.*
vano, -a [ˈva:no] *a* **1.** *(persona)* leer, hohl; **2.** *(promessa, discorso)* leer; seicht; *(speranza)* eitel *geh*, trügerisch; *(tentativo)* erfolglos, ergebnislos; *(inutile)* unnütz.
vantaggio [vanˈtaddʒo] ‹-ggi› *m* **1.** *(utilità, privilegio)* Vorteil *m;* **2.** *sport* Vorsprung *m; (nel tennis)* Vorteil *m;* **3.** *(profitto)* Nutzen *m*, Gewinn *m;* **a mio/tuo/suo ~** zu meinem/deinem/seinem (*o.* ihrem) Vorteil; **cercare sempre il proprio ~** stets auf den eigenen Vorteil bedacht sein; **offrire -i** Vorteile bieten; **avere un notevole ~ su qu** jdm gegenüber einen beachtlichen Vorteil haben. **vantaggioso, -a** [...ˈdʒo:so] *a (condizione, offerta)* vorteilhaft, günstig; *(posizione a.)* stark.
vantare [vanˈta:re] **I.** *tr* **1.** *(persona, meriti)* loben, rühmen; **2.** *(diritto)* beanspruchen; **II.** *rfl:* **-rsi** sich loben (*di* für, wegen), sich rühmen *(di gen).* **vanteria** [...teˈri:a] ‹-ie› *f* Angeberei *f*, Prahlerei *f.* **vanto** [ˈvanto] *m* **1.** *(il vantare)* Prahlen *n*, Angeben *n;* **2.** *(motivo d'orgoglio)* Vorzug *m;* **menar ~** *geh* sich brüsten, prahlen; **avere il ~ della bellezza** den Vorzug der Schönheit haben; **essere il ~ di qu** jds (ganzer) Stolz sein.
vanvera [ˈvanvera] *f:* **a ~** *adv* aufs Geratewohl; *pej* unüberlegt.
vapore [vaˈpo:re] *m* **1.** *gener., chem, phys* Dampf *m;* **2.** *naut* Dampfer *m;* **~ acqueo** Wasserdampf *m;* **-i del vino** *fig* (Wein)fahne *f;* **cavallo ~** (*ab* **C.V.**) Pferdestärke *f;* **locomotiva/nave/caldaia a ~** Dampflokomotive *f*/-schiff *n*/-kessel *m;* **sogliola al ~** gedünstete Seezunge; **cuocere al ~** dünsten; *(nella pentola a ~)* im Dampfkochtopf garen; **a tutto ~** mit Volldampf. **vaporetto** [vapoˈretto] *m* kleines Motorschiff. **vaporiera** [...ˈri̯ɛ:ra] *f* Dampflokomotive *f.* **vaporizzare** [...ridˈdza:re] **I.** *tr* ‹*avere*› **1.** *(liquido)* verdampfen; *(acqua a.)* verdunsten; *(nebulizzare)* zerstäuben; **2.** *(stoffa)* eindampfen; *(nella cosmesi)* vaporisieren; **II.** *itr* ‹*essere*› verdampfen. **vaporizzatore** [...riddzaˈto:re] *m* Verdampfer *m; (umidificatore)* Verdunster *m; (nebulizzatore)* Zerstäuber *m.* **vaporizzazione** [...riddzatˈtsi̯o:ne] *f* Verdampfung *f*, Verdunstung *f.* **vaporosità** [...rosiˈta] ‹-› *f* Luftigkeit *f*, Duftigkeit *f.* **vaporoso, -a** [...ˈro:so] *a* **1.** *(velo, abito, capelli)* luftig, duftig; *(tinta)* duftig; **2.** *fig* verschwommen, unklar.
varare [vaˈra:re] *tr* **1.** *jur (legge)* verabschieden; **2.** *naut* vom Stapel lassen; **3.** *theat* aufführen.
varcare [varˈka:re] ‹varco, varchi› *tr* überschreiten. **varco** [ˈvarko] ‹-chi› *m* Durchgang *m*, Weg *m;* **aspettare qu al ~** jdm auflauern.
varec(c)hina [vareˈki:na (...kˈki:na)] *f* Bleichmittel *n.*

variabile [vaˈri̯a:bile] **I.** *a* **1.** *(tempo)* veränderlich, unbeständig; **2.** *(prezzi)* schwankend; **3.** *(umore)* wechselnd, wechselhaft; **II.** *f mat* Variable *f.* **variabilità** [vari̯abiliˈta] ‹-› *f* **1.** *(di tempo)* Veränderlichkeit *f*, Unbeständigkeit *f;* **2.** *com* Schwankung *f;* **3.** *(di umore)* Wechselhaftigkeit *f.*
variante [vaˈri̯ante] **I.** *f* Variante *f;* **II.** *a* abweichend.
variare [vaˈri̯a:re] ‹vario, vari› **I.** *tr* ‹*avere*› (ab-, ver)ändern; *(cambiare)* wechseln, variieren; **II.** *itr* ‹*essere*› sich (ver)ändern; *(tempo, etc.)* wechseln, variieren; *com* schwanken; **~ di qc** etw. ändern, etw. wechseln; **~ di opinioni** seine Meinung ändern; **tanto per ~** (nur) zur Abwechslung.
variato, -a [vaˈri̯a:to] *a* abwechslungsreich. **variatore** [vari̯aˈto:re] *m* Regler *m;* **~ di velocità** stufenloses Getriebe. **variazione** [...tˈtsi̯o:ne] *f* **1.** *gener.* (Ver-, Ab)änderung *f; (di colori, toni, etc.)* Wechsel *m; (com, di temperatura, etc.)* Schwankung *f;* **2.** *mus* Variation *f* (*su* über); **~ d'itinerario** Kursänderung *f.*
varice [vaˈri:tʃe] *f* Krampfader *f.*
varicella [variˈtʃɛlla] *f* Wind-, Wasserpocken *pl.*
varicoso, -a [variˈko:so] *a* krampfad(er)rig, Krampfader-; **vena -a** Krampfader *f.*
variegato, -a [vari̯eˈga:to] *a* gefleckt, marmoriert; *(foglie, fiori)* geflammt, panaschiert. **variegatura** [...gaˈtu:ra] *f* Geflecktheit *f*, Marmorierung *f.*
varietà[1] [vari̯eˈta] ‹-› *f gener.* Vielfalt *f; (differenza)* Verschiedenartigkeit *f; (tipo)* Sorte *f*, Art *f; zoo, bot* Art *f*, Varietät *f;* **tutte le ~ di ...** alle Arten von ...

varietà², variété [vaṛie'ta, varje'te] ‹-› *m theat* Varieté *n.*
vario, -a ['va:rio] ‹-i, -ie› **I.** *a* **1.** *(non uniforme)* verschieden, unterschiedlich; *(non monotono)* abwechslungsreich; *(molteplice)* verschiedenartig; **2.** *meteo* unbeständig, veränderlich, wechselhaft; **3.** ‹*pl*› *(parecchi)* einige, mehrere; **4.** *(umore)* wechselhaft; **negozio di generi -i** Gemischtwarenhandlung *f;* **-ie ed eventuali** *adm* Verschiedene(s) *n,* Sonstige(s) *n;* **II.** ‹*pl*› *pron (molti)* einige.
variometro [va'riɔ:metro] *m* Variometer *n.*
variopinto, -a [vario'pinto] *a* bunt.
varo ['va:ro] *m* **1.** *naut* Stapellauf *m;* **2.** *jur (di legge)* Verabschiedung *f.*
varrò [var'rɔ] *v.* **valere.**
Varsavia [var'sa:via] *f* Warschau *n.*
vasaio, -a [va'za:io] ‹-ai, -aie› *m, f* Töpfer(in) *m(f).*
vasale [va'za:le] *a* Gefäß-.
vasca ['vaska] ‹-sche› *f* **1.** *gener.* Wanne *f,* Becken *n;* **2.** *sport* Bahn *f;* **~ da bagno** Badewanne *f;* **~ per i pesci** Fischbecken *n.*
vascello [vaʃ'ʃɛllo] *m* (Linien)schiff *n;* **capitano di ~** Marineoffizier *m.*
vascolare [vasko'la:re] *a* **1.** *biol, anat* Gefäß-; **2.** *(arte, pittura)* Töpfer-, Vasen-.
vascolarizzato, -a [vaskolarid'dza:to] *a* mit Blutgefäßen versehen; **tessuto ~** Gefäßgewebe *n.*
vaselina [vaze'li:na] *f* Vaseline *f,* Vaselin *n.*
vasellame [vazel'la:me] *m* Geschirr *n.*
vasellina [vazel'li:na] *v.* **vaselina.**
vasistas [vasis'ta:s] ‹-› *m* Klappfenster *n,* Oberlicht *n.*
vaso ['va:zo] *m* **1.** *gener.* Gefäß *n,* Topf *m; (di marmellata)* Glas *n; (decorativo)* Vase *f;* **2.** *phys, tec* Röhre *f;* **3.** *fam (del gabinetto)* Klobecken *n,* -schüssel *f fam;* **4.** *anat* Gefäß *n;* **~ da notte/da fiori** Nacht-/Blumentopf *m;* **il ~ di Pandora** die Büchse der Pandora; **-i sacri** liturgische Geräte *n pl;* **portare i -i a Samo** Eulen nach Athen tragen. **vasocostrittore, -trice** [vazokostrit'to:re] **I.** *a* gefäßverengend; **II.** *m* gefäßverengendes Mittel. **vasodilatatore, -trice** [vazodilata'to:re] **I.** *a* gefäßerweiternd; **II.** *m* gefäßerweiterndes Mittel.
vassallaggio [vassal'laddʒo] ‹-ggi› *m* **1.** *hist* Vasallentum *n;* **2.** *fig* Abhängigkeit *f,* Hörigkeit *f.* **vassallo, -a** [...'sallo] **I.** *a* vasallisch, Vasallen-; **II.** *m* **1.** *hist* Vasall *m,* Lehnsmann *m;* **2.** *fig pej* Handlanger *m.*
vassoio [vas'so:io] ‹-oi› *m* Tablett *n.*
vastità [vasti'ta] ‹-› *f* Weite *f.* **vasto, -a** ['vasto] *a* **1.** *(prateria, oceano)* weit; **2.** *fig* weitgehend, umfassend, umfangreich; *(pubblico, etc.)* breit; *(orizzonte)* weit; **un uomo di -a cultura** ein Mensch mit umfassender Bildung; **di -e proporzioni** umfangreich, von großem Ausmaß; **di -a portata** weitreichend, von großer Tragweite; **su -a scala** in großem Rahmen.
vate ['va:te] *m poet* Dichter *m.*
vaticano, -a [vati'ka:no] **I.** *a* vatikanisch, Vatikan-; **II.** *m:* **V~** Vatikan *m;* **la Città del V~** die Vatikanstadt.
vaticinare [vatitʃi'na:re] *tr geh* wahrsagen, weissagen. **vaticinio** [...'tʃi:nio] ‹-i› *geh m* Wahrsagung *f.*
vattelapesca [vattela'peska] *interj fam* weiß der Kuckuck *fam;* **~ dov'è finito!** weiß der Kuckuck, wo es hingekommen ist! *fam.*
Vaud [vo] *m* Waadt *n.*
V.(d.)F. *ab di* **Vigili del Fuoco** Feuerwehr.
ve [ve] *pron davanti a lo, la, li, le, ne v.* **vi.**
ve' [ve] *interj* **1.** *(bada)* ja; **2.** *(per rafforzare)* gelt *dial,* nicht (wahr); **3.** *(vedi)* ei, schau; **bada, ~!** paß auf, ja!; **~, che bello!** ei, wie schön!
V.E. *ab di* **Vostra Eccellenza** Eure Exzellenz.
vecchia *f v.* **vecchio.**
vecchiaia [vek'kia:ia] ‹-aie› *f* **1.** *(periodo)* Alter *n;* **2.** *(persone anziane)* Alter *n,* Alte(n) *pl;* **rispettare la ~** Achtung vor dem Alter haben. **vecchiardo, -a** [...'kiardo] *m, f pej* Alte(r) *mf.* **vecchietto, -a** [...'kietto] *m, f* Alterchen *n,* altes Mütterchen. **vecchiezza** [...'kiettsa] *f* Alter *n.*
vecchio, -a ['vɛkkio] ‹-cchi, -cchie› **I.** *a* **1.** *gener.* alt; **2.** *(usato)* alt, gebraucht; **3.** *fig* alt; *(esperto)* erfahren; *(di vecchia data)* langjährig; **la città -a** die Altstadt; **una -a abitudine/storia** eine alte Gewohnheit/Geschichte; **commercio di libri/ferri -cchi** (Bücher)antiquariat *n*/Alteisenhandel *m;* **essere -cchi amici** alte Freunde sein; **essere ~ del mestiere** berufserfahren sein; **è più -a di lui di tre anni** sie ist drei Jahre älter als er; **II.** *m, f* Alte(r) *mf,* alter Mann, alte Frau; **ricovero per -i** Altenheim *n;* **il mio ~/la mia -a** *scherz* mein Alter/meine Alte *fam;* **~ mio!** *scherz* mein Alter!; **III.** *m* Alte(s) *n.* **vecchiume** [vek'kiu:me] *m pej* altes Zeug, alter Kram.
veccia ['vettʃa] ‹-cce› *f* Futterwicke *f.*
vece ['ve:tʃe] *f adm, geh* Stelle *f,* Statt

f geh; **fare le -i di qu** jdn vertreten; **in ~ mia/tua/sua, in mia/sua/tua ~** an meiner/deiner/seiner (*o.* ihrer) Stelle; **il padre o chi ne fa le -i** *adm* der Erziehungsberechtigte.

vedente [ve'dɛnte] *mf* Sehende(r) *mf.*

vedere [ve'de:re] ‹vedo, vidi, visto *o.* veduto› **I.** *tr* **1.** *gener.* sehen; *(guardare)* ansehen, betrachten; *(museo, etc.)* besichtigen; **2.** *fig* aushalten (*o.* abwarten) können; **3.** *(esaminare)* durchsehen, prüfen; **4.** *(tentare)* versuchen; **~ qc coi propri occhi** etw. mit eigenen Augen sehen; **~ nero** schwarz sehen; **far ~** sehen lassen, zeigen; **farsi ~** sich sehen lassen; **farsi ~ dal medico** sich vom Arzt untersuchen lassen; **avere a che ~ con qc/qu** mit etw./jdm zu tun haben; **stare a ~** abwarten; **dare a ~** weis-, vormachen; **non vederci più dalla fame/dalla sete** es vor Hunger/Durst nicht mehr aushalten können; **non vederci più per la rabbia** blind vor Wut sein; **voglio vederci chiaro in questa faccenda** ich will in dieser Sache klar sehen; **non poter ~ qu** jdn nicht leiden (*o.* ausstehen *o.* riechen) können; **non vedo l'ora** (*o.* **il momento) di ...** *inf* ich kann es nicht erwarten zu ... *inf;* **non vedo come sia possibile** ich weiß nicht, wie das möglich ist; **devo prima ~ il mio avvocato** erst muß ich meinen Anwalt sprechen; **vedi sopra** (*ab* **v.s.)/sotto** siehe oben/unten; **vedi retro** (*ab* **v.r.)** bitte wenden; **lo vedrebbe un cieco** das sieht doch ein Blinder; **è sparito chi s'è visto, s'è visto** *fam* er ist auf Nimmerwiedersehen verschwunden; **questo è da ~** *fam* das wird sich noch zeigen, das muß sich erst rausstellen *fam;* **perché, vedi, io le voglio bene** *fam* ich hab' sie gern, verstehst du?; **a mio modo di ~** meines Erachtens, (so) wie ich das sehe; **vuoi ~ che ...** *fam* willst du wohl (zu)sehen, daß ...; **vieni a ~!** sieh mal, guck mal! *fam;* **vediamo un po'** *fam* (laß) mal sehen; **vedi tu** *fam* mach du mal; **vedremo!** *fam* wir werden (ja) sehen!; **bisogna ~ che casa!** *fam* das Haus muß man gesehen haben!; **te la** (*o.* **lo) faccio ~ io** *fam* ich werd's dir zeigen!, du kannst was erleben! *fam;* **cose mai viste** Unglaubliches; **II.** *rfl:* **-rsi 1.** *(vedere se stessi, trovarsi)* sich sehen; **2.** *(incontrarsi)* sich sehen, sich treffen; **-rsi perduto** keinen Ausweg (mehr) sehen; **III.** *m* Sehen *n,* Betrachtung *f;* **a mio/tuo/suo ~** *obs* meiner/deiner/seiner (*o.* ihrer) Ansicht nach.

vedetta [ve'detta] *f* **1.** *mil (luogo)* Wachtturm *m,* Ausguck *m; (sentinella)* Posten *m,* Wache *f;* **2.** *naut* kleines Kriegsschiff; **essere/stare di ~** Wache/Ausschau halten.

vedette [və'dɛt] ‹-› *f* Star *m,* (Film)diva *f.*

vedo ['ve:do] *1. pers sing pr di* **vedere.**

vedova ['ve:dova] **I.** *f* Witwe *f;* **II.** *a* verwitwet; **Angelina Sacchi ~ Bencini** Angelina Sacchi, verwitwete Bencini. **vedovanza** [vedo'vantsa] *f* Witwenschaft *f.* **vedovile** [...'vi:le] *a* Witwen-. **vedovo** ['ve:dovo] **I.** *m* Witwer *m;* **II.** *a* verwitwet.

veduta [ve'du:ta] *f* **1.** *(panorama)* Aussicht *f,* Ansicht *f;* **2.** *fig* Sicht *f,* Ansicht *f;* **3.** *arch* Ansicht *f,* Darstellung *f;* **~ aerea** Luftansicht *f;* **stanza con ~ sul mare** Zimmer mit Blick aufs Meer.

veduto [ve'du:to] *pp di* **vedere.**

veemente [vee'mɛnte] *a* ungestüm. **veemenza** [...'mɛntsa] *f* Ungestüm *n geh,* Heftigkeit *f;* **con ~** ungestüm, heftig.

vegetale [vedʒe'ta:le] **I.** *a* **1.** *bot* pflanzlich, Pflanzen-; **2.** *gastr* vegetarisch, Pflanzen-; **alimentazione ~** vegetarische Ernährung; **olio ~** Pflanzenöl *n;* **II.** *m* Pflanze *f,* Gewächs *n.*

vegetare [vedʒe'ta:re] *itr* **1.** *bot* wachsen; **2.** *fig* (dahin)vegetieren.

vegetariano, -a [vedʒeta'ri̯a:no] **I.** *a* vegetarisch; **II.** *m, f* Vegetarier(in) *m(f).*

vegetativo, -a [vedʒeta'ti:vo] *a* vegetativ; **sistema nervoso ~** vegetatives Nervensystem.

vegetazione [vedʒetat'tsi̯o:ne] *f* Vegetation *f.*

vegeto, -a ['vɛ:dʒeto] *a* **1.** *(persona)* kräftig, rüstig; **2.** *bot* üppig.

veggente [ved'dʒɛnte] *mf* (Hell)seher(in) *m(f),* Wahrsager(in) *m(f).*

veglia ['veʎʎa] ‹-glie› *f* **1.** *gener.* Wachen *n; (sorveglianza)* Wache *f;* **2.** *(festa)* Abendveranstaltung *f;* **~ danzante** Tanzabend *m;* **fare la ~ ad un malato** bei einem Kranken Wache halten; **tra la ~ ed il sonno** zwischen Wachen und Träumen.

vegliardo, -a [veʎ'ʎardo] *m, f* in Ehren ergrauter Mensch *geh.*

vegliare [veʎ'ʎa:re] ‹veglio, vegli› **I.** *tr (malato, morto)* wachen bei; **II.** *itr* wach sein; *(stare vigile)* wachen (*su* über); **~ sui libri fino all'alba** bis zum Morgengrauen über den Büchern sitzen.

veglione [veʎ'ʎo:ne] *m* großer (Masken)ball; ~ **di fine d'anno** Silvesterball *m;* ~ **di carnevale** großer Masken- (*o.* Faschings)ball.

veicolare¹ [veiko'la:re] *a* **1.** *mot* Fahrzeug-; **2.** *med* übertragend, Überträger-; **traffico** (*o.* **circolazione**) ~ Kraftfahrzeugverkehr *m.*

veicolare² [veiko'la:re] *tr* übertragen.

veicolo [ve'i:kolo] *m* **1.** *tec* Fahrzeug *n;* **2.** *med* Überträger *m;* **3.** *fig (mezzo)* Vehikel *n,* Mittel *n;* ~ **ferroviario/stradale/aereo** Schienen-/Straßen-/Luftfahrzeug *n;* ~ **spaziale** (*o.* **cosmico**) Raumfahrzeug *n,* Raumschiff *n.*

vela ['ve:la] *f* **1.** *naut* Segel *n;* **2.** *sport* Segeln *n,* Segelsport *m;* **3.** *arch* Kappe *f;* ~ **di maestra** Großsegel *n,* Breitfock *f;* **barca a** ~ Segelboot *n;* **sport della** ~ Segelsport *m;* **gare di** ~ Segelregatten *f pl;* **andare a** ~ segeln; **andare a gonfie -e** mit vollen Segeln fahren; *fig* sehr gut vorankommen; **spiegare le -e** in See stechen; *fig* die Zelte abbrechen; **ammainare le -e** die Segel streichen; *fig* es gut sein lassen. **velaccino** [velat'tʃi:no] *m* Vorbramsegel *n.* **velaccio** [ve'lattʃo] ‹-cci› *m* Großbramsegel *n.* **velame** [ve'la:me] *m* Segelwerk *n.*

velare¹ [ve'la:re] *a anat* velar, Gaumensegel-.

velare² [ve'la:re] **I.** *tr* **1.** *(capo, viso)* verhüllen, verdecken; *(luce)* dämpfen, abdecken; **2.** *(lacrime)* trüben; **3.** *(colore, suono)* dämpfen; **4.** *fig (offuscare)* trüben (*di* von, mit); *(nascondere)* verbergen, verschleiern; **II.** *rfl:* **-rsi 1.** *(con velo)* sich verschleiern; **2.** *(offuscarsi)* sich trüben; **3.** *rel* ins Kloster gehen, den Schleier nehmen *geh.* **velario** [ve'la:rio] ‹-i› *m* Vorhang *m.* **velato, -a** [ve'la:to] *a* **1.** *(donna)* verschleiert; **2.** *(luce, suono)* gedämpft; *(sguardo)* verschleiert; **3.** *(molto trasparente)* hauchdünn; **4.** *fig (nascosto)* indirekt, versteckt.

velatura¹ [vela'tu:ra] *f* **1.** *(di cipria, zucchero)* Glasur *f;* **2.** *fig* Verschleierung *f.*

velatura² [vela'tu:ra] *f* **1.** *naut* Segelwerk *n;* **2.** *aero* Tragwerk *n.*

veleggiare [veled'dʒa:re] ‹veleggio, veleggi› *itr* **1.** *naut* segeln; **2.** *aero* segelfliegen. **veleggiatore** [...dʒa'to:re] *m* **1.** *naut* Segelschiff *n;* **2.** *aero* Segelflugzeug *n.*

velenifero, -a [vele'ni:fero] *a* Gift-.

veleno [ve'le:no] *m* Gift *n;* **amaro come il** ~ gallenbitter; **il** ~ **dell'invidia** der Stachel des Neids; **avere il** ~ **in corpo** von Haß erfüllt; **schizzar** ~ **(da tutti i pori)** Gift verspritzen; **sputar** ~ Gift und Galle spucken; **il caffè per lei è** ~ Kaffee ist Gift für sie. **velenosità** [velenosi'ta] ‹-› *f* Giftigkeit *f.* **velenoso, -a** [...'no:so] *a (a. fig)* giftig; **avere una lingua -a** eine spitze Zunge haben.

veletta [ve'letta] *f* Hutschleier *m.*

velico, -a ['vε:liko] ‹-ci, -che› *a* Segel-; **sport** ~ Segelsport *m.*

veliero [ve'liε:ro] *m* Segler *m,* Segelschiff *n.*

velina [ve'li:na] **I.** *f* **1.** *(foglio)* Durchschlagpapier *n;* **2.** *(copia)* Durchschlag *m;* **II.** *a* Durchschlag-.

velismo [ve'lizmo] *m* Segeln *n,* Segelsport *m.* **velista** [ve'lista] ‹-i *m,* -e *f*› *mf* Segler(in) *m(f),* Segelsportler(in) *m(f).*

velivolo [ve'li:volo] *m* Flugzeug *n.*

velleità [vellei'ta] ‹-› *f* Bestrebung *f,* Wunschvorstellung *f.* **velleitario, -a** [...'ta:rio] ‹-i, -ie› *a* unrealistisch; *(aspirazioni, etc. a.)* überzogen, hochfliegend. **velleitarismo** [...ta'rizmo] *m* Anmaßung *f,* Selbstüberschätzung *f.*

vello ['vεllo] *m* Pelz *m;* **il** ~ **d'oro** das goldene Vlies.

vellutare [vellu'ta:re] *tr* samtig machen. **vellutato, -a** [...'ta:to] *a* **1.** *(petalo, pesca)* samtig, samten; **2.** *fig (colore, voce)* samtig, zart, weich; **avere la pelle -a** eine Haut wie Samt haben. **vellutino** [vellu'ti:no] *m* **1.** *(stoffa)* leichter Samt; **2.** *(nastrino)* Samtband *n.* **velluto** [...'lu:to] *m* Samt *m;* ~ **a coste/di seta/di cotone** Kord-/Seiden-/Baumwollsamt *m;* **camminare sul** ~ auf keinerlei Schwierigkeiten stoßen, ungehindert handeln (können).

velo ['ve:lo] *m* **1.** *gener.* Schleier *m;* **2.** *fig* Schleier *m; (strato)* Schicht *f,* Überzug *m;* **3.** *fig (apparenza)* Deckmantel *m,* Schleier *m;* **4.** *bot* Häutchen *n,* Haut *f;* **5.** *anat* Häutchen *n;* **6.** *sport* Täuschung(smanöver *n*) *f;* ~ **da sposa** (*o.* **nuziale**) Brautschleier *m;* ~ **palatino** Gaumensegel *n;* **zucchero a** ~ Puderzucker *m;* **prendere/deporre il** ~ den Schleier nehmen/ablegen *geh;* **nei suoi occhi c'era un** ~ **di tristezza** in seinen (*o.* ihren) Augen war ein Hauch (*o.* Anflug) von Traurigkeit.

veloce [ve'lo:tʃe] *a* schnell.

velocipede [velo'tʃi:pede] *m* **1.** *sport*

Hochrad *n;* **2.** *scherz (bicicletta)* Drahtesel *m fam.* **velocipedistico, -a** [...tʃipe'distiko] ⟨-ci, -che⟩ *a* Radsport-.

velocista [velo'tʃista] ⟨-i *m,* -e *f*⟩ *mf* Sprinter(in) *m(f).* **velocità** [...tʃi'ta] ⟨-⟩ *f* **1.** *gener.* Geschwindigkeit *f,* Schnelligkeit *f;* **2.** *mot* Gang *m;* ~ **massima/ridotta** Höchstgeschwindigkeit *f*/verringerte Geschwindigkeit; ~ **di crociera** Reisegeschwindigkeit *f;* ~ **del suono/della luce** Schall-/Lichtgeschwindigkeit *f;* **cambio di** ~ Gangschaltung *f;* **eccesso di** ~ Geschwindigkeitsüberschreitung *f;* **merce a grande** ~ Eilgut *n;* **merce a piccola** ~ Frachtgut *n;* **aumentare/diminuire la** ~ die Geschwindigkeit erhöhen/drosseln (*o.* verringern); **a tutta** ~ mit voller Geschwindigkeit.

velodromo [ve'lɔ:dromo] *m* Radrennbahn *f,* Radrennhalle *f.*

velours [və'lu:r] ⟨-⟩ *m* Velours *m.*

vena ['ve:na] *f* **1.** *anat* Vene *f,* Ader *f;* **2.** *geog, min* Ader *f;* **3.** *(di legno, marmo)* Maserung *f,* Ader *f;* **4.** *fig* Stimmung *f,* Laune *f; (poetica, musicale)* Ader *f;* ~ **cava/porta** Hohlvene *f*/Pfortader *f;* ~ **aurifera** Goldader *f;* ~ **di acqua** Wasserader *f;* **avere la** ~ **poetica** eine dichterische Ader haben; **essere in** ~ **di generosità** in Spendierlaune sein; **essere in** ~ **di fare qc** zu etw. aufgelegt sein, in der Stimmung sein, etw. zu tun; **oggi mi sento in** ~ heute bin ich in Stimmung; **tagliarsi le -e** sich *(dat)* die Pulsadern aufschneiden.

venale [ve'na:le] *a* **1.** *com (merce)* verkäuflich; *(prezzo, valore)* Verkaufs-; **2.** *fig pej* käuflich; *(persona a.)* bestechlich. **venalità** [venali'ta] ⟨-⟩ *f* Bestechlichkeit *f.*

venare [ve'na:re] *tr* masern, ädern. **venato, -a** [ve'na:to] *a* **1.** *(legno)* gemasert; *(marmo)* geädert; **2.** *fig* durchzogen (*di* von).

venatorio, -a [vena'tɔ:ri̯o] ⟨-i, -ie⟩ *a* Jagd-; **stagione -a** Jagdzeit *f.*

venatura [vena'tu:ra] *f* **1.** *(di marmo, foglio)* Äderung *f; (di legno)* Maserung *f;* **2.** *fig* Anklang *m,* Hauch *m.*

vendei [ven'de:i] *1. pers sing del passato remoto di* **vendere.**

vendemmia [ven'demmi̯a] ⟨-ie⟩ *f* Weinlese *f,* -ernte *f;* **fare la** ~ Weinlese halten, Wein ernten. **vendemmiabile** [...'mi̯a:bile] *a* erntereif. **vendemmiare** [...'mi̯a:re] ⟨vendemmio, vendemmi⟩ **I.** *itr* Weinlese halten, Wein ernten; **II.** *tr* lesen, ernten. **vendemmiatore, -trice** [...mi̯a'to:re] *m, f* Winzer(in) *m(f).*

vendere ['vendere] ⟨vendo, vendei *o.* vendetti, venduto⟩ **I.** *tr (a. fig)* verkaufen; ~ **all'asta** versteigern; ~ **fumo a qu** jdm blauen Dunst vormachen; **vende fumo** er (*o.* sie) ist ein Schaumschläger; ~ **la propria anima al diavolo** seine Seele dem Teufel verschreiben; ~ **cara la propria pelle** (*o.* **vita**) seine Haut teuer verkaufen; **saper** ~ **la propria merce** *fig* sich gut verkaufen können; **averne da** ~ davon in Hülle und Fülle haben; **articoli che si vendono bene** gutgehende Artikel *m pl;* **te la vendo come l'ho comprata** ich habe es auch nur (als Gerücht) gehört; **II.** *rfl:* **-rsi 1.** *pej* sich verkaufen; *(donna)* sich prostituieren; **2.** *(farsi credere)* sich ausgeben (*per* für, als).

vendetta [ven'detta] *f* Rache *f;* **fare** ~ **di . . .** Rache üben für . . .; **gridare** ~ **davanti a Dio** (*o.* **al cielo**) *(delitto, etc.)* zum Himmel schreien; **ricevere** ~ gerächt werden.

vendetti [ven'dɛtti] *1. pers sing del passato remoto di* **vendere.**

vendeuse [vɑ̃'dø:z] ⟨-⟩ *f* Verkäuferin *f.*

vendibile [ven'di:bile] *a* verkäuflich, absetzbar.

vendicare [vendi'ka:re] ⟨vendico, vendichi⟩ **I.** *tr* rächen; **II.** *rfl:* **-rsi** sich rächen (*su qu di qc* an jdm für etw.). **vendicativo, -a** [...ka'ti:vo] *a* rachsüchtig. **vendicatore, -trice** [...ka'to:re] *m, f* Rächer(in) *m(f).*

vendifumo [vendi'fu:mo] ⟨-⟩ *mf fam pej* Hochstapler(in) *m(f).*

vendita ['vendita] *f* **1.** *com* Verkauf *m; (smercio)* Absatz *m;* **2.** *(bottega)* Geschäft *n,* Laden *m;* **3.** *pej* Handel *m;* ~ **di fine stagione** Schlußverkauf *m;* ~ **fallimentare** Liquidationsverkauf *m;* ~ **delle indulgenze** Ablaßhandel *m;* **reparto -e** Verkaufsabteilung *f;* **addetto alle -e** Sachbearbeiter *m* im Verkauf; **essere in** ~ im Handel sein, erhältlich sein; ~ **all'ingrosso/al minuto** Groß-/Einzelhandel *m.* **venditore, -trice** [...'to:re] *m, f* Verkäufer(in) *m(f);* ~ **ambulante** Straßenverkäufer *m;* ~ **di fumo** *pej* Hochstapler *m.*

vendo ['vendo] *1. pers sing pr di* **vendere.**

venduto, -a [ven'du:to] **I.** *pp di* **vendere; II.** *a* **1.** *com* verkauft; **2.** *fig pej* bestochen, gekauft.

veneficio [vene'fi:tʃo] ⟨-ci⟩ *m* Giftmord *m.*

venefico, -a [ve'nɛ:fiko] ⟨-ci, -che⟩ *a*

1. *(sostanza, aria)* giftig; **2.** *fig* böswillig.

venerabile [vene'ra:bile] *a* ehrwürdig, verehrungswürdig. **venerabilità** [...rabili'ta] ‹-› *f* Ehrwürdigkeit *f*, Verehrungswürdigkeit *f*. **venerando, -a** [...'rando] *a* ehrwürdig; **arrivare alla -a età di 90 anni** das ehrwürdige Alter von 90 Jahren erreichen.

venerare [vene'ra:re] *tr* verehren. **venerazione** [...rat'tsi̯o:ne] *f* Verehrung *f*; **degno di ~** verehrungswürdig.

venerdì [vener'di] ‹-› *m* Freitag *m*; **V~ Santo** Karfreitag *m*; **gli manca qualche** (*o.* **un**) **~** *scherz* bei ihm ist eine Schraube locker *fam*; **non avere tutti i ~** *scherz* nicht alle Tassen im Schrank haben *fam*; *v. a. lunedì.*

venere ['vɛ:nere] *f (dea, astr:* **V~***)* Venus *f*; **~ di marciapiede** *pej* Strichbiene *f sl*; **~ solitaria** *geh* Onanie *f*, Masturbation *f*, einsame Freuden *f pl geh*; **monte di ~** *anat* Venushügel *m*; **piaceri di ~** Liebesfreuden *f pl geh*; **pare una ~** sie ist schön wie die Venus; **bacco, tabacco e ~ riducono l'uomo in cenere** *prov* Wein, Weiber und Tabak bringen jeden Mann ins Grab.

venereo, -a [ve'nɛ:reo] *a* geschlechtlich, Geschlechts-, venerisch; **malattie -e** Geschlechtskrankheiten *f pl*.

Veneto ['vɛ:neto] *m* Venetien *n*. **veneto, -a** ['vɛ:neto] **I.** *a* venetisch; **II.** *m, f* Veneter(in) *m(f)*.

Venezia [ve'nɛttsi̯a] *f* Venedig *n*; **~-Giulia** Julisch-Venetien *n*.

veneziana [venet'tsi̯a:na] *f* **1.** *(gastr sett) halbrundes, mit Zucker bestreutes Gebäck; (mer) Kaffee mit Schokolade;* **2.** *(tenda)* Jalousie *f*.

veneziano, -a [venet'tsi̯a:no] **I.** *a* venezianisch; **II.** *m, f* Venezianer(in) *m(f)*.

vengo ['vɛŋgo] *1. pers sing pr di* **venire.**

venia ['vɛ:ni̯a] ‹-ie› *f geh* Vergebung *f*; **chiedere ~** *scherz* kniefällig um Vergebung (*o.* Gnade) bitten *scherz.*

veniale [ve'ni̯a:le] *a* verzeihlich; **peccato ~** läßliche Sünde.

venire [ve'ni:re] ‹vengo, venni, venuto› **I.** *itr* ‹*essere*› **1.** *gener.* kommen; **2.** *(arrivare)* (an)kommen; **3.** *mat* herauskommen; **4.** *(ricorrere)* fallen (*di* auf); **5.** *(numeri estratti)* kommen, fallen; **6.** *(provenire)* kommen (*da* aus, von), abstammen (*da* aus, von); **7.** *(riuscire)* (heraus)kommen, werden, ausfallen; **andare e ~** Kommen und Gehen *n*; **cose di là da ~** Zukunftsmusik *f*; **~ a costare** kommen auf, kosten; **~ a sapere** erfahren; **~ a trovare qu** jdn besuchen (kommen); **~ a conoscenza di qc** von etw. Kenntnis bekommen; **~ alla luce** (*o.* **al mondo)** *(bambino)* auf die Welt kommen; *fig* ans (Tages)licht kommen; **~ al sodo** (*o.* **nocciolo** *o.* **dunque)** zur Sache (*o.* zum Kern der Sache) kommen; **~ a noia** langweilig werden; **~ in possesso di qc** in den Besitz einer S. *(gen)* kommen (*o.* gelangen); **~ incontro a qu** jdm entgegenkommen; **~ avanti** vortreten, nähertreten; *(entrare)* eintreten; **~ dentro/dietro/dopo** hereinkommen, eintreten/hinterherkommen/nachkommen; **~ fuori** *(sbucare)* herauskommen, hervorkommen; **viene fuori con certe idee!** der (*o.* die) kommt auf Einfälle!; **~ giù** herunterkommen; **~ meno** *(persone)* ohnmächtig werden; *(merci, etc.)* ausgehen; **~ su** *(montare)* heraufkommen; *fam (crescere)* wachsen, gedeihen; **~ via** *fam (staccarsi)* abgehen; *(scomparire)* wegkommen, verschwinden; **far ~** *(mandare a chiamare)* kommen lassen, holen; *(causare)* verursachen; **viene da Firenze** *(è di Firenze)* er (*o.* sie) ist (*o.* kommt *o.* stammt) aus Florenz; *(arriva da Firenze)* er (*o.* sie) kommt aus Florenz (an); **viene bene in fotografia** er (*o.* sie) ist fotogen; **non mi viene** *fam* mir fällt's nicht ein, ich komme nicht drauf; **mi è venuta un'idea** mir ist eine Idee gekommen; **mi viene da vomitare** ich muß mich übergeben; **mi venne fatto/detto di ...** *inf* es ist über mich gekommen, ... zu tun/sagen; **mi viene in mente qc** mir fällt etw. ein; **cosa ti viene in mente?** was fällt dir ein?; **mi sta venendo il raffreddore** ich bekomme einen Schnupfen; **viene trattando problemi sempre più difficili** er (*o.* sie) behandelt nur immer schwierige Probleme; **i suoi libri vengono ammirati da tutti** seine (*o.* ihre) Bücher werden von allen bewundert; **ora viene il bello** nun (*o.* jetzt) kommt das Schönste; **Pasqua viene sempre di domenica** Ostern fällt immer auf einen Sonntag; **ho fatto la somma e mi viene 330 marchi** ich habe zusammengerechnet und bekomme 330 Mark heraus; **quanto viene?** wieviel kommt heraus?; **com'è venuto il lavoro?** wie ist die Arbeit geworden (*o.* ausgefallen)?; **come viene, viene** wie's kommt, so kommt's; **a ~** künftig, kommende(r, s), nächste(r, s); **II.** *rfl:* **venirsene**

1. *(camminare)* daherkommen, herankommen; 2. *fam* herauskommen (*con* mit).

venoso, -a [ve'no:so] *a* venös, Venen-; **pressione -a** Blutdruck *m.*

ventaglio [ven'taʎʎo] ‹-gli› *m* Fächer *m;* **a ~** fächerartig; **un ~ di proposte** ein breitgefächertes Angebot an Vorschlägen.

ventata [ven'ta:ta] *f* 1. *meteo* Windstoß *m;* 2. *fig* Welle *f.*

ventennale [venten'na:le] I. *a* 1. *(che dura 20 anni)* zwanzigjährig; 2. *(che ricorre ogni 20 anni)* zwanzigjährlich, Zwanzigjahr-; II. *m* zwanzigster Jahrestag. **ventenne** [...'tɛnne] I. *a* zwanzigjährig; II. *mf* Zwanzigjährige(r) *mf.* **ventennio** [...'tɛnnio] ‹-i› *m* Zeitraum *m* von zwanzig Jahren, zwanzig Jahre *n pl.* **ventesimo, -a** [...'tɛ:zimo] I. *a* zwanzigste(r, s); II. *m, f* Zwanzigste(r, s) *mfn;* III. *m (frazione)* Zwanzigstel *n,* zwanzigster Teil; *v. a. quinto.*

venti ['venti] I. *a numerale* zwanzig; II. ‹-› *m* 1. *(numero)* Zwanzig *f;* 2. *(nelle date)* Zwanzigste(r) *m;* III. *f pl* zwanzig Uhr; *v. a. cinque.*

ventilare [venti'la:re] *tr* 1. *(stanza, casa)* lüften; 2. *agr* worfeln; 3. *fig* vorschlagen, zur Diskussion stellen; **ventilo l'idea di uscire** ich schlage vor auszugehen. **ventilato, -a** [...'la:to] *a* luftig. **ventilatore** [...la'to:re] *m* Ventilator *m.* **ventilazione** [...lat'tsio:ne] *f* 1. *(il ventilare)* Ventilation *f,* Lüftung *f;* 2. *(movimento dell'aria)* Ventilation *f,* Luftbewegung *f;* 3. *med* Ventilation *f,* Belüftung *f.*

ventina [ven'ti:na] *f:* **una ~ (di ...)** (etwa) zwanzig (...); **essere sulla ~** an (*o.* um) die Zwanzig sein. **ventino** [...no] *m alte Münze im Wert von zwanzig centesimi.*

ventiquattr'ore, ventiquattrore [ventikuat'tro:re] I. *f pl (periodo)* vierundzwanzig Stunden *f pl;* II. *f* 1. *(valigia)* kleiner Reisekoffer; 2. *sport* Vierundzwanzigstundenrennen *n.*

ventitré [venti'tre] I. *a numerale* dreiundzwanzig; II. ‹-› *m* 1. *(numero)* Dreiundzwanzig *f;* 2. *(nelle date)* Dreiundzwanzigste(r) *m;* III. *f pl* dreiundzwanzig Uhr; **portare il cappello sulle ~** den Hut schräg tragen; *v. a. cinque.*

vento ['vɛnto] *m* Wind *m;* **~ di prua** Gegenwind *m;* **~ di fronda** Aufruhrstimmung *f;* **giacca a ~** Windjacke *f,* Anorak *m;* **mulino a ~** Windmühle *f;* **rosa dei -i** Windrose *f;* **avere il ~ in poppa** vor dem Wind segeln, Rükkenwind haben; **navigare col ~ in poppa** Rückenwind haben; *fig* gut gehen; *(persona)* großen Erfolg haben; **parlare al ~** *fig* in den Wind reden; **spargere qc ai quattro -i** etw. in alle Winde (*o.* Himmelsrichtungen) verstreuen; **tira ~** es zieht; **chi semina ~ raccoglie tempesta** *prov* wer Wind sät, wird Sturm ernten *prov.*

ventola ['vɛntola] *f* 1. *(per il fuoco)* (Feuer)wedel *m;* 2. *(per candela)* Wandarm *m;* 3. *(del ventilatore)* Flügelrad *n.*

ventosa [ven'to:sa] *f* 1. *med* Schröpfkopf *m;* 2. *zoo* Saugnapf *m.*

ventosità [ventosi'ta] ‹-› *f* 1. *(di luogo)* Windigkeit *f;* 2. *(flatulenza)* Blähung *f.* **ventoso, -a** [...'to:so] *a* windig.

ventotto [ven'tɔtto] I. *a numerale* achtundzwanzig; II. ‹-› *m* 1. *(numero)* Achtundzwanzig *f;* 2. *(nelle date)* Achtundzwanzigste(r) *m; v. a. cinque.*

ventrale [ven'tra:le] *a* Bauch-; **salto ~** Straddle *m,* Wälzsprung *m.* **ventre** ['vɛntre] *m* 1. *anat* Bauch *m,* Unterleib *m;* 2. *fig* Bauch *m,* Leib *m,* Innere(s) *n;* **benedetto il frutto del ~ tuo** gebenedeit sei die Frucht deines Leibes. **ventresca** [ven'treska] ‹-sche› *f (di tonno)* Bauchfleisch *n* vom Thunfisch; *tosc* durchwachsener Schweinebauch.

ventricolare [ventiko'la:re] *a* Herzkammer-, ventrikulär *scient.* **ventricolo** [...'tri:kolo] *m* Kammer *f,* Ventrikel *m scient;* **~ cardiaco** Herzkammer *f.*

ventriera [ven'triɛ:ra] *f* Bauchbinde *f.*

ventriglio [ven'triʎʎo] ‹-gli› *m* Muskelmagen *m.*

ventriloqua *f v.* **ventriloquo.**

ventriloquio [ventri'lɔ:kuio] ‹-qui› *m* Bauchreden *n.* **ventriloquo, -a** [...'tri:lokuo] *m, f* Bauchredner(in) *m(f).*

ventunenne [ventu'nɛnne] I. *a* einundzwanzigjährig; II. *mf* Einundzwanzigjährige(r) *mf.* **ventunesimo, -a** [...'nɛ:zimo] I. *a* einundzwanzigste(r, s); II. *m, f* Einundzwanzigste(r, s) *mfn; v. a. quinto.* **ventuno** [...'tu:no] I. *a numerale* einundzwanzig; II. ‹-› *m* 1. *(numero)* Einundzwanzig *f;* 2. *(nelle date)* Einundzwanzigste(r) *m;* III. *f pl* einundzwanzig Uhr; *v. a. cinque.*

ventura [ven'tu:ra] *f (Sorte)* Schicksal *n,* Los *n; (buona fortuna)* Glück *n;* **alla ~** aufs Geratewohl, auf gut

Glück; **compagnie/soldati di ~** Landsknechtscharen *f pl*/Landsknechte *m pl.*

venturo, -a [ven'tu:ro] *a* nächste(r, s), kommende(r, s).

venusiano, -a [venu'zi̯a:no] **I.** *a* Venus-; **II.** *m, f* Venusbewohner(in) *m(f).*

venustà [venus'ta] ‹-› *f poet* Liebreiz *m poet,* Anmut *f.* **venusto, -a** [ve'nusto] *a poet* **1.** *(donna)* liebreizend *poet,* anmutig; **2.** *(stile)* erhaben.

venuta [ve'nu:ta] *f (arrivo)* Kommen *n,* Ankunft *f.*

venuto, -a [ve'nu:to] **I.** *pp di* **venire; II.** *a* (an)gekommen; **III.** *m, f* Angekommene(r) *mf,* Ankömmling *m;* **nuovo ~** Neuankömmling *m;* **il primo ~** der erste, der erste beste; **non essere il primo ~** *fig* nicht irgendwer sein.

ver. *ab di* **versamento** Einz. (*ab di* Einzahlung).

vera ['ve:ra] *f* **1.** *(fede)* Ehe-, Trauring *m;* **2.** *(di pozzo)* Brunnenbrüstung *f.*

verace [ve'ra:tʃe] *a poet* wahrhaftig; *(persona)* wahrhaft.

veramente [vera'mente] *adv* wirklich, tatsächlich; **io, ~, non ci andrei** ich würde allerdings nicht hingehen.

veranda [ve'randa] *f* Veranda *f.*

verbale [ver'ba:le] **I.** *a* **1.** *(orale)* mündlich, verbal; *(esame)* mündlich; **2.** *gram* verbal, Verbal-; **II.** *m adm* Protokoll *n,* Niederschrift *f;* **mettere qc a ~** etw. protokollieren. **verbalismo** [...ba'lizmo] *m* leere Worte *n pl,* Schwafelei *f.*

verbalizzare [verbalid'dza:re] *tr adm* protokollieren, niederschreiben. **verbalizzazione** [...dzat'tsi̯o:ne] *f adm* Protokollierung *f,* Niederschrift *f.*

verbena [ver'bɛ:na] *f* Eisenkraut *n,* Verbene *f.*

verbo ['vɛrbo] *m* **1.** *gram* Verb *n,* Zeitwort *n;* **2.** *rel* Wort *n;* **il ~ divino** das Wort Gottes.

verbosità [verbosi'ta] ‹-› *f* Redseligkeit *f; (di oratore, discorso)* Weitschweifigkeit *f,* Langatmigkeit *f.* **verboso, -a** [...'bo:so] *a* redselig; *(oratore, discorso)* weitschweifig, langatmig.

verdastro, -a [ver'dastro] *a pej* schmutziggrün, grünlich. **verdazzurro, -a** [...ad'dzurro] *a* blaugrün.

verde ['verde] **I.** *a* grün; *(fig a.)* jung, unreif; **~ chiaro/scuro** hell-/dunkelgrün; **~ mare/oliva/pisello/bottiglia** meer-/oliv-/erbsen-/flaschengrün; **~ come l'erba** grasgrün; **piano ~** grüner Plan; **zona verde** Grünanlage *f;* **l'età ~, gli anni -i** die jungen Jahre *n pl;* **essere vivo e ~** jung und lebendig sein; **II.** *m* **1.** *(colore)* Grün *n;* **2.** *(zona, parte verde)* Grün *n,* Grüne(s) *n;* **una zona ricca di ~** eine Gegend mit viel Grün; **essere** (*o.* **ridursi** *o.* **trovarsi) al ~** *fam* blank (*o.* abgebrannt) sein *fam;* **passare col ~** bei Grün über die Ampel gehen (*o.* fahren); **nel ~ degli anni** in jungen Jahren; **non c'è un filo di ~** es gibt kein bißchen Natur (*o.* Grün); **III.** *mf pol* Grüne(r) *mf.* **verdeggiante** [-d'dʒante] *a* grün(end). **verdeggiare** [-d'dʒa:re] ‹verdeggio, verdeggi› *itr* grünen. **verdemare** [-'ma:re] ‹*inv*› *a* meergrün.

verderame [verde'ra:me] ‹-› *m* Grünspan *m.*

verdetto [ver'detto] *m* **1.** *jur* Urteilsspruch *m;* **2.** *sport* Spruch *m,* Entscheidung *f;* **3.** *(di gara, concorso)* Entscheidung *f;* **4.** *fig* Urteil *n;* **~ di assoluzione/di condanna** Freispruch *m*/Verurteilung *f.*

verdicchio [ver'dikki̯o] ‹-cchi› *m* Verdicchio *m (trockener Weißwein aus Marken).*

verdiccio, -a [ver'dittʃo] ‹-cci, -cce› *a* grünlich, grüngelb. **verdognolo, -a** [...'doɲɲolo] *a* grünlich. **verdolino, -a** [...do'li:no] *a* zartgrün. **verdone** [...'do:ne] **I.** *a* knallgrün, giftgrün; **II.** *m* **1.** *(colore)* Knallgrün *n,* Giftgrün *n;* **2.** *zoo* Blauhai *m.*

verdura [ver'du:ra] *f* Gemüse *n.*

verecondia [vere'kondi̯a] ‹-ie› *f poet* Schamhaftigkeit *f.* **verecondo, -a** [...'kondo] *a poet* schamhaft.

verga ['verga] ‹-ghe› *f* **1.** *(d'oro, etc.)* Barren *m;* **2.** *(bacchetta)* Gerte *f,* Rute *f; (del rabdomante)* Wünschelrute *f;* **3.** *(rotaia)* Schiene *f,* Gleis *n; fam* Pimmel *m fam,* Schwanz *m vulg;* **tremare come una ~** wie Espenlaub zittern.

vergare [ver'ga:re] ‹vergo, verghi› *tr* **1.** *(tessuto)* rippen; *(carta)* lin(i)ieren; **2.** *(lettera)* (mit der Hand) schreiben. **vergatina** [...ga'ti:na] *f* feines Durchschlagpapier. **vergatino** [...ga'ti:no] *m* feingerippter Stoff. **vergato, -a** [...'ga:to] *a* gerippt; *(carta)* lin(i)iert. **vergatura** [...ga'tu:ra] *f* Rippung *f; (di carta)* Lin(i)ierung *f.*

verginale [verdʒi'na:le] *a (a. fig)* jungfräulich. **vergine** ['verdʒine] **I.** *f* **1.** *(donna, fanciulla)* Jungfrau *f;* **2.** *rel:* **V~** Jungfrau *f* (Maria); **3.** *astr:* **V~** Jungfrau *f;* **sono della** (*o.* **una**) **V~** ich bin Jungfrau; **la Beata V~** die

Heilige Jungfrau (Maria); **II.** *a* unberührt, jungfräulich; *(fig a.)* rein, pur; **foresta ~** Urwald *m;* **olio ~ d'oliva** reines Olivenöl; **pura lana ~** reine Schurwolle. **vergineo** [...ˈdʒiːneo] *v.* **virgineo. verginità** [...dʒiniˈta] ⟨-⟩ *f* **1.** Jungfräulichkeit *f;* **2.** *fig* Unberührtheit *f,* Keuschheit *f.*

vergogna [verˈgoɲɲa] *f* **1.** Scham *f;* **2.** *(disonore)* Schande *f;* **3.** *(timidezza)* Hemmungen *f pl;* **4.** ⟨*pl*⟩ *fam* Schamteile *n pl;* **rosso di ~** Scham(es)röte *f;* **essere la ~ della famiglia** der Schandfleck der Familie sein; **avere ~ di qu/qc** sich vor jdm/etw. schämen (*o.* genieren); **senza ~** schamlos; **che ~!** welche Schande!, so eine Schande!; **fare certe cose! ~!** (es ist) eine Schande, so etw. zu tun! **vergognarsi** [...ˈɲarsi] *rfl* sich schämen, sich genieren; **~ come un ladro** sich in Grund und Boden schämen; **vergognati!** *fam* schäm dich! **vergognoso, -a** [...ˈɲoːso] *a* **1.** *(persona)* schamhaft, verschämt; *(timido)* schüchtern; **2.** *pej (azione, etc.)* schändlich.

veridicità [veriditʃiˈta] ⟨-⟩ *f* Wahrheitstreue, -liebe *f.* **veridico, -a** [veˈriːdiko] ⟨-ci, -che⟩ *a* wahrheitsgetreu, glaubwürdig.

verifica [veˈriːfika] ⟨-che⟩ *f* (Nach-, Über)prüfung *f,* Kontrolle *f;* **~ contabile** Rechnungsprüfung *f;* **~ dei passaporti** Paßkontrolle *f.* **verificabile** [verifiˈkaːbile] *a* (nach-, über)prüfbar, feststellbar. **verificabilità** [...kabiliˈta] ⟨-⟩ *f* (Nach-, Über)prüfbarkeit *f,* Feststellbarkeit *f.*

verificare [verifiˈkaːre] ⟨verifico, verifichi⟩ **I.** *tr* (nach-, über)prüfen, kontrollieren; **II.** *rfl:* **-rsi 1.** *(accadere)* sich ereignen, vorfallen; **2.** *(avverarsi)* eintreten. **verificatore, -trice** [...kaˈtoːre] *m f* Prüfer(in) *m(f),* Kontrolleur(in) *m(f).* **verificatrice** [...kaˈtriːtʃe] *f* Lochkartenprüfer *m,* -leser *m.* **verificazione** [...katˈtsi̯oːne] *f* Überprüfung *f.*

verismo [veˈrizmo] *m* **1.** *lit* Verismus *m;* **2.** *fig (realismo)* Realismus *m.* **verista** [veˈrista] ⟨-i *m,* -e *f*⟩ **I.** *mf* Verist(in) *m(f);* **II.** *a* veristisch. **veristico, -a** [veˈristiko] ⟨-ci, -che⟩ *a* **1.** *lit* veristisch; **2.** *(scena, atteggiamento)* wahrheitsgetreu.

verità [veriˈta] ⟨-⟩ *f* **1.** *gener.* Wahrheit *f;* **2.** *rel* Offenbarung *f;* **la pura e semplice ~** die reine Wahrheit; **~ rivelate** Offenbarungen *f pl;* **giuro di dire la ~, tutta la ~, nient'altro che la ~** *jur* ich schwöre, die Wahrheit zu sagen, nichts hinzuzufügen und nichts zu verschweigen; **in ~** in Wahrheit (*o.* Wirklichkeit); **in ~, in ~ vi dico** wahrlich, wahrlich, ich sage euch; **la ~ vien sempre a galla** *prov* die Wahrheit kommt immer ans (Tages)licht. **veritiero, -a** [...ˈti̯ɛːro] *a* **1.** *(persona)* aufrichtig; **2.** *(notizia)* wahrheitsgetreu, richtig.

verme [ˈvɛrme] *m* **1.** *zoo, med* Wurm *m;* **2.** *fig* Würmchen *n,* Wurm *m;* **~ solitario** Bandwurm *m;* **essere nudo come un ~** splitternackt sein; **sentirsi un ~** *scherz* sich wie ein Wurm fühlen, sich klein und unbedeutend fühlen; **strisciare come un ~** sich wie ein Wurm winden.

vermicelli [vermiˈtʃɛlli] *m pl* Vermicelli *pl (etwas dünnere Spaghetti).*

vermicolare [vermikoˈlaːre] *a* **1.** *(forma)* wurmförmig, -artig; **2.** *anat* Wurm-; **appendice ~** Wurmfortsatz *m.* **vermiforme** [...ˈforme] *a* wurmförmig, -artig. **vermifugo, -a** [...ˈmiːfugo] ⟨-ghi, -ghe⟩ **I.** *a* wurmtötend; **II.** *m* Wurmmittel *n.*

vermiglio, -a [verˈmiʎʎo] ⟨-gli, -glie⟩ **I.** *a* leuchtendrot; **II.** *m* leuchtendes Rot.

verminoso, -a [vermiˈnoːso] *a* voller Würmer, wurmstichig.

vermouth, vermut [ˈvɛrmut] ⟨-⟩ *m* Wermut *m.*

vernaccia [verˈnattʃa] ⟨-cce⟩ *f* Vernaccia *m (bernsteinfarbener Wein aus verschiedenen Regionen Italiens).*

vernacolo, -a [verˈnaːkolo] **I.** *a* mundartlich; **II.** *m* Mundart *f;* **parlare in ~** Mundart sprechen.

vernice[1] [verˈniːtʃe] *f* **1.** *gener.* Lack *m;* **2.** *(pelle)* Lackleder *n;* **3.** *fig* Anstrich *m;* **scarpe di ~ marrone** braune Lackschuhe *m pl;* **dare una mano di ~ a qc** etw. lackieren (*o.* streichen); **~ fresca!** frisch gestrichen!

vernice[2] [verˈniːtʃe] *f (vernissage)* Vernissage *f.*

verniciare [verniˈtʃaːre] ⟨vernicio, vernici⟩ *tr* lackieren, streichen; **~ a smalto/spruzzo** emaillieren/(lack)spritzen. **verniciatore, -trice** [...tʃaˈtoːre] **I.** *m, f* Lackierer(in) *m(f);* **II.** *m tec* Spritzpistole *f.* **verniciatura** [...tʃaˈtuːra] *f* **1.** *(operazione)* Lackieren *n,* (An)streichen *n;* **2.** *(strato)* Lackierung *f,* Lack *m;* **3.** *fig* Anstrich *m.*

vernissage [vɛrniˈsaːʒ] ⟨-⟩ *m* Vernissage *f.*

vero, -a [ˈveːro] **I.** *a* **1.** *gener.* wahr; *(giusto, esatto)* richtig; **2.** *(genuino)* echt; **3.** *(persona)* aufrichtig; *(affetto* *a.)* tief; **4.** *(effettivo, reale)* wirklich, eigentlich; **tant'è ~ che ...** so (sehr), daß ...; **è incredibile, ma ~** es ist nicht zu glauben, aber wahr; **com'è ~ (che c'è) Dio** so wahr mir Gott helfe; **è ~ com'è ~ il sole** es stimmt, so wahr ich hier stehe; **~ e proprio** regelrecht, ausgesprochen; **questa è una -a e propria truffa** das ist ein ausgemachter Schwindel; **lo ama di ~ amore** sie liebt ihn wirklich; **non mi par ~!** das kann doch nicht wahr sein!; **niente di più ~!** das kann man wohl sagen!, ganz richtig!; **se è ~?** ob das stimmt?; **non è ~?** ist es nicht so?, stimmt's nicht?; **fosse ~!** wenn's nur wahr wär!, schön wär's!; **tu non c'eri, ~?** du warst nicht da, richtig?; **lo sai, non è ~?** du weißt es, nicht wahr?; **II.** *m* **1.** *(verità)* Wahrheit *f,* Wahre(s) *n;* **2.** *(in arte)* Natur *f;* **a dire il ~** um die Wahrheit zu sagen, offen gestanden; **disegnare/dipingere dal ~** nach der Natur zeichnen/malen.

veronica [ve'rɔ:nika] ‹-che› *f* **1.** *rel* Schweißtuch *n* der Veronika; **2.** *(nelle corride)* Veronica *f.*

verosimiglianza [verosimiʎ'ʎantsa] *f* Wahrscheinlichkeit *f.* **verosimile** [...'si:mile] *a* wahrscheinlich.

verricello [veri'tʃɛllo] *m* Winde *f.*

verro ['vɛrro] *m* Eber *m.*

verrò [ver'rɔ] *v.* **venire.**

verruca [ver'ru:ka] ‹-che› *f* Warze *f.* **verrucoso, -a** [...ru'ko:so] *a* warzig.

versaccio [ver'sattʃo] ‹-cci› *m pej* Fratze *f;* **fare i -cci** Fratzen schneiden.

versamento [versa'mento] *m* **1.** *com* (*ab* **ver.**) Einzahlung *f;* **2.** *fin* Einlage *f;* **3.** *med* Erguß *m.*

versante [ver'sante] *m* Hang *m.*

versare [ver'sa:re] **I.** *tr* **1.** *(liquido, etc.)* (ein)gießen, einschenken; **2.** *(rovesciare)* verschütten, vergießen; **3.** *(sangue, lacrime)* vergießen; **4.** *(somma)* einzahlen; *com (caparra)* erbringen; *(anticipo)* leisten; **versati da bere!** schenk dir ein!; **II.** *itr* **1.** *(perdere)* lecken, leck sein; **2.** *(trovarsi)* sich befinden, sein; **III.** *rfl:* **-rsi 1.** *(spargersi)* sich zerstreuen; **2.** *(fiume)* fließen, münden.

versatile [ver'sa:tile] *a* vielseitig, flexibel. **versatilità** [...satili'ta] ‹-› *f* Vielseitigkeit *f,* Flexibilität *f.*

versato, -a [ver'sa:to] *a* versiert.

verseggiare [versed'dʒa:re] ‹verseggio, verseggi› *tr, itr* dichten. **verseggiatore, -trice** [...dʒa'to:re] *m, f pej* mittelmäßige(r) Dichter(in) *m(f),* Gelegenheitsdichter(in) *m(f).*

versetto [ver'setto] *m rel* Vers *m.*

versificare [versifi'ka:re] ‹versifico, versifichi› *tr, itr* dichten. **versificatore, -trice** [...ka'to:re] *m, f* Dichter(in) *m(f).* **versificazione** *f* [...kat'tsi̯o:ne] Verskunst *f.*

versione [ver'si̯o:ne] *f* **1.** *(traduzione)* Übersetzung *f;* **2.** *(narrazione)* Darstellung *f,* Version *f;* **3.** *(film, lit, etc.)* Version *f,* Fassung *f; tec* Ausführung *f.*

verso¹ ['vɛrso] *prp* **1.** *(direzione)* in Richtung *gen,* in Richtung auf *acc,* nach *dat;* **2.** *(tempo)* gegen *acc;* **3.** *(dalle parti di)* an *dat,* bei *dat;* **4.** *(di età)* auf *acc* (... zu); **5.** *(nei confronti di)* zu *dat,* auf *acc,* gegen *acc,* mit *dat;* **6.** *com* gegen *acc;* **~ sera/le dieci/mezzanotte** gegen Abend/zehn Uhr/Mitternacht; **consegna ~ pagamento** Lieferung gegen Barzahlung; **essere riguardoso ~ qu** auf jdn Rücksicht nehmen, gegenüber jdm rücksichtsvoll sein; **andavo ~ la stazione** ich ging in Richtung Bahnhof; **veniva ~ di noi** er (*o.* sie) kam auf uns zu; **abita ~ la periferia** er (*o.* sie) wohnt am Stadtrand; **si avvia ~ la settantina** er (*o.* sie) geht auf die Siebzig zu; **si sente attratto ~ di lei** er fühlt sich zu ihr hingezogen; **il suo comportamento ~ di me** sein (*o.* ihr) Verhalten mir gegenüber.

verso² ['vɛrso] *m* **1.** *lit* (*ab* **V.**) Vers *m;* **2.** *zoo* Schrei *m,* Ruf *m;* **3.** *(di persona)* Ruf *m;* **4.** *(di pelo, stoffa)* Strich *m,* Richtung *f;* **5.** *(movenza caratteristica)* Eigenart *f;* **6.** *(metodo)* Möglichkeit *f,* Weg *m;* **7.** *(parte, direzione)* Richtung *f;* **comporre -i** (Verse) dichten; **prendere qu per il suo ~/per il ~ sbagliato** jdn zu nehmen wissen/nicht zu nehmen wissen; **bisogna prendere le cose per il loro ~** man muß die Dinge nehmen, wie sie sind; **per un ~ o per un altro** irgendwie, auf die eine oder die andere Art.

verso³ ['vɛrso] *m (di foglio, medaglia, moneta)* Rückseite *f.*

vertebra ['vɛrtebra] *f* Wirbel *m.* **vertebrale** [verte'bra:le] *a* Wirbel-; **colonna ~** Wirbelsäule *f.* **vertebrati** [...'bra:ti] *m pl* Wirbeltiere *n pl.* **vertebrato, -a** [...'bra:to] **I.** *a* Wirbel-; **II.** *m* Wirbeltier *n.*

vertenza [ver'tɛntsa] *f* Streit *m,* Streitfall *m;* **~ sindacale** Tarifkonflikt *m.*

vertere ['vɛrtere] ‹*mancano il pp e le forme composte*› *itr* laufen, sich ab-

spielen, im Gange sein; ~ **su** betreffen; ~ **intorno a** sich handeln um.
verticale [verti'ka:le] **I.** *a* senkrecht, vertikal, Vertikal-; **trust/cartello** ~ Vertikalkonzern *m*/-kartell *n;* **pianoforte** ~ Giraffenklavier *n;* **II.** *f* **1.** *mat* Vertikale *f,* Senkrechte *f;* **2.** *sport* Handstand *m; (con la testa poggiata al suolo)* Kopfstand *m.* **verticalità** [...kali'ta] ‹-› *f* senkrechte Stellung (*o.* Lage).
vertice ['vɛrtitʃe] *m gener., fig* Spitze *f,* Höhepunkt *m,* Gipfel *m; (di montagna)* Gipfel *m,* Spitze *f; pol* Gipfel *m; mat* Scheitel(punkt) *m; (di piramide)* Spitze *f;* **conferenza/incontro al** ~ Gipfelkonferenz *f*/-treffen *n;* **raggiungere il** ~ **della carriera** den Höhepunkt der beruflichen Laufbahn erreichen.
vertigine [ver'ti:dʒine] *f* Schwindel(gefühl *n*) *m;* **ho le -i** mir ist schwindlig; **una velocità che dà le -i** eine rasende Geschwindigkeit, eine schwindelerregende Schnelligkeit. **vertiginoso, -a** [...tidʒi'no:so] *a* **1.** *gener., fig* schwindelerregend, schwindelnd; **2.** *med* Schwindel-.
verve [vɛrv] ‹-› *f* Schwung *m,* Elan *m.*
verza ['verdza] *f* Wirsing *m.* **verzotto** [...'dzɔtto] **I.** *a* Wirsing-; **cavolo** ~ Wirsing(kohl) *m;* **II.** *m* Wirsing(kohl) *m.*
verzura [ver'dzu:ra] *f poet* Grün *n,* Natur *f.*

vescica [veʃ'ʃi:ka] ‹-che› *f* **1.** *anat* (Harn)blase *f;* **2.** *med* Blase *f.* **vescicante, vescicatorio, -a** [...ʃi'kante, ...ʃika'tɔ:rio] ‹-i, -ie› **I.** *a* blasenziehend; **II.** *m* blasenziehendes Mittel, Vesikans *n scient.*
vescovado [vesko'va:do] *m* **1.** *(ufficio)* Bischofswürde *f,* Episkopat *n;* **2.** *(edificio)* Bischofssitz *m,* bischöfliche Residenz. **vescovile** [...'vi:le] *a* bischöflich, Bischofs-. **vescovo** ['veskovo] *m* Bischof *m.*
vespa ['vɛspa] *f* **1.** *zoo* Wespe *f;* **2.** *fig* Biene *f fam;* **vitino di** ~ Wespentaille.
Vespa® ['vɛspa] *f* Vespa® *f,* Motorroller *m.*
vespaio [ves'pa:io] ‹-ai› *m* **1.** *zoo, fig* Wespennest *n;* **2.** *med* Karbunkel *m;* **3.** *arch* Packlage *f;* **suscitare un** ~ *fig* in ein Wespennest stechen.
vespasiano [vespa'zia:no] *m* öffentliche Bedürfnisanstalt, Pissoir *n.*
vespertino, -a [vesper'ti:no] *a poet* abendlich, Abend-; **stella -a** Abendstern *m.* **vespro** ['vɛspro] *m* **1.** *rel* Abendandacht *f,* Vesper *f;* **2.** *poet* Abend(stunde *f*) *m.*
vessare [ves'sa:re] *tr* schinden, schikanieren. **vessatore, -trice** [...sa'to:re] *m, f* Unterdrücker(in) *m(f),* Schinder(in) *m(f).* **vessatorio, -a** [..sa'tɔ:rio] ‹-i, -ie› *a* Unterdrükkungs-. **vessatrice** *f v.* **vessatore.** **vessazione** [...sat'tsio:ne] *f* Unterdrückung *f; (atto)* Schikane *f.*
vessillifero, -a [vessil'li:fero] *m, f* **1.** *fig* Träger(in) *m(f);* **2.** *hist* Fahnenträger *m.* **vessillo** [ves'sillo] *m (a. fig)* Fahne *f,* Banner *m;* **tenere alto il** ~ **di qc** etw. in Ehren halten, einer S. Ehre erweisen.
vestaglia [ves'taʎʎa] ‹-glie› *f* Hausrock *m.* **vestaglietta** [...'ʎetta] *f* leichtes Haus-, Sommerkleid.
vestale [ves'ta:le] *f* Vestalin *f.*
veste ['vɛste] *f* **1.** *gener.* Kleidung *f; (da donna)* Kleid *n; (abito solenne, ampio)* Gewand *n;* ‹*(di fiasco, damigiana)*› **2.** Aufmachung *f; typ* Bild *n,* Aufmachung *f;* ~ **da camera** *(da donna)* Morgenrock *m; (da uomo);* Hausrock *m;* ~ **talare** Talar *m;* **in** ~ **di** als, in der Eigenschaft *gen;* **dare una** ~ **ai propri pensieri** seinen Gedanken Gestalt geben (*o.* verleihen).
Vestfalia [vest'fa:lia] *f* Westfalen *n.*
vestiario [ves'tia:rio] ‹-i› *m* **1.** *gener.* Kleidung *f,* Garderobe *f;* **2.** *theat* Kostüm *n;* **un capo di** ~ Kleidungsstück *n;* **magazzino di** ~ Bekleidungsgeschäft *n.* **vestiarista** [...ia'rista] ‹-i *m,* -e *f*› *mf* Kostümbildner(in) *m(f).*
vestibolo [ves'ti:bolo] *m* **1.** *arch* Vorhalle *f,* Vestibül *n;* **2.** *anat* Vorhof *m.*
vestigio [ves'ti:dʒo] ‹*pl:* -gi *m o.* -gia *f*› **1.** *fig* Überrest *m;* **2.** *(traccia)* (Fuß)spur *f,* -abdruck *m.*
vestire [ves'ti:re] ‹vesto› **I.** *tr* **1.** *(persone)* anziehen, (an)kleiden *geh;* **2.** *(abito: portare indosso)* anhaben, tragen; *(mettersi indosso)* anziehen; *(livrea, saio, etc.)* anlegen; **3.** *(ricoprire)* überziehen (*di* mit); **veste l'alta società** er (*o.* sie) kleidet die bessere Gesellschaft (ein); **questo cappotto ti veste perfettamente** dieser Mantel steht dir sehr gut (*o.* kleidet dich tadellos *geh*); **II.** *itr* sich kleiden; ~ **di nero** sich in Schwarz kleiden; ~ **a lutto** Trauer(kleider) tragen; **veste sempre di chiaro** er (*o.* sie) ist immer hell gekleidet (*o.* trägt immer Hell); ~ **alla moda** sich modisch kleiden; **III.** *rfl:* **-rsi 1.** *gener.* sich anziehen; **2.** *(mascherarsi)* sich verkleiden (*da* als); **3.** *(indossare)* anziehen (*di qc* etw.), anlegen (*di qc* etw.); **4.** *fig* sich klei-

den (*di* in), sich schmücken (*di* mit); **come ti vesti oggi?** was ziehst du heute an?; **-rsi di bianco/seta** Weiß/Seide tragen; **-rsi a festa/per il ballo** sich festlich für den Ball kleiden; **-rsi in maschera** sich maskieren; **IV.** *m* Kleidung *f*. **vestito** [...'ti:to] *m* Kleidung *f*, Bekleidung *f*; *(da donna)* Kleid *n*; *(da uomo)* Anzug *m*; ~ **da uomo/donna** Herrenanzug *m*/Damenkleid *n*; **cambiare** ~ sich umziehen; **farsi (fare) un** ~ sich *(dat)* einen Anzug (*o.* ein Kleid) machen (lassen). **vestito, -a** [...'ti:to] *a* **1.** *(persona)* gekleidet, angezogen; **2.** *bot* ungeschält. **vestizione** [...tit'tsi̯o:ne] *f* **1.** *rel* Einkleidung *f*; **2.** *hist* Bekleidung *f*.

Vesuvio [ve'zu:vi̯o] *m* Vesuv *m*.

veterano, -a [vete'ra:no] **I.** *a* (alt)bewährt; **II.** *m, f* **1.** *fig* (Alt)meister(in) *m(f)*; **2.** *sport* Veteran(in) *m(f)*; **è un ~ del mestiere** er ist ein Meister seines Faches; **III.** *m mil* Veteran *m*.

veterinaria [veteri'na:ri̯a] ‹-ie› *f* Tier-, Veterinärmedizin *f*. **veterinario, -a** [...i̯o] ‹-i, -ie› **I.** *a* tierärztlich; **clinica -a** Tierklinik *f*; **medico** ~ Tierarzt *m*, -ärztin *f*; **II.** *m, f* Tierarzt *m*, -ärztin *f*, Veterinär(in) *m(f)*.

veto ['vɛ:to] ‹-› *m* Veto *n*, Einspruch *m*; **diritto di** ~ Vetorecht *n*; **mettere (** *o.* **porre** *o.* **opporre) il** ~ Widerspruch einlegen; **porre il proprio ~ a qc** *fig* gegen etw. sein Veto einlegen.

vetraio, -a [ve'tra:i̯o] ‹-ai, -aie› *m, f* Glasarbeiter(in) *m(f)*; *(per finestre)* Glaser(in) *m(f)*; *(artigiano)* Glasbläser *m*. **vetrario, -a** [ve'tra:ri̯o] ‹-i, -ie› *a* Glas-. **vetrata** [ve'tra:ta] *f* **1.** *(ampia finestra)* Glasfenster *n*; *(porta)* Glastür *f*; **2.** *(di chiesa)* Kirchenfenster *n*. **vetrato, -a** [...to] *a* Glas-, aus Glas, gläsern; **carta -a** Glaspapier *n*. **vetreria** [vetre'ri:a] ‹-ie› *f* **1.** *(fabbrica)* Glasfabrik *f*, -hütte *f*; **2.** *(oggetti)* Glas(waren *f pl*) . **vetrificare** [vetrifi'ka:re] ‹vetrifico, vetrifichi› **I.** *tr* ‹*avere*› verglasen; **II.** *itr*; ‹*essere*› , *rfl*: **-rsi** zu Glas werden. **vetrificazione** [...kat'tsi̯o:ne] *f* Verglasung *f*.

vetrina [ve'tri:na] *f* **1.** *(di negozio)* Schaufenster *n*, Auslage *f*; **2.** *(mobile)* Vitrine *f*, Glasschrank *m*; **3.** *(vernice vetrosa)* Glasur *f*; **andare a vedere le -e** einen Schaufensterbummel machen; **mettersi in** ~ sich zur Schau stellen. **vetrinista** [vetri'nista] ‹-i *m*, -e *f*› *mf* Schaufensterdekorateur(in) *m(f)*. **vetrinistica** [...'nistika] ‹-che› *f* Schaufensterdekoration *f*.

vetrino [ve'tri:no] *m* Objektträger *m*, -glas *n*.

vetriolo [vetri'ɔ:lo] *m* Sulfat *n*, Vitriol *n*.

vetro ['ve:tro] *m* Glas *n*; *(di finestra)* (Fenster)scheibe *f*; ~ **infrangibile/temperato** bruchfestes Glas/Sekuritglas® *n*; **essere di** ~ *fig* empfindlich sein. **vetroso, -a** [ve'tro:so] *a* glasartig, Glas-.

vetta ['vetta] *f* **1.** *(a. fig)* Gipfel *m*; **in** ~ auf dem Gipfel.

vettore, -trice [vet'to:re] **I.** *a* **1.** *phys, mat* Vektor-; **2.** *(razzo)* Träger-; **3.** *biol* krankheitsübertragend, Überträger-; **II.** *m* **1.** *(razzo ~)* Trägerrakete *f*; **2.** *phys, mat* Vektor *m*; **3.** *jur* Frachtführer *m*. **vettoriale** [...to'ri̯a:le] *a* Vektor(en)-, vektoriell.

vettovagliamento [vettovaʎʎa'mento] *m* Lebensmittelversorgung *f*, Verpflegung *f*. **vettovagliare** [...'ʎa:re] *tr* verpflegen. **vettovaglie** [...'vaʎʎe] *f pl* Proviant *m*.

vettura [vet'tu:ra] *f* **1.** *mot* Wagen *m*, Auto(mobil) *n*, Fahrzeug *n*; **2.** *ferr* (Eisenbahn)wagen *m*, Waggon *m*; ~ **di piazza** Pferdedroschke *f*; ~ **ristorante** Speisewagen *m*; ~ **tranviaria** Straßenbahnwagen *m*; ~ **da dimostrazione** Vorführwagen *m*. **vetturale** [vettu'ra:le] *mf* Kutscher(in) *m(f)*, Fuhrmann *m*. **vetturino** [...'ri:no] *m* Kutscher *m*.

vetustà [vetus'ta] ‹-› *f poet* hohes Alter, Greisenalter *n*. **vetusto, -a** [ve'tusto] *a poet* (sehr) alt.

vezzeggiamento [vettseddʒa'mento] *m* Verhätschelung *f*. **vezzeggiare** [...'dʒa:re] ‹vezzeggio, vezzeggi› **I.** *tr* verhätscheln; **II.** *itr* geziert tun. **vezzeggiativo, -a** [...dʒa'ti:vo] **I.** *a* zärtlich; *(parola)* Kose-; **II.** *m* Kosewort *n*, Kosename *m*; *gram* Koseform *f*.

vezzo ['vettso] *m* **1.** *(collana)* Halskette *f*; **2.** *(modo abituale)* Angewohnheit *f*; **3.** ‹*pl*› *(leggiadria)* Reize *m pl*; **4.** ‹*pl*› *(smancerie)* Getue *n fam*; **fare un ~ a qu** zärtlich zu jdm sein. **vezzosità** [-si'ta] ‹-› *f* Liebreiz *m*, Anmut *f*. **vezzoso, -a** [...'tso:so] *a* **1.** *(grazioso)* reizend, anmutig; **2.** *(lezioso)* geziert, affektiert.

vi [vi] **I.** *pron pers* **1.** *2. pers pl* euch; **2.** *(forma di cortesia a.:* **Vi***) (complemento di termine)* Ihnen; *(complemento oggetto)* Sie; **II.** *pron rfl* **1.** *2. pers pl* euch; **2.** *(forma di cortesia a.:* **Vi***)* sich; **III.** *pron dimostrativo* daran; **IV.** *adv* **1.** *(qui)* hier; *(moto)* her; **2.** *(lì)* dort; *(moto)* hin; **3.** *(per questo* *luogo)* hier vorbei; **non v'è nessuno** es ist niemand da.

via¹ ['vi:a] ‹vie› *f* **1.** *gener.* (*ab* **V.**) Weg *m; (strada)* Straße *f;* **2.** *anat, jur* Weg *m;* **3.** *fig (maniera)* Weg *m,* Möglichkeit *f; (mezzo)* Mittel *n; (procedimento)* Vorgehen *n;* ~ **comunale/provinciale/nazionale** Gemeinde-/Provinz-/Nationalstraße *f;* ~ **lattea** Milchstraße *f;* ~ **direttissima** *sport* direkter Aufstieg; **V~ Crucis** Kreuzweg *m;* ~ **libera** freie Bahn; **dare** ~ **libera a** den Weg freimachen *dat; fig* freie Hand lassen *dat;* **vie biliari/urinarie/respiratorie** Gallen-/Harn-/Atemwege *m pl;* ~ **in salita** Aufstieg *m;* ~ **d'uscita** Ausweg *m,* Möglichkeit *f;* **vie di comunicazione/trasporto** Kommunikations-/Transportmittel *n pl;* **foglio di** ~ *adm* Ausreisegenehmigung *f; (per persona non grata)* Ausweisungsbescheid *m; mil* Entlassungsschein *m;* **per** ~ **aerea** auf dem Luftweg; *(lettere)* per Luftpost; **per** ~ **orale/rettale** oral/rektal; **per** ~ **di padre** väterlicherseits; **per** ~ **diplomatica** auf diplomatischem Weg(e); **per vie traverse** auf Umwegen; **per** ~ **di** wegen, durch; **in** ~ **privata/confidenziale** privat/vertraulich; **in** ~ **eccezionale** ausnahmsweise; **sulla** ~ **di casa** auf dem Nachhauseweg; **abitare in** ~ **Trento** in der via Trento wohnen; **adire le vie legali** den Rechtsweg beschreiten; **essere in** ~ **di guarigione** auf dem Wege der Besserung sein; **essere sulla retta** ~ auf dem rechten Weg sein; **passare a vie di fatto** zu Tätlichkeiten übergehen, handgreiflich werden; **non vedo altra** ~ ich sehe keine andere Möglichkeit; **la** ~ **dell'inferno è lastricata di buone intenzioni** *prov* der Weg zur Hölle ist mit guten Vorsätzen gepflastert.

via² ['vi:a] **I.** *adv* weg, weg-; **andare/buttare/correre/mandare** ~ weggehen/-werfen/-laufen/-schicken; **un lavoro tirato** ~ *pej* eine hingepfuschte Arbeit, Pfusch *m fam;* **venir** ~ *(macchia)* weggehen, herausgehen; *(bottone)* abgehen; **essere** ~ *fam* weg (*o.* fort) sein; **e così** ~, **e** ~ **dicendo** und so weiter (*o.* fort); ~ ~ **che ...** (wie so) nach und nach ...; **va'** ~**!** *fam* geh weg!, hau ab! *fam;* **II.** *interj* **1.** *sport* los; **2.** *(incoraggiamento)* komm, los; **3.** *(per cacciare)* weg; **pronti, attenti,** ~**!** Achtung, fertig, los!; ~**, facciamolo!** auf (geht's), packen wir's an!; ~ **di lì!** weg da!; **III.** *m* Startzeichen *n;* **IV.** *prp* über *acc,* via *acc,* per *acc.*

viabile [vi'a:bile] *a* befahrbar. **viabilista** [viabi'lista] ‹-i, -e› *a* Straßen-, Verkehrs-. **viabilistico, -a** [...'listiko] ‹-ci, -che› *a* Straßen-, Verkehrs-. **viabilità** [...li'ta] ‹-› *f* **1.** *(transito)* Befahrbarkeit *f;* **2.** *(rete stradale)* Straßennetz *n;* **3.** *(norme)* Straßenverkehrsordnung *f; (costruzione)* Straßenbauordnung *f.*

Via Crucis ['vi:a 'kru:tʃis] ‹Vie Crucis› *f* **1.** *rel* Kreuzweg *m,* Leidensweg Christi *m; (stazioni)* Kreuzweg(stationen *f pl*) *m;* **2.** *fig* Leidensweg *m;* **fare la** ~ *fig* von Pontius zu Pilatus laufen.

viadotto [via'dotto] *m* Viadukt *m,* Überführung *f.*

viaggiare [viad'dʒa:re] ‹viaggio, viaggi› **I.** *itr* reisen; *(mezzo, linea)* fahren; ~ **in automobile/aeroplano/treno** mit dem Auto/Flugzeug/Zug reisen; ~ **per diporto** eine Vergnügungsreise machen; **uno che ha viaggiato molto** ein weitgereister Mann; **viaggia per conto della ditta ...** er (*o.* sie) reist für die Firma ...; **viaggia in ferramenta** er (*o.* sie) reist in Eisenwaren; **il treno viaggia con 3 ore di ritardo** der Zug hat 3 Stunden Verspätung; **II.** *tr* bereisen; **ho viaggiato mezzo mondo** ich habe die halbe Welt bereist. **viaggiatore, -trice** [...dʒa'to:re] **I.** *a* Reise-; **commesso** ~ Reisevertreter *m;* **piccione** ~ Brieftaube *f;* **II.** *m, f* Passagier *m,* Fahrgast *m,* Reisende(r) *mf.* **viaggio** [vi'addʒo] ‹-ggi› *m* **1.** *gener.* Reise *f,* Fahrt *f;* **2.** *fam* Gang *m; (con veicolo)* Fahrt *f;* **3.** *sl (dei drogati)* Trip *m sl;* ~ **aereo** Flugreise *f;* ~ **interplanetario** (*o.* **spaziale**) Raumfahrt *f;* ~ **di piacere/nozze** Vergnügungs-/Hochzeitsreise *f;* ~ **di andata e ritorno** Hin- und Rückfahrt *f;* **essere in** ~ auf Reisen sein, unterwegs sein; **mettersi in** ~ sich auf den Weg machen; **fare un** ~ **e due servizi** zwei Fliegen mit einer Klappe schlagen; **per portar su tutto dovrò fare tre -ggi** *fam* um alles hochzutragen, muß ich dreimal gehen; **buon** ~**!** gute Reise!

viale [vi'a:le] *m (ab* **V.le**) Allee *f,* Parkweg *m.*

viandante [vian'dante] *mf poet* Wanderer *m,* Wand(e)rerin *f.*

viario, -a [vi'a:ri̯o] ‹-i, -ie› *a* Straßen-; **piano** ~ Straßenkarte *f;* **rete -a** Straßennetz *n.*

viatico [vi'a:tiko] ‹-ci› *m* Sterbesakramente *n pl.*

viavai [via'va:i] ‹-› *m* Kommen und Gehen *n,* Hin und Her *n.*

vibrafono [vi'bra:fono] *m* Vibraphon *n.*

vibrare [vi'bra:re] **I.** *tr* **1.** *(colpo, coltellata)* versetzen; **2.** *poet (freccia)* abschießen; **II.** *itr* **1.** *phys* schwingen, vibrieren; **2.** *fig* zittern, (er)beben. **vibratile** [vi'bra:tile] *a* flimmernd, Flimmer-; **ciglia -i** Flimmerhaare *n pl.* **vibrato, -a** [vi'bra:to] **I.** *a* **1.** *(protesta, etc.)* heftig, erregt; **2.** *(calcestruzzo)* gerüttelt; **II.** *m* Vibrato *n.* **vibratore** [vibra'to:re] **I.** *m* Vibrator *m;* **II.** *a* Schwing-; **cuscinetto ~** Massagekissen *n.* **vibratorio, -a** [...'tɔ:ri̯o] ‹-i, -ie› *a* Schwing-, Vibrations-. **vibrazione** [...at'tsi̯o:ne] *f* **1.** *phys* Vibration *f,* Schwingung *f;* **2.** *fig* Zittern *n.*

vicariato [vika'ri̯a:to] *m* Vikariat *n.* **vicario** [vi'ka:ri̯o] ‹-i› *m* Vikar *m.*

vice ['vi:tʃe] ‹-› *mf* Stellvertreter(in) *m(f),* Vize *m fam.*

vice- [vitʃe-] *(in parole composte)* Vize-, stellvertretend.

vicenda [vi'tʃɛnda] *f* **1.** *(caso)* Ereignis *n,* (Wechsel)fall *m;* **2.** *(successione)* Folge *f;* **3.** *agr* Fruchtfolge *f;* **con alterne -e** abenteuerlich, unter Schwierigkeiten; **a ~** abwechselnd, gegenseitig. **vicendevole** [vitʃen'de:vole] *a* gegenseitig.

viceversa [vitʃe'vɛrsa] **I.** *adv* umgekehrt; **II.** *con fam (e invece)* aber (dann).

vichingo, -a [vi'kiŋgo] ‹-ghi, -ghe› **I.** *a* wikingisch, Wikinger-; **II.** *m, f hist* Wikinger(in) *m(f);* **III.** *f scherz* Walküre *f.*

vicina *f v.* **vicino.**

vicinanza [vitʃi'nantsa] *f* **1.** *gener., fig* Nähe *f;* **2.** ‹*pl*› *(dintorni)* Nähe *f,* Umgebung *f.* **vicinato** [...'na:to] *m* **1.** *(persone)* Nachbarschaft *f;* **2.** *(rapporti)* nachbarschaftliche Beziehungen *f pl;* **i bambini del ~** die Kinder *n pl* aus der Nachbarschaft.

vicino, -a [vi'tʃi:no] **I.** *a* **1.** *(città, etc.)* nahe(liegend), nächste(r, s); *(case, etc.)* nah(e), umliegend; *(popolo, persone)* benachbart, Nachbar-; **2.** *(di tempo)* nah(e), bevorstehend; **3.** *fig* nahe, nahestehend; *(somigliante)* ähnlich; **un parente ~** ein naher Verwandter; **un colore più ~ al rosso che al giallo** eine Farbe, die eher rot als gelb ist; **la stazione di rifornimento più -a** die nächste Tankstelle; **abitano nella casa -a** sie wohnen im Haus nebenan; **gli esami sono -i** die Prüfungen stehen bevor; **la fine è ormai -a** das Ende ist abzusehen; **è ~ ai sessant'anni** er geht auf die Sechzig zu; **essere ~ a fare qc** nah(e) daran sein, etw. zu tun; **essere/sentirsi ~ a qu** *fig* jdm nahe sein/sich jdm nahe fühlen; **II.** *m, f* Nachbar(in) *m(f);* **~ di tavola** Tischnachbar *m;* **III.** *adv* **1.** *(a poca distanza)* nah(e), in der Nähe; **2.** *(da poca distanza)* aus der Nähe; **3.** *fig* näher, genauer; **~ a** neben *dat,* bei *dat,* an *dat,* in der Nähe von *dat;* **stare ~ ~** ganz nah(e) (*o.* in der Nähe) sein; **conoscere qu da ~** jdn näher kennen; **esaminare qc da ~** etw. näher prüfen; **guardare qc da ~** etw. aus der Nähe betrachten; **essere ~ alla morte** dem Tod nahe sein; **ci sei andato ~** du warst nah(e) daran; **vieni più ~** komm näher; **chi è ~ alla perfezione?** wer ist schon vollkommen?

vicissitudini [vitʃissi'tu:dini] *f pl* Wechselfälle *m pl.*

vico ['vi:ko] ‹-chi› *m dial (vicolo)* Gasse *f.*

vicolo ['vi:kolo] *m (strada)* Gasse *f;* **~ cieco** *(a. fig)* Sackgasse *f.*

video ['vi:deo] **I.** ‹-› *m* Video *n;* **II.** ‹*inv*› *a* Video-, video-; **segnale ~** Videosignal *n.*

video- [video-] *(in parole composte)* Video-. **videocamera** [-'ka:mera] *f* Videokamera *f.* **videocassetta** [-kas'setta] *f* Videokassette *f.* **videoclip** [-'klip] *m* Videoclip *m.* **videocontrollo** [-kon'trɔllo] *m* Fernsehüberwachung *f.* **videodisco** [-'disko] *m* Bildplatte *f.* **videofono** [-'fɔ:no] *m* Bildtelefon *n.* **videogioco** [-'dʒɔ:ko] *m* Video-, Telespiel *n.* **videoregistratore** [-redʒistra'to:re] *m* Videorecorder *m.* **videoriproduttore, -trice** [-produt'to:re] *m, f* Bildplattenspieler *m.* **videoteca** [-'tɛ:ka] *f* Videothek *f.* **Videotel®** [-'tɛl] ‹-› *m* Bildschirmtext *m.* **videotelefono** [-te'lɛ:fono] *m* Bildtelefon *n.* **videoterminale** [-termi'na:le] *m* (Daten)sichtgerät *n.* **Videotex®** [-'tɛks] ‹-› *m* Bildschirmtext *m;* Videotext *m.*

vidi ['vi:di] *1. pers sing del passato remoto di* **vedere.**

vidimare [vidi'ma:re] *tr adm* mit einem Sichtvermerk versehen. **vidimazione** [...mat'tsi̯o:ne] *f adm* Sichtvermerk *m.*

viene, vieni ['vi̯ɛ:ne, ...ni] *v.* **venire.**

Vienna ['vi̯ɛnna] *f* Wien *n.*

viepiù [vie'pi̯u] *adv poet (sempre più)* immer (*o.* noch) mehr, mehr und mehr.

vietare [vi̯e'ta:re] *tr* verbieten; **~ a qu di fare qc** jdm verbieten, etw. zu tun; **nulla vieta che ...** *conj* es steht dem nichts entgegen zu ...; (è) **vietato fumare/sporgersi dai finestrini** Rauchen/Hinauslehnen verboten; **vietato l'ingresso** Eintritt verboten; **sosta vietata** Parken verboten.

Vietnam [viet'nam] *m:* **il ~** Vietnam *n.* **vietnamita** [...'mi:ta] ‹-i *m,* -e *f*› **I.** *a* vietnamesisch; **II.** *mf* Vietnamese *m,* Vietnamesin *f.*

vieto, -a ['viɛ:to] *a pej* abgedroschen; **-i luoghi comuni** abgedroschene Redensarten (*o.* Phrasen) *f pl.*

vig. *ab di* **vigente** glt. (*ab di* gültig).

vigente [vi'dʒɛnte] *a jur* (*ab* **vig.**) geltend; **in base alle -i leggi** nach den geltenden Gesetzen.

vigere ['vi:dʒere] ‹*usato solo nelle terze persone sing e pl*› *itr* gelten, in Kraft sein; **vigeva allora l'usanza di ...** zu der Zeit war es Brauch, daß ...

vigilante [vidʒi'lante] *a* wachsam. **vigilantes** [-s] *m pl adm* Privatbewacher *m pl.* **vigilanza** [...'lantsa] *f* Überwachung *f;* **~ speciale** Sonderüberwachung *f.*

vigilare [vidʒi'la:re] **I.** *tr* überwachen; **II.** *itr* wachen; **~ sull'ordine pubblico** über die öffentliche Ordnung wachen. **vigilato, -a** [...'la:to] **I.** *a jur* beaufsichtigt; **libertà -a** Polizeiaufsicht *f;* **II.** *m, f jur* unter Polizeiaufsicht Stehende(r) *mf.* **vigilatore, -trice** [...la'to:re] *m, f* Aufseher(in) *m(f);* **-trice scolastica** Schulaufseherin *f.* **vigile** ['vi:dʒile] **I.** *a* wachsam, wachend; **II.** *mf* Schutzmann *m;* **~ urbano** (*ab* **V.U.**) (Stadt)polizist *m;* **-i del fuoco** (*ab* **V.(d.)F.**) Feuerwehr *f.* **vigilessa** [vidʒi'lessa] *f* Politesse *f.*

vigilia [vi'dʒi:lia] ‹-ie› *f* **1.** *gener.* Vortag *m,* Vorabend *m;* **2.** *rel* Fasten *n;* **~ di Natale** Heiligabend *m;* **giorno di ~** Fastentag; **fare ~** fasten.

vigliacca *f v.* **vigliacco.**

vigliaccata [viʎʎak'ka:ta] *f fam pej* Gemeinheit *f.* **vigliaccheria** [...ke'ri:a] ‹-ie› *f pej* Feigheit *f; (cattiveria)* Gemeinheit *f.* **vigliacco, -a** [...'ʎakko] ‹-cchi, -cche› **I.** *a pej* feige; *(cattivo)* gemein, niederträchtig; **II.** *m, f pej* Feigling *m; (cattivo)* Schuft *m.*

vigna ['viɲɲa] *f* Weinberg *m,* Weingarten *m.* **vignaiolo, -a** [...ɲa'iɔ:lo] *m, f* Weinbauer *m,* Winzer(in) *m(f).* **vigneto** [...'ɲe:to] *m* Weinberg *m.*

vignetta [viɲ'ɲetta] *f* Karikatur *f,* Witzzeichnung *f;* **è una ~!** *scherz* das ist ein Witz!; *(persona)* er (*o.* sie) ist eine Witzfigur. **vignettista** [...'tista] ‹-i *m,* -e *f*› *mf* Karikaturist(in) *m(f),* Witzzeichner(in) *m(f).*

vigogna [vi'goɲɲa] *f* **1.** *(stoffa)* Vigogne *f;* **2.** *zoo* Vikunja *n.*

vigore [vi'go:re] *m* Kraft *f;* **riprendere ~** wieder zu Kräften kommen; **essere nel pieno ~ delle proprie forze** im Vollbesitz seiner Kräfte sein; **entrare/essere in ~** in Kraft treten/sein; **rifiutare con ~** mit Nachdruck (*o.* entschieden) ablehnen. **vigoria** [vigo'ri:a] ‹-ie› *f obs* Kraft *f.* **vigorosità** [...rosi'ta] ‹-› *f* Kraft *f,* Stärke *f.* **vigoroso, -a** [...'ro:so] *a* kräftig, kraftvoll.

vile ['vi:le] **I.** *a* **1.** *(persona, azione)* gemein, niederträchtig; *(codardo)* feige; **2.** *fig* niedrig, nieder; **II.** *mf* gemeiner Mensch; *(codardo)* Feigling *m.*

vilipendere ‹vilipendo, vilipesi, vilipeso› *tr* verhöhnen, beschimpfen. **vilipendio** [...'pɛndio] ‹-i› *m jur* Verunglimpfung *f.*

vilipendo [vili'pɛndo] *1. pers sing pr di* **vilipendere.**

vilipesi [vili'pe:si] *1. pers sing del passato remoto di* **vilipendere.**

vilipeso [vili'pe:so] *pp di* **vilipendere.**

villa ['villa] *f* Landhaus *n.*

Villaco [vil'la:ko] *f* Villach *n.*

villaggio [vil'laddʒo] ‹-ggi› *m* Dorf *n;* **~ turistico/residenziale** Feriendorf *n*/Wohnsiedlung *f.*

villana *f v.* **villano.**

villanata [villa'na:ta] *f fam* Flegelei *f.* **villania** [...'ni:a] ‹-ie› *f* Flegelei *f,* Frechheit *f.* **villano, -a** [...'la:no] *pej* **I.** *a* ungehobelt, rüpelhaft; **II.** *m, f* Rüpel *m,* Grobian *m;* **un ~ rifatto** ein Neureicher *m.* **villanzone, -a** [...n'tso:ne] *m, f fam pej* Flegel *m.*

villeggiante [villed'dʒante] *mf* Feriengast *m,* Urlauber(in) *m(f).* **villeggiare** [...'dʒa:re] ‹villeggio, villeggi› *itr* Urlaub machen. **villeggiatura** [...dʒa'tu:ra] *f* (Sommer)urlaub *m,* -ferien *pl; (a. luogo)* Sommerfrische *f.*

villino [vil'li:no] *m* kleine Villa.

villo ['villo] *m anat* Zotte *f.* **villosità** [-si'ta] ‹-› *f* Behaartheit *f.* **villoso, -a** [...'lo:so] *a* **1.** *(peloso)* behaart, haarig; **2.** *anat, bot* zottig.

Vilma ['vilma] *(nome proprio femminile)* Wilma.

viltà [vil'ta] ‹-› *f* Gemeinheit *f; (codardia)* Feigheit *f.*

viluppo [vi'luppo] *m* **1.** *(di capelli, cavi)* Wirrwarr *m;* **2.** *fig* Wust *m.*

vimine ['vi:mine] *m* Weidengerte *f;* **cesto di -i** Weidenkorb *m;* **mobili di -i** Korbmöbel *n pl.*

vinaccia [vi'nattʃa] ‹-cce› *f* Trester *m.*

vinaio, -a [vi'na:io] ‹-ai, -aie› *m, f* Weinhändler(in) *m(f).*
vinario, -a [vi'na:rio] ‹-i, -ie› *a* Wein-.
Vincenzo [vin'tʃɛntso] *(nome proprio maschile)* Vinzenz.
vincere ['vintʃere] ‹vinco, vinci, vinsi, vinto› **I.** *tr* **1.** *(guerra, gara, elezioni, etc.)* gewinnen; *(nemico)* besiegen; **2.** *fig (difficoltà, ostacolo)* überwinden, meistern; *(passione)* bezwingen; ~ **qu in bontà/bellezza** jdn an Güte/Schönheit übertreffen; **vincerla** *fam* es schaffen, sich durchsetzen; **II.** *itr* siegen (*a* bei, in), gewinnen (*a* bei, in); *(sport a.)* gewinnen; ~ **per tre a uno** drei zu eins gewinnen; **sicuro di** ~ siegessicher; **III.** *rfl:* **-rsi** sich überwinden. **vincibile** [...'tʃi:bile] *a* besiegbar. **vincita** ['vintʃita] *f* **1.** *(vittoria)* Sieg *m;* **2.** *com* Gewinn *m; (al lotto, etc.)* Treffer *m.* **vincitore, -trice** [...'to:re] **I.** *a* siegreich, Sieger-; **II.** *m, f* Gewinner(in) *m(f); mil, sport* Sieger(in) *m(f).* **vinco** ['viŋko] *1. pers sing pr di* **vincere.**
vincolante [viŋko'lante] *a* bindend, verbindlich.
vincolare [viŋko'la:re] *tr* **1.** *fig* binden; **2.** *com, fin (somma)* fest anlegen, festlegen; **3.** *(essere d'impaccio)* einengen. **vincolativo, -a** [...la'ti:vo] *a* bindend. **vincolato, -a** [...'la:to] *a* **1.** *com, fin* fest angelegt; Fest-; **2.** *tec* gebunden; **deposito** ~ Festgeld *n;* **conto** ~ Sperrkonto *n.* **vincolistico, -a** [...'listiko] ‹-ci, -che› *a jur, com* zwangsmäßig, Zwangs-.
vincolo ['viŋkolo] *m* **1.** *fig* Band *n;* **2.** *jur, tec* Bindung *f;* ~ **d'amore/di sangue** Liebes-/Blutsbande *n pl.*

vinello [vi'nɛllo] *m* leichter Wein.
vinicolo, -a [vi'ni:kolo] *a* weinbaulich, Weinbau-, Wein-.
vinificare [vinifi'ka:re] ‹vinifico, vinifichi› *tr* zu Wein machen. **vinificazione** [...kat'tsio:ne] *f* Weinherstellung *f.*
vinilpelle® [vinil'pɛlle] *f Kunstlederart.*
vino ['vi:no] *m* Wein *m;* ~ **bianco/rosso** (*o.* **nero**) Weiß-/Rotwein *m;* ~ **rosato** Rosé(wein) *m;* ~ **nuovo/vecchio/secco** neuer/alter/trockener Wein; ~ **brûlé** Glühwein *m;* ~ **da pesce/arrosto** Wein *m* zum Fisch/zum Braten; **buon** ~ **fa buon sangue** *prov* guter Wein macht gutes Blut. **vinoso, -a** [vi'no:so] *a* weinartig, Wein-. **vinsanto, vin santo** [vin'santo] *m* Vinsanto *m (weißer Süßwein).*
vinsi ['vinsi] *1. pers sing del passato remoto di* **vincere.**
vinto, -a ['vinto] **I.** *pp di* **vincere; II.** *a (battaglia, etc.)* gewonnen; *(nemico, etc.)* besiegt; **darsi per** ~ *(a. fig)* sich geschlagen geben; **averla -a** *fam* leichtes Spiel haben; **darla -a a qu** *fam* jdm nachgeben; ~ **dalla stanchezza** von Müdigkeit übermannt.

viola[1] [vi'ɔ:la] **I.** *f bot* Veilchen *n;* ~ **del pensiero** Stiefmütterchen *n;* **II.** ‹*inv*› *a* violett, veilchenblau; **III.** ‹-› *m* Violett *n,* Veilchenblau *n.*
viola[2] [vi'ɔ:la] *f mus* Bratsche *f,* Viola *f;* ~ **da gamba** Gambe *f,* Viola *f* da gamba.
violacciocca [violat'tʃɔkka] ‹-cche› *f* Levkoje *f.*
violaceo, -a [vio'la:tʃeo] *a* violett, veilchenblau.
violare [vio'la:re] *tr* **1.** *(legge, etc.)* verletzen, brechen, verstoßen gegen; *(promessa, fedeltà, etc.)* brechen; **2.** *(territorio, etc.)* verletzen; *(chiesa)* entweihen; *(tomba)* schänden; **3.** *(donna)* vergewaltigen. **violazione** [...lat'tsio:ne] *f* **1.** *(di legge, etc.)* Verletzung *f,* Bruch *m,* Übertretung *f; (di promessa)* Bruch *m,* Nichteinhaltung *f; (di fedeltà)* Bruch; **2.** *(di chiesa)* Entweihung *f; (di tomba)* Schändung; ~ **di domicilio** Hausfriedensbruch *m.*
violentare [violen'ta:re] *tr (a. fig)* vergewaltigen.
violento, -a [vio'lɛnto] **I.** *a* **1.** *(persona)* gewalttätig; **2.** *fig (tempesta, sommossa)* heftig, schwer; *(passione)* ungestüm; **3.** *pej (rapina, morte)* gewaltsam; **rapina -a** Raubüberfall *m;* **morire di morte -a** eines gewaltsamen Todes sterben; **II.** *m, f* gewalttätiger Mensch. **violenza** [...'lɛntsa] *f* **1.** Gewalt *f; (azione)* Gewalttätigkeit *f;* **2.** *fig (di tempesta)* Gewalt *f,* Heftigkeit *f; (di passione)* Ungestüm *n,* Heftigkeit *f;* ~ **carnale** Notzucht *f;* ~ **a pubblica autorità** Widerstand *m* gegen die Staatsgewalt; **costringere qu a far qc con la** ~ jdn gewaltsam zu etw. zwingen; **far** ~ **ad una donna** einer Frau Gewalt antun; **ricorrere alla** ~ Gewalt anwenden; **usare** ~ **a qu** jdm Gewalt antun.
violetto, -a [vio'letto] **I.** *a* violett; **II.** *m* Violett *n.*
violinista [violi'nista] ‹-i *m,* -e *f*› *mf* Geiger(in) *m(f),* Violinist(in) *m(f).* **violinistico, -a** [...'nistiko] ‹-ci, -che› *a* Geigen-, Violin-. **violino** [...'li:no] *m* Geige *f,* Violine *f.*

violista [vio'lista] ‹-i *m*, -e *f*› *mf* Bratschen-, Violaspieler(in) *m(f)*.
violoncellista [violontʃel'lista] ‹-i *m*, -e *f*› *mf* Cellist(in) *m(f)*. **violoncello** [...'tʃɛllo] *m* Cello *n*, Violoncello *n*.
viottola [vi'ɔttola] *f*, **viottolo** [...lo] *m* Pfad *m*, Weg *m*.
V.I.P. [vip] ‹-› *m* VIP *f o. m*, V.I.P. *f o. m*.
vipera ['vi:pera] *f* **1.** *zoo* Viper *f*, Otter *f*; **2.** *fig pej* (Gift)schlange *f*.
viraggio [vi'raddʒo] ‹-ggi› *m* **1.** *naut, aero* Abdrehen *n*; **2.** *chem* Verfärbung *f*; *fot* Tonung *f*.
virago [vi'ra:go] ‹viragini› *f* Mannweib *n*.
virale [vi'ra:le] *a* Virus-, viral.
virare [vi'ra:re] **I.** *tr* wenden; *fot* tonen; **II.** *itr* **1.** *naut, aero* abdrehen; **2.** *chem* sich verfärben; **3.** *scherz* kehrtmachen. **virata** [vi'ra:ta] *f* Abdrehen *n*.
virgineo, -a [vir'dʒi:neo] *a poet* jungfräulich.
virginia [vir'dʒi:ni̯a] **I.** ‹-› *m* **1.** *(tabacco)* Virginiatabak *m*; **2.** *(sigaro)* Virginia *f*; **II.** ‹-› *f (sigaretta)* Virginia(zigarette) *f*; **III.** ‹*inv*› *a (tabacco)* Virginia-.
Virginia [vir'dʒi:ni̯a] *(nome proprio femminile)* Virginia.
virgola ['virgola] *f* **1.** *gram* Komma *n*, Beistrich *m*; **2.** *(di capelli)* Sechser(locke *f*) *m*; **punto e ~** Strichpunkt *m*; **doppie -e** Anführungszeichen *n pl*; **non modificare** (*o.* **togliere**) **una ~ a qc** etw. buchstabengetreu wiedergeben. **virgolette** [...'lette] *f pl* Anführungszeichen *n pl*, Gänsefüßchen *n pl fam*; **aprire/chiudere le ~** Anführungszeichen unten/oben.
virgulto [vir'gulto] *m* **1.** *bot* Schößling *m*; **2.** *fig poet* Sproß *m*, Sprößling *m*.
virile [vi'ri:le] *a* **1.** *(maschile)* männlich, viril; **2.** *fig (forte, animoso)* mannhaft; *(saggezza, età, forza)* männlich, Mannes-. **virilismo** [viri'lizmo] *m* Virilismus *m*. **virilità** [...li'ta] ‹-› *f* **1.** *biol* Virilität *f*; **2.** *fig* Männlichkeit *f*; *(coraggio)* Mannhaftigkeit *f*. **virilizzare** [...lid'dza:re] *tr, rfl*: **-rsi** vermännlichen.
virologa *f v.* **virologo.**
virologia [virolo'dʒi:a] ‹-gie› *f* Virologie *f*.
virologo, -a [vi'rɔ:logo] ‹-gi, -ghe› *m, f* Virologe *m*, -login *f*.
virtù [vir'tu] ‹-› *f* **1.** Tugend *f*; **2.** *fig* Tapferkeit *f*, Mut *m*; *(potere, qualità)* Kraft *f*, Wirkung *f*; **in ~ di** kraft *gen*; **per ~ di** durch die Kraft von; **le ~ cardinali** die Kardinaltugenden *f pl*; **le ~ curative di certe erbe** die Heilkraft bestimmter Kräuter; **per ~ magica** durch Zauberkraft.
virtuale [virtu'a:le] *a* virtuell, potentiell, möglich.
virtuosa *f v.* **virtuoso.**
virtuosismo [virtuo'sizmo] *m* **1.** *(di artista)* Virtuosität *f*, Meisterschaft *f*, Können *n*; **2.** *pej* Beifallheischerei *f*; **3.** *fig* Geschicklichkeit *f*. **virtuoso, -a** [...u'o:so] **I.** *a* tugendhaft; **II.** *m, f* **1.** *(artista)* Meister(in) *m(f)*; *mus* Virtuose *m*, Virtuosin *f*; **2.** *(chi ha virtù)* tugendhafter Mensch; **un ~ della palla** ein Ballkünstler.
virulento, -a [viru'lɛnto] *a* **1.** *med* virulent, ansteckend; *(velenoso)* giftig; **2.** *fig* bissig, giftig. **virulenza** [...'lɛntsa] *f* **1.** *med* Ansteckungsfähigkeit *f*, Virulenz *f*; *(di veleno)* Giftigkeit *f*; **2.** *fig* Bissigkeit *f*, Giftigkeit *f*.
virus ['vi:rus] ‹-› *m* Virus *m o. n*.
visagista [viza'dʒista] ‹-i *m*, -e *f*› *mf* Visagist(in) *m(f)*.
vis à vis [viza'vi] *adv* gegenüber, vis-à-vis.
viscerale [viʃʃe'ra:le] *a* **1.** *anat* Eingeweide-; **2.** *fig* innig, hingebungsvoll. **viscere** ['viʃʃere] **I.** *m anat* inneres Organ; **II.** ‹-› *f pl* **1.** *zoo* Eingeweide *n pl*; **2.** *fig* Innere(s) *n*; **3.** *poet* Schoß *m*, Leib *m*; **le ~ della madre** der Mutterschoß.
vischio ['viski̯o] ‹-schi› *m* Mistel *f*.
vischioso, -a [vis'ki̯o:so] *a* **1.** *(colloso)* klebrig; *(liquido)* zähflüssig, viskos; **2.** *com* stabil, beständig.
viscidità [viʃʃidi'ta] ‹-› *f* **1.** Glitschigkeit *f*, Schlüpfrigkeit *f*; **2.** *fig pej* schleimige (*o.* schmierige) Art. **viscido, -a** ['viʃʃido] *a* **1.** *fig pej* schleimig, schmierig; **2.** *(lumaca, etc.)* glitschig; *(anguilla)* glatt; **3.** *(fondo stradale)* glatt, rutschig; **4.** *(sostanza)* klebrig.
visconte, -essa [vis'konte, ...'tessa] *m, f* Vicomte *m*, Vicomtesse *f*.
viscosa [vis'ko:sa] *f* Viskose *f*.
viscosità [viskosi'ta] ‹-› *f* Zähflüssigkeit *f*, Viskosität *f*. **viscoso, -a** [...'ko:so] *a* zähflüssig, viskos.
visibile [vi'zi:bile] *a (oggetto)* sichtbar; *(spettacolo, mostra)* anschaubar.
visibilio [vizi'bi:li̯o] ‹-i› *m fam* Unmenge *f*, Masse *f*; **andare in ~** *fig* ganz begeistert sein, in Entzücken geraten.
visibilità [vizibili'ta] ‹-› *f* Sicht *f*.
visiera [vi'zi̯ɛ:ra] *f* **1.** *(dell'elmo)* Visier *n*; **2.** *(di berretto)* Schirm *m*.
visionare [vizi̯o'na:re] *tr (film)* vorführen.
visionario, -a [vizi̯o'na:ri̯o] ‹-i, -ie› **I.** *a* **1.** *psych* Trugbild-, halluzinatorisch;

2. *rel, gener.* Erscheinungs-, Visions-, visionär; 3. *fig* traumtänzerisch; **II.** *m, f* **1.** *psych* Halluzinant(in) *m(f);* **2.** *rel* Seher(in) *m(f);* **3.** *fig* Traumtänzer(in) *m(f),* Phantast *m.*

visione [vi'zio:ne] *f* **1.** *(atto, capacità del vedere)* Sehen *n;* **2.** *(apparizione)* Vision *f,* Erscheinung *f;* **3.** *film* Vorführung *f;* **4.** *psych* Trugbild *n,* Halluzination *f;* **5.** *(percezione)* Anschauung *f,* Auffassung *f;* **6.** *(esame)* Einsicht *f;* **7.** *(scena)* Anblick *m;* **prima ~** *film* Ur-, Erstaufführung *f;* **avere una ~** eine Vision (*o.* Erscheinung) haben; **prendere ~ di qc** in etw. Einsicht nehmen; **che ~!** was für ein Anblick!

visir [vi'zir] ‹-› *m* Wesir *m;* **gran ~** Großwesir *m.*

visita ['vi:zita] *f* **1.** *gener.* Besuch *m;* **2.** *(di città, museo)* Besichtigung *f;* **3.** *med* Untersuchung *f;* **4.** *mil sl* Musterung *f;* **5.** *com* Prüfung *f,* Revision *f;* **~ doganale/fiscale** zollamtliche Prüfung/Steuerprüfung *f;* **biglietto da ~** Visitenkarte *f;* **andare in ~ da qu** bei jdm einen Besuch machen; **fare una ~ a qu** jdn besuchen, jdm einen Besuch abstatten; **marcar ~** sich krank melden; **c'è una ~ per te** es ist Besuch für dich da. **visitare** [vizi'ta:re] *tr* **1.** *gener.* besuchen; **2.** *(città, museo)* besichtigen; **3.** *med* untersuchen. **visitatore, -trice** [...ta'to:re] *m, f* Besucher(in) *m (f).* **visitazione** [...tat'tsio:ne] *f* Mariä Heimsuchung *f.*

visivo, -a [vi'zi:vo] *a* visuell, Seh-, Blick-; **campo ~** Blickfeld *n;* **memoria -a** visuelle Erinnerung, visuelles Erinnerungsvermögen.

viso ['vi:zo] *m* Gesicht *n;* **dire qc sul ~ a qu** jdm etw. ins Gesicht sagen; **fare il ~ lungo** ein langes Gesicht machen; **fare il ~ rosso** *fam* rot werden; **far buon ~ a qu** jdn freundlich aufnehmen (*o.* annehmen); **far buon ~ a cattiva sorte** (*o.* **cattivo gioco**) gute Miene zum bösen Spiel machen; **non guardare in ~ nessuno** *fig* sich um niemanden kümmern; **a ~ aperto** offen, geradeheraus.

visone [vi'zo:ne] *m* Nerz *m.*

visore [vi'zo:re] *m* Diabetrachter *m.*

vispo, -a ['vispo] *a* aufgeweckt, munter, lebhaft.

vissi ['vissi] *1. pers sing del passato remoto di* **vivere.**

vissuto, -a [vis'su:to] **I.** *pp di* **vivere; II.** *a* erfahren, reif.

vista ['vista] *f* **1.** *(facoltà)* Sicht *f,* Augenlicht *n geh;* **2.** *(spettacolo)* (Aus)sicht *f,* (Aus)blick *m;* **3.** *com* Sicht *f;* **a ~** (*ab* **a.v.**) *com* bei (*o.* nach) Sicht; **tratta a ~** Sichtwechsel *m;* **a ~ d'occhio** soweit das Auge reicht; **a prima ~** auf den ersten Blick; **una camera con ~ sul mare** ein Zimmer mit Blick aufs Meer; **un personaggio molto in ~** eine Persönlichkeit im Blickfeld der Öffentlichkeit; **avere in ~ qc** *fig* etw. in Aussicht haben; **avere una ~ buona/debole** gute/schlechte Augen haben; **ha la ~ corta** er (*o.* sie) ist kurzsichtig; **perdere la ~** blind werden, erblinden *geh;* **conoscere qu di ~** jdn vom Sehen kennen; **impedire la ~** die Sicht versperren; **perdere di ~** aus den Augen verlieren; **sfuggire alla ~ di qu** aus jds Gesichtskreis verschwinden; **uscire di ~** aus dem Blickfeld verschwinden; **far ~ di, far le -e di ...** *inf* (so) tun, als ob; **in ~ di** in (*o.* im) Hinblick auf; **dal mio punto di ~** *fig* aus meiner Sicht; **fin dove si spinge** (*o.* **arriva) la ~** so weit das Auge reicht.

vistare [vis'ta:re] *tr* mit einem Sichtvermerk (*o.* Visum) versehen.

visto, -a ['visto] **I.** *pp di* **vedere; II.** *a* gesehen; **essere ben/mal ~** gern/ungern gesehen sein; **mai ~** einmalig, unglaublich; **-i i risultati** auf Grund der Ergebnisse; **~ che ...** da ..., auf Grund dessen, daß ...; **III.** *m* **1.** *adm* Sichtvermerk *m;* *(permesso)* Visum *n;* **2.** *typ* Imprimatur *n,* Druckvermerk *m.*

Vistola ['vistola] *f* Weichsel *f.*

vistoso, -a [vis'to:so] *a* **1.** *(sgargiante)* auffällig; **2.** *fig (ingente)* ansehnlich, beachtlich.

visuale [vizu'a:le] **I.** *a* Sicht-, Seh-, visuell; *(angolo)* Gesichts-, Blick-; **II.** *f (veduta)* (Aus)sicht *f,* (Aus)blick *m.* **visualizzare** [vizualid'dza:re] *tr* sichtbar machen, visuell darstellen. **visualizzazione** [...dzat'tsio:ne] *f* Visualisierung *f.*

Visurgi [vi'zurdʒi] *m* Weser *f.*

vita[1] ['vi:ta] *f* **1.** *biol* Leben *n;* **2.** *lit* Biographie *f,* Lebensgeschichte *f,* Vita *f geh;* **~ vegetale/animale/sensitiva** Pflanzen-/Tier-/Sinneswelt *f;* **la ~ eterna** das ewige Leben; **l'altra ~** das Jenseits; **la ~ di campagna/città** das Land-/Stadtleben; **~ media** durchschnittliche Lebenserwartung; **~ di relazione** zwischenmenschliche Beziehungen *f pl;* **il costo della ~** die Lebenshaltungskosten; **ragazza** (*o.* **donna) di ~** Strichmädchen *n fam;* **ragazzi di ~** Jugendliche *pl* auf der schiefen Bahn; **una questione di ~ o di morte** eine Frage von Leben oder

Tod; **avere una doppia ~** ein Doppelleben führen; **essere in ~** am Leben sein; **essere in fin di ~** im Sterben liegen; **fare la ~** auf den Strich gehen *fam;* **fare la bella ~** sich *(dat)* ein schönes Leben machen; **non dare segno di ~** kein Lebenszeichen (mehr) von sich *(dat)* geben; **guadagnarsi la ~** sich *(dat)* seinen Lebensunterhalt verdienen; **passare a miglior ~** *poet* ins ewige Leben eingehen; **rendere la ~ difficile a qu** jdm das Leben schwer machen; **togliersi la ~** sich *(dat)* das Leben nehmen; **a ~** auf Lebenszeit; *(a. jur)* lebenslänglich; **~ natural durante** zeitlebens; **fra la ~ e la morte** zwischen Leben und Tod; **se ti è cara la ~** wenn dir dein Leben lieb ist; **ne va della ~** das Leben ist in Gefahr; **finché c'è ~, c'è speranza** *prov* solange es Leben gibt, gibt es Hoffnung.

vita² ['vi:ta] *f anat* Taille *f;* **~ di vespa** Wespentaille *f;* **un vestito stretto in ~** ein engtailliertes Kleid.

vitale [vi'ta:le] *a* lebenswichtig, Lebens-; **linfa ~** *fig* Lebenselixier *n,* Energiequelle *f;* **spazio ~** Lebensraum *m.* **vitalità** [vitali'ta] ⟨-⟩ *f* **1.** *(di persona)* Lebenskraft *f,* Vitalität *f;* **2.** *med, fig* Lebensfähigkeit *f.*

vitalizio, -a [vita'littsi̯o] ⟨-i, -ie⟩ **I.** *a* lebenslänglich, auf Lebenszeit; **II.** *m* Rente *f* auf Lebenszeit.

vitamina [vita'mi:na] *f* Vitamin *n.* **vitaminico, -a** [...'mi:niko] ⟨-ci, -che⟩ *a* Vitamin-; **carenza -a** Vitaminmangel *m;* **complesso ~ B** Vitamin-B-Komplex *m.* **vitaminizzare** [...minid'dza:re] *tr* mit Vitaminen anreichern, vitaminisieren.

vite¹ ['vi:te] *f bot* Weinstock *m,* Weinrebe *f;* **piangere come una ~ tagliata** bitterlich weinen, sich *(dat)* die Seele aus dem Leib weinen.

vite² ['vi:te] *f tec, aero, sport* Schraube *f;* **a ~** schraubenförmig; **~ senza fine** (*o.* **perpetua)** Schnecke *f,* endlose Schraube; **dare un giro di ~** *fig* die Schraube fester anziehen.

vitello [vi'tɛllo] *m* **1.** *zoo* Kalb *n;* **2.** *gastr* Kalbfleisch *n;* **3.** *(pelle)* Kalbsleder *n;* **4.** *biol* Deutoplasma *n.* **vitellone** [vitel'lo:ne] *m* **1.** *zoo* Jungochse *m;* **2.** *fig pej* Nichtsnutz *m,* Müßiggänger *m.*

viticcio [vi'tittʃo] ⟨-cci⟩ *m* **1.** *bot* Ranke(npflanze) *f;* **2.** *(motivo ornamentale)* Rankenornament *n,* -werk *n.*

viticolo, -a [vi'ti:kolo] *a* Weinbau-. **viticoltore, viticultore, -trice** [vitikol'to:re, ...kul'to:re] *m, f* Weinbauer *m,* Winzer(in) *m(f).* **viticoltura, viticultura** [...'tu:ra] *f* Weinbau *m.*

vitigno [vi'tiɲɲo] *m* Weinstock *m,* Weinrebe *f.*

vitivinicolo, -a [vitivi'ni:kolo] *a* den Weinbau und die Weinerzeugung betreffend.

vitreo, -a ['vi:treo] **I.** *a* **1.** *(di vetro)* gläsern, Glas-; *(trasparente)* durchsichtig; **2.** *(simile al vetro)* glasartig, glasig; *fig (occhi, sguardo)* starr, glasig; **corpo ~** Glaskörper *m;* **II.** *m* Glaskörper *m.*

vittima ['vittima] *f* Opfer *n;* **le -e del terremoto/dell'incidente** die Erdbeben-/Unfallopfer *n pl;* **restare ~ di un incidente** einem Unfall zum Opfer fallen; **povera ~!** *fam scherz* ach, du Arme(r)! **vittimismo** [...'mizmo] *m* Neigung *f* zum Selbstmitleid.

vitto ['vitto] *m* Kost *f,* Verpflegung *f;* **~ e alloggio** Kost und Logis.

vittoria [vit'tɔ:ri̯a] ⟨-ie⟩ *f* Sieg *m;* **~ di Pirro** Pyrrhussieg *m;* **riportare la ~ sul nemico** den Sieg über den Feind davontragen; **la ~ ha arriso alla nostra squadra** unsere Mannschaft hat den Sieg davongetragen.

Vittoria [vit'tɔ:ri̯a] *(nome proprio femminile)* Viktoria.

Vittorio [vit'tɔ:ri̯o] *(nome proprio maschile)* Viktor.

vittorioso, -a [vitto'ri̯o:so] *a* siegreich, Sieger-.

vituperabile [vitupe'ra:bile] *a* tadelnswert.

vituperare [vitupe'ra:re] *tr* beschimpfen, verunglimpfen. **vituperio** [...'pɛ:ri̯o] ⟨-i⟩ *m* **1.** *(ingiuria)* Beschimpfung *f,* schwere Beleidigung; **2.** *(disonore)* Schande *f,* Schandfleck *m;* **ricoprire qu di -i** jdn übel beschimpfen; **essere il ~ della famiglia** der Schandfleck der Familie sein.

viuzza [vi'uttsa] *f* Gasse *f,* Gäßchen *n.*

viva¹ ['vi:va] *interj* es lebe, hoch lebe; **~ gli sposi!** hoch lebe das Brautpaar!; **~ il re!** es lebe der König!

viva² *f v.* **vivo.**

vivacchiare [vivak'ki̯a:re] ⟨vivacchio, vivacchi⟩ *itr fam* recht und schlecht leben; **si vivacchia** man lebt, man schlägt sich durch *fam.*

vivace [vi'va:tʃe] *a (persona, colore, conversazione, etc.)* lebhaft; *mus* vivace, lebhaft. **vivacità** [vivatʃi'ta] ⟨-⟩ *f* Lebhaftigkeit *f,* Lebendigkeit *f;* **con ~** lebhaft. **vivacizzare** [...id'dza:re] *tr* beleben.

vivaio [vi'va:i̯o] ⟨-ai⟩ *m* **1.** *agr* Baumschule *f;* **2.** *(di pesci)* Fischteich *m;*

3. *fig* Pflegestätte *f;* 4. *sport* Trainingszentrum *n.*
vivanda [vi'vanda] *f* Speise *f.*
vivente [vi'vɛnte] **I.** *a* lebend, Lebe-; **gli esseri -i** die Lebewesen *n pl;* **II.** *m* Lebende(r) *m(f).*
vivere ['vi:vere] ‹vivo, vissi, vissuto› **I.** *itr* ‹*essere*› **1.** leben; **2.** *fig* (weiter)leben; ~ **in campagna/città/all'estero** auf dem Land/in der Stadt/im Ausland leben; ~ **felice/libero/onestamente** glücklich/frei/anständig leben; ~ **del proprio lavoro/di rendita** von seiner Arbeit/der Rendite leben; ~ **fino a tarda età** ein hohes Alter erreichen; ~ **di sola aria** nur von der Luft leben; **avere di che** ~ das Notwendige zum Leben haben; **vivi e lascia** ~! leben und leben lassen; **stare sul chi vive** *fig* auf dem Quivive sein; **chi vivrà, vedrà** *prov* abwarten und Tee trinken *fam;* **II.** *tr* ‹*avere*› leben, verleben; *(passare)* erleben; *(sentire)* fühlen; **III.** *m* Leben *n.*
viveri ['vi:veri] *m pl* Lebensmittel *n pl.*
viveur [vi'vœ:r] ‹-› *m* Lebemann *m.*
vivezza [vi'vettsa] *f* Lebendigkeit *f,* Lebhaftigkeit *f.*
vivido, -a ['vi:vido] *a (a. fig)* lebhaft; *(colore a.)* leuchtend; *(luce)* hell.
vivificare [vivifi'ka:re] ‹vivifico, vivifichi› *tr* **1.** *(rendere vivo)* beleben; **2.** *fig* erfrischen, beleben. **vivificazione** [...kat'tsi̯o:ne] *f* Belebung *f.*
viviparo, -a [vi'vi:paro] **I.** *a* lebendgebärend; **II.** *m, f* lebendgebärendes Tier.
vivisezione [viviset'tsi̯o:ne] *f* **1.** *zoo* Vivisektion *f;* **2.** *fig* genaue (*o.* eingehende) Untersuchung; *(di scritto, etc. a.)* Auseinandernehmen *n.*
vivo ['vi:vo] *1. pers sing pr di* **vivere.**
vivo, -a ['vi:vo] **I.** *a* **1.** *(vivente)* lebend, lebendig; *(lingua)* lebend; **2.** *fig (vivace)* lebendig, lebhaft; *(sentimenti)* stark, lebhaft; *(compassione)* tief; *(interesse, desiderio)* lebhaft; **3.** *(luce)* grell; *(carne)* roh; *(acqua)* fließend; *(calce)* ungelöscht; **angolo** ~ scharfe Kante; **argento** ~ Quecksilber *n;* **spese -e** Selbstkosten *pl;* **a -a forza** heftig, kräftig; *(gridare a.)* aus (*o.* nach) Leibeskräften; **a -a voce** mündlich; **di** ~ **cuore** herzlichst; **o** ~ **o morto** tot oder lebendig; **più morto che** ~ mehr tot als lebendig; **farsi** ~ sich melden, ein Lebenszeichen geben; **cuocere a fuoco** ~ auf großer Flamme kochen; **porgiamo i più -i ringraziamenti** wir verbleiben mit dem herzlichsten Dank; **vivissimi auguri** herzlichste Glückwünsche; **II.** ‹*pl*› *(persone)* Lebende(n), Lebendige(n) *pl;* **III.** *m (carne viva)* rohes Fleisch; **colpire** (*o.* **pungere** *o.* **toccare) nel** (*o.* **sul)** ~ an der empfindlichen Stelle treffen; **entrare nel** ~ **della questione** zum (eigentlichen) Kern der Frage kommen; **al** ~ naturgetreu; **trasmissione dal** ~ Live-Übertragung *f,* Live-Sendung *f.*
viziare [vit'tsi̯a:re] ‹vizio, vizi› **I.** *tr* **1.** *(bambini, etc.)* verwöhnen, verziehen, verhätscheln; **2.** *jur* ungültig machen; **3.** *fig* verderben; **II.** *rfl:* **-rsi** verdorben werden. **viziato, -a** [...'tsi̯a:to] *a* **1.** *(persona)* verwöhnt, verzogen; **2.** *jur* fehlerhaft, ungültig; **3.** *fig* schlecht, verdorben.
vizio ['vittsi̯o] ‹-i› *m* **1.** *pej* Laster *n,* schlechte Angewohnheit; **2.** *anat* Fehler *m; jur* Fehler *m; (a. tec)* Mangel *m;* ~ **della gola** Freßsucht *f;* **-i di lavorazione** Verarbeitungsmängel *m pl;* ~ **cardiaco** Herzfehler *m;* **i sette -i capitali** die sieben Todsünden *f pl;* **mettersi sulla strada del** ~ auf die schiefe Bahn geraten, vom Pfad der Tugend abweichen; **vivere nel** ~ lasterhaft leben. **viziosa** *f v.* **vizioso. viziosità** [...si'ta] ‹-› *f* Fehlerhaftigkeit *f,* Unzulänglichkeit *f.* **vizioso, -a** [...'tsi̯o:so] **I.** *a* **1.** *(persone, atti)* lasterhaft; **2.** *(errato)* fehlerhaft, Fehl-; **circolo** ~ Teufelskreis *m;* **II.** *m, f* lasterhafter Mensch.
vizzo, -a ['vittso] *a* welk.
V.le *ab di* **Viale** Allee.
vocabolario [vokabo'la:ri̯o] ‹-i› *m* **1.** *(dizionario)* Wörterbuch *n;* **2.** *(lessico)* Wortschatz *m,* Sprache *f;* ~ **essenziale** Grundwortschatz *m.* **vocabolo** [vo'ka:bolo] *m* Wort *n,* Vokabel *f.*
vocale[1] [vo'ka:le] *a* **1.** *anat* Stimm-, Sprach-; **2.** *mus* vokal, Vokal-; **corde -i** Stimmbänder *n pl.*
vocale[2] [vo'ka:le] *f ling* Vokal *m,* Selbstlaut *m.* **vocalico, -a** [vo'ka:liko] ‹-ci, -che› *a* vokalisch. **vocalizzare** [vokalid'dza:re] *tr, itr* vokalisieren. **vocalizzazione** [...dzat'tsi̯o:ne] *f* Vokalisation *f.*
vocativo, -a [voka'ti:vo] **I.** *a* Vokativ-, Anrede-; **II.** *m* Vokativ *m.*
vocazione [vokat'tsi̯o:ne] *f* **1.** *gener., rel* Berufung *f;* **2.** *fig* Veranlagung *f,* Begabung *f;* **3.** *gram* Anrede *f;* **avere** ~ **per qc** für etw. eine Begabung haben.
voce ['vo:tʃe] *f* **1.** *gener., mus* Stimme *f; fig* Klang *m;* **2.** *gram* Form *f;* **3.** *ling (lemma)* Stichwort *n; (parola)* Wort *n,* Ausdruck *m;* **4.** *(su lista, bilancio)* Position *f,* Posten *m;* **5.** *fig*

Gerücht *n*, Gerede *n;* ~ **di petto/testa** Brust-/Kopfstimme *f;* **la ~ della natura/della coscienza/del sangue** die Stimme der Natur/des Gewissens/des Blutes; **alzare/abbassare la ~** die Stimme heben/senken; **ad alta/a bassa ~** mit lauter/leiser Stimme; **a gran ~** mit lauter Stimme, laut; **a (viva) ~** mündlich; **a quattro -i** vierstimmig; **parlare sotto ~** flüstern, leise sprechen; **avere ~ in capitolo** mitzureden haben, etw. zu sagen haben; **dare una ~ a qu** *fam* jdn (herbei)rufen; **dare sulla ~ a qu** jdm über den Mund fahren; **dare ~ ai propri sentimenti** seinen Gefühlen Ausdruck verleihen; **darsi la ~** sich absprechen; **essere giù di ~** *fam* nicht (gut) bei Stimme sein; **fare la ~ grossa** ein Machtwort sprechen; **corre ~ che ...** es geht das Gerücht, daß ... **vociare** [voˈtʃaːre] ⟨vocio, voci⟩ **I.** *itr fam* krakeelen, herumschreien; **II.** ⟨-⟩ *m* Geschrei *n.* **vociferare** [votʃifeˈraːre] *tr* munkeln. **vocio** [voˈtʃiːo] ⟨-cii⟩ *m* Geschwätz *n.*

vodka [ˈvɔdka] ⟨-⟩ *f* Wodka *m.*

voga [ˈvoːga] ⟨-ghe⟩ *f* **1.** *(moda, usanza)* Mode *f;* **2.** *naut* Rudern *n;* **essere in ~** in Mode sein; *(persona)* beliebt (*o.* in *fam*) sein.

vogare [voˈgaːre] ⟨vogo, voghi⟩ *itr* rudern. **vogata** [voˈgaːta] *f* Ruderschlag *m*, Rudern *n.* **vogatore, -trice** [vogaˈtoːre] **I.** *m, f* Ruderer *m*, Rud(r)erin *f;* **II.** *m* Ruderkasten *m.*

voglia [ˈvɔʎʎa] ⟨-glie⟩ *f* **1.** *(desiderio)* Lust *f* (*di* auf); *(desiderio sessuale)* Begierde *f*, Lust *f*, Verlangen *n; fam (durante la gravidanza)* Heißhunger *m* (*di* auf); **2.** *fam (macchia della pelle)* Muttermal *n;* **avere (una gran) ~ di fare qc** (große) Lust haben, etw. zu tun; **avere una ~ matta di ...** *fam* verrückt sein nach ...; **fare qc contro ~** etw. (nur) widerwillig tun.

voglio [ˈvɔʎʎo] *1. pers sing pr di* **volere.**

voglioso, -a [voʎˈʎoːso] *a* gierig (*di* auf), lüstern (*di* nach).

voi [ˈvoːi] *pron pers* **1.** *2. pers pl (soggetto)* ihr; *(oggetto)* euch; *(con preposizione)* euch, eurer; **2.** *(forma di cortesia a.:* **V~***) (soggetto)* Sie; *(oggetto)* Ihnen; *(con preposizione)* Sie, Ihnen, Ihrer. **voialtri** [voˈi̯altri] *pron* ihr, ihr eurerseits.

volano [voˈlaːno] *m* **1.** *sport* Federball *m;* **2.** *tec* Schwungrad *n.*

volant [vɔˈlã] ⟨-⟩ *m* Rüsche *f*, Volant *m.*

volante[1] [voˈlante] **I.** *a (che vola)* fliegend, Flug-; **un foglio ~** ein loses Blatt; **squadra ~** Überfallkommando *n*, mobiles Einsatzkommando; **II.** *f (polizia)* Überfallkommando *n*, mobiles Einsatzkommando.

volante[2] [voˈlante] *m mot* Steuer(rad) *n*, Lenkrad *n;* **un asso del ~** ein Meisterfahrer; **sport del ~** Autorennsport *m.*

volantinaggio [volantiˈnaddʒo] ⟨-ggi⟩ *m* Flugblattverteilen *n.* **volantinare** [...ˈnaːre] **I.** *itr* eine Flugblattaktion durchführen; **II.** *tr* (mit Flugblättern) propagieren.

volantino [volanˈtiːno] *m* **1.** *(manifestino)* Flugblatt *n*, Handzettel *m;* **2.** *tec* Handrad *n.*

volare [voˈlaːre] *itr* ⟨*essere o. avere*⟩ **1.** *(nell'aria)* fliegen; **2.** *fig (veicolo, etc.)* sausen, flitzen; *(persona)* eilen, rasen; *(tempo)* verfliegen, im Nu vergehen; **il vento gli fece ~ via il cappello** der Wind wehte ihm den Hut davon; **volano schiaffi/pugni** es hagelt Ohrfeigen/es fliegen die Fäuste. **volata** [voˈlaːta] *f* **1.** *(volo)* Flug *m;* **2.** *fam (corsa veloce)* schnelle Fahrt; **3.** *sport* (End)spurt *m;* **4.** *mil* Rohrmündung *f;* **5.** *zoo (stormo)* Flug *m;* **6.** *min* Schuß *m;* **fare qc di ~** *fam* etw. im Eiltempo (*o.* zack, zack *fam*) machen.

volatile [voˈlaːtile] **I.** *a* **1.** *chem* flüchtig; **2.** *zoo* fliegend, Flug-; **II.** *m* Vogel *m.* **volatilità** [volatiliˈta] ⟨-⟩ *f* Flüchtigkeit *f.* **volatilizzare** [...lidˈdzaːre] **I.** *tr* ⟨*avere*⟩ verflüchtigen; **II.** *itr* ⟨*essere*⟩ sich verflüchtigen; **III.** *rfl:* **-rsi** **1.** *chem* sich verflüchtigen; **2.** *fam* sich in Luft auflösen *fam.* **volatilizzazione** [...liddzatˈtsi̯oːne] *f* Verflüchtigung *f.*

vol-au-vent [vɔloˈvã] ⟨-⟩ *m* ≃ (Königin)pastete *f.*

volente [voˈlɛnte] *a:* ~ **o nolente** wohl oder übel, nolens volens *geh.* **volenteroso, -a** [volenteˈroːso] *a* (bereit)willig. **volentieri** [...ˈti̯ɛːri] *adv* gern(e).

volere [voˈleːre] ⟨voglio, volli, voluto⟩ **I.** *tr* **1.** *(desiderare)* wollen, wünschen; *(gradire)* mögen; **2.** *(permettere)* wollen, erlauben; **3.** *(pretendere)* wollen (*da* von), verlangen (*da* von); **4.** *com* verlangen (*per* für), (haben) wollen (*per* für); **5.** *(cercare)* wollen, suchen; **6.** *(richiedere)* brauchen, verlangen, fordern; *(avere bisogno)* brauchen; **7.** *meteo* aussehen nach; **~ dire** bedeuten; **~ bene/male a qu** jdn gern haben/nicht mögen (*o.* nicht leiden können); **ti voglio bene** ich hab dich gern, ich mag dich; **farsi ~ bene**

sich lieb Kind machen; ~ **o no** (*o.* **o volare)** *fam* wohl oder übel, ob man will oder nicht; **non volendo** *fam,* **senza** ~ *fam* ohne zu wollen, ungewollt, unabsichtlich; **vuol piovere** es sieht nach Regen aus; **la lavatrice non vuol funzionare** *fam* die Waschmaschine streikt *fam* (*o.* will nicht) *fam;* **la leggenda vuole che Siegfriedo sia morto qui** der Legende nach soll Siegfried hier gestorben sein; **questo verbo vuole il congiuntivo** dieses Verb verlangt den Konjunktiv; **come/quando vuoi** wie/wann du willst; **Dio voglia che ...** *conj* gebe Gott, daß ...; **volesse il cielo!** der Himmel möge es geben; **vorrei tre metri di stoffa blu** ich möchte drei Meter blauen Stoff; **vorrebbe che tu venissi** er (*o.* sie) möchte, daß du kommst; **ma che vuoi da me?** was willst du denn von mir?; **c'è un signore che ti vuole** da ist ein Herr für dich; da ist ein Herr, der dich sprechen will; **ti vogliono al telefono** du wirst am Telefon verlangt; **ci vuole/ci vogliono...** es ist/sind... nötig, man braucht ...; **qui ci vorrebbe un elettricista** hier wäre ein Elektriker nötig; **ci vuole un bel coraggio** *fam* es gehört ganz schön Mut dazu *fam;* **non ci vuol niente** *fig* das ist doch keine Kunst; **ci vuol altro!** dazu bedarf es mehr!; **ce n'è voluto!** das war nötig; **quanto ci vuole per andare a Monaco?** wie lange braucht man bis (*o.* nach) München?; **volevo ben dire!** *fam* das dachte ich mir!; **non volermene!** *fam* sei mir (deshalb) nicht böse, mach mir (deshalb) keine Vorwürfe; **vuoi ... vuoi ...** ob ... oder; **vuoi i giovani, vuoi gli anziani, tutti lo stimano** ob Jung oder Alt, alle schätzen ihn; **chi troppo vuole nulla stringe** *prov* allzuviel ist ungesund *prov;* **chi vuole vada e chi non vuole mandi** *prov* selbst ist der Mann *prov;* **II.** *rfl:* **-rsi:** ~ **bene** sich gern haben, sich lieben; **III.** *m* **1.** *(volontà)* Wille *m,* Wollen *n;* **2.** ‹*pl*› Wünsche *m pl,* Vorstellungen *f pl.*

Volga ['vɔlga] *m o. f* Wolga *f.*

volgare [vol'ga:re] **I. 1.** *a ling* vulgär, Volks-; **2.** *pej* vulgär, ordinär; *(a. triviale)* gewöhnlich; **latino** ~ Vulgärlatein *n;* **II.** *mf* vulgärer Mensch; **non fare il ~!** sei nicht so vulgär!; **III.** *m* Vulgärsprache *f.* **volgarità** [...gari'ta] ‹-› *f* Vulgarität *f.* **volgarizzare** [...garid'dza:re] *tr* **1.** *(rendere accessibile)* popularisieren, allgemeinverständlich darstellen; **2.** *lit* in die Vulgärsprache übertragen. **volgarmente** [...gar'mente] *adv* **1.** *pej* vulgär, gewöhnlich; **2.** *(comunemente)* gewöhnlich.

volgata [vol'ga:ta] *v.* **vulgata.**

volgere ['vɔldʒere] ‹volgo, volgi, volsi, volto› **I.** *tr* **1.** *(dirigere)* lenken (*verso* nach), wenden (*verso* gegen), richten (*verso* auf, *contro* gegen); **2.** *(voltare)* ab-, zukehren, ab-, zuwenden; **3.** *fig (mutare)* verkehren (*in* in); ~ **in fuga il nemico** den Feind in die Flucht schlagen; ~ **le spalle a qu** jdm den Rücken (zu)kehren; ~ **le cose in burla** die Dinge ins Lächerliche ziehen; ~ **il pensiero a qc** einer S. seine Gedanken zuwenden; **II.** *itr* **1.** *(strada)* abbiegen (*a* nach); **2.** *(persone)* sich abwenden, sich abkehren; **3.** *(tempo)* werden (*a* zu); **4.** *(colore)* (über)gehen (*a* in); **5.** *(evolversi)* sich kehren (*a* zu), zugehen (*a* auf); **6.** *(avvicinarsi al termine)* sich nähern; **i nemici volsero in fuga** die Feinde ergriffen die Flucht; **il tempo volge al brutto** das Wetter wird schlecht; ~ **al peggio/meglio** sich zum schlechteren/besseren wenden; ~ **al termine** dem Ende zu gehen; **III.** *rfl:* **-rsi** sich wenden, sich richten, sich drehen; **-rsi verso qu** sich jdm zuwenden; **-rsi a destra/sinistra** sich nach rechts/links drehen; **-rsi in fuga** die Flucht ergreifen; **da qualunque lato mi volga** wohin ich mich auch wende; **il tempo si volge al brutto** das Wetter wird schlecht; **la sua ira si volse contro di noi** seine Wut richtete sich gegen uns; **IV.** *m* Verlauf *m,* Lauf *m;* **con il ~ degli anni** im Laufe der Jahre.

volgo ['volgo] ‹-ghi› *m* **1.** Volk *n,* Volksmassen *f pl;* **2.** *pej* Pöbel *m,* Masse *f;* **uscire dal** ~ *fig* aus der Masse heraustreten.

voliera [vo'li̯ɛ:ra] *f* Vogelhaus *n,* Voliere *f.*

volli ['vɔlli] *1. pers sing del passato remoto di* **volere.**

volo ['vo:lo] *m* Flug *m; (atto a.)* Fliegen *n; (caduta)* Fall *m;* ~ **spaziale** Raumflug *m;* ~ **senza scalo** Direkt-, Nonstopflug *m;* **assistente di** ~ Kopilot *m;* **ore di** ~ Flugstunden *f pl;* **velocità di** ~ Fluggeschwindigkeit *f;* **palla a** ~ *v.* **pallavolo; colpire la palla al** ~ den Ball aus der Luft (*o.* volley) nehmen; **al** ~ im Nu, sofort; **a** ~ **d'uccello** aus der Vogelperspektive *f; fig* auf die Schnelle; **alzarsi in** ~ auf-, hochfliegen; *aero* abheben; **prendere il** ~ wegfliegen; *fig* die Flucht ergreifen; **spiccare il** ~ *(uccelli)* auf-, hochfliegen; **fare un ~** *fig fam* hinsegeln *fam.*

volontà [volon'ta] ‹-› *f* Wille *m; (a. gram)* Wollen *n;* **forza di ~** Willenskraft *f;* **le ultime ~** der Letzte Wille; **scrivere le ultime ~** das Testament aufsetzen; **avere una ~ di ferro** einen eisernen Willen haben; **essere di buona ~** guten Willens sein; **forzare la ~ di qu** jdn zwingen; **a ~** nach Belieben, nach Wunsch; **contro la propria ~** wider Willen; **privo di ~** willenlos; **sia fatta la ~ di Dio** der Wille Gottes geschehe.

volontaria *f v.* **volontario.**

volontariamente [volontaria'mente] *adv* freiwillig, aus freien Stücken. **volontariato** [...'ria:to] *m* **1.** *(prestazione di lavoro)* Volontariat *n;* **2.** *mil* freiwilliger Wehrdienst. **volontario, -a** [...'ta:rio] ‹-i, -ie› **I.** *a* freiwillig; *anat* willkürlich; **II.** *m, f* Volontär(in) *m(f); (a. mil)* Freiwillige(r) *mf.* **volontarismo** [...ta'rizmo] *m* Voluntarismus *m.*

volpacchiotto [volpak'kiotto] *m* **1.** *zoo* junger Fuchs; **2.** *fig* schlauer Fuchs. **volpe** ['volpe] *f* **1.** *zoo* Fuchs *m;* **~ rossa/argentata** Rot-/Silberfuchs *m;* **2.** *(pelliccia)* Fuchs(pelz) *m;* **3.** *fig* Fuchs *m.* **volpino, -a** [...'pi:no] **I.** *a* Fuchs-; **cane ~** Spitz *m;* **astuzia -a** Schlitzohrigkeit *f,* Gerissenheit *f;* **II.** *m* Spitz *m.* **volpone** [...'po:ne] *m* *fig* Fuchs *m,* Schlitzohr *n.*

sia la prima e l'ultima ~ (ich hoffe,)

volsi ['vɔlsi] *1. pers sing del passato remoto di* **volgere.**

volt [vɔlt] ‹-› *m (ab* **V)** Volt *n.*

volta¹ ['vɔlta] *f* **1.** *(momento, circostanza)* Mal *n; (turno)* Reihe *f,* Mal *n;* **2.** *(giro)* Drehung *f; (svolta)* Biegung *f;* **3.** *typ* Widerdruckseite *f;* **4.** *naut* Seilwindung *f;* **5.** *sport* Kehre *f;* **6.** *aero* Schleife *f;* **una ~** einmal; *(in un tempo passato)* einmal, früher, einst; **una ~ sola** einmal, ein einziges Mal; **una (buona) ~** *(fam)* endlich (ein)mal; **una ~ tanto** ab und zu, gelegentlich; **una ~ per tutte** ein für allemal; **una ~ o due** ein- oder zweimal; **una ~ o l'altra** irgendwann, früher oder später; **un'altra ~** ein andermal; **ancora una ~** noch einmal; **molte** (*o.* **spesse) -e** recht oft, öfter; **poche** (*o.* **rare) -e** selten; **certe -e, delle -e** manchmal; *(spesso)* oft; **tutte le -e che ...** jedesmal (*o.* immer) wenn ..., sooft ...; **tutto in una ~** alles auf einmal, alles zusammen; **ogni cosa a sua ~** alles zu seiner Zeit, eines nach dem anderen; **un po' alla ~** nach und nach; **uno per ~** jeweils einer; **~ per ~** je nach Fall; **a -e** manchmal, ab und zu; **a mia ~** meinerseits, was mich angeht; **alla ~ di** in Richtung *gen,* nach *dat;* **c'era una ~** es war einmal; **che sia la prima e l'ultima ~** (ich hoffe,) das ist das erste und das letzte Mal; **tre -e tre fa nove** drei mal drei ist neun; **dar di ~il cervello** *fam* durchdrehen *fam,* überschnappen *fam;* **una ~ per uno non fa male a nessuno** *prov* jeder soll einmal an die Reihe kommen.

volta² ['vɔlta] *f* **1.** *arch* Gewölbe *n;* **2.** *astr* Gewölbe *n,* Firmament *n;* **3.** *anat* Wölbung *f;* **~ a crociera** Kreuzgewölbe *n;* **a ~** gewölbt.

voltafaccia [volta'fattʃa] ‹-› *m (a. fig)* Kehrtwendung *f.*

voltagabbana [voltagab'ba:na] ‹-› *mf:* **è un(a) ~** er (*o.* sie) hängt sein (*o.* ihr) Mäntelchen nach dem Wind.

voltaggio [vol'taddʒo] ‹-ggi› *m* Spannung *f.*

voltaico, -a [vol'ta:iko] ‹-ci, -che› *a* voltaisch, Volta-; **arco ~** (Licht)bogen *m;* **pila -a** Volta-Element *n.* **voltametro** [vol'ta:metro] *m* Voltameter *n.*

voltare [vol'ta:re] **I.** *tr* **1.** *(occhi, viso, etc.)* wenden, drehen; *(pagina, foglio)* umblättern, wenden; *(frittata)* wenden; **2.** *(angolo)* biegen um; **~ pagina** umblättern; *fig* ein neues Kapitel anfangen; *(parlare d'altre cose)* von etw. anderem reden; **~ le spalle a qu** jdm den Rücken (zu)kehren; **II.** *itr* abbiegen; **III.** *rfl:* **-rsi** sich (um)drehen, sich wenden; **-rsi e rivoltarsi nel letto** sich im Bett hin- und herwälzen; **non sapere da quale parte -rsi** *fig* nicht mehr ein noch aus wissen.

voltastomaco [voltas'tɔ:mako] *m* Übelkeit *f;* **ho il ~** mir ist übel; **mi dà il ~** *fig* das dreht mir den Magen um; **mi fa venire il ~** *fig* da kommt mir die Galle hoch.

volteggiare [volted'dʒa:re] ‹volteggio, volteggi› *itr* **1.** *(volare)* kreisen; **2.** *sport* voltigieren.

volto ['volto] *m* **1.** *poet* Antlitz *n poet;* **2.** *fig* Gesicht *n,* Anblick *m;* **ha rivelato il suo vero ~** er (*o.* sie) hat sein (*o.* ihr) wahres Gesicht gezeigt.

volto, -a ['vɔlto] **I.** *pp di* **volgere; II.** *a* gewendet, (um)gedreht.

voltolare [volto'la:re] **I.** *tr* rollen, wälzen; **II.** *rfl:* **-rsi** sich wälzen.

voltura [vol'tu:ra] *f* **1.** *adm* Ummeldung *f;* **2.** *jur* Überschreibung *f;* **3.** *com* Umbuchung *f;* **fare la ~ del**

telefono/della radio das Telefon/Radio ummelden.

volubile [vo'lu:bile] *a* **1.** *(tempo)* unbeständig; **2.** *(persona)* unbeständig, flatterhaft; **3.** *bot* rankig. **volubilità** [volubili'ta] ‹-› *f* **1.** *(tempo)* Unbeständigkeit *f;* **2.** *(di carattere)* Unbeständigkeit *f,* Flatterhaftigkeit *f.*

volume [vo'lu:me] *m* **1.** *mat* Rauminhalt *m,* Volumen *n;* **2.** *com, fig* Umfang *m;* **3.** *(libro)* Band *m,* Buch *n;* **4.** *radio, TV* Lautstärke *f;* **5.** *(mole)* Ausmaß *n,* Umfang *m;* **abbassare/alzare il ~ di qc** etw. leiser/lauter stellen; **a tutto ~** in voller Lautstärke. **volumetrico, -a** [volu'mɛ:triko] *a* **1.** *mat* Rauminhalts-, volumetrisch; **2.** *chem* Maß-.

voluminosità [voluminosi'ta] ‹-› *f* (beachtlicher) Umfang *m,* Größe *f.* **voluminoso, -a** [...'no:so] *a (oggetto)* umfangreich, voluminös, groß; *(persone)* groß und dick, korpulent, voluminös *scherz.*

voluta [vo'lu:ta] *f* **1.** *arch* Volute *f;* **2.** *(spira)* Windung *f.*

voluto, -a [vo'lu:to] **I.** *pp di* **volere; II.** *a* **1.** *(desiderato)* gewollt, gewünscht, beabsichtigt; **2.** *fig* gekünstelt, gewollt.

voluttà [volut'ta] ‹-› *f* **1.** *(sessuale)* Sinnlichkeit *f,* Wollust *f;* **2.** *(godimento)* Genuß *m.* **voluttuario, -a** [...tu'a:ri̯o] ‹-i, -ie› *a* Luxus-, Genuß-. **voluttuosità** [...tuosi'ta] ‹-› *f* Sinnlichkeit *f.* **voluttuoso, -a** [...tu'o:so] *a* sinnlich.

vomere ['vɔ:mere] *m* **1.** *agr* Pflugschar *f;* **2.** *mil* Lafettensporn *m;* **3.** *anat* Pflugscharbein *n.*

vomitare [vomi'ta:re] **I.** *tr* (er)brechen, (aus)brechen; **~ ingiurie/bestemmie** Beschimpfungen/Flüche ausstoßen; **II.** *itr* (sich) erbrechen, brechen, sich übergeben; **mi viene da ~** ich muß brechen, mir wird übel; **da far ~** zum Kotzen *vulg.* **vomito** ['vɔ:mito] *m* (Er)brechen *n;* **conato di ~** Brechreiz *m;* **avere/dare/provocare il ~** Brechreiz haben/erregen/hervorrufen; **far venire il ~ a qu** *(a. fig)* jdm die Galle hochkommen lassen; **mi viene il ~** ich muß brechen, es wird mir übel.

vongola ['voŋgola] *f* Venusmuschel *f.*

vorace [vo'ra:tʃe] *a* gefräßig. **voracità** [voratʃi'ta] ‹-› *f* Gefräßigkeit *f.*

voragine [vo'ra:dʒine] *f* Erdloch *n,* Schlund *m.*

Vorarlberg ['fo:rʔarlbɛrk] *m* Vorarlberg *n.*

vorrò [vor'rɔ] *v.* **volere.**

vortice ['vɔrtitʃe] *m* Wirbel *m,* Strudel *m;* **nel ~ della danza** im Wirbel des Tanzes; **il ~ della vita moderna** der Sog (*o.* Strudel) des modernen Lebens. **vorticoso, -a** [vorti'ko:so] *a* **1.** *(fiume, acque)* voller (Wasser)strudel; **2.** *fig* schwindelerregend.

vostro, -a ['vɔstro] **I.** *a* (*ab* **vs., Vs.**) euer; *(forma di cortesia a.:* **V~***)* Ihr; **la -a speranza** eure Hoffnung; **~ padre/zio** euer Vater/Onkel; **un ~ amico** ein Freund von euch; **ho ricevuto la Vostra del 21 c.m.** ich habe Ihr Schreiben vom 21. des Monats erhalten; **Vostra Eccellenza/Santità** Eure Exzellenz/Heiligkeit; **II.** *pron:* **il ~, la -a** eure(r, s); *(forma di cortesia a.:* **V~***)* Ihre(r, s); **III.** *m* **il ~** das Eur(ig)e; *(forma di cortesia a.:* **V~***)* das Ihr(ig)e; **i -i** die Euren *geh; (forma di cortesia a.:* **V~***)* die Ihren *geh.*

votante [vo'tante] **I.** *a* wahlberechtigt; **II.** *mf* Wahlberechtigte(r) *mf,* Wähler(in) *m(f).*

votare [vo'ta:re] **I.** *tr* **1.** *gener., jur* beschließen, abstimmen über; **2.** *rel* weihen; **II.** *itr* stimmen, wählen; *(mettere ai voti)* abstimmen; **~ per/contro/qc/qu** für/gegen etw./jdn stimmen; **III.** *rfl:* **-rsi** *rel* sich weihen, sich hingeben. **votazione** [votat'tsi̯o:ne] *f* **1.** *jur* Abstimmung *f; (dare il voto)* Stimmabgabe *f; (elezione)* Wahl *f;* **2.** *(nell'insegnamento)* Benotung *f,* Zensuren *f pl; (voto)* Note *f;* **~ per alzata di mano** Abstimmung *f* durch Handaufheben; **~ a scrutinio segreto** geheime Abstimmung; **passare alle -i** zur Abstimmung schreiten.

votivo, -a [vo'ti:vo] *a* Votiv-, Weih-; **iscrizione -a** Votivtafel *f.*

voto ['vo:to] *m* **1.** *rel* Gelübde *n,* Gelöbnis *n; (oggetto)* Weihgabe *f;* **2.** *jur* Votum *n,* Stimme *f;* **3.** *(nell'insegnamento)* Note *f,* Zensur *f;* **4.** ‹*pl*› Wille *m,* Wunsch *m;* **~ di castità** Keuschheitsgelübde *n;* **~ di fiducia/sfiducia** Vertrauens-/Mißtrauensvotum *n;* **~ di preferenza** Vorzugsstimme *f;* **scheda di ~** Wahlschein *m,* Wahlzettel *m,* Stimmzettel *m;* **a unanimità di ~** einstimmig; **essere promosso a pieni -i** die Höchstpunktzahl erreichen, die beste Note bekommen; **fare un ~** ein Gelübde ablegen; **pronunciare i -i** das Ordensgelübde ablegen; **mettere ai -i** zur Abstimmung bringen; **formulare i propri -i** seine Glückwünsche überbringen.

voyeur [vwa'jœ:r] ‹-› *m* Voyeur *m.*

v.r. *ab di* **vedi retro** b. w. (*ab di* bitte wenden).

v.s. *ab di* **vedi sopra** s.o. (*ab di* siehe oben).
V.S. *ab di* **Vostra Santità** Eure Heiligkeit.
vs., Vs. *ab di* **vostro** ihr(e), Ihr(e).
V.T. *ab di* **Vecchio Testamento** A.T. (*ab di* Altes Testament).
V.U. *ab di* **Vigile Urbano** Stadtpolizist.
vulcanico, -a [vul'ka:niko] ‹-ci, -che› *a* **1.** *geol* vulkanisch, Vulkan-; **2.** *fig (cervello, persona)* sprühend; **roccia -a** Vulkanit *m,* Ergußgestein *n;* **eruzione -a** Vulkanausbruch *m.* **vulcanismo** [...ka'nizmo] *m* Vulkanismus *m.*
vulcanite [vulka'ni:te] *f* Vulkanit *m.*
vulcanizzare [vulkanid'dza:re] *tr* vulkanisieren. **vulcanizzazione** [...dzat'tsio:ne] *f* Vulkanisierung *f,* Vulkanisation *f.*
vulcano [vul'ka:no] *m* **1.** *geol* Vulkan *m;* **2.** *fig (persona)* Vulkan *m,* Naturereignis *n;* **essere seduto su un ~** wie auf einem Pulverfaß sitzen. **vulcanologia** [...kanolo'dʒi:a] ‹-gie› *f* Vulkanologie *f.*
vulgata [vul'ga:ta] *f* Vulgata *f.*
vulnerabile [vulne'ra:bile] *a* verwundbar, verletzbar; **lato ~** empfindliche Stelle, wunder Punkt. **vulnerabilità** [...rabili'ta] ‹-› *f* Verletzbarkeit *f,* Verwundbarkeit *f.*
vulva ['vulva] *f* Scham(lippen *f pl*) *f,* Vulva *f.*
vuoi, vuole ['vuɔ:i, 'vuɔ:le] *v.* **volere.**
vuotare [vuo'ta:re] **I.** *tr* (ent-, aus-)leeren, leer machen; **II.** *rfl:* **-rsi** sich leeren. **vuoto, -a** ['vuɔ:to] **I.** *a* leer; **a stomaco ~** mit leerem Magen, auf leeren Magen; **arrivare a mani -e** mit leeren Händen (an)kommen; **avere il cervello ~** ein Hohlkopf sein *fam;* **II.** *m* **1.** *phys* Vakuum *n;* **2.** *(spazio)* Leere *f,* Hohlraum *m;* **3.** *(recipiente)* Leergut *n,* Pfandflasche *f;* **4.** *fig* Loch *n,* Leere *f,* Lücke *f;* **~ d'aria** Luftloch *n;* **~ a perdere** Wegwerf-, Einwegflasche *f;* **restituzione dei -i** Leergutrückgabe *f;* **cadere nel ~** ins Leere fallen; **colmare un ~** ein Loch (*o.* eine Lücke) füllen; **a ~** *fin* ungedeckt; *tec, mot* im Leerlauf; **parlare a ~** ins Leere hineinreden, gegen die Wand reden; **sotto ~ spinto** vakuumverpackt; **cadere nel ~** ins Leere fallen.
Vurtemberga [vurtem'bɛrga] *f* Württemberg *n.*
vv *ab di* **versi** Verse.

W

W, w [vu d'doppia] ‹-› *f* W, w *n;* ~ **come Washington** W wie Wilhelm.

W *ab di* **watt** W.

wafer ['va:fer] ‹-› *m* Waffel *f.*

wagon-lit [vagɔ̃'li] ‹-› *m* Schlafwagen *m.* **wagon-restaurant** [vagɔ̃rɛstɔ'rɑ̃] ‹-› *m* Speisewagen *m.*

walkie-talkie ['wɔ:kɪ'tɔ:kɪ] ‹-› *m* Walkie-talkie *n.*

wash-and-wear ['wɔʃ ənd 'wɛə] ‹*inv*› *a* pflegeleicht.

water-closet ['wɔ:təklɔzɪt] ‹-› *m* (*ab* **wc**) Wasserklosett *n.*

water proof ['wɔ:təpru:f] ‹*inv*› *a* wasserdicht.

watt [vat] ‹-› *m* (*ab* **W**) Watt *n.* **wattora** [vat'to:ra] ‹-› *f* Wattstunde *f.*

wc ‹-› *m* WC *n.*

week-end ['wi:kend] ‹-› *m* Wochenende *n.*

western ['vɛstern] **I.** ‹*inv*› *a* Western-; **II.** ‹-› *m* Western *m;* ~ **all'italiana** Italo-Western *m.*

whisky ['wɪskɪ] ‹-› *m* Whisky *m.*

whisky-à-gogo [wis'ki a go'go] ‹-› *m* Diskothek *f,* Tanzkeller *m.*

windsurf ['wɪndsə:f] ‹-› *m* Windsurfen *n,* -surfing *n; (tavola)* Surfbrett *n.*

würstel ['vʏrstəl] ‹-› *m* Würstchen *n,* Würstel *n dial.*

WWF *m ab di* **Fondo Mondiale per la Natura** World Wildlife Fund, Welt-Wildtier-Stiftung.

X

X, x [iks] ‹-› *f* X, x *n;* ~ **come xilofono** X wie Xanthippe; **gambe a** ~ X-Beine *n pl;* **il signor** ~ der Herr X; **l'ora/il giorno** ~ die Stunde/der Tag X; **raggi** ~ Röntgenstrahlen *m pl,* X-Strahlen *m pl rar.*
xeno ['ksɛ:no] *m* Xenon *n.*
xenofoba *f v.* **xenofobo.**
xenofobia [ksenofo'bi:a] *f* Fremdenhaß *m,* Ausländerfeindlichkeit *f,* Xenophobie *f geh.* **xenofobo, -a** [...'nɔ:fobo] **I.** *a* fremden-, ausländerfeindlich; **II.** *m, f* Fremdenhasser(in) *m(f),* Ausländerfeind(in) *m(f).*
xerocopia [ksero'kɔ:pi̯a] *f* Xerokopie *f.*
xerofito, -a [kse'rɔ:fito] **I.** *a* an trokkene Standorte angepaßt; **II.** *f* Xerophyt *m.*
xerografia [kserogra'fi:a] *f* Xerographie *f.* **xerografico, -a** [...'gra:fiko] *a* xerographisch.

xilofago, -a [ksi'lɔ:fago] ‹-gi, -ghe› **I.** *a* holzfressend; **II.** *m* Holzfresser *m.*
xilofonista [ksilofo'nista] ‹-i *m,* -e *f*› *mf* Xylophonspieler(in) *m(f).* **xilofono** [...'lɔ:fono] *m* Xylophon *n.*
xilografia [ksilogra'fi:a] *f* **1.** *(arte)* Holzschneidekunst *f,* Xylographie *f;* **2.** *(copia)* Holzschnitt *m.*

Y

Y, y ['ipsilon] ‹-› *f* Y, y *n;* ~ **come yacht** Y wie Ypsilon.
yacht [jɔt] ‹-› *m* Jacht *f,* Yacht *f.* **yachting** ['jɔtɪŋ] ‹-› *m* Jachtsport *m; (a vela)* Segelsport *m.* **yachtsman** ['jɔtsmən] ‹-› *m* Jachtfahrer *m,* -besitzer *m.*
yak [i̯ak] ‹-› *m* Jak *m,* Yak *m.*
yeti ['i̯ɛ:ti] *m* Yeti *m.*
yoga ['i̯ɔ:ga] **I.** ‹-› *m* Yoga *m o. n;* **II.** ‹*inv*› *a* Yoga-.
yogurt ['i̯ɔ:gurt] *v.* **iogurt.**
yo yo [i̯o'i̯ɔ] ‹-› *m* Jo-Jo *n.*
ypsilon ['ipsilon] *v.* **ipsilon.**
yucca ['i̯ukka] ‹-cche› *f* Yucca *f,* Palmlilie *f.*

Z

Z, z ['dzɛ:ta] ‹-› *f* Z, z *n;* ~ **come Zara** Z wie Zacharias; **dall'a alla** ~ von A bis Z *fam.*

zabaione [dzaba'i̯o:ne] *m* Zabaione *f (Schaumcreme aus Ei, Zucker und Marsala).*

zacchera ['tsakkera] *f* Schmutzspritzer *m.*

zaffata [tsaf'fa:ta] *f* **1.** *(tanfo)* übelriechende Dunstwolke; **2.** *(getto di liquido)* Strahl *m; (di gas)* Wolke *f,* Schwaden *m.*

zafferano [dzaffe'ra:no] *m* **1.** *bot* Safran *m;* **2.** *(colore)* Safran(gelb) *n.*

zaffiro [dzaf'fi:ro] *m* **1.** *min* Saphir *m;* **2.** *(colore)* Saphirblau *n.*

Zagabria [dza'ga:bri̯a] *f* Zagreb *n.*

zagara ['dza:gara] *f* Blüte *f* der Zitrusgewächse.

zaino ['dza:ino] *m* Rucksack *m; mil* Tornister *m.*

zampa ['tsampa] *f* **1.** *zoo (gamba)* Bein *n,* Lauf *m;* **2.** *zoo (piede)* Fuß *m; (di cani, gatti)* Pfote *f; (di fiere)* Pranke *f,* Tatze *f;* **3.** *gastr* Hachse *f,* Haxe *f;* **4.** *(di mobili)* Fuß *m; (a. di tavolino, sedia)* Bein *n;* **5.** *fam pej* Pfote *f fam;* **-e di gallina** *fig (intorno agli occhi)* Krähenfüße *m pl fam; (scrittura illeggibile)* Gekrakel *n,* Gekritzel *n;* **a quattro -e** auf allen vieren; **giù le -e!** *fam* Pfoten weg! *fam.* **zampata** [...'pa:ta] *f* **1.** *(colpo di zampa)* Pfoten-, Prankenhieb *m; (calcio)* Fußtritt *m; (di cavallo)* Hufschlag *m;* **2.** *(impronta di zampa)* Fußspur *f.*

zampettare [tsampet'ta:re] *itr fam* (herum)trippeln.

zampetto [tsam'petto] *m gastr* Hachse *f,* Haxe *f.*

zampillare [tsampil'la:re] *itr ‹essere o. avere›* herausspritzen, -schießen. **zampillio** [...'li:o] ‹-ii› *m* (andauerndes) Herausspritzen *n.* **zampillo** [...'pillo] *m* Strahl *m.*

zampino [tsam'pi:no] *m* kleine Pfote, Pfötchen *n;* **mettere** (*o.* **ficcare** *fam*) **lo** ~ **in qc** seine Hand (*o.* Hände) bei etw. im Spiel haben.

zampirone [dzampi'ro:ne] *m* Räucher-, Insektenvertilgungsspirale *f.*

zampogna [tsam'poɲɲa] *f* Sackpfeife *f.*

zampone [tsam'po:ne] *m* Pranke *f;* ~ **di Modena** *gefüllter Schweinsfuß.*

zana ['tsa:na *o.* 'dza:na] *f* **1.** *(cesta)* Spankorb *m;* **2.** *(culla)* (korbförmige) Wiege *f.*

zangola ['tsaŋgola *o.* 'dza...] *f (per fare il burro)* Butterfaß *n; (per baccalà, ceci)* Holzgefäß *n,* Holzfaß *n.*

zanna ['tsanna] *f* **1.** *zoo* Stoßzahn *m,* Hauer *m;* **2.** ‹*pl*› *pej, scherz* Hauer *m pl;* **mostrare le -e** *fig* die Zähne zeigen.

zanzara [dzan'dza:ra] *f* **1.** *zoo* (Stech)mücke *f;* **2.** *fig fam* Nervensäge *f fam;* **sei peggio di una ~!** du bist lästiger als eine Fliege! **zanzariera** [...dza'ri̯ɛ:ra] *f* Mücken-, Moskitonetz *n.*

zappa ['tsappa] *f* Hacke *f;* **darsi la ~ sui piedi** *fig* sich *(dat)* ins eigene Fleisch schneiden. **zappare** [...'pa:re] *tr* **1.** *agr* hacken; **2.** *pej* klimpern (*o.* hämmern) auf; ~ **il pianoforte** auf dem Klavier herumklimpern (*o.* -hämmern). **zappata** [...'pa:ta] *f* **1.** *(colpo di zappa)* Hieb *m* mit der Hacke; **2.** *(lavoro)* Hacken *n.* **zappaterra** [...pa'tɛrra] ‹-› *mf* **1.** *(contadino)* Feldarbeiter(in) *m(f);* **2.** *fig pej* Bauer *m,* Tölpel *m.* **zappatore, -trice** [...pa'to:re] **I.** *m, f agr* Feldarbeiter(in) *m(f);* **II.** *m mil* Sappeur *m;* **III.** *f agr* Hackmaschine *f.* **zappatura** [...pa'tu:ra] *f* (Um)hacken *n.* **zappetta** [...'petta] *f* **1.** *agr* kleine Hakke, Kombihacke *f;* **2.** *tec (chiodo)* Zwecke *f.*

zar [tsar] ‹-› *m,* **zarina** [...'ri:na] *f* Zar(in) *m (f).* **zarista** [...'rista] ‹-i *m,* -e *f*› **I.** *mf* Zarist(in) *m(f),* Anhänger(in) *m(f)* des Zaren; **II.** *a* zaristisch.

zattera ['tsattera *o.* 'dza...] *f* Floß *n.*

zavorra [dza'vɔrra] *f* **1.** *naut, aero* Ballast *m;* **2.** *fig pej (cosa)* unnützes Zeug, Ballast *m; (persona)* Nichtsnutz *m.* **zavorrare** [...vor'ra:re] *tr* mit Ballast versehen (*o.* beschweren).

zazzera ['tsattsera] *f* **1.** *pej, scherz* (Löwen)mähne *f;* **2.** *(capigliatura)* Langhaarschnitt *m,* schulterlanges Haar. **zazzeruto, -a** [...'ru:to] *a pej, scherz* langhaarig.

zebra ['dzɛ:bra] *f* **1.** *zoo* Zebra *n;*

2. ‹*pl*› *fam* Zebrastreifen *m.* **zebrato, -a** [dze'bra:to] *a* (schwarz und weiß) gestreift. **zebratura** [...bra'tu:ra] *f* Zebramuster *n.*
zebù [dze'bu] ‹-› *m* Zebu *m o. n.*
zecca[1] ['tsekka] ‹-cche› *f (officina di conio)* Münzstätte *f,* Münze *f;* **nuovo di ~** *fig* nagelneu.
zecca[2] ['tsekka] ‹-cche› *f zoo* Zecke *f.*
zecchino [tsek'ki:no] *m* Zechine *f;* **oro ~** reinstes Gold, Dukatengold *n.*
zefiro ['dzɛ:firo] *m poet* Zephir *m poet.*
zelante [dze'lante] **I.** *a* eifrig, dienstbeflissen, gewissenhaft; **II.** *mf* Eiferer *m,* Eif(r)erin *f;* Pflichteifrige(r) *mf.*
zelo ['dzɛ:lo] *m* Eifer *m.*
zen [dzɛn] **I.** ‹-› *m* Zen *n;* **II.** ‹*inv*› *a* Zen-.
zenit ['dzɛ:nit] ‹-› *m* Zenit *m.*
zenzero ['dzendzero] *m* Ingwer *m.*
zeppa ['tseppa] *f* **1.** *(pezzo di legno)* Keil *m;* **2.** *typ* Steg *m;* **3.** *(gioco enigmistico)* Buchstaben-, Worträtsel *n;* **4.** *fig (rimedio)* Provisorium *n,* Behelf *m;* **5.** *(parola)* Flick-, Füllwort *n; (frase)* Einschiebsel *n;* **mettere** (*o.* **metterci) una ~** sich mit einem Provisorium behelfen.
zeppelin ['tsɛpəli:n] ‹-› *m* Zeppelin *m.*
zeppo, -a ['tseppo] *a fam* **1.** *(pieno)* vollgestopft (*di* mit), vollgepfropft (*di* mit); **2.** *fig* voll (*di* von), voller (*di cose* Dinge); **essere pieno ~** *fam* proppenvoll sein *fam.*
zerbino [dzer'bi:no] *m* Fußabtreter *m,* Fußmatte *f.*
zerbinotto [dzerbi'nɔtto] *m* Geck *m,* Stutzer *m obs.*
zero ['dzɛ:ro] **I.** ‹-› *m* **1.** *gener., mat* Null *f; (phys, fig a.)* Nullpunkt *m;* **2.** *(voto scolastico)* ≃ ungenügend, sechs; **3.** *(di capelli)* Kahlschnitt *m;* **uno ~** *fig* (überhaupt) nichts; **essere uno ~** *fig* eine Null sein *fam;* **essere ridotto a ~** *fam* völlig abgebrannt sein; **rapare a ~** kahlscheren; **sparare a ~** das Magazin leer schießen; *fig* blind in die Menge schießen; **sparare a ~ contro** (*o.* **a) qu** *fig* jdn hart angreifen; **~ virgola otto** null Komma acht; **3 gradi sotto ~** 3 Grad unter Null; **II.** *a numerale* null; **l'ora ~** null Uhr, Mitternacht *f; fig* die Stunde Null.
zeta ['dzɛ:ta] ‹-› *f v.* **Z, z.**
zeugma ['dzɛ:ugma] ‹-i› *m* Zeugma *n.*
zia ['tsi:a] ‹zie› *f* Tante *f.*
zibaldone [dzibal'do:ne] *m* **1.** *lit* Notizen-, Aphorismensammlung *f;* **2.** *pej* Sammelsurium *n,* Mischmasch *m;* **3.** *(mescolanza)* Mischung *f,* Gemisch *n.*
zibellino [dzibel'li:no] *m* Zobel *m.*
zibetto [dzi'betto] *m* **1.** *zoo* Zibetkatze *f;* **2.** *(sostanza)* Zibet *m.*
zibibbo [dzi'bibbo] *m muskatellerartige Weintraubensorte.*
zigano, -a [tsi'ga:no] **I.** *m, f* Zigeuner(in) *m(f);* **II.** *a* Zigeuner-.
zigoma ['dzi:goma] *m* Jochbogen *m,* Wangenbein *n.*
zigrinare [dzigri'na:re] *tr* **1.** *(pelle)* chagrinieren, narben; **2.** *(moneta)* rändeln.
zigzag, zig-zag [dzig'dzag] ‹-› *m* Zickzack *m,* Zickzacklinie *f.* **zigzagare** [...'ga:re] ‹zigzago, zigzaghi› *itr* **1.** *(andare a zigzag)* im Zickzack gehen; **2.** *(svolgersi a zigzag)* im Zickzack verlaufen.
zimbello [tsim'bɛllo *o.* dzi...] *m* **1.** *fig* Zielscheibe *f* des Spottes; **2.** *fig (allettamento)* Lockmittel *n,* Köder *m;* **3.** *zoo (uccello)* Lockvogel *m; (pesce)* Köderfisch *m (beim Thunfischfang).*
zincare [tsiŋ'ka:re *o.* dzi...] ‹zinco, zinchi› *tr* verzinken. **zincatura** [...ka'tu:ra] *f* **1.** *(operazione)* Verzinken *n;* **2.** *(rivestimento)* Verzinkung *f,* Zinkschicht *f.*
zinco ['tsiŋko *o.* 'dzi...] *m* Zink *n.*
zingara *f v.* **zingaro.**
zingaresco, -a [tsiŋga'resko *o.* dzi...] ‹-schi, -sche› *a* Zigeuner-. **zingaro, -a** ['tsiŋgaro *o.* 'dzi...] *m, f* Zigeuner(in) *m(f).*
zinzino [tsin'tsi:no *o.* dzin'dzi:no] *m (minima quantità)* bißchen *n; gastr* Prise *f; (di cibo)* Bissen *m,* Stückchen *n; (di bevanda)* Schlückchen *n.*
zio ['tsi:o] ‹zii› *m* **1.** Onkel *m;* **2.** ‹*pl*› *(zio e zia)* Onkel und Tante.
zip [dzip] ‹-› *m* Reißverschluß *m,* Zippverschluß *m A.*
zircone [dzir'ko:ne] *m* Zirkon *m.*
zirlare [dzir'la:re *o.* tsi...] *itr (tordi)* singen, pfeifen; *(topi, pulcini)* piep(s)en. **zirlo** ['dzirlo *o.* 'tsirlo] *m (di tordi)* Singen *n,* Pfeifen *n; (di topi, pulcini)* Piep(s)en *n.*
zite ['tsi:te] *f pl dicke Makkaronisorte.*
zit(t)ella [tsi'tɛlla *o.* dzi... (...t'tɛlla)] *f* **1.** *(donna nubile)* ledige Frau; **2.** *pej* alte Jungfer. **zit(t)ellone** [...tel'lo:ne] *m scherz* (eingefleischter) Junggeselle *m.*
zittire [tsit'ti:re] ‹zittisco› **I.** *itr* zischen; **II.** *tr* auspfeifen, auszischen.
zitto, -a ['tsitto] **I.** *a* still, ruhig; **sta' ~!** *fam* sei still!; **~ ~** *fam* mucksmäuschenstill *fam;* **II.** *interj* ruhig, Ruhe; **~, che voglio ascoltare!** Ruhe, ich will zuhören!
zizzania [dzid'dza:ni̯a] ‹-ie› *f* **1.** *fig*

Zwietracht *f*, Unfrieden *m;* **2.** *bot* Taumellolch *m.*
zoccolare [tsokko'la:re] *itr fam* (mit Holzpantinen) klappern. **zoccolo** ['tsɔkkolo] *m* **1.** *(calzatura)* (Holz)pantine *f*, Holzschuh *m;* **2.** *zoo* Huf *m;* **3.** *arch* (Wand)sockel *m;* **4.** *(di colonna, monumento)* Fuß *m;* **5.** *bot* (Wurzel)ballen *m;* **6.** *geog* (Kontinental)sockel *m;* **7.** *typ* Klischeefuß *m;* **8.** *fig pej* Holzkopf *m fam.*
zodiacale [dzodia'ka:le] *a* Tierkreis-. **zodiaco** [...'di:ako] ‹-ci› *m* Tierkreis *m;* **i segni dello ~** die Tierkreiszeichen *n pl.*
zolfanello [tsolfa'nɛllo] *m* **1.** *(fiammifero)* Zünd-, Streichholz *n;* **2.** *(per botti)* Schwefeldocht *m.*
zolfatara [tsolfa'ta:ra] *v.* **solfatara.**
zolfo ['tsolfo] *m* Schwefel *m.*
zolla ['dzɔlla *o.* 'tsɔ...] *f* **1.** *(di terra)* (Erd)scholle *f;* **2.** *(di zucchero, etc.)* Würfel *m*, Stück *n.* **zolletta** [dzol'letta *o.* tso...] *f* Würfelchen *n*, Stückchen *n.*
zompare [tsom'pa:re] *itr* ‹*essere*› *dial (saltare)* hüpfen, springen.
zona ['dzɔ:na] *f* **1.** *(striscia)* Streifen *m*, Gürtel *m;* **2.** *(regione)* Gebiet *n*, Zone *f; geog* Region *f*, Gegend *f; (climatica)* Zone *f;* **3.** *adm (rione)* Stadtbezirk *m*, Stadtviertel *n;* **4.** *sport* (Spiel)bereich *m;* **5.** *tel (nastro ricevente)* Papierstreifen *m;* **6.** *radio* Bereich *m;* **~ di montagna/desertica/collinare** Bergregion *f*/Wüstengegend *f*/Hügelland *n;* **~ d'ascolto** Hörbereich *m;* **~ di tariffa** Tarifzone *f;* **~ del silenzio** Zone *f* mit Hupverbot; **~ blu** (*o.* **disco**) blaue Zone; **~ calda** *fig* Krisengebiet *n;* **~ depressa** Notstandsgebiet *n;* **~ franca** Freizone *f;* **~ franca atomica** atomwaffenfreie Zone; **~ residenziale** Wohngebiet *n*, Wohnbezirk *m;* **~ pranzo/notte** Eß-/Schlafbereich *m;* **~ vietata** Sperrgebiet *n;* **~ verde** Grünanlagen *f pl.*
zonzo ['dzondzo]: **andare a ~** *fam* bummeln gehen.
zoo ['dzɔ:o] ‹-› *m* Zoo *m.* **zoofilo, -a** [dzo'ɔ:filo] **I.** *a* tierliebend; **società -a** Tierschutzverein *m;* **II.** *m, f* Tierliebhaber(in) *m(f)*, Tierfreund(in) *m(f).* **zoologa** *f v.* **zoologo. zoologia** [dzoolo'dʒi:a] ‹-gie› *f* Zoologie *f*, Tierkunde *f.* **zoologico, -a** [...'lɔ:dʒiko] *a* zoologisch. **zoologo, -a** [dzo'ɔ:logo] ‹-gi, -ghe› *m, f* Zoologe *m*, Zoologin *f.*
zoom [zu:m] ‹-› *m* Zoom(objektiv) *n.*
zootecnia [dzootek'ni:a] ‹-ie› *f* Vieh-, Tierzucht *f.* **zootecnico, -a** [...'tɛkniko] **I.** *a* Vieh-, Viehzucht-; **II.** *m, f* Viehzüchter(in) *m(f).*
zoppa *f v.* **zoppo.**
zoppicante [tsoppi'kante] *a* hinkend, lahmend; *(verso, periodo)* holperig.
zoppicare [tsoppi'ka:re] ‹zoppico, zoppichi› *itr* **1.** *(persona)* hinken, humpeln; *(animale)* lahmen, hinken; **2.** *(mobile, tavolino)* wackeln; **3.** *fig fam (persona)* schwach sein; *(periodo, verso)* holperig sein, hinken; *(ragionamento)* hinken, nicht stimmen; **lo studente zoppica in matematica** *fam* der Schüler ist in Mathematik schwach. **zoppo, -a** ['tsɔppo] **I.** *m, f* Hinkende(r) *mf*, Lahme(r) *mf;* **II.** *a* **1.** *(persona, piede)* hinkend, lahm; **2.** *(tavolino, sedia)* wack(e)lig; **3.** *fig (verso, ragionamento, etc.)* nicht stimmig, hinkend; **è ~ dalla gamba destra** er hinkt auf (*o.* mit) dem rechten Bein; **chi va con lo ~ impara a zoppicare** *prov* schlechte Beispiele verderben gute Sitten.
zotica *f v.* **zotico.**
zoticaggine, zotichezza [dzoti'kaddʒine, ...'kettsa] *f* Grobheit *f*, Plumpheit *f.* **zotico, -a** ['dzɔ:tiko] ‹-ci, -che› **I.** *a* grob, plump; **II.** *m, f* Grobian *m*, Flegel *m.*
zuavo, -a [dzu'a:vo] **I.** *a* Zuaven-; **pantaloni alla -a** (Knie)bundhosen *f pl*, Knickerbocker *pl;* **II.** *m* Zuave *m.*
zucca ['tsukka] ‹-cche› *f* **1.** *bot* Kürbis *m;* **2.** *fam scherz* Rübe *f fam*, Birne *f fam;* **~ pelata** *fam* Glatzkopf *m fam.* **zuccata** [...'ka:ta] *f fam* Stoß *m* mit dem Kopf; **ho battuto una tale ~!** *fam* ich habe mir vielleicht den Kopf angestoßen! *fam.*
zuccherare [tsukke'ra:re] *tr* zuckern, süßen. **zuccherato, -a** [...'ra:to] *a* **1.** *(caffè, tè)* gezuckert, gesüßt; **2.** *fig* süßlich, honig-, zuckersüß. **zuccheriera** [...'ri̯ɛ:ra] *f* Zuckerdose *f.* **zuccheriero, -a** [...'ri̯ɛ:ro] *a* Zucker-. **zuccherificio** [...ri'fi:tʃo] ‹-ci› *m* Zukkerfabrik *f.* **zuccherino, -a** [...'ri:no] **I.** *a* **1.** zuckerhaltig, Zucker-; *(dolce)* (zucker)süß; **II.** *m* **1.** *(pezzetto di zucchero)* Zuckerstück *n; (dolcino)* Bonbon *m o. n;* **2.** *fig* Trostpflaster *n; (noia, disgrazia)* kleineres Übel, Lappalie *f*, Kleinigkeit *f;* **dare uno ~ a qu** *fig* jdm eine bittere Pille versüßen.
zucchero ['tsukkero] *m* **1.** *(sostanza)* Zucker *m;* **2.** *fig* gutmütiger Mensch; **~ di canna/barbabietola** Rohr-/Rübenzucker *m;* **~ vanigliato/filato** Vanillezucker *m*/Zuckerwatte *f;* **~ in polvere/zollette** Puder-/Würfelzuk-

ker *m;* **dolce come lo ~** *(a. fig)* zukkersüß; **essere tutto ~ e miele** zukkersüß sein; *(persona)* weichherzig (*o.* gutmütig) sein. **zuccheroso, -a** [...ˈroːso] *a* **1.** *(frutta)* zuckersüß; **2.** *fig (parole, etc.)* süßlich, (honig)süß; *(commedia, canzonetta, etc.)* schmalzig.

zucchina [tsukˈkiːna] *f,* **zucchino** [...no] *m* Zucchino *m;* **-e** *gastr* Zucchini *m pl.*

zuccona *f v.* **zuccone.**

zucconaggine [tsukkoˈnaddʒine] *f* Begriffsstutzigkeit *f.* **zuccone, -a** [...ˈkoːne] **I.** *m, f fam fig* Hohlkopf *m fam,* Dummkopf *m; (testardo)* Dickkopf *m fam;* **II.** *m (testa grossa)* dikker (*o.* großer) Kopf; **III.** *a* begriffsstutzig, dumm.

zuccotto [tsukˈkɔtto] *m Halbkugel aus Halbgefrorenem, gefüllt mit Sahne, kandierten Früchten und Schokoladenstückchen.*

zuffa [ˈtsuffa] *f* **1.** *(scontro)* Rauferei *f,* Handgemenge *n;* **2.** *(discussione)* Wortgefecht *n.*

zufolare [tsufoˈlaːre] **I.** *itr* auf der Hirtenflöte blasen; **II.** *tr* pfeifen. **zufolo** [ˈtsuːfolo] *m* Hirtenflöte *f,* -pfeife *f.*

zuppa [ˈtsuppa] *f* **1.** *gastr* Suppe *f;* **2.** *fig* Mischmasch *m fam;* **~ di verdura/fagioli/pesce** Gemüse-/Bohnen-/Fischsuppe *f;* **~ inglese** *Süßspeise aus verschiedenen Cremeschichten und mit Likör getränkten Biskuitböden;* **~ pavese** *Brühe mit Ei und gerösteten Brotscheiben;* **~ romana** *Süßspeise aus mit Likör getränktem Biskuitteig, Vanillecreme und kandierten Früchten;* **fare la ~ nel vino/latte** Brot, Zwieback in Wein/Milch eintunken; **se non è ~ è pan bagnato** *prov* es ist gehupft wie gesprungen. **zuppiera** [...ˈpi̯ɛːra] *f* Suppenschüssel *f,* -terrine *f.*

zuppo, -a [ˈtsuppo] *a fam* klatschnaß *fam.*

Zurigo [dzuˈriːgo] **I.** *m (cantone)* Zürich *n;* **II.** *f (città)* Zürich *n.*

zuzzerellone, -a [dzuddzerelˈloːne] *m, f,* **zuzzurullone, -a** [...dzurulˈloːne] *m, f fam* Kindskopf *m fam.*

Anhang

Appendice

Unregelmäßige italienische Verben

Verbi irregolari italiani

Aufgeführt sind der Infinitiv und die unregelmäßigen Formen von Indikativ Präsens (*pr*), Indikativ Imperfekt (*imp*), Passato remoto (*p remoto*), Futur (*fut*), Konjunktiv Präsens (*conj pr*), Konjunktiv Imperfekt (*conj imp*), Konditional (*cond*), Imperativ (*imperat*), Gerundium (*ger*), Partizip Präsens (*p pr*), Partizip Perfekt und Passiv (*pp*).

accendere *p remoto* accesi, accendesti, accese, accendemmo, accendeste, accesero; *pp* acceso.
accludere *p remoto* acclusi, accludesti, accluse, accludemmo, accludeste, acclusero; *pp* accluso.
accorgersi *p remoto* mi accorsi, ti accorgesti, si accorse, ci accorgemmo, vi accorgeste, si accorsero; *pp* accorto.
addurre *v.* **condurre.**
affliggere *p remoto* afflissi, affliggesti, afflisse, affliggemmo, affliggeste, afflissero; *pp* afflitto.
alludere *p remoto* allusi, alludesti, alluse, alludemmo, alludeste, allusero; *pp* alluso.
andare *pr* vado, vai, va, andiamo, andate, vanno; *imp* andavo; *p remoto* andai, *fut* andrò; *conj pr* vada, vada, vada, andiamo, andiate, vadano; *conj imp* andassi; *cond* andrei; *imperat* va'! *o.* vai!, vada!, andiamo!, andate!, vadano!; *ger* andando; *p pr* andante; *pp* andato.
annettere *p remoto* annettei *o.* annessi, annettesti, annettè *o.* annesse, annettemmo, annetteste, annetterono *o.* annessero; *pp* annesso.
apparire *pr* appaio, appari, appare, appariamo, apparite, appaiono; *imp* apparivo; *p remoto* apparvi, apparisti, apparve, apparimmo, appariste, apparvero; *fut* apparirò; *conj pr* appaia, appaia, appaia, appariamo, appariate, appaiano; *conj imp* apparissi; *cond* apparirei; *imperat* appari!, appaia!, appariamo!, apparite!, appaiano!; *ger* apparendo; *p pr* apparente; *pp* apparso.
appendere *p remoto* appesi, appendesti, appese, appendemmo, appendeste, appesero; *pp* appeso.
aprire *p remoto* apersi *o.* aprii, apristi, aperse *o.* aprì, aprimmo, apriste, apersero *o.* aprirono; *pp* aperto.
ardere *p remoto* arsi, ardesti, arse, ardemmo, ardeste, arsero; *pp* arso.
assistere *pp* assistito.
assolvere *p remoto* assolsi, assolvesti, assolse, assolvemmo, assolveste, assolsero; *pp* assolto.
assumere *p remoto* assunsi, assumesti, assunse, assumemmo, assumeste, assunsero; *pp* assunto.

bere *pr* bevo, bevi, beve, beviamo, bevete, bevono; *imp* bevevo; *p remoto* bevvi *o.* bevei *o.* bevetti, bevesti, bevve *o.* bevè *o.* bevette, bevemmo, beveste, bevvero *o.* beverono *o.* bevettero; *fut* berrò; *conj pr* beva; *conj imp* bevessi; *cond* berrei; *imperat* bevi!, beva!, beviamo!, bevete!, bevano!; *ger* bevendo; *p pr* bevente; *pp* bevuto.

cadere *p remoto* caddi, cadesti, cadde, cademmo, cadeste, caddero; *fut* cadrò; *cond* cadrei.
chiedere *p remoto* chiesi, chiedesti, chiese, chiedemmo, chiedeste, chiesero; *pp* chiesto.
chiudere *p remoto* chiusi, chiudesti, chiuse, chiudemmo, chiudeste, chiusero; *pp* chiuso.
cingere *p remoto* cinsi, cingesti, cinse, cingemmo, cingeste, cinsero; *pp* cinto.
cogliere *pr* colgo, cogli, coglie, cogliamo, cogliete, colgono; *imp* coglievo; *p remoto* colsi, cogliesti, colse, cogliemmo, coglieste, colsero; *fut* coglierò; *conj pr* colga, colga, colga, cogliamo, cogliate, colgano; *conj imp* cogliessi; *cond* coglierei; *pp* colto.
comparire *v.* **apparire.**
comprimere *p remoto* compressi, comprimesti, compresse, comprimemmo, comprimeste, compressero; *pp* compresso.

concedere *p remoto* concessi, concedesti, concesse, concedemmo, concedeste, concessero; *pp* concesso.
concludere *v.* **accludere.**
condurre *pr* conduco, conduci, conduce, conduciamo, conducete, conducono; *imp* conducevo; *p remoto* condussi, conducesti, condusse, conducemmo, conduceste, condussero; *fut* condurrò; *conj pr* conduca, conduca, conduca, conduciamo, conduciate, conducano; *conj imp* conducessi; *cond* condurrei; *imperat* conduci!, conduca!, conduciamo!, conducete!, conducano!, *ger* conducendo; *p pr* conducente; *pp* condotto.
connettere *pp* connesso.
conoscere *p remoto* conobbi, conoscesti, conobbe, conoscemmo, conosceste, conobbero; *pp* conosciuto.
consistere *pp* consistito.
coprire *v.* **aprire.**
correggere *v.* **leggere.**
correre *p remoto* corsi, corresti, corse, corremmo, correste, corsero; *pp* corso.
crescere *p remoto* crebbi, crescesti, crebbe, crescemmo, cresceste, crebbero; *pp* cresciuto.
cuocere *pr* cuocio, cuoci, cuoce, cociamo *o.* cuociamo, cocete *o.* cuocete, cuociono; *imp* cocevo *o.* cuocevo; *p remoto* cossi, cocesti *o.* cuocesti, cosse, cocemmo *o.* cuocemmo, coceste *o.* cuoceste, cossero; *fut* cocerò; *conj pr* cuocia, cuocia, cuocia, cociamo *o.* cuociamo, cociate *o.* cuociate, cuociano; *conj imp* cocessi *o.* cuocessi; *cond* cocerei *o.* cuocerei; *imperat* cuoci!, cuocia!, cociamo! *o.* cuociamo!, cocete! *o.* cuocete!, cuociano!; *ger* cocendo *o.* cuocendo; *p pr* cocente; *pp* cotto.

dare *pr* do, dai, dà, diamo, date, danno; *imp* davo; *p remoto* diedi *o.* detti, desti, diede *o.* dette, demmo, deste, diedero *o.* dettero; *fut* darò; *conj pr* dia, dia, dia, diamo, diate, diano; *conj imp* dessi; *cond* darei; *imperat* da'! *o.* dai!, dia!, diamo!, date!, diano!; *ger* dando; *pp* dato.
decidere *p remoto* decisi, decidesti, decise, decidemmo, decideste, decisero; *pp* deciso.
dedurre *v.* **condurre.**
deludere *v.* **alludere.**
deprimere *v.* **comprimere.**
devolvere *pp* devoluto.
difendere *p remoto* difesi, difendesti, difese, difendemmo, difendeste, difesero; *pp* difeso.
dipendere *v.* **appendere.**
dipingere *p remoto* dipinsi, dipingesti, dipinse, dipingemmo, dipingeste, dipinsero; *pp* dipinto.
dire *pr* dico, dici, dice, diciamo, dite, dicono; *imp* dicevo; *p remoto* dissi, dicesti, disse, dicemmo, diceste, dissero; *fut* dirò; *conj pr* dica, dica, dica, diciamo, diciate, dicano; *conj imp* dicessi; *cond* direi; *imperat* di'!, dica!, diciamo!, dite!, dicano!; *ger* dicendo; *p pr* dicente; *pp* detto.
dirigere *p remoto* diressi, dirigesti, diresse, dirigemmo, dirigeste, diressero; *pp* diretto.
discutere *p remoto* discussi, discutesti, discusse, discutemmo, discuteste, discussero; *pp* discusso.
dissolvere *v.* **assolvere.**
dissuadere *v.* **persuadere.**
distinguere *p remoto* distinsi, distinguesti, distinse, distinguemmo, distingueste, distinsero; *pp* distinto.
dividere *p remoto* divisi, dividesti, divise, dividemmo, divideste, divisero; *pp* diviso.
dolere *pr* dolgo, duoli, duole, doliamo *o.* dogliamo, dolete, dolgono; *p remoto* dolsi, dolesti, dolse, dolemmo, doleste, dolsero; *fut* dorrò; *conj pr* dolga, dolga, dolga, doliamo *o.* dogliamo, doliate *o.* dogliate, dolgano; *cond* dorrei; *imperat* duoli!, dolga!, doliamo! *o.* dogliamo!, dolete!, dolgano!
dovere *pr* devo *o.* debbo, devi, deve, dobbiamo, dovete, devono *o.* debbono; *p remoto* dovei *o.* dovetti, dovesti *ecc.*; *fut* dovrò; *conj pr* deva *o.* debba, deva, deva, dobbiamo, dobbiate, devano *o.* debbano; *cond* dovrei; *imperat u. p pr fehlen.*

eccellere *p remoto* eccelsi, eccellesti, eccelse, eccellemmo, eccelleste, eccelsero; *pp* eccelso.
elidere *p remoto* elisi *o.* elidei, elidesti, elise *o.* elidè, elidemmo, elideste, elisero *o.* elidero; *pp* eliso.
emergere *p remoto* emersi, emergesti, emerse, emergemmo, emergeste, emersero; *pp* emerso.
erigere *v.* **dirigere.**
escludere *v.* **accludere.**
esistere *pp* esistito.

espellere *p remoto* espulsi, espellesti, espulse, espellemmo, espelleste, espulsero; *pp* espulso.
esplodere *p remoto* esplosi, esplodesti, esplose, esplodemmo, esplodeste, esplosero; *pp* esploso.
esprimere *v.* **comprimere.**
estinguere *v.* **distinguere.**
evadere *p remoto* evasi, evadesti, evase, evademmo, evadeste, evasero; *pp* evaso.
evolvere *pp* evoluto.

fare *pr* faccio, fai, fa, facciamo, fate, fanno; *imp* facevo; *p remoto* feci, facesti, fece, facemmo, faceste, fecero; *fut* farò; *conj pr* faccia, faccia, faccia, facciamo, facciate, facciano; *conj imp* facessi; *cond* farei; *imperat* fa'! *o.* fai!, faccia!, facciamo!, fate!, facciano!; *ger* facendo; *p pr* facente; *pp* fatto.
figgere *p remoto* fissi, figgesti, fisse, figgemmo, figgeste, fissero; *pp* fitto.
fingere *p remoto* finsi, fingesti, finse, fingemmo, fingeste, finsero; *pp* finto.
flettere *pp* flesso.
fondere *p remoto* fusi, fondesti, fuse, fondemmo, fondeste, fusero; *pp* fuso.
frangere *p remoto* fransi, frangesti, franse, frangemmo, frangeste, fransero; *pp* franto.
friggere *v.* **figgere.**
fungere *v.* **fingere.**

giacere *v.* **piacere.**
giungere *v.* **fingere.**
godere *fut* godrò; *cond* godrei.

immergere *v.* **emergere.**
imprimere *v.* **comprimere.**
incidere *v.* **decidere.**
includere *v.* **accludere.**
incutere *v.* **discutere.**
indurre *v.* **condurre.**
infliggere *v.* **affliggere.**
insistere *pp* insistito.
introdurre *v.* **condurre.**
invadere *v.* **evadere.**

ledere *p remoto* lesi, ledesti, lese, ledemmo, ledeste, lesero; *pp* leso.
leggere *p remoto* lessi, leggesti, lesse, leggemmo, leggeste, lessero; *pp* letto.

mettere *p remoto* misi, mettesti, mise, mettemmo, metteste, misero; *pp* messo.
mordere *p remoto* morsi, mordesti, morse, mordemmo, mordeste, morsero; *pp* morso.
morire *pr* muoio, muori, muore, moriamo, morite, muoiono; *fut* morrò *o.* morirò; *conj pr* muoia, muoia, muoia, moriamo, moriate, muoiano; *conj imp* morissi; *cond* morrei *o.* morirei; *imperat* muori!, muoia!, moriamo!, morite!, muoiano!; *pp* morto.
mungere *v.* **fingere.**
muovere *p remoto* mossi, movesti *o.* muovesti, mosse, movemmo *o.* muovemmo, moveste *o.* muoveste, mossero; *pp* mosso.

nascere *p remoto* nacqui, nascesti, nacque, nascemmo, nasceste, nacquero; *pp* nato.
nascondere *p remoto* nascosi, nascondesti, nascose, nascondemmo, nascondeste, nascosero; *pp* nascosto.
nuocere *pr* noccio *o.* nuoccio, nuoci, nuoce, nociamo *o.* nuociamo, nocete, nocciono *o.* nuocciono; *imp* nocevo *o.* nuocevo; *p remoto* nocqui, nocesti, nocque, nocemmo, noceste, nocquero; *fut* nocerò *o.* nuocerò; *conj pr* noccia, noccia, noccia, nociamo, nociate, nocciano; *conj imp* nocessi; *cond* nocerei *o.* nuocerei; *imperat* nuoci!, noccia!, nociamo!, nocete!, nocciano!; *ger* nocendo *o.* nuocendo; *p pr* nocente *o.* nuocente; *pp* nociuto.

offendere *v.* **difendere.**
offrire *p remoto* offersi *o.* offrii, offristi, offerse *o.* offrì, offrimmo, offriste, offersero *o.* offrirono; *pp* offerto.
opprimere *v.* **comprimere.**

parere *pr* paio, pari, pare, paiamo, parete, paiono; *p remoto* parvi, paresti, parve, paremmo, pareste, parvero; *fut* parrò; *conj pr* paia, paia, paia, paiamo, paiate, paiano; *cond* parrei; *imperat fehlt*; *pp* parso.
percuotere *v.* **scuotere.**
perdere *p remoto* persi *o.* perdei *o.* perdetti, perdesti, perse *o.* perdè *o.* perdette, perdemmo, perdeste, persero *o.* perderono *o.* perdettero; *pp* perso *o.* perduto.

persuadere *p remoto* persuasi, persuadesti, persuase, persuademmo, persuadeste, persuasero; *pp* persuaso.
piacere *pr* piaccio, piaci, piace, piacciamo *o.* piaciamo, piacete, piacciono; *p remoto* piacqui, piacesti, piacque, piacemmo, piaceste, piacquero; *conj pr* piaccia, piaccia, piaccia, piacciamo *o.* piaciamo, piacciate *o.* piaciate, piacciano; *imperat* piaci!, piaccia!, piacciamo!, piacete!, piacciano!; *pp* piaciuto.
piangere *p remoto* piansi, piangesti, pianse, piangemmo, piangeste, piansero; *pp* pianto.
piovere *p remoto* piovve.
porgere *p remoto* porsi, porgesti, porse, porgemmo, porgeste, porsero; *pp* porto.
porre *pr* pongo, poni, pone, poniamo, ponete, pongono; *imp* ponevo; *p remoto* posi, ponesti, pose, ponemmo, poneste, posero; *fut* porrò; *conj pr* ponga, ponga, ponga, poniamo, poniate, pongano; *conj imp* ponessi; *cond* porrei; *imperat* poni!, ponga!, poniamo!, ponete!, pongano!; *ger* ponendo; *p pr* ponente; *pp* posto.
possedere *v.* **sedere.**
potere *pr* posso, puoi, può, possiamo, potete, possono; *fut* potrò; *conj pr* possa, possa, possa, possiamo, possiate, possano; *cond* potrei; *imperat fehlt.*
prendere *p remoto* presi, prendesti, prese, prendemmo, prendeste, presero; *pp* preso.
presumere *v.* **assumere.**
produrre *v.* **condurre.**
proteggere *v.* **leggere.**
pungere *v.* **fingere.**

radere *p remoto* rasi, radesti, rase, rademmo, radeste, rasero; *pp* raso.
recidere *v.* **decidere.**
redigere *p remoto* redassi, redigesti, redasse, redigemmo, redigeste, redassero; *pp* redatto.
redimere *p remoto* redensi, redimesti, redense, redimemmo, redimeste, redensero; *pp* redento.
reggere *v.* **leggere.**
rendere *v.* **prendere.**
reprimere *v.* **comprimere.**
resistere *pp* resistito.
ridere *p remoto* risi, ridesti, rise, ridemmo, rideste, risero; *pp* riso.
ridurre *v.* **condurre.**
riflettere *pp* riflesso *o.* riflettuto.
rimanere *pr* rimango, rimani, rimane, rimaniamo, rimanete, rimangono; *p remoto* rimasi, rimanesti, rimase, rimanemmo, rimaneste, rimasero; *fut* rimarrò; *conj pr* rimanga, rimanga, rimanga, rimaniamo, rimaniate, rimangano; *cond* rimarrei; *imperat* rimani!, rimanga!, rimaniamo!, rimanete!, rimangano!; *pp* rimasto.
risolvere *v.* **assolvere.**
rispondere *p remoto* risposi, rispondesti, rispose, rispondemmo, rispondeste, risposero; *pp* risposto.
rodere *p remoto* rosi, rodesti, rose, rodemmo, rodeste, rosero; *pp* roso.
rompere *p remoto* ruppi, rompesti, ruppe, rompemmo, rompeste, ruppero; *pp* rotto.

salire *pr* salgo, sali, sale, saliamo, salite, salgono; *conj pr* salga, salga, salga, saliamo, saliate, salgano; *imperat* sali!, salga!, saliamo!, salite!, salgano!
sapere *pr* so, sai, sa, sappiamo, sapete, sanno; *p remoto* seppi, sapesti, seppe, sapemmo, sapeste, seppero; *fut* saprò; *conj pr* sappia, sappia, sappia, sappiamo, sappiate, sappiano; *cond* saprei; *imperat* sappi!, sappia!, sappiamo!, sappiate!, sappiano!
scegliere *pr* scelgo, scegli, sceglie, scegliamo, scegliete, scelgono; *p remoto* scelsi, scegliesti, scelse, scegliemmo, sceglieste, scelsero; *conj pr* scelga, scelga, scelga, scegliamo, scegliate, scelgano; *imperat* scegli!, scelga!, scegliamo!, scegliete!, scelgano!; *pp* scelto.
scendere *p remoto* scesi, scendesti, scese, scendemmo, scendeste, scesero; *pp* sceso.
scindere *p remoto* scissi, scindesti, scisse, scindemmo, scindeste, scissero; *pp* scisso.
sciogliere *v.* **cogliere.**
scorgere *v.* **sorgere.**
scrivere *p remoto* scrissi, scrivesti, scrisse, scrivemmo, scriveste, scrissero; *pp* scritto.
scuotere *p remoto* scossi, scotesti *o.* scuotesti, scosse, scotemmo *o.* scuotemmo, scoteste *o.* scuoteste, scossero; *pp* scosso.
sedere *pr* siedo, siedi, siede, sediamo, sedete, siedono; *conj pr* sieda, sieda, sieda, sediamo, sediate, siedano; *imperat* siedi!, sieda!, sediamo!, sedete!, siedano!

sedurre *v.* **condurre.**
soffrire *v.* **offrire.**
solere *pr* soglio, suoli, suole, sogliamo, solete, sogliono; *fut, cond, imperat fehlen*; *conj pr* soglia, soglia, soglia, sogliamo, sogliate, sogliano; *pp* solito.
sommergere *v.* **emergere.**
sopprimere *v.* **comprimere.**
sorgere *p remoto* sorsi, sorgesti, sorse, sorgemmo, sorgeste, sorsero; *pp* sorto.
sospendere *v.* **appendere.**
spargere *p remoto* sparsi, spargesti, sparse, spargemmo, spargeste, sparsero; *pp* sparso.
spegnere (spengere) *pr* spengo, spegni, spegne, spegniamo, spegniete, spengono; *p remoto* spensi, spegnesti (spengesti), spense, spegnemmo (spengemmo), spegneste (spengeste), spensero; *conj pr* spenga, spenga, spenga, spegniamo, spegniate, spengano; *pp* spento.
spendere *v.* **appendere.**
spingere *v.* **fingere.**
stare *pr* sto, stai, sta, stiamo, state, stanno; *p remoto* stetti, stesti, stette, stemmo, steste, stettero; *conj pr* stia, stia, stia, stiamo, stiate, stiano; *conj imp* stessi; *imperat* sta'! *o.* stai!, stia!, stiamo!, state!, stiano!; *pp* stato.
stringere *p remoto* strinsi, stringesti, strinse, stringemmo, stringeste, strinsero; *pp* stretto.
struggere *v.* **leggere.**
succedere *v.* **concedere.**

tacere *pr* taccio, taci, tace, tacciamo *o.* taciamo, tacete, tacciono; *p remoto* tacqui, tacesti, tacque, tacemmo, taceste, tacquero; *conj pr* taccia, taccia, taccia, tacciamo *o.* taciamo, tacciate *o.* taciate, tacciano; *imperat* taci!, taccia!, tacciamo!, tacete!, tacciano!; *pp* taciuto.
tendere *v.* **prendere.**
tenere *pr* tengo, tieni, tiene, teniamo, tenete, tengono; *p remoto* tenni, tenesti, tenne, tenemmo, teneste, tennero; *fut* terrò; *conj pr* tenga, tenga, tenga, teniamo, teniate, tengano; *cond* terrei; *imperat* tieni!, tenga!, teniamo!, tenete!, tengano!
tingere *v.* **fingere.**
togliere *v.* **cogliere.**
torcere *p remoto* torsi, torcesti, torse, torcemmo, torceste, torsero; *pp* torto.
tradurre *v.* **condurre.**
trarre *pr* traggo, trai, trae, traiamo, traete, traggono; *imp* traevo; *p remoto* trassi, traesti, trasse, traemmo, traeste, trassero; *fut* trarrò; *conj pr* tragga, tragga, tragga, traiamo, traiate, traggano; *conj imp* traessi; *cond* trarrei; *imperat* trai!, tragga!, traiamo!, traete!, traggano!; *ger* traendo; *p pr* traente; *pp* tratto.

uccidere *v.* **decidere.**
udire *pr* odo, odi, ode, udiamo, udite, odono; *fut* udirò *o.* udrò; *conj pr* oda, oda, oda, udiamo, udiate, odano; *cond* udirei *o.* udrei; *imperat* odi!, oda!, udiamo!, udite!, odano!
ungere *v.* **fingere.**
uscire *pr* esco, esci, esce, usciamo, uscite, escono; *conj pr* esca, esca, esca, usciamo, usciate, escano; *imperat* esci!, esca!, usciamo!, uscite!, escano!

valere *pr* valgo, vali, vale, valiamo, valete, valgono; *p remoto* valsi, valesti, valse, valemmo, valeste, valsero; *fut* varrò; *conj pr* valga, valga, valga, valiamo, valiate, valgano; *cond* varrei; *imperat* vali!, valga!, valiamo!, valete!, valgano!; *pp* valso.
vedere *p remoto* vidi, vedesti, vide, vedemmo, vedeste, videro; *fut* vedrò; *cond* vedrei; *pp* visto *o.* veduto.
venire *pr* vengo, vieni, viene, veniamo, venite, vengono; *p remoto* venni, venisti, venne, venimmo, veniste, vennero; *fut* verrò; *conj pr* venga, venga, venga, veniamo, veniate, vengano; *cond* verrei; *imperat* vieni!, venga!, veniamo!, venite!, vengano!; *ger* venendo; *p pr* veniente *o.* venente.
vincere *p remoto* vinsi, vincesti, vinse, vincemmo, vinceste, vinsero; *pp* vinto.
vivere *p remoto* vissi, vivesti, visse, vivemmo, viveste, vissero; *fut* vivrò; *cond* vivrei; *pp* vissuto.
volere *pr* voglio, vuoi, vuole, vogliamo, volete, vogliono; *p remoto* volli, volesti, volle, volemmo, voleste, vollero; *fut* vorrò; *conj pr* voglia, voglia, voglia, vogliamo, vogliate, vogliano; *cond* vorrei; *imperat* vogli!, voglia!, vogliamo!, vogliate!, vogliano!
volgere *p remoto* volsi, volgesti, volse, volgemmo, volgeste, volsero; *pp* volto.

Formenlehre der italienischen Sprache
Morfologia della lingua italiana

Die Nominalgruppe

Das Genus und der Numerus

Die Nominalgruppe hat zwei **Genusformen:**

Maskulinum *m*	il treno	der Zug
Femininum *f*	la strada	die Straße

- Das Genus ist eine Eigenschaft des Substantivs. Artikel und Adjektiv richten sich im Genus nach dem Substantiv.

Die Nominalgruppe hat zwei **Numerusformen:**

Singular *sing*	il treno	der Zug
Plural *pl*	i treni	die Züge

Das Substantiv

Plural der Substantive

1. Grundregel

	sing	*pl*
m	il tren**o**	i tren**i**
m, f	il mar**e** la torr**e**	i mar**i** le torr**i**
f	la strad**a**	le strad**e**

- Substantive auf *-o* (maskulin) und auf *-e* (maskulin oder feminin) bilden den Plural auf *-i;* Substantive auf *-a* (feminin) bilden den Plural auf *-e.*

2. Substantive auf *-co, -ca, -go, -ga*

sing	il buco	[-k-]	*pl*	i buchi	[-k-]
	la vacca			le vacche	
	il lago	[-g-]		i laghi	[-g-]
	il collega			i colleghi	
	la bottega			le botteghe	

- Vor allem bei den Substantiven mit Betonung auf der vorletzten Silbe wird hinter *-c-* und *-g-* des Singulars im Plural ein *-h-* geschrieben; die Aussprache [-k-] und [-g-] des Singulars bleibt erhalten.
Ausnahme: l'amico [-k-] - gli amici [-tʃ-]

sing	il medico [-k-]	*pl*	i medici [-tʃ-]
	l'asparago [-g-]		gli asparagi [-dʒ-]

- Vor allem bei den Substantiven mit Betonung auf der drittletzten Silbe wird hinter *-c-* und *-g-* des Singulars im Plural kein *-h-* geschrieben; es besteht Alternanz der Aussprache zwischen [-k-] und [-tʃ-] sowie [-g-] und [-dʒ-].

3. Substantive auf *-io, -ia*

sing	il pendio	*pl*	i pendii
	la bugia		le bugie

- Bei Substantiven mit betontem *-i-* wird die regelmäßige Pluralendung angefügt.

sing	il negozio	[-tsi̯o]	*pl*	i negozi
	il bacio	[-tʃo]		i baci
	il figlio	[-ʎʎo]		i figli

- Bei Substantiven auf *-io* mit unbetontem *-i-* oder bei Substantiven auf *-cio, -gio, -glio* steht im Plural einfaches *-i.*

sing	l'arancia	*pl*	le arance
	la goccia		le gocce
	la spiaggia		le spiagge
	la camicia		le camicie
	la valigia		le valigie
	la figlia		le figlie

- Bei Substantiven auf *-cia* und *-gia,* bei denen das *-i-* nicht betont ist, steht im Plural einfaches *-e,* wenn dem *-c-* oder dem *-g-* ein weiterer Konsonant vorausgeht; es steht meistens *-ie,* wenn ein Vokal vorausgeht. Bei Substantiven auf *-glia* steht *-ie.*

4. Maskuline Substantive auf *-a*

sing	il problema	*pl*	i problemi
	il geometra		i geometri

- Maskuline Substantive auf *-a* bilden den Plural auf *-i.*

5. Substantive mit unveränderter Form des Plurals

sing	la città	*pl*	le città
	il film		i film
	il cinema		i cinema
	la foto		le foto
	la crisi		le crisi
	la serie		le serie
	il re		i re

- Ohne Kennzeichnung des Plurals bleiben: Substantive mit betontem Vokal im Auslaut, Substantive mit Konsonant im Auslaut, einige maskuline Substantive auf *-a,* einige feminine Substantive auf *-o,* Substantive auf *-i* und auf *-ie* (mit Ausnahmen wie *la moglie – le mogli*), Substantive auf Vokal mit nur einer Silbe.

6. Substantive mit mehreren Pluralformen

sing	il braccio	*pl*	i bracci le braccia	die Arme (eines Flusses), . . . die Arme (des Menschen), . . .
	il labbro		i labbri le labbra	die Ränder (einer Vase), . . . die Lippen (des Menschen), . . .
	il muro		i muri le mura	die Mauern (eines Hauses), . . . die Stadtmauern
	. . .		. . .	

7. Zusammengesetzte Substantive

sing	l'arcobaleno il francobollo il grattacielo il capostazione la cassaforte	*pl*	gli arcobalen**i** i francobolli**i** i grattacieli**i** i cap**i**stazione le cass**e**fort**i**

- Zusammengesetzte Substantive haben häufig dieselbe Pluralbildung wie einfache Substantive. In besonderen Fällen werden andere Formen gebraucht, zum Beispiel mit der Kennzeichnung des Plurals am ersten Bestandteil des Substantivs *(capistazione)* oder mit der Kennzeichnung beider Bestandteile *(casseforti).*

8. Einzelfälle

sing	la mano l'uovo *m* l'uomo	die Hand das Ei der Mensch, der Mann	*pl*	le mani le uova *f* gli uomini

Das Adjektiv

Genus und Numerus des Adjektivs

sing		*pl*	
m	*f*	*m*	*f*
cald**o**	cald**a**	cald**i**	cald**e**
mit**e**		mit**i**	

- Das Adjektiv wird in Genus und Numerus verändert, und zwar in attributiver Stellung *(le belle case),* und, im Unterschied zum Deutschen, auch in prädikativer Stellung *(Queste case sono belle).*
- Auf die Adjektive auf *-co, -go, -io* sind im Plural die Regeln für die Schreibung der Substantive auf *-co,* . . . anzuwenden.

- Sonderformen von **bello, buono, grande** und **santo:**
- **bello** hat vor maskulinen Substantiven die Formen **bel, bell', bello, bei, begli** in derselben Verteilung wie die Formen des Artikels **quello.**
- **buono** hat im Singular vor maskulinen Substantiven (außer vor *s + Konsonant, gn, pn, ps, x, z*) die Form **buon.**
- **grande** kann vor Konsonant des nachfolgenden Wortes (außer vor *s + Konsonant, gn, pn, ps, x, z*) zu **gran** verkürzt werden, vor Vokal zu **grand'.**
- **santo** wird vor Konsonant bei Namen männlicher Heiliger (außer vor *s + Konsonant*) zu **san** verkürzt, vor Vokal bei Heiligennamen zu **sant'.**

Steigerung des Adjektivs

Positiv *Komparativ* *relativer Superlativ*	una macchina veloce ein schnelles Auto una macchina più veloce ein schnelleres Auto la macchina più veloce del mondo das schnellste Auto der Welt
absoluter Superlativ	una macchina velocissima ein sehr schnelles Auto

- Einige Adjektive haben gelehrte absolute Superlative:

  celebre **celeberrimo**
  integro **integerrimo**
  misero **miserrimo**
  ...

  Im allgemeinen werden statt des absoluten Superlativs dieser Adjektive Kombinationen mit Adverbien gebraucht:

  celebre **molto celebre**
  integro **perfettamente integro**
  ...

- **buono, cattivo, grande** und **piccolo** haben außer den regelmäßigen Formen (wie *più buono - il più buono - buonissimo*) auch noch unregelmäßige Steigerungsformen:

  buono **migliore, il migliore, ottimo**
  cattivo **peggiore, il peggiore, pessimo**
  grande **maggiore, il maggiore, massimo**
  piccolo **minore, il minore, minimo**

Der Artikel

Der Artikel ist, im Unterschied zu dem selbständig auftretenden Pronomen, Begleiter von Substantiv und Adjektiv in der Nominalgruppe.
In anderen Terminologien als der hier verwendeten werden einige Typen des Artikels auch als „Adjektiv“ oder als „Pronomen“ bezeichnet.

1. Bestimmter Artikel

m	*sing*	*pl*
allgemein vor *Konsonant*	il treno	i treni
vor *s + Konsonant, gn, pn, ps, x, z, i + Vokal*	lo sciopero lo zio	gli scioperi gli zii
vor *Vokal*	l'anno	gli anni
f		
vor *Konsonant*	la strada	le strade
vor *Vokal*	l'ora	le ore

- Artikel vor einem Adjektiv variieren entsprechend dem Anlaut des Adjektivs: *l'ultimo treno – gli ultimi treni*

2. Verschmelzung von Präpositionen mit dem bestimmten Artikel

	il	lo	l'	la	i	gli	le
a	al	allo	all'	alla	ai	agli	alle
da	dal	dallo	dall'	dalla	dai	dagli	dalle
di	del	dello	dell'	della	dei	degli	delle
in	nel	nello	nell'	nella	nei	negli	nelle
su	sul	sullo	sull'	sulla	sui	sugli	sulle

3. Unbestimmter Artikel und Teilungsartikel

m	*sing*		*pl*
	zählbar	nicht zählbar	zählbar
allgemein vor *Konsonant*	un treno ein Zug	del sale Salz	dei treni Züge
vor *s + Konsonant, gn, pn, ps, x, z, i + Vokal*	uno sciopero ein Streik	dello zucchero Zucker	degli scioperi Streiks
vor *Vokal*	un anno ein Jahr	dell'aceto Essig	degli anni Jahre
f			
vor *Konsonant*	una casa ein Haus	della frutta Obst	delle case Häuser
vor *Vokal*	un'ora eine Stunde	dell'acqua Wasser	delle ore Stunden

- Den unbestimmten Artikel **un, . . .** gibt es, ähnlich wie im Deutschen *ein, . . .,* nur im Singular bei zählbaren Substantiven. Im Singular bei nicht zählbaren Substantiven und im Plural bei zählbaren Substantiven (im Deutschen jeweils ohne Artikel) steht der „Teilungsartikel“ - die Verschmelzungsform von *di* mit dem bestimmten Artikel.
- Im Plural kann das Substantiv auch, wie im Deutschen, ohne Artikel gebraucht werden:
  ho ancora dubbi ich habe noch Zweifel
  non ci sono treni per Milano es gibt keine Züge nach Mailand
- Die Formen von **nessun, nessuno, . . .** kein einziger haben dieselbe Verteilung wie diejenigen von **un, uno, . . .**

4. Demonstrativartikel

questo, . . . der hier, dieser	*m*	*sing*	*pl*
	vor *Konsonant* vor *Vokal*	questo treno quest'anno	questi treni questi anni
	f		
	vor *Konsonant* vor *Vokal*	questa casa quest'ora	queste case queste ore

quel, . . . der da, jener	*m*	*sing*	*pl*
	vor *Konsonant*	quel treno	quei treni
	vor *s+Konsonant, gn, pn, ps, x, z, i + Vokal*	quello zio	quegli zii
	vor *Vokal*	quell'anno	quegli anni
	f		
	vor *Konsonant*	quella casa	quelle case
	vor *Vokal*	quell'ora	quelle ore

5. Interrogativartikel

	sing		*pl*	
	m	*f*	*m*	*f*
welcher?	che			
	quale		quali	
wie viele?	quanto	quanta	quanti	quante

- *Beispiele:* Che libri leggi? Welche Bücher liest du?
  Quali intenzioni hai? Welche Absichten hast du?
  Quante persone sono? Wie viele Personen sind es?

6. Relativartikel

	sing		*pl*	
	m	*f*	*m*	*f*
dessen/deren	il cui	la cui	i cui	le cui

- *Beispiel:* La Toscana i cui vini sono ottimi . . .
  Die Toscana, deren Weine sehr gut sind, . . .

7. Possessivartikel

Person des Besitzers	**Genus und Numerus des Substantivs, das den Besitz bezeichnet**			
	m		*f*	
	sing	*pl*	*sing*	*pl*
sing **1. pers**	il mio mein	i miei	la mia	le mie
2. pers	il tuo dein	i tuoi	la tua	le tue
3. pers	il suo sein, ihr	i suoi	la sua	le sue
pl **1. pers**	il nostro unser	i nostri	la nostra	le nostre
2. pers	il vostro euer	i vostri	la vostra	le vostre
3. pers	il loro ihr	i loro	la loro	le loro

- Die **Höflichkeitsform** ist im Singular die 3. Person, oft mit Großschreibung: **il Suo, . . .**; im Plural ist es die 2. Person, seltener die 3. Person: **il Vostro, . . ., il Loro, . . .**
- Vor **Verwandtschaftsbezeichnungen** wie *madre, padre, sorella, fratello, nonna, nonno, zia, zio, nipote, . . .* stehen die Possessivartikel im Singular in einer verkürzten Form: *mia madre, nostro zio, . . .* Die volle Form steht im Plural, bei affektiven Bezeichnungen, bei Präfix- oder Suffixerweiterungen, bei näherer Bestimmung und beim Artikel *loro: i suoi fratelli, la mia mamma, il tuo bisnonno, la nostra zietta, la tua nonna diletta / di Torino, la loro sorella, . . .*
- Der Possessivartikel steht im allgemeinen **vor** dem Substantiv, in einigen Ausdrücken aber auch danach: *a casa mia, per colpa sua, . . .*

Das Pronomen

Das Pronomen kann, im Unterschied zu dem unselbständigen Artikel, die Nominalgruppe allein ausfüllen.

1. Personalpronomen

Unbetontes Personalpronomen

<table>
<tr><td rowspan="3"></td><td colspan="5">sing</td><td colspan="5">pl</td></tr>
<tr><td>1. pers</td><td>2. pers</td><td colspan="3">3. pers</td><td>1. pers</td><td>2. pers</td><td colspan="3">3. pers</td></tr>
<tr><td></td><td></td><td>m</td><td>f</td><td>rfl</td><td></td><td></td><td>m</td><td>f</td><td>rfl</td></tr>
<tr><td>direktes Objekt (wen?)</td><td rowspan="2">mi</td><td rowspan="2">ti</td><td>lo</td><td>la</td><td rowspan="2">si</td><td rowspan="2">ci</td><td rowspan="2">vi</td><td>li</td><td>le</td><td rowspan="2">si</td></tr>
<tr><td>indirektes Objekt (wem?)</td><td>gli</td><td>le</td><td colspan="2">loro / gli</td></tr>
</table>

Betontes Personalpronomen

<table>
<tr><td rowspan="3"></td><td colspan="5">sing</td><td colspan="5">pl</td></tr>
<tr><td>1. pers</td><td>2. pers</td><td colspan="3">3. pers</td><td>1. pers</td><td>2. pers</td><td colspan="3">3. pers</td></tr>
<tr><td></td><td></td><td>m</td><td>f</td><td>rfl</td><td></td><td></td><td>m</td><td>f</td><td>rfl</td></tr>
<tr><td>Subjekt (wer?)</td><td>io</td><td>tu</td><td>lui
esso</td><td>lei
essa</td><td></td><td>noi</td><td>voi</td><td>loro
essi</td><td>loro
esse</td><td></td></tr>
<tr><td>direktes Objekt (wen?)</td><td>me</td><td>te</td><td>lui</td><td>lei</td><td>sé</td><td>noi</td><td>voi</td><td>loro</td><td>loro</td><td>sé</td></tr>
<tr><td>indirektes Objekt (wem?)</td><td>a me</td><td>a te</td><td>a lui
a esso</td><td>a lei
a essa</td><td>a sé</td><td>a noi</td><td>a voi</td><td>a loro
a essi</td><td>a loro
a esse</td><td>a sé</td></tr>
</table>

- Die **Höflichkeitsform** ist im Singular die feminine 3. Person: **La, Le, Lei, a Lei;** im Plural ist es die 2. Person: **Vi, Voi, a Voi,** seltener die 3. Person: **Li, Le, Loro, a Loro.**
- Im allgemeinen steht in der Subjektsstelle kein Personalpronomen und in der Objektsstelle das unbetonte Personalpronomen.
- Das betonte Personalpronomen wird verwendet, wenn die Person besonders hervorgehoben werden soll:
  Tu vieni. Du kommst.
  Vedo te. Ich sehe dich.
  Scrivo a te. Ich schreibe dir.

- Das unbetonte Personalpronomen steht vor dem Verb (Ti vedo. Ich sehe dich. – Mi fate un piacere. Ihr tut mir einen Gefallen.) oder es wird beim Infinitiv, beim Gerundium, beim Partizip und beim bejahten Imperativ der 2. Person Singular und der 1. und 2. Person Plural an das Verb angehängt (Bisogna farlo. Man muß es tun – Fatemi un piacere! Tut mir einen Gefallen!). **Loro** steht immer nach dem Verb.
- Die Objektformen des betonten Personalpronomens stehen nach dem Verb: Vedo te. Ich sehe dich.
- Bei den betonten Formen wird **lui, lei, loro** für Personen und Tiere verwendet, **esso, . . .** für Tiere und Sachen oder Sachverhalte.
- Die Form **lo** kann einen neutralen Wert haben:
  Lo so. Ich weiß es.
- Die Formen **lo** und **la** können vor *Vokal* oder *h* durch **l'** ersetzt werden:
  L'avete visto? Habt ihr ihn gesehen?
  L'ho salutato. Ich habe ihn gegrüßt.

Die Pronomen *ci* und *ne*

ci	Ci puoi contare. Du kannst damit rechnen. Andrò a Roma; ci vado spesso. Ich werde nach Rom fahren; ich fahre oft dorthin.
ne	Non ho più notizie di lui. Non ne ho più notizie. Ich habe nichts mehr von ihm gehört. Sei stato alla stazione? — Sì, ne vengo ora. Bist du am Bahnhof gewesen? – Ja, ich komme gerade von dort.

- *ci* wird statt der Verbindung von Präpositionen wie *a* und *su* mit dem Personalpronomen der 3. Person, vor allem mit neutralem Wert, in der Bedeutung «damit, davon, daran . . .» und als Lokaladverb in der Bedeutung «dort, dorthin» verwendet.
- *ne* wird statt der Verbindung von Präpositionen wie *di* und *da* mit dem Personalpronomen der 3. Person in der Bedeutung «von ihm, von ihr, von ihnen» und als Lokaladverb in der Bedeutung «von dort» verwendet.

Kombinationsformen des unbetonten Personalpronomens

	lo	la	li	le	ne
mi	me lo	me la	me li	me le	me ne
ti	te lo	te la	te li	te le	te ne
gli, le	glielo	gliela	glieli	gliele	gliene
ci	ce lo	ce la	ce li	ce le	ce ne
vi	ve lo	ve la	ve li	ve le	ve ne
si	se lo	se la	se li	se le	se ne

- Zu **loro,** das immer nach dem Verb steht, gibt es keine Kombinationsformen.

2. Indefinitpronomen

	m	*f*	*neutral*
einer	uno	una	
irgendeiner	qualcuno	qualcuna	
etwas			qualche cosa / qualcosa
keiner	nessuno	nessuna	
nichts			niente / nulla

3. Demonstrativpronomen

	sing			*pl*	
	m	*f*	*neutral*	*m*	*f*
dieser (hier)	questo	questa	questo / ciò	questi	queste
der da	quello	quella	quello / ciò	quelli	quelle

- Weitere Demonstrativpronomen sind **tale, lo stesso, il medesimo.**

4. Relativpronomen

	sing		*pl*	
	m	*f*	*m*	*f*
als Subjekt/direktes Objekt	che			
nach Präpositionen	cui			
in jeder Position	il quale	la quale	i quali	le quali

- *Beispiele:* le donne che vengono die Frauen, die kommen
  le donne che vedo die Frauen, die ich sehe
  la donna di cui parliamo die Frau, von der wir sprechen
  le donne le quali si sono presentate die Frauen, die sich vorgestellt haben

5. Interrogativpronomen

Person	**Sache / Sachverhalt**	**Menge**			
		sing		*pl*	
		m	*f*	*m*	*f*
chi?	che cosa?	quanto?	quanta?	quanti?	quante?

- *Beispiele:* Chi è venuto? Wer ist gekommen? – A chi scrivi? Wem schreibst du?
Che cosa vuoi? Was willst du? – A che cosa pensi? Woran denkst du?
Quanto costa? Wieviel kostet es? – Delle arance. Quante sono? Apfelsinen. Wie viele sind es?

6. Possessivpronomen

Das Possessivpronomen **il mio, . . .** entspricht in seinen Formen dem Possessivartikel **il mio, . . .**

- *Beispiel:* La tua casa è molto grande, la nostra è più piccola. Dein Haus ist sehr groß, unseres ist kleiner.

Bei *essere* + Possessivpronomen in der Bedeutung «gehören» wird die verkürzte Form **mio, . . .** verwendet.

- *Beispiel:* Di chi sono questi libri? Sono miei. Wem gehören diese Bücher? Es sind meine.

Die Verbalgruppe

Die Diathese, der Modus und das Tempus

Für die **Diathese** werden unterschieden:

Aktiv	amo ich liebe
Passiv	sono amato ich werde geliebt

Für den **Modus** werden unterschieden:

Finiter Modus	Indikativ Konjunktiv Konditional Imperativ	(lui) ama er liebt (lui) ami er liebe, er soll lieben amerebbe er würde lieben ama! liebe!
Infiniter Modus	Infinitiv Partizip Gerundium	amare lieben amante liebend amando beim Lieben

Für das **Tempus** werden unterschieden:

Präsens	ama er liebt
Imperfekt	amava er liebte, er hat geliebt
Passato remoto	amò er liebte, er hat geliebt
Futur	amerà er wird lieben
Perfekt (Passato prossimo)	ha amato er hat geliebt, er liebte
Plusquamperfekt	aveva amato er hatte geliebt
Futur II	avrà amato er wird geliebt haben

Das Verb

1. Aktiv Indikativ

Präsens

	-are	-ere	-ire	
	amare lieben	vendere verkaufen/ godere genießen	partire abreisen	capire verstehen
sing 1. pers	amo ich liebe	vendo	parto	capisco
2. pers	ami du liebst	vendi	parti	capisci
3. pers	ama er/sie/es liebt	vende	parte	capisce
pl 1. pers	amiamo wir lieben	vendiamo	partiamo	capiamo
2. pers	amate ihr liebt	vendete	partite	capite
3. pers	amano sie lieben	vendono	partono	capiscono

- Die **Höflichkeitsform** ist die 3. Person des Singulars, wenn nur eine Person angesprochen wird; es ist die 2. Person des Plurals, seltener die 3. Person des Plurals, wenn mehrere Personen angesprochen werden.
- Die Verben auf *-ere* werden im Infinitiv teils auf der drittletzten Silbe, teils auf der vorletzten Silbe betont *(vendere, godere);* die übrigen Formen dieser Verben stimmen miteinander überein.
- Einige Verben auf *-ire* haben im Präsens Sonderformen mit Einschub von *-isc-* *(capire).*
- Bei Verben auf *-care* und *-gare* wird vor *e* und *i* der Endung *-ch-* und *-gh-* geschrieben:
  mancare **manco, manchi, manca, manchiamo, . . ., mancherò, . . .**
  pagare **pago, paghi, paga, paghiamo, . . ., pagherò, . . .**

  Die Aussprache [-k-] und [-g-] bleibt erhalten.
- Bei Verben auf *-cere* und *-gere* variiert die Aussprache von *-c-* und *-g-* je nach der Endung. Beim Partizip wird vor der Endung *-uto* ein *i* als Schreibzeichen eingeschoben:
  vincere [-tʃ-] **vinco** [-k-], **vinci** [-tʃ-], . . .
  conoscere [-ʃʃ-] **conosco** [-sk-], **conosci** [-ʃʃ-], . . ., **conosciuto** [-ʃʃ-]
  leggere [-ddʒ-] **leggo** [-gg-], **leggi** [-ddʒ-], . . .
- Bei Verben auf *-iare* entfällt unbetontes *i* vor dem *i* der Endung:
  studiare **studio, studi, studia, studiamo, . . .**
  Betontes *i* bleibt erhalten:
  inviare **invio, invii, . . .**
  sciare **scio, scii, . . .**
- Bei Verben auf *-ciare* und *-giare* entfällt das Schreibzeichen *i* vor *i* und *e* der Endung:
  cominciare **comincio, cominci, comincia, . . ., comincerò, . . .**
  mangiare **mangio, mangi, mangia, . . ., mangerò, . . .**
- Einige Verben auf *-are* werden im Präsens Singular auf der drittletzten Silbe betont, in der 3. Person Plural auf der viertletzten:
  telefonare **telefono, telefoni, telefona, telefoniamo, telefonate, telefonano.**

Imperfekt

sing **1. pers**	amavo	vendevo	partivo
2. pers	amavi	vendevi	partivi
3. pers	amava	vendeva	partiva
pl **1. pers**	amavamo	vendevamo	partivamo
2. pers	amavate	vendevate	partivate
3. pers	amavano	vendevano	partivano

Passato remoto

sing **1. pers**	amai	vendei	partii
2. pers	amasti	vendesti	partisti
3. pers	amò	vendè / vendette	partì
pl **1. pers**	amammo	vendemmo	partimmo
2. pers	amaste	vendeste	partiste
3. pers	amarono	venderono	partirono

Futur

sing **1. pers**	amerò	venderò	partirò
2. pers	amerai	venderai	partirai
3. pers	amerà	venderà	partirà
pl **1. pers**	ameremo	venderemo	partiremo
2. pers	amerete	venderete	partirete
3. pers	ameranno	venderanno	partiranno

Perfekt (Passato prossimo)

sing **1. pers**	ho	amato / venduto / capito	sono	partito / partita
2. pers	hai		sei	
3. pers	ha		è	
pl **1. pers**	abbiamo		siamo	partiti / partite
2. pers	avete		siete	
3. pers	hanno		sono	

Plusquamperfekt

sing **1. pers**	avevo amato / venduto / capito	ero partito / partita
...	...	...

Futur II

sing **1. pers**	avrò amato / venduto / capito	sarò partito / partita
...	...	...

- Perfekt, Plusquamperfekt und Futur II werden mit dem Hilfsverb *avere* gebildet *(ho amato, . . .)*; bei Verben der Bewegung oder der Veränderung eines Zustands stehen die Formen von *essere (sono partito, . . .)*, ebenso bei reflexiven Verben *(mi sono lavato, . . .)* und dem Verb *essere* selbst *(sono stato, . . .)*.

2. Aktiv Konjunktiv

Präsens

sing	**1. pers**	che io	ami	venda	parta	capisca
	2. pers	che tu	ami	venda	parta	capisca
	3. pers	che lui	ami	venda	parta	capisca
pl	**1. pers**	che noi	amiamo	vendiamo	partiamo	capiamo
	2. pers	che voi	amiate	vendiate	partiate	capiate
	3. pers	che loro	amino	vendano	partano	capiscano

Imperfekt

sing	**1. pers**	che io	amassi	vendessi	partissi
	2. pers	che tu	amassi	vendessi	partissi
	3. pers	che lui	amasse	vendesse	partisse
pl	**1. pers**	che noi	amassimo	vendessimo	partissimo
	2. pers	che voi	amaste	vendeste	partiste
	3. pers	che loro	amassero	vendessero	partissero

3. Aktiv Konditional

sing	**1. pers**	amerei	venderei	partirei
	2. pers	ameresti	venderesti	partiresti
	3. pers	amerebbe	venderebbe	partirebbe
pl	**1. pers**	ameremmo	venderemmo	partiremmo
	2. pers	amereste	vendereste	partireste
	3. pers	amerebbero	venderebbero	partirebbero

4. Aktiv Imperativ

sing	**2. pers**	ama! liebe!	vendi!	parti!	capisci!
	3. pers	ami! lieben Sie!	venda!	parta!	capisca!
pl	**1. pers**	amiamo! lieben wir!	vendiamo!	partiamo!	capiamo!
	2. pers	amate! liebt!, lieben Sie!	vendete!	partite!	capite!
	3. pers	amino! lieben Sie!	vendano!	partano!	capiscano!

5. Passiv

Das Passiv wird mit den Formen von *essere* und dem Partizip Passiv gebildet:

sono amato / amata   ich werde geliebt
ero amato / amata   ich wurde geliebt
. . .

Daneben gibt es die Formen mit *venire* und dem Partizip Passiv:

vengo informato   ich werde informiert, ich bekomme eine Information
vengo aiutato   mir wird geholfen, ich erhalte Hilfe

6. Infinitiv, Partizip und Gerundium

Infinitiv		amare	vendere	partire
Partizip	**Präsens**	amante	vendente	partente
	Perfekt und Passiv	amato	venduto	partito
Gerundium		amando	vendendo	partendo

Die Hilfsverben

avere

Indikativ				
	Präsens	**Imperfekt**	**Passato remoto**	**Futur**
sing **1. pers**	ho	avevo	ebbi	avrò
2. pers	hai	avevi	avesti	avrai
3. pers	ha	aveva	ebbe	avrà
pl **1. pers**	abbiamo	avevamo	avemmo	avremo
2. pers	avete	avevate	aveste	avrete
3. pers	hanno	avevano	ebbero	avranno
	Perfekt	**Plusquamperfekt**		**Futur II**
sing **1. pers**	ho avuto	avevo avuto		avrò avuto
. . .	. . .	. . .		. . .

	Konjunktiv		**Konditional**	**Imperativ**
	Präsens	**Imperfekt**		
sing **1. pers**	abbia	avessi	avrei	
2. pers	abbia	avessi	avresti	abbi!
3. pers	abbia	avesse	avrebbe	abbia!
pl **1. pers**	abbiamo	avessimo	avremmo	abbiamo!
2. pers	abbiate	aveste	avreste	abbiate!
3. pers	abbiano	avessero	avrebbero	abbiano!

Infinitiv	**Partizip**		**Gerundium**
	Präsens	**Perfekt**	
avere	avente	avuto	avendo

essere

Indikativ				
	Präsens	**Imperfekt**	**Passato remoto**	**Futur**
sing **1. pers**	sono	ero	fui	sarò
2. pers	sei	eri	fosti	sarai
3. pers	è	era	fu	sarà
pl **1. pers**	siamo	eravamo	fummo	saremo
2. pers	siete	eravate	foste	sarete
3. pers	sono	erano	furono	saranno
	Perfekt	**Plusquamperfekt**		**Futur II**
sing **1. pers**	sono stato/stata	ero stato/stata		sarò stato/stata
...	...	...		...

	Konjunktiv		**Konditional**	**Imperativ**
	Präsens	**Imperfekt**		
sing **1. pers**	sia	fossi	sarei	
2. pers	sia	fossi	saresti	sii!
3. pers	sia	fosse	sarebbe	sia!
pl **1. pers**	siamo	fossimo	saremmo	siamo!
2. pers	siate	foste	sareste	siate!
3. pers	siano	fossero	sarebbero	siano!

Infinitiv	**Partizip Perfekt**	**Gerundium**
essere	stato	essendo

Das Adverb

Adverb mit eigener Form:

oggi heute	qui hier	forse vielleicht	...

Adverb als Ableitung vom Adjektiv:

Adjektiv	auf **-o / -a**	auf **-e**	auf **-le, -re**
	perfetto / -a	veloce	facile
Adverb	perfettamente	velocemente	facilmente

- Sonderformen: **leggermente, violentemente** (zu **leggero / -a, violento / -a**) **bene** (zu **buono / -a**).
- Steigerung: **facilmente, più facilmente, facilissimamente**
  tardi, più tardi, tardissimo
  ...
  Ausnahmen:
  bene **meglio, benissimo, ottimamente**
  male **peggio, malissimo, pessimamente**
  molto **più, moltissimo**
  poco **meno, pochissimo**

Zahlwörter
Numerali

Grundzahlen / Numeri cardinali

0 zero *null*
1 uno *eins*
2 due *zwei*
3 tre *drei*
4 quattro *vier*
5 cinque *fünf*
6 sei *sechs*
7 sette *sieben*
8 otto *acht*
9 nove *neun*
10 dieci *zehn*
11 undici *elf*
12 dodici *zwölf*
13 tredici *dreizehn*
14 quattordici *vierzehn*
15 quindici *fünfzehn*
16 sedici *sechzehn*
17 diciassette *siebzehn*
18 diciotto *achtzehn*
19 diciannove *neunzehn*
20 venti *zwanzig*
21 ventuno *einundzwanzig*
22 ventidue *zweiundzwanzig*
23 ventitré *dreiundzwanzig*
24 ventiquattro *vierundzwanzig*
25 venticinque *fünfundzwanzig*
26 ventisei *sechsundzwanzig*
27 ventisette *siebenundzwanzig*
28 ventotto *achtundzwanzig*
29 ventinove *neunundzwanzig*
30 trenta *dreißig*
31 trentuno *einunddreißig*
32 trentadue *zweiunddreißig*
40 quaranta *vierzig*
50 cinquanta *fünfzig*
60 sessanta *sechzig*
70 settanta *siebzig*
80 ottanta *achtzig*
90 novanta *neunzig*
100 cento *(ein)hundert*
101 cent(o)uno
(ein)hunderteins, hundert(und)eins
102 centodue
(ein)hundertzwei, hundert(und)zwei
108 cent(o)otto
(ein)hundertacht, hundert(und)acht
120 centoventi
(ein)hundertzwanzig
200 duecento *zweihundert*
300 trecento *dreihundert*
543 cinquecentoquarantatré
fünfhundertdreiundvierzig
1000 mille *(ein)tausend*
1001 milleuno, mille e uno
(ein)tausendeins, tausend(und)eins
1100 mille cento
(ein)tausendeinhundert, elfhundert
2000 duemila *zweitausend*
2001 duemila (e) uno
zweitausend(und)eins
20000 ventimila *zwanzigtausend*
31616 trentunmila seicentosedici
einunddreißigtausendsechshundert-sechzehn
100000 centomila *(ein)hunderttausend*
1000000 un milione *eine Million*
2000000 due milioni *zwei Millionen*
1000000000 un miliardo *eine Milliarde*

Ordnungszahlen / Numeri ordinali

1° primo *erste*
2° secondo *zweite*
3° terzo *dritte*
4° quarto *vierte*
5° quinto *fünfte*
6° sesto *sechste*
7° settimo *siebte*
8° ottavo *achte*
9° nono *neunte*
10° decimo *zehnte*
11° undicesimo *elfte*
12° dodicesimo *zwölfte*
13° tredicesimo *dreizehnte*
14° quattordicesimo *vierzehnte*
15° quindicesimo *fünfzehnte*
16° sedicesimo *sechzehnte*
17° diciassettesimo *siebzehnte*
18° diciottesimo *achtzehnte*
19° diciannovesimo *neunzehnte*
20° ventesimo *zwanzigste*

21° ventunesimo *einundzwanzigste*
22° ventiduesimo *zweiundzwanzigste*
28° ventottesimo *achtundzwanzigste*
30° trentesimo *dreißigste*
40° quarantesimo *vierzigste*
100° centesimo *(ein)hundertste*
101° centunesimo *(ein)hunderterste*
102° centoduesimo *(ein)hundertzweite*
103° centotreesimo *(ein)hundertdritte*
200° duecentesimo *zweihundertste*
1000° millesimo *(ein)tausendste*
1001° millesimo primo *(ein)tausenderste*
2000° duemillesimo *zweitausendste*
100000° centomillesimo *(ein)hunderttausendste*
1000000° milionesimo *millionste*

Jahrhunderte / Secoli

il Novecento
il '900
il ventesimo secolo
il secolo XX *(ventesimo)*
} *das 20. Jahrhundert, das zwanzigste Jahrhundert*

Bruchzahlen / Numeri frazionari

½ mezzo *ein halb*
⅓ un terzo *ein Drittel*
¼ un quarto *ein Viertel*
1/20 un ventesimo *ein Zwanzigstel*
1/100 un centesimo *ein Hundertstel*
1/1000 un millesimo *ein Tausendstel*
⅖ due quinti *zwei Fünftel*
4/7 quattro settimi *vier Sieb(en)tel*
1½ uno e mezzo *eineinhalb, anderthalb*
2⅜ due e tre ottavi *zweidreiachtel*

Maße und Gewichte / Misure e pesi

Längenmaße / Misure di lunghezza

mm	millimetro *Millimeter*
cm	centimetro *Zentimeter*
dm	decimetro *Dezimeter*
m	metro *Meter*
km	chilometro *Kilometer*

Flächenmaße / Misure di superficie

mm^2, mmq	millimetro quadrato *Quadratmillimeter*
cm^2, cmq	centimetro quadrato *Quadratzentimeter*
dm^2, dmq	decimetro quadrato *Quadratdezimeter*
m^2, mq	metro quadrato *Quadratmeter*
km^2, kmq	chilometro quadrato *Quadratkilometer*
a	ara *Ar*
ha	ettaro *Hektar*

Raummaße / Misure di volume

mm^3, mmc	millimetro cubo *Kubikmillimeter*
cm^3, cmc	centimetro cubo *Kubikzentimeter*
dm^3, dmc	decimetro cubo *Kubikdezimeter*
m^3, mc	metro cubo *Kubikmeter*
TSL	tonnellata di stazza lorda *Bruttoregistertonne*

Hohlmaße / Misure di capacità

cl	centilitro *Zentiliter*
dl	decilitro *Deziliter*
l	litro *Liter*
hl	ettolitro *Hektoliter*

Gewichte / Pesi

mg	milligrammo *Milligramm*
cg	centigrammo *Zentigramm*
dg	decigrammo *Dezigramm*
g	grammo *Gramm*
kg	chilogrammo *Kilogramm*
q	quintale *Doppelzentner*
mezzo quintale	*Zentner*
t	tonnellata *Tonne*
100 g	un etto(grammo)
200 g	due etti

Italienische Regionen und Hauptstädte
Regioni italiane e loro capoluoghi

Abruzzo	L'Aquila
Basilicata	Potenza
Calabria	Catanzaro
Campania	Napoli
Emilia-Romagna	Bologna
Friuli-Venezia Giulia	Trieste
Lazio	Roma
Liguria	Genova
Lombardia	Milano
Marche	Ancona
Molise	Campobasso
Piemonte	Torino
Puglia	Bari
Sardegna	Cagliari
Sicilia	Palermo
Toscana	Firenze
Trentino – Alto Adige	Trento
Umbria	Perugia
Val d'Aosta	Aosta
Veneto	Venezia

Italienische Kraftfahrzeugkennzeichen
Targhe automobilistiche italiane

AG	Agrigento
AL	Alessandria
AN	Ancona
AO	Aosta
AP	Ascoli Piceno
AQ	L'Aquila
AR	Arezzo
AT	Asti
AV	Avellino
BA	Bari
BG	Bergamo
BL	Belluno
BN	Benevento
BO	Bologna
BR	Brindisi
BS	Brescia
BZ	Bolzano
CA	Cagliari
CB	Campobasso
CE	Caserta
CH	Chieti
CL	Caltanisetta
CN	Cuneo
CO	Como
CR	Cremona
CS	Cosenza
CT	Catania
CZ	Catanzaro
EN	Enna
FE	Ferrara
FG	Foggia
FI	Firenze
FO	Forlì
FR	Frosinone
GE	Genova
GO	Gorizia
GR	Grosseto
IM	Imperia
LE	Lecce
LI	Livorno
LT	Latina
LU	Lucca
MC	Macerata
ME	Messina
MI	Milano
MN	Mantova
MO	Modena
MS	Massa-Carrara
MT	Matera
NA	Napoli
NO	Novara
NU	Nuoro
PA	Palermo
PC	Piacenza
PD	Padova
PE	Pescara
PG	Perugia
PI	Pisa
PR	Parma
PS	Pesaro
PT	Pistoia
PV	Pavia
PZ	Potenza
RA	Ravenna
RC	Reggio Calabria
RE	Reggio Emilia
RG	Ragusa
RI	Rieti
RO	Rovigo
ROMA	Roma
SA	Salerno
SI	Siena
SO	Sondrio
SP	La Spezia
SR	Siracusa
SS	Sassari
SV	Savona
TA	Taranto
TE	Teramo
TN	Trento
TO	Torino
TP	Trapani
TR	Terni
TS	Trieste
TV	Treviso
UD	Udine
VA	Varese
VC	Vercelli
VI	Vicenza
VR	Verona
VT	Viterbo

Italienisches Alphabet Alfabeto italiano

	Benennung denomina-zione	italienisch italiano	international internazionale	Luftfahrt aviazione	NATO NATO
A, a	[a]	Ancona	Amsterdam	Alfa	Alfa
B, b	[bi]	Bologna	Baltimore	Bravo	Bravo
C, c	[tʃi]	Catania	Casablanca	Coca	Charlie
D, d	[di]	Domodossola	Danemark	Delta	Delta
E, e	[e]	Empoli	Edison	Echo	Echo
F, f	['ɛffe]	Firenze	Florida	Foxtrot	Foxtrot
G, g	[dʒi]	Genova	Gallipoli	Golf	Golf
H, h	['akka]	Hotel	Havana	Hotel	Hotel
I, i	[i]	Imola	Italia	India	India
J, j	[i l'luŋgɑ]	i lunga, Jersey	Jerusalem	Juliet	Juliet
K, k	['kappa]	kappa, Kursaal	Kilogramme	Kilo	Kilo
L, l	['ɛlle]	Livorno	Liverpool	Lima	Lima
M, m	['ɛmme]	Milano	Madagaskar	Metro	Mike
N, n	['ɛnne]	Napoli	New York	Nectar	November
O, o	[ɔ]	Otranto	Oslo	Oscar	Oscar
P, p	[pi]	Padova	Paris	Papa	Papa
Q, q	[ku]	Quarto	Quebec	Quebec	Quebec
R, r	['ɛrre]	Roma	Roma	Romeo	Romeo
S, s	['ɛsse]	Savona	Santiago	Sierra	Sierra
T, t	[ti]	Torino	Tripoli	Tango	Tango
U, u	[u]	Udine	Upsala	Union	Uniform
V, v	[vu, vi]	Venezia	Valencia	Victor	Victor
W, w	[vu d'doppjɑ]	vu doppia, Washington	Washington	Whisky	Whisky
X, x	[iks]	Xilofono	Xanthippe	Extra	X-ray
Y, y	['ipsilon]	Yacht	Yokohama	Yankee	Yankee
Z, z	['dzɛ:ta]	Zara	Zürich	Zulu	Zulu

Notizen

Appunti

Notizen

Appunti

Abkürzungen Abbreviazioni

a	aggettivo	*Adjektiv*
a.	anche	*auch*
A	Austria, austriaco	*Österreich, österreichisch*
ab	abbreviazione	*Abkürzung*
acc	accusativo	*Akkusativ*
adm	amministrazione, linguaggio burocratico	*Verwaltung, bürokratisch*
adv	avverbio	*Adverb*
aero	aeronautica	*Luftfahrt*
agr	agricoltura	*Landwirtschaft*
anat	anatomia	*Anatomie*
arch	architettura	*Architektur*
astr	astrologia, astronomia	*Astrologie, Astronomie*
attr	attributivo, attributivamente	*attributiv*
bes.	specialmente	*besonders*
biol	biologia	*Biologie*
bot	botanica	*Botanik*
CH	Svizzera, svizzero	*Schweiz, schweizerisch*
chem	chimica	*Chemie*
com	commercio	*Handel*
con	congiunzione	*Konjunktion*
conj	congiuntivo	*Konjunktiv*
dat	dativo	*Dativ*
dial	dialettale	*mundartlich*
el	elettronica	*Elektronik*
etc., etc.	ecc., eccetera	*et cetera, usw.*
etw., etw.	qualcosa	*etwas*
f	femminile	*Femininum*
fam	familiare, familiarmente	*umgangssprachlich, familiär*
ferr	ferrovia	*Eisenbahn*
fig	figurato, figurativamente	*figurativ, übertragen*
film	film, cinematografia	*Film, Kino*

fin	finanza	*Finanzwesen*
fior	fiorentino	*florentinisch*
fot	fotografia	*Fotografie*
gastr	gastronomia	*Gastronomie*
geh	linguaggio elevato	*gehobene Ausdrucksweise*
gen	genitivo	*Genitiv*
gener.	generalmente	*allgemein*
genov	genovese	*genuesisch*
geog	geografia	*Geographie*
geol	geologia	*Geologie*
gram	grammatica	*Grammatik*
hist	storia, storico	*Geschichte, historisch*
imp	imperfetto	*Imperfekt*
ind	indicativo	*Indikativ*
inf	infinito	*Infinitiv*
inform	elaborazione (elettronica) dei dati, informatica	*(elektronische) Datenverarbeitung, Informatik*
interj	interiezione	*Interjektion*
inv	invariabile	*unveränderlich*
iron	ironico, ironicamente	*ironisch*
irr	irregolare	*unregelmäßig*
itr	intransitivo	*intransitiv*
jd, jd	qualcuno	*jemand*
jdm, jdm	a qualcuno	*jemandem*
jdn, jdn	qualcuno	*jemanden*
jds, jds	di qualcuno	*jemandes*
jur	giurisprudenza	*Recht(swissenschaft)*
ling	linguistica	*Linguistik*
lit	letteratura	*Literatur*
lomb	lombardo	*lombardisch*
m	maschile	*Maskulinum*
mat	matematica	*Mathematik*
med	medicina	*Medizin*
mer	meridionale	*süditalienisch*